Wynca 新安
赢家之道—新化学先锋
专业彰显实力
实力造就
赢家
15年来的大赢家
2009年6月17日，欧洲初审法院终裁：
取消对新安化工草甘膦征收29.9%的反倾销税，
并由欧盟理事会承担相关诉讼费用。
新安化工由此成为欧盟对中国草甘膦发起反倾销调查15年来，
获得胜诉的大赢家。
（《中国化工报》2009年6月24日头版头条报导。）
实践赢家之道的新化学先锋
仅2008年的除草剂产量即可防除7.6亿亩杂草
Wynca 新安，是专业彰显实力的世界，也是实力造就赢家的世界。

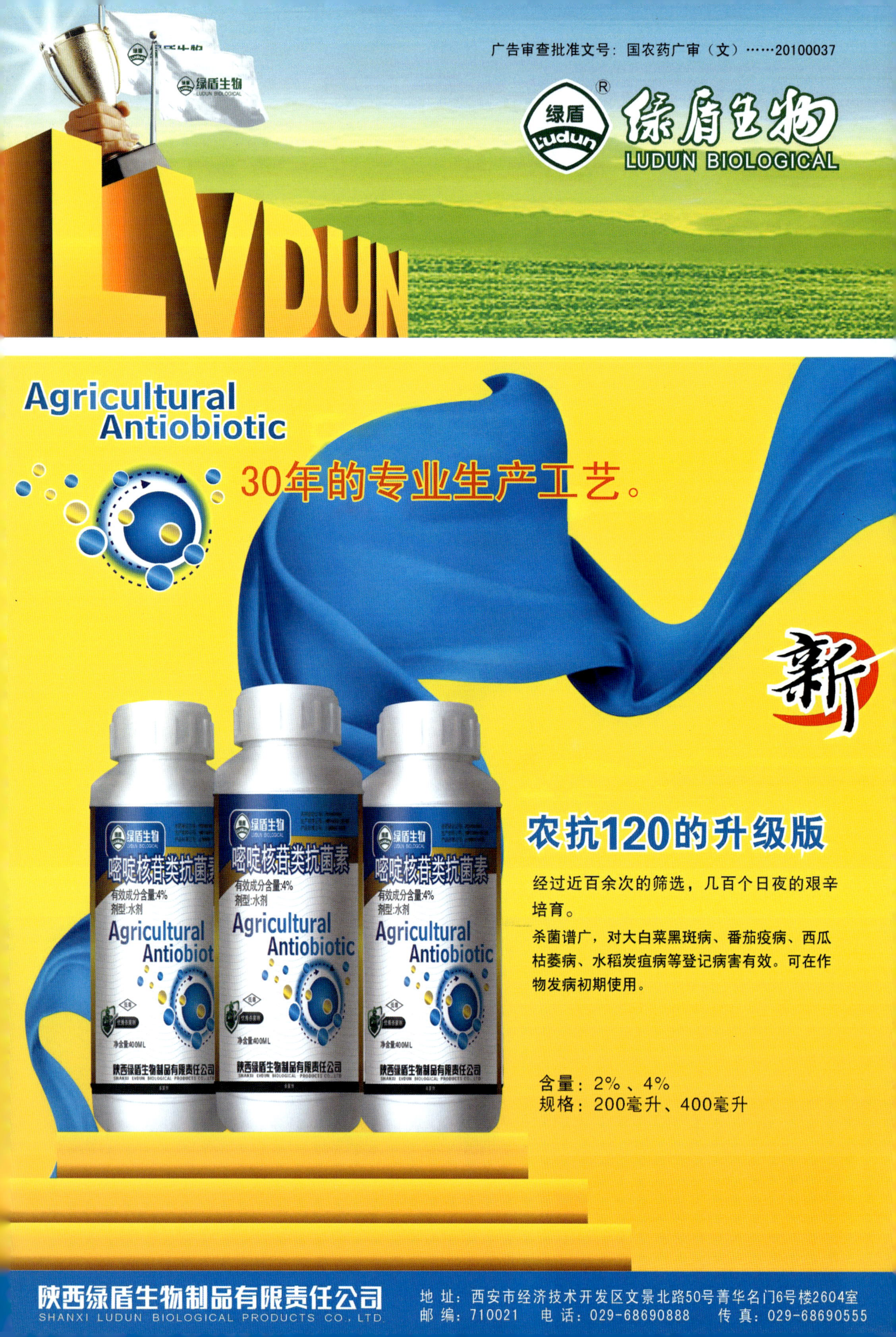

广告审查批准文号：国农药广审（文）……20100037
绿盾 Ludun
绿盾生物
LUDUN BIOLOGICAL
LVDUN
Agricultural Antiobiotic
30年的专业生产工艺。
新
嘧啶核苷类抗菌素
有效成分含量:4%
剂型:水剂
Agricultural Antiobiotic
陕西绿盾生物制品有限责任公司
农抗120的升级版
经过近百余次的筛选，几百个日夜的艰辛培育。
杀菌谱广，对大白菜黑斑病、番茄疫病、西瓜枯萎病、水稻炭疽病等登记病害有效。可在作物发病初期使用。
含量：2%、4%
规格：200毫升、400毫升
陕西绿盾生物制品有限责任公司
SHANXI LUDUN BIOLOGICAL PRODUCTS CO., LTD
地 址：西安市经济技术开发区文景北路50号青华名门6号楼2604室
邮 编：710021 电 话：029-68690888 传 真：029-68690555

广告审查批准文号：国农药广审（文）……20100031
中国名牌
CHINA TOP BRAND
乙草胺等系列产品
中国名牌
产品发明专利号：
02128312.5
CHAS™
凯斯
丁烯氟虫腈
有效成份含量 5%
剂型 乳油
低毒
净含量 40毫升
大连瑞泽农药股份有限公司
杀虫剂
CHAS™
凯斯
丁烯氟虫腈
有效成份含量 5%
剂型 乳油
低毒
净含量 10毫升
瑞泽农药
大连瑞泽农药股份有限公司
杀虫剂
5%丁烯氟虫腈乳油
瑞金得
、瑞泽公司自主创制的专利产品。
、杀虫机理独特，活性高，具有胃毒、
触杀及内吸作用。
、本品对十字花科蔬菜小菜蛾效果较好。
瑞澤®
中国驰名商标
瑞泽农药
REGAR PESTICIDES
大连瑞泽农药股份有限公司
公司地址：辽宁.大连市金州区西南窑101号 邮编116100
销售热线：(0411)87692218 87699640
免费技术服务热线：800-890-9636

溪飛® 上海汉飞生化科技有限公司

地址：上海市曹杨路450号绿地和创大厦608-609室
邮编：200063
电话:021-52363300 传真:021-54960222
E-mail:sales@hanfeibc.com
www.hanfeibc.com

上海汉飞生化科技有限公司成立于2002年6月，是家集研制、开发、生产为一体的民营股份制高新技术业，并且通过了ISO9001：2000质量体系认证，获得NAB与RAB证书，也获得了市商检局颁发的氨基酸类食添加剂出口卫生许可证。公司自成立以来，已研制开出一系列医药中间体、生化药物中间体及农药中间体。

近几年来，在静安区的支持下，公司本着“信誉一，客户至上”的宗旨，不断创新，坚信“人才是业的血液”，积极引进启用各类高级人才，为企业发展打下了扎实的基础。公司拥有现代化的实验，并与上海多家高等院校、科研单位建立了良好的术协作关系，更有一批科研开发能力强、生产实践验丰富的科技人才队伍。现有员工人数达150人，其质检人员有12人，技术人员有50人，中高级人才占%左右，是一个典型的知识密集型的企业。公司发至今，具有相当大的规模，占领了一定的海内外市份额，销售收入高达10000多万元，利税总额00-1250万元。

主打产品2-氨基-6-甲基-5-氧代-4-正丙基-S-三氮唑[1，5-a]嘧啶为“国家强制规定使用的农药添加剂”，是属于联合国粮农组织（FAO）推荐产品，该产品作用速度快、催吐效果强烈、与特定农药有良好的兼容性，并具有高效、安全、与环境相容性好的优势。2007年5月，该产品得到国家知识产权局颁发的发明专利证书，证书号：324175。2007年12月,又获得国家重点新产品证书。

2008年，公司被上海市评为“上海市小巨人培育型企业”和“上海市高新技术企业”。政府的支持，激励了公司自身科技投入。企业现已申请和拥有的专利数达到6件，体现企业自主创新的发明专利占100%。

公司将凭借自身在生产、科研和市场上的优势，与社会各界加强交流与合作，充分运用市政府及静安区对科技中小企业给予资金、项目、平台、人才等各方面政策，为中国医药事业的发展和人民的健康事业做出更大的贡献。

农药管理信息汇编

（2010）

中华人民共和国农业部农药检定所　主编

中国农业出版社

图书在版编目（CIP）数据

农药管理信息汇编．2010/中华人民共和国农业部农药检定所主编．—北京：中国农业出版社，2010.2
ISBN 978-7-109-14347-0

Ⅰ．农…　Ⅱ．中…　Ⅲ．农药—药品管理—中国　Ⅳ．D922.44

中国版本图书馆 CIP 数据核字（2010）第 014591 号

中国农业出版社出版
（北京市朝阳区农展馆北路 2 号）
（邮政编码 100125）
责任编辑　段丽君　王　凯

中国农业出版社印刷厂印刷　新华书店北京发行所发行
2010 年 2 月第 1 版　2010 年 2 月北京第 1 次印刷

开本：889mm×1194mm　1/16　印张：90.25　插页：8
字数：4317 千字　印数：1～6 000 册
定价：200.00 元

《农药管理信息汇编》(2010)

前　　言

为了方便农药管理、生产、销售、使用等部门及时了解农药登记情况及农药管理有关政策和信息，我们编辑出版了《农药管理信息汇编》(2010年版)。

本汇编汇集了我国自1984年实施农药登记制度以来，国内外农药（含卫生杀虫剂）在我国获得登记并在登记有效期内的产品情况，包括正式登记、临时登记、分装登记，共计28 000多个农药产品的名称、通用名称、有效成分含量、登记作物、防治对象、登记有效期、农药生产企业名称、详细地址、电话等信息，共1 411页。

《农药管理信息汇编》是农药管理信息的权威发布，适用于从事农业、化工、卫生、环保、农资、林业、粮食、烟草、工商、技术监督、商检、进出口贸易等行业的农药生产、使用、经营、科研和管理等单位和人员，也可供大专院校师生使用。

本汇编中个别产品的申请单位名称、防治对象、使用剂量等会有变动，如遇此类情况一律以农药登记证（或临时登记证）上的内容为准。如需了解详细情况或发现内容问题，请与农业部农药检定所信息处、药政处联系。

联系地址：北京市朝阳区麦子店街22号楼　　　邮编：100125

电话：010-65937010，59194091、65937009　　　传真：010-59194075

中华人民共和国农业部农药检定所

2010年2月

目　录

前言

澳大利亚

澳大利亚拜迪斯有限公司 （北京市复兴门内大街28号凯晨世贸中心中座10层 100031 010-59569550）

LS20072131 草甘膦异丙胺盐/41%/水剂/草甘膦异丙胺盐 41%/2009.09.03 至 2010.09.04/低毒
柑橘园 杂草 1125-2250克/公顷 定向茎叶喷雾

澳大利亚贝克安德伍德公司 （上海市浦东大道720号国际航运金融大厦17N 200120 021-50367200）

LS20070086 绿僵菌/200亿孢子/克/母药/金龟子绿僵菌 200亿孢子/克/2009.01.29 至 2010.01.29/低毒
LS20080324 绿僵菌/60亿孢子/毫升/油悬浮剂/金龟子绿僵菌 60亿孢子/毫升/2009.02.18 至 2010.02.19/低毒
非耕地 飞蝗 200-250毫升制剂/公顷 超低容量喷雾

澳大利亚卡灵顿哈文有限公司 （北京市朝阳区高碑店北路甲3号 100025 010-85754681）

WP20070034 2%卡灵顿杀虫气雾剂(A型)/2%/气雾剂/氯菊酯 2%/2007.11.30 至 2012.11.30/低毒
卫生 蚊 / 喷雾
WP20070035 4%卡灵顿杀虫气雾剂(C型)//气雾剂/氯菊酯 2%、右旋苯醚菊酯 2%/2007.11.30 至 2012.11.30/低毒
卫生 蚊 / 喷雾
WP20080065 杀虫气雾剂/2%/气雾剂/右旋苯醚菊酯 2%/2008.04.29 至 2013.04.29/低毒
卫生 蚊 / 喷雾
注:航空器专用。

澳大利亚纽发姆有限公司 （上海市浦东大道720号国际航运金融大厦17N 200120 021-50367200）

PD221-97 仲丁灵/360克/升/乳油/仲丁灵 360克/升/2007.09.29 至 2012.09.29/低毒
烟草 抑制腋芽生长 54-72毫克/株 杯淋
PD268-99 碱式硫酸铜/27.12%/悬浮剂/碱式硫酸铜 27.12%/2009.02.10 至 2014.02.10/低毒
番茄 早疫病 678-813.6克/公顷 喷雾
柑橘树 溃疡病 400-500倍液 喷雾
苹果树 轮纹病 400-500倍液 喷雾
水稻 稻曲病 254.25-339克/公顷 喷雾
注:水稻为临时登记,有效期最多至2011年4月28日。
PD321-2000 氢氧化铜/77%/可湿性粉剂/氢氧化铜 77%/2005.03.10 至 2010.03.10/低毒
番茄 早疫病 1575-2310克/公顷 喷雾
柑橘树 溃疡病 1283-1925毫克/千克 喷雾
黄瓜 角斑病 1732.5-2310克/公顷 喷雾
葡萄 霜霉病 1100-1283毫克/千克 喷雾
注:葡萄有效期至2009年12月31日。
PD20070121 27.12%碱式硫酸铜悬浮剂//悬浮剂/碱式硫酸铜 27.12%/2007.05.09 至 2012.05.09/低毒
水稻 稻曲病 254.25～339克/公顷 喷雾
PD20081080 草甘膦/95%/原药/草甘膦 95%/2008.08.18 至 2013.08.18/低毒
PD20084775 稻瘟灵/40%/乳油/稻瘟灵 40%/2008.12.22 至 2013.12.22/低毒
水稻 稻瘟病 420-600克/公顷 喷雾
PD20085459 2甲4氯/96%/原药/2甲4氯 96%/2008.12.24 至 2013.12.24/低毒
PD20085757 赤霉酸/90%/原药/赤霉酸 90%/2008.12.29 至 2013.12.29/低毒
PD20090735 氢氧化铜/57.6%/水分散粒剂/氢氧化铜 57.6%/2009.01.19 至 2014.01.19/低毒
柑橘 溃疡病 443-576毫克/千克 喷雾
黄瓜 角斑病 540-682克/公顷 喷雾
烟草 野火病 411-576毫克/千克 喷雾
注:烟草有效期至2009年12月31日。
PD20090894 噻嗪酮/25%/可湿性粉剂/噻嗪酮 25%/2009.01.19 至 2014.01.19/低毒
水稻 稻飞虱 112.5-187.5克/公顷 喷雾
PD20091168 草甘膦异丙胺盐（41%）//水剂/草甘膦 30%/2009.01.22 至 2014.01.22/低毒
苹果园 杂草 1125-2880克/公顷 定向茎叶喷雾
PD20095389 赤霉酸/20%/可溶粉剂/赤霉酸 20%/2009.04.27 至 2014.04.27/低毒
水稻 调节生长 60-90克/公顷 喷雾
PD20097193 毒死蜱/480克/升/乳油/毒死蜱 480克/升/2009.10.16 至 2014.10.16/中等毒
柑橘 介壳虫 320-480毫克/千克 喷雾
苹果树 绵蚜 200-300毫克/千克 喷雾
水稻 稻飞虱 504-600克/公顷 喷雾
水稻 三化螟 432-576克/公顷 喷雾
小麦 蚜虫 108-180克/公顷 喷雾
PD20098480 2甲4氯钠/56%/可溶粉剂/2甲4氯钠 56%/2009.12.24 至 2014.12.24/低毒
水稻移栽田 阔叶杂草及莎草科杂草 420-630克/公顷 茎叶喷雾
LS200179 氢氧化铜/37.5%/悬浮剂/氢氧化铜 37.5%/2009.01.14 至 2009.12.31/低毒
辣椒 疫病 280-400克/公顷 喷雾
荔枝树 霜疫霉病 1000-2000倍液(花穗、幼果期) 喷雾
800-1000倍液(中果、成熟期)
LS20070458 硫丹/350克/升/乳油/硫丹 350克/升/2009.03.05 至 2010.03.06/中等毒
棉花 棉铃虫 630-892.5克/公顷 喷雾

LS20080725 480克/升毒死蜱乳油/480克/升/乳油/毒死蜱 480克/升/2008.02.26 至 2009.02.26/中等毒

柑橘	介壳虫	320-480毫克/千克	喷雾
韭菜	韭蛆	1440-2088克/公顷	灌根
水稻	稻飞虱	504-600克/公顷	喷雾

LS20082800 草甘·2甲胺/40%/可溶液剂/草甘膦 34%、2甲4氯异丙胺盐 6%/2009.05.12 至 2010.05.12/低毒

柑橘园	一年生和多年生杂草	1048-1397克/公顷	定向茎叶喷雾

保加利亚

保加利亚艾格利亚有限公司 (上海市浦东新区东方路1381号27楼A座 200127 021-58819911)

PD309-99 代森锌/80%/可湿性粉剂/代森锌 80%/2009.09.28 至 2014.09.28/低毒

番茄	早疫病	2550-3600克/公顷	喷雾

PD369-2001 代森锌//可湿性粉剂/代森锌 65%/2006.09.04 至 2011.09.04/低毒

番茄	早疫病	2550-3600克/公顷	喷雾

PD375-2002 代森锰锌/80%/可湿性粉剂/代森锰锌 80%/2007.03.08 至 2012.03.08/低毒

苹果树	斑点落叶病	1000毫克/千克	喷雾

PD382-2002 王铜·代森锌/52%/可湿性粉剂/代森锌 15%、王铜 37%/2007.11.26 至 2012.11.26/低毒

柑橘树	溃疡病	1733-2600毫克/千克	喷雾

PD20082054 代森锰锌/88%/原药/代森锰锌 88%/2008.11.25 至 2013.11.25/低毒

PD20094826 代森锌/95%/原药/代森锌 95%/2009.04.13 至 2014.04.13/低毒

比利时

比利时康乃馨农化公司 (北京市建国门外大街国贸大厦1座34层 100004 010-65054702)

PD20040012 98%棉隆颗粒剂//颗粒剂/棉隆 98%/2004.09.01 至 2009.09.01/低毒

花卉	线虫	30-40克/平方米	土壤处理
烟草(苗床)	根结线虫	29.4-39.2克/平方米	播前土壤处理

注:烟草苗床有效期为2005.09.01至2006.09.01。

PD20040013 棉隆原药//原药/棉隆 98%/2004.09.01 至 2009.09.01/低毒

比利时农化公司 (广东省深圳彩田路中银大厦B座5-0 518026 0755-82468891)

PD94-89 10%氯氰菊酯乳油(重量/容量)//乳油/氯氰菊酯 100克/升/2004.07.14 至 2009.07.14/中等毒

甘蓝	菜青虫	37.5-52.5克/公顷	喷雾
棉花	棉铃虫	45-60克/公顷	喷雾
苹果树	桃小食心虫	50-60毫克/千克	喷雾

PD216-97 5%氯氰菊酯乳油(重量/容量)//乳油/氯氰菊酯 50克/升/2007.06.07 至 2012.06.07/中等毒

甘蓝	菜青虫	37.5-52.5克/公顷	喷雾
荔枝树	荔枝蝽蟓	25-50毫克/千克	喷雾
棉花	棉铃虫	45-60克/公顷	喷雾
苹果树	桃小食心虫	50-60毫克/千克	喷雾

注:荔枝树有效期至2008.07.14。

PD251-98 氯氰菊酯原药//原药/氯氰菊酯 94%/2004.05.12 至 2009.05.12/中等毒

PD368-2001 10%氯氰菊酯乳油 (重量/容量) //乳油/氯氰菊酯 100克/升/2006.04.28 至 2011.04.28/中等毒

甘蓝	菜青虫	15-30克/公顷	喷雾

PD20070009 霜霉威盐酸盐/722克/升/水剂/霜霉威盐酸盐 722克/升/2007.01.18 至 2012.01.18/低毒

黄瓜	霜霉病	649.8-1083克/公顷	喷雾
甜椒	疫病	775.5-1164克/公顷	喷雾

PD20070010 霜霉威盐酸盐原药//原药/霜霉威盐酸盐 97%/2007.01.18 至 2012.01.18/低毒

WP30-96 25%氯菊酯乳油//乳油/氯菊酯 25%/2006.09.18 至 2011.09.18/低毒

卫生	蚊、蝇	100-150毫克/立方米	滞留喷雾
卫生	蜚蠊	200-300毫克/立方米	喷雾

WP61-98 氯菊酯原药//原药/氯菊酯 94%/2004.05.12 至 2009.05.12/中等毒

WP94-89 10%氯氰菊酯乳油//乳油/氯氰菊酯 10%/2004.07.14 至 2009.07.14/中等毒

WP95-89 10%氯氰菊酯可湿性粉剂//可湿性粉剂/氯氰菊酯 10%/2004.07.14 至 2009.07.14/中等毒

卫生	蚊、蝇	0.05克/平方米	喷雾
卫生	蜚蠊	0.05-0.625克/平方米	喷雾

比利时特胺有限公司 (上海市长宁区遵义路100号虹桥上海城B-3303 200051 021-51097998-809)

LS20052251 威百亩/42%/水剂/威百亩 42%/2008.06.20 至 2009.06.20/低毒

辣椒(苗床)、烟草(苗床)	一年生杂草	15.3-25.5克/平方米	土壤喷雾

LS20082851 福美双/80%/水分散粒剂/福美双 80%/2009.06.11 至 2010.06.11/低毒

苹果树	炭疽病	667-800毫克/千克	喷雾

比利时杨森制药公司 (陕西省西安市来央湖旅游开发区阳光大道德力邦总部 710021 029-6301555-8010)

PD20050128 抑霉唑原药//原药/抑霉唑 95%/2005.08.22 至 2010.08.22/低毒

丹麦

丹麦科麦农公司 (上海市延安西路2299号世贸商城2602室 200336 021-62366680)

PD322-2000 伏杀硫磷/93%/原药/伏杀硫磷 93%/2005.03.11 至 2010.03.11/中等毒

PD20080674 精高效氯氟氰菊酯/98%/原药/精高效氯氟氰菊酯 98%/2008.05.27 至 2013.05.27/中等毒

PD20080675	精高效氯氟氰菊酯/1.5%/微囊悬浮剂/精高效氯氟氰菊酯 1.5%/2008.05.27 至 2013.05.27/低毒			
	甘蓝	菜青虫	5.625-7.875克/公顷	喷雾

德国

巴斯夫欧洲公司 (北京市朝阳区麦子店街37号盛福大厦15层 100125 010-65876607)

PD10-85	氯氰菊酯/100克/升/乳油/氯氰菊酯 100克/升/2006.01.11 至 2011.01.11/中等毒			
	柑橘树、果菜、叶菜	害虫	37.5-52.5克/公顷	喷雾
	棉花	害虫	45-60克/公顷	喷雾
PD37-87	灭草松/480克/升/液剂/灭草松 480克/升/2007.04.23 至 2012.04.23/低毒			
	大豆	阔叶杂草	750-1500克/公顷	喷雾
	水稻	阔叶杂草、莎草	960-1440克/公顷	喷雾
PD39-87	顺式氯氰菊酯/100克/升/乳油/顺式氯氰菊酯 100克/升/2007.05.15 至 2012.05.15/中等毒			
	甘蓝	菜青虫、小菜蛾	7.5-15克/公顷	喷雾
	柑橘树	潜叶蛾	5-10毫克/千克	喷雾
	黄瓜	蚜虫	7.5-15克/公顷	喷雾
	棉花	红铃虫、棉铃虫	10-20克/公顷	喷雾
	豇豆	大豆卷叶螟	15-19.5克/公顷	喷雾
PD79-88	苯丁锡/50%/可湿性粉剂/苯丁锡 50%/2008.09.19 至 2013.09.19/低毒			
	柑橘树	红蜘蛛	150-250毫克/千克	喷雾
PD99-89	顺式氯氰菊酯/30克/升/乳油/顺式氯氰菊酯 30克/升/2004.08.19 至 2009.08.19/中等毒			
	甘蓝	菜青虫、小菜蛾	7.5-15克/升	喷雾
	柑橘树	潜叶蛾	5-10毫克/千克	喷雾
	黄瓜	蚜虫	7.5-15克/升	喷雾
	棉花	红铃虫、棉铃虫	10-20克/公顷	喷雾
	豇豆	大豆卷叶螟	15-20克/公顷	喷雾
PD134-91	二甲戊灵/330克/升/乳油/二甲戊灵 330克/升/2006.02.18 至 2011.02.18/低毒			
	甘蓝田、韭菜田	杂草	495-742.5克/公顷	喷雾或撒毒土
	棉花田	一年生杂草	742.5-990克/公顷	毒土法
	水稻旱育秧田	一年生杂草	743-990克/公顷	播后苗前土壤喷雾
	玉米田	杂草	750-1500克/公顷	喷雾
PD135-91	十三吗啉/750克/升/乳油/十三吗啉 750克/升/2006.01.11 至 2011.01.11/低毒			
	橡胶树	红根病	15-22.5克/株	灌淋
PD172-93	咪唑乙烟酸/50克/升/水剂/咪唑乙烟酸 50克/升/2008.04.09 至 2013.04.09/低毒			
	大豆	一年生杂草	75-100.5克/公顷	土壤喷雾处理
PD178-93	二甲戊灵/330克/升/乳油/二甲戊灵 330克/升/2008.07.24 至 2013.07.24/低毒			
	烟草	抑制腋芽生长	60-80毫克/株	杯淋
PD185-94	氟鼠灵/0.005%/毒饵/氟鼠灵 0.005%/2009.01.15 至 2014.01.15/低毒			
	农田	田鼠	1-1.5千克制剂/公顷	堆施
	室内	家鼠	50克制剂/房间	堆施
PD207-96	氟虫脲/50克/升/可分散液剂/氟虫脲 50克/升/2006.01.02 至 2011.01.02/低毒			
	草地	蝗虫	6-7.5克/公顷	喷雾
	柑橘树	潜叶蛾	25-50毫克/千克	喷雾
	柑橘树	红蜘蛛、锈蜘蛛	50-75毫克/千克	喷雾
	苹果树	红蜘蛛	50-75毫克/千克	喷雾
PD317-99	环庚草醚原药//原药/环庚草醚 92%/2004.11.11 至 2009.11.11/低毒			
PD349-2001	环丙嘧磺隆/97.4%/原药/环丙嘧磺隆 97.4%/2006.05.15 至 2011.05.15/低毒			
PD350-2001	环丙嘧磺隆/10%/可湿性粉剂/环丙嘧磺隆 10%/2006.05.15 至 2011.05.15/低毒			
	冬小麦	阔叶杂草	1)30-45克/公顷2)混用金秋15克/公顷+施田补743克/公顷	苗后早期茎叶喷雾
	水稻移栽田、水稻直播田	稗草、阔叶杂草、莎草	1)15-30克/公顷(南方地区) 2)30-40克/公顷(北方地区)	撒毒砂或喷雾
PD20060015	二氯喹啉酸/96%/原药/二氯喹啉酸 96%/2006.01.09 至 2011.01.09/低毒			
PD20060016	二氯喹啉酸/250克/升/悬浮剂/二氯喹啉酸 250克/升/2006.01.09 至 2011.01.09/低毒			
	水稻直播田	稗草	200-375克/公顷	喷雾
PD20070124	醚菌酯/50%/水分散粒剂/醚菌酯 50%/2007.05.18 至 2012.05.18/低毒			
	草莓	白粉病	100-166.7毫克/千克	喷雾
	黄瓜	白粉病	100-150克/公顷	喷雾
	梨树	黑星病	100-166.7毫克/千克	喷雾
	苹果	斑点落叶病	125-166.7毫克/千克	喷雾
	苹果树	黑星病	5000-7000倍液	喷雾
PD20070135	醚菌酯/94%/原药/醚菌酯 94%/2007.05.29 至 2012.05.29/低毒			
PD20070341	烯酰吗啉/96%/原药/烯酰吗啉 96%/2007.10.24 至 2012.10.24/低毒			
PD20070342	烯酰吗啉/50%/可湿性粉剂/烯酰吗啉 50%/2007.10.24 至 2012.10.24/低毒			

	黄瓜	霜霉病	225-300克/公顷	喷雾
	辣椒	疫病	225-300克/公顷	喷雾
	烟草	黑胫病	202.5-300克/公顷	喷雾
PD20070354	乙烯菌核利/96%/原药/乙烯菌核利 96%/2007.10.24 至 2012.10.24/低毒			
PD20070355	乙烯菌核利/50%/水分散粒剂/乙烯菌核利 50%/2007.10.24 至 2012.10.24/低毒			
	番茄	灰霉病	562.5-750克/公顷	喷雾
PD20070364	氟环唑/92%/原药/氟环唑 92%/2007.10.24 至 2012.10.24/低毒			
PD20070365	氟环唑/125克/升/悬浮剂/氟环唑 125克/升/2007.10.24 至 2012.10.24/低毒			
	小麦	锈病	90-112.5克/公顷	喷雾
PD20070366	灭菌唑/25克/升/悬浮种衣剂/灭菌唑 25克/升/2007.10.24 至 2012.10.24/低毒			
	小麦	散黑穗病	2.5-5克/100千克种子	拌种
PD20070367	灭菌唑/95%/原药/灭菌唑 95%/2007.10.24 至 2012.10.24/低毒			
PD20070370	甲咪唑烟酸/240克/升/水剂/甲咪唑烟酸 240克/升/2007.10.24 至 2012.10.24/低毒			
	甘蔗田	莎草及阔叶杂草、一年生禾本科杂草	1)108-144克/公顷公 2)72-108克/顷	1)芽前喷雾 2)苗后定向喷雾
	甘蔗田	阔叶杂草、莎草	1)108-144克/公顷 2)72-108克/公顷	1)芽前土壤喷雾 2)苗后定向喷雾
	花生田	一年生杂草	72-108克/公顷	喷雾
PD20070371	甲咪唑烟酸/96.4%/原药/甲咪唑烟酸 96.4%/2007.10.24 至 2012.10.24/低毒			
PD20070374	代森联/85%/原药/代森联 85%/2007.10.24 至 2012.10.24/低毒			
PD20070375	代森联/70%/水分散粒剂/代森联 70%/2007.10.24 至 2012.10.24/低毒			
	柑橘	疮痂病	1000-1400毫克/千克	喷雾
	黄瓜	霜霉病	1120-1750克/公顷	喷雾
	梨树	黑星病	1000-1400毫克/千克	喷雾
	苹果	斑点落叶病、轮纹病、炭疽病	1000-2333毫克/千克	喷雾
PD20070435	二甲戊灵/90%/原药/二甲戊灵 90%/2007.11.20 至 2012.11.20/低毒			
PD20070442	咪唑乙烟酸/98%/原药/咪唑乙烟酸 98%/2007.11.20 至 2012.11.20/低毒			
PD20070456	二甲戊灵/450克/升/微囊悬浮剂/二甲戊灵 450克/升/2007.11.20 至 2012.11.20/低毒			
	大豆田、烟草	阔叶杂草、一年生禾本科杂草	1012.5-1350克/公顷(东北地区) 742.5-1012.5克/公顷(其它地区)	喷雾
	甘蓝田、韭菜、棉花田	部分阔叶杂草、一年生禾本科杂草	743-945克/公顷	喷雾
	花生田	阔叶杂草、一年生禾本科杂草	742.5-1012.5克/公顷	喷雾
PD20070492	硫磺/99%/原药/硫磺 99%/2007.11.28 至 2012.11.28/低毒			
PD20080071	硫磺/80%/水分散粒剂/硫磺 80%/2008.01.03 至 2013.01.03/低毒			
	柑橘	疮痂病	300-500倍液	喷雾
	黄瓜	白粉病	2400-2800克/公顷	喷雾
	苹果	白粉病	500-1000倍液	喷雾
PD20080229	顺式氯氰菊酯/93%/原药/顺式氯氰菊酯 93%/2008.01.11 至 2013.01.11/中等毒			
PD20080433	咪唑烟酸/25%/水剂/咪唑烟酸 25%/2008.03.11 至 2013.03.11/低毒			
	非耕地	多年生杂草、一年生杂草	750-1500克/公顷	喷雾
PD20080434	咪唑烟酸/95%/原药/咪唑烟酸 95%/2008.03.11 至 2013.03.11/低毒			
PD20080463	吡唑醚菌酯/95%/原药/吡唑醚菌酯 95%/2008.03.31 至 2013.03.31/低毒			
PD20080464	吡唑醚菌酯/250克/升/乳油/吡唑醚菌酯 250克/升/2008.03.31 至 2013.03.31/中等毒			
	白菜	炭疽病	112.5-187.5克/公顷	喷雾
	草坪	褐斑病	125-250毫克/千克	喷雾
	茶树、芒果树	炭疽病	125-250毫克/千克	喷雾
	黄瓜	白粉病、霜霉病	75-150克/公顷	喷雾
	香蕉	黑星病、叶斑病	83.3-250毫克/千克	喷雾
	香蕉	炭疽病、轴腐病	125-250毫克/千克	浸果
PD20080469	2甲4氯/94%/原药/2甲4氯 94%/2008.03.31 至 2013.03.31/低毒			
PD20080470	2甲·灭草松/460克/升/可溶液剂/2甲4氯 60克/升、灭草松 400克/升/2008.03.31 至 2013.03.31/低毒			
	水稻移栽田、水稻直播田	阔叶杂草、莎草科杂草	920-1150克/公顷	喷雾
PD20080473	甲氧咪草烟/97%/原药/甲氧咪草烟 97%/2008.03.31 至 2013.03.31/低毒			
PD20080474	甲氧咪草烟/4%/水剂/甲氧咪草烟 4%/2008.03.31 至 2013.03.31/低毒			
	大豆田	一年生杂草	45-50克/公顷	播后苗前土壤喷雾
PD20080476	虫螨腈/94.5%/原药/虫螨腈 94.5%/2008.03.31 至 2013.03.31/低毒			
PD20080477	虫螨腈/10%/悬浮剂/虫螨腈 10%/2008.03.31 至 2013.03.31/低毒			
	甘蓝	甜菜夜蛾、小菜蛾	50-75克/公顷	喷雾
PD20080506	唑醚·代森联/60%/水分散粒剂/吡唑醚菌酯 5%、代森联 55%/2008.04.10 至 2013.04.10/低毒			
	番茄、马铃薯	晚疫病	360-540克/公顷	喷雾

	黄瓜	疫病	540-900克/公顷	喷雾
	黄瓜	霜霉病	360-540克/公顷	喷雾
	辣椒	疫病	360-900克/公顷	喷雾
	荔枝	霜疫霉病	300-600毫克/千克	喷雾
	苹果	斑点落叶病、轮纹病	300-600毫克/千克	喷雾
	葡萄	霜霉病	300-600毫克/千克	喷雾
	注:除黄瓜霜霉病外,其余作物均为临时登记,番茄、荔枝、马铃薯、苹果至2011年4月15日,葡萄至2011年6月6日,辣椒至2011年9月4日。			
PD20081106	啶酰菌胺/50%/水分散粒剂/啶酰菌胺 50%/2008.08.19 至 2013.08.19/低毒			
	黄瓜	灰霉病	250-350克/公顷	喷雾
PD20081107	啶酰菌胺/96%/原药/啶酰菌胺 96%/2008.08.19 至 2013.08.19/低毒			
PD20081197	灭草松/96%/原药/灭草松 96%/2008.09.11 至 2013.09.11/低毒			
PD20093402	烯酰·吡唑酯/18.7%/水分散粒剂/吡唑醚菌酯 6.7%、烯酰吗啉 12%/2009.03.20 至 2014.03.20/低毒			
	甘蓝、黄瓜、甜瓜	霜霉病	210-350克/公顷	喷雾
	马铃薯	晚疫病	210-350克/公顷	喷雾
	注:甘蓝为临时登记状态，有效期至2010年4月21日。			
PD20095337	氟环唑/75克/升/乳油/氟环唑 75克/升/2009.04.27 至 2014.04.27/低毒			
	香蕉	叶斑病	100-187.5毫克/千克	喷雾
PD20096880	氟虫脲/95%/原药/氟虫脲 95%/2009.09.23 至 2014.09.23/低毒			
PD20098308	苯丁锡/98%/原药/苯丁锡 98%/2009.12.18 至 2014.12.18/低毒			
LS20082279	吡唑醚菌酯/250克/升/乳油/吡唑醚菌酯 250克/升/2008.04.21 至 2009.04.21/低毒			
	草坪	褐斑病	125-250毫克/千克	喷雾
	茶树、芒果树	炭疽病	125-250毫克/千克	喷雾
	香蕉	炭疽病、轴腐病	125-250毫克/千克	浸果
LS20082601	氰氟虫腙/240克/升/悬浮剂/氰氟虫腙 240克/升/2009.05.27 至 2010.05.27/低毒			
	甘蓝	小菜蛾	252-288克/公顷	喷雾
	甘蓝	甜菜夜蛾	216-288克/公顷	喷雾
LS20082831	氰氟虫腙/96%/原药/氰氟虫腙 96%/2009.05.27 至 2010.05.27/微毒			
LS20083145	醚菌·啶酰菌/300克/升/悬浮剂/醚菌酯 100克/升、啶酰菌胺 200克/升/2009.11.14 至 2010.11.14/低毒			
	草莓	白粉病	112.5-225克/公顷	喷雾
	黄瓜、甜瓜	白粉病	202.5-270克/公顷	喷雾
LS20090163	虫螨腈/240克/升/悬浮剂/虫螨腈 240克/升/2010.02.04 至 2011.02.04/中等毒			
	卫生	白蚁	1）25克/平方米；2）600-1000/毫克/千克（20-67.5克/立方米）	1）土壤喷洒；2）木材浸泡
LS20090168	虫螨腈/240克/升/悬浮剂/虫螨腈 240克/升/2010.02.04 至 2011.02.04/低毒			
	茶树	茶小绿叶蝉	72-108克/公顷	喷雾
	甘蓝	甜菜夜蛾、小菜蛾	90-120克/公顷	喷雾
	黄瓜	斜纹夜蛾	108-180克/公顷	喷雾
	苹果	金纹细蛾	40-60毫克/千克	喷雾
	茄子	朱砂叶螨	72-108克/公顷	喷雾
LS20091177	虫螨腈/240克/升/悬浮剂/虫螨腈 240克/升/2009.04.23 至 2010.04.23/中等毒			
	黄瓜	斜纹夜蛾	108-180克/公顷	喷雾
	苹果	金纹细蛾	40-60毫克/千克	喷雾
LS20091391	灭菌唑/28%/悬浮种衣剂/灭菌唑 28%/2009.09.15 至 2010.09.15/低毒			
	玉米	丝黑穗病	亩制剂:100-200毫升/100千克种子、药种比 1:1000-500公顷制剂	种子包衣
WP29-96	顺式氯氰菊酯/15克/升/悬浮剂/顺式氯氰菊酯 15克/升/2006.07.16 至 2011.07.16/低毒			
	卫生	蜚蠊	20-30毫克/平方米	滞留喷雾
	卫生	蚊、蝇	10-20毫克/平方米	滞留喷雾
WP121-90	顺式氯氰菊酯/5%/可湿性粉剂/顺式氯氰菊酯 5%/2010.03.11 至 2015.03.11/中等毒			
	卫生	蜚蠊、蚊、蝇	10-30毫克/平方米	滞留喷雾
WP20060001	氟蚁腙/\/原药/氟蚁腙 95%/2006.01.09 至 2011.01.09/低毒			
WP20060002	杀蟑胶饵/2%/胶饵/氟蚁腙 2%/2006.01.09 至 2011.01.09/低毒			
	卫生	德国小蠊	0.25克制剂/平方米	投放
	卫生	美洲大蠊	0.5克制剂/平方米	投放
WP20080030	顺式氯氰菊酯/100克/升/悬浮剂/顺式氯氰菊酯 100克/升/2008.02.26 至 2013.02.26/低毒			
	卫生	蚊、蝇	10-20毫克/平方米	滞留喷雾
	卫生	蜚蠊	20-30毫克/平方米	滞留喷雾
WP20080050	顺式氯氰菊酯/250克/升/母药/顺式氯氰菊酯 250克/升/2008.03.04 至 2013.03.04/低毒			
WP20080053	双硫磷/90%/原药/双硫磷 90%/2008.03.11 至 2013.03.11/低毒			
WP20080054	杀虫颗粒剂/1%/颗粒剂/双硫磷 1%/2008.03.11 至 2013.03.11/低毒			
	卫生	孑孓	干净水0.5-1克制剂/平方米，中度污染水1-2克制剂/平方米，高度污	投入水中

染水2-5克制剂/平方米

WL20070074 驱蚊帐/0.67%/驱蚊帐/顺式氯氰菊酯 0.67%/2009.04.17 至 2010.04.18/低毒

卫生 蚊 / 悬挂

拜耳环境科学公司 (北京市朝阳区呼家楼京广中心34层 100020 010-65893000)

PD136-91 溴氰菊酯/25克/升/乳油/溴氰菊酯 25克/升/2006.02.01 至 2011.02.01/中等毒

稻谷原粮、小麦原粮 仓储害虫 0.5-1毫克/千克 喷雾或拌糠

PD265-99 杀鼠醚/0.75%/追踪粉剂/杀鼠醚 0.75%/2009.01.15 至 2014.01.15/高毒

室内 家鼠 1)5.625克/平方米 1)堆施

2)0.038克/平方米 2)制成饵剂堆施

室外 田鼠 1)5.625克/平方米 1)堆施

2)0.008克/平方米 2)制成饵剂堆施

PD20070274 杀鼠醚/0.038%/饵剂/杀鼠醚 0.038%/2007.09.05 至 2012.09.05/低毒(原药高毒)

室内 家鼠 / 投放

PD20070577 杀鼠醚/98%/原药/杀鼠醚 98%/2007.12.03 至 2012.12.03/低毒

WP6-93 溴氰菊酯/25克/升/悬浮剂/溴氰菊酯 25克/升/2008.05.30 至 2013.05.30/低毒

卫生 蜚蠊 15毫克/平方米 滞留喷雾

卫生 蝇 10毫克/平方米 滞留喷雾

WP31-96 氟氯氰菊酯/50克/升/水乳剂/氟氯氰菊酯 50克/升/2006.10.30 至 2011.10.30/低毒

卫生 蚊、蝇、蜚蠊(木) 20-30毫克/平方米 滞留喷洒

卫生 蚊、蝇、蜚蠊(玻璃) 40-60毫克/平方米 滞留喷洒

卫生 蚊、蝇、蜚蠊(水泥) 10-20毫克/平方米 滞留喷洒

WP32-96 残杀威/200克/升/乳油/残杀威 200克/升/2006.10.30 至 2011.10.30/低毒

卫生 蜚蠊(水泥)、蚊、蝇 1-1.5克/平方米 滞留喷洒

卫生 蜚蠊(木) 0.5-0.75克/平方米 滞留喷洒

卫生 蜚蠊(玻璃) 0.25-0.5克/平方米 滞留喷洒

WP33-96 氟氯氰菊酯/10%/可湿性粉剂/氟氯氰菊酯 10%/2006.10.30 至 2011.10.30/低毒

卫生 蚊、蝇、蜚蠊(木) 15-22.5毫克/平方米 滞留喷洒

卫生 蚊、蝇、蜚蠊(水泥) 45毫克/平方米 滞留喷洒

卫生 蚊、蝇、蜚蠊(玻璃) 7.5-15毫克/平方米 滞留喷洒

WP47-97 四氟苯菊酯/98.5%/原药/四氟苯菊酯 98.5%/2009.09.06 至 2014.09.06/低毒

WP120-90 溴氰菊酯/2.5%/可湿性粉剂/溴氰菊酯 2.5%/2005.03.18 至 2010.03.18/低毒

卫生 臭虫 15毫克/平方米 滞留喷雾

卫生 蚊 5毫克/平方米 滞留喷雾

卫生 蜚蠊 10-15毫克/平方米 滞留喷雾

卫生 蝇 10毫克/平方米 滞留喷雾

WP20070041 溴氰菊酯/25%/水分散片剂/溴氰菊酯 25%/2007.12.17 至 2012.12.17/低毒

卫生 蚊 25毫克/平方米 浸泡蚊帐

WP20080051 杀蝇饵剂/0.5%/饵剂/吡虫啉 0.5%/2008.03.04 至 2013.03.04/低毒

卫生 蝇 / 投放

WP20080052 杀蟑胶饵/2.15%/胶饵/吡虫啉 2.15%/2008.03.07 至 2013.03.07/低毒

卫生 蜚蠊 / 投放

WP20080088 噁虫威/98%/原药/噁虫威 98%/2008.08.06 至 2013.08.06/中等毒

WP20080089 噁虫威/80%/可湿性粉剂/噁虫威 80%/2008.08.06 至 2013.08.06/中等毒

卫生 蚊、蝇 80-120毫克/平方米 滞留喷洒

卫生 蜚蠊 160-300毫克/平方米 滞留喷洒

WP20080090 氯菊·烯丙菊/104克/升/水乳剂/氯菊酯 102.6克/升、S-生物烯丙菊酯 1.4克/升/2008.08.19 至 2013.08.19/低毒

室内 蚊 1.3毫克/立方米 超低量喷雾

德国阿尔兹化工有限公司 (上海市淮海中路93号大上海时代广场2301室 021-64374889)

LS20071292 单氰胺/520克/升/水剂/单氰胺 520克/升/2009.05.08 至 2010.05.09/中等毒

葡萄 调节生长 10-20倍液 喷雾

LS20071318 单氰胺/520克/升/母药/单氰胺 520克/升/2009.05.09 至 2010.05.10/中等毒

德国阿格福莱农林环境生物技术股份有限公司 (北京市朝阳区建国路郎家园8号A202房间 100026 010-65821632)

PD20096812 赤·吲乙·芸苔/3.423%/母药/赤霉酸 3.4%、吲哚乙酸 0.014%、芸苔素内酯 0.0085%/2009.09.21 至 2014.09.21/微毒

PD20096813 赤·吲乙·芸苔/0.136%/可湿性粉剂/赤霉酸 0.135%、吲哚乙酸 0.00052%、芸苔素内酯 0.00031%/2009.09.21 至 2014.09.21/低毒

茶叶 调节生长、增产 0.0714-0.1428克/公顷 喷雾

黄瓜(保护地) 调节生长 0.1428-0.2856克/公顷 喷雾

小麦 调节生长 0.1428-0.2856克/公顷 播前浸种结合拔节期茎叶喷雾

LS99010 芸苔·吲乙·赤霉酸/0.136%/可湿性粉剂/赤霉酸 0.135%、吲哚乙酸 0.00052%、芸苔素内酯 0.00031%/2009.01.14 至 2009.12.31/微毒

茶树 调节生长、增产 0.0714-0.1428克/公顷 喷雾

黄瓜(保护地) 调节生长 0.1428-0.2856克/公顷 喷雾

	苹果树	调节生长、增产	0.1224-0.1836克/公顷	在萌芽期和谢花后喷雾
	小麦	调节生长	0.1428-0.2856克/公顷	播前浸种结合拔节期茎叶喷雾

德国拜耳作物科学公司　(北京市朝阳区呼家楼京广中心34层　100020　010-65893000)

PD1-85	溴氰菊酯/25克/升/乳油/溴氰菊酯 25克/升/2005.09.20 至 2010.09.20/中等毒			
	茶树	害虫	3.75-7.5克/公顷	喷雾
	大白菜、棉花	主要害虫	7.5-15克/公顷	喷雾
	大豆	食心虫	6-9克/公顷	喷雾
	柑橘树、苹果树	害虫	5-10毫克/千克	喷雾
	谷子	粘虫	7.5-9.375克/公顷	喷雾
	花生	棉铃虫	9.375-11.25克/公顷	喷雾
	花生	蚜虫	7.5-9.375克/公顷	喷雾
	荒地	飞蝗	10.5-12克/公顷	喷雾
	梨树	梨小食心虫	5-10毫克/千克	喷雾
	荔枝树	蝽蟓	5-8.3毫克/千克	喷雾
	森林	松毛虫	1)4-7毫克/千克 2)10-20毫克/千克	1)喷雾 2)弥雾、涂药环
	小麦	害虫	3.75-5.63克/公顷	喷雾
	烟草	烟青虫	7.5-9克/公顷	喷雾
	油菜、玉米	蚜虫	3.75-7.5克/公顷	喷雾
	玉米	玉米螟	7.5-10.5克/公顷	拌毒砂、土撒喇叭口
PD24-86	禾草灵/360克/升/乳油/禾草灵 360克/升/2006.09.07 至 2011.09.07/低毒			
	甜菜、小麦	野燕麦	700-1000克/公顷	喷雾
PD42-87	噁草酮/250克/升/乳油/噁草酮 250克/升/2007.03.31 至 2012.03.31/低毒			
	花生	杂草	375-555克/公顷	喷雾
	水稻	杂草	375-495克/公顷	喷雾
PD43-87	涕灭威/15%/颗粒剂/涕灭威 15%/2007.04.19 至 2012.04.19/剧毒			
	花卉	蚜虫、螨	1995-3000克/公顷	根施
	花生	线虫	2250-3000克/公顷	沟施
	棉花	红蜘蛛、蚜虫	450-900克/公顷	沟施,穴施
	烟草	烟蚜	499.5克/公顷	穴施
	注:此药品只限于以下地区：河北、河南、山东、新疆及山西；花卉上限于园林使用，一般家庭不得使用。			
PD51-87	噁草酮/120克/升/乳油/噁草酮 120克/升/2007.04.22 至 2012.04.22/低毒			
	水稻	杂草	360-480克/公顷	瓶洒
PD64-88	异菌脲/50%/可湿性粉剂/异菌脲 50%/2008.01.14 至 2013.01.14/低毒			
	番茄	灰霉病、早疫病	375-750克/公顷	喷雾
	苹果树	褐斑病、轮斑病	333.3-500毫克/千克	喷雾
PD83-88	嗪草酮/70%/可湿性粉剂/嗪草酮 70%/2008.09.11 至 2013.09.11/低毒			
	大豆	一年生阔叶杂草	345-795克/公顷	喷雾
PD110-89	乳氟禾草灵/240克/升/乳油/乳氟禾草灵 240克/升/2004.09.28 至 2009.09.28/低毒			
	大豆	阔叶杂草	1)108-144克/公顷(北方地区) 2)54-108克/公顷(南方地区)	喷雾
	花生	阔叶杂草	54-108克/公顷	喷雾
PD119-90	三唑锡/25%/可湿性粉剂/三唑锡 25%/2005.02.04 至 2010.02.04/中等毒			
	柑橘树	红蜘蛛	125-166毫克/千克	喷雾
	苹果树	红蜘蛛	188-250毫克/千克	喷雾
PD140-91	氟氯氰菊酯/50克/升/乳油/氟氯氰菊酯 50克/升/2006.04.18 至 2011.04.18/低毒			
	棉花	红铃虫、棉铃虫	24-37.5克/公顷	喷雾
	注:苹果树、甘蓝有效期至2007年4月22日。			
PD154-92	三唑酮/25%/可湿性粉剂/三唑酮 25%/2007.04.30 至 2012.04.30/低毒			
	小麦	白粉病	105克/公顷	喷雾
	小麦	锈病	123.75克/公顷	喷雾
PD173-93	硫双威/75%/可湿性粉剂/硫双威 75%/2008.06.25 至 2013.06.25/中等毒			
	棉花	棉铃虫	337.5-506.25克/公顷	喷雾
PD186-94	甜菜安・宁/160克/升/乳油/甜菜安 80克/升、甜菜宁 80克/升/2009.03.27 至 2014.03.27/低毒			
	甜菜	一年生阔叶杂草	795-975克/公顷	喷雾
PD202-95	异菌脲/255克/升/悬浮剂/异菌脲 255克/升/2007.11.05 至 2012.11.05/低毒			
	香蕉	冠腐病、轴腐病	1500毫克/千克	浸果
	油菜	菌核病	450-750克/公顷	喷雾
PD209-96	敌瘟磷/30%/乳油/敌瘟磷 30%/2006.04.18 至 2011.04.18/中等毒			
	水稻	稻瘟病	450-600克/公顷	喷雾

PD223-97	硫丹/350克/升/乳油/硫丹 350克/升/2007.10.25 至 2012.10.25/高毒			
	棉花	棉铃虫	525-870克/公顷	喷雾
	烟草	烟青虫、烟蚜	350-525克/公顷	喷雾
	注:茶树、苹果树有效期为2006.09.17至2007.09.17。			
PD225-97	霜霉威盐酸盐/722克/升/水剂/霜霉威盐酸盐 722克/升/2007.10.25 至 2012.10.25/低毒			
	黄瓜	疫病、猝倒病	3.6-5.4克/平方米	苗床浇灌
	黄瓜	霜霉病	649.8-1083克/公顷	喷雾
	甜椒	疫病	775.5-1164克/公顷	喷雾
PD231-98	硫双威/95%/原药/硫双威 95%/2008.06.26 至 2013.06.26/中等毒			
PD238-98	精噁唑禾草灵/69克/升/水乳剂/精噁唑禾草灵 69克/升/2008.06.25 至 2013.06.25/低毒			
	春小麦	野燕麦、一年生禾本科杂草	51.75-62.1克/公顷	喷雾
	冬小麦	看麦娘、一年生禾本科杂草	41.4-51.75克/公顷	喷雾
PD248-98	硫双威/375克/升/悬浮剂/硫双威 375克/升/2008.09.23 至 2013.09.23/中等毒			
	棉花	棉铃虫	337.5-506.25克/公顷	喷雾
PD250-98	氟氯氰菊酯/92%/原药/氟氯氰菊酯 92%/2008.09.23 至 2013.09.23/低毒			
PD269-99	溴苯腈/225克/升/乳油/溴苯腈 225克/升/2004.04.28 至 2009.04.28/低毒			
	小麦	阔叶杂草	1)337.5-472.5克/公顷或253克/公顷+2,4-滴丁酯270克/公顷(春小麦)2)253克/公顷+2甲4氯300克/公顷(冬小麦)	喷雾
	玉米	阔叶杂草	1)270-405克/公顷(春玉米) 2）270克/公顷+莠去津600-900克	喷雾 /公顷
PD274-99	硫丹/94%/原药/硫丹 94%/2004.04.14 至 2009.04.14/高毒			
PD275-99	杀螺胺/70%/可湿性粉剂/杀螺胺 70%/2004.07.23 至 2009.07.23/低毒			
	水稻	福寿螺	300-345克/公顷	喷雾或撒毒土
PD277-99	灭线磷/95%/原药/灭线磷 95%/2004.04.28 至 2009.04.28/高毒			
PD278-99	灭线磷/10%/颗粒剂/灭线磷 10%/2004.04.28 至 2009.04.28/高毒			
	水稻	稻瘿蚊	1500-1800克/公顷	拌细沙撒施
PD285-99	噁草酮/94%/原药/噁草酮 94%/2009.06.25 至 2014.06.25/低毒			
PD320-2000	辛酰溴苯腈/92%/原药/辛酰溴苯腈 92%/2005.02.04 至 2010.02.04/低毒			
PD327-2000	草除灵/500克/升/悬浮剂/草除灵 500克/升/2005.03.11 至 2010.03.11/低毒			
	油菜	猪殃殃	225-300克/公顷	喷雾
	油菜	繁缕、牛繁缕、雀舌草等阔叶杂草	200-225克/公顷	喷雾
PD329-2000	草除灵/95%/原药/草除灵 95%/2005.03.11 至 2010.03.11/低毒			
PD344-2000	三唑酮/96%/原药/三唑酮 96%/2005.10.25 至 2010.10.25/低毒			
PD357-2001	氟虫腈/95%/原药/氟虫腈 95%/2006.06.05 至 2011.06.05/中等毒			
PD358-2001	氟虫腈/50克/升/悬浮剂/氟虫腈 50克/升/2006.06.05 至 2011.06.05/低毒			
	十字花科蔬菜	小菜蛾	12.5-25克/公顷	喷雾
	水稻	稻瘿蚊	50.25-75克/公顷	喷雾
	水稻	稻纵卷叶螟、飞虱	30-37.5克/公顷	喷雾
	水稻	三化螟	30-45克/公顷	喷雾
	水稻	稻蝗	7.5-11.25克/公顷	喷雾
	水稻	二化螟	22.5-30克/公顷	喷雾
PD361-2001	精噁唑禾草灵/69克/升/水乳剂/精噁唑禾草灵 69克/升/2006.06.01 至 2011.06.01/低毒			
	菜心、棉花	一年生禾本科杂草	51.8-62.1克/公顷	喷雾
	春油菜	一年生禾本科杂草	51.75-62.1克/公顷	喷雾
	大豆	一年生禾本科杂草	50.7-73.2克/公顷	喷雾
	冬油菜	一年生禾本科杂草	41.4-51.75克/公顷	喷雾
	花生	一年生禾本科杂草	45-61.93克/公顷	喷雾
PD362-2001	精噁唑禾草灵/80.5克/升/乳油/精噁唑禾草灵 80.5克/升/2006.06.01 至 2011.06.01/低毒			
	菜心、大豆、棉花、油菜	一年生禾本科杂草	48.3-60.4克/公顷	喷雾
	花生	一年生禾本科杂草	42.4-62.4克/公顷	喷雾
	注:油菜、棉花、菜心有效期为2007.05.30至2007.12.31。			
PD364-2001	吡虫啉/95%/原药/吡虫啉 95%/2006.06.27 至 2011.06.27/低毒			
PD365-2001	吡虫啉/200克/升/可溶液剂/吡虫啉 200克/升/2006.06.27 至 2011.06.27/低毒			
	番茄(保护地)	白粉虱	45-60克/公顷	喷雾
	梨树	梨木虱	40-80毫克/千克	喷雾
	棉花	苗蚜	15-30克/公顷	喷雾
	棉花	伏蚜	30-45克/公顷	喷雾
	苹果树	黄蚜	25-40毫克/千克	喷雾
	茄子	白粉虱	45-90克/公顷	喷雾
	十字花科蔬菜	蚜虫	15-30克/公顷	喷雾

	水稻	稻飞虱	20-30克/公顷	喷雾
	烟草	蚜虫	30-45克/公顷	喷雾
PD366-2001	戊唑醇/95%/原药/戊唑醇 95%/2006.06.27 至 2011.06.27/低毒			
PD367-2001	戊唑醇/2%/湿拌种剂/戊唑醇 2%/2006.06.27 至 2011.06.27/低毒			
	高粱、玉米	丝黑穗病	8-12克/100千克种子	拌种
	小麦	纹枯病	3-4克/100千克种子	拌种
	小麦	散黑穗病	2-3克/100千克种子	拌种
PD385-2003	咪鲜胺/95%/原药/咪鲜胺 95%/2008.03.17 至 2013.03.17/低毒			
PD386-2003	咪鲜胺锰盐/50%/可湿性粉剂/咪鲜胺锰盐 50%/2008.03.17 至 2013.03.17/低毒			
	柑橘(果实)	蒂腐病、绿霉病、青霉病、炭疽病	250-500毫克/千克	浸果
	黄瓜	炭疽病	282-562.5克/公顷	喷雾
	芒果	炭疽病	1)250-500毫克/千克 2)500-1000毫克/千克	1)喷雾 2)浸果
	蘑菇	白腐病、褐腐病	0.4-0.6克/平方米	拌于覆盖土或喷淋菇床
PD20030004	咪鲜胺/450克/升/水乳剂/咪鲜胺 450克/升/2008.05.13 至 2013.05.13/低毒			
	柑橘	蒂腐病、绿霉病、青霉病、炭疽病	225-450毫克/千克	浸果
	水稻	恶苗病	56.25-112.5毫克/千克	浸种
	香蕉	冠腐病、炭疽病	250-500毫克/千克	浸果
	注:柑橘为临时登记，有效期至2011年5月30日。			
PD20030005	异菌脲/500克/升/悬浮剂/异菌脲 500克/升/2008.07.08 至 2013.07.08/低毒			
	番茄	灰霉病、早疫病	375-750克/公顷	喷雾
	苹果树	斑点落叶病	1000-2000倍液	喷雾
	葡萄	灰霉病	750-1000倍液	喷雾
PD20030018	咪鲜胺/250克/升/乳油/咪鲜胺 250克/升/2008.12.18 至 2013.12.18/低毒			
	柑橘	蒂腐病、绿霉病、青霉病、炭疽病	250-500毫克/千克	浸果
	芒果	炭疽病	1)500-1000毫克/千克, 2)250-500毫克/千克	1)浸果 2)喷雾
	水稻	恶苗病	62.5-125毫克/千克	浸种
PD20040001	氟虫腈/0.3%/颗粒剂/氟虫腈 0.3%/2004.02.09 至 2009.02.09/低毒			
	甘蔗	蔗龟	81克/公顷	拌土撒施
	甘蔗	蔗螟	100-150克/公顷	沟施
	水稻	稻瘿蚊	58.5克/公顷	拌土撒施
	水稻育秧盘	稻水象甲、稻象甲	60-80克/公顷	拌土撒施
	水稻育秧田	三化螟	45-60克/公顷	拌土撒施
PD20040031	溴氰菊酯/98.5%/原药/溴氰菊酯 98.5%/2009.12.17 至 2014.12.17/中等毒			
PD20050011	吡虫啉/70%/水分散粒剂/吡虫啉 70%/2005.04.12 至 2010.04.12/中等毒			
	茶树	茶小绿叶蝉、小绿叶蝉	21-42克/公顷	喷雾
	棉花	蚜虫	21-31.5克/公顷	喷雾
	十字花科蔬菜	蚜虫	14-20克/公顷	喷雾
	水稻	稻飞虱	21-31.5克/公顷	喷雾
	小麦	蚜虫	21-42克/公顷	喷雾
PD20050014	戊唑醇/60克/升/悬浮种衣剂/戊唑醇 60克/升/2005.04.12 至 2010.04.12/低毒			
	高粱	丝黑穗病	6-9克/100千克种子	种子包衣
	小麦	散黑穗病	1.8-2.7克/100千克种子	种子包衣
	小麦	纹枯病	3-4克/100千克种子	种子包衣
	玉米	丝黑穗病	6-12克/100千克种子	种子包衣
PD20050056	吡虫啉/600克/升/悬浮种衣剂/吡虫啉 600克/升/2005.05.08 至 2010.05.08/中等毒			
	棉花	蚜虫	350-500克/100千克种子	种子包衣
PD20050132	氟虫腈/50克/升/种子处理悬浮剂/氟虫腈 50克/升/2005.09.08 至 2010.09.08/低毒			
	水稻	稻飞虱、稻蓟马、稻瘿蚊、稻纵卷叶螟	20-40克/100千克种子	种子包衣
	杂交水稻	稻飞虱、稻蓟马、稻纵卷叶螟	80-160克/100千克种子	种子包衣
	杂交水稻	稻瘿蚊、三化螟	50-75克/100千克种子	种子包衣
PD20050146	噻苯隆/98%/原药/噻苯隆 98%/2005.09.19 至 2010.09.19/中等毒			
PD20050147	噻苯隆/50%/可湿性粉剂/噻苯隆 50%/2005.09.19 至 2010.09.19/中等毒			
	棉花	脱叶	150-300克/公顷	喷雾
PD20050148	噻苯隆/50%/可湿性粉剂/噻苯隆 50%/2005.09.19 至 2010.09.19/中等毒			
	棉花	脱叶	150-225克/公顷+助剂伴宝-1005-1995毫升/公顷	喷雾
PD20050149	莎稗磷/90%/原药/莎稗磷 90%/2005.09.19 至 2010.09.19/中等毒			
PD20050150	莎稗磷/300克/升/乳油/莎稗磷 300克/升/2005.09.19 至 2010.09.19/低毒			
	水稻移栽田	莎草、一年生禾本科杂草	1)225-270克/公顷(长江以南) 2)270-315克/公顷(长江以北)	药土法或喷雾法

PD20050192　丙森锌/70%/可湿性粉剂/丙森锌 70%/2005.12.13 至 2010.12.13/低毒

大白菜、黄瓜	霜霉病	1575-2250克/公顷	喷雾
番茄	早疫病	1312.5-1968.75克/公顷	喷雾
番茄	晚疫病	1575-2250克/公顷	喷雾
柑橘	炭疽病	875-1167毫克/千克	喷雾
苹果树	斑点落叶病	1000-1167毫克/千克	喷雾
葡萄	霜霉病	400-600倍液	喷雾

注:柑橘为临时登记,有效期至2012年2月

PD20050193　丙森锌/80%/母药/丙森锌 80%/2005.12.13 至 2010.12.13/中等毒

PD20050200　丙森·缬霉威/66.8%/可湿性粉剂/丙森锌 61.3%、缬霉威 5.5%/2005.12.13 至 2010.12.13/低毒

黄瓜	霜霉病	1002-1336克/公顷	喷雾
葡萄	霜霉病	668-954毫克/千克	喷雾

PD20050202　缬霉威/95%/原药/缬霉威 95%/2005.12.19 至 2010.12.19/低毒

PD20050216　戊唑醇/430克/升/悬浮剂/戊唑醇 430克/升/2005.12.23 至 2010.12.23/低毒

大白菜	黑斑病	125-150克/公顷	喷雾
黄瓜	白粉病	96.75-116.1克/公顷	喷雾
梨树	黑星病	108.5-143.3毫克/千克	喷雾
苹果树	斑点落叶病	61.4-86毫克/千克	喷雾
苹果树	轮纹病	3000-4000倍液	喷雾
水稻	稻曲病	64.5-96.75克/公顷	喷雾

注:水稻、黄瓜为临时登记,有效期至2011年4月。

PD20060009　乙氧磺隆/95%/原药/乙氧磺隆 95%/2006.01.09 至 2011.01.09/低毒

PD20060010　乙氧磺隆/15%/水分散粒剂/乙氧磺隆 15%/2006.01.09 至 2011.01.09/低毒

水稻抛秧田、水稻移栽田	阔叶杂草、莎草科杂草	6.75-11.25克/公顷(华南地区) 11.25-15.75克/公顷(长江流域) 15.75-31.50克/公顷 (东北、华北地区)	毒土或喷雾
水稻直播田	阔叶杂草、莎草科杂草	9-13.5克/公顷(华南地区)13.5-20.25克/公顷(长江流域地区) 22.5-33.75克/公顷(华北东北)	毒土或喷雾

PD20060013　嘧霉胺/98%/原药/嘧霉胺 98%/2006.01.09 至 2011.01.09/低毒

PD20060014　嘧霉胺/400克/升/悬浮剂/嘧霉胺 400克/升/2006.01.09 至 2011.01.09/低毒

番茄、黄瓜	灰霉病	375-562.5克/公顷	喷雾
葡萄	灰霉病	1000-1500倍液	喷雾

PD20060024　高效氟氯氰菊酯/95%/原药/高效氟氯氰菊酯 95%/2006.01.09 至 2011.01.09/中等毒

PD20060025　高效氟氯氰菊酯/25克/升/乳油/高效氟氯氰菊酯 25克/升/2006.01.09 至 2011.01.09/低毒(原药高毒)

甘蓝	菜青虫	10-15克/公顷	喷雾
棉花	红铃虫、棉铃虫	11.25-18.75克/公顷	喷雾
苹果树	金纹细蛾	12.5-16.7毫克/千克	喷雾
苹果树	桃小食心虫	8.3-12.5毫克/千克	喷雾

PD20060042　酰嘧磺隆/97%/原药/酰嘧磺隆 97%/2006.02.07 至 2011.02.07/低毒

PD20060043　酰嘧磺隆/50%/水分散粒剂/酰嘧磺隆 50%/2006.02.07 至 2011.02.07/低毒

小麦	阔叶杂草	22.5-30克/公顷	喷雾

PD20060044　酰嘧·甲碘隆/6.25%/水分散粒剂/酰嘧磺隆 5%、甲基碘磺隆钠盐 1.25%/2006.02.07 至 2011.02.07/低毒

冬小麦	一年生阔叶杂草	9.38-18.75克/公顷	喷雾

PD20060045　甲基碘磺隆钠盐/91%/原药/甲基碘磺隆钠盐 91%/2006.02.14 至 2011.02.14/低毒

PD20060140　嗪草酮/91%/原药/嗪草酮 91%/2006.07.21 至 2011.07.21/低毒

PD20070051　甲基二磺隆/30克/升/油悬浮剂/甲基二磺隆 30克/升/2007.03.07 至 2012.03.07/低毒

春小麦、冬小麦	部分阔叶杂草、牛繁缕、一年生禾本科杂草	9-15.7克/公顷	茎叶喷雾

注:本品须加入喷液量0.2-0.5%的非离子表面活性剂使用。

PD20070056　丙炔噁草酮/96%/原药/丙炔噁草酮 96%/2007.03.07 至 2012.03.07/低毒

PD20070057　丙炔噁草酮/80%/水分散粒剂/丙炔噁草酮 80%/2007.03.07 至 2012.03.07/低毒

水稻移栽田	稗草、阔叶杂草、一年生莎草	72-96克/公顷	毒土法

PD20070062　甲基二磺隆/93%/原药/甲基二磺隆 93%/2007.03.12 至 2012.03.12/低毒

PD20070106　氟虫腈/80%/水分散粒剂/氟虫腈 80%/2007.04.26 至 2012.04.26/中等毒

水稻	稻纵卷叶螟	24-36克/公顷	喷雾
水稻	稻飞虱、二化螟	24-48克/公顷	喷雾

PD20070158　精噁唑禾草灵/69克/升/水乳剂/精噁唑禾草灵 69克/升/2007.06.14 至 2012.06.14/低毒

大麦	一年生禾本科杂草	冬大麦41.4-51.75克/公顷; 春大麦51.75-62.1克/公顷	茎叶喷雾

PD20070161　精噁唑禾草灵/92%/原药/精噁唑禾草灵 92%/2007.06.14 至 2012.06.14/低毒

PD20070231　霜霉威盐酸盐/69%/原药/霜霉威盐酸盐 69%/2007.08.08 至 2012.08.08/低毒

PD20070319 异菌脲/96%/原药/异菌脲 96%/2007.09.27 至 2012.09.27/低毒
PD20070353 螺螨酯/95.5%/原药/螺螨酯 95.5%/2007.10.24 至 2012.10.24/低毒
PD20070378 螺螨酯/240克/升/悬浮剂/螺螨酯 240克/升/2007.10.24 至 2012.10.24/低毒
柑橘树 红蜘蛛 40-60毫克/千克 喷雾
PD20070400 三唑醇/97%/原药/三唑醇 97%/2007.11.05 至 2012.11.05/低毒
PD20070611 丙炔噁草酮/80%/可湿性粉剂/丙炔噁草酮 80%/2007.12.14 至 2012.12.14/低毒
水稻移栽田 稗草、陌上菜、鸭舌草、异型莎草 1)72克/公顷(南方地区) 瓶甩法
2)72-96克/公顷(北方地区)
PD20081121 联苯三唑醇/97%/原药/联苯三唑醇 97%/2008.08.19 至 2013.08.19/低毒
PD20081445 二磺·甲碘隆/3.6%/水分散粒剂/甲基二磺隆 3%、甲基碘磺隆钠盐 0.6%/2008.10.31 至 2013.10.31/低毒
冬小麦田 一年生禾本科杂草及阔叶杂草 制剂用量：15-25克/亩； 喷雾
225-375克/公顷
PD20081918 戊唑醇/250克/升/水乳剂/戊唑醇 250克/升/2008.11.21 至 2013.11.21/低毒
香蕉树 叶斑病 167-250毫克/千克 喷雾
PD20090011 氟吡菌胺/97%/原药/氟吡菌胺 97%/2009.01.04 至 2014.01.04/微毒
PD20090012 氟菌·霜霉威/687.5克/升/悬浮剂/霜霉威盐酸盐 625克/升、氟吡菌胺 62.5克/升/2009.01.04 至 2014.01.04/低毒
番茄 晚疫病 618.8-773.4克/公顷 喷雾
黄瓜 霜霉病 618.8-773.4克/公顷 喷雾
PD20090444 噻苯·敌草隆/540克/升/悬浮剂/敌草隆 180克/升、噻苯隆 360克/升/2009.01.12 至 2014.01.12/中等毒
棉花 脱叶 72.9-97.2克/公顷 茎叶喷雾
PD20094981 三乙膦酸铝/96%/原药/三乙膦酸铝 96%/2009.04.21 至 2014.04.21/低毒
PD20096847 草铵膦/18%/可溶液剂/草铵膦 18%/2009.09.21 至 2014.09.21/中等毒
茶园、木瓜园、香蕉园 杂草 600-900克/公顷 定向茎叶喷雾
蔬菜地 杂草 450-750克/公顷 定向茎叶喷雾
PD20096850 草铵膦/95%/原药/草铵膦 95%/2009.09.21 至 2014.09.21/中等毒
LS20051336 甲酰氨基嘧磺隆/35%/水分散粒剂/甲酰氨基嘧磺隆 35%/2008.04.13 至 2009.04.13/低毒
春玉米 一年生杂草 50-60克/公顷 茎叶喷雾
夏玉米 一年生杂草 40-50克/公顷 茎叶喷雾
LS20053028 氟菌·霜霉威/687.5克/升/悬浮剂/霜霉威盐酸盐 625克/升、氟吡菌胺 62.5克/升/2008.09.13 至 2009.09.13/低毒
番茄 晚疫病 618.8-773.4克/公顷 喷雾
黄瓜 霜霉病 618.8-773.4克/公顷 喷雾
LS20080898 乙虫腈/100克/升/悬浮剂/乙虫腈 100克/升/2009.03.04 至 2010.03.04/低毒
水稻 稻飞虱 45-60克/公顷 喷雾
LS20080899 乙虫腈/94%/原药/乙虫腈 94%/2009.03.04 至 2010.03.04/低毒
LS20090522 肟菌·戊唑醇/75%/水分散粒剂/戊唑醇 50%、肟菌酯 25%/2009.03.18 至 2010.03.18/低毒
番茄 早疫病 112.5－168.75克/公顷 喷雾
黄瓜 白粉病、炭疽病 112.5－168.75克/公顷 喷雾
LS20090565 肟菌酯/96%/原药/肟菌酯 96%/2009.03.19 至 2010.03.19/低毒
LS20091047 螺虫乙酯/96%/原药/螺虫乙酯 96%/2009.04.15 至 2010.04.15/低毒
LS20091051 螺虫乙酯/240克/升/悬浮剂/螺虫乙酯 240克/升/2009.04.15 至 2010.04.15/低毒
柑橘树 介壳虫 48-60毫克/千克 喷雾
LS20091383 二磺·甲碘隆/1.2%/可分散油悬浮剂/甲基二磺隆 1%、甲基碘磺隆钠盐 0.2%/2009.08.05 至 2010.08.05/低毒
冬小麦田 一年生禾本科杂草及部分阔叶杂草 8.1-13.5克/公顷 茎叶喷雾
LS20091422 氟虫双酰胺/95%/原药/氟虫双酰胺 95%/2009.09.25 至 2010.09.25/低毒

德国拜茵公司 (吉林省长春市岳阳街52-10号306室 130021 0431-5648867)

WP20090009 杀虫粉剂/75%/粉剂/硅藻土 75%/2009.01.04 至 2014.01.04/微毒
卫生 蜚蠊、蚂蚁 3-4克制剂/平方米 喷撒

德国德迪盖世公司 (北京市海淀区复兴门外大街A2,中化大厦1211,1212房间 010-68569166)

PD359-2001 56%磷化镁片剂//片剂/磷化镁 56%/2006.06.15 至 2011.06.15/高毒
烟草 甲虫 2.18-4.37克/ 立方米 熏蒸

德国默克公司 (上海市南京西路1468号中欣大厦40层 200040 021-32224788)

WP20040007 驱蚊酯/98%/原药/驱蚊酯 98%/2009.11.03 至 2014.11.03/微毒

德国赛拓有限责任公司 (上海市静安区南京西路1601号越洋广场16楼 200040 021-61096666)

WL20080440 驱蚊液/20%/驱蚊液/羟哌酯 20%/2009.11.17 至 2010.11.17/低毒
卫生 蚊 / 涂抹
WL20080442 羟哌酯/97%/原药/羟哌酯 97%/2009.11.17 至 2010.11.17/低毒

德国特立福利公司 (湖北省沙隆达蕲春有限公司 435315 0713-7516526)

LS20053633 印楝素/32.8%/母药/印楝素 32.8%/2008.11.29 至 2009.11.29/低毒

朗盛德国有限公司 (上海市静安区南京路1601号越洋广场16楼 200040 021-61096666)

WL20070065 邻苯基苯酚/99.5/原药/邻苯基苯酚 99.5%/2009.03.29 至 2010.03.30/微毒

法国

法国戴商高士公司 (江苏省宜兴市万石镇漕南 214217 0510-87851001)

PD20070448　四聚乙醛/5%/颗粒剂/四聚乙醛 5%/2007.11.20 至 2012.11.20/低毒
　小白菜　蜗牛　360-495克/公顷　撒施
PD20096195　溴敌隆/0.005%/饵剂/溴敌隆 0.005%/2009.07.13 至 2014.07.13/高毒
　室内　家鼠　1.6-2.4克制剂/平方米　堆施
　田间　田鼠　1500-2500克制剂/公顷　堆施

法国道达尔流体公司　(江苏省昆山市经济开发区龙灯路88号　215300　0512-5709267)

PD20096069　矿物油/97%/乳油/矿物油 97%/2009.06.18 至 2014.06.18/低毒
　柑橘树　红蜘蛛、介壳虫、潜叶蛾、蚜虫　100－150倍　喷雾
　梨树　红蜘蛛　100－150倍　喷雾
　苹果树　红蜘蛛、蚜虫　100－150倍　喷雾

韩国

SK润滑油株式会社　(天津市河西区围堤道125号天信大厦1710室　300074　022-28138525)

PD20095615　矿物油/99%/乳油/矿物油 99%/2009.05.12 至 2014.05.12/微毒
　茶树　茶橙瘿螨　4455-7425克/公顷　喷雾
　番茄　烟粉虱　4455-7425克/公顷　喷雾
　柑橘树　红蜘蛛　3300-6600毫克/千克　喷雾
　柑橘树　介壳虫　4950-9900毫克/千克　喷雾
　黄瓜　白粉病　2970-4455克/公顷　喷雾
　苹果树　红蜘蛛　4950-9900毫克/千克　喷雾

韩国LG生命科学有限公司　(江苏省南京市童卫路6号南京农业大学生命科学学院　210095　025-84395117)

LS20070091　氟吡磺隆/97%/原药/氟吡磺隆 97%/2009.01.28 至 2010.01.28/低毒
LS20070092　氟吡磺隆/10%/可湿性粉剂/氟吡磺隆 10%/2009.01.28 至 2010.01.28/低毒
　水稻移栽田　多种一年生杂草　20-30克/公顷（杂草苗前）；30-40克/公顷（杂草2-4叶期）　毒土法
　水稻直播田　多种一年生杂草　20-30克/公顷　喷雾

韩国韩世药品公司　(北京市海淀区广源闸5号广源大厦5036室　100081　010-68703263)

WP20080083　杀蟑饵剂/2%/饵剂/氟蚁腙 2%/2008.07.09 至 2013.07.09/低毒
　卫生　蜚蠊　/　投放

韩国汉高家庭护理有限公司　(广东省东莞市东城区温塘西路72号至业楼D2　523121　0769-22662240)

WP20090274　杀蚁饵剂/0.008%/饵剂/氟虫腈 0.008%/2009.05.27 至 2014.05.27/低毒
　空间　蚂蚁　/　投放
WP20090275　杀蟑饵剂/0.05%/饵剂/氟虫腈 0.05%/2009.05.27 至 2014.05.27/低毒
　卫生　蜚蠊　/　投饵
WP20090349　杀蟑饵剂/2%/饵剂/氟蚁腙 2%/2009.10.26 至 2014.10.26/低毒
　卫生　蜚蠊　/　投放

韩国绿色制药株式会社　(北京市朝阳区三环中路39号建外SOHO公寓3座26单元3004号　010-58691285)

WL20060177　杀蟑饵剂/2%/饵剂/残杀威 2%/2008.10.18 至 2009.10.18/低毒
　卫生　蜚蠊　/　投放

韩国清镇制药株式会社　(北京市东城区胜古中路1号蓝宝商务大厦1042号　100029　010-64410592)

PD20092119　溴鼠灵/0.005%/毒饵/溴鼠灵 0.005%/2009.02.23 至 2014.02.23/低毒(原药高毒)
　室内　家鼠　10-20克毒饵/15平方米　饱和投饵
　室外　家鼠　5-10克毒饵/5平方米　饱和投饵
　室外　田鼠　2250-3000克毒饵/公顷　饱和投饵

韩国日明制药株式会社　(北京市东城区胜古中路1号蓝宝大厦C座1042室　100029　010-64411497)

WP20080084　杀蚁饵粒/1%/饵粒/氟蚁腙 1%/2008.07.09 至 2013.07.09/低毒
　卫生　蚂蚁　/　投放

韩国瑞韩化学株式会社　(上海市淮海中路222号力宝广场1101室　200001　021-33665858)

PD20081493　硫丹/95%/原药/硫丹 95%/2008.11.05 至 2013.11.05/高毒

韩国泰光制药股份有限公司　(北京市丰台区南三环中路70号南习大厦D座2108号　100075　010-87875428)

WL20060152　杀蟑饵剂/1%/饵剂/毒死蜱 1%/2009.08.13 至 2010.08.13/微毒
　卫生　蜚蠊　/　投放

捷克斯洛伐克

捷克生物制剂股份有限公司　(天津市河东区成林庄道建新路8号　300161　022-24346923)

LS20091213　寡雄腐霉菌/100万孢子/克/可湿性粉剂/寡雄腐霉菌 100万孢子/克/2009.04.30 至 2010.04.30/低毒
　番茄　晚疫病　100-300克制剂/公顷　喷雾
LS20091230　寡雄腐霉菌/500万孢子/克/原药/寡雄腐霉菌 500万孢子/克/2009.04.30 至 2010.04.30/低毒

马来西亚

马来西亚护农(马)私人有限公司　(北京市西城区阜外大街37号国侨宾馆347室　010-68327420)

PD20060122　草甘膦异丙胺盐(41%)///水剂/草甘膦 30%/2006.06.15 至 2011.06.15/低毒
　茶园　一年生和多年生杂草　922.5-2460克/公顷　定向喷雾
　非耕地　一年生和多年生杂草　1230-2460克/公顷　定向喷雾
　橡胶园　一年生和多年生杂草　1845-2460克/公顷　定向喷雾
　注:茶园为临时登记，有效期至2007年6月5日。

PD20094463　草甘膦/95%/原药/草甘膦 95%/2009.04.01 至 2014.04.01/低毒

马来西亚益马资源有限公司　(北京市朝阳区枣营路北里14号康乐写字楼303室　100026　010-65075527)

WP20090374　杀蟑胶饵/2.5%/胶饵/吡虫啉 2.5%/2009.11.30 至 2014.11.30/低毒

卫生	蜚蠊	/	投放

美国

爱利思达生物化学品北美有限公司　(上海市黄埔区九江路288号宏伊国际大厦　200001　021-33665858)

PD20081109　氟唑磺隆/70%/水分散粒剂/氟唑磺隆 70%/2008.08.19 至 2013.08.19/低毒

春小麦田	杂草	20-30克/公顷	喷雾

PD20081110　氟唑磺隆/95%/原药/氟唑磺隆 95%/2008.08.19 至 2013.08.19/低毒

美国杜邦公司　(上海市浦东新区浦东北路3055号　200137　021-58672488)

PD124-90　环嗪酮/25%/可溶液剂/环嗪酮 25%/2005.05.10 至 2010.05.10/低毒

森林	灌木、杂草	0.125-0.5克/穴	点射

PD132-91　苄嘧磺隆/10%/可湿性粉剂/苄嘧磺隆 10%/2006.04.01 至 2011.04.01/低毒

水稻	阔叶杂草、莎草	19.95-45克/公顷	喷雾或毒土

PD133-91　灭多威/24%/水溶性液剂/灭多威 24%/2006.04.01 至 2011.04.01/中等毒(原药高毒)

茶树	茶小绿叶蝉	342-450克/公顷	喷雾
甘蓝	菜青虫、蚜虫	300-360克/公顷	喷雾
柑橘树	潜叶蛾	200-300毫克/千克	喷雾
柑橘树	橘蚜	120-240毫克/千克	喷雾
棉花	棉铃虫、棉蚜	270-360克/公顷	喷雾
烟草	烟青虫、烟蚜	180-270克/公顷	喷雾

PD203-95　苯磺隆/75%/干悬浮剂/苯磺隆 75%/2005.06.28 至 2010.06.28/低毒

小麦	阔叶杂草	10.05-19.5克/公顷	喷雾

PD204-95　氢氧化铜/77%/可湿性粉剂/氢氧化铜 77%/2005.07.05 至 2010.07.05/低毒

番茄	早疫病	1545-2310克/公顷	喷雾
柑橘树	溃疡病	1283.3-1925毫克/千克	喷雾

PD211-96　苯磺隆/75%/可湿性粉剂/苯磺隆 75%/2006.07.02 至 2011.07.02/低毒

小麦	阔叶杂草	10.05-19.5克/公顷	喷雾

PD267-99　苄嘧磺隆/30%/可湿性粉剂/苄嘧磺隆 30%/2009.02.20 至 2014.02.20/低毒

水稻	多年生莎草	60-90克/公顷或45-67.5克/公顷(第一次),30-67.5克/公顷(第二次	毒土法
水稻	阔叶杂草、一年生莎草	)1)60-90克/公顷或45-67.5克/公顷(第一次),30-67.5克/公顷(第二次),2)30-60克/公顷	毒土法

PD280-99　灭多威/98%/原药/灭多威 98%/2009.04.20 至 2014.04.20/高毒

PD294-99　氢氧化铜/53.8%/水分散粒剂/氢氧化铜 53.8%/2009.08.20 至 2014.08.20/低毒

柑橘	溃疡病	489.1-597.8克/千克	喷雾
黄瓜	角斑病	550.5-672克/公顷	喷雾

注:柑橘为临时登记，有效期至2011年3月24日。

PD301-99　苄嘧磺隆/96%/原药/苄嘧磺隆 96%/2009.09.09 至 2014.09.09/低毒

PD302-99　环嗪酮/98%/原药/环嗪酮 98%/2004.09.09 至 2009.09.09/低毒

PD303-99　苯磺隆/95%/原药/苯磺隆 95%/2004.09.09 至 2009.09.09/低毒

PD376-2002　氟硅唑/400克/升/乳油/氟硅唑 400克/升/2007.03.27 至 2012.03.27/低毒

菜豆	白粉病	45-56.25克/公顷	喷雾
黄瓜	黑星病	45-75克/公顷	喷雾
梨树	赤星病、黑星病	40-50毫克/千克	喷雾
葡萄	黑痘病	40-50毫克/千克	喷雾

PD377-2002　氟硅唑/92.5%/原药/氟硅唑 92.5%/2007.03.27 至 2012.03.27/低毒

PD383-2003　甲磺隆/96%/原药/甲磺隆 96%/2008.03.07 至 2013.03.07/低毒

PD384-2003　苄嘧·甲磺隆/10%/可湿性粉剂/苄嘧磺隆 8.25%、甲磺隆 1.75%/2008.03.11 至 2013.03.11/低毒

水稻移栽田	阔叶杂草、一年生莎草	6-10克/公顷(南方地区)	喷雾或撒毒土

PD387-2003　噻吩磺隆/95%/原药/噻吩磺隆 95%/2008.03.17 至 2013.03.17/低毒

PD388-2003　噻吩磺隆/75%/干悬浮剂/噻吩磺隆 75%/2008.03.17 至 2013.03.17/低毒

大豆	一年生阔叶杂草、一年生杂草	1)15-20克/公顷(华北地区)2)20-25克/公顷(东北地区) 11.25-15克/公顷+乙草胺600-750克/公顷(华北地区)15-18.75克/公顷乙草胺+11	播前或播后苗前土壤喷雾
玉米	一年生阔叶杂草	1)15-20克/公顷(华北地区)20-25克/公顷(东北地区)2)8-15克/公顷(华北地区)15-20克/公顷(东北地区)	1)芽前土壤喷雾处理2)苗后茎叶喷雾

PD20040018　砜嘧磺隆/99%/原药/砜嘧磺隆 99%/2009.11.02 至 2014.11.02/低毒

PD20040019	砜嘧磺隆/25%/水分散粒剂/砜嘧磺隆 25%/2009.11.02 至 2014.11.02/低毒			
	春玉米田	一年生杂草	18.75-22.5克/公顷或15-18.5克公顷+莠去津720-900克/公顷+0.2%非离子表面活性剂(东北地区)	定向喷雾
	夏玉米田	一年生及部分多年生杂草	18.75-25克/公顷或11.25-15克/公顷+莠去津600-720克/公顷	定向喷雾
	烟草	一年生杂草	18.75-22.5克/公顷	定向喷雾
PD20050151	代森锰锌/88%/原药/代森锰锌 88%/2005.09.23 至 2010.09.23/低毒			
PD20060006	噁唑菌酮/98%/原药/噁唑菌酮 98%/2006.01.09 至 2011.01.09/低毒			
PD20060007	噁唑菌酮/78.5%/母药/噁唑菌酮 78.5%/2006.01.09 至 2011.01.09/微毒			
PD20060008	噁酮·霜脲氰/52.5%/水分散粒剂/噁唑菌酮 22.5%、霜脲氰 30%/2006.01.09 至 2011.01.09/低毒			
	黄瓜	霜霉病	183.8-275.6克/公顷	喷雾
	辣椒	疫病	256-341克/公顷	喷雾
PD20060017	茚虫威/94%/原药/茚虫威 94%/2006.01.09 至 2011.01.09/中等毒			
PD20060018	茚虫威/70.3%/母药/茚虫威 70.3%/2006.01.09 至 2011.01.09/中等毒			
PD20060019	茚虫威/150克/升/悬浮剂/茚虫威 150克/升/2006.01.09 至 2011.01.09/低毒			
	棉花	棉铃虫	22.5-40.5克/公顷	喷雾
	十字花科蔬菜	甜菜夜蛾、小菜蛾	22.5-40.5克/公顷	喷雾
	十字花科蔬菜	菜青虫	11.25-22.5克/公顷	喷雾
PD20060022	霜脲氰/96%/原药/霜脲氰 96%/2006.01.09 至 2011.01.09/低毒			
PD20060023	霜脲·锰锌/72%/可湿性粉剂/代森锰锌 64%、霜脲氰 8%/2006.01.09 至 2011.01.09/低毒			
	番茄	晚疫病	1404-1944克/公顷	喷雾
	黄瓜	霜霉病	1440-1800克/公顷	喷雾
	荔枝树	霜疫霉病	1030-1440毫克/千克	喷雾
PD20060068	代森锰锌/80%/可湿性粉剂/代森锰锌 80%/2006.04.13 至 2011.04.13/低毒			
	番茄	早疫病	2000克/公顷	喷雾
	苹果树	斑点落叶病	1000毫克/千克	喷雾
PD20070093	茚虫威/30%/水分散粒剂/茚虫威 30%/2007.04.18 至 2012.04.18/低毒			
	十字花科蔬菜	菜青虫	11.25-20.25克/公顷	喷雾
	十字花科蔬菜	甜菜夜蛾、小菜蛾	22.5-40.5克/公顷	喷雾
PD20070202	苄嘧·禾草丹/35.75%/可湿性粉剂/苄嘧磺隆 0.75%、禾草丹 35%/2007.08.07 至 2012.08.07/低毒			
	水稻秧田	稗草、阔叶杂草及一年生莎草、千金子	804-1072.5克/公顷	喷雾或毒土法
	水稻移栽田、水稻直播田	稗草、莎草及阔叶杂草	1)1072.5-1605克/公顷(南方地区) 2)1605-2145克/公顷(北方地区)	毒土法
PD20070216	苯磺隆/18%/可湿性粉剂/苯磺隆 18%/2007.08.07 至 2012.08.07/低毒			
	冬小麦田	一年生阔叶杂草	11.34-18.9克/公顷	茎叶喷雾
PD20070662	噁酮·氟硅唑/206.7克/升/乳油/噁唑菌酮 100克/升、氟硅唑 106.7克/升/2007.12.17 至 2012.12.17/低毒			
	苹果树	轮纹病	2000-3000倍液	喷雾
	香蕉	叶斑病	138-207毫克/千克	喷雾
	枣树	锈病	82.68-103.35毫克/千克	喷雾
	注:枣树为临时登记,有效期最多至2011年3月5日。			
PD20081376	206.7克/升噁唑菌酮·氟硅唑乳油/206.7克/升/乳油/噁唑菌酮 100克/升、氟硅唑 106.7克/升/2008.10.29 至 2013.10.29/低毒			
	香蕉树	叶斑病	/	/
PD20082589	代森锰锌/75%/水分散粒剂/代森锰锌 75%/2008.12.04 至 2013.12.04/低毒			
	苹果	轮纹病	750-1250毫克/千克	喷雾
PD20082590	代森锰锌/75%/水分散粒剂/代森锰锌 75%/2008.12.04 至 2013.12.04/低毒			
	柑橘树	疮痂病	1071.4-1500毫克/千克	喷雾
	黄瓜	霜霉病	1406.25-1687.5克/公顷	喷雾
	苹果树	轮纹病	750-1250毫克/千克	喷雾
PD20090445	敌草隆/98.4%/原药/敌草隆 98.4%/2009.01.12 至 2014.01.12/低毒			
PD20090685	噁酮·锰锌/68.75%/水分散粒剂/噁唑菌酮 6.25%、代森锰锌 62.5%/2009.01.19 至 2014.01.19/低毒			
	番茄	早疫病	773.4-966.8克/公顷	喷雾
	柑橘树	疮痂病	458.3-687.5毫克/千克	喷雾
	苹果树	斑点落叶病、轮斑病	1000-1500倍液	喷雾
LS20052867	氢氧化铜/37.5%/悬浮剂/氢氧化铜 37.5%/2008.09.01 至 2009.09.01/低毒			
	黄瓜	角斑病	468.75-625毫克/千克	喷雾
LS20061375	氯嘧磺隆/97.8%/原药/氯嘧磺隆 97.8%/2009.06.25 至 2010.06.25/低毒			
LS20072663	氯虫苯甲酰胺/95.3%/原药/氯虫苯甲酰胺 95.3%/2009.12.18 至 2010.12.19/微毒			
LS20080236	氯虫苯甲酰胺/200克/升/悬浮剂/氯虫苯甲酰胺 200克/升/2010.01.11 至 2011.01.11/微毒			
	水稻	二化螟	15-30克/公顷	喷雾
	水稻	稻纵卷叶螟、三化螟	15-30克/公顷	喷雾

LS20080811	氯虫苯甲酰胺/35%/水分散粒剂/氯虫苯甲酰胺 35%/2009.02.28 至 2010.02.28/微毒			
	苹果树	桃小食心虫	35-50毫克/千克	喷雾
	苹果树	金纹细蛾	14-20毫克/千克	喷雾
LS20081443	氯虫苯甲酰胺/5%/悬浮剂/氯虫苯甲酰胺 5%/2009.03.17 至 2010.03.17/微毒			
	甘蓝	甜菜夜蛾、小菜蛾	22.5-41.25克/公顷	喷雾
LS20081515	氢氧化铜/53.8%/水分散粒剂/氢氧化铜 53.8%/2008.03.31 至 2009.03.31/低毒			
	柑橘	溃疡病	489.1-597.8毫克/千克	喷雾
LS20082339	茚虫威/150克/升/乳油/茚虫威 150克/升/2009.04.21 至 2010.04.21/低毒			
	甘蓝	小菜蛾	22.5-40.5克/公顷	喷雾
	水稻	稻纵卷叶螟	27-36克/公顷	喷雾
LS20083292	氢氧化铜/46.1%/水分散粒剂/氢氧化铜 46.1%/2009.12.31 至 2010.12.31/低毒			
	黄瓜	角斑病	277-415克/公顷	喷雾
WL20070276	杀蚁饵粒/0.045%/饵粒/茚虫威 0.045%/2009.12.02 至 2010.12.03/微毒			
	卫生	红火蚁	/	投放
美国恩斯特克斯公司 (北京市海淀区学院南路38号智慧大厦1503B室 100082 010-62251605)				
WL20060181	氟啶脲/0.1%/浓饵剂/氟啶脲 0.1%/2009.10.31 至 2010.10.31/低毒			
	卫生	白蚁	用水稀释3-4倍	投放
美国富美实公司 (上海市仙霞路317号远东国际广场B1506室 100086 021-62351838)				
PD11-86	克百威/3%/颗粒剂/克百威 3%/2006.03.08 至 2011.03.08/中等毒(原药高毒)			
	甘蔗	害虫	1350-2250克/公顷	沟施
	花生	根结线虫	1800-2250克/公顷	条施、沟施
	棉花	蚜虫	675-900克/公顷	条施、沟施
	水稻	害虫	900-1350克/公顷	撒施
PD49-87	氯氰菊酯/100克/升/乳油/氯氰菊酯 100克/升/2007.05.31 至 2012.05.31/中等毒			
	茶树	茶毛虫、茶尺蠖、小绿叶蝉	27-50毫克/千克	喷雾
	甘蓝	菜青虫、蚜虫	15-30克/公顷	喷雾
	棉花	棉铃虫、蚜虫	75-120克/公顷	喷雾
	苹果树	桃小食心虫	30-60毫克/千克	喷雾
PD78-88	克百威/350克/升/悬浮种衣剂/克百威 350克/升/2008.09.03 至 2013.09.03/高毒			
	棉花	蚜虫	种子重量的1%	种子处理
	甜菜	地下害虫	种子重量的1%	种子处理
	玉米	地下害虫	种子重量的0.7-1%	种子处理
PD81-88	联苯菊酯/100克/升/乳油/联苯菊酯 100克/升/2008.09.03 至 2013.09.03/中等毒			
	茶树	象甲	45-52.5克/公顷	喷雾
	茶树	茶小绿叶蝉、粉虱	30-37.5克/公顷	喷雾
	茶树	茶毛虫、茶尺蠖	7.5-15克/公顷	喷雾
	番茄(保护地)	白粉虱	7.5-15克/公顷	喷雾
	柑橘树	潜叶蛾	7.5-10毫克/千克	喷雾
	柑橘树	红蜘蛛	20-30毫克/千克	喷雾
	棉花	红蜘蛛	45-60克/公顷	喷雾
	棉花	红铃虫、棉铃虫	30-52.5克/公顷	喷雾
	苹果树	桃小食心虫、叶螨	20-30毫克/千克	喷雾
PD84-88	顺式氯氰菊酯/50克/升/乳油/顺式氯氰菊酯 50克/升/2008.10.13 至 2013.10.13/中等毒			
	棉花	红铃虫、盲蝽蟓、棉铃虫	25.5-34.5克/公顷	喷雾
PD96-89	联苯菊酯/25克/升/乳油/联苯菊酯 25克/升/2009.03.23 至 2014.03.23/低毒			
	茶树	茶小绿叶蝉、粉虱、黑刺粉虱	30-37.5克/公顷	喷雾
	茶树	茶毛虫、茶尺蠖	7.5-15克/公顷	喷雾
	茶树	象甲	45-52.5克/公顷	喷雾
	番茄(保护地)	白粉虱	7.5-15克/公顷	喷雾
	柑橘树	红蜘蛛	20-30毫克/千克	喷雾
	柑橘树	潜叶蛾	7.5-10毫克/千克	喷雾
	棉花	红铃虫、棉铃虫	30-52.5克/公顷	喷雾
	棉花	棉红蜘蛛	45-60克/公顷	喷雾
	苹果树	桃小食心虫、叶螨	20-30毫克/千克	喷雾
PD176-93	硫线磷/10%/颗粒剂/硫线磷 10%/2008.04.09 至 2013.04.09/高毒			
	甘蔗	线虫	3000-6000克/公顷	沟施
	甘蔗	二点褐金龟	2000-3000克/公顷	沟施
	柑橘树	根结线虫	6000-12000克/公顷	沟施或撒施
PD184-93	异噁草松/480克/升/乳油/异噁草松 480克/升/2008.11.03 至 2013.11.03/低毒			
	大豆	一年生杂草	1000.5-1200克/公顷	芽前喷雾
	甘蔗	一年生杂草	795-1005克/公顷	芽前喷雾
	注:该药剂仅限于非豆麦轮作的地区使用。			
PD194-94	丁硫克百威/200克/升/乳油/丁硫克百威 200克/升/2007.08.14 至 2012.08.14/中等毒			

	甘蓝	蚜虫	75-150毫克/千克	喷雾
	柑橘树	锈壁虱	100-133.3毫克/千克	喷雾
	柑橘树	潜叶蛾、蚜虫	133.3-200毫克/千克	喷雾
	节瓜	蓟马	187.5-375克/公顷	喷雾
	棉花	蚜虫	90-180克/公顷	喷雾
	苹果树	蚜虫	50-66.67毫克/千克	喷雾
	水稻	褐飞虱、三化螟	600-750克/公顷	喷雾
PD234-98	克百威/85%/母药/克百威 85%/2005.07.29 至 2010.07.29/高毒			
PD284-99	丁硫克百威/35%/种子处理干粉剂/丁硫克百威 35%/2009.07.07 至 2014.07.07/中等毒			
	水稻	稻蓟马	210-400克/100千克种子	拌种
	水稻	稻瘿蚊	600-800克/100千克种子	拌种
PD287-99	氯氰菊酯/90%/原药/氯氰菊酯 90%/2009.07.07 至 2014.07.07/中等毒			
PD288-99	顺式氯氰菊酯/90%/原药/顺式氯氰菊酯 90%/2009.07.07 至 2014.07.07/中等毒			
PD289-99	克百威/95%/原药/克百威 95%/2009.07.07 至 2014.07.07/高毒			
PD291-99	联苯菊酯/90%/原药/联苯菊酯 90%/2009.04.05 至 2014.04.05/中等毒			
PD292-99	异噁草松/92%/原药/异噁草松 92%/2009.07.07 至 2014.07.07/低毒			
PD335-2000	硫线磷/92%/原药/硫线磷 92%/2005.06.09 至 2010.06.09/高毒			
PD342-2000	丁硫克百威/86%/原药/丁硫克百威 86%/2005.06.09 至 2010.06.09/中等毒			
PD20050157	zeta-氯氰菊酯/88%/原药/zeta-氯氰菊酯 88%/2005.10.12 至 2010.10.12/中等毒			
PD20060020	唑草酮/90%/原药/唑草酮 90%/2006.01.09 至 2011.01.09/低毒			
PD20060021	唑草酮/40%/水分散粒剂/唑草酮 40%/2006.01.09 至 2011.01.09/微毒			
	春小麦	阔叶杂草	30-36克/公顷	喷雾
	冬小麦	阔叶杂草	24-30克/公顷	茎叶喷雾
PD20060030	丁硫克百威/5%/颗粒剂/丁硫克百威 5%/2006.01.25 至 2011.01.25/低毒			
	番茄、黄瓜	根结线虫	3750-5250克/公顷	沟施
	甘蓝	蚜虫	1500-3000克/公顷	穴施、沟施
	甘蓝	地下害虫	2250-3750克/公顷	沟施、撒施
	甘蔗	蔗螟	2250-3000克/公顷	沟施
	甘蔗	蔗龟	2250-3750克/公顷	沟施、撒施
	水稻	稻水象甲	1500-2250克/公顷	撒施
PD20060031	zeta-氯氰菊酯/181克/升/乳油/zeta-氯氰菊酯 181克/升/2006.01.25 至 2011.01.25/低毒			
	棉花	棉铃虫	45-60克/公顷	喷雾
	十字花科蔬菜	蚜虫	45-60克/公顷	喷雾
PD20070528	异噁草松/360克/升/微囊悬浮剂/异噁草松 360克/升/2007.11.28 至 2012.11.28/低毒			
	夏大豆田	部分阔叶杂草、一年生禾本科杂草	378-540克/公顷	喷雾
	移栽水稻田	稗草、千金子	150-189克/公顷	药土法
	油菜(移栽田)	一年生杂草	140.4-178.2克/公顷	土壤喷雾
	直播水稻田	稗草、千金子	1)150-189克/公顷(南方地区) 2)189-216克/公顷(北方地区)	1)药土法 2)喷雾
PD20082588	唑草酮/52.6%/母药/唑草酮 52.6%/2008.12.04 至 2013.12.04/低毒			
PD20083434	硫线磷/200克/升/母药/硫线磷 200克/升/2008.12.11 至 2013.12.11/低毒(原药高毒)			
WP20080069	氯菊酯/92%/原药/氯菊酯 92%/2008.05.09 至 2013.05.09/低毒			
WP20080147	顺式氯氰菊酯/50克/升/悬浮剂/顺式氯氰菊酯 50克/升/2008.11.05 至 2013.11.05/低毒			
	卫生	蚊、蝇	10-20毫克/平方米	滞留喷洒
	卫生	蜚蠊、跳蚤	15-25毫克/平方米	滞留喷洒
WP20080453	氯菊酯/380克/升/乳油/氯菊酯 380克/升/2008.12.16 至 2013.12.16/低毒			
	卫生	跳蚤	150-300毫克/平方米	滞留喷雾
WP20090032	zeta-氯氰菊酯/180克/升/水乳剂/zeta-氯氰菊酯 180克/升/2009.01.12 至 2014.01.12/低毒			
	卫生	蜚蠊	15-25毫克/平方米	滞留喷雾
	卫生	蚊、蝇	10-20毫克/平方米	滞留喷雾

美国高文国际商业有限公司(广州市广园快速路东圃路段中海康城花园紫罗兰街9栋1001房 510663 020-32350403)

PD48-87	400克/升野麦畏乳油//乳油/野麦畏 400克/升/2007.05.15 至 2012.05.15/低毒			
	小麦	野燕麦	900-1200克/公顷	土壤处理
PD145-91	6%氯苯嘧啶醇可湿性粉剂//可湿性粉剂/氯苯嘧啶醇 6%/2006.10.19 至 2011.10.19/低毒			
	梨树	黑星病	40-60毫克/千克	喷雾
	苹果树	白粉病	40-60毫克/千克	喷雾
PD20060036	喹螨醚/95克/升/乳油/喹螨醚 95克/升/2006.02.07 至 2011.02.07/中等毒			
	苹果树	红蜘蛛	20-25毫克/千克	喷雾
PD20060037	喹螨醚/99%/原药/喹螨醚 99%/2006.02.07 至 2011.02.07/中等毒			

美国加州农化产品公司 (北京市海淀区温泉镇温泉村山口1号院办公楼207室 100095 010-84972446)

LS20060165	藻酸丙二醇酯/84%/原药/藻酸丙二醇酯 84%/2008.01.26 至 2009.01.25/微毒			
LS20060169	藻酸丙二醇酯/0.12%/可溶液剂/藻酸丙二醇酯 0.12%/2008.01.26 至 2009.01.25/低毒			
	番茄	白粉虱	6-9克/公顷	喷雾

美国科聚亚公司　（上海市浦东新区世纪大道1568号中建大厦1703-1705室　200122　021-38666688）

PD29-87	炔螨特/73%/乳油/炔螨特 73%/2007.06.24 至 2012.06.24/低毒			
	柑橘树	螨	243-365毫克/千克	喷雾
	棉花	螨	273.75-383.25克/公顷	喷雾
	苹果树	叶螨	243-365毫克/千克	喷雾
PD102-89	炔螨特/57%/乳油/炔螨特 57%/2009.07.08 至 2014.07.08/低毒			
	柑橘树	螨	243-365毫克/千克	喷雾
	棉花	螨	273.75-383.25克/公顷	喷雾
	苹果树	叶螨	243-365毫克/千克	喷雾
PD111-89	萎锈・福美双/75%/可湿性粉剂/福美双 37.5%、萎锈灵 37.5%/2009.11.03 至 2014.11.03/低毒			
	水稻	苗期立枯病	150-187.5克/100千克种子	拌种
	水稻	恶苗病	1)150-187.5克/100千克种子 2)0.75-1.125克/升水/千克种子	1)拌种 2)浸种
	小麦	散黑穗病	187.5-210克/100千克种子	拌种
PD112-89	萎锈・福美双/400克/升/悬浮剂/福美双 200克/升、萎锈灵 200克/升/2009.11.03 至 2014.11.03/低毒			
	大豆	根腐病	140-200克/100千克种子	拌种
	大麦	黑穗病	0.2-0.3升/100千克种子	拌种
	大麦	调节生长	100-120克/100千克种子	拌种
	大麦	条纹病	80-120克/100千克种子	拌种
	棉花、水稻	立枯病	160-200克/100千克种子	拌种
	水稻	恶苗病	120-160克/100千克种子	拌种
	小麦	散黑穗病	108.8-131.2克/100千克种子	拌种
	小麦、玉米	调节生长	120克/100千克种子	拌种
	玉米	丝黑穗病	160-200克/100千克种子	拌种
	玉米	苗期茎基腐病	80-120克/100千克种子	拌种
PD117-90	除虫脲/25%/可湿性粉剂/除虫脲 25%/2005.03.08 至 2010.03.08/低毒			
	甘蓝	菜青虫	189-236克/公顷	喷雾
	柑橘树	锈壁虱	62-83毫克/千克	喷雾
	柑橘树	潜叶蛾	62-125毫克/千克	喷雾
	苹果树	金纹细蛾	125-250毫克/千克	喷雾
	森林	松毛虫	1)40-60毫克/千克 2)30-45克/公顷	1)喷雾 2)超低容量喷雾
	小麦	黏虫	22.5-75克/公顷	喷雾
PD260-98	除虫脲/97.9%/原药/除虫脲 97.9%/2008.12.11 至 2013.12.11/低毒			
PD261-98	炔螨特/90.6%/原药/炔螨特 90.6%/2008.12.11 至 2013.12.11/低毒			
PD262-98	萎锈灵/97.9%/原药/萎锈灵 97.9%/2008.12.11 至 2013.12.11/低毒			
PD263-98	福美双/97.5%/原药/福美双 97.5%/2008.12.11 至 2013.12.11/低毒			
PD20070198	氯氰菊酯/300克/升/悬浮种衣剂/氯氰菊酯 300克/升/2007.07.17 至 2012.07.17/中等毒			
	小麦、玉米	地下害虫	50-60克/100千克种子	种子包衣
	注:小麦为临时登记,有效期至2009年10月10日。			
PD20082529	喹禾糠酯/40克/升/乳油/喹禾糠酯 40克/升/2008.12.03 至 2013.12.03/低毒			
	大豆田	一年生禾本科杂草	36-48克/公顷	茎叶喷雾
	油菜田	一年生禾本科杂草	30-48克/公顷	茎叶喷雾
PD20082530	喹禾糠酯/95%/原药/喹禾糠酯 95%/2008.12.03 至 2013.12.03/低毒			
PD20083328	克菌丹/450克/升/悬浮种衣剂/克菌丹 450克/升/2008.12.11 至 2013.12.11/低毒			
	玉米	苗期茎基腐病	67.5-78.75克/100千克种子	种子包衣
PD20092477	戊唑醇/80克/升/种子处理悬浮剂/戊唑醇 80克/升/2009.02.25 至 2014.02.25/低毒			
	玉米	丝黑穗病	8-12克/100千克种子	种子处理
PD20096836	联苯肼酯/97%/原药/联苯肼酯 97%/2009.09.21 至 2014.09.21/低毒			
PD20096837	联苯肼酯/43%/悬浮剂/联苯肼酯 43%/2009.09.21 至 2014.09.21/低毒			
	苹果树	红蜘蛛	160-240毫克/千克	喷雾
LS20060033	顺式氯氰菊酯/200克/升/悬浮种衣剂/顺式氯氰菊酯 200克/升/2009.01.16 至 2010.01.16/中等毒			
	玉米	地下害虫	30-35克/100千克种子	种子包衣

美国罗门哈斯公司　（北京市朝阳区亮马桥路32号　100016　010-64643450）

PD20080475	1-甲基环丙烯/3.3%/微囊粒剂/1-甲基环丙烯 3.3%/2008.03.31 至 2013.03.31/低毒			
	番茄、梨、李子、苹果、香甜瓜	保鲜	35-70毫克/立方米（制剂）	熏蒸
	柿子、猕猴桃	保鲜	35毫克/立方米（制剂）	熏蒸
	注:除苹果外,其它作物为临时登记,猕猴桃、柿子、香甜瓜有效期2005.7.29-2009.07.29；番茄、梨、李子2007.7.29-2011.7.29。			
LS20083073	1-甲基环丙烯/0.14%/微囊粒剂/1-甲基环丙烯 0.14%/2009.10.12 至 2010.10.12/低毒			
	非洲菊、唐菖蒲	保鲜	1000-1500微克/千克	密闭熏蒸
	花卉百合、康乃馨(	保鲜	500-1000微克/千克	密闭熏蒸

香石竹)

美国孟山都公司 (上海市浦东世纪大道88号金茂大厦19楼 200121 021-50498998)

PD31-87 丁草胺/600克/升/乳油/丁草胺 600克/升/2007.04.02 至 2012.04.02/低毒

水稻	一年生杂草	750-1275克/公顷	喷雾或毒土撒施

PD73-88 草甘膦异丙胺盐/41%/水剂/草甘膦异丙胺盐 41%(以异丙胺盐计)/2008.04.15 至 2013.04.15/微毒

茶园、桑园	杂草	922.5-2460克/公顷	喷雾
柑橘园	杂草	1050-3750克/公顷	喷雾
棉花免耕田、玉米田	杂草	922.5-1537.5克/公顷	喷雾
棉田行间	杂草	922.5-1230克/公顷	喷雾
水稻田埂	杂草	1230-2460克/公顷	喷雾
橡胶园	杂草	1845-3075克/公顷	喷雾

PD76-88 丁草胺/600克/升/水乳剂/丁草胺 600克/升/2008.08.14 至 2013.08.14/低毒

水稻	一年生杂草	750-1275克/公顷	喷雾或撒毒土

PD88-88 甲草胺/480克/升/乳油/甲草胺 480克/升/2008.02.19 至 2013.02.19/低毒

春大豆	一年生杂草	2520-2880克/公顷,1800-2160克/公顷(盖膜)	播后芽前或播前土壤处理
花生、夏大豆	一年生杂草	1800-2160克/公顷,1080-1440克/公顷(盖膜)	播后芽前或播前土壤处理
棉花	一年生杂草	1800-2160克/公顷,1080-1440克/公顷(盖膜,华北地区);1440-1800克/公顷,900-1080克/公顷(盖膜,长江流域)	播后芽前或播前土壤处理

PD137-91 丁草胺/600克/升/乳油/丁草胺 600克/升/2006.03.01 至 2011.03.01/低毒

水稻	一年生杂草	750-1275克/公顷	喷雾或撒毒土

注:本品含安全剂

PD243-98 乙草胺/900克/升/乳油/乙草胺 900克/升/2008.08.14 至 2013.08.14/低毒

大豆田	部分阔叶杂草、一年生禾本科杂草	1350-1890克/公顷(东北地区),810-1350克/公顷(其它地区)	土壤喷雾处理
花生田	部分阔叶杂草、一年生禾本科杂草	780-1275克/公顷	土壤喷雾处理
棉花田	部分阔叶杂草、一年生禾本科杂草	1)810-945克/公顷(南疆)2)945-1080克/公顷(北疆)3)810-1080克/公顷(其他地区)	1)播前土壤喷雾处理,2)播后苗前土壤喷雾处理,移栽前使用农达土壤喷雾处理
油菜田	部分阔叶杂草、一年生禾本科杂草	540-810克/公顷	移栽后土壤喷雾处理
玉米田	部分阔叶杂草、一年生禾本科杂草	1350-1620克/公顷(东北地区),810-1350克/公顷(其他地区)	土壤喷雾处理

PD343-2000 草甘膦原药//原药/草甘膦 95%/2005.06.13 至 2010.06.13/低毒

PD20060050 草甘膦铵盐/74.7%/水溶性粒剂/草甘膦铵盐 74.7%/2006.03.03 至 2011.03.03/低毒

柑橘园	一年生和多年生杂草	1120.5-2241克/公顷	定向茎叶喷雾

PD20080775 硅噻菌胺/97.7%/原药/硅噻菌胺 97.7%/2008.06.16 至 2013.06.16/低毒

PD20080776 硅噻菌胺/125克/升/悬浮剂/硅噻菌胺 125克/升/2008.06.16 至 2013.06.16/低毒

冬小麦	全蚀病	20-40克/100千克种子	拌种

美国摩弗莱公司 (上海市延安西路1030弄14号703室 200052 021-62517430)

WP20080077 避蚊胺/95%/原药/避蚊胺 95%/2008.05.30 至 2013.05.30/低毒

美国默赛技术公司 (北京市海淀区农大南路1号万景亮城2B702室 100084 010-82782833)

PD20060087 代森锰锌原药//原药/代森锰锌 90%/2006.05.12 至 2011.05.12/低毒

PD20060158 代森锰锌/80%/可湿性粉剂/代森锰锌 80%/2006.09.22 至 2011.09.22/低毒

番茄	早疫病	1560-2520克/公顷	喷雾
花生	叶斑病	720-900克/公顷	喷雾
荔枝树	霜疫霉病	1333.3-2000毫克/千克	喷雾
马铃薯	晚疫病	1440-2160克/公顷	喷雾
苹果树	斑点落叶病	1000-1600毫克/千克	喷雾
烟草	赤星病	1440-1920克/公顷	喷雾

PD20070037 高效氯氰菊酯原药//原药/高效氯氰菊酯 98%/2007.02.08 至 2012.02.08/中等毒

PD20070038 草甘膦异丙胺盐/41%/水剂/草甘膦异丙胺盐 41%/2007.02.08 至 2012.02.08/低毒

柑橘园	一年生和多年生杂草	1230-2460克/公顷	定向喷雾

PD20070439 三唑酮/25%/可湿性粉剂/三唑酮 25%/2007.11.20 至 2012.11.20/低毒

小麦	白粉病、锈病	112.5-131.25克/公顷	喷雾

PD20070440 三唑酮/95%/原药/三唑酮 95%/2007.11.20 至 2012.11.20/低毒

PD20080346 甲基硫菌灵/97%/原药/甲基硫菌灵 97%/2008.02.26 至 2013.02.26/低毒

PD20082011 毒死蜱/97%/原药/毒死蜱 97%/2008.11.25 至 2013.11.25/中等毒

PD20084731 毒死蜱/480克/升/乳油/毒死蜱 480克/升/2008.12.22 至 2013.12.22/中等毒

水稻	稻纵卷叶螟	390-540克/公顷	喷雾

PD20084737 甲基硫菌灵/70%/可湿性粉剂/甲基硫菌灵 70%/2008.12.22 至 2013.12.22/低毒

水稻	纹枯病	1050-1500克/公顷	喷雾

PD20094158 高效氯氟氰菊酯/2.5%/可湿性粉剂/高效氯氟氰菊酯 2.5%/2009.03.27 至 2014.03.27/低毒

甘蓝	蚜虫	7.5-11.25克/公顷	喷雾

美国硼砂集团 (上海市淮海中路300号香港新世界大厦51层 200021 021-61033607)

WL20060054 四水八硼酸二钠/98%/可溶粉剂/四水八硼酸二钠 98%/2009.03.23 至 2010.03.23/低毒

木材	白蚁	8.2-8.4千克/立方米	加压浸泡
卫生	腐朽菌	2250毫克/千克	浸泡

WL20060055 四水八硼酸二钠/98%/原药/四水八硼酸二钠 98%/2009.03.23 至 2010.03.23/低毒

WL20090082 硼酸锌/98.8%/粉剂/硼酸锌 98.8%/2009.03.23 至 2010.03.23/低毒

卫生	腐朽菌	0.85%(药剂/板材)	添加

注:仅限木材加工企业使用。

WL20090083 硼酸锌/98.8%/原药/硼酸锌 98.8%/2009.03.23 至 2010.03.23/低毒

美国陶氏益农公司 (北京市东城区东长安街1号东方广场W3办公楼1103室 100738 010-85279199)

PD6-85 三环唑/75%/可湿性粉剂/三环唑 75%/2005.12.14 至 2010.12.14/低毒

水稻	稻瘟病	225-300克/公顷	喷雾

PD47-87 毒死蜱/480克/升/乳油/毒死蜱 480克/升/2007.04.22 至 2012.04.22/中等毒

甘蓝	地下害虫	360-540克/公顷	喷雾
柑橘树	红蜘蛛、矢尖蚧、锈壁虱	240-480毫克/千克	喷雾
棉花	害虫	450-900克/公顷	喷雾
苹果树	绵蚜	203.5-271.3毫克/千克	喷雾
苹果树	桃小食心虫	160-240毫克/千克	喷雾
水稻	二化螟、三化螟	360-576克/公顷	喷雾
水稻	稻纵卷叶螟、飞虱	300-600克/公顷	喷雾
水稻	稻瘿蚊	1800-2160克/公顷	毒土法
小麦	蚜虫	108-180克/公顷	喷雾
叶菜类蔬菜	菜青虫、蚜虫	360-540克/公顷	喷雾
叶菜类蔬菜	黄条跳甲、斜纹夜蛾	216-432克/公顷	喷雾

PD109-89 乙氧氟草醚/240克/升/乳油/乙氧氟草醚 240克/升/2009.01.06 至 2014.01.06/低毒

大蒜田	一年生杂草	144-180克/公顷	茎叶喷雾
甘蔗田	一年生杂草	105-180克/公顷	芽前土壤处理
森林苗圃	一年生杂草	180-300克/公顷	喷雾
水稻田	一年生杂草	36-72克/公顷	毒土

PD148-91 氯氟吡氧乙酸/200克/升/乳油/氯氟吡氧乙酸 200克/升/2006.11.29 至 2011.11.29/低毒

水田畦畔	空心莲子草(水花生)	150克/公顷	喷雾
小麦	阔叶杂草	150-199.5克/公顷	喷雾
玉米	阔叶杂草	150-210克/公顷	喷雾

PD153-92 三氯吡氧乙酸/480克/升/乳油/三氯吡氧乙酸 480克/升/2008.01.22 至 2013.01.22/低毒

森林	阔叶杂草、灌木	1999.5-3000克/公顷	喷雾

PD215-97 高效氟吡甲禾灵/108克/升/乳油/高效氟吡甲禾灵 108克/升/2007.03.08 至 2012.03.08/低毒

春大豆田、棉花田	芦苇	97.2-145.8克/公顷	茎叶喷雾
大豆田	一年生禾本科杂草	48.6-72.9克/公顷	喷雾
甘蓝田	一年生禾本科杂草	48.6-64.8 克/公顷	茎叶喷雾
花生田	一年生禾本科杂草	32.4-48.6克/公顷	喷雾
马铃薯田、西瓜田	一年生禾本科杂草	56.7-81克/公顷	茎叶喷雾
棉花田	一年生禾本科杂草	40.5-48.6克/公顷	喷雾
油菜田	一年生禾本科杂草	30-45克/公顷	喷雾

PD220-97 代森锰锌/80%/可湿性粉剂/代森锰锌 80%/2007.05.08 至 2012.05.08/低毒

番茄	早疫病	1560-2520克/公顷	喷雾
柑橘树	锈蜘蛛	500-600倍液	喷雾
柑橘树	疮痂病、炭疽病	400-600倍液	喷雾
花生	叶斑病	720-900克/公顷	喷雾
黄瓜	霜霉病	2040-3000克/公顷	喷雾
梨树	黑星病	800-1333.3毫克/千克	喷雾
荔枝树	霜疫霉病	1333.3-2000毫克/千克	喷雾
马铃薯	晚疫病	1440-2160克/公顷	喷雾
苹果树	斑点落叶病	1000-1500毫克/千克	喷雾
苹果树	轮纹病、炭疽病	1000-1333.3毫克/千克	喷雾
葡萄	白腐病、黑痘病	600-800倍液	喷雾
葡萄	霜霉病	1800-2520克/公顷	喷雾
甜椒	疫病	2000-2400克/公顷	喷雾

	西瓜	炭疽病	1995-3000克/公顷	喷雾
	烟草	赤星病	1400-1920克/公顷	喷雾
PD240-98	腈苯唑/24%/悬浮剂/腈苯唑 24%/2008.07.09 至 2013.07.09/低毒			
	桃树	桃褐腐病	75-96毫克/千克	喷雾
	香蕉	叶斑病	200-250毫克/千克	喷雾
PD245-98	虫酰肼/95%/原药/虫酰肼 95%/2008.11.19 至 2013.11.19/低毒			
PD273-99	毒死蜱/97%/原药/毒死蜱 97%/2009.03.31 至 2014.03.31/中等毒			
PD308-99	氟乐灵/97%/原药/氟乐灵 97%/2009.10.09 至 2014.10.09/低毒			
PD328-2000	氯氰·毒死蜱/522.5克/升/乳油/毒死蜱 475克/升、氯氰菊酯 47.5克/升/2005.03.24 至 2010.03.24/中等毒			
	菜豆	豆荚螟	313.5-470.25克/公顷	喷雾
	大豆	蚜虫	156.75-196克/公顷	喷雾
	甘蓝	菜青虫	247.5-495.8克/公顷	喷雾
	柑橘树	潜叶蛾	366.7-550毫克/千克	喷雾
	果菜类蔬菜	美洲斑潜蝇	313.5-470.25克/公顷	喷雾
	梨树	梨木虱	261-348毫克/千克	喷雾
	荔枝树	蒂蛀虫	261.3-522.5毫克/千克	喷雾
	棉花	棉铃虫	550-825克/公顷	喷雾
	苹果树	食心虫	275-366.7毫克/千克	喷雾
	桃树	介壳虫	261.3-348.3毫克/千克	喷雾
PD363-2001	虫酰肼/24%/悬浮剂/虫酰肼 24%/2006.06.18 至 2011.06.18/低毒			
	森林	马尾松毛虫	60-120毫克/千克	喷雾
PD372-2001	氯氟吡氧乙酸异辛酯/95%/原药/氯氟吡氧乙酸异辛酯 95%/2007.12.10 至 2012.12.10/低毒			
PD20030001	乙氧氟草醚/97%/原药/乙氧氟草醚 97%/2008.03.17 至 2013.03.17/低毒			
PD20050158	氯氰·毒死蜱/220克/升/乳油/毒死蜱 200克/升、氯氰菊酯 20克/升/2005.10.12 至 2010.10.12/中等毒			
	菜豆	豆荚螟	313.5-470.25克/公顷	喷雾
	甘蓝	菜青虫	247.5-495.8克/公顷	喷雾
	柑橘树	潜叶蛾	366.7-550毫克/千克	喷雾
	果菜类蔬菜	美洲斑潜蝇	313.5-470.25克/公顷	喷雾
	荔枝树、龙眼树	蒂蛀虫	261.3-522.5毫克/千克	喷雾
	棉花	棉铃虫	550-825克/公顷	喷雾
	苹果树	桃小食心虫	275-366.7毫克/千克	喷雾
PD20050197	甲氧虫酰肼/240克/升/悬浮剂/甲氧虫酰肼 240克/升/2005.12.13 至 2010.12.13/低毒			
	甘蓝	甜菜夜蛾	36-72克/公顷	喷雾
	苹果树	小卷叶蛾	48-80毫克/千克	喷雾
	水稻	二化螟	70-100克/公顷	喷雾
PD20050206	甲氧虫酰肼/97.6%/原药/甲氧虫酰肼 97.6%/2005.12.20 至 2010.12.20/低毒			
PD20060004	多杀霉素/90%/原药/多杀霉素 90%/2006.01.09 至 2011.01.09/低毒			
PD20060005	多杀霉素/25克/升/悬浮剂/多杀霉素 25克/升/2006.01.09 至 2011.01.09/低毒			
	甘蓝	小菜蛾	12.5-25克/公顷	喷雾
	茄子	蓟马	25-37.5克/公顷	喷雾
PD20060011	2,4-滴异辛酯/94.4%/原药/2,4-滴异辛酯 94.4%/2006.01.09 至 2011.01.09/低毒			
PD20060012	双氟·滴辛酯/459克/升/悬乳剂/2,4-滴异辛酯 453克/升、双氟磺草胺 6克/升/2006.01.09 至 2011.01.09/低毒			
	冬小麦田	阔叶杂草	206.4-275.2克/公顷	茎叶喷雾
PD20060026	双氟磺草胺/97%/原药/双氟磺草胺 97%/2006.01.09 至 2011.01.09/低毒			
PD20060027	双氟磺草胺/50克/升/悬浮剂/双氟磺草胺 50克/升/2006.01.09 至 2011.01.09/低毒			
	冬小麦田	阔叶杂草	3.75-4.5克/公顷	茎叶喷雾
PD20060040	氰氟草酯/97.4%/原药/氰氟草酯 97.4%/2006.02.07 至 2011.02.07/低毒			
PD20060041	氰氟草酯/100克/升/乳油/氰氟草酯 100克/升/2006.02.07 至 2011.02.07/低毒			
	水稻秧田、水稻直播田	稗草、部分禾本科杂草、千金子	75-105克/公顷	喷雾
PD20060184	丙环唑/250克/升/乳油/丙环唑 250克/升/2006.11.10 至 2011.11.10/低毒			
	香蕉	叶斑病	500-700倍液	喷雾
	小麦	锈病	124.5-150克/公顷	喷雾
PD20070111	双氟·唑嘧胺/58克/升/悬浮剂/双氟磺草胺 25克/升、唑嘧磺草胺 33克/升/2007.04.27 至 2012.04.27/低毒			
	冬小麦田	阔叶杂草	7.875-11.8克/公顷	喷雾
PD20070112	双氟·唑嘧胺/175克/升/悬浮剂/双氟磺草胺 75克/升、唑嘧磺草胺 100克/升/2007.04.27 至 2012.04.27/低毒			
	冬小麦田	阔叶杂草	7.875-11.8克/公顷	茎叶喷雾
PD20070127	噻呋酰胺/240克/升/悬浮剂/噻呋酰胺 240克/升/2007.05.21 至 2012.05.21/低毒			
	水稻	纹枯病	45.3-81.5克/公顷	喷雾
PD20070128	噻呋酰胺/96%/原药/噻呋酰胺 96%/2007.05.21 至 2012.05.21/低毒			
PD20070190	多杀霉素/480克/升/悬浮剂/多杀霉素 480克/升/2007.07.11 至 2012.07.11/低毒			
	棉花	棉铃虫	30.2-40.3克/公顷	喷雾
PD20070195	多素·毒死蜱/525克/升/乳油/毒死蜱 500克/升、多杀霉素 25克/升/2007.07.17 至 2012.07.17/中等毒			

	棉花	棉铃虫	472.5-630克/公顷	喷雾
	十字花科蔬菜	甜菜夜蛾	472.5-787.5克/公顷	喷雾
PD20070199	腈菌唑/40%/可湿性粉剂/腈菌唑 40%/2007.07.18 至 2012.07.18/低毒			
	黄瓜	白粉病	45-60克/公顷	喷雾
	梨树	黑星病	8000-10000倍液	喷雾
	苹果树	白粉病	6000-8000倍液	喷雾
	葡萄	炭疽病	66.7-100毫克/千克	喷雾
PD20070200	腈菌唑/94%/原药/腈菌唑 94%/2007.07.18 至 2012.07.18/低毒			
PD20070204	丙环唑/93%/原药/丙环唑 93%/2007.08.07 至 2012.08.07/低毒			
PD20070290	甲基毒死蜱/96%/原药/甲基毒死蜱 96%/2007.09.07 至 2012.09.07/低毒			
PD20070291	甲基毒死蜱/400克/升/乳油/甲基毒死蜱 400克/升/2007.09.07 至 2012.09.07/低毒			
	棉花	棉铃虫	600-1050克/公顷	喷雾
PD20070349	五氟磺草胺/98%/原药/五氟磺草胺 98%/2007.10.24 至 2012.10.24/低毒			
PD20070350	五氟磺草胺/25克/升/油悬浮剂/五氟磺草胺 25克/升/2007.10.24 至 2012.10.24/低毒			
	水稻田	一年生杂草	1)稗草2-3叶期15-30克/公顷2)稗草2-3叶期22.5-37.5克/公顷	1)茎叶喷雾2)毒土法
	水稻秧田	一年生杂草	12.5-17.5克/公顷	茎叶喷雾
PD20070358	唑嘧磺草胺/97%/原药/唑嘧磺草胺 97%/2007.10.24 至 2012.10.24/低毒			
PD20070359	唑嘧磺草胺/80%/水分散粒剂/唑嘧磺草胺 80%/2007.10.24 至 2012.10.24/低毒			
	春玉米田、大豆田	阔叶杂草	45-60克/公顷	土壤喷雾
	冬小麦田	阔叶杂草	20-30克/公顷	茎叶喷雾
	夏玉米田	阔叶杂草	24-48克/公顷	土壤喷雾
PD20070615	草甘膦异丙胺盐/41%/水剂/草甘膦异丙胺盐 41%/2007.12.14 至 2012.12.14/低毒			
	柑橘园	杂草	922.5-2460克/公顷	定向茎叶喷雾
PD20080483	氟硫草定/32%/乳油/氟硫草定 32%/2008.04.02 至 2013.04.02/低毒			
	高羊茅和早熟禾草坪	一年生单子叶及部分双子叶杂草	360-480克/公顷	芽前喷雾
PD20080496	氟硫草定/91.5%/原药/氟硫草定 91.5%/2008.04.09 至 2013.04.09/低毒			
PD20080662	高效氟吡甲禾灵/94%/原药/高效氟吡甲禾灵 94%/2008.05.27 至 2013.05.27/低毒			
PD20080666	多杀霉素/0.02%/饵剂/多杀霉素 0.02%/2008.05.27 至 2013.05.27/微毒			
	柑橘树	橘小实蝇	0.26-0.37克/公顷	点喷投饵
PD20081117	二氯吡啶酸/95%/原药/二氯吡啶酸 95%/2008.08.19 至 2013.08.19/低毒			
PD20081118	二氯吡啶酸/75%/可溶粒剂/二氯吡啶酸 75%/2008.08.19 至 2013.08.19/低毒			
	春油菜田	阔叶杂草	100-180克/公顷	茎叶喷雾
	冬油菜田	部分阔叶杂草	67.5-112.5克/公顷	茎叶喷雾
PD20081132	代森锰锌/430克/升/悬浮剂/代森锰锌 430克/升/2008.09.01 至 2013.09.01/低毒			
	香蕉	叶斑病	1050-1400毫克/千克	喷雾
PD20096674	锰锌·腈菌唑/62.25%/可湿性粉剂/腈菌唑 2.25%、代森锰锌 60%/2009.09.07 至 2014.09.07/低毒			
	黄瓜	白粉病	1867.5-2340克/公顷	喷雾
	梨树	黑星病	1037.5-1556.3毫克/千克	喷雾
LS20082912	啶磺草胺/96.5%/原药/啶磺草胺 96.5%/2009.07.14 至 2010.07.14/低毒			
LS20082937	啶磺草胺/7.5%/水分散粒剂/啶磺草胺 7.5%/2009.07.23 至 2010.07.23/微毒			
	冬小麦田	多种一年生杂草	10.55-14.06克/公顷	茎叶喷雾
LS20082939	氯酯磺草胺/84%/水分散粒剂/氯酯磺草胺 84%/2009.07.23 至 2010.07.23/低毒			
	春大豆田	阔叶杂草	25.2-31.5克/公顷	茎叶喷雾
LS20082940	氯酯磺草胺/97.5%/原药/氯酯磺草胺 97.5%/2009.07.23 至 2010.07.23/低毒			
LS20090788	五氟·氰氟草/60克/升/油悬浮剂/氰氟草酯 50克/升、五氟磺草胺 10克/升/2009.04.01 至 2010.04.01/低毒			
	直播水稻田	稗草及部分阔叶杂草和莎草	90-120克/公顷	茎叶喷雾
LS20091058	乙基多杀菌素/81.2%/原药/乙基多杀菌素 81.2%/2009.04.15 至 2010.04.15/微毒			
LS20091099	乙基多杀菌素/60克/升/悬浮剂/乙基多杀菌素 60克/升/2009.04.15 至 2010.04.15/低毒			
	甘蓝	小菜蛾	20-40毫升制剂/亩	喷雾
WP20070014	氟铃脲/97%/原药/氟铃脲 97%/2007.07.18 至 2012.07.18/低毒			
WP20070015	杀白蚁饵剂/0.5%/饵剂/氟铃脲 0.5%/2007.07.18 至 2012.07.18/低毒			
	卫生	白蚁	/	投放
WL20080379	杀蚁饵剂/0.5%/饵剂/多氟脲 0.5%/2009.09.01 至 2010.09.01/微毒			
	卫生	白蚁	/	投放
WL20080380	多氟脲/95%/原药/多氟脲 95%/2009.09.01 至 2010.09.01/微毒			

美国仙农有限公司　(北京市朝阳区朝外大街20号联合大厦0607室　100020　010-65889372)

PD266-99	代森锰锌/80%/可湿性粉剂/代森锰锌 80%/2009.02.13 至 2014.02.13/低毒			
	番茄	早疫病	2000克/公顷	喷雾
	梨树	黑星病	1000-1333毫克/千克	喷雾
	马铃薯	晚疫病	1680-2100克/公顷	喷雾
	苹果树	轮纹病	1000-1333毫克/千克	喷雾
	苹果树	斑点落叶病	1000毫克/千克	喷雾

西瓜 炭疽病 1995-3000克/公顷 喷雾
注:马铃薯、西瓜有效期至2007年10月12日。

PD300-99 抑霉唑/22.2%/乳油/抑霉唑 22.2%/2009.07.30 至 2014.07.30/中等毒
柑橘 绿霉病、青霉病 250-500毫克/千克 浸果

PD20060066 高效氯氰菊酯/100克/升/乳油/高效氯氰菊酯 100克/升/2006.04.04 至 2011.04.04/低毒
茶树 茶小绿叶蝉 15-19.5克/公顷 喷雾
茶树 茶尺蠖 10.5-15克/公顷 喷雾
甘蓝 菜青虫 7.5-15克/公顷 喷雾
柑橘树 潜叶蛾 100-133毫克/千克 喷雾
棉花 棉铃虫 52.5-72克/公顷 喷雾
苹果树 桃小食心虫 25-33.3毫克/千克 喷雾
小麦 蚜虫 12-18.75克/公顷 喷雾

PD20080975 代森锰锌/88%/原药/代森锰锌 88%/2008.07.24 至 2013.07.24/低毒

PD20080981 抑霉唑/0.1%/涂抹剂/抑霉唑 0.1%/2008.07.24 至 2013.07.24/微毒
柑橘 绿霉病、青霉病 2-3升/吨 涂果

PD20080991 代森锰锌/420克/升/悬浮剂/代森锰锌 420克/升/2008.07.24 至 2013.07.24/低毒
香蕉树 叶斑病 1400-1050毫克/千克 喷雾

PD20081044 波尔多液/80%/可湿性粉剂/波尔多液 80%/2008.08.06 至 2013.08.06/低毒
柑橘树 溃疡病 1333-2000毫克/千克 喷雾
辣椒 炭疽病 1600-2667毫克/千克 喷雾
苹果树 轮纹病 1600-2667毫克/千克 喷雾
葡萄 霜霉病 2000-2667毫克/千克 喷雾

PD20081113 氯苯胺灵/2.5%/粉剂/氯苯胺灵 2.5%/2008.08.19 至 2013.08.19/低毒
马铃薯 抑制出芽 10-15克/1000千克 撒施或喷粉

PD20081114 氯苯胺灵/99%/原药/氯苯胺灵 99%/2008.08.19 至 2013.08.19/低毒

PD20086361 波尔·锰锌/78%/可湿性粉剂/波尔多液 48%、代森锰锌 30%/2008.12.31 至 2013.12.31/低毒
番茄 早疫病 1638-1989克/公顷 喷雾
柑橘树 溃疡病 1560-1950毫克/千克 喷雾
黄瓜 霜霉病 1989-2691克/公顷 喷雾
苹果树 轮纹病 1300-1560毫克/千克 喷雾
苹果树 斑点落叶病 1300-1950毫克/千克 喷雾
葡萄 白腐病、霜霉病 1300-1560毫克/千克 喷雾

PD20093161 氯苯胺灵/49.65%/热雾剂/氯苯胺灵 49.65%/2009.03.11 至 2014.03.11/低毒
马铃薯 抑制出芽 30-40毫克/千克马铃薯 热雾

PD20095247 硫磺/99.5%/原药/硫磺 99.5%/2009.04.27 至 2014.04.27/低毒

PD20096463 硫磺/80%/水分散粒剂/硫磺 80%/2009.08.14 至 2014.08.14/低毒
黄瓜 白粉病 2200-2600克/公顷 喷雾

LS20083050 碱式硫酸铜/68%/可分散粒剂/水胆矾 68%/2009.09.25 至 2010.09.25/低毒
黄瓜 霜霉病 547.2-638.4克/公顷 喷雾

美国伊甸生物技术公司 (湖南省长沙市雨花区人民东路38号农大哥科技大楼1523室 210095 025-84395623)

PD20070120 超敏蛋白/3%/微粒剂/超敏蛋白 3%/2007.05.08 至 2012.05.08/低毒
番茄、辣椒、烟草 抗病、调节生长、增产 30-60毫克/千克 喷雾

美国庄臣公司 (上海市浦东新区新金桥路932号 201206 021-58994833)

WP20080568 驱蚊乳/7.5%/驱蚊乳/避蚊胺 7.5%/2008.12.25 至 2013.12.25/微毒
卫生 蚊 / 涂抹

WL20050236 驱蚊液/7%/驱蚊液/避蚊胺 7%/2008.08.21 至 2009.08.21/微毒
卫生 蚊 / 涂抹

美商华仑生物科学公司 (广东省化州市桔城北路26号 525100 010-81610801)

PD175-93 赤霉酸/20%/可溶粉剂/赤霉酸 20%/2008.06.16 至 2010.07.18/低毒
葡萄 调节生长 4-6.7毫克/千克(花前使用) 喷雾
或10-20毫克/千克(花后使用)
注:葡萄为临时状态,有效期最长不超过2010年7月18日。

PD380-2002 苄氨·赤霉酸/3.6%/液剂/苄氨基嘌呤 1.8%、赤霉酸A4+A7 1.8%/2007.06.17 至 2012.06.17/低毒
苹果树 调节果型 75.24-112.86克/公顷 喷雾
注:新红星、红富士苹果

PD20040007 苏云金杆菌/15000IU/毫克/水分散粒剂/苏云金杆菌 15000IU/毫克/2009.07.27 至 2014.07.27/低毒
甘蓝 菜青虫、甜菜夜蛾、小菜蛾 375-750克制剂/公顷 喷雾

挪威

挪威劳道克斯公司 (北京市崇文区广渠门领行国际中心1-1座23层 100061 010-67131677)

LS99016 氧化亚铜/86.2%/可湿性粉剂/氧化亚铜 86.2%/2009.05.07 至 2009.12.31/低毒
番茄 早疫病 900-1260克/公顷 喷雾
柑橘树 溃疡病 862-1078毫克/千克 喷雾
黄瓜 霜霉病 1800-2400克/公顷 喷雾

苹果 轮纹病 345－431毫克/千克 喷雾
葡萄 霜霉病 718-1078毫克/千克 喷雾
水稻 纹枯病 355.6-474.1克/公顷 喷雾
甜椒 疫病 1800-2400克/公顷 喷雾

LS20050857 氧化亚铜/86.2%/水分散粒剂/氧化亚铜 86.2%/2009.01.06 至 2009.12.31/低毒
荔枝 霜疫霉病 574.7-862毫克/千克 喷雾
苹果树 斑点落叶病 344.8—431毫克/千克 喷雾

葡萄牙

葡萄牙斯佩科农化有限公司 （北京市朝阳区光华路甲8号和乔大厦北座511A室 100026 010-65816127-29）

LS20070600 硫磺/80%/可湿性粉剂/硫磺 80%/2009.03.20 至 2010.03.21/低毒
小麦 白粉病 3000-3500克/公顷 喷雾

日本

爱利思达生命科学株式会社 （北京市富华大厦A座13层 200001 021-33665858）

PD9-85 双甲脒/200克/升/乳油/双甲脒 200克/升/2006.02.02 至 2011.02.02/中等毒
柑橘树 介壳虫、螨 130-200毫克/千克 喷雾
梨树 梨木虱 166-250毫克/千克 喷雾
棉花 棉红蜘蛛 60-120克/公顷 喷雾
苹果树 苹果叶螨、山楂红蜘蛛 130-200毫克/千克 喷雾

PD188-94 烯草酮/240克/升/乳油/烯草酮 240克/升/2005.03.09 至 2010.03.09/低毒
大豆 一年生禾本科杂草 单用:97.5-144克/公顷,混用:57-72克/公顷+ Amigo 0.125%或喷液量400-500毫升/公顷 喷雾

PD210-96 烯草酮/120克/升/乳油/烯草酮 120克/升/2006.04.29 至 2011.04.29/低毒
大豆 一年生禾本科杂草 63-72克/公顷 茎叶喷雾
油菜 一年生禾本科杂草 54-72克/公顷 喷雾

福马(日本)株式会社 （北京市朝阳区东三环路5号发展大厦505室 100004 010-65908541）

WP9-93 杀虫气雾剂/0.26%/气雾剂/右旋胺菊酯 0.23%、右旋苄呋菊酯 0.03%/2008.06.03 至 2013.06.03/低毒
卫生 蜚蠊、蚊、蝇 / 喷雾

WP46-97 0.3%福马克拉-AS气雾剂//气雾剂/右旋胺菊酯 0.15%、右旋苯醚氰菊酯 0.15%/2008.01.10 至 2013.01.10/低毒
卫生 蚊、蝇 0.3-0.5毫克/立方米 喷雾
卫生 蜚蠊 3-8毫克/平方米 喷雾

WP66-2000 福马克拉电热蚊香片(E型)//电热蚊香片/炔丙菊酯 10毫克/片/2005.02.22 至 2010.02.22/低毒
卫生 蚊 / 电热加温

WP67-2000 5%福马克拉杀蟑饵剂//饵剂/杀螟硫磷 5%/2005.02.22 至 2010.02.22/低毒
卫生 蜚蠊 / 投饵

WP68-2000 1.33%福马克拉电热蚊香液(重量/容量)//电热蚊香液/炔丙菊酯 13.3克/升/2005.02.22 至 2010.02.22/低毒
卫生 蚊 / 电热加温

WP69-2000 0.30%福马克拉杀虫气雾剂(水基)//气雾剂/右旋胺菊酯 0.15%、右旋苯醚氰菊酯 0.15%/2005.02.22 至 2010.02.22/低毒
卫生 蚊、蝇、蜚蠊 喷雾

WP70-2000 0.87%福马克拉杀蟑气雾剂(重量/容量)//气雾剂/胺菊酯 0.20%、氯菊酯 0.67%/2005.02.22 至 2010.02.22/低毒
卫生 蜚蠊 / 喷雾

日本 SDS Biotech K.K （北京市朝阳区呼家楼京广中心38层 100020 010-65011115）

PD106-89 百菌清/75%/可湿性粉剂/百菌清 75%/2004.09.02 至 2009.09.02/低毒
大白菜 黑斑病 1080-1350克/公顷 喷雾
冬瓜 白粉病 1080-1350克/公顷 喷雾
番茄 早疫病 1650-3000克/公顷 喷雾
花生 叶斑病 1249.5-1500克/公顷 喷雾
黄瓜 霜霉病 1650-3000克/公顷 喷雾
辣椒 疫病 1080-1350克/公顷 喷雾
葡萄 霜霉病 1200-1500毫克/千克 喷雾
西瓜 蔓枯病 1080-1350克/公顷 喷雾
香蕉 叶斑病 1200-1500毫克/千克 喷雾
烟草 赤星病 900-1125克/公顷 喷雾
注:大白菜、冬瓜、辣椒、葡萄、西瓜、香蕉和烟草为临时登记状态，有效期至2010年1月7日。

PD345-2000 百菌清/40%/悬浮剂/百菌清 40%/2005.09.29 至 2010.09.29/低毒
番茄 早疫病 900-1050克/公顷 喷雾
花生 叶斑病 600-900克/公顷 喷雾
黄瓜 霜霉病 900-1050克/公顷 喷雾

PD20060060 百菌清/98%/原药/百菌清 98%/2006.03.31 至 2011.03.31/低毒

日本阿斯制药株式会社 （天津市开发区西区新安路98号 300462 022-59832120）

WP20080608 杀虫烟雾剂/7.2%/烟雾剂/右旋苯醚氰菊酯 7.2%/2008.12.31 至 2013.12.31/低毒
卫生 蜚蠊 1克制剂/平方米 加水发烟

WP20090296 杀虫烟雾剂/7.2%/烟雾剂/右旋苯醚氰菊酯 7.2%/2009.07.15 至 2014.07.15/低毒

卫生 蜚蠊 0.36克/立方米 加水发烟

WL20060043 氟蚁腙/95%/原药/氟蚁腙 95%/2009.03.05 至 2010.03.05/低毒

WL20080291 驱蚊片/300毫克/片/驱蚊片/四氟苯菊酯 300毫克/片/2009.04.18 至 2010.04.18/低毒

卫生 蚊 / 电吹风

日本拜耳作物科学公司 (上海市浦东新区陆家嘴环路1000号汇丰大厦7楼 200120 021-68411177)

PD20050194 噁嗪草酮/1%/悬浮剂/噁嗪草酮 1%/2005.12.13 至 2010.12.13/低毒

水稻秧田 稗草、千金子、异型莎草 30-37.5克/公顷 喷雾

水稻移栽田、水稻直播田 稗草、沟繁缕、千金子、异型莎草 40-50克/公顷 瓶甩或喷雾

注:1)水稻秧田的稗草在二叶期前喷雾。2)水稻直播田仅限水直播田。

PD20050204 噁嗪草酮/96.5%/原药/噁嗪草酮 96.5%/2005.12.20 至 2010.12.20/低毒

PD20050205 噁嗪草酮/30%/母药/噁嗪草酮 30%/2005.12.20 至 2010.12.20/低毒

LS20091421 噁嗪草酮/30%/悬浮剂/噁嗪草酮 30%/2009.09.23 至 2010.09.23/低毒

水稻直播田 稗草、千金子、异型莎草 5-10毫升制剂/亩 茎叶喷雾

日本北兴化学工业株式会社 (上海市淮海中路222号力宝广场1101室 200001 021-33665858)

PD54-87 春雷霉素/2%/液剂/春雷霉素 2%/2007.07.24 至 2012.07.24/低毒

番茄 叶霉病 42-52.5克/公顷 喷雾

黄瓜 角斑病 42-52.5克/公顷 喷雾

水稻 稻瘟病 24-30克/公顷 喷雾

PD131-90 春雷·氯苯酞/21.2%/可湿性粉剂/春雷霉素 1.2%、四氯苯酞 20%/2006.01.17 至 2011.01.17/低毒

水稻 稻瘟病 238.5-381.6克/公顷 喷雾

PD166-92 春雷·王铜/50%/可湿性粉剂/春雷霉素 5%、王铜 45%/2007.11.12 至 2012.11.12/低毒

柑橘树 溃疡病 625-1000毫克/千克 喷雾

PD167-92 春雷·王铜/47%/可湿性粉剂/春雷霉素 2%、王铜 45%/2007.08.27 至 2012.08.27/低毒

番茄 叶霉病 661.5-877.5克/公顷 喷雾

柑橘树 溃疡病 625-1000毫克/千克 喷雾

黄瓜 霜霉病 600-800倍液 喷雾

荔枝 霜疫霉病 587.5-783.3毫克/千克 喷雾

注:荔枝霜疫霉病为临时登记,有效期至2009.9.28。

PD276-99 亚胺唑/15%/可湿性粉剂/亚胺唑 15%/2009.05.10 至 2014.05.10/低毒

梨树 黑星病 43-50毫克/千克 喷雾

PD283-99 亚胺唑/5%/可湿性粉剂/亚胺唑 5%/2007.07.24 至 2012.07.24/低毒

柑橘树 疮痂病 55.6-83.3毫克/千克 喷雾

梨树 黑星病 43-50毫克/千克 喷雾

苹果树 斑点落叶病 71.4-83.3毫克/千克 喷雾

葡萄 黑痘病 62.5-83.3毫克/千克 喷雾

青梅 黑星病 62.5-83.3毫克/千克 喷雾

PD316-99 春雷霉素/70%/原药/春雷霉素 70%/2005.01.07 至 2010.01.07/低毒

日本曹达株式会社 (上海市茂名南路205号瑞金大厦2318室 200020 021-64731277)

PD3-86 烯禾啶/20%/乳油/烯禾啶 20%/2007.01.25 至 2012.01.25/低毒

大豆 一年生禾本科杂草 300-600克/公顷 喷雾

花生 一年生禾本科杂草 199.5-300克/公顷 喷雾

棉花 一年生禾本科杂草 300-360克/公顷 喷雾

甜菜 一年生禾本科杂草 300克/公顷 喷雾

亚麻 一年生禾本科杂草 195-360克/公顷 喷雾

油菜 一年生禾本科杂草 199.5-360克/公顷 喷雾

PD61-88 甲基硫菌灵/70%/可湿性粉剂/甲基硫菌灵 70%/2008.01.28 至 2013.01.28/低毒

花生 褐斑病 262.5-350克/公顷 喷雾

芦笋 茎枯病 630-787.5克/公顷 喷雾

苹果树 轮纹病 700-875毫克/千克 喷雾

水稻 纹枯病 1050-1500克/公顷 喷雾

西瓜 炭疽病 420-525克/公顷 喷雾

小麦 赤霉病 750-1050克/公顷 喷雾

注:苹果树为临时登记状态,有效期最多至2009年11月3日。芦笋、花生、西瓜临时登记状态,有效期最多至2011年6月。

PD122-90 噻螨酮/5%/乳油/噻螨酮 5%/2007.01.25 至 2012.01.25/中等毒

柑橘树 红蜘蛛 25毫克/千克 喷雾

棉花 红蜘蛛 37.5-49.5克/公顷 喷雾

苹果树 苹果红蜘蛛、山楂红蜘蛛 25-30毫克/千克 喷雾

PD123-90 噻螨酮/5%/可湿性粉剂/噻螨酮 5%/2007.01.25 至 2012.01.25/低毒

柑橘树 红蜘蛛 25-30毫克/千克 喷雾

PD139-91 甲基硫菌灵/500克/升/悬浮剂/甲基硫菌灵 500克/升/2006.09.18 至 2011.09.18/低毒

水稻 稻瘟病、纹枯病 750-1125克/公顷 喷雾

小麦 赤霉病 750-1125克/公顷 喷雾

PD142-91 氟菌唑/30%/可湿性粉剂/氟菌唑 30%/2008.07.25 至 2013.07.25/低毒

黄瓜	白粉病	60-90克/公顷	喷雾
梨树	黑星病	75-100毫克/千克	喷雾

PD162-92 甲基硫菌灵/3%/糊剂/甲基硫菌灵 3%/2007.01.25 至 2012.01.25/低毒

苹果树	腐烂病	/	涂抹病斑

PD190-94 螨醇·噻螨酮/22.5%/乳油/三氯杀螨醇 20%、噻螨酮 2.5%/2007.01.25 至 2012.01.25/低毒

柑橘树、苹果树	红蜘蛛	150-225毫克/千克	喷雾

PD311-99 噻螨酮/97%/原药/噻螨酮 97%/2009.12.14 至 2014.12.14/中等毒

PD326-2000 甲基硫菌灵/90%/原药/甲基硫菌灵 90%/2010.03.17 至 2010.03.17/低毒

PD373-2001 双胍三辛烷基苯磺酸盐/90%/原药/双胍三辛烷基苯磺酸盐 90%/2006.12.18 至 2011.12.18/低毒

PD374-2001 双胍三辛烷基苯磺酸盐/40%/可湿性粉剂/双胍三辛烷基苯磺酸盐 40%/2006.12.18 至 2011.12.18/低毒

番茄、葡萄	灰霉病	180-300克/公顷	喷雾
柑橘	贮藏期病害	200-400毫克/千克	浸果
黄瓜	白粉病	200-400毫克/千克	喷雾
芦笋	茎枯病	400-500毫克/千克	喷雾
苹果树	斑点落叶病	400-500毫克/千克	喷雾
西瓜	蔓枯病	400-500毫克/千克	喷雾

注:葡萄、西瓜和黄瓜为临时登记状态，有效期最多至2010年1月7日。

PD391-2003 啶虫脒/99%/原药/啶虫脒 99%/2008.08.26 至 2013.08.26/中等毒

PD392-2003 啶虫脒/3%/乳油/啶虫脒 3%/2008.09.03 至 2013.09.03/中等毒

柑橘树	潜叶蛾	15-30毫克/千克	喷雾
柑橘树	蚜虫	12-15毫克/千克	喷雾
黄瓜	蚜虫	18-22.5克/公顷	喷雾
棉花	蚜虫	9-13.5克/公顷	喷雾
苹果树	绣线菊蚜	12-15毫克/千克	喷雾
烟草	蚜虫	13.5-18克/公顷	喷雾

PD20070392 3%啶虫脒乳油//乳油/啶虫脒 3%/2007.11.05 至 2012.11.05/中等毒

棉花	蚜虫	9-13.5克/公顷	喷雾
烟草	蚜虫	13.5-18克/公顷	喷雾

PD20081026 氟菌唑/97%/原药/氟菌唑 97%/2008.08.06 至 2013.08.06/低毒

PD20081633 啶虫脒/20%/可溶粉剂/啶虫脒 20%/2008.11.14 至 2013.11.14/中等毒

柑橘树、苹果树	蚜虫	12-15毫克/千克	喷雾
黄瓜	蚜虫	18-22.5克/公顷	喷雾
棉花	蚜虫	9-18克/公顷	喷雾

PD20096139 烯禾啶/50%/母药/烯禾啶 50%/2009.06.24 至 2014.06.24/低毒

日本大日本除虫菊株式会社 (北京市宣武区大桥宾馆303号 100073 63012266-303)

WP4-85 2.2%敌克蚊蚊香母药//母药/右旋烯丙菊酯 2.2%/2005.01.01 至 2010.01.01/低毒

WP23-86 5.3%敌克蚊滴加液//滴加液/右旋炔呋菊酯 5.3%/2006.09.10 至 2011.09.10/低毒

WP71-2000 9%金鸟蝇香母药//母药/右旋烯炔菊酯 9%/2005.02.18 至 2010.02.18/低毒

WP73-2000 右旋炔呋菊酯原药//原药/右旋炔呋菊酯 总酯90%,右旋95%/2006.08.13 至 2011.08.13/低毒

WP74-2001 氟硅菊酯原药//原药/氟硅菊酯 93%/2006.04.04 至 2011.04.04/低毒

WP75-2001 5%硅百灵乳油//乳油/氟硅菊酯 5%/2006.04.04 至 2011.04.04/低毒

卫生	白蚁	1)0.3-0.5毫克/平方米 2)0.01毫克/平方米	1)土壤处理 2)木材涂抹

WP161-92 1.1%敌克蚊电热蚊香液//电热灭蚊液/右旋炔呋菊酯 1.1%/2006.08.13 至 2011.08.13/低毒

卫生	蚊	/	电热加温

日本大冢药品工业株式会社 (北京市朝阳区建国门外大街1号国贸大厦19层 100004 010-65183030)

PD20098161 丙硫克百威/94%/原药/丙硫克百威 94%/2009.12.14 至 2014.12.14/中等毒

日本化药株式会社 (上海市淮海中路222号力宝广场1101室 200001 021-33665858)

PD44-87 杀虫环/50%/可溶性粉剂/杀虫环 50%/2007.05.28 至 2012.05.28/中等毒

水稻	稻纵卷叶螟、二化螟、三化螟	375-750克/公顷	喷雾

PD68-88 二嗪磷/50%/乳油/二嗪磷 50%/2008.06.30 至 2013.06.30/中等毒

棉花	棉蚜	750-1050克/公顷	喷雾
水稻	二化螟、三化螟	450-900克/公顷	喷雾
小麦	地下害虫	0.1%-0.2%种子量	拌种

日本佳田化学(株)中国有限公司 (上海市镇宁路200号欣安大厦东峰19楼C座 200040 021-61026611)

PD20093203 甲基硫菌灵/70%/可湿性粉剂/甲基硫菌灵 70%/2009.03.11 至 2014.03.11/低毒

番茄	叶霉病	375-562.5克/公顷	喷雾

LS20061972 丙环唑/250克/升/乳油/丙环唑 250克/升/2008.12.11 至 2009.12.11/低毒

香蕉	叶斑病	250-500毫克/千克	喷雾

日本科研制药株式会社 (江苏省南通市经济技术开发区盛开路 226009 0513-83595135)

PD138-91 多抗霉素/10%/可湿性粉剂/多抗霉素 10%/2008.12.31 至 2011.06.15/低毒

番茄	叶霉病	150-210克/公顷	喷雾

黄瓜 灰霉病 150-210克/公顷 喷雾

苹果树 斑点病、轮斑病 67-100毫克/千克 喷雾

烟草 赤星病 105-135克/公顷 喷雾

PD259-98 多抗霉素/31-34%/原药/多抗霉素 31-34%/2008.12.26 至 2013.12.26/低毒

日本明治制果株式会社 (上海市黄浦区淮海中路222号力宝广场1101室 200021 021-33665858)

PD20050189 20%双丙氨膦可溶粉剂//可溶粉剂/双丙氨膦 20%/2005.12.13 至 2010.12.13/低毒

柑橘园、橡胶园 杂草 1000-2000克/公顷 定向茎叶喷雾

PD20050190 双丙氨膦原药//原药/双丙氨膦 75%/2005.12.13 至 2010.12.13/中等毒

PD20090005 烯丙苯噻唑/95%/原药/烯丙苯噻唑 95%/2009.01.04 至 2014.01.04/低毒

PD20090006 烯丙苯噻唑/8%/颗粒剂/烯丙苯噻唑 8%/2009.01.04 至 2014.01.04/低毒

水稻 稻瘟病 2000-4000克/公顷 撒施

日本农药株式会社 (上海市徐汇区虹桥路808号加华商务中心A-8677室 200030 021-64477076)

PD15-86 稻瘟灵/40%/乳油/稻瘟灵 40%/2006.04.09 至 2011.04.09/低毒

水稻 稻瘟病 399-600克/公顷 喷雾

PD19-86 稻瘟灵/40%/可湿性粉剂/稻瘟灵 40%/2006.09.17 至 2011.09.17/低毒

水稻 稻瘟病 399-600克/公顷 喷雾

PD93-89 氟酰胺/20%/可湿性粉剂/氟酰胺 20%/2009.08.06 至 2014.08.06/低毒

水稻 纹枯病 300-375克/公顷 喷雾

PD98-89 噻嗪酮/25%/可湿性粉剂/噻嗪酮 25%/2009.04.14 至 2014.04.14/低毒

茶树 小绿叶蝉 166-250毫克/千克 喷雾

柑橘树 矢尖蚧 125-250毫克/千克 喷雾

水稻 飞虱 75-112.5克/公顷 喷雾

PD113-90 噻嗪·异丙威/25%/可湿性粉剂/噻嗪酮 5%、异丙威 20%/2005.01.21 至 2010.01.21/低毒

水稻 飞虱 375-562.5克/公顷 喷雾

PD193-94 唑螨酯/5%/悬浮剂/唑螨酯 5%/2009.08.11 至 2014.08.11/中等毒

柑橘树 红蜘蛛、锈壁虱 25-50毫克/千克 喷雾

棉花、啤酒花 叶螨 15-30克/公顷 喷雾

苹果树 红蜘蛛 16-25毫克/千克 喷雾

注:其中棉花和啤酒花为临时登记状态，棉花有效期至2008年8月11日,啤酒花有效期截止到2007年12月31日。

PD304-99 噻嗪酮/99%/原药/噻嗪酮 99%/2009.09.24 至 2014.09.24/低毒

PD305-99 氟酰胺/97.5%/原药/氟酰胺 97.5%/2009.09.24 至 2014.09.24/低毒

PD306-99 唑螨酯/96%/原药/唑螨酯 96%/2009.09.24 至 2014.09.24/中等毒

PD307-99 稻瘟灵/95%/原药/稻瘟灵 95%/2009.09.24 至 2014.09.24/低毒

PD346-2001 氟胺氰菊酯/90%/原药/氟胺氰菊酯 90%/2006.02.27 至 2011.02.27/中等毒

PD20060147 唑酯·炔螨特/13%/水乳剂/炔螨特 10%、唑螨酯 3%/2006.08.18 至 2011.08.18/中等毒

柑橘树 红蜘蛛 86.7-130毫克/千克 喷雾

苹果树 红蜘蛛 65-86.6毫克/千克 喷雾

苹果树 二斑叶螨 86.7-130毫克/千克 喷雾

注:苹果树二斑叶螨为临时登记,登记有效期从2005年7月23日至2009年7月23日。

PD20080448 吡草醚/2%/悬浮剂/吡草醚 2%/2008.03.27 至 2013.03.27/低毒

冬小麦田 猪殃殃为主的阔叶杂草 9-12克/公顷 茎叶喷雾

PD20080449 吡草醚/40%/母药/吡草醚 40%/2008.03.27 至 2013.03.27/低毒

PD20080450 吡草醚/95%/原药/吡草醚 95%/2008.03.27 至 2013.03.27/低毒

LS20082887 氟虫双酰胺/95%/原药/氟虫双酰胺 95%/2009.06.23 至 2010.06.23/低毒

LS20082888 氟虫双酰胺/20%/水分散粒剂/氟虫双酰胺 20%/2009.06.23 至 2010.06.23/低毒

白菜 甜菜夜蛾、小菜蛾 45-50克/公顷 喷雾

LS20090929 唑虫酰胺/15%/乳油/唑虫酰胺 15%/2009.04.09 至 2010.04.09/中等毒

茄子 蓟马 112.5-180克/公顷 喷雾

十字花科蔬菜叶菜 小菜蛾 67.5-112.5克/公顷 喷雾

LS20090930 唑虫酰胺/98%/原药/唑虫酰胺 98%/2009.04.09 至 2010.04.09/中等毒

日本日产化学工业株式会社 (上海市娄山关路83号新虹桥中心大厦1108室 200336 021-62368358)

PD34-87 稻丰散/50%/乳油/稻丰散 50%/2007.04.19 至 2012.04.19/中等毒

柑橘树 红蜡蚧、木虱、矢尖蚧 333－500毫克/千克 喷雾

水稻 害虫 495-990克/公顷 喷雾

PD151-92 喹禾灵/10%/乳油/喹禾灵 10%/2007.04.19 至 2012.04.19/低毒

大豆 一年生禾本科杂草 90-150克/公顷 喷雾

棉花 一年生禾本科杂草 75-120克/公顷 喷雾

甜菜 一年生禾本科杂草 120-150克/公顷 喷雾

PD187-94 吡嘧磺隆/10%/可湿性粉剂/吡嘧磺隆 10%/2009.01.18 至 2014.01.18/低毒

水稻 稗草、阔叶杂草、莎草 15-30克/公顷 药土法或喷雾

PD205-95 精喹禾灵/50克/升/乳油/精喹禾灵 50克/升/2005.07.14 至 2010.07.14/低毒

大白菜、西瓜 一年生禾本科杂草 30-45克/公顷 喷雾

大豆、花生、棉花、 一年生禾本科杂草 37.5-60克/公顷 喷雾

油菜
芝麻　一年生禾本科杂草　37.5-45克/公顷　喷雾

PD330-2000　精喹禾灵/95/原药/精喹禾灵 95%/2005.04.14 至 2010.04.14/低毒

PD20040025　吡嘧磺隆/7.5%/可湿性粉剂/吡嘧磺隆 7.5%/2009.12.07 至 2014.12.07/低毒
水稻移栽田　阔叶杂草、莎草、幼龄稗草　16.875-22.5克/公顷　毒土法或喷雾

日本日东化成株式会社

PD20050185　苯丁锡原药//原药/苯丁锡 97%/2005.11.15 至 2010.11.15/低毒

日本日友商社(香港)有限公司　(山东省济南市华龙路2281号东方丽景大厦A701　250100　)

PD20081302　甲基硫菌灵/70%/可湿性粉剂/甲基硫菌灵 70%/2008.10.09 至 2013.10.09/低毒
苹果树　轮纹病　800-1200倍液　喷雾

PD20090601　代森锰锌/80%/可湿性粉剂/代森锰锌 80%/2009.01.14 至 2014.01.14/低毒
番茄　早疫病　1800-2200克/公顷　喷雾
柑橘树　疮痂病、炭疽病　1333～2000毫克/千克　喷雾
花生　叶斑病　720～900克/公顷　喷雾
黄瓜　霜霉病　2040～3000克/公顷　喷雾
辣椒　炭疽病、疫病　1800～2520克/公顷　喷雾
梨树　黑星病　800～1600毫克/千克　喷雾
荔枝树　霜疫霉病　1333～2000毫克/千克　喷雾
马铃薯　晚疫病　1440～2160克/公顷　喷雾
苹果树　斑点落叶病、轮纹病、炭疽病　1000～1600毫克/千克　喷雾
葡萄　白腐病、黑痘病、霜霉病　1000～1600毫克/千克　喷雾
西瓜　炭疽病　1560～2560克/公顷　喷雾
烟草　赤星病　1440～1920克/公顷　喷雾

日本三井化学AGRO株式会社　(上海市淮海中路222号力宝广场1101室　200001　021-33665858)

PD103-89　噁霉灵/70%/可湿性粉剂/噁霉灵 70%/2009.10.20 至 2014.10.20/低毒
甜菜　立枯病　280-490克加福美双200-400克/100千克种子　拌种

PD104-89　噁霉灵/30%/水剂/噁霉灵 30%/2009.10.01 至 2014.10.01/低毒
水稻苗床　立枯病　0.9-1.8克/平方米　浇灌
水稻育秧箱　立枯病　0.9克/平方米　浇灌
西瓜　枯萎病　375-500毫克/千克　苗床喷淋、本田灌根
注:西瓜有效期至2006年10月20日。

PD149-92　醚菊酯/10%/悬浮剂/醚菊酯 10%/2007.07.24 至 2012.07.24/低毒
甘蓝　菜青虫　45-60克/公顷　喷雾
林木　松毛虫　33.3-50毫克/千克　喷雾
水稻　象甲　120-150克/公顷　喷雾
水稻　飞虱　60-90克/公顷　喷雾

PD228-98　醚菊酯/20%/乳油/醚菊酯 20%/2008.07.11 至 2013.07.11/低毒
水稻　稻飞虱　90-135克/公顷　喷雾

PD229-98　醚菊酯/4%/油剂/醚菊酯 4%/2008.07.11 至 2013.07.11/低毒
水稻　稻象甲　120-150克/公顷　直接施药

PD313-99　噁霉灵/99%/原药/噁霉灵 99%/2009.09.24 至 2014.09.24/低毒

PD20070515　醚菊酯/96%/原药/醚菊酯 96%/2007.11.28 至 2012.11.28/低毒

日本石原产业株式会社　(北京市朝阳区东三环北路3号幸福大厦B座1316号　100027　010-64620129)

PD25-87　吡氟禾草灵/35%/乳油/吡氟禾草灵 35%/2007.01.29 至 2012.01.29/低毒
大豆、花生、棉花、甜菜　禾本科杂草　262.5-525克/公顷　喷雾

PD91-89　精吡氟禾草灵/150克/升/乳油/精吡氟禾草灵 150克/升/2009.03.26 至 2014.03.26/低毒
大豆、花生、甜菜　多年生禾本科杂草、一年生禾本科杂草　112.5-150克/公顷　喷雾
冬油菜　一年生禾本科杂草　90-150克/公顷　喷雾
棉花　多年生禾本科杂草、一年生禾本科杂草　75-150克/公顷　喷雾

PD141-91　氟啶脲/50克/升/乳油/氟啶脲 50克/升/2006.04.29 至 2011.04.29/低毒
甘蓝　菜青虫、甜菜夜蛾、小菜蛾　30-60克/公顷　喷雾
柑橘树　潜叶蛾　16.6-25毫克/千克　喷雾
棉花　红铃虫、棉铃虫　45-105克/公顷　喷雾

PD235-98　烟嘧磺隆/40克/升/悬浮剂/烟嘧磺隆 40克/升/2008.06.05 至 2013.06.05/低毒
玉米　一年生单子叶杂草、一年生双子叶杂草　40-60克/公顷　茎叶喷雾

PD286-99　精吡氟禾草灵/52%/母液/精吡氟禾草灵 52%/2007.08.05 至 2012.08.05/低毒

PD370-2001　氟啶脲/90%/原药/氟啶脲 90%/2006.10.23 至 2011.10.23/低毒

PD371-2001　烟嘧磺隆/90%/原药/烟嘧磺隆 90%/2006.10.23 至 2011.10.23/低毒

PD389-2003　啶嘧磺隆/94%/原药/啶嘧磺隆 94%/2008.05.14 至 2013.05.14/低毒

PD390-2003　啶嘧磺隆/25%/水分散粒剂/啶嘧磺隆 25%/2008.05.22 至 2013.05.22/低毒

暖季型草坪　杂草　37.5-75克/公顷　喷雾

PD20050144　噻唑膦/93%/原药/噻唑膦 93%/2005.09.19 至 2010.09.19/中等毒

PD20050145　噻唑膦/10%/颗粒剂/噻唑膦 10%/2005.09.19 至 2010.09.19/中等毒

番茄、黄瓜　根结线虫　2250-3000克/公顷　土壤撒施

PD20050191　氰霜唑/100克/升/悬浮剂/氰霜唑 100克/升/2005.12.13 至 2010.12.13/低毒

番茄　晚疫病　80-100克/公顷　喷雾
黄瓜　霜霉病　80-100克/公顷　喷雾
荔枝树　霜疫霉病　40-50毫克/千克　喷雾
马铃薯　晚疫病　40-50毫克/千克　喷雾
葡萄　霜霉病　40-50毫克/千克　喷雾

PD20050203　氰霜唑/93.5%/原药/氰霜唑 93.5%/2005.12.20 至 2010.12.20/低毒

PD20060196　精吡氟禾草灵/85.7%/原药/精吡氟禾草灵 85.7%/2006.12.06 至 2011.12.06/低毒

PD20080180　氟啶胺/500克/升/悬浮剂/氟啶胺 500克/升/2008.01.03 至 2013.01.03/低毒

辣椒　疫病　187.5-250克/公顷　喷雾
马铃薯　晚疫病　200-250克/公顷　喷雾

PD20080181　氟啶胺/94.5%/原药/氟啶胺 94.5%/2008.01.03 至 2013.01.03/低毒

PD20083325　烟嘧磺隆/80%/可湿性粉剂/烟嘧磺隆 80%/2008.12.11 至 2013.12.11/微毒

春玉米田　一年生单、双子叶杂草　40—60克/公顷　喷雾
夏玉米田　一年生单、双子叶杂草　40—50克/公顷　喷雾

LS20070732　氟啶虫酰胺/10%/水分散粒剂/氟啶虫酰胺 10%/2009.04.08 至 2010.04.09/低毒

黄瓜　蚜虫　45-75克/公顷　喷雾
马铃薯　蚜虫　52.5-75克/公顷　喷雾
苹果　蚜虫　20-40毫克/千克　喷雾

LS20070733　氟啶虫酰胺/96%/原药/氟啶虫酰胺 96%/2009.04.08 至 2010.04.09/低毒

LS20082805　烟嘧磺隆/60克/升/可分散油悬浮剂/烟嘧磺隆 60克/升/2009.05.12 至 2010.05.12/低毒

玉米田　一年生杂草　40-60克/公顷　茎叶喷雾

日本丸红株式会社　(江苏省南通市经济技术开发区化工区盛开路　226009　0513-85926360)

LS20053592　苄草隆/98.5%/原药/苄草隆 98.5%/2008.11.17 至 2009.11.17/低毒

LS20053593　苄草隆/495克/升/悬浮剂/苄草隆 495克/升/2008.11.17 至 2009.11.17/低毒

草坪(苯特草、蓝肯)　早熟禾　74.25-148.5克/100平方米　茎叶喷雾或土壤喷雾

日本卫材食品化学株式会社　(北京市朝阳区朝外大街18号丰联广场A座18层　100020　010-65881922)

PD20096814　丙酰芸苔素内酯/95%/原药/丙酰芸苔素内酯 95%/2009.09.21 至 2014.09.21/低毒

PD20096815　丙酰芸苔素内酯/0.003%/水剂/丙酰芸苔素内酯 0.003%/2009.09.21 至 2014.09.21/低毒

黄瓜、葡萄　提高产量　3000-5000倍液　兑水喷雾

日本旭化学工业株式会社　(福建省漳州市蓝田工业开发区纵四路　363007　0596—2107556)

PD165-92　复硝酚钠/1.8%/水剂/5-硝基邻甲氧基苯酚钠 0.3%、对硝基苯酚钠 0.9%、邻硝基苯酚钠 0.6%/2006.12.11至 2011.12.11/低毒

大豆　调节生长、增产　3000-4000倍液　喷雾3次
番茄　调节生长　4.05-8.1克/公顷　喷雾
柑橘树　调节生长、增产　3000-4000倍液　喷雾4次
荔枝树　保果、促花　2000-3000倍液　花穗期前后各喷1次
棉花　调节生长、增产　2000-3000倍液　喷雾3次
水稻　促进生长、增产　1)6000倍液2)6000倍液3)1000-2000倍液　1)播前浸种36-72小时2)移栽前5-7天喷秧苗3)幼穗形成期、齐穗期各喷1次,花穗期、花前后各喷1次。

注:柑橘树、大豆的有效期至2007.03.15。

日本株式会社白元　(上海市漕溪北路18号上海实业大厦14楼F座　200030　021-54241302)

WL20080268　防蛀片剂/18%/防蛀剂/右旋烯炔菊酯 18%/2009.04.10 至 2010.04.10/微毒

卫生　黑皮蠹　/　投放

WL20080269　防蛀片剂/35%/防蛀剂/右旋烯炔菊酯 35%/2009.04.10 至 2010.04.10/微毒

卫生　黑皮蠹　/　投放

日本住友化学株式会社　(上海市外高桥保税区基隆路6号外高桥大厦706室　200131　021-68817700)

PD17-86　氰戊菊酯/20%/乳油/氰戊菊酯 20%/2006.09.26 至 2011.09.26/中等毒

大豆　蚜虫　30-60克/公顷　喷雾
大豆　食心虫　60-90克/公顷　喷雾
大豆　豆荚螟　60-120克/公顷　喷雾
柑橘树　潜叶蛾　16-25毫克/千克　喷雾

	棉花	害虫	75-150克/公顷	喷雾
	苹果树	桃小食心虫	50-100毫克/千克	喷雾
	叶菜类蔬菜	害虫	60-120克/公顷	喷雾
PD20-86	杀螟丹/50%/可溶性粉剂/杀螟丹 50%/2006.09.18 至 2011.09.18/中等毒			
	水稻	螟虫	300-750克/公顷	喷雾
PD62-88	杀螟硫磷/50%/乳油/杀螟硫磷 50%/2008.04.18 至 2013.04.18/中等毒			
	水稻	稻纵卷叶螟、三化螟	365-750克/公顷	喷雾
PD72-88	杀螟丹/98%/可溶性粉剂/杀螟丹 98%/2008.05.29 至 2013.05.29/中等毒			
	白菜、甘蓝	小菜蛾	441-735克/公顷	喷雾
	白菜、甘蓝	菜青虫	441-588克/公顷	喷雾
	茶树	茶小绿叶蝉	490-653.3毫克/千克	喷雾
	甘蔗	螟虫	100-150毫克/千克	喷雾
	柑橘树	潜叶蛾	500-550毫克/千克	喷雾
	水稻	二化螟	588-882克/公顷	喷雾
PD74-88	腐霉利/50%/可湿性粉剂/腐霉利 50%/2008.08.21 至 2013.08.21/低毒			
	番茄、黄瓜	灰霉病	375-750克/公顷	喷雾
	葡萄	灰霉病	562.5-1125克/公顷	喷雾
	油菜	菌核病	225-450克/公顷	喷雾
PD77-88	甲氰菊酯/20%/乳油/甲氰菊酯 20%/2008.10.17 至 2013.10.17/中等毒			
	茶树	茶尺蠖	22.5-28.13克/公顷	喷雾
	甘蓝	菜青虫、小菜蛾	75-90克/公顷	喷雾
	柑橘树	潜叶蛾	20-25毫克/千克	喷雾
	柑橘树	红蜘蛛	67-100毫克/千克	喷雾
	棉花	红铃虫、红蜘蛛、棉铃虫	90-120克/公顷	喷雾
	苹果树	山楂红蜘蛛	100毫克/千克	喷雾
	苹果树	桃小食心虫	67-100毫克/千克	喷雾
PD118-90	S-氰戊菊酯/50克/升/乳油/S-氰戊菊酯 50克/升/2005.03.09 至 2010.03.09/中等毒			
	大豆	食心虫、蚜虫	7.5-15克/公顷	喷雾
	甘蓝	菜青虫	7.5-15克/公顷	喷雾
	柑橘树	潜叶蛾	6-7毫克/千克	喷雾
	棉花	害虫	16.75-26.25克/公顷	喷雾
	苹果树	桃小食心虫	16-25毫克/千克	喷雾
	森林	松毛虫	5-8毫克/千克	喷雾
	甜菜	甘蓝夜蛾	7.5-15克/公顷	喷雾
	小麦	黏虫、蚜虫	7.5-11.25克/公顷	喷雾
	烟草	蚜虫、烟青虫	7.5-11.25克/公顷	喷雾
	玉米	黏虫	7.5-15克/公顷	喷雾
PD158-92	R-烯唑醇/12.5%/可湿性粉剂/R-烯唑醇 12.5%/2007.09.26 至 2012.09.26/低毒			
	梨树	黑星病	31-42毫克/千克	喷雾
	玉米	丝黑穗病	60-80克/100千克种子	拌种
PD183-93	R-烯唑醇/5%/种子处理干粉剂/R-烯唑醇 5%/2008.10.13 至 2013.10.13/低毒			
	高粱	丝黑穗病	15-20克/100千克种子	干拌
	玉米	丝黑穗病	60-90克/100千克种子	拌种
	注:玉米为临时登记状态,有效期最多至2012年1月7日。			
PD208-96	R-烯唑醇/2%/可湿性粉剂/R-烯唑醇 2%/2005.06.16 至 2010.06.16/低毒			
	小麦	黑穗病	4-5克/100千克种子	拌种
PD236-98	氟烯草酸/100克/升/乳油/氟烯草酸 100克/升/2008.08.21 至 2013.08.21/低毒			
	大豆	阔叶杂草	45-67.5克/公顷	喷雾
PD237-98	丙炔氟草胺/50%/可湿性粉剂/丙炔氟草胺 50%/2008.07.31 至 2013.07.31/低毒			
	春大豆田	一年生阔叶杂草及禾本科杂草	22.5-30克/公顷(东北地区)	苗后早期喷雾
	大豆田	一年生阔叶杂草及禾本科杂草	60-90克/公顷	播后苗前土壤处理
	柑橘园	一年生阔叶杂草及禾本科杂草	397.5-600克/公顷	定向茎叶喷雾
	花生田	一年生阔叶杂草及禾本科杂草	40-60克/公顷	播后苗前土壤处理
	夏大豆田	一年生阔叶杂草及禾本科杂草	22.5-26.25克/公顷	苗后早期喷雾
PD252-98	S-氰戊菊酯/83%/原药/S-氰戊菊酯 83%/2008.11.27 至 2013.11.27/中等毒			
PD253-98	氰戊菊酯/95.6%/原药/氰戊菊酯 95.6%/2009.01.18 至 2014.01.18/中等毒			
PD254-98	杀螟硫磷/93%/原药/杀螟硫磷 93%/2008.04.18 至 2013.04.18/中等毒			
PD255-98	甲氰菊酯/91%/原药/甲氰菊酯 91%/2008.07.18 至 2013.07.18/中等毒			
PD256-98	腐霉利/98.5%/原药/腐霉利 98.5%/2008.10.17 至 2013.10.17/低毒			
PD257-98	丙炔氟草胺/99.2%/原药/丙炔氟草胺 99.2%/2008.08.21 至 2013.08.21/低毒			
PD258-98	氟烯草酸/99.2%/原药/氟烯草酸 99.2%/2008.07.18 至 2013.07.18/低毒			

PD312-99 R-烯唑醇/74.5%/原药/R-烯唑醇 74.5%/2004.12.22 至 2009.12.22/低毒
PD324-2000 杀螟丹/97%/原药/杀螟丹 97%/2005.03.17 至 2010.03.17/中等毒
PD20070063 乙霉威/95%/原药/乙霉威 95%/2007.03.12 至 2012.03.12/低毒
PD20070064 甲硫·乙霉威/65%/可湿性粉剂/甲基硫菌灵 52.5%、乙霉威 12.5%/2007.03.12 至 2012.03.12/低毒
番茄 灰霉病 454.5-682.5克/公顷 喷雾
PD20080532 S-氰戊菊酯/50克/升/水乳剂/S-氰戊菊酯 50克/升/2008.04.29 至 2013.04.29/中等毒
甘蓝 菜青虫 13.5-22.5克/公顷 喷雾
苹果 桃小食心虫 2000-4000倍液 喷雾
烟草 烟青虫、烟蚜 9-18克/公顷 喷雾
LS20071624 三氟甲吡醚/100克/升/乳油/三氟甲吡醚 100克/升/2009.06.05 至 2010.06.06/低毒
大白菜、甘蓝 小菜蛾 75-105克/公顷 喷雾
LS20071625 三氟甲吡醚/91%/原药/三氟甲吡醚 91%/2009.06.05 至 2010.06.06/低毒
LS20082948 噻虫胺/95%/原药/噻虫胺 95%/2009.07.24 至 2010.07.24/低毒
LS20082950 噻虫胺/50%/水分散粒剂/噻虫胺 50%/2009.07.24 至 2010.07.24/低毒
番茄 烟粉虱 45-60克/公顷 喷雾
LS20090160 乙螨唑/93%/原药/乙螨唑 93%/2009.02.04 至 2010.02.04/低毒
LS20090169 乙螨唑/110克/升/悬浮剂/乙螨唑 110克/升/2009.02.04 至 2010.02.04/低毒
柑橘树 红蜘蛛 14.7-22毫克/千克 喷雾
WP12-93 右旋苯醚菊酯/10%/水乳剂/右旋苯醚菊酯 10%/2008.07.11 至 2013.07.11/低毒
卫生 蜚蠊 20毫克/平方米 喷雾
卫生 蚊、蝇 2-4毫克/平方米 喷雾
WP14-93 0.75%天马气雾剂母药//母液/Es-生物烯丙菊酯 0.70%、溴氰菊酯 0.05%/2004.01.18 至 2009.01.18/低毒
WP15-94 杀虫颗粒剂/0.5%/颗粒剂/吡丙醚 0.5%/2009.03.23 至 2014.03.23/低毒
卫生 蝇(幼虫) 100-200毫克/平方米 喷撒于滋生地表面
卫生 孑孓 100毫克/立方米 直接投入水中
WP39-97 炔丙菊酯/10%/母药/炔丙菊酯 10%/2007.07.31 至 2012.07.31/低毒
WP41-97 苯氰·右胺菊/160克/升/乳油/右旋胺菊酯 40克/升、右旋苯醚氰菊酯 120克/升/2007.07.22 至 2012.07.22/低毒
卫生 蚊、蝇 6毫克/立方米 喷雾
卫生 蜚蠊 200毫克/平方米 滞留喷雾
WP49-98 防蛀剂/35%/防蛀剂/右旋烯炔菊酯 35%/2008.06.03 至 2013.06.03/低毒
卫生 黑皮蠹、衣蛾 / 投放
WP50-98 防蛀剂/18%/防蛀剂/右旋烯炔菊酯 18%/2008.06.03 至 2013.06.03/低毒
卫生 黑皮蠹、衣蛾 / 投放
WP51-98 右旋胺菊酯/92%/原药/右旋胺菊酯 92%/2008.08.21 至 2013.08.21/低毒
WP52-98 右旋苄呋菊酯/88%/原药/右旋苄呋菊酯 88%/2008.08.21 至 2013.08.21/低毒
WP53-98 右旋苯醚氰菊酯//原药/右旋苯醚氰菊酯 92%/2008.08.21 至 2013.08.21/中等毒
WP54-98 氯菊酯/90%/原药/氯菊酯 90%/2008.09.23 至 2013.09.23/中等毒
WP55-98 右旋烯丙菊酯/90%/原药/右旋烯丙菊酯 90%/2008.09.23 至 2013.09.23/低毒
WP56-98 炔丙菊酯/90%/原药/炔丙菊酯 90%/2008.09.23 至 2013.09.23/中等毒
WP57-98 右旋苯醚菊酯/92%/原药/右旋苯醚菊酯 92%/2008.08.28 至 2013.08.28/低毒
WP58-98 吡丙醚/95%/原药/吡丙醚 95%/2008.09.23 至 2013.09.23/低毒
WP59-98 胺菊酯/92%/原药/胺菊酯 92%/2008.09.23 至 2013.09.23/低毒
WP60-98 右旋烯炔菊酯//原药/右旋烯炔菊酯 93%/2008.09.23 至 2013.09.23/低毒
WP76-2001 右旋苯醚氰菊酯/10%/微囊粒剂/右旋苯醚氰菊酯 10%/2006.04.05 至 2011.04.05/低毒
卫生 蜚蠊 50-100毫克/平方米 喷雾
WP89-89 Es-生物烯丙菊酯/93%/原药/Es-生物烯丙菊酯 93%/2009.01.19 至 2014.01.19/中等毒
WP90-89 40%益必添蚊香母药//母液/Es-生物烯丙菊酯 40%/2004.01.18 至 2009.01.18/中等毒
WP125-90 18.33%益必添滴加液//滴加液/Es-生物烯丙菊酯 18.33%/2005.06.16 至 2010.06.16/中等毒
WP20030006 S-氰戊菊酯/50克/升/悬浮剂/S-氰戊菊酯 50克/升/2008.02.14 至 2013.02.14/低毒
卫生 蜚蠊 50毫克/平方米 滞留喷雾
卫生 白蚁 62.5-125毫克/千克 土壤处理
WP20030007 杀蟑饵剂/5%/饵剂/杀螟硫磷 5%/2008.02.09 至 2013.02.09/低毒
卫生 蜚蠊 / 投放
WP20070020 炔咪菊酯/93%/原药/炔咪菊酯 93%/2007.10.24 至 2012.10.24/低毒
WP20080002 炔咪菊酯/50%/母药/炔咪菊酯 50%/2008.01.03 至 2013.01.03/中等毒
WP20080014 四氟甲醚菊酯/95%/原药/四氟甲醚菊酯 95%/2008.01.03 至 2013.01.03/低毒
WP20080015 蚊香/0.03%/蚊香/四氟甲醚菊酯 0.03%/2008.01.03 至 2013.01.03/低毒
卫生 蚊 / 点燃
WP20080064 炔丙菊酯/6%/母药/炔丙菊酯 6%/2008.04.29 至 2013.04.29/中等毒
WP20080073 四氟甲醚菊酯/5%/母药/四氟甲醚菊酯 5%/2008.05.13 至 2013.05.13/低毒
WP20080093 S-生物烯丙菊酯/95%/原药/S-生物烯丙菊酯 95%/2008.08.27 至 2013.08.27/中等毒
WP20080408 蚊香/0.015%/蚊香/四氟甲醚菊酯 0.015%/2008.12.12 至 2013.12.12/低毒

卫生 蚊 / 点燃

WP20090001 生物苄呋菊酯/93%/原药/生物苄呋菊酯 93%/2009.01.04 至 2014.01.04/低毒

WL20060165 电热蚊香片/8毫克/片/电热蚊香片/炔丙菊酯 4毫克/片、四氟甲醚菊酯 4毫克/片/2009.09.10 至 2010.09.10/微毒

卫生 蚊 / 电热加温

WL20060166 四氟甲·炔丙/8%/母药/炔丙菊酯 4%、四氟甲醚菊酯 4%/2009.09.10 至 2010.09.10/低毒

WL20080090 四氟甲醚菊酯/6%/母药/四氟甲醚菊酯 6%/2009.02.19 至 2010.02.20/低毒

WL20080110 电热蚊香液/0.17%/电热蚊香液/四氟甲醚菊酯 0.17%/2009.02.20 至 2010.02.21/微毒

卫生 蚊 / 电热加温

日本组合化学工业株式会社 (北京市海淀区大钟寺13号华杰大厦 100098 010-81715006)

PD35-87 禾草丹/50%/乳油/禾草丹 50%/2007.04.30 至 2012.04.30/低毒

水稻 一年生杂草 1995-3000克/公顷 毒土或喷雾

PD182-93 禾草丹/90%/乳油/禾草丹 90%/2008.02.26 至 2013.02.26/低毒

水稻 稗草、一年生杂草 1995-3000克/公顷 喷雾或毒土

PD332-2000 禾草丹/93%/原药/禾草丹 93%/2005.04.26 至 2010.04.26/低毒

PD20040014 双草醚/100克/升/悬浮剂/双草醚 100克/升/2009.09.01 至 2014.09.01/低毒

水稻直播田 稗草、阔叶杂草、莎草 1)22.5-30克/公顷+(0.03-0.1%展着剂)(南方地区)2)30-37.5克/公顷+(0.03-0.1%展着剂)(北方地区) 喷雾

PD20040015 双草醚/93%/原药/双草醚 93%/2009.09.01 至 2014.09.01/低毒

PD20086020 嘧草醚/10%/可湿性粉剂/嘧草醚 10%/2008.12.29 至 2013.12.29/低毒

水稻移栽田、水稻直播田 稗草 30-45克/公顷 药土法

PD20086021 嘧草醚/97%/原药/嘧草醚 97%/2008.12.29 至 2013.12.29/低毒

株式会社 吴羽 (北京市朝阳区建国门外大街1号国贸中心西楼4层401室 100004 010-65053411)

PD8-85 50%四氯苯酞可湿性粉剂//可湿性粉剂/四氯苯酞 50%/2005.12.25 至 2010.12.25/低毒

水稻 稻瘟病 480-750克/公顷 喷雾

瑞士

瑞士龙沙有限公司 (广东省广州市海珠区金辉路39号 510288 020-84338998-386)

PD393-2003 四聚乙醛/98%/原药/四聚乙醛 98%/2008.08.26 至 2013.08.26/中等毒

PD394-2003 四聚乙醛/6%/颗粒剂/四聚乙醛 6%/2008.09.02 至 2013.09.02/低毒

棉花、蔬菜、烟草 蛞蝓、蜗牛 360-490克/公顷 撒施

水稻 福寿螺 360-490克/公顷 撒施

PD20070191 6%四聚乙醛颗粒剂//颗粒剂/四聚乙醛 6%/2007.07.11 至 2012.07.11/低毒

棉花、烟草 蛞蝓、蜗牛 360-490克/公顷 撒施

WL20080333 四聚乙醛/40%/悬浮剂/四聚乙醛 40%/2009.05.12 至 2010.05.12/中等毒

滩涂 钉螺 1-2克/平方米 喷洒

瑞士诺华有限公司 (上海市奉贤五四场中路1号 201243 021-57160819)

WP63-99 甲基吡噁磷/95%/原药/甲基吡噁磷 95%/2005.01.20 至 2010.01.20/中等毒

WP64-99 甲基吡噁磷/10%/可湿性粉剂/甲基吡噁磷 10%/2005.01.20 至 2010.01.20/低毒

卫生 蝇 125毫克/平方米(畜牧场等) 滞留撒布.涂抹

瑞士威斯特格公司 (天津市河东区东兴路景悦公寓B座1103室 300181 022-81833522)

WL20070126 驱蚊帐/0.18%/驱蚊帐/溴氰菊酯 0.18%(0.055克/平方米)/2009.06.24 至 2010.06.25/微毒

卫生 蚊 / 悬挂

瑞士先正达作物保护有限公司 (上海市浦东新区浦东南路999号新梅联合广场21楼 200120 400-881-2568)

PD7-85 35%甲霜灵拌种剂//拌种剂/甲霜灵 35%/2007.12.06 至 2012.12.06/低毒

谷子 白发病 70-105克/100千克种子 拌种

PD28-87 丙环唑/250克/升/乳油/丙环唑 250克/升/2007.03.07 至 2012.03.07/低毒

香蕉 叶斑病 250-500毫克/千克 喷雾

小麦 纹枯病 112.5-150克/公顷 喷雾

小麦 白粉病、根腐病、锈病 124.5克/公顷 喷雾

PD30-87 450克/升噻菌灵悬浮剂//悬浮剂/噻菌灵 450克/升/2007.04.30 至 2012.04.30/低毒

柑橘 贮藏期病害 1000-1500毫克/千克 浸果

香蕉 贮藏期病害 500-750毫克/千克 浸果

PD53-87 溴螨酯/500克/升/乳油/溴螨酯 500克/升/2007.06.27 至 2012.06.27/低毒

柑橘树 螨 330-500毫克/千克 喷雾

苹果树 螨 250-500毫克/千克 喷雾

PD66-88 异丙甲草胺/720克/升/乳油/异丙甲草胺 720克/升/2008.02.26 至 2013.02.26/低毒

大豆田 部分阔叶杂草、一年生禾本科杂草 1080-1950克/公顷 播前或播后苗前土壤处理

甘蔗田 一年生杂草 1080-1620克/公顷 播后苗前土壤处理

花生田 部分阔叶杂草、一年生禾本科杂草 1080-1620克/公顷 播前或播后苗前土壤处理

	玉米田	一年生杂草	975-1950克/公顷	喷雾
PD67-88	代锌·甲霜灵/58%/可湿性粉剂/甲霜灵 10%、代森锰锌 48%/2008.04.01 至 2013.04.01/低毒			
	黄瓜	霜霉病	675-1050克/公顷	喷雾
PD82-88	噁霜·锰锌/64%/可湿性粉剂/噁霜灵 8%、代森锰锌 56%/2008.10.10 至 2013.10.10/低毒			
	黄瓜	霜霉病	1650-1950克/公顷	喷雾
	烟草	黑胫病	1950-2400克/公顷	喷雾
PD97-89	麦草畏/480克/升/水剂/麦草畏 480克/升/2009.03.25 至 2014.03.25/低毒			
	芦苇	阔叶杂草	210-540克/公顷	喷雾
	小麦	阔叶杂草	144-195克/公顷	喷雾
	玉米	阔叶杂草	190-280克/公顷	喷雾
PD126-90	杀扑磷/40%/乳油/杀扑磷 40%/2005.07.08 至 2010.07.08/高毒			
	柑橘树	红蜡蚧、褐园蚧	400-600毫克/千克	喷雾
PD156-92	丙草胺/300克/升/乳油/丙草胺 300克/升/2007.06.26 至 2012.06.26/低毒			
	水稻	一年生杂草	450-525克/公顷	喷雾、毒土
PD170-92	异丙甲草胺/720克/升/乳油/异丙甲草胺 720克/升/2008.04.01 至 2013.04.01/低毒			
	水稻移栽田	一年生杂草	108-216克/公顷	喷雾
PD198-95	氟节胺/125克/升/乳油/氟节胺 125克/升/2005.05.25 至 2010.05.25/低毒			
	烟草	抑制腋芽生长	10毫克/株	杯淋,涂抹,喷雾
PD199-95	阿维菌素/18克/升/乳油/阿维菌素 18克/升/2005.05.25 至 2010.05.25/低毒(原药高毒)			
	柑橘树	潜叶蛾	4.5-9毫克/千克	喷雾
	棉花	红蜘蛛	8.1-10.8克/公顷	喷雾
	十字花科蔬菜	小菜蛾	9-13.5克/公顷	喷雾
PD206-95	3%氯唑磷颗粒剂//颗粒剂/氯唑磷 3%/2005.12.29 至 2010.12.29/中等毒			
	甘蔗	蔗龟、蔗螟	2250-2700克/公顷	沟施
	水稻	稻瘿蚊、飞虱、三化螟	450克/公顷	撒毒土
PD214-97	氯氰·丙溴磷/440克/升/乳油/丙溴磷 400克/升、氯氰菊酯 40克/升/2007.02.21 至 2012.02.21/中等毒			
	棉花	红铃虫、棉铃虫	435-660克/公顷	喷雾
	棉花	棉蚜	198-396克/公顷	喷雾
PD226-97	代森锰锌/80%/可湿性粉剂/代森锰锌 80%/2007.12.06 至 2012.12.06/低毒			
	番茄	早疫病	1560-2520克/公顷	喷雾
	花生	叶斑病	720-900克/公顷	喷雾
	黄瓜	霜霉病	1800-2700克/公顷	喷雾
	梨树	黑星病	800-1333.3毫克/千克	喷雾
	荔枝树	霜疫霉病	1333.3-2000毫克/千克	喷雾
	马铃薯	晚疫病	1440-2160克/公顷	喷雾
	苹果树	斑点落叶病	1000-1600毫克/千克	喷雾
	苹果树	轮纹病、炭疽病	1000-1333.3毫克/千克	喷雾
	葡萄	霜霉病	1170-2250克/公顷	喷雾
	甜椒	疫病	2000-2400克/公顷	喷雾
	西瓜	炭疽病	1995-3000克/公顷	喷雾
	烟草	赤星病	1400-1680克/公顷	喷雾
PD271-99	丙溴磷/89%/原药/丙溴磷 89%/2009.03.25 至 2014.03.25/中等毒			
PD281-99	噁霜灵/96%/原药/噁霜灵 96%/2009.05.27 至 2014.05.27/低毒			
PD282-99	丙草胺/94%/原药/丙草胺 94%/2009.06.11 至 2014.06.11/低毒			
PD295-99	氯唑磷/93%/原药/氯唑磷 93%/2004.08.10 至 2009.08.10/高毒			
PD296-99	异丙甲草胺/96%/原药/异丙甲草胺 96%/2009.08.10 至 2014.08.10/低毒			
PD297-99	丙环唑/88%/原药/丙环唑 88%/2009.08.10 至 2014.08.10/低毒			
PD298-99	甲霜灵/93%/原药/甲霜灵 93%/2004.08.10 至 2009.08.10/低毒			
PD299-99	杀扑磷/91%/原药/杀扑磷 91%/2004.08.10 至 2009.08.10/高毒			
PD314-99	氯氰菊酯/90%/原药/氯氰菊酯 90%/2009.10.21 至 2014.10.21/中等毒			
PD319-99	麦草畏/80%/原药/麦草畏 80%/2009.12.10 至 2014.12.10/低毒			
PD336-2000	20%醚磺隆水分散粒剂//细粒剂/醚磺隆 20%/2005.05.25 至 2010.05.25/低毒			
	水稻移栽田	莎草、眼子菜、一年生阔叶杂草	18-30克/公顷	药土(砂)撒施
PD337-2000	醚磺隆/92%/原药/醚磺隆 92%/2005.05.25 至 2010.05.25/低毒			
PD347-2001	丙草胺/500克/升/乳油/丙草胺 500克/升/2006.04.12 至 2011.04.12/低毒			
	水稻抛秧田	一年生杂草	300-450克/公顷	毒土
	水稻移栽田	部分阔叶杂草、莎草、一年生禾本科杂草	450-525克/公顷	毒土
PD20050187	精异丙甲草胺/960克/升/乳油/精异丙甲草胺 960克/升/2005.12.12 至 2010.12.12/低毒			
	菜豆、番茄	一年生禾本科杂草及部分阔叶杂草	936-1224克/公顷(东北地区) 720-936(其它地区)	播后苗前土壤喷雾
	春大豆田	部分阔叶杂草、一年生禾本科杂草	864-1224克/公顷	播后苗前土壤喷雾
	大蒜、洋葱	一年生禾本科杂草及部分阔叶杂草	756-936克/公顷	播后苗前土壤喷

				雾
	甘蓝田	一年生禾本科杂草及部分阔叶杂草	675-810克/公顷	移栽前土壤喷雾
	花生田	部分阔叶杂草、一年生禾本科杂草、一年生禾本科杂草及部分小粒种子阔叶杂草	648-864克/公顷	播后苗前土壤喷雾
	马铃薯	一年生禾本科杂草及部分阔叶杂草	土壤有机质含量小于3% 756-936克/公顷；土壤有机质含量3-4% 1440-1872克/公顷	播后苗前土壤喷雾
	棉花田、夏玉米田	一年生禾本科杂草及部分阔叶杂草	720-1224克/公顷	土壤喷雾
	甜菜	一年生禾本科杂草及部分阔叶杂草	864-1296克/公顷	播后苗前土壤喷雾
	西瓜	一年生禾本科杂草及部分阔叶杂草	576-936克/公顷	移栽前土壤喷雾
	夏大豆田	部分阔叶杂草、一年生禾本科杂草	720-1224克/公顷	播后苗前土壤喷雾
	向日葵	一年生禾本科杂草及小粒阔叶杂草	1440-1872克/公顷	播后苗前土壤喷雾
	烟草	一年生禾本科杂草及部分阔叶杂草	576-1080克/公顷	移栽前土壤喷雾
	油菜(移栽田)	部分阔叶杂草、一年生禾本科杂草	648-864克/公顷	移栽前土壤喷雾
	芝麻	一年生禾本科杂草及部分阔叶杂草	720-936克/公顷	播后苗前土壤喷雾
	注:甜菜、西瓜，烟草、芝麻、为临时登记,有效期最多至2010年6月14日。向日葵、大蒜、洋葱、马铃薯为临时登记,有效期最多至2011年2月2日。			
PD20050188	精异丙甲草胺/96%/原药/精异丙甲草胺 96%/2005.12.13 至 2010.12.13/低毒			
PD20050195	咯菌腈/95%/原药/咯菌腈 95%/2005.12.13 至 2010.12.13/低毒			
PD20050196	咯菌腈/25克/升/悬浮种衣剂/咯菌腈 25克/升/2005.12.13 至 2010.12.13/低毒			
	大豆、花生	根腐病	15-20克/100千克种子	种子包衣
	棉花	立枯病	15-20克/100千克种子	种子包衣
	水稻	恶苗病	1)10-15克/100千克种子 2)5-7.5克/100千克种子	1)种子包衣 2)浸种
	西瓜	枯萎病	10-15克/100千克种子	种子包衣
	向日葵	菌核病	15-20克/100千克种子	种子包衣
	小麦	腥黑穗病	2.5-5克/100千克种子	种子包衣
	小麦	根腐病	3.75-5克/100千克种子	种子包衣
PD20060001	噻虫嗪/98%/原药/噻虫嗪 98%/2006.01.09 至 2011.01.09/低毒			
PD20060002	噻虫嗪/70%/种子处理可分散粉剂/噻虫嗪 70%/2006.01.09 至 2011.01.09/低毒			
	棉花	苗期蚜虫	210-420克/100千克种子	拌种
	玉米	灰飞虱	70-210克/100千克种子	种子包衣
PD20060003	噻虫嗪/25%/水分散粒剂/噻虫嗪 25%/2006.01.09 至 2011.01.09/低毒			
	茶树	茶小绿叶蝉	15-22.5克/公顷	喷雾
	番茄、辣椒、茄子、十字花科蔬菜	白粉虱	1)26.25-56.25克/公顷 2)62.5-125毫克/千克,30-50毫克/株	1)苗期(定植前3-5天)喷雾 2)灌根
	甘蔗	绵蚜	20.8-25毫克/千克	喷雾
	柑橘树	蚜虫	20.8-25毫克/千克	喷雾
	柑橘树、葡萄	介壳虫	50-62.5毫克/千克	喷雾
	花卉	蚜虫	15-22.5克/公顷	喷雾
	花卉、节瓜、棉花	蓟马	30-56.25克/公顷	喷雾
	黄瓜	白粉虱	37.5-46.88克/公顷	喷雾
	马铃薯	白粉虱	30-56.25克/公顷	喷雾
	棉花	白粉虱	26.25-56.25克/公顷	喷雾
	棉花、烟草、油菜	蚜虫	15-30克/公顷	喷雾
	水稻	稻飞虱	7.5-15克/公顷	喷雾
	西瓜	蚜虫	30-37.5克/公顷	喷雾
	油菜	黄条跳甲	37.5-56.25克/公顷	喷雾
PD20060136	噻菌灵/98%/原药/噻菌灵 98%/2006.07.21 至 2011.07.21/低毒			
PD20070053	苯醚甲环唑/92%/原药/苯醚甲环唑 92%/2007.03.07 至 2012.03.07/低毒			
PD20070054	苯醚甲环唑/30克/升/悬浮种衣剂/苯醚甲环唑 30克/升/2007.03.07 至 2012.03.07/低毒			
	小麦	散黑穗病、纹枯病	6-9克/100千克种子	种子包衣
	小麦	全蚀病	1:167-200(药种比)	种子包衣
PD20070061	苯醚甲环唑/10%/水分散粒剂/苯醚甲环唑 10%/2007.03.09 至 2012.03.09/低毒			
	菜豆	锈病	75-125克/公顷	喷雾
	茶树	炭疽病	66.7-100毫克/千克	喷雾
	大白菜	黑斑病	52.5-75克/公顷	喷雾
	大蒜	叶枯病	45-90克/公顷	喷雾

番茄 早疫病 100.5-150克/公顷 喷雾
柑橘树 疮痂病 50-150毫克/千克 喷雾
黄瓜 白粉病 75-125克/公顷 喷雾
辣椒、葡萄 炭疽病 75-125克/公顷 喷雾
梨树 黑星病 14.3-16.7毫克/千克 喷雾
荔枝树 炭疽病 100-150毫克/千克 喷雾
芦笋 茎枯病 66.7-100毫克/千克 喷雾
苹果树 斑点落叶病 1500-3000倍液 喷雾
芹菜 叶斑病 100-125克/公顷 喷雾
石榴 麻皮病 50-100毫克/千克 喷雾
西瓜 炭疽病 75-112.5克/公顷 喷雾
洋葱 紫斑病 45-112.5克/公顷 喷雾
注:菜豆、柑桔树、葡萄、荔枝树、芹菜为临时登记,有效期2005年12月26日至2009年12月26日。茶树、石榴、芦笋、大蒜、洋葱为临时登记,有效期最多至2011年7月30日。

PD20070071 阿维菌素/85%/原药/阿维菌素 85%/2007.03.30 至 2012.03.30/高毒

PD20070088 苯甲·丙环唑/300克/升/乳油/苯醚甲环唑 150克/升、丙环唑 150克/升/2008.04.18 至 2013.04.18/低毒
大豆 锈病 90-135克/公顷 喷雾
水稻 纹枯病 67.5-90克/公顷 喷雾
注:大豆为临时登记,有效期最多不超过2011年4月。

PD20070316 噻菌灵/500克/升/悬浮剂/噻菌灵 500克/升/2007.09.27 至 2012.09.27/低毒
柑橘 绿霉病、青霉病 833－1250毫克/千克 浸果1分钟
蘑菇 褐腐病 1)1∶1250-2500(药料比) 1)拌料
2)1-1.5克/平方米 2)喷雾
香蕉 冠腐病 500－750毫克/千克 浸果1分钟

PD20070343 虱螨脲/96%/原药/虱螨脲 96%/2007.10.24 至 2012.10.24/低毒

PD20070344 虱螨脲/50克/升/乳油/虱螨脲 50克/升/2007.10.24 至 2012.10.24/低毒
菜豆 豆荚螟 30-37.5克/公顷 喷雾
番茄、棉花 棉铃虫 37.5-45克/公顷 喷雾
甘蓝 甜菜夜蛾 22.5-30克/公顷 喷雾
柑橘 潜叶蛾、锈壁虱 20-33.3毫克/千克 喷雾
马铃薯 马铃薯块茎蛾 30-45克/公顷 喷雾
苹果 小卷叶蛾 25-50毫克/千克 喷雾
注:马铃薯、柑橘、菜豆为临时登记，马铃薯有效期最多至2011年4月27日,柑橘有效期最多至2010年4月13日，菜豆有效期最多至2012年1月15日。番茄、苹果和棉花为临时登记，有效期最多至2011年3月19日。

PD20070345 咯菌·精甲霜/35克/升/悬浮种衣剂/咯菌腈 25克/升、精甲霜灵 10克/升/2007.10.24 至 2012.10.24/低毒
玉米 茎基腐病 3.5-5.25克/100千克种子 种子包衣

PD20070346 精甲霜灵/91%/原药/精甲霜灵 91%/2007.10.24 至 2012.10.24/低毒

PD20070474 精甲霜灵/350克/升/种子处理乳剂/精甲霜灵 350克/升/2007.11.21 至 2012.11.21/低毒
大豆、花生 根腐病 14-28克/100千克种子 拌种
棉花 猝倒病 14-28克/100千克种子 拌种
水稻 烂秧病 1)5.25-8.75克/100千克种子 1)拌种
2)58.3-87.5毫克/千克 2)浸种
向日葵 霜霉病 35-105克/100千克种子 拌种(晾干后播种)
注:大豆、花生、水稻作物为临时登记状态,有效期至2008年11月12日止。

PD20080452 丙溴磷/500克/升/乳油/丙溴磷 500克/升/2008.03.27 至 2013.03.27/低毒
棉花 棉铃虫 562.5-937.5克/公顷 喷雾
水稻 稻纵卷叶螟 600-750克/公顷 喷雾
注:水稻为临时登记状态，有效期最多至2011年1月11日止。

PD20080730 苯醚甲环唑/250克/升/乳油/苯醚甲环唑 250克/升/2008.06.11 至 2013.06.11/低毒
香蕉 黑星病、叶斑病 83.3-125毫克/千克 喷雾

PD20080846 精甲霜·锰锌/68%/水分散粒剂/精甲霜灵 4%、代森锰锌 64%/2008.07.14 至 2013.07.14/低毒
番茄、马铃薯 晚疫病 1020-1224克/公顷 喷雾
花椰菜 霜霉病 1020-1326克/公顷 /喷雾
黄瓜、葡萄 霜霉病 1020-1224克/公顷 喷雾
辣椒、西瓜 疫病 1020-1224克/公顷 喷雾
荔枝 霜疫霉病 680-850毫克/千克 喷雾
烟草 黑胫病 1020-1224克/公顷 喷雾

PD20081388 吡蚜酮/95%/原药/吡蚜酮 95%/2008.10.28 至 2013.10.28/低毒

PD20081892 莠去津/96%/原药/莠去津 96%/2008.11.20 至 2013.11.20/低毒

PD20083920 百菌清/98%/原药/百菌清 98%/2008.12.16 至 2013.12.16/微毒

PD20083944 甲氨基阿维菌素苯甲酸盐/95%/原药/甲氨基阿维菌素苯甲酸盐 95%/2008.12.15 至 2013.12.15/中等毒

PD20090296 嘧菌酯/25%/悬浮剂/嘧菌酯 25%/2009.01.09 至 2014.01.09/低毒

	荔枝	霜疫霉病	150-200毫克/千克	喷雾
	芒果	炭疽病	150-200毫克/千克	喷雾
	西瓜	炭疽病	150-300毫克/千克	喷雾
PD20090988	莠去津/90%/水分散粒剂/莠去津 90%/2009.01.20 至 2014.01.20/低毒			
	甘蔗田	一年生杂草	1350-1485克/公顷	喷雾
	玉米田	一年生杂草	1485-1755克/公顷(东北春播)	播后苗前喷雾
			1350-1485克/公顷(其它夏播)	
PD20093358	丙环唑/156克/升/乳油/丙环唑 156克/升/2009.03.18 至 2014.03.18/低毒			
	草坪	褐斑病	312-936克/公顷	喷雾
PD20093924	灭蝇胺/75%/可湿性粉剂/灭蝇胺 75%/2009.03.26 至 2014.03.26/低毒			
	花卉	美洲斑潜蝇	150-225克/公顷	喷雾
PD20094118	吡蚜酮/50%/水分散粒剂/吡蚜酮 50%/2009.03.27 至 2014.03.27/低毒			
	观赏菊花	蚜虫	150-225克/公顷	喷雾
PD20095400	咯菌腈/50%/可湿性粉剂/咯菌腈 50%/2009.04.27 至 2014.04.27/低毒			
	观赏菊花	灰霉病	83.3-125毫克/千克	喷雾
PD20096644	精甲·咯菌腈/62.5克/升/悬浮种衣剂/咯菌腈 25克/升、精甲霜灵 37.5克/升/2009.09.02 至 2014.09.02/微毒			
	大豆	根腐病	18.75-25克/100千克种子	种子包衣
	水稻	恶苗病	18.75-25克/100千克种子	种子包衣
PD20096724	灭蝇胺/95%/原药/灭蝇胺 95%/2009.09.07 至 2014.09.07/低毒			
PD20096820	硝磺草酮/9%/悬浮剂/硝磺草酮 9%/2009.09.21 至 2014.09.21/低毒			
	玉米田	部分禾本科杂草、一年生阔叶杂草	105-150克/公顷	茎叶喷雾
PD20096821	硝磺草酮/94%/原药/硝磺草酮 94%/2009.09.21 至 2014.09.21/低毒			
PD20096825	炔草酯/95%/原药/炔草酯 95%/2009.09.21 至 2014.09.21/低毒			
PD20096826	炔草酯/15%/可湿性粉剂/炔草酯 15%/2009.09.21 至 2014.09.21/低毒			
	春小麦田	部分禾本科杂草	30-45克/公顷	茎叶喷雾
	冬小麦田	部分禾本科杂草	45-67.5克/公顷	茎叶喷雾
LS20070720	嘧菌环胺/50%/水分散粒剂/嘧菌环胺 50%/2009.04.08 至 2010.04.09/低毒			
	草莓、辣椒	灰霉病	450-720克/公顷	喷雾
	韭菜	灰霉病	450-675克/公顷	喷雾
	葡萄	灰霉病	500-800毫克/千克	喷雾
LS20070721	嘧菌环胺/98%/原药/嘧菌环胺 98%/2009.04.08 至 2010.04.09/低毒			
LS20070722	苯甲·嘧菌酯/325克/升/悬浮剂/苯醚甲环唑 125克/升、嘧菌酯 200克/升/2009.04.08 至 2010.04.09/低毒			
	西瓜	蔓枯病、炭疽病	146.25～243.75克/公顷	喷雾
LS20071308	精甲·百菌清/440克/升/悬浮剂/百菌清 400克/升、精甲霜灵 40克/升/2009.05.08 至 2010.05.09/低毒			
	番茄	晚疫病	495～792克/公顷	喷雾
	黄瓜	霜霉病	594～990克/公顷	喷雾
	辣椒	疫病	495～792克/公顷	喷雾
	荔枝树	霜疫霉病	550～880毫克/千克	喷雾
	西瓜	疫病	660～990克/公顷	喷雾
LS20071621	嘧菌·百菌清/560克/升/悬浮剂/百菌清 500克/升、嘧菌酯 60克/升/2009.06.05 至 2010.06.06/低毒			
	番茄	早疫病	630～1008克/公顷	喷雾
	黄瓜	霜霉病	504～1008克/公顷	喷雾
	辣椒	炭疽病	672～1008克/公顷	喷雾
	荔枝	霜疫霉病	560～1120毫克/千克	喷雾
	西瓜	蔓枯病	630～1008克/公顷	喷雾
LS20071870	三氟啶磺隆钠盐/90%/原药/三氟啶磺隆钠盐 90%/2009.07.16 至 2010.07.17/低毒			
LS20071871	三氟啶磺隆钠盐/75%/水分散粒剂/三氟啶磺隆钠盐 75%/2009.07.16 至 2010.07.17/低毒			
	甘蔗田	稗草、莎草及阔叶杂草	11.25-22.5克/公顷	茎叶喷雾
LS20071963	三环·丙唑/525克/升/悬乳剂/丙环唑 125克/升、三环唑 400克/升/2008.08.07 至 2009.08.08/低毒			
	水稻	稻瘟病、纹枯病	472.5-630克/公顷	/喷雾
LS20072478	双炔酰菌胺/93%/原药/双炔酰菌胺 93%/2009.11.19 至 2010.11.20/低毒			
LS20072480	双炔酰菌胺/250克/升/悬浮剂/双炔酰菌胺 250克/升/2009.11.19 至 2010.11.20/低毒			
	辣椒、西瓜	疫病	112.5-150克/公顷	喷雾
	荔枝树	霜疫霉病	125-250毫克/千克	喷雾
	马铃薯	晚疫病	75-150克/公顷	喷雾
	葡萄	霜霉病	125-167毫克/千克	喷雾
LS20072665	硝磺·莠去津/550克/升/悬浮剂/莠去津 500克/升、硝磺草酮 50克/升/2009.12.18 至 2010.12.19/低毒			
	春玉米田	多种一年生杂草	825-1237.5克/公顷	茎叶喷雾
	夏玉米田	多种一年生杂草	660-990克/公顷	茎叶喷雾
LS20080364	精异丙甲草胺/960克/升/乳油/精异丙甲草胺 960克/升/2008.02.19 至 2009.02.19/低毒			
	大蒜、洋葱	一年生禾本科杂草及阔叶杂草	756-936克/公顷	播后苗前土壤喷雾
	马铃薯	一年生禾本科杂草及阔叶杂草	土壤有机质含量小于3%:756-936	播后苗前土壤喷

			克/公顷；土壤有机质含量3-4%：1440-1872克/公顷	雾
	向日葵	一年生禾本科杂草及部分小粒种子阔叶杂草	1440-1872克/公顷	播后苗前土壤喷雾
LS20080376	异丙·莠去津/670克/升/悬乳剂/精异丙甲草胺 350克/升、莠去津 320克/升/2010.02.18 至 2011.02.18/低毒			
	春玉米田、甘蔗田	一年生禾本科杂草及阔叶杂草	1620-2160克/公顷	播后苗前土壤喷雾
	夏玉米田	一年生禾本科杂草及阔叶杂草	1080-1620克/公顷	播后苗前土壤喷雾
LS20081355	抗倒酯/250克/升/乳油/抗倒酯 250克/升/2009.03.13 至 2010.03.13/低毒			
	小麦	防止倒伏	75-125克/公倾	喷雾
LS20081356	抗倒酯/94%/原药/抗倒酯 94%/2009.03.13 至 2010.03.13/低毒			
LS20082183	抗倒酯/121克/升/可溶液剂/抗倒酯 121克/升/2009.04.18 至 2010.04.18/低毒			
	高羊茅草坪	调节生长	2000-3000毫升/公顷（制剂）	茎叶喷雾
LS20082664	环酯草醚/250克/升/悬浮剂/环酯草醚 250克/升/2009.04.25 至 2010.04.25/低毒			
	水稻移栽田	一年生禾本科、莎草科及部分阔叶杂草	187.5-300克/公顷	茎叶喷雾
LS20082665	环酯草醚/96%/原药/环酯草醚 96%/2009.04.25 至 2010.04.25/低毒			
LS20083124	氯虫·噻虫嗪/40%/水分散粒剂/噻虫嗪 20%、氯虫苯甲酰胺 20%/2009.11.11 至 2010.11.11/低毒			
	水稻	稻纵卷叶螟、褐飞虱	36-48克/公顷	喷雾
LS20083279	氯虫·噻虫嗪/300克/升/悬浮剂/噻虫嗪 200克/升、氯虫苯甲酰胺 100克/升/2009.12.16 至 2010.12.16/低毒			
	小青菜苗床	黄条跳甲、小菜蛾	125-150克/公顷	喷淋或灌根
LS20090025	唑啉草酯/95%/原药/唑啉草酯 95%/2010.01.08 至 2011.01.08/低毒			
LS20090043	唑啉·炔草酯/50克/升/乳油/唑啉草酯 25克/升、炔草酯 25克/升/2010.01.08 至 2011.01.08/低毒			
	春小麦田	禾本科杂草	30-60克/公顷	茎叶喷雾
	冬小麦田	禾本科杂草	45-75克/公顷	茎叶喷雾
LS20090795	苯醚·咯菌腈/4.8%/悬浮种衣剂/苯醚甲环唑 2.4%、咯菌腈 2.4%/2009.04.01 至 2010.04.01/低毒			
	小麦	散黑穗病	5-15克/100千克种子	种子包衣
LS20091299	双炔·百菌清/440克/升/悬浮剂/百菌清 400克/升、双炔酰菌胺 40克/升/2009.05.26 至 2010.05.26/低毒			
	黄瓜	霜霉病	660～990克/公顷	/喷雾
LS20091353	噻虫·高氯氟/22%/微囊悬浮-悬浮剂/高效氯氟氰菊酯 9.4%、噻虫嗪 12.6%/2009.07.10 至 2010.07.10/中等毒			
	茶树	茶尺蠖、茶小绿叶蝉	14.82-22.23克/公顷	喷雾
	甘蓝	菜青虫、蚜虫	18.53-37.05克/公顷	喷雾
	辣椒	白粉虱	18.53-37.05克/公顷	喷雾
	棉花	棉铃虫、棉蚜	18.53-37.05克/公顷	喷雾
WP20090313	杀蟑饵剂/0.1%/饵剂/甲氨基阿维菌素苯甲酸盐 0.1%/2009.09.02 至 2014.09.02/微毒			
	卫生	蜚蠊	/	投放
WL20080221	杀蚁胶饵/0.01%/胶饵/噻虫嗪 0.01%/2009.03.10 至 2010.03.10/微毒			
	卫生	蚂蚁	/	投放

斯洛文尼亚

斯洛文尼亚辛卡那策列公司　（上海市浦东新区世纪大道88号金茂大厦18楼　200121　021-50498899）

LS20051533	氢氧化铜/53.8%/可湿性粉剂/氢氧化铜 53.8%/2008.04.28 至 2009.04.28/低毒			
	葡萄	霜霉病	1000-1400克/公顷	喷雾

泰国

泰国波罗格力国际有限公司　（云南省昆明市世纪城茗春苑2-2-7C　650214　0871-8151618）

PD20082483	草甘膦异丙胺盐/41%/水剂/草甘膦异丙胺盐 41%/2008.12.03 至 2013.12.03/低毒			
	非耕地	一年生及部分多年生杂草	1125-3000克/公顷	茎叶喷雾

乌克兰

乌克兰国家科学院和科教部联合科技中心　（北京市新街口外大街2号有研大厦　100088　010-82014898）

LS20042164	爱密挺/0.11%/水剂/爱密挺 0.11%/2009.01.14 至 2009.12.31/低毒			
	大豆、水稻、玉米	促进生长	1)10-15毫升/1000千克 2)结合苗期和花期10-15毫升/公顷	1)拌种 2)兑水喷雾
	小麦	调节生长	1)10-15毫升/1000千克2)结合小麦拔节期10-15毫升/公顷	1)拌种 2)茎叶喷雾

西班牙

西班牙艾克威化学工业有限公司　（江苏省昆山市经济技术开发区龙灯路88号　215301　0512-57709267）

PD270-99	硫酸铜钙/77%/可湿性粉剂/硫酸铜钙 77%/2009.03.05 至 2014.03.05/低毒			
	柑橘树	溃疡病	1283-1925毫克/千克	喷雾
	柑橘树	疮痂病	962.5-1925毫克/千克	喷雾
	黄瓜	霜霉病	1347.5-2021.3克/公顷	喷雾
	姜	腐烂病	962.5-1283毫克/千克 250-500毫克/珠	喷淋灌根
	苹果	褐斑病	962.5-1283毫克/千克	喷雾
	苹果树	褐斑病	962.5-1283毫克/千克	喷雾

	葡萄	霜霉病	1100-1540毫克/千克	喷雾
	烟草	野火病	1283-1925毫克/千克	喷雾
PD20050166	硫酸铜钙/98%/原药/硫酸铜钙 98%/2005.11.04 至 2010.11.04/低毒			

新加坡

新加坡利农私人有限公司　（北京市朝阳区光华路甲8号和乔大厦B座511A室　100026　010-65816127）

PD333-2000	顺式氯氰菊酯/30克/升/乳油/顺式氯氰菊酯 30克/升/2005.04.12 至 2010.04.12/中等毒			
	棉花	棉铃虫	30-45克/公顷	喷雾
	枸杞	瘿蚊	18.75-20毫克/千克	喷雾
	注:枸杞为临时登记，有效期最多至2011年4月3日。			
PD334-2000	顺式氯氰菊酯/95%/原药/顺式氯氰菊酯 95%/2005.04.12 至 2010.04.12/中等毒			
PD338-2000	丁硫克百威/200克/升/乳油/丁硫克百威 200克/升/2005.05.12 至 2010.05.12/中等毒			
	棉花	棉蚜	90-180克/公顷	喷雾
PD339-2000	丁硫克百威/85%/母液/丁硫克百威 85%/2005.06.16 至 2010.06.16/中等毒			
PD340-2000	毒死蜱/400克/升/乳油/毒死蜱 400克/升/2005.06.13 至 2010.06.13/中等毒			
	棉花	棉铃虫	450-900克/公顷	喷雾
PD341-2000	毒死蜱/94%/原药/毒死蜱 94%/2005.06.16 至 2010.06.16/中等毒			
PD351-2001	氯氰菊酯/92%/原药/氯氰菊酯 92%/2006.06.01 至 2011.06.01/中等毒			
PD352-2001	氯氰菊酯/10%/乳油/氯氰菊酯 10%/2006.06.01 至 2011.06.01/中等毒			
	甘蓝	菜青虫	30-45克/公顷	喷雾
	荔枝树	蝽蟓	33.3-50毫克/千克	喷雾
	注:荔枝树蝽蟓为临时登记，有效期至2009.09.28。			
PD353-2001	草甘膦/95%/原药/草甘膦 95%/2006.06.01 至 2011.06.01/低毒			
PD354-2001	草甘膦异丙胺盐/41%/水剂/草甘膦异丙胺盐 41%/2006.06.01 至 2011.06.01/低毒			
	苹果园	杂草	1125-2250克/公顷	喷雾
PD355-2001	溴氰菊酯/98%/原药/溴氰菊酯 98%/2006.06.01 至 2011.06.01/中等毒			
PD356-2001	溴氰菊酯/2.5%/乳油/溴氰菊酯 2.5%/2006.06.01 至 2011.06.01/中等毒			
	棉花	棉铃虫	7.5-15克/公顷	喷雾
PD20030012	甲基硫菌灵/95%/原药/甲基硫菌灵 95%/2008.11.21 至 2013.11.21/低毒			
PD20030013	丙环唑/250克/升/乳油/丙环唑 250克/升/2008.11.21 至 2013.11.21/低毒			
	水稻	纹枯病	75-150克/公顷	喷雾
	香蕉	叶斑病	250-500毫克/千克	喷雾
	小麦	白粉病	124.5-150克/公顷	喷雾
	注:水稻为临时登记,有效期最多至2011年6月。			
PD20030014	丙环唑/90%/原药/丙环唑 90%/2008.11.21 至 2013.11.21/低毒			
PD20030016	甲基硫菌灵/70%/可湿性粉剂/甲基硫菌灵 70%/2008.12.04 至 2013.12.04/低毒			
	水稻	纹枯病	1050-1500克/公顷	喷雾
PD20040020	炔螨特/92%/原药/炔螨特 92%/2004.11.09 至 2009.11.09/低毒			
PD20040021	百菌清/75%/可湿性粉剂/百菌清 75%/2004.11.09 至 2009.11.09/低毒			
	花生	叶斑病	1249.5-1500克/公顷	喷雾
PD20040022	炔螨特/570克/升/乳油/炔螨特 570克/升/2004.11.09 至 2009.11.09/低毒			
	柑橘树	红蜘蛛	285-380毫克/千克	喷雾
	棉花	红蜘蛛	342-513克/公顷	喷雾
PD20040023	百菌清/96%/原药/百菌清 96%/2004.11.09 至 2009.11.09/低毒			
PD20080082	甲氰菊酯/92%/原药/甲氰菊酯 92%/2008.01.04 至 2013.01.04/中等毒			
PD20080248	甲氰菊酯/20%/乳油/甲氰菊酯 20%/2008.02.18 至 2013.02.18/低毒			
	棉花	棉铃虫	120-150克/公顷	喷雾
PD20080425	草甘膦/70%/可溶粒剂/草甘膦 70%/2008.03.10 至 2013.03.10/低毒			
	苹果园	一年生杂草	1500-2000克/公顷	定向茎叶喷雾
	苹果园	多年生杂草	1875-2250克/公顷	定向茎叶喷雾
PD20080426	草甘膦/50%/可溶粒剂/草甘膦 50%/2008.03.10 至 2013.03.10/低毒			
	苹果园	多年生杂草	1875-2250克/公顷	定向茎叶喷雾
	苹果园	一年生杂草	1520-2000克/公顷	定向茎叶喷雾
PD20081070	百草枯/44%/母药/百草枯 44%/2008.08.14 至 2013.08.14/中等毒			
PD20081091	百草枯/200克/升/水剂/百草枯 200克/升/2008.08.18 至 2013.08.18/中等毒			
	非耕地	杂草	600-900克/公顷	茎叶喷雾
PD20091627	福美双/98%/原药/福美双 98%/2009.02.03 至 2014.02.03/低毒			
PD20094208	福美双/80%/水分散粒剂/福美双 80%/2009.03.30 至 2014.03.30/低毒			
	黄瓜	白粉病	600-1200克/公顷	喷雾

新加坡生达有限公司　（辽宁省海城市新东村海岫铁路北　114200　0412-3299724）

PD20050174	甲基硫菌灵原药//原药/甲基硫菌灵 98%/2005.11.14 至 2010.11.14/低毒
PD20050175	百菌清原药//原药/百菌清 98%/2005.11.14 至 2010.11.14/低毒
PD20050179	氯氰菊酯原药//原药/氯氰菊酯 92%/2005.11.15 至 2010.11.15/中等毒
PD20070292	异菌脲原药//原药/异菌脲 95%/2007.09.12 至 2012.09.12/低毒

新西兰

新西兰塔拉纳奇化学有限公司　(北京市朝阳区光华路甲8号和乔大厦B座511A室　100026　010-65816127)

PD20091929	甲硫·百菌清/50%/悬浮剂/百菌清 25%、甲基硫菌灵 25%/2009.02.12 至 2014.02.12/微毒			
	黄瓜	白粉病	1200-1600克/公顷	喷雾
PD20092701	甲霜灵/98%/原药/甲霜灵 98%/2009.03.03 至 2014.03.03/低毒			
PD20094038	乙氧氟草醚/25%/悬浮剂/乙氧氟草醚 25%/2009.03.27 至 2014.03.27/中等毒			
	甘蔗田	一年生杂草	140-180克/公顷	土壤喷雾
PD20094331	乙氧氟草醚/95%/原药/乙氧氟草醚 95%/2009.03.31 至 2014.03.31/中等毒			
PD20096368	代森锰锌/88%/原药/代森锰锌 88%/2009.08.04 至 2014.08.04/低毒			
LS20070384	甲霜·锰锌/36%/悬浮剂/甲霜灵 4%、代森锰锌 32%/2009.03.05 至 2010.03.06/低毒			
	黄瓜	霜霉病	1300-1600克/公顷	喷雾

新西兰庄臣有限公司　(上海市浦东新区新金桥路932号　201206　021-58994833)

WL20070018	杀蟑饵剂/1%/饵剂/茚虫威 1%/2009.01.29 至 2010.01.29/微毒			
	卫生	蜚蠊	/	投放
WL20080392	杀蟑饵剂/0.5%/饵剂/茚虫威 0.5%/2009.11.12 至 2010.11.12/微毒			
	卫生	蜚蠊	/	投放

以色列

以色列阿甘化学公司　(上海市静安区南京西路1168号中信泰富广场2705室　200041　021-52929933)

PD233-98	氟乐灵/480克/升/乳油/氟乐灵 480克/升/2008.08.19 至 2013.08.19/低毒			
	大豆田	一年生禾本科杂草及部分阔叶杂草	900-1260克/公顷	喷雾
	棉花田	一年生禾本科杂草及部分阔叶杂草	72-1080克/公顷	喷雾
PD315-99	氟乐灵/96%/原药/氟乐灵 96%/2004.11.23 至 2009.11.23/低毒			
PD20082551	莠灭净/80%/可湿性粉剂/莠灭净 80%/2008.12.04 至 2013.12.04/低毒			
	菠萝田	一年生单、双子叶杂草	1440-1800克/公顷	喷雾
	甘蔗田	杂草	1560-2400克/公顷	喷雾
PD20082555	莠灭净/95%/原药/莠灭净 95%/2008.12.04 至 2013.12.04/低毒			

以色列马克西姆化学公司　(上海市静安区南京西路1168号中信泰富广场2705室　200041　021-52929933)

PD224-97	50%四螨嗪悬浮剂(重量/容量)//悬浮剂/四螨嗪 500克/升/2007.12.25 至 2012.12.25/低毒			
	苹果树	苹果红蜘蛛、山楂红蜘蛛	83-100毫克/千克	喷雾
PD227-98	杀扑磷/40%/乳油/杀扑磷 40%/2008.03.06 至 2013.03.06/高毒			
	柑橘树	介壳虫	200-400毫克/千克	喷雾
PD241-98	硫丹/350克/升/乳油/硫丹 350克/升/2008.08.17 至 2013.08.17/高毒			
	苹果树	黄蚜	87.5-116.7毫克/千克	喷雾
PD325-2000	硫丹原药//原药/硫丹 95%/2005.04.22 至 2010.04.22/高毒			
PD20080205	戊唑醇/97.5%/原药/戊唑醇 97.5%/2008.01.11 至 2013.01.11/低毒			
PD20080232	丙环唑/93%/原药/丙环唑 93%/2008.01.28 至 2013.01.28/低毒			
PD20080246	咪鲜胺/97%/原药/咪鲜胺 97%/2008.02.18 至 2013.02.18/低毒			
PD20080249	咪鲜胺/450克/升/乳油/咪鲜胺 450克/升/2008.02.19 至 2013.02.19/低毒			
	柑橘	绿霉病、青霉病	250-500毫克/千克	浸果
	芒果	炭疽病	500-1000毫克/千克	浸果
	芒果树	炭疽病	300-500毫克/千克	喷雾
	水稻	恶苗病	3600-7200倍液	浸种(南方3天北方5天)
PD20080465	克菌丹/92%/原药/克菌丹 92%/2008.03.31 至 2013.03.31/低毒			
PD20080466	克菌丹/50%/可湿性粉剂/克菌丹 50%/2008.03.31 至 2013.03.31/低毒			
	草莓	灰霉病	833.3-1250毫克/千克	喷雾
	番茄	叶霉病、早疫病	937.5-1406.25克/公顷	喷雾
	黄瓜、辣椒	炭疽病	937.5-1406.25克/公顷	喷雾
	梨树	黑星病	714-1000毫克/千克	喷雾
	苹果	轮纹病	625-1250毫克/千克	喷雾
	葡萄	霜霉病	833-1250毫克/千克	喷雾
PD20080924	抑霉唑/98%/原药/抑霉唑 98%/2008.07.17 至 2013.07.17/低毒			
PD20080936	二嗪磷/95%/原药/二嗪磷 95%/2008.07.17 至 2013.07.17/低毒			
PD20081449	丙环唑/250克/升/乳油/丙环唑 250克/升/2008.11.04 至 2013.11.04/低毒			
	香蕉	叶斑病	250-500毫克/千克	喷雾
PD20081752	毒死蜱/97%/原药/毒死蜱 97%/2008.11.18 至 2013.11.18/低毒			
PD20091184	戊唑醇/25%/水乳剂/戊唑醇 25%/2009.01.22 至 2014.01.22/低毒			
	花生	叶斑病	100-125毫克/千克	喷雾
	梨树	黑星病	100-125毫克/千克	喷雾
	苹果树	斑点落叶病	100-125毫克/千克	喷雾
	葡萄	白腐病	100-125毫克/千克	喷雾
	香蕉	叶斑病	167-250毫克/千克	喷雾
	小麦	锈病	75-125克/公顷	喷雾

PD20094928 戊唑·咪鲜胺/400克/升/水乳剂/咪鲜胺 267克/升、戊唑醇 133克/升/2009.04.13 至 2014.04.13/低毒
香蕉 黑星病 266.7-400毫克/千克 喷雾
小麦 小麦赤霉病 120-150克/公顷 喷雾
PD20094930 丙环·咪鲜胺/490克/升/乳油/丙环唑 90克/升、咪鲜胺 400克/升/2009.04.13 至 2014.04.13/低毒
水稻 纹枯病 220-294克/公顷 喷雾
PD20095905 抑霉唑/500克/升/乳油/抑霉唑 500克/升/2009.05.31 至 2014.05.31/低毒
柑橘 绿霉病、青霉病 250-500毫克/千克 浸果
PD20096584 戊唑醇/6%/悬浮种衣剂/戊唑醇 6%/2009.08.25 至 2014.08.25/低毒
小麦 散黑穗病 1.8-2.7克/100千克种子 种子包衣
玉米 丝黑穗病 6-12克/100千克种子 种子包衣
PD20098352 戊唑醇/430克/升/悬浮剂/戊唑醇 430克/升/2009.12.18 至 2014.12.18/低毒
梨树 黑星病 72-108毫克/千克 喷雾
苹果 斑点落叶病 72-108毫克/千克 喷雾
LS20090378 克菌·戊唑醇/400克/升/悬浮剂/克菌丹 320克/升、戊唑醇 80克/升/2009.03.13 至 2010.03.13/低毒
苹果树 轮纹病 267-400毫克/千克 喷雾
葡萄 白腐病、霜霉病、炭疽病 267-400毫克/千克 喷雾
LS20091419 克菌丹/80%/水分散粒剂/克菌丹 80%/2009.09.16 至 2010.09.16/低毒
柑橘 树脂病(砂皮病) 800-1333毫克/千克 喷雾

意大利

意大利艾格汶生命科学有限公司(北京市朝阳区朝阳光华路甲8号和乔大厦北座511A室 100026 010-65816127-29)

LS20090699 戊菌唑/95%/原药/戊菌唑 95%/2009.03.27 至 2010.03.27/低毒
LS20090700 戊菌唑/10%/乳油/戊菌唑 10%/2009.03.27 至 2010.03.27/低毒
葡萄 白腐病 20-40毫克/千克 喷雾

意大利易比西公司 (上海市浦东新区世纪大道88号金茂大厦19楼 021-61048500)

PD60-87 氟乐灵/480克/升/乳油/氟乐灵 480克/升/2008.11.19 至 2013.11.19/低毒
大豆 一年生禾本科杂草及部分阔叶杂草 900-1260克/公顷 播前土壤处理
棉花 一年生禾本科杂草及部分阔叶杂草 720-1080克/公顷 播前土壤处理

意大利意赛格公司 (上海市黄浦区金陵西路28号金陵大厦840室 200021 021-63876258)

PD20070129 四氟醚唑/94%/原药/四氟醚唑 94%/2007.05.21 至 2012.05.21/低毒
PD20070130 四氟醚唑/4%/水乳剂/四氟醚唑 4%/2007.05.21 至 2012.05.21/低毒
草莓 白粉病 30-50克/公顷 喷雾
LS20090108 嘧苯胺磺隆/98%/原药/嘧苯胺磺隆 98%/2009.01.12 至 2010.01.12/低毒
LS20090109 嘧苯胺磺隆/50%/水分散粒剂/嘧苯胺磺隆 50%/2009.01.12 至 2010.01.12/低毒
水稻田 稗草、莎草及阔叶杂草 60-75克/公顷 茎叶喷雾或毒土法

印度

印度TAGROS公司

PD20081008 氯菊酯/90%/原药/氯菊酯 90%/2008.08.06 至 2013.08.06/低毒
PD20081021 顺式氯氰菊酯/95%/原药/顺式氯氰菊酯 95%/2008.08.06 至 2013.08.06/中等毒
PD20081039 溴氰菊酯/98%/原药/溴氰菊酯 98%/2008.08.06 至 2013.08.06/低毒
PD20081184 氯氰菊酯/92%/原药/氯氰菊酯 92%/2008.09.11 至 2013.09.11/低毒

印度比莱格工业有限公司 (北京市朝阳区安立路68号阳光广场A2-1503 100101 010-64976259)

PD20040005 氯氰菊酯/94%/原药/氯氰菊酯 ≥94%/2009.04.05 至 2014.04.05/中等毒
PD20050125 顺式氯氰菊酯原药//原药/顺式氯氰菊酯 95%/2005.08.22 至 2010.08.22/中等毒
WP77-2002 氯菊酯原药//原药/氯菊酯 92%/2007.08.28 至 2012.08.28/中等毒

印度格达化学有限公司 (北京市朝阳区安立路68号阳光广场A2座1503室 100101 010-64976085)

PD360-2001 氯氰菊酯/93%/原药/氯氰菊酯 93%/2006.06.15 至 2011.06.15/中等毒
PD20030002 溴氰菊酯/98%/原药/溴氰菊酯 98%/2008.03.18 至 2013.03.18/中等毒
PD20030003 毒死蜱/98%/原药/毒死蜱 98%/2008.03.18 至 2013.03.18/中等毒
PD20070126 顺式氯氰菊酯/95%/原药/顺式氯氰菊酯 95%/2007.05.21 至 2012.05.21/中等毒

印度禾润保工业有限公司 (北京市朝阳区安立路68号阳光广场A2座1503室 100101 010-64976259)

PD20085421 氯氰菊酯/96%/原药/氯氰菊酯 96%/2008.12.24 至 2013.12.24/低毒
PD20093078 溴氰菊酯/98%/原药/溴氰菊酯 98%/2009.03.09 至 2014.03.09/中等毒
PD20096031 顺式氯氰菊酯/95%/原药/顺式氯氰菊酯 95%/2009.06.15 至 2014.06.15/中等毒
PD20096330 氯菊酯/92%/原药/氯菊酯 92%/2009.07.22 至 2014.07.22/中等毒
PD20097621 乙酰甲胺磷/97%/原药/乙酰甲胺磷 97%/2009.11.03 至 2014.11.03/中等毒

印度利农实业有限公司 (北京市朝阳区光华路甲8号和乔大厦北座511A室 100026 010-65816127-29)

PD20091058 苯磺隆/95%/原药/苯磺隆 95%/2009.01.21 至 2014.01.21/低毒
PD20095725 苯磺隆/75%/水分散粒剂/苯磺隆 75%/2009.05.18 至 2014.05.18/低毒
小麦田 阔叶杂草 15.0-19.5克/公顷 茎叶喷雾

印度联合磷化物有限公司 (北京市朝阳区朝外大街20号联合大厦607室 100020 010-65889371)

PD65-88 三氟羧草醚/21.4%/水溶液/三氟羧草醚 21.4%/2008.02.22 至 2013.02.22/低毒
大豆田 阔叶杂草 360-480克/公顷 喷雾

PD152-92 敌草胺/50%/可湿性粉剂/敌草胺 50%/2007.05.10 至 2012.05.10/低毒
烟草 一年生禾本科杂草及部分阔叶杂草 750-1995克/公顷 土壤处理
PD171-92 氟醚·灭草松/440克/升/水剂/三氟羧草醚 80克/升、灭草松 360克/升/2008.04.09 至 2013.04.09/低毒
大豆 阔叶杂草 825-975克/公顷 喷雾
PD201-95 敌草胺/50%/水分散粒剂/敌草胺 50%/2007.12.02 至 2012.12.02/低毒
西瓜 阔叶杂草、一年生禾本科杂草 1125-1500克/公顷 喷雾
烟草 部分阔叶杂草、一年生禾本科杂草 1500-1995克/公顷 喷雾
注:西瓜为临时登记状态，有效期至2010年6月5日。
PD20050055 氯氰菊酯/95%/原药/氯氰菊酯 95%/2005.06.01 至 2010.06.01/中等毒
PD20060131 50%敌草胺水分散粒剂//水分散粒剂/敌草胺 50%/2006.07.13 至 2011.07.13/低毒
西瓜 一年生禾本科杂草及阔叶杂草 / /
PD20081200 乙酰甲胺磷/97%/原药/乙酰甲胺磷 97%/2008.09.11 至 2013.09.11/低毒
PD20083597 顺式氯氰菊酯/97%/原药/顺式氯氰菊酯 97%/2008.12.12 至 2013.12.12/中等毒
PD20096046 吡虫啉/95%/原药/吡虫啉 95%/2009.06.18 至 2014.06.18/低毒
PD20096887 联苯菊酯/98%/原药/联苯菊酯 98%/2009.09.23 至 2014.09.23/中等毒
PD20096888 代森锰锌/88%/原药/代森锰锌 88%/2009.09.23 至 2014.09.23/低毒
PD20097433 敌草胺/94%/原药/敌草胺 94%/2009.10.28 至 2014.10.28/低毒
PD20097738 二甲戊灵/95%/原药/二甲戊灵 95%/2009.11.12 至 2014.11.12/低毒
PD20097765 甲霜·锰锌/72%/可湿性粉剂/甲霜灵 8%、代森锰锌 64%/2009.11.12 至 2014.11.12/低毒
黄瓜 霜霉病 1080-2160克/公顷 喷雾
LS20060413 代森锰锌/85%/原药/代森锰锌 85%/2009.03.05 至 2010.03.05/低毒
LS20071614 乙酰甲胺磷/97%/水分散粒剂/乙酰甲胺磷 97%/2009.06.05 至 2010.06.06/低毒
棉花 棉铃虫 727.5-873克/公顷 喷雾
LS20080006 氯菊酯/92%/原药/氯菊酯 92%/2009.01.04 至 2010.01.04/低毒
LS20082817 多·锰锌/75%/可湿性粉剂/多菌灵 12%、代森锰锌 63%/2009.05.12 至 2010.05.12/微毒
苹果树 斑点落叶病 1000-1250毫克/千克 喷雾

印度龙灯有限公司 (上海市天目中路428号凯旋门大厦(西部)11楼D座 200070 021-63537915)

LS20060859 毒死蜱/95%/原药/毒死蜱 95%/2008.04.13 至 2009.04.13/中等毒

印度米苏有限公司 (北京市朝阳区安立路68号阳光广场A2-1503室 100101 010-64976259)

PD20070164 毒死蜱原药//原药/毒死蜱 97%/2007.06.14 至 2012.06.14/低毒

印度帕瑞捷达公司 (江苏省南京市化学工业园区长丰河路 210047 025-58375015)

LS20052541 溴氰菊酯/98%/原药/溴氰菊酯 98%/2008.07.25 至 2009.07.25/中等毒
LS20052555 毒死蜱/98%/原药/毒死蜱 98%/2008.07.25 至 2009.07.25/中等毒
LS20052770 顺式氯氰菊酯/95%/原药/顺式氯氰菊酯 95%/2008.08.21 至 2009.08.21/中等毒
LS20052771 氯氰菊酯/92%/原药/氯氰菊酯 92%/2008.08.21 至 2009.08.21/中等毒

印度瑞利有限公司 (天津市南京路58号 300042 022-23146254)

PD20090639 二甲戊灵/95%/原药/二甲戊灵 95%/2009.01.14 至 2014.01.14/中等毒
LS20082522 乙酰甲胺磷/97%/原药/乙酰甲胺磷 97%/2009.04.22 至 2010.04.22/低毒

印度万民利有机化学有限公司 (香港九龙登打士街23－29嘉兴商业中心2101室)

PD20080771 顺式氯氰菊酯/97%/原药/顺式氯氰菊酯 97%/2008.06.13 至 2013.06.13/中等毒
PD20080862 氯氰菊酯/92%/原药/氯氰菊酯 92%/2008.06.27 至 2013.06.27/中等毒
PD20080863 毒死蜱/96%/原药/毒死蜱 96%/2008.06.27 至 2013.06.27/中等毒

印度夏达国际有限公司 (江苏省常州市新丰街20号天安城市酒店1626室 213003 0519-8172050)

PD20093070 溴氰菊酯/98%/原药/溴氰菊酯 98%/2009.03.09 至 2014.03.09/低毒
PD20093695 硫丹/96%/原药/硫丹 96%/2009.03.25 至 2014.03.25/高毒

印度伊克胜作物护理有限公司 (北京市朝阳区亚运村安慧里四区十六楼化工大厦902室 100723 010-84885899)

PD20070527 硫丹/96%/原药/硫丹 96%/2007.11.28 至 2012.11.28/高毒
PD20085680 毒死蜱/97%/原药/毒死蜱 97%/2008.12.26 至 2013.12.26/中等毒
PD20092211 毒死蜱/480克/升/乳油/毒死蜱 480克/升/2009.02.24 至 2014.02.24/中等毒
棉花 棉铃虫 750-900克/公顷 喷雾
苹果树 绵蚜 160-240毫克/千克 喷雾
水稻 稻飞虱、稻纵卷叶螟 504-648克/公顷 喷雾
水稻 三化螟 450-576克/公顷 喷雾
叶菜类蔬菜 菜青虫、蚜虫 468-612克/公顷 喷雾
PD20096595 草甘膦/97%/原药/草甘膦 97%/2009.09.02 至 2014.09.02/低毒
LS20070619 硫丹/350克/升/乳油/硫丹 350克/升/2009.03.20 至 2010.03.21/中等毒(原药高毒)
棉花 棉铃虫 682.5-840克/公顷 喷雾

英国

英国先正达有限公司 (上海市浦东新区浦东南路999号新梅联合广场21楼 200120 400-881-2568)

PD14-86 氯氰菊酯/100克/升/乳油/氯氰菊酯 100克/升/2006.03.05 至 2011.03.05/中等毒
棉花 害虫 45-60克/公顷 喷雾
蔬菜 害虫 30-45克/公顷 喷雾
PD16-86 溴鼠灵/0.005%/饵剂/溴鼠灵 0.005%/2006.06.12 至 2011.06.12/高毒

	室内	家鼠	0.04-0.15克/公顷	穴施、点施
	室外	田鼠	0.04-0.15克/公顷	穴施、点施
PD18-86	溴鼠灵/0.005%/饵块/溴鼠灵 0.005%/2006.06.12 至 2011.06.12/高毒			
	室外	田鼠	0.04-0.15克/公顷	穴施、点施
PD27-87	禾草敌/90.9%/乳油/禾草敌 90.9%/2007.02.21 至 2012.02.21/低毒			
	水稻	稗草、牛毛草	1995-3000克/公顷	喷雾或毒土
PD38-87	抗蚜威/50%/可湿性粉剂/抗蚜威 50%/2007.04.30 至 2012.04.30/中等毒			
	大豆	蚜虫	75-120克/公顷	喷雾
	甘蓝	蚜虫	75-135克/公顷	喷雾
	小麦	蚜虫	75-150克/公顷	喷雾
	烟草	蚜虫	120-165克/公顷	喷雾
	油菜	蚜虫	90-150克/公顷	喷雾
PD69-88	氟磺胺草醚/250克/升/水剂/氟磺胺草醚 250克/升/2008.04.01 至 2013.04.01/低毒			
	春大豆	一年生阔叶杂草	222-375克/公顷	喷雾
	夏大豆	一年生阔叶杂草	187.5-225克/公顷	喷雾
PD70-88	百草枯/200克/升/水剂/百草枯 200克/升/2008.04.15 至 2013.04.15/中等毒			
	茶园、桑园	杂草	450-750克/公顷	喷雾
	稻茬免耕小麦田	杂草	450-600克/公顷	播前、播后、苗前喷雾
	稻茬免耕油菜田	杂草	450-600克/公顷	移栽前茎叶喷雾
	豆科牧草	杂草	600-750克/公顷	播后苗前茎叶喷雾
	非耕地	杂草	600-780克/公顷	喷雾
	甘蔗、棉花、玉米	一年生杂草	300-600克/公顷	行间定向喷雾
	果园、苗圃	杂草	600-900克/公顷	喷雾
	蔬菜地	杂草	450-600克/公顷	行间定向喷雾
PD80-88	高效氯氟氰菊酯/25克/升/乳油/高效氯氟氰菊酯 25克/升/2008.09.24 至 2013.09.24/中等毒			
	茶树	茶小绿叶蝉	15-30克/公顷	喷雾
	茶树	茶尺蠖	3.75-7.5克/公顷	喷雾
	大豆	食心虫	5.63-7.5克/公顷	喷雾
	柑橘树	潜叶蛾	4.2-6.2毫克/千克	喷雾
	果菜、叶菜	菜红蜘蛛	常规用量下抑制作用	喷雾
	果菜、叶菜	菜青虫	6.25-12.5毫克/千克	喷雾
	果菜、叶菜	蚜虫	6-10毫克/千克	喷雾
	梨树	梨小食心虫	5-8.3毫克/千克	喷雾
	梨树、苹果树	红蜘蛛	常规用量下抑制作用	喷雾
	荔枝树	蝽蟓	6.25-12.5毫克/千克	喷雾
	棉花	红铃虫、棉铃虫	7.5-22.5克/公顷	喷雾
	棉花	棉红蜘蛛	常规用量下抑制作用	喷雾
	棉花	棉蚜	3.75-7.5克/公顷	喷雾
	苹果树	桃小食心虫	5-6.3毫克/千克	喷雾
	小麦	麦蚜、粘虫	4.5-7.5克/公顷	喷雾
	烟草	烟青虫	5.63-7.5毫克/千克	喷雾
PD85-88	甲基嘧啶磷/500克/升/乳油/甲基嘧啶磷 500克/升/2008.09.24 至 2013.09.24/低毒			
	稻谷原粮、小麦原粮	玉米象	5-10毫克/千克	喷雾
PD87-88	抗蚜威/50%/水分散粒剂/抗蚜威 50%/2005.05.09 至 2010.05.09/中等毒			
	大豆	蚜虫	75-120克/公顷	喷雾
	甘蓝	蚜虫	75-135克/公顷	喷雾
	小麦	蚜虫	75-150克/公顷	喷雾
	烟草	烟蚜	120-165克/公顷	喷雾
	油菜	蚜虫	90-150克/公顷	喷雾
PD143-91	78.4%2甲丁·禾敌·西乳油//乳油/2甲4氯丁酸乙酯 6.4%、禾草敌 60%、西草净 12%/2006.09.07 至 2011.09.07/低毒			
	水稻	杂草	2352-3000克/公顷	撒毒砂或撒毒土
PD146-91	5%地虫硫磷颗粒剂//颗粒剂/地虫硫磷 5%/2006.11.07 至 2011.11.07/高毒			
	甘蔗	蔗龟	3000-4500克/公顷	沟施
	花生	蛴螬	1500-2250克/公顷	沟施
PD147-91	3%地虫硫磷颗粒剂//颗粒剂/地虫硫磷 3%/2006.11.07 至 2011.11.07/高毒			
	甘蔗	蔗龟	3000-4500克/公顷	沟施
	花生	蛴螬	1500-2250克/公顷	沟施
PD195-95	百草枯/30.5%/原药/百草枯 30.5%/2005.02.17 至 2010.02.17/中等毒			
PD196-95	抗蚜威/25%/水分散粒剂/抗蚜威 25%/2005.02.17 至 2010.02.17/中等毒			
	大豆	蚜虫	75-120克/公顷	喷雾
	甘蓝	蚜虫	75-135克/公顷	喷雾

烟草	蚜虫	120-165克/公顷	喷雾

PD217-97 高效氯氟氰菊酯/40%/母药/高效氯氟氰菊酯 40%/2007.05.19 至 2012.05.19/中等毒

PD218-97 高效氯氟氰菊酯/81%/原药/高效氯氟氰菊酯 81%/2007.05.19 至 2012.05.19/中等毒

PD20060032 嘧菌酯/93%/原药/嘧菌酯 93%/2006.01.27 至 2011.01.27/低毒

PD20060033 嘧菌酯/250克/升/悬浮剂/嘧菌酯 250克/升/2008.01.27 至 2013.01.27/低毒

大豆	锈病	150-225克/公顷	喷雾
冬瓜	霜霉病、炭疽病	180-337.5克/公顷	喷雾
番茄	晚疫病、叶霉病	225-337.5克/公顷	喷雾
番茄	早疫病	90-120克/公顷	喷雾
柑橘	疮痂病、炭疽病	208.3-312.5毫克/千克	喷雾
花椰菜	霜霉病	150-270克/公顷	喷雾
黄瓜	白粉病、黑星病、蔓枯病	225-337.5克/公顷	喷雾
黄瓜	霜霉病	120-180克/公顷	喷雾
菊科和蔷薇科观赏花卉	白粉病	100-250毫克/千克	喷雾
辣椒	疫病	150-270克/公顷	喷雾
辣椒	炭疽病	120-180克/公顷	喷雾
荔枝	霜疫霉病	150-200毫克/千克	喷雾
马铃薯	早疫病	112.5-187.5克/公顷	喷雾
马铃薯	晚疫病	56.25-75克/公顷	喷雾
马铃薯	黑痣病	135-225克/公顷	播种时喷雾沟施
芒果	炭疽病	150-200毫克/千克	喷雾
葡萄	霜霉病	1000-2000倍液	喷雾
葡萄	白腐病、黑痘病	200-300毫克/千克	喷雾
人参	黑斑病	150-225克/公顷	喷雾
丝瓜	霜霉病	180-337.5克/公顷	喷雾
西瓜	炭疽病	150-300毫克/千克	喷雾
香蕉	叶斑病	166.7-250毫克/千克	喷雾

PD20070055 敌草快/260克/升/母液/敌草快 260克/升/2007.03.09 至 2012.03.09/低毒

PD20070058 敌草快/200克/升/水剂/敌草快 200克/升/2007.03.09 至 2012.03.09/低毒

马铃薯	枯叶	600-750克/公顷	喷雾
水稻	催枯、干燥	450-600克/公顷	喷雾

PD20070203 嘧菌酯/50%/水分散粒剂/嘧菌酯 50%/2007.08.07 至 2012.08.07/低毒

草坪	褐斑病、枯萎病	200-400克/公顷	喷雾

PD20082361 草甘膦/95%/原药/草甘膦 95%/2008.12.01 至 2013.12.01/低毒

PD20096032 草甘膦钾盐（43%）///水剂/草甘膦 35%/2009.06.15 至 2014.06.15/微毒

非耕地	杂草	1125-3000克/公顷	定向茎叶喷雾
柑橘园	杂草	1080-2520克/公顷	定向喷雾
免耕冬油菜	杂草	750-1200克/公顷	定向茎叶喷雾
苹果园	杂草	1125-2250克/公顷	定向茎叶喷雾
晚稻抛秧田(免耕)	杂草	2100-2550克/公顷	定向茎叶喷雾

LS20083255 高效氯氟氰菊酯/100克/升/种子处理微囊悬浮剂/高效氯氟氰菊酯 100克/升/2009.12.15 至 2010.12.15/中等毒

玉米	蛴螬	20-30克/100千克种子	种子包衣

WP27-96 高效氯氟氰菊酯/10%/可湿性粉剂/高效氯氟氰菊酯 10%/2006.06.12 至 2011.06.12/中等毒

卫生	蜚蠊、蚊、蝇	10-20毫克/平方米	滞留喷洒

WP62-99 高效氯氟氰菊酯/25克/升/微囊悬浮剂/高效氯氟氰菊酯 25克/升/2009.04.13 至 2014.04.13/低毒

卫生	蜚蠊、蚊、蝇	10-20毫克/平方米	滞留喷洒

WP85-88 甲基嘧啶磷/500克/升/乳油/甲基嘧啶磷 500克/升/2008.09.24 至 2013.09.24/低毒

卫生	蚊	1)2克/平方米(室内) 2)300克/公顷(室外)	1)滞留喷雾 2)超低量喷雾
卫生	蝇	2克/平方米	滞留喷雾

安徽省

安徽常泰化工有限公司　(安徽省东至县香隅镇化工园区　247260　0566-8167462)

PD20091731 甲哌鎓/250克/升/水剂/甲哌鎓 250克/升/2009.02.04 至 2014.02.04/低毒

棉花	调节生长	45-60克/公顷	喷雾

PD20098102 联苯菊酯/25克/升/乳油/联苯菊酯 25克/升/2009.12.08 至 2014.12.08/低毒

茶树	茶尺蠖	7.5-15克/公顷	喷雾

PD20098143 高效氯氰菊酯/25%/乳油/高效氯氰菊酯 25%/2009.12.14 至 2014.12.14/低毒

十字花科叶菜	菜青虫	7.5-15克/公顷	喷雾

LS20053301 吡虫·噻嗪酮/10%/可湿性粉剂/吡虫啉 2%、噻嗪酮 8%/2008.10.17 至 2009.10.17/低毒

水稻	稻飞虱	45-75克/公顷	喷雾

安徽长城生化有限公司　(安徽省宿州市砀山县砀城东四公里　235300　0557-8865606)

PD20083998 阿维菌素/0.5%/乳油/阿维菌素 0.5%/2008.12.16 至 2013.12.16/低毒(原药高毒)

梨树 梨木虱 6-12毫克/千克 喷雾
PD20084268 炔螨特/57%/乳油/炔螨特 57%/2008.12.17 至 2013.12.17/低毒
柑橘树 红蜘蛛 285-380毫克/千克 喷雾
PD20091546 毒死蜱/480克/升/乳油/毒死蜱 480克/升/2009.02.03 至 2014.02.03/中等毒
水稻 飞虱 468-612克/公顷 喷雾
PD20094844 阿维·啶虫脒/4%/乳油/阿维菌素 1%、啶虫脒 3%/2009.04.13 至 2014.04.13/低毒(原药高毒)
黄瓜 蚜虫 9-12克/公顷 喷雾
PD20097411 阿维菌素/18克/升/乳油/阿维菌素 18克/升/2009.10.28 至 2014.10.28/低毒(原药高毒)
甘蓝 小菜蛾 8.1-10.8克/公顷 喷雾
PD20097929 吡虫啉/10%/可湿性粉剂/吡虫啉 10%/2009.11.30 至 2014.11.30/低毒
水稻 稻飞虱 30-45克/公顷 喷雾
LS20080353 阿维菌素/0.5%/可湿性粉剂/阿维菌素 0.5%/2009.02.18 至 2010.02.19/低毒(原药高毒)
十字花科蔬菜 小菜蛾 8.1-10.8克/公顷 喷雾
LS20080388 阿维菌素/2.8%/乳油/阿维菌素 2.8%/2009.02.18 至 2010.02.19/中等毒(原药高毒)
十字花科蔬菜 小菜蛾 8.4-10.5克/公顷 喷雾
LS20080453 吡虫啉/25%/可湿性粉剂/吡虫啉 25%/2009.02.19 至 2010.02.20/低毒
十字花科蔬菜 蚜虫 22.5-30克/公顷 喷雾
LS20080484 阿维·哒螨灵/5%/乳油/阿维菌素 0.2%、哒螨灵 4.8%/2009.02.20 至 2010.02.21/低毒(原药高毒)
苹果树 二斑叶螨 25-50毫克/千克 喷雾
LS20080727 唑磷·毒死蜱/20%/乳油/毒死蜱 5%、三唑磷 15%/2009.02.25 至 2010.02.26/中等毒
水稻 三化螟 240-300克/公顷 喷雾

安徽春辉植物农药厂 (安徽省阜阳市阜口路袁寨西2公里 236151 0558-3325118)

PD20085744 三唑酮/20%/乳油/三唑酮 20%/2008.12.26 至 2013.12.26/低毒
小麦 白粉病 120-150克/公顷 喷雾
PD20085755 硫磺·三环唑/20%/可湿性粉剂/硫磺 10%、三环唑 10%/2008.12.29 至 2013.12.29/低毒
水稻 稻瘟病 300-450克/公顷 喷雾
PD20090636 高效氯氟氰菊酯/25克/升/乳油/高效氯氟氰菊酯 25克/升/2009.01.14 至 2014.01.14/中等毒
十字花科蔬菜 菜青虫 7.5-11.25克/公顷 喷雾
PD20091498 灭威·高氯氟 /12%/微乳剂/高效氯氟氰菊酯 1%、灭多威 11%/2009.02.02 至 2014.02.02/中等毒(原药高毒)
棉花 棉铃虫 90-144克/公顷 喷雾
PD20092703 辛硫磷/40%/乳油/辛硫磷 40%/2009.03.03 至 2014.03.03/低毒
玉米 玉米螟 450-600克/公顷 灌心叶
PD20092977 乙烯利/40%/水剂/乙烯利 40%/2009.03.09 至 2014.03.09/低毒
棉花 调节生长 330-500倍(800-1210毫克/千克) 喷雾
PD20093222 联苯菊酯/25克/升/乳油/联苯菊酯 25克/升/2009.03.11 至 2014.03.11/低毒
茶树 茶小绿叶蝉 30-37.5克/公顷 喷雾
PD20093492 辛硫磷/3%/颗粒剂/辛硫磷 3%/2009.03.23 至 2014.03.23/低毒
花生 地下害虫 1800-3600克/公顷 撒施
PD20093618 马拉·杀螟松/12%/乳油/马拉硫磷 10%、杀螟硫磷 2%/2009.03.25 至 2014.03.25/低毒
水稻 二化螟 252-324克/公顷 喷雾
PD20096893 烟嘧磺隆/40克/升/可分散油悬浮剂/烟嘧磺隆 40克/升/2009.09.23 至 2014.09.23/低毒
玉米田 一年生杂草 42-60克/公顷 茎叶喷雾
PD20097003 啶虫脒/5%/乳油/啶虫脒 5%/2009.09.29 至 2014.09.29/低毒
黄瓜 蚜虫 18-22.5克/公顷 喷雾
PD20097914 毒·辛/25%/乳油/毒死蜱 7%、辛硫磷 18%/2009.11.30 至 2014.11.30/低毒
水稻 稻纵卷叶螟 450-562.5克/公顷 喷雾
LS20060595 乙酰甲胺磷/20%/乳油/乙酰甲胺磷 20%/2009.03.23 至 2010.03.23/低毒
水稻 二化螟 600-900克/公顷 喷雾
LS20072647 三唑磷/20%/水乳剂/三唑磷 20%/2009.12.09 至 2010.12.10/中等毒
水稻 二化螟 300-450克/公顷 喷雾
LS20082716 高效氯氟氰菊酯/4.5%/水乳剂/高效氯氟氰菊酯 4.5%/2009.04.29 至 2010.04.29/中等毒
棉花 棉铃虫 40.5-54克/公顷 喷雾
LS20090909 阿维·高氯/2%/微乳剂/阿维菌素 0.2%、高效氯氰菊酯 1.8%/2009.04.09 至 2010.04.09/低毒(原药高毒)
十字花科蔬菜 小菜蛾 18-24克/公顷 喷雾

安徽迪邦药业有限公司 (安徽省砀山县城北郊一公里 235300 0557-8890488)

PD20082090 高效氯氟氰菊酯/4.5%/乳油/高效氯氟氰菊酯 4.5%/2008.11.25 至 2013.11.25/中等毒
苹果树 桃小食心虫 22.5-45毫克/千克 喷雾
PD20082340 阿维菌素/1%/乳油/阿维菌素 1%/2008.12.01 至 2013.12.01/低毒(原药高毒)
梨树 梨木虱 6-12毫克/千克 喷雾
PD20082486 阿维菌素/0.3%/乳油/阿维菌素 0.3%/2008.12.03 至 2013.12.03/低毒(原药高毒)
梨树 梨木虱 1-2毫克/千克 喷雾
PD20082973 阿维菌素/1.8%/乳油/阿维菌素 1.8%/2008.12.09 至 2013.12.09/低毒(原药高毒)
十字花科蔬菜 菜青虫 8.1-10.8克/公顷 喷雾

PD20083377 腈菌唑/12.5%/乳油/腈菌唑 12.5%/2008.12.11 至 2013.12.11/低毒
梨树 黑星病 1500-2000倍液 喷雾
PD20083435 阿维·哒螨灵/10%/乳油/阿维菌素 0.4%、哒螨灵 9.6%/2008.12.11 至 2013.12.11/低毒(原药高毒)
苹果树 二斑叶螨 33.3-50毫克/千克 喷雾
PD20084815 阿维菌素/0.5%/乳油/阿维菌素 0.5%/2008.12.22 至 2013.12.22/低毒(原药高毒)
梨树 梨木虱 6-12毫克/千克 喷雾
PD20085361 吡虫啉/5%/乳油/吡虫啉 5%/2008.12.24 至 2013.12.24/低毒
小麦 蚜虫 11.25-18.75克/公顷 喷雾
PD20085362 阿维·高氯/2.4%/乳油/阿维菌素 1.1%、高效氯氰菊酯 1.3%/2008.12.24 至 2013.12.24/中等毒(原药高毒)
梨树 梨木虱 4-6毫克/千克 喷雾
PD20085535 毒死蜱/40%/乳油/毒死蜱 40%/2008.12.25 至 2013.12.25/中等毒
水稻 稻纵卷叶螟 510-600克/公顷 喷雾
PD20090252 多菌灵/50%/可湿性粉剂/多菌灵 50%/2009.01.09 至 2014.01.09/低毒
苹果树 炭疽病 625-833.3毫克/千克 喷雾
PD20091953 甲霜·锰锌/58%/可湿性粉剂/甲霜灵 10%、代森锰锌 48%/2009.02.12 至 2014.02.12/微毒
黄瓜 霜霉病 870-1305克/千克 喷雾
PD20092663 甲基硫菌灵/70%/可湿性粉剂/甲基硫菌灵 70%/2009.03.03 至 2014.03.03/低毒
梨树 黑星病 700-875毫克/千克 喷雾
PD20093263 高效氯氟氰菊酯/25克/升/乳油/高效氯氟氰菊酯 25克/升/2009.03.11 至 2014.03.11/中等毒
棉花 棉铃虫 16.875-22.5克/公顷 喷雾
LS20071900 阿维·高氯/3.3%/乳油/阿维菌素 0.8%、高效氯氰菊酯 2.5%/2009.08.02 至 2010.08.03/中等毒(原药高毒)
十字花科蔬菜 小菜蛾 12.375-17.325克/公顷 喷雾

安徽东盛制药有限公司 (安徽省淮南市经济技术开发区振兴路1号 232007 0554-3312862)

PD20070498 杀螺胺乙醇胺盐/98%/原药/杀螺胺乙醇胺盐 98%/2007.11.28 至 2012.11.28/低毒
PD20084321 杀螺胺/70%/可湿性粉剂/杀螺胺 70%/2008.12.17 至 2013.12.17/低毒
水稻 福寿螺 420-472.5克/公顷 喷雾
PD20091602 杀螺胺乙醇胺盐/50%/可湿性粉剂/杀螺胺乙醇胺盐 50%/2009.02.03 至 2014.02.03/低毒
滩涂 钉螺 1-3克/平方米 喷洒
LS20070717 杀螺胺乙醇胺盐/4%/粉剂/杀螺胺乙醇胺盐 4%/2009.03.29 至 2010.03.30/低毒
滩涂 钉螺 1-2克/平方米 喷粉

安徽丰乐农化有限责任公司 (安徽省合肥市肥西县三河镇 231221 0551-5569856)

PD20040265 高效氯氰菊酯/95%/原药/高效氯氰菊酯 95%/2009.12.19 至 2014.12.18/中等毒
PD20050118 高效氯氰菊酯/4.5%/乳油/高效氯氰菊酯 4.5%/2005.08.15 至 2010.08.14/中等毒
茶树 茶尺蠖 15-25.5克/公顷 喷雾
柑橘树 潜叶蛾 15-20毫克/千克 喷雾
柑橘树 红蜡蚧 50毫克/千克 喷雾
棉花 红铃虫、棉铃虫、棉蚜 15-30克/公顷 喷雾
蔬菜 菜青虫、小菜蛾 9-25.5克/公顷 喷雾
蔬菜 蚜虫 3-18克/公顷 喷雾
烟草 烟青虫 15-25.5克/公顷 喷雾
PD20070277 异噁草松/95%/原药/异噁草松 95%/2007.09.05 至 2012.09.05/低毒
PD20070284 草甘膦/95%/原药/草甘膦 95%/2007.09.05 至 2012.09.05/低毒
PD20070401 丙环唑//原药/丙环唑 95%/2007.11.05 至 2012.11.05/低毒
PD20070534 萎锈灵/98%/原药/萎锈灵 98%/2007.12.03 至 2012.12.03/低毒
PD20070552 苯磺隆/95%/原药/苯磺隆 95%/2007.12.03 至 2012.12.03/低毒
PD20070562 精喹禾灵/95%/原药/精喹禾灵 95%/2007.12.03 至 2012.12.03/低毒
PD20070623 噻吩磺隆/95%/原药/噻吩磺隆 95%/2007.12.14 至 2012.12.14/低毒
PD20070639 噻吩磺隆/25%/可湿性粉剂/噻吩磺隆 25%/2007.12.14 至 2012.12.14/低毒
春大豆田、春玉米田 一年生阔叶杂草 30-37.5克/公顷(东北地区) 喷雾
冬小麦田、夏大豆田、夏玉米田 一年生阔叶杂草 22.5-30克/公顷 喷雾
PD20070642 苯磺隆/75%/水分散粒剂/苯磺隆 75%/2007.12.14 至 2012.12.14/低毒
冬小麦田 一年生阔叶杂草 13.5-22.5克/公顷 茎叶喷雾
PD20070657 噻吩磺隆/75%/水分散粒剂/噻吩磺隆 75%/2007.12.17 至 2012.12.17/低毒
春大豆田 一年生阔叶杂草 25.9-33.8克/公顷(东北地区) 喷雾
夏大豆田 一年生阔叶杂草 22.5-25.9克/公顷(其它地区) 喷雾
PD20080115 毒死蜱/95%/原药/毒死蜱 95%/2008.01.03 至 2013.01.03/低毒
PD20080368 草甘膦异丙胺盐/41%/水剂/草甘膦异丙胺盐 41%/2008.02.29 至 2013.02.28/低毒
茶园 一年生和多年生杂草 1125-2250克/公顷 定向茎叶喷雾
PD20080493 精噁唑禾草灵/95%/原药/精噁唑禾草灵 95%/2008.04.07 至 2013.04.07/低毒
PD20080498 草甘膦/10%/水剂/草甘膦 10%/2008.04.10 至 2009.12.31/低毒
茶园 杂草 1125-2250克/公顷 茎叶喷雾
PD20080513 精噁唑禾草灵/6.9%/水乳剂/精噁唑禾草灵 6.9%/2008.04.29 至 2013.04.29/低毒

	春小麦田	一年生禾本科杂草	72.5－82.8克/公顷	茎叶喷雾
	冬小麦田	一年生禾本科杂草	51.8－72.5克/公顷	茎叶喷雾
PD20080514	烯酰吗啉/97%/原药/烯酰吗啉 97%/2008.04.29 至 2013.04.29/低毒			
PD20080579	乳氟禾草灵/240克/升/乳油/乳氟禾草灵 240克/升/2008.05.12 至 2013.05.12/低毒			
	春大豆田	一年生阔叶杂草	90-126克/公顷	茎叶喷雾
	花生田	一年生阔叶杂草	54-108克/公顷	茎叶喷雾
	夏大豆田	一年生阔叶杂草	72-90克/公顷	茎叶喷雾
PD20080622	烯酰·锰锌/69%/可湿性粉剂/代森锰锌 60%、烯酰吗啉 9%/2008.05.12 至 2013.05.12/低毒			
	黄瓜	霜霉病	1035－1380克/公顷	喷雾
PD20080625	异噁草松/480克/升/乳油/异噁草松 480克/升/2008.05.12 至 2013.05.12/低毒			
	春大豆田	一年生杂草	1008-1152克/公顷(东北地区)	土壤喷雾
PD20080630	氟磺胺草醚/250克/升/水剂/氟磺胺草醚 250克/升/2008.05.13 至 2013.05.13/低毒			
	春大豆田、夏大豆田	一年生阔叶杂草	262.5-375克/公顷	喷雾
PD20080631	高效氟吡甲禾灵/108克/升/乳油/高效氟吡甲禾灵 108克/升/2008.05.13 至 2013.05.13/低毒			
	春大豆田	一年生禾本科杂草	48.6-56.7克/公顷	茎叶喷雾
	春油菜	一年生禾本科杂草	45.4-64.8克/公顷	茎叶喷雾
	冬油菜田	一年生禾本科杂草	32.4-45.4克/公顷	茎叶喷雾
	夏大豆田	一年生禾本科杂草	45.4-48.6克/公顷	茎叶喷雾
PD20080632	高效氟吡甲禾灵/95%/原药/高效氟吡甲禾灵 95%/2008.05.13 至 2013.05.13/低毒			
PD20080633	精噁唑禾草灵/8.05%/乳油/精噁唑禾草灵 8.05%/2008.05.13 至 2013.05.13/低毒			
	花生田	一年生禾本科杂草	48.3－78.5克/公顷	茎叶喷雾
	夏大豆田	一年生禾本科杂草	48.3－72.5克/公顷	茎叶喷雾
PD20080690	异松·乙草胺/50%/乳油/乙草胺 40%、异噁草松 10%/2008.06.04 至 2013.06.04/低毒			
	冬油菜田	一年生杂草	525-600克/公顷	土壤喷雾
PD20080747	精喹·乙草胺/35%/乳油/精喹禾灵 2.5%、乙草胺 32.5%/2008.06.11 至 2013.06.11/低毒			
	大豆田	部分阔叶杂草、一年生禾本科杂草	900-1070克/公顷	茎叶喷雾
PD20080751	噻磺·乙草胺/50%/乳油/噻吩磺隆 49.7%、乙草胺 0.3%/2008.06.11 至 2013.06.11/低毒			
	花生田	一年生杂草	600-750克/公顷	播后苗前喷雾
	夏大豆田、夏玉米田	一年生杂草	600-750克/公顷	喷雾
PD20080849	噻嗪·杀虫单/50%/可湿性粉剂/噻嗪酮 10%、杀虫单 40%/2008.06.23 至 2013.06.23/中等毒			
	水稻	稻飞虱、二化螟	300-600克/公顷	喷雾
PD20080861	莠去津/38%/悬浮剂/莠去津 38%/2008.06.23 至 2013.06.23/低毒			
	春玉米田	一年生杂草	600-900克/公顷(东北地区)	茎叶喷雾
	夏玉米田	一年生杂草	540-600克/公顷(其它地区)	茎叶喷雾
PD20081057	丙环唑/250克/升/乳油/丙环唑 250克/升/2008.08.14 至 2013.08.14/低毒			
	香蕉	叶斑病	500-1000倍液	喷雾
PD20081290	苯磺隆/10%/可湿性粉剂/苯磺隆 10%/2008.09.26 至 2013.09.26/低毒			
	春小麦田	一年生阔叶杂草	22.5-30克/公顷	茎叶喷雾
	冬小麦田	一年生阔叶杂草	13.5-22.5克/公顷	茎叶喷雾
PD20081472	丙草胺/300克/升/乳油/丙草胺 300克/升/2008.11.04 至 2013.11.04/低毒			
	水稻直播田	一年生杂草	540－675克/公顷	土壤喷雾
PD20081717	精喹·草除灵/14%/乳油/草除灵 12%、精喹禾灵 2%/2008.11.18 至 2013.11.18/低毒			
	油菜田	一年生杂草	210-252克/公顷	茎叶喷雾
PD20081763	百草枯/200克/升/水剂/百草枯 200克/升/2008.11.18 至 2013.11.18/中等毒			
	棉花田	杂草	450-600克/公顷	定向茎叶喷雾
	苹果园	杂草	600-900克/公顷	定向茎叶喷雾
PD20081906	噻磺·异丙隆/72%/可湿性粉剂/噻吩磺隆 1.5%、异丙隆 70.5%/2008.11.21 至 2013.11.21/低毒			
	冬小麦田	一年生杂草	1080-1296克/公顷	喷雾
PD20081919	福美·拌种灵/15%/悬浮种衣剂/拌种灵 7.5%、福美双 7.5%/2008.11.21 至 2013.11.21/低毒			
	棉花	苗期立枯病	200-250克/100千克种子	种子包衣
PD20081936	精喹禾灵/5%/乳油/精喹禾灵 5%/2008.11.25 至 2013.11.25/低毒			
	大豆田	一年生禾本科杂草	37.5-52.5克/公顷	喷雾
	花生田	一年生禾本科杂草	45-60克/公顷	喷雾
	棉花田	一年生禾本科杂草	37.5-60克/公顷	喷雾
	油菜田	一年生禾本科杂草	30-45克/公顷	喷雾
PD20082133	福·克/20%/悬浮种衣剂/福美双 12%、克百威 8%/2008.11.25 至 2013.11.25/中等毒(原药高毒)			
	玉米	地下害虫、苗期茎基腐病	1:40-50(药种比)	种子包衣
PD20082251	苄·乙/20%/可湿性粉剂/苄嘧磺隆 4.5%、乙草胺 15.5%/2008.11.27 至 2013.11.27/低毒			
	水稻移栽田	多种一年生杂草	84-118克/公顷	喷雾
PD20082271	氰戊·辛硫磷/30%/乳油/氰戊菊酯 5%、辛硫磷 25%/2008.11.27 至 2013.11.27/中等毒			
	棉花	蚜虫	150-225克/公顷	喷雾
	棉花	棉铃虫	180-270克/公顷	喷雾
PD20082362	噁草·丁草胺/20%/乳油/丁草胺 14%、噁草酮 6%/2008.12.01 至 2013.12.01/低毒			

	水稻半旱育秧田、水稻旱育秧田	一年生杂草	450-600克/公顷	复土后喷雾
PD20082369	毒死蜱/480克/升/乳油/毒死蜱 480克/升/2008.12.01 至 2013.12.01/中等毒			
	水稻	稻飞虱、二化螟	432-576克/公顷	喷雾
PD20082481	精噁唑禾草灵/10%/乳油/精噁唑禾草灵 10%/2008.12.03 至 2013.12.03/低毒			
	春小麦田	一年生禾本科杂草	90—105克/公顷	茎叶喷雾
	冬小麦田	一年生禾本科杂草	75—90克/公顷	茎叶喷雾
PD20082889	烯酰吗啉/50%/可湿性粉剂/烯酰吗啉 50%/2008.12.09 至 2013.12.09/低毒			
	黄瓜	霜霉病	225-300克/公顷	喷雾
PD20082951	精喹禾灵/8.8%/乳油/精喹禾灵 8.8%/2008.12.09 至 2013.12.09/低毒			
	花生田、棉花田、夏大豆田、油菜田	一年生禾本科杂草	39.6-52.8克/公顷	喷雾
	西瓜田	一年生禾本科杂草	46.2-59.4克/公顷	茎叶喷雾
PD20083245	萎·克·福美双/25%/悬浮种衣剂/福美双 11.5%、克百威 7%、萎锈灵 6.5%/2008.12.11 至 2013.12.11/中等毒(原药高毒)			
	玉米	金针虫、蝼蛄、蛴螬、丝黑穗病、小地老虎	1:40-50(药种比)	种子包衣
PD20083336	溴氰菊酯/25克/升/乳油/溴氰菊酯 25克/升/2008.12.11 至 2013.12.11/中等毒			
	苹果树	桃小食心虫	10-12.5毫克/千克	喷雾
PD20083483	氯氟吡氧乙酸异辛酯/95%/原药/氯氟吡氧乙酸异辛酯 95%/2008.12.12 至 2013.12.12/低毒			
PD20084107	噻磺·乙草胺/39%/可湿性粉剂/噻吩磺隆 0.6%、乙草胺 38.4%/2008.12.16 至 2013.12.16/低毒			
	春大豆田、春玉米田	一年生杂草	1170-1462.5克/公顷(东北地区)	播后苗前土壤喷雾
	花生田、夏大豆田、夏玉米田	一年生杂草	585-877.5克/公顷	播后苗前土壤喷雾
PD20084885	多·咪·福美双/18%/悬浮种衣剂/多菌灵 9%、福美双 7%、咪鲜胺 2%/2008.12.22 至 2013.12.22/低毒			
	水稻	恶苗病	1:40-50(药种比)	种子包衣
PD20084946	萎锈·福美双/400克/升/悬浮种衣剂/福美双 200克/升、萎锈灵 200克/升/2008.12.22 至 2013.12.22/低毒			
	棉花	立枯病	160-200克/100千克种子	种子包衣
PD20085331	松·喹·氟磺胺/35%/乳油/氟磺胺草醚 9.5%、精喹禾灵 2.5%、异噁草松 23%/2008.12.24 至 2013.12.24/低毒			
	春大豆田	一年生杂草	525-787.5克/公顷(东北地区)	茎叶喷雾
PD20086144	氯氟吡氧乙酸/200克/升/乳油/氯氟吡氧乙酸 200克/升/2008.12.30 至 2013.12.30/低毒			
	冬小麦田	阔叶杂草	180-210克/公顷	茎叶喷雾
	水田畦畔	水花生	150-210克/公顷	茎叶喷雾
	玉米田	一年生阔叶杂草	150-210克/公顷	茎叶喷雾
PD20086221	灭草松/480克/升/水剂/灭草松 480克/升/2008.12.31 至 2013.12.31/低毒			
	春大豆田	一年生阔叶杂草	1440-1800克/公顷	茎叶喷雾
	夏大豆田	一年生阔叶杂草	1080-1440克/公顷	茎叶喷雾
PD20086273	多·福·克/35%/悬浮种衣剂/多菌灵 12%、福美双 15%、克百威 8%/2008.12.31 至 2013.12.31/中等毒(原药高毒)			
	大豆	孢囊线虫、根腐病	583.3-700克/100千克种子	种子包衣
PD20090832	精吡氟禾草灵/150克/升/乳油/精吡氟禾草灵 150克/升/2009.01.19 至 2014.01.19/低毒			
	春大豆田、夏大豆田	一年生禾本科杂草	135-157.5克/公顷	茎叶喷雾
PD20090875	烟嘧磺隆/97%/原药/烟嘧磺隆 97%/2009.01.19 至 2014.01.19/低毒			
PD20091872	多·福/15%/悬浮种衣剂/多菌灵 8%、福美双 7%/2009.02.09 至 2014.02.09/低毒			
	小麦	根腐病、散黑穗病	1:60-80(药种比)	种子包衣
PD20091902	阿维·高氯/1%/乳油/阿维菌素 0.3%、高效氯氰菊酯 0.7%/2009.02.09 至 2014.02.09/低毒(原药高毒)			
	十字花科蔬菜	小菜蛾	7.5-15克/公顷	喷雾
PD20095011	咪乙·甲戊灵/34.5%/乳油/二甲戊灵 32.25%、咪唑乙烟酸 2.25%/2009.04.21 至 2014.04.21/低毒			
	春大豆田	一年生杂草	828-1035克/公顷	土壤喷雾
PD20095735	烯草酮/120克/升/乳油/烯草酮 120克/升/2009.05.18 至 2014.05.18/低毒			
	冬油菜田	一年生禾本科杂草	54-72克/公顷	茎叶喷雾
PD20096419	甲戊·莠去津/42%/悬浮剂/二甲戊灵 17%、莠去津 25%/2009.08.04 至 2014.08.04/低毒			
	夏玉米田	一年生杂草	945-1260克/公顷	土壤喷雾
PD20096692	唑磷·毒死蜱/30%/乳油/毒死蜱 15%、三唑磷 15%/2009.09.07 至 2014.09.07/中等毒			
	水稻	三化螟	180-270克/公顷	茎叶喷雾
PD20098397	烟嘧磺隆/40克/升/可分散油悬浮剂/烟嘧磺隆 40克/升/2009.12.18 至 2014.12.18/低毒			
	玉米田	一年生禾本科杂草	48-60克/公顷	喷雾
LS20052169	敌百·毒死蜱/40%/乳油/敌百虫 20%、毒死蜱 20%/2008.06.14 至 2009.06.14/中等毒			
	水稻	稻纵卷叶螟	450-600克/公顷	喷雾
LS20053505	氟氯氰·唑磷/10%/乳油/氟氯氰菊酯 1%、三唑磷 9%/2008.11.13 至 2009.11.13/中等毒			
	小麦	蚜虫	45-75克/公顷	喷雾
LS20061114	灭草松/95%/原药/灭草松 95%/2009.05.11 至 2010.05.11/低毒			
LS20062015	高效氯氰菊酯/4.5%/微乳剂/高效氯氰菊酯 4.5%/2009.12.25 至 2010.12.25/中等毒			

十字花科蔬菜 菜青虫 13.5-27克/公顷 喷雾
LS20070301 高效氯氟氰菊酯/25克/升/乳油/高效氯氟氰菊酯 25克/升/2009.02.26 至 2010.02.26/中等毒
十字花科蔬菜 蚜虫 5.625－7.5克/公顷 喷雾
LS20070664 精喹禾灵/5%/微乳剂/精喹禾灵 5%/2009.03.31 至 2010.03.31/低毒
大豆田 一年生禾本科杂草 37.5-67.5克/公顷 茎叶喷雾
LS20072410 二氯吡啶酸/95%/原药/二氯吡啶酸 95%/2009.11.04 至 2010.11.05/低毒
LS20083168 精喹禾灵/8%/微乳剂/精喹禾灵 8%/2009.11.18 至 2010.11.18/低毒
大豆田 一年生禾本科杂草 52.8-66克/公顷 茎叶喷雾
LS20083214 氯氰·福美双/13%/悬浮种衣剂/福美双 10%、氯氰菊酯 3%/2009.12.10 至 2010.12.10/低毒
玉米 茎枯病、金针虫、蛴螬、小地老虎 217-325克/100千克种子 种子包衣
LS20083220 烟嘧磺隆/8%/油悬浮剂/烟嘧磺隆 8%/2009.12.10 至 2010.12.10/低毒
春玉米田 一年生杂草 60-72克/公顷 茎叶喷雾
夏玉米田 一年生杂草 48-60克/公顷 茎叶喷雾
LS20083227 烟嘧·莠去津/52%/可湿性粉剂/烟嘧磺隆 4%、莠去津 48%/2009.12.10 至 2010.12.10/低毒
玉米田 一年生杂草 585-780克/公顷 茎叶喷雾
LS20083253 烟嘧磺隆/75%/水分散粒剂/烟嘧磺隆 75%/2009.12.11 至 2010.12.11/低毒
春玉米田 一年生杂草 61.9-72克/公顷 茎叶喷雾
夏玉米田 一年生杂草 50.6-61.9克/公顷 茎叶喷雾
LS20091132 烟嘧·莠去津/23%/油悬浮剂/烟嘧磺隆 3%、莠去津 20%/2009.04.17 至 2010.04.17/低毒
春玉米田、夏玉米田 一年生杂草 100-150毫升制剂/亩 茎叶喷雾

安徽丰特农化有限公司 (安徽省桐城市吕亭镇 231423)

PD20082570 氰戊·辛硫磷/25%/乳油/氰戊菊酯 6.5%、辛硫磷 18.5%/2008.12.04 至 2013.12.04/中等毒
棉花 棉铃虫 270-300克/公顷 喷雾
PD20085973 溴氰 ·敌敌畏/20.5%/乳油/敌敌畏 20%、溴氰菊酯 0.5%/2008.12.29 至 2013.12.29/中等毒
棉花 蚜虫 230.625-307.5克/公顷 喷雾

安徽阜阳开发区忠孝制香厂 (安徽省阜阳县开发区京九办事处木庄村老庄 236000 0558-3956037)

WL20080147 蚊香/0.3%/蚊香/富右旋反式烯丙菊酯 0.3%/2008.02.22 至 2009.02.22/低毒
卫生 蚊 / 点燃

安徽广信集团铜陵化工有限公司 (安徽省铜陵市铜陵县金城工业园 242200 0562-8836000)

PD20093657 多菌灵/98%/原药/多菌灵 98%/2009.03.25 至 2014.03.25/低毒

安徽广信农化股份有限公司 (安徽省广德县新杭镇蔡家山青岭村 242235 0563-6038999)

PD20060029 多菌灵/98%/原药/多菌灵 98%/2006.01.25 至 2011.01.25/低毒
PD20060188 多菌灵/40%/悬浮剂/多菌灵 40%/2006.12.06 至 2011.12.06/低毒
水稻 纹枯病 840-1080克/公顷 喷雾
PD20070091 甲基硫菌灵/95%/原药/甲基硫菌灵 95%/2007.04.18 至 2012.04.18/低毒
PD20070286 多菌灵/50%/可湿性粉剂/多菌灵 50%/2007.09.05 至 2012.09.05/低毒
水稻 稻瘟病 750-937.5克/公顷 喷雾
PD20070304 草甘膦原药//原药/草甘膦 95%/2007.09.21 至 2012.09.21/低毒
PD20070431 甲基硫菌灵/70%/可湿性粉剂/甲基硫菌灵 70%/2007.11.12 至 2012.11.12/低毒
水稻 纹枯病 892.5-1102.5克/公顷 喷雾
PD20092888 敌草隆/80%/可湿性粉剂/敌草隆 80%/2009.03.05 至 2014.03.05/低毒
甘蔗田 杂草 1200-1800克/公顷 土壤喷雾
PD20092940 吡虫啉/95%/原药/吡虫啉 95%/2009.03.05 至 2014.03.05/中等毒
PD20093842 多菌灵/50%/悬浮剂/多菌灵 50%/2009.03.25 至 2014.03.25/低毒
水稻 稻瘟病 562.5-937.5克/公顷 喷雾
PD20093866 噻嗪酮/97%/原药/噻嗪酮 97%/2009.03.25 至 2014.03.25/低毒
PD20094231 异丙威/95%/原药/异丙威 95%/2009.03.31 至 2014.03.31/低毒
PD20098131 敌草隆/97%/原药/敌草隆 97%/2009.12.08 至 2014.12.08/低毒
PD20098214 草甘膦异丙胺盐(62%)///水剂/草甘膦 46%/2009.12.16 至 2014.12.16/微毒
非耕地 杂草 1125-3000克/公顷 茎叶喷雾
PD20098435 敌草隆/80%/水分散粒剂/敌草隆 80%/2009.12.24 至 2014.12.24/低毒
甘蔗田 一年生杂草 1200-2400克/公顷 土壤喷雾
LS20050402 草甘膦/10%/水剂/草甘膦 10%/2008.02.19 至 2009.02.18/低毒
茶园 杂草 1125-1500克/公顷 喷雾
LS20051610 草甘膦异丙胺盐/41%/水剂/草甘膦异丙胺盐 41%/2008.04.29 至 2009.04.29/低毒
茶园 杂草 1230-2460克/公顷 定向喷雾
LS20060765 异丙隆/98%/原药/异丙隆 98%/2009.04.04 至 2010.04.04/低毒
LS20071037 敌草隆/25%/可湿性粉剂/敌草隆 25%/2009.04.19 至 2010.04.20/低毒
棉花田 单、双子叶杂草 750-937.5克/公顷（南方地区） 播后苗前土壤
937.5-1125克/公顷（北方地区） 喷雾

安徽海成生物化学有限公司 (安徽省界首市天安集团5号楼2楼 236500 0558-4820923)

PD85154-20 氰戊菊酯/20%/乳油/氰戊菊酯 20%/2005.08.15 至 2010.08.15/中等毒
柑橘树 潜叶蛾 10-20毫克/千克 喷雾

果树 梨小食心虫 10-20毫克/千克 喷雾
棉花 红铃虫、蚜虫 75-150克/公顷 喷雾
蔬菜 菜青虫、蚜虫 60-120克/公顷 喷雾
PD20082243 氰戊·辛硫磷/20%/乳油/氰戊菊酯 5%、辛硫磷 15%/2008.11.27 至 2013.11.27/中等毒
棉花 棉铃虫 180-225克/公顷 喷雾
PD20090672 仲丁威/50%/乳油/仲丁威 50%/2009.01.19 至 2014.01.19/低毒
水稻 稻飞虱 600-900克/公顷 喷雾
PD20090924 联苯菊酯/100克/升/乳油/联苯菊酯 100克/升/2009.01.19 至 2014.01.19/中等毒
茶树 茶尺蠖 11.25-15克/公顷 喷雾
PD20092127 甲氰菊酯/20%/乳油/甲氰菊酯 20%/2009.02.23 至 2014.02.23/中等毒
十字花科蔬菜 菜青虫 75-135克/公顷 喷雾
PD20095732 二甲戊灵/330克/升/乳油/二甲戊灵 330克/升/2009.05.18 至 2014.05.18/低毒
春玉米田 一年生杂草 1113.75-1485克/公顷 土壤喷雾
夏玉米田 一年生杂草 742.5-1113.75克/公顷 土壤喷雾
LS20080743 高效氯氰菊酯/4.5%/微乳剂/高效氯氰菊酯 4.5%/2009.02.25 至 2010.02.26/中等毒
十字花科蔬菜 菜青虫 20.25-27克/公顷 喷雾
LS20081844 苯甲·丙环唑/30%/乳油/苯醚甲环唑 15%、丙环唑 15%/2009.04.10 至 2010.04.10/低毒
水稻 纹枯病 67.5-112.5克/公顷 喷雾
LS20082452 异丙草·莠/40%/悬浮剂/异丙草胺 16%、莠去津 24%/2009.04.22 至 2010.04.22/低毒
夏玉米田 一年生杂草 1200-1500克/公顷 播后苗前土壤喷雾
LS20090418 毒死蜱/30%/微乳剂/毒死蜱 30%/2009.03.16 至 2010.03.16/中等毒
水稻 稻纵卷叶螟 450-540克/公顷 喷雾
LS20090529 咪鲜·三环唑/40%/可湿性粉剂/咪鲜胺 10%、三环唑 30%/2009.03.18 至 2010.03.18/低毒
水稻 稻瘟病 162-192克/公顷 喷雾
LS20090568 三唑磷/20%/微乳剂/三唑磷 20%/2009.03.19 至 2010.03.19/低毒
水稻 二化螟 360-450克/公顷 喷雾

安徽禾丰农药厂 （安徽省阜阳市阜涡路周棚西三公里阜阳市棉种场 236027 0558-3520193）

PD20090911 高效氯氟氰菊酯/25克/升/乳油/高效氯氟氰菊酯 25克/升/2009.01.19 至 2014.01.19/中等毒
苹果树 桃小食心虫 5-8.3毫克/千克 喷雾
PD20091050 克百·多菌灵/25%/悬浮种衣剂/多菌灵 7%、克百威 18%/2009.01.21 至 2014.01.21/高毒
花生 茎枯病、蚜虫 1:80-85(药种比) 种子包衣
PD20091131 三唑酮/25%/可湿性粉剂/三唑酮 25%/2009.01.21 至 2014.01.21/低毒
小麦 白粉病 130-150克/公顷 喷雾
PD20092543 福·克/20%/悬浮种衣剂/福美双 10%、克百威 10%/2009.02.26 至 2014.02.26/高毒
玉米 茎基腐病、蚜虫 1:40-45（药种比） 种子包衣
PD20093096 毒死蜱/480克/升/乳油/毒死蜱 480克/升/2009.03.09 至 2014.03.09/中等毒
水稻 稻纵卷叶螟 432-576克/公顷 喷雾
PD20093155 炔螨特/570克/升/乳油/炔螨特 570克/升/2009.03.11 至 2014.03.11/中等毒
柑橘树 红蜘蛛 228-285毫克/千克 喷雾
PD20096504 多·福·克/28%/悬浮种衣剂/多菌灵 5%、福美双 11%、克百威 12%/2009.08.17 至 2014.08.17/高毒
大豆 地下害虫、根腐病 1:40-50(药种比) 种子包衣
PD20098360 20%多·福·唑醇悬浮种衣剂//悬浮种衣剂/多菌灵 0%、福美双 0%、三唑醇 0%/2009.12.18 至 2014.12.18/低毒
小麦 纹枯病 1:50-60(药种比) 种子包衣

安徽华星化工股份有限公司 （安徽省巢湖市和县乌江镇 238251 0551-5620568）

PD84104-43 杀虫双/18%/水剂/杀虫双 18%/2009.11.05 至 2014.11.05/中等毒
甘蔗、蔬菜、水稻、小麦、玉米 多种害虫 540-675克/公顷 喷雾
果树 多种害虫 225-360毫克/千克 喷雾
PD20040718 吡虫·杀虫单/60%/可湿性粉剂/吡虫啉 2%、杀虫单 58%/2009.12.19 至 2014.12.19/中等毒
水稻 二化螟、飞虱 450-750克/公顷 喷雾
PD20040725 三唑磷/20%/乳油/三唑磷 20%/2009.12.19 至 2014.12.19/中等毒
水稻 二化螟、三化螟 300-450克/公顷 喷雾
PD20040815 杀虫单/95%/原药/杀虫单 95%/2009.12.23 至 2014.12.23/中等毒
PD20040816 杀虫单/90%/可溶粉剂/杀虫单 90%/2009.12.23 至 2014.12.23/中等毒
水稻 二化螟、三化螟 675-810克/公顷 喷雾
PD20050033 杀虫单/95%/可溶性粉剂/杀虫单 95%/2005.04.15 至 2010.04.14/中等毒
水稻 螟虫 525-750克/公顷 喷雾
PD20070479 啶虫脒/96%/原药/啶虫脒 96%/2007.11.28 至 2012.11.28/低毒
PD20070681 胺苯磺隆/96%/原药/胺苯磺隆 96%/2007.12.17 至 2012.12.17/低毒
PD20080904 啶虫脒/3%/乳油/啶虫脒 3%/2008.07.09 至 2013.07.09/低毒
黄瓜 蚜虫 18-22.5克/公顷 喷雾
小麦 蚜虫 9-13.5克/公顷 喷雾

PD20080907 精喹禾灵/95%/原药/精喹禾灵 95%/2008.07.09 至 2013.07.09/微毒

PD20081396 草除灵/96%/原药/草除灵 96%/2008.10.28 至 2013.10.28/低毒

PD20081571 杀虫双/25%/母液/杀虫双 25%/2008.11.12 至 2013.11.12/中等毒

PD20081572 苯磺隆/95%/原药/苯磺隆 95%/2008.11.12 至 2013.11.12/低毒

PD20082077 草甘膦/95%/原药/草甘膦 95%/2008.11.25 至 2013.11.25/低毒

PD20082082 吡虫啉/95%/原药/吡虫啉 95%/2008.11.25 至 2013.11.25/低毒

PD20082084 苄嘧磺隆/96%/原药/苄嘧磺隆 96%/2008.11.25 至 2013.11.25/低毒

PD20082085 精噁唑禾草灵/95%/原药/精噁唑禾草灵 95%/2008.11.25 至 2013.11.25/低毒

PD20082191 毒死蜱/97%/原药/毒死蜱 97%/2008.11.26 至 2013.11.26/中等毒

PD20082318 高效氯氟氰菊酯/95%/原药/高效氯氟氰菊酯 95%/2008.12.01 至 2013.12.01/高毒

PD20082385 杀螟丹/98%/原药/杀螟丹 98%/2008.12.01 至 2013.12.01/中等毒

PD20082543 精喹禾灵/5%/乳油/精喹禾灵 5%/2008.12.03 至 2013.12.03/低毒

春大豆田	一年生禾本科杂草	52.5-75克/公顷	茎叶喷雾
夏大豆田	一年生禾本科杂草	52.5-67.5克/公顷	茎叶喷雾
油菜田	一年生禾本科杂草	45-60克/公顷	茎叶喷雾

PD20082670 高效氟氯氰菊酯/95%/原药/高效氟氯氰菊酯 95%/2008.12.05 至 2013.12.05/低毒

PD20082850 草甘膦/10%/水剂/草甘膦 10%/2008.12.09 至 2009.12.31/微毒

柑橘园	一年生及部分多年生杂草	1125-2250克/公顷	定向茎叶喷雾

PD20083220 杀虫单/45%/可溶粉剂/杀虫单 45%/2008.12.09 至 2013.12.09/中等毒

水稻	二化螟、三化螟	750-900克/公顷	喷雾

PD20083971 灭多威/20%/乳油/灭多威 20%/2008.12.16 至 2013.12.16/高毒

棉花	蚜虫	75-150克/公顷	喷雾
棉花	棉铃虫	150-225克/公顷	喷雾

PD20084172 精噁唑禾草灵/10%/乳油/精噁唑禾草灵 10%/2008.12.16 至 2013.12.16/低毒

春大豆田	一年生禾本科杂草	75-112.5克/公顷	茎叶喷雾
花生田、夏大豆田	一年生禾本科杂草	60-75克/公顷	茎叶喷雾

PD20084210 精噁唑禾草灵/10%/乳油/精噁唑禾草灵 10%/2008.12.16 至 2013.12.16/低毒

春小麦田	一年生禾本科杂草	975-1200毫升/公顷(制剂)	茎叶喷雾
冬小麦田	一年生禾本科杂草	750-900毫升/公顷(制剂)	茎叶喷雾

PD20084212 精噁唑禾草灵/6.9%/水乳剂/精噁唑禾草灵 6.9%/2008.12.16 至 2013.12.16/低毒

春小麦田	一年生禾本科杂草	62.1-82.8克/公顷	茎叶喷雾
冬小麦田	一年生禾本科杂草	51.8-62.1克/公顷	茎叶喷雾

PD20084279 杀螟丹/50%/可溶性粉剂/杀螟丹 50%/2008.12.17 至 2013.12.17/中等毒

水稻	三化螟	600-750克/公顷	喷雾

PD20084448 杀虫双/25%/水剂/杀虫双 25%/2008.12.17 至 2013.12.17/低毒

水稻	二化螟	562.5-937.5克/公顷	喷雾

PD20084552 氟硅唑/92%/原药/氟硅唑 92%/2008.12.18 至 2013.12.18/低毒

PD20084611 杀虫双/18%/水剂/杀虫双 18%/2008.12.18 至 2013.12.18/中等毒

水稻	潜叶蝇	540-810克/公顷	撒滴
水稻	二化螟、三化螟	540-675克/公顷	撒滴

PD20084776 敌敌畏/98%/原药/敌敌畏 98%/2008.12.22 至 2013.12.22/中等毒

PD20084797 氟硅唑/400克/升/乳油/氟硅唑 400克/升/2008.12.22 至 2013.12.22/低毒

梨	黑星病	40-50毫克/千克	喷雾
葡萄	黑痘病	40-50毫克/千克	喷雾

PD20084912 戊唑醇/95%/原药/戊唑醇 95%/2008.12.22 至 2013.12.22/低毒

PD20085279 苄嘧磺隆/10%/可湿性粉剂/苄嘧磺隆 10%/2008.12.23 至 2013.12.23/低毒

冬小麦田	一年生阔叶杂草	45-75克/公顷	喷雾
水稻田	阔叶杂草及一年生莎草	30-60克/公顷	毒土法

PD20085280 精喹禾灵/8.8%/乳油/精喹禾灵 8.8%/2008.12.23 至 2013.12.23/低毒

花生田	一年生禾本科杂草	46.2-66克/公顷	茎叶喷雾
棉花田、油菜田	一年生禾本科杂草	46.2-59.4克/公顷	茎叶喷雾
夏大豆田	一年生禾本科杂草	52.5-66克/公顷	茎叶喷雾

PD20085478 苄嘧・苯噻酰/55%/可湿性粉剂/苯噻酰草胺 52%、苄嘧磺隆 3%/2008.12.25 至 2013.12.25/低毒

水稻抛秧田	部分多年生杂草、一年生杂草	412.5-495克/公顷	药土法

PD20085485 氟氯氰菊酯/5.7%/乳油/氟氯氰菊酯 5.7%/2008.12.25 至 2013.12.25/中等毒

棉花	棉铃虫	34.2-42.75克/公顷	喷雾
十字花科蔬菜	菜青虫	25.65-34.2克/公顷	喷雾

PD20085659 草除灵/30%/悬浮剂/草除灵 30%/2008.12.26 至 2013.12.26/微毒

冬油菜田	一年生阔叶杂草	225-292.5克/公顷	茎叶喷雾

PD20085958 嗪酮・乙草胺/28%/可湿性粉剂/嗪草酮 8%、乙草胺 20%/2008.12.29 至 2013.12.29/低毒

春大豆田、春玉米田	一年生杂草	1050-1260克/公顷(东北地区)	喷雾
夏大豆田、夏玉米田	一年生杂草	630-898.8克/公顷	播后苗前土壤喷雾

PD20085962	精噁唑禾草灵/6.9%/水乳剂/精噁唑禾草灵 6.9%/2008.12.29 至 2013.12.29/低毒			
	春大豆田	一年生禾本科杂草	62.1-82.8克/公顷(东北地区)	茎叶喷雾
	冬油菜田	一年生禾本科杂草	51.8-62.1克/公顷	茎叶喷雾
	棉花田	一年生禾本科杂草	51.8-72.1克/公顷	茎叶喷雾
	夏大豆田	一年生禾本科杂草	51.8-62.1克/公顷(其它地区)	茎叶喷雾
PD20086079	灭多威/98%/原药/灭多威 98%/2008.12.30 至 2013.12.30/高毒			
PD20086181	草甘膦/60%/可溶粒剂/草甘膦 60%/2008.12.30 至 2013.12.30/低毒			
	非耕地	一年生及部分多年生杂草	1125-3000克/公顷	茎叶喷雾
	柑橘园	一年生及部分多年生杂草	1125-2250克/公顷	定向茎叶喷雾
	免耕抛秧水稻田、免耕油菜	一年生及部分多年生杂草	1080-1440克/公顷	茎叶喷雾
PD20090135	丙溴·敌百虫/40%/乳油/丙溴磷 10%、敌百虫 30%/2009.01.08 至 2014.01.08/中等毒			
	棉花	棉铃虫	195-300克/公顷	喷雾
PD20090363	杀单·三唑磷/15%/微乳剂/三唑磷 5%、杀虫单 10%/2009.01.12 至 2014.01.12/中等毒			
	水稻	稻纵卷叶螟、二化螟、三化螟	337.5-450克/公顷	喷雾
PD20090537	精喹·草除灵/17.5%/乳油/草除灵 15%、精喹禾灵 2.5%/2009.01.13 至 2014.01.13/低毒			
	冬油菜田	一年生杂草	262.5-367.5克/公顷	喷雾
PD20090640	乙草胺/50%/乳油/乙草胺 50%/2009.01.14 至 2014.01.14/低毒			
	大豆田	一年生单、双子叶杂草	春大豆：1200-1800克/公顷 夏大豆：750-1050克/公顷	播后苗前土壤喷雾
	冬油菜(移栽田)	部分阔叶杂草、一年生禾本科杂草	600-750克/公顷	土壤喷雾
	玉米田	一年生单、双子叶杂草	春玉米：1200－1800克/公顷 夏玉米：750－1050克/公顷	播后苗前土壤喷雾
PD20091727	阿维·哒螨灵/5%/乳油/阿维菌素 0.2%、哒螨灵 4.8%/2009.02.04 至 2014.02.04/低毒(原药高毒)			
	柑橘树	红蜘蛛	33-50毫克/千克	喷雾
	苹果树	二斑叶螨	16.7-25毫克/千克	喷雾
	苹果树	红蜘蛛	12.5-16.7毫克/公顷	喷雾
PD20091963	高效氯氟氰菊酯/25克/升/乳油/高效氯氟氰菊酯 25克/升/2009.02.12 至 2014.02.12/中等毒			
	棉花	棉蚜	11.25-13.125克/公顷	喷雾
PD20092124	噁禾·异丙隆/50%/可湿性粉剂/精噁唑禾草灵 2%、异丙隆 48%/2009.02.23 至 2014.02.23/低毒			
	冬小麦田	一年生杂草	450-600克/公顷	茎叶喷雾
PD20092150	异丙草·莠/40%/悬乳剂/异丙草胺 24%、莠去津 16%/2009.02.23 至 2014.02.23/低毒			
	春玉米田	一年生杂草	1800-2100克/公顷	土壤喷雾
	夏玉米田	一年生杂草	1200-1500克/公顷	土壤喷雾
PD20092267	草甘膦异丙胺盐/62%/水剂/草甘膦异丙胺盐 62%/2009.02.24 至 2014.02.24/低毒			
	柑橘园	一年生及部分多年生杂草	1125-2250克/公顷	定向茎叶喷雾
PD20092668	高效氟吡甲禾灵/93%/原药/高效氟吡甲禾灵 93%/2009.03.03 至 2014.03.03/低毒			
PD20092831	苄·二氯/36%/可湿性粉剂/苄嘧磺隆 3%、二氯喹啉酸 33%/2009.03.05 至 2014.03.05/低毒			
	水稻抛秧田	一年生杂草	216-270克/公顷	茎叶喷雾
PD20093011	锰锌·腈菌唑/50%/可湿性粉剂/腈菌唑 2%、代森锰锌 48%/2009.03.09 至 2014.03.09/低毒			
	黄瓜	白粉病	1650-2100克/公顷	喷雾
	梨树	黑星病	714.3-1000毫克/千克	喷雾
	苹果树	轮纹病	384.6-625毫克/千克	喷雾
PD20093225	毒死蜱/40%/乳油/毒死蜱 40%/2009.03.11 至 2014.03.11/中等毒			
	十字花科叶菜	菜青虫	540-720克/公顷	喷雾
	水稻	稻飞虱	480-720克/公顷	喷雾
PD20093304	精噁·胺苯/14%/悬浮剂/胺苯磺隆 4%、精噁唑禾草灵 10%/2009.03.13 至 2014.03.13/微毒			
	冬油菜(移栽田)	一年生杂草	52.5-78.75克/公顷	茎叶喷雾
PD20093562	杀螟丹/98%/可溶粉剂/杀螟丹 98%/2009.03.23 至 2014.03.23/中等毒			
	茶树	茶小绿叶蝉	490-653毫克/千克	喷雾
PD20093823	氟磺胺草醚/250克/升/水剂/氟磺胺草醚 250克/升/2009.03.25 至 2014.03.25/低毒			
	春大豆田	一年生阔叶杂草	300-375克/公顷	茎叶喷雾
	夏大豆田	一年生阔叶杂草	225-300克/公顷	茎叶喷雾
PD20093830	苄·乙/20%/可湿性粉剂/苄嘧磺隆 4.5%、乙草胺 15.5%/2009.03.25 至 2014.03.25/低毒			
	水稻移栽田	部分多年生杂草、阔叶杂草、莎草科杂草、一年生禾本科杂草	84-118克/公顷	毒土法
PD20094240	丙环唑/250克/升/乳油/丙环唑 250克/升/2009.03.31 至 2014.03.31/低毒			
	香蕉	叶斑病	312.5-500毫克/千克	喷雾
PD20094301	烟嘧磺隆/95%/原药/烟嘧磺隆 95%/2009.03.31 至 2014.03.31/微毒			
PD20094553	乙草胺/900克/升/乳油/乙草胺 900克/升/2009.04.09 至 2014.04.09/低毒			
	春大豆田	一年生杂草	1620-2025克/公顷	土壤喷雾
PD20094694	胺·喹·草除灵/26%/悬浮剂/胺苯磺隆 2%、草除灵 16%、精噁唑禾草灵 8%/2009.04.10 至 2014.04.10/低毒			
	冬油菜田	一年生杂草	195－234克/公顷	茎叶喷雾

PD20094702 苯磺隆/10%/可湿性粉剂/苯磺隆 10%/2009.04.10 至 2014.04.10/微毒
冬小麦田 一年生阔叶杂草 13.5－22.5克/公顷 茎叶喷雾
PD20095022 草甘膦异丙胺盐（41%）///水剂/草甘膦 30%/2009.04.21 至 2014.04.21/微毒
非耕地 一年生及部分多年生杂草 1125－3000克/公顷 茎叶喷雾
苹果园 一年生及部分多年生杂草 1125－2250克/公顷 定向茎叶喷雾
PD20095220 高效氟吡甲禾灵/108克/升/乳油/高效氟吡甲禾灵 108克/升/2009.04.24 至 2014.04.24/低毒
大豆田、棉花田 一年生禾本科杂草 40.5-48.6克/公顷 茎叶喷雾
油菜田 一年生禾本科杂草 32.4--64.8克/公顷 茎叶喷雾
PD20095282 苄嘧·苯磺隆/30%/可湿性粉剂/苯磺隆 10%、苄嘧磺隆 20%/2009.04.27 至 2014.04.27/低毒
冬小麦田 一年生阔叶杂草 45-67.5克/公顷 茎叶喷雾
PD20095430 高效氯氰菊酯/95%/原药/高效氯氰菊酯 95%/2009.05.11 至 2014.05.11/中等毒
PD20095442 乙·嗪·滴丁酯/60%/乳油/2,4-滴丁酯 15%、嗪草酮 5%、乙草胺 40%/2009.05.11 至 2014.05.11/低毒
春大豆田、春玉米田 一年生杂草 1800-2250克/公顷 土壤喷雾
PD20095634 辛溴·滴丁酯/40%/乳油/2,4-滴丁酯 26.6%、辛酰溴苯腈 13.4%/2009.05.12 至 2014.05.12/低毒
春玉米田 一年生阔叶杂草 600-720克/公顷（东北地区） 茎叶喷雾
PD20095873 异松·乙草胺/45%/乳油/乙草胺 30%、异噁草松 15%/2009.05.27 至 2014.05.27/低毒
春大豆田 一年生杂草 1080-1350克/公顷 播后苗前土壤喷雾
PD20096355 杀虫双/3.6%/大粒剂/杀虫双 3.6%/2009.07.28 至 2014.07.28/微毒
水稻 二化螟 540-675克/公顷 撒施
PD20096682 胺苯磺隆/5%/可湿性粉剂/胺苯磺隆 5%/2009.09.07 至 2014.09.07/微毒
冬油菜田 一年生阔叶杂草 18.75-22.5克/公顷 茎叶喷雾
PD20096716 烟嘧磺隆/40克/升/油悬浮剂/烟嘧磺隆 40克/升/2009.09.07 至 2014.09.07/低毒
玉米田 一年生杂草 42-60克/公顷 茎叶喷雾
PD20096937 百草枯/30.5%/母药/百草枯 30.5%/2009.09.29 至 2014.09.29/中等毒
PD20096938 吡虫啉/200克/升/可溶液剂/吡虫啉 200克/升/2009.09.29 至 2014.09.29/低毒
水稻 稻飞虱 22.5-30克/公顷 喷雾
PD20096947 氟虫腈/50克/升/悬浮剂/氟虫腈 50克/升/2009.09.29 至 2014.09.29/中等毒
注:仅供出口。
PD20096997 异丙甲草胺/720克/升/乳油/异丙甲草胺 720克/升/2009.09.29 至 2014.09.29/低毒
花生田 一年生禾本科杂草及部分阔叶杂草 1080-1620克/公顷 土壤喷雾
PD20097130 烯草酮/240克/升/乳油/烯草酮 240克/升/2009.10.16 至 2014.10.16/低毒
大豆田 一年生禾本科杂草 108-144克/公顷 茎叶喷雾
冬油菜田 一年生禾本科杂草 72-90克/公顷 茎叶喷雾
PD20097181 氯氟吡氧乙酸异辛酯(288克/升)///乳油/氯氟吡氧乙酸 200克/升/2009.10.16 至 2014.10.16/低毒
冬小麦田 一年生阔叶杂草 150-210克/公顷 茎叶喷雾
PD20097211 百草枯/200克/升/水剂/百草枯 200克/升/2009.10.19 至 2014.10.19/中等毒
非耕地 杂草 750-900克/公顷 茎叶喷雾
PD20097236 2,4-滴丁酯/总酯72%/乳油/2,4-滴丁酯 57%/2009.10.19 至 2014.10.19/低毒
春玉米田 一年生阔叶杂草 100-125毫升制剂/亩 播后苗前土壤喷雾
PD20097243 氟虫腈/90%/原药/氟虫腈 90%/2009.10.19 至 2014.10.19/中等毒
PD20097311 吡虫啉/10%/可湿性粉剂/吡虫啉 10%/2009.10.27 至 2014.10.27/低毒
水稻 稻飞虱 15-30克/公顷 喷雾
PD20097989 氟虫腈/80%/水分散粒剂/氟虫腈 80%/2009.12.07 至 2014.12.07/中等毒
注:仅供出口。
PD20097991 敌敌畏/80%/乳油/敌敌畏 80%/2009.12.07 至 2014.12.07/中等毒
甘蓝 菜青虫 780-900克/公顷 喷雾
PD20098011 醚菌酯/95%/原药/醚菌酯 95%/2009.12.07 至 2014.12.07/低毒
PD20098297 氟虫腈/4克/升/超低容量液剂/氟虫腈 4克/升/2009.12.18 至 2014.12.18/低毒
滩涂 草地蝗虫 4-8克/公顷 超低容量喷雾
PD20098357 戊唑醇/250克/升/水乳剂/戊唑醇 250克/升/2009.12.18 至 2014.12.18/低毒
香蕉 叶斑病 166.7-277.8毫克/千克 喷雾
LS20050122 精噁·苄/15%/悬浮剂/苄嘧磺隆 5%、精噁唑禾草灵 10%/2008.01.14 至 2009.01.13/微毒
小麦 单、双子叶杂草 180-240克/公顷 喷雾
LS20051933 醚菌酯/30%/悬浮剂/醚菌酯 30%/2008.05.22 至 2009.05.22/微毒
番茄 早疫病 180-270克/公顷 喷雾
葡萄 霜霉病 94-136毫克/千克 喷雾
小麦 锈病 225-315克/公顷 喷雾
小麦 白粉病 135-225克/公顷 喷雾
LS20060151 多·酮/40%/可湿性粉剂/多菌灵 35%、三唑酮 5%/2010.01.25 至 2011.01.25/低毒
油菜 菌核病 600-840克/公顷 喷雾
LS20061283 高效氟氯氰菊酯/25克/升/乳油/高效氟氯氰菊酯 25克/升/2009.06.01 至 2010.06.01/低毒

甘蓝 菜青虫 7.5-11.25克/公顷 喷雾
LS20061575 松·喹·氟磺胺/15%/微乳剂/氟磺胺草醚 4.5%、精喹禾灵 1.5%、异噁草松 9%/2009.08.13 至 2010.08.13/低毒
春大豆 一年生杂草 540-630克/公顷 茎叶喷雾
夏大豆 一年生杂草 450-540克/公顷 茎叶喷雾
LS20061773 氧氟·草甘膦/40%/可湿性粉剂/草甘膦 37.8%、乙氧氟草醚 2.2%/2009.10.12 至 2010.10.12/低毒
非耕地 一年生杂草 1200-1500克/公顷 喷雾法
LS20070246 毒死蜱/10%/颗粒剂/毒死蜱 10%/2009.02.25 至 2010.02.25/低毒
花生 地下害虫 1800-2700克/公顷 撒施
LS20071498 吡虫啉/70%/水分散粒剂/吡虫啉 70%/2009.05.29 至 2010.05.30/低毒
水稻 稻飞虱 26.25-36.75克/公顷 喷雾
LS20071534 高效氯氰菊酯/4.5%/水乳剂/高效氯氰菊酯 4.5%/2009.05.29 至 2010.05.30/中等毒
十字花科蔬菜 菜青虫 33.75-47.25克/公顷 喷雾
LS20072208 戊唑醇/430克/升/悬浮剂/戊唑醇 430克/升/2009.09.11 至 2010.09.12/低毒
苹果树 斑点落叶病 61.4-107.5毫克/千克 喷雾
LS20072469 高效氯氟氰菊酯/2.5%/水乳剂/高效氯氟氰菊酯 2.5%/2009.11.05 至 2010.11.06/中等毒
十字花科蔬菜 菜青虫 7.5-11.25克/公顷 喷雾
LS20083213 2,4-滴/97%/原药/2,4-滴 97%/2009.12.09 至 2010.12.09/低毒
LS20090523 高氯·啶虫脒/7.5%/微乳剂/啶虫脒 2.5%、高效氯氰菊酯 5%/2009.03.18 至 2010.03.18/低毒
小麦 蚜虫 22.5-45克/公顷 喷雾
LS20090972 2,4-滴丁酯/80%/乳油/2,4-滴丁酯 80%/2009.04.10 至 2010.04.10/低毒
春玉米田 一年生阔叶杂草 675-810克/公顷 播后苗前土壤喷雾
LS20090980 烟嘧·莠去津/21%/油悬浮剂/烟嘧磺隆 3%、莠去津 18%/2009.04.10 至 2010.04.10/低毒
玉米田 一年生杂草 70-90毫升制剂/亩 茎叶喷雾
LS20091367 氟虫腈/5%/乳油/氟虫腈 5%/2009.07.28 至 2010.07.28/低毒
注:仅供出口。
LS20091374 氟铃·氟虫腈/15%/悬浮剂/氟虫腈 5%、氟铃脲 10%/2009.07.28 至 2010.07.28/低毒
注:仅供出口。
LS20091387 氟腈·高氯氟/10%/悬浮剂/氟虫腈 7.5%、高效氯氟氰菊酯 2.5%/2009.09.07 至 2010.09.07/中等毒
注:仅供出口。
LS20091390 氟虫腈/200克/升/悬浮剂/氟虫腈 200克/升/2009.09.11 至 2010.09.11/低毒
注:仅供出口。

安徽嘉日成技术有限公司 (安徽省桐城市新渡镇新港路1号 231470 0556-6810777)

PD20050065 高效氯氰菊酯/4.5%/乳油/高效氯氰菊酯 4.5%/2005.06.24 至 2010.06.23/中等毒
棉花 棉铃虫 15-30克/公顷 喷雾
PD20050066 吡虫·三唑酮/22%/可湿性粉剂/吡虫啉 2%、三唑酮 20%/2005.06.24 至 2010.06.23/低毒
小麦 白粉病、蚜虫 165-198克/公顷 喷雾
PD20050087 吡虫啉/10%/可湿性粉剂/吡虫啉 10%/2005.06.28 至 2010.06.27/低毒
水稻 飞虱 15-30克/公顷 喷雾
PD20060083 吡虫·杀虫单/70%/可湿性粉剂/吡虫啉 2%、杀虫单 68%/2006.04.14 至 2011.04.13/中等毒
水稻 稻飞虱、稻纵卷叶螟 525-735克/公顷 喷雾
PD20080641 辛硫·三唑磷/40%/乳油/三唑磷 20%、辛硫磷 20%/2008.05.13 至 2013.05.13/中等毒
水稻 二化螟 360-480克/公顷 喷雾
PD20082352 精喹禾灵/5%/乳油/精喹禾灵 5%/2008.12.01 至 2013.12.01/低毒
油菜田 一年生禾本科杂草 37.5-45克/公顷 茎叶喷雾
PD20082475 井·酮·三环唑/16%/可湿性粉剂/井冈霉素 2%、三环唑 8%、三唑酮 6%/2008.12.03 至 2013.12.03/低毒
水稻 稻瘟病、纹枯病 300-420克/公顷 喷雾
水稻 稻曲病 360-480克/公顷 喷雾
PD20082652 阿维菌素/0.6%/乳油/阿维菌素 0.6%/2008.12.04 至 2013.12.04/低毒(原药高毒)
菜豆、黄瓜 美洲斑潜蝇 10.8-21.6克/公顷 喷雾
柑橘树 红蜘蛛、潜叶蛾 4.5-9毫克/千克 喷雾
柑橘树 锈壁虱 2.25-4.5毫克/千克 喷雾
梨树 梨木虱 6-12毫克/千克 喷雾
棉花 红蜘蛛 10.8-16.2克/公顷 喷雾
棉花 棉铃虫 21.6-32.4克/公顷 喷雾
苹果树 红蜘蛛 3-6毫克/千克 喷雾
苹果树 桃小食心虫 4.5-9毫克/千克 喷雾
苹果树 二斑叶螨 4.5-6毫克/千克 喷雾
十字花科蔬菜 菜青虫、小菜蛾 8.1-10.8克/公顷 喷雾
PD20082789 二氯喹啉酸/25%/悬浮剂/二氯喹啉酸 25%/2008.12.09 至 2013.12.09/低毒
水稻移栽田 稗草 225-375克/公顷 茎叶喷雾
PD20083889 多·酮/30%/可湿性粉剂/多菌灵 20%、三唑酮 10%/2008.12.15 至 2013.12.15/低毒
小麦 白粉病、赤霉病 450-675克/公顷 喷雾

PD20085152 苄·丁/20%/可湿性粉剂/苄嘧磺隆 0.5%、丁草胺 19.5%/2008.12.23 至 2013.12.23/低毒
水稻插秧田 部分多年生杂草、一年生杂草 600-900克/公顷 毒土法
PD20085162 苄·二氯/36%/可湿性粉剂/苄嘧磺隆 3%、二氯喹啉酸 33%/2008.12.23 至 2013.12.23/低毒
水稻抛秧田 一年生杂草 216-270克/公顷 茎叶喷雾
PD20085363 氰戊·丙溴磷/25%/乳油/丙溴磷 12.5%、氰戊菊酯 12.5%/2008.12.24 至 2013.12.24/中等毒
棉花 棉铃虫 262.5-375克/公顷 喷雾
PD20086320 苄嘧·苯噻酰/50%/可湿性粉剂/苯噻酰草胺 45%、苄嘧磺隆 5%/2008.12.31 至 2013.12.31/低毒
水稻抛秧田 部分多年生杂草、一年生杂草 397.5-477克/公顷(南方地区) 药土法
PD20090809 腈菌·福美双/20%/可湿性粉剂/福美双 18%、腈菌唑 2%/2009.01.19 至 2014.01.19/低毒
黄瓜 黑星病 200-400克/公顷 喷雾
PD20093874 喹·胺·草除灵/21.2%/悬浮剂/胺苯磺隆 1.2%、草除灵 15%、喹禾灵 5%/2009.03.25 至 2014.03.25/低毒
冬油菜田 一年生杂草 127.2-159克/公顷 茎叶喷雾
PD20094837 苄·乙·甲 /18%/可湿性粉剂/苄嘧磺隆 1.2%、甲磺隆 0.8%、乙草胺 16%/2009.04.13 至 2014.04.13/低毒
水稻移栽田 部分多年生阔叶杂草、莎草科杂草、一年生禾本科杂草 67.5-81克/公顷 毒土法
PD20095026 螨醇·哒螨灵/20%/乳油/哒螨灵 8%、三氯杀螨醇 12%/2009.04.21 至 2014.04.21/中等毒
苹果树 红蜘蛛 100-133毫克/千克 喷雾
PD20095483 甲磺·乙草胺/19%/可湿性粉剂/甲磺隆 0.5%、乙草胺 18.5%/2009.05.11 至 2014.05.11/低毒
水稻移栽田 一年生杂草 72-100.5克/公顷 药土法
PD20096146 高效氟吡甲禾灵/108克/升/乳油/高效氟吡甲禾灵 108克/升/2009.06.24 至 2014.06.24/低毒
大豆田 一年生禾本科杂草 48.6-72.9克/公顷 茎叶喷雾
PD20096749 毒死蜱/480克/升/乳油/毒死蜱 480克/升/2009.09.07 至 2014.09.07/中等毒
水稻 稻飞虱、稻纵卷叶螟 400-600克/公顷 喷雾
PD20096750 氯氟吡氧乙酸异辛酯/288克/升/乳油/氯氟吡氧乙酸异辛酯 288克/升/2009.09.07 至 2014.09.07/低毒
玉米田 一年生阔叶杂草 150-210克/公顷 茎叶喷雾
LS20091429 二氯喹啉酸/75%/水分散粒剂/二氯喹啉酸 75%/2009.10.27 至 2010.10.27/低毒
水稻移栽田 稗草等杂草 225-450克/公顷 茎叶喷雾

安徽金泰农药化工有限公司 (安徽省肥东县循环经济示范园纬四路 231131 0551-6371777)

PD85154-23 氰戊菊酯/20%/乳油/氰戊菊酯 20%/2006.07.31 至 2011.07.31/中等毒
柑橘树 潜叶蛾 10-20毫克/千克 喷雾
果树 梨小食心虫 10-20毫克/千克 喷雾
棉花 红铃虫、蚜虫 75-150克/公顷 喷雾
蔬菜 菜青虫、蚜虫 60-120克/公顷 喷雾
PD20050103 三唑磷/20%/乳油/三唑磷 20%/2005.07.29 至 2010.07.28/中等毒
水稻 二化螟 300-450克/公顷 喷雾
PD20070337 高渗高效氯氰菊酯/2.5%/乳油/高效氯氰菊酯 2.5%/2007.10.17 至 2012.10.15/中等毒
梨树 梨木虱 12.5-20.8毫克/千克 喷雾
棉花 棉铃虫 15-22.5克/公顷 喷雾
PD20070338 哒螨灵/20%/可湿性粉剂/哒螨灵 20%/2007.10.17 至 2012.10.15/低毒
苹果树 红蜘蛛 50-66.7毫克/千克 喷雾
PD20083048 草甘膦异丙胺盐/41%/水剂/草甘膦异丙胺盐 41%/2008.12.10 至 2013.12.10/低毒
苹果园 一年生及部分多年生杂草 1125－2250克/公顷 定向茎叶喷雾
PD20083390 三环唑/75%/可湿性粉剂/三环唑 75%/2008.12.11 至 2013.12.11/中等毒
水稻 稻瘟病 225-300克/公顷 喷雾
PD20083673 苯磺隆/10%/可湿性粉剂/苯磺隆 10%/2008.12.15 至 2013.12.15/低毒
冬小麦田 多种一年生阔叶杂草 13.5－22.5克/公顷 茎叶喷雾
PD20083780 氟乐灵/480克/升/乳油/氟乐灵 480克/升/2008.12.15 至 2013.12.15/低毒
夏大豆田 部分阔叶杂草、一年生禾本科杂草 1080－1440克/公顷 播后苗前土壤喷雾
PD20084049 吡虫啉/95%/原药/吡虫啉 95%/2008.12.16 至 2013.12.16/低毒
PD20084727 多菌灵/80%/可湿性粉剂/多菌灵 80%/2008.12.22 至 2013.12.22/低毒
苹果树 轮纹病 500-1000毫克/千克 喷雾
PD20084784 三乙膦酸铝/80%/可湿性粉剂/三乙膦酸铝 80%/2008.12.22 至 2013.12.22/低毒
黄瓜 霜霉病 1800－2700克/公顷 喷雾
PD20085081 啶虫脒/3%/乳油/啶虫脒 3%/2008.12.23 至 2013.12.23/低毒
黄瓜 蚜虫 18-22.5克/公顷 喷雾
PD20085597 氰戊·辛硫磷/20%/乳油/氰戊菊酯 2.5%、辛硫磷 17.5%/2008.12.25 至 2013.12.25/中等毒
棉花 棉铃虫 240-360克/公顷 喷雾
PD20086052 阿维菌素/1.8%/乳油/阿维菌素 1.8%/2008.12.29 至 2013.12.29/低毒(原药高毒)
十字花科蔬菜 菜青虫 8.1-10.8克/公顷 喷雾
PD20086192 阿维·哒螨灵/10.5%/可湿性粉剂/阿维菌素 0.5%、哒螨灵 10%/2008.12.30 至 2013.12.30/低毒(原药高毒)
柑橘树 红蜘蛛 52.5-105毫克/千克 喷雾
PD20090549 吡虫啉/10%/可湿性粉剂/吡虫啉 10%/2009.01.13 至 2014.01.13/低毒

水稻 稻飞虱 30-45克/公顷 喷雾

PD20091284 百草枯/20%/水剂/百草枯 20%/2009.02.01 至 2014.02.01/中等毒

玉米地 一年生杂草 300-600克/公顷 喷雾

PD20091996 高效氯氰菊酯/4.5%/乳油/高效氯氰菊酯 4.5%/2009.02.12 至 2014.02.12/低毒

棉花 棉铃虫 27-54克/公顷 喷雾

PD20092175 腈菌唑/12%/乳油/腈菌唑 12%/2009.02.23 至 2014.02.23/低毒

梨树 黑星病 30-40毫克/千克 喷雾

PD20092810 烯唑醇/12.5%/可湿性粉剂/烯唑醇 12.5%/2009.03.04 至 2014.03.04/低毒

梨树 黑星病 3000-4000倍液 喷雾

PD20093472 吡虫啉/200克/升/可溶液剂/吡虫啉 200克/升/2009.03.23 至 2014.03.23/低毒

水稻 稻飞虱 22.5-30克/公顷 喷雾

PD20094018 精喹禾灵/5%/乳油/精喹禾灵 5%/2009.03.27 至 2014.03.27/低毒

夏大豆田 一年生禾本科杂草 45-52.5克/公顷 茎叶喷雾

PD20094887 吡虫·灭多威/10%/可湿性粉剂/吡虫啉 2.5%、灭多威 7.5%/2009.04.13 至 2014.04.13/中等毒(原药高毒)

棉花 蚜虫 45-60克/公顷 喷雾

PD20095458 精喹·草除灵/17.5%/乳油/草除灵 15%、精喹禾灵 2.5%/2009.05.11 至 2014.05.11/低毒

油菜田 单、双子叶杂草 262.5-315克/公顷 喷雾

LS20050014 吡虫啉/25%/可湿性粉剂/吡虫啉 25%/2008.01.05 至 2009.01.04/低毒

水稻 稻飞虱 22.5-30克/公顷 喷雾

LS20050030 啶虫脒/95%/原药/啶虫脒 95%/2008.01.05 至 2009.01.04/低毒

LS20052755 吡虫啉/70%/水分散粒剂/吡虫啉 70%/2008.08.21 至 2009.08.21/低毒

水稻 稻飞虱 15.75-31.5克/公顷 喷雾

LS20053759 啶虫脒/3%/可湿性粉剂/啶虫脒 3%/2008.12.11 至 2009.12.11/低毒

棉花 蚜虫 9-18克/公顷 喷雾

LS20070224 啶虫脒/20%/可溶粉剂/啶虫脒 20%/2009.02.24 至 2010.02.24/低毒

柑橘树 蚜虫 20-40毫克/千克 喷雾

LS20070341 阿维·啶虫脒/4%/乳油/阿维菌素 1%、啶虫脒 3%/2009.02.25 至 2010.02.25/低毒(原药高毒)

苹果树 蚜虫 8-10毫克/千克 喷雾

安徽锦邦化工股份有限公司 (安徽省合肥市合裕路惠商大厦 230011 0551-4532424)

PD84104-40 杀虫双/18%/水剂/杀虫双 18%/2008.06.27 至 2013.06.27/中等毒

甘蔗、蔬菜、水稻、小麦、玉米 多种害虫 540-675克/公顷 喷雾

果树 多种害虫 225-360毫克/千克 喷雾

PD20040569 吡虫·杀虫单/60%/可湿性粉剂/吡虫啉 2%、杀虫单 58%/2009.12.19 至 2014.12.19/中等毒

水稻 稻飞虱、稻纵卷叶螟、二化螟、三化螟 450-750克/公顷 喷雾

PD20040646 杀虫单/90%/可溶粉剂/杀虫单 90%/2009.12.19 至 2014.12.19/中等毒

水稻 螟虫 675-810克/公顷 喷雾

PD20060189 噻嗪·杀虫单/70%/可湿性粉剂/噻嗪酮 8%、杀虫单 62%/2006.12.06 至 2011.12.06/中等毒

水稻 稻飞虱、三化螟 577.5-735克/公顷 喷雾

PD20070081 草甘膦/30%/水剂/草甘膦 30%/2007.04.12 至 2012.04.12/低毒

茶园 一年生和多年生杂草 1500-2400克/公顷 定向喷雾

非耕地 一年生单、双子叶杂草 1125-3000克/公顷 茎叶喷雾

棉花田、玉米田 一年生单、双子叶杂草 750-1650克/公顷 行间定向喷雾

免耕抛秧水稻田 一年生单、双子叶杂草 2100-2550克/公顷 茎叶喷雾

免耕油菜 一年生单、双子叶杂草 750-1200克/公顷 茎叶喷雾

注:非耕地、棉花田、免耕抛秧水稻田、免耕油菜、玉米田为临时登记,有效期为2007年7月8日至2010年7月8日。

PD20070082 草甘膦原药//原药/草甘膦 95%/2007.04.12 至 2012.04.12/低毒

PD20081791 草甘膦异丙胺盐(41%)///水剂/草甘膦 30%/2008.11.19 至 2013.11.19/低毒

茶园 杂草 1537.5-2460克/公顷 定向茎叶喷雾

棉花田、玉米田 杂草 750-1650克/公顷 行间定向茎叶喷雾

LS20070130 杀虫单/95%/原药/杀虫单 95%/2009.02.01 至 2010.02.01/中等毒

LS20090022 杀虫双/29%/水剂/杀虫双 29%/2009.01.08 至 2010.01.08/低毒

水稻 二化螟 750-937.5克/公顷 喷雾

安徽九泰农药有限公司 (安徽省宿州市埇桥区杨庄乡奎河西 234118 0557-4311699)

PD20080956 甲拌磷/3%/颗粒剂/甲拌磷 3%/2008.07.23 至 2013.07.23/中等毒(原药高毒)

棉花 蚜虫 1350-1800克/公顷 苗期沟施或穴施

PD20090155 甲·克/3%/颗粒剂/甲拌磷 1.8%、克百威 1.2%/2009.01.08 至 2014.01.08/中等毒(原药高毒)

棉花 地老虎、棉蚜 1800-2250克/公顷 沟施

LS20053638 辛硫磷/1.5%/颗粒剂/辛硫磷 1.5%/2008.11.29 至 2009.11.29/低毒

玉米 玉米螟 112.5-168.75克/公顷 喇叭口撒施

LS20081016 福美·拌种灵/10%/悬浮种衣剂/拌种灵 5%、福美双 5%/2009.03.07 至 2010.03.07/低毒

棉花 苗期病害 200-250克/100千克种子 种子包衣

安徽康达化工有限责任公司　(安徽省亳州市谯城区亳魏路2号　236822　0558-5559611)

PD20040134	甲拌磷/3%/颗粒剂/甲拌磷 3%/2009.12.19 至 2014.12.19/高毒			
	棉花	蚜虫	1350-1800克/公顷	苗期沟施或穴施
PD20040166	吡虫啉/5%/片剂/吡虫啉 5%/2009.12.19 至 2014.12.19/低毒			
	水稻	飞虱	22.5-30克/公顷	撒施
PD20040216	甲拌·多菌灵/15%/悬浮种衣剂/多菌灵 5%、甲拌磷 10%/2009.12.19 至 2014.12.19/高毒			
	小麦	地下害虫	333-400克/100千克种子	种子包衣
PD20040263	唑酮·甲拌磷/10%/拌种剂/甲拌磷 9%、三唑酮 1%/2009.12.19 至 2014.12.19/高毒			
	小麦	白粉病、地下害虫	80-100克/100千克种子	拌种
PD20080813	甲拌磷/55%/乳油/甲拌磷 55%/2008.06.20 至 2013.06.20/高毒			
	棉花	蚜虫	600-800克/100千克种子	浸种、拌种
PD20092163	氰戊·氧乐果 /25%/乳油/氰戊菊酯 2.5%、氧乐果 22.5%/2009.02.23 至 2014.02.23/高毒			
	棉花	棉铃虫、蚜虫	187.5-225克/公顷	喷雾
PD20093869	硫磺·三环唑/45%/可湿性粉剂/硫磺 40%、三环唑 5%/2009.03.25 至 2014.03.25/中等毒			
	水稻	稻瘟病	810-1215克/公顷	喷雾
PD20094134	唑酮·氧乐果/20%/乳油/三唑酮 4%、氧乐果 16%/2009.03.27 至 2014.03.27/中等毒			
	小麦	白粉病、蚜虫	510-600克/公顷	喷雾
PD20094187	辛硫磷/3%/颗粒剂/辛硫磷 3%/2009.03.30 至 2014.03.30/中等毒			
	花生	地下害虫	2250-3600克/公顷	沟施
PD20094197	乙铝·多菌灵/60%/可湿性粉剂/多菌灵 20%、三乙膦酸铝 40%/2009.03.30 至 2014.03.30/低毒			
	苹果树	轮纹病	300-600倍液	喷雾
PD20094895	氯氰·辛硫磷/20%/乳油/氯氰菊酯 1.5%、辛硫磷 18.5%/2009.04.13 至 2014.04.13/中等毒			
	甘蓝	菜青虫	90-150克/公顷	喷雾
	棉花	棉铃虫	300-360克/公顷	喷雾
PD20094961	复硝酚钠/1.4%/水剂/5-硝基邻甲氧基苯酚钠 0.7%、对硝基苯酚钾 0.3%、邻硝基苯酚钠 0.4%/2009.04.21至2014.04.21/低毒			
	番茄	调节生长、增产	5000-6000倍液	喷雾
PD20095315	乙·莠/40%/可湿性粉剂/乙草胺 14%、莠去津 26%/2009.04.27 至 2014.04.27/低毒			
	夏玉米田	一年生杂草	1200-1500克/公顷	喷雾
PD20095890	苄嘧·苯噻酰/53%/可湿性粉剂/苯噻酰草胺 50%、苄嘧磺隆 3%/2009.05.31 至 2014.05.31/低毒			
	水稻移栽田	一年生及部分多年生杂草	397.5-477克/公顷(南方地区)	药土法
PD20096027	吡虫啉/10%/可湿性粉剂/吡虫啉 10%/2009.06.15 至 2014.06.15/低毒			
	水稻	稻飞虱	15-22.5克/公顷	喷雾
PD20096726	氰戊·辛硫磷/20%/乳油/氰戊菊酯 2%、辛硫磷 18%/2009.09.07 至 2014.09.07/中等毒			
	甘蓝	菜青虫	90-150克/公顷	喷雾
	棉花	蚜虫	150-225克/公顷	喷雾
PD20097100	辛硫磷/40%/乳油/辛硫磷 40%/2009.10.10 至 2014.10.10/低毒			
	棉花	蚜虫	450-600克/公顷	喷雾
PD20097263	甲基异柳磷/3%/颗粒剂/甲基异柳磷 3%/2009.10.26 至 2014.10.26/高毒			
	甘蔗	蔗龟	1800-2250克/公顷	穴施
PD20097556	氧乐果/40%/乳油/氧乐果 40%/2009.11.03 至 2014.11.03/中等毒(原药高毒)			
	小麦	蚜虫	81-162克/公顷	喷雾
LS99682	氯氰·苦参碱/3.2%/乳油/苦参碱 2.4%、氯氰菊酯 0.8%/2009.03.19 至 2009.12.31/中等毒			
	茶树	茶尺蠖	1000-1500倍液	喷雾
	十字花科蔬菜	菜青虫	24-36克/公顷	喷雾
LS2000865	柴油·哒螨灵/40%/乳油/柴油 36%、哒螨灵 4%/2009.03.19 至 2009.12.31/中等毒			
	柑橘树	红蜘蛛	267-400毫克/千克	喷雾
LS20051659	高效氯氰菊酯/2.5%/乳油/高效氯氰菊酯 2.5%/2008.05.07 至 2009.05.07/低毒			
	梨树	梨木虱	25-31.25毫克/千克	喷雾
LS20051751	阿维·氯氰/2.1%/乳油/阿维菌素 0.1%、氯氰菊酯 2%/2008.05.15 至 2009.05.15/低毒(原药高毒)			
	十字花科蔬菜	小菜蛾	15.75-22.05克/公顷	喷雾
LS20053038	三唑磷/10%/乳油/三唑磷 10%/2008.09.15 至 2009.09.15/中等毒			
	水稻	二化螟	225-300克/公顷	喷雾
LS20053133	敌百·毒死蜱/3%/颗粒剂/敌百虫 2%、毒死蜱 1%/2008.09.28 至 2009.09.28/低毒			
	甘蔗	蔗龟	1800-2250克/公顷	撒施
LS20061960	啶虫脒/20%/可湿性粉剂/啶虫脒 20%/2009.12.10 至 2010.12.10/低毒			
	柑橘树	蚜虫	12-20毫克/千克	喷雾
LS20070795	甲氨基阿维菌素苯甲酸盐/1%/微乳剂/甲氨基阿维菌素苯甲酸盐 1%/2009.04.10 至 2010.04.11/低毒			
	十字花科蔬菜	小菜蛾	2.25-3.75克/公顷	喷雾
LS20082417	阿维·杀虫单/20%/微乳剂/阿维菌素 0.2%、杀虫单 19.8%/2009.04.22 至 2010.04.22/低毒(原药高毒)			
	水稻	稻纵卷叶螟	240-300克/公顷	喷雾
LS20091417	戊唑醇/12.5%/微乳剂/戊唑醇 12.5%/2009.09.16 至 2010.09.16/低毒			
	香蕉	叶斑病	200-300毫克/千克	喷雾

安徽康宇生物科技工程有限公司 (安徽省滁州市天长市西城区工业园天滁路 239300 0550-7621188)

WP20070039 氯氰·氯菊/0.4%/水乳剂/氯菊酯 0.2%、氯氰菊酯 0.2%/2007.12.17 至 2012.12.17/低毒
卫生 蚊、蝇 1.5毫升制剂/立方米 喷洒
WP20080512 蚊香/0.3%/蚊香/富右旋反式烯丙菊酯 0.3%/2008.12.22 至 2013.12.22/低毒
卫生 蚊 / 点燃
WP20090078 杀虫气雾剂/0.4%/气雾剂/胺菊酯 0.2%、氯菊酯 0.2%/2009.02.02 至 2014.02.02/低毒
卫生 蚊、蝇、蜚蠊 / 喷雾
WP20090092 高效氯氰菊酯/4.5%/可湿性粉剂/高效氯氰菊酯 4.5%/2009.02.03 至 2014.02.03/低毒
卫生 蚊、蝇、蜚蠊 50毫克/平方米 滞留喷洒
WP20090177 高氯·残杀威/8%/悬浮剂/残杀威 5%、高效氯氰菊酯 3%/2009.03.11 至 2014.03.11/低毒
卫生 蚊、蝇、蜚蠊 1.34克/平方米 滞留喷洒
WP20090314 杀虫水乳剂/0.5%/水乳剂/氯菊酯 0.25%、氯氰菊酯 0.25%/2009.09.02 至 2014.09.02/低毒
卫生 跳蚤、蚊、蝇、蜚蠊 / 喷射
WL20050194 氯氰·氯菊/0.3%/水乳剂/氯菊酯 0.15%、氯氰菊酯 0.15%/2008.07.25 至 2009.07.25/低毒
卫生 蚊、蝇 / 喷洒
WL20070250 胺·氯菊/0.45%/水乳剂/胺菊酯 0.25%、氯菊酯 0.2%/2009.11.04 至 2010.11.05/低毒
卫生 蚊、蝇 / 喷雾
WL20080006 电热蚊香液/1%/电热蚊香液/炔丙菊酯 1%/2009.01.03 至 2010.01.03/低毒
卫生 蚊 / 电热加温
WL20080036 电热蚊香片/10毫克/升/电热蚊香片/炔丙菊酯 10毫克/片/2009.01.07 至 2010.01.07/低毒
卫生 蚊 / 电热加温
WL20080492 高效氟氯氰菊酯/2.5%/悬浮剂/高效氟氯氰菊酯 2.5%/2009.12.15 至 2010.12.15/低毒
卫生 蜚蠊、蚊、蝇 25-40毫克/平方米 滞留喷洒
WL20090018 杀虫热雾剂/2.5%/热雾剂/残杀威 1%、氯氰菊酯 1.5%/2009.02.04 至 2010.02.04/低毒
卫生 蚊 25-37.5毫克/立方米 喷雾
WL20090098 联苯菊酯/100克/升/悬浮剂/联苯菊酯 100克/升/2009.03.26 至 2010.03.26/低毒
木材 白蚁 500-625毫克/千克 木材浸泡
土壤 白蚁 2.5克/平方米 土壤喷洒

安徽科立华化工有限公司 (安徽省宿州市经济开发区科苑工业园 232100 0557-3327007)

PD20060074 噁草酮/97%/原药/噁草酮 97%/2006.04.13 至 2011.04.13/低毒
PD20082871 噁草酮/12.5%/乳油/噁草酮 12.5%/2008.12.09 至 2013.12.09/低毒
水稻移栽田 一年生杂草 356.3-487.5克/公顷 药土法
PD20095523 烟嘧磺隆/90%/原药/烟嘧磺隆 90%/2009.05.11 至 2014.05.11/低毒
LS20060212 辛硫磷/40%/乳油/辛硫磷 40%/2009.02.13 至 2010.02.13/低毒
十字花科蔬菜 菜青虫 360-450克/公顷 喷雾

安徽科苑植保工程有限责任公司 (安徽省合肥市庐阳区农科南路40号 230031 0551-5160911)

PD20040747 多·酮/36%/悬浮剂/多菌灵 32.5%、三唑酮 3.5%/2009.12.19 至 2014.12.19/低毒
水稻 纹枯病 540-756克/公顷 喷雾
小麦 白粉病、赤霉病 150-225克/公顷 喷雾
油菜 菌核病 540-800克/公顷 喷雾
PD20070638 高氯·辛硫磷/60%/乳油/高效氯氰菊酯 5%、辛硫磷 55%/2007.12.14 至 2012.12.14/低毒
棉花 棉铃虫 270－360克/公顷 喷雾
PD20081012 硫磺·三唑酮/30%/悬浮剂/硫磺 25%、三唑酮 5%/2008.08.06 至 2013.08.06/低毒
水稻 纹枯病 675-900克/公顷 喷雾
PD20091517 苄·乙/18%/可湿性粉剂/苄嘧磺隆 4%、乙草胺 14%/2009.02.02 至 2014.02.02/低毒
水稻移栽田 一年生及部分多年生杂草 84-118克/公顷 毒土法
PD20094382 精噁·草除灵/14%/乳油/草除灵 12%、精噁禾灵 2%/2009.04.01 至 2014.04.01/低毒
冬油菜田 一年生杂草 210-252克/公顷 茎叶喷雾
PD20096048 甲柳·三唑酮/50%/乳油/甲基异柳磷 40%、三唑酮 10%/2009.06.18 至 2014.06.18/高毒
小麦 金针虫、蝼蛄、蛴螬等地下害虫 50-75克/100千克种子 拌种
PD20096924 噻嗪·异丙威/25%/可湿性粉剂/噻嗪酮 5%、异丙威 20%/2009.09.23 至 2014.09.23/低毒
水稻 稻飞虱 450-562.5克/公顷 喷雾
LS20053293 吡虫·杀虫单/70%/可湿性粉剂/吡虫啉 2%、杀虫单 68%/2008.10.17 至 2009.10.17/中等毒
水稻 稻飞虱、稻纵卷叶螟、二化螟、三化螟 450-750克/公顷 喷雾
LS20053535 辛硫·三唑磷/27%/乳油/三唑磷 5%、辛硫磷 22%/2008.11.14 至 2009.11.14/低毒
水稻 二化螟 283.5-364.5克/公顷 喷雾
LS20053891 阿维·高氯/6%/乳油/阿维菌素 0.4%、高效氯氰菊酯 5.6%/2008.12.29 至 2009.12.29/低毒(原药高毒)
十字花科蔬菜 菜青虫、小菜蛾 13.5-27克/公顷 喷雾
LS20080077 烯唑·多菌灵/35%/悬浮剂/多菌灵 32.8%、烯唑醇 2.2%/2009.01.04 至 2010.01.04/低毒
梨树 黑星病 233.3-350毫克/千克 喷雾
LS20082500 吡嘧磺隆/10%/可湿性粉剂/吡嘧磺隆 10%/2009.04.22 至 2010.04.22/低毒
水稻田 稗草、莎草及阔叶杂草 15-30克/公顷 毒土法

安徽麦兰生物化学有限公司 (安徽省合肥市肥西县小庙镇工业区 231281 0551-8500918)

PD20083239 三唑锡/25%/可湿性粉剂/三唑锡 25%/2008.12.11 至 2013.12.11/低毒
柑橘树 红蜘蛛 125-166.7毫克/千克 喷雾

PD20083242 甲氰菊酯/20%/乳油/甲氰菊酯 20%/2008.12.11 至 2013.12.11/中等毒
柑橘树 红蜘蛛 100-200毫克/千克 喷雾

PD20084374 仲丁威/20%/乳油/仲丁威 20%/2008.12.17 至 2013.12.17/低毒
水稻 稻飞虱 450-600克/公顷 喷雾

PD20084560 噻嗪·异丙威/25%/可湿性粉剂/噻嗪酮 5%、异丙威 20%/2008.12.18 至 2013.12.18/低毒
水稻 稻飞虱 375～562.5克/公顷 喷雾

PD20084688 异丙威/20%/乳油/异丙威 20%/2008.12.22 至 2013.12.22/微毒
水稻 飞虱 450-600克/公顷 喷雾

PD20084763 毒死蜱/480克/升/乳油/毒死蜱 480克/升/2008.12.22 至 2013.12.22/中等毒
十字花科蔬菜 菜青虫 450-540克/公顷 喷雾

PD20085771 高效氯氟氰菊酯/25克/升/乳油/高效氯氟氰菊酯 25克/升/2008.12.29 至 2013.12.29/中等毒
茶树 茶尺蠖 3.75-7.5克/公顷 喷雾

PD20090652 精噁唑禾草灵/69克/升/水乳剂/精噁唑禾草灵 69克/升/2009.01.15 至 2014.01.15/低毒
春小麦田 一年生禾本科杂草 51.75-62.1克/公顷 茎叶喷雾

PD20091338 氟啶脲/50克/升/乳油/氟啶脲 50克/升/2009.02.01 至 2014.02.01/低毒
十字花科蔬菜 甜菜夜蛾 45-60克/公顷 喷雾

PD20092079 高效氟吡甲禾灵/108克/升/乳油/高效氟吡甲禾灵 108克/升/2009.02.16 至 2014.02.16/低毒
棉花田 一年生禾本科杂草 44.5-48.6克/公顷 茎叶喷雾

PD20092660 联苯菊酯/25克/升/乳油/联苯菊酯 25克/升/2009.03.03 至 2014.03.03/中等毒
棉花 棉铃虫 41.25-52.5克/公顷 喷雾

PD20092817 氯氰·丙溴磷/440克/升/乳油/丙溴磷 400克/升、氯氰菊酯 40克/升/2009.03.04 至 2014.03.04/中等毒
棉花 棉铃虫 528-660克/公顷 喷雾

PD20093421 精喹禾灵/50克/升/乳油/精喹禾灵 50克/升/2009.03.23 至 2014.03.23/低毒
大豆田 一年生禾本科杂草 48.75-60克/公顷 茎叶喷雾

PD20095594 高效氯氰菊酯/4.5%/乳油/高效氯氰菊酯 4.5%/2009.05.12 至 2014.05.12/低毒
十字花科蔬菜 菜青虫 15-22.5克/公顷 喷雾

PD20095633 阿维·高氯/3%/乳油/阿维菌素 0.2%、高效氯氰菊酯 2.8%/2009.05.12 至 2014.05.12/低毒(原药高毒)
十字花科蔬菜 菜青虫、小菜蛾 13.5-27克/公顷 喷雾

PD20096186 氯氰·毒死蜱 /49%/乳油/毒死蜱 4.5%、氯氰菊酯 44.5%/2009.07.10 至 2014.07.10/中等毒
甘蓝 菜青虫 391.9-509.4克/公顷 喷雾

PD20096912 喹硫磷/25%/乳油/喹硫磷 25%/2009.09.23 至 2014.09.23/中等毒
水稻 稻纵卷叶螟 375-495克/公顷 喷雾

PD20098449 烯草酮/120克/升/乳油/烯草酮 120克/升/2009.12.24 至 2014.12.24/低毒
大豆田 一年生禾本科杂草 63-72克/公顷 茎叶喷雾

PD20098519 烟嘧磺隆/40克/升/可分散油悬浮剂/烟嘧磺隆 40克/升/2009.12.24 至 2014.12.24/低毒
玉米田 一年生单、双子叶杂草 48-60克/公顷 茎叶喷雾

LS20053221 辛·唑磷/20%/乳油/三唑磷 10%、辛硫磷 10%/2008.10.11 至 2009.10.11/中等毒
水稻 二化螟 300-450克/公顷 喷雾

LS20070868 乙酰甲胺磷/20%/乳油/乙酰甲胺磷 20%/2009.04.11 至 2010.04.12/低毒
水稻 三化螟 750-900克/公顷 喷雾

LS20071910 阿维菌素/18克/升/乳油/阿维菌素 18克/升/2009.08.02 至 2010.08.03/低毒(原药高毒)
棉花 红蜘蛛 10.8-16.2克/公顷 喷雾

LS20090845 甲氨基阿维菌素苯甲酸盐(2.2%)///微乳剂/甲氨基阿维菌素 2%/2009.04.09 至 2010.04.09/低毒
甘蓝 小菜蛾 1.65-1.98克/公顷 喷雾

LS20090885 苄·丁/30%/可湿性粉剂/苄嘧磺隆 1.5%、丁草胺 28.5%/2009.04.09 至 2010.04.09/低毒
水稻抛秧田 一年生杂草 675-900克/公顷 毒土法

LS20091007 甲维·氟铃脲/4%/微乳剂/氟铃脲 3.4%、甲氨基阿维菌素苯甲酸盐 0.6%/2009.04.13 至 2010.04.13/低毒
十字花科蔬菜 甜菜夜蛾 8.4-10.8克/公顷 喷雾

安徽美科达农化有限公司 (安徽省巢湖市无为县十里乡工业园 238300 0565-6322915)

PD20081476 草甘膦异丙胺盐/41%/水剂/草甘膦异丙胺盐 41%/2008.11.04 至 2013.11.04/低毒
非耕地 杂草 1125-3000克/公顷 喷雾

PD20081908 草甘膦/10%/水剂/草甘膦 10%/2008.11.21 至 2009.12.31/低毒
非耕地 杂草 1125-2250克/公顷 喷雾

PD20082454 草甘膦/30%/可溶粉剂/草甘膦 30%/2008.12.02 至 2013.12.02/低毒
非耕地 一年生及部分多年生杂草 1125-3000克/公顷 茎叶喷雾

PD20083374 溴氰 ·敌敌畏/20.5%/乳油/敌敌畏 20%、溴氰菊酯 0.5%/2008.12.11 至 2013.12.11/中等毒
棉花 棉蚜 246-307.5克/公顷 喷雾

PD20091772 丙环唑/250克/升/乳油/丙环唑 250克/升/2009.02.04 至 2014.02.04/低毒
香蕉 叶斑病 250-500毫克/千克 喷雾

PD20095498 百草枯/200克/升/水剂/百草枯 200克/升/2009.05.11 至 2014.05.11/中等毒
柑橘园 杂草 600-900克/公顷 定向喷雾

PD20095717 精喹·草除灵/14%/乳油/草除灵 12%、精喹禾灵 2%/2009.05.18 至 2014.05.18/低毒
冬油菜田 一年生杂草 210-252克/公顷 茎叶喷雾
PD20096563 精噁唑禾草灵/69克/升/水乳剂/精噁唑禾草灵 69克/升/2009.08.24 至 2014.08.24/低毒
冬小麦田 一年生禾本科杂草 41.4-62.1克/公顷 茎叶喷雾
PD20097341 氰戊·辛硫磷/20%/乳油/氰戊菊酯 5%、辛硫磷 15%/2009.10.27 至 2014.10.27/中等毒
棉花 棉铃虫 135-180克/公顷 喷雾
PD20097733 高效氟吡甲禾灵/108克/升/乳油/高效氟吡甲禾灵 108克/升/2009.11.12 至 2014.11.12/低毒
棉花田 一年生禾本科杂草 43.74-56.7克/公顷 茎叶喷雾
LS20050547 阿维·高氯/2.4%/微乳剂/阿维菌素 0.4%、高效氯氰菊酯 2%/2008.02.26 至 2009.02.25/中等毒(原药高毒)
十字花科蔬菜 小菜蛾 7.5-15克/公顷 喷雾
LS20050657 机油·毒死蜱/40%/乳油/毒死蜱 20%、机油 20%/2008.03.15 至 2009.03.15/中等毒
十字花科蔬菜 小菜蛾 450-600克/公顷 喷雾
LS20051537 乙酰甲胺磷/20%/乳油/乙酰甲胺磷 20%/2008.04.28 至 2009.04.28/低毒
水稻 二化螟 600-900克/公顷 喷雾
LS20051541 阿维·哒螨灵/10.5%/乳油/阿维菌素 0.3%、哒螨灵 10.2%/2008.04.28 至 2009.04.28/低毒(原药高毒)
柑橘树 红蜘蛛 70-105毫克/千克 喷雾
LS20051555 高效氯氰菊酯/4.5%/水乳剂/高效氯氰菊酯 4.5%/2008.04.28 至 2009.04.28/中等毒
棉花 棉铃虫 40.5-54克/公顷 喷雾
LS20051640 乙草胺/40%/水乳剂/乙草胺 40%/2008.04.29 至 2009.04.29/低毒
冬油菜 一年生杂草 600-750克/公顷 土壤喷雾
LS20051760 辛硫·三唑磷/20%/乳油/三唑磷 10%、辛硫磷 10%/2008.05.15 至 2009.05.15/中等毒
水稻 二化螟 360-480克/公顷 喷雾
LS20052528 阿维·哒螨灵/10.5%/可湿性粉剂/阿维菌素 0.3%、哒螨灵 10.2%/2008.07.25 至 2009.07.25/中等毒(原药高毒)
柑橘树 红蜘蛛 70-105毫克/千克 喷雾
LS20052752 锰锌·腈菌唑/60%/可湿性粉剂/腈菌唑 2%、代森锰锌 58%/2008.08.21 至 2009.08.21/低毒
梨树 黑星病 400-600毫克/千克 喷雾
LS20052971 啶虫脒/3%/可湿性粉剂/啶虫脒 3%/2008.09.13 至 2009.09.13/低毒
柑橘树 蚜虫 10-12毫克/千克 喷雾
LS20060289 吡虫·噻嗪酮/10%/可湿性粉剂/吡虫啉 2%、噻嗪酮 8%/2009.03.01 至 2010.03.01/低毒
水稻 稻飞虱 45-75克/公顷 喷雾
LS20060829 啶虫脒/3%/乳油/啶虫脒 3%/2009.04.12 至 2010.04.12/低毒
小麦 蚜虫 18-22.5克/公顷 喷雾
LS20070093 吡虫·三唑锡/20%/可湿性粉剂/吡虫啉 2%、三唑锡 18%/2009.01.31 至 2010.01.31/低毒
柑橘树 红蜘蛛、蚜虫 100-200毫克/千克 喷雾
LS20071125 氟铃脲/5%/乳油/氟铃脲 5%/2009.04.25 至 2010.04.26/低毒
棉花 棉铃虫 90-120克/公顷 喷雾
LS20072106 聚醛·甲萘威/6%/颗粒剂/甲萘威 1.5%、四聚乙醛 4.5%/2009.08.29 至 2010.08.30/低毒
蔬菜 蜗牛 540-675克/公顷 撒施
LS20072191 多·福·锌/80%/可湿性粉剂/多菌灵 25%、福美双 25%、福美锌 30%/2009.09.11 至 2010.09.12/中等毒
苹果树 轮纹病 1000-1143毫克/千克 喷雾
LS20072263 毒死蜱/40%/水乳剂/毒死蜱 40%/2009.09.16 至 2010.09.17/中等毒
水稻 稻纵卷叶螟 450-600克/公顷 喷雾
LS20080480 草甘膦铵盐/74.7%/可溶粒剂/草甘膦铵盐 74.7%/2009.02.19 至 2010.02.20/低毒
柑橘园 杂草 1125-2250克/公顷 定向茎叶喷雾
LS20081974 精喹·草除灵/14%/乳油/草除灵 12%、精喹禾灵 2%/2009.04.15 至 2010.04.15/低毒
冬油菜田 一年生杂草 210-252克/公顷 茎叶喷雾
LS20091184 草甘膦铵盐/88.8%/可溶粉剂/草甘膦铵盐 88.8%/2009.04.23 至 2010.04.23/低毒
柑橘园 杂草 1598.4-2397.6克/公顷 定向茎叶喷雾

安徽全力集团有限公司 (安徽省潜山县舒州东路49号 246300 0556-8935199)

WL20080226 蚊香/0.3%/蚊香/富右旋反式烯丙菊酯 0.3%/2009.03.11 至 2010.03.11/微毒
卫生 蚊 / 点燃

安徽锐丰农药化工有限公司 (安徽省东至县香隅镇化学工业园区 247260 0556-8167355)

PD20081830 氯氰·辛硫磷/20%/乳油/氯氰菊酯 1.5%、辛硫磷 18.5%/2008.11.20 至 2013.11.20/低毒
棉花 棉铃虫 270-300克/公顷 喷雾
PD20082149 三环·多菌灵/20%/可湿性粉剂/多菌灵 12%、三环唑 8%/2008.11.25 至 2013.11.25/低毒
水稻 稻瘟病 360-420克/公顷 喷雾
PD20082262 氯氰·毒死蜱/22%/乳油/毒死蜱 20%、氯氰菊酯 2%/2008.11.27 至 2013.11.27/中等毒
十字花科叶菜 菜青虫 165-330克/公顷 喷雾
PD20090625 高效氯氟氰菊酯/25克/升/乳油/高效氯氟氰菊酯 25克/升/2009.01.14 至 2014.01.14/中等毒
十字花科蔬菜 菜青虫 7.5—15克/公顷 喷雾
PD20093715 苄·二氯/36%/可湿性粉剂/苄嘧磺隆 3%、二氯喹啉酸 33%/2009.03.25 至 2014.03.25/微毒
水稻抛秧田 一年生杂草 216-270克/公顷 喷雾
LS20052254 辛硫·三唑磷/20%/乳油/三唑磷 10%、辛硫磷 10%/2008.06.20 至 2009.06.20/中等毒

水稻　二化螟　300-480克/公顷　喷雾
LS20081743　毒死蜱/480克/升/乳油/毒死蜱 480克/升/2009.04.07 至 2010.04.07/中等毒
水稻　稻飞虱　504-648克/公顷　喷雾
LS20082107　乙酰甲胺磷/30%/乳油/乙酰甲胺磷 30%/2009.04.15 至 2010.04.15/低毒
水稻　二化螟　900-1012.5克/公顷　喷雾

安徽生力农化有限公司　（安徽省宁国市汪溪镇石村　242300　0563-4308777）

PD84121-6　磷化铝/56%/片剂/磷化铝 56%/2004.12.07 至 2009.12.07/高毒
洞穴　室外啮齿动物　根据洞穴大小而定　密闭熏蒸
货物　仓储害虫　5-10片/1000千克　密闭熏蒸
空间　多种害虫　1-4片/立方米　密闭熏蒸
粮食、种子　储粮害虫　3-10片/1000千克　密闭熏蒸
PD86145-2　磷化铝/90%、85%/原药/磷化铝 90%、85%/2006.09.19 至 2011.09.19/高毒
洞穴　室外啮齿动物　根据洞穴大小而定　密闭熏蒸
货物　仓储害虫　10-20克/吨　密闭熏蒸
空间　多种害虫　2-8克/立方米　密闭熏蒸
粮食、种子　储粮害虫　6-20克/吨　密闭熏蒸
PD86148-65　异丙威/20%/乳油/异丙威 20%/2005.03.24 至 2010.03.24/中等毒
水稻　飞虱、叶蝉　450-600克/公顷　喷雾
PD20060061　三唑磷/20%/乳油/三唑磷 20%/2006.03.24 至 2011.03.24/中等毒
水稻　二化螟　300-450克/公顷　喷雾
PD20060099　高效氯氰菊酯/4.5%/乳油/高效氯氰菊酯 4.5%/2006.05.22 至 2011.05.22/中等毒
十字花科蔬菜　菜青虫　13.5-27克/公顷　喷雾
PD20091385　草甘膦异丙胺盐（41%）///水剂/草甘膦 30%/2009.02.02 至 2014.02.02/低毒
茶园　杂草　1125-2250克/公顷　定向喷雾
PD20092166　仲丁威/20%/乳油/仲丁威 20%/2009.02.23 至 2014.02.23/低毒
水稻　稻飞虱　540-600克/公顷　喷雾
PD20094583　三唑磷/85%/原药/三唑磷 85%/2009.04.10 至 2014.04.10/中等毒
PD20095229　乐果/40%/乳油/乐果 40%/2009.04.27 至 2014.04.27/中等毒
水稻　稻飞虱　510－600克/公顷　喷雾
PD20096004　氯氰菊酯/5%/乳油/氯氰菊酯 5%/2009.06.11 至 2014.06.11/中等毒
叶菜　菜青虫　30-45克/公顷　喷雾
PD20097014　乙烯利/40%/水剂/乙烯利 40%/2009.10.10 至 2014.10.10/低毒
棉花　催熟、调节生长　300-500倍液　兑水喷雾
LS20070324　辛硫・三唑磷/30%/乳油/三唑磷 7.5%、辛硫磷 22.5%/2009.02.25 至 2010.02.25/中等毒
水稻　二化螟　405～540克/公顷　喷雾/
LS20072150　三唑磷/40%/乳油/三唑磷 40%/2009.09.04 至 2010.09.05/中等毒
水稻　二化螟　450-600克/公顷　喷雾

安徽省安庆市南风日化有限责任公司　（安徽省安庆市渡江路11号　246003　0556-5207272）

WP20080281　杀虫气雾剂/0.7%/气雾剂/苯醚氰菊酯 0.15%、氯菊酯 0.25%、右旋胺菊酯 0.3%/2008.12.01 至 2013.12.01/微毒
卫生　蚊、蝇、蜚蠊　/　喷雾
WP20080357　蚊香/0.4%/蚊香/富右旋反式烯丙菊酯 0.4%/2008.12.09 至 2013.12.09/低毒
卫生　蚊　/　点燃
WL20090133　蚊香/0.05%/蚊香/氯氟醚菊酯 0.05%/2009.04.15 至 2010.04.15/微毒
卫生　蚊　/　点燃

安徽省安庆市兴隆化工有限责任公司　（安徽省安庆市华中东路250号　246003　0556-5200796）

PD85102-7　2甲4氯/13%/水剂/2甲4氯 13%/2010.03.09 至 2015.03.09/低毒
水稻　多种杂草　450-900克/公顷　喷雾
小麦　多种杂草　600-900克/公顷　喷雾
PD20091678　2甲4氯钠/56%/可溶性粉剂/2甲4氯钠 56%/2009.02.03 至 2014.02.03/低毒
冬小麦田　一年生阔叶杂草　840-1008克/公顷　茎叶喷雾
PD20097526　烟嘧磺隆/40克/升/可分散油悬浮剂/烟嘧磺隆 40克/升/2009.11.03 至 2014.11.03/低毒
玉米田　一年生杂草　42-60克/公顷　茎叶喷雾

安徽省安庆市茁壮农药有限公司　（安徽省安庆市岳西县前进路19号工商大厦4楼　246600　0556-2172655）

PD20040702　吡虫・三唑磷/20%/乳油/吡虫啉 2%、三唑磷 18%/2004.12.19 至 2009.12.18/中等毒
棉花　蚜虫　45-60克/公顷　喷雾
PD20084100　硫丹/35%/乳油/硫丹 35%/2008.12.16 至 2013.12.16/中等毒(原药高毒)
棉花　棉铃虫　525-840克/公顷　喷雾
PD20086019　氰戊・辛硫磷/30%/乳油/氰戊菊酯 5%、辛硫磷 25%/2008.12.29 至 2013.12.29/中等毒
棉花　棉铃虫　180-270克/公顷　喷雾
棉花　蚜虫　150-225克/公顷　喷雾
LS20053236　阿维・杀虫单/20%/微乳剂/阿维菌素 0.2%、杀虫单 19.8%/2008.10.11 至 2009.10.11/中等毒(原药高毒)
菜豆　蚜虫　180-270克/公顷　喷雾

安徽省蚌埠九采罗化学有限公司　（安徽省蚌埠市华光大道1135号　233045　0551-2628349）

PD85105-65	80%敌敌畏乳油//乳油/敌敌畏 77.5%(气谱法)/2005.05.17 至 2010.05.17/中等毒			
	茶树	食叶害虫	600克/公顷	喷雾
	粮仓	多种储藏害虫	1)400-500倍液	1)喷雾
			2)0.4-0.5克/立方米	2)挂条熏蒸
	棉花	蚜虫、造桥虫	600-1200克/公顷	喷雾
	苹果树	小卷叶蛾、蚜虫	400-500毫克/千克	喷雾
	青菜	菜青虫	600克/公顷	喷雾
	桑树	尺蠖	600克/公顷	喷雾
	卫生	多种卫生害虫	1)300-400倍液	1)泼洒
			2)0.08克/立方米	2)挂条熏蒸
	小麦	黏虫、蚜虫	600克/公顷	喷雾
PD85154-47	20%氰戊菊酯乳油//乳油/氰戊菊酯 20%/2005.12.15 至 2010.12.15/中等毒			
	柑橘树	潜叶蛾	10-20毫克/千克	喷雾
	果树	梨小食心虫	10-20毫克/千克	喷雾
	棉花	红铃虫、蚜虫	75-150克/公顷	喷雾
	蔬菜	菜青虫、蚜虫	60-120克/公顷	喷雾
PD86148-35	20%异丙威乳油//乳油/异丙威 20%/2007.01.22 至 2012.01.22/中等毒			
	水稻	飞虱、叶蝉	450-600克/公顷	喷雾
PD91104-19	50%敌敌畏乳油//乳油/敌敌畏 48%(气谱法)/2005.12.21 至 2010.12.21/中等毒			
	茶树	食叶害虫	600克/公顷	喷雾
	粮仓	多种储粮害虫	1)300-400倍液	1)喷雾
			2)0.4-0.5克/立方米	2)挂条熏蒸
	棉花	蚜虫、造桥虫	600-1200克/公顷	喷雾
	苹果树	小卷叶蛾、蚜虫	400-500毫克/千克	喷雾
	青菜	菜青虫	600克/公顷	喷雾
	桑树	尺蠖	600克/公顷	喷雾
	卫生	多种卫生害虫	1)250-300倍液	1)泼洒
			2)0.08克/立方米	2)挂条熏蒸
	小麦	黏虫、蚜虫	600克/公顷	喷雾

安徽省巢湖市农药化工厂 (安徽省巢湖市光明路13号 238000 0565-2337206)

PD20086235	甲氰·辛硫磷/25%/乳油/甲氰菊酯 3%、辛硫磷 22%/2008.12.31 至 2013.12.31/中等毒			
	棉花	棉铃虫	281.25-375克/公顷	喷雾
PD20090669	溴氰 ·敌敌畏 /20.5%/乳油/敌敌畏 20%、溴氰菊酯 0.5%/2009.01.19 至 2014.01.19/中等毒			
	棉花	蚜虫	230.625-307.5克/公顷	喷雾
LS20052330	辛硫·三唑磷/20%/乳油/三唑磷 10%、辛硫磷 10%/2008.06.26 至 2009.06.26/中等毒			
	水稻	二化螟	300-450克/公顷	喷雾

安徽省池州新赛德化工有限公司 (安徽省池州市杏村西路318号 247000 0566-2031558)

PD85121-21	乐果/40%/乳油/乐果 40%/2005.06.13 至 2010.06.13/中等毒			
	茶树	蚜虫、叶蝉、螨	1000-2000倍液	喷雾
	甘薯	小象甲	2000倍液	浸鲜薯片诱杀
	柑橘树、苹果树	鳞翅目幼虫、蚜虫、螨	800-1600倍液	喷雾
	棉花	蚜虫、螨	450-600克/公顷	喷雾
	蔬菜	蚜虫、螨	300-600克/公顷	喷雾
	水稻	飞虱、螟虫、叶蝉	450-600克/公顷	喷雾
	烟草	蚜虫、烟青虫	300-600克/公顷	喷雾
PD85139	哒嗪硫磷/20%/乳油/哒嗪硫磷 20%/2005.07.13 至 2010.07.13/低毒			
	茶树	害虫	800-1000倍液	喷雾
	大豆	蚜虫	800倍液	喷雾
	果树	食心虫、蚜虫	500-800倍液	喷雾
	林木	松毛虫、竹青虫	500倍液	喷雾
	棉花	棉铃虫、蚜虫、螨	800-1000倍液	喷雾
	蔬菜	菜青虫、蚜虫	500-1000倍液	喷雾
	水稻	螟虫、叶蝉	800-1000倍液	喷雾
	小麦、玉米	黏虫、玉米螟	800-1000倍液	喷雾
PD86148-40	异丙威/20%/乳油/异丙威 20%/2006.08.15 至 2011.08.15/中等毒			
	水稻	飞虱、叶蝉	450-600克/公顷	喷雾
PD20040776	三唑磷/20%/乳油/三唑磷 20%/2009.12.19 至 2014.12.19/中等毒			
	棉花	棉红铃虫	375-450克/公顷	喷雾
	水稻	二化螟、三化螟	300-450克/公顷	喷雾
PD20084430	噻嗪酮/25%/可湿性粉剂/噻嗪酮 25%/2008.12.17 至 2013.12.17/低毒			
	水稻	飞虱	75-112.5克/公顷	喷雾
PD20090231	腈菌唑/12%/乳油/腈菌唑 12%/2009.01.09 至 2014.01.09/低毒			
	小麦	白粉病	30-60克/公顷	喷雾

PD20090408 异稻·三环唑 /20%/可湿性粉剂/三环唑 6.7%、异稻瘟净 13.3%/2009.01.12 至 2014.01.12/低毒
水稻 稻瘟病 300-450克/公顷 喷雾
PD20095077 乐果·敌百虫/40%/乳油/敌百虫 20%、乐果 20%/2009.04.22 至 2014.04.22/中等毒
水稻 稻飞虱、稻纵卷叶螟 480-720克/公顷 喷雾
PD20095461 苄嘧·苯噻酰/53%/可湿性粉剂/苯噻酰草胺 50%、苄嘧磺隆 3%/2009.05.11 至 2014.05.11/低毒
水稻抛秧田 部分多年生杂草、一年生杂草 397.5-556.5克/公顷 药土法
PD20095789 苄·乙·甲 /20%/可湿性粉剂/苄嘧磺隆 1.1%、甲磺隆 0.2%、乙草胺 18.7%/2009.05.27 至 2014.05.27/低毒
水稻移栽田 杂草 75-105克/公顷 药土法
PD20096311 毒死蜱/40%/乳油/毒死蜱 40%/2009.07.22 至 2014.07.22/中等毒
水稻 稻飞虱 450-600克/公顷 喷雾
PD20096735 毒死蜱/97%/原药/毒死蜱 97%/2009.09.07 至 2014.09.07/中等毒
LS20052075 唑磷·敌百虫/36%/乳油/敌百虫 30%、三唑磷 6%/2008.06.05 至 2009.06.05/中等毒
水稻 二化螟 810-972克/公顷 喷雾
LS20052492 哒嗪硫磷/98%/原药/哒嗪硫磷 98%/2008.07.25 至 2009.07.25/低毒
LS20053109 阿维·哒嗪/20%/乳油/阿维菌素 0.2%、哒嗪硫磷 19.8%/2008.09.28 至 2009.09.28/中等毒(原药高毒)
棉花 红蜘蛛 150-210克/公顷 喷雾
LS20053424 辛硫·三唑磷/30%/乳油/三唑磷 10%、辛硫磷 20%/2008.11.01 至 2009.11.03/中等毒
水稻 二化螟 360-495克/公顷 喷雾
LS20053711 精喹·草除灵/17.5%/乳油/草除灵 15%、精喹禾灵 2.5%/2008.12.08 至 2009.12.08/低毒
冬油菜 一年生杂草 262.5-393.75克/公顷 茎叶喷雾
LS20060865 哒嗪·辛硫磷/30%/乳油/哒嗪硫磷 10%、辛硫磷 20%/2009.04.13 至 2010.04.13/低毒
水稻 二化螟 450-675克/公顷 喷雾
LS20061555 三唑磷/88%/原药/三唑磷 88%/2009.08.02 至 2010.08.02/中等毒
LS20071150 嘧霉胺/40%/悬浮剂/嘧霉胺 40%/2009.04.25 至 2010.04.26/低毒
番茄 灰霉病 375-562.5克/公顷 喷雾
LS20071710 二嗪磷/50%/乳油/二嗪磷 50%/2009.07.03 至 2010.07.04/中等毒
水稻 二化螟 750-900克/公顷 喷雾
LS20081498 二嗪磷/95%/原药/二嗪磷 95%/2009.03.31 至 2010.03.31/中等毒
LS20082050 三唑磷/15%/微乳剂/三唑磷 15%/2009.04.15 至 2010.04.15/中等毒
水稻 二化螟 225-281.25克/公顷 喷雾
LS20082807 毒死蜱/30%/水乳剂/毒死蜱 30%/2009.05.12 至 2010.05.12/中等毒
水稻 稻纵卷叶螟 540-675克/公顷 喷雾

安徽省繁昌县万利农化有限责任公司 (安徽省繁昌县孙村镇 241206 0553-7252044)

PD86148-83 异丙威/20%/乳油/异丙威 20%/2005.03.23 至 2010.03.23/中等毒
水稻 飞虱、叶蝉 450-600克/公顷 喷雾
PD86159-2 三乙膦酸铝/40%/可湿性粉剂/三乙膦酸铝 40%/2006.11.29 至 2011.11.29/低毒
胡椒 瘟病 1克/株 灌根
棉花 疫病 1410-2820克/公顷 喷雾
蔬菜 霜霉病 1410-2820克/公顷 喷雾
水稻 稻瘟病、纹枯病 1410克/公顷 喷雾
橡胶树 割面条溃疡病 100倍液 1)切口涂药 2)喷雾
烟草 黑胫病 1)4500克/公顷, 2)0.8克/株 1)喷雾 2)灌根
PD20040418 吡虫啉/5%/乳油/吡虫啉 5%/2004.12.19 至 2009.12.18/低毒
水稻 飞虱 15-22.5克/公顷 喷雾
PD20040828 三唑磷/12%/乳油/三唑磷 12%/2004.12.31 至 2009.12.30/中等毒
水稻 二化螟 180-270克/公顷 喷雾
PD20093053 氰戊·乐果/25%/乳油/乐果 21.8%、氰戊菊酯 3.2%/2009.03.09 至 2014.03.09/中等毒
棉花 蚜虫 187.5-262.5克/公顷 喷雾
PD20094468 阿维·哒螨灵 /5%/乳油/阿维菌素 0.2%、哒螨灵 4.8%/2009.04.01 至 2014.04.01/低毒(原药高毒)
苹果树 二斑叶螨 25-50毫克/千克 喷雾
PD20096436 三唑磷/20%/乳油/三唑磷 20%/2009.08.05 至 2014.08.05/中等毒
水稻 二化螟 360-450克/公顷 喷雾
PD20097460 三唑磷/85%/原药/三唑磷 85%/2009.11.03 至 2014.11.03/中等毒
LS20060355 乙酰甲胺磷/15%/乳油/乙酰甲胺磷 15%/2009.03.01 至 2010.03.01/低毒
水稻 二化螟 360-405克/公顷 喷雾
LS20090953 唑磷·毒死蜱/20%/乳油/毒死蜱 5%、三唑磷 15%/2009.04.10 至 2010.04.10/中等毒
水稻 三化螟 300-450克/公顷 喷雾

安徽省丰臣农化有限公司 (安徽省利辛县利张路工业区 230031 0551-5578135)

PD20098039 毒死蜱/480克/升/乳油/毒死蜱 480克/升/2009.12.07 至 2014.12.07/中等毒
水稻 二化螟 468-576克/公顷 喷雾
LS20061724 阿维·高氯/1.5%/乳油/阿维菌素 0.2%、高效氯氰菊酯 1.3%/2009.10.10 至 2010.10.10/低毒(原药高毒)

十字花科蔬菜 菜青虫、小菜蛾 13.5-27克/公顷 喷雾

安徽省广德县青山卫生实验厂 (安徽省广德县祠山岗乡祠山岗村 242200 0551-286067)

WP20090064 杀蟑笔剂/0.4%/笔剂/溴氰菊酯 0.4%/2009.02.01 至 2014.02.01/低毒

卫生 蜚蠊 3克制剂/平方米 涂抹

WP20090065 杀蟑烟剂/2.8%/烟剂/氯氰菊酯 2.8%/2009.02.01 至 2014.02.01/低毒

卫生 蜚蠊 / 点燃

安徽省国家农药剂型工程技术中心 (安徽省合肥市阜阳北路363号 230041 0551-5536014)

PD20040478 吡虫啉/5%/乳油/吡虫啉 5%/2009.12.19 至 2014.12.19/低毒

水稻 飞虱 15-22.5克/公顷 喷雾

PD20040772 吡虫·杀虫单/60%/可湿性粉剂/吡虫啉 2%、杀虫单 58%/2009.12.19 至 2014.12.19/低毒

水稻 稻飞虱、稻纵卷叶螟、二化螟、三化螟 450-750克/公顷 喷雾

PD20080714 苄嘧·苯噻酰/50%/可湿性粉剂/苯噻酰草胺 47%、苄嘧磺隆 3%/2008.06.11 至 2013.06.11/低毒

水稻移栽田 部分多年生杂草、一年生杂草 375-525克/公顷(南方地区) 药土法

PD20086260 阿维菌素/0.3%/乳油/阿维菌素 0.3%/2008.12.31 至 2013.12.31/低毒(原药高毒)

苹果树 二斑叶螨 1-1.5毫克/千克 喷雾

PD20090290 苯磺隆/75%/水分散粒剂/苯磺隆 75%/2009.01.09 至 2014.01.09/低毒

冬小麦田 一年生阔叶杂草 13.5-22.5克/公顷 茎叶喷雾

PD20090360 杀虫双/3.6%/大粒剂/杀虫双 3.6%/2009.01.12 至 2014.01.12/中等毒

水稻 二化螟 540-675克/公顷 撒施

PD20091291 唑酮·福美双/45%/可湿性粉剂/福美双 40%、三唑酮 5%/2009.02.01 至 2014.02.01/中等毒

水稻 恶苗病 750-1500毫克/千克 浸种

PD20091499 乙铝·锰锌/70%/可湿性粉剂/代森锰锌 24%、三乙膦酸铝 46%/2009.02.02 至 2014.02.02/低毒

黄瓜 霜霉病 1399.95-4200克/公顷 喷雾

PD20091688 乙铝·多菌灵 /60%/可湿性粉剂/多菌灵 20%、三乙膦酸铝 40%/2009.02.03 至 2014.02.03/低毒

苹果树 轮纹病 300-500倍液 喷雾

PD20092012 高效氯氰菊酯/4.5%/水乳剂/高效氯氰菊酯 4.5%/2009.02.12 至 2014.02.12/低毒

十字花科蔬菜 菜青虫 27-40.5克/公顷 喷雾

PD20092624 多·福/50%/可湿性粉剂/多菌灵 25%、福美双 25%/2009.03.02 至 2014.03.02/低毒

梨树 黑星病 1000-1500毫克/千克 喷雾

PD20092725 硫磺·三环唑/45%/可湿性粉剂/硫磺 40%、三环唑 5%/2009.03.04 至 2014.03.04/低毒

水稻 稻瘟病 1012.5-1350克/公顷 喷雾

PD20093276 辛硫·灭多威/30%/乳油/灭多威 10%、辛硫磷 20%/2009.03.11 至 2014.03.11/高毒

棉花 棉铃虫 225-337.5克/公顷 喷雾

PD20093598 溴氰 ·敌敌畏/20.5%/乳油/敌敌畏 20%、溴氰菊酯 0.5%/2009.03.23 至 2014.03.23/中等毒

棉花 棉蚜 246-307.5克/公顷 喷雾

PD20095369 乙草胺/40%/水乳剂/乙草胺 40%/2009.04.27 至 2014.04.27/低毒

冬油菜田 一年生禾本科杂草及部分阔叶杂草 600-750克/公顷 喷雾

PD20095616 苄·乙/20%/可湿性粉剂/苄嘧磺隆 4.5%、乙草胺 15.5%/2009.05.12 至 2014.05.12/低毒

水稻移栽田 一年生及部分多年生杂草 84-118克/公顷(南方地区) 药土法

PD20096728 氰戊·氧乐果/25%/乳油/氰戊菊酯 2.5%、氧乐果 22.5%/2009.09.07 至 2014.09.07/高毒

棉花 棉铃虫 187.5-225克/公顷 喷雾

LS20061309 三唑磷/20%/水乳剂/三唑磷 20%/2009.06.12 至 2010.06.12/中等毒

水稻 二化螟 300-450克/公顷 喷雾

LS20061336 阿维菌素/1.8%/水乳剂/阿维菌素 1.8%/2009.06.12 至 2010.06.12/低毒(原药高毒)

十字花科蔬菜 小菜蛾 5.4-10.8克/公顷 喷雾

LS20072260 高效氯氟氰菊酯/2.5%/水乳剂/高效氯氟氰菊酯 2.5%/2009.09.16 至 2010.09.17/中等毒

十字花科蔬菜 菜青虫 7.5-15克/公顷 喷雾

安徽省合肥飞雁日用化工厂 (安徽省合肥市东七站塘路天使苑18幢204室 230000 0551-3438487)

WP20090042 杀虫气雾剂/0.25%/气雾剂/胺菊酯 0.20%、氯氰菊酯 0.05%/2009.01.19 至 2014.01.19/低毒

卫生 蚊、蝇、蜚蠊 / 喷雾

安徽省合肥福瑞德生物化工厂 (安徽省合肥市庐阳区庐江路64号14幢306室 230001 0551-5516068)

PD20092447 高效氟吡甲禾灵/108克/升/乳油/高效氟吡甲禾灵 108克/升/2009.02.25 至 2014.02.25/低毒

春大豆田 一年生禾本科杂草 48.6-56.7克/公顷 茎叶喷雾

夏大豆田 一年生禾本科杂草 45.4-48.6克/公顷 茎叶喷雾

PD20092552 高效氯氟氰菊酯/25克/升/乳油/高效氯氟氰菊酯 25克/升/2009.02.26 至 2014.02.26/中等毒

十字花科蔬菜 蚜虫 7.5-9克/公顷 喷雾

PD20093559 毒死蜱/480克/升/乳油/毒死蜱 480克/升/2009.03.23 至 2014.03.23/中等毒

水稻 二化螟 432-576克/公顷 喷雾

PD20095876 噁草酮/250克/升/乳油/噁草酮 250克/升/2009.05.31 至 2014.05.31/低毒

水稻直播田 一年生杂草 375-495克/公顷 播前土壤喷雾

PD20096086 灭草松/480克/升/水剂/灭草松 480克/升/2009.06.18 至 2014.06.18/低毒

大豆田 一年生阔叶杂草 1080-1440克/公顷 茎叶喷雾

PD20097727 2甲4氯钠/56%/可溶粉剂/2甲4氯钠 56%/2009.11.04 至 2014.11.04/低毒

	玉米田	一年生阔叶杂草	840-1260克/公顷	茎叶喷雾
LS20070398	唑磷·毒死蜱/20%/乳油/毒死蜱 5%、三唑磷 15%/2009.03.05 至 2010.03.06/中等毒			
	水稻	三化螟	240-300克/公顷	喷雾
LS20071946	吡虫·异丙威/25%/可湿性粉剂/吡虫啉 1%、异丙威 24%/2009.08.07 至 2010.08.08/低毒			
	水稻	稻飞虱	112.5-150克/公顷	喷雾
LS20081126	井冈·蜡芽菌//可湿性粉剂/井冈霉素 8%、蜡质芽孢杆菌 32亿个/克/2009.03.10 至 2010.03.10/低毒			
	水稻	水稻纹枯病	750-900克制剂/公顷	喷雾
LS20081862	三乙膦酸铝/40%/可湿性粉剂/三乙膦酸铝 40%/2008.04.10 至 2009.04.10/低毒			
	水稻	稻瘟病	1410-2115克/公顷	喷雾
LS20082069	阿维菌素/18克/升/乳油/阿维菌素 18克/升/2008.04.15 至 2009.04.15/低毒(原药高毒)			
	十字花科蔬菜	小菜蛾	9-13.5克/公顷	喷雾
LS20083055	井冈·蜡芽菌//水剂/井冈霉素 25克/升、蜡质芽孢杆菌 10000亿活孢子/升/2009.09.25 至 2010.09.25/低毒			
	水稻	纹枯病	56.25-93.75克/公顷	喷雾
WP20090057	高效氯氰菊酯/2.5%/乳油/高效氯氰菊酯 2.5%/2009.01.21 至 2014.01.21/低毒			
	卫生	蚂蚁、蚊、蝇	40毫克/平方米	滞留喷洒
WP20090211	高效氯氰菊酯/5%/可湿性粉剂/高效氯氰菊酯 5%/2009.03.27 至 2014.03.27/低毒			
	卫生	蚊、蝇、蜚蠊	玻璃面、木板面40毫克/平方米; 石灰面60毫克/平方米	滞留喷洒
WP20090235	杀虫粉剂/0.1%/粉剂/高效氯氰菊酯 0.1%/2009.04.16 至 2014.04.16/低毒			
	卫生	蜚蠊、蚂蚁	3克制剂/平方米	撒布
WP20090266	杀虫气雾剂/0.32%/气雾剂/胺菊酯 0.08%、氯菊酯 0.2%、右旋烯丙菊酯 0.04%/2009.05.12 至 2014.05.12/低毒			
	卫生	蚊、蝇、蜚蠊	/	喷雾
WL20060133	蚊香/0.3%/蚊香/富右旋反式烯丙菊酯 0.3%/2008.06.26 至 2009.06.26/低毒			
	卫生	蚊	/	点燃

安徽省合肥海明日用化工厂 (安徽省合肥市肥西县北张乡 230012 0551-2655635)

WL20050173	杀虫气雾剂/0.25%/气雾剂/胺菊酯 0.2%、氯氰菊酯 0.05%/2008.06.14 至 2009.06.14/低毒			
	卫生	蚊、蝇、蜚蠊	/	喷雾

安徽省合肥农药厂 (安徽省合肥市庐阳区濉溪路254号 230041 0551-5617445)

PD84108-13	敌百虫/90%/原药/敌百虫 90%/2010.01.11 至 2015.01.11/低毒			
	白菜、青菜	菜青虫	960-1200克/公顷	喷雾
	白菜、青菜	地下害虫	750-1500克/公顷	喷雾
	茶树	尺蠖、刺蛾	450-900毫克/千克	喷雾
	大豆	造桥虫	1800克/公顷	喷雾
	柑橘树	卷叶蛾	600-750毫克/千克	喷雾
	林木	松毛虫	600-900毫克/千克	喷雾
	水稻	螟虫	1500-1800克/公顷	喷雾、泼浇或毒土
	小麦	黏虫	1800克/公顷	喷雾
	烟草	烟青虫	900毫克/千克	喷雾
PD85105-29	敌敌畏/80%/乳油/敌敌畏 77.5%/2005.01.11 至 2010.01.11/中等毒			
	茶树	食叶害虫	600克/公顷	喷雾
	粮仓	多种储藏害虫	1)400-500倍液 2)0.4-0.5克/立方米	1)喷雾 2)挂条熏蒸
	棉花	蚜虫、造桥虫	600-1200克/公顷	喷雾
	苹果树	小卷叶蛾、蚜虫	400-500毫克/千克	喷雾
	青菜	菜青虫	600克/公顷	喷雾
	桑树	尺蠖	600克/公顷	喷雾
	卫生	多种卫生害虫	1)300-400倍液 2)0.08克/立方米	1)泼洒 2)挂条熏蒸
	小麦	黏虫、蚜虫	600克/公顷	喷雾
PD85154-37	氰戊菊酯/20%/乳油/氰戊菊酯 20%/2005.08.15 至 2010.08.15/中等毒			
	柑橘树	潜叶蛾	10-20毫克/千克	喷雾
	果树	梨小食心虫	10-20毫克/千克	喷雾
	棉花	红铃虫、蚜虫	75-150克/公顷	喷雾
	蔬菜	菜青虫、蚜虫	60-120克/公顷	喷雾
PD86148-78	异丙威/20%/乳油/异丙威 20%/2006.11.22 至 2011.11.22/中等毒			
	水稻	飞虱、叶蝉	450-600克/公顷	喷雾
PD86157-6	硫磺/50%/悬浮剂/硫磺 50%/2007.01.30 至 2012.01.30/低毒			
	果树	白粉病	200-400倍液	喷雾
	花卉	白粉病	750-1500克/公顷	喷雾
	黄瓜	白粉病	1125-1500克/公顷	喷雾
	橡胶树	白粉病	1875-3000克/公顷	喷雾
	小麦	白粉病、螨	3000克/公顷	喷雾

PD20092426 氰戊·马拉松/20%/乳油/马拉硫磷 15%、氰戊菊酯 5%/2009.02.25 至 2014.02.25/中等毒
棉花 棉铃虫 90-150克/公顷 喷雾
苹果树 桃小食心虫 166-333毫克/千克 喷雾
蔬菜 菜青虫、蚜虫 90-150克/公顷 喷雾
小麦 蚜虫 60-90克/公顷 喷雾

PD20093984 辛硫·三唑磷/20%/乳油/三唑磷 10%、辛硫磷 10%/2009.03.27 至 2014.03.27/中等毒
水稻 二化螟 300-450克/公顷 喷雾

PD20094824 精喹·草除灵/17.5%/乳油/草除灵 15%、精喹禾灵 2.5%/2009.04.13 至 2014.04.13/低毒
油菜田 一年生杂草 262.5-367.5克/公顷 茎叶喷雾

PD20095159 精喹禾灵/8.8%/乳油/精喹禾灵 8.8%/2009.04.24 至 2014.04.24/低毒
冬油菜田 一年生禾本科杂草 39.6-52.8克/公顷 茎叶喷雾

PD20095192 高效氟吡甲禾灵/108克/升/乳油/高效氟吡甲禾灵 108克/升/2009.04.24 至 2014.04.24/低毒
冬油菜田 一年生禾本科杂草 48.6-64.8克/公顷 喷雾

PD20095420 苄嘧磺隆/1.1%/水面扩散剂/苄嘧磺隆 1.1%/2009.05.11 至 2014.05.11/微毒
水稻移栽田 一年生阔叶杂草及莎草科杂草 19.8—33克/公顷(南方地区) 直接滴施

LS20060113 辛硫磷/3%/颗粒剂/辛硫磷 3%/2009.01.24 至 2010.01.24/低毒
花生 地下害虫 2700-3600克/公顷 撒施

LS20061299 球孢白僵菌/1000亿孢子/克/母药/球孢白僵菌 1000亿孢子/克/2009.07.12 至 2010.07.12/低毒

LS20061436 白僵菌/300亿孢子/克/油悬浮剂/白僵菌 300亿孢子/克/2009.07.12 至 2010.07.12/低毒
松树 松毛虫 1800-3600克制剂/公顷 超低容量喷雾

安徽省合肥天润日用化工公司 (安徽省合肥市蒙城北路和煦园18号楼1104室 230041 0551-5552522-801)

WP20090350 杀虫气雾剂/0.16%/气雾剂/Es-生物烯丙菊酯 0.15%、溴氰菊酯 0.01%/2009.10.28 至 2014.10.28/低毒
卫生 蚊、蝇 / 喷雾

WL20080428 杀虫气雾剂/0.5%/气雾剂/氯菊酯 0.2%、右旋胺菊酯 0.3%/2009.11.12 至 2010.11.12/低毒
卫生 蚊、蝇 / 喷雾

安徽省合肥益丰化工有限公司 (安徽省合肥市龙岗工业区A区 231633 0551-7686636)

PD20096482 硫丹/350克/升/乳油/硫丹 350克/升/2009.08.14 至 2014.08.14/高毒
棉花 棉铃虫 682.5-840克/公顷 喷雾

PD20096871 百草枯/200克/升/水剂/百草枯 200克/升/2009.09.23 至 2014.09.23/中等毒
非耕地 杂草 750-900克/公顷 茎叶喷雾

PD20096917 草甘膦异丙胺盐(41%)///水剂/草甘膦 30%/2009.09.23 至 2014.09.23/低毒
棉花免耕田 杂草 922.5-1537.5克/公顷 茎叶喷雾

PD20096930 精噁唑禾草灵/69克/升/水乳剂/精噁唑禾草灵 69克/升/2009.09.23 至 2014.09.23/低毒
冬小麦田 一年生禾本科杂草 51.75-62.10克/公顷 茎叶喷雾

LS20091269 阿维菌素/3%/微乳剂/阿维菌素 3%/2009.05.12 至 2010.05.12/中等毒(原药高毒)
十字花科蔬菜 小菜蛾 8.1—10.8克/公顷 喷雾

安徽省合肥正宇工贸有限公司 (安徽省合肥市瑶海工业园合磨路站北社居委 230000 0551-4320299)

WL20060060 杀虫气雾剂/0.25%/气雾剂/胺菊酯 0.2%、氯氰菊酯 0.05%/2009.03.26 至 2010.03.26/低毒
卫生 蚊、蝇、蜚蠊 / 喷雾

WL20080141 蚊香/0.3%/蚊香/富右旋反式烯丙菊酯 0.3%/2009.02.21 至 2010.02.22/微毒
卫生 蚊 / 点燃

安徽省化工学校化工实验厂 (安徽省安庆市蜡烛山省化校内 246005 0556-5372109)

PD20093406 溴氰 ·敌敌畏/20.5%/乳油/敌敌畏 20%、溴氰菊酯 0.5%/2009.03.20 至 2014.03.20/中等毒
棉花 棉蚜 246-307.5克/公顷 喷雾

安徽省化工研究院试验工厂 (安徽省合肥市庐阳区阜阳北路363号 230041 0551-5527958)

PD20060073 高效氯氰菊酯/4.5%/乳油/高效氯氰菊酯 4.5%/2006.04.13 至 2011.04.13/中等毒
十字花科蔬菜 菜青虫 20.25-27克/公顷 喷雾

PD20082112 噁草·丁草胺/30%/乳油/丁草胺 24%、噁草酮 6%/2008.11.25 至 2013.11.25/低毒
水稻移栽田 一年生杂草 585-810克/公顷 毒土法

PD20084670 氰戊·辛硫磷/30%/乳油/氰戊菊酯 5%、辛硫磷 25%/2008.12.22 至 2013.12.22/中等毒
棉花 棉铃虫 225-337.5克/公顷 喷雾

PD20091186 苄·二氯/36%/可湿性粉剂/苄嘧磺隆 3%、二氯喹啉酸 33%/2009.01.22 至 2014.01.22/低毒
水稻移栽田 一年生及部分多年生杂草 216-270克/公顷 喷雾

PD20091217 苯磺隆/10%/可湿性粉剂/苯磺隆 10%/2009.02.01 至 2014.02.01/低毒
冬小麦田 一年生阔叶杂草 13.5-22.5克/公顷 茎叶喷雾

安徽省淮北市农药厂 (安徽省淮北市经济开发区凤凰山工业园 235000 0561-3230308)

PD20080340 敌畏·吡虫啉/21%/乳油/吡虫啉 1%、敌敌畏 20%/2008.02.26 至 2013.02.26/低毒
水稻 飞虱 189-220.5克/公顷 喷雾

PD20083270 氰戊·辛硫磷/12%/乳油/氰戊菊酯 2%、辛硫磷 10%/2008.12.11 至 2013.12.11/中等毒
棉花 棉铃虫 90-135克/公顷 喷雾

PD20084906 三唑锡/25%/可湿性粉剂/三唑锡 25%/2008.12.22 至 2013.12.22/低毒
柑橘树 红蜘蛛 167-250毫克/千克 喷雾

PD20084935 福·福锌/80%/可湿性粉剂/福美双 30%、福美锌 50%/2008.12.22 至 2013.12.22/低毒

黄瓜 炭疽病 1500-1800克/公顷 喷雾
PD20086275 高效氯氟氰菊酯/25克/升/乳油/高效氯氟氰菊酯 25克/升/2008.12.31 至 2013.12.31/中等毒
十字花科蔬菜 蚜虫 5.625-7.5克/公顷 喷雾
15-20克制剂/亩
PD20090394 炔螨特/730克/升/乳油/炔螨特 730克/升/2009.01.12 至 2014.01.12/低毒
柑橘树 红蜘蛛 243.3-365毫克/千克 喷雾
PD20090866 多·福/60%/可湿性粉剂/多菌灵 30%、福美双 30%/2009.01.19 至 2014.01.19/低毒
梨树 黑星病 1000-1500毫克/千克 喷雾
PD20093076 甲基硫菌灵/70%/可湿性粉剂/甲基硫菌灵 70%/2009.03.09 至 2014.03.09/低毒
水稻 稻瘟病 1050-1900克/公顷 喷雾
水稻 纹枯病 1050-1950克/公顷 喷雾
PD20094089 阿维·毒死蜱/15%/乳油/阿维菌素 0.1%、毒死蜱 14.9%/2009.03.27 至 2014.03.27/低毒(原药高毒)
十字花科蔬菜 小菜蛾 67.5－112.5克/公顷 喷雾
PD20094362 吡虫啉/10%/可湿性粉剂/吡虫啉 10%/2009.04.01 至 2014.04.01/低毒
水稻 稻飞虱 15-30克/公顷 喷雾
PD20096367 联苯菊酯/100克/升/乳油/联苯菊酯 100克/升/2009.08.04 至 2014.08.04/低毒
茶树 茶小绿叶蝉 300-375毫升制剂/公顷 喷雾
PD20097604 丙环唑/250克/升/乳油/丙环唑 250克/升/2009.11.03 至 2014.11.03/低毒
香蕉 叶斑病 250-500毫克/千克 喷雾
小麦 白粉病 120-180克/公顷 喷雾
LS20051055 吡虫啉/5%/乳油/吡虫啉 5%/2008.04.07 至 2009.04.07/低毒
水稻 稻飞虱 15-30克/公顷 喷雾
LS20051076 吡虫·杀虫单/58%/可湿性粉剂/吡虫啉 2.5%、杀虫单 55.5%/2008.04.11 至 2009.04.11/中等毒
水稻 稻纵卷叶螟、二化螟、飞虱、三化螟 450-750克/公顷 喷雾
LS20051232 阿维·高氯/3%/乳油/阿维菌素 0.2%、高效氯氰菊酯 2.8%/2008.04.12 至 2009.04.12/低毒(原药高毒)
十字花科蔬菜 小菜蛾 13.5-27克/公顷 喷雾
LS20060997 啶虫脒/5%/乳油/啶虫脒 5%/2009.04.23 至 2010.04.23/低毒
柑橘树 蚜虫 14.28-16.7毫克/千克 喷雾
LS20082379 叶枯唑/20%/可湿性粉剂/叶枯唑 20%/2009.04.21 至 2010.04.21/低毒
水稻 白叶枯病 300-375克/公顷 喷雾

安徽省淮南市农药厂 (安徽省淮南市谢家集区东津渡路 232033 0554-5683125)

PD20083961 氯氰·辛硫磷/20%/乳油/氯氰菊酯 1.5%、辛硫磷 18.5%/2008.12.16 至 2013.12.16/低毒
棉花 棉铃虫 210-300克/公顷 喷雾
PD20085238 氰戊·辛硫磷/12%/乳油/氰戊菊酯 2%、辛硫磷 10%/2008.12.23 至 2013.12.23/中等毒
棉花 棉铃虫 90-135克/公顷 喷雾
PD20085808 精噁唑禾草灵/69克/升/水乳剂/精噁唑禾草灵 69克/升/2008.12.29 至 2013.12.29/低毒
春小麦田 一年生禾本科杂草 51.75-62.1克/公顷 茎叶喷雾
冬小麦田 一年生禾本科杂草 41.4-51.75克/公顷 茎叶喷雾
PD20095741 苄嘧磺隆/10%/可湿性粉剂/苄嘧磺隆 10%/2009.05.18 至 2014.05.18/低毒
移栽水稻田 阔叶杂草及莎草科杂草 45-60克/公顷(东北地区) 毒土法
22.5-30克/公顷(其它地区)
PD20098159 噁草·丁草胺/20%/乳油/丁草胺 14%、噁草酮 6%/2009.12.14 至 2014.12.14/低毒
水稻移栽田 一年生杂草 600-750克/公顷 毒土法
LS20071939 吡虫·异丙威/25%/可湿性粉剂/吡虫啉 1%、异丙威 24%/2009.08.07 至 2010.08.08/低毒
水稻 稻飞虱 112.5-150克/公顷 喷雾
LS20071940 吡虫·异丙威/10%/可湿性粉剂/吡虫啉 2%、异丙威 8%/2009.08.07 至 2010.08.08/低毒
水稻 稻飞虱 112.5-150克/公顷 喷雾

安徽省淮南市田家庵区九龙杀虫剂厂 (安徽省淮南市田区洞山上湖 232001 0554-2118715)

WP20080536 杀虫水乳剂/0.4%/水乳剂/氯菊酯 0.2%、氯氰菊酯 0.2%/2008.12.23 至 2013.12.23/低毒
卫生 蚊、蝇 / 喷雾
WP20080559 杀虫气雾剂/0.32%/气雾剂/胺菊酯 0.08%、富右旋反式烯丙菊酯 0.04%、氯菊酯 0.2%/2008.12.24 至 2013.12.24/低毒
卫生 蚊、蝇、蜚蠊 / 喷雾
WP20080575 杀虫水乳剂/0.32%/水乳剂/胺菊酯 0.08%、富右旋反式烯丙菊酯 0.04%、氯菊酯 0.2%/2008.12.26 至 2013.12.26/低毒
卫生 蚊、蝇 / 喷射
WP20080605 蚊香/0.3%/蚊香/富右旋反式烯丙菊酯 0.3%/2008.12.31 至 2013.12.31/低毒
卫生 蚊 / 点燃

安徽省黄山市农业化工厂 (安徽省黄山市屯溪区资口亭路82号 245000 0559-2512886)

PD20085467 阿维菌素/0.3%/乳油/阿维菌素 0.3%/2008.12.25 至 2013.12.25/低毒(原药高毒)
梨树 梨木虱 1-2毫克/千克 喷雾
PD20086114 克百·敌百虫/3%/颗粒剂/敌百虫 1.5%、克百威 1.5%/2008.12.30 至 2013.12.30/高毒
水稻 二化螟 1800-2025克/公顷 拌土撒施
PD20093071 烟嘧磺隆/40克/升/油悬浮剂/烟嘧磺隆 40克/升/2009.03.09 至 2014.03.09/低毒
玉米田 一年生杂草 40-60克/公顷 茎叶喷雾

PD20093079 灭草松/480克/升/水剂/灭草松 480克/升/2009.03.09 至 2014.03.09/低毒
大豆田 一年生阔叶杂草 720-1440克/公顷 茎叶喷雾
PD20093346 毒死蜱/480克/升/乳油/毒死蜱 480克/升/2009.03.18 至 2014.03.18/中等毒
水稻 稻飞虱 504-576克/公顷 喷雾
PD20096123 噁草酮/26%/乳油/噁草酮 26%/2009.06.18 至 2014.06.18/低毒
水稻直播田 一年生杂草 375-487.5克/公顷 土壤喷雾
PD20096755 乙铝·锰锌/50%/可湿性粉剂/代森锰锌 30%、三乙膦酸铝 20%/2009.09.07 至 2014.09.07/低毒
黄瓜 霜霉病 900-1400克/公顷 喷雾
PD20097510 高效氟吡甲禾灵/108克/升/乳油/高效氟吡甲禾灵 108克/升/2009.11.03 至 2014.11.03/低毒
大豆田 一年生禾本科杂草 48.6-72.9克/公顷 茎叶喷雾
PD20097561 克百威/3%/颗粒剂/克百威 3%/2009.11.03 至 2014.11.03/中等毒
甘蔗 蚜虫、蔗龟 1350-2250克/公顷 沟施
花生 线虫 1800-2500克/公顷 条施、沟施
棉花 蚜虫 675-900克/公顷 条施、沟施
水稻 螟虫、瘿蚊 900-1350克/公顷 撒施
PD20097802 2甲4氯钠/56%/可溶粉剂/2甲4氯钠 56%/2009.11.20 至 2014.11.20/低毒
冬小麦田 一年生阔叶杂草 1050-1260克/公顷 茎叶喷雾
LS20090307 烟嘧·莠去津/23%/油悬浮剂/烟嘧磺隆 1%、莠去津 22%/2009.02.27 至 2010.02.27/低毒
玉米田 一年生杂草 150-200毫升制剂/亩 茎叶喷雾

安徽省锦江农化有限公司 (安徽省巢湖地区庐江县泥河镇 231561 0565-7776866)

PD20085202 高效氯氟氰菊酯/25克/升/乳油/高效氯氟氰菊酯 25克/升/2008.12.23 至 2013.12.23/中等毒
十字花科蔬菜 菜青虫 11.25-18.75克/公顷 喷雾
PD20092479 仲丁威/20%/乳油/仲丁威 20%/2009.02.26 至 2014.02.26/低毒
水稻 稻飞虱 540-675克/公顷 喷雾
PD20093338 苏云金杆菌/4000IU/微升/悬浮剂/苏云金杆菌 4000IU/微升/2009.03.18 至 2014.03.18/低毒
茶树 茶毛虫 200-400倍液 喷雾
棉花 二代棉铃虫 3000-3750毫升制剂/公顷 喷雾
森林 松毛虫 200-400倍液 喷雾
十字花科蔬菜 菜青虫、小菜蛾 1500-2250毫升制剂/公顷 喷雾
水稻 稻纵卷叶螟 3000-3750毫升制剂/公顷 喷雾
烟草 烟青虫 3000-3750毫升制剂/公顷 喷雾
玉米 玉米螟 2250-3000毫升制剂/公顷 加细沙灌心
枣树 枣尺蠖 200-400倍液 喷雾
LS20072015 乙酰甲胺磷/30%/乳油/乙酰甲胺磷 30%/2009.08.07 至 2010.08.08/低毒
水稻 二化螟 787.5-1012.5克/公顷 喷雾
LS20080334 阿维菌素/18克/升/乳油/阿维菌素 18克/升/2009.02.18 至 2010.02.19/低毒(原药高毒)
十字花科蔬菜 小菜蛾 8.1-13.5克/公顷 喷雾
LS20091188 氟铃脲/5%/乳油/氟铃脲 5%/2009.04.23 至 2010.04.23/低毒
棉花 棉铃虫 90-120克/公顷 喷雾

安徽省来安县扬子气雾剂有限责任公司 (安徽省来安县高级职业中学内 239200 0550-3258669)

WL20080174 蚊香/0.3%/蚊香/富右旋反式烯丙菊酯 0.3%/2008.02.29 至 2009.02.28/低毒
卫生 蚊 / 点燃

安徽省灵璧县农药厂 (安徽省灵璧县县城东关外200米 234200 0557-6021832)

PD20092196 2甲4氯钠/13%/水剂/2甲4氯钠 13%/2009.02.23 至 2014.02.23/低毒
冬小麦田 莎草科杂草、一年生阔叶杂草 682.5-975克/公顷 茎叶喷雾
PD20093589 2甲4氯钠/56%/可溶粉剂/2甲4氯钠 56%/2009.03.23 至 2014.03.23/低毒
冬小麦田 莎草科杂草、一年生阔叶杂草 840-1260克/公顷 茎叶喷雾
PD20094179 复硝酚钠/1.4%/水剂/5-硝基邻甲氧基苯酚钠 0.3%、对硝基苯酚钠 0.7%、邻硝基苯酚钠 0.4%/2009.03.27至2014.03.27/低毒
番茄 调节生长、增产 5000-6000倍液 喷雾
PD20095510 扑·乙/30%/乳油/扑草净 5%、乙草胺 25%/2009.05.11 至 2014.05.11/低毒
夏玉米田 一年生杂草 1125-1350克/公顷 土壤喷雾
PD20095557 精喹禾灵/5%/乳油/精喹禾灵 5%/2009.05.12 至 2014.05.12/低毒
夏大豆田 一年生禾本科杂草 56.3-75克/公顷 茎叶喷雾

安徽省灵璧县通达化工厂 (安徽省灵璧县朝阳镇南首 234221 0557-6581688)

PD20083512 溴氰·敌敌畏/20.5%/乳油/敌敌畏 20%、溴氰菊酯 0.5%/2008.12.12 至 2013.12.12/中等毒
棉花 蚜虫 230.625-307.5克/公顷 喷雾
WP20080351 杀虫水乳剂/0.4%/水乳剂/氯菊酯 0.2%、氯氰菊酯 0.2%/2008.12.09 至 2013.12.09/低毒
卫生 蚊、蝇、蜚蠊 / 喷射
WL20080311 蚊香/0.3%/蚊香/富右旋反式烯丙菊酯 0.3%/2009.04.22 至 2010.04.22/低毒
卫生 蚊 / 点燃

安徽省六安利庭日用化工有限公司 (安徽省六安市裕安区私营经济园 237005 0564-3284406)

WP20080522 蚊香/0.23%/蚊香/Es-生物烯丙菊酯 0.23%/2008.12.23 至 2013.12.23/低毒

卫生 蚊 / 点燃

WP20080534 杀虫气雾剂/0.6%/气雾剂/氯菊酯 0.25%、右旋胺菊酯 0.2%、右旋苯醚菊酯 0.15%/2008.12.23 至 2013.12.23/低毒

卫生 蚊、蝇、蜚蠊 / 喷雾

WP20080535 杀虫气雾剂/0.34%/气雾剂/富右旋反式烯丙菊酯 0.19%、右旋苯醚菊酯 0.15%/2008.12.23 至 2013.12.23/低毒

卫生 蚊、蝇、蜚蠊 / 喷雾

WP20080546 蚊香/0.21%/蚊香/富右旋反式烯丙菊酯 0.2%、四氟醚菊酯 0.01%/2008.12.24 至 2013.12.24/低毒

卫生 蚊 / 点燃

WP20080549 杀虫气雾剂/0.35%/气雾剂/富右旋反式炔丙菊酯 0.15%、炔咪菊酯 0.05%、右旋苯醚氰菊酯 0.15%/2008.12.24 至2013.12.24/低毒

卫生 蚊、蝇、蜚蠊 / 喷雾

WP20080553 蚊香/0.02%/蚊香/四氟甲醚菊酯 0.02%/2008.12.24 至 2013.12.24/低毒

卫生 蚊 / 点燃

WP20090067 电热蚊香片/11毫克／片/电热蚊香片/炔丙菊酯 11毫克/片/2009.02.01 至 2014.02.01/低毒

卫生 蚊 / 电热加温

WP20090169 电热蚊香液/0.86%/电热蚊香液/炔丙菊酯 0.86%/2009.03.09 至 2014.03.09/低毒

卫生 蚊 / 电热加温

WL20070272 杀虫气雾剂/0.38%/气雾剂/氯菊酯 0.28%、炔丙菊酯 0.1%/2008.11.05 至 2009.11.06/低毒

卫生 蚊、蝇、蜚蠊 / 喷雾

WL20090151 蚊香/0.08%/蚊香/氯氟醚菊酯 0.08%/2009.06.02 至 2010.06.02/低毒

卫生 蚊 / 点燃

安徽省六安市种子公司安丰种衣剂厂 （安徽省六安市经济开发区 237161 0564-3630242)

PD20084508 克百·多菌灵/17%/悬浮种衣剂/多菌灵 10%、克百威 7%/2008.12.18 至 2013.12.18/高毒

小麦 地下害虫、散黑穗病 1:40-50(药种比) 种子包衣

PD20085294 甲枯·福美双/20%/悬浮种衣剂/福美双 15%、甲基立枯磷 5%/2008.12.23 至 2013.12.23/低毒

棉花 苗期立枯病、炭疽病 1:40-60(药种比) 种子包衣

PD20085460 福·克/20%/悬浮种衣剂/福美双 12%、克百威 8%/2008.12.24 至 2013.12.24/中等毒(原药高毒)

玉米 茎基腐病、蚜虫 1:40-45(药种比) 种子包衣

PD20085837 多·福/15%/悬浮种衣剂/多菌灵 10%、福美双 5%/2008.12.29 至 2013.12.29/低毒

水稻 恶苗病 300-375克/100千克种子 种子包衣

LS20083104 戊唑·福美双/11%/悬浮种衣剂/福美双 10.7%、戊唑醇 0.3%/2009.10.27 至 2010.10.27/低毒

玉米 丝黑穗病 220-275克/100千克种子 种子包衣

安徽省蒙城县凯源日用化学品厂 （安徽省亳州市蒙城县蒙涡路312号 233500 0558-7622993)

WP20090153 蚊香/0.3%/蚊香/富右旋反式烯丙菊酯 0.3%/2009.03.04 至 2014.03.04/低毒

卫生 蚊 / 点燃

WL20080357 杀虫气雾剂/0.55%/气雾剂/胺菊酯 0.25%、富右旋反式烯丙菊酯 0.1%、氯菊酯 0.2%/2008.07.17 至 2009.07.17/低毒

卫生 蚊、蝇 / 喷雾

安徽省宁国市朝农化工有限责任公司 （安徽省宣城市宁国市宁阳西路288号 242300 0563-4180918)

PD20085434 噻嗪·异丙威/25%/可湿性粉剂/噻嗪酮 5%、异丙威 20%/2008.12.24 至 2013.12.24/低毒

水稻 稻飞虱 450-562.5克/公顷 喷雾

PD20086297 多菌灵/80%/可湿性粉剂/多菌灵 80%/2008.12.31 至 2013.12.31/低毒

苹果树 轮纹病 750-1000毫克/千克 喷雾

PD20090388 速灭威/20%/乳油/速灭威 20%/2009.01.12 至 2014.01.12/低毒

水稻 稻飞虱 540-630克/公顷 喷雾

PD20091113 仲丁威/25%/乳油/仲丁威 25%/2009.01.21 至 2014.01.21/低毒

水稻 飞虱 375-750克/公顷 喷雾

PD20091119 高效氯氟氰菊酯/25克/升/乳油/高效氯氟氰菊酯 25克/升/2009.01.21 至 2014.01.21/中等毒

十字花科蔬菜 菜青虫 11.25-15克/公顷 喷雾

PD20091476 毒死蜱/480克/升/乳油/毒死蜱 480克/升/2009.02.02 至 2014.02.02/中等毒

水稻 稻飞虱 432-576克/公顷 喷雾

PD20091491 甲氰菊酯/20%/乳油/甲氰菊酯 20%/2009.02.02 至 2014.02.02/中等毒

苹果树 山楂红蜘蛛 100-125毫克/千克 喷雾

PD20091931 噻嗪酮/25%/可湿性粉剂/噻嗪酮 25%/2009.02.12 至 2014.02.12/低毒

水稻 稻飞虱 112.5-150克/公顷 喷雾

PD20092028 联苯菊酯/100克/升/乳油/联苯菊酯 100克/升/2009.02.12 至 2014.02.12/中等毒

茶树 茶小绿叶蝉 30-37.5克/公顷 喷雾

PD20092305 异稻·稻瘟灵/30%/乳油/稻瘟灵 7.5%、异稻瘟净 22.5%/2009.02.24 至 2014.02.24/低毒

水稻 稻瘟病 450-675克/公顷 喷雾

PD20092946 苄·二氯/36%/可湿性粉剂/苄嘧磺隆 4%、二氯喹啉酸 32%/2009.03.09 至 2014.03.09/低毒

水稻直播田 一年生杂草 216-270克/公顷 喷雾法

PD20093037 苯磺隆/10%/可湿性粉剂/苯磺隆 10%/2009.03.09 至 2014.03.09/低毒

冬小麦田 阔叶杂草 13.5-18克/公顷 茎叶喷雾

PD20093103 氯氰·毒死蜱/522.5克/升/乳油/毒死蜱 475克/升、氯氰菊酯 47.5克/升/2009.03.09 至 2014.03.09/中等毒

棉花 棉铃虫 550-850克/公顷 喷雾

PD20093679 三环·多菌灵/20%/可湿性粉剂/多菌灵 15%、三环唑 5%/2009.03.25 至 2014.03.25/低毒
水稻 稻瘟病 330-390克/公顷 喷雾
PD20094451 杀虫双/18%/水剂/杀虫双 18%/2009.04.01 至 2014.04.01/低毒
水稻 二化螟 540-810克/公顷 喷雾
PD20096017 三唑磷/20%/乳油/三唑磷 20%/2009.06.15 至 2014.06.15/中等毒
水稻 三化螟 300-450克/公顷 喷雾
PD20097245 速灭威/25%/可湿性粉剂/速灭威 25%/2009.10.19 至 2014.10.19/中等毒
水稻 稻飞虱 562.5-750克/公顷 喷雾
PD20097352 烟嘧磺隆/40克/升/可分散油悬浮剂/烟嘧磺隆 40克/升/2009.10.27 至 2014.10.27/低毒
玉米田 一年生杂草 42-60克/公顷 茎叶喷雾
PD20097457 乐果/40%/乳油/乐果 40%/2009.10.28 至 2014.10.28/中等毒
棉花 棉铃虫 540-660克/公顷 喷雾
PD20097856 百草枯/200克/升/水剂/百草枯 200克/升/2009.11.20 至 2014.11.20/中等毒
柑橘园 杂草 600-900克/公顷 定向喷雾
PD20097964 草甘膦异丙胺盐(41%)///水剂/草甘膦 30%/2009.12.01 至 2014.12.01/低毒
茶园 杂草 1125-2250克/公顷 定向喷雾
PD20098301 混灭威/50%/乳油/混灭威 50%/2009.12.18 至 2014.12.18/中等毒
水稻 稻飞虱 562.5-750克/公顷 喷雾
PD20098306 异丙威/20%/乳油/异丙威 20%/2009.12.18 至 2014.12.18/低毒
水稻 稻飞虱 450-600克/公顷 喷雾
LS20051741 乙酰甲胺磷/20%/乳油/乙酰甲胺磷 20%/2008.05.15 至 2009.05.15/低毒
水稻 二化螟 600-900克/公顷 喷雾
LS20051921 杀虫单/80%/可溶粉剂/杀虫单 80%/2008.05.17 至 2009.05.17/中等毒
水稻 二化螟 600-840克/公顷 喷雾
LS20052252 敌百·乙酰甲/25%/乳油/敌百虫 10%、乙酰甲胺磷 15%/2008.06.20 至 2009.06.20/低毒
水稻 稻纵卷叶螟 375-450克/公顷 喷雾
LS20052706 杀单·乙酰甲/90%/可溶粉剂/杀虫单 65%、乙酰甲胺磷 25%/2008.08.21 至 2009.08.21/中等毒
水稻 稻纵卷叶螟 810-945克/公顷 喷雾
LS20052853 多·酮/25%/可湿性粉剂/多菌灵 20%、三唑酮 5%/2008.09.01 至 2009.09.01/低毒
水稻 稻曲病 300-375克/公顷 喷雾
LS20053206 辛硫·三唑磷/27%/乳油/三唑磷 5%、辛硫磷 22%/2008.10.11 至 2009.10.11/中等毒
水稻 二化螟 243-405克/公顷 喷雾
LS20072264 苄嘧·丙草胺/20%/可湿性粉剂/苄嘧磺隆 2%、丙草胺 18%/2009.09.16 至 2010.09.17/低毒
直播水稻田 一年生及部分多年生杂草 300-375克/公顷 土壤喷雾
LS20072650 辛硫·三唑磷/20%/乳油/三唑磷 10%、辛硫磷 10%/2009.12.09 至 2010.12.10/中等毒
水稻 二化螟 360-480克/公顷 喷雾
LS20080100 吡虫啉/25%/可湿性粉剂/吡虫啉 25%/2009.01.04 至 2010.01.04/低毒
茶树 茶小绿叶蝉 56.25-75克/公顷 喷雾
LS20080221 唑磷·乙酰甲/20%/乳油/三唑磷 10%、乙酰甲胺磷 10%/2009.01.07 至 2010.01.07/中等毒
水稻 二化螟 300-360克/公顷 喷雾
LS20082843 乙草胺/40%/水乳剂/乙草胺 40%/2009.06.11 至 2010.06.11/低毒
冬油菜田 一年生禾本科杂草及部分阔叶杂草 750-900克/公顷 土壤喷雾
LS20082854 氟铃·敌敌畏/32%/乳油/敌敌畏 31%、氟铃脲 1%/2009.06.11 至 2010.06.11/中等毒
十字花科蔬菜 斜纹夜蛾 384-576克/公顷 喷雾
LS20091232 氟铃脲/5%/乳油/氟铃脲 5%/2009.04.30 至 2010.04.30/低毒
十字花科蔬菜 小菜蛾 45-60克/公顷 喷雾

安徽省庆丰农化有限责任公司 (安徽省滁州市来安县张山乡玉带村 239200 0550-5612687)

PD20081762 苯磺隆/10%/可湿性粉剂/苯磺隆 10%/2008.11.18 至 2013.11.18/低毒
冬小麦田 一年生阔叶杂草 13.5-22.5克/公顷 茎叶喷雾
PD20083223 溴氰 ·敌敌畏/20.5%/乳油/敌敌畏 20%、溴氰菊酯 0.5%/2008.12.11 至 2013.12.11/中等毒
棉花 蚜虫 246-307.5克/公顷 喷雾
PD20092441 苯磺隆/75%/水分散粒剂/苯磺隆 75%/2009.02.25 至 2014.02.25/低毒
小麦田 一年生阔叶杂草 15-22.5克/公顷 茎叶喷雾
PD20093024 乙·莠/40%/可湿性粉剂/乙草胺 14%、莠去津 26%/2009.03.09 至 2014.03.09/低毒
玉米田 一年生杂草 1200-1500克/公顷 播后苗前土壤喷雾
PD20093707 氯氰·辛硫磷/20%/乳油/氯氰菊酯 1.5%、辛硫磷 18.5%/2009.03.25 至 2014.03.25/中等毒
棉花 棉铃虫 225-300克/公顷 喷雾
PD20093952 苄嘧磺隆/10%/可湿性粉剂/苄嘧磺隆 10%/2009.03.27 至 2014.03.27/低毒
移栽水稻田 一年生阔叶杂草及莎草科杂草 22.5-30克/公顷 药土法
PD20094562 精喹禾灵/50克/升/乳油/精喹禾灵 50克/升/2009.04.09 至 2014.04.09/低毒
油菜田 一年生禾本科杂草 45-48.8克/公顷 茎叶喷雾
LS20081047 乙羧氟草醚/10%/乳油/乙羧氟草醚 10%/2009.03.07 至 2010.03.07/低毒

	春大豆田	阔叶杂草	90-105克/公顷(东北地区)	茎叶喷雾
	夏大豆田	阔叶杂草	60-90克/公顷	茎叶喷雾
LS20090724	苄嘧·二甲戊/16%/可湿性粉剂/苄嘧磺隆 4%、二甲戊灵 12%/2009.03.31 至 2010.03.31/低毒			
	移栽水稻田	一年生杂草	96-192克/公顷	毒土法
安徽省全椒县椒陵精细化工厂 (安徽省滁州市全椒县武岗镇中心街道 239525 0550-5255429)				
WP20080326	杀虫粉剂/0.07%/粉剂/胺菊酯 0.05%、溴氰菊酯 0.02%/2008.12.08 至 2013.12.08/低毒			
	卫生	蜚蠊	3克制剂/平方米	撒布
WP20080398	杀虫水乳剂/0.3%/水乳剂/氯菊酯 0.15%、氯氰菊酯 0.15%/2008.12.11 至 2013.12.11/低毒			
	卫生	蚊、蝇	/	喷射
安徽省全椒县龙雾精细化工有限公司 (安徽省全椒县武岗镇中心街道 239521 0550-5255438)				
WP20090025	杀虫粉剂/0.2%/粉剂/高效氯氰菊酯 0.2%/2009.01.09 至 2014.01.09/低毒			
	卫生	蜚蠊、蚂蚁	3克制剂/平方米	撒布
安徽省瑞特农化有限公司 (安徽省当涂县姑孰镇提署东路10号附1 243100 0555-6735063)				
PD86148-42	异丙威/20%/乳油/异丙威 20%/2006.09.19 至 2011.09.19/中等毒			
	水稻	飞虱、叶蝉	450-600克/公顷	喷雾
PD20081337	螨醇·哒螨灵/25%/乳油/哒螨灵 5%、三氯杀螨醇 20%/2008.10.21 至 2013.10.21/中等毒			
	苹果树	叶螨	100-125毫克/千克	喷雾
PD20081841	三唑磷/20%/乳油/三唑磷 20%/2008.11.20 至 2013.11.20/中等毒			
	水稻	二化螟	300-450克/公顷	喷雾
PD20083087	阿维菌素/1.8%/乳油/阿维菌素 1.8%/2008.12.10 至 2013.12.10/中等毒(原药高毒)			
	菜豆、黄瓜	美洲斑潜蝇	10.8-21.6克/公顷	喷雾
	柑橘树	锈壁虱	2.25-4.5毫克/千克	喷雾
	柑橘树	红蜘蛛、潜叶蛾	4.5-9毫克/千克	喷雾
	梨树	桃小食心虫	6-12克/公顷	喷雾
	棉花	红蜘蛛	10.8-16.2克/公顷	喷雾
	棉花	棉铃虫	21.6-32.4克/公顷	喷雾
	苹果树	棉铃虫	4.5-9毫克/千克	喷雾
	苹果树	红蜘蛛	3-6毫克/千克	喷雾
	苹果树	二斑叶螨	4.5-6毫克/千克	喷雾
	十字花科蔬菜	菜青虫	8.1-10.8克/公顷	喷雾
	十字花科蔬菜	小菜蛾	6.75-12.15克/公顷	喷雾
PD20083419	高效氯氟氰菊酯/2.5%/乳油/高效氯氟氰菊酯 2.5%/2008.12.11 至 2013.12.11/中等毒			
	十字花科蔬菜	菜青虫	8.1-13.5克/公顷	喷雾
PD20083517	克百威/3%/颗粒剂/克百威 3%/2008.12.12 至 2013.12.12/中等毒			
	甘蔗	蚜虫、蔗龟	1350-2250克/公顷	沟施
	花生	线虫	1800-2250克/公顷	条施,沟施
	棉花	蚜虫	900克/公顷	条施,沟施
	水稻	稻纵卷叶螟、二化螟、三化螟、瘿蚊	900-1350克/公顷	撒施
PD20084090	克百·敌百虫/3%/颗粒剂/敌百虫 1.5%、克百威 1.5%/2008.12.16 至 2013.12.16/中等毒			
	水稻	二化螟	1800-2025克/公顷	撒施
PD20084995	丙环唑/250克/升/乳油/丙环唑 250克/升/2008.12.22 至 2013.12.22/低毒			
	香蕉树	叶斑病	333-500毫克/千克	喷雾
PD20086253	腐霉·百菌清 /20%/烟剂/百菌清 15%、腐霉利 5%/2008.12.31 至 2013.12.31/低毒			
	黄瓜(保护地)	霜霉病	750-900克/公顷	点燃放烟
PD20090610	腈菌·福美双/20%/可湿性粉剂/福美双 18%、腈菌唑 2%/2009.01.14 至 2014.01.14/低毒			
	黄瓜	黑星病	294-390克/公顷	喷雾
PD20091124	多·福/60%/可湿性粉剂/多菌灵 30%、福美双 30%/2009.01.21 至 2014.01.21/低毒			
	梨树	黑星病	1000-1500毫克/千克	喷雾
PD20092284	福·甲·硫磺/70%/可湿性粉剂/福美双 25%、甲基硫菌灵 14%、硫磺 31%/2009.02.24 至 2014.02.24/低毒			
	苹果树	炭疽病	1000-1166.7毫克/千克	喷雾
PD20092761	福·甲·硫磺/50%/可湿性粉剂/福美双 18%、甲基硫菌灵 10%、硫磺 22%/2009.03.04 至 2014.03.04/低毒			
	苹果树	炭疽病	1000-1250毫克/千克	喷雾
PD20093544	硫磺·多菌灵/50%/悬浮剂/多菌灵 15%、硫磺 35%/2009.03.23 至 2014.03.23/低毒			
	水稻	稻瘟病	1200-1800克/公顷	喷雾
PD20093932	除脲·辛硫磷/20%/乳油/除虫脲 1%、辛硫磷 19%/2009.03.27 至 2014.03.27/低毒			
	十字花科蔬菜	菜青虫	90-150克/公顷	喷雾
PD20094686	敌敌畏/22%/烟剂/敌敌畏 22%/2009.04.10 至 2014.04.10/中等毒			
	黄瓜(保护地)	瓜蚜	990-1320克/公顷	点燃放烟
PD20095376	锰锌·烯唑醇/40%/可湿性粉剂/代森锰锌 37%、烯唑醇 3%/2009.04.27 至 2014.04.27/低毒			
	梨树	黑星病	400-667毫克/千克	喷雾
PD20095429	乙烯利/40%/水剂/乙烯利 40%/2009.05.11 至 2014.05.11/低毒			
	棉花	调节生长	300-400倍液	兑水喷雾
PD20096651	甲硫·福美双/70%/可湿性粉剂/福美双 40%、甲基硫菌灵 30%/2009.09.02 至 2014.09.02/低毒			

苹果树　轮纹病　875-1167毫克/千克　喷雾
LS20051758　高效氯氰菊酯/5%/水乳剂/高效氯氰菊酯 5%/2008.05.15 至 2009.05.15/中等毒
十字花科蔬菜　菜青虫　30-45克/公顷　喷雾
LS20051877　咪鲜·异菌脲/16%/悬浮剂/咪鲜胺 8%、异菌脲 8%/2008.05.16 至 2009.05.16/低毒
香蕉　冠腐病　356-400毫克/千克　浸果2分钟
LS20060830　联苯菊酯/4.5%/水乳剂/联苯菊酯 4.5%/2009.04.12 至 2010.04.12/低毒
茶树　茶小绿叶蝉　30-45克/公顷　喷雾
LS20061537　甲氨基阿维菌素苯甲酸盐/1%/乳油/甲氨基阿维菌素苯甲酸盐 1%/2009.08.02 至 2010.08.02/低毒
十字花科蔬菜　小菜蛾　1.5-2.25克/公顷　喷雾
LS20061703　高效氟氯氰菊酯/2.5%/水乳剂/高效氟氯氰菊酯 2.5%/2009.09.21 至 2010.09.21/中等毒
苹果树　金纹细蛾　16.7-25毫克/千克　喷雾
LS20070829　嘧霉胺/40%/可湿性粉剂/嘧霉胺 40%/2009.04.11 至 2010.04.12/低毒
黄瓜　灰霉病　330-420克/公顷　喷雾
LS20072040　机油/95%/乳油/机油 95%/2008.08.09 至 2009.08.10/低毒
柑橘树　介壳虫　13500-19000毫克/千克　喷雾
LS20080400　烯酰吗啉/50%/可湿性粉剂/烯酰吗啉 50%/2009.02.19 至 2010.02.20/低毒
黄瓜　霜霉病　225-300克/公顷　喷雾
LS20080875　啶虫脒/20%/可湿性粉剂/啶虫脒 20%/2009.03.04 至 2010.03.04/低毒
柑橘树　蚜虫　12.5-18毫克/千克　喷雾
LS20082860　阿维·哒螨/10%/乳油/阿维菌素 0.2%、哒螨灵 9.8%/2009.06.11 至 2010.06.11/中等毒(原药高毒)
苹果树　红蜘蛛　33.3-50毫克/千克　喷雾
LS20083002　甲萘威/5%/颗粒剂/甲萘威 5%/2009.09.01 至 2010.09.01/低毒
水稻　稻瘿蚊　1875-2250克/公顷　撒施
LS20083134　咪鲜·多菌灵/50%/可湿性粉剂/多菌灵 42%、咪鲜胺 8%/2008.11.12 至 2009.11.12/低毒
芒果　炭疽病　500-667毫克/千克　喷雾

安徽省圣丹生物化工有限公司　(安徽省望江县华阳镇　246230　0556-7200249)

PD85131-18　井冈霉素/3%,5%/水剂/井冈霉素 3%,5%/2005.08.15 至 2010.08.15/低毒
水稻　纹枯病　75-112.5克/公顷　喷雾、泼浇
PD20081187　苄嘧磺隆/10%/可湿性粉剂/苄嘧磺隆 10%/2008.09.11 至 2013.09.11/低毒
直播水稻(南方)　一年生阔叶杂草及莎草科杂草　30-45克/公顷　喷雾
PD20083543　扑·乙/40%/乳油/扑草净 15%、乙草胺 25%/2008.12.12 至 2013.12.12/低毒
夏大豆田、夏玉米田　一年生杂草　1200-1500克/公顷　播后苗前土壤喷雾
PD20093043　氟磺胺草醚/250克/升/水剂/氟磺胺草醚 250克/升/2009.03.09 至 2014.03.09/低毒
大豆田　一年生阔叶杂草　187.5-375克/公顷　茎叶喷雾
PD20093186　苄·乙/14%/可湿性粉剂/苄嘧磺隆 3.5%、乙草胺 10.5%/2009.03.11 至 2014.03.11/低毒
水稻移栽田　一年生及部分多年生杂草　84-118克/公顷　药土法
PD20093194　苯磺隆/10%/可湿性粉剂/苯磺隆 10%/2009.03.11 至 2014.03.11/低毒
冬小麦田　阔叶杂草　13.5—22.5克/公顷　茎叶喷雾
PD20093258　精噁唑禾草灵/69克/升/水乳剂/精噁唑禾草灵 69克/升/2009.03.11 至 2014.03.11/低毒
小麦田　一年生禾本科杂草　51.75-103.5克/公顷　茎叶喷雾
PD20094657　氯氟吡氧乙酸/200克/升/乳油/氯氟吡氧乙酸 200克/升/2009.04.10 至 2014.04.10/低毒
冬小麦田　一年生阔叶杂草　150-225克/公顷　茎叶喷雾
PD20095535　草甘膦/41%/水剂/草甘膦 41%/2009.05.12 至 2014.05.12/低毒
茶园　杂草　1125-2250克/公顷　定向茎叶喷雾
PD20095916　噁草酮/12.5%/乳油/噁草酮 12.5%/2009.06.02 至 2014.06.02/低毒
水稻移栽田　一年生杂草　270-360克/公顷　瓶甩法
PD20096286　敌敌畏/50%/乳油/敌敌畏 50%/2009.07.22 至 2014.07.22/中等毒
十字花科蔬菜　甜菜夜蛾　400-500克/公顷　喷雾
PD20096288　百草枯/200克/升/水剂/百草枯 200克/升/2009.07.22 至 2014.07.22/中等毒
玉米田　一年生杂草　450-600克/公顷　行间定向茎叶喷雾
PD20096913　吡嘧磺隆/10%/可湿性粉剂/吡嘧磺隆 10%/2009.09.23 至 2014.09.23/低毒
水稻直播田　稗草、莎草及阔叶杂草　15-30克/公顷　茎叶喷雾
PD20097532　烟嘧磺隆/40克/升/可分散油悬浮剂/烟嘧磺隆 40克/升/2009.11.03 至 2014.11.03/低毒
夏玉米田　一年生杂草　42-60克/公顷　茎叶喷雾
PD20098508　仲丁威/50%/乳油/仲丁威 50%/2009.12.24 至 2014.12.24/低毒
水稻　稻飞虱　600-900克/公顷　喷雾
LS20060963　高效氟吡甲禾灵/108克/升/乳油/高效氟吡甲禾灵 108克/升/2009.04.23 至 2010.04.23/低毒
春油菜　一年生禾本科杂草　48.6-64.8克/公顷　茎叶喷雾
冬油菜　一年生禾本科杂草　32.4-48.6克/公顷　茎叶喷雾
LS20072159　异丙隆/50%/可湿性粉剂/异丙隆 50%/2009.09.04 至 2010.09.05/低毒
冬小麦田　一年生杂草　937.5-1500克/公顷　茎叶喷雾

安徽省四达农药化工有限公司　(安徽省六安市寿县八公乡团结村　232200　0564-4103138)

PD20081017　精喹禾灵/10.8%/乳油/精喹禾灵 10.8%/2008.08.06 至 2013.08.06/低毒
　冬油菜田　一年生禾本科杂草　40.5-56.7克/公顷　茎叶喷雾

PD20081018　苄嘧磺隆/10%/可湿性粉剂/苄嘧磺隆 10%/2008.08.06 至 2013.08.06/低毒
　直播水稻(南方)　一年生阔叶杂草及莎草科杂草　22.5-45克/公顷　喷雾法

PD20081052　精噁唑禾草灵/69克/升/水乳剂/精噁唑禾草灵 69克/升/2008.08.14 至 2013.08.14/低毒
　春小麦田　一年生禾本科杂草　51.75-61.2克/公顷　茎叶喷雾
　冬小麦田　一年生禾本科杂草　41.4-51.75克/公顷　茎叶喷雾

PD20081063　乳氟禾草灵/240克/升/乳油/乳氟禾草灵 240克/升/2008.08.14 至 2013.08.14/低毒
　花生田　一年生阔叶杂草　54-108克/公顷　喷雾

PD20095961　苄·乙/12%/可湿性粉剂/苄嘧磺隆 9%、乙草胺 3%/2009.06.04 至 2014.06.04/低毒
　移栽水稻田　一年生杂草　90-108克/公顷　药土法

PD20096399　乙草胺/40%/水乳剂/乙草胺 40%/2009.08.04 至 2014.08.04/低毒
　冬油菜田　小粒种子阔叶杂草、一年生禾本科杂草　600-780克/公顷　土壤喷雾

PD20096940　氯氟吡氧乙酸异辛酯(288克/升)///乳油/氯氟吡氧乙酸 200克/升/2009.09.29 至 2014.09.29/低毒
　冬小麦田　一年生阔叶杂草　180-210克/公顷　茎叶喷雾

LS20050696　吡虫·异丙威/10%/可湿性粉剂/吡虫啉 2%、异丙威 8%/2008.03.20 至 2009.03.20/低毒
　水稻　稻飞虱　75-150克/公顷　喷雾

LS20060198　吡虫·杀虫单/30%/可湿性粉剂/吡虫啉 1%、杀虫单 29%/2009.02.05 至 2010.02.05/低毒
　水稻　二化螟　450-750克/公顷　喷雾

LS20060579　唑磷·毒死蜱/20%/乳油/毒死蜱 5%、三唑磷 15%/2009.03.16 至 2010.03.16/中等毒
　水稻　三化螟　240-300克/公顷　喷雾

LS20060674　杀单·三唑磷/15%/微乳剂/三唑磷 5%、杀虫单 10%/2009.03.30 至 2010.03.30/中等毒
　水稻　二化螟　337.5-450克/公顷　喷雾

LS20061241　吡虫·异丙威/25%/可湿性粉剂/吡虫啉 1%、异丙威 24%/2009.05.22 至 2010.05.22/低毒
　水稻　稻飞虱　112.5-150克/公顷　喷雾

LS20061289　吡虫·杀虫双/14.5%/微乳剂/吡虫啉 1%、杀虫双 13.5%/2008.06.08 至 2009.06.08/低毒
　水稻　稻飞虱、稻纵卷叶螟　326.25-435克/公顷　喷雾

LS20080650　精噁唑禾草灵/10%/乳油/精噁唑禾草灵 10%/2008.02.25 至 2009.02.25/低毒
　春小麦田　一年生禾本科杂草　90-120克/公顷　茎叶喷雾
　冬小麦田　一年生禾本科杂草　75-90克/公顷　茎叶喷雾

安徽省宿州市化工厂　(安徽省宿州市埇桥区东十里　234000　0557-3338986)

LS20081502　高效氯氟氰菊酯/25克/升/乳油/高效氯氟氰菊酯 25克/升/2009.03.31 至 2010.03.31/中等毒
　十字花科蔬菜　菜青虫　7.5-11.25克/公顷　喷雾

安徽省太和县东兴助剂有限公司　(安徽省太和县经济开发区太何路6号　236600　0558-8629122)

WL20080099　杀虫气雾剂/0.4%/气雾剂/胺菊酯 0.2%、氯菊酯 0.2%/2009.02.19 至 2010.02.20/低毒
　卫生　蚊、蝇、蜚蠊　/　喷雾

安徽省太和县农药厂　(安徽省太和县县城北关经济技术开发区　236600　0558-8622045)

PD20083326　氰戊·马拉松/21%/乳油/马拉硫磷 15%、氰戊菊酯 6%/2008.12.11 至 2013.12.11/中等毒
　棉花　蚜虫　75-120克/公顷　喷雾
　棉花　红蜘蛛　120-180克/公顷　喷雾
　苹果树　蚜虫　50-75毫克/千克　喷雾
　苹果树　食心虫　60-100毫克/千克　喷雾
　苹果树　红蜘蛛　60-150毫克/千克　喷雾

PD20085906　马拉·联苯菊/14%/乳油/联苯菊酯 0.6%、马拉硫磷 13.4%/2008.12.29 至 2013.12.29/中等毒
　茶树　茶小绿叶蝉　84-105克/公顷　喷雾
　甘蓝　菜青虫　21-25.2克/公顷　喷雾
　苹果树　红蜘蛛　28-35毫克/千克　喷雾

PD20095016　氰戊·灭多威/9%/乳油/灭多威 6%、氰戊菊酯 3%/2009.04.21 至 2014.04.21/高毒
　棉花　棉铃虫　506-1012克/公顷　喷雾
　棉花　棉蚜　180-240克/公顷　喷雾

WP20080391　杀虫气雾剂/0.8%/气雾剂/胺菊酯 0.3%、氯菊酯 0.5%/2008.12.11 至 2013.12.11/低毒
　卫生　蚊、蝇　/　喷雾

安徽省太和县鑫露达日化有限公司　(安徽省太和县人民南路建设巷2号2门202室　236600　0558-8625037)

WL20060174　防蛀片剂/94%/片剂/樟脑 94%/2009.10.10 至 2010.10.10/低毒
　卫生　黑毛皮蠹　/　投放

安徽省天长市天祥精细化工厂　(安徽省天长市杨村工业园区　239304)

WL20070113　氯氰·氯菊/0.4%/水乳剂/氯菊酯 0.2%、氯氰菊酯 0.2%/2009.06.05 至 2010.06.06/低毒
　卫生　蚊、蝇、蜚蠊　/　喷洒

安徽省天长市天洋农药化工有限责任公司　(安徽省天长市杨村工业区　239304　0550-7762198)

PD20070266　高氯·辛硫磷/20%/乳油/高效氯氰菊酯 2%、辛硫磷 18%/2007.09.04 至 2012.09.04/中等毒
　棉花　棉铃虫　225-300克/公顷　喷雾
　十字花科蔬菜　菜青虫　90-120克/公顷　喷雾

PD20092456　溴氰·敌敌畏/20.5%/乳油/敌敌畏 20%、溴氰菊酯 0.5%/2009.02.25 至 2014.02.25/中等毒
棉花　棉蚜　307.5-369克/公顷　喷雾
PD20094723　精喹禾灵/5%/乳油/精喹禾灵 5%/2009.04.10 至 2014.04.10/低毒
夏大豆田　一年生禾本科杂草　900-1350毫升制剂/公顷　喷雾
PD20095636　噁草·丁草胺/20%/乳油/丁草胺 14%、噁草酮 6%/2009.05.12 至 2014.05.12/低毒
水稻移栽田　一年生杂草　300-3750毫升制剂/公顷　药土法
LS20070987　苯磺隆/10%/可湿性粉剂/苯磺隆 10%/2009.04.19 至 2010.04.20/低毒
冬小麦　一年生阔叶杂草　18-22.5克/公顷　茎叶喷雾
LS20081050　毒死蜱/480克/升/乳油/毒死蜱 480克/升/2009.03.07 至 2010.03.07/中等毒
水稻　稻飞虱、稻纵卷叶螟　540-720克/公顷　喷雾
WP20080293　杀虫水乳剂/0.4%/水乳剂/氯菊酯 0.2%、氯氰菊酯 0.2%/2008.12.03 至 2013.12.03/低毒
卫生　蚊　/　喷洒

安徽省铜陵福成农药有限公司　（安徽省铜陵县钟鸣镇丰泉东路　244121　0562-8727032）

PD86153-11　叶枯唑/20%/可湿性粉剂/叶枯唑 20%/2006.12.10 至 2011.12.10/低毒
水稻　白叶枯病　300克/公顷　喷雾、弥雾
PD20082409　毒死蜱/480克/升/乳油/毒死蜱 480克/升/2008.12.02 至 2013.12.02/中等毒
水稻　稻纵卷叶螟　432-576克/公顷　喷雾
PD20082423　辛硫·三唑磷/27%/乳油/三唑磷 7%、辛硫磷 20%/2008.12.02 至 2013.12.02/中等毒
水稻　二化螟　243-324克/公顷　喷雾
PD20082607　硫磺·三环唑/45%/可湿性粉剂/硫磺 40%、三环唑 5%/2008.12.04 至 2013.12.04/低毒
水稻　稻瘟病　675-1012.5克/公顷　喷雾
PD20083443　苯磺隆/10%/可湿性粉剂/苯磺隆 10%/2008.12.11 至 2013.12.11/低毒
冬小麦田　一年生阔叶杂草　15－18克/公顷　茎叶喷雾
PD20085890　草甘膦/10%/水剂/草甘膦 10%/2008.12.29 至 2009.12.31/低毒
茶园　杂草　1125-2250克/公顷　定向茎叶喷雾
PD20085920　草甘膦异丙胺盐/41%/水剂/草甘膦异丙胺盐 41%/2008.12.29 至 2013.12.29/低毒
茶园　杂草　200-400毫升/亩　定向茎叶喷雾
PD20092733　氯氰·敌敌畏/10%/乳油/敌敌畏 8%、氯氰菊酯 2%/2009.03.04 至 2014.03.04/中等毒
菜豆　蚜虫　45-75克/公顷　喷雾
PD20094829　吡虫啉/10%/可湿性粉剂/吡虫啉 10%/2009.04.13 至 2014.04.13/低毒
水稻　稻飞虱　15-30克/公顷　喷雾
LS20091105　苄·二氯/30%/可湿性粉剂/苄嘧磺隆 5%、二氯喹啉酸 25%/2009.04.15 至 2010.04.15/低毒
水稻　一年生禾本科杂草及部分阔叶杂草　180-225克/公顷　茎叶喷雾

安徽省皖西益农农化厂　（安徽省六安市舒城县城关镇县城城南郊206国道边　231300　0564-8622435）

PD20081517　草甘膦/95%/原药/草甘膦 95%/2008.11.06 至 2013.11.06/低毒
PD20082433　草甘膦异丙胺盐/41%/水剂/草甘膦异丙胺盐 41%/2008.12.02 至 2013.12.02/低毒
非耕地　杂草　1230-2152.5克/公顷　喷雾
PD20082694　高效氯氟氰菊酯/0.6%/乳油/高效氯氟氰菊酯 0.6%/2008.12.05 至 2013.12.05/中等毒
棉花　棉铃虫　3.6-4.5克/公顷　喷雾
PD20083594　氰戊·乐果/13%/乳油/乐果 11%、氰戊菊酯 2%/2008.12.12 至 2013.12.12/中等毒
棉花　蚜虫　117-225克/公顷　喷雾
PD20083609　噻嗪·异丙威/25%/可湿性粉剂/噻嗪酮 7%、异丙威 18%/2008.12.12 至 2013.12.12/中等毒
水稻　稻飞虱　93.8-131.3克/公顷　喷雾
PD20084497　苯磺隆/10%/可湿性粉剂/苯磺隆 10%/2008.12.18 至 2013.12.18/低毒
冬小麦田　一年生阔叶杂草　15－22.5克/公顷　茎叶喷雾
PD20084658　甲氰菊酯/10%/乳油/甲氰菊酯 10%/2008.12.22 至 2013.12.22/中等毒
十字花科蔬菜　菜青虫　45-75克/公顷　喷雾
PD20085546　苯磺隆/75%/水分散粒剂/苯磺隆 75%/2008.12.25 至 2013.12.25/低毒
小麦田　阔叶杂草　11.25-15.75克/公顷　茎叶喷雾
PD20085587　草甘膦/10%/水剂/草甘膦 10%/2008.12.25 至 2009.12.31/低毒
苹果园　杂草　1125-2250克/公顷　喷雾
PD20085687　草甘膦/50%/可溶粉剂/草甘膦 50%/2008.12.26 至 2013.12.26/低毒
苹果园　杂草　1125-2250克/公顷　定向茎叶喷雾
PD20091160　氰戊·辛硫磷/15%/乳油/氰戊菊酯 5%、辛硫磷 10%/2009.01.22 至 2014.01.22/中等毒
棉花　棉铃虫　150-225克/公顷　喷雾
PD20092894　高氯·氟铃脲/5%/乳油/氟铃脲 1.2%、高效氯氰菊酯 3.8%/2009.03.05 至 2014.03.05/中等毒
十字花科蔬菜　甜菜夜蛾　22.5-45克/公顷　喷雾
PD20093838　腈菌·福美双/20%/可湿性粉剂/福美双 18%、腈菌唑 2%/2009.03.25 至 2014.03.25/低毒
梨树　黑星病　285.7-333.3毫克/千克　喷雾
PD20094101　溴氰·仲丁威/2.5%/乳油/溴氰菊酯 0.6%、仲丁威 1.9%/2009.03.27 至 2014.03.27/中等毒
甘蓝　蚜虫　11.25-15克/公顷　喷雾
PD20095996　阿维·毒死蜱/17%/乳油/阿维菌素 0.1%、毒死蜱 16.9%/2009.06.11 至 2014.06.11/中等毒(原药高毒)
水稻　二化螟　255-306克/公顷　喷雾

LS20050008 啶虫脒/3%/可湿性粉剂/啶虫脒 3%/2008.01.05 至 2009.01.04/低毒
柑橘树 蚜虫 8-12毫克/千克 喷雾

安徽省芜湖市南新日化有限责任公司 (安徽省南陵县城关芜南路 242400 0553-6823535)

WL20080143 蚊香/0.3%/蚊香/富右旋反式烯丙菊酯 0.3%/2009.02.21 至 2010.02.22/微毒
卫生 蚊 / 点燃

安徽省萧县农药厂 (安徽省萧县丁里镇 235200 0557-5566242)

LS20051296 甲基硫菌灵/70%/可湿性粉剂/甲基硫菌灵 70%/2008.04.12 至 2009.04.12/低毒
番茄 叶霉病 411-525克/公顷 喷雾

安徽省银山药业有限公司 (安徽省合肥市临泉路中环国际大厦2103室 230011 0551-2132083)

PD20081739 高氯·灭多威/10%/乳油/高效氯氰菊酯 2%、灭多威 8%/2008.11.18 至 2013.11.18/低毒(原药高毒)
棉花 棉铃虫 60-75克/公顷 喷雾

PD20081800 苄嘧·苯噻酰/53%/可湿性粉剂/苯噻酰草胺 50%、苄嘧磺隆 3%/2008.11.19 至 2013.11.19/低毒
水稻抛秧田 部分多年生杂草、一年生杂草 397.5-447克/公顷(南方地区) 药土法

PD20084149 阿维·氯氰/2.1%/乳油/阿维菌素 0.1%、氯氰菊酯 2%/2008.12.16 至 2013.12.16/低毒(原药高毒)
十字花科蔬菜 小菜蛾 15.75-22.05克/公顷 喷雾

PD20093993 溴氰 ·敌敌畏/20.5%/乳油/敌敌畏 20%、溴氰菊酯 0.5%/2009.03.27 至 2014.03.27/中等毒
棉花 蚜虫 246-369克/公顷 喷雾

PD20096760 精噁唑禾草灵/69克/升/水乳剂/精噁唑禾草灵 69克/升/2009.09.15 至 2014.09.15/低毒
冬小麦田 一年生禾本科杂草 41.4-62.1克/公顷 茎叶喷雾

PD20097024 草甘膦异丙胺盐(41%)///水剂/草甘膦 30%/2009.10.10 至 2014.10.10/低毒
非耕地 杂草 200-366毫升制剂/亩 茎叶喷雾

PD20097622 烟嘧磺隆/40克/升/可分散油悬浮剂/烟嘧磺隆 40克/升/2009.11.03 至 2014.11.03/低毒
玉米田 一年生杂草 42-60克/公顷 茎叶喷雾

PD20098173 氟硅唑/400%/乳油/氟硅唑 400%/2009.12.14 至 2014.12.14/低毒
梨树 黑星病 40-50毫克/千克 喷雾

LS20061665 丙唑·多菌灵/36%/悬浮剂/丙环唑 2.5%、多菌灵 33.5%/2009.08.31 至 2010.08.31/低毒
油菜 菌核病 432-540克/公顷 喷雾

LS20080083 草甘膦/30%/可溶粉剂/草甘膦 30%/2010.01.04 至 2011.01.04/低毒
柑橘园 杂草 1125-2250克/公顷 茎叶喷雾

LS20080121 草甘膦铵盐/75.7%/可溶性粒剂/草甘膦铵盐 75.7%/2010.01.04 至 2011.01.04/低毒
柑橘园 杂草 1125-2250克/公顷 定向茎叶喷雾

LS20082039 吡虫啉/35%/悬浮剂/吡虫啉 35%/2009.04.15 至 2010.04.15/低毒
十字花科蔬菜 蚜虫 15.75-26.25克/公顷 喷雾

LS20082047 氟硅唑/400克/升/乳油/氟硅唑 400克/升/2009.04.15 至 2010.04.15/低毒
梨树 黑星病 30-50毫克/千克 喷雾

LS20082134 高效氯氟氰菊酯/2.5%/水乳剂/高效氯氟氰菊酯 2.5%/2009.04.16 至 2010.04.16/中等毒
甘蓝 菜青虫 11.25-15.0克/公顷 喷雾

LS20082140 苯甲·丙环唑/300克/升/乳油/苯醚甲环唑 150克/升、丙环唑 150克/升/2009.04.18 至 2010.04.18/低毒
水稻 纹枯病 67.5-90克/公顷 喷雾

LS20082895 甲嘧·草甘膦/9%/悬浮剂/草甘膦 7%、甲嘧磺隆 2%/2009.06.23 至 2010.06.23/低毒
非耕地 杂草 1350-2025克/公顷 茎叶喷雾

LS20083039 联苯菊酯/25克/升/水乳剂/联苯菊酯 25克/升/2009.09.18 至 2010.09.18/低毒
茶树 茶尺蠖 18.75-22.5克/公顷 喷雾

安徽省亳州市百施乐生化有限责任公司 (安徽省亳州市谯城区亳古路18号 236840 0558-5185222)

PD20082488 高效氯氰菊酯/4.5%/乳油/高效氯氰菊酯 4.5%/2008.12.03 至 2013.12.03/低毒
棉花 棉铃虫 27－40.5克/公顷 喷雾

PD20083800 氰戊·辛硫磷/25%/乳油/氰戊菊酯 5%、辛硫磷 20%/2008.12.15 至 2013.12.15/中等毒
棉花 棉铃虫 281.25－375克/公顷 喷雾

PD20092091 氯氰菊酯/2.5%/乳油/氯氰菊酯 2.5%/2009.02.16 至 2014.02.16/低毒
十字花科蔬菜 菜青虫 15－30克/公顷 /喷雾

LS20071076 毒死蜱/5%/颗粒剂/毒死蜱 5%/2009.04.25 至 2010.04.26/低毒
韭菜 韭蛆 1125-1500克/公顷 撒施

LS20071931 毒·辛/20%/乳油/毒死蜱 4%、辛硫磷 16%/2009.08.07 至 2010.08.08/中等毒
韭菜 韭蛆 1500-1800克/公顷 灌根

LS20082165 高效氯氟氰菊酯/2.5%/水乳剂/高效氯氟氰菊酯 2.5%/2009.04.18 至 2010.04.18/中等毒
十字花科蔬菜 菜青虫 7.5-11.25克/公顷 喷雾

LS20082246 高氯·啶虫脒/5%/乳油/啶虫脒 1.5%、高效氯氰菊酯 3.5%/2009.04.18 至 2010.04.18/低毒
番茄 蚜虫 22.5-30克/公顷 喷雾

LS20082863 阿维·哒螨灵/10%/乳油/阿维菌素 0.2%、哒螨灵 9.8%/2009.06.23 至 2010.06.23/中等毒(原药高毒)
苹果树 红蜘蛛 33.3-50毫克/千克 喷雾

安徽省亳州市海日农化有限责任公司 (安徽省亳州市谯城区亳古路19号 236800 0558-5689389)

PD20085407 硫磺·三环唑/45%/可湿性粉剂/硫磺 40%、三环唑 5%/2008.12.24 至 2013.12.24/低毒
水稻 稻瘟病 810-1215克/公顷 喷雾

PD20090373 辛硫磷/3%/颗粒剂/辛硫磷 3%/2009.01.12 至 2014.01.12/低毒
玉米 玉米螟 135-180克/公顷 喇叭口撒施
PD20090512 甲基硫菌灵/70%/可湿性粉剂/甲基硫菌灵 70%/2009.01.12 至 2014.01.12/低毒
黄瓜 白粉病 336-504克/公顷 喷雾
PD20092187 噻螨酮/5%/乳油/噻螨酮 5%/2009.02.23 至 2014.02.23/低毒
柑橘树 红蜘蛛 25-33.3毫克/千克 喷雾
PD20093552 杀虫双/18%/水剂/杀虫双 18%/2009.03.23 至 2014.03.23/低毒
水稻 三化螟 675-810克/公顷 喷雾
PD20093608 敌敌畏/50%/乳油/敌敌畏 50%/2009.03.23 至 2014.03.23/中等毒
十字花科蔬菜 菜青虫 750-1050克/公顷 喷雾
PD20094625 阿维菌素/1.8%/水乳剂/阿维菌素 1.8%/2009.04.10 至 2014.04.10/低毒(原药高毒)
十字花科蔬菜 小菜蛾 8.1-10.8克/公顷 喷雾
PD20096691 辛硫磷/40%/乳油/辛硫磷 40%/2009.09.07 至 2014.09.07/低毒
棉花 棉铃虫 300-375克/公顷 喷雾
PD20097052 草甘膦异丙胺盐(41%)/、/水剂/草甘膦 30%/2009.10.10 至 2014.10.10/低毒
甘蔗田 杂草 1125-2250克/公顷 定向喷雾
LS20090143 甲氨基阿维菌素苯甲酸盐/2.5%/水分散粒剂/甲氨基阿维菌素苯甲酸盐 2.5%/2009.02.04 至 2010.02.04/低毒
十字花科蔬菜 小菜蛾 1.5－2.25克/公顷 喷雾

安徽省亳州市中野农化有限责任公司 (安徽省亳州市谯城区十河工业区 236800 0558-5661958)

PD20090653 辛硫磷/3%/颗粒剂/辛硫磷 3%/2009.01.15 至 2014.01.15/低毒
花生 地下害虫 2250-3600克/公顷 撒施
PD20091150 高效氯氰菊酯/4.5%/乳油/高效氯氰菊酯 4.5%/2009.01.21 至 2014.01.21/低毒
十字花科蔬菜 菜青虫 18.75-22.5克/公顷 喷雾
PD20091162 辛硫磷/40%/乳油/辛硫磷 40%/2009.01.22 至 2014.01.22/低毒
棉花 棉铃虫 300-360克/公顷 喷雾
PD20092696 高效氯氟氰菊酯/25克/升/乳油/高效氯氟氰菊酯 25克/升/2009.03.03 至 2014.03.03/中等毒
十字花科蔬菜 菜青虫 7.5-15克/公顷 喷雾
PD20093118 联苯菊酯/25克/升/乳油/联苯菊酯 25克/升/2009.03.10 至 2014.03.10/低毒
茶树 茶尺蠖 7.5-11.25克/公顷 喷雾
PD20093693 敌敌畏/80%/乳油/敌敌畏 80%/2009.03.25 至 2014.03.25/中等毒
小麦 蚜虫 600-720克/公顷 喷雾
PD20097458 三唑磷/20%/乳油/三唑磷 20%/2009.10.28 至 2014.10.28/中等毒
水稻 二化螟 202.5-303.75克/公顷 喷雾
PD20098372 阿维菌素/18克/升/乳油/阿维菌素 18克/升/2009.12.18 至 2014.12.18/低毒(原药高毒)
棉花 红蜘蛛 40-60毫升制剂/亩 喷雾
PD20098378 毒死蜱/480克/升/乳油/毒死蜱 480克/升/2009.12.18 至 2014.12.18/中等毒
水稻 二化螟 504-648克/公顷 喷雾
PD20098379 噻嗪·异丙威/25%/可湿性粉剂/噻嗪酮 5%、异丙威 20%/2009.12.18 至 2014.12.18/低毒
水稻 稻飞虱 450-562.5克/公顷 喷雾
LS20051886 阿维菌素/0.3%/乳油/阿维菌素 0.3%/2008.05.16 至 2009.05.16/低毒(原药高毒)
梨树 梨木虱 2-3毫克/千克 喷雾
LS20061802 乙酰甲胺磷/20%/乳油/乙酰甲胺磷 20%/2009.10.30 至 2010.10.30/低毒
水稻 稻纵卷叶螟 600-750克/公顷 喷雾
LS20090061 高效氯氰菊酯/4.5%/水乳剂/高效氯氰菊酯 4.5%/2009.01.09 至 2010.01.09/低毒
十字花科蔬菜 菜青虫 40.5-54克/公顷 喷雾
LS20090435 氟铃脲/5%/乳油/氟铃脲 5%/2009.03.16 至 2010.03.16/低毒
棉花 棉铃虫 90-120克/公顷 喷雾

安徽天恒农化科技发展有限公司 (安徽省泾县琴溪镇3甲30号 242523 0563-5400300)

PD20084721 吡·多·福美双/25%/悬浮种衣剂/吡虫啉 5%、多菌灵 10%、福美双 10%/2008.12.22 至 2013.12.22/中等毒
棉花 立枯病、蚜虫 1:40-50(药种比) 种子包衣
PD20085036 多·福/20%/悬浮种衣剂/多菌灵 10%、福美双 10%/2008.12.22 至 2013.12.22/低毒
水稻 恶苗病 1:40-50(药种比) 种子包衣
PD20086058 多·福/15%/悬浮种衣剂/多菌灵 8%、福美双 7%/2008.12.30 至 2013.12.30/低毒
棉花 立枯病 1:45-50(药种比) 种子包衣
小麦 黑穗病 1:40-60(药种比) 种子包衣
小麦 根腐病 1:40-50(药种比) 种子包衣
PD20092573 福·克/20%/悬浮种衣剂/福美双 10%、克百威 10%/2009.02.27 至 2014.02.27/高毒
玉米 蓟马、黏虫、蚜虫、玉米螟 1:40(药种比) 种子包衣

安徽旭瑞隆化工有限公司 (安徽省亳州市谯城区亳观路12号 236800 0558-5519709)

PD20084139 高效氯氟氰菊酯/25克/升/乳油/高效氯氟氰菊酯 25克/升/2008.12.16 至 2013.12.16/低毒
十字花科蔬菜 菜青虫 11.25-15克/公顷 喷雾
LS20052015 乙酰甲胺磷/20%/乳油/乙酰甲胺磷 20%/2008.05.31 至 2009.05.31/低毒
水稻 二化螟 750-900克/公顷 喷雾

LS20052049 辛硫磷/20%/乳油/辛硫磷 20%/2008.06.01 至 2009.06.01/低毒
棉花 棉蚜 180-240克/公顷 喷雾
棉花 棉铃虫 300-375克/公顷 喷雾

安徽亚华医药化工有限公司 (安徽省淮南市大通区上窑镇工业区 232007 0554-3601898)

PD20083238 杀螺胺乙醇胺盐/50%/可湿性粉剂/杀螺胺乙醇胺盐 50%/2008.12.11 至 2013.12.11/低毒
沟渠 钉螺 1-2克/平方米 浸杀
滩涂 钉螺 2-3克/平方米 喷洒
PD20096340 杀螺胺乙醇胺盐(83.1%)///可湿性粉剂/杀螺胺 70%/2009.07.27 至 2014.07.27/低毒
水稻 福寿螺 315-525克/公顷 毒土法

安徽亚孚化学有限公司 (安徽省宿州市北十里 234000 0557-3338888)

PD84111-28 氧乐果/40%/乳油/氧乐果 40%/2005.12.10 至 2010.12.10/高毒
棉花 蚜虫、螨 375-600克/公顷 喷雾
森林 松干蚧、松毛虫 500倍液 喷雾或直接涂树干
水稻 稻纵卷叶螟、飞虱 375-600克/公顷 喷雾
小麦 蚜虫 300-450克/公顷 喷雾
PD20083812 氰戊·氧乐果/40%/乳油/氰戊菊酯 4%、氧乐果 36%/2008.12.15 至 2013.12.15/高毒
棉花 棉铃虫、棉蚜 120-150克/公顷 喷雾
PD20084466 氰戊·辛硫磷/30%/乳油/氰戊菊酯 5%、辛硫磷 25%/2008.12.17 至 2013.12.17/中等毒
棉花 棉铃虫 180-270克/公顷 喷雾
棉花 棉蚜 150-225克/公顷 喷雾
PD20085488 氰戊·辛硫磷/40%/乳油/氰戊菊酯 5%、辛硫磷 35%/2008.12.25 至 2013.12.25/中等毒
棉花 棉铃虫 300-360克/公顷 喷雾
PD20090908 扑·乙/35%/可湿性粉剂/扑草净 14%、乙草胺 21%/2009.01.19 至 2014.01.19/低毒
春大豆田 一年生杂草 1050-1575克/公顷(东北地区) 播后苗前喷雾
花生田、夏玉米田 一年生杂草 787.5-1050克/公顷 播后苗前喷雾
棉花田 一年生杂草 1050-1312.5克/公顷 播后苗前喷雾
夏大豆田 一年生杂草 787.5-1321.5克/公顷(其它地区) 播后苗前喷雾
PD20092103 氰戊·氧乐果/25%/乳油/氰戊菊酯 2.5%、氧乐果 22.5%/2009.02.23 至 2014.02.23/高毒
棉花 棉铃虫、蚜虫 187.5-225克/公顷 喷雾
PD20096617 阿维菌素/1.8%/乳油/阿维菌素 1.8%/2009.09.02 至 2014.09.02/低毒(原药高毒)
梨树 梨木虱 55.5-105毫升制剂/公顷 喷雾
PD20097289 氧乐果/40%/乳油/氧乐果 40%/2009.10.26 至 2014.10.26/高毒
棉花、小麦 蚜虫 81-162克/公顷 喷雾

安徽永丰农药化工有限公司 (安徽省宿州市汴河东路144号棉麻综合楼东单元7楼 234000)

PD20096380 辛硫磷/40%/乳油/辛硫磷 40%/2009.08.04 至 2014.08.04/低毒
棉花 棉铃虫 300-450克/公顷 喷雾
LS20082244 毒死蜱/480克/升/乳油/毒死蜱 480克/升/2009.04.18 至 2010.04.18/中等毒
水稻 稻纵卷叶螟 504-648克/公顷 喷雾
LS20090375 阿维菌素/1.8%/微乳剂/阿维菌素 1.8%/2009.03.13 至 2010.03.13/低毒(原药高毒)
甘蓝 小菜蛾 10.8—13.5克/公顷 喷雾
LS20090469 辛硫磷/3%/颗粒剂/辛硫磷 3%/2009.03.18 至 2010.03.18/低毒
花生 蛴螬 1800-2700克/公顷 撒施

安徽正峰日化有限公司 (安徽省六安市经济开发区经六路 237001 0564-3633699)

WL20080027 蚊香/0.3%/蚊香/富右旋反式烯丙菊酯 0.3%/2009.01.07 至 2010.01.07/低毒
卫生 蚊 / 点燃
WL20090136 蚊香/0.05%/蚊香/氯氟醚菊酯 0.05%/2009.04.17 至 2010.04.17/低毒
卫生 蚊 / 点燃
WL20090176 蝇香/0.8%/蝇香/氯烯炔菊酯 0.8%/2009.09.15 至 2010.09.15/低毒
卫生 蝇 / 点燃
WL20090228 杀虫气雾剂/0.37%/气雾剂/胺菊酯 0.3%、高效氯氰菊酯 0.07%/2009.12.18 至 2010.12.18/低毒
卫生 蚊、蝇、蜚蠊 / 喷雾

安徽中山化工有限公司 (安徽省黄山市祁门县新兴路518号 247260 0566-8167588)

PD20081573 丙草胺/95%/原药/丙草胺 95%/2008.11.12 至 2013.11.12/低毒
PD20082079 异丙甲草胺/96%/原药/异丙甲草胺 96%/2008.11.25 至 2013.11.25/低毒
PD20084761 环嗪酮/98%/原药/环嗪酮 98%/2008.12.22 至 2013.12.22/低毒
PD20084796 百菌清/98.5%/原药/百菌清 98.5%/2008.12.22 至 2013.12.22/低毒
PD20092917 百草枯/42%/母药/百草枯 42%/2009.03.05 至 2014.03.05/中等毒
PD20092933 草甘膦/10%/水剂/草甘膦 10%/2009.03.05 至 2009.12.31/低毒
茶园 杂草 1500-2700克/公顷 喷雾
PD20093017 草甘膦/95%/原药/草甘膦 95%/2009.03.09 至 2014.03.09/低毒
PD20094734 草甘膦异丙胺盐(41%)///水剂/草甘膦 30%/2009.04.10 至 2014.04.10/低毒
柑橘园 杂草 200-400毫升制剂/亩 定向茎叶喷雾

PD20096271 乙草胺/93%/原药/乙草胺 93%/2009.07.22 至 2014.07.22/低毒

PD20096276 莠去津/97%/原药/莠去津 97%/2009.07.22 至 2014.07.22/低毒

PD20096779 百菌清/40%/悬浮剂/百菌清 40%/2009.09.15 至 2014.09.15/低毒

黄瓜 霜霉病 1080-1320克/公顷 喷雾

PD20097234 西玛津/95%/原药/西玛津 95%/2009.10.19 至 2014.10.19/低毒

LS20090018 草甘膦/75.7%/可溶粒剂/草甘膦 75.7%/2009.01.08 至 2010.01.08/低毒

柑橘园 杂草 1362.6-2043.9克/公顷 定向茎叶喷雾

安徽中天化工有限公司 （安徽省合肥市青阳北路颐和花园4幢101室 230031 0551-5114969）

PD20093191 毒死蜱/480克/升/乳油/毒死蜱 480克/升/2009.03.11 至 2014.03.11/中等毒

水稻 稻纵卷叶螟 432-576克/公顷 喷雾

安徽众邦生物工程有限公司 （安徽省合肥市蜀山区高新技术产业开发区众邦路8号 230031 0551-5313411）

PD86109-27 苏云金杆菌/16000IU/毫克/可湿性粉剂/苏云金杆菌 16000IU/毫克/2008.03.28 至 2013.03.28/低毒

茶树 茶毛虫 800-1600倍液 喷雾

棉花 二代棉铃虫 1500-2250克制剂/公顷 喷雾

森林 松毛虫 1200-1600倍液 喷雾

十字花科蔬菜 菜青虫 375-750克制剂/公顷 喷雾

十字花科蔬菜 小菜蛾 750-1125克制剂/公顷 喷雾

水稻 稻纵卷叶螟 1500-2250克制剂/公顷 喷雾

烟草 烟青虫 750-1500克制剂/公顷 喷雾

玉米 玉米螟 750-1500克制剂/公顷 加细沙灌心

枣树 尺蠖 1200-1600倍液 喷雾

PD20092995 阿维·敌敌畏 /40%/乳油/阿维菌素 0.2%、敌敌畏 39.8%/2009.03.09 至 2014.03.09/中等毒(原药高毒)

黄瓜 美洲斑潜蝇 360-480克/公顷 喷雾

PD20094203 高氯·辛硫磷/22%/乳油/高效氯氰菊酯 2%、辛硫磷 20%/2009.03.30 至 2014.03.30/中等毒

棉花 棉铃虫 132-165克/公顷 喷雾

PD20094320 阿维·苏云菌//可湿性粉剂/阿维菌素 0.2%、苏云金杆菌 100亿活芽孢/克/2009.03.31 至 2014.03.31/低毒(原药高毒)

十字花科蔬菜 小菜蛾 1050-1500克制剂/公顷 喷雾

PD20094941 杀单·苏云菌//可湿性粉剂/杀虫单 36%、苏云金杆菌 100亿活芽孢/克/2009.04.16 至 2014.04.16/中等毒

水稻 三化螟 750-1050克制剂/公顷 喷雾

PD20094942 吡虫·噻嗪酮/10%/可湿性粉剂/吡虫啉 2%、噻嗪酮 8%/2009.04.16 至 2014.04.16/低毒

水稻 稻飞虱 45-75克/公顷 喷雾

PD20097025 硫磺·三环唑/45%/可湿性粉剂/硫磺 40%、三环唑 5%/2009.10.10 至 2014.10.10/中等毒

水稻 稻瘟病 810-1012.5克/公顷 喷雾

PD20097136 乙铝·锰锌/50%/可湿性粉剂/代森锰锌 22%、三乙膦酸铝 28%/2009.10.16 至 2014.10.16/低毒

黄瓜 霜霉病 900-1350克/公顷 喷雾

PD20097724 井·唑·多菌灵/20%/可湿性粉剂/多菌灵 10%、井冈霉素A 5%、三环唑 5%/2009.11.04 至 2014.11.04/中等毒

水稻 稻瘟病、纹枯病 300-450克/公顷 喷雾

PD20098347 高效氟吡甲禾灵/108克/升/乳油/高效氟吡甲禾灵 108克/升/2009.12.18 至 2014.12.18/低毒

大豆田 一年生禾本科杂草 48.6-72.9克/公顷 茎叶喷雾

PD20098517 吡嘧磺隆/10%/可湿性粉剂/吡嘧磺隆 10%/2009.12.24 至 2014.12.24/低毒

移栽水稻田 稗草、部分一年生阔叶草及莎草 22.5-30克/公顷 移栽后5-7天拌肥拌土撒施

安徽琪嘉日化有限责任公司 （安徽省淮北市烈山区宿丁路888号 235000 0561-4083228）

WP20080470 电热蚊香片/10毫克/片/电热蚊香片/炔丙菊酯 10毫克/片/2008.12.16 至 2013.12.16/微毒

卫生 蚊 / 电热加温

WP20090362 蚊香/0.3%/蚊香/富右旋反式烯丙菊酯 0.3%/2009.11.09 至 2014.11.09/低毒

卫生 蚊 / 喷雾

安徽砀山圣丰生化有限公司 （安徽省砀山县经济开发区 235300 0557-8811518）

LS20080461 阿维菌素/1.8%/微乳剂/阿维菌素 1.8%/2009.02.19 至 2010.02.20/低毒(原药高毒)

十字花科蔬菜 菜青虫 8.1-10.8克/公顷 喷雾

安庆博远生化科技有限公司 （安徽省安庆市华中东路23号 246003 0556-5186602）

PD84108-34 敌百虫/97%90%87%/原药/敌百虫 97%90%87%/2004.12.31 至 2009.12.31/低毒

白菜、青菜 地下害虫 750-1500克/公顷 喷雾

白菜、青菜 菜青虫 960-1200克/公顷 喷雾

茶树 尺蠖、刺蛾 450-900毫克/千克 喷雾

大豆 造桥虫 1800克/公顷 喷雾

柑橘树 卷叶蛾 600-750毫克/千克 喷雾

林木 松毛虫 600-900毫克/千克 喷雾

水稻 螟虫 1500-1800克/公顷 喷雾、泼浇或毒土

小麦 黏虫 1800克/公顷 喷雾

烟草 烟青虫 900毫克/千克 喷雾

PD85104-8 敌敌畏/95%，92%/原药/敌敌畏 95%，92%/2006.01.08 至 2011.01.08/中等毒

PD85105-74 敌敌畏/80%/乳油/敌敌畏 77.5%(气谱法)/2005.03.25 至 2010.03.25/中等毒

茶树	食叶害虫	600克/公顷	喷雾
粮仓	多种储藏害虫	1)400-500倍液 2)0.4-0.5克/立方米	1)喷雾, 2)挂条熏蒸
棉花	蚜虫、造桥虫	600-1200克/公顷	喷雾
苹果树	小卷叶蛾、蚜虫	400-500毫克/千克	喷雾
青菜	菜青虫	600克/公顷	喷雾
桑树	尺蠖	600克/公顷	喷雾
卫生	多种卫生害虫	1)300-400倍液 2)0.08克/立方米	1)泼洒 2)挂条熏蒸
小麦	黏虫、蚜虫	600克/公顷	喷雾

PD85156-5 辛硫磷/85%,75%/原药/辛硫磷 85%,75%/2005.07.05 至 2010.07.05/低毒

PD85157-9 辛硫磷/40%/乳油/辛硫磷 40%/2005.07.05 至 2010.07.05/低毒

茶树、桑树	食叶害虫	200-400毫克/千克	喷雾
果树	食心虫、蚜虫、螨	200-400毫克/千克	喷雾
林木	食叶害虫	3000-6000克/公顷	喷雾
棉花	棉铃虫、蚜虫	300-600克/公顷	喷雾
蔬菜	菜青虫	300-450克/公顷	喷雾
烟草	食叶害虫	300-600克/公顷	喷雾
玉米	玉米螟	450-600克/公顷	灌心叶

PD86148-43 异丙威/20%/乳油/异丙威 20%/2006.10.16 至 2011.10.16/中等毒

水稻	飞虱、叶蝉	450-600克/公顷	喷雾

PD91104-25 敌敌畏/48%/乳油/敌敌畏 48%/2007.01.14 至 2012.01.14/中等毒

茶树	食叶害虫	600克/公顷	喷雾
粮仓	多种储粮害虫	1)300-400倍液 2)0.4-0.5克/立方米	1)喷雾 2)挂条熏蒸
棉花	蚜虫、造桥虫	600-1200克/公顷	喷雾
苹果树	小卷叶蛾、蚜虫	400-500毫克/千克	喷雾
青菜	菜青虫	600克/公顷	喷雾
桑树	尺蠖	600克/公顷	喷雾
卫生	多种卫生害虫	1)250-300倍液 2)0.08克/立方米	1)泼洒 2)挂条熏蒸
小麦	黏虫、蚜虫	600克/公顷	喷雾

PD20050176 三唑磷/20%/乳油/三唑磷 20%/2005.11.15 至 2010.11.15/中等毒

水稻	三化螟	300-450克/公顷	喷雾

安庆强华益农化工有限责任公司 (安徽省安庆市迎江区棋盘山路212号 246003 0556-5349516)

PD20040488 三唑磷/12%/乳油/三唑磷 12%/2004.12.19 至 2009.12.18/中等毒

水稻	三化螟	180-270克/公顷	喷雾

PD20095375 氰戊·辛硫磷/30%/乳油/氰戊菊酯 3%、辛硫磷 27%/2009.04.27 至 2014.04.27/中等毒

棉花	棉蚜	150-225克/公顷	喷雾
棉花	棉铃虫	180-270克/公顷	喷雾

LS20082016 虫酰肼/200克/升/悬浮剂/虫酰肼 200克/升/2009.04.15 至 2010.04.15/低毒

十字花科蔬菜	甜菜夜蛾	240-300克/公顷	喷雾

LS20082688 仲丁威/20%/乳油/仲丁威 20%/2009.04.29 至 2010.04.29/低毒

水稻	稻飞虱	510-570克/公顷	喷雾

合肥丰乐科技有限责任公司 (安徽省合肥市长江西路727号 230031 5328121)

LS20071955 高效氟吡甲禾灵/108克/升/乳油/高效氟吡甲禾灵 108克/升/2009.08.07 至 2010.08.08/低毒

棉花田	一年生禾本科杂草	40.5-56.7克/公顷	茎叶喷雾

合肥久易农业开发有限公司 (安徽省合肥市蜀山区安居苑西村88号105室 230031 0551-5578277)

PD85112-15 莠去津/38%/悬浮剂/莠去津 38%/2009.09.14 至 2014.09.14/低毒

茶园	一年生杂草	1125-1875克/公顷	喷于地表
防火隔离带、公路、森林、铁路	一年生杂草	0.8-2克/平方米	喷于地表
甘蔗田	一年生杂草	1050-1500克/公顷	喷于地表
高粱、糜子、玉米田	一年生杂草	1800-2250克/公顷(东北地区)	喷于地表
红松苗圃	一年生杂草	0.2-0.3克/平方米	喷于地表
梨树、苹果树	一年生杂草	1625-1875克/公顷(12年以上树龄东北)	喷于地表
橡胶园	一年生杂草	2250-3750克/公顷	喷于地表

PD86126-5 扑草净/40%/可湿性粉剂/扑草净 40%/2009.09.14 至 2014.09.14/低毒

茶园、成年果园、苗圃	阔叶杂草	1875-3000克/公顷	喷于地表、切勿喷至树上
大豆田、花生田	阔叶杂草	750-1125克/公顷	喷雾

	甘蔗田、棉花田、苎麻	阔叶杂草	750-1125克/公顷	播后苗前土壤喷雾
	谷子	阔叶杂草	375克/公顷	喷雾
	麦田	阔叶杂草	450-750克/公顷	喷雾
	水稻秧田、水稻移栽田	阔叶杂草	150-900克/公顷	撒毒土
PD20083602	精喹禾灵/5%/乳油/精喹禾灵 5%/2008.12.12 至 2013.12.12/低毒			
	冬油菜田	一年生禾本科杂草	750-1050毫升/公顷(制剂)	茎叶喷雾
PD20084632	草除灵/15%/乳油/草除灵 15%/2008.12.18 至 2013.12.18/低毒			
	冬油菜田	一年生阔叶杂草	225-315克/公顷	茎叶喷雾
PD20085803	精喹禾灵/8.8%/乳油/精喹禾灵 8.8%/2008.12.29 至 2013.12.29/低毒			
	冬油菜田	一年生禾本科杂草	46.2-59.4克/公顷	茎叶喷雾
PD20090392	氟磺胺草醚/250克/升/水剂/氟磺胺草醚 250克/升/2009.01.12 至 2014.01.12/低毒			
	春大豆田	一年生阔叶杂草	225-375克/公顷	茎叶喷雾
	夏大豆田	一年生阔叶杂草	187.5-225克/公顷	茎叶喷雾
PD20090813	精喹·草除灵/17.5%/乳油/草除灵 15%、精喹禾灵 2.5%/2009.01.19 至 2014.01.19/低毒			
	冬油菜田	一年生杂草	262.5-393.8克/公顷	茎叶喷雾
PD20090857	苯磺隆/10%/可湿性粉剂/苯磺隆 10%/2009.01.19 至 2014.01.19/低毒			
	冬小麦田	一年生阔叶杂草	13.5-22.5克/公顷	茎叶喷雾
PD20091356	烟嘧磺隆/95%/原药/烟嘧磺隆 95%/2009.02.02 至 2014.02.02/低毒			
PD20092855	精噁唑禾草灵/69克/升/水乳剂/精噁唑禾草灵 69克/升/2009.03.05 至 2014.03.05/低毒			
	冬小麦田	一年生禾本科杂草	41.4-51.75克/公顷	茎叶喷雾
PD20093321	烟嘧磺隆/4%/悬浮剂/烟嘧磺隆 4%/2009.03.16 至 2014.03.16/低毒			
	玉米田	多种一年生杂草	1200-1500毫升制剂/公顷	茎叶喷雾
PD20095622	苄·乙/18%/可湿性粉剂/苄嘧磺隆 4%、乙草胺 14%/2009.05.12 至 2014.05.12/低毒			
	水稻移栽田	部分多年生杂草、一年生杂草	84-118克/公顷	药土法
PD20096598	松·喹·氟磺胺/35%/乳油/氟磺胺草醚 9.5%、精喹禾灵 2.5%、异噁草松 23%/2009.09.02 至 2014.09.02/低毒			
	春大豆田	一年生杂草	525-630克/公顷	茎叶喷雾
PD20097482	辛硫·三唑磷 /20%/乳油/三唑磷 10%、辛硫磷 10%/2009.11.03 至 2014.11.03/中等毒			
	水稻	二化螟	360-480克/公顷	喷雾
LS20053570	莠去津/20%/悬浮剂/莠去津 20%/2008.11.14 至 2009.11.14/低毒			
	夏玉米	一年生杂草	540-600克/公顷	茎叶喷雾
LS20081827	敌畏·吡虫啉/26%/乳油/吡虫啉 1%、敌敌畏 25%/2009.04.10 至 2010.04.10/中等毒			
	水稻	稻飞虱	273-312克/公顷	喷雾
LS20090590	S-诱抗素/0.02%/水剂/S-诱抗素 0.02%/2009.03.19 至 2010.03.19/低毒			
	烟草	花叶病	0.17—0.25克/公顷	喷雾

合肥星宇化学有限责任公司 （安徽省合肥市望江西路539号鲲鹏产业园3-102室 230088 0551-5324421）

PD20083430	精噁唑禾草灵/69克/升/水乳剂/精噁唑禾草灵 69克/升/2008.12.11 至 2013.12.11/低毒			
	春小麦田	一年生禾本科杂草	62.1-72.45克/公顷	茎叶喷雾
	冬小麦田	一年生禾本科杂草	51.75-62.1克/公顷	茎叶喷雾
PD20083788	氟磺胺草醚/250克/升/水剂/氟磺胺草醚 250克/升/2008.12.15 至 2013.12.15/低毒			
	春大豆田	一年生阔叶杂草	262.5-375克/公顷	茎叶喷雾
	夏大豆田	一年生阔叶杂草	206.25-262.5克/公顷	茎叶喷雾
PD20084886	萎锈·福美双/400克/升/悬浮种衣剂/福美双 200克/升、萎锈灵 200克/升/2008.12.22 至 2013.12.22/低毒			
	玉米	丝黑穗病	1:200-300(药种比)	种子包衣
PD20086214	噻吩磺隆/25%/可湿性粉剂/噻吩磺隆 25%/2008.12.31 至 2013.12.31/低毒			
	春大豆田	一年生阔叶杂草	22.5-30克/公顷	土壤喷雾
PD20090065	烯草酮/120克/升/乳油/烯草酮 120克/升/2009.01.08 至 2014.01.08/低毒			
	春大豆田、夏大豆田	一年生禾本科杂草	63-72克/公顷	茎叶喷雾
PD20090077	烯酰吗啉/50%/可湿性粉剂/烯酰吗啉 50%/2009.01.08 至 2014.01.08/低毒			
	黄瓜	霜霉病	225-300克/公顷	喷雾
PD20090239	乳氟禾草灵/240克/升/乳油/乳氟禾草灵 240克/升/2009.01.09 至 2014.01.09/低毒			
	春大豆田	一年生阔叶杂草	90-126克/公顷	茎叶喷雾
	夏大豆田	一年生阔叶杂草	72-90克/公顷	茎叶喷雾
PD20090242	精喹禾灵/50克/升/乳油/精喹禾灵 50克/升/2009.01.09 至 2014.01.09/低毒			
	春大豆田	一年生禾本科杂草	52.5-60克/公顷	茎叶喷雾
	夏大豆田	一年生禾本科杂草	45-52.5克/公顷	茎叶喷雾
PD20090269	苄嘧磺隆/10%/可湿性粉剂/苄嘧磺隆 10%/2009.01.09 至 2014.01.09/低毒			
	水稻田	莎草、一年生阔叶杂草	30-45克/公顷	毒土法
PD20090272	乳禾·氟磺胺/15%/乳油/氟磺胺草醚 11%、乳氟禾草灵 4%/2009.01.09 至 2014.01.09/低毒			
	春大豆田	一年生阔叶杂草	270-337.5克/公顷	茎叶喷雾
PD20090407	松·喹·氟磺胺/35%/乳油/氟磺胺草醚 9.5%、精喹禾灵 2.5%、异噁草松 23%/2009.01.12 至 2014.01.12/低毒			
	春大豆田	一年生杂草	525-630克/公顷	茎叶喷雾

PD20090412 高效氯氟氰菊酯/25克/升/乳油/高效氯氟氰菊酯 25克/升/2009.01.12 至 2014.01.12/中等毒
甘蓝 菜青虫 11.25-15克/公顷 喷雾
PD20090440 毒死蜱/480克/升/乳油/毒死蜱 480克/升/2009.01.12 至 2014.01.12/中等毒
水稻 二化螟 432-576克/公顷 喷雾
PD20090509 异噁草松/480克/升/乳油/异噁草松 480克/升/2009.01.12 至 2014.01.12/低毒
春大豆田 一年生杂草 1008-1152克/公顷 土壤喷雾
PD20090540 三唑·辛硫磷/20%/乳油/三唑磷 10%、辛硫磷 10%/2009.01.13 至 2014.01.13/中等毒
水稻 二化螟 360-480克/公顷 喷雾
PD20090546 高效氟吡甲禾灵/108克/升/乳油/高效氟吡甲禾灵 108克/升/2009.01.13 至 2014.01.13/低毒
油菜田 一年生禾本科杂草 45.36-51.84克/公顷 茎叶喷雾
PD20091348 莠去津/20%/悬浮剂/莠去津 20%/2009.02.02 至 2014.02.02/低毒
夏玉米田 一年生杂草 540-750克/公顷 茎叶喷雾
PD20092847 草甘膦异丙胺盐/41%/水剂/草甘膦异丙胺盐 41%/2009.03.05 至 2014.03.05/微毒
水稻田埂 杂草 1230-2460克/公顷 定向茎叶喷雾
PD20092848 烟嘧磺隆/95%/原药/烟嘧磺隆 95%/2009.03.05 至 2014.03.05/低毒
PD20093398 噁草酮/120克/升/乳油/噁草酮 120克/升/2009.03.20 至 2014.03.20/低毒
移栽水稻田 一年生杂草 360－540克/公顷 移栽前甩施
PD20093429 灭草松/480克/升/水剂/灭草松 480克/升/2009.03.23 至 2014.03.23/低毒
春大豆田 一年生阔叶杂草 720-1080克/公顷 茎叶喷雾
夏大豆田 一年生阔叶杂草 1080-1440克/公顷 茎叶喷雾
PD20094751 烟嘧磺隆/40克/升/油悬浮剂/烟嘧磺隆 40克/升/2009.04.10 至 2014.04.10/低毒
玉米田 一年生杂草 48-60克/公顷 茎叶喷雾
PD20096603 苯磺隆/75%/水分散粒剂/苯磺隆 75%/2009.09.02 至 2014.09.02/低毒
冬小麦田 一年生阔叶杂草 16.88-22.5克/公顷 茎叶喷雾
PD20096640 氯氟吡氧乙酸/200克/升/乳油/氯氟吡氧乙酸 200克/升/2009.09.02 至 2014.09.02/低毒
冬小麦田 一年生阔叶杂草 150-210克/公顷 茎叶喷雾
LS20070517 二甲戊灵/330克/升/乳油/二甲戊灵 330克/升/2009.03.06 至 2010.03.07/低毒
春玉米 一年生杂草 990-1485克/公顷 播后苗前土壤喷雾
夏玉米 一年生杂草 742.5-990克/公顷 播后苗前土壤喷雾
LS20090308 烟嘧·莠去津/23%/油悬浮剂/烟嘧磺隆 1%、莠去津 22%/2009.02.27 至 2010.02.27/低毒
玉米田 一年生杂草 150-20毫升制剂/亩 茎叶喷雾

绩溪农华生物科技有限公司 （安徽省宣城市绩溪县华阳东路七号 245300 0563-8155810）

PD20080101 唑螨酯/96%/原药/唑螨酯 96%/2008.01.03 至 2013.01.03/低毒
PD20082337 阿维菌素/1.8%/乳油/阿维菌素 1.8%/2008.12.01 至 2013.12.01/低毒(原药高毒)
梨树 梨木虱 3-4.5毫克/千克 喷雾
PD20084088 啶虫脒/3%/乳油/啶虫脒 3%/2008.12.16 至 2013.12.16/低毒
黄瓜 蚜虫 18-22.5克/公顷 喷雾
PD20084609 三唑锡/25%/可湿性粉剂/三唑锡 25%/2008.12.18 至 2013.12.18/低毒
柑橘树 红蜘蛛 125-250毫克/千克 喷雾
PD20090409 高效氯氟氰菊酯/25克/升/乳油/高效氯氟氰菊酯 25克/升/2009.01.12 至 2014.01.12/中等毒
苹果树 桃小食心虫 5-6.25毫克/千克 喷雾
PD20090630 百草枯/200克/升/水剂/百草枯 200克/升/2009.01.14 至 2014.01.14/中等毒
柑橘园 杂草 600-900克/公顷 定向喷雾
PD20090727 氯氰·毒死蜱/522.5克/升/乳油/毒死蜱 475克/升、氯氰菊酯 47.5克/升/2009.01.19 至 2014.01.19/中等毒
十字花科蔬菜 菜青虫 235.125-391.875克/公顷 喷雾
PD20090944 嘧霉胺/400克/升/悬浮剂/嘧霉胺 400克/升/2009.01.19 至 2014.01.19/低毒
黄瓜 灰霉病 468.75-562.5克/公顷 喷雾
PD20091042 咪鲜胺/25%/乳油/咪鲜胺 25%/2009.01.21 至 2014.01.21/低毒
芒果 炭疽病 250-500毫克/千克 喷雾
PD20091125 氟硅唑/400克/升/乳油/氟硅唑 400克/升/2009.01.21 至 2014.01.21/低毒
梨树 黑星病 40-50毫克/千克 喷雾
PD20091204 噁草酮/250克/升/乳油/噁草酮 250克/升/2009.02.01 至 2014.02.01/低毒
移栽水稻田 一年生杂草 375-562.5克/公顷 喷雾法
PD20092118 除虫脲/20%/悬浮剂/除虫脲 20%/2009.02.23 至 2014.02.23/低毒
茶树 茶尺蠖 100-200毫克/千克 喷雾
PD20092308 苯磺隆/10%/可湿性粉剂/苯磺隆 10%/2009.02.24 至 2014.02.24/低毒
冬小麦田 一年生阔叶杂草 15-22.5克/公顷 茎叶喷雾
PD20092425 咪鲜·杀螟丹/16%/可湿性粉剂/咪鲜胺 6%、杀螟丹 10%/2009.02.25 至 2014.02.25/低毒
水稻 恶苗病、干尖线虫病 200-400毫克/千克 浸种
PD20093094 炔螨特/40%/乳油/炔螨特 40%/2009.03.09 至 2014.03.09/低毒
柑橘树 红蜘蛛 266.7-400毫克/千克 喷雾

PD20094029 阿维·杀虫单/20%/微乳剂/阿维菌素 0.2%、杀虫单 19.8%/2009.03.27 至 2014.03.27/低毒(原药高毒)

菜豆	美洲斑潜蝇	120-180克/公顷	喷雾

PD20094549 精喹·草除灵/14%/乳油/草除灵 12%、精喹禾灵 2%/2009.04.09 至 2014.04.09/低毒

油菜田	一年生杂草	189-273克/公顷	喷雾

PD20094552 多抗霉素/1%/水剂/多抗霉素 1%/2009.04.09 至 2014.04.09/低毒

黄瓜	白粉病	75-150克/公顷	喷雾

PD20094621 戊唑醇/250克/升/水乳剂/戊唑醇 250克/升/2009.04.10 至 2014.04.10/低毒

香蕉	叶斑病	167-250毫克/千克	喷雾

PD20094916 异丙草·莠/40%/悬乳剂/异丙草胺 24%、莠去津 16%/2009.04.13 至 2014.04.13/低毒

夏玉米田	一年生杂草	900-1200克/公顷	土壤喷雾

PD20095006 苯醚甲环唑/30克/升/悬浮种衣剂/苯醚甲环唑 30克/升/2009.04.21 至 2014.04.21/低毒

小麦	散黑穗病	6-9克/100千克种子	种子包衣

PD20095358 精喹禾灵/5%/乳油/精喹禾灵 5%/2009.04.27 至 2014.04.27/低毒

春大豆田	一年生禾本科杂草	45-52.5克/公顷	茎叶喷雾
夏大豆田	一年生禾本科杂草	52.5-60克/公顷	茎叶喷雾

PD20095755 高效氟吡甲禾灵/108克/升/乳油/高效氟吡甲禾灵 108克/升/2009.05.18 至 2014.05.18/低毒

花生田	一年生禾本科杂草	48.6-64.8克/公顷	茎叶喷雾

PD20096432 唑螨酯/5%/悬浮剂/唑螨酯 5%/2009.08.05 至 2014.08.05/低毒

柑橘树	锈壁虱	50-62.5毫克/千克	喷雾

PD20096441 苯醚甲环唑/95%/原药/苯醚甲环唑 95%/2009.08.05 至 2014.08.05/低毒

PD20097545 虫酰肼/20%/悬浮剂/虫酰肼 20%/2009.11.03 至 2014.11.03/低毒

甘蓝	甜菜夜蛾	180-300克/公顷	喷雾

PD20097551 吡虫·杀虫单/70%/可湿性粉剂/吡虫啉 2%、杀虫单 68%/2009.11.03 至 2014.11.03/中等毒

水稻	稻飞虱、稻纵卷叶螟	525-735克/公顷	喷雾

PD20097850 高效氯氟氰菊酯/25克/升/水乳剂/高效氯氟氰菊酯 25克/升/2009.11.20 至 2014.11.20/中等毒

十字花科蔬菜	菜青虫	7.5-9.375克/公顷	喷雾

LS20050139 吡嘧·苯噻酰/53%/可湿性粉剂/苯噻酰草胺 50%、苄嘧磺隆 3%/2008.01.21 至 2009.01.20/低毒

水稻移栽田	一年生杂草	477-556.5克/公顷	毒土法

LS20050426 苯醚甲环唑/10%/水分散粒剂/苯醚甲环唑 10%/2008.02.19 至 2009.02.18/低毒

柑橘树	疮痂病	50-100毫克/千克	喷雾
梨树	黑星病	14.3-16.7毫克/千克	喷雾

LS20050430 抑食肼/20%/可湿性粉剂/抑食肼 20%/2008.02.19 至 2009.02.18/低毒

水稻	稻纵卷叶螟	150-300克/公顷	喷雾

LS20050438 苯丁·哒螨灵/10%/乳油/苯丁锡 5%、哒螨灵 5%/2008.02.19 至 2009.02.18/低毒

柑橘树	红蜘蛛	67-100毫克/千克	喷雾

LS20051250 阿维·三唑磷/20%/乳油/阿维菌素 0.2%、三唑磷 19.8%/2008.04.12 至 2009.04.12/中等毒(原药高毒)

水稻	二化螟	210-300克/公顷	喷雾

LS20052097 甲氨基阿维菌素苯甲酸盐/1%/乳油/甲氨基阿维菌素苯甲酸盐 1%/2008.06.09 至 2009.06.09/低毒

十字花科蔬菜	甜菜夜蛾	1.5-3克/公顷	喷雾

LS20061141 氟吡·氟磺胺/18.5%/乳油/氟磺胺草醚 15%、高效氟吡甲禾灵 3.5%/2009.05.15 至 2010.05.15/低毒

夏大豆	一年生杂草	222-277.5 克/公顷	茎叶处理

LS20061396 苯醚甲环唑/250克/升/乳油/苯醚甲环唑 250克/升/2009.06.26 至 2010.06.26/低毒

水稻	纹枯病	56.25-112.5克/公顷	喷雾
香蕉	叶斑病	125-250毫克/千克	喷雾

绩溪县庆丰天鹰生化有限公司　(安徽省绩溪县华红路1号　245300　0563-8168383)

PD20082254 精喹禾灵/5%/乳油/精喹禾灵 5%/2008.11.27 至 2013.11.27/低毒

冬油菜田	一年生禾本科杂草	37.5-45克/公顷	茎叶喷雾

PD20083433 阿维·苏云菌//可湿性粉剂/阿维菌素 0.1%、苏云金杆菌 100亿活芽孢/克/2008.12.11 至 2013.12.11/低毒(原药高毒)

十字花科蔬菜	小菜蛾	600-750克制剂/公顷	喷雾

PD20085735 嘧霉·福美双/30%/可湿性粉剂/福美双 15%、嘧霉胺 15%/2008.12.26 至 2013.12.26/低毒

番茄	灰霉病	315-450克/公顷	喷雾

PD20090572 灭威·毒死蜱/30%/乳油/毒死蜱 20%、灭多威 10%/2009.01.14 至 2014.01.14/中等毒(原药高毒)

甘蓝	斜纹夜蛾	270-450克/公顷	喷雾

PD20096845 苜蓿银纹夜蛾核型多角体病毒/1000亿PIB/毫升/母药/苜蓿银纹夜蛾核型多角体病毒 1000亿PIB/毫升/2009.09.21 至 2014.09.21/低毒

PD20096846 苜蓿银纹夜蛾核型多角体病毒/10亿PIB/毫升/悬浮剂/苜蓿银纹夜蛾核型多角体病毒 10亿PIB/毫升/2009.09.21 至 2014.09.21/低毒

十字花科蔬菜	甜菜夜蛾	1500-2250毫升制剂/公顷	喷雾

LS20060366 烯酰·锰锌/50%/可湿性粉剂/代森锰锌 44%、烯酰吗啉 6%/2009.03.06 至 2010.03.06/低毒

黄瓜	霜霉病	1050-1350克/公顷	喷雾

太湖县卓创化工有限责任公司　(安徽省太湖县经济开发区　246400　0556-4161117)

PD20094092 氯氟吡氧乙酸异辛酯/95%/原药/氯氟吡氧乙酸异辛酯 95%/2009.03.27 至 2014.03.27/低毒

天长市正德卫生用品厂　(安徽省天长市杨村镇工业园区　239304　0550-7762198)

WP20090094 杀虫水乳剂/0.4%/水乳剂/胺菊酯 0.2%、氯菊酯 0.2%/2009.02.04 至 2014.02.04/低毒
卫生 蚊、蝇 / 喷雾
WL20060034 杀虫水乳剂/0.4%/水乳剂/胺菊酯 0.2%、氯菊酯 0.2%/2009.02.21 至 2010.02.21/低毒
卫生 蚊、蝇 / 喷射
WL20070201 蚊香/0.3%/蚊香/富右旋反式烯丙菊酯 0.3%/2008.10.15 至 2009.10.16/低毒
卫生 蚊 / 点燃

桐城市兴隆制罐科技有限公司 (安徽省桐城市经济开发区兴隆路8号 231400 0556-6567899)

WL20060149 杀虫气雾剂/0.55%/气雾剂/胺菊酯 0.3%、氯菊酯 0.2%、氯氰菊酯 0.05%/2009.08.02 至 2010.08.02/低毒
卫生 蚊、蝇、蜚蠊 / 喷雾

芜湖市多威农化有限责任公司 (安徽省繁昌县孙村镇黄浒 241207 0553-7230088)

PD20093819 氰戊·乐果/20%/乳油/乐果 18%、氰戊菊酯 2%/2009.03.25 至 2014.03.25/中等毒
十字花科蔬菜 蚜虫 300-360克/公顷 喷雾
PD20098375 仲丁威/20%/乳油/仲丁威 20%/2009.12.18 至 2014.12.18/低毒
水稻 叶蝉 375-555克/公顷 喷雾
LS20070969 阿维·三唑磷/20%/乳油/阿维菌素 0.2%、三唑磷 19.8%/2009.04.19 至 2010.04.20/中等毒(原药高毒)
水稻 三化螟 240-300克/公顷 喷雾
LS20072025 高氯·马拉松/20%/乳油/高效氯氰菊酯 1.5%、马拉硫磷 18.5%/2009.08.09 至 2010.08.10/低毒
农田 蝗虫 150-210克/公顷 喷雾
LS20082932 丙溴·辛硫磷/25%/乳油/丙溴磷 6%、辛硫磷 19%/2009.07.18 至 2010.07.18/低毒
水稻 稻纵卷叶螟 262.5-375克/公顷 喷雾

中土化工(安徽)有限公司 (安徽省合肥市长丰县双墩工业园 230061 0551-2226616)

PD20091851 乙草胺/50%/乳油/乙草胺 50%/2009.02.06 至 2014.02.06/低毒
冬油菜田 一年生杂草 600-750克/公顷 土壤喷雾
PD20091911 辛硫·三唑磷/20%/乳油/三唑磷 10%、辛硫磷 10%/2009.02.12 至 2014.02.12/中等毒
水稻 二化螟 360-480克/公顷 喷雾
PD20093430 乙草胺/900克/升/乳油/乙草胺 900克/升/2009.03.23 至 2014.03.23/低毒
夏玉米田 一年生杂草 810-1350克/公顷 土壤喷雾
PD20093431 苯磺隆/75%/可分散粒剂/苯磺隆 75%/2009.03.23 至 2014.03.23/低毒
冬小麦田 一年生阔叶杂草 13.5-22.5克/公顷 茎叶喷雾
LS20050075 扑·乙/40%/可湿性粉剂/扑草净 20%、乙草胺 20%/2008.01.11 至 2009.01.10/低毒
冬小麦 一年生杂草 480-600克/公顷 土壤喷雾
LS20051528 异丙甲草胺/72%/乳油/异丙甲草胺 72%/2008.04.21 至 2009.04.21/低毒
西瓜 一年生禾本科杂草及阔叶杂草 1080-1620克/公顷 土壤喷雾

北京市

百农思达(北京)农用化学品有限公司 (北京市海淀区东北旺农场1号办公室608 100193 010-85768383)

PD20085394 高效氯氟氰菊酯/25克/升/乳油/高效氯氟氰菊酯 25克/升/2008.12.24 至 2013.12.24/低毒
十字花科蔬菜 菜青虫 11.25-15克/公顷 喷雾
PD20086195 氟硅唑/400克/升/乳油/氟硅唑 400克/升/2008.12.30 至 2013.12.30/低毒
梨树 黑星病 40-50毫克/千克 喷雾
PD20090352 百菌清/75%/可湿性粉剂/百菌清 75%/2009.01.12 至 2014.01.12/低毒
黄瓜 霜霉病 1856.25-2250克/公顷 喷雾
PD20092117 高效氯氰菊酯/4.5%/乳油/高效氯氰菊酯 4.5%/2009.02.23 至 2014.02.23/低毒
十字花科蔬菜 小菜蛾 20.25-27克/公顷 喷雾
PD20094722 甲基硫菌灵/70%/可湿性粉剂/甲基硫菌灵 70%/2009.04.10 至 2014.04.10/低毒
黄瓜 白粉病 420-504克/公顷 喷雾
PD20094738 乙草胺/900克/升/乳油/乙草胺 900克/升/2009.04.10 至 2014.04.10/低毒
夏玉米田 一年生杂草 1080-1350克/公顷 土壤喷雾
LS20051491 阿维·高氯/3%/乳油/阿维菌素 0.2%、高效氯氰菊酯 2.8%/2008.04.21 至 2009.04.21/低毒(原药高毒)
十字花科蔬菜 小菜蛾 13.5-27克/公顷 喷雾
LS20051518 啶虫脒/3%/乳油/啶虫脒 3%/2008.04.21 至 2009.04.21/低毒
柑橘树 蚜虫 10-12毫克/千克 喷雾
LS20051523 马拉·辛硫磷/20%/乳油/马拉硫磷 10%、辛硫磷 10%/2008.04.21 至 2009.04.21/低毒
棉花 棉铃虫 225-270克/公顷 喷雾
LS20051752 阿维·哒螨灵/6.78%/乳油/阿维菌素 0.11%、哒螨灵 6.67%/2008.05.15 至 2009.05.15/低毒(原药高毒)
柑橘树 红蜘蛛 33.9-45.2毫克/千克 喷雾
LS20072501 阿维·高氯/5%/泡腾片剂/阿维菌素 0.9%、高效氯氰菊酯 4.1%/2009.11.19 至 2010.11.20/低毒(原药高毒)
十字花科蔬菜 小菜蛾 7.5-15克/公顷 喷雾
LS20081190 毒·辛/20%/乳油/毒死蜱 4%、辛硫磷 16%/2009.03.10 至 2010.03.10/中等毒
韭菜 韭蛆 1500-2100克/公顷 灌根
LS20081265 丙溴·辛硫磷/25%/乳油/丙溴磷 6%、辛硫磷 19%/2009.03.11 至 2010.03.11/低毒
水稻 稻纵卷叶螟 262.5-337.5克/公顷 喷雾
LS20081276 甲氨基阿维菌素苯甲酸盐/3%/水分散粒剂/甲氨基阿维菌素苯甲酸盐 3%/2009.03.11 至 2010.03.11/低毒
十字花科蔬菜 小菜蛾 1.8-2.25克/公顷 喷雾

LS20091331 高氯·毒死蜱/10%/微乳剂/毒死蜱 8.5%、高效氯氰菊酯 1.5%/2009.06.04 至 2010.06.04/中等毒

甘蓝	小菜蛾	150-180克/公顷	喷雾

北京艾比蒂研究开发中心 (北京市中关村科技园区超前路11号 102200 010-62889649)

PD20081124 吲哚乙酸/97%/原药/吲哚乙酸 97%/2008.08.19 至 2013.08.19/低毒

PD20081125 吲乙·萘乙酸/50%/可溶粉剂/萘乙酸 20%、吲哚乙酸 30%/2008.08.19 至 2013.08.19/低毒

花生、小麦	调节生长	20-30毫克/千克	拌种
沙棘	调节生长、提高成活率	100-200毫克/千克	浸插条基部

北京北农天风农药有限公司 (北京市通州区工业开发区广源东街3号 101113 010-61567798)

PD85157-36 40%辛硫磷乳油//乳油/辛硫磷 40%/2005.02.15 至 2010.02.15/低毒

茶树、桑树	食叶害虫	200-400毫克/千克	喷雾
果树	食心虫、蚜虫、螨	200-400毫克/千克	喷雾
林木	食叶害虫	3000-6000克/公顷	喷雾
棉花	棉铃虫、蚜虫	300-600克/公顷	喷雾
蔬菜	菜青虫	300-450克/公顷	喷雾
烟草	食叶害虫	300-600克/公顷	喷雾
玉米	玉米螟	450-600克/公顷	灌心叶

PD20080006 啶虫脒/3%/乳油/啶虫脒 3%/2008.01.04 至 2013.01.04/中等毒

柑橘树	蚜虫	12-15毫克/千克	喷雾

PD20082399 阿维·辛硫磷/10%/乳油/阿维菌素 0.1%、辛硫磷 9.9%/2008.12.01 至 2013.12.01/低毒(原药高毒)

十字花科蔬菜	小菜蛾	90-150克/公顷	喷雾

PD20082485 阿维菌素/0.9%/乳油/阿维菌素 0.9%/2008.12.03 至 2013.12.03/低毒(原药高毒)

十字花科蔬菜	菜青虫	8.1-10.8克/公顷	喷雾

PD20083001 噁霉·稻瘟灵/20%/乳油/稻瘟灵 10%、噁霉灵 10%/2008.12.10 至 2013.12.10/低毒

水稻	立枯病	2-3毫升制剂/平方米	苗床喷洒

PD20083023 多唑·甲哌鎓/20%/微乳剂/多效唑 3.3%、甲哌鎓 16.7%/2008.12.10 至 2013.12.10/低毒

冬小麦	调节生长	90-120克/公顷	喷雾

PD20083148 阿维菌素/1.8%/乳油/阿维菌素 1.8%/2008.12.11 至 2013.12.11/低毒(原药高毒)

棉花	红蜘蛛	10.8-16.2克/公顷	喷雾
棉花	棉铃虫	21.6-32.4克/公顷	喷雾
十字花科蔬菜	菜青虫	8.1-10.8克/公顷	喷雾

PD20083251 高效氯氟氰菊酯/2.5%/乳油/高效氯氟氰菊酯 2.5%/2008.12.11 至 2013.12.11/中等毒

苹果树	桃小食心虫	5-6.3毫克/千克	喷雾

PD20084975 杀扑磷/40%/乳油/杀扑磷 40%/2008.12.22 至 2013.12.22/高毒

柑橘树	介壳虫	500-667毫克/千克	喷雾

PD20085382 阿维·辛硫磷/20%/乳油/阿维菌素 0.2%、辛硫磷 19.8%/2008.12.24 至 2013.12.24/低毒(原药高毒)

十字花科蔬菜	小菜蛾	90-150克/公顷	喷雾

PD20091002 杀扑·氧乐果/40%/乳油/杀扑磷 10%、氧乐果 30%/2009.01.21 至 2014.01.21/中等毒(原药高毒)

柑橘树	矢尖蚧	500-800毫克/千克	喷雾

北京比荣达生化技术开发有限责任公司 (北京市朝阳区南十里居17号楼1701 100016 010-60435529)

PD85122-20 福美双/50%/可湿性粉剂/福美双 50%/2006.03.15 至 2011.03.15/低毒

黄瓜	白粉病、霜霉病	500-1000倍液	喷雾
葡萄	白腐病	500-1000倍液	喷雾
水稻	稻瘟病、胡麻叶斑病	250克/100千克种子	拌种
甜菜、烟草	根腐病	500克/500千克温床土	土壤处理
小麦	白粉病、赤霉病	500倍液	喷雾

PD20091693 阿维·甲氰/1.8%/乳油/阿维菌素 0.2%、甲氰菊酯 1.6%/2009.02.03 至 2014.02.03/低毒(原药高毒)

甘蓝	菜青虫	5.4-8.1克/公顷	喷雾

PD20092179 苏云金杆菌/8000IU/毫克/可湿性粉剂/苏云金杆菌 8000IU/毫克/2009.02.23 至 2014.02.23/低毒

茶树	茶毛虫	400-800倍液	喷雾
棉花	二代棉铃虫	3000-4500克制剂/公顷	喷雾
森林	松毛虫	600-800倍液	喷雾
十字花科蔬菜	菜青虫	750-1500克制剂/公顷	喷雾
十字花科蔬菜	小菜蛾	1500-2250克制剂/公顷	喷雾
水稻	稻纵卷叶螟	3000-4500克制剂/公顷	喷雾
烟草	烟青虫	1500-3000克制剂/公顷	喷雾
玉米	玉米螟	1500-3000克制剂/公顷	加细沙灌心
枣树	枣尺蠖	600-800倍液	喷雾

PD20092332 吡虫啉/5%/可溶液剂/吡虫啉 5%/2009.02.24 至 2014.02.24/低毒

梨树	梨木虱	12.5-25毫克/千克	喷雾

PD20094482 禾草丹/90%/乳油/禾草丹 90%/2009.04.09 至 2014.04.09/低毒

水稻直播田	一年生杂草	1350-2430克/公顷(南方)	喷雾
移栽水稻田	一年生杂草	1687.5-2025克/公顷	药土法或喷雾

PD20095195 甲硫·锰锌/75%/可湿性粉剂/甲基硫菌灵 25%、代森锰锌 50%/2009.04.24 至 2014.04.24/低毒

辣椒 疫病 900-1350克/公顷 喷雾

PD20097560 高氯·毒死蜱 /30%/乳油/毒死蜱 29%、高效氯氰菊酯 1%/2009.11.03 至 2014.11.03/中等毒
甘蓝 菜青虫、小菜蛾 112.5-168.75克/公顷 喷雾

LS20090776 赤霉酸A4+A7/2%/膏剂/赤霉酸A4+A7 2%/2009.03.31 至 2010.03.31/低毒
梨树 调节生长 20－25毫克制剂/果 涂抹果柄

北京晨阳植保制剂厂 (北京市朝阳区大郊亭 100022 010-67783914)

PD20050143 15%哒螨灵乳油//乳油/哒螨灵 15%/2005.09.16 至 2010.09.16/低毒
苹果树 红蜘蛛 75-100毫克/千克 喷雾

PD20060081 50%多菌灵可湿性粉剂//可湿性粉剂/多菌灵 50%/2006.04.19 至 2011.04.19/低毒
水稻 纹枯病 750克/公顷 喷雾

PD20060095 4.5%高效氯氰菊酯乳油//乳油/高效氯氰菊酯 4.5%/2006.05.22 至 2011.05.22/中等毒
十字花科蔬菜 菜青虫 20.25-27克/公顷 喷雾

北京达世丰生物科技有限公司 (北京市通州区漷县镇工业区漷兴街88－40号 101109 010-80583661)

PD20081330 啶虫脒/3%/可湿性粉剂/啶虫脒 3%/2008.10.21 至 2013.10.21/低毒
柑橘树 蚜虫 6.7-12毫克/千克 喷雾

PD20084896 甲基硫菌灵/70%/可湿性粉剂/甲基硫菌灵 70%/2008.12.22 至 2013.12.22/低毒
黄瓜 白粉病 336-504克/公顷 喷雾

PD20091594 百草枯/200克/升/水剂/百草枯 200克/升/2009.02.03 至 2014.02.03/中等毒
茶园 杂草 450-750克/公顷 喷雾

PD20092144 百·福/70%/可湿性粉剂/百菌清 20%、福美双 50%/2009.02.23 至 2014.02.23/低毒
葡萄 霜霉病 800－600倍液 喷雾

PD20092889 阿维·辛硫磷/20%/乳油/阿维菌素 0.2%、辛硫磷 19.8%/2009.03.05 至 2014.03.05/低毒(原药高毒)
十字花科蔬菜 小菜蛾 120-150克/公顷 喷雾

PD20092937 阿维·敌敌畏 /40%/乳油/阿维菌素 0.3%、敌敌畏 39.7%/2009.03.05 至 2014.03.05/中等毒(原药高毒)
黄瓜 美洲斑潜蝇 360-450克/公顷 喷雾

PD20092999 高氯·甲维盐/4%/微乳剂/高效氯氰菊酯 3.7%、甲氨基阿维菌素苯甲酸盐 0.3%/2009.03.09 至 2014.03.09/低毒
十字花科蔬菜 小菜蛾 9-12克/公顷 喷雾

PD20093767 代森锰锌/80%/可湿性粉剂/代森锰锌 80%/2009.03.25 至 2014.03.25/低毒
黄瓜 霜霉病 2040-3000克/公顷 喷雾

PD20094425 三唑锡/20%/悬浮剂/三唑锡 20%/2009.04.01 至 2014.04.01/低毒
苹果树 红蜘蛛 100-200毫克/千克 喷雾

PD20094431 噁霜·锰锌/64%/可湿性粉剂/噁霜灵 8%、代森锰锌 56%/2009.04.01 至 2014.04.01/低毒
黄瓜 霜霉病 1650-1950克/公顷 喷雾

PD20094877 烯酰吗啉/50%/水分散粒剂/烯酰吗啉 50%/2009.04.13 至 2014.04.13/低毒
黄瓜 霜霉病 225-300克/公顷 喷雾

PD20094888 氯氰·毒死蜱/552.5克/升/乳油/毒死蜱 475克/升、氯氰菊酯 47.5克/升/2009.04.13 至 2014.04.13/中等毒
棉花 棉铃虫 548.6-738.75克/公顷 喷雾

PD20095112 苯磺隆/10%/可湿性粉剂/苯磺隆 10%/2009.04.24 至 2014.04.24/低毒
冬小麦田 一年生阔叶杂草 13.5－22.5克/公顷 茎叶喷雾

PD20095934 硫磺·多菌灵/50%/可湿性粉剂/多菌灵 15%、硫磺 35%/2009.06.02 至 2014.06.02/低毒
花生 叶斑病 1200-1800克/公顷 喷雾

PD20097571 阿维菌素/1.8%/乳油/阿维菌素 1.8%/2009.11.03 至 2014.11.03/低毒(原药高毒)
甘蓝 小菜蛾 8.1-10.8克/公顷 喷雾

LS20051341 甲氨基阿维菌素苯甲酸盐/2.5%/水分散粒剂/甲氨基阿维菌素苯甲酸盐 2.5%/2008.04.13 至 2009.04.13/低毒
十字花科蔬菜 小菜蛾 1.5-2.25克/公顷 喷雾
烟草 烟青虫 1.5-2.25克/公顷 喷雾

LS20051445 高效氯氟氰菊酯/2.5%/水乳剂/高效氯氟氰菊酯 2.5%/2008.04.21 至 2009.04.21/中等毒
十字花科蔬菜 菜青虫 11.25-13.125克/公顷 喷雾

LS20053481 柴油·炔螨特/73%/乳油/柴油 43%、炔螨特 30%/2008.11.13 至 2009.11.13/低毒
柑橘树 红蜘蛛 365-730毫克/千克 喷雾

LS20070023 甲氨基阿维菌素苯甲酸盐/0.2%/乳油/甲氨基阿维菌素苯甲酸盐 0.2%/2009.01.16 至 2010.01.16/低毒
十字花科蔬菜 甜菜夜蛾 1.5～1.8克/公顷 喷雾

LS20081131 吡虫啉/70%/水分散粒剂/吡虫啉 70%/2009.03.10 至 2010.03.10/低毒
十字花科蔬菜 蚜虫 15.75-21克/公顷 喷雾

LS20090340 甲维·氟铃脲/10.5%/水分散粒剂/氟铃脲 10%、甲氨基阿维菌素苯甲酸盐 0.5%/2009.03.10 至 2010.03.10/低毒
甘蓝 小菜蛾 31.5-47.25克/公顷 喷雾

北京东方圣邦生物技术有限公司 (北京市通州区永乐经济开发区 101100 010-51296179)

PD20097585 阿维菌素/1.8%/乳油/阿维菌素 1.8%/2009.11.03 至 2014.11.03/低毒(原药高毒)
菜豆 美洲斑潜蝇 5.4-10.8克/公顷 喷雾

LS20060425 阿维·高氯/5.4%/乳油/阿维菌素 0.9%、高效氯氰菊酯 4.5%/2009.03.05 至 2010.03.05/中等毒(原药高毒)
十字花科蔬菜 小菜蛾 8.1-16.2克/公顷 喷雾

LS20061427 吡虫啉/15%/泡腾片剂/吡虫啉 15%/2009.06.29 至 2010.06.29/低毒
十字花科蔬菜 蚜虫 22.5-33.75克/公顷 喷雾

LS20070268 甲氨基阿维菌素苯甲酸盐/5%/水分散粒剂/甲氨基阿维菌素苯甲酸盐 5%/2009.02.24 至 2010.02.24/低毒
十字花科蔬菜 小菜蛾 1.5-3克/公顷 喷雾
LS20070550 甲氨基阿维菌素苯甲酸盐/1%/乳油/甲氨基阿维菌素苯甲酸盐 1%/2009.03.08 至 2010.03.09/低毒
十字花科蔬菜 小菜蛾 1.125-2.25克/公顷 喷雾
LS20071868 阿维菌素/5%/泡腾片剂/阿维菌素 5%/2009.07.16 至 2010.07.17/中等毒(原药高毒)
十字花科蔬菜 小菜蛾 9-11.25克/公顷 喷雾
LS20082412 辛硫磷/3%/颗粒剂/辛硫磷 3%/2009.04.22 至 2010.04.22/低毒
花生 蛴螬 3150-3600克/公顷 沟施

北京东华强盛生物技术有限公司 (北京市房山区窦店工业园区 102434 010-80318095)

PD89105-2 苏云金杆菌/8000IU/毫克/可湿性粉剂/苏云金杆菌 8000IU/毫克/2005.04.08 至 2010.04.08/低毒
茶树 茶毛虫 400-800倍液 喷雾
棉花 红铃虫、棉铃虫 3000-4500克制剂/公顷 喷雾
森林 松毛虫 600-800倍液 喷雾
十字花科蔬菜 小菜蛾 1500-2250克制剂/公顷 喷雾
十字花科蔬菜 菜青虫 750-1500克制剂/公顷 喷雾
水稻 稻纵卷叶螟 3000-4500克制剂/公顷 喷雾
烟草 烟青虫 1500-3000克制剂/公顷 喷雾
玉米 玉米螟 1500-3000克制剂/公顷 加细沙灌心
枣树 尺蠖 600-800倍液 喷雾

北京富力特农业科技有限责任公司 (北京市大兴区西红门镇新建工业区南路2号 100076 010-81284458)

PD20040693 吡虫啉/5%/乳油/吡虫啉 5%/2009.12.19 至 2014.12.19/低毒
棉花 蚜虫 11.25-18.75克/公顷 喷雾
PD20070646 啶虫脒/5%/乳油/啶虫脒 5%/2007.12.17 至 2012.12.17/低毒
柑橘树 蚜虫 10-12毫克/千克 喷雾
PD20082010 辛硫・高氯氟/25%/乳油/高效氯氟氰菊酯 1%、辛硫磷 24%/2008.11.25 至 2013.11.25/中等毒
棉花 棉铃虫 300-375克/公顷 喷雾
PD20082938 阿维菌素/1.8%/乳油/阿维菌素 1.8%/2008.12.09 至 2013.12.09/中等毒(原药高毒)
苹果 红蜘蛛 3-4.5毫克/千克 喷雾
PD20082954 霜脲・锰锌/72%/可湿性粉剂/代森锰锌 64%、霜脲氰 8%/2008.12.09 至 2013.12.09/低毒
黄瓜 霜霉病 1440-1800克/公顷 喷雾
PD20083201 甲基硫菌灵/70%/可湿性粉剂/甲基硫菌灵 70%/2008.12.11 至 2013.12.11/低毒
番茄 叶霉病 375-560克/公顷 喷雾
PD20083235 腈菌唑/12%/乳油/腈菌唑 12%/2008.12.11 至 2013.12.11/低毒
梨树 黑星病 40-60毫克/千克 喷雾
PD20083850 吡虫啉/200克/升/可溶液剂/吡虫啉 200克/升/2008.12.15 至 2013.12.15/低毒
梨树 梨木虱 50-80毫克/千克 喷雾
PD20084964 丙环唑/250克/升/乳油/丙环唑 250克/升/2008.12.22 至 2013.12.22/低毒
香蕉 叶斑病 250-500毫克/千克 喷雾
PD20085383 高氯・辛硫磷/22%/乳油/高效氯氰菊酯 2%、辛硫磷 20%/2008.12.24 至 2013.12.24/中等毒
十字花科蔬菜 菜青虫 99-132克/公顷 喷雾
PD20085729 阿维・杀虫单/20%/微乳剂/阿维菌素 0.2%、杀虫单 19.8%/2008.12.26 至 2013.12.26/低毒(原药高毒)
菜豆 美洲斑潜蝇 90-180克/公顷 喷雾
PD20085918 阿维・高氯/1%/乳油/阿维菌素 0.2%、高效氯氰菊酯 0.8%/2008.12.29 至 2013.12.29/低毒(原药高毒)
黄瓜 美洲斑潜蝇 6-9克/公顷 喷雾
梨树 梨木虱 6-12毫克/千克 喷雾
十字花科蔬菜 小菜蛾 7.5-15克/公顷 喷雾
PD20086130 噻嗪・杀扑磷/31%/乳油/噻嗪酮 15%、杀扑磷 16%/2008.12.30 至 2013.12.30/低毒(原药高毒)
柑橘树 介壳虫 310-387.5毫克/千克 喷雾
PD20090124 复硝酚钠/1.4%/水剂/5-硝基邻甲氧基苯酚钠 0.3%、对硝基苯酚钠 0.7%、邻硝基苯酚钠 0.4%/2009.01.08至2014.01.08/低毒
黄瓜 调节生长 5000-6000倍 喷雾
PD20092709 联苯菊酯/100克/升/乳油/联苯菊酯 100克/升/2009.03.04 至 2014.03.04/中等毒
茶树 茶小绿叶蝉 30-37.5克/公顷 喷雾
PD20094781 氯氰・丙溴磷/440克/升/乳油/丙溴磷 400克/升、氯氰菊酯 40克/升/2009.04.13 至 2014.04.13/中等毒
棉花 棉铃虫 528-660克/公顷 喷雾
PD20094843 三唑锡/25%/可湿性粉剂/三唑锡 25%/2009.04.13 至 2014.04.13/低毒
柑橘树 红蜘蛛 125-167毫克/千克 喷雾
PD20097434 烟嘧磺隆/40克/升/可分散油悬浮剂/烟嘧磺隆 40克/升/2009.10.28 至 2014.10.28/低毒
玉米田 一年生杂草 42-60克/公顷 茎叶喷雾
LS20052675 代森锰锌/50%/可湿性粉剂/代森锰锌 50%/2008.08.14 至 2009.08.14/低毒
番茄 早疫病 1845-2370克/公顷 喷雾
LS20052721 高氯・马/20%/乳油/高效氯氰菊酯 2%、马拉硫磷 18%/2008.08.22 至 2009.08.22/低毒
苹果树 桃小食心虫 133-200毫克/千克 喷雾

LS20053523 苦参碱/0.3%/水剂/苦参碱 0.3%/2008.11.14 至 2009.11.14/低毒
十字花科蔬菜 菜青虫 2.7-4.5克/公顷 喷雾
LS20053873 阿维·哒螨灵/8%/乳油/阿维菌素 0.2%、哒螨灵 7.8%/2008.12.28 至 2009.12.28/中等毒(原药高毒)
苹果树 红蜘蛛 40-53.5毫克/千克 喷雾
LS20060010 吗胍·乙酸铜/20%/可湿性粉剂/盐酸吗啉胍 10%、乙酸铜 10%/2009.01.16 至 2010.01.16/低毒
番茄 病毒病 333.3-500毫克/千克 喷雾
LS20082320 甲氨基阿维菌素苯甲酸盐/3%/微乳剂/甲氨基阿维菌素苯甲酸盐 3%/2009.04.21 至 2010.04.21/低毒
十字花科蔬菜 甜菜夜蛾 2.25-3.375克/公顷 喷雾
LS20082670 高效氯氟氰菊酯/2.5%/微乳剂/高效氯氟氰菊酯 2.5%/2009.04.25 至 2010.04.25/中等毒
十字花科蔬菜 菜青虫 11.25-15克/公顷 喷雾
LS20082713 苯醚甲环唑/20%/微乳剂/苯醚甲环唑 20%/2009.04.29 至 2010.04.29/低毒
梨树 黑星病 16.7-20毫克/千克 喷雾
LS20090843 虫酰·毒死蜱/20%/乳油/虫酰肼 4%、毒死蜱 16%/2009.04.09 至 2010.04.09/中等毒
十字花科蔬菜 斜纹夜蛾 300-360克/公顷 喷雾
LS20090883 阿维·炔螨特/56%/乳油/阿维菌素 0.3%、炔螨特 55.7%/2009.04.09 至 2010.04.09/低毒(原药高毒)
柑橘树 红蜘蛛 186.7-280毫克/千克 喷雾
LS20091200 苯醚·咪鲜胺/20%/微乳剂/苯醚甲环唑 5%、咪鲜胺 15%/2009.04.23 至 2010.04.23/低毒
黄瓜 炭疽病 90-150克/公顷 喷雾
LS20091350 甲维·毒死蜱 /15%/微乳剂/毒死蜱 14.7%、甲氨基阿维菌素苯甲酸盐 0.3%/2009.07.10 至 2010.07.10/中等毒
甘蓝 小菜蛾 112.5-157.5克/公顷 喷雾

北京华戎生物激素厂 (北京市朝阳区北辰西路69号 100029 010-58772543)

PD84118-46 多菌灵/25%/可湿性粉剂/多菌灵 25%/2005.03.11 至 2010.03.11/低毒
果树 病害 0.05-0.1%药液 喷雾
花生 倒秧病 750克/公顷 喷雾
麦类 赤霉病 750克/公顷 喷雾,泼浇
棉花 苗期病害 500克/100千克种子 拌种
水稻 稻瘟病、纹枯病 750克/公顷 喷雾,泼浇
油菜 菌核病 1125-1500克/公顷 喷雾
PD85157-34 辛硫磷/40%/乳油/辛硫磷 40%/2005.08.15 至 2010.08.15/低毒
茶树、桑树 食叶害虫 200-400毫克/千克 喷雾
果树 食心虫、蚜虫、螨 200-400毫克/千克 喷雾
林木 食叶害虫 3000-6000克/公顷 喷雾
棉花 棉铃虫、蚜虫 300-600克/公顷 喷雾
蔬菜 菜青虫 300-450克/公顷 喷雾
烟草 食叶害虫 300-600克/公顷 喷雾
玉米 玉米螟 450-600克/公顷 灌心叶
PD86180-11 百菌清/75%/可湿性粉剂/百菌清 75%/2006.12.31 至 2011.12.31/低毒
茶树 炭疽病 600-800倍液 喷雾
豆类 炭疽病、锈病 1275-2325克/公顷 喷雾
柑橘树 疮痂病 750-900毫克/千克 喷雾
瓜类 白粉病、霜霉病 1200-1650克/公顷 喷雾
果菜类蔬菜 多种病害 1125-2400克/公顷 喷雾
花生 锈病、叶斑病 1125-1350克/公顷 喷雾
梨树 斑点落叶病 500倍液 喷雾
苹果树 多种病害 600倍液 喷雾
葡萄 白粉病、黑痘病 600-700倍液 喷雾
水稻 稻瘟病、纹枯病 1125-1425克/公顷 喷雾
橡胶树 炭疽病 500-800倍液 喷雾
小麦 叶斑病、叶锈病 1125-1425克/公顷 喷雾
叶菜类蔬菜 白粉病、霜霉病 1275-1725克/公顷 喷雾
PD20040102 高效氯氰菊酯/4.5%/乳油/高效氯氰菊酯 4.5%/2009.12.19 至 2014.12.19/中等毒
茶树 茶尺蠖 15-25.5克/公顷 喷雾
棉花 红铃虫、红蜘蛛、蚜虫 15-30克/公顷 喷雾
苹果树 桃小食心虫 20-33毫克/千克 喷雾
十字花科蔬菜 菜青虫、小菜蛾 9-25.5克/公顷 喷雾
十字花科蔬菜 蚜虫 3-18克/公顷 喷雾
PD20040129 高效氯氰菊酯/4.5%/水乳剂/高效氯氰菊酯 4.5%/2009.12.19 至 2014.12.19/中等毒
十字花科蔬菜 菜青虫 20.25-33.75克/公顷 喷雾
PD20040323 吡虫啉/5%/乳油/吡虫啉 5%/2009.12.19 至 2014.12.19/低毒
水稻 稻飞虱 15-30克/公顷 喷雾
小麦 蚜虫 15-30克/公顷(南方地区) 喷雾
45-60克/公顷(北方地区)
注:水稻为临时登记，有效期2005年12月23日至2006年12月23日。

PD20080031　锰锌·霜脲/72%/可湿性粉剂/代森锰锌 64%、霜脲氰 8%/2008.01.04 至 2013.01.04/低毒
黄瓜　霜霉病　1440-1800克/公顷　喷雾
PD20080043　啶虫脒/3%/乳油/啶虫脒 3%/2008.01.03 至 2013.01.03/中等毒
黄瓜　蚜虫　18-22.5克/公顷　喷雾
PD20080740　嘧霉胺/40%/悬浮剂/嘧霉胺 40%/2008.06.11 至 2013.06.11/低毒
黄瓜　灰霉病　450-540克/公顷　喷雾
PD20081268　甲氨基阿维菌素苯甲酸盐/1.5%/乳油/甲氨基阿维菌素苯甲酸盐 1.5%/2008.09.18 至 2013.09.18/低毒
甘蓝　甜菜夜蛾　2.25-3.75克/公顷　喷雾
PD20081270　甲氨基阿维菌素苯甲酸盐/0.5%/乳油/甲氨基阿维菌素苯甲酸盐 0.5%/2008.09.22 至 2013.09.22/低毒
甘蓝　甜菜夜蛾　2.25-3.75克/公顷　喷雾
PD20082371　阿维·敌敌畏/40%/乳油/阿维菌素 0.3%、敌敌畏 39.7%/2008.12.01 至 2013.12.01/中等毒(原药高毒)
黄瓜　美洲斑潜蝇　360-450克/公顷　喷雾
PD20082915　高氯·硫丹/20%/乳油/高效氯氰菊酯 2%、硫丹 18%/2008.12.09 至 2013.12.09/中等毒
棉花　棉铃虫　120-180克/公顷　喷雾
烟草　蚜虫　90-180克/公顷　喷雾
PD20083864　腈菌唑/5%/乳油/腈菌唑 5%/2008.12.15 至 2013.12.15/低毒
小麦　白粉病　30-60克/公顷　喷雾
PD20083881　唑螨酯/5%/悬浮剂/唑螨酯 5%/2008.12.15 至 2013.12.15/低毒
柑橘树　红蜘蛛　33.3-50毫克/千克　喷雾
PD20084265　异丙威/20%/乳油/异丙威 20%/2008.12.17 至 2013.12.17/中等毒
水稻　稻飞虱　525-600克/公顷　喷雾
PD20084672　百菌清/45%/烟剂/百菌清 45%/2008.12.22 至 2013.12.22/低毒
黄瓜(保护地)　霜霉病　1667-2667克制剂/公顷　点燃放烟
PD20084788　氟氯氰菊酯/50克/升/乳油/氟氯氰菊酯 50克/升/2008.12.22 至 2013.12.22/低毒
棉花　棉铃虫　30-37.5克/公顷　喷雾
PD20085061　高氯·噻嗪酮/20%/乳油/高效氯氰菊酯 2%、噻嗪酮 18%/2008.12.23 至 2013.12.23/低毒
番茄(保护地)　白粉虱　195-240克/公顷　喷雾
PD20085184　杀螟丹/50%/可溶粉剂/杀螟丹 50%/2008.12.23 至 2013.12.23/中等毒
水稻　二化螟　525-750克/公顷　喷雾
PD20085211　毒死蜱/21%/乳油/毒死蜱 21%/2008.12.23 至 2013.12.23/低毒
十字花科蔬菜　小菜蛾　378-567克/公顷　喷雾
PD20085303　丙环唑/250克/升/乳油/丙环唑 250克/升/2008.12.23 至 2013.12.23/低毒
香蕉　叶斑病　250-500毫克/千克　喷雾
PD20085544　三唑锡/25%/可湿性粉剂/三唑锡 25%/2008.12.25 至 2013.12.25/低毒
柑橘树　红蜘蛛　125-250毫克/千克　喷雾
PD20085931　腐霉利/15%/烟剂/腐霉利 15%/2008.12.29 至 2013.12.29/低毒
韭菜(保护地)　灰霉病　300-750克/公顷　点燃放烟
PD20090435　杀双·灭多威/23%/可溶液剂/灭多威 5%、杀虫双 18%/2009.01.12 至 2014.01.12/中等毒(原药高毒)
甘蓝　菜青虫　172.5-213.9克/公顷　喷雾
PD20090617　复硝酚钠/1.4%/水剂/5-硝基邻甲氧基苯酚钠 0.3%、对硝基苯酚钠 0.7%、邻硝基苯酚钠 0.4%/2009.01.14 至2014.01.14/低毒
黄瓜　调节生长、增产　4000-5000倍液　喷雾
PD20090772　甲氰·马拉松/40%/乳油/甲氰菊酯 5%、马拉硫磷 35%/2009.01.19 至 2014.01.19/中等毒
苹果树　桃小食心虫　200-400毫克/千克　喷雾
PD20091127　氟硅唑/400克/升/乳油/氟硅唑 400克/升/2009.01.21 至 2014.01.21/低毒
梨树　黑星病　40-66.7毫克/千克　喷雾
PD20091158　锰锌·腈菌唑/60%/可湿性粉剂/腈菌唑 2%、代森锰锌 58%/2009.01.22 至 2014.01.22/低毒
梨树　黑星病　1000-1500倍液　喷雾
PD20092221　联苯菊酯/100克/升/乳油/联苯菊酯 100克/升/2009.02.24 至 2014.02.24/中等毒
茶树　茶小绿叶蝉　30-37.5克/公顷　喷雾
PD20092266　阿维菌素/1.8%/乳油/阿维菌素 1.8%/2009.02.24 至 2014.02.24/低毒(原药高毒)
梨树　山楂叶螨　3-6毫克/千克　喷雾
苹果树　梨木虱　6-12毫克/千克　喷雾
PD20092297　阿维·高氯/2%/乳油/阿维菌素 0.6%、高效氯氰菊酯 1.4%/2009.02.24 至 2014.02.24/低毒(原药高毒)
甘蓝　小菜蛾　7.5-13.5克/公顷　喷雾
梨树　梨木虱　6-12毫克/千克　喷雾
PD20092581　氟铃·辛硫磷/40%/乳油/氟铃脲 2.5%、辛硫磷 37.5%/2009.02.27 至 2014.02.27/低毒
棉花　棉铃虫　360-540克/公顷　喷雾
PD20095730　甲维·毒死蜱/30%/乳油/毒死蜱 29.5%、甲氨基阿维菌素苯甲酸盐 0.5%/2009.05.18 至 2014.05.18/中等毒
甘蓝　甜菜夜蛾　112.5-150克/公顷　喷雾
LS20050836　阿维·虫酰肼/20%/悬浮剂/阿维菌素 1%、虫酰肼 19%/2008.03.28 至 2009.03.28/低毒(原药高毒)
十字花科蔬菜　小菜蛾　150-210克/公顷　喷雾
LS20051048　虫酰肼/30%/悬浮剂/虫酰肼 30%/2008.04.07 至 2009.04.07/低毒

十字花科蔬菜 甜菜夜蛾 225-270克/公顷 喷雾
LS20051290 敌百·毒死蜱/30%/乳油/敌百虫 20%、毒死蜱 10%/2008.04.12 至 2009.04.12/低毒
水稻 二化螟 450-675克/公顷 喷雾
LS20051293 咪鲜胺/25%/乳油/咪鲜胺 25%/2008.04.12 至 2009.04.12/低毒
水稻 恶苗病 62.5-125毫克/千克 浸种
LS20060653 腈菌唑/12.5%/乳油/腈菌唑 12.5%/2009.03.28 至 2010.03.28/低毒
梨树 黑星病 41.7-62.5毫克/千克 喷雾
LS20071133 吡虫啉/70%/水分散粒剂/吡虫啉 70%/2009.04.25 至 2010.04.26/低毒
节瓜 蓟马 47.25-63克/公顷 喷雾
LS20071273 灭蝇胺/20%/悬浮剂/灭蝇胺 20%/2009.05.07 至 2010.05.08/低毒
黄瓜 美洲斑潜蝇 120-150克/公顷 喷雾
LS20071454 苯醚甲环唑/20%/水分散粒剂/苯醚甲环唑 20%/2009.05.20 至 2010.05.21/低毒
番茄 早疫病 120-150克/公顷 喷雾
LS20071612 苯甲·丙环唑/25%/乳油/苯醚甲环唑 8%、丙环唑 17%/2009.06.05 至 2010.06.06/低毒
香蕉 黑星病 125-166.7毫克/千克 喷雾
LS20071879 烯酰吗啉/25%/可湿性粉剂/烯酰吗啉 25%/2009.07.16 至 2010.07.17/低毒
黄瓜 霜霉病 262.5-300克/公顷 喷雾
LS20072136 苯醚甲环唑/20%/乳油/苯醚甲环唑 20%/2009.09.03 至 2010.09.04/低毒
香蕉 叶斑病 100-133.3毫克/千克 喷雾
LS20080211 唑螨酯/5%/乳油/唑螨酯 5%/2010.01.07 至 2011.01.07/低毒
柑橘树 红蜘蛛 25-50毫克/千克 喷雾
LS20080398 丁醚脲/70%/水分散粒剂/丁醚脲 70%/2009.02.21 至 2010.02.21/低毒
十字花科蔬菜 小菜蛾 420-525克/公顷 喷雾
LS20080429 啶虫脒/60%/水分散粒剂/啶虫脒 60%/2009.02.21 至 2010.02.21/低毒
黄瓜 蚜虫 18-36克/公顷 喷雾
LS20080973 杀扑磷/40%/乳油/杀扑磷 40%/2009.03.06 至 2010.03.06/高毒
柑橘树 介壳虫 400-500毫克/千克 喷雾
LS20081246 戊唑醇/30%/悬浮剂/戊唑醇 30%/2009.03.11 至 2010.03.11/低毒
苹果 轮纹病 100-150毫克/千克 喷雾
LS20081554 灭蝇胺/80%/水分散粒剂/灭蝇胺 80%/2009.04.02 至 2010.04.02/低毒
黄瓜 美洲斑潜蝇 180-225克/公顷 喷雾
LS20081879 甲氨基阿维菌素苯甲酸盐/3%/水分散粒剂/甲氨基阿维菌素苯甲酸盐 3%/2009.04.10 至 2010.04.10/低毒
十字花科蔬菜 甜菜夜蛾 3-3.75克/公顷 喷雾
LS20083140 己唑醇/10%/悬浮剂/己唑醇 10%/2009.11.14 至 2010.11.14/低毒
苹果树 白粉病 40-50毫克/千克 喷雾
LS20090145 戊唑醇/70%/水分散粒剂/戊唑醇 70%/2009.02.04 至 2010.02.04/低毒
苹果树 斑点落叶病 100-120毫克/公顷 喷雾
LS20090184 阿维·多霉素/5%/乳油/阿维菌素 2%、多杀霉素 3%/2009.02.04 至 2010.02.04/低毒(原药高毒)
十字花科蔬菜 小菜蛾 15-22.5克/公顷 喷雾
LS20090483 阿维·毒死蜱 /40%/乳油/阿维菌素 0.8%、毒死蜱 39.2%/2009.03.18 至 2010.03.18/中等毒(原药高毒)
水稻 稻纵卷叶螟 150-180克/公顷 喷雾
LS20090532 噻嗪酮/70%/水分散粒剂/噻嗪酮 70%/2009.03.18 至 2010.03.18/低毒
水稻 稻飞虱 105-147克/公顷 喷雾
LS20090704 硫双威/25%/可湿性粉剂/硫双威 25%/2009.03.31 至 2010.03.31/中等毒
棉花 棉铃虫 600-900克/公顷 喷雾

北京金地优诺生物科技发展有限公司 (北京市密云县十里堡镇岭东村村东30米 101500 010-69654520)

PD20084103 异菌·福美双/50%/可湿性粉剂/福美双 40%、异菌脲 10%/2008.12.16 至 2013.12.16/低毒
番茄 灰霉病 703-937克/公顷 喷雾
PD20090910 霜·代·乙膦铝/76%/可湿性粉剂/代森锌 50%、甲霜灵 2%、三乙膦酸铝 24%/2009.01.19 至 2014.01.19/低毒
黄瓜 霜霉病 1068.75-1425克/公顷 喷雾
PD20094034 腐霉利/15%/烟剂/腐霉利 15%/2009.03.27 至 2014.03.27/低毒
番茄(保护地) 灰霉病 450-675克/公顷 点燃放烟
PD20094525 百菌清/45%/烟剂/百菌清 45%/2009.04.09 至 2014.04.09/低毒
黄瓜(保护地) 霜霉病 1012.5-1687.5克/公顷 点燃放烟
PD20094979 琥·铝·甲霜灵/40%/可湿性粉剂/琥胶肥酸铜 30%、甲霜灵 4%、三乙膦酸铝 6%/2009.04.21 至 2014.04.21/低毒
黄瓜 角斑病 270-360克/公顷 喷雾
PD20097468 琥胶肥酸铜/30%/可湿性粉剂/琥胶肥酸铜 30%/2009.11.03 至 2014.11.03/低毒
黄瓜 角斑病 900-1050克/公顷 喷雾
PD20097819 百菌清/20%/烟剂/百菌清 20%/2009.11.20 至 2014.11.20/低毒
黄瓜(保护地) 霜霉病 750-1200克/公顷 点燃放烟
LS20082919 阿维·哒螨灵/5%/乳油/阿维菌素 0.2%、哒螨灵 4.8%/2009.07.14 至 2010.07.14/中等毒(原药高毒)
苹果树 红蜘蛛 25-33.3毫克/千克 喷雾
WP20090098 高效氯氰菊酯/5%/悬浮剂/高效氯氰菊酯 5%/2009.02.04 至 2014.02.04/低毒

卫生　蚊、蝇、蜚蠊　40毫克/平方米　滞留喷洒

北京金龙翔工贸有限公司　(北京市通州区永顺地区西富河园1号院11楼221　101101　010-87312689)

WP20090071　驱蚊液/6%/喷射剂/避蚊胺 6%/2009.02.01 至 2014.02.01/微毒
卫生　蚊　/　涂抹

北京京华卫康化工科技发展中心　(北京市大兴区黄村镇芦城工业区创新路128号　102600　010-86923051)

WL20050128　杀虫气雾剂/0.84%/气雾剂/富右旋反式烯丙菊酯 0.14%、氯菊酯 0.7%/2008.04.28 至 2009.04.28/低毒
卫生　蚊、蝇、蜚蠊　/　喷雾

北京康丰科贸发展中心　(北京市朝阳区惠新东街8号院1号住宅楼1门603　100023　010-83265925)

WL20080339　杀蟑饵膏/30%/饵剂/硼酸 30%/2009.06.11 至 2010.06.11/微毒
卫生　蜚蠊　/　投放

北京科林世纪海鹰科技发展有限公司　(北京市昌平区流村镇北流村科技园环岛西600米　102204　010-89774383)

PD20082849　溴敌隆/0.005%/毒饵/溴敌隆 0.005%/2008.12.09 至 2013.12.09/低毒(原药高毒)
卫生　家鼠　饱和投饵　投饵

PD20095063　溴敌隆/0.5%/母液/溴敌隆 0.5%/2009.04.21 至 2014.04.21/中等毒(原药高毒)

PD20095186　百草枯/200克/升/水剂/百草枯 200克/升/2009.04.24 至 2014.04.24/中等毒
柑橘园　杂草　600-900克/公顷　定向喷雾

PD20097098　百菌清/20%/烟剂/百菌清 20%/2009.10.10 至 2014.10.10/低毒
黄瓜(保护地)　霜霉病　750-1200克/公顷　点燃放烟

PD20097284　溴鼠灵/0.005%/饵粒/溴鼠灵 0.005%/2009.10.26 至 2014.10.26/低毒(原药高毒)
室内　家鼠　饱和投饵　投放

PD20097577　吗胍·乙酸铜 /20%/可湿性粉剂/盐酸吗啉胍 10%、乙酸铜 10%/2009.11.03 至 2014.11.03/低毒
番茄　病毒病　600-750克/公顷　喷雾

PD20097906　琥·铝·甲霜灵/60%/可湿性粉剂/琥胶肥酸铜 16%、甲霜灵 2.5%、三乙膦酸铝 41.5%/2009.11.30 至 2014.11.30/低毒
黄瓜　霜霉病　1125-1500克/公顷　喷雾

LS20051401　吡虫啉/10%/可湿性粉剂/吡虫啉 10%/2008.04.18 至 2009.04.18/低毒
小麦　蚜虫　15-30克/公顷(南方地区)　喷雾
45-60克/公顷(北方地区)

WP20080455　杀虫烟剂/2%/烟剂/高效氯氰菊酯 2%/2008.12.16 至 2013.12.16/低毒
卫生　蜚蠊　20毫克/平方米　点燃
卫生　蚊、蝇　10毫克/立方米　点燃

北京科诺华有害生物防制有限责任公司　(北京市朝阳区大郊亭商业街31号　100022　010-67372922)

WP20080473　杀蟑饵剂/30%/饵剂/硼酸 30%/2008.12.16 至 2013.12.16/低毒
卫生　蜚蠊　/　投放

WL20080030　顺式氯氰菊酯/0.04%/饵剂/顺式氯氰菊酯 0.04%/2008.01.07 至 2009.01.07/微毒
卫生　蚂蚁　/　投放

北京绿百灵化学实验厂　(北京市昌平区流字五号　102211　010-61792480)

WP20090245　胺·氯·高氯菊/8.7%/可溶液剂/胺菊酯 3%、高效氯氰菊酯 2.5%、氯菊酯 3.2%/2009.04.24 至 2014.04.24/低毒
室内　蚊、蝇、蜚蠊　60毫克/平方米　滞留喷洒

WP20090248　杀虫喷射剂/0.85%/喷射剂/Es-生物烯丙菊酯 0.25%、氯菊酯 0.6%/2009.04.24 至 2014.04.24/微毒
卫生　蚊、蝇、蜚蠊　/　喷射

WP20090261　杀虫粉剂/0.68%/粉剂/胺菊酯 0.3%、高效氟氯氰菊酯 0.08%、氯菊酯 0.3%/2009.04.27 至 2014.04.27/微毒
卫生　蜚蠊、蚂蚁　3克制剂/平方米　撒布

北京绿叶世纪日化用品有限公司　(北京市大兴区西红门志远工业大院12号　102600　010-61288573)

WL20050209　杀蟑饵剂/2.5%/饵剂/乙酰甲胺磷 2.5%/2008.08.21 至 2009.08.21/低毒
卫生　蜚蠊　/　投放

WL20080251　杀蟑胶饵/2.5%/胶饵/吡虫啉 2.5%/2009.03.27 至 2010.03.27/低毒
卫生　蜚蠊　/　投放

WL20080328　高效氯氰菊酯/5%/悬浮剂/高效氯氰菊酯 5%/2009.05.08 至 2010.05.08/低毒
卫生　蚊、蝇、蜚蠊　25-40毫克/平方米　滞留喷洒

北京洛娃日化有限公司　(北京市朝阳区望京利泽中国二区203号洛娃大厦　10102　010-69408446)

WP20090360　蚊香/.3%/蚊香/富右旋反式烯丙菊酯 0.3%/2009.11.04 至 2014.11.04/微毒
卫生　蚊　/　点燃

北京美尔特建材有限公司　(北京市通州区(于家务)聚富苑民族工业区聚和五街西2号　101127　010-80529250)

WL20060121　杀蟑胶饵/2.5%/胶饵/吡虫啉 2.5%/2009.05.17 至 2010.05.17/低毒
卫生　蜚蠊　/　投放

北京三浦百草绿色植物制剂有限公司　(北京市密云县隆源工业小区15号　100020　010-65911526)

LS98579　苦参碱/0.36%/水剂/苦参碱 0.36%/2009.01.14 至 2009.12.31/低毒
十字花科蔬菜　菜青虫　2.7-4.05克/公顷　喷雾
十字花科蔬菜　蚜虫　6.48-8.64克/公顷　喷雾

LS20031455　氧化苦参碱/0.1%/水剂/氧化苦参碱 0.1%/2009.01.14 至 2009.12.31/低毒
花卉　蚜虫　/　直接喷雾

LS20060025　甲氨基阿维菌素苯甲酸盐/0.5%/微乳剂/甲氨基阿维菌素苯甲酸盐 0.5%/2009.01.16 至 2010.01.16/低毒
十字花科蔬菜　甜菜夜蛾　1.3-1.8克/公顷　喷雾

LS20080065 鱼藤酮/95%/原药/鱼藤酮 95%/2009.01.04 至 2010.01.04/中等毒

LS20091313 鱼藤酮/5%/微乳剂/鱼藤酮 5%/2009.06.02 至 2010.06.02/中等毒
甘蓝 蚜虫 30-45克/公顷 喷雾

LS20091322 香菇多糖/1%/水剂/香菇多糖 1%/2009.06.02 至 2010.06.02/低毒
番茄 病毒病 22.5-37.5克/公顷 喷雾

WP20080417 杀虫喷射剂/0.1%/喷射剂/除虫菊素(Ⅰ+Ⅱ) 0.1%/2008.12.12 至 2013.12.12/低毒
卫生 蚊、蝇 / 喷射

北京市百盟兴科贸有限责任公司 (北京市丰台区东大街53号A1138室 100071)

WP20090253 杀蟑饵剂/0.8%/饵剂/毒死蜱 0.8%/2009.04.27 至 2014.04.27/低毒
卫生 蜚蠊 / 投放

北京市朝阳区利华鼠药厂 (北京市朝阳区小红门南里 100176 010-87603731)

PD20093308 溴敌隆/0.005%/毒饵/溴敌隆 0.005%/2009.03.13 至 2014.03.13/高毒
室内 褐家鼠 20-40克毒饵/15平方米 饱和投饵堆施或穴施

LS20081012 溴敌隆/0.01%/毒饵/溴敌隆 0.01%/2009.03.07 至 2010.03.07/低毒
农田 鼠 饱和投饵 投饵

北京市东旺农药厂 (北京市房山区良乡城西固村 102488 010-89356448)

PD20040079 氯氰菊酯/5%/乳油/氯氰菊酯 5%/2009.12.19 至 2014.12.19/中等毒
棉花 棉铃虫 45-90克/公顷 喷雾
十字花科蔬菜 菜青虫 30-45克/公顷 喷雾

PD20040251 高效氯氰菊酯/4.5%/乳油/高效氯氰菊酯 4.5%/2009.12.19 至 2014.12.19/中等毒
茶树 茶尺蠖 15-25.5克/公顷 喷雾
柑橘树 潜叶蛾 15-20毫克/千克 喷雾
棉花 棉铃虫 15-30克/公顷 喷雾
苹果树 食心虫 20-33毫克/千克 喷雾
十字花科蔬菜 菜青虫 9-25.5克/公顷 喷雾
烟草 烟青虫 15-25.5克/公顷 喷雾

PD20040684 高氯·三唑磷/15%/乳油/高效氯氰菊酯 1%、三唑磷 14%/2009.12.19 至 2014.12.19/中等毒
棉花 棉铃虫 94-140克/公顷 喷雾
十字花科蔬菜 小菜蛾 180-225克/公顷 喷雾
十字花科蔬菜 菜青虫 90-135克/公顷 喷雾

PD20085111 甲氰·马拉松/25%/乳油/甲氰菊酯 2%、马拉硫磷 23%/2008.12.23 至 2013.12.23/中等毒
柑橘树 红蜘蛛 250-312.5毫克/千克 喷雾
棉花 棉铃虫 187.5-262.5克/公顷 喷雾
棉花 红蜘蛛 225-300克/公顷 喷雾

PD20085762 高氯·辛硫磷/25%/乳油/高效氯氰菊酯 2.5%、辛硫磷 22.5%/2008.12.29 至 2013.12.29/中等毒
棉花 棉铃虫 187.5-281.25克/公顷 喷雾

PD20085915 辛硫·高氯氟/30%/乳油/高效氯氟氰菊酯 0.25%、辛硫磷 29.75%/2008.12.29 至 2013.12.29/中等毒
十字花科蔬菜 菜青虫 180-270克/公顷 喷雾

PD20094412 甲哌鎓/25%/水剂/甲哌鎓 25%/2009.04.01 至 2014.04.01/低毒
棉花 调节生长 40-60克/公顷 喷雾

PD20096959 高氯·辛硫磷/25%/乳油/高效氯氰菊酯 0.4%、辛硫磷 24.6%/2009.09.29 至 2014.09.29/中等毒
甘蓝 菜青虫 150-225克/公顷 喷雾
棉花 棉铃虫 280-375克/公顷 喷雾

LS992277 混脂·硫酸铜/8%/水乳剂/混合脂肪酸 7.6%、硫酸铜 0.4%/2009.01.01 至 2009.12.31/低毒
番茄 病毒病 300-450克/公顷 喷雾
烟草 花叶病毒病 240-300克/公顷 喷雾

LS20001560 混脂·硫酸铜/24%/水乳剂/混合脂肪酸 22.8%、硫酸铜 1.2%/2009.01.01 至 2009.12.31/低毒
番茄 病毒病 300-450克/公顷 喷雾
辣椒、西瓜 病毒病 280-420克/公顷 喷雾
烟草 花叶病毒病 300-450克/公顷 喷雾

LS20053459 噁霉·络氨铜/19%/水剂/噁霉灵 13%、络氨铜 6%/2008.11.13 至 2009.11.13/低毒
烟草 赤星病 95-142克/公顷 喷雾

LS20053460 霜霉·络氨铜/48%/水剂/络氨铜 23%、霜霉威 25%/2008.11.13 至 2009.11.13/低毒
烟草 黑胫病 320-480毫克/千克 喷雾

LS20072147 高效氯氰菊酯/5%/微乳剂/高效氯氰菊酯 5%/2009.09.04 至 2010.09.05/中等毒
十字花科蔬菜 小菜蛾 22.5-30克/公顷 喷雾

LS20080044 阿维·丁硫/25%/水乳剂/阿维菌素 0.5%、丁硫克百威 24.5%/2010.01.03 至 2011.01.03/中等毒(原药高毒)
烟草 根结线虫 125-250毫克/千克 灌根

LS20080912 高氯·甲维盐/5%/微乳剂/高效氯氰菊酯 4.8%、甲氨基阿维菌素苯甲酸盐 0.2%/2009.03.04 至 2010.03.04/中等毒
十字花科蔬菜 小菜蛾 15-22.5克/公顷 喷雾
烟草 斜纹夜蛾 11.25-22.5克/公顷 喷雾

LS20083118 阿维·哒螨灵/5%/微乳剂/阿维菌素 0.6%、哒螨灵 4.4%/2009.11.11 至 2010.11.11/低毒(原药高毒)

柑橘树 红蜘蛛 12.5-20毫克/千克 喷雾

LS20090111 甲戊·烯效唑/30%/乳油/二甲戊灵 28%、烯效唑 2%/2010.01.14 至 2011.01.14/低毒

烟草 抑制腋芽生长 160-200倍液 杯淋

LS20091293 吡虫·噻嗪酮/14%/微乳剂/吡虫啉 5%、噻嗪酮 9%/2009.05.25 至 2010.05.25/低毒

水稻 飞虱 63—84克/公顷 喷雾

LS20091442 联苯·甲维盐/5.3%/微乳剂/甲氨基阿维菌素苯甲酸盐 0.3%、联苯菊酯 5%/2009.11.12 至 2010.11.12/中等毒

茶树 茶毛虫、茶尺蠖 13.25-23.5毫克/千克 喷雾

WL20080200 高氯·氟铃脲/5%/悬浮剂/氟铃脲 1%、高效氯氰菊酯 4%/2009.03.07 至 2010.03.07/低毒

卫生 蜚蠊、蝇 50毫克/平方米 滞留喷洒

北京市隆华新业卫生杀虫剂有限公司 (北京市朝阳区平房乡平房东口工业区 100025 010-65488356)

PD20080602 溴敌隆/0.01%/饵粒/溴敌隆 0.01%/2008.05.12 至 2013.05.12/低毒(原药高毒)

室内 家鼠 10-20克制剂/15平方米 堆施或穴施

PD20081524 溴鼠灵/0.005%/毒饵/溴鼠灵 0.005%/2008.11.06 至 2013.11.06/低毒(原药高毒)

室内 家鼠 15-30克/15平方米 堆施或穴施

PD20081761 溴敌隆/0.5%/母液/溴敌隆 0.5%/2008.11.18 至 2013.11.18/中等毒(原药高毒)

室外 田鼠 2-5克0.005%毒饵×(300-450)点/公顷 堆施或穴施

PD20086047 溴敌隆/0.005%/毒饵/溴敌隆 0.005%/2008.12.29 至 2013.12.29/低毒(原药高毒)

室内 家鼠 10-20克制剂/10平方米 堆施或穴施

室外 田鼠 2-5克制剂×(300-450)点/公顷 堆施或穴施

PD20086384 杀鼠醚/0.0375%/毒饵/杀鼠醚 0.0375%/2008.12.31 至 2013.12.31/低毒(原药高毒)

室内 家鼠 15-20克制剂/堆、穴 堆施或穴施(连续投放5天)

PD20093977 杀鼠醚/0.75%/母粉/杀鼠醚 0.75%/2009.03.27 至 2014.03.27/低毒(原药高毒)

室内 家鼠 饱和投饵 配成0.0375%毒饵堆施或穴施

WP20080085 杀蟑胶饵/4.5%/胶饵/灭幼脲 0.5%、乙酰甲胺磷 4%/2008.07.10 至 2013.07.10/低毒

卫生 蜚蠊 / 投放

WP20080219 高效氯氰菊酯/5%/悬浮剂/高效氯氰菊酯 5%/2008.11.25 至 2013.11.25/低毒

卫生 蚊、蝇 50毫克/平方米 滞留喷雾

卫生 蜚蠊 83.3毫克/平方米 滞留喷雾

WP20080242 高效氯氟氰菊酯/2.5%/水分散粒剂/高效氯氟氰菊酯 2.5%/2008.11.25 至 2013.11.25/低毒

卫生 蚊、蝇、蜚蠊 50毫克/平方米 滞留喷洒

WP20080244 杀蚁饵剂/1%/饵剂/毒死蜱 1%/2008.11.26 至 2013.11.26/低毒

卫生 蚂蚁 / 投饵

WP20080247 杀蟑饵剂/2.8%/饵剂/毒死蜱 0.8%、乙酰甲胺磷 2%/2008.11.26 至 2013.11.26/低毒

卫生 蜚蠊 / 投饵

WP20080256 杀虫粉剂/0.17%/粉剂/胺菊酯 0.06%、氯菊酯 0.01%、溴氰菊酯 0.10%/2008.11.26 至 2013.11.26/低毒

卫生 蜚蠊、蚊、蝇 1.1-2.2毫克/平方米 撒布

WP20080271 杀虫粉剂/0.6%/粉剂/残杀威 0.45%、高效氯氰菊酯 0.15%/2008.12.01 至 2013.12.01/低毒

卫生 蜚蠊 3克制剂/平方米 撒布

WP20080400 杀蟑饵剂/2.6%/饵剂/残杀威 2%、毒死蜱 0.6%/2008.12.11 至 2013.12.11/低毒

卫生 蜚蠊 / 投饵

WP20080460 杀蟑饵膏/2%/膏剂/残杀威 2%/2008.12.16 至 2013.12.16/低毒

卫生 蜚蠊 / 投饵

WP20080483 高效氯氰菊酯/4.5%/水乳剂/高效氯氰菊酯 4.5%/2008.12.17 至 2013.12.17/低毒

卫生 蚊、蝇 30毫克/平方米 滞留喷洒

卫生 蜚蠊 40毫克/平方米 滞留喷洒

WP20090005 杀蟑饵剂/2.5%/毒饵/灭幼脲 0.5%、乙酰甲胺磷 2.0%/2009.01.04 至 2014.01.04/低毒

卫生 蜚蠊 / 投饵

WP20090212 高效氯氟氰菊酯/2.5%/悬浮剂/高效氯氟氰菊酯 2.5%/2009.03.31 至 2014.03.31/低毒

卫生 蝇 15毫克/平方米 滞留喷洒

卫生 蜚蠊 30毫克/平方米 滞留喷洒

WP20090233 氯氰·敌敌畏/16.5%/乳油/敌敌畏 15%、氯氰菊酯 1.5%/2009.04.13 至 2014.04.13/中等毒

室外 蚊、蝇 0.04-0.06毫升制剂/平方米 喷洒

WP20090319 敌·氯·辛硫磷/12.8%/乳油/敌敌畏 8.8%、氯氰菊酯 0.8%、辛硫磷 3.2%/2009.09.10 至 2014.09.10/中等毒

卫生 蚊、蝇 100倍液 喷洒

WL20080128 杀蟑烟剂/6%/烟剂/高效氯氰菊酯 6%/2009.02.21 至 2010.02.22/低毒

室内 蜚蠊 / 点燃

WL20080294 杀蟑热雾剂/2.5%/热雾剂/胺菊酯 0.5%、高效氯氰菊酯 2%/2009.04.21 至 2010.04.21/微毒

卫生 蜚蠊 / 喷雾

WL20080298 烯丙·氯菊/10.5%/微乳剂/Es-生物烯丙菊酯 0.5%、氯菊酯 10%/2009.04.21 至 2010.04.21/微毒

卫生 蚊 / 喷雾

注:专业人员使用。

北京市维家日化有限责任公司 (北京市平谷区夏各庄镇龙家务开发小区一号 101213 010-89963689)

WP20090199 杀虫气雾剂/0.3%/气雾剂/右旋胺菊酯 0.15%、右旋苯醚氰菊酯 0.15%/2009.03.23 至 2014.03.23/低毒

卫生	蜚蠊、蚊、蝇	/	喷雾

北京顺意生物农药厂 (北京市顺义区北石槽镇 101300 010-60421788)

PD20040242 高效氯氰菊酯/4.5%/乳油/高效氯氰菊酯 4.5%/2009.12.19 至 2014.12.19/低毒

茶树	尺蠖	15-25.5克/公顷	喷雾
柑橘树	红蜡蚧	50毫克/千克	喷雾
柑橘树	潜叶蛾	15-20毫克/千克	喷雾
棉花	红铃虫、棉铃虫、蚜虫	15-30克/公顷	喷雾
苹果树	桃小食心虫	30-45毫克/千克	喷雾
十字花科蔬菜	菜青虫、小菜蛾	9-25.5克/公顷	喷雾
十字花科蔬菜	美洲斑潜蝇	27-33.8克/公顷	喷雾
十字花科蔬菜	菜蚜	3-18克/公顷	喷雾
烟草	烟青虫	15-25.5克/公顷	喷雾

PD20040685 吡虫·杀虫单/50%/可湿性粉剂/吡虫啉 1%、杀虫单 49%/2009.12.19 至 2014.12.19/中等毒

水稻	稻飞虱、稻纵卷叶螟	750-900克/公顷	喷雾

PD20060150 氯氰菊酯/5%/乳油/氯氰菊酯 5%/2006.08.25 至 2011.08.24/中等毒

十字花科蔬菜	菜青虫、蚜虫	30-45克/公顷	喷雾

PD20080527 噻吩磺隆/15%/可湿性粉剂/噻吩磺隆 15%/2008.04.29 至 2013.04.29/低毒

冬小麦田	一年生阔叶杂草	22.5-33.8克/公顷	喷雾
花生田、夏大豆田	一年生阔叶杂草	18-27克/公顷	土壤喷雾
夏玉米田	一年生阔叶杂草	18-27克/公顷	土壤或茎叶喷雾

PD20084870 辛硫·氟氯氰/43%/乳油/氟氯氰菊酯 3%、辛硫磷 40%/2008.12.22 至 2013.12.22/低毒

棉花	棉蚜	129-258克/公顷	喷雾
棉花	红蜘蛛	161.25-322.5克/公顷	喷雾(有抑制作用)
棉花	棉铃虫	161.25-322.5克/公顷	喷雾

PD20085045 苯磺隆/10%/可湿性粉剂/苯磺隆 10%/2008.12.23 至 2013.12.23/低毒

冬小麦田	一年生阔叶杂草	13.5-22.5克/公顷	茎叶喷雾

PD20085553 阿维·高氯/3%/乳油/阿维菌素 0.2%、高效氯氰菊酯 2.8%/2008.12.25 至 2013.12.25/低毒(原药高毒)

黄瓜	美洲斑潜蝇	15-30克/公顷	喷雾
梨树	梨木虱	6-12毫克/千克	喷雾
十字花科蔬菜	小菜蛾	7.5-15克/公顷	喷雾

PD20085614 百菌清/40%/悬浮剂/百菌清 40%/2008.12.25 至 2013.12.25/低毒

番茄	灰霉病	900-1000克/公顷	喷雾
黄瓜	霜霉病	900-1050克/公顷	喷雾

PD20090133 辛硫·氟氯氰/30%/乳油/氟氯氰菊酯 1%、辛硫磷 29%/2009.01.08 至 2014.01.08/低毒

棉花	棉铃虫	150-225克/公顷	喷雾
棉花	美洲斑潜蝇	180-270克/公顷	喷雾
十字花科蔬菜	美洲斑潜蝇、蚜虫	135-225克/公顷	喷雾

PD20091732 高氯·马/20%/乳油/高效氯氰菊酯 2%、马拉硫磷 18%/2009.02.04 至 2014.02.04/中等毒

茶树	茶毛虫、小绿叶蝉	60-180克/公顷	喷雾
甘蓝	小菜蛾	150-300克/公顷	喷雾
甘蓝	菜青虫、蚜虫	45-120克/公顷	喷雾
棉花	棉铃虫、蚜虫	60-180克/公顷	喷雾
苹果树	蚜虫	50-200毫克/千克	喷雾
苹果树	桃小食心虫	133-200毫克/千克	喷雾
十字花科蔬菜	甜菜夜蛾	90-150克/公顷	喷雾
小麦	蚜虫	120-150克/公顷	喷雾

PD20093550 复硝酚钠/1.8%/水剂/5-硝基邻甲氧基苯酚钠 0.3%、对硝基苯酚钠 0.9%、邻硝基苯酚钠 0.6%/2009.03.23 至2014.03.23/低毒

番茄	调节生长	4.5-6.0毫克/千克	喷雾

PD20094392 氯·火·辛硫磷/25%/乳油/高效氯氰菊酯 2%、灭多威 5%、辛硫磷 18%/2009.04.01 至 2014.04.01/中等毒(原药高毒)

萝卜	蚜虫	125-187.5克/公顷	喷雾
棉花	红蜘蛛、棉铃虫、棉蚜	127.5-187.5克/公顷	喷雾
棉花	美洲斑潜蝇	187.5-262.5克/公顷	喷雾
苹果树	蚜虫	125-250毫克/千克	喷雾

PD20094839 噻磺·乙草胺/20%/可湿性粉剂/噻吩磺隆 1%、乙草胺 19%/2009.04.13 至 2014.04.13/低毒

冬小麦田	一年生杂草	240-300克/公顷	喷雾

PD20095447 苄·二氯/36%/可湿性粉剂/苄嘧磺隆 4%、二氯喹啉酸 32%/2009.05.11 至 2014.05.11/低毒

水稻抛秧田	部分多年生杂草、一年生杂草	216-270克/公顷(南方地区)	排水、喷雾

PD20095568 苄嘧·苯噻酰/50%/可湿性粉剂/苯噻酰草胺 47.4%、苄嘧磺隆 2.6%/2009.05.12 至 2014.05.12/低毒

水稻抛秧田 部分多年生杂草、一年生杂草 375-450克/公顷 药土法
PD20095895 精喹·草除灵/17.5%/乳油/草除灵 15%、精喹禾灵 2.5%/2009.05.31 至 2014.05.31/低毒
油菜田 一年生杂草 262.5-393.8克/公顷 茎叶喷雾
PD20095904 扑·乙/40%/乳油/扑草净 15%、乙草胺 25%/2009.05.31 至 2014.05.31/低毒
春大豆田 一年生杂草 1200-1500克/公顷 喷雾
春玉米田 一年生杂草 1200-1500克/公顷(东北地区) 喷雾
花生田 一年生杂草 900-1500克/公顷 喷雾
LS20051072 高效氯氰菊酯/4.5%/微乳剂/高效氯氰菊酯 4.5%/2008.04.11 至 2009.04.11/中等毒
苹果树 桃小食心虫 30-45毫克/千克 喷雾
十字花科蔬菜 菜青虫 27-40.5克/公顷 喷雾
LS20051383 柴油·哒螨灵/34%/乳油/柴油 4%、哒螨灵 30%/2008.04.18 至 2009.04.18/低毒
苹果树 红蜘蛛 246.7-340毫克/千克 喷雾
LS20052483 阿维·哒螨灵/5%/乳油/阿维菌素 0.2%、哒螨灵 4.8%/2008.07.13 至 2009.07.13/低毒(原药高毒)
柑橘树 红蜘蛛 40-60毫克/千克 喷雾
棉花 红蜘蛛 37.5-45克/公顷 喷雾
LS20061269 胺苯磺隆/20%/可溶粉剂/胺苯磺隆 20%/2008.05.30 至 2009.05.30/微毒
冬油菜田 一年生阔叶杂草 18.75-22.5克/公顷 喷雾
LS20070677 复硝酚钾/2%/水剂/2,4-二硝基苯酚钾 0.1%、对硝基苯酚钾 1%、邻硝基苯酚钾 0.9%/2008.03.29 至 2009.03.30/低毒
黄瓜 调节生长 2000-3000倍液 喷雾
LS20091229 苯醚甲环唑/10%/悬浮剂/苯醚甲环唑 10%/2009.04.30 至 2010.04.30/低毒
番茄 早疫病 90－150克/公顷 喷雾
梨树 黑星病 16.7-25毫克/千克 喷雾
WPN2-94 溴氰菊酯/2.5%/可湿性粉剂/溴氰菊酯 2.5%/2009.09.23 至 2014.09.23/中等毒
卫生 蜚蠊、蝇 10-20毫克/平方米 喷雾
WP20080220 高效氯氰菊酯/5%/可湿性粉剂/高效氯氰菊酯 5%/2008.11.25 至 2013.11.25/低毒
卫生 蚊、蝇 10-20毫克/平方米 滞留喷雾
卫生 蜚蠊 40毫克/平方米 滞留喷雾
卫生 蚂蚁 50-100毫克/平方米 滞留喷雾
WP20080267 杀虫粉剂/1%/粉剂/高效氯氰菊酯 1%/2008.11.27 至 2013.11.27/低毒
卫生 蜚蠊 6克制剂/平方米 撒布
卫生 蚂蚁 3克制剂/平方米 撒布
WP20080356 高效氯氰菊酯/5%/悬浮剂/高效氯氰菊酯 5%/2008.12.09 至 2013.12.09/低毒
卫生 蚂蚁 50-100毫克/平方米 滞留喷洒
卫生 蜚蠊、蚊、蝇 10-20毫克/平方米 滞留喷洒
WP20080579 杀虫喷射剂/0.6%/喷射剂/胺菊酯 0.3%、氯菊酯 0.3%/2008.12.29 至 2013.12.29/低毒
卫生 蚊、蝇、蜚蠊 / 喷射
WP20090143 高效氟氯氰菊酯/2.5%/悬浮剂/高效氟氯氰菊酯 2.5%/2009.02.26 至 2014.02.26/低毒
卫生 蜚蠊、蚊、蝇 玻璃面10毫克/平方米；木板面、石灰面20毫克/平方米 滞留喷洒
卫生 蚂蚁 20毫克/平方米 滞留喷洒

北京天青源科技有限公司 (北京市海淀区茂林居4号楼408室 100038 010-68575489)

WP20090018 杀蟑饵剂/30%/饵剂/硼酸 30%/2009.01.08 至 2014.01.08/微毒
卫生 蜚蠊 / 投放

北京天擎化工有限责任公司 (北京市平谷区新平南路126号 101200 010-89989146)

WP20090202 杀虫烟剂/5%/烟剂/高效氯氰菊酯 5%/2009.03.25 至 2014.03.25/低毒
卫生 蜚蠊、蚊、蝇 / 点燃

北京沃特瑞尔科技发展有限公司 (北京市海淀区上地西里 100085 010-62964685)

PD20093677 甲·戊·福美双/10%/种衣剂/福美双 4.88%、甲基异柳磷 5%、戊唑醇 0.12%/2009.03.25 至 2014.03.25/中等毒(原药高毒)
小麦 地下害虫、纹枯病 1:50-60(药种比) 种子包衣
PD20093718 多·福/18%/种衣剂/多菌灵 6%、福美双 12%/2009.03.25 至 2014.03.25/低毒
大豆 根腐病 1:40-50（药种比） 种子包衣
PD20094849 辛硫·福美双/15%/油基种衣剂/福美双 11%、辛硫磷 4%/2009.04.13 至 2014.04.13/低毒
玉米 地下害虫、茎基腐病 1：40-50 种子包衣
PD20096415 甲氨基阿维菌素苯甲酸盐(90%)///原药/甲氨基阿维菌素 79.1%/2009.08.04 至 2014.08.04/中等毒
PD20096416 草甘膦/95%/原药/草甘膦 95%/2009.08.04 至 2014.08.04/低毒
PD20096964 烟嘧磺隆/95%/原药/烟嘧磺隆 95%/2009.09.29 至 2014.09.29/低毒

北京亚戈农生物药业有限公司 (北京市平谷区东高村镇崔庄前街13号 101203 010-89922404)

PD20080911 嘧霉·多菌灵/40%/悬浮剂/多菌灵 30%、嘧霉胺 10%/2008.07.14 至 2013.07.14/低毒
黄瓜 灰霉病 450－562.5克/公顷 喷雾
PD20084987 毒死蜱/40%/乳油/毒死蜱 40%/2008.12.22 至 2013.12.22/中等毒
水稻 稻飞虱 300-600克/公顷 喷雾
PD20085526 联苯菊酯/25克/升/乳油/联苯菊酯 25克/升/2008.12.25 至 2013.12.25/低毒

茶树　茶小绿叶蝉　30-37.5克/公顷　喷雾

PD20086039　丙溴·辛硫磷/25%/乳油/丙溴磷 5%、辛硫磷 20%/2008.12.29 至 2013.12.29/低毒

棉花　棉铃虫　225-375克/公顷　喷雾

十字花科蔬菜　小菜蛾　262.5-450克/公顷　喷雾

PD20090088　阿维·杀虫单 /15%/微乳剂/阿维菌素 0.3%、杀虫单 14.7%/2009.01.08 至 2014.01.08/低毒(原药高毒)

水稻　二化螟　135-225克/公顷　喷雾

PD20090340　阿维·哒螨灵/10%/乳油/阿维菌素 0.2%、哒螨灵 9.8%/2009.01.12 至 2014.01.12/低毒(原药高毒)

苹果树　红蜘蛛　2000-3000倍液　喷雾

PD20090361　炔螨特/570克/升/乳油/炔螨特 570克/升/2009.01.12 至 2014.01.12/低毒

柑橘树　红蜘蛛　285-427.5毫克/千克　喷雾

PD20090430　氯氰·丙溴磷/440克/升/乳油/丙溴磷 400克/升、氯氰菊酯 40克/升/2009.01.12 至 2014.01.12/中等毒

棉花　棉铃虫　528-660克/公顷　喷雾

PD20090806　丙环唑/250克/升/乳油/丙环唑 250克/升/2009.01.19 至 2014.01.19/低毒

小麦　白粉病　112.5-131.25克/公顷　喷雾

PD20091287　甲霜·锰锌/58%/可湿性粉剂/甲霜灵 10%、代森锰锌 48%/2009.02.01 至 2014.02.01/低毒

黄瓜　霜霉病　696-1044克/公顷　喷雾

PD20092530　高效氯氟氰菊酯/25克/升/乳油/高效氯氟氰菊酯 25克/升/2009.02.26 至 2014.02.26/中等毒

棉花　棉铃虫　15-22.5克/公顷　喷雾

PD20093543　氟硅唑/400克/升/乳油/氟硅唑 400克/升/2009.03.23 至 2014.03.23/低毒

梨树　黑星病　40-50毫克/千克　喷雾

PD20096909　吡虫啉/5%/乳油/吡虫啉 5%/2009.09.23 至 2014.09.23/低毒

苹果树　蚜虫　25-50毫克/千克　喷雾

LS20011791　苦参碱/0.38%/可溶性液剂/苦参碱 0.38%/2009.03.05 至 2009.12.31/低毒

甘蓝　蚜虫　4.56-6.84克/公顷　喷雾

LS20070386　丁硫克百威/200克/升/乳油/丁硫克百威 200克/升/2009.03.05 至 2010.03.06/中等毒

柑橘树　锈壁虱　100-200毫克/千克　喷雾

LS20070515　阿维菌素/18克/升/乳油/阿维菌素 18克/升/2009.03.06 至 2010.03.07/低毒(原药高毒)

棉花　红蜘蛛　10.8-16.2克/公顷　喷雾

LS20090029　甲氨基阿维菌素苯甲酸盐/1%/微乳剂/甲氨基阿维菌素苯甲酸盐 1%/2009.01.08 至 2010.01.08/低毒

甘蓝　甜菜夜蛾　3.0-4.5克/公顷　喷雾

LS20090482　氯氟·毒死蜱/16%/微乳剂/毒死蜱 15%、高效氯氟氰菊酯 1%/2009.03.18 至 2010.03.18/中等毒

苹果树　桃小食心虫　80-160毫克/千克　喷雾

LS20090516　氯氟·啶虫脒/4%/微乳剂/啶虫脒 3%、高效氯氟氰菊酯 1%/2009.03.18 至 2010.03.18/中等毒

棉花　蚜虫　12-18克/公顷　喷雾

LS20090519　咪鲜胺/20%/微乳剂/咪鲜胺 20%/2009.03.18 至 2010.03.18/低毒

柑橘树　炭疽病　200-400毫克/千克　喷雾

LS20090882　苯醚甲环唑/10%/微乳剂/苯醚甲环唑 10%/2009.04.09 至 2010.04.09/低毒

苹果树　斑点落叶病　40-67毫克/千克　喷雾

北京燕化永乐农药有限公司　(北京市通州区永乐店镇德仁务村　102488　010-89360210)

PD86123-3　矮壮素/50%/水剂/矮壮素 50%/2006.07.10 至 2011.07.10/低毒

棉花　防止徒长,化学整枝　10000倍液　喷顶，后期喷全株

棉花　提高产量、植株紧凑　1)10000倍液2)0.3-0.5%药液　1)喷雾

棉花　防止疯长　25000倍液　2)浸种喷顶

小麦　防止倒伏,提高产量　1)3-5%药液 2)100-400倍液　1)拌种2)返青、拔节期喷雾

玉米　增产　0.5%药液　浸种

PD20060164　百草枯/200克/升/水剂/百草枯 200克/升/2006.10.11 至 2011.10.11/中等毒

稻茬免耕小麦田　杂草　450-600克/公顷　播前或播后苗前茎叶喷雾

稻茬免耕油菜田　杂草　450-600克/公顷　播前、播后苗前或移栽前茎叶喷雾

玉米地　杂草　450-600克/公顷　行间定向茎叶喷雾

PD20070318　氯氰·辛硫磷/26%/乳油/氯氰菊酯 1%、辛硫磷 25%/2007.09.27 至 2012.09.27/低毒

棉花　棉铃虫　390-585克/公顷　喷雾

PD20080497　草甘膦异丙胺盐(41%)///水剂/草甘膦 30%/2008.04.10 至 2013.04.10/低毒

茶园、柑橘园、剑麻园、梨园、苹果园、桑园、橡胶园　杂草　1125-2250克/公顷　行间定向喷雾

非耕地　一年生和多年生杂草　1230-2460克/公顷　茎叶喷雾

PD20080609　氯氟吡氧乙酸异辛酯/200克/升/乳油/氯氟吡氧乙酸异辛酯 200克/升/2008.05.12 至 2013.05.12/低毒

	冬小麦田	一年生阔叶杂草	180-210克/公顷	茎叶喷雾
	水田畦畔	空心莲子草	150-180克/公顷	定向茎叶喷雾
PD20081676	二甲戊灵/330克/升/乳油/二甲戊灵 330克/升/2008.11.17 至 2013.11.17/低毒			
	甘蓝田	一年生禾本科杂草及部分阔叶杂草	594-742.5克/公顷	土壤喷雾
PD20082351	霜脲·锰锌/72%/可湿性粉剂/代森锰锌 64%、霜脲氰 8%/2008.12.01 至 2013.12.01/低毒			
	黄瓜	霜霉病	1620-1800克/公顷	喷雾
	荔枝树	霜疫霉病	1200-1450毫克/千克	喷雾
PD20083068	代森锰锌/80%/可湿性粉剂/代森锰锌 80%/2008.12.10 至 2013.12.10/低毒			
	柑橘树	疮痂病、炭疽病	1333-2000毫克/千克	喷雾
	梨树	黑星病	800-1500毫克/千克	喷雾
	荔枝树	霜疫霉病	1333-2000毫克/千克	喷雾
	苹果树	斑点落叶病、轮纹病、炭疽病	1000-1500毫克/千克	喷雾
	葡萄	白腐病、黑痘病、霜霉病	1000-1600毫克/千克	喷雾
	西瓜	炭疽病	1560-2520克/公顷	喷雾
PD20083125	代森锌/80%/可湿性粉剂/代森锌 80%/2008.12.10 至 2013.12.10/低毒			
	番茄	早疫病	2550-3600克/公顷	喷雾
PD20083202	阿维菌素/2%/乳油/阿维菌素 2%/2008.12.11 至 2013.12.11/低毒(原药高毒)			
	菜豆、黄瓜	美洲斑潜蝇	10.8-21.6克/公顷	喷雾
	柑橘树	红蜘蛛、潜叶蛾	4.5-9毫克/千克	喷雾
	柑橘树	锈壁虱	2.25-4.5毫克/千克	喷雾
	梨树	梨木虱	6-12毫克/千克	喷雾
	苹果树	二斑叶螨	4.5-6毫克/千克	喷雾
	苹果树	红蜘蛛	3-6毫克/千克	喷雾
	苹果树	桃小食心虫	4.5-9毫克/千克	喷雾
	十字花科蔬菜	菜青虫、小菜蛾	8.1-10.8克/公顷	喷雾
PD20083261	噁霜·锰锌/64%/可湿性粉剂/噁霜灵 8%、代森锰锌 56%/2008.12.11 至 2013.12.11/低毒			
	烟草	黑胫病	1920-2880克/公顷	喷雾
PD20083349	丙环唑/250克/升/乳油/丙环唑 250克/升/2008.12.11 至 2013.12.11/低毒			
	香蕉	叶斑病	360-500毫克/千克	喷雾
PD20083392	毒死蜱/480克/升/乳油/毒死蜱 480克/升/2008.12.11 至 2013.12.11/中等毒			
	柑橘树	介壳虫	240-480毫克/千克	喷雾
	苹果树	桃小食心虫	160-240毫克/千克	喷雾
	苹果树	绵蚜	240-320毫克/千克	喷雾
	水稻	稻纵卷叶螟	432-720克/公顷	喷雾
PD20083698	三环唑/75%/可湿性粉剂/三环唑 75%/2008.12.15 至 2013.12.15/中等毒			
	水稻	稻瘟病	250-300克/公顷	喷雾
PD20084299	三唑酮/25%/可湿性粉剂/三唑酮 25%/2008.12.17 至 2013.12.17/低毒			
	小麦	白粉病	75-135克/公顷	喷雾
PD20084924	多菌灵/50%/可湿性粉剂/多菌灵 50%/2008.12.22 至 2013.12.22/低毒			
	苹果树	炭疽病	500-833毫克/千克	喷雾
PD20085182	抑霉唑/50%/乳油/抑霉唑 50%/2008.12.23 至 2013.12.23/低毒			
	柑橘	绿霉病、青霉病	357-500毫克/千克	浸果
PD20085326	苯丁锡/50%/可湿性粉剂/苯丁锡 50%/2008.12.24 至 2013.12.24/低毒			
	柑橘树	红蜘蛛	200-250毫克/千克	喷雾
PD20085501	精喹禾灵/50克/升/乳油/精喹禾灵 50克/升/2008.12.25 至 2013.12.25/低毒			
	棉花田	一年生禾本科杂草	37.5-60克/公顷	茎叶喷雾
PD20085668	除虫脲/25%/可湿性粉剂/除虫脲 25%/2008.12.26 至 2013.12.26/低毒			
	森林	松毛虫	40-60毫克/千克	喷雾
PD20085810	高效氟吡甲禾灵/108克/升/乳油/高效氟吡甲禾灵 108克/升/2008.12.29 至 2013.12.29/低毒			
	春大豆田	一年生禾本科杂草	48.6-56.7克/公顷	茎叶喷雾
	春油菜	一年生禾本科杂草	45.36-51.84克/公顷	茎叶喷雾
	冬油菜田	一年生禾本科杂草	32.5-45克/公顷	茎叶喷雾
	夏大豆田	一年生禾本科杂草	45.4-48.6克/公顷	茎叶喷雾
PD20086289	联苯菊酯/100克/升/乳油/联苯菊酯 100克/升/2008.12.31 至 2013.12.31/低毒			
	茶树	茶小绿叶蝉	37.5-45克/公顷	喷雾
PD20090139	复硝酚钠/1.8%/水剂/5-硝基邻甲氧基苯酚钠 0.3%、对硝基苯酚钠 0.9%、邻硝基苯酚钠 0.6%/2009.01.08至2014.01.08/低毒			
	番茄	调节生长	3.6-4.5微升/升（4000-5000倍液）	兑水喷雾
PD20091592	烯草酮/240克/升/乳油/烯草酮 240克/升/2009.02.03 至 2014.02.03/低毒			
	大豆田	一年生禾本科杂草	108-144克/公顷	茎叶喷雾
PD20091680	甲基硫菌灵/70%/可湿性粉剂/甲基硫菌灵 70%/2009.02.03 至 2014.02.03/低毒			
	苹果树	轮纹病	700-1167毫克/千克	喷雾

PD20093841　唑磷·毒死蜱/25%/乳油/毒死蜱 10%、三唑磷 15%/2009.03.25 至 2014.03.25/中等毒
水稻　二化螟　375-450克/公顷　喷雾
PD20095821　精噁唑禾草灵/69克/升/水乳剂/精噁唑禾草灵 69克/升/2009.05.27 至 2014.05.27/低毒
春小麦田　一年生禾本科杂草　51.75-62.1克/公顷　茎叶喷雾
冬小麦田　一年生禾本科杂草　41.4-51.75克/公顷　茎叶喷雾
PD20096262　香菇多糖/2%/母药/香菇多糖 2%/2009.07.15 至 2014.07.15/低毒
PD20096263　香菇多糖/0.5%/水剂/香菇多糖 0.5%/2009.07.15 至 2014.07.15/低毒
番茄　病毒病　12.45-18.75克/公顷　喷雾
烟草　病毒病　7.5-12.5克/公顷　喷雾
PD20096418　多·锰锌/50%/可湿性粉剂/多菌灵 8%、代森锰锌 42%/2009.08.04 至 2014.08.04/低毒
苹果树　轮纹病　625-833毫克/千克　喷雾
LS20052310　吡嘧·苯噻酰/50%/可湿性粉剂/苯噻酰草胺 48.2%、吡嘧磺隆 1.8%/2008.06.26 至 2009.06.26/低毒
水稻移栽田　一年生及部分多年生杂草　375-525克/公顷(南方地区)525-750克/公顷(北方地区)　毒土法
LS20061548　高氯·甲维盐/4.8%/微乳剂/高效氯氰菊酯 4.5%、甲氨基阿维菌素苯甲酸盐 0.3%/2009.08.02 至 2010.08.02/低毒
十字花科蔬菜　甜菜夜蛾　18-28.8克/公顷　喷雾
LS20061771　菌核·多菌灵/40%/可湿性粉剂/多菌灵 20%、菌核净 20%/2009.10.12 至 2010.10.12/低毒
油菜　菌核病　500-750克/公顷　喷雾
LS20061858　甲嘧·草甘膦/15%/悬浮剂/草甘膦异丙胺盐 13.5%、甲嘧磺隆 1.5%/2009.11.14 至 2010.11.14/低毒
非耕地、橡胶园　杂草　1800-2250克/公顷　茎叶喷雾
LS20080306　毒死蜱/480克/升/乳油/毒死蜱 480克/升/2008.02.19 至 2009.02.19/中等毒
柑橘树　介壳虫　240-480毫克/千克　喷雾
LS20080529　腈菌唑/40%/可湿性粉剂/腈菌唑 40%/2009.02.20 至 2010.02.21/低毒
小麦　白粉病　60-90克/公顷　喷雾
LS20080836　苯醚甲环唑/10%/水分散粒剂/苯醚甲环唑 10%/2009.02.28 至 2010.02.28/低毒
苹果树　斑点落叶病　50-66.7毫克/千克　喷雾
LS20081721　吡虫·毒死蜱/22%/乳油/吡虫啉 2%、毒死蜱 20%/2009.04.07 至 2010.04.07/中等毒
柑橘树　白粉虱　100-110毫克/千克　喷雾
水稻　稻飞虱　132-165克/公顷　喷雾
LS20083044　吡虫·毒死蜱/22%/乳油/吡虫啉 2%、毒死蜱 20%/2008.09.18 至 2009.09.18/中等毒
水稻　稻飞虱　132-165克/公顷　喷雾
LS20090015　2甲·草甘膦/33%/水剂/草甘膦异丙胺盐 27.5%、2甲4氯钠 5.5%/2009.01.08 至 2010.01.08/低毒
非耕地、柑橘园　杂草　制剂量：6000-9000毫升/公顷　茎叶喷雾

北京中科健桥生物科技有限公司　(北京市海淀区中关村南大街12号中国农业科学院　102488　010-81380506)

WL20090152　杀蟑胶饵/1.85%/胶饵/吡虫啉 1.85%/2009.06.02 至 2010.06.02/微毒
卫生　蜚蠊　/　投放

北京中农大生物技术股份有限公司奇克农药厂　(北京市海淀区中国农业大学29号楼C座　100083　010-82375726-220)

PD20070017　高效氯氰菊酯/4.5%/乳油/高效氯氰菊酯 4.5%/2007.01.18 至 2012.01.18/中等毒
苹果树　桃小食心虫　20-33毫克/千克　喷雾
蔬菜　菜青虫、小菜蛾　9-25.5克/公顷　喷雾
蔬菜　菜蚜　3-18克/公顷　喷雾
PD20084026　阿维菌素/0.9%/乳油/阿维菌素 0.9%/2008.12.16 至 2013.12.16/低毒(原药高毒)
甘蓝　小菜蛾　6-9克/公顷　喷雾
甘蓝　菜青虫　8.1-10.8克/公顷　喷雾
柑橘树　红蜘蛛　1.8-2.25毫克/千克　喷雾
柑橘树　锈壁虱　1.5-1.8毫克/千克　喷雾
苹果树　叶螨　1.5-2.25毫克/千克　喷雾
苹果树　桃小食心虫　1.8-2.25毫克/千克　喷雾
PD20084208　阿维菌素/1.8%/乳油/阿维菌素 1.8%/2008.12.16 至 2013.12.16/低毒(原药高毒)
菜豆、黄瓜　美洲斑潜蝇　10.8-21.6克/公顷　喷雾
柑橘树　红蜘蛛、潜叶蛾　4.5-9毫克/千克　喷雾
柑橘树　锈壁虱　2.25-4.5毫克/千克　喷雾
梨树　梨木虱　6-12毫克/千克　喷雾
棉花　棉铃虫　21.6-32.4克/公顷　喷雾
棉花　红蜘蛛　10.8-16.2克/公顷　喷雾
苹果树　桃小食心虫　4.5-9毫克/千克　喷雾
苹果树　红蜘蛛　3-6毫克/千克　喷雾
苹果树　二斑叶螨　4.5-6毫克/千克　喷雾
十字花科蔬菜　菜青虫、小菜蛾　8.1-10.8克/公顷　喷雾
PD20096501　辛硫·高氯氟/21.5%/可溶液剂/高效氯氟氰菊酯 1.5%、辛硫磷 20%/2009.08.14 至 2014.08.14/低毒
甘蓝　蚜虫　64.5-96.75克/公顷　喷雾
PD20097557　阿维·高氯氟/1.7%/可溶液剂/阿维菌素 0.2%、高效氯氟氰菊酯 1.5%/2009.11.03 至 2014.11.03/低毒(原药高毒)
十字花科蔬菜　菜青虫　5.1-7.65克/公顷　喷雾

LS20053671 阿维菌素/5%/可溶液剂/阿维菌素 5%/2008.11.29 至 2009.11.29/中等毒(原药高毒)
十字花科蔬菜 小菜蛾 7.5-9克/公顷 喷雾
LS20053707 甲氨基阿维菌素苯甲酸盐/2%/可溶液剂/甲氨基阿维菌素苯甲酸盐 2%/2008.12.08 至 2009.12.08/低毒
十字花科蔬菜 甜菜夜蛾 4.5-6克/公顷 喷雾
LS20080972 高效氯氰菊酯/4.5%/水乳剂/高效氯氰菊酯 4.5%/2009.03.06 至 2010.03.06/低毒
十字花科蔬菜 菜青虫 33.75-40.5克/公顷 喷雾
LS20081264 啶虫脒/5%/微乳剂/啶虫脒 5%/2009.03.11 至 2010.03.11/低毒
十字花科蔬菜 蚜虫 15-22.5克/公顷 喷雾
LS20090415 高氯·甲维盐/3%/微乳剂/高效氯氰菊酯 2.5%、甲氨基阿维菌素苯甲酸盐 0.5%/2009.03.16 至 2010.03.16/低毒
甘蓝 甜菜夜蛾 13.5-22.5克/公顷 喷雾

北京中农科美化工有限公司 (北京市密云县东邵渠镇太保庄村北 101500 010-62165662)

PD20040389 高氯·吡虫啉/7.5%/乳油/吡虫啉 2.5%、高效氯氰菊酯 5%/2009.12.19 至 2014.12.19/中等毒
梨树 梨木虱 15-25毫克/千克 喷雾
PD20040511 杀虫单/50%/可溶性粉剂/杀虫单 50%/2009.12.19 至 2014.12.19/中等毒
水稻 二化螟 675-810克/公顷 喷雾
PD20040669 多·酮/36%/可湿性粉剂/多菌灵 24%、三唑酮 12%/2009.12.19 至 2014.12.19/低毒
小麦 白粉病 378—432克/公顷 喷雾
PD20080762 噻吩磺隆/20%/可湿性粉剂/噻吩磺隆 20%/2008.06.11 至 2013.06.11/低毒
冬小麦田 一年生阔叶杂草 22.5—36克/公顷 茎叶喷雾
夏大豆田、夏玉米田 一年生阔叶杂草 22.5-30克/公顷 喷雾
PD20082513 苄嘧磺隆/30%/可湿性粉剂/苄嘧磺隆 30%/2008.12.03 至 2013.12.03/低毒
水稻移栽田 阔叶杂草及莎草科杂草 45-90克/公顷 药土法
PD20084473 啶虫脒/3%/乳油/啶虫脒 3%/2008.12.17 至 2013.12.17/低毒
苹果树 蚜虫 12-20毫克/千克 喷雾
PD20085481 苯磺隆/10%/可湿性粉剂/苯磺隆 10%/2008.12.25 至 2013.12.25/低毒
冬小麦田 一年生阔叶杂草 13.5—22.5克/公顷 茎叶喷雾
PD20085523 辛硫·灭多威/45%/乳油/灭多威 20%、辛硫磷 25%/2008.12.25 至 2013.12.25/中等毒(原药高毒)
甘蓝 菜青虫 236.25-303.75克/公顷 喷雾
PD20090370 阿维·杀虫单/20%/微乳剂/阿维菌素 0.2%、杀虫单 19.8%/2009.01.12 至 2014.01.12/低毒(原药高毒)
菜豆 美洲斑潜蝇 90-180克/公顷 喷雾
PD20090381 百草枯/200克/升/水剂/百草枯 200克/升/2009.01.12 至 2014.01.12/中等毒
玉米田 一年生杂草 450-600克/公顷 定向喷雾
PD20090552 高氯·辛硫磷 /22%/乳油/高效氯氰菊酯 2%、辛硫磷 20%/2009.01.13 至 2014.01.13/中等毒
棉花 棉铃虫 99-132克/公顷 喷雾
PD20090556 阿维菌素/2%/乳油/阿维菌素 2%/2009.01.13 至 2014.01.13/低毒(原药高毒)
菜豆 美洲斑潜蝇 6-15克/公顷 喷雾
PD20090614 毒死蜱/480克/升/乳油/毒死蜱 480克/升/2009.01.14 至 2014.01.14/中等毒
水稻 稻纵卷叶螟 446.4-597.6克/公顷 喷雾
PD20090696 烯草酮/240克/升/乳油/烯草酮 240克/升/2009.01.19 至 2014.01.19/低毒
大豆田 一年生禾本科杂草 108-144克/公顷 茎叶喷雾
PD20091379 二甲戊灵/330克/升/乳油/二甲戊灵 330克/升/2009.02.02 至 2014.02.02/低毒
甘蓝田 一年生杂草 495-618.75克/公顷 移栽前土壤喷雾
PD20092602 氯氟吡氧乙酸/200克/升/乳油/氯氟吡氧乙酸 200克/升/2009.02.27 至 2014.02.27/低毒
冬小麦田 一年生阔叶杂草 174.75-199.5克/公顷 茎叶喷雾
PD20093000 异丙·苄/30%/可湿性粉剂/苄嘧磺隆 5%、异丙草胺 25%/2009.03.09 至 2014.03.09/低毒
水稻抛秧田 部分多年生杂草、一年生杂草 112.5—135克/公顷(南方地区) 药土法
PD20093016 精吡氟禾草灵/150克/升/乳油/精吡氟禾草灵 150克/升/2009.03.09 至 2014.03.09/低毒
大豆田 一年生禾本科杂草 112.5-146.25克/公顷 茎叶喷雾
PD20093051 精喹禾灵/5%/乳油/精喹禾灵 5%/2009.03.09 至 2014.03.09/低毒
冬油菜田 一年生禾本科杂草 37.5-45克/公顷 茎叶喷雾
PD20093158 噻吩磺隆/75%/水分散粒剂/噻吩磺隆 75%/2009.03.11 至 2014.03.11/低毒
春大豆田 一年生阔叶杂草 20.25-24.75克/公顷 土壤喷雾
PD20093413 草甘膦异丙胺盐/41%/水剂/草甘膦异丙胺盐 41%/2009.03.20 至 2014.03.20/低毒
苹果园 杂草 1230-2460克/公顷 定向喷雾
PD20093774 乙氧氟草醚/240克/升/乳油/乙氧氟草醚 240克/升/2009.03.25 至 2014.03.25/低毒
大蒜田 一年生杂草 144-180克/公顷 土壤喷雾
PD20094935 苄·二氯/38.5%/可湿性粉剂/苄嘧磺隆 5%、二氯喹啉酸 33.5%/2009.04.13 至 2014.04.13/低毒
水稻移栽田 一年生杂草 231-288.8克/公顷 茎叶喷雾
PD20095273 禾草丹/900克/升/乳油/禾草丹 900克/升/2009.04.27 至 2014.04.27/低毒
水稻移栽田 一年生杂草 2025-2970克/公顷 毒土法
PD20097172 烟嘧磺隆/40克/升/可分散油悬浮剂/烟嘧磺隆 40克/升/2009.10.16 至 2014.10.16/低毒
玉米田 一年生杂草 42-60克/公顷 茎叶喷雾
LS20061123 高效氟吡甲禾灵/158克/升/乳油/高效氟吡甲禾灵 158克/升/2009.05.11 至 2010.05.11/低毒

春大豆 一年生禾本科杂草 50-55克/公顷 茎叶喷雾
夏大豆 一年生禾本科杂草 45-50克/公顷 茎叶喷雾

LS20061549 咪乙·异噁松/30%/乳油/咪唑乙烟酸 5%、异噁草松 25%/2009.08.02 至 2010.08.02/低毒
春大豆 一年生杂草 450-675克/公顷 茎叶喷雾

LS20070121 乙羧氟草醚/15%/乳油/乙羧氟草醚 15%/2009.09.18 至 2010.09.18/低毒
春大豆田 一年生阔叶杂草 82.1-90克/公顷 茎叶喷雾
夏大豆田 一年生阔叶杂草 74.3-82.1克/公顷 茎叶喷雾

北京中农研创高科技有限公司 (北京市海淀区中关村南大街12号中国农业科学院187号 100081 010-62145748)

PD20083585 异丙甲草胺/720克/升/乳油/异丙甲草胺 720克/升/2008.12.23 至 2013.12.23/低毒
春大豆田 一年生禾本科杂草及部分小粒种子阔叶杂草 1890-2160克/公顷 播后苗前土壤喷雾
夏大豆田 一年生禾本科杂草及部分小粒种子阔叶杂草 1350-1890克/公顷 播后苗前土壤喷雾

PD20084454 苯丁锡/50%/可湿性粉剂/苯丁锡 50%/2008.12.17 至 2013.12.17/低毒
柑橘树 红蜘蛛 200-250毫克/千克 喷雾

PD20084519 炔螨特/57%/乳油/炔螨特 57%/2008.12.18 至 2013.12.18/低毒
柑橘树 红蜘蛛 285-325毫克/千克 喷雾

PD20085014 高效氯氟氰菊酯/25克/升/乳油/高效氯氟氰菊酯 25克/升/2008.12.22 至 2013.12.22/中等毒
十字花科蔬菜 菜青虫 7.5-11.25克/公顷 喷雾

PD20097707 烯禾啶/12.5%/乳油/烯禾啶 12.5%/2009.11.04 至 2014.11.04/低毒
大豆田 一年生禾本科杂草 140.6-187.5克/公顷 茎叶喷雾

PD20097734 三唑锡/25%/可湿性粉剂/三唑锡 25%/2009.11.12 至 2014.11.12/低毒
柑橘树 红蜘蛛 125-167毫克/千克 喷雾

PD20098087 醚菊酯/10%/悬浮剂/醚菊酯 10%/2009.12.08 至 2014.12.08/低毒
甘蓝 菜青虫 450-600毫升制剂/公顷 喷雾

LS20070609 精喹禾灵/10%/乳油/精喹禾灵 10%/2009.03.20 至 2010.03.21/低毒
夏大豆 一年生禾本科杂草 37.5-52.5克/公顷 茎叶喷雾

LS20071419 阿维菌素/18克/升/乳油/阿维菌素 18克/升/2009.05.17 至 2010.05.18/低毒(原药高毒)
十字花科蔬菜 小菜蛾 8.1-10.8克/公顷 喷雾

LS20071585 甲氰·噻螨酮/7.5%/乳油/甲氰菊酯 5%、噻螨酮 2.5%/2009.06.05 至 2010.06.06/低毒
柑橘树 红蜘蛛 75-100毫克/千克 喷雾

LS20071803 联苯菊酯/100克/升/乳油/联苯菊酯 100克/升/2009.07.10 至 2010.07.10/中等毒
柑橘树 红蜘蛛 22.2-28.6毫克/千克 喷雾

LS20072279 春雷霉素/2%/水剂/春雷霉素 2%/2009.09.20 至 2010.09.21/低毒
水稻 稻瘟病 30-45克/公顷 喷雾

LS20082458 咪鲜胺/45%/乳油/咪鲜胺 45%/2009.04.22 至 2010.04.22/低毒
辣椒 炭疽病 100-200克/公顷 喷雾

北京中植科华农业技术有限公司 (北京市通州区永乐经济开发区A区102 101105 010-80514878)

PD20090827 阿维菌素/1.8%/乳油/阿维菌素 1.8%/2009.01.19 至 2014.01.19/中等毒(原药高毒)
十字花科蔬菜 小菜蛾 5.4-10.8克/公顷 喷雾

PD20091618 高效氯氟氰菊酯/25克/升/乳油/高效氯氟氰菊酯 25克/升/2009.02.03 至 2014.02.03/中等毒
十字花科蔬菜 菜青虫 11.25-15克/公顷 喷雾

PD20092646 吡虫啉/6%/可溶液剂/吡虫啉 6%/2009.03.03 至 2014.03.03/低毒
梨树 梨木虱 20-30毫克/千克 喷雾

PD20093234 啶虫脒/3%/乳油/啶虫脒 3%/2009.03.11 至 2014.03.11/低毒
柑橘树 蚜虫 10-15毫克/千克 喷雾

PD20094397 丙环唑/250克/升/乳油/丙环唑 250克/升/2009.04.01 至 2014.04.01/低毒
香蕉 叶斑病 250-500毫克/千克 喷雾

PD20096434 高效氯氰菊酯/4.5%/乳油/高效氯氰菊酯 4.5%/2009.08.05 至 2014.08.05/中等毒
十字花科蔬菜 菜青虫 13.5-27克/公顷 喷雾

PD20096729 二嗪磷/50%/乳油/二嗪磷 50%/2009.09.07 至 2014.09.07/低毒
水稻 二化螟 675-900克/公顷 喷雾

PD20096974 烟嘧磺隆/40克/升/油悬浮剂/烟嘧磺隆 40克/升/2009.09.29 至 2014.09.29/低毒
玉米田 一年生杂草 42-60克/公顷 茎叶喷雾

LS20052027 高氯·毒死蜱/12%/乳油/毒死蜱 9.5%、高效氯氰菊酯 2.5%/2008.05.31 至 2009.05.31/中等毒
苹果树 桃小食心虫 40-60毫克/千克 喷雾

LS20052033 哒螨灵/10%/乳油/哒螨灵 10%/2008.05.31 至 2009.05.31/中等毒
柑橘树 红蜘蛛 66.7-100毫克/千克 喷雾

LS20052678 腈菌唑/12%/乳油/腈菌唑 12%/2008.08.14 至 2009.08.14/低毒
梨树 黑星病 40-60毫克/千克 喷雾

LS20060323 阿维菌素/0.5%/乳油/阿维菌素 0.5%/2009.01.06 至 2010.01.07/低毒(原药高毒)
十字花科蔬菜 小菜蛾 8.1-10.8克/公顷 喷雾

LS20061630 芸苔素内酯/0.004%/水剂/芸苔素内酯 0.004%/2009.08.20 至 2010.08.20/低毒

玉米　提高产量　0.02-0.04毫克/升　兑水喷雾
LS20061813　氟硅唑/5%/微乳剂/氟硅唑 5%/2009.10.31 至 2010.10.31/低毒
梨树　黑星病　33.3-50毫克/千克　喷雾
LS20090951　苯醚甲环唑/10%/微乳剂/苯醚甲环唑 10%/2009.04.10 至 2010.04.10/低毒
苹果树　斑点落叶病　50-67毫克/千克　喷雾
LS20091215　咪鲜胺/20%/微乳剂/咪鲜胺 20%/2009.04.30 至 2010.04.30/低毒
芒果　炭疽病　500-900毫克/千克　喷雾

北京鑫四环消毒技术开发中心　(北京市丰台区7130信箱　100071　010-63754093)

WP20080406　驱蚊喷射剂/10%/喷射剂/避蚊胺 10%/2008.12.12 至 2013.12.12/微毒
卫生　蚊　/　喷射

丰汇华农(北京)生物科技股份有限公司 (北京市昌平区生命园路29号B座219室　100012　010-84804261-8002)

LS20091262　极细链格孢激活蛋白/3%/可湿性粉剂/极细链格孢激活蛋白 3%/2009.05.12 至 2010.05.12/低毒
白菜　调节生长、增产　1000-2000倍液　叶面喷施

台湾百泰生物科技股份有限公司(北京市大兴区西红门镇第肆村民生路北区东七条14号231室　102600　010-60260450)

LS20061169　枯草芽孢杆菌/10亿孢子/克/可湿性粉剂/枯草芽孢杆菌 10亿孢子/克/2009.05.17 至 2010.05.17/微毒
草莓　白粉病　500～1000倍　喷雾
番茄　青枯病　600-800倍液　灌根
黄瓜　白粉病　400-800倍液　喷雾
LS20061195　枯草芽孢杆菌/100亿孢子/克/母药/枯草芽孢杆菌 100亿孢子/克/2009.05.18 至 2010.05.18/微毒
LS20090141　枯草芽孢杆菌/1亿孢子/毫升/水剂/枯草芽孢杆菌 1亿孢子/毫升/2009.02.04 至 2010.02.04/微毒
番茄　青枯病　300倍～500倍/　/灌根

中港泰富(北京)高科技有限公司 (北京市海淀区车公庄西路甲19号华通大厦A座835室　100044　010-68700216)

PD20085208　异菌脲/50%/可湿性粉剂/异菌脲 50%/2008.12.23 至 2013.12.23/低毒
番茄　灰霉病　562.5-750克/公顷　喷雾
PD20090382　烯草酮/240克/升/乳油/烯草酮 240克/升/2009.01.12 至 2014.01.12/低毒
大豆田　一年生禾本科杂草　108-144克/公顷　茎叶喷雾
PD20090399　氟磺胺草醚/250克/升/水剂/氟磺胺草醚 250克/升/2009.01.12 至 2014.01.12/低毒
春大豆田　一年生阔叶杂草　247.5-375克/公顷　茎叶喷雾
PD20092370　阿维·高氯/3%/乳油/阿维菌素 0.2%、高效氯氰菊酯 2.8%/2009.02.24 至 2014.02.24/低毒(原药高毒)
十字花科蔬菜　菜青虫、小菜蛾　13.5-27克/公顷　喷雾
PD20092992　阿维·炔螨特/40%/乳油/阿维菌素 0.3%、炔螨特 39.7%/2009.03.09 至 2014.03.09/低毒(原药高毒)
柑橘树　红蜘蛛　200-400毫克/千克　喷雾
PD20093449　霜霉威/722克/升/水剂/霜霉威 722克/升/2009.03.23 至 2014.03.23/低毒
黄瓜　霜霉病　864-1080克/公顷　喷雾
PD20093781　草甘膦异丙胺盐/41%/水剂/草甘膦 41%/2009.03.25 至 2014.03.25/低毒
玉米田　一年生和多年生杂草　1230-1537.5克/公顷　行间定向茎叶喷雾
PD20094531　虫酰肼/200克/升/悬浮剂/虫酰肼 200克/升/2009.04.09 至 2014.04.09/低毒
甘蓝　甜菜夜蛾　225-300克/公顷　喷雾
PD20094752　二甲戊灵/330克/升/乳油/二甲戊灵 330克/升/2009.04.10 至 2014.04.10/低毒
甘蓝田　一年生杂草　495-742.5克/公顷　移栽前土壤喷雾
PD20094945　精喹禾灵/8.8%/乳油/精喹禾灵 8.8%/2009.04.17 至 2014.04.17/低毒
夏大豆田　一年生禾本科杂草　39.6-52.8克/公顷　茎叶喷雾
PD20096059　灭草松/480克/升/水剂/灭草松 480克/升/2009.06.18 至 2014.06.18/低毒
大豆田　一年生阔叶杂草　1080-1440克/公顷　茎叶喷雾
PD20096456　甲氨基阿维菌素苯甲酸盐(0.57%)///微乳剂/甲氨基阿维菌素 0.5%/2009.08.05 至 2014.08.05/低毒
甘蓝　甜菜夜蛾　1.5-2.25克/公顷　喷雾
PD20097529　烟嘧磺隆/40克/升/可分散油悬浮剂/烟嘧磺隆 40克/升/2009.11.03 至 2014.11.03/低毒
玉米田　一年生单、双子叶杂草　75-100毫升制剂/亩　茎叶喷雾
LS20051498　吡虫啉/25%/可湿性粉剂/吡虫啉 25%/2008.04.21 至 2009.04.21/低毒
水稻　稻飞虱　15-30克/公顷　喷雾
LS20052230　噻嗪·杀扑磷/20%/乳油/噻嗪酮 15%、杀扑磷 5%/2008.06.20 至 2009.06.20/中等毒(原药高毒)
柑橘树　矢尖蚧　200-250毫克/千克　喷雾
LS20052332　苯丁·哒螨灵/10%/乳油/苯丁锡 5%、哒螨灵 5%/2008.06.26 至 2009.06.26/低毒
柑橘树　红蜘蛛　67-100毫克/千克　喷雾
WL20080095　顺式氯氰菊酯/10%/悬浮剂/顺式氯氰菊酯 10%/2009.02.19 至 2010.02.20/低毒
卫生　蚊、蝇、蜚蠊　20毫克/平方米(玻璃板面) 30毫克/平方米(油漆板面、水泥板面、白灰板面)　滞留喷洒

中种集团农业化学有限公司　(北京市密云县工业开发区　101500　010-89021114)

PD20084814　福·克/20%/悬浮种衣剂/福美双 13%、克百威 7%/2008.12.22 至 2013.12.22/高毒
玉米　地老虎、茎基腐病、金针虫、蝼蛄、蛴螬　1:35-45(药种比)　种子包衣
LS20061298　阿维·多·福/35.6%/悬浮种衣剂/阿维菌素 0.6%、多菌灵 10%、福美双 25%/2009.06.11 至 2010.06.11/低毒

	大豆	孢囊线虫、根腐病	1：80-1：100(药种比)	种子包衣
LS20061976	吡·戊·福美双/20.2%/悬浮种衣剂/吡虫啉 5%、福美双 15%、戊唑醇 0.2%/2009.12.11 至 2010.12.11/低毒			
	玉米	丝黑穗病、蚜虫	336.7-505克/100千克种子（药种比1:40-1:60）	种子包衣
LS20083261	戊唑·福美双/16%/悬浮种衣剂/福美双 15.7%、戊唑醇 0.3%/2009.12.15 至 2010.12.15/低毒			
	小麦	黑穗病、纹枯病	320-533克/100千克种子	种子包衣

福建省

福建宝捷利生化农药有限公司　(福建省福安市城南溪口8号　355000　0593-6332665)

PD86148-33	异丙威/20%/乳油/异丙威 20%/2007.03.01 至 2012.03.01/中等毒			
	水稻	飞虱、叶蝉	450-600克/公顷	喷雾
PD86156-10	异丙威/4%/粉剂/异丙威 4%/2007.03.01 至 2012.03.01/中等毒			
	水稻	飞虱、叶蝉	600克/公顷	喷粉
PD86165-5	甲基异柳磷/40%/乳油/甲基异柳磷 40%/2007.03.01 至 2012.03.01/高毒			
	甘薯	茎线虫病	1500-3000克/公顷	拌土条施或铺施
	甘薯	蛴螬	600克/公顷	毒饵
	甘蔗	黑色蔗龟	1500克/公顷	淋于蔗苗基部并覆薄土
	高粱	地下害虫	0.05%药液	拌种
	花生	蛴螬	1500克/公顷	沟施花生墩旁
	小麦	地下害虫	40克/100千克种子	拌种
	玉米	地下害虫	0.1%药液	拌种
PD88101-9	水胺硫磷/40%/乳油/水胺硫磷 40%/2008.04.01 至 2013.04.01/高毒			
	柑橘树	潜叶蛾、锈壁虱、螨	300-400毫克/千克	喷雾
	棉花	红蜘蛛、棉铃虫	300-600克/公顷	喷雾
	水稻	蓟马、螟虫	450-900克/公顷	喷雾
PD20094480	二嗪磷/95%/原药/二嗪磷 95%/2009.04.09 至 2014.04.09/低毒			

福建高科日化有限公司　(福建省泉州市南安市东大路帽山工业区　362300　0595-86354222)

WP20080080	电热蚊香液/0.8%/电热蚊香液/炔丙菊酯 0.8%/2008.06.11 至 2013.06.11/低毒			
	卫生	蚊	/	电热加温
WL20050193	蟑香/7.2%/蟑香/右旋苯醚氰菊酯 7.2%/2008.07.25 至 2009.07.25/微毒			
	卫生	蜚蠊	/	点燃
WL20070009	杀虫气雾剂/0.3%/气雾剂/富右旋反式苯醚氰菊酯 0.15%、富右旋反式烯丙菊酯 0.15%/2009.01.26 至 2010.01.26/微毒			
	卫生	蚊、蝇、蜚蠊	/	喷雾
WL20070011	电热蚊香片//电热蚊香片/Es-生物烯丙菊酯 15毫克/片、富右旋反式炔丙菊酯 10毫克/片/2009.01.29 至 2010.01.29/微毒			
	卫生	蚊	/	电热加温
WL20070098	蚊香/0.12%/蚊香/富右旋反式炔丙菊酯 0.04%、环戊烯丙菊酯 0.08%/2009.05.20 至 2010.05.21/微毒			
	卫生	蚊	/	点燃
WL20070124	杀虫气雾剂/0.24%/气雾剂/氯氰菊酯 0.18%、炔咪菊酯 0.06%/2009.06.06 至 2010.06.07/微毒			
	卫生	蚊、蝇、蜚蠊	/	喷雾
WL20070128	杀虫气雾剂/0.4%/气雾剂/富右旋反式苯醚氰菊酯 0.25%、炔丙菊酯 0.05%、炔咪菊酯 0.1%/2009.06.24 至 2010.06.25/微毒			
	卫生	蜚蠊	/	喷雾
WL20070139	蚊香/0.2%/蚊香/Es-生物烯丙菊酯 0.2%/2009.07.04 至 2010.07.05/微毒			
	卫生	蚊	/	点燃
WL20070183	电热蚊香液/1%/电热蚊香液/炔丙菊酯 1%/2009.09.11 至 2010.09.12/微毒			
	卫生	蚊	/	电热加温
WL20080341	杀虫气雾剂/0.36%/气雾剂/胺菊酯 0.15%、富右旋反式炔丙菊酯 0.06%、右旋苯醚氰菊酯 0.15%/2009.08.20 至 2010.08.20/微毒			
	卫生	蚊、蝇、蜚蠊	/	喷雾
WL20080384	杀蟑气雾剂/0.4%/气雾剂/炔丙菊酯 0.05%、炔咪菊酯 0.1%、右旋苯醚氰菊酯 0.25%/2009.09.01 至 2010.09.01/微毒			
	卫生	蜚蠊	/	喷雾
WL20080385	杀虫气雾剂/0.3%/气雾剂/富右旋反式烯丙菊酯 0.15%、右旋苯醚氰菊酯 0.15%/2009.09.01 至 2010.09.01/微毒			
	卫生	蚊、蝇、蜚蠊	/	喷雾

福建豪德化工科技有限公司　(福建省龙岩市新罗区龙门镇　364015　0597-2569998)

PD20040411	吡虫啉/10%/可湿性粉剂/吡虫啉 10%/2009.12.19 至 2014.12.19/低毒			
	甘蓝	蚜虫	15-22.5克/公顷	喷雾
PD20092647	苄·丁/35%/可湿性粉剂/苄嘧磺隆 1.5%、丁草胺 33.5%/2009.03.03 至 2014.03.03/低毒			
	水稻抛秧田	部分多年生杂草、一年生杂草	525-787.5克/公顷	毒土法
PD20096637	异丙甲·苄/25%/可湿性粉剂/苄嘧磺隆 4%、异丙甲草胺 21%/2009.09.02 至 2014.09.02/低毒			
	水稻移栽田	一年生杂草	112.5-150克/公顷	药土法
PD20096669	腈菌·福美双/20%/可湿性粉剂/福美双 18%、腈菌唑 2%/2009.09.07 至 2014.09.07/低毒			
	黄瓜	白粉病	450-600克制剂/公顷	喷雾

PD20096697 敌畏·毒死蜱/35%/乳油/敌敌畏 20%、毒死蜱 15%/2009.09.07 至 2014.09.07/中等毒
十字花科蔬菜 菜青虫 315-525克/公顷 喷雾

PD20096977 氯氰·毒死蜱/25%/乳油/毒死蜱 22.5%、氯氰菊酯 2.5%/2009.09.29 至 2014.09.29/中等毒
叶菜 菜青虫 150-225克/公顷 喷雾

LS20070926 三环唑/20%/可湿性粉剂/三环唑 20%/2009.04.18 至 2010.04.19/低毒
水稻 稻瘟病 300-375克/公顷 喷雾

LS20071984 噻嗪酮/25%/可湿性粉剂/噻嗪酮 25%/2009.08.07 至 2010.08.08/低毒
水稻 稻飞虱 112.5-150克/公顷 喷雾

福建浩伦生物工程技术有限公司 (福建省福州市鼓楼区湖东路154号中山大厦A座31层 350003 0591-87833830)

PD20084207 高效氯氟氰菊酯/25克/升/乳油/高效氯氟氰菊酯 25克/升/2008.12.16 至 2013.12.16/低毒
十字花科蔬菜 蚜虫 7.5-11.25克/公顷 喷雾

PD20084903 甲氰菊酯/20%/乳油/甲氰菊酯 20%/2008.12.22 至 2013.12.22/中等毒
柑橘树 红蜘蛛 66.7-133.3毫克/千克 喷雾

PD20084959 甲基硫菌灵/70%/可湿性粉剂/甲基硫菌灵 70%/2008.12.22 至 2013.12.22/低毒
番茄 叶霉病 577.5-787.5克/公顷 喷雾

PD20085062 炔螨特/730克/升/乳油/炔螨特 730克/升/2008.12.23 至 2013.12.23/低毒
柑橘树 红蜘蛛 243-365毫克/千克 喷雾

PD20091097 阿维·苏云菌//可湿性粉剂/阿维菌素 0.1%、苏云金杆菌 100亿活芽孢/克/2009.01.21 至 2014.01.21/低毒(原药高毒)
十字花科蔬菜 小菜蛾 750-1125克制剂/公顷 喷雾

PD20091511 毒死蜱/40%/乳油/毒死蜱 40%/2009.02.02 至 2014.02.02/中等毒
十字花科蔬菜 菜青虫 360-600克/公顷 喷雾

PD20092080 代森锰锌/80%/可湿性粉剂/代森锰锌 80%/2009.02.16 至 2014.02.16/低毒
番茄 早疫病 1920-2400克/公顷 喷雾

PD20092209 三唑锡/25%/可湿性粉剂/三唑锡 25%/2009.02.24 至 2014.02.24/低毒
柑橘树 红蜘蛛 125-166.7毫克/千克 喷雾

PD20093097 代森锌/65%/可湿性粉剂/代森锌 65%/2009.03.09 至 2014.03.09/低毒
番茄 早疫病 3120-3607.5克/公顷 喷雾

PD20093102 丙环唑/250克/升/乳油/丙环唑 25%/2009.03.09 至 2014.03.09/低毒
香蕉 叶斑病 250-500毫克/千克 喷雾

PD20093127 高氯·马/4.5%/乳油/高效氯氰菊酯 4.5%/2009.03.10 至 2014.03.10/低毒
棉花 棉铃虫 1050-1500克/公顷 喷雾
十字花科蔬菜 菜青虫 20.25-27克/公顷 喷雾

PD20093167 高氯·辛硫磷/20%/乳油/高效氯氰菊酯 4%、辛硫磷 16%/2009.03.11 至 2014.03.11/中等毒
棉花 棉铃虫 300-375克/公顷 喷雾

PD20095748 联苯菊酯/100克/升/乳油/联苯菊酯 100克/升/2009.05.18 至 2014.05.18/中等毒
茶树 茶小绿叶蝉 30-45克/公顷 喷雾

LS20050715 阿维菌素/0.5%/可湿性粉剂/阿维菌素 0.5%/2008.03.20 至 2009.03.20/低毒(原药高毒)
十字花科蔬菜 小菜蛾 8.1-10.8克/公顷 喷雾

LS20050792 哒螨灵/20%/可湿性粉剂/哒螨灵 20%/2008.03.28 至 2009.03.28/低毒
柑橘树 红蜘蛛 66.7-100毫克/千克 喷雾

LS20050896 阿维·毒死蜱/15%/乳油/阿维菌素 0.1%、毒死蜱 14.9%/2008.04.04 至 2009.04.04/低毒(原药高毒)
十字花科蔬菜 小菜蛾 90-135克/公顷 喷雾

LS20051144 霜霉威/722克/升/水剂/霜霉威 722克/升/2008.03.11 至 2009.03.11/低毒
黄瓜 霜霉病 649.8-1083克/公顷 喷雾

LS20051158 福·福锌/80%/可湿性粉剂/福美双 30%、福美锌 50%/2008.04.11 至 2009.04.11/低毒
黄瓜 炭疽病 1800-2100克/公顷 喷雾

LS20051477 霉威·百菌清/28%/可湿性粉剂/百菌清 15.5%、乙霉威 12.5%/2008.04.21 至 2009.04.21/低毒
番茄 灰霉病 735-882克/公顷 喷雾

LS20051489 高氯·马/20%/乳油/高效氯氰菊酯 2%、马拉硫磷 18%/2008.04.21 至 2009.04.21/低毒
棉花 棉铃虫 210-300克/公顷 喷雾

LS20051520 嘧霉胺/400克/升/悬浮剂/嘧霉胺 400克/升/2008.04.21 至 2009.04.21/低毒
黄瓜 灰霉病 540-720克/公顷 喷雾

LS20051627 吡虫啉/2.5%/乳油/吡虫啉 2.5%/2008.04.29 至 2009.04.29/低毒
棉花 蚜虫 11.25-18.75克/公顷 喷雾

LS20051654 啶虫脒/5%/乳油/啶虫脒 5%/2008.04.29 至 2009.04.29/低毒
柑橘树 蚜虫 10-12.5毫克/千克 喷雾

LS20052334 咪鲜胺/25%/乳油/咪鲜胺 25%/2008.06.26 至 2009.06.26/低毒
柑橘 蒂腐病、绿霉病、青霉病、炭疽病 250-500毫克/千克 浸果

LS20052551 腈菌唑/25%/乳油/腈菌唑 25%/2008.07.25 至 2009.07.25/低毒
香蕉 黑星病 62.5-83.3毫克/千克 喷雾

LS20053281 氟铃脲/5%/乳油/氟铃脲 5%/2008.10.11 至 2009.10.11/低毒
棉花 棉铃虫 105-120克/公顷 喷雾

LS20053706 阿维菌素/2%/乳油/阿维菌素 2%/2008.12.08 至 2009.12.08/低毒(原药高毒)

	菜豆	美洲斑潜蝇	10.8-21.6克/公顷	喷雾
	柑橘树	红蜘蛛、潜叶蛾	4.5-9毫克/千克	喷雾
	柑橘树	锈壁虱	2.25-4.5毫克/千克	喷雾
	梨树	梨木虱	6-12毫克/千克	喷雾
	苹果树	二斑叶螨	4.5-6毫克/千克	喷雾
	苹果树	红蜘蛛	3-6毫克/千克	喷雾
	苹果树	桃小食心虫	4.5-9毫克/千克	喷雾
LS20060427	松脂酸钠/45%/可溶粉剂/松脂酸钠 45%/2009.03.05 至 2010.03.05/低毒			
	柑橘树	介壳虫	3750-5675毫克/千克	喷雾
LS20071998	乙草胺/900克/升/乳油/乙草胺 900克/升/2009.08.07 至 2010.08.08/低毒			
	夏玉米田	一年生禾本科杂草及部分阔叶杂草	1080-1350克/公顷	土壤喷雾
LS20080229	异丙甲草胺/720克/升/乳油/异丙甲草胺 720克/升/2009.01.08 至 2010.01.08/低毒			
	夏玉米田	一年生禾本科杂草及部分阔叶杂草	1458-1944克/公顷	土壤喷雾
LS20080723	烯效·甲哌鎓/20.8%/微乳剂/甲哌鎓 20%、烯效唑 0.8%/2009.02.26 至 2010.02.27/低毒			
	冬小麦	调节生长、增产	93.6-124.8克/公顷	拔节期，兑水喷雾
LS20090604	胺鲜·甲哌鎓/27.5%/水剂/胺鲜酯 2.5%、甲哌鎓 25%/2009.03.23 至 2010.03.23/低毒			
	Bt棉花	调节生长	111.4-185.6克/公顷	喷雾法
	大豆	调节生长	61.9-103.1克/公顷	喷雾法
	花生	调节生长	82.5-165克/公顷	喷雾法

福建凯立生物制品有限公司 (福建省长泰县兴泰工业区 350005 0591-83304181)

PD86110-7	嘧啶核苷类抗菌素/2%,4%/水剂/嘧啶核苷类抗菌素 2%，4%/2005.03.29 至 2010.03.29/低毒			
	大白菜	黑斑病	100毫克/千克	喷雾
	番茄	疫病	100毫克/千克	喷雾
	瓜类、花卉、苹果、葡萄、烟草	白粉病	100毫克/千克	喷雾
	水稻	炭疽病、纹枯病	150-180克/公顷	喷雾
	西瓜	枯萎病	100毫克/千克	灌根
	小麦	锈病	100毫克/千克	喷雾
PD20096840	淡紫拟青霉/200亿活孢子/克/母药/淡紫拟青霉 200亿活孢子/克/2009.09.21 至 2014.09.21/低毒			
PD20096841	淡紫拟青霉/2亿活孢子/克/粉剂/淡紫拟青霉 2亿活孢子/克/2009.09.21 至 2014.09.21/低毒			
	番茄	线虫	22.5-30千克制剂/公顷	穴施
LS2001336	中生菌素/3%/可湿性粉剂/中生菌素 3%/2009.01.20 至 2009.12.31/低毒			
	菜豆	细菌性疫病	1)50-100毫克/千克 2)28.1-37.5克/公顷	1)浸种 2)喷雾
	大白菜	软腐病	600-800倍液	浸种+灌根
	番茄	青枯病	600-800倍液	喷雾
	柑橘(果实)	溃疡病	800-1000倍液	喷雾
	黄瓜	细菌性角斑病	37.5-48.2克/公顷	喷雾
	姜	瘟病	600-800倍液	灌根
	芦笋	茎枯病	22.5-45克/公顷	喷雾
	苹果树	轮纹病	800-1000倍液	喷雾
	青椒	疮痂病	22.5-45克/公顷	喷雾
	水稻	白叶枯病	1)54-81克/公顷	1)喷雾2)浸种
	西瓜	枯萎病	2)300倍液 0.09-0.013克/株(600-800倍液)	灌根(每株250毫升)
LS20050005	氯氰·吡虫啉/10%/乳油/吡虫啉 2%、氯氰菊酯 8%/2008.01.05 至 2009.01.04/中等毒			
	十字花科蔬菜	蚜虫	30-45克/公顷	喷雾
LS20050344	阿维·哒螨灵/10.5%/乳油/阿维菌素 0.3%、哒螨灵 10.2%/2008.02.18 至 2009.02.17/中等毒(原药高毒)			
	柑橘树	红蜘蛛	70-105毫克/千克	喷雾
LS20051300	阿维·辛硫磷/15%/乳油/阿维菌素 0.1%、辛硫磷 14.9%/2008.04.12 至 2009.04.12/低毒(原药高毒)			
	十字花科蔬菜	小菜蛾	112.5-168.75克/公顷	喷雾
LS20051674	多·锰锌/50%/可湿性粉剂/多菌灵 20%、代森锰锌 30%/2008.05.07 至 2009.05.07/低毒			
	苹果树	斑点落叶病	1000-1250毫克/千克	喷雾
LS20052940	甲霜·锰锌/58%/可湿性粉剂/甲霜灵 10%、代森锰锌 48%/2008.09.08 至 2009.09.08/低毒			
	黄瓜	霜霉病	815.6-1305克/公顷	喷雾
LS20060702	霉威·百菌清/28%/可湿性粉剂/百菌清 15.5%、乙霉威 12.5%/2009.04.03 至 2010.04.03/低毒			
	番茄	灰霉病	350-560毫克/千克	喷雾
LS20070109	阿维·吡虫啉/2.5%/乳油/阿维菌素 0.1%、吡虫啉 2.4%/2009.01.31 至 2010.01.31/低毒(原药高毒)			
	梨树	梨木虱	10-12.5毫克/千克	喷雾

福建南安华龙日用品有限公司 (福建省南安市省新镇省新村 362300 0595-86575888)

WL20070110	蚊香/0.25%/蚊香/富右旋反式烯丙菊酯 0.25%/2009.06.05 至 2010.06.06/微毒			
	卫生	蚊	/	点燃

福建浦城绿安生物农药有限公司　(福建省南平市浦城县南浦生态工业园17号　353400　0599-2831937)

PD86109-6　苏云金杆菌/8000IU/毫克/可湿性粉剂/苏云金杆菌 8000IU/毫克/2006.09.21 至 2011.09.21/低毒

白菜、萝卜、青菜	菜青虫、小菜蛾	1500-4500克制剂/公顷	喷雾
茶树	茶毛虫	1500-7500克制剂/公顷	喷雾
大豆、甘薯	天蛾	1500-2250克制剂/公顷	喷雾
柑橘树	柑橘凤蝶	2250-3750克制剂/公顷	喷雾
高粱、玉米	玉米螟	3750-4500克制剂/公顷	喷雾、毒土
梨树	天幕毛虫	1500-3750克制剂/公顷	喷雾
林木	尺蠖、柳毒蛾、松毛虫	2250-7500克制剂/公顷	喷雾
棉花	棉铃虫、造桥虫	1500-7500克制剂/公顷	喷雾
苹果树	巢蛾	2250-3750克制剂/公顷	喷雾
水稻	稻苞虫、稻纵卷叶螟	1500-6000克制剂/公顷	喷雾
烟草	烟青虫	3750-7500克制剂/公顷	喷雾
枣树	尺蠖	3750-4500克制剂/公顷	喷雾

PD20083029　苏云金杆菌/50000IU/毫克/原药/苏云金杆菌 50000IU/毫克/2008.12.10 至 2013.12.10/低毒

PD20083182　苏云金杆菌/32000IU/毫克/可湿性粉剂/苏云金杆菌 32000IU/毫克/2008.12.11 至 2013.12.11/低毒

十字花科蔬菜	小菜蛾	450-750克制剂/公顷	喷雾

PD20083324　苏云金杆菌/16000IU/毫克/可湿性粉剂/苏云金杆菌 16000IU/毫克/2008.12.11 至 2013.12.11/低毒

茶树	茶毛虫	800-1600倍液	喷雾
棉花	二代棉铃虫	1500-2250克制剂/公顷	喷雾
森林	松毛虫	1200-1600倍液	喷雾
十字花科蔬菜	小菜蛾	750-1125克制剂/公顷	喷雾
十字花科蔬菜	菜青虫	375-750克制剂/公顷	喷雾
水稻	稻纵卷叶螟	1500-2250克制剂/公顷	喷雾
烟草	烟青虫	750-1500克制剂/公顷	喷雾
玉米	玉米螟	750-1500克制剂/公顷	加细纱灌心
枣树	枣尺蠖	1200-1200倍液	喷雾

PD20083525　苏云金杆菌/4000IU/微升/悬浮剂/苏云金杆菌 4000IU/微升/2008.12.12 至 2013.12.12/低毒

茶树	茶毛虫	200-400倍液	喷雾
棉花	棉铃虫	3000-3750毫升制剂/公顷	喷雾
森林	松毛虫	200-400倍液	喷雾
十字花科蔬菜	菜青虫、小菜蛾	1500-2250毫升制剂/公顷	喷雾
水稻	稻纵卷叶螟	3000-3750毫升制剂/公顷	喷雾
烟草	烟青虫	3000-3750毫升制剂/公顷	喷雾
玉米	玉米螟	2250-3000毫升制剂/公顷	加细沙灌心
枣树	枣尺蠖	200-400倍液	喷雾

PD20083929　苏云金杆菌/8000IU/微升/悬浮剂/苏云金杆菌 8000IU/微升/2008.12.15 至 2013.12.15/微毒

十字花科蔬菜	小菜蛾	1125-2250毫升制剂/公顷	喷雾

PD20085313　苏云金杆菌/4000IU/毫克/粉剂/苏云金杆菌 4000IU/毫克/2008.12.24 至 2013.12.24/低毒

森林	松毛虫	4500-6000克制剂/公顷	喷粉

PD20086093　杀单·苏云菌//可湿性粉剂/杀虫单 51%、苏云金杆菌 100亿活芽孢/克/2008.12.30 至 2013.12.30/中等毒

水稻	三化螟	750-1125克制剂/公顷	喷雾

PD20090646　井冈霉素/10%/水剂/井冈霉素 10%/2009.01.15 至 2014.01.15/低毒

水稻	纹枯病	150-187.5克/公顷	喷雾

PD20093485　井冈霉素/20%/可溶粉剂/井冈霉素 20%/2009.03.23 至 2014.03.23/低毒

水稻	纹枯病	120-150克/公顷	喷雾

PD20094595　井冈霉素/5%/水剂/井冈霉素 5%/2009.04.10 至 2014.04.10/低毒

水稻	纹枯病	150-187.5克/公顷	喷雾

PD20095145　井冈霉素A/60%/原药/井冈霉素 60%/2009.04.24 至 2014.04.24/低毒

LS20090804　枯草芽孢杆菌/200亿孢子/克/可湿性粉剂/枯草芽孢杆菌 200亿孢子/克/2009.04.03 至 2010.04.03/低毒

黄瓜	白粉病	1350-2250克制剂/公顷	喷雾

LS20091356　枯草芽孢杆菌/10000亿活芽孢/克/母药/枯草芽孢杆菌 10000亿活芽孢/克/2009.07.15 至 2010.07.15/低毒

WL20080321　苏云金杆菌(以色列亚种)/1200ITU/毫克/可湿性粉剂/苏云金杆菌(以色列亚种) 1200ITU/毫克/2009.04.25至2010.04.25/低毒

卫生	蚊(幼虫)	0.5-1克制剂/平方米	喷洒

福建泉州高科日化制造有限公司　(福建省南安市东大路帽山工业区　362300　0595-86354222)

WP20080388　杀虫气雾剂/0.18%/气雾剂/胺菊酯 0.11%、富右旋反式炔丙菊酯 0.05%、溴氰菊酯 0.02%/2008.12.11 至2013.12.11/低毒

卫生	蜚蠊、蚊、蝇	/	喷雾

WP20090043　杀虫气雾剂/0.35%/气雾剂/Es-生物烯丙菊酯 0.05%、胺菊酯 0.2%、氯氰菊酯 0.1%/2009.01.19 至 2014.01.19/低毒

卫生	蜚蠊、蚊、蝇	/	喷雾

WL20090153　蝇香/1%/蝇香/右旋烯炔菊酯 1%/2009.06.02 至 2010.06.02/微毒

卫生	蝇	/	点燃

福建三农集团股份有限公司　(福建省三明市梅列区列东街北段1829号　365000　0598-8238445)

PD84111-21　氧乐果/40%/乳油/氧乐果 40%/2009.12.13 至 2014.12.13/中等毒
棉花　蚜虫、螨　375-600克/公顷　喷雾
森林　松干蚧、松毛虫　500倍液　喷雾或直接涂树干
水稻　稻纵卷叶螟、飞虱　375-600克/公顷　喷雾
小麦　蚜虫　300-450克/公顷　喷雾

PD85121-14　乐果/40%/乳油/乐果 40%/2005.06.13 至 2010.06.13/中等毒
茶树　蚜虫、叶蝉、螨　1000-2000倍液　喷雾
甘薯　小象甲　2000倍液　浸鲜薯片诱杀
柑橘树、苹果树　鳞翅目幼虫、蚜虫、螨　800-1600倍液　喷雾
棉花　蚜虫、螨　450-600克/公顷　喷雾
蔬菜　蚜虫、螨　300-600克/公顷　喷雾
水稻　飞虱、螟虫、叶蝉　450-600克/公顷　喷雾
烟草　蚜虫、烟青虫　300-600克/公顷　喷雾

PD85158-7　喹硫磷/25%/乳油/喹硫磷 25%/2005.07.29 至 2010.07.29/高毒
柑橘树　介壳虫　250-312.5毫克/千克　喷雾
棉花　棉铃虫、蚜虫　180-600克/公顷　喷雾
水稻　螟虫　375-495克/公顷　喷雾

PD85159-13　草甘膦/10%/水剂/草甘膦 10%/2005.07.29 至 2009.12.31/低毒
茶树、甘蔗、果园、剑麻、林木、桑树、橡胶树　一年生杂草和多年生恶性杂草　1125-2250克/公顷　喷雾

PD86175-14　乙酰甲胺磷/90%/原粉/乙酰甲胺磷 90%/2006.12.10 至 2011.12.10/低毒

PD86176-11　乙酰甲胺磷/30%/乳油/乙酰甲胺磷 30%/2006.12.10 至 2011.12.10/低毒
柑橘树　介壳虫、螨　500-1000倍液　喷雾
果树　食心虫　500-1000倍液　喷雾
棉花　棉铃虫、蚜虫　450-900克/公顷　喷雾
蔬菜　菜青虫、蚜虫　337.5-540克/公顷　喷雾
水稻　螟虫、叶蝉　562.5-1012.5克/公顷　喷雾
小麦、玉米　黏虫、玉米螟　540-1080克/公顷　喷雾
烟草　烟青虫　450-900克/公顷　喷雾

PD92103-3　草甘膦/95%,93%,90%/原药/草甘膦 95%,93%,90%/2007.08.06 至 2012.08.06/低毒

PD20040441　哒螨灵/15%/乳油/哒螨灵 15%/2009.12.19 至 2014.12.19/中等毒
柑橘树　红蜘蛛　50-67毫克/千克　喷雾
苹果树　叶螨　50-67毫克/千克　喷雾

PD20040645　三唑磷/20%/乳油/三唑磷 20%/2009.12.19 至 2014.12.19/中等毒
棉花　棉红铃虫　375-450克/公顷　喷雾
水稻　二化螟、三化螟　300-450克/公顷　喷雾

PD20050219　三唑磷/85%/原药/三唑磷 85%/2005.12.23 至 2010.12.22/中等毒

PD20082078　草甘膦异丙胺盐/41%/水剂/草甘膦 41%/2008.11.25 至 2013.11.25/低毒
柑橘园　杂草　3000-4500毫升/公顷(制剂)　定向茎叶喷雾

PD20085730　氟磺胺草醚/95%/原药/氟磺胺草醚 95%/2008.12.26 至 2013.12.26/低毒

PD20092777　氟磺胺草醚/250克/升/水剂/氟磺胺草醚 250克/升/2009.03.04 至 2014.03.04/低毒
春大豆田、夏大豆田　一年生阔叶杂草　250-500克/公顷　喷雾

PD20096767　敌敌畏/80%/乳油/敌敌畏 80%/2009.09.15 至 2014.09.15/中等毒
十字花科蔬菜　菜青虫　720-960克/公顷　喷雾

PD20097994　丁草胺/60%/乳油/丁草胺 60%/2009.12.07 至 2014.12.07/低毒
水稻移栽田　一年生杂草　720-1296克/公顷　毒土法

PD20097995　丁草胺/50%/乳油/丁草胺 50%/2009.12.07 至 2014.12.07/低毒
水稻移栽田　一年生杂草　750-1275克/公顷　毒土法

PD20098314　噻嗪酮/25%/可湿性粉剂/噻嗪酮 25%/2009.12.18 至 2014.12.18/低毒
水稻　飞虱　93.75－131.25克/公顷　喷雾

LS20052357　杀单·三唑磷/15%/微乳剂/三唑磷 5%、杀虫单 10%/2008.06.29 至 2009.06.29/中等毒
水稻　二化螟　337.5-450克/公顷　喷雾

LS20052644　阿维·高氯/2%/微乳剂/阿维菌素 0.2%、高效氯氰菊酯 1.8%/2008.08.14 至 2009.08.14/低毒(原药高毒)
十字花科蔬菜　菜青虫、小菜蛾　13.5-27克/公顷　喷雾

LS20053031　氟胺·烯禾啶/12%/乳油/氟磺胺草醚 7%、烯禾啶 5%/2008.09.13 至 2009.09.13/低毒
春大豆　一年生杂草　450-540克/公顷　茎叶喷雾
夏大豆　一年生杂草　360-450克/公顷　茎叶喷雾

LS20061127　高氯·氟铃脲/6%/微乳剂/氟铃脲 1.2%、高效氯氰菊酯 4.8%/2008.05.11 至 2009.05.11/中等毒
十字花科蔬菜　甜菜夜蛾　18-27克/公顷　喷雾

福建三农农化有限公司　(福建省漳州市龙海市角美镇上房　363107　0596-6774411)

PD20040120 吡虫啉/10%/可湿性粉剂/吡虫啉 10%/2009.12.19 至 2014.12.19/低毒

水稻	飞虱	15-30克/公顷	喷雾
小麦	蚜虫	15-30克/公顷(南方地区) 45-60克/公顷(北方地区)	喷雾

PD20040126 吡虫啉/5%/乳油/吡虫啉 5%/2004.12.19 至 2009.12.18/低毒

十字花科蔬菜	蚜虫	7.5-11.25克/公顷	喷雾

PD20082751 克百威/3%/颗粒剂/克百威 3%/2008.12.08 至 2013.12.08/中等毒(原药高毒)

甘蔗	螟虫	1800-2250克/公顷	撒施
花生	根结线虫	1800-2250克/公顷	沟施
水稻	三化螟	900-1350克/公顷	撒施

PD20096085 百草枯/200克/升/水剂/百草枯 200克/升/2009.06.18 至 2014.06.18/中等毒

茶园	杂草	300－600克/公顷	定向喷雾

LS20050801 草甘膦/10%/水剂/草甘膦 10%/2008.03.28 至 2009.03.28/低毒

柑橘园	杂草	1125-1500克/公顷	喷雾

LS20060145 丁硫·毒死蜱/5%/颗粒剂/丁硫克百威 1%、毒死蜱 4%/2009.01.25 至 2010.01.25/低毒

花生	蛴螬	2250-3750克/公顷	沟施或穴施

福建省福鼎市绿丰化工有限公司 (福建省宁德市福鼎市山前铁塘里 355200 0593-7851735)

PD20060089 吡虫啉/3%/乳油/吡虫啉 3%/2006.05.12 至 2011.05.11/低毒

水稻	飞虱	13.5-22.5克/公顷	喷雾

PD20070438 草甘膦/10%/水剂/草甘膦 10%/2007.11.20 至 2009.12.31/低毒

柑橘园	一年生和多年生杂草	1200-2250克/公顷	定向茎叶喷雾

PD20081324 百草枯/20%/水剂/百草枯 20%/2008.10.20 至 2013.10.20/中等毒

非耕地	杂草	450－750克/公顷	茎叶喷雾

PD20081441 草甘膦异丙胺盐/41%/水剂/草甘膦异丙胺盐 41%/2008.10.31 至 2013.10.31/低毒

柑橘园	一年生和多年生杂草	1230-2460克/公顷	定向茎叶喷雾

LS20051420 甲氰菊酯/20%/乳油/甲氰菊酯 20%/2008.04.21 至 2009.04.21/中等毒

十字花科蔬菜	小菜蛾	120-180克/公顷	喷雾

LS20060519 唑磷·毒死蜱/30%/乳油/毒死蜱 15%、三唑磷 15%/2009.03.15 至 2010.03.15/中等毒

水稻	三化螟	225-315克/公顷	喷雾

福建省福农生化有限公司 (福建省福州市晋安区福马路远东692号 350014 0591-83623286)

PD84104-29 杀虫双/18%/水剂/杀虫双 18%/2007.06.21 至 2012.06.21/中等毒

甘蔗、蔬菜、水稻、小麦、玉米	多种害虫	540-675克/公顷	喷雾
果树	多种害虫	225-360毫克/千克	喷雾

PD85105-24 敌敌畏/80%/乳油/敌敌畏 77.5%/2004.12.14 至 2009.12.14/中等毒

茶树	食叶害虫	600克/公顷	喷雾
粮仓	多种储藏害虫	1)400-500倍液 2)0.4-0.5克/立方米	1)喷雾 2)挂条熏蒸
棉花	蚜虫、造桥虫	600-1200克/公顷	喷雾
苹果树	小卷叶蛾、蚜虫	400-500毫克/千克	喷雾
青菜	菜青虫	600克/公顷	喷雾
桑树	尺蠖	600克/公顷	喷雾
卫生	多种卫生害虫	1)300-400倍液 2)0.08克/立方米	1)泼洒. 2)挂条熏蒸
小麦	黏虫、蚜虫	600克/公顷	喷雾

PD86148-66 异丙威/20%/乳油/异丙威 20%/2006.12.05 至 2011.12.05/中等毒

水稻	飞虱、叶蝉	450-600克/公顷	喷雾

PD86156-11 异丙威/4%/粉剂/异丙威 4%/2006.12.05 至 2011.12.05/中等毒

水稻	飞虱、叶蝉	600克/公顷	喷粉

PD91104-20 敌敌畏/50%/乳油/敌敌畏 48%/2006.01.10 至 2011.01.10/中等毒

茶树	食叶害虫	600克/公顷	喷雾
粮仓	多种储粮害虫	1)300-400倍液 2)0.4-0.5克/立方米	1)喷雾 2)挂条熏蒸
棉花	蚜虫、造桥虫	600-1200克/公顷	喷雾
苹果树	小卷叶蛾、蚜虫	400-500毫克/千克	喷雾
青菜	菜青虫	600克/公顷	喷雾
桑树	尺蠖	600克/公顷	喷雾
卫生	多种卫生害虫	1)250-300倍液 2)0.08克/立方米	1)泼洒 2)挂条熏蒸
小麦	黏虫、蚜虫	600克/公顷	喷雾

PD20040248 高效氯氰菊酯/4.5%/乳油/高效氯氰菊酯 4.5%/2004.12.19 至 2009.12.18/中等毒

茶树	茶尺蠖	15-25.5克/公顷	喷雾
柑橘树	红蜡蚧	50毫克/千克	喷雾

	柑橘树	潜叶蛾	15-20毫克/千克	喷雾
	棉花	红铃虫、棉铃虫、棉蚜	15-30克/公顷	喷雾
	苹果树	桃小食心虫	20-33毫克/千克	喷雾
	蔬菜	菜青虫、小菜蛾	9-25.5克/公顷	喷雾
	蔬菜	菜蚜	3-18克/公顷	喷雾
	烟草	烟青虫	15-25.5克/公顷	喷雾
PD20040309	杀虫单/95%/原药/杀虫单 95%/2004.12.19 至 2009.12.18/中等毒			
PD20050070	杀虫单/90%/可溶性粉剂/杀虫单 90%/2005.06.24 至 2010.06.23/中等毒			
	水稻	螟虫	525-750克/公顷	喷雾
PD20081504	毒死蜱/95%/原药/毒死蜱 95%/2008.11.06 至 2013.11.06/中等毒			
PD20094557	噻嗪酮/25%/可湿性粉剂/噻嗪酮 25%/2009.04.09 至 2014.04.09/低毒			
	茶树	小绿叶蝉	166-250毫克/千克	喷雾
	柑橘树	矢尖蚧	150-250毫克/千克	喷雾
	水稻	飞虱	75-112.5克/公顷	喷雾
PD20094589	杀扑磷/40%/乳油/杀扑磷 40%/2009.04.10 至 2014.04.10/高毒			
	柑橘树	矢尖蚧	500-800倍液	喷雾
PD20094913	阿维·毒死蜱/12%/乳油/阿维菌素 0.3%、毒死蜱 11.7%/2009.04.13 至 2014.04.13/低毒(原药高毒)			
	十字花科蔬菜	小菜蛾	108-162克/公顷	喷雾
PD20096162	杀单·毒死蜱/2%/粉剂/毒死蜱 0.4%、杀虫单 1.6%/2009.06.24 至 2014.06.24/低毒			
	水稻	三化螟	450-600克/公顷	撒施
PD20096459	高氯·毒死蜱/40%/乳油/毒死蜱 39%、高效氯氰菊酯 1%/2009.08.14 至 2014.08.14/中等毒			
	黄瓜	美洲斑潜蝇	120-180克/公顷	喷雾
PD20096460	毒死蜱/40%/乳油/毒死蜱 40%/2009.08.14 至 2014.08.14/中等毒			
	棉花	棉铃虫、棉蚜	450-900克/公顷	喷雾
	苹果树	桃小食心虫	160-240毫克/千克	喷雾
	水稻	稻飞虱	300-600克/公顷	喷雾
PD20096587	联苯菊酯/100克/升/乳油/联苯菊酯 100克/升/2009.08.25 至 2014.08.25/中等毒			
	茶树	茶小绿叶蝉	30-45克/公顷	喷雾
PD20096590	氟啶脲/5%/乳油/氟啶脲 5%/2009.08.25 至 2014.08.25/低毒			
	甘蓝	甜菜夜蛾	45-60克/公顷	喷雾
PD20096704	丙环唑/250克/升/乳油/丙环唑 250克/升/2009.09.07 至 2014.09.07/低毒			
	香蕉	叶斑病	250-500毫克/千克	喷雾
PD20096707	高氯·敌敌畏/20%/乳油/敌敌畏 19.5%、高效氯氰菊酯 0.5%/2009.09.07 至 2014.09.07/中等毒			
	甘蓝	菜青虫	150-225克/公顷	喷雾
PD20096725	杀虫双/3.6%/颗粒剂/杀虫双 3.6%/2009.09.07 至 2014.09.07/中等毒			
	水稻	三化螟	540-750克/公顷	撒施
	水稻	二化螟	540-645克/公顷	撒施
PD20097472	杀单·苏云菌///可湿性粉剂/杀虫单 19.3%、苏云金杆菌 50亿活芽孢/克/2009.11.03 至 2014.11.03/中等毒			
	水稻	二化螟	1800-2250克制剂/公顷	喷雾
PD20097524	杀虫双/25%/母药/杀虫双 25%/2009.11.03 至 2014.11.03/中等毒			
PD20097550	单甲脒/25%/水剂/单甲脒 25%/2009.11.03 至 2014.11.03/中等毒			
	柑橘树	红蜘蛛	250毫克/千克	喷雾
PD20098526	炔螨特/40%/乳油/炔螨特 40%/2009.12.24 至 2014.12.24/低毒			
	柑橘树	红蜘蛛	250-385毫克/千克	喷雾
LS20060487	阿维·三唑磷/12%/乳油/阿维菌素 0.2%、三唑磷 11.8%/2009.03.06 至 2010.03.06/中等毒(原药高毒)			
	十字花科蔬菜	菜青虫	135-180克/公顷	喷雾
LS20072362	哒螨灵/15%/乳油/哒螨灵 15%/2009.10.16 至 2010.10.17/低毒			
	柑橘树	红蜘蛛	75-100毫克/千克	喷雾
LS20072575	蜡质芽孢杆菌/20亿活芽孢/克/可湿性粉剂/蜡质芽孢杆菌 20亿孢子/克/2008.12.09 至 2009.12.10/低毒			
	茄子	青枯病	100-300倍	灌根
LS20091326	噻嗪·杀扑磷/20%/乳油/噻嗪酮 13.5%、杀扑磷 6.5%/2009.06.04 至 2010.06.04/中等毒(原药高毒)			
	柑橘树	矢尖蚧	200-250毫克/千克	喷雾

福建省福州市防治白蚁公司　(福建省福州市古田路29号双福楼东三层　350005　0591-83337717)

WP20080036	杀虫饵剂/0.05%/毒饵/溴氰菊酯 0.05%/2008.03.04 至 2013.03.04/低毒			
	卫生	蜚蠊、蚂蚁	/	投放

福建省古田县科达生物化工有限公司　(福建省古田县614路363号　352200　)

LS20071551	二氯异氰尿酸钠/66%/烟剂/二氯异氰尿酸钠 66%/2009.05.29 至 2010.05.30/低毒			
	菇房	霉菌	3.96-5.28克/立方米	点燃
LS20080940	二氯异氰尿酸钠/40%/可溶粉剂/二氯异氰尿酸钠 40%/2009.03.04 至 2010.03.04/低毒			
	平菇	木霉菌	40-48克/100千克干料	拌料

福建省花仙子(厦门)日用化学品有限公司　(福建省厦门市集美区北部工业区　361021　0592-6100323-20)

WP20090291	防蛀防霉片剂/99.5%/片剂/对二氯苯 99.5%/2009.07.08 至 2014.07.08/低毒			
	卫生	黑皮蠹、霉菌	40克制剂/立方米	投放

WL20070205 防蛀片剂/96%/片剂/樟脑 96%/2009.10.15 至 2010.10.16/低毒
卫生 黑皮蠹 / 投放

福建省惠安县东岭东山蚊香厂 (福建省惠安县东岭镇东山村 362141 0595-87883313)

WP20090341 蚊香/0.3%/蚊香/富右旋反式烯丙菊酯 0.3%/2009.10.12 至 2014.10.12/微毒
卫生 蚊 / 点燃

福建省建瓯福农化工有限公司 (福建省南平市建瓯市北门 353100 0599-3851542)

PD86156-12 异丙威/4%/粉剂/异丙威 4%/2009.04.07 至 2014.04.07/中等毒
水稻 飞虱、叶蝉 600克/公顷 喷粉

PD20040289 三唑磷/85%/原药/三唑磷 85%/2009.12.19 至 2014.12.19/中等毒

PD20040524 三唑磷/20%/乳油/三唑磷 20%/2009.12.19 至 2014.12.19/中等毒
水稻 二化螟、三化螟 300-450克/公顷 喷雾

PD20082645 唑磷·毒死蜱/40%/乳油/毒死蜱 20%、三唑磷 20%/2008.12.04 至 2013.12.04/中等毒
水稻 三化螟 210-300克/公顷 喷雾

PD20082661 阿维·高氯/1.8%/乳油/阿维菌素 0.3%、高效氯氰菊酯 1.5%/2008.12.04 至 2013.12.04/低毒(原药高毒)
十字花科蔬菜 小菜蛾 13.5-18.9克/公顷 喷雾

PD20090565 吡虫·噻嗪酮/10%/乳油/吡虫啉 2%、噻嗪酮 8%/2009.01.13 至 2014.01.13/低毒
茶树 茶小绿叶蝉 90-120克/公顷 喷雾

PD20091871 阿维·哒螨灵/5%/乳油/阿维菌素 0.2%、哒螨灵 4.8%/2009.02.09 至 2014.02.09/低毒(原药高毒)
柑橘树 红蜘蛛 33-50毫克/千克 喷雾

PD20092348 三唑磷/40%/乳油/三唑磷 40%/2009.02.24 至 2014.02.24/中等毒
水稻 二化螟 300-450克/公顷 喷雾

LS20070518 毒死蜱/480克/升/乳油/毒死蜱 480克/升/2009.03.06 至 2010.03.07/中等毒
水稻 稻纵卷叶螟 432-576克/公顷 喷雾

福建省金鹿日化股份有限公司 (福建省泉州市南安市洪濑镇东溪开发区金鹿工业园 362331 0595-86696838)

WP20080204 电热蚊香液/0.8%/电热蚊香液/炔丙菊酯 0.8%/2008.11.20 至 2013.11.20/微毒
卫生 蚊 / 电热加温

WL20050013 杀虫气雾剂/0.7%/气雾剂/炔丙菊酯 0.22%、右旋苯醚氰菊酯 0.48%/2008.01.13 至 2009.01.12/微毒
卫生 蜚蠊 / 喷雾

WL20050068 杀蟑烟片/7%/烟片/右旋苯醚氰菊酯 7%/2008.03.29 至 2009.03.29/低毒
卫生 蜚蠊 / 点燃

WL20050133 电热蚊香片/15毫克/片/电热蚊香片/氯烯炔菊酯 5毫克/片、炔丙菊酯 10毫克/片/2008.05.22 至 2009.05.22/微毒
卫生 蚊 / 电热加温

WL20050146 蚊香/0.15%/蚊香/环戊烯丙菊酯 0.05%、氯烯炔菊酯 0.1%/2008.05.22 至 2009.05.22/微毒
卫生 蚊 / 点燃

WL20050162 杀蟑胶饵/2.5%/胶饵/吡虫啉 2.5%/2008.06.05 至 2009.06.05/微毒
卫生 蜚蠊 / 投放

WL20050191 蚊香/0.1%/蚊香/环戊烯丙菊酯 0.05%、四氟苯菊酯 0.05%/2008.07.25 至 2009.07.25/微毒
卫生 蚊 / 点燃

WL20050282 杀虫气雾剂/0.35%/气雾剂/氯菊酯 0.1%、炔丙菊酯 0.09%、右旋胺菊酯 0.16%/2008.11.23 至 2009.11.23/微毒
卫生 蚊、蝇、蜚蠊 / 喷雾

WL20050287 杀虫气雾剂/0.39%/气雾剂/富右旋反式烯丙菊酯 0.25%、高效氯氰菊酯 0.04%、氯菊酯 0.1%/2008.11.13至2009.11.13/微毒
卫生 蚊、蝇、蜚蠊 / 喷雾

WL20050288 杀虫气雾剂/0.41%/气雾剂/富右旋反式烯丙菊酯 0.15%、高效氯氰菊酯 0.06%、右旋胺菊酯 0.2%/2008.11.13至2009.11.13/微毒
卫生 蚊、蝇、蜚蠊 / 喷雾

WL20060192 防蛀球剂/94%/防蛀球剂/樟脑 94%/2009.12.06 至 2010.12.06/低毒
卫生 黑皮蠹 / 投放

WL20060193 杀虫气雾剂/0.55%/气雾剂/Es-生物烯丙菊酯 0.3%、氯菊酯 0.25%/2009.12.06 至 2010.12.06/微毒
卫生 蚊、蝇、蜚蠊 / 喷雾

WL20070195 电热蚊香片/15毫克/升/电热蚊香片/富右旋反式炔丙菊酯 15毫克/片/2009.10.09 至 2010.10.09/微毒
卫生 蚊 / 电热加温

WL20080117 电热蚊香液/0.8%/电热蚊香液/富右旋反式炔丙菊酯 0.8%/2009.02.20 至 2010.02.21/微毒
卫生 蚊 / 电热加温

WL20080125 电热蚊香液/1.2%/电热蚊香液/富右旋反式炔丙菊酯 1.2%/2009.02.20 至 2010.02.21/微毒
卫生 蚊 / 电热加温

WL20080133 杀虫气雾剂/0.18%/气雾剂/炔咪菊酯 0.07%、右旋苯醚菊酯 0.11%/2009.02.21 至 2010.02.22/微毒
卫生 蚂蚁 / 喷雾

WL20080210 蚊香/0.03%/蚊香/四氟甲醚菊酯 0.03%/2009.03.10 至 2010.03.10/微毒
卫生 蚊 / 点燃

WL20080374 驱蚊花露水/5%/驱蚊花露水/驱蚊酯 5%/2009.08.20 至 2010.08.20/微毒
卫生 蚊 / 涂抹

WL20080382 蚊香/0.2%/蚊香/富右旋反式烯丙菊酯 0.15%、四氟醚菊酯 0.05%/2009.09.01 至 2010.09.01/微毒

卫生 蚊 / 点燃

WL20080383 蚊香/0.06%/蚊香/四氟醚菊酯 0.06%/2009.09.01 至 2010.09.01/微毒

卫生 蚊 / 点燃

WL20080421 电热蚊香液/0.9%/电热蚊香液/四氟苯菊酯 0.9%/2009.10.29 至 2010.10.29/低毒

卫生 蚊 / 电热加温

WL20080424 杀虫气雾剂/0.6%/气雾剂/氯菊酯 0.25%、右旋胺菊酯 0.25%、右旋苯醚氰菊酯 0.1%/2009.11.06 至 2010.11.06/微毒

卫生 蚊、蝇、蜚蠊 / 喷雾

WL20080425 杀虫气雾剂/0.61%/气雾剂/氯菊酯 0.21%、氯氰菊酯 0.1%、右旋胺菊酯 0.3%/2009.11.06 至 2010.11.06/微毒

卫生 蚊、蝇、蜚蠊 / 喷雾

WL20080449 杀虫气雾剂/0.52%/气雾剂/炔丙菊酯 0.1%、右旋胺菊酯 0.25%、右旋苯醚氰菊酯 0.17%/2009.11.20 至 2010.11.20/微毒

卫生 蚊、蝇、蜚蠊 / 喷雾

WL20090135 蚊香/0.08%/蚊香/氯氟醚菊酯 0.08%/2009.04.15 至 2010.04.15/微毒

卫生 蚊 / 点燃

WL20090195 蝇香/0.8%/蝇香/氯烯炔菊酯 0.8%/2009.11.12 至 2010.11.12/微毒

卫生 蝇 / /点燃

WL20090220 杀虫气雾剂/0.6%/气雾剂/氯菊酯 0.35%、炔咪菊酯 0.05%、右旋胺菊酯 0.2%/2009.12.14 至 2010.12.14/微毒

卫生 蚂蚁、蚊、蝇、蜚蠊 / 喷雾

WL20090227 电热蚊香片/10毫克/片/电热蚊香片/炔丙菊酯 5毫克/片、四氟甲醚菊酯 5毫克/片/2009.12.18 至 2010.12.18/微毒

卫生 蚊 / 电热加温

福建省锦江日用化工有限公司 (福建省龙海市傍山镇雩林工业区 363100 0596-6593188)

WP20080008 电热蚊香片/12毫克/片/电热蚊香片/富右旋反式炔丙菊酯 12毫克/片/2008.01.03 至 2013.01.03/微毒

卫生 蚊 / 电热加温

WP20080029 电热蚊香液/0.8%/电热蚊香液/富右旋反式炔丙菊酯 0.8%/2008.02.26 至 2013.02.26/微毒

卫生 蚊 / 电热加温

WP20080040 杀虫气雾剂/0.8%/气雾剂/胺菊酯 0.3%、氯氰菊酯 0.3%、烯丙菊酯 0.2%/2008.03.03 至 2013.03.03/微毒

卫生 蚊、蝇、蜚蠊 / 喷雾

WP20080145 蚊香/0.2%/蚊香/富右旋反式烯丙菊酯 0.2%/2008.11.04 至 2013.11.04/低毒

卫生 蚊 / 点燃

福建省晋江金童蚊香制品有限公司 (福建省晋江市五里工业园一区 362216 0595-88183030)

WP20080156 杀虫气雾剂/0.29%/气雾剂/胺菊酯 0.19%、氯菊酯 0.10%/2008.11.06 至 2013.11.06/微毒

卫生 蚊、蝇 / 喷雾

WP20080168 蚊香/0.24%/蚊香/富右旋反式烯丙菊酯 0.24%/2008.11.18 至 2013.11.18/微毒

卫生 蚊 / 点燃

WP20080177 蚊香/0.3%/蚊香/富右旋反式烯丙菊酯 0.3%/2008.11.18 至 2013.11.18/低毒

卫生 蚊 / 点燃

WP20080321 杀虫气雾剂/0.42%/气雾剂/胺菊酯 0.25%、氯菊酯 0.17%/2008.12.05 至 2013.12.05/低毒

卫生 蚊、蝇 / 喷雾

WP20080461 电热蚊香片/13毫克/片/电热蚊香片/炔丙菊酯 13毫克/片/2008.12.22 至 2013.12.22/微毒

卫生 蚊 / 电热加温

WP20080481 杀虫气雾剂/0.38%/气雾剂/富右旋反式烯丙菊酯 0.1%、氯菊酯 0.2%、炔丙菊酯 0.08%/2008.12.17至2013.12.17/微毒

卫生 蚊、蝇、蜚蠊 / 喷雾

WP20080531 电热蚊香液/0.8%/电热蚊香液/炔丙菊酯 0.8%/2008.12.23 至 2013.12.23/微毒

卫生 蚊 / 电热加温

WL20070150 蚊香/0.17%/蚊香/Es-生物烯丙菊酯 0.17%/2009.07.10 至 2010.07.11/微毒

卫生 蚊 / 点燃

WL20080179 杀蟑气雾剂/0.36%/气雾剂/胺菊酯 0.16%、右旋苯醚氰菊酯 0.2%/2009.03.03 至 2010.03.03/微毒

卫生 蜚蠊 / 喷雾

WL20080388 蚊香/0.02%/蚊香/四氟甲醚菊酯 0.02%/2008.09.01 至 2009.09.01/微毒

卫生 蚊 / 点燃

WL20080389 杀虫气雾剂/0.48%/气雾剂/胺菊酯 0.23%、富右旋反式炔丙菊酯 0.23%、溴氰菊酯 0.02%/2008.09.01至2009.09.01/微毒

卫生 蚊 / 喷雾

WL20080450 杀蟑烟片/7%/烟片/右旋苯醚氰菊酯 7%/2009.11.20 至 2010.11.20/微毒

卫生 蜚蠊 / 点燃

WL20080462 蚊香/0.3%/蚊香/富右旋反式烯丙菊酯 0.2%、富右旋反式炔丙菊酯 0.1%/2009.11.24 至 2010.11.24/微毒

卫生 蚊 / 点燃

WL20090146 蚊香/0.08%/蚊香/氯氟醚菊酯 0.08%/2009.05.12 至 2010.05.12/微毒

卫生 蚊 / 点燃

WL20090169 蝇香/0.8%/蚊香/氯烯炔菊酯 0.8%/2009.07.22 至 2010.07.22/微毒

卫生 蝇 / 点燃

福建省晋江市安海万兴蚊香厂 (福建省泉州市晋江市安海镇桐林村 362261 0595-85701491)

WP20080068 蚊香/0.18%/蚊香/Es-生物烯丙菊酯 0.18%/2008.05.08 至 2013.05.08/微毒

卫生 蚊 / 点燃

福建省晋江市安海镇双鳄日用品厂 （福建省晋江市安海镇庄头村玉林南里48号 362261 0595-85783020）

WL20070260 蚊香/0.3%/蚊香/富右旋反式烯丙菊酯 0.3%/2009.11.04 至 2010.11.05/微毒

卫生 蚊 / 点燃

福建省晋江市安鹿卫生用品有限公司 （福建省晋江市罗山镇梧安工业区 362200 0595-88195885）

WP20080477 蚊香/0.3%/蚊香/富右旋反式烯丙菊酯 0.3%/2008.12.16 至 2013.12.16/微毒

卫生 蚊 / 点燃

福建省晋江市奔马蚊香有限公司 （福建省晋江市罗山许坑工业区38、40号 362200 0595-88196979）

WP20080302 蚊香/0.25%/蚊香/富右旋反式烯丙菊酯 0.25%/2008.12.04 至 2013.12.04/低毒

卫生 蚊 / 点燃

WL20070024 电热蚊香液/0.8%/电热蚊香液/炔丙菊酯 0.8%/2009.02.07 至 2010.02.07/微毒

卫生 蚊 / 电热加温

WL20070044 电热蚊香片/10毫克/片/电热蚊香片/炔丙菊酯 10毫克/片/2009.02.24 至 2010.02.24/微毒

卫生 蚊 / 电热加温

WL20070173 蚊香/0.25%/蚊香/富右旋反式烯丙菊酯 0.25%/2009.09.04 至 2010.09.05/微毒

卫生 蚊 / 点燃

WL20070289 蚊香/0.1%/蚊香/富右旋反式炔丙菊酯 0.1%/2009.12.04 至 2010.12.05/微毒

卫生 蚊 / 点燃

WL20080067 杀飞虫气雾剂/0.51%/气雾剂/胺菊酯 0.25%、富右旋反式烯丙菊酯 0.18%、氯氰菊酯 0.08%/2009.02.17 至 2010.02.18/低毒

卫生 蚊、蝇 / 喷雾

WL20090187 蝇香/1%/蝇香/右旋烯炔菊酯 1%/2009.11.04 至 2010.11.04/微毒

卫生 蝇 / 点燃

福建省晋江市今日日化有限公司 （福建省晋江市罗山镇后林村 362216 0595-88186268）

WP20080446 电热蚊香片/15毫克/片/电热蚊香片/富右旋反式炔丙菊酯 15毫克/片/2008.12.15 至 2013.12.15/微毒

卫生 蚊 / 电热加温

WP20080556 杀虫气雾剂/0.8%/气雾剂/胺菊酯 0.4%、氯菊酯 0.4%/2008.12.24 至 2013.12.24/微毒

卫生 蚊、蝇、蜚蠊 / 喷雾

WL20060035 电热蚊香液/0.8%/电热蚊香液/炔丙菊酯 0.8%/2009.03.01 至 2010.03.01/微毒

卫生 蚊 / 电热加温

WL20070109 蚊香/0.3%/蚊香/富右旋反式烯丙菊酯 0.3%/2009.06.05 至 2010.06.06/微毒

卫生 蚊 / 点燃

WL20090222 蝇香/0.8%/蝇香/氯烯炔菊酯 0.8%/2009.12.14 至 2010.12.14/微毒

卫生 蝇 / 点燃

福建省晋江市老君日化有限责任公司 （福建省泉州市晋江市五里工业区 362216 0595-88186286）

WP20080172 蚊香/0.25%/蚊香/富右旋反式烯丙菊酯 0.25%/2008.11.18 至 2013.11.18/低毒

卫生 蚊 / 点燃

WL20080028 电热蚊香液/0.8%/电热蚊香液/炔丙菊酯 0.8%/2008.01.07 至 2009.01.07/微毒

卫生 蚊 / 电热加温

WL20080241 杀蟑气雾剂/0.4%/气雾剂/炔咪菊酯 0.15%、右旋苯醚氰菊酯 0.25%/2009.03.17 至 2010.03.17/微毒

卫生 蜚蠊 / 喷雾

WL20090123 杀虫气雾剂/0.53%/气雾剂/氯菊酯 0.39%、炔丙菊酯 0.14%/2009.04.13 至 2010.04.13/微毒

卫生 蚊 / 喷雾

福建省晋江市灵源娃力蚊香厂 （福建省晋江市灵源街道张前东区77号 362200 0595-88171897）

WL20080150 蚊香/0.3%/蚊香/富右旋反式烯丙菊酯 0.3%/2009.02.24 至 2010.02.25/微毒

卫生 蚊 / 点燃

福建省晋江市罗山华隆蚊香制品有限公司 （福建省晋江市罗山镇山仔工业区198号 362216 0595-88172558）

WL20070212 蚊香/0.2%/蚊香/Es-生物烯丙菊酯 0.2%/2009.10.15 至 2010.10.16/微毒

卫生 蚊 / 点燃

WL20080056 杀虫气雾剂/0.5%/气雾剂/胺菊酯 0.3%、富右旋反式烯丙菊酯 0.15%、氯氰菊酯 0.05%/2009.01.11至2010.01.11/微毒

卫生 蚊、蝇、蜚蠊 / 喷雾

WL20080259 蚊香/0.25%/蚊香/富右旋反式烯丙菊酯 0.25%/2009.04.07 至 2010.04.07/微毒

卫生 蚊 / 点燃

福建省晋江市罗山金马蚊香有限公司 （福建省晋江市罗山镇许坑村工业北区76号 362216 0595-88186953）

WL20070236 蚊香/0.25%/蚊香/富右旋反式烯丙菊酯 0.25%/2009.11.04 至 2010.11.05/微毒

卫生 蚊 / 点燃

福建省晋江市罗山金猫日用蚊香有限公司 （福建省晋江市罗山许坑工业区166号 362200 0595-88197261）

WL20080408 蚊香/0.15%/蚊香/Es-生物烯丙菊酯 0.15%/2009.09.25 至 2010.09.25/微毒

卫生 蚊 / 点燃

福建省晋江市罗山许坑太目蚊香厂 （福建省晋江市罗山许坑工业小区 362200 ）

WL20070156 蚊香/0.3%/蚊香/富右旋反式烯丙菊酯 0.3%/2009.08.06 至 2010.08.07/微毒

卫生 蚊 / 点燃

福建省晋江市罗山许坑蚊香二厂 （福建省晋江市罗山许坑工业区 362200 0595-88185226）

WL20070160 蚊香/0.3%/蚊香/富右旋反式烯丙菊酯 0.3%/2009.08.07 至 2010.08.08/微毒
卫生 蚊 / 点燃

福建省晋江市亲亲日化有限公司 （福建省晋江市灵源街道办事处张前东区100号 362216 0595-85975337）

WP20080232 蚊香/0.15%/蚊香/富右旋反式炔丙菊酯 0.15%/2008.11.25 至 2013.11.25/微毒
卫生 蚊 / 点燃

福建省晋江市蛙王日用化工有限公司 （福建省晋江市罗山街道办事处许坑工业区 362216 0595-88176611）

WL20080111 杀虫气雾剂/0.4%/气雾剂/高效氯氰菊酯 0.1%、右旋胺菊酯 0.3%/2009.02.20 至 2010.02.21/微毒
卫生 蚊、蝇、蜚蠊 / 喷雾
WL20080175 蚊香/0.3%/蚊香/富右旋反式烯丙菊酯 0.3%/2009.02.28 至 2010.02.28/微毒
卫生 蚊 / 点燃

福建省科丰农药有限公司 （福建省福州市新店镇埔党村省农科院内 350013 0591-87831983）

PD20091954 联苯菊酯/100克/升/乳油/联苯菊酯 100克/升/2009.02.12 至 2014.02.12/中等毒
茶树 茶小绿叶蝉 30-37.5克/公顷 喷雾
PD20097496 联苯菊酯/25克/升/乳油/联苯菊酯 25克/升/2009.11.03 至 2014.11.03/低毒
茶树 茶小绿叶蝉 30-37.5克/公顷 喷雾
PD20097498 阿维菌素/18克/升/乳油/阿维菌素 18克/升/2009.11.03 至 2014.11.03/低毒(原药高毒)
棉花 红蜘蛛 10.8-16.2克/公顷 喷雾
PD20097542 噻嗪酮/25%/可湿性粉剂/噻嗪酮 25%/2009.11.03 至 2014.11.03/低毒
水稻 飞虱 112.5-150克/公顷 喷雾
PD20097896 高效氯氟氰菊酯/25克/升/乳油/高效氯氟氰菊酯 25克/升/2009.11.30 至 2014.11.30/低毒
茶树 茶小绿叶蝉 30-37.5克/公顷 喷雾
PD20098310 吡虫啉/200克/升/可溶液剂/吡虫啉 200克/升/2009.12.18 至 2014.12.18/低毒
水稻 稻飞虱 20-40克/公顷 喷雾
LS20090794 丁醚脲/50%/悬浮剂/丁醚脲 50%/2009.04.01 至 2010.04.01/中等毒
十字花科蔬菜 小菜蛾 562.5-750克/公顷 喷雾
WL20090127 杀蟑胶饵/33.3%/胶饵/硼酸 33.3%/2009.04.13 至 2010.04.13/微毒
卫生 蜚蠊 / 投放

福建省梦娇兰日用化学品有限公司 （福建省漳州市龙海市龙海颜厝工业开发区 363118 0596-6651636）

WP20070029 蚊香/0.3%/蚊香/富右旋反式烯丙菊酯 0.3%/2007.11.28 至 2012.11.28/低毒
卫生 蚊 / 点燃
WP20080324 电热蚊香片/12.5毫克/片/电热蚊香片/炔丙菊酯 12.5毫克/片/2008.12.05 至 2013.12.05/微毒
卫生 蚊 / 电热加温
WP20090240 电热蚊香液/0.8%/电热蚊香液/炔丙菊酯 0.8%/2009.04.21 至 2014.04.21/微毒
卫生 蚊 / 电热加温
WL20050290 驱蚊花露水/5%/驱蚊花露水/避蚊胺 5%/2008.11.14 至 2009.11.14/微毒
卫生 蚊 / 涂抹
WL20070179 蚊香/0.3%/蚊香/富右旋反式烯丙菊酯 0.3%/2008.09.11 至 2009.09.12/微毒
卫生 蚊 / 点燃
WL20070186 杀虫气雾剂/0.28%/气雾剂/胺菊酯 0.22%、高效氯氰菊酯 0.06%/2009.09.24 至 2010.09.25/微毒
卫生 蚊、蝇、蜚蠊 / 喷雾
WL20080355 杀虫气雾剂/0.6%/气雾剂/Es-生物烯丙菊酯 0.18%、氯菊酯 0.28%、右旋苯醚氰菊酯 0.14%/2009.07.14至2010.07.14/微毒
卫生 蚊、蝇、蜚蠊 / 喷雾

福建省闽侯东亚化工有限公司 （福建省闽侯县白沙镇长坪园11号 350102 0591-2951038）

PD20096506 噻嗪·杀扑磷/20%/乳油/噻嗪酮 10%、杀扑磷 10%/2009.08.17 至 2014.08.17/低毒(原药高毒)
柑橘树 矢尖蚧 250-333.3毫克/千克 喷雾

福建省南安市大通蚊香厂 （福建省南安市康美镇草埔工业区 362332 0595-86651081）

WP20080239 蚊香/0.25%/蚊香/富右旋反式烯丙菊酯 0.25%/2008.11.25 至 2013.11.25/低毒
卫生 蚊 / 点燃

福建省莆田市友缘实业有限公司 （福建省莆田市涵江区涵华东路塔桥 351111 0594-3586566）

PD20094858 多·福/15%/悬浮种衣剂/多菌灵 10%、福美双 5%/2009.04.13 至 2014.04.13/低毒
水稻 恶苗病 225-300克/100千克种子 种子包衣
水稻 立枯病 25-300克/100千克种子 种子包衣
LS20081241 戊唑醇/0.25%/悬浮种衣剂/戊唑醇 0.25%/2009.03.10 至 2010.03.10/低毒
水稻 恶苗病、立枯病 5-6.25克/100千克种子 种子包衣
LS20081444 戊唑醇/6%/微乳剂/戊唑醇 6%/2009.03.17 至 2010.03.17/低毒
水稻 稻瘟病 67.5-90克/公顷 喷雾

福建省泉州德盛农药有限公司 （福建省泉州市永春县玉斗镇玉斗工业区 362616 0595-23946688）

PD20083224 联苯菊酯/25克/升/乳油/联苯菊酯 25克/升/2008.12.11 至 2013.12.11/低毒
茶树 茶小绿叶蝉 22.5-30克/公顷 喷雾
PD20086241 高效氯氟氰菊酯/25克/升/乳油/高效氯氟氰菊酯 25克/升/2008.12.31 至 2013.12.31/中等毒
茶树 茶尺蠖 7.5-11.25克/公顷 喷雾
PD20093422 氯氰·毒死蜱/20%/乳油/毒死蜱 18.8%、氯氰菊酯 1.2%/2009.06.18 至 2014.06.18/中等毒

柑橘树 矢尖蚧 200-250毫克/千克 喷雾
十字花科蔬菜 甜菜夜蛾 225-300克/公顷 喷雾
PD20096613 草甘膦异丙胺盐(41%)///水剂/草甘膦异丙胺盐 30%/2009.09.02 至 2014.09.02/低毒
柑橘园 杂草 3000-60000毫升制剂/公顷 定向茎叶喷雾
PD20096973 噻螨酮/5%/乳油/噻螨酮 5%/2009.09.29 至 2014.09.29/低毒
柑橘树 红蜘蛛 33-50毫克/千克 喷雾
LS20050424 吡虫啉/2.5%/可湿性粉剂/吡虫啉 2.5%/2008.02.19 至 2009.02.18/低毒
水稻 稻飞虱 15-22.5克/公顷 喷雾
LS20060572 三唑锡/20%/乳油/三唑锡 20%/2009.03.16 至 2010.03.16/低毒
柑橘树 红蜘蛛 80-133.3毫克/千克 喷雾
LS20071555 硫磺/50%/悬浮剂/硫磺 50%/2009.05.29 至 2010.05.30/低毒
小麦 白粉病 3000-3375克/公顷 喷雾
LS20082811 啶虫·毒死蜱/20%/乳油/啶虫脒 2%、毒死蜱 18%/2009.05.12 至 2010.05.12/低毒
柑橘树 介壳虫 133.3-200毫克/千克 喷雾
WL20050237 蚊香/0.3%/蚊香/富右旋反式烯丙菊酯 0.3%/2008.08.21 至 2009.08.21/微毒
卫生 蚊 / 点燃

福建省泉州市神象日化有限公司 (福建省泉州市南安市洪濑镇东溪工业区 362331 0595-86699168)

WP20080496 电热蚊香液/0.8%/电热蚊香液/炔丙菊酯 0.8%/2008.12.18 至 2013.12.18/微毒
卫生 蚊 / 电热加温
WP20080552 电热蚊香片/10毫克/片/电热蚊香片/富右旋反式炔丙菊酯 10毫克/片/2008.12.24 至 2013.12.24/低毒
卫生 蚊 / 电热加温
WL20050030 蚊香/0.009%/蚊香/四氟甲醚菊酯 0.009%/2008.01.26 至 2009.01.25/微毒
卫生 蚊 / 点燃
WL20050275 杀虫气雾剂/0.55%/气雾剂/胺菊酯 0.2%、富右旋反式烯丙菊酯 0.15%、氯菊酯 0.2%/2008.11.02 至 2009.11.02/微毒
卫生 蚊、蝇、蜚蠊 / 喷雾

福建省泉州元龙环保气雾剂有限公司 (福建省泉州市江南火炬工业区 362000 0595-22460798)

WL20090202 蝇香/0.8%/蝇香/氯烯炔菊酯 0.8%/2009.11.12 至 2010.11.12/微毒
卫生 蝇 / 点燃

福建省泉州蝙蝠蚊香厂 (福建省晋江市罗山镇许坑工业区64号 362200 0595-88184321)

WP20080435 蚊香/0.25%/蚊香/富右旋反式烯丙菊酯 0.25%/2008.12.15 至 2013.12.15/微毒
卫生 蚊 / 点燃

福建省厦门大学化工厂 (福建省厦门市思明南路422号(校内) 361005 0592-2086104)

PDN65-2000 三十烷醇/85%/原药/三十烷醇 85%/2005.07.13 至 2010.07.13/低毒
PDN66-2000 三十烷醇/1.4%/可溶性粉剂/三十烷醇 1.4%/2005.07.13 至 2010.07.13/低毒
海带 提高产量 1)2毫克/千克 2)0.5毫克/千克 1)浸泡幼苗2小时2)浸泡幼苗12小时
紫菜 提高产量、提高质量 2毫克/千克 喷洒苗帘

福建省厦门金达威维生素股份有限公司 (福建省厦门市海沧新阳工业区新昌路35号 361022 0592-6511111)

LS20082832 羟烯腺嘌呤/0.0008%/水剂/羟烯腺嘌呤 0.0008%/2008.05.27 至 2009.05.27/低毒
番茄、甘蓝 调节生长、增产 0.011-0.016毫克/升 喷雾3次以上

福建省厦门南草坪生物工程有限公司 (福建省厦门市湖滨北路中信广场A幢33楼J单元 361000 0592-5110306)

PD20040106 4.5%高效氯氰菊酯微乳剂//微乳剂/高效氯氰菊酯 4.5%/2004.12.19 至 2009.12.18/中等毒
十字花科蔬菜 菜青虫 20.25-27克/公顷 喷雾

福建省厦门群鹭香业有限公司 (福建省厦门市集美区灌口镇武警农场内 361023 0592-6381781)

WL20070151 蚊香/0.3%/蚊香/富右旋反式烯丙菊酯 0.3%/2009.07.16 至 2010.07.17/微毒
卫生 蚊 / 点燃

福建省厦门市绿地康生物工程有限公司 (福建省厦门市同安区同安城南工业区 361100 0592-7129111)

PD20085148 杀虫双/3.6%/颗粒剂/杀虫双 3.6%/2008.12.23 至 2013.12.23/中等毒
水稻 螟虫 540-750克/公顷 撒施
PD20085302 苏云金杆菌/16000IU/毫克/可湿性粉剂/苏云金杆菌 16000IU/毫克/2008.12.23 至 2013.12.23/微毒
茶树 茶毛虫 800-1600倍 喷雾
棉花 棉铃虫 1500-2250克制剂/公顷 喷雾
森林 松毛虫 1200-1600倍 喷雾
十字花科蔬菜 菜青虫 375-750克制剂/公顷 喷雾
十字花科蔬菜 小菜蛾 750-1125克制剂/公顷 喷雾
水稻 稻纵卷叶螟 1500-2250克制剂/公顷 喷雾
烟草 烟青虫 750-1500克制剂/公顷 喷雾
玉米 玉米螟 750-1500克制剂/公顷 加细沙灌心
枣树 枣尺蠖 1200-1600倍 喷雾
PD20085573 三乙膦酸铝/40%/可湿性粉剂/三乙膦酸铝 40%/2008.12.25 至 2013.12.25/低毒
黄瓜 霜霉病 1800-2700克/公顷 喷雾
PD20090798 阿维·毒死蜱/5.5%/乳油/阿维菌素 0.1%、毒死蜱 5.4%/2009.01.19 至 2014.01.19/低毒(原药高毒)

菜豆、黄瓜 斑潜蝇 57.75-82.5克/公顷 喷雾
柑橘树 红蜘蛛 27.5-55毫克/千克 喷雾

PD20091812 阿维·苏云菌//可湿性粉剂/阿维菌素 0.1%、苏云金杆菌 100亿活孢子/克/2009.02.04 至 2014.02.04/低毒(原药高毒)
十字花科蔬菜 小菜蛾 900-1500克/公顷 喷雾

PD20092185 杀单·苏云菌//可湿性粉剂/杀虫单 51%、苏云金杆菌 100亿活芽孢/克/2009.02.23 至 2014.02.23/中等毒
水稻 三化螟 1125-1500克制剂/公顷 喷雾

PD20094043 碱式硫酸铜/30%/悬浮剂/碱式硫酸铜 30%/2009.03.27 至 2014.03.27/低毒
柑橘 溃疡病 750-1000毫克/千克 喷雾
梨树 黑星病 750-1000毫克/千克 喷雾

PD20094044 阿维·高氯/3%/乳油/阿维菌素 0.5%、高效氯氰菊酯 2.5%/2009.03.27 至 2014.03.27/中等毒(原药高毒)
十字花科蔬菜 甜菜夜蛾 18-27克/公顷 喷雾
十字花科蔬菜 小菜蛾 7.5-15克/公顷 喷雾

PD20095182 甲硫·福美双/70%/可湿性粉剂/福美双 22%、甲基硫菌灵 48%/2009.04.24 至 2014.04.24/低毒
黄瓜 白粉病 525-787.5克/公顷 喷雾

PD20095882 辛硫磷/3%/颗粒剂/辛硫磷 3%/2009.05.31 至 2014.05.31/微毒
花生 蛴螬 2700-3600克/公顷 沟施

LS20051983 甲氨基阿维菌素苯甲酸盐/1%/微乳剂/甲氨基阿维菌素苯甲酸盐 1%/2008.05.24 至 2009.05.24/低毒
十字花科蔬菜 小菜蛾 1.5-1.875克/公顷 喷雾

福建省厦门市神狮工贸有限公司 (福建省厦门市台湾街251号 361009 0592-5562406)

WL20050119 电热蚊香片/10毫克/片/电热蚊香片/富右旋反式炔丙菊酯 10毫克/片/2008.04.13 至 2009.04.13/微毒
卫生 蚊 / 电热加温

WL20050154 杀虫气雾剂/0.6%/气雾剂/胺菊酯 0.3%、氯菊酯 0.3%/2008.06.05 至 2009.06.05/微毒
卫生 蚊、蝇、蜚蠊 / 喷雾

WL20070045 电热蚊香液/0.8%/电热蚊香液/炔丙菊酯 0.8%/2009.02.24 至 2010.02.24/微毒

WL20080156 蚊香/0.3%/蚊香/富右旋反式烯丙菊酯 0.3%/2009.02.24 至 2010.02.25/微毒
卫生 蚊 / 点燃

福建省厦门市胜伟达工贸有限公司 (福建省厦门市前埔工业区2号 361009 0592-5024238)

WP20080197 蚊香/0.27%/蚊香/富右旋反式烯丙菊酯 0.27%/2008.11.20 至 2013.11.20/低毒
卫生 蚊 / 点燃

WP20080286 电热蚊香片/10毫克/片/电热蚊香片/富右旋反式烯丙菊酯 10毫克/片/2008.12.02 至 2013.12.02/微毒
卫生 蚊 / 电热加温

WP20080344 电热蚊香液/0.8%/电热蚊香液/富右旋反式炔丙菊酯 0.8%/2008.12.09 至 2013.12.09/微毒
卫生 蚊 / 电热加温

WP20090062 杀虫气雾剂/0.36%/气雾剂/胺菊酯 0.13%、氯菊酯 0.23%/2009.01.22 至 2014.01.22/微毒
蚊、蝇、蜚蠊 / 喷雾

福建省厦门市翔安区祥安家庭卫生用品厂 (福建省厦门市翔安区马巷镇舫阳工业区 361101 0592-7062300)

WP20080437 杀虫气雾剂/0.3%/气雾剂/右旋苯醚氰菊酯 0.15%、右旋反式胺菊酯 0.15%/2008.12.15 至 2013.12.15/低毒
卫生 蜚蠊、蚊、蝇 / 喷雾

WL20050238 电热蚊香液/0.8%/电热蚊香液/炔丙菊酯 0.8%/2008.08.21 至 2009.08.21/微毒
卫生 蚊 / 电热加温

WL20050250 电热蚊香片/10毫克/片/电热蚊香片/炔丙菊酯 10毫克/片/2008.09.13 至 2009.09.13/微毒
卫生 蚊 / 电热加温

福建省厦门市璇桦工贸有限公司 (福建省厦门市同安区十四中大雅兴业担连有限公司 361100 0592-7362360)

WP20080039 蚊香/0.29%/蚊香/烯丙菊酯 0.29%/2008.02.29 至 2013.02.28/微毒
卫生 蚊 / 点燃

WP20080129 电热蚊香片/12毫克/片/电热蚊香片/炔丙菊酯 12毫克/片/2008.10.29 至 2013.10.29/微毒
卫生 蚊 / 电热加温

福建省仙游县九仙蚊香厂 (福建省仙游县榜头镇何乐工业区 351266 0594-7796001)

WL20070181 蚊香/0.3%/蚊香/富右旋反式烯丙菊酯 0.3%/2009.09.11 至 2010.09.12/微毒
卫生 蚊 / 点燃

福建省仙游县林字蚊香厂 (福建省仙游县榜头镇官舍村工业区 351256 0594-7795714)

WL20080045 蚊香/0.3%/蚊香/富右旋反式烯丙菊酯 0.3%/2009.01.08 至 2010.01.08/微毒
卫生 蚊 / 点燃

福建省仙游县闽星香业有限公司 (福建省仙游县度尾镇帽山村 351266 0594-8892042)

WL20070135 蚊香/0.3%/蚊香/富右旋反式烯丙菊酯 0.3%/2009.07.04 至 2010.07.05/微毒
卫生 蚊 / 点燃

福建省旭化学工业(漳州)有限公司 (福建省漳州市芗城区蓝田工业开发区纵四路 363007 0596-2107556)

PD20096552 复硝酚钠/1.8%/水剂/5-硝基邻甲氧基苯酚钠 0.3%、对硝基苯酚钠 0.9%、邻硝基苯酚钠 0.6%/2009.08.24至2014.08.24/微毒
番茄 调节生长 4000-6000倍 茎叶喷雾

福建省漳州快丰收植物生长剂有限公司 (福建省漳州市漳华路新厝段 363000 0596-2551513)

PD20090345 硝钠·萘乙酸/2.85%/水剂/2,4-二硝基苯酚钠 0.15%、对硝基苯酚钠 0.9%、邻苯基苯酚钠 0.6%、萘乙酸钠 1.2%/2009.01.12 至 2014.01.12/低毒

	大豆	调节生长	4000-6000倍液	喷雾(二次)
	水稻	调节生长	3000-4000倍液	喷雾(二次)
	小麦	调节生长	2000-3000倍液	喷雾(二次)

福建省漳州片仔癀日化有限责任公司 (福建省漳州市南山路1号 363000 0596-2308166)

WL20080303	驱蚊花露水/2.5%/驱蚊花露水/驱蚊酯 2.5%/2009.04.21 至 2010.04.21/微毒			
	卫生	蚊	/	涂抹

福建省漳州市第二蚊香厂 (福建省漳州市芗城区金锋开发区康村林业区武举路 363000 0596-2526160)

WP20080333	杀虫气雾剂/0.6%/气雾剂/胺菊酯 0.3%、富右旋反式烯丙菊酯 0.2%、氯氰菊酯 0.1%/2008.12.08 至 2013.12.08/微毒			
	卫生	蚊、蝇、蜚蠊	/	喷雾

福建省漳州市龙文农化有限公司 (福建省漳州市龙文区郭坑镇工业路17号 363006 0596-2188468)

PD85154-15	氰戊菊酯/20%/乳油/氰戊菊酯 20%/2006.09.05 至 2011.09.05/中等毒			
	柑橘树	潜叶蛾	10-20毫克/千克	喷雾
	果树	梨小食心虫	10-20毫克/千克	喷雾
	棉花	红铃虫、蚜虫	75-150克/公顷	喷雾
	蔬菜	菜青虫、蚜虫	60-120克/公顷	喷雾
PD86148-32	异丙威/20%/乳油/异丙威 20%/2006.09.30 至 2011.09.30/中等毒			
	水稻	飞虱、叶蝉	450-600克/公顷	喷雾
PD20096646	草甘膦异丙胺盐(41%)///水剂/草甘膦 30%/2009.09.02 至 2014.09.02/低毒			
	柑橘园	杂草	1125-2250克/公顷	喷雾
LS20061494	氯氰菊酯/100克/升/乳油/氯氰菊酯 100克/升/2009.07.20 至 2010.07.20/低毒			
	十字花科蔬菜	菜青虫	30-60克/公顷	喷雾
LS20080258	复硝酚钠/1.8%/水剂/5-硝基邻甲氧基苯酚钠 0.3%、对硝基苯酚钠 0.9%、邻硝基苯酚钠 0.6%/2009.02.17至2010.02.18/低毒			
	荔枝树	调节生长	6-9毫克/千克	于花前、盛花末和幼果期，各喷雾1次
LS20081918	毒死蜱/480克/升/乳油/毒死蜱 480克/升/2009.04.11 至 2010.04.11/中等毒			
	水稻	稻纵卷叶螟	576-720克/公顷	喷雾

福建省漳州市芗城猫王防预药品有限公司 (福建省漳州市胜利西路37号1幢202室 363000 0596-2033222)

WL20060110	杀蟑粉剂/0.6%/粉剂/高效氯氰菊酯 0.6%/2009.05.11 至 2010.05.11/低毒			
	卫生	蜚蠊	3克制剂/平方米	撒布

福建省漳州永恒化妆品有限公司 (福建省漳州市诏安县闽粤边界贸易加工区北侧 363500 0596-3322568)

WP20080275	杀虫气雾剂/0.4%/气雾剂/Es-生物烯丙菊酯 0.1%、氯菊酯 0.2%、氯氰菊酯 0.1%/2008.12.01 至 2013.12.01/低毒			
	卫生	蜚蠊、蚊、蝇	/	喷雾
WP20080287	蚊香/0.2%/蚊香/富右旋反式烯丙菊酯 0.2%/2008.12.02 至 2013.12.02/低毒			
	卫生	蚊	/	点燃
WL20050144	电热蚊香片/10毫克/片/电热蚊香片/炔丙菊酯 10毫克/片/2008.05.22 至 2009.05.22/微毒			
	卫生	蚊	/	电热加温
WL20050192	电热蚊香液/0.8%/电热蚊香液/炔丙菊酯 0.8%/2008.07.25 至 2009.07.25/微毒			
	卫生	蚊	/	电热加温

福建双飞日化有限公司 (福建省漳洲市龙文工业开发区北环城路8号 363005 0596-2172811)

WPN27-99	杀虫气雾剂/0.45%/气雾剂/Es-生物烯丙菊酯 0.15%、氯菊酯 0.2%、氯氰菊酯 0.1%/2007.06.17 至 2012.06.17/低毒			
	卫生	蚊		喷雾
WP20080007	电热蚊香液/0.87%/电热蚊香液/炔丙菊酯 0.87%/2008.01.03 至 2013.01.03/微毒			
	卫生	蚊	/	电热加温
WP20080120	电热蚊香片/12毫克/片/电热蚊香片/炔丙菊酯 12毫克/片/2008.10.28 至 2013.10.28/微毒			
	卫生	蚊	/	电热加温
WP20080277	杀蟑气雾剂/0.5%/气雾剂/富右旋反式苯氰菊酯 0.3%、富右旋反式炔丙菊酯 0.2%/2008.12.01 至 2013.12.01/微毒			
	卫生	蜚蠊		喷雾
WP20080436	杀虫气雾剂/0.5/气雾剂/富右旋反式炔丙菊酯 0.2%、高效氯氰菊酯 0.3%/2008.12.15 至 2013.12.15/低毒			
	卫生	蚊		喷雾
WL20070189	蚊香/0.38%/蚊香/富右旋反式烯丙菊酯 0.3%、富右旋反式炔丙菊酯 0.08%/2009.10.09 至 2010.10.10/微毒			
	卫生	蚊	/	点燃
WL20080420	蚊香/0.21%/蚊香/富右旋反式烯丙菊酯 0.2%、四氟醚菊酯 0.01%/2009.10.29 至 2010.10.29/微毒			
	卫生	蚊	/	点燃

福建泰禾农大生化有限公司 (福建省福州市金山农林大学校内 350002 0591-87549409)

PD86109-9	苏云金杆菌/8000IU/毫克/可湿性粉剂/苏云金杆菌 8000IU/毫克/2006.10.30 至 2011.10.30/低毒			
	白菜、萝卜、青菜	菜青虫、小菜蛾	1500-4500克制剂/公顷	喷雾
	茶树	茶毛虫	1500-7500克制剂/公顷	喷雾
	大豆、甘薯	天蛾	1500-2250克制剂/公顷	喷雾
	柑橘树	柑橘凤蝶	2250-3750克制剂/公顷	喷雾
	高粱、玉米	玉米螟	3750-4500克制剂/公顷	喷雾、毒土
	梨树	天幕毛虫	1500-3750克制剂/公顷	喷雾

	林木	尺蠖、柳毒蛾、松毛虫	2250-7500克制剂/公顷	喷雾
	棉花	棉铃虫、造桥虫	1500-7500克制剂/公顷	喷雾
	苹果树	巢蛾	2250-3750克制剂/公顷	喷雾
	水稻	稻苞虫、稻纵卷叶螟	1500-6000克制剂/公顷	喷雾
	烟草	烟青虫	3750-7500克制剂/公顷	喷雾
	枣树	尺蠖	3750-4500克制剂/公顷	喷雾
PD20080032	高效氯氰菊酯/4.5%/乳油/高效氯氰菊酯 4.5%/2008.01.04 至 2013.01.04/中等毒			
	甘蓝	菜青虫	13.5-20.25克/公顷	喷雾
PD20091091	阿维菌素/0.5%/乳油/阿维菌素 0.5%/2009.01.21 至 2014.01.21/低毒(原药高毒)			
	十字花科蔬菜	小菜蛾	6-9克/公顷	喷雾
PD20092389	杀虫双/3.6%/颗粒剂/杀虫双 3.6%/2009.02.25 至 2014.02.25/中等毒			
	水稻	螟虫	1080-1620克/公顷	撒施
福建泰禾生化科技股份有限公司　(福建省福州市湖东路43号奥林匹克大厦7层　350002　0591-87542888-852)				
PD90106-28	苏云金杆菌/8000IU/微升/悬浮剂/苏云金杆菌 8000IU/微升/2006.01.12 至 2011.01.12/低毒			
	白菜、萝卜、青菜	菜青虫、小菜蛾	1500-2250克制剂/公顷	喷雾
	茶树	茶毛虫	3000克制剂/公顷	喷雾
	高粱、玉米	玉米螟	2250-3000克制剂/公顷	加细沙灌心叶
	梨树、苹果树、桃树、枣树	尺蠖、食心虫	200倍液	喷雾
	林木	尺蠖、柳毒蛾、松毛虫	150-200倍液	喷雾
	棉花	棉铃虫、造桥虫	3750-6000克制剂/公顷	喷雾
	水稻	稻苞虫、螟虫	3000-6000克制剂/公顷	喷雾
	烟草	烟青虫	3000克制剂/公顷	喷雾
PD20092066	阿维·苏云菌//可湿性粉剂/阿维菌素 0.1%、苏云金杆菌 100亿活芽孢/克/2009.02.16 至 2014.02.16/低毒(原药高毒)			
	十字花科蔬菜	小菜蛾	1125-1500克制剂/公顷	喷雾
LS20050850	阿维·杀虫单/20%/微乳剂/阿维菌素 0.2%、杀虫单 19.8%/2008.03.29 至 2009.03.29/低毒(原药高毒)			
	十字花科蔬菜	美洲斑潜蝇	135-180克/公顷	喷雾
LS20060301	高氯·毒死蜱/42.5%/乳油/毒死蜱 40%、高效氯氰菊酯 2.5%/2008.03.01 至 2009.03.01/中等毒			
	十字花科蔬菜	甜菜夜蛾	212.5-318.75克/公顷	喷雾
福建新农大正生物工程有限公司　(福建省福州市杨桥西路268号太阳城综合楼2号楼6F　350002　0591-83792843)				
PD20040278	高效氯氰菊酯/2.5%/乳油/高效氯氰菊酯 2.5%/2009.12.19 至 2014.12.19/低毒			
	梨树	梨木虱	16.7-25毫克/千克	喷雾
PD20040442	高效氯氰菊酯/4.5%/乳油/高效氯氰菊酯 4.5%/2009.12.19 至 2014.12.19/低毒			
	十字花科蔬菜	菜青虫	13.5-27克/公顷	喷雾
PD20040528	哒螨灵/15%/乳油/哒螨灵 15%/2009.12.19 至 2014.12.19/低毒			
	柑橘树	红蜘蛛	50-67毫克/千克	喷雾
PD20040584	吡虫啉/2.5%/可湿性粉剂/吡虫啉 2.5%/2004.12.19 至 2009.12.18/低毒			
	水稻	稻飞虱	15-22.5克/公顷	喷雾
PD20040751	吡虫啉/10%/可湿性粉剂/吡虫啉 10%/2009.12.19 至 2014.12.19/低毒			
	苹果树	蚜虫	25-33.3毫克/千克	喷雾
	水稻	稻飞虱	15-30克/公顷	喷雾
PD20080063	三唑锡/25%/可湿性粉剂/三唑锡 25%/2008.01.03 至 2013.01.03/低毒			
	柑橘树	红蜘蛛	125-166毫克/千克	喷雾
PD20080388	福美双/50%/可湿性粉剂/福美双 50%/2008.02.29 至 2013.02.28/低毒			
	黄瓜	霜霉病	700—1125克/公顷	喷雾
PD20080456	多·福/40%/可湿性粉剂/多菌灵 15%、福美双 25%/2008.03.27 至 2013.03.27/低毒			
	葡萄	霜霉病	1000-1250毫克/千克	喷雾
PD20080535	甲氰·辛硫磷/25%/乳油/甲氰菊酯 5%、辛硫磷 20%/2008.05.04 至 2013.05.04/低毒			
	棉花	棉铃虫	262.5-375克/公顷	喷雾
PD20080824	烯酰·锰锌/69%/可湿性粉剂/代森锰锌 60%、烯酰吗啉 9%/2008.06.20 至 2013.06.20/低毒			
	黄瓜	霜霉病	1035-1380克/公顷	喷雾
PD20080896	氰戊·辛硫磷/25%/乳油/氰戊菊酯 6.25%、辛硫磷 18.75%/2008.07.09 至 2013.07.09/中等毒			
	棉花	棉铃虫	187.5-300克/公顷	喷雾
PD20080957	霜霉威盐酸盐/66.6%/水剂/霜霉威盐酸盐 66.6%/2008.07.23 至 2013.07.23/低毒			
	黄瓜	霜霉病	650—1083克/公顷	喷雾
PD20081025	代森锰锌/50%/可湿性粉剂/代森锰锌 50%/2008.08.06 至 2013.08.06/低毒			
	番茄	早疫病	1560-2520克/公顷	喷雾
PD20081030	代森锰锌/80%/可湿性粉剂/代森锰锌 80%/2008.08.06 至 2013.08.06/低毒			
	番茄	早疫病	1560-2520克/公顷	喷雾
	柑橘树	疮痂病、炭疽病	1333-2000毫克/千克	喷雾
	梨树	黑星病	800-1600毫克/千克	喷雾
	荔枝树	霜疫霉病	1333-2000毫克/千克	喷雾
	苹果树	斑点落叶病、轮纹病、炭疽病	1000-1600毫克/千克	喷雾

	葡萄	白腐病、黑痘病、霜霉病	1000-1600毫克/千克	喷雾
	西瓜	炭疽病	1560-2520克/公顷	喷雾
PD20081139	嘧霉胺/400克/升/悬浮剂/嘧霉胺 400克/升/2008.09.01 至 2013.09.01/低毒			
	番茄	灰霉病	375-562.5克/公顷	喷雾
PD20081668	锰锌·腈菌唑/60%/可湿性粉剂/腈菌唑 2%、代森锰锌 58%/2008.11.17 至 2013.11.17/低毒			
	梨树	黑星病	1000－1500倍液	喷雾
PD20081741	硫磺/45%/悬浮剂/硫磺 45%/2008.11.18 至 2013.11.18/低毒			
	黄瓜	白粉病	1050-1575克/公顷	喷雾
PD20081768	腈菌唑/25%/乳油/腈菌唑 25%/2008.11.18 至 2013.11.18/低毒			
	小麦	白粉病	37.5-56.25克/公顷	喷雾
PD20083556	芸苔素内酯/0.01%/乳油/芸苔素内酯 0.01%/2008.12.12 至 2013.12.12/低毒			
	小白菜	调节生长、增产	0.02-0.04毫克/千克	茎叶喷雾
PD20084072	毒死蜱/48%/乳油/毒死蜱 48%/2008.12.16 至 2013.12.16/中等毒			
	水稻	稻瘿蚊	1800-2160克/公顷	喷雾
PD20084209	阿维菌素/0.5%/乳油/阿维菌素 0.5%/2008.12.16 至 2013.12.16/低毒(原药高毒)			
	十字花科蔬菜	小菜蛾	8.1-10.8克/公顷	喷雾
PD20084965	四嗪·炔螨特/20%/可湿性粉剂/炔螨特 13%、四螨嗪 7%/2008.12.22 至 2013.12.22/低毒			
	柑橘树	红蜘蛛	100-200毫克/千克	喷雾
PD20086350	复硝酚钠/1.4%/水剂/复硝酚钠 1.4%/2008.12.31 至 2013.12.31/低毒			
	黄瓜	调节生长	2-2.8毫克/千克	茎叶喷雾
PD20090794	高氯·辛硫磷/25%/乳油/高效氯氰菊酯 2.5%、辛硫磷 22.5%/2009.01.19 至 2014.01.19/低毒			
	棉花	棉铃虫	187.5-262.5克/公顷	喷雾
PD20091216	高氯·毒死蜱/15%/乳油/毒死蜱 13.5%、高效氯氰菊酯 1.5%/2009.02.01 至 2014.02.01/中等毒			
	十字花科蔬菜	斜纹夜蛾	225-337.5克/公顷	喷雾
PD20092532	乙铝·锰锌/70%/可湿性粉剂/代森锰锌 45%、三乙膦酸铝 25%/2009.02.26 至 2014.02.26/低毒			
	黄瓜	霜霉病	1400－4200克/公顷	喷雾
PD20092961	丙环唑/250克/升/乳油/丙环唑 250克/升/2009.03.09 至 2014.03.09/低毒			
	香蕉	叶斑病	250-500毫克/千克	喷雾
PD20093362	甲硫·福美双/70%/可湿性粉剂/福美双 22%、甲基硫菌灵 48%/2009.03.18 至 2014.03.18/低毒			
	黄瓜	白粉病	525－787.5克/公顷	喷雾
PD20093826	杀螺胺/70%/可湿性粉剂/杀螺胺 70%/2009.03.25 至 2014.03.25/低毒			
	水稻	福寿螺	315-420克/公顷	喷雾
PD20094334	甲维·氟铃脲/2.2%/乳油/氟铃脲 2%、甲氨基阿维菌素苯甲酸盐 0.2%/2009.03.31 至 2014.03.31/低毒			
	甘蓝	甜菜夜蛾	13.2-19.8克/公顷	喷雾
PD20094576	阿维菌素/1.8%/乳油/阿维菌素 1.8%/2009.04.09 至 2014.04.09/低毒(原药高毒)			
	菜豆	美洲斑潜蝇	13.5-20.25克/公顷	喷雾
PD20094668	三乙膦酸铝/40%/可湿性粉剂/三乙膦酸铝 40%/2009.04.10 至 2014.04.10/低毒			
	水稻	稻瘟病	1410-1620克/公顷	喷雾
PD20095530	甲维·毒死蜱/15%/乳油/毒死蜱 14.8%、甲氨基阿维菌素苯甲酸盐 0.2%/2009.05.11 至 2014.05.11/低毒			
	甘蓝	小菜蛾	67.5-112.5克/公顷	喷雾
PD20095703	噻嗪·杀扑磷/20%/乳油/噻嗪酮 15%、杀扑磷 5%/2009.05.15 至 2014.05.15/中等毒(原药高毒)			
	柑橘(果实)	粉介壳虫	250-333毫克/千克	喷雾
PD20095884	乙铝·锰锌/70%/可湿性粉剂/代森锰锌 45%、三乙膦酸铝 25%/2009.05.31 至 2014.05.31/低毒			
	黄瓜	霜霉病	1400－4200克/公顷	喷雾
PD20096175	琥·铝·甲霜灵/40%/可湿性粉剂/琥胶肥酸铜 30%、甲霜灵 4%、三乙膦酸铝 6%/2009.10.27 至 2014.10.27/低毒			
	黄瓜	细菌性角斑病	460-600克/公顷	喷雾
PD20096732	杀扑磷/40%/乳油/杀扑磷 40%/2009.09.07 至 2014.09.07/高毒			
	柑橘树	介壳虫	266.7-400毫克/千克	喷雾
PD20097187	噻嗪·异丙威/25%/可湿性粉剂/噻嗪酮 5%、异丙威 20%/2009.10.16 至 2014.10.16/低毒			
	水稻	稻飞虱	562.5-750克/公顷	喷雾
PD20097337	氨基寡糖素/0.5%/水剂/氨基寡糖素 0.5%/2009.10.27 至 2014.10.27/低毒			
	番茄	晚疫病	14.06-18.75克/公顷	喷雾
LS20041532	代森锌/65%/可湿性粉剂/代森锌 65%/2008.05.19 至 2009.05.19/低毒			
	芦笋	茎枯病	866.7-1155.6克/公顷	喷雾
LS20050177	甲霜·噁霉灵/3%/水剂/噁霉灵 2.5%、甲霜灵 0.5%/2008.01.24 至 2009.01.23/低毒			
	水稻育秧田	立枯病	0.36-0.54克/平方米	苗床喷雾
LS20050851	柴油·炔螨特/73%/乳油/柴油 40%、炔螨特 33%/2008.03.29 至 2009.03.29/低毒			
	柑橘树	红蜘蛛	243.3-365毫克/千克	喷雾
LS20051171	阿维菌素/0.5%/可湿性粉剂/阿维菌素 0.5%/2008.04.12 至 2009.04.12/低毒(原药高毒)			
	十字花科蔬菜	小菜蛾	8.1-10.8克/公顷	喷雾
LS20052596	苦参碱/0.3%/水剂/苦参碱 0.3%/2008.08.14 至 2009.08.14/低毒			
	十字花科蔬菜	菜青虫	5.4-6.75克/公顷	喷雾
LS20053224	机油·毒死蜱/40%/乳油/毒死蜱 15%、机油 25%/2008.10.11 至 2009.10.11/中等毒			

柑橘树 介壳虫 320-500毫克/千克 喷雾
LS20061088 十三吗啉/750克/升/乳油/十三吗啉 750克/升/2009.05.10 至 2010.05.10/低毒
橡胶树 红根病 20-25克/株 灌根
LS20070488 咪鲜胺/25%/乳油/咪鲜胺 25%/2009.03.06 至 2010.03.07/低毒
葡萄 黑痘病 250-500毫克/千克 喷雾
LS20070809 灭胺·杀虫单/40%/可溶粉剂/灭蝇胺 20%、杀虫单 20%/2009.04.10 至 2010.04.11/低毒
菜豆 美洲斑潜蝇 240-300克/公顷 喷雾
LS20070850 高氯·吡虫啉/4%/微乳剂/吡虫啉 2.5%、高效氯氰菊酯 1.5%/2009.04.11 至 2010.04.12/低毒
十字花科蔬菜 白粉虱 15-18克/公顷 喷雾
LS20070873 阿维·三唑锡/11%/悬浮剂/阿维菌素 0.4%、三唑锡 10.6%/2009.04.11 至 2010.04.12/低毒(原药高毒)
柑橘树 红蜘蛛 61～91.6毫克/千克 喷雾
LS20071055 丙溴磷/40%/乳油/丙溴磷 40%/2009.04.19 至 2010.04.20/低毒
棉花 棉铃虫 600-720克/公顷 喷雾
LS20071580 高氯·杀虫单/25%/水乳剂/高效氯氰菊酯 2%、杀虫单 23%/2009.06.05 至 2010.06.06/低毒
十字花科蔬菜 黄条跳甲 375-468.75克/公顷 喷雾
LS20071623 啶虫脒/20%/水分散粒剂/啶虫脒 20%/2009.06.05 至 2010.06.06/低毒
十字花科蔬菜 白粉虱 30-60克/公顷 喷雾
LS20071645 阿维·丁醚脲/15.6%/乳油/阿维菌素 0.6%、丁醚脲 15%/2009.06.06 至 2010.06.07/中等毒(原药高毒)
十字花科蔬菜 小菜蛾 48.6-58.5克/公顷 喷雾
LS20072173 联菊·啶虫脒/4.5%/微乳剂/啶虫脒 1.5%、联苯菊酯 3%/2009.09.04 至 2010.09.05/低毒
茶树 茶小绿叶蝉 22.5-30毫克/千克 喷雾
LS20072265 唑磷·高氯氟/21%/乳油/高效氯氟氰菊酯 1%、三唑磷 20%/2009.09.16 至 2010.09.17/低毒
荔枝树 蒂蛀虫 175-210毫克/千克 喷雾
LS20072441 阿维·噻螨酮/2%/乳油/阿维菌素 0.5%、噻螨酮 1.5%/2009.11.05 至 2010.11.06/低毒(原药高毒)
柑橘树 红蜘蛛 16.7-25毫克/千克 喷雾
LS20080115 杀单·三唑磷/30%/微乳剂/三唑磷 10%、杀虫单 20%/2009.01.04 至 2010.01.04/低毒
水稻 二化螟 360-450克/公顷 喷雾
LS20080233 高效氯氟氰菊酯/5%/微乳剂/高效氯氟氰菊酯 5%/2009.01.07 至 2010.01.07/中等毒
茶树 小绿叶蝉 18.75-22.5克/公顷 喷雾
LS20082007 甲氨基阿维菌素苯甲酸盐/3%/水分散粒剂/甲氨基阿维菌素苯甲酸盐 3%/2009.04.15 至 2010.04.15/低毒
十字花科蔬菜 甜菜夜蛾 4.5-9克/公顷 喷雾
LS20083229 苯丁·哒螨灵/15%/乳油/苯丁锡 10%、哒螨灵 5%/2009.12.10 至 2010.12.10/低毒
柑橘树 红蜘蛛 75-100毫克/千克 喷雾
LS20090238 丙森·霜脲氰/76%/可湿性粉剂/丙森锌 70%、霜脲氰 6%/2009.02.13 至 2010.02.13/低毒
黄瓜 霜霉病 1824-2736克/公顷 喷雾
LS20090305 高氯·杀虫单 /52%/可湿性粉剂/高效氯氰菊酯 2%、杀虫单 50%/2009.02.25 至 2010.02.25/中等毒
甘蓝 黄条跳甲 390-546克/公顷 喷雾

福建永春县洁静日化有限公司 (福建省永春县石鼓二轻工业开发区 362600 0595-3866802)

WL20080214 电热蚊香片/11毫克/片/电热蚊香片/炔丙菊酯 11毫克/片/2009.03.10 至 2010.03.10/微毒
卫生 蚊 / 电热加温
WL20080223 蚊香/0.3%/蚊香/富右旋反式烯丙菊酯 0.3%/2009.03.10 至 2010.03.10/微毒
卫生 蚊 / 点燃

福州金川生物技术开发有限公司 (福建省福州市仓山区金洲北路7号 350002 0591-23053118)

WL20080023 杀虫胶饵/33.3%/胶饵/硼酸 33.3%/2009.01.05 至 2010.01.05/微毒
卫生 蜚蠊 / 投放

晋江市祥宁日化有限公司 (福建省晋江市永和镇梨星村东区90号 362200 0595-88150891)

WL20080145 蚊香/0.25%/蚊香/富右旋反式烯丙菊酯 0.25%/2009.02.21 至 2010.02.22/微毒
卫生 蚊 / 点燃

邵武市不用拆蚊香厂 (福建省南平市邵武工业园区 363100 0595-88150891)

WL20090069 蚊香/0.15%/蚊香/Es-生物烯丙菊酯 0.15%/2009.03.18 至 2010.03.18/微毒
卫生 蚊 / /点燃

蛙王(福建)日化有限公司 (福建省晋江市罗山街道办事处许坑工业区 362216 0595-88176611)

WP20080250 蚊香/0.25%/蚊香/富右旋反式烯丙菊酯 0.25%/2008.11.26 至 2013.11.26/低毒
卫生 蚊 / 点燃
WL20050204 杀虫气雾剂/0.45%/气雾剂/胺菊酯 0.2%、富右旋反式烯丙菊酯 0.2%、氯氰菊酯 0.05%/2008.08.14至2009.08.14/微毒
卫生 蚊、蝇、蜚蠊 / 喷雾
WL20050205 电热蚊香液/1.2%/电热蚊香液/炔丙菊酯 1.2%/2008.08.14 至 2009.08.14/微毒
卫生 蚊 / 电热加温
WL20070258 杀虫气雾剂/0.8%/气雾剂/胺菊酯 0.35%、富右旋反式烯丙菊酯 0.35%、氯菊酯 0.1%/2009.11.04 至 2010.11.05/微毒
卫生 蚊、蝇、蜚蠊 / 喷雾
WL20080123 杀虫气雾剂/0.5%/气雾剂/胺菊酯 0.25%、富右旋反式烯丙菊酯 0.15%、氯氰菊酯 0.1%/2009.02.20至2010.02.21/微毒
卫生 蚊、蝇、蜚蠊 / 喷雾
WL20080177 蚊香/0.25%/蚊香/Es-生物烯丙菊酯 0.25%/2009.02.28 至 2010.02.28/微毒

卫生 蚊 / 点燃

WL20080352 蚊香/0.25%/蚊香/Es-生物烯丙菊酯 0.25%/2008.07.09 至 2009.07.09/微毒

卫生 蚊 / 点燃

WL20080489 蝇香/0.4%/蝇香/Es-生物烯丙菊酯 0.4%/2009.12.15 至 2010.12.15/微毒

卫生 蝇 / 点燃

厦门三圈电池有限公司 (福建省厦门市集美区灌南机电工业区 361023 0592-6388721)

WP20080178 电热蚊香液/0.86%/电热蚊香液/富右旋反式炔丙菊酯 0.86%/2008.11.18 至 2013.11.18/低毒

卫生 蚊 / 电热加温

WP20080190 蚊香/0.1%/蚊香/富右旋反式炔丙菊酯 0.1%/2008.11.19 至 2013.11.19/微毒

卫生 蚊 / 点燃

WP20080209 电热蚊香片/11毫克/片/电热蚊香片/富右旋反式炔丙菊酯 11毫克/片/2008.11.21 至 2013.11.21/低毒

卫生 蚊 / 电热加温

WP20080211 蚊香/0.2%/蚊香/富右旋反式烯丙菊酯 0.1%、富右旋反式炔丙菊酯 0.1%/2008.11.21 至 2013.11.21/低毒

卫生 蚊 / 点燃

WP20080212 电热蚊香片/30毫克/片/电热蚊香片/Es-生物烯丙菊酯 30毫克/片/2008.11.21 至 2013.11.21/低毒

卫生 蚊 / 电热加温

WP20080254 杀虫气雾剂/0.34%/气雾剂/富右旋反式炔丙菊酯 0.30%、溴氰菊酯 0.04%/2008.11.26 至 2013.11.26/低毒

卫生 蜚蠊、蚊、蝇 / 喷雾

WP20090239 杀虫气雾剂/0.36%/气雾剂/右旋胺菊酯 0.18%、右旋苯醚氰菊酯 0.18%/2009.04.21 至 2014.04.21/低毒

卫生 蜚蠊、蚊、蝇 / 喷雾

WL20060064 杀蟑烟片/7%/烟片/右旋苯醚氰菊酯 7%/2009.03.30 至 2010.03.30/低毒

卫生 蜚蠊 / 点燃

WL20080142 蚊香/0.015%/蚊香/四氟甲醚菊酯 0.015%/2009.02.21 至 2010.02.22/微毒

卫生 蚊 / 点燃

厦门市象球日用化工有限公司 (福建省厦门市翔安区马巷镇舫阳工业区 361101 0592-7062300)

WL20080371 蚊香/0.015%/蚊香/四氟甲醚菊酯 0.015%/2009.08.20 至 2010.08.20/微毒

卫生 蚊 / 点燃

厦门市允信香业有限公司 (福建省厦门市思明区天湖路50号140 0595-88150891)

WL20090035 蚊香/0.27%/蚊香/富右旋反式烯丙菊酯 0.27%/2009.02.16 至 2010.02.16/微毒

卫生 蚊 / 点燃

甘肃省

甘肃国力生物科技开发有限公司 (甘肃省兰州市城关区庆阳路258号 730000 0931-8474900)

LS20053042 狼毒素/9.5%/母药/狼毒素 9.5%/2008.09.15 至 2009.09.15/低毒

LS20053043 狼毒素/1.6%/水乳剂/狼毒素 1.6%/2008.09.15 至 2009.09.15/微毒

十字花科蔬菜 菜青虫 12—24克/公顷 喷雾

甘肃恒生源生物科技有限公司 (甘肃省庆阳市宁县恒生源路1号 745200 0934-6625281)

LS20050062 啶虫脒/3%/乳油/啶虫脒 3%/2008.01.08 至 2009.01.07/低毒

柑橘树 蚜虫 10-12毫克/千克 喷雾

LS20051350 甲氨基阿维菌素苯甲酸盐/1%/乳油/甲氨基阿维菌素苯甲酸盐 1%/2008.04.13 至 2009.04.13/低毒

十字花科蔬菜 小菜蛾 1.5-2.5克/公顷 喷雾

LS20051417 阿维·哒螨灵/10%/微乳剂/阿维菌素 0.4%、哒螨灵 9.6%/2008.04.20 至 2009.04.20/低毒(原药高毒)

苹果树 红蜘蛛 33.3-50毫克/千克 喷雾

LS20052070 氯氟·丙溴磷/25%/乳油/丙溴磷 22%、高效氯氟氰菊酯 3%/2008.06.05 至 2009.06.05/中等毒

棉花 棉铃虫 150-300克/公顷 喷雾

LS20052275 阿维·苏云菌/2%/可湿性粉剂/阿维菌素 0.4%、苏云金杆菌 1.6%/2008.06.21 至 2009.06.21/低毒(原药高毒)

十字花科蔬菜 小菜蛾 15-22.5克/公顷 喷雾

LS20061152 杀单·苏云菌/38.5%/可湿性粉剂/杀虫单 36%、苏云金杆菌 2.5%/2009.05.15 至 2010.05.15/低毒

水稻 二化螟 346.5-462克/公顷 喷雾

LS20061695 烯酰·锰锌/69%/可湿性粉剂/代森锰锌 60%、烯酰吗啉 9%/2009.09.21 至 2010.09.21/低毒

黄瓜 霜霉病 1242-1552.5克/公顷 喷雾

LS20070135 高氯·氟铃脲/5%/乳油/氟铃脲 1.2%、高效氯氰菊酯 3.8%/2009.02.07 至 2010.02.07/低毒

十字花科蔬菜 甜菜夜蛾 30-45克/公顷 喷雾

LS20070244 噻嗪·杀扑磷/20%/乳油/噻嗪酮 15%、杀扑磷 5%/2009.02.24 至 2010.02.24/低毒

柑橘树 矢尖蚧 200~250毫克/千克 喷雾

LS20071500 高效氯氰菊酯/4.5%/微乳剂/高效氯氰菊酯 4.5%/2009.05.29 至 2010.05.30/中等毒

十字花科蔬菜 菜青虫 13.5-27克/公顷 喷雾

甘肃华实农业科技有限公司 (甘肃省定西市安定区南川飞天路 743000 0932-8201075)

PD84111-52 40%氧乐果乳油//乳油/氧乐果 40%/2005.02.01 至 2010.02.01/中等毒

棉花 蚜虫、螨 375-600克/公顷 喷雾

森林 松干蚧、松毛虫 500倍液 喷雾或直接涂树干

水稻 稻纵卷叶螟、飞虱 375-600克/公顷 喷雾

小麦 蚜虫 300-450克/公顷 喷雾

PD85105-79	80%敌敌畏乳油//乳油/敌敌畏 77.5%(气谱法)/2005.02.01 至 2010.02.01/中等毒			
	茶树	食叶害虫	600克/公顷	喷雾
	粮仓	多种储藏害虫	1)400-500倍液 2)0.4-0.5克/立方米	1)喷雾 2)挂条熏蒸
	棉花	蚜虫、造桥虫	600-1200克/公顷	喷雾
	苹果树	小卷叶蛾、蚜虫	400-500毫克/千克	喷雾
	青菜	菜青虫	600克/公顷	喷雾
	桑树	尺蠖	600克/公顷	喷雾
	卫生	多种卫生害虫	1)300-400倍液 2)0.08克/立方米	1)泼洒 2)挂条熏蒸
	小麦	黏虫、蚜虫	600克/公顷	喷雾
PD85154-50	氰戊菊酯/20%/乳油/氰戊菊酯 20%/2005.08.15 至 2010.08.15/中等毒			
	柑橘树	潜叶蛾	10-20毫克/千克	喷雾
	果树	梨小食心虫	10-20毫克/千克	喷雾
	棉花	红铃虫、蚜虫	75-150克/公顷	喷雾
	蔬菜	菜青虫、蚜虫	60-120克/公顷	喷雾
PD85157-29	40%辛硫磷乳油//乳油/辛硫磷 40%/2005.08.15 至 2010.08.15/低毒			
	茶树、桑树	食叶害虫	200-400毫克/千克	喷雾
	果树	食心虫、蚜虫、螨	200-400毫克/千克	喷雾
	林木	食叶害虫	3000-6000克/公顷	喷雾
	棉花	棉铃虫、蚜虫	300-600克/公顷	喷雾
	蔬菜	菜青虫	300-450克/公顷	喷雾
	烟草	食叶害虫	300-600克/公顷	喷雾
	玉米	玉米螟	450-600克/公顷	灌心叶
PD20080011	霜脲氰/94%/原药/霜脲氰 94%/2008.01.04 至 2013.01.04/低毒			
PD20092457	氰戊·敌敌畏/20%/乳油/敌敌畏 13.5%、氰戊菊酯 6.5%/2009.02.25 至 2014.02.25/中等毒			
	棉花	棉铃虫	480-600克/公顷	喷雾
	十字花科蔬菜	菜青虫、小菜蛾	150-240克/公顷	喷雾
	小麦	蚜虫	60-120克/公顷	喷雾
PD20093714	溴氰菊酯/25克/升/乳油/溴氰菊酯 25克/升/2009.03.25 至 2014.03.25/中等毒			
	十字花科蔬菜	蚜虫	7.5-15克/公顷	喷雾
PD20093964	氰戊·氧乐果/25%/乳油/氰戊菊酯 2.5%、氧乐果 22.5%/2009.03.27 至 2014.03.27/中等毒(原药高毒)			
	棉花	蚜虫	150-225克/公顷	喷雾
PD20094571	氯氰·敌敌畏/20%/乳油/敌敌畏 19.4%、高效氯氰氰菊酯 0.6%/2009.04.09 至 2014.04.09/中等毒			
	棉花	蚜虫	120-180克/公顷	喷雾
PD20094924	辛硫·高氯氟/26%/乳油/高效氯氟氰菊酯 0.6%、辛硫磷 25.4%/2009.04.13 至 2014.04.13/中等毒			
	棉花	蚜虫	234-273克/公顷	喷雾
PD20095113	甲氰菊酯/20%/乳油/甲氰菊酯 20%/2009.04.24 至 2014.04.24/中等毒			
	苹果树	红蜘蛛	100毫克/千克	喷雾
PD20096025	甲氰 ·敌敌畏/20%/乳油/敌敌畏 13%、甲氰菊酯 7%/2009.06.15 至 2014.06.15/中等毒			
	甘蓝	菜青虫	60-120克/公顷	喷雾
PD20097602	溴氰 ·敌敌畏 /20%/乳油/敌敌畏 19.4%、溴氰菊酯 0.6%/2009.11.03 至 2014.11.03/中等毒			
	十字花科蔬菜	菜青虫	120-150克/公顷	喷雾
LS20091121	毒·辛/30%/乳油/毒死蜱 10%、辛硫磷 20%/2009.04.17 至 2010.04.17/低毒			
	韭菜	韭蛆	2250-2700克/公顷	灌根

甘肃金昌中药技术开发研究所 (甘肃省金昌市东郊高新技术开发区金化集团精细化工厂 737100 0935-8212222)

LS20061116	斑蝥素/0.01%/水剂/斑蝥素 0.01%/2009.05.11 至 2010.05.11/低毒			
	十字花科蔬菜	菜青虫	3-3.75克/公顷	喷雾

甘肃省兰州固诚化工有限公司 (甘肃省兰州市西固区环行东路10号 730060 0931-7324311)

PD85151-5	2,4-滴丁酯/72%/乳油/2,4-滴丁酯 72%/2005.06.17 至 2010.06.17/低毒			
	谷子、小麦	双子叶杂草	525克/公顷	喷雾
	水稻	双子叶杂草	300-525克/公顷	喷雾
	玉米	双子叶杂草	1)1050克/公顷 2)450-525克/公顷	1)苗前土壤处理 2)喷雾

甘肃省兰州师范高等专科学校科技产业开发公司 (甘肃省兰州市安宁区赵家庄172号 730070 0931-3031252)

PD20090607	腐霉利/10%/烟剂/腐霉利 10%/2009.01.14 至 2014.01.14/低毒			
	番茄(保护地)	灰霉病	300-450克/公顷	点燃放烟
PD20091512	百菌清/10%/烟剂/百菌清 10%/2009.02.02 至 2014.02.02/低毒			
	黄瓜(保护地)	霜霉病	750-1200克/公顷	点燃放烟
LS20070459	磷化铝/56%/片剂/磷化铝 56%/2009.03.05 至 2010.03.06/高毒			
	粮食	储粮害虫	5-8克制剂/立方米	密闭熏蒸

甘肃省兰州市农药厂 (甘肃省兰州市西固区福利东路49号 730060 0931-7531213)

PDN15-92	野麦畏/400克/升/乳油/野麦畏 400克/升/2006.12.26 至 2011.12.26/低毒

小麦 野燕麦 900-1200克/公顷 喷雾,毒土
PD20070689 氟乐灵/480克/升/乳油/氟乐灵 480克/升/2007.12.20 至 2012.12.20/低毒
大豆田 部分阔叶杂草、一年生禾本科杂草 900-1260克/公顷 土壤喷雾

甘肃省两西新产品开发试验中心 (甘肃省兰州市科技街64号 730000 0931-8264969)

PD20097566 甲拌磷/5%/颗粒剂/甲拌磷 5%/2009.11.03 至 2014.11.03/高毒
小麦 地下害虫 1500-1875克/公顷 撒施

甘肃省武山县农药厂 (甘肃省武山县洛门镇 741306 0938-3225239)

PD20092321 溴敌隆/0.02%/毒饵/溴敌隆 0.02%/2009.02.24 至 2014.02.24/中等毒(原药高毒)
农田 鼢鼠 5-10克毒饵/洞 洞内投饵
LS20080053 溴敌隆/0.005%/毒饵/溴敌隆 0.005%/2009.01.03 至 2010.01.03/低毒
农田 田鼠 饱和投饵 投放

甘肃省张掖市大弓农化有限公司 (甘肃省张掖市甘州区东北郊开发区 734000 0936-8436169)

PD84111-42 40%氧乐果乳油//乳油/氧乐果 40%/2007.01.23 至 2012.01.23/中等毒(原药高毒)
棉花 蚜虫、螨 375-600克/公顷 喷雾
森林 松干蚧、松毛虫 500倍液 喷雾或直接涂树干
水稻 稻纵卷叶螟、飞虱 375-600克/公顷 喷雾
小麦 蚜虫 300-450克/公顷 喷雾
PD20080127 仲丁灵/95%/原药/仲丁灵 95%/2008.01.03 至 2013.01.03/低毒
PD20080317 仲丁灵/48%/乳油/仲丁灵 48%/2008.02.26 至 2013.02.26/低毒
花生田 一年生禾本科杂草及部分阔叶杂草 1440-1800克/公顷 播后苗前土壤喷雾
棉花田 一年生禾本科杂草及部分阔叶杂草 1440-1800克/公顷 土壤喷雾
西瓜田 一年生禾本科杂草及部分阔叶杂草 1080-1440克/公顷 土壤喷雾
PD20080595 仲丁灵/360克/升/乳油/仲丁灵 360克/升/2008.05.12 至 2013.05.12/低毒
烟草 抑制腋芽生长 72-90毫克/株 杯淋
PD20082145 氟乐灵/480克/升/乳油/氟乐灵 480克/升/2008.11.25 至 2013.11.25/低毒
棉花田 一年生禾本科杂草及部分阔叶杂草 540-1080克/公顷 播后苗前土壤喷雾
PD20083984 灭多威/20%/乳油/灭多威 20%/2008.12.16 至 2013.12.16/高毒
棉花 蚜虫 75-150克/公顷 喷雾
棉花 棉铃虫 150-225克/公顷 喷雾
PD20085140 辛硫・灭多威/35%/乳油/灭多威 7%、辛硫磷 28%/2008.12.23 至 2013.12.23/高毒
棉花 棉铃虫 373.75-525克/公顷 喷雾
PD20085282 仲灵・乙草胺/50%/乳油/乙草胺 30%、仲丁灵 20%/2008.12.23 至 2013.12.23/低毒
夏大豆田 一年生杂草 750-1500克/公顷 土壤喷雾
PD20085388 速灭威/20%/乳油/速灭威 20%/2008.12.24 至 2013.12.24/低毒
水稻 稻飞虱 525-600克/公顷 喷雾
PD20085564 氰戊・氧乐果/25%/乳油/氰戊菊酯 2.5%、氧乐果 22.5%/2008.12.25 至 2013.12.25/高毒
棉花 棉铃虫、蚜虫 187.5-225克/公顷 喷雾
PD20091025 二甲戊灵/330克/升/乳油/二甲戊灵 330克/升/2009.01.21 至 2014.01.21/低毒
棉花田 一年生杂草 742.5-990克/公顷 播后苗前土壤喷雾
PD20092290 氧乐・灭多威/25%/乳油/灭多威 5%、氧乐果 20%/2009.02.24 至 2014.02.24/高毒
小麦 蚜虫 112.5-150克/公顷 喷雾
PD20092401 阿维菌素/18克/升/乳油/阿维菌素 18克/升/2009.02.25 至 2014.02.25/低毒(原药高毒)
甘蓝 小菜蛾 8.1-10.8克/公顷 喷雾
PD20092685 敌敌畏/80%/乳油/敌敌畏 80%/2009.03.03 至 2014.03.03/中等毒
小麦 蚜虫 600-720克/公顷 喷雾
PD20094161 乙烯利/40%/水剂/乙烯利 40%/2009.03.27 至 2014.03.27/低毒
棉花 催熟 400-500倍 喷雾
PD20094438 乐果/40%/乳油/乐果 40%/2009.04.01 至 2014.04.01/中等毒
十字花科蔬菜 蚜虫 450-600克/公顷 喷雾
PD20095027 敌畏・氧乐果/50%/乳油/敌敌畏 40%、氧乐果 10%/2009.04.21 至 2014.04.21/高毒
水稻 二化螟、飞虱 750-1125克/公顷 喷雾
小麦 蚜虫 375-750克/公顷 喷雾
PD20095494 2,4-滴丁酯/57%/乳油/2,4-滴丁酯 57%/2009.05.11 至 2014.05.11/低毒
春小麦田 一年生阔叶杂草 427.5-641.25克/公顷 茎叶喷雾
冬小麦田 一年生阔叶杂草 342-427.5克/公顷 茎叶喷雾
LS20060924 草甘膦/10%/水剂/草甘膦 10%/2009.04.18 至 2009.12.31/低毒
茶园 杂草 1125-1800克/公顷 喷雾
LS20070207 仲丁灵/30%/水乳剂/仲丁灵 30%/2009.02.14 至 2010.02.14/低毒
大豆、花生、棉花 一年生禾本科杂草及部分阔叶杂草 1575-1800克/公顷 播后苗前土壤喷

雾

LS20083228 仲灵·异噁松/50%/乳油/异噁草松 12.5%、仲丁灵 37.5%/2009.12.10 至 2010.12.10/低毒
烟草 一年生杂草 160-200毫升/亩 移栽前土壤喷雾

甘肃省植物生长素厂 （甘肃省兰州市安宁区安宁堡上庄子104号 730070 0931-7661302）

PD20050053 甲拌磷/5%/颗粒剂/甲拌磷 5%/2005.04.29 至 2010.04.28/高毒
小麦 地下害虫 1500-1875克/公顷 播种时沟施

甘肃天保农药化工有限公司 （甘肃省陇南市武都区两水镇 746010 0939-8519777）

LS20051711 三唑酮/15%/可湿性粉剂/三唑酮 15%/2008.05.12 至 2009.05.12/低毒
小麦 条锈病 225-270克/公顷 喷雾

LS20052346 硫磺·多菌灵/50%/可湿性粉剂/多菌灵 15%、硫磺 35%/2008.06.28 至 2009.06.28/低毒
水稻 稻瘟病 1500-1800克/公顷 喷雾

LS20053778 敌鼠钠盐/0.1%/毒饵/敌鼠钠盐 0.1%/2008.12.14 至 2009.12.14/低毒
室内 家鼠 饱和投饵 投饵

LS20071680 吡虫啉/10%/可湿性粉剂/吡虫啉 10%/2009.06.13 至 2010.06.14/低毒
小麦 蚜虫 15-30克/公顷（南方地区） 喷雾
45-60克/公顷（北方地区）

兰州润泽生化科技有限公司 （甘肃省兰州市安宁区枣林路139号 730070 0931-7617688）

LS95665 腐钠·硫酸铜/3.3%/水剂/腐殖酸钠 2.7%、硫酸铜 0.6%/2009.02.27 至 2009.12.31/低毒
苹果树 腐烂病 150-200克原液/平方米病疤 刮病斑涂抹
或15-20克/株

LS20052964 阿维·高氯/2.4%/乳油/阿维菌素 0.4%、高效氯氰菊酯 2%/2008.09.11 至 2009.09.11/中等毒(原药高毒)
十字花科蔬菜 菜青虫、小菜蛾 7.5-15克/公顷 喷雾

武威甘鑫种业有限公司 （甘肃省武威市凉州区武南镇工业开发区华源路 733009 0935-2716018）

LS20081372 多·福/15%/悬浮种衣剂/多菌灵 10%、福美双 5%/2009.03.17 至 2010.03.17/低毒
小麦 黑穗病 214-300克/100千克种子 种子包衣

LS20091384 吡·福·烯唑醇/15%/悬浮种衣剂/吡虫啉 5%、福美双 9.6%、烯唑醇 0.4%/2009.08.14 至 2010.08.14/低毒
玉米 地老虎、金针虫、蝼蛄、蛴螬、丝黑穗病 250-375克/100千克种子 拌种

广东省

柏纷化妆品(深圳)有限公司 （广东省深圳市宝安区公园路东柏纷化妆品工业园一栋 518101 0755-27963388-621）

WL20080215 驱蚊液/4%/驱蚊液/驱蚊酯 4%/2008.03.10 至 2009.03.10/微毒
卫生 蚊 / 涂抹

WL20080247 驱蚊霜/11.5%/驱蚊霜/驱蚊酯 11.5%/2008.03.17 至 2009.03.17/微毒
卫生 蚊 / 涂抹

必安住(广州)日化有限公司 （广东省广州市番禺区东涌镇石基村市南公路东涌段南侧14号 511453 020-34918778）

WP20050008 蚊香/0.3%/蚊香/右旋烯丙菊酯 0.3%/2005.06.21 至 2010.06.21/微毒
卫生 蚊 / 点燃

WP20080309 蚊香/0.3%/蚊香/富右旋反式烯丙菊酯 0.3%/2008.12.04 至 2013.12.04/微毒
卫生 蚊 / 点燃

WL20080077 电热蚊香液/0.86%/电热蚊香液/炔丙菊酯 0.86%/2008.02.19 至 2009.02.19/微毒
卫生 蚊 / 电热加温

WL20080079 电热蚊香片/12毫克/片/电热蚊香片/炔丙菊酯 12毫克/片/2008.02.19 至 2009.02.19/微毒
卫生 蚊 / 电热加温

WL20090112 杀虫烟雾剂/7.2%/烟雾剂/右旋苯醚氰菊酯 7.2%/2009.04.09 至 2010.04.09/微毒
卫生 蚂蚁、跳蚤、蚊、蝇、蜚蠊 / 点燃

东莞威乐日用品有限公司 （广东省东莞市虎门镇九门寨第二工业区 523898 0769-85508918）

WP20080303 驱蚊露/15%/驱蚊霜/避蚊胺 15%/2008.12.04 至 2013.12.04/微毒
卫生 蚊 / 涂抹

佛山市南海区黄岐嘉纯生物工程有限公司 （广东省南海市黄岐泌冲工业区 528248 0757-85996168）

WP20080348 杀虫气雾剂/1.1%/气雾剂/胺菊酯 0.28%、残杀威 0.82%/2008.12.09 至 2013.12.09/低毒
卫生 蚊、蝇、蜚蠊 / 喷雾

佛山市顺德区美宝化妆品有限公司 （广东省佛山市顺德区大良红英东二街五巷3号 515100 0595—88150891）

WL20090221 杀虫气雾剂/0.25%/气雾剂/Es-生物烯丙菊酯 0.05%、胺菊酯 0.1%、氯菊酯 0.1%/2009.12.14 至 2010.12.14/微毒
卫生 蜚蠊、蚊、蝇 /喷雾

佛山市雅洁丽化妆品有限公司 （广东省佛山市三水中心科技工业区南边工业园 528135 0757-87322028）

WL20090004 杀虫气雾剂/0.2%/气雾剂/胺菊酯 0.15%、氯氰菊酯 0.05%/2009.01.08 至 2010.01.08/微毒
卫生 蜚蠊、蚊、蝇 / 喷雾

广东北大新世纪生物工程股份有限公司 （广东省梅州市梅县锭子桥新世纪大厦 514700 0753-2525191）

PD86109-24 苏云金杆菌/8000IU/毫克/可湿性粉剂/苏云金杆菌 8000IU/毫克/2006.11.01 至 2011.11.01/低毒
白菜、萝卜、青菜 菜青虫、小菜蛾 1500-4500克制剂/公顷 喷雾
茶树 茶毛虫 1500-7500克制剂/公顷 喷雾
大豆、甘薯 天蛾 1500-2250克制剂/公顷 喷雾
柑橘树 柑橘凤蝶 2250-3750克制剂/公顷 喷雾
高粱、玉米 玉米螟 3750-4500克制剂/公顷 喷雾、毒土

梨树 天幕毛虫 1500-3750克制剂/公顷 喷雾
林木 尺蠖、柳毒蛾、松毛虫 2250-7500克制剂/公顷 喷雾
棉花 棉铃虫、造桥虫 1500-7500克制剂/公顷 喷雾
苹果树 巢蛾 2250-3750克制剂/公顷 喷雾
水稻 稻苞虫、稻纵卷叶螟 1500-6000克制剂/公顷 喷雾
烟草 烟青虫 3750-7500克制剂/公顷 喷雾
枣树 尺蠖 3750-4500克制剂/公顷 喷雾

广东德利生物科技有限公司 (广东省茂名市化州市河东桔城北路26号 525100 0668-7360699)

PD20093725 氯氰菊酯/92%/原药/氯氰菊酯 92%/2009.03.25 至 2014.03.25/低毒
PD20094144 高效氯氰菊酯/4.5%/乳油/高效氯氰菊酯 4.5%/2009.03.27 至 2014.03.27/低毒
十字花科蔬菜 菜青虫 13.5-27克/公顷 喷雾
PD20095193 高效氯氰菊酯/27%/母药/高效氯氰菊酯 27%/2009.04.24 至 2014.04.24/低毒

广东福尔康化工科技股份有限公司 (广东省普宁市燎原镇广揭公路东侧 515344 0663-2687336)

PD20092480 杀虫双/18%/水剂/杀虫双 18%/2009.02.26 至 2014.02.26/中等毒
水稻 三化螟 675-810克/公顷 喷雾
PD20092682 井冈霉素/5%/水剂/井冈霉素 5%/2009.03.03 至 2014.03.03/低毒
水稻 纹枯病 150-187.5克/公顷 喷雾
PD20093985 氰戊·乐果/25%/乳油/乐果 22%、氰戊菊酯 3%/2009.03.27 至 2014.03.27/中等毒
甘蓝 菜青虫 180-300克/公顷 喷雾
PD20094003 井冈霉素/3%/水剂/井冈霉素 3%/2009.03.27 至 2014.03.27/低毒
水稻 纹枯病 150-187.5克/公顷 喷雾
PD20094004 井冈霉素/5%/可溶粉剂/井冈霉素 5%/2009.03.27 至 2014.03.27/低毒
水稻 纹枯病 18.75-37.5克/公顷 喷雾
PD20095111 氰戊·马拉松/21%/乳油/马拉硫磷 15%、氰戊菊酯 6%/2009.04.24 至 2014.04.24/中等毒
柑橘树 红蜘蛛 53-70毫克/千克 喷雾
LS20071598 草甘膦/30%/水剂/草甘膦 30%/2009.06.05 至 2010.06.06/低毒
柑橘园 杂草 1125-2250克/公顷 茎叶喷雾
LS20080491 草甘膦/50%/可溶粉剂/草甘膦 50%/2009.02.20 至 2010.02.21/低毒
柑橘园 杂草 1500-2250克/公顷 定向茎叶喷雾
LS20090123 高氯·毒死蜱/10%/乳油/毒死蜱 8%、高效氯氰菊酯 2%/2009.02.04 至 2010.02.04/中等毒
十字花科蔬菜 菜青虫 105-150克/公顷 喷雾
LS20090124 阿维·高氯/3%/乳油/阿维菌素 0.2%、高效氯氰菊酯 2.8%/2009.02.04 至 2010.02.04/中等毒(原药高毒)
甘蓝 小菜蛾 27-40.5克/公顷 喷雾

广东广州奥森农药有限公司 (广东省广州市花都区新华镇工业大道18号 510800 020-86869929)

LS20070321 虫酰肼/200克/升/悬浮剂/虫酰肼 200克/升/2009.02.25 至 2010.02.25/低毒
十字花科蔬菜 甜菜夜蛾 250-300克/公顷 喷雾
LS20080081 联苯菊酯/25克/升/乳油/联苯菊酯 25克/升/2009.01.05 至 2010.01.05/低毒
茶树 茶小绿叶蝉 30-37.5克/公顷 喷雾
LS20080199 仲丁威/20%/乳油/仲丁威 20%/2009.01.08 至 2010.01.08/低毒
水稻 稻飞虱 510-570克/公顷 喷雾
LS20081112 乙酰甲胺磷/30%/乳油/乙酰甲胺磷 30%/2009.03.10 至 2010.03.10/低毒
水稻 二化螟 900-1012.5克/公顷 喷雾
LS20081295 毒死蜱/480克/升/乳油/毒死蜱 480克/升/2009.03.11 至 2010.03.11/中等毒
十字花科蔬菜 菜青虫 468-576克/公顷 喷雾

广东浩德作物科技有限公司 (广东省肇庆市鼎湖区凤凰镇水库路25号 526070 0755-29977276)

PD85154-43 氰戊菊酯/20%/乳油/氰戊菊酯 20%/2005.08.15 至 2010.08.15/中等毒
柑橘树 潜叶蛾 10-20毫克/千克 喷雾
果树 梨小食心虫 10-20毫克/千克 喷雾
棉花 红铃虫、蚜虫 75-150克/公顷 喷雾
蔬菜 菜青虫、蚜虫 60-120克/公顷 喷雾
PD86148-79 异丙威/20%/乳油/异丙威 20%/2008.01.08 至 2013.01.08/中等毒
水稻 飞虱、叶蝉 450-600克/公顷 喷雾
PD20050064 氯氰菊酯/5%/乳油/氯氰菊酯 5%/2005.06.24 至 2010.06.23/中等毒
十字花科蔬菜 菜青虫 30-45克/公顷 喷雾
PD20091478 稻瘟灵/40%/乳油/稻瘟灵 40%/2009.02.02 至 2014.02.02/低毒
水稻 稻瘟病 450-675克/公顷 喷雾
PD20093187 氯氰菊酯/100克/升/乳油/氯氰菊酯 100克/升/2009.03.11 至 2014.03.11/低毒
十字花科蔬菜 蚜虫 30-60克/公顷 喷雾
PD20094779 稻瘟灵/30%/乳油/稻瘟灵 30%/2009.04.13 至 2014.04.13/低毒
水稻 稻瘟病 450-675克/公顷 喷雾
PD20095167 辛硫磷/40%/乳油/辛硫磷 40%/2009.04.24 至 2014.04.24/低毒
十字花科蔬菜 菜青虫 300-600克/公顷 喷雾
PD20095825 敌百虫/40%/乳油/敌百虫 40%/2009.05.27 至 2014.05.27/低毒

	十字花科蔬菜	菜青虫	480-720克/公顷	喷雾
LS20070477	喹硫磷/25%/乳油/喹硫磷 25%/2009.03.06 至 2010.03.07/中等毒			
	水稻	二化螟	450-525克/公顷	喷雾
LS20070556	顺式氯氰菊酯/30克/升/乳油/顺式氯氰菊酯 30克/升/2009.03.08 至 2010.03.09/低毒			
	十字花科蔬菜	菜青虫	22.5-45克/公顷	喷雾

广东金农达生物科技有限公司　(广东省清远市清城区龙塘镇浩良工业园　511540　0763-3695028)

PD86176-14	乙酰甲胺磷/30%/乳油/乙酰甲胺磷 30%/2010.01.19 至 2015.01.19/低毒			
	棉花	棉铃虫、蚜虫	450-900克/公顷	喷雾
	小麦、玉米	黏虫、玉米螟	540-1080克/公顷	喷雾
	烟草	烟青虫	450-900克/公顷	喷雾
PD20040195	高效氯氰菊酯/4.5%/乳油/高效氯氰菊酯 4.5%/2009.12.19 至 2014.12.19/中等毒			
	十字花科蔬菜	蚜虫	17-27克/公顷	喷雾
PD20040291	氯氰菊酯/10%/乳油/氯氰菊酯 10%/2009.12.19 至 2014.12.19/低毒			
	蔬菜	菜青虫	30-45克/公顷	喷雾
PD20040461	哒螨灵/15%/乳油/哒螨灵 15%/2009.12.19 至 2014.12.19/中等毒			
	柑橘树	红蜘蛛	50-67毫克/千克	喷雾
PD20070115	百草枯/200克/升/水剂/百草枯 200克/升/2007.05.08 至 2012.05.08/中等毒			
	茶园	一年生和多年生杂草	450-750克/公顷	定向茎叶喷雾
PD20070117	丙威·毒死蜱/13%/乳油/毒死蜱 3%、异丙威 10%/2007.05.08 至 2012.05.08/低毒			
	水稻	稻飞虱	292.5-390克/公顷	喷雾
PD20070119	代森锰锌/50%/可湿性粉剂/代森锰锌 50%/2007.05.08 至 2012.05.08/低毒			
	番茄	早疫病	1845-2370克/公顷	喷雾
PD20070125	异丙威/20%/乳油/异丙威 20%/2007.05.18 至 2012.05.18/低毒			
	水稻	稻飞虱	450-600克/公顷	喷雾
PD20070424	氰戊菊酯/20%/乳油/氰戊菊酯 20%/2007.11.12 至 2012.11.12/低毒			
	十字花科蔬菜	蚜虫	150-180克/公顷	喷雾
PD20070500	乙烯利/40%/水剂/乙烯利 40%/2007.11.28 至 2012.11.28/低毒			
	香蕉	催熟	800-1000毫克/千克	浸渍
PD20080413	啶虫脒/5%/乳油/啶虫脒 5%/2008.03.04 至 2013.03.04/低毒			
	柑橘树	蚜虫	10-15毫克/千克	喷雾
PD20080868	芸苔素内酯/0.01%/可溶液剂/芸苔素内酯 0.01%/2008.06.27 至 2013.06.27/低毒			
	棉花	调节生长、增产	0.02-0.04毫克/千克	苗期、初花、盛花各喷雾1次
	小白菜	调节生长、增产	0.02-0.04毫克/千克	苗期和莲座期各喷雾1次
	小麦	调节生长、增产	0.02-0.03毫克/千克	扬花和齐穗各喷1次
PD20081429	稻瘟灵/40%/乳油/稻瘟灵 40%/2008.10.31 至 2013.10.31/低毒			
	水稻	稻瘟病	450-675克/公顷	喷雾
PD20083271	辛硫磷/40%/乳油/辛硫磷 40%/2008.12.11 至 2013.12.11/低毒			
	十字花科蔬菜	菜青虫	360-450克/公顷	喷雾
PD20083785	咪鲜胺/25%/水乳剂/咪鲜胺 25%/2008.12.15 至 2013.12.15/低毒			
	香蕉	冠腐病	500-1000毫克/千克	浸果
PD20084241	阿维菌素/1.8%/乳油/阿维菌素 1.8%/2008.12.17 至 2013.12.17/低毒(原药高毒)			
	十字花科蔬菜	小菜蛾	7.5-11.25克/公顷	喷雾
PD20084646	井冈霉素A/4%/水剂/井冈霉素 4%/2008.12.18 至 2013.12.18/低毒			
	水稻	纹枯病	120-150克/公顷	喷雾
PD20084847	腈菌·咪鲜胺/12.5%/乳油/腈菌唑 10%、咪鲜胺 2.5%/2008.12.22 至 2013.12.22/低毒			
	香蕉	叶斑病	600-800倍液	喷雾
PD20085108	鱼藤酮/2.5%/乳油/鱼藤酮 2.5%/2008.12.23 至 2013.12.23/中等毒(原药高毒)			
	十字花科蔬菜	蚜虫	37.5-56.25克/公顷	喷雾
PD20085157	杀螺胺乙醇胺盐/50%/可湿性粉剂/杀螺胺乙醇胺盐 50%/2008.12.23 至 2013.12.23/低毒			
	水稻田	福寿螺	450-600克/公顷	撒毒土
PD20085165	甲氰菊酯/20%/乳油/甲氰菊酯 20%/2008.12.23 至 2013.12.23/中等毒			
	十字花科蔬菜	菜青虫	60-120克/公顷	喷雾
PD20085489	高效氯氰菊酯/4.5%/水乳剂/高效氯氰菊酯 4.5%/2008.12.25 至 2013.12.25/中等毒			
	十字花科蔬菜	菜青虫	20.25-27克/公顷	喷雾
PD20086301	硫磺·三环唑/45%/悬浮剂/硫磺 40%、三环唑 5%/2008.12.31 至 2013.12.31/低毒			
	水稻	稻瘟病	675-1012.5克/公顷	喷雾
PD20090417	井冈霉素/3%/水剂/井冈霉素 3%/2009.01.12 至 2014.01.12/低毒			
	水稻	纹枯病	120-150克/公顷	喷雾
PD20091939	吡虫啉/10%/可湿性粉剂/吡虫啉 10%/2009.02.12 至 2014.02.12/低毒			
	水稻	稻飞虱	15-30克/公顷	喷雾

LS20051924 硫磺·三唑酮/50%/悬浮剂/硫磺 45%、三唑酮 5%/2008.05.17 至 2009.05.17/低毒
小麦 条锈病 937.5-1125克/公顷 喷雾
LS20060339 乙酰甲胺磷/20%/乳油/乙酰甲胺磷 20%/2008.03.01 至 2009.03.01/低毒
水稻 稻纵卷叶螟 525-675克/公顷 喷雾
LS20070954 炔螨特/40%/乳油/炔螨特 40%/2009.04.18 至 2010.04.19/中等毒
柑橘树 红蜘蛛 267-400毫克/千克 喷雾
LS20071602 阿维·哒螨灵/5%/乳油/阿维菌素 0.2%、哒螨灵 4.8%/2009.06.05 至 2010.06.06/低毒(原药高毒)
柑橘树 红蜘蛛 33.3-50毫克/千克 喷雾
LS20071670 氯氰·敌敌畏/20%/乳油/敌敌畏 18%、氯氰菊酯 2%/2009.06.13 至 2010.06.14/中等毒
十字花科蔬菜 黄条跳甲 225-300克/公顷 喷雾
LS20080871 高效氯氟氰菊酯/2.5%/水乳剂/高效氯氟氰菊酯 2.5%/2009.03.03 至 2010.03.03/中等毒
甘蓝 菜青虫 7.5-9.375克/公顷 喷雾
LS20080901 毒死蜱/5%/颗粒剂/毒死蜱 5%/2009.03.04 至 2010.03.04/低毒
韭菜 韭蛆 1350-1875克/公顷 撒施
LS20081413 阿维·杀虫单/20%/微乳剂/阿维菌素 0.2%、杀虫单 19.8%/2009.03.17 至 2010.03.17/低毒(原药高毒)
水稻 二化螟 450-600克/公顷 喷雾
LS20081446 甲氨基阿维菌素苯甲酸盐/3/水分散粒剂/甲氨基阿维菌素苯甲酸盐 3%/2009.03.17 至 2010.03.17/低毒
甘蓝 小菜蛾 1.875-2.25克/公顷 喷雾
LS20082413 氟铃·辛硫磷/20%/乳油/氟铃脲 2%、辛硫磷 18%/2009.04.22 至 2010.04.22/低毒
棉花 棉铃虫 240-300克/公顷 喷雾

广东劲劲化工有限公司 (广东省化州市鉴江开发区金锅岭 525100 0668-7361922)

PD20093953 井冈·杀虫双/22%/水剂/井冈霉素 2.5%、杀虫双 19.5%/2009.03.27 至 2014.03.27/低毒
水稻 二化螟、纹枯病 660-825克/公顷 喷雾
PD20094125 氰戊·乐果/15%/乳油/乐果 12.5%、氰戊菊酯 2.5%/2009.03.27 至 2014.03.27/中等毒
十字花科蔬菜 蚜虫 60-120克/公顷 喷雾
PD20096798 高效氯氟氰菊酯/95%/原药/高效氯氟氰菊酯 95%/2009.09.15 至 2014.09.15/中等毒
PD20097518 百草枯/200克/升/水剂/百草枯 200克/升/2009.11.03 至 2014.11.03/中等毒
甘蔗田 一年生杂草 450-600克/公顷 行间定向茎叶喷雾
柑橘园 一年生及部分多年生杂草 600-900克/公顷 定向茎叶喷雾

广东九极日用保健品有限公司 (广东省广州市天河区高新技术产业开发区科韵路20-22号 511356 020-32223999)

WP20090122 驱蚊液/5.5%/液剂/避蚊胺 5.5%/2009.02.12 至 2014.02.12/低毒
卫生 蚊 / 涂抹

广东莱雅化工有限公司 (广东省佛山市顺德区顺峰山工业区 528333 0757-22325908)

WP20080176 蚊香/0.2%/蚊香/富右旋反式烯丙菊酯 0.2%/2008.11.18 至 2013.11.18/低毒
卫生 蚊 / 点燃
WP20080216 杀虫气雾剂/1.17%/气雾剂/Es-生物烯丙菊酯 0.15%、残杀威 1.0%、溴氰菊酯 0.02%/2008.11.24 至 2013.11.24/低毒
卫生 蜚蠊、蚊、蝇 / 喷雾
WP20080221 杀虫气雾剂/0.4%/气雾剂/胺菊酯 0.25%、氯菊酯 0.15%/2008.11.25 至 2013.11.25/低毒
卫生 蚊、蝇、蜚蠊 / 喷雾
WP20080240 电热蚊香片/11毫克/片/电热蚊香片/富右旋反式炔丙菊酯 11毫克/片/2008.11.25 至 2013.11.25/低毒
卫生 蚊 / 电热加温
WP20080332 电热蚊香液/0.87%/电热蚊香液/炔丙菊酯 0.87%/2008.12.08 至 2013.12.08/低毒
卫生 蚊 / 电热加温
WP20080334 蚊香/0.25%/蚊香/富右旋反式烯丙菊酯 0.25%/2008.12.08 至 2013.12.08/微毒
卫生 蚊 / 点燃
WP20080439 驱蚊气雾剂/10%/气雾剂/避蚊胺 10%/2008.12.15 至 2013.12.15/低毒
卫生 蚊 / 喷涂
WL20050082 杀爬虫气雾剂/0.2%/气雾剂/炔咪菊酯 0.1%、右旋苯醚菊酯 0.1%/2008.03.29 至 2009.03.29/微毒
卫生 蜚蠊、蚂蚁 / 喷雾
WL20050201 杀飞虫气雾剂/0.5%/气雾剂/氯菊酯 0.2%、炔丙菊酯 0.1%、右旋胺菊酯 0.2%/2008.08.03 至 2009.08.03/微毒
卫生 蚊、蝇 / 喷雾
WL20050219 杀虫气雾剂/0.3%/气雾剂/除虫菊素(Ⅰ+Ⅱ) 0.3%/2008.08.21 至 2009.08.21/微毒
卫生 蚊、蝇、蜚蠊 / 喷雾
WL20050229 杀爬虫气雾剂/0.4%/气雾剂/炔咪菊酯 0.15%、右旋苯醚氰菊酯 0.25%/2008.08.21 至 2009.08.21/微毒
卫生 蜚蠊、蚂蚁 / 喷雾
WL20050232 杀虫气雾剂/0.5%/气雾剂/高效氯氰菊酯 0.2%、炔丙菊酯 0.1%、右旋胺菊酯 0.2%/2008.08.21 至 2009.08.21/微毒
卫生 蚂蚁、蚊、蝇、蜚蠊 / 喷雾
WL20050233 杀虫气雾剂/0.75%/气雾剂/富右旋反式烯丙菊酯 0.3%、氯菊酯 0.25%、炔丙菊酯 0.2%/2008.08.21至2009.08.21/微毒
卫生 蚂蚁、蚊、蝇、蜚蠊 / 喷雾
WL20050241 杀虫气雾剂/0.2%/气雾剂/高效氯氰菊酯 0.1%、炔咪菊酯 0.1%/2008.08.21 至 2009.08.21/微毒
卫生 蚂蚁、蚊、蝇、蜚蠊 / 喷雾
WL20050242 杀飞虫气雾剂/0.5%/气雾剂/炔丙菊酯 0.1%、右旋胺菊酯 0.2%、右旋苯醚菊酯 0.2%/2008.08.21 至 2009.08.21/微毒

卫生　蚊、蝇　/　喷雾
WL20070089　杀虫气雾剂/0.7%/气雾剂/残杀威 0.5%、氯菊酯 0.1%、右旋胺菊酯 0.1%/2009.05.08 至 2010.05.09/低毒
卫生　蚂蚁、蚊、蝇、蜚蠊　/　喷雾
WL20080021　杀虫气雾剂/0.55%/气雾剂/Es-生物烯丙菊酯 0.15%、氯菊酯 0.2%、右旋胺菊酯 0.2%/2009.01.05至2010.01.05/微毒
卫生　蚂蚁、蚊、蝇、蜚蠊　/　喷雾

广东立农生物科技有限公司　(广东省罗定市围底开发区　525127　0668-7960468)

PD85159-35　草甘膦/30%/水剂/草甘膦 30%/2005.08.15 至 2010.08.15/低毒
茶树、甘蔗、果园、剑麻、林木、桑树、橡胶树　一年生杂草和多年生恶性杂草　1125-2250克/公顷　喷雾
PD20094729　草甘膦异丙胺盐/41%/水剂/草甘膦异丙胺盐 41%/2009.04.10 至 2014.04.10/低毒
柑橘园　杂草　/　定向茎叶喷雾
LS20082611　百草枯/200克/升/水剂/百草枯 200克/升/2009.04.23 至 2010.04.23/中等毒
柑橘园　杂草　600-900克/公顷　定向茎叶喷雾

广东立威化工有限公司　(广东省茂名市茂南区金塘镇　525025　0668-2366098)

PD85159-31　草甘膦/30%/水剂/草甘膦 30%/2005.08.15 至 2010.08.15/低毒
茶树、甘蔗、果园、剑麻、林木、桑树、橡胶树　一年生杂草和多年生恶性杂草　1125-2250克/公顷　喷雾
PD92103-14　草甘膦/95%/原药/草甘膦 95%/2007.12.03 至 2012.12.03/低毒
PD20040038　氯氰菊酯/95%/原药/氯氰菊酯 95%/2009.12.19 至 2014.12.19/中等毒
PD20040336　氯氰菊酯/5%/乳油/氯氰菊酯 5%/2009.12.19 至 2014.12.19/中等毒
十字花科蔬菜　菜青虫　30-45克/公顷　喷雾
PD20040354　氯氰菊酯/10%/乳油/氯氰菊酯 10%/2009.12.19 至 2014.12.19/中等毒
棉花　棉铃虫、棉蚜　45-90克/公顷　喷雾
十字花科蔬菜　菜青虫　30-45克/公顷　喷雾
PD20050036　高效氯氰菊酯/4.5%/乳油/高效氯氰菊酯 4.5%/2005.04.15 至 2010.04.14/中等毒
棉花　棉铃虫、棉蚜　15-30克/公顷　喷雾
蔬菜　菜青虫　9-25.5克/公顷　喷雾
PD20050040　高效氯氰菊酯/4.5%/微乳剂/高效氯氰菊酯 4.5%/2005.04.15 至 2010.04.14/低毒
十字花科蔬菜　菜青虫　13.5-27克/公顷　喷雾
PD20081390　高效氯氟氰菊酯/95%/原药/高效氯氟氰菊酯 95%/2008.10.28 至 2013.10.28/中等毒
PD20081826　氟氯氰菊酯/92%/原药/氟氯氰菊酯 92%/2008.11.20 至 2013.11.20/低毒
PD20082270　高效氯氰菊酯/27%/原药/高效氯氰菊酯 27%/2008.11.27 至 2013.11.27/低毒
PD20083105　高效氟氯氰菊酯/95%/原药/高效氟氯氰菊酯 95%/2008.12.10 至 2013.12.10/中等毒
PD20083825　阿维·高氯/2.5%/乳油/阿维菌素 0.1%、高效氯氰菊酯 2.4%/2008.12.15 至 2013.12.15/低毒(原药高毒)
十字花科蔬菜　菜青虫、小菜蛾　13.5-27克/公顷　喷雾
PD20083980　氟氯氰菊酯/5.7%/乳油/氟氯氰菊酯 5.7%/2008.12.16 至 2013.12.16/低毒
十字花科蔬菜　菜青虫　20-25克/公顷　喷雾
PD20084309　马拉·氟氯氰/20%/乳油/氟氯氰菊酯 2%、马拉硫磷 18%/2008.12.17 至 2013.12.17/中等毒
甘蓝　菜青虫　120-180克/公顷　喷雾
PD20085402　氰戊·辛硫磷 /50%/乳油/氰戊菊酯 4.5%、辛硫磷 45.5%/2008.12.24 至 2013.12.24/中等毒
甘蓝　菜青虫、蚜虫　75-150克/公顷　喷雾
棉花　蚜虫　150-225克/公顷　喷雾
小麦　蚜虫　90克/公顷　喷雾
PD20086200　氰戊·马拉松/20%/乳油/马拉硫磷 15%、氰戊菊酯 5%/2008.12.30 至 2013.12.30/中等毒
棉花　棉铃虫　90-150克/公顷　喷雾
苹果树　桃小食心虫　160-333毫克/千克　喷雾
蔬菜　菜青虫、蚜虫　90-150克/公顷　喷雾
小麦　蚜虫　60-90克/公顷　喷雾
PD20091015　氰戊·马拉松/21%/乳油/马拉硫磷 15%、氰戊菊酯 6%/2009.01.21 至 2014.01.21/中等毒
柑橘树　红蜘蛛　53-70毫克/千克　喷雾
花生　斜纹夜蛾　75-90克/公顷　喷雾
苹果树　食心虫　60-100毫克/千克　喷雾
苹果树　红蜘蛛　60-150毫克/千克　喷雾
苹果树　蚜虫　50-75毫克/千克　喷雾
PD20092110　高氯·马/20%/乳油/高效氯氰菊酯 2%、马拉硫磷 18%/2009.02.27 至 2014.02.27/低毒
十字花科蔬菜　菜青虫　90-150克/公顷　喷雾
PD20092384　毒死蜱/92%/原药/毒死蜱 92%/2009.02.25 至 2014.02.25/中等毒
PD20092439　毒死蜱/40%/乳油/毒死蜱 40%/2009.02.25 至 2014.02.25/中等毒
十字花科蔬菜　菜青虫　360-540克/公顷　喷雾
PD20092593　阿维·三唑磷/20%/乳油/阿维菌素 0.1%、三唑磷 19.9%/2009.02.27 至 2014.02.27/中等毒(原药高毒)
水稻　二化螟　180-240克/公顷　喷雾

PD20093392 丙溴磷/40%/乳油/丙溴磷 40%/2009.03.19 至 2014.03.19/中等毒
棉花 棉铃虫 480-600克/公顷 喷雾
PD20096781 高效氯氟氰菊酯/25克/升/乳油/高效氯氟氰菊酯 25克/升/2009.09.15 至 2014.09.15/中等毒
十字花科叶菜 菜青虫 7.5-11.25克/公顷 喷雾
LS20050124 高效氟氯氰菊酯/2.5%/乳油/高效氟氯氰菊酯 2.5%/2008.01.14 至 2009.01.13/低毒
十字花科蔬菜 菜青虫 7.5-11.25克/公顷 喷雾
LS20090368 杀单·三唑磷/18%/微乳剂/三唑磷 6%、杀虫单 12%/2009.03.13 至 2010.03.13/中等毒
水稻 二化螟 270-324克/公顷 喷雾
WP20090380 胺菊酯/95%/原药/胺菊酯 95%/2009.12.18 至 2014.12.18/低毒

广东梅县侨韵废水处理厂 (广东省梅县丙村镇交通路129号 514000 0753-2858338)

PD20080062 硫酸铜/98%/原药/硫酸铜 98%/2008.01.03 至 2013.01.03/低毒

广东美时家庭用品有限公司 (广东省广州市海珠区前进路郭墩新街83号202 510230 020-34286407)

WP20080272 杀虫笔剂/0.65%/笔剂/氯氰菊酯 0.65%/2008.12.01 至 2013.12.01/低毒
卫生 蜚蠊、蚂蚁 / 涂抹

广东名臣有限公司 (广东省汕头市澄海区莲南工业区 515834 0754-85162378)

WL20090167 杀虫气雾剂/0.36%/气雾剂/胺菊酯 0.18%、氯氰菊酯 0.18%/2009.07.22 至 2010.07.22/微毒
卫生 蚊、蝇、蜚蠊 / /喷雾
WL20090189 蚊香/0.27%/蚊香/Es-生物烯丙菊酯 0.27%/2009.11.04 至 2010.11.04/微毒
卫生 蚊 / 点燃
WL20090193 电热蚊香片/15毫克/片/电热蚊香片/炔丙菊酯 15毫克/片/2009.11.12 至 2010.11.12/微毒
卫生 蚊 / 电热加温
WL20090229 驱蚊花露水/5%/驱蚊花露水/驱蚊酯 5%/2009.12.24 至 2010.12.24/低毒
卫生 蚊 / 涂抹

广东诺斯贝尔化妆品有限公司 (广东省中山市南头镇升辉北工业园 328427 0760-2108868)

WL20090055 驱蚊花露水/5%/驱蚊花露水/驱蚊酯 5%/2009.03.13 至 2010.03.13/微毒
卫生 蚊 / 涂抹

广东全美实业日用化工有限公司 (广东省陆丰市东海经济开发区南合大道 516500 0660-8805088)

WP20080170 蚊香/0.3%/蚊香/富右旋反式烯丙菊酯 0.3%/2008.11.18 至 2013.11.18/微毒
卫生 蚊 / 点燃
WP20080314 杀虫气雾剂/0.66%/气雾剂/胺菊酯 0.21%、残杀威 0.32%、氯氰菊酯 0.13%/2008.12.04 至 2013.12.04/低毒
卫生 蚊、蝇、蜚蠊 喷雾
WP20080432 电热蚊香液/1.3%/电热蚊香液/富右旋反式炔丙菊酯 1.3%/2008.12.15 至 2013.12.15/微毒
卫生 蚊 / 电热加温
WP20080516 杀虫气雾剂/0.45%/气雾剂/富右旋反式炔丙菊酯 0.15%、氯氰菊酯 0.3%/2008.12.22 至 2013.12.22/微毒
卫生 蚊、蝇、蜚蠊 / 喷雾
WP20080565 电热蚊香片/15毫克/片/电热蚊香片/富右旋反式炔丙菊酯 15毫克/片/2008.12.24 至 2013.12.24/微毒
卫生 蚊 / 电热加温
WP20090082 杀虫气雾剂/0.6%/气雾剂/胺菊酯 0.2%、富右旋反式烯丙菊酯 0.1%、高效氯氰菊酯 0.3%/2009.02.02至2014.02.02/微毒
卫生 蚊、蝇、蜚蠊 / 喷雾

广东省保血(江门)日用制品有限公司 (广东省江门市新会区大泽镇小泽村背江坑 529100 0750-6805680)

WL20050091 蚊香/0.25%/蚊香/富右旋反式烯丙菊酯 0.25%/2008.04.05 至 2009.04.04/微毒
卫生 蚊 / 点燃

广东省博罗县本冶杀虫药剂厂 (广东省博罗县罗阳镇鸡麻地居委会左上边第二座 516100 0752-6252992)

WL20080430 杀蟑饵粒/0.3%/饵剂/醚菊酯 0.3%/2008.11.12 至 2009.11.12/微毒
卫生 蜚蠊 投放

广东省潮州市城西荣兴蚊香厂 (广东省潮州市桥东卧石工业区 521000 0768-2287999)

WP20080210 蚊香/0.25%/蚊香/富右旋反式烯丙菊酯 0.25%/2008.11.21 至 2013.11.21/低毒
卫生 蚊 / 点燃

广东省德庆天利化工有限公司 (广东省德庆县德城镇朝阳西路245号 526600 0758-7762671)

WL20080016 樟脑原药//原药/樟脑 96%/2009.01.05 至 2010.01.05/低毒

广东省德庆县西江植保化工厂 (广东省肇庆市德庆县新圩镇西景山工业开发区 526631 0758-7732213)

PDN30-94 氰·鱼藤/1.3%/乳油/氰戊菊酯 0.5%、鱼藤酮 0.8%/2009.05.18 至 2014.05.18/低毒
蔬菜 菜青虫、蚜虫 19.5-24克/公顷 喷雾
PD20086351 氰戊·鱼藤酮/2.5%/乳油/氰戊菊酯 1%、鱼藤酮 1.5%/2008.12.31 至 2013.12.31/中等毒
十字花科叶菜 菜青虫 30-45克/公顷 喷雾
PD20086352 氰戊·鱼藤酮/7.5%/乳油/氰戊菊酯 4%、鱼藤酮 3.5%/2008.12.31 至 2013.12.31/中等毒(原药高毒)
十字花科蔬菜 小菜蛾 42.4-84.4克/公顷 喷雾
PD20093596 敌百·鱼藤酮 /25%/乳油/敌百虫 24.5%、鱼藤酮 0.5%/2009.03.23 至 2014.03.23/中等毒(原药高毒)
甘蓝 菜青虫 150-225克/公顷 喷雾

广东省东莞市金凤莞香有限公司 (广东省东莞市平乐坊36号 523000 0769-2211049)

WP20080511 蚊香/0.3%/蚊香/右旋反式烯丙菊酯 0.3%/2008.12.22 至 2013.12.22/微毒
卫生 蚊 / 点燃

广东省东莞市瑞德丰生物科技有限公司 (广东省东莞市大岭山镇大片美管理区 518102 0755-29977606)

PD20040150 三唑酮/20%/乳油/三唑酮 20%/2009.12.19 至 2014.12.19/低毒
小麦 白粉病 120-150克/公顷 喷雾
PD20040188 吡虫啉/10%/可湿性粉剂/吡虫啉 10%/2009.12.19 至 2014.12.19/低毒
水稻 飞虱 15-30克/公顷 喷雾
小麦 蚜虫 15-30克/公顷(南方地区) 喷雾
45-60克/公顷(北方地区)
PD20040629 哒螨灵/20%/可湿性粉剂/哒螨灵 20%/2009.12.19 至 2014.12.19/中等毒
柑橘树 红蜘蛛 50-67毫克/千克 喷雾
PD20040767 多·酮/25%/可湿性粉剂/多菌灵 20%、三唑酮 5%/2009.12.19 至 2014.12.19/低毒
小麦 赤霉病 450-600克/公顷 喷雾
PD20040802 哒螨灵/15%/乳油/哒螨灵 15%/2009.12.19 至 2014.12.19/中等毒
柑橘树 红蜘蛛 50-67毫克/千克 喷雾
PD20050100 氯氰·吡虫啉/10%/乳油/吡虫啉 2%、氯氰菊酯 8%/2005.07.29 至 2010.07.28/中等毒
十字花科蔬菜 蚜虫 22.5-30克/公顷 喷雾
PD20050136 氯氰菊酯/12%/乳油/氯氰菊酯 12%/2005.09.09 至 2010.09.08/低毒
十字花科蔬菜 菜青虫 36-54克/公顷 喷雾
PD20050171 螨醇·哒螨灵/20%/乳油/哒螨灵 15%、三氯杀螨醇 5%/2005.11.14 至 2010.11.14/中等毒
柑橘树 红蜘蛛 133-200毫克/千克 喷雾
PD20060199 吡虫·辛硫磷/25%/乳油/吡虫啉 1%、辛硫磷 24%/2006.12.07 至 2011.12.07/低毒
十字花科蔬菜 蚜虫 56.25-75克/公顷 喷雾
水稻 飞虱 300-375克/公顷 喷雾
PD20070159 草甘膦异丙胺盐/41%/水剂/草甘膦异丙胺盐 41%/2007.06.14 至 2012.06.14/低毒
柑橘园 一年生和多年生杂草 1125-2250克/公顷 定向茎叶喷雾
PD20080055 芸苔素内酯/0.01%/乳油/芸苔素内酯 0.01%/2008.01.04 至 2013.01.04/低毒
小麦 调节生长、增产 0.02-0.05毫克/千克 兑水喷雾2次
PD20080141 多·福/60%/可湿性粉剂/多菌灵 30%、福美双 30%/2008.01.04 至 2013.01.04/低毒
梨树 黑星病 1000-1250毫克/千克 喷雾
葡萄 霜霉病 1000-1250毫克/千克 喷雾
PD20080237 甲霜·锰锌/58%/可湿性粉剂/甲霜灵 10%、代森锰锌 48%/2008.02.14 至 2013.02.14/低毒
黄瓜 霜霉病 1305-1632克/公顷 喷雾
PD20080267 氯氰·辛硫磷/30%/乳油/氯氰菊酯 1.5%、辛硫磷 28.5%/2008.02.20 至 2013.02.20/中等毒
棉花 棉铃虫 270-337.5克/公顷 喷雾
PD20080295 硫磺·三环唑/20%/可湿性粉剂/硫磺 10%、三环唑 10%/2008.02.25 至 2013.02.25/中等毒
水稻 稻瘟病 300-450克/公顷 喷雾
PD20080296 甲基硫菌灵/500克/升/悬浮剂/甲基硫菌灵 500克/升/2008.02.25 至 2013.02.25/低毒
水稻 纹枯病 703-937.5克/公顷 喷雾
PD20080350 四螨嗪/20%/悬浮剂/四螨嗪 20%/2008.02.26 至 2013.02.26/低毒
柑橘树 红蜘蛛 100-200毫克/千克 喷雾
PD20080408 氯氰菊酯/10%/乳油/氯氰菊酯 10%/2008.02.29 至 2013.02.28/低毒
茶树 茶毛虫 45-60克/公顷 喷雾
PD20080790 硫磺·多菌灵/50%/可湿性粉剂/多菌灵 15%、硫磺 35%/2008.06.20 至 2013.06.20/低毒
花生 叶斑病 1200-1800克/公顷 喷雾
PD20081404 哒螨·三唑锡/16%/可湿性粉剂/哒螨灵 8%、三唑锡 8%/2008.10.28 至 2013.10.28/低毒
柑橘树 红蜘蛛 107-160毫克/千克 喷雾
PD20081446 代森锌/65%/可湿性粉剂/代森锌 65%/2008.11.04 至 2013.11.04/低毒
黄瓜 霜霉病 1950-3000克/公顷 喷雾
PD20081447 三唑锡/20%/悬浮剂/三唑锡 20%/2008.11.04 至 2013.11.04/中等毒
柑橘树 红蜘蛛 133-200毫克/千克 喷雾
PD20081466 四螨·三唑锡/10%/悬浮剂/四螨嗪 3%、三唑锡 7%/2008.11.04 至 2013.11.04/中等毒
柑橘树 红蜘蛛 67-100毫克/千克 喷雾
PD20081507 硫磺·三唑酮/45%/悬浮剂/硫磺 40%、三唑酮 5%/2008.11.06 至 2013.11.06/低毒
黄瓜 白粉病 1500-2000倍液 喷雾
PD20081580 氰戊·辛硫磷/20%/乳油/氰戊菊酯 2%、辛硫磷 18%/2008.11.12 至 2013.11.12/低毒
甘蓝 菜青虫 180-240克/公顷 喷雾
苹果树 桃小食心虫 167-250毫克/千克 喷雾
PD20081645 霜脲·锰锌/72%/可湿性粉剂/代森锰锌 64%、霜脲氰 8%/2008.11.14 至 2013.11.14/低毒
黄瓜 霜霉病 1440-1800克/公顷 喷雾
辣椒 疫病 1029-1440克/公顷 喷雾
PD20081646 吡虫·噻嗪酮/22%/可湿性粉剂/吡虫啉 2%、噻嗪酮 20%/2008.11.14 至 2013.11.14/低毒
水稻 稻飞虱 49.5-82.5克/公顷 喷雾
PD20081698 四螨·哒螨灵/10%/悬浮剂/哒螨灵 7%、四螨嗪 3%/2008.11.17 至 2013.11.17/中等毒
柑橘树 红蜘蛛 40-67毫克/千克 喷雾

PD20081732	多·福/30%/可湿性粉剂/多菌灵 15%、福美双 15%/2008.11.18 至 2013.11.18/低毒			
	辣椒	立枯病	3-4.5克/平方米	每平方米的用药量与15-20千克细土混匀,其中1/3的量撒于苗床底部,2/3的量覆盖在种子上面.
	茄子	枯萎病	600-1000毫克/千克	灌根
PD20081782	苯磺隆/75%/水分散粒剂/苯磺隆 75%/2008.11.19 至 2013.11.19/低毒			
	冬小麦田	一年生阔叶杂草	13.5—22.5克/公顷	茎叶喷雾
PD20081974	精喹禾灵/8.8%/乳油/精喹禾灵 8.8%/2008.11.25 至 2013.11.25/低毒			
	冬油菜田	一年生禾本科杂草	46.2-52.8克/公顷	茎叶喷雾
PD20082437	霜霉威盐酸盐/722克/升/水剂/霜霉威盐酸盐 722克/升/2008.12.02 至 2013.12.02/低毒			
	黄瓜	霜霉病	650-1300克/公顷	喷雾
PD20082610	灭幼脲/25%/悬浮剂/灭幼脲 25%/2008.12.04 至 2013.12.04/低毒			
	甘蓝	菜青虫	37.5-75克/公顷	喷雾
	苹果树	金纹细蛾	125-167毫克/千克	喷雾
PD20082616	阿维·敌敌畏/40%/乳油/阿维菌素 0.3%、敌敌畏 39.7%/2008.12.04 至 2013.12.04/中等毒(原药高毒)			
	十字花科蔬菜	小菜蛾	240-360克/公顷	喷雾
PD20082687	阿维·辛硫磷/15%/乳油/阿维菌素 0.1%、辛硫磷 14.9%/2008.12.05 至 2013.12.05/低毒(原药高毒)			
	十字花科蔬菜	小菜蛾	112.5-168.75克/公顷	喷雾
PD20082740	噁霜·锰锌/64%/可湿性粉剂/噁霜灵 8%、代森锰锌 56%/2008.12.08 至 2013.12.08/低毒			
	黄瓜	霜霉病	1650-1950克/公顷	喷雾
PD20082939	三唑酮/25%/可湿性粉剂/三唑酮 25%/2008.12.09 至 2013.12.09/低毒			
	小麦	白粉病	135-168.7克/公顷	喷雾
PD20082940	丙环唑/250克/升/乳油/丙环唑 250克/升/2008.12.09 至 2013.12.09/低毒			
	香蕉	叶斑病	250-500毫克/千克	喷雾
PD20082943	辛硫磷/40%/乳油/辛硫磷 40%/2008.12.09 至 2013.12.09/低毒			
	十字花科蔬菜	菜青虫	360-450克/公顷	喷雾
PD20082944	碱式硫酸铜/27.12%/悬浮剂/碱式硫酸铜 27.12%/2008.12.09 至 2013.12.09/低毒			
	苹果树	轮纹病	542.4-678毫克/千克	喷雾
PD20082990	多菌灵/50%/可湿性粉剂/多菌灵 50%/2008.12.10 至 2013.12.10/微毒			
	苹果树	轮纹病	500-833毫克/千克	喷雾
PD20082991	腐霉利/50%/可湿性粉剂/腐霉利 50%/2008.12.10 至 2013.12.10/低毒			
	番茄	灰霉病	525-750克/公顷	喷雾
PD20082995	异菌脲/50%/可湿性粉剂/异菌脲 50%/2008.12.10 至 2013.12.10/低毒			
	番茄	灰霉病	562.5-750克/公顷	喷雾
PD20082997	噻嗪酮/25%/可湿性粉剂/噻嗪酮 25%/2008.12.10 至 2013.12.10/低毒			
	水稻	飞虱	93.75-131.25克/公顷	喷雾
PD20083002	甲氰菊酯/20%/乳油/甲氰菊酯 20%/2008.12.10 至 2013.12.10/中等毒			
	柑橘树	红蜘蛛	66.67-100毫克/千克	喷雾
PD20083003	虫酰肼/20%/悬浮剂/虫酰肼 20%/2008.12.10 至 2013.12.10/低毒			
	甘蓝	甜菜夜蛾	240-300克/公顷	喷雾
PD20083174	杀扑磷/40%/乳油/杀扑磷 40%/2008.12.11 至 2013.12.11/高毒			
	柑橘树	介壳虫	400-666.7毫克/千克	喷雾
PD20083175	井冈霉素/10%/可溶粉剂/井冈霉素 10%/2008.12.11 至 2013.12.11/低毒			
	水稻	纹枯病	150-187.5克/公顷	喷雾
PD20083189	高效氯氰菊酯/25克/升/乳油/高效氯氰菊酯 25克/升/2008.12.11 至 2013.12.11/中等毒			
	十字花科蔬菜	蚜虫	7.5-11.25克/公顷	喷雾
PD20083196	杀螺胺/70%/可湿性粉剂/杀螺胺 70%/2008.12.11 至 2013.12.11/低毒			
	水稻	福寿螺	315-420克/公顷	喷雾
PD20083296	硫双威/375克/升/悬浮剂/硫双威 375克/升/2008.12.11 至 2013.12.11/中等毒			
	棉花	棉铃虫	450-562.5克/公顷	喷雾
PD20083331	异稻瘟净/40%/乳油/异稻瘟净 40%/2008.12.11 至 2013.12.11/低毒			
	水稻	稻瘟病	900-1260克/公顷	喷雾
PD20083382	赤霉酸/4%/乳油/赤霉酸 4%/2008.12.11 至 2013.12.11/低毒			
	芹菜	调节生长、增产	500-1000倍液	茎叶喷雾
PD20083440	噁霉灵/30%/水剂/噁霉灵 30%/2008.12.11 至 2013.12.11/低毒			
	水稻苗床	立枯病	9000-18000克/公顷	苗床土壤处理
PD20083462	速灭威/25%/可湿性粉剂/速灭威 25%/2008.12.12 至 2013.12.12/低毒			
	水稻	稻飞虱	562.5-750克/公顷	喷雾
PD20083652	稻瘟灵/40%/乳油/稻瘟灵 40%/2008.12.12 至 2013.12.12/低毒			
	水稻	稻瘟病	480-720克/公顷	喷雾

PD20083759	毒死蜱/480克/升/乳油/毒死蜱 480克/升/2008.12.15 至 2013.12.15/中等毒			
	水稻	稻纵卷叶螟	576-720克/公顷	喷雾
PD20083768	氟氯氰菊酯/50克/升/乳油/氟氯氰菊酯 50克/升/2008.12.15 至 2013.12.15/中等毒			
	十字花科蔬菜	菜青虫	20.25-24.75克/公顷	喷雾
PD20083770	炔螨特/570克/升/乳油/炔螨特 570克/升/2008.12.15 至 2013.12.15/中等毒			
	苹果树	红蜘蛛	285-380毫克/千克	喷雾
PD20083877	联苯菊酯/100克/升/乳油/联苯菊酯 100克/升/2008.12.15 至 2013.12.15/低毒			
	茶树	茶小绿叶蝉	30-37.5克/公顷	喷雾
PD20083934	噁霉灵/70%/可湿性粉剂/噁霉灵 70%/2008.12.15 至 2013.12.15/低毒			
	甜菜	立枯病	280-490克/100千克种子	拌种
PD20083948	仲丁威/20%/乳油/仲丁威 20%/2008.12.15 至 2013.12.15/低毒			
	水稻	稻飞虱	450-540克/公顷	喷雾
PD20084048	噻嗪・异丙威/25%/可湿性粉剂/噻嗪酮 5%、异丙威 20%/2008.12.16 至 2013.12.16/低毒			
	水稻	稻飞虱	450-562.5克/公顷	喷雾
PD20084182	百菌清/40%/悬浮剂/百菌清 40%/2008.12.16 至 2013.12.16/低毒			
	黄瓜	霜霉病	900-1050克/公顷	喷雾
PD20084228	异菌脲/255克/升/悬浮剂/异菌脲 255克/升/2008.12.17 至 2013.12.17/低毒			
	香蕉	冠腐病	1275-1700毫克/千克	浸果
PD20084273	三环唑/20%/可湿性粉剂/三环唑 20%/2008.12.17 至 2013.12.17/低毒			
	水稻	稻瘟病	225-300克/公顷	喷雾
PD20084274	丙环唑/50%/乳油/丙环唑 50%/2008.12.17 至 2013.12.17/低毒			
	香蕉	叶斑病	250-500毫克/千克	喷雾
PD20084285	阿维・甲氰/1.8%/乳油/阿维菌素 0.1%、甲氰菊酯 1.7%/2008.12.17 至 2013.12.17/低毒(原药高毒)			
	苹果树	红蜘蛛	12-18毫克/千克	喷雾
PD20084310	稻瘟灵/30%/乳油/稻瘟灵 30%/2008.12.17 至 2013.12.17/低毒			
	水稻	稻瘟病	450-675克/公顷	喷雾
PD20084335	多菌灵/80%/可湿性粉剂/多菌灵 80%/2008.12.17 至 2013.12.17/微毒			
	苹果树	轮纹病	667-1000毫克/千克	喷雾
PD20084355	三环唑/75%/可湿性粉剂/三环唑 75%/2008.12.17 至 2013.12.17/低毒			
	水稻	稻瘟病	281.25-337.5克/公顷	喷雾
PD20084370	甲基硫菌灵/70%/可湿性粉剂/甲基硫菌灵 70%/2008.12.17 至 2013.12.17/低毒			
	番茄	叶霉病	577.5-787.5克/公顷	喷雾
PD20084373	三唑锡/70%/可湿性粉剂/三唑锡 70%/2008.12.17 至 2013.12.17/中等毒			
	柑橘树	红蜘蛛	140-175毫克/千克	喷雾
PD20084388	溴氰菊酯/25克/升/乳油/溴氰菊酯 25克/升/2008.12.17 至 2013.12.17/低毒			
	十字花科蔬菜	菜青虫	11.25-18.75克/公顷	喷雾
PD20084418	氯氰・毒死蜱/522.5克/升/乳油/毒死蜱 475克/升、氯氰菊酯 47.5克/升/2008.12.17 至 2013.12.17/中等毒			
	棉花	棉铃虫	627-862.125克/公顷	喷雾
PD20084431	苏云金杆菌/16000IU/毫克/可湿性粉剂/苏云金杆菌 16000IU/毫克/2008.12.17 至 2013.12.17/低毒			
	十字花科蔬菜	小菜蛾	750-1500克(制剂)/公顷	喷雾
PD20084432	联苯菊酯/25克/升/乳油/联苯菊酯 25克/升/2008.12.17 至 2013.12.17/低毒			
	茶树	茶小绿叶蝉	22.5-37.5克/公顷	喷雾
PD20084555	二嗪磷/50%/乳油/二嗪磷 50%/2008.12.18 至 2013.12.18/低毒			
	小麦	蝼蛄	0.2%-0.3%种子量	用水稀释后拌种
PD20084623	硫磺・多菌灵/25%/可湿性粉剂/多菌灵 12.5%、硫磺 12.5%/2008.12.18 至 2013.12.18/低毒			
	水稻	稻瘟病	1200-1800克/公顷	喷雾
PD20084668	代森锰锌/80%/可湿性粉剂/代森锰锌 80%/2008.12.22 至 2013.12.22/低毒			
	番茄	早疫病	1920-2400克/公顷	喷雾
PD20084678	阿维・辛硫磷/35%/乳油/阿维菌素 0.12%、辛硫磷 34.88%/2008.12.22 至 2013.12.22/低毒(原药高毒)			
	十字花科蔬菜	小菜蛾	131.25-262.5克/公顷	喷雾
PD20084723	三唑锡/25%/可湿性粉剂/三唑锡 25%/2008.12.22 至 2013.12.22/中等毒			
	柑橘树	红蜘蛛	125-250毫克/千克	喷雾
PD20084771	仲丁威/50%/乳油/仲丁威 50%/2008.12.22 至 2013.12.22/低毒			
	水稻	稻飞虱	375-562.5克/公顷	喷雾
PD20084843	辛硫磷/600克/升/乳油/辛硫磷 600克/升/2008.12.22 至 2013.12.22/低毒			
	水稻	稻纵卷叶螟	720-900克/公顷	喷雾
PD20084974	阿维菌素/0.9%/乳油/阿维菌素 0.9%/2008.12.22 至 2013.12.22/低毒(原药高毒)			
	菜豆	斑潜蝇	10.8-21.6克/公顷	喷雾
	十字花科蔬菜	菜青虫、小菜蛾	8.1-10.8克/公顷	喷雾
PD20084996	杀螟丹/50%/可溶粉剂/杀螟丹 50%/2008.12.22 至 2013.12.22/低毒			
	水稻	二化螟	600-750克/公顷	喷雾
PD20085032	氢氧化铜/77%/可湿性粉剂/氢氧化铜 77%/2008.12.22 至 2013.12.22/低毒			
	柑橘	溃疡病	1283.3-1925毫克/千克	喷雾

PD20085097　灭多威/10%/可湿性粉剂/灭多威 10%/2008.12.23 至 2013.12.23/中等毒(原药高毒)
棉花　棉铃虫　270-360克/公顷　喷雾
PD20085122　四螨嗪/500克/升/悬浮剂/四螨嗪 500克/升/2008.12.23 至 2013.12.23/低毒
苹果树　红蜘蛛　83-100毫克/千克　喷雾
PD20085124　敌敌畏/80%/乳油/敌敌畏 80%/2008.12.23 至 2013.12.23/中等毒
苹果树　小卷叶蛾　500-667毫克/千克　喷雾
PD20085137　异丙威/20%/乳油/异丙威 20%/2008.12.23 至 2013.12.23/低毒
水稻　稻飞虱　450-600克/公顷　喷雾
PD20085232　杀螟丹/98%/可溶粉剂/杀螟丹 98%/2008.12.23 至 2013.12.23/中等毒
水稻　二化螟　588-882克/公顷　喷雾
PD20085520　腈菌唑/12.5%/乳油/腈菌唑 12.5%/2008.12.25 至 2013.12.25/低毒
小麦　白粉病　45-60克/公顷　喷雾
PD20085820　阿维·三唑磷/15%/乳油/阿维菌素 0.1%、三唑磷 14.9%/2008.12.29 至 2013.12.29/中等毒(原药高毒)
棉花　棉铃虫　67-135克/公顷　喷雾
PD20085851　敌畏·马/50%/乳油/敌敌畏 40%、马拉硫磷 10%/2008.12.29 至 2013.12.29/中等毒
十字花科蔬菜　黄条跳甲　250-375克/公顷　喷雾
PD20085859　阿维菌素/1.8%/乳油/阿维菌素 1.8%/2008.12.29 至 2013.12.29/中等毒(原药高毒)
十字花科蔬菜　菜青虫、小菜蛾　8.1-10.8克/公顷　喷雾
PD20085969　百菌清/75%/可湿性粉剂/百菌清 75%/2008.12.29 至 2013.12.29/低毒
黄瓜　霜霉病　1125-2400克/公顷　喷雾
PD20086119　硫磺·三环唑/45%/悬浮剂/硫磺 40%、三环唑 5%/2008.12.30 至 2013.12.30/低毒
水稻　稻瘟病　675-1012克/公顷　喷雾
PD20090014　阿维·哒螨灵/10.5%/乳油/阿维菌素 0.3%、哒螨灵 10.2%/2009.01.08 至 2014.01.08/低毒(原药高毒)
柑橘树　红蜘蛛　70-105毫克/千克　喷雾
PD20090664　硫磺·甲硫灵/70%/可湿性粉剂/甲基硫菌灵 25%、硫磺 45%/2009.01.15 至 2014.01.15/低毒
黄瓜　白粉病　840-1050克/公顷　喷雾
PD20090723　甲硫·福美双/70%/可湿性粉剂/福美双 40%、甲基硫菌灵 30%/2009.01.19 至 2014.01.19/中等毒
黄瓜　炭疽病　750-975克/公顷　喷雾
PD20090825　苄·乙/20%/可湿性粉剂/苄嘧磺隆 5%、乙草胺 15%/2009.01.19 至 2014.01.19/低毒
水稻移栽田　一年生及部分多年生杂草　84-118克/公顷　毒土法
PD20090833　阿维·苏云菌//可湿性粉剂/阿维菌素 0.1%、苏云金杆菌 100亿活芽孢/克/2009.01.19 至 2014.01.19/低毒(原药高毒)
十字花科蔬菜　小菜蛾　750-1125克制剂/公顷　喷雾
PD20090891　氟啶脲/50克/升/乳油/氟啶脲 50克/升/2009.01.19 至 2014.01.19/低毒
甘蓝　甜菜夜蛾　45-60克/公顷　喷雾
PD20090921　百草枯/20%/水剂/百草枯 20%/2009.01.19 至 2014.01.19/中等毒
柑橘园　杂草　600-900克/公顷　喷雾
PD20090941　高效氟吡甲禾灵/108克/升/乳油/高效氟吡甲禾灵 108克/升/2009.01.19 至 2014.01.19/低毒
花生田　一年生禾本科杂草　48.6-64.8 克/公顷　茎叶喷雾
PD20091065　苯磺隆/10%/可湿性粉剂/苯磺隆 10%/2009.01.21 至 2014.01.21/低毒
冬小麦田　一年生阔叶杂草　13.5-22.5克/公顷　茎叶喷雾
PD20091073　四螨·哒螨灵/12%/可湿性粉剂/哒螨灵 8%、四螨嗪 4%/2009.01.21 至 2014.01.21/中等毒
柑橘树　红蜘蛛　80-120毫克/千克　喷雾
PD20091082　多菌灵/40%/悬浮剂/多菌灵 40%/2009.01.21 至 2014.01.21/低毒
水稻　纹枯病　250-308毫克/千克　喷雾
PD20091292　精喹·草除灵/15%/乳油/草除灵 12%、精喹禾灵 3%/2009.02.01 至 2014.02.01/低毒
冬油菜田　一年生杂草　270-337.5克/公顷　茎叶喷雾
PD20091363　硫双威/75%/可湿性粉剂/硫双威 75%/2009.02.02 至 2014.02.02/中等毒
棉花　棉铃虫　675-787.5克/公顷　喷雾
PD20091439　百草枯/250克/升/水剂/百草枯 250克/升/2009.02.02 至 2014.02.02/中等毒
柑橘园　杂草　750-900克/公顷　定向茎叶喷雾
PD20092020　噻吩·苯磺隆/10%/可湿性粉剂/苯磺隆 7%、噻吩磺隆 3%/2009.02.12 至 2014.02.12/低毒
冬小麦田　一年生阔叶杂草　15—22.5克/公顷　茎叶喷雾
PD20092081　阿维·毒死蜱/35%/乳油/阿维菌素 0.5%、毒死蜱 34.5%/2009.02.16 至 2014.02.16/中等毒(原药高毒)
十字花科蔬菜　小菜蛾　262.5-525克/公顷　喷雾
PD20092134　阿维·噻螨酮/10%/乳油/阿维菌素 1%、噻螨酮 9%/2009.02.23 至 2014.02.23/低毒(原药高毒)
柑橘树　红蜘蛛　20-25毫克/千克　喷雾
PD20092486　氯氰·毒死蜱/25%/乳油/毒死蜱 22.5%、氯氰菊酯 2.5%/2009.02.26 至 2014.02.26/中等毒
棉花　棉铃虫　225-375克/公顷　喷雾
PD20092716　草甘膦异丙胺盐/600克/升/水剂/草甘膦异丙胺盐 600克/升/2009.03.04 至 2014.03.04/低毒
柑橘园　杂草　1125-2250克/公顷　定向茎叶喷雾
PD20092926　噻螨酮/5%/乳油/噻螨酮 5%/2009.03.05 至 2014.03.05/微毒
柑橘树　红蜘蛛　20-33.3毫克/千克　喷雾
PD20093279　嗪酮·乙草胺/56%/乳油/嗪草酮 14%、乙草胺 42%/2009.03.11 至 2014.03.11/低毒

	夏玉米田	一年生单子叶杂草	924-1120克/公顷	土壤喷雾
PD20093507	硫磺/80%/水分散粒剂/硫磺 80%/2009.03.23 至 2014.03.23/低毒			
	苹果	白粉病	1000-1600毫克/千克	喷雾
PD20093551	硫磺/50%/悬浮剂/硫磺 50%/2009.03.23 至 2014.03.23/低毒			
	黄瓜	白粉病	1350-1800克/公顷	喷雾
PD20093834	氟硅唑/400克/升/乳油/氟硅唑 400克/升/2009.03.25 至 2014.03.25/低毒			
	梨树	黑星病	40-50毫克/千克	喷雾
PD20093836	苄·丁/35%/可湿性粉剂/苄嘧磺隆 1.5%、丁草胺 33.5%/2009.03.25 至 2014.03.25/低毒			
	水稻抛栽田	一年生及部分多年生杂草	630-787.5克/公顷(南方地区)	药土法
PD20094547	丙溴磷/40%/乳油/丙溴磷 40%/2009.04.09 至 2014.04.09/低毒			
	棉花	棉铃虫	540-600克/公顷	喷雾
PD20094565	苯醚甲环唑/10%/水分散粒剂/苯醚甲环唑 10%/2009.04.09 至 2014.04.09/低毒			
	西瓜	炭疽病	60-90克/公顷	喷雾
PD20094615	阿维·吡虫啉/2.5%/乳油/阿维菌素 0.1%、吡虫啉 2.4%/2009.04.10 至 2014.04.10/低毒(原药高毒)			
	梨树	梨木虱	2000-3000倍液	喷雾
PD20094635	高效氯氰菊酯/4.5%/微乳剂/高效氯氰菊酯 4.5%/2009.04.10 至 2014.04.10/低毒			
	甘蓝	菜青虫	20.25-33.75克/公顷	喷雾
PD20095130	四聚乙醛/6%/颗粒剂/四聚乙醛 6%/2009.04.24 至 2014.04.24/低毒			
	十字花科蔬菜	蜗牛	360-495克/公顷	撒施
PD20095131	乙铝·锰锌/70%/可湿性粉剂/代森锰锌 45%、三乙膦酸铝 25%/2009.04.24 至 2014.04.24/低毒			
	黄瓜	霜霉病	1399.95-4200克/公顷	喷雾
PD20095283	噻·噁·苯磺隆/55%/可湿性粉剂/苯磺隆 8%、精噁唑禾草灵 45%、噻吩磺隆 2%/2009.04.27 至 2014.04.27/低毒			
	冬小麦田	一年生禾本科杂草及阔叶杂草	82.5-99克/公顷	茎叶喷雾
PD20095345	草甘膦铵盐/70%/可溶粒剂/草甘膦 70%/2009.04.27 至 2014.04.27/低毒			
	柑橘园	杂草	1125-2250克/公顷	定向茎叶喷雾
PD20095903	二甲戊灵/34%/乳油/二甲戊灵 34%/2009.05.31 至 2014.05.31/低毒			
	春玉米田	一年生杂草	990-1485克/公顷	土壤喷雾
	夏玉米田	一年生杂草	742.5-990克/公顷	土壤喷雾
PD20096475	高氯·甲维盐/4.2%/乳油/高效氯氰菊酯 4%、甲氨基阿维菌素苯甲酸盐 0.2%/2009.08.14 至 2014.08.14/低毒			
	甘蓝	甜菜夜蛾	37.8-44.1克/公顷	喷雾
PD20096673	甲基硫菌灵/50%/可湿性粉剂/甲基硫菌灵 50%/2009.09.07 至 2014.09.07/低毒			
	黄瓜	白粉病	450-600克/公顷	喷雾
PD20096711	啶虫脒/5%/乳油/啶虫脒 5%/2009.09.07 至 2014.09.07/低毒			
	苹果树	蚜虫	10-12毫克/千克	喷雾
PD20096723	阿维·高氯/2%/乳油/阿维菌素 0.6%、高效氯氰菊酯 1.4%/2009.09.07 至 2014.09.07/低毒(原药高毒)			
	十字花科蔬菜	小菜蛾	7.5-15克/公顷	喷雾
PD20096734	阿维·矿物油/24.5%/乳油/阿维菌素 0.2%、矿物油 24.3%/2009.09.07 至 2014.09.07/低毒(原药高毒)			
	柑橘树	红蜘蛛	123-245毫克/千克	喷雾
	苹果树	二斑叶螨	163.3-245毫克/千克	喷雾
PD20096766	矿物油/95%/乳油/矿物油 95%/2009.09.15 至 2014.09.15/低毒			
	柑橘树	介壳虫	稀释100-150倍	喷雾
PD20097015	烟嘧磺隆/40克/升/可分散油悬浮剂/烟嘧磺隆 40克/升/2009.10.10 至 2014.10.10/低毒			
	玉米田	一年生杂草	42-60克/公顷	茎叶喷雾
PD20097112	速灭威/20%/乳油/速灭威 20%/2009.10.12 至 2014.10.12/低毒			
	水稻	稻飞虱	540-630克/公顷	喷雾
PD20097452	苄嘧·苯噻酰/53%/可湿性粉剂/苯噻酰草胺 50%、苄嘧磺隆 3%/2009.10.28 至 2014.10.28/低毒			
	水稻移栽田	一年生及部分多年生杂草	397.5-556.5克/公顷(南方地区)	药土法
PD20097681	三乙膦酸铝/80%/可湿性粉剂/三乙膦酸铝 80%/2009.11.04 至 2014.11.04/低毒			
	黄瓜	霜霉病	1440-2880克/公顷	喷雾
PD20097742	唑螨酯/5%/悬浮剂/唑螨酯 5%/2009.11.12 至 2014.11.12/低毒			
	柑橘树	红蜘蛛	33.3-50毫克/千克	喷雾
PD20097775	双甲脒/200克/升/乳油/双甲脒 200克/升/2009.11.12 至 2014.11.12/低毒			
	柑橘树	红蜘蛛	133.3-200毫克/千克	喷雾
PD20097883	杀螺胺乙醇胺盐/50%/可湿性粉剂/杀螺胺乙醇胺盐 50%/2009.11.20 至 2014.11.20/低毒			
	水稻	福寿螺	450-600克/公顷	毒土撒施
PD20097951	吗胍·乙酸铜/20%/可湿性粉剂/盐酸吗啉胍 10%、乙酸铜 10%/2009.11.30 至 2014.11.30/低毒			
	番茄	病毒病	499.5-750克/公顷	喷雾
PD20097982	喹硫磷/25%/乳油/喹硫磷 25%/2009.12.01 至 2014.12.01/中等毒(原药高毒)			
	棉花	棉铃虫	300-600克/公顷	喷雾
PD20098367	十三吗啉/750克/升/乳油/十三吗啉 750克/升/2009.12.18 至 2014.12.18/低毒			
	橡胶树	红根病	15—30克/株	灌淋
LS20031923	盐酸吗啉胍/20%/可湿性粉剂/盐酸吗啉胍 20%/2009.03.25 至 2009.12.31/低毒			
	番茄	病毒病	703-1406克/公顷	喷雾

LS20042422 中生菌素/3%/可湿性粉剂/中生菌素 3%/2009.03.25 至 2009.12.31/低毒
番茄 青枯病 37.5-50毫克/千克 灌根

LS20050164 吡虫啉/48%/悬浮剂/吡虫啉 48%/2008.01.24 至 2009.01.24/低毒
十字花科蔬菜 蚜虫 21.6-28.8克/公顷 喷雾

LS20050204 阿维·高氯/3%/乳油/阿维菌素 0.6%、高效氯氰菊酯 2.4%/2008.01.26 至 2009.01.26/低毒(原药高毒)
梨树 梨木虱 6-12毫克/千克 喷雾

LS20050321 烯酰吗啉/50%/可湿性粉剂/烯酰吗啉 50%/2008.02.06 至 2009.02.05/低毒
黄瓜 霜霉病 300-375克/公顷 喷雾

LS20050902 吡虫啉/30%/微乳剂/吡虫啉 30%/2008.04.04 至 2009.04.04/低毒
水稻 稻飞虱 22.5-30克/公顷 喷雾

LS20051151 嘧霉胺/400克/升/悬浮剂/嘧霉胺 400克/升/2008.04.11 至 2009.04.11/低毒
番茄 灰霉病 375-562.5克/公顷 喷雾

LS20051160 丁硫克百威/5%/颗粒剂/丁硫克百威 5%/2008.04.11 至 2009.04.11/中等毒
甘蔗 蔗螟 2250-3000克/公顷 沟施

LS20051276 灭蝇胺/50%/可湿性粉剂/灭蝇胺 50%/2008.04.12 至 2009.04.12/低毒
菜豆 美洲斑潜蝇 187.5-225克/公顷 喷雾

LS20051352 吡虫·毒死蜱/45%/乳油/吡虫啉 5%、毒死蜱 40%/2008.04.13 至 2009.04.13/中等毒
苹果树 绵蚜 180-225毫克/千克 喷雾

LS20051377 毒死蜱/5%/颗粒剂/毒死蜱 5%/2008.04.18 至 2009.04.18/低毒
韭菜 韭蛆 1125-1875克/公顷 撒施

LS20052724 嘧霉·百菌清/40%/悬浮剂/百菌清 25%、嘧霉胺 15%/2008.08.21 至 2009.08.21/低毒
番茄 灰霉病 2100-2700克/公顷 喷雾

LS20052876 高氯·毒死蜱/44.5%/微乳剂/毒死蜱 41.5%、高效氯氰菊酯 3%/2008.09.01 至 2009.09.01/中等毒
棉花 棉铃虫 400.50-534.0克/公顷 喷雾

LS20053012 吡虫啉/20%/乳油/吡虫啉 20%/2008.09.13 至 2009.09.13/低毒
水稻 稻飞虱 15-30克/公顷 喷雾
小麦 蚜虫 15-30克/公顷(南方地区) 喷雾
45-60克/公顷(北方地区)

LS20053379 霉威·咪鲜胺/25%/乳油/咪鲜胺 20%、乙霉威 5%/2008.10.18 至 2009.10.18/低毒
黄瓜 灰霉病 600-750克/公顷 喷雾

LS20053564 氯氰菊酯/12%/水乳剂/氯氰菊酯 12%/2008.11.14 至 2009.11.14/低毒
荔枝树 蝽蟓 60-80毫克/千克 喷雾

LS20053717 吡虫啉/70%/水分散粒剂/吡虫啉 70%/2008.12.08 至 2009.12.08/中等毒
十字花科蔬菜 蚜虫 10.5-21克/公顷 喷雾

LS20060139 啶虫脒/20%/可溶粉剂/啶虫脒 20%/2009.01.25 至 2010.01.25/低毒
柑橘树 蚜虫 10-13.3毫克/千克 喷雾

LS20060241 溴氰菊酯/2.5%/微乳剂/溴氰菊酯 2.5%/2009.02.22 至 2010.02.22/中等毒
十字花科蔬菜 菜青虫 7.5-15克/公顷 喷雾

LS20060665 丁醚脲/500克/升/悬浮剂/丁醚脲 500克/升/2009.03.30 至 2010.03.30/低毒
十字花科蔬菜 小菜蛾 300-450克/公顷 喷雾

LS20060675 氯氰菊酯/10%/微乳剂/氯氰菊酯 10%/2009.03.30 至 2010.03.30/低毒
十字花科蔬菜 菜青虫 30-45克/公顷 喷雾

LS20060831 虫酰·辛硫磷/28%/乳油/虫酰肼 8%、辛硫磷 20%/2009.04.12 至 2010.04.12/低毒
十字花科蔬菜 甜菜夜蛾 504-630克/公顷 喷雾

LS20060852 三唑磷/15%/微乳剂/三唑磷 15%/2009.04.12 至 2010.04.12/中等毒
水稻 二化螟 225-337.5克/公顷 喷雾

LS20060891 高效氯氟氰菊酯/5%/微乳剂/高效氯氟氰菊酯 5%/2009.04.18 至 2010.04.18/中等毒
十字花科蔬菜 菜青虫 9-13.5克/公顷 喷雾

LS20061023 菌核净/40%/可湿性粉剂/菌核净 40%/2009.04.25 至 2010.04.25/低毒
烟草 赤星病 1080-1680克/公顷 喷雾

LS20061181 戊唑醇/430克/升/悬浮剂/戊唑醇 430克/升/2009.05.18 至 2010.05.18/低毒
苹果树 斑点落叶病 61.4-86毫克/千克 喷雾

LS20061211 高氯·甲维盐/4.2%/水乳剂/高效氯氰菊酯 4%、甲氨基阿维菌素苯甲酸盐 0.2%/2009.05.21 至 2010.05.21/中等毒
十字花科蔬菜 甜菜夜蛾 22.05-28.35克/公顷 喷雾

LS20061216 毒死蜱/30%/微乳剂/毒死蜱 30%/2009.05.21 至 2010.05.21/中等毒
柑橘 介壳虫 230.8-300毫克/千克 喷雾

LS20061313 阿维菌素/1.8%/微乳剂/阿维菌素 1.8%/2009.06.12 至 2010.06.12/低毒(原药高毒)
十字花科蔬菜 小菜蛾 6.75-8.1克/公顷 喷雾

LS20061347 阿维·三唑磷/15%/微乳剂/阿维菌素 0.1%、三唑磷 14.9%/2009.06.12 至 2010.06.12/中等毒(原药高毒)
棉花 棉铃虫 180-270克/公顷 喷雾

LS20061369 氯氰·毒死蜱/25%/微乳剂/毒死蜱 22.5%、氯氰菊酯 2.5%/2009.06.25 至 2010.06.25/中等毒
棉花 棉铃虫 375-450克/公顷 喷雾

LS20061430 咪鲜胺/25%/乳油/咪鲜胺 25%/2009.06.29 至 2010.06.29/低毒

柑橘 炭疽病 333-500毫克/千克 浸果
LS20061484 氟磺胺草醚/12.8%/微乳剂/氟磺胺草醚 12.8%/2009.07.17 至 2010.07.17/低毒
夏大豆 一年生阔叶杂草 230.4-384 克/公顷 茎叶喷雾
LS20061509 高氯·啶虫脒/5%/微乳剂/啶虫脒 3%、高效氯氰菊酯 2%/2009.07.20 至 2010.07.20/中等毒
十字花科蔬菜 蚜虫 15-30克/公顷 喷雾
LS20070007 吡虫·噻嗪酮/300克/升/悬浮剂/吡虫啉 50克/升、噻嗪酮 250克/升/2010.01.08 至 2011.01.08/低毒
柑橘树 介壳虫 100-150毫克/千克 喷雾
水稻 稻飞虱 54-72克/公顷 喷雾
LS20070014 多菌灵/50%/水分散粒剂/多菌灵 50%/2010.01.16 至 2011.01.16/低毒
油菜 菌核病 1200-1500克/公顷 喷雾
LS20070021 氟氯氰菊酯/5.7%/水乳剂/氟氯氰菊酯 5.7%/2010.01.16 至 2011.01.16/中等毒
棉花 棉铃虫 34.2-42.75克/公顷 喷雾
十字花科蔬菜 菜青虫 17.1-25.65克/公顷 喷雾
LS20070210 炔螨特/40%/微乳剂/炔螨特 40%/2010.02.14 至 2011.02.14/低毒
柑橘树 红蜘蛛 266.7-400毫克/千克 喷雾
LS20070265 丙森锌/70%/可湿性粉剂/丙森锌 70%/2010.02.25 至 2011.02.25/低毒
黄瓜 霜霉病 1575-2250克/公顷 喷雾
LS20070281 高效氯氰菊酯/4.5%/水乳剂/高效氯氰菊酯 4.5%/2010.02.25 至 2011.02.25/低毒
十字花科蔬菜 菜青虫 13.5-27克/公顷 喷雾
LS20070342 阿维·四螨嗪/20.8%/悬浮剂/阿维菌素 0.5%、四螨嗪 20.3%/2010.02.26 至 2011.02.26/低毒(原药高毒)
柑橘树 红蜘蛛 83.2-138.7毫克/千克 喷雾
LS20070389 苯醚甲环唑/37%/水分散粒剂/苯醚甲环唑 37%/2009.03.05 至 2010.03.06/低毒
香蕉 叶斑病 74-123.3毫克/千克 喷雾
LS20070408 百菌清/75%/水分散粒剂/百菌清 75%/2009.03.05 至 2010.03.06/低毒
番茄 晚疫病 1125-1462.5克/公顷 喷雾
LS20070412 吡虫啉/5%/泡腾片剂/吡虫啉 5%/2009.03.05 至 2010.03.06/低毒
水稻 稻飞虱 22.5-30克/公顷 撒施
LS20070448 高效氯氟氰菊酯/2.5%/微乳剂/高效氯氟氰菊酯 2.5%/2009.03.05 至 2010.03.06/低毒
十字花科蔬菜 菜青虫 11.25-15克/公顷 喷雾
LS20070673 宁南霉素/2%/水剂/宁南霉素 2%/2009.03.29 至 2010.03.30/低毒
番茄 病毒病 90-120克/公顷 喷雾
LS20070770 毒死蜱/480克/升/微乳剂/毒死蜱 480克/升/2009.04.09 至 2010.04.10/中等毒
水稻 稻纵卷叶螟 540-720克/公顷 喷雾
LS20070808 阿维·除虫脲/20.5%/悬浮剂/阿维菌素 0.5%、除虫脲 20%/2009.04.10 至 2010.04.11/低毒(原药高毒)
柑橘树 潜叶蛾 51.25-102.5毫克/千克 喷雾
LS20070946 咪鲜胺/450克/升/水乳剂/咪鲜胺 450克/升/2009.04.18 至 2010.04.19/低毒
芒果 炭疽病 300-450毫克/千克 喷雾
LS20071059 甲基硫菌灵/70%/水分散粒剂/甲基硫菌灵 70%/2009.04.19 至 2010.04.20/低毒
黄瓜 白粉病 735-1050克/公顷 喷雾
LS20071067 高氯·三唑磷/15%/微乳剂/高效氯氰菊酯 2%、三唑磷 13%/2009.04.19 至 2010.04.20/中等毒
棉花 棉铃虫 180-360克/公顷 喷雾
LS20071212 代森锰锌/70%/水分散粒剂/代森锰锌 70%/2009.05.07 至 2010.05.08/低毒
苹果 轮纹病 1000-1400毫克/千克 喷雾
LS20071313 丁醚·哒螨灵/40%/悬浮剂/哒螨灵 15%、丁醚脲 25%/2009.05.08 至 2010.05.09/低毒
柑橘树 红蜘蛛 200-266.7毫克/千克 喷雾
LS20071434 丁醚脲/25%/乳油/丁醚脲 25%/2009.05.17 至 2010.05.18/低毒
十字花科蔬菜 小菜蛾 300-450克/公顷 喷雾
LS20071466 莠去津/90%/水分散粒剂/莠去津 90%/2009.05.20 至 2010.05.21/低毒
春玉米田 一年生杂草 1350-1485克/公顷 土壤喷雾
夏玉米田 一年生杂草 1215-1350克/公顷 土壤喷雾
LS20071469 聚醛·甲萘威/6%/颗粒剂/甲萘威 1.5%、四聚乙醛 4.5%/2009.05.20 至 2010.05.21/低毒
蔬菜 蜗牛 540-675克/公顷 撒施
LS20071524 毒·辛/20%/乳油/毒死蜱 5%、辛硫磷 15%/2009.05.29 至 2010.05.30/低毒
韭菜 韭蛆 2250-3000克/公顷 灌根
LS20071894 啶虫脒/70%/水分散粒剂/啶虫脒 70%/2009.08.02 至 2010.08.03/低毒
黄瓜 蚜虫 21-26.25克/公顷 喷雾
LS20072051 甲氰·丁醚脲/25%/微乳剂/丁醚脲 15%、甲氰菊酯 10%/2009.08.29 至 2010.08.30/中等毒
苹果树 红蜘蛛 100-125毫克/千克 喷雾
LS20072052 阿维·丁醚脲/45.5%/悬浮剂/阿维菌素 0.5%、丁醚脲 45%/2009.08.29 至 2010.08.30/低毒(原药高毒)
十字花科蔬菜 小菜蛾 204.75-273克/公顷 喷雾
LS20072074 氯氟·丁醚脲/17.5%/微乳剂/丁醚脲 15%、高效氯氟氰菊酯 2.5%/2009.08.29 至 2010.08.30/中等毒
十字花科蔬菜 小菜蛾 78.75-105克/公顷 喷雾
LS20072180 联苯菊酯/10%/水乳剂/联苯菊酯 10%/2009.09.04 至 2010.09.05/中等毒

茶树 茶小绿叶蝉 30-37.5克/公顷 喷雾

LS20072183 代森锌/65%/水分散粒剂/代森锌 65%/2009.09.11 至 2010.09.12/低毒

芦笋 茎枯病 975-1170克/公顷 喷雾

LS20072370 阿维·丁醚脲/15.6%/乳油/阿维菌素 0.6%、丁醚脲 15%/2009.10.16 至 2010.10.17/低毒(原药高毒)

苹果树 红蜘蛛 52-78毫克/千克 喷雾

LS20072382 甲氨基阿维菌素苯甲酸盐/1%/微乳剂/甲氨基阿维菌素苯甲酸盐 1%/2009.10.16 至 2010.10.17/低毒

十字花科蔬菜 甜菜夜蛾 1.5-2.25克/公顷 喷雾

LS20080278 苯甲·丙环唑/300克/升/乳油/苯醚甲环唑 150克/升、丙环唑 150克/升/2010.02.19 至 2011.02.19/低毒

香蕉 叶斑病 120-200毫克/千克 喷雾

LS20080305 异丙威/20%/悬浮剂/异丙威 20%/2010.02.20 至 2011.02.20/低毒

水稻 稻飞虱 450-600克/公顷 喷雾

LS20080406 烯酰吗啉/80%/水分散粒剂/烯酰吗啉 80%/2009.02.21 至 2010.02.21/低毒

黄瓜 霜霉病 240-300克/公顷 喷雾

LS20080521 苯醚甲环唑/250克/升/乳油/苯醚甲环唑 250克/升/2010.02.22 至 2011.02.22/低毒

香蕉 叶斑病 100-125毫克/千克 喷雾

LS20080593 杀虫单/90%/可溶粉剂/杀虫单 90%/2010.02.23 至 2011.02.23/中等毒

水稻 二化螟 675-810克/公顷 喷雾

LS20081031 甲氰菊酯/20%/水乳剂/甲氰菊酯 20%/2009.03.07 至 2010.03.07/中等毒

柑橘树 潜叶蛾 100-133.3毫克/千克 喷雾

LS20081061 己唑醇/5%/微乳剂/己唑醇 5%/2009.03.07 至 2010.03.07/低毒

梨树 黑星病 40-50毫克/千克 喷雾

LS20081210 甲氨基阿维菌素苯甲酸盐/1%/微囊悬浮剂/甲氨基阿维菌素苯甲酸盐 1%/2009.03.10 至 2010.03.10/低毒

十字花科蔬菜 甜菜夜蛾 2.25-3.75克/公顷 喷雾

LS20081245 甲氰菊酯/20%/水乳剂/甲氰菊酯 20%/2009.03.11 至 2010.03.11/中等毒

苹果树 桃小食心虫 67-100毫克/千克 喷雾

LS20081291 腈菌唑/40%/悬浮剂/腈菌唑 40%/2009.03.11 至 2010.03.11/低毒

梨树 黑星病 40-50毫克/千克 喷雾

LS20081566 高效氯氟氰菊酯/2.5%/水乳剂/高效氯氟氰菊酯 2.5%/2009.04.02 至 2010.04.02/中等毒

十字花科蔬菜 菜青虫 7.5-15克/公顷 喷雾

LS20081569 乙酰甲胺磷/75%/可溶粉剂/乙酰甲胺磷 75%/2009.04.02 至 2010.04.02/低毒

水稻 二化螟 675-900克/公顷 喷雾

LS20081592 甲氰·噻螨酮/7.5%/乳油/甲氰菊酯 5%、噻螨酮 2.5%/2009.04.03 至 2010.04.03/中等毒

柑橘树 红蜘蛛 75-100毫克/千克 喷雾

LS20081603 甲基立枯磷/20%/乳油/甲基立枯磷 20%/2009.04.03 至 2010.04.03/低毒

棉花 立枯病 100-200克/100千克种子 拌种

LS20081607 甲氨基阿维菌素苯甲酸盐/2.5%/微乳剂/甲氨基阿维菌素苯甲酸盐 2.5%/2009.04.03 至 2010.04.03/低毒

十字花科蔬菜 甜菜夜蛾 2.25-3.75克/公顷 喷雾

LS20081650 三唑磷/40%/乳油/三唑磷 40%/2009.04.07 至 2010.04.07/中等毒

水稻 二化螟 360-480克/公顷 喷雾

LS20081652 啶虫脒/3%/微乳剂/啶虫脒 3%/2009.04.07 至 2010.04.07/低毒

十字花科蔬菜 蚜虫 13.5-22.5克/公顷 喷雾

LS20081666 三乙膦酸铝/40%/可湿性粉剂/三乙膦酸铝 40%/2009.04.07 至 2010.04.07/低毒

水稻 稻瘟病 1410-1620克/公顷 喷雾

LS20081722 灭蝇胺/70%/水分散粒剂/灭蝇胺 70%/2009.04.07 至 2010.04.07/低毒

菜豆 美洲斑潜蝇 147-189克/公顷 喷雾

LS20081832 叶枯唑/20%/可湿性粉剂/叶枯唑 20%/2009.04.10 至 2010.04.10/低毒

水稻 白叶枯病 300-375克/公顷 喷雾

LS20081962 高效氟氯氰菊酯/2.5%/水乳剂/高效氟氯氰菊酯 2.5%/2009.04.15 至 2010.04.15/中等毒

甘蓝 菜青虫 7.5-11.25克/公顷 喷雾

LS20082538 毒死蜱/15%/颗粒剂/毒死蜱 15%/2009.04.22 至 2010.04.22/低毒

花生 蛴螬 2700-3600克/公顷 撒施

LS20082651 异菌脲/500克/升/悬浮剂/异菌脲 500克/升/2009.04.23 至 2010.04.23/低毒

番茄 灰霉病 562.5-750克/公顷 喷雾

LS20083097 阿维·灭幼脲/30%/悬浮剂/阿维菌素 0.3%、灭幼脲 29.7%/2009.10.22 至 2010.10.22/低毒(原药高毒)

甘蓝 小菜蛾 90-180克/公顷 喷雾

LS20083281 甲氨基阿维菌素苯甲酸盐/5%/乳油/甲氨基阿维菌素苯甲酸盐 5%/2009.12.29 至 2010.12.29/低毒

甘蓝 甜菜夜蛾 2.25-3.75克/公顷 喷雾

LS20090426 苯甲·丙环唑 /500克/升/乳油/苯醚甲环唑 250克/升、丙环唑 250克/升/2009.03.16 至 2010.03.16/低毒

水稻 纹枯病 67.5-90克/公顷 喷雾

LS20090442 丁醚脲/50%/可湿性粉剂/丁醚脲 50%/2009.03.16 至 2010.03.16/低毒

甘蓝 小菜蛾 300-450克/公顷 喷雾

LS20090895 草甘膦/50%/可溶粉剂/草甘膦 50%/2009.04.09 至 2010.04.09/低毒

非耕地 杂草 1687.5-2250克/公顷 茎叶喷雾

LS20090960 甲维·丁醚脲/43.7%/悬浮剂/丁醚脲 42.3%、甲氨基阿维菌素苯甲酸盐 1.4%/2009.04.10 至 2010.04.10/低毒
十字花科蔬菜 小菜蛾 64.8-86.4克/公顷 喷雾
LS20091078 四螨·丁醚脲/500克/升/悬浮剂/丁醚脲 300克/升、四螨嗪 200克/升/2009.04.15 至 2010.04.15/低毒
柑橘树 红蜘蛛 166.7-250毫克/千克 喷雾
LS20091192 氟硅唑/25%/水乳剂/氟硅唑 25%/2009.04.23 至 2010.04.23/低毒
黄瓜 黑星病 56.25-75克/公顷 喷雾
LS20091243 氟硅唑/8%/微乳剂/氟硅唑 8%/2009.04.30 至 2010.04.30/低毒
黄瓜 白粉病 60-72克/公顷 喷雾

广东省东莞市万江万宝日用制品厂 (广东省东莞市万江大汾中立州工业区 523052 0769-2784828)

WL20060173 防蛀片剂/94%/片剂/樟脑 94%/2009.10.10 至 2010.10.10/低毒
卫生 黑皮蠹 / 投放
WL20070007 防蛀片剂/98%/片剂/对二氯苯 98%/2009.01.18 至 2010.01.18/低毒
卫生 黑皮蠹、霉菌 / 投放

广东省东莞万江小享化工厂 (广东省东莞市万江区小享村 523048 0769-22271711)

WL20080009 防蛀球剂/98%/防蛀球剂/对二氯苯 98%/2009.01.02 至 2010.01.03/低毒
卫生 黑皮蠹 / 投放

广东省东莞万盛家庭用品有限公司 (广东省东莞市万江区莫屋村 523041 0769-2271310)

WL20050212 防蛀球剂/98%/球剂/对二氯苯 98%/2008.08.30 至 2009.08.22/低毒
卫生 黑皮蠹 / 投放

广东省佛山市大兴生物化工有限公司 (广东省佛山市禅城区南庄镇醒群工业区 528219 0757-85332748)

PD84105-10 马拉硫磷/45%/乳油/马拉硫磷 45%/2005.02.04 至 2010.02.04/低毒
茶树 长白蚧、象甲 625-1000毫克/千克 喷雾
豆类 食心虫、造桥虫 561.5-750克/公顷 喷雾
果树 蝽蟓、蚜虫 250-333毫克/千克 喷雾
林木、牧草、农田 蝗虫 450-600克/公顷 喷雾
棉花 盲蝽蟓、蚜虫、叶跳虫 375-562.5克/公顷 喷雾
蔬菜 黄条跳甲、蚜虫 562.5-750克/公顷 喷雾
水稻 飞虱、蓟马、叶蝉 562.5-750克/公顷 喷雾
小麦 黏虫、蚜虫 562.5-750克/公顷 喷雾
PD84108-22 敌百虫/97%,90%,87%/原药/敌百虫 97%,90%,87%/2005.02.04 至 2010.02.04/低毒
白菜、青菜 地下害虫 750-1500克/公顷 喷雾
白菜、青菜 菜青虫 960-1200克/公顷 喷雾
茶树 尺蠖、刺蛾 450-900毫克/千克 喷雾
大豆 造桥虫 1800克/公顷 喷雾
柑橘树 卷叶蛾 600-750毫克/千克 喷雾
林木 松毛虫 600-900毫克/千克 喷雾
水稻 螟虫 1500-1800克/公顷 喷雾、泼浇或毒土
小麦 黏虫 1800克/公顷 喷雾
烟草 烟青虫 900毫克/千克 喷雾
PD85121-25 乐果/40%/乳油/乐果 40%/2005.07.13 至 2010.07.13/中等毒
茶树 蚜虫、叶蝉、螨 1000-2000倍液 喷雾
甘薯 小象甲 2000倍液 浸鲜薯片诱杀
柑橘树、苹果树 鳞翅目幼虫、蚜虫、螨 800-1600倍液 喷雾
棉花 蚜虫、螨 450-600克/公顷 喷雾
蔬菜 蚜虫、螨 300-600克/公顷 喷雾
水稻 飞虱、螟虫、叶蝉 450-600克/公顷 喷雾
烟草 蚜虫、烟青虫 300-600克/公顷 喷雾
PD85159-21 草甘膦/30%/水剂/草甘膦 30%/2005.08.15 至 2010.08.15/低毒
茶树、甘蔗、果园、剑麻、林木、桑树、橡胶树 一年生杂草和多年生恶性杂草 1125-2250克/公顷 喷雾
PD86148-56 异丙威/20%/乳油/异丙威 20%/2007.01.22 至 2012.01.22/中等毒
水稻 飞虱、叶蝉 450-600克/公顷 喷雾
PD20040732 氯氰·吡虫啉/6%/乳油/吡虫啉 2%、氯氰菊酯 4%/2009.12.19 至 2014.12.19/中等毒
十字花科蔬菜 蚜虫 18-27克/公顷 喷雾
PD20040762 吡虫啉/10%/可湿性粉剂/吡虫啉 10%/2009.12.19 至 2014.12.19/低毒
十字花科蔬菜 蚜虫 15-22.5克/ 公顷 喷雾
PD20083311 炔螨特/73%/乳油/炔螨特 73%/2008.12.11 至 2013.12.11/低毒
柑橘树 红蜘蛛 292-365毫克/千克 喷雾
PD20083312 甲氰·辛硫磷/20%/乳油/甲氰菊酯 2%、辛硫磷 18%/2008.12.11 至 2013.12.11/中等毒
甘蓝 菜青虫 150-240克/公顷 喷雾
PD20083348 三唑锡/25%/可湿性粉剂/三唑锡 25%/2008.12.11 至 2013.12.11/低毒

柑橘树　红蜘蛛　100-166.7毫克/千克　喷雾
PD20083506　稻瘟灵/30%/乳油/稻瘟灵 30%/2008.12.12 至 2013.12.12/低毒
水稻　稻瘟病　450-675克/公顷　喷雾
PD20083762　阿维菌素/1.8%/乳油/阿维菌素 1.8%/2008.12.15 至 2013.12.15/低毒(原药高毒)
十字花科蔬菜　小菜蛾　8.1-10.8克/公顷　喷雾
PD20083915　三唑锡/20%/悬浮剂/三唑锡 20%/2008.12.15 至 2013.12.15/低毒
柑橘树　红蜘蛛　133-200毫克/千克　喷雾
PD20083924　高氯・毒死蜱/10%/乳油/毒死蜱 8%、高效氯氰菊酯 2%/2008.12.15 至 2013.12.15/中等毒
十字花科蔬菜　菜青虫　75-112.5克/公顷　喷雾
PD20083953　甲基硫菌灵/70%/可湿性粉剂/甲基硫菌灵 70%/2008.12.15 至 2013.12.15/低毒
水稻　稻瘟病　1050—1500克/公顷　喷雾
PD20083991　霜脲・锰锌/72%/可湿性粉剂/代森锰锌 64%、霜脲氰 8%/2008.12.16 至 2013.12.16/低毒
黄瓜　霜霉病　1440-1800克/公顷　喷雾
PD20084164　甲霜・锰锌/58%/可湿性粉剂/甲霜灵 10%、代森锰锌 48%/2008.12.16 至 2013.12.16/低毒
黄瓜　霜霉病　1305-1632克/公顷　喷雾
PD20084294　噻嗪酮/25%/可湿性粉剂/噻嗪酮 25%/2008.12.17 至 2013.12.17/低毒
水稻　稻飞虱　75-112.5克/公顷　喷雾
PD20084381　高效氯氰菊酯/4.5%/乳油/高效氯氰菊酯 4.5%/2008.12.17 至 2013.12.17/低毒
十字花科蔬菜　菜青虫　13.5-27克/公顷　喷雾
PD20084461　氯氰菊酯/5%/乳油/氯氰菊酯 5%/2008.12.17 至 2013.12.17/低毒
十字花科蔬菜　菜青虫　37.5-60克/公顷　喷雾
PD20084660　高效氯氟氰菊酯/25克/升/乳油/高效氯氟氰菊酯 25克/升/2008.12.22 至 2013.12.22/中等毒
十字花科蔬菜　菜青虫　7.5-11.25克/公顷　喷雾
PD20084733　马拉・杀螟松/12%/乳油/马拉硫磷 10%、杀螟硫磷 2%/2008.12.22 至 2013.12.22/中等毒
水稻　二化螟　180-360克/公顷　喷雾
PD20084734　氯氰・敌敌畏/10%/乳油/敌敌畏 8%、氯氰菊酯 2%/2008.12.22 至 2013.12.22/中等毒
甘蓝　菜青虫、蚜虫　50-75克/公顷　喷雾
PD20084911　氯氰・辛硫磷/20%/乳油/氯氰菊酯 1.5%、辛硫磷 18.5%/2008.12.22 至 2013.12.22/中等毒
十字花科蔬菜　菜青虫　90-150克/公顷　喷雾
PD20085056　氰戊・喹硫磷/15%/乳油/喹硫磷 12.5%、氰戊菊酯 2.5%/2008.12.23 至 2013.12.23/中等毒
柑橘树　矢尖蚧　150-215毫克/千克　喷雾
PD20085190　苯丁锡/25%/可湿性粉剂/苯丁锡 25%/2008.12.23 至 2013.12.23/低毒
柑橘树　红蜘蛛、锈壁虱　150-250毫克/千克　喷雾
PD20085207　阿维・高氯/1.8%/乳油/阿维菌素 0.3%、高效氯氰菊酯 1.5%/2008.12.23 至 2013.12.23/中等毒(原药高毒)
十字花科蔬菜　小菜蛾　7.5-15/公顷　喷雾
十字花科蔬菜　菜青虫　7.5-15克/公顷　喷雾
PD20085268　阿维・毒死蜱/10.2%/乳油/阿维菌素 0.2%、毒死蜱 10%/2008.12.23 至 2013.12.23/中等毒(原药高毒)
十字花科蔬菜　小菜蛾　45.9-76.5克/公顷　喷雾
PD20085570　氰戊・马拉松/20%/乳油/马拉硫磷 15%、氰戊菊酯 5%/2008.12.25 至 2013.12.25/中等毒
十字花科蔬菜　菜青虫　150-210克/公顷　喷雾
PD20085767　敌百虫/30%/乳油/敌百虫 30%/2008.12.29 至 2013.12.29/低毒
十字花科蔬菜　菜青虫　450-675克/公顷　喷雾
PD20085770　阿维・氯氰/2.5%/乳油/阿维菌素 0.2%、氯氰菊酯 2.3%/2008.12.29 至 2013.12.29/低毒(原药高毒)
十字花科蔬菜　小菜蛾　18.75-26.25克/公顷　喷雾
PD20090997　溴氰菊酯/25克/升/乳油/溴氰菊酯 25克/升/2009.01.21 至 2014.01.21/低毒
柑橘　蚜虫　12.5-16.7毫克/千克　喷雾
PD20091105　福美双/50%/可湿性粉剂/福美双 50%/2009.01.21 至 2014.01.21/低毒
黄瓜　霜霉病　750-1125克/公顷　喷雾
PD20091187　杀虫双/18%/水剂/杀虫双 18%/2009.01.22 至 2014.01.22/中等毒
水稻　二化螟　675-810克/公顷　喷雾
PD20091231　百草枯/200克/升/水剂/百草枯 200克/升/2009.02.01 至 2014.02.01/中等毒
甘蔗田　一年生和多年生杂草　600-900克/公顷　定向喷雾
PD20091324　苯丁・哒螨灵/10%/乳油/苯丁锡 5%、哒螨灵 5%/2009.02.01 至 2014.02.01/中等毒
柑橘树　红蜘蛛　50-67毫克/千克　喷雾
PD20091754　多・福/30%/可湿性粉剂/多菌灵 15%、福美双 15%/2009.02.04 至 2014.02.04/低毒
辣椒　立枯病　3-4.5克/平方米　每平米的药量与细土混合1/3撒于苗床底部2/3覆盖在种子上面
PD20091798　顺式氯氰菊酯/50克/升/乳油/顺式氯氰菊酯 50克/升/2009.02.04 至 2014.02.04/低毒
棉花　棉铃虫　10-20克/公顷　喷雾
PD20092376　氰戊・敌百虫/21%/乳油/敌百虫 20%、氰戊菊酯 1%/2009.02.25 至 2014.02.25/低毒
十字花科蔬菜　菜青虫　157.5-220.5克/公顷　喷雾

PD20093077 阿维·辛硫磷/20%/乳油/阿维菌素 0.2%、辛硫磷 19.8%/2009.03.09 至 2014.03.09/低毒(原药高毒)
十字花科蔬菜 小菜蛾 150-240克/公顷 喷雾
PD20094153 硫磺/50%/悬浮剂/硫磺 50%/2009.03.27 至 2014.03.27/低毒
黄瓜 白粉病 1125-1500克/公顷 喷雾
PD20094157 硫磺·苯丁锡/50%/悬浮剂/苯丁锡 5%、硫磺 45%/2009.03.27 至 2014.03.27/低毒
柑橘树 红蜘蛛 500-625毫克/千克 喷雾
PD20094246 阿维·吡虫啉/1.45%/可湿性粉剂/阿维菌素 0.45%、吡虫啉 1%/2009.03.31 至 2014.03.31/低毒(原药高毒)
十字花科蔬菜 蚜虫 8.7-10.86克/公顷 喷雾
十字花科蔬菜 小菜蛾 17.4-21.75克/公顷 喷雾
PD20094260 腐霉·福美双/25%/可湿性粉剂/腐霉利 5%、福美双 20%/2009.03.31 至 2014.03.31/低毒
番茄 灰霉病 225-375克/公顷 喷雾
PD20094658 丁硫·哒螨灵/10%/乳油/哒螨灵 5%、丁硫克百威 5%/2009.04.10 至 2014.04.10/中等毒
柑橘树 红蜘蛛 67-100毫克/千克 喷雾
PD20094665 氯氰·敌百虫/20%/乳油/敌百虫 18%、氯氰菊酯 2%/2009.04.10 至 2014.04.10/中等毒
十字花科蔬菜 菜青虫 150-300克/公顷 喷雾
PD20094676 辛硫磷/40%/乳油/辛硫磷 40%/2009.04.10 至 2014.04.10/低毒
十字花科蔬菜 菜青虫 225-300克/公顷 喷雾
PD20094797 苯丁锡/95%/原药/苯丁锡 95%/2009.04.13 至 2014.04.13/低毒
PD20094863 苯丁锡/10%/乳油/苯丁锡 10%/2009.04.13 至 2014.04.13/低毒
柑橘树 红蜘蛛 166.7-200毫克/千克 喷雾
PD20096199 敌百·毒死蜱/30%/乳油/敌百虫 20%、毒死蜱 10%/2009.07.13 至 2014.07.13/低毒
十字花科蔬菜 菜青虫 450-540克/公顷 喷雾
PD20096624 噻嗪·杀虫单/25%/可湿性粉剂/噻嗪酮 5%、杀虫单 20%/2009.09.02 至 2014.09.02/低毒
水稻 稻飞虱 187.5-375克/公顷 喷雾
PD20096975 吡虫·杀虫单/58%/可湿性粉剂/吡虫啉 2.5%、杀虫单 55.5%/2009.09.29 至 2014.09.29/中等毒
水稻 稻飞虱、稻纵卷叶螟、二化螟、三化螟 450-750克/公顷 喷雾
PD20097378 苏云金杆菌/8000IU/微升/悬浮剂/苏云金杆菌 8000IU/微升/2009.10.28 至 2014.10.28/低毒
十字花科蔬菜 菜青虫 3000-4500毫升/公顷 喷雾
PD20097737 丙溴磷/40%/乳油/丙溴磷 40%/2009.11.12 至 2014.11.12/低毒
棉花 棉铃虫 360-450克/公顷 喷雾
PD20097980 啶虫脒/5%/乳油/啶虫脒 5%/2009.12.01 至 2014.12.01/低毒
柑橘树 蚜虫 10-12毫克/千克 喷雾
PD20098494 高氯·甲维盐/2.02%/乳油/高效氯氰菊酯 1.9%、甲氨基阿维菌素苯甲酸盐 0.12%/2009.12.24 至 2014.12.24/低毒
甘蓝 甜菜夜蛾 18.18～27.27克/公顷 喷雾
LS20051658 阿维菌素/0.2%/可湿性粉剂/阿维菌素 0.2%/2008.05.07 至 2009.05.07/低毒(原药高毒)
十字花科蔬菜 小菜蛾 2.4-3.0克/公顷 喷雾
LS20051690 阿维·高氯/1.65%/可湿性粉剂/阿维菌素 0.15%、高效氯氰菊酯 1.5%/2008.05.07 至 2009.05.07/低毒(原药高毒)
黄瓜 美洲斑潜蝇 15-30克/公顷 喷雾
LS20051693 阿维菌素/0.6%/乳油/阿维菌素 0.6%/2008.05.07 至 2009.05.07/低毒(原药高毒)
十字花科蔬菜 小菜蛾 8.1-10.8克/公顷 喷雾
LS20053125 毒死蜱/10%/乳油/毒死蜱 10%/2008.09.28 至 2009.09.28/低毒
韭菜 韭蛆 1500-2250克/公顷 灌根
LS20053210 阿维·柴油/24.5%/乳油/阿维菌素 0.2%、柴油 24.3%/2008.10.11 至 2009.10.11/低毒(原药高毒)
柑橘树 红蜘蛛 163-245毫克/千克 喷雾
LS20053233 高效氯氰菊酯/4.5%/微乳剂/高效氯氰菊酯 4.5%/2008.10.11 至 2009.10.11/低毒
十字花科蔬菜 蚜虫 20.25-27克/公顷 喷雾
LS20053521 哒螨灵/15%/乳油/哒螨灵 15%/2008.11.14 至 2009.11.14/中等毒
柑橘树 红蜘蛛 75-150毫克/千克 喷雾
LS20053542 阿维·苏云菌//可湿性粉剂/阿维菌素 0.1%、苏云金杆菌 100亿活芽孢/克/2008.11.14 至 2009.11.14/低毒(原药高毒)
十字花科蔬菜 小菜蛾 900-1500克制剂/公顷 喷雾
LS20081451 联苯菊酯/25克/升/乳油/联苯菊酯 25克/升/2009.03.17 至 2010.03.17/低毒
柑橘树 红蜘蛛 20～30毫克/千克 喷雾
WP20080595 氯氰·敌敌畏/12.5%/乳油/敌敌畏 10%、氯氰菊酯 2.5%/2008.12.30 至 2013.12.30/低毒
室外 蚊、蝇、蜚蠊 1.875-3.75毫克/立方米 喷雾

广东省佛山市菲达斯气雾剂有限公司 (广东省佛山市顺德区大良成业路14号 528300 0757-22203399)

WL20070257 杀虫气雾剂/0.4%/气雾剂/胺菊酯 0.3%、高效氯氰菊酯 0.1%/2009.11.04 至 2010.11.05/微毒
卫生 蚊、蝇、蜚蠊 / 喷雾

广东省佛山市高明佳莉日用化工有限公司(广东省佛山市高明区更合镇合水工业园瑶村牌坊侧 528524 0757-88876968)

WP20080241 杀虫气雾剂/1.2%/气雾剂/胺菊酯 0.4%、氯菊酯 0.8%/2008.11.25 至 2013.11.25/低毒
卫生 蜚蠊、蚊、蝇 / 喷雾
WL20050296 杀虫气雾剂//气雾剂/高效氯氰菊酯 0.1%、右旋胺菊酯 0.15%/2008.11.29 至 2009.11.29/低毒
卫生 蚊、蝇、蜚蠊 / 喷雾
WL20070066 电热蚊香液/0.86%/电热蚊香液/炔丙菊酯 0.86%/2009.03.29 至 2010.03.30/微毒

卫生 蚊 / 电热加温
WL20070090 杀虫气雾剂/0.3%/气雾剂/胺菊酯 0.18%、富右旋反式烯丙菊酯 0.07%、氯菊酯 0.05%/2009.05.17 至 2010.05.18/微毒
卫生 蚊、蝇、蜚蠊 / 喷雾
WL20070112 电热蚊香片//电热蚊香片/炔丙菊酯 11毫克/片/2009.06.05 至 2010.06.06/微毒
卫生 蚊 / 电热加温
WL20070119 驱蚊液/3.5%/驱蚊液/避蚊胺 3.5%/2009.06.05 至 2010.06.06/微毒
卫生 蚊 / 涂抹
WL20080198 蚊香/0.25%/蚊香/富右旋反式烯丙菊酯 0.25%/2009.03.07 至 2010.03.07/微毒
卫生 蚊 / 点燃
WL20080398 杀虫气雾剂/0.36%/气雾剂/胺菊酯 0.18%、氯氰菊酯 0.18%/2009.09.18 至 2010.09.18/微毒
卫生 蚊、蝇、蜚蠊 / 喷雾

广东省佛山市南海奥帝精细化工有限公司 (广东省佛山市南海区里水镇太行路90号 528244 0757-85666288)

PD20081410 0.46%家居安杀虫气雾剂(C型)(醇基)//气雾剂/富右旋反式炔丙菊酯 0%、氯菊酯 0%、右旋苯醚氰菊酯 0%/2008.10.29至2013.10.29/低毒
卫生 蜚蠊、蚊、蝇 / 喷雾
WP20080087 蚊香/0.08%/蚊香/富右旋反式炔丙菊酯 0.08%/2008.08.06 至 2013.08.06/低毒
卫生 蚊 / 点燃
WP20080127 电热蚊香片/12.5毫克/片/电热蚊香片/炔丙菊酯 12.5毫克/片/2008.10.29 至 2013.10.29/低毒
卫生 蚊 / 电热加温
WP20080152 杀虫气雾剂/0.46%/气雾剂/富右旋反式炔丙菊酯 0.12%、氯菊酯 0.22%、右旋苯醚氰菊酯 0.12%/2008.11.05至2013.11.05/低毒
卫生 蜚蠊、蚊、蝇 / 喷雾
WP20080162 电热蚊香液/0.8%/电热蚊香液/炔丙菊酯 0.8%/2008.11.12 至 2013.11.12/低毒
卫生 蚊 / 电热加温
WP20080180 电热蚊香液/0.8%/电热蚊香液/炔丙菊酯 0.8%/2008.11.19 至 2013.11.19/低毒
卫生 蚊 / 电热加温
WP20080207 电热蚊香片/12.5毫克/片/电热蚊香片/炔丙菊酯 12.5毫克/片/2008.11.21 至 2013.11.21/低毒
卫生 蚊 / 电热加温
WP20090084 杀虫气雾剂/0.65%/气雾剂/Es-生物烯丙菊酯 0.35%、氯菊酯 0.15%、右旋苯醚氰菊酯 0.15%/2009.02.02至2014.02.02/微毒
卫生 蚊、蝇、蜚蠊 / 喷雾
WP20090109 杀蟑气雾剂/0.3%/气雾剂/炔咪菊酯 0.1%、右旋苯氰菊酯 0.2%/2009.02.06 至 2014.02.06/微毒
卫生 蜚蠊 / 喷雾
WP20090119 杀虫气雾剂/0.31%/气雾剂/Es-生物烯丙菊酯 0.2%、高效氟氯氰菊酯 0.03%、炔咪菊酯 0.08%/2009.02.12至2014.02.12/微毒
卫生 蚊、蝇、蜚蠊 / 喷雾
WP20090128 电热蚊香片/20毫克/片/电热蚊香片/Es-生物烯丙菊酯 10毫克/片、炔丙菊酯 10毫克/片/2009.02.16 至 2014.02.16/微毒
卫生 蚊 / 电热加温
WP20090173 蚊香/0.3%/蚊香/富右旋反式烯丙菊酯 0.3%/2009.03.10 至 2014.03.10/微毒
卫生 蚊 / 点燃
WP20090210 电热蚊香液/1.2%/电热蚊香液/炔丙菊酯 1.2%/2009.03.27 至 2014.03.27/微毒
卫生 蚊 / 电热加温
WP20090226 杀虫气雾剂/0.8%/气雾剂/Es-生物烯丙菊酯 0.3%、氯菊酯 0.25%、右旋胺菊酯 0.25%/2009.04.09 至 2014.04.09/微毒
卫生 蚊、蝇、蜚蠊 / 喷雾
WP20090277 蚊香/0.25%/蚊香/Es-生物烯丙菊酯 0.25%/2009.05.31 至 2014.05.31/微毒
卫生 蚊 / 点燃
WL20080144 蚊香/0.015%/蚊香/四氟甲醚菊酯 0.015%/2009.02.21 至 2010.02.22/微毒
卫生 蚊 / 点燃
WL20090090 电热蚊香片/14毫克/片/电热蚊香片/炔丙菊酯 10毫克/片、四氟苯菊酯 4毫克/片/2009.03.24 至 2010.03.24/微毒
卫生 蚊 / 电热加温
WL20090093 杀虫气雾剂/0.4%/气雾剂/Es-生物烯丙菊酯 0.25%、右旋苯醚氰菊酯 0.15%/2009.03.24 至 2010.03.24/低毒
卫生 蚊、蝇、蜚蠊 / 喷雾
WL20090103 蝇香/1%/蝇香/右旋烯炔菊酯 1%/2009.03.31 至 2010.03.31/微毒
卫生 蝇 / 点燃
WL20090105 杀蟑饵剂/2.15%/饵剂/氟蚁腙 2.15%/2009.03.31 至 2010.03.31/微毒
卫生 蜚蠊 / 投放
WL20090108 杀虫气雾剂/0.48%/气雾剂/富右旋反式烯丙菊酯 0.2%、高效氟氯氰菊酯 0.08%、右旋胺菊酯 0.2%/2009.04.03 至 2010.04.03/微毒
卫生 蚊、蝇、蜚蠊 / 喷雾
WL20090109 杀虫气雾剂/0.35%/气雾剂/Es-生物烯丙菊酯 0.2%、氯氰菊酯 0.1%、炔咪菊酯 0.05%/2009.04.03 至 2010.04.03/低毒
卫生 蚊、蝇、蜚蠊 / 喷雾

广东省佛山市南海里水顺风精细化工厂 (广东省佛山市南海区里水河村西紫工业区 528244 0757-85660166)

WP20080328 杀蟑笔剂/0.50%/笔剂/溴氰菊酯 0.5%/2008.12.08 至 2013.12.08/低毒
卫生 蜚蠊 / 涂抹

广东省佛山市南海区绿宝生化技术研究所 (广东省佛山市南海区平洲东区工业园11号 528251 0757-86705280)

LS20071320 啶虫·杀虫单/45%/粉剂/啶虫脒 15%、杀虫单 30%/2009.05.16 至 2010.05.17/低毒
椰树 椰心叶甲 5-10克制剂/袋，2袋/株 挂袋

广东省佛山市南海施乐华化妆品有限公司 (广东省佛山市南海区金沙镇南沙新墟 528223 0757-86616678)

WP20080382 杀虫气雾剂/0.48%/气雾剂/富右旋反式烯丙菊酯 0.36%、高效氯氰菊酯 0.12%/2008.12.11 至 2013.12.11/微毒
卫生 蜚蠊、蚊 / 喷雾
WP20080445 蚊香/0.3%/蚊香/富右旋反式烯丙菊酯 0.3%/2008.12.15 至 2013.12.15/微毒
卫生 蚊 / 点燃
WP20080479 电热蚊香液/0.8%/电热灭蚊液/炔丙菊酯 0.8%/2008.12.16 至 2013.12.16/低毒
卫生 蚊 / 电热加温
WP20080606 电热蚊香片/10毫克/片/电热蚊香片/炔丙菊酯 10毫克/片/2008.12.31 至 2013.12.31/微毒
卫生 蚊 / 电热加温

广东省佛山市南海添惠日化有限公司 (广东省佛山市南海区松岗镇石泉铁坑工业区 528234 0757-85206202)

WP20080564 杀虫气雾剂/0.45%/气雾剂/胺菊酯 0.3%、高效氯氰菊酯 0.15%/2008.12.24 至 2013.12.24/微毒
卫生 蚊、蝇、蜚蠊 / 喷雾
WL20070226 电热蚊香液/0.85%/电热蚊香液/炔丙菊酯 0.85%/2009.10.16 至 2010.10.16/微毒
卫生 蚊 / 电热加温
WL20080092 蚊香/0.3%/蚊香/富右旋反式烯丙菊酯 0.3%/2009.02.19 至 2010.02.20/微毒
卫生 蚊 / 点燃
WL20080351 杀虫气雾剂/0.5%/气雾剂/高效氯氰菊酯 0.2%、炔丙菊酯 0.1%、右旋胺菊酯 0.2%/2009.07.09 至 2010.07.09/微毒
卫生 蜚蠊、蚂蚁、蚊、蝇 / 喷雾
WL20090188 蝇香/1%/蝇香/右旋烯炔菊酯 1%/2009.11.04 至 2010.11.04/微毒
卫生 蝇 / 点燃

广东省佛山市顺德区香江精细化工实业有限公司 (广东省佛山市顺德区容桂容边天河工业区 528305 0765-8301202)

WP20080449 杀虫气雾剂/0.2%/气雾剂/胺菊酯 0.15%、氯氰菊酯 0.05%/2008.12.16 至 2013.12.16/低毒
卫生 蜚蠊、蚊、蝇 / 喷雾
WP20080538 杀虫气雾剂/0.23%/气雾剂/胺菊酯 0.16%、高效氯氰菊酯 0.07%/2008.12.23 至 2013.12.23/低毒
卫生 蚊、蝇、蜚蠊 / 喷雾
WL20060022 电热蚊香片/10.5毫克/片/电热蚊香片/富右旋反式炔丙菊酯 10.5毫克/片/2009.01.25 至 2010.01.25/微毒
卫生 蚊 / 电热加温
WL20060070 电热蚊香液/0.81%/电热蚊香液/富右旋反式炔丙菊酯 0.81%/2009.04.04 至 2010.04.04/低毒
卫生 蚊 / 电热加温
WL20080470 杀虫气雾剂/0.25%/气雾剂/Es-生物烯丙菊酯 0.1%、氯菊酯 0.15%/2009.12.04 至 2010.12.04/微毒
卫生 蜚蠊、蚊、蝇 / 喷雾

广东省佛山市盈辉作物科学有限公司 (广东省佛山市高明区更合镇白石工业区 528522 0757-83872808)

PD20082773 毒死蜱/3%/颗粒剂/毒死蜱 3%/2008.12.08 至 2013.12.08/低毒
韭菜 韭蛆 1350-1800克/公顷 撒施
PD20083966 敌瘟磷/30%/乳油/敌瘟磷 30%/2008.12.16 至 2013.12.16/中等毒
水稻 稻瘟病 500-600克/公顷 喷雾
PD20084535 灭线磷/10%/颗粒剂/灭线磷 10%/2008.12.18 至 2013.12.18/中等毒(原药高毒)
水稻 稻瘿蚊 1500-1800克/公顷 撒施
PD20085536 阿维·高氯/5.2%/乳油/阿维菌素 0.4%、高效氯氰菊酯 4.8%/2008.12.25 至 2013.12.25/中等毒(原药高毒)
十字花科蔬菜 小菜蛾 13.5-27克/公顷 喷雾
PD20090690 马拉·杀螟松/12%/乳油/马拉硫磷 10%、杀螟硫磷 2%/2009.01.19 至 2014.01.19/低毒
水稻 二化螟 270-360克/公顷 喷雾
PD20091400 异噁草松/480克/升/乳油/异噁草松 480克/升/2009.02.02 至 2014.02.02/低毒
春大豆田 一年生杂草 864-1200克/公顷 茎叶喷雾
PD20093771 苯磺隆/10%/可湿性粉剂/苯磺隆 10%/2009.03.25 至 2014.03.25/低毒
冬小麦田 一年生阔叶杂草 15-22.5克/公顷 茎叶喷雾
PD20094190 灭线磷/5%/颗粒剂/灭线磷 5%/2009.03.30 至 2014.03.30/低毒(原药高毒)
红薯 茎线虫病 750-1125克/公顷 沟、条施
水稻 稻瘿蚊 1500-1800克/公顷 撒施
PD20094274 高氯·虫酰肼/18%/乳油/虫酰肼 15%、高效氯氰菊酯 3%/2009.03.31 至 2014.03.31/低毒
甘蓝 甜菜夜蛾 202.5-270克/公顷 喷雾
PD20094603 丙·噁·滴丁酯/70%/乳油/2,4-滴丁酯 18%、异丙草胺 40%、异噁草松 12%/2009.04.10 至 2014.04.10/低毒
春大豆田 一年生杂草 2100-2520克/公顷 土壤喷雾
PD20096631 氟磺胺草醚/250克/升/水剂/氟磺胺草醚 250克/升/2009.09.02 至 2014.09.02/低毒
春大豆田 一年生阔叶杂草 225-375克/公顷 茎叶喷雾
夏大豆田 一年生阔叶杂草 187.5-225克/公顷 茎叶喷雾
PD20096769 烯禾啶/12.5%/乳油/烯禾啶 12.5%/2009.09.15 至 2014.09.15/低毒
春大豆田 一年生禾本科杂草 150-187.5克/公顷 茎叶喷雾

夏大豆田 一年生禾本科杂草 187.5-225克/公顷 茎叶喷雾
LS20051662 阿维菌素/0.5%/颗粒剂/阿维菌素 0.5%/2008.05.07 至 2009.05.07/低毒(原药高毒)
黄瓜 根结线虫 225-300克/公顷 沟施、穴施
LS20051936 丁硫·啶虫脒/8%/乳油/啶虫脒 2%、丁硫克百威 6%/2008.05.22 至 2009.05.22/中等毒
柑橘树 蚜虫 26.7-40毫克/千克 喷雾
LS20061402 松·喹·氟磺胺/18%/乳油/氟磺胺草醚 5.8%、精喹禾灵 1%、异噁草松 11.2%/2009.06.26 至 2010.06.26/低毒
春大豆 一年生杂草 540-594克/公顷 茎叶喷雾
LS20070279 莎稗磷/300克/升/乳油/莎稗磷 300克/升/2009.02.24 至 2010.02.24/低毒
移栽水稻田 一年生禾本科、莎草科及某些多年生杂草 南方：270-315克/公顷；北方：315-360克/公顷 毒土法
LS20072346 氟腈·三唑磷/210克/升/乳油/氟虫腈 10克/升、三唑磷 200克/升/2008.10.15 至 2009.10.16/中等毒
水稻 二化螟 252-315克/公顷 喷雾
水稻 稻纵卷叶螟 189-283.5克/公顷 喷雾
LS20081104 苯甲·丙环唑/30%/乳油/苯醚甲环唑 15%、丙环唑 15%/2009.03.10 至 2010.03.10/低毒
水稻 纹枯病 67.5-112.5克/公顷 喷雾
LS20081416 甲氨基阿维菌素苯甲酸盐/2.5%/微乳剂/甲氨基阿维菌素苯甲酸盐 2.5%/2009.03.17 至 2010.03.17/低毒
十字花科蔬菜 甜菜夜蛾 1.875-3.75克/公顷 喷雾
LS20082921 甲基硫菌灵/80%/可湿性粉剂/甲基硫菌灵 80%/2009.07.14 至 2010.07.14/低毒
番茄 叶霉病 540-720克/公顷 喷雾
LS20083084 吡虫·毒死蜱/45%/乳油/吡虫啉 5%、毒死蜱 40%/2009.10.21 至 2010.10.21/中等毒
水稻 稻飞虱 135-168.75克/公顷 喷雾
LS20090658 丙草胺/50%/水乳剂/丙草胺 50%/2009.03.24 至 2010.03.24/低毒
移栽水稻田 一年生杂草 60-80毫升制剂/亩 毒土法
LS20090682 春雷·三环唑/13%/可湿性粉剂/春雷霉素 3%、三环唑 10%/2009.03.25 至 2010.03.25/低毒
水稻 稻瘟病 156-234克/公顷 喷雾

广东省佛山市禅城区正灵日用品厂 (广东省佛山市祖庙路1号富荣中心A916室 528000 0757-82132411)

WL20060046 杀虫气雾剂/0.7%/气雾剂/胺菊酯 0.4%、氯菊酯 0.3%/2009.03.07 至 2010.03.07/微毒
卫生 蚊、蝇、蜚蠊 / 喷雾
WL20060047 蚊香/0.3%/蚊香/富右旋反式烯丙菊酯 0.3%/2009.03.07 至 2010.03.07/微毒
卫生 蚊 / 点燃

广东省高州化工总厂 (广东省茂名市高州市石仔岭 525200 0668-6621627)

PD84104-54 杀虫双/18%/水剂/杀虫双 18%/2004.10.19 至 2009.10.19/中等毒
甘蔗、蔬菜、水稻、小麦、玉米 多种害虫 540-675克/公顷 喷雾
果树 多种害虫 225-360毫克/千克 喷雾
PD84105-9 马拉硫磷/45%/乳油/马拉硫磷 45%/2005.01.11 至 2010.01.11/低毒
茶树 长白蚧、象甲 625-1000毫克/千克 喷雾
豆类 食心虫、造桥虫 561.5-750克/公顷 喷雾
果树 蝽蟓、蚜虫 250-333毫克/千克 喷雾
林木、牧草、农田 蝗虫 450-600克/公顷 喷雾
棉花 盲蝽蟓、蚜虫、叶跳虫 375-562.2克/公顷 喷雾
蔬菜 黄条跳甲、蚜虫 562.5-750克/公顷 喷雾
水稻 飞虱、蓟马、叶蝉 562.5-750克/公顷 喷雾
小麦 黏虫、蚜虫 562.5-750克/公顷 喷雾
PD20082060 马拉硫磷/85%/原药/马拉硫磷 85%/2008.11.25 至 2013.11.25/低毒

广东省广州帝盟精细化工实业有限公司 (广东省广州市天河区中山大道科韵路6号608 510665 020-82850808)

WP20090214 杀虫气雾剂/0.6%/气雾剂/Es-生物烯丙菊酯 0.18%、氯菊酯 0.28%、右旋苯醚氰菊酯 0.14%/2009.03.31至2014.03.31/微毒
卫生 蚊、蝇、蜚蠊 / 喷雾
WP20090232 电热蚊香片/36毫克/片/电热蚊香片/炔丙菊酯 10毫克/片、右旋烯丙菊酯 26毫克/片/2009.04.13 至 2014.04.13/微毒
卫生 蚊 / 电热加温
WL20060004 电热蚊香液/0.86%/电热蚊香液/炔丙菊酯 0.86%/2009.01.17 至 2010.01.17/微毒
卫生 蚊 / 电热加温

广东省广州法德美化妆品有限公司 (广东省广州市机场路建发广场首层C-3A 510403 020-86348808)

WP20080078 杀虫气雾剂/0.4%/气雾剂/胺菊酯 0.3%、氯氰菊酯 0.1%/2008.05.30 至 2013.05.30/低毒
卫生 蜚蠊、蚊、蝇 / 喷雾
WL20080452 杀虫气雾剂/0.12%/气雾剂/炔咪菊酯 0.03%、右旋苯醚菊酯 0.09%/2009.11.20 至 2010.11.20/微毒
卫生 蚊、蝇、蜚蠊 / 喷雾
WL20090168 驱蚊花露水/2%/驱蚊花露水/避蚊胺 2%/2009.07.22 至 2010.07.22/微毒
卫生 蚊 / /涂抹

广东省广州广氮农化有限公司 (广东省广州市天河区车陂坑东沐陂工业区 510663 020-82328855)

PDN4-88 复硝酚钾/2%/水剂/2,4-二硝基苯酚钾 0.1%、对硝基苯酚钾 1%、邻硝基苯酚钾 0.9%/2008.10.30 至 2013.10.30/低毒
茶树 调节生长 4000-6000倍液 喷雾,浸种

	甘蔗	调节生长	3000-4000倍液	喷雾,浸种
	瓜菜类蔬菜、叶菜类蔬菜	调节生长	2000-3000倍液	喷雾,浸种
	黄麻	调节生长	5000-6000倍液	喷雾
	亚麻	调节生长	2000-3000倍液	喷雾
LS20051240	复硝酚钠/1.8%/水剂/复硝酚钠 1.8%/2008.04.12 至 2009.04.12/低毒			
	番茄	调节生长	3.6-4.5毫克/千克（4000-5000倍）	喷雾

广东省广州立白企业集团有限公司　（广东省广州市芳村区陆居路2号　510370　020-81566936）

WP20080161	蚊香/0.25%/蚊香/富右旋反式烯丙菊酯 0.25%/2008.11.12 至 2013.11.12/微毒			
	卫生	蚊	/	点燃
WP20080192	电热蚊香片/12毫克/片/电热蚊香片/炔丙菊酯 12毫克/片/2008.11.20 至 2013.11.20/微毒			
	卫生	蚊	/	电热加温
WP20080230	杀虫气雾剂/0.45%/气雾剂/高效氯氰菊酯 0.1%、右旋胺菊酯 0.25%、右旋苯醚氰菊酯 0.1%/2008.11.25至2013.11.25/微毒			
	卫生	蚊、蝇、蜚蠊	/	喷雾
WP20080252	杀蟑气雾剂/0.28%/气雾剂/炔咪菊酯 0.08%、右旋苯氰菊酯 0.2%/2008.11.26 至 2013.11.26/低毒			
	卫生	蜚蠊	/	喷雾
WP20080308	电热蚊香液/1%/电热蚊香液/炔丙菊酯 1%/2008.12.04 至 2013.12.04/微毒			
	卫生	蚊	/	电热加温
WP20080343	杀蚊气雾剂/0.5%/气雾剂/氯菊酯 0.1%、右旋胺菊酯 0.3%、右旋苯醚菊酯 0.1%/2008.12.09 至 2013.12.09/微毒			
	卫生	蚊	/	喷雾
WP20080414	驱蚊花露水/5%/驱蚊花露水/避蚊胺 5%/2008.12.12 至 2013.12.12/微毒			
	卫生	蚊	/	涂抹
WP20090049	蚊香/0.4%/蚊香/富右旋反式烯丙菊酯 0.4%/2009.01.21 至 2014.01.21/微毒			
	卫生	蚊	/	点燃
WP20090118	杀虫气雾剂/0.5%/气雾剂/富右旋反式炔丙菊酯 0.15%、氯菊酯 0.2%、右旋苯醚菊酯 0.15%/2009.02.12至2014.02.12/低毒			
	卫生	蚊、蝇、蜚蠊	/	喷雾
WP20090168	蚊香/0.35%/蚊香/右旋烯丙菊酯 0.35%/2009.03.09 至 2014.03.09/微毒			
	卫生	蚊	/	点燃
WP20090227	杀虫气雾剂/0.5%/气雾剂/富右旋反式炔丙菊酯 0.15%、氯菊酯 0.2%、右旋苯醚菊酯 0.15%/2009.04.09至2014.04.09/低毒			
	卫生	蚊、蝇、蜚蠊	/	喷雾
WL20080199	蚊香/0.17%/蚊香/富右旋反式烯丙菊酯 0.1%、富右旋反式炔丙菊酯 0.07%/2009.03.07 至 2010.03.07/微毒			
	卫生	蚊	/	点燃
WL20080407	蚊香/0.015%/蚊香/四氟甲醚菊酯 0.015%/2009.09.22 至 2010.09.22/微毒			
	卫生	蚊	/	点燃
WL20080437	蚊香/0.08%/蚊香/氯氟醚菊酯 0.08%/2009.11.14 至 2010.11.14/微毒			
	卫生	蚊	/	点燃
WL20090036	杀虫气雾剂/0.6%/气雾剂/氯氰菊酯 0.2%、右旋胺菊酯 0.3%、右旋苯醚菊酯 0.1%/2009.02.16 至 2010.02.16/微毒			
	卫生	蜚蠊、蚊、蝇	/	喷雾
WL20090043	电热蚊香液/1.5%/电热蚊香液/炔丙菊酯 1.5%/2009.02.25 至 2010.02.25/微毒			
	卫生	蚊	/	电热加温
WL20090054	蚊香/0.08%/蚊香/四氟醚菊酯 0.08%/2009.03.13 至 2010.03.13/微毒			
	卫生	蚊	/	/点燃
WL20090056	杀蟑气雾剂/0.42%/气雾剂/氯氰菊酯 0.3%、炔咪菊酯 0.12%/2009.03.13 至 2010.03.13/微毒			
	卫生	蜚蠊	/	喷雾
WL20090066	杀蚊气雾剂/0.57%/气雾剂/氯氰菊酯 0.22%、右旋胺菊酯 0.3%、右旋苯醚菊酯 0.05%/2009.03.16 至 2010.03.16/微毒			
	卫生	蚊	/	喷雾
WL20090107	杀蟑饵剂/8%/饵剂/硼酸 8%/2009.04.03 至 2010.04.03/微毒			
	卫生	蜚蠊	/	投放

广东省广州农泰生物科技有限公司　（广东省广州市花都区新华镇工业大道18号　510812　020-86875496）

PD20081877	多·福/60%/可湿性粉剂/多菌灵 30%、福美双 30%/2008.11.20 至 2013.11.20/低毒			
	梨树	黑星病	1000-1500毫克/千克	喷雾
PD20082870	氯氰·敌敌畏/20%/乳油/敌敌畏 18%、氯氰菊酯 2%/2008.12.09 至 2013.12.09/中等毒			
	十字花科蔬菜	黄条跳甲	150-225克/公顷	喷雾
PD20091151	甲硫·锰锌/60%/可湿性粉剂/甲基硫菌灵 15%、代森锰锌 45%/2009.01.21 至 2014.01.21/低毒			
	梨树	黑星病	600-800倍液	喷雾
PD20092027	福·福锌/60%/可湿性粉剂/福美双 30%、福美锌 30%/2009.02.12 至 2014.02.12/中等毒			
	黄瓜	炭疽病	900-1350克/公顷	喷雾
PD20097081	苯丁·哒螨灵/10%/乳油/苯丁锡 5%、哒螨灵 5%/2009.10.10 至 2014.10.10/中等毒			
	柑橘树	红蜘蛛	50-67毫克/千克	喷雾

PD20097338 阿维菌素/1.8%/乳油/阿维菌素 1.8%/2009.10.27 至 2014.10.27/低毒(原药高毒)
甘蓝 小菜蛾 9-11.25克/公顷 喷雾

LS20050956 芸苔素内酯/0.004%/水剂/芸苔素内酯 0.004%/2008.04.04 至 2009.04.04/低毒
菜心 调节生长 0.01-0.02毫克/千克（4000-2000倍） 喷雾

LS20051906 高效氯氰菊酯/4.5%/微乳剂/高效氯氰菊酯 4.5%/2008.05.17 至 2009.05.17/低毒
十字花科蔬菜 菜青虫 20.25-27克/公顷 喷雾

LS20052525 咪鲜胺/25%/乳油/咪鲜胺 25%/2008.07.25 至 2009.07.25/低毒
水稻 稻瘟病 225-375克/公顷 喷雾

LS20090320 啶虫脒/10%/微乳剂/啶虫脒 10%/2009.03.05 至 2010.03.05/低毒
甘蓝 蚜虫 13.5-22.5克/公顷 喷雾

LS20090479 丁醚脲/15%/微乳剂/丁醚脲 15%/2009.03.18 至 2010.03.18/低毒
十字花科蔬菜 小菜蛾 292.5-450克/公顷 /喷雾

LS20090914 甲氨基阿维菌素苯甲酸盐/2.2%/微乳剂/甲氨基阿维菌素 2.2%/2009.04.09 至 2010.04.09/低毒
十字花科蔬菜 甜菜夜蛾 2.31—2.97克/公顷 喷雾

LS20091175 氟硅唑/8%/微乳剂/氟硅唑 8%/2009.04.23 至 2010.04.23/低毒
黄瓜 白粉病 48-72克/公顷 喷雾

广东省广州市白云区新东方日用化工品厂 （广东省广州市白云区龙归镇南岭村南新路23号 510445 020-86043881）

WP20080499 驱蚊液/4%/驱蚊液/驱蚊酯 4%/2008.12.18 至 2013.12.18/微毒
卫生 蚊 / 涂抹

广东省广州市广农化工有限公司 （广东省广州市开发区萝岗街水西村樟掘地段 529000 020-82077666）

PD20092954 丁草胺/50%/乳油/丁草胺 50%/2009.03.09 至 2014.03.09/低毒
移栽水稻田 一年生杂草 900-1350克/公顷 药土法

PD20093454 乐果/50%/乳油/乐果 50%/2009.03.23 至 2014.03.23/低毒
十字花科蔬菜 蚜虫 450-600克/公顷 喷雾

广东省广州市海珠区山田日用品厂 （广东省广州市新窖南路龙潭三社龙三工业区内3号 510315 020-83316762）

WP20080223 电热蚊香片/12毫克/片/电热蚊香片/炔丙菊酯 12毫克/片/2008.11.25 至 2013.11.25/微毒
卫生 蚊 / 电热加温

WP20080224 杀虫气雾剂/0.4%/气雾剂/胺菊酯 0.25%、高效氯氰菊酯 0.15%/2008.11.25 至 2013.11.25/微毒
卫生 蚊、蝇、蜚蠊 / 喷雾

WP20080268 蚊香/0.25%/蚊香/右旋烯丙菊酯 0.25%/2008.12.01 至 2013.12.01/低毒
卫生 蚊 / 点燃

WP20080361 电热蚊香液/0.86%/电热蚊香液/炔丙菊酯 0.86%/2008.12.10 至 2013.12.10/低毒
卫生 蚊 / 电热加温

WP20080451 杀虫气雾剂/1.24%/气雾剂/胺菊酯 0.20%、残杀威 1.00%、氟氯氰菊酯 0.04%/2008.12.16 至 2013.12.16/低毒
卫生 蜚蠊、蚊、蝇 / 喷雾

WL20080129 蚊香/0.015%/蚊香/四氟甲醚菊酯 0.015%/2009.02.23 至 2010.02.23/微毒
卫生 蚊 / 点燃

WL20080238 杀蟑气雾剂/0.4%/气雾剂/炔咪菊酯 0.1%、右旋苯醚氰菊酯 0.3%/2009.03.18 至 2010.03.18/微毒
卫生 蜚蠊 / 喷雾

WL20090211 蝇香/0.5%/蝇香/氯烯炔菊酯 0.5%/2009.12.14 至 2010.12.14/微毒
卫生 蝇 / 点燃

广东省广州市豪恩思精细化工有限公司 （广东省广州市白云区罗岗村环岗一路26号 510440 020-36634466）

WP20080370 蚊香/0.2%/蚊香/富右旋反式烯丙菊酯 0.2%/2008.12.10 至 2013.12.10/微毒
卫生 蚊 / 点燃

WP20080386 杀虫气雾剂/0.5%/气雾剂/胺菊酯 0.3%、高效氯氰菊酯 0.1%、氯菊酯 0.1%/2008.12.11 至 2013.12.11/低毒
卫生 蚊、蝇、蜚蠊 / 喷雾

广东省广州市花都区花山日用化工厂 （广东省广州市花都区花山镇坪山东村路 510880 020-86848103）

PD20090962 溴敌隆/0.005%/饵剂/溴敌隆 0.005%/2009.01.20 至 2014.01.20/低毒(原药高毒)
室内、外 家鼠 饱和投饵 投饵

PD20093388 敌鼠钠盐/0.1%/毒饵/敌鼠钠盐 0.1%/2009.03.19 至 2014.03.19/中等毒(原药高毒)
卫生 野鼠 0.05-0.2%谷饵料 条带或饱和法

LS20061735 溴敌隆/0.5%/母液/溴敌隆 0.5%/2009.10.10 至 2010.10.10/高毒
室内 家鼠 配制成0.005%的毒饵室内投放 饱和投饵

WP20080376 杀虫热雾剂/2%/热雾剂/胺菊酯 1.2%、右旋苯醚氰菊酯 0.8%/2008.12.10 至 2013.12.10/低毒
卫生 蜚蠊、蚊 / 加热雾化

WP20080501 高效氯氟氰菊酯/2.5%/悬浮剂/高效氯氟氰菊酯 2.5%/2008.12.18 至 2013.12.18/低毒
卫生 蜚蠊、蝇 25毫克/平方米 滞留喷洒

WP20090015 溴氰菊酯/2.5%/悬浮剂/溴氰菊酯 2.5%/2009.01.08 至 2014.01.08/低毒
卫生 蚊、蝇、蜚蠊 20毫克/平方米 滞留喷洒

WP20090237 杀虫热雾剂/1.5%/热雾剂/氯氰菊酯 1.5%/2009.04.21 至 2014.04.21/微毒
卫生 蜚蠊 30毫克/立方米 喷雾

WP20090252 高效氯氰菊酯/5%/悬浮剂/高效氯氰菊酯 5%/2009.04.27 至 2014.04.27/低毒

	卫生	蚊、蝇、蜚蠊	45毫克/平方米	滞留喷洒
WP20090280	吡丙醚/5%/微乳剂/吡丙醚 5%/2009.06.02 至 2014.06.02/微毒			
	卫生	蝇(幼虫)	0.1克/平方米	喷洒（室外）
WL20060178	高氯·烯丙菊/5%/悬乳剂/高效氯氰菊酯 4%、右旋烯丙菊酯 1%/2009.10.30 至 2010.10.30/低毒			
	卫生	蜚蠊、蚊	40-50毫克/平方米	滞留喷洒
WL20070050	右胺·氯菊/10%/乳油/氯菊酯 7%、右旋胺菊酯 3%/2009.03.04 至 2010.03.05/低毒			
	室外	蚊、蝇	1.5-3毫克/平方米	喷雾

广东省广州市化学工业研究所　(广东省广州市白云区石井石潭路潭村桥东　510430　020-36371730)

LS20070186	哒螨灵/20%/悬浮剂/哒螨灵 20%/2009.02.07 至 2010.02.07/低毒			
	柑橘	红蜘蛛	66.7-100毫克/千克	喷雾
LS20083139	多·硫·三环唑/40%/悬浮剂/多菌灵 15%、硫磺 17%、三环唑 8%/2009.11.14 至 2010.11.14/低毒			
	水稻	稻瘟病	720-900克/公顷	喷雾

广东省广州市黄埔化工厂　(广东省广州市黄埔东路2009号大院　510730　020-82219793)

WP20090326	樟脑/96%/原药/樟脑 96%/2009.09.21 至 2014.09.21/低毒

广东省广州市佳丽日用化妆品有限公司 (广东省广州市天河区高新技术产业开发区工业园　510665　020-85535183)

WP20080202	杀蟑笔剂/0.4%/涂抹剂/溴氰菊酯 0.4%/2008.11.20 至 2013.11.20/低毒			
	卫生	蜚蠊	3克制剂/平方米	涂抹
WP20080430	杀虫粉剂/0.4%/粉剂/溴氰菊酯 0.4%/2008.12.15 至 2013.12.15/低毒			
	卫生	蜚蠊、蚂蚁	3克制剂/平方米	撒布
WP20080433	杀虫气雾剂/0.22%/气雾剂/胺菊酯 0.2%、溴氰菊酯 0.02%/2008.12.15 至 2013.12.15/低毒			
	卫生	蜚蠊、蚊、蝇	/	喷雾

广东省广州市娇兰化妆品有限公司　(广东省广州市广从八路785号　510410　020-36319816)

WL20070049	驱蚊液/4%/驱蚊液/驱蚊酯 4%/2009.02.25 至 2010.02.25/微毒			
	卫生	蚊	/	涂抹

广东省广州市金农科技开发有限公司　(广东省广州市花都区梯面镇达板隆　510870　020-86781696)

PD20070166	吡虫啉/5%/乳油/吡虫啉 5%/2007.06.25 至 2012.06.25/低毒			
	水稻	稻飞虱	11.25-22.5克/公顷	喷雾
PD20080025	杀螺胺乙醇胺盐/50%/可湿性粉剂/杀螺胺乙醇胺盐 50%/2008.01.03 至 2013.01.03/低毒			
	水稻	福寿螺	450-525克/公顷	撒毒土
PD20083885	阿维菌素/1.8%/乳油/阿维菌素 1.8%/2008.12.15 至 2013.12.15/低毒(原药高毒)			
	十字花科蔬菜	小菜蛾	8.1-10.8克/公顷	喷雾
PD20083908	阿维菌素/0.9%/乳油/阿维菌素 0.9%/2008.12.15 至 2013.12.15/中等毒(原药高毒)			
	十字花科蔬菜	小菜蛾	8.1-10.8克/公顷	喷雾
PD20084106	敌畏·马/45%/乳油/敌敌畏 40%、马拉硫磷 5%/2008.12.16 至 2013.12.16/中等毒			
	十字花科蔬菜	黄条跳甲	270-337.5克/公顷	喷雾
PD20090117	阿维·毒死蜱/10.2%/乳油/阿维菌素 0.2%、毒死蜱 10%/2009.01.08 至 2014.01.08/中等毒(原药高毒)			
	十字花科蔬菜	小菜蛾	45.9-76.5克/公顷	喷雾
PD20091601	阿维·哒螨灵/3.2%/乳油/阿维菌素 0.2%、哒螨灵 3%/2009.02.03 至 2014.02.03/低毒(原药高毒)			
	柑橘树	红蜘蛛	32-40毫克/千克	喷雾
PD20096874	氯氰·敌敌畏/20%/乳油/敌敌畏 18%、氯氰菊酯 2%/2009.09.23 至 2014.09.23/中等毒			
	十字花科蔬菜	黄条跳甲	180-250克/公顷	喷雾
LS20080238	咪鲜·异菌脲/16%/悬浮剂/咪鲜胺 8%、异菌脲 8%/2009.01.12 至 2010.01.12/低毒			
	香蕉	冠腐病	360-400毫克/千克	浸果
LS20090791	甲氨基阿维菌素苯甲酸盐(2.2%)///微乳剂/甲氨基阿维菌素 2%/2009.04.01 至 2010.04.01/低毒			
	甘蓝	甜菜夜蛾	2.4-3.6克/公顷	喷雾

广东省广州市浪奇实业股份有限公司　(广东省广州市天河区黄埔大道东128号　510660　020-82161128-6278)

WP20090058	杀虫气雾剂/0.16%/气雾剂/高效氯氰菊酯 0.08%、炔咪菊酯 0.08%/2009.01.21 至 2014.01.21/微毒			
	卫生	蚊、蝇、蜚蠊	/	喷雾
WL20080157	蚊香/0.3%/蚊香/富右旋反式烯丙菊酯 0.3%/2009.02.24 至 2010.02.25/微毒			
	卫生	蚊	/	点燃
WL20080496	杀虫气雾剂/0.55%/气雾剂/炔丙菊酯 0.1%、右旋胺菊酯 0.25%、右旋苯醚氰菊酯 0.2%/2008.12.16至2009.12.16/微毒			
	卫生	蜚蠊、蚊、蝇	/	喷雾

广东省广州市梦想精细化工有限公司　(广东省广州市白云区良田金盆中路钱岗墩　510545　020-83265555)

WP20080280	蚊香/0.3%/蚊香/富右旋反式烯丙菊酯 0.3%/2008.12.01 至 2013.12.01/微毒			
	卫生	蚊	/	点燃
WP20080349	杀虫气雾剂/0.55%/气雾剂/胺菊酯 0.4%、高效氯氰菊酯 0.15%/2008.12.09 至 2013.12.09/微毒			
	卫生	蚊、蝇、蜚蠊	/	喷雾

广东省广州市泰祥白蚁防治工程有限公司 (广东省广州市海珠区新港东路27号江畔楼　510308　020-61169390)

WL20050130	硼酸·硫酸铜/12%/可溶液剂/硼酸 7%、硫酸铜 5%/2008.05.08 至 2009.05.08/低毒			
	卫生	白蚁、腐朽菌	1500毫克/千克	木材浸泡、喷涂

广东省广州市益农生化有限公司　(广东省广州市花都区新华镇工业大道18号　510800　020-86863970)

PD86148-61	异丙威/20%/乳油/异丙威 20%/2006.11.21 至 2011.11.21/中等毒			
	水稻	飞虱、叶蝉	450-600克/公顷	喷雾

PD86152-6 乙酰甲胺磷/40%/乳油/乙酰甲胺磷 40%/2006.11.21 至 2011.11.21/低毒
茶树 茶尺蠖 500-1000倍液 喷雾
柑橘树 介壳虫、螨 500-1000倍液 喷雾
棉花 棉铃虫、蚜虫 600-750克/公顷 喷雾
苹果树 食心虫 500-1000倍液 喷雾
蔬菜 菜青虫、蚜虫 500-1000倍液 喷雾
水稻 螟虫、叶蝉 600-750克/公顷 喷雾
小麦、玉米 黏虫、玉米螟 500-1000倍液 喷雾
烟草 烟青虫 500-1000倍液 喷雾

PD86176-5 乙酰甲胺磷/30%/乳油/乙酰甲胺磷 30%/2006.11.21 至 2011.11.21/低毒
柑橘树 介壳虫、螨 500-1000倍液 喷雾
果树 食心虫 500-1000倍液 喷雾
棉花 棉铃虫、蚜虫 450-900克/公顷 喷雾
蔬菜 菜青虫、蚜虫 337.5-540克/公顷 喷雾
水稻 螟虫、叶蝉 562.5-1012.5克/公顷 喷雾
小麦、玉米 黏虫、玉米螟 540-1080克/公顷 喷雾
烟草 烟青虫 450-900克/公顷 喷雾

PD20082646 乙酰甲胺磷/95%/原药/乙酰甲胺磷 95%/2008.12.04 至 2013.12.04/低毒

PD20084406 高效氯氰菊酯/4.5%/乳油/高效氯氰菊酯 4.5%/2008.12.17 至 2013.12.17/低毒
十字花科蔬菜 菜青虫 20.25-27克/公顷 喷雾

PD20085203 辛硫磷/40%/乳油/辛硫磷 40%/2008.12.23 至 2013.12.23/低毒
十字花科蔬菜 菜青虫 360-420克/公顷 喷雾

PD20086166 阿维·氯氰/5%/乳油/阿维菌素 0.2%、氯氰菊酯 4.8%/2008.12.30 至 2013.12.30/低毒(原药高毒)
十字花科蔬菜 小菜蛾 37.5-52.5克/公顷 喷雾

PD20090098 氯氰·敌敌畏/10%/乳油/敌敌畏 8%、氯氰菊酯 2%/2009.01.08 至 2014.01.08/中等毒
十字花科蔬菜 蚜虫 45-75克/公顷 喷雾

PD20091482 乐果/40%/乳油/乐果 40%/2009.02.02 至 2014.02.02/中等毒
十字花科蔬菜 蚜虫 480-600克/公顷 喷雾

PD20093806 草甘膦/30%/水剂/草甘膦 30%/2009.03.25 至 2014.03.25/低毒
茶园、剑麻园、梨园、苹果园、桑园、香蕉园、橡胶园 杂草 1125-2250克/公顷 定向茎叶喷雾
春玉米田、棉花田、夏玉米田 杂草 750-1650克/公顷 定向茎叶喷雾
柑橘园 杂草 1125-2250克/公顷 定向喷雾

PD20094580 井冈霉素/3%/水剂/井冈霉素 3%/2009.04.09 至 2014.04.09/低毒
水稻 纹枯病 150-187.5克/公顷 喷雾

PD20095809 百草枯/200克/升/水剂/百草枯 200克/升/2009.05.27 至 2014.05.27/中等毒
柑橘园 杂草 600-900克/公顷 定向喷雾

PD20097583 丁草胺/50%/乳油/丁草胺 50%/2009.11.03 至 2014.11.03/低毒
移栽水稻田 稗草 1012.5-1275克/公顷 毒土法

LS20052831 鱼藤酮/2.5%/乳油/鱼藤酮 2.5%/2008.09.01 至 2009.09.01/中等毒
十字花科蔬菜 蚜虫 37.5-56.25克/公顷 喷雾

LS20080472 杀虫双/18%/水剂/杀虫双 18%/2009.02.19 至 2010.02.20/低毒
水稻 三化螟 675-810克/公顷 喷雾

广东省广州市越秀区恒利卫生用品厂 (广东省广州市越秀区广园中路景泰直街68号202室 510405 020-86576997)

WP20090162 高氯·胺菊/3%/微乳剂/胺菊酯 1%、高效氯氰菊酯 2%/2009.03.05 至 2014.03.05/低毒
卫生 蚊、蝇、蜚蠊 20毫克/平方米 滞留喷洒

WP20090251 杀虫喷射剂/0.3%/喷射剂/胺菊酯 0.1%、高效氯氰菊酯 0.2%/2009.04.27 至 2014.04.27/微毒
卫生 蚊 / 喷射

WP20090299 杀虫气雾剂/0.3%/气雾剂/胺菊酯 0.1%、高效氯氰菊酯 0.2%/2009.07.15 至 2014.07.15/微毒
卫生 蚊、蝇、蜚蠊 / 喷雾

WL20050224 氯氰·胺菊/8%/乳油/胺菊酯 2%、氯氰菊酯 6%/2008.08.21 至 2009.08.21/低毒
卫生 蚊、蝇、蜚蠊 48毫克/100平方米 喷洒
注:仅限室外使用。

广东省广州市智灵公共卫生研究所 (广东省广州市天河区中山大道89号B8层北12号 510630 020-85560984)

WP20090205 氯菊·烯丙菊/5%/微乳剂/Es-生物烯丙菊酯 1%、氯菊酯 4%/2009.03.25 至 2014.03.25/低毒
卫生 蚊、蝇、蜚蠊 / 滞留喷洒

WL20090032 杀虫热雾剂/1%/热雾剂/氯氰菊酯 1%/2009.02.13 至 2010.02.13/微毒
卫生 蜚蠊 7.5毫升制剂/平方米 喷雾

广东省广州市中达生物工程有限公司 (广东省广州市白云区黄石路江夏越秀区 510420 020-86436066)

PD20095403 多·福/40%/可湿性粉剂/多菌灵 10%、福美双 30%/2009.04.27 至 2014.04.27/低毒
葡萄 霜霉病 1000-1250毫克/千克 喷雾

PD20096252 阿维·高氯/3%/乳油/阿维菌素 0.2%、高效氯氰菊酯 2.8%/2009.07.15 至 2014.07.15/低毒(原药高毒)
十字花科蔬菜 菜青虫、小菜蛾 13.5-27克/公顷 喷雾
PD20096705 吡虫·杀虫单/35%/可湿性粉剂/吡虫啉 1%、杀虫单 34%/2009.09.07 至 2014.09.07/中等毒
水稻 稻飞虱、稻纵卷叶螟、二化螟、三化螟 450-750克/公顷 喷雾
PD20096742 斜纹夜蛾核型多角体病毒/10亿PIB/克/可湿性粉剂/斜纹夜蛾核型多角体病毒 10亿PIB/克/2009.09.07 至 2014.09.07/低毒
十字花科蔬菜 斜纹夜蛾 600-750克制剂/公顷 喷雾
PD20096743 斜纹夜蛾核型多角体病毒/300亿PIB/克/母药/斜纹夜蛾核型多角体病毒 300亿PIB/克/2009.09.07 至 2014.09.07/低毒

广东省广州新天地化学实业有限公司 (广东省广州市天河区黄埔大道中87号 510630 020-85675260)

PD20082245 溴敌隆/0.005%/毒饵/溴敌隆 0.005%/2008.11.27 至 2013.11.27/高毒
室内 家鼠 10-20克制剂/平方米 堆施或穴施
LS20051404 溴氰·马拉松/2.5%/粉剂/马拉硫磷 2.48%、溴氰菊酯 0.02%/2008.04.18 至 2009.04.18/低毒
原粮 仓储害虫 6-10毫克/千克 拌粮
WL20050118 氯氰·氯菊/6%/微乳剂/氯菊酯 3%、氯氰菊酯 3%/2008.04.13 至 2009.04.13/低毒
卫生 蚊、蝇 0.6毫克/平方米 喷洒
注:仅限于外环境使用。

广东省广州粤果农业化学科技有限公司 (广东省广州市天河区五山省农科院果树所 510640 020-38765869)

PD20095572 多效唑/10%/可湿性粉剂/多效唑 10%/2009.05.12 至 2014.05.12/低毒
荔枝树、龙眼树 控梢 250-500倍液 喷雾2次
LS20053418 氯氰·辛硫磷/20%/乳油/氯氰菊酯 2%、辛硫磷 18%/2008.11.01 至 2009.11.01/低毒
十字花科蔬菜 小菜蛾 240-360克/公顷 喷雾

广东省广州植物龙生物技术有限公司 (广东省珠海市香洲区南屏科技园屏西七路1号 519060 0756-8699856)

LS991166 胺鲜酯/1.6%/水剂/胺鲜酯 1.6%/2009.07.03 至 2009.12.31/低毒
白菜 调节生长、增产 800-1000倍液 喷药2次
LS20061410 赤霉酸/4%/乳油/赤霉酸 4%/2009.06.29 至 2010.06.29/微毒
芹菜 调节生长 50-100毫克/千克 喷雾法
LS20061939 芸苔素内酯/0.004%/水剂/芸苔素内酯 0.004%/2009.12.06 至 2010.12.06/微毒
小白菜 调节生长 0.013-0.02毫克/千克 喷雾
LS20080059 胺鲜酯/2%/水剂/胺鲜酯 2%/2009.01.03 至 2010.01.03/微毒
番茄 调节生长 1000-1500倍液 喷雾
LS20080744 苯甲·丙环唑/33%/微乳剂/苯醚甲环唑 18%、丙环唑 15%/2009.02.25 至 2010.02.26/低毒
香蕉 叶斑病 165-220毫克/千克 喷雾
LS20082551 醚菊酯/10%/悬浮剂/醚菊酯 10%/2009.04.23 至 2010.04.23/低毒
甘蓝 菜青虫 45-60克/公顷 喷雾
LS20091395 丁醚脲/25%/乳油/丁醚脲 25%/2009.09.15 至 2010.09.15/低毒
甘蓝 小菜蛾 300-375克/公顷 喷雾

广东省化州市天力化工有限公司 (广东省茂名市化州市人民南路 525100 0668-7354178)

PD20084281 螨醇·哒螨灵/20%/乳油/哒螨灵 5%、三氯杀螨醇 15%/2008.12.17 至 2013.12.17/中等毒
柑橘树 红蜘蛛 133-200毫克/千克 喷雾
PD20091206 阿维·高氯/1%/乳油/阿维菌素 0.2%、高效氯氰菊酯 0.8%/2009.02.01 至 2014.02.01/低毒(原药高毒)
甘蓝 小菜蛾 7.5-10.5克/公顷 喷雾
PD20091628 高氯·辛乳油/22%/乳油/高效氯氰菊酯 1.7%、辛硫磷 20.3%/2009.02.03 至 2014.02.03/低毒
荔枝树 卷叶虫 110-147毫克/千克 喷雾
PD20094739 高效氯氟氰菊酯/25克/升/乳油/高效氯氟氰菊酯 25克/升/2009.04.10 至 2014.04.10/中等毒
果菜、叶菜 菜青虫 7.5-15克/公顷 喷雾
LS20081792 福·福锌/80%/可湿性粉剂/福美双 30%、福美锌 50%/2009.04.07 至 2010.04.07/中等毒
黄瓜 炭疽病 1500-2100克/公顷 喷雾
LS20082566 百草枯/200克/升/水剂/百草枯 200克/升/2009.04.23 至 2010.04.23/中等毒
柑橘园 杂草 600-750克/公顷 定向茎叶喷雾

广东省惠州市银农生物化工有限公司 (广东省惠州市江北菊花头 516003 0752-2803102)

LS20090030 甲氨基阿维菌素苯甲酸盐(2.2%)/2%/微乳剂/甲氨基阿维菌素 2%/2009.01.08 至 2010.01.08/低毒
甘蓝 甜菜夜蛾 1.65-4.95克/公顷 喷雾

广东省惠州市中迅化工有限公司 (广东省惠州市惠城区仲恺高新技术产业开发区24号小区 516006 0752-2621188)

PD20040333 吡虫啉/25%/可湿性粉剂/吡虫啉 25%/2009.12.19 至 2014.12.19/低毒
茶树 小绿叶蝉 5000-7500倍液 喷雾
PD20040407 吡虫啉/2.5%/乳油/吡虫啉 2.5%/2004.12.19 至 2009.12.18/中等毒
棉花 蚜虫 5.6-9.4克/公顷 喷雾
PD20040556 氯氰·吡虫啉/5%/乳油/吡虫啉 1%、氯氰菊酯 4%/2009.12.19 至 2014.12.19/低毒
甘蓝 蚜虫 22.5-37.5克/公顷 喷雾
PD20040585 氯氰·三唑磷/20%/乳油/氯氰菊酯 2%、三唑磷 18%/2009.12.19 至 2014.12.19/中等毒
荔枝、龙眼 蒂蛀虫 133-200毫克/千克 喷雾
棉花 棉铃虫 300-360克/公顷 喷雾
注:荔枝、龙眼的有效期为2006.08.11至2007.08.11。

PD20080014	灭幼脲/25%/可湿性粉剂/灭幼脲 25%/2008.01.04 至 2013.01.04/低毒			
	苹果树	金纹细蛾	167-250毫克/千克	喷雾
PD20080057	灭幼脲/25%/悬浮剂/灭幼脲 25%/2008.01.04 至 2013.01.04/低毒			
	甘蓝	菜青虫	37.5-75克/公顷	喷雾
	苹果树	金纹细蛾	125-167毫克/千克	喷雾
	松树	松毛虫	112.5-150克/公顷	喷雾
PD20082892	啶虫脒/3%/乳油/啶虫脒 3%/2008.12.09 至 2013.12.09/中等毒			
	苹果树	蚜虫	15-20毫克/千克	喷雾
PD20083527	阿维菌素/2%/乳油/阿维菌素 2%/2008.12.12 至 2013.12.12/低毒(原药高毒)			
	菜豆	美洲斑潜蝇	10.8-21.6克/公顷	喷雾
PD20084872	丙环唑/25%/乳油/丙环唑 25%/2008.12.22 至 2013.12.22/微毒			
	香蕉	叶斑病	500-1000倍液	喷雾
PD20084986	咪鲜胺/25%/乳油/咪鲜胺 25%/2008.12.22 至 2013.12.22/低毒			
	水稻	恶苗病	2000-4000倍液	浸种
PD20085089	灭幼脲/20%/悬浮剂/灭幼脲 20%/2008.12.23 至 2013.12.23/低毒			
	甘蓝	菜青虫	37.5-75克/公顷	喷雾
	苹果树	金纹细蛾	125-167毫克/千克	喷雾
	松树	松毛虫	112.5-150克/公顷	喷雾
PD20086112	三环·多菌灵/18%/悬浮剂/多菌灵 10%、三环唑 8%/2008.12.30 至 2013.12.30/低毒			
	水稻	稻瘟病	243-324克/公顷	喷雾
PD20090076	代森锌/65%/可湿性粉剂/代森锌 65%/2009.01.08 至 2014.01.08/低毒			
	番茄	早疫病	975-1200克/公顷	喷雾
PD20090529	虫酰肼/24%/悬浮剂/虫酰肼 24%/2009.01.12 至 2014.01.12/低毒			
	甘蓝	甜菜夜蛾	180-288克/公顷	喷雾
PD20090864	草甘膦异丙胺盐/41%/水剂/草甘膦异丙胺盐 41%/2009.01.19 至 2014.01.19/低毒			
	柑橘园	杂草	1230-2460克/公顷	喷雾
PD20090985	苄嘧·苯噻酰/60%/可湿性粉剂/苯噻酰草胺 53.5%、苄嘧磺隆 6.5%/2009.01.20 至 2014.01.20/低毒			
	水稻抛秧田	部分多年生杂草、一年生杂草	405-540克/公顷(南方地区)	药土法
PD20091100	噻嗪酮/25%/可湿性粉剂/噻嗪酮 25%/2009.01.21 至 2014.01.21/低毒			
	柑橘树	介壳虫	167-250毫克/千克	喷雾
PD20091243	毒死蜱/40%/乳油/毒死蜱 40%/2009.02.01 至 2014.02.01/中等毒			
	苹果树	桃小食心虫	200-267毫克/千克	喷雾
PD20091270	灭多威/90%/可溶粉剂/灭多威 90%/2009.02.01 至 2014.02.01/高毒			
	棉花	棉铃虫	135-270克/公顷	喷雾
PD20091346	阿维·毒死蜱/15%/乳油/阿维菌素 0.1%、毒死蜱 14.9%/2009.02.02 至 2014.02.02/低毒(原药高毒)			
	萝卜、青菜	小菜蛾	45-56.25克/公顷	喷雾
PD20091423	腈菌·三唑酮/12%/乳油/腈菌唑 2%、三唑酮 10%/2009.02.02 至 2014.02.02/低毒			
	小麦	白粉病	45-54克/公顷	喷雾
PD20091466	马拉硫磷/45%/乳油/马拉硫磷 45%/2009.02.02 至 2014.02.02/低毒			
	十字花科蔬菜	黄条跳甲	540-742.5克/公顷	喷雾
PD20091536	苯丁锡/25%/可湿性粉剂/苯丁锡 25%/2009.02.03 至 2014.02.03/低毒			
	柑橘树	红蜘蛛	166.7-250毫克/千克	喷雾
PD20091768	霜脲·百菌清/18%/悬浮剂/百菌清 16%、霜脲氰 2%/2009.02.04 至 2014.02.04/低毒			
	黄瓜	霜霉病	405-506克/公顷	喷雾
PD20091790	敌百虫/30%/乳油/敌百虫 30%/2009.02.04 至 2014.02.04/低毒			
	十字花科蔬菜	菜青虫	450-675克/公顷	喷雾
PD20091906	异菌脲/50%/可湿性粉剂/异菌脲 50%/2009.02.12 至 2014.02.12/低毒			
	番茄	早疫病	750-1500克/公顷	喷雾
PD20091959	双甲脒/20%/乳油/双甲脒 20%/2009.02.12 至 2014.02.12/低毒			
	苹果树	红蜘蛛	133.3-200毫克/千克	喷雾
PD20091984	阿维·吡虫啉/1.8%/可湿性粉剂/阿维菌素 0.1%、吡虫啉 1.7%/2009.02.12 至 2014.02.12/低毒(原药高毒)			
	甘蓝	蚜虫	6.75-10.8克/公顷	喷雾
PD20092213	三唑锡/25%/可湿性粉剂/三唑锡 25%/2009.02.24 至 2014.02.24/中等毒			
	柑橘树	红蜘蛛	125-166.7毫克/千克	喷雾
PD20092475	代森锰锌/80%/可湿性粉剂/代森锰锌 80%/2009.02.25 至 2014.02.25/低毒			
	番茄	早疫病	1845-2370克/公顷	喷雾
PD20092476	三环唑/75%/可湿性粉剂/三环唑 75%/2009.02.25 至 2014.02.25/中等毒			
	水稻	稻瘟病	225-300克/公顷	喷雾
PD20092649	丙溴磷/40%/乳油/丙溴磷 40%/2009.03.03 至 2014.03.03/中等毒			
	棉花	棉铃虫	480-600克/公顷	喷雾
PD20093003	百菌清/75%/可湿性粉剂/百菌清 75%/2009.03.09 至 2014.03.09/低毒			
	苹果树	斑点落叶病	400-600倍液	喷雾
PD20093474	马拉·辛硫磷 /20%/乳油/马拉硫磷 10%、辛硫磷 10%/2009.03.23 至 2014.03.23/低毒			

棉花 棉铃虫 150-225克/公顷 喷雾

PD20093648 溴氰 ·敌敌畏/20.5%/乳油/敌敌畏 20%、溴氰菊酯 0.5%/2009.03.25 至 2014.03.25/中等毒

棉花 棉蚜 230-307克/公顷 喷雾

PD20094180 噻嗪·异丙威/25%/可湿性粉剂/噻嗪酮 6%、异丙威 19%/2009.03.30 至 2014.03.30/中等毒

水稻 稻飞虱 112.5-184.5克/公顷 喷雾

PD20094220 福美双/50%/可湿性粉剂/福美双 50%/2009.03.31 至 2014.03.31/低毒

黄瓜 霜霉病 750-1125克/公顷 喷雾

PD20094291 苏云金杆菌/16000IU/毫克/可湿性粉剂/苏云金杆菌 16000IU/毫克/2009.03.31 至 2014.03.31/低毒

茶树 茶毛虫 800-1600倍 喷雾

棉花 二代棉铃虫 1500-2250克制剂/公顷 喷雾

森林 松毛虫 1200-1600倍 喷雾

十字花科蔬菜 菜青虫 375-750克制剂/公顷 喷雾

十字花科蔬菜 小菜蛾 750-1125克制剂/公顷 喷雾

水稻 稻纵卷叶螟 1500-2250克制剂/公顷 喷雾

烟草 烟青虫 750-1500克制剂/公顷 喷雾

玉米 玉米螟 750-1500克制剂/公顷 加细沙灌心

枣树 枣尺蠖 1200-1600倍 喷雾

PD20094305 溴氰·硫丹/10%/乳油/硫丹 9.8%、溴氰菊酯 0.2%/2009.03.31 至 2014.03.31/高毒

棉花 棉铃虫 150-210克/公顷 喷雾

PD20094426 氯氰·毒死蜱/25%/乳油/毒死蜱 22.5%、氯氰菊酯 2.5%/2009.04.01 至 2014.04.01/中等毒

棉花 棉铃虫 225-375克/公顷 喷雾

PD20094447 吡虫·灭多威/10%/乳油/吡虫啉 1%、灭多威 9%/2009.04.01 至 2014.04.01/中等毒(原药高毒)

小麦 蚜虫 90-120克/公顷 喷雾

PD20094458 霜霉威盐酸盐/722克/升/水剂/霜霉威盐酸盐 722克/升/2009.04.01 至 2014.04.01/低毒

黄瓜 霜霉病 866.4-1083克/公顷 喷雾

PD20094579 嘧霉胺/40%/悬浮剂/嘧霉胺 40%/2009.04.09 至 2014.04.09/微毒

番茄 灰霉病 375-562.5克/公顷 喷雾

PD20094601 多菌灵/25%/可湿性粉剂/多菌灵 25%/2009.04.10 至 2014.04.10/低毒

油菜 菌核病 1125-1500克/公顷 喷雾

PD20094634 甲基硫菌灵/70%/可湿性粉剂/甲基硫菌灵 70%/2009.04.10 至 2014.04.10/低毒

苹果 轮纹病 467-700毫克/千克 喷雾

PD20095152 辛硫磷/40%/乳油/辛硫磷 40%/2009.04.24 至 2014.04.24/低毒

十字花科蔬菜 菜青虫 300-480克/公顷 喷雾

PD20095153 杀螟丹/50%/可溶粉剂/杀螟丹 50%/2009.04.24 至 2014.04.24/低毒

水稻 二化螟 600-900克/公顷 喷雾

PD20096325 氟铃脲/5%/乳油/氟铃脲 5%/2009.07.22 至 2014.07.22/低毒

棉花 棉铃虫 90-120克/公顷 喷雾

PD20096474 百草枯/200克/升/水剂/百草枯 200克/升/2009.08.14 至 2014.08.14/中等毒

菜心 杂草 450-600克/公顷 定向喷雾

PD20096513 烯唑醇/12.5%/可湿性粉剂/烯唑醇 12.5%/2009.08.19 至 2014.08.19/低毒

梨树 黑星病 31.3-41.7毫克/千克 喷雾

PD20096638 苯丁·哒螨灵/10%/乳油/苯丁锡 5%、哒螨灵 5%/2009.09.02 至 2014.09.02/中等毒

柑橘树 红蜘蛛 50-67毫克/千克 喷雾

PD20097405 锰锌·百菌清/64%/可湿性粉剂/百菌清 8%、代森锰锌 56%/2009.10.28 至 2014.10.28/低毒

番茄 早疫病 1028-1440克/公顷 喷雾

PD20097815 吗胍·乙酸铜/20%/可湿性粉剂/盐酸吗啉胍 10%、乙酸铜 10%/2009.11.20 至 2014.11.20/低毒

番茄 病毒病 525-750克/公顷 喷雾

PD20098356 哒螨·矿物油/34%/乳油/哒螨灵 4%、矿物油 30%/2009.12.18 至 2014.12.18/中等毒

柑橘树 红蜘蛛 11-16毫克/千克 喷雾

LS20020570 菌毒·吗啉胍/7.5%/水剂/菌毒清 2.5%、盐酸吗啉胍 5%/2009.06.16 至 2009.12.31/低毒

番茄 病毒病 135-196.88克/公顷 喷雾

LS20050184 草甘膦/10%/水剂/草甘膦 10%/2008.01.26 至 2009.12.31/低毒

柑橘园 杂草 1500-2250克/公顷 喷雾

LS20050508 炔螨特/73%/乳油/炔螨特 73%/2008.02.26 至 2009.02.25/低毒

柑橘树 红蜘蛛 243.3-365毫克/千克 喷雾

LS20050690 福·福锌/40%/可湿性粉剂/福美双 15%、福美锌 25%/2008.03.20 至 2009.03.20/低毒

西瓜 炭疽病 1500-1800克/公顷 喷雾

LS20050703 丁硫克百威/20%/乳油/丁硫克百威 20%/2008.03.20 至 2009.03.20/中等毒

柑橘树 柑橘锈螨 100-200毫克/千克 喷雾

节瓜 蓟马 180-300克/公顷 喷雾

LS20050720 吡虫啉/10%/可湿性粉剂/吡虫啉 10%/2008.03.20 至 2009.03.20/低毒

水稻 稻飞虱 15-30克/公顷 喷雾

LS20050724 三唑磷/20%/乳油/三唑磷 20%/2008.03.20 至 2009.03.20/中等毒

水稻 三化螟 360-450克/公顷 喷雾

LS20051036 氰戊菊酯/20%/乳油/氰戊菊酯 20%/2008.04.07 至 2009.04.07/中等毒

柑橘树 潜叶蛾 166.7-250毫克/千克 喷雾

LS20051311 阿维·哒螨灵/12.5%/可湿性粉剂/阿维菌素 0.25%、哒螨灵 12.25%/2008.04.12 至 2009.04.12/低毒(原药高毒)

苹果树 二斑叶螨 50-83.3毫克/千克 喷雾

LS20051355 氢氧化铜/53.8%/水分散粒剂/氢氧化铜 53.8%/2008.04.13 至 2009.04.13/低毒

柑橘树 溃疡病 897-1793毫克/千克 喷雾

LS20051405 甲氰菊酯/20%/乳油/甲氰菊酯 20%/2008.04.18 至 2009.04.18/低毒

苹果树 桃小食心虫 66.7-100毫克/千克 喷雾

LS20051509 霜脲·锰锌/72%/可湿性粉剂/代森锰锌 64%、霜脲氰 8%/2008.04.21 至 2009.04.21/低毒

黄瓜 霜霉病 1350-1620克/公顷 喷雾

LS20051660 高效氯氰菊酯/4.5%/乳油/高效氯氰菊酯 4.5%/2008.05.07 至 2009.05.07/低毒

棉花 棉铃虫 27-40.5克/公顷 喷雾

LS20051667 乙酰甲胺磷/30%/乳油/乙酰甲胺磷 30%/2008.05.07 至 2009.05.07/低毒

水稻 二化螟 810-990克/公顷 喷雾

LS20051694 哒螨灵/15%/乳油/哒螨灵 15%/2008.05.07 至 2009.05.07/中等毒

柑橘树 红蜘蛛 75-100毫克/千克 喷雾

LS20051857 阿维·高氯/2.4%/可湿性粉剂/阿维菌素 0.2%、高效氯氰菊酯 2.2%/2008.05.16 至 2009.05.16/低毒(原药高毒)

黄瓜 美洲斑潜蝇 15-30克/公顷 喷雾

LS20052074 菌核净/40%/可湿性粉剂/菌核净 40%/2008.06.05 至 2009.06.05/低毒

烟草 赤星病 1200-1800克/公顷 喷雾

LS20052098 氯氰菊酯/10%/乳油/氯氰菊酯 10%/2008.06.09 至 2009.06.09/低毒

十字花科蔬菜 菜青虫 30-45克/公顷 喷雾

LS20052909 二氯喹啉酸/50%/可湿性粉剂/二氯喹啉酸 50%/2008.09.07 至 2009.09.07/低毒

水稻移栽田 稗草 300-375克/公顷 茎叶喷雾

LS20053044 甲维·氯氰/3.2%/微乳剂/甲氨基阿维菌素 0.2%、氯氰菊酯 3%/2008.09.15 至 2009.09.15/低毒

十字花科蔬菜 甜菜夜蛾 24-28.8克/公顷 喷雾

LS20053367 乙酸铜/20%/水分散粒剂/乙酸铜 20%/2009.06.16 至 2009.12.31/低毒

柑橘 溃疡病 167-250毫克/千克 喷雾

LS20053698 叶枯唑/20%/可湿性粉剂/叶枯唑 20%/2008.11.29 至 2009.11.29/低毒

水稻 白叶枯病 300-375克/公顷 喷雾

LS20060553 阿维·杀虫单/20%/微乳剂/阿维菌素 0.2%、杀虫单 19.8%/2009.03.16 至 2010.03.16/中等毒(原药高毒)

菜豆 美洲斑潜蝇 150-210克/公顷 喷雾

LS20060844 烯酰·锰锌/69%/可湿性粉剂/代森锰锌 59%、烯酰吗啉 10%/2009.04.12 至 2010.04.12/低毒

黄瓜 霜霉病 1035-1397克/公顷 喷雾

LS20061166 乙烯利/40%/水剂/乙烯利 40%/2009.05.17 至 2010.05.17/低毒

番茄 催熟 400-500毫克/升 喷雾

LS20061221 噻嗪·毒死蜱/30%/乳油/毒死蜱 15%、噻嗪酮 15%/2009.05.22 至 2010.05.22/中等毒

柑橘 介壳虫 120-200毫克/千克 喷雾

LS20061225 阿维·哒螨灵/10.5%/乳油/阿维菌素 0.25%、哒螨灵 10.25%/2009.05.22 至 2010.05.22/中等毒(原药高毒)

柑橘树 红蜘蛛 70-105毫克/千克 喷雾

LS20061311 噻螨酮/5%/乳油/噻螨酮 5%/2009.06.12 至 2010.06.12/低毒

苹果树 红蜘蛛 25-33.3毫克/千克 喷雾

LS20061592 高氯·杀虫单/25%/水乳剂/高效氯氰菊酯 3%、杀虫单 22%/2009.08.13 至 2010.08.13/中等毒

十字花科蔬菜 小菜蛾 262.5-300克/公顷 喷雾

LS20071163 聚醛·甲萘威/6%/颗粒剂/甲萘威 1.5%、四聚乙醛 4.5%/2009.04.25 至 2010.04.26/低毒

玉米田 蜗牛 540-675克/公顷 撒施

LS20071385 苯醚甲环唑/10%/水分散粒剂/苯醚甲环唑 10%/2009.05.17 至 2010.05.18/低毒

梨树 黑星病 14.3-16.7毫克/千克 喷雾

LS20071559 高效氟吡甲禾灵/108克/升/乳油/高效氟吡甲禾灵 108克/升/2009.05.29 至 2010.05.30/低毒

大豆田 一年生禾本科杂草 48.6-72.9克/公顷 茎叶喷雾

LS20071587 灭线磷/10%/颗粒剂/灭线磷 10%/2009.06.05 至 2010.06.06/中等毒(原药高毒)

水稻 稻瘿蚊 1500-1800克/公顷 撒施

LS20071678 代森锌/80%/可湿性粉剂/代森锌 80%/2009.06.13 至 2010.06.14/低毒

花生 叶斑病 960-1200克/公顷 喷雾

LS20072574 杀螟丹(药肥混剂)/0.8%/颗粒剂/杀螟丹 0.8%/2009.12.09 至 2010.12.10/低毒

水稻 稻纵卷叶螟 1500-1800克/公顷 撒施

LS20072654 苄嘧·苯噻酰(药肥混剂)/0.2%/颗粒剂/苯噻酰草胺 0.19%、苄嘧磺隆 0.01%/2009.12.13 至 2010.12.14/低毒

抛秧水稻 一年生杂草 303-454.5克/公顷 撒施

LS20072666 灭蝇胺/80%/水分散粒剂/灭蝇胺 80%/2009.12.18 至 2010.12.19/低毒

黄瓜 美洲斑潜蝇 180-216克/公顷 喷雾

LS20080360 甲氨基阿维菌素苯甲酸盐/2.5%/乳油/甲氨基阿维菌素苯甲酸盐 2.5%/2009.02.18 至 2010.02.19/低毒

甘蓝 小菜蛾 1.5-3克/公顷 喷雾

LS20080630 精噁唑禾草灵/10%/乳油/精噁唑禾草灵 10%/2009.02.21 至 2010.02.22/低毒
冬小麦田 一年生禾本科杂草 90-120克/公顷 茎叶喷雾

LS20080687 己唑醇/5%/微乳剂/己唑醇 5%/2009.02.25 至 2010.02.26/低毒
苹果树 白粉病 33.3-50毫克/千克 喷雾

LS20080742 阿维·三唑锡/12.5%/可湿性粉剂/阿维菌素 0.25%、三唑锡 12.25%/2009.02.25 至 2010.02.26/低毒(原药高毒)
苹果树 二斑叶螨 83.3～125毫克/千克 喷雾

LS20081543 硫双威/75%/可湿性粉剂/硫双威 75%/2009.03.31 至 2010.03.31/中等毒
棉花 棉铃虫 450-675克/公顷 喷雾

LS20082208 阿维菌素/18克/升/乳油/阿维菌素 18克/升/2009.04.18 至 2010.04.18/低毒(原药高毒)
柑橘树 潜叶蛾 4.5-9.0毫克/千克 喷雾

LS20082242 联苯菊酯/100克/升/乳油/联苯菊酯 100克/升/2009.04.18 至 2010.04.18/低毒
茶树 茶小绿叶蝉 37.5-45克/公顷 喷雾

LS20082532 三唑锡/20%/悬浮剂/三唑锡 20%/2009.04.22 至 2010.04.22/低毒
苹果树 红蜘蛛 100-200毫克/千克 喷雾

LS20082871 啶虫脒/40%/水分散粒剂/啶虫脒 40%/2009.06.11 至 2010.06.11/低毒
十字花科蔬菜 蚜虫 13.5-22.5克/公顷 喷雾

LS20082973 丁醚脲/30%/乳油/丁醚脲 30%/2009.08.20 至 2010.08.20/低毒
十字花科蔬菜 小菜蛾 360-450克/公顷 喷雾

LS20083125 甲基硫菌灵/75%/可湿性粉剂/甲基硫菌灵 75%/2009.11.12 至 2010.11.12/低毒
苹果 轮纹病 750-937.5毫克/千克 喷雾

LS20083128 毒死蜱/0.5%/颗粒剂/毒死蜱 0.5%/2009.11.12 至 2010.11.12/低毒
十字花科蔬菜 地老虎、蝼蛄、蛴螬 1875-2250克/公顷 撒施

LS20083135 百菌清/80%/可湿性粉剂/百菌清 80%/2009.11.12 至 2010.11.12/低毒
苹果树 斑点落叶病 1000-2000毫克/千克 喷雾

LS20083225 苯磺隆/80%/水分散粒剂/苯磺隆 80%/2009.12.10 至 2010.12.10/低毒
冬小麦田 一年生阔叶杂草 12-24克/公顷 茎叶喷雾

LS20090100 毒死蜱/3%/颗粒剂/毒死蜱 3%/2009.01.09 至 2010.01.09/低毒
甘蓝 地老虎 1350-1800克/公顷 撒施

LS20091371 阿维·丁醚脲/20%/乳油/阿维菌素 0.5%、丁醚脲 19.5%/2009.07.28 至 2010.07.28/低毒(原药高毒)
甘蓝 小菜蛾 180-240毫升/亩 喷雾

LS20091385 氰氟·二氯喹/20%/可湿性粉剂/二氯喹啉酸 17%、氰氟草酯 3%/2009.08.14 至 2010.08.14/低毒
水稻秧田 一年生禾本科杂草 240-300克/公顷 茎叶喷雾

LS20091459 苄嘧·丙草胺/0.3%/颗粒剂/苄嘧磺隆 0.033%、丙草胺 0.267%/2009.12.24 至 2010.12.24/微毒
水稻直播田 一年生杂草 450-675克/公顷 撒施

LS20091460 苄·二氯/0.3%/颗粒剂/苄嘧磺隆 0.033%、二氯喹啉酸 0.267%/2009.12.24 至 2010.12.24/微毒
水稻直播田 一年生杂草 450-675克/公顷 撒施

广东省江门市大光明农化有限公司 （广东省江门市蓬江区江会路69号 529000 0750-3508606）

PD84108-15 敌百虫/97%/原药/敌百虫 97%/2009.11.29 至 2014.11.29/低毒
白菜、青菜 地下害虫 750-1500克/公顷 喷雾
白菜、青菜 菜青虫 960-1200克/公顷 喷雾
茶树 尺蠖、刺蛾 450-900毫克/千克 喷雾
大豆 造桥虫 1800克/公顷 喷雾
柑橘树 卷叶蛾 600-750毫克/千克 喷雾
林木 松毛虫 600-900毫克/千克 喷雾
水稻 螟虫 1500-1800克/公顷 喷雾、泼浇或毒土
小麦 黏虫 1800克/公顷 喷雾
烟草 烟青虫 900毫克/千克 喷雾

PD84111-33 氧乐果/40%/乳油/氧乐果 40%/2009.10.28 至 2014.10.28/中等毒(原药高毒)
棉花 蚜虫、螨 375-600克/公顷 喷雾
森林 松干蚧、松毛虫 500倍液 喷雾或直接涂树干
水稻 稻纵卷叶螟、飞虱 375-600克/公顷 喷雾
小麦 蚜虫 300-450克/公顷 喷雾

PD84125-17 乙烯利/40%/水剂/乙烯利 40%/2009.10.28 至 2014.10.28/低毒
番茄 催熟 800-1000倍液 喷雾或浸渍
棉花 催熟、增产 330-500倍液 喷雾
柿子、香蕉 催熟 400倍液 喷雾或浸渍
水稻 催熟、增产 800倍液 喷雾
橡胶树 增产 5-10倍液 涂布
烟草 催熟 1000-2000倍液 喷雾

PD85121-19 乐果/40%/乳油/乐果 40%/2005.07.07 至 2010.07.07/中等毒
茶树 蚜虫、叶蝉、螨 1000-2000倍液 喷雾

	甘薯	小象甲	2000倍液	浸鲜薯片诱杀
	柑橘树、苹果树	鳞翅目幼虫、蚜虫、螨	800-1600倍液	喷雾
	棉花	蚜虫、螨	450-600克/公顷	喷雾
	蔬菜	蚜虫、螨	300-600克/公顷	喷雾
	水稻	飞虱、螟虫、叶蝉	450-600克/公顷	喷雾
	烟草	蚜虫、烟青虫	300-600克/公顷	喷雾
PD86148-60	异丙威/20%/乳油/异丙威 20%/2006.12.13 至 2011.12.13/中等毒			
	水稻	飞虱、叶蝉	450-600克/公顷	喷雾
PD86152-3	乙酰甲胺磷/30%/乳油/乙酰甲胺磷 30%/2006.12.13 至 2011.12.13/低毒			
	茶树	茶尺蠖	500-1000倍液	喷雾
	柑橘树	介壳虫、螨	500-1000倍液	喷雾
	棉花	棉铃虫、蚜虫	450-562.5克/公顷	喷雾
	苹果树	食心虫	500-1000倍液	喷雾
	蔬菜	菜青虫、蚜虫	500-1000倍液	喷雾
	水稻	螟虫、叶蝉	450-562.5克/公顷	喷雾
	小麦、玉米	黏虫、玉米螟	500-1000倍液	喷雾
	烟草	烟青虫	500-1000倍液	喷雾
PD86157-16	硫磺/50%/悬浮剂/硫磺 50%/2006.12.13 至 2011.12.13/低毒			
	果树	白粉病	200-400倍液	喷雾
	花卉	白粉病	750-1500克/公顷	喷雾
	黄瓜	白粉病	1125-1500克/公顷	喷雾
	橡胶树	白粉病	1875-3000克/公顷	喷雾
	小麦	白粉病、螨	3000克/公顷	喷雾
PD86175-5	乙酰甲胺磷/90%/原药/乙酰甲胺磷 90%/2006.12.13 至 2011.12.13/低毒			
PD86177-6	结晶乐果//原药/乐果 98%/2006.12.13 至 2011.12.13/中等毒			
PD91106-17	甲基硫菌灵/70%/可湿性粉剂/甲基硫菌灵 70%/2006.04.09 至 2011.04.09/低毒			
	番茄	叶霉病	375-562.5克/公顷	喷雾
	甘薯	黑斑病	360-450毫克/千克	浸薯块
	瓜类	白粉病	337.5-506.25克/公顷	喷雾
	梨树	黑星病	360-450毫克/千克	喷雾
	苹果树	轮纹病	700毫克/千克	喷雾
	水稻	稻瘟病、纹枯病	1050-1500克/公顷	喷雾
	小麦	赤霉病	750-1050克/公顷	喷雾
PD20040390	氯氰菊酯/10%/乳油/氯氰菊酯 10%/2009.12.19 至 2014.12.19/中等毒			
	棉花	棉铃虫、棉蚜	45-90克/公顷	喷雾
	十字花科蔬菜	菜青虫	30-45克/公顷	喷雾
PD20040460	吡虫啉/2.5%/乳油/吡虫啉 2.5%/2004.12.19 至 2009.12.18/低毒			
	棉花	蚜虫	11.25-22.5克/公顷	喷雾
	水稻	飞虱	11.25-18.75克/公顷	喷雾
	注:棉花为临时登记状态，有效期2007年4月4日至2010年4月4日。			
PD20040548	吡虫啉/2.5%/可湿性粉剂/吡虫啉 2.5%/2004.12.19 至 2009.12.18/低毒			
	十字花科蔬菜	蚜虫	11.25-22.5克/公顷	喷雾
	水稻	飞虱	11.25-18.75克/公顷	喷雾
	注:十字花科蔬菜为临时登记,有效期为2007年2月26日至2011年2月26日。			
PD20040634	高效氯氰菊酯/4.5%/乳油/高效氯氰菊酯 4.5%/2009.12.19 至 2014.12.18/中等毒			
	茶树	茶尺蠖	15-22.5克/公顷	喷雾
	柑橘树	红蜡蚧	50毫克/千克	喷雾
	柑橘树	潜叶蛾	15-20毫克/千克	喷雾
	棉花	红铃虫、棉铃虫、棉蚜	15-30克/公顷	喷雾
	苹果树	桃小食心虫	20-33毫克/千克	喷雾
	十字花科蔬菜	菜青虫、小菜蛾	9-22.5克/公顷	喷雾
	十字花科蔬菜	蚜虫	3-18克/公顷	喷雾
	烟草	烟青虫	15-22.5克/公顷	喷雾
PD20060126	甲氰菊酯/20%/乳油/甲氰菊酯 20%/2006.06.26 至 2011.06.26/中等毒			
	甘蓝	菜青虫	75-90克/公顷	喷雾
	柑橘树	红蜘蛛	67-100毫克/千克	喷雾
	棉花	棉铃虫	90-120克/公顷	喷雾
	苹果树	山楂红蜘蛛	100毫克/千克	喷雾
PD20070100	百草枯/20%/水剂/百草枯 20%/2007.04.20 至 2012.04.20/中等毒			
	柑橘园	杂草	600-750克/公顷	定向茎叶喷雾
PD20070549	芸苔素内酯/0.01%/可溶液剂/芸苔素内酯 0.01%/2007.12.03 至 2012.12.03/微毒			
	草莓、茶树、梨树	调节生长、增产	0.02-0.04毫克/升	喷雾
	大豆、番茄、花生、	调节生长	0.02-0.04毫克/升	喷雾

	香蕉、烟草			
	柑橘树	调节生长	0.02-0.04毫克/千克	喷雾
	黄瓜	调节生长	0.03—0.05毫克/千克	喷雾
	荔枝树、葡萄	调节生长	0.02-0.04 毫克/千克	喷雾
	棉花、小白菜	调节生长、增产	0.02-0.04毫克/千克	喷雾
	水稻	调节生长、增产	0.02-0.06毫克/千克	喷雾
	小麦	调节生长、增产	0.01-0.1毫克/千克	喷雾
	玉米	调节生长、增产	0.05-0.2毫克/千克	喷雾
	注:在梨树、草莓和茶树上为临时登记，有效期最多至2011年3月19日。			
PD20070550	芸苔素内酯/90%/原药/芸苔素内酯 90%/2007.12.03 至 2012.12.03/低毒			
PD20080351	氯氰菊酯/92%/原药/氯氰菊酯 92%/2008.02.29 至 2013.02.28/低毒			
PD20080353	草甘膦异丙胺盐/41%/水剂/草甘膦异丙胺盐 41%/2008.02.29 至 2013.02.28/低毒			
	柑橘园	一年生和多年生杂草	1230-2460克/公顷	定向茎叶喷雾
PD20080736	苯噻酰草胺/95%/原药/苯噻酰草胺 95%/2008.06.11 至 2013.06.11/低毒			
PD20080756	灭多威/24%/可溶液剂/灭多威 24%/2008.06.11 至 2013.06.11/中等毒(原药高毒)			
	茶树	茶小绿叶蝉	337.5-450克/公顷	喷雾
	甘蓝	菜青虫、蚜虫	300-360克/公顷	喷雾
	柑橘树	潜叶蛾	200-300毫克/千克	喷雾
	柑橘树	橘蚜	120-240毫克/千克	喷雾
	棉花	棉铃虫、棉蚜	270-360克/公顷	喷雾
	烟草	烟青虫、烟蚜	180-270克/公顷	喷雾
PD20081424	甲氰菊酯/20%/乳油/甲氰菊酯 20%/2008.10.31 至 2013.10.31/中等毒			
	苹果树	桃小食心虫	67-100毫克/千克	喷雾
	苹果树	红蜘蛛	100毫克/千克	喷雾
PD20082321	苯噻酰草胺/50%/可湿性粉剂/苯噻酰草胺 50%/2008.12.01 至 2013.12.01/低毒			
	水稻抛秧田	一年生杂草	450-525克/公顷(南方地区)	药土法
	水稻移栽田	稗草、异型莎草	450-600克/公顷(北方地区)	药土法
PD20083159	氟乐灵/480克/升/乳油/氟乐灵 480克/升/2008.12.11 至 2013.12.11/低毒			
	春大豆田	一年生禾本科杂草及部分阔叶杂草	1080-1440克/公顷(东北地区)	土壤喷雾
	夏大豆田	一年生禾本科杂草及部分阔叶杂草	846-1080克/公顷(其他地区)	土壤喷雾
PD20083190	毒死蜱/480克/升/乳油/毒死蜱 480克/升/2008.12.11 至 2013.12.11/中等毒			
	荔枝	蒂蛀虫	400-500毫克/千克	喷雾
	十字花科蔬菜	菜青虫	360-540克/公顷	喷雾
	水稻	稻纵卷叶螟	450-600克/公顷	喷雾
PD20083532	高效氯氟氰菊酯/25克/升/乳油/高效氯氟氰菊酯 25克/升/2008.12.12 至 2013.12.12/中等毒			
	棉花	棉铃虫	7.5-22.5克/公顷	喷雾
	十字花科蔬菜	蚜虫	5.625-7.5克/公顷	喷雾
PD20083576	啶虫脒/3%/乳油/啶虫脒 3%/2008.12.12 至 2013.12.12/低毒			
	柑橘树、苹果树	蚜虫	12-15毫克/千克	喷雾
	黄瓜	蚜虫	18-22.5克/公顷	喷雾
	烟草	蚜虫	13.5-18克/公顷	喷雾
PD20083628	精喹禾灵/5%/乳油/精喹禾灵 5%/2008.12.12 至 2013.12.12/低毒			
	花生田	一年生禾本科杂草	45-60克/公顷	茎叶喷雾
PD20084496	灭多威/90%/可溶粉剂/灭多威 90%/2008.12.18 至 2013.12.18/高毒			
	甘蓝	菜青虫	337.5-405克/公顷	喷雾
PD20085722	苄嘧・苯噻酰/50%/可湿性粉剂/苯噻酰草胺 45%、苄嘧磺隆 5%/2008.12.26 至 2013.12.26/低毒			
	水稻移栽田	一年生及部分多年生杂草	1)600-750克/公顷(北方地区) 2)375-525克/公顷(南方地区)	药土法
PD20086327	灭多威/20%/乳油/灭多威 20%/2008.12.31 至 2013.12.31/中等毒(原药高毒)			
	棉花	蚜虫	75-150克/公顷	喷雾
	棉花	棉铃虫	150-225克/公顷	喷雾
PD20090285	硫磺・三唑酮/50%/悬浮剂/硫磺 45%、三唑酮 5%/2009.01.09 至 2014.01.09/低毒			
	小麦	锈病	750-900克/公顷	喷雾
	小麦	白粉病	600-750克/公顷	喷雾
	小麦	霜霉病	750-1200克/公顷	喷雾
PD20090406	硫磺・三环唑/45%/悬浮剂/硫磺 40%、三环唑 5%/2009.01.12 至 2014.01.12/低毒			
	水稻	稻瘟病	675-1012.5克/公顷	喷雾
PD20092396	噁霜・锰锌 /64%/可湿性粉剂/噁霜灵 8%、代森锰锌 56%/2009.02.25 至 2014.02.25/低毒			
	黄瓜	霜霉病	1650-1950克/公顷	喷雾
PD20092406	氰戊・乐果/15%/乳油/乐果 13%、氰戊菊酯 2%/2009.02.25 至 2014.02.25/中等毒			
	柑橘树	潜叶蛾	60-150毫克/千克	喷雾
	十字花科蔬菜	菜青虫、蚜虫	60-150毫克/千克	喷雾
PD20092423	甲氰・炔螨特/20%/乳油/甲氰菊酯 5%、炔螨特 15%/2009.02.25 至 2014.02.25/中等毒			

柑橘树 红蜘蛛 200-250毫克/千克 喷雾
PD20092576 抗蚜威/25%/水分散粒剂/抗蚜威 25%/2009.02.27 至 2014.02.27/中等毒
烟草 烟蚜 112.5-187.5克/公顷 喷雾
PD20093296 高效氯氰菊酯/4.5%/水乳剂/高效氯氰菊酯 4.5%/2009.03.13 至 2014.03.13/低毒
棉花 棉铃虫 33.75-54克/公顷 喷雾
PD20093994 甲霜·锰锌 /58%/可湿性粉剂/甲霜灵 10%、代森锰锌 48%/2009.03.27 至 2014.03.27/低毒
黄瓜 霜霉病 1305-1632克/公顷 喷雾
PD20094409 甲氰·辛硫磷/12%/乳油/甲氰菊酯 10%、辛硫磷 2%/2009.04.01 至 2014.04.01/中等毒
苹果树 桃小食心虫 60-80毫克/千克 喷雾
PD20094707 S-氰戊菊酯/50克/升/乳油/S-氰戊菊酯 50克/升/2009.04.10 至 2014.04.10/中等毒
甘蓝 菜青虫 7.5-15克/公顷 喷雾
棉花 棉铃虫 18.75-26.25克/公顷 喷雾
苹果树 桃小食心虫 16-25毫克/千克 喷雾
小麦 蚜虫 9-11.25克/公顷 喷雾
PD20094767 噻螨酮/5%/乳油/噻螨酮 5%/2009.04.13 至 2014.04.13/低毒
柑橘树 红蜘蛛 25毫克/千克 喷雾
棉花 红蜘蛛 37.5-49.5克/公顷 喷雾
苹果树 苹果红蜘蛛、山楂红蜘蛛 25-30毫克/千克 喷雾
PD20095608 硫磺·百菌清/50%/悬浮剂/百菌清 15%、硫磺 35%/2009.05.12 至 2014.05.12/低毒
黄瓜 霜霉病 1125-1875克/公顷 喷雾
PD20096246 喹硫磷/10%/乳油/喹硫磷 10%/2009.07.15 至 2014.07.15/中等毒
水稻 稻纵卷叶螟、三化螟 150-180克/公顷 喷雾
PD20097102 高效氯氟氰菊酯/2.5%/可湿性粉剂/高效氯氟氰菊酯 2.5%/2009.10.10 至 2014.10.10/中等毒
甘蓝 蚜虫 7.5-11.25克/公顷 喷雾
LS20052392 吡虫啉/10%/可湿性粉剂/吡虫啉 10%/2008.07.10 至 2009.07.10/低毒
十字花科蔬菜 蚜虫 15-30克/公顷 喷雾
LS20060408 戊唑醇/250克/升/水乳剂/戊唑醇 250克/升/2009.03.05 至 2010.03.05/低毒
香蕉 叶斑病 250-500毫克/千克 喷雾
LS20060853 甲毒·三唑磷/15%/乳油/甲基毒死蜱 5%、三唑磷 10%/2009.04.12 至 2010.04.12/中等毒
水稻 三化螟 337.5-450克/公顷 喷雾
WP20080131 Es-生物烯丙菊酯/93%/原药/Es-生物烯丙菊酯 93%/2008.10.31 至 2013.10.31/中等毒
WP20080291 氯菊酯/93%/原药/氯菊酯 93%/2008.12.03 至 2013.12.03/低毒
WP20080298 高效氯氰菊酯/4.5%/悬浮剂/高效氯氰菊酯 4.5%/2008.12.03 至 2013.12.03/低毒
卫生 蜚蠊 22.5毫克/平方米 滞留喷洒
卫生 蚊、蝇 15毫克/平方米 滞留喷洒
WP20080335 溴氰菊酯/2.5%/悬浮剂/溴氰菊酯 2.5%/2008.12.09 至 2013.12.09/低毒
卫生 蜚蠊 15毫克/平方米 滞留喷雾
卫生 蚊、蝇 10毫克/平方米 滞留喷雾
WP20080354 右旋苯醚氰菊酯/93%/原药/右旋苯醚菊酯 93%/2008.12.09 至 2013.12.09/中等毒
WP20090036 胺菊酯/92%/原药/胺菊酯 92%/2009.01.14 至 2014.01.14/低毒
WL20060200 右旋胺菊酯原药//原药/右旋胺菊酯 总酯93%,右旋体90%/2009.12.11 至 2010.12.11/中等毒
WL20080353 杀蟑热雾剂/2%/热雾剂/胺菊酯 0.5%、氯氰菊酯 1.5%/2009.07.09 至 2010.07.09/低毒
仓库 蜚蠊 30毫克/立方米 喷雾
WL20080474 烯丙·氯菊/8.5%/水乳剂/富右旋反式烯丙菊酯 0.5%、氯菊酯 8%/2009.12.04 至 2010.12.04/微毒
卫生 蚊、蝇 80毫克/平方米 滞留喷洒
WL20090217 残杀威/10%/微乳剂/残杀威 10%/2009.12.14 至 2010.12.14/低毒
卫生 蚊 7.5毫克/立方米 滞留喷洒

广东省江门市新会区农得丰有限公司 (广东省江门市新会区会城镇河口工业大道 529100 0750-6317240)

PD20084163 克百威/3%/颗粒剂/克百威 3%/2008.12.16 至 2013.12.16/中等毒(原药高毒)
甘蔗 螟虫 1350-2250克/公顷 沟施
PD20090083 丁硫克百威/5%/颗粒剂/丁硫克百威 5%/2009.01.08 至 2014.01.08/低毒
甘蔗 螟虫 2250-3750克/公顷 沟施
LS20070457 毒死蜱/5%/颗粒剂/毒死蜱 5%/2009.03.05 至 2010.03.06/低毒
水稻 稻瘿蚊 1350-1500克/公顷 撒施
LS20080010 硫线磷/5%/颗粒剂/硫线磷 5%/2009.01.04 至 2010.01.04/低毒(原药高毒)
黄瓜 根结线虫 6000-7500克/公顷 拌土撒施
LS20081685 联苯菊酯/0.2%/颗粒剂/联苯菊酯 0.2%/2009.04.07 至 2010.04.07/低毒
十字花科蔬菜 小地老虎 90-150克/公顷 撒施

广东省江门市新会园田生物工程有限公司 (广东省江门市新会区大泽镇背江坑 529162 0750-6899313)

PD20082386 甲氰·噻螨酮/12.5%/乳油/甲氰菊酯 10%、噻螨酮 2.5%/2008.12.01 至 2013.12.01/中等毒
柑橘树 红蜘蛛 50-62.5毫克/千克 喷雾
PD20085482 甲基硫菌灵/70%/可湿性粉剂/甲基硫菌灵 70%/2008.12.25 至 2013.12.25/低毒
番茄 叶霉病 577.5-787.5克/公顷 喷雾

PD20091185 高效氯氟氰菊酯/25克/升/乳油/高效氯氟氰菊酯 25克/升/2009.01.22 至 2014.01.22/中等毒
十字花科叶菜 菜青虫 11.25-15克/公顷 喷雾

PD20092468 氯氰菊酯/10%/乳油/氯氰菊酯 10%/2009.02.25 至 2014.02.25/低毒
十字花科蔬菜 菜青虫 30-60克/公顷 喷雾

PD20092955 联苯菊酯/25克/升/乳油/联苯菊酯 25克/升/2009.03.09 至 2014.03.09/低毒
茶树 茶小绿叶蝉 22.5-37.5克/公顷 喷雾

PD20093069 喹硫磷/25%/乳油/喹硫磷 25%/2009.03.09 至 2014.03.09/中等毒
水稻 二化螟 450-525克/公顷 喷雾

PD20093364 杀双·灭多威/20%/水剂/灭多威 5%、杀虫双 15%/2009.03.18 至 2014.03.18/低毒(原药高毒)
甘蓝 菜青虫 100-150克/公顷 喷雾

PD20094068 氰戊菊酯/20%/乳油/氰戊菊酯 20%/2009.03.27 至 2014.03.27/低毒
十字花科蔬菜 菜青虫 90-120克/公顷 喷雾

PD20094073 代森锰锌/80%/可湿性粉剂/代森锰锌 80%/2009.03.27 至 2014.03.27/低毒
番茄 早疫病 1800-2400克/公顷 喷雾

PD20094138 毒死蜱/480克/升/乳油/毒死蜱 480克/升/2009.03.27 至 2014.03.27/中等毒
十字花科蔬菜 菜青虫 432-540克/公顷 喷雾

PD20094882 氯氰·毒死蜱/220克/升/乳油/毒死蜱 200%、氯氰菊酯 20%/2009.04.13 至 2014.04.13/中等毒
荔枝 蒂蛀虫 275-550毫克/千克 喷雾

PD20096495 丙环唑/250克/升/乳油/丙环唑 250克/升/2009.08.14 至 2014.08.14/低毒
香蕉 叶斑病 250-500毫克/千克 喷雾

PD20097127 噻嗪·异丙威/25%/可湿性粉剂/噻嗪酮 5%、异丙威 20%/2009.10.16 至 2014.10.16/低毒
水稻 稻飞虱 450-562.5克/公顷 喷雾

PD20097578 甲氰菊酯/20%/乳油/甲氰菊酯 20%/2009.11.03 至 2014.11.03/中等毒
甘蓝 菜青虫 60-90克/公顷 喷雾

PD20097596 百草枯/200克/升/水剂/百草枯 200克/升/2009.11.03 至 2014.11.03/中等毒
柑橘园 杂草 750-900克/公顷 定向茎叶喷雾

PD20098394 杀虫双/18%/水剂/杀虫双 18%/2009.12.18 至 2014.12.18/中等毒
水稻 二化螟 675-810克/公顷 喷雾

LS20071030 乙酰甲胺磷/20%/乳油/乙酰甲胺磷 20%/2009.04.19 至 2010.04.20/低毒
水稻 二化螟 750-900克/公顷 喷雾

LS20080566 吡虫啉/480克/升/悬浮剂/吡虫啉 480克/升/2009.02.23 至 2010.02.23/低毒
十字花科蔬菜 蚜虫 14.4-28.8克/公顷 喷雾

LS20080755 甲维·辛硫磷/20.2%/乳油/甲氨基阿维菌素苯甲酸盐 0.2%、辛硫磷 20%/2009.02.27 至 2010.02.27/低毒
十字花科蔬菜 小菜蛾 454.5-606克/公顷 喷雾

LS20081288 阿维·高氯/2.8%/乳油/阿维菌素 0.3%、高效氯氰菊酯 2.5%/2009.03.12 至 2010.03.12/低毒(原药高毒)
十字花科蔬菜 小菜蛾 16.8-27.3克/公顷 喷雾

LS20081477 阿维·辛硫磷/15%/乳油/阿维菌素 0.1%、辛硫磷 14.9%/2009.03.27 至 2010.03.27/低毒(原药高毒)
十字花科蔬菜 小菜蛾 168.75-225克/公顷 喷雾

LS20081857 阿维·吡虫啉/2.5%/乳油/阿维菌素 0.1%、吡虫啉 2.4%/2009.04.10 至 2010.04.10/低毒(原药高毒)
梨树 梨木虱 12.5-16.7毫克/千克 喷雾

LS20081991 阿维·毒死蜱/10%/乳油/阿维菌素 0.1%、毒死蜱 9.9%/2009.04.15 至 2010.04.15/低毒(原药高毒)
十字花科蔬菜 小菜蛾 150-180克/公顷 喷雾

LS20082319 草甘膦/30%/水剂/草甘膦 30%/2009.04.21 至 2010.04.21/低毒
柑橘园 杂草 1125-2250克/公顷 行间定向茎叶喷雾

LS20082490 丙溴·辛硫磷/24%/乳油/丙溴磷 10%、辛硫磷 14%/2009.04.22 至 2010.04.22/低毒
十字花科蔬菜 菜青虫 144-180克/公顷 喷雾

LS20082554 甲维盐·氯氰/3.2%/微乳剂/甲氨基阿维菌素苯甲酸盐 0.2%、氯氰菊酯 3%/2009.04.23 至 2010.04.23/低毒
十字花科蔬菜 甜菜夜蛾 24-28.8克/公顷 喷雾

LS20082672 阿维·炔螨特/40%/乳油/阿维菌素 0.3%、炔螨特 39.7%/2009.04.25 至 2010.04.25/低毒(原药高毒)
柑橘树 红蜘蛛 200-267毫克/千克 喷雾

LS20082756 吡虫·仲丁威/20%/乳油/吡虫啉 1%、仲丁威 19%/2009.05.04 至 2010.05.04/低毒
水稻 稻飞虱 180-240克/公顷 喷雾

LS20082775 阿维·三唑磷/15%/乳油/阿维菌素 0.1%、三唑磷 14.9%/2009.05.08 至 2010.05.08/中等毒(原药高毒)
棉花 棉铃虫 135-180克/公顷 喷雾

LS20091151 氟硅唑/8%/微乳剂/氟硅唑 8%/2009.04.17 至 2010.04.17/低毒
黄瓜 白粉病 60-72克/公顷 喷雾

广东省江门市植保有限公司 (广东省江门市建设二路51号 529000 0750-3287333)

PD20090132 春雷霉素/2%/水剂/春雷霉素 2%/2009.01.08 至 2014.01.08/低毒
番茄 叶霉病 40-50毫克/千克 喷雾
黄瓜 角斑病 42-52.5克/公顷 喷雾
水稻 稻瘟病 24-36克/公顷 喷雾

LS20082334 2%春雷霉素水剂/0/液剂/春雷霉素 0%/2008.04.21 至 2009.04.21/低毒

黄瓜 角斑病 42-52.5克/公顷 喷雾
水稻 稻瘟病 24-36克/公顷 喷雾

LS20090358 三环唑/20%/悬浮剂/三环唑 20%/2009.03.13 至 2010.03.13/低毒
水稻 稻瘟病 210-300克/公顷 喷雾

广东省蕉岭县嘉福香业有限公司 (广东省蕉岭县广福镇乐干工业园区 514165 0753-7545843)

WL20070253 蚊香/0.3%/蚊香/富右旋反式烯丙菊酯 0.3%/2009.11.04 至 2010.11.05/微毒
卫生 蚊 / 点燃

广东省揭东县雪美化妆品有限公司 (广东省揭阳市揭东县白塔镇南工业区 515526 0663-3594988)

WP20080336 杀虫气雾剂/0.3%/气雾剂/胺菊酯 0.2%、高效氯氰菊酯 0.1%/2008.12.09 至 2013.12.09/低毒
卫生 蚊、蝇、蜚蠊 / 喷雾

广东省揭阳市渔湖中学为民蚂蚁药厂 (广东省揭阳市渔湖中学 522000 0663-8779030)

WP20090105 杀蚁饵剂/0.5%/毒饵/胺菊酯 0.45%、氯氰菊酯 0.05%/2009.02.05 至 2014.02.05/低毒
卫生 蚂蚁 / 投放

广东省揭阳市泓泰百货有限公司 (广东省揭阳市榕城区西环城路三房巷27号 522000 0663-8601199)

WP20080282 蚊香/0.2%/蚊香/富右旋反式烯丙菊酯 0.2%/2008.12.01 至 2013.12.01/低毒
卫生 蚊 / 点燃

广东省揭阳市榕城区榕东潮洲灭蚁药厂 (广东省揭阳市榕城区新兴东路梅兜中路桥边 522000 0663-8675468)

WP20070006 0.84%山甲牌杀白蚁膏剂//膏剂/胺菊酯 0.80%、顺式氯氰菊酯 0.04%/2007.05.08 至 2012.05.08/低毒
卫生 白蚁 / 投放

WP20070009 0.47%山甲牌灭蚁饵剂//饵剂/胺菊酯 0.45%、顺式氯氰菊酯 0.02%/2007.05.30 至 2012.05.30/低毒
卫生 蚂蚁 20克制剂/平方米 投放

WP20070011 0.18%山甲牌杀虫粉剂//粉剂/氰戊菊酯 0.05%、溴氰菊酯 0.13%/2007.06.07 至 2012.06.07/低毒
卫生 蜚蠊 3.0克制剂/平方米 撒布

广东省开平市马冈镇达豪粘胶日用制品厂 (广东省开平市马冈镇涧渡路口 529353 0750-2877079)

WP20070025 杀蟑饵剂/2%/饵剂/残杀威 2%/2007.11.28 至 2012.11.28/低毒
卫生 蜚蠊 / 投放

WL20060061 杀蟑笔剂/1%/笔剂/高效氯氰菊酯 1%/2009.03.28 至 2010.03.28/低毒
卫生 蜚蠊 3克制剂/平方米 涂抹

广东省雷州市天品有限公司 (广东省雷州市广海北路269号 524200 0759-8892666)

WL20070130 蚊香/0.26%/蚊香/富右旋反式烯丙菊酯 0.25%、四氟醚菊酯 0.01%/2009.06.24 至 2010.06.25/微毒
卫生 蚊 / 点燃

WL20070136 杀蚊烟片/1%/烟片/富右旋反式烯丙菊酯 1%/2008.07.04 至 2009.07.05/微毒
卫生 蚊 / 点燃

WL20070144 电热蚊香片/13毫克/升/电热蚊香片/炔丙菊酯 13毫克/片/2008.07.09 至 2009.07.10/微毒
卫生 蚊 / 电热加温

WL20070159 杀虫气雾剂/0.5%/气雾剂/胺菊酯 0.25%、富右旋反式烯丙菊酯 0.15%、氯氰菊酯 0.1%/2009.08.07至2010.08.08/微毒
卫生 蚊、蝇、蜚蠊 / 喷雾

WL20070169 蚊香/0.4%/蚊香/富右旋反式烯丙菊酯 0.4%/2009.08.29 至 2010.08.30/微毒
卫生 蚊 / 点燃

WL20080085 蚊香/0.2%/蚊香/富右旋反式烯丙菊酯 0.2%/2008.02.19 至 2009.02.19/微毒
卫生 蚊 / 点燃

WL20080431 电热蚊香液/1%/电热蚊香液/炔丙菊酯 1%/2009.11.12 至 2010.11.12/微毒
卫生 蚊 / 电热加温

广东省陆丰市东海丰富日用化学品厂 (广东省陆丰市东海金驿市场一排二幢B面1-2号 516500 0660-8824815)

WL20090044 蚊香/0.15%/蚊香/Es-生物烯丙菊酯 0.09%、炔丙菊酯 0.06%/2009.02.26 至 2010.02.26/微毒
卫生 蚊 / 点燃

广东省陆丰市飞龙实业有限公司 (广东省陆丰市人民东路12号 516500 0660-8824300)

WP20070037 蚊香/0.3%/蚊香/富右旋反式烯丙菊酯 0.3%/2007.12.03 至 2012.12.03/低毒
卫生 蚊 / 点燃

WL20080229 电热蚊香片/15毫克/片/电热蚊香片/炔丙菊酯 15毫克/片/2009.03.13 至 2010.03.13/微毒
卫生 蚊 / 电热加温

WL20080258 电热蚊香液/1.1%/电热蚊香液/炔丙菊酯 1.1%/2009.04.07 至 2010.04.07/微毒
卫生 蚊 / 电热加温

WL20080390 杀虫气雾剂/0.55%/气雾剂/炔丙菊酯 0.1%、右旋胺菊酯 0.25%、右旋苯醚氰菊酯 0.2%/2009.09.02至2010.09.02/微毒
卫生 蚊、蝇、蜚蠊 / 喷雾

广东省陆丰市港达日用化学品厂 (广东省陆丰市潭西广汕公路南侧上埔路口 516500 0660-8966066)

WP20080320 杀虫气雾剂/0.66%/气雾剂/胺菊酯 0.26%、氯菊酯 0.40%/2008.12.05 至 2013.12.05/低毒
卫生 蜚蠊、蚊、蝇 / 喷雾

广东省陆丰市神力精细化工厂 (广东省陆丰市内湖工业区 516513 0660-8269663)

WP20080143 杀虫气雾剂/0.55%/气雾剂/胺菊酯 0.24%、高效氯氰菊酯 0.03%、氯菊酯 0.28%/2008.11.04 至 2013.11.04/低毒
卫生 蜚蠊、蚊、蝇 / 喷雾

广东省陆丰市通达精细化工厂 (广东省陆丰市亚太工业城 516500 0660-8821790)

WP20080347 杀虫气雾剂/0.8%/气雾剂/胺菊酯 0.5%、氯菊酯 0.3%/2008.12.09 至 2013.12.09/微毒

卫生　蚊、蝇、蜚蠊　/　喷雾

广东省陆丰裕达企业发展公司　(广东省陆丰市河东青山仔　516500　0660-8824076)

WPN33-2000　杀虫气雾剂/0.38%/气雾剂/胺菊酯 0.15%、高效氯氰菊酯 0.20%、氯菊酯 0.03%/2010.02.02 至 2015.02.02/低毒
卫生　蜚蠊、蚊、蝇　/　喷雾

WP20090321　电热蚊香片/12.5毫克/片/电热蚊香片/炔丙菊酯 12.5毫克/片/2009.09.15 至 2014.09.15/微毒
卫生　蚊　/　电热加温

WP20090322　蚊香/0.3%/蚊香/富右旋反式烯丙菊酯 0.3%/2009.09.15 至 2014.09.15/微毒
卫生　蚊　/　点燃

WL20080397　杀虫气雾剂/0.65%/气雾剂/富右旋反式烯丙菊酯 0.3%、氯菊酯 0.25%、右旋苯醚氰菊酯 0.1%/2009.09.18至2010.09.18/微毒
卫生　蚊、蝇、蜚蠊　/　喷雾

WL20080468　电热蚊香液/1%/电热蚊香液/炔丙菊酯 1%/2009.12.02 至 2010.12.02/微毒
卫生　蚊　/　电热加温

广东省罗定市生物化工有限公司　(广东省云浮市罗定市太平镇工业区　527231　0766-3271189)

PD90104-5　95%机油乳油//乳油/机油 95%/2005.02.23 至 2010.02.23/低毒
柑橘树　锈壁虱、蚜虫　100-200倍液　喷雾
柑橘树、杨梅树、枇杷树　介壳虫　50-60倍液　喷雾

广东省罗定市永安化工有限责任公司　(广东省云浮市罗定市双东镇白荷烟墩村　527200　0766-3903368)

PD84104-50　杀虫双/18%/水剂/杀虫双 18%/2009.10.12 至 2014.10.12/中等毒
甘蔗、蔬菜、水稻、小麦、玉米　多种害虫　540-675克/公顷　喷雾
果树　多种害虫　225-360毫克/千克　喷雾

PD86121　田安/5%/水剂/田安 5%/2006.11.22 至 2011.11.22/低毒
水稻　纹枯病　150克/公顷　均匀喷雾

PD20040443　三唑磷/20%/乳油/三唑磷 20%/2009.12.19 至 2014.12.19/中等毒
水稻　二化螟、三化螟　300-450克/公顷　喷雾

广东省茂名绿银农化有限公司　(广东省茂名市茂水路280号　525000　0668-2730668)

PD20083215　高效氯氟氰菊酯/25克/升/乳油/高效氯氟氰菊酯 25克/升/2008.12.11 至 2013.12.11/中等毒
茶树　茶尺蠖　5.625-7.5克/公顷　喷雾

PD20083809　顺式氯氰菊酯/30克/升/乳油/顺式氯氰菊酯 30克/升/2008.12.15 至 2013.12.15/中等毒
棉花　棉铃虫　38.3-45克/公顷　喷雾

PD20083868　甲基硫菌灵/70%/可湿性粉剂/甲基硫菌灵 70%/2008.12.15 至 2013.12.15/低毒
番茄　叶霉病　472.5-787.5克/公顷　喷雾

PD20084362　丙环唑/250克/升/乳油/丙环唑 250克/升/2008.12.17 至 2013.12.17/低毒
香蕉　叶斑病　250-500毫克/千克　喷雾

PD20084526　噻嗪酮/25%/可湿性粉剂/噻嗪酮 25%/2008.12.18 至 2013.12.18/低毒
水稻　稻飞虱　112.5-150克/公顷　喷雾

PD20084882　代森锰锌/80%/可湿性粉剂/代森锰锌 80%/2008.12.22 至 2013.12.22/低毒
番茄　早疫病　2160-2400克/公顷　喷雾

PD20091010　百草枯/200克/升/水剂/百草枯 200克/升/2009.01.21 至 2014.01.21/中等毒
柑橘园　杂草　600-900克/公顷　茎叶喷雾

PD20091560　辛硫磷/40%/乳油/辛硫磷 40%/2009.02.03 至 2014.02.03/低毒
甘蓝　菜青虫　360-480克/公顷　喷雾

PD20091725　异丙威/20%/乳油/异丙威 20%/2009.02.04 至 2014.02.04/中等毒
水稻　飞虱　525-600克/公顷　喷雾

PD20093173　三乙膦酸铝/40%/可湿性粉剂/三乙膦酸铝 40%/2009.03.11 至 2014.03.11/低毒
黄瓜　霜霉病　1800-2820克/公顷　喷雾

PD20095106　复硝酚钠/1.8%/水剂/5-硝基邻甲氧基苯酚钠 0.3%、对硝基苯酚钠 0.9%、邻硝基苯酚钠 0.6%/2009.04.24至2014.04.24/低毒
番茄　增产　15-30毫升制剂/亩　喷雾

PD20096348　阿维菌素/18克/升/乳油/阿维菌素 18克/升/2009.07.28 至 2014.07.28/低毒(原药高毒)
甘蓝　小菜蛾　9-10.8克/公顷　喷雾

PD20097054　氟硅唑/400克/升/乳油/氟硅唑 400克/升/2009.10.10 至 2014.10.10/低毒
梨树　黑星病　40—50毫克/千克　喷雾

PD20098005　毒死蜱/480克/升/乳油/毒死蜱 480克/升/2009.12.07 至 2014.12.07/中等毒
棉花　棉铃虫　750-900克/公顷　喷雾

PD20098364　代森锌/65%/可湿性粉剂/代森锌 65%/2009.12.18 至 2014.12.18/低毒
番茄　早疫病　2550-3600克/公顷　喷雾

LS20070844　叶枯唑/20%/可湿性粉剂/叶枯唑 20%/2009.04.11 至 2010.04.12/低毒
水稻　白叶枯病　300-375克/公顷　喷雾

LS20080938　苯醚甲环唑/250克/升/乳油/苯醚甲环唑 250克/升/2009.03.04 至 2010.03.04/低毒
香蕉　叶斑病　125-250毫克/千克　喷雾

LS20081092 喹硫磷/25%/乳油/喹硫磷 25%/2009.03.10 至 2010.03.10/中等毒(原药高毒)
水稻 二化螟 450-525克/公顷 喷雾
LS20081654 苯甲·丙环唑/300克/升/乳油/苯醚甲环唑 150克/升、丙环唑 150克/升/2009.04.07 至 2010.04.07/低毒
水稻 纹枯病 67.5-90克/公顷 喷雾

广东省美晨集团股份有限公司 (广东省广州市荔湾区沙面南街48号 510030 020-81218321)

WP20090278 驱蚊花露水/4.5%/驱蚊花露水/避蚊胺 4.5%/2009.06.02 至 2014.06.02/微毒
卫生 蚊 / 涂抹

广东省南海市狮山雅彩化妆品有限公司 (广东省佛山市南海区狮山工业园 528225 0757-86693548)

WP20080542 杀虫气雾剂/0.3%/气雾剂/胺菊酯 0.2%、高效氯氰菊酯 0.1%/2008.12.23 至 2013.12.23/低毒
卫生 蚊、蝇、蜚蠊 / 喷雾

广东省普宁市洪阳三和蚊香厂 (广东省普宁市洪阳镇环城北路 514347 0663-2851696)

WL20080140 蚊香/0.3%/蚊香/富右旋反式烯丙菊酯 0.3%/2009.02.21 至 2010.02.22/微毒
卫生 蚊 / 点燃

广东省汕头市哈神实业有限公司 (广东省汕头市升平工业区沿河路12号 515021 0754-2528550)

WP20080367 蚊香/0.3%/蚊香/富右旋反式烯丙菊酯 0.3%/2008.12.10 至 2013.12.10/微毒
卫生 蚊 / 点燃
WP20080467 杀虫气雾剂/0.29%/气雾剂/右旋胺菊酯 0.14%、右旋苯醚氰菊酯 0.15%/2008.12.16 至 2013.12.16/微毒
卫生 蚊、蝇、蜚蠊 / 喷雾
WP20080545 电热蚊香液/0.8%/电热蚊香液/炔丙菊酯 0.8%/2008.12.24 至 2013.12.24/微毒
卫生 蚊 / 电热加温
WP20080578 电热蚊香片/10毫克/片/电热蚊香片/炔丙菊酯 10毫克/片/2008.12.29 至 2013.12.29/微毒
卫生 蚊 / 电热加温

广东省汕头市宏光化工有限公司 (广东省汕头市澄海区溪南中心工业区金山路 515832 0754-5757038)

PD20083793 丙环唑/25%/乳油/丙环唑 25%/2008.12.15 至 2013.12.15/低毒
香蕉 叶斑病 250-500毫克/千克 喷雾
PD20085173 阿维菌素/0.5%/可湿性粉剂/阿维菌素 0.5%/2008.12.23 至 2013.12.23/低毒(原药高毒)
十字花科蔬菜 小菜蛾 8.1-10.8克/公顷 喷雾
PD20086099 腈菌·咪鲜胺/25%/乳油/腈菌唑 15%、咪鲜胺 10%/2008.12.30 至 2013.12.30/低毒
香蕉 叶斑病 200-250毫克/千克 喷雾
PD20091886 阿维·甲氰/5.1%/可湿性粉剂/阿维菌素 0.1%、甲氰菊酯 5%/2009.02.09 至 2014.02.09/低毒(原药高毒)
十字花科蔬菜 小菜蛾 30.6-45.9克/公顷 喷雾
PD20095037 阿维·辛硫磷/20.15%/乳油/阿维菌素 0.15%、辛硫磷 20%/2009.04.21 至 2014.04.21/低毒(原药高毒)
十字花科蔬菜 小菜蛾 120.9-181.35克/公顷 喷雾
LS20083130 丙环·咪鲜胺/25%/乳油/丙环唑 15%、咪鲜胺 10%/2009.11.12 至 2010.11.12/低毒
香蕉 黑星病 167-250毫克/千克 喷雾

广东省汕头市金龙蚊香实业有限公司 (广东省汕头市升平工业区升业北路10号1座 515021 0754-2543287)

WP20080038 电热灭蚊液/0.81%/电热灭蚊液/炔丙菊酯 0.81%/2008.02.29 至 2013.02.28/低毒
卫生 蚊 / 电热加温
WP20080115 电热蚊香片/10毫克/片/电热蚊香片/炔丙菊酯 10毫克/片/2008.10.22 至 2013.10.22/低毒
卫生 蚊 / 电热加温
WP20080434 蚊香/0.3%/蚊香/富右旋反式烯丙菊酯 0.3%/2008.12.15 至 2013.12.15/微毒
卫生 蚊 / 点燃
WL20060089 蚊香/0.35%/蚊香/富右旋反式烯丙菊酯 0.35%/2009.04.23 至 2010.04.23/微毒
卫生 蚊 / 点燃
WL20080254 蚊香/0.02%/蚊香/四氟甲醚菊酯 0.02%/2008.04.02 至 2009.04.02/微毒
卫生 蚊 / 点燃
WL20090046 电热蚊香片/8.8毫克/片/电热蚊香片/炔丙菊酯 4.4毫克/片、四氟甲醚菊酯 4.4毫克/片/2009.03.05 至 2010.03.05/微毒
卫生 蚊 / 电热加温
WL20090061 杀虫气雾剂/0.38%/气雾剂/Es-生物烯丙菊酯 0.18%、右旋苯醚氰菊酯 0.2%/2009.03.13 至 2010.03.13/微毒
卫生 蜚蠊、蚊、蝇 / 喷雾
WL20090213 驱蚊霜/11%/驱蚊霜/驱蚊酯 11%/2009.12.14 至 2010.12.14/低毒
卫生 蚊 / 涂抹

广东省汕头市美兰丝精细化工有限公司 (广东省汕头市潮南区胪溪 515146 0754-2281633)

WL20070060 杀虫气雾剂/0.4%/气雾剂/胺菊酯 0.3%、高效氯氰菊酯 0.1%/2009.03.06 至 2010.03.07/微毒
卫生 蚊 / 喷雾

广东省汕头市三星化学有限公司 (广东省汕头市澄海区溪南镇埭头工业区 515832 0754-5310688)

WP20080359 杀虫气雾剂/0.7%/气雾剂/胺菊酯 0.5%、氯菊酯 0.2%/2008.12.10 至 2013.12.10/低毒
卫生 蜚蠊、蚊、蝇 / 喷雾
WP20090136 蚊香/0.2%/蚊香/右旋烯丙菊酯 0.2%/2009.02.24 至 2014.02.24/低毒
卫生 蚊 / 点燃

广东省汕头市施露兰化妆品有限公司 (广东省汕头市潮南区峡山汕尾工业区第四幢 515144 0754-7773688)

WP20090176 驱蚊花露水/5%/液剂/避蚊胺 5%/2009.03.11 至 2014.03.11/微毒

卫生　蚊　/　涂抹

广东省汕头市雅百莉化妆品有限公司　(广东省汕头市护堤路马西北二街13号　515000　0754-2482489)

WL20050170　驱蚊花露水/5%/驱蚊花露水/避蚊胺 5%/2008.06.14 至 2009.06.14/微毒
卫生　蚊　/　涂抹

广东省汕头市友情精细化工实业有限公司　(广东省汕头市潮阳区平北工业区中街9号　515100　0754-8720066)

WP20080319　杀虫气雾剂/0.43%/气雾剂/胺菊酯 0.08%、富右旋反式烯丙菊酯 0.20%、氯菊酯 0.15%/2008.12.05至2013.12.05/低毒
卫生　蜚蠊、蚊、蝇　/　喷雾

WL20050297　杀虫气雾剂/0.63%/气雾剂/氯菊酯 0.21%、右旋胺菊酯 0.25%、右旋苯醚氰菊酯 0.17%/2008.12.08至2009.12.08/低毒
卫生　蜚蠊、蚊、蝇　/　喷雾

广东省汕头市倩芬化妆品实业有限公司　(广东省汕头市潮南区峡山镇东沟工业区　515144　0661-7909138)

WP20080352　杀虫气雾剂/0.6%/气雾剂/胺菊酯 0.4%、高效氯氰菊酯 0.2%/2008.12.09 至 2013.12.09/低毒
卫生　蚊、蝇、蜚蠊　/　喷雾

广东省汕尾市城区盈富拓展化工厂　(广东省汕尾市汕遮公路东涌石洲工业园区　516621　)

WL20080207　蚊香/0.25%/蚊香/富右旋反式烯丙菊酯 0.25%/2009.03.07 至 2010.03.07/微毒
卫生　蚊　/　点燃

广东省深圳赛亚气雾剂实业公司　(广东省深圳市宝安区观兰镇福民村茜坑南路九号　518101　0755-28024616)

WPN26-99　杀虫气雾剂/0.51%/气雾剂/胺菊酯 0.30%、氯菊酯 0.21%/2009.07.21 至 2014.07.21/低毒
卫生　蚊、蝇、蜚蠊　/　喷雾

广东省深圳市华农生物工程有限公司　(广东省深圳市南山区后海大道东帝海景1栋　518067　0755-26830444)

PD20090716　鱼藤酮/2.5%/乳油/鱼藤酮 2.5%/2009.01.19 至 2014.01.19/中等毒
十字花科蔬菜叶菜　蚜虫　37.5-56.25克/公顷　喷雾

广东省深圳市九鹏实业有限公司　(广东省深圳市宝安区宝民一路邮电大厦1008室　518133　0755-33817100)

WL20070076　蚊香/0.33%/蚊香/富右旋反式烯丙菊酯 0.33%/2009.04.17 至 2010.04.18/微毒
卫生　蚊　/　点燃

WL20070099　电热蚊香片/12毫克/片/电热蚊香片/右旋炔丙菊酯 12毫克/片/2009.05.20 至 2010.05.21/微毒
卫生　蚊　/　电热加温

WL20070166　杀蟑饵剂/1%/饵剂/残杀威 1%/2009.08.09 至 2010.08.10/低毒
卫生　蜚蠊　/　投饵

WL20070267　电热蚊香液/0.86%/电热蚊香液/右旋炔丙菊酯 0.86%/2009.11.05 至 2010.11.06/微毒
卫生　蚊　/　电热加温

WL20070271　杀蟑烟片/6.5%/烟剂/右旋苯醚氰菊酯 6.5%/2009.11.05 至 2010.11.06/低毒
卫生　蜚蠊　/　点燃

WL20080015　防蛀片剂/94%/防蛀片剂/樟脑 94%/2009.01.05 至 2010.01.05/低毒
卫生　黑皮蠹　/　投放

WL20080168　杀虫气雾剂/0.33%/气雾剂/高效氯氰菊酯 0.05%、右旋胺菊酯 0.28%/2009.02.27 至 2010.02.28/微毒
卫生　蚊、蝇、蜚蠊　/　喷雾

广东省深圳市沃科生物工程有限公司 (广东省深圳市龙岗区坪山镇三洋湖工业大道19栋 518118 0755-84641294)

PD20070045　25%氯·辛乳油/25%/乳油/氯氰菊酯 5%、辛硫磷 20%/2007.03.06 至 2012.03.06/低毒
十字花科蔬菜　菜青虫　112.5-187.5克/公顷　喷雾
注:bz

PD20081575　三唑锡/20%/悬浮剂/三唑锡 20%/2008.11.12 至 2013.11.12/低毒
柑橘树　红蜘蛛　133-200毫克/千克　喷雾

PD20082047　多·福/50%/可湿性粉剂/多菌灵 25%、福美双 25%/2008.11.25 至 2013.11.25/低毒
梨树　黑星病　300-500倍液 (1000-1667毫克/千克)　喷雾

PD20082686　阿维·毒死蜱/15%/乳油/阿维菌素 0.3%、毒死蜱 14.7%/2008.12.05 至 2013.12.05/中等毒(原药高毒)
十字花科蔬菜　菜青虫　67.5-112.5克/公顷　喷雾

PD20082819　四螨嗪/20%/悬浮剂/四螨嗪 20%/2008.12.09 至 2013.12.09/低毒
柑橘树　红蜘蛛　100-200毫克/千克　喷雾

PD20083504　氯氰·毒死蜱/24%/乳油/毒死蜱 20%、氯氰菊酯 4%/2008.12.12 至 2013.12.12/中等毒
荔枝树　蒂蛀虫　120-160毫克/千克　喷雾

PD20083564　阿维·灭多威/12.15%/乳油/阿维菌素 0.15%、灭多威 12%/2008.12.12 至 2013.12.12/中等毒(原药高毒)
甘蓝　小菜蛾　72.9-109.35克/公顷　喷雾

PD20083710　阿维·高氯/1.65%/乳油/阿维菌素 0.15%、高效氯氰菊酯 1.5%/2008.12.15 至 2013.12.15/低毒(原药高毒)
十字花科蔬菜　小菜蛾　9.9-14.85克/公顷　喷雾

PD20084053　苏云金杆菌/16000IU/毫克/可湿性粉剂/苏云金杆菌 16000IU/毫克/2008.12.16 至 2013.12.16/低毒
十字花科蔬菜　小菜蛾　750-1125克制剂/公顷　喷雾

PD20085607　苏云金杆菌/8000IU/毫克/可湿性粉剂/苏云金杆菌 8000IU/毫克/2008.12.25 至 2013.12.25/低毒
十字花科蔬菜　小菜蛾　1500-2250克制剂/公顷　喷雾

PD20085836　灭胺·毒死蜱/25%/可湿性粉剂/毒死蜱 20%、灭蝇胺 5%/2008.12.29 至 2013.12.29/低毒
黄瓜　美洲斑潜蝇　112.5-187.5克/公顷　喷雾

PD20086012　阿维菌素/0.5%/可湿性粉剂/阿维菌素 0.5%/2008.12.29 至 2013.12.29/低毒(原药高毒)
十字花科蔬菜　小菜蛾　8.1-10.8克/公顷　喷雾

PD20086137 丙森锌/70%/可湿性粉剂/丙森锌 70%/2008.12.30 至 2013.12.30/低毒

番茄 早疫病 1200-1680克/公顷 喷雾

PD20090300 阿维·苏云菌//可湿性粉剂/阿维菌素 0.15%、苏云金杆菌 100亿活芽孢/克/2009.01.12 至 2014.01.12/低毒(原药高毒)

十字花科蔬菜 小菜蛾 750-900克制剂/公顷 喷雾

PD20090776 阿维·四螨嗪/5.1%/可湿性粉剂/阿维菌素 0.1%、四螨嗪 5%/2009.01.19 至 2014.01.19/低毒(原药高毒)

柑橘树 红蜘蛛 34-51毫克/千克 喷雾

PD20091255 阿维·甲氰/5.1%/可湿性粉剂/阿维菌素 0.1%、甲氰菊酯 5%/2009.02.01 至 2014.02.01/低毒(原药高毒)

甘蓝 小菜蛾 30.6-45.9克/公顷 喷雾

PD20091832 硫磺·甲硫灵/70%/可湿性粉剂/甲基硫菌灵 25%、硫磺 45%/2009.02.06 至 2014.02.06/低毒

黄瓜 白粉病 840-1050克/公顷 喷雾

PD20092285 咪鲜胺/25%/乳油/咪鲜胺 25%/2009.02.24 至 2014.02.24/低毒

水稻 恶苗病 2000-4000倍液 浸种

PD20093193 阿维·三唑锡/12.15%/可湿性粉剂/阿维菌素 0.15%、三唑锡 12%/2009.03.11 至 2014.03.11/低毒(原药高毒)

柑橘树 红蜘蛛 81-121.5毫克/千克 喷雾

PD20093829 烯唑醇/12.5%/可湿性粉剂/烯唑醇 12.5%/2009.03.25 至 2014.03.25/低毒

梨树 黑星病 3000-4000倍液 喷雾

PD20097155 丙环唑/250克/升/乳油/丙环唑 250克/升/2009.10.16 至 2014.10.16/低毒

香蕉 叶斑病 250－500毫克/千克 喷雾

LS20081514 高效氯氰菊酯/4.5%/水乳剂/高效氯氰菊酯 4.5%/2009.03.31 至 2010.03.31/低毒

十字花科蔬菜 菜青虫 20.25-27克/公顷 喷雾

LS20081537 氯氰·毒死蜱/522.5克/升/乳油/毒死蜱 475克/升、氯氰菊酯 47.5克/升/2009.03.31 至 2010.03.31/中等毒

荔枝树 蒂蛀虫 348.3-522.5毫克/千克 喷雾

LS20081624 啶虫脒/3%/乳油/啶虫脒 3%/2009.04.03 至 2010.04.03/低毒

黄瓜 蚜虫 18-23克/公顷 喷雾

LS20081669 氯氰·丙溴磷/440克/升/乳油/丙溴磷 400克/升、氯氰菊酯 40克/升/2009.04.07 至 2010.04.07/低毒

棉花 棉铃虫 462-660克/公顷 喷雾

LS20082995 甲氨基阿维菌素苯甲酸盐/5%/微乳剂/甲氨基阿维菌素苯甲酸盐 5%/2009.09.01 至 2010.09.01/低毒

甘蓝 甜菜夜蛾 2.25-4.5克/公顷 喷雾

广东省四会市农药厂 (广东省肇庆市四会市东城区北三棵榕 526200 0758-3323364)

PD85131-12 井冈霉素/3%,5%/水剂/井冈霉素 3%,5%/2005.08.15 至 2010.08.15/低毒

水稻 纹枯病 150-187.5克/公顷 喷雾,泼浇

PD88109-14 井冈霉素/20%/水溶粉剂/井冈霉素 20%/2008.11.25 至 2013.11.25/低毒

水稻 纹枯病 75-112.5克/公顷 喷雾、泼浇

PD20095270 氯氰菊酯/5%/乳油/氯氰菊酯 5%/2009.04.27 至 2014.04.27/低毒

甘蓝 菜青虫 37.5-40克/公顷 喷雾

LS20070234 高效氯氰菊酯/4.5%/乳油/高效氯氰菊酯 4.5%/2008.02.25 至 2009.02.24/低毒

柑橘树 潜叶蛾 45-90毫克/千克 喷雾

LS20071630 井冈霉素/3%/水溶粉剂/井冈霉素 3%/2009.06.06 至 2010.06.07/低毒

水稻 纹枯病 150-187.5克/公顷 喷雾

广东省遂溪县农药厂 (广东省湛江市遂溪县城遂海路白泥坡 524300 0759-7732768)

PD20097664 克百威/3%/颗粒剂/克百威 3%/2009.11.04 至 2014.11.04/高毒

甘蔗 蚜虫、蔗龟 1350-2250克/公顷 沟施

广东省台山市日用化工厂 (广东省江门市台山市大江镇公益侨园新村一号 529259 0750-5411298)

WP20090330 防蛀片剂/98%/片剂/对二氯苯 98%/2009.09.23 至 2014.09.23/低毒

卫生 黑皮蠹、青霉菌 40克制剂/立方米 投放

WP20090378 防蛀球剂/94%/球剂/樟脑 94%/2009.12.08 至 2014.12.08/低毒

卫生 黑皮蠹 40-50克制剂/立方米 投放

广东省五华县农药厂 (广东省梅州市五华县水寨镇水潭线四公里处 514400 0754-4433175)

PD84104-45 18%杀虫双水剂//水剂/杀虫双 18%/2004.10.24 至 2009.10.24/中等毒

甘蔗、蔬菜、水稻、小麦、玉米 多种害虫 540-675克/公顷 喷雾

果树 多种害虫 225-360毫克/千克 喷雾

广东省兴宁市金丰农药化工实业有限公司 (广东省兴宁市官汕一路359号 514500 0753-3266678)

PD85131-23 井冈霉素/3%,5%/水剂/井冈霉素 3%,5%/2005.12.25 至 2010.12.25/低毒

水稻 纹枯病 75-112.5克/公顷 喷雾,泼浇

PD86183-37 赤霉酸/85%/粉剂/赤霉酸 85%/2007.01.15 至 2012.01.15/低毒

菠菜 增加鲜重 10-25毫克/千克 叶面处理1-3次

菠萝 果实增大、增重 40-80毫克/千克 喷花

柑橘树 果实增大、增重 20-40毫克/千克 喷花

花卉 提前开花 700毫克/千克 叶面处理涂抹花芽

绿肥 增产 10-20毫克/千克 喷雾

马铃薯 苗齐、增产 0.5-1毫克/千克 浸薯块10-30分

				钟
	棉花	提高结铃率、增产	10-20毫克/千克	点喷、点涂或喷雾
	葡萄	无核、增产	50-200毫克/千克	花后一周处理果穗
	芹菜	增加鲜重	20-100毫克/千克	叶面处理1次
	人参	增加发芽率	20毫克/千克	播种前浸种15分钟
	水稻	增加千粒重、制种	20-30毫克/千克	喷雾

广东省英德广农康盛化工有限责任公司 (广东省清远市英德市沙口镇红丰管理区 513052 0763-2551401)

PD84104-19	杀虫双/18%/水剂/杀虫双 18%/2010.02.02 至 2015.02.02/中等毒			
	甘蔗、蔬菜、水稻、小麦、玉米	多种害虫	540-675克/公顷	喷雾
	果树	多种害虫	225-360毫克/千克	喷雾
PD85105-35	敌敌畏/80%/乳油/敌敌畏 77.5%(气谱法)/2006.09.13 至 2011.09.13/中等毒			
	茶树	食叶害虫	600克/公顷	喷雾
	粮仓	多种储藏害虫	1)400-500倍液 2)0.4-0.5克/立方米	1)喷雾 2)挂条熏蒸
	棉花	蚜虫、造桥虫	600-1200克/公顷	喷雾
	苹果树	小卷叶蛾、蚜虫	400-500毫克/千克	喷雾
	青菜	菜青虫	600克/公顷	喷雾
	桑树	尺蠖	600克/公顷	喷雾
	卫生	多种卫生害虫	1)300-400倍液 2)0.08克/立方米	1)泼洒 2)挂条熏蒸
	小麦	黏虫、蚜虫	600克/公顷	喷雾
PD85121-9	乐果/40%/乳油/乐果 40%/2005.06.28 至 2010.06.28/中等毒			
	茶树	蚜虫、叶蝉、螨	1000-2000倍液	喷雾
	甘薯	小象甲	2000倍液	浸鲜薯片诱杀
	柑橘树、苹果树	鳞翅目幼虫、蚜虫、螨	800-1600倍液	喷雾
	棉花	蚜虫、螨	450-600克/公顷	喷雾
	蔬菜	蚜虫、螨	300-600克/公顷	喷雾
	水稻	飞虱、螟虫、叶蝉	450-600克/公顷	喷雾
	烟草	蚜虫、烟青虫	300-600克/公顷	喷雾
PD85159-38	草甘膦/10%/水剂/草甘膦 10%(含量以草甘膦计)/2005.07.21 至2009.12.31/低毒			
	茶树、甘蔗、果园、剑麻、林木、桑树、橡胶树	一年生杂草和多年生恶性杂草	1125-2250克/公顷	喷雾
PD86148-55	异丙威/20%/乳油/异丙威 20%/2006.07.31 至 2011.07.31/中等毒			
	水稻	飞虱、叶蝉	450-600克/公顷	喷雾
PD86152-4	乙酰甲胺磷/40%/乳油/乙酰甲胺磷 40%/2006.09.13 至 2011.09.13/低毒			
	茶树	茶尺蠖	500-1000倍液	喷雾
	柑橘树	介壳虫、螨	500-1000倍液	喷雾
	棉花	棉铃虫、蚜虫	600-750克/公顷	喷雾
	苹果树	食心虫	500-1000倍液	喷雾
	蔬菜	菜青虫、蚜虫	500-1000倍液	喷雾
	水稻	螟虫、叶蝉	600-750克/公顷	喷雾
	小麦、玉米	黏虫、玉米螟	500-1000倍液	喷雾
	烟草	烟青虫	500-1000倍液	喷雾
PD86177-4	乐果/96%/原药/乐果 96%/2006.07.31 至 2011.07.31/中等毒			
PD20040799	哒螨灵/15%/乳油/哒螨灵 15%/2009.12.19 至 2014.12.19/中等毒			
	柑橘树	红蜘蛛	50-67毫克/千克	喷雾
PD20050003	氯氰菊酯/10%/乳油/氯氰菊酯 10%/2010.01.04 至 2015.01.04/中等毒			
	棉花	棉铃虫、棉蚜	45-90克/公顷	喷雾
	十字花科蔬菜	菜青虫	30-45克/公顷	喷雾
PD20050004	氯氰菊酯/5%/乳油/氯氰菊酯 5%/2010.01.04 至 2015.01.04/中等毒			
	棉花	棉铃虫、棉蚜	45-90克/公顷	喷雾
	十字花科蔬菜	菜青虫	30-45克/公顷	喷雾
PD20080358	氯氰菊酯/95%/原药/氯氰菊酯 95%/2008.02.29 至 2013.02.28/中等毒			
PD20080361	高效氯氰菊酯/95%/原药/高效氯氰菊酯 95%/2008.02.29 至 2013.02.28/低毒			
PD20080363	乙草胺/93%/原药/乙草胺 93%/2008.02.29 至 2013.02.28/低毒			
PD20080364	高效氯氰菊酯/27%/母药/高效氯氰菊酯 27%/2008.02.29 至 2013.02.28/中等毒			
PD20080402	高效氯氟氰菊酯/95%/原药/高效氯氟氰菊酯 95%/2008.02.29 至 2013.02.28/中等毒			
PD20081480	乙草胺/88%/乳油/乙草胺 88%/2008.11.04 至 2013.11.04/低毒			

花生田 一年生杂草 制剂用量:1023-1500毫升公顷 68-100毫升/亩 播后苗前土壤喷雾

PD20081672 乐果/50%/乳油/乐果 50%/2008.11.17 至 2013.11.17/中等毒
十字花科蔬菜 蚜虫 450-600克/公顷 喷雾

PD20081718 乙草胺/50%/乳油/乙草胺 50%/2008.11.18 至 2013.11.18/低毒
大豆田 一年生禾本科杂草及小粒阔叶杂草 1)1200-1875克/公顷(东北地区) 2)750-1050克/公顷(其它地区) 播后、苗前土壤喷雾处理
花生田 一年生禾本科杂草及小粒阔叶杂草 975-1200克/公顷 播后苗前土壤喷雾处理(覆膜时药量酌减)
油菜田 一年生禾本科杂草及小粒阔叶杂草 525-750克/公顷 栽前或移栽后3天喷雾
玉米田 一年生禾本科杂草及小粒阔叶杂草 1)900-1875克/公顷(东北地区) 2)750-1050克/公顷(其它地区) 播后或苗期喷雾

PD20081810 草甘膦异丙胺盐/41%/水剂/草甘膦异丙胺盐 41%/2008.11.19 至 2013.11.19/低毒
柑橘园 杂草 1050-3750g/ha 定向茎叶喷雾

PD20082021 高效氯氟氰菊酯/25克/升/乳油/高效氯氟氰菊酯 25克/升/2008.11.25 至 2013.11.25/中等毒
叶菜类蔬菜 菜青虫 7.5-15克/公顷 喷雾

PD20082569 百草枯/200克/升/水剂/百草枯 200克/升/2008.12.04 至 2013.12.04/中等毒
柑橘园 杂草 600-900克/公顷 定向茎叶喷雾

PD20084251 毒死蜱/480克/升/乳油/毒死蜱 480克/升/2008.12.17 至 2013.12.17/中等毒
十字花科蔬菜 菜青虫 540-720克/公顷 喷雾
水稻 稻飞虱 540-720克/公顷 喷雾

PD20084510 毒死蜱/97%/原药/毒死蜱 97%/2008.12.18 至 2013.12.18/中等毒

PD20085475 高效氯氰菊酯/4.5%/乳油/高效氯氰菊酯 4.5%/2008.12.25 至 2013.12.25/中等毒
果菜、叶菜 蚜虫 20.25-33.75克/公顷 喷雾

PD20090256 氰戊·乐果/40%/乳油/乐果 39.2%、氰戊菊酯 0.8%/2009.01.09 至 2014.01.09/中等毒
棉花 蚜虫 150-225克/公顷 喷雾
十字花科蔬菜 蚜虫 150-195克/公顷 喷雾
小麦 蚜虫 90克/公顷 喷雾

PD20091397 氯氰·敌敌畏/25%/乳油/敌敌畏 22%、氯氰菊酯 3%/2009.02.02 至 2014.02.02/中等毒
十字花科蔬菜 菜青虫 150-225克/公顷 喷雾

PD20091705 氯氰·辛硫磷/20%/乳油/氯氰菊酯 2%、辛硫磷 18%/2009.02.03 至 2014.02.03/中等毒
十字花科蔬菜 菜青虫 90-150克/公顷 喷雾

PD20092286 氯氰·毒死蜱/522.5克/升/乳油/毒死蜱 475克/升、氯氰菊酯 47.5克/升/2009.02.24 至 2014.02.24/中等毒
十字花科蔬菜叶菜 菜青虫 313.5-470.25克/公顷 喷雾

PD20092460 苄·丁/30%/可湿性粉剂/苄嘧磺隆 1.5%、丁草胺 28.5%/2009.02.25 至 2014.02.25/低毒
水稻抛秧田 一年生及部分多年生杂草 540-720克/公顷(南方地区) 药土法

PD20094958 高效氯氰菊酯/4.5%/微乳剂/高效氯氰菊酯 4.5%/2009.04.21 至 2014.04.21/中等毒
十字花科蔬菜 菜青虫 20.25-33.75克/公顷 喷雾

PD20096435 滴酯·丁草胺/35%/乳油/2,4-滴丁酯 9.5%、丁草胺 25.5%/2009.08.05 至 2014.08.05/低毒
水稻田 一年生杂草 420-525克/公顷 毒土法

LS20053722 毒死蜱/480克/升/乳油/毒死蜱 480克/升/2008.12.08 至 2009.12.08/中等毒
十字花科蔬菜 菜青虫 360-540克/公顷 喷雾

LS20061387 毒死蜱/200克/升/乳油/毒死蜱 200克/升/2009.06.26 至 2010.06.26/中等毒
水稻 稻纵卷叶螟 600-750克/公顷 喷雾

WP20070036 顺式氯氰菊酯/5%/可湿性粉剂/顺式氯氰菊酯 5%/2007.12.03 至 2012.12.03/低毒
卫生 蜚蠊 30-60毫克/平方米 滞留喷洒
卫生 蚊、蝇 15-30毫克/平方米 滞留喷洒

WL20080375 高效氯氰菊酯/4.5%/悬浮剂/高效氯氰菊酯 4.5%/2009.08.20 至 2010.08.20/低毒
卫生 蚊、蝇、蜚蠊 30毫克/平方米 滞留喷洒

广东省英红华侨农药厂 (广东省英德市坑口咀 513042 0763-2501228)

PDN64-2000 克百威/3%/颗粒剂/克百威 3%/2005.03.19 至 2010.03.19/中等毒(原药高毒)
甘蔗 蚜虫、蔗龟 1350-2250克/公顷 沟施
花生 线虫 1800-2250克/公顷 条施、沟施
棉花 蚜虫 675-900克/公顷 条施、沟施
水稻 螟虫、瘿蚊 900-1350克/公顷 撒施

PD20096471 灭线磷/10%/颗粒剂/灭线磷 10%/2009.08.17 至 2014.08.17/中等毒(原药高毒)
花生 根结线虫 4500-5250克/公顷 沟施
水稻 稻瘿蚊 1500-1800克/公顷 撒施

广东省湛江市春江生物化学实业有限公司 (广东省湛江市遂溪县界炮镇界洋路68号 524391 0759-7353081)

PD20085854 杀虫双/20%/水剂/杀虫双 20%/2008.12.29 至 2013.12.29/低毒
水稻 稻纵卷叶螟 600-750克/公顷 喷雾

LS20081002 氯氟吡氧乙酸异辛酯/98%/原药/氯氟吡氧乙酸异辛酯 98%/2009.03.07 至 2010.03.07/微毒

广东省湛江市甘丰农药厂 (广东省湛江市遂溪县新桥 524300 0759-7738538)

PD20091133 甲・克/3%/颗粒剂/甲拌磷 1.8%、克百威 1.2%/2009.01.21 至 2014.01.21/高毒
甘蔗 蔗龟、蔗螟 2250-2700克/公顷 沟施

PD20092569 甲基异柳磷/2.5%/颗粒剂/甲基异柳磷 2.5%/2009.02.26 至 2014.02.26/高毒
甘蔗 蔗龟 1875克/公顷 苗期或中期沟施

LS20053117 杀单・毒死蜱/5%/颗粒剂/毒死蜱 2.5%、杀虫单 2.5%/2008.09.28 至 2009.09.28/低毒
甘蔗 螟虫 3000-3750克/公顷 喷雾

广东省植保蔬菜专用药剂中试厂 (广东省广州市天河区五山省农科院大丰基地内 510640 020-85514224)

PDN31-94 王铜/30%/悬浮剂/王铜 30%/2009.12.07 至 2014.12.07/低毒
柑橘树 溃疡病 375-500毫克/千克 喷雾

PD20040173 吡虫啉/10%/可湿性粉剂/吡虫啉 10%/2004.12.19 至 2009.12.18/低毒
节瓜 蓟马 30-52.5克/公顷 喷雾

PD20040627 高氯・三唑磷/13%/乳油/高效氯氰菊酯 1.7%、三唑磷 11.3%/2009.12.19 至 2014.12.19/中等毒
荔枝树 蒂蛀虫 86.67-130毫克/千克 喷雾

PD20040750 吡虫啉/5%/乳油/吡虫啉 5%/2009.12.19 至 2014.12.19/低毒
节瓜 蓟马 36-45毫克/千克 喷雾

PD20085592 阿维菌素/1.8%/乳油/阿维菌素 1.8%/2008.12.25 至 2013.12.25/中等毒(原药高毒)
十字花科蔬菜 小菜蛾 5.4-6.75克/公顷 喷雾

PD20085710 噻嗪・杀虫单/58%/可湿性粉剂/噻嗪酮 8%、杀虫单 50%/2008.12.26 至 2013.12.26/中等毒
水稻 稻飞虱、稻纵卷叶螟 870-1044克/公顷 喷雾

PD20090078 阿维・三唑磷/10.2%/乳油/阿维菌素 0.2%、三唑磷 10%/2009.01.08 至 2014.01.08/中等毒(原药高毒)
节瓜 蓟马 114.75-229.5克/公顷 喷雾

PD20090197 苄・丁/32.5%/可湿性粉剂/苄嘧磺隆 1.5%、丁草胺 31%/2009.01.08 至 2014.01.08/低毒
水稻抛秧田 一年生及部分多年生杂草 585-877.5克/公顷 药土法

PD20090245 啶虫脒/3%/乳油/啶虫脒 3%/2009.01.09 至 2014.01.09/低毒
黄瓜(保护地) 白粉虱 22.5-36克/公顷 喷雾

PD20090298 高氯・毒死蜱 /15%/乳油/毒死蜱 11.5%、高效氯氰菊酯 3.5%/2009.01.09 至 2014.01.09/中等毒
荔枝树 蒂蛀虫 150-300毫克/千克 喷雾

PD20090339 阿维・吡虫啉/2.2%/乳油/阿维菌素 0.2%、吡虫啉 2%/2009.01.12 至 2014.01.12/低毒(原药高毒)
节瓜 蓟马 19.8-26.4克/公顷 喷雾

PD20090428 甲氰・三唑磷/20%/乳油/甲氰菊酯 8%、三唑磷 12%/2009.01.12 至 2014.01.12/中等毒
柑橘树 红蜘蛛 133.3-200毫克/千克 喷雾

PD20090437 高氯・辛硫磷/22%/乳油/高效氯氰菊酯 1%、辛硫磷 21%/2009.01.12 至 2014.01.12/中等毒
荔枝树 卷叶虫 110-147毫克/千克 喷雾

PD20092246 吡虫・杀虫双/14.5%/微乳剂/吡虫啉 1%、杀虫双 13.5%/2009.02.24 至 2014.02.24/中等毒
水稻 稻纵卷叶螟、飞虱 326.25-435克/公顷 喷雾

PD20093416 杀螟丹/50%/可溶性粉剂/杀螟丹 50%/2009.03.20 至 2014.03.20/低毒
水稻 二化螟 675-750克/公顷 喷雾

PD20093462 多・锰锌/62%/可湿性粉剂/多菌灵 30%、代森锰锌 32%/2009.03.23 至 2014.03.23/低毒
荔枝树 炭疽病 500-700倍液 喷雾

PD20094561 稻丰・仲丁威 /40%/乳油/稻丰散 18%、仲丁威 22%/2009.04.09 至 2014.04.09/中等毒
节瓜 蓟马 450-900克/公顷 喷雾

PD20095060 咪锰・三环唑/28%/可湿性粉剂/咪鲜胺锰盐 14%、三环唑 14%/2009.04.21 至 2014.04.21/低毒
菜苔 炭疽病 210-262.8克/公顷 喷雾

PD20097511 乙氧氟草醚/240克/升/乳油/乙氧氟草醚 240克/升/2009.11.03 至 2014.11.03/低毒
甘蔗田 一年生杂草 108-180克/公顷 土壤喷雾

LS20053670 甲氨基阿维菌素苯甲酸盐/0.5%/乳油/甲氨基阿维菌素苯甲酸盐 0.5%/2008.11.29 至 2009.11.29/低毒
十字花科蔬菜 甜菜夜蛾 2.25-4.5克/公顷 喷雾

LS20080810 丙环唑/250克/升/乳油/丙环唑 250克/升/2009.02.28 至 2010.02.28/低毒
香蕉树 叶斑病 250-500毫克/千克 喷雾

LS20081155 氟硅唑/8%/微乳剂/氟硅唑 8%/2009.03.10 至 2010.03.10/低毒
黄瓜 白粉病 48-72克/公顷 喷雾

LS20081412 高氯・甲维盐/4%/微乳剂/高效氯氰菊酯 3.7%、甲氨基阿维菌素苯甲酸盐 0.3%/2009.03.17 至 2010.03.17/低毒
十字花科蔬菜 小菜蛾 9-12克/公顷 喷雾

LS20090753 甲氨基阿维菌素苯甲酸盐(2.3%)///微乳剂/甲氨基阿维菌素 2%/2009.03.31 至 2010.03.31/低毒
甘蓝 甜菜夜蛾 3-4.5克/公顷 喷雾

广东省中山市东升镇澳臣日用制品厂 (广东省中山市东升镇东二马路27号 528412 0760-8501140)

WL20070068 杀虫气雾剂/0.5%/气雾剂/氯菊酯 0.3%、右旋苯氰菊酯 0.2%/2009.04.09 至 2010.04.10/微毒
卫生 蚊、蝇、蜚蠊 / 喷雾

广东省中山市多益化工有限公司 (广东省中山市横栏镇茂辉工业区益辉三路1号 528478 0760-3377880)

WP20070042 电热蚊香片/10毫克/片/电热蚊香片/炔丙菊酯 10毫克/片/2007.12.17 至 2012.12.17/微毒

卫生 蚊 / 电热加温
WP20080097 电热蚊香液/0.8%/电热蚊香液/炔丙菊酯 0.8%/2008.09.16 至 2013.09.16/微毒
卫生 蚊 / 电热加温
WL20080131 杀蟑饵剂/8%/饵剂/硼酸 8%/2009.02.21 至 2010.02.22/微毒
卫生 蜚蠊 / 投放
WL20080487 防蛀球剂/90%/防蛀球剂/樟脑 90%/2009.12.11 至 2010.12.11/微毒
卫生 黑皮蠹 / 投放
WL20080488 电热蚊香液/1.1%/电热蚊香液/炔丙菊酯 1.1%/2009.12.11 至 2010.12.11/微毒
卫生 蚊 / 电热加温

广东省中山市华越日用制品有限公司 (广东省中山市中山火炬开发区宫花村环村路3号 528436 0760-2123233)

WP20080136 电热蚊香液/0.8%/电热蚊香液/炔丙菊酯 0.8%/2008.10.31 至 2013.10.31/微毒
卫生 蚊 / 电热加温
WP20080330 电热蚊香片/18毫克/片/电热蚊香片/炔丙菊酯 18毫克/片/2008.12.08 至 2013.12.08/微毒
卫生 蚊 / 电热加温
WP20080389 蚊香/0.2%/蚊香/富右旋反式烯丙菊酯 0.2%/2008.12.11 至 2013.12.11/低毒
卫生 蚊 / 点燃

广东省中山市金鸟化工有限公司 (广东省中山市石岐区海景路10号 528401 0760-8710318)

WP20080569 电热蚊香液/0.91%/电热蚊香液/炔丙菊酯 0.91%/2008.12.29 至 2013.12.29/低毒
卫生 蚊 / 电热加温
WP20080585 蚊香/0.2%/蚊香/右旋烯丙菊酯 0.2%/2008.12.29 至 2013.12.29/低毒
卫生 蚊 / 点燃
WP20090033 防蛀片剂/238毫克/片/片剂/右旋烯炔菊酯 238毫克/片/2009.01.14 至 2014.01.14/低毒
卫生 黑毛皮蠹、幕衣蛾 / 投放
WP20090107 防蛀片剂/60毫克/片/片剂/右旋烯炔菊酯 60毫克/片/2009.02.05 至 2014.02.05/低毒
卫生 黑毛皮蠹、幕衣蛾 / 投放
WL20050266 驱蚊粒/100毫克/盘/驱蚊粒/四氟苯菊酯 100毫克/盘/2008.09.28 至 2009.09.28/低毒
卫生 蚊 / 电吹风
WL20050269 驱蚊粒/150毫克/盘/驱蚊粒/四氟苯菊酯 150毫克/盘/2008.09.28 至 2009.09.28/低毒
卫生 蚊 / 电吹风
WL20090121 杀飞虫气雾剂/0.28%/气雾剂/氯菊酯 0.06%、右旋胺菊酯 0.22%/2009.04.13 至 2010.04.13/微毒
卫生 蚊、蝇 / 喷雾
WL20090122 防蛀片剂/600毫克/片/防蛀片剂/右旋烯炔菊酯 600毫克/片/2009.04.13 至 2010.04.13/微毒
卫生 黑毛皮蠹 / 投放
WL20090124 防蛀片剂/1040毫克/片/防蛀片剂/右旋烯炔菊酯 1040毫克/片/2009.04.13 至 2010.04.13/微毒
卫生 黑毛皮蠹 / 投放

广东省中山市凯达精细化工股份有限公司 (广东省中山市青溪路116号 528402 0760-8703869)

PD84104-20 杀虫双/18%/水剂/杀虫双 18%/2009.12.27 至 2014.12.27/中等毒
甘蔗、蔬菜、水稻、小麦、玉米 多种害虫 540-675克/公顷 喷雾
果树 多种害虫 225-360毫克/千克 喷雾
PD85154-5 氰戊菊酯/20%/乳油/氰戊菊酯 20%/2005.08.15 至 2010.08.15/中等毒
柑橘树 潜叶蛾 10-20毫克/千克 喷雾
果树 梨小食心虫 10-20毫克/千克 喷雾
棉花 红铃虫、蚜虫 75-150克/公顷 喷雾
蔬菜 菜青虫、蚜虫 60-120克/公顷 喷雾
PD89104-2 氰戊菊酯/90%/原药/氰戊菊酯 90%/2009.12.27 至 2014.12.27/中等毒
PD20050015 高效氯氰菊酯/92%/原药/高效氯氰菊酯 92%/2005.04.14 至 2010.04.14/中等毒
PD20094000 氯氰菊酯/90%/原药/氯氰菊酯 90%/2009.03.27 至 2014.03.27/中等毒
WPN23-98 杀虫气雾剂/0.36%/气雾剂/胺菊酯 0.13%、氯菊酯 0.23%/2008.08.17 至 2013.08.17/低毒
卫生 蜚蠊、蚊、蝇 / 喷雾
WP20080095 杀虫气雾剂/0.15%/气雾剂/胺菊酯 0.10%、高效氯氰菊酯 0.05%/2008.09.11 至 2013.09.11/微毒
卫生 蜚蠊、蚂蚁、蚊、蝇 / 喷雾
WP20080119 杀蟑饵剂/0.9%/饵剂/杀螟硫磷 0.9%/2008.10.28 至 2013.10.28/低毒
卫生 蜚蠊 / 投放
WP20080130 电热蚊香片/25毫克/片/电热蚊香液/Es-生物烯丙菊酯 15毫克/片、富右旋反式炔丙菊酯 10毫克/片/2008.10.31 至 2013.10.31/微毒
卫生 蚊 / 电热加温
WP20080133 电热蚊香液/1%/电热蚊香液/炔丙菊酯 1%/2008.10.31 至 2013.10.31/微毒
卫生 蚊 / 电热加温
WP20080137 杀虫气雾剂/0.55%/气雾剂/胺菊酯 0.15%、残杀威 0.32%、高效氯氰菊酯 0.08%/2008.11.04 至 2013.11.04/微毒
卫生 蚂蚁、蚊、蝇、蜚蠊 / 喷雾
注:本品有三种香型:清香型、飘逸香型、柠檬香型。
WP20080270 Es-生物烯丙菊酯/5%/烟雾剂/Es-生物烯丙菊酯 5%/2008.12.01 至 2013.12.01/低毒

卫生 蜚蠊 1克制剂/平方米 加水放烟

WP20080323 蚊香/0.3%/蚊香/生物烯丙菊酯 0.3%/2008.12.05 至 2013.12.05/微毒

卫生 蚊 / 点燃

注:本品有三种香型:檀香型、香樟香型、茉莉香型。

WP20090131 杀虫气雾剂/0.4%/气雾剂/生物烯丙菊酯 0.2%、右旋苯氰菊酯 0.2%/2009.02.23 至 2014.02.23/微毒

卫生 蚂蚁、蚊、蝇、蜚蠊 / 喷雾

WP20090138 杀虫气雾剂/0.47%/气雾剂/残杀威 0.35%、高效氯氰菊酯 0.075%、炔咪菊酯 0.045%/2009.02.25 至 2014.02.25/低毒

卫生 蚂蚁、蚊、蝇、蜚蠊 / 喷雾

注:本品有三种香型:无香型、柑桔香型、清香型。

WP20090150 电热蚊香片/50毫克/片/电热蚊香片/富右旋反式炔丙菊酯 15毫克/片、生物烯丙菊酯 35毫克/片/2009.03.03 至 2014.03.03/低毒

卫生 蚊 / 电热加温

注:本品有三种香型:无香型、清香型、果香型。

WP20090188 电热蚊香片/11毫克/片/电热蚊香片/富右旋反式炔丙菊酯 11毫克/片/2009.03.23 至 2014.03.23/低毒

卫生 蚊 / 电热加温

WP20090256 杀蚁饵剂/0.08%/饵剂/右旋苯醚菊酯 0.08%/2009.04.27 至 2014.04.27/低毒

卫生 蚂蚁 / 投放

WP20090320 电热蚊香液/1.8%/电热蚊香液/Es-生物烯丙菊酯 1.8%/2009.09.14 至 2014.09.14/微毒

卫生 蚊 / 电热加温

WL20050031 杀蟑气雾剂/0.22%/气雾剂/Es-生物烯丙菊酯 0.13%、邻苯基苯酚 0.07%、溴氰菊酯 0.02%/2008.01.26 至 2009.01.25/微毒

卫生 蜚蠊 / 喷雾

WL20060118 杀飞虫气雾剂/0.65%/气雾剂/氯菊酯 0.4%、生物烯丙菊酯 0.25%/2009.05.15 至 2010.05.15/微毒

卫生 蚊、蝇 / 喷雾

WL20090027 杀虫气雾剂/0.51%/气雾剂/残杀威 0.36%、高效氯氰菊酯 0.09%、炔咪菊酯 0.06%/2009.02.13 至 2010.02.13/微毒

卫生 蜚蠊、蚂蚁、蚊、蝇 / 喷雾

注:本品有三种香型:无香型、清香型、柑桔香型。

WL20090039 杀虫气雾剂/0.74%/气雾剂/胺菊酯 0.21%、残杀威 0.42%、高效氯氰菊酯 0.11%/2009.02.16 至 2010.02.16/微毒

卫生 蜚蠊、蚂蚁、蚊、蝇 / 喷雾

注:本品有三种香型:清香型、飘逸香型、柠檬香型。

WL20090177 蚊香/0.35%/蚊香/生物烯丙菊酯 0.3%、四氟苯菊酯 0.05%/2009.09.15 至 2010.09.15/微毒

卫生 蚊 / 点燃

WL20090183 电热蚊香液/1.5%/电热蚊香液/四氟苯菊酯 1.5%/2009.09.29 至 2010.09.29/微毒

卫生 蚊 / 电热加温

WL20090184 电热蚊香片/38毫克/片/电热蚊香片/生物烯丙菊酯 25毫克/片、四氟苯菊酯 13毫克/片/2009.10.12 至 2010.10.12/微毒

卫生 蚊 / 电热加温

WL20090231 蚊香/0.38%/蚊香/炔丙菊酯 0.08%、右旋烯丙菊酯 0.3%/2009.12.25 至 2010.12.25/微毒

卫生 蚊 / 点燃

广东省中山市凯达精细化工股份有限公司石岐农药厂 (广东省中山市东区起湾路 528402 0760-88713153)

PD20050135 氯氰菊酯/5%/乳油/氯氰菊酯 5%/2005.09.09 至 2010.09.08/中等毒

棉花 棉铃虫、棉蚜 45-90克/公顷 喷雾

十字花科蔬菜 菜青虫 30-45克/公顷 喷雾

PD20050142 氯氰菊酯/10%/乳油/氯氰菊酯 10%/2005.09.12 至 2010.09.11/中等毒

棉花 棉铃虫、棉蚜 45-90克/公顷 喷雾

十字花科蔬菜 菜青虫 30-45克/公顷 喷雾

PD20050186 高效氯氰菊酯/4.5%/乳油/高效氯氰菊酯 4.5%/2005.11.30 至 2010.11.29/中等毒

茶树 茶尺蠖 15-25.5克/公顷 喷雾

柑橘树 红蜡蚧 50毫克/千克 喷雾

柑橘树 潜叶蛾 15-20毫克/千克 喷雾

棉花 红铃虫、棉铃虫、棉蚜 15-30克/公顷 喷雾

苹果树 桃小食心虫 20-33毫克/千克 喷雾

十字花科蔬菜 菜蚜 3-18克/公顷 喷雾

十字花科蔬菜 菜青虫、小菜蛾 9-25.5克/公顷 喷雾

烟草 烟青虫 15-25.5克/公顷 喷雾

PD20091887 硫磺·多菌灵/40%/悬浮剂/多菌灵 20%、硫磺 20%/2009.02.09 至 2014.02.09/低毒

水稻 稻瘟病 1200-1800克/公顷 喷雾

甜菜 褐斑病 900-1200克/公顷 喷雾

PD20092799 虫酰肼/95%/原药/虫酰肼 95%/2009.03.04 至 2014.03.04/低毒

PD20092911 丙环唑/25%/乳油/丙环唑 25%/2009.03.05 至 2014.03.05/低毒

香蕉 叶斑病 500—700倍液 喷雾

PD20092958 虫酰肼/20%/悬浮剂/虫酰肼 20%/2009.03.09 至 2014.03.09/低毒

十字花科蔬菜 甜菜夜蛾 240-300克/公顷 喷雾

PD20093570 高效氯氟氰菊酯/2.5%/乳油/高效氯氟氰菊酯 2.5%/2009.03.23 至 2014.03.23/中等毒

十字花科蔬菜 蚜虫 9.4-11.25克/公顷 喷雾
PD20094873 甲氰菊酯/20%/乳油/甲氰菊酯 20%/2009.04.13 至 2014.04.13/中等毒
甘蓝 菜青虫 75-105克/公顷 喷雾
PD20095071 甲氰菊酯/92%/原药/甲氰菊酯 92%/2009.04.22 至 2014.04.22/低毒
WP20030008 胺菊酯/92%/原药/胺菊酯 92%/2008.04.11 至 2013.04.11/低毒
WP20030009 Es-生物烯丙菊酯/93%/原药/Es-生物烯丙菊酯 93%/2008.05.14 至 2013.05.14/中等毒
WP20030010 右旋烯丙菊酯/总酯93%，右旋91%/原药/右旋烯丙菊酯 总酯93%，右旋91%/2008.06.24 至 2013.06.24/低毒
WP20030014 生物烯丙菊酯/总酯93%，右旋反式体90%/原药/生物烯丙菊酯 总酯93%，右旋反式体90%/2008.07.14 至 2013.07.14/低毒
WP20030015 右旋苯醚菊酯/总酯92%，右旋体89/原药/右旋苯醚菊酯 总酯92%，右旋体89%/2008.10.17 至 2013.10.17/低毒
WP20030016 右旋苯醚氰菊酯/总酯92%，右旋体89/原药/右旋苯醚氰菊酯 总酯92%，右旋体89%/2008.10.17 至 2013.10.17/中等毒
WP20040002 氯菊酯/≥95%/原药/氯菊酯 ≥95%/2009.03.31 至 2014.03.31/低毒
WP20050014 炔丙菊酯/总酯93%,右旋体89/原药/炔丙菊酯 总酯93%,右旋体89%/2005.10.11 至 2010.10.11/中等毒
WP20080441 富右旋反式炔丙菊酯/总酯90%,右旋反式80%/原药/富右旋反式炔丙菊酯 总酯90%,右旋反式80%/2008.12.15 至 2013.12.15/中等毒
WP20080472 富右旋反式烯丙菊酯/总酯93%,右旋反式80%/原药/富右旋反式烯丙菊酯 总酯93%,右旋反式80%/2008.12.16 至 2013.12.16/低毒
WP20080600 烯丙·氯菊/10.5%/乳油/Es-生物烯丙菊酯 0.5%、氯菊酯 10%/2008.12.30 至 2013.12.30/低毒
卫生 蚊 0.1毫升制剂/平方米 超低容量喷雾
WP20090100 氯菊酯/10%/微乳剂/氯菊酯 10%/2009.02.04 至 2014.02.04/低毒
卫生 白蚁 25克/平方米; 土壤喷洒;
250毫克/千克 木材浸泡
卫生 蚊、蝇 30倍液 喷洒
WP20090137 顺式氯氰菊酯/10%/悬浮剂/顺式氯氰菊酯 10%/2009.02.24 至 2014.02.24/低毒
卫生 蜚蠊 玻璃面12.5毫克/平方米 滞留喷洒
木板面25毫克/平方米
水泥面50毫克/平方米
WP20090157 杀虫水乳剂/4.5%/水乳剂/高效氯氰菊酯 4.5%/2009.03.04 至 2014.03.04/低毒
卫生 蚊、蝇 100倍液 喷洒
WP20090175 右旋烯炔菊酯/总酯90%,右旋85%/原药/右旋烯炔菊酯 总酯90%,右旋85%/2009.03.11 至 2014.03.11/低毒
WP20090187 高效氯氟氰菊酯/95%/原药/高效氯氟氰菊酯 95%/2009.03.20 至 2014.03.20/中等毒

广东省中山市凯迪日化制品有限公司 （广东省中山市神湾镇成鸿路 528462 0760-6609446）

WP20080340 蚊香/0.2%/蚊香/富右旋反式烯丙菊酯 0.2%/2008.12.09 至 2013.12.09/微毒
卫生 蚊 / 点燃
WL20060172 防蛀球剂/94%/球剂/樟脑 94%/2009.10.10 至 2010.10.10/低毒
卫生 黑皮蠹 / 投放
WL20060179 防蛀片剂/98%/片剂/对二氯苯 98%/2009.10.31 至 2010.10.31/低毒
卫生 黑皮蠹、霉菌 / 投放
WL20060180 防蛀球剂/98%/球剂/对二氯苯 98%/2009.10.31 至 2010.10.31/低毒
卫生 黑皮蠹、霉菌 / 投放
WL20080350 杀虫气雾剂/0.25%/气雾剂/胺菊酯 0.1%、高效氯氰菊酯 0.15%/2009.07.09 至 2010.07.09/微毒
卫生 蚊、蝇、蜚蠊 / 喷雾

广东省中山市威特健日用品有限公司 （广东省中山市五桂山长命水村兴隆街12号4楼 528458 0760-3378312）

WL20090116 杀虫烟雾剂/7%/烟雾剂/右旋苯醚氰菊酯 7%/2009.04.10 至 2010.04.10/低毒
卫生 蜚蠊 / 点燃

广东省中山市盈科化工实业有限公司 （广东省中山市五桂山长命水 528458 0760-3378888）

WP20080227 蚊香/0.2%/蚊香/富右旋反式烯丙菊酯 0.2%/2008.11.25 至 2013.11.25/低毒
卫生 蚊 / 点燃
WP20080253 电热蚊香片/11毫克/片/电热蚊香片/富右旋反式炔丙菊酯 11毫克/片/2008.11.26 至 2013.11.26/微毒
卫生 蚊 / 电热加温
WP20080368 电热蚊香液/0.87%/电热蚊香液/富右旋反式炔丙菊酯 0.87%/2008.12.10 至 2013.12.10/微毒
卫生 蚊 / 电热加温
WP20090012 杀虫气雾剂/0.66%/气雾剂/胺菊酯 0.20%、富右旋反式烯丙菊酯 0.22%、氯菊酯 0.24%/2009.01.06至2014.01.06/微毒
卫生 蜚蠊、蚊、蝇 / 喷雾
WL20080367 防蛀片剂/98%/防蛀片剂/对二氯苯 98%/2009.08.20 至 2010.08.20/微毒
卫生 黑皮蠹 / 投放

广东省中山榄菊日化实业有限公司 （广东省中山市小榄镇乐丰路 528415 0760-22129538）

WPN31-20 电热蚊香液/0.82%/电热灭蚊液/炔丙菊酯 0.82%/2006.08.29 至 2011.08.29/微毒
卫生 蚊 / 电热加温
WP20070004 蚊香/0.33%/蚊香/富右旋反式烯丙菊酯 0.33%/2007.04.12 至 2012.04.12/微毒
卫生 蚊 / 点燃
WP20070017 杀虫气雾剂/0.32%/气雾剂/胺菊酯 0.17%、富右旋反式烯丙菊酯 0.09%、高效氯氰菊酯 0.06%/2007.09.05至2012.09.05/微毒
卫生 蜚蠊、蚊、蝇 / 喷雾

注:本品有三种香型：无花香型、柠檬香型、百花草型。
WP20080001　电热蚊香片//电热蚊香片/炔丙菊酯 11毫克/片/2008.01.03 至 2013.01.03/微毒
卫生　蚊　/　电热加温
注:本品有三种香型：檀香型、熏衣草香型、野菊花香型。
WP20080010　杀虫气雾剂/1.22%/气雾剂/胺菊酯 0.12%、残杀威 1%、炔丙菊酯 0.1%/2008.01.04 至 2013.01.04/低毒
卫生　蜚蠊、蚊、蝇　/　喷雾
注:本品有一种香型：清香型。
WP20080103　杀虫气雾剂/1.25%/气雾剂/胺菊酯 0.15%、残杀威 1%、富右旋反式烯丙菊酯 0.1%/2008.09.26 至 2013.09.26/微毒
卫生　蚊、蝇、蜚蠊　/　喷雾
WP20080124　杀虫气雾剂/0.3%/气雾剂/右旋胺菊酯 0.15%、右旋苯醚氰菊酯 0.15%/2008.10.28 至 2013.10.28/低毒
卫生　蚊、蝇、蜚蠊　/　喷雾
WP20080226　杀蟑饵剂/0.1%/饵剂/毒死蜱 0.1%/2008.11.25 至 2013.11.25/微毒
卫生　蜚蠊　投放
WP20080236　杀虫气雾剂/1.2%/气雾剂/胺菊酯 0.15%、残杀威 1.0%、富右旋反式炔丙菊酯 0.05%/2008.11.25 至 2013.11.25/低毒
卫生　蜚蠊、蚊、蝇　/　喷雾
WP20080290　蚊香/0.02%/蚊香/四氟甲醚菊酯 0.02%/2008.12.03 至 2013.12.03/微毒
卫生　蚊　/　点燃
WP20080299　杀虫气雾剂/0.3%/气雾剂/胺菊酯 0.17%、富右旋反式烯丙菊酯 0.08%、氯氰菊酯 0.05%/2008.12.03 至 2013.12.03/微毒
卫生　蚊、蝇、蜚蠊　/　喷雾
WP20080312　蚊香/0.15%/蚊香/Es-生物烯丙菊酯 0.15%/2008.12.04 至 2013.12.04/微毒
卫生　蚊　/　点燃
WP20080327　杀虫气雾剂/0.5%/气雾剂/胺菊酯 0.25%、富右旋反式烯丙菊酯 0.15%、氯氰菊酯 0.1%/2008.12.08至2013.12.08/微毒
卫生　蚊、蝇、蜚蠊　/　喷雾
WP20080474　杀虫气雾剂/0.45%/气雾剂/Es-生物烯丙菊酯 0.15%、胺菊酯 0.15%、右旋苯醚氰菊酯 0.15%/2008.12.16至2013.12.16/微毒
卫生　蚊、蝇、蜚蠊　/　喷雾
WP20080497　电热蚊香液/1.35%/电热蚊香液/炔丙菊酯 1.35%/2008.12.18 至 2013.12.18/微毒
卫生　蚊　/　电热加温
WP20080502　杀虫气雾剂/0.6%/气雾剂/胺菊酯 0.15%、残杀威 0.3%、氯氰菊酯 0.15%/2008.12.18 至 2013.12.18/微毒
卫生　蚊、蝇、蜚蠊　/　喷雾
注:本品有一种香型：清香型。
WP20080598　驱蚊液/5%/驱蚊液/避蚊胺 5%/2008.12.30 至 2013.12.30/微毒
卫生　蚊　/　涂抹
WP20090069　杀虫气雾剂/0.19%/气雾剂/富右旋反式炔丙菊酯 0.1%、炔咪菊酯 0.02%、右旋苯醚氰菊酯 0.07%/2009.02.01至2014.02.01/微毒
卫生　蚊、蝇、蜚蠊　/　喷雾
WP20090073　蚊香/0.2%/蚊香/Es-生物烯丙菊酯 0.2%/2009.02.01 至 2014.02.01/微毒
卫生　蚊　/　点燃
WP20090139　驱蚊液/7%/驱蚊液/驱蚊酯 7%/2009.02.25 至 2014.02.25/微毒
卫生　蚊　/　涂抹
WP20090327　杀虫气雾剂/0.3%/气雾剂/Es-生物烯丙菊酯 0.1%、胺菊酯 0.1%、右旋苯醚氰菊酯 0.1%/2009.09.23 至 2014.09.23/微毒
卫生　蚊、蝇、蜚蠊　/　喷雾
WL20050174　蚊香/0.01%/蚊香/四氟甲醚菊酯 0.01%/2008.06.14 至 2009.06.14/微毒
卫生　蚊　/　点燃
WL20080017　防蛀球剂/96%/防蛀球剂/对二氯苯 96%/2010.01.04 至 2011.01.04/低毒
卫生　黑皮蠹、霉菌　/　投放
WL20080025　蚊香/0.03%/蚊香/四氟甲醚菊酯 0.03%/2010.01.04 至 2011.01.04/微毒
卫生　蚊　/　点燃
注:本品有两种香型：檀香型、熏衣草型。
WL20080041　防蛀片剂/96%/防蛀片剂/对二氯苯 96%/2010.01.07 至 2011.01.07/低毒
卫生　黑皮蠹、霉菌　/　投放
WL20080097　蚊香/0.05%/蚊香/四氟苯菊酯 0.05%/2010.02.21 至 2011.02.21/微毒
卫生　蚊　/　点燃
WL20080275　蝇香/1%/蝇香/右旋烯炔菊酯 1%/2009.04.15 至 2010.04.15/微毒
卫生　蝇　/　点燃
WL20080312　电热蚊香片/9.6毫克/片/电热蚊香片/炔丙菊酯 4.8毫克/片、四氟甲醚菊酯 4.8毫克/片/2009.04.22 至 2010.04.22/微毒
卫生　蚊　/　电热加温
注:本品有三种香型：檀香型、野菊花型、熏衣草型。
WL20080325　防蛀片剂/94%/防蛀片剂/樟脑 94%/2009.05.08 至 2010.05.08/低毒
卫生　黑皮蠹　/　投放

WL20080327 防蛀球剂/94%/防蛀球剂/樟脑 94%/2009.05.08 至 2010.05.08/低毒
卫生 黑皮蠹 / 投放
WL20080358 驱蚊乳/15%/驱蚊乳/避蚊胺 15%/2009.07.17 至 2010.07.17/低毒
卫生 蚊 / 涂抹
WL20080363 蟑香/2.2%/蟑香/右旋苯醚氰菊酯 2.2%/2009.07.24 至 2010.07.24/微毒
卫生 蜚蠊 / 点燃
WL20080364 杀虫气雾剂/0.75%/气雾剂/胺菊酯 0.3%、氯菊酯 0.25%、炔丙菊酯 0.2%/2009.07.24 至 2010.07.24/微毒
卫生 蚊、蝇、蜚蠊 / 喷雾
注:本品有两种香型：柠檬香型、薄荷香型。
WL20080387 蚊香/0.2%/蚊香/Es-生物烯丙菊酯 0.15%、四氟苯菊酯 0.05%/2009.09.01 至 2010.09.01/微毒
卫生 蚊 / 点燃
注:本品有三种香型：檀香型、野菊花型、熏衣草型。
WL20080399 电热蚊香片/15毫克/片/电热蚊香片/炔丙菊酯 15毫克/片/2009.09.18 至 2010.09.18/微毒
卫生 蚊 / 电热加温
WL20080400 杀蟑气雾剂/0.25%/气雾剂/高效氯氰菊酯 0.2%、炔咪菊酯 0.05%/2009.09.18 至 2010.09.18/微毒
卫生 蜚蠊 / 喷雾
WL20080401 驱蚊花露水/5%/驱蚊花露水/避蚊胺 5%/2009.09.18 至 2010.09.18/微毒
卫生 蚊 / 涂抹
WL20080406 杀虫气雾剂/0.32%/气雾剂/胺菊酯 0.17%、氯氰菊酯 0.06%、右旋烯丙菊酯 0.09%/2009.09.18 至 2010.09.18/微毒
卫生 蚊、蝇、蜚蠊 / 喷雾
WL20090006 电热蚊香液/0.52%/电热蚊香液/四氟甲醚菊酯 0.52%/2010.01.08 至 2011.01.08/微毒
卫生 蚊 / 电热加温
WL20090011 电热蚊香液/0.31%/电热蚊香液/四氟甲醚菊酯 0.31%/2010.01.09 至 2011.01.09/微毒
卫生 蚊 / 电热加温
WL20090012 杀虫气雾剂/1.2%/气雾剂/胺菊酯 0.15%、残杀威 1%、炔丙菊酯 0.05%/2010.01.09 至 2011.01.09/低毒
卫生 蚊、蝇、蜚蠊 / 喷雾
WL20090025 杀蟑饵剂/0.2%/饵剂/毒死蜱 0.2%/2010.02.12 至 2011.02.12/微毒
卫生 蜚蠊 / 投放
WL20090073 驱蚊液/15%/驱蚊液/避蚊胺 15%/2009.03.19 至 2010.03.19/低毒
卫生 蚊 / 涂抹
WL20090142 杀虫气雾剂/0.51%/气雾剂/Es-生物烯丙菊酯 0.17%、胺菊酯 0.17%、右旋苯醚氰菊酯 0.17%/2009.05.04 至 2010.05.04/微毒
卫生 蚊、蝇、蜚蠊 / 喷雾
WL20090179 蚊香/0.08%/蚊香/氯氟醚菊酯 0.08%/2009.09.16 至 2010.09.16/微毒
卫生 蚊 / 点燃
WL20090186 蟑香/7.2%/蟑香/右旋苯醚氰菊酯 7.2%/2009.10.19 至 2010.10.19/微毒
卫生 蜚蠊 / 点燃

广东省珠海市华夏生物制剂有限公司 (广东省珠海市斗门区井岸镇濠门工业区 519100 0756-5554013)

PD20040423 吡虫啉/10%/可湿性粉剂/吡虫啉 10%/2009.12.19 至 2014.12.19/低毒
水稻 飞虱 15-30克/公顷 喷雾
PD20090060 阿维·氯氰/2.4%/微乳剂/阿维菌素 0.3%、氯氰菊酯 4%/2009.01.08 至 2014.01.08/低毒(原药高毒)
十字花科蔬菜 小菜蛾 18-25.2克/公顷 喷雾
PD20090470 敌畏·马/55%/乳油/敌敌畏 40%、马拉硫磷 15%/2009.01.12 至 2014.01.12/中等毒
十字花科蔬菜 黄条跳甲 412.5-495克/公顷 喷雾
PD20091442 阿维菌素/0.2%/可湿性粉剂/阿维菌素 0.2%/2009.02.02 至 2014.02.02/低毒(原药高毒)
柑橘树 红蜘蛛 2-2.5毫克/千克 喷雾
PD20091448 阿维菌素/0.9%/乳油/阿维菌素 0.9%/2009.02.02 至 2014.02.02/低毒(原药高毒)
十字花科蔬菜 小菜蛾 8.1-10.8克/公顷 喷雾
PD20091485 阿维·苏云菌//可湿性粉剂/阿维菌素 0.1%、苏云金杆菌 70亿活芽孢/克/2009.02.02 至 2014.02.02/低毒(原药高毒)
十字花科蔬菜 小菜蛾 700-1200克制剂/公顷 喷雾
PD20091706 阿维菌素/1.8%/乳油/阿维菌素 1.8%/2009.02.03 至 2014.02.03/中等毒(原药高毒)
十字花科蔬菜 小菜蛾 8.1-10.8克/公顷 喷雾
PD20094416 阿维菌素/1.8%/可湿性粉剂/阿维菌素 1.8%/2009.04.01 至 2014.04.01/低毒(原药高毒)
柑橘树 红蜘蛛 2.-2.5毫克/千克 喷雾
十字花科蔬菜 小菜蛾 8.1-10.8克/公顷 喷雾
PD20098111 棉铃虫核型多角体病毒/20亿PIB/毫升/悬浮剂/棉铃虫核型多角体病毒 20亿PIB/克/2009.12.08 至 2014.12.08/低毒
棉花 棉铃虫 1350-1800毫升制剂/公顷 喷雾
LS20053189 氯氰·敌敌畏/20%/乳油/敌敌畏 18%、氯氰菊酯 2%/2008.10.10 至 2009.10.10/中等毒
十字花科蔬菜 黄条跳甲 225-300克/公顷 喷雾
LS20053465 甜菜夜蛾核型多角体病毒/20亿PIB/毫升/悬浮剂/甜菜夜蛾核型多角体病毒 20亿PIB/毫升/2008.11.13 至 2009.11.13/低毒
十字花科蔬菜 甜菜夜蛾 1125-1500克制剂/公顷 喷雾
LS20060651 阿维菌素/0.6%/乳油/阿维菌素 0.6%/2009.03.28 至 2010.03.28/低毒(原药高毒)

十字花科蔬菜　小菜蛾　8.1-10.8克/公顷　喷雾
LS20082273　高氯·啶虫脒/4%/微乳剂/啶虫脒 3%、高效氯氰菊酯 1%/2009.04.21 至 2010.04.21/低毒
柑橘树　蚜虫　25-33.3毫克/千克　喷雾
LS20082478　阿维·哒螨灵/10%/乳油/阿维菌素 0.2%、哒螨灵 9.8%/2009.04.22 至 2010.04.22/中等毒(原药高毒)
柑橘树　红蜘蛛　83.3-125毫克/千克　喷雾
LS20082564　哒灵·炔螨特/30%/乳油/哒螨灵 6%、炔螨特 24%/2009.04.23 至 2010.04.23/中等毒
柑橘树　红蜘蛛　200-300毫克/千克　喷雾
LS20082972　阿维·炔螨特/35%/乳油/阿维菌素 0.3%、炔螨特 34.7%/2009.08.20 至 2010.08.20/低毒(原药高毒)
柑橘树　红蜘蛛　280-437.5毫克/千克　喷雾
LS20083038　阿维·毒死蜱/12%/微乳剂/阿维菌素 0.4%、毒死蜱 11.6%/2009.09.18 至 2010.09.18/中等毒(原药高毒)
十字花科蔬菜　小菜蛾　108-162克/公顷　喷雾
LS20091334　甲维盐·氯氰/3.2%/微乳剂/甲氨基阿维菌素苯甲酸盐 0.2%、氯氰菊酯 3%/2009.06.10 至 2010.06.10/低毒
十字花科蔬菜　甜菜夜蛾　24-28.8克/公顷　喷雾
LS20091386　21.5%丁醚脲·甲氨基阿维菌素苯甲酸盐悬浮剂/21.5%/悬浮剂/丁醚脲 20%、甲氨基阿维菌素苯甲酸盐 1.5%/2009.08.26 至 2010.08.26/低毒
番茄　早疫病　/　/
十字花科蔬菜　小菜蛾　129—193.5克/公顷　喷雾

广东省珠海市佳弘科技有限公司　(广东省珠海市港湾大道银坑工业区一栋底层A座　519000　0756-3318498)

WP20080305　杀虫气雾剂/0.55%/气雾剂/胺菊酯 0.2%、氯菊酯 0.35%/2008.12.05 至 2013.12.05/低毒
卫生　蜚蠊、蚊、蝇　/　喷雾
WP20090283　胺·氯菊/5%/微乳剂/胺菊酯 1.5%、氯菊酯 3.5%/2009.06.08 至 2014.06.08/微毒
卫生　蚊、蝇　0.3毫升/平方米　喷雾

广东省珠海市绿宇生化技术研究所　(广东省珠海市白藤湖翠湖宾馆白蕉科技工业园内　0756-5568051)

LS20090910　乙霉·多菌灵/14%/可湿性粉剂/多菌灵 8%、乙霉威 6%/2009.04.10 至 2010.04.10/低毒
棉花　黄枯萎病　93-140毫克/千克　灌根、喷雾

广东省珠海真绿色技术有限公司　(广东省珠海市香洲区南屏科技园屏西七路1号　519060　0756-8699856)

PD20094449　阿维·毒死蜱/15%/乳油/阿维菌素 0.1%、毒死蜱 14.9%/2009.04.01 至 2014.04.01/低毒(原药高毒)
甘蓝　小菜蛾　112.5-157.5克/公顷　喷雾
PD20094524　咪鲜胺/0.05%/水剂/咪鲜胺 0.05%/2009.04.09 至 2014.04.09/低毒
柑橘　保鲜　2-3升制剂量/吨　喷涂
PD20095324　咪鲜·抑霉唑/14%/乳油/咪鲜胺 12%、抑霉唑 2%/2009.04.27 至 2014.04.27/低毒
柑橘　蒂腐病、绿霉病、青霉病、酸腐病　600-800倍液　浸果一分钟
PD20097693　阿维菌素/1.8%/乳油/阿维菌素 1.8%/2009.11.04 至 2014.11.04/中等毒(原药高毒)
菜豆　美洲斑潜蝇　6-9克/公顷　喷雾
PD20097718　咪鲜·异菌脲/16%/悬浮剂/咪鲜胺 8%、异菌脲 8%/2009.11.04 至 2014.11.04/低毒
香蕉　冠腐病　400-500倍液　浸果2分钟
PD20097844　阿维·矿物油/58%/乳油/阿维菌素 0.15%、矿物油 57.85%/2009.11.20 至 2014.11.20/低毒(原药高毒)
柑橘树　红蜘蛛　290-580毫克/千克　喷雾
LS20050056　霜脲·锰锌/72%/可湿性粉剂/代森锰锌 64%、霜脲氰 8%/2008.01.07 至 2009.01.06/低毒
黄瓜　霜霉病　1440-1800克/公顷　喷雾
LS20053461　咪鲜胺/10%/微乳剂/咪鲜胺 10%/2008.11.13 至 2009.11.13/低毒
柑橘(果实)　绿霉病、青霉病　222-333毫克/千克　浸果
LS20053476　甲硫·乙霉威/65%/可湿性粉剂/甲基硫菌灵 52.5%、乙霉威 12.5%/2008.11.13 至 2009.11.13/低毒
黄瓜　灰霉病　975-1462.5克/公顷　喷雾
LS20070188　甲氨基阿维菌素苯甲酸盐/1%/乳油/甲氨基阿维菌素苯甲酸盐 1%/2009.02.07 至 2010.02.07/低毒
十字花科蔬菜　甜菜夜蛾　3.75-6克/公顷　喷雾
LS20070525　联苯菊酯/25克/升/乳油/联苯菊酯 25克/升/2009.03.06 至 2010.03.07/中等毒
茶树　茶尺蠖　7.5-15克/公顷　喷雾
LS20071155　苯醚甲环唑/25%/乳油/苯醚甲环唑 25%/2009.04.25 至 2010.04.26/低毒
香蕉　叶斑病　83.3-125毫克/千克　喷雾
LS20080738　高效氯氟氰菊酯/25克/升/乳油/高效氯氟氰菊酯 25克/升/2009.02.25 至 2010.02.26/中等毒
十字花科蔬菜　菜青虫　7.5-15克/公顷　喷雾
LS20082179　福·福锌/40%/可湿性粉剂/福美双 15%、福美锌 25%/2009.04.18 至 2010.04.18/低毒
黄瓜　炭疽病　1500-1800克/公顷　喷雾
LS20090591　苯醚甲环唑/10%/悬浮剂/苯醚甲环唑 10%/2009.03.19 至 2010.03.19/低毒
黄瓜　炭疽病　75-112.5克/公顷　喷雾
LS20091205　苜蓿银纹夜蛾核型多角体病毒/10亿PIB/毫升/悬浮剂/苜蓿银纹夜蛾核型多角体病毒 10亿PIB/毫升/2009.04.24至2010.04.24/低毒
十字花科蔬菜　甜菜夜蛾　1500-1950克制剂/公顷　喷雾

广东省珠海姗拉娜化妆品有限公司　(广东省珠海市南屏科技工业园姗拉娜工业大楼　519060　0756-8682125)

WL20070027　驱蚊液/3%/驱蚊液/驱蚊酯 3%/2009.02.07 至 2010.02.07/微毒
卫生　蚊　/　涂抹

广东雪柔精细化工实业有限公司　(广东省汕头市潮南区峡山泗联工业区　515144　0754-7770666)

WL20070008 蚊香/0.3%/蚊香/富右旋反式烯丙菊酯 0.3%/2009.01.18 至 2010.01.18/微毒
卫生 蚊 / 点燃
WL20070039 杀虫气雾剂/0.45%/气雾剂/胺菊酯 0.3%、高效氯氰菊酯 0.15%/2009.02.08 至 2010.02.08/微毒
卫生 蚊、蝇、蜚蠊 / 喷雾
WL20080026 电热蚊香液/0.85%/电热蚊香液/炔丙菊酯 0.85%/2009.01.04 至 2010.01.04/微毒
卫生 蚊 / 电热加温
WL20080409 电热蚊香片/15毫克/片/蚊香/炔丙菊酯 15毫克/片/2008.10.09 至 2009.10.09/微毒
卫生 蚊 / 电热加温

广东珠海经济特区瑞农植保技术有限公司 （广东省珠海市金湾区临港工业区大浪湾工业小区 519050 0756-7268813）

WL20080324 杀蚁饵剂/0.015%/饵剂/多杀霉素 0.015%/2009.05.04 至 2010.05.04/低毒
卫生 红火蚁 / 投饵

广州农药厂从化市分厂 （广东省广州市从化市江埔街锦三村 510925 020-87992055）

PDN9-91 丁草胺/60%/乳油/丁草胺 60%/2006.07.31 至 2011.07.31/低毒
水稻 稗草、牛毛草、鸭舌草 750-1275克/公顷 喷雾，毒土
PDN10-91 丁草胺/50%/乳油/丁草胺 50%/2006.07.31 至 2011.07.31/低毒
水稻 稗草、牛毛草、鸭舌草 750-1275克/公顷 喷雾，毒土
PD85131-37 井冈霉素/3%,5%/水剂/井冈霉素 3%,5%/2006.04.29 至 2011.04.29/低毒
水稻 纹枯病 75-112.5克/公顷 喷雾，泼浇
PD86122 乐果/50%/乳油/乐果 50%/2006.07.31 至 2011.07.31/中等毒
茶树 蚜虫、叶蝉、螨 1000-2000倍液 喷雾
甘薯 小象甲 200倍液 喷雾
柑橘树、苹果树 鳞翅目幼虫、蚜虫、螨 800-1600倍液 喷雾
棉花 蚜虫、螨 450-600克/公顷 喷雾
蔬菜 蚜虫、螨 300-600克/公顷 喷雾
水稻 飞虱、螟虫、叶蝉 450-600克/公顷 喷雾
烟草 蚜虫、烟青虫 300-600克/公顷 喷雾
PD91105-2 鱼藤酮/2.5%/乳油/鱼藤酮 2.5%/2006.11.23 至 2011.11.23/低毒(原药高毒)
叶菜 蚜虫 37.5克/公顷 喷雾
PD20082895 克百威/3%/颗粒剂/克百威 3%/2008.12.09 至 2013.12.09/高毒
甘蔗 蚜虫、蔗龟 1350-2250克/公顷 沟施
花生 线虫 1800-2250克/公顷 条施、沟施
棉花 蚜虫 675-900克/公顷 条施、沟施
水稻 二化螟、瘿蚊 900-1350克/公顷 撒施
PD20083380 多菌灵/50%/可湿性粉剂/多菌灵 50%/2008.12.11 至 2013.12.11/低毒
水稻 纹枯病 750-900克/公顷 喷雾
PD20083620 乐果/40%/乳油/乐果 40%/2008.12.12 至 2013.12.12/中等毒
十字花科蔬菜 蚜虫 450-600克/公顷 喷雾
PD20084055 异丙威/20%/乳油/异丙威 20%/2008.12.16 至 2013.12.16/低毒
水稻 叶蝉 600-750克/公顷 喷雾
PD20085480 丁草胺/5%/颗粒剂/丁草胺 5%/2008.12.25 至 2013.12.25/低毒
水稻 稗草、牛毛草、鸭舌草 750-1275克/公顷 撒施
PD20091390 百菌清/75%/可湿性粉剂/百菌清 75%/2009.02.02 至 2014.02.02/低毒
黄瓜 白粉病 1687.5-2250克/公顷 喷雾
PD20092834 草甘膦/10%/水剂/草甘膦 10%/2009.03.05 至 2009.12.31/低毒
柑橘园 杂草 1125-2250克/公顷 定向茎叶喷雾
PD20093970 乙草胺/50%/乳油/乙草胺 50%/2009.03.27 至 2014.03.27/低毒
花生田 一年生禾本科杂草及部分小粒种子阔叶杂草 975-1200克/公顷 播后苗前土壤喷雾
LS20052454 四聚乙醛/6%/颗粒剂/四聚乙醛 6%/2008.07.12 至 2009.07.12/低毒
棉花、十字花科蔬菜、烟草 蛞蝓、蜗牛 360-490克/公顷 撒施
水稻 福寿螺 400-490克/公顷 撒施
LS20061866 乙酰甲胺磷/30%/乳油/乙酰甲胺磷 30%/2009.11.21 至 2010.11.21/低毒
十字花科蔬菜 菜青虫 450-562.5克/公顷 喷雾
LS20062005 乙酰甲胺磷/40%/乳油/乙酰甲胺磷 40%/2009.12.26 至 2010.12.26/中等毒
十字花科蔬菜 菜青虫 450-750克/公顷 喷雾
LS20070749 高效氯氰菊酯/4.5%/乳油/高效氯氰菊酯 4.5%/2009.04.08 至 2010.04.09/低毒
十字花科蔬菜 菜青虫 16.875-20.25克/公顷 喷雾

揭阳市和壬环保清洁剂有限公司 （广东省揭阳市东山区建阳路金凤豪苑西侧 522000 13828152488）

WL20090013 杀蟑饵剂/0.5%/饵剂/依维菌素 0.5%/2009.01.09 至 2010.01.09/微毒
卫生 蜚蠊 / 投放

金奇集团金奇日化有限公司 （广东省汕头市澄海区莲下潜溪工业区 515800 ）

WL20080501 杀虫气雾剂/0.28%/气雾剂/胺菊酯 0.12%、富右旋反式烯丙菊酯 0.06%、氯菊酯 0.1%/2008.12.29 至 2009.12.29/微毒

卫生 蜚蠊、蚊、蝇 / 喷雾

WL20090106 蚊香/0.15%/蚊香/Es-生物烯丙菊酯 0.09%、炔丙菊酯 0.06%/2009.03.31 至 2010.03.31/微毒

卫生 蚊 / 点燃

陆丰市港达实业有限公司日用化学品厂 （广东省陆丰市谭西镇上埔路口 516500 0660-8966066）

WP20090364 杀虫气雾剂/0.15%/气雾剂/胺菊酯 0.1%、高效氯氰菊酯 0.05%/2009.11.12 至 2014.11.12/微毒

卫生 蜚蠊、蚊、蝇 / 喷雾

陆丰市朗肤丽实业有限公司 （广东省陆丰市东海开发区第十一区 528305 0660-8239819，8239828）

WP20080558 蚊香/0.25%/蚊香/富右旋反式烯丙菊酯 0.25%/2008.12.24 至 2013.12.24/微毒

卫生 蚊 / 点燃

WL20090002 杀虫气雾剂/0.3%/气雾剂/Es-生物烯丙菊酯 0.1%、右旋苯醚氰菊酯 0.2%/2009.01.08 至 2010.01.08/微毒

卫生 蜚蠊、蚊、蝇 / 喷雾

清远市顾地丰生物科技有限公司 （广东省清远市连南县寨岗镇阳爱村 513300 0763-8481795）

PD85154-30 氰戊菊酯/20%/乳油/氰戊菊酯 20%/2006.07.23 至 2011.07.23/中等毒

柑橘树 潜叶蛾 10-20毫克/千克 喷雾

果树 梨小食心虫 10-20毫克/千克 喷雾

棉花 红铃虫、蚜虫 75-150克/公顷 喷雾

蔬菜 菜青虫、蚜虫 60-120克/公顷 喷雾

PD20090501 高效氯氟氰菊酯/25克/升/乳油/高效氯氟氰菊酯 25克/升/2009.01.12 至 2014.01.12/中等毒

十字花科蔬菜 菜青虫 10.3-13.1克/公顷 喷雾

PD20090514 福美双/50%/可湿性粉剂/福美双 50%/2009.01.12 至 2014.01.12/低毒

黄瓜 霜霉病 750-1125克/公顷 喷雾

PD20091120 百菌清/75%/可湿性粉剂/百菌清 75%/2009.01.21 至 2014.01.21/低毒

黄瓜 霜霉病 1282.5-1766.25克/公顷 喷雾

PD20091203 联苯菊酯/25克/升/乳油/联苯菊酯 25克/升/2009.02.01 至 2014.02.01/低毒

茶树 茶尺蠖 7.5-15克/公顷 喷雾

PD20091521 丙环唑/250克/升/乳油/丙环唑 250克/升/2009.02.02 至 2014.02.02/低毒

香蕉 叶斑病 250-500毫克/千克 喷雾

PD20091522 甲基硫菌灵/70%/可湿性粉剂/甲基硫菌灵 70%/2009.02.02 至 2014.02.02/低毒

小麦 赤霉病 756-1050克/公顷 喷雾

PD20091757 多菌灵/25%/可湿性粉剂/多菌灵 25%/2009.02.04 至 2014.02.04/微毒

水稻 稻瘟病 750-990克/公顷 喷雾

PD20092086 毒死蜱/480克/升/乳油/毒死蜱 480克/升/2009.02.16 至 2014.02.16/中等毒

柑橘树 矢尖蚧 320-480毫克/千克 喷雾

PD20094578 氯氰菊酯/50克/升/乳油/氯氰菊酯 50克/升/2009.04.09 至 2014.04.09/低毒

十字花科蔬菜 菜青虫 33.75-45克/公顷 喷雾

PD20095199 代森锰锌/80%/可湿性粉剂/代森锰锌 80%/2009.04.24 至 2014.04.24/低毒

苹果树 轮纹病 1000-1333毫克/千克 喷雾

LS20060713 氯氰菊酯/100克/升/乳油/氯氰菊酯 100克/升/2009.04.03 至 2010.04.03/低毒

十字花科蔬菜 菜青虫 45-60克/公顷 喷雾

LS20060728 三唑锡/25%/可湿性粉剂/三唑锡 25%/2009.04.03 至 2010.04.03/低毒

柑橘树 红蜘蛛 125-166.7毫克/千克 喷雾

LS20061095 溴氰菊酯/25克/升/乳油/溴氰菊酯 25克/升/2009.05.10 至 2010.05.10/中等毒

荔枝 蝽蟓 5-8.3毫克/千克 喷雾

LS20061447 噁霜·锰锌/64%/可湿性粉剂/噁霜灵 8%、代森锰锌 56%/2008.07.12 至 2009.07.12/低毒

黄瓜 霜霉病 1650-1950克/公顷 喷雾

LS20070346 阿维菌素/18克/升/乳油/阿维菌素 18克/升/2009.02.25 至 2010.02.25/低毒(原药高毒)

棉花 红蜘蛛 10.8-16.2克/公顷 喷雾

LS20071683 甲霜·锰锌/58%/可湿性粉剂/甲霜灵 10%、代森锰锌 48%/2009.06.13 至 2010.06.14/低毒

黄瓜 霜霉病 1305-1635克/公顷 喷雾

LS20080269 氯氰·丙溴磷/440克/升/乳油/丙溴磷 400克/升、氯氰菊酯 40克/升/2009.02.17 至 2010.02.18/中等毒

棉花 棉铃虫 894-660克/公顷 喷雾

LS20080518 氟氯氰菊酯/50克/升/乳油/氟氯氰菊酯 50克/升/2009.02.20 至 2010.02.21/中等毒

十字花科蔬菜 菜青虫 22.5-30克/公顷 喷雾

LS20080694 喹硫磷/25%/乳油/喹硫磷 25%/2009.02.25 至 2010.02.26/中等毒

水稻 二化螟 450-525克/公顷 喷雾

LS20080792 氯氰·毒死蜱/522.5克/升/乳油/毒死蜱 475克/升、氯氰菊酯 47.5克/升/2009.02.27 至 2010.02.28/中等毒

菜豆 豆荚螟 391.9-470.3克/公顷 喷雾

LS20080794 噻嗪·异丙威/25%/可湿性粉剂/噻嗪酮 5%、异丙威 20%/2009.02.28 至 2010.02.28/中等毒

水稻 稻飞虱 468.75-562.5克/公顷 喷雾

LS20080802 异丙威/20%/乳油/异丙威 20%/2009.02.28 至 2010.02.28/低毒

水稻 稻飞虱 450-600克/公顷 喷雾

LS20080831 百草枯/200克/升/水剂/百草枯 200克/升/2009.02.28 至 2010.02.28/中等毒

非耕地 杂草 600-780克/公顷 茎叶喷雾

LS20080951 三唑酮/25%/可湿性粉剂/三唑酮 25%/2009.03.04 至 2010.03.04/低毒
小麦 白粉病 187.5-225克/公顷 喷雾
LS20081938 噁霉灵/15%/水剂/噁霉灵 15%/2009.04.11 至 2010.04.11/低毒
水稻 立枯病 13500-18000克/公顷 苗床土壤处理
LS20082030 井冈霉素/10%/可溶粉剂/井冈霉素 10%/2009.04.15 至 2010.04.15/微毒
水稻 纹枯病 150-187.5克/公顷 喷雾
LS20082329 氟啶脲/50克/升/乳油/氟啶脲 50克/升/2009.04.21 至 2010.04.21/低毒
十字花科蔬菜 小菜蛾 45-60克/公顷 喷雾
LS20091080 阿维·灭蝇胺/25.9%/可湿性粉剂/阿维菌素 0.9%、灭蝇胺 25%/2009.04.15 至 2010.04.15/低毒(原药高毒)
黄瓜 美洲斑潜蝇 58.275-77.7克/公顷 喷雾
LS20091274 阿维·吡虫啉/5.2%/微乳剂/阿维菌素 0.2%、吡虫啉 5%/2009.05.22 至 2010.05.22/低毒(原药高毒)
梨树 梨木虱 14.85-17.33毫克/千克 喷雾
LS20091275 吡虫·毒死蜱/30%/微乳剂/吡虫啉 5%、毒死蜱 25%/2009.05.22 至 2010.05.22/中等毒
水稻 稻飞虱 180-225克/公顷 喷雾
LS20091276 阿维·四螨嗪/10%/悬浮剂/阿维菌素 0.1%、四螨嗪 9.9%/2009.05.22 至 2010.05.22/微毒(原药高毒)
苹果树 红蜘蛛 50-67毫克/千克 喷雾
LS20091285 甲维·丙溴磷/20.2%/乳油/丙溴磷 20%、甲氨基阿维菌素苯甲酸盐 0.2%/2009.05.22 至 2010.05.22/低毒
菜豆 豆荚螟 454.5-606克/公顷 喷雾
LS20091401 甲氨基阿维菌素苯甲酸盐(5.7%)///微乳剂/甲氨基阿维菌素 5%/2009.09.16 至 2010.09.16/低毒
甘蓝 小菜蛾 2.25-3克/公顷 喷雾
LS20091414 阿维·丁醚脲/15.6%/乳油/阿维菌素 0.6%、丁醚脲 15%/2009.09.16 至 2010.09.16/低毒(原药高毒)
甘蓝 小菜蛾 187.2-210.6克/公顷 喷雾
LS20091433 甲维·毒死蜱/20.5%/微乳剂/毒死蜱 20%、甲氨基阿维菌素苯甲酸盐 0.5%/2009.11.04 至 2010.11.04/低毒
甘蓝 甜菜夜蛾 92.25-123克/公顷 喷雾

沙彼高仪器(深圳)有限公司 (广东省深圳市宝安区沙井镇黄埔村白眉岗工业区 518125 0755-81726895)

WL20070284 电热蚊香液/1%/电热蚊香液/炔丙菊酯 1%/2008.12.04 至 2009.12.05/低毒
卫生 蚊 / 电热加温

深圳诺普信农化股份有限公司 (广东省深圳市宝安区西乡水库路113号 518102 0755-29977776)

PD20040169 高效氯氰菊酯/4.5%/乳油/高效氯氰菊酯 4.5%/2009.12.19 至 2014.12.19/低毒
十字花科蔬菜 小菜蛾 27-33.75克/公顷 喷雾
PD20040204 氯氰菊酯/20%/乳油/氯氰菊酯 20%/2009.12.19 至 2014.12.19/中等毒
十字花科蔬菜 菜青虫 30-45克/公顷 喷雾
PD20040227 吡虫啉/30%/微乳剂/吡虫啉 30%/2009.12.19 至 2014.12.19/低毒
水稻 飞虱 22.5-30克/公顷 喷雾
PD20060180 氯氰·毒死蜱/55%/乳油/毒死蜱 50%、氯氰菊酯 5%/2006.11.09 至 2011.11.09/中等毒
棉花 棉铃虫 247.5-330克/公顷 喷雾
PD20080236 甲霜·锰锌/58%/可湿性粉剂/甲霜灵 10%、代森锰锌 48%/2008.02.14 至 2013.02.14/低毒
黄瓜 霜霉病 1305-1632克/公顷 喷雾
PD20080284 三唑锡/20%/可湿性粉剂/三唑锡 20%/2008.02.25 至 2013.02.25/低毒
柑橘树 红蜘蛛 100-200毫克/千克 喷雾
PD20080298 硫磺·三环唑/60%/可湿性粉剂/硫磺 30%、三环唑 30%/2008.02.25 至 2013.02.25/低毒
水稻 稻瘟病 900-1125克/公顷 喷雾
PD20080396 炔螨特/730克/升/乳油/炔螨特 730克/升/2008.02.29 至 2013.02.28/低毒
柑橘树 红蜘蛛 292-365毫克/千克 喷雾
PD20080414 高效氯氟氰菊酯/2.5%/乳油/高效氯氟氰菊酯 2.5%/2008.03.04 至 2013.03.04/中等毒
十字花科蔬菜 蚜虫 5.6-7.5克/公顷 喷雾
PD20080735 丙环唑/25%/乳油/丙环唑 25%/2008.06.11 至 2013.06.11/低毒
香蕉 叶斑病 500-1000倍液 喷雾
PD20080976 氰戊菊酯/25%/乳油/氰戊菊酯 25%/2008.07.24 至 2013.07.24/中等毒
十字花科蔬菜 菜青虫 60-120克/公顷 喷雾
PD20081346 异菌脲/50%/可湿性粉剂/异菌脲 50%/2008.10.21 至 2013.10.21/低毒
番茄 早疫病 1050-1500克/公顷 喷雾
PD20081511 咪鲜胺/45%/微乳剂/咪鲜胺 45%/2008.11.06 至 2013.11.06/低毒
芒果 炭疽病 450-600毫克/千克 喷雾
PD20081626 咪鲜·异菌脲/16%/悬浮剂/咪鲜胺 8%、异菌脲 8%/2008.11.12 至 2013.11.12/低毒
香蕉 冠腐病 300-400倍液 浸果
PD20081714 甲霜·锰锌/72%/可湿性粉剂/甲霜灵 8%、代森锰锌 64%/2008.11.18 至 2013.11.18/低毒
黄瓜 霜霉病 1440-1800克/公顷 喷雾
PD20081844 噁霜·锰锌/64%/可湿性粉剂/噁霜灵 8%、代森锰锌 56%/2008.11.20 至 2013.11.20/低毒
黄瓜 霜霉病 1650-1950克/公顷 喷雾
PD20081875 甲硫·福美双/70%/可湿性粉剂/福美双 40%、甲基硫菌灵 30%/2008.11.20 至 2013.11.20/低毒
小麦 赤霉病 1260-1470克/公顷 喷雾
PD20081938 虫酰肼/30%/悬浮剂/虫酰肼 30%/2008.11.24 至 2013.11.24/低毒

	甘蓝	甜菜夜蛾	225-270克/公顷	喷雾
PD20082088	草甘膦异丙胺盐/41%/水剂/草甘膦异丙胺盐 41%/2008.11.25 至 2013.11.25/低毒			
	茶园、柑橘园、橡胶园	杂草	1125-2250克/公顷	定向茎叶喷雾
	春玉米田、棉花田、夏玉米田	杂草	750-1650克/公顷	行间定向茎叶喷雾
	免耕抛秧晚稻田	杂草	2100-2550克/公顷	茎叶喷雾
PD20082265	三环唑/75%/可湿性粉剂/三环唑 75%/2008.11.27 至 2013.11.27/低毒			
	水稻	稻瘟病	225-300克/公顷	喷雾
PD20082283	莠灭净/80%/可湿性粉剂/莠灭净 80%/2008.12.01 至 2013.12.01/低毒			
	甘蔗田	一年生杂草	1800-2400克/公顷	土壤喷雾或定向喷雾
PD20082394	氯氰·啶虫脒/10%/乳油/啶虫脒 1%、氯氰菊酯 9%/2008.12.01 至 2013.12.01/低毒			
	苹果树	绵蚜	1000-2000倍液	喷雾
PD20082447	阿维菌素/5%/乳油/阿维菌素 5%/2008.12.02 至 2013.12.02/中等毒(原药高毒)			
	十字花科蔬菜	小菜蛾	8.1-10.8克/公顷	喷雾
PD20082451	腐霉·福美双/25%/可湿性粉剂/腐霉利 5%、福美双 20%/2008.12.02 至 2013.12.02/低毒			
	番茄	灰霉病	225-300克/公顷	喷雾
PD20082998	稻瘟灵/40%/乳油/稻瘟灵 40%/2008.12.10 至 2013.12.10/低毒			
	水稻	稻瘟病	600-720克/公顷	喷雾
PD20083061	辛硫磷/40%/乳油/辛硫磷 40%/2008.12.10 至 2013.12.10/低毒			
	棉花	棉铃虫	540-720克/公顷	喷雾
PD20083197	氟啶脲/50克/升/乳油/氟啶脲 50克/升/2008.12.11 至 2013.12.11/低毒			
	十字花科蔬菜	甜菜夜蛾	30-60克/公顷	喷雾
PD20083455	杀扑磷/40%/乳油/杀扑磷 40%/2008.12.12 至 2013.12.12/高毒			
	柑橘树	介壳虫	400-666.7毫克/千克	喷雾
PD20083461	敌敌畏/90%/可溶液剂/敌敌畏 90%/2008.12.12 至 2013.12.12/中等毒			
	十字花科蔬菜	黄条跳甲	337.5-450克/公顷	喷雾
PD20083474	四螨嗪/20%/悬浮剂/四螨嗪 20%/2008.12.12 至 2013.12.12/低毒			
	柑橘树	红蜘蛛	100-200毫克/千克	喷雾
PD20083478	甲基硫菌灵/70%/可湿性粉剂/甲基硫菌灵 70%/2008.12.12 至 2013.12.12/低毒			
	番茄	叶霉病	525-787.5克/公顷	喷雾
PD20083647	异菌脲/255克/升/悬浮剂/异菌脲 255克/升/2008.12.12 至 2013.12.12/低毒			
	油菜	菌核病	459-765克/公顷	喷雾
PD20083838	丙溴·辛硫磷/25%/乳油/丙溴磷 5%、辛硫磷 20%/2008.12.15 至 2013.12.15/低毒			
	棉花	棉铃虫	187.5-375克/公顷	喷雾
PD20083863	精吡氟禾草灵/150克/升/乳油/精吡氟禾草灵 150克/升/2008.12.15 至 2013.12.15/低毒			
	大豆田	一年生禾本科杂草	112.5-135克/公顷	茎叶喷雾
PD20083879	腈菌唑/40%/可湿性粉剂/腈菌唑 40%/2008.12.15 至 2013.12.15/低毒			
	梨树	黑星病	40-66.7毫克/千克	喷雾
PD20083949	速灭威/25%/可湿性粉剂/速灭威 25%/2008.12.15 至 2013.12.15/低毒			
	水稻	稻飞虱	562.5-750克/公顷	喷雾
PD20083957	甲氰菊酯/20%/乳油/甲氰菊酯 20%/2008.12.15 至 2013.12.15/中等毒			
	柑橘树	红蜘蛛	100-133.3毫克/千克	喷雾
PD20084041	吡虫·异丙威/25%/可湿性粉剂/吡虫啉 2%、异丙威 23%/2008.12.16 至 2013.12.16/低毒			
	水稻	飞虱	112.5-150克/公顷	喷雾
PD20084158	乙草胺/900克/升/乳油/乙草胺 900克/升/2008.12.16 至 2013.12.16/低毒			
	夏大豆田	一年生禾本科杂草及部分小粒种子阔叶杂草	1080-1350克/公顷	土壤喷雾
PD20084167	联苯菊酯/100克/升/乳油/联苯菊酯 100克/升/2008.12.16 至 2013.12.16/中等毒			
	茶树	茶小绿叶蝉	37.5-45克/公顷	喷雾
PD20084184	霜霉威盐酸盐/722克/升/水剂/霜霉威盐酸盐 722克/升/2008.12.16 至 2013.12.16/低毒			
	黄瓜	霜霉病	705-1174克/公顷	喷雾
PD20084325	百菌清/40%/悬浮剂/百菌清 40%/2008.12.17 至 2013.12.17/低毒			
	黄瓜	霜霉病	960-1080克/公顷	喷雾
PD20084340	噻嗪酮/25%/可湿性粉剂/噻嗪酮 25%/2008.12.17 至 2013.12.17/低毒			
	水稻	稻飞虱	75-112.5克/公顷	喷雾
PD20084356	甲基硫菌灵/500克/升/悬浮剂/甲基硫菌灵 500克/升/2008.12.17 至 2013.12.17/低毒			
	水稻	纹枯病	937.5-1125克/公顷	喷雾
PD20084396	多菌灵/40%/悬浮剂/多菌灵 40%/2008.12.17 至 2013.12.17/低毒			
	水稻	纹枯病	250-307.7毫克/千克	喷雾
PD20084415	炔螨特/570克/升/乳油/炔螨特 570克/升/2008.12.17 至 2013.12.17/低毒			
	柑橘树	红蜘蛛	285-380毫克/千克	喷雾

PD20084416	氯氰·毒死蜱/522.5克/升/乳油/毒死蜱 475克/升、氯氰菊酯 47.5克/升/2008.12.17 至 2013.12.17/中等毒			
	棉花	棉铃虫	550-783克/公顷	喷雾
PD20084606	氢氧化铜/53.8%/水分散粒剂/氢氧化铜 53.8%/2008.12.18 至 2013.12.18/低毒			
	黄瓜	角斑病	565-706克/公顷	喷雾
PD20084709	三唑酮/25%/可湿性粉剂/三唑酮 25%/2008.12.22 至 2013.12.22/低毒			
	小麦	白粉病	150-168.75克/公顷	喷雾
PD20084787	阿维·辛硫磷/35%/乳油/阿维菌素 0.3%、辛硫磷 34.7%/2008.12.22 至 2013.12.22/低毒(原药高毒)			
	十字花科蔬菜	小菜蛾	157.5-262.5克/公顷	喷雾
PD20084795	三唑锡/20%/悬浮剂/三唑锡 20%/2008.12.22 至 2013.12.22/低毒			
	柑橘树	红蜘蛛	100-200毫克/千克	喷雾
PD20084821	甲基硫菌灵/50%/可湿性粉剂/甲基硫菌灵 50%/2008.12.22 至 2013.12.22/低毒			
	黄瓜	白粉病	450-600克/公顷	喷雾
PD20084944	联苯菊酯/25克/升/乳油/联苯菊酯 25克/升/2008.12.22 至 2013.12.22/低毒			
	茶树	茶小绿叶蝉	30-37.5克/公顷	喷雾
PD20084948	氟氯氰菊酯/50克/升/乳油/氟氯氰菊酯 50克/升/2008.12.22 至 2013.12.22/中等毒			
	棉花	棉铃虫	37.5-52.5克/公顷	喷雾
PD20084961	毒死蜱/480克/升/乳油/毒死蜱 480克/升/2008.12.22 至 2013.12.22/中等毒			
	水稻	稻纵卷叶螟	468-612克/公顷	喷雾
PD20084999	仲丁威/80%/乳油/仲丁威 80%/2008.12.22 至 2013.12.22/低毒			
	水稻	稻飞虱	420-540克/公顷	喷雾
PD20085063	四螨嗪/500克/升/悬浮剂/四螨嗪 500克/升/2008.12.23 至 2013.12.23/低毒			
	苹果树	红蜘蛛	83.3-100毫克/千克	喷雾
PD20085071	井冈霉素A/5%/可溶粉剂/井冈霉素A 5%/2008.12.23 至 2013.12.23/低毒			
	水稻	纹枯病	52.5-75克/公顷	喷雾
PD20085077	噁霉灵/15%/水剂/噁霉灵 15%/2008.12.23 至 2013.12.23/低毒			
	水稻	立枯病	6-12克/平方米；9000-18000克/公顷	苗床土壤处理
PD20085123	敌敌畏/50%/乳油/敌敌畏 50%/2008.12.23 至 2013.12.23/中等毒			
	十字花科蔬菜	菜青虫	600-900克/公顷	喷雾
PD20085259	噻菌灵/15%/悬浮剂/噻菌灵 15%/2008.12.23 至 2013.12.23/低毒			
	香蕉	冠腐病	150-250倍液	浸果
PD20085457	马拉硫磷/45%/乳油/马拉硫磷 45%/2008.12.24 至 2013.12.24/低毒			
	水稻	稻飞虱	675-810克/公顷	喷雾
PD20085466	复硝酚钠/1.8%/水剂/5-硝基邻甲氧基苯酚钠 0.3%、对硝基苯酚钠 0.9%、邻硝基苯酚钠 0.6%/2008.12.24至2013.12.24/低毒			
	番茄	调节生长	6-9毫克/升	兑水喷雾，移栽后10天，花蕾期和幼果期各施药一次
PD20085714	溴氰菊酯/2.5%/可湿性粉剂/溴氰菊酯 2.5%/2008.12.26 至 2013.12.26/低毒			
	甘蓝、小白菜	菜青虫	7.5-15克/公顷	喷雾
PD20085716	三唑锡/25%/可湿性粉剂/三唑锡 25%/2008.12.26 至 2013.12.26/低毒			
	柑橘树	红蜘蛛	100-167毫克/千克	喷雾
PD20085876	百菌清/75%/可湿性粉剂/百菌清 75%/2008.12.29 至 2013.12.29/低毒			
	黄瓜	霜霉病	1500-1867.5克/公顷	喷雾
PD20085887	阿维·毒死蜱/26.5%/乳油/阿维菌素 0.5%、毒死蜱 26%/2008.12.29 至 2013.12.29/中等毒(原药高毒)			
	梨树	梨木虱	177-265毫克/千克	喷雾
PD20085945	氰戊·马拉松/30%/乳油/马拉硫磷 22.5%、氰戊菊酯 7.5%/2008.12.29 至 2013.12.29/中等毒			
	苹果树	桃小食心虫	150-300毫克/千克	喷雾
PD20085968	甲霜·百菌清/72%/可湿性粉剂/百菌清 64%、甲霜灵 8%/2008.12.29 至 2013.12.29/低毒			
	葡萄	霜霉病	720-900毫克/千克	喷雾
PD20086088	二甲戊灵/33%/乳油/二甲戊灵 33%/2008.12.30 至 2013.12.30/低毒			
	大蒜田	一年生杂草	742.5-990克/公顷	土壤喷雾
PD20086204	乙铝·多菌灵/45%/可湿性粉剂/多菌灵 25%、三乙膦酸铝 20%/2008.12.30 至 2013.12.30/低毒			
	苹果树	轮纹病	300-500倍液	喷雾
PD20086272	氟硅唑/400克/升/乳油/氟硅唑 400克/升/2008.12.31 至 2013.12.31/低毒			
	梨树	黑星病	40-50毫克/千克	喷雾
PD20086339	丙森锌/70%/可湿性粉剂/丙森锌 70%/2008.12.31 至 2013.12.31/低毒			
	番茄	早疫病	1312.5-1968.75克/公顷	喷雾
PD20086370	腈菌唑/12.5%/乳油/腈菌唑 12.5%/2008.12.31 至 2013.12.31/低毒			
	小麦	白粉病	45-60克/公顷	喷雾
PD20090100	异噁草松/480克/升/乳油/异噁草松 480克/升/2009.01.08 至 2014.01.08/低毒			
	春大豆田	一年生杂草	1080-1296克/公顷	播后苗期土壤喷

雾

PD20090122 阿维·炔螨特/40%/乳油/阿维菌素 0.3%、炔螨特 39.7%/2009.01.08 至 2014.01.08/低毒(原药高毒)
柑橘树 红蜘蛛 1000-2000倍液 喷雾

PD20090164 阿维·灭幼脲/30%/悬浮剂/阿维菌素 0.3%、灭幼脲 29.7%/2009.01.08 至 2014.01.08/低毒(原药高毒)
苹果 金纹细蛾 100-150毫克/千克 喷雾
十字花科蔬菜 小菜蛾 135-180克/公顷 喷雾

PD20090520 硫磺·三环唑/40%/悬浮剂/硫磺 20%、三环唑 20%/2009.01.12 至 2014.01.12/低毒
水稻 稻瘟病 900-1200克/公顷 喷雾

PD20090535 阿维·氯氰/8.8%/可湿性粉剂/阿维菌素 0.3%、氯氰菊酯 8.5%/2009.01.13 至 2014.01.13/低毒(原药高毒)
十字花科蔬菜 小菜蛾 39.6-52.8克/公顷 喷雾

PD20090665 精喹禾灵/10.8%/乳油/精喹禾灵 10.8%/2009.01.15 至 2014.01.15/低毒
春大豆田 一年生禾本科杂草 64.8-81克/公顷 茎叶喷雾

PD20090732 杀螟丹/50%/可溶粉剂/杀螟丹 50%/2009.01.19 至 2014.01.19/低毒
水稻 二化螟 675-825克/公顷 喷雾

PD20090781 代森锰锌/80%/可湿性粉剂/代森锰锌 80%/2009.01.19 至 2014.01.19/低毒
苹果树 轮纹病 500-700倍液 喷雾

PD20090907 阿维·苏云菌//可湿性粉剂/阿维菌素 0.1%、苏云金杆菌 100亿活芽孢/克/2009.01.19 至 2014.01.19/低毒(原药高毒)
十字花科蔬菜 小菜蛾 750-1125克制剂/公顷 喷雾

PD20090930 莠去津/48%/可湿性粉剂/莠去津 48%/2009.01.19 至 2014.01.19/低毒
夏玉米田 一年生杂草 1080-1440克/公顷 播后苗前土壤喷雾

PD20090943 烯草酮/240克/升/乳油/烯草酮 240克/升/2009.01.19 至 2014.01.19/低毒
大豆田 一年生禾本科杂草 72-108克/公顷 茎叶喷雾

PD20090980 吡嘧磺隆/10%/可湿性粉剂/吡嘧磺隆 10%/2009.01.20 至 2014.01.20/低毒
移栽水稻田 一年生阔叶杂草 21-30克/公顷 毒土法

PD20091022 精喹·乳氟禾/11.8%/乳油/精喹禾灵 10%、乳氟禾草灵 1.8%/2009.01.21 至 2014.01.21/低毒
花生田 一年生杂草 53.1-70.8克/公顷 喷雾

PD20091031 噻嗪·杀扑磷/28%/乳油/噻嗪酮 8%、杀扑磷 20%/2009.01.21 至 2014.01.21/中等毒(原药高毒)
柑橘树 介壳虫 800-1200倍液 喷雾

PD20091138 百草枯/250克/升/水剂/百草枯 250克/升/2009.01.21 至 2014.01.21/中等毒
香蕉园 杂草 600-750克/公顷 定向茎叶喷雾

PD20091260 喹硫磷/25%/乳油/喹硫磷 25%/2009.02.01 至 2014.02.01/中等毒
水稻 二化螟 450-562.5克/公顷 喷雾

PD20091299 杀螟丹/98%/可溶粉剂/杀螟丹 98%/2009.02.01 至 2014.02.01/中等毒
水稻 二化螟 661.5-955.5克/公顷 喷雾

PD20091333 甲·乙·莠/42%/悬乳剂/甲草胺 8%、乙草胺 9%、莠去津 25%/2009.02.01 至 2014.02.01/低毒
夏玉米田 一年生杂草 945-1260克/公顷 播后苗前土壤喷雾

PD20091368 三乙膦酸铝/80%/可湿性粉剂/三乙膦酸铝 80%/2009.02.02 至 2014.02.02/低毒
黄瓜 霜霉病 1440-2880克/公顷 喷雾

PD20091381 硫双威/75%/可湿性粉剂/硫双威 75%/2009.02.02 至 2014.02.02/低毒
棉花 棉铃虫 600-900克/公顷 喷雾

PD20091420 甲霜·福美双/58%/可湿性粉剂/福美双 50%、甲霜灵 8%/2009.02.02 至 2014.02.02/低毒
荔枝树 霜疫霉病 600-800倍液 喷雾

PD20091440 噻嗪·异丙威/25%/可湿性粉剂/噻嗪酮 5%、异丙威 20%/2009.02.02 至 2014.02.02/低毒
水稻 稻飞虱 337.5-450克/公顷 喷雾

PD20091457 多菌灵/80%/可湿性粉剂/多菌灵 80%/2009.02.02 至 2014.02.02/低毒
苹果树 轮纹病 533-800毫克/千克 喷雾

PD20091585 精喹禾灵/50克/升/乳油/精喹禾灵 50克/升/2009.02.03 至 2014.02.03/低毒
大豆田 一年生禾本科杂草 45-60克/公顷 茎叶喷雾

PD20092075 多菌灵/50%/可湿性粉剂/多菌灵 50%/2009.02.16 至 2014.02.16/低毒
苹果树 轮纹病 500-833.3毫克/千克 喷雾

PD20092123 丙溴磷/500克/升/乳油/丙溴磷 500克/升/2009.02.23 至 2014.02.23/低毒
棉花 棉铃虫 562.5-737.5克/公顷 喷雾

PD20092205 草甘膦异丙胺盐/600克/升/水剂/草甘膦异丙胺盐 600克/升/2009.02.24 至 2014.02.24/低毒
柑橘园 杂草 1800-2250克/公顷 定向茎叶喷雾

PD20092242 百草枯/20%/水剂/百草枯 20%/2009.02.24 至 2014.02.24/中等毒
茶园 杂草 600-750克/公顷 定向喷雾

PD20092270 异丙威/20%/乳油/异丙威 20%/2009.02.24 至 2014.02.24/低毒
水稻 稻飞虱 450-600克/公顷 喷雾

PD20092293 毒死蜱/40%/乳油/毒死蜱 40%/2009.02.24 至 2014.02.24/中等毒
柑橘树 矢尖蚧 320-400毫克/千克 喷雾
十字花科蔬菜 菜青虫 480-540克/公顷 喷雾

十字花科蔬菜 黄条跳甲 300-480克/公顷 喷雾
水稻 稻纵卷叶螟 450-600克/公顷 喷雾

PD20092621 阿维菌素/0.6%/乳油/阿维菌素 0.6%/2009.03.02 至 2014.03.02/低毒(原药高毒)
十字花科蔬菜 菜青虫 8.1-10.8克/公顷 喷雾
十字花科蔬菜 小菜蛾 8.1-13.5克/公顷 喷雾

PD20092699 莠去津/38%/悬浮剂/莠去津 38%/2009.03.03 至 2014.03.03/低毒
春玉米田 一年生杂草 3000-6000毫升制剂/公顷 土壤喷雾

PD20093317 代森锌/65%/可湿性粉剂/代森锌 65%/2009.03.13 至 2014.03.13/低毒
芦笋 茎枯病 1170-1462.5克/公顷 喷雾

PD20093530 草甘膦/30%/水剂/草甘膦 30%/2009.03.23 至 2014.03.23/微毒
柑橘园 一年生和多年生杂草 1800-2400克/公顷 定向茎叶喷雾

PD20093645 苯甲·丙环唑/300克/升/乳油/苯醚甲环唑 150克/升、丙环唑 150克/升/2009.03.25 至 2014.03.25/低毒
水稻 纹枯病 90-112.5克/公顷 喷雾

PD20093667 氟磺胺草醚/250克/升/水剂/氟磺胺草醚 250克/升/2009.03.25 至 2014.03.25/低毒
夏大豆田 一年生阔叶杂草 187.5-375克/公顷 茎叶喷雾

PD20094239 氯氟吡氧乙酸异辛酯/288克/升/乳油/氯氟吡氧乙酸异辛酯 288克/升/2009.03.31 至 2014.03.31/低毒
春小麦田 一年生阔叶杂草 150-210克/公顷 茎叶喷雾

PD20094415 敌畏·毒死蜱/35%/乳油/敌敌畏 25%、毒死蜱 10%/2009.04.01 至 2014.04.01/中等毒
水稻 稻纵卷叶螟 420-525克/公顷 喷雾

PD20094870 甲氰·噻螨酮/7.5%/乳油/甲氰菊酯 5%、噻螨酮 2.5%/2009.04.13 至 2014.04.13/低毒
柑橘树 红蜘蛛 75-100毫克/千克 喷雾

PD20094996 甲维·辛硫磷/20.2%/乳油/甲氨基阿维菌素苯甲酸盐 0.2%、辛硫磷 20%/2009.04.21 至 2014.04.21/低毒
甘蓝 小菜蛾 454.5-606克/公顷 喷雾

PD20095245 高效氯氰菊酯/4.5%/水乳剂/高效氯氰菊酯 4.5%/2009.04.27 至 2014.04.27/中等毒
甘蓝 菜青虫 16.875-27克/公顷 喷雾

PD20095339 聚醛·甲萘威/6%/颗粒剂/甲萘威 1.5%、四聚乙醛 4.5%/2009.04.27 至 2014.04.27/低毒
旱地 蜗牛 540-675克/公顷 撒施

PD20095485 丙草胺/300克/升/乳油/丙草胺 300克/升/2009.05.11 至 2014.05.11/低毒
水稻秧田 一年生杂草 562.5-675克/公顷 土壤喷雾

PD20095753 高效氟吡甲禾灵/108克/升/乳油/高效氟吡甲禾灵 108克/升/2009.05.18 至 2014.05.18/低毒
甘蓝田 一年生禾本科杂草 48.6-64.8克/公顷 茎叶喷雾

PD20095788 精噁唑禾草灵/69克/升/水乳剂/精噁唑禾草灵 69克/升/2009.05.27 至 2014.05.27/低毒
冬小麦田 一年生禾本科杂草 51.75-62.1克/公顷 茎叶喷雾

PD20096308 烟嘧磺隆/40克/升/可分散油悬浮剂/烟嘧磺隆 40克/升/2009.07.22 至 2014.07.22/低毒
玉米田 一年生杂草 42-60克/公顷 茎叶喷雾

PD20096447 除虫脲/20%/悬浮剂/除虫脲 20%/2009.08.05 至 2014.08.05/低毒
甘蓝 菜青虫 60-75克/公顷 喷雾

PD20096889 阿维·毒死蜱/15%/乳油/阿维菌素 0.1%、毒死蜱 14.9%/2009.09.23 至 2014.09.23/中等毒(原药高毒)
十字花科蔬菜 小菜蛾 168.75-225克/公顷 喷雾

PD20097021 稻瘟灵/18%/微乳剂/稻瘟灵 18%/2009.10.10 至 2014.10.10/低毒
水稻 稻瘟病 432-648克/公顷 喷雾

PD20097235 苄嘧磺隆/30%/可湿性粉剂/苄嘧磺隆 30%/2009.10.19 至 2014.10.19/低毒
水稻移栽田 一年生阔叶杂草 45-90克/公顷 毒土法

PD20097398 噻螨酮/5%/乳油/噻螨酮 5%/2009.10.28 至 2014.10.28/低毒
柑橘树 红蜘蛛 25-50毫克/千克 喷雾

PD20097474 吗胍·乙酸铜/20%/可湿性粉剂/盐酸吗啉胍 10%、乙酸铜 10%/2009.11.03 至 2014.11.03/低毒
番茄 病毒病 500-750克/公顷 喷雾

PD20097600 苯醚甲环唑/250克/升/乳油/苯醚甲环唑 250克/升/2009.11.03 至 2014.11.03/低毒
香蕉 叶斑病 83.3-125毫克/千克 喷雾

PD20097884 唑螨酯/5%/悬浮剂/唑螨酯 5%/2009.11.20 至 2014.11.20/低毒
柑橘树 红蜘蛛 33.3-50毫克/千克 喷雾

PD20098132 苯醚甲环唑/20%/微乳剂/苯醚甲环唑 20%/2009.12.08 至 2014.12.08/低毒
西瓜 炭疽病 90-120克/公顷 喷雾

LS20050039 吡虫啉/5%/乳油/吡虫啉 5%/2009.01.07 至 2010.01.07/低毒
水稻 稻飞虱 15-30克/公顷 喷雾
小麦 蚜虫 15-30克/公顷(南方地区) 喷雾
45-60克/公顷(北方地区)

LS20050084 甲维·苏云菌//可湿性粉剂/甲氨基阿维菌素苯甲酸盐 0.3%、苏云金杆菌 100亿活芽孢/克/2009.01.12 至 2010.01.12/低毒
十字花科蔬菜 小菜蛾 750-1125克制剂/公顷 喷雾

LS20050182 阿维·三唑锡/16.8%/可湿性粉剂/阿维菌素 0.3%、三唑锡 16.5%/2009.01.26 至 2010.01.26/低毒(原药高毒)
苹果树 二斑叶螨 84-112毫克/千克 喷雾

LS20050206 嘧霉·百菌清/40%/悬浮剂/百菌清 25%、嘧霉胺 15%/2009.01.26 至 2010.01.26/低毒

	番茄	灰霉病	2100-2400克/公顷	喷雾
LS20050354	吡虫啉/20%/可湿性粉剂/吡虫啉 20%/2008.02.19 至 2009.02.18/低毒			
	水稻	稻飞虱	15-30克/公顷	喷雾
	小麦	蚜虫	15-30克/公顷(南方地区)	喷雾
			45-60克/公顷(北方地区)	
LS20050433	阿维·高氯/3%/乳油/阿维菌素 0.6%、高效氯氰菊酯 2.4%/2008.02.19 至 2009.02.18/低毒(原药高毒)			
	梨树	梨木虱	6-12毫克/千克	喷雾
	十字花科蔬菜	小菜蛾	7.5-15克/公顷	喷雾
LS20050895	烯酰·锰锌/69%/可湿性粉剂/代森锰锌 60%、烯酰吗啉 9%/2008.04.04 至 2009.04.04/低毒			
	黄瓜	霜霉病	1035-1552.5克/公顷	喷雾
LS20051217	氰草·莠去津/30%/悬浮剂/氰草津 15%、莠去津 15%/2008.04.12 至 2009.04.12/中等毒			
	夏玉米	一年生杂草	1125-1485克/公顷	播后苗前土壤喷雾
LS20051339	嘧霉·多菌灵/55%/可湿性粉剂/多菌灵 40%、嘧霉胺 15%/2008.04.13 至 2009.04.13/低毒			
	黄瓜	灰霉病	1155-1815克/公顷	喷雾
LS20051349	甲硫·噁霉灵/56%/可湿性粉剂/噁霉灵 16%、甲基硫菌灵 40%/2008.04.13 至 2009.04.13/低毒			
	西瓜	枯萎病	700-933毫克/千克	灌根
LS20051668	霜脲·锰锌/72%/可湿性粉剂/代森锰锌 64%、霜脲氰 8%/2008.05.07 至 2009.05.07/低毒			
	黄瓜	霜霉病	1620-1836克/公顷	喷雾
LS20051785	多菌灵/40%/悬浮剂/多菌灵 40%/2008.05.16 至 2009.05.16/低毒			
	苹果树	轮纹病	400-666.7毫克/千克	喷雾
LS20051892	三氯杀螨醇/20%/乳油/三氯杀螨醇 20%/2008.05.16 至 2009.05.16/中等毒			
	棉花	红蜘蛛	225-300克/公顷	喷雾
LS20051962	吡虫啉/600克/升/悬浮剂/吡虫啉 600克/升/2008.05.22 至 2009.05.22/低毒			
	水稻	稻飞虱	27-45克/公顷	喷雾
LS20052063	高效氯氰菊酯/10%/悬浮剂/高效氯氰菊酯 10%/2008.06.05 至 2009.06.05/低毒			
	十字花科蔬菜	菜青虫	18-22.5克/公顷	喷雾
LS20052193	乙羧氟草醚/5%/乳油/乙羧氟草醚 5%/2008.06.14 至 2009.06.14/低毒			
	花生	一年生阔叶杂草	45-75克/公顷	茎叶喷雾
LS20052412	啶虫脒/20%/可溶粉剂/啶虫脒 20%/2008.07.10 至 2009.07.10/低毒			
	黄瓜	蚜虫	24-36克/公顷	喷雾
LS20052420	菌核净/40%/可湿性粉剂/菌核净 40%/2008.07.10 至 2009.07.10/低毒			
	烟草	赤星病	1440-1800克/公顷	喷雾
LS20052442	精噁唑禾草灵/69克/升/水乳剂/精噁唑禾草灵 69克/升/2008.07.12 至 2009.07.12/低毒			
	大豆	一年生禾本科杂草	51.75-72.45克/公顷	喷雾
LS20052496	丙环唑/40%/微乳剂/丙环唑 40%/2008.07.25 至 2009.07.25/低毒			
	香蕉	叶斑病	266.7-400毫克/千克	喷雾
LS20052498	甲维·虫酰肼/8.2%/乳油/虫酰肼 8%、甲氨基阿维菌素苯甲酸盐 0.2%/2008.07.25 至 2009.07.25/低毒			
	十字花科蔬菜	甜菜夜蛾	61.5-92.25克/公顷	喷雾
LS20052546	高效氯氰菊酯/4.5%/微乳剂/高效氯氰菊酯 4.5%/2008.07.25 至 2009.07.25/中等毒			
	十字花科蔬菜	菜青虫	20.25-27克/公顷	喷雾
LS20053473	丁硫·氯氰/25%/乳油/丁硫克百威 17%、氯氰菊酯 8%/2008.11.13 至 2009.11.13/中等毒			
	十字花科蔬菜	黄条跳甲	75-93.75克/公顷	喷雾
LS20060048	阿维·炔螨特/40.6%/微乳剂/阿维菌素 0.6%、炔螨特 40%/2009.01.16 至 2010.01.16/低毒(原药高毒)			
	柑橘树	红蜘蛛	203-406毫克/千克	喷雾
LS20060240	溴氰菊酯/2.5%/微乳剂/溴氰菊酯 2.5%/2009.02.22 至 2010.02.22/中等毒			
	十字花科蔬菜	菜青虫	7.5-15克/公顷	喷雾
LS20060337	烯酰吗啉/50%/水分散粒剂/烯酰吗啉 50%/2009.03.01 至 2010.03.01/低毒			
	黄瓜	霜霉病	225-300克/公顷	喷雾
LS20060598	丁醚脲/25%/乳油/丁醚脲 25%/2009.03.23 至 2010.03.23/中等毒			
	十字花科蔬菜	小菜蛾	300-450克/公顷	喷雾
LS20060677	苯醚甲环唑/10%/水分散粒剂/苯醚甲环唑 10%/2009.03.30 至 2010.03.30/低毒			
	西瓜	炭疽病	90-120克/公顷	喷雾
LS20060854	高效氯氟氰菊酯/2.5%/微乳剂/高效氯氟氰菊酯 2.5%/2009.04.12 至 2010.04.12/中等毒			
	十字花科蔬菜	蚜虫	13.13-18.75克/公顷	喷雾
LS20060967	戊唑醇/250克/升/水乳剂/戊唑醇 250克/升/2009.04.23 至 2010.04.23/低毒			
	香蕉	叶斑病	167-250毫克/千克	喷雾
LS20061018	高氯·毒死蜱/12%/乳油/毒死蜱 9.5%、高效氯氰菊酯 2.5%/2009.04.24 至 2010.04.24/中等毒			
	棉花	棉铃虫	180—270克/公顷	喷雾
LS20061019	阿维·四螨嗪/10%/悬浮剂/阿维菌素 0.1%、四螨嗪 9.9%/2009.04.24 至 2010.04.24/低毒(原药高毒)			
	苹果树	红蜘蛛	50-67.7毫克/千克	喷雾
LS20061037	高效氯氟氰菊酯/2.5%/水乳剂/高效氯氟氰菊酯 2.5%/2009.04.25 至 2010.04.25/中等毒			
	十字花科蔬菜	菜青虫	7.5-11.25克/公顷	喷雾

LS20061046　阿维·毒死蜱/15%/乳油/阿维菌素 0.1%、毒死蜱 14.9%/2009.04.25 至 2010.04.25/中等毒(原药高毒)
菜豆　美洲斑潜蝇　45-67.5克/公顷　/喷雾
LS20061165　氯氰·毒死蜱/20%/微乳剂/毒死蜱 19%、高效氯氰氰菊酯 1%/2009.05.17 至 2010.05.17/中等毒
十字花科蔬菜　菜青虫　150-210克/公顷　喷雾
LS20061179　毒死蜱/15%/颗粒剂/毒死蜱 15%/2009.05.18 至 2010.05.18/低毒
花生　地下害虫　1800-3600克/公顷　撒施
LS20061204　三唑磷/8%/微乳剂/三唑磷 8%/2009.05.21 至 2010.05.21/中等毒
水稻　二化螟　216-252克/公顷　喷雾
LS20061212　辛硫磷/20%/微乳剂/辛硫磷 20%/2009.05.21 至 2010.05.21/低毒
十字花科蔬菜　菜青虫　240-360克/公顷　喷雾
LS20061217　毒死蜱/15%/微乳剂/毒死蜱 15%/2009.05.21 至 2010.05.21/中等毒
苹果树　绵蚜　187.5-250毫克/千克　喷雾
LS20061260　苯菌灵/50%/可湿性粉剂/苯菌灵 50%/2009.05.22 至 2010.05.22/低毒
梨树　黑星病　500-625毫克/千克　喷雾
LS20061262　毒·辛/20%/乳油/毒死蜱 5%、辛硫磷 15%/2009.05.22 至 2010.05.22/低毒
韭菜　韭蛆　2250-3000克/公顷　灌根
LS20061291　腈菌唑/5%/微乳剂/腈菌唑 5%/2009.06.08 至 2010.06.08/低毒
梨树　黑星病　25-50毫克/千克　喷雾
LS20061363　阿维·啶虫脒/4%/乳油/阿维菌素 1%、啶虫脒 3%/2009.06.25 至 2010.06.25/低毒(原药高毒)
黄瓜　蚜虫　9-12克/公顷　喷雾
LS20061370　阿维菌素/0.5%/颗粒剂/阿维菌素 0.5%/2009.06.25 至 2010.06.25/低毒(原药高毒)
黄瓜　根结线虫　225-262.5克/公顷　沟施、穴施
LS20061403　嘧啶核苷类抗菌素/4%/水剂/嘧啶核苷类抗菌素 4%/2009.06.26 至 2010.06.26/低毒
番茄　早疫病　100-200毫克/千克　喷雾
LS20061482　阿维菌素/0.5%/微乳剂/阿维菌素 0.5%/2009.07.17 至 2010.07.17/低毒(原药高毒)
十字花科蔬菜　小菜蛾　6-7.5克/公顷　喷雾
LS20070027　丙溴磷/20%/微乳剂/丙溴磷 20%/2010.01.16 至 2011.01.16/低毒
十字花科蔬菜　小菜蛾　390-450克/公顷　喷雾
LS20070153　甲氰菊酯/10%/微乳剂/甲氰菊酯 10%/2010.02.08 至 2011.02.08/中等毒
十字花科蔬菜　菜青虫　60-90克/公顷　喷雾
LS20070230　阿维菌素/18克/升/水乳剂/阿维菌素 18克/升/2010.02.25 至 2011.02.25/低毒(原药高毒)
十字花科蔬菜　小菜蛾　8.1-10.8克/公顷　喷雾
LS20070269　噻嗪酮/25%/悬浮剂/噻嗪酮 25%/2010.02.25 至 2011.02.25/低毒
柑橘树　介壳虫　125-250毫克/千克　喷雾
LS20070288　啶虫脒/40%/水分散粒剂/啶虫脒 40%/2010.02.25 至 2011.02.25/低毒
黄瓜　蚜虫　24-48克/公顷　喷雾
LS20070415　高氯·三唑磷/15%/乳油/高效氯氰菊酯 2%、三唑磷 13%/2009.03.05 至 2010.03.06/中等毒
棉花　棉铃虫　180-360克/公顷　喷雾
LS20070417　高氯·丙溴磷/40%/乳油/丙溴磷 38%、高效氯氰菊酯 2%/2009.03.05 至 2010.03.06/中等毒
棉花　棉铃虫　300-390克/公顷　喷雾
LS20070441　毒死蜱/30%/水乳剂/毒死蜱 30%/2009.03.05 至 2010.03.06/中等毒
水稻　稻纵卷叶螟　450-540克/公顷　喷雾
LS20070978　阿维·啶虫脒/4%/微乳剂/阿维菌素 0.5%、啶虫脒 3.5%/2009.04.19 至 2010.04.20/低毒(原药高毒)
节瓜　蓟马　15-24克/公顷　喷雾
LS20071017　阿维·吡虫啉/5%/乳油/阿维菌素 0.5%、吡虫啉 4.5%/2009.04.19 至 2010.04.20/低毒(原药高毒)
梨树　梨木虱　6.25-10毫克/千克　喷雾
LS20071210　硫丹/350克/升/乳油/硫丹 350克/升/2009.05.07 至 2010.05.08/中等毒
棉花　棉铃虫　682.5-840克/公顷　喷雾
LS20071211　啶虫脒/20%/可溶液剂/啶虫脒 20%/2009.05.07 至 2010.05.08/低毒
棉花　蚜虫　30-45克/公顷　喷雾
LS20071314　多菌灵/80%/水分散粒剂/多菌灵 80%/2009.05.08 至 2010.05.09/低毒
苹果　轮纹病　533-800毫克/千克　喷雾
LS20071368　甲基硫菌灵/70%/水分散粒剂/甲基硫菌灵 70%/2009.05.17 至 2010.05.18/低毒
苹果　轮纹病　700-875毫克/千克　喷雾
LS20071435　吡虫啉/70%/水分散粒剂/吡虫啉 70%/2009.05.17 至 2010.05.18/低毒
十字花科蔬菜　蚜虫　10.5-21克/公顷　喷雾
LS20071475　己唑醇/5%/微乳剂/己唑醇 5%/2009.05.28 至 2010.05.29/低毒
葡萄　白粉病　20-33.3毫克/千克　喷雾
LS20071636　吡虫啉/10%/微乳剂/吡虫啉 10%/2009.06.06 至 2010.06.07/低毒
十字花科蔬菜　蚜虫　15-22.5克/公顷　喷雾
LS20071637　联苯菊酯/2.5%/水乳剂/联苯菊酯 2.5%/2009.06.06 至 2010.06.07/低毒
茶树　茶尺蠖　11.25-15克/公顷　喷雾
LS20071644　阿维·哒螨灵/5.6%/微乳剂/阿维菌素 0.6%、哒螨灵 5%/2009.06.06 至 2010.06.07/中等毒(原药高毒)

柑橘树 红蜘蛛 28-46.7毫克/千克 喷雾

LS20071759 乙胺·草甘膦/35%/可湿性粉剂/草甘膦 12%、乙草胺 23%/2009.07.04 至 2010.07.05/低毒

免耕冬油菜田 一年生杂草 945-1312.5克/公顷 喷雾

LS20072053 氯氰菊酯/5%/微乳剂/氯氰菊酯 5%/2009.08.29 至 2010.08.30/低毒

十字花科蔬菜 菜青虫 30-45克/公顷 喷雾

LS20072295 唑磷·毒死蜱/20%/微乳剂/毒死蜱 10%、三唑磷 10%/2009.10.09 至 2010.10.10/中等毒

水稻 二化螟 420-480克/公顷 喷雾

LS20072591 炔螨特/40%/微乳剂/炔螨特 40%/2009.12.09 至 2010.12.10/低毒

柑橘树 红蜘蛛 200-400毫克/千克 喷雾

LS20080193 阿维·三唑磷/10.2%/微乳剂/阿维菌素 0.2%、三唑磷 10%/2010.01.07 至 2011.01.07/低毒(原药高毒)

节瓜 蓟马 153-229.5克/公顷 喷雾

LS20080344 烯酰吗啉/80%/可湿性粉剂/烯酰吗啉 80%/2010.02.20 至 2011.02.20/低毒

黄瓜 霜霉病 240-300克/公顷 喷雾

LS20080374 阿维·噻螨酮/5%/微乳剂/阿维菌素 0.5%、噻螨酮 4.5%/2010.02.20 至 2011.02.20/低毒(原药高毒)

柑橘树 红蜘蛛 16.7-25毫克/千克 喷雾

LS20080477 甲维·三唑磷/10%/乳油/甲氨基阿维菌素苯甲酸盐 0.2%、三唑磷 9.8%/2010.02.21 至 2011.02.21/低毒

水稻 稻纵卷叶螟 150-210克/公顷 喷雾

LS20080492 氟硅唑/8%/微乳剂/氟硅唑 8%/2010.02.22 至 2011.02.22/低毒

黄瓜 白粉病 60-72克/公顷 喷雾

LS20080663 阿维菌素/18克/升/乳油/阿维菌素 18克/升/2010.02.25 至 2011.02.25/低毒(原药高毒)

十字花科蔬菜 小菜蛾 8.1-10.8克/公顷 喷雾

LS20080701 甲氨基阿维菌素苯甲酸盐/0.5%/微乳剂/甲氨基阿维菌素苯甲酸盐 0.5%/2010.02.26 至 2011.02.26/低毒

十字花科蔬菜 甜菜夜蛾 2.25-3克/公顷 喷雾

LS20080843 丁醚脲/10%/微乳剂/丁醚脲 10%/2009.03.03 至 2010.03.03/低毒

十字花科蔬菜 小菜蛾 150-300克/公顷 喷雾

LS20080882 异丙威/40%/可湿性粉剂/异丙威 40%/2009.03.04 至 2010.03.04/低毒

水稻 稻飞虱 450-600克/公顷 喷雾

LS20080900 高效氯氰菊酯/10%/微乳剂/高效氯氰菊酯 10%/2009.03.04 至 2010.03.04/中等毒

十字花科蔬菜 菜青虫 15-22.5克/公顷 喷雾

LS20081059 甲基硫菌灵/36%/悬浮剂/甲基硫菌灵 36%/2009.03.07 至 2010.03.07/低毒

黄瓜 白粉病 405-810克/公顷 喷雾

LS20081128 甲氨基阿维菌素苯甲酸盐/2.5%/微乳剂/甲氨基阿维菌素苯甲酸盐 2.5%/2009.03.10 至 2010.03.10/低毒

十字花科蔬菜 甜菜夜蛾 2.25-3.75克/公顷 喷雾

LS20081133 甲维·毒死蜱/15.5%/微乳剂/毒死蜱 15%、甲氨基阿维菌素苯甲酸盐 0.5%/2009.03.10 至 2010.03.10/中等毒

苹果树 绵蚜 51.667-77.5毫克/千克 喷雾

LS20081137 仲丁威/20%/微乳剂/仲丁威 20%/2009.03.10 至 2010.03.10/低毒

水稻 稻飞虱 450-540克/公顷 喷雾

LS20081222 阿维·甲氰/5%/微乳剂/阿维菌素 0.5%、甲氰菊酯 4.5%/2009.03.10 至 2010.03.10/低毒(原药高毒)

柑橘树 红蜘蛛 33.3-50毫克/千克 喷雾

LS20081248 三唑磷/40%/乳油/三唑磷 40%/2009.03.11 至 2010.03.11/中等毒

水稻 三化螟 480-600克/公顷 喷雾

LS20081277 毒死蜱/480克/升/微乳剂/毒死蜱 480克/升/2009.03.11 至 2010.03.11/中等毒

苹果树 绵蚜 240-320毫克/千克 喷雾

LS20081296 辛硫·三唑磷/20%/乳油/三唑磷 10%、辛硫磷 10%/2009.03.11 至 2010.03.11/低毒

水稻 三化螟 360-480克/公顷 喷雾

LS20081311 啶虫脒/3%/微乳剂/啶虫脒 3%/2009.03.13 至 2010.03.13/低毒

小麦 蚜虫 15.75-20.25克/公顷 喷雾

LS20081316 多素·高氯氟/2.4%/水乳剂/多杀霉素 0.4%、高效氯氟氰菊酯 2%/2009.03.13 至 2010.03.13/低毒

十字花科蔬菜 甜菜夜蛾 21.6-28.8克/公顷 喷雾

LS20081445 阿维·三唑磷/20%/微乳剂/阿维菌素 0.2%、三唑磷 19.8%/2009.03.17 至 2010.03.17/中等毒(原药高毒)

水稻 二化螟 180-240克/公顷 喷雾

LS20081460 三唑磷/15%/水乳剂/三唑磷 15%/2009.03.27 至 2010.03.27/中等毒

水稻 三化螟 450-562.5克/公顷 喷雾

LS20081480 高效氯氟氰菊酯/5%/微乳剂/高效氯氟氰菊酯 5%/2009.03.31 至 2010.03.31/中等毒

十字花科蔬菜 蚜虫 7.5-11.25克/公顷 喷雾

LS20081601 烯草酮/120克/升/乳油/烯草酮 120克/升/2009.04.03 至 2010.04.03/低毒

油菜田 一年生禾本科杂草 54-72克/公顷 茎叶喷雾

LS20081626 吡虫啉/200克/升/可溶液剂/吡虫啉 200克/升/2009.04.03 至 2010.04.03/低毒

十字花科蔬菜 蚜虫 24-36克/公顷 喷雾

LS20081692 草甘膦铵盐/77.7%/可溶粒剂/草甘膦铵盐 77.7%/2009.04.07 至 2010.04.07/低毒

柑橘园 杂草 1748-2331克/公顷 定向茎叶喷雾

LS20081745 灭蝇胺/20%/可溶粉剂/灭蝇胺 20%/2009.04.07 至 2010.04.07/低毒

黄瓜 美洲斑潜蝇 150-225克/公顷 喷雾

LS20081779 叶枯唑/25%/可湿性粉剂/叶枯唑 25%/2009.04.07 至 2010.04.07/低毒
水稻 白叶枯病 300-375克/公顷 喷雾

LS20082080 硫磺·多菌灵/42%/悬浮剂/多菌灵 7%、硫磺 35%/2009.04.15 至 2010.04.15/低毒
水稻 稻瘟病 1764-2142克/公顷 喷雾

LS20082284 松·喹·氟磺胺/35%/乳油/氟磺胺草醚 9.5%、精喹禾灵 2.5%、异噁草松 23%/2009.04.21 至 2010.04.21/低毒
春大豆田 一年生杂草 630-787.5克/公顷 茎叶喷雾

LS20082355 精喹禾灵/50克/升/微乳剂/精喹禾灵 50克/升/2009.04.21 至 2010.04.21/低毒
夏大豆田 一年生禾本科杂草 45-60克/公顷 茎叶喷雾

LS20082398 高氯·甲维盐/5%/微乳剂/高效氯氰菊酯 4.5%、甲氨基阿维菌素苯甲酸盐 0.5%/2009.04.22 至 2010.04.22/低毒
十字花科蔬菜 甜菜夜蛾 22.5-30克/公顷 喷雾

LS20082468 四聚乙醛/6%/颗粒剂/四聚乙醛 6%/2009.04.22 至 2010.04.22/低毒
十字花科蔬菜 蜗牛 360-540克/公顷 撒施

LS20090176 甲氨基阿维菌素苯甲酸盐/3%/微乳剂/甲氨基阿维菌素苯甲酸盐 3%/2010.02.04 至 2011.02.04/低毒
十字花科蔬菜 甜菜夜蛾 2.25-3克/公顷 喷雾

LS20090255 哒螨灵/15%/微乳剂/哒螨灵 15%/2010.02.13 至 2011.02.13/中等毒
柑橘树 红蜘蛛 75-100毫克/千克 喷雾

LS20090318 哒螨灵/10%/微乳剂/哒螨灵 10%/2009.03.05 至 2010.03.05/中等毒
柑橘树 红蜘蛛 50-100毫克/千克 喷雾

LS20090394 阿维菌素/3%/乳油/阿维菌素 3%/2009.03.16 至 2010.03.16/中等毒(原药高毒)
柑橘树 红蜘蛛 7.5-10毫克/千克 喷雾

LS20090417 阿维·高氯氟/3%/微乳剂/阿维菌素 0.6%、高效氯氟氰菊酯 2.4%/2009.03.16 至 2010.03.16/中等毒(原药高毒)
甘蓝 菜青虫 9-13.5克/公顷 喷雾

LS20090493 啶虫·毒死蜱/25%/微乳剂/啶虫脒 5%、毒死蜱 20%/2009.03.18 至 2010.03.18/中等毒
十字花科蔬菜 黄条跳甲 225-300克/公顷 喷雾

LS20090515 苯醚·甲硫/40%/可湿性粉剂/苯醚甲环唑 5%、甲基硫菌灵 35%/2009.03.18 至 2010.03.18/低毒
苹果树 炭疽病 444-667毫克/千克 喷雾

LS20090517 苯醚甲环唑/10%/可湿性粉剂/苯醚甲环唑 10%/2009.03.18 至 2010.03.18/低毒
梨树 黑星病 14.3-16.7毫克/千克 喷雾

LS20090575 烯酰·福美双/35%/可湿性粉剂/福美双 30%、烯酰吗啉 5%/2009.03.19 至 2010.03.19/低毒
黄瓜 霜霉病 945-1470克/公顷 喷雾

LS20090608 苯甲·多菌灵/30%/可湿性粉剂/苯醚甲环唑 5%、多菌灵 25%/2009.03.23 至 2010.03.23/低毒
苹果树 斑点落叶病 200-300毫克/千克 喷雾

LS20090858 甲维·高氯氟/2.6%/微乳剂/高效氯氟氰菊酯 2%、甲氨基阿维菌素苯甲酸盐 0.6%/2009.04.09 至 2010.04.09/中等毒
甘蓝 甜菜夜蛾 7.02-9.36克/公顷 喷雾

LS20090962 戊唑·多菌灵/30%/可湿性粉剂/多菌灵 22%、戊唑醇 8%/2009.04.10 至 2010.04.10/低毒
苹果树 轮纹病 375－500毫克/千克 喷雾

LS20091056 喹硫·辛硫磷 /30%/乳油/喹硫磷 10%、辛硫磷 20%/2009.04.15 至 2010.04.15/中等毒
水稻 稻纵卷叶螟 360-450克/公顷 喷雾

LS20091060 烯酰吗啉/25%/可湿性粉剂/烯酰吗啉 25%/2009.04.15 至 2010.04.15/低毒
黄瓜 霜霉病 225-300克/公顷 喷雾

LS20091125 烟嘧·莠去津 /21%/油悬浮剂/烟嘧磺隆 2%、莠去津 19%/2009.04.17 至 2010.04.17/低毒
玉米田 一年生杂草 120-140毫升制剂/亩 茎叶喷雾

LS20091142 咪鲜·三环唑/20%/可湿性粉剂/咪鲜胺 5%、三环唑 15%/2009.04.17 至 2010.04.17/低毒
水稻 稻瘟病 150-270克/公顷 喷雾

LS20091162 阿维菌素/3%/微乳剂/阿维菌素 3%/2009.04.20 至 2010.04.20/中等毒(原药高毒)
十字花科蔬菜 小菜蛾 8.4-10.5克/公顷 喷雾

LS20091237 丁醚脲/43.5%/悬浮剂/丁醚脲 43.5%/2009.04.30 至 2010.04.30/低毒
十字花科蔬菜 小菜蛾 375-525克/公顷 喷雾

LS20091261 苯甲·丙环唑/500克/升/乳油/苯醚甲环唑 250克/升、丙环唑 250克/升/2009.05.12 至 2010.05.12/低毒
水稻 纹枯病 67.5-90克/公顷 喷雾

WL20070087 高效氯氟氰菊酯//微囊悬浮剂/高效氯氟氰菊酯 25克/升/2009.05.07 至 2010.05.08/低毒
卫生 蜚蠊 20毫克/平方米 滞留喷洒

WL20080423 高效氯氰菊酯/4.5%/微乳剂/高效氯氰菊酯 4.5%/2009.10.31 至 2010.10.31/低毒
卫生 蜚蠊 40-50毫克/平方米 滞留喷洒

深圳市伟丰隆贸易有限公司(深圳市罗湖区宝安北路笋岗仓库827栋桃园商业大厦六层D626 515100 0755-29612691)

WL20080089 蚊香/0.3%/蚊香/富右旋反式烯丙菊酯 0.3%/2009.02.19 至 2010.02.20/微毒
卫生 蚊 / 点燃

四会市润土作物科学有限公司 (广东省四会市龙甫镇禄村管理区白石塘酒厂内 526200 0758-3816165)

PD85159-23 草甘膦/10%/水剂/草甘膦 10%/2005.07.14 至 2009.12.31/低毒
茶树、甘蔗、果园、剑麻、林木、桑树、橡胶树 一年生杂草和多年生恶性杂草 1125-2250克/公顷 喷雾

PD92103-13 草甘膦/95%/原药/草甘膦 95%/2007.11.01 至 2012.11.01/低毒

PD20083370 仲丁威/20%/乳油/仲丁威 20%/2008.12.11 至 2013.12.11/低毒
水稻 飞虱 450-540克/公顷 喷雾
PD20083854 异稻瘟净/40%/乳油/异稻瘟净 40%/2008.12.15 至 2013.12.15/低毒
水稻 稻瘟病 900-1200克/公顷 喷雾
PD20084683 井冈霉素/3%/水剂/井冈霉素 3%/2008.12.22 至 2013.12.22/低毒
水稻 纹枯病 157.5-180克/公顷 喷雾
PD20084704 氯氰菊酯/50克/升/乳油/氯氰菊酯 50克/升/2008.12.22 至 2013.12.22/低毒
甘蓝 菜青虫 37.5-52.5克/公顷 喷雾
PD20084925 异丙威/20%/乳油/异丙威 20%/2008.12.22 至 2013.12.22/低毒
水稻 飞虱 450-600克/公顷 喷雾
PD20090720 草甘膦异丙胺盐(41%)///水剂/草甘膦 30%/2009.01.19 至 2014.01.19/低毒
柑橘园 杂草 1125-2250克/公顷 喷雾
PD20091064 百草枯/200克/升/水剂/百草枯 200克/升/2009.01.21 至 2014.01.21/中等毒
柑橘园 杂草 600-900克/公顷 定向茎叶喷雾
PD20092897 杀虫双/18%/水剂/杀虫双 18%/2009.03.05 至 2014.03.05/低毒
水稻 三化螟 675-810克/公顷 喷雾
PD20097756 丁草胺/50%/乳油/丁草胺 50%/2009.11.12 至 2014.11.12/低毒
移栽水稻田 一年生杂草 1125-1500克/公顷 毒土法

肇庆市润土农药厂 (广东省肇庆市鼎湖区桂城新城创业路 526070 0758-2692222)

PD86148-81 异丙威/20%/乳油/异丙威 20%/2007.01.30 至 2012.01.30/中等毒
水稻 飞虱、叶蝉 450-600克/公顷 喷雾
PD20092112 乐果/40%/乳油/乐果 40%/2009.02.23 至 2014.02.23/中等毒
十字花科蔬菜 蚜虫 360-600克/公顷 喷雾
PD20092676 啶虫脒/3%/乳油/啶虫脒 3%/2009.03.03 至 2014.03.03/低毒
柑橘树 蚜虫 7.5-10毫克/千克 喷雾
PD20093683 杀虫双/18%/水剂/杀虫双 18%/2009.03.25 至 2014.03.25/中等毒
水稻 二化螟 675-810克/公顷 喷雾
PD20093843 高效氯氰氰菊酯/25克/升/乳油/高效氯氰氰菊酯 25克/升/2009.03.25 至 2014.03.25/中等毒
十字花科蔬菜 菜青虫 7.5-11.25克/公顷 喷雾
PD20094176 高效氯氰菊酯/4.5%/乳油/高效氯氰菊酯 4.5%/2009.03.27 至 2014.03.27/中等毒
甘蓝 菜青虫 27-33.75克/公顷 喷雾
PD20094237 高氯·辛/20%/乳油/高效氯氰菊酯 4%、辛硫磷 16%/2009.03.31 至 2014.03.31/中等毒
棉花 棉铃虫 240-360克/公顷 喷雾
PD20094485 代森锰锌/80%/可湿性粉剂/代森锰锌 80%/2009.04.09 至 2014.04.09/低毒
番茄 早疫病 1845-2370克/公顷 喷雾
PD20094540 敌敌畏/80%/乳油/敌敌畏 80%/2009.04.09 至 2014.04.09/中等毒
十字花科蔬菜 菜青虫 600-960克/公顷 喷雾
PD20094554 氯氰·敌敌畏/10%/乳油/敌敌畏 8%、氯氰菊酯 2%/2009.04.09 至 2014.04.09/中等毒
甘蓝 蚜虫 45-75克/公顷 喷雾
PD20095820 百草枯/200克/升/水剂/百草枯 200克/升/2009.05.27 至 2014.05.27/中等毒
柑橘园 杂草 750-900克/公顷 定向茎叶喷雾
PD20097441 吡虫啉/10%/可湿性粉剂/吡虫啉 10%/2009.10.28 至 2014.10.28/低毒
水稻 稻飞虱 15-30克/公顷 喷雾
LS20052314 高氯·毒死蜱/15%/乳油/毒死蜱 13.5%、高效氯氰菊酯 1.5%/2008.06.26 至 2009.06.26/中等毒
黄瓜 美洲斑潜蝇 90-135克/公顷 喷雾
LS20072634 草甘膦/30%/水剂/草甘膦 30%/2009.12.09 至 2010.12.10/低毒
柑橘园 杂草 1125-2250克/公顷 定向茎叶喷雾

中山富士化工有限公司 (广东省中山市火炬高技术产业开发区出口工业区14幢 528436 0760-5331390)

WP20080592 防蛀防霉片剂/99%/片剂/对二氯苯 99%/2008.12.29 至 2013.12.29/低毒
卫生 黑皮蠹、霉菌 40克制剂/立方米 投放
WP20090008 防蛀防霉球剂/99%/球剂/对二氯苯 95%/2009.01.04 至 2014.01.04/低毒
衣柜 黑皮蠹、霉菌 40克制剂/立方米 投放
WL20080394 防蛀片剂/10毫克/片/防蛀片剂/右旋烯炔菊酯 10毫克/片/2008.09.18 至 2009.09.18/微毒
卫生 黑皮蠹 / 投放

广西壮族自治区

博白县天地和农药厂 (广西壮族自治区玉林市博白县南洲南路277号 537600 0775-8336278)

PD20084327 氯氰菊酯/50克/升/乳油/氯氰菊酯 50克/升/2008.12.17 至 2013.12.17/低毒
十字花科蔬菜 菜青虫 45-52.5克/公顷 喷雾
PD20084808 异丙威/20%/乳油/异丙威 20%/2008.12.22 至 2013.12.22/中等毒
水稻 飞虱 450-600克/公顷 喷雾
PD20084895 毒死蜱/480克/升/乳油/毒死蜱 480克/升/2008.12.22 至 2013.12.22/中等毒
水稻 稻纵卷叶螟 450-600克/公顷 喷雾
PD20084985 氯氰·丙溴磷/440克/升/乳油/丙溴磷 400克/升、氯氰菊酯 40克/升/2008.12.22 至 2013.12.22/中等毒

棉花 棉铃虫 528-660克/公顷 喷雾

PD20085502 辛硫磷/40%/乳油/辛硫磷 40%/2008.12.25 至 2013.12.25/低毒

棉花 棉铃虫 450-600克/公顷 喷雾

PD20097205 丙环唑/250克/升/乳油/丙环唑 250克/升/2009.10.19 至 2014.10.19/低毒

香蕉 叶斑病 250-500毫克/千克 喷雾

PD20097305 毒·辛/25%/乳油/毒死蜱 10%、辛硫磷 15%/2009.10.26 至 2014.10.26/中等毒

甘蓝 黄条跳甲 900-1050克制剂/公顷 喷雾

LS20072032 丁硫克百威/200克/升/乳油/丁硫克百威 200克/升/2009.08.09 至 2010.08.10/中等毒

柑橘树 锈壁虱 100-133.3毫克/千克 喷雾

LS20080638 高效氯氟氰菊酯/25克/升/乳油/高效氯氟氰菊酯 25克/升/2009.02.21 至 2010.02.22/中等毒

荔枝树 蝽蟓 6.25-12.5毫克/千克 喷雾

LS20080939 联苯菊酯/25克/升/乳油/联苯菊酯 25克/升/2009.03.04 至 2010.03.04/低毒

柑橘树 红蜘蛛 20-33.3毫克/千克 喷雾

LS20080961 阿维菌素/18克/升/乳油/阿维菌素 18克/升/2009.03.04 至 2010.03.04/低毒(原药高毒)

十字花科蔬菜 小菜蛾 8.1-10.8克/公顷 喷雾

LS20083180 毒·辛/25%/乳油/毒死蜱 10%、辛硫磷 15%/2009.11.20 至 2010.11.20/中等毒

十字花科蔬菜 黄条跳甲 225-262.5克/公顷 喷雾

广西安泰化工有限责任公司 (广西壮族自治区贵港市平南县县城东郊 537300 0775-7860448)

PD20040141 吡虫啉/5%/乳油/吡虫啉 5%/2009.12.19 至 2014.12.19/低毒

水稻 飞虱 15-30克/公顷 喷雾

小麦 蚜虫 15-30克/公顷(南方地区) 喷雾

45-60克/公顷(北方地区)

PD20040179 高效氯氰菊酯/4.5%/微乳剂/高效氯氰菊酯 4.5%/2009.12.19 至 2014.12.19/中等毒

十字花科蔬菜 菜青虫 13.5-27克/公顷 喷雾

PD20040299 高效氯氰菊酯/4.5%/乳油/高效氯氰菊酯 4.5%/2009.12.19 至 2014.12.19/中等毒

茶树 茶尺蠖 15-25.5克/公顷 喷雾

柑橘树 红蜡蚧 50毫克/千克 喷雾

柑橘树 潜叶蛾 15-20 毫克/千克 喷雾

棉花 红铃虫、棉铃虫、棉蚜 15-30克/公顷 喷雾

苹果树 桃小食心虫 20-33毫克/千克 喷雾

十字花科蔬菜 菜青虫、小菜蛾 9-25.5克/公顷 喷雾

十字花科蔬菜 菜蚜 3-18克/公顷 喷雾

烟草 烟青虫 15-22.5克公顷 喷雾

PD20080372 啶虫脒/3%/乳油/啶虫脒 3%/2008.02.29 至 2013.02.28/低毒

苹果树 蚜虫 10-15毫克/千克 喷雾

小麦 蚜虫 18-30克/公顷 喷雾

PD20081304 丙环唑/25%/乳油/丙环唑 25%/2008.10.09 至 2013.10.09/低毒

香蕉 叶斑病 250-500毫克/千克 喷雾

PD20081306 杀螟丹/50%/可溶粉剂/杀螟丹 50%/2008.10.09 至 2013.10.09/中等毒

水稻 二化螟 600-900克/公顷 喷雾

PD20081418 腐霉·福美双/25%/可湿性粉剂/腐霉利 10%、福美双 15%/2008.10.31 至 2013.10.31/低毒

番茄 灰霉病 225-300克/公顷 喷雾

PD20081481 草甘膦/20%/水剂/草甘膦 20%/2008.11.04 至 2009.12.31/低毒

柑橘园 杂草 1125-2250克/公顷 定向茎叶喷雾

PD20081688 草甘膦/30%/水剂/草甘膦 30%/2008.11.17 至 2013.11.17/低毒

柑橘园 杂草 1200-2250克/公顷 定向茎叶喷雾

PD20083385 吡虫·仲丁威/20%/乳油/吡虫啉 1%、仲丁威 19%/2008.12.11 至 2013.12.11/低毒

水稻 稻飞虱 180-240克/公顷 喷雾

PD20083702 阿维·哒螨灵/5%/乳油/阿维菌素 0.2%、哒螨灵 4.8%/2008.12.15 至 2013.12.15/低毒(原药高毒)

柑橘树 红蜘蛛 25-33毫克/千克 喷雾

苹果树 红蜘蛛 20-25毫克/千克 喷雾

PD20084028 异稻·稻瘟灵/40%/乳油/稻瘟灵 10%、异稻瘟净 30%/2008.12.16 至 2013.12.16/低毒

水稻 稻瘟病 750-900克/公顷 喷雾

PD20084218 甲氰·辛硫磷/12%/乳油/甲氰菊酯 2%、辛硫磷 10%/2008.12.17 至 2013.12.17/中等毒

苹果树 桃小食心虫 60-80毫克/千克 喷雾

PD20084389 毒死蜱/40%/乳油/毒死蜱 40%/2008.12.17 至 2013.12.17/中等毒

十字花科蔬菜 菜青虫 360-540克/公顷 喷雾

水稻 稻纵卷叶螟 480-600克/公顷 喷雾

PD20084529 甲霜·锰锌/58%/可湿性粉剂/甲霜灵 10%、代森锰锌 48%/2008.12.18 至 2013.12.18/低毒

黄瓜 霜霉病 696-1044克/公顷 喷雾

PD20084621 阿维菌素/1.8%/乳油/阿维菌素 1.8%/2008.12.18 至 2013.12.18/低毒(原药高毒)

十字花科蔬菜 小菜蛾 8.1-10.8克/公顷 喷雾

PD20084637 硫磺·三环唑/45%/可湿性粉剂/硫磺 40%、三环唑 5%/2008.12.18 至 2013.12.18/低毒

	水稻	稻瘟病	742.5-1080克/公顷	喷雾
PD20085491	阿维·毒死蜱/15%/乳油/阿维菌素 0.2%、毒死蜱 14.8%/2008.12.25 至 2013.12.25/中等毒(原药高毒)			
	黄瓜	斑潜蝇	135-180克/公顷	喷雾
	萝卜、小油菜	小菜蛾	90-135克/公顷	喷雾
	水稻	二化螟	90-135克/公顷	喷雾
PD20086147	芸苔素内酯/0.01%/乳油/芸苔素内酯 0.01%/2008.12.30 至 2013.12.30/低毒			
	小白菜	调节生长、增产	0.02-0.04毫克/千克	喷雾
PD20090262	溴氰 ·敌敌畏/15%/乳油/敌敌畏 14.7%、溴氰菊酯 0.3%/2009.01.09 至 2014.01.09/中等毒			
	甘蓝	菜青虫	112.5-225克/公顷	喷雾
PD20090454	高氯·毒死蜱/12%/乳油/毒死蜱 9.5%、高效氯氰菊酯 2.5%/2009.01.12 至 2014.01.12/中等毒			
	甘蓝	菜青虫	54-90克/公顷	喷雾
PD20090951	百菌清/40%/悬浮剂/百菌清 40%/2009.01.20 至 2014.01.20/低毒			
	番茄	早疫病	900—1050克/公顷	喷雾
PD20091005	敌畏·毒死蜱/35%/乳油/敌敌畏 30%、毒死蜱 5%/2009.01.21 至 2014.01.21/中等毒			
	水稻	稻纵卷叶螟	525-630克/公顷	喷雾
PD20091239	毒·辛/20%/乳油/毒死蜱 4%、辛硫磷 16%/2009.02.01 至 2014.02.01/低毒			
	棉花	棉铃虫	300-450克/公顷	喷雾
PD20091294	氯氰·敌敌畏/10%/乳油/敌敌畏 8%、氯氰菊酯 2%/2009.02.01 至 2014.02.01/中等毒			
	甘蓝	蚜虫	37.5-75克/公顷	喷雾
	甘蓝	菜青虫	60-90克/公顷	喷雾
	苹果树	蚜虫	83.3-125毫克/千克	喷雾
PD20091553	甲基硫菌灵/36%/悬浮剂/甲基硫菌灵 36%/2009.02.03 至 2014.02.03/低毒			
	花生	叶斑病	180-216克/公顷	喷雾
PD20091625	二嗪磷/30%/乳油/二嗪磷 30%/2009.02.03 至 2014.02.03/中等毒			
	水稻	二化螟	675-787.5克/公顷	喷雾
PD20092424	阿维菌素/4%/乳油/阿维菌素 4%/2009.02.25 至 2014.02.25/低毒(原药高毒)			
	甘蓝	小菜蛾	9-12克/公顷	喷雾
PD20092814	高氯·辛硫磷/24%/乳油/高效氯氰菊酯 1.5%、辛硫磷 22.5%/2009.03.04 至 2014.03.04/中等毒			
	甘蓝	小菜蛾	180-270克/公顷	喷雾
	棉花	棉铃虫	270-360克/公顷	喷雾
PD20092925	噻嗪·异丙威/25%/乳油/噻嗪酮 5%、异丙威 20%/2009.03.05 至 2014.03.05/中等毒			
	水稻	稻飞虱	375-562.5克/公顷	喷雾
PD20093065	马拉·灭多威 /30%/乳油/马拉硫磷 25%、灭多威 5%/2009.03.09 至 2014.03.09/中等毒(原药高毒)			
	水稻	稻纵卷叶螟	540-675克/公顷	喷雾
PD20093253	高效氯氟氰菊酯/25克/升/乳油/高效氯氟氰菊酯 25克/升/2009.03.11 至 2014.03.11/中等毒			
	十字花科蔬菜	菜青虫	11.25-15克/公顷	喷雾
PD20093669	氯氰菊酯/5%/乳油/氯氰菊酯 5%/2009.03.25 至 2014.03.25/低毒			
	甘蓝	菜青虫	30-45克/公顷	喷雾
PD20093913	联苯菊酯/25克/升/乳油/联苯菊酯 25克/升/2009.03.26 至 2014.03.26/低毒			
	茶树	茶小绿叶蝉	30-45克/公顷	喷雾
PD20094333	氯氰·敌敌畏/20%/乳油/敌敌畏 16%、氯氰菊酯 4%/2009.03.31 至 2014.03.31/中等毒			
	甘蓝	菜青虫	120-180克/公顷	喷雾
PD20094651	哒灵·炔螨特/30%/乳油/哒螨灵 6%、炔螨特 24%/2009.04.10 至 2014.04.10/中等毒			
	柑橘树	红蜘蛛	150-200毫克/千克	喷雾
PD20095094	百草枯/20%/水剂/百草枯 20%/2009.04.24 至 2014.04.24/中等毒			
	柑橘园	杂草	450-900克/公顷	定向茎叶喷雾
PD20095183	毒·辛/5%/颗粒剂/毒死蜱 2.5%、辛硫磷 2.5%/2009.04.24 至 2014.04.24/低毒			
	韭菜	韭蛆	1500-1800克/公顷	撒施
PD20095587	苄嘧·苯噻酰/53%/可湿性粉剂/苯噻酰草胺 50%、苄嘧磺隆 3%/2009.05.12 至 2014.05.12/低毒			
	水稻抛秧田	部分多年生杂草、一年生杂草	318-397.5克/公顷(南方地区)	药土法
PD20095991	阿维·杀虫单/20%/微乳剂/阿维菌素 0.1%、杀虫单 19.9%/2009.06.11 至 2014.06.11/低毒(原药高毒)			
	水稻	二化螟	300-450克/公顷	喷雾
PD20096483	阿维·甲氰/10%/乳油/阿维菌素 1%、甲氰菊酯 9%/2009.08.14 至 2014.08.14/中等毒(原药高毒)			
	甘蓝	小菜蛾	45-67.5克/公顷	喷雾
PD20096609	杀虫双/18%/水剂/杀虫双 18%/2009.09.02 至 2014.09.02/低毒			
	水稻	三化螟	540-675克/公顷	喷雾
PD20097381	高效氯氰菊酯/27%/母药/高效氯氰菊酯 27%/2009.10.28 至 2014.10.28/低毒			
PD20098290	噻嗪·异丙威 /25%/可湿性粉剂/噻嗪酮 5%、异丙威 20%/2009.12.18 至 2014.12.18/低毒			
	水稻	稻飞虱	412.5-525克/公顷	喷雾
LS20050090	氯氰·丙溴磷/22%/乳油/丙溴磷 20%、氯氰菊酯 2%/2008.01.12 至 2009.01.11/低毒			
	棉花	棉铃虫	198-264克/公顷	喷雾
LS20050154	丙溴·辛硫磷/25%/乳油/丙溴磷 5%、辛硫磷 20%/2008.01.24 至 2009.01.23/低毒			
	棉花	棉铃虫	225-375克/公顷	喷雾

LS20050158 霜脲·锰锌/72%/可湿性粉剂/代森锰锌 64%、霜脲氰 8%/2008.01.24 至 2009.01.23/微毒
番茄 晚疫病 1436-1804克/公顷 喷雾

LS20050363 乙铝·锰锌/50%/可湿性粉剂/代森锰锌 28%、三乙膦酸铝 22%/2008.02.19 至 2009.02.18/低毒
黄瓜 霜霉病 975-1425克/公顷 喷雾

LS20050364 乙霉·多菌灵/50%/可湿性粉剂/多菌灵 25%、乙霉威 25%/2008.02.19 至 2009.02.18/低毒
番茄 灰霉病 750-1125克/公顷 喷雾

LS20050574 高渗阿维菌素/0.22%/可湿性粉剂/阿维菌素 0.22%/2008.03.14 至 2009.03.14/中等毒(原药高毒)
十字花科蔬菜 小菜蛾 1.8-2.31克/公顷 喷雾

LS20050575 二嗪磷/5%/颗粒剂/二嗪磷 5%/2008.03.14 至 2009.03.14/低毒
花生 地下害虫 525-900克/公顷 撒施

LS20050742 甲氨基阿维菌素苯甲酸盐/1%/乳油/甲氨基阿维菌素苯甲酸盐 1%/2008.03.28 至 2009.03.28/低毒
棉花 棉铃虫 9-12克/公顷 喷雾

LS20050767 甲氰·三唑磷/10%/乳油/甲氰菊酯 5%、三唑磷 5%/2008.03.28 至 2009.03.28/中等毒
苹果树 红蜘蛛 67-100毫克/千克 喷雾

LS20050793 阿维·溴氰/1.5%/乳油/阿维菌素 0.5%、溴氰菊酯 1%/2008.03.28 至 2009.03.28/低毒(原药高毒)
十字花科蔬菜 小菜蛾 11.25-18克/公顷 喷雾

LS20050953 甲氨基阿维菌素苯甲酸盐/0.5%/微乳剂/甲氨基阿维菌素苯甲酸盐 0.5%/2008.04.04 至 2009.04.04/低毒
十字花科蔬菜 甜菜夜蛾 2.25-3克/公顷 喷雾

LS20051909 阿维·辛硫磷/15%/乳油/阿维菌素 0.1%、辛硫磷 14.9%/2008.05.17 至 2009.05.17/低毒(原药高毒)
十字花科蔬菜 小菜蛾 157.5-225克/公顷 喷雾

LS20051931 辛硫·三唑磷/5%/颗粒剂/三唑磷 2.5%、辛硫磷 2.5%/2008.05.22 至 2009.05.22/低毒
玉米 玉米螟 112.5-187.5克/公顷 喇叭口期撒施

LS20051973 氯氰·喹硫磷/15%/乳油/喹硫磷 12%、氯氰菊酯 3%/2008.05.24 至 2009.05.24/中等毒
十字花科蔬菜 菜青虫 67.5-90克/公顷 喷雾

LS20052198 高氯·啶虫脒/2%/乳油/啶虫脒 1%、高效氯氰菊酯 1%/2008.06.14 至 2009.06.14/低毒
柑橘 蚜虫 8-13.3毫克/千克 喷雾

LS20053582 草甘膦异丙胺盐/41%/水剂/草甘膦异丙胺盐 41%/2008.11.15 至 2009.11.15/低毒
柑橘园 杂草 1107-1660.5克/公顷 喷雾

LS20053682 三唑磷/20%/乳油/三唑磷 20%/2008.11.29 至 2009.11.29/中等毒
水稻 二化螟 360-450克/公顷 喷雾

LS20060533 氟铃·辛硫磷/20%/乳油/氟铃脲 2%、辛硫磷 18%/2009.03.16 至 2010.03.16/低毒
棉花 棉铃虫 225-300克/公顷 喷雾

LS20060554 氯氰·硫丹/18%/乳油/硫丹 16%、氯氰菊酯 2%/2009.03.16 至 2010.03.16/低毒(原药高毒)
棉花 棉铃虫 189-270克/公顷 喷雾

LS20060606 甲氨基阿维菌素苯甲酸盐/90%/原药/甲氨基阿维菌素苯甲酸盐 90%/2009.03.23 至 2010.03.23/中等毒

LS20060895 高氯·甲维盐/2%/乳油/高效氯氰菊酯 1.8%、甲氨基阿维菌素苯甲酸盐 0.2%/2009.04.18 至 2010.04.18/低毒
十字花科蔬菜 甜菜夜蛾 12-18克/公顷 喷雾

LS20060896 甲氨基阿维菌素苯甲酸盐/0.5%/可湿性粉剂/甲氨基阿维菌素苯甲酸盐 0.5%/2009.04.18 至 2010.04.18/低毒
十字花科蔬菜 甜菜夜蛾 2.25-3.75克/公顷 喷雾

LS20062020 氯氰·异丙威/8%/乳油/氯氰菊酯 2%、异丙威 6%/2009.12.25 至 2010.12.25/中等毒
十字花科蔬菜 蚜虫 45-90克/公顷 喷雾

LS20070497 三唑磷/8%/微乳剂/三唑磷 8%/2009.03.06 至 2010.03.07/中等毒
水稻 二化螟 216-252克/公顷 喷雾

LS20070544 杀单·三唑磷/15%/微乳剂/三唑磷 5%、杀虫单 10%/2009.03.08 至 2010.03.09/低毒
水稻 二化螟 337.5-450克/公顷 喷雾

LS20071201 阿维·杀虫单/20%/可湿性粉剂/阿维菌素 0.1%、杀虫单 19.9%/2009.05.07 至 2010.05.08/中等毒(原药高毒)
十字花科蔬菜 菜青虫 300-360克/公顷 喷雾

LS20071213 高效氯氰菊酯/3%/水乳剂/高效氯氰菊酯 3%/2009.05.07 至 2010.05.08/中等毒
十字花科蔬菜 菜青虫 22.5-30克/公顷 喷雾

LS20071388 甲氰·哒螨灵/10%/乳油/哒螨灵 5%、甲氰菊酯 5%/2009.05.17 至 2010.05.18/中等毒
柑橘树 红蜘蛛 67-100毫克/千克/ 喷雾

LS20071728 阿维·高氯/1.8%/乳油/阿维菌素 0.3%、高效氯氰菊酯 1.5%/2009.07.03 至 2010.07.04/低毒(原药高毒)
十字花科蔬菜 小菜蛾 13.5-16.2克/公顷 喷雾

LS20071813 阿维·高氯/2%/微乳剂/阿维菌素 0.2%、高效氯氰菊酯 1.8%/2009.07.09 至 2010.07.10/低毒(原药高毒)
十字花科蔬菜 小菜蛾 13.5-27克/公顷 喷雾

LS20072340 阿维·二嗪磷/20%/乳油/阿维菌素 0.1%、二嗪磷 19.9%/2009.10.15 至 2010.10.16/低毒(原药高毒)
水稻 二化螟 300-450克/公顷 喷雾

LS20080490 高效氯氰菊酯/4.5%/水乳剂/高效氯氰菊酯 4.5%/2009.02.20 至 2010.02.21/低毒
十字花科蔬菜 菜青虫 27-40.5克/公顷 喷雾

LS20080579 联苯菊酯/2.5%/水乳剂/联苯菊酯 2.5%/2009.02.21 至 2010.02.22/低毒
茶树 茶尺蠖 11.25-15克/公顷 喷雾

LS20080718 阿维·甲氰/5%/乳油/阿维菌素 1%、甲氰菊酯 4%/2009.02.25 至 2010.02.26/中等毒(原药高毒)
十字花科蔬菜 小菜蛾 30-37.5克/公顷 喷雾

LS20080842　阿维·三唑磷/15%/水乳剂/阿维菌素 0.2%、三唑磷 14.8%/2009.03.03 至 2010.03.03/中等毒
水稻　二化螟　112.5-135克/公顷　喷雾
LS20080934　阿维·吡虫啉/3%/乳油/阿维菌素 0.27%、吡虫啉 2.73%/2009.03.04 至 2010.03.04/低毒(原药高毒)
梨树　梨木虱　15-20毫克/千克　喷雾
LS20081119　溴氰·硫丹/32.8%/乳油/硫丹 32%、溴氰菊酯 0.8%/2009.03.10 至 2010.03.10/中等毒(原药高毒)
棉花　棉铃虫　492-590.4克/公顷　喷雾
LS20082331　唑磷·毒死蜱/20%/水乳剂/毒死蜱 5%、三唑磷 15%/2009.04.21 至 2010.04.21/中等毒
水稻　三化螟　240-300克/公顷　喷雾
LS20082714　唑磷·毒死蜱/25%/乳油/毒死蜱 5%、三唑磷 20%/2009.04.29 至 2010.04.29/中等毒
水稻　稻纵卷叶螟、二化螟　300-375克/公顷　喷雾
LS20082769　阿维·氟铃脲/2.5%/乳油/阿维菌素 0.2%、氟铃脲 2.3%/2009.05.08 至 2010.05.08/低毒(原药高毒)
甘蓝　小菜蛾　30-37.5克/公顷　喷雾
LS20082789　高氯·氟铃脲/5%/乳油/氟铃脲 1.2%、高效氯氰菊酯 3.8%/2009.05.08 至 2010.05.08/低毒
甘蓝　小菜蛾　60-75克/公顷　喷雾
LS20090072　杀单·高氟氯/16%/可湿性粉剂/高效氯氟氰菊酯 1%、杀虫单 15%/2010.01.09 至 2011.01.09/低毒
十字花科蔬菜　菜青虫　168-240克/公顷　喷雾
LS20091006　甲氨基阿维菌素苯甲酸盐(3.4%)///微乳剂/甲氨基阿维菌素 3%/2009.04.13 至 2010.04.13/低毒
十字花科蔬菜　甜菜夜蛾　3.6-4.5克/公顷　喷雾
LS20091348　联菊·啶虫脒/5%/乳油/啶虫脒 3%、联苯菊酯 2%/2009.07.10 至 2010.07.10/低毒
茶树　茶小绿叶蝉　52.5-67.5克/公顷　喷雾
LS20091378　聚醛·甲萘威/6%/可湿性粉剂/甲萘威 1.5%、四聚乙醛 4.5%/2009.08.04 至 2010.08.04/低毒
水稻　福寿螺　600-660克/公顷　喷雾

广西拜科生物科技有限公司 (广西壮族自治区南宁市科园大道财智时代10楼A1016号 530003 0771-2275880)

PD20093179　井冈霉素/3%/水剂/井冈霉素 3%/2009.03.11 至 2014.03.11/低毒
水稻　纹枯病　75-112.5克/公顷　喷雾
PD20098402　草甘膦/30%/水剂/草甘膦 30%/2009.12.18 至 2014.12.18/低毒
柑橘园　杂草　1125-2250克/公顷　定向茎叶喷雾
LS20090481　高氯·毒死蜱 /10%/微乳剂/毒死蜱 8.5%、高效氯氰菊酯 1.5%/2009.03.18 至 2010.03.18/中等毒
荔枝树　蝽蟓　66.7-100毫克/千克　喷雾
LS20090606　高氯·甲维盐/3.2%/微乳剂/高效氯氰菊酯 3%、甲氨基阿维菌素苯甲酸盐 0.2%/2009.03.23 至 2010.03.23/低毒
甘蓝　甜菜夜蛾　13.5-18克/公顷　喷雾
LS20090679　啶虫脒/3%/微乳剂/啶虫脒 3%/2009.03.25 至 2010.03.25/低毒
甘蓝　蚜虫　18-22.5克/公顷　喷雾
LS20090755　辛硫磷/20%/微乳剂/辛硫磷 20%/2009.03.31 至 2010.03.31/低毒
十字花科蔬菜　菜青虫　240-300克/公顷　喷雾
LS20090867　联苯菊酯/2.5%/微乳剂/联苯菊酯 2.5%/2009.04.09 至 2010.04.09/低毒
茶树　茶小绿叶蝉　30-37.5克/公顷　喷雾
LS20090981　阿维·三唑磷/15%/微乳剂/阿维菌素 0.3%、三唑磷 14.7%/2009.04.10 至 2010.04.10/中等毒(原药高毒)
水稻　三化螟　135-202.5克/公顷　喷雾
LS20091001　毒·辛/5%/颗粒剂/毒死蜱 2%、辛硫磷 3%/2009.04.13 至 2010.04.13/低毒
甘蔗　蔗螟　2250～3000克/公顷　撒施
LS20091287　唑磷·毒死蜱/13%/微乳剂/毒死蜱 5%、三唑磷 8%/2009.05.22 至 2010.05.22/中等毒
甘蓝　小菜蛾　234－273克/公顷　喷雾

广西北海国发海洋生物农药有限公司 (广西壮族自治区北海市北部湾东路78号 536000 0779-6803692)

PD20098403　氨基寡糖素/0.5%/水剂/氨基寡糖素 0.5%/2009.12.18 至 2014.12.18/低毒
番茄　晚疫病　14.06-18.75克/公顷　喷雾
棉花　黄萎病　400倍液　喷雾
西瓜　枯萎病　400－600倍液　喷雾
烟草　花叶病毒病　400－600倍液　喷雾

广西贝嘉尔生物化学制品有限公司 (广西壮族自治区平南县瑞雁广场南 537300 0775-7866335)

PD20083350　炔螨特/73%/乳油/炔螨特 73%/2008.12.11 至 2013.12.11/低毒
柑橘树　红蜘蛛　243-365毫克/千克　喷雾
PD20083910　多菌灵/50%/可湿性粉剂/多菌灵 50%/2008.12.15 至 2013.12.15/微毒
苹果树　轮纹病　800-1000毫克/千克　喷雾
PD20084581　高效氯氟氰菊酯/25克/升/乳油/高效氯氟氰菊酯 25克/升/2008.12.18 至 2013.12.18/中等毒
十字花科蔬菜　菜青虫　7.5-15克/公顷　喷雾
PD20090869　代森锰锌/80%/可湿性粉剂/代森锰锌 80%/2009.01.19 至 2014.01.19/低毒
番茄　早疫病　1650-2520克/公顷　喷雾
PD20091490　氯氰·毒死蜱/522.5克/升/乳油/毒死蜱 475克/升、氯氰菊酯 47.5克/升/2009.02.02 至 2014.02.02/中等毒
菜豆　豆荚螟　391.9-470.25克/公顷　喷雾
PD20091565　联苯菊酯/100克/升/乳油/联苯菊酯 100克/升/2009.02.03 至 2014.02.03/中等毒
茶树　茶尺蠖　7.5-15克/公顷　喷雾
PD20091599　甲基硫菌灵/70%/可湿性粉剂/甲基硫菌灵 70%/2009.02.03 至 2014.02.03/低毒

苹果树 轮纹病 800-1167毫克/千克 喷雾
PD20092409 代森锌/80%/可湿性粉剂/代森锌 80%/2009.02.25 至 2014.02.25/低毒
番茄 早疫病 2400-3600克/公顷 喷雾
PD20092824 百菌清/75%/可湿性粉剂/百菌清 75%/2009.03.04 至 2014.03.04/微毒
黄瓜 霜霉病 1125-1687.5克/公顷 喷雾
PD20093560 毒死蜱/480克/升/乳油/毒死蜱 480克/升/2009.03.23 至 2014.03.23/中等毒
十字花科蔬菜 斜纹夜蛾 216-432克/公顷 喷雾
PD20094217 噁霉灵/15%/水剂/噁霉灵 15%/2009.03.31 至 2014.03.31/低毒
水稻 立枯病 0.9-1.8克/平方米 苗床,育秧箱土壤处理
PD20097093 异菌脲/25%/悬浮剂/异菌脲 25%/2009.10.10 至 2014.10.10/低毒
香蕉 冠腐病 1500-1700毫克/千克 浸果
PD20098110 氟氯氰菊酯/50克/升/乳油/氟氯氰菊酯 50克/升/2009.12.08 至 2014.12.08/低毒
棉花 棉铃虫 37.5-52.5克/公顷 喷雾
PD20098370 溴氰菊酯/25克/升/乳油/溴氰菊酯 25克/升/2009.12.18 至 2014.12.18/中等毒
甘蓝 菜青虫 11.25-18.75克/公顷 喷雾
PD20098427 唑螨酯/5%/悬浮剂/唑螨酯 5%/2009.12.24 至 2014.12.24/低毒
柑橘树 红蜘蛛 25-50毫克/千克 喷雾
LS20082606 叶枯唑/20%/可湿性粉剂/叶枯唑 20%/2009.04.23 至 2010.04.23/微毒
水稻 白叶枯病 300-375克/公顷 喷雾
LS20090427 毒死蜱/30%/微乳剂/毒死蜱 30%/2009.03.16 至 2010.03.16/中等毒
苹果树 绵蚜 150-250毫克/千克 喷雾
LS20090449 毒死蜱/15%/颗粒剂/毒死蜱 15%/2009.03.18 至 2010.03.18/中等毒
花生 金针虫、蝼蛄、蛴螬 2250-3375克/公顷 撒施
LS20090576 噁霉・福美双/68%/可湿性粉剂/噁霉灵 8%、福美双 60%/2009.03.19 至 2010.03.19/低毒
黄瓜 枯萎病 612-816克/公顷 灌根
LS20090697 苯醚甲环唑/25%/乳油/苯醚甲环唑 25%/2009.03.27 至 2010.03.27/低毒
香蕉树 叶斑病 83.3－125毫克/千克 /喷雾
LS20090725 阿维菌素/3.2%/乳油/阿维菌素 3.2%/2009.03.31 至 2010.03.31/低毒(原药高毒)
十字花科蔬菜 菜青虫 7.5-11.25克/公顷 喷雾
LS20090730 丙环唑/55%/微乳剂/丙环唑 55%/2009.03.31 至 2010.03.31/低毒
香蕉树 叶斑病 275-550毫克/千克 喷雾
LS20090944 多抗・锰锌/46%/可湿性粉剂/多抗霉素 2%、代森锰锌 44%/2009.04.10 至 2010.04.10/低毒
苹果树 斑点落叶病 460-575毫克/千克 喷雾
LS20090948 百草枯/250克/升/水剂/百草枯 250克/升/2009.04.10 至 2010.04.10/中等毒
非耕地 杂草 450-750克/公顷 茎叶喷雾
LS20090990 丁醚脲/25%/乳油/丁醚脲 25%/2009.04.10 至 2010.04.10/低毒
十字花科蔬菜 小菜蛾 300－375克/公顷 喷雾
LS20091187 高氯・甲维盐/4.2%/乳油/高效氯氰菊酯 4%、甲氨基阿维菌素苯甲酸盐 0.2%/2009.04.23 至 2010.04.23/中等毒
十字花科蔬菜 甜菜夜蛾 31.5-37.8克/公顷 喷雾

广西博白县避害增有限公司 (广西壮族自治区玉林市博白县沙河镇河中二路023号 537626 0775-8326259)

PD20091463 氯氰・辛硫磷/20%/乳油/氯氰菊酯 1%、辛硫磷 19%/2009.02.02 至 2014.02.02/中等毒
十字花科蔬菜 蚜虫 150-225克/公顷 喷雾
PD20094402 高效氯氟氰菊酯/2.5%/乳油/高效氯氟氰菊酯 2.5%/2009.04.01 至 2014.04.01/中等毒
十字花科蔬菜 菜青虫 6.25-15克/公顷 喷雾
LS20083254 唑磷・毒死蜱/20%/乳油/毒死蜱 5%、三唑磷 15%/2009.12.11 至 2010.12.11/中等毒
水稻 三化螟 300-360克/公顷 喷雾
LS20090047 毒・辛 /20%/乳油/毒死蜱 4%、辛硫磷 16%/2010.01.08 至 2011.01.08/低毒
水稻 稻纵卷叶螟 420-540克/公顷 喷雾

广西博白县大西南农药厂 (广西壮族自治区博白县城长岗岭 537600 0775-8330381)

PD20091526 氯氰・辛硫磷/40%/乳油/氯氰菊酯 2%、辛硫磷 38%/2009.02.03 至 2014.02.03/中等毒
甘蓝 菜青虫 120-150克/公顷 喷雾
PD20094171 溴氰・马拉松/10%/乳油/马拉硫磷 9.6%、溴氰菊酯 0.4%/2009.03.27 至 2014.03.27/中等毒
十字花科蔬菜 蚜虫 18.75-37.5克/公顷 喷雾

广西发昌香业有限公司 (广西壮族自治区南宁市宾阳县大桥经济开发区 530408 0771-8112820)

WP20090312 蚊香/0.2%/蚊香/富右旋反式烯丙菊酯 0.2%/2009.09.02 至 2014.09.02/微毒
卫生 蚊 / 点燃
WL20080034 蚊香/0.08%/蚊香/炔丙菊酯 0.08%/2009.01.07 至 2010.01.07/微毒
卫生 蚊 / 点燃
WL20080190 蚊香/0.28%/蚊香/富右旋反式烯丙菊酯 0.28%/2009.03.04 至 2010.03.04/微毒
卫生 蚊 / 点燃
WL20080337 杀虫气雾剂/0.5%/气雾剂/胺菊酯 0.2%、氯菊酯 0.2%、炔丙菊酯 0.1%/2009.05.27 至 2010.05.27/微毒
卫生 蚊、蝇、蜚蠊 / 喷雾

广西富利海化工有限公司　(广西壮族自治区玉林市玉州区仁厚镇大卢村脚底山　537000　0775-2093318)

PD20090056　氰戊·氧乐果/35%/乳油/氰戊菊酯 5%、氧乐果 30%/2009.01.08 至 2014.01.08/高毒
棉花　棉铃虫　210-270克/公顷　喷雾
PD20092041　异丙威/20%/乳油/异丙威 20%/2009.02.12 至 2014.02.12/低毒
水稻　稻飞虱　450-600克/公顷　喷雾
LS20090696　唑磷·毒死蜱/20%/乳油/毒死蜱 5%、三唑磷 15%/2009.03.27 至 2010.03.27/中等毒
水稻　三化螟　300-375克/公顷　喷雾

广西桂林宝盛农药有限公司　(广西壮族自治区桂林市灵川县普陀路59号　541200　0773-6860629)

PD20040674　吡虫·杀虫单/66.2%/可湿性粉剂/吡虫啉 2.2%、杀虫单 64%/2009.12.19 至 2014.12.19/中等毒
水稻　稻飞虱、稻纵卷叶螟、二化螟、三化螟　450-750克/公顷　喷雾
PD20080754　甲霜·锰锌/60%/可湿性粉剂/甲霜灵 10%、代森锰锌 50%/2008.06.11 至 2013.06.11/低毒
黄瓜　霜霉病　1305-1620克/公顷　喷雾
PD20081037　异稻·稻瘟灵/35%/乳油/稻瘟灵 12.5%、异稻瘟净 22.5%/2008.08.06 至 2013.08.06/低毒
水稻　稻瘟病　525-630克/公顷　喷雾
PD20081315　炔螨特/73%/乳油/炔螨特 73%/2008.10.17 至 2013.10.17/低毒
柑橘树　红蜘蛛　246-365毫克/千克　喷雾
PD20081478　甲氰·哒螨灵/15%/乳油/哒螨灵 7.5%、甲氰菊酯 7.5%/2008.11.04 至 2013.11.04/中等毒
柑橘树　红蜘蛛　75-100毫克/千克　喷雾
PD20081737　三十烷醇/0.1%/微乳剂/三十烷醇 0.1%/2008.11.18 至 2013.11.18/低毒
花生　调节生长、增产　0.5-0.1毫克/千克　喷药2次
PD20082462　甲氰·乐果/30%/乳油/甲氰菊酯 8%、乐果 22%/2008.12.02 至 2013.12.02/中等毒
柑橘树　红蜘蛛　200-300毫克/千克　喷雾
PD20084794　甲氰·氧乐果/30%/乳油/甲氰菊酯 8%、氧乐果 22%/2008.12.22 至 2013.12.22/中等毒(原药高毒)
大豆　蚜虫　130-180克/公顷　喷雾
PD20085159　阿维·毒死蜱/13%/乳油/阿维菌素 0.2%、毒死蜱 12.8%/2008.12.23 至 2013.12.23/中等毒(原药高毒)
十字花科蔬菜　菜青虫　58.5-97.5克/公顷　喷雾
PD20086148　溴氰 ·敌敌畏/18%/乳油/敌敌畏 16.5%、溴氰菊酯 1.5%/2008.12.30 至 2013.12.30/中等毒
十字花科蔬菜　蚜虫　81-108克/公顷　喷雾
PD20094994　甲氰菊酯/20%/乳油/甲氰菊酯 20%/2009.06.11 至 2014.06.11/中等毒
柑橘树　潜叶蛾　133.3-200毫克/千克　喷雾
PD20095032　氰戊·乐果/25%/乳油/乐果 14.5%、氰戊菊酯 10.5%/2009.04.21 至 2014.04.21/中等毒
甘蓝　菜青虫　112.5-187.5克/公顷　喷雾
PD20095658　阿维菌素/1.8%/乳油/阿维菌素 1.8%/2009.05.13 至 2014.05.13/低毒(原药高毒)
甘蓝　菜青虫　8.1-10.8克/公顷　喷雾
PD20095908　毒死蜱/40%/乳油/毒死蜱 40%/2009.06.02 至 2014.06.02/中等毒
水稻　稻纵卷叶螟　300-600克/公顷　喷雾
PD20096176　甲氰 ·敌敌畏/35%/乳油/敌敌畏 25%、甲氰菊酯 10%/2009.07.03 至 2014.07.03/低毒
甘蓝　菜青虫　105-210克/公顷　喷雾
LS20071817　杀单·三唑磷/28%/微乳剂/三唑磷 7%、杀虫单 21%/2009.07.09 至 2010.07.10/低毒
水稻　二化螟　420～504克/公顷　喷雾
LS20082783　甲氰·毒死蜱/30%/乳油/毒死蜱 22%、甲氰菊酯 8%/2009.05.08 至 2010.05.08/中等毒
柑橘　红蜘蛛　150-200毫克/千克　喷雾

广西桂林桂开农药股份有限公司　(广西壮族自治区桂林市灵川县花江　541200　0773-6860735)

PD20093726　复硝酚钠/0.9%/水剂/5-硝基邻甲氧基苯酚钠 0.15%、对硝基苯酚钠 0.45%、邻硝基苯酚钠 0.3%/2009.03.25至2014.03.25/低毒
柑橘树　调节生长、增产　2000-3000倍液　喷雾
PD20094867　氰戊·马拉松/30%/乳油/马拉硫磷 22.5%、氰戊菊酯 7.5%/2009.04.13 至 2014.04.13/中等毒
苹果树　桃小食心虫　120-150毫克/千克　喷雾
PD20096481　多效唑/15%/可湿性粉剂/多效唑 15%/2009.08.14 至 2014.08.14/低毒
花生　调节生长　108-135克/公顷　茎叶喷雾

广西桂林集琦生化有限公司　(广西壮族自治区桂林市七星区育才路55号　541004　0773-5871685)

PD20080789　阿维菌素/92%/原药/阿维菌素 92%/2008.06.20 至 2013.06.20/高毒
PD20081970　啶虫脒/20%/可湿性粉剂/啶虫脒 20%/2008.11.25 至 2013.11.25/低毒
柑橘树　蚜虫　12.5-25毫克/千克　喷雾
PD20084039　噁霉灵/15%/水剂/噁霉灵 15%/2008.12.16 至 2013.12.16/低毒
水稻　苗期立枯病　0.9-1.8克/平方米　苗床喷雾
PD20084538　阿维菌素/0.9%/乳油/阿维菌素 0.9%/2008.12.18 至 2013.12.18/低毒(原药高毒)
柑橘树　柑橘锈螨　2.25-4.5毫克/千克　喷雾
棉花　棉铃虫　21.6-32.4克/公顷　喷雾
十字花科蔬菜　菜青虫、小菜蛾　8.1-10.8克/公顷　喷雾
PD20085125　阿维菌素/0.3%/乳油/阿维菌素 0.3%/2008.12.23 至 2013.12.23/低毒(原药高毒)
十字花科蔬菜　小菜蛾　1.8-3.6克/公顷　喷雾
PD20085453　代森锰锌/80%/可湿性粉剂/代森锰锌 80%/2008.12.24 至 2013.12.24/低毒

	番茄	早疫病	1875—2370克/公顷	喷雾
	柑橘树	疮痂病、炭疽病	1333-2000毫克/千克	喷雾
	梨树	黑星病	800-1600毫克/千克	喷雾
	荔枝树	霜疫霉病	1333-2000毫克/千克	喷雾
	苹果树	斑点落叶病、轮纹病、炭疽病	1000-1500毫克/千克	喷雾
	葡萄	白腐病、黑痘病、霜霉病	1000-1600毫克/千克	喷雾
	西瓜	炭疽病	1560-2520克/公顷	喷雾
PD20085783	阿维菌素/1.8%/乳油/阿维菌素 1.8%/2008.12.29 至 2013.12.29/低毒(原药高毒)			
	柑橘树	红蜘蛛、潜叶蛾	4.5-9毫克/千克	喷雾
	柑橘树	锈壁虱	2.25-4.5毫克/千克	喷雾
	梨树	梨木虱	6-12毫克/千克	喷雾
	棉花	棉铃虫	21.6-32.4克/公顷	喷雾
	苹果树	二斑叶螨	4.5-6毫克/千克	喷雾
	苹果树	桃小食心虫	4.5-9毫克/千克	喷雾
	苹果树	红蜘蛛	3-6毫克/千克	喷雾
	十字花科蔬菜	小菜蛾	8.1-10.8克/公顷	喷雾
PD20086215	霜霉威/722克/升/水剂/霜霉威 722克/升/2008.12.31 至 2013.12.31/低毒			
	黄瓜	霜霉病	649.8-1083克/公顷	喷雾
PD20086252	阿维·高氯氟/1.3%/乳油/阿维菌素 0.3%、高效氯氟氰菊酯 1%/2008.12.31 至 2013.12.31/低毒(原药高毒)			
	十字花科蔬菜	小菜蛾	7.8-9.75克/公顷	喷雾
PD20086271	氯氰·辛硫磷/30%/乳油/氯氰菊酯 1.5%、辛硫磷 28.5%/2008.12.31 至 2013.12.31/低毒			
	棉花	棉铃虫	270-360克/公顷	喷雾
PD20090533	霜脲·锰锌/72%/可湿性粉剂/代森锰锌 64%、霜脲氰 8%/2009.01.13 至 2014.01.13/低毒			
	黄瓜	霜霉病	1440—1800克/公顷	喷雾
PD20090999	福美双/50%/可湿性粉剂/福美双 50%/2009.01.21 至 2014.01.21/低毒			
	黄瓜	霜霉病	800—1125克/公顷	喷雾
PD20091405	氟铃·辛硫磷/42%/乳油/氟铃脲 2%、辛硫磷 40%/2009.02.02 至 2014.02.02/低毒			
	十字花科蔬菜	小菜蛾	567-693克/公顷	喷雾
PD20091519	腐霉·福美双/25%/可湿性粉剂/腐霉利 5%、福美双 20%/2009.02.02 至 2014.02.02/低毒			
	番茄	灰霉病	225—300克/公顷	喷雾
PD20091578	阿维·杀虫单/30%/可湿性粉剂/阿维菌素 0.1%、杀虫单 29.9%/2009.02.03 至 2014.02.03/低毒(原药高毒)			
	菜豆	美洲斑潜蝇	180-270克/公顷	喷雾
PD20091922	甲霜·锰锌/58%/可湿性粉剂/甲霜灵 10%、代森锰锌 48%/2009.02.12 至 2014.02.12/低毒			
	黄瓜	霜霉病	1305—1632克/公顷	喷雾
PD20092049	敌畏·马/50%/乳油/敌敌畏 40%、马拉硫磷 10%/2009.02.12 至 2014.02.12/中等毒			
	十字花科蔬菜	黄条跳甲	450-600克/公顷	喷雾
PD20092638	腈菌·福美双/20%/可湿性粉剂/福美双 15%、腈菌唑 5%/2009.03.02 至 2014.03.02/低毒			
	黄瓜	黑星病	200-390克/公顷	喷雾
PD20093681	虫酰肼/20%/悬浮剂/虫酰肼 20%/2009.03.25 至 2014.03.25/低毒			
	甘蓝	甜菜夜蛾	216-360克/公顷	喷雾
PD20096113	复硝酚钠/1.4%/水剂/复硝酚钠 1.4%/2009.06.18 至 2014.06.18/低毒			
	番茄	调节生长	3000-4000倍	茎叶喷雾
PD20096591	吡虫·矿物油/25%/乳油/吡虫啉 1%、矿物油 24%/2009.08.25 至 2014.08.25/低毒			
	棉花	蚜虫	112.5-187.5克/公顷	喷雾
PD20096593	阿维·矿物油/24.5%/乳油/阿维菌素 0.2%、矿物油 24.3%/2009.08.25 至 2014.08.25/低毒(原药高毒)			
	柑橘树	红蜘蛛	123-245毫克/千克	喷雾
PD20097182	阿维·苏云菌///可湿性粉剂/阿维菌素 0.1%、苏云金杆菌 100亿活芽孢/克/2009.10.16 至 2014.10.16/低毒(原药高毒)			
	甘蓝	小菜蛾	750-1125克制剂/公顷	喷雾
LS20051844	吡虫·毒死蜱/22%/乳油/吡虫啉 2%、毒死蜱 20%/2008.05.16 至 2009.05.16/中等毒			
	水稻	稻飞虱	132-165克/公顷	喷雾
LS20052003	氨基寡糖素/20克/升/水剂/氨基寡糖素 20克/升/2008.05.31 至 2009.05.31/低毒			
	番茄	晚疫病	18-24克/公顷	喷雾
LS20052384	甲氨基阿维菌素苯甲酸盐/0.2%/乳油/甲氨基阿维菌素苯甲酸盐 0.2%/2008.07.10 至 2009.07.10/低毒			
	十字花科蔬菜	小菜蛾	1.5-1.8克/公顷	喷雾
LS20053649	嘧霉胺/30%/悬浮剂/嘧霉胺 30%/2008.11.29 至 2009.11.29/低毒			
	番茄	灰霉病	360-540克/公顷	喷雾
LS20060088	噻嗪·杀扑磷/20%/乳油/噻嗪酮 15%、杀扑磷 5%/2009.01.24 至 2010.01.24/中等毒(原药高毒)			
	柑橘树	介壳虫	200-250毫克/千克	喷雾
LS20060727	烯酰·锰锌/69%/可湿性粉剂/代森锰锌 60%、烯酰吗啉 9%/2009.04.03 至 2010.04.03/低毒			
	黄瓜	霜霉病	1242-1552.5克/公顷	喷雾
LS20062000	甲维盐·氯氰/5%/微乳剂/甲氨基阿维菌素苯甲酸盐 0.2%、氯氰菊酯 4.8%/2009.12.25 至 2010.12.25/低毒			
	十字花科蔬菜	甜菜夜蛾	22.5-33.75克/公顷	喷雾
LS20082709	阿维菌素/5%/微乳剂/阿维菌素 5%/2009.04.29 至 2010.04.29/中等毒(原药高毒)			

十字花科蔬菜 小菜蛾 7.5-11.25克/公顷 喷雾

广西桂林井田生化有限公司(广西壮族自治区桂林市永福县高新区世纪新城3幢1单元1502室 541004 0773-5801518)

PD20081913 多·福/45%/可湿性粉剂/多菌灵 15%、福美双 30%/2008.11.21 至 2013.11.21/低毒
葡萄 霜霉病 1000-1250毫克/千克 喷雾

PD20081965 多·锰锌/36%/可湿性粉剂/多菌灵 12%、代森锰锌 24%/2008.11.24 至 2013.11.24/低毒
番茄 早疫病 756-1134克/公顷 喷雾

PD20084250 溴氰菊酯/0.006%/粉剂/溴氰菊酯 0.006%/2008.12.17 至 2013.12.17/低毒
仓储原粮 仓储害虫 0.3-0.5克制剂/千克原粮 拌粮
森林 松毛虫 0.5625-1.125克/公顷 喷粉

PD20091303 草甘膦/30%/水剂/草甘膦 30%/2009.02.01 至 2014.02.01/低毒
柑橘园 杂草 1125-2250克/公顷 定向喷雾

PD20096505 代森锰锌/50%/可湿性粉剂/代森锰锌 50%/2009.08.17 至 2014.08.17/低毒
番茄 早疫病 1845-2370克/公顷 喷雾

LS20050828 胂·锌·福美双/50%/可湿性粉剂/福美甲胂 12.5%、福美双 25%、福美锌 12.5%/2008.03.28 至 2009.03.28/低毒
大白菜 霜霉病 1125-1390克/公顷 喷雾

LS20050835 吡虫啉/5%/可湿性粉剂/吡虫啉 5%/2008.03.28 至 2009.03.28/低毒
水稻 稻飞虱 15-30克/公顷 喷雾

LS20051032 吡虫·杀虫单/38%/可湿性粉剂/吡虫啉 1%、杀虫单 37%/2008.04.07 至 2009.04.07/中等毒
水稻 稻飞虱、稻纵卷叶螟、二化螟、三化螟 450-750克/公顷 喷雾

LS20051034 福·福锌/40%/可湿性粉剂/福美双 15%、福美锌 25%/2008.04.07 至 2009.04.07/低毒
黄瓜 炭疽病 1500-1800克/公顷 喷雾

LS20051183 井冈霉素/10%/水剂/井冈霉素 10%/2008.04.12 至 2009.04.12/低毒
水稻 纹枯病 150-187.5克/公顷 喷雾

LS20052603 阿维·高氯/1.8%/乳油/阿维菌素 0.2%、高效氯氰菊酯 1.6%/2008.08.14 至 2009.08.14/低毒(原药高毒)
黄瓜 美洲斑潜蝇 15-30克/公顷 喷雾

LS20060210 杀虫双/18%/水剂/杀虫双 18%/2009.08.30 至 2010.02.13/中等毒
水稻 三化螟 540-675克/公顷 喷雾

LS20061202 石硫合剂/29%/水剂/石硫合剂 29%/2008.05.21 至 2009.05.21/低毒
柑橘 红蜘蛛 稀释240-300倍 喷雾

LS20082000 乐果/40%/乳油/乐果 40%/2009.04.15 至 2010.04.15/低毒
茶树 蚜虫 270-360克/公顷 喷雾

LS20082245 溴氰菊酯/25克/升/乳油/溴氰菊酯 25克/升/2009.04.18 至 2010.04.18/中等毒
十字花科蔬菜 菜青虫 7.5-15克/公顷 喷雾

LS20082491 辛硫磷/40%/乳油/辛硫磷 40%/2009.04.22 至 2010.04.22/低毒
茶树 茶尺蠖 420-600克/公顷 喷雾

广西桂林荔浦晶鹰蚊香厂 (广西壮族自治区桂林市荔蒲县荔平路15-13号 546600 0773-7116026)

WP20090145 蚊香/0.2%/蚊香/Es-生物烯丙菊酯 0.2%/2009.02.27 至 2014.02.27/微毒
卫生 蚊 / /

广西桂林瑞泰化工有限责任公司 (广西壮族自治区桂林市平乐县月城工业开发区365号 542400 0773-7882633)

PD85159-50 草甘膦/30%/水剂/草甘膦 30%/2005.08.15 至 2010.08.15/低毒
茶树、甘蔗、果园、剑麻、林木、桑树、橡胶树 一年生杂草和多年生恶性杂草 1125-2250克/公顷 喷雾

LS20081864 杀虫双/18%/水剂/杀虫双 18%/2008.04.10 至 2009.04.10/低毒
水稻 三化螟 675-810克/公顷 喷雾

广西桂林市柏松卫生品有限责任公司 (广西壮族自治区桂林市七星区穿山东路16号 541004 0773-5813452)

WP20080158 杀虫粉剂/0.5%/粉剂/氯氰菊酯 0.5%/2008.11.11 至 2013.11.11/微毒
卫生 白蚁 / 撒布建筑物、木材

WP20080260 杀蟑饵剂/0.5%/饵剂/残杀威 0.5%/2008.11.27 至 2013.11.27/微毒
卫生 蜚蠊 / 投放

WP20090304 杀蚁饵剂/15%/饵剂/硼酸 15%/2009.07.22 至 2014.07.22/微毒
卫生 蚂蚁 / 投放

WL20080005 杀虫粉剂/0.6%/粉剂/残杀威 0.4%、氯菊酯 0.2%/2010.01.03 至 2011.01.03/微毒
卫生 蜚蠊、蚂蚁 3克制剂/平方米 撒布

WL20080035 胺·氯菊/2%/水乳剂/胺菊酯 0.5%、氯菊酯 1.5%/2010.01.07 至 2011.01.07/微毒
卫生 蚊、蝇 / 喷雾

WL20080419 杀蟑笔剂/0.5%/笔剂/残杀威 0.2%、氯菊酯 0.3%/2009.10.28 至 2010.10.28/微毒
卫生 蜚蠊 / 涂抹

广西桂林市宏田生化有限责任公司 (桂林市兴安县国家高新技术开发区桑立大厦 541300 0773-6259588)

PD20097863 三十烷醇/95%/原药/三十烷醇 95%/2009.11.20 至 2014.11.20/低毒

LS2001362 三十烷醇/0.1%/微乳剂/三十烷醇 0.1%/2009.03.12 至 2009.12.31/低毒
小麦 调节生长、增产 0.2-0.4毫克/千克 喷雾2次

LS20061032 草甘膦/30%/水剂/草甘膦 30%/2009.04.25 至 2010.04.25/低毒
柑橘园 杂草 1125-2250克/公顷 定向喷雾
LS20061481 氨基寡糖素/1%/水剂/氨基寡糖素 1%/2009.07.17 至 2010.07.17/微毒
烟草 病毒病 5-7.5克/公顷 喷雾
LS20072494 杀虫双/18%/水剂/杀虫双 18%/2009.11.19 至 2010.11.20/中等毒
水稻 二化螟 594-675克/公顷 喷雾
LS20081751 丙溴磷/30%/微乳剂/丙溴磷 30%/2009.04.07 至 2010.04.07/低毒
水稻 稻纵卷叶螟 540-675克/公顷 喷雾
LS20082089 辛硫磷/20%/微乳剂/辛硫磷 20%/2009.04.15 至 2010.04.15/低毒
水稻 稻纵卷叶螟 600-750克/公顷 喷雾
LS20082337 毒死蜱/480克/升/乳油/毒死蜱 480克/升/2009.04.21 至 2010.04.21/中等毒
水稻 稻纵卷叶螟 504-648克/公顷 喷雾
LS20082808 阿维菌素/4%/微乳剂/阿维菌素 4%/2009.05.12 至 2010.05.12/中等毒(原药高毒)
柑橘树 红蜘蛛 6.7-10毫克/千克 喷雾

广西桂林市龙胜各族自治县蚊香厂 (广西壮族自治区桂林市龙胜各族县兴龙北路罗卜滩7号 541700 0773-7512717)

WL20090037 蚊香/0.27%/蚊香/富右旋反式烯丙菊酯 0.25%、四氟醚菊酯 0.02%/2009.02.16 至 2010.02.16/微毒
卫生 蚊 / 喷雾

广西桂林五丰化学农药有限公司 (广西壮族自治区桂林市平乐县县城东郊马蹄井 542400 0773-7881161)

PD20040667 氯氰·三唑磷/15%/乳油/氯氰菊酯 4%、三唑磷 11%/2004.12.19 至 2009.12.18/中等毒
柑橘树 潜叶蛾 75-150毫克/千克 喷雾
PD20070526 氰戊·辛硫磷/12%/乳油/氰戊菊酯 4%、辛硫磷 8%/2007.11.28 至 2012.11.28/低毒
叶菜类蔬菜 菜青虫 72-108克/公顷 喷雾
PD20070624 氯氰·乐果/15%/乳油/乐果 4%、氯氰菊酯 8%/2007.12.14 至 2012.12.14/低毒
十字花科蔬菜 菜青虫 112.5-168.75克/公顷 喷雾
PD20080068 氰戊菊酯/20%/乳油/氰戊菊酯 20%/2008.01.03 至 2013.01.03/中等毒
十字花科蔬菜 菜青虫 90-120克/公顷 喷雾
PD20080916 草甘膦/10%/水剂/草甘膦 10%/2008.07.14 至2009.12.31/低毒
柑橘园 杂草 1125-2250克/公顷 定向茎叶喷雾
LS20050302 甲氰菊酯/20%/乳油/甲氰菊酯 20%/2008.02.05 至 2009.02.04/中等毒
柑橘树 红蜘蛛 133-200毫克/千克 喷雾
LS20060455 辛硫·三唑磷/20%/乳油/三唑磷 10%、辛硫磷 10%/2009.03.06 至 2010.03.06/中等毒
棉花 棉铃虫 150-240克/公顷 喷雾
LS20060490 氯氰菊酯/100克/升/乳油/氯氰菊酯 100克/升/2009.03.06 至 2010.03.06/中等毒
十字花科蔬菜 菜青虫 30-60克/公顷 喷雾

广西桂林依柯诺农药有限公司 (广西壮族自治区桂林市荔浦县荔城黄寨工业区荔桂路桥富 546600 0773-7231298)

PD85154-12 氰戊菊酯/20%/乳油/氰戊菊酯 20%/2006.04.09 至 2011.04.09/中等毒
柑橘树 潜叶蛾 10-20毫克/千克 喷雾
果树 梨小食心虫 10-20毫克/千克 喷雾
棉花 红铃虫、蚜虫 75-150克/公顷 喷雾
蔬菜 菜青虫、蚜虫 60-120克/公顷 喷雾
PD89104-3 氰戊菊酯/90%/原药/氰戊菊酯 90%/2010.01.18 至 2015.01.18/中等毒
LS20060875 三唑锡/25%/可湿性粉剂/三唑锡 25%/2009.04.17 至 2010.04.17/低毒
柑橘树 红蜘蛛 125-166毫克/千克 喷雾
LS20061190 甲氰菊酯/20%/乳油/甲氰菊酯 20%/2009.05.18 至 2010.05.18/中等毒
柑橘树 红蜘蛛 133.3-200毫克/千克 喷雾
LS20061193 马拉·辛硫磷/25%/乳油/马拉硫磷 12.5%、辛硫磷 12.5%/2009.05.18 至 2010.05.18/低毒
水稻 稻纵卷叶螟 300-375克/公顷 喷雾
LS20061210 代森锰锌/80%/可湿性粉剂/代森锰锌 80%/2009.05.21 至 2010.05.21/低毒
番茄 早疫病 1800-2400克/公顷 喷雾
LS20061327 代森锌/80%/可湿性粉剂/代森锌 80%/2009.06.12 至 2010.06.12/低毒
花生 叶斑病 960-1200克/公顷 喷雾
LS20061343 噻嗪·异丙威/25%/可湿性粉剂/噻嗪酮 5%、异丙威 20%/2009.06.12 至 2010.06.12/低毒
水稻 稻飞虱 450-562.5克/公顷 喷雾
LS20061344 阿维菌素/18克/升/乳油/阿维菌素 18克/升/2009.06.12 至 2010.06.12/低毒(原药高毒)
十字花科蔬菜 小菜蛾 9-13.5克/公顷 喷雾
LS20061350 联苯菊酯/25克/升/乳油/联苯菊酯 25克/升/2009.06.12 至 2010.06.12/低毒
柑橘树 红蜘蛛 20-30毫克/千克 喷雾
LS20061355 草甘膦/10%/水剂/草甘膦 10%/2009.06.25 至 2009.12.31/低毒
柑橘园 杂草 1125-2250克/公顷 定向喷雾
LS20061405 高效氯氟氰菊酯/25克/升/乳油/高效氯氟氰菊酯 25克/升/2009.06.29 至 2010.06.29/中等毒
十字花科蔬菜 菜青虫 7.5-15克/公顷 喷雾
LS20061812 多菌灵/80%/可湿性粉剂/多菌灵 80%/2009.10.31 至 2010.10.31/低毒
水稻 稻瘟病 700-800克/公顷 喷雾

LS20061885 炔螨特/57%/乳油/炔螨特 57%/2009.11.21 至 2010.11.21/低毒
柑橘 红蜘蛛 285-380毫克/千克 喷雾

广西桂林益源农化有限公司 (广西壮族自治区平乐县平乐镇月城村小崴 542400 0773-7890628)

PD20095061 氯氰·敌敌畏/10%/乳油/敌敌畏 8%、氯氰菊酯 2%/2009.04.21 至 2014.04.21/中等毒
十字花科蔬菜 蚜虫 45-75克/公顷 喷雾

LS20060537 杀虫双/18%/水剂/杀虫双 18%/2009.03.16 至 2010.03.16/低毒
水稻 三化螟 675-810克/公顷 喷雾

LS20070481 唑磷·毒死蜱/20%/乳油/毒死蜱 5%、三唑磷 15%/2009.03.08 至 2010.03.08/中等毒
水稻 稻纵卷叶螟 225-315克/公顷 喷雾

LS20072552 硫磺·多菌灵/50%/可湿性粉剂/多菌灵 15%、硫磺 35%/2008.12.04 至 2009.12.05/低毒
黄瓜 白粉病 1125-1500克/公顷 喷雾

LS20080227 吡虫啉/5%/乳油/吡虫啉 5%/2009.01.08 至 2010.01.08/低毒
水稻 飞虱 15-30克/公顷 /喷雾

LS20080665 阿维·高氯/1.8%/乳油/阿维菌素 0.2%、高效氯氰菊酯 1.6%/2009.02.26 至 2010.02.26/低毒(原药高毒)
十字花科蔬菜 菜青虫、小菜蛾 13.5-27克/公顷 喷雾

LS20080674 溴氰菊酯/0.006%/粉剂/溴氰菊酯 0.006%/2009.02.26 至 2010.02.26/微毒
仓储原粮 仓储害虫 0.3-0.5克制剂/千克原粮 拌粮

LS20080913 硫磺·锰锌/70%/可湿性粉剂/硫磺 42%、代森锰锌 28%/2009.03.05 至 2010.03.05/低毒
豇豆 锈病 1575-2100克/公顷 喷雾

广西桂林鑫烨农药有限公司 (广西壮族自治区桂林市灵川县桂黄公路17公里处 541200 0773-2638202)

LS20050021 溴氰 ·敌敌畏/15%/乳油/敌敌畏 14.7%、溴氰菊酯 0.3%/2008.01.05 至 2009.01.04/中等毒
十字花科蔬菜 菜青虫 135-225克/公顷 喷雾

LS20053811 哒螨灵/6%/乳油/哒螨灵 6%/2008.12.22 至 2009.12.22/低毒
柑橘树 红蜘蛛 30-60毫克/千克 喷雾

LS20053847 甲氰菊酯/10%/乳油/甲氰菊酯 10%/2008.12.22 至 2009.12.22/中等毒
十字花科蔬菜 菜青虫 60-90克/公顷 喷雾

LS20053848 辛硫·三唑磷/20%/乳油/三唑磷 10%、辛硫磷 10%/2008.12.22 至 2009.12.22/低毒
水稻 稻纵卷叶螟 240-360克/公顷 喷雾

LS20061787 三唑磷/10%/乳油/三唑磷 10%/2008.10.30 至 2009.10.30/中等毒
水稻 二化螟 150-180克/公顷 喷雾

LS20081620 阿维菌素/0.3%/乳油/阿维菌素 0.3%/2009.04.03 至 2010.04.03/低毒(原药高毒)
十字花科蔬菜 小菜蛾 8.1-10.8克/公顷 喷雾

广西贵港市恒泰化工有限公司 (广西壮族自治区贵港市覃塘林场 537121 0775-4869722)

PD20093883 丁硫·马/20%/乳油/丁硫克百威 4%、马拉硫磷 16%/2009.03.25 至 2014.03.25/中等毒
水稻 三化螟 300-420克/公顷 喷雾

PD20098472 杀虫双/18%/水剂/杀虫双 18%/2009.12.24 至 2014.12.24/中等毒
水稻 三化螟 675-810克/公顷 喷雾

LS20050213 马拉·辛硫磷/25%/乳油/马拉硫磷 12.5%、辛硫磷 12.5%/2008.01.26 至 2009.01.25/中等毒
十字花科蔬菜 菜青虫 187.5-281.25克/公顷 喷雾
水稻 稻纵卷叶螟 300-375克/公顷 喷雾

LS20050305 辛硫·三唑磷/20%/乳油/三唑磷 10%、辛硫磷 10%/2008.02.05 至 2009.02.04/中等毒
水稻 二化螟 300-480克/公顷 喷雾

LS20050306 马拉·杀螟松/12%/乳油/马拉硫磷 10%、杀螟硫磷 2%/2008.02.05 至 2009.02.04/低毒
十字花科蔬菜 菜青虫 72-90克/公顷 喷雾
水稻 二化螟 180-360克/公顷 喷雾

LS20051080 马拉·辛硫磷/20%/乳油/马拉硫磷 10%、辛硫磷 10%/2008.04.11 至 2009.04.11/中等毒
棉花 棉铃虫 225-270克/公顷 喷雾

LS20052039 毒·辛/20%/乳油/毒死蜱 4%、辛硫磷 16%/2008.05.31 至 2009.05.31/低毒
十字花科蔬菜 菜青虫 180-240克/公顷 喷雾
水稻 三化螟 360-450克/公顷 喷雾

LS20052485 二嗪·杀虫单/5%/颗粒剂/二嗪磷 2%、杀虫单 3%/2008.07.25 至 2009.07.25/低毒
甘蔗 蔗螟 3000-3750克/公顷 撒施

LS20053757 丙溴·辛硫磷/22%/乳油/丙溴磷 6%、辛硫磷 16%/2008.12.11 至 2009.12.11/低毒
十字花科蔬菜 小菜蛾 330-396克/公顷 喷雾
水稻 稻纵卷叶螟 396-495克/公顷 喷雾

LS20053810 阿维·毒死蜱/10%/微乳剂/阿维菌素 0.1%、毒死蜱 9.9%/2008.12.22 至 2009.12.22/中等毒(原药高毒)
十字花科蔬菜 小菜蛾 90-135克/公顷 喷雾

LS20053834 高效氯氰菊酯/2.5%/水乳剂/高效氯氰菊酯 2.5%/2008.12.22 至 2009.12.22/低毒
十字花科蔬菜 菜青虫 18.75-22.5克/公顷 喷雾

LS20060370 杀单·毒死蜱/21%/微乳剂/毒死蜱 6%、杀虫单 15%/2009.03.06 至 2010.03.06/中等毒
十字花科蔬菜 菜青虫 315-378克/公顷 喷雾

LS20060492 杀单·三唑磷/20%/微乳剂/三唑磷 6%、杀虫单 14%/2009.03.07 至 2010.03.07/中等毒
十字花科蔬菜 菜青虫 300-360克/公顷 喷雾

水稻　稻纵卷叶螟　375～450克/公顷　喷雾
LS20060783　高效氯氟氰菊酯/2.5%/微乳剂/高效氯氟氰菊酯 2.5%/2009.04.09 至 2010.04.09/中等毒
十字花科蔬菜　菜青虫　7.5-13.125克/公顷　喷雾
LS20061287　唑磷·高氯氟/10%/微乳剂/高效氯氟氰菊酯 1%、三唑磷 9%/2009.06.08 至 2010.06.08/中等毒
十字花科蔬菜　小菜蛾　120-135克/公顷　喷雾
LS20061293　唑磷·毒死蜱/13%/微乳剂/毒死蜱 5%、三唑磷 8%/2009.06.11 至 2010.06.11/低毒
十字花科蔬菜　小菜蛾　234-273克/公顷　喷雾
水稻　稻纵卷叶螟　234～292.5克/公顷　/喷雾
LS20061372　联苯菊酯/25克/升/乳油/联苯菊酯 25克/升/2009.06.25 至 2010.06.25/低毒
柑橘树　红蜘蛛　25-30毫克/千克　喷雾
LS20061670　丁硫·敌百虫/3%/颗粒剂/敌百虫 2%、丁硫克百威 1%/2009.09.07 至 2010.09.07/低毒
甘蔗　蔗螟　2250-2700克/公顷　拌毒土撒施
LS20070925　草甘膦/30%/水剂/草甘膦 30%/2009.04.18 至 2010.04.19/低毒
柑橘园　杂草　1125-2250克/公顷　定向茎叶喷雾
LS20071119　二嗪磷/50%/乳油/二嗪磷 50%/2009.04.25 至 2010.04.26/低毒
水稻　三化螟　450-900克/公顷　喷雾
LS20072485　氟铃·辛硫磷/20%/乳油/氟铃脲 2%、辛硫磷 18%/2009.11.19 至 2010.11.20/低毒
十字花科蔬菜　小菜蛾　150-180克/公顷　喷雾
LS20072586　噻嗪·速灭威/25%/乳油/噻嗪酮 5%、速灭威 20%/2009.12.09 至 2010.12.10/低毒
水稻　稻飞虱　337.5-375克/公顷　喷雾
LS20080528　百草枯/200克/升/水剂/百草枯 200克/升/2009.02.22 至 2010.02.22/中等毒
柑橘园　杂草　600-900克/公顷　定向茎叶喷雾
LS20080749　阿维·三唑磷/10.2%/微乳剂/阿维菌素 0.2%、三唑磷 10%/2009.02.27 至 2010.02.27/中等毒(原药高毒)
节瓜　蓟马　153～214.2克/公顷　喷雾
LS20081807　溴氰菊酯/0.006%/粉剂/溴氰菊酯 0.006%/2009.04.08 至 2010.04.08/低毒
仓储原粮　仓储害虫　0.4-0.5克制剂/千克原粮　拌粮
LS20083032　喹硫·毒死蜱/18%/微乳剂/毒死蜱 10%、喹硫磷 8%/2009.09.18 至 2010.09.18/中等毒
水稻　稻纵卷叶螟　243-324克/公顷　喷雾
LS20090819　三唑磷/20%/微乳剂/三唑磷 20%/2009.04.03 至 2010.04.03/中等毒
水稻　二化螟　300-360克/公顷　喷雾
LS20091070　甲氰菊酯/10%/微乳剂/甲氰菊酯 10%/2009.04.15 至 2010.04.15/中等毒
十字花科蔬菜　菜青虫　75-90克/公顷　喷雾
LS20091150　阿维菌素/3%/微乳剂/阿维菌素 3%/2009.04.17 至 2010.04.17/中等毒(原药高毒)
柑橘树　红蜘蛛　6－10毫克/千克　喷雾
LS20091290　仲丁威/20%/微乳剂/仲丁威 20%/2009.05.25 至 2010.05.25/低毒
水稻　稻飞虱　450－570克/公顷　喷雾
WL20080256　杀虫粉剂/0.006%/粉剂/溴氰菊酯 0.006%/2008.04.07 至 2009.04.07/低毒
仓储原粮　仓储害虫　0.4-0.5克制剂/公斤原粮　拌粮

广西贵港市松田化工有限公司　(广西壮族自治区贵港市峡山路口　537100　0775-4580208)

PD86148-26　异丙威/20%/乳油/异丙威 20%/2006.12.26 至 2011.12.26/中等毒
水稻　飞虱、叶蝉　450-600克/公顷　喷雾
PD20084499　井冈霉素/3%/水剂/井冈霉素 3%/2008.12.18 至 2013.12.18/低毒
水稻　纹枯病　150-187.5克/公顷　喷雾
PD20084682　井冈霉素A/4%/水剂/井冈霉素A 4%/2008.12.22 至 2013.12.22/低毒
水稻　纹枯病　150-187.5克/公顷　喷雾,泼浇
PD20085580　高效氯氟氰菊酯/25克/升/乳油/高效氯氟氰菊酯 25克/升/2008.12.25 至 2013.12.25/中等毒
荔枝树　蝽蟓　6.25-12.5毫克/千克　喷雾
PD20085645　噻嗪酮/25%/可湿性粉剂/噻嗪酮 25%/2008.12.26 至 2013.12.26/低毒
水稻　飞虱　75-150克/公顷　喷雾
PD20090025　溴氰菊酯/25克/升/乳油/溴氰菊酯 25克/升/2009.01.06 至 2014.01.06/中等毒
大白菜、小油菜　菜青虫　7.5-15克/公顷　喷雾
PD20090397　草甘膦异丙胺盐(41%)///水剂/草甘膦 30%/2009.01.12 至 2014.01.12/低毒
柑橘园　杂草　1230-2460克/公顷　定向喷雾
PD20091389　氯氰·毒死蜱/522.5克/升/乳油/毒死蜱 475克/升、氯氰菊酯 47.5克/升/2009.02.02 至 2014.02.02/中等毒
甘蓝　菜青虫　391.875-470.25克/公顷　喷雾
PD20091971　杀虫双/18%/水剂/杀虫双 18%/2009.02.12 至 2014.02.12/中等毒
水稻　三化螟　540-675克/公顷　喷雾
PD20096378　噻嗪·异丙威/25%/可湿性粉剂/噻嗪酮 5%、异丙威 20%/2009.08.04 至 2014.08.04/低毒
水稻　稻飞虱　375-562.5克/公顷　喷雾
PD20096440　三唑磷/20%/乳油/三唑磷 20%/2009.08.05 至 2014.08.05/中等毒
水稻　三化螟　300-450克/公顷　喷雾
PD20096548　仲丁威/20%/乳油/仲丁威 20%/2009.08.24 至 2014.08.24/低毒
水稻　稻飞虱　450-540克/公顷　喷雾

PD20096856 毒死蜱/480克/升/乳油/毒死蜱 480克/升/2009.09.22 至 2014.09.22/中等毒
水稻 稻纵卷叶螟 504-612克/公顷 喷雾
PD20098088 杀螺胺/70%/可湿性粉剂/杀螺胺 70%/2009.12.08 至 2014.12.08/低毒
水稻 福寿螺 315-420克/公顷 喷雾
LS20060190 草甘膦/30%/水剂/草甘膦 30%/2009.01.27 至 2010.01.27/低毒
甘蔗 杂草 1125-2250克/公顷 定向喷雾

广西国泰农药有限公司 (广西壮族自治区陆川县陆兴路532号 537700 0775-7313424)

PD86148-30 异丙威/20%/乳油/异丙威 20%/2007.01.24 至 2012.01.24/中等毒
水稻 飞虱、叶蝉 450-600克/公顷 喷雾
PD20085275 甲基异柳磷/3%/颗粒剂/甲基异柳磷 3%/2008.12.23 至 2013.12.23/中等毒
甘蔗 蔗龟 1875克/公顷 穴施
PD20086319 克百威/3%/颗粒剂/克百威 3%/2008.12.31 至 2013.12.31/中等毒(原药高毒)
甘蔗 蚜虫、蔗龟 1350-2250克/公顷 沟施
花生 线虫 1800-2250克/公顷 条施、沟施
棉花 蚜虫 675-900克/公顷 条施、沟施
水稻 稻瘿蚊、螟虫 900-1350克/公顷 撒施
PD20094705 甲柳·克百威/3%/颗粒剂/甲基异柳磷 1.8%、克百威 1.2%/2009.04.10 至 2014.04.10/中等毒(原药高毒)
甘蔗 螟虫、蔗龟 1800-2700克/公顷 撒施
PD20095687 草甘膦/95%/原药/草甘膦 95%/2009.05.15 至 2014.05.15/低毒

广西禾泰农药有限责任公司 (广西壮族自治区平南县县城郊区 537300 0775-7860448)

PD20084343 马拉·辛硫磷/25%/乳油/马拉硫磷 12.5%、辛硫磷 12.5%/2008.12.17 至 2013.12.17/低毒
水稻 稻纵卷叶螟 300-375克/公顷 喷雾
PD20084474 马拉·杀螟松/12%/乳油/马拉硫磷 10%、杀螟硫磷 2%/2008.12.17 至 2013.12.17/低毒
水稻 二化螟 180-270克/公顷 喷雾
PD20098500 三唑磷/20%/乳油/三唑磷 20%/2009.12.24 至 2014.12.24/中等毒
水稻 二化螟 300-375克/公顷 喷雾
LS20070036 杀单·高氯氟/20%/微乳剂/高效氯氟氰菊酯 1%、杀虫单 19%/2009.01.18 至 2010.01.18/中等毒
十字花科蔬菜 菜青虫 150-270克/公顷 喷雾
LS20070037 敌百虫/30%/乳油/敌百虫 30%/2009.01.18 至 2010.01.18/低毒
十字花科蔬菜 菜青虫 562.5-675克/公顷 喷雾
LS20070474 吡虫·杀虫单/35%/可湿性粉剂/吡虫啉 1%、杀虫单 34%/2009.03.06 至 2010.03.07/低毒
水稻 二化螟 525～787.5克/公顷 喷雾
LS20070785 辛硫磷/40%/乳油/辛硫磷 40%/2009.04.09 至 2010.04.10/低毒
十字花科蔬菜 菜青虫 135-270克/公顷 喷雾
LS20080499 高氯·敌百虫/16%/乳油/敌百虫 15%、高效氯氰菊酯 1%/2009.02.20 至 2010.02.21/低毒
荔枝 荔枝蝽蟓 160-266.7毫克/千克 喷雾
LS20081427 氯氟·丙溴磷/10%/乳油/丙溴磷 8.5%、高效氯氟氰菊酯 1.5%/2009.03.17 至 2010.03.17/中等毒
棉花 棉铃虫 195-225克/公顷 喷雾
LS20082265 吡虫·噻嗪酮/10%/乳油/吡虫啉 2%、噻嗪酮 8%/2009.04.18 至 2010.04.18/低毒
水稻 稻飞虱 75-105克/公顷 喷雾
LS20082393 氯氟·毒死蜱/10%/乳油/毒死蜱 8.5%、高效氯氟氰菊酯 1.5%/2009.04.22 至 2010.04.22/中等毒
十字花科蔬菜 菜青虫 120-150克/公顷 喷雾
LS20082416 吡虫·异丙威/10%/乳油/吡虫啉 2%、异丙威 8%/2009.04.22 至 2010.04.22/低毒
水稻 稻飞虱 112.5-150克/公顷 喷雾
LS20082689 杀螟·三唑磷/20%/乳油/三唑磷 16%、杀螟硫磷 4%/2009.04.29 至 2010.04.29/中等毒
水稻 二化螟 210-300克/公顷 喷雾
LS20082758 唑磷·高氯氟/10%/乳油/高效氯氟氰菊酯 1.5%、三唑磷 8.5%/2009.05.04 至 2010.05.04/中等毒
甘蓝 菜青虫 90-150克/公顷 喷雾
LS20082818 杀螟·高氯氟/10%/乳油/高效氯氟氰菊酯 1%、杀螟硫磷 9%/2009.05.12 至 2010.05.12/中等毒
十字花科蔬菜 菜青虫 75-150克/公顷 喷雾
LS20083129 阿维·高氯氟/2%/乳油/阿维菌素 0.2%、高效氯氟氰菊酯 1.8%/2009.11.12 至 2010.11.12/低毒(原药高毒)
甘蓝 小菜蛾 15-18克/公顷 喷雾
LS20083282 丙溴磷/40%/乳油/丙溴磷 40%/2009.12.29 至 2010.12.29/低毒
棉花 棉铃虫 450-600克/公顷 喷雾
LS20091098 敌畏·仲丁威/40%/乳油/敌敌畏 30%、仲丁威 10%/2009.04.15 至 2010.04.15/中等毒
水稻 稻飞虱 540-660克/公顷 喷雾
LS20091112 联苯·噻嗪酮/10%/乳油/联苯菊酯 2.5%、噻嗪酮 7.5%/2009.04.17 至 2010.04.17/低毒
茶树 茶小绿叶蝉 165-195克/公顷 喷雾
LS20091236 联苯菊酯/4%/乳油/联苯菊酯 4%/2009.04.30 至 2010.04.30/低毒
茶树 茶小绿叶蝉 30-39克/公顷 喷雾
LS20091292 噻嗪·仲丁威/20%/乳油/噻嗪酮 5%、仲丁威 15%/2009.05.25 至 2010.05.25/低毒
水稻 稻飞虱 225－270克/公顷 喷雾
LS20091328 四螨·三唑锡/10%/可湿性粉剂/四螨嗪 3%、三唑锡 7%/2009.06.04 至 2010.06.04/低毒

柑橘树 红蜘蛛 67-100毫克/千克 喷雾

LS20091412 甲氰菊酯/10%/微乳剂/甲氰菊酯 10%/2009.09.16 至 2010.09.16/中等毒

柑橘树 红蜘蛛 83.3—100毫克/千克 喷雾

广西贺州市精细化工厂 (广西壮族自治区贺州市八步镇竹山路76号 542800 0774-5278288)

PD84104-38 18%杀虫双水剂//水剂/杀虫双 18%/2004.10.12 至 2009.10.12/中等毒

甘蔗、蔬菜、水稻、小麦、玉米 多种害虫 540-675克/公顷 喷雾

果树 多种害虫 225-360毫克/千克 喷雾

PD86148-28 20%异丙威乳油//乳油/异丙威 20%/2006.09.19 至 2011.09.19/中等毒

水稻 飞虱、叶蝉 450-600克/公顷 喷雾

广西恒丰化工有限公司 (广西壮族自治区南宁市二塘镇邕宾路6号 530023 0771-5661259)

LS20052952 乙酰甲胺磷/20%/乳油/乙酰甲胺磷 20%/2008.09.08 至 2009.09.08/低毒

水稻 二化螟 600-900克/公顷 喷雾

LS20052961 阿维·辛硫磷/10%/乳油/阿维菌素 0.1%、辛硫磷 9.9%/2008.09.11 至 2009.09.11/低毒(原药高毒)

十字花科蔬菜 小菜蛾 120-150克/公顷 喷雾

LS20053386 马·杀/12%/乳油/马拉硫磷 10%、杀螟硫磷 2%/2008.10.18 至 2009.10.18/低毒

水稻 二化螟 270-324克/公顷 喷雾

广西弘峰(北海)合浦农药有限公司 (广西壮族自治区北海市合浦县廉州镇清水江1号 536100 0779-7223161)

PD20040271 吡虫啉/10%/可湿性粉剂/吡虫啉 10%/2009.12.19 至 2014.12.19/低毒

水稻 飞虱 15-30克/公顷 喷雾

PD20040304 氯氰菊酯/10%/乳油/氯氰菊酯 10%/2009.12.19 至 2014.12.19/低毒

棉花 棉铃虫 67.5-90克/公顷 喷雾

十字花科蔬菜 菜青虫 37.5-52.5克/公顷 喷雾

PD20040409 高效氯氰菊酯/4.5%/乳油/高效氯氰菊酯 4.5%/2009.12.19 至 2014.12.19/低毒

柑橘树 潜叶蛾 22.5-45毫克/千克 喷雾

苹果树 桃小食心虫 18-22.5毫克/千克 喷雾

十字花科蔬菜 蚜虫 20.25-27克/公顷 喷雾

十字花科蔬菜 菜青虫 13.5-27克/公顷 喷雾

PD20040412 吡虫啉/25%/可湿性粉剂/吡虫啉 25%/2009.12.19 至 2014.12.19/低毒

水稻 飞虱 15-30克/公顷 喷雾

PD20040434 吡虫啉/5%/乳油/吡虫啉 5%/2004.12.19 至 2009.12.18/低毒

水稻 飞虱 15-30克/公顷 喷雾

PD20040782 哒螨灵/15%/乳油/哒螨灵 15%/2009.12.19 至 2014.12.19/低毒

柑橘树 红蜘蛛 50-67毫克/千克 喷雾

PD20050048 吡虫啉/5%/乳油/吡虫啉 5%/2005.04.27 至 2010.04.26/低毒

水稻 飞虱 15-30克/公顷 喷雾

小麦 蚜虫 15-30克/公顷(南方地区) 45-60克/公顷(北方地区) 喷雾

PD20070331 多菌灵/50%/可湿性粉剂/多菌灵 50%/2007.10.12 至 2012.10.12/低毒

水稻 纹枯病 525-975克/公顷 喷雾

PD20070333 多菌灵/40%/悬浮剂/多菌灵 40%/2007.10.12 至 2012.10.12/低毒

水稻 纹枯病 1300-1600倍液 喷雾

PD20080095 丙环唑/25%/乳油/丙环唑 25%/2008.01.04 至 2013.01.04/低毒

香蕉 叶斑病 500-1000倍液 喷雾

PD20080753 甲基硫菌灵/70%/可湿性粉剂/甲基硫菌灵 70%/2008.06.11 至 2013.06.11/低毒

番茄 叶霉病 536-825克/公顷 喷雾

PD20081014 仲丁威/25%/乳油/仲丁威 25%/2008.08.06 至 2013.08.06/低毒

水稻 飞虱 375-562.5克/公顷 喷雾

PD20081196 氰戊菊酯/20%/乳油/氰戊菊酯 20%/2008.09.11 至 2013.09.11/低毒

甘蓝 菜青虫 90-120克/公顷 喷雾

PD20081217 代森锰锌/80%/可湿性粉剂/代森锰锌 80%/2008.09.11 至 2013.09.11/低毒

番茄 早疫病 2100—2400克/公顷 喷雾

PD20081307 顺式氯氰菊酯/50克/升/乳油/顺式氯氰菊酯 50克/升/2008.10.09 至 2013.10.09/低毒

甘蓝 菜青虫 22.5-30克/公顷 喷雾

PD20081624 杀螟丹/50%/可溶粉剂/杀螟丹 50%/2008.11.12 至 2013.11.12/中等毒

水稻 二化螟 600-900克/公顷 喷雾

PD20081780 溴氰菊酯/25克/升/乳油/溴氰菊酯 25克/升/2008.11.19 至 2013.11.19/中等毒

苹果树 桃小食心虫 12.5-16.7毫克/千克 喷雾

PD20081803 噻嗪酮/25%/可湿性粉剂/噻嗪酮 25%/2008.11.19 至 2013.11.19/低毒

水稻 稻飞虱 75-112.5克/公顷 喷雾

PD20081814 乐果/40%/乳油/乐果 40%/2008.11.19 至 2013.11.19/中等毒

水稻 三化螟 450-600克/公顷 喷雾

PD20081893 乙草胺/50%/乳油/乙草胺 50%/2008.11.20 至 2013.11.20/低毒

	花生田	部分阔叶杂草、一年生禾本科杂草	975-1125克/公顷	喷雾
PD20081911	甲霜·锰锌/72%/可湿性粉剂/甲霜灵 8%、代森锰锌 64%/2008.11.21 至 2013.11.21/低毒			
	黄瓜	霜霉病	1620—2250克/公顷	喷雾
PD20082018	百菌清/40%/悬浮剂/百菌清 40%/2008.11.25 至 2013.11.25/低毒			
	番茄	早疫病	900-1050克/公顷	喷雾
PD20082535	阿维菌素/1.8%/乳油/阿维菌素 1.8%/2008.12.03 至 2013.12.03/低毒(原药高毒)			
	十字花科蔬菜	小菜蛾	8.1-13.5克/公顷	喷雾
PD20082575	乙烯利/40%/水剂/乙烯利 40%/2008.12.04 至 2013.12.04/低毒			
	水稻	调节生长、增产	700-800倍液	喷雾2次
PD20082729	百菌清/75%/可湿性粉剂/百菌清 75%/2008.12.08 至 2013.12.08/低毒			
	番茄	早疫病	1687.5-3037.5克/公顷	喷雾
	花生	叶斑病	1125-1350克/公顷	喷雾
	辣椒	炭疽病	1687.5-2025克/公顷	喷雾
PD20083267	阿维·氯氰/2.1%/乳油/阿维菌素 0.1%、氯氰菊酯 2%/2008.12.11 至 2013.12.11/低毒(原药高毒)			
	十字花科蔬菜	小菜蛾	750-1050克/公顷	喷雾
PD20083977	草甘膦异丙胺盐(41%)///水剂/草甘膦 30%/2008.12.16 至 2013.12.16/低毒			
	甘蔗田	行间杂草	1230-1845克/公顷	定向茎叶喷雾
	果园	杂草	1125-2250克/公顷	定向茎叶喷雾
	棉花免耕田、免耕玉米田	杂草	1230-1537.5克/公顷	喷雾
	棉田行间	杂草	922.5-1230克/公顷	定向茎叶喷雾
PD20084192	高效氯氟氰菊酯/2.5%/乳油/高效氯氟氰菊酯 2.5%/2008.12.16 至 2013.12.16/低毒			
	十字花科叶菜	美洲斑潜蝇	15-18.75克/公顷	喷雾
	十字花科叶菜	蚜虫	5.6-7.5克/公顷	喷雾
	十字花科叶菜	菜青虫	5.625-11.25克/公顷	喷雾
PD20085782	敌敌畏/80%/乳油/敌敌畏 80%/2008.12.29 至 2013.12.29/中等毒			
	十字花科蔬菜	菜青虫	960-1200克/公顷	喷雾
PD20086051	毒死蜱/40%/乳油/毒死蜱 40%/2008.12.29 至 2013.12.29/低毒			
	荔枝树	蒂蛀虫	400-500毫克/千克	喷雾
	萝卜、青菜	菜青虫、蚜虫	360-480克/公顷	喷雾
PD20091173	代森锰锌/30%/悬浮剂/代森锰锌 30%/2009.01.22 至 2014.01.22/低毒			
	番茄	早疫病	1125—1350克/公顷	喷雾
PD20091613	二嗪磷/60%/乳油/二嗪磷 60%/2009.02.03 至 2014.02.03/中等毒			
	水稻	二化螟	450-900克/公顷	喷雾
PD20092608	氯氰·丙溴磷/440克/升/乳油/丙溴磷 400克/升、氯氰菊酯 40克/升/2009.03.02 至 2014.03.02/中等毒			
	棉花	棉铃虫	528-660克/公顷	喷雾
PD20092666	霜脲·锰锌/72%/可湿性粉剂/代森锰锌 64%、霜脲氰 8%/2009.03.03 至 2014.03.03/微毒			
	黄瓜	霜霉病	1800—2160克/公顷	喷雾
PD20095074	百草枯/200克/升/水剂/百草枯 200克/升/2009.04.22 至 2014.04.22/中等毒			
	茶园	杂草	600—900克/公顷	定向喷雾
	甘蔗田	行间杂草	450-600克/公顷	定向喷雾
	柑橘园	杂草	600-750克/公顷	喷雾
	夏玉米	杂草	450-600克/公顷	定向喷雾
	香蕉园	杂草	600-750克/公顷	定向喷雾
PD20096281	二氯喹啉酸/50%/可湿性粉剂/二氯喹啉酸 50%/2009.07.22 至 2014.07.22/低毒			
	水稻移栽田	稗草	450-750克制剂/公顷（北方地区）	喷雾
PD20097694	丁草胺/60%/乳油/丁草胺 60%/2009.11.04 至 2014.11.04/低毒			
	水稻移栽田	一年生杂草	900-1350克/公顷	药土法
PD20097698	已唑醇/5%/悬浮剂/已唑醇 5%/2009.11.04 至 2014.11.04/低毒			
	水稻	纹枯病	45—90克/公顷	喷雾
PD20098016	三氟羧草醚/21.4%/水剂/三氟羧草醚 21.4%/2009.12.07 至 2014.12.07/低毒			
	春大豆田	一年生阔叶杂草	385.2-481.5克/公顷(东北地区)	茎叶喷雾
LS20040217	代森锌/80%/可湿性粉剂/代森锌 80%/2009.02.10 至 2009.12.31/微毒			
	花生	叶斑病	960-1200克/公顷	喷雾
LS20052203	敌草隆/80%/可湿性粉剂/敌草隆 80%/2008.06.15 至 2009.06.15/低毒			
	甘蔗	一年生杂草	1560-2400克/公顷	土壤喷雾
LS20060319	莠灭净/80%/可湿性粉剂/莠灭净 80%/2009.03.01 至 2010.03.01/低毒			
	甘蔗	一年生杂草	1920-2400克/公顷	喷雾法
LS20072467	2,4-滴二甲胺盐/720克/升/水剂/2,4-滴二甲胺盐 720克/升/2009.11.05 至 2010.11.06/中等毒			
	玉米田	一年生阔叶杂草	864-1296克/公顷	茎叶喷雾

广西弘润农药有限公司　(广西壮族自治区合浦县中站　536100　0779-7210986)

LS20051788	三环·多菌灵/20%/可湿性粉剂/多菌灵 15%、三环唑 5%/2008.05.16 至 2009.05.16/低毒			
	水稻	稻瘟病	300-420克/公顷	喷雾

广西汇丰药肥厂 (广西壮族自治区南宁市邕宁县邕宁沿海开发区玉洞工业园 530221 0771-4018216)

PD20081417 氯氰·乐果/30%/乳油/乐果 27%、氯氰菊酯 3%/2008.10.31 至 2013.10.31/中等毒
白菜 蚜虫 90-180克/公顷 喷雾

LS20053412 吡虫·仲丁威/10%/乳油/吡虫啉 1%、仲丁威 9%/2008.10.23 至 2009.10.23/低毒
茶树 茶小绿叶蝉 83.3-125毫克/千克 喷雾

LS20082667 高效氯氟氰菊酯/2.5%/微乳剂/高效氯氟氰菊酯 2.5%/2008.04.25 至 2009.04.25/中等毒
十字花科蔬菜 菜青虫 11.25-18.75克/公顷 喷雾

LS20090146 甲·灭·敌草隆 /55%/可湿性粉剂/敌草隆 15%、2甲4氯 10%、莠灭净 30%/2009.02.04 至 2010.02.04/低毒
甘蔗田 一年生杂草 1485-1732.5克/公顷 茎叶喷雾

LS20091129 氯氰·甲维盐/3.2%/乳油/甲氨基阿维菌素苯甲酸盐 0.2%、氯氰菊酯 3%/2009.04.17 至 2010.04.17/低毒
十字花科蔬菜 甜菜夜蛾 19.2-28.8克/公顷 喷雾

LS20091157 2甲·草甘膦/46%/可溶粉剂/草甘膦 38%、2甲4氯 8%/2009.04.17 至 2010.04.17/低毒
免耕水稻田 杂草 2760-3450克/公顷 茎叶喷雾

LS20091305 乐果·杀扑磷/40%/乳油/乐果 30%、杀扑磷 10%/2009.06.02 至 2010.06.02/中等毒(原药高毒)
柑橘树 矢尖蚧 266.7-400毫克/千克 喷雾

广西金宏达农药有限公司 (广西壮族自治区陆川县师范学校 537700 0775-7229497)

PD20085288 敌百虫/30%/乳油/敌百虫 30%/2008.12.23 至 2013.12.23/低毒
十字花科蔬菜 菜青虫 450-675克/公顷 喷雾

PD20090600 克百·敌百虫/3%/颗粒剂/敌百虫 2%、克百威 1%/2009.01.14 至 2014.01.14/低毒(原药高毒)
水稻 二化螟 1575-2025克/公顷 撒施

广西金穗农药有限公司 (广西壮族自治区南宁市新城区邕宾路6号 530023 0771-3902168)

PD20070457 高效氯氰菊酯/2.5%/乳油/高效氯氰菊酯 2.5%/2007.11.20 至 2012.11.20/低毒
十字花科蔬菜 菜青虫 15-22.5克/公顷 喷雾

PD20070618 氰戊·倍硫磷/25%/乳油/倍硫磷 19%、氰戊菊酯 6%/2007.12.14 至 2012.12.14/低毒
甘蓝 蚜虫 105-112.5克/公顷 喷雾

PD20070619 草甘膦/30%/水剂/草甘膦 30%/2007.12.14 至 2012.12.14/低毒
柑橘园 杂草 1125－2250克/公顷 定向喷雾

PD20080024 阿维·辛/10%/乳油/阿维菌素 0.1%、辛硫磷 9.9%/2008.01.03 至 2013.01.03/低毒(原药高毒)
十字花科蔬菜 小菜蛾 120-150克/公顷 喷雾

PD20080069 高效氯氟氰菊酯/2.5%/乳油/高效氯氟氰菊酯 2.5%/2008.01.03 至 2013.01.03/低毒
十字花科蔬菜 菜青虫 11.25-15克/公顷 喷雾

PD20080085 毒·辛/25%/乳油/毒死蜱 7%、辛硫磷 18%/2008.01.03 至 2013.01.03/低毒
水稻 稻纵卷叶螟 450-562.5克/公顷 喷雾

PD20080102 高氯·毒死蜱/12%/乳油/毒死蜱 9.5%、高效氯氰菊酯 2.5%/2008.01.03 至 2013.01.03/低毒
棉花 棉铃虫 216-270克/公顷 喷雾

PD20080134 百草枯/20%/水剂/百草枯 20%/2008.01.03 至 2013.01.03/中等毒
茶园 杂草 450-750克/公顷 定向茎叶喷雾

PD20080150 阿维·毒死蜱/10%/乳油/阿维菌素 0.1%、毒死蜱 9.9%/2008.01.03 至 2013.01.03/中等毒(原药高毒)
十字花科蔬菜 小菜蛾 150-180克/公顷 喷雾

PD20082797 敌百·辛硫磷/30%/乳油/敌百虫 20%、辛硫磷 10%/2008.12.09 至 2013.12.09/低毒
水稻 二化螟 450-540克/公顷 喷雾

PD20082812 氰戊·辛硫磷/12%/乳油/氰戊菊酯 4%、辛硫磷 8%/2008.12.09 至 2013.12.09/中等毒
十字花科蔬菜 菜青虫 108-144克/公顷 喷雾

PD20082906 异丙威/20%/乳油/异丙威 20%/2008.12.09 至 2013.12.09/低毒
水稻 稻飞虱 450-600克/公顷 喷雾

PD20083167 辛硫·三唑磷/20%/乳油/三唑磷 10%、辛硫磷 10%/2008.12.11 至 2013.12.11/中等毒
水稻 二化螟 360-480克/公顷 喷雾

PD20083387 敌百虫/30%/乳油/敌百虫 30%/2008.12.11 至 2013.12.11/中等毒
十字花科蔬菜 菜青虫 675-900克/公顷 喷雾

PD20083531 乐果/40%/乳油/乐果 40%/2008.12.12 至 2013.12.12/低毒
水稻 三化螟 540-600克/公顷 喷雾

PD20083599 炔螨特/40%/乳油/炔螨特 40%/2008.12.12 至 2013.12.12/低毒
柑橘树 红蜘蛛 266.7-400毫克/千克 喷雾

PD20084786 马拉硫磷/1.2%/粉剂/马拉硫磷 1.2%/2008.12.22 至 2013.12.22/微毒
原粮 储粮害虫 20-30克/1000千克原粮 拌粮

PD20091172 敌敌畏/50%/乳油/敌敌畏 50%/2009.01.22 至 2014.01.22/中等毒
水稻 稻飞虱 450-675克/公顷 喷雾

PD20092744 马拉·杀螟松/12%/乳油/马拉硫磷 10%、杀螟硫磷 2%/2009.03.04 至 2014.03.04/中等毒
甘蓝 菜青虫 54-90克/公顷 喷雾
水稻 飞虱 144-180克/公顷 喷雾

PD20093379 唑磷·毒死蜱/25%/乳油/毒死蜱 5%、三唑磷 20%/2009.03.18 至 2014.03.18/中等毒
水稻 二化螟 300-375克/公顷 喷雾

PD20094689 啶虫脒/3%/乳油/啶虫脒 3%/2009.04.10 至 2014.04.10/低毒

柑橘树 蚜虫 10-12毫克/千克 喷雾
PD20096235 乙草胺/50%/乳油/乙草胺 50%/2009.07.15 至 2014.07.15/低毒
春玉米田 一年生禾本科杂草及部分阔叶杂草 1500-1875克/公顷 土壤喷雾
夏玉米田 一年生禾本科杂草及部分阔叶杂草 900-1050克/公顷 土壤喷雾
PD20096915 杀虫双/18%/水剂/杀虫双 18%/2009.09.23 至 2014.09.23/中等毒
水稻 三化螟 540-675克/公顷 喷雾
PD20097115 毒死蜱/40%/乳油/毒死蜱 40%/2009.10.12 至 2014.10.12/中等毒
水稻 稻纵卷叶螟 600-720克/公顷 喷雾
LS20051323 高氯·杀虫单/16%/水乳剂/高效氯氰菊酯 1%、杀虫单 15%/2008.04.12 至 2009.04.12/低毒
黄瓜 美洲斑潜蝇 180-216克/公顷 喷雾
LS20051521 辛硫磷/3%/颗粒剂/辛硫磷 3%/2008.04.21 至 2009.04.21/低毒
玉米 玉米螟 135-180克/公顷 喇叭口撒施
LS20053496 异稻·稻瘟灵/40%/乳油/稻瘟灵 10%、异稻瘟净 30%/2008.11.13 至 2009.11.13/低毒
水稻 稻瘟病 900-1200克/公顷 喷雾
LS20053507 氯氰·敌百虫/20%/乳油/敌百虫 18%、氯氰菊酯 2%/2008.11.13 至 2009.11.13/低毒
十字花科蔬菜 菜青虫 150-225克/公顷 喷雾
LS20060119 唑磷·敌百虫/20%/乳油/敌百虫 10%、三唑磷 10%/2009.01.24 至 2010.01.24/中等毒
水稻 稻纵卷叶螟 375-450克/公顷 喷雾
LS20060501 2甲·莠灭净/48%/可湿性粉剂/2甲4氯钠 8%、莠灭净 40%/2009.03.15 至 2010.03.15/低毒
甘蔗 一年生杂草 1440-2160克/公顷 定向茎叶喷雾
LS20061263 高效氯氰菊酯/4.5%/微乳剂/高效氯氰菊酯 4.5%/2008.05.22 至 2009.05.22/中等毒
十字花科蔬菜 菜青虫 13.5-27克/公顷 喷雾
LS20061425 菌毒清/5%/水剂/菌毒清 5%/2009.06.29 至 2010.06.29/低毒
苹果树 腐烂病 750-1000毫克/千克 喷雾，涂沫
LS20061451 阿维·杀虫单/20%/微乳剂/阿维菌素 0.1%、杀虫单 19.9%/2009.07.13 至 2010.07.13/低毒(原药高毒)
水稻 二化螟 300－450克/公顷 喷雾
LS20071632 氰戊·吡虫啉/2%/乳油/吡虫啉 1%、S-氰戊菊酯 1%/2009.06.06 至 2010.06.07/低毒
小麦 蚜虫 9-15克/公顷 喷雾
LS20071675 氯氰菊酯/10%/乳油/氯氰菊酯 10%/2009.06.13 至 2010.06.14/低毒
十字花科蔬菜 菜青虫 30-60克/公顷 喷雾
LS20071725 杀螺胺乙醇胺盐/25%/可湿性粉剂/杀螺胺乙醇胺盐 25%/2009.07.03 至 2010.07.04/低毒
水稻 福寿螺 375-525克/公顷 撒毒土
LS20071845 甲氰·辛硫磷/25%/乳油/甲氰菊酯 5%、辛硫磷 20%/2009.07.09 至 2010.07.10/中等毒
柑橘树 红蜘蛛 200-250毫克/千克 喷雾
LS20071891 阿维·高氯/1.8%/乳油/阿维菌素 0.3%、高效氯氰菊酯 1.5%/2009.08.02 至 2010.08.03/低毒(原药高毒)
十字花科蔬菜 小菜蛾 13.5-16.2克/公顷 喷雾
LS20072503 噻嗪·异丙威/25%/乳油/噻嗪酮 5%、异丙威 20%/2009.11.19 至 2010.11.20/低毒
水稻 稻飞虱 375-562.5克/公顷 喷雾
LS20080468 多菌灵/40%/悬浮剂/多菌灵 40%/2009.02.21 至 2010.02.21/低毒
水稻 纹枯病 1125-2025克/公顷 喷雾
LS20081302 甲维·辛硫磷/20.2%/乳油/甲氨基阿维菌素苯甲酸盐 0.2%、辛硫磷 20%/2009.03.13 至 2010.03.13/低毒
十字花科蔬菜 小菜蛾 242.4-303克/公顷 喷雾
LS20083043 阿维·氟铃脲/2.5%/乳油/阿维菌素 0.4%、氟铃脲 2.1%/2009.09.18 至 2010.09.18/低毒(原药高毒)
甘蓝 甜菜夜蛾 11.25-15克/公顷 喷雾
LS20083065 吡虫·仲丁威/20%/乳油/吡虫啉 1%、仲丁威 19%/2009.10.09 至 2010.10.09/低毒
水稻 稻飞虱 240-300克/公顷 喷雾
LS20083095 戊唑醇/25%/乳油/戊唑醇 25%/2009.10.22 至 2010.10.22/低毒
香蕉 叶斑病 250-333毫克/千克 喷雾
LS20083111 甲维盐·氯氰/3.2%/微乳剂/甲氨基阿维菌素苯甲酸盐 0.2%、氯氰菊酯 3%/2009.10.31 至 2010.10.31/低毒
甘蓝 甜菜夜蛾 28.8-38.4克/公顷 喷雾
LS20083242 氟铃·毒死蜱/10%/乳油/毒死蜱 8.5%、氟铃脲 1.5%/2009.12.11 至 2010.12.11/低毒
十字花科蔬菜 小菜蛾 105-120克/公顷 喷雾
LS20090938 苄·丁/0.32%/颗粒剂/苄嘧磺隆 0.016%、丁草胺 0.304%/2009.04.09 至 2010.04.09/低毒
抛秧水稻 一年生杂草 576-720克/公顷 撒施
LS20091289 高氯·氟铃脲/5.7%/乳油/氟铃脲 1.9%、高效氯氰菊酯 3.8%/2009.05.25 至 2010.05.25/低毒
甘蓝 小菜蛾 42.75-51.3克/公顷 喷雾

广西金土地生化有限公司 (广西壮族自治区玉林市兴业县长城小区A2-16号 537800 0775-3881389)

PD20080288 马拉硫磷/95%/原药/马拉硫磷 95%/2008.02.25 至 2013.02.25/低毒
PD20081311 马拉·辛硫磷/20%/乳油/马拉硫磷 10%、辛硫磷 10%/2008.10.17 至 2013.10.17/低毒
水稻 稻纵卷叶螟 240-300克/公顷 喷雾
PD20081313 马拉·杀螟松/12%/乳油/马拉硫磷 10%、杀螟硫磷 2%/2008.10.17 至 2013.10.17/低毒
水稻 二化螟 180-270克/公顷 喷雾
PD20081320 毒·辛/20%/乳油/毒死蜱 4%、辛硫磷 16%/2008.10.20 至 2013.10.20/低毒

水稻　三化螟　375-450克/公顷　喷雾
PD20081372　草甘膦/10%/水剂/草甘膦 10%/2008.10.23 至 2009.12.31/微毒
柑橘园　杂草　1200-2400克/公顷　行间定向茎叶喷雾
PD20081824　高效氯氰菊酯/4.5%/乳油/高效氯氰菊酯 4.5%/2008.11.19 至 2013.11.19/中等毒
甘蓝　小菜蛾　27-40.5克/公顷　喷雾
PD20082239　联苯菊酯/25克/升/乳油/联苯菊酯 25克/升/2008.11.27 至 2013.11.27/低毒
茶树　茶小绿叶蝉　30-37.5克/公顷　喷雾
PD20085160　敌百虫/30%/乳油/敌百虫 30%/2008.12.23 至 2013.12.23/低毒
十字花科蔬菜　菜青虫　450-900克/公顷　喷雾
PD20085656　辛硫・三唑磷/20%/乳油/三唑磷 10%、辛硫磷 10%/2008.12.26 至 2013.12.26/中等毒
水稻　二化螟　360-450克/公顷　喷雾
PD20086346　辛硫磷/3%/颗粒剂/辛硫磷 3%/2008.12.31 至 2013.12.31/微毒
花生　地下害虫　1800-3600克/公顷　沟施
PD20094677　阿维菌素/18克/升/乳油/阿维菌素 18克/升/2009.04.10 至 2014.04.10/低毒(原药高毒)
甘蓝　小菜蛾　8.1-10.8克/公顷　喷雾
PD20095300　喹硫磷/25%/乳油/喹硫磷 25%/2009.04.27 至 2014.04.27/中等毒
水稻　二化螟　375-450克/公顷　喷雾
PD20096021　阿维・毒死蜱/10%/乳油/阿维菌素 0.1%、毒死蜱 9.9%/2009.06.15 至 2014.06.15/低毒(原药高毒)
甘蓝　菜青虫　75-105克/公顷　喷雾
PD20096570　异丙威/20%/乳油/异丙威 20%/2009.08.24 至 2014.08.24/低毒
水稻　稻飞虱　450-600克/公顷　喷雾
PD20097151　杀虫双/18%/水剂/杀虫双 18%/2009.10.16 至 2014.10.16/低毒
水稻　三化螟　540-675克/公顷　喷雾
PD20098520　唑磷・毒死蜱/25%/乳油/毒死蜱 8.3%、三唑磷 16.7%/2009.12.24 至 2014.12.24/中等毒
水稻　稻纵卷叶螟　300-375克/公顷　喷雾
LS20060073　吡虫・仲丁威/10%/乳油/吡虫啉 1%、仲丁威 9%/2009.01.16 至 2010.01.16/低毒
水稻　稻飞虱　150-225克/公顷　喷雾
LS20060112　氯氰・敌敌畏/10%/乳油/敌敌畏 8%、氯氰菊酯 2%/2009.01.23 至 2010.01.23/中等毒
十字花科蔬菜　菜青虫　120-150克/公顷　喷雾
LS20060401　高氯・杀虫单/16%/微乳剂/高效氯氰菊酯 1%、杀虫单 15%/2009.03.05 至 2010.03.05/低毒
番茄　美洲斑潜蝇　180-240克/公顷　喷雾
LS20071432　丙溴・辛硫磷/25%/乳油/丙溴磷 6%、辛硫磷 19%/2009.05.17 至 2010.05.18/低毒
水稻　二化螟　300-375克/公顷　喷雾
LS20080027　乙草胺/50%/乳油/乙草胺 50%/2009.01.04 至 2010.01.04/低毒
花生田　一年生杂草　975-1200克/公顷　土壤喷雾
LS20081470　吡虫・杀虫单/35%/可湿性粉剂/吡虫啉 1%、杀虫单 34%/2009.03.27 至 2010.03.27/中等毒
水稻　稻飞虱、稻纵卷叶螟、二化螟、三化螟　450-750克/公顷　喷雾
LS20082205　唑磷・毒死蜱/20%/乳油/毒死蜱 5%、三唑磷 15%/2009.04.18 至 2010.04.18/中等毒
水稻　稻纵卷叶螟　270-315克/公顷　喷雾
LS20082964　杀螺胺乙醇胺盐/25%/可湿性粉剂/杀螺胺乙醇胺盐 25%/2009.08.20 至 2010.08.20/低毒
水稻　福寿螺　300-450克/公顷　喷雾

广西金燕子农药有限公司　(广西壮族自治区贵港市港北区中山路　537100　0775-4566138)

PD20081176　高效氯氟氰菊酯/25克/升/乳油/高效氯氟氰菊酯 25克/升/2008.09.11 至 2013.09.11/中等毒
甘蓝　菜青虫　9.375-11.25克/公顷　喷雾
PD20082034　草甘膦/30%/水剂/草甘膦 30%/2008.11.25 至 2013.11.25/低毒
非耕地　一年生和多年生杂草　1125-3000克/公顷　茎叶喷雾
PD20083022　草甘膦/10%/水剂/草甘膦 10%/2008.12.10 至 2009.12.31/低毒
柑橘园　一年生及部分多年生杂草　1125-2250克/公顷　定向茎叶喷雾
PD20084316　炔螨特/40%/乳油/炔螨特 40%/2008.12.17 至 2013.12.17/低毒
柑橘树　红蜘蛛　200-400毫克/千克　喷雾
PD20084656　唑磷・毒死蜱/25%/乳油/毒死蜱 8.3%、三唑磷 16.7%/2008.12.22 至 2013.12.22/中等毒
水稻　二化螟、三化螟　225-300克/公顷　喷雾
水稻　稻纵卷叶螟　187.5-262.5克/公顷　喷雾
PD20085292　联苯菊酯/25克/升/乳油/联苯菊酯 25克/升/2008.12.23 至 2013.12.23/低毒
茶树　茶尺蠖　7.5-15克/公顷　喷雾
PD20085386　井冈霉素/3%/水剂/井冈霉素 3%/2008.12.24 至 2013.12.24/低毒
水稻　纹枯病　150-187.5克/公顷　喷雾
PD20085406　阿维・毒死蜱/15%/乳油/阿维菌素 0.1%、毒死蜱 14.9%/2008.12.24 至 2013.12.24/低毒(原药高毒)
水稻　稻飞虱、稻纵卷叶螟、二化螟　112.5-157.5克/公顷　喷雾
PD20085517　辛硫・三唑磷/30%/乳油/三唑磷 7.5%、辛硫磷 22.5%/2008.12.25 至 2013.12.25/中等毒
水稻　稻纵卷叶螟、二化螟、三化螟　405-540克/公顷　喷雾
PD20090379　稻瘟灵/30%/乳油/稻瘟灵 30%/2009.01.12 至 2014.01.12/低毒

	水稻	稻瘟病	450-675克/公顷	喷雾
PD20090389	代森锰锌/80%/可湿性粉剂/代森锰锌 80%/2009.01.12 至 2014.01.12/低毒			
	葡萄	霜霉病	1000-1600毫克/千克	喷雾
PD20090536	甲霜·锰锌/58%/可湿性粉剂/甲霜灵 10%、代森锰锌 48%/2009.01.13 至 2014.01.13/低毒			
	黄瓜	霜霉病	675-1050克/公顷	喷雾
PD20091188	敌敌畏/80%/乳油/敌敌畏 80%/2009.01.22 至 2014.01.22/中等毒			
	十字花科蔬菜	菜青虫	600-780克/公顷	喷雾
PD20091486	马拉·辛硫磷/20%/乳油/马拉硫磷 10%、辛硫磷 10%/2009.02.02 至 2014.02.02/低毒			
	十字花科蔬菜	菜青虫	150-240克/公顷	喷雾
	水稻	稻纵卷叶螟、飞虱	210-300克/公顷	喷雾
PD20092984	氯氰·马拉松/16%/乳油/氯氰菊酯 2%、马拉硫磷 14%/2009.03.09 至 2014.03.09/中等毒			
	荔枝树	蝽蟓	80-106.7毫克/千克	喷雾
	十字花科蔬菜	菜青虫	60-120克/公顷	喷雾
PD20093820	毒死蜱/480克/升/乳油/毒死蜱 480克/升/2009.03.25 至 2014.03.25/中等毒			
	水稻	稻纵卷叶螟	576-648克/公顷	喷雾
LS20051273	地衣芽孢杆菌/80亿个/毫升/水剂/地衣芽孢杆菌 80亿个活芽孢/毫升/2008.04.12 至 2009.04.12/低毒			
	黄瓜(保护地)	霜霉病	1950-3900毫升制剂/公顷	喷雾
	西瓜	枯萎病	250-500倍液	喷雾或灌根
LS20061354	高效氯氟氰菊酯/2.5%/水乳剂/高效氯氟氰菊酯 2.5%/2009.06.25 至 2010.06.25/中等毒			
	十字花科蔬菜	菜青虫	5.625-9.375克/公顷	喷雾
LS20071935	哒嗪硫磷/20%/乳油/哒嗪硫磷 20%/2009.08.07 至 2010.08.08/低毒			
	水稻	二化螟	225-300克/公顷	喷雾
LS20080959	阿维菌素/18克/升/乳油/阿维菌素 18克/升/2009.03.04 至 2010.03.04/低毒(原药高毒)			
	十字花科蔬菜	小菜蛾	10.8-13.5克/公顷	喷雾
LS20090541	噻嗪·毒死蜱/40%/乳油/毒死蜱 32%、噻嗪酮 8%/2009.03.18 至 2010.03.18/中等毒			
	水稻	稻飞虱	450-540克/公顷	喷雾
LS20090979	阿维·毒死蜱/21%/微乳剂/阿维菌素 1%、毒死蜱 20%/2009.04.10 至 2010.04.10/中等毒(原药高毒)			
	水稻	稻纵卷叶螟	189-283.5克/公顷	喷雾
LS20091032	敌畏·毒死蜱/70%/乳油/敌敌畏 50%、毒死蜱 20%/2009.04.13 至 2010.04.13/中等毒			
	水稻	稻飞虱	483-609克/公顷	喷雾
LS20091435	丁醚脲/25%/乳油/丁醚脲 25%/2009.11.04 至 2010.11.04/低毒			
	十字花科蔬菜	菜青虫	225-375克/公顷	喷雾
广西金裕隆农药化工有限公司　(广西壮族自治区宾阳县甘棠镇平南岭　530416　0771-8370283)				
PD86148-27	异丙威/20%/乳油/异丙威 20%/2007.09.12 至 2012.09.12/中等毒			
	水稻	飞虱、叶蝉	450-600克/公顷	喷雾
PD20082493	草甘膦/10%/水剂/草甘膦 10%/2008.12.03 至 2009.12.31/低毒			
	柑橘园	一年生及部分多年生杂草	1125—2250克/公顷	定向茎叶喷雾
PD20092329	阿维·高氯氟/1.3%/乳油/阿维菌素 0.3%、高效氯氟氰菊酯 1%/2009.02.24 至 2014.02.24/中等毒(原药高毒)			
	十字花科蔬菜	小菜蛾	7.8-9.75克/公顷	喷雾
广西科联生化有限公司　(广西壮族自治区玉林市塘步岭　530023　0771-5708791)				
PD20098262	毒·辛/20%/乳油/毒死蜱 4%、辛硫磷 16%/2009.12.16 至 2014.12.16/低毒			
	水稻	稻纵卷叶螟	140-160毫升制剂/亩	喷雾
LS20090913	吡虫·噻嗪酮/11.5%/乳油/吡虫啉 1%、噻嗪酮 10.5%/2009.04.09 至 2010.04.09/低毒			
	水稻	飞虱	86.25-103.5克/公顷	喷雾
LS20090952	吡虫·仲丁威/10%/乳油/吡虫啉 1%、仲丁威 9%/2009.04.10 至 2010.04.10/低毒			
	水稻	稻飞虱	195-225克/公顷	喷雾
广西乐土生物科技有限公司　(广西壮族自治区南宁市江南区高新区科园大道　530003　0771-3210536)				
PD20040739	氯氰·吡虫啉/5%/乳油/吡虫啉 1%、氯氰菊酯 4%/2009.12.19 至 2014.12.19/低毒			
	十字花科蔬菜	菜青虫	37.5-52.5克/公顷	喷雾
PD20080201	马拉·杀螟松/12%/乳油/马拉硫磷 10%、杀螟硫磷 2%/2008.01.11 至 2013.01.11/低毒			
	水稻	二化螟	180-270克/公顷	喷雾
PD20081054	草甘膦/30%/水剂/草甘膦 30%/2008.08.14 至 2013.08.14/低毒			
	茶园、柑橘园、剑麻园、梨园、苹果园、桑园、香蕉园、橡胶园	杂草	1125-2250克/公顷	定向喷雾
	免耕抛秧晚稻田	稻茬	2100-2550克/公顷	定向喷雾
PD20082757	百草枯/200克/升/水剂/百草枯 200克/升/2008.12.08 至 2013.12.08/中等毒			
	柑橘园	杂草	600-900克/公顷	定向茎叶喷雾
PD20084748	敌百虫/30%/乳油/敌百虫 30%/2008.12.22 至 2013.12.22/低毒			
	十字花科蔬菜	菜青虫	450-900克/公顷	喷雾
PD20092300	甲·灭·敌草隆/30%/可湿性粉剂/敌草隆 4%、2甲4氯 6%、莠灭净 20%/2009.02.24 至 2014.02.24/微毒			
	甘蔗田	一年生杂草	1350-1800克/公顷	土壤或定向喷雾

PD20095463 苄·丁/0.101%/颗粒剂/苄嘧磺隆 0.005%、丁草胺 0.096%/2009.05.11 至 2014.05.11/低毒
水稻抛栽田 一年生杂草 606-757.5克/公顷 直接撒施
PD20095740 苄·丁/0.32%/颗粒剂/苄嘧磺隆 0.016%、丁草胺 0.304%/2009.05.18 至 2014.05.18/低毒
水稻抛秧田 一年生杂草 606-757.5克/公顷 直接撒施
LS20051968 敌百·乙酰甲/25%/乳油/敌百虫 10%、乙酰甲胺磷 15%/2008.05.24 至 2009.05.24/中等毒
甘蓝 菜青虫 375-675克/公顷 喷雾
水稻 稻纵卷叶螟 450-600克/公顷 喷雾
LS20051985 噻嗪·异丙威/10%/乳油/噻嗪酮 4%、异丙威 6%/2008.05.24 至 2009.05.24/低毒
水稻 稻飞虱 150-225克/公顷 喷雾
LS20052025 甲氰·三唑磷/10%/乳油/甲氰菊酯 5%、三唑磷 5%/2008.05.31 至 2009.05.31/中等毒
十字花科蔬菜 菜青虫 45-75克/公顷 喷雾
LS20052309 氰戊·敌百虫/21%/乳油/敌百虫 20%、氰戊菊酯 1%/2008.06.26 至 2009.06.26/低毒
十字花科蔬菜 菜青虫 189-252克/公顷 喷雾
LS20052621 阿维·高氯/1.2%/乳油/阿维菌素 0.1%、高效氯氰菊酯 1.1%/2008.08.14 至 2009.08.14/低毒(原药高毒)
十字花科蔬菜 菜青虫、小菜蛾 13.5-27克/公顷 喷雾
LS20060637 阿维·柴油/58%/乳油/阿维菌素 0.2%、柴油 57.8%/2009.03.26 至 2010.03.26/低毒(原药高毒)
柑橘树 红蜘蛛 483.3-725毫克/千克 喷雾
LS20061503 马拉·三唑磷/20%/乳油/马拉硫磷 10%、三唑磷 10%/2009.07.20 至 2010.07.20/中等毒
水稻 二化螟 300-450克/公顷 喷雾
LS20071303 辛硫·高氯氟/16%/乳油/高效氯氟氰菊酯 0.7%、辛硫磷 15.3%/2009.05.08 至 2010.05.09/低毒
十字花科蔬菜 菜青虫 96～144克/公顷 喷雾
LS20082797 苄嘧·丙草胺/0.2%/颗粒剂/苄嘧磺隆 0.025%、丙草胺 0.175%/2009.05.09 至 2010.05.09/低毒
直播水稻(南方) 一年生杂草 300-360克/公顷 毒土法

广西荔浦东升蚊香厂 (广西壮族自治区桂林市荔蒲县东昌镇栗木街 546613 0773-7116230)

WP20090370 蚊香/0.3%/蚊香/富右旋反式烯丙菊酯 0.3%/2009.11.20 至 2014.11.20/微毒
卫生 蚊 / 点燃

广西荔浦黑蛙牌兴旺蚊香厂 (广西壮族自治区荔浦县东昌镇新街工业区 546613 0773-7116186)

WL20080170 蚊香/0.2%/蚊香/Es-生物烯丙菊酯 0.2%/2009.02.28 至 2010.02.28/微毒
卫生 蚊 / 点燃

广西荔浦利民蚊香厂 (广西壮族自治区桂林市荔蒲县东昌镇栗木街 546613 0773-7116182)

WL20080146 蚊香/0.2%/蚊香/Es-生物烯丙菊酯 0.2%/2009.02.21 至 2010.02.22/微毒
卫生 蚊 / 点燃

广西荔浦县李氏蚊香厂 (广西壮族自治区荔浦县荔城荔柳路126-2号 546600 0773-7213302)

WL20060096 蚊香/0.15%/蚊香/富右旋反式炔丙菊酯 0.15%/2009.04.24 至 2010.04.24/低毒
卫生 蚊 / 点燃

广西荔浦县荔东蚊香厂 (广西壮族自治区桂林市荔蒲县东昌镇小学中心对面 546613 0773-7152339)

WP20080490 蚊香/0.2%/蚊香/Es-生物烯丙菊酯 0.2%/2008.12.17 至 2013.12.17/低毒
卫生 蚊 / 点燃

广西荔浦县梦香蚊香厂 (广西壮族自治区荔浦县东昌镇栗木东路街48号 546613 0773-7116899)

WP20090305 蚊香/0.2%/蚊香/Es-生物烯丙菊酯 0.2%/2009.08.04 至 2014.08.04/微毒
卫生 蚊 / 点燃

广西灵川县新华日用卫生制品厂 (广西壮族自治区桂林市灵川县灵川镇灵西路24号 541200 0773-6811246)

WP20090342 蚊香/0.2%/蚊香/Es-生物烯丙菊酯 0.2%/2009.10.12 至 2014.10.12/微毒
卫生 蚊 / 点燃

广西灵川县永辉家用品厂 (广西壮族自治区桂林市灵川县灵西路28号 541200 0773-6821830)

WP20090179 蚊香/0.3%/蚊香/富右旋反式烯丙菊酯 0.3%/2009.03.13 至 2014.03.13/微毒
卫生 蚊 / 点燃

广西灵山县逢春化工有限公司 (广西壮族自治区灵山县十里工业园 535400 0777-6425128)

PD84125-28 乙烯利/40%/水剂/乙烯利 40%/2005.07.01 至 2010.07.01/低毒
番茄 催熟 800-1000倍液 喷雾或浸渍
棉花 催熟、增产 330-500倍液 喷雾
柿子、香蕉 催熟 400倍液 喷雾或浸渍
水稻 催熟、增产 800倍液 喷雾
橡胶树 增产 5-10倍液 涂布
烟草 催熟 1000-2000倍液 喷雾
PD86148-82 异丙威/20%/乳油/异丙威 20%/2010.03.19 至 2015.03.19/中等毒
水稻 飞虱、叶蝉 450-600克/公顷 喷雾
PD20070650 草甘膦/30%/水剂/草甘膦 30%/2007.12.17 至 2012.12.17/低毒
柑橘园 杂草 1125－2250克/公顷 定向喷雾
PD20095158 杀虫双/18%/水剂/杀虫双 18%/2009.04.24 至 2014.04.24/中等毒
水稻 三化螟 540-810克/公顷 喷雾

广西柳州华力家庭品业股份有限公司 (广西壮族自治区柳州市鱼峰区东环路228号 545006 0772-2615888)

WPN12-97 电热蚊香液/0.81%/电热蚊香液/炔丙菊酯 0.81%/2007.06.24 至 2012.06.24/微毒

卫生 蚊 / 电热加温
WP20080218 杀蟑饵剂/1%/毒饵/残杀威 1%/2008.11.25 至 2013.11.25/微毒
卫生 蜚蠊 / 投放
WP20080235 电热蚊香液/0.9%/电热蚊香液/四氟苯菊酯 0.9%/2008.11.25 至 2013.11.25/微毒
卫生 蚊 / 电热加温
WP20080329 电热蚊香液/1.8%/电热蚊香液/四氟苯菊酯 1.8%/2008.12.08 至 2013.12.08/微毒
卫生 蚊 / 电热加温
WP20080589 电热蚊香片/18毫克/片/电热蚊香片/S-生物烯丙菊酯 18毫克/片/2008.12.29 至 2013.12.29/微毒
卫生 蚊 / 电热加温
WP20080609 杀蟑烟片/6.5%/烟片/右旋苯醚氰菊酯 6.5%/2008.12.31 至 2013.12.31/低毒
卫生 蜚蠊 / 点燃
WP20090039 杀蟑胶饵/2.5%/饵剂/吡虫啉 2.5%/2009.01.15 至 2014.01.15/微毒
卫生 蜚蠊 / 投放
WL20070171 杀虫气雾剂/0.5%/气雾剂/富右旋反式烯丙菊酯 0.15%、高效氯氰菊酯 0.1%、右旋胺菊酯 0.25%/2009.09.03至2010.09.04/微毒
卫生 蚊、蝇、蜚蠊 / 喷雾
注:本品有三种香型:清香型、青蒿香型、百花香型。
WL20080007 电热蚊香片/13毫克/片/电热蚊香片/炔丙菊酯 13毫克/片/2010.01.03 至 2011.01.03/微毒
卫生 蚊 / 电热加温
WL20080038 杀虫气雾剂/0.25%/气雾剂/高效氯氰菊酯 0.04%、炔丙菊酯 0.02%、右旋胺菊酯 0.19%/2010.01.07至2011.01.07/微毒
卫生 蚊、蝇、蜚蠊 / 喷雾
WL20080178 杀蚁饵剂/2%/饵剂/吡虫啉 2%/2009.02.28 至 2010.02.28/低毒
卫生 蚂蚁 / 投饵
WL20080234 杀虫气雾剂/1.1%/气雾剂/残杀威 0.5%、氯菊酯 0.5%、右旋胺菊酯 0.1%/2009.03.13 至 2010.03.13/低毒
卫生 蚂蚁、蚊、蝇、蜚蠊 / 喷雾
WL20080236 杀虫气雾剂/0.5%/气雾剂/右旋胺菊酯 0.25%、右旋苯醚氰菊酯 0.25%/2009.03.13 至 2010.03.13/微毒
卫生 蚊、蝇、蜚蠊 / 喷雾
WL20080245 杀虫气雾剂/0.7%/气雾剂/氯菊酯 0.3%、右旋烯丙菊酯 0.4%/2009.03.17 至 2010.03.17/微毒
卫生 蚊、蝇、蜚蠊 / 喷雾
WL20080348 杀虫气雾剂/0.25%/气雾剂/高效氯氰菊酯 0.1%、炔丙菊酯 0.15%/2009.06.23 至 2010.06.23/微毒
卫生 蚊、蝇、蜚蠊 / 喷雾
WL20080415 杀蟑饵剂/2.5%/饵剂/吡虫啉 2.5%/2009.10.22 至 2010.10.22/微毒
卫生 蜚蠊 / 投放
WL20080416 蚊香/0.02%/蚊香/四氟甲醚菊酯 0.02%/2009.10.22 至 2010.10.22/微毒
卫生 蚊 / 点燃
注:本品有三种香型:清香型、檀香型、野菊花香型。
WL20080482 杀蟑气雾剂/0.45%/气雾剂/氯菊酯 0.3%、炔咪菊酯 0.15%/2009.12.10 至 2010.12.10/微毒
卫生 蜚蠊 / 喷雾
WL20090171 杀蟑胶饵/2.15%/胶饵/氟蚁腙 2.15%/2009.08.14 至 2010.08.14/微毒
卫生 蜚蠊 / 投放

广西柳州市白云杀虫剂厂　(广西壮族自治区柳州市柳南区革新路一区304号　545007　0772-3955911)

WP20070031 杀蟑饵剂/0.8%/饵剂/乙酰甲胺磷 0.8%/2007.11.28 至 2012.11.28/低毒
卫生 蜚蠊 / 投放
WP20080573 顺式氯氰菊酯/4.5%/微乳剂/顺式氯氰菊酯 4.5%/2008.12.26 至 2013.12.26/低毒
卫生 蜚蠊、蝇 25毫克/平方米 滞留喷洒
WP20090050 杀蟑烟片/6%/烟剂/胺菊酯 3%、高效氯氰菊酯 3%/2009.01.21 至 2014.01.21/低毒
卫生 蜚蠊 / 点燃
WP20090204 杀虫粉剂/1.6%/粉剂/胺菊酯 0.8%、高效氯氰菊酯 0.8%/2009.03.25 至 2014.03.25/低毒
卫生 蜚蠊 3克制剂/平方米 撒布
WL20070032 杀蟑烟剂/5%/烟剂/高效氯氰菊酯 5%/2009.02.07 至 2010.02.07/低毒
卫生 蜚蠊 / 点燃
WL20080264 吡虫啉/10%/悬浮剂/吡虫啉 10%/2009.04.10 至 2010.04.10/低毒
卫生 白蚁 5克有效成份/平方米; 土壤处理
1000毫克/千克 木材浸泡
WL20080473 杀蟑胶饵/2.5%/胶饵/吡虫啉 2.5%/2008.12.04 至 2009.12.04/微毒
卫生 蜚蠊 / 投放
WL20090003 溴氰菊酯/2.5%/悬浮剂/溴氰菊酯 2.5%/2009.01.08 至 2010.01.08/低毒
卫生 蜚蠊、蚊、蝇 20-25毫克/平方米 滞留喷洒
WL20090033 杀蚊烟剂/0.8%/烟剂/富右旋反式烯丙菊酯 0.8%/2009.02.13 至 2010.02.13/低毒
卫生 蚊 / 点燃

广西柳州市金牛蚊香厂　(广西壮族自治区柳州市鹿寨县中心工业园　545006　0772-6826721)

WP20090268 电热蚊香片/12.5毫克/片/电热蚊香片/炔丙菊酯 12.5毫克/片/2009.05.12 至 2014.05.12/微毒
卫生 蚊 / 电热加温

WL20080359 蚊香/0.015%/蚊香/四氟甲醚菊酯 0.015%/2009.07.17 至 2010.07.17/微毒
室内 蚊 / 点燃
WL20090028 蚊香/0.22%/蚊香/富右旋反式烯丙菊酯 0.2%、四氟醚菊酯 0.02%/2009.02.13 至 2010.02.13/微毒
室内 蚊 / 点燃

广西柳州蚊敌香业有限公司 (广西壮族自治区柳州市西江路静兰工业开发区 545006 0772-3161159)

WL20080031 蚊香/0.3%/蚊香/富右旋反式烯丙菊酯 0.3%/2009.01.07 至 2010.01.07/微毒
卫生 蚊 / 点燃
注:本品有三种香型:檀香型、茉莉香型、野菊花香型。
WL20090197 蝇香/0.5%/蝇香/氯烯炔菊酯 0.5%/2009.11.12 至 2010.11.12/微毒
卫生 蝇 / 点燃

广西路明宝农药厂 (广西壮族自治区博白县东平镇博龙街149号 537619 0775-8512128)

PD20081252 草甘膦/30%/水剂/草甘膦 30%/2008.09.18 至 2013.09.18/低毒
甘蔗田 杂草 1200-2250克/公顷 定向茎叶喷雾
PD20081266 马拉·异丙威/30%/乳油/马拉硫磷 15%、异丙威 15%/2008.09.18 至 2013.09.18/中等毒
水稻 稻飞虱 450-630克/公顷 喷雾
PD20081783 异稻·稻瘟灵/300克/升/乳油/稻瘟灵 40克/升、异稻瘟净 260克/升/2008.11.19 至 2013.11.19/低毒
水稻 稻瘟病 900-1200克/公顷 喷雾
PD20081790 高氯·马/30%/乳油/高效氯氰菊酯 1%、马拉硫磷 29%/2008.11.19 至 2013.11.19/低毒
十字花科蔬菜 小菜蛾 270-360克/公顷 喷雾
PD20098185 乐果/40%/乳油/乐果 40%/2009.12.14 至 2014.12.14/中等毒
柑橘树 红蜘蛛 500-740毫克/千克 喷雾
十字花科蔬菜 蚜虫 450-600克/公顷 喷雾
水稻 稻飞虱 450-600克/公顷 喷雾
LS20081348 辛硫·高氯氟/50%/乳油/高效氯氟氰菊酯 2.5%、辛硫磷 47.5%/2009.03.13 至 2010.03.13/低毒
十字花科蔬菜 斜纹夜蛾 187.5-262.5克/公顷 喷雾

广西绿田农药厂 (广西壮族自治区玉林市容县石头镇 537519 0775-5587120)

PD20080352 草甘膦/30%/水剂/草甘膦 30%/2008.02.29 至 2013.02.28/低毒
甘蔗 杂草 1125-2250克/公顷 定向茎叶喷雾
PD20082561 甲氰·马拉松/30%/乳油/甲氰菊酯 3.5%、马拉硫磷 26.5%/2008.12.04 至 2013.12.04/低毒
十字花科叶菜 菜青虫 180-225克/公顷 喷雾

广西南宁化工股份有限公司 (广西壮族自治区南宁市亭洪路80号 530031 0771-2104219)

PD84108-10 敌百虫/90%/可溶粉剂/敌百虫 90%/2009.11.18 至 2014.11.18/低毒
白菜、青菜 菜青虫 960-1200克/公顷 喷雾
白菜、青菜 地下害虫 750-1500克/公顷 喷雾
茶树 尺蠖、刺蛾 450-900毫克/千克 喷雾
大豆 造桥虫 1800克/公顷 喷雾
柑橘树 卷叶蛾 600-750毫克/千克 喷雾
林木 松毛虫 600-900毫克/千克 喷雾
水稻 螟虫 1500-1800克/公顷 喷雾、泼浇或毒土
小麦 黏虫 1800克/公顷 喷雾
烟草 烟青虫 900毫克/千克 喷雾
PD85105-22 敌敌畏/80%/乳油/敌敌畏 77.5%(气谱法)/2005.03.24 至 2010.03.24/中等毒
茶树 食叶害虫 600克/公顷 喷雾
粮仓 多种储藏害虫 1)400-500倍液 1)喷雾
2)0.4-0.5克/立方米 2)挂条熏蒸
棉花 蚜虫、造桥虫 600-1200克/公顷 喷雾
苹果树 小卷叶蛾、蚜虫 400-500毫克/千克 喷雾
青菜 菜青虫 600克/公顷 喷雾
桑树 尺蠖 600克/公顷 喷雾
卫生 多种卫生害虫 1)300-400倍液 1)泼洒
2)0.08克/立方米 2)挂条熏蒸
小麦 黏虫、蚜虫 600克/公顷 喷雾
PD20097776 敌百虫/90%/原药/敌百虫 90%/2009.11.12 至 2014.11.12/低毒

广西南宁利民农用化学品有限公司 (广西壮族自治区南宁市新城区邕宾路6号 530023 0771-5709105)

PD20085393 甲氰·辛硫磷/20%/乳油/甲氰菊酯 2%、辛硫磷 18%/2008.12.24 至 2013.12.24/低毒
十字花科叶菜 菜青虫 180-240克/公顷 喷雾
PD20086155 高效氯氟氰菊酯/25克/升/乳油/高效氯氟氰菊酯 25克/升/2008.12.30 至 2013.12.30/中等毒
十字花科蔬菜 菜青虫 9.4～11.25克/公顷 喷雾
PD20090202 氯氟·敌敌畏/20%/乳油/敌敌畏 19.4%、高效氯氟氰菊酯 0.6%/2009.01.09 至 2014.01.09/中等毒
棉花 蚜虫 120～240克/公顷 喷雾
PD20090443 丙溴·辛硫磷/25%/乳油/丙溴磷 5%、辛硫磷 20%/2009.01.12 至 2014.01.12/中等毒
棉花 棉铃虫 225～300克/公顷 喷雾

PD20091315 毒·辛/25%/乳油/毒死蜱 5%、辛硫磷 20%/2009.02.01 至 2014.02.01/中等毒
水稻 稻纵卷叶螟 450～562.5克/公顷 喷雾

PD20092411 高效氯氰菊酯/4.5%/乳油/高效氯氰菊酯 4.5%/2009.02.25 至 2014.02.25/中等毒
十字花科蔬菜 菜青虫 20.25-27克/公顷 喷雾

PD20093978 联苯菊酯/25克/升/乳油/联苯菊酯 25克/升/2009.03.27 至 2014.03.27/低毒
茶树 小绿叶蝉 30-37.5克/公顷 喷雾

PD20094728 井冈霉素A/2.4%/水剂/井冈霉素A 2.4%/2009.04.10 至 2014.04.10/微毒
水稻 纹枯病 120-150克/公顷 喷雾

PD20097870 草甘膦铵盐(33%)///水剂/草甘膦 30%/2009.11.20 至 2014.11.20/微毒
柑橘园 杂草 1125－2250克/公顷 行间定向茎叶喷雾

LS20061697 辛硫·三唑磷/20%/乳油/三唑磷 10%、辛硫磷 10%/2009.09.21 至 2010.09.21/中等毒
水稻 二化螟 360～450克/公顷 喷雾

LS20070302 唑磷·敌百虫/20%/乳油/敌百虫 10%、三唑磷 10%/2009.02.26 至 2010.02.26/中等毒
水稻 稻纵卷叶螟 375-450克/公顷 喷雾

LS20070385 高氯·毒死蜱/15%/乳油/毒死蜱 13.5%、高效氯氰菊酯 1.5%/2009.03.07 至 2010.03.07/低毒
黄瓜 美洲斑潜蝇 135～180克/公顷 喷雾

LS20070533 甲氰·三唑磷/15%/乳油/甲氰菊酯 3%、三唑磷 12%/2009.03.10 至 2010.03.10/中等毒
柑橘树 红蜘蛛 120～200毫克/千克 喷雾

LS20071662 杀单·三唑磷/15%/微乳剂/三唑磷 5%、杀虫单 10%/2009.06.13 至 2010.06.14/低毒
水稻 二化螟 337.5～450克/公顷 喷雾

LS20080025 氟铃·毒死蜱/10%/乳油/毒死蜱 8.5%、氟铃脲 1.5%/2009.01.03 至 2010.01.03/低毒
十字花科蔬菜 小菜蛾 120-150克/公顷 喷雾

LS20081263 吡虫·仲丁威/20%/乳油/吡虫啉 1%、仲丁威 19%/2009.03.12 至 2010.03.12/低毒
水稻 稻飞虱 225-300克/公顷 喷雾

LS20081377 噻嗪·异丙威/25%/乳油/噻嗪酮 5%、异丙威 20%/2009.03.17 至 2010.03.17/低毒
水稻 稻飞虱 375-562.5克/公顷 喷雾

LS20082043 甲维·毒死蜱/15%/乳油/毒死蜱 14.8%、甲氨基阿维菌素苯甲酸盐 0.2%/2009.04.15 至 2010.04.15/中等毒
十字花科蔬菜 小菜蛾 180-225克/公顷 喷雾

LS20082543 氟铃·辛硫磷/20%/乳油/氟铃脲 2%、辛硫磷 18%/2009.04.23 至 2010.04.23/低毒
十字花科蔬菜 小菜蛾 180-240克/公顷 喷雾

LS20083068 唑磷·毒死蜱/20%/乳油/毒死蜱 5%、三唑磷 15%/2009.10.09 至 2010.10.09/中等毒
水稻 三化螟 240-300克/公顷 喷雾

LS20090006 甲氰·硫丹/20%/乳油/甲氰菊酯 4%、硫丹 16%/2009.01.08 至 2010.01.08/中等毒(原药高毒)
棉花 棉铃虫 150-210克/公顷 喷雾

LS20090217 高氯·毒死蜱/10%/微乳剂/毒死蜱 8.5%、高效氯氰菊酯 1.5%/2009.02.13 至 2010.02.13/中等毒
荔枝树 蝽蟓 83.3-125毫克/千克 喷雾

LS20090240 毒·辛/5%/颗粒剂/毒死蜱 2.5%、辛硫磷 2.5%/2009.02.13 至 2010.02.13/低毒
韭菜 韭蛆 1500-1875克/公顷 撒施

LS20090513 阿维·三唑磷/15%/乳油/阿维菌素 0.1%、三唑磷 14.9%/2009.03.18 至 2010.03.18/中等毒(原药高毒)
水稻 二化螟 225-315克/公顷 喷雾

LS20090865 噻嗪·速灭威/25%/乳油/噻嗪酮 5%、速灭威 20%/2009.04.09 至 2010.04.09/低毒
水稻 飞虱 300-450克/公顷 喷雾

LS20090921 丁硫·辛硫磷/3%/颗粒剂/丁硫克百威 1%、辛硫磷 2%/2009.04.09 至 2010.04.09/低毒
甘蔗 蔗螟 2250-2700克/公顷 撒施

广西南宁神鹰卫生害虫防治有限责任公司 (广西壮族自治区南宁市人民东路11-1号 530012 0771-2822256)

WP20090060 杀虫粉剂/0.05%/粉剂/溴氰菊酯 0.05%/2009.01.21 至 2014.01.21/低毒
卫生 蜚蠊 3克制剂/平方米 撒布

广西南宁市斯康生化科技有限公司 (广西壮族自治区南宁市大岭路98号 530003 0771-2278820)

LS20050267 阿维·辛硫磷/10%/乳油/阿维菌素 0.1%、辛硫磷 9.9%/2008.02.04 至 2009.02.03/低毒(原药高毒)
十字花科蔬菜 小菜蛾 120-150克/公顷 喷雾

LS20050449 氰戊·辛硫磷/12%/乳油/氰戊菊酯 4%、辛硫磷 8%/2008.02.19 至 2009.02.18/低毒
十字花科蔬菜 菜青虫 72-108克/公顷 喷雾

LS20051724 阿维·高氯/1.8%/乳油/阿维菌素 0.2%、高效氯氰菊酯 1.6%/2008.05.12 至 2009.05.12/低毒(原药高毒)
十字花科蔬菜 菜青虫、小菜蛾 13.5-27克/公顷 喷雾

LS20053500 啶虫脒/3%/乳油/啶虫脒 3%/2008.11.13 至 2009.11.13/低毒
柑橘树 蚜虫 7.5-10毫克/千克 喷雾

LS20060530 仲丁威/20%/乳油/仲丁威 20%/2009.03.16 至 2010.03.16/低毒
水稻 稻飞虱 450-540克/公顷 喷雾

LS20060538 高效氯氟氰菊酯/25克/升/乳油/高效氯氟氰菊酯 25克/升/2009.03.16 至 2010.03.16/中等毒
十字花科蔬菜 菜青虫 7.5-11.25克/公顷 喷雾

广西南宁泰达丰化工有限公司 (广西壮族自治区南宁市武鸣县双桥镇 530100 0771-6321188)

PD20083724 高效氯氟氰菊酯/2.5%/乳油/高效氯氟氰菊酯 2.5%/2008.12.15 至 2013.12.15/中等毒

十字花科蔬菜 菜青虫 7.5-15克/公顷 喷雾
PD20085001 敌百虫/30%/乳油/敌百虫 30%/2008.12.22 至 2013.12.22/低毒
十字花科蔬菜 菜青虫 450-675克/公顷 喷雾
PD20085610 草甘膦/30%/水剂/草甘膦 30%/2008.12.25 至 2013.12.25/低毒
柑橘园 杂草 1125-2250克/公顷 定向茎叶喷雾
PD20092882 阿维·毒死蜱/10.2%/乳油/阿维菌素 0.2%、毒死蜱 10%/2009.03.05 至 2014.03.05/低毒(原药高毒)
十字花科蔬菜 小菜蛾 61.2-76.5克/公顷 喷雾
PD20095585 毒·辛/20%/乳油/毒死蜱 4%、辛硫磷 16%/2009.05.12 至 2014.05.12/低毒
棉花 棉铃虫 300-450克/公顷 喷雾
PD20096168 敌畏·毒死蜱/35%/乳油/敌敌畏 25%、毒死蜱 10%/2009.06.24 至 2014.06.24/中等毒
水稻 稻纵卷叶螟 420-525克/公顷 喷雾
PD20096582 辛硫·高氯氟/16%/乳油/高效氯氟氰菊酯 0.7%、辛硫磷 15.3%/2009.08.25 至 2014.08.25/低毒
棉花 棉铃虫 135～168克/公顷 喷雾
PD20098453 马拉·辛硫磷/20%/乳油/马拉硫磷 10%、辛硫磷 10%/2009.12.24 至 2014.12.24/低毒
棉花 棉铃虫 225-300克/公顷 喷雾
LS20053277 阿维·三唑磷/10.2%/乳油/阿维菌素 0.2%、三唑磷 10%/2008.10.11 至 2009.10.11/中等毒(原药高毒)
节瓜 蓟马 183.6-229.5克/公顷 喷雾
LS20072311 乙烯利/40%/水剂/乙烯利 40%/2009.10.11 至 2010.10.12/低毒
香蕉 催熟 1000-1333毫克/升 兑水喷雾
LS20081308 三苯基乙酸锡/20%/可湿性粉剂/三苯基乙酸锡 20%/2009.03.13 至 2010.03.13/低毒
水稻 福寿螺 300-420克/公顷 毒土法
LS20090850 噻嗪·异丙威/20%/乳油/噻嗪酮 5%、异丙威 15%/2009.04.09 至 2010.04.09/低毒
水稻 稻飞虱 480-570克/公顷 喷雾
LS20091222 丁硫·仲丁威/16%/乳油/丁硫克百威 6%、仲丁威 10%/2009.04.30 至 2010.04.30/中等毒
水稻 稻飞虱 528-672克/公顷 喷雾

广西农大生化科技有限责任公司 (广西壮族自治区扶绥县渠黎镇 530007 0771-3219691)

PD85159-48 草甘膦/30%/水剂/草甘膦 30%/2009.11.05 至 2014.11.05/低毒
茶树、甘蔗、果园、剑麻、林木、桑树、橡胶树 一年生杂草和多年生恶性杂草 1125-2250克/公顷 喷雾
PD20040456 吡虫·杀虫单/70%/可湿性粉剂/吡虫啉 2%、杀虫单 68%/2009.12.19 至 2014.12.19/中等毒
水稻 飞虱、螟虫 420-630克/公顷 喷雾
PD20070616 高氯·辛硫磷/20%/乳油/高效氯氰菊酯 2%、辛硫磷 18%/2007.12.14 至 2012.12.14/低毒
棉花 棉铃虫 180-240克/公顷 喷雾
PD20080964 百草枯/200克/升/水剂/百草枯 200克/升/2008.07.23 至 2013.07.23/中等毒
柑橘园 杂草 450-900克/公顷 定向茎叶喷雾
PD20080983 霜脲·锰锌/72%/可湿性粉剂/代森锰锌 64%、霜脲氰 8%/2008.07.24 至 2013.07.24/低毒
黄瓜 霜霉病 1440-1800克/公顷 喷雾
PD20090490 阿维·杀虫单/20%/微乳剂/阿维菌素 0.2%、杀虫单 19.8%/2009.01.12 至 2014.01.12/低毒(原药高毒)
菜豆 斑潜蝇 120-150克/公顷 喷雾
PD20090972 苄嘧·苯噻酰/53%/可湿性粉剂/苯噻酰草胺 50%、苄嘧磺隆 3%/2009.01.20 至 2014.01.20/低毒
水稻抛秧田 部分多年生杂草、一年生杂草 397.5-477克/公顷(南方地区) 药土法
PD20094486 苄·丁/35%/可湿性粉剂/苄嘧磺隆 1.5%、丁草胺 33.5%/2009.04.09 至 2014.04.09/低毒
水稻移栽田 一年生及部分多年生杂草 600-900克/公顷 药土法
LS20051720 高氯·三唑磷/15%/乳油/高效氯氰菊酯 1%、三唑磷 14%/2008.05.12 至 2009.05.12/中等毒
十字花科蔬菜 菜青虫 135-180克/公顷 喷雾
LS20060083 唑磷·乙酰甲/20%/乳油/三唑磷 10%、乙酰甲胺磷 10%/2009.01.24 至 2010.01.24/中等毒
水稻 二化螟 300-375克/公顷 喷雾
LS20083007 噻嗪·速灭威/25%/乳油/噻嗪酮 5%、速灭威 20%/2009.09.01 至 2010.09.01/低毒
水稻 稻飞虱 375-468.75克/公顷 喷雾
LS20090089 甲·灭·敌草隆 /55%/可湿性粉剂/敌草隆 15%、2甲4氯 10%、莠灭净 30%/2009.01.09 至 2010.01.09/低毒
甘蔗田 一年生杂草 1237.5-1732.5克/公顷 茎叶喷雾
LS20090573 高氯·甲维盐/3%/微乳剂/高效氯氰菊酯 2.7%、甲氨基阿维菌素苯甲酸盐 0.3%/2009.03.19 至 2010.03.19/低毒
甘蓝 甜菜夜蛾 18-22.5克/公顷 喷雾
LS20090577 甲维·虫酰肼/8.2%/乳油/虫酰肼 8%、甲氨基阿维菌素苯甲酸盐 0.2%/2009.03.19 至 2010.03.19/低毒
甘蓝 甜菜夜蛾 73.8-98.4克/公顷 喷雾
LS20091147 二嗪磷/4%/颗粒剂/二嗪磷 4%/2009.04.17 至 2010.04.17/低毒
花生 蛴螬 600－900克/公顷 沟施
LS20091154 高氯·甲维盐/4.2%/水乳剂/高效氯氰菊酯 4%、甲氨基阿维菌素苯甲酸盐 0.2%/2009.04.17 至 2010.04.17/低毒
十字花科蔬菜 甜菜夜蛾 25.2-28.35克/公顷 喷雾
LS20091201 敌畏·马/55%/乳油/敌敌畏 40%、马拉硫磷 15%/2009.04.23 至 2010.04.23/中等毒
十字花科蔬菜 黄条跳甲 577.5-742.5克/公顷 喷雾
LS20091327 氯氰·硫丹/18%/乳油/硫丹 16%、氯氰菊酯 2%/2009.06.04 至 2010.06.04/中等毒(原药高毒)

棉花 棉铃虫 216-324克/公顷 喷雾

广西喷施宝集团有限公司博林公司 (广西壮族自治区北海市合浦县宝塔角 536100 0779-2072630)

PD20097290 阿维·毒死蜱/5.5%/乳油/阿维菌素 0.1%、毒死蜱 5.4%/2009.10.26 至 2014.10.26/低毒(原药高毒)
柑橘树 红蜘蛛 55-73毫克/千克 喷雾
棉花 棉铃虫 49.5-66克/公顷 喷雾

广西平乐农药厂 (广西壮族自治区桂林地区平乐县平乐镇正北街307号 542400 0773-7890026)

PD84104-16 杀虫双/18%/水剂/杀虫双 18%/2009.12.21 至 2014.12.21/中等毒
甘蔗、蔬菜、水稻、小麦、玉米 多种害虫 540-675克/公顷 喷雾
果树 多种害虫 225-360毫克/千克 喷雾

PD85159-10 草甘膦/30%/水剂/草甘膦 30%/2005.07.29 至 2010.07.29/低毒
茶树、甘蔗、果园、剑麻、林木、桑树、橡胶树 一年生杂草和多年生恶性杂草 1125-2250克/公顷 喷雾

PD20098444 草甘膦/95%/原药/草甘膦 95%/2009.12.24 至 2014.12.24/低毒

LS20052620 苦参碱/0.3%/水剂/苦参碱 0.3%/2008.08.14 至 2009.08.14/微毒
十字花科蔬菜 菜青虫 3.6-5.4克/公顷 喷雾

广西平乐野牛有限责任公司 (广西壮族自治区平乐县平乐镇东泉街138号 542400 0773-7882218)

WPN32-2000 电热蚊香片/50毫克/片/电热蚊香片/右旋烯丙菊酯 50毫克/片/2009.12.07 至 2014.12.07/微毒
卫生 蚊 / 电热加温

WP20030017 蚊香/0.2%/蚊香/富右旋反式烯丙菊酯 0.2%/2008.10.27 至 2013.10.27/微毒
卫生 蚊 / 点燃

WP20080169 蚊香/0.3%/蚊香/富右旋反式烯丙菊酯 0.3%/2008.11.18 至 2013.11.18/微毒
卫生 蚊 / 点燃

WL20080220 蚊香/0.012%/蚊香/四氟甲醚菊酯 0.012%/2009.03.10 至 2010.03.10/微毒
卫生 蚊 / 点燃

广西钦州谷虫净总厂 (广西壮族自治区钦州市钦南区黄屋屯镇 535033 0777-3525158)

PD20080520 溴氰·八角油/0.042%/微粒剂/八角茴香油 0.018%、溴氰菊酯 0.024%/2008.04.29 至 2013.04.29/低毒
仓储原粮 仓储害虫 1-1.5:1000(药:粮) 分层均匀撒施

广西全州县安农化工有限责任公司 (广西壮族自治区桂林市全州县绍水镇 541501 0773-4681153)

PD20040743 高效氯氰菊酯/5%/微乳剂/高效氯氰菊酯 5%/2009.12.19 至 2014.12.19/中等毒
十字花科蔬菜 菜青虫 13.5-27克/公顷 喷雾

LS20053572 阿维·毒死蜱/10%/微乳剂/阿维菌素 0.2%、毒死蜱 9.8%/2008.11.14 至 2009.11.14/低毒(原药高毒)
柑橘树 红蜘蛛 66.7-100毫克/千克 喷雾

LS20060452 吡虫·杀虫单/38%/可湿性粉剂/吡虫啉 1%、杀虫单 37%/2009.03.06 至 2010.03.06/中等毒
水稻 稻飞虱、稻纵卷叶螟、二化螟、三化螟 450-750克/公顷 喷雾

LS20061466 杀虫双/20%/水剂/杀虫双 20%/2008.07.17 至 2009.07.17/低毒
水稻 稻纵卷叶螟 540-675克/公顷 喷雾

LS20091115 吡虫·杀虫单/38%/可湿性粉剂/吡虫啉 1%、杀虫单 37%/2009.04.17 至 2010.04.17/中等毒
水稻 稻纵卷叶螟、二化螟、飞虱、三化螟 / /

LS20091284 阿维·高氯/1.8%/微乳剂/阿维菌素 0.2%、高效氯氰菊酯 1.6%/2009.05.22 至 2010.05.22/低毒(原药高毒)
甘蓝 菜青虫、小菜蛾 13.5-27克/公顷 喷雾

广西上思县农药厂 (广西壮族自治区上思县县城东郊 535500 0771-5624046)

LS20050979 马拉·辛硫磷/25%/乳油/马拉硫磷 12.5%、辛硫磷 12.5%/2008.04.04 至 2009.04.04/低毒
水稻 稻纵卷叶螟 375-450克/公顷 喷雾

LS20051210 柴油·辛硫磷/40%/乳油/柴油 20%、辛硫磷 20%/2008.04.12 至 2009.04.12/低毒
水稻 稻飞虱 360-600克/公顷 喷雾

LS20052244 马拉·三唑磷/25%/乳油/马拉硫磷 12.5%、三唑磷 12.5%/2008.06.20 至 2009.06.20/中等毒
水稻 二化螟 300-450克/公顷 喷雾

广西省柳州市万友家庭卫生害虫防治所 (广西壮族自治区柳州市柳邕路123号 545005 0772-3161262)

WP20080459 蚊香/0.2%/蚊香/烯丙菊酯 0.2%/2008.12.16 至 2013.12.16/微毒
卫生 蚊 / 点燃

WL20060027 杀虫饵粒/1%/饵剂/乙酰甲胺磷 1%/2009.02.21 至 2010.02.21/低毒
卫生 蜚蠊、蚂蚁 / 投放

WL20070300 杀虫粉剂/0.3%/粉剂/残杀威 0.3%/2009.12.16 至 2010.12.17/微毒
卫生 蜚蠊、黄家蚁 3克制剂/平方米 撒布

广西施乐农化科技开发有限责任公司(广西壮族自治区南宁市城北区南宁市科园大道60号 530007 0771-3214636)

PD20083523 鱼藤酮/95%/原药/鱼藤酮 95%/2008.12.12 至 2013.12.12/中等毒

PD20090576 马拉·异丙威/23%/乳油/马拉硫磷 12%、异丙威 11%/2009.01.14 至 2014.01.14/低毒
水稻 飞虱 172.5-258.75克/公顷 喷雾

PD20091876 鱼藤酮/7.5%/乳油/鱼藤酮 7.5%/2009.02.09 至 2014.02.09/低毒
十字花科叶菜 蚜虫 33.75-45克/公顷 喷雾

PD20095175 藤酮·辛硫磷/18%/乳油/辛硫磷 17.3%、鱼藤酮 0.7%/2009.04.24 至 2014.04.24/低毒

甘蓝　斜纹夜蛾　162-324克/公顷　喷雾

PD20098486　阿维·氯氰/7.5%/乳油/阿维菌素 0.3%、氯戊菊酯 7.2%/2009.12.24 至 2014.12.24/低毒(原药高毒)

梨树　梨木虱　3000-4000倍液　喷雾

广西田园生化股份有限公司　(广西壮族自治区南宁市高新区创新路西段1号　530007　0771-2310528)

PD20050134　高氯·三唑磷/15%/乳油/高效氯氰菊酯 2%、三唑磷 13%/2005.09.09 至 2010.09.08/中等毒

荔枝树　蒂蛀虫　100-150毫克/千克　喷雾

PD20080378　异稻·稻瘟灵/40%/乳油/稻瘟灵 10%、异稻瘟净 30%/2008.02.29 至 2013.02.28/低毒

水稻　稻瘟病　600-1000克/公顷　喷雾

PD20080379　敌畏·辛硫磷/25%/乳油/敌敌畏 17%、辛硫磷 8%/2008.02.29 至 2013.02.28/低毒

水稻　稻纵卷叶螟　300—450克/公顷　喷雾

PD20081554　三环·多菌灵/75%/可湿性粉剂/多菌灵 45%、三环唑 30%/2008.11.11 至 2013.11.11/中等毒

水稻　稻瘟病　292.5-405克/公顷　喷雾

PD20081557　高效氯氟氰菊酯/2.5%/乳油/高效氯氟氰菊酯 2.5%/2008.11.11 至 2013.11.11/中等毒

十字花科蔬菜　小菜蛾　15-30克/公顷　喷雾

PD20081622　马拉·辛硫磷/25%/乳油/马拉硫磷 12.5%、辛硫磷 12.5%/2008.11.12 至 2013.11.12/低毒

水稻　二化螟　337.5-375克/公顷　喷雾

水稻　稻纵卷叶螟　300—375克/公顷　喷雾

PD20083856　氯氰·敌敌畏/20%/乳油/敌敌畏 19.4%、高效氯氟氰菊酯 0.6%/2008.12.15 至 2013.12.15/中等毒

棉花　蚜虫　120-180克/公顷　喷雾

PD20085264　联苯菊酯/25克/升/乳油/联苯菊酯 25克/升/2008.12.23 至 2013.12.23/低毒

茶树　茶尺蠖　11.25-15克/公顷　喷雾

PD20085586　辛硫磷/3%/颗粒剂/辛硫磷 3%/2008.12.25 至 2013.12.25/低毒

玉米　玉米螟　135-180克/公顷　心叶期喇叭口撒施

PD20085741　甲氰·辛硫磷 /25%/乳油/甲氰菊酯 5%、辛硫磷 20%/2008.12.26 至 2013.12.26/中等毒

棉花　棉铃虫　225-345克/公顷　喷雾

苹果树　红蜘蛛　166.67-250毫克/千克　喷雾

十字花科蔬菜　菜青虫　93.75-187.5克/公顷　喷雾

PD20086081　杀虫双/20%/水剂/杀虫双 20%/2008.12.30 至 2013.12.30/低毒

水稻　二化螟　540-660克/公顷　喷雾

PD20086157　春雷·硫磺/50.5%/可湿性粉剂/春雷霉素 0.5%、硫磺 50%/2008.12.30 至 2013.12.30/低毒

水稻　稻瘟病　1060.5-1212克/公顷　喷雾

PD20086188　春雷·三环唑/10%/可湿性粉剂/春雷霉素 1%、三环唑 9%/2008.12.30 至 2013.12.30/中等毒

水稻　稻瘟病　150-195克/公顷　喷雾

PD20086220　2甲·莠灭净/49%/可湿性粉剂/2甲4氯钠 7%、莠灭净 42%/2008.12.31 至 2013.12.31/低毒

甘蔗田　一年生杂草　1470-2205克/公顷　茎叶喷雾

PD20086227　毒死蜱/480克/升/乳油/毒死蜱 480克/升/2008.12.31 至 2013.12.31/中等毒

水稻　稻纵卷叶螟　432-576克/公顷　喷雾

PD20086247　草甘膦/10%/水剂/草甘膦 10%/2008.12.31 至 2009.12.31/微毒

柑橘园　杂草　1125-1500克/公顷　喷雾

PD20086257　阿维·杀虫单/20%/微乳剂/阿维菌素 0.2%、杀虫单 19.8%/2008.12.31 至 2013.12.31/低毒(原药高毒)

菜豆　美洲斑潜蝇　90-180克/公顷　喷雾

PD20086274　吡虫啉/5%/乳油/吡虫啉 5%/2008.12.31 至 2013.12.31/低毒

小麦　蚜虫　15-22.5克/公顷　喷雾

PD20086329　辛硫·灭多威/20%/乳油/灭多威 10%、辛硫磷 10%/2008.12.31 至 2013.12.31/中等毒(原药高毒)

棉花　棉铃虫　240-300克/公顷　喷雾

PD20090121　吡虫·仲丁威/25%/乳油/吡虫啉 1%、仲丁威 24%/2009.01.08 至 2014.01.08/低毒

甘蓝　蚜虫　150-225克/公顷　喷雾

水稻　飞虱　187.5-281.25克/公顷　喷雾

PD20090218　高效氯氟氰菊酯/0.6%/乳油/高效氯氟氰菊酯 0.6%/2009.01.09 至 2014.01.09/中等毒

棉花　棉铃虫　6.3-8.1克/公顷　喷雾

PD20090238　氰戊·辛硫磷/25%/乳油/氰戊菊酯 5%、辛硫磷 20%/2009.01.09 至 2014.01.09/中等毒

棉花　棉铃虫　281.25-375克/公顷　喷雾

十字花科蔬菜　菜青虫　150-225克/公顷　喷雾

小麦　蚜虫　112.5-150克/公顷　喷雾

PD20090251　硫丹·灭多威/20%/乳油/硫丹 10%、灭多威 10%/2009.01.09 至 2014.01.09/中等毒(原药高毒)

棉花　棉铃虫　120-150克/公顷　喷雾

PD20090559　毒·辛/25%/乳油/毒死蜱 10%、辛硫磷 15%/2009.01.13 至 2014.01.13/中等毒

十字花科蔬菜　黄条跳甲　187.5-262.5克/公顷　喷雾

PD20090615　溴氰·马拉松/10%/乳油/马拉硫磷 9.6%、溴氰菊酯 0.4%/2009.01.14 至 2014.01.14/中等毒

叶菜类十字花科蔬菜　蚜虫　18.75-37.5克/公顷　喷雾

PD20091234　高氯·毒死蜱/52.25%/乳油/毒死蜱 50%、高效氯氰菊酯 2.25%/2009.02.01 至 2014.02.01/中等毒

柑橘树　潜叶蛾　348.3-522.5毫克/千克　喷雾

PD20091366	辛硫·高氯氟/26%/乳油/高效氯氟氰菊酯 1%、辛硫磷 25%/2009.02.02 至 2014.02.02/中等毒			
	棉花	棉铃虫	312-390克/公顷	喷雾
	十字花科蔬菜	小菜蛾	162.63-243.75克/公顷	喷雾
PD20091493	百草枯/200克/升/水剂/百草枯 200克/升/2009.02.02 至 2014.02.02/中等毒			
	柑橘园	杂草	600-900克/公顷	定向喷雾
PD20091803	三唑磷/10%/乳油/三唑磷 10%/2009.02.04 至 2014.02.04/中等毒			
	水稻	三化螟	180-225克/公顷	喷雾
PD20092021	氯氰·辛硫磷/20%/乳油/氯氰菊酯 1.5%、辛硫磷 18.5%/2009.02.12 至 2014.02.12/中等毒			
	棉花	棉铃虫	225-300克/公顷	喷雾
	十字花科蔬菜	小菜蛾	150-225克/公顷	喷雾
PD20092100	辛硫磷/20%/乳油/辛硫磷 20%/2009.02.23 至 2014.02.23/低毒			
	棉花	棉铃虫	225-300克/公顷	喷雾
PD20092161	高氯·马/20%/乳油/高效氯氰菊酯 2%、马拉硫磷 18%/2009.02.23 至 2014.02.23/低毒			
	甘蓝	菜青虫	90-150克/公顷	喷雾
PD20092168	高效氯氰菊酯/4.5%/乳油/高效氯氰菊酯 4.5%/2009.02.23 至 2014.02.23/低毒			
	茶树	茶尺蠖	13.5-20.25克/公顷	喷雾
	烟草	烟青虫	13.5-20.25克/公顷	喷雾
PD20092408	马拉·杀螟松/12%/乳油/马拉硫磷 10%、杀螟硫磷 2%/2009.02.25 至 2014.02.25/低毒			
	水稻	二化螟	180-270克/公顷	喷雾
PD20092529	辛硫·三唑磷/20%/乳油/三唑磷 10%、辛硫磷 10%/2009.02.26 至 2014.02.26/中等毒			
	水稻	稻纵卷叶螟	270-360克/公顷	喷雾
	水稻	二化螟	360-480克/公顷	喷雾
PD20092720	乙草胺/50%/乳油/乙草胺 50%/2009.03.04 至 2014.03.04/低毒			
	冬油菜田	一年生杂草	600-750克/公顷	土壤喷雾
PD20092930	硫磺·百菌清/40%/可湿性粉剂/百菌清 8%、硫磺 32%/2009.03.05 至 2014.03.05/低毒			
	花生	叶斑病	900－1200克/公顷	喷雾
PD20093261	杀扑·氧乐果 /40%/乳油/杀扑磷 10%、氧乐果 30%/2009.03.11 至 2014.03.11/中等毒(原药高毒)			
	柑橘树	矢尖蚧	500-800毫克/千克	喷雾
PD20093749	杀双·灭多威/20%/水剂/灭多威 10%、杀虫双 10%/2009.03.25 至 2014.03.25/中等毒(原药高毒)			
	甘蓝	菜青虫	100-150克/公顷	喷雾
	水稻	二化螟	240-300克/公顷	喷雾
PD20094539	烯唑醇/25%/乳油/烯唑醇 25%/2009.04.09 至 2014.04.09/低毒			
	梨树	黑星病	5000-7000倍液	喷雾
PD20095832	阿维·高氯氟/1.3%/乳油/阿维菌素 0.3%、高效氟氯氰菊酯 1%/2009.05.27 至 2014.05.27/低毒(原药高毒)			
	甘蓝	小菜蛾	7.8-11.7克/公顷	喷雾
PD20095998	阿维·辛硫磷/15%/乳油/阿维菌素 0.1%、辛硫磷 14.9%/2009.06.11 至 2014.06.11/低毒(原药高毒)			
	甘蓝	小菜蛾	112.5-168.75克/公顷	喷雾
PD20096000	阿维·毒死蜱/10%/乳油/阿维菌素 0.1%、毒死蜱 9.9%/2009.06.11 至 2014.06.11/低毒(原药高毒)			
	甘蓝	小菜蛾	112.5-150克/公顷	喷雾
PD20096055	阿维·甲氰/10%/乳油/阿维菌素 1%、甲氰菊酯 9%/2009.06.18 至 2014.06.18/中等毒(原药高毒)			
	甘蓝	小菜蛾	45-67.5克/公顷	喷雾
PD20096079	吡虫啉/20%/可溶液剂/吡虫啉 20%/2009.06.18 至 2014.06.18/低毒			
	水稻	稻飞虱	15-30克/公顷	喷雾
PD20096323	哒螨灵/15%/乳油/哒螨灵 15%/2009.07.22 至 2014.07.22/中等毒			
	柑橘树	红蜘蛛	30-40毫克/千克	喷雾
PD20097335	敌敌畏/50%/乳油/敌敌畏 50%/2009.10.27 至 2014.10.27/中等毒			
	水稻	稻飞虱	420-450克/公顷	喷雾
PD20097495	高效氯氟氰菊酯/2.5%/水乳剂/高效氯氟氰菊酯 2.5%/2009.11.03 至 2014.11.03/低毒			
	甘蓝	菜青虫	7.5-9.375克/公顷	喷雾
PD20097591	氧乐果/40%/乳油/氧乐果 40%/2009.11.03 至 2014.11.03/中等毒(原药高毒)			
	柑橘树	矢尖蚧	180-240毫克/千克	喷雾
PD20097649	阿维菌素/1.8%/乳油/阿维菌素 1.8%/2009.11.04 至 2014.11.04/低毒(原药高毒)			
	甘蓝	小菜蛾	8.1-10.8克/公顷	喷雾
PD20097650	阿维菌素/3.2%/乳油/阿维菌素 3.2%/2009.11.04 至 2014.11.04/低毒(原药高毒)			
	菜豆	美洲斑潜蝇	10.8-21.6克/公顷	喷雾
PD20097706	毒死蜱/40%/乳油/毒死蜱 40%/2009.11.04 至 2014.11.04/低毒			
	水稻	稻纵卷叶螟	288-360克/公顷	喷雾
PD20098075	稻瘟灵/30%/乳油/稻瘟灵 30%/2009.12.08 至 2014.12.08/低毒			
	水稻	稻瘟病	270-324克/公顷	喷雾
PD20098460	阿维·矿物油/25%/乳油/阿维菌素 0.2%、矿物油 24.8%/2009.12.24 至 2014.12.24/低毒(原药高毒)			
	柑橘树	红蜘蛛	125-250毫克/千克	喷雾
LS992090	菌毒·吗啉胍/7.5%/水剂/菌毒清 2.5%、盐酸吗啉胍 5%/2009.05.31 至 2009.12.31/低毒			
	番茄	病毒病	131.2-196.88克/公顷	喷雾

LS20050651 高效氯氰菊酯/4.5%/微乳剂/高效氯氰菊酯 4.5%/2008.03.14 至 2009.03.14/中等毒
十字花科蔬菜 菜青虫 13.5-27克/公顷 喷雾
LS20050653 阿维·三唑磷/10.2%/乳油/阿维菌素 0.2%、三唑磷 10%/2008.03.14 至 2009.03.14/低毒(原药高毒)
节瓜 蓟马 153-229.5克/公顷 喷雾
LS20051096 噻嗪·高氯氟/9%/乳油/高效氯氟氰菊酯 1%、噻嗪酮 8%/2008.05.12 至 2009.05.12/低毒
茶树 小绿叶蝉 90-120克/公顷 喷雾
LS20051653 高效氯氰菊酯/2.5%/水乳剂/高效氯氰菊酯 2.5%/2008.04.29 至 2009.04.29/低毒
十字花科蔬菜 菜青虫 22.5-45克/公顷 喷雾
LS20053737 氯氰·虫酰肼/9%/乳油/虫酰肼 4%、氯氰菊酯 5%/2008.12.08 至 2009.12.08/低毒
十字花科蔬菜 甜菜夜蛾 135-162克/公顷 喷雾
LS20060021 阿维菌素/0.9%/乳油/阿维菌素 0.9%/2009.01.16 至 2010.01.16/低毒(原药高毒)
十字花科蔬菜 小菜蛾 8.1-10.8克/公顷 喷雾
LS20060042 阿维·毒死蜱/5.5%/乳油/阿维菌素 0.1%、毒死蜱 5.4%/2009.01.16 至 2010.01.16/低毒(原药高毒)
柑橘树 红蜘蛛 55-73毫克/千克 喷雾
LS20060115 啶虫脒/2%/乳油/啶虫脒 2%/2009.01.24 至 2010.01.24/低毒
十字花科蔬菜 蚜虫 12-15克/公顷 喷雾
LS20060221 乙酰甲胺磷/20%/乳油/乙酰甲胺磷 20%/2009.02.14 至 2010.02.14/低毒
水稻 二化螟 750-900克/公顷 喷雾
LS20060297 腈菌唑/5%/乳油/腈菌唑 5%/2009.03.01 至 2010.03.01/低毒
黄瓜 白粉病 22.5-30克/公顷 喷雾
LS20060592 杀单·三唑磷/18%/微乳剂/三唑磷 6%、杀虫单 12%/2009.03.23 至 2010.03.23/低毒
水稻 二化螟 270-324克/公顷 喷雾
LS20060795 甲氨基阿维菌素苯甲酸盐/1%/乳油/甲氨基阿维菌素苯甲酸盐 1%/2009.04.09 至 2010.04.09/低毒
十字花科蔬菜 小菜蛾 1.5-2.25克/公顷 喷雾
LS20060864 甲维·毒死蜱/10%/乳油/毒死蜱 9.9%、甲氨基阿维菌素苯甲酸盐 0.1%/2009.04.13 至 2010.04.13/中等毒
大豆 甜菜夜蛾 75-90克/公顷 喷雾
LS20060961 联苯菊酯/2.5%/微乳剂/联苯菊酯 2.5%/2009.04.23 至 2010.04.23/低毒
茶树 茶小绿叶蝉 30-37.5克/公顷 喷雾
LS20061174 毒·辛/20%/乳油/毒死蜱 4%、辛硫磷 16%/2009.05.17 至 2010.05.17/低毒
韭菜 韭蛆 1500-1800克/公顷 喷淋灌根
LS20061292 咪鲜胺/12%/微乳剂/咪鲜胺 12%/2009.06.08 至 2010.06.08/低毒
芒果 炭疽病 300-500毫克/千克 喷雾
LS20061439 甲维·虫酰肼/5.1%/可湿性粉剂/虫酰肼 5%、甲氨基阿维菌素苯甲酸盐 0.1%/2009.07.12 至 2010.07.12/低毒
番茄 甜菜夜蛾 38.25-53.55克/公顷 喷雾
十字花科蔬菜 小菜蛾 38.25-53.55克/公顷 喷雾
LS20061606 杀虫双/3.6%/颗粒剂/杀虫双 3.6%/2009.08.17 至 2010.08.17/低毒
水稻 二化螟 540-675克/公顷 撒施
LS20081084 甲·灭·敌草隆/56%/可湿性粉剂/敌草隆 7%、2甲4氯钠 9%、莠灭净 40%/2009.03.10 至 2010.03.10/低毒
甘蔗田 一年生杂草 1260-1680克/公顷 定向茎叶喷雾
LS20081589 吡嘧·苯噻酰/0.15%/颗粒剂/苯噻酰草胺 0.14%、吡嘧磺隆 0.01%/2009.04.03 至 2010.04.03/低毒
水稻抛秧田 一年生杂草 450-675克/公顷 毒土法
LS20081596 苄嘧·苯噻酰/0.11%/颗粒剂/苯噻酰草胺 0.1%、苄嘧磺隆 0.01%/2009.04.03 至 2010.04.03/低毒
水稻抛秧田 一年生杂草 330-495克/公顷 毒土法
LS20081645 阿维·炔螨特/40%/乳油/阿维菌素 0.3%、炔螨特 39.7%/2009.04.07 至 2010.04.07/低毒(原药高毒)
柑橘树 红蜘蛛 200-400毫克/千克 喷雾
LS20081813 阿维·吡虫啉/2.2%/乳油/阿维菌素 0.2%、吡虫啉 2%/2009.04.10 至 2010.04.10/低毒(原药高毒)
节瓜 蓟马 23.1-26.4克/公顷 喷雾
LS20081989 吡虫·仲丁威/5%/微乳剂/吡虫啉 1%、仲丁威 4%/2009.04.15 至 2010.04.15/低毒
水稻 稻飞虱 75-90克/公顷 喷雾
LS20082120 甲氨基阿维菌素苯甲酸盐/0.2%/乳油/甲氨基阿维菌素 0.2%/2009.04.16 至 2010.04.16/低毒
十字花科蔬菜 小菜蛾 1.65-1.8克/公顷 喷雾
LS20082213 吡虫·噻嗪酮/10%/乳油/吡虫啉 2%、噻嗪酮 8%/2009.04.18 至 2010.04.18/低毒
水稻 稻飞虱 60-75克/公顷 喷雾
LS20082388 井冈·水杨酸/13%/水剂/井冈霉素 3%、水杨酸钠 10%/2009.04.21 至 2010.04.21/低毒
水稻 纹枯病 146.25-195克/公顷 喷雾
LS20082415 甲氨基阿维菌素苯甲酸盐/2%/乳油/甲氨基阿维菌素 2%/2009.04.22 至 2010.04.22/低毒
甘蓝 小菜蛾 3-3.3克/公顷 喷雾
LS20082875 辛硫·高氯氟/10%/乳油/高效氯氟氰菊酯 1.2%、辛硫磷 8.8%/2009.06.11 至 2010.06.11/低毒
十字花科蔬菜 菜青虫 90-120克/公顷 喷雾
LS20082938 阿维菌素/0.5%/乳油/阿维菌素 0.5%/2009.07.23 至 2010.07.23/低毒(原药高毒)
水稻 稻纵卷叶螟 3.75-4.5克/公顷 喷雾
LS20083167 丁醚脲/25%/乳油/丁醚脲 25%/2009.11.17 至 2010.11.17/低毒
十字花科蔬菜 菜青虫 225-300克/公顷 喷雾

广西梧州蒙山县广字蚊香厂 (广西壮族自治区梧州市蒙山县蒙山镇高堆村 546700 0774-2347505)

WP20090056 蚊香/0.3%/蚊香/富右旋反式烯丙菊酯 0.3%/2009.01.21 至 2014.01.21/微毒
卫生 蚊 / 点燃

广西兴安县农药厂 (广西壮族自治区桂林市兴安县兴安镇兴桂南路60号 541300 0773-6222579)

PD84104-39 杀虫双/18%/水剂/杀虫双 18%/2009.09.21 至 2014.09.21/中等毒
甘蔗、蔬菜、水稻、小麦、玉米 多种害虫 540-675克/公顷 喷雾
果树 多种害虫 225-360毫克/千克 喷雾

PD85159-26 草甘膦/10%/水剂/草甘膦 10%/2005.08.15 至 2009.12.31/低毒
茶树、甘蔗、果园、剑麻、林木、桑树、橡胶树 一年生杂草和多年生恶性杂草 1125-2250克/公顷 喷雾

PD86148-31 异丙威/20%/乳油/异丙威 20%/2006.12.05 至 2011.12.05/中等毒
水稻 飞虱、叶蝉 450-600克/公顷 喷雾

广西兄弟农药厂 (广西壮族自治区大新县城南郊 532300 0771-3624998)

PD20081474 稻瘟灵/40%/乳油/稻瘟灵 40%/2008.11.04 至 2013.11.04/低毒
水稻 稻瘟病 450－660克/公顷 喷雾

PD20083020 异丙威/20%/乳油/异丙威 20%/2008.12.10 至 2013.12.10/中等毒
水稻 飞虱 450-600克/公顷 喷雾

PD20092278 甲氰 ·敌敌畏/35%/乳油/敌敌畏 25%、甲氰菊酯 10%/2009.02.24 至 2014.02.24/中等毒
甘蓝 菜青虫、蚜虫 105-157.5克/公顷 喷雾

PD20092623 辛硫磷/40%/乳油/辛硫磷 40%/2009.03.02 至 2014.03.02/低毒
十字花科蔬菜 菜青虫 300-450克/公顷 喷雾

PD20096939 异松·乙草胺 /58%/乳油/乙草胺 34%、异噁草松 24%/2009.09.29 至 2014.09.29/低毒
春大豆田 一年生杂草 140-160毫升制剂/亩 播后苗前土壤喷雾

LS20082987 联苯菊酯/2.5%/微乳剂/联苯菊酯 2.5%/2009.08.20 至 2010.08.20/低毒
茶树 茶小绿叶蝉 30-37.5克/公顷 喷雾

LS20083091 高效氯氟氰菊酯/2.5%/微乳剂/高效氯氟氰菊酯 2.5%/2009.10.22 至 2010.10.22/中等毒
甘蓝 菜青虫 7.5-15克/公顷 喷雾

LS20083106 阿维·毒死蜱/10%/微乳剂/阿维菌素 0.1%、毒死蜱 9.9%/2009.10.27 至 2010.10.27/低毒(原药高毒)
甘蓝 小菜蛾 135-180克/公顷 喷雾

LS20083110 毒·辛/25%/微乳剂/毒死蜱 5%、辛硫磷 20%/2009.10.29 至 2010.10.29/低毒
甘蓝 菜青虫 450-562.5克/公顷 喷雾

LS20083137 阿维·辛硫磷/15%/微乳剂/阿维菌素 0.1%、辛硫磷 14.9%/2009.11.12 至 2010.11.12/低毒(原药高毒)
十字花科蔬菜 菜青虫 135-180克/公顷 喷雾

LS20083183 唑磷·毒死蜱/13%/微乳剂/毒死蜱 5%、三唑磷 8%/2009.11.20 至 2010.11.20/中等毒
十字花科蔬菜 小菜蛾 234-273克/公顷 喷雾

LS20083198 氟铃·辛硫磷/20%/乳油/氟铃脲 2%、辛硫磷 18%/2009.12.04 至 2010.12.04/低毒
甘蓝 小菜蛾 150-180克/公顷 喷雾

LS20083218 丙溴·辛硫磷/23%/微乳剂/丙溴磷 5%、辛硫磷 18%/2009.12.10 至 2010.12.10/低毒
十字花科蔬菜 菜青虫 241.5-310.5克/公顷 喷雾

LS20083244 阿维·杀虫单/20%/微乳剂/阿维菌素 0.2%、杀虫单 19.8%/2009.12.11 至 2010.12.11/中等毒(原药高毒)
十字花科蔬菜 小菜蛾 90-120克/公顷 喷雾

LS20090685 2甲·莠灭净/48%/可湿性粉剂/2甲4氯钠 8%、莠灭净 40%/2009.03.27 至 2010.03.27/低毒
甘蔗田 一年生杂草 2160-2880克/公顷 行间定向茎叶喷雾

LS20090898 甲氨基阿维菌素苯甲酸盐(1.14%)////微乳剂/甲氨基阿维菌素 1%/2009.04.09 至 2010.04.09/低毒
十字花科蔬菜 甜菜夜蛾 1.875-3克/公顷 喷雾

广西易多收生物科技有限公司 (广西壮族自治区南宁市大学路32-1号 530007 0771-3244986)

PD20080392 高效氯氟氰菊酯/25克/升/乳油/高效氯氟氰菊酯 25克/升/2008.02.29 至 2013.02.28/低毒
烟草 烟青虫 7.5-9.375克/公顷 喷雾

PD20080504 三唑磷/20%/乳油/三唑磷 20%/2008.04.10 至 2013.04.10/中等毒
水稻 二化螟、三化螟 300-450克/公顷 喷雾

PD20080542 吡虫·杀虫单/58%/可湿性粉剂/吡虫啉 2.5%、杀虫单 55.5%/2008.05.04 至 2013.05.04/中等毒
水稻 稻飞虱、稻纵卷叶螟 450-750克/公顷 喷雾

PD20080794 草甘膦/10%/水剂/草甘膦 10%/2008.06.20 至 2009.12.31/低毒
柑橘园 杂草 1125－2250克/公顷 定向喷雾

PD20080977 敌敌畏/80%/乳油/敌敌畏 80%/2008.07.24 至 2013.07.24/中等毒
叶菜类十字花科蔬菜 菜青虫 600-780克/公顷 喷雾

PD20081149 草甘膦异丙胺盐/41%/水剂/草甘膦异丙胺盐 41%/2008.09.01 至 2013.09.01/低毒
柑橘园 杂草 1660-2214毫升/公顷 定向茎叶喷雾

PD20081385 炔螨特/40%/乳油/炔螨特 40%/2008.10.28 至 2013.10.28/低毒

	柑橘树	红蜘蛛	200-400毫克/千克	喷雾
PD20081555	毒死蜱/40%/乳油/毒死蜱 40%/2008.11.11 至 2013.11.11/中等毒			
	水稻	稻纵卷叶螟	480-600克/公顷	喷雾
PD20084214	硫磺·三环唑/45%/可湿性粉剂/硫磺 40%、三环唑 5%/2008.12.16 至 2013.12.16/低毒			
	水稻	稻瘟病	1012.5－1215克/公顷	喷雾
PD20084554	乙草胺/50%/乳油/乙草胺 50%/2008.12.18 至 2013.12.18/低毒			
	春玉米田	一年生禾本科杂草及部分小粒种子阔叶杂草	1125-1350克/公顷	土壤喷雾
	夏玉米田	一年生禾本科杂草及部分小粒种子阔叶杂草	900-1050克/公顷	土壤喷雾
PD20084580	甲氰菊酯/20%/乳油/甲氰菊酯 20%/2008.12.18 至 2013.12.18/中等毒			
	十字花科蔬菜	菜青虫	75-90克/公顷	喷雾
PD20084703	敌百虫/30%/乳油/敌百虫 30%/2008.12.22 至 2013.12.22/低毒			
	甘蓝	菜青虫	450-675克/公顷	喷雾
PD20084973	甲霜·锰锌/58%/可湿性粉剂/甲霜灵 10%、代森锰锌 48%/2008.12.22 至 2013.12.22/低毒			
	黄瓜	霜霉病	1305-1740克/公顷	喷雾
PD20085440	氰戊·辛硫磷/25%/乳油/氰戊菊酯 3%、辛硫磷 22%/2008.12.24 至 2013.12.24/中等毒			
	十字花科蔬菜	菜青虫	150-225克/公顷	喷雾
PD20086284	敌百·辛硫磷/30%/乳油/敌百虫 10%、辛硫磷 20%/2008.12.31 至 2013.12.31/低毒			
	水稻	二化螟	450-540克/公顷	喷雾
PD20090297	氯氰·毒死蜱/22%/乳油/毒死蜱 20%、氯氰菊酯 2%/2009.01.09 至 2014.01.09/低毒			
	十字花科蔬菜	菜青虫	132-264克/公顷	喷雾
PD20090402	莠灭净/40%/可湿性粉剂/莠灭净 40%/2009.01.12 至 2014.01.12/低毒			
	甘蔗田	一年生杂草	1500－2100克/公顷	土壤喷雾
PD20091345	丁草胺/50%/乳油/丁草胺 50%/2009.02.02 至 2014.02.02/低毒			
	移栽水稻田	稗草、牛毛草、鸭舌草等杂草	900-1275克/公顷	毒土法
PD20091529	丙环唑/25%/乳油/丙环唑 25%/2009.02.03 至 2014.02.03/低毒			
	香蕉树	叶斑病	250-500毫克/千克	喷雾
PD20091699	联苯菊酯/25克/升/乳油/联苯菊酯 25克/升/2009.02.03 至 2014.02.03/低毒			
	茶树	小绿叶蝉	30-37.克/公顷	喷雾
PD20091923	辛硫磷/3%/颗粒剂/辛硫磷 3%/2009.02.12 至 2014.02.12/低毒			
	花生	地下害虫	2700－3600克/公顷	沟施
PD20092449	高效氯氰菊酯/2.5%/乳油/高效氯氰菊酯 2.5%/2009.02.25 至 2014.02.25/低毒			
	甘蓝	菜青虫	15-22.5克/公顷	喷雾
PD20092972	异丙威/20%/乳油/异丙威 20%/2009.03.09 至 2014.03.09/低毒			
	水稻	稻飞虱	525-600克/公顷	喷雾
PD20093166	敌畏·毒死蜱/35%/乳油/敌敌畏 25%、毒死蜱 10%/2009.03.11 至 2014.03.11/中等毒			
	水稻	稻纵卷叶螟	472.5-525克/公顷	喷雾
PD20093709	氯氰菊酯/5%/乳油/氯氰菊酯 5%/2009.03.25 至 2014.03.25/低毒			
	十字花科蔬菜	菜青虫	30-45克/公顷	喷雾
PD20093817	联苯菊酯/100克/升/乳油/联苯菊酯 100克/升/2009.03.25 至 2014.03.25/中等毒			
	茶树	小绿叶蝉	30-37.5克/公顷	喷雾
PD20094503	草甘膦/30%/可溶粉剂/草甘膦 30%/2009.04.09 至 2014.04.09/低毒			
	柑橘园	杂草	1125-2250克/公顷	喷雾
PD20094617	溴氰菊酯/2.8%/乳油/溴氰菊酯 2.8%/2009.04.10 至 2014.04.10/低毒			
	大白菜	菜青虫	7.5-15克/公顷	喷雾
PD20094680	氰戊·乐果/25%/乳油/乐果 20%、氰戊菊酯 5%/2009.04.10 至 2014.04.10/低毒			
	甘蓝	菜青虫	187.5-262.5克/公顷	喷雾
PD20094847	高氯 ·敌敌畏/26%/乳油/敌敌畏 25%、高效氯氰菊酯 1%/2009.04.13 至 2014.04.13/中等毒			
	十字花科蔬菜	菜青虫	156－234克/公顷	喷雾
PD20095000	乐果·敌百虫/40%/乳油/敌百虫 20%、乐果 20%/2009.04.21 至 2014.04.21/低毒			
	水稻	稻纵卷叶螟	450-540克/公顷	喷雾
PD20096020	复硝酚钠/1.8%/水剂/复硝酚钠 1.8%/2009.06.15 至 2014.06.15/微毒			
	番茄	调节生长	2000-3000倍液	喷雾3次
PD20097158	2甲4氯钠/13%/水剂/2甲4氯钠 13%/2009.10.16 至 2014.10.16/低毒			
	水稻	阔叶杂草及莎草科杂草	450-975克/公顷	茎叶喷雾
PD20097269	马拉·杀螟松/12%/乳油/马拉硫磷 10%、杀螟硫磷 2%/2009.10.26 至 2014.10.26/低毒			
	水稻	二化螟	180-360克/公顷	喷雾
PD20097486	杀虫双/20%/水剂/杀虫双 20%/2009.11.03 至 2014.11.03/低毒			
	水稻	稻纵卷叶螟、三化螟	540-675克/公顷	喷雾
PD20097489	辛硫·三唑磷/20%/乳油/三唑磷 10%、辛硫磷 10%/2009.11.03 至 2014.11.03/中等毒			
	水稻	二化螟	360-450克/公顷	喷雾
LS20050874	丙溴·辛硫磷/25%/乳油/丙溴磷 6%、辛硫磷 19%/2008.03.29 至 2009.03.29/低毒			

水稻　稻纵卷叶螟　187.5-262.5克/公顷　喷雾
LS20051074　吡虫·噻嗪酮/10%/可湿性粉剂/吡虫啉 2%、噻嗪酮 8%/2008.04.11 至 2009.04.11/低毒
水稻　稻飞虱　45-75克/公顷　喷雾
LS20053840　噁霜·锰锌/64%/可湿性粉剂/噁霜灵 8%、代森锰锌 56%/2008.12.22 至 2009.12.22/低毒
黄瓜　霜霉病　1680-1920克/公顷　喷雾
LS20061691　2甲4氯钠/56%/可溶粉剂/2甲4氯钠 56%/2009.09.10 至 2010.09.10/低毒
移栽水稻田　阔叶杂草及莎草科杂草　504-840克/公顷　茎叶喷雾
LS20061760　草甘膦铵盐/10%/水剂/草甘膦铵盐 10%/2008.10.10 至 2009.10.10/低毒
柑橘园　杂草　1500-2250克/公顷　喷雾
LS20061811　井冈霉素A/24克/升/水剂/井冈霉素A 24克/升/2009.10.31 至 2010.10.31/低毒
水稻　纹枯病　150-187.5克/公顷　喷雾
LS20061921　唑磷·毒死蜱/25%/乳油/毒死蜱 8.3%、三唑磷 16.7%/2009.12.06 至 2010.12.06/中等毒
水稻　稻纵卷叶螟　187.5～262.5克/公顷　喷雾
LS20061933　草甘膦异丙胺盐/10%/水剂/草甘膦异丙胺盐 10%/2008.12.06 至 2009.12.06/低毒
柑橘园　杂草　1125-2250克/公顷　茎叶喷雾
LS20070132　高氯·吡虫啉/3%/乳油/吡虫啉 1.5%、高效氯氰菊酯 1.5%/2009.02.01 至 2010.02.01/低毒
十字花科蔬菜　蚜虫　18-27克/公顷　喷雾
LS20070812　百草枯/20%/水剂/百草枯 20%/2009.04.10 至 2010.04.11/中等毒
晚稻抛秧田(免耕)　杂草　450-600克/公顷　茎叶喷雾
LS20080042　阿维·哒螨灵/5%/乳油/阿维菌素 0.2%、哒螨灵 4.8%/2009.01.03 至 2010.01.03/中等毒(原药高毒)
柑橘树　红蜘蛛　33.3～50毫克/千克　喷雾

广西易多收生物科技有限公司河池农药厂　(广西壮族自治区河池市东江镇　547001　0771-3244986)

PD20080930　敌敌畏/95%/原药/敌敌畏 95%/2008.07.17 至 2013.07.17/中等毒
PD20080933　草甘膦/95%/原药/草甘膦 95%/2008.07.17 至 2013.07.17/低毒
PD20081086　丁草胺/90%/原药/丁草胺 90%/2008.08.18 至 2013.08.18/低毒
PD20081508　百草枯/42%/母药/百草枯 42%/2008.11.06 至 2013.11.06/中等毒
PD20097491　高效氯氰菊酯/95%/原药/高效氯氰菊酯 95%/2009.11.03 至 2014.11.03/中等毒

广西玉林市百能达日用粘胶制品厂　(广西壮族自治区玉林市一环北路西环里153号　537000　0775-2098073)

WL20060008　杀蟑笔剂/0.35%/笔剂/残杀威 0.25%、高效氯氰菊酯 0.1%/2009.01.24 至 2010.01.24/微毒
卫生　蜚蠊　3克制剂/平方米　涂抹
WL20060023　杀虫微乳剂/10%/微乳剂/残杀威 6%、高效氯氰菊酯 4%/2009.01.27 至 2010.01.27/低毒
卫生　蚊、蝇、蜚蠊　玻璃面：30毫克/平方米；木板面，水泥面：50毫克/平方米　滞留喷洒
WL20060053　高效氯氰菊酯/8%/可湿性粉剂/高效氯氰菊酯 8%/2009.03.23 至 2010.03.23/低毒
卫生　蚊、蝇、蜚蠊　40毫克/平方米　滞留喷洒
WL20060057　杀虫饵粒/1.5%/饵粒/残杀威 1.5%/2009.03.23 至 2010.03.23/微毒
卫生　蜚蠊、蚂蚁　/　投放
WL20060187　杀蟑烟片/8%/烟片/右旋苯醚氰菊酯 8%/2009.11.14 至 2010.11.14/低毒
卫生　蜚蠊　/　点燃

广西玉林市农宝农药厂　(广西壮族自治区玉林市博白江南工业区　537600　0775-8333828)

PD20081274　马拉硫磷/45%/乳油/马拉硫磷 45%/2008.09.25 至 2013.09.25/低毒
水稻　叶蝉　675-810克/公顷　喷雾
PD20081275　辛硫磷/40%/乳油/辛硫磷 40%/2008.09.25 至 2013.09.25/低毒
甘蓝　菜青虫　450-600克/公顷　喷雾
PD20081296　氰戊·马拉松/20%/乳油/马拉硫磷 15%、氰戊菊酯 5%/2008.10.06 至 2013.10.06/中等毒
十字花科蔬菜　菜青虫　90-150克/公顷　喷雾
PD20081955　乐果/40%/乳油/乐果 40%/2008.11.24 至 2013.11.24/中等毒
水稻　三化螟　480-600克/公顷　喷雾
PD20083553　丙溴·辛硫磷/25%/乳油/丙溴磷 5%、辛硫磷 20%/2008.12.12 至 2013.12.12/低毒
棉花　棉铃虫　187.5-281.25克/公顷　喷雾
PD20097470　杀虫双/18%/水剂/杀虫双 18%/2009.11.03 至 2014.11.03/中等毒
水稻　三化螟　540-675克/公顷　喷雾

广西玉林祥和源化工药业有限公司　(广西壮族自治区玉林市城站路73号　537001　0775-3832736)

WL20050106　杀虫饵粒/1.5%/饵粒/残杀威 1.5%/2008.04.11 至 2009.04.11/低毒
卫生　蜚蠊、蚂蚁　/　投放
WL20070006　氟磺酰胺//原药/氟磺酰胺 90%/2010.01.18 至 2011.01.18/低毒
WL20090185　杀虫饵粒/0.5%/饵粒/氟磺酰胺 0.5%/2009.10.19 至 2010.10.19/微毒
室内　蜚蠊、蚂蚁　/　投放
室外　红火蚁　饱和投饵　投放

广西植保农药厂　(广西壮族自治区博白县城玉公公路边　537600　0775-8338385)

PD20094861　氰戊·辛硫磷/12%/乳油/氰戊菊酯 4%、辛硫磷 8%/2009.04.13 至 2014.04.13/低毒
十字花科蔬菜　菜青虫　72-108克/公顷　喷雾
PD20095812　氰戊·辛硫磷/50%/乳油/氰戊菊酯 5%、辛硫磷 45%/2009.05.27 至 2014.05.27/中等毒

甘蓝 菜青虫 75-150克/公顷 喷雾
PD20097413 毒·辛/20%/乳油/毒死蜱 4%、辛硫磷 16%/2009.10.28 至 2014.10.28/低毒
棉花 棉铃虫 360-390克/公顷 喷雾
PD20097427 乐果·敌百虫/40%/乳油/敌百虫 20%、乐果 20%/2009.10.28 至 2014.10.28/中等毒
水稻 稻纵卷叶螟 600-720克/公顷 喷雾

广西钟山县农药厂 (广西壮族自治区贺州市钟山县城北环东路309号 542600 0774-8982606)

PD86148-29 20%异丙威乳油//乳油/异丙威 20%/2006.11.02 至 2011.11.02/中等毒
水稻 飞虱、叶蝉 450-600克/公顷 喷雾

广西壮族自治区化工研究院 (广西壮族自治区南宁市城北区望州路北二里7号 530001 0771-3331751)

PD85159 草甘膦/30%/水剂/草甘膦 30%/2005.05.20 至 2010.05.20/低毒
茶树、甘蔗、果园、剑麻、林木、桑树、橡胶树 一年生杂草和多年生恶性杂草 1125-2250克/公顷 喷雾
PD20083225 辛硫磷/3%/颗粒剂/辛硫磷 3%/2008.12.11 至 2013.12.11/微毒
花生 地下害虫 1800-2700克/公顷 穴施
PD20092334 草甘膦/95%/原药/草甘膦 95%/2009.02.24 至 2014.02.24/低毒
PD20092798 溴氰·敌敌畏/24%/乳油/敌敌畏 23.5%、溴氰菊酯 0.5%/2009.03.04 至 2014.03.04/中等毒
甘蓝 菜青虫 72-108克/公顷 喷雾
PD20094172 草甘膦异丙胺盐/41%/水剂/草甘膦 41%/2009.03.27 至 2014.03.27/低毒
柑橘园 杂草 1125-2250克/公顷 定向茎叶喷雾
PD20094227 莠去津/95%/原药/莠去津 95%/2009.03.31 至 2014.03.31/低毒
PD20094962 丙环唑/250克/升/乳油/丙环唑 250克/升/2009.04.21 至 2014.04.21/低毒
香蕉 叶斑病 250-500毫克/千克 喷雾
PD20095078 杀虫双/18%/水剂/杀虫双 18%/2009.04.22 至 2014.04.22/低毒
水稻 三化螟 675-810克/公顷 喷雾
PD20095326 莠去津/38%/悬浮剂/莠去津 38%/2009.04.27 至 2014.04.27/低毒
甘蔗田 一年生杂草 1197-1425克/公顷 土壤喷雾
LS20040599 滴酸·草甘膦/10.8%/水剂/草甘膦 10%、2,4-滴 0.8%/2009.01.14 至 2009.12.31/微毒
柑橘园 杂草 1215-2430克/公顷 茎叶喷雾
LS20071672 2甲4氯钠/56%/可溶粉剂/2甲4氯钠 56%/2008.06.13 至 2009.06.14/低毒
移栽水稻田 阔叶杂草及莎草科杂草 504-840克/公顷 茎叶喷雾
LS20072359 杀虫单/95%/原药/杀虫单 95%/2009.10.16 至 2010.10.17/中等毒
LS20090802 2甲·莠灭净 /50%/可湿性粉剂/2甲4氯钠 10%、莠灭净 40%/2009.04.03 至 2010.04.03/低毒
甘蔗田 一年生杂草 1500-2250克/公顷 定向茎叶喷雾

广西自主化工有限公司 (广西壮族自治区南宁市江南区白沙大道100号 530031 0771-4832589)

PD85159-12 草甘膦/10%/水剂/草甘膦 10%/2005.07.14 至 2009.12.31/低毒
茶树、甘蔗、果园、剑麻、林木、桑树、橡胶树 一年生杂草和多年生恶性杂草 1125-2250克/公顷 喷雾

广西鑫金泰化工有限公司 (广西壮族自治区贵港市平南县瑞雁广场南 537300 0775-7866335)

PD20083351 代森锰锌/80%/可湿性粉剂/代森锰锌 80%/2008.12.11 至 2013.12.11/低毒
荔枝树 霜疫霉病 1333-2000毫克/千克 喷雾
PD20083426 丙环唑/250克/升/乳油/丙环唑 250克/升/2008.12.11 至 2013.12.11/低毒
香蕉 叶斑病 250-500毫克/千克 喷雾
PD20083830 甲氰菊酯/20%/乳油/甲氰菊酯 20%/2008.12.15 至 2013.12.15/中等毒
十字花科蔬菜 菜青虫 90-120克/公顷 喷雾
PD20083852 高效氯氟氰菊酯/25克/升/乳油/高效氯氟氰菊酯 25克/升/2008.12.15 至 2013.12.15/低毒
十字花科蔬菜 菜青虫 7.5-15克/公顷 喷雾
PD20084016 杀螟丹/50%/可溶粉剂/杀螟丹 50%/2008.12.16 至 2013.12.16/中等毒
水稻 二化螟 600-750克/公顷 喷雾
PD20084539 甲基硫菌灵/70%/可湿性粉剂/甲基硫菌灵 70%/2008.12.18 至 2013.12.18/低毒
水稻 纹枯病 1050-1470克/公顷 喷雾
PD20085384 噻嗪·异丙威/25%/可湿性粉剂/噻嗪酮 5%、异丙威 20%/2008.12.24 至 2013.12.24/低毒
水稻 稻飞虱 450-562.5克/公顷 喷雾
PD20086245 三唑锡/25%/可湿性粉剂/三唑锡 25%/2008.12.31 至 2013.12.31/中等毒
柑橘树 红蜘蛛 125-167毫克/千克 喷雾
PD20090882 敌百·仲丁威/36%/乳油/敌百虫 24%、仲丁威 12%/2009.01.19 至 2014.01.19/低毒
水稻 飞虱 486-648克/公顷 喷雾
PD20091244 仲丁威/50%/乳油/仲丁威 50%/2009.02.01 至 2014.02.01/低毒
水稻 稻飞虱 600-900克/公顷 喷雾
PD20092948 三环唑/75%/可湿性粉剂/三环唑 75%/2009.03.09 至 2014.03.09/中等毒
水稻 稻瘟病 225-375克/公顷 喷雾
PD20093458 联苯菊酯/25克/升/乳油/联苯菊酯 25克/升/2009.03.23 至 2014.03.23/低毒

茶树 茶小绿叶蝉 30-37.5克/公顷 喷雾
PD20094314 硫磺·三环唑/40%/悬浮剂/硫磺 35%、三环唑 5%/2009.03.31 至 2014.03.31/中等毒
水稻 稻瘟病 720-120克/公顷 喷雾
PD20094747 硫磺·百菌清 /50%/悬浮剂/百菌清 15%、硫磺 35%/2009.04.10 至 2014.04.10/低毒
黄瓜 霜霉病 1125-1875克/公顷 喷雾
PD20094809 甲霜·锰锌/58%/可湿性粉剂/甲霜灵 10%、代森锰锌 48%/2009.04.13 至 2014.04.13/低毒
黄瓜 霜霉病 696-1044克/公顷 喷雾
PD20095161 杀虫双/18%/水剂/杀虫双 18%/2009.04.24 至 2014.04.24/中等毒
水稻 三化螟 675-810克/公顷 喷雾
PD20095766 虫酰肼/200克/升/悬浮剂/虫酰肼 200克/升/2009.05.18 至 2014.05.18/低毒
十字花科蔬菜 甜菜夜蛾 240-360克/公顷 喷雾
PD20095805 阿维菌素/18克/升/乳油/阿维菌素 18克/升/2009.05.27 至 2014.05.27/低毒(原药高毒)
十字花科蔬菜 小菜蛾 8.1-10.8克/公顷 喷雾
PD20096107 毒死蜱/480克/升/乳油/毒死蜱 480克/升/2009.06.18 至 2014.06.18/中等毒
十字花科蔬菜 菜青虫 360-720克/公顷 喷雾
PD20096245 喹硫磷/25%/乳油/喹硫磷 25%/2009.07.15 至 2014.07.15/中等毒
水稻 二化螟 450-562.5克/公顷 喷雾
PD20097383 吡虫啉/20%/可溶液剂/吡虫啉 20%/2009.10.28 至 2014.10.28/低毒
水稻 稻飞虱 30-45克/公顷 喷雾
LS20061837 氢氧化铜/77%/可湿性粉剂/氢氧化铜 77%/2009.11.07 至 2010.11.07/低毒
柑橘树 溃疡病 1283.3-1925克/公顷 喷雾
LS20070351 草甘膦铵盐/88.8%/可溶粒剂/草甘膦铵盐 88.8%/2009.02.25 至 2010.02.25/低毒
非耕地 杂草 1125-3000克/公顷 定向茎叶喷雾
LS20071094 唑磷·毒死蜱/20%/微乳剂/毒死蜱 5%、三唑磷 15%/2009.04.25 至 2010.04.26/中等毒
水稻 三化螟 240-300克/公顷 喷雾
LS20071110 丙溴·辛硫磷/30%/乳油/丙溴磷 10%、辛硫磷 20%/2009.04.25 至 2010.04.26/低毒
水稻 稻纵卷叶螟 405-540克/公顷 喷雾
LS20071743 高效氯氰菊酯/4.5%/微乳剂/高效氯氰菊酯 4.5%/2009.07.04 至 2010.07.05/低毒
十字花科蔬菜 菜青虫 20.25-27克/公顷 喷雾
LS20071774 腈菌唑/12.5%/乳油/腈菌唑 12.5%/2009.07.04 至 2010.07.05/低毒
黄瓜 白粉病 56.25-75克/公顷 喷雾
LS20080661 丙环唑/250克/升/乳油/丙环唑 250克/升/2009.02.25 至 2010.02.25/低毒
香蕉 叶斑病 250-500毫克/千克 喷雾
LS20082040 阿维·杀虫单/30%/微乳剂/阿维菌素 0.2%、杀虫单 29.8%/2009.04.15 至 2010.04.15/中等毒(原药高毒)
水稻 二化螟 450-675克/公顷 喷雾
LS20090441 阿维·噻螨酮/5%/微乳剂/阿维菌素 0.5%、噻螨酮 4.5%/2009.03.16 至 2010.03.16/低毒(原药高毒)
柑橘树 红蜘蛛 25-33.3毫克/千克 喷雾
LS20090846 三唑磷/20%/微乳剂/三唑磷 20%/2009.04.09 至 2010.04.09/低毒
水稻 二化螟 300—360克/公顷 喷雾
LS20090859 高效氯氟氰菊酯/8%/微乳剂/高效氯氟氰菊酯 8%/2009.04.09 至 2010.04.09/中等毒
十字花科蔬菜 菜青虫 12—18克/公顷 喷雾
LS20091345 丁醚脲/25%/乳油/丁醚脲 25%/2009.06.24 至 2010.06.24/低毒
十字花科蔬菜 小菜蛾 300—450克/公顷 喷雾
LS20091346 丁醚脲/50%/悬浮剂/丁醚脲 50%/2009.06.24 至 2010.06.24/低毒
十字花科蔬菜 小菜蛾 300—450克/公顷 喷雾

柳州市惠农化工有限公司 (广西壮族自治区柳州市雒容工业园 545616 0772-6520508)

PD20040613 哒螨灵/10%/乳油/哒螨灵 10%/2004.12.19 至 2009.12.18/中等毒
柑橘树 红蜘蛛 50-67毫克/千克 喷雾
PD20050043 哒螨灵/20%/乳油/哒螨灵 20%/2005.04.15 至 2010.04.14/中等毒
柑橘树 红蜘蛛 2000-2500倍液 喷雾
PD20084471 炔螨特/70%/乳油/炔螨特 70%/2008.12.17 至 2013.12.17/低毒
柑橘树 红蜘蛛 280-350毫克/千克 喷雾
PD20085724 甲氰·三唑磷/22%/乳油/甲氰菊酯 4%、三唑磷 18%/2008.12.26 至 2013.12.26/中等毒
柑橘树 红蜘蛛 147-220毫克/千克 喷雾
PD20092450 哒灵·炔螨特 /33%/乳油/哒螨灵 3.5%、炔螨特 29.5%/2009.02.25 至 2014.02.25/中等毒
柑橘树 红蜘蛛 132-220毫克/千克 喷雾
PD20093847 吡虫·噻嗪酮/11.5%/乳油/吡虫啉 1%、噻嗪酮 10.5%/2009.03.25 至 2014.03.25/低毒
水稻 稻飞虱 69-103.5克/公顷 喷雾
PD20093867 多·锰锌/50%/可湿性粉剂/多菌灵 6%、代森锰锌 44%/2009.03.25 至 2014.03.25/低毒
柑橘树 炭疽病 500-800倍液 喷雾

柳州市新岩消杀药剂厂 (广西壮族自治区柳州市雅儒路291号8栋1-5-1 545000 0772-3917686)

WL20080323 杀蟑烟片/5%/烟片/高效氯氰菊酯 5%/2009.08.20 至 2010.08.20/微毒
卫生 蜚蠊 / 点燃

WL20080403 杀蟑饵剂/1.5%/饵剂/残杀威 1.5%/2009.09.18 至 2010.09.18/微毒
卫生 蜚蠊 / 投放

南宁市德丰富化工有限责任公司 (广西壮族自治区南宁市创新路西段1号520室 530007 0771-2311350)

PD20081962 草甘膦/30%/水剂/草甘膦 30%/2008.11.24 至 2013.11.24/低毒
柑橘园 杂草 1200—2400克/公顷 定向茎叶喷雾

PD20097588 氯氰·敌敌畏/43%/乳油/敌敌畏 38%、氯氰菊酯 5%/2009.11.03 至 2014.11.03/中等毒
甘蓝 菜青虫 75-150克/公顷 喷雾

PD20098057 仲丁威/50%/乳油/仲丁威 50%/2009.12.07 至 2014.12.07/低毒
水稻 飞虱 375-562.5克/公顷 喷雾

LS20083246 阿维菌素/3.2%/乳油/阿维菌素 3.2%/2009.12.11 至 2010.12.11/中等毒(原药高毒)
十字花科蔬菜 小菜蛾 9.6-12克/公顷 喷雾

LS20090258 阿维菌素/5%/乳油/阿维菌素 5%/2009.02.13 至 2010.02.13/中等毒(原药高毒)
十字花科蔬菜 小菜蛾 9-12克/公顷 喷雾

LS20090904 甲维·丁醚脲/19.8%/乳油/丁醚脲 19.6%、甲氨基阿维菌素苯甲酸盐 0.2%/2009.04.09 至 2010.04.09/低毒
甘蓝 小菜蛾 148.5-178.2克/公顷 喷雾/

贵州省

贵州毕节闽黔化工有限公司 (贵州省毕节市三板桥 551700 0857-7101686)

PD20082853 石硫合剂/45%/结晶粉/石硫合剂 45%/2008.12.09 至 2013.12.09/中等毒
柑橘树 红蜘蛛 1500-2250毫克/千克 (稀释200-300倍) 喷雾

PD20085627 石硫合剂/29%/水剂/石硫合剂 29%/2008.12.25 至 2013.12.25/低毒
柑橘树 红蜘蛛 15-30倍液 喷雾

贵州道元科技有限公司 (贵州省贵阳市白云区粑粑坳小区 550014 0851-4600364)

PD20096096 噻嗪·杀虫单/17.5%/悬浮剂/噻嗪酮 2.5%、杀虫单 15%/2009.06.18 至 2014.06.18/中等毒
水稻 二化螟、飞虱 525-787.5克/公顷 喷雾

LS20090458 甲维·毒死蜱 /30.5%/微乳剂/毒死蜱 30%、甲氨基阿维菌素 0.5%/2009.03.18 至 2010.03.18/中等毒
十字花科蔬菜 小菜蛾 91.5-137.25克/公顷 喷雾

LS20090633 丙溴·氟铃脲/32%/乳油/丙溴磷 30%、氟铃脲 2%/2009.03.23 至 2010.03.23/低毒
十字花科蔬菜 小菜蛾 384-480克/公顷 喷雾

LS20090634 仲威·毒死蜱/40%/乳油/毒死蜱 15%、仲丁威 25%/2009.03.23 至 2010.03.23/中等毒
水稻 稻纵卷叶螟 300-400克/公顷 喷雾

LS20090905 丙溴·辛硫磷/40%/乳油/丙溴磷 10%、辛硫磷 30%/2009.04.09 至 2010.04.09/低毒
水稻 稻飞虱、稻纵卷叶螟 360-480克/公顷 喷雾

贵州贵大科技产业有限责任公司 (贵州省安顺市经济技术开发区 561000 0853-3413058)

PD20083260 吡·井·杀虫单/60%/可湿性粉剂/吡虫啉 2%、井冈霉素 5%、杀虫单 53%/2008.12.11 至 2013.12.11/中等毒
水稻 二化螟、飞虱、纹枯病 900-1080克/公顷 喷雾

PD20085684 高氯 ·敌敌畏/26%/乳油/敌敌畏 25.6%、高效氯氰菊酯 0.4%/2008.12.26 至 2013.12.26/中等毒
甘蓝 菜青虫 117-234克/公顷 喷雾

PD20092762 甲霜·噁霉灵/3%/水剂/噁霉灵 2.5%、甲霜灵 0.5%/2009.03.04 至 2014.03.04/低毒
黄瓜 枯萎病 500-700倍液每株250毫升 灌根
水稻 立枯病 0.36-0.54克/平方米 喷雾

LS20051673 哒螨灵/9.5%/乳油/哒螨灵 9.5%/2008.05.07 至 2009.05.07/低毒
柑橘树 红蜘蛛 31.7-47.5毫克/千克 喷雾

LS20052058 阿维·杀虫单/20%/微乳剂/阿维菌素 0.2%、杀虫单 19.8%/2008.06.05 至 2009.06.05/低毒(原药高毒)
菜豆 美洲斑潜蝇 120-180克/公顷 喷雾

LS20052325 阿维菌素/1.8%/乳油/阿维菌素 1.8%/2008.06.26 至 2009.06.26/低毒(原药高毒)
十字花科蔬菜 小菜蛾 6.75-10.8克/公顷 喷雾

LS20052514 噁霜·锰锌/64%/可湿性粉剂/噁霜灵 8%、代森锰锌 56%/2008.07.25 至 2009.07.25/低毒
黄瓜 霜霉病 1560-1950克/公顷 喷雾

LS20052618 阿维·三唑磷/10.2%/乳油/阿维菌素 0.2%、三唑磷 10%/2008.08.14 至 2009.08.14/低毒(原药高毒)
节瓜 蓟马 114.75-229.5克/公顷 喷雾

LS20052653 阿维·毒死蜱/15%/乳油/阿维菌素 0.1%、毒死蜱 14.9%/2008.08.14 至 2009.08.14/低毒(原药高毒)
十字花科蔬菜 小菜蛾 112.5-157.5克/公顷 喷雾

LS20053000 腈菌·福美双/20%/可湿性粉剂/福美双 18%、腈菌唑 2%/2008.09.13 至 2009.09.13/低毒
黄瓜 黑星病 200-400克/公顷 喷雾

LS20070044 甲硫·福美双/70%/可湿性粉剂/福美双 40%、甲基硫菌灵 30%/2010.01.18 至 2011.01.18/低毒
黄瓜 炭疽病 1050-1575克/公顷 喷雾

贵州花溪远航蚊香厂 (贵州省贵阳市花溪区小碧乡柏腊山农场 550005 0851-3902011)

WP20080547 蚊香/0.3%/蚊香/富右旋反式烯丙菊酯 0.3%/2008.12.24 至 2013.12.24/微毒
卫生 蚊 / 点燃

贵州利尔化工有限公司 (贵州省惠水县高镇 550601 0854-6328750)

PD20040592 吡虫·杀虫单/70%/可湿性粉剂/吡虫啉 2%、杀虫单 68%/2009.12.19 至 2014.12.19/中等毒
水稻 稻飞虱、二化螟 525-630克/公顷 喷雾

PD20094361 苄·乙·扑草净/7%/粉剂/苄嘧磺隆 0.3%、扑草净 1.7%、乙草胺 5%/2009.04.01 至 2014.04.01/低毒
水稻移栽田 一年生杂草 84-105克/公顷 药土法
PD20095133 高氯·敌敌畏/26%/乳油/敌敌畏 25.6%、高效氯氰菊酯 0.4%/2009.04.24 至 2014.04.24/中等毒
甘蓝 菜青虫 117-234克/公顷 喷雾
PD20096985 溴氰菊酯/2.8%/乳油/溴氰菊酯 2.8%/2009.09.29 至 2014.09.29/中等毒
十字花科蔬菜 菜青虫 1.8-2.7克/公顷 喷雾
WP20090194 杀虫粉剂/0.09%/粉剂/溴氰菊酯 0.09%/2009.03.23 至 2014.03.23/低毒
卫生 蜚蠊 3克制剂/平方米 撒布

贵州省都匀市东海蚊香有限公司 (贵州省都匀市甘塘镇(112信箱) 558002 0854-8610838)

WL20080244 蚊香/0.3%/蚊香/富右旋反式烯丙菊酯 0.3%/2009.03.17 至 2010.03.17/微毒
卫生 蚊 / 点燃

贵州省贵阳农药厂 (贵州省贵阳市孟关 550025 0851-3900324)

PD85105-82 80%敌敌畏乳油//乳油/敌敌畏 77.5%(气谱法)/2005.03.18 至 2010.03.18/中等毒
茶树 食叶害虫 600克/公顷 喷雾
粮仓 多种储藏害虫 1)400-500倍液 1)喷雾
2)0.4-0.5克/立方米 2)挂条熏蒸
棉花 蚜虫、造桥虫 600-1200克/公顷 喷雾
苹果树 小卷叶蛾、蚜虫 400-500毫克/千克 喷雾
青菜 菜青虫 600克/公顷 喷雾
桑树 尺蠖 600克/公顷 喷雾
卫生 多种卫生害虫 1)300-400倍液 1)泼洒
2)0.08克/立方米 2)挂条熏蒸
小麦 黏虫、蚜虫 600克/公顷 喷雾
PD85121-33 40%乐果乳油//乳油/乐果 40%/2005.06.21 至 2010.06.21/中等毒
茶树 蚜虫、叶蝉、螨 1000-2000倍液 喷雾
甘薯 小象甲 2000倍液 浸鲜薯片诱杀
柑橘树、苹果树 鳞翅目幼虫、蚜虫、螨 800-1600倍液 喷雾
棉花 蚜虫、螨 450-600克/公顷 喷雾
蔬菜 蚜虫、螨 300-600克/公顷 喷雾
水稻 飞虱、螟虫、叶蝉 450-600克/公顷 喷雾
烟草 蚜虫、烟青虫 300-600克/公顷 喷雾
PD85157-32 40%辛硫磷乳油//乳油/辛硫磷 40%/2005.06.21 至 2010.06.21/低毒
茶树、桑树 食叶害虫 200-400毫克/千克 喷雾
果树 食心虫、蚜虫、螨 200-400毫克/千克 喷雾
林木 食叶害虫 3000-6000克/公顷 喷雾
棉花 棉铃虫、蚜虫 300-600克/公顷 喷雾
蔬菜 菜青虫 300-450克/公顷 喷雾
烟草 食叶害虫 300-600克/公顷 喷雾
玉米 玉米螟 450-600克/公顷 灌心叶

贵州省华鹰化学工业有限责任公司 (贵州省遵义地区遵义市桃溪寺 0852-8425637)

WP20080495 溴氰·高氯氟/4.5%/可湿性粉剂/高效氯氟氰菊酯 2.5%、溴氰菊酯 2%/2008.12.18 至 2013.12.18/低毒
卫生 蚊、蝇、蜚蠊 玻璃面蚊、蝇15毫克/平方米，蜚蠊25毫克/平方米；木板面蚊、蝇30毫克/平方米 蜚蠊50毫克/平方米；石灰面蚊、蝇60毫克/平方米 蜚蠊75毫克/平方米 滞留喷洒

贵州省化工研究院 (贵州省贵阳市晒田坝路1号 550002 0851-5923040)

PD20082086 高氯·马/40%/乳油/高效氯氰菊酯 1.2%、马拉硫磷 38.8%/2008.11.25 至 2013.11.25/中等毒
十字花科蔬菜 菜青虫 240-360克/公顷 喷雾
PD20085216 高氯·敌敌畏/18%/乳油/敌敌畏 17.3%、高效氯氰菊酯 0.7%/2008.12.23 至 2013.12.23/中等毒
菜豆 蚜虫 81-108克/公顷 喷雾

贵州省精细化工试验中心 (贵州省贵阳市贵州大学花溪北校区精细化工研究开所中心 550025 0851-3605211)

LS20071280 毒氟磷/98%/原药/毒氟磷 98%/2009.05.08 至 2010.05.08/低毒
LS20071282 毒氟磷/30%/可湿性粉剂/毒氟磷 30%/2009.05.08 至 2010.05.08/低毒
烟草 花叶病 300-500克/公顷 喷雾
LS20083158 毒氟磷/30%/可湿性粉剂/毒氟磷 30%/2008.11.17 至 2009.11.17/低毒
烟草 花叶病 / /

贵州省铜仁地区植保技术服务公司 (贵州省铜仁市北关路2号附23号 554300 0856-5223815)

PD20084517 三环唑/75%/可湿性粉剂/三环唑 75%/2008.12.18 至 2013.12.18/中等毒
水稻 稻瘟病 225-300克/公顷 喷雾
PD20084605 甲氰菊酯/20%/乳油/甲氰菊酯 20%/2008.12.18 至 2013.12.18/中等毒
十字花科蔬菜 菜青虫 90-150克/公顷 喷雾

贵州省镇远县宝丰农化有限责任公司 (贵州省镇远县工业园区 557702 0855-5810179)

PD20085540 高氯·马/40%/乳油/高效氯氰菊酯 1.2%、马拉硫磷 38.8%/2008.12.25 至 2013.12.25/中等毒
柑橘树 蚜虫 200-267毫克/千克 喷雾
十字花科蔬菜 菜青虫 150-240克/公顷 喷雾
PD20086163 高氯 ·敌敌畏/26%/乳油/敌敌畏 25.6%、高效氯氰菊酯 0.4%/2008.12.30 至 2013.12.30/中等毒
十字花科蔬菜 菜青虫 117-234克/公顷 喷雾

贵州省遵义市连大磷化铝厂 (贵州省遵义市南白镇铝厂院内 563100 0852-7227395)

PD84121-13 磷化铝/56%/片剂/磷化铝 56%/2009.12.14 至 2014.12.14/高毒
洞穴 室外啮齿动物 根据洞穴大小而定 密闭熏蒸
货物 仓储害虫 5-10片/1000千克 密闭熏蒸
空间 多种害虫 1-4片/立方米 密闭熏蒸
粮食、种子 储粮害虫 3-10片/1000千克 密闭熏蒸

贵州亚净卫生用品有限公司 (贵州省贵阳市云岩区南垭路15号 550000 0851-6807300)

WL20070227 杀蟑饵粒/0.8%/饵粒/甲基吡噁磷 0.8%/2009.10.16 至 2010.10.16/微毒
卫生 蜚蠊 / 投放
WL20070295 杀蝇饵粒/0.4%/饵粒/甲基吡噁磷 0.4%/2009.12.09 至 2010.12.10/微毒
卫生 蝇 / 投放

贵州遵义泉通化工厂 (贵州省遵义市红花岗区上海路4#同盛华庭C栋402室 563002 0852-8632095)

PD20096884 异丙甲草胺/72%/乳油/异丙甲草胺 72%/2009.09.23 至 2014.09.23/低毒
烟草 一年生杂草 1080-1620克/公顷 土壤喷雾
LS20060568 仲丁灵/36%/乳油/仲丁灵 36%/2008.03.16 至 2009.03.16/低毒
烟草 抑制腋芽生长 5.4-7.2毫克/株 杯淋法

贵州仝鑫工贸有限公司 (贵州省平坝县夏云镇茶场 561104 0853-4299898)

WL20070121 蚊香/0.3%/蚊香/富右旋反式烯丙菊酯 0.3%/2009.06.06 至 2010.06.07/低毒
卫生 蚊 / 点燃
WL20080300 蚊香/0.2%/蚊香/Es-生物烯丙菊酯 0.2%/2009.04.21 至 2010.04.21/微毒
卫生 蚊 / 点燃

海南省

海南博士威农用化学有限公司 (海南省海口市龙昆南路隆基大厦A座11层 571100 0898-65868371)

PD20040052 吡虫啉/5%/可湿性粉剂/吡虫啉 5%/2004.12.23 至 2009.12.22/低毒
水稻 飞虱 15-30克/公顷 喷雾
PD20040769 吡虫啉/10%/可湿性粉剂/吡虫啉 10%/2009.12.19 至 2010.12.19/低毒
水稻 飞虱 22.5-30克/公顷 喷雾
PD20070621 丙环唑/25%/乳油/丙环唑 25%/2007.12.14 至 2012.12.14/低毒
香蕉 叶斑病 250-500毫克/千克 喷雾
小麦 白粉病 93.4-124.5克/公顷 喷雾
注:小麦有效期为2007年6月22日-2012年6月22日
PD20070666 高效氯氟氰菊酯/2.5%/乳油/高效氯氟氰菊酯 2.5%/2007.12.17 至 2012.12.17/低毒
甘蓝 菜青虫 11.25-18.75克/公顷 喷雾
PD20081667 腈菌·三唑酮/12%/乳油/腈菌唑 2%、三唑酮 10%/2008.11.17 至 2013.11.17/低毒
小麦 白粉病 45-54克/公顷 喷雾
PD20082708 阿维菌素/1%/乳油/阿维菌素 1%/2008.12.05 至 2013.12.05/低毒(原药高毒)
棉花 棉铃虫 21.6-32.4克/公顷 喷雾
棉花 红蜘蛛 10.8-16.2克/公顷 喷雾
十字花科蔬菜 菜青虫、小菜蛾 8.1-10.8克/公顷 喷雾
PD20083072 阿维菌素/0.5%/乳油/阿维菌素 0.5%/2008.12.10 至 2013.12.10/低毒(原药高毒)
甘蓝 菜青虫、小菜蛾 8.1-10.8克/公顷 喷雾
PD20083088 阿维菌素/2%/乳油/阿维菌素 2%/2008.12.10 至 2013.12.10/低毒(原药高毒)
菜豆 美洲斑潜蝇 10.8-21.6克/公顷 喷雾
PD20083598 烯腺·羟烯腺/0.004%/可溶粉剂/羟烯腺嘌呤 0.0035%、烯腺嘌呤 0.0005%/2008.12.12 至 2013.12.12/低毒
番茄 调节生长、增产 1000-1500倍液 兑水喷雾
PD20093680 丁硫克百威/200克/升/乳油/丁硫克百威 200克/升/2009.03.25 至 2014.03.25/中等毒
水稻 稻飞虱 525-600克/公顷 喷雾
PD20094326 联苯菊酯/100克/升/乳油/联苯菊酯 100克/升/2009.03.31 至 2014.03.31/中等毒
茶树 茶小绿叶蝉 30-45克/公顷 喷雾
LS20052652 喹硫磷/25%/乳油/喹硫磷 25%/2008.08.14 至 2009.08.14/中等毒
水稻 二化螟 412.5-525克/公顷 喷雾
LS20053361 嘧霉胺/25%/乳油/嘧霉胺 25%/2008.10.17 至 2009.10.17/低毒
番茄 灰霉病 250-312.5毫克/千克 喷雾
LS20060426 咪鲜胺/15%/微乳剂/咪鲜胺 15%/2009.03.05 至 2010.03.05/低毒
柑橘 蒂腐病、黑腐病、绿霉病、青霉病 200-300毫克/千克 浸果
LS20061938 吡虫啉/20%/可溶液剂/吡虫啉 20%/2009.12.06 至 2010.12.06/低毒
十字花科蔬菜 蚜虫 22.5-30克/公顷 喷雾
LS20070218 啶虫脒/10%/微乳剂/啶虫脒 10%/2009.02.15 至 2010.02.15/低毒

黄瓜 蚜虫 30-37.5克/公顷 喷雾
LS20070531 苯醚甲环唑/20%/微乳剂/苯醚甲环唑 20%/2009.03.08 至 2010.03.09/低毒
梨树 黑星病 16.7-25毫克/千克 喷雾
西瓜 炭疽病 60-90克/公顷 喷雾
LS20070885 甲氨基阿维菌素苯甲酸盐/3%/微乳剂/甲氨基阿维菌素苯甲酸盐 3%/2009.04.11 至 2010.04.12/低毒
十字花科蔬菜 甜菜夜蛾 3.75-5.4克/公顷 喷雾
LS20070958 腈菌唑/20%/微乳剂/腈菌唑 20%/2009.04.18 至 2010.04.19/低毒
黄瓜 白粉病 37.5-75克/公顷 喷雾
LS20080726 氯氰·毒死蜱/522.5克/升/乳油/毒死蜱 475克/升、氯氰菊酯 47.5克/升/2009.02.25 至 2010.02.26/中等毒
苹果树 桃小食心虫 261.25-348.3毫克/千克 喷雾
LS20081011 精吡氟禾草灵/150克/升/乳油/精吡氟禾草灵 150克/升/2009.03.07 至 2010.03.07/低毒
大豆田 一年生禾本科杂草 112.5-157.5克/公顷 茎叶喷雾
LS20081726 噁霉灵/30%/水剂/噁霉灵 30%/2009.04.07 至 2010.04.07/低毒
西瓜 枯萎病 375-500毫克/千克 灌根
LS20081896 霜霉威盐酸盐/722克/升/水剂/霜霉威盐酸盐 722克/升/2009.04.10 至 2010.04.10/低毒
黄瓜 霜霉病 866-1083克/公顷 喷雾
LS20081945 氟啶脲/50克/升/乳油/氟啶脲 50克/升/2009.04.11 至 2010.04.11/低毒
甘蓝 小菜蛾 45-60克/公顷 喷雾
LS20082533 噻螨酮/5%/乳油/噻螨酮 5%/2009.04.22 至 2010.04.22/低毒
柑橘树 红蜘蛛 25-35毫克/千克 喷雾
LS20083146 噻酮·炔螨特/36%/乳油/炔螨特 33%、噻螨酮 3%/2009.11.17 至 2010.11.17/低毒
柑橘树 红蜘蛛 180-240毫克/千克 喷雾
LS20083157 丁醚脲/25%/乳油/丁醚脲 25%/2009.11.17 至 2010.11.17/中等毒
十字花科蔬菜 小菜蛾 150-225克/公顷 喷雾
LS20083203 灭蝇胺/60%/水分散粒剂/灭蝇胺 60%/2009.12.04 至 2010.12.04/低毒
黄瓜 美洲斑潜蝇 180-225克/公顷 喷雾
LS20083209 阿维菌素/6%/微乳剂/阿维菌素 6%/2009.12.09 至 2010.12.09/中等毒(原药高毒)
甘蓝 小菜蛾 8.1-10.8克/公顷 喷雾
LS20090028 甲氨基阿维菌素苯甲酸盐(5.7%)///微乳剂/甲氨基阿维菌素 5%/2009.01.08 至 2010.01.08/低毒
甘蓝 甜菜夜蛾 4.5-6克/公顷 喷雾
LS20090166 甲氨基阿维菌素苯甲酸盐/2%/微乳剂/富右旋反式烯丙菊酯 2%/2009.02.04 至 2010.02.04/低毒
甘蓝 甜菜夜蛾 3-4.5克/公顷 喷雾
LS20090167 高效氯氟氰菊酯/15%/微乳剂/高效氯氟氰菊酯 15%/2009.02.04 至 2010.02.04/中等毒
十字花科蔬菜 小菜蛾 22.5-33.75克/公顷 喷雾
LS20090170 氟硅唑/30%/微乳剂/氟硅唑 30%/2009.02.04 至 2010.02.04/低毒
梨树 黑星病 40-50毫克/千克 喷雾
LS20090171 甲维·毒死蜱 /32%/微乳剂/毒死蜱 31.2%、甲氨基阿维菌素苯甲酸盐 0.8%/2009.02.04 至 2010.02.04/中等毒
水稻 稻纵卷叶螟 192—288克/公顷 喷雾
LS20090621 戊唑醇/18%/微乳剂/戊唑醇 18%/2009.03.23 至 2010.03.23/低毒
黄瓜 白粉病 108-135克/公顷 喷雾
LS20090716 丁硫·毒死蜱/30%/微乳剂/丁硫克百威 10%、毒死蜱 20%/2009.03.31 至 2010.03.31/中等毒
水稻 稻飞虱 180-225克/公顷 喷雾
LS20090811 丙森·霜脲氰/75%/水分散粒剂/丙森锌 60%、霜脲氰 15%/2009.04.03 至 2010.04.03/低毒
黄瓜 霜霉病 450-675克/公顷 喷雾
LS20091280 氟铃·毒死蜱/27%/微乳剂/毒死蜱 24%、氟铃脲 3%/2009.05.22 至 2010.05.22/中等毒
甘蓝 甜菜夜蛾 162-202.5克/公顷 喷雾

海南江河农药化工厂 (海南省海口市秀英区海秀路金牛新村11幢 570206 0898-68917977)

PD20060162 三乙膦酸铝/40%/可湿性粉剂/三乙膦酸铝 40%/2006.09.22 至 2011.09.22/低毒
胡椒 瘟病 1-1.5克/株 灌根
PD20070086 硫磺·多菌灵/25%/可湿性粉剂/多菌灵 7.5%、硫磺 17.5%/2007.04.18 至 2012.04.18/低毒
花生 叶斑病 1200-1800克/公顷 喷雾
PD20070087 硫磺·多菌灵/50%/可湿性粉剂/多菌灵 15%、硫磺 35%/2007.04.18 至 2012.04.18/低毒
花生 叶斑病 1200-1800克/公顷 喷雾
黄瓜 白粉病 1125-1500克/公顷 喷雾
水稻 稻瘟病 1200-1800克/公顷 喷雾
橡胶树 白粉病、炭疽病 350-400克/公顷 喷雾
PD20070233 多菌灵/15%/烟剂/多菌灵 15%/2007.08.08 至 2012.08.08/低毒
橡胶树 炭疽病 400-500克/公顷 点燃放烟
PD20080649 联苯菊酯/100克/升/乳油/联苯菊酯 100克/升/2008.05.27 至 2013.05.27/中等毒
茶树 茶小绿叶蝉 30-37.5克/公顷 喷雾
PD20080848 甲柳·三唑酮/10%/乳油/甲基异柳磷 8%、三唑酮 2%/2008.06.23 至 2013.06.23/高毒
小麦 地下害虫 40-80克/100千克种子 拌种
PD20080856 腐霉利/50%/可湿性粉剂/腐霉利 50%/2008.06.23 至 2013.06.23/低毒

番茄 灰霉病 500-750克/公顷 喷雾

PD20082424 辛硫·三唑酮/22%/乳油/三唑酮 4%、辛硫磷 18%/2008.12.02 至 2013.12.02/低毒

小麦 白粉病、蚜虫 577.5-660克/公顷 喷雾

PD20083668 咪鲜·三唑酮/16%/热雾剂/咪鲜胺 4%、三唑酮 12%/2008.12.12 至 2013.12.12/中等毒

橡胶树 白粉病、炭疽病 240-360克/公顷 热雾机喷雾

PD20090658 氰戊·氧乐果/25%/乳油/氰戊菊酯 5%、氧乐果 20%/2009.01.15 至 2014.01.15/中等毒(原药高毒)

棉花 红蜘蛛、棉铃虫、蚜虫 112.5-150克/公顷 喷雾

PD20092763 哒螨·氧乐果/20%/乳油/哒螨灵 5%、氧乐果 15%/2009.03.04 至 2014.03.04/中等毒(原药高毒)

柑橘树 红蜘蛛 100-200毫克/千克 喷雾

PD20095234 氧乐果/40%/乳油/氧乐果 40%/2009.04.27 至 2014.04.27/中等毒(原药高毒)

小麦 蚜虫 81-162克/公顷 喷雾

PD20095524 咪·酮·百菌清/16%/热雾剂/百菌清 5%、咪鲜胺 5%、三唑酮 6%/2009.05.11 至 2014.05.11/低毒

橡胶树 白粉病、炭疽病 285-330克/公顷 喷雾

PD20095611 福·福锌/40%/可湿性粉剂/福美双 15%、福美锌 25%/2009.05.12 至 2014.05.12/低毒

西瓜 炭疽病 1500-1800克/公顷 喷雾

PD20097219 乙烯利/40%/水剂/乙烯利 40%/2009.10.19 至 2014.10.19/低毒

橡胶树 增产 50-10倍液 涂抹

PD20098331 福·甲·硫磺/50%/可湿性粉剂/福美双 18%、甲基硫菌灵 10%、硫磺 22%/2009.12.18 至 2014.12.18/低毒

辣椒 炭疽病 1125克/公顷 喷雾

小麦 白粉病 1575-2100克/公顷 喷雾

LS20080788 苯丁锡/50%/可湿性粉剂/苯丁锡 50%/2009.02.27 至 2010.02.28/低毒

柑橘树 红蜘蛛 200-250毫克/千克 喷雾

LS20080834 丙环唑/250克/升/乳油/丙环唑 250克/升/2009.02.28 至 2010.02.28/低毒

香蕉 叶斑病 375-500毫克/千克 喷雾

LS20081863 三环唑/75%/可湿性粉剂/三环唑 75%/2009.04.10 至 2010.04.10/中等毒

水稻 稻瘟病 225-300克/公顷 喷雾

LS20082230 氟硅唑/400克/升/乳油/氟硅唑 400克/升/2009.04.18 至 2010.04.18/低毒

菜豆 白粉病 45-56.25克/公顷 喷雾

海南利蒙特生物农药有限公司 (海南省海口市世贸东路2号世贸中心E座1705室 570125 0898-68591553)

PD20050154 吡虫·杀虫单/80%/可湿性粉剂/吡虫啉 2%、杀虫单 78%/2005.09.29 至 2010.09.28/中等毒

水稻 稻飞虱、三化螟 600-750克/公顷 喷雾

PD20081083 霜脲·锰锌/72%/可湿性粉剂/代森锰锌 64%、霜脲氰 8%/2008.08.18 至 2013.08.18/低毒

番茄 晚疫病 1836-2160克/公顷 喷雾

黄瓜 霜霉病 1836-2160克/公顷 喷雾

PD20081352 啶虫脒/3%/乳油/啶虫脒 3%/2008.10.21 至 2013.10.21/低毒

黄瓜 蚜虫 18-22.5克/公顷 喷雾

PD20084178 阿维·高氯/6.3%/可湿性粉剂/阿维菌素 0.7%、高效氯氰菊酯 5.6%/2008.12.16 至 2013.12.16/低毒(原药高毒)

柑橘树 潜叶蛾 12.6-18.9毫克/千克 喷雾

十字花科蔬菜 菜青虫、小菜蛾 7.5-15克/公顷 喷雾

PD20084282 阿维·杀虫单/20%/微乳剂/阿维菌素 0.2%、杀虫单 19.8%/2008.12.17 至 2013.12.17/低毒(原药高毒)

菜豆 美洲斑潜蝇 120-180克/公顷 喷雾

PD20086007 草甘膦/50%/可溶粉剂/草甘膦 50%/2008.12.29 至 2013.12.29/低毒

柑橘园 杂草 1125—2250克/公顷 定向茎叶喷雾

PD20090464 高效氯氰菊酯/25克/升/乳油/高效氯氰菊酯 25克/升/2009.01.12 至 2014.01.12/中等毒

十字花科蔬菜 菜青虫 9.375-11.25克/公顷 喷雾

PD20090598 氟啶脲/50克/升/乳油/氟啶脲 50克/升/2009.01.14 至 2014.01.14/低毒

十字花科蔬菜 甜菜夜蛾 30-60克/公顷 喷雾

PD20090599 毒死蜱/480克/升/乳油/毒死蜱 480克/升/2009.01.14 至 2014.01.14/中等毒

十字花科蔬菜 黄条跳甲 216-432克/公顷 喷雾

PD20090663 高氯·辛硫磷/20%/乳油/高效氯氰菊酯 1.5%、辛硫磷 18.5%/2009.01.15 至 2014.01.15/中等毒

棉花 棉铃虫 225-300克/公顷 喷雾

PD20090839 炔螨特/57%/乳油/炔螨特 57%/2009.01.19 至 2014.01.19/低毒

柑橘树 红蜘蛛 228-380毫克/千克 喷雾

PD20091240 异丙威/20%/乳油/异丙威 20%/2009.02.01 至 2014.02.01/低毒

水稻 稻飞虱 450-600克/公顷 喷雾

PD20094279 烯唑·多菌灵/30%/可湿性粉剂/多菌灵 26%、烯唑醇 4%/2009.03.31 至 2014.03.31/低毒

梨树 黑星病 250-375毫克/千克 喷雾

PD20094506 丙环唑/250克/升/乳油/丙环唑 250克/升/2009.04.09 至 2014.04.09/低毒

香蕉 叶斑病 250-500毫克/千克 喷雾

PD20095321 异丙·苄/30%/可湿性粉剂/苄嘧磺隆 5%、异丙草胺 25%/2009.04.27 至 2014.04.27/低毒

水稻抛秧田、水稻移栽田 部分多年生杂草、一年生杂草 135—180克/公顷 药土法

PD20096145 阿维·高氯/6%/乳油/阿维菌素 0.4%、高效氯氰菊酯 5.6%/2009.06.24 至 2014.06.24/低毒(原药高毒)

十字花科蔬菜　小菜蛾　18-27克/公顷　喷雾

PD20096277　阿维菌素/1.8%/乳油/阿维菌素 1.8%/2009.07.22 至 2014.07.22/中等毒(原药高毒)

甘蓝　小菜蛾　8.1-10.8克/公顷　喷雾

PD20096411　吡虫啉/25%/可湿性粉剂/吡虫啉 25%/2009.08.04 至 2014.08.04/低毒

水稻　稻飞虱　15-30克/公顷　喷雾

PD20096662　阿维菌素/3%/微乳剂/阿维菌素 3%/2009.09.07 至 2014.09.07/中等毒(原药高毒)

十字花科蔬菜　小菜蛾　8.1-10.8克/公顷　喷雾

LS20011637　印楝素/0.3%/乳油/印楝素 0.3%/2009.01.06 至 2009.12.31/低毒

十字花科蔬菜　小菜蛾　2.25-3.6克/公顷　喷雾

LS20052848　甲氨基阿维菌素苯甲酸盐/0.5%/微乳剂/甲氨基阿维菌素苯甲酸盐 0.5%/2008.09.01 至 2009.09.01/低毒

十字花科蔬菜　甜菜夜蛾　2.25-3.375克/公顷　喷雾

LS20081090　灭胺·杀虫单/60%/可溶性粉剂/灭蝇胺 10%、杀虫单 50%/2009.03.10 至 2010.03.10/中等毒

菜豆　美洲斑潜蝇　225-315克/公顷　喷雾

LS20081667　草甘膦铵盐/95%/可溶粒剂/草甘膦铵盐 95%/2009.04.07 至 2010.04.07/低毒

柑橘园　杂草　1125-2250克/公顷　定向茎叶喷雾

LS20081870　甲维·毒死蜱/20%/乳油/毒死蜱 19.5%、甲氨基阿维菌素苯甲酸盐 0.5%/2009.09.01 至 2010.09.01/中等毒

甘蓝　甜菜夜蛾　90-120克/公顷　喷雾

LS20090876　甲氨基阿维菌素苯甲酸盐(3.4%)///微乳剂/甲氨基阿维菌素 3%/2009.04.09 至 2010.04.09/低毒

十字花科蔬菜　甜菜夜蛾　3-4.5克/公顷　喷雾

LS20091403　高氯·甲维盐/4.2%/微乳剂/高效氯氰菊酯 4%、甲氨基阿维菌素苯甲酸盐 0.2%/2009.09.16 至 2010.09.16/低毒

甘蓝　甜菜夜蛾　37.8-44.1克/公顷　喷雾

海南力智生物工程有限责任公司　(海南省海口市美兰区海甸五西路15号16栋　570208　0898-66286100)

PD20083404　啶虫脒/20%/可溶性粉剂/啶虫脒 20%/2008.12.11 至 2013.12.11/低毒

黄瓜　蚜虫　15-30克/公顷　喷雾

PD20093410　联苯菊酯/25克/升/乳油/联苯菊酯 25克/升/2009.03.20 至 2014.03.20/低毒

茶树　茶尺蠖　7.5-15克/公顷　喷雾

PD20094097　高效氯氟氰菊酯/2.5%/水乳剂/高效氯氟氰菊酯 2.5%/2009.03.27 至 2014.03.27/中等毒

十字花科蔬菜　菜青虫　7.5-11.25克/公顷　喷雾

PD20094259　杀螟丹/50%/可溶粉剂/杀螟丹 50%/2009.03.31 至 2014.03.31/中等毒

水稻　二化螟　525-750克/公顷　喷雾

PD20094519　顺式氯氰菊酯/3%/乳油/顺式氯氰菊酯 3%/2009.04.09 至 2014.04.09/低毒

黄瓜　蚜虫　7.5-15克/公顷　喷雾

LS20070557　杀虫双/3.6%/大粒剂/杀虫双 3.6%/2009.03.18 至 2010.03.19/低毒

水稻　三化螟　1080-1620克/公顷　撒施

LS20072399　阿维·哒螨灵/10.5%/微乳剂/阿维菌素 0.5%、哒螨灵 10%/2009.10.23 至 2010.10.24/低毒(原药高毒)

柑橘　红蜘蛛　52.5～105毫克/千克　喷雾

LS20072627　氟硅唑/16%/水乳剂/氟硅唑 16%/2009.12.09 至 2010.12.10/低毒

梨树　黑星病　40-53.3毫克/千克　喷雾

LS20090379　甲氨基阿维菌素苯甲酸盐(3.4%)///水乳剂/甲氨基阿维菌素苯甲酸盐 3%/2009.03.13 至 2010.03.13/低毒

甘蓝　小菜蛾　4.5-5.4克/公顷　喷雾

LS20090495　阿维菌素/3%/水乳剂/阿维菌素 3%/2009.03.18 至 2010.03.18/低毒(原药高毒)

十字花科蔬菜　小菜蛾　8.1-10.8克/公顷　喷雾

LS20090596　苯醚·甲硫/65%/可湿性粉剂/苯醚甲环唑 2.5%、甲基硫菌灵 62.5%/2009.03.23 至 2010.03.23/低毒

梨树　黑星病　722-1083毫克/千克　喷雾

LS20090632　啶虫脒/10%/水乳剂/啶虫脒 10%/2009.03.23 至 2010.03.23/低毒

柑橘树　蚜虫　10-12.5毫克/千克　喷雾

LS20090643　阿维·啶虫脒/6%/水乳剂/阿维菌素 0.6%、啶虫脒 5.4%/2009.03.23 至 2010.03.23/低毒(原药高毒)

柑橘树　介壳虫　30-60毫克/千克　喷雾

LS20090931　联菊·啶虫脒/6%/微乳剂/啶虫脒 3%、联苯菊酯 3%/2009.04.10 至 2010.04.10/低毒

番茄　白粉虱　23.625-30克/公顷　喷雾

LS20091062　阿维·杀虫单/20%/微乳剂/阿维菌素 0.3%、杀虫单 19.7%/2009.04.15 至 2010.04.15/低毒(原药高毒)

菜豆　斑潜蝇　90-180克/公顷　喷雾

LS20091416　甲维·高氯氟/4%/微乳剂/高效氯氟氰菊酯 3.5%、甲氨基阿维菌素苯甲酸盐 0.5%/2009.09.16 至 2010.09.16/中等毒(原药高毒)

甘蓝　甜菜夜蛾　15-21克/公顷　喷雾

海南侨华农药厂　(海南省海口市金盘工业区金盘路12号　570216　0898-6816763)

PD20092931　百草枯/200克/升/水剂/百草枯 200克/升/2009.03.05 至 2014.03.05/中等毒

苹果园　杂草　450-900克/公顷　定向茎叶喷雾

PD20097043　阿维菌素/18克/升/乳油/阿维菌素 18克/升/2009.10.10 至 2014.10.10/低毒

甘蓝　小菜蛾　8.1-10.8克/公顷　喷雾

LS95707　烟·楝·百部碱/1.1%/乳油/百部碱 0.3%、楝素 0.1%、烟碱 0.7%/2008.12.31 至 2009.12.31/低毒

菜豆　斑潜蝇　12.375-16.5克/公顷　喷雾

茶树　小绿叶蝉　16.5-24.75克/公顷　喷雾

十字花科蔬菜 蚜虫 12.375-24.75克/公顷 喷雾
十字花科蔬菜 菜青虫、小菜蛾 8.25-12.375克/公顷 喷雾

海南润禾农药有限公司 (海南省海口市秀英区工业水库旁 570311 0898-68661580)

PD85159-16 草甘膦/10%/水剂/草甘膦 10%/2005.08.15 至 2009.12.31/低毒
茶树、甘蔗、果园、剑麻、林木、桑树、橡胶树 一年生杂草和多年生恶性杂草 1125-2250克/公顷 喷雾
PD20091342 草甘膦异丙胺盐/41%/水剂/草甘膦异丙胺盐 41%/2009.02.01 至 2014.02.01/低毒
橡胶园 杂草 1845-2460克/公顷 喷雾
PD20092036 草甘膦/50%/可溶粉剂/草甘膦 50%/2009.02.12 至 2014.02.12/低毒
橡胶园 杂草 1500-2625克/公顷 喷雾
LS20061012 溴敌隆/0.005%/毒饵/溴敌隆 0.005%/2008.04.23 至 2009.04.23/低毒(原药高毒)
室内 家鼠 饱和投饵 投饵
LS20061048 多效唑/15%/可湿性粉剂/多效唑 15%/2008.04.25 至 2009.04.25/低毒
水稻育秧田 控制生长 200-300毫克/升 茎叶喷雾

海南正业中农高科股份有限公司 (海南省澄迈县老城开发区富昌村 571924 0898-66722499)

PD20082630 炔螨特/40%/乳油/炔螨特 40%/2008.12.04 至 2013.12.04/低毒
柑橘树 红蜘蛛 266.7-400毫克/千克 喷雾
PD20083753 乙铝·锰锌/50%/可湿性粉剂/代森锰锌 22%、三乙膦酸铝 28%/2008.12.15 至 2013.12.15/低毒
黄瓜 霜霉病 1125－1875克/公顷 喷雾
PD20084011 敌百虫/30%/乳油/敌百虫 30%/2008.12.16 至 2013.12.16/低毒
十字花科蔬菜 菜青虫 450-675克/公顷 喷雾
PD20084186 阿维菌素/1.8%/乳油/阿维菌素 1.8%/2008.12.16 至 2013.12.16/中等毒(原药高毒)
梨树 梨木虱 6-12毫克/千克 喷雾
PD20084237 异菌脲/50%/可湿性粉剂/异菌脲 50%/2008.12.17 至 2013.12.17/低毒
番茄 早疫病 750-1500克/公顷 喷雾
PD20084828 灭多威/90%/可溶粉剂/灭多威 90%/2008.12.22 至 2013.12.22/高毒
十字花科蔬菜 菜青虫 202-270克/公顷 喷雾
PD20085845 代森锰锌/80%/可湿性粉剂/代森锰锌 80%/2008.12.29 至 2013.12.29/低毒
柑橘树 疮痂病、炭疽病 1333-2000毫克/千克 喷雾
梨树 黑星病 800-1600毫克/千克 喷雾
荔枝树 霜疫霉病 1333-2000毫克/千克 喷雾
苹果树 斑点落叶病、轮纹病、炭疽病 1000-1500毫克/千克 喷雾
葡萄 白腐病、黑痘病、霜霉病 1000-1600毫克/千克 喷雾
西瓜 炭疽病 1560-2520克/公顷 喷雾
PD20085893 甲硫·福美双/70%/可湿性粉剂/福美双 22%、甲基硫菌灵 48%/2008.12.29 至 2013.12.29/低毒
黄瓜 白粉病 525-787.5克/公顷 喷雾
PD20085902 草甘膦/30%/可溶粉剂/草甘膦 30%/2008.12.29 至 2013.12.29/低毒
柑橘园 一年生杂草 675-1125克/公顷 杂草生长旺盛期喷雾
柑橘园 多年生杂草 1125-2250克/公顷 杂草生长旺盛期喷雾
PD20086104 灭多威/24%/可溶液剂/灭多威 24%/2008.12.30 至 2013.12.30/中等毒(原药高毒)
甘蓝 菜青虫、蚜虫 300-360克/公顷 喷雾
PD20086127 毒死蜱/40%/乳油/毒死蜱 40%/2008.12.30 至 2013.12.30/中等毒
柑橘树 矢尖蚧 200-400毫克/千克 喷雾
PD20086293 阿维·辛硫磷/15%/乳油/阿维菌素 0.1%、辛硫磷 14.9%/2008.12.31 至 2013.12.31/中等毒(原药高毒)
十字花科蔬菜 小菜蛾 112.5-180克/公顷 喷雾
PD20086317 腈菌·福美双/20%/可湿性粉剂/福美双 18%、腈菌唑 2%/2008.12.31 至 2013.12.31/低毒
黄瓜 黑星病 200-400克/公顷 喷雾
PD20090093 毒死蜱/40%/乳油/毒死蜱 40%/2009.01.08 至 2014.01.08/中等毒
苹果树 绵蚜 200-250毫克/千克 喷雾
PD20090138 霜脲·锰锌/36%/可湿性粉剂/代森锰锌 32%、霜脲氰 4%/2009.01.08 至 2014.01.08/低毒
黄瓜 霜霉病 1440-1800克/公顷 喷雾
PD20091454 硫磺·三环唑/45%/可湿性粉剂/硫磺 40%、三环唑 5%/2009.02.02 至 2014.02.02/低毒
水稻 稻瘟病 1012.5-1215克/公顷 喷雾
PD20091855 甲霜·锰锌/58%/可湿性粉剂/甲霜灵 10%、代森锰锌 48%/2009.02.06 至 2014.02.06/低毒
葡萄 霜霉病 1087.5-1740克/公顷 喷雾
PD20092448 联苯菊酯/25克/升/乳油/联苯菊酯 25克/升/2009.02.25 至 2014.02.25/低毒
茶树 茶尺蠖 7.5-15克/公顷 喷雾
PD20092517 三环唑/75%/可湿性粉剂/三环唑 75%/2009.02.26 至 2014.02.26/低毒
水稻 稻瘟病 225-300克/公顷 喷雾
PD20092943 咪鲜胺/250克/升/乳油/咪鲜胺 250克/升/2009.03.09 至 2014.03.09/低毒

	芒果	炭疽病	250-500毫克/千克	喷雾
PD20092981	高效氯氟氰菊酯/2.5%/乳油/高效氯氟氰菊酯 2.5%/2009.03.09 至 2014.03.09/中等毒			
	棉花	棉铃虫	18.75-26.25克/公顷	喷雾
PD20093032	腐霉利/50%/可湿性粉剂/腐霉利 50%/2009.03.09 至 2014.03.09/低毒			
	番茄	灰霉病	500-750克/公顷	喷雾
PD20093093	三唑锡/25%/可湿性粉剂/三唑锡 25%/2009.03.09 至 2014.03.09/低毒			
	柑橘树	红蜘蛛	125-166毫克/千克	喷雾
PD20093275	噻螨酮/5%/乳油/噻螨酮 5%/2009.03.11 至 2014.03.11/低毒			
	柑橘树	红蜘蛛	33.3-50毫克/千克	喷雾
PD20093587	吡虫啉/20%/可溶液剂/吡虫啉 20%/2009.03.23 至 2014.03.23/低毒			
	棉花	蚜虫	15-30克/公顷	喷雾
PD20093592	杀螺胺/70%/可湿性粉剂/杀螺胺 70%/2009.03.23 至 2014.03.23/低毒			
	水稻	福寿螺	450-600克/公顷	喷雾或撒毒土
PD20093644	杀螟丹/50%/可溶粉剂/杀螟丹 50%/2009.03.25 至 2014.03.25/中等毒			
	水稻	二化螟	500-750克/公顷	喷雾
PD20093723	氟铃脲/5%/乳油/氟铃脲 5%/2009.03.25 至 2014.03.25/低毒			
	十字花科蔬菜	小菜蛾	30-56.25克/公顷	喷雾
PD20093740	草甘膦异丙胺盐/41%/水剂/草甘膦异丙胺盐 41%/2009.03.25 至 2014.03.25/低毒			
	橡胶园	杂草	2050-3075克/公顷	定向茎叶喷雾
PD20093757	丙环唑/250克/升/乳油/丙环唑 250克/升/2009.03.25 至 2014.03.25/低毒			
	香蕉	叶斑病	250-500毫克/千克	喷雾
PD20093758	哒螨灵/15%/乳油/哒螨灵 15%/2009.03.25 至 2014.03.25/中等毒			
	柑橘树	红蜘蛛	60-100毫克/千克	喷雾
PD20094014	哒螨灵/20%/可湿性粉剂/哒螨灵 20%/2009.03.27 至 2014.03.27/低毒			
	苹果树	红蜘蛛	66.7-100毫克/千克	喷雾
PD20094024	四螨嗪/10%/可湿性粉剂/四螨嗪 10%/2009.03.27 至 2014.03.27/低毒			
	柑橘树	红蜘蛛	100-125毫克/千克	喷雾
PD20094025	甲基硫菌灵/70%/可湿性粉剂/甲基硫菌灵 70%/2009.03.27 至 2014.03.27/微毒			
	苹果树	轮纹病	600-800毫克/千克	喷雾
PD20094091	稻瘟灵/40%/乳油/稻瘟灵 40%/2009.03.27 至 2014.03.27/低毒			
	水稻	稻瘟病	450-600克/公顷	喷雾
PD20094290	多菌灵/80%/可湿性粉剂/多菌灵 80%/2009.03.31 至 2014.03.31/低毒			
	水稻	稻瘟病	700-900克/公顷	喷雾
PD20094569	氟硅唑/400克/升/乳油/氟硅唑 400克/升/2009.04.09 至 2014.04.09/低毒			
	梨树	赤星病	40-50毫克/千克	喷雾
PD20094659	代森锌/80%/可湿性粉剂/代森锌 80%/2009.04.10 至 2014.04.10/低毒			
	番茄	早疫病	2550-3600克/公顷	喷雾
PD20094753	联苯菊酯/100克/升/乳油/联苯菊酯 100克/升/2009.04.10 至 2014.04.10/中等毒			
	茶树	茶小绿叶蝉	30-37.5克/公顷	喷雾
PD20094769	丙环唑/95%/原药/丙环唑 95%%/2009.04.13 至 2014.04.13/低毒			
PD20094770	草甘膦/95%/原药/草甘膦 95%/2009.04.13 至 2014.04.13/低毒			
PD20095680	阿维·哒螨灵/6%/微乳剂/阿维菌素 0.6%、哒螨灵 5.4%/2009.05.15 至 2014.05.15/中等毒(原药高毒)			
	苹果树	二斑叶螨	30-40毫克/千克	喷雾
PD20096854	琥胶肥酸铜/30%/可湿性粉剂/琥胶肥酸铜 30%/2009.09.21 至 2014.09.21/低毒			
	黄瓜	角斑病	900-1080克/公顷	喷雾
PD20098536	高效氯氰菊酯/4.5%/微乳剂/高效氯氰菊酯 4.5%/2009.12.24 至 2014.12.24/低毒			
	甘蓝	菜青虫	20.25-27克/公顷	喷雾
LS20050203	啶虫脒/3%/乳油/啶虫脒 3%/2008.01.26 至 2009.01.25/低毒			
	柑橘树	蚜虫	10-12毫克/千克	喷雾
LS20053392	戊唑醇/12.5%/微乳剂/戊唑醇 12.5%/2008.10.18 至 2009.10.18/低毒			
	苦瓜	白粉病	112.5-150克/公顷	喷雾
LS20053443	丁硫克百威/200克/升/乳油/丁硫克百威 200克/升/2008.11.03 至 2009.11.03/中等毒			
	节瓜	蓟马	180-360克/公顷	喷雾
LS20060093	高氯·甲维盐/3.2%/微乳剂/高效氯氰菊酯 3%、甲氨基阿维菌素苯甲酸盐 0.2%/2009.01.24 至 2010.01.24/中等毒			
	十字花科蔬菜	甜菜夜蛾	19.2-28.8克/公顷	喷雾
LS20060233	丙环唑/50%/微乳剂/丙环唑 50%/2009.02.20 至 2010.02.20/低毒			
	香蕉	叶斑病	250-500毫克/千克	喷雾
LS20060612	吡虫啉/45%/微乳剂/吡虫啉 45%/2009.03.23 至 2010.03.23/低毒			
	节瓜	蓟马	22.5-30克/公顷	喷雾
LS20060615	阿维菌素/0.9%/微乳剂/阿维菌素 0.9%/2009.03.23 至 2010.03.23/低毒(原药高毒)			
	十字花科蔬菜	小菜蛾	8.1-10.8克/公顷	喷雾
LS20060808	甲氨基阿维菌素苯甲酸盐/0.5%/微乳剂/甲氨基阿维菌素苯甲酸盐 0.5%/2009.04.09 至 2010.04.09/低毒			
	十字花科蔬菜	甜菜夜蛾	1.5-3克/公顷	喷雾

LS20061341 阿维·毒死蜱/42%/乳油/阿维菌素 0.2%、毒死蜱 41.8%/2009.06.12 至 2010.06.12/中等毒(原药高毒)
十字花科蔬菜 菜青虫 189-252克/公顷 喷雾
LS20061432 松脂酸铜/12%/乳油/松脂酸铜 12%/2009.06.29 至 2010.06.29/低毒
柑橘 溃疡病 240-400毫克/千克 喷雾
LS20070213 灭蝇胺/30%/可湿性粉剂/灭蝇胺 30%/2009.02.15 至 2010.02.15/低毒
黄瓜 美洲斑潜蝇 120-150克/公顷 喷雾
LS20070214 高氯·杀虫单/20%/微乳剂/高效氯氰菊酯 1%、杀虫单 19%/2009.02.15 至 2010.02.15/低毒
黄瓜 美洲斑潜蝇 240-360克/公顷 喷雾
LS20070215 腈菌唑/12.5%/微乳剂/腈菌唑 12.5%/2009.02.15 至 2010.02.15/低毒
梨树 黑星病 41.7-62.5毫克/千克 喷雾
LS20070232 阿维·杀虫单/20%/微乳剂/阿维菌素 0.2%、杀虫单 19.8%/2009.02.24 至 2010.02.24/低毒(原药高毒)
菜豆 美洲斑潜蝇 150-210克/公顷 喷雾
LS20071439 吡虫·噻嗪酮/16%/可湿性粉剂/吡虫啉 2%、噻嗪酮 14%/2009.05.20 至 2010.05.21/低毒
水稻 稻飞虱 52.8-60克/公顷 喷雾
LS20071837 丙溴磷/40%/乳油/丙溴磷 40%/2009.07.09 至 2010.07.10/低毒
十字花科蔬菜 斜纹夜蛾 480-600克/公顷 喷雾
LS20080923 啶虫脒/40%/可溶粉剂/啶虫脒 40%/2009.03.04 至 2010.03.04/低毒
黄瓜 白粉虱 18-30克/公顷 喷雾
LS20080960 乙蒜素/80%/乳油/乙蒜素 80%/2009.03.04 至 2010.03.04/中等毒
水稻 烂秧病 100-133毫克/千克 浸种
LS20080968 甲维·哒螨灵/15.5%/乳油/哒螨灵 15.3%、甲氨基阿维菌素苯甲酸盐 0.2%/2009.03.04 至 2010.03.04/中等毒
柑橘树 红蜘蛛 77.5-103毫克/千克 喷雾
LS20081072 杀扑磷/40%/乳油/杀扑磷 40%/2009.03.07 至 2010.03.07/高毒
柑橘树 介壳虫 400-500毫克/千克 喷雾
LS20081176 阿维·三唑磷/15%/微乳剂/阿维菌素 0.3%、三唑磷 14.7%/2009.03.10 至 2010.03.10/低毒(原药高毒)
豇豆 豆荚螟 93-186克/公顷 喷雾
LS20081229 唑酯·炔螨特/13%/乳油/炔螨特 10%、唑螨酯 3%/2009.03.10 至 2010.03.10/低毒
柑橘树 红蜘蛛 86.7-130毫克/千克 喷雾
LS20081324 噻嗪·异丙威/25%/可湿性粉剂/噻嗪酮 5%、异丙威 20%/2009.03.13 至 2010.03.13/低毒
水稻 稻飞虱 375-562.5克/公顷 喷雾
LS20081711 多抗霉素/3%/可湿性粉剂/多抗霉素 3%/2009.04.07 至 2010.04.07/低毒
小麦 白粉病 56.25-75克/公顷 喷雾
LS20081880 代森锰锌/75%/水分散粒剂/代森锰锌 75%/2009.04.10 至 2010.04.10/低毒
黄瓜 霜霉病 1046-1687克/公顷 喷雾
LS20082087 百菌清/75%/可湿性粉剂/百菌清 75%/2009.04.15 至 2010.04.15/低毒
柑橘树 疮痂病 900-1250毫克/千克 喷雾
LS20082198 草甘膦铵盐/75%/可溶粉剂/草甘膦铵盐 75%/2009.04.18 至 2010.04.18/低毒
橡胶园 杂草 1125-2250克/公顷 定向茎叶喷雾
LS20090156 氟脲·炔螨特/20%/微乳剂/氟虫脲 1%、炔螨特 19%/2009.02.04 至 2010.02.04/低毒
柑橘树 红蜘蛛 133.3-200毫克/千克 喷雾
LS20090221 甲氰·甲维盐/10.5%/乳油/甲氨基阿维菌素苯甲酸盐 0.2%、甲氰菊酯 10.3%/2009.02.13 至 2010.02.13/中等毒
苹果树 红蜘蛛 52.5-105毫克/千克 喷雾
LS20090232 啶虫·仲丁威/22%/乳油/啶虫脒 2%、仲丁威 20%/2009.02.13 至 2010.02.13/低毒
水稻 稻飞虱 132-198克/公顷 喷雾
LS20090423 苯醚甲环唑/20%/水乳剂/苯醚甲环唑 20%/2009.03.16 至 2010.03.16/低毒
柑橘树 炭疽病 40-50毫克/千克 喷雾
LS20090552 氟铃·毒死蜱/20%/乳油/毒死蜱 18%、氟铃脲 2%/2009.03.19 至 2010.03.19/中等毒
甘蓝 甜菜夜蛾 180-240克/公顷 喷雾
LS20090589 丁醚脲/25%/乳油/丁醚脲 25%/2009.03.19 至 2010.03.19/中等毒
十字花科蔬菜 小菜蛾 225-300克/公顷 喷雾
LS20090689 丙威·毒死蜱/25%/乳油/毒死蜱 15%、异丙威 10%/2009.03.27 至 2010.03.27/中等毒
水稻 二化螟 375-450克/公顷 喷雾
LS20091204 低聚糖素/6%/水剂/低聚糖素 6%/2009.04.24 至 2010.04.24/低毒
胡椒 病毒病 50-100毫克/千克 喷雾

河北省

保定大中方香业有限公司 (河北省保定市长城北大街2397号 071000 0312-5092500)

WL20070211 蚊香/0.23%/蚊香/富右旋反式烯丙菊酯 0.23%/2009.10.15 至 2010.10.16/低毒
卫生 蚊 / 点燃
注:本品有三种香型:茉莉香型、无香型、清新香型。
WL20080456 蚊香/0.28%/蚊香/富右旋反式烯丙菊酯 0.24%、四氟苯菊酯 0.04%/2009.11.24 至 2010.11.24/微毒
卫生 蚊 / 点燃
注:本品有三种香型:桂花香型、清香型、无香型。
WL20080463 杀虫气雾剂/0.65%/气雾剂/胺菊酯 0.35%、高效氯氰菊酯 0.1%、氯菊酯 0.2%/2009.11.24 至 2010.11.24/微毒

卫生　蚊、蝇、蜚蠊　/　喷雾
注:本品有三种香型：桂花香型、茉莉香型、柠檬香型。

保定杰出阳光工贸有限公司　(河北省保定市高新区云杉路86号　071051　0312-7500850)

WL20070174　蚊香/0.33%/蚊香/富右旋反式烯丙菊酯 0.33%/2009.09.04 至 2010.09.05/微毒
卫生　蚊　/　点燃

WL20070290　杀虫气雾剂/0.65%/气雾剂/胺菊酯 0.34%、氯菊酯 0.21%、右旋烯丙菊酯 0.1%/2009.12.04 至 2010.12.05/微毒
卫生　蚊、蝇、蜚蠊　/　喷雾

保定康宝制香有限公司　(河北省定兴县天宫寺乡李八营村　072658　0312-6880178)

WP20080096　蚊香/0.2%/蚊香/富右旋反式烯丙菊酯 0.2%/2008.09.11 至 2013.09.11/微毒
卫生　蚊　/　点燃

WL20070051　杀虫气雾剂/0.52%/气雾剂/胺菊酯 0.33%、氯氰菊酯 0.19%/2009.03.04 至 2010.03.05/微毒
卫生　蚊、蝇　/　喷雾

保定农药厂　(河北省保定市高保路清苑西石桥开发区　071106　0312-8041236)

PD20083294　阿维菌素/2%/乳油/阿维菌素 2%/2008.12.11 至 2013.12.11/低毒(原药高毒)
梨树　梨木虱　6-12毫克/千克　喷雾

PD20083548　啶虫脒/5%/可湿性粉剂/啶虫脒 5%/2008.12.12 至 2013.12.12/低毒
小麦　蚜虫　22.5-30克/公顷　喷雾

PD20084349　多·锰锌/50%/可湿性粉剂/多菌灵 20%、代森锰锌 30%/2008.12.17 至 2013.12.17/低毒
苹果树　斑点落叶病　1000-1250毫克/千克　喷雾

PD20085841　甲基硫菌灵/70%/可湿性粉剂/甲基硫菌灵 70%/2008.12.29 至 2013.12.29/低毒
苹果树　轮纹病　700-1166.7毫克/千克　喷雾

PD20090488　氯氰·毒死蜱/20%/乳油/毒死蜱 18%、氯氰菊酯 2%/2009.01.12 至 2014.01.12/低毒
棉花　棉铃虫　225-270克/公顷　喷雾

PD20094963　高效氯氰菊酯/4.5%/乳油/高效氯氰菊酯 4.5%/2009.04.21 至 2014.04.21/低毒
十字花科蔬菜　小菜蛾　22.5-33.75克/公顷　喷雾

PD20095857　单甲脒盐酸盐/25%/水剂/单甲脒盐酸盐 25%/2009.05.27 至 2014.05.27/低毒
柑橘树　红蜘蛛　250-312.5毫克/千克　喷雾

PD20098276　碱式硫酸铜/95%/原药/碱式硫酸铜 95%/2009.12.18 至 2014.12.18/低毒

LS20050275　高氯·啶虫脒/5%/乳油/啶虫脒 1.5%、高效氯氰菊酯 3.5%/2008.02.04 至 2009.02.03/低毒
番茄　蚜虫　26.25-30克/公顷　喷雾

LS20090048　哒螨·单甲脒/20%/悬浮剂/哒螨灵 5%、单甲脒盐酸盐 15%/2009.01.08 至 2010.01.08/低毒
柑橘树　红蜘蛛　111.1-166.7毫克/千克　喷雾

保定市地芭化工有限公司　(河北省保定市卫生路5号　071000　0312-5022470)

PD20082920　复硝酚钠/2%/水剂/2,4-二硝基苯酚钠 0.2%、5-硝基邻甲氧基苯酚钠 0.4%、对硝基苯酚钠 0.6%、邻硝基苯酚钠 0.8%/2008.12.09 至 2013.12.09/低毒
小麦　调节生长　3000-4000倍液　兑水喷雾

PD20091891　霜脲·锰锌/72%/可湿性粉剂/代森锰锌 64%、霜脲氰 8%/2009.02.09 至 2014.02.09/低毒
黄瓜　霜霉病　1440-1800克/公顷　喷雾

LS20090059　硅唑·多菌灵/40%/可湿性粉剂/多菌灵 27.5%、氟硅唑 12.5%/2010.01.09 至 2011.01.09/低毒
番茄　叶霉病　150-210克/公顷　喷雾

LS20090192　丙森·霜脲氰 /50%/可湿性粉剂/丙森锌 38%、霜脲氰 12%/2010.02.04 至 2011.02.04/低毒
番茄　晚疫病　1275-1725克/公顷　喷雾/

保定市康美日化有限公司　(河北省保定市天威中路715号　071000　0312-2205086)

WP20090383　蚊香/0.2%/蚊香/富右旋反式烯丙菊酯 0.2%/2009.12.24 至 2014.12.24/微毒
卫生　蚊　/　点燃

WL20060036　杀虫气雾剂/0.46%/气雾剂/胺菊酯 0.33%、氯菊酯 0.1%、氯氰菊酯 0.03%/2009.03.01 至 2010.03.01/微毒
卫生　蚊、蝇、蜚蠊　/　喷雾

保定市顺博日化有限公司　(河北省保定市北市区后辛庄工业园　071000　0312-5013749)

WL20080126　杀虫气雾剂/0.55%/气雾剂/胺菊酯 0.3%、氯菊酯 0.2%、氯氰菊酯 0.05%/2009.02.20 至 2010.02.21/微毒
卫生　蚊、蝇、蜚蠊　/　喷雾

WL20080154　蚊香/0.3%/蚊香/富右旋反式烯丙菊酯 0.3%/2009.02.24 至 2010.02.25/微毒
卫生　蚊　/　点燃
注:本品有三种香型：绿茶香型、无香型、花香型。

保定市天润康华日化有限公司　(河北省保定市乐凯南大街2989号　071000　0312-2199880)

WL20090204　杀虫气雾剂/0.6%/气雾剂/Es-生物烯丙菊酯 0.1%、氯菊酯 0.2%、右旋胺菊酯 0.3%/2009.11.30 至 2010.11.30/低毒
卫生　蚊、蝇、蜚蠊　/　喷雾

保定市一诺日化科技有限公司　(河北省保定市保新路8号　071000　0312-8081288)

WP20090323　蚊香/0.3%/蚊香/富右旋反式烯丙菊酯 0.3%/2009.09.15 至 2014.09.15/微毒
卫生　蚊　/　点燃

WL20050281　蚊香/0.2%/蚊香/富右旋反式烯丙菊酯 0.2%/2008.11.13 至 2009.11.13/微毒
卫生　蚊　/　点燃

WL20050286　杀虫气雾剂/0.3%/气雾剂/胺菊酯 0.18%、富右旋反式烯丙菊酯 0.07%、氯菊酯 0.05%/2008.11.13 至 2009.11.13/微毒
卫生　蚊、蝇、蜚蠊　/　喷雾

WL20070081 杀虫气雾剂/0.37%/气雾剂/胺菊酯 0.25%、氯菊酯 0.1%、氯氰菊酯 0.02%/2009.04.25 至 2010.04.26/微毒
卫生 蚊、蝇、蜚蠊 / 喷雾
WL20080302 杀虫气雾剂/0.41%/气雾剂/Es-生物烯丙菊酯 0.06%、氯菊酯 0.1%、右旋胺菊酯 0.25%/2009.04.21至2010.04.21/微毒
卫生 蚊、蝇、蜚蠊 / 喷雾
WL20080305 杀虫气雾剂/0.48%/气雾剂/胺菊酯 0.3%、氯菊酯 0.13%、氯氰菊酯 0.05%/2009.04.21 至 2010.04.21/微毒
卫生 蚊、蝇、蜚蠊 / 喷雾
WL20080451 电热蚊香液/1.28%/电热蚊香液/炔丙菊酯 1.28%/2009.11.20 至 2010.11.20/微毒
卫生 蚊 / 电热加温
WL20080454 蟑香/8.8%/蟑香/右旋苯醚氰菊酯 8.8%/2009.11.24 至 2010.11.24/微毒
卫生 蜚蠊 / 点燃
WL20080459 电热蚊香片/56毫克/片/电热蚊香片/右旋烯丙菊酯 56毫克/片/2009.11.24 至 2010.11.24/微毒
卫生 蚊 / 电热加温
WL20080464 蚊香/0.28%/蚊香/富右旋反式烯丙菊酯 0.24%、四氟苯菊酯 0.04%/2009.11.24 至 2010.11.24/微毒
卫生 蚊 / 点燃
WL20080466 杀蟑饵剂/2%/饵剂/吡虫啉 2%/2009.11.24 至 2010.11.24/微毒
卫生 蜚蠊 / 投放

保定市益佳日化有限公司 （河北省保定市永华南大街22号 071000 0312-2215610）

WL20080267 蚊香/0.24%/蚊香/富右旋反式烯丙菊酯 0.24%/2009.04.10 至 2010.04.10/低毒
卫生 蚊 / 点燃
WL20090021 杀虫气雾剂/0.42%/气雾剂/胺菊酯 0.19%、富右旋反式烯丙菊酯 0.15%、氯菊酯 0.08%/2009.02.04至2010.02.04/微毒
卫生 蚊、蝇、蜚蠊 / 喷雾

保定市苑鑫制香有限公司 （河北省保定市清苑县田各庄工业区 071100 0312-8120864）

WL20090200 蚊香/0.26%/蚊香/富右旋反式烯丙菊酯 0.26%/2009.11.12 至 2010.11.12/微毒
卫生 蚊 / 点燃

保定威冠日化有限公司 （河北省保定市高新区云杉路86号 0312-7500838 0312-7500838）

WL20070230 蚊香/0.25%/蚊香/富右旋反式烯丙菊酯 0.25%/2009.10.23 至 2010.10.24/低毒
卫生 蚊 / 点燃
WL20080344 杀虫气雾剂/0.26%/气雾剂/高效氯氰菊酯 0.06%、右旋胺菊酯 0.2%/2009.06.11 至 2010.06.11/低毒
卫生 蚊、蝇 / 喷雾

保定益康制香有限公司 （河北省涞水县南关永安大街221号 074100 0312-4528120）

WP20080126 蚊香/0.25%/蚊香/富右旋反式烯丙菊酯 0.25%/2008.10.29 至 2013.10.29/低毒
卫生 蚊 / 点燃
注:本品有一种香型：艾草香型。
WP20080140 电热蚊香片/12毫克/片/蚊香/富右旋反式炔丙菊酯 12毫克/片/2008.11.04 至 2013.11.04/低毒
卫生 蚊 / 电热加温
注:本品有三种香型：茉莉香型、绿茶香型、无香型。
WP20080146 杀虫气雾剂/0.65%/气雾剂/胺菊酯 0.30%、氯菊酯 0.35%/2008.11.05 至 2013.11.05/低毒
卫生 蜚蠊、蚊、蝇 / 喷雾
注:本品有三种香型：茉莉香型、奶香型、柠檬香型。
WP20080206 杀虫气雾剂/0.65%/气雾剂/胺菊酯 0.35%、氯氰菊酯 0.30%/2008.11.21 至 2013.11.21/低毒
卫生 蜚蠊、蚊、蝇 / 喷雾
注:本品有三种香型：柠檬香型、茉莉香型、绿茶香型。
WP20080385 杀蝇饵粒/0.06%/饵剂/溴氰菊酯 0.06%/2008.12.11 至 2013.12.11/低毒
卫生 蝇 / 投放
WL20060080 电热蚊香液/1%/电热蚊香液/炔丙菊酯 1%/2009.04.12 至 2010.04.12/微毒
卫生 蚊 / 电热加温
注:本品有三种香型：无香型、绿茶香型、清香型。
WL20070038 杀虫气雾剂/0.48%/气雾剂/右旋胺菊酯 0.29%、右旋苯醚菊酯 0.19%/2009.02.08 至 2010.02.08/微毒
卫生 蚊、蝇、蜚蠊 / 喷雾
注:本品有三种香型：无香型、柠檬香型、薄荷香型。
WL20070042 杀虫气雾剂/0.46%/气雾剂/Es-生物烯丙菊酯 0.2%、右旋苯醚菊酯 0.26%/2009.02.24 至 2010.02.24/微毒
卫生 蚊、蝇、蜚蠊 / 喷雾
注:本品有三种香型：无香型、柠檬香型、薄荷香型。
WL20080104 杀虫气雾剂/0.65%/气雾剂/胺菊酯 0.35%、高效氯氰菊酯 0.1%、氯菊酯 0.2%/2009.02.19 至 2010.02.20/微毒
卫生 蚊、蝇、蜚蠊 / 喷雾
注:本品有壹种香型：原野清香型。
WL20080118 杀蟑气雾剂/0.6%/气雾剂/氯菊酯 0.35%、炔咪菊酯 0.05%、右旋胺菊酯 0.2%/2009.02.20 至 2010.02.21/微毒
卫生 蜚蠊 / 喷雾
注:本品有三种香型：无香型、茉莉香型、柠檬香型。
WL20080119 蚊香/0.26%/蚊香/富右旋反式烯丙菊酯 0.24%、四氟苯菊酯 0.02%/2009.02.20 至 2010.02.21/微毒
卫生 蚊 / 点燃
注:本品有三种香型：无香型、清香型、桂花香型。
WL20090008 蚊香/0.025%/蚊香/四氟甲醚菊酯 0.025%/2010.01.09 至 2011.01.09/微毒

卫生 蚊 / 点燃
注:本品有壹种香型：艾草香型。

WL20090161 蝇香/0.5%/蝇香/氯烯炔菊酯 0.5%/2009.07.10 至 2010.07.10/微毒
卫生 蝇 / 点燃

WL20090162 蚊香/0.05%/蚊香/氯氟醚菊酯 0.05%/2009.07.10 至 2010.07.10/微毒
卫生 蚊 / 点燃
注:本品有壹种香型：艾草香型。

保定正大阳光日用品有限公司 （河北省保定市清苑县孙村乡戌官营 071104 0312-8080353）

WL20070188 蚊香/0.25%/蚊香/富右旋反式烯丙菊酯 0.25%/2008.10.09 至 2009.10.10/微毒
卫生 蚊 / 点燃

WL20080196 杀虫气雾剂/0.35%/气雾剂/胺菊酯 0.3%、氯氰菊酯 0.05%/2009.03.04 至 2010.03.04/微毒
卫生 蚊、蝇、蜚蠊 / 喷雾

北京海慧召兴科伟业技术发展有限公司固安佳美气雾剂厂 （河北省固安县马庄镇南宋村村西 100078 ）

WL20070097 杀虫气雾剂/0.3%/气雾剂/胺菊酯 0.25%、氯氰菊酯 0.05%/2009.05.20 至 2010.05.21/微毒
卫生 蚊、蝇、蜚蠊 / 喷雾

阜城县永发化工厂 （河北省阜城县阜城镇杜场村南 053700 ）

PD20096161 磷化铝/56%/片剂/磷化铝 56%/2009.06.24 至 2014.06.24/高毒
粮食 储粮害虫 4-6克/立方米 密闭熏蒸

高碑店市田星生物工程有限公司 （河北省高碑店市东大街45号 074000 0312-2812066）

PD86183-12 赤霉酸/85%/结晶粉/赤霉酸 850单位/毫克/2006.12.13 至 2011.12.13/低毒

菠菜	增加鲜重	10-25毫克/千克	叶面处理1-3次
菠萝	果实增大、增重	40-80毫克/千克	喷花
柑橘树	果实增大、增重	20-40毫克/千克	喷花
花卉	提前开花	700毫克/千克	叶面处理涂抹花芽
绿肥	增产	10-20毫克/千克	喷雾
马铃薯	苗齐、增产	0.5-1毫克/千克	浸薯块10-30分钟
棉花	提高结铃率、增产	10-20毫克/千克	点喷、点涂或喷雾
葡萄	无核、增产	50-200毫克/千克	花后一周处理果穗
芹菜	增加鲜重	20-100毫克/千克	叶面处理1次
人参	增加发芽率	20毫克/千克	播种前浸种15分钟
水稻	增加千粒重、制种	20-30毫克/千克	喷雾

PD20082584 烯腺•羟烯腺/0.006%/母药/羟烯腺嘌呤 0.004%、烯腺嘌呤 0.002%/2008.12.04 至 2013.12.04/低毒

PD20086388 羟烯腺•烯腺/0.0001%/可湿性粉剂/羟烯腺嘌呤 0.00006%、烯腺嘌呤 0.00004%/2008.12.31 至 2013.12.31/低毒
大豆 调节生长 0.0017毫克/千克 喷雾
水稻、玉米 调节生长 1)0.0017毫克/千克2)100-150倍液 1)喷雾2)浸种

PD20096992 羟烯腺•烯腺/0.0001%/水剂/羟烯腺嘌呤 0.00004%、烯腺嘌呤 0.00006%/2009.09.29 至 2014.09.29/低毒
番茄 调节生长、增产 200-400倍液 喷雾(3次)

PD20096993 甲硫•萘乙酸/3.315%/涂抹剂/甲基硫菌灵 3.3%、萘乙酸 0.015%/2009.09.29 至 2014.09.29/低毒
苹果树 腐烂病 原液 涂抹于病疤

高阳县康华爱卫用品厂 （河北省高阳县庞石公路西侧 071504 0312-5655888）

WL20060082 杀虫气雾剂/0.26%/气雾剂/高效氯氰菊酯 0.02%、氯菊酯 0.11%、右旋胺菊酯 0.13%/2009.04.13 至 2010.04.13/微毒
卫生 蚊、蝇、蜚蠊 / 喷雾

WL20080087 蚊香/0.3%/蚊香/富右旋反式烯丙菊酯 0.3%/2009.02.21 至 2010.02.21/微毒
卫生 蚊 / 点燃

WL20080108 杀虫气雾剂/0.63%/气雾剂/Es-生物烯丙菊酯 0.05%、胺菊酯 0.34%、氯菊酯 0.24%/2009.02.22 至 2010.02.22/微毒
卫生 蚊、蝇、蜚蠊 / 喷雾

WL20080434 电热蚊香片/60毫克/片/电热蚊香片/右旋烯丙菊酯 60毫克/片/2009.11.12 至 2010.11.12/微毒
卫生 蚊 / 电热加温

WL20080443 杀虫气雾剂/0.65%/气雾剂/胺菊酯 0.34%、氯菊酯 0.21%、右旋烯丙菊酯 0.1%/2009.11.19 至 2010.11.19/微毒
卫生 蚊、蝇、蜚蠊 / 喷雾

WL20080446 蚊香/0.26%/蚊香/富右旋反式烯丙菊酯 0.24%、四氟苯菊酯 0.02%/2009.11.19 至 2010.11.19/微毒
卫生 蚊 / 点燃

WL20080458 杀虫气雾剂/0.42%/气雾剂/胺菊酯 0.33%、高效氯氰菊酯 0.06%、四氟苯菊酯 0.03%/2009.11.24 至 2010.11.24/微毒
卫生 蚊、蝇、蜚蠊 / 喷雾

WL20080465 杀蟑气雾剂/0.3%/气雾剂/炔咪菊酯 0.13%、右旋苯醚氰菊酯 0.17%/2009.11.24 至 2010.11.24/微毒
卫生 蜚蠊 / 喷雾

河北安霖制药有限公司 （河北省邯郸市高科技经济开发区科技路2号 056003 0310-8067016）

WP20090190 甲基吡噁磷/10%/可湿性粉剂/甲基吡噁磷 10%/2009.03.23 至 2014.03.23/低毒

卫生 蝇 200-300毫克/平方米 滞留喷洒

WP20090191 杀虫饵剂/1%/饵剂/甲基吡嘧磷 1%/2009.03.23 至 2014.03.23/低毒

卫生 蜚蠊、蝇 / 投放

WP20090192 甲基吡嘧磷/98%/原药/甲基吡嘧磷 98%/2009.03.23 至 2014.03.23/低毒

河北安瑞特化工有限公司 （河北省邯郸市鸡泽县曹庄工业区 057350 0310-7631888）

PD20096806 百草枯/200克/升/水剂/百草枯 200克/升/2009.09.15 至 2014.09.15/中等毒

夏玉米田 一年生杂草 370-750克/公顷 定向茎叶喷雾

河北奥德植保药业有限公司 （河北省南宫市南环路1号 055750 0319-5229081）

PD86109-31 苏云金杆菌/8000IU/毫克/可湿性粉剂/苏云金杆菌 8000IU/毫克/2006.10.15 至 2011.10.15/低毒

白菜、萝卜、青菜 菜青虫、小菜蛾 1500-4500克制剂/公顷 喷雾

茶树 茶毛虫 1500-7500克制剂/公顷 喷雾

大豆、甘薯 天蛾 1500-2250克制剂/公顷 喷雾

柑橘树 柑橘凤蝶 2250-3750克制剂/公顷 喷雾

高粱、玉米 玉米螟 3750-4500克制剂/公顷 喷雾、毒土

梨树 天幕毛虫 1500-3750克制剂/公顷 喷雾

林木 尺蠖、柳毒蛾、松毛虫 2250-7500克制剂/公顷 喷雾

棉花 棉铃虫、造桥虫 1500-7500克制剂/公顷 喷雾

苹果树 巢蛾 2250-3750克制剂/公顷 喷雾

水稻 稻苞虫、稻纵卷叶螟 1500-6000克制剂/公顷 喷雾

烟草 烟青虫 3750-7500克制剂/公顷 喷雾

枣树 尺蠖 3750-4500克制剂/公顷 喷雾

LS99463 氨基寡糖素/0.5%/水剂/氨基寡糖素 0.5%/2009.01.14 至 2009.12.31/低毒

番茄 晚疫病 14.06-18.75克/公顷 喷雾

烟草 病毒病 7.5-11.25克/公顷 喷雾

河北八源生物制品有限公司 （河北省石家庄市长安区西兆通镇店上村北 050036 0311-85307866）

PD85157-31 辛硫磷/40%/乳油/辛硫磷 40%/2005.07.25 至 2010.07.25/低毒

茶树、桑树 食叶害虫 200-400毫克/千克 喷雾

果树 食心虫、蚜虫、螨 200-400毫克/千克 喷雾

林木 食叶害虫 3000-6000克/公顷 喷雾

棉花 棉铃虫、蚜虫 300-600克/公顷 喷雾

蔬菜 菜青虫 300-450克/公顷 喷雾

烟草 食叶害虫 300-600克/公顷 喷雾

玉米 玉米螟 450-600克/公顷 灌心叶

PD20040093 氯氰菊酯/5%/乳油/氯氰菊酯 5%/2009.12.19 至 2014.12.19/低毒

梨树 梨木虱 33.3-50毫克/千克 喷雾

棉花 棉铃虫 60-90克/公顷 喷雾

十字花科蔬菜 菜青虫 22.5-37.5克/公顷 喷雾

小麦 蚜虫 37.5-52.5克/公顷 喷雾

PD20040315 吡虫啉/5%/乳油/吡虫啉 5%/2009.12.19 至 2014.12.19/低毒

梨树 梨木虱 12.5-16.7毫克/千克 喷雾

棉花 蚜虫 15-22.5克/公顷 喷雾

水稻 飞虱 15-22.5克/公顷 喷雾

小麦 蚜虫 22.5-37.5克/公顷 喷雾

PD20040345 高效氯氰菊酯/4.5%/乳油/高效氯氰菊酯 4.5%/2009.12.19 至 2014.12.19/低毒

梨树 梨木虱 20.8-31.25毫克/千克 喷雾

棉花 棉铃虫 22.5-30克/公顷 喷雾

小麦 蚜虫 15-22.5克/公顷 喷雾

PD20081099 敌畏·吡虫啉/26%/乳油/吡虫啉 1%、敌敌畏 25%/2008.08.18 至 2013.08.18/中等毒

梨树 黄粉虫 173.3-260毫克/千克 喷雾

棉花 蚜虫 234-312克/公顷 喷雾

水稻 飞虱 234-312克/公顷 喷雾

小麦 蚜虫 156-234克/公顷 喷雾

PD20083102 毒死蜱/40%/乳油/毒死蜱 40%/2008.12.10 至 2013.12.10/中等毒

棉花 棉铃虫 225-300克/公顷 喷雾

PD20084368 辛硫磷/40%/乳油/辛硫磷 40%/2008.12.17 至 2013.12.17/低毒

棉花 棉铃虫 420-480克/公顷 喷雾

PD20085319 辛硫·灭多威/30%/乳油/灭多威 10%、辛硫磷 20%/2008.12.24 至 2013.12.24/高毒

棉花 棉铃虫 180-360克/公顷 喷雾

PD20090395 氯氰·辛硫磷/40/乳油/氯氰菊酯 2%、辛硫磷 38%/2009.01.12 至 2014.01.12/中等毒

棉花 棉铃虫 180-270克/公顷 喷雾

PD20095924 高效氯氰菊酯/4.5%/水乳剂/高效氯氰菊酯 4.5%/2009.06.02 至 2014.06.02/低毒

甘蓝 小菜蛾 20.25-27克/公顷 喷雾

PD20096098 双甲脒/10%/乳油/双甲脒 10%/2009.06.18 至 2014.06.18/中等毒

	梨树	梨木虱	67-100毫克/千克	喷雾
	棉花	红蜘蛛	90-120克/公顷	喷雾
PD20097820	吡虫·矿物油/25%/乳油/吡虫啉 1%、矿物油 24%/2009.11.20 至 2014.11.20/低毒			
	棉花	蚜虫	112.5-187.5克/公顷	喷雾
	苹果树	黄蚜	125-167毫克/千克	喷雾
	小麦	蚜虫	225-375克/公顷	喷雾
PD20097859	阿维·矿物油/24.5%/乳油/阿维菌素 0.2%、矿物油 24.3%/2009.11.20 至 2014.11.20/低毒(原药高毒)			
	柑橘树	红蜘蛛	123-245毫克/千克	喷雾
	梨树	梨木虱	1500-2000倍液	喷雾
PD20098179	辛硫·矿物油/50%/乳油/矿物油 30%、辛硫磷 20%/2009.12.14 至 2014.12.14/中等毒			
	棉花	棉铃虫	300-450克/公顷	喷雾
	小麦	蚜虫	600-750克/公顷	喷雾
LS20070108	哒螨灵/10%/微乳剂/哒螨灵 10%/2009.01.31 至 2010.01.31/低毒			
	棉花	红蜘蛛	90～112.5克/公顷	喷雾
LS20070282	甲氰菊酯/10%/微乳剂/甲氰菊酯 10%/2009.02.24 至 2010.02.24/中等毒			
	苹果树	桃小食心虫	100-133.3毫克/千克	喷雾
LS20071750	阿维菌素/1.8%/微乳剂/阿维菌素 1.8%/2009.07.04 至 2010.07.05/低毒(原药高毒)			
	梨树	梨木虱	6～12毫克/千克	喷雾
	苹果	二斑叶螨	4.5～6毫克/千克	喷雾
LS20072508	抗蚜威/9%/微乳剂/抗蚜威 9%/2009.11.27 至 2010.11.28/低毒			
	小麦	蚜虫	67.5-135克/公顷	喷雾
LS20080318	精喹禾灵/5%/水乳剂/精喹禾灵 5%/2009.02.18 至 2010.02.19/低毒			
	大豆田	一年生禾本科杂草	45-50克/公顷	茎叶喷雾
LS20080367	啶虫脒/20%/可溶液剂/啶虫脒 20%/2009.02.18 至 2010.02.19/低毒			
	棉花	蚜虫	15-30克/公顷	喷雾
LS20080619	苯磺隆/10%/可湿性粉剂/苯磺隆 10%/2009.02.21 至 2010.02.22/低毒			
	冬小麦	阔叶杂草	15-20克/公顷	茎叶喷雾
LS20083164	高效氯氟氰菊酯/2.5%/微乳剂/高效氯氟氰菊酯 2.5%/2009.11.17 至 2010.11.17/中等毒			
	甘蓝	菜青虫	7.5-11.25克/公顷	喷雾
WP20090108	高效氯氰菊酯/6%/悬浮剂/高效氯氰菊酯 6%/2009.02.05 至 2014.02.05/低毒			
	卫生	蝇	24毫克/平方米	滞留喷洒

河北博嘉农业有限公司　(河北省石家庄市桥西区友谊南大街46号楼　050051　0311-83027025)

PD20080370	啶虫脒/3%/乳油/啶虫脒 3%/2008.02.29 至 2013.02.28/低毒			
	黄瓜	蚜虫	13.5-22.5克/公顷	喷雾
PD20081694	高氯·辛硫磷/20%/乳油/高效氯氰菊酯 2%、辛硫磷 18%/2008.11.17 至 2013.11.17/中等毒			
	棉花	棉铃虫	150-225克/公顷	喷雾
PD20085414	毒死蜱/480克/升/乳油/毒死蜱 480克/升/2008.12.24 至 2013.12.24/中等毒			
	苹果树	绵蚜	240-400毫克/千克	喷雾
PD20085518	马拉硫磷/45%/乳油/马拉硫磷 45%/2008.12.25 至 2013.12.25/低毒			
	棉花	盲蝽蟓	562.5-750克/公顷	喷雾
PD20090173	春雷霉素/2%/水剂/春雷霉素 2%/2009.01.08 至 2014.01.08/低毒			
	番茄	叶霉病	42-65克/公顷	喷雾
PD20091637	高效氯氟氰菊酯/25克/升/乳油/高效氯氟氰菊酯 25克/升/2009.02.03 至 2014.02.03/中等毒			
	棉花	棉蚜	7.5-15克/公顷	喷雾
PD20092156	四螨嗪/20%/悬浮剂/四螨嗪 20%/2009.02.23 至 2014.02.23/低毒			
	柑橘树	红蜘蛛	100-200毫克/千克	喷雾
PD20093344	氟啶脲/50克/升/乳油/氟啶脲 50克/升/2009.03.18 至 2014.03.18/低毒			
	甘蓝	小菜蛾	30-60克/公顷	喷雾
PD20093510	三唑锡/25%/可湿性粉剂/三唑锡 25%/2009.03.23 至 2014.03.23/低毒			
	苹果树	红蜘蛛	166.7-250毫克/千克	喷雾
PD20093539	阿维菌素/2%/乳油/阿维菌素 2%/2009.03.23 至 2014.03.23/低毒(原药高毒)			
	菜豆	美洲斑潜蝇	6-7.5克/公顷	喷雾
	棉花	红蜘蛛	10.8-16.2克/公顷	喷雾
	棉花	棉铃虫	21.6-32.8克/公顷	喷雾
PD20093722	氟磺胺草醚/250克/升/水剂/氟磺胺草醚 250克/升/2009.03.25 至 2014.03.25/低毒			
	春大豆田	阔叶杂草	375-487.5克/公顷	茎叶喷雾
PD20093731	烟嘧磺隆/40克/升/油悬浮剂/烟嘧磺隆 40克/升/2009.03.25 至 2014.03.25/低毒			
	玉米田	一年生杂草	83-100毫升制剂/亩	茎叶喷雾
PD20093762	草甘膦异丙胺盐(41%)///水剂/草甘膦 30%/2009.03.25 至 2014.03.25/低毒			
	春玉米田	杂草	1125-1433克/公顷	行间定向茎叶喷雾
PD20093782	噁霉灵/30%/水剂/噁霉灵 30%/2009.03.25 至 2014.03.25/低毒			
	西瓜	枯萎病	375-500毫克/千克	灌根

PD20096239 烯草酮/120克/升/乳油/烯草酮 120克/升/2009.07.15 至 2014.07.15/低毒
春大豆田 一年生禾本科杂草 72-108克/公顷 茎叶喷雾
PD20096292 丁硫克百威/200克/升/乳油/丁硫克百威 200克/升/2009.07.22 至 2014.07.22/中等毒
棉花 蚜虫 90-180克/公顷 喷雾
PD20096402 乙烯利/40%/水剂/乙烯利 40%/2009.08.04 至 2014.08.04/低毒
棉花 催熟 330-350倍液 茎叶喷雾
PD20098369 联苯菊酯/25克/升/乳油/联苯菊酯 25克/升/2009.12.18 至 2014.12.18/低毒
棉花 红蜘蛛 45-60克/公顷 喷雾
PD20098421 吡虫啉/200克/升/可溶液剂/吡虫啉 200克/升/2009.12.24 至 2014.12.24/低毒
棉花 伏蚜 45-60克/公顷 喷雾
LS20052016 烯唑·福美双/30%/可湿性粉剂/福美双 28%、烯唑醇 2%/2008.05.31 至 2009.05.31/低毒
小麦 白粉病 225-360克/公顷 喷雾
LS20061102 磺草·莠去津/36%/悬浮剂/磺草酮 12%、莠去津 24%/2009.05.11 至 2010.05.11/低毒
夏玉米 一年生杂草 1080-1620克/公顷 茎叶喷雾
LS20080634 甲氨基阿维菌素苯甲酸盐/0.5%/微乳剂/甲氨基阿维菌素苯甲酸盐 0.5%/2009.02.23 至 2010.02.23/低毒
十字花科蔬菜 甜菜夜蛾 3.75-4.5克/公顷 喷雾
LS20082654 多抗霉素/3%/可湿性粉剂/多抗霉素 3%/2009.04.23 至 2010.04.23/低毒
番茄 晚疫病 160-270克/公顷 喷雾

河北德美化工有限责任公司 (河北省元氏城南工业区 050000 0311-84627922)

PD85109-12 甲拌磷//乳油/甲拌磷 55%/2010.01.31 至 2015.01.31/高毒
棉花 地下害虫、蚜虫、螨 600-800克/100千克种子 浸种、拌种
注:甲拌磷乳油只准用于浸、拌种，严禁喷雾使用。
PD20040085 高效氯氰菊酯/4.5%/乳油/高效氯氰菊酯 4.5%/2009.12.19 至 2014.12.19/中等毒
棉花 棉铃虫、棉蚜 15-30克/公顷 喷雾
十字花科蔬菜 菜青虫、小菜蛾 9-25.5克/公顷 喷雾
十字花科蔬菜 菜蚜 3-18克/公顷 喷雾
PD20094366 多·福·锰锌 /50%/可湿性粉剂/多菌灵 15%、福美双 25%、代森锰锌 10%/2009.04.01 至 2014.04.01/低毒
苹果树 轮纹病 500-800倍液 喷雾
PD20098191 氯氰菊酯/5%/乳油/氯氰菊酯 5%/2009.12.14 至 2014.12.14/中等毒
棉花 棉铃虫 45-90克/公顷 喷雾
LS20011119 过氧乙酸//水剂/过氧乙酸 21%/2009.03.12 至 2009.12.31/低毒
黄瓜 灰霉病 441-735克/公顷 喷雾

河北德农生物化工有限公司 (河北省沧州市崔尔庄工业园 061027 0317-4984444)

PD85159-45 草甘膦/10%/水剂/草甘膦 10%/2005.08.15 至2009.12.31/低毒
茶树、甘蔗、果园、剑麻、林木、桑树、橡胶树 一年生杂草和多年生恶性杂草 1125-2250克/公顷 喷雾
PD92103-22 草甘膦/95%/原药/草甘膦 95%/2007.08.08 至 2012.08.08/低毒
PD20081755 草甘膦异丙胺盐/41%/水剂/草甘膦异丙胺盐 41%/2008.11.18 至 2013.11.18/低毒
柑橘园 一年生和多年生杂草 1107-2460克/公顷 定向茎叶喷雾

河北定兴县恒信家化有限公司 (河北省定兴县天宫寺乡李八营村 072658 0312-6880178)

WL20070228 蚊香/0.3%/蚊香/富右旋反式烯丙菊酯 0.3%/2009.10.16 至 2010.10.17/微毒
卫生 蚊 / 点燃

河北格雷特生物科技有限公司 (河北省南宫市邢德路96号 055750 0319-5196611)

PD20083475 阿维菌素/1.8%/乳油/阿维菌素 1.8%/2008.12.12 至 2013.12.12/低毒(原药高毒)
棉花 棉铃虫 11.25-22.5克/公顷 喷雾
PD20090369 阿维菌素/0.9%/乳油/阿维菌素 0.9%/2009.01.12 至 2014.01.12/低毒(原药高毒)
梨树 梨木虱 1.5-2.25毫克/千克 喷雾
十字花科蔬菜 菜青虫 3-6克/公顷 喷雾
LS20053174 啶虫脒/5%/可湿性粉剂/啶虫脒 5%/2008.10.10 至 2009.10.10/低毒
十字花科蔬菜 蚜虫 15-22.5克/公顷 喷雾
LS20080166 高效氯氟氰菊酯/25克/升/乳油/高效氯氟氰菊酯 25克/升/2009.01.07 至 2010.01.07/中等毒
小麦 蚜虫 4.5-7.5克/公顷 喷雾

河北古城香业集团股份有限公司 (河北省保定市清苑县建设路580号 071100 0312-7966371)

WL20080176 蚊香/0.115%/蚊香/富右旋反式烯丙菊酯 0.1%、四氟醚菊酯 0.015%/2009.02.28 至 2010.02.28/微毒
卫生 蚊 / 点燃
WL20080326 电热蚊香液/0.8%/电热蚊香液/炔丙菊酯 0.8%/2009.05.08 至 2010.05.08/低毒
卫生 蚊 / 电热加温
WL20080370 电热蚊香片/12毫克/片/电热蚊香片/炔丙菊酯 12毫克/片/2009.08.20 至 2010.08.20/微毒
卫生 蚊 / 电热加温

河北冠龙农化有限公司 (河北省武邑县审坡镇新兴路8号 053402 0318-5966226)

PD84118-42 多菌灵/25%/可湿性粉剂/多菌灵 25%/2009.12.24 至 2014.12.24/低毒
果树 病害 0.05-0.1%药液 喷雾

	花生	倒秧病	750克/公顷	喷雾
	麦类	赤霉病	750克/公顷	喷雾,泼浇
	棉花	苗期病害	500克/100千克种子	拌种
	水稻	稻瘟病、纹枯病	750克/公顷	喷雾,泼浇
	油菜	菌核病	1125-1500克/公顷	喷雾
PD85122-13	福美双/50%/可湿性粉剂/福美双 50%/2005.07.29 至 2010.07.29/中等毒			
	黄瓜	白粉病、霜霉病	500-1000倍液	喷雾
	葡萄	白腐病	500-1000倍液	喷雾
	水稻	稻瘟病、胡麻叶斑病	250克/100千克种子	拌种
	甜菜、烟草	根腐病	500克/500千克温床土	土壤处理
	小麦	白粉病、赤霉病	500倍液	喷雾
PD85123-10	胂·锌·福美双/50%/可湿性粉剂/福美甲胂 12.5%、福美双 25%、福美锌 12.5%/2005.07.14 至 2010.07.14/中等毒			
	大白菜	霜霉病	750-1125克/公顷	喷雾
	梨树	黑星病	500-800倍液	喷雾
	苹果树	炭疽病	500-800倍液	喷雾
	葡萄	黑痘病、炭疽病	500-1000倍液	喷雾
	水稻	纹枯病	562.5-712.5克/公顷	喷雾
	烟草	炭疽病	562.5-712.5克/公顷	喷雾
	芝麻	疫病	2500倍液	喷雾
PD85124-8	福·福锌/80%/可湿性粉剂/福美双 30%、福美锌 50%/2005.07.29 至 2010.07.29/中等毒			
	黄瓜、西瓜	炭疽病	1500-1800克/公顷	喷雾
	麻	炭疽病	240-400克/100千克种子	拌种
	棉花	苗期病害	0.5%药液	浸种
	苹果树、杉木、橡胶树	炭疽病	500-600倍液	喷雾
PD85125-9	福美胂/40%/可湿性粉剂/福美胂 40%/2005.07.14 至 2010.07.14/中等毒			
	黄瓜	白粉病	1125-1500克/公顷	喷雾
	苹果树	白粉病	700倍液	喷雾
	水稻	稻粒瘟病	542.5-645克/公顷	喷雾
	豌豆	白粉病	900-1025克/公顷	喷雾
	小麦	白粉病	542.5-750克/公顷	喷雾
PD85150-36	多菌灵/50%/可湿性粉剂/多菌灵 50%/2005.07.29 至 2010.07.29/低毒			
	果树	病害	0.05-0.1%药液	喷雾
	花生	倒秧病	750克/公顷	喷雾
	麦类	赤霉病	750克/公顷	喷雾、泼浇
	棉花	苗期病害	250克/50千克种子	拌种
	水稻	稻瘟病、纹枯病	750克/公顷	喷雾、泼浇
	油菜	菌核病	1125-1500克/公顷	喷雾
PD96101-3	福·福锌/40%/可湿性粉剂/福美双 15%、福美锌 25%/2006.10.17 至 2011.10.17/中等毒			
	黄瓜、西瓜	炭疽病	1500-1800克/公顷	喷雾
	麻	炭疽病	240-400克/100千克种子	拌种
	棉花	苗期病害	4000毫克/千克	浸种
	苹果树、橡胶树	炭疽病	1600-1333毫克/千克	喷雾
	杉木	炭疽病	1333-1600毫克/千克	喷雾
PD20060138	福美双/95%/原药/福美双 95%/2006.07.21 至 2011.07.21/低毒			
PD20080318	多·福/40%/可湿性粉剂/多菌灵 5%、福美双 35%/2008.02.26 至 2013.02.26/低毒			
	葡萄	霜霉病	1000-1500毫克/千克	喷雾
PD20082538	烯酰吗啉/95%/原药/烯酰吗啉 95%/2008.12.03 至 2013.12.03/低毒			
PD20083451	氟啶脲/50克/升/乳油/氟啶脲 50克/升/2008.12.12 至 2013.12.12/低毒			
	十字花科蔬菜	小菜蛾	30-60克/公顷	喷雾
PD20083814	异菌脲/255克/升/悬浮剂/异菌脲 255克/升/2008.12.15 至 2013.12.15/低毒			
	油菜	菌核病	450-750克/公顷	喷雾
PD20083935	高效氯氰氰菊酯/25克/升/乳油/高效氯氰氰菊酯 25克/升/2008.12.15 至 2013.12.15/中等毒			
	十字花科蔬菜	菜青虫	7.5-11.25克/公顷	喷雾
PD20084456	三环唑/75%/可湿性粉剂/三环唑 75%/2008.12.17 至 2013.12.17/中等毒			
	水稻	稻瘟病	225-300克/公顷	喷雾
PD20084503	多·福/60%/可湿性粉剂/多菌灵 30%、福美双 30%/2008.12.18 至 2013.12.18/低毒			
	梨树	黑星病	1000-1500毫克/千克	喷雾
PD20084592	炔螨特/730克/升/乳油/炔螨特 730克/升/2008.12.18 至 2013.12.18/低毒			
	柑橘树	红蜘蛛	243-365毫克/千克	喷雾
PD20084708	噁霉·福美双/68%/可湿性粉剂/噁霉灵 8%、福美双 60%/2008.12.22 至 2013.12.22/低毒			
	黄瓜	枯萎病	680-850毫克/千克	灌根
PD20084713	甲基硫菌灵/70%/可湿性粉剂/甲基硫菌灵 70%/2008.12.22 至 2013.12.22/低毒			

番茄　叶霉病　375-562.5克/公顷　喷雾

PD20084725　代森锰锌/80%/可湿性粉剂/代森锰锌 80%/2008.12.22 至 2013.12.22/低毒

梨树　黑星病　800-1333毫克/千克　喷雾

PD20084778　异菌脲/50%/可湿性粉剂/异菌脲 50%/2008.12.22 至 2013.12.22/低毒

番茄　早疫病　375-750克/公顷　喷雾

PD20084842　多菌灵/80%/可湿性粉剂/多菌灵 80%/2008.12.22 至 2013.12.22/低毒

苹果树　轮纹病　667-1000毫克/千克　喷雾

PD20084900　丙环唑/250克/升/乳油/丙环唑 250克/升/2008.12.22 至 2013.12.22/低毒

香蕉　叶斑病　250-500毫克/千克　喷雾

PD20084994　虫酰肼/200克/升/悬浮剂/虫酰肼 200克/升/2008.12.22 至 2013.12.22/低毒

甘蓝　甜菜夜蛾　200-300克/公顷　喷雾

PD20085116　福美锌/90%/原药/福美锌 90%/2008.12.23 至 2013.12.23/低毒

PD20085588　氯氰·丙溴磷/440克/升/乳油/丙溴磷 400克/升、氯氰菊酯 40克/升/2008.12.25 至 2013.12.25/低毒

棉花　棉铃虫　528-660克/公顷　喷雾

PD20091288　甲硫·福美双/70%/可湿性粉剂/福美双 40%、甲基硫菌灵 30%/2009.02.01 至 2014.02.01/低毒

黄瓜　炭疽病　750-975克/公顷　喷雾

PD20092816　嘧霉·福美双/50%/可湿性粉剂/福美双 40%、嘧霉胺 10%/2009.03.04 至 2014.03.04/低毒

番茄　灰霉病　900-1050克/公顷　喷雾

PD20094381　烯酰吗啉/10%/水乳剂/烯酰吗啉 10%/2009.04.01 至 2014.04.01/低毒

黄瓜　霜霉病　225-300克/公顷　喷雾

PD20096151　吡虫·噻嗪酮/22%/可湿性粉剂/吡虫啉 2%、噻嗪酮 20%/2009.06.24 至 2014.06.24/低毒

水稻　稻飞虱　66-82.5克/公顷　喷雾

PD20096547　多·福·锌/80%/可湿性粉剂/多菌灵 25%、福美双 25%、福美锌 30%/2009.08.24 至 2014.08.24/低毒

苹果树　轮纹病　1000-1143毫克/千克　喷雾

PD20096984　唑磷·毒死蜱/30%/乳油/毒死蜱 7%、三唑磷 23%/2009.09.29 至 2014.09.29/低毒

水稻　稻纵卷叶螟　315—450克/公顷　喷雾

PD20097333　氟硅唑/400克/升/乳油/氟硅唑 400克/升/2009.10.27 至 2014.10.27/低毒

葡萄　黑痘病　40-50毫克/千克　喷雾

PD20098170　多·锰锌/80%/可湿性粉剂/多菌灵 15%、代森锰锌 65%/2009.12.14 至 2014.12.14/低毒

苹果树　斑点落叶病　1000-1333毫克/千克　喷雾

LS20060439　烯酰·福美双/69%/可湿性粉剂/福美双 60%、烯酰吗啉 9%/2009.03.05 至 2010.03.05/低毒

黄瓜　霜霉病　1242-1449克/公顷　喷雾

LS20072371　烯酰吗啉/50%/水分散粒剂/烯酰吗啉 50%/2009.10.16 至 2010.10.17/低毒

黄瓜　霜霉病　225-300克/公顷　喷雾

LS20080818　吗胍·乙酸铜/20%/可湿性粉剂/盐酸吗啉胍 10%、乙酸铜 10%/2009.02.28 至 2010.02.28/低毒

番茄　病毒病　500-750克/公顷　喷雾

LS20081641　联苯菊酯/25克/升/乳油/联苯菊酯 25克/升/2009.04.03 至 2010.04.03/低毒

茶树　茶小绿叶蝉　30-37.5克/公顷　喷雾

LS20081729　叶枯唑/20%/可湿性粉剂/叶枯唑 20%/2009.04.07 至 2010.04.07/低毒

水稻　白叶枯病　300-375克/公顷　喷雾

LS20090453　戊唑醇/12.5%/水乳剂/戊唑醇 12.5%/2009.03.18 至 2010.03.18/低毒

香蕉树　叶斑病　167-250毫克/千克　喷雾

LS20090756　多·锰锌/80%/可湿性粉剂/多菌灵 15%、代森锰锌 65%/2009.03.31 至 2010.03.31/低毒

苹果树　斑点落叶病　1000-1333毫克/千克　喷雾

河北硅谷化工有限公司　(河北省永年县广府镇城东硅谷工业园　057151　0310-6630809)

WL20090087　蚊香/0.28%/蚊香/富右旋反式烯丙菊酯 0.24%、四氟苯菊酯 0.04%/2009.03.24 至 2010.03.24/微毒

卫生　蚊　/　点燃

WL20090099　杀虫气雾剂/0.65%/气雾剂/胺菊酯 0.34%、氯菊酯 0.21%、右旋烯丙菊酯 0.1%/2009.03.27 至 2010.03.27/微毒

卫生　蜚蠊、蚊、蝇　/　喷雾

河北国美化工有限公司　(河北省沧县杜林西街　061028　03174837222)

PD20083904　氯氰菊酯/100克/升/乳油/氯氰菊酯 100克/升/2008.12.15 至 2013.12.15/低毒

甘蓝　菜青虫　37.5-52.5克/公顷　喷雾

PD20084700　氰戊菊酯/20%/乳油/氰戊菊酯 20%/2008.12.22 至 2013.12.22/低毒

甘蓝　菜青虫　60-120克/公顷　喷雾

PD20092560　阿维菌素/18克/升/乳油/阿维菌素 18克/升/2009.02.26 至 2014.02.26/低毒(原药高毒)

甘蓝　小菜蛾　9-10.8克/公顷　喷雾

PD20094399　高效氯氟氰菊酯/25克/升/乳油/高效氯氟氰菊酯 25克/升/2009.04.01 至 2014.04.01/中等毒

小麦　蚜虫　4.5-7.5克/公顷　喷雾

PD20095596　百草枯/200克/升/水剂/百草枯 200克/升/2009.05.12 至 2014.05.12/中等毒

玉米田　一年生杂草　300-450克/公顷　茎叶喷雾

PD20096537　氟乐灵/480克/升/乳油/氟乐灵 480克/升/2009.08.20 至 2014.08.20/低毒

春大豆田　一年生杂草　1080-1260克/公顷　土壤喷雾

夏大豆田　一年生杂草　900-1080克/公顷　土壤喷雾

PD20098234 马拉硫磷/45%/乳油/马拉硫磷 45%/2009.12.16 至 2014.12.16/低毒
甘蓝 蚜虫 540-675克/公顷 喷雾

PD20098298 高效氟吡甲禾灵/108克/升/乳油/高效氟吡甲禾灵 108克/升/2009.12.18 至 2014.12.18/低毒
大豆田 一年生禾本科杂草 40.5-56.7克/公顷 茎叶喷雾

LS20070589 乙烯利/40%/水剂/乙烯利 40%/2009.03.20 至 2010.03.21/低毒
棉花 催熟 300-400倍液 兑水喷雾

LS20072633 乐果/40%/乳油/乐果 40%/2009.12.09 至 2010.12.10/中等毒
棉花 蚜虫 540-600克/公顷 喷雾

河北海虹生化有限公司 (河北省南和县和阳镇东关东路南侧 054400 0319-4565155)

PD20092531 毒死蜱/480克/升/乳油/毒死蜱 480克/升/2009.02.26 至 2014.02.26/低毒
十字花科蔬菜 菜青虫 504-576克/公顷 喷雾

PD20093350 啶虫脒/3%/乳油/啶虫脒 3%/2009.03.18 至 2014.03.18/低毒
黄瓜 蚜虫 18-22.5克/公顷 喷雾

PD20093986 高效氯氟氰菊酯/25克/升/乳油/高效氯氟氰菊酯 25克/升/2009.03.27 至 2014.03.27/中等毒
甘蓝 蚜虫 7.5-11.25克/公顷 喷雾

PD20094740 高氯·辛硫磷 /20%/乳油/高效氯氰菊酯 1.5%、辛硫磷 18.5%/2009.04.10 至 2014.04.10/低毒
甘蓝 菜青虫 120-150克/公顷 喷雾

PD20095286 阿维菌素/18克/升/乳油/阿维菌素 18克/升/2009.04.27 至 2014.04.27/低毒(原药高毒)
十字花科蔬菜 小菜蛾 10.8-13.5克/公顷 喷雾

PD20098419 混合氨基酸铜/10%/水剂/混合氨基酸铜 10%/2009.12.24 至 2014.12.24/低毒
西瓜 枯萎病 150－200倍液 灌根

LS97831 苦参碱/0.36%/可溶液剂/苦参碱 0.36%/2009.01.19 至 2009.12.31/低毒
梨树 黑星病 600-800倍液 喷雾

LS20040719 过氧乙酸/21%/水剂/过氧乙酸 21%/2009.01.19 至 2009.12.31/低毒
黄瓜 灰霉病 441-735克/公顷 喷雾

河北贺森化工有限公司 (河北省邢台市广宗县兴广北路168号 054600 0319-7212184)

PD20070561 代森锰锌/70%/可湿性粉剂/代森锰锌 70%/2007.12.03 至 2012.12.03/低毒
番茄 早疫病 1845-2370克/公顷 喷雾

PD20082763 代森锰锌/80%/可湿性粉剂/代森锰锌 80%/2008.12.08 至 2013.12.08/低毒
番茄 早疫病 1845-2370克/公顷 喷雾

PD20083751 乙铝·锰锌/70%/可湿性粉剂/代森锰锌 45%、三乙膦酸铝 25%/2008.12.15 至 2013.12.15/低毒
黄瓜 霜霉病 1399.95-4200克/公顷 喷雾

PD20092234 吡虫啉/10%/可湿性粉剂/吡虫啉 10%/2009.02.24 至 2014.02.24/低毒
水稻 稻飞虱 15-30克/公顷 喷雾

PD20093911 甲霜·锰锌/58%/可湿性粉剂/甲霜灵 10%、代森锰锌 48%/2009.03.26 至 2014.03.26/低毒
葡萄 霜霉病 1087.5-1740克/公顷 喷雾

PD20094607 代森锰锌/50%/可湿性粉剂/代森锰锌 50%/2009.04.10 至 2014.04.10/低毒
番茄 早疫病 1845-2370克/公顷 喷雾

PD20094761 啶虫脒/5%/乳油/啶虫脒 5%/2009.04.13 至 2014.04.13/低毒
柑橘树 蚜虫 12.5-16.7毫克/千克 喷雾

PD20094834 硫磺·锰锌/70%/可湿性粉剂/硫磺 42%、代森锰锌 28%/2009.04.13 至 2014.04.13/低毒
豇豆 锈病 1575-2100克/公顷 喷雾

PD20098487 代森锰锌/85%/原药/代森锰锌 85%/2009.12.24 至 2014.12.24/低毒

河北亨升化工有限公司 (河北省石家庄市裕华区建设南大街168号 050021 0311-87325565)

PD20083817 甲氰·辛硫磷/30%/乳油/甲氰菊酯 2%、辛硫磷 28%/2008.12.15 至 2013.12.15/中等毒
甘蓝 菜青虫 360-540克/公顷 喷雾

PD20085132 辛硫·灭多威/30%/乳油/灭多威 10%、辛硫磷 20%/2008.12.23 至 2013.12.23/高毒
棉花 棉铃虫 180-360克/公顷 喷雾

PD20092099 马拉硫磷/45%/乳油/马拉硫磷 45%/2009.02.23 至 2014.02.23/低毒
水稻 稻飞虱 675-810克/公顷 喷雾

PD20092135 高效氯氟氰菊酯/25克/升/乳油/高效氯氟氰菊酯 25克/升/2009.02.23 至 2014.02.23/中等毒
十字花科蔬菜 菜青虫 11.25-15克/公顷 喷雾

PD20092458 毒死蜱/480克/升/乳油/毒死蜱 480克/升/2009.02.25 至 2014.02.25/中等毒
水稻 稻纵卷叶螟 432-576克/公顷 喷雾

PD20096396 氧乐果/40%/乳油/氧乐果 40%/2009.08.04 至 2014.08.04/高毒
小麦 蚜虫 90-150克/公顷 喷雾

PD20097920 百草枯/200克/升/水剂/百草枯 200克/升/2009.11.30 至 2014.11.30/中等毒
玉米田 一年生杂草 450-600克/公顷 行间茎叶定向喷雾

LS20072062 阿维菌素/18克/升/乳油/阿维菌素 18克/升/2009.08.29 至 2010.08.30/低毒(原药高毒)
十字花科蔬菜 小菜蛾 9.45-13.5克/公顷 喷雾

LS20081367 阿维菌素/5%/乳油/阿维菌素 5%/2009.03.13 至 2010.03.13/中等毒(原药高毒)
十字花科蔬菜 小菜蛾 9-10.8克/公顷 喷雾

LS20081439 高效氯氰菊酯/10%/乳油/高效氯氰菊酯 10%/2009.03.17 至 2010.03.17/低毒
十字花科蔬菜 菜青虫 15-30克/公顷 喷雾
LS20081521 甲氨基阿维菌素苯甲酸盐/2%/乳油/甲氨基阿维菌素苯甲酸盐 2%/2009.03.31 至 2010.03.31/低毒
十字花科蔬菜 小菜蛾 2-3.9克/公顷 喷雾
LS20081740 啶虫脒/20%/可湿性粉剂/啶虫脒 20%/2009.04.07 至 2010.04.07/低毒
柑橘树 蚜虫 10-20毫克/千克 喷雾
LS20082303 春雷霉素/2%/液剂/春雷霉素 2%/2009.04.21 至 2010.04.21/低毒
黄瓜 角斑病 42-65克/公顷 喷雾

河北华灵农药有限公司 (河北省南宫市南关外 055750 0319-5228111)

PD84111-50 氧乐果/40%/乳油/氧乐果 40%/2009.12.16 至 2014.12.16/高毒
棉花 蚜虫、螨 375-600克/公顷 喷雾
森林 松干蚧、松毛虫 500倍液 喷雾或直接涂树干
水稻 稻纵卷叶螟、飞虱 375-600克/公顷 喷雾
小麦 蚜虫 300-450克/公顷 喷雾
PD85126-21 三氯杀螨醇/20%/乳油/三氯杀螨醇 20%/2009.12.16 至 2014.12.16/低毒
棉花 红蜘蛛 225-300克/公顷 喷雾
苹果树 红蜘蛛、锈蜘蛛 800-1000倍液 喷雾
PD20080052 氟乐灵/480克/升/乳油/氟乐灵 480克/升/2008.01.03 至 2013.01.03/低毒
棉花田 一年生杂草 810-1080克/公顷 土壤喷雾
PD20080245 敌敌畏/50%/乳油/敌敌畏 50%/2008.02.18 至 2013.02.18/中等毒
棉花 蚜虫 900-1200克/公顷 喷雾
PD20080265 乙酰甲胺磷/30%/乳油/乙酰甲胺磷 30%/2008.02.20 至 2013.02.20/低毒
棉花 蚜虫 810-900克/公顷 喷雾
PD20080297 高效氯氰菊酯/4.5%/乳油/高效氯氰菊酯 4.5%/2008.02.25 至 2013.02.25/中等毒
甘蓝 蚜虫 13.5-20.25克/公顷 喷雾
甘蓝 菜青虫、小菜蛾 13.5-22.5克/公顷 喷雾
棉花 红铃虫、棉铃虫、蚜虫 13.5-30.375克/公顷 喷雾
苹果树 桃小食心虫 22.5-37.5毫克/千克 喷雾
PD20080712 乙烯利/40%/水剂/乙烯利 40%/2008.06.11 至 2013.06.11/低毒
棉花 催熟、增产 300-400倍液(1000-1333毫克/千克) 兑水喷雾
PD20082986 三十烷醇/0.1%/微乳剂/三十烷醇 0.1%/2008.12.10 至 2013.12.10/低毒
小麦 调节生长、增产 0.4-0.6毫克/千克 喷雾2-3次
PD20083121 氯氰菊酯/5%/乳油/氯氰菊酯 5%/2008.12.10 至 2013.12.10/中等毒
棉花 棉铃虫 45-60克/公顷 喷雾
PD20084464 高效氯氟氰菊酯/25克/升/乳油/高效氯氟氰菊酯 25克/升/2008.12.17 至 2013.12.17/中等毒
棉花 棉铃虫 22.5-30克/公顷 喷雾
PD20084809 毒死蜱/40%/乳油/毒死蜱 40%/2008.12.22 至 2013.12.22/中等毒
棉花 棉铃虫 600-900克/公顷 喷雾
PD20096596 氰戊菊酯/20%/乳油/氰戊菊酯 20%/2009.09.02 至 2014.09.02/中等毒
棉花 红铃虫 75-150克/公顷 喷雾
PD20096962 联苯菊酯/100克/升/乳油/联苯菊酯 100克/升/2009.09.29 至 2014.09.29/中等毒
棉花 棉铃虫 30-52.5克/公顷 喷雾
PD20097066 辛硫磷/40%/乳油/辛硫磷 40%/2009.10.10 至 2014.10.10/低毒
棉花 棉铃虫 540-720克/公顷 喷雾
PD20097159 噁霉灵/15%/水剂/噁霉灵 15%/2009.10.16 至 2014.10.16/低毒
水稻 立枯病 1.35-1.8克/平方米 苗床土壤处理
PD20098292 啶虫脒/5%/乳油/啶虫脒 5%/2009.12.18 至 2014.12.18/中等毒
棉花 蚜虫 9-13.5克/公顷 喷雾
LS2000247 过氧乙酸/21%/水剂/过氧乙酸 21%/2009.01.08 至 2009.12.31/低毒
黄瓜 灰霉病 441-735克/公顷 喷雾
LS20072275 阿维菌素/0.5%/乳油/阿维菌素 0.5%/2009.09.16 至 2010.09.17/低毒(原药高毒)
梨树 梨木虱 6-12毫克/千克 喷雾
LS20080297 阿维菌素/18克/升/乳油/阿维菌素 18克/升/2009.02.20 至 2010.02.20/低毒(原药高毒)
棉花 红蜘蛛 10.8-16.2克/公顷 喷雾

河北金德伦生化科技有限公司 (河北省石家庄市仓兴街19号付1号 050021 0311-86022894)

PD20083153 阿维菌素/1.8%/乳油/阿维菌素 1.8%/2008.12.11 至 2013.12.11/低毒(原药高毒)
十字花科蔬菜 菜青虫 8.1-10.8克/公顷 喷雾
PD20083871 毒死蜱/480克/升/乳油/毒死蜱 480克/升/2008.12.15 至 2013.12.15/中等毒
棉花 棉铃虫 648-900克/公顷 喷雾
PD20084008 联苯菊酯/25克/升/乳油/联苯菊酯 25克/升/2008.12.16 至 2013.12.16/低毒
茶树 茶毛虫、茶尺蠖 7.5-15克/公顷 喷雾

PD20084211	马拉硫磷/45%/乳油/马拉硫磷 45%/2008.12.16 至 2013.12.16/低毒			
	棉花	盲蝽蟓	472.5-573.75克/公顷	喷雾
	水稻	稻飞虱	540-742.5克/公顷	喷雾
PD20084626	啶虫脒/5%/乳油/啶虫脒 5%/2008.12.18 至 2013.12.18/低毒			
	柑橘树	蚜虫	8.3-12毫克/千克	喷雾
PD20085884	马拉·吡虫啉/6%/可湿性粉剂/吡虫啉 1%、马拉硫磷 5%/2008.12.29 至 2013.12.29/低毒			
	甘蓝	蚜虫	45-63克/公顷	喷雾
PD20085944	马拉硫磷/1.2%/粉剂/马拉硫磷 1.2%/2008.12.29 至 2013.12.29/低毒			
	仓储原粮	储粮害虫	12-24克/1000千克原粮	撒施(拌粮)
PD20092861	马拉硫磷/90%/原药/马拉硫磷 90%/2009.03.05 至 2014.03.05/低毒			
PD20095310	氟铃脲/5%/乳油/氟铃脲 5%/2009.04.27 至 2014.04.27/低毒			
	甘蓝	小菜蛾	37.5-52.5克/公顷	喷雾
PD20097983	吡虫·杀虫单/40%/可湿性粉剂/吡虫啉 1%、杀虫单 39%/2009.12.01 至 2014.12.01/中等毒			
	水稻	稻飞虱、稻纵卷叶螟、二化螟、三化螟	450-750克/公顷	喷雾
PD20098452	氟铃·辛硫磷/20%/乳油/氟铃脲 2%、辛硫磷 18%/2009.12.24 至 2014.12.24/低毒			
	十字花科蔬菜	小菜蛾	120-150克/公顷	喷雾
LS20051154	井冈霉素/20%/可溶粉剂/井冈霉素 20%/2008.04.11 至 2009.04.11/低毒			
	水稻	纹枯病	150-187.5克/公顷	喷雾
LS20051639	阿维·高氯/5%/可湿性粉剂/阿维菌素 1%、高效氯氰菊酯 4%/2008.04.29 至 2009.04.29/低毒			
	梨树	梨木虱	6-12毫克/千克	喷雾
LS20052354	吡虫啉/25%/可湿性粉剂/吡虫啉 25%/2008.06.28 至 2009.06.28/低毒			
	小麦	蚜虫	15-30克/公顷(南方地区)	喷雾
			45-60克/公顷(北方地区)	
LS20072648	多·福/60%/可湿性粉剂/多菌灵 10%、福美双 50%/2009.12.09 至 2010.12.10/低毒			
	梨树	黑星病	1000-1500毫克/千克	喷雾
LS20082079	阿维·高氯/3%/微乳剂/阿维菌素 1%、高效氯氰菊酯 2%/2009.04.15 至 2010.04.15/低毒(原药高毒)			
	十字花科蔬菜	菜青虫、小菜蛾	7.5-15克/公顷	喷雾
WP20090289	高效氯氰菊酯/5%/悬浮剂/高效氯氰菊酯 5%/2009.06.24 至 2014.06.24/低毒			
	卫生	蚊、蝇	30毫克/平方米	滞留喷洒

河北军星生物化工有限公司　(河北省曲周县县城西工业区军星路1号　057250　0310-8896758)

PD85131-31	井冈霉素/3%/水剂/井冈霉素 3%/2006.11.19 至 2011.11.19/低毒			
	水稻	纹枯病	75-112.5克/公顷	喷雾,泼浇
PD85132-3	井冈霉素/3%/可溶粉剂/井冈霉素 3%/2006.11.19 至 2011.11.19/低毒			
	水稻	纹枯病	75-112.5克/公顷	喷雾、泼浇
PD85157-19	辛硫磷/40%/乳油/辛硫磷 40%/2005.07.25 至 2010.07.25/低毒			
	茶树、桑树	食叶害虫	200-400毫克/千克	喷雾
	果树	食心虫、蚜虫、螨	200-400毫克/千克	喷雾
	林木	食叶害虫	3000-6000克/公顷	喷雾
	棉花	棉铃虫、蚜虫	300-600克/公顷	喷雾
	蔬菜	菜青虫	300-450克/公顷	喷雾
	烟草	食叶害虫	300-600克/公顷	喷雾
	玉米	玉米螟	450-600克/公顷	灌心叶
PD20040157	氯氰菊酯/5%/乳油/氯氰菊酯 5%/2009.12.19 至 2014.12.19/中等毒			
	棉花	棉铃虫	60-90克/公顷	喷雾
	十字花科蔬菜	菜青虫	15-30克/公顷	喷雾
PD20040174	高效氯氰菊酯/4.5%/乳油/高效氯氰菊酯 4.5%/2009.12.19 至 2014.12.19/中等毒			
	梨树	梨木虱	20.8-31.25毫克/千克	喷雾
	十字花科蔬菜	菜青虫	13.5-22.5克/公顷	喷雾
PD20080290	敌畏·吡虫啉/26%/乳油/吡虫啉 1%、敌敌畏 25%/2008.02.25 至 2013.02.25/中等毒			
	棉花	蚜虫	234-312克/公顷	喷雾
	水稻	飞虱	234-312克/公顷	喷雾
PD20083824	氰戊·马拉松/20%/乳油/马拉硫磷 15%、氰戊菊酯 5%/2008.12.15 至 2013.12.15/中等毒			
	棉花	棉铃虫	90-150克/公顷	喷雾
	苹果树	桃小食心虫	160-333毫克/千克	喷雾
	蔬菜	菜青虫、蚜虫	90-150克/公顷	喷雾
	小麦	蚜虫	60-90克/公顷	喷雾
PD20085594	辛硫磷/40%/乳油/辛硫磷 40%/2008.12.25 至 2013.12.25/低毒			
	甘蓝	菜青虫	300-450克/公顷	喷雾
	棉花	棉铃虫	360-480克/公顷	喷雾
PD20085713	氯氰·辛硫磷/40%/乳油/氯氰菊酯 2%、辛硫磷 38%/2008.12.26 至 2013.12.26/中等毒			
	棉花	棉铃虫	180-270克/公顷	喷雾
PD20090062	氰戊·马拉松/40%/乳油/马拉硫磷 30%、氰戊菊酯 10%/2009.01.08 至 2014.01.08/中等毒			
	棉花	棉铃虫	90-150克/公顷	喷雾

小麦 蚜虫 60-90克/公顷 喷雾
PD20090175 氰戊·辛硫磷/40%/乳油/氰戊菊酯 5%、辛硫磷 35%/2009.01.08 至 2014.01.08/中等毒
棉花 棉铃虫 300-360克/公顷 喷雾
PD20090184 氰戊·辛硫磷/50%/乳油/氰戊菊酯 4.5%、辛硫磷 45.5%/2009.01.08 至 2014.01.08/中等毒
棉花 棉铃虫 600-750克/公顷 喷雾
棉花 蚜虫 150-225克/公顷 喷雾
小麦 蚜虫 90克/公顷 喷雾
PD20092394 双甲脒/10%/乳油/双甲脒 10%/2009.02.25 至 2014.02.25/中等毒
梨树 梨木虱 60-100毫克/千克 喷雾
PD20096343 吡虫啉/10%/可湿性粉剂/吡虫啉 10%/2009.07.28 至 2014.07.28/低毒
小麦 蚜虫 15-30克/公顷（南方地区） 喷雾
45-60克/公顷（北方地区）
PD20096458 氰戊菊酯/20%/乳油/氰戊菊酯 20%/2009.08.06 至 2014.08.06/中等毒
甘蓝 菜青虫 37.5-75克/公顷 喷雾
棉花 棉铃虫 120-150克/公顷 喷雾
PD20096560 氧乐果/40%/乳油/氧乐果 40%/2009.08.24 至 2014.08.24/中等毒(原药高毒)
棉花、小麦 蚜虫 81-162克/公顷 喷雾
PD20097316 烟嘧磺隆/40克/升/可分散油悬浮剂/烟嘧磺隆 40克/升/2009.10.27 至 2014.10.27/低毒
玉米田 一年生杂草 42-60克/公顷 茎叶喷雾
LS20061473 腈菌唑/9%/微乳剂/腈菌唑 9%/2009.07.17 至 2010.07.17/低毒
梨树 黑星病 45-90毫克/千克 喷雾
LS20070198 高效氯氟氰菊酯/2.7%/微乳剂/高效氯氟氰菊酯 2.7%/2009.02.07 至 2010.02.07/中等毒
十字花科蔬菜 甜菜夜蛾 15～24.3克/公顷 喷雾
LS20070247 三唑酮/9%/微乳剂/三唑酮 9%/2009.02.24 至 2010.02.24/低毒
小麦 白粉病 120-180毫克/千克 喷雾

河北康达有限公司 （河北省保定市天鹅中路118号 071051 0312-5999759）

WP20080543 电热蚊香液/0.86%/电热灭蚊液/炔丙菊酯 0.86%/2008.12.23 至 2013.12.23/微毒
卫生 蚊 / 电热加温
WP20090121 电热蚊香液/1.1%/电热蚊香液/炔丙菊酯 1.1%/2009.02.12 至 2014.02.12/微毒
卫生 蚊 / 电热加温
注:本品有三种香型：无香型、熏衣草香型、清香型。
WP20090347 电热蚊香片/14.5毫克/片/电热蚊香片/炔丙菊酯 14.5毫克/片/2009.10.26 至 2014.10.26/微毒
卫生 蚊 电热加温
WL20050019 杀虫气雾剂/0.36%/气雾剂/胺菊酯 0.26%、氯菊酯 0.03%、右旋烯丙菊酯 0.07%/2008.01.14 至 2009.01.13/微毒
卫生 蚊、蝇、蜚蠊 / 喷雾
WL20060010 电热蚊香片/11毫克/片/电热蚊香片/除虫菊素 2毫克/片、炔丙菊酯 9毫克/片/2008.01.24 至 2009.01.23/微毒
卫生 蚊 / 电热加温
WL20070069 蟑香/8.8%/蟑香/右旋苯醚氰菊酯 8.8%/2009.04.10 至 2010.04.11/微毒
卫生 蜚蠊 / 点燃
WL20070199 蚊香/0.26%/蚊香/富右旋反式烯丙菊酯 0.26%/2009.10.11 至 2010.10.12/微毒
卫生 蚊 / 点燃
WL20070200 杀虫气雾剂/0.61%/气雾剂/Es-生物烯丙菊酯 0.06%、胺菊酯 0.34%、氯菊酯 0.21%/2009.10.11 至 2010.10.12/微毒
卫生 蚊、蝇、蜚蠊 / 喷雾
WL20070213 蚊香/0.24%/蚊香/右旋烯丙菊酯 0.24%/2009.10.15 至 2010.10.16/微毒
卫生 蚊 / 点燃
WL20070223 杀飞虫气雾剂/0.53%/气雾剂/氯菊酯 0.39%、炔丙菊酯 0.14%/2009.10.16 至 2010.10.17/微毒
卫生 蚊、蝇 / 喷雾
WL20070224 杀虫气雾剂/0.41%/气雾剂/Es-生物烯丙菊酯 0.22%、右旋苯醚菊酯 0.19%/2009.10.16 至 2010.10.17/微毒
卫生 蚊、蝇、蜚蠊 / 喷雾
WL20070229 杀虫气雾剂/0.65%/气雾剂/胺菊酯 0.34%、氯菊酯 0.21%、右旋烯丙菊酯 0.1%/2009.10.17 至 2010.10.18/微毒
卫生 蚂蚁、跳蚤、蚊、蝇、蜚蠊 / 喷雾
WL20070293 电热蚊香片/27.8毫克/片/电热蚊香片/Es-生物烯丙菊酯 17.4毫克/片、炔丙菊酯 10.4毫克/片/2009.12.09至2010.12.09/微毒
卫生 蚊 / 电热加温
注:本品有三种香型：无香型、熏衣草香型、绿茶香型。
WL20080003 杀蟑气雾剂/0.3%/气雾剂/炔咪菊酯 0.13%、右旋苯醚氰菊酯 0.17%/2009.01.03 至 2010.01.03/微毒
卫生 蜚蠊 / 喷雾
WL20080004 杀蟑饵剂/2%/饵剂/吡虫啉 2%/2009.01.03 至 2010.01.03/微毒
卫生 蜚蠊 / 投放
WL20080433 电热蚊香片/30.5毫克/片/电热蚊香片/Es-生物烯丙菊酯 23.2毫克/片、四氟苯菊酯 7.3毫克/片/2009.11.12 至 2010.11.12/微毒
卫生 蚊 / 电热加温
注:本品有三种香型：清香型、绿茶香型、无香型。

WL20080436 电热蚊香液/0.72%/电热蚊香液/四氟醚菊酯 0.72%/2009.11.14 至 2010.11.14/微毒
卫生 蚊 / 电热加温
WL20080438 电热蚊香液/1.24%/电热蚊香液/四氟苯菊酯 1.24%/2009.11.14 至 2010.11.14/微毒
卫生 蚊 / 电热加温
注:本品有三种香型：清香型、薰衣草香型、无香型。
WL20080445 杀虫气雾剂/0.515%/气雾剂/胺菊酯 0.33%、氯菊酯 0.16%、四氟苯菊酯 0.025%/2009.11.19 至 2010.11.19/微毒
卫生 蚊、蝇、蜚蠊 / 喷雾
WL20080457 杀蚊气雾剂/0.3%/气雾剂/Es-生物烯丙菊酯 0.15%、四氟苯菊酯 0.04%、右旋苯醚菊酯 0.11%/2009.11.24 至2010.11.24/微毒
卫生 蚊 / 喷雾
注:本品有二种香型：无香型、柠檬香型。
WL20080460 杀虫气雾剂/0.42%/气雾剂/胺菊酯 0.33%、高效氯氰菊酯 0.06%、四氟苯菊酯 0.03%/2009.11.24 至 2010.11.24/微毒
卫生 蚂蚁、蚊、蝇、蜚蠊 / 喷雾
注:本品有二种香型：薰衣草香型、绿茶香型。
WL20080461 杀虫气雾剂/0.25%/气雾剂/Es-生物烯丙菊酯 0.15%、高效氯氰菊酯 0.045%、四氟苯菊酯 0.055%/2009.11.24至2010.11.24/微毒
卫生 蚊、蝇、蜚蠊 / 喷雾
WL20080467 蚊香/0.26%/蚊香/四氟苯菊酯 0.02%、右旋烯丙菊酯 0.24%/2009.11.25 至 2010.11.25/微毒
卫生 蚊 / 点燃
注:本品有三种香型：草本香型、清香型、无香型。

河北阔达生物制品有限公司 (河北省高邑县千秋西路8号 051330 0311-84066686)

PD90106-3 苏云金杆菌/100亿活芽孢/毫升/悬浮剂/苏云金杆菌 100亿活芽孢/毫升/2006.02.26 至 2011.02.26/低毒
白菜、萝卜、青菜 菜青虫、小菜蛾 1500-2250克制剂/公顷 喷雾
茶树 茶毛虫 3000克制剂/公顷 喷雾
高粱、玉米 玉米螟 2250-3000克制剂/公顷 加细沙灌心叶
梨树、苹果树、桃树、枣树 尺蠖、食心虫 200倍液 喷雾
林木 尺蠖、柳毒蛾、松毛虫 150-200倍液 喷雾
棉花 棉铃虫、造桥虫 3750-6000克制剂/公顷 喷雾
水稻 稻苞虫、螟虫 3000-6000克制剂/公顷 喷雾
烟草 烟青虫 3000克制剂/公顷 喷雾
PD20083083 阿维菌素/0.5%/乳油/阿维菌素 0.5%/2008.12.10 至 2013.12.10/低毒(原药高毒)
十字花科蔬菜 菜青虫 8.1-10.8克/公顷 喷雾
PD20084017 阿维菌素/2%/乳油/阿维菌素 2%/2008.12.16 至 2013.12.16/低毒(原药高毒)
菜豆 美洲斑潜蝇 10.8-21.6克/公顷 喷雾
PD20084206 阿维菌素/0.9%/乳油/阿维菌素 0.9%/2008.12.16 至 2013.12.16/低毒(原药高毒)
梨树 梨木虱 6-12毫克/千克 喷雾
PD20084636 阿维菌素/1.8%/乳油/阿维菌素 1.8%/2008.12.18 至 2013.12.18/低毒(原药高毒)
棉花 棉铃虫 21.6-32.4克/公顷 喷雾
LS20031021 苦参碱/0.36%/水剂/苦参碱 0.36%/2009.02.10 至 2009.12.31/低毒
梨树 黑星病 800-600倍液 喷雾
LS20031076 苦参碱/0.3%/水剂/苦参碱 0.3%/2009.02.10 至 2009.12.31/低毒
十字花科蔬菜 蚜虫 6.75-11.25克/公顷 喷雾
LS20082314 甲氨基阿维菌素苯甲酸盐/2%/乳油/甲氨基阿维菌素苯甲酸盐 2%/2009.04.21 至 2010.04.21/低毒
甘蓝 菜青虫 1.8-2.55克/公顷 喷雾

河北廊坊乐万家联合家化有限公司 (河北省廊坊市经济技术开发区金源道 065001 0316-6083788)

WP20090365 电热蚊香片/13毫克/片/电热蚊香片/炔丙菊酯 13毫克/片/2009.11.12 至 2014.11.12/微毒
卫生 蚊 / 电热加温
WL20060090 蚊香/0.25%/蚊香/富右旋反式烯丙菊酯 0.25%/2009.04.24 至 2010.04.24/低毒
卫生 蚊 / 点燃
WL20070016 杀虫气雾剂/0.47%/气雾剂/胺菊酯 0.45%、高效氯氰菊酯 0.02%/2009.01.28 至 2010.01.28/微毒
卫生 蚊、蝇、蜚蠊 / 喷雾
WL20080107 杀虫气雾剂/0.28%/气雾剂/胺菊酯 0.25%、高效氯氰菊酯 0.03%/2009.02.20 至 2010.02.21/低毒
卫生 蚊、蝇、蜚蠊 / 喷雾
WL20090208 蝇香/1%/蝇香/氯烯炔菊酯 1%/2009.12.08 至 2010.12.08/微毒
卫生 蝇 / 点燃
WL20090209 蚊香/0.05%/蚊香/氯氟醚菊酯 0.05%/2009.12.08 至 2010.12.08/微毒
卫生 蚊 / 点燃
WL20090210 杀虫气雾剂/.55%/气雾剂/右旋胺菊酯 0.2%、右旋苯醚菊酯 0.2%、右旋烯丙菊酯 0.15%/2009.12.08 至 2010.12.08/微毒
卫生 蚊、蝇、蜚蠊 / 喷雾

河北力威日化有限公司 (河北省石家庄市开发区留村荣昌大街91号 050035 0311-85387639)

WL20080447 蚊香/0.26%/蚊香/富右旋反式烯丙菊酯 0.24%、四氟苯菊酯 0.02%/2009.11.19 至 2010.11.19/微毒

卫生　蚊　/　点燃

WL20080455　杀虫气雾剂/0.65%/气雾剂/胺菊酯 0.34%、氯菊酯 0.21%、右旋烯丙菊酯 0.1%/2009.11.24 至 2010.11.24/微毒

卫生　蚊、蝇、蜚蠊　/　喷雾

河北绿风肥业集团有限公司　(河北省徐水县史端乡南营　072550　0312-8596888)

PD20097220　复硝酚钠/1.8%/水剂/5-硝基邻甲氧基苯酚钠 0.3%、对硝基苯酚钠 0.9%、邻硝基苯酚钠 0.6%/2009.10.19至2014.10.19/微毒

番茄　调节生长　3000-5000倍液　喷雾

河北欧亚化学工业有限公司　(河北省衡水市景县景新西大街158号　053500　0318-4307288)

PD20092037　异丙草・莠/40%/悬乳剂/异丙草胺 24%、莠去津 16%/2009.02.12 至 2014.02.12/低毒

夏玉米田　一年生杂草　1200-1500克/公顷　土壤喷雾

PD20094336　烟嘧磺隆/40克/升/油悬浮剂/烟嘧磺隆 40克/升/2009.03.31 至 2014.03.31/低毒

玉米田　一年生杂草　48-60克/公顷　茎叶喷雾

PD20095329　烟嘧磺隆/95%/原药/烟嘧磺隆 95%/2009.04.27 至 2014.04.27/低毒

PD20095651　苯磺隆/10%/可湿性粉剂/苯磺隆 10%/2009.05.12 至 2014.05.12/低毒

冬小麦田　一年生阔叶杂草　15-22.5克/公顷　茎叶喷雾

PD20095776　百草枯/200克/升/水剂/百草枯 200克/升/2009.05.20 至 2014.05.20/中等毒

夏玉米田　杂草　300－600克/公顷　行间定向喷雾

LS20090988　乙・莠/48%/悬乳剂/乙草胺 20%、莠去津 28%/2009.04.10 至 2010.04.10/低毒

玉米田　一年生杂草　200-300毫升制剂/亩(东北地区)　播后苗前土壤喷雾

150-200毫升制剂/亩(其他地区)

LS20091195　烟嘧・莠去津/22%/油悬浮剂/烟嘧磺隆 2%、莠去津 20%/2009.04.23 至 2010.04.23/低毒

玉米田　一年生杂草　125－200毫升制剂/亩　茎叶喷雾

WL20070033　双硫磷/90%/原药/双硫磷 90%/2009.02.07 至 2010.02.07/低毒

WL20070056　杀蚊颗粒剂/1%/颗粒剂/双硫磷 1%/2009.03.05 至 2010.03.06/低毒

卫生　蚊(幼虫)　投入水中　5克制剂/平方米(50毫克/平方米)

河北奇峰化工有限公司　(河北省晋州市通达路鼓城桥北　052260　0311-84323874)

PD85159-11　草甘膦/30%/水剂/草甘膦 30%/2005.08.15 至 2010.08.15/低毒

茶树、甘蔗、果园、剑麻、林木、桑树、橡胶树　一年生杂草和多年生恶性杂草　1125-2250克/公顷　喷雾

PD92103-8　草甘膦/95%,93%,90%/原药/草甘膦 95%,93%,90%/2007.07.11 至 2012.07.11/低毒

PD20060141　草甘膦异丙胺盐/62%/母药/草甘膦异丙胺盐 62%/2006.08.07 至 2011.08.07/低毒

PD20060142　草甘膦异丙胺盐/41%/水剂/草甘膦 41%/2006.08.07 至 2011.08.07/低毒

苹果园　一年生和多年生杂草　1125-2250克/公顷　定向茎叶喷雾

PD20082323　二嗪磷/95%/原药/二嗪磷 95%/2008.12.01 至 2013.12.01/中等毒

PD20083649　二嗪磷/50%/乳油/二嗪磷 50%/2008.12.12 至 2013.12.12/低毒

水稻　二化螟　375-600克/公顷　喷雾

河北强大生物农药有限公司　(河北省邢台市钢铁北路邢化街3号　054000　0319-2670518)

PD90106-29　苏云金杆菌/2000IU/微升/悬浮剂/苏云金杆菌 2000IU/微升/2005.07.01 至 2010.07.01/低毒

茶树　茶毛虫　100-200倍液　喷雾

林木　美国白蛾　250-350倍液　喷雾

棉花　二代棉铃虫　6000-7500毫升制剂/公顷　喷雾

森林　松毛虫　100-200倍液　喷雾

十字花科蔬菜　菜青虫、小菜蛾　3000-4500毫升制剂/公顷　喷雾

水稻　稻纵卷叶螟　6000-7500毫升制剂/公顷　喷雾

烟草　烟青虫　6000-7500毫升制剂/公顷　喷雾

玉米　玉米螟　4500-6000毫升制剂/公顷　加细沙灌心叶

枣树　尺蠖　100-200倍液　喷雾

PD20040727　吡虫啉/10%/可湿性粉剂/吡虫啉 10%/2009.12.19 至 2014.12.19/低毒

水稻　飞虱　15-30克/公顷　喷雾

PD20081996　代森锰锌/70%/可湿性粉剂/代森锰锌 70%/2008.11.25 至 2013.11.25/低毒

番茄　早疫病　1845-2370克/公顷　喷雾

PD20082193　福美双/50%/可湿性粉剂/福美双 50%/2008.11.26 至 2013.11.26/低毒

黄瓜　霜霉病　937.5-1406.25克/公顷　喷雾

PD20082582　甲基硫菌灵/70%/可湿性粉剂/甲基硫菌灵 70%/2008.12.04 至 2013.12.04/低毒

梨树　黑星病　1000-1500倍液　喷雾

PD20083736　代森锰锌/50%/可湿性粉剂/代森锰锌 50%/2008.12.15 至 2013.12.15/低毒

番茄　早疫病　1845-2370克/公顷　喷雾

PD20083898　高氯・马/37%/乳油/高效氯氰菊酯 1%、马拉硫磷 36%/2008.12.15 至 2013.12.15/中等毒

甘蓝　菜青虫　175.5-354克/公顷　喷雾

PD20085153 毒死蜱/480克/升/乳油/毒死蜱 480克/升/2008.12.23 至 2013.12.23/中等毒
苹果树 绵蚜 200-267毫克/千克 喷雾
PD20090739 乙铝·锰锌/70%/可湿性粉剂/代森锰锌 45%、三乙膦酸铝 25%/2009.01.19 至 2014.01.19/低毒
黄瓜 霜霉病 1312.5-1968.8克/公顷 喷雾
PD20090784 多·福/60%/可湿性粉剂/多菌灵 30%、福美双 30%/2009.01.19 至 2014.01.19/低毒
梨树 黑星病 1000-1500毫克/千克 喷雾
PD20091001 高效氯氟氰菊酯/25克/升/乳油/高效氯氟氰菊酯 25克/升/2009.01.21 至 2014.01.21/中等毒
苹果 桃小食心虫 8.3-9.3毫克/千克 喷雾
PD20091814 代森锰锌/80%/可湿性粉剂/代森锰锌 80%/2009.02.05 至 2014.02.05/低毒
番茄 早疫病 1845-2370克/公顷 喷雾
PD20091993 乙铝·多菌灵/60%/可湿性粉剂/多菌灵 20%、三乙膦酸铝 40%/2009.02.12 至 2014.02.12/低毒
苹果 轮纹病 1200-1500毫克/千克 喷雾
PD20092901 噻螨酮/5%/可湿性粉剂/噻螨酮 5%/2009.03.05 至 2014.03.05/低毒
柑橘树 红蜘蛛 33.3-50毫克/千克 喷雾
PD20093162 多·锰锌/40%/可湿性粉剂/多菌灵 20%、代森锰锌 20%/2009.03.11 至 2014.03.11/低毒
梨树 黑星病 1000-1250毫克/千克 喷雾
PD20093908 高氯·毒死蜱/15%/乳油/毒死蜱 13.5%、高效氯氰菊酯 1.5%/2009.03.26 至 2014.03.26/中等毒
黄瓜 美洲斑潜蝇 112.5-157.5克/公顷 喷雾
PD20097627 噻嗪酮/25%/可湿性粉剂/噻嗪酮 25%/2009.11.03 至 2014.11.03/低毒
水稻 飞虱 75-150克/公顷 喷雾
PD20097744 丙环唑/250克/升/乳油/丙环唑 250克/升/2009.11.12 至 2014.11.12/低毒
香蕉 叶斑病 312.5-500毫克/千克 喷雾
PD20097872 三唑锡/25%/可湿性粉剂/三唑锡 25%/2009.11.20 至 2014.11.20/低毒
苹果树 红蜘蛛 125-250毫克/千克 喷雾
PD20098225 代森锌/65%/可湿性粉剂/代森锌 65%/2009.12.16 至 2014.12.16/低毒
番茄 早疫病 3075－3600克/公顷 喷雾
LS20001335 过氧乙酸/21%/水剂/过氧乙酸 21%/2009.01.20 至 2009.12.31/低毒
黄瓜 灰霉病 441-735克/公顷 喷雾
LS20050925 高氯·辛硫磷/20%/乳油/高效氯氰菊酯 2%、辛硫磷 18%/2008.04.04 至 2009.04.04/低毒
十字花科蔬菜 菜青虫 120-180克/公顷 喷雾
LS20052380 阿维·哒螨灵/10%/乳油/阿维菌素 0.3%、哒螨灵 9.7%/2008.07.10 至 2009.07.10/低毒(原药高毒)
苹果树 二斑叶螨 40-66.7毫克/千克 喷雾
LS20052699 高氯·啶虫脒/5%/乳油/啶虫脒 1.5%、高效氯氰菊酯 3.5%/2008.08.14 至 2009.08.14/低毒
番茄 蚜虫 26.25-33.75克/公顷 喷雾
LS20061850 锰锌·腈菌唑/50%/可湿性粉剂/腈菌唑 2%、代森锰锌 48%/2009.11.14 至 2010.11.14/低毒
梨树 黑星病 500-625毫克/千克 喷雾

河北任丘市康远精细化工厂 (河北省任丘市永基花园小区1-1-501 062552 0317-2756990)

WL20050097 杀虫气雾剂/0.23%/气雾剂/胺菊酯 0.2%、高效氯氰菊酯 0.03%/2008.04.11 至 2009.04.11/低毒
卫生 蚊、蝇、蜚蠊 / 喷雾

河北瑞宝德生物化学有限公司 (河北省石家庄市栾城县樊家屯工业区 051430 0311-85430988)

PD20080151 乙烯利/89%/原药/乙烯利 89%/2008.01.03 至 2013.01.03/低毒
PD20082218 氰戊·马拉松/20%/乳油/马拉硫磷 15%、氰戊菊酯 5%/2008.11.26 至 2013.11.26/中等毒
苹果树 桃小食心虫 200-400毫克/千克 喷雾
PD20082287 阿维菌素/1.8%/乳油/阿维菌素 1.8%/2008.12.01 至 2013.12.01/低毒(原药高毒)
十字花科蔬菜 小菜蛾 8.1-10.8克/公顷 喷雾
PD20082874 乙酰甲胺磷/30%/乳油/乙酰甲胺磷 30%/2008.12.09 至 2013.12.09/低毒
水稻 二化螟 675－900克/公顷 喷雾
PD20084147 辛硫磷/91%/原药/辛硫磷 91%/2008.12.16 至 2013.12.16/低毒
PD20084312 毒死蜱/480克/升/乳油/毒死蜱 480克/升/2008.12.17 至 2013.12.17/中等毒
水稻 二化螟 360-648克/公顷 喷雾
PD20084400 高效氯氟氰菊酯/25克/升/乳油/高效氯氟氰菊酯 25克/升/2008.12.17 至 2013.12.17/中等毒
十字花科蔬菜 菜青虫 7.5-15.5克/公顷 喷雾
PD20084442 高效氯氟氰菊酯/95%/原药/高效氯氟氰菊酯 95%/2008.12.17 至 2013.12.17/中等毒
PD20084742 丁硫克百威/5%/乳油/丁硫克百威 5%/2008.12.22 至 2013.12.22/中等毒
棉花 蚜虫 22.5-37.5克/公顷 喷雾
PD20085299 多菌灵/25%/可湿性粉剂/多菌灵 25%/2008.12.23 至 2013.12.23/低毒
苹果树 轮纹病 333-500毫克/千克 喷雾
PD20085690 辛硫磷/40%/乳油/辛硫磷 40%/2008.12.26 至 2013.12.26/低毒
十字花科蔬菜 菜青虫 360-480克/公顷 喷雾
PD20085823 啶虫脒/20%/可湿性粉剂/啶虫脒 20%/2008.12.29 至 2013.12.29/低毒
柑橘树 蚜虫 10-13.3毫克/千克 喷雾
PD20086095 乙烯利/40%/水剂/乙烯利 40%/2008.12.30 至 2013.12.30/低毒
棉花 催熟 800-1333毫克/千克 喷雾

PD20092863 丙溴·辛硫磷/24%/乳油/丙溴磷 10%、辛硫磷 14%/2009.03.05 至 2014.03.05/中等毒
十字花科蔬菜 菜青虫 144-198克/公顷 喷雾
PD20093248 啶虫脒/5%/乳油/啶虫脒 5%/2009.03.11 至 2014.03.11/低毒
柑橘树 蚜虫 10-12.5毫克/千克 喷雾
PD20096386 阿维·矿物油/24.5%/乳油/阿维菌素 0.2%、矿物油 24.3%/2009.08.04 至 2014.08.04/低毒(原药高毒)
柑橘树 红蜘蛛 123-245毫克/千克 喷雾
PD20096770 辛硫磷/40%/乳油/辛硫磷 40%/2009.09.15 至 2014.09.15/低毒
棉花 棉铃虫 375-450克/公顷 喷雾
LS20061404 丙溴磷/20%/乳油/丙溴磷 20%/2009.06.29 至 2010.06.29/中等毒
十字花科蔬菜 小菜蛾 360-450克/公顷 喷雾
LS20071048 阿维菌素/1.8%/乳油/阿维菌素 1.8%/2009.04.19 至 2010.04.20/低毒(原药高毒)
柑橘树 红蜘蛛、潜叶蛾 4.5-9毫克/千克 喷雾
柑橘树 锈壁虱 2.25-4.5毫克/千克 喷雾
LS20082025 甲氨基阿维菌素苯甲酸盐/2%/乳油/甲氨基阿维菌素苯甲酸盐 2%/2009.04.15 至 2010.04.15/低毒
十字花科蔬菜 小菜蛾 2.4-3.6克/公顷 喷雾
LS20083178 辛硫磷/3%/颗粒剂/辛硫磷 3%/2009.11.20 至 2010.11.20/低毒
花生 金针虫、蝼蛄、蛴螬 3150-3600克/公顷 沟施
LS20090257 毒死蜱/5%/颗粒剂/毒死蜱 5%/2009.02.13 至 2010.02.13/低毒
韭菜 韭蛆 1500-1875克/公顷 撒施

河北润达农药化工有限公司 (河北省石家庄市藁城市经济技术开发区创业路 052160 0311-88315148)

PD20082202 多·福/40%/可湿性粉剂/多菌灵 5%、福美双 35%/2008.11.26 至 2013.11.26/低毒
梨树 黑星病 1000-1500毫克/千克 喷雾
葡萄 霜霉病 1000-1250毫克/千克 喷雾
PD20084165 代森锰锌/80%/可湿性粉剂/代森锰锌 80%/2008.12.16 至 2013.12.16/低毒
番茄 早疫病 1920-2400克/公顷 喷雾
PD20084505 啶虫脒/20%/可湿性粉剂/啶虫脒 20%/2008.12.18 至 2013.12.18/低毒
柑橘树 蚜虫 10-13.3毫克/千克 喷雾
PD20085000 高效氯氟氰菊酯/25克/升/乳油/高效氯氟氰菊酯 25克/升/2008.12.22 至 2013.12.22/低毒
十字花科蔬菜 菜青虫 7.5-15克/公顷 喷雾
PD20085314 噻嗪·异丙威/25%/可湿性粉剂/噻嗪酮 5%、异丙威 20%/2008.12.24 至 2013.12.24/低毒
水稻 稻飞虱 375-562.5克/公顷 喷雾
PD20085964 多·锰锌/50%/可湿性粉剂/多菌灵 8%、代森锰锌 42%/2008.12.29 至 2013.12.29/低毒
苹果树 斑点落叶病 1000-1250毫克/千克 喷雾
PD20091019 吡虫啉/25%/可湿性粉剂/吡虫啉 25%/2009.01.21 至 2014.01.21/低毒
小麦 蚜虫 15-30克/公顷(南方地区) 喷雾
45-60克/公顷(北方地区)
PD20093463 吡虫啉/10%/可湿性粉剂/吡虫啉 10%/2009.03.23 至 2014.03.23/低毒
小麦 蚜虫 15-30克/公顷(南方地区) 喷雾
45-60克/公顷(北方地区)
PD20096497 啶虫脒/5%/乳油/啶虫脒 5%/2009.08.14 至 2014.08.14/低毒
柑橘树 蚜虫 10-14.3毫克/千克 喷雾
LS20051940 阿维·高氯/1.8%/微乳剂/阿维菌素 0.3%、高效氯氰菊酯 1.5%/2008.05.22 至 2009.05.22/低毒(原药高毒)
十字花科蔬菜 菜青虫、小菜蛾 7.5-15克/公顷 喷雾
LS20051954 阿维·高氯/2%/乳油/阿维菌素 0.2%、高效氯氰菊酯 1.8%/2008.05.22 至 2009.05.22/低毒(原药高毒)
十字花科蔬菜 菜青虫、小菜蛾 13.5-27克/公顷 喷雾
LS20061049 阿维·毒死蜱/10%/乳油/阿维菌素 0.1%、毒死蜱 9.9%/2009.04.25 至 2010.04.25/中等毒(原药高毒)
十字花科蔬菜 小菜蛾 105-135克/公顷 喷雾
LS20081478 阿维菌素/18克/升/乳油/阿维菌素 18克/升/2009.03.31 至 2010.03.31/低毒(原药高毒)
棉花 红蜘蛛 9.45-10.8克/公顷 喷雾

河北润农化工有限公司 (河北省宁晋县工业园区 055550 0319-5862062)

PD84111-51 氧乐果/40%/乳油/氧乐果 40%/2005.03.10 至 2010.03.10/高毒
棉花 蚜虫、螨 375-600克/公顷 喷雾
森林 松干蚧、松毛虫 500倍液 喷雾或直接涂树干
水稻 稻纵卷叶螟、飞虱 375-600克/公顷 喷雾
小麦 蚜虫 300-450克/公顷 喷雾
PD85105-78 敌敌畏/80%/乳油/敌敌畏 77.5%(气谱法)/2005.03.10 至 2010.03.10/中等毒
茶树 食叶害虫 600克/公顷 喷雾
粮仓 多种储藏害虫 1)400-500倍液 1)喷雾
2)0.4-0.5克/立方米 2)挂条熏蒸
棉花 蚜虫、造桥虫 600-1200克/公顷 喷雾
苹果树 小卷叶蛾、蚜虫 400-500毫克/千克 喷雾
青菜 菜青虫 600克/公顷 喷雾

	桑树	尺蠖	600克/公顷	喷雾
	卫生	多种卫生害虫	1)300-400倍液 2)0.08克/立方米	1)泼洒 2)挂条熏蒸
	小麦	黏虫、蚜虫	600克/公顷	喷雾
PD20085180	阿维菌素/0.5%/乳油/阿维菌素 0.5%/2008.12.23 至 2013.12.23/低毒(原药高毒)			
	十字花科蔬菜	小菜蛾	6-9克/公顷	喷雾
PD20093441	高效氟吡甲禾灵/108克/升/乳油/高效氟吡甲禾灵 108克/升/2009.03.23 至 2014.03.23/低毒			
	大豆田	一年生禾本科杂草	48.6-56.7克/公顷	茎叶喷雾
PD20094282	氰戊·辛硫磷 /40%/乳油/氰戊菊酯 5%、辛硫磷 35%/2009.03.31 至 2014.03.31/中等毒			
	棉花	棉铃虫	300-360克/公顷	喷雾
PD20097586	氧乐果/40%/乳油/氧乐果 40%/2009.11.03 至 2014.11.03/高毒			
	小麦	蚜虫	81-162克/公顷	喷雾
PD20097972	高效氯氟氰菊酯/25克/升/乳油/高效氯氟氰菊酯 25克/升/2009.12.01 至 2014.12.01/中等毒			
	甘蓝	蚜虫	5.625—9.375克/公顷	喷雾
PD20098036	丙环唑/250克/升/乳油/丙环唑 250克/升/2009.12.07 至 2014.12.07/低毒			
	香蕉	叶斑病	250-500毫克/千克	喷雾
LS991038	过氧乙酸/21%/水剂/过氧乙酸 21%/2009.01.19 至 2009.12.31/低毒			
	黄瓜	灰霉病	441-735克/公顷	喷雾

河北上瑞化工有限公司　(河北省栾城县窦妪工业区窦南路2号　050031　0311-85666800)

PD20085528	春雷霉素/2%/可湿性粉剂/春雷霉素 2%/2008.12.25 至 2013.12.25/微毒			
	黄瓜	枯萎病	200-270克/公顷	喷雾、灌根
PD20092735	吡虫啉/200克/升/可溶性液剂/吡虫啉 200克/升/2009.03.04 至 2014.03.04/低毒			
	十字花科蔬菜	蚜虫	15-30克/公顷	喷雾
PD20095855	阿维菌素/18克/升/乳油/阿维菌素 18克/升/2009.05.27 至 2014.05.27/低毒(原药高毒)			
	甘蓝	小菜蛾	8.1-10.8克/公顷	喷雾
LS20083184	苯醚甲环唑/10%/微乳剂/苯醚甲环唑 10%/2009.11.20 至 2010.11.20/低毒			
	梨树	黑星病	12.5-25毫克/千克	喷雾
LS20083286	除虫脲/5%/可湿性粉剂/除虫脲 5%/2009.12.29 至 2010.12.29/低毒			
	苹果树	金纹细蛾	125-166.7毫升/千克	喷雾

河北神华药业有限公司　(河北省黄骅市经济技术开发区7号路　061100　0317-5334888)

PD20060054	20%三唑酮乳油//乳油/三唑酮 20%/2006.03.06 至 2011.03.06/低毒			
	小麦	白粉病	120-127.5克/公顷	喷雾
PD20060193	5%氯氰菊酯乳油//乳油/氯氰菊酯 5%/2006.12.06 至 2011.12.06/低毒			
	棉花	棉铃虫	75-90克/公顷	喷雾
PD20082907	啶虫脒/5%/乳油/啶虫脒 5%/2008.12.09 至 2013.12.09/低毒			
	柑橘树	蚜虫	8.3-10毫克/千克	喷雾
PD20083046	氯氰·辛硫磷/20%/乳油/氯氰菊酯 1.5%、辛硫磷 18.5%/2008.12.10 至 2013.12.10/低毒			
	棉花	棉铃虫	300-360克/公顷	喷雾
PD20091154	啶虫脒/5%/可湿性粉剂/啶虫脒 5%/2009.01.21 至 2014.01.21/低毒			
	十字花科蔬菜	蚜虫	15-22.5克/公顷	喷雾
PD20093815	乙烯利/40%/水剂/乙烯利 40%/2009.03.25 至 2014.03.25/低毒			
	棉花	催熟	330-500倍液	喷雾
PD20094443	甲硫·福美双/40%/可湿性粉剂/福美双 25%、甲基硫菌灵 15%/2009.04.01 至 2014.04.01/低毒			
	西瓜	枯萎病	500-667毫克/千克	灌根
PD20095079	氧乐果/40%/乳油/氧乐果 40%/2009.04.22 至 2014.04.22/中等毒(原药高毒)			
	棉花	蚜虫	108-162克/公顷	喷雾
PD20098062	马拉硫磷/45%/乳油/马拉硫磷 45%/2009.12.07 至 2014.12.07/低毒			
	棉花	盲蝽蟓	337.5-540克/公顷	喷雾
PD20098146	高效氯氟氰菊酯/25克/升/乳油/高效氯氟氰菊酯 25克/升/2009.12.14 至 2014.12.14/低毒			
	甘蓝	菜青虫	7.5—11.25克/公顷	喷雾
PD20098506	顺式氯氰菊酯/30克/升/乳油/顺式氯氰菊酯 30克/升/2009.12.24 至 2014.12.24/低毒			
	甘蓝	菜青虫	11.25-15克/公顷	喷雾
WP20090369	杀虫粉剂/0.25%/粉剂/溴氰菊酯 0.25%/2009.11.20 至 2014.11.20/低毒			
	卫生	蜚蠊、蚊、蝇	2-3克制剂/平方米	撒布

河北省安国市益民鼠药有限公司　(河北省安国市南仕庄　071200　0312-3540888)

PD20094117	溴敌隆/0.005%/毒饵/溴敌隆 0.005%/2009.03.27 至 2014.03.27/低毒(原药高毒)			
	农田	田鼠	饱和投饵	投饵
	室内	家鼠	饱和投饵	投饵

河北省霸州市腾达精细日用化工厂　(河北省霸州市南4公里老堤村中亭河北　065700　0316-5317681)

WP20080322	杀虫气雾剂/0.51%/气雾剂/胺菊酯 0.35%、富右旋反式烯丙菊酯 0.11%、氯氰菊酯 0.05%/2008.12.05至2013.12.05/低毒			
	卫生	蚊、蝇、蜚蠊	/	喷雾
WL20080263	蚊香/0.25%/蚊香/富右旋反式烯丙菊酯 0.25%/2009.04.07 至 2010.04.07/微毒			

室内 蚊 / 点燃

河北省保定安康蚊香有限公司 (河北省保定市徐水县遂城开发区 072557 0312-8903818)

WP20080279 蚊香/0.2%/蚊香/富右旋反式烯丙菊酯 0.2%/2008.12.01 至 2013.12.01/低毒
卫生 蚊 / 点燃

河北省保定古堡香厂 (河北省满城县要庄乡前大留村 072150 0312-7015191)

WL20050159 蚊香/0.25%/蚊香/富右旋反式烯丙菊酯 0.25%/2008.06.05 至 2009.06.05/低毒
卫生 蚊 / 点燃

河北省保定容泰卫生保健用品有限公司 (河北省保定市容城县津保路容泰工业园118号 071700 0312-5612780)

WP20080183 蚊香/0.27%/蚊香/富右旋反式烯丙菊酯 0.27%/2008.11.19 至 2013.11.19/低毒
卫生 蚊 / 点燃

WP20080186 蚊香/0.25%/电热蚊香片/富右旋反式烯丙菊酯 0.25%/2008.11.19 至 2013.11.19/低毒
卫生 蚊 / 点燃

WP20080188 杀虫气雾剂/0.26%/气雾剂/胺菊酯 0.20%、氯菊酯 0.06%/2008.11.19 至 2013.11.19/低毒
卫生 蚊、蝇、蜚蠊 / 喷雾

WP20080195 杀蚊烟片/0.8%/烟片/富右旋反式烯丙菊酯 0.8%/2008.11.20 至 2013.11.20/低毒
卫生 蚊 / 点燃

WP20080196 蚊香/0.2%/蚊香/富右旋反式烯丙菊酯 0.2%/2008.11.20 至 2013.11.20/微毒
卫生 蚊 / 点燃

WP20080201 杀虫气雾剂/0.26%/气雾剂/胺菊酯 0.20%、氯菊酯 0.06%/2008.11.20 至 2013.11.20/低毒
卫生 蜚蠊、蚊、蝇 / 喷雾

WP20080217 电热蚊香片/11毫克/片/电热蚊香片/炔丙菊酯 11毫克/片/2008.11.24 至 2013.11.24/低毒
卫生 蚊 / 电热加温

WP20080607 蚊香/0.07%/蚊香/炔丙菊酯 0.07%/2008.12.31 至 2013.12.31/低毒
卫生 蚊 / 点燃

WP20090080 杀虫气雾剂/0.47%/气雾剂/胺菊酯 0.45%、高效氯氰菊酯 0.02%/2009.02.02 至 2014.02.02/低毒
卫生 蚊、蝇、蜚蠊 / 喷雾

WP20090093 电热蚊香液/0.86%/电热蚊香液/炔丙菊酯 0.86%/2009.02.03 至 2014.02.03/微毒
卫生 蚊 / 电热加温

WP20090106 杀虫气雾剂/0.47%/气雾剂/胺菊酯 0.40%、氯氰菊酯 0.07%/2009.02.05 至 2014.02.05/低毒
卫生 蜚蠊、蚊、蝇 / 喷雾

WP20090372 蝇香/0.4%/蝇香/Es-生物烯丙菊酯 0.4%/2009.11.30 至 2014.11.30/微毒
卫生 蝇 / 点燃

WL20070035 蚊香/0.13%/蚊香/Es-生物烯丙菊酯 0.08%、四氟苯菊酯 0.05%/2009.02.08 至 2010.02.08/微毒
卫生 蚊 / 点燃

WL20070036 蚊香/0.035%/蚊香/四氟醚菊酯 0.035%/2009.02.08 至 2010.02.08/微毒
卫生 蚊 / 点燃

WL20070134 蚊香/0.015%/蚊香/四氟甲醚菊酯 0.015%/2009.07.03 至 2010.07.04/微毒
卫生 蚊 / 点燃

WL20070278 杀虫气雾剂/0.16%/气雾剂/炔咪菊酯 0.1%、四氟醚菊酯 0.06%/2009.12.04 至 2010.12.05/低毒
卫生 蚂蚁、蚊、蝇、蜚蠊 / 喷雾

WL20070298 电热蚊香片/14毫克/片/电热蚊香片/炔丙菊酯 10毫克/片、四氟苯菊酯 4毫克/片/2009.12.16 至 2010.12.17/微毒
卫生 蚊 / 电热加温

WL20080237 杀虫气雾剂/0.5%/气雾剂/炔咪菊酯 0.1%、右旋胺菊酯 0.28%、右旋苯醚菊酯 0.12%/2009.03.18 至 2010.03.18/低毒
卫生 蚂蚁、蚊、蝇、蜚蠊 / 喷雾

WL20080289 杀虫气雾剂/0.28%/气雾剂/炔咪菊酯 0.1%、四氟苯菊酯 0.06%、右旋苯醚菊酯 0.12%/2009.04.18 至 2010.04.18/微毒
室内 蚂蚁、蚊、蝇、蜚蠊 / 喷雾

WL20080413 杀虫气雾剂/0.53%/气雾剂/炔丙菊酯 0.15%、右旋胺菊酯 0.28%、右旋苯醚氰菊酯 0.1%/2009.10.22 至 2010.10.22/微毒
室内 蚊、蝇、蜚蠊 / 喷雾

WL20080414 蚊香/0.18%/蚊香/炔丙菊酯 0.08%、右旋烯丙菊酯 0.1%/2009.10.22 至 2010.10.22/微毒
室内 蚊 / 点燃

WL20080427 杀虫气雾剂/0.53%/气雾剂/炔咪菊酯 0.15%、右旋胺菊酯 0.28%、右旋苯氰菊酯 0.1%/2009.11.12 至 2010.11.12/微毒
室内 蚂蚁、蚊、蝇、蜚蠊 / 喷雾

WL20090022 杀蟑气雾剂/0.8%/气雾剂/氯菊酯 0.1%、右旋胺菊酯 0.2%、右旋苯氰菊酯 0.5%/2009.02.05 至 2010.02.05/微毒
卫生 蜚蠊 / 喷雾

WL20090149 蚊香/0.05%/蚊香/氯氟醚菊酯 0.05%/2009.05.12 至 2010.05.12/微毒
卫生 蚊 / 点燃

WL20090165 蝇香/0.5%/蝇香/氯烯炔菊酯 0.5%/2009.07.20 至 2010.07.20/微毒
卫生 蝇 / 点燃

河北省保定市保力康日化有限公司 (河北省保定市富昌路 071000 0312-3215793)

WP20080003 电热蚊香片/11毫克/片/电热蚊香片/炔丙菊酯 11毫克/片/2008.01.03 至 2013.01.03/低毒
卫生 蚊 / 电热加温

WP20080009 蚊香/0.2%/蚊香/富右旋反式烯丙菊酯 0.2%/2008.01.04 至 2013.01.04/低毒

卫生 蚊 / 点燃

WL20060056 杀虫气雾剂/0.36%/气雾剂/胺菊酯 0.28%、氯菊酯 0.08%/2009.03.23 至 2010.03.23/微毒

卫生 蚊、蝇、蜚蠊 / 喷雾

WL20080115 电热蚊香液/1%/电热蚊香液/炔丙菊酯 1%/2009.02.20 至 2010.02.21/微毒

卫生 蚊 / 电热加温

河北省保定市动科卫生杀虫剂有限公司 (河北省保定市史庄街99号 071000 0312-2125718)

WL20070118 窗纱涂剂/1.85%/窗纱涂剂/残杀威 0.5%、氯菊酯 0.5%、氯氰菊酯 0.85%/2009.06.05 至 2010.06.06/低毒

卫生 蚊、蝇 740毫克/平方米 涂抹

河北省保定市甘雨日化有限公司 (河北省保定市永华南大街22号 071000 0312-2273239)

WL20080320 蚊香/0.23%/蚊香/富右旋反式烯丙菊酯 0.23%/2009.04.23 至 2010.04.23/低毒

卫生 蚊 / 点燃

WL20090029 杀虫气雾剂/0.43%/气雾剂/胺菊酯 0.2%、富右旋反式烯丙菊酯 0.15%、氯菊酯 0.08%/2009.02.13 至 2010.02.13/微毒

卫生 蚊、蝇、蜚蠊 / 喷雾

河北省保定市金诺制香有限公司 (河北省保定市清苑县保新路戎官营变电站南 071000 0312-8080328)

WP20070001 0.24%环美蚊香(A型)//蚊香/富右旋反式烯丙菊酯 0.24%/2007.01.29 至 2012.01.29/低毒

卫生 蚊 / 点燃

WP20070002 0.28%环美蚊香(B型)//蚊香/富右旋反式烯丙菊酯 0.28%/2007.01.29 至 2012.01.29/低毒

卫生 蚊 / 点燃

WP20080041 杀虫气雾剂/0.52%/气雾剂/胺菊酯 0.33%、氯菊酯 0.19%/2008.03.03 至 2013.03.03/微毒

卫生 蚊、蝇 / 喷雾

WL20050284 杀虫气雾剂/0.55%/气雾剂/胺菊酯 0.3%、高效氯氰菊酯 0.05%、氯菊酯 0.2%/2008.11.13 至 2009.11.13/低毒

卫生 蚊、蝇、蜚蠊 / 喷雾

WL20060199 电热蚊香片/11毫克/片/电热蚊香片/炔丙菊酯 11毫克/片/2009.12.10 至 2010.12.10/微毒

卫生 蚊 / 电热加温

WL20070263 蚊香/0.28%/蚊香/富右旋反式烯丙菊酯 0.28%/2009.11.04 至 2010.11.05/微毒

卫生 蚊 / 点燃

WL20080402 蚊香/0.015%/蚊香/四氟甲醚菊酯 0.015%/2009.09.18 至 2010.09.18/微毒

卫生 蚊 / 点燃

河北省保定市康华香业有限公司 (河北省保定市西大街13号 071000 0312-2035438)

WP20080249 蚊香/0.2%/蚊香/富右旋反式烯丙菊酯 0.2%/2008.11.26 至 2013.11.26/低毒

卫生 蚊 / 点燃

河北省保定市科绿丰生化科技有限公司 (河北省保定市南市区宝硕路 071000 0312-5065511)

PD20080283 霜脲·锰锌/72%/可湿性粉剂/代森锰锌 64%、霜脲氰 8%/2008.02.29 至 2013.02.28/低毒

黄瓜 霜霉病 1440-1800克/公顷 喷雾

PD20092395 多·锰锌/50%/可湿性粉剂/多菌灵 8%、代森锰锌 42%/2009.02.25 至 2014.02.25/低毒

苹果树 斑点落叶病 1000-1250毫克/千克 喷雾

PD20092419 甲哌鎓/98%/可溶粉剂/甲哌鎓 98%/2009.02.25 至 2014.02.25/低毒

棉花 调节生长 45-60克/公顷 茎叶喷雾

PD20092465 马拉硫磷/45%/乳油/马拉硫磷 45%/2009.02.25 至 2014.02.25/低毒

棉花 盲蝽蟓 405-607.5克/公顷 喷雾

枣树 盲蝽 250-450毫克/千克 喷雾

PD20092588 吡虫·辛硫磷 /20%/乳油/吡虫啉 1%、辛硫磷 19%/2009.02.27 至 2014.02.27/低毒

韭菜 韭蛆 1500-2250克/公顷 灌根

PD20092715 百草枯/200克/升/水剂/百草枯 200克/升/2009.03.04 至 2014.03.04/中等毒

苹果园 杂草 600-900克/公顷 定向茎叶喷雾

PD20093646 啶虫脒/5%/乳油/啶虫脒 5%/2009.03.25 至 2014.03.25/低毒

柑橘树 蚜虫 10-15毫克/千克 喷雾

PD20093753 啶虫脒/20%/可溶性粉剂/啶虫脒 20%/2009.03.25 至 2014.03.25/低毒

棉花 蚜虫 9-18克/公顷 喷雾

PD20093987 甲氰菊酯/20%/乳油/甲氰菊酯 20%/2009.03.27 至 2014.03.27/中等毒

柑橘树 红蜘蛛 100-150毫克/千克 喷雾

PD20095279 多·福/50%/可湿性粉剂/多菌灵 25%、福美双 25%/2009.04.27 至 2014.04.27/低毒

梨树 黑星病 1000-1500毫克/千克 喷雾

PD20096152 毒死蜱/40%/乳油/毒死蜱 40%/2009.06.24 至 2014.06.24/中等毒

棉花 棉铃虫 600-900克/公顷 喷雾

苹果树 桃小食心虫 200-300毫克/千克 喷雾

PD20096621 吡虫啉/10%/可湿性粉剂/吡虫啉 10%/2009.09.02 至 2014.09.02/低毒

水稻 稻飞虱 15-30克/公顷 喷雾

PD20096712 阿维·高氯/1.8%/乳油/阿维菌素 0.3%、高效氯氰菊酯 1.5%/2009.09.07 至 2014.09.07/低毒(原药高毒)

甘蓝 菜青虫、小菜蛾 7.5-15克/公顷 喷雾

PD20098196 阿维菌素/1.8%/乳油/阿维菌素 1.8%/2009.12.16 至 2014.12.16/中等毒(原药高毒)

菜豆 美洲斑潜蝇 10.8-21.6克/公顷 喷雾

PD20098445 石硫合剂/45%/结晶粉/石硫合剂 45%/2009.12.24 至 2014.12.24/低毒

柑橘树 锈壁虱 900-1500毫克/千克 喷雾
柑橘树 红蜘蛛 1500-2250毫克/千克 喷雾
LS20053223 唑·铜·吗啉胍/20%/可湿性粉剂/盐酸吗啉胍 16%、三唑酮 2%、乙酸铜 2%/2008.10.11 至 2009.10.11/低毒
番茄 病毒病 225-300克/公顷 喷雾
LS20053423 五氯·福美双/45%/可湿性粉剂/福美双 20%、五氯硝基苯 25%/2008.11.02 至 2009.11.02/低毒
玉米 茎基腐病 270-360克/100千克种子 拌种
LS20061025 枯草芽孢杆菌/10亿活芽孢/克/可湿性粉剂/枯草芽孢杆菌 10亿活芽孢/克/2009.04.25 至 2010.04.25/低毒
棉花 黄萎病 1:10-15(拌种)1125-1500克制剂/公顷(喷雾) 拌种或喷雾
LS20061878 吡虫啉/5%/油剂/吡虫啉 5%/2009.11.21 至 2010.11.21/低毒
草原 蝗虫 9-15克/公顷 超低容量喷雾

河北省保定市联合家用化工有限责任公司 (河北省保定市东外环路焦庄乡政府西 071000 0312-2169938)

WP20090111 电热蚊香片/12毫克/片/电热蚊香片/炔丙菊酯 12毫克/片/2009.02.09 至 2014.02.09/微毒
卫生 蚊 / 电热加温
WL20060063 蚊香/0.35%/蚊香/富右旋反式烯丙菊酯 0.35%/2009.03.30 至 2010.03.30/低毒
卫生 蚊 / 点燃
WL20060131 杀虫气雾剂/0.34%/气雾剂/胺菊酯 0.2%、富右旋反式烯丙菊酯 0.04%、氯菊酯 0.1%/2009.06.26 至 2010.06.26/低毒
卫生 蚊、蝇、蜚蠊 / 喷雾
WL20070004 蚊香/0.21%/蚊香/富右旋反式烯丙菊酯 0.2%、四氟醚菊酯 0.01%/2009.01.18 至 2010.01.18/微毒
卫生 蚊 / 点燃
WL20070239 杀虫气雾剂/0.45%/气雾剂/胺菊酯 0.3%、高效氯氰菊酯 0.05%、氯菊酯 0.1%/2009.11.04 至 2010.11.05/微毒
卫生 蚊、蝇、蜚蠊 / 喷雾
WL20080057 杀虫气雾剂/0.28%/气雾剂/胺菊酯 0.2%、氯菊酯 0.06%、氯氰菊酯 0.02%/2009.01.07 至 2010.01.07/微毒
卫生 蚊、蝇、蜚蠊 / 喷雾
WL20080058 蟑香/8.8%/蟑香/右旋苯醚氰菊酯 8.8%/2009.02.17 至 2010.02.18/微毒
卫生 蜚蠊 / 点燃
WL20080376 杀蟑气雾剂/0.3%/气雾剂/炔咪菊酯 0.1%、右旋苯醚氰菊酯 0.2%/2009.08.20 至 2010.08.20/微毒
卫生 蜚蠊 / 喷雾
WL20090159 蚊香/0.05%/蚊香/氯氟醚菊酯 0.05%/2009.06.24 至 2010.06.24/微毒
卫生 蚊 / 点燃
WL20090163 电热蚊香片/14毫克/片/电热蚊香片/炔丙菊酯 10毫克/片、四氟苯菊酯 4毫克/片/2009.07.10 至 2010.07.10/微毒
卫生 蚊 / 电热加温
WL20090166 蝇香/1%/蝇香/氯烯炔菊酯 1%/2009.07.20 至 2010.07.20/微毒
卫生 蝇 / 点燃
WL20090194 电热蚊香液/1.1%/电热蚊香液/四氟苯菊酯 1.1%/2009.11.12 至 2010.11.12/低毒
卫生 蚊 / 电热加温

河北省保定市南市区三利源日化厂 (河北省保定市油田路109号 071000 0312-2177708)

WP20080427 蚊香/0.2%/蚊香/富右旋反式烯丙菊酯 0.2%/2008.12.15 至 2013.12.15/低毒
卫生 蚊 / 点燃
WL20060135 杀虫气雾剂/0.55%/气雾剂/胺菊酯 0.3%、高效氯氰菊酯 0.05%、氯菊酯 0.2%/2009.06.26 至 2010.06.26/微毒
卫生 蚊、蝇、蜚蠊 / 喷雾
WL20080100 电热蚊香液/0.86%/电热蚊香液/炔丙菊酯 0.86%/2009.02.21 至 2010.02.21/微毒
卫生 蚊 / 电热加温
WL20080249 蚊香/0.3%/蚊香/富右旋反式烯丙菊酯 0.3%/2009.03.26 至 2010.03.26/微毒
卫生 蚊 / 点燃

河北省保定市神采美日化有限公司 (河北省保定市东外环路焦庄村南 071000 0312-2165819)

WP20080353 蚊香/0.25%/蚊香/富右旋反式烯丙菊酯 0.25%/2008.12.09 至 2013.12.09/低毒
卫生 蚊 / 点燃
WP20080554 杀虫气雾剂/0.76%/气雾剂/胺菊酯 0.72%、氯氰菊酯 0.04%/2008.12.24 至 2013.12.24/低毒
卫生 蚊、蝇 / 喷雾
WL20080494 蚊香/0.23%/蚊香/富右旋反式烯丙菊酯 0.23%/2008.12.16 至 2009.12.16/微毒
卫生 蚊 / 点燃

河北省保定市新市区开元蚊香厂 (河北省保定市富昌园小区4号搂702室 071051 0312-3174613)

WP20080159 蚊香/0.23%/蚊香/富右旋反式烯丙菊酯 0.23%/2008.11.11 至 2013.11.11/低毒
卫生 蚊 / 点燃
WL20070003 杀虫气雾剂/0.36%/气雾剂/胺菊酯 0.13%、氯菊酯 0.23%/2009.01.18 至 2010.01.18/微毒
卫生 蚊、蝇、蜚蠊 / 喷雾
WL20070194 电热蚊香片//电热蚊香片/炔丙菊酯 10毫克/片/2009.10.09 至 2010.10.10/微毒
卫生 蚊 / 电热加温

河北省保定市亚达化工有限公司 (河北省徐水县交警大队南65号信箱 072550 0312-8683157)

PD20083233 丙环唑/250克/升/乳油/丙环唑 250克/升/2008.12.11 至 2013.12.11/低毒
香蕉 叶斑病 250-500毫克/千克 喷雾
PD20084005 毒死蜱/480克/升/乳油/毒死蜱 480克/升/2008.12.16 至 2013.12.16/中等毒

水稻 二化螟 468-576克/公顷 喷雾

PD20084747 石硫合剂/29%/水剂/石硫合剂 29%/2008.12.22 至 2013.12.22/低毒

苹果树 白粉病 0.5-0.75Be 喷雾

PD20085004 噁霉灵/15%/水剂/噁霉灵 15%/2008.12.22 至 2013.12.22/低毒

水稻 立枯病 9000-18000克/公顷 苗床,育秧箱土壤处理

PD20085042 氟啶脲/50克/升/乳油/氟啶脲 50克/升/2008.12.23 至 2013.12.23/低毒

甘蓝 菜青虫 45-60克/公顷 喷雾

PD20091347 高效氯氟氰菊酯/25克/升/乳油/高效氯氟氰菊酯 25克/升/2009.02.02 至 2014.02.02/中等毒

苹果树 桃小食心虫 5-6.3毫克/千克 喷雾

PD20095005 烯酰吗啉/10%/水乳剂/烯酰吗啉 10%/2009.04.21 至 2014.04.21/低毒

黄瓜 霜霉病 225-300克/公顷 喷雾

LS98408 丁子香酚/0.3%/可溶性液剂/丁子香酚 0.3%/2009.01.09 至 2009.12.31/低毒

番茄 灰霉病 4-5.3克/公顷 喷雾

LS20072044 阿维菌素/18克/升/乳油/阿维菌素 18克/升/2009.08.09 至 2010.08.10/低毒(原药高毒)

棉花 红蜘蛛 10.8-16.2克/公顷 喷雾

LS20080758 联苯菊酯/100克/升/乳油/联苯菊酯 100克/升/2009.02.27 至 2010.02.28/中等毒

柑橘树 红蜘蛛 20-33.3毫克/千克 喷雾

LS20080761 啶虫脒/3%/乳油/啶虫脒 3%/2009.02.27 至 2010.02.28/低毒

柑橘树 蚜虫 10-15毫克/千克 喷雾

LS20082307 甲氨基阿维菌素苯甲酸盐/1%/微乳剂/甲氨基阿维菌素苯甲酸盐 1%/2009.04.21 至 2010.04.21/低毒

十字花科蔬菜 小菜蛾 1.5-2.25克/公顷 喷雾

河北省保定通元精细化工有限公司 (河北省保定市涿州市经济技术开发区环城东路 072750 0312-3956543)

PD20095694 百草枯/42%/母药/百草枯 42%/2009.05.15 至 2014.05.15/中等毒

PD20097192 百草枯/200克/升/水剂/百草枯 200克/升/2009.10.16 至 2014.10.16/中等毒

苹果园 杂草 600-900克/公顷 定向喷雾

河北省保定燕赵制香有限公司 (河北省高阳县邢南工业区198号 071500 0312-6803399)

WL20070246 电热蚊香片//电热蚊香片/炔丙菊酯 11毫克/片/2009.11.04 至 2010.11.05/微毒

卫生 蚊 / 电热加温

WL20070255 杀虫气雾剂/0.61%/气雾剂/高效氯氰菊酯 0.06%、氯菊酯 0.25%、右旋胺菊酯 0.3%/2009.11.04 至 2010.11.05/微毒

卫生 蚊、蝇、蜚蠊 / 喷雾

WL20070291 蚊香/0.015%/蚊香/四氟甲醚菊酯 0.015%/2009.12.04 至 2010.12.05/微毒

卫生 蚊 / 点燃

河北省北农(海利)涿州种衣剂有限公司 (河北省保定市涿州市北京农业大学教学实验场 072750 0312-3792900)

PD20040826 甲拌·多菌灵/15%/悬浮种衣剂/多菌灵 8%、甲拌磷 7%/2009.12.31 至 2014.12.31/高毒

花生 地下害虫、根腐病、茎腐病 1:40-50(药种比) 种子包衣

PD20083199 克·醇·福美双/16%/悬浮种衣剂/福美双 8%、克百威 7%、三唑醇 1%/2008.12.11 至 2013.12.11/中等毒(原药高毒)

玉米 金针虫、蝼蛄、蛴螬、丝黑穗病、小地老虎 1:30-50(药种比) 种子包衣

PD20083362 克·戊·福美双/63%/干粉种衣剂/福美双 25%、克百威 35%、戊唑醇 3%/2008.12.11 至 2013.12.11/高毒

玉米 地下害虫、丝黑穗病 1:200-300 (药种比) 种子包衣

PD20083827 辛硫磷/1.5%/颗粒剂/辛硫磷 1.5%/2008.12.15 至 2013.12.15/低毒

玉米 玉米螟 112.5-168.75克/公顷 (喇叭口) 撒心

PD20084180 甲柳·福美双/20%/悬浮种衣剂/福美双 10%、甲基异柳磷 10%/2008.12.16 至 2013.12.16/高毒

玉米 地老虎、茎基腐病、金针虫、蝼蛄、蛴螬 1:40-50(药种比) 种子包衣

PD20084573 多·福·克/35%/悬浮种衣剂/多菌灵 15%、福美双 10%、克百威 10%/2008.12.18 至 2013.12.18/高毒

大豆 根腐病、蓟马、蚜虫 1.5-2%种子重 种子包衣

PD20084628 多·福·甲拌磷/17%/悬浮种衣剂/多菌灵 5%、福美双 4%、甲拌磷 8%/2008.12.18 至 2013.12.18/高毒

小麦 地下害虫、黑穗病 1:40-50(药种比) 种子包衣

PD20085899 福·克/20%/悬浮种衣剂/福美双 10%、克百威 10%/2008.12.29 至 2013.12.29/高毒

玉米 蓟马、黏虫、蚜虫、玉米螟 1:40(药种比) 种子包衣

PD20085980 福·克/18%/悬浮种衣剂/福美双 10%、克百威 8%/2008.12.29 至 2013.12.29/高毒

玉米 地下害虫、茎腐病 1:40-50(药种比) 种子包衣

PD20090018 克百·多菌灵/20%/悬浮种衣剂/多菌灵 10%、克百威 10%/2009.01.06 至 2014.01.06/高毒

花生 地老虎、金针虫、立枯病、蝼蛄、蛴螬 500-667克/100千克种子 种子包衣

棉花 立枯病、苗蚜 500-666克/100千克种子 种子包衣

PD20091396 多·福/17%/悬浮种衣剂/多菌灵 5%、福美双 12%/2009.02.02 至 2014.02.02/中等毒

棉花 苗期立枯病、炭疽病 486-567克/100千克种子 种子包衣

小麦 根腐病、黑穗病 243-283克/100千克种子 种子包衣

PD20093370 克百·敌百虫/3%/颗粒剂/敌百虫 1.5%、克百威 1.5%/2009.03.18 至 2014.03.18/中等毒(原药高毒)

水稻 二化螟 1800-2025克/公顷 撒施

PD20093694 吡·萎·福美双/63%/干粉种衣剂/吡虫啉 18%、福美双 22.5%、萎锈灵 22.5%/2009.03.25 至 2014.03.25/低毒

棉花 立枯病、蚜虫 175-233克/100千克种子 种子包衣

PD20094185 戊唑·福美双/6%/干粉种衣剂/福美双 4.5%、戊唑醇 1.5%/2009.03.30 至 2014.03.30/低毒
小麦 散黑穗病 1：560-1：840（药种比） 种子包衣

PD20094370 多·福·毒死蜱/25%/悬浮种衣剂/毒死蜱 7%、多菌灵 6%、福美双 12%/2009.04.01 至 2014.04.01/中等毒
花生 地下害虫、根腐病 417-500克/100千克种子 种子包衣

PD20094949 咪鲜·吡虫啉/2.5%/悬浮种衣剂/吡虫啉 2%、咪鲜胺 0.5%/2009.04.17 至 2014.04.17/低毒
水稻 恶苗病、蓟马 药种比：1：40-1：50 种子包衣

PD20094969 滴丁·莠去津/45%/悬乳剂/2,4-滴丁酯 12%、莠去津 33%/2009.04.21 至 2014.04.21/低毒
春玉米田 一年生杂草 1822.5-2025克/公顷 土壤喷雾

PD20094972 戊·氯·吡虫啉/6.5%/悬浮种衣剂/吡虫啉 3.2%、高效氯氰菊酯 2.4%、戊唑醇 0.9%/2009.04.21 至 2014.04.21/低毒
玉米 金针虫、丝黑穗病 81.25-92.86克/100千克种子 种子包衣

PD20097188 多·福·毒死蜱/38%/悬浮种衣剂/毒死蜱 8%、多菌灵 10%、福美双 20%/2009.10.16 至 2014.10.16/中等毒
大豆 地下害虫、根腐病 1:60-80（药种比） 种子包衣

LS20081214 福双·乙酰甲/70%/种子处理可分散粉剂/福美双 35%、乙酰甲胺磷 35%/2009.03.10 至 2010.03.10/低毒
玉米 茎基腐病、金针虫、蛴螬 1:150-180（药种比） 种子包衣

LS20082513 异噁草松/48%/乳油/异噁草松 48%/2009.04.22 至 2010.04.22/低毒
春大豆田 一年生杂草 528-576克/公顷 茎叶喷雾

LS20082947 戊唑·福美双/6%/可湿性粉剂/福美双 4.5%、戊唑醇 1.5%/2009.07.24 至 2010.07.24/低毒
小麦 纹枯病 160-180克/公顷 喷雾

LS20090799 异甲·莠去津/50%/悬乳剂/异丙甲草胺 18%、莠去津 32%/2009.04.03 至 2010.04.03/低毒
玉米田 一年生杂草 3750-4500毫升/公顷（东北地区） 播后苗前土壤
3000－3750毫升/公顷(其他地区) 喷雾

LS20091013 乙·莠· 滴丁酯/63%/悬乳剂/2,4-滴丁酯 9%、乙草胺 27%、莠去津 27%/2009.04.13 至 2010.04.13/低毒
春玉米田 一年生杂草 3750－5250毫升制剂/公顷 土壤喷雾

LS20091103 戊唑醇/6%/悬浮种衣剂/戊唑醇 6%/2009.04.15 至 2010.04.15/低毒
玉米 丝黑穗病 10-15克/100千克种子 包衣

LS20091104 乙酰甲胺磷/75%/种子处理可溶粉剂/乙酰甲胺磷 75%/2009.04.15 至 2010.04.15/低毒
玉米 地下害虫 药种比：0.75:380－0.75:520 拌种

LS20091253 丁硫克百威/40%/水乳剂/丁硫克百威 40%/2009.05.12 至 2010.05.12/中等毒
玉米 地下害虫 114-160/100kg种子 拌种

河北省沧州百斯特生物技术有限公司 （河北省辛集市朗口经济园区 062650 0317-4298999)

PD84121-19 磷化铝/56%/片剂/磷化铝 56%/2004.11.18 至 2009.11.18/高毒
洞穴 室外啮齿动物 根据洞穴大小而定 密闭熏蒸
货物 仓储害虫 5-10片/1000千克 密闭熏蒸
空间 多种害虫 1-4片/立方米 密闭熏蒸
粮食、种子 储粮害虫 3-10片/1000千克 密闭熏蒸

PD20092139 丁硫克百威/200克/升/乳油/丁硫克百威 200克/升/2009.02.23 至 2014.02.23/中等毒
水稻 三化螟 750-900克/公顷 喷雾

PD20092978 马拉硫磷/45%/乳油/马拉硫磷 45%/2009.03.09 至 2014.03.09/低毒
水稻 稻飞虱 675－810克/公顷 喷雾

PD20094226 百草枯/200克/升/水剂/百草枯 200克/升/2009.03.31 至 2014.03.31/中等毒
夏玉米田 一年生杂草 450-600克/公顷 定向茎叶喷雾

PD20095194 高效氯氟氰菊酯/25克/升/乳油/高效氯氟氰菊酯 25克/升/2009.04.24 至 2014.04.24/中等毒
苹果树 桃小食心虫 8.3-12.5毫克/千克 喷雾

PD20098538 阿维菌素/18克/升/乳油/阿维菌素 18克/升/2009.12.24 至 2014.12.24/低毒(原药高毒)
十字花科蔬菜 小菜蛾 10.8-13.5克/公顷 喷雾

LS20081405 高效氯氰菊酯/4.5%/乳油/高效氯氰菊酯 4.5%/2009.03.17 至 2010.03.17/低毒
十字花科蔬菜 菜青虫 13.5-22.5克/公顷 喷雾

LS20082517 乙酰甲胺磷/30%/乳油/乙酰甲胺磷 30%/2009.04.22 至 2010.04.22/低毒
水稻 二化螟 720-900克/公顷 喷雾

河北省沧州华太金洁日化有限公司 （河北省东光县棉纺路西侧 061600 0317-7722885)

WP20090014 杀虫气雾剂/0.36%/气雾剂/胺菊酯 0.2%、富右旋反式烯丙菊酯 0.1%、高效氯氰菊酯 0.06%/2009.01.08至2014.01.08/低毒
卫生 蚊、蝇、蜚蠊 / 喷雾

WL20070143 蚊香/0.25%/蚊香/富右旋反式烯丙菊酯 0.25%/2009.07.09 至 2010.07.10/微毒
卫生 蚊 / 点燃

河北省沧州科润化工有限公司 （河北省沧州市兴济镇 061021 0317-4852275)

PD86175-9 乙酰甲胺磷/90%/原药/乙酰甲胺磷 90%/2006.11.16 至 2011.11.16/低毒

PD20081226 烯禾啶/95%/原药/烯禾啶 95%/2008.09.11 至 2013.09.11/低毒

PD20083071 烯禾啶/12.5%/乳油/烯禾啶 12.5%/2008.12.10 至 2013.12.10/低毒
棉花田、夏大豆田 一年生禾本科杂草 63-72克/公顷 茎叶喷雾

PD20091207 啶虫脒/3%/乳油/啶虫脒 3%/2009.02.01 至 2014.02.01/低毒
烟草 蚜虫 13.5-18克/公顷 喷雾

PD20091360 阿维菌素/1%/乳油/阿维菌素 1%/2009.02.02 至 2014.02.02/低毒(原药高毒)
十字花科蔬菜 小菜蛾 7.5-10.5克/公顷 喷雾
PD20094167 氟磺胺草醚/250克/升/水剂/氟磺胺草醚 250克/升/2009.03.27 至 2014.03.27/低毒
春大豆 一年生阔叶杂草 225-375克/公顷 茎叶喷雾
夏大豆 一年生阔叶杂草 187.5-225克/公顷 茎叶喷雾
PD20094828 烯草酮/90%/原药/烯草酮 90%/2009.04.13 至 2014.04.13/低毒
PD20095554 丁·莠/40%/悬浮剂/丁草胺 20%、莠去津 20%/2009.05.12 至 2014.05.12/低毒
春玉米田 一年生杂草 2100-2400克/公顷 土壤喷雾
夏玉米田 一年生杂草 1200-1500克/公顷 土壤喷雾
PD20095754 烯草酮/240克/升/乳油/烯草酮 240克/升/2009.05.18 至 2014.05.18/低毒
春大豆田 一年生禾本科杂草 90-108克/公顷 茎叶喷雾
夏大豆田 一年生禾本科杂草 79.2-90克/公顷 茎叶喷雾
PD20095906 烯草酮/120克/升/乳油/烯草酮 120克/升/2009.05.31 至 2014.05.31/低毒
春大豆田 一年生禾本科杂草 72-108克/公顷 茎叶喷雾
春油菜、夏大豆田 一年生禾本科杂草 63-72克/公顷 茎叶喷雾
冬油菜田 一年生禾本科杂草 54-72克/公顷 茎叶喷雾
PD20095975 乙草胺/81.5%/乳油/乙草胺 81.5%/2009.06.04 至 2014.06.04/低毒
春大豆田 一年生禾本科杂草及部分阔叶杂草 1350-1890克/公顷 土壤喷雾
夏大豆田 一年生禾本科杂草及部分阔叶杂草 1080-1350克/公顷 土壤喷雾
PD20096154 异噁草松/480克/升/乳油/异噁草松 480克/升/2009.06.24 至 2014.06.24/低毒
春大豆田 一年生杂草 1000-1200克/公顷 土壤喷雾
PD20097480 精喹禾灵/50克/升/乳油/精喹禾灵 50克/升/2009.11.03 至 2014.11.03/低毒
春大豆田 一年生禾本科杂草 52.5-60克/公顷 茎叶喷雾
夏大豆田 一年生禾本科杂草 45-52.5克/公顷 茎叶喷雾
LS20090107 甲·乙·莠/42%/悬乳剂/甲草胺 8%、乙草胺 9%、莠去津 25%/2009.01.12 至 2010.01.12/低毒
春玉米田 一年生阔叶杂草及禾本科杂草 1260-1449克/公顷 土壤处理
夏玉米田 一年生阔叶杂草及禾本科杂草 945-1260克/公顷 土壤处理

河北省沧州润德农药有限公司 (天津市北辰区西堤头镇东堤头村 061021 0317-4856900)

PD20082281 啶虫脒/3%/微乳剂/啶虫脒 3%/2008.12.01 至 2013.12.01/低毒
黄瓜 蚜虫 13.5-22.5克/公顷 喷雾
PD20093019 高氯·辛硫磷/25%/乳油/高效氯氰菊酯 2.5%、辛硫磷 22.5%/2009.03.09 至 2014.03.09/低毒
棉花 棉铃虫 225-280克/公顷 喷雾
PD20094624 辛硫磷/40%/乳油/辛硫磷 40%/2009.04.10 至 2014.04.10/低毒
甘蓝 菜青虫 300-450克/公顷 喷雾

河北省沧州市天和农药厂 (河北省沧州市运河区北环桥北小圈村 061001 0317-2166388)

PD20083774 虫酰肼/95%/原药/虫酰肼 95%/2008.12.15 至 2013.12.15/低毒
PD20085138 氰戊·马拉松/40%/乳油/马拉硫磷 30%、氰戊菊酯 10%/2008.12.23 至 2013.12.23/中等毒
苹果树 桃小食心虫 160-333毫克/千克 喷雾
小麦 蚜虫 60-90克/公顷 喷雾
PD20085229 氰戊·马拉松/20%/乳油/马拉硫磷 15%、氰戊菊酯 5%/2008.12.23 至 2013.12.23/中等毒
苹果树 桃小食心虫 160-333毫克/千克 喷雾
十字花科蔬菜 菜青虫、蚜虫 90-150克/公顷 喷雾
小麦 蚜虫 60-90克/公顷 喷雾
PD20092174 井冈霉素/3%/水剂/井冈霉素 3%/2009.02.23 至 2014.02.23/低毒
水稻 纹枯病 150-187.5克/公顷 喷雾
PD20092352 高效氯氟氰菊酯/25克/升/乳油/高效氯氟氰菊酯 25克/升/2009.02.24 至 2014.02.24/中等毒
棉花 棉铃虫 18.75-26.25克/公顷 喷雾
PD20092722 高氯·毒死蜱 /15%/乳油/毒死蜱 13.5%、高效氯氰菊酯 1.5%/2009.03.04 至 2014.03.04/中等毒
黄瓜 美洲斑潜蝇 112.5-135克/公顷 喷雾
PD20093022 敌畏·马/35%/乳油/敌敌畏 26%、马拉硫磷 9%/2009.03.09 至 2014.03.09/中等毒
水稻 稻水象甲 210-262.5克/公顷 喷雾
PD20093109 顺式氯氰菊酯/3%/乳油/顺式氯氰菊酯 3%/2009.03.09 至 2014.03.09/低毒
黄瓜 蚜虫 18-22.5克/公顷 喷雾
PD20093196 百草枯/42%/母药/百草枯 42%/2009.03.11 至 2014.03.11/中等毒
PD20093900 氯氰·敌敌畏/10%/乳油/敌敌畏 8%、氯氰菊酯 2%/2009.03.26 至 2014.03.26/低毒
十字花科蔬菜 蚜虫 60-75克/公顷 喷雾
PD20094183 阿维菌素/1.8%/乳油/阿维菌素 1.8%/2009.03.30 至 2014.03.30/低毒(原药高毒)
十字花科蔬菜 小菜蛾 10.8-13.5克/公顷 喷雾
PD20094388 高氯·辛硫磷/25%/乳油/高效氯氰菊酯 2.5%、辛硫磷 22.5%/2009.04.01 至 2014.04.01/中等毒
棉花 棉铃虫 300-375克/公顷 喷雾
PD20094475 阿维·三唑磷/20%/乳油/阿维菌素 0.2%、三唑磷 19.8%/2009.04.09 至 2014.04.09/中等毒(原药高毒)
水稻 二化螟 180-240克/公顷 喷雾
PD20095070 乙酰甲胺磷/30%/乳油/乙酰甲胺磷 30%/2009.04.21 至 2014.04.21/低毒

玉米 玉米螟 810-1080克/公顷 喷雾

PD20095309 乙烯利/40%/水剂/乙烯利 40%/2009.04.27 至 2014.04.27/低毒

棉花 催熟 300-500倍液 兑水喷雾

PD20095827 百草枯/200克/升/水剂/百草枯 200克/升/2009.05.27 至 2014.05.27/中等毒

夏玉米田 杂草 450-600克/公顷 行间定向茎叶喷雾

PD20096477 啶虫脒/5%/乳油/啶虫脒 5%/2009.08.14 至 2014.08.14/低毒

黄瓜 蚜虫 360-450毫升制剂/公顷 喷雾

PD20097703 氟铃脲/5%/乳油/氟铃脲 5%/2009.11.04 至 2014.11.04/低毒

甘蓝 小菜蛾 30-60克/公顷 喷雾

LS20051372 氯氰·吡虫啉/5%/乳油/吡虫啉 1%、氯氰菊酯 4%/2008.04.18 至 2009.04.18/低毒

十字花科蔬菜 蚜虫 22.5-37.5克/公顷 喷雾

LS20051525 辛硫·三唑磷/20%/乳油/三唑磷 10%、辛硫磷 10%/2008.04.21 至 2009.04.21/中等毒

棉花 棉铃虫 180-300克/公顷 喷雾

水稻 稻水象甲 180-240克/公顷 喷雾

LS20051585 阿维·高氯/1.1%/微乳剂/阿维菌素 0.1%、高效氯氰菊酯 1%/2008.04.28 至 2009.04.28/低毒(原药高毒)

黄瓜 美洲斑潜蝇 15-30克/公顷 喷雾

LS20053020 阿维·高氯/2%/乳油/阿维菌素 0.3%、高效氯氰菊酯 1.7%/2008.09.13 至 2009.09.13/低毒(原药高毒)

十字花科蔬菜 菜青虫、小菜蛾 7.5-15克/公顷 喷雾

LS20053216 吡虫啉/5%/乳油/吡虫啉 5%/2008.10.11 至 2009.10.11/低毒

小麦 蚜虫 15-30克/公顷(南方地区) 喷雾

45-60克/公顷(北方地区)

LS20053349 阿维·辛硫磷/20%/乳油/阿维菌素 0.2%、辛硫磷 19.8%/2008.10.17 至 2009.10.17/低毒(原药高毒)

十字花科蔬菜 小菜蛾 120-150克/公顷 喷雾

LS20061631 络氨铜/14%/水剂/络氨铜 14%/2008.08.20 至 2009.08.20/低毒

水稻 稻曲病 450-750克/公顷 喷雾

LS20071535 阿维·柴油/24.5%/乳油/阿维菌素 0.2%、柴油 24.3%/2009.05.29 至 2010.05.30/低毒(原药高毒)

柑橘树 红蜘蛛 123-245毫克/千克 喷雾

河北省沧州天马绿化农药有限公司 (河北省沧州市北郊兴济镇工业区 061021 0317-4856568)

PD20070608 啶虫脒/3%/乳油/啶虫脒 3%/2007.12.14 至 2012.12.14/低毒

苹果树 蚜虫 12－15毫克/千克 喷雾

PD20082253 马拉硫磷/45%/乳油/马拉硫磷 45%/2008.11.27 至 2013.11.27/低毒

棉花 盲蝽蟓 405-607.5克/公顷 喷雾

PD20082873 氟乐灵/480克/升/乳油/氟乐灵 480克/升/2008.12.09 至 2013.12.09/低毒

春大豆田 一年生禾本科杂草及部分阔叶杂草 1080-1440克/公顷(东北地区) 土壤喷雾

夏大豆田 一年生禾本科杂草及部分阔叶杂草 900-1080克/公顷(其它地区) 土壤喷雾

PD20083549 溴氰·辛硫磷/50%/乳油/辛硫磷 49.5%、溴氰菊酯 0.5%/2008.12.12 至 2013.12.12/中等毒

棉花 棉铃虫、蚜虫 150-187.5克/公顷 喷雾

PD20084386 氯氰菊酯/5%/乳油/氯氰菊酯 5%/2008.12.17 至 2013.12.17/低毒

十字花科蔬菜 菜青虫 30-45克/公顷 喷雾

PD20094062 多菌灵/40%/可湿性粉剂/多菌灵 40%/2009.03.27 至 2014.03.27/低毒

苹果树 轮纹病 667-1000毫克/千克 喷雾

PD20095647 乐果/40%/乳油/乐果 40%/2009.05.12 至 2014.05.12/低毒

棉花 蚜虫 480-600克/公顷 喷雾

PD20095867 烯禾啶/12.5%/乳油/烯禾啶 12.5%/2009.05.27 至 2014.05.27/低毒

春大豆田 一年生禾本科杂草 187.5-225克/公顷 茎叶喷雾

夏大豆田 一年生禾本科杂草 150-187.5克/公顷 茎叶喷雾

LS20050680 乙酰甲胺磷/20%/乳油/乙酰甲胺磷 20%/2008.03.15 至 2009.03.15/低毒

十字花科蔬菜 菜青虫 420－480克/公顷 喷雾

河北省沧州天胜农药化工厂 (河北省沧州市兴济镇 061021 0317-4867026)

PD20093546 氰戊菊酯/20%/乳油/氰戊菊酯 20%/2009.03.23 至 2014.03.23/低毒

棉花 棉蚜 180～300克/公顷 喷雾

PD20095973 乙酰甲胺磷/40%/乳油/乙酰甲胺磷 40%/2009.06.04 至 2014.06.04/低毒

棉花 棉铃虫 600～840克/公顷 喷雾

PD20096197 氟乐灵/480克/升/乳油/氟乐灵 480克/升/2009.07.15 至 2014.07.15/低毒

春大豆田 一年生禾本科杂草及部分阔叶杂草 125-175克制剂/亩 播后苗前土壤喷雾

PD20096213 乙草胺/81.5%/乳油/乙草胺 81.5%/2009.07.15 至 2014.07.15/低毒

春玉米田 一年生禾本科杂草及部分小粒种子阔叶杂草 100-120毫升制剂/亩 土壤喷雾

PD20096863 啶虫脒/5%/乳油/啶虫脒 5%/2009.09.22 至 2014.09.22/低毒

柑橘树 蚜虫 10-16.7毫克/千克 喷雾

PD20097440 高效氯氰菊酯/4.5%/乳油/高效氯氰菊酯 4.5%/2009.10.28 至 2014.10.28/中等毒

甘蓝　菜青虫　27-33.75克/公顷　喷雾
PD20097817　毒死蜱/480克/升/乳油/毒死蜱 480克/升/2009.11.20 至 2014.11.20/中等毒
苹果树　桃小食心虫　200-240毫克/千克　喷雾
PD20098252　辛硫磷/40%/乳油/辛硫磷 40%/2009.12.16 至 2014.12.16/低毒
甘蓝　菜青虫　360-480克/公顷　喷雾
LS20053155　吡虫啉/5%/乳油/吡虫啉 5%/2008.10.10 至 2009.10.10/低毒
小麦　蚜虫　15-30克/公顷(南方地区)　喷雾
45-60克/公顷(北方地区)
LS20060743　阿维・高氯/1.8%/乳油/阿维菌素 0.3%、高效氯氰菊酯 1.5%/2009.04.04 至 2010.04.04/低毒(原药高毒)
十字花科蔬菜　菜青虫、小菜蛾　7.5-15克/公顷　喷雾

河北省沧州正兴生物农药有限公司　(河北省沧州市献县河城街镇后沿路2号　062250　0317-4658738)

PD20096540　高效氯氟氰菊酯/25克/升/乳油/高效氯氟氰菊酯 25克/升/2009.08.20 至 2014.08.20/低毒
苹果树　桃小食心虫　12.5-16.6毫克/千克　喷雾
PD20098431　灭草松/480克/升/水剂/灭草松 480克/升/2009.12.24 至 2014.12.24/低毒
春大豆田　一年生阔叶杂草　1440-2160克/公顷　茎叶喷雾

河北省沧州志诚化工有限公司　(河北省沧州市盐山县城东化工园区　061300　0317-3301828)

PD20070600　辛硫・高氯氟/20%/乳油/高效氯氟氰菊酯 1%、辛硫磷 19%/2007.12.14 至 2012.12.14/低毒
棉花　棉铃虫　360-420克/公顷　喷雾
PD20080152　啶虫脒/3%/可湿性粉剂/啶虫脒 3%/2008.01.03 至 2013.01.03/低毒
柑橘树　蚜虫　10-12毫克/千克　喷雾
PD20080189　氟乐灵/480克/升/乳油/氟乐灵 480克/升/2008.01.07 至 2013.01.07/低毒
棉花田　一年生禾本科杂草及部分阔叶杂草　720-1080克/公顷　土壤喷雾
PD20080219　啶虫脒/20%/可湿性粉剂/啶虫脒 20%/2008.01.11 至 2013.01.11/中等毒
柑橘树　蚜虫　10-13.3毫克/千克　喷雾
PD20080689　精喹禾灵/8.8%/乳油/精喹禾灵 8.8%/2008.06.04 至 2013.06.04/低毒
夏大豆田　一年生禾本科杂草　39.6-52.8克/公顷　喷雾
PD20080767　二甲戊灵/330克/升/乳油/二甲戊灵 330克/升/2008.06.11 至 2013.06.11/低毒
甘蓝(保护地)　一年生杂草　618.75-742.5克/公顷　喷雾
PD20081559　辛硫磷/40%/乳油/辛硫磷 40%/2008.11.11 至 2013.11.11/低毒
苹果树　桃小食心虫　333.3-400毫克/千克　喷雾
PD20082804　啶虫脒/3%/乳油/啶虫脒 3%/2008.12.09 至 2013.12.09/低毒
柑橘树　蚜虫　10-15毫克/千克　喷雾
PD20083641　乐果/40%/乳油/乐果 40%/2008.12.12 至 2013.12.12/低毒
棉花　蚜虫　540-600克/公顷　喷雾
PD20084377　丙环唑/250克/升/乳油/丙环唑 250克/升/2008.12.17 至 2013.12.17/低毒
小麦　白粉病　125-150克/公顷　喷雾
PD20098014　联苯菊酯/25克/升/乳油/联苯菊酯 25克/升/2009.12.07 至 2014.12.07/低毒
棉花　棉铃虫　30-52.5克/公顷　喷雾
PD20098130　福美双/50%/可湿性粉剂/福美双 50%/2009.12.08 至 2014.12.08/低毒
葡萄　白腐病　500-1000毫克/千克　喷雾
PD20098181　辛硫・矿物油 /40亿个/克/乳油/矿物油 25%、辛硫磷 15%/2009.12.14 至 2014.12.14/低毒
十字花科蔬菜　菜青虫　300-450克/公顷　喷雾
PD20098222　阿维菌素/3.2%/乳油/阿维菌素 3.2%/2009.12.16 至 2014.12.16/低毒(原药高毒)
菜豆　美洲斑潜蝇　10.8-21.6克/公顷　喷雾
PD20098269　代森锰锌/80%/可湿性粉剂/代森锰锌 80%/2009.12.18 至 2014.12.18/低毒
苹果树　斑点落叶病　1000—1143毫克/千克　喷雾
PD20098443　阿维・矿物油/24.5%/乳油/阿维菌素 0.2%、矿物油 24.3%/2009.12.24 至 2014.12.24/低毒(原药高毒)
柑橘树　红蜘蛛　163.3-245毫克/千克　喷雾

河北省沧州中天化工有限责任公司　(河北省沧州市青县上伍乡小许庄村南工业园　062650　0317-4286958)

PD20070235　代森锰锌/80%/可湿性粉剂/代森锰锌 80%/2007.08.08 至 2012.08.08/低毒
苹果树　轮纹病　1000-1333.3毫克/千克　喷雾
PD20081891　辛硫・高氯氟/26%/乳油/高效氯氟氰菊酯 0.6%、辛硫磷 25.4%/2008.11.20 至 2013.11.20/低毒
棉花　蚜虫　234-312克/公顷　喷雾
PD20084567　啶虫脒/3%/乳油/啶虫脒 3%/2008.12.18 至 2013.12.18/低毒
柑橘树　蚜虫　10-12毫克/千克　喷雾
PD20090717　马拉硫磷/45%/乳油/马拉硫磷 45%/2009.01.19 至 2014.01.19/低毒
棉花　盲蝽蟓　506.3-607.5克/公顷　喷雾
PD20091623　乙酰甲胺磷/30%/乳油/乙酰甲胺磷 30%/2009.02.03 至 2014.02.03/低毒
玉米　玉米螟　810-1080克/公顷　喷雾
PD20091646　辛硫磷/40%/乳油/辛硫磷 40%/2009.02.03 至 2014.02.03/低毒
十字花科蔬菜　菜青虫　300-450克/公顷　喷雾
PD20092516　吡虫啉/200克/升/可溶液剂/吡虫啉 200克/升/2009.02.26 至 2014.02.26/低毒
苹果树　蚜虫　33.3-40毫克/千克　喷雾

PD20092950 异丙威/20%/乳油/异丙威 20%/2009.03.09 至 2014.03.09/低毒
水稻 稻飞虱、叶蝉 450-600克/公顷 喷雾
PD20093736 乙烯利/40%/水剂/乙烯利 40%/2009.03.25 至 2014.03.25/低毒
棉花 催熟、增产 330-500倍液 兑水喷雾
PD20093860 三唑磷/20%/乳油/三唑磷 20%/2009.03.25 至 2014.03.25/中等毒
水稻 二化螟 360-600克/公顷 喷雾
PD20093907 精喹禾灵/50克/升/乳油/精喹禾灵 50克/升/2009.03.26 至 2014.03.26/低毒
大豆田 一年生禾本科杂草 45-52.5克/公顷 茎叶喷雾
PD20094418 乐果/40%/乳油/乐果 40%/2009.04.01 至 2014.04.01/中等毒
棉花 蚜虫 600-750克/公顷 喷雾
PD20095149 高效氯氟氰菊酯/25克/升/乳油/高效氯氟氰菊酯 25克/升/2009.04.24 至 2014.04.24/中等毒
小麦 粘虫、蚜虫 7.5-10.5克/公顷 喷雾
PD20095752 烯禾啶/12.5%/乳油/烯禾啶 12.5%/2009.05.18 至 2014.05.18/低毒
大豆田 一年生禾本科杂草 150-187.5克/公顷 茎叶喷雾
PD20095970 多·福/50%/可湿性粉剂/多菌灵 15%、福美双 35%/2009.06.04 至 2014.06.04/低毒
葡萄 霜霉病 1000-1250毫克/千克 喷雾
PD20096014 氟铃脲/5%/乳油/氟铃脲 5%/2009.06.15 至 2014.06.15/低毒
甘蓝 小菜蛾 45-60克/公顷 喷雾
PD20096160 阿维·高氯/3%/乳油/阿维菌素 0.2%、高效氯氰菊酯 2.8%/2009.06.24 至 2014.06.24/低毒(原药高毒)
甘蓝 小菜蛾 13.5-27克/公顷 喷雾
PD20097402 毒死蜱/40%/乳油/毒死蜱 40%/2009.10.28 至 2014.10.28/中等毒
苹果树 桃小食心虫 200-250毫克/千克 喷雾
PD20097599 吡虫·杀虫单/40%/可湿性粉剂/吡虫啉 1%、杀虫单 39%/2009.11.03 至 2014.11.03/低毒
水稻 稻飞虱、稻纵卷叶螟、二化螟、三化螟 450-750克/公顷 喷雾
PD20098229 高效氯氰菊酯/4.5%/乳油/高效氯氰菊酯 4.5%/2009.12.16 至 2014.12.16/低毒
甘蓝 菜青虫 20.25-27克/公顷 喷雾
LS20051079 辛硫·三唑磷/20%/乳油/三唑磷 10%、辛硫磷 10%/2008.04.11 至 2009.04.11/中等毒
水稻 稻水象甲 120-210克/公顷 喷雾
LS20051122 阿维·毒死蜱/15%/乳油/阿维菌素 0.1%、毒死蜱 14.9%/2008.04.11 至 2009.04.11/低毒(原药高毒)
菜豆 美洲斑潜蝇 45-56.25克/公顷 喷雾
LS20051134 吡虫啉/5%/可湿性粉剂/吡虫啉 5%/2008.04.11 至 2009.04.11/低毒
小麦 蚜虫 15-30克/公顷(南方地区) 喷雾
45-60克/公顷(北方地区)
LS20051275 阿维·高氯/2%/微乳剂/阿维菌素 0.2%、高效氯氰菊酯 1.8%/2008.04.12 至 2009.04.12/低毒(原药高毒)
梨树 梨木虱 12-24毫克/千克 喷雾
LS20051507 柴油·哒螨灵/34%/乳油/柴油 30%、哒螨灵 4%/2008.04.21 至 2009.04.21/低毒
柑橘树 红蜘蛛 266.7-340毫克/千克 喷雾
LS20051830 高效氟氯氰菊酯/25克/升/乳油/高效氟氯氰菊酯 25克/升/2008.05.16 至 2009.05.16/低毒
苹果树 金纹细蛾 16.7-25毫克/千克 喷雾
LS20051903 啶虫脒/3%/可湿性粉剂/啶虫脒 3%/2008.05.16 至 2009.05.16/低毒
柑橘树 蚜虫 10-12毫克/千克 喷雾
LS20052403 氟铃·辛硫磷/20%/乳油/氟铃脲 2%、辛硫磷 18%/2008.07.10 至 2009.07.10/低毒
十字花科蔬菜 小菜蛾 120-150克/公顷 喷雾
LS20053555 阿维菌素/1.8%/乳油/阿维菌素 1.8%/2008.11.14 至 2009.11.14/低毒(原药高毒)
苹果树 红蜘蛛 3-6毫克/千克 喷雾
LS20070300 啶虫脒/20%/可湿性粉剂/啶虫脒 20%/2009.02.26 至 2010.02.26/中等毒
棉花 蚜虫 15-30克/公顷 喷雾
LS20072395 哒螨灵/20%/可湿性粉剂/哒螨灵 20%/2009.10.23 至 2010.10.24/低毒
棉花 红蜘蛛 60-120克/公顷 喷雾
LS20080387 唑磷·仲丁威/25%/乳油/三唑磷 15%、仲丁威 10%/2009.02.20 至 2010.02.20/低毒
水稻 稻纵卷叶螟 562.5-750克/公顷 喷雾
LS20090403 高效氯氟氰菊酯/10%/可湿性粉剂/高效氯氟氰菊酯 10%/2009.03.16 至 2010.03.16/中等毒
十字花科蔬菜 菜青虫 15-18.75克/公顷 喷雾
LS20091039 苄嘧·苯噻酰/75%/可湿性粉剂/苯噻酰草胺 69%、苄嘧磺隆 6%/2009.04.15 至 2010.04.15/低毒
水稻抛秧田 一年生杂草 450-675克/公顷 毒土法
LS20091066 氯氰·马拉松/16%/乳油/氯氰菊酯 2%、马拉硫磷 14%/2009.04.15 至 2010.04.15/低毒
荔枝树 蝽蟓 106.7-160毫克/千克 喷雾
LS20091100 烟嘧·莠去津 /42%/油悬浮剂/烟嘧磺隆 2%、莠去津 40%/2009.04.15 至 2010.04.15/低毒
玉米田 一年生杂草 819-1260克/公顷 茎叶喷雾

河北省承德市滦平县农药厂 (河北省承德市滦平县滦平镇庄头营 068250 0314-8582391)

LS20050736 啶虫脒/3%/微乳剂/啶虫脒 3%/2008.03.28 至 2009.03.28/低毒
十字花科蔬菜 蚜虫 18-22.5克/公顷 喷雾
LS20051254 高效氯氟氰菊酯/2.5%/微乳剂/高效氯氟氰菊酯 2.5%/2008.04.12 至 2009.04.12/中等毒

十字花科蔬菜 菜青虫 9-15克/公顷 喷雾
LS20052554 顺式氯氰菊酯/4.5%/微乳剂/顺式氯氰菊酯 4.5%/2008.07.25 至 2009.07.25/中等毒
十字花科蔬菜 菜青虫 13.5-20.25克/公顷 喷雾
LS20052730 甲氨基阿维菌素苯甲酸盐/0.5%/微乳剂/甲氨基阿维菌素苯甲酸盐 0.5%/2008.08.21 至 2009.08.21/低毒
十字花科蔬菜 小菜蛾 1.875-2.25克/公顷 喷雾
LS20052745 高效氟氯氰菊酯/2.5%/微乳剂/高效氟氯氰菊酯 2.5%/2008.08.21 至 2009.08.21/中等毒
十字花科蔬菜 菜青虫 7.5-11.25克/公顷 喷雾
LS20052814 霜脲·锰锌/36%/悬浮剂/代森锰锌 32%、霜脲氰 4%/2008.08.21 至 2009.08.21/低毒
黄瓜 霜霉病 1620-1800克/公顷 喷雾

河北省大城县奥丽雅化妆品有限责任公司 (河北省大城县郭底村 065900 0316-5635135)

WL20070262 杀虫气雾剂/0.36%/气雾剂/胺菊酯 0.28%、氯菊酯 0.08%/2009.11.04 至 2010.11.05/低毒
卫生 蚊、蝇、蜚蠊 / 喷雾

河北省定兴县五合日用化学有限公司 (河北省定兴县北南蔡乡北蔡村 072652 0312-6972189)

WP20080454 杀虫气雾剂/0.75%/气雾剂/胺菊酯 0.60%、氯菊酯 0.15%/2008.12.16 至 2013.12.16/低毒
卫生 蚊、蝇 / 喷雾
WL20080309 蚊香/0.25%/蚊香/富右旋反式烯丙菊酯 0.25%/2009.04.22 至 2010.04.22/低毒
卫生 蚊 / 点燃
WL20080316 杀虫气雾剂/0.7%/气雾剂/胺菊酯 0.5%、氯菊酯 0.2%/2009.04.23 至 2010.04.23/低毒
卫生 蚊、蝇、蜚蠊 / 喷雾

河北省定州市长城日用化学厂 (河北省定州市明月经济开发区 073004 0312-2590792)

WP20080135 杀虫气雾剂/0.73%/气雾剂/胺菊酯 0.45%、高效氯氰菊酯 0.08%、氯菊酯 0.2%/2008.10.31 至 2013.10.31/低毒
卫生 蚊、蝇 / 喷雾
WP20090332 蚊香/0.2%/蚊香/富右旋反式烯丙菊酯 0.2%/2009.09.27 至 2014.09.27/微毒
卫生 蚊 / 点燃

河北省东光县一鸣日用化工厂 (河北省沧州市东光县东光镇东街新村 061600 0317-7697001)

WL20060095 杀虫气雾剂/0.3%/气雾剂/胺菊酯 0.25%、氯氰菊酯 0.05%/2008.04.24 至 2009.04.24/微毒
卫生 蚊、蝇、蜚蠊 / 喷雾

河北省高碑店市白沟京南气雾剂厂 (河北省高碑店市白沟镇白西后街72号 074004 0312-2883775)

WP20080409 杀虫气雾剂/0.45%/气雾剂/胺菊酯 0.25%、高效氯氰菊酯 0.2%/2008.12.12 至 2013.12.12/低毒
卫生 蜚蠊、蚊、蝇 / 喷雾

河北省高碑店市神达化工有限责任公司 (河北省高碑店市经济开发区 074000 0312-2883575)

WL20080008 蚊香/0.25%/蚊香/富右旋反式烯丙菊酯 0.25%/2009.01.03 至 2010.01.03/低毒
卫生 蚊 / 点燃
WL20080280 杀虫气雾剂/0.47%/气雾剂/胺菊酯 0.45%、高效氯氰菊酯 0.02%/2009.04.15 至 2010.04.15/低毒
卫生 蚊、蝇、蜚蠊 / 喷雾

河北省高阳县豪捷制香有限公司 (河北省高阳县三利工业区 071500 0312-6717281)

WP20080443 蚊香/0.23%/蚊香/富右旋反式烯丙菊酯 0.23%/2008.12.15 至 2013.12.15/低毒
卫生 蚊 / 点燃

河北省馆陶县金星精细化工厂 (河北省邯郸市馆陶县工业开发区 057750 0310-2885610)

WL20080276 杀虫气雾剂/0.43%/气雾剂/胺菊酯 0.25%、氯菊酯 0.13%、氯氰菊酯 0.05%/2009.04.15 至 2010.04.15/微毒
卫生 蚊、蝇、蜚蠊 / 喷雾

河北省馆陶县康大精细化工厂 (河北省邯郸市馆陶县工业小区 057750 0310-2886378)

WL20080308 杀虫气雾剂/0.43%/气雾剂/胺菊酯 0.25%、氯菊酯 0.13%、氯氰菊酯 0.05%/2009.04.22 至 2010.04.22/微毒
卫生 蚊、蝇、蜚蠊 / 喷雾

河北省邯郸市东方精细化工有限公司 (河北省邯郸市馆陶县工业小区 057750 0310-2885099)

WL20080301 杀虫气雾剂/0.43%/气雾剂/胺菊酯 0.25%、氯菊酯 0.13%、氯氰菊酯 0.05%/2009.04.21 至 2010.04.21/微毒
卫生 蚊、蝇、蜚蠊 / 喷雾

河北省邯郸市方鑫化工有限公司 (河北省邯郸市树脂路29号 056003 0310-4052768)

WP20090343 对二氯苯/99.5%/原药/对二氯苯 99.5%/2009.10.16 至 2014.10.16/低毒

河北省邯郸市建华植物农药厂 (河北省邯郸市北环西路 056106 0310-7195018)

PD20091645 阿维菌素/18克/升/乳油/阿维菌素 18克/升/2009.02.03 至 2014.02.03/低毒(原药高毒)
甘蓝 小菜蛾 8.1-10.8克/公顷 喷雾
LS981326 藜芦碱/0.5%/可溶性液剂/藜芦碱 0.5%/2009.03.24 至 2009.12.31/低毒
棉花 棉蚜 5.625-7.5克/公顷 喷雾
十字花科蔬菜 菜青虫 5.625-7.5克/公顷 喷雾
LS20071929 高效氯氟氰菊酯/25克/升/乳油/高效氯氟氰菊酯 25克/升/2009.08.07 至 2010.08.08/中等毒
棉花 棉铃虫 22.5-30克/公顷 喷雾
LS20090219 甲氨基阿维菌素苯甲酸盐/2%/乳油/甲氨基阿维菌素苯甲酸盐 2%/2009.02.13 至 2010.02.13/低毒
甘蓝 小菜蛾 2.4-3克/公顷 喷雾

河北省邯郸市金英精细化工有限公司 (河北省邯郸市馆陶县 城西工业区 057750 0310-2885869)

WP20090185 杀虫气雾剂/0.38%/气雾剂/胺菊酯 0.33%、氯氰菊酯 0.05%/2009.03.19 至 2014.03.19/低毒
卫生 蜚蠊、蚊、蝇 / 喷雾
WL20080246 杀虫气雾剂/0.43%/气雾剂/胺菊酯 0.25%、氯菊酯 0.13%、氯氰菊酯 0.05%/2009.03.17 至 2010.03.17/微毒

卫生　蚊、蝇、蜚蠊　/　喷雾

河北省邯郸市凯米克化工有限责任公司　(河北省邯郸市魏县工业园区　056800　0310-3532921)

PD20050013　甲拌磷/95%/原药/甲拌磷 95%/2005.04.12 至 2010.04.12/剧毒

PD20060086　氯氰菊酯/5%/乳油/氯氰菊酯 5%/2006.05.11 至 2011.05.11/低毒

甘蓝　菜青虫　30-45克/公顷　喷雾

PD20081700　辛硫磷/40%/乳油/辛硫磷 40%/2008.11.17 至 2013.11.17/低毒

十字花科蔬菜　菜青虫　450-600克/公顷　喷雾

PD20085809　氰戊·马拉松/20%/乳油/马拉硫磷 15%、氰戊菊酯 5%/2008.12.29 至 2013.12.29/低毒

十字花科蔬菜　菜青虫　150-180克/公顷　喷雾

PD20092870　高效氯氟氰菊酯/25克/升/乳油/高效氯氟氰菊酯 25克/升/2009.03.05 至 2014.03.05/低毒

小麦　蚜虫　4.5-7.5克/公顷　喷雾

PD20093721　草甘膦/95%/原药/草甘膦 95%/2009.03.25 至 2014.03.25/低毒

PD20094051　氟乐灵/480克/升/乳油/氟乐灵 480克/升/2009.03.27 至 2014.03.27/低毒

棉花田　一年生杂草　720-1080克/公顷　播后苗前土壤喷雾

PD20096614　氧乐果/40%/乳油/氧乐果 40%/2009.09.02 至 2014.09.02/中等毒(原药高毒)

小麦　蚜虫　108-162克/公顷　喷雾

PD20097721　鱼藤酮/2.5%/乳油/鱼藤酮 2.5%/2009.11.04 至 2014.11.04/低毒

十字花科蔬菜　蚜虫　37.5-56.25克/公顷　喷雾

LS20081333　阿维菌素/18克/升/乳油/阿维菌素 18克/升/2009.03.13 至 2010.03.13/低毒(原药高毒)

棉花　红蜘蛛　10.8-16.2克/公顷　喷雾

LS20090614　辛硫磷/5%/颗粒剂/辛硫磷 5%/2009.03.23 至 2010.03.23/低毒

玉米　玉米螟　112.5-180克/公顷　喇叭口撒施

WP20090359　高效氯氰菊酯/4.5%/乳油/高效氯氰菊酯 4.5%/2009.11.03 至 2014.11.03/低毒

卫生　蚊、蝇　1.5毫克/立方米　喷雾(仅限室外)

河北省邯郸市瑞田农药有限公司　(河北省邯郸市邯大公路38公里处　056700　0310-7388368)

PD20040080　氯氰菊酯/5%/乳油/氯氰菊酯 5%/2009.12.19 至 2014.12.19/中等毒

十字花科蔬菜　菜青虫　30-45克/公顷　喷雾

PD20040228　高效氯氰菊酯/4.5%/乳油/高效氯氰菊酯 4.5%/2009.12.19 至 2014.12.19/中等毒

棉花　红铃虫、棉铃虫、棉蚜　15-30克/公顷　喷雾

十字花科蔬菜　菜蚜　3-18克/公顷　喷雾

十字花科蔬菜　菜青虫、小菜蛾　9-25.5克/公顷　喷雾

PD20080395　毒死蜱/95%/原药/毒死蜱 95%/2008.02.29 至 2013.02.28/中等毒

PD20080597　哒螨灵/20%/可湿性粉剂/哒螨灵 20%/2008.05.12 至 2013.05.12/低毒

苹果树　红蜘蛛　67-100毫克/千克　喷雾

PD20080645　氯氰·辛硫磷/40%/乳油/氯氰菊酯 2%、辛硫磷 38%/2008.05.13 至 2013.05.13/中等毒

棉花　棉铃虫　180-240克/公顷　喷雾

PD20081767　联苯菊酯/93%/原药/联苯菊酯 93%/2008.11.18 至 2013.11.18/中等毒

PD20081961　联苯菊酯/2.5%/乳油/联苯菊酯 2.5%/2008.11.24 至 2013.11.24/低毒

棉花　棉铃虫　37.5-45克/公顷　喷雾

PD20086179　氯氰·毒死蜱/15%/乳油/毒死蜱 10%、氯氰菊酯 5%/2008.12.30 至 2013.12.30/低毒

十字花科蔬菜　小菜蛾　90-135克/公顷　喷雾

PD20090234　甲硫·福美双/50%/可湿性粉剂/福美双 40%、甲基硫菌灵 10%/2009.01.09 至 2014.01.09/中等毒

梨树　黑星病　600-700倍液　喷雾

PD20091724　高效氯氟氰菊酯/25克/升/乳油/高效氯氟氰菊酯 25克/升/2009.02.04 至 2014.02.04/中等毒

棉花　棉铃虫　15-22.5克/公顷　喷雾

PD20092106　吡虫·灭多威/10%/可湿性粉剂/吡虫啉 1%、灭多威 9%/2009.02.23 至 2014.02.23/中等毒(原药高毒)

苹果树　黄蚜　12-18毫克　喷雾

PD20092906　阿维·甲氰/1.8%/乳油/阿维菌素 0.2%、甲氰菊酯 1.6%/2009.03.05 至 2014.03.05/低毒(原药高毒)

苹果树　红蜘蛛　12-18毫克/千克　喷雾

PD20094427　啶虫脒/3%/乳油/啶虫脒 3%/2009.04.01 至 2014.04.01/低毒

黄瓜　蚜虫　18-22.5克/公顷　喷雾

PD20094566　草甘膦/95%/原药/草甘膦 95%/2009.04.09 至 2014.04.09/低毒

PD20095592　百草枯/200克/升/水剂/百草枯 200克/升/2009.05.12 至 2014.05.12/中等毒

玉米田　杂草　450-600克/公顷　行间定向茎叶喷雾

PD20097073　阿维菌素/18克/升/乳油/阿维菌素 18克/升/2009.10.10 至 2014.10.10/低毒(原药高毒)

甘蓝　小菜蛾　8.1-10.8克/公顷　喷雾

PD20097525　烟嘧磺隆/95%/原药/烟嘧磺隆 95%/2009.11.03 至 2014.11.03/低毒

LS20053131　高氯·杀虫单/16%/微乳剂/高效氯氰菊酯 1%、杀虫单 15%/2008.09.28 至 2009.09.28/低毒

番茄　美洲斑潜蝇　240-360克/公顷　喷雾

河北省邯郸市太行农药厂　(河北省魏县城西西邯大路北　056800　0310-5208899)

PD84118-31　多菌灵/25%/可湿性粉剂/多菌灵 25%/2005.01.18 至 2010.01.18/低毒

	果树	病害	0.05-0.1%药液	喷雾
	花生	倒秧病	750克/公顷	喷雾
	麦类	赤霉病	750克/公顷	喷雾,泼浇
	棉花	苗期病害	500克/100千克种子	拌种
	水稻	稻瘟病、纹枯病	750克/公顷	喷雾,泼浇
	油菜	菌核病	1125-1500克/公顷	喷雾
PD85157-10	40%辛硫磷乳油//乳油/辛硫磷 40%/2005.08.15 至 2010.08.15/低毒			
	茶树、桑树	食叶害虫	200-400毫克/千克	喷雾
	果树	食心虫、蚜虫、螨	200-400毫克/千克	喷雾
	林木	食叶害虫	3000-6000克/公顷	喷雾
	棉花	棉铃虫、蚜虫	300-600克/公顷	喷雾
	蔬菜	菜青虫	300-450克/公顷	喷雾
	烟草	食叶害虫	300-600克/公顷	喷雾
	玉米	玉米螟	450-600克/公顷	灌心叶
PD88101-16	水胺硫磷/40%/乳油/水胺硫磷 40%/2008.03.04 至 2013.03.04/高毒			
	柑橘树	潜叶蛾、锈壁虱、螨	300-400毫克/千克	喷雾
	棉花	红蜘蛛、棉铃虫	300-600克/公顷	喷雾
	水稻	蓟马、螟虫	450-900克/公顷	喷雾
PD20090755	氯氰·马拉松/20%/乳油/马拉硫磷 15%、氰戊菊酯 5%/2009.01.19 至 2014.01.19/中等毒			
	棉花	棉铃虫	90-150克/公顷	喷雾
	苹果树	桃小食心虫	160-333毫克/千克	喷雾
	十字花科蔬菜	菜青虫、蚜虫	90-150克/公顷	喷雾
	小麦	蚜虫	60-90克/公顷	喷雾
河北省河间市长盛樟脑有限公司　(河北省河间市行别营乡南大史村　062452　0317-3898401)				
WL20080181	杀蝇饵剂/1%/饵剂/甲基吡噁磷 1%/2009.03.03 至 2010.03.03/低毒			
	卫生	蝇	/	投放
WL20080290	杀蟑饵剂/2.5%/饵剂/吡虫啉 2.5%/2009.04.18 至 2010.04.18/微毒			
	卫生	蜚蠊	/	投放
河北省衡水北方农药化工有限公司　(河北省衡水市枣强县肖张镇　053100　0318-8489235)				
PD84101-2	马拉硫磷/90%,85%,75%/原药/马拉硫磷 90%,85%,75%/2006.12.30 至 2011.12.30/低毒			
PD84105-7	45%马拉硫磷乳油//乳油/马拉硫磷 45%/2006.07.17 至 2011.07.17/低毒			
	茶树	长白蚧、象甲	625-1000毫克/千克	喷雾
	豆类	食心虫、造桥虫	561.5-750克/公顷	喷雾
	果树	蝽蟓、蚜虫	250-333毫克/千克	喷雾
	林木、牧草、农田	蝗虫	450-600克/公顷	喷雾
	棉花	盲蝽蟓、蚜虫、叶跳虫	375-562.2克/公顷	喷雾
	蔬菜	黄条跳甲、蚜虫	562.5-750克/公顷	喷雾
	水稻	飞虱、蓟马、叶蝉	562.5-750克/公顷	喷雾
	小麦	黏虫、蚜虫	562.5-750克/公顷	喷雾
PD20084676	高效氯氟氰菊酯/25克/升/乳油/高效氯氟氰菊酯 25克/升/2008.12.22 至 2013.12.22/低毒			
	苹果树	桃小食心虫	5-6.25毫克/千克	喷雾
PD20085751	氯氰菊酯/100克/升/乳油/氯氰菊酯 100克/升/2008.12.29 至 2013.12.29/低毒			
	十字花科蔬菜	菜青虫	30-45克/公顷	喷雾
PD20086158	吡虫啉/98%/原药/吡虫啉 98%/2008.12.30 至 2013.12.30/低毒			
PD20090856	烯草酮/240克/升/乳油/烯草酮 240克/升/2009.01.19 至 2014.01.19/低毒			
	春大豆田	一年生禾本科杂草	72-108克/公顷	茎叶喷雾
PD20091052	氟磺胺草醚/25%/水剂/氟磺胺草醚 25%/2009.01.21 至 2014.01.21/低毒			
	春大豆田	一年生阔叶杂草	337.5-412.5克/公顷	喷雾
PD20091941	咪唑乙烟酸/15%/水剂/咪唑乙烟酸 15%/2009.02.12 至 2014.02.12/低毒			
	春大豆田	一年生杂草	90-112.5克/公顷	茎叶喷雾
PD20093176	精喹禾灵/50克/升/乳油/精喹禾灵 50克/升/2009.03.11 至 2014.03.11/低毒			
	大豆田	一年生禾本科杂草	52.5-60克/公顷	茎叶喷雾
PD20094229	咪唑乙烟酸/10%/水剂/咪唑乙烟酸 10%/2009.03.31 至 2014.03.31/低毒			
	春大豆田	一年生杂草	90-105克/公顷	茎叶喷雾
PD20094602	烟嘧磺隆/95%/原药/烟嘧磺隆 95%/2009.04.10 至 2014.04.10/低毒			
PD20096797	丁硫克百威/200克/升/乳油/丁硫克百威 200克/升/2009.09.15 至 2014.09.15/低毒			
	棉花	蚜虫	90-180克/公顷	喷雾
PD20096957	烟嘧磺隆/40克/升/可分散油悬浮剂/烟嘧磺隆 40克/升/2009.09.29 至 2014.09.29/低毒			
	玉米田	一年生杂草	42-60克/公顷	茎叶喷雾
LS20050170	唑喹·咪乙烟/7.5%/水剂/咪唑喹啉酸 5%、咪唑乙烟酸 2.5%/2008.01.24 至 2009.01.23/低毒			
	春大豆	一年生杂草	112.5-135克/公顷	喷雾
LS20081723	联苯菊酯/25克/升/乳油/联苯菊酯 25克/升/2009.04.07 至 2010.04.07/低毒			
	柑橘树	红蜘蛛	20-33毫克/千克	喷雾

LS20090617 烟嘧·莠去津/23%/油悬浮剂/烟嘧磺隆 3%、莠去津 20%/2009.03.23 至 2010.03.23/低毒
玉米田 一年生杂草 90－120毫升/亩 茎叶喷雾
LS20090663 烟嘧·辛酰溴/20%/油悬浮剂/辛酰溴苯腈 16%、烟嘧磺隆 4%/2009.03.24 至 2010.03.24/低毒
玉米 一年生杂草 1200－1500毫升制剂/公顷 茎叶喷雾

河北省华北石油华海日化有限公司 (河北省任丘市渤海东路18-988信箱 062552 0317-2258888)

WL20080132 杀虫气雾剂/0.23%/气雾剂/富右旋反式烯丙菊酯 0.19%、高效氯氰菊酯 0.04%/2009.02.23 至 2010.02.23/微毒
卫生 蚊、蝇、蜚蠊 / 喷雾

河北省化学工业研究院实验厂 (河北省石家庄市长安区建华南大街18号 050031 0311-85065481)

PD20082194 高效氯氰菊酯/4.5%/乳油/高效氯氰菊酯 4.5%/2008.11.26 至 2013.11.26/低毒
十字花科蔬菜 菜青虫 20.25-27克/公顷 喷雾
PD20083834 阿维菌素/1.8%/乳油/阿维菌素 1.8%/2008.12.15 至 2013.12.15/低毒(原药高毒)
十字花科蔬菜 小菜蛾 8.1-10.8克/公顷 喷雾
PD20084684 阿维菌素/2.8%/乳油/阿维菌素 2.8%/2008.12.22 至 2013.12.22/中等毒(原药高毒)
十字花科蔬菜 小菜蛾 8.1-10.8克/公顷 喷雾
PD20085133 阿维菌素/2%/乳油/阿维菌素 2%/2008.12.23 至 2013.12.23/低毒(原药高毒)
梨树 梨木虱 6-12毫克/千克 喷雾
PD20090582 氯氰·毒死蜱/20%/乳油/毒死蜱 18%、氯氰菊酯 2%/2009.01.14 至 2014.01.14/低毒
柑橘树 介壳虫 200-250毫克/千克 喷雾
十字花科蔬菜 甜菜夜蛾 225-300克/公顷 喷雾
PD20091873 啶虫脒/5%/可湿性粉剂/啶虫脒 5%/2009.02.09 至 2014.02.09/中等毒
小麦 蚜虫 22.5-30克/公顷 喷雾
PD20091890 锰锌·腈菌唑/50%/可湿性粉剂/腈菌唑 2%、代森锰锌 48%/2009.02.09 至 2014.02.09/低毒
梨树 黑星病 800-1000倍液 喷雾
PD20092258 高氯·啶虫脒/5%/乳油/啶虫脒 1.5%、高效氯氰菊酯 3.5%/2009.02.24 至 2014.02.24/低毒
番茄 蚜虫 26.25-30克/公顷 喷雾
PD20092431 阿维·高氯/1.2%/乳油/阿维菌素 0.2%、高效氯氰菊酯 1%/2009.02.25 至 2014.02.25/低毒(原药高毒)
梨树 梨木虱 6-12毫克/千克 喷雾
PD20092518 高氯·辛硫磷/20%/乳油/高效氯氰菊酯 1%、辛硫磷 19%/2009.02.26 至 2014.02.26/低毒
棉花 棉铃虫 1125－1500克制剂/公顷 喷雾
PD20093281 阿维菌素/0.5%/乳油/阿维菌素 0.5%/2009.03.11 至 2014.03.11/低毒(原药高毒)
梨树 梨木虱 1.25-1.67毫克/千克 喷雾
PD20093640 高效氯氟氰菊酯/25克/升/乳油/高效氯氟氰菊酯 25克/升/2009.03.25 至 2014.03.25/低毒
苹果树 桃小食心虫 6.3-8.3毫克/千克 喷雾
PD20093788 阿维菌素/0.3%/乳油/阿维菌素 0.3%/2009.03.25 至 2014.03.25/低毒(原药高毒)
苹果树 红蜘蛛 1-1.5毫克/千克 喷雾
PD20093906 辛硫·灭多威/30%/乳油/灭多威 10%、辛硫磷 20%/2009.03.26 至 2014.03.26/高毒
棉花 棉铃虫 180-360克/公顷 喷雾
PD20094001 丁硫克百威/5%/乳油/丁硫克百威 5%/2009.03.27 至 2014.03.27/中等毒
棉花 蚜虫 28.05-37.5克/公顷 喷雾
PD20094820 多菌灵/80%/可湿性粉剂/多菌灵 80%/2009.04.13 至 2014.04.13/低毒
苹果树 褐斑病 667-800毫克/千克 喷雾
PD20095841 多·锰锌/50%/可湿性粉剂/多菌灵 20%、代森锰锌 30%/2009.05.27 至 2014.05.27/低毒
苹果树 斑点落叶病 1000-1250毫克/千克 喷雾
LS20061415 氟氯氰菊酯/5.7%/乳油/氟氯氰菊酯 5.7%/2009.06.29 至 2010.06.29/中等毒
十字花科蔬菜 菜青虫 21.375-25.65克/公顷 喷雾

河北省黄骅市鸿承企业有限公司 (河北省沧州市黄骅市经济技术开发区 061100 0317-5620205)

PD84125-5 乙烯利/40%/水剂/乙烯利 40%/2009.11.19 至 2014.11.19/低毒
番茄 催熟 800-1000倍液 喷雾或浸渍
棉花 催熟、增产 330-500倍液 喷雾
柿子、香蕉 催熟 400倍液 喷雾或浸渍
水稻 催熟、增产 800倍液 喷雾
橡胶树 增产 5-10倍液 涂布
烟草 催熟 1000-2000倍液 喷雾
PD86123-2 矮壮素/50%/水剂/矮壮素 50%/2006.10.15 至 2011.10.15/低毒
棉花 防止徒长,化学整枝 10000倍液 喷顶，后期喷全株
棉花 防止疯长 25000倍液 喷顶
棉花 提高产量、植株紧凑 1)10000倍液2)0.3-0.5%药液 1)喷雾2)浸种
小麦 防止倒伏,提高产量 1)3-5%药液 2)100-400倍液 1)拌种2)返青、拔节期喷雾
玉米 增产 0.5%药液 浸种
PD20081585 乙烯利/85%/原药/乙烯利 85%/2008.11.12 至 2013.11.12/低毒
PD20083155 矮壮素/98%/原药/矮壮素 98%/2008.12.11 至 2013.12.11/低毒

河北省黄骅市绿园农药化工有限公司　(河北省黄骅市滕庄工业区大港路2号　061106　0317-5474058)

PD20040260　三唑酮/20%/乳油/三唑酮 20%/2004.12.19 至 2009.12.18/低毒
小麦　白粉病　120-127.5克/公顷　喷雾
PD20040719　高氯·吡虫啉/5%/乳油/吡虫啉 2%、高效氯氰菊酯 3%/2009.12.19 至 2014.12.19/低毒
梨树　梨木虱　1500-2000倍液　喷雾
PD20082887　吡虫·辛硫磷/20%/乳油/吡虫啉 2%、辛硫磷 18%/2008.12.09 至 2013.12.09/低毒
棉花　棉铃虫、蚜虫　300-360克/公顷　喷雾
PD20091329　高氯·马/20%/乳油/高效氯氰菊酯 0.5%、马拉硫磷 19.5%/2009.02.01 至 2014.02.01/中等毒
甘蓝　菜青虫　90-150克/公顷　喷雾
PD20091468　马拉硫磷/45%/乳油/马拉硫磷 45%/2009.02.02 至 2014.02.02/低毒
牧草　蝗虫　472.5-607.5克/公顷　喷雾
PD20091562　氯氰菊酯/50克/升/乳油/氯氰菊酯 50克/升/2009.02.03 至 2014.02.03/低毒
苹果树　桃小食心虫　50-60毫克/千克　喷雾
PD20092241　辛硫磷/40%/乳油/辛硫磷 40%/2009.02.24 至 2014.02.24/低毒
棉花　棉铃虫　450-600克/公顷　喷雾
PD20093359　烯唑醇/10%/乳油/烯唑醇 10%/2009.03.18 至 2014.03.18/低毒
梨树　黑星病　2000-3000倍液　喷雾
PD20093685　精喹禾灵/50克/升/乳油/精喹禾灵 50克/升/2009.03.25 至 2014.03.25/低毒
春大豆田　一年生禾本科杂草　52.5-60克/公顷　茎叶喷雾
PD20095775　氟乐灵/480克/升/乳油/氟乐灵 480克/升/2009.05.18 至 2014.05.18/低毒
棉花田　一年生杂草　900-1080克/公顷　土壤喷雾
LS20060567　甲氨基阿维菌素苯甲酸盐/0.2%/乳油/甲氨基阿维菌素苯甲酸盐 0.2%/2009.03.16 至 2010.03.16/低毒
菜豆　美洲斑潜蝇　0.9-1.5克/公顷　喷雾
LS20071347　碱式硫酸铜/80%/可湿性粉剂/碱式硫酸铜 80%/2009.05.17 至 2010.05.18/低毒
梨树　黑星病　800-1000毫克/千克　喷雾
LS20071369　哒螨灵/15%/乳油/哒螨灵 15%/2009.05.17 至 2010.05.18/低毒
苹果树　红蜘蛛　60-75毫克/千克　喷雾
LS20072493　啶虫脒/3%/乳油/啶虫脒 3%/2009.11.19 至 2010.11.20/低毒
烟草　蚜虫　18-27克/公顷　喷雾

河北省黄骅市祥通农药有限公司　(河北省黄骅市常郭镇齐赵村　061100　0317-5969111)

LS20082147　乙烯利/40%/水剂/乙烯利 40%/2008.04.18 至 2009.04.18/低毒
棉花　催熟　800-1333毫克/千克（300-500倍）　兑水喷雾

河北省冀州市凯明农药有限责任公司　(河北省冀州市飞机场　053200　0318-8683376)

PD85105-31　敌敌畏/80%/乳油/敌敌畏 80%/2005.03.23 至 2010.03.23/中等毒
茶树　食叶害虫　600克/公顷　喷雾
粮仓　多种储藏害虫　1)400-500倍液　1)喷雾
　　2)0.4-0.5克/立方米　2)挂条熏蒸
棉花　蚜虫、造桥虫　600-1200克/公顷　喷雾
苹果树　小卷叶蛾、蚜虫　400-500毫克/千克　喷雾
青菜　菜青虫　600克/公顷　喷雾
桑树　尺蠖　600克/公顷　喷雾
卫生　多种卫生害虫　1)300-400倍液　1)泼洒
　　2)0.08克/立方米　2)挂条熏蒸
小麦　黏虫、蚜虫　600克/公顷　喷雾
PD85157-6　辛硫磷/40%/乳油/辛硫磷 40%/2005.07.25 至 2010.07.25/低毒
茶树、桑树　食叶害虫　200-400毫克/千克　喷雾
果树　食心虫、蚜虫、螨　200-400毫克/千克　喷雾
林木　食叶害虫　3000-6000克/公顷　喷雾
棉花　棉铃虫、蚜虫　300-600克/公顷　喷雾
蔬菜　菜青虫　300-450克/公顷　喷雾
烟草　食叶害虫　300-600克/公顷　喷雾
玉米　玉米螟　450-600克/公顷　灌心叶
PD96101-5　福·福锌/40%/可湿性粉剂/福美双 15%、福美锌 25%/2006.09.15 至 2011.09.15/中等毒
黄瓜、西瓜　炭疽病　1500-1800克/公顷　喷雾
麻　炭疽病　240-400克/100千克种子　拌种
棉花　苗期病害　4000毫克/千克　浸种
苹果树、杉木、橡胶树　炭疽病　1600-1333毫克/千克　喷雾
PD20040197　氯氰菊酯/5%/乳油/氯氰菊酯 5%/2009.12.19 至 2014.12.19/中等毒
棉花　棉铃虫、蚜虫　45-90克/公顷　喷雾
十字花科蔬菜　菜青虫　30-45克/公顷　喷雾
PD20040198　高效氯氰菊酯/4.5%/乳油/高效氯氰菊酯 4.5%/2009.12.19 至 2014.12.19/中等毒
草地　蝗虫　40-60毫升制剂/亩　喷雾

棉花 红铃虫、棉铃虫、棉蚜 15-30克/公顷 喷雾
苹果树 桃小食心虫 15-25.5克/公顷 喷雾
十字花科蔬菜 菜青虫、小菜蛾 9-25.5克/公顷 喷雾
十字花科蔬菜 菜蚜 3-18克/公顷 喷雾
烟草 烟青虫 15-25.5克/公顷 喷雾

PD20040199 氯氰菊酯/10%/乳油/氯氰菊酯 10%/2009.12.19 至 2014.12.19/中等毒
棉花 棉铃虫、棉蚜 45-90克/公顷 喷雾
十字花科蔬菜 菜青虫 30-45克/公顷 喷雾

PD20040791 辛硫・三唑磷/20%/乳油/三唑磷 10%、辛硫磷 10%/2009.12.19 至 2014.12.19/中等毒
棉花 棉铃虫 90-120克/公顷 喷雾
水稻 二化螟 300-450克/公顷 喷雾
水稻 稻水象甲 120-150克/公顷 喷雾

PD20081966 丁硫克百威/90%/原药/丁硫克百威 90%/2008.11.25 至 2013.11.25/中等毒

PD20082429 啶虫脒/3%/乳油/啶虫脒 3%/2008.12.02 至 2013.12.02/低毒
黄瓜 蚜虫 18-22.5克/公顷 喷雾

PD20082820 代森锰锌/50%/可湿性粉剂/代森锰锌 50%/2008.12.09 至 2013.12.09/低毒
番茄 早疫病 1845-2370克/公顷 喷雾

PD20090768 硫丹/350克/升/乳油/硫丹 350克/升/2009.01.19 至 2014.01.19/中等毒(原药高毒)
棉花 棉铃虫 525-840克/公顷 喷雾

PD20092152 霜脲・锰锌/72%/可湿性粉剂/代森锰锌 64%、霜脲氰 8%/2009.02.23 至 2014.02.23/低毒
黄瓜 霜霉病 1440-1800克/公顷 喷雾

PD20092380 敌畏・氧乐果/30%/乳油/敌敌畏 15%、氧乐果 15%/2009.02.25 至 2014.02.25/中等毒(原药高毒)
小麦 蚜虫 225-360克/公顷 喷雾

PD20092403 高效氯氰菊酯/4.5%/微乳剂/高效氯氰菊酯 4.5%/2009.02.25 至 2014.02.25/低毒
苹果树 桃小食心虫 30-45毫克/千克 喷雾

PD20092495 高效氯氟氰菊酯/25克/升/乳油/高效氯氟氰菊酯 25克/升/2009.02.26 至 2014.02.26/低毒
苹果树 桃小食心虫 8.33-12.5毫克/千克 喷雾

PD20093518 甲硫・福美双/50%/可湿性粉剂/福美双 30%、甲基硫菌灵 20%/2009.03.23 至 2014.03.23/中等毒
黄瓜 炭疽病 450-600克/公顷 喷雾

PD20093631 丁硫克百威/200克/升/乳油/丁硫克百威 200克/升/2009.03.25 至 2014.03.25/中等毒
棉花 蚜虫 90-180克/公顷 喷雾

PD20094281 高效氯氰菊酯/95%/原药/高效氯氰菊酯 95%/2009.03.31 至 2014.03.31/中等毒

LS20090088 啶虫脒/70%/水分散粒剂/啶虫脒 70%/2009.01.09 至 2010.01.09/低毒
黄瓜 蚜虫 21-42克/公顷 喷雾

WP20090254 高效氯氰菊酯/4.5%/微乳剂/高效氯氰菊酯 4.5%/2009.04.27 至 2014.04.27/低毒
卫生 蝇 90毫克/平方米 滞留喷洒

河北省廊坊强盛精细化工有限公司 (河北省廊坊市大城县外贸局院内 065900 0316-3506156)

PD20081407 0.37%健强杀虫气雾剂//气雾剂/胺菊酯 0%、富右旋反式烯丙菊酯 0%、氯菊酯 0%/2008.10.29 至 2013.10.29/低毒
卫生 蜚蠊、蚊、蝇 / 喷雾

WP20080150 杀虫气雾剂/0.37%/气雾剂/胺菊酯 0.17%、富右旋反式烯丙菊酯 0.05%、氯菊酯 0.15%/2008.11.05至2013.11.05/低毒
卫生 蜚蠊、蚊、蝇 / 喷雾

河北省廊坊市奥姿化妆品有限公司 (河北省廊坊市文安县陈黄甫开发区1号楼 065800 0316-5033238)

WP20080005 0.4%瘢蛤螟杀虫气雾剂//气雾剂/胺菊酯 0.2%、富右旋反式烯丙菊酯 0.1%、氯菊酯 0.1%/2008.01.04至2013.01.04/低毒
卫生 蜚蠊、蚂蚁、蚊、蝇 / 喷雾

WP20080379 蚊香/0.25%/蚊香/富右旋反式烯丙菊酯 0.25%/2008.12.11 至 2013.12.11/微毒
卫生 蚊 / 点燃

河北省廊坊市康达石油化工有限公司 (河北省廊坊市大城县文大路西魏11号 065901 0316-5882888)

WP20080412 杀虫气雾剂/0.6%/气雾剂/胺菊酯 0.35%、氯菊酯 0.15%、氯氰菊酯 0.1%/2008.12.12 至 2013.12.12/低毒
卫生 蜚蠊、蚊、蝇 / 喷雾

WP20080567 蚊香/0.28%/蚊香/富右旋反式烯丙菊酯 0.28%/2008.12.24 至 2013.12.24/低毒
卫生 蚊 / 点燃

河北省廊坊市诺农生物工程有限公司 (河北省廊坊市光明东道138号 065000 0316-2042848)

PD20092160 联苯菊酯/25克/升/乳油/联苯菊酯 25克/升/2009.02.23 至 2014.02.23/低毒
茶树 茶小绿叶蝉 30-37.5克/公顷 喷雾

PD20092167 高效氯氟氰菊酯/25克/升/乳油/高效氯氟氰菊酯 25克/升/2009.02.23 至 2014.02.23/中等毒
小麦 蚜虫 4.5-7.5克/公顷 喷雾

PD20092953 四螨嗪/20%/悬浮剂/四螨嗪 20%/2009.03.09 至 2014.03.09/低毒
柑橘树 红蜘蛛 100-200毫克/千克 喷雾

PD20094053 丙环唑/250克/升/乳油/丙环唑 250克/升/2009.03.27 至 2014.03.27/低毒
香蕉 叶斑病 250-500毫克/千克 喷雾

PD20097477 炔螨特/57%/乳油/炔螨特 57%/2009.11.03 至 2014.11.03/低毒
苹果树 红蜘蛛 250-450毫克/千克 喷雾

LS20053153 阿维菌素/2%/乳油/阿维菌素 2%/2008.10.10 至 2009.10.10/低毒(原药高毒)
菜豆 美洲斑潜蝇 10.8-21.6克/公顷 喷雾
柑橘树 锈壁虱 2.25-4.5毫克/千克 喷雾
柑橘树 红蜘蛛、潜叶蛾 4.5-9毫克/千克 喷雾
梨树 梨木虱 6-12毫克/千克 喷雾
苹果树 二斑叶螨 4.5-6毫克/千克 喷雾
苹果树 桃小食心虫 4.5-9毫克/千克 喷雾
苹果树 红蜘蛛 3-6毫克/千克 喷雾

LS20060633 高效氯氰菊酯/4.5%/微乳剂/高效氯氰菊酯 4.5%/2009.03.26 至 2010.03.26/中等毒
十字花科蔬菜 菜青虫 20.25-27克/公顷 喷雾

LS20072570 苦皮藤素/0.5%/微乳剂/苦皮藤素 0.5%/2009.12.09 至 2010.12.10/低毒
仓储原粮 储粮害虫 0.6-0.8毫克/千克原粮 拌粮

LS20090946 丙溴磷/50%/乳油/丙溴磷 50%/2009.04.10 至 2010.04.10/中等毒
棉花 棉铃虫 360-540克/公顷 喷雾

LS20091434 苄嘧·二甲戊/20%/可湿性粉剂/苄嘧磺隆 4%、二甲戊灵 16%/2009.11.04 至 2010.11.04/低毒
移栽水稻田 一年生杂草 120-180克/公顷 毒土法

河北省廊坊市雅丽化妆品有限公司 (河北省文安县黄甫工业区 065800 0316-5033388)

WL20080213 杀虫气雾剂/0.45%/气雾剂/胺菊酯 0.2%、富右旋反式烯丙菊酯 0.2%、氯氰菊酯 0.05%/2008.03.10至2009.03.10/低毒
卫生 蚊、蝇、蜚蠊 / 喷雾

河北省廊坊天威日化有限公司 (河北省廊坊市文安县黄庄工业区 065800 0316-5057088)

WP20080411 杀虫气雾剂/0.65%/气雾剂/胺菊酯 0.3%、高效氯氰菊酯 0.15%、氯菊酯 0.2%/2008.12.12 至 2013.12.12/低毒
卫生 蚊、蝇 / 喷雾

河北省灵寿县福兴汽瓶厂 (河北省灵寿县三圣院村 050031)

WL20080347 杀虫气雾剂/0.36%/气雾剂/胺菊酯 0.28%、氯菊酯 0.08%/2009.06.23 至 2010.06.23/低毒
卫生 蚊、蝇 / 喷雾

河北省满城县丰泽生物有限公司 (河北省满城县北环 072150 0317-7163366)

WL20050080 高效氯氰菊酯/4.5%/悬浮剂/高效氯氰菊酯 4.5%/2008.03.29 至 2009.03.29/低毒
卫生 蚊、蝇、蜚蠊 45毫克/平方米 滞留喷洒

河北省农药工业科技开发中心 (河北省石家庄市和平东路393号 050031 0311-85031054)

PD20040383 吡虫啉/5%/可溶液剂/吡虫啉 5%/2004.12.19 至 2009.12.18/低毒
苹果树 蚜虫 15-30毫克/千克 喷雾

河北省农药化工有限公司 (河北省石家庄市新华区和平西路457号 050071 0311-87041548)

PD20082597 辛硫·高氯氟/20%/乳油/高效氯氟氰菊酯 1%、辛硫磷 19%/2008.12.04 至 2013.12.04/低毒
棉花 棉铃虫 300-360克/公顷 喷雾

PD20083229 高效氯氟氰菊酯/25克/升/乳油/高效氯氟氰菊酯 25克/升/2008.12.11 至 2013.12.11/中等毒
棉花 棉铃虫 22.5-26.25克/公顷 喷雾

PD20084063 马拉硫磷/45%/乳油/马拉硫磷 45%/2008.12.16 至 2013.12.16/低毒
小麦 蚜虫 573.75-742.5克/公顷 喷雾

PD20084531 灭多威/10%/可湿性粉剂/灭多威 10%/2008.12.18 至 2013.12.18/高毒
棉花 棉铃虫 225-300克/公顷 喷雾

PD20084753 阿维菌素/1.8%/乳油/阿维菌素 1.8%/2008.12.22 至 2013.12.22/低毒(原药高毒)
十字花科蔬菜 小菜蛾 8.1-10.8克/公顷 喷雾

PD20086001 啶虫脒/3%/乳油/啶虫脒 3%/2008.12.29 至 2013.12.29/低毒
苹果树 蚜虫 12-20毫克/千克 喷雾

PD20090095 辛硫磷/20%/乳油/辛硫磷 20%/2009.01.08 至 2014.01.08/低毒
棉花 棉铃虫 300-600克/公顷 喷雾

PD20091747 高氯·毒死蜱 /15%/乳油/毒死蜱 13.5%、高效氯氰菊酯 1.5%/2009.02.04 至 2014.02.04/低毒
黄瓜 美洲斑潜蝇 90-135克/公顷 喷雾

PD20092047 萘乙酸/5%/水剂/萘乙酸 5%/2009.02.12 至 2014.02.12/低毒
番茄 调节生长、增产 4000-5000倍 喷花

PD20094940 高效氯氰菊酯/4.5%/乳油/高效氯氰菊酯 4.5%/2009.04.16 至 2014.04.16/低毒
甘蓝 菜青虫 13-27克/公顷 喷雾

PD20095967 毒死蜱/480克/升/乳油/毒死蜱 480克/升/2009.06.04 至 2014.06.04/中等毒
韭菜 韭蛆 1440-1800克/公顷 灌根

PD20097798 阿维菌素/5%/乳油/阿维菌素 5%/2009.11.20 至 2014.11.20/中等毒(原药高毒)
十字花科蔬菜 小菜蛾 7.5-11.25克/公顷 喷雾

PD20097950 混合氨基酸铜/10%/水剂/混合氨基酸铜 10%/2009.11.30 至 2014.11.30/低毒
西瓜 枯萎病 250-350倍液 灌根

PD20098264 阿维·矿物油/18%/乳油/阿维菌素 1%、矿物油 17%/2009.12.16 至 2014.12.16/中等毒(原药高毒)
梨树 梨木虱 36-45毫克/千克 喷雾

LS20021625 苦参碱/0.36%/水剂/苦参碱 0.36%/2009.01.09 至 2009.12.31/低毒
十字花科蔬菜 蚜虫 6.48-8.64克/公顷 喷雾

LS20050840 甲氨基阿维菌素苯甲酸盐/0.2%/乳油/甲氨基阿维菌素苯甲酸盐 0.2%/2008.03.29 至 2009.03.29/低毒

十字花科蔬菜 菜青虫 0.6-0.9克/公顷 喷雾
LS20070116 嗪酮·乙草胺/50%/乳油/嗪草酮 10%、乙草胺 40%/2009.02.01 至 2010.02.01/低毒
夏玉米田 一年生杂草 750-1125克/公顷 土壤喷雾
LS20083171 阿维菌素/5%/乳油/阿维菌素 5%/2009.11.19 至 2010.11.19/中等毒(原药高毒)
十字花科蔬菜 小菜蛾 9-11.25克/公顷 喷雾

河北省企投化工有限公司 (河北省石家庄市中山西路626号 050081 0311-83810944)

PD20083123 氰戊·辛硫磷/35%/乳油/氰戊菊酯 5%、辛硫磷 30%/2008.12.10 至 2013.12.10/中等毒
棉花 棉铃虫 210-315克/公顷 喷雾
PD20084288 阿维菌素/0.5%/乳油/阿维菌素 0.5%/2008.12.17 至 2013.12.17/低毒(原药高毒)
梨树 梨木虱 6-12毫克/千克 喷雾
PD20086172 阿维·哒螨灵/6%/乳油/阿维菌素 0.15%、哒螨灵 5.85%/2008.12.30 至 2013.12.30/低毒(原药高毒)
苹果树 红蜘蛛 24-30毫克/千克 喷雾

河北省秦皇岛领先科技发展有限公司 (河北省秦皇岛市开发区高科技园黄河道16号 066004 0335-8500207)

LS20060522 甲氨基阿维菌素苯甲酸盐/1%/乳油/甲氨基阿维菌素苯甲酸盐 1%/2009.03.15 至 2010.03.15/低毒
十字花科蔬菜 小菜蛾 2.25-3克/公顷 喷雾

河北省任丘市强龙精细化工厂 (河北省任丘市石卧路518号 062556 0317-2872818)

WL20080439 杀虫气雾剂/0.65%/气雾剂/胺菊酯 0.35%、高效氯氰菊酯 0.1%、氯菊酯 0.2%/2009.11.17 至 2010.11.17/微毒
卫生 蜚蠊、蚊、蝇 / 喷雾
WL20080448 蚊香/0.26%/蚊香/富右旋反式烯丙菊酯 0.24%、四氟苯菊酯 0.02%/2009.11.19 至 2010.11.19/微毒
卫生 蚊 / 点燃

河北省容城超达精细化工有限公司 (河北省容城县东城路108号 071700 0312-5611757)

WP20070024 杀虫气雾剂/0.28%/气雾剂/胺菊酯 0.26%、高效氯氰菊酯 0.02%/2007.11.22 至 2012.11.22/低毒
卫生 蜚蠊、蚊、蝇 / 喷雾
WL20080137 蚊香/0.25%/蚊香/富右旋反式烯丙菊酯 0.25%/2009.02.21 至 2010.02.22/低毒
卫生 蚊 / 点燃

河北省容城县浩达日用制品有限公司 (河北省容城县北环路23号 071700 0312-5616185)

WL20080102 蚊香/0.28%/蚊香/富右旋反式烯丙菊酯 0.28%/2009.02.21 至 2010.02.21/低毒
卫生 蚊 / 点燃
WL20080136 杀虫气雾剂/0.35%/气雾剂/胺菊酯 0.3%、氯氰菊酯 0.05%/2009.02.23 至 2010.02.23/低毒
卫生 蚊、蝇 / 喷雾

河北省容城县宏旺日用制品有限公司 (河北省容城县南关大街8号 071700 0312-5609976)

WL20070010 杀虫气雾剂/0.46%/气雾剂/胺菊酯 0.4%、高效氯氰菊酯 0.06%/2009.01.29 至 2010.01.29/微毒
卫生 蚊、蝇、蜚蠊 / 喷雾
WL20070012 蚊香/0.25%/蚊香/富右旋反式烯丙菊酯 0.25%/2009.01.29 至 2010.01.29/微毒
卫生 蚊 / 点燃

河北省容城县鑫荣达日用制品有限公司 (河北省容城县西关 071700 0312-5615872)

WL20080040 0.25%鹰达蚊香//蚊香/富右旋反式烯丙菊酯 0.25%/2008.01.07 至 2009.01.07/微毒
卫生 蚊 / 点燃
WL20090052 杀虫气雾剂/0.45%/气雾剂/胺菊酯 0.4%、高效氯氰菊酯 0.05%/2009.03.13 至 2010.03.13/微毒
卫生 蚊、蝇、蜚蠊 / 喷雾

河北省三河中澳科技发展有限公司 (河北省三河市李旗庄镇何屯村北李翟路东侧 065206 0316-3455161)

PD20092392 高效氯氟氰菊酯/25克/升/乳油/高效氯氟氰菊酯 25克/升/2009.02.25 至 2014.02.25/中等毒
甘蓝 菜青虫 9.4-11.25克/公顷 喷雾
PD20095178 毒死蜱/480克/升/乳油/毒死蜱 480克/升/2009.04.24 至 2014.04.24/中等毒
棉花 棉铃虫 600-900克/公顷 喷雾
PD20095701 碱式硫酸铜/30%/悬浮剂/碱式硫酸铜 30%/2009.05.15 至 2014.05.15/低毒
梨树 黑星病 350-500倍液 喷雾
PD20098182 草甘膦异丙胺盐(41%)///水剂/草甘膦 30%/2009.12.14 至 2014.12.14/低毒
玉米田 一年生杂草 922.5-1650克/公顷 定向茎叶喷雾
PD20098528 阿维菌素/2%/乳油/阿维菌素 2%/2009.12.24 至 2014.12.24/中等毒(原药高毒)
菜豆 美洲斑潜蝇 10.8-21.6克/公顷 喷雾
LS20060004 百菌清/45%/烟剂/百菌清 45%/2009.01.09 至 2010.01.09/中等毒
黄瓜(保护地) 霜霉病 1012.5-1687.5克/公顷 点燃放烟
LS20060006 腐霉利/10%/烟剂/腐霉利 10%/2009.01.09 至 2010.01.09/低毒
番茄(保护地) 灰霉病 450-675克/公顷 点燃放烟
LS20060184 阿维·哒螨灵/10%/乳油/阿维菌素 0.2%、哒螨灵 9.8%/2009.01.27 至 2010.01.27/低毒(原药高毒)
苹果树 红蜘蛛 33.3-50毫克/千克 喷雾
LS20060192 高氯·啶虫脒/5%/乳油/啶虫脒 1.5%、高效氯氰菊酯 3.5%/2009.01.27 至 2010.01.27/低毒
番茄 蚜虫 11.25-18.75克/公顷 喷雾
LS20060225 甲氨基阿维菌素苯甲酸盐/0.5%/微乳剂/甲氨基阿维菌素苯甲酸盐 0.5%/2009.02.17 至 2010.02.17/低毒
十字花科蔬菜 甜菜夜蛾 2.25-3克/公顷 喷雾

河北省深州市奥邦农化有限责任公司 (河北省深州市双井工业区 052860 0318-3517409)

PD20082101 硫磺·甲硫灵/70%/可湿性粉剂/甲基硫菌灵 40%、硫磺 30%/2008.11.25 至 2013.11.25/低毒

	黄瓜	白粉病	840-1050克/公顷	喷雾
PD20082419	阿维菌素/1.8%/乳油/阿维菌素 1.8%/2008.12.02 至 2013.12.02/中等毒(原药高毒)			
	苹果树	红蜘蛛	3-4.5毫克/千克	喷雾
PD20084123	锰锌·硫磺/70%/可湿性粉剂/硫磺 42%、代森锰锌 28%/2008.12.16 至 2013.12.16/低毒			
	豇豆	锈病	1575-2100克/公顷	喷雾
PD20092444	高氯·辛硫磷/20%/乳油/氯氰菊酯 1%、辛硫磷 19%/2009.02.25 至 2014.02.25/低毒			
	棉花	棉铃虫	240-300克/公顷	喷雾
PD20093634	啶虫脒/3%/乳油/啶虫脒 3%/2009.03.25 至 2014.03.25/低毒			
	苹果树	蚜虫	10-12毫克/千克	喷雾
PD20094332	多·福/40%/可湿性粉剂/多菌灵 5%、福美双 35%/2009.03.31 至 2014.03.31/低毒			
	梨树	黑星病	1000-1500毫克/千克	喷雾
PD20098060	吡虫啉/10%/可湿性粉剂/吡虫啉 10%/2009.12.07 至 2014.12.07/低毒			
	小麦	蚜虫	15-30克/公顷(南方地区) 45-60克/公顷(北方地区)	喷雾
LS20053091	过氧乙酸/21%/水剂/过氧乙酸 21%/2008.09.22 至 2009.09.22/低毒			
	黄瓜	灰霉病	441-735克/公顷	喷雾
LS20060731	腈菌·福美双/20%/可湿性粉剂/福美双 18%、腈菌唑 2%/2008.04.03 至 2009.04.03/低毒			
	梨树	黑星病	200-250毫克/千克	喷雾
LS20091369	赤霉酸A4+A7/2%/膏剂/赤霉酸A4+A7 2%/2009.07.28 至 2010.07.28/微毒			
	梨树	调节生长	15-19毫克/果	涂抹果柄

河北省石家庄宝丰化工有限公司 (河北省石家庄市裕华区东二环南段西仰陵 050035 0311-85318381)

PD85159-36	草甘膦/10%/水剂/草甘膦 10%/2005.07.14 至 2009.12.31/低毒			
	茶树、甘蔗、果园、剑麻、林木、桑树、橡胶树	一年生杂草和多年生恶性杂草	1125-2250克/公顷	喷雾
PD92103-10	草甘膦/95%/原药/草甘膦 95%/2007.08.28 至 2012.08.28/低毒			
PD20040002	百草枯/42%/母药/百草枯 42%/2009.03.02 至 2014.03.02/中等毒			
PD20040003	百草枯/200克/升/水剂/百草枯 200克/升/2009.03.02 至 2014.03.02/中等毒			
	稻茬免耕小麦田、稻茬免耕油菜田、香蕉园	一年生和多年生杂草	450-900克/公顷	定向茎叶喷雾
	苹果园	杂草	600-900克/公顷	定向喷雾
	玉米	一年生和多年生杂草	300-600克/公顷	行间定向茎叶喷雾
	注:玉米、小麦、油菜、香蕉为临时登记,有效期最多至2011年10月。			
PD20040324	吡虫啉/5%/乳油/吡虫啉 5%/2004.12.19 至 2009.12.18/低毒			
	棉花	棉蚜	15-22.5克/公顷	喷雾
PD20082285	阿维菌素/0.5%/乳油/阿维菌素 0.5%/2008.12.05 至 2013.12.05/低毒(原药高毒)			
	十字花科蔬菜	小菜蛾	8.1-10.8克/公顷	喷雾
PD20084799	唑酮·福美双/45%/可湿性粉剂/福美双 40%、三唑酮 5%/2008.12.22 至 2013.12.22/中等毒			
	水稻	恶苗病	750-1500毫克/千克	浸种
PD20084945	阿维菌素/0.3%/乳油/阿维菌素 0.3%/2008.12.22 至 2013.12.22/微毒(原药高毒)			
	梨树	梨木虱	1-2毫克/千克	喷雾
PD20085396	草甘膦异丙胺盐/41%/水剂/草甘膦异丙胺盐 41%/2008.12.24 至 2013.12.24/低毒			
	柑橘园	杂草	1107-2214克/公顷	定向茎叶喷雾
PD20090168	阿维·敌敌畏/40%/乳油/阿维菌素 0.3%、敌敌畏 39.7%/2009.01.08 至 2014.01.08/中等毒(原药高毒)			
	黄瓜	美洲斑潜蝇	360-450克/公顷	喷雾
PD20090235	阿维·辛硫磷/20%/乳油/阿维菌素 0.1%、辛硫磷 19.9%/2009.01.09 至 2014.01.09/低毒(原药高毒)			
	苹果树	山楂红蜘蛛	200-400毫克/千克	喷雾
PD20090309	阿维菌素/1.8%/乳油/阿维菌素 1.8%/2009.01.12 至 2014.01.12/中等毒(原药高毒)			
	柑橘树	红蜘蛛	9-12毫克/千克	喷雾
PD20091316	甲霜·福美双/35%/可湿性粉剂/福美双 25%、甲霜灵 10%/2009.02.01 至 2014.02.01/中等毒			
	水稻苗床	立枯病	3500-5250克/公顷	苗床浇洒
PD20091395	福·甲·杀虫单/40%/可湿性粉剂/福美双 18%、甲霜灵 12%、杀虫单 10%/2009.02.02 至 2014.02.02/中等毒			
	水稻苗床	蝼蛄、苗期立枯病	0.4-0.6克/平方米	苗床喷雾
LS991157	过氧乙酸/21%/水剂/过氧乙酸 21%/2009.02.10 至 2009.12.31/低毒			
	黄瓜	灰霉病	441-735克/公顷	喷雾
LS20061865	甲氨基阿维菌素苯甲酸盐/0.2%/乳油/甲氨基阿维菌素苯甲酸盐 0.2%/2009.11.21 至 2010.11.21/低毒			
	辣椒	斜纹夜蛾	0.9-1.2克/公顷	喷雾
LS20090198	阿维菌素/5%/乳油/阿维菌素 5%/2009.02.05 至 2010.02.05/中等毒(原药高毒)			
	甘蓝	小菜蛾	9-11.25克/公顷	喷雾
LS20090429	高氯·毒死蜱/52.25%/乳油/毒死蜱 50%、高效氯氰菊酯 2.25%/2009.03.16 至 2010.03.16/中等毒			
	十字花科蔬菜	甜菜夜蛾	235.125-313.5克/公顷	喷雾

LS20090869 甲氨基阿维菌素苯甲酸盐(3.4%)///微乳剂/甲氨基阿维菌素 3%/2009.04.09 至 2010.04.09/低毒
十字花科蔬菜 甜菜夜蛾 2.25-3.15克/公顷 喷雾
LS20090903 甲维·毒死蜱/20%/乳油/毒死蜱 19.8%、甲氨基阿维菌素苯甲酸盐 0.2%/2009.04.09 至 2010.04.09/中等毒
十字花科蔬菜 甜菜夜蛾 105-150克/公顷 喷雾

河北省石家庄华农化工有限责任公司 (河北省石家庄市栾城县窦妪工业区 051430 0311-85468001)

PD20083437 啶虫脒/3%/乳油/啶虫脒 3%/2008.12.11 至 2013.12.11/低毒
黄瓜 蚜虫 18-22.5克/公顷 喷雾
PD20092916 甲基硫菌灵/70%/可湿性粉剂/甲基硫菌灵 70%/2009.03.05 至 2014.03.05/低毒
番茄 叶霉病 375-562.5克/公顷 喷雾
PD20094189 阿维菌素/2%/乳油/阿维菌素 2%/2009.03.30 至 2014.03.30/中等毒(原药高毒)
菜豆 美洲斑潜蝇 10.8-21.6克/公顷 喷雾
PD20097097 辛硫磷/3%/颗粒剂/辛硫磷 3%/2009.10.10 至 2014.10.10/低毒
玉米 玉米螟 135-157.5克/公顷 加细沙后在喇叭口处均匀撒施
PD20097687 吡虫啉/10%/可湿性粉剂/吡虫啉 10%/2009.11.04 至 2014.11.04/低毒
水稻 稻飞虱 15-30克/公顷 喷雾
LS20061042 乙酰甲胺磷/30%/乳油/乙酰甲胺磷 30%/2009.04.25 至 2010.04.25/低毒
十字花科蔬菜 蚜虫 337.5-540克/公顷 喷雾
LS20061729 腈菌唑/12%/乳油/腈菌唑 12%/2009.10.10 至 2010.10.10/低毒
梨树 黑星病 40-60毫克/千克 喷雾

河北省石家庄佳洁日化用品有限公司 (河北省藁城市胜利路 052160 0311-88048698)

WL20070129 驱蚊液/5%/驱蚊液/避蚊胺 5%/2009.06.24 至 2010.06.25/低毒
卫生 蚊 / 涂抹

河北省石家庄深辉日用化工厂 (河北省石家庄市深泽县南赵八)

WL20070096 杀虫气雾剂/0.36%/气雾剂/胺菊酯 0.28%、氯菊酯 0.08%/2009.05.17 至 2010.05.18/低毒
卫生 蚊、蝇、蜚蠊 / 喷雾

河北省石家庄市华星农药厂 (河北省石家庄市晋州市杨家营乡东院 052260 0311-84451368)

PD20040214 高效氯氰菊酯/4.5%/乳油/高效氯氰菊酯 4.5%/2004.12.19 至 2009.12.18/中等毒
甘蓝 菜青虫 10.1-20.25克/公顷 喷雾
PD20082403 阿维菌素/0.9%/乳油/阿维菌素 0.9%/2008.12.01 至 2013.12.01/低毒(原药高毒)
苹果树 红蜘蛛 1.8-3毫克/千克 喷雾
PD20082511 多·福/60%/可湿性粉剂/多菌灵 30%、福美双 30%/2008.12.03 至 2013.12.03/低毒
梨树 黑星病 400-600倍液 喷雾
LS20052146 吡虫啉/10%/可湿性粉剂/吡虫啉 10%/2008.06.09 至 2009.06.09/低毒
小麦 蚜虫 15-30克/公顷(南方地区) 45-60克/公顷(北方地区) 喷雾
LS20053303 啶虫脒/5%/乳油/啶虫脒 5%/2008.10.17 至 2009.10.17/低毒
黄瓜 蚜虫 22.5-30克/公顷 喷雾
LS20053472 氯氰·啶虫脒/10%/乳油/啶虫脒 1%、氯氰菊酯 9%/2008.11.13 至 2009.11.13/低毒
黄瓜 蚜虫 45-90克/公顷 喷雾

河北省石家庄市绿丰化工有限公司 (河北省深泽县南苑路88号 052560 0311-83520670)

PD85122-16 福美双/50%/可湿性粉剂/福美双 50%/2007.03.07 至 2012.03.07/中等毒
黄瓜 白粉病、霜霉病 500-1000倍液 喷雾
葡萄 白腐病 500-1000倍液 喷雾
水稻 稻瘟病、胡麻叶斑病 250克/100千克种子 拌种
甜菜、烟草 根腐病 500克/500千克温床土 土壤处理
小麦 白粉病、赤霉病 500倍液 喷雾
PD85123-11 50%福·福甲胂·福锌可湿性粉剂//可湿性粉剂/福美甲胂 12.5%、福美双 25%、福美锌 12.5%/2006.01.04至2011.01.04/中等毒
大白菜 霜霉病 750-1125克/公顷 喷雾
梨树 黑星病 500-800倍液 喷雾
苹果树 炭疽病 500-800倍液 喷雾
葡萄 黑痘病、炭疽病 500-1000倍液 喷雾
水稻 纹枯病 562.5-712.5克/公顷 喷雾
烟草 炭疽病 562.5-712.5克/公顷 喷雾
芝麻 疫病 2500倍液 喷雾
PD85124-12 80%福·福锌可湿性粉剂//可湿性粉剂/福美双 30%、福美锌 50%/2006.01.04 至 2011.01.04/中等毒
黄瓜、西瓜 炭疽病 1500-1800克/公顷 喷雾
麻 炭疽病 240-400克/100千克种子 拌种
棉花 苗期病害 0.5%药液 浸种
苹果树、杉木、橡胶树 炭疽病 500-600倍液 喷雾
PD85125-11 40%福美胂可湿性粉剂//可湿性粉剂/福美胂 40%/2006.03.01 至 2011.03.01/中等毒

	黄瓜	白粉病	1025-1500克/公顷	喷雾
	苹果树	白粉病	700倍液	喷雾
	水稻	稻粒瘟病	542.5-645克/公顷	喷雾
	豌豆	白粉病	900-1025克/公顷	喷雾
	小麦	白粉病	542.5-750克/公顷	喷雾
PD20060157	四螨嗪/98%/原药/四螨嗪 98%/2006.08.30 至 2011.08.30/低毒			
PD20070171	福美双//原药/福美双 95%/2007.06.25 至 2012.06.25/低毒			
PD20070336	四螨嗪/20%/悬浮剂/四螨嗪 20%/2007.10.17 至 2012.10.17/低毒			
	苹果树	红蜘蛛	100-125毫克/千克	喷雾

河北省石家庄市青冠化工有限公司 （河北省石家庄市桥西区滨河街南头 050091 0311-83824531)

PD20086090	啶虫·辛硫磷/21%/乳油/啶虫脒 1%、辛硫磷 20%/2008.12.30 至 2013.12.30/低毒			
	甘蓝	白粉虱	126-189克/公顷	喷雾
PD20094067	辛硫·氧乐果 /30%/乳油/辛硫磷 15%、氧乐果 15%/2009.03.27 至 2014.03.27/中等毒(原药高毒)			
	小麦	蚜虫	225-300克/公顷	喷雾
PD20094462	乙铝·百菌清 /70%/可湿性粉剂/百菌清 20%、三乙膦酸铝 50%/2009.04.01 至 2014.04.01/低毒			
	黄瓜	霜霉病	1406－2109克/公顷	喷雾
PD20094662	多·锰锌 /60%/可湿性粉剂/多菌灵 25%、代森锰锌 35%/2009.04.10 至 2014.04.10/低毒			
	梨树	黑星病	1000-1250毫克/千克	喷雾
	苹果树	轮纹病	600-800倍液	喷雾
PD20096656	氯氰·毒死蜱/15%/乳油/毒死蜱 10%、氯氰菊酯 5%/2009.09.07 至 2014.09.07/中等毒			
	甘蓝	甜菜夜蛾	67.5-90克/公顷	喷雾
PD20097443	吡虫啉/10%/可湿性粉剂/吡虫啉 10%/2009.10.28 至 2014.10.28/低毒			
	水稻	稻飞虱	15-30克/公顷	喷雾
LS20052676	啶虫脒/3%/可湿性粉剂/啶虫脒 3%/2008.08.14 至 2009.08.14/低毒			
	柑橘树	蚜虫	7.5-10毫克/千克	喷雾
LS20052824	高效氯氰菊酯/5%/微乳剂/高效氯氰菊酯 5%/2008.09.01 至 2009.09.01/低毒			
	十字花科蔬菜	菜青虫	15-22.5克/公顷	喷雾
LS20053245	阿维·高氯/2%/乳油/阿维菌素 0.2%、高效氯氰菊酯 1.8%/2008.10.11 至 2009.10.11/低毒(原药高毒)			
	十字花科蔬菜	菜青虫、小菜蛾	13.5-27克/公顷	喷雾
LS20053246	吡虫啉/20%/乳油/吡虫啉 20%/2008.10.11 至 2009.10.11/低毒			
	水稻	稻飞虱	15-30克/公顷	喷雾
LS20060344	吡虫啉/3%/乳油/吡虫啉 3%/2009.03.01 至 2010.03.01/低毒			
	桃树	蚜虫	15-20毫克/千克	喷雾
LS20060382	多·福/40%/可湿性粉剂/多菌灵 10%、福美双 30%/2009.03.05 至 2010.03.05/低毒			
	葡萄	霜霉病	1000-1250毫克/千克	喷雾
LS20071716	甲氨基阿维菌素苯甲酸盐/0.2%/微乳剂/甲氨基阿维菌素苯甲酸盐 0.2%/2009.07.03 至 2010.07.04/低毒			
	十字花科蔬菜	甜菜夜蛾	1.5-3克/公顷	喷雾
LS20072063	氢氧化铜/77%/可湿性粉剂/氢氧化铜 77%/2009.08.29 至 2010.08.30/低毒			
	黄瓜	角斑病	1732.5-2310克/公顷	喷雾
LS20072558	杀扑磷/40%/乳油/杀扑磷 40%/2009.12.04 至 2010.12.05/高毒			
	柑橘树	介壳虫	400-500毫克/千克	喷雾
LS20080636	三唑酮/25%/可湿性粉剂/三唑酮 25%/2009.02.21 至 2010.02.22/低毒			
	小麦	白粉病	110-125克/公顷	喷雾
LS20081196	高效氯氟氰菊酯/25克/升/乳油/高效氯氟氰菊酯 25克/升/2009.03.10 至 2010.03.10/低毒			
	茶树	茶尺蠖	5.625-7.5克/公顷	喷雾
LS20081842	虫酰肼/10%/乳油/虫酰肼 10%/2009.04.10 至 2010.04.10/低毒			
	甘蓝	甜菜夜蛾	225-300克/公顷	喷雾
LS20082605	啶虫脒/20%/可溶液剂/啶虫脒 20%/2009.04.23 至 2010.04.23/低毒			
	棉花	蚜虫	24-45克/公顷	喷雾
LS20083009	毒死蜱/30%/微乳剂/毒死蜱 30%/2009.09.01 至 2010.09.01/中等毒			
	水稻	稻纵卷叶螟	450-675克/公顷	喷雾
LS20083194	阿维菌素/1.8%/微乳剂/阿维菌素 1.8%/2009.12.09 至 2010.12.09/低毒(原药高毒)			
	棉花	棉铃虫	21.6-32.4克/公顷	喷雾

河北省石家庄市三农化工有限公司 （河北省石家庄市栾城县城北3公里308国道路东 051430 0311-85404486)

PD20060201	多·福/40%/可湿性粉剂/多菌灵 10%、福美双 30%/2006.12.07 至 2011.12.07/中等毒			
	梨树	黑星病	500-750倍液	喷雾
PD20070153	多·福/60%/可湿性粉剂/多菌灵 30%、福美双 30%/2007.06.08 至 2012.06.08/低毒			
	梨树	黑星病	1000-1500毫克/千克	喷雾
PD20070466	嘧霉胺/95%/原药/嘧霉胺 95%/2007.11.20 至 2012.11.20/低毒			
PD20080033	嘧霉胺/20%/可湿性粉剂/嘧霉胺 20%/2008.01.03 至 2013.01.03/低毒			
	黄瓜	灰霉病	375-450克/公顷	喷雾
PD20080261	啶虫脒/5%/可湿性粉剂/啶虫脒 5%/2008.02.20 至 2013.02.20/低毒			
	小麦	蚜虫	15-30克/公顷	喷雾

PD20080282 啶虫脒/10%/可湿性粉剂/啶虫脒 10%/2008.02.25 至 2013.02.25/低毒
苹果树 蚜虫 16.7-33毫克/千克 喷雾
PD20080612 霜脲·锰锌/72%/可湿性粉剂/代森锰锌 64%、霜脲氰 8%/2008.05.12 至 2013.05.12/低毒
黄瓜 霜霉病 1350-1800克/公顷 喷雾
PD20080721 代森锰锌/80%/可湿性粉剂/代森锰锌 80%/2008.06.11 至 2013.06.11/低毒
番茄 早疫病 1800-2160克/公顷 喷雾
PD20082640 阿维菌素/0.6%/乳油/阿维菌素 0.6%/2008.12.04 至 2013.12.04/低毒(原药高毒)
十字花科蔬菜 菜青虫 8.1-10.8克/公顷 喷雾
PD20082691 阿维·高氯/3%/乳油/阿维菌素 1%、高效氯氰菊酯 2%/2008.12.05 至 2013.12.05/低毒(原药高毒)
棉花 棉铃虫 22.5-33.75克/公顷 喷雾
PD20082700 啶虫脒/5%/微乳剂/啶虫脒 5%/2008.12.05 至 2013.12.05/低毒
棉花 蚜虫 15-22.5克/公顷 喷雾
PD20082953 辛硫·高氯氟/26%/乳油/高效氯氟氰菊酯 1%、辛硫磷 25%/2008.12.09 至 2013.12.09/中等毒
十字花科蔬菜 小菜蛾 156-234克/公顷 喷雾
PD20083728 吡虫啉/20%/可溶液剂/吡虫啉 20%/2008.12.15 至 2013.12.15/低毒
十字花科蔬菜 蚜虫 15-30克/公顷 喷雾
PD20084647 阿维菌素/2%/乳油/阿维菌素 2%/2008.12.18 至 2013.12.18/低毒(原药高毒)
梨树 梨木虱 6-12毫克/千克 喷雾
PD20085449 乙铝·锰锌/70%/可湿性粉剂/代森锰锌 45%、三乙膦酸铝 25%/2008.12.24 至 2013.12.24/低毒
黄瓜 霜霉病 2800-4200克/公顷 喷雾
PD20085512 异菌脲/50%/可湿性粉剂/异菌脲 50%/2008.12.25 至 2013.12.25/低毒
番茄 灰霉病 375-750克/公顷 喷雾
PD20085654 联苯菊酯/100克/升/乳油/联苯菊酯 100克/升/2008.12.26 至 2013.12.26/中等毒
茶树 茶小绿叶蝉 30-37.5克/公顷 喷雾
PD20090126 阿维菌素/3%/微乳剂/阿维菌素 3%/2009.01.08 至 2014.01.08/中等毒(原药高毒)
黄瓜 美洲斑潜蝇 10.8-21.6克/公顷 喷雾
PD20090166 阿维·毒死蜱/24%/乳油/阿维菌素 1%、毒死蜱 23%/2009.01.08 至 2014.01.08/低毒(原药高毒)
梨树 梨木虱 48-60毫克/千克 喷雾
PD20090332 腈菌唑/12.5%/可湿性粉剂/腈菌唑 12.5%/2009.01.12 至 2014.01.12/低毒
黄瓜 黑星病 56.25-75克/公顷 喷雾
PD20090343 氰戊·马拉松/20%/乳油/马拉硫磷 15%、氰戊菊酯 5%/2009.01.12 至 2014.01.12/中等毒
苹果树 桃小食心虫 167-333毫克/千克 喷雾
PD20090472 腈菌·福美双/20%/可湿性粉剂/福美双 18%、腈菌唑 2%/2009.01.12 至 2014.01.12/中等毒
黄瓜 黑星病 195-390克/公顷 喷雾
PD20091898 氯氰·毒死蜱/25%/乳油/毒死蜱 22.5%、氯氰菊酯 2.5%/2009.02.09 至 2014.02.09/中等毒
韭菜 根蛆 1312.5-1875克/公顷 灌根
PD20092867 阿维·哒螨灵/10.5%/可湿性粉剂/阿维菌素 0.5%、哒螨灵 10%/2009.03.05 至 2014.03.05/低毒(原药高毒)
柑橘树 红蜘蛛 52.5-70毫克/千克 喷雾
PD20092885 吡虫啉/10%/可湿性粉剂/吡虫啉 10%/2009.03.05 至 2014.03.05/低毒
小麦 蚜虫 15-30克/公顷（南方地区） 喷雾
45-60克/公顷（北方地区）
PD20093148 高效氯氰菊酯/10%/微乳剂/高效氯氰菊酯 10%/2009.03.11 至 2014.03.11/中等毒
甘蓝 菜青虫 13.5-27克/公顷 喷雾
PD20093365 吡虫啉/70%/水分散粒剂/吡虫啉 70%/2009.03.18 至 2014.03.18/低毒
十字花科蔬菜 蚜虫 15-30克/公顷 喷雾
PD20093435 甲维·毒死蜱/20%/乳油/毒死蜱 19.5%、甲氨基阿维菌素苯甲酸盐 0.5%/2009.03.23 至 2014.03.23/低毒
十字花科蔬菜 甜菜夜蛾 90-120克/公顷 喷雾
PD20095023 甲氨基阿维菌素苯甲酸盐/1%/乳油/甲氨基阿维菌素苯甲酸盐 1%/2009.04.21 至 2014.04.21/低毒
十字花科蔬菜 小菜蛾 1.5-3克/公顷 喷雾
PD20097869 氟虫腈/95%/原药/氟虫腈 95%/2009.11.20 至 2014.11.20/中等毒
PD20097873 四螨嗪/500克/升/悬浮剂/四螨嗪 500克/升/2009.11.20 至 2014.11.20/低毒
苹果树 红蜘蛛 83-100毫克/千克 喷雾
LS20021038 硫酸链霉素/72%/可溶粉剂/硫酸链霉素 72%/2009.01.01 至 2009.12.31/低毒
黄瓜 细菌性角斑病 150-648克/公顷 喷雾
烟草 青枯病 360-720毫克/千克 喷雾
烟草 野火病 180-720毫克/千克 喷雾
LS20053889 辛硫·三唑磷/20%/乳油/三唑磷 10%、辛硫磷 10%/2008.12.29 至 2009.12.29/中等毒
棉花 棉铃虫 120-180克/公顷 喷雾
LS20060821 戊唑醇/12.5%/可湿性粉剂/戊唑醇 12.5%/2009.04.12 至 2010.04.12/低毒
香蕉 叶斑病 375-525克/公顷 喷雾
LS20070267 烯酰吗啉/50%/水分散粒剂/烯酰吗啉 50%/2009.02.25 至 2010.02.25/低毒
辣椒 疫病 325-400克/公顷 喷雾
LS20072225 阿维·三唑磷/20%/乳油/阿维菌素 0.3%、三唑磷 19.7%/2009.09.11 至 2010.09.12/中等毒(原药高毒)

水稻 稻纵卷叶螟 150-300克/公顷 喷雾
LS20080068 25%腈菌唑乳油//乳油/腈菌唑 25%/2009.01.04 至 2010.01.04/低毒
葡萄 白粉病 100-167毫克/千克 喷雾
LS20080109 苯醚甲环唑/25%/乳油/苯醚甲环唑 25%/2009.01.04 至 2010.01.04/低毒
香蕉 叶斑病 103-125毫克/千克 喷雾
LS20080310 杀扑磷/40%/乳油/杀扑磷 40%/2009.02.19 至 2010.02.19/高毒
柑橘树 介壳虫 266.7-400毫克/千克 喷雾
LS20090501 甲氨基阿维菌素苯甲酸盐/5%/水分散粒剂/甲氨基阿维菌素苯甲酸盐 5%/2009.03.18 至 2010.03.18/低毒
十字花科蔬菜 甜菜夜蛾 3-3.75克/公顷 喷雾
LS20090544 多杀霉素/5%/悬浮剂/多杀霉素 5%/2009.03.19 至 2010.03.19/低毒
十字花科蔬菜 小菜蛾 18.75-26.25克/公顷 喷雾

河北省石家庄市深泰化工有限公司 (河北省石家庄市深泽县城西正饶路路南 052560 0311-83525409)

PD86158-5 三乙膦酸铝/95%、87%/原药/三乙膦酸铝 95%、87%%/2006.10.30 至 2011.10.30/低毒
PD20070256 多·锰锌/70%/可湿性粉剂/多菌灵 20%、代森锰锌 50%/2007.09.04 至 2012.09.04/低毒
梨树 黑星病 1000-1250毫克/千克 喷雾
PD20070276 乙铝·锰锌/70%/可湿性粉剂/代森锰锌 25%、三乙膦酸铝 45%/2007.09.05 至 2012.09.05/低毒
黄瓜 霜霉病 1312.5-1515克/公顷 喷雾
PD20080164 啶虫脒/3%/乳油/啶虫脒 3%/2008.01.03 至 2013.01.03/中等毒
苹果树 蚜虫 12-15毫克/千克 喷雾
PD20082392 三乙膦酸铝/80%/可湿性粉剂/三乙膦酸铝 80%/2008.12.01 至 2013.12.01/低毒
黄瓜 霜霉病 2175-2820克/公顷 喷雾
烟草 黑胫病 4500—4875克/公顷 喷雾
PD20090027 氰戊·马拉松/20%/乳油/马拉硫磷 15%、氰戊菊酯 5%/2009.01.06 至 2014.01.06/中等毒
甘蓝 菜青虫 120-150克/公顷 喷雾
PD20094052 哒螨灵/15%/乳油/哒螨灵 15%/2009.03.27 至 2014.03.27/中等毒
苹果树 红蜘蛛 50-60毫克/千克 喷雾
LS20050347 氟铃脲/5%/乳油/氟铃脲 5%/2008.02.19 至 2009.02.18/微毒
十字花科蔬菜 小菜蛾 45-56.25克/公顷 喷雾

河北省石家庄市雅馨日用化工有限公司 (河北省石家庄市正定县东柏棠 050800 0311-88716060)

WP20080205 蚊香/0.23%/蚊香/富右旋反式烯丙菊酯 0.23%/2008.11.21 至 2013.11.21/微毒
卫生 蚊 / 点燃
WP20080278 杀虫气雾剂/0.45%/气雾剂/胺菊酯 0.27%、氯菊酯 0.13%、氯氰菊酯 0.05%/2008.12.01 至 2013.12.01/低毒
卫生 蚊、蝇、蜚蠊 / 喷雾
WL20090141 电热蚊香液/1.1%/电热蚊香液/富右旋反式炔丙菊酯 1.1%/2009.04.27 至 2010.04.27/微毒
卫生 蚊 / 电热加温
WL20090201 蝇香/0.5%/蝇香/氯烯炔菊酯 0.5%/2009.11.12 至 2010.11.12/微毒
卫生 蝇 / 点燃

河北省石家庄市伊诺生化有限公司 (河北省新乐市新无公路南侧888号 050081 0311-83011141)

PD20040369 吡虫啉/2.5%/可湿性粉剂/吡虫啉 2.5%/2004.12.19 至 2009.12.18/低毒
小麦 蚜虫 11.25-15克/公顷 喷雾
PD20083873 阿维菌素/0.2%/乳油/阿维菌素 0.2%/2008.12.15 至 2013.12.15/低毒(原药高毒)
黄瓜 斑潜蝇 2.7-3.6克/公顷 喷雾
PD20084457 啶虫脒/5%/乳油/啶虫脒 5%/2008.12.17 至 2013.12.17/低毒
柑橘树 蚜虫 10-12.5毫克/千克 喷雾
PD20084949 高效氯氟氰菊酯/25克/升/乳油/高效氯氟氰菊酯 25克/升/2008.12.22 至 2013.12.22/中等毒
十字花科蔬菜 菜青虫 11.25-15克/公顷 喷雾
PD20085258 氰戊·马拉松/20%/乳油/马拉硫磷 15%、氰戊菊酯 5%/2008.12.23 至 2013.12.23/中等毒
棉花 棉铃虫 180-360克/公顷 喷雾
PD20085524 吡虫啉/10%/可湿性粉剂/吡虫啉 10%/2008.12.25 至 2013.12.25/低毒
水稻 稻飞虱 15-30克/公顷 喷雾
小麦 蚜虫 15-30克/公顷（南方地区） 喷雾
45-60克/公顷（北方地区）
PD20085538 三唑锡/25%/可湿性粉剂/三唑锡 25%/2008.12.25 至 2013.12.25/低毒
柑橘树 红蜘蛛 125-166.7毫克/千克 喷雾
PD20085635 代森锰锌/80%/可湿性粉剂/代森锰锌 80%/2008.12.26 至 2013.12.26/低毒
苹果树 轮纹病 1000-1333.3毫克/千克 喷雾
PD20090144 马拉硫磷/45%/乳油/马拉硫磷 45%/2009.01.08 至 2014.01.08/低毒
水稻 稻飞虱 675-810克/公顷 喷雾
PD20092222 多·锰锌/70%/可湿性粉剂/多菌灵 20%、代森锰锌 50%/2009.02.24 至 2014.02.24/低毒
梨树 黑星病 1000-1250毫克/千克 喷雾
苹果 斑点落叶病 1000-1250毫克/千克 喷雾
PD20092373 氟铃脲/5%/乳油/氟铃脲 5%/2009.02.25 至 2014.02.25/低毒
甘蓝 小菜蛾 30-52.5克/公顷 喷雾

PD20092568 毒死蜱/480克/升/乳油/毒死蜱 480克/升/2009.02.26 至 2014.02.26/中等毒
甘蓝 菜青虫 450-576克/公顷 喷雾
苹果树 食心虫 133.3-200毫克/千克 喷雾
PD20092724 甲基硫菌灵/70%/可湿性粉剂/甲基硫菌灵 70%/2009.03.04 至 2014.03.04/低毒
甘薯 黑斑病 1000-2333毫克/千克 浸种薯
梨树 黑星病 360-450毫克/千克 喷雾
PD20092985 百菌清/75%/可湿性粉剂/百菌清 75%/2009.03.09 至 2014.03.09/低毒
黄瓜 霜霉病 1650-3000克/公顷 喷雾
PD20093482 联苯菊酯/100克/升/乳油/联苯菊酯 100克/升/2009.03.23 至 2014.03.23/中等毒
茶树 茶小绿叶蝉 30-37.5克/公顷 喷雾
柑橘树 红蜘蛛 20-40克/公顷 喷雾
PD20093590 吡虫啉/200克/升/可溶液剂/吡虫啉 200克/升/2009.03.23 至 2014.03.23/低毒
水稻 稻飞虱 30-45克/公顷 喷雾
烟草 蚜虫 30-45克/公顷 喷雾
PD20093597 井冈霉素/5%/水剂/井冈霉素 5%/2009.03.23 至 2014.03.23/低毒
水稻 纹枯病 150-187.5克/公顷 喷雾
PD20093619 噻嗪·异丙威/25%/可湿性粉剂/噻嗪酮 5%、异丙威 20%/2009.03.25 至 2014.03.25/低毒
水稻 稻飞虱 375-562.5克/公顷 喷雾
PD20093665 杀扑磷/40%/乳油/杀扑磷 40%/2009.03.25 至 2014.03.25/高毒
柑橘树 介壳虫 400-600毫克/千克 喷雾
PD20094598 阿维菌素/18克/升/乳油/阿维菌素 18克/升/2009.04.10 至 2014.04.10/低毒(原药高毒)
甘蓝 小菜蛾 10.8-13.5克/公顷 喷雾
PD20094643 乙烯利/40%/水剂/乙烯利 40%/2009.04.10 至 2014.04.10/低毒
棉花 调节生长 800-1333毫克/千克 (300-500倍液) 喷雾法
PD20096454 溴氰菊酯/25克/升/乳油/溴氰菊酯 25克/升/2009.08.05 至 2014.08.05/中等毒
十字花科蔬菜 菜青虫 11.25-18.75克/公顷 喷雾
PD20097456 阿维·高氯/3%/乳油/阿维菌素 0.2%、高效氯氰菊酯 2.8%/2009.10.28 至 2014.10.28/低毒(原药高毒)
甘蓝 菜青虫、小菜蛾 13.5-27克/公顷 喷雾
PD20097589 高氯·矿物油/26%/乳油/高效氯氰菊酯 2%、矿物油 24%/2009.11.03 至 2014.11.03/低毒
黄瓜 蚜虫 195-273克/公顷 喷雾
LS20051412 丁硫克百威/200克/升/乳油/丁硫克百威 200克/升/2008.04.18 至 2009.04.18/中等毒
柑橘树 蚜虫 100-133.3毫克/千克 喷雾
LS20051450 嘧霉胺/400克/升/悬浮剂/嘧霉胺 400克/升/2008.04.21 至 2009.04.21/低毒
黄瓜 灰霉病 375-562.5克/公顷 喷雾
LS20052511 阿维·高氯/2.4%/可湿性粉剂/阿维菌素 0.3%、高效氯氰菊酯 2.1%/2008.07.25 至 2009.07.25/低毒(原药高毒)
十字花科蔬菜 菜青虫、小菜蛾 13.5-27克/公顷 喷雾
LS20060634 烯酰·锰锌/69%/可湿性粉剂/代森锰锌 60%、烯酰吗啉 9%/2009.03.26 至 2010.03.26/低毒
黄瓜 霜霉病 1035-1380克/公顷 喷雾
LS20060696 烯酰吗啉/50%/可湿性粉剂/烯酰吗啉 50%/2009.04.03 至 2010.04.03/低毒
黄瓜 霜霉病 225-300克/公顷 喷雾
LS20090091 丁·莠/48%/悬乳剂/丁草胺 19%、莠去津 29%/2009.01.09 至 2010.01.09/低毒
夏玉米田 一年生杂草 2250-3000克制剂/公顷 土壤喷雾
LS20090206 啶虫脒/40%/水分散粒剂/啶虫脒 40%/2009.02.09 至 2010.02.09/中等毒
棉花 蚜虫 18-27克/公顷 喷雾
LS20090551 高效氯氰菊酯/10%/水乳剂/高效氯氰菊酯 10%/2009.03.19 至 2010.03.19/低毒
棉花 棉铃虫 60-75克/公顷 喷雾
LS20090959 甲氨基阿维菌素苯甲酸盐(2.3%)///微乳剂/甲氨基阿维菌素 2%/2009.04.10 至 2010.04.10/低毒
甘蓝 甜菜夜蛾 1.8—2.4克/公顷 喷雾
LS20091461 辛硫·矿物油/40%/乳油/矿物油 25%、辛硫磷 15%/2009.12.25 至 2010.12.25/低毒
十字花科蔬菜 菜青虫 300-450克/公顷 喷雾

河北省石家庄市植物农药研究所 (河北省新乐市建新街1号 050700 0311-88586867)

LS93584 藜芦碱/0.5%/可溶性液剂/藜芦碱 0.5%/2009.02.10 至 2009.12.31/低毒
甘蓝 菜青虫 5.625-7.5克/公顷 喷雾
棉花 棉铃虫、棉蚜 5.625-7.5克/公顷 喷雾
LS2000881 苦参碱/0.3%/水剂/苦参碱 0.3%/2009.02.10 至 2009.12.31/低毒
十字花科蔬菜 菜青虫 2.81-6.75克/公顷 喷雾
LS20020463 苦参碱/0.3%/乳油/苦参碱 0.3%/2009.02.01 至 2009.12.31/低毒
黄瓜 霜霉病 5.4-7.2克/公顷 喷雾
LS20091377 甲氨基阿维菌素苯甲酸盐(1.14%)///微乳剂/甲氨基阿维菌素 1%/2009.08.03 至 2010.08.03/低毒
甘蓝 小菜蛾 1.5-1.8克/公顷 喷雾

河北省肃宁县芳溢日化有限公司 (河北省肃宁县师素镇西淡 062350 0317-5072888)

WL20080231 杀虫气雾剂/0.45%/气雾剂/胺菊酯 0.25%、氯氰菊酯 0.2%/2009.03.13 至 2010.03.13/微毒

	卫生	蚊、蝇	/	喷雾

河北省肃宁县伸力日用化工有限责任公司 （河北省肃宁县付佐工业区2号付佐橡胶厂 062350 0317-5092380)

WP20080198	杀虫气雾剂/0.55%/气雾剂/胺菊酯 0.30%、氯菊酯 0.25%/2008.11.20 至 2013.11.20/低毒			
	卫生	蜚蠊、蚊、蝇	/	喷雾

河北省肃宁县兴业精细化工厂 （河北省肃宁县城关镇大五里 062350 0312-6032111)

WL20050304	杀虫气雾剂/0.45%/气雾剂/胺菊酯 0.20%、氯菊酯 0.25%/2008.12.14 至 2009.12.14/低毒			
	卫生	蚊、蝇、蜚蠊	/	喷雾

河北省唐山市瑞华生物农药有限公司 （河北省滦南县扒齿港镇绳庄村南 063502 0315-4422197)

PD20080694	氰戊・马拉松/20%/乳油/马拉硫磷 15%、氰戊菊酯 5%/2008.06.04 至 2013.06.04/中等毒			
	棉花	棉铃虫	90-150克/公顷	喷雾
	小麦	蚜虫	60-90克/公顷	喷雾
PD20082302	百菌清/75%/可湿性粉剂/百菌清 75%/2008.12.01 至 2013.12.01/低毒			
	黄瓜	霜霉病	1237.5-1575克/公顷	喷雾
PD20083645	多菌灵/50%/可湿性粉剂/多菌灵 50%/2008.12.12 至 2013.12.12/低毒			
	水稻	稻瘟病	600-750克/公顷	喷雾
PD20086092	噁霉灵/15%/水剂/噁霉灵 15%/2008.12.30 至 2013.12.30/低毒			
	水稻苗床、水稻育秧箱	立枯病	0.9-1.8克/平方米	土壤处理
PD20090521	百草枯/200克/升/水剂/百草枯 200克/升/2009.01.12 至 2014.01.12/中等毒			
	玉米田	一年生杂草	375-450克/公顷	行间定向茎叶喷雾
PD20092107	敌畏・马/35%/乳油/敌敌畏 26%、马拉硫磷 9%/2009.02.23 至 2014.02.23/中等毒			
	水稻	稻水象甲	210-262.5克/公顷	喷雾
PD20093898	高效氟吡甲禾灵/108克/升/乳油/高效氟吡甲禾灵 108克/升/2009.03.26 至 2014.03.26/低毒			
	大豆田	一年生禾本科杂草	48.6-72.9克/公顷	茎叶喷雾
	花生田	一年生禾本科杂草	40.5-48.6克/公顷	茎叶喷雾
PD20097422	烟嘧磺隆/40克/升/可分散油悬浮剂/烟嘧磺隆 40克/升/2009.10.28 至 2014.10.28/低毒			
	玉米田	一年生杂草	42-60克/公顷	茎叶喷雾
PD20097953	吗胍・乙酸铜/20%/可湿性粉剂/盐酸吗啉胍 10%、乙酸铜 10%/2009.12.01 至 2014.12.01/低毒			
	番茄	病毒病	500-750克/公顷	喷雾
LS20070280	阿维菌素/18克/升/乳油/阿维菌素 18克/升/2009.02.24 至 2010.02.24/低毒(原药高毒)			
	柑橘树	潜叶蛾	4.5-6.75毫克/千克	喷雾
LS20071289	氟硅唑/8%/微乳剂/氟硅唑 8%/2009.05.07 至 2010.05.08/低毒			
	黄瓜	白粉病	60-90克/公顷	喷雾
LS20071456	阿维・高氯氟/2%/微乳剂/阿维菌素 0.4%、高效氯氟氰菊酯 1.6%/2009.05.20 至 2010.05.21/低毒(原药高毒)			
	十字花科蔬菜	小菜蛾	9-15克/公顷	喷雾
LS20071954	高效氯氰菊酯/5%/油剂/高效氯氰菊酯 5%/2009.08.07 至 2010.08.08/低毒			
	滩涂	飞蝗	18.75-22.5克/公顷	超低容量喷雾
LS20072457	啶虫脒/3%/乳油/啶虫脒 3%/2009.11.05 至 2010.11.06/低毒			
	柑橘树	蚜虫	10-15毫克/千克	喷雾
LS20072476	阿维・哒螨灵/5%/乳油/阿维菌素 0.2%、哒螨灵 4.8%/2009.11.11 至 2010.11.12/低毒(原药高毒)			
	柑橘树	红蜘蛛	33.3-50毫克/千克	喷雾
LS20080047	甲硫・乙霉威/65%/可湿性粉剂/甲基硫菌灵 52.5%、乙霉威 12.5%/2010.01.03 至 2011.01.03/低毒			
	番茄	灰霉病	487.5-731.25克/公顷	喷雾
LS20080908	甲氨基阿维菌素苯甲酸盐/3%/微乳剂/甲氨基阿维菌素苯甲酸盐 3%/2009.03.04 至 2010.03.04/低毒			
	十字花科蔬菜	甜菜夜蛾	2.25-2.7克/公顷	喷雾
LS20080994	高氯・甲维盐/3.8%/乳油/高效氯氰菊酯 3.7%、甲氨基阿维菌素苯甲酸盐 0.1%/2009.03.06 至 2010.03.06/低毒			
	棉花	棉铃虫	31.4-39.9克/公顷	喷雾
LS20081255	甲氨基阿维菌素苯甲酸盐/0.5%/乳油/甲氨基阿维菌素苯甲酸盐 0.5%/2009.03.11 至 2010.03.11/低毒			
	十字花科蔬菜	甜菜夜蛾	1.875-2.7克/公顷	喷雾

河北省唐山鑫华农药有限公司 （河北省唐山市丰润区丰遵路压库山 064000 0315-5196002)

PD20085366	敌畏・马/35%/乳油/敌敌畏 26%、马拉硫磷 9%/2008.12.24 至 2013.12.24/中等毒			
	水稻	稻水象甲	210-262.5克/公顷	喷雾
PD20090036	磷化铝/56%/片剂/磷化铝 56%/2009.01.06 至 2014.01.06/高毒			
	贮粮	害虫	4-7克/立方米	密闭熏蒸
PD20090137	氰戊・马拉松/21%/乳油/马拉硫磷 15%、氰戊菊酯 6%/2009.01.08 至 2014.01.08/中等毒			
	苹果树	食心虫	60-100毫克/千克	喷雾
	苹果树	蚜虫	50-75毫克/千克	喷雾
	苹果树	红蜘蛛	60-150毫克/千克	喷雾
PD20091101	高氯・辛硫磷/20%/乳油/高效氯氰菊酯 2%、辛硫磷 18%/2009.01.21 至 2014.01.21/低毒			
	棉花	棉铃虫	240-300克/公顷	喷雾
PD20093581	腐霉利/15%/烟剂/腐霉利 15%/2009.03.23 至 2014.03.23/低毒			
	番茄(保护地)	灰霉病	350-675克/公顷	点燃放烟

PD20095439 福·甲·硫磺 /70%/可湿性粉剂/福美双 24%、甲基硫菌灵 16%、硫磺 30%/2009.05.11 至 2014.05.11/低毒

小麦	赤霉病	1470-2100克/公顷	喷雾

PD20097541 吗胍·硫酸铜/1.5%/水剂/盐酸吗啉胍 1%、硫酸铜 0.5%/2009.11.03 至 2014.11.03/低毒

番茄	病毒病	90-112.5克/公顷	喷雾

河北省万全农药厂 (河北省万全县孔家庄镇 076250 0313-4221601)

PD85151-4 72%2,4-滴丁酯乳油//乳油/2,4-滴丁酯 72%/2005.08.15 至 2010.08.15/低毒

谷子、小麦	双子叶杂草	525克/公顷	喷雾
水稻	双子叶杂草	300-525克/公顷	喷雾
玉米	双子叶杂草	1)1050克/公顷 2)450-525克/公顷	1)苗前土壤处理 2)喷雾

PD85156-7 辛硫磷原药//原药/辛硫磷 85%,75%/2005.08.15 至 2010.08.15/低毒

PD85157-22 40%辛硫磷乳油//乳油/辛硫磷 40%/2005.08.15 至 2010.08.15/低毒

茶树、桑树	食叶害虫	200-400毫克/千克	喷雾
果树	食心虫、蚜虫、螨	200-400毫克/千克	喷雾
林木	食叶害虫	3000-6000克/公顷	喷雾
棉花	棉铃虫、蚜虫	300-600克/公顷	喷雾
蔬菜	菜青虫	300-450克/公顷	喷雾
烟草	食叶害虫	300-600克/公顷	喷雾
玉米	玉米螟	450-600克/公顷	灌心叶

PD20080588 霜脲氰/97%/原药/霜脲氰 97%/2008.05.12 至 2013.05.12/低毒

PD20081686 二甲戊灵/95%/原药/二甲戊灵 95%/2008.11.17 至 2013.11.17/低毒

PD20081796 毒死蜱/97%/原药/毒死蜱 97%/2008.11.19 至 2013.11.19/中等毒

PD20082114 氯氰·辛硫磷/40%/乳油/氯氰菊酯 2%、辛硫磷 38%/2008.11.25 至 2013.11.25/低毒

棉花	蚜虫	90-150克/公顷	喷雾
棉花	棉铃虫	180-240克/公顷	喷雾

PD20082580 异菌·福美双/50%/可湿性粉剂/福美双 40%、异菌脲 10%/2008.12.04 至 2013.12.04/低毒

番茄	灰霉病	705-937.5克/公顷	喷雾

PD20082945 霜脲·锰锌/72%/可湿性粉剂/代森锰锌 64%、霜脲氰 8%/2008.12.09 至 2013.12.09/低毒

黄瓜	霜霉病	1440-1800克/公顷	喷雾

PD20084031 辛硫磷/2.5%/微粒剂/辛硫磷 2.5%/2008.12.16 至 2013.12.16/低毒

仓储原粮	储粮害虫	1毫克/千克原粮	拌原粮

PD20090241 毒死蜱/40%/乳油/毒死蜱 40%/2009.01.09 至 2014.01.09/中等毒

十字花科蔬菜	菜青虫	360-540克/公顷	喷雾

PD20091907 氰戊·辛硫磷/50%/乳油/氰戊菊酯 4.5%、辛硫磷 45.5%/2009.02.09 至 2014.02.09/低毒

甘蓝	菜青虫、蚜虫	75-150克/公顷	喷雾
棉花	棉铃虫	450-562.5克/公顷	喷雾
棉花	蚜虫	150-225克/公顷	喷雾
小麦	蚜虫	90克/公顷	喷雾

PD20093878 二甲戊灵/330克/升/乳油/二甲戊灵 330克/升/2009.03.25 至 2014.03.25/低毒

春玉米田	一年生杂草	990-1485克/公顷	播后苗前土壤喷雾
夏玉米田	一年生杂草	742.5-990克/公顷	播后苗前土壤喷雾

PD20094572 2,4-滴/96%/原药/2,4-滴 96%/2009.04.09 至 2014.04.09/中等毒

PD20094995 2,4-滴丁酯/96%/原药/2,4-滴丁酯 96%/2009.04.21 至 2014.04.21/低毒

PD20096632 高效氟吡甲禾灵/95%/原药/高效氟吡甲禾灵 95%/2009.09.02 至 2014.09.02/低毒

PD20097730 琥铜 ·霜脲氰/50%/可湿性粉剂/琥胶肥酸铜 42%、霜脲氰 8%/2009.11.04 至 2014.11.04/低毒

黄瓜	霜霉病、细菌性角斑病	500-700倍液	喷雾

LS20052592 高氯·毒死蜱/15%/微乳剂/毒死蜱 13.5%、高效氯氰菊酯 1.5%/2008.08.14 至 2009.08.14/低毒

甘蓝	小菜蛾	168.75-202.5克/公顷	喷雾

LS20053285 呋苯硫脲//原药/呋苯硫脲 90%/2008.10.17 至 2009.10.17/低毒

LS20053409 呋苯硫脲/10%/乳油/呋苯硫脲 10%/2008.10.18 至 2009.10.18/低毒

水稻	调节生长	100-200毫克/千克	48小时浸种

LS20081579 2,4-滴钠盐/85%/可溶粉剂/2,4-滴钠盐 85%/2009.04.02 至 2010.04.02/低毒

小麦田	一年生阔叶杂草	1020-1326克/公顷	茎叶喷雾

河北省吴桥农药有限公司 (河北省沧州市吴桥县桑园镇金沙江路2号 061800 0317-7365732)

PD20081839 四螨·哒螨灵/10%/悬浮剂/哒螨灵 7%、四螨嗪 3%/2008.11.20 至 2013.11.20/中等毒

苹果树	山楂叶螨	50毫克/千克	喷雾

PD20084603 马拉硫磷/90%/原药/马拉硫磷 90%/2008.12.18 至 2013.12.18/低毒

PD20090747 马拉硫磷/45%/乳油/马拉硫磷 45%/2009.01.19 至 2014.01.19/低毒

柑橘树	蚜虫	225-300毫克/千克	喷雾
棉花	盲蝽蟓	405-540克/公顷	喷雾

LS20091404 烯啶虫胺/95%/原药/烯啶虫胺 95%/2009.09.16 至 2010.09.16/低毒

河北省邢台富强化工有限公司

LS99615 过氧乙酸/21%/水剂/过氧乙酸 21%/2009.01.20 至 2009.12.31/低毒

黄瓜	灰霉病	441-735克/公顷	喷雾

河北省邢台海园农化科技有限公司 （河北省邢台县祝村镇大吕村北 054000 0319-3221456)

PD85154-16 氰戊菊酯/20%/乳油/氰戊菊酯 20%/2005.07.23 至 2010.07.23/中等毒

柑橘树	潜叶蛾	10-20毫克/千克	喷雾
果树	梨小食心虫	10-20毫克/千克	喷雾
棉花	红铃虫、蚜虫	75-150克/公顷	喷雾
蔬菜	菜青虫、蚜虫	60-120克/公顷	喷雾

PD85157-27 40%辛硫磷乳油//乳油/辛硫磷 40%/2006.09.14 至 2011.09.14/低毒

茶树、桑树	食叶害虫	200-400毫克/千克	喷雾
果树	食心虫、蚜虫、螨	200-400毫克/千克	喷雾
林木	食叶害虫	3000-6000克/公顷	喷雾
棉花	棉铃虫、蚜虫	300-600克/公顷	喷雾
蔬菜	菜青虫	300-450克/公顷	喷雾
烟草	食叶害虫	300-600克/公顷	喷雾
玉米	玉米螟	450-600克/公顷	灌心叶

PD20092554 高效氯氟氰菊酯/25克/升/乳油/高效氯氟氰菊酯 25克/升/2009.02.26 至 2014.02.26/中等毒

苹果树	桃小食心虫	8.33-12.5毫克/千克	喷雾

PD20094955 毒·辛/40%/乳油/毒死蜱 10%、辛硫磷 30%/2009.04.20 至 2014.04.20/中等毒

棉花	棉铃虫	420-450克/公顷	喷雾

PD20094999 多·福/40%/可湿性粉剂/多菌灵 20%、福美双 20%/2009.04.21 至 2014.04.21/低毒

梨树	黑星病	800-1000毫克/千克	喷雾

LS20031102 过氧乙酸/21%/水剂/过氧乙酸 21%/2009.01.19 至 2009.12.31/低毒

黄瓜	灰霉病	441-735克/公顷	喷雾

河北省邢台市化工研究所联营农药试验厂（河北省邢台市南和县中兴西大街胜利路1号 054000 0319-2624298)

PDN32-95 甲拌磷粉/26%/粉剂/甲拌磷 26%/2005.08.15 至 2010.08.15/高毒

棉花	地下害虫、蚜虫	1.2-1.8千克/100千克种子	拌种
小麦	地下害虫	0.3千克/100千克种子	拌种

PD20084544 啶虫脒/20%/可溶粉剂/啶虫脒 20%/2008.12.18 至 2013.12.18/低毒

柑橘树	蚜虫	20-30毫克/千克	喷雾

PD20084869 腈菌唑/25%/乳油/腈菌唑 25%/2008.12.22 至 2013.12.22/低毒

小麦	白粉病	60-90克/公顷	喷雾

PD20090321 百草枯/200克/升/水剂/百草枯 200克/升/2009.01.12 至 2014.01.12/中等毒

玉米田	杂草	300-600克/公顷	定向喷雾

LS2001868 过氧乙酸/21%/水剂/过氧乙酸 21%/2009.01.19 至 2009.12.31/低毒

黄瓜	灰霉病	441-735克/公顷	喷雾

LS20050421 阿维·高氯/1.8%/乳油/阿维菌素 0.3%、高效氯氰菊酯 1.5%/2008.02.19 至 2009.02.18/低毒(原药高毒)

梨树	梨木虱	6-12毫克/千克	喷雾

河北省邢台市农药有限公司 （河北省邢台市任县邢得公路西侧 055150 0319-7572899)

PD84118-21 多菌灵/25%/可湿性粉剂/多菌灵 25%/2005.01.19 至 2010.01.19/低毒

果树	病害	0.05-0.1%药液	喷雾
花生	倒秧病	750克/公顷	喷雾
麦类	赤霉病	750克/公顷	喷雾、泼浇
棉花	苗期病害	500克/100千克种子	拌种
水稻	稻瘟病、纹枯病	750克/公顷	喷雾、泼浇
油菜	菌核病	1125-1700克/公顷	喷雾

PD85157-15 40%辛硫磷乳油//乳油/辛硫磷 40%/2006.01.06 至 2011.01.06/低毒

茶树、桑树	食叶害虫	200-400毫克/千克	喷雾
果树	食心虫、蚜虫、螨	200-400毫克/千克	喷雾
林木	食叶害虫	3000-6000克/公顷	喷雾
棉花	棉铃虫、蚜虫	300-600克/公顷	喷雾
蔬菜	菜青虫	300-450克/公顷	喷雾
烟草	食叶害虫	300-600克/公顷	喷雾
玉米	玉米螟	450-600克/公顷	灌心叶

PD20050122 高效氯氰菊酯/4.5%/乳油/高效氯氰菊酯 4.5%/2005.08.15 至 2010.08.14/中等毒

棉花	红铃虫、棉铃虫、棉蚜	15-30克/公顷	喷雾
苹果树	桃小食心虫	20-33毫克/千克	喷雾
十字花科蔬菜	菜青虫、小菜蛾	9-25.5克/公顷	喷雾
十字花科蔬菜	菜蚜	3-18克/公顷	喷雾

PD20081111 丁酰肼/98%/原药/丁酰肼 98%/2008.08.19 至 2013.08.19/低毒

PD20081112 丁酰肼/92%/可溶粉剂/丁酰肼 92%/2008.08.19 至 2013.08.19/低毒

观赏菊花	调节生长	2500-3500毫克/千克	喷雾

PD20083660 辛硫磷/91%/原药/辛硫磷 91%/2008.12.12 至 2013.12.12/低毒

PD20085328 克百威/3%/颗粒剂/克百威 3%/2008.12.24 至 2013.12.24/中等毒(原药高毒)

甘蔗	蚜虫、蔗龟、蔗螟	1350-2250克/公顷	沟施
花生	线虫	1800-2250克/公顷	条施、沟施
棉花	蚜虫	675-900克/公顷	条施、沟施
水稻	二化螟、螟虫、瘿蚊	900-1350克/公顷	撒施

PD20090247 阿维·高氯/1.8%/乳油/阿维菌素 0.3%、高效氯氰菊酯 1.5%/2009.01.09 至 2014.01.09/低毒(原药高毒)

十字花科蔬菜	菜青虫、小菜蛾	7.5-15克/公顷	喷雾

PD20090469 吡虫·辛硫磷/25%/乳油/吡虫啉 1.5%、辛硫磷 23.5%/2009.01.12 至 2014.01.12/低毒

十字花科蔬菜	蚜虫	150-225克/公顷	喷雾

PD20090989 辛硫磷/3%/颗粒剂/辛硫磷 3%/2009.01.21 至 2014.01.21/低毒

玉米	玉米螟	135-180克/公顷	喇叭口撒施

PD20092651 腐霉·多菌灵 /15%/烟剂/多菌灵 10%、腐霉利 5%/2009.03.03 至 2014.03.03/低毒

番茄(保护地)	灰霉病	765-900克/公顷	点燃放烟

PD20092875 百菌清/5%/粉剂/百菌清 5%/2009.03.05 至 2014.03.05/低毒

黄瓜(保护地)	霜霉病	750-1125克/公顷	喷粉

PD20093697 百菌清/30%/烟剂/百菌清 30%/2009.03.25 至 2014.03.25/低毒

黄瓜(保护地)	霜霉病	750-1200克/公顷	点燃放烟

PD20094998 敌敌畏/17%/烟剂/敌敌畏 17%/2009.04.21 至 2014.04.21/中等毒

黄瓜(保护地)	白粉虱	867-1020克/公顷	点燃放烟

PD20096908 溴氰菊酯/2.5%/乳油/溴氰菊酯 2.5%/2009.09.23 至 2014.09.23/中等毒

茶树	害虫	3.75-7.5克/公顷	喷雾
大白菜、棉花	害虫	11.25-18.75克/公顷	喷雾
柑橘树	害虫	5-10毫克/千克	喷雾
苹果树	蚜虫	10-12.5毫克/公顷	喷雾
烟草	烟青虫	7.5-9克/公顷	喷雾

PD20097555 甲霜·百菌清 /12.5%/烟剂/百菌清 10%、甲霜灵 2.5%/2009.11.03 至 2014.11.03/低毒

番茄(保护地)	晚疫病	637.5-750克/公顷	点燃
黄瓜(保护地)	霜霉病	637.5-750克/公顷	点燃

LS20072373 高效氯氰菊酯/4.5%/微乳剂/高效氯氰菊酯 4.5%/2008.10.16 至 2009.10.17/中等毒

苹果树	桃小食心虫	30-40毫克/千克	喷雾

LS20080773 哒嗪硫磷/95%/原药/哒嗪硫磷 95%/2009.02.27 至 2010.02.28/低毒

WP20090258 杀蟑烟剂/5%/烟剂/高效氯氰菊酯 5%/2009.04.27 至 2014.04.27/低毒

卫生	蜚蠊	/	点燃

河北省雄县凯晨日化有限公司 (河北省雄县南董庄村 071800 0312-5793688)

WL20050071 杀虫气雾剂/0.51%/气雾剂/胺菊酯 0.2%、高效氯氰菊酯 0.06%、氯菊酯 0.25%/2008.03.29 至 2009.03.29/低毒

卫生	蚊、蝇、蜚蠊	/	喷雾

WL20060099 蚊香/0.25%/蚊香/富右旋反式烯丙菊酯 0.25%/2009.05.10 至 2010.05.10/低毒

卫生	蚊	/	点燃

WL20070013 杀虫气雾剂/0.24%/气雾剂/高效氯氰菊酯 0.04%、右旋胺菊酯 0.2%/2009.01.29 至 2010.01.29/低毒

卫生	蚊、蝇	/	喷雾

WL20080266 电热蚊香液/1.1%/电热蚊香液/炔丙菊酯 1.1%/2009.04.10 至 2010.04.10/微毒

卫生	蚊	/	电热加温

WL20080322 电热蚊香片/12毫克/片/电热蚊香片/炔丙菊酯 12毫克/片/2009.05.04 至 2010.05.04/微毒

卫生	蚊	/	电热加温

WL20090051 杀蟑气雾剂/0.28%/气雾剂/炔咪菊酯 0.08%、右旋苯醚氰菊酯 0.2%/2009.03.13 至 2010.03.13/微毒

卫生	蜚蠊	/	喷雾

河北省徐水吉利仿生农药有限公司 (河北省徐水县康明北路15号信箱 072550 0312-8689888)

PD20082448 阿维菌素/1.8%/乳油/阿维菌素 1.8%/2008.12.02 至 2013.12.02/低毒(原药高毒)

十字花科蔬菜	小菜蛾	8.1-10.8克/公顷	喷雾

PD20082801 灭幼脲/25%/悬浮剂/灭幼脲 25%/2008.12.09 至 2013.12.09/低毒

甘蓝	菜青虫	37.5-75克/公顷	喷雾

PD20083103 阿维菌素/0.9%/乳油/阿维菌素 0.9%/2008.12.10 至 2013.12.10/低毒(原药高毒)

十字花科蔬菜	菜青虫	8.1-10.8克/公顷	喷雾

LS981481 过氧乙酸/21%/水剂/过氧乙酸 21%/2009.01.09 至 2009.12.31/低毒

黄瓜	灰霉病	441-735克/公顷	喷雾

河北省徐水县农药厂 (河北省徐水县遂城镇石桥 072550 0312-8903687)

PD91104-14 敌敌畏/50%/乳油/敌敌畏 48%(气谱法)/2006.12.31 至 2011.12.31/中等毒

茶树	食叶害虫	600克/公顷	喷雾
粮仓	多种储粮害虫	1)300-400倍液	1)喷雾
		2)0.4-0.5克/立方米	2)挂条熏蒸
棉花	蚜虫、造桥虫	600-1200克/公顷	喷雾
苹果树	小卷叶蛾、蚜虫	400-500毫克/千克	喷雾

	青菜	菜青虫	600克/公顷	喷雾
	桑树	尺蠖	600克/公顷	喷雾
	卫生	多种卫生害虫	1)250-300倍液 2)0.08克/立方米	1)泼洒 2)挂条熏蒸
	小麦	黏虫、蚜虫	600克/公顷	喷雾
PD20098160	复硝酚钠/1.8%/水剂/5-硝基邻甲氧基苯酚钠 0.3%、对硝基苯酚钠 0.9%、邻硝基苯酚钠 0.6%/2009.12.14至2014.12.14/低毒			
	番茄	调节生长	4.5-6毫克/千克	茎叶喷雾
LS20090847	苦参碱/0.36%/水剂/苦参碱 0.36%/2009.04.09 至 2010.04.09/低毒			
	甘蓝	菜青虫	4.32—6.48克/公顷	喷雾
	梨树	黑星病	4.5-6毫克/千克	喷雾
河北省张家口长城农化(集团)有限责任公司　(河北省张家口市怀来县沙城　075400　0313-6893518)				
PDN39-96	甲哌鎓/98%/可溶粉剂/甲哌鎓 98%/2006.04.09 至 2011.04.09/低毒			
	棉花	调节生长	45-60克/公顷	喷雾
PD84125-8	乙烯利/40%/水剂/乙烯利 40%/2004.12.16 至 2009.12.16/低毒			
	番茄	催熟	800-1000倍液	喷雾或浸渍
	棉花	催熟、增产	330-500倍液	喷雾
	柿子、香蕉	催熟	400倍液	喷雾或浸渍
	水稻	催熟、增产	800倍液	喷雾
	橡胶树	增产	5-10倍液	涂布
	烟草	催熟	1000-2000倍液	喷雾
PD85126-11	三氯杀螨醇/20%/乳油/三氯杀螨醇 20%/2005.06.01 至 2010.06.01/低毒			
	棉花	红蜘蛛	225-300克/公顷	喷雾
	苹果树	红蜘蛛、锈蜘蛛	800-1000倍液	喷雾
PD95101	三氯杀螨醇/30%/乳油/三氯杀螨醇 30%/2005.06.01 至 2010.06.01/低毒			
	棉花	红蜘蛛	225-300克/公顷	喷雾
PD20091140	四螨·哒螨灵/16%/可湿性粉剂/哒螨灵 7%、四螨嗪 9%/2009.01.21 至 2014.01.21/低毒			
	苹果树	红蜘蛛	80-100毫克/千克	喷雾
PD20092912	甲哌鎓/250克/升/水剂/甲哌鎓 250克/升/2009.03.05 至 2014.03.05/低毒			
	棉花	调节生长、增产	45-60克/公顷	喷雾
PD20093087	四螨嗪/20%/可湿性粉剂/四螨嗪 20%/2009.03.09 至 2014.03.09/低毒			
	苹果树	山楂红蜘蛛	100-200毫克/千克	喷雾
PD20093141	四螨嗪/95%/原药/四螨嗪 95%/2009.03.11 至 2014.03.11/低毒			
PD20093791	百草枯/200克/升/水剂/百草枯 200克/升/2009.03.25 至 2014.03.25/中等毒			
	玉米田	一年生杂草	300-600克/公顷	定向茎叶喷雾
PD20093792	莠去津/38%/悬浮剂/莠去津 38%/2009.03.25 至 2014.03.25/低毒			
	春玉米田	一年生杂草	1995-2280克/公顷	播后苗前土壤喷雾
	夏玉米田	一年生杂草	1140-1425克/公顷	播后苗前土壤喷雾
PD20093801	乙草胺/50%/乳油/乙草胺 50%/2009.03.25 至 2014.03.25/低毒			
	大豆田	小粒种子阔叶杂草、一年生禾本科杂草	1200-1875克/公顷(东北地区) 750-1050克/公顷(其它地区)	喷雾
	花生田	小粒种子阔叶杂草、一年生禾本科杂草	750-1200克/公顷(覆膜时药量酌减)	喷雾
	油菜田	小粒种子阔叶杂草、一年生禾本科杂草	525-750克/公顷	喷雾
	玉米田	小粒种子阔叶杂草、一年生禾本科杂草	900-1875克/公顷(东北地区) 750-1050克/公顷(其它地区)	喷雾
PD20093851	四螨嗪/20%/悬浮剂/四螨嗪 20%/2009.03.25 至 2014.03.25/低毒			
	苹果树	红蜘蛛	80-100毫克/千克	喷雾
LS20080989	噻嗪酮/25%/可湿性粉剂/噻嗪酮 25%/2009.03.06 至 2010.03.06/低毒			
	柑橘树	介壳虫	166.7-250毫克/千克	喷雾
	水稻	稻飞虱	112.5-150克/公顷	喷雾
河北省张家口金赛制药有限公司　(河北省张家口市桥西区印台沟7号　075000　0313-4101198)				
PD86118	杀鼠灵/98%/原药/杀鼠灵 98%/2006.11.16 至 2011.11.16/高毒			
	卫生	田鼠	/	配制成毒饵
PD86119	杀鼠灵/2.5%/母药/杀鼠灵 2.5%/2006.11.16 至 2011.11.16/高毒			
	卫生	家鼠、田鼠	/	配置成毒铒
PD86120	杀鼠灵/0.025%/毒饵/杀鼠灵 0.025%/2006.11.16 至 2011.11.16/高毒			
	室内	家鼠	/	配制成毒铒
	室外	田鼠	/	配制成毒铒
PD20070387	溴敌隆/95%/原药/溴敌隆 95%/2007.11.05 至 2012.11.05/高毒			
PD20081319	杀鼠醚/7.5%/母液/杀鼠醚 7.5%/2008.10.20 至 2013.10.20/高毒			

室内 家鼠 500-1000克/公顷 配制成0.0375%毒饵后,堆施或穴施
室外 田鼠 500-1000克/公顷 配制成0.0375%毒饵后,堆施或穴施

PD20081322 杀鼠醚/0.75%/母粉/杀鼠醚 0.75%/2008.10.20 至 2013.10.20/高毒
室内 家鼠 5-10克/平方米 配成0.0375%毒饵后堆施或穴施
室外 田鼠 500-1000克/公顷 配成0.0375%毒饵后堆施或穴施

PD20081323 溴敌隆/0.5%/母药/溴敌隆 0.5%/2008.10.20 至 2013.10.20/高毒
农田 田鼠 2-5克0.005%毒饵×(300-450点)/公顷 配成0.005%毒饵后堆施或穴施
室内 家鼠 10-20克0.005%毒饵/10平方米 配成0.005%毒饵后堆施或穴施

PD20081332 杀鼠醚/7.5%/母药/杀鼠醚 7.5%/2008.10.21 至 2013.10.21/高毒
室内 家鼠 饱和投饵 配制成毒饵
室外 田鼠 饱和投饵 配制成毒饵

PD20081333 溴敌隆/0.5%/母粉/溴敌隆 0.5%/2008.10.21 至 2013.10.21/高毒
农田 田鼠 (2-5克)0.005%毒饵×(300-450点)/公顷 配成0.005%毒饵后堆施或穴施

PD20081342 杀鼠醚/0.0375%/毒饵/杀鼠醚 0.0375%/2008.10.21 至 2013.10.21/高毒
室内 家鼠 饱和投饵 投饵

PD20083972 溴敌隆/0.005%/饵剂/溴敌隆 0.005%/2008.12.16 至 2013.12.16/高毒
农田 田鼠 每公顷300-450点,每点2-5克0.005%毒饵 堆施或穴施
室内 家鼠 每10平方米房间用10-20克0.005%毒饵 堆施或穴施

PD20085508 代森锰锌/80%/可湿性粉剂/代森锰锌 80%/2008.12.25 至 2013.12.25/低毒
番茄 早疫病 1845-2370克/公顷 喷雾

PD20085637 溴鼠灵/95%/原药/溴鼠灵 95%/2008.12.26 至 2013.12.26/剧毒

PD20090250 阿维·鱼藤酮/1.8%/乳油/阿维菌素 0.4%、鱼藤酮 1.4%/2009.01.09 至 2014.01.09/中等毒(原药高毒)
甘蓝 小菜蛾 8.1-10.8克/公顷 喷雾

PD20090871 代森锰锌/70%/可湿性粉剂/代森锰锌 70%/2009.01.19 至 2014.01.19/低毒
番茄 早疫病 1845-2370克/公顷 喷雾

PD20090909 杀鼠醚/3.75%/母粉/杀鼠醚 3.75%/2009.01.19 至 2014.01.19/高毒
室内 家鼠 饱和毒饵 配制成毒饵
室外 田鼠 饱和毒饵 配制成毒饵

PD20092001 氰戊·马拉松/25%/乳油/马拉硫磷 20%、氰戊菊酯 5%/2009.02.12 至 2014.02.12/低毒
苹果树 黄蚜 800-1000倍液 喷雾

PD20093309 溴鼠灵/0.5%/母液/溴鼠灵 0.5%/2009.03.13 至 2014.03.13/高毒
室内、外 家鼠 配成0.005%的毒饵，饱和投饵 堆施或穴施

PD20095142 溴鼠灵/0.005%/毒饵/溴鼠灵 0.005%/2009.04.24 至 2014.04.24/低毒(原药高毒)
室内 家鼠 饱和投饵 堆施或穴施

LS20050866 高效氯氰菊酯/2.5%/油剂/高效氯氰菊酯 2.5%/2008.03.29 至 2009.03.29/低毒
滩涂 蝗虫 18.75-22.5克/公顷 超低容量喷雾

河北省遵化市金山神猴日化厂 (河北省遵化市清东陵南新城 064206 0315-6947907)

WP20090353 高效氯氰菊酯/5%/悬浮剂/高效氯氰菊酯 5%/2009.11.03 至 2014.11.03/低毒
卫生 蚊、蝇、蜚蠊 50毫克/平方米 滞留喷洒

河北省涞水县威中威制香有限公司 (河北省保定市涞水县南桥头村 074100 0312-4581570)

WP20080273 蚊香/0.28%/蚊香/富右旋反式烯丙菊酯 0.28%/2008.12.01 至 2013.12.01/低毒
卫生 蚊 / 点燃

河北省涿州市桃园农药厂 (河北省保定市涿州市长城桥南 072750 0312-3986844)

PD86180-7 75%百菌清可湿性粉剂//可湿性粉剂/百菌清 75%/2006.11.29 至 2011.11.29/低毒
茶树 炭疽病 600-800倍液 喷雾
豆类 炭疽病、锈病 1275-2325克/公顷 喷雾
柑橘树 疮痂病 750-900毫克/千克 喷雾
瓜类 白粉病、霜霉病 1200-1650克/公顷 喷雾
果菜类蔬菜 多种病害 1125-2400克/公顷 喷雾
花生 锈病、叶斑病 1125-1350克/公顷 喷雾
梨树 斑点落叶病 500倍液 喷雾
苹果树 多种病害 600倍液 喷雾

葡萄 白粉病、黑痘病 600-700倍液 喷雾
水稻 稻瘟病、纹枯病 1125-1425克/公顷 喷雾
橡胶树 炭疽病 500-800倍液 喷雾
小麦 叶斑病、叶锈病 1125-1425克/公顷 喷雾
叶菜类蔬菜 白粉病、霜霉病 1275-1725克/公顷 喷雾

河北省蠡县华松工艺制香厂 (河北省保定市蠡县北埝开发北区 071400 0312-6039977)
WP20090127 蚊香/0.25%/蚊香/富右旋反式烯丙菊酯 0.25%/2009.02.16 至 2014.02.16/低毒
卫生 蚊 / 点燃

河北省蠡县华业精细化工有限公司 (河北省蠡县张七村 071400 0312-6033045)
WP20090295 杀虫气雾剂/0.7%/气雾剂/胺菊酯 0.45%、氯菊酯 0.25%/2009.07.13 至 2014.07.13/低毒
卫生 蜚蠊、蚊、蝇 / 喷雾
WL20080019 蚊香/0.25%/蚊香/富右旋反式烯丙菊酯 0.25%/2009.01.04 至 2010.01.04/低毒
卫生 蚊 / 点燃
WL20080094 杀虫气雾剂/0.33%/气雾剂/胺菊酯 0.29%、高效氯氰菊酯 0.04%/2009.02.19 至 2010.02.20/低毒
卫生 蚊、蝇 / 喷雾

河北省蠡县华鑫精细化工厂 (河北省蠡县西鲍墟村 071400 0312-6089619)
WL20070288 杀虫气雾剂/0.37%/气雾剂/胺菊酯 0.3%、高效氯氰菊酯 0.07%/2009.12.04 至 2010.12.05/低毒
卫生 蚊、蝇 / 喷雾

河北省蠡县冀中华联精细化工有限公司 (河北省蠡县传七村 071401 0312-6033818)
WP20080049 杀虫气雾剂/0.40%/气雾剂/胺菊酯 0.35%、高效氯氰菊酯 0.05%/2008.03.04 至 2013.03.04/低毒
卫生 蜚蠊、蚊、蝇 / 喷雾
WP20080262 蚊香/0.25%/蚊香/右旋反式烯丙菊酯 0.25%/2008.11.27 至 2013.11.27/低毒
卫生 蚊 / 点燃
WL20080336 电热蚊香片/11毫克/片/电热蚊香片/炔丙菊酯 11毫克/片/2009.05.27 至 2010.05.27/低毒
卫生 蚊 / 电热加温

河北省蠡县冀蠡精细化工有限公司 (河北省蠡县北埝乡张七村 071400 0312-6033050)
WL20070277 杀虫气雾剂/0.26%/气雾剂/高效氯氰菊酯 0.06%、右旋胺菊酯 0.2%/2009.12.04 至 2010.12.05/低毒
卫生 蚊、蝇 / 喷雾
WL20090115 蚊香/0.26%/蚊香/富右旋反式烯丙菊酯 0.26%/2009.04.10 至 2010.04.10/低毒
卫生 蚊 / 点燃

河北省蠡县远大日化有限公司 (河北省蠡县北埝乡白庄 071400 0312-6036163)
WL20080435 杀虫气雾剂/0.45%/气雾剂/胺菊酯 0.25%、氯氰菊酯 0.2%/2009.11.14 至 2010.11.14/微毒
卫生 蚊、蝇 / 喷雾

河北省蠡县争锋精细化工有限公司 (河北省蠡县北埝乡泊庄 071401 0312-6033535)
WP20080383 杀虫气雾剂/0.45%/气雾剂/胺菊酯 0.25%、氯氰菊酯 0.2%/2008.12.11 至 2013.12.11/微毒
卫生 蚊、蝇、蜚蠊 / 喷雾

河北盛世基农化工有限公司 (河北省沧州市沧县北环西路 061028 0317-4042067)
PD20040364 高效氯氰菊酯/2.5%/乳油/高效氯氰菊酯 2.5%/2009.12.19 至 2014.12.19/中等毒
梨树 梨木虱 12.5-20.8毫克/千克 喷雾
苹果树 桃小食心虫 12.5-25毫克/千克 喷雾
PD20040368 高效氯氰菊酯/4.5%/乳油/高效氯氰菊酯 4.5%/2009.12.19 至 2014.12.19/中等毒
十字花科蔬菜 菜青虫 9-25.5克/公顷 喷雾
PD20040565 吡虫啉/5%/乳油/吡虫啉 5%/2009.12.19 至 2014.12.19/低毒
小麦 蚜虫 11.25-18.75克/公顷 喷雾
PD20060175 辛硫磷/40%/乳油/辛硫磷 40%/2006.11.01 至 2011.11.01/低毒
棉花 棉铃虫 450-600克/公顷 喷雾
PD20070578 氯氰菊酯/5%/乳油/氯氰菊酯 5%/2007.12.03 至 2012.12.03/低毒
甘蓝 菜青虫 45-60克/公顷 喷雾
PD20080158 啶虫脒/3%/可湿性粉剂/啶虫脒 3%/2008.01.03 至 2013.01.03/低毒
柑橘树 蚜虫 10-12毫克/千克 喷雾
PD20080225 啶虫脒/3%/乳油/啶虫脒 3%/2008.01.11 至 2013.01.11/低毒
烟草 蚜虫 13.5-18克/公顷 喷雾
PD20080823 苯磺隆/75%/水分散粒剂/苯磺隆 75%/2008.06.20 至 2013.06.20/低毒
冬小麦田 一年生阔叶杂草 13.5-22.5克/公顷 茎叶喷雾
PD20082238 氰戊・辛硫磷/50%/乳油/氰戊菊酯 5%、辛硫磷 45%/2008.11.26 至 2013.11.26/低毒
甘蓝 菜青虫 112.5-150克/公顷 喷雾
PD20082738 苯磺隆/10%/可湿性粉剂/苯磺隆 10%/2008.12.08 至 2013.12.08/低毒
冬小麦田 一年生阔叶杂草 15-22.5克/公顷 茎叶喷雾
PD20082865 马拉硫磷/45%/乳油/马拉硫磷 45%/2008.12.09 至 2013.12.09/低毒
牧草 蝗虫 450-600克/公顷 喷雾
PD20083256 高氯・氧乐果/20%/乳油/高效氯氰菊酯 1%、氧乐果 19%/2008.12.11 至 2013.12.11/中等毒(原药高毒)
小麦 蚜虫 120-180克/公顷 喷雾
PD20083663 高氯・杀虫单/16%/微乳剂/高效氯氰菊酯 1%、杀虫单 15%/2008.12.12 至 2013.12.12/中等毒

	番茄	美洲斑潜蝇	180-360克/公顷	喷雾
PD20084038	灭多威/10%/可湿性粉剂/灭多威 10%/2008.12.16 至 2013.12.16/低毒(原药高毒)			
	棉花	棉铃虫	225-300克/公顷	喷雾
PD20084765	阿维菌素/1%/乳油/阿维菌素 1%/2008.12.22 至 2013.12.22/低毒(原药高毒)			
	小油菜	小菜蛾	6-9克/公顷	喷雾
PD20085862	甲硫·福美双/50%/可湿性粉剂/福美双 30%、甲基硫菌灵 20%/2008.12.29 至 2013.12.29/低毒			
	黄瓜	炭疽病	500-600克/公顷	喷雾
PD20086005	丙溴·灭多威/25%/乳油/丙溴磷 15%、灭多威 10%/2008.12.29 至 2013.12.29/中等毒(原药高毒)			
	棉花	棉铃虫	281.25-375克/公顷	喷雾
PD20091170	氰戊·马拉松/20%/乳油/马拉硫磷 15%、氰戊菊酯 5%/2009.01.22 至 2014.01.22/低毒			
	苹果树	桃小食心虫	200-333毫克/千克	喷雾
PD20091661	氟铃脲/5%/乳油/氟铃脲 5%/2009.02.03 至 2014.02.03/低毒			
	甘蓝	小菜蛾	45-60克/公顷	喷雾
PD20091675	三唑锡/25%/可湿性粉剂/三唑锡 25%/2009.02.03 至 2014.02.03/低毒			
	柑橘树	红蜘蛛	125-250毫克/千克	喷雾
LS20052840	辛硫·三唑磷/20%/乳油/三唑磷 10%、辛硫磷 10%/2008.09.01 至 2009.09.01/中等毒			
	水稻	稻水象甲	120-180克/公顷	喷雾
LS20053013	高氯·马/20%/乳油/高效氯氰菊酯 2%、马拉硫磷 18%/2008.09.13 至 2009.09.13/低毒			
	小麦	蚜虫	120-150克/公顷	喷雾
LS20060709	乙酰甲胺磷/20%/乳油/乙酰甲胺磷 20%/2009.04.03 至 2010.04.03/低毒			
	玉米	玉米螟	810-1080克/公顷	喷雾
LS20061476	氰戊·马拉松/25%/乳油/马拉硫磷 20%、氰戊菊酯 5%/2009.07.17 至 2010.07.17/低毒			
	小麦	蚜虫	187.5-262.5克/公顷	喷雾
LS20061477	氰戊·敌敌畏/20%/乳油/敌敌畏 13.5%、氰戊菊酯 6.5%/2009.07.17 至 2010.07.17/低毒			
	小麦	蚜虫	90-120克/公顷	喷雾
LS20061645	溴氰菊酯/25克/升/乳油/溴氰菊酯 25克/升/2009.08.23 至 2010.08.23/低毒			
	玉米	玉米螟	7.5-10.5克/公顷	拌毒砂、土撒喇叭口
LS20072196	氯氰·敌敌畏/10%/乳油/敌敌畏 8%、氯氰菊酯 2%/2009.09.11 至 2010.09.12/低毒			
	十字花科蔬菜	菜青虫	60-90克/公顷	喷雾
LS20080105	速灭威/25%/可湿性粉剂/速灭威 25%/2009.01.04 至 2010.01.04/低毒			
	水稻	稻飞虱	562.5-750克/公顷	喷雾
LS20080389	高氯·马/25%/乳油/高效氯氰菊酯 1%、马拉硫磷 24%/2009.02.20 至 2010.02.20/低毒			
	苹果	桃小食心虫	208-250毫克/千克	喷雾
LS20080402	辛硫·三唑磷/27%/乳油/三唑磷 5%、辛硫磷 22%/2009.02.21 至 2010.02.21/低毒			
	水稻	二化螟	243-405克/公顷	喷雾
LS20080407	氯氰·马拉松/16%/乳油/氯氰菊酯 2%、马拉硫磷 14%/2009.02.21 至 2010.02.21/低毒			
	荔枝	蝽蟓	80-160毫克/千克	喷雾
LS20080594	阿维菌素/18克/升/乳油/阿维菌素 18克/升/2009.02.23 至 2010.02.23/中等毒(原药高毒)			
	棉花	红蜘蛛	10.8-16.2克/公顷	喷雾
LS20080653	仲丁威/50%/乳油/仲丁威 50%/2009.02.26 至 2010.02.26/低毒			
	水稻	稻飞虱	487.5-562.5克/公顷	喷雾
LS20080766	毒死蜱/480克/升/乳油/毒死蜱 480克/升/2009.03.01 至 2010.03.01/中等毒			
	水稻	稻纵卷叶螟	504-684克/公顷	喷雾
LS20080813	炔螨特/730克/升/乳油/炔螨特 730克/升/2009.03.01 至 2010.03.01/低毒			
	柑橘树	红蜘蛛	292-365毫克/千克	喷雾
LS20080975	柴油·哒螨灵/41%/乳油/柴油 33%、哒螨灵 8%/2009.03.07 至 2010.03.07/低毒			
	柑橘树	红蜘蛛	273.3-410毫克/千克	喷雾
LS20081252	高效氯氟氰菊酯/25克/升/乳油/高效氯氟氰菊酯 25克/升/2009.03.12 至 2010.03.12/中等毒			
	苹果树	桃小食心虫	8.33-12.5克/公顷	喷雾
LS20081339	机油·螨醇/40%/乳油/机油 30%、三氯杀螨醇 10%/2009.03.14 至 2010.03.14/低毒			
	棉花	红蜘蛛	420-660克/公顷	喷雾
LS20081430	阿维·三唑磷/20%/乳油/阿维菌素 0.2%、三唑磷 19.8%/2009.03.18 至 2010.03.18/中等毒(原药高毒)			
	水稻	二化螟	150-210克/公顷	喷雾
LS20081848	氯氰·毒死蜱/522.5克/升/乳油/毒死蜱 475克/升、氯氰菊酯 47.5克/升/2009.04.10 至 2010.04.10/中等毒			
	十字花科蔬菜	菜青虫	352.69-470.25克/公顷	喷雾
LS20081892	氯氰·丙溴磷/440克/升/乳油/丙溴磷 400克/升、氯氰菊酯 40克/升/2009.04.10 至 2010.04.10/低毒			
	棉花	棉铃虫	528-660克/公顷	喷雾
LS20082584	氟乐灵/480克/升/乳油/氟乐灵 480克/升/2009.04.23 至 2010.04.23/低毒			
	棉花田	一年生杂草	900-1080克/公顷	土壤喷雾
LS20082732	虫酰肼/200克/升/悬浮剂/虫酰肼 200克/升/2009.05.04 至 2010.05.04/低毒			
	十字花科蔬菜	甜菜夜蛾	240-300克/公顷	喷雾
LS20082927	阿维·柴油/58%/乳油/阿维菌素 0.15%、柴油 57.85%/2009.07.17 至 2010.07.17/低毒(原药高毒)			

柑橘树 红蜘蛛 290-580毫克/千克 喷雾
LS20091167 甲氨基阿维菌素苯甲酸盐(2.2%)///微乳剂/甲氨基阿维菌素 2%/2009.04.22 至 2010.04.22/低毒
甘蓝 小菜蛾 1.8-2.4克/公顷 喷雾

河北胜源化工有限公司 (河北省城东工业区 051330 0311-84080887)

LS20050186 代森锰锌/80%/可湿性粉剂/代森锰锌 80%/2008.01.26 至 2009.01.25/低毒
番茄 早疫病 1845-2370克/公顷 喷雾
LS20050187 百菌清/75%/可湿性粉剂/百菌清 75%/2008.01.26 至 2009.01.25/低毒
黄瓜 霜霉病 1125-2400克/公顷 喷雾
LS20050586 嘧霉胺/40%/悬浮剂/嘧霉胺 40%/2008.03.14 至 2009.03.14/低毒
黄瓜 灰霉病 375-562.5克/公顷 喷雾
LS20051223 代森锰锌/30%/悬浮剂/代森锰锌 30%/2008.04.12 至 2009.04.12/低毒
番茄 早疫病 1350-1800克/公顷 喷雾
LS20051259 啶虫脒/5%/乳油/啶虫脒 5%/2008.04.12 至 2009.04.12/低毒
柑橘树 蚜虫 10-12.5毫克/千克 喷雾
LS20051282 腈菌唑/12.5%/可湿性粉剂/腈菌唑 12.5%/2008.04.12 至 2009.04.12/低毒
黄瓜 黑星病 56.25-75克/公顷 喷雾
LS20051358 甲基硫菌灵/70%/可湿性粉剂/甲基硫菌灵 70%/2008.04.18 至 2009.04.18/低毒
番茄 叶霉病 577.5-787.5克/公顷 喷雾
LS20051361 啶虫脒/3%/乳油/啶虫脒 3%/2008.04.18 至 2009.04.18/低毒
黄瓜 蚜虫 18-22.5克/公顷 喷雾
LS20051612 霜霉威盐酸盐/722克/升/水剂/霜霉威盐酸盐 722克/升/2008.04.29 至 2009.04.29/低毒
黄瓜 霜霉病 705-1083克/公顷 喷雾
LS20052518 抗蚜 ·敌敌畏/30%/乳油/敌敌畏 25%、抗蚜威 5%/2008.07.25 至 2009.07.25/中等毒
小麦 蚜虫 135-225克/公顷 喷雾
LS20052562 烯酰·锰锌/69%/可湿性粉剂/代森锰锌 60%、烯酰吗啉 9%/2008.08.03 至 2009.08.03/低毒
黄瓜 霜霉病 1035-1725克/公顷 喷雾
LS20052635 高效氯氟氰菊酯/25克/升/乳油/高效氯氟氰菊酯 25克/升/2008.08.14 至 2009.08.14/低毒
十字花科蔬菜 菜青虫 11.25-15克/公顷 喷雾
LS20052714 吡虫·辛硫磷/20%/乳油/吡虫啉 1%、辛硫磷 19%/2008.08.21 至 2009.08.21/低毒
韭菜 韭蛆 1500-2250克/公顷 灌根
LS20052841 丁硫·马/20%/乳油/丁硫克百威 4%、马拉硫磷 16%/2008.09.01 至 2009.09.01/中等毒
苹果树 桃小食心虫 133.3-200毫克/千克 喷雾
LS20053082 福·福锌/80%/可湿性粉剂/福美双 30%、福美锌 50%/2008.09.22 至 2009.09.22/低毒
黄瓜 炭疽病 1500-2100克/公顷 喷雾
LS20060871 联苯菊酯/25克/升/乳油/联苯菊酯 25克/升/2009.04.17 至 2010.04.17/低毒
茶树 茶尺蠖 11.25-15克/公顷 喷雾
LS20060872 联苯菊酯/100克/升/乳油/联苯菊酯 100克/升/2009.04.17 至 2010.04.17/中等毒
茶树 茶小绿叶蝉 30-37.5克/公顷 喷雾
LS20061040 柴油·哒螨灵/40%/乳油/柴油 35%、哒螨灵 5%/2009.04.25 至 2010.04.25/低毒
柑橘树 红蜘蛛 200-267毫克/千克 喷雾
LS20061220 甲氨基阿维菌素苯甲酸盐/1%/乳油/甲氨基阿维菌素苯甲酸盐 1%/2009.05.22 至 2010.05.22/低毒
十字花科蔬菜 小菜蛾 1.5-2.25克/公顷 喷雾
LS20061428 阿维·三唑磷/20%/乳油/阿维菌素 0.2%、三唑磷 19.8%/2009.06.29 至 2010.06.29/中等毒(原药高毒)
水稻 二化螟 210-270克/公顷 喷雾
LS20061765 多菌灵/25%/可湿性粉剂/多菌灵 25%/2009.10.12 至 2010.10.12/低毒
水稻 稻瘟病 750-937.5克/公顷 喷雾
LS20070139 福美双/50%/可湿性粉剂/福美双 50%/2009.02.07 至 2010.02.07/低毒
黄瓜 霜霉病 562.5-1125克/公顷 喷雾
LS20070162 三唑锡/25%/可湿性粉剂/三唑锡 25%/2009.02.07 至 2010.02.07/低毒
苹果树 红蜘蛛 188-250毫克/千克 喷雾
LS20071080 杀扑磷/40%/乳油/杀扑磷 40%/2009.04.25 至 2010.04.26/高毒
柑橘树 介壳虫 400-500毫克/千克 喷雾

河北圣邦药业有限公司 (河北省阜城县王集乡工业区 053701 0318-4926690)

PD20070590 辛硫磷/40%/乳油/辛硫磷 40%/2007.12.14 至 2012.12.14/低毒
十字花科蔬菜 菜青虫 300-450克/公顷 喷雾
PD20080169 马拉硫磷/45%/乳油/马拉硫磷 45%/2008.01.04 至 2013.01.04/低毒
小麦 蚜虫 540-742.5克/公顷 喷雾
LS20052571 多菌灵/50%/可湿性粉剂/多菌灵 50%/2008.08.03 至 2009.08.03/低毒
小麦 赤霉病 600-900克/公顷 喷雾

河北圣禾化工有限公司 (河北省石家庄市和平西路598号6-1-401 050051 0311-87050011)

PD20084785 阿维菌素/1.8%/乳油/阿维菌素 1.8%/2008.12.22 至 2013.12.22/低毒(原药高毒)
十字花科蔬菜 小菜蛾 8.1-10.8克/公顷 喷雾
PD20090432 甲基硫菌灵/70%/可湿性粉剂/甲基硫菌灵 70%/2009.01.12 至 2014.01.12/低毒

水稻　纹枯病　1050-1500克/公顷　喷雾
LS20060574　啶虫脒/3%/乳油/啶虫脒 3%/2009.03.16 至 2010.03.16/低毒
柑橘树　蚜虫　10-12毫克/千克　喷雾
LS20060582　哒螨灵/15%/乳油/哒螨灵 15%/2009.03.23 至 2010.03.23/低毒
柑橘树　红蜘蛛　60-100毫克/千克　喷雾
LS20060583　多・锰锌/40%/可湿性粉剂/多菌灵 20%、代森锰锌 20%/2009.03.23 至 2010.03.23/低毒
苹果　斑点落叶病　1000-1250毫克/千克　喷雾
LS20060591　啶虫脒/5%/乳油/啶虫脒 5%/2009.03.23 至 2010.03.23/低毒
柑橘树　蚜虫　5-10毫克/千克　喷雾
LS20060602　啶虫脒/20%/可湿性粉剂/啶虫脒 20%/2009.03.23 至 2010.03.23/低毒
柑橘树　蚜虫　12-20毫克/千克　喷雾
LS20082886　啶虫脒/5%/可湿性粉剂/啶虫脒 5%/2009.06.23 至 2010.06.23/低毒
十字花科蔬菜　蚜虫　15-22.5克/公顷　喷雾

河北圣亚达化工有限公司　(河北省沧州市盐山县沧乐路常金路口西侧　061300　0317-6320159)

PD20040215　氯氰菊酯/5%/乳油/氯氰菊酯 5%/2009.12.19 至 2014.12.19/中等毒
棉花　棉铃虫　45-90克/公顷　喷雾
PD20080837　氯氰・辛硫磷/20%/乳油/氯氰菊酯 1.5%、辛硫磷 18.5%/2008.06.20 至 2013.06.20/中等毒
棉花　棉铃虫　225-300克/公顷　喷雾
PD20083932　马拉硫磷/45%/乳油/马拉硫磷 45%/2008.12.15 至 2013.12.15/低毒
棉花　盲蝽蟓　472.5-607.5克/公顷　喷雾
PD20091842　乙烯利/40%/水剂/乙烯利 40%/2009.02.06 至 2014.02.06/低毒
棉花　催熟　300-500倍液　喷雾
PD20091946　多菌灵/50%/可湿性粉剂/多菌灵 50%/2009.02.12 至 2014.02.12/低毒
水稻　纹枯病　750-1000克/公顷　喷雾
PD20091955　百草枯/200克/升/水剂/百草枯 200克/升/2009.02.12 至 2014.02.12/中等毒
夏玉米田　杂草　375-450克/公顷　定向茎叶喷雾
PD20093201　高氯・马/20%/乳油/高效氯氰菊酯 2%、马拉硫磷 18%/2009.03.11 至 2014.03.11/低毒
甘蓝　菜青虫　90-120克/公顷　喷雾
PD20093221　多・福・锰锌 /50%/可湿性粉剂/多菌灵 20%、福美双 20%、代森锰锌 10%/2009.03.11 至 2014.03.11/中等毒
苹果树　轮纹病　500-650倍液　喷雾
PD20095960　阿维・辛硫磷/15%/乳油/阿维菌素 0.3%、辛硫磷 14.7%/2009.06.04 至 2014.06.04/低毒(原药高毒)
十字花科蔬菜　小菜蛾　90-135克/公顷　喷雾
PD20097605　啶虫脒/5%/乳油/啶虫脒 5%/2009.11.03 至 2014.11.03/低毒
柑橘树　蚜虫　10-12.5毫克/千克　喷雾
PD20098188　哒螨灵/20%/可湿性粉剂/哒螨灵 20%/2009.12.14 至 2014.12.14/低毒
苹果树　红蜘蛛　66.7-100毫克/千克　喷雾
LS20052889　吡虫啉/2%/可湿性粉剂/吡虫啉 2%/2008.09.07 至 2009.09.07/低毒
小麦　蚜虫　15-22.5克/公顷　喷雾
LS20060851　啶虫脒/3%/可湿性粉剂/啶虫脒 3%/2009.04.12 至 2010.04.12/低毒
柑橘　蚜虫　8.6-12毫克/千克　喷雾
LS20061644　高效氯氰菊酯/2.5%/乳油/高效氯氰菊酯 2.5%/2009.08.23 至 2010.08.23/低毒
梨树　梨木虱　12.5-25毫克/千克　喷雾
LS20061658　辛硫・三唑磷/20%/乳油/三唑磷 10%、辛硫磷 10%/2009.08.29 至 2010.08.29/中等毒
水稻　稻水象甲　150-210克/公顷　喷雾
LS20071137　氟铃・辛硫磷/20%/乳油/氟铃脲 2%、辛硫磷 18%/2009.04.25 至 2010.04.26/低毒
棉花　棉铃虫　180-240克/公顷　喷雾
LS20080557　甲氨基阿维菌素苯甲酸盐/1%/乳油/甲氨基阿维菌素苯甲酸盐 1%/2009.02.21 至 2010.02.22/低毒
棉花　棉铃虫　11.25-15克/公顷　喷雾
LS20081969　精喹禾灵/8.8%/乳油/精喹禾灵 8.8%/2009.04.15 至 2010.04.15/低毒
夏大豆田　一年生禾本科杂草　39.6-66克/公顷　茎叶喷雾

河北师大化工厂　(河北省石家庄市裕华区西仰陵　050801　0311-85319004)

PD85122-9　福美双/50%/可湿性粉剂/福美双 50%/2005.07.01 至 2010.07.01/中等毒
黄瓜　白粉病、霜霉病　500-1000倍液　喷雾
葡萄　白腐病　500-1000倍液　喷雾
水稻　稻瘟病、胡麻叶斑病　250克/100千克种子　拌种
甜菜、烟草　根腐病　500克/500千克温床土　土壤处理
小麦　白粉病、赤霉病　500倍液　喷雾
PD85123-6　胂・锌・福美双/50%/可湿性粉剂/福美甲胂 12.5%、福美双 25%、福美锌 12.5%/2005.07.01 至 2010.07.01/中等毒
大白菜　霜霉病　750-1125克/公顷　喷雾
梨树　黑星病　500-800倍液　喷雾
苹果树　炭疽病　500-800倍液　喷雾
葡萄　黑痘病、炭疽病　500-1000倍液　喷雾
水稻　纹枯病　562.5-712.5克/公顷　喷雾

	烟草	炭疽病	562.5-712.5克/公顷	喷雾
	芝麻	疫病	2500倍液	喷雾
PD85124-6	福·福锌/80%/可湿性粉剂/福美双 30%、福美锌 50%/2005.07.01 至 2010.07.01/中等毒			
	黄瓜、西瓜	炭疽病	1500-1800克/公顷	喷雾
	麻	炭疽病	240-400克/100千克种子	拌种
	棉花	苗期病害	0.5%药液	浸种
	苹果树、杉木、橡胶树	炭疽病	500-600倍液	喷雾
PD85125-8	福美胂/40%/可湿性粉剂/福美胂 40%/2005.07.01 至 2010.07.01/中等毒			
	黄瓜	白粉病	1025-1500克/公顷	喷雾
	苹果树	白粉病	700倍液	喷雾
	水稻	稻粒瘟病	542.5-645克/公顷	喷雾
	豌豆	白粉病	900-1025克/公顷	喷雾
	小麦	白粉病	542.5-750克/公顷	喷雾
PD85140-4	拌·福/40%/可湿性粉剂/拌种灵 20%、福美双 20%/2005.07.01 至 2010.07.01/中等毒			
	高粱	黑穗病	120-200克/100千克种子	拌种
	红麻	炭疽病	160倍液	浸种
	花生	锈病	500倍液	喷雾
	棉花	苗期病害	200克/100千克种子	拌种
	小麦	黑穗病	40-80克/100千克种子	拌种
	玉米	黑穗病	200克/100千克种子	拌种
PD20097651	福·福锌 /40%/可湿性粉剂/福美双 15%、福美锌 25%/2009.11.04 至 2014.11.04/低毒			
	黄瓜	炭疽病	1500-1800克/公顷	喷雾

河北石家庄市龙汇精细化工有限责任公司 (河北省石家庄市赵县赵元路024号 051530 0311-86063818)

PD20086233	甲氨基阿维菌素苯甲酸盐/90%/原药/甲氨基阿维菌素苯甲酸盐 90%/2008.12.31 至 2013.12.31/中等毒			
LS20072232	草铵膦/95%/原药/草铵膦 95%/2009.09.11 至 2010.09.12/低毒			
LS20090581	甲氨基阿维菌素苯甲酸盐(5.7%)///可溶粒剂/甲氨基阿维菌素 5%/2009.03.19 至 2010.03.19/低毒			
	十字花科蔬菜	甜菜夜蛾	2.25-3克/公顷	喷雾
WP20090363	杀虫饵剂/1.1%/毒饵/氯菊酯 0.1%、乙酰甲胺磷 1.0%/2009.11.09 至 2014.11.09/低毒			
	卫生	蜚蠊、蚂蚁	/	投放
WL20050245	高氯·毒死蜱/12%/乳油/毒死蜱 9%、高效氯氰菊酯 3%/2008.09.07 至 2009.09.07/低毒			
	卫生	蚊、蝇	0.3毫升制剂/平方米	喷洒
	注:本品仅限专业人员在公共场所使用(不包括儿童聚集地)。			

河北世纪农药有限公司 (河北省衡水市枣强县裕华东街178号 053100 0318-8261112)

PD85108-2	甲拌磷/80%/原药/甲拌磷 80%/2005.01.04 至 2010.01.04/高毒			
PD85109-4	甲拌磷/55%/乳油/甲拌磷 55%/2005.01.04 至 2010.01.04/高毒			
	棉花	地下害虫、蚜虫、螨	600-800克/100千克种子	浸种、拌种
	注:甲拌磷乳油只准用于浸、拌种，严禁喷雾使用。			
PD20040269	高效氯氰菊酯/4.5%/乳油/高效氯氰菊酯 4.5%/2004.12.19 至 2009.12.18/中等毒			
	十字花科蔬菜	菜青虫	9-25.5克/公顷	喷雾
PD20050131	甲拌磷/3%/颗粒剂/甲拌磷 3%/2005.09.08 至 2010.09.08/高毒			
	棉花	蚜虫	1125-1875克/公顷	沟施,穴施
PD20090495	丙环唑/250克/升/乳油/丙环唑 250克/升/2009.01.12 至 2014.01.12/低毒			
	小麦	白粉病	131.25-168.75克/公顷	喷雾
PD20091202	啶虫脒/3%/乳油/啶虫脒 3%/2009.02.01 至 2014.02.01/低毒			
	苹果树	蚜虫	10-15毫克/千克	喷雾
PD20093549	马拉硫磷/95%/原药/马拉硫磷 95%/2009.03.23 至 2014.03.23/低毒			
PD20093710	精喹禾灵/5%/乳油/精喹禾灵 5%/2009.03.25 至 2014.03.25/低毒			
	春大豆田	一年生禾本科杂草	45-52.5克/公顷	喷雾
PD20093734	苄嘧·苯噻酰/53%/可湿性粉剂/苯噻酰草胺 50%、苄嘧磺隆 3%/2009.03.25 至 2014.03.25/低毒			
	水稻抛秧田	部分多年生杂草、一年生杂草	397.5-556.5克/公顷(南方地区)	药土法
PD20093832	丙环唑/95%/原药/丙环唑 95%/2009.03.25 至 2014.03.25/低毒			
PD20094467	哒螨·氧乐果/30%/乳油/哒螨灵 5%、氧乐果 25%/2009.04.01 至 2014.04.01/中等毒(原药高毒)			
	柑橘树	红蜘蛛	150-200毫克/千克	喷雾
PD20094925	高效氯氟氰菊酯/25克/升/乳油/高效氯氟氰菊酯 25克/升/2009.04.13 至 2014.04.13/中等毒			
	棉花	棉铃虫	15-22.5克/公顷	喷雾
PD20096253	炔螨特/40%/乳油/炔螨特 40%/2009.07.15 至 2014.07.15/低毒			
	柑橘树	红蜘蛛	200-400毫克/千克	喷雾
PD20096512	辛硫·灭多威/30%/乳油/灭多威 10%、辛硫磷 20%/2009.08.19 至 2014.08.19/中等毒(原药高毒)			
	棉花	棉铃虫	225-337.5克/公顷	喷雾
PD20096905	灭线磷/95%/原药/灭线磷 95%/2009.09.23 至 2014.09.23/高毒			
PD20097449	灭线磷/10%/颗粒剂/灭线磷 10%/2009.10.28 至 2014.10.28/中等毒(原药高毒)			
	水稻	稻瘿蚊	1500-1800克/公顷	撒施

PD20097662 辛硫磷/3%/颗粒剂/辛硫磷 3%/2009.11.04 至 2014.11.04/低毒

玉米	玉米螟	135-180克/公顷	心叶期喇叭口撒施

PD20098100 马拉硫磷/45%/乳油/马拉硫磷 45%/2009.12.08 至 2014.12.08/低毒

大豆	食心虫	540-742.5克/公顷	喷雾
棉花	盲蝽蟓	540-742.5克/公顷	喷雾

河北双吉化工有限公司　(河北省石家庄市辛集市东郊　052360　0311-83372618)

PD84119-9 代森铵/45%/水剂/代森铵 45%/2004.12.15 至 2009.12.15/低毒

白菜、黄瓜	霜霉病	525克/公顷	喷雾
甘薯	黑斑病	200-400倍液	浸种
谷子	白发病	180-360倍液	浸种
苹果树	腐烂病、枝干轮纹病	2250-4500毫克/千克	涂抹
水稻	稻瘟病	535-675克/公顷	喷雾
水稻	白叶枯病、纹枯病	337.5克/公顷	喷雾
橡胶树	条溃疡病	150倍液	涂抹
玉米	大斑病、小斑病	525-675克/公顷	喷雾

PD86157 硫磺/50%/悬浮剂/硫磺 50%/2006.10.23 至 2011.10.23/微毒

果树	白粉病	200-400倍液	喷雾
哈密瓜、黄瓜	白粉病	1125-1500克/公顷	喷雾
花卉	白粉病	750-1500克/公顷	喷雾
芦笋	茎枯病	870-1170克/公顷	喷雾
橡胶树	白粉病	1875-3000克/公顷	喷雾
小麦	白粉病、螨	3000克/公顷	喷雾

PD88112-6 石硫合剂/29%/水剂/石硫合剂 29%/2008.11.21 至 2013.11.21/中等毒

茶树	红蜘蛛	0.5-1Be(波美)	喷雾
柑橘树	白粉病、红蜘蛛	1Be(波美)	喷雾
观赏植物	白粉病、介壳虫	0.5Be(波美)	喷雾
核桃树、麦类	白粉病	1Be(波美)	喷雾
苹果树	白粉病	0.5Be(波美)	喷雾
葡萄	白粉病	3-5Be(波美)	喷雾

PD90105-2 石硫合剂/45%/结晶/石硫合剂 45%/2005.03.25 至 2010.03.25/低毒

茶树	叶螨	150倍液	喷雾
柑橘树	锈壁虱	300-500倍液	晚秋喷雾
柑橘树	介壳虫、螨	1)180-300倍液 2)300-500倍液	1)早春喷雾 2)晚秋喷雾
麦类	白粉病	150倍液	喷雾
苹果树	叶螨	20-30倍液	萌芽前喷雾

PD96103 硫磺//原药/硫磺 99.5%/2007.01.18 至 2012.01.18/微毒

PD20070496 代森锰锌/70%/可湿性粉剂/代森锰锌 70%/2007.11.28 至 2012.11.28/微毒

番茄	早疫病	1837.5-2362.5克/公顷	喷雾
柑橘树	疮痂病、炭疽病	1333-2000毫克/千克	喷雾
花生	叶斑病	720-900克/公顷	喷雾
黄瓜	霜霉病	2040-3000毫克/千克	喷雾
辣椒	炭疽病、疫病	1800-2520克/公顷	喷雾
梨树	黑星病	800-1600毫克/千克	喷雾
荔枝树	霜疫霉病	1333-2000毫克/千克	喷雾
马铃薯	晚疫病	1440-2160克/公顷	喷雾
苹果树	斑点落叶病、轮纹病、炭疽病	1000-1600毫克/千克	喷雾
葡萄	白腐病、黑痘病、霜霉病	1000-1600毫克/千克	喷雾
西瓜	炭疽病	1560-2520克/公顷	喷雾
烟草	赤星病	1440-1920克/公顷	喷雾

PD20070509 代森锰锌/88%/原药/代森锰锌 88%/2007.11.28 至 2012.11.28/低毒

PD20080424 代森锌/90%/原药/代森锌 90%/2008.03.07 至 2013.03.07/低毒

PD20080482 甲霜·锰锌/58%/可湿性粉剂/甲霜灵 10%、代森锰锌 48%/2008.03.31 至 2013.03.31/低毒

黄瓜	霜霉病	1305-1632克/公顷	喷雾
烟草	黑胫病	696-1044克/公顷	茎基部喷淋

PD20080723 代森锌/65%/可湿性粉剂/代森锌 65%/2008.06.11 至 2013.06.11/微毒

黄瓜	霜霉病	1950-3000克/公顷	喷雾

PD20080917 霜脲·锰锌/72%/可湿性粉剂/代森锰锌 64%、霜脲氰 8%/2008.07.14 至 2013.07.14/低毒

黄瓜	霜霉病	1440-1800克/公顷	喷雾

PD20081295 代森锰锌/80%/可湿性粉剂/代森锰锌 80%/2008.10.06 至 2013.10.06/微毒

番茄	早疫病	1845-2370克/公顷	喷雾
柑橘树	疮痂病、炭疽病	1333-2000毫克/千克	喷雾

花生 叶斑病 720-900克/公顷 喷雾
黄瓜 霜霉病 2040-3000克/公顷 喷雾
辣椒 炭疽病、疫病 1800-2520克/公顷 喷雾
梨树 黑星病 800-1600毫克/千克 喷雾
荔枝树 霜疫霉病 1333-2000毫克/千克 喷雾
马铃薯 晚疫病 1440-2160克/公顷 喷雾
苹果树 轮纹病 600-800倍液 喷雾
苹果树 斑点落叶病、炭疽病 1000-1600毫克/千克 喷雾
葡萄 白腐病、黑痘病、霜霉病 1000-1600毫克/千克 喷雾
西瓜 炭疽病 1560-2520克/公顷 喷雾
烟草 赤星病 1440-1920克/公顷 喷雾

PD20082657 硫磺·多菌灵/50%/悬浮剂/多菌灵 15%、硫磺 35%/2008.12.04 至 2013.12.04/微毒
花生 叶斑病 1200-1800克/公顷 喷雾

PD20085301 代森锰锌/30%/悬浮剂/代森锰锌 30%/2008.12.23 至 2013.12.23/微毒
番茄 早疫病 1080-1440克/公顷 喷雾

PD20091950 硫磺·锰锌/70%/可湿性粉剂/硫磺 42%、代森锰锌 28%/2009.02.12 至 2014.02.12/微毒
豇豆 锈病 1575-2100克/公顷 喷雾

PD20094428 硫磺/80%/水分散粒剂/硫磺 80%/2009.04.01 至 2014.04.01/微毒
苹果树 白粉病 800-1600毫克/千克 喷雾

PD20094654 硫磺·锰锌/50%/可湿性粉剂/硫磺 30%、代森锰锌 20%/2009.04.10 至 2014.04.10/微毒
豇豆 锈病 1875-2100克/公顷 喷雾

PD20095880 代森锰锌/75%/水分散粒剂/代森锰锌 75%/2009.05.31 至 2014.05.31/微毒
番茄 早疫病 1687.5-2250克/公顷 喷雾
黄瓜 霜霉病 2040-3000克/公顷 喷雾
辣椒 炭疽病、疫病 1800-2520克/公顷 喷雾
梨树 黑星病 800-1600毫克/千克 喷雾
苹果 轮纹病 937.5-1250毫克/千克 喷雾
苹果树 斑点落叶病、炭疽病 1000-1600毫克/千克 喷雾
西瓜 炭疽病 2475-2700克/公顷 喷雾

PD20096093 代森锌/80%/可湿性粉剂/代森锌 80%/2009.06.18 至 2014.06.18/微毒
花生 叶斑病 780-960克/公顷 喷雾

LS20071386 多菌灵/50%/水分散粒剂/多菌灵 50%/2009.05.17 至 2010.05.18/微毒
苹果树 轮纹病 667-1000毫克/千克 喷雾

LS20071415 吡虫啉/70%/水分散粒剂/吡虫啉 70%/2009.05.17 至 2010.05.18/中等毒
水稻 稻飞虱 21-31.5克/公顷 喷雾

LS20081578 代森锰/90%/原药/代森锰 90%/2009.04.02 至 2010.04.02/低毒

LS20081821 代森锰/80%/可湿性粉剂/代森锰 80%/2009.04.10 至 2010.04.10/低毒
番茄 早疫病 1848-2376克/公顷 喷雾

LS20082106 多菌灵/50%/可湿性粉剂/多菌灵 50%/2009.04.15 至 2010.04.15/微毒
油菜 菌核病 1125-1500克/公顷 喷雾

河北桃园农药有限公司 (河北省涿州市长城桥南 072750 0312-3986844)

PD20080325 百草枯/42%/母药/百草枯 42%/2008.02.26 至 2013.02.26/中等毒

PD20085644 灭多威/98%/原药/灭多威 98%/2008.12.26 至 2013.12.26/高毒

PD20085978 灭多威/20%/乳油/灭多威 20%/2008.12.29 至 2013.12.29/高毒
棉花 蚜虫 75-150克/公顷 喷雾
棉花 棉铃虫 150-225克/公顷 喷雾

PD20090584 灭多威/90%/可溶粉剂/灭多威 90%/2009.01.14 至 2014.01.14/高毒
棉花 棉铃虫、蚜虫 105-180克/公顷 喷雾

PD20093310 高效氯氰菊酯/95%/原药/高效氯氰菊酯 95%/2009.03.13 至 2014.03.13/中等毒

PD20093712 氯氰菊酯/10%/乳油/氯氰菊酯 10%/2009.03.25 至 2014.03.25/中等毒
棉花 棉铃虫、棉蚜 45-90克/公顷 喷雾
蔬菜 菜青虫 30-45克/公顷 喷雾

PD20094914 氯氰菊酯/92%/原药/氯氰菊酯 92%/2009.04.13 至 2014.04.13/中等毒

PD20095932 高效氯氰菊酯/4.5%/乳油/高效氯氰菊酯 4.5%/2009.06.02 至 2014.06.02/中等毒
棉花 红铃虫、棉铃虫、棉蚜 15-30克/公顷 喷雾
十字花科蔬菜 菜青虫、小菜蛾 9-25.5克/公顷 喷雾
十字花科蔬菜 菜蚜 3-18克/公顷 喷雾

PD20097048 百草枯/20%/水剂/百草枯 20%/2009.10.10 至 2014.10.10/中等毒
夏玉米田 杂草 450-600克/公顷 定向喷雾

WP20090329 高效氯氰菊酯/5%/可湿性粉剂/高效氯氰菊酯 5%/2009.09.23 至 2014.09.23/低毒
卫生 蚊、蝇 20-25毫克/平方米 滞留喷雾

河北天顺生物工程有限公司 (河北省石家庄市无极县北苏工业区 052460 0311-85760288)

PD20083941 代森锰锌/80%/可湿性粉剂/代森锰锌 80%/2008.12.15 至 2013.12.15/低毒

苹果树　斑点落叶病　1000-1500毫克/千克　喷雾
PD20092307　鱼藤酮/4%/乳油/鱼藤酮 4%/2009.02.24 至 2014.02.24/中等毒(原药高毒)
十字花科蔬菜　蚜虫　24-36克/公顷　喷雾
PD20092909　高效氯氰菊酯/4.5%/乳油/高效氯氰菊酯 4.5%/2009.03.05 至 2014.03.05/低毒
棉花　棉铃虫　30-45克/公顷　喷雾
PD20095935　鱼藤酮/95%/原药/鱼藤酮 95%/2009.06.02 至 2014.06.02/高毒
PD20096036　阿维菌素/18克/升/乳油/阿维菌素 18克/升/2009.06.15 至 2014.06.15/低毒(原药高毒)
甘蓝　小菜蛾　9.45-10.8克/公顷　喷雾
PD20096559　辛硫磷/40%/乳油/辛硫磷 40%/2009.08.24 至 2014.08.24/低毒
玉米　玉米螟　480－600克/公顷　拌毒土撒施心叶
PD20096954　烟嘧磺隆/40克/升/可分散油悬浮剂/烟嘧磺隆 40克/升/2009.09.29 至 2014.09.29/低毒
玉米田　一年生杂草　42-60克/公顷　茎叶喷雾

河北万全宏宇化工有限责任公司　(河北省万全县郭磊庄镇　076250　0313-4831054)

PD20096012　烯草酮/90%/原药/烯草酮 90%/2009.06.12 至 2014.06.12/低毒
PD20097051　烯草酮/37%/母液/烯草酮 37%/2009.10.10 至 2014.10.10/低毒
注:仅供出口。
LS20080072　苯嗪草酮/70%/水分散粒剂/苯嗪草酮 70%/2010.01.04 至 2011.01.04/低毒
甜菜　一年生阔叶杂草　4200-4998克/公顷　播后苗前土壤喷雾
LS20080074　苯嗪草酮/98%/原药/苯嗪草酮 98%/2010.01.04 至 2011.01.04/低毒

河北万全力华化工有限责任公司　(河北省万全县孔家庄镇　076250　0313-4230078)

PD20080650　氨氯吡啶酸/95%/原药/氨氯吡啶酸 95%/2008.05.27 至 2013.05.27/低毒
PD20080651　烯草酮/37%/母液/烯草酮 37%/2008.05.27 至 2013.05.27/低毒
PD20080652　烯草酮/120克/升/乳油/烯草酮 120克/升/2008.05.27 至 2013.05.27/低毒
春大豆田　一年生禾本科杂草　72-108克/公顷　茎叶喷雾
夏大豆田　一年生禾本科杂草　63-72克/公顷　茎叶喷雾
PD20080653　烯草酮/90%/原药/烯草酮 90%/2008.05.27 至 2013.05.27/低毒
PD20081658　三氯吡氧乙酸/99%/原药/三氯吡氧乙酸 99%/2008.11.14 至 2013.11.14/低毒
PD20081987　高效氟吡甲禾灵/95%/原药/高效氟吡甲禾灵 95%/2008.11.25 至 2013.11.25/低毒
PD20081988　氯氟吡氧乙酸异辛酯/95%/原药/氯氟吡氧乙酸异辛酯 95%/2008.11.25 至 2013.11.25/低毒
PD20082235　烯禾啶/50%/母药/烯禾啶 50%/2008.11.26 至 2013.11.26/低毒
PD20082236　烯禾啶/94%/原药/烯禾啶 94%/2008.11.26 至 2013.11.26/低毒
PD20082988　氯氟吡氧乙酸/200克/升/乳油/氯氟吡氧乙酸 200克/升/2008.12.10 至 2013.12.10/低毒
小麦田　阔叶杂草　150-200克/公顷　茎叶喷雾
PD20083009　烯禾啶/12.5%/乳油/烯禾啶 12.5%/2008.12.10 至 2013.12.10/低毒
夏大豆田　一年生禾本科杂草　150-187.5克/公顷　茎叶喷雾
PD20083648　高效氟吡甲禾灵/108克/升/乳油/高效氟吡甲禾灵 108克/升/2008.12.12 至 2013.12.12/低毒
春大豆田　一年生禾本科杂草　48.6-56.7克/公顷　茎叶喷雾
夏大豆田　一年生禾本科杂草　40.5-48.6克/公顷　茎叶喷雾
LS20052806　二氯吡啶酸/95%/原药/二氯吡啶酸 95%/2008.08.21 至 2009.08.21/低毒
LS20083174　二氯吡啶酸/300克/升/水剂/二氯吡啶酸 300克/升/2009.11.20 至 2010.11.20/低毒
春玉米　阔叶杂草　301.5-481.5克/公顷　茎叶喷雾
LS20083275　氨氯吡啶酸/240克/升/水剂/氨氯吡啶酸 240克/升/2009.12.16 至 2010.12.16/低毒
森林　阔叶杂草　1200-1800克/公顷　喷雾
森林　灌木　1200-3600克/公顷　喷雾

河北万特生物化学有限公司　(河北省衡水市大麻森乡后野营村　053000　0318-7923106)

PD20085074　代森锰锌/80%/可湿性粉剂/代森锰锌 80%/2008.12.23 至 2013.12.23/低毒
番茄　早疫病　1560-2520克/公顷　喷雾
马铃薯　晚疫病　1440-2160克/公顷　喷雾
PD20086217　多·锰锌/50%/可湿性粉剂/多菌灵 8%、代森锰锌 42%/2008.12.31 至 2013.12.31/低毒
苹果树　斑点落叶病　1000-1250毫克/千克　喷雾
PD20091692　福美双/50%/可湿性粉剂/福美双 50%/2009.02.03 至 2014.02.03/低毒
水稻　稻瘟病　750-937.5克/公顷　喷雾
PD20096261　阿维·高氯/3%/乳油/阿维菌素 0.4%、高效氯氰菊酯 2.6%/2009.07.15 至 2014.07.15/低毒(原药高毒)
甘蓝　菜青虫、小菜蛾　7.5-15克/公顷　喷雾
PD20096803　福·福锌/80%/可湿性粉剂/福美双 30%、福美锌 50%/2009.09.15 至 2014.09.15/低毒
苹果树、西瓜、橡胶树　炭疽病　1600-2000毫克/千克　喷雾
PD20097186　毒死蜱/480克/升/乳油/毒死蜱 480克/升/2009.10.16 至 2014.10.16/中等毒
苹果树　棉蚜　240-480毫克/千克　喷雾
PD20097889　代森锌/80%/可湿性粉剂/代森锌 80%/2009.11.25 至 2014.11.25/低毒
番茄　早疫病　3000－3500克/公顷　喷雾
PD20098481　吡虫啉/10%/可湿性粉剂/吡虫啉 10%/2009.12.24 至 2014.12.24/低毒

	小麦	蚜虫	15-30克/公顷(南方地区) 45-60克/公顷(北方地区)	喷雾
LS20052235	多·福/50%/可湿性粉剂/多菌灵 8%、福美双 42%/2008.06.20 至 2009.06.20/低毒			
	葡萄	霜霉病	1000-1250毫克/千克	喷雾
LS20080466	吡虫啉/10%/可湿性粉剂/吡虫啉 10%/2009.02.19 至 2010.02.20/低毒			
	小麦	蚜虫	/	喷雾
LS20082626	吗胍·乙酸铜/20%/可湿性粉剂/盐酸吗啉胍 10%、乙酸铜 10%/2009.04.23 至 2010.04.23/低毒			
	水稻	条纹叶枯病	360-450克/公顷	喷雾
	烟草	病毒病	450-600克/公顷	喷雾
LS20090393	嘧霉·福美双 /30%/可湿性粉剂/福美双 15%、嘧霉胺 15%/2009.03.16 至 2010.03.16/低毒			
	番茄	灰霉病	360-450克/公顷	喷雾
LS20091163	锰锌·烯唑醇/32.5%/可湿性粉剂/代森锰锌 30%、烯唑醇 2.5%/2009.04.21 至 2010.04.21/低毒			
	梨树	黑星病	541.7-812.5毫克/千克	喷雾
河北威远生物化工股份有限公司 (河北省石家庄市长安区和平东路383号 050031 400-800-5888)				
PD86165-6	甲基异柳磷/40%/乳油/甲基异柳磷 40%/2006.12.06 至 2011.12.06/高毒			
	甘薯	茎线虫病	1500-3000克/公顷	拌土条施或铺施
	甘薯	蛴螬	600克/公顷	毒饵
	甘蔗	黑色蔗龟	1500克/公顷	淋于蔗苗基部并覆薄土
	高粱	地下害虫	0.05%药液	拌种
	花生	蛴螬	1500克/公顷	沟施花生墩旁
	小麦	地下害虫	40克/100千克种子	拌种
	玉米	地下害虫	0.1%药液	拌种
PD86176-15	30%乙酰甲胺磷乳油//乳油/乙酰甲胺磷 30%/2007.01.24 至 2012.01.24/低毒			
	柑橘树	介壳虫、螨	500-1000倍液	喷雾
	果树	食心虫	500-1000倍液	喷雾
	棉花	棉铃虫、蚜虫	450-900克/公顷	喷雾
	蔬菜	菜青虫、蚜虫	337.5-540克/公顷	喷雾
	水稻	螟虫、叶蝉	562.5-1012.5克/公顷	喷雾
	小麦、玉米	黏虫、玉米螟	540-1080克/公顷	喷雾
	烟草	烟青虫	450-900克/公顷	喷雾
PD88101-10	水胺硫磷/40%/乳油/水胺硫磷 40%/2008.03.11 至 2013.03.11/高毒			
	柑橘树	潜叶蛾、锈壁虱、螨	300-400毫克/千克	喷雾
	棉花	红蜘蛛、棉铃虫	300-600克/公顷	喷雾
	水稻	蓟马、螟虫	450-900克/公顷	喷雾
PD20040051	吡虫啉/95%/原药/吡虫啉 95%/2009.12.19 至 2014.12.19/低毒			
PD20040319	吡虫啉/25%/可湿性粉剂/吡虫啉 25%/2009.12.19 至 2014.12.19/低毒			
	水稻	稻飞虱	15-30克/公顷	喷雾
PD20040380	吡虫啉/5%/可溶液剂/吡虫啉 5%/2009.12.19 至 2014.12.19/低毒			
	梨树	梨木虱	15-20毫克/千克	喷雾
	苹果树	黄蚜	2000-4000倍液	喷雾
PD20040381	吡虫啉/5%/乳油/吡虫啉 5%/2009.12.19 至 2014.12.19/低毒			
	小麦	蚜虫	12-15克/公顷	喷雾
PD20040382	吡虫啉/10%/乳油/吡虫啉 10%/2009.12.19 至 2014.12.19/低毒			
	水稻	飞虱	22.5-30克/公顷	喷雾
PD20040464	吡虫啉/10%/可湿性粉剂/吡虫啉 10%/2009.12.19 至 2014.12.19/低毒			
	茶树	小绿叶蝉	25-33毫克/千克	喷雾
	黄瓜(温棚)	白粉虱	15-30克/公顷	喷雾
	梨树	梨木虱	20-25毫克/千克	喷雾
	梨树	黄粉虫	4000-5000倍液	喷雾
	棉花	蚜虫	30-45克/公顷	喷雾
	苹果树	黄蚜	25-50毫克/千克	喷雾
	十字花科蔬菜	蚜虫	12-18克/公顷	喷雾
	水稻	飞虱	15-30克/公顷	喷雾
	桃树	桃蚜	4000-5000倍液	喷雾
	小麦	蚜虫	15-30克/公顷	喷雾
PD20050215	阿维菌素/92%/原药/阿维菌素 92%/2005.12.23 至 2010.12.23/高毒			
PD20070362	甲氨基阿维菌素苯甲酸盐/1%/乳油/甲氨基阿维菌素苯甲酸盐 1%/2007.10.24 至 2012.10.24/低毒			
	甘蓝	小菜蛾	2.25-3克/公顷	喷雾
	棉花	棉铃虫	7.5-11.25克/公顷	喷雾
PD20070363	甲氨基阿维菌素苯甲酸盐/90%/原药/甲氨基阿维菌素苯甲酸盐 90%/2007.10.24 至 2012.10.24/中等毒			
PD20080154	啶虫脒/5%/乳油/啶虫脒 5%/2008.01.04 至 2013.01.04/低毒			
	柑橘树	蚜虫	16.7-20毫克/千克	喷雾

PD20080182 啶虫脒/96%/原药/啶虫脒 96%/2008.01.04 至 2013.01.04/中等毒

PD20081248 苯磺隆/10%/可湿性粉剂/苯磺隆 10%/2008.09.18 至 2013.09.18/低毒

冬小麦田 一年生阔叶杂草 15－22.5克/公顷 茎叶喷雾

PD20082406 阿维·辛硫磷/15%/乳油/阿维菌素 0.1%、辛硫磷 14.9%/2008.12.02 至 2013.12.02/低毒(原药高毒)

十字花科蔬菜 小菜蛾 112.5-168.75克/公顷 喷雾

PD20082621 除虫脲/98%/原药/除虫脲 98%/2008.12.04 至 2013.12.04/低毒

PD20083017 阿维菌素/0.9%/乳油/阿维菌素 0.9%/2008.12.10 至 2013.12.10/低毒(原药高毒)

菜豆 美洲斑潜蝇 16.2-21.6克/公顷 喷雾

柑橘树 锈壁虱 2.25-4.5毫克/千克 喷雾

梨树 梨木虱 6-12毫克/千克 喷雾

棉花 棉铃虫 21.6-32.4克/公顷 喷雾

苹果树 红蜘蛛 3-6毫克/千克 喷雾

十字花科蔬菜 菜青虫 8.1-10.8克/公顷 喷雾

PD20083096 啶虫·辛硫磷/20%/乳油/啶虫脒 1%、辛硫磷 19%/2008.12.10 至 2013.12.10/低毒

苹果树 蚜虫 100-133毫克/千克 喷雾

十字花科蔬菜 白粉虱 90-150克/公顷 喷雾

小麦 蚜虫 75-105克/公顷 喷雾

PD20083129 阿维菌素/1.8%/乳油/阿维菌素 1.8%/2008.12.10 至 2013.12.10/低毒(原药高毒)

菜豆 美洲斑潜蝇 16.2-21.6克/公顷 喷雾

柑橘树 锈壁虱 2.25-4.5毫克/千克 喷雾

梨树 梨木虱 6-12毫克/千克 喷雾

棉花 棉铃虫 21.6-32.4克/公顷 喷雾

苹果树 红蜘蛛 3-6毫克/千克 喷雾

十字花科蔬菜 菜青虫 8.1-10.8克/公顷 喷雾

水稻 稻纵卷叶螟 3.78-4.86克/公顷 喷雾

PD20083836 阿维·哒螨灵/5%/乳油/阿维菌素 0.2%、哒螨灵 4.8%/2008.12.15 至 2013.12.15/低毒(原药高毒)

柑橘树 红蜘蛛 25-50毫克/千克 喷雾

PD20084493 除虫脲/25%/可湿性粉剂/除虫脲 25%/2008.12.18 至 2013.12.18/低毒

苹果树 金纹细蛾 50-62.5毫克/千克 喷雾

PD20084671 乙酰甲胺磷/95%/原药/乙酰甲胺磷 95%/2008.12.22 至 2013.12.22/低毒

PD20085367 腐霉·福美双/25%/可湿性粉剂/腐霉利 5%、福美双 20%/2008.12.24 至 2013.12.24/低毒

番茄 灰霉病 225－300克/公顷 喷雾

PD20085379 啶虫脒/5%/可湿性粉剂/啶虫脒 5%/2008.12.24 至 2013.12.24/低毒

苹果树 绵蚜 16.7-25毫克/千克 喷雾

PD20085380 阿维·高氯/1.1%/微乳剂/阿维菌素 0.1%、高效氯氰菊酯 1%/2008.12.24 至 2013.12.24/低毒(原药高毒)

黄瓜 美洲斑潜蝇 15-30克/公顷 喷雾

PD20085468 高氯·辛硫磷/20%/乳油/高效氯氰菊酯 2%、辛硫磷 18%/2008.12.25 至 2013.12.25/低毒

大豆 甜菜夜蛾 240-360克/公顷 喷雾

十字花科蔬菜 蚜虫 150-225克/公顷 喷雾

PD20090070 吡虫·辛硫磷/30%/乳油/吡虫啉 1%、辛硫磷 29%/2009.01.08 至 2014.01.08/低毒

棉花 蚜虫 67.5-90克/公顷 喷雾

PD20090116 烯唑·三唑酮/15%/乳油/三唑酮 10%、烯唑醇 5%/2009.01.08 至 2014.01.08/低毒

小麦 白粉病 90-120克/公顷 喷雾

PD20090769 氟铃脲/95%/原药/氟铃脲 95%/2009.01.19 至 2014.01.19/低毒

PD20091144 除虫脲/5%/乳油/除虫脲 5%/2009.01.21 至 2014.01.21/低毒

茶树 茶尺蠖 33-50毫克/千克 喷雾

苹果树 金纹细蛾 25-50毫克/千克 喷雾

PD20091195 高氯·毒死蜱/20%/乳油/毒死蜱 18%、高效氯氰菊酯 2%/2009.02.01 至 2014.02.01/中等毒

棉花 棉铃虫 120-180克/公顷 喷雾

苹果树 桃小食心虫 111-333毫克/千克 喷雾

十字花科蔬菜 甜菜夜蛾 180-300克/公顷 喷雾

PD20091451 百菌清/20%/烟剂/百菌清 20%/2009.02.02 至 2014.02.02/低毒

黄瓜(保护地) 霜霉病 750-1200克/公顷 点燃放烟

PD20091672 啶虫脒/3%/微乳剂/啶虫脒 3%/2009.02.03 至 2014.02.03/低毒

番茄 白粉虱 13.5-27克/公顷 喷雾

PD20092132 除脲·辛硫磷/20%/乳油/除虫脲 1%、辛硫磷 19%/2009.02.23 至 2014.02.23/低毒

十字花科蔬菜 菜青虫 90-120克/公顷 喷雾

PD20092314 阿维·敌敌畏/40%/乳油/阿维菌素 0.3%、敌敌畏 39.7%/2009.02.24 至 2014.02.24/中等毒(原药高毒)

黄瓜 美洲斑潜蝇 360-480克/公顷 喷雾

PD20092361 阿维·杀虫单/20%/微乳剂/阿维菌素 0.2%、杀虫单 19.8%/2009.02.24 至 2014.02.24/低毒(原药高毒)

菜豆 美洲斑潜蝇 135-180克/公顷 喷雾

PD20092455 高氯 ·敌敌畏/20%/乳油/敌敌畏 19%、高效氯氰菊酯 1%/2009.02.25 至 2014.02.25/中等毒

棉花 棉铃虫 120-180克/公顷 喷雾

PD20092821 氟铃脲/5%/乳油/氟铃脲 5%/2009.03.04 至 2014.03.04/低毒
棉花 棉铃虫 90-120克/公顷 喷雾
十字花科蔬菜 小菜蛾 30-52.5克/公顷 喷雾

PD20093047 苄·丁/35%/可湿性粉剂/苄嘧磺隆 1.5%、丁草胺 33.5%/2009.03.09 至 2014.03.09/低毒
水稻移栽田 部分多年生杂草、一年生杂草 577.5－787.5克/公顷 药土法

PD20093968 高氯·甲维盐/2%/微乳剂/高效氯氰菊酯 1.9%、甲氨基阿维菌素苯甲酸盐 0.1%/2009.03.27 至 2014.03.27/低毒
十字花科蔬菜 小菜蛾、斜纹夜蛾 12-18克/公顷 喷雾

PD20094750 除虫脲/20%/悬浮剂/除虫脲 20%/2009.04.10 至 2014.04.10/低毒
茶树 茶尺蠖 100-133 毫克/千克 喷雾
甘蓝 菜青虫 30-75克/公顷 喷雾
松树 松毛虫 112.5-150克/公顷 喷雾

PD20095305 百草枯/200克/升/水剂/百草枯 200克/升/2009.04.27 至 2014.04.27/中等毒
玉米田 杂草 300-600克/公顷 定向茎叶喷雾

PD20095675 阿维·高氯/6%/乳油/阿维菌素 0.4%、高效氯氰菊酯 5.6%/2009.05.14 至 2014.05.14/低毒(原药高毒)
甘蓝 小菜蛾 18-24克/公顷 喷雾
黄瓜 美洲斑潜蝇 22.5-31.5克/公顷 喷雾

PD20095784 霜脲·锰锌/72%/可湿性粉剂/代森锰锌 64%、霜脲氰 8%/2009.05.27 至 2014.05.27/低毒
番茄 晚疫病 1440－1944克/公顷 喷雾
黄瓜 霜霉病 1440－1800克/公顷 喷雾

PD20096270 锰锌·烯唑醇/40%/可湿性粉剂/代森锰锌 37%、烯唑醇 3%/2009.07.22 至 2014.07.22/低毒
梨树 黑星病 600-1000倍液 喷雾

PD20096524 阿维·啶虫脒/1.8%/微乳剂/阿维菌素 0.3%、啶虫脒 1.5%/2009.08.20 至 2014.08.20/低毒(原药高毒)
黄瓜 美洲斑潜蝇 8.1-16.2克/公顷 喷雾

PD20097166 甲氨基阿维菌素苯甲酸盐(0.6%)///微乳剂/甲氨基阿维菌素 0.5%/2009.10.16 至 2014.10.16/低毒
甘蓝 甜菜夜蛾 0.75-1.5克/公顷 喷雾

PD20097485 甲氨基阿维菌素苯甲酸盐(2.3%)///乳油/甲氨基阿维菌素 2%/2009.11.03 至 2014.11.03/低毒
棉花 棉铃虫 11.25-22.5克/公顷 喷雾

PD20098073 高效氯氰菊酯/4.5%/乳油/高效氯氰菊酯 4.5%/2009.12.08 至 2014.12.08/低毒
梨树 梨木虱 20.8-31.25毫克/千克 喷雾

PD20098189 阿维·矿物油/20%/乳油/阿维菌素 0.2%、矿物油 19.8%/2009.12.14 至 2014.12.14/低毒(原药高毒)
梨树 梨木虱 100-133毫克/千克 喷雾

PD20098362 甲氨基阿维菌素苯甲酸盐(2.3%)///可溶粒剂/甲氨基阿维菌素 2%/2009.12.18 至 2014.12.18/低毒
十字花科蔬菜 甜菜夜蛾 2.25-3克/公顷 喷雾

LS20052590 阿维菌素/2%/微囊悬浮剂/阿维菌素 2%/2008.08.14 至 2009.08.14/低毒(原药高毒)
梨树 梨木虱 4-5毫克/千克 喷雾
十字花科蔬菜 小菜蛾 6-9克/公顷 喷雾

LS20053399 啶虫·毒死蜱/20%/乳油/啶虫脒 2%、毒死蜱 18%/2008.10.18 至 2009.10.18/中等毒
韭菜 韭蛆 1500-2250克/公顷 全田浇灌

LS20053479 除脲·毒死蜱/20%/乳油/除虫脲 1%、毒死蜱 19%/2008.11.13 至 2009.11.13/中等毒
棉花 棉铃虫 240-300克/公顷 喷雾

LS20072446 甲氨基阿维菌素苯甲酸盐/5%/可溶粒剂/甲氨基阿维菌素苯甲酸盐 5%/2009.11.05 至 2010.11.06/低毒
棉花 棉铃虫 11.25-22.5克/公顷 喷雾

LS20080062 甲氨基阿维菌素苯甲酸盐/2%/微乳剂/甲氨基阿维菌素苯甲酸盐 2%/2009.01.04 至 2010.01.04/低毒
甘蓝 斜纹夜蛾 1.5-2.1克/公顷 喷雾
甘蓝 小菜蛾 1.5-2.25克/公顷 喷雾

LS20080572 阿维·毒死蜱/25%/乳油/阿维菌素 0.3%、毒死蜱 24.7%/2009.02.21 至 2010.02.22/中等毒(原药高毒)
十字花科蔬菜 小菜蛾 225-450克/公顷 喷雾

LS20080930 吡虫啉/70%/种子处理可分散粉剂/吡虫啉 70%/2009.03.04 至 2010.03.04/中等毒
夏玉米 蚜虫 350-490克/100千克种子 拌种

LS20081122 啶虫脒/20%/可溶液剂/啶虫脒 20%/2009.03.10 至 2010.03.10/低毒
苹果树 蚜虫 25-30毫克/千克 喷雾

LS20081495 高氯·啶虫脒/5%/可湿性粉剂/啶虫脒 3%、高效氯氰菊酯 2%/2009.03.31 至 2010.03.31/低毒
番茄 烟粉虱 18.75-30克/公顷 喷雾

LS20081511 烯酰·锰锌/69%/可湿性粉剂/代森锰锌 60%、烯酰吗啉 9%/2009.03.31 至 2010.03.31/微毒
葡萄 霜霉病 1242-2070克/公顷 喷雾

LS20081672 烯酰吗啉/50%/可湿性粉剂/烯酰吗啉 50%/2009.04.07 至 2010.04.07/低毒
黄瓜 霜霉病、疫病 225-300克/公顷 喷雾

LS20082819 阿维菌素/4%/乳油/阿维菌素 4%/2009.05.12 至 2010.05.12/中等毒(原药高毒)
苹果树 二斑叶螨 4.5-6毫克/千克 喷雾

LS20083115 甲氨基阿维菌素苯甲酸盐/3%/乳油/甲氨基阿维菌素苯甲酸盐 3%/2009.11.04 至 2010.11.04/低毒
甘蓝 甜菜夜蛾、小菜蛾 1.5-2克/公顷 喷雾

LS20083121 阿维菌素/1%/水乳剂/阿维菌素 1%/2009.11.11 至 2010.11.11/低毒(原药高毒)
菜豆 美洲斑潜蝇 15-22.5克/公顷 喷雾

LS20083182 草铵膦/95%/原药/草铵膦 95%/2009.11.20 至 2010.11.20/低毒

LS20090002 草铵膦/200克/升/水剂/草铵膦 200克/升/2009.01.08 至 2010.01.08/低毒

柑橘园	杂草	750-1050克/公顷	喷雾

LS20091181 阿维菌素/5%/可湿性粉剂/阿维菌素 5%/2009.04.23 至 2010.04.23/低毒(原药高毒)

十字花科蔬菜	小菜蛾	11.25-15克/公顷	喷雾

河北希普种衣剂有限责任公司 (河北省石家庄市翟营大街翟营投递公司3102号信箱 050031)

PD20070475 嘧霉胺/95%/原药/嘧霉胺 95%/2007.11.28 至 2012.11.28/低毒

PD20080214 嘧霉胺/20%/悬浮剂/嘧霉胺 20%/2008.01.11 至 2013.01.11/低毒

黄瓜	灰霉病	375-562.5克/公顷	喷雾

PD20083391 阿维菌素/1.8%/乳油/阿维菌素 1.8%/2008.12.11 至 2013.12.11/低毒(原药高毒)

柑橘树	红蜘蛛	6-7.2毫克/千克	喷雾
十字花科蔬菜	小菜蛾	8.1-10.8克/公顷	喷雾

PD20083688 吡虫啉/10%/可溶液剂/吡虫啉 10%/2008.12.15 至 2013.12.15/低毒

水稻	稻飞虱	30-45克/公顷	喷雾

PD20085260 吡虫啉/6%/可溶液剂/吡虫啉 6%/2008.12.23 至 2013.12.23/低毒

苹果树	黄蚜	20-30毫克/千克	喷雾

PD20093945 高效氯氰菊酯/4.5%/乳油/高效氯氰菊酯 4.5%/2009.03.27 至 2014.03.27/低毒

棉花	棉铃虫	47.25-60.75克/公顷	喷雾

PD20096173 高效氯氰菊酯/4.5%/微乳剂/高效氯氰菊酯 4.5%/2009.07.02 至 2014.07.02/低毒

甘蓝	菜青虫	20.25-33.75克/公顷	喷雾

PD20096759 吡虫啉/95%/原药/吡虫啉 95%/2009.09.15 至 2014.09.15/低毒

LS20050601 高效氯氰菊酯/4.5%/水乳剂/高效氯氰菊酯 4.5%/2008.03.14 至 2009.03.14/低毒

十字花科蔬菜	菜青虫	40.5-54克/公顷	喷雾

LS20051205 柴油·哒螨灵/34%/乳油/柴油 30%、哒螨灵 4%/2008.04.12 至 2009.04.12/低毒

柑橘树	红蜘蛛	226.7-340毫克/千克	喷雾

LS20051526 啶虫脒/3%/乳油/啶虫脒 3%/2008.04.21 至 2009.04.21/低毒

柑橘树	蚜虫	10-12毫克/千克	喷雾

LS20052108 阿维·柴油/24.5%/乳油/阿维菌素 0.2%、柴油 24.3%/2008.06.09 至 2009.06.09/低毒(原药高毒)

柑橘树	红蜘蛛	163-245毫克/千克	喷雾

WP20080463 高效氯氰菊酯/5%/悬浮剂/高效氯氰菊酯 5%/2008.12.16 至 2013.12.16/低毒

卫生	蚊、蝇	25毫克/平方米	滞留喷洒

河北欣田生化工程有限公司 (河北省柏乡县固路东侧188号 055450 0319-7799399)

LS20082341 吡虫啉/200克/升/可溶液剂/吡虫啉 200克/升/2009.04.21 至 2010.04.21/低毒

十字花科蔬菜	蚜虫	15-30克/公顷	喷雾

河北新丰农药化工股份有限公司 (河北省邯郸市复兴区树脂路29号 056003 0310-4042112)

PD84108-18 敌百虫原粉//原药/敌百虫 97%,90%,87%/2009.12.22 至 2014.12.22/低毒

白菜、青菜	菜青虫	960-1200克/公顷	喷雾
白菜、青菜	地下害虫	750-1500克/公顷	喷雾
茶树	尺蠖、刺蛾	450-900毫克/千克	喷雾
大豆	造桥虫	1800克/公顷	喷雾
柑橘树	卷叶蛾	600-750毫克/千克	喷雾
林木	松毛虫	600-900毫克/千克	喷雾
水稻	螟虫	1500-1800克/公顷	喷雾、泼浇或毒土
小麦	黏虫	1800克/公顷	喷雾
烟草	烟青虫	900毫克/千克	喷雾

PD85105-34 敌敌畏/80%/乳油/敌敌畏 77.5%(气谱法)/2004.12.22 至 2009.12.22/中等毒

茶树	食叶害虫	600克/公顷	喷雾
粮仓	多种储藏害虫	1)400-500倍液, 2)0.4-0.5克/立方米	1)喷雾 2)挂条熏蒸
棉花	蚜虫、造桥虫	600-1200克/公顷	喷雾
苹果树	小卷叶蛾、蚜虫	400-500毫克/千克	喷雾
青菜	菜青虫	600克/公顷	喷雾
桑树	尺蠖	600克/公顷	喷雾
卫生	多种卫生害虫	1)300-400倍液 2)0.08克/立方米	1)泼洒 2)挂条熏蒸
小麦	黏虫、蚜虫	600克/公顷	喷雾

PD85158-9 喹硫磷/25%/乳油/喹硫磷 25%/2005.08.15 至 2010.08.15/高毒

棉花	棉铃虫、蚜虫	180-600克/公顷	喷雾
水稻	螟虫	375-495克/公顷	喷雾

PD20080536 敌敌畏/95%/原药/敌敌畏 95%/2008.05.04 至 2013.05.04/中等毒

PD20093130 草甘膦/95%/原药/草甘膦 95%/2009.03.10 至 2014.03.10/低毒

PD20093497 草甘膦异丙胺盐/41%/水剂/草甘膦异丙胺盐 41%/2009.03.23 至 2014.03.23/低毒

玉米田 杂草 1100-2250克/公顷 行间定向茎叶喷雾

PD20097325 敌百虫/30%/乳油/敌百虫 30%/2009.10.27 至 2014.10.27/低毒

甘蓝 菜青虫 450-675克/公顷 喷雾

LS20050147 矮壮·甲哌鎓/45%/水剂/矮壮素 43%、甲哌鎓 2%/2008.01.21 至 2009.01.20/低毒

棉花 调节生长 54-81克/公顷 喷雾

LS20060358 扑·乙/25%/可湿性粉剂/扑草净 14%、乙草胺 11%/2008.03.01 至 2009.03.01/低毒

夏玉米 一年生杂草 562.5-750克/公顷 土壤喷雾

河北新农生物化工有限公司 (河北省石家庄市南高基大街40号(原888号信箱) 061200 0317-6220780)

PD20098128 棉铃虫核型多角体病毒/20亿PIB/毫升/悬浮剂/棉铃虫核型多角体病毒 20亿PIB/毫升/2009.12.08 至 2014.12.08/低毒

棉花 棉铃虫 750-900毫升/公顷 喷雾

河北新兴化工有限责任公司 (河北省保定市涿州市松林店镇 072761 0312-3615555)

PD84111-7 氧乐果/40%/乳油/氧乐果 40%/2009.10.26 至 2014.10.26/中等毒(原药高毒)

棉花 蚜虫、螨 375-600克/公顷 喷雾

森林 松干蚧、松毛虫 500倍液 喷雾或直接涂树干

水稻 稻纵卷叶螟、飞虱 375-600克/公顷 喷雾

小麦 蚜虫 300-450克/公顷 喷雾

PD20080828 噁草酮/25%/乳油/噁草酮 25%/2008.06.20 至 2013.06.20/低毒

春大豆田 一年生杂草 750-1125克/公顷 土壤喷雾

PD20080831 噁草酮/94%/原药/噁草酮 94%/2008.06.20 至 2013.06.20/低毒

PD20080886 噁草酮/12.5%/乳油/噁草酮 12.5%/2008.07.09 至 2013.07.09/低毒

移栽水稻田 一年生杂草 375-468.8克/公顷 直接撒施或药土法

PD20080937 嗪草酮/50%/可湿性粉剂/嗪草酮 50%/2008.07.17 至 2013.07.17/低毒

春大豆田 一年生阔叶杂草 525-637.5克/公顷 土壤喷雾

PD20080938 嗪草酮/95%/原药/嗪草酮 95%/2008.07.17 至 2013.07.17/低毒

PD20080939 嗪草酮/70%/可湿性粉剂/嗪草酮 70%/2008.07.17 至 2013.07.17/低毒

大豆田 一年生阔叶杂草 525－735克/公顷 土壤喷雾

PD20082918 双甲脒/98%/原药/双甲脒 98%/2008.12.09 至 2013.12.09/中等毒

PD20097531 草甘膦/95%/原药/草甘膦 95%/2009.11.03 至 2014.11.03/低毒

河北宣化农药有限责任公司 (河北省张家口市宣化区大东门外三里台 075100 0313-3185125)

PD85112-4 莠去津/38%/悬浮剂/莠去津 38%/2005.04.18 至 2010.04.18/低毒

茶园 一年生杂草 1125-1875克/公顷 喷于地表

防火隔离带、公路、森林、铁路 一年生杂草 0.8-2克/平方米 喷于地表

甘蔗 一年生杂草 1050-1500克/公顷 喷于地表

高粱、糜子、玉米 一年生杂草 1800-2250克/公顷(东北地区) 喷于地表

红松苗圃 一年生杂草 0.2-0.3克/平方米 喷于地表

梨园、苹果园 一年生杂草 1625-1875克/公顷 喷于地表

橡胶园 一年生杂草 2250-3750克/公顷 喷于地表

PD93105-3 莠去津/92%, 88%, 85/原药/莠去津 92%, 88%, 85%/2008.06.03 至 2013.06.03/低毒

PD20040575 哒螨灵/15%/乳油/哒螨灵 15%/2009.12.19 至 2014.12.19/中等毒

柑橘树、苹果树 红蜘蛛 50-67毫克/千克 喷雾

PD20080060 苯磺隆/95%/原药/苯磺隆 95%/2008.01.04 至 2013.01.04/低毒

PD20080128 啶虫脒/96%/原药/啶虫脒 96%/2008.01.04 至 2013.01.04/中等毒

PD20080308 苯磺隆/75%/水分散粒剂/苯磺隆 75%/2008.02.25 至 2013.02.25/低毒

冬小麦田 一年生阔叶杂草 13.5-22.5克/公顷 茎叶喷雾

PD20081428 硫双威/95%/原药/硫双威 95%/2008.10.31 至 2013.10.31/中等毒

PD20081662 异丙草胺/90%/原药/异丙草胺 90%/2008.11.14 至 2013.11.14/低毒

PD20081695 氯嘧磺隆/95%/原药/氯嘧磺隆 95%/2008.11.17 至 2013.11.17/低毒

PD20082276 异噁草松/95%/原药/异噁草松 95%/2008.11.27 至 2013.11.27/低毒

PD20082880 异噁草松/480克/升/乳油/异噁草松 480克/升/2008.12.09 至 2013.12.09/低毒

春大豆田 一年生杂草 2100-2500毫升/公顷(制剂) 播后苗前土壤喷雾处理

PD20083806 异丙草胺/70%/乳油/异丙草胺 70%/2008.12.15 至 2013.12.15/低毒

春大豆田 一年生禾本科杂草及部分小粒种子阔叶杂草 1575-2100克/公顷(东北地区) 播后苗前土壤喷雾

夏大豆田 一年生禾本科杂草及部分小粒种子阔叶杂草 1260-1575克/公顷(其它地区) 播后苗前土壤喷雾

PD20084715 啶虫脒/3%/乳油/啶虫脒 3%/2008.12.22 至 2013.12.22/中等毒

黄瓜 蚜虫 18-22.5克/公顷 喷雾

苹果树 蚜虫 15-20毫克/千克 喷雾

PD20085847	异丙草胺/868克/升/乳油/异丙草胺 868克/升/2008.12.29 至 2013.12.29/低毒			
	春大豆田	部分阔叶杂草、一年生禾本科杂草	1953-2604克/公顷(东北地区)	土壤喷雾
	夏大豆田	部分阔叶杂草、一年生禾本科杂草	1302-1953克/公顷(其它地区)	土壤喷雾
PD20086302	乙·莠/40%/悬乳剂/乙草胺 20%、莠去津 20%/2008.12.31 至 2013.12.31/低毒			
	春玉米田	一年生杂草	1800-2400克/公顷(东北地区)	播后苗前土壤处理
	夏玉米田	一年生杂草	900-1500克/公顷(华北地区)	播后苗前土壤处理
PD20090624	吡嘧磺隆/10%/可湿性粉剂/吡嘧磺隆 10%/2009.01.14 至 2014.01.14/低毒			
	水稻移栽田	稗草、阔叶杂草、莎草	15-30克/公顷	毒土
PD20090770	苯磺隆/10%/可湿性粉剂/苯磺隆 10%/2009.01.19 至 2014.01.19/低毒			
	小麦田	阔叶杂草	10.05-19.5克/公顷	喷雾
PD20092138	噻吩磺隆/70%/可湿性粉剂/噻吩磺隆 70%/2009.02.23 至 2014.02.23/低毒			
	春大豆田、春玉米田	一年生阔叶杂草	29.4—50.4克/公顷(东北地区)	土壤喷雾
PD20092316	异丙·异噁松/51%/乳油/异丙草胺 36%、异噁草松 15%/2009.02.24 至 2014.02.24/低毒			
	春大豆田	一年生杂草	1530-1912.5克/公顷(东北地区)	喷雾
	冬油菜(移栽田)	一年生杂草	688.5—841.5克/公顷	茎叶喷雾
	花生田	一年生杂草	765—1147.5克/公顷	土壤喷雾
PD20092791	苯磺隆/25%/可溶性粉剂/苯磺隆 25%/2009.03.04 至 2014.03.04/低毒			
	冬小麦田	一年生阔叶杂草	15—22.5克/公顷	茎叶喷雾
PD20092993	唑草·苯磺隆/28%/可湿性粉剂/苯磺隆 16%、唑草酮 12%/2009.03.09 至 2014.03.09/低毒			
	小麦田	一年生杂草	21—25.2克/公顷	茎叶喷雾
PD20095196	异松·乙草胺/80%/乳油/乙草胺 60%、异噁草松 20%/2009.04.24 至 2014.04.24/低毒			
	大豆田	一年生杂草	1680—2040克/公顷	土壤喷雾
PD20095198	丁·莠/48%/悬乳剂/丁草胺 19%、莠去津 29%/2009.04.24 至 2014.04.24/低毒			
	夏玉米田	一年生杂草	1080-1440克/公顷	播后苗前土壤喷雾
PD20095372	异松·乙草胺 /45%/乳油/乙草胺 30%、异噁草松 15%/2009.04.27 至 2014.04.27/低毒			
	大豆田	一年生杂草	1012.5-1350克/公顷	播后苗前土壤喷雾处理
PD20095414	乙·莠/52%/悬乳剂/乙草胺 27%、莠去津 25%/2009.05.11 至 2014.05.11/低毒			
	春玉米田	一年生杂草	1560-1950克/公顷	播后苗前土壤喷雾
	夏玉米田	一年生杂草	957-1560克/公顷	播后苗前土壤喷雾
PD20095435	乙草胺/50%/乳油/乙草胺 50%/2009.05.11 至 2014.05.11/低毒			
	大豆田	一年生禾本科杂草及小粒阔叶杂草	1)1200-1875克/公顷(东北地区) 2)750-1050克/公顷(其它地区)	播前、播后苗前土壤处理
	花生田	一年生禾本科杂草及小粒阔叶杂草	750-1200克/公顷	播后苗前土壤处理(覆膜时药量酌减)
	油菜田	一年生禾本科杂草及小粒阔叶杂草	525-750克/公顷	栽前或栽后3天土壤处理
	玉米田	一年生禾本科杂草及小粒阔叶杂草	1)900-1875克/公顷(东北地区) 2)750-1050克/公顷(其它地区)	播后苗期土壤处理
PD20095448	吡嘧磺隆/95%/原药/吡嘧磺隆 95%/2009.05.11 至 2014.05.11/低毒			
PD20095573	莠去津/50%/悬浮剂/莠去津 50%/2009.05.12 至 2014.05.12/低毒			
	春玉米田	一年生杂草	1800-2250克/公顷(东北地区)	播后苗前土壤喷雾
	夏玉米田	一年生杂草	1050-1500克/公顷(其它地区)	播后苗前土壤喷雾
PD20095814	乙·莠· 滴丁酯/43.2%/悬乳剂/2,4-滴丁酯 7.2%、乙草胺 18%、莠去津 18%/2009.05.27 至 2014.05.27/低毒			
	春玉米田	一年生杂草	2916-3240克/公顷(东北地区)	土壤喷雾
PD20095837	吡嘧·苯噻酰/40%/可湿性粉剂/苯噻酰草胺 39%、吡嘧磺隆 1%/2009.05.27 至 2014.05.27/低毒			
	水稻移栽田	一年生及部分多年生杂草	600-720克/公顷	药土法
PD20095864	砜嘧·莠去津/50%/可湿性粉剂/砜嘧磺隆 1%、莠去津 49%/2009.05.27 至 2014.05.27/低毒			
	春玉米田	一年生杂草	900-1125克/公顷(东北地区)	茎叶喷雾
	夏玉米田	一年生杂草	675-900克/公顷	茎叶喷雾
PD20095974	乙草胺/81.5%/乳油/乙草胺 81.5%/2009.06.04 至 2014.06.04/低毒			
	春大豆田	一年生禾本科杂草及部分阔叶杂草	1636.2-2045克/公顷	土壤喷雾
	夏大豆田	一年生禾本科杂草及部分阔叶杂草	1090.8-1636.2克/公顷	土壤喷雾
PD20097467	2,4-滴丁酯/57%/乳油/2,4-滴丁酯 57%/2009.11.03 至 2014.11.03/低毒			
	春小麦田	一年生阔叶杂草	810-1080克/公顷	喷雾

	冬小麦田	一年生阔叶杂草	540-810克/公顷	茎叶喷雾
LS20050017	砜嘧·莠油悬浮剂/19.5%/悬浮剂/砜嘧磺隆 0.5%、莠去津 19%/2008.01.05 至 2009.01.04/低毒			
	春玉米	杂草	731.25-877.5克/公顷	茎叶喷雾
	夏玉米	杂草	585-731.25克/公顷	茎叶喷雾
LS20060869	乙·莠/61%/悬乳剂/乙草胺 36%、莠去津 25%/2009.04.13 至 2010.04.13/低毒			
	春玉米	一年生杂草	1647-2013克/公顷	播后苗前土壤喷雾
	夏玉米	一年生杂草	823.5-1189克/公顷	播后苗前土壤喷雾
LS20090147	烟嘧·莠去津/20.5%/油悬浮剂/烟嘧磺隆 1.5%、莠去津 19%/2009.02.04 至 2010.02.04/低毒			
	玉米田	一年生杂草	3000-3750毫升制剂/公顷	茎叶喷雾
LS20091318	烟嘧·莠去津/50.5%/可湿性粉剂/烟嘧磺隆 3.5%、莠去津 47%/2009.06.02 至 2010.06.02/低毒			
	玉米田	一年生杂草	606-909克/公顷	茎叶喷雾
河北野田农用化学有限公司 (河北省石家庄市东二环南段西仰陵 050035 0311-85319009)				
PD20040132	高效氯氰菊酯/4.5%/微乳剂/高效氯氰菊酯 4.5%/2009.12.19 至 2014.12.19/低毒			
	十字花科蔬菜	菜青虫	20.25-27克/公顷	喷雾
PD20070481	啶虫脒原药//原药/啶虫脒 96%/2007.11.28 至 2012.11.28/低毒			
PD20081521	吡虫啉/95%/原药/吡虫啉 95%/2008.11.06 至 2013.11.06/低毒			
PD20081601	百草枯/20%/水剂/百草枯 20%/2008.11.12 至 2013.11.12/中等毒			
	春玉米田、夏玉米田	一年生及部分多年生杂草	450-600克/公顷	行间定向茎叶喷雾
PD20081781	苯磺隆/10%/可湿性粉剂/苯磺隆 10%/2008.11.19 至 2013.11.19/低毒			
	冬小麦田	一年生阔叶杂草	13.5-22.5克/公顷	茎叶喷雾
PD20082089	啶虫脒/5%/乳油/啶虫脒 5%/2008.11.25 至 2013.11.25/低毒			
	柑橘树	蚜虫	8.3-10毫克/千克	喷雾
PD20082684	阿维菌素/1.8%/乳油/阿维菌素 1.8%/2008.12.05 至 2013.12.05/低毒(原药高毒)			
	十字花科蔬菜	小菜蛾	8.1-10.8克/公顷	喷雾
PD20083616	阿维·啶虫脒/4%/乳油/阿维菌素 1%、啶虫脒 3%/2008.12.12 至 2013.12.12/低毒(原药高毒)			
	苹果树	蚜虫	8-13.3毫克/千克	喷雾
PD20083782	阿维菌素/2%/乳油/阿维菌素 2%/2008.12.15 至 2013.12.15/低毒(原药高毒)			
	菜豆	美洲斑潜蝇	10.8-21.6克/公顷	喷雾
PD20084225	莠去津/48%/可湿性粉剂/莠去津 48%/2008.12.17 至 2013.12.17/低毒			
	春玉米田	一年生杂草	2160-2592克/公顷	播后苗前土壤喷雾
	夏玉米田	一年生杂草	1080-1440克/公顷	播后苗前土壤喷雾
PD20084460	啶虫脒/10%/微乳剂/啶虫脒 10%/2008.12.17 至 2013.12.17/低毒			
	苹果树	蚜虫	12-15毫克/千克	喷雾
PD20091146	啶虫脒/3%/乳油/啶虫脒 3%/2009.01.21 至 2014.01.21/低毒			
	黄瓜	蚜虫	18-22.5克/公顷	喷雾
PD20091350	啶虫脒/5%/可湿性粉剂/啶虫脒 5%/2009.02.02 至 2014.02.02/低毒			
	十字花科蔬菜	蚜虫	15-22.5克/公顷	喷雾
PD20093647	高氯·毒死蜱/15%/乳油/毒死蜱 13.5%、高效氯氰菊酯 1.5%/2009.03.25 至 2014.03.25/低毒			
	黄瓜	美洲斑潜蝇	112.5-180克/公顷	喷雾
PD20093892	甲氨基阿维菌素苯甲酸盐/1%/乳油/甲氨基阿维菌素 1%/2009.03.25 至 2014.03.25/低毒			
	甘蓝	小菜蛾	2.25-4.5克/公顷	喷雾
LS20051527	乙霉·多菌灵/50%/可湿性粉剂/多菌灵 25%、乙霉威 25%/2008.04.21 至 2009.04.21/低毒			
	番茄	灰霉病	703-1125克/公顷	喷雾
LS20052426	吡虫啉/5%/乳油/吡虫啉 5%/2008.07.12 至 2009.07.12/低毒			
	小麦	蚜虫	15-30克/公顷(南方地区) 45-60克/公顷(北方地区)	喷雾
LS20052717	吡虫啉/10%/乳油/吡虫啉 10%/2008.08.21 至 2009.08.21/低毒			
	水稻	稻飞虱	15-30克/公顷	喷雾
	小麦	麦蚜	15-30克/公顷(南方地区) 45-60克/公顷(北方地区)	喷雾
LS20060822	异丙草·莠/45%/可湿性粉剂/异丙草胺 20%、莠去津 25%/2009.04.12 至 2010.04.12/低毒			
	春玉米	一年生杂草	1417-1620克/公顷	播后苗前土壤喷雾
	夏玉米	一年生杂草	1282-1417克/公顷	播后苗前土壤喷雾
LS20080259	啶虫脒/20%/可溶液剂/啶虫脒 20%/2009.02.17 至 2010.02.18/低毒			
	柑橘树	蚜虫	10-13.3毫克/千克	喷雾
LS20081419	嘧霉胺/20%/可湿性粉剂/嘧霉胺 20%/2009.03.17 至 2010.03.17/低毒			

黄瓜 灰霉病 450-540克/公顷 喷雾

LS20083052 吡虫啉/30%/可湿性粉剂/吡虫啉 30%/2009.09.25 至 2010.09.25/低毒

棉花 蚜虫 22.5-45克/公顷 喷雾

LS20083217 吡虫啉/30%/乳油/吡虫啉 30%/2009.12.10 至 2010.12.10/低毒

棉花 蚜虫 22.5-31.5克/公顷 喷雾

LS20090013 高氯・甲维盐/2%/乳油/高效氯氰菊酯 1.9%、甲氨基阿维菌素苯甲酸盐 0.1%/2009.01.08 至 2010.01.08/低毒

甘蓝 小菜蛾 18-24克/公顷 喷雾

LS20090912 甲氨基阿维菌素苯甲酸盐(3.4%)///微乳剂/甲氨基阿维菌素 3%/2009.04.09 至 2010.04.09/低毒

甘蓝 小菜蛾 1.5-3克/公顷 喷雾

河北亿万家农业服务有限责任公司 (河北省石家庄市桥东区仓兴街12号 050021 0311-86116512)

WL20080411 高效氯氟氰菊酯/2.5%/微囊悬浮剂/高效氯氟氰菊酯 2.5%/2009.10.20 至 2010.10.20/低毒

室内 蚊、蝇、蜚蠊 30毫克/平方米 滞留喷洒

WL20090144 杀蟑胶饵/2.5%/胶饵/吡虫啉 2.5%/2009.05.12 至 2010.05.12/低毒

室内 蜚蠊 / 投放

河北益海安格诺农化有限公司 (河北省藁城市市府东段路南 052160 0311-89617975)

PD20050207 甲硫・福美双/70%/可湿性粉剂/福美双 35%、甲基硫菌灵 35%/2005.12.23 至 2010.12.23/低毒

苹果树 轮纹病 875-1167毫克/千克 喷雾

PD20050210 多・福/60%/可湿性粉剂/多菌灵 30%、福美双 30%/2005.12.23 至 2010.12.23/低毒

梨树 黑星病 1000-1500毫克/千克 喷雾

PD20070434 炔螨特/570克/升/乳油/炔螨特 570克/升/2007.11.20 至 2012.11.20/低毒

柑橘树 红蜘蛛 285-380毫克/千克 喷雾

PD20070572 高效氯氟氰菊酯/2.5%/乳油/高效氯氟氰菊酯 2.5%/2007.12.03 至 2012.12.03/低毒

棉花 棉铃虫 15-22.5克/公顷 喷雾

PD20080327 莠去津/48%/可湿性粉剂/莠去津 48%/2008.02.26 至 2013.02.26/低毒

春玉米田 一年生杂草 2160-2880克/公顷 土壤喷雾

夏玉米田 一年生杂草 1152-1440克/公顷 土壤喷雾

PD20081440 马拉硫磷/45%/乳油/马拉硫磷 45%/2008.10.31 至 2013.10.31/低毒

棉花 盲蝽蟓 540-675克/公顷 喷雾

PD20081599 毒死蜱/40%/乳油/毒死蜱 40%/2008.11.12 至 2013.11.12/中等毒

苹果树 桃小食心虫 200-266.7毫克/千克 喷雾

PD20082905 草甘膦异丙胺盐/41%/水剂/草甘膦异丙胺盐 41%/2008.12.09 至 2013.12.09/低毒

苹果园 杂草 1125-2250克/公顷 定向茎叶喷雾

PD20083565 啶虫脒/5%/可湿性粉剂/啶虫脒 5%/2008.12.12 至 2013.12.12/低毒

小麦 蚜虫 22.5-30克/公顷 喷雾

PD20083938 丙环唑/250克/升/乳油/丙环唑 250克/升/2008.12.15 至 2013.12.15/低毒

香蕉 叶斑病 250-500毫克/千克 喷雾

PD20083990 精喹禾灵/88克/升/乳油/精喹禾灵 88克/升/2008.12.16 至 2013.12.16/低毒

夏大豆田 一年生禾本科杂草 39.6-52.8克/公顷 茎叶喷雾

PD20084014 多菌灵/80%/可湿性粉剂/多菌灵 80%/2008.12.16 至 2013.12.16/低毒

水稻 纹枯病 720-900克/公顷 喷雾

PD20085418 联苯菊酯/100克/升/乳油/联苯菊酯 100克/升/2008.12.24 至 2013.12.24/低毒

茶树 茶小绿叶蝉 30-37.5克/公顷 喷雾

PD20090141 春雷霉素/2%/可湿性粉剂/春雷霉素 2%/2009.01.08 至 2014.01.08/低毒

水稻 稻瘟病 30-36克/公顷 喷雾

PD20093299 甲氨基阿维菌素苯甲酸盐(1.1%)///乳油/甲氨基阿维菌素 1%/2009.03.13 至 2014.03.13/低毒

甘蓝 小菜蛾 2.25-3克/公顷 喷雾

PD20095489 吡虫啉/70%/可湿性粉剂/吡虫啉 70%/2009.05.11 至 2014.05.11/低毒

小麦 蚜虫 15-30克/公顷(南方地区) 喷雾

45-60克/公顷(北方地区)

PD20097218 烟嘧磺隆/40克/升/可分散油悬浮剂/烟嘧磺隆 40克/升/2009.10.19 至 2014.10.19/低毒

玉米田 一年生杂草 42-60克/公顷 茎叶喷雾

PD20097373 啶虫脒/20%/可溶粉剂/啶虫脒 20%/2009.10.28 至 2014.10.28/低毒

黄瓜 蚜虫 18-36克/公顷 喷雾

PD20097831 阿维・高氯/3%/乳油/阿维菌素 0.2%、高效氯氰菊酯 2.8%/2009.11.20 至 2014.11.20/低毒(原药高毒)

十字花科蔬菜 小菜蛾 13.5-27克/公顷 喷雾

PD20098507 吡虫啉/10%/可湿性粉剂/吡虫啉 10%/2009.12.24 至 2014.12.24/低毒

小麦 蚜虫 15-30克/公顷(南方地区) 喷雾

45-60克/公顷(北方地区)

LS20052066 阿维菌素/2%/乳油/阿维菌素 2%/2008.06.05 至 2009.06.05/中等毒(原药高毒)

梨树 梨木虱 6-12毫克/千克 喷雾

LS20052828 烯酰・锰锌/50%/可湿性粉剂/代森锰锌 44%、烯酰吗啉 6%/2008.09.01 至 2009.09.01/低毒

黄瓜 霜霉病 1050-1350克/公顷 喷雾

LS20053623 嘧霉胺/40%/可湿性粉剂/嘧霉胺 40%/2008.11.29 至 2009.11.29/低毒

	番茄	灰霉病	360-540克/公顷	喷雾
LS20053653	高效氯氟氰菊酯/2.5%/可湿性粉剂/高效氯氟氰菊酯 2.5%/2008.11.29 至 2009.11.29/中等毒			
	十字花科蔬菜	蚜虫	7.5-11.25克/公顷	喷雾
LS20060738	柴油·哒螨灵/80%/乳油/柴油 70%、哒螨灵 10%/2009.04.04 至 2010.04.04/低毒			
	柑橘树	红蜘蛛	267-400毫克/千克	喷雾
LS20071394	异丙草·莠/42%/悬乳剂/异丙草胺 16%、莠去津 26%/2009.05.17 至 2010.05.18/低毒			
	夏玉米田	一年生杂草	945-1575克/公顷	播后苗前土壤喷雾
LS20072510	啶虫脒/10%/乳油/啶虫脒 10%/2009.11.27 至 2010.11.28/低毒			
	苹果树	蚜虫	25-33.3毫克/千克	喷雾
LS20090635	甲氨基阿维菌素苯甲酸盐(2.2%)///微乳剂/甲氨基阿维菌素 2%/2009.03.23 至 2010.03.23/低毒			
	甘蓝	小菜蛾	1.65-2.31克/公顷	喷雾
LS20090645	烯酰吗啉/50%/水分散粒剂/烯酰吗啉 50%/2009.03.23 至 2010.03.23/低毒			
	葡萄	霜霉病	225-375克/公顷	喷雾
河北永生发达生物药业有限责任公司 (河北省廊坊市固安县公主府固东路南侧 065500 0316-6196476)				
PD20085409	多·锰锌/50%/可湿性粉剂/多菌灵 10%、代森锰锌 40%/2008.12.24 至 2013.12.24/低毒			
	梨树	黑星病	1000-1250毫克/千克	喷雾
PD20091009	乙草胺/900克/升/乳油/乙草胺 900克/升/2009.01.21 至 2014.01.21/低毒			
	花生田	一年生杂草	1080-1350克/公顷	土壤喷雾
PD20095272	异噁草松/480克/升/乳油/异噁草松 480克/升/2009.04.27 至 2014.04.27/低毒			
	春大豆田	一年生杂草	900-1008克/公顷	土壤喷雾
LS20052443	多·福/50%/可湿性粉剂/多菌灵 10%、福美双 40%/2008.07.12 至 2009.07.12/低毒			
	葡萄	霜霉病	1000-1250毫克/千克	喷雾
LS20052451	吡虫啉/10%/可湿性粉剂/吡虫啉 10%/2008.07.12 至 2009.07.12/低毒			
	小麦	蚜虫	15-30克/公顷(南方地区) 45-60克/公顷(北方地区)	喷雾
LS20053828	阿维·高氯/1.8%/乳油/阿维菌素 0.3%、高效氯氰菊酯 1.5%/2008.12.22 至 2009.12.22/中等毒(原药高毒)			
	十字花科蔬菜	菜青虫、小菜蛾	7.5-15克/公顷	喷雾
LS20071152	莠去津/80%/可湿性粉剂/莠去津 80%/2009.04.25 至 2010.04.26/低毒			
	玉米田	一年生杂草	1440-2640克/公顷(东北地区) 1200-1400克/公顷(其它地区)	播后苗前土壤喷雾
LS20071255	二甲戊灵/30%/悬浮剂/二甲戊灵 30%/2009.05.07 至 2010.05.08/低毒			
	甘蓝田	一年生杂草	630-765克/公顷	土壤喷雾
LS20072089	异丙草·莠/50%/悬乳剂/异丙草胺 20%、莠去津 30%/2009.08.29 至 2010.08.30/低毒			
	玉米田	一年生杂草	东北:1500-2250克/公顷; 其他:1125-1500克/公顷	播后苗前土壤喷雾
LS20090069	百草枯/260克/升/水剂/百草枯 260克/升/2009.01.09 至 2010.01.09/中等毒			
	玉米田	一年生杂草	468-624克/公顷	定向喷雾
LS20090896	乙·莠/40%/悬乳剂/乙草胺 16%、莠去津 24%/2009.04.09 至 2010.04.09/低毒			
	春玉米田	一年生杂草	300－400毫升制剂/亩	土壤喷雾
河北赞峰生物工程有限公司 (河北省武邑县清凉店镇长兴路19号 053411 0318-5811111)				
PD85122-3	福美双/50%/可湿性粉剂/福美双 50%/2006.01.08 至 2011.01.08/中等毒			
	黄瓜	白粉病、霜霉病	500-1000倍液	喷雾
	葡萄	白腐病	500-1000倍液	喷雾
	水稻	稻瘟病、胡麻叶斑病	250克/100千克种子	拌种
	甜菜、烟草	根腐病	500克/500千克温床土	土壤处理
	小麦	白粉病、赤霉病	500倍液	喷雾
PD85123-2	胂·锌·福美双/50%/可湿性粉剂/福美甲胂 12.5%、福美双 25%、福美锌 12.5%/2006.01.08 至 2011.01.08/中等毒			
	大白菜	霜霉病	750-1125克/公顷	喷雾
	柑橘	疮痂病	500-600倍液	喷雾
	梨树	黑星病	500-800倍液	喷雾
	苹果树	炭疽病	500-800倍液	喷雾
	葡萄	黑痘病、炭疽病	500-1000倍液	喷雾
	水稻	纹枯病	562.5-712.5克/公顷	喷雾
	烟草	炭疽病	562.5-712.5克/公顷	喷雾
	芝麻	疫病	500-600倍液	喷雾
PD85124-2	福·福锌/80%/可湿性粉剂/福美双 30%、福美锌 50%/2006.01.08 至 2011.01.08/中等毒			
	黄瓜、西瓜	炭疽病	1500-1800克/公顷	喷雾
	麻	炭疽病	240-400克/100千克种子	拌种
	棉花	苗期病害	0.5%药液	浸种
	苹果树、杉木、橡胶树	炭疽病	500-600倍液	喷雾
PD85125-7	福美胂/40%/可湿性粉剂/福美胂 40%/2006.01.08 至 2011.01.08/中等毒			

	黄瓜	白粉病	1025-1500克/公顷	喷雾
	苹果树	白粉病	700倍液	喷雾
	水稻	稻粒瘟病	542.5-645克/公顷	喷雾
	豌豆	白粉病	900-1025克/公顷	喷雾
	小麦	白粉病	542.5-750克/公顷	喷雾
PD96101-4	福·福锌/40%/可湿性粉剂/福美双 15%、福美锌 25%/2006.10.19 至 2011.10.19/中等毒			
	黄瓜、西瓜	炭疽病	1500-1800克/公顷	喷雾
	麻	炭疽病	240-400克/100千克种子	拌种
	棉花	苗期病害	4000毫克/千克	浸种
	苹果树、杉木、橡胶树	炭疽病	1600-1333毫克/千克	喷雾
PD20040004	福美双/95%/原药/福美双 95%/2009.03.21 至 2014.03.21/低毒			
PD20083157	甲基硫菌灵/70%/可湿性粉剂/甲基硫菌灵 70%/2008.12.11 至 2013.12.11/低毒			
	番茄	叶霉病	337.5-506.25克/公顷	喷雾
PD20083221	百·福/70%/可湿性粉剂/百菌清 20%、福美双 50%/2008.12.11 至 2013.12.11/低毒			
	葡萄	霜霉病	875-1167毫克/千克	喷雾
PD20091332	氟铃脲/95%/原药/氟铃脲 95%/2009.02.01 至 2014.02.01/低毒			
PD20093322	福·福锌 /60%/可湿性粉剂/福美双 23%、福美锌 37%/2009.03.16 至 2014.03.16/中等毒			
	黄瓜	炭疽病	1440-1800克/公顷	喷雾
PD20094159	多·福·锰锌/50%/可湿性粉剂/多菌灵 20%、福美双 20%、代森锰锌 10%/2009.03.27 至 2014.03.27/中等毒			
	苹果树	轮纹病	500-650倍液	喷雾
PD20094253	硫·酮·多菌灵/40%/悬浮剂/多菌灵 10%、硫磺 27.5%、三唑酮 2.5%/2009.03.31 至 2014.03.31/低毒			
	水稻	稻瘟病、纹枯病	1200-1500克/公顷	喷雾
PD20095154	甲硫·福美双/40%/可湿性粉剂/福美双 15%、甲基硫菌灵 25%/2009.04.24 至 2014.04.24/低毒			
	西瓜	枯萎病	500-667毫克/千克	灌根
LS20083267	氟铃脲/5%/乳油/氟铃脲 5%/2009.12.15 至 2010.12.15/低毒			
	甘蓝	小菜蛾	45-52.5克/公顷	喷雾
LS20090070	阿维·哒螨灵/3.2%/乳油/阿维菌素 0.2%、哒螨灵 3%/2009.01.09 至 2010.01.09/低毒(原药高毒)			
	柑橘树	红蜘蛛	32-40毫克/千克	喷雾
LS20090101	阿维·高氯/1.8%/乳油/阿维菌素 0.3%、高效氯氰菊酯 1.5%/2009.01.09 至 2010.01.09/低毒(原药高毒)			
	黄瓜	美洲斑潜蝇	16.2-32.4克/公顷	喷雾
河北志诚生物化工有限公司 (河北省晋州市工业路45号 052260 0311-84322902)				
PD84111-6	氧乐果/40%/乳油/氧乐果 40%/2009.11.09 至 2014.11.09/中等毒(原药高毒)			
	棉花	蚜虫、螨	375-600克/公顷	喷雾
	森林	松干蚧、松毛虫	500倍液	喷雾或直接涂树干
	水稻	稻纵卷叶螟、飞虱	375-600克/公顷	喷雾
	小麦	蚜虫	300-450克/公顷	喷雾
PD20040522	吡虫啉/5%/乳油/吡虫啉 5%/2009.12.19 至 2014.12.19/低毒			
	小麦	蚜虫	7.5-11.2克/公顷	喷雾
PD20040596	吡虫啉/10%/可湿性粉剂/吡虫啉 10%/2009.12.19 至 2014.12.19/低毒			
	水稻	飞虱	75-150克/公顷	喷雾
PD20082808	阿维菌素/0.9%/乳油/阿维菌素 0.9%/2008.12.09 至 2013.12.09/低毒(原药高毒)			
	梨树	梨木虱	6-12毫克/千克	喷雾
PD20082846	阿维菌素/1.8%/乳油/阿维菌素 1.8%/2008.12.09 至 2013.12.09/低毒(原药高毒)			
	棉花	棉铃虫	21.6-32.4克/公顷	喷雾
PD20083111	毒死蜱/40%/乳油/毒死蜱 40%/2008.12.10 至 2013.12.10/中等毒			
	水稻	稻飞虱	450-600克/公顷	喷雾
PD20090216	腈菌·福美双/20%/可湿性粉剂/福美双 18%、腈菌唑 2%/2009.01.09 至 2014.01.09/低毒			
	黄瓜	黑星病	195-390克/公顷	喷雾
PD20090912	氯氰·辛硫磷 /30%/乳油/氯氰菊酯 1.5%、辛硫磷 28.5%/2009.01.19 至 2014.01.19/低毒			
	棉花	棉铃虫	360—450克/公顷	喷雾
PD20091800	高效氯氰菊酯/4.5%/乳油/高效氯氰菊酯 4.5%/2009.02.04 至 2014.02.04/低毒			
	甘蓝	菜青虫	20.25-30.375克/公顷	喷雾
PD20094088	精喹禾灵/8.8%/乳油/精喹禾灵 8.8%/2009.03.27 至 2014.03.27/低毒			
	夏大豆田	一年生禾本科杂草	46.2-52.8克/公顷	茎叶喷雾
PD20094726	腈菌唑/12%/乳油/腈菌唑 12%/2009.04.10 至 2014.04.10/低毒			
	小麦	白粉病	36-54克/公顷	喷雾
PD20094827	莠去津/48%/可湿性粉剂/莠去津 48%/2009.04.13 至 2014.04.13/低毒			
	春玉米田	一年生杂草	2160-2520克/公顷	播后苗前土壤喷雾
	夏玉米田	一年生杂草	1260-1440克/公顷	播后苗前土壤喷雾

PD20095384 辛硫磷/40%/乳油/辛硫磷 40%/2009.04.27 至 2014.04.27/低毒
甘蓝 菜青虫 360-420克/公顷 喷雾
PD20095946 多·福/40%/可湿性粉剂/多菌灵 20%、福美双 20%/2009.06.02 至 2014.06.02/低毒
葡萄 霜霉病 1000-1250毫克/千克 喷雾
LS20060267 阿维·高氯/1.8%/乳油/阿维菌素 0.15%、高效氯氰菊酯 1.65%/2009.02.21 至 2010.02.21/低毒(原药高毒)
黄瓜 美洲斑潜蝇 15-30克/公顷 喷雾
LS20090316 异丙草·莠/40%/悬乳剂/异丙草胺 24%、莠去津 16%/2009.03.05 至 2010.03.05/低毒
春玉米田 一年生杂草 2100-2400克/公顷 土壤处理
夏玉米田 一年生杂草 1200-1500克/公顷 土壤处理

河北中化滏恒股份有限公司 (河北省石家庄市联盟路707号中化大厦 056500 0311-87795024)

LS20072483 炔苯酰草胺/50%/可湿性粉剂/炔苯酰草胺 50%/2009.11.19 至 2010.11.20/低毒
莴苣 一年生禾本科杂草及部分小粒种子阔叶杂草 1500-2000克/公顷 土壤喷雾
LS20072497 炔苯酰草胺/98%/原药/炔苯酰草胺 98%/2009.11.19 至 2010.11.20/低毒

河北闵瑞农药化工有限公司 (河北省石家庄市翟营大街356号东方阳光园16－5 050031 0311-86757887)

WL20060138 高效氯氰菊酯/5%/悬浮剂/高效氯氰菊酯 5%/2009.07.12 至 2010.07.12/低毒
卫生 蚊、蝇 40毫克/平方米 滞留喷洒
WL20070219 高效氟氯氰菊酯/2.5%/微囊悬浮剂/高效氟氯氰菊酯 2.5%/2009.10.16 至 2010.10.17/低毒
卫生 蚊、蝇、蜚蠊 20-25毫克/平方米 滞留喷洒
WL20080319 杀蟑饵剂/2.5%/饵剂/吡虫啉 2.5%/2009.04.23 至 2010.04.23/微毒
卫生 蜚蠊 / 投饵

华北制药集团爱诺有限公司 (河北省石家庄市良村经济技术开发区兴业街 052165 0311-83096353)

PD20030007 阿维菌素/90%/原药/阿维菌素 90%/2008.07.10 至 2013.07.10/高毒
PD20070079 双丙氨膦/75%/原药/双丙氨膦 75%/2007.04.12 至 2012.04.12/中等毒
PD20081932 腈菌唑/12.5%/乳油/腈菌唑 12.5%/2008.11.24 至 2013.11.24/低毒
梨树 黑星病 31.25-62.5毫克/千克 喷雾
小麦 白粉病 30－60克/公顷 喷雾
PD20082372 阿维·吡虫啉/3.15%/乳油/阿维菌素 0.15%、吡虫啉 3.0%/2008.12.01 至 2013.12.01/低毒(原药高毒)
梨树 梨木虱 15.75-31.5毫克/千克 喷雾
PD20082832 阿维菌素/1.8%/乳油/阿维菌素 1.8%/2008.12.09 至 2013.12.09/低毒(原药高毒)
黄瓜 美洲斑潜蝇 900-1200克/公顷 喷雾
梨树 梨木虱 6-12毫克/千克 喷雾
棉花 棉铃虫 21.6-32.4克/公顷 喷雾
苹果树 红蜘蛛 3.6-4.5毫克/千克 喷雾
苹果树 蚜虫 4.5-6毫克/千克 喷雾
十字花科蔬菜 菜青虫、小菜蛾 8.1-10.8克/公顷 喷雾
PD20083134 阿维菌素/1%/乳油/阿维菌素 1%/2008.12.10 至 2013.12.10/低毒(原药高毒)
黄瓜 美洲斑潜蝇 16.2-21.6克/公顷 喷雾
梨树 梨木虱 1600-3200倍液 喷雾
棉花 棉铃虫 21.6-32.4克/公顷 喷雾
苹果树 红蜘蛛 2200-2700倍液 喷雾
苹果树 蚜虫 4.5-6毫克/千克 喷雾
十字花科蔬菜 菜青虫、小菜蛾 8.1-10.8克/公顷 喷雾
PD20083208 阿维菌素/3.2%/微乳剂/阿维菌素 3.2%/2008.12.11 至 2013.12.11/中等毒(原药高毒)
梨树 梨木虱 6-12毫克/千克 喷雾
PD20084084 春雷霉素/2%/水剂/春雷霉素 2%/2008.12.16 至 2013.12.16/低毒
番茄 叶霉病 40-50克/公顷 喷雾
水稻 稻瘟病 30-33克/公顷 喷雾
PD20085164 甲霜·乙膦铝/50%/可湿性粉剂/甲霜灵 12.5%、三乙膦酸铝 37.5%/2008.12.23 至 2013.12.23/低毒
葡萄 霜霉病 750-1000倍液 喷雾
PD20085476 阿维·哒螨灵/6.78%/乳油/阿维菌素 0.11%、哒螨灵 6.67%/2008.12.29 至 2013.12.29/中等毒(原药高毒)
柑橘树 红蜘蛛 33.9-45.2毫克/千克 喷雾
苹果树 二斑叶螨 27.12-45.2毫克/千克 喷雾
苹果树 红蜘蛛 27.12-33.9毫克/千克 喷雾
PD20090557 烯酰·锰锌/50%/可湿性粉剂/代森锰锌 43.5%、烯酰吗啉 6.5%/2009.01.13 至 2014.01.13/低毒
番茄 晚疫病 1215-1395克/公顷 喷雾
PD20091262 草甘膦/30%/水剂/草甘膦 30%/2009.02.01 至 2014.02.01/低毒
柑橘园、苹果树 杂草 1350-2250克/公顷 喷雾
PD20092802 阿维·高氯/3.3%/乳油/阿维菌素 0.8%、高效氯氰菊酯 2.5%/2009.03.04 至 2014.03.04/中等毒(原药高毒)
十字花科蔬菜 菜青虫、小菜蛾 7.5-15克/公顷 喷雾
PD20094345 阿维·三唑锡/5.5%/乳油/阿维菌素 0.2%、三唑锡 5.3%/2009.04.01 至 2014.04.01/低毒(原药高毒)
柑橘树 红蜘蛛 22-36.9毫克/千克 喷雾
PD20094497 阿维·三唑磷/15%/乳油/阿维菌素 0.3%、三唑磷 14.7%/2009.04.09 至 2014.04.09/中等毒(原药高毒)

水稻 二化螟 135-202.5克/公顷 喷雾

PD20095244 精喹禾灵/8%/乳油/精喹禾灵 8%/2009.04.27 至 2014.04.27/低毒

油菜田 禾本科杂草 45-51克/公顷 茎叶喷雾

PD20096809 代森锰锌/80%/可湿性粉剂/代森锰锌 80%/2009.09.15 至 2014.09.15/低毒

苹果树 斑点落叶病 1000—1333毫克/千克 喷雾

PD20097761 异丙威/20%/乳油/异丙威 20%/2009.11.12 至 2014.11.12/低毒

水稻 飞虱 450-600克/公顷 喷雾

PD20097782 甲氨基阿维菌素苯甲酸盐(0.57%)///水乳剂/甲氨基阿维菌素 0.5%/2009.11.20 至 2014.11.20/低毒

甘蓝 小菜蛾 1.5-2.25克/公顷 喷雾

PD20097785 啶虫脒/20%/可湿性粉剂/啶虫脒 20%/2009.11.20 至 2014.11.20/低毒

苹果树 黄蚜 25-33毫克/千克 喷雾

PD20098223 高效氯氰菊酯/4.5%/水乳剂/高效氯氰菊酯 4.5%/2009.12.16 至 2014.12.16/中等毒

甘蓝 小菜蛾 40.5-47.25克/公顷 喷雾

PD20098235 噻嗪酮/25%/可湿性粉剂/噻嗪酮 25%/2009.12.16 至 2014.12.16/低毒

水稻 稻飞虱 112.5-150克/公顷 喷雾

LS20011291 硫酸链霉素/40%/可溶性粉剂/硫酸链霉素 40%/2009.01.14 至 2009.12.31/低毒

大白菜 软腐病 150-300克/公顷 喷雾

柑橘树 溃疡病 2000-2500倍液 喷雾

LS20041755 戊唑醇/12.5%/微乳剂/戊唑醇 12.5%/2009.01.14 至 2009.12.31/低毒

苹果树 斑点落叶病 41.7-62.5毫克/千克 喷雾

香蕉 叶斑病 156.25-208毫克/千克 喷雾

LS20050856 阿维·毒死蜱/10.5%/微乳剂/阿维菌素 0.2%、毒死蜱 10.3%/2008.03.29 至 2009.03.29/中等毒(原药高毒)

苹果树 桃小食心虫 42-52.5毫克/千克 喷雾

LS20052360 甲氨基阿维菌素苯甲酸盐/90%/原药/甲氨基阿维菌素苯甲酸盐 90%/2008.06.29 至 2009.06.29/中等毒

LS20061618 氟铃·毒死蜱/22%/乳油/毒死蜱 20%、氟铃脲 2%/2009.08.17 至 2010.08.17/中等毒

棉花 棉铃虫 297-330克/公顷 喷雾

LS20083176 噻嗪·杀扑磷/28%/乳油/噻嗪酮 8%、杀扑磷 20%/2009.11.20 至 2010.11.20/中等毒

柑橘树 介壳虫 280-350毫克/千克 喷雾

LS20083179 嘧霉·百菌清/40%/悬浮剂/百菌清 25%、嘧霉胺 15%/2009.11.20 至 2010.11.20/低毒

番茄 灰霉病 2100-2400克/公顷 喷雾

LS20083192 哒灵·炔螨特/31%/乳油/哒螨灵 4%、炔螨特 27%/2009.12.04 至 2010.12.04/中等毒

柑橘 红蜘蛛 155-206.7毫克/千克 喷雾

LS20090500 高效氯氟氰菊酯/2.5%/水乳剂/高效氯氟氰菊酯 2.5%/2009.03.18 至 2010.03.18/中等毒

十字花科蔬菜 菜青虫 11.25-18.75克/公顷 喷雾

LS20091246 甲氨基阿维菌素苯甲酸盐(2.2%)///微乳剂/甲氨基阿维菌素 2%/2009.05.04 至 2010.05.04/低毒

甘蓝 甜菜夜蛾 1.5—1.875克/公顷 喷雾

华北制药集团制剂有限公司 (河北省石家庄市长安区华药东街6号 050015 0311-86051104)

PD91107 72%农用硫酸链霉素可溶性粉剂//可溶性粉剂/硫酸链霉素 72%(720单位/毫克)/2006.03.15 至 2011.03.15/低毒

大白菜 软腐病 150-300克/公顷 喷雾

柑橘树 溃疡病 150-300克/公顷 喷雾

水稻 白叶枯病 150-300克/公顷 喷雾

PD20070281 春雷霉素/65%/原药/春雷霉素 65%/2007.09.05 至 2012.09.05/低毒

PD20081484 春雷霉素/6%/可湿性粉剂/春雷霉素 6%/2008.11.05 至 2013.11.05/低毒

水稻 稻瘟病 28-33克/公顷 喷雾

PD20085636 春雷霉素/2%/水剂/春雷霉素 2%/2008.12.26 至 2013.12.26/微毒

水稻 稻瘟病 24-36克/公顷 喷雾

PD20092478 噻嗪酮/25%/可湿性粉剂/噻嗪酮 25%/2009.02.26 至 2014.02.26/低毒

水稻 稻飞虱 93.75-112.5克/公顷 喷雾

PD20097998 春雷·王铜/47%/可湿性粉剂/春雷霉素 2%、王铜 45%/2009.12.07 至 2014.12.07/低毒

黄瓜 霜霉病 530-580克/公顷 喷雾

LS20070031 嘧霉·多菌灵/40%/可湿性粉剂/多菌灵 30%、嘧霉胺 10%/2010.01.16 至 2011.01.16/低毒

番茄 灰霉病 525-675克/公顷 喷雾

景县景美化学工业有限公司 (河北省衡水市景县工业区 053500 0318-4222255)

PD20070080 咪唑乙烟酸/98%/原药/咪唑乙烟酸 98%/2007.04.12 至 2012.04.12/低毒

PD20081806 咪唑乙烟酸/5%/水剂/咪唑乙烟酸 5%/2008.11.19 至 2013.11.19/低毒

春大豆田 一年生杂草 75-100.5克/公顷 土壤喷雾处理,苗后早期喷雾处理

PD20081958 咪唑乙烟酸/10%/水剂/咪唑乙烟酸 10%/2008.11.24 至 2013.11.24/低毒

春大豆田 一年生杂草 90-105克/公顷(东北地区) 喷雾

廊坊亿得安化工有限公司 (河北省固安县马庄镇辛庄户村 065502 0316-6208571)

WP20080203 杀虫气雾剂/0.53%/气雾剂/胺菊酯 0.35%、富右旋反式烯丙菊酯 0.12%、氯菊酯 0.06%/2008.11.20至2013.11.20/低毒

卫生 蚊、蝇、蜚蠊 / 喷雾

WP20090052 杀虫气雾剂/0.28%/气雾剂/胺菊酯 0.25%、高效氯氰菊酯 0.03%/2009.01.21 至 2014.01.21/低毒
卫生 蚊、蝇、蜚蠊 / 喷雾
WP20090053 蚊香/0.25%/蚊香/富右旋反式烯丙菊酯 0.25%/2009.01.21 至 2014.01.21/低毒
卫生 蚊 / 点燃

容城县安达日用制品有限公司 (河北省容城县北环路166号 071700 0312-5600660)

WL20080502 蚊香/0.26%/蚊香/富右旋反式烯丙菊酯 0.24%、四氟苯菊酯 0.02%/2009.12.29 至 2010.12.29/微毒
卫生 蚊 / 点燃
WL20080503 杀虫气雾剂/0.65%/气雾剂/胺菊酯 0.34%、氯菊酯 0.21%、右旋烯丙菊酯 0.1%/2009.12.29 至 2010.12.29/微毒
卫生 蜚蠊、蚊、蝇 / 喷雾

石家庄宏科生物化工有限公司 (河北省无极县县城无极路(原正深路40公里处) 052460 0311-85571185)

PD20084718 辛硫·高氯氟/40%/乳油/高效氯氟氰菊酯 0.5%、辛硫磷 39.5%/2008.12.22 至 2013.12.22/中等毒
棉花 棉铃虫 300-420克/公顷 喷雾

石家庄曙光制药厂 (河北省石家庄长安区高营大街17号 050031 0311-85612065)

PD20092564 阿维·哒螨灵/10%/乳油/阿维菌素 0.2%、哒螨灵 9.8%/2009.02.26 至 2014.02.26/低毒(原药高毒)
苹果树 红蜘蛛 25-50毫克/千克 喷雾
PD20092846 阿维·高氯/1%/乳油/阿维菌素 0.1%、高效氯氰菊酯 0.9%/2009.03.05 至 2014.03.05/低毒(原药高毒)
梨树 梨木虱 12-24毫克/千克 喷雾
十字花科蔬菜 菜青虫 7.5-15克/公顷 喷雾
十字花科蔬菜 小菜蛾 13.5-27克/公顷 喷雾
PD20097321 乙铝·乙酸铜 /30%/可溶粉剂/三乙膦酸铝 25%、乙酸铜 3%/2009.10.27 至 2014.10.27/低毒
黄瓜 霜霉病、细菌性角斑病 450-675克/公顷 喷雾
PD20098009 异丙威/20%/乳油/异丙威 20%/2009.12.07 至 2014.12.07/低毒
水稻 飞虱 450-600克/公顷 喷雾
PD20098010 吗胍·乙酸铜/20%/可溶粉剂/盐酸吗啉胍 15%、乙酸铜 5%/2009.12.07 至 2014.12.07/低毒
番茄 病毒病 450-600克/公顷 喷雾
LS20030139 硫酸链霉素/72%/可溶粉剂/硫酸链霉素 72%/2009.01.09 至 2009.12.31/低毒
柑橘树 溃疡病 150-300克/公顷 喷雾
水稻 白叶枯病 150-300克/公顷 喷雾
烟草 野火病 185-260克/公顷 喷雾

石家庄曙光制药原料药厂 (河北省石家庄市高营大街29号 050031 0311-85611841)

PD20083880 阿维菌素/92%/原药/阿维菌素 92%/2008.12.15 至 2013.12.15/高毒

石家庄通泰生化有限公司 (河北省石家庄市中华北大街128号 050061 0311-87083715)

PD91107-4 72%农用硫酸链霉素可溶性粉剂//可溶性粉剂/硫酸链霉素 72%/2007.06.03 至 2012.06.03/低毒
大白菜 软腐病 150-300克/公顷 喷雾
柑橘树 溃疡病 150-300克/公顷 喷雾
水稻 白叶枯病 150-300克/公顷 喷雾

石家庄威纳邦日化有限公司 (河北省石家庄市经济技术开发区创业路7号 052160 0311-86511118)

WL20080286 杀虫气雾剂/0.36%/气雾剂/胺菊酯 0.28%、氯菊酯 0.08%/2009.04.18 至 2010.04.18/低毒
卫生 蚊、蝇、蜚蠊 / 喷雾
WL20080310 蚊香/0.25%/蚊香/富右旋反式烯丙菊酯 0.25%/2009.04.22 至 2010.04.22/低毒
卫生 蚊 / 点燃

石家庄兴柏生物工程有限公司 (河北省石家庄市赵县南柏舍 050035 0311-84707937)

PD20094210 阿维菌素/92%/原药/阿维菌素 92%/2009.03.31 至 2014.03.31/高毒
PD20097114 阿维菌素/18克/升/乳油/阿维菌素 18克/升/2009.10.12 至 2014.10.12/中等毒(原药高毒)
十字花科蔬菜 小菜蛾 8.1—10.8克/公顷 喷雾

石家庄益源生物制品有限公司 (河北省石家庄市仓兴街16号F10号 050021 0311-86127118)

WL20080014 高效氟氯氰菊酯/2.5%/悬浮剂/高效氟氯氰菊酯 2.5%/2009.01.04 至 2010.01.04/低毒
卫生 蚊、蝇、蜚蠊 20毫克/平方米 滞留喷洒
WL20080032 硼酸/10%/胶饵/硼酸 10%/2009.01.07 至 2010.01.07/微毒
卫生 蜚蠊 / 投放

顺平县农药厂 (河北省顺平县火车站 072251 0312-7682144)

PD20040764 氯氰·吡虫啉/5%/乳油/吡虫啉 1%、氯氰菊酯 4%/2009.12.19 至 2014.12.19/中等毒
十字花科蔬菜 蚜虫 30-45克/公顷 喷雾
PD20092459 高效氯氟氰菊酯/25克/升/乳油/高效氯氟氰菊酯 25克/升/2009.02.25 至 2014.02.25/中等毒
苹果树 桃小食心虫 8.3-12.5毫克/千克 喷雾
PD20095166 炔螨特/57%/乳油/炔螨特 57%/2009.04.24 至 2014.04.24/低毒
苹果树 红蜘蛛 285-380毫克/千克 喷雾
PD20097668 高氯·马/20%/乳油/高效氯氰菊酯 2%、马拉硫磷 18%/2009.11.04 至 2014.11.04/低毒
棉花 棉铃虫 120-180克/公顷 喷雾
LS20050538 唑磷·仲丁威/25%/乳油/三唑磷 15%、仲丁威 10%/2008.02.26 至 2009.02.25/中等毒
水稻 稻纵卷叶螟 562.5-750克/公顷 喷雾
LS20051024 辛硫·三唑磷/20%/乳油/三唑磷 10%、辛硫磷 10%/2008.04.07 至 2009.04.07/中等毒
水稻 稻水象甲 150-210克/公顷 喷雾

LS20070150 乙酰甲胺磷/30%/乳油/乙酰甲胺磷 30%/2009.02.07 至 2010.02.07/低毒
玉米 玉米螟 810-1080克/公顷 喷雾
LS20082192 复硝酚钠/1.8%/水剂/5-硝基邻甲氧基苯酚钠 0.3%、对硝基苯酚钠 0.9%、邻硝基苯酚钠 0.6%/2009.04.18至2010.04.18/低毒
番茄 调节生长 4.5-6毫克/千克 兑水喷雾

邢台宝波农药有限公司 （河北省邢台市西郊贾乡口 054009 0319-2991999）

PD20050137 高效氯氰菊酯/4.5%/乳油/高效氯氰菊酯 4.5%/2005.09.09 至 2010.09.08/中等毒
棉花 棉铃虫、蚜虫 15-30克/公顷 喷雾
苹果树 桃小食心虫 20-33毫克/千克 喷雾
十字花科蔬菜 蚜虫 3-18克/公顷 喷雾
十字花科蔬菜 菜青虫、小菜蛾 9-25.5克/公顷 喷雾
PD20085795 丁酰肼/98%/原药/丁酰肼 98%/2008.12.29 至 2013.12.29/低毒
PD20086122 高氯·辛硫磷/20%/乳油/高效氯氰菊酯 2%、辛硫磷 18%/2008.12.30 至 2013.12.30/低毒
棉花 棉铃虫 225-300克/公顷 喷雾
PD20090704 丁酰肼/92%/可溶粉剂/丁酰肼 92%/2009.01.19 至 2014.01.19/低毒
观赏菊花 调节生长 2500-3500毫克/千克 喷雾
PD20091430 辛硫磷/40%/乳油/辛硫磷 40%/2009.02.02 至 2014.02.02/低毒
甘蓝 菜青虫 360-480克/公顷 喷雾
PD20094536 高效氯氟氰菊酯/25克/升/乳油/高效氯氟氰菊酯 25克/升/2009.04.09 至 2014.04.09/中等毒
苹果 桃小食心虫 8.3-9.3毫克/千克 喷雾
PD20097925 马拉硫磷/45%/乳油/马拉硫磷 45%/2009.11.30 至 2014.11.30/低毒
小麦 蚜虫 405-742.5克/公顷 喷雾
LS20061235 阿维·哒螨灵/10%/乳油/阿维菌素 0.2%、哒螨灵 9.8%/2009.05.22 至 2010.05.22/低毒(原药高毒)
柑橘树 红蜘蛛 25-50毫克/千克 喷雾

张家口长城农药有限公司 （河北省张家口市怀来县沙城镇 075400 0313-6893300）

PD20085397 乙草胺/900克/升/乳油/乙草胺 900克/升/2008.12.24 至 2013.12.24/低毒
春大豆田、春玉米田 一年生杂草 1620-1890克/公顷 土壤喷雾
夏大豆田、夏玉米田 一年生杂草 1080-1350克/公顷 土壤喷雾
PD20093773 莠去津/50%/悬浮剂/莠去津 50%/2009.03.25 至 2014.03.25/低毒
春玉米田 一年生杂草 1800-2250克/公顷 播后苗前土壤喷雾
夏玉米田 一年生杂草 1050-1500克/公顷 播后苗前土壤喷雾
PD20093805 苯磺隆/10%/可湿性粉剂/苯磺隆 10%/2009.03.25 至 2014.03.25/低毒
冬小麦田 一年生阔叶杂草 18-22.5克/公顷 茎叶喷雾
PD20095548 滴丁·乙草胺/70%/乳油/2,4-滴丁酯 20%、乙草胺 50%/2009.05.12 至 2014.05.12/低毒
春大豆田、春玉米田 一年生杂草 2100-2625克/公顷 土壤喷雾
PD20096509 异丙草·莠/40%/悬乳剂/异丙草胺 20%、莠去津 20%/2009.08.19 至 2014.08.19/低毒
春玉米田 一年生杂草 2100-2400克/公顷 土壤喷雾
夏玉米田 一年生杂草 1200-1500克/公顷 土壤喷雾
PD20096684 甲·乙·莠/40%/悬乳剂/甲草胺 11%、乙草胺 9%、莠去津 20%/2009.09.07 至 2014.09.07/低毒
春玉米田 一年生杂草 2100-2400克/公顷 土壤喷雾
夏玉米田 一年生杂草 1200-1500克/公顷 土壤喷雾
LS20090049 烟嘧·莠去津 /48%/可湿性粉剂/烟嘧磺隆 3.5%、莠去津 44.5%/2009.01.09 至 2010.01.09/低毒
玉米田 一年生杂草 720-822.9克/公顷 茎叶喷雾
LS20090203 烟嘧·莠去津/15%/油悬浮剂/烟嘧磺隆 1.5%、莠去津 13.5%/2009.02.09 至 2010.02.09/低毒
玉米田 一年生杂草 337.5-562.5克/公顷 茎叶喷雾
LS20090401 烟嘧·乙·莠/40%/油悬浮剂/烟嘧磺隆 2%、乙草胺 22%、莠去津 16%/2009.03.16 至 2010.03.16/低毒
玉米田 一年生杂草 150-200毫升制剂/亩 茎叶喷雾

中国农科院植保所廊坊农药中试厂 （北京市海淀区圆明园西路2号 100094 010-62899544）

PD20040351 高效氯氰菊酯/2.5%/乳油/高效氯氰菊酯 2.5%/2004.12.19 至 2009.12.18/中等毒
梨树 梨木虱 20.8-31.25毫克/千克 喷雾
PD20050184 高效氯氰菊酯/4.5%/乳油/高效氯氰菊酯 4.5%/2005.11.15 至 2010.11.15/低毒
马铃薯 二十八星瓢虫 15-30克/公顷 喷雾
十字花科蔬菜 菜青虫 13.5-27克/公顷 喷雾
PD20081950 霜脲·锰锌/72%/可湿性粉剂/代森锰锌 64%、霜脲氰 8%/2008.11.24 至 2013.11.24/低毒
番茄 晚疫病 1440-1800克/公顷 喷雾
黄瓜 霜霉病 1440-1800克/公顷 喷雾
辣椒 疫病 1080-1800克/公顷 喷淋
PD20081971 氰戊·马拉松/20%/乳油/马拉硫磷 15%、氰戊菊酯 5%/2008.12.01 至 2013.12.01/中等毒
棉花 棉铃虫 90-150克/公顷 喷雾
苹果树 桃小食心虫 160-333毫克/千克 喷雾
蔬菜 菜青虫、蚜虫 90-150克/公顷 喷雾

PD20082401 嘧霉胺/40%/悬浮剂/嘧霉胺 40%/2008.12.01 至 2013.12.01/低毒
黄瓜 灰霉病 375-562.5克/公顷 喷雾
PD20082572 阿维·哒螨灵/8%/乳油/阿维菌素 0.2%、哒螨灵 7.8%/2008.12.04 至 2013.12.04/低毒(原药高毒)
柑橘树 红蜘蛛 40-53毫克/千克 喷雾
PD20083409 锰锌·腈菌唑/62.25%/可湿性粉剂/腈菌唑 2.25%、代森锰锌 60%/2008.12.11 至 2013.12.11/低毒
黄瓜 白粉病 1867.5－2340克/公顷 喷雾
PD20083467 高效氯氰菊酯/95%/原药/高效氯氰菊酯 95%/2008.12.12 至 2013.12.12/中等毒
PD20083510 氰戊·杀螟松/20%/乳油/氰戊菊酯 6%、杀螟硫磷 14%/2008.12.12 至 2013.12.12/中等毒
棉花 棉铃虫 120-150克/公顷 喷雾
苹果树 桃小食心虫 160-333毫克/千克 喷雾
PD20084453 异稻·三环唑/20%/可湿性粉剂/三环唑 10%、异稻瘟净 10%/2008.12.17 至 2013.12.17/低毒
水稻 稻瘟病 300-450克/公顷 喷雾
PD20084712 噻嗪·异丙威/25%/可湿性粉剂/噻嗪酮 5%、异丙威 20%/2008.12.22 至 2013.12.22/低毒
水稻 稻飞虱 375-487.5克/公顷 喷雾
PD20085228 氯氰·灭多威/16%/乳油/氯氰菊酯 2%、灭多威 14%/2008.12.23 至 2013.12.23/中等毒(原药高毒)
甘蓝 菜青虫、菜蚜 72-144克/公顷 喷雾
PD20085277 硫丹·辛硫磷/35%/乳油/硫丹 5%、辛硫磷 30%/2008.12.23 至 2013.12.23/低毒
棉花 棉铃虫 制剂量：750-1125克/公顷 喷雾
PD20085772 阿维·杀虫单/20%/微乳剂/阿维菌素 0.2%、杀虫单 19.8%/2008.12.29 至 2013.12.29/低毒(原药高毒)
菜豆 美洲斑潜蝇 90-180克/公顷 喷雾
PD20085852 甲霜·噁霉灵/3%/水剂/噁霉灵 2.5%、甲霜灵 0.5%/2008.12.29 至 2013.12.29/低毒
黄瓜 枯萎病 50-60毫克/千克，250毫升/株 灌根
水稻 立枯病 0.36-0.54克/平方米 喷雾
PD20086314 苄·乙/20%/可湿性粉剂/苄嘧磺隆 5%、乙草胺 15%/2008.12.31 至 2013.12.31/低毒
移栽水稻田 部分多年生杂草、一年生杂草 84-118克/公顷 药土法
PD20086321 乙·莠·氰草津/40%/悬浮剂/氰草津 26.6%、乙草胺 6.7%、莠去津 6.7%/2008.12.31 至 2013.12.31/低毒
夏玉米田 一年生杂草 1320-1800克/公顷 土壤喷雾
PD20090383 腈菌唑/25%/乳油/腈菌唑 25%/2009.01.12 至 2014.01.12/低毒
小麦 白粉病 48-60克/公顷 喷雾
PD20090796 阿维·毒死蜱/15%/乳油/阿维菌素 0.2%、毒死蜱 14.8%/2009.01.19 至 2014.01.19/低毒(原药高毒)
十字花科蔬菜 小菜蛾 90-135克/公顷 喷雾
水稻 稻纵卷叶螟 135-157.5克/公顷 喷雾
PD20091123 草甘膦异丙胺盐/41%/水剂/草甘膦异丙胺盐 41%/2009.01.21 至 2014.01.21/低毒
柑橘园 杂草 1230-2460克/公顷 定向喷雾
PD20092178 烯酰吗啉/10%/水乳剂/烯酰吗啉 10%/2009.02.23 至 2014.02.23/低毒
黄瓜 霜霉病 225-300克/公顷 喷雾
PD20092578 联苯菊酯/100克/升/乳油/联苯菊酯 100克/升/2009.02.27 至 2014.02.27/中等毒
茶树 粉虱 30-37.5克/公顷 喷雾
PD20093243 烯唑醇/5%/微乳剂/烯唑醇 5%/2009.03.11 至 2014.03.11/低毒
梨树 黑星病 25-50毫克/千克 喷雾
PD20093255 噻螨酮/5%/可湿性粉剂/噻螨酮 5%/2009.03.11 至 2014.03.11/低毒
柑橘树 红蜘蛛 25-50毫克/千克 喷雾
PD20093390 苯醚甲环唑/10%/微乳剂/苯醚甲环唑 10%/2009.03.19 至 2014.03.19/低毒
番茄 早疫病 112.5-150克/公顷 喷雾
PD20093766 阿维·啶虫脒/4%/乳油/阿维菌素 1%、啶虫脒 3%/2009.03.25 至 2014.03.25/低毒(原药高毒)
黄瓜 蚜虫 6-12克/公顷 喷雾
PD20095200 丙环唑/20%/微乳剂/丙环唑 20%/2009.04.24 至 2014.04.24/低毒
香蕉 叶斑病 250-500毫克/千克 喷雾
PD20095330 多·福·溴菌腈/40%/可湿性粉剂/多菌灵 20%、福美双 10%、溴菌腈 10%/2009.04.27 至 2014.04.27/低毒
黄瓜 炭疽病 600-900克/公顷 喷雾
PD20095695 霜霉威盐酸盐/722克/升/水剂/霜霉威盐酸盐 722克/升/2009.05.15 至 2014.05.15/低毒
甜椒 疫病 775.5-1164克/公顷 喷雾
PD20096345 除虫脲/25%/可湿性粉剂/除虫脲 25%/2009.07.28 至 2014.07.28/低毒
苹果树 金纹细蛾 125-250毫克/千克 喷雾
PD20096645 高氯·甲维盐/3%/微乳剂/高效氯氰菊酯 2.7%、甲氨基阿维菌素苯甲酸盐 0.3%/2009.09.02 至 2014.09.02/低毒
甘蓝 甜菜夜蛾、小菜蛾 13.5-18克/公顷 喷雾
PD20096919 烟嘧磺隆/40克/升/可分散油悬浮剂/烟嘧磺隆 40克/升/2009.09.23 至 2014.09.23/低毒
玉米田 一年生杂草 42-60克/公顷 茎叶喷雾
PD20097364 琥胶肥酸铜/30%/悬浮剂/琥胶肥酸铜 30%/2009.10.27 至 2014.10.27/低毒
柑橘 溃疡病 400-500倍液 喷雾
PD20097705 烯草酮/120克/升/乳油/烯草酮 120克/升/2009.11.04 至 2014.11.04/低毒
油菜田 一年生禾本科杂草 54-72克/公顷 茎叶喷雾
PD20097711 噻苯隆/0.1%/可湿性粉剂/噻苯隆 0.1%/2009.11.04 至 2014.11.04/低毒

甜瓜　提高座瓜率、增产　2.5-3.3毫克/升　兑水喷雾

PD20097723　烯腺·羟烯腺/0.02%/母药/羟烯腺嘌呤 0.01%、烯腺嘌呤 0.01%/2009.11.04 至 2014.11.04/低毒

PD20097957　烯·羟·吗啉胍/40%/可溶粉剂/盐酸吗啉胍 39.996%、羟烯腺嘌呤 0.002%、烯腺嘌呤 0.002%/2009.12.01至2014.12.01/低毒

番茄　病毒病　600-900克/公顷　喷雾

LS20050818　硫磺/50%/悬浮剂/硫磺 50%/2008.03.28 至 2009.03.28/低毒

黄瓜　白粉病　1125-1500克/公顷　喷雾

LS20051743　高效氯氰菊酯/4.5%/微乳剂/高效氯氰菊酯 4.5%/2008.05.15 至 2009.05.15/低毒

十字花科蔬菜　菜青虫　20.25-27克/公顷　喷雾

LS20052522　苯磺·异丙隆/50%/可湿性粉剂/苯磺隆 0.5%、异丙隆 49.5%/2008.08.14 至 2009.08.14/低毒

冬小麦　一年生杂草　750-900克/公顷　喷雾

LS20052664　吡虫·三唑磷/20%/乳油/吡虫啉 2%、三唑磷 18%/2008.08.14 至 2009.08.14/中等毒

水稻　稻飞虱、二化螟　300-390克/公顷　喷雾

LS20061224　氯吡脲/0.1%/可溶液剂/氯吡脲 0.1%/2009.05.22 至 2010.05.22/低毒

西瓜　提高座瓜率、增产　13.3-20 毫克/升　喷涂瓜柄

猕猴桃　调节生长、增产　5-20毫克/升　浸幼果

LS20091124　0.1%噻苯隆可湿性粉剂/.1%/可湿性粉剂/噻苯隆 .1%/2009.04.17 至 2010.04.17/低毒

葡萄　调节生长　/　喷果穗

LS20091173　异丙·苄/30%/可湿性粉剂/苄嘧磺隆 5%、异丙草胺 25%/2009.04.22 至 2010.04.22/低毒

水稻抛秧田　一年生杂草　135-180克/公顷　毒土法

LS20091219　氟硅唑/10%/微乳剂/氟硅唑 10%/2009.04.30 至 2010.04.30/低毒

草坪　褐斑病　100-120克/公顷　喷雾

LS20091307　苦参碱/0.5%/水剂/苦参碱 0.5%/2009.06.02 至 2010.06.02/低毒

甘蓝　小菜蛾　4.5-6.75/公顷　喷雾

涿州市翔翊华太生物技术有限公司　(河北省保定市涿州市松林店镇　072761　0312-3615738)

PD20081006　毒死蜱/40%/乳油/毒死蜱 40%/2008.08.06 至 2013.08.06/中等毒

苹果树　绵蚜　266.7-400毫克/千克　喷雾

PD20082299　啶虫脒/20%/可溶液剂/啶虫脒 20%/2008.12.01 至 2013.12.01/低毒

棉花　蚜虫　30-45克/公顷　喷雾

PD20082644　甲氰·辛硫磷/25%/乳油/甲氰菊酯 5%、辛硫磷 20%/2008.12.04 至 2013.12.04/低毒

棉花　棉铃虫　300—375克/公顷　喷雾

PD20082866　啶虫脒/20%/可溶粉剂/啶虫脒 20%/2008.12.09 至 2013.12.09/低毒

黄瓜　蚜虫　18-36克/公顷　喷雾

PD20083383　啶虫脒/5%/可湿性粉剂/啶虫脒 5%/2008.12.11 至 2013.12.11/低毒

小麦　蚜虫　22.5-30克/公顷　喷雾

PD20084161　阿维菌素/1.8%/乳油/阿维菌素 1.8%/2008.12.16 至 2013.12.16/中等毒(原药高毒)

梨树　梨木虱　6-12毫克/千克　喷雾

PD20091441　高效氯氟氰菊酯/25克/升/乳油/高效氯氟氰菊酯 25克/升/2009.02.02 至 2014.02.02/中等毒

十字花科蔬菜　菜青虫　11.25-15克/公顷　喷雾

PD20092181　福·福锌/40%/可湿性粉剂/福美双 15%、福美锌 25%/2009.02.23 至 2014.02.23/低毒

苹果树　炭疽病　1333-1600毫克/千克　喷雾

PD20093727　异菌·多菌灵/20%/悬浮剂/多菌灵 15%、异菌脲 5%/2009.03.25 至 2014.03.25/低毒

苹果树　斑点落叶病　400-500毫克/千克　喷雾

PD20095981　哒螨灵/15%/乳油/哒螨灵 15%/2009.06.04 至 2014.06.04/中等毒

苹果树　红蜘蛛　50-75毫克/千克　喷雾

PD20098399　高氯·啶虫脒/5%/乳油/啶虫脒 1.5%、高效氯氰菊酯 3.5%/2009.12.18 至 2014.12.18/中等毒

番茄　蚜虫　22.5-30克/公顷　喷雾

LS20050349　甲硫·福美胂/7.5%/涂抹剂/福美胂 2.5%、甲基硫菌灵 5%/2008.02.24 至 2009.02.23/低毒

苹果树　枝干轮纹病　7500-15000毫克/千克　涂抹

LS20060916　高效氯氰菊酯/3%/水乳剂/高效氯氰菊酯 3%/2009.04.18 至 2010.04.18/中等毒

十字花科蔬菜　蚜虫　18-27克/公顷　喷雾

蠡县华奥工艺制香厂　(河北省蠡县北埝乡李岗村　071400　0312-6031098)

WL20090119　蚊香/0.26%/蚊香/富右旋反式烯丙菊酯 0.26%/2009.04.10 至 2010.04.10/低毒

卫生　蚊　/　点燃

蠡县佳鑫香业日化厂　(河北省保定市蠡县北埝乡贾庄村　071401　0312-6033685)

WL20080491　电热蚊香片/12毫克/片/电热蚊香片/炔丙菊酯 12毫克/片/2009.12.15 至 2010.12.15/微毒

卫生　蚊　/　电热加温

河南省

爱普瑞(焦作)农药有限公司　(河南省博爱县温博路南4公里　454450　0391-8610516)

PD85156-9　辛硫磷/90%、87%、80%/原药/辛硫磷 90%、87%、80%/2005.07.21 至 2010.07.21/低毒

PD85157-30　40%辛硫磷乳油//乳油/辛硫磷 40%/2005.07.21 至 2010.07.21/低毒

茶树、桑树　食叶害虫　200-400毫克/千克　喷雾

果树　食心虫、蚜虫、螨　200-400毫克/千克　喷雾

	林木	食叶害虫	3000-6000克/公顷	喷雾
	棉花	棉铃虫、蚜虫	300-600克/公顷	喷雾
	蔬菜	菜青虫	300-450克/公顷	喷雾
	烟草	食叶害虫	300-600克/公顷	喷雾
	玉米	玉米螟	450-600克/公顷	灌心叶
PD20040408	吡虫啉/2%/乳油/吡虫啉 2%/2004.12.19 至 2009.12.18/低毒			
	水稻	飞虱	9-18克/公顷	喷雾
PD20040806	吡虫啉/5%/片剂/吡虫啉 5%/2009.12.20 至 2014.12.20/低毒			
	棉花	蚜虫	15-22.5克/公顷	喷雾
PD20050072	高效氯氰菊酯/4.5%/乳油/高效氯氰菊酯 4.5%/2005.06.24 至 2010.06.23/中等毒			
	棉花	棉铃虫	15-30克/公顷	喷雾
PD20092862	霜脲·锰锌/72%/可湿性粉剂/代森锰锌 64%、霜脲氰 8%/2009.03.05 至 2014.03.05/低毒			
	黄瓜	霜霉病	1440-1800克/公顷	喷雾
PD20094241	芸苔素内酯/0.01%/乳油/芸苔素内酯 0.01%/2009.03.31 至 2014.03.31/低毒			
	冬小麦	调节生长、增产	0.02-0.04毫克/千克	喷雾
PD20095818	辛硫磷/3%/颗粒剂/辛硫磷 3%/2009.05.27 至 2014.05.27/低毒			
	花生	地下害虫	2700-3600克/公顷	沟施
PD20097062	苯磺隆/10%/可湿性粉剂/苯磺隆 10%/2009.10.10 至 2014.10.10/低毒			
	冬小麦田	一年生阔叶杂草	13.5-22.5克/公顷	茎叶喷雾
PD20097576	啶虫脒/95%/原药/啶虫脒 95%/2009.11.03 至 2014.11.03/中等毒			
LS20051868	阿维·高氯/5%/泡腾片剂/阿维菌素 0.9%、高效氯氰菊酯 4.1%/2008.05.16 至 2009.05.16/低毒(原药高毒)			
	十字花科蔬菜	小菜蛾	7.5-15克/公顷	喷雾
LS20052181	阿维菌素/18克/升/乳油/阿维菌素 18克/升/2008.06.14 至 2009.06.14/低毒(原药高毒)			
	十字花科蔬菜	小菜蛾	6.75-8.1克/公顷	喷雾
LS20052434	精喹禾灵/50克/升/乳油/精喹禾灵 50克/升/2008.07.13 至 2009.07.13/低毒			
	大豆	一年生禾本科杂草	45-60克/公顷	喷雾
LS20052877	异丙草·莠/40%/悬乳剂/异丙草胺 24%、莠去津 16%/2008.09.08 至 2009.09.08/低毒			
	春玉米	一年生杂草	1800-2400克/公顷	土壤喷雾
	夏玉米	一年生杂草	1200-1500克/公顷	土壤喷雾
LS20053078	阿维菌素/95%/原药/阿维菌素 95%/2008.09.22 至 2009.09.22/高毒			
LS20061137	高效氯氰菊酯/97%/原药/高效氯氰菊酯 97%/2008.05.15 至 2009.05.15/中等毒			
LS20061782	高氯·辛硫磷/25%/乳油/高效氯氰菊酯 2.5%、辛硫磷 22.5%/2009.10.19 至 2010.10.19/低毒			
	棉花	棉铃虫	281.25-375克/公顷	喷雾

安阳市方圆农药科技有限责任公司　(河南省安阳市北关区韩陵工业园区　455000　)

PD20093450	草甘膦异丙胺盐/41%/水剂/草甘膦异丙胺盐 41%/2009.03.23 至 2014.03.23/低毒			
	柑橘园	杂草	1125-2250克/公顷	定向喷雾
LS20090159	草甘膦/50%/可溶粉剂/草甘膦 50%/2009.02.04 至 2010.02.04/低毒			
	苹果园	杂草	1125-2250克/公顷	茎叶喷雾/
LS20090400	甲哌鎓/250克/升/水剂/甲哌鎓 250克/升/2009.03.16 至 2010.03.16/低毒			
	棉花	调节生长	45-60克/公顷	喷雾/

登封市金博农药化工有限公司　(河南省登封市芦店镇农科所院内　452471　0371-65793692)

PD86109-32	苏云金杆菌/8000IU/毫克/可湿性粉剂/苏云金杆菌 8000IU/毫克/2006.11.29 至 2011.11.29/低毒			
	茶树	茶毛虫	400-800倍液	喷雾
	棉花	二代棉铃虫	3000-4500克制剂/公顷	喷雾
	森林	松毛虫	600-800倍液	喷雾
	十字花科蔬菜	小菜蛾	1500-2250克制剂/公顷	喷雾
	十字花科蔬菜	菜青虫	750-1500克制剂/公顷	喷雾
	水稻	稻纵卷叶螟	3000-4500克制剂/公顷	喷雾
	烟草	烟青虫	1500-3000克制剂/公顷	喷雾
	玉米	玉米螟	1500-3000克制剂/公顷	加细沙灌心
	枣树	尺蠖	600-800倍液	喷雾
PD20084625	氯氰·毒死蜱/522.5克/升/乳油/毒死蜱 475克/升、氯氰菊酯 47.5克/升/2008.12.18 至 2013.12.18/中等毒			
	甘蓝	菜青虫	313.5-470.25克/公顷	喷雾
PD20085038	高效氯氟氰菊酯/25克/升/乳油/高效氯氟氰菊酯 25克/升/2008.12.23 至 2013.12.23/低毒			
	十字花科蔬菜	菜青虫	11.25-15克/公顷	喷雾
PD20085422	精喹禾灵/50克/升/乳油/精喹禾灵 50克/升/2008.12.24 至 2013.12.24/低毒			
	冬油菜田、花生田	一年生禾本科杂草	45-52.5克/公顷	茎叶喷雾
PD20090354	氟磺胺草醚/250克/升/水剂/氟磺胺草醚 250克/升/2009.01.12 至 2014.01.12/低毒			
	春大豆田	一年生阔叶杂草	375-468.75克/公顷	茎叶喷雾
PD20091061	百草枯/200克/升/水剂/百草枯 200克/升/2009.01.21 至 2014.01.21/中等毒			
	玉米田	杂草	450-600克/公顷	定向茎叶喷雾
PD20092052	莠去津/38%/悬浮剂/莠去津 38%/2009.02.12 至 2014.02.12/低毒			
	夏玉米田	一年生杂草	1140-1425克/公顷	播后苗前土壤喷

雾

PD20092072 精喹禾灵/10.8%/乳油/精喹禾灵 10.8%/2009.02.16 至 2014.02.16/低毒

夏大豆田	一年生禾本科杂草	48.6-64.8克/公顷	茎叶喷雾

PD20093188 氯氟吡氧乙酸异辛酯/200克/升/乳油/氯氟吡氧乙酸异辛酯 200克/升/2009.03.11 至 2014.03.11/低毒

冬小麦田	一年生阔叶杂草	180-210克/公顷	茎叶喷雾

PD20095169 三唑酮/20%/乳油/三唑酮 20%/2009.04.24 至 2014.04.24/低毒

小麦	白粉病	120-150克/公顷	喷雾

PD20095191 灭草松/48%/水剂/灭草松 48%/2009.05.11 至 2014.05.11/低毒

水稻移栽田	阔叶杂草及莎草科杂草	1260-1440克/公顷	茎叶喷雾

PD20095263 高效氟吡甲禾灵/108克/升/乳油/高效氟吡甲禾灵 108克/升/2009.04.27 至 2014.04.27/低毒

冬油菜田、花生田	一年生禾本科杂草	32.4-48.6克/公顷	茎叶喷雾

PD20095527 二甲戊灵/330克/升/乳油/二甲戊灵 330克/升/2009.05.11 至 2014.05.11/低毒

甘蓝田	一年生杂草	618.8-742.5克/公顷	土壤喷雾

PD20095872 苯磺隆/75%/水分散粒剂/苯磺隆 75%/2009.05.27 至 2014.05.27/低毒

冬小麦田	一年生阔叶杂草	18-22.5克/公顷	茎叶喷雾

PD20096045 乙草胺/81.8%/乳油/乙草胺 81.8%/2009.06.16 至 2014.06.16/低毒

冬油菜田	一年生禾本科杂草	1215-1350克/公顷	土壤喷雾

PD20096130 乙烯利/40%/水剂/乙烯利 40%/2009.06.24 至 2014.06.24/低毒

番茄	催熟	800-1000倍	喷雾

PD20097037 草甘膦异丙胺盐(41%)///水剂/草甘膦 30%/2009.10.10 至 2014.10.10/低毒

柑橘园	一年生和多年生杂草	1845-2460克/公顷	定向茎叶喷雾

PD20097347 苯磺隆/10%/可湿性粉剂/苯磺隆 10%/2009.10.27 至 2014.10.27/低毒

冬小麦田	一年生阔叶杂草	15-22.5克/公顷	茎叶喷雾

PD20097805 烟嘧·莠去津/20%/可分散油悬浮剂/烟嘧磺隆 3%、莠去津 17%/2009.11.20 至 2014.11.20/低毒

夏玉米田	一年生杂草	100-120毫升制剂/亩	茎叶喷雾

PD20098376 烟嘧磺隆/40克/升/悬浮剂/烟嘧磺隆 40克/升/2009.12.18 至 2014.12.18/低毒

夏玉米田	一年生杂草	48-60克/公顷	茎叶喷雾

LS20070204 高效氟吡甲禾灵/108克/升/乳油/高效氟吡甲禾灵 108克/升/2009.02.07 至 2010.02.07/低毒

冬油菜田	一年生禾本科杂草	40.5-48.6克/公顷	茎叶喷雾
花生田	一年生禾本科杂草	32.4-48.6克/公顷	茎叶喷雾

LS20071577 精喹·氟磺胺/18%/乳油/氟磺胺草醚 15%、精喹禾灵 3%/2009.06.05 至 2010.06.06/低毒

夏大豆田	一年生杂草	270-378克/公顷	茎叶喷雾

LS20081664 阿维·杀虫单/20%/微乳剂/阿维菌素 0.2%、杀虫单 19.8%/2009.04.07 至 2010.04.07/低毒

菜豆	美洲斑潜蝇	150-180克/公顷	喷雾

LS20081819 乙蒜素/80%/乳油/乙蒜素 80%/2009.04.10 至 2010.04.10/低毒

水稻	烂秧病	100-133毫克/千克	浸种

LS20082367 噻吩磺隆/15%/可湿性粉剂/噻吩磺隆 15%/2009.04.21 至 2010.04.21/低毒

冬小麦田	一年生阔叶杂草	22.5-33.75克/公顷	茎叶喷雾

LS20082761 精喹禾灵/50克/升/乳油/精喹禾灵 50克/升/2009.05.08 至 2010.05.08/低毒

花生田	一年生禾本科杂草	45-52.5克/公顷	茎叶喷雾

LS20082762 丁·莠/40%/悬浮剂/丁草胺 20%、莠去津 20%/2009.05.08 至 2010.05.08/低毒

夏玉米田	一年生杂草	1200-1500克/公顷	土壤喷雾

LS20082782 阿维菌素/1.8%/微乳剂/阿维菌素 1.8%/2009.05.08 至 2010.05.08/低毒(原药高毒)

甘蓝	小菜蛾	8.1-10.8克/公顷	喷雾

LS20083185 乙羧·氟磺胺/26%/水剂/氟磺胺草醚 20%、乙羧氟草醚 6%/2009.11.25 至 2010.11.25/低毒

春大豆田	一年生阔叶杂草	900-1050克/公顷	茎叶喷雾

LS20090315 氯溴异氰尿酸/50%/可溶粉剂/氯溴异氰尿酸 50%/2009.03.04 至 2010.03.04/低毒

水稻	白叶枯病	300-450克/公顷	喷雾

LS20091005 烟嘧·莠去津/20%/油悬浮剂/烟嘧磺隆 3%、莠去津 17%/2009.04.13 至 2010.04.13/低毒

夏玉米田	一年生杂草	240－360克/公顷	茎叶喷雾

LS20091406 乙蒜素/15%/可湿性粉剂/乙蒜素 15%/2009.09.16 至 2010.09.16/低毒

水稻	稻瘟病	292.5-360克/公顷	喷雾

航空航天部正阳六九三兴华化工厂 (河南省正阳县南关街178号 463600 0396-8222636)

PD84111-54 氧乐果/40%/乳油/氧乐果 40%/2006.04.05 至 2011.04.05/高毒

棉花	蚜虫、螨	375-600克/公顷	喷雾
森林	松干蚧、松毛虫	500倍液	喷雾或直接涂树干
水稻	稻纵卷叶螟、飞虱	375-600克/公顷	喷雾
小麦	蚜虫	300-450克/公顷	喷雾

PD85105-66 敌敌畏/80%/乳油/敌敌畏 77.5%/2005.03.07 至 2010.03.07/中等毒

茶树	食叶害虫	600克/公顷	喷雾
粮仓	多种储藏害虫	1)400-500倍液 2)0.4-0.5克/立方米	1)喷雾 2)挂条熏蒸

	棉花	蚜虫、造桥虫	600-1200克/公顷	喷雾
	苹果树	小卷叶蛾、蚜虫	400-500毫克/千克	喷雾
	青菜	菜青虫	600克/公顷	喷雾
	桑树	尺蠖	600克/公顷	喷雾
	卫生	多种卫生害虫	1)300-400倍液 2)0.08克/立方米	1)泼洒 2)挂条熏蒸
	小麦	黏虫、蚜虫	600克/公顷	喷雾
PD85131-34	井冈霉素/3%,5%/水剂/井冈霉素 3%,5%/2006.04.05 至 2011.04.05/低毒			
	水稻	纹枯病	75-112.5克/公顷	喷雾,泼浇
PD20092354	三唑酮/20%/乳油/三唑酮 20%/2009.02.24 至 2014.02.24/低毒			
	小麦	白粉病	120-127.5克/公顷	喷雾
PD20093289	溴氰菊酯/2.5%/乳油/溴氰菊酯 2.5%/2009.03.11 至 2014.03.11/中等毒			
	棉花	棉铃虫、棉蚜	3-4.5克/公顷	喷雾
PD20094121	甲氰·辛硫磷/23%/乳油/甲氰菊酯 5%、辛硫磷 18%/2009.03.27 至 2014.03.27/中等毒			
	棉花	棉铃虫	258.8-345克/公顷	喷雾
PD20094142	丁草胺/50%/乳油/丁草胺 50%/2009.03.27 至 2014.03.27/低毒			
	水稻移栽田	一年生杂草	937.5-1275克/公顷	毒土法
PD20095311	乙草胺/50%/乳油/乙草胺 50%/2009.04.27 至 2014.04.27/低毒			
	夏玉米田	一年生禾本科杂草及部分阔叶杂草	750-1050克/公顷	播后1-2天内喷雾

河南倍尔农化有限公司　(河南省商丘市梁园区(周集)农药化工工业园　476115　0370-3488336)

PD86108-6	菌核净/40%/可湿性粉剂/菌核净 40%/2005.03.17 至 2010.03.17/低毒			
	水稻	纹枯病	1200-1500克/公顷	喷雾
	烟草	赤星病	1125-2025克/公顷	喷雾
	油菜	菌核病	600-900克/公顷	喷雾
PD20097710	溴氰·辛硫磷/25%/乳油/辛硫磷 24.5%、溴氰菊酯 0.5%/2009.11.04 至 2014.11.04/中等毒			
	棉花	棉铃虫	300-375克/公顷	喷雾
LS20072287	辛硫磷/3%/颗粒剂/辛硫磷 3%/2009.09.24 至 2010.09.25/低毒			
	小麦	地下害虫	1350-1800克/公顷	沟施
LS20081169	辛硫磷/1.5%/颗粒剂/辛硫磷 1.5%/2009.03.10 至 2010.03.10/低毒			
	玉米	螟虫	112.5-168.75克/公顷	撒施

河南广农农药厂　(河南省商丘市梁园区周集化工园区　473000　0377-63727333)

PD20083030	辛硫·高氯氟/25%/乳油/高效氯氟氰菊酯 0.5%、辛硫磷 24.5%/2008.12.10 至 2013.12.10/中等毒			
	棉花	棉铃虫	300-375克/公顷	喷雾
PD20083962	毒死蜱/40%/乳油/毒死蜱 40%/2008.12.16 至 2013.12.16/中等毒			
	十字花科蔬菜	菜青虫	420-600克/公顷	喷雾
LS20052634	氟铃脲/5%/乳油/氟铃脲 5%/2008.08.14 至 2009.08.14/低毒			
	十字花科蔬菜	小菜蛾	37.5-52.5克/公顷	喷雾
LS20052647	三唑磷/20%/乳油/三唑磷 20%/2008.08.14 至 2009.08.14/中等毒			
	水稻	二化螟	300-450克/公顷	喷雾
LS20070401	吡虫·杀虫单/35%/可湿性粉剂/吡虫啉 1%、杀虫单 34%/2009.03.05 至 2010.03.06/中等毒			
	水稻	稻飞虱、稻纵卷叶螟、二化螟、三化螟	450-750克/公顷	喷雾

河南鹤壁陶英陶生物科技有限公司　(河南省鹤壁市新区黎阳路398号城信社8楼　458030　0392-2188189)

LS20053514	印楝素/12%/母药/印楝素 12%/2009.11.15 至 2010.11.15/微毒			
LS20053528	印楝素/0.7%/乳油/印楝素 0.7%/2009.11.15 至 2010.11.15/低毒			
	茶树	茶尺蠖	4.2-5.25克/公顷	喷雾
	十字花科蔬菜	小菜蛾	6.3-8.4克/公顷	喷雾
	十字花科蔬菜	菜青虫	4.2-6.3克/公顷	喷雾
	烟草	烟青虫	5.25-6.3克/公顷	喷雾
LS20081732	唑螨酯/96%/原药/唑螨酯 96%/2009.04.07 至 2010.04.07/中等毒			

河南恒信农化有限公司　(河南省郑州市经三路68号1－1502　450008　0371-65388271)

WL20070103	高氯·残杀威/8%/悬浮剂/残杀威 5%、高效氯氰菊酯 3%/2009.05.29 至 2010.05.30/低毒			
	卫生	蚊、蝇、蜚蠊	50毫克/平方米	滞留喷洒

河南捷利康农化有限公司　(河南省郑州市中牟县城花桥东路北100米　451450　0371-65646786)

PD20092868	氰戊·辛硫磷 /25%/乳油/氰戊菊酯 6.25%、辛硫磷 18.75%/2009.03.05 至 2014.03.05/中等毒			
	棉花	棉铃虫	300-375克/公顷	喷雾
PD20093620	氯氰·氧乐果/10%/乳油/氯氰菊酯 1%、氧乐果 9%/2009.03.25 至 2014.03.25/低毒(原药高毒)			
	棉花	蚜虫	60-75克/公顷	喷雾
PD20094165	百草枯/200克/升/水剂/百草枯 200克/升/2009.03.27 至 2014.03.27/中等毒			
	玉米田	一年生杂草	300-600克/公顷	行间定向茎叶喷雾
PD20094903	乙草胺/50%/乳油/乙草胺 50%/2009.04.13 至 2014.04.13/低毒			
	夏玉米田	一年生禾本科杂草及部分阔叶杂草	900-1200克/公顷	土壤喷雾

PD20095503 二氯异氰尿酸钠/20%/可溶粉剂/二氯异氰尿酸钠 20%/2009.05.11 至 2014.05.11/低毒
黄瓜 霜霉病 562.5-750克/公顷 喷雾
PD20095630 阿维菌素/1.8%/乳油/阿维菌素 1.8%/2009.05.12 至 2014.05.12/低毒(原药高毒)
梨树 梨木虱 1.25-1.67毫克/千克 喷雾
PD20095641 高效氯氰菊酯/4.5%/乳油/高效氯氰菊酯 4.5%/2009.05.12 至 2014.05.12/低毒
梨树 梨木虱 20.8-31.25毫克/千克 喷雾
PD20097654 高效氯氟氰菊酯/25克/升/乳油/高效氯氟氰菊酯 25克/升/2009.11.04 至 2014.11.04/中等毒
甘蓝 菜青虫 20-30毫升制剂/亩 喷雾

河南金田地农化有限责任公司 (河南省郑州市金水区国泰路6号 450045 0371-65558437)

PD20090913 2甲·草甘膦/46%/可溶粉剂/草甘膦 38%、2甲4氯 8%/2009.01.19 至 2014.01.19/低毒
苹果园 杂草 1242-2070克/公顷 喷雾
PD20090946 精喹禾灵/8.8%/乳油/精喹禾灵 8.8%/2009.01.19 至 2014.01.19/低毒
夏大豆田 一年生禾本科杂草 39.6-52.8克/公顷 喷雾
PD20091280 百菌清/30%/烟剂/百菌清 30%/2009.02.01 至 2014.02.01/低毒
黄瓜(保护地) 霜霉病 750-1200克/公顷 点燃放烟
PD20091837 敌敌畏/30%/烟剂/敌敌畏 30%/2009.02.06 至 2014.02.06/中等毒
黄瓜(保护地) 蚜虫 1125-1350克/公顷 点燃放烟
PD20092043 乙草胺/900克/升/乳油/乙草胺 900克/升/2009.02.12 至 2014.02.12/低毒
春大豆田、春玉米田 部分阔叶杂草、一年生禾本科杂草 1620-2025克/公顷(东北地区) 喷雾
花生田、棉花田 部分阔叶杂草、一年生禾本科杂草 945-1080克/公顷 喷雾
夏玉米田 部分阔叶杂草、一年生禾本科杂草 810-1080克/公顷 喷雾
PD20095083 异丙甲草胺/72%/乳油/异丙甲草胺 72%/2009.04.22 至 2014.04.22/低毒
春大豆田 一年生禾本科杂草及部分阔叶杂草 1620-2160克/公顷(东北地区) 喷雾
PD20095980 噁草·丁草胺 /40%/乳油/丁草胺 24%、噁草酮 16%/2009.06.04 至 2014.06.04/低毒
水稻(旱育秧及半旱育秧田) 一年生杂草 600-800克/公顷 喷雾
PD20097104 烟嘧磺隆/6%/油悬浮剂/烟嘧磺隆 6%/2009.10.10 至 2014.10.10/低毒
玉米田 一年生杂草 40-65毫升制剂/亩 茎叶喷雾
PD20097342 乙·莠/48%/可湿性粉剂/乙草胺 16%、莠去津 32%/2009.10.27 至 2014.10.27/低毒
甘蔗田 一年生杂草 1440-1800克/公顷 土壤喷雾
夏玉米田 一年生杂草 1080-1440克/公顷 喷雾
PD20098462 烟嘧·莠去津/31.5%/悬浮剂/烟嘧磺隆 3.5%、莠去津 28%/2009.12.24 至 2014.12.24/低毒
玉米田 一年生杂草 150-200毫升制剂/亩 茎叶喷雾
LS20090778 烟嘧磺隆/6%/油悬浮剂/烟嘧磺隆 6%/2009.03.31 至 2010.03.31/低毒
玉米田 一年生杂草 60—80毫升制剂/亩 茎叶喷雾
LS20091349 烟嘧·莠去津/31.5%/悬浮剂/烟嘧磺隆 3.5%、莠去津 28%/2009.07.10 至 2010.07.10/低毒
玉米田 一年生杂草 150-200毫升制剂/亩 茎叶喷雾
LS20091400 辛硫磷/0.3%/颗粒剂/辛硫磷 0.3%/2009.09.16 至 2010.09.16/低毒
小麦 蝼蛄、蛴螬 1800-2250克/公顷 撒施
LS20091402 二嗪磷/0.1%/颗粒剂/二嗪磷 0.1%/2009.09.16 至 2010.09.16/低毒
小麦 蝼蛄、蛴螬 600-750克/公顷 撒施

河南锦绣之星作物保护有限公司 (河南省新郑市郭店镇合欢路与轻工路交叉口东南角 450008 0371-65826231)

PD20083293 氯氰·辛硫磷/20%/母粉/氯氰菊酯 2%、辛硫磷 18%/2008.12.11 至 2013.12.11/中等毒
棉花 棉铃虫 150-210克/公顷 喷雾
棉花 棉蚜 75-150克/公顷 喷雾
PD20096653 百草枯/200克/升/水剂/百草枯 200克/升/2009.09.02 至 2014.09.02/中等毒
玉米田 一年生杂草 450-600克/公顷 行间定向茎叶喷雾
PD20096881 氟磺胺草醚/250克/升/水剂/氟磺胺草醚 250克/升/2009.09.23 至 2014.09.23/低毒
夏大豆田 一年生阔叶杂草 187.5-225克/公顷 茎叶喷雾
PD20097251 代森锰锌/80%/可湿性粉剂/代森锰锌 80%/2009.10.19 至 2014.10.19/低毒
梨树 黑星病 1000—1333毫克/千克 喷雾
PD20097502 烟嘧磺隆/40克/升/可分散油悬浮剂/烟嘧磺隆 40克/升/2009.11.03 至 2014.11.03/低毒
玉米田 一年生杂草 48-60克/公顷 茎叶喷雾
PD20097516 高效氯氟氰菊酯/25克/升/乳油/高效氯氟氰菊酯 25克/升/2009.11.03 至 2014.11.03/中等毒
大豆 食心虫 5.625—7.5克/公顷 喷雾
PD20097536 甲基硫菌灵/70%/可湿性粉剂/甲基硫菌灵 70%/2009.11.03 至 2014.11.03/低毒
水稻 纹枯病 1050—1575克/公顷 喷雾
PD20097828 草甘膦异丙胺盐(41%)///水剂/草甘膦 30%/2009.11.20 至 2014.11.20/低毒
棉花田 杂草 922.5-1537.5克/公顷 行间定向茎叶喷雾
PD20098109 丁硫克百威/200克/升/乳油/丁硫克百威 200克/升/2009.12.08 至 2014.12.08/低毒
棉花 蚜虫 120-180克/公顷 喷雾

PD20098430 阿维菌素/18克/升/乳油/阿维菌素 18克/升/2009.12.24 至 2014.12.24/低毒
甘蓝 小菜蛾 9.45-10.8克/公顷 喷雾

河南科邦化工有限公司 (河南省社旗县城郊东岗工业区 473300 0377-67912208)

LS20052111 乙酰甲胺磷/30%/乳油/乙酰甲胺磷 30%/2008.06.09 至 2009.06.09/低毒
水稻 二化螟 787.5-1012.5克/公顷 喷雾

LS20052861 乙蒜素/80%/乳油/乙蒜素 80%/2008.09.01 至 2009.09.01/中等毒
棉花 黄萎病 300-360克/公顷 喷雾

WP20080419 高氯·残杀威/8%/悬浮剂/残杀威 5%、高效氯氰菊酯 3%/2008.12.12 至 2013.12.12/低毒
卫生 蚊、蝇 1克制剂/平方米 滞留喷洒

WL20060058 顺式氯氰菊酯/5%/可湿性粉剂/顺式氯氰菊酯 5%/2009.03.23 至 2010.03.23/低毒
卫生 蚊、蝇 35毫克/平方米 滞留喷洒

河南科辉实业有限公司 (河南省新密市白寨镇光武陈村 452372 0371-69926888)

PD20096879 高效氯氟氰菊酯/25克/升/乳油/高效氯氟氰菊酯 25克/升/2009.09.23 至 2014.09.23/中等毒
甘蓝 菜青虫 7.5－11.25克/公顷 喷雾

河南雷力农用化工有限公司 (河南省郑州市经三路北段63号院3号楼1号 450003 0371-65772890)

PD20060071 三唑酮/10%/乳油/三唑酮 10%/2006.04.13 至 2011.04.13/低毒
小麦 白粉病 75-105克/公顷 喷雾

PD20080194 高氯·马/30%/乳油/高效氯氰菊酯 1%、马拉硫磷 29%/2008.01.10 至 2013.01.10/低毒
棉花 棉铃虫 225-337.5克/公顷 喷雾
棉花 棉蚜 180-270克/公顷 喷雾

PD20093347 唑酮·氧乐果/40%/乳油/三唑酮 10%、氧乐果 30%/2009.03.18 至 2014.03.18/中等毒(原药高毒)
小麦 白粉病、蚜虫 420-480克/公顷 喷雾

PD20093579 高效氯氰菊酯/2.5%/乳油/高效氯氰菊酯 2.5%/2009.03.23 至 2014.03.23/低毒
十字花科蔬菜 菜青虫 9.375-13.5克/公顷 喷雾

PD20094202 辛硫·灭多威/26%/乳油/灭多威 7%、辛硫磷 19%/2009.03.30 至 2014.03.30/中等毒(原药高毒)
棉花 棉铃虫 195-292.5克/公顷 喷雾
水稻 稻纵卷叶螟、二化螟 195-234克/公顷 喷雾

PD20095506 辛硫·三唑磷/20%/乳油/三唑磷 10%、辛硫磷 10%/2009.05.11 至 2014.05.11/低毒
水稻 二化螟 360-450克/公顷 喷雾

LS20052272 腈菌·福美双/20%/可湿性粉剂/福美双 18%、腈菌唑 2%/2008.06.21 至 2009.06.21/低毒
黄瓜 黑星病 300-405克/公顷 喷雾

LS20052289 甲哌鎓/8%/可溶粉剂/甲哌鎓 8%/2008.06.22 至 2009.06.22/低毒
甘薯 调节生长 200-300毫克/千克 喷雾

LS20060921 乙酰甲胺磷/20%/乳油/乙酰甲胺磷 20%/2009.04.18 至 2010.04.18/中等毒
水稻 二化螟 600-900克/公顷 喷雾

LS20081710 啶虫脒/3%/乳油/啶虫脒 3%/2009.04.07 至 2010.04.07/低毒
小麦 蚜虫 18-27克/公顷 喷雾

河南力克化工有限公司 (河南省郑州市金水区经三路28号融丰花苑A7A 450046 0371-69191269)

PD20082701 溴氰菊酯/25克/升/乳油/溴氰菊酯 25克/升/2008.12.05 至 2013.12.05/低毒
苹果树 桃小食心虫 12.5-16.7毫克/千克 喷雾

PD20083145 毒死蜱/40%/乳油/毒死蜱 40%/2008.12.10 至 2013.12.10/中等毒
棉花 蚜虫 600-900克/公顷 喷雾

PD20083482 三唑酮/15%/可湿性粉剂/三唑酮 15%/2008.12.12 至 2013.12.12/低毒
小麦 白粉病 135-180克/公顷 喷雾

PD20084089 啶虫脒/3%/乳油/啶虫脒 3%/2008.12.16 至 2013.12.16/低毒
柑橘树 蚜虫 10-12毫克/千克 喷雾

PD20085399 噻嗪·杀虫单/50%/可湿性粉剂/噻嗪酮 10%、杀虫单 40%/2008.12.24 至 2013.12.24/中等毒
水稻 稻飞虱、二化螟 450-525克/公顷 喷雾
水稻 稻纵卷叶螟 375-450克/公顷 喷雾

PD20085974 辛硫·灭多威/30%/乳油/灭多威 7%、辛硫磷 23%/2008.12.29 至 2013.12.29/高毒
棉花 棉铃虫 360-540克/公顷 喷雾

PD20090019 唑酮·氧乐果/30%/乳油/三唑酮 7%、氧乐果 23%/2009.01.06 至 2014.01.06/高毒
小麦 白粉病、蚜虫 450－480克/公顷 喷雾

PD20090327 多·硫/25%/可湿性粉剂/多菌灵 13%、硫磺 12%/2009.01.12 至 2014.01.12/低毒
水稻 稻瘟病 1200-1800克/公顷 喷雾

PD20090934 草甘膦/10%/水剂/草甘膦 10%/2009.01.19 至 2009.12.31/低毒
苹果园 杂草 1200-2250克/公顷 定向喷雾

PD20091281 苯磺隆/10%/可湿性粉剂/苯磺隆 10%/2009.02.01 至 2014.02.01/低毒
春小麦田 一年生阔叶杂草 22.5-30克/公顷(东北地区) 茎叶喷雾
冬小麦田 一年生阔叶杂草 13.5-22.5克/公顷(其它地区) 茎叶喷雾

PD20091434 百草枯/200克/升/水剂/百草枯 200克/升/2009.02.02 至 2014.02.02/中等毒
夏玉米田 杂草 450－600克/公顷 定向喷雾

PD20091581 阿维·高氯/1.5%/乳油/阿维菌素 0.45%、高效氯氰菊酯 1.05%/2009.02.03 至 2014.02.03/低毒(原药高毒)

甘蓝 菜青虫、小菜蛾 7.5-15克/公顷 喷雾
梨树 梨木虱 6-12毫克/千克 喷雾

PD20091807 氰戊·马拉松/20%/乳油/马拉硫磷 15%、氰戊菊酯 5%/2009.02.04 至 2014.02.04/中等毒
棉花 棉铃虫 90-150克/公顷 喷雾

PD20092002 高效氟氯氰菊酯/2.5%/乳油/高效氟氯氰菊酯 2.5%/2009.02.12 至 2014.02.12/低毒
十字花科蔬菜 菜青虫 7.5-11.25克/公顷 喷雾

PD20092125 多菌灵/25%/可湿性粉剂/多菌灵 25%/2009.02.23 至 2014.02.23/低毒
油菜 菌核病 1320-1500克/公顷 喷雾

PD20092491 三唑酮/10%/乳油/三唑酮 10%/2009.02.26 至 2014.02.26/低毒
小麦 白粉病 75-90克/公顷 喷雾

PD20092521 敌敌畏/50%/乳油/敌敌畏 50%/2009.02.26 至 2014.02.26/中等毒
棉花 蚜虫 900-1200克/公顷 喷雾

PD20092556 马拉·辛硫磷/25%/乳油/马拉硫磷 12.5%、辛硫磷 12.5%/2009.02.26 至 2014.02.26/低毒
水稻 稻纵卷叶螟 300-375克/公顷 喷雾

PD20092644 乐果/40%/乳油/乐果 40%/2009.03.03 至 2014.03.03/低毒
烟草 烟青虫 420-600克/公顷 喷雾

PD20093169 溴敌隆/0.5%/母液/溴敌隆 0.5%/2009.03.11 至 2014.03.11/低毒
农田 田鼠 配成0.005%毒饵，300-450点/公顷，4-5克毒饵/点 堆施或穴施

PD20093192 多效唑/15%/可湿性粉剂/多效唑 15%/2009.03.11 至 2014.03.11/低毒
花生 调节生长 90－112.5克/公顷 喷雾

PD20093490 甲哌鎓/25%/水剂/甲哌鎓 25%/2009.03.23 至 2014.03.23/低毒
棉花 调节生长 45-60克/公顷 喷雾

PD20093777 精喹禾灵/5%/乳油/精喹禾灵 5%/2009.03.25 至 2014.03.25/低毒
棉花田 一年生禾本科杂草 45－52.5克/公顷 茎叶喷雾

PD20094035 乙草胺/50%/乳油/乙草胺 50%/2009.03.27 至 2014.03.27/低毒
夏大豆田 一年生禾本科杂草及部分小粒种子阔叶杂草 900-1125克/公顷 土壤喷雾

PD20094120 辛硫磷/40%/乳油/辛硫磷 40%%/2009.03.27 至 2014.03.27/低毒
棉花 棉铃虫 300-375克/公顷 喷雾

PD20094309 异丙草·莠/40%/悬乳剂/异丙草胺 24%、莠去津 16%/2009.03.31 至 2014.03.31/低毒
夏玉米田 一年生杂草 1200-1500克/公顷 土壤喷雾

PD20096681 哒螨·矿物油/34%/乳油/哒螨灵 4%、矿物油 30%/2009.09.07 至 2014.09.07/低毒
苹果树 红蜘蛛 170-226.7毫克/千克 喷雾

PD20096910 吡虫啉/5%/可湿性粉剂/吡虫啉 5%/2009.09.23 至 2014.09.23/低毒
水稻 稻飞虱 15-30克/公顷 喷雾

PD20097317 毒·辛/20%/乳油/毒死蜱 4%、辛硫磷 16%/2009.10.27 至 2014.10.27/低毒
棉花 棉铃虫 80-140毫升制剂/亩 喷雾

LS20052050 辛硫·三唑磷/20%/乳油/三唑磷 10%、辛硫磷 10%/2008.06.01 至 2009.06.01/低毒
水稻 稻水象甲 120-150克/公顷 喷雾

LS20052109 高氯·辛硫磷/20%/乳油/高效氯氰菊酯 2%、辛硫磷 18%/2008.06.09 至 2009.06.09/低毒
大豆 甜菜夜蛾 240-300克/公顷 喷雾

LS20053783 腈菌·福美双/20%/可湿性粉剂/福美双 18%、腈菌唑 2%/2008.12.14 至 2009.12.14/低毒
黄瓜 黑星病 200-400克/公顷 喷雾

LS20060521 四螨·哒螨灵/15%/可湿性粉剂/哒螨灵 10%、四螨嗪 5%/2009.03.15 至 2010.03.15/低毒
柑橘树 红蜘蛛 75-100毫克/千克 喷雾

LS20070638 吡虫啉/2.5%/可湿性粉剂/吡虫啉 2.5%/2009.03.29 至 2010.03.30/低毒
水稻 飞虱 15-30克/公顷 喷雾

LS20071567 2甲4氯钠/13%/水剂/2甲4氯钠 13%/2009.06.04 至 2010.06.05/低毒
移栽水稻田 多种阔叶杂草 487-633克/公顷 茎叶喷雾

LS20081520 敌敌畏/80%/乳油/敌敌畏 80%/2009.03.31 至 2010.03.31/中等毒
十字花科蔬菜 菜青虫 600-840克/公顷 喷雾

LS20083141 噻吩磺隆/10%/可湿性粉剂/噻吩磺隆 10%/2008.11.14 至 2009.11.14/低毒
冬小麦田 一年生阔叶杂草 26-30克/公顷 茎叶喷雾

LS20083154 福美胂/25%/可湿性粉剂/福美胂 25%/2009.11.17 至 2010.11.17/低毒
苹果树 腐烂病 5000-10000毫克/千克 刮除病斑后涂沫

LS20083197 高氯·氟铃脲/5%/乳油/氟铃脲 1.2%、高效氯氰菊酯 3.8%/2008.12.04 至 2009.12.04/低毒
甘蓝 甜菜夜蛾 37.5-45克/公顷 喷雾

LS20083232 丁硫·辛硫磷/21%/乳油/丁硫克百威 1%、辛硫磷 20%/2008.12.11 至 2009.12.11/中等毒
棉花 蚜虫 236.25-315克/公顷 喷雾

LS20083235 唑磷·毒死蜱/25%/乳油/毒死蜱 5%、三唑磷 20%/2008.12.11 至 2009.12.11/中等毒
水稻 二化螟 262.5-337.5克/公顷 喷雾

LS20083251 阿维·毒死蜱/15%/乳油/阿维菌素 0.2%、毒死蜱 14.8%/2008.12.11 至 2009.12.11/中等毒(原药高毒)

	水稻	稻纵卷叶螟	135-157.5克/公顷	喷雾
LS20083295	丁·莠/40%/悬乳剂/丁草胺 20%、莠去津 20%/2008.12.31 至 2009.12.31/低毒			
	夏玉米田	一年生杂草	1200-1500克/公顷	土壤喷雾

河南农业大学康拓科贸公司 (河南省郑州市郑东新区商务内环路8号楼10楼C户 450000 0371-60909266)

PD20082791	苯磺隆/10%/可湿性粉剂/苯磺隆 10%/2008.12.09 至 2013.12.09/低毒			
	冬小麦田	一年生杂草	13.5-22.5克/公顷	茎叶喷雾
PD20082864	敌畏·辛硫磷/30%/乳油/敌敌畏 10%、辛硫磷 20%/2008.12.09 至 2013.12.09/中等毒			
	棉花	棉红蜘蛛、棉铃虫、蚜虫	315-450克/公顷	喷雾
PD20083572	氰戊·辛硫磷/16%/乳油/氰戊菊酯 1.5%、辛硫磷 14.5%/2008.12.12 至 2013.12.12/中等毒			
	甘蓝	菜青虫	168-240克/公顷	喷雾
PD20085096	唑酮·氧乐果/20%/乳油/三唑酮 7%、氧乐果 13%/2008.12.23 至 2013.12.23/高毒			
	小麦	白粉病、红蜘蛛、锈病、蚜虫	405-480克/公顷	喷雾
PD20090712	百草枯/200克/升/水剂/百草枯 200克/升/2009.01.19 至 2014.01.19/中等毒			
	玉米田	一年生杂草	450-600克/公顷	行间定向茎叶喷雾
PD20091684	多·锰锌/25%/可湿性粉剂/多菌灵 8.3%、代森锰锌 16.7%/2009.02.03 至 2014.02.03/低毒			
	花生	褐斑病、网斑病	375-750克/公顷	喷雾
PD20091835	乙铝·锰锌/61%/可湿性粉剂/代森锰锌 25%、三乙膦酸铝 36%/2009.02.06 至 2014.02.06/低毒			
	梨树	黑星病	300-500倍液	喷雾
	梨树、苹果树	轮纹病	400-600倍液	喷雾
	苹果树	斑点落叶病	1016-2033毫克/千克	喷雾
PD20091844	井冈·三唑酮/15%/可湿性粉剂/井冈霉素 8%、三唑酮 7%/2009.02.06 至 2014.02.06/低毒			
	小麦	白粉病、纹枯病	225-300克/公顷	喷雾
PD20091987	氯氰·氧乐果/21.5%/乳油/氯氰菊酯 1.5%、氧乐果 20%/2009.02.12 至 2014.02.12/高毒			
	大豆	食心虫、蚜虫	193.5-290.25克/公顷	喷雾
PD20092850	甲柳·三唑酮/10%/乳油/甲基异柳磷 8%、三唑酮 2%/2009.03.05 至 2014.03.05/高毒			
	小麦	白粉病、地下害虫、条锈病	40-80克/100千克种子	拌种
PD20095885	氧乐果/40%/乳油/氧乐果 40%/2009.05.31 至 2014.05.31/高毒			
	小麦	蚜虫	108-162克/公顷	喷雾

河南农业大学生物化工实验厂 (河南省郑州市庆丰路北段路东 450002 0371-63779080)

PD20091881	马拉·灭多威/32%/乳油/马拉硫磷 24%、灭多威 8%/2009.02.09 至 2014.02.09/低毒(原药高毒)			
	棉花	棉铃虫、蚜虫	360-480克/公顷	喷雾
PD20095779	唑酮·氧乐果/30%/乳油/三唑酮 7%、氧乐果 23%/2009.05.21 至 2014.05.21/高毒			
	小麦	白粉病、红蜘蛛、蚜虫	450-480克/公顷	喷雾
PD20096265	甲氰·氧乐果 /20%/乳油/甲氰菊酯 1%、氧乐果 19%/2009.07.20 至 2014.07.20/高毒			
	大豆	食心虫、蚜虫	120-180克/公顷	喷雾
	小麦	蚜虫	120-150克/公顷	喷雾

河南赛诺化工科技有限公司 (河南省荥阳市汜水镇清净沟 450002 0371-65646889)

PD85157-35	辛硫磷/40%/乳油/辛硫磷 40%/2005.09.07 至 2010.09.07/低毒			
	茶树、桑树	食叶害虫	200-400毫克/千克	喷雾
	果树	食心虫、蚜虫、螨	200-400毫克/千克	喷雾
	林木	食叶害虫	3000-6000克/公顷	喷雾
	棉花	棉铃虫、蚜虫	300-600克/公顷	喷雾
	蔬菜	菜青虫	300-450克/公顷	喷雾
	烟草	食叶害虫	300-600克/公顷	喷雾
	玉米	玉米螟	450-600克/公顷	灌心叶
PD20070491	氯氰菊酯/5%/乳油/氯氰菊酯 5%/2007.12.03 至 2012.12.03/低毒			
	棉花	棉铃虫	45-90克/公顷	喷雾
PD20097490	氯氰·辛硫磷/30%/乳油/氯氰菊酯 1.5%、辛硫磷 28.5%/2009.11.03 至 2014.11.03/中等毒			
	棉花	棉铃虫	300-450克/公顷	喷雾

河南省安阳市安林生物化工有限责任公司 (河南省安阳市北关区韩陵路1号 455000 0372-2941379)

PD85105-53	敌敌畏/80%/乳油/敌敌畏 77.5%(气谱法)/2005.03.18 至 2010.03.18/中等毒			
	茶树	食叶害虫	600克/公顷	喷雾
	粮仓	多种储藏害虫	1)400-500倍液, 2)0.4-0.5克/立方米	1)喷雾, 2)挂条熏蒸
	棉花	蚜虫、造桥虫	600-1200克/公顷	喷雾
	苹果树	小卷叶蛾、蚜虫	400-500毫克/千克	喷雾
	青菜	菜青虫	600克/公顷	喷雾
	桑树	尺蠖	600克/公顷	喷雾
	卫生	多种卫生害虫	1)300-400倍液 2)0.08克/立方米	1)泼洒 2)挂条熏蒸
	小麦	黏虫、蚜虫	600克/公顷	喷雾
PD85159-24	草甘膦/30%/水剂/草甘膦 30%/2005.08.15 至 2010.08.15/低毒			

	茶树、甘蔗、果园、剑麻、林木、桑树、橡胶树	一年生杂草和多年生恶性杂草	1125-2250克/公顷	喷雾
PD86168	百菌清/10%/油剂/百菌清 10%/2007.03.28 至 2012.03.28/低毒			
	林木	病害	300-375克/公顷	超低量喷雾或喷烟
PD86169	百菌清/2.5%/烟剂/百菌清 2.5%/2006.12.21 至 2011.12.21/低毒			
	林木	病害	750-1200克/公顷	点燃放烟
PD86171	敌敌畏/50%/油剂/敌敌畏 50%/2007.03.28 至 2012.03.28/中等毒			
	林木	害虫	562.5-1125克/公顷	超低量喷雾或喷烟雾
PD86172	敌百虫/25%/油剂/敌百虫 25%/2007.03.28 至 2012.03.28/低毒			
	林木	害虫	562.5-750克/公顷	超低量喷雾
PD86173	马拉硫磷/25%/油剂/马拉硫磷 25%/2007.03.28 至 2012.03.28/低毒			
	林木	害虫	562.5-930克/公顷	超低量喷雾或喷烟
PD92103-4	草甘膦/90%/原药/草甘膦 90%/2007.10.12 至 2012.10.12/低毒			
PD20050075	三唑酮/20%/乳油/三唑酮 20%/2005.06.24 至 2010.06.23/低毒			
	小麦	白粉病	120-127.5克/公顷	喷雾
PD20081546	灭幼脲/95%/原药/灭幼脲 95%/2008.11.11 至 2013.11.11/低毒			
PD20083203	阿维菌素/1.8%/乳油/阿维菌素 1.8%/2008.12.11 至 2013.12.11/低毒(原药高毒)			
	十字花科蔬菜	小菜蛾	8.1-10.8克/公顷	喷雾
PD20084092	除虫脲/97.9%/原药/除虫脲 97.9%/2008.12.16 至 2013.12.16/低毒			
PD20084875	百菌清/30%/烟剂/百菌清 30%/2008.12.22 至 2013.12.22/低毒			
	黄瓜(保护地)	霜霉病	750-1200克/公顷	点燃放烟
PD20084888	百菌清/20%/烟剂/百菌清 20%/2008.12.22 至 2013.12.22/低毒			
	黄瓜(保护地)	霜霉病	750-1200克/公顷	点燃放烟
PD20084890	百菌清/45%/烟剂/百菌清 45%/2008.12.22 至 2013.12.22/低毒			
	黄瓜(保护地)	霜霉病	750-1200克/公顷	点燃放烟
PD20084940	灭幼脲/25%/悬浮剂/灭幼脲 25%/2008.12.22 至 2013.12.22/低毒			
	甘蓝	菜青虫	37.5-75克/公顷	喷雾
	松树	松毛虫	112.5-150克/公顷	喷雾
PD20085310	氰戊·马拉松/20%/乳油/马拉硫磷 15%、氰戊菊酯 5%/2008.12.23 至 2013.12.23/中等毒			
	棉花	棉铃虫	90-150克/公顷	喷雾
	苹果树	桃小食心虫	160-333毫克/千克	喷雾
	小麦	蚜虫	60-90克/公顷	喷雾
PD20085465	百菌清/40%/悬浮剂/百菌清 40%/2008.12.24 至 2013.12.24/低毒			
	黄瓜	霜霉病	1050-1500克/公顷	喷雾
PD20085639	腐霉·百菌清/10%/烟剂/百菌清 5%、腐霉利 5%/2008.12.26 至 2013.12.26/低毒			
	番茄(保护地)	灰霉病	450-600克/公顷	点燃放烟
PD20085651	腐霉·百菌清/20%/烟剂/百菌清 10%、腐霉利 10%/2008.12.26 至 2013.12.26/低毒			
	番茄(保护地)	灰霉病	600-900克/公顷	点燃放烟
PD20090679	氯氰·辛硫磷 /40%/乳油/氯氰菊酯 2%、辛硫磷 38%/2009.01.19 至 2014.01.19/中等毒			
	棉花	棉铃虫	180-270克/公顷	喷雾
PD20090811	百菌清/10%/烟剂/百菌清 10%/2009.01.19 至 2014.01.19/低毒			
	黄瓜(保护地)	霜霉病	750-1200克/公顷	点燃放烟
PD20091418	腐霉利/10%/烟剂/腐霉利 10%/2009.02.02 至 2014.02.02/低毒			
	番茄(保护地)	灰霉病	300-450克/公顷	点燃放烟
PD20091976	氟铃脲/5%/乳油/氟铃脲 5%/2009.02.12 至 2014.02.12/低毒			
	甘蓝	小菜蛾	30-56.25克/公顷	喷雾
PD20092069	草甘膦/50%/可溶粉剂/草甘膦 50%/2009.02.16 至 2014.02.16/低毒			
	柑橘园、苹果园	杂草	1125-2250克/公顷	喷雾
PD20094098	除虫脲/20%/悬浮剂/除虫脲 20%/2009.03.27 至 2014.03.27/低毒			
	十字花科蔬菜	菜青虫	60-90克/公顷	喷雾
PD20095098	异丙威/10%/烟剂/异丙威 10%/2009.04.24 至 2014.04.24/中等毒			
	黄瓜(保护地)	蚜虫	450-600克/公顷	点燃放烟
PD20096272	敌敌畏/30%/烟剂/敌敌畏 30%/2009.07.22 至 2014.07.22/中等毒			
	黄瓜(保护地)	蚜虫	1350克/公顷	点燃放烟
LS20072377	草甘膦异丙胺盐/41%/水剂/草甘膦异丙胺盐 41%/2008.10.16 至 2009.10.17/低毒			
	非耕地	杂草	1125-3000克/公顷	茎叶喷雾
LS20080800	阿维·除虫脲/10%/悬浮剂/阿维菌素 0.3%、除虫脲 9.7%/2009.02.28 至 2010.02.28/低毒(原药高毒)			
	十字花科蔬菜	菜青虫	45-75克/公顷	喷雾
	松树	松毛虫	100-125毫克/千克	喷雾

LS20082893 毒死蜱/20%/微囊悬浮剂/毒死蜱 20%/2009.06.23 至 2010.06.23/低毒
苹果树 桃小食心虫 160-250毫克/千克 喷雾
水稻 稻纵卷叶螟 450-525克/公顷 喷雾
小麦 金针虫、蝼蛄、蛴螬 1650-1950克/公顷 灌根
LS20090512 高氯·啶虫脒/3%/微乳剂/啶虫脒 2%、高效氯氰菊酯 1%/2009.03.18 至 2010.03.18/低毒
苹果树 蚜虫 10-15毫克/千克 喷雾
LS20090735 烯唑醇/5%/微乳剂/烯唑醇 5%/2009.03.31 至 2010.03.31/低毒
梨树 黑星病 40-50毫克/千克 喷雾
香蕉 叶斑病 62.5-83.3毫克/千克 喷雾
LS20090797 毒死蜱/20%/微囊悬浮剂/毒死蜱 20%/2009.04.01 至 2010.04.01/低毒
苹果树 桃小食心虫 160-250毫克/千克 喷雾
水稻 稻纵卷叶螟 450-525克/公顷 喷雾
LS20091046 阿维·哒螨灵/10%/乳油/阿维菌素 0.3%、哒螨灵 9.7%/2009.04.15 至 2010.04.15/中等毒(原药高毒)
苹果树 红蜘蛛 33.3-50毫克/千克 喷雾

河南省安阳市国丰农药有限责任公司 (河南省安阳市滑县道口镇人民大道高科技开发区 456400 0372-8128858)

PD20083965 稻瘟灵/30%/乳油/稻瘟灵 30%/2008.12.16 至 2013.12.16/低毒
水稻 稻瘟病 450-675克/公顷 喷雾
PD20084318 甲基硫菌灵/70%/可湿性粉剂/甲基硫菌灵 70%/2008.12.17 至 2013.12.17/低毒
番茄 叶霉病 525-630克/公顷 喷雾
PD20084546 丁硫克百威/350克/升/种子处理干粉剂/丁硫克百威 350克/升/2008.12.18 至 2013.12.18/中等毒
水稻 蓟马 305-400克/100千克种子 拌种
PD20084741 百菌清/10%/烟剂/百菌清 10%/2008.12.22 至 2013.12.22/低毒
黄瓜 霜霉病 750-1200克/公顷 点燃放烟
PD20091236 井冈·多菌灵/28%/悬浮剂/多菌灵 24%、井冈霉素 4%/2009.02.01 至 2014.02.01/低毒
水稻 稻瘟病 420-525克/公顷 喷雾
PD20091607 阿维菌素/0.5%/乳油/阿维菌素 0.5%/2009.02.03 至 2014.02.03/低毒(原药高毒)
十字花科蔬菜 小菜蛾 6-9克/公顷 喷雾
PD20091733 噻吩磺隆/15%/可湿性粉剂/噻吩磺隆 15%/2009.02.04 至 2014.02.04/低毒
冬小麦田 一年生阔叶杂草 22.5-33.8克/公顷 茎叶喷雾
PD20093337 甲氨基阿维菌素苯甲酸盐/1%/乳油/甲氨基阿维菌素苯甲酸盐 1%/2009.03.18 至 2014.03.18/低毒
十字花科蔬菜 小菜蛾 1.5-3克/公顷 喷雾
PD20096480 异丙威/20%/烟剂/异丙威 20%/2009.08.14 至 2014.08.14/低毒
黄瓜(保护地) 白粉虱 600-900克/公顷 点燃放烟
PD20098208 多抗霉素/3%/可湿性粉剂/多抗霉素B 3%/2009.12.16 至 2014.12.16/低毒
番茄 晚疫病 196.2－225克/公顷 喷雾
LS20030549 吗胍·硫酸铜/20%/水剂/盐酸吗啉胍 16%、硫酸铜 4%/2009.01.01 至 2009.12.31/低毒
辣椒 病毒病 180－300克/公顷 喷雾
LS20051356 硫酸链霉素/72%/可溶粉剂/硫酸链霉素 72%/2009.04.18 至 2009.12.31/低毒
水稻 白叶枯病 150-300克/公顷 喷雾
LS20070841 氮苷·吗啉胍/31%/可溶粉剂/盐酸吗啉胍 30%、三氮唑核苷 1%/2009.04.11 至 2010.04.12/低毒
水稻 条纹叶枯病 174.4-232.5克/公顷 喷雾
LS20082054 代森铵/45%/水剂/代森铵 45%/2009.04.15 至 2010.04.15/低毒
玉米 大斑病 525-675克/公顷 喷雾
LS20082898 嘧霉·多菌灵/30%/悬浮剂/多菌灵 25%、嘧霉胺 5%/2009.07.09 至 2010.07.09/低毒
黄瓜 灰霉病 495-675克/公顷 喷雾
LS20083081 烯唑醇/12.5%/可湿性粉剂/烯唑醇 12.5%/2009.10.21 至 2010.10.21/低毒
小麦 白粉病 60-120克/公顷 喷雾
LS20090763 胺鲜酯/98%/原药/胺鲜酯 98%/2009.03.31 至 2010.03.31/微毒
LS20091231 地衣芽孢杆菌/80亿个/毫升/水剂/地衣芽孢杆菌 80亿个/毫升/2009.04.30 至 2010.04.30/低毒
西瓜 枯萎病 500－750倍液 灌根

河南省安阳市红旗药业有限公司 (河南省安阳市滑县民寨工业城 456462 0372-8498666)

PD85157-14 辛硫磷/40%/乳油/辛硫磷 40%/2005.08.15 至 2010.08.15/低毒
茶树、桑树 食叶害虫 200-400毫克/千克 喷雾
果树 食心虫、蚜虫、螨 200-400毫克/千克 喷雾
林木 食叶害虫 3000-6000克/公顷 喷雾
棉花 棉铃虫、蚜虫 300-600克/公顷 喷雾
蔬菜 菜青虫 300-450克/公顷 喷雾
烟草 食叶害虫 300-600克/公顷 喷雾
玉米 玉米螟 450-600克/公顷 灌心叶
PD20080677 苄嘧·苯噻酰/18%/可湿性粉剂/苯噻酰草胺 17%、苄嘧磺隆 1%/2008.06.04 至 2013.06.04/低毒
水稻移栽田 部分多年生杂草、一年生杂草 216-270克/公顷(北方地区) 药土法
PD20083237 克百威/3%/颗粒剂/克百威 3%/2008.12.11 至 2013.12.11/高毒
花生 线虫 1800-2250克/公顷 条施.沟施

	棉花	蚜虫	675-900克/公顷	条施.沟施
PD20084004	啶虫脒/3%/乳油/啶虫脒 3%/2008.12.16 至 2013.12.16/低毒			
	苹果树	蚜虫	12-15毫克/千克	喷雾
PD20085006	辛硫磷/3%/颗粒剂/辛硫磷 3%/2008.12.22 至 2013.12.22/低毒			
	玉米	玉米螟	112.5-157.5克/公顷	加细沙后在喇叭口期均匀撒施
PD20085721	氰戊·辛硫磷/50%/乳油/氰戊菊酯 4.5%、辛硫磷 45.5%/2008.12.26 至 2013.12.26/中等毒			
	甘蓝	菜青虫、蚜虫	75-150克/公顷	喷雾
	棉花	蚜虫	150-225克/公顷	喷雾
	小麦	蚜虫	90克/公顷	喷雾
PD20091758	氰戊·辛硫磷/25%/乳油/氰戊菊酯 6.25%、辛硫磷 18.75%/2009.02.04 至 2014.02.04/低毒			
	棉花	棉铃虫	281.25-375克/公顷	喷雾
	苹果树	蚜虫	125-250毫克/千克	喷雾
	十字花科蔬菜	菜青虫	150-225克/公顷	喷雾
PD20095576	阿维·苏云菌//可湿性粉剂/阿维菌素 0.1%、苏云金杆菌 100亿活芽孢/克/2009.05.12 至 2014.05.12/低毒(原药高毒)			
	十字花科蔬菜	小菜蛾	750-1050克制剂/公顷	喷雾
LS20053588	苯磺隆/10%/可湿性粉剂/苯磺隆 10%/2008.11.15 至 2009.11.15/低毒			
	冬小麦	阔叶杂草	15-19.5克/公顷	喷雾

河南省安阳市红星农化有限公司　(河南省安阳市滑县白道口镇东开发区　456462　0372-8490666)

LS20083074	异丙威/10%/烟剂/异丙威 10%/2009.10.17 至 2010.10.17/低毒			
	黄瓜(保护地)	蚜虫	525-675克/公顷	点燃
LS20083079	腐霉·百菌清/15%/烟剂/百菌清 12%、腐霉利 3%/2009.10.21 至 2010.10.21/中等毒			
	番茄(保护地)	灰霉病	450-675克/公顷	喷雾
LS20083127	阿维·高氯/2%/微乳剂/阿维菌素 0.2%、高效氯氰菊酯 1.8%/2009.11.12 至 2010.11.12/低毒(原药高毒)			
	十字花科蔬菜	小菜蛾	21-27克/公顷	喷雾

河南省安阳市化工实验厂　(河南省安阳市北关区韩陵路　455000　0372-2912107)

PD84125-26	乙烯利/40%/水剂/乙烯利 40%/2005.03.23 至 2010.03.23/低毒			
	番茄	催熟	800-1000倍液	喷雾或浸渍
	棉花	催熟、增产	330-500倍液	喷雾
	柿子、香蕉	催熟	400倍液	喷雾或浸渍
	水稻	催熟、增产	800倍液	喷雾
	橡胶树	增产	5-10倍液	涂布
	烟草	催熟	1000-2000倍液	喷雾
PD86101-42	赤霉酸/4%/乳油/赤霉酸 4%/2006.11.07 至 2011.11.07/低毒			
	菠菜	增加鲜重	10-25毫克/千克	叶面处理1-3次
	菠萝	果实增大、增重	40-80毫克/千克	喷花
	柑橘树	果实增大、增重	20-40毫克/千克	喷花
	花卉	提前开花	700毫克/千克	叶面处理涂抹花芽
	绿肥	增产	10-20毫克/千克	喷雾
	马铃薯	苗齐、增产	0.5-1毫克/千克	浸薯块10-30分钟
	棉花	提高结铃率、增产	10-20毫克/千克	点喷、点涂或喷雾
	葡萄	无核、增产	50-200毫克/千克	花后1周处理果穗
	芹菜	增产	20-100毫克/千克	叶面处理1次
	人参	增加发芽率	20毫克/千克	播前浸种15分钟
	水稻	增加千粒重、制种	20-30毫克/千克	喷雾
PD86123-8	矮壮素/50%/水剂/矮壮素 50%/2006.11.07 至 2011.11.07/低毒			
	棉花	提高产量、植株紧凑	1)10000倍液2)0.3-0.5%药液	1)喷雾2)浸种
	棉花	防止疯长	25000倍液	喷顶
	棉花	防止徒长,化学整枝	10000倍液	喷顶，后期喷全株
	小麦	防止倒伏,提高产量	1)3-5%药液 2)100-400倍液	1)拌种2)返青、拔节期喷雾
	玉米	增产	0.5%药液	浸种
PD86124-2	萘乙酸/80%/母药/萘乙酸 80%/2006.11.07 至 2011.11.07/低毒			
PD20093135	萘乙酸/5%/水剂/萘乙酸 5%/2009.03.10 至 2014.03.10/低毒			
	番茄	调节生长、增产	4000-5000倍液	开花后喷花

河南省安阳市全丰农药化工有限责任公司　(河南省安阳市北关区东工路北段9号　455000　0372-2273234)

PD86123-4	矮壮素/50%/水剂/矮壮素 50%/2006.04.13 至 2011.04.13/低毒			
	棉花	防止疯长	25000倍液	喷顶

棉花 防止徒长,化学整枝 10000倍液 喷顶，后期喷全株

棉花 提高产量、植株紧凑 1)10000倍液2)0.3-0.5%药液 1)喷雾2)浸种

小麦 防止倒伏,提高产量 1)3-5%药液 2)100-400倍液 1)拌种2)返青、拔节期喷雾

玉米 增产 0.5%药液 浸种

PD20082698 氰戊·辛硫磷/50%/乳油/氰戊菊酯 4.5%、辛硫磷 45.5%/2008.12.05 至 2013.12.05/中等毒

棉花 棉铃虫 450-562.5克/公顷 喷雾

PD20085988 氰戊·马拉松/20%/乳油/马拉硫磷 15%、氰戊菊酯 5%/2008.12.29 至 2013.12.29/中等毒

十字花科蔬菜 菜青虫 90-150克/公顷 喷雾

PD20092808 阿维·灭幼脲/20%/可湿性粉剂/阿维菌素 0.2%、灭幼脲 19.8%/2009.03.04 至 2014.03.04/低毒(原药高毒)

十字花科蔬菜 甜菜夜蛾 240-360克/公顷 喷雾

PD20095758 敌鼠钠盐/0.05%/饵剂/敌鼠钠盐 0.05%/2009.05.18 至 2014.05.18/低毒(原药高毒)

农田 田鼠 20克制剂/50平方米 投饵

PD20095861 乙烯利/90%/原药/乙烯利 90%/2009.05.27 至 2014.05.27/低毒

PD20097416 矮壮素/80%/可溶粉剂/矮壮素 80%/2009.10.28 至 2014.10.28/低毒

棉花 调节生长、增产 8000－16000倍 茎叶喷雾

小麦 调节生长 1500-2000毫克/千克 茎叶喷雾

PD20097453 萘乙酸/95%/原药/萘乙酸 95%/2009.10.28 至 2014.10.28/低毒

PD20097877 除虫脲/98%/原药/除虫脲 98%/2009.11.20 至 2014.11.20/低毒

PD20098407 矮壮素/97%/原药/矮壮素 97%/2009.12.18 至 2014.12.18/中等毒

PD20098457 啶虫脒/5%/乳油/啶虫脒 5%/2009.12.24 至 2014.12.24/低毒

黄瓜 蚜虫 24-36毫升制剂/亩 喷雾

LS20071312 多效唑/90%/原药/多效唑 90%/2009.05.08 至 2010.05.09/低毒

LS20071780 乙烯利/40%/水剂/乙烯利 40%/2009.07.04 至 2010.07.05/低毒

玉米 调节生长、增产 60-90克/公顷 喷雾

LS20090965 阿维·氯氟/1%/微乳剂/阿维菌素 0.2%、氯氟氰菊酯 0.8%/2009.04.10 至 2010.04.10/低毒(原药高毒)

十字花科蔬菜叶菜 菜青虫 11.25-15克/公顷 喷雾

LS20091084 甲维·氟铃脲/3%/乳油/氟铃脲 2.8%、甲氨基阿维菌素苯甲酸盐 0.2%/2009.04.15 至 2010.04.15/低毒

甘蓝 甜菜夜蛾 13.5-20.25克/公顷 喷雾

LS20091245 腐霉利/10%/烟剂/腐霉利 10%/2009.04.30 至 2010.04.30/低毒

番茄(保护地) 灰霉病 300-450克/公顷 点燃放烟

LS20091302 毒·辛/30%/微囊悬浮剂/毒死蜱 10%、辛硫磷 20%/2009.05.27 至 2010.05.27/低毒

花生 金针虫、蛴螬 4500-6750克/公顷 拌毒土

LS20091392 胺鲜酯/98%/原药/胺鲜酯 98%/2009.09.15 至 2010.09.15/低毒

LS20091408 胺鲜酯/1.6%/水剂/胺鲜酯 1.6%/2009.09.16 至 2010.09.16/低毒

大白菜 调节生长、增产 26.7-40毫克/千克 茎叶喷雾

LS20091426 吡虫啉/600克/升/悬浮剂/吡虫啉 600克/升/2009.10.12 至 2010.10.12/低毒

十字花科蔬菜 蚜虫 21.6－28.8克/公顷 喷雾

WP20080311 顺式氯氰菊酯/2.5%/微乳剂/顺式氯氰菊酯 2.5%/2008.12.04 至 2013.12.04/中等毒

卫生 蚊、蝇 0.02克/平方米 滞留喷雾

WP20080541 高效氯氰菊酯/8%/悬浮剂/高效氯氰菊酯 8%/2008.12.23 至 2013.12.23/低毒

卫生 蜚蠊 8毫克/平方米 滞留喷洒

卫生 蚊、蝇 4毫克/平方米 滞留喷洒

WP20090219 高氯·残杀威/8%/悬浮剂/残杀威 5%、高效氯氰菊酯 3%/2009.04.03 至 2014.04.03/低毒

卫生 蜚蠊 1克制剂/平方米 滞留喷雾

卫生 蚊、蝇 0.08克/平方米 滞留喷雾

WL20090143 氟氯氰菊酯/2.5%/微囊悬浮剂/氟氯氰菊酯 2.5%/2009.05.04 至 2010.05.04/低毒

卫生 蚊、蝇、蜚蠊 25毫克/平方米 滞留喷洒

WL20090225 高效氯氟氰菊酯/2.5%/可湿性粉剂/高效氯氟氰菊酯 2.5%/2009.12.15 至 2010.12.15/低毒

卫生 蚊、蝇、蜚蠊 25毫克/平方米 喷雾

河南省安阳市瑞泽农药有限责任公司 (河南省安阳市七里店 455000 0372-3979123)

PD20082837 灭幼脲/20%/悬浮剂/灭幼脲 20%/2008.12.09 至 2013.12.09/低毒

甘蓝 菜青虫 45-75克/公顷 喷雾

PD20092171 腐霉·百菌清/15%/烟剂/百菌清 12%、腐霉利 3%/2009.02.23 至 2014.02.23/低毒

番茄(保护地) 灰霉病 450-675克/公顷 点燃放烟

PD20093202 百菌清/30%/烟剂/百菌清 30%/2009.03.11 至 2014.03.11/低毒

黄瓜(保护地) 霜霉病 900-1200克/公顷 点燃放烟

PD20094264 百菌清/10%/烟剂/百菌清 10%/2009.03.31 至 2014.03.31/低毒

黄瓜(保护地) 霜霉病 750-1200克/公顷 点燃放烟

LS20090849 哒螨·异丙威/12%/烟剂/哒螨灵 3%、异丙威 9%/2009.04.09 至 2010.04.09/中等毒

黄瓜 白粉虱 540～720克/公顷 点燃放烟

WL20080493 高氯·残杀威/8%/悬浮剂/残杀威 5%、高效氯氰菊酯 3%/2008.12.15 至 2009.12.15/低毒

卫生 蚊、蝇、蜚蠊 40毫克/平方米 滞留喷洒

河南省安阳市锐普农化有限责任公司 (河南省滑县上官开发区 456472 0372-8326006)

PD20084264 多菌灵/25%/可湿性粉剂/多菌灵 25%/2008.12.17 至 2013.12.17/低毒
水稻 稻瘟病 750-937.5克/公顷 喷雾

PD20091788 异丙威/10%/烟剂/异丙威 10%/2009.02.04 至 2014.02.04/低毒
黄瓜(保护地) 蚜虫 750-900克/公顷 点燃放烟

PD20094631 2甲·草甘膦/46%/可溶粉剂/草甘膦 38%、2甲4氯钠 8%/2009.04.10 至 2014.04.10/低毒
苹果园 一年生杂草 1380-1725克/公顷 定向茎叶喷雾

PD20095490 乙烯利/40%/水剂/乙烯利 40%/2009.05.11 至 2014.05.11/低毒
番茄 催熟 500-666.7毫克/千克 喷雾

PD20096010 甲氨基阿维菌素苯甲酸盐(2.3%)///乳油/甲氨基阿维菌素 2%/2009.06.11 至 2014.06.11/低毒
甘蓝 甜菜夜蛾 2.25-3.83克/公顷 喷雾

PD20096221 草甘膦铵盐(74.7%)///可溶粒剂/草甘膦 70%/2009.07.15 至 2014.07.15/低毒
柑橘园 杂草 1120.5-2241克/公顷 定向茎叶喷雾

PD20097085 草甘膦异丙胺盐(41%)///水剂/草甘膦 30%/2009.10.10 至 2014.10.10/低毒
苹果园 杂草 200-400毫升制剂/亩 定向喷雾

LS20060908 磷化钙/20%/块剂/磷化钙 20%/2009.04.18 至 2010.04.18/高毒
仓储原粮 赤拟谷盗、玉米象 2-6克/立方米 密闭熏蒸

LS20061151 高效氯氰菊酯/3%/烟剂/高效氯氰菊酯 3%/2009.05.15 至 2010.05.15/低毒
番茄 白粉虱 112.5-157.5克/公顷 点燃放烟

LS20070584 高效氯氰菊酯/2.5%/乳油/高效氯氰菊酯 2.5%/2009.03.20 至 2010.03.21/中等毒
十字花科蔬菜 菜青虫 13.5-22.5克/公顷 喷雾

LS20083249 百菌清/10%/烟剂/百菌清 10%/2009.12.11 至 2010.12.11/低毒
黄瓜(保护地) 霜霉病 1050-1200克/公顷 点燃放烟

WP20080526 高效氯氰菊酯/5%/悬浮剂/高效氯氰菊酯 5%/2008.12.23 至 2013.12.23/低毒
卫生 蚊、蝇、蜚蠊 40毫克/平方米 滞留喷洒

河南省安阳市天润日化有限责任公司 (河南省安阳市益民路11号 455000 0372-3964868)

WP20080594 蚊香/0.25%/蚊香/富右旋反式烯丙菊酯 0.25%/2008.12.30 至 2013.12.30/微毒
卫生 蚊 / 点燃

WP20090260 杀虫气雾剂/0.7%/气雾剂/胺菊酯 0.4%、氯菊酯 0.3%/2009.04.27 至 2014.04.27/低毒
卫生 蚊、蝇 / 喷雾

WP20090270 杀虫气雾剂/0.4%/气雾剂/胺菊酯 0.2%、高效氯氰菊酯 0.05%、氯菊酯 0.15%/2009.05.18 至 2014.05.18/低毒
卫生 蚊、蝇 / 喷雾

河南省安阳市五星农药厂 (河南省安阳市滑县道口镇解放北路112号 456400 0372-8113571)

PD20090587 硫丹·辛硫磷/36%/乳油/硫丹 6%、辛硫磷 30%/2009.01.14 至 2014.01.14/低毒
棉花 棉铃虫 432-648克/公顷 喷雾

PD20092545 异丙威/20%/乳油/异丙威 20%/2009.02.26 至 2014.02.26/低毒
水稻 稻飞虱 525-600克/公顷 喷雾

PD20094929 百菌清/20%/烟剂/百菌清 20%/2009.04.13 至 2014.04.13/中等毒
黄瓜(保护地) 霜霉病 975-1200克/公顷 点燃发烟

LS20061786 异丙威/15%/烟剂/异丙威 15%/2009.10.30 至 2010.10.30/低毒
黄瓜(保护地) 蚜虫 562.5-675克/公顷 点燃放烟

LS20080765 敌百·毒死蜱/3%/颗粒剂/敌百虫 2%、毒死蜱 1%/2009.02.27 至 2010.02.28/低毒
甘蔗 蔗龟 2025～2250克/公顷 撒施

LS20080884 甲氨基阿维菌素苯甲酸盐/1%/乳油/甲氨基阿维菌素苯甲酸盐 1%/2009.03.04 至 2010.03.04/低毒
十字花科蔬菜 小菜蛾 2.25-3克/公顷 喷雾

河南省安阳市小康农药有限责任公司 (河南省安阳市文明大道中段65号 455000 0372-3982058)

PD20081490 甲哌鎓/98%/原药/甲哌鎓 98%/2008.11.05 至 2013.11.05/低毒
棉花 调节生长 45-60克/公顷 喷雾

PD20084981 百菌清/28%/烟剂/百菌清 28%/2008.12.22 至 2013.12.22/低毒
黄瓜(保护地) 霜霉病 840-1200克/公顷 点燃放烟

PD20085530 腐霉·百菌清/15%/烟剂/百菌清 12%、腐霉利 3%/2008.12.25 至 2013.12.25/中等毒
番茄(保护地) 灰霉病 450-675克/公顷 点燃放烟

PD20091092 甲哌鎓/250克/升/水剂/甲哌鎓 250克/升/2009.01.21 至 2014.01.21/低毒
棉花 调节生长、增产 45-60克/公顷 喷雾
玉米 调节生长 500-833毫克/千克 兑水喷雾，在玉米大喇叭口期

PD20091319 甲哌嗡/12.5%/可溶性粉剂/甲哌鎓 12.5%/2009.02.01 至 2014.02.01/低毒
棉花 调节生长、增产 45-60克/公顷 茎叶喷雾

PD20092442 萘乙酸/5%/水剂/萘乙酸 5%/2009.02.25 至 2014.02.25/低毒
番茄 调节生长、增产 4000-5000倍液 喷花

PD20096364 萘乙酸/40%/可溶粉剂/萘乙酸 40%/2009.08.04 至 2014.08.04/低毒
番茄 调节生长、增产 20－30毫克/千克 喷花

PD20097034 乙烯利/40%/水剂/乙烯利 40%/2009.10.10 至 2014.10.10/低毒
棉花 催熟 800-1333毫克/千克 喷雾
棉花 增产 300-500倍液 喷雾
PD20097506 烟嘧磺隆/40克/升/可分散油悬浮剂/烟嘧磺隆 40克/升/2009.11.03 至 2014.11.03/低毒
玉米田 一年生杂草 42-60克/公顷 茎叶喷雾
PD20097656 百草枯/200克/升/水剂/百草枯 200克/升/2009.11.04 至 2014.11.04/中等毒
棉花田、玉米田 一年生杂草 150-200毫升制剂/亩 行间定向茎叶喷雾

河南省安阳市振华化工有限责任公司 (河南省安阳市滑县白道口东工业区 456462 0372-8491699)

PD20082402 啶虫脒/3%/乳油/啶虫脒 3%/2008.12.01 至 2013.12.01/低毒
柑橘树 蚜虫 10-15毫克/千克 喷雾
PD20083448 三唑锡/25%/可湿性粉剂/三唑锡 25%/2008.12.12 至 2013.12.12/低毒
柑橘树 红蜘蛛 125-250毫克/千克 喷雾
PD20083696 噻嗪酮/25%/可湿性粉剂/噻嗪酮 25%/2008.12.15 至 2013.12.15/低毒
水稻 稻飞虱 150-187.5克/公顷 喷雾
PD20084480 甲霜·锰锌/58%/可湿性粉剂/甲霜灵 10%、代森锰锌 48%/2008.12.17 至 2013.12.17/低毒
黄瓜 霜霉病 1305-1635.6克/公顷 喷雾
PD20091752 腐霉·百菌清/20%/烟剂/百菌清 10%、腐霉利 10%/2009.02.04 至 2014.02.04/中等毒
黄瓜(保护地) 灰霉病 525-600克/公顷 点燃放烟
PD20095696 阿维·辛硫磷/15%/乳油/阿维菌素 0.1%、辛硫磷 14.9%/2009.05.15 至 2014.05.15/低毒(原药高毒)
十字花科蔬菜 小菜蛾 135-168.75克/公顷 喷雾
LS20050054 阿维·三唑磷/20%/乳油/阿维菌素 0.2%、三唑磷 19.8%/2008.01.07 至 2009.01.06/中等毒(原药高毒)
水稻 二化螟 180-270克/公顷 喷雾
LS20052053 菇类蛋白多糖/0.5%/水剂/菇类蛋白多糖 0.5%/2009.05.18 至 2009.12.31/低毒
番茄 病毒病 12.45-18.75克/公顷 喷雾
LS20061840 异丙威/20%/烟剂/异丙威 20%/2009.11.08 至 2010.11.08/低毒
黄瓜(保护地) 蚜虫 600-900克/公顷 点燃放烟

河南省博爱惠丰生化农药有限公司 (河南省焦作市博爱县城汽车站南2公里路东 454450 0391-8695669)

PD20081617 阿维菌素/0.9%/乳油/阿维菌素 0.9%/2008.11.12 至 2013.11.12/低毒(原药高毒)
菜豆 美洲斑潜蝇 10.8-21.6克/公顷 喷雾
PD20082125 莠去津/97%/原药/莠去津 97%/2008.11.25 至 2013.11.25/低毒
PD20082728 精喹禾灵/5%/乳油/精喹禾灵 5%/2008.12.08 至 2013.12.08/低毒
夏大豆田 一年生禾本科杂草 52.5-75克/公顷 茎叶喷雾
PD20083085 乙·莠/48%/悬乳剂/乙草胺 16%、莠去津 32%/2008.12.10 至 2013.12.10/低毒
夏玉米田 一年生杂草 1875-3000毫升/公顷(制剂) 土壤喷雾
PD20085272 莠去津/38%/悬浮剂/莠去津 38%/2008.12.23 至 2013.12.23/低毒
春玉米田 一年生杂草 300-400毫升制剂/亩 播后苗前土壤喷雾
夏玉米田 一年生杂草 230-260毫升制剂/亩 播后苗前土壤喷雾
PD20090446 炔螨特/73%/乳油/炔螨特 73%/2009.01.12 至 2014.01.12/低毒
柑橘树 红蜘蛛 243-365毫克/千克 喷雾
PD20090543 高效氯氟氰菊酯/25克/升/乳油/高效氯氟氰菊酯 25克/升/2009.01.13 至 2014.01.13/中等毒
十字花科蔬菜 菜青虫 7.5-15克/公顷 喷雾
PD20095551 矮壮·甲哌鎓/18%/水剂/矮壮素 15%、甲哌鎓 3%/2009.05.12 至 2014.05.12/低毒
棉花 调节生长、增产 40.5-67.5克/公顷 茎叶喷雾
PD20097018 烟嘧磺隆/40克/升/可分散油悬浮剂/烟嘧磺隆 40克/升/2009.10.10 至 2014.10.10/低毒
玉米田 一年生杂草 42-60克/公顷 茎叶喷雾
PD20097481 烟嘧磺隆/97%/原药/烟嘧磺隆 97%/2009.11.03 至 2014.11.03/低毒
PD20097935 棉铃虫核型多角体病毒/10亿PIB/克/可湿性粉剂/棉铃虫核型多角体病毒 10亿PIB/克/2009.11.30 至 2014.11.30/低毒
棉花 棉铃虫 1200-1500克制剂/公顷 喷雾
PD20098243 棉铃虫核型多角体病毒/5000亿PIB/克/母药/棉铃虫核型多角体病毒 5000亿PIB/克/2009.12.16 至 2014.12.16/低毒
LS94579 棉铃虫核型多角体病毒/10亿PIB/克/可湿性粉剂/棉铃虫核型多角体病毒 10亿PIB/克/2009.01.19 至 2009.12.31/低毒
棉花 棉铃虫 12000-15000亿PIB/公顷/次 喷雾
LS20071372 啶虫脒/5%/可湿性粉剂/啶虫脒 5%/2009.05.17 至 2010.05.18/低毒
小麦 蚜虫 22.5-30克/公顷 喷雾
LS20071464 杀单·苏云菌/46%/可湿性粉剂/杀虫单 45%、苏云金杆菌 1%/2009.05.20 至 2010.05.21/中等毒
甘蓝 小菜蛾 310.5-414克/公顷 喷雾
LS20072401 吡虫啉/3%/乳油/吡虫啉 3%/2009.10.23 至 2010.10.24/低毒
小麦 蚜虫 20.25-27克/公顷 喷雾
LS20083248 甲氨基阿维菌素苯甲酸盐/3%/微乳剂/甲氨基阿维菌素苯甲酸盐 3%/2009.12.11 至 2010.12.11/低毒
甘蓝 小菜蛾 1.8-2.7克/公顷 喷雾
LS20090245 丁子香酚/0.3%/可溶性液剂/丁子香酚 0.3%/2009.02.13 至 2010.02.13/低毒

	番茄	灰霉病	4.05-5.4克/公顷	喷雾
LS20090475	烟嘧·莠去津/19%/油悬浮剂/烟嘧磺隆 1.5%、莠去津 17.5%/2009.03.18 至 2010.03.18/低毒			
	玉米	杂草	3000—4000克（制剂）/公顷	茎叶喷雾
LS20090580	过氧乙酸/21%/水剂/过氧乙酸 21%/2009.03.19 至 2010.03.19/低毒			
	黄瓜	灰霉病	441-740克/公顷	喷雾
LS20090915	氟硅唑/8%/微乳剂/氟硅唑 8%/2009.04.09 至 2010.04.09/低毒			
	梨树	黑星病	40-50毫克/千克	喷雾
河南省博爱县田丰工贸有限公司　（河南省焦作市博爱县月山镇工业区　454450　0391-8057566）				
PD85126-15	20%三氯杀螨醇乳油//乳油/三氯杀螨醇 20%/2005.07.16 至 2010.07.16/低毒			
	棉花	红蜘蛛	225-300克/公顷	喷雾
	苹果树	红蜘蛛、锈蜘蛛	800-1000倍液	喷雾
LS20090852	阿维·哒螨灵/10.5%/乳油/阿维菌素 0.3%、哒螨灵 10.2%/2009.04.09 至 2010.04.09/中等毒(原药高毒)			
	柑橘树	红蜘蛛	70-105毫克/千克	喷雾
LS20091015	阿维·三唑磷/20%/乳油/阿维菌素 0.2%、三唑磷 19.8%/2009.04.13 至 2010.04.13/中等毒(原药高毒)			
	水稻	二化螟	180—240克/公顷	喷雾
河南省春光农化有限公司　（河南省安阳市滑县白道口镇东高开区　456462　0372-8492888）				
PD20092858	敌敌畏/80%/乳油/敌敌畏 80%/2009.03.05 至 2014.03.05/中等毒			
	十字花科蔬菜	菜青虫	600-720克/公顷	喷雾
PD20095628	乙草胺/81.5%/乳油/乙草胺 81.5%/2009.05.12 至 2014.05.12/低毒			
	春大豆田	一年生禾本科杂草及部分阔叶杂草	1350-1890克/公顷	土壤喷雾
	夏大豆田	一年生禾本科杂草及部分阔叶杂草	1080-1350克/公顷	土壤喷雾
PD20097282	精喹禾灵/5%/乳油/精喹禾灵 5%/2009.10.26 至 2014.10.26/低毒			
	花生田	一年生禾本科杂草	37.5-60克/公顷	茎叶喷雾
PD20098524	氟铃脲/5%/乳油/氟铃脲 5%/2009.12.24 至 2014.12.24/低毒			
	十字花科蔬菜	甜菜夜蛾	22.5-30克/公顷	喷雾
LS20051444	吡虫啉/2.5%/乳油/吡虫啉 2.5%/2008.04.21 至 2009.04.21/低毒			
	小麦	蚜虫	11.25-18.75克/公顷	喷雾
LS20051457	柴油·哒螨灵/34%/乳油/柴油 30%、哒螨灵 4%/2008.04.21 至 2009.04.21/中等毒			
	苹果树	红蜘蛛	170-340毫克/千克	喷雾
LS20051458	阿维·哒螨灵/5%/乳油/阿维菌素 0.2%、哒螨灵 4.8%/2008.04.21 至 2009.04.21/中等毒(原药高毒)			
	柑橘树	红蜘蛛	33.3-50毫克/千克	喷雾
LS20052362	阿维·高氯/1.8%/乳油/阿维菌素 0.3%、高效氯氰菊酯 1.5%/2008.06.29 至 2009.06.29/低毒(原药高毒)			
	十字花科蔬菜	菜青虫、小菜蛾	7.5-15克/公顷	喷雾
LS20052882	草甘膦/50%/可溶粉剂/草甘膦 50%/2008.09.07 至 2009.09.07/低毒			
	苹果园	杂草	1687.5-2250克/公顷	喷雾
LS20052929	高氯·辛硫磷/20%/乳油/高效氯氰菊酯 2%、辛硫磷 18%/2008.09.07 至 2009.09.07/低毒			
	棉花	棉铃虫	225-300克/公顷	喷雾
LS20061567	氟铃脲/95%/原药/氟铃脲 95%/2009.08.13 至 2010.08.13/低毒			
河南省大地农化有限责任公司　（河南省郑州市金水区文化路北晨商务1号楼D座1201室　450011　0371-63563375）				
PD20091475	毒死蜱/40%/乳油/毒死蜱 40%/2009.02.02 至 2014.02.02/中等毒			
	棉花	棉铃虫	600-780克/公顷	喷雾
PD20095266	噁酮·乙草胺 /36%/乳油/噁草酮 6%、乙草胺 30%/2009.04.27 至 2014.04.27/低毒			
	棉花田、夏大豆田	一年生杂草	540-810克/公顷	播后苗前喷雾
PD20095817	乳氟·喹禾灵/10.8%/乳油/喹禾灵 6.0%、乳氟禾草灵 4.8%/2009.05.27 至 2014.05.27/低毒			
	夏大豆田	一年生杂草	81-97.2克/公顷	喷雾
PD20096302	阿维菌素/1.8%/乳油/阿维菌素 1.8%/2009.07.22 至 2014.07.22/低毒(原药高毒)			
	甘蓝	小菜蛾	8.1-10.8克/公顷	喷雾
PD20096983	乙草胺/81.5%/乳油/乙草胺 81.5%/2009.09.29 至 2014.09.29/低毒			
	玉米田	一年生禾本科杂草及小粒阔叶杂草	100-120毫升制剂/亩(东北地区)	播后苗前土壤
			80-100毫升制剂/亩(其它地区)	喷雾
PD20098335	高效氯氟氰菊酯/25克/升/乳油/高效氯氟氰菊酯 25克/升/2009.12.18 至 2014.12.18/中等毒			
	十字花科叶菜	菜青虫	20-30毫升制剂/亩	喷雾
LS20011805	腐殖·吗啉胍/18%/可湿性粉剂/腐殖酸 8%、盐酸吗啉胍 10%/2009.01.01 至 2009.12.31/低毒			
	番茄	病毒病	405-675克/公顷	喷雾
LS20050356	苦参碱/1%/可溶液剂/苦参碱 1%/2009.01.01 至 2009.12.31/低毒			
	甘蓝	菜青虫	15-18克/公顷	喷雾
LS20061468	莠去津/38%/悬浮剂/莠去津 38%/2009.07.17 至 2010.07.17/低毒			
	夏玉米	一年生杂草	1140-1425 克/公顷	茎叶喷雾
LS20070316	霜霉威盐酸盐/35%/水剂/霜霉威盐酸盐 35%/2009.02.25 至 2010.02.25/低毒			
	黄瓜	霜霉病	630-1050克/公顷	喷雾
LS20072488	苄嘧磺隆/10%/可湿性粉剂/苄嘧磺隆 10%/2009.11.19 至 2010.11.20/低毒			
	移栽水稻田	一年生阔叶杂草	30-45克/公顷	毒土法
LS20080747	氯氟吡氧乙酸异辛酯/200克/升/乳油/氯氟吡氧乙酸异辛酯 200克/升/2009.02.25 至 2010.02.26/低毒			

冬小麦田　一年生阔叶杂草　150-199.5克/公顷　茎叶喷雾

河南省邓州农康化工有限公司　(河南省南阳市邓州市南环路工业区　474150　0377-63090888)

PD20082722　氯氰·辛硫磷/27%/乳油/氯氰菊酯 4%、辛硫磷 23%/2008.12.05 至 2013.12.05/中等毒
棉花　棉铃虫　121.5-162克/公顷　喷雾

PD20086123　氰戊·灭多威/9%/乳油/灭多威 6%、氰戊菊酯 3%/2008.12.30 至 2013.12.30/高毒
棉花　蚜虫　180-240克/公顷　喷雾

PD20086139　马拉·灭多威/30%/乳油/马拉硫磷 20%、灭多威 10%/2008.12.30 至 2013.12.30/高毒
棉花　棉铃虫　300-450克/公顷　喷雾

PD20094207　甲柳·三唑酮/10%/乳油/甲基异柳磷 8%、三唑酮 2%/2009.03.30 至 2014.03.30/高毒
小麦　地下害虫　40-80克/100千克种子　拌种

河南省邓州市禾尔康农药化工有限责任公司　(河南省南阳市邓州市工业园区018号　474150　0377-62181886)

PD20092555　毒死蜱/40%/乳油/毒死蜱 40%/2009.02.26 至 2014.02.26/中等毒
十字花科蔬菜　菜青虫　300-450克/公顷　喷雾

LS20050095　井冈霉素/5%/可溶粉剂/井冈霉素 5%/2008.01.12 至 2009.01.11/低毒
水稻　纹枯病　150-187.5克/公顷　喷雾

LS20051009　阿维·高氯/1.1%/乳油/阿维菌素 0.1%、高效氯氰菊酯 1%/2008.04.07 至 2009.04.07/低毒(原药高毒)
十字花科蔬菜　菜青虫、小菜蛾　13.5-27克/公顷　喷雾

LS20051192　辛硫磷/1.5%/颗粒剂/辛硫磷 1.5%/2008.04.12 至 2009.04.12/低毒
玉米　玉米螟　112.5-168.75克/公顷　喇叭口期撒施

LS20051852　柴油·哒螨灵/34%/乳油/柴油 30%、哒螨灵 4%/2008.05.16 至 2009.05.16/低毒
柑橘树　红蜘蛛　226.7-340毫克/千克　喷雾

LS20052036　乙蒜素/80%/乳油/乙蒜素 80%/2008.05.31 至 2009.05.31/中等毒
苹果树　褐斑病　800-1000毫克/千克　喷雾

LS20052667　啶虫脒/3%/乳油/啶虫脒 3%/2008.08.14 至 2009.08.14/中等毒
苹果树　蚜虫　10-15毫克/千克　喷雾

LS20061073　井冈霉素/3%/水剂/井冈霉素 3%/2009.05.10 至 2010.05.10/低毒
水稻　纹枯病　150-187.5克/公顷　喷雾

河南省丰收乐化学有限公司　(河南省郑州市金水区花园路53号　450003　0371-65727259)

PD20040746　吡虫啉/2.5%/可湿性粉剂/吡虫啉 2.5%/2004.12.19 至 2009.12.18/低毒
小麦　蚜虫　15-30克/公顷　喷雾

PD20096659　阿维菌素/1.8%/可湿性粉剂/阿维菌素 1.8%/2009.09.07 至 2014.09.07/低毒(原药高毒)
柑橘树　红蜘蛛　1.3-2毫克/千克　喷雾

PD20097729　毒死蜱/480克/升/乳油/毒死蜱 480克/升/2009.11.04 至 2014.11.04/中等毒
水稻　稻飞虱　62.5-83毫升制剂/亩　喷雾

河南省光山县科银生物制品有限公司　(河南省郑州市红旗路79号院3号楼9号　465450　0371-66790168)

PD20094822　苏云金杆菌/8000IU/毫克/可湿性粉剂/苏云金杆菌 8000IU/毫克/2009.04.13 至 2014.04.13/低毒
棉花　棉铃虫　3000-4500克制剂/公顷　喷雾
蔬菜　菜青虫、小菜蛾　750-1500克制剂/公顷　喷雾

PD20096293　辛硫·高氯氟/26%/乳油/高效氯氟氰菊酯 1%、辛硫磷 25%/2009.07.22 至 2014.07.22/低毒
棉花　棉铃虫　312－390克/公顷　喷雾

LS20090667　阿维·毒死蜱/15%/乳油/阿维菌素 0.1%、毒死蜱 14.9%/2009.03.24 至 2010.03.24/中等毒(原药高毒)
水稻　稻纵卷叶螟　112.5～135克/公顷　喷雾

LS20091002　噻吩·苯磺隆/10%/可湿性粉剂/苯磺隆 7%、噻吩磺隆 3%/2009.04.13 至 2010.04.13/低毒
冬小麦田　一年生阔叶杂草　15-30克/公顷　茎叶喷雾

LS20091003　甲·异·莠/42%/悬乳剂/甲草胺 10%、异丙草胺 14%、莠去津 18%/2009.04.13 至 2010.04.13/低毒
夏玉米田　一年生杂草　200-300毫升制剂/亩　播后苗前土壤喷雾

LS20091048　阿维·三唑磷/20.5%/乳油/阿维菌素 0.3%、三唑磷 20.2%/2009.04.15 至 2010.04.15/中等毒(原药高毒)
水稻　二化螟　184.5～215.25克/公顷　喷雾

河南省鹤壁市步步高精细化工有限公司　(河南省鹤壁市淇滨经济开发区铁西工业园　458000　0392-2689999)

WL20090134　杀蚊烟片/1.5%/烟片/胺菊酯 1.5%/2009.04.15 至 2010.04.15/低毒
卫生　蚊　/　点燃

河南省鹤壁市农林制药有限公司　(河南省鹤壁市浚县卫贤镇于村　456283　0392-5682288)

PD85159-43　草甘膦/10%/水剂/草甘膦 10%/2007.04.17 至 2009.12.31/低毒
茶树、甘蔗、果园、剑麻、林木、桑树、橡胶树　一年生杂草和多年生恶性杂草　1125-2250克/公顷　喷雾

PD20094105　异丙威/10%/烟剂/异丙威 10%/2009.03.27 至 2014.03.27/低毒
黄瓜(保护地)　蚜虫　450-600克/公顷　点燃放烟

PD20095751　草甘膦/50%/可溶粉剂/草甘膦 50%/2009.05.18 至 2014.05.18/低毒
苹果园　杂草　1125-2250克/公顷　喷雾

PD20095954　草甘膦/95%/原药/草甘膦 95%/2009.06.03 至 2014.06.03/低毒

PD20096515　百菌清/10%/烟剂/百菌清 10%/2009.03.27 至 2014.03.27/低毒

黄瓜(保护地) 霜霉病 750-1200克/公顷 点燃放烟
PD20097834 草甘膦异丙胺盐(41%)///水剂/草甘膦 30%/2009.11.20 至 2014.11.20/低毒
茶园 一年生及部分多年生杂草 200-400毫升制剂/亩 定向茎叶喷雾

河南省鹤壁市锐沣生物科技发展中心 (河南省鹤壁市淇滨经济开发区 458030 0392-2635699)
WL20080074 杀虫气雾剂/0.26%/气雾剂/高效氯氰菊酯 0.06%、右旋胺菊酯 0.2%/2009.02.18 至 2010.02.19/微毒
卫生 蚊、蝇 / 喷雾
WL20080116 蚊香/0.28%/蚊香/富右旋反式烯丙菊酯 0.28%/2009.02.20 至 2010.02.21/微毒
卫生 蚊 / 点燃

河南省鹤壁天元股份有限公司 (河南省鹤壁市淇滨经济开发区 458000 0392-2106888)
WL20060101 杀虫气雾剂/0.3%/气雾剂/胺菊酯 0.15%、高效氯氰菊酯 0.03%、氯菊酯 0.12%/2009.05.11 至 2010.05.11/低毒
卫生 蚊、蝇、蜚蠊 / 喷雾

河南省华鼎农药有限公司 (河南省淮阳县西关淮周路东段 450003 0371-60691133，63612191)
LS20080069 藜芦碱/0.5%/可湿性粉剂/藜芦碱 0.5%/2009.01.05 至 2010.01.05/低毒
甘蓝 蚜虫 7.5-9.38克/公顷 喷雾
LS20080079 藜芦碱/0.5%/可溶液剂/藜芦碱 0.5%/2009.01.05 至 2010.01.05/低毒
甘蓝 菜青虫 7.5-9.38克/公顷 喷雾
LS20083293 藜芦碱/20%/原药/藜芦碱 20%/2008.12.31 至 2009.12.31/低毒

河南省华威化学有限公司 (河南省郑州市北环路农化种子市场招待所三楼 450045 0371-65646652)
PD20040734 多·酮/40%/可湿性粉剂/多菌灵 35%、三唑酮 5%/2009.12.19 至 2014.12.19/低毒
小麦 白粉病、赤霉病 450-600克/公顷 喷雾
杂交水稻 叶尖枯病、云形病 450-600克/公顷 喷雾
PD20082520 啶虫脒/5%/乳油/啶虫脒 5%/2008.12.03 至 2013.12.03/低毒
黄瓜 蚜虫 18-22.5克/公顷 喷雾
苹果树 蚜虫 12-15毫克/千克 喷雾
PD20082867 烯酰·锰锌/69%/可湿性粉剂/代森锰锌 61%、烯酰吗啉 8%/2008.12.09 至 2013.12.09/低毒
黄瓜 霜霉病 1035-1380克/公顷 喷雾
PD20084223 氰戊·辛硫磷/50%/乳油/氰戊菊酯 4.5%、辛硫磷 45.5%/2008.12.17 至 2013.12.17/中等毒
棉花 蚜虫 150-225克/公顷 喷雾
PD20084897 乙铝·锰锌/61%/可湿性粉剂/代森锰锌 25%、三乙膦酸铝 36%/2008.12.22 至 2013.12.22/低毒
苹果树 斑点落叶病 1016-2033毫克/千克 喷雾
PD20091563 阿维·高氯/1%/乳油/阿维菌素 0.3%、高效氯氰菊酯 0.7%/2009.02.03 至 2014.02.03/低毒(原药高毒)
十字花科蔬菜 小菜蛾 6-9克/公顷 喷雾
PD20091897 井冈·杀虫单/50%/可湿性粉剂/井冈霉素 6.5%、杀虫单 43.5%/2009.02.09 至 2014.02.09/中等毒
水稻 螟虫、纹枯病 600-750克/公顷 喷雾
LS20052577 乙酰甲胺磷/30%/乳油/乙酰甲胺磷 30%/2008.08.03 至 2009.08.03/低毒
十字花科蔬菜 菜青虫 450-540克/公顷 喷雾
LS20071169 虫酰肼/200克/升/悬浮剂/虫酰肼 200克/升/2009.04.25 至 2010.04.26/低毒
十字花科蔬菜 甜菜夜蛾 255-300克/公顷 喷雾
LS20080011 高效氯氟氰菊酯/25克/升/乳油/高效氯氟氰菊酯 25克/升/2010.01.03 至 2011.01.03/中等毒
棉花 棉铃虫 15-22.5克/公顷 喷雾
LS20080339 联苯菊酯/25克/升/乳油/联苯菊酯 25克/升/2010.02.19 至 2011.02.19/低毒
棉花 红蜘蛛 45-60克/公顷 喷雾

河南省化肥矿山公司化工厂 (河南省郑州市二七区齐礼闫乡荆胡村 450063 0371-68831088)
PD20060135 吡虫啉/2.5%/乳油/吡虫啉 2.5%/2006.07.14 至 2011.07.14/低毒
小麦 蚜虫 15-30克/公顷 喷雾
PD20083033 氯氰·辛硫磷/20%/乳油/氯氰菊酯 1.5%、辛硫磷 18.5%/2008.12.10 至 2013.12.10/中等毒
棉花 棉铃虫、蚜虫 150-210克/公顷 喷雾
PD20091861 氰戊·灭多威/9%/乳油/灭多威 6%、氰戊菊酯 3%/2009.02.09 至 2014.02.09/中等毒(原药高毒)
棉花 蚜虫 180-240克/公顷 喷雾
棉花 棉铃虫 506-1012克/公顷 喷雾

河南省获嘉县星火化工厂 (河南省新乡市获嘉县照镜镇樊庄城北马引桥 453801 0373-4958036)
PDN14-91 丁·西/5.3%/颗粒剂/丁草胺 4.0%、西草净 1.3%/2006.08.02 至 2011.08.02/低毒
水稻 多种杂草 795-1200克/公顷(南方地区),1200-1590克/公顷(东北地区) 撒施
LS20050861 甲·乙·莠/40%/可湿性粉剂/甲草胺 7.5%、乙草胺 11.5%、莠去津 21%/2008.03.29 至 2009.03.29/低毒
夏玉米 一年生杂草 1200-1500克/公顷 播后苗前土壤喷雾
LS20052537 苯磺·异丙隆/45%/可湿性粉剂/苯磺隆 0.75%、异丙隆 44.25%/2008.07.25 至 2009.07.25/低毒
冬小麦 一年生杂草 810-1215克/公顷 茎叶喷雾

河南省济源白云实业有限公司 (河南省济源市济水大道东段 454652 0391-6608655)
PD20097636 棉铃虫核型多角体病毒/5000亿PIB/克/母药/棉铃虫核型多角体病毒 5000亿PIB/克/2009.11.12 至 2014.11.12/低毒
LS20071438 棉铃虫核型多角体病毒/600亿PIB/克/水分散粒剂/棉铃虫核型多角体病毒 600亿PIB/克/2009.05.20 至 2010.05.21/低毒
棉花 棉铃虫 30-37.5克制剂/公顷 喷雾

LS20071689 甜菜夜蛾核型多角体病毒/300亿PIB/克/水分散粒剂/甜菜夜蛾核型多角体病毒 300亿PIB/克/2009.06.24 至 2010.06.25/低毒
十字花科蔬菜 甜菜夜蛾 30-75克制剂/公顷 喷雾
LS20071905 斜纹夜蛾核型多角体病毒/200亿PIB/克/水分散粒剂/斜纹夜蛾核型多角体病毒 200亿PIB/克/2009.08.02 至 2010.08.03/低毒
十字花科蔬菜 斜纹夜蛾 45-60克制剂/公顷 喷雾
LS20072526 甜菜夜蛾核型多角体病毒/2000亿PIB/克/母药/甜菜夜蛾核型多角体病毒 2000亿PIB/克/2009.12.04 至 2010.12.05/低毒
LS20083076 小菜蛾颗粒体病毒/300亿 OB/毫升/悬浮剂/小菜蛾颗粒体病毒 300亿 OB/毫升/2009.10.20 至 2010.10.20/低毒
十字花科蔬菜 小菜蛾 375-450毫升制剂/公顷 喷雾
LS20083100 甜菜夜蛾核型多角体病毒/30亿PIB/毫升/悬浮剂/甜菜夜蛾核型多角体病毒 30亿PIB/毫升/2009.10.23 至 2010.10.23/低毒
十字花科蔬菜 甜菜夜蛾 300-450克制剂/公顷 喷雾
LS20083101 棉铃虫核型多角体病毒/50亿PIB/毫升/悬浮剂/棉铃虫核型多角体病毒 50亿PIB/毫升/2009.10.23 至 2010.10.23/低毒
棉花 棉铃虫 300-360克制剂/公顷 喷雾

河南省焦作华生化工有限公司 (河南省焦作市温县朱沟工业区 454850 0391-6105738)

PD20096521 混灭威/50%/乳油/混灭威 50%/2009.08.20 至 2014.08.20/低毒
水稻 稻飞虱 562.5-750克/公顷 喷雾
PD20096620 仲丁威/50%/乳油/仲丁威 50%/2009.09.02 至 2014.09.02/低毒
水稻 稻飞虱 750-900克/公顷 喷雾
LS20052982 甲氨基阿维菌素苯甲酸盐/1%/乳油/甲氨基阿维菌素苯甲酸盐 1%/2008.09.13 至 2009.09.13/低毒
十字花科蔬菜 小菜蛾 1.5-2.25克/公顷 喷雾
LS20053656 吡虫啉/2%/乳油/吡虫啉 2%/2008.11.29 至 2009.11.29/低毒
水稻 稻飞虱 13.5-18克/公顷 喷雾
LS20060014 代森锰锌/80%/可湿性粉剂/代森锰锌 80%/2009.01.16 至 2010.01.16/低毒
黄瓜 霜霉病 2250-2700克/公顷 喷雾
LS20061076 三唑磷/10%/乳油/三唑磷 10%/2009.05.10 至 2010.05.10/低毒
水稻 二化螟 225-300克/公顷 喷雾
LS20061667 阿维·高氯氟/1%/乳油/阿维菌素 0.2%、高效氯氟氰菊酯 0.8%/2009.08.31 至 2010.08.31/中等毒(原药高毒)
十字花科蔬菜 小菜蛾 9-12克/公顷 喷雾
LS20070089 啶虫脒/3%/乳油/啶虫脒 3%/2009.01.29 至 2010.01.29/低毒
柑橘树 蚜虫 10-15毫克/千克 喷雾
LS20071066 柴油·炔螨特/73%/乳油/柴油 43%、炔螨特 30%/2009.04.19 至 2010.04.20/低毒
柑橘树 红蜘蛛 365-730毫克/千克 喷雾

河南省焦作市红马农药厂 (河南省博爱县城南博张路西侧 454450 0391-8903303)

PD20040365 吡虫啉/2.5%/乳油/吡虫啉 2.5%/2004.12.19 至 2009.12.18/低毒
棉花 蚜虫 11.25-18.75克/公顷 喷雾
PD20040571 吡虫·杀虫单/75%/可湿性粉剂/吡虫啉 3%、杀虫单 72%/2009.12.19 至 2014.12.19/低毒
水稻 稻纵卷叶螟、飞虱 540-756克/公顷 喷雾
PD20040577 哒螨灵/10%/乳油/哒螨灵 10%/2004.12.19 至 2009.12.18/中等毒
苹果树 红蜘蛛 50-67毫克/千克 喷雾
PD20084019 甲氰·辛硫磷/25%/乳油/甲氰菊酯 5%、辛硫磷 20%/2008.12.16 至 2013.12.16/中等毒
棉花 棉铃虫 281.25-375克/公顷 喷雾
PD20096064 丙环唑/250克/升/乳油/丙环唑 250克/升/2009.06.18 至 2014.06.18/低毒
小麦 锈病 125-150克/公顷 喷雾

河南省焦作市瑞宝丰生化农药有限公司 (河南省焦作市博爱县月山火车站东600米 454493 0391-8987818)

PD20040275 高效氯氰菊酯/4.5%/乳油/高效氯氰菊酯 4.5%/2009.12.19 至 2014.12.19/中等毒
十字花科蔬菜 菜蚜 9-18克/公顷 喷雾
PD20040334 吡虫啉/5%/可湿性粉剂/吡虫啉 5%/2004.12.19 至 2009.12.18/低毒
水稻 稻飞虱 15-30克/公顷 喷雾
小麦 蚜虫 15-30克/公顷(南方地区) 喷雾
45-60克/公顷(北方地区)
PD20081608 啶虫脒/5%/乳油/啶虫脒 5%/2008.11.12 至 2013.11.12/低毒
小麦 蚜虫 11.25—22.5克/公顷 喷雾
PD20085239 阿维·高氯/1%/乳油/阿维菌素 0.3%、高效氯氰菊酯 0.7%/2008.12.23 至 2013.12.23/低毒(原药高毒)
十字花科蔬菜 小菜蛾 7.5-15克/公顷 喷雾
PD20090508 嗪酮·乙草胺/56%/乳油/嗪草酮 14%、乙草胺 42%/2009.01.12 至 2014.01.12/低毒
夏玉米田 一年生杂草 840-1008克/公顷 喷雾
PD20090555 吡·井·杀虫单 /50%/可湿性粉剂/吡虫啉 1%、井冈霉素 6.5%、杀虫单 42.5%/2009.01.13 至 2014.01.13/中等毒
水稻 飞虱、纹枯病 750-900克/公顷 喷雾
PD20092169 阿维·高氯/3%/乳油/阿维菌素 0.2%、高效氯氰菊酯 2.8%/2009.02.23 至 2014.02.23/低毒(原药高毒)
十字花科蔬菜 菜青虫、小菜蛾 13.5-27克/公顷 喷雾
PD20096625 三唑锡/25%/可湿性粉剂/三唑锡 25%/2009.09.02 至 2014.09.02/低毒
柑橘树 红蜘蛛 166.7-250毫克/千克 喷雾

PD20096773 炔螨特/73%/乳油/炔螨特 73%/2009.09.15 至 2014.09.15/低毒
柑橘树 红蜘蛛 292-486.67毫克/千克 喷雾
PD20097363 棉核·高氯///可湿性粉剂/高效氯氰菊酯 2%、棉铃虫核型多角体病毒 1亿PIB/克/2009.10.27 至 2014.10.27/低毒
棉花 棉铃虫 1050-1500克制剂/公顷 喷雾
PD20097423 棉核·辛硫磷///可湿性粉剂/棉铃虫核型多角体病毒 1亿PIB/克、辛硫磷 18%/2009.10.28 至 2014.10.28/低毒
棉花 棉铃虫 1050-1500克制剂/公顷 喷雾
LS20083064 阿维·三唑磷/20.2%/乳油/阿维菌素 0.2%、三唑磷 20%/2009.10.09 至 2010.10.09/中等毒(原药高毒)
水稻 稻纵卷叶螟 303-363.6克/公顷 喷雾

河南省金亮精细化工有限公司 (河南省商丘市柘城县 467000)

PD20096510 高效氯氟氰菊酯/25克/升/乳油/高效氯氟氰菊酯 25克/升/2009.08.19 至 2014.08.19/中等毒
十字花科蔬菜 菜青虫 30-60毫升制剂/亩 喷雾
PD20097005 多菌灵/50%/可湿性粉剂/多菌灵 50%/2009.09.29 至 2014.09.29/低毒
花生 倒秧病 750-900克/公顷 喷雾

河南省浚县粮保农药有限责任公司 (河南省浚县城东工业区 456250 0392-5523001)

PD20094464 磷化铝/56%/片剂/磷化铝 56%/2009.04.01 至 2014.04.01/剧毒
原粮 储粮害虫 4-8克/立方米 密闭熏蒸

河南省浚县绿宝农药厂 (河南省鹤壁市浚县电子北2公里 456291 0392-5711195)

PD20081433 代森锰锌/90%/原药/代森锰锌 90%/2008.10.31 至 2013.10.31/低毒
PD20084716 代森锰锌/70%/可湿性粉剂/代森锰锌 70%/2008.12.22 至 2013.12.22/低毒
番茄 早疫病 1837.5-2362.5克/公顷 喷雾
PD20092177 百菌清/10%/烟剂/百菌清 10%/2009.02.23 至 2014.02.23/低毒
黄瓜(保护地) 霜霉病 750-1200克/公顷 点燃放烟
PD20092997 百菌清/40%/烟剂/百菌清 40%/2009.03.09 至 2014.03.09/低毒
黄瓜(保护地) 霜霉病 750-1200克/公顷 点燃放烟
PD20093319 霜脲·百菌清/25%/可湿性粉剂/百菌清 20%、霜脲氰 5%/2009.03.13 至 2014.03.13/低毒
黄瓜 霜霉病 562.6-703.1克/公顷 喷雾
PD20093491 哒螨·异丙威/12%/烟剂/哒螨灵 3%、异丙威 9%/2009.03.23 至 2014.03.23/中等毒
黄瓜(保护地) 蚜虫 360-540克/公顷 点燃放烟
黄瓜(保护地) 白粉虱 540-720克/公顷 点燃放烟
PD20093858 百菌清/30%/烟剂/百菌清 30%/2009.03.25 至 2014.03.25/低毒
黄瓜(保护地) 霜霉病 750-1200克/公顷 点燃放烟
PD20093974 氯氰·辛硫磷/20%/乳油/氯氰菊酯 1.5%、辛硫磷 18.5%/2009.03.27 至 2014.03.27/中等毒
苹果树 桃小食心虫 133-200毫克/千克 喷雾
PD20094084 高氯·马/37%/乳油/高效氯氰菊酯 0.8%、马拉硫磷 36.2%/2009.03.27 至 2014.03.27/中等毒
棉花 棉铃虫 555-666克/公顷 喷雾
PD20094128 精喹禾灵/50克/升/乳油/精喹禾灵 50克/升/2009.03.27 至 2014.03.27/低毒
大豆田 一年生禾本科杂草 52.5-67.5克/公顷 茎叶喷雾
PD20094247 稻丰散/50%/乳油/稻丰散 50%/2009.03.31 至 2014.03.31/中等毒
水稻 二化螟 750-900克/公顷 喷雾
PD20094311 锰锌·睛菌唑/47%/可湿性粉剂/腈菌唑 5%、代森锰锌 42%/2009.03.31 至 2014.03.31/低毒
番茄 叶霉病 705-951.75克/公顷 喷雾
PD20094375 甲硫·锰锌 /50%/可湿性粉剂/甲基硫菌灵 20%、代森锰锌 30%/2009.04.01 至 2014.04.01/低毒
青椒 炭疽病 703.1-937.5克/公顷 喷雾
PD20094444 百菌清/20%/烟剂/百菌清 20%/2009.04.01 至 2014.04.01/低毒
黄瓜(保护地) 霜霉病 750-1200克/公顷 点燃放烟
PD20094453 腐霉·百菌清 /15%/烟剂/百菌清 12%、腐霉利 3%/2009.04.01 至 2014.04.01/低毒
番茄(保护地) 灰霉病 450-675克/公顷 点燃放烟
PD20095410 烯唑·甲硫灵/47%/可湿性粉剂/甲基硫菌灵 42%、R-烯唑醇 5%/2009.04.30 至 2014.04.30/低毒
梨树 黑星病 1500-2000倍液 喷雾
PD20095550 异丙威/10%/烟剂/异丙威 10%/2009.05.12 至 2014.05.12/中等毒
黄瓜(保护地) 蚜虫 450-600克/公顷 点燃放烟
PD20095581 腐霉利/10%/烟剂/腐霉利 10%/2009.05.12 至 2014.05.12/低毒
番茄(保护地) 灰霉病 350—675克/公顷 放烟
PD20097559 异菌·百菌清 /15%/烟剂/百菌清 9%、异菌脲 6%/2009.11.03 至 2014.11.03/低毒
番茄(保护地) 灰霉病 450-675克/公顷 点燃放烟
LS20070090 苯磺隆/75%/水分散粒剂/苯磺隆 75%/2009.01.29 至 2010.01.29/低毒
冬小麦田 阔叶杂草 18-22.5克/公顷 茎叶喷雾
LS20070284 杀扑·毒死蜱/20%/乳油/毒死蜱 10%、杀扑磷 10%/2009.02.24 至 2010.02.24/中等毒(原药高毒)
柑橘树 介壳虫 200-250毫克/千克 喷雾
LS20070719 阿维·哒螨灵/10.5%/乳油/阿维菌素 0.5%、哒螨灵 10%/2009.04.03 至 2010.04.04/中等毒(原药高毒)
苹果树 红蜘蛛 26.25～35毫克/千克 喷雾
LS20070760 啶虫·辛硫磷/20%/乳油/啶虫脒 2%、辛硫磷 18%/2009.04.09 至 2010.04.10/低毒
柑橘树 蚜虫 100-133.3毫克/千克 喷雾

LS20070789 苯丁·哒螨灵/15%/乳油/苯丁锡 5%、哒螨灵 10%/2009.04.09 至 2010.04.10/中等毒
柑橘树 红蜘蛛 75-100毫克/千克 喷雾

LS20072506 丁硫·吡虫啉/20%/乳油/吡虫啉 5%、丁硫克百威 15%/2009.11.20 至 2010.11.20/中等毒
小麦 蚜虫 60～90克/公顷 喷雾

LS20072659 阿维·三唑磷/20%/乳油/阿维菌素 0.2%、三唑磷 19.8%/2009.12.17 至 2010.12.17/中等毒(原药高毒)
水稻 二化螟 180-270克/公顷 喷雾

LS20081694 氟铃脲/5%/乳油/氟铃脲 5%/2009.04.07 至 2010.04.07/低毒
十字花科蔬菜 甜菜夜蛾 22.5-45克/公顷 喷雾

LS20082135 噻吩磺隆/15%/可湿性粉剂/噻吩磺隆 15%/2009.04.16 至 2010.04.16/低毒
夏玉米田 一年生阔叶杂草 22.5-27克/公顷 播后苗前土壤喷雾

LS20082776 嗪酮·乙草胺/56%/乳油/嗪草酮 14%、乙草胺 42%/2009.05.08 至 2010.05.08/低毒
春玉米田 一年生杂草 1260-1680克/公顷 播后苗前土壤喷雾

LS20090579 甲维·印楝素/2%/乳油/甲氨基阿维菌素 0.7%、印楝素 1.3%/2009.03.19 至 2010.03.19/低毒
甘蓝 小菜蛾 4.8-6克/公顷 喷雾

LS20091193 芸苔素内酯/0.004%/水剂/芸苔素内酯 0.004%/2009.04.23 至 2010.04.23/低毒
玉米 增产 0.02-0.04毫克/升 兑水茎叶喷雾

河南省开封东晟化工有限公司 (河南省开封市尉氏县人民路西段新世纪广场东100米 475500 0378-7585739)

PD20091652 马拉·辛硫磷/25%/乳油/马拉硫磷 12.5%、辛硫磷 12.5%/2009.02.03 至 2014.02.03/低毒
大蒜 根蛆 2812.5-3750克/公顷 灌根
棉花 棉铃虫 262.5-300克/公顷 喷雾
十字花科蔬菜 菜青虫 187.5-281.25克/公顷 喷雾
水稻 稻纵卷叶螟 300-375克/公顷 喷雾
小麦 蚜虫 187.5-281.25克/公顷 喷雾

PD20092397 高效氯氟氰菊酯/25克/升/乳油/高效氯氟氰菊酯 25克/升/2009.02.25 至 2014.02.25/中等毒
十字花科蔬菜 蚜虫 7.5-11.25克/公顷 喷雾

PD20092592 辛硫·灭多威/20%/乳油/灭多威 10%、辛硫磷 10%/2009.02.27 至 2014.02.27/高毒
甘蓝 菜青虫 135-180克/公顷 喷雾
棉花 蚜虫 135-180克/公顷 喷雾
棉花 棉铃虫 225-300克/公顷 喷雾

PD20095692 二甲戊灵/330克/升/乳油/二甲戊灵 330克/升/2009.05.15 至 2014.05.15/低毒
夏玉米田 一年生杂草 742.5-990克/公顷 播后苗前土壤喷雾

PD20096990 多·硫·锰锌/70%/可湿性粉剂/多菌灵 10%、硫磺 40%、代森锰锌 20%/2009.09.29 至 2014.09.29/低毒
花生 叶斑病 1600-1800克/公顷 喷雾

PD20098391 乙草胺/81.5%/乳油/乙草胺 81.5%/2009.12.18 至 2014.12.18/低毒
玉米田 一年生禾本科杂草及小粒阔叶杂草 100-120毫升制剂/亩(东北地区) 播后苗期土壤
80-100毫升制剂/亩(其它地区) 喷雾

LS20051839 乙酰甲胺磷/20%/乳油/乙酰甲胺磷 20%/2008.05.16 至 2009.05.16/低毒
十字花科蔬菜 菜青虫 450-540克/公顷 喷雾

LS20061876 高效氯氰菊酯/2.5%/乳油/高效氯氰菊酯 2.5%/2009.11.21 至 2010.11.21/低毒
棉花 蚜虫 28.13-37.5克/公顷 喷雾

LS20061879 阿维·哒螨灵/3.2%/乳油/阿维菌素 0.2%、哒螨灵 3%/2009.11.21 至 2010.11.21/低毒(原药高毒)
棉花 红蜘蛛 24-48克/公顷 喷雾

LS20080963 辛硫磷/3%/颗粒剂/辛硫磷 3%/2010.03.04 至 2011.03.04/低毒
小麦 地下害虫 1350-1800克/公顷 撒施

河南省开封克灵丰药业有限公司 (河南省开封市尉氏县十八里镇 452171 0378-7486660)

PD85126-14 三氯杀螨醇/20%/乳油/三氯杀螨醇 20%/2005.06.28 至 2010.06.28/低毒
棉花 红蜘蛛 240-300克/公顷 喷雾
苹果树 红蜘蛛、锈蜘蛛 800-1000倍液 喷雾

PD85154-11 氰戊菊酯/20%/乳油/氰戊菊酯 20%/2005.06.28 至 2010.06.28/中等毒
柑橘树 潜叶蛾 10-20毫克/千克 喷雾
果树 梨小食心虫 10-20毫克/千克 喷雾
棉花 红铃虫、蚜虫 75-150克/公顷 喷雾

PD20060116 氯氰菊酯/5%/乳油/氯氰菊酯 5%/2006.06.13 至 2011.06.13/中等毒
棉花 棉铃虫 60-90克/公顷 喷雾

PD20082517 氰戊·辛硫磷/50%/乳油/氰戊菊酯 4.5%、辛硫磷 45.5%/2008.12.03 至 2013.12.03/中等毒
棉花 蚜虫 150-225克/公顷 喷雾

PD20083381 辛硫·高氯氟/25%/乳油/高效氯氟氰菊酯 0.5%、辛硫磷 24.5%/2008.12.11 至 2013.12.11/中等毒
棉花 棉铃虫 300-375克/公顷 喷雾

PD20084598 氰戊·马拉松/20%/乳油/马拉硫磷 15%、氰戊菊酯 5%/2008.12.18 至 2013.12.18/中等毒
棉花 棉铃虫 300-360克/公顷 喷雾

PD20084853 溴氰·辛硫磷/25%/乳油/辛硫磷 24.5%、溴氰菊酯 0.5%/2008.12.22 至 2013.12.22/中等毒

棉花 棉铃虫 300-375克/公顷 喷雾

PD20085145 甲氰·辛硫磷/25%/乳油/甲氰菊酯 5%、辛硫磷 20%/2008.12.23 至 2013.12.23/中等毒

棉花 棉铃虫 225-345克/公顷 喷雾

PD20092765 辛硫磷/40%/乳油/辛硫磷 40%/2009.03.04 至 2014.03.04/低毒

棉花 棉铃虫 225-300克/公顷 喷雾

PD20095705 氧乐果/40%/乳油/氧乐果 40%/2009.05.15 至 2014.05.15/高毒

小麦 蚜虫 81-162克/公顷 喷雾

LS20052076 啶虫脒/3%/乳油/啶虫脒 3%/2008.06.05 至 2009.06.05/低毒

苹果树 蚜虫 12-15毫克/千克 喷雾

LS20052150 精喹禾灵/5%/乳油/精喹禾灵 5%/2008.06.09 至 2009.06.09/低毒

夏大豆 一年生禾本科杂草 37.5-52.5克/公顷 茎叶喷雾

LS20060386 乙蒜素/30%/乳油/乙蒜素 30%/2009.03.05 至 2010.03.05/低毒

棉花 枯萎病 292.5-360克/公顷 喷雾

河南省开封市丰田化工厂 (河南省开封市尉氏县西关汽车站西1里 475500 0378-7585405)

PD20093336 草甘膦/95%/原药/草甘膦 95%/2009.03.18 至 2014.03.18/低毒

PD20093586 马拉硫磷/45%/乳油/马拉硫磷 45%/2009.03.23 至 2014.03.23/低毒

棉花 盲蝽蟓 405-607.5克/公顷 喷雾

PD20094124 甲霜·锰锌/58%/可湿性粉剂/甲霜灵 10%、代森锰锌 48%/2009.03.27 至 2014.03.27/低毒

黄瓜 霜霉病 1305-1632克/公顷 喷雾

PD20094833 氯氰·辛硫磷/20%/乳油/氯氰菊酯 1.5%、辛硫磷 18.5%/2009.04.13 至 2014.04.13/中等毒

棉花 棉铃虫 225-300克/公顷 喷雾

PD20095093 阿维·高氯/1.8%/乳油/阿维菌素 0.3%、高效氯氰菊酯 1.5%/2009.04.24 至 2014.04.24/低毒(原药高毒)

甘蓝 小菜蛾 10.8-15克/公顷 喷雾

PD20095397 氯氰·氧乐果/10%/乳油/氯氰菊酯 1%、氧乐果 9%/2009.04.27 至 2014.04.27/中等毒(原药高毒)

棉花 蚜虫 60-75克/公顷 喷雾

PD20095734 精喹禾灵/5%/乳油/精喹禾灵 5%/2009.05.18 至 2014.05.18/低毒

夏大豆田 一年生禾本科杂草 22.5-31.5克/公顷 茎叶喷雾

PD20097784 氯氰·毒死蜱/522.5克/升/乳油/毒死蜱 475克/升、氯氰菊酯 47.5克/升/2009.11.20 至 2014.11.20/中等毒

甘蓝 菜青虫 391.9-470.25克/公顷 喷雾

LS20081565 腈菌唑/25%/乳油/腈菌唑 25%/2009.04.02 至 2010.04.02/低毒

香蕉树 黑星病 62.5-83.3毫克/千克 喷雾

河南省开封市浪潮化工有限公司 (河南省尉氏县人民路西段 452170 0378-7580985)

PD20085534 炔螨特/73%/乳油/炔螨特 73%/2008.12.25 至 2013.12.25/低毒

柑橘树 红蜘蛛 292-365毫克/千克 喷雾

PD20085718 高效氯氟氰菊酯/25克/升/乳油/高效氯氟氰菊酯 25克/升/2008.12.26 至 2013.12.26/中等毒

小麦 蚜虫 4.5-7.5克/公顷 喷雾

PD20091252 毒死蜱/480克/升/乳油/毒死蜱 480克/升/2009.02.01 至 2014.02.01/中等毒

水稻 稻纵卷叶螟 576-720克/公顷 喷雾

PD20091461 噻嗪·异丙威/25%/可湿性粉剂/噻嗪酮 5%、异丙威 20%/2009.02.02 至 2014.02.02/低毒

水稻 稻飞虱 506.25-562.5克/公顷 喷雾

PD20091915 敌敌畏/80%/乳油/敌敌畏 80%/2009.02.12 至 2014.02.12/中等毒

甘蓝 菜青虫 600-960克/公顷 喷雾

PD20092470 氯氰·丙溴磷/440克/升/乳油/丙溴磷 400克/升、氯氰菊酯 40克/升/2009.02.25 至 2014.02.25/低毒

棉花 棉铃虫 462-660克/公顷 喷雾

PD20092601 三唑磷/10%/乳油/三唑磷 10%/2009.02.27 至 2014.02.27/中等毒

水稻 二化螟 210-240克/公顷 喷雾

PD20093666 氰草·莠去津/30%/悬浮剂/氰草津 15%、莠去津 15%/2009.03.25 至 2014.03.25/低毒

夏玉米田 一年生杂草 900-1350克/公顷 土壤喷雾

PD20094104 异丙甲草胺/720克/升/乳油/异丙甲草胺 720克/升/2009.03.27 至 2014.03.27/低毒

夏玉米田 一年生禾本科杂草及部分小粒种子阔叶杂草 1350-1620克/公顷 土壤喷雾

PD20094116 精喹禾灵/10.8%/乳油/精喹禾灵 10.8%/2009.03.27 至 2014.03.27/低毒

夏大豆田 一年生禾本科杂草 48.6-64.8克/公顷 茎叶喷雾

PD20094901 阿维菌素/18克/升/乳油/阿维菌素 18克/升/2009.04.13 至 2014.04.13/低毒(原药高毒)

甘蓝 小菜蛾 8.1-10.8克/公顷 喷雾

PD20096551 乙草胺/81.5%/乳油/乙草胺 81.5%/2009.08.24 至 2014.08.24/低毒

夏玉米田 一年生禾本科杂草及部分小粒种子阔叶杂草 1080-1350克/公顷 播后苗前土壤喷雾

PD20097546 苯磺隆/75%/水分散粒剂/苯磺隆 75%/2009.11.03 至 2014.11.03/低毒

冬小麦田 一年生阔叶杂草 13.5-22.5克/公顷 茎叶喷雾

PD20098049 多菌灵/25%/可湿性粉剂/多菌灵 25%/2009.12.07 至 2014.12.07/低毒

水稻 稻瘟病 750-937.5克/公顷 喷雾

LS20050841 阿维·哒螨灵/6.78%/乳油/阿维菌素 0.11%、哒螨灵 6.67%/2008.12.22 至 2009.12.22/低毒(原药高毒)
柑橘树 红蜘蛛 33.9-45.2毫克/千克 喷雾
LS20071012 联苯菊酯/25克/升/乳油/联苯菊酯 25克/升/2009.04.19 至 2010.04.20/低毒
柑橘树 红蜘蛛 20.8-31.25毫克/千克 喷雾
LS20080582 苯丁·哒螨灵/10%/乳油/苯丁锡 5%、哒螨灵 5%/2009.02.21 至 2010.02.22/中等毒
柑橘树 红蜘蛛 66.7-100毫克/千克 喷雾
LS20080862 阿维菌素/1.8%/水乳剂/阿维菌素 1.8%/2009.03.03 至 2010.03.03/低毒(原药高毒)
柑橘树 红蜘蛛 7.2-9毫克/千克 喷雾
LS20080921 甲氨基阿维菌素苯甲酸盐/2%/乳油/甲氨基阿维菌素苯甲酸盐 2%/2009.03.04 至 2010.03.04/低毒
十字花科蔬菜 小菜蛾 2.1-3.3克/公顷 喷雾
LS20081467 啶虫脒/3%/乳油/啶虫脒 3%/2009.03.27 至 2010.03.27/低毒
苹果树 蚜虫 8-12毫克/千克 喷雾
LS20091049 异丙草·莠/42%/悬乳剂/异丙草胺 16%、莠去津 26%/2009.04.15 至 2010.04.15/低毒
夏玉米田 一年生杂草 180-240毫升制剂/亩 土壤喷雾

河南省开封市利民农药厂 (河南省开封市城北王周庄 475021 0378-5956725)

PD85109-5 55%甲拌磷乳油//乳油/甲拌磷 55%/2005.04.15 至 2010.04.15/高毒
棉花 地下害虫、蚜虫、螨 600-800克/100千克种子 浸种、拌种
注:甲拌磷乳油只准用于浸、拌种，严禁喷雾使用。

河南省开封市农药厂 (河南省开封市郊区南干道东转盘南300米 475003 0378-2943454)

PD20084128 氰戊·马拉松/20%/乳油/马拉硫磷 15%、氰戊菊酯 5%/2008.12.16 至 2013.12.16/中等毒
棉花 棉铃虫 90-150克/公顷 喷雾
苹果树 桃小食心虫 160-333毫克/千克 喷雾
小麦 蚜虫 60-90克/公顷 喷雾
PD20084500 灭多威/20%/乳油/灭多威 20%/2008.12.18 至 2013.12.18/高毒
棉花 蚜虫 75-150克/公顷 喷雾
棉花 棉铃虫 150-225克/公顷 喷雾
PD20086011 氰戊·氧乐果/25%/乳油/氰戊菊酯 5%、氧乐果 20%/2008.12.29 至 2013.12.29/高毒
棉花 棉铃虫、棉蚜 112.5-150克/公顷 喷雾
棉花 棉红蜘蛛 112.5-180克/公顷 喷雾
PD20094206 丙溴·灭多威/25%/乳油/丙溴磷 15%、灭多威 10%/2009.03.30 至 2014.03.30/中等毒(原药高毒)
棉花 棉铃虫 225-375克/公顷 喷雾
PD20095518 丙溴·辛硫磷/25%/乳油/丙溴磷 5%、辛硫磷 20%/2009.05.11 至 2014.05.11/低毒
棉花 棉铃虫 187.5-281.25克/公顷 喷雾

河南省开封市王氏化工有限公司 (河南省开封市槟河路东段3号 475002 0378-2939542)

WL20070083 高效氯氰菊酯/8%/悬浮剂/高效氯氰菊酯 8%/2009.04.25 至 2010.04.26/低毒
卫生 蚊、蝇、蜚蠊 40毫克/平方米 滞留喷洒

河南省开封市种衣剂厂 (河南省开封市南关区金梁45号 475003 0378-2535607)

PD20092113 福·克/20%/悬浮种衣剂/福美双 10%、克百威 10%/2009.02.23 至 2014.02.23/高毒
玉米 地下害虫 1:40-50(药种比) 种子包衣
PD20093055 甲·戊·福美双/14%/悬浮种衣剂/福美双 10%、甲基异柳磷 3.88%、戊唑醇 0.12%/2009.03.09 至 2014.03.09/低毒(原药高毒)
小麦 地下害虫、纹枯病 1:50(药种比) 种子包衣

河南省开封田威生物化学有限公司 (河南省开封市开封县县府西街建行大厦3楼 475100 0378-6662090)

PD20080374 啶虫脒/3%/乳油/啶虫脒 3%/2008.02.29 至 2013.02.28/低毒
黄瓜 蚜虫 18-22.5克/公顷 喷雾
PD20083737 氟乐灵/480克/升/乳油/氟乐灵 480克/升/2008.12.15 至 2013.12.15/低毒
棉花田 一年生禾本科杂草及部分阔叶杂草 900-1080克/公顷 土壤喷雾
PD20090671 精噁唑禾草灵/69克/升/水乳剂/精噁唑禾草灵 69克/升/2009.01.19 至 2014.01.19/低毒
春小麦田、冬小麦田 一年生禾本科杂草 51.75-72.45克/公顷 茎叶喷雾
PD20091926 烯草酮/240克/升/乳油/烯草酮 240克/升/2009.02.12 至 2014.02.12/低毒
春大豆田 一年生禾本科杂草 90-144克/公顷 茎叶喷雾
夏大豆田 一年生禾本科杂草 72-90克/公顷 茎叶喷雾
PD20091970 溴氰菊酯/0.6%/乳油/溴氰菊酯 0.6%/2009.02.12 至 2014.02.12/低毒
十字花科蔬菜 菜青虫 3.15-4.05克/公顷 喷雾
PD20093164 多菌灵/50%/可湿性粉剂/多菌灵 50%/2009.03.11 至 2014.03.11/低毒
小麦 赤霉病 750-900克/公顷 喷雾
PD20093170 联苯菊酯/100克/升/乳油/联苯菊酯 100克/升/2009.03.11 至 2014.03.11/中等毒
茶树 茶尺蠖 11.25-15克/公顷 喷雾
PD20093542 氯氟吡氧乙酸异辛酯/95%/原药/氯氟吡氧乙酸异辛酯 95%/2009.03.23 至 2014.03.23/低毒
PD20093564 氯氟吡氧乙酸/200克/升/乳油/氯氟吡氧乙酸 200克/升/2009.03.23 至 2014.03.23/低毒
冬小麦田 一年生阔叶杂草 150-210克/公顷 茎叶喷雾
PD20093811 乙铝·锰锌/42%/可湿性粉剂/代森锰锌 17%、三乙膦酸铝 25%/2009.03.25 至 2014.03.25/低毒
黄瓜 霜霉病 1181.25-2362.5克/公顷 喷雾

PD20094481　精喹禾灵/5%/乳油/精喹禾灵 5%/2009.04.09 至 2014.04.09/低毒
夏大豆田　一年生禾本科杂草　37.5-52.5克/公顷　喷雾
PD20094862　阿维菌素/1.8%/乳油/阿维菌素 1.8%/2009.04.13 至 2014.04.13/低毒(原药高毒)
十字花科蔬菜　小菜蛾　6-7.5克/公顷　喷雾
PD20095684　腈菌唑/12.5%/乳油/腈菌唑 12.5%/2009.05.15 至 2014.05.15/低毒
黄瓜　白粉病　22.5-30克/公顷　喷雾
PD20096065　烟嘧磺隆/95%/原药/烟嘧磺隆 95%/2009.06.18 至 2014.06.18/低毒
PD20096417　百草枯/200克/升/水剂/百草枯 200克/升/2009.08.17 至 2014.08.17/中等毒
玉米田　一年生杂草　450-600克/公顷　行间定向茎叶喷雾
PD20096529　多抗霉素/3%/可湿性粉剂/多抗霉素 3%/2009.08.20 至 2014.08.20/低毒
番茄　晚疫病　213.75－270克/公顷　喷雾
PD20097391　烟嘧磺隆/40克/升/可分散油悬浮剂/烟嘧磺隆 40克/升/2009.10.28 至 2014.10.28/低毒
玉米田　一年生杂草　42-60克/公顷　茎叶喷雾
PD20097988　丙环唑/250克/升/乳油/丙环唑 250克/升/2009.12.07 至 2014.12.07/低毒
香蕉　叶斑病　250－500毫克/千克　喷雾
LS20052358　乙蒜素/90%/原药/乙蒜素 90%/2008.06.29 至 2009.06.29/中等毒
LS20061706　乙蒜素/41%/乳油/乙蒜素 41%/2009.09.22 至 2010.09.22/中等毒
黄瓜　细菌性角斑病　369-461.25克/公顷　喷雾
LS20071070　苯醚甲环唑/95%/原药/苯醚甲环唑 95%/2009.04.19 至 2010.04.20/低毒
LS20071616　乙蒜素/80%/乳油/乙蒜素 80%/2009.06.05 至 2010.06.06/中等毒
油菜　霜霉病　133-150毫克/千克　喷雾
LS20071643　唑酮・乙蒜素/35%/乳油/三唑酮 5%、乙蒜素 30%/2009.06.06 至 2010.06.07/中等毒
水稻　稻瘟病　393.75-472.5克/公顷　喷雾
LS20072238　甲哌鎓/96%/原药/甲哌鎓 96%/2009.09.12 至 2010.09.12/低毒
LS20090294　咪鲜・乙蒜素/35%/乳油/咪鲜胺 5%、乙蒜素 30%/2009.02.16 至 2010.02.16/低毒
水稻　稻瘟病　315-472.5克/公顷　喷雾

河南省兰考县苏豫精细化工厂　(河南省兰考县兰曹路　475300　0378-6984101)

PD20084033　氯氰・氧乐果/10%/乳油/氯氰菊酯 2%、氧乐果 8%/2008.12.16 至 2013.12.16/高毒
棉花　蚜虫　90-120克/公顷　喷雾
PD20084036　高效氯氟氰菊酯/25克/升/乳油/高效氯氟氰菊酯 25克/升/2008.12.16 至 2013.12.16/中等毒
棉花　棉铃虫　7.5-9.375克/公顷　喷雾
PD20085395　唑酮・氧乐果/30%/乳油/三唑酮 10%、氧乐果 20%/2008.12.24 至 2013.12.24/高毒
小麦　白粉病、蚜虫　408-480克/公顷　喷雾
PD20090725　马拉硫磷/45%/乳油/马拉硫磷 45%/2009.01.19 至 2014.01.19/低毒
棉花　盲蝽蟓　506.25-607.5克/公顷　喷雾
PD20092759　百草枯/200克/升/水剂/百草枯 200克/升/2009.03.04 至 2014.03.04/中等毒
玉米田　一年生杂草　450-600克/亩　行间定向喷雾
PD20097217　烟嘧磺隆/40克/升/可分散油悬浮剂/烟嘧磺隆 40克/升/2009.10.19 至 2014.10.19/低毒
玉米田　一年生杂草　42-60克/公顷　茎叶喷雾
LS20090343　甲氨基阿维菌素苯甲酸盐(0.55%)///微乳剂/甲氨基阿维菌素 0.5%/2009.03.13 至 2010.03.13/低毒
甘蓝　甜菜夜蛾　1.5-3克/公顷　喷雾

河南省洛阳龙邦生化科技有限公司　(河南省洛阳市洛龙区花园经济开发区　471023　0371-65360990)

PD20092180　甲基硫菌灵/70%/可湿性粉剂/甲基硫菌灵 70%/2009.02.23 至 2014.02.23/低毒
番茄　叶霉病　525-630克/公顷　喷雾
PD20094234　氯氟吡氧乙酸/200克/升/乳油/氯氟吡氧乙酸 200克/升/2009.03.31 至 2014.03.31/低毒
冬小麦田　一年生阔叶杂草　150-210克/公顷　茎叶喷雾
PD20095062　代森锰锌/80%/可湿性粉剂/代森锰锌 80%/2009.04.21 至 2014.04.21/低毒
番茄　早疫病　1800-2400克/公顷　喷雾
LS20091113　高氯・甲维盐/5.5%/微乳剂/高效氯氰菊酯 5%、甲氨基阿维菌素苯甲酸盐 0.5%/2009.06.01 至 2010.06.01/中等毒
甘蓝　甜菜夜蛾　28.88-33克/公顷　喷雾
LS20091323　丁醚脲/50%/悬浮剂/丁醚脲 50%/2009.06.02 至 2010.06.02/低毒
十字花科蔬菜　小菜蛾　300－450克/公顷　喷雾

河南省洛阳市绿野生物工程有限公司　(河南省洛阳市涧西区天津路70号　471003　0379-64282284)

PD20085212　克百・多菌灵/16%/悬浮种衣剂/多菌灵 6%、克百威 10%/2008.12.23 至 2013.12.23/高毒
小麦　地老虎、金针虫、蝼蛄、蛴螬、纹枯病　1:25-30(药种比)　种子包衣
PD20091307　多・福・克/30%/悬浮种衣剂/多菌灵 10%、福美双 10%、克百威 10%/2009.02.01 至 2014.02.01/中等毒(原药高毒)
大豆　地老虎、根腐病、金针虫、蝼蛄、蛴螬　1:60-80(药种比)　种子包衣
PD20091394　福・克/20%/悬浮种衣剂/福美双 10%、克百威 10%/2009.02.02 至 2014.02.02/高毒
玉米　茎基腐病、金针虫、蝼蛄、蛴螬　1:30-40(药种比)　种子包衣
PD20095987　氯氰・毒死蜱/25%/乳油/毒死蜱 22.5%、氯氰菊酯 2.5%/2009.06.11 至 2014.06.11/低毒
棉花　棉铃虫　225-375克/公顷　喷雾

河南省洛阳市三叶草生物工程有限公司 (河南省洛阳市廛河回族区龙泉三街坊31号楼　471002　0379-62724097)

PD20096561 溴鼠灵/0.005%/毒饵/溴鼠灵 0.005%/2009.08.24 至 2014.08.24/低毒(原药高毒)
室内、外 家鼠 15-30克毒饵/15平方米 堆施或穴施
LS20061093 溴敌隆/0.005%/毒饵/溴敌隆 0.005%/2009.05.10 至 2010.05.10/低毒(原药高毒)
卫生 家鼠 饱和投饵 投饵
WL20060103 杀蟑饵粒/1%/饵粒/残杀威 1%/2009.05.11 至 2010.05.11/低毒
卫生 蜚蠊 / 投放

河南省孟州市华丰生化农药有限公司 (河南省孟州市东南化工工业区 457450 0391-8433263)

PD20040737 2%高渗吡虫啉乳油//乳油/吡虫啉 2%/2004.12.19 至 2009.12.18/低毒
水稻 稻飞虱 9-18克/公顷 喷雾
PD20091308 多·福/50%/可湿性粉剂/多菌灵 25%、福美双 25%/2009.02.01 至 2014.02.01/低毒
梨树 黑星病 300-500倍液 喷雾
PD20097033 阿维菌素/1.8%/乳油/阿维菌素 1.8%/2009.10.10 至 2014.10.10/低毒(原药高毒)
甘蓝 小菜蛾 6-9克/公顷 喷雾
LS20053378 噻吩磺隆/15%/可湿性粉剂/噻吩磺隆 15%/2008.10.18 至 2009.10.18/低毒
冬小麦 一年生阔叶杂草 22.5-33.75克/公顷 茎叶喷雾
LS20053844 异丙草·莠/40%/悬乳剂/异丙草胺 16%、莠去津 24%/2008.12.22 至 2009.12.22/低毒
夏玉米 一年生杂草 1050-1500克/公顷 土壤喷雾

河南省孟州市平原农药有限责任公司 (河南省焦作市孟州市西工区 454750 0391-8166530)

PD20081757 硫磺·多菌灵/50%/悬浮剂/多菌灵 15%、硫磺 35%/2008.11.18 至 2013.11.18/低毒
花生 叶斑病 1200-1800克/公顷 喷雾
PD20081758 硫磺·多菌灵/50%/可湿性粉剂/多菌灵 15%、硫磺 35%/2008.11.18 至 2013.11.18/低毒
花生 叶斑病 1200-1800克/公顷 喷雾
PD20094135 辛硫磷/3%/颗粒剂/辛硫磷 3%/2009.03.27 至 2014.03.27/低毒
花生 地下害虫 2250-3600克/公顷 撒施
PD20094213 甲硫·福美双/70%/可湿性粉剂/福美双 22%、甲基硫菌灵 48%/2009.03.31 至 2014.03.31/中等毒
黄瓜 炭疽病 525-787.5克/公顷 喷雾
PD20095459 阿维菌素/1.8%/乳油/阿维菌素 1.8%/2009.05.11 至 2014.05.11/低毒(原药高毒)
十字花科蔬菜 小菜蛾 6.75-10.8克/公顷 喷雾

河南省泌阳县盘古农业开发有限公司 (河南省泌阳县花园乡西杨庄 463700 0396-7938725)

LS20072205 三乙膦酸铝/80%/可湿性粉剂/三乙膦酸铝 80%/2009.09.11 至 2010.09.12/低毒
黄瓜 霜霉病 2160-2820克/公顷 喷雾

河南省南阳大华化工厂 (河南省南阳市宛城区溧河乡经济开发区 473000 0377-62262058)

PD20097149 井冈霉素/3%/水剂/井冈霉素 3%/2009.10.16 至 2014.10.16/低毒
水稻 纹枯病 150－187.5克公顷 喷雾

河南省南阳市丰达农药化工有限责任公司 (河南省南阳市宛城区北郊大庄 473000 0377-63223639)

PD20082557 甲氰·辛硫磷/23%/乳油/甲氰菊酯 5%、辛硫磷 18%/2008.12.04 至 2013.12.04/中等毒
棉花 棉铃虫 258.8-345克/公顷 喷雾
PD20082654 溴氰·马拉松/26%/乳油/马拉硫磷 25.2%、溴氰菊酯 0.8%/2008.12.04 至 2013.12.04/中等毒
棉花 棉铃虫 195-390克/公顷 喷雾
PD20082792 氰戊·马拉松/20%/乳油/马拉硫磷 15%、氰戊菊酯 5%/2008.12.09 至 2013.12.09/中等毒
棉花 棉铃虫 90-150克/公顷 喷雾
苹果树 桃小食心虫 160-333毫克/千克 喷雾
十字花科蔬菜 菜青虫、蚜虫 90-150克/公顷 喷雾
小麦 蚜虫 90-120克/公顷 喷雾

河南省南阳市福来石油化学有限公司 (河南省南阳市七一路五号 473010 0377-63216501)

PD20040092 高效氯氰菊酯/4.5%/乳油/高效氯氰菊酯 4.5%/2009.12.19 至 2014.12.19/中等毒
棉花 棉铃虫 15-30克/公顷 喷雾
PD20040185 氯氰菊酯/5%/乳油/氯氰菊酯 5%/2009.12.19 至 2014.12.19/中等毒
十字花科蔬菜 菜青虫 30-45克/公顷 喷雾
PD20082412 炔螨特/730克/升/乳油/炔螨特 730克/升/2008.12.02 至 2013.12.02/低毒
柑橘树 红蜘蛛 243.3-292毫克/千克 喷雾
PD20082537 炔螨特/57%/乳油/炔螨特 57%/2008.12.03 至 2013.12.03/低毒
柑橘树 红蜘蛛 228-380毫克/千克 喷雾
PD20084199 炔螨特/25%/乳油/炔螨特 25%/2008.12.16 至 2013.12.16/低毒
柑橘树 红蜘蛛 250-333毫克/千克 喷雾
PD20084521 氯氰·辛硫磷/20%/乳油/氯氰菊酯 1.5%、辛硫磷 18.5%/2008.12.18 至 2013.12.18/中等毒
棉花 棉铃虫 225-300克/公顷 喷雾
PD20084613 炔螨特/40%/乳油/炔螨特 40%/2008.12.18 至 2013.12.18/低毒
柑橘树 红蜘蛛 266.7-400毫克/千克 喷雾
棉花 红蜘蛛 240-360克/公顷 喷雾
苹果树 红蜘蛛 320-400毫克/千克 喷雾
PD20091334 高氯·马/20%/乳油/高效氯氰菊酯 2%、马拉硫磷 18%/2009.02.01 至 2014.02.01/低毒
茶树 茶小绿叶蝉 120-180克/公顷 喷雾

棉花 棉铃虫 60-180克/公顷 喷雾

PD20092693 毒·辛/40%/乳油/毒死蜱 10%、辛硫磷 30%/2009.03.03 至 2014.03.03/低毒
棉花 棉铃虫 360-450克/公顷 喷雾

PD20094567 阿维菌素/1.8%/乳油/阿维菌素 1.8%/2009.04.09 至 2014.04.09/低毒(原药高毒)
柑橘树 红蜘蛛 6-9毫克/千克 喷雾

PD20097023 吡虫啉/200克/升/可溶液剂/吡虫啉 200克/升/2009.10.10 至 2014.10.10/低毒
水稻 飞虱 24－30克/公顷 喷雾

LS20051687 噻嗪·杀扑磷/20%/乳油/噻嗪酮 15%、杀扑磷 5%/2008.05.07 至 2009.05.07/中等毒(原药高毒)
柑橘树 介壳虫 200-250毫克/千克 喷雾

河南省南阳市宛城农药化工厂 (河南省南阳市宛城区溧河乡何庄路口 473000 0377-63650077)

PD20040661 哒螨灵/15%/乳油/哒螨灵 15%/2004.12.19 至 2009.12.18/中等毒
柑橘树 红蜘蛛 50-67毫克/千克 喷雾

河南省农科院植保所农药实验厂 (河南省郑州市农业路1号 450002 0371-65717380)

PD20040375 多·酮/30%/悬浮剂/多菌灵 25%、三唑酮 5%/2009.12.19 至 2014.12.19/低毒
小麦 纹枯病 315-405克/公顷 喷雾

PD20082006 萘乙酸/4.2%/水剂/萘乙酸 4.2%/2008.11.25 至 2013.11.25/低毒
冬小麦 调节生长 21-31.5毫克/千克 茎叶喷雾

PD20082682 噻磺·乙草胺/50%/乳油/噻吩磺隆 0.3%、乙草胺 49.7%/2008.12.05 至 2013.12.05/低毒
夏大豆田、夏花生田、夏玉米田 一年生杂草 600-750克/公顷 播后苗前土壤喷雾

PD20083161 氰草·莠去津/30%/悬浮剂/氰草津 15%、莠去津 15%/2008.12.11 至 2013.12.11/低毒
春玉米田 一年生杂草 1350-1710克/公顷 茎叶喷雾
夏玉米田 一年生杂草 900-1350克/公顷 播后苗前土壤喷雾

PD20085221 高氯·辛硫磷/20%/乳油/高效氯氰菊酯 1.5%、辛硫磷 18.5%/2008.12.23 至 2013.12.23/中等毒
棉花 棉铃虫 180-240克/公顷 喷雾
十字花科蔬菜 菜青虫 120-150克/公顷 喷雾
小麦 蚜虫 120-180克/公顷 喷雾

PD20085404 氰戊·氧乐果/25%/乳油/氰戊菊酯 5%、氧乐果 20%/2008.12.24 至 2013.12.24/高毒
棉花 棉红蜘蛛 112.5-180克/公顷 喷雾
棉花 棉铃虫、棉蚜 112.5-150克/公顷 喷雾
小麦 蚜虫 75-150克/公顷 喷雾

PD20092996 吡虫·辛硫磷/22%/乳油/吡虫啉 2%、辛硫磷 20%/2009.03.09 至 2014.03.09/低毒
花生 蛴螬 1485-1980克/公顷 撒毒土

PD20096999 异丙草·莠/42%/悬乳剂/异丙草胺 16%、莠去津 26%/2009.09.29 至 2014.09.29/低毒
春玉米田 一年生杂草 1890-2394克/公顷 土壤喷雾
夏玉米田 一年生杂草 1134-1512克/公顷 土壤喷雾

PD20097292 烟嘧磺隆/40克/升/可分散油悬浮剂/烟嘧磺隆 40克/升/2009.10.26 至 2014.10.26/低毒
玉米田 一年生杂草 70-100毫升制剂/亩 茎叶喷雾

LS20090490 烟嘧·莠去津 /20%/悬浮剂/烟嘧磺隆 2%、莠去津 18%/2009.03.18 至 2010.03.18/低毒
玉米田 一年生杂草 120－150毫升制剂/亩 茎叶喷雾

LS20090668 烟嘧·乙草胺/50%/油悬浮剂/烟嘧磺隆 1%、乙草胺 49%/2009.03.24 至 2010.03.24/低毒
玉米田 一年生杂草 150－250毫升制剂/亩 茎叶喷雾

LS20090793 精喹·氟磺胺/20%/乳油/氟磺胺草醚 16%、精喹禾灵 4%/2009.04.01 至 2010.04.01/低毒
大豆田 一年生杂草 80-120毫升制剂/亩 茎叶喷雾

LS20091077 扑·乙/30%/悬乳剂/扑草净 10%、乙草胺 20%/2009.04.15 至 2010.04.15/低毒
大豆田 一年生杂草 3750-4500毫升制剂/公顷(东北地区)3000-3750毫升制剂/公顷其它地区) 土壤喷雾
花生田 一年生杂草 3000-3750毫升制剂/公顷 土壤喷雾
玉米田 一年生杂草 3750-5250毫升制剂/公顷(东北地区)3000-3750毫升制剂/公顷其它地区) 土壤喷雾

LS20091086 磺草·莠去津/30%/悬浮剂/磺草酮 8%、莠去津 22%/2009.04.15 至 2010.04.15/低毒
玉米田 一年生杂草 200-350毫升制剂/亩 茎叶喷雾

LS20091210 毒死·烯唑醇/9%/悬浮种衣剂/毒死蜱 5%、烯唑醇 4%/2009.04.27 至 2010.04.27/低毒
玉米 地老虎、金针虫、蝼蛄、蛴螬、丝黑穗病 150-180克/100千克种子 拌种

LS20091354 敌百·啶虫脒/30%/乳油/敌百虫 20%、啶虫脒 10%/2009.07.10 至 2010.07.10/低毒
棉花 盲蝽蟓 45-90克/公顷 喷雾

河南省平顶山市梨园化工总厂 (河南省汝州市广城西路 467500 0375-6862027)

PD85105-86 敌敌畏/77.5%/乳油/敌敌畏 77.5%/2005.04.08 至 2010.04.08/中等毒
茶树 食叶害虫 600克/公顷 喷雾
粮仓 多种储藏害虫 1)400-500倍液 1)喷雾

			2)0.4-0.5克/立方米	2)挂条熏蒸
	棉花	蚜虫、造桥虫	600-1200克/公顷	喷雾
	苹果树	小卷叶蛾、蚜虫	400-500毫克/千克	喷雾
	青菜	菜青虫	600克/公顷	喷雾
	桑树	尺蠖	600克/公顷	喷雾
	卫生	多种卫生害虫	1)300-400倍液	1)泼洒
			2)0.08克/立方米	2)挂条熏蒸
	小麦	黏虫、蚜虫	600克/公顷	喷雾
PD91104-2	敌敌畏/48%/乳油/敌敌畏 48%/2007.04.18 至 2012.04.18/中等毒			
	茶树	食叶害虫	600克/公顷	喷雾
	粮仓	多种储粮害虫	1)300-400倍液	1)喷雾
			2)0.4-0.5克/立方米	2)挂条熏蒸
	棉花	蚜虫、造桥虫	600-1200克/公顷	喷雾
	苹果树	小卷叶蛾、蚜虫	400-500毫克/千克	喷雾
	青菜	菜青虫	600克/公顷	喷雾
	桑树	尺蠖	600克/公顷	喷雾
	卫生	多种卫生害虫	1)250-300倍液	1)泼洒
			2)0.08克/立方米	2)挂条熏蒸
	小麦	黏虫、蚜虫	600克/公顷	喷雾

河南省普朗克生化工业有限公司 (河南省郑州市未来路71号未来花园F座1-202室 450008 0371-65611343)

PD20040370	高效氯氰菊酯/4.5%/乳油/高效氯氰菊酯 4.5%/2009.12.19 至 2014.12.19/中等毒			
	十字花科蔬菜	菜蚜	3-18克/公顷	喷雾
	十字花科蔬菜	菜青虫、小菜蛾	9-25.5克/公顷	喷雾
PD20040566	吡虫啉/2%/乳油/吡虫啉 2%/2009.12.19 至 2014.12.19/低毒			
	水稻	稻飞虱	9-18克/公顷	喷雾
PD20070463	多·福/50%/可湿性粉剂/多菌灵 25%、福美双 25%/2007.11.20 至 2012.11.20/低毒			
	梨树	黑星病	1000-1500毫克/千克	喷雾
PD20080067	氯氰·辛硫磷/20%/乳油/氯氰菊酯 1.5%、辛硫磷 18.5%/2008.01.04 至 2013.01.04/中等毒			
	棉花	棉铃虫、蚜虫	300-360克/公顷	喷雾
PD20080487	辛硫·三唑磷/30%/乳油/三唑磷 15%、辛硫磷 15%/2008.04.07 至 2013.04.07/中等毒			
	水稻	三化螟	315-405克/公顷	喷雾
PD20081874	硫磺·多菌灵/50%/可湿性粉剂/多菌灵 15%、硫磺 35%/2008.11.20 至 2013.11.20/低毒			
	花生	叶斑病	1200-1800克/公顷	喷雾
PD20082566	代森锰锌/50%/可湿性粉剂/代森锰锌 50%/2008.12.04 至 2013.12.04/低毒			
	苹果树	轮纹病	600-800倍液	喷雾
PD20082903	霜霉威盐酸盐/30%/水剂/霜霉威盐酸盐 30%/2008.12.09 至 2013.12.09/低毒			
	黄瓜	霜霉病	562.5-843.75克/公顷	喷雾
PD20083277	溴敌隆/0.5%/母液/溴敌隆 0.5%/2008.12.11 至 2013.12.11/中等毒(原药高毒)			
	室内	家鼠	堆施或穴施	配成0.005%的毒饵饱和投饵
PD20084122	灭多威/20%/乳油/灭多威 20%/2008.12.16 至 2013.12.16/高毒			
	棉花	棉铃虫	120-150克/公顷	喷雾
PD20084359	溴敌隆/0.005%/毒饵/溴敌隆 0.005%/2008.12.17 至 2013.12.17/低毒(原药高毒)			
	室内、外	家鼠	室内：30-45克毒饵/15平方米	投饵
			室外：15克毒饵/10平方米	
PD20084394	敌畏·毒死蜱/40%/乳油/敌敌畏 30%、毒死蜱 10%/2008.12.17 至 2013.12.17/中等毒			
	水稻	稻飞虱	480-600克/公顷	喷雾
PD20084921	溴敌隆/98%/原药/溴敌隆 98%/2008.12.22 至 2013.12.22/剧毒			
PD20086131	福·甲·硫磺/50%/可湿性粉剂/福美双 18%、甲基硫菌灵 10%、硫磺 22%/2008.12.30 至 2013.12.30/低毒			
	辣椒	炭疽病	1125克/公顷	喷雾
PD20090644	溴鼠灵/0.5%/母液/溴鼠灵 0.5%/2009.01.15 至 2014.01.15/高毒			
	室外	田鼠	饱和投饵	配制成0.005%毒饵投饵
PD20091894	甲基异柳磷/2.5%/颗粒剂/甲基异柳磷 2.5%/2009.02.09 至 2014.02.09/高毒			
	小麦	吸浆虫	562.5-750克/公顷	土壤处理
PD20092029	异菌脲/10%/乳油/异菌脲 10%/2009.02.12 至 2014.02.12/低毒			
	苹果树	斑点落叶病	500-600倍液	喷雾
PD20092223	莠去津/48%/可湿性粉剂/莠去津 48%/2009.02.24 至 2014.02.24/低毒			
	夏玉米田	一年生杂草	1080-1440克/公顷	播后苗前土壤喷雾
PD20092878	唑酮·氧乐果/20%/乳油/三唑酮 5%、氧乐果 15%/2009.03.05 至 2014.03.05/高毒			
	小麦	白粉病、蚜虫	450-480克/公顷	喷雾
PD20093383	甲柳·三唑酮/10%/乳油/甲基异柳磷 8%、三唑酮 2%/2009.03.19 至 2014.03.19/高毒			

小麦 地下害虫 40-80克/100千克种子 拌种
PD20093553 三唑酮/20%/乳油/三唑酮 20%/2009.03.23 至 2014.03.23/低毒
小麦 白粉病 120-135克/公顷 喷雾
PD20094071 烯唑醇/12.5%/可湿性粉剂/烯唑醇 12.5%/2009.03.27 至 2014.03.27/低毒
小麦 白粉病 60-120克/公顷 喷雾
PD20094593 百草枯/20%/水剂/百草枯 20%/2009.04.10 至 2014.04.10/中等毒
玉米田 杂草 300-600克/公顷 茎叶喷雾
PD20096577 精喹禾灵/5%/乳油/精喹禾灵 5%/2009.08.25 至 2014.08.25/低毒
夏大豆田 一年生禾本科杂草 52.5-75克/公顷 茎叶喷雾
PD20097547 啶虫脒/20%/可湿性粉剂/啶虫脒 20%/2009.11.03 至 2014.11.03/低毒
柑橘树 蚜虫 10-13.3毫克/千克 喷雾
PD20097584 乙草胺/50%/乳油/乙草胺 50%/2009.11.03 至 2014.11.03/低毒
夏玉米田 一年生杂草 750-1125克/公顷 土壤喷雾
PD20097663 苯磺隆/10%/可湿性粉剂/苯磺隆 10%/2009.11.04 至 2014.11.04/低毒
冬小麦田 一年生阔叶杂草 13.5-22.5克/公顷 茎叶喷雾
PD20097822 氧乐果/40%/乳油/氧乐果 40%/2009.11.20 至 2014.11.20/中等毒(原药高毒)
小麦 蚜虫 81-162克/公顷 喷雾
LS20050088 辛硫磷/20%/乳油/辛硫磷 20%/2008.01.12 至 2009.01.12/低毒
棉花 棉铃虫 225-300克/公顷 喷雾
LS20050950 辛硫磷/1.5%/颗粒剂/辛硫磷 1.5%/2008.04.04 至 2009.04.04/低毒
玉米 玉米螟 112.5-168.75克/公顷 喇叭口期撒施
LS20052490 敌敌畏/80%/乳油/敌敌畏 80%/2008.07.25 至 2009.07.25/中等毒
十字花科蔬菜 菜青虫 840-1080克/公顷 喷雾
LS20053710 异丙草胺/50%/乳油/异丙草胺 50%/2008.12.08 至 2009.12.08/低毒
夏玉米 一年生杂草 1125-1500克/公顷 土壤喷雾
LS20060309 阿维菌素/0.5%/可湿性粉剂/阿维菌素 0.5%/2009.03.01 至 2010.03.01/低毒(原药高毒)
十字花科蔬菜 小菜蛾 8.1-10.8克/公顷 喷雾
LS20060457 甲氨基阿维菌素苯甲酸盐/1%/乳油/甲氨基阿维菌素苯甲酸盐 1%/2009.03.06 至 2010.03.06/低毒
十字花科蔬菜 小菜蛾 1.5-3克/公顷 喷雾
LS20060676 高效氯氟氰菊酯/2.5%/水乳剂/高效氯氟氰菊酯 2.5%/2009.04.11 至 2010.04.11/中等毒
十字花科蔬菜 菜青虫 5.625-9.375克/公顷 喷雾
LS20061294 噻吩磺隆/15%/可湿性粉剂/噻吩磺隆 15%/2009.06.11 至 2010.06.11/低毒
冬小麦 一年生阔叶杂草 22.5-33.75克/公顷 茎叶喷雾
LS20070804 三唑锡/20%/可湿性粉剂/三唑锡 20%/2008.04.10 至 2009.04.11/低毒
柑橘树 红蜘蛛 125—166.7毫克/千克 喷雾
WP20090063 杀蟑饵剂/1%/饵剂/毒死蜱 1%/2009.01.22 至 2014.01.22/低毒
卫生 蜚蠊 / 投放
WP20090207 残杀威/20%/乳油/残杀威 20%/2009.03.27 至 2014.03.27/低毒
卫生 蜚蠊 50毫克/平方米 滞留喷洒
WP20090229 杀虫饵粒/2%/饵剂/吡虫啉 2%/2009.04.10 至 2014.04.10/低毒
卫生 蜚蠊、蝇 / 投防
WP20090262 氟氯氰菊酯/10%/可湿性粉剂/氟氯氰菊酯 10%/2009.05.11 至 2014.05.11/低毒
卫生 蚊、蝇、蜚蠊 50-62.5毫克/平方米 滞留喷洒

河南省汝州市试剂厂 (河南省平顶山市汝州市北环路 467500 0375-6861445)

PD20097968 烟嘧磺隆/40克/升/可分散油悬浮剂/烟嘧磺隆 40克/升/2009.12.01 至 2014.12.01/低毒
玉米田 一年生杂草 42-60克/公顷 茎叶喷雾
LS20052587 辛硫磷/1.5%/颗粒剂/辛硫磷 1.5%/2008.08.14 至 2009.08.14/低毒
玉米 玉米螟 112.5-168.75克/公顷 喇叭口撒施

河南省商丘市大卫化工厂 (河南省商丘市虞城县木兰大道 476300 0370-4114685)

PD85105-64 敌敌畏/80%/乳油/敌敌畏 77.5%(气谱法)/2005.03.04 至 2010.03.04/中等毒
茶树 食叶害虫 600克/公顷 喷雾
粮仓 多种储藏害虫 1)400-500倍液, 1)喷雾,
2)0.4-0.5克/立方米 2)挂条熏蒸
棉花 蚜虫、造桥虫 600-1200克/公顷 喷雾
苹果树 小卷叶蛾、蚜虫 400-500毫克/千克 喷雾
青菜 菜青虫 600克/公顷 喷雾
桑树 尺蠖 600克/公顷 喷雾
卫生 多种卫生害虫 1)300-400倍液, 1)泼洒
2)0.08克/立方米 2)挂条熏蒸
小麦 黏虫、蚜虫 600克/公顷 喷雾
PD20086063 溴敌隆/0.5%/母液/溴敌隆 0.5%/2008.12.30 至 2013.12.30/中等毒(原药高毒)
室内 家鼠 配成0.005%毒饵10-20克/10平方米 投饵
室外 田鼠 配成0.005%毒饵300-450堆/公顷 饱和投饵

PD20086244 溴敌隆/0.01%/毒饵/溴敌隆 0.01%/2008.12.31 至 2013.12.31/低毒(原药高毒)
农田 田鼠 饱和投饵 初始投饵2250-3000克毒饵/公顷 堆施

PD20090852 溴敌隆/95%/原药/溴敌隆 95%/2009.01.19 至 2014.01.19/剧毒

PD20093420 溴鼠灵/0.005%/毒饵/溴鼠灵 0.005%/2009.03.23 至 2014.03.23/低毒(原药高毒)
农田 田鼠 饱和投饵 堆施

PD20094627 溴敌隆/0.5%/母药/溴敌隆 0.5%/2009.04.10 至 2014.04.10/低毒(原药高毒)
农田 田鼠 饱和投饵 初始饵量 2250-3000克毒饵/公顷 堆施

PD20097078 溴鼠灵/0.5%/母药/溴鼠灵 0.5%/2009.10.10 至 2014.10.10/中等毒(原药高毒)
农田 田鼠 2250-3000克毒饵/公顷 配制成0.005%毒饵饱和投饵

WP20090206 杀虫颗粒剂/5%/颗粒剂/倍硫磷 5%/2009.03.26 至 2014.03.26/低毒
卫生 蚊(幼虫)、蝇(幼虫) / 撒布

WL20060067 高效氯氰菊酯/10%/可湿性粉剂/高效氯氰菊酯 10%/2009.04.03 至 2010.04.03/低毒
卫生 蚊、蝇 玻璃面：20毫克/平方米；木板面：30毫克/平方米；水泥面：40毫克/平方米 滞留喷洒

WL20060203 高效氯氰菊酯/10%/悬浮剂/高效氯氰菊酯 10%/2008.12.25 至 2009.12.25/低毒
室外 蚊、蝇 0.15克/立方米 喷雾

河南省商丘天神农药厂 (河南省商丘市睢阳区城东南门 476100 0370-3313106)

PD84118-44 25%多菌灵可湿性粉剂//可湿性粉剂/多菌灵 25%/2005.04.27 至 2010.04.27/低毒
果树 病害 0.05-0.1%药液 喷雾
花生 倒秧病 750克/公顷 喷雾
麦类 赤霉病 750克/公顷 喷雾,泼浇
棉花 苗期病害 500克/100千克种子 拌种
水稻 稻瘟病、纹枯病 750克/公顷 喷雾,泼浇
油菜 菌核病 1125-1500克/公顷 喷雾

PD85126-17 三氯杀螨醇/20%/乳油/三氯杀螨醇 20%/2005.04.27 至 2010.04.27/低毒
棉花 红蜘蛛 225-300克/公顷 喷雾
苹果树 红蜘蛛、锈蜘蛛 800-1000倍液 喷雾

PD20060209 吡虫啉/2%/乳油/吡虫啉 2%/2006.12.11 至 2011.12.10/低毒
水稻 飞虱 9-18克/公顷 喷雾

PD20070586 啶虫脒/3%/乳油/啶虫脒 3%/2007.12.14 至 2012.12.14/低毒
苹果树 蚜虫 15-20毫克/千克 喷雾

PD20082335 噻吩磺隆/15%/可湿性粉剂/噻吩磺隆 15%/2008.12.01 至 2013.12.01/低毒
冬小麦田 一年生阔叶杂草 22.5-31.5克/公顷 茎叶喷雾

PD20091583 氯氰·辛硫磷/20%/乳油/氯氰菊酯 1.5%、辛硫磷 18.5%/2009.02.03 至 2014.02.03/中等毒
棉花 棉铃虫、棉蚜 225-300克/公顷 喷雾

PD20091595 阿维·高氯/1%/乳油/阿维菌素 0.2%、高效氯氰菊酯 0.8%/2009.02.03 至 2014.02.03/低毒(原药高毒)
十字花科蔬菜 小菜蛾 7.5-10.5克/公顷 喷雾

PD20092022 辛硫磷/3%/颗粒剂/辛硫磷 3%/2009.02.12 至 2014.02.12/低毒
小麦 地下害虫 1350-1800克/公顷 撒施

PD20092214 异丙草·莠/40%/悬乳剂/异丙草胺 16%、莠去津 24%/2009.02.24 至 2014.02.24/低毒
夏玉米田 一年生杂草 1050-1500克/公顷 喷雾

PD20092535 马拉·三唑酮/35%/乳油/马拉硫磷 28%、三唑酮 7%/2009.02.26 至 2014.02.26/低毒
小麦 白粉病、蚜虫 525-656克/公顷 喷雾

PD20093251 辛硫·三唑酮/28.5%/乳油/三唑酮 4.5%、辛硫磷 24%/2009.03.11 至 2014.03.11/低毒
小麦 地下害虫 28.5-42.75克/100千克种子 拌种

PD20094717 辛硫·灭多威/20%/乳油/灭多威 10%、辛硫磷 10%/2009.04.10 至 2014.04.10/高毒
棉花 蚜虫 150-180克/公顷 喷雾

PD20094758 硫磺·锰锌 /70%/可湿性粉剂/硫磺 42%、代森锰锌 28%/2009.04.13 至 2014.04.13/低毒
豇豆 锈病 1575-2100克/公顷 喷雾

PD20094911 苄嘧·苯噻酰/50%/可湿性粉剂/苯噻酰草胺 47%、苄嘧磺隆 3%/2009.04.13 至 2014.04.13/低毒
水稻抛秧田 多年生杂草、一年生杂草 375-450克/公顷 药土法

PD20095744 辛硫磷/40%/乳油/辛硫磷 40%/2009.05.18 至 2014.05.18/低毒
棉花 蚜虫 120-180克/公顷 喷雾

PD20095939 毒死蜱/45%/乳油/毒死蜱 45%/2009.06.02 至 2014.06.02/中等毒
水稻 二化螟 432-576克/公顷 喷雾

PD20096047 高效氯氰菊酯/25克/升/乳油/高效氯氰菊酯 25克/升/2009.06.18 至 2014.06.18/中等毒
十字花科叶菜 菜青虫 7.5-11.25克/公顷 喷雾

PD20096223 高效氯氰菊酯/4.5%/乳油/高效氯氰菊酯 4.5%/2009.07.15 至 2014.07.15/中等毒
棉花 棉铃虫 15-22.5克/公顷 喷雾

PD20097689 氧乐果/40%/乳油/氧乐果 40%/2009.11.04 至 2014.11.04/中等毒(原药高毒)
棉花 蚜虫 81-162克/公顷 喷雾
PD20097837 烟嘧磺隆/40克/升/可分散油悬浮剂/烟嘧磺隆 40克/升/2009.11.20 至 2014.11.20/低毒
玉米田 一年生杂草 42-60克/公顷 茎叶喷雾
PD20098533 氰戊·乐果/25%/乳油/乐果 22.5%、氰戊菊酯 2.5%/2009.12.24 至 2014.12.24/中等毒
棉花 蚜虫 225-300克/公顷 喷雾

河南省商丘永佳精细化工厂 (河南省睢县城西2公里 476900 0370-8158587)

PD20050061 高效氯氰菊酯/2.5%/乳油/高效氯氰菊酯 2.5%/2005.06.16 至 2010.06.15/中等毒
梨树 梨木虱 12.5-20.8毫克/千克 喷雾
PD20091449 氯氰·氧乐果/10%/乳油/氯氰菊酯 2%、氧乐果 8%/2009.02.02 至 2014.02.02/高毒
棉花 蚜虫 60-75克/公顷 喷雾
PD20094022 氯氰·辛硫磷/20%/乳油/氯氰菊酯 1.5%、辛硫磷 18.5%/2009.03.27 至 2014.03.27/中等毒
棉花 棉铃虫 150-225克/公顷 喷雾
PD20097567 氧乐果/40%/乳油/氧乐果 40%/2009.11.03 至 2014.11.03/高毒
小麦 蚜虫 135-202.5克/公顷 喷雾
PD20098539 辛硫磷/40%/乳油/辛硫磷 40%/2009.12.24 至 2014.12.24/低毒
棉花 棉铃虫 225-300克/公顷 喷雾
LS20051396 烯酰·锰锌/69%/可湿性粉剂/代森锰锌 60%、烯酰吗啉 9%/2008.04.18 至 2009.04.18/低毒
黄瓜 霜霉病 1035-1397.25克/公顷 喷雾
LS20051513 啶虫脒/3%/乳油/啶虫脒 3%/2008.04.21 至 2009.04.21/低毒
小麦 蚜虫 18-27克/公顷 喷雾
LS20061434 甲基硫菌灵/70%/可湿性粉剂/甲基硫菌灵 70%/2009.06.29 至 2010.06.29/低毒
苹果树 轮纹病 700-875毫克/千克 喷雾
LS20071376 高效氯氟氰菊酯/25克/升/乳油/高效氯氟氰菊酯 25克/升/2009.05.17 至 2010.05.18/中等毒
十字花科蔬菜 菜青虫 7.5-11.25克/公顷 喷雾
LS20071862 乙酰甲胺磷/20%/乳油/乙酰甲胺磷 20%/2009.07.09 至 2010.07.10/低毒
棉花 棉铃虫 675-900克/公顷 喷雾
LS20082909 氯溴异氰尿酸/50%/可溶粉剂/氯溴异氰尿酸 50%/2009.07.09 至 2010.07.09/低毒
辣椒 病毒病 450-525克/公顷 喷雾

河南省商水艾尔植物激素厂 (河南省商水县西环工业区 466100)

WL20080288 杀虫喷射剂/0.45%/水乳剂/胺菊酯 0.25%、氯菊酯 0.2%/2009.04.18 至 2010.04.18/低毒
卫生 蚊、蝇 / 喷雾

河南省沈丘县农药厂 (河南省沈丘县新安集镇 466312 0394-5681125)

PD85105-52 敌敌畏/80%/乳油/敌敌畏 77.5%(气谱法)/2005.03.18 至 2010.03.18/中等毒
茶树 食叶害虫 600克/公顷 喷雾
粮仓 多种储藏害虫 1)400-500倍液 1)喷雾
2)0.4-0.5克/立方米 2)挂条熏蒸
棉花 蚜虫、造桥虫 600-1200克/公顷 喷雾
苹果树 小卷叶蛾、蚜虫 400-500毫克/千克 喷雾
青菜 菜青虫 600克/公顷 喷雾
桑树 尺蠖 600克/公顷 喷雾
卫生 多种卫生害虫 1)300-400倍液 1)泼洒
2)0.08克/立方米 2)挂条熏蒸
小麦 黏虫、蚜虫 600克/公顷 喷雾

河南省天源农业有限公司 (河南省新密市苟堂镇新寨村 452384 0371-9268268)

PD20096665 莠去津/38%/悬浮剂/莠去津 38%/2009.09.07 至 2014.09.07/低毒
春玉米田 一年生杂草 250-400毫升制剂/亩 播后苗前地表喷雾
夏玉米田 一年生杂草 200毫升制剂/亩 播后苗前地表喷雾

河南省尉氏县农药总厂 (河南省开封市尉氏县西关大转盘南侧 452170 0378-7585382)

PD20084669 马拉·辛硫磷/20%/乳油/马拉硫磷 10%、辛硫磷 10%/2008.12.22 至 2013.12.22/低毒
棉花 棉铃虫 225-300克/公顷 喷雾
PD20090405 高氯·氧乐果/10%/乳油/高效氯氰菊酯 2%、氧乐果 8%/2009.01.12 至 2014.01.12/高毒
棉花 蚜虫 45-75克/公顷 喷雾
PD20092253 高氯·灭多威/5%/乳油/高效氯氰菊酯 1%、灭多威 4%/2009.02.24 至 2014.02.24/中等毒(原药高毒)
甘蓝 菜青虫 37.5-75克/公顷 喷雾
PD20096319 吡虫啉/10%/可湿性粉剂/吡虫啉 10%/2009.07.22 至 2014.07.22/低毒
水稻 稻飞虱 15-30克/公顷 喷雾
PD20097924 阿维·矿物油/24.5%/乳油/阿维菌素 0.2%、矿物油 24.3%/2009.11.30 至 2014.11.30/低毒(原药高毒)
柑橘树 红蜘蛛 122.5-245毫克/千克 喷雾
PD20097967 百草枯/200克/升/水剂/百草枯 200克/升/2009.12.01 至 2014.12.01/中等毒
玉米田 一年生杂草 300-600克/公顷 行间定性茎叶

喷雾

LS20053309 乙酰甲胺磷/20%/乳油/乙酰甲胺磷 20%/2008.10.17 至 2009.10.17/低毒

苹果树 桃小食心虫 200-400毫克/千克 喷雾

LS20071546 胺鲜·乙烯利/30%/水剂/胺鲜酯 3%、乙烯利 27%/2009.05.29 至 2010.05.30/低毒

玉米 调节生长 90-112.5克/公顷 喷雾

LS20072561 高效氯氟氰菊酯/2.5%/微乳剂/高效氯氟氰菊酯 2.5%/2008.12.04 至 2009.12.05/中等毒

十字花科蔬菜 菜青虫 11.25-15克/公顷 喷雾

LS20082727 乙·莠/48%/悬浮剂/乙草胺 16%、莠去津 32%/2009.05.04 至 2010.05.04/低毒

夏玉米田 杂草 1170-1440克/公顷 土壤喷雾

河南省温县金香卫生制品厂 (河南省温县番田镇小金香村 454892 0391-6512910)

WL20050138 蚊香/0.2%/蚊香/环戊烯丙菊酯 0.1%、氯烯炔菊酯 0.1%/2008.05.22 至 2009.05.22/低毒

卫生 蚊 / 点燃

河南省舞阳县金凤农药厂 (河南省漯河市舞阳县吴城镇 462401 0395-7632396)

PD20040112 氯氰·辛硫磷/20%/乳油/氯氰菊酯 1.5%、辛硫磷 18.5%/2004.12.19 至 2009.12.18/中等毒

棉花 棉铃虫 225-300克/公顷 喷雾

PD20040274 高氯·马/30%/乳油/高效氯氰菊酯 0.7%、马拉硫磷 29.3%/2004.12.19 至 2009.12.18/低毒

棉花 棉铃虫 225-337.5克/公顷 喷雾

PD20040704 唑酮·氧乐果/23%/乳油/三唑酮 8%、氧乐果 15%/2004.12.19 至 2009.12.18/高毒

小麦 白粉病、蚜虫 310.5-414克/公顷 喷雾

PD20040768 甲柳·三唑酮/10%/乳油/甲基异柳磷 8%、三唑酮 2%/2004.12.19 至 2009.12.18/高毒

小麦 地下害虫 40-80克/100千克种子 拌种

PD20090835 辛硫·灭多威/30%/乳油/灭多威 7%、辛硫磷 23%/2009.01.19 至 2014.01.19/高毒

棉花 棉铃虫 225-270克/公顷 喷雾

PD20091884 敌敌畏/80%/乳油/敌敌畏 80%/2009.02.09 至 2014.02.09/中等毒

苹果树 蚜虫 400-500毫克/千克 喷雾

PD20098275 啶虫脒/5%/乳油/啶虫脒 5%/2009.12.18 至 2014.12.18/低毒

黄瓜 蚜虫 18-22.5克/公顷 喷雾

LS20090492 阿维·高氯/5%/乳油/阿维菌素 0.5%、高效氯氰菊酯 4.5%/2009.03.18 至 2010.03.18/中等毒(原药高毒)

十字花科蔬菜 小菜蛾 15-18.75克/公顷 喷雾

LS20090709 阿维·哒螨灵/5%/乳油/阿维菌素 0.2%、哒螨灵 4.8%/2009.03.31 至 2010.03.31/中等毒(原药高毒)

苹果树 红蜘蛛 33.3-50毫克/千克 喷雾

河南省西华县农药厂 (河南省西华县聂堆镇工贸开发区 466611 0394-2342185)

PD20070425 氯氰·辛硫磷/20%/乳油/氯氰菊酯 1.5%、辛硫磷 18.5%/2007.11.12 至 2012.11.12/低毒

棉花 棉铃虫 210-300克/公顷 喷雾

PD20094424 草甘膦/95%/原药/草甘膦 95%/2009.04.01 至 2014.04.01/低毒

LS20070462 联苯菊酯/25克/升/乳油/联苯菊酯 25克/升/2009.03.05 至 2010.03.06/低毒

茶树 茶尺蠖 11.25-15克/公顷 喷雾

LS20070581 高效氯氟氰菊酯/25克/升/乳油/高效氯氟氰菊酯 25克/升/2009.03.20 至 2010.03.21/中等毒

十字花科蔬菜 菜青虫 7.5-15克/公顷 喷雾

LS20080805 马拉·杀螟松/12%/乳油/马拉硫磷 10%、杀螟硫磷 2%/2009.02.28 至 2010.02.28/低毒

水稻 二化螟 225-270克/公顷 喷雾

LS20080980 高效氯氟氰菊酯/2.5%/水乳剂/高效氯氟氰菊酯 2.5%/2009.03.06 至 2010.03.06/中等毒

十字花科蔬菜 菜青虫 7.5-11.25克/公顷 喷雾

LS20090567 二甲基二硫醚/0.5%/乳油/二甲基二硫醚 0.5%/2009.03.19 至 2010.03.19/低毒

棉花 红蜘蛛 3-3.75克/公顷 喷雾

河南省新乡市格林华化工有限公司 (河南省郑州市经三路56号绿洲银郡2号楼302室)

PD20095950 阿维菌素/18克/升/乳油/阿维菌素 18克/升/2009.06.02 至 2014.06.02/低毒(原药高毒)

十字花科蔬菜 小菜蛾 8.1-10.8克/公顷 喷雾

PD20097993 高效氯氟氰菊酯/25克/升/乳油/高效氯氟氰菊酯 25克/升/2009.12.07 至 2014.12.07/中等毒

甘蓝 菜青虫 7.5-11.25克/公顷 喷雾

LS20090527 高氯·甲维盐/3.8%/乳油/高效氯氰菊酯 3.7%、甲氨基阿维菌素苯甲酸盐 0.1%/2009.03.18 至 2010.03.18/低毒

棉花 棉铃虫 28.5-42.75克/公顷 喷雾

河南省新乡市洪洲农化有限公司 (河南省辉县市辉上路洪洲 453600 0373-6668776)

PD20090477 2甲4氯钠/13%/水剂/2甲4氯钠 13%/2009.01.12 至 2014.01.12/低毒

冬小麦田 阔叶杂草及莎草科杂草 585-780克/公顷 茎叶喷雾

水稻移栽田 阔叶杂草及莎草科杂草 487.5-585克/公顷 茎叶喷雾

PD20096581 2甲4氯钠/56%/可溶粉剂/2甲4氯钠 56%/2009.08.25 至 2014.08.25/低毒

冬小麦田 阔叶杂草及莎草科杂草 840-1008克/公顷 茎叶喷雾

水稻移栽田、玉米田 阔叶杂草及莎草科杂草 672-1008克/公顷 茎叶喷雾

PD20096649 氧乐果/40%/乳油/氧乐果 40%/2009.09.02 至 2014.09.02/高毒

小麦 蚜虫 135-162克/公顷 喷雾

河南省新乡市康大消毒剂有限公司 (河南省新乡市新获路西环路口西100米 453700 0373-2682137)

WP20090160 杀虫水乳剂/0.12%/水乳剂/高效氯氰菊酯 0.12%/2009.03.05 至 2014.03.05/低毒

	卫生	蚊、蝇	/	喷射

河南省新乡市植物化学厂 （河南省辉县西新乡市农科所院内 453600 0373-6280428）

PD20040623	吡虫啉/2.5%/乳油/吡虫啉 2.5%/2004.12.19 至 2009.12.18/低毒			
	小麦	蚜虫	7.5-11.2克/公顷	喷雾
PD20090670	辛硫·灭多威/30%/乳油/灭多威 10%、辛硫磷 20%/2009.01.19 至 2014.01.19/高毒			
	棉花	棉铃虫	450-675克/公顷	喷雾
PD20093240	甲柳·三唑酮/10%/乳油/甲基异柳磷 8%、三唑酮 2%/2009.03.11 至 2014.03.11/高毒			
	小麦	白粉病、地下害虫	40-60克/100千克种子	拌种
PD20093816	2甲·绿麦隆/35%/可湿性粉剂/2甲4氯 30.5%、绿麦隆 4.5%/2009.03.25 至 2014.03.25/低毒			
	冬小麦田	一年生阔叶杂草	682.5-945克/公顷	喷雾

河南省信阳富邦化工股份有限公司 （河南省信阳市工区路135号 464000 0376-6593666）

PD85112-9	38%莠去津水悬浮剂//悬浮剂/莠去津 38%/2005.06.09 至 2010.06.09/低毒			
	茶园	一年生杂草	1125-1875克/公顷	喷于地表
	防火隔离带、公路、森林、铁路	一年生杂草	0.8-2克/平方米	喷于地表
	甘蔗	一年生杂草	1050-1500克/公顷	喷于地表
	高粱、糜子、玉米	一年生杂草	1800-2250克/公顷(东北地区)	喷于地表
	红松苗圃	一年生杂草	0.2-0.3克/平方米	喷于地表
	梨树、苹果树	一年生杂草	1625-1875克/公顷	喷于地表
	橡胶园	一年生杂草	2250-3750克/公顷	喷于地表
PD93108-2	20%水胺硫磷乳油//乳油/水胺硫磷 20%/2004.02.17 至 2009.02.17/高毒			
	柑橘树	潜叶蛾、锈壁虱、螨	300-400毫克/千克	喷雾
	棉花	红蜘蛛、棉铃虫	300-600克/公顷	喷雾
	水稻	蓟马、螟虫	450-900克/公顷	喷雾

河南省星火农业技术公司 （河南省郑州市金水区花园路61号 450008 0371-65826095）

PD20060088	氯氰菊酯/2.5%/乳油/高效氯氰菊酯 2.5%/2006.05.12 至 2011.05.12/低毒			
	十字花科蔬菜	菜青虫	15-18.75克/公顷	喷雾
PD20091808	多·锰锌/70%/可湿性粉剂/多菌灵 12%、代森锰锌 58%/2009.02.04 至 2014.02.04/低毒			
	苹果树	斑点落叶病	1000-1250毫克/千克	喷雾
PD20093270	高效氯氟氰菊酯/25克/升/乳油/高效氯氟氰菊酯 25克/升/2009.03.11 至 2014.03.11/中等毒			
	十字花科蔬菜	菜青虫	7.5-11.25克/公顷	喷雾
PD20093466	炔螨特/57%/乳油/炔螨特 57%/2009.03.23 至 2014.03.23/低毒			
	柑橘树	红蜘蛛	243～365毫克/千克	喷雾
PD20093659	联苯菊酯/100克/升/乳油/联苯菊酯 100克/升/2009.03.25 至 2014.03.25/低毒			
	茶树	粉虱	30-37.5克/公顷	喷雾
PD20094296	氰戊·马拉松/20%/乳油/马拉硫磷 15%、氰戊菊酯 5%/2009.03.31 至 2014.03.31/中等毒			
	甘蓝	菜青虫	90-150克/公顷	喷雾
PD20094904	苄·乙/30%/可湿性粉剂/苄嘧磺隆 7%、乙草胺 23%/2009.04.13 至 2014.04.13/低毒			
	移栽水稻田	一年生杂草	84-118克/公顷	药土法
PD20095028	唑酮·氧乐果/20%/乳油/三唑酮 5%、氧乐果 15%/2009.04.21 至 2014.04.21/高毒			
	小麦	白粉病、蚜虫	405-480克/公顷	喷雾
PD20095543	辛硫磷/40%/乳油/辛硫磷 40%/2009.05.12 至 2014.05.12/低毒			
	棉花	棉铃虫	300克/公顷	喷雾
	十字花科蔬菜	菜青虫	210-270克/公顷	喷雾
PD20095761	百草枯/200克/升/水剂/百草枯 200克/升/2009.05.18 至 2014.05.18/中等毒			
	苹果园	杂草	600-900克/公顷	茎叶喷雾
PD20096528	三唑磷/20%/乳油/三唑磷 20%/2009.08.20 至 2014.08.20/中等毒			
	水稻	三化螟	375-450克/公顷	喷雾
PD20096970	井冈霉素(5%)///水剂/井冈霉素A 4%/2009.09.29 至 2014.09.29/低毒			
	水稻	纹枯病	150-187.5克/公顷	喷雾
PD20097592	吡虫啉/10%/可湿性粉剂/吡虫啉 10%/2009.11.03 至 2014.11.03/低毒			
	水稻	稻飞虱	15-30克/公顷	喷雾
PD20097669	氧乐果/40%/乳油/氧乐果 40%/2009.11.04 至 2014.11.04/高毒			
	小麦	蚜虫	81-162克/公顷	喷雾
LS20050316	乙酰甲胺磷/30%/乳油/乙酰甲胺磷 30%/2008.02.06 至 2009.02.05/低毒			
	水稻	二化螟	540-900克/公顷	喷雾
LS20052179	阿维·高氯/5%/微乳剂/阿维菌素 0.4%、高效氯氰菊酯 4.6%/2008.06.14 至 2009.06.14/低毒(原药高毒)			
	十字花科蔬菜	菜青虫、小菜蛾	13.5-27克/公顷	喷雾
LS20052469	吡虫·杀虫单/35%/可湿性粉剂/吡虫啉 1%、杀虫单 34%/2008.07.13 至 2009.07.13/中等毒			
	水稻	稻飞虱、稻纵卷叶螟、二化螟、三化螟	450-750克/公顷	喷雾
LS20060187	阿维·高氯/6%/可湿性粉剂/阿维菌素 0.5%、高效氯氰菊酯 5.5%/2009.01.26 至 2010.01.26/低毒(原药高毒)			
	十字花科蔬菜	菜青虫、小菜蛾	13.5-27克/公顷	喷雾
LS20060205	吡虫啉/5%/乳油/吡虫啉 5%/2009.02.13 至 2010.02.13/低毒			

	水稻	稻飞虱	15-30克/公顷	喷雾

河南省许昌晶威化工有限公司　(河南省许昌市魏都区毓秀路北段　461000　0374-2334153)

PD20086046	辛硫磷/3%/颗粒剂/辛硫磷 3%/2008.12.29 至 2013.12.29/低毒			
	花生	地下害虫	2700-3600克/公顷	沟施
	玉米	玉米螟	112.5-157.5克/公顷	喇叭口撒施
WP20080507	杀虫粉剂/1%/粉剂/残杀威 1%/2008.12.22 至 2013.12.22/低毒			
	卫生	蜚蠊	0.2-1克/平方米	撒施

河南省永城市黄淮精细化工有限公司　(河南省永城市永芒路(沱河北岸)　476600　0370-5265698)

PD20081615	溴氰·辛硫磷/50%/乳油/辛硫磷 49.5%、溴氰菊酯 0.5%/2008.11.12 至 2013.11.12/中等毒			
	甘蓝	菜青虫、蚜虫	150-187.5克/公顷	喷雾
	棉花	棉铃虫、蚜虫	150-187.5克/公顷	喷雾
PD20082756	马拉·辛硫磷/20%/乳油/马拉硫磷 10%、辛硫磷 10%/2008.12.08 至 2013.12.08/低毒			
	棉花	棉铃虫	150-225克/公顷	喷雾
PD20086323	高氯·氧乐果/10%/乳油/高效氯氰菊酯 2%、氧乐果 8%/2008.12.31 至 2013.12.31/中等毒(原药高毒)			
	小麦	蚜虫	60-90克/公顷	喷雾
PD20096612	毒死蜱/95%/原药/毒死蜱 95%/2009.09.02 至 2014.09.02/中等毒			

河南省虞城县韩氏化工有限公司　(河南省虞城县大同路东段　476300　0370-4130342)

LS20061187	溴敌隆/0.5%/母药/溴敌隆 0.5%/2009.05.18 至 2010.05.18/中等毒(原药高毒)			
	农田	田鼠	饱和投饵	配成0.005%毒饵，堆施或穴施

河南省禹州市百灵生物药业有限责任公司　(河南省禹州市花园工业区　461670　0374-8200548)

PD20093356	阿维菌素/1.8%/乳油/阿维菌素 1.8%/2009.03.18 至 2014.03.18/低毒(原药高毒)			
	棉花	红蜘蛛	10.8-16.2克/公顷	喷雾
	棉花	蚜虫	3-4.5克/公顷	喷雾
	十字花科蔬菜	小菜蛾	8.1-10.8克/公顷	喷雾
PD20098113	铃虫核型多角体病毒/10亿PIB/克/可湿性粉剂/棉铃虫核型多角体病毒 10亿PIB/克/2009.12.08 至 2014.12.08/低毒			
	棉花	棉铃虫	12000-15000亿PIB/公顷/次	喷雾
PD20098195	棉铃虫核型多角体病毒/20亿PIB/毫升/悬浮剂/棉铃虫核型多角体病毒 20亿PIB/毫升/2009.12.16 至 2014.12.16/低毒			
	棉花	棉铃虫	750-900毫升制剂/公顷	喷雾

河南省禹州市天润化工有限公司　(河南省禹州市顺店镇张赵庄村　461687)

WL20070047	高效氯氰菊酯/8%/悬浮剂/高效氯氰菊酯 8%/2009.02.24 至 2010.02.24/低毒			
	卫生	蚊、蝇、蜚蠊	40-50毫克/平方米	滞留喷洒

河南省原阳县第一农药厂　(河南省新乡市原阳县城北干道198号　453500　0373-7291716)

PD20093541	高氯·辛硫磷/20%/乳油/高效氯氰菊酯 1.5%、辛硫磷 18.5%/2009.03.23 至 2014.03.23/低毒			
	棉花	棉铃虫	225-450克/公顷	喷雾
PD20094080	马拉·杀螟松/12%/乳油/马拉硫磷 10%、杀螟硫磷 2%/2009.03.27 至 2014.03.27/中等毒			
	甘蓝	菜青虫	63-72克/公顷	喷雾
	水稻	二化螟	180-270克/公顷	喷雾
PD20094977	马拉·辛硫磷/22%/乳油/马拉硫磷 12%、辛硫磷 10%/2009.04.21 至 2014.04.21/低毒			
	水稻	二化螟	264-396克/公顷	喷雾
	水稻	稻水象甲	231-330克/公顷	喷雾
PD20095317	马拉硫磷/1.2%/粉剂/马拉硫磷 1.2%/2009.04.27 至 2014.04.27/低毒			
	仓储原粮	储粮害虫	12-24克/1000千克原粮	撒施(拌粮)
PD20095476	乙酰甲胺磷/20%/乳油/乙酰甲胺磷 20%/2009.05.11 至 2014.05.11/低毒			
	棉花	蚜虫	750-900克/公顷	喷雾
PD20097686	辛硫磷/3%/颗粒剂/辛硫磷 3%/2009.11.04 至 2014.11.04/低毒			
	花生	地下害虫	1800-2700克/公顷	撒施
PD20098490	高效氯氰菊酯/4.5%/乳油/高效氯氰菊酯 4.5%/2009.12.24 至 2014.12.24/中等毒			
	十字花科蔬菜	菜青虫	18-25.5克/公顷	喷雾

河南省原阳县永丰化工有限公司　(河南省原阳县城关镇东街新村　354500　0373-7294583)

LS20080416	杀虫双/18%/水剂/杀虫双 18%/2009.02.19 至 2010.02.20/低毒			
	水稻	三化螟	675-810克/公顷	喷雾
LS20082434	复硝酚钠/1.8%/水剂/复硝酚钠 1.8%/2009.04.22 至 2010.04.22/低毒			
	番茄	调节生长	2000-3000倍(6.0-9.0毫克/千克)	兑水喷雾3次

河南省正阳县原野化工有限责任公司　(河南省正阳县明临路　463600　0396-3286589)

PD20085217	三唑锡/20%/悬浮剂/三唑锡 20%/2008.12.23 至 2013.12.23/低毒			
	柑橘树	红蜘蛛	100-200毫克/千克	喷雾
PD20092375	抗蚜威/25%/水分散粒剂/抗蚜威 25%/2009.02.25 至 2014.02.25/低毒			
	十字花科蔬菜	蚜虫	75-135克/公顷	喷雾
PD20094327	代森锰锌/70%/可湿性粉剂/代森锰锌 70%/2009.03.31 至 2014.03.31/低毒			
	番茄	早疫病	1837.5-2362.5克/公顷	喷雾

河南省郑州爱力生化工产品有限公司 (河南省郑州市管城回族区商城路商城花园3号楼69号 450004 0371-66313180)

PD20090530 氯氰菊酯/10%/乳油/氯氰菊酯 10%/2009.01.12 至 2014.01.12/低毒
十字花科蔬菜 菜青虫 30-45克/公顷 喷雾
PD20092550 高效氯氰菊酯/4.5%/乳油/高效氯氰菊酯 4.5%/2009.02.26 至 2014.02.26/中等毒
十字花科蔬菜 小菜蛾 20.25-27克/公顷 喷雾
LS20053892 高效氯氟氰菊酯/25克/升/水乳剂/高效氯氟氰菊酯 25克/升/2008.12.30 至 2009.12.30/中等毒
十字花科蔬菜 菜青虫 7.5-11.25克/公顷 喷雾
LS20070113 吡虫啉/5%/可湿性粉剂/吡虫啉 5%/2009.02.01 至 2010.02.01/低毒
水稻 稻飞虱 15-30克/公顷 喷雾
LS20070273 阿维·高氯/3%/乳油/阿维菌素 0.2%、高效氯氰菊酯 2.8%/2009.02.25 至 2010.02.25/低毒(原药高毒)
十字花科蔬菜 菜青虫、小菜蛾 13.5-27克/公顷 喷雾
LS20070312 阿维·毒死蜱/15%/乳油/阿维菌素 0.1%、毒死蜱 14.9%/2009.02.26 至 2010.02.26/低毒(原药高毒)
十字花科蔬菜 小菜蛾 67.5-112.5克/公顷 喷雾

河南省郑州大河农化有限公司 (河南省郑州市管城区圃田乡小店村 450047 0371-67217111)

PD85126-20 三氯杀螨醇/20%/乳油/三氯杀螨醇 20%/2010.01.14 至 2015.01.14/低毒
棉花 红蜘蛛 225-300克/公顷 喷雾
苹果树 红蜘蛛、锈蜘蛛 800-1000倍液 喷雾
PD20040098 高效氯氰菊酯/2.5%/乳油/高效氯氰菊酯 2.5%/2009.12.19 至 2014.12.19/中等毒
十字花科蔬菜 菜青虫 15-22.5克/公顷 喷雾
PD20040109 三唑酮/8%/可湿性粉剂/三唑酮 8%/2009.12.19 至 2014.12.19/低毒
小麦 白粉病 120-150克/公顷 喷雾
PD20040110 三唑酮/12%/乳油/三唑酮 12%/2004.12.19 至 2009.12.18/低毒
小麦 白粉病 105-120克/公顷 喷雾
PD20040317 吡虫啉/2%/可湿性粉剂/吡虫啉 2%/2004.12.19 至 2009.12.18/低毒
水稻 飞虱 10-15克/公顷 喷雾
PD20040320 吡虫啉/2%/乳油/吡虫啉 2%/2004.12.19 至 2009.12.18/低毒
小麦 蚜虫 12-15克/公顷 喷雾
PD20040508 哒螨灵/6%/乳油/哒螨灵 6%/2004.12.19 至 2009.12.18/中等毒
苹果树 红蜘蛛 30-40毫克/千克 喷雾
PD20080199 氰戊·马拉松/21%/乳油/马拉硫磷 15%、氰戊菊酯 6%/2008.01.11 至 2013.01.11/中等毒
苹果树 蚜虫 105-210毫克/千克 喷雾
PD20080688 百草枯/200克/升/水剂/百草枯 200克/升/2008.06.04 至 2013.06.04/中等毒
玉米田 杂草 450-600克/公顷 定向喷雾
PD20082306 苯磺隆/10%/可湿性粉剂/苯磺隆 10%/2008.12.01 至 2013.12.01/低毒
冬小麦田 一年生阔叶杂草 13.5-22.5克/公顷 茎叶喷雾
PD20082467 精喹禾灵/5%/乳油/精喹禾灵 5%/2008.12.03 至 2013.12.03/低毒
夏大豆田 一年生禾本科杂草 45—52.5克/公顷 茎叶喷雾
PD20082830 三乙膦酸铝/40%/可湿性粉剂/三乙膦酸铝 40%/2008.12.09 至 2013.12.09/低毒
黄瓜 霜霉病 1410-2820克/公顷 喷雾
PD20082900 草甘膦异丙胺盐/41%/水剂/草甘膦异丙胺盐 41%/2008.12.09 至 2013.12.09/低毒
非耕地 一年生和多年生杂草 1500-2250克/公顷 喷雾
PD20085214 啶虫脒/10%/乳油/啶虫脒 10%/2008.12.23 至 2013.12.23/低毒
苹果树 蚜虫 10-12.5毫克/千克 喷雾
PD20090971 阿维菌素/5%/乳油/阿维菌素 5%/2009.01.20 至 2014.01.20/低毒(原药高毒)
十字花科蔬菜 菜青虫 3.6-4.5克/公顷 喷雾
PD20091295 异丙草·莠/40%/悬乳剂/异丙草胺 16%、莠去津 24%/2009.02.01 至 2014.02.01/低毒
春玉米田 一年生杂草 1800-2400克/公顷(东北地区) 土壤喷雾
夏玉米田 一年生杂草 1050-1500克/公顷 土壤喷雾
PD20092194 辛硫磷/3%/颗粒剂/辛硫磷 3%/2009.02.23 至 2014.02.23/低毒
小麦 地下害虫 1350-1800克/公顷 沟施
玉米 玉米螟 112.5-157.5克/公顷 喇叭口期撒施
PD20092473 辛硫·灭多威/20%/乳油/灭多威 6%、辛硫磷 14%/2009.02.25 至 2014.02.25/高毒
棉花 棉铃虫 150-300克/公顷 喷雾
PD20092767 辛硫磷/40%/乳油/辛硫磷 40%/2009.03.04 至 2014.03.04/低毒
棉花 棉铃虫 120-150克/公顷 喷雾
PD20094096 乙草胺/900克/升/乳油/乙草胺 900克/升/2009.03.27 至 2014.03.27/低毒
大豆田 一年生杂草 东北地区：1350-1890克/公顷 播后苗前土壤
其他：810-1350克/公顷 喷雾
PD20094308 异丙草·莠/40%/悬乳剂/异丙草胺 24%、莠去津 16%/2009.03.31 至 2014.03.31/低毒
夏玉米田 一年生杂草 1200—1500克/公顷 土壤喷雾
PD20094577 烟嘧磺隆/40克/升/悬浮剂/烟嘧磺隆 40克/升/2009.04.09 至 2014.04.09/低毒
玉米田 一年生杂草 42-60克/公顷 茎叶喷雾
PD20095170 噻吩磺隆/15%/可湿性粉剂/噻吩磺隆 15%/2009.04.24 至 2014.04.24/低毒
冬小麦田 一年生阔叶杂草 22.5-33.8克/公顷 茎叶喷雾

PD20096177 氧乐果/40%/乳油/氧乐果 40%/2009.07.03 至 2014.07.03/中等毒(原药高毒)
小麦 蚜虫 81-162克/公顷 喷雾
PD20096496 氯氟吡氧乙酸/200克/升/乳油/氯氟吡氧乙酸 200克/升/2009.08.14 至 2014.08.14/低毒
冬小麦田 一年生阔叶杂草 150-199.5克/公顷 茎叶喷雾
PD20096676 氟磺胺草醚/250克/升/水剂/氟磺胺草醚 250克/升/2009.09.07 至 2014.09.07/低毒
春大豆田 一年生阔叶杂草 300-375克/公顷 茎叶喷雾
夏大豆田 一年生阔叶杂草 188-225克/公顷 茎叶喷雾
PD20096722 精噁唑禾草灵/69克/升/水乳剂/精噁唑禾草灵 69克/升/2009.09.07 至 2014.09.07/低毒
冬小麦田 一年生禾本科杂草 41.4-51.75克/公顷 茎叶喷雾
PD20097116 莠去津/38%/悬浮剂/莠去津 38%/2009.10.12 至 2014.10.12/低毒
春玉米田 一年生杂草 275-375毫升制剂/亩 播后苗前土壤喷雾
PD20097179 吗胍·乙酸铜/20%/可湿性粉剂/盐酸吗啉胍 10%、乙酸铜 10%/2009.10.16 至 2014.10.16/低毒
番茄 病毒病 500-750克/公顷 喷雾
PD20098066 百菌清/75%/可湿性粉剂/百菌清 75%/2009.12.07 至 2014.12.07/低毒
番茄 早疫病 975-1125克/公顷 喷雾
PD20098395 甲柳·三唑酮 /3.5%/种衣剂/甲基异柳磷 2.7%、三唑酮 1.1%/2009.12.18 至 2014.12.18/高毒
花生 地下害虫 1:30-40(药种比) 种子包衣
小麦、玉米 地下害虫 1:40(药种比) 种子包衣

河南省郑州福瑞德化工有限公司 (河南省郑州市金水区红专路58号 450002 0371-65088389)

WP20090183 杀虫粉剂/0.1%/粉剂/高效氯氰菊酯 0.1%/2009.03.25 至 2014.03.25/低毒
卫生 蚊、蝇、蜚蠊 3克制剂/平方米 撒布
WP20090230 蚊香/0.25%/蚊香/富右旋反式烯丙菊酯 0.25%/2009.04.13 至 2014.04.13/低毒
卫生 蚊 / 点燃

河南省郑州富利达农药有限公司 (河南省郑州市中牟县中牟白沙工业区富利达大道1号 451464 0371-62366569)

PD20081309 啶虫脒/3%/乳油/啶虫脒 3%/2008.10.17 至 2013.10.17/低毒
苹果树 蚜虫 12－15毫克/千克 喷雾
PD20081885 乙酰甲胺磷/30%/乳油/乙酰甲胺磷 30%/2008.11.20 至 2013.11.20/低毒
棉花 棉铃虫 450－675克/公顷 喷雾
PD20082015 氯氰·毒死蜱/25%/乳油/毒死蜱 22.5%、氯氰菊酯 2.5%/2008.12.01 至 2013.12.01/中等毒
棉花 棉铃虫 375－525克/公顷 喷雾
PD20082045 高效氯氰菊酯/4.5%/乳油/高效氯氰菊酯 4.5%/2008.11.25 至 2013.11.25/低毒
棉花 蚜虫 27－40.5克/公顷 喷雾
PD20082128 毒死蜱/400克/升/乳油/毒死蜱 400克/升/2008.11.25 至 2013.11.25/中等毒
棉花 棉铃虫 450－900克/公顷 喷雾
PD20082234 敌敌畏/80%/乳油/敌敌畏 80%/2008.11.26 至 2013.11.26/中等毒
棉花 蚜虫 600-1200克/公顷 喷雾
PD20082568 辛硫磷/40%/乳油/辛硫磷 40%/2008.12.04 至 2013.12.04/低毒
十字花科蔬菜 菜青虫 300-450克/公顷 喷雾
PD20082647 三唑酮/20%/乳油/三唑酮 20%/2008.12.04 至 2013.12.04/低毒
小麦 白粉病 120－135克/公顷 喷雾
PD20082844 辛硫·高氯氟/25%/乳油/高效氯氟氰菊酯 0.5%、辛硫磷 24.5%/2008.12.09 至 2013.12.09/低毒
棉花 棉铃虫 300-375克/公顷 喷雾
PD20082966 高氯·辛硫磷/25%/乳油/高效氯氰菊酯 2.5%、辛硫磷 22.5%/2008.12.09 至 2013.12.09/低毒
棉花 棉铃虫 225-281.25克/公顷 喷雾
PD20082968 精喹禾灵/8.8%/乳油/精喹禾灵 8.8%/2008.12.09 至 2013.12.09/低毒
花生田 一年生禾本科杂草 45-75克/公顷 茎叶喷雾
PD20084060 高效氯氟氰菊酯/25克/升/乳油/高效氯氟氰菊酯 25克/升/2008.12.16 至 2013.12.16/低毒
苹果树 桃小食心虫 5－6.25毫克/千克 喷雾
PD20084284 三氯杀螨醇/20%/乳油/三氯杀螨醇 20%/2008.12.17 至 2013.12.17/低毒
苹果树 红蜘蛛 200-250毫克/千克 喷雾
PD20090979 高氯 ·敌敌畏/40%/乳油/敌敌畏 39%、高效氯氰菊酯 1%/2009.01.20 至 2014.01.20/中等毒
甘蓝 菜青虫 150-240克/公顷 喷雾
PD20091769 三唑磷/20%/乳油/三唑磷 20%/2009.02.04 至 2014.02.04/中等毒
水稻 二化螟 300－450克/公顷 喷雾
PD20093361 氰戊·马拉松/21%/乳油/马拉硫磷 15%、氰戊菊酯 6%/2009.03.18 至 2014.03.18/中等毒
棉花 红蜘蛛 120-180克/公顷 喷雾
棉花 蚜虫 75-120克/公顷 喷雾
苹果树 红蜘蛛 60-150毫克/千克 喷雾
苹果树 食心虫 60-100毫克/千克 喷雾
苹果树 蚜虫 50-75毫克/千克 喷雾
PD20094934 百草枯/20%/水剂/百草枯 20%/2009.04.13 至 2014.04.13/中等毒
茶园 杂草 450－750克/公顷 定向喷雾

PD20095246 阿维菌素/1.8%/乳油/阿维菌素 1.8%/2009.04.27 至 2014.04.27/低毒(原药高毒)
甘蓝 菜青虫 8.1-10.8克/公顷 喷雾
PD20096699 吡虫·辛硫磷/25%/乳油/吡虫啉 1%、辛硫磷 24%/2009.09.07 至 2014.09.07/低毒
白菜 蚜虫 150—225克/公顷 喷雾
PD20098530 阿维·毒死蜱/5.5%/乳油/阿维菌素 0.5%、毒死蜱 5%/2009.12.24 至 2014.12.24/低毒(原药高毒)
萝卜 小菜蛾 49.5-66克/公顷 喷雾
LS20050446 丁硫·三唑磷/20%/乳油/丁硫克百威 10%、三唑磷 10%/2008.02.19 至 2009.02.18/中等毒
柑橘树 红蜘蛛 133.3-200毫克/千克 喷雾
LS20052778 高氯·三唑磷/15%/乳油/高效氯氰菊酯 1%、三唑磷 14%/2008.08.21 至 2009.08.21/中等毒
棉花 棉铃虫 112.5-157.5克/公顷 喷雾
LS20071719 草甘膦/10%/水剂/草甘膦 10%/2009.07.03 至 2009.12.31/低毒
苹果园 一年生和多年生杂草 1125-2250克/公顷 定向茎叶喷雾
LS20080783 毒·辛/20%/乳油/毒死蜱 4%、辛硫磷 16%/2009.02.28 至 2010.02.28/低毒
韭菜 韭蛆 1500-1800克/公顷 灌根
LS20080935 胺鲜·乙烯利/30%/水剂/胺鲜酯 3%、乙烯利 27%/2009.03.05 至 2010.03.05/低毒
玉米 调节生长 90-112.5克/公顷 茎叶喷雾
LS20090764 2甲·苯磺隆/48.4%/可湿性粉剂/苯磺隆 1.7%、2甲4氯钠 46.7%/2009.03.31 至 2010.03.31/低毒
冬小麦田 一年生阔叶杂草 290.4-363克/公顷 茎叶喷雾

河南省郑州好日子卫生保洁用品有限公司 (河南省郑州市北环路东段 450045 0371-65360958)

WL20050139 杀虫气雾剂/0.5%/气雾剂/胺菊酯 0.25%、高效氯氰菊酯 0.05%、氯菊酯 0.20%/2008.05.22 至 2009.05.22/低毒
卫生 蚊、蝇、蜚蠊 / 喷雾

河南省郑州金迪生物技术咨询有限公司(郑州市农科路38号(金城国际广场3号楼21层01-05房) 450002 0371-61629275)

WL20070178 高效氯氰菊酯/5%/可湿性粉剂/高效氯氰菊酯 5%/2009.09.11 至 2010.09.12/低毒
卫生 蚊、蝇 吸收表面：40毫克/平方米；半吸收表面：25毫克/平方米；不吸收表面：20毫克/平方米； 滞留喷洒

河南省郑州联合利农作物保护有限公司 (河南省郑州市金水路99号建达大厦6F 450003 0371-66249675-813)

LS20090402 啶虫脒/40%/水分散粒剂/啶虫脒 40%/2009.03.25 至 2010.03.25/低毒
黄瓜 蚜虫 24-48克/公顷 喷雾
LS20090434 阿维菌素/1.8%/水乳剂/阿维菌素 1.8%/2009.03.16 至 2010.03.16/低毒(原药高毒)
甘蓝 小菜蛾 8.1-10.8克/公顷 喷雾
LS20090436 甲氨基阿维菌素苯甲酸盐（5.7%）//水分散粒剂/甲氨基阿维菌素 5%/2009.03.16 至 2010.03.16/低毒
甘蓝 甜菜夜蛾 2.25-4.5克/公顷 喷雾

河南省郑州良友种衣剂有限公司 (河南省郑州市新密市下庄河经济开发区 452392 0371-63102126)

PD20082347 高氯·氧乐果/10%/乳油/高效氯氰菊酯 2%、氧乐果 8%/2008.12.01 至 2013.12.01/中等毒(原药高毒)
棉花 蚜虫 45-75克/公顷 喷雾
PD20082745 氯氰·毒死蜱/52.25%/乳油/毒死蜱 47.5%、氯氰菊酯 4.75%/2008.12.08 至 2013.12.08/中等毒
棉花 棉铃虫 550-825克/公顷 喷雾
LS20061077 乙草胺/900克/升/乳油/乙草胺 900克/升/2008.05.10 至 2009.05.10/低毒
春玉米田 一年生禾本科杂草及部分小粒种子阔叶杂草 1350-1890克/公顷 播后苗前土壤喷雾
LS20061831 辛硫磷/3%/颗粒剂/辛硫磷 3%/2009.11.07 至 2010.11.07/低毒
花生 地下害虫 1800-3600克/公顷 沟施
LS20072637 丁硫·福美双/25%/悬浮种衣剂/丁硫克百威 6%、福美双 19%/2009.12.09 至 2010.12.10/低毒
大豆 地下害虫、根腐病 500-625克/100千克种子 种子包衣
玉米 地下害虫、茎基腐病 417-625克/100千克种子 种子包衣

河南省郑州农达生化制品厂 (河南省郑州市农业路1号省农科院土肥所 450002 0371-65739147)

PD20093882 复硝酚钠/98%/原药/5-硝基邻甲氧基苯酚钠 16.3%、对硝基苯酚钠 49.1%、邻硝基苯酚钠 32.6%/2009.03.25至2014.03.25/低毒
PD20096359 复硝酚钠/1.8%/水剂/5-硝基邻甲氧基苯酚钠 0.3%、对硝基苯酚钠 0.9%、邻硝基苯酚钠 0.6%/2009.07.28至2014.07.28/低毒
番茄 调节生长 4.5-6.0毫克/千克 喷雾
PD20096941 三环唑/20%/可湿性粉剂/三环唑 20%/2009.09.29 至 2014.09.29/低毒
水稻 稻瘟病 225—300克/公顷 喷雾
PD20098166 辛硫磷/40%/乳油/辛硫磷 40%/2009.12.14 至 2014.12.14/低毒
棉花 棉铃虫 75-100毫升制剂/亩 喷雾
PD20098258 三乙膦酸铝/80%/可湿性粉剂/三乙膦酸铝 80%/2009.12.16 至 2014.12.16/低毒
黄瓜 霜霉病 2160-2820克/公顷 喷雾
PD20098289 高效氯氟氰菊酯/25克/升/乳油/高效氯氟氰菊酯 25克/升/2009.12.18 至 2014.12.18/低毒
十字花科蔬菜 菜青虫 150-30毫升制剂/亩 喷雾
LS20081290 胺鲜酯/98%/原药/胺鲜酯 98%/2009.03.11 至 2010.03.11/低毒
LS20082928 胺鲜酯/1.6%/水剂/胺鲜酯 1.6%/2009.07.17 至 2010.07.17/低毒
大白菜 调节生长 400-600倍液 喷雾法

LS20082956 甲哌鎓/250克/升/水剂/甲哌鎓 250克/升/2009.08.20 至 2010.08.20/低毒
棉花 调节生长 37.5-50 毫克/千克 分别于初花期、盛花期和打顶期，兑水喷雾，共3次

河南省郑州沙隆达伟新农药有限公司 (河南省郑州市管城回族区东南路57号 450009 0371-66819824)

LS20052930 苯氧威/95%/原药/苯氧威 95%/2008.09.07 至 2009.09.07/微毒
LS20060268 高氯·苯氧威/5%/乳油/苯氧威 3%、高效氯氰菊酯 2%/2009.03.01 至 2010.03.01/低毒
十字花科蔬菜 小菜蛾、蚜虫 45-60克/公顷 喷雾
LS20060269 苯氧威/5%/粉剂/苯氧威 5%/2009.03.01 至 2010.03.01/微毒
原粮 储粮害虫 10-20毫克/千克 拌原粮

河南省郑州生化实业有限公司 (河南省郑州市管城回族区化工路西段 450042 0371-67818724)

PD20098086 高效氯氟氰菊酯/25克/升/乳油/高效氯氟氰菊酯 25克/升/2009.12.08 至 2014.12.08/中等毒
甘蓝 菜青虫 7.5-15克/公顷 喷雾

河南省郑州市金鹏化工实业有限公司 (河南省郑州市管城回族区石化路2号 450061 0371-66753541)

PD20040308 氯氰菊酯/5%/乳油/氯氰菊酯 5%/2009.12.19 至 2014.12.19/中等毒
甘蓝 菜青虫 30-45克/公顷 喷雾
PD20040400 三唑酮/20%/乳油/三唑酮 20%/2009.12.19 至 2014.12.19/低毒
小麦 白粉病 75-105克/公顷 喷雾
PD20085131 高氯·马/37%/乳油/高效氯氰菊酯 0.8%、马拉硫磷 36.2%/2008.12.23 至 2013.12.23/低毒
棉花 棉铃虫 333-444克/公顷 喷雾
PD20091784 辛硫磷/3%/颗粒剂/辛硫磷 3%/2009.02.04 至 2014.02.04/低毒
玉米 地下害虫 1350-1800克/公顷 播前沟施
PD20093555 敌百·氧乐果 /40%/乳油/敌百虫 20%、氧乐果 20%/2009.03.23 至 2014.03.23/中等毒(原药高毒)
小麦 蚜虫 360-480克/公顷 喷雾
PD20094160 高氯·辛硫磷/20%/乳油/高效氯氰菊酯 0.8%、辛硫磷 19.2%/2009.03.27 至 2014.03.27/中等毒
十字花科蔬菜 菜青虫 100-150克/公顷 喷雾
PD20095593 辛硫磷/1.5%/颗粒剂/辛硫磷 1.5%/2009.05.12 至 2014.05.12/低毒
玉米 玉米螟 112.5-168.75克/公顷 撒施（喇叭口）
PD20096337 辛硫磷/40%/乳油/辛硫磷 40%/2009.07.22 至 2014.07.22/低毒
棉花 棉铃虫 300-375克/公顷 喷雾
PD20098162 高效氯氟氰菊酯/25克/升/乳油/高效氯氟氰菊酯 25克/升/2009.12.14 至 2014.12.14/低毒
甘蓝 菜青虫 25-30毫升制剂/亩 喷雾
PD20098209 阿维菌素/18克/升/乳油/阿维菌素 18克/升/2009.12.16 至 2014.12.16/低毒(原药高毒)
甘蓝 小菜蛾 9-13.5克/公顷 喷雾

河南省郑州天邦生物制品有限公司 (河南省郑州市兴隆铺路5号 450053 0371-63739985)

PD20070597 三十烷醇/89%/原药/三十烷醇 89%/2007.12.14 至 2012.12.14/低毒
PD20091820 三十烷醇/0.1%/微乳剂/三十烷醇 0.1%/2009.02.05 至 2014.02.05/低毒
花生 提高产量 0.5-1.0毫克/千克 开花末期及下针末期叶面喷雾
棉花 提高产量 0.5-0.8毫克/千克 盛花期及其后第2-3周叶面喷雾2次
小麦 提高产量 0.4-0.6毫克/千克 孕穗、扬花期叶面喷雾2次
烟草 提高产量 0.4-0.6毫克/千克 团棵至生长旺期叶面喷雾2-3次

河南省郑州天宝日化有限公司 (河南省郑州市管城回族区新郑路南段(苏庄) 450005 0371-66807118)

WP20090328 杀虫气雾剂/0.32%/气雾剂/胺菊酯 0.16%、氯菊酯 0.16%/2009.09.23 至 2014.09.23/低毒
卫生 蚊、蝇 / 喷雾

河南省郑州田丰生化工程有限公司 (河南省郑州市郑花路12号 450008 0371-65791201)

PD20083304 百菌清/75%/可湿性粉剂/百菌清 75%/2008.12.11 至 2013.12.11/低毒
黄瓜 霜霉病 1200-1650克/公顷 喷雾
PD20083855 甲基硫菌灵/70%/可湿性粉剂/甲基硫菌灵 70%/2008.12.15 至 2013.12.15/低毒
黄瓜 白粉病 336-504克/公顷 喷雾
PD20084328 溴敌隆/0.5%/母液/溴敌隆 0.5%/2008.12.17 至 2013.12.17/中等毒(原药剧毒)
PD20084336 三唑锡/25%/可湿性粉剂/三唑锡 25%/2008.12.17 至 2013.12.17/低毒
柑橘树 红蜘蛛 125-250毫克/千克 喷雾
PD20084695 多·锰锌/35%/可湿性粉剂/多菌灵 17.5%、代森锰锌 17.5%/2008.12.22 至 2013.12.22/低毒
苹果树 斑点落叶病 1000-1250毫克/千克 喷雾
PD20084754 氯氰菊酯/50克/升/乳油/氯氰菊酯 50克/升/2008.12.22 至 2013.12.22/低毒
十字花科蔬菜 菜青虫 37.5-45克/公顷 喷雾
PD20085220 代森锰锌/80%/可湿性粉剂/代森锰锌 80%/2008.12.23 至 2013.12.23/低毒

柑橘树　疮痂病　1333-2000毫克/千克　喷雾

PD20092358　辛硫·三唑酮/14%/乳油/三唑酮 2%、辛硫磷 12%/2009.02.24 至 2014.02.24/低毒

小麦　白粉病、地下害虫、蚜虫　42-56克/100千克种子　拌种

PD20094762　阿维菌素/18克/升/乳油/阿维菌素 18克/升/2009.04.13 至 2014.04.13/低毒(原药高毒)

甘蓝　小菜蛾　6.75-8.1克/公顷　喷雾

PD20095104　氯氰·辛硫磷/20%/乳油/氯氰菊酯 1.5%、辛硫磷 18.5%/2009.04.24 至 2014.04.24/中等毒

大豆　食心虫　90-120克/公顷　喷雾

棉花　棉铃虫　180-240克/公顷　喷雾

PD20096875　复硝酚钠/1.8%/水剂/复硝酚钠 1.8%/2009.09.23 至 2014.09.23/低毒

番茄　调节生长　2000-2500倍　茎叶喷雾

LS20052120　敌磺钠/50%/可溶粉剂/敌磺钠 50%/2008.06.09 至 2009.06.09/中等毒

黄瓜　枯萎病　2625-5250克/公顷　灌根

河南省郑州万安特农化产品有限责任公司　(河南省郑州市金水区柳林镇国泰路6号　450003　0371-65770136)

PD20082012　高效氯氟氰菊酯/25克/升/乳油/高效氯氟氰菊酯 25克/升/2008.11.25 至 2013.11.25/中等毒

十字花科蔬菜　菜青虫　7.5-15克/公顷　喷雾

PD20083274　联苯菊酯/25克/升/乳油/联苯菊酯 25克/升/2008.12.11 至 2013.12.11/低毒

茶树　茶小绿叶蝉　30-37.5克/公顷　喷雾

PD20092064　二嗪·辛硫磷/16%/乳油/二嗪磷 5%、辛硫磷 11%/2009.02.16 至 2014.02.16/低毒

水稻　三化螟　540-600克/公顷　喷雾

PD20095537　井冈·硫酸铜/4.5%/水剂/井冈霉素 4%、硫酸铜 0.5%/2009.05.12 至 2014.05.12/低毒

水稻　纹枯病　417－625倍液　喷雾

PD20095574　氰氯·毒死蜱/11%/乳油/毒死蜱 10%、氰氯氰菊酯 1%/2009.05.12 至 2014.05.12/中等毒

十字花科蔬菜　菜青虫　168-198克/公顷　喷雾

PD20097173　草甘膦/30%/水剂/草甘膦 30%/2009.10.16 至 2014.10.16/低毒

茶园　杂草　1125-2250克/公顷　定向茎叶喷雾

LS20061911　吡虫啉/70%/水分散粒剂/吡虫啉 70%/2009.12.05 至 2010.12.05/低毒

节瓜　蓟马　26.25-36.75克/公顷　喷雾

LS20070082　甲维·毒死蜱/5%/乳油/毒死蜱 4.9%、甲氨基阿维菌素苯甲酸盐 0.1%/2009.01.29 至 2010.01.29/中等毒

十字花科蔬菜　小菜蛾　90-112.5克/公顷　喷雾

LS20070181　氰氯·丙溴磷/10%/乳油/丙溴磷 9%、氰氯氰菊酯 1%/2009.02.07 至 2010.02.07/低毒

十字花科蔬菜　小菜蛾　210-240克/公顷　喷雾

LS20090675　丙溴·毒死蜱/36%/乳油/丙溴磷 30%、毒死蜱 6%/2009.03.24 至 2010.03.24/低毒

水稻　稻纵卷叶螟　360-450克/公顷　喷雾

河南省郑州万荣化学实业公司　(河南省郑州市高新技术开发区宏达路付13号　450005　0371-7980585)

PD20083500　硫磺·三唑酮/20%/可湿性粉剂/硫磺 10%、三唑酮 10%/2008.12.12 至 2013.12.12/低毒

小麦　白粉病　150-225克/公顷　喷雾

PD20083662　氰戊·马拉松/20%/乳油/马拉硫磷 15%、氰戊菊酯 5%/2008.12.12 至 2013.12.12/中等毒

苹果树　桃小食心虫　160-333毫克/千克　喷雾

PD20094204　甲柳·三唑酮/10%/乳油/甲基异柳磷 8%、三唑酮 2%/2009.03.30 至 2014.03.30/高毒

小麦　地下害虫　40-80克/100千克种子　拌种

河南省郑州现代化工有限公司　(河南省郑州市邙山区花园口大庙　450045　0371-65591162)

PD85132-4　井冈霉素/4%/水溶粉剂/井冈霉素 4%/2006.08.13 至 2011.08.13/低毒

水稻　纹枯病　75-112.5克/公顷　喷雾、泼浇

PD20090638　百菌清/28%/烟剂/百菌清 28%/2009.01.14 至 2014.01.14/低毒

黄瓜(保护地)　霜霉病　750-1200克/公顷　点燃放烟

PD20093291　芸苔素内酯/0.01%/乳油/芸苔素内酯 0.01%/2009.03.11 至 2014.03.11/低毒

水稻　调节生长、增产　0.030-0.045毫克/千克　喷雾1-2次

小麦　调节生长、增产　0.01-0.1毫克/千克　喷雾1-2次

PD20093854　甲柳·三唑酮/10%/粉剂/甲基异柳磷 8%、三唑酮 2%/2009.03.25 至 2014.03.25/高毒

小麦　地下害虫(兼治小麦白粉病、条锈病)　40-80克/100千克种子　拌种

PD20094396　多·福/50%/可湿性粉剂/多菌灵 25%、福美双 25%/2009.04.01 至 2014.04.01/低毒

梨树　黑星病　1000-1500毫克/千克　喷雾

葡萄　霜霉病　1000-1250毫克/千克　喷雾

PD20095398　唑酮·氧乐果/20%/乳油/三唑酮 7%、氧乐果 13%/2009.04.27 至 2014.04.27/高毒

小麦　白粉病、蚜虫　360-450克/公顷　喷雾

PD20095399　吡虫·杀虫单/70%/可湿性粉剂/吡虫啉 2%、杀虫单 68%/2009.04.27 至 2014.04.27/中等毒

水稻　稻飞虱　525-735克/公顷　喷雾

PD20096557　阿维·高氯/3%/乳油/阿维菌素 0.2%、高效氯氰菊酯 2.8%/2009.08.24 至 2014.08.24/低毒(原药高毒)

甘蓝　菜青虫、小菜蛾　13.5-27克/公顷　喷雾

PD20097424　氧乐果/40%/乳油/氧乐果 40%/2009.10.28 至 2014.10.28/高毒

小麦　蚜虫　81-162克/公顷　喷雾

PD20098207　炔螨特/73%/乳油/炔螨特 73%/2009.12.16 至 2014.12.16/低毒

柑橘树　红蜘蛛　292-365毫克/千克　喷雾

PD20098213 啶虫脒/5%/乳油/啶虫脒 5%/2009.12.16 至 2014.12.16/低毒
柑橘树 蚜虫 10-12毫克/千克 喷雾
PD20098309 辛硫磷/20%/乳油/辛硫磷 20%/2009.12.18 至 2014.12.18/低毒
棉花 棉铃虫 225-300克/公顷 喷雾
水稻 三化螟 600-750克/公顷 喷雾
LS20052852 吡虫·杀虫单/80%/可湿性粉剂/吡虫啉 2%、杀虫单 78%/2008.09.01 至 2009.09.01/中等毒
水稻 稻飞虱、稻纵卷叶螟、二化螟、三化螟 450-750克/公顷 喷雾
LS20053149 吡虫啉/5%/乳油/吡虫啉 5%/2008.10.10 至 2009.10.10/低毒
小麦 蚜虫 15-30克/公顷(南方地区) 喷雾
45-60克/公顷(北方地区)
LS20060109 柴油·哒螨灵/34%/乳油/柴油 30%、哒螨灵 4%/2009.01.24 至 2010.01.24/低毒
柑橘树 红蜘蛛 226.7-340毫克/千克 喷雾

河南省郑州裕通化工有限公司 (河南省荥阳市南环路中段 450100 0371-64685866)

PD85154-45 氰戊菊酯/20%/乳油/氰戊菊酯 20%/2006.04.12 至 2011.04.12/中等毒
柑橘树 潜叶蛾 10-20毫克/千克 喷雾
果树 梨小食心虫 10-20毫克/千克 喷雾
棉花 红铃虫、蚜虫 75-150克/公顷 喷雾
蔬菜 菜青虫、蚜虫 60-120克/公顷 喷雾
PD20095125 莠去津/48%/可湿性粉剂/莠去津 48%/2009.04.24 至 2014.04.24/低毒
春玉米田 一年生杂草 1800-2520克/公顷 播后苗前土壤喷雾
PD20095610 精喹禾灵/10%/乳油/精喹禾灵 10%/2009.05.12 至 2014.05.12/低毒
棉花田 一年生禾本科杂草 30-40毫升制剂/亩 茎叶喷雾
PD20096297 苯磺隆/75%/水分散粒剂/苯磺隆 75%/2009.07.22 至 2014.07.22/低毒
冬小麦田 一年生阔叶杂草 13.5-22.5克/公顷 茎叶喷雾
PD20096490 乙草胺/81.5%/乳油/乙草胺 81.5%/2009.08.14 至 2014.08.14/低毒
夏玉米田 一年生禾本科杂草及部分阔叶杂草 1080-1350克/公顷 播后苗前土壤喷雾
LS20080401 氯氟吡氧乙酸异辛酯/200克/升/乳油/氯氟吡氧乙酸 200克/升/2009.02.20 至 2010.02.20/低毒
冬小麦田 一年生阔叶杂草 150-210克/公顷 茎叶喷雾

河南省郑州豫珠新技术实验厂(河南省郑州市金水区农科路38号金成国际广场4号楼103室 450008 0371-65862383)

PD20040314 8%高渗三唑酮乳油//乳油/三唑酮 8%/2004.12.19 至 2009.12.18/低毒
小麦 白粉病 66-90克/公顷 喷雾
PD20040619 吡虫·杀虫单/35%/可湿性粉剂/吡虫啉 1%、杀虫单 34%/2009.12.19 至 2014.12.19/低毒
水稻 稻纵卷叶螟、二化螟、飞虱、三化螟 450-750克/公顷 喷雾
PD20082472 多效唑/5%/乳油/多效唑 5%/2008.12.03 至 2013.12.03/低毒
水稻 调节生长、增产 100-150毫克/千克 兑水喷雾
PD20082950 苯磺隆/10%/可湿性粉剂/苯磺隆 10%/2008.12.09 至 2013.12.09/低毒
冬小麦田 阔叶杂草 13.5—22.5克/公顷 茎叶喷雾
PD20083552 高氯·马/40%/乳油/高效氯氰菊酯 0.7%、马拉硫磷 39.3%/2008.12.12 至 2013.12.12/低毒
棉花 棉铃虫 120-240克/公顷 喷雾
十字花科蔬菜 菜青虫 180-240克/公顷 喷雾
PD20085194 马拉·三唑酮/35%/乳油/马拉硫磷 28%、三唑酮 7%/2008.12.23 至 2013.12.23/低毒
小麦 白粉病、蚜虫 525-682.5克/公顷 喷雾
PD20093068 阿维·高氯/1%/乳油/阿维菌素 0.2%、高效氯氰菊酯 0.8%/2009.03.09 至 2014.03.09/低毒(原药高毒)
十字花科蔬菜 小菜蛾 7.5-15克/公顷 喷雾
PD20093385 甲柳·三唑酮/10%/乳油/甲基异柳磷 8%、三唑酮 2%/2009.03.19 至 2014.03.19/高毒
小麦 白粉病、地下害虫 60-80克/100千克种子 拌种
PD20093661 氟磺胺草醚/250克/升/水剂/氟磺胺草醚 250克/升/2009.03.25 至 2014.03.25/低毒
春大豆田 一年生阔叶杂草 300-375克/公顷 茎叶喷雾
PD20094028 百草枯/200克/升/水剂/百草枯 200克/升/2009.03.27 至 2014.03.27/中等毒
免耕小麦 杂草 450-600克/公顷 土壤喷雾
PD20094640 丁·莠/48%/悬乳剂/丁草胺 19%、莠去津 29%/2009.04.10 至 2014.04.10/低毒
夏玉米田 一年生杂草 1080-1440克/公顷 播后苗前土壤喷雾
PD20095445 精噁唑禾草灵/69克/升/水乳剂/精噁唑禾草灵 69克/升/2009.05.11 至 2014.05.11/低毒
冬小麦田 一年生禾本科杂草 41.1-51.75克/公顷 茎叶喷雾
PD20095520 烟嘧磺隆/40克/升/可分散油悬浮剂/烟嘧磺隆 40克/升/2009.05.11 至 2014.05.11/低毒
玉米田 一年生杂草 42-60克/公顷 茎叶喷雾
PD20095534 异丙甲草胺/960克/升/乳油/异丙甲草胺 960克/升/2009.05.12 至 2014.05.12/低毒
西瓜田 一年生杂草 1080-1656克/公顷 土壤喷雾
PD20095637 乙草胺/89%/乳油/乙草胺 89%/2009.05.12 至 2014.05.12/低毒
花生田 一年生禾本科杂草及部分阔叶杂草 1242-1380克/公顷 播后苗前土壤

喷雾

PD20097394 丙溴磷/40%/乳油/丙溴磷 40%/2009.10.28 至 2014.10.28/低毒
棉花 棉铃虫 360-480克/公顷 喷雾

PD20098344 烷醇·硫酸铜/2.8%/悬浮剂/十二烷基硫酸钠 1.1%、硫酸铜 0.8%、三十烷醇 0.1%、硫酸锌 0.8%/2009.12.18至 2014.12.18/低毒
辣椒 病毒病 82.1-125毫升/亩 喷雾
烟草 花叶病 62.6-125毫升/亩 喷雾

LS98240 烷醇·硫酸铜/0.9%/悬乳剂/硫酸铜 0.8%、三十烷醇 0.1%/2009.01.01 至 2009.12.31/低毒
辣椒 病毒病 34.5-52.5克/公顷 喷雾
烟草 花叶病 26.3-52.5克/公顷 喷雾

LS20060692 高效氯氟氰菊酯/2.5%/水乳剂/高效氯氟氰菊酯 2.5%/2009.04.03 至 2010.04.03/中等毒
十字花科蔬菜 菜青虫 7.5-11.25克/公顷 喷雾

LS20060730 柴油·三唑磷/40%/乳油/柴油 30%、三唑磷 10%/2009.04.03 至 2010.04.03/中等毒
水稻 二化螟 600-840克/公顷 喷雾

LS20071227 苯醚甲环唑/95%/原药/苯醚甲环唑 95%/2009.05.07 至 2010.05.08/低毒

LS20071244 乙草胺/40%/水乳剂/乙草胺 40%/2009.05.07 至 2010.05.08/低毒
花生田 一年生禾本科杂草及阔叶杂草 1260-1440克/公顷 土壤喷雾

LS20082056 苯醚·丙环唑/30%/微乳剂/苯醚甲环唑 15%、丙环唑 15%/2009.04.15 至 2010.04.15/低毒
水稻 纹枯病 67.5-90克/公顷 喷雾

LS20082814 苯醚甲环唑/10%/微乳剂/苯醚甲环唑 10%/2009.05.12 至 2010.05.12/低毒
梨树 黑星病 14.3-16.7毫克/千克 喷雾

LS20090672 烟嘧·莠去津/20%/油悬浮剂/烟嘧磺隆 3%、莠去津 17%/2009.03.24 至 2010.03.24/低毒
玉米田 一年生杂草 80－100毫升制剂/亩 茎叶喷雾

河南省郑州郑氏化工产品有限公司 (河南省郑州市金水区文化路52号 450002 0371-63612752)

PD20081163 啶虫脒/3%/乳油/啶虫脒 3%/2008.09.11 至 2013.09.11/低毒
苹果树 蚜虫 12-15毫克/千克 喷雾

PD20081294 复硝酚钠/98%/原药/复硝酚钠 98%/2008.09.26 至 2013.09.26/低毒

PD20082840 噁霜·锰锌/64%/可湿性粉剂/噁霜灵 8%、代森锰锌 56%/2008.12.09 至 2013.12.09/低毒
黄瓜 霜霉病 1650-1950克/公顷 喷雾

LS20071842 虫酰肼/200克/升/悬浮剂/虫酰肼 200克/升/2009.07.09 至 2010.07.10/低毒
甘蓝 甜菜夜蛾 250-300克/公顷 喷雾

LS20072495 阿维·哒螨灵/10.5%/可湿性粉剂/阿维菌素 0.5%、哒螨灵 10%/2009.11.19 至 2010.11.20/低毒(原药高毒)
柑橘树 红蜘蛛 70-105毫克/千克 喷雾

LS20081026 氮苷·吗啉胍/31%/可溶粉剂/盐酸吗啉胍 30%、三氮唑核苷 1%/2009.03.07 至 2010.03.07/低毒
番茄 病毒病 293-386克/公顷 喷雾

LS20081188 咪鲜胺锰盐/50%/可湿性粉剂/咪鲜胺锰盐 50%/2009.03.10 至 2010.03.10/低毒
柑橘 青霉病 333.3-500毫克/千克 浸果

LS20081365 氟硅唑/8%/微乳剂/氟硅唑 8%/2009.03.13 至 2010.03.13/低毒
黄瓜 白粉病 48-72克/公顷 喷雾

LS20082530 胺鲜酯/8%/可溶粉剂/胺鲜酯 8%/2009.04.22 至 2010.04.22/低毒
大白菜 调节生长 50-66.7毫克/千克 喷雾3次

LS20090840 甲哌鎓/8%/可溶粉剂/甲哌鎓 8%/2009.04.03 至 2010.04.03/低毒
甘薯 调节生长 200-300毫克/千克 茎叶喷雾

河南省郑州志信农化有限公司 (河南省新郑市欧江大道中段 451150 0371-62620388)

PD20084025 乙草胺/90%/乳油/乙草胺 90%/2008.12.16 至 2013.12.16/低毒
夏玉米田 一年生禾本科杂草及部分小粒种子阔叶杂草 1080-1350克/公顷 播后苗前土壤喷雾

PD20090233 乙草胺/50%/乳油/乙草胺 50%/2009.01.09 至 2014.01.09/低毒
夏玉米田 部分阔叶杂草、一年生禾本科杂草 900-1125克/公顷 土壤喷雾

PD20091164 草甘膦异丙胺盐/41%/水剂/草甘膦异丙胺盐 41%/2009.01.22 至 2014.01.22/低毒
苹果园 杂草 1125－2250克/公顷 定向茎叶喷雾

PD20092983 丙环唑/250克/升/乳油/丙环唑 250克/升/2009.03.09 至 2014.03.09/低毒
香蕉树 叶斑病 250-500毫克/千克 喷雾
小麦 条锈病 112.5-150克/公顷 喷雾

PD20093612 溴氰菊酯/25克/升/乳油/溴氰菊酯 25克/升/2009.03.25 至 2014.03.25/低毒
小麦 蚜虫 4.69-5.63克/公顷 喷雾

PD20093837 甲基硫菌灵/70%/可湿性粉剂/甲基硫菌灵 70%/2009.03.25 至 2014.03.25/低毒
水稻 纹枯病 1050-1500克/公顷 喷雾

PD20094054 高效氟吡甲禾灵/108克/升/乳油/高效氟吡甲禾灵 108克/升/2009.03.27 至 2014.03.27/低毒
大豆田 一年生禾本科杂草 45-52.5克/公顷 茎叶喷雾

PD20094055 异丙甲草胺/720克/升/乳油/异丙甲草胺 720克/升/2009.03.27 至 2014.03.27/低毒
春大豆田 一年生禾本科杂草及部分小粒种子阔叶杂草 1512-1944克/公顷 土壤喷雾

夏大豆田 一年生禾本科杂草及部分小粒种子阔叶杂草 1080-1512克/公顷 土壤喷雾

PD20094061 烯唑醇/12.5%/可湿性粉剂/烯唑醇 12.5%/2009.03.27 至 2014.03.27/低毒
梨树 黑星病 3000-4000倍液 喷雾
小麦 白粉病 90-120克/公顷 喷雾

PD20094558 高效氯氟氰菊酯/25克/升/乳油/高效氯氟氰菊酯 25克/升/2009.04.09 至 2014.04.09/中等毒
棉花 棉铃虫 15-22.5克/公顷 喷雾

PD20094560 代森锰锌/80%/可湿性粉剂/代森锰锌 80%/2009.04.09 至 2014.04.09/低毒
番茄 早疫病 1845-2370克/公顷 喷雾
柑橘树 疮痂病、炭疽病 1333-2000毫克/千克 喷雾
梨树 黑星病 800-1600毫克/千克 喷雾
荔枝树 霜疫霉病 1333-2000毫克/千克 喷雾
苹果树 斑点落叶病、轮纹病、炭疽病 1000-1500毫克/千克 喷雾
葡萄 白腐病、黑痘病、霜霉病 1000-1600毫克/千克 喷雾
西瓜 炭疽病 1560-2520克/公顷 喷雾

PD20094803 氟硅唑/400克/升/乳油/氟硅唑 400克/升/2009.04.13 至 2014.04.13/低毒
梨树 黑星病 40-50毫克/千克 喷雾

PD20095933 草甘膦/95%/原药/草甘膦 95%/2009.06.02 至 2014.06.02/低毒

PD20096980 毒死蜱/480克/升/乳油/毒死蜱 480克/升/2009.09.29 至 2014.09.29/中等毒
韭菜 韭蛆 1800-2160克/公顷 拌毒土撒施

PD20097382 氢氧化铜/77%/可湿性粉剂/氢氧化铜 77%/2009.10.28 至 2014.10.28/低毒
黄瓜 角斑病 1732.5-2310克/公顷 喷雾

PD20098469 敌草胺/50%/水分散粒剂/敌草胺 50%/2009.12.24 至 2014.12.24/低毒
烟草田 一年生杂草 1500-1875克/公顷 移栽前土壤喷雾

LS20061832 氢氧化铜/53.8%/水分散粒剂/氢氧化铜 53.8%/2009.11.07 至 2010.11.07/低毒
黄瓜 角斑病 550.5-672克/公顷 喷雾

LS20070193 杀扑磷/40%/乳油/杀扑磷 40%/2009.02.08 至 2010.02.08/高毒
柑橘树 介壳虫 500-600毫克/千克 喷雾

LS20070655 阿维菌素/18克/升/乳油/阿维菌素 18克/升/2009.03.29 至 2010.03.30/中等毒(原药高毒)
棉花 红蜘蛛 10.8-13.5克/公顷 喷雾

河南省郑州中兴化工有限公司 (河南省郑州市金水区农业路1号 450007 0371-65383128)

PD20085270 代森锰锌/85%/原药/代森锰锌 85%/2008.12.23 至 2013.12.23/低毒

PD20086043 炔螨特/40%/乳油/炔螨特 40%/2008.12.29 至 2013.12.29/低毒
柑橘树 红蜘蛛 200-400毫克/千克 喷雾

PD20090232 甲霜·锰锌/58%/可湿性粉剂/甲霜灵 10%、代森锰锌 48%/2009.01.09 至 2014.01.09/低毒
黄瓜 霜霉病 1305-1632克/公顷 喷雾

PD20091318 百菌清/75%/可湿性粉剂/百菌清 75%/2009.02.01 至 2014.02.01/低毒
水稻 稻瘟病 1125-1425克/公顷 喷雾

PD20092157 多效唑/15%/可湿性粉剂/多效唑 15%/2009.02.23 至 2014.02.23/低毒
水稻育秧田 控制生长 200-300毫克/千克 喷雾法

PD20093147 阿维菌素/0.5%/乳油/阿维菌素 0.5%/2009.03.11 至 2014.03.11/低毒(原药高毒)
十字花科蔬菜 小菜蛾 6-9克/公顷 喷雾

PD20094273 多·福/60%/可湿性粉剂/多菌灵 30%、福美双 30%/2009.03.31 至 2014.03.31/低毒
梨树 黑星病 1000-1500毫克/千克 喷雾

PD20094628 百草枯/200克/升/乳油/丁硫克百威 200克/升/2009.04.10 至 2014.04.10/中等毒
夏玉米田 杂草 450-600克/公顷 定向喷雾

PD20094795 锰锌·腈菌唑/60%/可湿性粉剂/腈菌唑 2%、代森锰锌 58%/2009.04.13 至 2014.04.13/低毒
梨树 黑星病 400-600毫克/千克 喷雾

PD20097505 代森锌/65%/可湿性粉剂/代森锌 65%/2009.11.03 至 2014.11.03/低毒
番茄 早疫病 2925-3412.5克/公顷 喷雾

PD20098126 代森锰锌/80%/可湿性粉剂/代森锰锌 80%/2009.12.08 至 2014.12.08/低毒
番茄 早疫病 1920-2400克/公顷 喷雾

PD20098277 福美双/50%/可湿性粉剂/福美双 50%/2009.12.18 至 2014.12.18/低毒
黄瓜 白粉病 787.5-1050克/千克 喷雾

LS20051664 乙铝·多菌灵/60%/可湿性粉剂/多菌灵 40%、三乙膦酸铝 20%/2008.05.07 至 2009.05.07/低毒
苹果树 斑点落叶病 1000-1500毫克/千克 喷雾

LS20061358 唑磷·毒死蜱/30%/乳油/毒死蜱 15%、三唑磷 15%/2009.06.25 至 2010.06.25/中等毒
水稻 三化螟 180-270克/公顷 喷雾

LS20070941 叶枯唑/25%/可湿性粉剂/叶枯唑 25%/2009.04.18 至 2010.04.19/低毒
水稻 白叶枯病 300-450克/公顷 喷雾

LS20080874 烯酰吗啉/50%/水分散粒剂/烯酰吗啉 50%/2009.03.03 至 2010.03.03/低毒
黄瓜 霜霉病 225-300克/公顷 喷雾

LS20083012 苯醚甲环唑/20%/水分散粒剂/苯醚甲环唑 20%/2009.09.02 至 2010.09.02/低毒

	芹菜	叶斑病	120-150克/公顷	喷雾

河南省周口地区科达农药厂　(河南省周口市沈丘县付井镇工业区　466321　0394-5322208)

PD85151-7	2,4-滴丁酯/72%/乳油/2,4-滴丁酯 72%/2006.12.20 至 2011.12.20/低毒			
	谷子、小麦	双子叶杂草	525克/公顷	喷雾
	水稻	双子叶杂草	300-525克/公顷	喷雾
	玉米	双子叶杂草	1)1050克/公顷 2)450-525克/公顷	1)苗前土壤处理 2)喷雾
PD20040096	高效氯氰菊酯/4.5%/乳油/高效氯氰菊酯 4.5%/2009.12.19 至 2014.12.19/中等毒			
	茶树	茶尺蠖	15-25.5克/公顷	喷雾
	柑橘树	红蜡蚧	50毫克/千克	喷雾
	柑橘树	潜叶蛾	15-20毫克/千克	喷雾
	棉花	红铃虫、棉铃虫、棉蚜	15-30克/公顷	喷雾
	苹果树	桃小食心虫	20-33毫克/千克	喷雾
	十字花科蔬菜	菜蚜	3-18克/公顷	喷雾
	十字花科蔬菜	菜青虫、小菜蛾	9-25.5克/公顷	喷雾
PD20094109	氯氰·辛硫磷/20%/乳油/氯氰菊酯 1.5%、辛硫磷 18.5%/2009.03.27 至 2014.03.27/中等毒			
	棉花	棉铃虫、棉蚜	225-300克/公顷	喷雾
PD20096527	辛硫磷/40%/乳油/辛硫磷 40%/2009.08.20 至 2014.08.20/低毒			
	棉花	蚜虫	120-180克/公顷	喷雾

河南省周口市德贝尔生物化学品工程有限公司(河南省周口市太康县符草楼镇高新经济开发区　466421　0394-6792588)

PD85126-16	三氯杀螨醇/20%/乳油/三氯杀螨醇 20%/2005.07.29 至 2010.07.29/低毒			
	棉花	红蜘蛛	225-300克/公顷	喷雾
PD20040191	高效氯氰菊酯/4.5%/乳油/高效氯氰菊酯 4.5%/2009.12.19 至 2014.12.19/中等毒			
	十字花科蔬菜	菜青虫	9-25.5克/公顷	喷雾
PD20082272	氯氰·辛硫磷/26%/乳油/氯氰菊酯 1%、辛硫磷 25%/2008.11.27 至 2013.11.27/中等毒			
	棉花	棉铃虫	390-585克/公顷	喷雾
LS20050987	柴油·哒螨灵/34%/乳油/柴油 30%、哒螨灵 4%/2008.04.04 至 2009.04.04/低毒			
	苹果树	红蜘蛛	226.7-340毫克/千克	喷雾
LS20053603	阿维·高氯/1.8%/乳油/阿维菌素 0.1%、高效氯氰菊酯 1.7%/2008.11.18 至 2009.11.18/低毒(原药高毒)			
	黄瓜	美洲斑潜蝇	15-30克/公顷	喷雾

河南省周口市红旗农药有限公司　(河南省项城市郑郭经济开发区　466200　0394-4692888)

PD84125-6	乙烯利/40%/水剂/乙烯利 40%/2010.03.18 至 2015.03.18/低毒			
	番茄	催熟	800-1000倍液	喷雾或浸渍
	棉花	催熟、增产	330-500倍液	喷雾
	柿子、香蕉	催熟	400倍液	喷雾或浸渍
	水稻	催熟、增产	800倍液	喷雾
	橡胶树	增产	5-10倍液	涂布
	烟草	催熟	1000-2000倍液	喷雾
PD20040422	吡虫啉/5%/乳油/吡虫啉 5%/2009.12.19 至 2014.12.19/低毒			
	水稻	飞虱	11.25-15.75克/公顷	喷雾
PD20040541	吡虫·杀虫单/35%/可湿性粉剂/吡虫啉 1%、杀虫单 34%/2009.12.19 至 2014.12.19/中等毒			
	水稻	二化螟	525-787.5克/公顷	喷雾
PD20080129	氯·辛/20%/乳油/氯氰菊酯 1.5%、辛硫磷 18.5%/2008.01.04 至 2013.01.04/中等毒			
	棉花	棉铃虫、蚜虫	240-360克/公顷	喷雾
PD20084792	三唑磷/20%/乳油/三唑磷 20%/2008.12.22 至 2013.12.22/中等毒			
	水稻	二化螟	300-450克/公顷	喷雾
PD20086300	氰戊·氧乐果/20%/乳油/氰戊菊酯 2.5%、氧乐果 17.5%/2008.12.31 至 2013.12.31/高毒			
	棉花	棉铃虫、棉蚜	112.5-150克/公顷	喷雾
	小麦	蚜虫	180-240克/公顷	喷雾
PD20095957	阿维菌素/1.8%/乳油/阿维菌素 1.8%/2009.06.03 至 2014.06.03/低毒(原药高毒)			
	十字花科蔬菜	小菜蛾	7.2-10.8克/公顷	喷雾
LS20071966	甲氨基阿维菌素苯甲酸盐/1%/乳油/甲氨基阿维菌素苯甲酸盐 1%/2009.08.07 至 2010.08.08/低毒			
	十字花科蔬菜	小菜蛾	1.5-2.25克/公顷	喷雾

河南省周口市金石化工有限公司　(河南省周口市太康县河滨公园3号　461400　0394-6910098)

PD20070437	氯氰·辛硫磷/30%/乳油/氯氰菊酯 4.5%、辛硫磷 18.5%/2007.11.20 至 2012.11.20/中等毒			
	棉花	棉铃虫	270-337.5克/公顷	喷雾
PD20093995	井冈霉素A/5%/可溶粉剂/井冈霉素A 5%/2009.03.27 至 2014.03.27/低毒			
	水稻	纹枯病	52.5-75克/公顷	喷雾
PD20095095	吡虫·杀虫单/35%/可湿性粉剂/吡虫啉 1%、杀虫单 34%/2009.04.24 至 2014.04.24/中等毒			
	水稻	稻飞虱、稻纵卷叶螟、二化螟、三化螟	450-750克/公顷	喷雾
PD20096203	三唑磷/20%/乳油/三唑磷 20%/2009.07.13 至 2014.07.13/中等毒			
	水稻	二化螟	300-450克/公顷	喷雾
PD20096238	辛硫磷/1.5%/颗粒剂/辛硫磷 1.5%/2009.07.15 至 2014.07.15/低毒			

	玉米	玉米螟	112.5-168.75克/公顷	撒心（喇叭口）
PD20097446	高效氯氰菊酯/4.5%/乳油/高效氯氰菊酯 4.5%/2009.10.28 至 2014.10.28/低毒			
	棉花	棉铃虫	22.5—30克/公顷	喷雾
LS20052037	啶虫脒/3%/乳油/啶虫脒 3%/2008.05.31 至 2009.05.31/中等毒			
	苹果树	蚜虫	10-12毫克/千克	喷雾
LS20052835	乙酰甲胺磷/20%/乳油/乙酰甲胺磷 20%/2008.09.01 至 2009.09.01/低毒			
	十字花科蔬菜	菜青虫	450-540克/公顷	喷雾

河南省周口市先达化工有限公司　(河南省周口市太康县城南谢庄　461400　0394-6917209)

PD85109-7	甲拌磷/55%/乳油/甲拌磷 55%/2005.03.18 至 2010.03.18/高毒			
	棉花	地下害虫、蚜虫、螨	600-800克/100千克种子	浸种、拌种
	注:甲拌磷乳油只准用于拌种,严禁喷雾使用			
PD86123-10	矮壮素/50%/水剂/矮壮素 50%/2005.03.18 至 2010.03.18/低毒			
	棉花	防止徒长,化学整枝	10000倍液	喷顶，后期喷全株
	棉花	防止疯长	25000倍液	喷顶
	棉花	提高产量、植株紧凑	1)10000倍液2)0.3-0.5%药液	1)喷雾2)浸种
	小麦	防止倒伏,提高产量	1)3-5%药液 2)100-400倍液	1)拌种2)返青、拔节期喷雾
	玉米	增产	0.5%药液	浸种
PD20083341	氰·辛·敌敌畏/30%/乳油/敌敌畏 7%、氰戊菊酯 3%、辛硫磷 20%/2008.12.11 至 2013.12.11/中等毒			
	棉花	棉铃虫	75-112.5克/公顷	喷雾
PD20092289	辛硫磷/40%/乳油/辛硫磷 40%/2009.02.24 至 2014.02.24/低毒			
	棉花	棉铃虫	300克/公顷	喷雾
PD20093314	敌百·辛硫磷/50%/乳油/敌百虫 25%、辛硫磷 25%/2009.03.13 至 2014.03.13/低毒			
	棉花	棉铃虫、棉蚜	450-600克/公顷	喷雾
PD20094078	辛硫·三唑酮/20%/乳油/三唑酮 5.5%、辛硫磷 14.5%/2009.03.27 至 2014.03.27/低毒			
	小麦	白粉病、蚜虫	360-450克/公顷	喷雾
PD20095526	吡虫啉/5%/乳油/吡虫啉 5%/2009.05.11 至 2014.05.11/低毒			
	小麦	蚜虫	7.5-11.2克/公顷	喷雾
PD20095858	氰戊·辛硫磷/40%/乳油/S-氰戊菊酯 1%、辛硫磷 39%/2009.05.27 至 2014.05.27/低毒			
	棉花	棉铃虫	240-360克/公顷	喷雾
PD20095969	敌百·氧乐果/40%/乳油/敌百虫 20%、氧乐果 20%/2009.06.04 至 2014.06.04/高毒			
	小麦	蚜虫	360-600克/公顷	喷雾
PD20098321	高效氯氟氰菊酯/25克/升/乳油/高效氯氟氰菊酯 25克/升/2009.12.18 至 2014.12.18/中等毒			
	十字花科蔬菜	菜青虫	20-30毫升制剂/亩	喷雾

河南省周口市豫东农药厂　(河南省沈丘县老城北关　466333　0394-5381199)

PD20070278	敌畏·辛硫磷/30%/乳油/敌敌畏 10%、辛硫磷 20%/2007.09.05 至 2012.09.05/中等毒			
	棉花	棉铃虫	315-450克/公顷	喷雾
PD20080338	氯氰·辛硫磷/26%/乳油/氯氰菊酯 1%、辛硫磷 25%/2008.02.26 至 2013.02.26/中等毒			
	棉花	棉铃虫	312-390克/公顷	喷雾
LS20081971	阿维菌素/0.5%/乳油/阿维菌素 0.5%/2009.04.15 至 2010.04.15/低毒(原药高毒)			
	十字花科蔬菜	小菜蛾	8.1-10.8克/公顷	喷雾

河南省周口市中科化工有限公司　(河南省周口市太康县毛庄镇经济开发区　461400　0394-6910116)

PD20090564	辛硫·灭多威/20%/乳油/灭多威 6%、辛硫磷 14%/2009.01.13 至 2014.01.13/高毒			
	棉花	棉铃虫	150-300克/公顷	喷雾
PD20090779	高氯·氧乐果/10%/乳油/高效氯氰菊酯 2%、氧乐果 8%/2009.01.19 至 2014.01.19/高毒			
	棉花	蚜虫	45-75克/公顷	喷雾
LS20052133	阿维·高氯/1.65%/乳油/阿维菌素 0.15%、高效氯氰菊酯 1.5%/2008.06.09 至 2009.06.09/低毒(原药高毒)			
	十字花科蔬菜	菜青虫、小菜蛾	13.5-27克/公顷	喷雾
LS20070908	哒螨灵/6%/乳油/哒螨灵 6%/2009.04.17 至 2010.04.18/中等毒			
	棉花	红蜘蛛	22.5-36克/公顷	喷雾
LS20080845	高效氯氟氰菊酯/25克/升/乳油/高效氯氟氰菊酯 25克/升/2009.03.03 至 2010.03.03/中等毒			
	小麦	蚜虫	4.5-7.5克/公顷	喷雾

河南省郏县益农科技开发有限公司　(河南省郏县城关镇龙山大道东段工业园区　467100　0375-5186166)

PD20091074	乙草胺/50%/乳油/乙草胺 50%/2009.01.21 至 2014.01.21/低毒			
	夏大豆田	一年生禾本科杂草及小粒阔叶杂草	900-1125克/公顷	土壤喷雾
PD20093006	氟铃脲/5%/乳油/氟铃脲 5%/2009.03.09 至 2014.03.09/低毒			
	棉花	棉铃虫	90-120克/公顷	喷雾
PD20097931	啶虫脒/5%/乳油/啶虫脒 5%/2009.11.30 至 2014.11.30/低毒			
	苹果树	蚜虫	8.6-12毫克/千克	喷雾
PD20098154	丙环唑/250克/升/乳油/丙环唑 250克/升/2009.12.14 至 2014.12.14/低毒			
	小麦	白粉病	124-150克/公顷	喷雾
LS20052320	噻吩磺隆/15%/可湿性粉剂/噻吩磺隆 15%/2008.06.26 至 2009.06.26/低毒			

	冬小麦	一年生阔叶杂草	22.5-33.75克/公顷	喷雾

河南省淅川县丰源农药有限公司 （河南省郑州市经七路18号绿洲花园A座201 450003 0371-63582119）

PD84108-33	敌百虫/90%/原药/敌百虫 90%/2010.03.18 至 2015.03.18/低毒			
PD85105-15	敌敌畏/80%/乳油/敌敌畏 77.5%(气谱法)/2005.03.18 至 2010.03.18/中等毒			
	茶树	食叶害虫	600克/公顷	喷雾
	粮仓	多种储藏害虫	1)400-500倍液 2)0.4-0.5克/立方米	1)喷雾 2)挂条熏蒸
	棉花	蚜虫、造桥虫	600-1200克/公顷	喷雾
	苹果树	小卷叶蛾、蚜虫	400-500毫克/千克	喷雾
	青菜	菜青虫	600克/公顷	喷雾
	桑树	尺蠖	600克/公顷	喷雾
	卫生	多种卫生害虫	1)300-400倍液 2)0.08克/立方米	1)泼洒 2)挂条熏蒸
	小麦	黏虫、蚜虫	600克/公顷	喷雾
PD85157-25	辛硫磷/40%/乳油/辛硫磷 40%/2006.03.25 至 2011.03.25/低毒			
	茶树、桑树	食叶害虫	200-400毫克/千克	喷雾
	果树	食心虫、蚜虫、螨	200-400毫克/千克	喷雾
	林木	食叶害虫	3000-6000克/公顷	喷雾
	棉花	棉铃虫、蚜虫	300-600克/公顷	喷雾
	蔬菜	菜青虫	300-450克/公顷	喷雾
	烟草	食叶害虫	300-600克/公顷	喷雾
	玉米	玉米螟	450-600克/公顷	灌心叶
PD91104-28	敌敌畏/50%/乳油/敌敌畏 48%/2006.03.28 至 2011.03.28/中等毒			
	茶树	食叶害虫	600克/公顷	喷雾
	粮仓	多种储粮害虫	1)300-400倍液 2)0.4-0.5克/立方米	1)喷雾 2)挂条熏蒸
	棉花	蚜虫、造桥虫	600-1200克/公顷	喷雾
	苹果树	小卷叶蛾、蚜虫	400-500毫克/千克	喷雾
	青菜	菜青虫	600克/公顷	喷雾
	桑树	尺蠖	600克/公顷	喷雾
	卫生	多种卫生害虫	1)250-300倍液 2)0.08克/立方米	1)泼洒 2)挂条熏蒸
	小麦	黏虫、蚜虫	600克/公顷	喷雾
PD20082901	氯氰·辛硫磷/20%/乳油/氯氰菊酯 1.5%、辛硫磷 18.5%/2008.12.09 至 2013.12.09/中等毒			
	棉花	棉铃虫	225-450克/公顷	喷雾
PD20083236	克百威/3%/颗粒剂/克百威 3%/2008.12.11 至 2013.12.11/高毒			
	甘蔗	蚜虫、蔗龟	1350-2250克/公顷	沟施
	花生	线虫	1800-2250克/公顷	条施、沟施
	棉花	蚜虫	675-900克/公顷	条施、沟施
	水稻	蚜虫、瘿蚊	900-1350克/公顷	撒施
PD20084475	辛硫磷/3%/颗粒剂/辛硫磷 3%/2008.12.17 至 2013.12.17/低毒			
	玉米	玉米螟	112.5-157.5克/公顷	喷雾
PD20085126	辛硫·灭多威/20%/乳油/灭多威 10%、辛硫磷 10%/2008.12.23 至 2013.12.23/高毒			
	棉花	棉蚜	75-150克/公顷	喷雾
PD20085452	敌百·辛硫磷 /50%/乳油/敌百虫 25%、辛硫磷 25%/2008.12.24 至 2013.12.24/低毒			
	棉花	棉铃虫	450-600克/公顷	喷雾
PD20090694	敌百虫/30%/乳油/敌百虫 30%/2009.01.19 至 2014.01.19/低毒			
	十字花科蔬菜	菜青虫	450-675克/公顷	喷雾
PD20090872	百草枯/200克/升/水剂/百草枯 200克/升/2009.01.19 至 2014.01.19/中等毒			
	柑橘园	杂草	600-900克/公顷	定向喷雾
PD20093655	克百·敌百虫/3%/颗粒剂/敌百虫 1.5%、克百威 1.5%/2009.03.25 至 2014.03.25/高毒			
	棉花	蚜虫	900-1125克/公顷	穴施,沟施
PD20094151	阿维·高氯/2%/乳油/阿维菌素 0.4%、高效氯氰菊酯 1.6%/2009.03.27 至 2014.03.27/低毒(原药高毒)			
	甘蓝	小菜蛾	7.5-15克/公顷	喷雾
PD20096117	草甘膦/95%/原药/草甘膦 95%/2009.06.18 至 2014.06.18/低毒			
LS20051204	吡虫·杀虫单/35%/可湿性粉剂/吡虫啉 1%、杀虫单 34%/2008.04.12 至 2009.04.12/中等毒			
	水稻	稻飞虱、稻纵卷叶螟、二化螟、三化螟	450-750克/公顷	喷雾

河南省漯河市康丰达药业有限公司 （河南省漯河市漓江路东段 462000 0395-2693129）

PD20084766	井冈霉素/3%/水剂/井冈霉素 3%/2008.12.22 至 2013.12.22/低毒			
	水稻	纹枯病	150-187.5克/公顷	喷雾
PD20094768	百草枯/200克/升/水剂/百草枯 200克/升/2009.04.13 至 2014.04.13/中等毒			
	夏玉米田	一年生杂草	450-600克/公顷	行间定向茎叶喷雾

LS20071355 苯磺隆/75%/水分散粒剂/苯磺隆 75%/2009.05.17 至 2010.05.18/低毒
冬小麦田 一年生阔叶杂草 18-22.5克/公顷 茎叶喷雾

LS20072364 阿维·高氯/1.8%/水乳剂/阿维菌素 0.3%、高效氯氰菊酯 1.5%/2009.10.16 至 2010.10.17/低毒(原药高毒)
十字花科蔬菜 小菜蛾 8.1-16.2克/公顷 /喷雾

LS20090225 戊唑醇/20%/可湿性粉剂/戊唑醇 20%/2009.02.13 至 2010.02.13/低毒
香蕉树 叶斑病 167-250毫克/千克 喷雾

LS20091149 甲霜·锰锌/72%/水分散粒剂/甲霜灵 8%、代森锰锌 64%/2009.04.17 至 2010.04.17/低毒
葡萄 霜霉病 1080-1728克/公顷 喷雾

河南省漯河市山鑫化工有限公司 (河南省漯河市文化路183号 462400 0395-6162823)

WL20080193 蚊香/0.3%/蚊香/富右旋反式烯丙菊酯 0.3%/2009.03.05 至 2010.03.05/低毒
卫生 蚊 / 点燃

河南省濮阳市科濮生化有限公司 (河南省濮阳市工业路北段 457600 0393-8981189)

PD20094248 苏云金杆菌/16000IU/毫克/可湿性粉剂/苏云金杆菌 16000IU/毫克/2009.03.31 至 2014.03.31/低毒
十字花科蔬菜 小菜蛾 750-1125克制剂/公顷 喷雾

PD20094760 氯氰·辛硫磷/47%/乳油/氯氰菊酯 4%、辛硫磷 23%/2009.04.13 至 2014.04.13/中等毒
棉花 蚜虫 121.5-162克/公顷 喷雾
棉花 棉铃虫 81-121.5克/公顷 喷雾

河南省濮阳市农科所科技开发中心 (河南省濮阳市建设路6号 457000 0393-4421456)

LS2001324 氮苷·吗啉胍/31%/可溶粉剂/盐酸吗啉胍 30%、三氮唑核苷 1%/2009.01.01 至 2009.12.31/低毒
番茄、西瓜 病毒病 291-388克/公顷 喷雾
水稻 条纹叶枯病 116.3-232.5克/公顷 喷雾
烟草 病毒病 116.3-232.5克/公顷 喷雾

河南省濮阳市双灵化工有限公司 (河南省濮阳市南乐县城南2公里 457400 0393-4431899)

PD20081464 阿维菌素/1.8%/乳油/阿维菌素 1.8%/2008.11.04 至 2013.11.04/低毒(原药高毒)
柑橘树 红蜘蛛 4.5-9毫克/千克 喷雾

PD20090906 毒死蜱/480克/升/乳油/毒死蜱 480克/升/2009.01.19 至 2014.01.19/中等毒
水稻 二化螟 432-576克/公顷 喷雾

PD20091086 三环唑/20%/可湿性粉剂/三环唑 20%/2009.01.21 至 2014.01.21/低毒
水稻 稻瘟病 225-300克/公顷 喷雾

LS20053594 腈菌唑/12%/乳油/腈菌唑 12%/2008.11.17 至 2009.11.17/低毒
梨树 黑星病 40-60毫克/千克 喷雾

LS20053735 甲氨基阿维菌素苯甲酸盐/1%/乳油/甲氨基阿维菌素苯甲酸盐 1%/2008.12.08 至 2009.12.08/低毒
十字花科蔬菜 小菜蛾 1.5-2.25克/公顷 喷雾

LS20072338 阿维菌素/0.5%/水分散粒剂/阿维菌素 0.5%/2009.10.15 至 2010.10.16/低毒(原药高毒)
柑橘树 红蜘蛛 4.17-6.25毫克/千克 喷雾

河南省濮阳市新科化工有限公司 (河南省濮阳市台前县城关镇尚庄工业区 457600 0393-2219288)

PD20050211 氯氰·辛硫磷/20%/乳油/氯氰菊酯 1.5%、辛硫磷 18.5%/2005.12.23 至 2010.12.23/中等毒
棉花 棉铃虫 210-300克/公顷 喷雾

PD20082912 甲氰·辛硫磷/25%/乳油/甲氰菊酯 5%、辛硫磷 20%/2008.12.09 至 2013.12.09/中等毒
棉花 棉铃虫 281.25-375克/公顷 喷雾

PD20092412 井冈霉素/5%/可溶粉剂/井冈霉素 5%/2009.02.25 至 2014.02.25/低毒
水稻 纹枯病 150-187.5克/公顷 喷雾

PD20094074 阿维·高氯/1.1%/乳油/阿维菌素 0.1%、高效氯氰菊酯 1%/2009.03.27 至 2014.03.27/低毒(原药高毒)
甘蓝 菜青虫、小菜蛾 13.5-27克/公顷 喷雾

PD20094538 多·福/50%/可湿性粉剂/多菌灵 25%、福美双 25%/2009.04.09 至 2014.04.09/低毒
梨树 黑星病 1000-1500毫克/千克 喷雾

PD20095230 烟嘧磺隆/40克/升/油悬浮剂/烟嘧磺隆 40克/升/2009.04.27 至 2014.04.27/低毒
玉米田 一年生杂草 42-60克/公顷 茎叶喷雾

PD20095513 百草枯/200克/升/水剂/百草枯 200克/升/2009.05.11 至 2014.05.11/中等毒
玉米田 一年生杂草 450-600克/公顷 行间定向茎叶喷雾

PD20095958 乙草胺/50%/乳油/乙草胺 50%/2009.06.03 至 2014.06.03/低毒
夏玉米田 一年生禾本科杂草及部分阔叶杂草 1050-1200克/公顷 土壤喷雾

PD20096174 井冈霉素/3%/水剂/井冈霉素 3%/2009.07.02 至 2014.07.02/低毒
水稻 纹枯病 150-187.5克/公顷 喷雾

PD20096738 毒死蜱/95%/原药/毒死蜱 95%/2009.09.07 至 2014.09.07/中等毒

LS20050152 乙酰甲胺磷/20%/乳油/乙酰甲胺磷 20%/2008.01.21 至 2009.01.20/低毒
水稻 二化螟 600-990克/公顷 喷雾

LS20052038 柴油·辛硫磷/40%/乳油/柴油 20%、辛硫磷 20%/2008.05.31 至 2009.05.31/低毒
十字花科蔬菜 菜青虫 300-450克/公顷 喷雾

LS20070252 草甘膦/10%/水剂/草甘膦 10%/2009.02.24 至 2009.12.31/低毒
苹果园 一年生和多年生杂草 1125-2250克/公顷 定向茎叶喷雾

LS20082767 高效氯氟氰菊酯/2.5%/可湿性粉剂/高效氯氟氰菊酯 2.5%/2009.05.08 至 2010.05.08/中等毒

十字花科蔬菜 蚜虫 7.5-11.25克/公顷 喷雾

LS20083233 阿维·唑锡/12.15%/可湿性粉剂/阿维菌素 0.15%、三唑锡 12%/2009.12.11 至 2010.12.11/低毒(原药高毒)

柑橘树 红蜘蛛 60.75-81毫克/千克 喷雾

河南省濮阳市豫北农药厂 (河南省濮阳市范县新区 457500 0393-5261231)

PD20060070 高氯·辛硫磷/20%/乳油/高效氯氰菊酯 1.5%、辛硫磷 18.5%/2006.04.13 至 2011.04.13/中等毒

棉花 棉铃虫 180-240克/公顷 喷雾

PD20082929 高氯·马/37%/乳油/高效氯氰菊酯 0.8%、马拉硫磷 36.2%/2008.12.09 至 2013.12.09/中等毒

十字花科蔬菜 菜青虫 194.25-360.75克/公顷 喷雾

河南省柘城县新威农药有限公司 (河南省商丘市柘城县春水西路工业区 476200 0370-7277699)

PD86109-15 苏云金杆菌/8000IU/毫克/可湿性粉剂/苏云金杆菌 8000IU/毫克/2007.01.30 至 2012.01.30/低毒

白菜、萝卜、青菜 菜青虫、小菜蛾 1500-4500克制剂/公顷 喷雾

茶树 茶毛虫 1500-7500克制剂/公顷 喷雾

大豆、甘薯 天蛾 1500-2250克制剂/公顷 喷雾

柑橘树 柑橘凤蝶 2250-3750克制剂/公顷 喷雾

高粱、玉米 玉米螟 3750-4500克制剂/公顷 喷雾、毒土

梨树 天幕毛虫 1500-3750克制剂/公顷 喷雾

林木 尺蠖、柳毒蛾、松毛虫 2250-7500克制剂/公顷 喷雾

棉花 棉铃虫、造桥虫 1500-7500克制剂/公顷 喷雾

苹果树 巢蛾 2250-3750克制剂/公顷 喷雾

水稻 稻苞虫、稻纵卷叶螟 1500-6000克制剂/公顷 喷雾

烟草 烟青虫 3750-7500克制剂/公顷 喷雾

枣树 尺蠖 3750-4500克制剂/公顷 喷雾

PD90106-18 苏云金杆菌/2000IU/微升/悬浮剂/苏云金杆菌 2000IU/微升/2005.07.29 至 2010.07.29/低毒

茶树 茶毛虫 100-200倍液 喷雾

棉花 二代棉铃虫 6000-7500毫升制剂/公顷 喷雾

森林 松毛虫 100-200倍液 喷雾

十字花科蔬菜 菜青虫、小菜蛾 3000-4500毫升制剂/公顷 喷雾

水稻 稻纵卷叶螟 6000-7500毫升制剂/公顷 喷雾

烟草 烟青虫 6000-7500毫升制剂/公顷 喷雾

玉米 玉米螟 4500-6000毫升制剂/公顷 加细沙灌心叶

枣树 尺蠖 100-200倍液 喷雾

PD20050074 吡虫啉/2.5%/乳油/吡虫啉 2.5%/2005.06.24 至 2010.06.23/低毒

小麦 蚜虫 7.5-11.2克/公顷 喷雾

河南世诚生物科技有限公司 (河南省漯河市孟庙镇中原路45号 462311 0395-3126778)

PD20095640 丙环唑/250克/升/乳油/丙环唑 250克/升/2009.05.12 至 2014.05.12/低毒

香蕉 叶斑病 375—500毫克/千克 喷雾

小麦 锈病 124.5—149克/公顷 喷雾

PD20096009 氟铃脲/5%/乳油/氟铃脲 5%/2009.06.11 至 2014.06.11/低毒

棉花 棉铃虫 90-120克/公顷 喷雾

PD20097564 氧乐果/40%/乳油/氧乐果 40%/2009.11.03 至 2014.11.03/中等毒

小麦 蚜虫 81-162克/公顷 喷雾

LS20060288 松脂酸铜/20%/乳油/松脂酸铜 20%/2009.03.01 至 2010.03.01/低毒

白菜 霜霉病 375-450克/公顷 喷雾

河南翔大化工有限公司 (河南省郑州市金水区柳林镇唐庄 450003 0371-63816581)

PD20081969 高氯·马/40%/乳油/高效氯氰菊酯 0.7%、马拉硫磷 39.3%/2008.11.25 至 2013.11.25/中等毒

棉花 棉铃虫 120-240克/公顷 喷雾

PD20084197 氯氰·辛硫磷/20%/乳油/氯氰菊酯 1.5%、辛硫磷 18.5%/2008.12.16 至 2013.12.16/中等毒

棉花 棉铃虫、棉蚜 75-150克/公顷 喷雾

PD20085898 马拉·三唑酮/35%/乳油/马拉硫磷 27%、三唑酮 8%/2008.12.29 至 2013.12.29/低毒

小麦 白粉病、蚜虫 525-656克/公顷 喷雾

PD20092151 苯磺隆/10%/可湿性粉剂/苯磺隆 10%/2009.02.23 至 2014.02.23/低毒

冬小麦田 一年生阔叶杂草 13.5—22.5克/公顷 茎叶喷雾

PD20094205 甲柳·三唑酮/10%/乳油/甲基异柳磷 8%、三唑酮 2%/2009.03.30 至 2014.03.30/高毒

小麦 地下害虫 40-80克/100千克种子 拌种

PD20098304 高效氯氟氰菊酯/25克/升/乳油/高效氯氟氰菊酯 25克/升/2009.12.18 至 2014.12.18/中等毒

甘蓝 菜青虫 20-40毫升制剂/亩 喷雾

河南欣农化工有限公司 (河南省郑州市中原区未来大道65号天地大厦505号 450002 0371-65930933)

PD20090023 百菌清/75%/可湿性粉剂/百菌清 75%/2009.01.06 至 2014.01.06/低毒

黄瓜 霜霉病 1856-2408克/公顷 喷雾

PD20090851 霜脲·锰锌/36%/可湿性粉剂/代森锰锌 32%、霜脲氰 4%/2009.01.19 至 2014.01.19/低毒

黄瓜 霜霉病 1440-1800克/公顷 喷雾

PD20090898 唑酮·氧乐果/25%/乳油/三唑酮 7%、氧乐果 18%/2009.01.19 至 2014.01.19/高毒

小麦 白粉病、蚜虫 405-480克/公顷 喷雾

PD20091755 苯磺隆/10%/可湿性粉剂/苯磺隆 10%/2009.02.04 至 2014.02.04/低毒
冬小麦田 一年生阔叶杂草 15-22.5克/公顷 茎叶喷雾

PD20092145 氯氰·辛硫磷/27%/乳油/氯氰菊酯 4%、辛硫磷 23%/2009.02.23 至 2014.02.23/低毒
棉花 棉铃虫 162-243克/公顷 喷雾

PD20092900 硫磺·三环唑/45%/可湿性粉剂/硫磺 40%、三环唑 5%/2009.03.05 至 2014.03.05/低毒
水稻 稻瘟病 810-1215克/公顷 喷雾

PD20092927 硝钠·萘乙酸 /2.85%/水剂/萘乙酸 1.2%、复硝酚钠 1.65%/2009.03.05 至 2014.03.05/低毒
水稻 调节生长 3000-4000倍液 喷雾(2次)

PD20092989 啶虫脒/3%/乳油/啶虫脒 3%/2009.03.09 至 2014.03.09/低毒
苹果树 蚜虫 12-15毫克/千克 喷雾

PD20093963 辛硫磷/20%/乳油/辛硫磷 20%/2009.03.27 至 2014.03.27/低毒
棉花 蚜虫 240-300克/公顷 喷雾

PD20094141 氯氰·敌敌畏/45%/乳油/敌敌畏 42%、氯氰菊酯 3%/2009.03.27 至 2014.03.27/中等毒
甘蓝 菜青虫 236.25-315克/公顷 喷雾

PD20094283 硫磺·锰锌/70%/可湿性粉剂/硫磺 30%、代森锰锌 40%/2009.03.31 至 2014.03.31/低毒
豇豆 锈病 1575-2100克/公顷 喷雾

PD20095173 福·福锌/60%/可湿性粉剂/福美双 23%、福美锌 37%/2009.04.24 至 2014.04.24/低毒
西瓜 炭疽病 1500-1800克/公顷 喷雾

PD20096808 马拉硫磷/45%/乳油/马拉硫磷 45%/2009.09.15 至 2014.09.15/低毒
棉花 盲蝽蟓 405-573.75克/公顷 喷雾

PD20096950 敌敌畏/80%/乳油/敌敌畏 80%/2009.09.29 至 2014.09.29/中等毒
小麦 蚜虫 50-60毫升制剂/亩 喷雾

PD20097574 福·甲·硫磺/70%/可湿性粉剂/福美双 25%、甲基硫菌灵 14%、硫磺 31%/2009.11.03 至 2014.11.03/低毒
辣椒 炭疽病 735-1050克/公顷 喷雾

PD20097764 多菌灵/80%/可湿性粉剂/多菌灵 80%/2009.11.12 至 2014.11.12/低毒
花生 倒秧病 720—840克/公顷 喷雾

LS20071450 阿维·甲氰/1.8%/乳油/阿维菌素 0.3%、甲氰菊酯 1.5%/2009.05.20 至 2010.05.21/低毒(原药高毒)
柑橘树 红蜘蛛 9-18毫克/千克 喷雾

LS20072549 精喹禾灵/5%/乳油/精喹禾灵 5%/2009.12.04 至 2010.12.05/低毒
冬油菜田 一年生禾本科杂草 45—52.5克/公顷 茎叶喷雾

LS20080110 吡虫啉/10%/可湿性粉剂/吡虫啉 10%/2009.01.05 至 2010.01.05/低毒
小麦 蚜虫 22.5-30克/公顷 喷雾

LS20082295 仲丁威/20%/乳油/仲丁威 20%/2009.04.21 至 2010.04.21/低毒
水稻 稻飞虱 450-600克/公顷 喷雾

LS20083247 丙溴·辛硫磷/25%/乳油/丙溴磷 6%、辛硫磷 19%/2009.12.11 至 2010.12.11/中等毒
水稻 稻纵卷叶螟 262.5-300克/公顷 喷雾

LS20090178 杀单·三唑磷/18%/微乳剂/三唑磷 6%、杀虫单 12%/2009.02.04 至 2010.02.04/中等毒
水稻 二化螟 432-729克/公顷 喷雾

LS20090927 阿维·毒死蜱/42%/乳油/阿维菌素 0.2%、毒死蜱 41.8%/2009.04.09 至 2010.04.09/中等毒(原药高毒)
十字花科蔬菜 菜青虫 252-315克/公顷 喷雾

河南新乡中电除草剂有限公司 (河南省新乡县朗公庙镇新原路口 453700 0373-5701262)

PD20092485 氯氰·辛硫磷/40%/乳油/氯氰菊酯 2%、辛硫磷 38%/2009.02.26 至 2014.02.26/中等毒
甘蓝 菜青虫 120-150克/公顷 喷雾
棉花 棉铃虫 180-240克/公顷 喷雾

PD20095171 苄·二氯/36%/可湿性粉剂/苄嘧磺隆 3%、二氯喹啉酸 33%/2009.04.24 至 2014.04.24/低毒
水稻抛秧田、水稻移栽田 一年生杂草 216-270克/公顷 喷雾

PD20095591 异丙草·莠/40%/悬浮剂/异丙草胺 16%、莠去津 24%/2009.05.12 至 2014.05.12/低毒
夏玉米田 一年生杂草 1200-1500克/公顷 土壤喷雾

PD20096232 乙·莠/48%/可湿性粉剂/乙草胺 24%、莠去津 24%/2009.07.15 至 2014.07.15/低毒
夏玉米田 一年生杂草 900-1440克/公顷 土壤喷雾

PD20096493 烟嘧磺隆/4.2%/可分散油悬浮剂/烟嘧磺隆 4.2%/2009.08.14 至 2014.08.14/低毒
玉米田 一年生杂草 42-60克/公顷 茎叶喷雾

PD20096568 苄·乙/14%/可湿性粉剂/苄嘧磺隆 3.5%、乙草胺 10.5%/2009.08.24 至 2014.08.24/低毒
水稻移栽田 一年生杂草 84-118克/公顷 毒土法

LS20061800 草甘膦/10%/水剂/草甘膦 10%/2009.10.30 至 2009.12.31/低毒
苹果园 杂草 1125-2250克/公顷 定向喷雾

LS20072525 丁·莠/48%/悬乳剂/丁草胺 19%、莠去津 29%/2009.12.04 至 2010.12.05/低毒
夏玉米田 一年生杂草 1080-1440克/公顷 土壤喷雾

河南银田精细化工有限公司 (河南省新乡市原阳县原齐路6号 453500 0373-7275605)

PD94101 林丹/1.5%/粉剂/林丹 1.5%/2004.04.28 至 2009.04.28/中等毒
荒滩 飞蝗 360-450克/公顷 拌土撒施
小麦 吸浆虫 360-450克/公顷 成虫期喷粉

注:本剂严格限用于河南、山西、陕西等省黄河流域防治小麦吸浆虫和飞蝗。

PD94102 林丹/6%/粉剂/林丹 6%/2004.04.28 至 2009.04.28/中等毒

小麦 吸浆虫 1350-1990克/公顷 播前土壤处理

注:本剂严格限用于河南、山西、陕西等省黄河流域防治小麦吸浆虫。

PD94103 林丹/6%/可湿性粉剂/林丹 6%/2004.04.28 至 2009.04.28/中等毒

荒地 飞蝗 360-450克/公顷 喷粉

小麦 吸浆虫 225克/公顷 喷粉

注:本剂严格限用于河南、山西、陕西等省黄河流域防治小麦吸浆虫和飞蝗。

PD20040691 三唑酮/10%/乳油/三唑酮 10%/2004.12.19 至 2009.12.18/低毒

小麦 白粉病 75-90克/公顷 喷雾

PD20085324 马拉·辛硫磷/20%/乳油/马拉硫磷 10%、辛硫磷 10%/2008.12.24 至 2013.12.24/低毒

棉花 棉铃虫 150-225克/公顷 喷雾

PD20086094 灭多威/10%/可湿性粉剂/灭多威 10%/2008.12.30 至 2013.12.30/中等毒(原药高毒)

棉花 棉铃虫 270-360克/公顷 喷雾

PD20086106 啶虫脒/3%/乳油/啶虫脒 3%/2008.12.30 至 2013.12.30/低毒

苹果树 蚜虫 12-15毫克/千克 喷雾

小麦 蚜虫 13.5-18克/公顷 喷雾

PD20086276 丙环唑/250克/升/乳油/丙环唑 250克/升/2008.12.31 至 2013.12.31/低毒

香蕉树 叶斑病 250-500毫克/千克 喷雾

PD20090356 杀扑磷/40%/乳油/杀扑磷 40%/2009.01.12 至 2014.01.12/高毒

柑橘树 介壳虫 400-500毫克/千克 喷雾

PD20090816 辛硫磷/3%/颗粒剂/辛硫磷 3%/2009.01.19 至 2014.01.19/微毒

花生 地下害虫 1800-3600克/公顷 沟施

PD20091523 敌畏·仲丁威/20%/乳油/敌敌畏 12%、仲丁威 8%/2009.02.02 至 2014.02.02/中等毒

水稻 飞虱 300-360克/公顷 喷雾

PD20091600 异丙威/10%/烟剂/异丙威 10%/2009.02.03 至 2014.02.03/低毒

黄瓜(保护地) 蚜虫 450-600克/公顷 喷雾

PD20091696 氯氰·毒死蜱/52.25%/乳油/毒死蜱 47.5%、氯氰菊酯 4.75%/2009.02.03 至 2014.02.03/中等毒

柑橘树 潜叶蛾 348.3-522.5毫克/千克 喷雾

PD20091802 异菌·百菌清 /15%/烟剂/百菌清 9%、异菌脲 6%/2009.02.04 至 2014.02.04/低毒

番茄(保护地) 灰霉病 562.5-675克/公顷 点燃放烟

PD20092104 毒死蜱/40%/乳油/毒死蜱 40%/2009.02.23 至 2014.02.23/中等毒

苹果树 桃小食心虫 160-267毫克/千克 喷雾

PD20092603 腐霉利/15%/烟剂/腐霉利 15%/2009.02.27 至 2014.02.27/低毒

韭菜(保护地) 灰霉病 562.5-787.5克/公顷 点燃放烟

PD20092652 多·福/50%/可湿性粉剂/多菌灵 25%、福美双 25%/2009.03.03 至 2014.03.03/低毒

葡萄 霜霉病 1000-1250毫克/千克 喷雾

PD20093088 氰戊·辛硫磷/25%/乳油/氰戊菊酯 6.25%、辛硫磷 18.75%/2009.03.09 至 2014.03.09/低毒

棉花 棉铃虫 270-300克/公顷 喷雾

PD20093171 阿维·吡虫啉/5%/乳油/阿维菌素 0.5%、吡虫啉 4.5%/2009.03.11 至 2014.03.11/低毒(原药高毒)

梨树 梨木虱 6.25-10毫克/千克 喷雾

PD20093451 辛硫·三唑酮/20%/乳油/三唑酮 5%、辛硫磷 15%/2009.03.23 至 2014.03.23/低毒

小麦 白粉病、蚜虫 420-450克/公顷 喷雾

PD20093477 百菌清/20%/烟剂/百菌清 20%/2009.03.23 至 2014.03.23/低毒

黄瓜(保护地) 霜霉病 900-1200克/公顷 点燃放烟

PD20093495 氰戊·马拉松/20%/乳油/马拉硫磷 15%、氰戊菊酯 5%/2009.03.23 至 2014.03.23/低毒

小麦 蚜虫 90-120克/公顷 喷雾

PD20094152 霜脲·百菌清/22%/烟剂/百菌清 19%、霜脲氰 3%/2009.03.27 至 2014.03.27/低毒

黄瓜(保护地) 霜霉病 660-825克/公顷 点燃放烟

PD20094931 高效氯氰菊酯/4.5%/微乳剂/高效氯氰菊酯 4.5%/2009.04.13 至 2014.04.13/低毒

甘蓝 菜青虫 13.5-27克/公顷 喷雾

PD20094951 氯溴异氰尿酸/50%/可溶粉剂/氯溴异氰尿酸 50%/2009.04.20 至 2014.04.20/低毒

黄瓜 霜霉病 450-525克/公顷 喷雾

水稻 白叶枯病 300-450克/公顷 喷雾

PD20094952 氯溴异氰尿酸/90%/原药/氯溴异氰尿酸 90%/2009.04.20 至 2014.04.20/低毒

PD20095164 复硝酚钠/1.4%/水剂/5-硝基邻甲氧基苯酚钠 0.3%、对硝基苯酚钠 0.7%、邻硝基苯酚钠 0.4%/2009.04.24至2014.04.24/低毒

小麦 调节生长 2.8-3.5毫克/千克 喷雾

PD20095306 精喹禾灵/8.8%/乳油/精喹禾灵 8.8%/2009.04.27 至 2014.04.27/低毒

夏大豆田 一年生禾本科杂草 39.6-52.8克/公顷 茎叶喷雾

PD20095418 高效氟吡甲禾灵/108克/升/乳油/高效氟吡甲禾灵 108克/升/2009.05.11 至 2014.05.11/低毒

冬油菜田 一年生禾本科杂草 32.4-48.6克/公顷 茎叶喷雾

PD20095452 阿维·哒螨灵/6.78%/乳油/阿维菌素 0.11%、哒螨灵 6.67%/2009.05.11 至 2014.05.11/中等毒(原药高毒)

苹果树　红蜘蛛　27.12-33.9毫克/千克　喷雾
PD20095638　苯磺隆/10%/可湿性粉剂/苯磺隆 10%/2009.05.12 至 2014.05.12/低毒
冬小麦田　一年生阔叶杂草　15-22.5克/公顷　茎叶喷雾
PD20095870　吡虫啉/10%/可湿性粉剂/吡虫啉 10%/2009.05.27 至 2014.05.27/低毒
水稻　稻飞虱　22.5-30克/公顷　喷雾
PD20097132　辛硫磷/40%/乳油/辛硫磷 40%/2009.10.16 至 2014.10.16/低毒
棉花　棉铃虫　225-300克/公顷　喷雾
LS20051367　阿维·高氯/3%/乳油/阿维菌素 0.2%、高效氯氰菊酯 2.8%/2008.04.18 至 2009.04.18/低毒(原药高毒)
梨树　梨木虱　12-24毫克/千克　喷雾
十字花科蔬菜　菜青虫、小菜蛾　13.5-27克/公顷　喷雾
LS20052359　三唑锡/25%/可湿性粉剂/三唑锡 25%/2008.06.29 至 2009.06.29/低毒
柑橘树　红蜘蛛　125-167毫克/千克　喷雾
LS20053490　阿维菌素/2%/乳油/阿维菌素 2%/2008.11.13 至 2009.11.13/中等毒(原药高毒)
菜豆　美洲斑潜蝇　10.8-21.6克/公顷　喷雾
WP20090081　杀蟑烟剂/5%/烟剂/高效氯氰菊酯 5%/2009.02.02 至 2014.02.02/低毒
卫生　蜚蠊　/　点燃

河南远东农药有限公司　(河南省西华县西华营镇　466001　0394-2321058)

PD20097610　复硝酚钠/1.4%/水剂/5-硝基邻甲氧基苯酚钠 0.23%、对硝基苯酚钠 0.7%、邻硝基苯酚钠 0.47%/2009.11.03至2014.11.03/低毒
番茄、黄瓜、茄子　促进生长　6000-8000倍液　喷雾

河南郑州福瑞得化工有限公司　(河南省郑州市红专路58号　450003　0371-5749156)

PD20094192　敌敌畏/80%/乳油/敌敌畏 80%/2009.03.30 至 2014.03.30/中等毒
小麦　蚜虫　750-1050克制剂/公顷　喷雾

河南郑州裕元工贸有限责任公司　(河南省郑州市须水工贸园区　450042　0371-67622765)

PD20092414　磷化铝/56%/片剂/磷化铝 56%/2009.02.25 至 2014.02.25/高毒
粮仓　储粮害虫　5-7克制剂/立方米　密闭熏蒸
PD20093318　多·福/40%/可湿性粉剂/多菌灵 5%、福美双 35%/2009.03.13 至 2014.03.13/低毒
梨树　黑星病　1000-1500毫克/千克　喷雾
PD20097553　哒螨灵/15%/乳油/哒螨灵 15%/2009.11.03 至 2014.11.03/低毒
柑橘树　红蜘蛛　30-40毫克/千克　喷雾
LS20053254　阿维·高氯/1.8%/乳油/阿维菌素 0.3%、高效氯氰菊酯 1.5%/2008.10.11 至 2009.10.11/低毒(原药高毒)
十字花科蔬菜　菜青虫、小菜蛾　7.5-15克/公顷　喷雾

河南中天恒信生物化学科技有限公司　(河南省许昌县张潘镇赵庄村　)

PD20081510　氯氰·辛硫磷/26%/乳油/氯氰菊酯 1%、辛硫磷 25%/2008.11.06 至 2013.11.06/中等毒
棉花　棉铃虫　312-390克/公顷　喷雾
PD20097176　高效氯氟氰菊酯/25克/升/乳油/高效氯氟氰菊酯 25克/升/2009.10.16 至 2014.10.16/中等毒
十字花科叶菜　菜青虫　7.5-15克/公顷　喷雾
小麦　蚜虫　7.5-11.25克/公顷　喷雾

河南中威高科技化工有限公司　(河南省郑州市金水区农业路东22号兴业大厦B座10层　450008　0371-65336800)

PD20060167　复硝酚钠/95%/原药/5-硝基邻甲氧基苯酚钠 15.8%、对硝基苯酚钠 47.5%、邻硝基苯酚钠 31.7%/2006.10.31至2011.10.31/低毒
PD20080349　甲霜·锰锌/58%/可湿性粉剂/甲霜灵 10%、代森锰锌 48%/2008.02.26 至 2013.02.26/低毒
黄瓜　霜霉病　1305-1632克/公顷　喷雾
PD20090547　氰戊·马拉松/20%/乳油/马拉硫磷 15%、氰戊菊酯 5%/2009.01.13 至 2014.01.13/中等毒
苹果树　黄蚜　160-333毫克/千克　喷雾
PD20091551　阿维·哒螨灵/3.2%/乳油/阿维菌素 0.2%、哒螨灵 3%/2009.02.03 至 2014.02.03/低毒(原药高毒)
柑橘树　红蜘蛛　32-40毫克/千克　喷雾
PD20092148　高氯·毒死蜱/15%/乳油/毒死蜱 13.5%、高效氯氰菊酯 1.5%/2009.02.23 至 2014.02.23/中等毒
黄瓜　美洲斑潜蝇　90-135克/公顷　喷雾
PD20094156　硝钠·萘乙酸/2.85%/水剂/2,4-二硝基苯酚钠 0.15%、对硝基苯酚钠 0.9%、邻硝基苯酚钠 0.6%、萘乙酸钠 1.2%/2009.03.27 至 2014.03.27/低毒
冬小麦　调节生长、增产　2000-3000倍液　喷雾(2次)
黄瓜　调节生长、增产　5000-6000倍液　茎叶喷雾
PD20095366　甲哌鎓/250克/升/水剂/甲哌鎓 250克/升/2009.04.27 至 2014.04.27/低毒
棉花　调节生长、增产　52.5-67.5克/公顷　喷雾
PD20095438　乙烯利/40%/水剂/乙烯利 40%/2009.05.11 至 2014.05.11/低毒
棉花　催熟、增产　300-500倍液　茎叶喷雾
PD20095468　甲哌鎓/8%/可溶粉剂/甲哌鎓 8%/2009.05.11 至 2014.05.11/低毒
棉花　调节生长、增产　48-60克/公顷　喷雾
PD20095512　复硝酚钠/1.4%/可溶粉剂/5-硝基邻甲氧基苯酚钠 0.24%、对硝基苯酚钠 0.7%、邻硝基苯酚钠 0.46%/2009.05.11至2014.05.11/低毒
番茄　调节生长　4000－5000倍液　茎叶喷雾

河南中州种子科技发展有限公司　(河南省济源市东郊3公里　454650　0391-6606308)

PD20084444 多·酮·福美双/15%/悬浮种衣剂/多菌灵 10%、福美双 4%、三唑酮 1%/2008.12.17 至 2013.12.17/中等毒
棉花 红腐病 1:50-60(药种比) 种子包衣

PD20084811 福·克/20%/悬浮种衣剂/福美双 10%、克百威 10%/2008.12.22 至 2013.12.22/高毒
玉米 蓟马、黏虫、蚜虫、玉米螟 1:40(药种比) 种子包衣

PD20084938 克·酮·福美双 /15%/悬浮种衣剂/福美双 7%、克百威 7%、三唑酮 1%/2008.12.22 至 2013.12.22/高毒
小麦 地下害虫、黑穗病 1:30-40(药种比) 种子包衣
玉米 地下害虫、茎基腐病 1:30-40(药种比) 种子包衣

PD20085622 腈菌·戊唑醇/0.8%/悬浮种衣剂/腈菌唑 0.6%、戊唑醇 0.2%/2008.12.25 至 2013.12.25/低毒
小麦 全蚀病 20-26.67克/100千克种子 种子包衣

PD20085784 克·酮·多菌灵/17%/悬浮种衣剂/多菌灵 11.2%、克百威 4.3%、三唑酮 1.5%/2008.12.29 至 2013.12.29/高毒
小麦 白粉病、地下害虫 1:50-60(药比种) 种子包衣

PD20091806 克·酮·多菌灵/22.7%/悬浮种衣剂/多菌灵 12%、克百威 9.5%、三唑酮 1.2%/2009.02.04 至 2014.02.04/高毒
棉花 地老虎、红腐病、金针虫、蝼蛄、蛴螬、蚜虫 1:50-60(药比种) 种子包衣

LS20061554 戊唑·福美双/10.6%/悬浮种衣剂/福美双 10%、戊唑醇 0.6%/2009.08.02 至 2010.08.02/低毒
玉米 丝黑穗病 1:50-1:60(药种比) 种子包衣

鹤壁市维多利生物科技有限公司 (河南省浚县黎阳工业区天宇路 456250 0392-5509339)

PD20096147 异丙威/20%/乳油/异丙威 20%/2009.06.24 至 2014.06.24/低毒
水稻 稻飞虱 450－600克/公顷 喷雾

PD20096209 草甘膦异丙胺盐(41%)///水剂/草甘膦 30%/2009.07.15 至 2014.07.15/低毒
柑橘园 杂草 200-400毫升制剂/亩 定向茎叶喷雾

LS20090155 百菌清/40%/烟剂/百菌清 40%/2009.02.04 至 2010.02.04/低毒
黄瓜(保护地) 霜霉病 900-1200克/公顷 点燃

LS20090731 百菌清/10%/烟剂/百菌清 10%/2009.03.31 至 2010.03.31/低毒
黄瓜(保护地) 霜霉病 750-1200克/公顷 点燃放烟

WP20090379 顺式氯氰菊酯/50克/升/悬浮剂/顺式氯氰菊酯 50克/升/2009.12.14 至 2014.12.14/低毒
卫生 蜚蠊、蚊、蝇 25毫克/平方米 滞留喷洒

济源艾格弗作物保护有限公司 (河南省济源市亚桥罡头村南 454600 0391-6608855)

PD85105-42 敌敌畏/80%/乳油/敌敌畏 77.5%(气谱法)/2005.03.17 至 2010.03.17/中等毒
茶树 食叶害虫 600克/公顷 喷雾
粮仓 多种储藏害虫 1)400-500倍液,2)0.4-0.5克/立方米 1)喷雾,2)挂条熏蒸
棉花 蚜虫、造桥虫 600-1200克/公顷 喷雾
苹果树 小卷叶蛾、蚜虫 400-500毫克/千克 喷雾
青菜 菜青虫 600克/公顷 喷雾
桑树 尺蠖 600克/公顷 喷雾
卫生 多种卫生害虫 1)300-400倍液,2)0.08克/立方米 1)泼洒.2)挂条熏蒸
小麦 黏虫、蚜虫 600克/公顷 喷雾

PD20096799 代森锰锌/80%/可湿性粉剂/代森锰锌 80%/2009.09.15 至 2014.09.15/低毒
番茄 早疫病 1680-1896克/公顷 喷雾

PD20097216 炔螨特/57%/乳油/炔螨特 57%/2009.10.19 至 2014.10.19/低毒
柑橘树 红蜘蛛 285-380毫升/千克 喷雾

焦作市华诚生物技术有限公司 (河南省许昌县蒋李集镇寇庄开发区 454800 0391-6516068)

PD20084121 溴氰·马拉松/25%/乳油/马拉硫磷 24.4%、溴氰菊酯 0.6%/2008.12.16 至 2013.12.16/中等毒
棉花 棉铃虫 225-300克/公顷 喷雾

PD20097804 矮壮素/50%/水剂/矮壮素 50%/2009.11.20 至 2014.11.20/低毒
棉花 调节生长 10000倍液 喷雾

PD20097960 三唑磷/20%/乳油/三唑磷 20%/2009.12.01 至 2014.12.01/低毒
水稻 二化螟 225-375克/公顷 喷雾

PD20098175 高效氯氰菊酯/4.5%/乳油/高效氯氰菊酯 4.5%/2009.12.14 至 2014.12.14/低毒
甘蓝 菜青虫 40-60毫升制剂/亩 喷雾

PD20098353 炔螨特/73%/乳油/炔螨特 73%/2009.12.18 至 2014.12.18/低毒
柑橘树 红蜘蛛 243-365毫克/千克 喷雾

PD20098456 烟嘧磺隆/40克/升/可分散油悬浮剂/烟嘧磺隆 40克/升/2009.12.24 至 2014.12.24/低毒
玉米田 一年生杂草 42-60克/公顷 茎叶喷雾

LS20060255 井冈霉素/3%/水剂/井冈霉素 3%/2009.02.22 至 2010.02.22/低毒
水稻 纹枯病 150-187.5克/公顷 喷雾

LS20083020 阿维·高氯/1.1%/乳油/阿维菌素 0.1%、高效氯氰菊酯 1%/2009.09.11 至 2010.09.11/低毒(原药高毒)
十字花科蔬菜 小菜蛾 16.5-26.4克/公顷 喷雾

开封博凯生物化工有限公司 (河南省开封市南郊杨正门 475003 0378-2633385)

PD85154-44 氰戊菊酯/20%/乳油/氰戊菊酯 20%/2005.08.15 至 2010.08.15/中等毒
柑橘树 潜叶蛾 10-20毫克/千克 喷雾

果树　梨小食心虫　10-20毫克/千克　喷雾
棉花　红铃虫、蚜虫　75-150克/公顷　喷雾
蔬菜　菜青虫、蚜虫　60-120克/公顷　喷雾

PD20050073　氯氰菊酯/5%/乳油/氯氰菊酯 5%/2005.06.24 至 2010.06.23/中等毒
棉花　棉铃虫、棉蚜　45-90克/公顷　喷雾
苹果树　桃小食心虫　33.3-50毫克/千克　喷雾
十字花科蔬菜　菜青虫　30-45克/公顷　喷雾

PD20060165　氯氰菊酯/10%/乳油/氯氰菊酯 10%/2006.10.11 至 2011.10.10/中等毒
棉花　棉铃虫、棉蚜　45-90克/公顷　喷雾
苹果树　桃小食心虫　33.5-50毫克/千克　喷雾
十字花科蔬菜　菜青虫　30-45克/公顷　喷雾

PD20092005　氰戊·氧乐果 /25%/乳油/氰戊菊酯 5%、氧乐果 20%/2009.02.12 至 2014.02.12/高毒
棉花　红蜘蛛、棉铃虫、棉蚜　112.5-180克/公顷　喷雾
小麦　红蜘蛛、蚜虫　37.5-56.75克/公顷　喷雾

PD20092235　氰戊·氧乐果/20%/乳油/氰戊菊酯 2.5%、氧乐果 17.5%/2009.02.24 至 2014.02.24/高毒
棉花　红蜘蛛、棉铃虫、棉蚜　112.5-180克/公顷　喷雾
小麦　蚜虫　30-45克/公顷　喷雾
小麦　红蜘蛛　45-60克/公顷　喷雾

PD20093174　氰戊菊酯/90%/原药/氰戊菊酯 90%/2009.03.11 至 2014.03.11/中等毒

PD20095319　氯氰菊酯/95%/原药/氯氰菊酯 95%/2009.04.27 至 2014.04.27/低毒

PD20095455　辛硫·三唑酮/20%/乳油/三唑酮 2%、辛硫磷 18%/2009.05.11 至 2014.05.11/低毒
小麦　地下害虫　15-30克/100千克种子　拌种
小麦　麦蚜　60-120克/公顷　喷雾
注:对小麦白粉病有预防作用。

洛阳市嘉创农业开发有限公司　(河南省洛阳市高新技术开发区孙旗屯　471003　0379-64281612)

PD20091927　氯氰·敌敌畏/43%/乳油/敌敌畏 38%、氯氰菊酯 5%/2009.02.12 至 2014.02.12/中等毒
棉花　棉铃虫　387-516克/公顷　喷雾

PD20092044　福·克/20%/悬浮种衣剂/福美双 10%、克百威 10%/2009.02.12 至 2014.02.12/高毒
玉米　蚜虫　1:40(药种比)　种子包衣

沁阳市新兴化工有限公司　(河南省沁阳市崇义镇小金陵北　454550　0391-5055073)

PD20090916　啶虫脒/3%/乳油/啶虫脒 3%/2009.01.19 至 2014.01.19/低毒
小麦　蚜虫　18-27克/公顷　喷雾

PD20091729　苄·乙·扑草净/14.5%/粉剂/苄嘧磺隆 0.8%、扑草净 4.2%、乙草胺 9.5%/2009.02.04 至 2014.02.04/低毒
水稻移栽田　一年生及部分多年生杂草　84-126克/公顷(南方地区)　药土法

PD20092734　阿维·辛硫磷/15%/乳油/阿维菌素 0.1%、辛硫磷 14.9%/2009.03.04 至 2014.03.04/低毒(原药高毒)
十字花科蔬菜　小菜蛾　112.5-168.75克/公顷　喷雾

PD20093348　氟铃·辛硫磷/20%/乳油/氟铃脲 2%、辛硫磷 18%/2009.03.18 至 2014.03.18/低毒
棉花　棉铃虫　150-225克/公顷　喷雾

PD20096387　草甘膦/30%/可溶粉剂/草甘膦 30%/2009.08.04 至 2014.08.04/低毒
非耕地　杂草　1125—2250克/公顷　茎叶喷雾

PD20096426　氰戊·灭多威/20%/乳油/灭多威 15%、氰戊菊酯 5%/2009.08.04 至 2014.08.04/高毒
棉花　棉铃虫　150-187.5克/公顷　喷雾

PD20096627　柴油·辛硫磷/40%/乳油/柴油 20%、辛硫磷 20%/2009.09.02 至 2014.09.02/低毒
棉花　棉铃虫　600-900克/公顷　喷雾

撒尔夫(河南)农化有限公司　(河南省禹州市朱阁工业园区　461670　0374-8121568)

PD20040213　高效氯氰菊酯/4.5%/乳油/高效氯氰菊酯 4.5%/2004.12.19 至 2009.12.18/中等毒
十字花科蔬菜　菜青虫、蚜虫　9-25.5克/公顷　喷雾

PD20040795　氯氰·辛硫磷/20%/乳油/氯氰菊酯 1.5%、辛硫磷 18.5%/2004.12.19 至 2009.12.18/中等毒
棉花　棉铃虫、蚜虫　75-150克/公顷　喷雾

PD20084286　阿维·高氯/1.1%/乳油/阿维菌素 0.1%、高效氯氰菊酯 1%/2008.12.17 至 2013.12.17/低毒(原药高毒)
十字花科蔬菜　菜青虫、小菜蛾　13.5-27克/公顷　喷雾

PD20084930　啶虫脒/5%/乳油/啶虫脒 5%/2008.12.22 至 2013.12.22/低毒
黄瓜　蚜虫　18-22.5克/公顷　喷雾

PD20085828　辛硫·灭多威/30%/乳油/灭多威 10%、辛硫磷 20%/2008.12.29 至 2013.12.29/高毒
棉花　棉铃虫　630-900克/公顷　喷雾

PD20086126　辛硫·灭多威/20%/乳油/灭多威 6%、辛硫磷 14%/2008.12.30 至 2013.12.30/高毒
棉花　棉铃虫　150-300克/公顷　喷雾
水稻　稻飞虱　180-240克/公顷　喷雾

PD20086278　灭多威/20%/乳油/灭多威 20%/2008.12.31 至 2013.12.31/高毒
棉花　蚜虫　75-150克/公顷　喷雾
棉花　棉铃虫　150-225克/公顷　喷雾

PD20094487　灭多威/98%/原药/灭多威 98%/2009.04.09 至 2014.04.09/高毒

PD20096906　百草枯/200克/升/水剂/百草枯 200克/升/2009.09.23 至 2014.09.23/中等毒

玉米田 一年生杂草 450-600克/公顷 行间定向茎叶喷雾

山都丽化工有限公司 (河南省周口市建设路东段10号 466001 0394-8690100)

PD20040221 高效氯氰菊酯/4.5%/乳油/高效氯氰菊酯 4.5%/2009.12.19 至 2014.12.19/中等毒
茶树 茶尺蠖 15-25.5克/公顷 喷雾
柑橘树 潜叶蛾 15-20毫克/千克 喷雾
柑橘树 红蜡蚧 50毫克/千克 喷雾
棉花 红铃虫、棉铃虫、蚜虫 15-30克/公顷 喷雾
十字花科蔬菜 菜青虫、小菜蛾 9-25.5克/公顷 喷雾
十字花科蔬菜 蚜虫 3-18克/公顷 喷雾
烟草 烟青虫 15-25.5克/公顷 喷雾

PD20040273 高效氯氰菊酯/2.5%/乳油/高效氯氰菊酯 2.5%/2009.12.19 至 2014.12.19/中等毒
番茄 美洲斑潜蝇 18.75-22.5克/公顷 喷雾
梨树 梨木虱 12.5-20.8毫克/千克 喷雾

PD20040406 吡虫啉/5%/乳油/吡虫啉 5%/2009.12.18 至 2014.12.18/低毒
小麦 蚜虫 7.5-11.2克/公顷 喷雾

PD20080254 噻酚磺隆/95%/原药/噻吩磺隆 95%/2008.02.19 至 2013.02.19/低毒

PD20081933 噻吩磺隆/15%/可湿性粉剂/噻吩磺隆 15%/2008.11.24 至 2013.11.24/低毒
冬小麦田 一年生阔叶杂草 22.5-33.8克/公顷 喷雾

PD20084030 霜脲·锰锌/36%/可湿性粉剂/代森锰锌 32%、霜脲氰 4%/2008.12.16 至 2013.12.16/低毒
黄瓜 霜霉病 1458-1728克/公顷 喷雾

PD20090015 三唑锡/25%/可湿性粉剂/三唑锡 25%/2009.01.06 至 2014.01.06/低毒
柑橘树 红蜘蛛 125-166毫克/千克 喷雾
苹果树 红蜘蛛 200-400毫克/千克 喷雾

PD20090904 杀扑磷/40%/乳油/杀扑磷 40%/2009.01.19 至 2014.01.19/高毒
柑橘树 介壳虫 400-500毫克/千克 喷雾

PD20091109 吡虫·三唑锡/20%/可湿性粉剂/吡虫啉 2%、三唑锡 18%/2009.01.21 至 2014.01.21/中等毒
苹果树 红蜘蛛、黄蚜 100-200毫克/千克 喷雾

PD20091233 高效氯氟氰菊酯/25克/升/乳油/高效氯氟氰菊酯 25克/升/2009.02.01 至 2014.02.01/中等毒
苹果树 桃小食心虫 5-6.25毫克/千克 喷雾

PD20091259 炔螨特/40%/乳油/炔螨特 40%/2009.02.01 至 2014.02.01/低毒
柑橘 红蜘蛛 266.7-400毫克/千克 喷雾

PD20091793 三唑锡/20%/悬浮剂/三唑锡 20%/2009.02.04 至 2014.02.04/中等毒
柑橘树 红蜘蛛 133-267毫克/千克 喷雾
苹果树 红蜘蛛 100-200毫克/千克 喷雾

PD20091853 多菌灵/25%/可湿性粉剂/多菌灵 25%/2009.02.06 至 2014.02.06/低毒
水稻 纹枯病 562.5-750克/公顷 喷雾

PD20091940 丙环唑/250克/升/乳油/丙环唑 250克/升/2009.02.12 至 2014.02.12/低毒
香蕉 叶斑病 250-500毫克/千克 喷雾

PD20092032 代森锰锌/70%/可湿性粉剂/代森锰锌 70%/2009.02.12 至 2014.02.12/低毒
番茄 早疫病 1837.5-2362.5克/公顷 喷雾

PD20092454 百草枯/200克/升/水剂/百草枯 200克/升/2009.02.25 至 2014.02.25/中等毒
玉米 杂草 450-600克/公顷 定向喷雾

PD20092657 抑霉唑/22.2%/乳油/抑霉唑 22.2%/2009.03.03 至 2014.03.03/低毒
柑橘(果实) 青霉病 370-493毫克/千克 浸果

PD20092822 苯磺隆/75%/水分散粒剂/苯磺隆 75%/2009.03.04 至 2014.03.04/低毒
冬小麦田 一年生阔叶杂草 11.25-22.5克/公顷 茎叶喷雾

PD20093052 精喹·草除灵/17.5%/乳油/草除灵 15%、精喹禾灵 2.5%/2009.03.09 至 2014.03.09/低毒
冬油菜田 一年生杂草 262.5-393.8克/公顷 喷雾

PD20093144 硫磺/45%/悬浮剂/硫磺 45%/2009.03.11 至 2014.03.11/低毒
黄瓜 白粉病 1012.5-1647克/公顷 喷雾

PD20093493 复硝酚钠/1.8%/水剂/复硝酚钠 1.8%/2009.03.23 至 2014.03.23/低毒
荔枝 保果 7.2-9毫克/千克 喷雾2次

PD20093500 甲基硫菌灵/50%/可湿性粉剂/甲基硫菌灵 50%/2009.03.23 至 2014.03.23/低毒
苹果 轮纹病 625-833毫克/千克 喷雾

PD20095047 氟磺胺草醚/250克/升/水剂/氟磺胺草醚 250克/升/2009.04.21 至 2014.04.21/低毒
春大豆田 一年生阔叶杂草 375-450克/公顷 茎叶喷雾

PD20095096 苯磺隆/10%/可湿性粉剂/苯磺隆 10%/2009.04.24 至 2014.04.24/低毒
冬小麦田 一年生阔叶杂草 15-19.5克/公顷 茎叶喷雾

PD20095470 异噁草松/48%/乳油/异噁草松 48%/2009.05.11 至 2014.05.11/低毒
春大豆田 一年生杂草 864-1195克/公顷 土壤喷雾

PD20095492 乙烯利/40%/水剂/乙烯利 40%/2009.05.11 至 2014.05.11/低毒
番茄 催熟 400-500毫克/千克 浸果

PD20095571 敌草胺/50%/可湿性粉剂/敌草胺 50%/2009.05.12 至 2014.05.12/低毒
烟草 一年生禾本科杂草及部分阔叶杂草 1125-1875克/公顷 土壤喷雾
PD20095600 高效氟吡甲禾灵/108克/升/乳油/高效氟吡甲禾灵 108克/升/2009.05.12 至 2014.05.12/低毒
棉花田 一年生禾本科杂草 40.5-48.6克/公顷 茎叶喷雾
PD20095966 乙草胺/81.5%/乳油/乙草胺 81.5%/2009.06.04 至 2014.06.04/低毒
冬油菜田 一年生禾本科杂草及部分阔叶杂草 540-810克/公顷 土壤喷雾
PD20096133 噻吩磺隆/75%/水分散粒剂/噻吩磺隆 75%/2009.06.24 至 2014.06.24/低毒
大豆田 一年生阔叶杂草 20.25-24.75克/公顷(东北地区) 16.875-20.25克/公顷(其它地区) 播后苗期土壤喷雾
PD20096137 异丙草·莠/50%/悬浮剂/异丙草胺 20%、莠去津 30%/2009.06.24 至 2014.06.24/低毒
夏玉米田 一年生杂草 750-1125克/公顷 土壤喷雾
PD20096157 草甘膦异丙胺盐(41%)/30%/水剂/草甘膦 30%/2009.06.24 至 2014.06.24/低毒
苹果园 杂草 1125-2250克/公顷 定向喷雾
PD20096212 烟嘧磺隆/95%/原药/烟嘧磺隆 95%/2009.07.15 至 2014.07.15/低毒
PD20096224 烟嘧磺隆/40克/升/油悬浮剂/烟嘧磺隆 40克/升/2009.07.15 至 2014.07.15/低毒
玉米田 一年生杂草 80-100毫升制剂/亩 茎叶喷雾
PD20097396 吗胍·乙酸铜/20%/可湿性粉剂/盐酸吗啉胍 10%、乙酸铜 10%/2009.10.28 至 2014.10.28/低毒
番茄 病毒病 499.5-750克/公顷 喷雾
PD20098061 三唑锡/95%/原药/三唑锡 95%/2009.12.07 至 2014.12.07/中等毒
PD20098410 灭线磷/10%/颗粒剂/灭线磷 10%/2009.12.18 至 2014.12.18/中等毒(原药高毒)
水稻 稻瘿蚊 1500-1800克/公顷 撒施
LS20061728 三唑磷/20%/乳油/三唑磷 20%/2009.10.10 至 2010.10.10/中等毒
水稻 二化螟 300-450克/公顷 喷雾
LS20061746 阿维菌素/1.8%/可湿性粉剂/阿维菌素 1.8%/2009.10.10 至 2010.10.10/低毒(原药高毒)
十字花科蔬菜 小菜蛾 3-6克/公顷 喷雾
LS20070271 噻苯隆/50%/可湿性粉剂/噻苯隆 50%/2009.02.24 至 2010.02.24/低毒
棉花 脱叶 225-300克/公顷 茎叶喷雾
LS20070753 异松·乙草胺/45%/乳油/乙草胺 30%、异噁草松 15%/2009.04.08 至 2010.04.08/低毒
春大豆田 一年生杂草 1181.25-1350克/公顷 土壤喷雾
LS20070961 己唑醇/50克/升/悬浮剂/己唑醇 50克/升/2009.04.18 至 2010.04.19/低毒
梨树 黑星病 33.3-60克/公顷 喷雾
LS20071371 氧氟·乙草胺/24%/乳油/乙草胺 20%、乙氧氟草醚 4%/2009.05.17 至 2010.05.18/低毒
棉花田 一年生杂草 540-720克/公顷 土壤喷雾
LS20081506 毒死蜱/30%/微乳剂/毒死蜱 30%/2009.03.31 至 2010.03.31/中等毒
十字花科蔬菜 菜青虫 292.5-315克/公顷 喷雾
LS20081702 虫酰肼/200克/升/悬浮剂/虫酰肼 200克/升/2009.04.07 至 2010.04.07/低毒
十字花科蔬菜 甜菜夜蛾 210-240克/公顷 喷雾
LS20090383 氟吡·草除灵/18%/乳油/草除灵 15%、高效氟吡甲禾灵 3%/2009.03.13 至 2010.03.13/低毒
冬油菜田 一年生杂草 100-120毫升制剂/亩 茎叶喷雾
LS20090467 氰氟·精噁唑/10%/乳油/精噁唑禾草灵 5%、氰氟草酯 5%/2009.03.18 至 2010.03.18/低毒
直播水稻(南方) 一年生禾本科杂草 40-60毫升制剂/亩 茎叶喷雾
LS20090476 2甲·氯氟吡/30%/可湿性粉剂/2甲4氯 25%、氯氟吡氧乙酸 5%/2009.03.18 至 2010.03.18/低毒
冬小麦田 一年生阔叶杂草 540-675克/公顷 茎叶喷雾
LS20090729 吡嘧·丙草胺/20%/可湿性粉剂/吡嘧磺隆 1%、丙草胺 19%/2009.03.31 至 2010.03.31/低毒
直播水稻(南方) 一年生杂草 360-540克/公顷 茎叶喷雾

上海沪联生物药业(夏邑)有限公司 (河南省夏邑县夏北二环路中段路北 476400 0370-6272208)

PD20080218 啶虫脒/3%/乳油/啶虫脒 3%/2008.01.11 至 2013.01.11/低毒
苹果树 蚜虫 10-15毫克/千克 喷雾
PD20082656 敌敌畏/80%/乳油/敌敌畏 80%/2008.12.04 至 2013.12.04/中等毒
小麦 蚜虫 600-720克/公顷 喷雾
PD20082720 三环唑/20%/可湿性粉剂/三环唑 20%/2008.12.05 至 2013.12.05/低毒
水稻 稻瘟病 225－300克/公顷 喷雾
PD20082879 乙酰甲胺磷/97%/原药/乙酰甲胺磷 97%/2008.12.09 至 2013.12.09/低毒
PD20083117 噻嗪酮/25%/可湿性粉剂/噻嗪酮 25%/2008.12.10 至 2013.12.10/低毒
水稻 稻飞虱 75-112.5克/公顷 喷雾
PD20083166 乙草胺/50%/乳油/乙草胺 50%/2008.12.11 至 2013.12.11/低毒
春玉米田 一年生禾本科杂草及部分阔叶杂草 2700-3750毫升/公顷(制剂) 土壤喷雾
夏玉米田 一年生禾本科杂草及部分阔叶杂草 1800-2700毫升/公顷(制剂) 土壤喷雾
PD20083254 霜脲·锰锌/72%/可湿性粉剂/代森锰锌 64%、霜脲氰 8%/2008.12.11 至 2013.12.11/低毒
黄瓜 霜霉病 1440-1836克/公顷 喷雾
PD20083318 甲霜·锰锌/58%/可湿性粉剂/甲霜灵 10%、代森锰锌 48%/2008.12.11 至 2013.12.11/低毒
黄瓜 霜霉病 1305-1632克/公顷 喷雾
PD20083321 硫磺·多菌灵/50%/可湿性粉剂/多菌灵 15%、硫磺 35%/2008.12.11 至 2013.12.11/低毒

花生 叶斑病 1200-1800克/公顷 喷雾

PD20083411 多菌灵/50%/可湿性粉剂/多菌灵 50%/2008.12.11 至 2013.12.11/低毒

水稻 纹枯病 562.5-750克/公顷 喷雾

PD20083494 代森锰锌/50%/可湿性粉剂/代森锰锌 50%/2008.12.12 至 2013.12.12/低毒

番茄 早疫病 1845－2370克/公顷 喷雾

PD20083502 井冈霉素/5%/水剂/井冈霉素 5%/2008.12.12 至 2013.12.12/低毒

水稻 纹枯病 75-112.5克/公顷 喷雾

PD20083539 代森锰锌/70%/可湿性粉剂/代森锰锌 70%/2008.12.12 至 2013.12.12/低毒

番茄 早疫病 1845-2370克/公顷 喷雾

PD20083551 阿维菌素/1.8%/乳油/阿维菌素 1.8%/2008.12.12 至 2013.12.12/低毒(原药高毒)

十字花科蔬菜 小菜蛾 8.1-10.8克/公顷 喷雾

PD20083559 硫磺·多菌灵/25%/可湿性粉剂/多菌灵 13%、硫磺 12%/2008.12.12 至 2013.12.12/低毒

水稻 稻瘟病 1200-1800克/公顷 喷雾

PD20083988 硫磺·甲硫灵/70%/可湿性粉剂/甲基硫菌灵 40%、硫磺 30%/2008.12.16 至 2013.12.16/低毒

黄瓜 白粉病 840－1050克/公顷 喷雾

PD20084027 高氯·马/20%/乳油/高效氯氰菊酯 1.5%、马拉硫磷 18.5%/2008.12.16 至 2013.12.16/中等毒

苹果树 桃小食心虫 1000-1500倍液 喷雾

PD20084095 代森锌/65%/可湿性粉剂/代森锌 65%/2008.12.16 至 2013.12.16/低毒

黄瓜 霜霉病 1950-3000克/公顷 喷雾

PD20084589 井冈霉素/20%/可溶粉剂/井冈霉素 20%/2008.12.18 至 2013.12.18/低毒

水稻 纹枯病 150-187.5克/公顷 喷雾

PD20084601 三唑锡/25%/可湿性粉剂/三唑锡 25%/2008.12.18 至 2013.12.18/低毒

柑橘树 红蜘蛛 125-167毫克/千克 喷雾

PD20084648 烯酰·锰锌/69%/可湿性粉剂/代森锰锌 60%、烯酰吗啉 9%/2008.12.18 至 2013.12.18/低毒

黄瓜 霜霉病 1035-1376.5克/公顷 喷雾

PD20085223 氰戊·辛硫磷/20%/乳油/氰戊菊酯 5%、辛硫磷 15%/2008.12.23 至 2013.12.23/中等毒

棉花 棉铃虫 300-360克/公顷 喷雾

PD20085325 哒螨灵/15%/乳油/哒螨灵 15%/2008.12.24 至 2013.12.24/中等毒

柑橘树 红蜘蛛 50-60毫克/千克 喷雾

PD20085470 三乙膦酸铝/40%/可湿性粉剂/三乙膦酸铝 40%/2008.12.25 至 2013.12.25/低毒

黄瓜 霜霉病 1800-2700克/公顷 喷雾

PD20085547 锰锌·腈菌唑/60%/可湿性粉剂/腈菌唑 2%、代森锰锌 58%/2008.12.25 至 2013.12.25/低毒

梨树 黑星病 400-600毫克/千克 喷雾

PD20085609 三乙膦酸铝/90%/可溶粉剂/三乙膦酸铝 90%/2008.12.25 至 2013.12.25/低毒

黄瓜 霜霉病 2025-2700克/公顷 喷雾

PD20085720 嗪酮·乙草胺/28%/可湿性粉剂/嗪草酮 8%、乙草胺 20%/2008.12.26 至 2013.12.26/低毒

夏大豆田 一年生杂草 630-882克/公顷 土壤喷雾

PD20085924 毒死蜱/480克/升/乳油/毒死蜱 480克/升/2008.12.29 至 2013.12.29/中等毒

十字花科蔬菜 黄条跳甲 432-576克/公顷 喷雾

PD20085932 百草枯/200克/升/水剂/百草枯 200克/升/2008.12.29 至 2013.12.29/中等毒

柑橘园 杂草 600-900克/公顷 定向喷雾

PD20086014 阿维·哒螨灵/10%/乳油/阿维菌素 0.3%、哒螨灵 9.7%/2008.12.29 至 2013.12.29/中等毒(原药高毒)

苹果树 红蜘蛛 1500-2000倍液 喷雾

PD20086265 苯磺隆/10%/可湿性粉剂/苯磺隆 10%/2008.12.31 至 2013.12.31/低毒

春小麦田 一年生阔叶杂草 22.5-27克/公顷(东北地区) 茎叶喷雾

冬小麦田 一年生阔叶杂草 13.5-22.5克/公顷(其它地区) 茎叶喷雾

PD20090127 阿维·杀虫单 /20%/微乳剂/阿维菌素 0.2%、杀虫单 19.8%/2009.01.08 至 2014.01.08/低毒(原药高毒)

菜豆 美洲斑潜蝇 90-180克/公顷 喷雾

PD20090268 硫磺·三环唑/40%/悬浮剂/硫磺 35%、三环唑 5%/2009.01.09 至 2014.01.09/低毒

水稻 稻瘟病 675-1200克/公顷 喷雾

PD20090396 吡虫啉/10%/可湿性粉剂/吡虫啉 10%/2009.01.12 至 2014.01.12/低毒

水稻 稻飞虱 15-30克/公顷 喷雾

PD20090629 灭幼脲/25%/悬浮剂/灭幼脲 25%/2009.01.14 至 2014.01.14/低毒

苹果树 金纹细蛾 125-167毫克/千克 喷雾

PD20090649 阿维·辛硫磷/15%/乳油/阿维菌素 0.1%、辛硫磷 14.9%/2009.01.15 至 2014.01.15/低毒(原药高毒)

十字花科蔬菜 小菜蛾 112.5-168.75克/公顷 喷雾

PD20090661 吡虫·杀虫单 /70%/可湿性粉剂/吡虫啉 2%、杀虫单 68%/2009.01.15 至 2014.01.15/中等毒

水稻 稻飞虱、稻纵卷叶螟、二化螟、三化螟 450-750克/公顷 喷雾

PD20090879 苄·丁/35%/可湿性粉剂/苄嘧磺隆 1.5%、丁草胺 33.5%/2009.01.19 至 2014.01.19/低毒

水稻移栽田 一年生及部分多年生杂草 525-630克/公顷(南方地区) 毒土法

PD20091069 井冈·多菌灵/28%/悬浮剂/多菌灵 24%、井冈霉素 4%/2009.01.21 至 2014.01.21/低毒

小麦 赤霉病 420-525克/公顷 喷雾

PD20091320 高氯 ·敌敌畏/20%/乳油/敌敌畏 18%、高效氯氰菊酯 2%/2009.02.01 至 2014.02.01/中等毒

棉花　棉铃虫　120-180克/公顷　喷雾
PD20091545　吡虫·辛硫磷/25%/乳油/吡虫啉 1%、辛硫磷 24%/2009.02.03 至 2014.02.03/低毒
白菜　蚜虫　112.5-187.5克/公顷　喷雾
PD20091630　草甘膦异丙胺盐/41%/水剂/草甘膦异丙胺盐 41%/2009.02.03 至 2014.02.03/低毒
苹果园　杂草　1230-2460克/公顷　定向喷雾
PD20091759　吡虫·毒死蜱/22%/乳油/吡虫啉 2%、毒死蜱 20%/2009.02.04 至 2014.02.04/中等毒
苹果树　绵蚜　88-146.7毫克/千克　喷雾
PD20092274　精喹禾灵/5%/乳油/精喹禾灵 5%/2009.02.24 至 2014.02.24/低毒
春大豆田　一年生禾本科杂草　52.5-75克/公顷(东北地区)　茎叶喷雾
夏大豆田　一年生禾本科杂草　45-52.5克/公顷(其它地区)　茎叶喷雾
PD20092665　乙铝·多菌灵/60%/可湿性粉剂/多菌灵 40%、三乙膦酸铝 20%/2009.03.03 至 2014.03.03/低毒
苹果树　轮纹病　400-600倍液　喷雾
PD20092806　福美双/50%/可湿性粉剂/福美双 50%/2009.03.04 至 2014.03.04/中等毒
黄瓜　霜霉病　750-1125克/公顷　喷雾
PD20092866　吡虫·异丙威/25%/可湿性粉剂/吡虫啉 1%、异丙威 24%/2009.03.05 至 2014.03.05/低毒
水稻　稻飞虱　112.5-150克/公顷　喷雾
PD20093044　氯氰·毒死蜱/47.7%/乳油/毒死蜱 43.4%、氯氰菊酯 4.3%/2009.03.09 至 2014.03.09/中等毒
棉花　棉铃虫　470.25-627克/公顷　喷雾
PD20093224　异甲·莠去津/500克/升/悬浮剂/异丙甲草胺 300克/升、莠去津 200克/升/2009.03.11 至 2014.03.11/低毒
夏玉米田　一年生杂草　1125-1500克/公顷　土壤喷雾
PD20093231　福·福锌/40%/可湿性粉剂/福美双 15%、福美锌 25%/2009.03.11 至 2014.03.11/低毒
黄瓜　炭疽病　1500-1800克/公顷　喷雾
PD20093389　哒螨灵/20%/可湿性粉剂/哒螨灵 20%/2009.03.19 至 2014.03.19/中等毒
苹果树　红蜘蛛　3000-4000倍液　喷雾
PD20094650　甲基硫菌灵/70%/可湿性粉剂/甲基硫菌灵 70%/2009.04.10 至 2014.04.10/低毒
苹果树　轮纹病　1000-1200倍液　喷雾
PD20095652　四螨·哒螨灵/10%/悬浮剂/哒螨灵 7%、四螨嗪 3%/2009.05.12 至 2014.05.12/低毒
苹果树　红蜘蛛　50-100毫克/千克　喷雾
PD20095848　噁霜·锰锌/64%/可湿性粉剂/噁霜灵 8%、代森锰锌 56%/2009.05.27 至 2014.05.27/低毒
黄瓜　霜霉病　1650-1950克/公顷　喷雾
PD20096346　甲霜·噁霉灵/3%/水剂/噁霉灵 2.5%、甲霜灵 0.5%/2009.07.28 至 2014.07.28/低毒
黄瓜　枯萎病　42.9-60毫克/千克，250毫升/株　灌根
PD20096423　福·福锌/80%/可湿性粉剂/福美双 30%、福美锌 50%/2009.08.04 至 2014.08.04/低毒
黄瓜　炭疽病　1500-1800克/公顷　喷雾
PD20097108　仲丁威/25%/乳油/仲丁威 25%/2009.10.12 至 2014.10.12/低毒
水稻　稻飞虱　468.75-562.5克/公顷　喷雾
PD20097278　马拉硫磷/45%/乳油/马拉硫磷 45%/2009.10.26 至 2014.10.26/低毒
水稻　飞虱　1455-1650毫升/公顷　喷雾
PD20097349　吡虫·灭多威/10%/可湿性粉剂/吡虫啉 1%、灭多威 9%/2009.10.27 至 2014.10.27/低毒(原药高毒)
苹果树　黄蚜　50-100毫克/千克　喷雾
PD20097799　哒螨·矿物油/40%/乳油/哒螨灵 5%、矿物油 35%/2009.11.20 至 2014.11.20/中等毒
苹果树　红蜘蛛　1500-2000倍液　喷雾
PD20098029　杀螟硫磷/45%/乳油/杀螟硫磷 45%/2009.12.07 至 2014.12.07/低毒
水稻　飞虱　375-562.5克/公顷　喷雾
PD20098140　速灭威/25%/可湿性粉剂/速灭威 25%/2009.12.08 至 2014.12.08/低毒
水稻　飞虱　375-750克/公顷　喷雾
PD20098148　吡虫啉/20%/可溶液剂/吡虫啉 20%/2009.12.14 至 2014.12.14/低毒
水稻　飞虱　25-30克/公顷　喷雾
PD20098201　杀虫双/18%/水剂/杀虫双 18%/2009.12.16 至 2014.12.16/低毒
水稻　二化螟　540-675克/公顷　喷雾
LS20040350　硫酸链霉素/72%/可溶粉剂/链霉素 72%/2009.01.19 至 2009.12.31/低毒
柑橘　溃疡病　300-450克/公顷　喷雾
LS20053851　甲维盐·氯氰/3.2%/微乳剂/甲氨基阿维菌素苯甲酸盐 0.2%、氯氰菊酯 3%/2008.12.23 至 2009.12.23/中等毒
十字花科蔬菜　甜菜夜蛾　24-28.8克/公顷　喷雾
LS20090359　高效氯氟氰菊酯/5%/微乳剂/高效氯氟氰菊酯 5%/2009.03.13 至 2010.03.13/中等毒
十字花科蔬菜　菜青虫　11.25-15克/公顷　喷雾
LS20090612　氟氯·丙溴磷/10%/乳油/丙溴磷 9%、氟氯氰菊酯 1%/2009.03.23 至 2010.03.23/低毒
十字花科蔬菜　小菜蛾　225-240克/公顷　喷雾
LS20090717　氟铃脲/5%/乳油/氟铃脲 5%/2009.03.31 至 2010.03.31/低毒
十字花科蔬菜　小菜蛾　45-60克/公顷　喷雾
LS20091042　甲维·毒死蜱/5%/乳油/毒死蜱 4.9%、甲氨基阿维菌素苯甲酸盐 0.1%/2009.04.15 至 2010.04.15/低毒
十字花科蔬菜　小菜蛾　90-112.5克/公顷　喷雾
LS20091059　吡虫·异丙威 /10%/可湿性粉剂/吡虫啉 2%、异丙威 8%/2009.04.15 至 2010.04.15/低毒

水稻 稻飞虱 120-150克/公顷 喷雾

上海帅克(河南)化学有限公司 (河南省沈丘县周营经济开发区 466332 0394-5581118)

PD20082169 氰戊·辛硫磷/50%/乳油/氰戊菊酯 4.5%、辛硫磷 45.5%/2008.11.26 至 2013.11.26/中等毒
棉花 棉铃虫 450-562.5克/公顷 喷雾

PD20086298 硫磺·三唑酮/20%/可湿性粉剂/硫磺 10%、三唑酮 10%/2008.12.31 至 2013.12.31/低毒
小麦 白粉病、锈病 150-225克/公顷 喷雾

PD20090172 氰戊·灭多威/9%/乳油/灭多威 6%、氰戊菊酯 3%/2009.01.08 至 2014.01.08/高毒
棉花 棉蚜 180-240克/公顷 喷雾

PD20094238 赤霉酸/4%/乳油/赤霉酸 4%/2009.03.31 至 2014.03.31/低毒
芹菜 调节生长、增产 50-100毫克/千克 茎叶喷雾

PD20095325 三唑磷/20%/乳油/三唑磷 20%/2009.04.27 至 2014.04.27/中等毒
水稻 二化螟 225-300克/公顷 喷雾

PD20095822 氰戊菊酯/20%/乳油/氰戊菊酯 20%/2009.05.27 至 2014.05.27/中等毒
十字花科叶菜 菜青虫 36-48克/公顷 喷雾

LS20051686 阿维·高氯/1.65%/可湿性粉剂/阿维菌素 0.15%、高效氯氰菊酯 1.5%/2008.05.07 至 2009.05.07/低毒(原药高毒)
十字花科蔬菜 菜青虫、小菜蛾 13.5-27克/公顷 喷雾

LS20053875 阿维·柴油/24.5%/乳油/阿维菌素 0.2%、柴油 24.3%/2008.12.28 至 2009.12.29/低毒(原药高毒)
柑橘树 红蜘蛛 163.3-245毫克/千克 喷雾

上海宜邦生物工程(信阳)有限公司 (河南省信阳市师河区四一路10号 464000 0376-6233856)

PD20083489 马拉硫磷/45%/乳油/马拉硫磷 45%/2008.12.12 至 2013.12.12/低毒
十字花科蔬菜 蚜虫 675-810克/公顷 喷雾

PD20083810 异丙威/20%/乳油/异丙威 20%/2008.12.15 至 2013.12.15/低毒
水稻 稻飞虱 540-630克/公顷 喷雾

PD20083891 辛硫磷/40%/乳油/辛硫磷 40%/2008.12.15 至 2013.12.15/低毒
玉米 玉米螟 450-600克/公顷 灌心叶

PD20084166 乐果/40%/乳油/乐果 40%/2008.12.16 至 2013.12.16/中等毒
十字花科蔬菜 蚜虫 450-600克/公顷 喷雾

PD20084295 炔螨特/57%/乳油/炔螨特 57%/2008.12.17 至 2013.12.17/低毒
柑橘树 红蜘蛛 228-380毫克/千克 喷雾

PD20084564 联苯菊酯/25克/升/乳油/联苯菊酯 25克/升/2008.12.18 至 2013.12.18/低毒
茶树 茶小绿叶蝉 30-37.5克/公顷 喷雾

PD20085070 敌敌畏/50%/乳油/敌敌畏 50%/2008.12.23 至 2013.12.23/中等毒
十字花科蔬菜 菜青虫 600-750克/公顷 喷雾

PD20085213 杀虫双/18%/水剂/杀虫双 18%/2008.12.23 至 2013.12.23/低毒
水稻 稻纵卷叶螟 607.5-675克/公顷 喷雾

PD20090628 百草枯/200克/升/水剂/百草枯 200克/升/2009.01.14 至 2014.01.14/中等毒
苹果园 杂草 600-900克/公顷 定向茎叶喷雾

PD20093366 高效氯氰菊酯/4.5%/乳油/高效氯氰菊酯 4.5%/2009.03.18 至 2014.03.18/低毒
十字花科蔬菜 菜青虫 20.25-27克/公顷 喷雾

PD20097754 高效氯氟氰菊酯/25克/升/乳油/高效氯氟氰菊酯 25克/升/2009.11.12 至 2014.11.12/中等毒
苹果树 桃小食心虫 5-6.3毫克/千克 喷雾

PD20097757 仲丁威/20%/乳油/仲丁威 20%/2009.11.12 至 2014.11.12/低毒
水稻 稻飞虱 450-540克/公顷 喷雾

PD20097881 代森锌/65%/可湿性粉剂/代森锌 65%/2009.11.20 至 2014.11.20/低毒
番茄 早疫病 2535—3607克/公顷 喷雾

PD20098115 阿维·矿物油/24.5%/乳油/阿维菌素 0.2%、矿物油 24.3%/2009.12.08 至 2014.12.08/低毒(原药高毒)
柑橘树 红蜘蛛 163—245毫克/千克 喷雾

PD20098169 毒死蜱/480克/升/乳油/毒死蜱 480克/升/2009.12.14 至 2014.12.14/低毒
柑橘 矢尖蚧 250-500毫克/千克 喷雾

PD20098197 棉铃虫核型多角体病毒/20亿PIB/毫升/悬浮剂/棉铃虫核型多角体病毒 20亿PIB/毫升/2009.12.16 至 2014.12.16/低毒
棉花 棉铃虫 600-750毫升制剂/公顷 喷雾

LS20072162 乙酰甲胺磷/20%/乳油/乙酰甲胺磷 20%/2009.09.04 至 2010.09.05/中等毒
十字花科蔬菜 蚜虫 450-540克/公顷 喷雾

LS20081628 啶虫脒/3%/乳油/啶虫脒 3%/2009.04.03 至 2010.04.03/低毒
棉花 蚜虫 13.5-18克/公顷 喷雾

LS20090507 高氯·毒死蜱 /15%/乳油/毒死蜱 13.5%、高效氯氰菊酯 1.5%/2009.03.18 至 2010.03.18/中等毒
荔枝树 蒂蛀虫 215-300毫克/千克 喷雾

LS20090720 氯胺磷/30%/乳油/氯胺磷 30%/2009.03.31 至 2010.03.31/低毒
水稻 稻纵卷叶螟 720-900克/公顷 喷雾

上海易施特农药（郑州）有限公司 (河南省郑州市二七区马寨工业苑区东方路1号 450064 0371-67860894)

PD20040144 吡虫啉/10%/可湿性粉剂/吡虫啉 10%/2009.12.19 至 2014.12.19/低毒
水稻 飞虱 15-30克/公顷 喷雾
小麦 蚜虫 7.5-15克/公顷 喷雾

PD20040259 三唑酮/20%/乳油/三唑酮 20%/2009.12.19 至 2014.12.19/低毒
小麦 白粉病 66-90克/公顷 喷雾

PD20040276 高效氯氰菊酯/2.5%/乳油/高效氯氰菊酯 2.5%/2009.12.19 至 2014.12.19/中等毒
棉花 棉铃虫 15-22.5克/公顷 喷雾

PD20083343 甲氰·辛硫磷/25%/乳油/甲氰菊酯 5%、辛硫磷 20%/2008.12.11 至 2013.12.11/中等毒
棉花 棉铃虫 225-345克/公顷 喷雾
苹果树 黄蚜 800-1200倍液 喷雾

PD20085064 百草枯/200克/升/水剂/百草枯 200克/升/2008.12.23 至 2013.12.23/中等毒
油菜免耕田 杂草 450-600克/公顷 喷雾

PD20085171 异丙威/20%/烟剂/异丙威 20%/2008.12.23 至 2013.12.23/低毒
黄瓜(保护地) 蚜虫 450-600克/公顷 点燃放烟

PD20085417 辛硫·灭多威/20%/乳油/灭多威 10%、辛硫磷 10%/2008.12.24 至 2013.12.24/中等毒(原药高毒)
棉花 蚜虫 75-150克/公顷 喷雾

PD20090380 异稻·稻瘟灵/40%/乳油/稻瘟灵 10%、异稻瘟净 30%/2009.01.12 至 2014.01.12/低毒
水稻 稻瘟病 900-1200克/公顷 喷雾

PD20092051 乙草胺/20%/可湿性粉剂/乙草胺 20%/2009.02.12 至 2014.02.12/低毒
水稻移栽田 稗草、异型莎草 90-120克/公顷 药土法

PD20093040 硫磺·三环唑/45%/可湿性粉剂/硫磺 40%、三环唑 5%/2009.03.09 至 2014.03.09/低毒
水稻 稻瘟病 810-1012.5克/公顷 喷雾

PD20093386 辛硫磷/40%/乳油/辛硫磷 40%/2009.03.19 至 2014.03.19/低毒
棉花 棉铃虫 225-300克/公顷 喷雾

PD20093397 高氯·甲维盐/1.1%/乳油/高效氯氰菊酯 1%、甲氨基阿维菌素苯甲酸盐 0.1%/2009.03.20 至 2014.03.20/低毒
甘蓝 菜青虫 5.775-9.075克/公顷 喷雾

PD20096810 矿物油·敌敌畏/80%/乳油/敌敌畏 40%、矿物油 40%/2009.09.15 至 2014.09.15/中等毒
棉花 棉蚜 960-1200克/公顷 喷雾
十字花科蔬菜 菜青虫 720-960克/公顷 喷雾

PD20096878 矿物油·乙酰甲/50%/乳油/矿物油 35%、乙酰甲胺磷 15%/2009.09.23 至 2014.09.23/低毒
棉花 蚜虫 900-1125克/公顷 喷雾

PD20097074 氧乐果/40%/乳油/氧乐果 40%/2009.10.10 至 2014.10.10/中等毒(原药高毒)
棉花 蚜虫 162-202.5克/公顷 喷雾
小麦 蚜虫 81-162克/公顷 喷雾

PD20097206 异威·矿物油/20%/乳油/矿物油 12%、异丙威 8%/2009.10.19 至 2014.10.19/低毒
水稻 叶蝉 450-600克/公顷 喷雾

PD20097223 毒·矿物油/40%/乳油/毒死蜱 10%、矿物油 30%/2009.10.19 至 2014.10.19/中等毒
棉花 蚜虫 420-480克/公顷 喷雾

PD20097241 马拉·矿物油/40%/乳油/矿物油 30%、马拉硫磷 10%/2009.10.19 至 2014.10.19/低毒
棉花 蚜虫 480-600克/公顷 喷雾

PD20097242 辛硫·矿物油/40%/乳油/矿物油 25%、辛硫磷 15%/2009.10.19 至 2014.10.19/低毒
柑橘树 蚜虫 400-500毫克/千克 喷雾
十字花科蔬菜 菜青虫 360-480克/公顷 喷雾

PD20098074 联苯菊酯/95%/原药/联苯菊酯 95%/2009.12.08 至 2014.12.08/中等毒

PD20098236 高效氟吡甲禾灵/108克/升/乳油/高效氟吡甲禾灵 108克/升/2009.12.16 至 2014.12.16/低毒
大豆田 一年生禾本科杂草 48.6-51.8克/公顷 茎叶喷雾

LS20011829 苦参碱/0.36%/水剂/苦参碱 0.36%/2009.01.01 至 2009.12.31/低毒
十字花科蔬菜 菜青虫 2.7-4.05克/公顷 喷雾

LS20041713 乐果·柴油/40%/乳油/柴油 20%、乐果 20%/2009.01.01 至 2009.12.31/低毒
棉花 蚜虫 480-600克/公顷 喷雾
十字花科蔬菜 菜青虫 360-480克/公顷 喷雾

LS20041845 柴油·三唑磷/40%/乳油/柴油 30%、三唑磷 10%/2009.01.01 至 2009.12.31/中等毒
棉花 棉铃虫 600～750克/公顷 喷雾
十字花科蔬菜 菜青虫 420-480克/公顷 喷雾
水稻 二化螟 600-720克/公顷 喷雾

LS20081660 百草枯/30.5%/母药/百草枯 30.5%/2009.04.07 至 2010.04.07/中等毒

LS20081681 丁硫克百威/90%/原药/丁硫克百威 90%/2009.04.07 至 2010.04.07/中等毒

LS20082731 噻嗪·杀虫单/20%/可湿性粉剂/噻嗪酮 3.5%、杀虫单 16.5%/2009.05.04 至 2010.05.04/低毒
水稻 稻飞虱 540-600克/公顷 喷雾

LS20082766 多·福/40%/可湿性粉剂/多菌灵 5%、福美双 35%/2009.05.08 至 2010.05.08/低毒
葡萄 霜霉病 1000-1250毫克/千克 喷雾

LS20082835 硫磺·锰锌/70%/可湿性粉剂/硫磺 42%、代森锰锌 28%/2009.05.27 至 2010.05.27/低毒
豇豆 锈病 2250-2625克/公顷 喷雾

LS20083071 丁硫·辛硫磷/3%/颗粒剂/丁硫克百威 1%、辛硫磷 2%/2009.10.09 至 2010.10.09/低毒
甘蔗 蔗龟 2475-2700克/公顷 撒施

LS20090322 马拉·杀扑磷 /40%/乳油/马拉硫磷 30%、杀扑磷 10%/2009.03.05 至 2010.03.05/中等毒

	柑橘树	矢尖蚧	320-400毫克/千克	喷雾
LS20090387	敌百·仲丁威/20%/乳油/敌百虫 10%、仲丁威 10%/2009.03.13 至 2010.03.13/低毒			
	水稻	稻飞虱	450-690克/公顷	喷雾
LS20090437	阿维·氯氰/2.8%/乳油/阿维菌素 0.2%、氯氰菊酯 2.6%/2009.03.16 至 2010.03.16/低毒(原药高毒)			
	甘蓝	小菜蛾	16.8-29.4克/公顷	喷雾
LS20090438	乙胺·草甘膦/50%/可湿性粉剂/草甘膦 29%、乙草胺 21%/2009.03.16 至 2010.03.16/低毒			
	桑园	杂草	1687.5-2250克/公顷	定向茎叶喷雾
LS20090714	阿维·杀虫单/10.2%/水乳剂/阿维菌素 0.2%、杀虫单 10%/2009.03.31 至 2010.03.31/低毒(原药高毒)			
	水稻	稻纵卷叶螟	153-229.5克/公顷	喷雾
LS20091364	联苯·敌百虫/20%/乳油/敌百虫 19%、联苯菊酯 1%/2009.07.22 至 2010.07.22/低毒			
	茶树	茶小绿叶蝉	240-270克/公顷	喷雾

圣丰科技(河南)有限公司 (河南省郑州市金水区农业路西段60号付2号 450053 0371-63821968)

PD20040190	吡虫啉/10%/可湿性粉剂/吡虫啉 10%/2009.12.19 至 2014.12.19/低毒			
	水稻	飞虱	15-30克/公顷	喷雾
	小麦	蚜虫	15-30克/公顷	喷雾
	烟草	蚜虫	11.25-18.75克/公顷	喷雾
PD20080075	溴敌隆/0.5%/母液/溴敌隆 0.5%/2008.01.04 至 2013.01.04/中等毒(原药高毒)			
	农田	田鼠	饱和投饵	配成0.005-0.008%毒饵堆施或穴施
PD20080376	溴敌隆/0.5%/母粉/溴敌隆 0.5%/2008.02.29 至 2013.02.28/中等毒(原药高毒)			
	农田	田鼠	0.05-0.08克/公顷	配成0.005-0.008%毒饵堆施或穴施
PD20081627	百草枯/200克/升/水剂/百草枯 200克/升/2008.11.12 至 2013.11.12/中等毒			
	非耕地	杂草	600-750克/公顷	喷雾
PD20082821	溴鼠灵/0.5%/母液/溴鼠灵 0.5%/2008.12.09 至 2013.12.09/高毒			
	室外	田鼠	配成0.005%毒饵每洞15克	投放毒饵
PD20083246	高氯·马/37%/乳油/高效氯氰菊酯 0.8%、马拉硫磷 36.2%/2008.12.11 至 2013.12.11/中等毒			
	十字花科蔬菜	菜青虫	30-45克/公顷	喷雾
PD20083344	溴敌隆/0.005%/毒饵/溴敌隆 0.005%/2008.12.11 至 2013.12.11/低毒(原药高毒)			
	农田	田鼠	饱和投饵	投饵
	室内、外	家鼠	饱和投饵	投饵
PD20083421	阿维菌素/1%/乳油/阿维菌素 1%/2008.12.11 至 2013.12.11/低毒(原药高毒)			
	甘蓝	小菜蛾	8.1-10.8克/公顷	喷雾
PD20083946	苏云金杆菌/16000IU/毫克/可湿性粉剂/苏云金杆菌 16000IU/毫克/2008.12.15 至 2013.12.15/低毒			
	十字花科蔬菜	小菜蛾	750-1125克制剂/公顷	喷雾
PD20084366	井冈霉素/5%/水剂/井冈霉素 5%/2008.12.17 至 2013.12.17/低毒			
	水稻	纹枯病	150-187.5克/公顷	喷雾
PD20084434	多·福/45%/可湿性粉剂/多菌灵 15%、福美双 30%/2008.12.17 至 2013.12.17/低毒			
	葡萄	霜霉病	1000-1250毫克/千克	喷雾
PD20084783	溴敌隆/0.05%/母药/溴敌隆 0.05%/2008.12.22 至 2013.12.22/低毒(原药高毒)			
	室内	家鼠	15-30克毒饵/15平方米	饱和投饵
	室外	田鼠	2250-3000克毒饵/公顷	饱和投饵
	室外	家鼠	5-10克毒饵/15平方米	饱和投饵
PD20084839	百菌清/40%/悬浮剂/百菌清 40%/2008.12.22 至 2013.12.22/低毒			
	番茄	早疫病	900-1050克/公顷	喷雾
PD20085494	百菌清/10%/烟剂/百菌清 10%/2008.12.25 至 2013.12.25/低毒			
	黄瓜(保护地)	霜霉病	750-1200克/公顷	点燃放烟
PD20090592	溴敌隆/95%/原药/溴敌隆 95%/2009.01.14 至 2014.01.14/剧毒			
PD20090929	多抗霉素/1%/水剂/多抗霉素 1%/2009.01.19 至 2014.01.19/低毒			
	黄瓜	白粉病	75-150克/公顷	喷雾
PD20091524	阿维菌素/0.22%/可湿性粉剂/阿维菌素 0.22%/2009.02.02 至 2014.02.02/低毒(原药高毒)			
	甘蓝	小菜蛾	1.35-1.8克/公顷	喷雾
PD20092306	唑酮·氧乐果/32%/乳油/三唑酮 8%、氧乐果 24%/2009.02.24 至 2014.02.24/高毒			
	小麦	白粉病、蚜虫	480-600克/公顷	喷雾
PD20092766	阿维菌素/1.8%/可湿性粉剂/阿维菌素 1.8%/2009.03.04 至 2014.03.04/低毒(原药高毒)			
	柑橘树	红蜘蛛	1.3-2毫克/千克	喷雾
PD20092923	阿维·高氯/2%/乳油/阿维菌素 0.4%、高效氯氰菊酯 1.6%/2009.03.05 至 2014.03.05/低毒(原药高毒)			
	梨树	梨木虱	6-12毫克/千克	喷雾
	十字花科蔬菜	菜青虫	7.5-15克/公顷	喷雾
	十字花科蔬菜	小菜蛾	7.5-10.5克/公顷	喷雾
PD20094950	阿维菌素/1.8%/乳油/阿维菌素 1.8%/2009.04.17 至 2014.04.17/低毒(原药高毒)			

	菜豆、黄瓜	美洲斑潜蝇	10.8-21.6克/公顷	喷雾
	柑橘树	红蜘蛛、潜叶蛾	4.5-9毫克/千克	喷雾
	柑橘树	锈壁虱	2.25-4.5毫克/千克	喷雾
	梨树	梨木虱	6-12毫克/千克	喷雾
	棉花	棉铃虫	21.6-32.4克/公顷	喷雾
	苹果树	二斑叶螨	4.5-6毫克/千克	喷雾
	苹果树	桃小食心虫	4.5-9毫克/千克	喷雾
	苹果树	红蜘蛛	3-6毫克/千克	喷雾
	十字花科蔬菜	菜青虫、小菜蛾	8.1-10.8克/公顷	喷雾
PD20095923	阿维·矿物油/24.5%/乳油/阿维菌素 0.2%、矿物油 24.3%/2009.06.02 至 2014.06.02/低毒(原药高毒)			
	柑橘树	红蜘蛛	1000-2000倍液	喷雾
PD20097603	丙溴·辛硫磷/40%/乳油/丙溴磷 6%、辛硫磷 34%/2009.11.03 至 2014.11.03/中等毒			
	甘蓝	甜菜夜蛾	300-420克/公顷	喷雾
	棉花	棉铃虫	125-187.5克/公顷	喷雾
PD20097625	噁草·丁草胺/20%/乳油/丁草胺 12%、噁草酮 8%/2009.11.03 至 2014.11.03/微毒			
	旱稻田	一年生杂草	750-1050克/公顷	土壤喷雾
LS99529	硫酸链霉素/10%/可溶性粉剂/硫酸链霉素 10%/2009.01.19 至 2009.12.31/低毒			
	柑橘树	溃疡病	500-600倍液	喷雾
	水稻	白叶枯病	150-300克/公顷	喷雾
	烟草	野火病	107-150克/公顷	喷雾
LS20090471	灭蝇胺/30%/可湿性粉剂/灭蝇胺 30%/2009.03.18 至 2010.03.18/低毒			
	菜豆	美洲斑潜蝇	180-210克/公顷	喷雾

信阳信化化工有限公司　(河南省信阳市东方红大道60号　464000　0376-6207718)

PD20091620	苯磺隆/10%/可湿性粉剂/苯磺隆 10%/2009.02.03 至 2014.02.03/低毒			
	冬小麦田	阔叶杂草	13.5—22.5克/公顷	茎叶喷雾
PD20093008	乙酰甲胺磷/97%/原药/乙酰甲胺磷 97%/2009.03.09 至 2014.03.09/低毒			
PD20093213	乙酰甲胺磷/20%/乳油/乙酰甲胺磷 20%/2009.03.11 至 2014.03.11/低毒			
	棉花	棉铃虫	675-900克/公顷	喷雾
PD20093527	三唑磷/20%/乳油/三唑磷 20%/2009.03.23 至 2014.03.23/中等毒			
	水稻	二化螟	360-450克/公顷	喷雾
PD20093750	氰草·莠去津/30%/悬浮剂/氰草津 15%、莠去津 15%/2009.03.25 至 2014.03.25/低毒			
	夏玉米田	一年生杂草	1125-1462.5克/公顷	茎叶喷雾
PD20097868	甲草胺/95%/原药/甲草胺 95%/2009.11.20 至 2014.11.20/低毒			
PD20097974	丁草胺/93%/原药/丁草胺 93%/2009.12.01 至 2014.12.01/低毒			
LS20051294	啶虫脒/3%/乳油/啶虫脒 3%/2008.04.12 至 2009.04.12/低毒			
	柑橘树	蚜虫	10-12毫克/千克	喷雾
LS20082969	高氯·毒死蜱/15%/乳油/毒死蜱 13.5%、高效氯氰菊酯 1.5%/2009.08.20 至 2010.08.20/中等毒			
	黄瓜	美洲斑潜蝇	112.5-135克/公顷	喷雾
LS20083149	阿维·哒螨灵/10%/乳油/阿维菌素 0.2%、哒螨灵 9.8%/2009.11.17 至 2010.11.17/中等毒(原药高毒)			
	柑橘树	红蜘蛛	50-66.7毫克/千克	喷雾

许昌东方化工有限公司　(河南省许昌县张潘镇工业园区　461100　0374-5653133，5699566)

PD20060134	高效氯氰菊酯/4.5%/乳油/高效氯氰菊酯 4.5%/2006.07.14 至 2011.07.14/中等毒			
	茶树	茶尺蠖	15-25.5克/公顷	喷雾
	柑橘树	红蜡蚧	50毫克/千克	喷雾
	柑橘树	潜叶蛾	15-20毫克/千克	喷雾
	棉花	红铃虫、棉铃虫、蚜虫	15-30克/公顷	喷雾
	蔬菜	菜青虫、小菜蛾	9-25.5克/公顷	喷雾
	蔬菜	菜蚜	3-18克/公顷	喷雾
	烟草	烟青虫	15-25.5克/公顷	喷雾
PD20060139	氯氰菊酯/10%/乳油/氯氰菊酯 10%/2006.07.21 至 2011.07.21/中等毒			
	棉花	棉铃虫、棉蚜	45-90克/公顷	喷雾
	十字花科蔬菜	菜青虫	30-45克/公顷	喷雾
PD20060190	高效氯氰菊酯/27%/母液/高效氯氰菊酯 27%/2006.12.06 至 2011.12.06/中等毒			
PD20060192	氯氰菊酯/5%/乳油/氯氰菊酯 5%/2006.12.06 至 2011.12.06/中等毒			
	棉花	棉铃虫、棉蚜	45-90克/公顷	喷雾
	十字花科蔬菜	菜青虫	30-45克/公顷	喷雾
PD20080928	草甘膦/95%/原药/草甘膦 95%/2008.07.17 至 2013.07.17/低毒			
PD20083136	氯氰·辛硫磷/30%/乳油/氯氰菊酯 1.5%、辛硫磷 28.5%/2008.12.10 至 2013.12.10/中等毒			
	棉花	棉铃虫	270-337.5克/公顷	喷雾
PD20083156	阿维·高氯/1%/乳油/阿维菌素 0.2%、高效氯氰菊酯 0.8%/2008.12.11 至 2013.12.11/低毒(原药高毒)			
	十字花科蔬菜	小菜蛾	7.5-15克/公顷	喷雾
PD20083719	高氯 ·敌敌畏/20%/乳油/敌敌畏 19.5%、高效氯氰菊酯 0.5%/2008.12.15 至 2013.12.15/中等毒			
	十字花科蔬菜	菜青虫	150-225克/公顷	喷雾

PD20092736 高氯·马/37%/乳油/高效氯氰菊酯 1%、马拉硫磷 36%/2009.03.04 至 2014.03.04/中等毒
甘蓝 菜青虫 175.5-354克/公顷 喷雾
柑橘树 橘蚜 92.5-185毫克/千克 喷雾
PD20094139 氯氰菊酯/93%/原药/氯氰菊酯 93%/2009.03.27 至 2014.03.27/中等毒
LS20090244 辛硫·福美双/16%/悬浮种衣剂/福美双 10%、辛硫磷 6%/2009.02.13 至 2010.02.13/低毒
玉米 地老虎、茎基腐病、金针虫、蝼蛄、蛴螬 1：40-50(药种比) 种子包衣

许昌市鑫丰源生物化工有限公司 (河南省许昌市八一路西段 461000 0393-8159123)

PD20090047 辛硫·灭多威/20%/乳油/灭多威 10%、辛硫磷 10%/2009.01.06 至 2014.01.06/中等毒(原药高毒)
棉花 棉铃虫 150-300克/公顷 喷雾
LS20090456 辛硫磷/1.5%/颗粒剂/辛硫磷 1.5%/2009.03.18 至 2010.03.18/低毒
玉米 玉米螟 135-168.75克/公顷 喇叭口撒施
LS20090585 氰戊·辛硫磷/16%/乳油/氰戊菊酯 1.5%、辛硫磷 14.5%/2009.03.19 至 2010.03.19/低毒
小麦 蚜虫 96-120克/公顷 喷雾
LS20090721 阿维·高氯/1.1%/乳油/阿维菌素 0.1%、高效氯氰菊酯 1%/2009.03.31 至 2010.03.31/低毒(原药高毒)
甘蓝 小菜蛾 19.8-27克/公顷 喷雾

许昌魏都农药化工有限公司 (河南省许昌市魏都区北郊陈庄 461000 0374-4519408)

PD20092446 氯氰·辛硫磷/20%/乳油/氯氰菊酯 1.5%、辛硫磷 18.5%/2009.02.25 至 2014.02.25/低毒
棉花 棉铃虫 300-600克/公顷 喷雾
PD20092941 敌·马/60%/乳油/敌百虫 40%、马拉硫磷 20%/2009.03.09 至 2014.03.09/中等毒
棉花 蚜虫 450-675克/公顷 喷雾
LS20051021 乙酰甲胺磷/15%/乳油/乙酰甲胺磷 15%/2008.04.07 至 2009.04.07/低毒
十字花科蔬菜 菜青虫 225-270克/公顷 喷雾
LS20080275 三唑磷/20%/乳油/三唑磷 20%/2009.02.17 至 2010.02.18/中等毒
水稻 二化螟 300-450克/公顷 喷雾
LS20081195 络氨铜/14%/水剂/络氨铜 14%/2009.03.10 至 2010.03.10/低毒
水稻 稻曲病 525-750克/公顷 喷雾

郑州福瑞得化工有限公司 (河南省郑州市金水区政七街27号院3号楼 450102 0371-65749156)

LS20072487 敌敌畏/80%/乳油/敌敌畏 80%/2008.11.21 至 2009.11.21/中等毒
小麦 蚜虫 600-840克/公顷 喷雾

郑州兰博尔科技有限公司 (河南省郑州市城东南路57号 450009 0371-66813582)

PD84111-5 氧乐果/40%/乳油/氧乐果 40%/2009.12.01 至 2014.12.01/中等毒(原药高毒)
棉花 蚜虫、螨 375-600克/公顷 喷雾
森林 松干蚧、松毛虫 500倍液 喷雾或直接涂树干
水稻 稻纵卷叶螟、飞虱 375-600克/公顷 喷雾
小麦 蚜虫 300-450克/公顷 喷雾
PD85105-72 敌敌畏/80%/乳油/敌敌畏 77.5%(气谱法)/2005.03.08 至 2010.03.08/中等毒
茶树 食叶害虫 600克/公顷 喷雾
粮仓 多种储藏害虫 1)400-500倍液 2)0.4-0.5克/立方米 1)喷雾 2)挂条熏蒸
棉花 蚜虫、造桥虫 600-1200克/公顷 喷雾
苹果树 小卷叶蛾、蚜虫 400-500毫克/千克 喷雾
青菜 菜青虫 600克/公顷 喷雾
桑树 尺蠖 600克/公顷 喷雾
卫生 多种卫生害虫 1)300-400倍液 2)0.08克/立方米 1)泼洒 2)挂条熏蒸
小麦 黏虫、蚜虫 600克/公顷 喷雾
PD85142-10 氧乐果/70%/原药/氧乐果 70%/2005.06.15 至 2010.06.15/高毒
PD20040759 吡虫·杀虫单/35%/可湿性粉剂/吡虫啉 1%、杀虫单 34%/2009.12.19 至 2014.12.19/低毒
水稻 二化螟 450-750克/公顷 喷雾
PD20070043 乙草胺/900克/升/乳油/乙草胺 900克/升/2007.03.06 至 2012.03.06/低毒
春大豆田、春玉米田 一年生禾本科杂草及部分小粒种子阔叶杂草 1620-1890克/公顷 播后苗前土壤喷雾
夏玉米田 部分阔叶杂草、一年生禾本科杂草 1080-1350克/公顷 播后苗前土壤喷雾
PD20070259 乙草胺/50%/乳油/乙草胺 50%/2007.09.04 至 2012.09.04/低毒
夏玉米田 一年生禾本科杂草及部分阔叶杂草 900-1125克/公顷 播后苗前土壤喷雾
PD20070260 乙草胺/93%/原药/乙草胺 93%/2007.09.04 至 2012.09.04/低毒
PD20070450 啶虫脒/96%/原药/啶虫脒 96%/2007.11.20 至 2012.11.20/低毒
PD20070673 啶虫脒/3%/乳油/啶虫脒 3%/2007.12.17 至 2012.12.17/低毒
苹果树 黄蚜 12-15毫克/千克 喷雾
小麦、烟草 蚜虫 13.5-18克/公顷 喷雾

PD20070675 啶虫脒/20%/可溶液剂/啶虫脒 20%/2007.12.17 至 2012.12.17/低毒
棉花 蚜虫 15-18克/公顷 喷雾
PD20080013 啶虫脒/3%/可湿性粉剂/啶虫脒 3%/2008.01.03 至 2013.01.03/低毒
柑橘树 蚜虫 7.5-15毫克/千克 喷雾
PD20081612 苯磺隆/10%/可湿性粉剂/苯磺隆 10%/2008.11.12 至 2013.11.12/低毒
冬小麦田 一年生阔叶杂草 13.5-22.5克/公顷 茎叶喷雾
PD20081754 锰锌·腈菌唑/50%/可湿性粉剂/腈菌唑 2%、代森锰锌 48%/2008.11.18 至 2013.11.18/低毒
梨树 黑星病 1500-1750倍液 喷雾
PD20083625 900克/升乙草胺乳油/900克/升/乳油/乙草胺 900克/升/2008.12.12 至 2013.12.12/低毒
春大豆田、春玉米田 一年生禾本科杂草及部分小粒种子阔叶杂草 1620-1890克/公顷 播后苗前土壤喷雾
PD20083708 氯氰·毒死蜱/20%/乳油/毒死蜱 16.6%、氯氰菊酯 3.4%/2008.12.15 至 2013.12.15/中等毒
棉花 棉铃虫 180-210克/公顷 喷雾
十字花科蔬菜 小菜蛾 180-225克/公顷 喷雾
PD20084104 吡虫啉/95%/原药/吡虫啉 95%/2008.12.16 至 2013.12.16/中等毒
PD20084899 高效氯氟氰菊酯/2.5%/乳油/高效氯氟氰菊酯 2.5%/2008.12.22 至 2013.12.22/中等毒
十字花科蔬菜 菜青虫 7.5-11.25克/公顷 喷雾
PD20085972 唑酮·氧乐果/20%/乳油/三唑酮 5%、氧乐果 15%/2008.12.29 至 2013.12.29/高毒
小麦 白粉病、蚜虫 405-480克/公顷 喷雾
PD20086286 氰戊·氧乐果/30%/乳油/氰戊菊酯 10%、氧乐果 20%/2008.12.31 至 2013.12.31/中等毒(原药高毒)
棉花 红铃虫、棉铃虫 90-180克/公顷 喷雾
棉花 蚜虫 67.5-135克/公顷 喷雾
PD20090675 敌畏·氧乐果/40%/乳油/敌敌畏 20%、氧乐果 20%/2009.01.19 至 2014.01.19/中等毒(原药高毒)
棉花、小麦 蚜虫 240-360克/公顷 喷雾
PD20090788 辛硫·灭多威/20%/乳油/灭多威 6%、辛硫磷 14%/2009.01.19 至 2014.01.19/中等毒(原药高毒)
棉花 棉铃虫 150-300克/公顷 喷雾
PD20090995 乙草胺/990克/升/乳油/乙草胺 990克/升/2009.01.21 至 2014.01.21/低毒
春大豆田 一年生禾本科杂草及部分小粒种子阔叶杂草 1485-1930.5克/公顷 播后苗前土壤喷雾
春玉米田 一年生禾本科杂草及部分阔叶杂草 1336.5-1633.5克/公顷 播后苗前土壤喷雾
夏玉米田 一年生禾本科杂草及部分小粒种子阔叶杂草 1039.5-1336.5克/公顷 播后苗前土壤喷雾
PD20091095 氯氰·敌敌畏/10%/乳油/敌敌畏 8%、氯氰菊酯 2%/2009.01.21 至 2014.01.21/低毒
十字花科蔬菜 蚜虫 45—75克/公顷 喷雾
PD20093360 甲柳·三唑酮/10%/乳油/甲基异柳磷 8%、三唑酮 2%/2009.03.18 至 2014.03.18/高毒
小麦 地下害虫 40-80克/100千克种子 拌种
PD20095391 苄·丁/35%/可湿性粉剂/苄嘧磺隆 1.4%、丁草胺 33.6%/2009.05.11 至 2014.05.11/低毒
水稻移栽田 一年生及部分多年生杂草 120-150克制剂/亩 药土法
PD20097722 苄嘧·苯噻酰/53%/可湿性粉剂/苯噻酰草胺 50%、苄嘧磺隆 3%/2009.11.04 至 2014.11.04/低毒
水稻移栽田 一年生杂草和多年生恶性杂草 318-397.5克/公顷(南方地区) 毒土法
PD20098355 阿维·矿物油/24.5%/乳油/阿维菌素 0.2%、柴油 24.3%/2009.12.18 至 2014.12.18/低毒(原药高毒)
柑橘树 红蜘蛛 122.5-245毫克/千克 喷雾
LS20061066 波尔·锰锌/78%/可湿性粉剂/波尔多液 48%、代森锰锌 30%/2009.05.10 至 2010.05.10/低毒
葡萄 白腐病 1300-1560毫克/千克 喷雾
LS20082777 啶虫脒/20%/可溶粉剂/啶虫脒 20%/2009.05.08 至 2010.05.08/低毒
棉花 蚜虫 12-18克/公顷 喷雾
小麦 蚜虫 13.5-22.5克/公顷 喷雾
LS20083221 啶虫脒/20%/可溶粉剂/啶虫脒 20%/2008.12.10 至 2009.12.10/低毒
小麦 蚜虫 13.5-22.5克/公顷 喷雾/

郑州农丰化工有限公司 (河南省郑州市金水区祭城镇弓庄村 450046 0371-65643008)

PD20040391 高效氯氰菊酯/2.5%/乳油/高效氯氰菊酯 2.5%/2009.12.19 至 2014.12.19/低毒
梨树 梨木虱 20.8-31.25毫克/千克 喷雾
PD20040633 吡虫啉/5%/乳油/吡虫啉 5%/2009.12.19 至 2014.12.19/中等毒
小麦 蚜虫 7.5-11.2克/公顷 喷雾
PD20040736 吡虫·杀虫单/35%/可湿性粉剂/吡虫啉 1%、杀虫单 34%/2009.12.19 至 2014.12.19/低毒
水稻 二化螟、飞虱 450-750克/公顷 喷雾
PD20082634 氯氰·辛硫磷/20%/乳油/氯氰菊酯 1.5%、辛硫磷 18.5%/2008.12.04 至 2013.12.04/中等毒
棉花 棉蚜 240-300克/公顷 喷雾
PD20083569 高氯·马/37%/乳油/高效氯氰菊酯 0.8%、马拉硫磷 36.2%/2008.12.12 至 2013.12.12/中等毒
十字花科蔬菜 菜青虫 277.5-388.5克/公顷 喷雾
PD20084006 硫磺·三唑酮/20%/可湿性粉剂/硫磺 10%、三唑酮 10%/2008.12.16 至 2013.12.16/低毒
小麦 白粉病 370-450克/公顷 喷雾

PD20084759 多·硫/25%/可湿性粉剂/多菌灵 10%、硫磺 15%/2008.12.22 至 2013.12.22/低毒
水稻 稻瘟病 1200-1800克/公顷 喷雾
PD20085830 多·锰锌/40%/可湿性粉剂/多菌灵 20%、代森锰锌 20%/2008.12.29 至 2013.12.29/低毒
梨树 黑星病 1000-1250毫克/千克 喷雾
PD20086170 敌百·毒死蜱/40%/乳油/敌百虫 20%、毒死蜱 20%/2008.12.30 至 2013.12.30/低毒
棉花 棉铃虫 360-480克/公顷 喷雾
PD20090289 毒死蜱/200克/升/乳油/毒死蜱 200克/升/2009.01.09 至 2014.01.09/低毒
水稻 稻纵卷叶螟 480-600克/公顷 喷雾
PD20090336 阿维·高氯/1.1%/乳油/阿维菌素 0.1%、高效氯氰菊酯 1%/2009.01.12 至 2014.01.12/低毒(原药高毒)
十字花科蔬菜 菜青虫、小菜蛾 14.85-26.4克/公顷 喷雾
PD20091137 啶虫脒/3%/乳油/啶虫脒 3%/2009.01.21 至 2014.01.21/低毒
苹果树 蚜虫 12-15毫克/千克 喷雾
PD20092250 吡虫啉/5%/可湿性粉剂/吡虫啉 5%/2009.02.24 至 2014.02.24/低毒
水稻 稻飞虱 22.5-30克/公顷 喷雾
PD20092801 唑酮·氧乐果/20%/乳油/三唑酮 4%、氧乐果 16%/2009.03.04 至 2014.03.04/高毒
小麦 红蜘蛛、蚜虫 520-600克/公顷 喷雾
PD20094477 甲柳·三唑酮/10%/乳油/甲基异柳磷 8%、三唑酮 2%/2009.04.09 至 2014.04.09/高毒
小麦 地下害虫 40-80克/100千克种子 拌种
注:兼治白粉病。
PD20097515 苯磺隆/10%/可湿性粉剂/苯磺隆 10%/2009.11.03 至 2014.11.03/低毒
春小麦田 一年生阔叶杂草 22.5-30克/公顷 茎叶喷雾
LS20051996 乙酰甲胺磷/20%/乳油/乙酰甲胺磷 20%/2008.05.24 至 2009.05.24/低毒
柑橘树 介壳虫 200-400毫克/千克 喷雾

郑州中港万象作物科学有限公司 (河南省郑州市金水区农科路38号5栋东1单元1405室 450008 0371-65825718)

PD20083005 顺式氯氰菊酯/50克/升/乳油/顺式氯氰菊酯 50克/升/2008.12.10 至 2013.12.10/低毒
棉花 盲蝽蟓 25.5-34.5克/公顷 喷雾
PD20083492 炔螨特/57%/乳油/炔螨特 57%/2008.12.12 至 2013.12.12/低毒
柑橘树 红蜘蛛 285-380毫克/千克 喷雾
PD20083496 毒死蜱/480克/升/乳油/毒死蜱 480克/升/2008.12.12 至 2013.12.12/中等毒
水稻 稻纵卷叶螟 504-648克/公顷 喷雾
PD20083497 多菌灵/80%/可湿性粉剂/多菌灵 80%/2008.12.12 至 2013.12.12/低毒
苹果树 轮纹病 667-1000毫克/千克 喷雾
PD20083508 联苯菊酯/25克/升/乳油/联苯菊酯 25克/升/2008.12.12 至 2013.12.12/低毒
番茄 白粉虱 11.25-15克/公顷 喷雾
PD20084157 噻嗪·异丙威/25%/可湿性粉剂/噻嗪酮 5%、异丙威 20%/2008.12.16 至 2013.12.16/低毒
水稻 稻飞虱 450-562.5克/公顷 喷雾
PD20084445 多·福/50%/可湿性粉剂/多菌灵 8%、福美双 42%/2008.12.17 至 2013.12.17/低毒
葡萄 霜霉病 1000-1250毫克/千克 喷雾
PD20084651 联苯菊酯/100克/升/乳油/联苯菊酯 100克/升/2008.12.18 至 2013.12.18/中等毒
茶树 茶小绿叶蝉 30-37.5克/公顷 喷雾
PD20084689 硫磺·三唑酮/20%/可湿性粉剂/硫磺 15%、三唑酮 5%/2008.12.22 至 2013.12.22/低毒
小麦 白粉病 300-450克/公顷 喷雾
PD20084979 马拉硫磷/45%/乳油/马拉硫磷 45%/2008.12.22 至 2013.12.22/低毒
棉花 盲蝽蟓 472.5-573.75克/公顷 喷雾
PD20085312 乙酰甲胺磷/30%/乳油/乙酰甲胺磷 30%/2008.12.24 至 2013.12.24/中等毒
玉米 玉米螟 810-1080克/公顷 喷雾
PD20085678 噻螨酮/5%/乳油/噻螨酮 5%/2008.12.26 至 2013.12.26/低毒
苹果树 红蜘蛛 25-33.3毫克/千克 喷雾
PD20086348 噻螨酮/5%/可湿性粉剂/噻螨酮 5%/2008.12.31 至 2013.12.31/低毒
柑橘树 红蜘蛛 20-33.3毫克/千克 喷雾
PD20090386 三唑磷/20%/乳油/三唑磷 20%/2009.01.12 至 2014.01.12/中等毒
水稻 二化螟 225-300克/公顷 喷雾
PD20090431 井冈霉素/3%/水剂/井冈霉素 3%/2009.01.12 至 2014.01.12/低毒
水稻 纹枯病 150-187.5克/公顷 喷雾
PD20092704 阿维·高氯/6%/乳油/阿维菌素 0.4%、高效氯氰菊酯 5.6%/2009.03.03 至 2014.03.03/低毒(原药高毒)
梨树 梨木虱 12-24毫克/千克 喷雾
PD20093219 啶虫脒/5%/可湿性粉剂/啶虫脒 5%/2009.03.11 至 2014.03.11/低毒
甘蓝 蚜虫 15-22.5克/公顷 喷雾
PD20093407 炔螨特/73%/乳油/炔螨特 73%/2009.03.20 至 2014.03.20/低毒
柑橘树 红蜘蛛 324-486毫克/千克 喷雾
PD20093910 氰戊·辛硫磷/16%/乳油/氰戊菊酯 1.5%、辛硫磷 14.5%/2009.03.26 至 2014.03.26/低毒
小麦 蚜虫 96-120克/公顷 喷雾
PD20095316 吡虫·杀虫单/30%/可湿性粉剂/吡虫啉 1%、杀虫单 29%/2009.04.27 至 2014.04.27/低毒

水稻 稻纵卷叶螟、二化螟、飞虱、三化螟 450-750克/公顷 喷雾
PD20096083 苄·乙/18%/可湿性粉剂/苄嘧磺隆 4%、乙草胺 14%/2009.06.18 至 2014.06.18/低毒
移栽水稻田 一年生杂草 84-118克/公顷 药土法
PD20096103 吡虫啉/5%/乳油/吡虫啉 5%/2009.06.18 至 2014.06.18/低毒
小麦 蚜虫 15-30克/公顷(南方地区) 喷雾
45-60克/公顷(北方地区)
PD20096104 阿维·高氯/1.65%/可湿性粉剂/阿维菌素 0.15%、高效氯氰菊酯 1.5%/2009.06.18 至 2014.06.18/低毒(原药高毒)
十字花科蔬菜 菜青虫、小菜蛾 13.5-27克/公顷 喷雾
PD20097039 联苯菊酯/95%/原药/联苯菊酯 95%/2009.10.10 至 2014.10.10/低毒
PD20098044 吡虫啉/10%/可湿性粉剂/吡虫啉 10%/2009.12.07 至 2014.12.07/低毒
水稻 稻飞虱 15-30克/公顷 喷雾

黑龙江省

东部韩农(黑龙江)化工有限公司 (黑龙江省宁安市宁安农场工业开发区 157412 0453-7842873)

PD20090897 三环唑/75%/可湿性粉剂/三环唑 75%/2009.01.19 至 2014.01.19/中等毒
水稻 稻瘟病 225-337.5克/公顷 喷雾
PD20091997 百菌清/75%/可湿性粉剂/百菌清 75%/2009.02.12 至 2014.02.12/低毒
白菜 霜霉病 1462.5-1687.5克/公顷 喷雾
黄瓜 霜霉病 2362.5-3037.5克/公顷 喷雾
PD20092129 稻瘟灵/40%/乳油/稻瘟灵 40%/2009.02.23 至 2014.02.23/低毒
水稻 稻瘟病 400-600克/公顷 喷雾
PD20092386 多菌灵/50%/可湿性粉剂/多菌灵 50%/2009.02.25 至 2014.02.25/低毒
苹果树 炭疽病 500-833毫克/千克 喷雾
PD20093172 二甲戊灵/33%/乳油/二甲戊灵 33%/2009.03.11 至 2014.03.11/低毒
甘蓝田 一年生杂草 618.8-742.5克/公顷 土壤喷雾
PD20093737 丁草胺/60%/乳油/丁草胺 60%/2009.03.25 至 2014.03.25/低毒
移栽水稻田 一年生杂草 990-1260克/公顷 毒土法
PD20094355 乙草胺/900克/升/乳油/乙草胺 900克/升/2009.04.01 至 2014.04.01/低毒
春大豆田、春玉米田 一年生杂草 1350-1890克/公顷 土壤喷雾
PD20094890 腐霉利/50%/可湿性粉剂/腐霉利 50%/2009.04.13 至 2014.04.13/低毒
番茄、黄瓜 灰霉病 562.5-750克/公顷 喷雾
PD20094926 丁草胺/5%/颗粒剂/丁草胺 5%/2009.04.13 至 2014.04.13/低毒
移栽水稻田 一年生杂草 1012.5-1275克/公顷 撒施
PD20094954 咪唑乙烟酸/5%/水剂/咪唑乙烟酸 5%/2009.04.20 至 2014.04.20/低毒
春大豆田 一年生杂草 90-105克/公顷 播后苗前土壤喷雾
PD20095187 草甘膦异丙胺盐/41%/水剂/草甘膦异丙胺盐 41%/2009.04.24 至 2014.04.24/低毒
非耕地 杂草 1230-2460克/公顷 喷雾
PD20095301 灭草松/480克/升/水剂/灭草松 480克/升/2009.04.27 至 2014.04.27/低毒
大豆田 一年生阔叶杂草 1080-1440克/公顷 茎叶喷雾
移栽水稻田 一年生阔叶杂草及部分莎草科杂草 1188-1440克/公顷 茎叶喷雾
PD20095346 乙烯利/40%/水剂/乙烯利 40%/2009.04.27 至 2014.04.27/低毒
番茄 催熟 400-500毫克/千克 喷雾
PD20095737 苄嘧磺隆/10%/可湿性粉剂/苄嘧磺隆 10%/2009.05.18 至 2014.05.18/低毒
移栽水稻田 一年生阔叶杂草 30-45克/公顷 药土法
PD20095894 吡嘧磺隆/10%/可湿性粉剂/吡嘧磺隆 10%/2009.05.31 至 2014.05.31/低毒
移栽水稻田 一年生阔叶杂草 18.75-30克/公顷 药土法
PD20095937 异丙甲草胺/72%/乳油/异丙甲草胺 72%/2009.06.02 至 2014.06.02/低毒
大豆田、玉米田 一年生禾本科杂草及部分阔叶杂草 1296-1836克/公顷 土壤喷雾
PD20095940 莎稗磷/30%/乳油/莎稗磷 30%/2009.06.02 至 2014.06.02/低毒
水稻移栽田 莎草、一年生禾本科杂草 270-315克/公顷 毒土法
PD20096061 氯氰菊酯/5%/乳油/氯氰菊酯 5%/2009.06.18 至 2014.06.18/低毒
十字花科蔬菜 菜青虫 45-52.5克/公顷 喷雾
PD20096073 高效氟吡甲禾灵/10.8%/乳油/高效氟吡甲禾灵 10.8%/2009.06.18 至 2014.06.18/低毒
大豆田 一年生禾本科杂草 30-40毫升制剂/亩 茎叶喷雾
PD20096648 高效氯氟氰菊酯/25克/升/乳油/高效氯氟氰菊酯 25克/升/2009.09.02 至 2014.09.02/中等毒
大豆 食心虫 5.625—7.5克/公顷 喷雾
十字花科叶菜 菜青虫 7.5—9.375克/公顷 喷雾
PD20098498 噁霉灵/30%/水剂/噁霉灵 30%/2009.12.24 至 2014.12.24/低毒
水稻 立枯病 1.35-1.8克/平方米 苗床喷雾
西瓜 枯萎病 375-500毫克/千克 灌根
LS20072516 吡虫啉/10%/可湿性粉剂/吡虫啉 10%/2009.12.02 至 2010.12.03/低毒
十字花科蔬菜 蚜虫 15-30克/公顷 喷雾
LS20080142 啶虫脒/8%/可湿性粉剂/啶虫脒 8%/2009.01.07 至 2010.01.07/低毒

十字花科蔬菜 蚜虫 18-24克/公顷 喷雾

LS20080232 草铵膦/18%/水剂/草铵膦 18%/2009.01.07 至 2010.01.07/低毒

非耕地 杂草 1620-1890克/公顷 茎叶喷雾

LS20081806 丙森锌/70%/可湿性粉剂/丙森锌 70%/2009.04.08 至 2010.04.08/低毒

番茄 早疫病 1312.5-1995克/公顷 喷雾

黄瓜 霜霉病 1575-2205克/公顷 喷雾

富拉尔基卫生药械厂 (黑龙江省齐齐哈尔市富拉尔基区富海路9号 161041 0452-6873538)

LS20070393 溴鼠灵/0.005%/饵粒/溴鼠灵 0.005%/2009.03.05 至 2010.03.06/低毒(原药高毒)

室内、外 家鼠 饱和投饵 投饵

哈尔滨瑞丰农业科技发展有限公司 (黑龙江省哈尔滨市松北区万宝镇巨宝村 150020 0451-88349900)

PD20086101 氰戊·马拉松/21%/乳油/马拉硫磷 15%、氰戊菊酯 6%/2008.12.30 至 2013.12.30/低毒

大豆 食心虫 94.5-126克/公顷 喷雾

PD20090183 高氯·马/20%/乳油/高效氯氰菊酯 2%、马拉硫磷 18%/2009.01.08 至 2014.01.08/低毒

十字花科蔬菜 菜青虫 90-120克/公顷 喷雾

PD20090274 精喹禾灵/10.8%/乳油/精喹禾灵 10.8%/2009.01.09 至 2014.01.09/低毒

春大豆田、春油菜 一年生禾本科杂草 64.8-81克/公顷 喷雾

PD20090451 甲氰·氧乐果/30%/乳油/甲氰菊酯 8%、氧乐果 22%/2009.01.12 至 2014.01.12/高毒

大豆 蚜虫 135-180克/公顷 喷雾

大豆 食心虫 270-360克/公顷 喷雾

PD20090593 吡嘧磺隆/10%/可湿性粉剂/吡嘧磺隆 10%/2009.01.14 至 2014.01.14/低毒

水稻移栽田 一年生禾本科杂草及阔叶杂草 15-30克/公顷 毒土法

PD20090959 咪唑乙烟酸/5%/水剂/咪唑乙烟酸 5%/2009.01.20 至 2014.01.20/低毒

春大豆田 一年生杂草 75-97.5克/公顷 苗后早期喷雾

PD20091128 甲霜·福美双/42%/可湿性粉剂/福美双 34.5%、甲霜灵 7.5%/2009.01.21 至 2014.01.21/低毒

水稻 立枯病 1.0-1.5克/平方米 苗床喷洒

PD20092122 灭草松/480克/升/水剂/灭草松 480克/升/2009.02.23 至 2014.02.23/低毒

春大豆田 一年生阔叶杂草 1140-1800克/公顷 茎叶喷雾

PD20093107 甲霜·噁霉灵/3%/水剂/噁霉灵 2.5%、甲霜灵 0.5%/2009.03.09 至 2014.03.09/低毒

水稻秧田 立枯病 0.36-0.54克/平方米 喷雾

PD20093116 草甘膦异丙胺盐/41%/水剂/草甘膦异丙胺盐 41%/2009.03.10 至 2014.03.10/微毒

非耕地 杂草 1230-2460克/公顷 茎叶喷雾

PD20093944 苄·二氯/35%/可湿性粉剂/苄嘧磺隆 6%、二氯喹啉酸 29%/2009.03.27 至 2014.03.27/低毒

水稻移栽田 一年生及部分多年生杂草 210-262.5克/公顷 喷雾

PD20095729 滴丁·乙草胺/78%/乳油/2,4-滴丁酯 28%、乙草胺 50%/2009.05.18 至 2014.05.18/低毒

春大豆田 一年生禾本科杂草及部分阔叶杂草 1989-2340克/公顷(东北地区) 播后苗前土壤喷雾

春玉米田 一年生禾本科杂草及部分阔叶杂草 1989-2340克/公顷 播后苗前土壤喷雾

PD20097915 氟磺胺草醚/250克/升/水剂/氟磺胺草醚 250克/升/2009.11.30 至 2014.11.30/低毒

大豆田 一年生阔叶杂草 375-487.5克/公顷(东北地区) 茎叶喷雾

187.5-281.25克/公顷(其他地区)

PD20098114 异丙甲草胺/720克/升/乳油/异丙甲草胺 720克/升/2009.12.08 至 2014.12.08/低毒

大豆田 一年生禾本科杂草及部分小粒种子阔叶杂草 1620-2160克/公顷(东北地区) 播后苗前土壤喷雾

1080-1620克/公顷(其他地区)

LS20070072 喹·唑·氟磺胺/15%/乳油/氟磺胺草醚 10%、精喹禾灵 2%、咪唑乙烟酸 3%/2009.01.29 至 2010.01.29/低毒

春大豆 一年生杂草 400-500克/公顷 茎叶喷雾

哈尔滨市益农生化制品开发集团有限公司 (黑龙江省哈尔滨市道里区新农乡前进村 150078 0451-84100068)

PD20080200 氰戊·马拉松/21%/乳油/马拉硫磷 15%、氰戊菊酯 6%/2008.01.11 至 2013.01.11/中等毒

棉花 蚜虫 75-120克/公顷 喷雾

PD20080820 苄嘧磺隆/10%/可湿性粉剂/苄嘧磺隆 10%/2008.06.20 至 2013.06.20/低毒

水稻移栽田 部分多年生阔叶杂草、莎草科杂草、一年生杂草 30-45克/公顷 药土法

PD20081148 二氯喹啉酸/50%/可湿性粉剂/二氯喹啉酸 50%/2008.09.01 至 2013.09.01/低毒

水稻移栽田 稗草 300-375克/公顷 茎叶喷雾

PD20081242 苄嘧磺隆/30%/可湿性粉剂/苄嘧磺隆 30%/2008.09.16 至 2013.09.16/低毒

水稻移栽田 阔叶杂草、莎草科杂草 45-90克/公顷 药土法

PD20081494 乙草胺/900克/升/乳油/乙草胺 900克/升/2008.11.05 至 2013.11.05/低毒

春大豆田、春玉米田 部分阔叶杂草、一年生禾本科杂草 1350-1890克/公顷(东北地区) 播后苗前土壤喷雾

PD20081681 苄嘧·苯噻酰/53%/可湿性粉剂/苯噻酰草胺 50%、苄嘧磺隆 3%/2008.11.17 至 2013.11.17/低毒

水稻移栽田 一年生及部分多年生杂草 556.5-636克/公顷(北方地区) 药土法

PD20082491 精喹禾灵/5%/乳油/精喹禾灵 5%/2008.12.03 至 2013.12.03/低毒

春大豆田 一年生禾本科杂草 52.5-75克/公顷 茎叶喷雾

PD20082977 丁草胺/900克/升/乳油/丁草胺 900克/升/2008.12.09 至 2013.12.09/中等毒

水稻移栽田 部分一年生阔叶杂草、一年生禾本科杂草 1080-1350克/公顷 药土法

PD20083826 草甘膦/41%/水剂/草甘膦 41%/2008.12.15 至 2013.12.15/低毒

非耕地 杂草 1230-2460克/公顷 茎叶喷雾

PD20084574 福·克/15%/悬浮种衣剂/福美双 8%、克百威 7%/2008.12.18 至 2013.12.18/高毒

玉米 地下害虫、苗期病害 1:40-50(药种比) 种子包衣

PD20085430 氟胺·灭草松/447克/升/水剂/氟磺胺草醚 87克/升、灭草松 360克/升/2008.12.24 至 2013.12.24/低毒

春大豆田 一年生阔叶杂草及莎草科杂草 1341-1676.25克/公顷 茎叶喷雾

PD20085510 噻吩磺隆/15%/可湿性粉剂/噻吩磺隆 15%/2008.12.25 至 2013.12.25/低毒

春大豆田 一年生阔叶杂草 22.5-33.8克/公顷 土壤喷雾

PD20085603 丁·扑/19%/可湿性粉剂/丁草胺 16%、扑草净 3%/2008.12.25 至 2013.12.25/低毒

水稻(旱育秧及半旱育秧田) 一年生杂草 1600-2000克/公顷 覆土后喷雾

PD20085774 氟磺胺草醚/280克/升/水剂/氟磺胺草醚 280克/升/2008.12.29 至 2013.12.29/低毒

春大豆田 一年生阔叶杂草 336-420克/公顷 茎叶喷雾

PD20085775 灭草松/480克/升/水剂/灭草松 480克/升/2008.12.29 至 2013.12.29/低毒

春大豆田 一年生阔叶杂草 1080-1440克/公顷 茎叶喷雾

移栽水稻田 一年生阔叶杂草及部分莎草科杂草 900-1440克/公顷 茎叶喷雾

PD20086107 甲霜·福美双/42%/可湿性粉剂/福美双 34.5%、甲霜灵 7.5%/2008.12.30 至 2013.12.30/中等毒

水稻 立枯病 1.0-1.5克/平方米 喷淋或浇灌

PD20086290 嗪草酮/70%/可湿性粉剂/嗪草酮 70%/2008.12.31 至 2013.12.31/低毒

春大豆田 一年生阔叶杂草 630-735克/公顷 土壤喷雾

PD20086322 甲霜·福美双/7%/粉剂/福美双 6.1%、甲霜灵 0.9%/2008.12.31 至 2013.12.31/低毒

水稻 立枯病 0.7-0.9克/平方米 拌毒土撒施于苗床

PD20090200 杀虫双/3.6%/颗粒剂/杀虫双 3.6%/2009.01.09 至 2014.01.09/低毒

水稻 二化螟 540-810克/公顷 撒施

PD20092695 丙草胺/50%/乳油/丙草胺 50%/2009.03.03 至 2014.03.03/低毒

移栽水稻田 一年生杂草 525-600克/公顷 毒土

PD20092756 多·福·克/30%/悬浮种衣剂/多菌灵 10%、福美双 10%、克百威 10%/2009.03.04 至 2014.03.04/中等毒(原药高毒)

大豆 地下害虫、根腐病 1:50-60(药种比) 种子包衣

PD20095606 乙·嗪·滴丁酯/60%/乳油/2,4-滴丁酯 18%、嗪草酮 37%、乙草胺 5%/2009.05.12 至 2014.05.12/低毒

春大豆田、春玉米田 一年生杂草 1800-2250克/公顷(东北地区) 土壤喷雾

PD20095650 异噁草松/48%/乳油/异噁草松 48%/2009.05.12 至 2014.05.12/低毒

春大豆田 一年生杂草 1000-1200克/公顷 喷雾

PD20096634 吡嘧磺隆/10%/可湿性粉剂/吡嘧磺隆 10%/2009.09.02 至 2014.09.02/低毒

移栽水稻田 一年生阔叶杂草及莎草科杂草 22.5-30克/公顷 药土法

PD20097431 咪唑乙烟酸/5%/水剂/咪唑乙烟酸 5%/2009.10.28 至 2014.10.28/低毒

春大豆田 一年生杂草 90-105克/公顷 茎叶喷雾

PD20097786 克·戊·三唑酮/8.1%/悬浮种衣剂/克百威 7%、三唑酮 0.9%、戊唑醇 0.2%/2009.11.20 至 2014.11.20/低毒(原药高毒)

玉米 苗期害虫、丝黑穗病 1:35—45 种子包衣

LS20053886 春雷·三环唑/13%/可湿性粉剂/春雷霉素 3%、三环唑 10%/2008.12.29 至 2009.12.29/低毒

水稻 稻瘟病 253.5-331.5克/公顷 喷雾

LS20082846 氯嘧磺隆/20%/可湿性粉剂/氯嘧磺隆 20%/2009.06.11 至 2010.06.11/低毒

春大豆田 阔叶杂草 18-24克/公顷 土壤喷雾

鹤岗市旭祥禾友化工有限公司 （黑龙江省鹤岗市工农区禾友路45号 154108 0468-3348475）

PD85101-2 敌稗/16%/乳油/敌稗 16%/2010.03.10 至 2015.03.10/低毒

水稻 稗草 3000-4500克/公顷 喷雾

PD85166 绿麦隆/25%/可湿性粉剂/绿麦隆 25%/2005.03.10 至 2010.03.10/低毒

大麦、小麦、玉米 一年生杂草 1500-3000克/公顷(北方地区) 600-1500克/公顷(南方地区) 播后苗前或苗期喷雾

PD87107 敌稗/92%,90%/原药/敌稗 92%,90%/2007.10.09 至 2012.10.09/低毒

PD20080394 禾草灵/95%/原药/禾草灵 95%/2008.02.29 至 2013.02.28/低毒

PD20093748 敌草隆/25%/可湿性粉剂/敌草隆 25%/2009.03.25 至 2014.03.25/低毒

甘蔗田 一年生杂草 1500-2400克/公顷 喷雾

PD20093808 敌草隆/97%/原药/敌草隆 97%/2009.03.25 至 2014.03.25/低毒

黑龙江八一农垦大学种衣剂厂 （黑龙江省密山市裴德镇 158308 0467-5070719）

PD20091556 福·克 /20%/悬浮种衣剂/福美双 10%、克百威 10%/2009.02.03 至 2014.02.03/高毒

玉米 地下害虫、苗期病害 500-600克/100千克种子 种子包衣

PD20093114 多·福·克/35%/悬浮种衣剂/多菌灵 15%、福美双 10%、克百威 10%/2009.03.10 至 2014.03.10/高毒

大豆 根腐病、蓟马、蚜虫 1.5-2%种子重 种子包衣

PD20094060 唑酮·福美双/11%/悬浮种衣剂/福美双 10%、三唑酮 1%/2009.03.27 至 2014.03.27/低毒

春小麦 白粉病、锈病 145-600克/100千克种子 种子包衣

黑龙江九洲农药有限公司 （黑龙江省哈尔滨市道外区南平街88号好旺达公寓1503室 150020 0451-82334592）

PD20082428 氟磺胺草醚/250克/升/水剂/氟磺胺草醚 250克/升/2008.12.02 至 2013.12.02/低毒
春大豆田 一年生阔叶杂草 375-450克/公顷 茎叶喷雾

PD20085736 烯草酮/240克/升/乳油/烯草酮 240克/升/2008.12.26 至 2013.12.26/低毒
大豆田 一年生禾本科杂草 72-108克/公顷 茎叶喷雾

PD20086277 精吡氟禾草灵/150克/升/乳油/精吡氟禾草灵 150克/升/2008.12.31 至 2013.12.31/微毒
春大豆田 一年生禾本科杂草 135-180克/公顷 茎叶喷雾

LS20082917 滴丁·莠去津/52%/悬乳剂/2,4-滴丁酯 16%、莠去津 36%/2009.07.14 至 2010.07.14/低毒
春玉米田 一年生杂草 1900-2250克/公顷 播后苗前土壤喷雾

LS20083224 高氯·吡虫啉/5%/乳油/吡虫啉 1%、高效氯氰菊酯 4%/2009.12.10 至 2010.12.10/低毒
十字花科蔬菜 蚜虫 22.5-30克/公顷 喷雾

黑龙江科润生物科技有限公司 （黑龙江省哈尔滨市五常市五常镇南三道街189号 150020 0451-88392933）

PD20084195 丁草胺/80%/乳油/丁草胺 80%/2008.12.16 至 2013.12.16/低毒
水稻移栽田 一年生杂草 900－1440克/公顷 药土法

PD20085552 乙草胺/900克/升/乳油/乙草胺 900克/升/2008.12.25 至 2013.12.25/低毒
春大豆田、春玉米田 一年生杂草 1620-2025克/公顷(东北地区) 播后苗前土壤喷雾

PD20095479 异噁草松/480克/升/乳油/异噁草松 480克/升/2009.05.11 至 2014.05.11/低毒
春大豆田 一年生杂草 1008-1152克/公顷(东北地区) 土壤喷雾

PD20095760 精喹·氟磺胺/21%/乳油/氟磺胺草醚 17.5%、精喹禾灵 3.5%/2009.05.18 至 2014.05.18/低毒
大豆田 一年生杂草 267.8-378克/公顷 茎叶喷雾

PD20095819 滴丁·乙草胺/78%/乳油/2,4-滴丁酯 28%、乙草胺 50%/2009.05.27 至 2014.05.27/低毒
春大豆田 阔叶杂草、一年生禾本科杂草 1989-2340克/公顷(东北地区) 播后苗前土壤喷雾
春玉米田 阔叶杂草、一年生禾本科杂草 1989-2340克/公顷 播后苗前土壤喷雾

PD20096328 乙·噻·滴丁酯/81%/乳油/2,4-滴丁酯 21.5%、噻吩磺隆 0.5%、乙草胺 59%/2009.07.22 至 2014.07.22/低毒
春大豆田、春玉米田 一年生杂草 1822.5-2430克/公顷 播后苗前土壤喷雾

PD20096479 甲氰·氧乐果/30%/乳油/甲氰菊酯 8%、氧乐果 22%/2009.08.14 至 2014.08.14/高毒
大豆 食心虫、蚜虫 60-90克/公顷 喷雾

PD20096532 丁·扑/40%/乳油/丁草胺 30%、扑草净 10%/2009.08.20 至 2014.08.20/低毒
水稻秧田 一年生杂草 16-20克/100平方米(东北地区) 土壤喷雾

PD20097958 丁·扑/1.2%/粉剂/丁草胺 1%、扑草净 0.2%/2009.12.01 至 2014.12.01/低毒
水稻秧田 一年生杂草 1200-1500克/公顷(东北地区) 药土法

LS20060613 噻磺·莠去津/50%/可湿性粉剂/噻吩磺隆 1%、莠去津 49%/2009.03.23 至 2010.03.23/低毒
春玉米 一年生杂草 1125-1500克/公顷 茎叶喷雾
夏玉米 一年生杂草 750-1125克/公顷 茎叶喷雾

LS20061602 2甲4氯钠/56%/可溶粉剂/2甲4氯钠 56%/2009.08.17 至 2010.08.17/低毒
移栽水稻田 阔叶杂草、莎草科杂草 450-900克/公顷 茎叶喷雾
玉米 阔叶杂草 840-1260克/公顷 茎叶喷雾

LS20061936 咪唑乙烟酸/10%/水剂/咪唑乙烟酸 10%/2009.12.06 至 2010.12.06/低毒
春大豆 一年生杂草 75-90克/公顷 茎叶喷雾

LS20070042 草甘膦异丙胺盐/41%/水剂/草甘膦异丙胺盐 41%/2009.01.18 至 2010.01.18/低毒
非耕地 一年生和多年生杂草 1660-2214克/公顷 茎叶喷雾

LS20070752 苄嘧磺隆/10%/可湿性粉剂/苄嘧磺隆 10%/2009.04.08 至 2010.04.09/低毒
水稻移栽田 阔叶杂草及莎草科杂草 45-60克/公顷 毒土法

LS20070924 噻吩磺隆/70%/可湿性粉剂/噻吩磺隆 70%/2009.04.18 至 2010.04.19/低毒
春大豆田、春玉米田 阔叶杂草 31.5-42克/公顷 播后苗前土壤喷雾

LS20071016 吡嘧磺隆/10%/可湿性粉剂/吡嘧磺隆 10%/2009.04.19 至 2010.04.20/低毒
水稻移栽田 稗草、莎草及阔叶杂草 22.5-30克/公顷 毒土法

LS20071022 二氯喹啉酸/50%/可湿性粉剂/二氯喹啉酸 50%/2009.04.19 至 2010.04.20/低毒
水稻移栽田 稗草 300-375克/公顷 茎叶喷雾

LS20080282 2,4-滴丁酯/82%/乳油/2,4-滴丁酯 82%/2009.02.17 至 2010.02.18/低毒
春玉米田 一年生阔叶杂草 873.3-1070.1克/公顷 土壤喷雾

黑龙江绿丰源生物科技有限公司 （黑龙江省佳木斯市东风区长安路107号 154005 0454-8333588）

PD86109-26 苏云金杆菌/8000IU/毫克/可湿性粉剂/苏云金杆菌 8000IU/毫克/2007.10.18 至 2012.10.18/低毒
白菜、萝卜、青菜 菜青虫、小菜蛾 1500-4500克制剂/公顷 喷雾
茶树 茶毛虫 1500-7500克制剂/公顷 喷雾
大豆、甘薯 天蛾 1500-2250克制剂/公顷 喷雾

	柑橘树	柑橘凤蝶	2250-3750克制剂/公顷	喷雾
	高粱、玉米	玉米螟	3750-4500克制剂/公顷	喷雾、毒土
	梨树	天幕毛虫	1500-3750克制剂/公顷	喷雾
	林木	尺蠖、柳毒蛾、松毛虫	2250-7500克制剂/公顷	喷雾
	棉花	棉铃虫、造桥虫	1500-7500克制剂/公顷	喷雾
	苹果树	巢蛾	2250-3750克制剂/公顷	喷雾
	水稻	稻苞虫、稻纵卷叶螟	1500-6000克制剂/公顷	喷雾
	烟草	烟青虫	3750-7500克制剂/公顷	喷雾
	枣树	尺蠖	3750-4500克制剂/公顷	喷雾
PD20086316	乙草胺/900克/升/乳油/乙草胺 900克/升/2008.12.31 至 2013.12.31/低毒			
	春大豆田	一年生禾本科杂草及部分小粒种子阔叶杂草	1350-1620克/公顷	土壤喷雾
PD20090223	滴丁·乙草胺/78%/乳油/2,4-滴丁酯 28%、乙草胺 50%/2009.01.09 至 2014.01.09/低毒			
	春大豆田、春玉米田	一年生杂草	2106-2574克/公顷	播后苗前土壤喷雾

黑龙江梅亚种业有限公司　（黑龙江省佳木斯市富锦市中央大街3号　156100　0454-2335466）

LS20052906	霜脲·锰锌/72%/可湿性粉剂/代森锰锌 64%、霜脲氰 8%/2008.09.07 至 2009.09.07/低毒			
	黄瓜	霜霉病	1440-1800克/公顷	喷雾
LS20053156	啶虫脒/5%/乳油/啶虫脒 5%/2008.10.10 至 2009.10.10/低毒			
	柑橘树	蚜虫	8.3-10毫克/千克	喷雾
LS20053808	乙烯利/40%/水剂/乙烯利 40%/2008.12.22 至 2009.12.22/低毒			
	棉花	调节生长	800-1333毫克/千克（300-500倍液）	喷雾法
LS20053884	霉威·百菌清/30%/可湿性粉剂/百菌清 10%、乙霉威 20%/2008.12.29 至 2009.12.29/低毒			
	番茄	灰霉病	590-700克/公顷	喷雾
LS20060405	烯禾啶机油/12.5%/乳油/烯禾啶 12.5%/2009.03.05 至 2010.03.05/低毒			
	夏大豆	一年生禾本科杂草	168.8-187.5克/公顷	茎叶喷雾
LS20070016	咪唑乙烟酸/10%/水剂/咪唑乙烟酸 10%/2008.01.16 至 2009.01.15/低毒			
	春大豆	一年生杂草	97.5-105克/公顷	茎叶喷雾
LS20070039	灭草松/48%/水剂/灭草松 48%/2009.01.18 至 2010.01.18/低毒			
	移栽水稻田	阔叶杂草及莎草科杂草	1260-1440克/公顷	茎叶喷雾
LS20070605	琥铜·吗啉胍/25%/可湿性粉剂/琥胶肥酸铜 9%、盐酸吗啉胍 16%/2009.03.20 至 2010.03.21/低毒			
	番茄	病毒病	500-750克/公顷	喷雾
LS20070703	乙羧·氟磺胺/30%/水剂/氟磺胺草醚 25%、乙羧氟草醚 5%/2009.03.29 至 2010.03.30/低毒			
	春大豆	一年生阔叶杂草	202.5-225克/公顷	茎叶喷雾
LS20082681	戊唑·毒死蜱/7.5%/悬浮种衣剂/毒死蜱 7%、戊唑醇 0.5%/2009.05.27 至 2010.05.27/低毒			
	玉米	金针虫、蛴螬、丝黑穗病	150-187.5克/100千克种子	种子包衣
LS20082802	多·福·毒死蜱/30%/悬浮种衣剂/毒死蜱 6%、多菌灵 7.5%、福美双 16.5%/2009.05.12 至 2010.05.12/低毒			
	大豆	根腐病、金针虫、蝼蛄、蛴螬	375-500克/100千克种子	种子包衣
LS20091020	乙·噻·滴丁酯/81%/乳油/2,4-滴丁酯 21.5%、噻吩磺隆 0.5%、乙草胺 59%/2009.04.13 至 2010.04.13/低毒			
	春大豆田	一年生杂草	2250-3000毫升制剂/公顷	播后苗前土壤喷雾

黑龙江企达农药开发有限公司　（黑龙江省绥化市绥兰路288号　152054　0455-6888288）

PD20040175	甲拌磷/5%/颗粒剂/甲拌磷 5%/2009.12.19 至 2014.12.19/高毒			
	高粱	蚜虫	150-300克/公顷	撒施
PD20040229	甲拌磷/3%/颗粒剂/甲拌磷 3%/2009.12.19 至 2014.12.19/高毒			
	高粱	蚜虫	150-300克/公顷	撒施
PD20080859	噁霉灵/99%/原药/噁霉灵 99%/2008.06.23 至 2013.06.23/低毒			
PD20082228	多·福/60%/可湿性粉剂/多菌灵 30%、福美双 30%/2008.11.26 至 2013.11.26/低毒			
	梨树	黑星病	1000-1500毫克/千克	喷雾
PD20082761	甲霜·噁霉灵/3%/粉剂/噁霉灵 1.8%、甲霜灵 1.2%/2008.12.08 至 2013.12.08/低毒			
	水稻苗床	立枯病	0.65-0.75克/平方米	拌土撒施
PD20084150	甲霜·福美双/1%/粉剂/福美双 0.92%、甲霜灵 0.08%/2008.12.16 至 2013.12.16/低毒			
	水稻苗床	立枯病	0.8-1.2克/平方米	拌土撒施
PD20084380	辛硫磷/3%/颗粒剂/辛硫磷 3%/2008.12.17 至 2013.12.17/低毒			
	花生	地下害虫	2700-3600克/公顷	沟施
PD20085839	甲霜·噁霉灵/3.2%/水剂/噁霉灵 2.6%、甲霜灵 0.6%/2008.12.29 至 2013.12.29/低毒			
	水稻	立枯病	0.48-0.64克/平方米	喷雾
PD20090418	福·福锌/60%/可湿性粉剂/福美双 30%、福美锌 30%/2009.01.12 至 2014.01.12/低毒			
	黄瓜	炭疽病	900-1350克/公顷	喷雾
PD20097368	琥胶肥酸铜/30%/可湿性粉剂/琥胶肥酸铜 30%/2009.10.28 至 2014.10.28/低毒			
	黄瓜	角斑病	900-1050克/公顷	喷雾
PD20097369	琥铜·乙膦铝/48%/可湿性粉剂/琥胶肥酸铜 20%、三乙膦酸铝 28%/2009.10.28 至 2014.10.28/低毒			

	黄瓜	霜霉病、细菌性角斑病	1125-1680克/公顷	喷雾
PD20097580	琥铜·吗啉胍/25%/可湿性粉剂/琥胶肥酸铜 9%、盐酸吗啉胍 16%/2009.11.03 至 2014.11.03/低毒			
	番茄	病毒病	499.5-750克/公顷	喷雾
LS20090227	苦参碱/0.3%/水剂/苦参碱 0.3%/2009.02.13 至 2010.02.13/低毒			
	甘蓝	菜青虫	4.5-6.75克/公顷	喷雾
黑龙江强尔生化技术开发有限公司　(黑龙江省哈尔滨市平房区大连路18号　150060　0451-86813388)				
PD20060034	吡虫啉/5%/乳油/吡虫啉 5%/2006.02.06 至 2011.02.05/低毒			
	十字花科蔬菜	蚜虫	30-45克/公顷	喷雾
	烟草	蚜虫	22.5-37.5克/公顷	喷雾
PD20080855	咪鲜胺/25%/乳油/咪鲜胺 25%/2008.06.23 至 2013.06.23/低毒			
	水稻	恶苗病	4000—2000倍液	浸种
PD20081425	霜霉威盐酸盐/722克/升/水剂/霜霉威盐酸盐 722克/升/2008.10.31 至 2013.10.31/低毒			
	黄瓜	霜霉病	810-1080克/公顷	喷雾
	烟草	黑胫病	902.5-1203.3毫克/千克	喷雾
PD20097120	宁南霉素/40%/母药/宁南霉素 40%/2009.10.12 至 2014.10.12/低毒			
PD20097121	宁南霉素/2%/水剂/宁南霉素 2%/2009.10.12 至 2014.10.12/低毒			
	大豆	根腐病	18-24克/公顷	播前拌种
	水稻	条纹叶枯病	60-100克/公顷	喷雾
PD20097122	宁南霉素/8%/水剂/宁南霉素 8%/2009.10.12 至 2014.10.12/低毒			
	烟草	病毒病	50-75克/公顷	喷雾
LS20051308	精喹·乳氟禾/30%/乳油/精喹禾灵 10%、乳氟禾草灵 20%/2008.04.12 至 2009.04.12/低毒			
	春大豆	一年生杂草	225-315克/公顷	茎叶喷雾
	夏大豆	一年生杂草	135-225克/公顷	茎叶喷雾
LS20051309	咪乙·氟磺胺/16%/水剂/氟磺胺草醚 12%、咪唑乙烟酸 4%/2008.04.12 至 2009.04.12/低毒			
	春大豆	一年生杂草	240-288克/公顷	茎叶喷雾
LS20061829	淡紫拟青霉/5亿活孢子/克/颗粒剂/淡紫拟青霉 5亿活孢子/克/2009.11.01 至 2010.11.01/低毒			
	番茄	根结线虫	37.5-45千克制剂/公顷	沟施或穴施
LS20072132	高效氯氰菊酯/4.5%/乳油/高效氯氰菊酯 4.5%/2009.09.03 至 2010.09.04/低毒			
	十字花科蔬菜	菜青虫	20.25-27克/公顷	喷雾
LS20072464	井冈霉素/20%/可溶粉剂/井冈霉素 20%/2009.11.05 至 2010.11.06/低毒			
	水稻	纹枯病	150-187.5克/公顷	喷雾
LS20080724	枯草芽孢杆菌/10000亿活芽孢/克/母药/枯草芽孢杆菌 10000亿活芽孢/克/2009.02.25 至 2010.02.26/微毒			
LS20080848	枯草芽孢杆菌/1000亿芽孢/克/可湿性粉剂/枯草芽孢杆菌 1000亿芽孢/克/2009.03.03 至 2010.03.03/低毒			
	水稻	稻瘟病	90-180克/公顷(制剂)	喷雾
LS20081300	异松·乙草胺/45%/乳油/乙草胺 30%、异噁草松 15%/2009.03.12 至 2010.03.12/低毒			
	春大豆田	一年生杂草	1012.5-1350克/公顷	播后苗前土壤喷雾
LS20090090	烟嘧·莠去津/60%/水分散粒剂/烟嘧磺隆 3%、莠去津 57%/2009.01.09 至 2010.01.09/低毒			
	玉米田	一年生杂草	720-1080克/公顷	茎叶喷雾/
黑龙江省阿城市汇丰农化有限公司　(黑龙江省哈尔滨市阿城市哈五公路28公里处　150314　0451-53874956)				
PD20094059	高氯·辛硫磷 /30%/乳油/高效氯氰菊酯 1.2%、辛硫磷 28.8%/2009.03.27 至 2014.03.27/中等毒			
	棉花	棉铃虫	75-100克/公顷	喷雾
PD20095467	嗪草酮/70%/可湿性粉剂/嗪草酮 70%/2009.05.11 至 2014.05.11/低毒			
	春大豆田	一年生阔叶杂草	525-735克/公顷	土壤喷雾
PD20097063	滴丁·乙草胺 /50%/乳油/2,4-滴丁酯 18%、乙草胺 32%/2009.10.10 至 2014.10.10/低毒			
	春大豆田、春玉米田	一年生杂草	1875-2250克/公顷(东北地区)	土壤喷雾
PD20097568	嗪酮·乙草胺/45%/乳油/嗪草酮 9%、乙草胺 36%/2009.11.03 至 2014.11.03/低毒			
	春大豆田	一年生杂草	1350-2025克/公顷(东北地区)	播后苗前喷雾
	春玉米田	一年生杂草	1350-1687.5克/公顷(东北地区)	播后苗前喷雾
LS20050025	噻吩磺隆/25%/可湿性粉剂/噻吩磺隆 25%/2008.01.05 至 2009.01.04/低毒			
	春大豆、春玉米	一年生阔叶杂草	30-37.5克/公顷	土壤喷雾
LS20051591	氟磺胺草醚/25%/水剂/氟磺胺草醚 25%/2008.04.28 至 2009.04.28/低毒			
	春大豆	一年生阔叶杂草	300-375克/公顷	茎叶喷雾
LS20051635	精喹禾灵/5%/乳油/精喹禾灵 5%/2008.04.29 至 2009.04.29/低毒			
	春大豆	一年生禾本科杂草	52.5-75克/公顷	茎叶喷雾
LS20052293	草甘膦异丙胺盐/41%/水剂/草甘膦异丙胺盐 41%/2008.06.22 至 2009.06.22/低毒			
	非耕地	一年生和多年生杂草	1230-2460克/公顷	茎叶喷雾
LS20052462	灭草松/480克/升/水剂/灭草松 480克/升/2008.07.12 至 2009.07.12/中等毒			
	春大豆、水稻移栽田	阔叶杂草及莎草科杂草	1080-1440克/公顷	茎叶喷雾
LS20052478	异噁草松/480克/升/乳油/异噁草松 480克/升/2008.07.13 至 2009.07.13/低毒			
	春大豆	一年生杂草	1008-1152克/公顷(东北地区)	土壤喷雾
	注:该药剂仅限于非豆麦轮作的地区使用。			
LS20052696	咪乙·异噁松/45%/乳油/咪唑乙烟酸 5%、异噁草松 40%/2008.08.14 至 2009.08.14/低毒			

春大豆　一年生杂草　675-810克/公顷　茎叶喷雾
LS20053032　咪唑乙烟酸/5%/水剂/咪唑乙烟酸 5%/2008.09.13 至 2009.09.13/低毒
春大豆田　一年生杂草　75-100.5克/公顷　茎叶喷雾
LS20060646　滴丁·乙草胺/70%/乳油/2,4-滴丁酯 24%、乙草胺 46%/2009.03.26 至 2010.03.26/低毒
春大豆、春玉米　一年生杂草　1575-2100克/公顷　播后苗前土壤喷雾

黑龙江省大地丰农业科技开发有限公司　(黑龙江省绥化市工业开发区　152000　0455-8508678)

PD20090351　稻瘟灵/40%/乳油/稻瘟灵 40%/2009.01.12 至 2014.01.12/低毒
水稻　稻瘟病　420-540克/公顷　喷雾
PD20092741　百草枯/200克/升/水剂/百草枯 200克/升/2009.03.04 至 2014.03.04/中等毒
非耕地　杂草　600-900克/公顷　茎叶喷雾
LS20042141　菇类蛋白多糖/0.5%/水剂/菇类蛋白多糖 0.5%/2009.01.01 至 2009.12.31/低毒
番茄　病毒病　11.25-18.75克/公顷　喷雾
水稻　条纹叶枯病　3.75-5.63克/公顷　喷雾
烟草　病毒病　11.25-15克/公顷　喷雾
LS20060745　杀虫双/3.6%/大粒剂/杀虫双 3.6%/2009.04.04 至 2010.04.04/低毒
水稻　二化螟　432-756克/公顷　喷雾
LS20061508　甲霜·福美双/3.3%/粉剂/福美双 2.4%、甲霜灵 0.9%/2009.07.20 至 2010.07.20/低毒
水稻秧田　立枯病　0.83-1.09克/平方米　苗床撒施
注:该产品为药肥混配制剂。

黑龙江省大庆志飞生物化工有限公司　(黑龙江省大庆市让胡路区高新区宏伟园区　163411　0459-5619317)

PD20070068　阿维菌素/93%/原药/阿维菌素 93%/2007.03.21 至 2012.03.21/高毒
PD20080929　甲氨基阿维菌素苯甲酸盐/90%/原药/甲氨基阿维菌素苯甲酸盐 90%/2008.07.17 至 2013.07.17/中等毒
PD20081872　甲氨基阿维菌素苯甲酸盐/1%/乳油/甲氨基阿维菌素苯甲酸盐 1%/2008.11.20 至 2013.11.20/低毒
甘蓝　甜菜夜蛾、小菜蛾　2.25-3克/公顷　喷雾
LS20080419　阿维菌素/1.8%/乳油/阿维菌素 1.8%/2009.02.19 至 2010.02.20/低毒(原药高毒)
梨树　梨木虱　2.25-4.5毫克/千克　喷雾
LS20081358　阿维菌素/2%/微乳剂/阿维菌素 2%/2009.03.13 至 2010.03.13/低毒(原药高毒)
十字花科蔬菜　小菜蛾　8.1-10.8克/公顷　喷雾
LS20081410　甲氨基阿维菌素苯甲酸盐/2.2%/微乳剂/甲氨基阿维菌素苯甲酸盐 2.2%/2009.03.17 至 2010.03.17/低毒
十字花科蔬菜　小菜蛾　1.65-2.64克/公顷　喷雾
十字花科蔬菜　甜菜夜蛾　2.5-3.3克/公顷　喷雾
LS20090296　甲氨基阿维菌素苯甲酸盐(5.7%)///水分散粒剂/甲氨基阿维菌素 5%/2009.02.16 至 2010.02.16/低毒
甘蓝　甜菜夜蛾、小菜蛾　2.25-3克/公顷　喷雾
LS20090346　甲氨基阿维菌素苯甲酸盐/3%/水分散粒剂/甲氨基阿维菌素苯甲酸盐 3%/2009.03.13 至 2010.03.13/低毒
棉花　棉铃虫　6-12克/公顷　喷雾

黑龙江省哈尔滨富利生化科技发展有限公司　(黑龙江省哈尔滨市南岗区王岗工业园区　150088　0451-86621166)

PD20081886　精喹禾灵/5%/乳油/精喹禾灵 5%/2008.11.20 至 2013.11.20/低毒
春大豆田　一年生禾本科杂草　52.5-60克/公顷　茎叶喷雾
PD20082495　氟磺胺草醚/25%/水剂/氟磺胺草醚 25%/2008.12.03 至 2013.12.03/低毒
春大豆田　一年生阔叶杂草　401.3-521.6克/公顷　茎叶喷雾
PD20082498　吡嘧磺隆/10%/可湿性粉剂/吡嘧磺隆 10%/2008.12.03 至 2013.12.03/低毒
移栽水稻田　稗草、莎草及阔叶杂草　15-30克/公顷　药土法
PD20082956　草甘膦异丙胺盐/41%/水剂/草甘膦异丙胺盐 41%/2008.12.09 至 2013.12.09/低毒
非耕地　杂草　1125-3000克/公顷　茎叶喷雾
PD20083115　噻吩磺隆/75%/水分散粒剂/噻吩磺隆 75%/2008.12.10 至 2013.12.10/低毒
春大豆田　一年生阔叶杂草　22.5—33.8克/公顷　播后苗前土壤喷雾
PD20093525　高氯·吡虫啉/4%/乳油/吡虫啉 1.8%、高效氯氰菊酯 2.2%/2009.03.23 至 2014.03.23/低毒
大豆　蚜虫　18-24克/公顷　喷雾
PD20093654　烟嘧·莠去津/21.5%/悬浮剂/烟嘧磺隆 1.5%、莠去津 20%/2009.03.25 至 2014.03.25/低毒
春玉米田　一年生杂草　3300-3750毫升制剂/公顷　茎叶喷雾
PD20093729　松·喹·氟磺胺/22%/乳油/氟磺胺草醚 8%、精喹禾灵 3%、异噁草松 11%/2009.03.25 至 2014.03.25/低毒
春大豆田　一年生杂草　495-594克/公顷　茎叶喷雾
PD20094046　苯噻酰草胺/50%/可湿性粉剂/苯噻酰草胺 50%/2009.03.27 至 2014.03.27/低毒
移栽水稻田　一年生杂草　450-525克/公顷(南方地区)　药土法
525-600克/公顷(北方地区)
PD20094123　氟磺胺草醚/12.8%/乳油/氟磺胺草醚 12.8%/2009.03.27 至 2014.03.27/低毒
春大豆田　一年生阔叶杂草　288—384克/公顷　茎叶喷雾
PD20094132　二氯喹啉酸/25%/泡腾粒剂/二氯喹啉酸 25%/2009.03.27 至 2014.03.27/低毒
移栽水稻田　稗草　300-375克/公顷　毒土法
PD20094638　丙·莠·滴丁酯/60%/悬乳剂/2,4-滴丁酯 10%、异丙草胺 25%、莠去津 25%/2009.04.10 至 2014.04.10/低毒
春玉米田　一年生杂草　3450-4200毫升制剂/公顷　喷雾

PD20094709 烟嘧磺隆/40克/升/悬浮剂/烟嘧磺隆 40克/升/2009.04.10 至 2014.04.10/低毒
春玉米田 一年生杂草 48-60克/公顷 茎叶喷雾

PD20095075 灭草松/480克/升/水剂/灭草松 480克/升/2009.04.22 至 2014.04.22/低毒
春大豆田 莎草、一年生阔叶杂草 1080-1440克/公顷 茎叶喷雾

PD20095120 丙草胺/52%/乳油/丙草胺 52%/2009.04.24 至 2014.04.24/低毒
水稻移栽田 一年生禾本科、莎草科及部分阔叶杂草 468-546克/公顷 毒土法

PD20095497 烯草酮/12%/乳油/烯草酮 12%/2009.05.11 至 2014.05.11/低毒
春大豆田 一年生禾本科杂草 72-90克/公顷 茎叶喷雾

PD20095564 滴丁·乙草胺/78%/乳油/2,4-滴丁酯 28%、乙草胺 50%/2009.05.12 至 2014.05.12/低毒
春大豆田 一年生杂草 1989-2340克/公顷 土壤喷雾

PD20095831 乙·噁·滴丁酯/55%/乳油/2,4-滴丁酯 8%、乙草胺 35%、异噁草松 12%/2009.05.27 至 2014.05.27/低毒
春大豆田 一年生杂草 990-1155克/公顷 播后苗前土壤喷雾

PD20095962 松·喹·氟磺胺/35%/乳油/氟磺胺草醚 11%、精喹禾灵 2%、异噁草松 22%/2009.06.04 至 2014.06.04/低毒
春大豆田 一年生杂草 525-787.5克/公顷 茎叶喷雾

PD20096108 咪唑乙烟酸/20%/水剂/咪唑乙烟酸 20%/2009.06.18 至 2014.06.18/低毒
春大豆田 一年生杂草 75－105克/公顷 茎叶喷雾

PD20096115 烯禾啶/25%/乳油/烯禾啶 25%/2009.06.18 至 2014.06.18/低毒
春大豆田 一年生禾本科杂草 187.5-225克/公顷 茎叶喷雾

PD20096257 乙·嗪·滴丁酯/69%/乳油/2,4-滴丁酯 20.5%、嗪草酮 4.5%、乙草胺 44%/2009.07.15 至 2014.07.15/低毒
春大豆田、春玉米田 一年生杂草 2070-2482.5克/公顷 播后苗前土壤喷雾

PD20096549 异噁草松/360克/升/乳油/异噁草松 360克/升/2009.08.24 至 2014.08.24/低毒
春大豆田 一年生杂草 864-972克/公顷 土壤喷雾

PD20097643 乙·噁·滴丁酯/48%/乳油/2,4-滴丁酯 6%、乙草胺 30%、异噁草松 12%/2009.11.04 至 2014.11.04/低毒
春大豆田 一年生杂草 1800-2250毫升制剂/公顷 播后苗前土壤处理

LS20071452 异噁·甲戊灵/18%/可湿性粉剂/二甲戊灵 16%、异噁草松 2%/2009.05.20 至 2010.05.21/低毒
水稻移栽田 一年生杂草 175.5-216克/公顷 毒土法

LS20071471 氯嘧磺隆/32%/水分散粒剂/氯嘧磺隆 32%/2009.05.20 至 2010.05.21/低毒
春大豆田 一年生杂草 19.2-24克/公顷 播后苗前土壤喷雾

LS20091449 氰氟草酯/15%/乳油/氰氟草酯 15%/2009.12.14 至 2010.12.14/低毒
水稻秧田 一年生禾本科杂草 90-108克/公顷 茎叶喷雾

黑龙江省哈尔滨广洁环境卫生用品研究所 (黑龙江省哈尔滨市南岗区哈平路134号 150040 0451-87506608)

WP20090158 杀蟑胶饵/2.5%/饵剂/吡虫啉 2.5%/2009.03.05 至 2014.03.05/低毒
卫生 蜚蠊 / 投放

黑龙江省哈尔滨嘉禾化工有限公司 (黑龙江省哈尔滨市阿城市新华镇利新利平小区 150315 0451-53870092)

PD20084907 多·福·克/30%/悬浮种衣剂/多菌灵 10%、福美双 10%、克百威 10%/2008.12.22 至 2013.12.22/中等毒(原药高毒)
大豆 地下害虫、根腐病 1:50-60(药种比) 种子包衣

PD20085860 氯氰·吡虫啉/5%/乳油/吡虫啉 1%、氯氰菊酯 4%/2008.12.29 至 2013.12.29/中等毒
十字花科蔬菜 蚜虫 22.5-37.5克/公顷 喷雾

PD20086296 福·克/20%/悬浮种衣剂/福美双 10%、克百威 10%/2008.12.31 至 2013.12.31/高毒
玉米 地下害虫、茎基腐病 1:40-50(药种比) 种子包衣

PD20097853 吗胍·乙酸铜/20%/可湿性粉剂/盐酸吗啉胍 16%、乙酸铜 4%/2009.11.20 至 2014.11.20/低毒
番茄 病毒病 500-750克/公顷 喷雾

LS20070172 氟草·咪乙烟/13%/水剂/三氟羧草醚 9%、咪唑乙烟酸 4%/2009.02.08 至 2010.02.08/低毒
春大豆 一年生杂草 195-253.5克/公顷 茎叶喷雾

LS20071713 乙羧·异噁松/52%/乳油/异噁草松 48%、乙羧氟草醚 4%/2009.07.03 至 2010.07.04/低毒
春大豆田 一年生杂草 468-624克/公顷 茎叶喷雾

LS20071720 高氯·辛硫磷/20%/乳油/高效氯氰菊酯 2%、辛硫磷 18%/2009.07.03 至 2010.07.04/中等毒
十字花科蔬菜 菜青虫 120-180克/公顷 喷雾

LS20080209 莎稗磷/30%/乳油/莎稗磷 30%/2009.01.07 至 2010.01.07/低毒
水稻移栽田 稗草 225-270克/公顷(南方地区) 毒土法
2)270-315克/公顷(北方地区)

LS20081331 辛硫·福美双/18%/种子处理微囊悬浮剂/福美双 10%、辛硫磷 8%/2009.03.13 至 2010.03.13/低毒
花生 地下害虫、根腐病 1:40-60 种子包衣
绿豆 地下害虫、根腐病 1:80-110 种子包衣
向日葵 地下害虫、根腐病 1:25-40 种子包衣
玉米 地下害虫、根腐病 1:30-50 种子包衣

LS20082885 咪·羧·异噁松/30%/乳油/咪唑乙烟酸 4%、异噁草松 24%、乙羧氟草醚 2%/2009.06.23 至 2010.06.23/低毒
春大豆田 一年生杂草 450-540克/公顷 茎叶喷雾

LS20091355 吡嘧·莎稗磷/31.6%/乳油/吡嘧磺隆 1.6%、莎稗磷 30%/2009.07.10 至 2010.07.10/低毒

移栽水稻田　一年生杂草　284.4-331.8克/公顷　毒土法

黑龙江省哈尔滨理工大学化工厂中国农科院蔬菜花卉所 (哈尔滨市南岗区学府路52号　150080　0451-86669387)

PD20090812　阿维·马拉松/36%/乳油/阿维菌素 0.12%、马拉硫磷 35.88%/2009.01.19 至 2014.01.19/低毒(原药高毒)
甘蓝　小菜蛾　270-405克/公顷　喷雾

黑龙江省哈尔滨利民农化技术有限公司　(黑龙江省哈尔滨市呼兰县利民经济技术开发区 150025 0451-88083468)

PD20060104　丁草胺/900克/升/乳油/丁草胺 900克/升/2006.06.12 至 2011.06.12/低毒
水稻移栽田　稗草、部分阔叶杂草　945-1350克/公顷　药土法

PD20070186　草甘膦异丙胺盐/480克/升/水剂/草甘膦异丙胺盐 480克/升/2007.07.10 至 2012.07.10/低毒
非耕地　一年生和多年生杂草　1230-2460克/公顷　茎叶喷雾

PD20070258　苄嘧磺隆/32%/可湿性粉剂/苄嘧磺隆 32%/2007.09.04 至 2012.09.04/低毒
水稻移栽田　阔叶杂草、莎草科杂草　48-72克/公顷　药土法

PD20070416　咪唑乙烟酸/5%/水剂/咪唑乙烟酸 5%/2007.11.06 至 2012.11.06/低毒
春大豆田　一年生杂草　75-100.5克/公顷　播后苗前或苗后早期喷雾

PD20080300　乙草胺/900克/升/乳油/乙草胺 900克/升/2008.02.25 至 2013.02.25/低毒
春大豆田、春玉米田　部分阔叶杂草、一年生禾本科杂草　1350-1890克/公顷(东北地区)　喷雾

PD20080529　苄·二氯/44%/可湿性粉剂/苄嘧磺隆 6%、二氯喹啉酸 38%/2008.04.29 至 2013.04.29/低毒
水稻移栽田　部分多年生杂草、一年生杂草　264-300克/公顷　喷雾

PD20080603　精喹禾灵/5%/乳油/精喹禾灵 5%/2008.05.12 至 2013.05.12/低毒
春大豆田　禾本科杂草　52.5-75克/公顷　喷雾

PD20080619　二氯喹啉酸/50%/可湿性粉剂/二氯喹啉酸 50%/2008.05.12 至 2013.05.12/低毒
水稻移栽田　稗草　300-450克/公顷(北方地区)　喷雾

PD20080623　异丙甲草胺/720克/升/乳油/异丙甲草胺 720克/升/2008.05.12 至 2013.05.12/低毒
春大豆田、春玉米田　一年生禾本科杂草及部分阔叶杂草　1620-2160克/公顷(东北地区)　土壤喷雾

PD20080749　灭草松/480克/升/水剂/灭草松 480克/升/2008.06.11 至 2013.06.11/低毒
春大豆田　莎草科杂草、一年生阔叶杂草　1440-1800克/公顷(东北地区)　茎叶喷雾
水稻移栽田　阔叶杂草、莎草　1080-1440克/公顷　喷雾
夏大豆田　莎草科杂草、一年生阔叶杂草　1080-1440克/公顷(其它地区)　茎叶喷雾

PD20080768　异噁草松/480克/升/乳油/异噁草松 480克/升/2008.06.11 至 2013.06.11/低毒
春大豆田　一年生杂草　936-1152克/公顷　土壤喷雾

PD20081241　烯草酮/240克/升/乳油/烯草酮 240克/升/2008.09.16 至 2013.09.16/低毒
春大豆田　一年生禾本科杂草　97.5-144克/公顷　茎叶喷雾

PD20081550　咪唑乙烟酸/160克/升/水剂/咪唑乙烟酸 160克/升/2008.11.11 至 2013.11.11/低毒
春大豆田　一年生杂草　72-96克/公顷(东北地区)　土壤喷雾

PD20081595　烯禾啶/25%/乳油/烯禾啶 25%/2008.11.12 至 2013.11.12/低毒
春大豆　一年生禾本科杂草　131.3-225克/公顷　喷雾

PD20081614　咪鲜胺/25%/乳油/咪鲜胺 25%/2008.11.12 至 2013.11.12/低毒
水稻　恶苗病　62.5-125毫克/千克　浸种

PD20082438　嗪草酮/70%/可湿性粉剂/嗪草酮 70%/2008.12.02 至 2013.12.02/低毒
春大豆田　一年生阔叶杂草　525-735克/公顷　播后苗前土壤喷雾

PD20082752　吡嘧磺隆/10%/可湿性粉剂/吡嘧磺隆 10%/2008.12.08 至 2013.12.08/低毒
水稻移栽田　部分多年生杂草、一年生杂草　18.25-30克/公顷　药土法

PD20091815　氟磺胺草醚/18%/水剂/氟磺胺草醚 18%/2009.02.05 至 2014.02.05/低毒
春大豆田　一年生阔叶杂草　270-337.5克/公顷　茎叶喷雾

PD20091896　精吡氟禾草灵/150克/升/乳油/精吡氟禾草灵 150克/升/2009.02.09 至 2014.02.09/低毒
春大豆田　部分多年生禾本科杂草、一年生禾本科杂草　135-180克/公顷　茎叶喷雾

PD20093794　氟胺·灭草松/447克/升/水剂/氟磺胺草醚 87克/升、灭草松 360克/升/2009.03.25 至 2014.03.25/低毒
春大豆田　一年生阔叶杂草　1173.4-1341克/公顷　茎叶喷雾

PD20094182　异丙草胺/720克/升/乳油/异丙草胺 720克/升/2009.03.30 至 2014.03.30/低毒
春大豆田　一年生禾本科杂草及部分小粒种子阔叶杂草　1620-2160克/公顷　播后苗前土壤喷雾

PD20094559　2,4-滴丁酯/57%/乳油/2,4-滴丁酯 57%/2009.04.09 至 2014.04.09/低毒
春玉米田　阔叶杂草　769.5-940.5克/公顷　土壤喷雾

PD20095184　咪乙·异噁松/36%/乳油/咪唑乙烟酸 4%、异噁草松 32%/2009.04.24 至 2014.04.24/低毒
春大豆田　一年生杂草　540—810克/公顷(东北地区)　土壤喷雾或茎叶喷雾

PD20095219　莠去津/38%/悬浮剂/莠去津 38%/2009.04.24 至 2014.04.24/低毒
春玉米田　一年生杂草　1710-2280克/公顷　播后苗前土壤喷雾

PD20095288　乙·嗪·滴丁酯/60%/乳油/2,4-滴丁酯 18%、嗪草酮 5%、乙草胺 37%/2009.04.27 至 2014.04.27/低毒
春大豆田、春玉米田　一年生杂草　1800-2250克/公顷(东北地区)　播后苗前喷雾

PD20095328 苄嘧磺隆/30%/可湿性粉剂/苄嘧磺隆 30%/2009.04.27 至 2014.04.27/低毒
移栽水稻田 阔叶杂草及莎草科杂草 45-67.5克/公顷 毒土法

PD20095370 丁草胺/60%/乳油/丁草胺 60%/2009.04.27 至 2014.04.27/低毒
水稻移栽田 一年生禾本科杂草及部分阔叶杂草 720-1296克/公顷 毒土法

PD20095382 扑草净/50%/可湿性粉剂/扑草净 50%/2009.04.27 至 2014.04.27/低毒
谷子 阔叶杂草 750-1125克/公顷 播后苗前土壤喷雾

PD20095580 滴丁·乙草胺/800克/升/乳油/2,4-滴丁酯 180克/升、乙草胺 620克/升/2009.05.12 至 2014.05.12/低毒
春大豆田、春玉米田 一年生杂草 1800-2400克/公顷(东北地区) 土壤喷雾

PD20095718 丁草胺/90%/原药/丁草胺 90%/2009.05.18 至 2014.05.18/低毒

PD20095731 丙草胺/94%/原药/丙草胺 94%/2009.05.18 至 2014.05.18/低毒

PD20095853 烟嘧磺隆/40克/升/油悬浮剂/烟嘧磺隆 40克/升/2009.05.27 至 2014.05.27/低毒
春玉米田 一年生杂草 42-60克/公顷 茎叶喷雾

PD20096018 二甲戊灵/33%/乳油/二甲戊灵 33%/2009.06.15 至 2014.06.15/低毒
水稻秧田 一年生杂草 0.2-0.3毫升(制剂)/平方米 土壤喷雾

PD20096088 滴丁·莠去津/50%/悬乳剂/2,4-滴丁酯 15%、莠去津 35%/2009.06.18 至 2014.06.18/低毒
春玉米田 一年生杂草 1500—2250克/公顷 土壤喷雾

PD20096389 2,4-滴丁酯/80%/乳油/2,4-滴丁酯 80%/2009.08.04 至 2014.08.04/低毒
春玉米田 一年生阔叶杂草 1)480-720克/公顷 1)茎叶喷雾
2)720-900克/公顷 2)土壤喷雾

PD20096431 乙·嗪·滴丁酯/65%/乳油/2,4-滴丁酯 18%、嗪草酮 5%、乙草胺 42%/2009.08.05 至 2014.08.05/低毒
春大豆田、春玉米田 一年生杂草 1950-2437.5克/公顷(东北地区) 播后苗前土壤喷雾

PD20097646 滴丁·乙草胺/82%/乳油/2,4-滴丁酯 18%、乙草胺 64%/2009.11.04 至 2014.11.04/低毒
春玉米田 一年生杂草 130-180毫升制剂/亩 播后苗前土壤喷雾

PD20097845 丙草胺/50%/水乳剂/丙草胺 50%/2009.11.20 至 2014.11.20/低毒
移栽水稻田 一年生杂草 450-525克/公顷 毒土法

PD20098149 异噁草松/90%/原药/异噁草松 90%/2009.12.14 至 2014.12.14/低毒

PD20098206 草甘膦铵盐(69.3%)///可溶性粒剂/草甘膦 63%/2009.12.16 至 2014.12.16/低毒
非耕地 杂草 1120.5-1680.8克/公顷 茎叶喷雾

LS20050666 乙羧氟草醚/10%/乳油/乙羧氟草醚 10%/2008.03.15 至 2009.03.15/低毒
春大豆 一年生阔叶杂草 75-105克/公顷 喷雾

LS20061841 异噁·氟磺胺/40%/乳油/氟磺胺草醚 15%、异噁草松 25%/2009.11.08 至 2010.11.08/低毒
春大豆 一年生杂草 480-720克/公顷 茎叶喷雾

LS20070716 氯嘧磺隆/20%/可湿性粉剂/氯嘧磺隆 20%/2009.03.29 至 2010.03.30/微毒
春大豆 阔叶杂草 12-18克/公顷 播后苗前土壤喷雾

LS20070741 苄嘧·苯噻酰/53%/可湿性粉剂/苯噻酰草胺 50%、苄嘧磺隆 3%/2009.04.08 至 2010.04.09/低毒
移栽水稻田 一年生杂草 北方：556.5-636克/公顷；南方：397.5-556.5克/公顷 毒土法

LS20082760 松·喹·氟磺胺/18%/乳油/氟磺胺草醚 5.5%、精喹禾灵 1.5%、异噁草松 11%/2009.05.08 至 2010.05.08/低毒
春大豆田 一年生杂草 486-540克/公顷 茎叶喷雾

LS20090677 莠去津/90%/水分散粒剂/莠去津 90%/2009.03.24 至 2010.03.24/低毒
春玉米田 一年生禾本科杂草及部分阔叶杂草 1485-1755克/公顷 播后苗前土壤喷雾

LS20090784 苄嘧磺隆/60%/水分散粒剂/苄嘧磺隆 60%/2009.04.01 至 2010.04.01/低毒
移栽水稻田 阔叶杂草及莎草科杂草 45-63克/公顷 毒土法

黑龙江省哈尔滨龙志农资化工有限公司 (黑龙江省哈尔滨市香坊区向阳乡东长林子 150039 0451-82032504)

PD20084032 多·福·克/30%/悬浮种衣剂/多菌灵 7%、福美双 11%、克百威 12%/2008.12.16 至 2013.12.16/高毒
大豆 地老虎、根腐病、金针虫、蝼蛄、蛴螬 1.2-1.5%种子重 种子包衣

PD20084801 福·克/20%/悬浮种衣剂/福美双 10%、克百威 10%/2008.12.22 至 2013.12.22/高毒
玉米 地老虎、茎腐病、金针虫、蛴螬 1:40(药种比) 种子包衣

LS20051442 氟磺胺草醚/250克/升/水剂/氟磺胺草醚 250克/升/2008.04.21 至 2009.04.21/低毒
春大豆 一年生阔叶杂草 375-450克/公顷 茎叶喷雾

LS20051765 咪唑乙烟酸/160克/升/水剂/咪唑乙烟酸 160克/升/2008.05.16 至 2009.05.16/低毒
春大豆 一年生杂草 96-120克/公顷 茎叶喷雾

LS20081087 噻吩磺隆/15%/可湿性粉剂/噻吩磺隆 15%/2009.03.10 至 2010.03.10/低毒
春大豆田 一年生阔叶杂草 22.5-33.75克/公顷 播后苗前土壤喷雾

黑龙江省哈尔滨市动力区为民消杀制剂厂 (黑龙江省哈尔滨市动力区电材三道街 150040 0451-82688116)

WP20080492 杀蟑饵粒/3%/饵粒/乙酰甲胺磷 3%/2008.12.17 至 2013.12.17/低毒
卫生 蜚蠊 / 投放

黑龙江省哈尔滨市理工大学化工厂　(黑龙江省哈尔滨市南岗区学府路52号　150080　0451-86669387)

PD20080061　苯噻酰·苄/53%/可湿性粉剂/苯噻酰草胺 50%、苄嘧磺隆 3%/2008.01.04 至 2013.01.04/低毒
水稻移栽田　一年生及部分多年生杂草　556.5-636克/公顷(北方地区)　药土法
318-397.5克/公顷(南方地区)

PD20084774　霜脲·锰锌/36%/悬浮剂/代森锰锌 32%、霜脲氰 4%/2008.12.22 至 2013.12.22/低毒
黄瓜　霜霉病　1440-1800克/公顷　喷雾

PD20095469　异丙草胺/50%/乳油/异丙草胺 50%/2009.05.11 至 2014.05.11/低毒
春大豆田　部分阔叶杂草、一年生禾本科杂草　1500-1875克/公顷　喷雾

PD20097362　混合氨基酸铜/10%/水剂/混合氨基酸铜 10%/2009.10.27 至 2014.10.27/低毒
西瓜　枯萎病　300-450毫克/千克　灌根

黑龙江省哈尔滨市联丰农药化工有限公司　(黑龙江省哈尔滨市道外区松北区松北镇　150028　0451-88109023)

PD20081016　烯禾啶/12.5%/乳油/烯禾啶 12.5%/2008.08.06 至 2013.08.06/低毒
春大豆田　一年生禾本科杂草　187.5-243.8克/公顷(东北地区)　茎叶喷雾

PD20081034　咪唑乙烟酸/100克/升/水剂/咪唑乙烟酸 100克/升/2008.08.06 至 2013.08.06/低毒
春大豆田　一年生杂草　90-105克/公顷　茎叶喷雾

PD20081036　苄嘧磺隆/30%/可湿性粉剂/苄嘧磺隆 30%/2008.08.06 至 2013.08.06/低毒
水稻移栽田　阔叶杂草、莎草科杂草　45-90克/公顷　药土法

PD20082031　滴丁·乙草胺/70%/乳油/2,4-滴丁酯 24%、乙草胺 46%/2008.11.25 至 2013.11.25/低毒
春大豆田、春玉米田　一年生杂草　2100-2625克/公顷(东北地区)　播后苗前土壤喷雾

PD20083165　咪鲜胺/25%/乳油/咪鲜胺 25%/2008.12.11 至 2013.12.11/低毒
水稻　恶苗病　2000-4000倍液　浸种

PD20086167　2甲·灭草松/37.5%/水剂/2甲4氯 9.5%、灭草松 28%/2008.12.30 至 2013.12.30/低毒
水稻移栽田　阔叶杂草及莎草科杂草　900-1125克/公顷　茎叶喷雾

PD20090260　高氯·毒死蜱/15%/乳油/毒死蜱 13.5%、高效氯氰菊酯 1.5%/2009.01.09 至 2014.01.09/中等毒
黄瓜　美洲斑潜蝇　135-180克/公顷　喷雾

PD20090517　乳氟禾草灵/240克/升/乳油/乳氟禾草灵 240克/升/2009.01.12 至 2014.01.12/低毒
春大豆田　阔叶杂草　108-126克/公顷　喷雾

PD20095707　莎稗磷/30%/乳油/莎稗磷 30%/2009.05.15 至 2014.05.15/低毒
水稻移栽田　稗草等杂草　1)225-270克/公顷(南方地区)　药土法
2)270-315克/公顷(北方地区)

PD20097934　甲氰·氧乐果/30%/乳油/甲氰菊酯 8%、氧乐果 22%/2009.11.30 至 2014.11.30/高毒
大豆　食心虫　180-225克/公顷　喷雾

黑龙江省哈尔滨市绿海应用技术研究所　(黑龙江省哈尔滨市道里区群力乡王家店　150040　0451-82107557)

PD20097355　琥铜·乙膦铝/23%/可湿性粉剂/琥胶肥酸铜 7.5%、三乙膦酸铝 15.5%/2009.10.27 至 2014.10.27/低毒
水稻　苗期立枯病　0.6-1.2克/平方米(商品量)　苗床喷洒
甜菜　立枯病　92-115克/100千克种子　拌种

LS20030758　吲丁·萘乙酸/50%/可溶性粉剂/萘乙酸 10%、吲哚丁酸 40%/2009.01.14 至 2009.12.31/低毒
水稻　调节生长　15-20毫克/千克　茎叶喷雾

黑龙江省哈尔滨市农丰科技化工有限公司　(黑龙江省哈尔滨市呼兰区呼兰镇兰河村　150521　0451-55635617)

PD20090211　稻瘟灵/40%/乳油/稻瘟灵 40%/2009.01.09 至 2014.01.09/低毒
水稻　稻瘟病　400-600克/公顷　喷雾

PD20090222　草甘膦异丙胺盐/41%/水剂/草甘膦异丙胺盐 41%/2009.01.09 至 2014.01.09/低毒
非耕地　杂草　1230-2460克/公顷　喷雾

LS20061086　咪唑乙烟酸/5%/水剂/咪唑乙烟酸 5%/2009.05.10 至 2010.05.10/低毒
春大豆　一年生杂草　82.5-97.5克/公顷　茎叶喷雾

LS20061881　苄嘧磺隆/30%/可湿性粉剂/苄嘧磺隆 30%/2009.11.21 至 2010.11.21/低毒
水稻移栽田　阔叶杂草及莎草科杂草　67.5-90克/公顷　毒土法

LS20072020　精喹禾灵/8.8%/乳油/精喹禾灵 8.8%/2009.08.09 至 2010.08.10/低毒
春大豆田　禾本科杂草　59.4-72.6克/公顷　茎叶喷雾

LS20072137　氯嘧磺隆/20%/可湿性粉剂/氯嘧磺隆 20%/2009.09.03 至 2010.09.04/低毒
春大豆田　一年生阔叶杂草　15-30克/公顷　土壤喷雾

LS20081402　多·福/35%/悬浮种衣剂/多菌灵 15%、福美双 20%/2009.03.17 至 2010.03.17/低毒
大豆　根腐病　437.5-583.3克/100千克种子　种子包衣

LS20081545　松·喹·氟磺胺/35%/乳油/氟磺胺草醚 9.5%、精喹禾灵 2.5%、异噁草松 23%/2009.03.31 至 2010.03.31/低毒
春大豆田　一年生杂草　525-787.5克/公顷　茎叶喷雾

LS20081830　戊唑·福美双/11%/悬浮种衣剂/福美双 10.7%、戊唑醇 0.3%/2009.04.10 至 2010.04.10/低毒
玉米　丝黑穗病　220-367克/100千克种子　种子包衣

LS20090642　辛硫磷/3%/颗粒剂/辛硫磷 3%/2009.03.23 至 2010.03.23/低毒
玉米　地老虎、金针虫、蛴螬　1800-2250克/公顷　沟施

LS20091363　阿维·三唑磷 /20%/乳油/阿维菌素 0.1%、三唑磷 19.9%/2009.07.22 至 2010.07.22/中等毒(原药高毒)
水稻　二化螟　300-450克/公顷　喷雾

黑龙江省哈尔滨市农欢化工厂　(黑龙江省哈尔滨市道外区水泥路50号　150050　0451-57680921)

PD20090193 甲霜·噁霉灵/45%/可湿性粉剂/噁霉灵 27.5%、甲霜灵 17.5%/2009.01.08 至 2014.01.08/低毒

水稻 苗期立枯病、青枯病 1-1.5克/平方米 苗床喷雾

PD20090342 甲霜·噁霉灵 /3.2%/水剂/噁霉灵 2.6%、甲霜灵 0.6%/2009.01.12 至 2014.01.12/低毒

水稻苗床 立枯病 3200-4800克/公顷 喷雾

PD20092217 氰戊·马拉松/21%/乳油/马拉硫磷 15%、氰戊菊酯 6%/2009.02.24 至 2014.02.24/中等毒

棉花 棉铃虫 75-120克/公顷 喷雾

棉花 蚜虫 120-180克/公顷 喷雾

PD20095643 唑酮·福美双/45%/可湿性粉剂/福美双 40%、三唑酮 5%/2009.05.12 至 2014.05.12/低毒

水稻 恶苗病 750-1500毫克/千克 浸种

LS99751 扑·乙·滴丁酯/40%/乳油/2,4-滴丁酯 12%、扑草净 6%、乙草胺 22%/2008.12.24 至 2009.12.31/低毒

春大豆 一年生杂草 1600-2000克/公顷 播后苗前土壤喷雾

春玉米 一年生杂草 1500-1800克/公顷 土壤喷雾

黑龙江省哈尔滨正业农药有限公司 (黑龙江省哈尔滨市太平区化工路181号 150056 0451-82430333)

PD86159-6 三乙膦酸铝/40%/可湿性粉剂/三乙膦酸铝 40%/2006.05.11 至 2011.05.11/低毒

胡椒 瘟病 1克/株 灌根

棉花 疫病 1410-2820克/公顷 喷雾

蔬菜 霜霉病 1410-2820克/公顷 喷雾

水稻 稻瘟病、纹枯病 1410克/公顷 喷雾

橡胶树 割面条溃疡病 1)100倍液 2)100倍液 1) 切口涂药, 2)喷雾

烟草 黑胫病 1) 4500克/公顷,2) 0.8克/株 1) 喷雾2) 灌根

PD20080393 S-氰戊菊酯/50克/升/乳油/S-氰戊菊酯 50克/升/2008.02.29 至 2013.02.28/中等毒

甘蓝 菜青虫 7.5-15克/公顷 喷雾

棉花 棉铃虫 18.75-26.25克/公顷 喷雾

苹果树 桃小食心虫 16-25毫克/千克 喷雾

小麦 蚜虫 9-11.25克/公顷 喷雾

PD20080647 氟乐灵/480克/升/乳油/氟乐灵 480克/升/2008.05.13 至 2013.05.13/低毒

大豆田 部分阔叶杂草、一年生禾本科杂草 900-1260克/公顷 播前土壤处理

PD20080734 精喹禾灵/50克/升/乳油/精喹禾灵 50克/升/2008.06.11 至 2013.06.11/低毒

春大豆田 一年生禾本科杂草 60-75克/公顷(东北地区) 喷雾

PD20081273 噁草酮/120克/升/乳油/噁草酮 120克/升/2008.09.25 至 2013.09.25/低毒

水稻田 杂草 360-480克/公顷 喷雾

PD20081279 溴氰菊酯/25克/升/乳油/溴氰菊酯 25克/升/2008.09.25 至 2013.09.25/中等毒

茶树 害虫 3.75-7.5克/公顷 喷雾

柑橘树 害虫 12.5-16.6毫克/千克 喷雾

棉花 红铃虫、棉铃虫、棉蚜 11.25-18.75克/公顷 喷雾

苹果树 桃小食心虫 12.5-16.6毫克/千克 喷雾

烟草 烟青虫 7.5-9克/公顷 喷雾

叶菜类蔬菜 菜青虫、蚜虫 11.25-18.75克/公顷 喷雾

PD20083128 烯禾啶/12.5%/乳油/烯禾啶 12.5%/2008.12.10 至 2013.12.10/低毒

大豆田、花生田、棉花田、亚麻 一年生禾本科杂草 124.5-187.5克/公顷 喷雾

PD20090742 氰戊·马拉松/21%/乳油/马拉硫磷 15%、氰戊菊酯 6%/2009.01.19 至 2014.01.19/中等毒

苹果树 蚜虫 50-70毫克/千克 喷雾

PD20096121 甲氰菊酯/20%/乳油/甲氰菊酯 20%/2009.06.18 至 2014.06.18/中等毒

甘蓝 菜青虫 75-90克/公顷 喷雾

柑橘树 红蜘蛛 67-100毫克/千克 喷雾

棉花 棉铃虫 90-120克/公顷 喷雾

苹果树 山楂红蜘蛛 100毫克/千克 喷雾

黑龙江省哈尔滨周元有害生物防制科技有限公司 (黑龙江省哈尔滨市南岗区河沟街1号 150001 0451-53003331)

WL20060197 杀蟑饵粒/1%/饵粒/乙酰甲胺磷 1%/2009.12.06 至 2010.12.06/低毒

卫生 蜚蠊 / 投放

WL20070015 杀蟑胶饵/1%/胶饵/乙酰甲胺磷 1%/2010.01.31 至 2011.01.31/低毒

卫生 蜚蠊 / 投放

黑龙江省鹤岗市清华紫光英力农化有限公司 (黑龙江省鹤岗市工农区禾友路58号 154108 0468-3405275)

PD20070407 敌稗/97%/原药/敌稗 97%/2007.11.05 至 2012.11.05/低毒

PD20080331 百草枯/42%/母液/百草枯 42%/2008.02.26 至 2013.02.26/中等毒

PD20093455 百草枯/200克/升/水剂/百草枯 200克/升/2009.03.23 至 2014.03.23/中等毒

非耕地、苹果园 杂草 600-900克/公顷 定向喷雾

LS20072546 敌草隆/97%/原药/敌草隆 97%/2009.12.04 至 2010.12.05/低毒

LS20083078 敌稗/360克/升/乳油/敌稗 360克/升/2009.10.21 至 2010.10.21/低毒

水稻移栽田 稗草等杂草 8250-12450毫升(制剂)/公顷 喷雾

黑龙江省化工研究院 （黑龙江省哈尔滨市道里区新阳路540号 150076 0451-84604133）

PD20082152 乙氧氟草醚/24%/乳油/乙氧氟草醚 24%/2008.11.25 至 2013.11.25/低毒
林业苗圃 一年生杂草 270-360克/公顷 喷雾
水稻移栽田 一年生杂草 72-108克/公顷(东北地区) 毒土法
54-72克/公顷(其它地区)

PD20085917 霜霉威盐酸盐/722克/升/水剂/霜霉威盐酸盐 722克/升/2008.12.29 至 2013.12.29/低毒
黄瓜 霜霉病 649.8-1083克/公顷 喷雾

黑龙江省佳木斯黑龙农药化工股份有限公司 （黑龙江省佳木斯市东风区长安路114号 154005 0454-8330810）

PD85102-11 2甲4氯钠盐/13%/水剂/2甲4氯钠 13%/2010.01.21 至 2015.01.21/低毒
水稻 多种杂草 450-900克/公顷 喷雾
小麦 多种杂草 600-900克/公顷 喷雾

PD85103-3 2甲4氯钠盐/56%/可溶粉剂/2甲4氯钠 56%/2010.01.24 至 2015.01.24/低毒
水稻 三棱草、眼子菜 450-900克/公顷 喷雾
小麦、玉米 阔叶杂草 900-1200克/公顷 喷雾

PD85151 2,4-滴丁酯/72%/乳油/2,4-滴丁酯 72%/2005.08.15 至 2010.08.15/低毒
小麦 双子叶杂草 525克/公顷 喷雾
玉米 双子叶杂草 1)1050克/公顷 1)苗前土壤处理
2)450-525克/公顷 2)喷雾

PD20070535 高效氟吡甲禾灵/98%/原药/高效氟吡甲禾灵 98%/2007.12.03 至 2012.12.03/低毒

PD20080544 氟磺胺草醚/25%/水剂/氟磺胺草醚 25%/2008.05.08 至 2013.05.08/低毒
大豆田 一年生阔叶杂草 225-375克/公顷 喷雾

PD20080549 精喹禾灵/5%/乳油/精喹禾灵 5%/2008.05.08 至 2013.05.08/低毒
春大豆田 一年生禾本科杂草 60-75克/公顷 茎叶喷雾
棉花田 一年生禾本科杂草 37.5-60克/公顷 喷雾

PD20080629 精吡氟禾草灵/92%/原药/精吡氟禾草灵 92%/2008.05.13 至 2013.05.13/低毒

PD20081398 噁草酮/120克/升/乳油/噁草酮 120克/升/2008.10.28 至 2013.10.28/低毒
移栽水稻田 一年生禾本科杂草及阔叶杂草 270-450克/公顷 瓶洒

PD20081469 噁草酮/96%/原药/噁草酮 96%/2008.11.04 至 2013.11.04/低毒

PD20081549 咪唑乙烟酸/5%/水剂/咪唑乙烟酸 5%/2008.11.11 至 2013.11.11/低毒
春大豆田 一年生阔叶杂草 75-90克/公顷 喷雾

PD20081778 高效氟吡甲禾灵/108克/升/乳油/高效氟吡甲禾灵 108克/升/2008.11.19 至 2013.11.19/低毒
春大豆田 一年生禾本科杂草 45-52.5克/公顷 茎叶喷雾
棉花田 一年生禾本科杂草 40.5-48.6克/公顷 茎叶喷雾
油菜田 一年生禾本科杂草 32.4-48.6克/公顷 茎叶喷雾

PD20082292 精吡氟禾草灵/15%/乳油/精吡氟禾草灵 15%/2008.12.01 至 2013.12.01/低毒
春大豆田 一年生禾本科杂草 112.5-135克/公顷 茎叶喷雾
花生田 一年生禾本科杂草 112.5-150克/公顷 茎叶喷雾
棉花田 一年生禾本科杂草 90-150克/公顷 茎叶喷雾

PD20083982 2甲4氯/95%/原药/2甲4氯 95%/2008.12.16 至 2013.12.16/低毒

PD20085344 2甲4氯钠/88%/原药/2甲4氯钠 88%/2008.12.24 至 2013.12.24/低毒

PD20086013 2甲4氯钠/40%/可湿性粉剂/2甲4氯钠 40%/2008.12.29 至 2013.12.29/低毒
水稻移栽田 阔叶杂草、莎草科杂草 600-900克/公顷 茎叶喷雾

PD20093300 2甲·灭草松/25%/水剂/2甲4氯钠 12%、灭草松 13%/2009.03.13 至 2014.03.13/低毒
水稻移栽田 阔叶杂草、莎草科杂草 825-1125克/公顷 喷雾

PD20094154 咪鲜胺/25%/乳油/咪鲜胺 25%/2009.03.27 至 2014.03.27/低毒
柑橘 蒂腐病、绿霉病、青霉病 250-500毫克/千克 浸果
水稻 稻瘟病 225-337.5克/公顷 喷雾
水稻 恶苗病 62.5-125毫克/千克 浸种

PD20094777 2,4-滴钠盐/85%/可溶粉剂/2,4-滴钠盐 85%/2009.04.13 至 2014.04.13/低毒
春小麦田 一年生阔叶杂草 1083.8-1593.8克/公顷 茎叶喷雾

PD20095714 2,4-滴丁酯/92%/原药/2,4-滴丁酯 92%/2009.05.18 至 2014.05.18/中等毒

PD20095892 扑·乙·滴丁酯/50%/乳油/2,4-滴丁酯 15%、扑草净 3%、乙草胺 32%/2009.05.31 至 2014.05.31/低毒
春大豆田 一年生杂草 1500-1875克/公顷 喷雾
春玉米田 一年生杂草 1575-2100克/公顷(东北地区) 喷雾

PD20096553 嗪酮·乙草胺/50%/乳油/嗪草酮 10%、乙草胺 40%/2009.08.24 至 2014.08.24/低毒
春大豆田 一年生杂草 1125-1500克/公顷 土壤喷雾
春玉米田 一年生杂草 1125-1500克/公顷(东北地区) 土壤喷雾
马铃薯田 一年生杂草 1275-1875克/公顷 土壤喷雾

PD20096701 噻吩磺隆/75%/水分散粒剂/噻吩磺隆 75%/2009.09.07 至 2014.09.07/低毒
春大豆田 多年生阔叶杂草、一年生阔叶杂草 16.8-22.5克/公顷 播后苗前土壤喷雾

PD20098432 2,4-滴/96%/原药/2,4-滴丁酯 96%/2009.12.24 至 2014.12.24/低毒

PD20098473 噻吩磺隆/25%/可湿性粉剂/噻吩磺隆 25%/2009.12.24 至 2014.12.24/低毒

春大豆田、春玉米田 一年生阔叶杂草 30-37.5克/公顷 喷雾
LS991200 2,4-滴二甲胺盐/55%/水剂/2,4-滴二甲胺盐 55%/2009.01.01 至 2009.12.31/低毒
春小麦 一年生阔叶杂草 990-1237.5克/公顷 茎叶喷雾
LS2001723 2,4-滴丁酯/58%/乳油/2,4-滴丁酯 58%/2009.01.01 至 2009.12.31/低毒
春小麦 一年生阔叶杂草 348-435克/公顷(东北地区) 喷雾
春玉米 一年生阔叶杂草 609-696克/公顷(东北地区) 喷雾

黑龙江省佳木斯市恺乐农药有限公司 (黑龙江省佳木斯市长安路101号 154005 0454-6113806)

PD85122-2 福美双/50%/可湿性粉剂/福美双 50%/2006.03.09 至 2011.03.09/中等毒
黄瓜 白粉病、霜霉病 500-1000倍液 喷雾
葡萄 白腐病 500-1000倍液 喷雾
水稻 稻瘟病、胡麻叶斑病 250克/100千克种子 拌种
甜菜、烟草 根腐病 500克/500千克温床土 土壤处理
小麦 白粉病、赤霉病 500倍液 喷雾
PD85140-2 拌·福/40%/可湿性粉剂/拌种灵 20%、福美双 20%/2006.03.09 至 2011.03.09/低毒
高粱 黑穗病 120-200克/100千克种子 拌种
红麻 炭疽病 160倍液 浸种
花生 锈病 500倍液 喷雾
棉花 苗期病害 200克/100千克种子 拌种
小麦 黑穗病 40-80克/100千克种子 拌种
玉米 黑穗病 200克/100千克种子 拌种
PD20080028 精喹禾灵/5%/乳油/精喹禾灵 5%/2008.01.04 至 2013.01.04/低毒
春大豆田 一年生禾本科杂草 52.5-75克/公顷 喷雾
花生田 一年生禾本科杂草 45-60克/公顷 喷雾
棉花田 一年生禾本科杂草 37.5-60克/公顷 喷雾
油菜田 一年生禾本科杂草 30-45克/公顷 喷雾
PD20080165 氟磺胺草醚/85%/原药/氟磺胺草醚 85%/2008.01.04 至 2013.01.04/低毒
PD20080624 氟乐灵/480克/升/乳油/氟乐灵 480克/升/2008.05.12 至 2013.05.12/低毒
大豆田 一年生禾本科杂草及部分阔叶杂草 900-1260克/公顷 播前喷雾土壤
PD20080648 乳氟禾草灵/80%/原药/乳氟禾草灵 80%/2008.05.13 至 2013.05.13/低毒
PD20080782 乳氟禾草灵/240克/升/乳油/乳氟禾草灵 240克/升/2008.06.20 至 2013.06.20/低毒
春大豆田 一年生阔叶杂草 108-144克/公顷(东北地区) 茎叶喷雾
花生田 一年生阔叶杂草 54-108克/公顷 茎叶喷雾
夏大豆田 一年生阔叶杂草 90-108克/公顷(其它地区) 茎叶喷雾
PD20081389 氟磺胺草醚/250克/升/水剂/氟磺胺草醚 250克/升/2008.10.28 至 2013.10.28/低毒
大豆田 一年生阔叶杂草 250-500克/公顷 喷雾
PD20081577 精吡氟禾草灵/150克/升/乳油/精吡氟禾草灵 150克/升/2008.11.12 至 2013.11.12/低毒
大豆、甜菜 一年生禾本科杂草 112.5-150克/公顷 茎叶喷雾
PD20081596 烯禾啶/12.5%/乳油/烯禾啶 12.5%/2008.11.12 至 2013.11.12/低毒
大豆田 一年生禾本科杂草 124.5-187.5克/公顷 喷雾
PD20085424 乙草胺/900克/升/乳油/乙草胺 900克/升/2008.12.24 至 2013.12.24/低毒
春大豆田 一年生禾本科杂草及部分阔叶杂草 1350-1890克/公顷 播后苗前土壤喷雾
夏大豆田 一年生禾本科杂草及部分阔叶杂草 810-1350克/公顷 播后苗前土壤喷雾
PD20085425 灭草松/480克/升/水剂/灭草松 480克/升/2008.12.24 至 2013.12.24/低毒
春大豆田 一年生阔叶杂草及莎草科杂草 1440—1800克/公顷 茎叶喷雾
PD20085737 咪唑乙烟酸/50克/升/水剂/咪唑乙烟酸 50克/升/2008.12.26 至 2013.12.26/低毒
春大豆田 一年生杂草 75-101.25克/公顷 播后苗前土壤喷雾
PD20090259 氟磺胺草醚/20%/乳油/氟磺胺草醚 20%/2009.01.09 至 2014.01.09/低毒
春大豆田 一年生阔叶杂草 210-270克/公顷 茎叶喷雾
LS20062016 莎稗磷/90%/原药/莎稗磷 90%/2009.12.25 至 2010.12.25/低毒
LS20070917 莎稗磷/30%/乳油/莎稗磷 30%/2009.04.18 至 2010.04.19/低毒
移栽水稻田 莎草及稗草 225-270克/公顷 毒土法

黑龙江省佳木斯兴宇生物技术开发有限公司 (黑龙江省佳木斯市杏林路307号 154002 0454-8330400)

PD20097671 甲氨基阿维菌素苯甲酸盐(90%)///原药/甲氨基阿维菌素 79.1%/2009.11.04 至 2014.11.04/中等毒
LS20052763 阿维菌素/1.8%/乳油/阿维菌素 1.8%/2008.08.21 至 2009.08.21/中等毒(原药高毒)
十字花科蔬菜 小菜蛾 8.1-10.8克/公顷 喷雾
LS20061859 甲氨基阿维菌素苯甲酸盐/1%/乳油/甲氨基阿维菌素苯甲酸盐 1%/2009.11.15 至 2010.11.15/低毒
十字花科蔬菜 小菜蛾 1.5-2.25克/公顷 喷雾
LS20070075 甲氨基阿维菌素苯甲酸盐/5%/可溶粒剂/甲氨基阿维菌素苯甲酸盐 5%/2009.01.29 至 2010.01.29/低毒
十字花科蔬菜 小菜蛾 2.25-3克/公顷 喷雾
LS20071950 甲氨基阿维菌素苯甲酸盐/1%/泡腾片剂/甲氨基阿维菌素苯甲酸盐 1%/2009.08.07 至 2010.08.08/低毒

十字花科蔬菜　小菜蛾　2.25-3克/公顷　喷雾

LS20080442　甲维·苏云菌/0.5%/悬浮剂/甲氨基阿维菌素苯甲酸盐 0.5%、苏云金杆菌 4000IU/毫克/2009.02.19 至 2010.02.20/低毒

十字花科蔬菜　小菜蛾　450-600克制剂/公顷　喷雾

LS20090302　多·福·甲维盐/20.5%/悬浮种衣剂/多菌灵 10%、福美双 10%、甲氨基阿维菌素苯甲酸盐 0.5%/2009.02.25 至 2010.02.25/低毒

大豆　孢囊线虫、根腐病　1:60-80（药种比）　种子包衣

LS20090615　高氯·甲维盐/5%/微乳剂/高效氯氰菊酯 4%、甲氨基阿维菌素苯甲酸盐 1%/2009.03.23 至 2010.03.23/低毒

甘蓝　小菜蛾　4.5-9克/公顷　喷雾

黑龙江省绿洲农药厂　（黑龙江省嫩江县尖山农场场直5委422号　161444　0456-7891324）

PD20084851　精喹禾灵/5%/乳油/精喹禾灵 5%/2008.12.22 至 2013.12.22/低毒

春大豆田　一年生禾本科杂草　52.5-75克/公顷(东北地区)　茎叶喷雾

PD20085778　高效氟吡甲禾灵/108克/升/乳油/高效氟吡甲禾灵 108克/升/2008.12.29 至 2013.12.29/低毒

春大豆田　一年生禾本科杂草　48.6-51.8克/公顷　茎叶喷雾

PD20086231　乙草胺/900克/升/乳油/乙草胺 900克/升/2008.12.31 至 2013.12.31/低毒

春大豆田　一年生禾本科杂草及部分小粒种子阔叶杂草　1620-1890克/公顷　土壤喷雾

春玉米田　部分阔叶杂草、一年生禾本科杂草　1620-1890克/公顷　土壤喷雾

PD20091049　氟磺胺草醚/12.8%/乳油/氟磺胺草醚 12.8%/2009.01.21 至 2014.01.21/低毒

春大豆田　一年生阔叶杂草　192—288克/公顷　茎叶喷雾

PD20092303　福·克/20%/悬浮种衣剂/福美双 10%、克百威 10%/2009.02.24 至 2014.02.24/高毒

玉米　地老虎、茎腐病、金针虫、蝼蛄、蛴螬　1:30-40(药种比)　种子包衣

PD20093353　多·福/15%/悬浮种衣剂/多菌灵 7%、福美双 8%/2009.03.18 至 2014.03.18/低毒

小麦　根腐病、黑穗病　1:50-100(药种比)　种子包衣

LS20061054　咪唑乙烟酸/5%/水剂/咪唑乙烟酸 5%/2008.05.10 至 2009.05.10/低毒

春大豆　一年生杂草　90—112.5克/公顷　茎叶喷雾

黑龙江省苗必壮农业科技有限公司　（黑龙江省绥化市　152000　0455-8313218）

PD20094289　甲霜·福美双/3.3%/粉剂/福美双 2.4%、甲霜灵 0.9%/2009.03.31 至 2014.03.31/低毒

水稻　立枯病　8250-10890克/公顷　苗床撒施

黑龙江省牡丹江金达农化有限公司　（黑龙江省牡丹江市海浪路87号　157000　）

PD20095796　甲霜·福美双/3.3%/粉剂/福美双 2.4%、甲霜灵 0.9%/2009.05.27 至 2014.05.27/低毒

水稻　立枯病　0.825-1.2375克/平方米　苗床撒施

黑龙江省牡丹江农垦朝阳化工有限公司　（黑龙江省鸡西市密山市八五七农场　158322　0467-5079171）

PD20084714　福·克/20%/悬浮种衣剂/福美双 10%、克百威 10%/2008.12.22 至 2013.12.22/高毒

玉米　地下害虫　1:50(药种比)　种子包衣

PD20084720　多·福·克/35%/悬浮种衣剂/多菌灵 15%、福美双 10%、克百威 10%/2008.12.22 至 2013.12.22/高毒

大豆　根腐病、蓟马、蚜虫　1.5-2%种子重　种子包衣

PD20084978　多·福/14%/悬浮种衣剂/多菌灵 5%、福美双 9%/2008.12.22 至 2013.12.22/低毒

小麦　根腐病、黑穗病　140-210克/100千克种子　种子包衣

PD20090400　噁霉·稻瘟灵/21%/乳油/稻瘟灵 11%、噁霉灵 10%/2009.01.12 至 2014.01.12/低毒

水稻　苗期立枯病　2-3毫升制剂/平方米　苗床喷洒

LS20060333　滴丁·乙草胺/50%/乳油/2,4-滴丁酯 17.1%、乙草胺 32.9%/2008.03.01 至 2009.03.01/低毒

春大豆　一年生杂草　1500-1875克/公顷　土壤喷雾

LS20060378　嗪酮·乙草胺/45%/乳油/嗪草酮 9%、乙草胺 36%/2008.03.05 至 2009.03.05/低毒

春大豆　一年生杂草　1687.5-2025克/公顷　土壤喷雾

黑龙江省牡丹江市水稻壮秧剂厂　（黑龙江省牡丹江市西安区温春镇桥南　157041　0453-6402938）

PD20086186　2甲·灭草松/37.5%/水剂/2甲4氯钠 5.5%、灭草松 32%/2008.12.30 至 2013.12.30/低毒

水稻移栽田　阔叶杂草及莎草科杂草　1125-1406.25克/公顷　喷雾

PD20092747　甲霜·福美双/0.8%/粉剂/福美双 0.3%、甲霜灵 0.5%/2009.03.04 至 2014.03.04/低毒

水稻　立枯病　1.2-1.6克/平方米　撒施

黑龙江省嫩江绿芳化工有限公司　（黑龙江省嫩江县前进工业小区　161400　0456-7558775）

PD20082339　咪唑乙烟酸/16%/水剂/咪唑乙烟酸 16%/2008.12.01 至 2013.12.01/低毒

春大豆田　一年生杂草　96-120克/公顷　茎叶喷雾

PD20082559　氟磺胺草醚/25%/水剂/氟磺胺草醚 25%/2008.12.04 至 2013.12.04/低毒

春大豆田　一年生阔叶杂草　337.5-412.5克/公顷　茎叶喷雾

PD20085505　精喹禾灵/5%/乳油/精喹禾灵 5%/2008.12.25 至 2013.12.25/低毒

春大豆田　一年生禾本科杂草　52.5-60克/公顷　喷雾

PD20091043　异噁草松/480克/升/乳油/异噁草松 480克/升/2009.01.21 至 2014.01.21/低毒

春大豆田　一年生杂草　936-1152克/公顷　茎叶喷雾

PD20091471　烯草酮/240克/升/乳油/烯草酮 240克/升/2009.02.02 至 2014.02.02/低毒

春大豆田　一年生禾本科杂草　90-108克/公顷　茎叶喷雾

PD20091619　烯禾啶/12.5%/乳油/烯禾啶 12.5%/2009.02.03 至 2014.02.03/低毒

春大豆田　禾本科杂草　187.5-225克/公顷　茎叶喷雾

PD20094245　磷化铝/56%/片剂/磷化铝 56%/2009.03.31 至 2014.03.31/高毒

粮仓 仓储害虫 4-8克/1000千克粮食 密闭熏蒸

LS20071647 2,4-滴异辛酯/55%/水乳剂/2,4-滴异辛酯 55%/2009.06.06 至 2010.06.07/低毒
春小麦田 阔叶杂草 495-660克/公顷 茎叶喷雾

LS20071700 莎稗磷/30%/乳油/莎稗磷 30%/2009.06.24 至 2010.06.25/低毒
移栽水稻田 莎草及稗草 225-315克/公顷 茎叶喷雾

LS20080533 2,4-滴异辛酯/96%/原药/2,4-滴异辛酯 96%/2009.02.22 至 2010.02.22/低毒

LS20083069 2,4-滴异辛酯/900克/升/乳油/2,4-滴异辛酯 900克/升/2009.10.09 至 2010.10.09/低毒
春大豆田、春玉米田 一年生阔叶杂草 573.5-675克/公顷 播后苗前土壤喷雾
春小麦田 一年生阔叶杂草 405-472.5克/公顷 茎叶喷雾

黑龙江省平山林业制药厂 (黑龙江省哈尔滨市阿城市平山镇 150324 0451-53834374)

PD88106 敌敌畏/2%/烟剂/敌敌畏 2%/2008.06.05 至 2013.06.05/低毒
林木 松毛虫、天幕毛虫、杨柳毒蛾、竹蝗 150-300克/公顷 点燃放烟

PD20080696 敌敌畏/22.5%/油剂/敌敌畏 22.5%/2008.06.04 至 2013.06.04/中等毒
林木 松毛虫 1)1200-2400克/公顷 2)600-1200克/公顷 1)地面超低量喷雾2)飞机超低量喷雾

PD20092899 乙草胺/25%/微囊悬浮剂/乙草胺 25%/2009.03.05 至 2014.03.05/低毒
春大豆田 一年生禾本科杂草及部分小粒种子阔叶杂草 1125-1500克/公顷 播后苗前土壤喷雾

PD20093113 百菌清/10%/烟剂/百菌清 10%/2009.03.10 至 2014.03.10/低毒
黄瓜(保护地) 霜霉病 750-1200克/公顷 点燃放烟

PD20095910 溴敌隆/0.005%/毒饵/溴敌隆 0.005%/2009.06.02 至 2014.06.02/低毒(原药高毒)
农田 田鼠 饱和投饵 投饵

PD20096034 高效氯氰菊酯/3%/微囊悬浮剂/高效氯氰菊酯 3%/2009.06.15 至 2014.06.15/低毒
杨树 天牛 30-60毫克/千克 喷雾

LS20052597 阿维菌素/1.2%/微囊悬浮剂/阿维菌素 1.2%/2008.08.14 至 2009.08.14/低毒(原药高毒)
苹果 红蜘蛛 3-6毫克/千克 喷雾

LS20061406 儿茶素/20%/母药/儿茶素 20%/2009.06.29 至 2010.06.29/低毒

LS20061445 儿茶素/1.1%/可湿性粉剂/儿茶素 1.1%/2009.07.12 至 2010.07.12/低毒
番茄 灰霉病 21-31克/公顷 喷雾
黄瓜 黑星病 31-62克/公顷 喷雾

LS20071802 高效氯氟氰菊酯/2.5%/微囊悬浮剂/高效氯氟氰菊酯 2.5%/2009.07.09 至 2010.07.10/中等毒
十字花科蔬菜 菜青虫 6.25-7.5克/公顷 喷雾

LS20081629 烟碱·苦参碱/1.2%/烟剂/苦参碱 0.5%、烟碱 0.7%/2009.04.03 至 2010.04.03/低毒
松树 松毛虫 180-360克/公顷 点燃放烟

LS20091033 丁草胺/25%/微囊悬浮剂/丁草胺 25%/2009.04.13 至 2010.04.13/低毒
移栽水稻田 一年生杂草 150－250毫升制剂/亩 土壤喷雾

WP20090055 杀虫喷射剂/0.3%/微囊悬浮剂/炔丙菊酯 0.1%、右旋苯醚菊酯 0.2%/2009.01.21 至 2014.01.21/低毒
卫生 蜚蠊 / 喷雾

黑龙江省齐齐哈尔市合成助剂厂 (黑龙江省齐齐哈尔市建华区高炉委27号 161000 0452-2115683)

PD20084174 多·福/15%/悬浮种衣剂/多菌灵 7%、福美双 8%/2008.12.16 至 2013.12.16/中等毒
小麦 根腐病、黑穗病 214-300克/100千克种子 种子包衣

PD20084449 多·福·克/35%/悬浮种衣剂/多菌灵 15%、福美双 10%、克百威 10%/2008.12.17 至 2013.12.17/高毒
大豆 孢囊线虫、地下害虫、根腐病 1.6-2%种子重 种子包衣

PD20084569 多·福·克/30%/悬浮种衣剂/多菌灵 10%、福美双 10%、克百威 10%/2008.12.18 至 2013.12.18/高毒
大豆 地下害虫、根腐病 1:60-80(药种比) 种子包衣
玉米 地下害虫 1:50-60(药种比) 种子包衣

PD20091357 戊唑·福美双 /6%/可湿性粉剂/福美双 4%、戊唑醇 2%/2009.02.02 至 2014.02.02/低毒
小麦 散黑穗病 6-8克/100千克种子 拌种
玉米 丝黑穗病 18-30克/100千克种子 拌种

PD20091480 克百威/9%/悬浮种衣剂/克百威 9%/2009.02.04 至 2014.02.04/高毒
大豆 地下害虫 1:50-60(药种比) 种子包衣
玉米 地下害虫 180-225/100千克种子 种子包衣

PD20092008 克·戊·三唑酮/8.1%/悬浮种衣剂/克百威 7%、三唑酮 0.9%、戊唑醇 0.2%/2009.02.12 至 2014.02.12/中等毒(原药高毒)
玉米 地下害虫、丝黑穗病 1:35-45(药种比) 种子包衣

PD20093676 氟磺胺草醚/250克/升/水剂/氟磺胺草醚 250克/升/2009.03.25 至 2014.03.25/低毒
春大豆田 一年生阔叶杂草 225-375克/公顷 茎叶喷雾

PD20093754 精喹禾灵/8.8%/乳油/精喹禾灵 8.8%/2009.03.25 至 2014.03.25/低毒
大豆 一年生禾本科杂草 39.6-52.8克/公顷 喷雾

PD20094224 氟磺胺草醚/20%/乳油/氟磺胺草醚 20%/2009.03.31 至 2014.03.31/低毒
春大豆田 一年生阔叶杂草 270－330克/公顷 茎叶喷雾

PD20094243 灭草松/480克/升/水剂/灭草松 480克/升/2009.03.31 至 2014.03.31/低毒
移栽水稻田 阔叶杂草及莎草科杂草 1080-1440克/公顷 茎叶喷雾

PD20094244 喹·唑·氟磺胺/20%/乳油/氟磺胺草醚 14%、精喹禾灵 3%、咪唑乙烟酸 3%/2009.03.31 至 2014.03.31/低毒
春大豆田 一年生杂草 300-450克/公顷(东北地区) 茎叶喷雾

PD20096517 咪唑乙烟酸/10%/水剂/咪唑乙烟酸 10%/2009.08.19 至 2014.08.19/低毒
春大豆田 一年生杂草 100-150克/公顷 喷雾

LS20080366 辛硫磷/5%/颗粒剂/辛硫磷 5%/2009.02.18 至 2010.02.19/低毒
大豆 地下害虫 1875-3000克/公顷 撒施

LS20091021 丙草胺/50%/水乳剂/丙草胺 50%/2009.04.13 至 2010.04.13/低毒
移栽水稻田 一年生杂草 900—1200毫升制剂/公顷 毒土法

黑龙江省齐齐哈尔市田丰农药化工有限公司 (黑龙江省齐齐哈尔市龙沙区明海公路48号 161005 0452-2347251)

PD20081604 氟磺胺草醚/250克/升/水剂/氟磺胺草醚 250克/升/2008.11.12 至 2013.11.12/低毒
春大豆田 一年生阔叶杂草 450-562.5克/公顷 茎叶喷雾

PD20082310 二氯喹啉酸/25%/可湿性粉剂/二氯喹啉酸 25%/2008.12.01 至 2013.12.01/低毒
水稻直播田 稗草 225-375克/公顷 茎叶喷雾

PD20082515 精喹禾灵/17.5%/乳油/精喹禾灵 17.5%/2008.12.03 至 2013.12.03/低毒
春大豆田 一年生禾本科杂草 52.5-65.6克/公顷 茎叶喷雾

PD20082696 吡嘧磺隆/10%/可湿性粉剂/吡嘧磺隆 10%/2008.12.05 至 2013.12.05/低毒
水稻移栽田 稗草、莎草及阔叶杂草 15-30克/公顷 药土法

PD20083654 咪唑乙烟酸/10%/水剂/咪唑乙烟酸 10%/2008.12.12 至 2013.12.12/低毒
春大豆田 一年生杂草 90-105克/公顷 茎叶喷雾

PD20095015 多·福/30%/可湿性粉剂/多菌灵 15%、福美双 15%/2009.04.21 至 2014.04.21/低毒
辣椒 立枯病 3-4.5克/平方米 每平米的用药量与15-20千克细土混匀,其中1/3的量撒于苗床底部,2/3的量覆盖在种子上面。

PD20097357 琥铜·乙膦铝/50%/可湿性粉剂/琥胶肥酸铜 30%、三乙膦酸铝 20%/2009.10.27 至 2014.10.27/低毒
黄瓜 霜霉病 1125-1410克/公顷 喷雾

LS981558 吗胍·乙酸铜/20%/可湿性粉剂/盐酸吗啉胍 16%、乙酸铜 4%/2009.02.27 至 2009.12.31/低毒
番茄 病毒病 499.5-750克/公顷 喷雾

LS20021753 琥铜·菌核净/45%/可湿性粉剂/琥胶肥酸铜 20%、菌核净 25%/2009.03.24 至 2009.12.31/低毒
烟草 赤星病 500—600倍液 喷雾

黑龙江省齐齐哈尔四友化工有限公司 (黑龙江省齐齐哈尔市建华区北明海公路5号 161000 0452-2787111-8001)

PDN41-96 吗胍·乙酸铜/20%/可湿性粉剂/盐酸吗啉胍 10%、乙酸铜 10%/2006.05.24 至 2011.05.24/低毒
番茄 病毒病 499.5-750克/公顷 喷雾
辣椒 病毒病 360-450克/公顷 喷雾
水稻 条纹叶枯病 360-450克/公顷 喷雾
烟草 病毒病 450-600克/公顷 喷雾
注:在烟草上登记有效期至2008年12月31日止。在辣椒和水稻上登记有效期至2009年6月6日止。

PD20086070 多·福/30%/可湿性粉剂/多菌灵 15%、福美双 15%/2008.12.30 至 2013.12.30/低毒
辣椒 立枯病 3-4.5克/平方米 每平方米的用药量与15-20千克细土混匀, 其中1/3的量撒于苗床底部,2/3的量覆盖在种子上面
茄子 立枯病 24-45克/平方米 毒土处理

PD20090213 霜脲·锰锌/72%/可湿性粉剂/代森锰锌 64%、霜脲氰 8%/2009.01.09 至 2014.01.09/低毒
黄瓜 霜霉病 1440-1800克/公顷 喷雾

PD20090220 苄嘧·苯噻酰/53%/可湿性粉剂/苯噻酰草胺 50%、苄嘧磺隆 3%/2009.01.09 至 2014.01.09/低毒
水稻移栽田 部分多年生杂草、一年生杂草 397.5-477克/公顷(东北地区除外) 药土法

PD20090627 异菌脲/50%/可湿性粉剂/异菌脲 50%/2009.01.14 至 2014.01.14/低毒
番茄 灰霉病 562.5-750克/公顷 喷雾

PD20090886 甲霜·福美双 /35%/可湿性粉剂/福美双 25%、甲霜灵 10%/2009.01.19 至 2014.01.19/低毒
水稻苗床 苗期立枯病 3501.75-10500.6克/公顷 浇洒床土或秧苗喷雾

PD20090889 高效氯氟氰菊酯/25克/升/乳油/高效氯氟氰菊酯 25克/升/2009.01.19 至 2014.01.19/中等毒
十字花科蔬菜 蚜虫 7.5-15克/公顷 喷雾

PD20090981 腐霉·福美双/25%/可湿性粉剂/腐霉利 5%、福美双 20%/2009.01.20 至 2014.01.20/低毒
番茄 灰霉病 225-300克/公顷 喷雾

PD20091085 烯腺·羟烯腺/0.0002%/水剂/羟烯腺嘌呤 0.0001%、烯腺嘌呤 0.0001%/2009.01.21 至 2014.01.21/低毒

大豆、甘蓝 调节生长、增产 800-1000倍液 喷雾
PD20092566 辛硫·高氯氟/16%/乳油/高效氯氟氰菊酯 0.7%、辛硫磷 15.3%/2009.02.26 至 2014.02.26/低毒
棉花 棉铃虫 96-135克/公顷 喷雾
PD20097366 琥铜·乙膦铝/48%/可湿性粉剂/琥胶肥酸铜 20%、三乙膦酸铝 28%/2009.10.28 至 2014.10.28/低毒
黄瓜 霜霉病、细菌性角斑病 1875-2800克制剂/公顷 喷雾
PD20097367 琥胶肥酸铜/30%/可湿性粉剂/琥胶肥酸铜 30%/2009.10.28 至 2014.10.28/低毒
黄瓜 细菌性角斑病 900-1050克/公顷 喷雾
辣椒 炭疽病 292.5-418.5克/公顷 喷雾
水稻 稻曲病 375-450克/公顷 喷雾
PD20098023 吗胍·乙酸铜/60%/可溶片剂/盐酸吗啉胍 30%、乙酸铜 30%/2009.12.07 至 2014.12.07/低毒
番茄 病毒病 504-750克/公顷 喷雾
LS20011782 乙酸铜/20%/可湿性粉剂/乙酸铜 20%/2009.01.06 至 2009.12.31/低毒
柑橘树 溃疡病 800-1200倍液 喷雾
LS20020733 羟烯·吗啉胍/10%/水剂/盐酸吗啉胍 10%、羟烯腺嘌呤 0.0001%/2009.01.20 至 2009.12.31/低毒
番茄 病毒病 375-562.5克/公顷 喷雾
烟草 病毒病 280－375克/公顷 喷雾

黑龙江省双城市盖敌农药有限责任公司 （黑龙江省双城市承旭公园路北 150100 0451-53117004)

PD20086109 甲霜·噁霉灵/3%/水剂/噁霉灵 2.5%、甲霜灵 0.5%/2008.12.30 至 2013.12.30/低毒
水稻育秧田 立枯病 0.36-0.54克/平方米 喷雾
PD20090167 甲霜·福美双/40%/可湿性粉剂/福美双 30%、甲霜灵 10%/2009.01.08 至 2014.01.08/低毒
水稻 立枯病 1.0-1.5克制剂/平方米 苗床浇洒

黑龙江省绥化农垦晨环生物制剂有限责任公司 （黑龙江省绥化市绥庆路4公里处 152001 0455-8595666)

PD20083575 啶虫脒/3%/乳油/啶虫脒 3%/2008.12.12 至 2013.12.12/低毒
苹果树 蚜虫 12-20毫克/千克 喷雾
PD20084179 阿维菌素/1.8%/乳油/阿维菌素 1.8%/2008.12.16 至 2013.12.16/低毒(原药高毒)
棉花 棉铃虫 21.6-32.4克/公顷 喷雾
PD20085703 多·福·克/38%/种衣剂/多菌灵 13%、福美双 13%、克百威 12%/2008.12.26 至 2013.12.26/高毒
大豆 根腐病、金针虫、蝼蛄、蛴螬 1:60-80(药种比) 种子包衣
PD20085765 甲氨基阿维菌素苯甲酸盐/1%/乳油/甲氨基阿维菌素苯甲酸盐 1%/2008.12.29 至 2013.12.29/低毒
十字花科蔬菜 小菜蛾 1.5-3克/公顷 喷雾
LS20052923 甲氨基阿维菌素苯甲酸盐/0.2%/乳油/甲氨基阿维菌素苯甲酸盐 0.2%/2008.07.09 至 2009.07.10/低毒
十字花科蔬菜 小菜蛾 1.8-2.4克/公顷 喷雾
LS20060052 苄嘧·二甲戊/16%/可湿性粉剂/苄嘧磺隆 4%、二甲戊灵 12%/2009.01.13 至 2010.01.13/低毒
移栽水稻田 一年生杂草 96-144克/公顷 药土法
LS20060376 甲氨基阿维菌素苯甲酸盐/90%/原药/甲氨基阿维菌素苯甲酸盐 90%/2009.03.05 至 2010.03.05/中等毒
LS20061580 苄嘧·苯噻酰/53%/可湿性粉剂/苯噻酰草胺 50%、苄嘧磺隆 3%/2009.08.13 至 2010.08.13/低毒
水稻移栽田 一年生及部分多年生杂草 477-750 克/公顷 毒土法
LS20081606 阿维·三唑磷/20%/乳油/阿维菌素 0.2%、三唑磷 19.8%/2009.04.03 至 2010.04.03/低毒(原药高毒)
水稻 二化螟 180-270克/公顷 喷雾
LS20090747 甲氨基阿维菌素苯甲酸盐(1.8%)///微乳剂/甲氨基阿维菌素 1.5%/2009.03.31 至 2010.03.31/低毒
甘蓝 甜菜夜蛾 2.25-4.5克/公顷 喷雾
LS20090923 丁硫·福美双/25%/悬浮种衣剂/丁硫克百威 6%、福美双 19%/2009.04.09 至 2010.04.09/中等毒
玉米 地老虎、茎基腐病、金针虫、蝼蛄、蛴螬 417-625克/100千克种子 种子包衣

黑龙江省绥化市农业高新技术开发试验中心（黑龙江省绥化市西直南三路福野招待所 152000 0455-8325000)

PD20085080 甲霜·福美双/3%/粉剂/福美双 2.6%、甲霜灵 0.4%/2008.12.23 至 2013.12.23/微毒
水稻 苗期立枯病 0.9-1.5克制剂/平方米 苗床撒施

黑龙江省绥化市沣源复合肥料有限公司 （黑龙江省绥化市北林区绥庆路133号 152000 0455-8352402)

PD20084332 甲霜·福美双/3.3%/粉剂/福美双 2.4%、甲霜灵 0.9%/2008.12.17 至 2013.12.17/低毒
水稻苗床 立枯病 0.825-1克/平方米 药土撒施

黑龙江省卫星生物科技有限公司 （黑龙江省虎林市八五零农场 158422 0467-5982329)

PD90106-26 苏云金杆菌/2000IU/微升/悬浮剂/苏云金杆菌 2000IU/微升/2005.06.27 至 2010.06.27/低毒
茶树 茶毛虫 100-200倍液 喷雾
林木 松毛虫 100-200倍液 喷雾
棉花 二代棉铃虫 6000-7500毫升制剂/公顷 喷雾
十字花科蔬菜 菜青虫、小菜蛾 3000-4500毫升制剂/公顷 喷雾
水稻 稻纵卷叶螟 6000-7500毫升制剂/公顷 喷雾
烟草 烟青虫 6000-7500毫升制剂/公顷 喷雾
玉米 玉米螟 4500-6000毫升制剂/公顷 加细沙灌心叶
枣树 尺蠖 100-200倍液 喷雾
LS20080443 阿维菌素/18克/升/乳油/阿维菌素 18克/升/2009.02.19 至 2010.02.20/低毒(原药高毒)
十字花科蔬菜 小菜蛾 8.1-10.8克/公顷 喷雾
LS20090813 矮·烯效唑/30%/微乳剂/矮壮素 25%、烯效唑 5%/2009.04.03 至 2010.04.03/低毒
水稻 调节生长 60－80毫升制剂/亩 兑水喷雾

黑龙江省沃必达农业科技开发有限公司 （黑龙江省绥化市北林区西直北路1号 152000 0455-8321766）

PD20085378 甲霜·福美双/3.3%/粉剂/福美双 2.4%、甲霜灵 0.9%/2008.12.24 至 2013.12.24/低毒
辣椒、西瓜 苗期立枯病 0.8-1.2克/平方米 苗床拌毒土
水稻 苗期立枯病 25-33克制剂/平方米 药土撒施
PD20085763 三环唑/20%/可湿性粉剂/三环唑 20%/2008.12.29 至 2013.12.29/低毒
水稻 稻瘟病 225-375克/公顷 喷雾
PD20085777 唑酮·福美双/45%/可湿性粉剂/福美双 40%、三唑酮 5%/2008.12.29 至 2013.12.29/低毒
水稻 恶苗病 750-1000毫克/千克 浸种
PD20090452 丁·扑/1.2%/粉剂/丁草胺 1%、扑草净 0.2%/2009.01.12 至 2014.01.12/低毒
水稻苗床 一年生杂草 1200-1500克/公顷 毒土法

黑龙江省新兴农药有限责任公司 （黑龙江省哈尔滨市南岗区学府路368号 150086 0451-86671254）

PD20082835 丁·扑/1.2%/粉剂/丁草胺 1.0%、扑草净 0.2%/2008.12.09 至 2013.12.09/低毒
水稻旱育秧田 多种一年生杂草 1200-1500克/公顷 毒土法
PD20084576 多·福·克/35%/粉剂/多菌灵 15%、福美双 10%、克百威 10%/2008.12.18 至 2013.12.18/低毒(原药高毒)
大豆 地下害虫、根腐病 1:60-80(药种比) 种子包衣
PD20085853 甲霜·福美双/0.6%/粉剂/福美双 0.53%、甲霜灵 0.07%/2008.12.29 至 2013.12.29/低毒
水稻 立枯病 1.02-1.5克/平方米 混药土撒施于苗床
PD20090051 福·克/17%/悬浮种衣剂/福美双 7%、克百威 10%/2009.01.06 至 2014.01.06/中等毒(原药高毒)
玉米 地下害虫、茎基腐病 1：40－1：30（药：种比） 种子包衣
PD20090058 唑酮·福美双/50%/种衣剂/福美双 40%、三唑酮 10%/2009.01.08 至 2014.01.08/中等毒
小麦 根腐病、黑穗病 100-125克/100千克种子 种子包衣
PD20090745 多·福·克/30%/悬浮种衣剂/多菌灵 10%、福美双 10%、克百威 10%/2009.01.19 至 2014.01.19/高毒
大豆 地下害虫、根腐病 1:50-60(药种比) 种子包衣
PD20091905 敌磺钠/1.5%/可湿性粉剂/敌磺钠 1.5%/2009.02.09 至 2014.02.09/中等毒
水稻 立枯病 1.95-2.25克/平方米 苗床撒施
PD20095352 烯唑醇/5%/种子处理干粉剂/烯唑醇 5%/2009.04.27 至 2014.04.27/低毒
玉米 丝黑穗病 1:80-100（药种比） 种子包衣
LS20071578 灭草松/480克/升/水剂/灭草松 480克/升/2009.06.05 至 2010.06.06/低毒
移栽水稻田 阔叶杂草及莎草科杂草 720-1440克/公顷 茎叶喷雾

黑龙江绥农农药有限公司 （黑龙江省绥化市三河镇 152035 0455-8313381）

PD20082061 萘乙酸/0.03%/水剂/萘乙酸 0.03%/2008.11.25 至 2013.11.25/低毒
水稻秧田 调节生长 500－750倍液 茎叶喷雾
PD20082613 阿维·辛硫磷/15%/乳油/阿维菌素 0.1%、辛硫磷 14.9%/2008.12.04 至 2013.12.04/低毒(原药高毒)
十字花科蔬菜 小菜蛾 112.5-168.75克/公顷 喷雾
PD20083503 甲霜·福美双/3.3%/粉剂/福美双 2.4%、甲霜灵 .9%/2008.12.12 至 2013.12.12/低毒
水稻 立枯病 0.66－1.09克/平方米 药土法
PD20083740 萘乙酸/1%/水剂/萘乙酸 1%/2008.12.15 至 2013.12.15/低毒
水稻秧田 调节生长 500-750倍液 喷雾
PD20085487 萘乙酸/1%/可溶粉剂/萘乙酸 1%/2008.12.25 至 2013.12.25/低毒
水稻秧田 调节生长 1000－1500倍 茎叶喷雾
LS20080052 甲霜·福美双/3%/粉剂/福美双 2.6%、甲霜灵 0.4%/2010.01.03 至 2011.01.03/低毒
水稻 立枯病 0.75-0.9克/平方米 药土撒布
LS20090250 辛硫磷/3%/颗粒剂/辛硫磷 3%/2009.02.13 至 2010.02.13/低毒
花生 地老虎、金针虫、蝼蛄、蛴螬 1800-2700克/公顷 沟施
LS20091314 香菇多糖/0.5%/水剂/香菇多糖 0.5%/2009.06.02 至 2010.06.02/低毒
番茄 病毒病 11.25-18.75克/公顷 喷雾
水稻 条纹叶枯病 3.75-5.63克/公顷 喷雾

黑龙江五常农化技术有限公司 （黑龙江省哈尔滨市五常市文化路南端 150200 0451-53549035）

PD20082512 萘乙酸/1%/水剂/萘乙酸 1%/2008.12.03 至 2013.12.03/低毒
水稻秧田 调节生长 500－750倍液 兑水茎叶喷雾
PD20085532 丁·扑/40%/乳油/丁草胺 30%、扑草净 10%/2008.12.25 至 2013.12.25/低毒
水稻秧田 一年生杂草 16-20克/平方米 土壤喷雾
PD20086120 吡嘧磺隆/10%/可湿性粉剂/吡嘧磺隆 10%/2008.12.30 至 2013.12.30/低毒
移栽水稻田 一年生阔叶杂草及莎草科杂草 22.5-30克/公顷 药土法
PD20086183 2甲·灭草松/25%/水剂/2甲4氯钠 5%、灭草松 20%/2008.12.30 至 2013.12.30/低毒
水稻移栽田 阔叶杂草、莎草 937.5-1125克/公顷 茎叶喷雾
PD20090123 噁霉·福美双/36%/可湿性粉剂/噁霉灵 18%、福美双 18%/2009.01.08 至 2014.01.08/低毒
水稻苗床 立枯病 0.36-0.54克/平方米 苗床喷淋
PD20091866 丁·扑/1.15%/颗粒剂/丁草胺 1%、扑草净 0.15%/2009.02.09 至 2014.02.09/低毒
水稻(旱育秧及半旱育秧田) 一年生杂草 1150-1437.5克/公顷(东北地区） 药土法
PD20092511 甲霜·福美双/3.3%/粉剂/福美双 2.4%、甲霜灵 0.9%/2009.02.26 至 2014.02.26/低毒

水稻 立枯病 0.825-1.089克/平方米 苗床撒施

PD20094430 烯禾啶/12.5%/乳油/烯禾啶 12.5%/2009.04.01 至 2014.04.01/低毒

春大豆田 一年生禾本科杂草 187.5-225克/公顷 茎叶喷雾

PD20096266 敌磺钠/1%/可湿性粉剂/敌磺钠 1%/2009.07.20 至 2014.07.20/中等毒

水稻 苗期立枯病 1.5-1.8克/平方米 药土撒施

LS20071885 多·福/25%/悬浮种衣剂/多菌灵 15%、福美双 10%/2009.07.16 至 2010.07.17/低毒

春大豆 根腐病 1:50-1:70(药种比) 种子包衣

黑龙江远征化工农药有限责任公司 （黑龙江省绥化市庆安县久胜镇 152400 0455-4322660）

PD20096448 烯禾啶/12.5%/乳油/烯禾啶 12.5%/2009.08.05 至 2014.08.05/低毒

春大豆田 一年生禾本科杂草 187.5-225克/公顷(东北地区) 茎叶喷雾

夏大豆田 一年生禾本科杂草 150-187.5克/公顷(其它地区) 茎叶喷雾

黑龙江岱安生物科技有限公司 （黑龙江省双城市朝阳乡胜德村 150100 0451-53209304）

PD20095473 敌磺钠/1%/湿粉/敌磺钠 1%/2009.05.11 至 2014.05.11/低毒

水稻苗床 立枯病 1.5-1.8克/平方米 药土撒施

LS20081851 苄嘧磺隆/30%/可湿性粉剂/苄嘧磺隆 30%/2009.04.10 至 2010.04.10/低毒

移栽水稻田 一年生阔叶杂草及莎草科杂草 45-90克/公顷 药土法

齐齐哈尔华丰化工有限公司 （黑龙江省齐齐哈尔市建华区建华乡 161000 0452-2560635）

PD20094012 腐霉·福美双 /25%/可湿性粉剂/腐霉利 5%、福美双 20%/2009.03.27 至 2014.03.27/低毒

番茄 灰霉病 225-300克/公顷 喷雾

PD20097320 琥铜·乙膦铝/48%/可湿性粉剂/琥胶肥酸铜 20%、三乙膦酸铝 28%/2009.10.27 至 2014.10.27/低毒

黄瓜 霜霉病、细菌性角斑病 1125-1680克/公顷 喷雾

PD20097406 琥胶肥酸酮/30%/可湿性粉剂/琥胶肥酸铜 30%/2009.10.28 至 2014.10.28/低毒

黄瓜 细菌性角斑病 900-1050克/公顷 喷雾

PD20097500 烟嘧磺隆/40克/升/可分散油悬浮剂/烟嘧磺隆 40克/升/2009.11.03 至 2014.11.03/低毒

玉米田 一年生禾本科杂草及阔叶杂草 42-60克/公顷 茎叶喷雾

PD20097955 吗胍·乙酸铜/20%/可湿性粉剂/盐酸吗啉胍 16%、乙酸铜 4%/2009.12.01 至 2014.12.01/低毒

番茄 病毒病 499.5-750克/公顷 喷雾

湖北省

成都彩虹电器（集团）中南有限公司 （湖北省武穴市龙坪办事处 435402 0713-6573531）

WP20090302 杀蚊气雾剂/0.36%/气雾剂/胺菊酯 0.3%、氯氰菊酯 0.06%/2009.07.22 至 2014.07.22/微毒

卫生 蚊 / 喷雾

WP20090303 蚊香/0.25%/蚊香/富右旋反式烯丙菊酯 0.25%/2009.07.22 至 2014.07.22/微毒

卫生 蚊 / 点燃

WL20090064 杀虫气雾剂/0.55%/气雾剂/胺菊酯 0.3%、氯氰菊酯 0.2%、右旋反式氯丙炔菊酯 0.05%/2009.03.16至2010.03.16/微毒

卫生 蜚蠊、蚂蚁、蚊、蝇 / 喷雾

注:本品有壹种香型：清香型。

WL20090065 杀虫气雾剂/0.95%/气雾剂/胺菊酯 0.35%、氯菊酯 0.5%、氯氰菊酯 0.1%/2009.03.16 至 2010.03.16/微毒

卫生 蜚蠊、蚂蚁、蚊、蝇 / 喷雾

注:本品有壹种香型：清香型。

湖北犇星农化有限责任公司 （湖北省随州市经济开发区特9号 441300 0722-3587289）

PD84105-5 马拉硫磷/45%/乳油/马拉硫磷 45%/2006.02.20 至 2011.02.20/低毒

茶树 长白蚧、象甲 625-1000毫克/千克 喷雾

豆类 食心虫、造桥虫 561.5-750克/公顷 喷雾

果树 蝽蟓、蚜虫 250-333毫克/千克 喷雾

林木、牧草、农田 蝗虫 450-600克/公顷 喷雾

棉花 盲蝽蟓、蚜虫、叶跳虫 375-562.5克/公顷 喷雾

蔬菜 黄条跳甲、蚜虫 562.5-750克/公顷 喷雾

水稻 飞虱、蓟马、叶蝉 562.5-750克/公顷 喷雾

小麦 黏虫、蚜虫 562.5-750克/公顷 喷雾

PD91104-11 敌敌畏/50%/乳油/敌敌畏 48%/2006.02.21 至 2011.02.21/中等毒

茶树 食叶害虫 600克/公顷 喷雾

粮仓 多种储粮害虫 1)300-400倍液 1)喷雾

2)0.4-0.5克/立方米 2)挂条熏蒸

棉花 蚜虫、造桥虫 600-1200克/公顷 喷雾

苹果树 小卷叶蛾、蚜虫 400-500毫克/千克 喷雾

青菜 菜青虫 600克/公顷 喷雾

桑树 尺蠖 600克/公顷 喷雾

卫生 多种卫生害虫 1)250-300倍液 1)泼洒

2)0.08克/立方米 2)挂条熏蒸

小麦 黏虫、蚜虫 600克/公顷 喷雾

PD20040583 多·酮/40%/可湿性粉剂/多菌灵 35%、三唑酮 5%/2009.12.19 至 2014.12.19/低毒

小麦 白粉病、赤霉病 450-600克/公顷 喷雾

PD20090039 多·锰锌/40%/可湿性粉剂/多菌灵 16%、代森锰锌 24%/2009.01.06 至 2014.01.06/低毒

苹果 斑点落叶病 1000-1250毫克/千克 喷雾
PD20090104 甲氰·辛硫磷 /25%/乳油/甲氰菊酯 5%、辛硫磷 20%/2009.01.08 至 2014.01.08/中等毒
棉花 棉铃虫 225-345克/公顷 喷雾
PD20090953 氰戊·马拉松/20%/乳油/马拉硫磷 15%、氰戊菊酯 5%/2009.01.20 至 2014.01.20/中等毒
棉花 棉铃虫 90-150克/公顷 喷雾
苹果树 桃小食心虫 160-333毫克/千克 喷雾
十字花科蔬菜 菜青虫、蚜虫 90-150克/公顷 喷雾
小麦 蚜虫 60-90克/公顷 喷雾
PD20091223 噻嗪·杀虫单 /42%/可湿性粉剂/噻嗪酮 6%、杀虫单 36%/2009.02.01 至 2014.02.01/中等毒
水稻 稻飞虱 504-630克/公顷 喷雾
PD20093199 多·福/45%/可湿性粉剂/多菌灵 9%、福美双 36%/2009.03.11 至 2014.03.11/低毒
葡萄 霜霉病 1000-1250毫克/千克 喷雾
PD20093285 敌磺·福美双/48%/可湿性粉剂/敌磺钠 29%、福美双 19%/2009.03.11 至 2014.03.11/低毒
水稻 苗期立枯病 6120-7200克/公顷 泼浇
PD20093891 马·氰·辛硫磷 /26%/乳油/马拉硫磷 12%、氰戊菊酯 4%、辛硫磷 10%/2009.03.25 至 2014.03.25/中等毒
甘蓝 菜青虫、蚜虫 120-195克/公顷 喷雾
PD20096204 氯氰·毒死蜱/522.5克/升/乳油/毒死蜱 475克/升、氯氰菊酯 47.5克/升/2009.07.13 至 2014.07.13/中等毒
菜豆 豆荚螟 312.5-470.25克/公顷 喷雾
LS20060331 草甘膦/10%/水剂/草甘膦 10%/2008.03.01 至2009.03.01/低毒
柑橘园 杂草 1125-2250克/公顷 定向喷雾
LS20071985 联苯菊酯/25克/升/乳油/联苯菊酯 25克/升/2009.08.07 至 2010.08.08/低毒
茶树 茶小绿叶蝉 30-37.5克/公顷 喷雾
LS20072118 阿维菌素/18克/升/乳油/阿维菌素 18克/升/2009.08.29 至 2010.08.30/中等毒(原药高毒)
十字花科蔬菜 小菜蛾 8.1-10.8克/公顷 喷雾
LS20082456 阿维·高氯/1.8%/乳油/阿维菌素 0.1%、高效氯氰菊酯 1.7%/2009.04.22 至 2010.04.22/低毒(原药高毒)
黄瓜 美洲斑潜蝇 15-30克/公顷 喷雾
LS20090680 甲氨基阿维菌素苯甲酸盐(1.14%)///微乳剂/甲氨基阿维菌素 1%/2009.03.25 至 2010.03.25/中等毒
甘蓝 小菜蛾 2.25-3克/公顷 喷雾

湖北贝斯特农化有限责任公司 (湖北省随州市曾都区新街随新路1号 441334 0722-4772017)

PD84118-22 多菌灵/25%/可湿性粉剂/多菌灵 25%/2007.11.18 至 2012.11.18/低毒
果树 病害 0.05-0.1%药液 喷雾
花生 倒秧病 750克/公顷 喷雾
麦类 赤霉病 750克/公顷 喷雾,泼浇
棉花 苗期病害 500克/100千克种子 拌种
水稻 稻瘟病、纹枯病 750克/公顷 喷雾,泼浇
油菜 菌核病 1125-1500克/公顷 喷雾
PD85105-17 敌敌畏/80%/乳油/敌敌畏 77.5%(气谱法)/2008.11.27 至 2013.11.27/中等毒
茶树 食叶害虫 600克/公顷 喷雾
粮仓 多种储藏害虫 1)400-500倍液 1)喷雾
2)0.4-0.5克/立方米 2)挂条熏蒸
棉花 蚜虫、造桥虫 600-1200克/公顷 喷雾
苹果树 小卷叶蛾、蚜虫 400-500毫克/千克 喷雾
青菜 菜青虫 600克/公顷 喷雾
桑树 尺蠖 600克/公顷 喷雾
卫生 多种卫生害虫 1)300-400倍液 1)泼洒
2)0.08克/立方米 2)挂条熏蒸
小麦 黏虫、蚜虫 600克/公顷 喷雾
PD85121-26 乐果/40%/乳油/乐果 40%/2008.11.27 至 2013.11.27/中等毒
茶树 蚜虫、叶蝉、螨 1000-2000倍液 喷雾
甘薯 小象甲 2000倍液 浸鲜薯片诱杀
柑橘树、苹果树 鳞翅目幼虫、蚜虫、螨 800-1600倍液 喷雾
棉花 蚜虫、螨 450-600克/公顷 喷雾
蔬菜 蚜虫、螨 300-600克/公顷 喷雾
水稻 飞虱、螟虫、叶蝉 450-600克/公顷 喷雾
烟草 蚜虫、烟青虫 300-600克/公顷 喷雾
PD85154-29 氰戊菊酯/20%/乳油/氰戊菊酯 20%/2008.11.27 至 2013.11.27/中等毒
柑橘树 潜叶蛾 10-20毫克/千克 喷雾
果树 梨小食心虫 10-20毫克/千克 喷雾
棉花 红铃虫、蚜虫 75-150克/公顷 喷雾
蔬菜 菜青虫、蚜虫 60-120克/公顷 喷雾
PD90101-9 异丙威/2%/粉剂/异丙威 2%/2007.11.18 至 2012.11.18/中等毒
水稻 飞虱、叶蝉 450-900克/公顷 喷粉
PD20040479 三唑磷/20%/乳油/三唑磷 20%/2004.12.19 至 2009.12.19/中等毒

水稻 二化螟、三化螟 300-450克/公顷 喷雾
LS20051146 腈菌唑/12%/乳油/腈菌唑 12%/2008.04.11 至 2009.04.11/低毒
梨树 黑星病 40-60毫克/千克 喷雾
WL20050271 高效氯氟氰菊酯/2.5%/微囊悬浮剂/高效氯氟氰菊酯 2.5%/2008.10.11 至 2009.10.11/低毒
卫生 蜚蠊、蚊 25毫克/平方米 滞留喷洒

湖北昌威制罐有限公司 (湖北省宜昌市夷陵区云盘路10号 443100 0717-7827074)

WP20090133 杀虫气雾剂/0.45%/气雾剂/胺菊酯 0.15%、氯菊酯 0.3%/2009.02.24 至 2014.02.24/低毒
卫生 蚊 / 喷雾

湖北禾泰农化有限公司 (湖北省鄂州市鄂城区樊口薛家沟 436001 0711-3611901)

PD84111-48 氧乐果/40%/乳油/氧乐果 40%/2006.12.06 至 2011.12.06/高毒
棉花 蚜虫、螨 375-600克/公顷 喷雾
森林 松干蚧、松毛虫 500倍液 喷雾或直接涂树干
水稻 稻纵卷叶螟、飞虱 375-600克/公顷 喷雾
小麦 蚜虫 300-450克/公顷 喷雾
PD86148-74 异丙威/20%/乳油/异丙威 20%/2006.12.06 至 2011.12.06/中等毒
水稻 飞虱、叶蝉 450-600克/公顷 喷雾
PD20094056 百草枯/200克/升/水剂/百草枯 200克/升/2009.03.27 至 2014.03.27/中等毒
柑橘园 杂草 600-900克/公顷 定向喷雾
PD20094278 苏云金杆菌/4000IU/微升/悬浮剂/苏云金杆菌 4000IU/微升/2009.03.31 至 2014.03.31/低毒
十字花科蔬菜 菜青虫 1500-2250毫升/公顷（制剂） 喷雾
PD20094542 敌敌畏/80%/乳油/敌敌畏 80%/2009.04.09 至 2014.04.09/中等毒
十字花科蔬菜 菜青虫 600-720克/公顷 喷雾
PD20095151 异丙威/2%/粉剂/异丙威 2%/2009.04.24 至 2014.04.24/低毒
水稻 稻飞虱 750-1050克/公顷 喷粉
PD20097963 阿维菌素/18克/升/乳油/阿维菌素 18克/升/2009.12.01 至 2014.12.01/中等毒(原药高毒)
甘蓝 小菜蛾 9-13.5克/公顷 喷雾
LS20060736 辛硫磷/3%/颗粒剂/辛硫磷 3%/2009.04.04 至 2010.04.04/低毒
玉米 玉米螟 135-180克/公顷 喇叭口撒施
LS20060900 唑磷·毒死蜱/30%/乳油/毒死蜱 7%、三唑磷 23%/2009.04.18 至 2010.04.18/中等毒
水稻 稻纵卷叶螟 315-450克/公顷 喷雾
LS20060903 三唑磷/10%/乳油/三唑磷 10%/2009.04.18 至 2010.04.18/中等毒
水稻 二化螟 225-300克/公顷 喷雾
LS20071495 丁硫克百威/200克/升/乳油/丁硫克百威 200克/升/2009.05.28 至 2010.05.29/中等毒
十字花科蔬菜 蚜虫 75-112.5克/公顷 喷雾
LS20080914 甲氨基阿维菌素苯甲酸盐/0.5%/乳油/甲氨基阿维菌素苯甲酸盐 0.5%/2009.03.05 至 2010.03.05/低毒
十字花科蔬菜 甜菜夜蛾 2.25-3克/公顷 喷雾
LS20081314 咪鲜胺/250克/升/乳油/咪鲜胺 250克/升/2009.03.14 至 2010.03.14/低毒
芒果 炭疽病 250-500毫克/千克 喷雾
LS20082625 草甘膦/10%/水剂/草甘膦 10%/2008.04.23 至 2009.04.23/低毒
柑橘园 杂草 1125-2250克/公顷 行间定向茎叶喷雾

湖北金海潮科技有限公司 (湖北省武汉市武昌珞瑜路618号滨湖花园2－401 430074 027-87495550)

LS20080123 螺威/50%/母药/螺威 50%/2009.01.04 至 2010.01.04/低毒
LS20080128 螺威/4%/粉剂/螺威 4%/2009.01.07 至 2010.01.07/低毒
滩涂 钉螺 0.2-0.3克/平方米 撒施

湖北康欣农用药业有限公司 (湖北省武汉市洪山区南湖瑶苑6号 430064 027-87389083)

PD86109-29 苏云金杆菌/8000IU/毫克/可湿性粉剂/苏云金杆菌 8000IU/毫克/2007.01.22 至 2012.01.22/低毒
白菜、萝卜、青菜 菜青虫、小菜蛾 1500-4500克制剂/公顷 喷雾
茶树 茶毛虫 1500-7500克制剂/公顷 喷雾
大豆、甘薯 天蛾 1500-2250克制剂/公顷 喷雾
柑橘树 柑橘凤蝶 2250-3750克制剂/公顷 喷雾
高粱、玉米 玉米螟 3750-4500克制剂/公顷 喷雾、毒土
梨树 天幕毛虫 1500-3750克制剂/公顷 喷雾
林木 尺蠖、柳毒蛾、松毛虫 2250-7500克制剂/公顷 喷雾
棉花 棉铃虫、造桥虫 1500-7500克制剂/公顷 喷雾
苹果树 巢蛾 2250-3750克制剂/公顷 喷雾
水稻 稻苞虫、稻纵卷叶螟 1500-6000克制剂/公顷 喷雾
烟草 烟青虫 3750-7500克制剂/公顷 喷雾
枣树 尺蠖 3750-4500克制剂/公顷 喷雾
PD86109-33 苏云金杆菌/16000IU/毫克/可湿性粉剂/苏云金杆菌 16000IU/毫克/2005.06.30 至 2010.06.30/低毒
茶树 茶毛虫 800-1600倍液 喷雾
棉花 二代棉铃虫 1500-2250克制剂/公顷 喷雾

	森林	松毛虫	1200-1600倍液	喷雾
	十字花科蔬菜	小菜蛾	750-1125克制剂/公顷	喷雾
	十字花科蔬菜	菜青虫	375-750克制剂/公顷	喷雾
	水稻	稻纵卷叶螟	1500-2250克制剂/公顷	喷雾
	烟草	烟青虫	750-1500克制剂/公顷	喷雾
	玉米	玉米螟	750-1500克制剂/公顷	加细沙灌心
	枣树	枣尺蠖	1200-1600倍液	喷雾
PD90106	苏云金杆菌/2000IU/微升/悬浮剂/苏云金杆菌 2000IU/微升/2005.06.30 至 2010.06.30/低毒			
	茶树	茶毛虫	100-200倍液	喷雾
	林木	松毛虫	100-200倍液	喷雾
	棉花	二代棉铃虫	6000-7500毫升制剂/公顷	喷雾
	十字花科蔬菜	菜青虫、小菜蛾	3000-4500毫升制剂/公顷	喷雾
	水稻	稻纵卷叶螟	6000-7500毫升制剂/公顷	喷雾
	烟草	烟青虫	6000-7500毫升制剂/公顷	喷雾
	玉米	玉米螟	4500-6000毫升制剂/公顷	加细沙灌心叶
	枣树	尺蠖	100-200倍液	喷雾
PD20085104	阿维·毒死蜱/24%/乳油/阿维菌素 0.15%、毒死蜱 23.85%/2008.12.23 至 2013.12.23/中等毒(原药高毒)			
	菜豆	美洲斑潜蝇	180-270克/公顷	喷雾
	梨树	梨木虱	80-100毫克/千克	喷雾
	十字花科蔬菜	小菜蛾	54-90克/公顷	喷雾
PD20090089	哒螨·辛硫磷/25%/乳油/哒螨灵 4%、辛硫磷 21%/2009.01.08 至 2014.01.08/低毒			
	柑橘树	红蜘蛛	1000-1500倍液	喷雾
PD20090486	唑磷·毒死蜱/30%/乳油/毒死蜱 15%、三唑磷 15%/2009.01.12 至 2014.01.12/中等毒			
	水稻	三化螟	180-270克/公顷	喷雾
PD20091697	杀单·苏云菌/46%/可湿性粉剂/杀虫单 45%、苏云金杆菌 1%/2009.02.03 至 2014.02.03/低毒			
	甘蓝	菜青虫、小菜蛾	207-414克/公顷	喷雾
	水稻	二化螟	345-517.5克/公顷	喷雾
	水稻	稻纵卷叶螟	241.5-345克/公顷	喷雾
PD20092317	阿维·苏云菌/2%/可湿性粉剂/阿维菌素 0.1%、苏云金杆菌 1.9%/2009.02.24 至 2014.02.24/低毒(原药高毒)			
	十字花科蔬菜	菜青虫、小菜蛾	450-750克制剂/公顷	喷雾
PD20093486	苏云金杆菌/16000IU/毫克/水分散粒剂/苏云金杆菌 16000IU/毫克/2009.03.23 至 2014.03.23/低毒			
	十字花科蔬菜	小菜蛾	750-1125克制剂/公顷	喷雾
PD20094271	苏云金杆菌/8000IU/微升/油悬浮剂/苏云金杆菌 8000IU/微升/2009.03.31 至 2014.03.31/低毒			
	松树	松毛虫	4500-6000毫升制剂/公顷	超低容量喷雾
PD20096391	霜脲·锰锌/72%/可湿性粉剂/代森锰锌 64%、霜脲氰 8%/2009.08.04 至 2014.08.04/低毒			
	黄瓜	霜霉病	1440-1800克/公顷	喷雾
PD20096594	苏云金杆菌/50000IU/毫克/原药/苏云金杆菌 50000IU/毫克/2009.08.25 至 2014.08.25/低毒			
PD20097697	高氯·苏云菌/2.5%/可湿性粉剂/高效氯氰菊酯 2%、苏云金杆菌 0.5%/2009.11.04 至 2014.11.04/低毒			
	十字花科蔬菜	小菜蛾	15-18.75克/公顷	喷雾
PD20097736	苏云金杆菌/0.2%/颗粒剂/苏云金杆菌 0.2%/2009.11.12 至 2014.11.12/低毒			
	玉米	玉米螟	9-15克/公顷	心叶撒施
LS20091446	苏云金杆菌 /16000IU/毫克/悬浮剂/苏云金杆菌 16000IU/毫克/2009.12.18 至 2010.12.18/低毒			
	十字花科蔬菜	小菜蛾	55-82毫克制剂/亩	喷雾
WL20090232	苏云金杆菌(以色列亚种)/7000ITU/毫克/原药/苏云金杆菌(以色列亚种) 7000ITU/毫克/2009.12.25至2010.12.25/微毒			

湖北龙圣化工有限公司 (湖北省钟祥市胡集镇桥垱十组 431911 0724-8485424)

PD84111-15	氧乐果/40%/乳油/氧乐果 40%/2010.01.14 至 2015.01.14/高毒			
	棉花	蚜虫、螨	375-600克/公顷	喷雾
	森林	松干蚧、松毛虫	500倍液	喷雾或直接涂树干
	水稻	稻纵卷叶螟、飞虱	375-600克/公顷	喷雾
	小麦	蚜虫	300-450克/公顷	喷雾
PD85105-20	敌敌畏/80%/乳油/敌敌畏 77.5%(气谱法)/2004.01.14 至 2009.01.14/中等毒			
	茶树	食叶害虫	600克/公顷	喷雾
	粮仓	多种储藏害虫	1)400-500倍液 2)0.4-0.5克/立方米	1)喷雾 2)挂条熏蒸
	棉花	蚜虫、造桥虫	600-1200克/公顷	喷雾
	苹果树	小卷叶蛾、蚜虫	400-500毫克/千克	喷雾
	青菜	菜青虫	600克/公顷	喷雾
	桑树	尺蠖	600克/公顷	喷雾
	卫生	多种卫生害虫	1)300-400倍液 2)0.08克/立方米	1)泼洒 2)挂条熏蒸
	小麦	黏虫、蚜虫	600克/公顷	喷雾
PD86148-23	异丙威/20%/乳油/异丙威 20%/2006.09.29 至 2011.09.29/中等毒			

水稻　飞虱、叶蝉　450-600克/公顷　喷雾
PD20092215　氯氰菊酯/50克/升/乳油/氯氰菊酯 50克/升/2009.02.24 至 2014.02.24/中等毒
棉花　棉铃虫　75-90克/公顷　喷雾
PD20092385　苏云金杆菌/16000IU/毫克/可湿性粉剂/苏云金杆菌 16000IU/毫克/2009.02.25 至 2014.02.25/低毒
十字花科蔬菜　小菜蛾　750-1500克制剂/公顷　喷雾
PD20093007　甲霜・锰锌/58%/可湿性粉剂/甲霜灵 10%、代森锰锌 48%/2009.03.09 至 2014.03.09/低毒
黄瓜　霜霉病　1305-1740克/公顷　喷雾
PD20093962　高效氯氟氰菊酯/2.5%/乳油/高效氯氟氰菊酯 2.5%/2009.03.27 至 2014.03.27/中等毒
十字花科蔬菜　菜青虫　15-22.5克/公顷　喷雾
PD20094115　精喹禾灵/50克/升/乳油/精喹禾灵 50克/升/2009.03.27 至 2014.03.27/低毒
冬油菜田　一年生禾本科杂草　45-67.5克/公顷　茎叶喷雾
PD20094146　高效氯氰菊酯/4.5%/乳油/高效氯氰菊酯 4.5%/2009.03.27 至 2014.03.27/中等毒
十字花科蔬菜　菜青虫　27-40.5克/公顷　喷雾
PD20094365　丁硫克百威/200克/升/乳油/丁硫克百威 200克/升/2009.04.01 至 2014.04.01/中等毒
水稻　三化螟　600-750克/公顷　喷雾
PD20094532　代森锌/80%/可湿性粉剂/代森锌 80%/2009.04.09 至 2014.04.09/低毒
番茄　早疫病　3000-3600克/公顷　喷雾
PD20094793　甲氰菊酯/20%/乳油/甲氰菊酯 20%/2009.04.13 至 2014.04.13/低毒
柑橘树　红蜘蛛　100-150毫克/千克　喷雾
PD20098515　阿维菌素/18克/升/乳油/阿维菌素 18克/升/2009.12.24 至 2014.12.24/中等毒(原药高毒)
十字花科蔬菜　小菜蛾　8.1-10.8克/公顷　喷雾
LS20060077　井冈霉素/3%/水剂/井冈霉素 3%/2009.01.16 至 2010.01.16/低毒
水稻　纹枯病　150-187.5克/公顷　喷雾
LS20071517　乙酰甲胺磷/20%/乳油/乙酰甲胺磷 20%/2009.05.29 至 2010.05.30/低毒
水稻　二化螟　600-900克/公顷　喷雾
LS20071571　甲氨基阿维菌素苯甲酸盐/0.5%/乳油/甲氨基阿维菌素苯甲酸盐 0.5%/2009.06.04 至 2010.06.05/低毒
十字花科蔬菜　小菜蛾　1.125-1.5克/公顷　喷雾

湖北农本化工有限公司　(湖北省黄冈市武穴市万丈湖新港　435403　0713-6572352)

PD20084662　杀单・克百威/3%/颗粒剂/克百威 0.5%、杀虫单 2.5%/2008.12.22 至 2013.12.22/低毒(原药高毒)
水稻　二化螟　900-1350克/公顷　拌毒土撒施
PD20085020　辛硫磷/3%/颗粒剂/辛硫磷 3%/2008.12.22 至 2013.12.22/低毒
花生　地老虎、金针虫、蝼蛄、蛴螬　2700-3600克/公顷　撒施
PD20092807　甲硫・福美双/70%/可湿性粉剂/福美双 40%、甲基硫菌灵 30%/2009.03.04 至 2014.03.04/低毒
苹果树　轮纹病　612-816毫克/千克　喷雾
PD20095681　氧乐果/40%/乳油/氧乐果 40%/2009.05.15 至 2014.05.15/高毒
棉花　蚜虫　81-162克/公顷　喷雾
PD20096207　乙铝・锰锌/50%/可湿性粉剂/代森锰锌 22%、三乙膦酸铝 28%/2009.07.15 至 2014.07.15/低毒
黄瓜　霜霉病　800-1400克/公顷　喷雾
LS20051432　高效氯氰菊酯/4.5%/水乳剂/高效氯氰菊酯 4.5%/2008.04.21 至 2009.04.21/低毒
十字花科蔬菜　菜青虫　40.5-54克/公顷　喷雾
LS20060979　丁硫克百威/5%/颗粒剂/丁硫克百威 5%/2009.04.23 至 2010.04.23/低毒
甘蔗　蔗龟、蔗螟　2250-3000克/公顷　沟施、穴施
LS20061105　吡虫啉/2%/乳油/吡虫啉 2%/2009.05.11 至 2010.05.11/低毒
水稻　稻飞虱　18-24克/公顷　喷雾
LS20061465　辛硫磷/5%/颗粒剂/辛硫磷 5%/2009.07.17 至 2010.07.17/低毒
花生　地下害虫　1800-3600克/公顷　沟施
LS20082158　阿维菌素/1.8%/水乳剂/阿维菌素 1.8%/2009.04.18 至 2010.04.18/中等毒(原药高毒)
十字花科蔬菜　小菜蛾　9-13.5克/公顷　喷雾
LS20082548　高效氯氟氰菊酯/2.5%/水乳剂/高效氯氟氰菊酯 2.5%/2009.04.23 至 2010.04.23/中等毒
十字花科蔬菜　菜青虫　7.5-15克/公顷　喷雾

湖北三海股份公司广水市东篁日用化工厂　(湖北省广水市东站路161号　432721　0722-6491962)

WP20080426　杀蚊烟片/1.2%/烟片/胺菊酯 1.2%/2008.12.15 至 2013.12.15/低毒
卫生　蚊　/　点燃

湖北三好农业科技有限公司　(湖北省襄樊市高新区团山镇　441047　0710-3824274)

PD91104-13　敌敌畏/50%/乳油/敌敌畏 50%/2006.04.19 至 2011.04.19/中等毒
茶树　食叶害虫　600克/公顷　喷雾
粮仓　多种储粮害虫　1)300-400倍液　1)喷雾
2)0.4-0.5克/立方米　2)挂条熏蒸
棉花　蚜虫、造桥虫　600-1200克/公顷　喷雾
苹果树　小卷叶蛾、蚜虫　400-500毫克/千克　喷雾
青菜　菜青虫　600克/公顷　喷雾
桑树　尺蠖　600克/公顷　喷雾
卫生　多种卫生害虫　1)250-300倍液　1)泼洒

			2)0.08克/立方米	2)挂条熏蒸
	小麦	黏虫、蚜虫	600克/公顷	喷雾

湖北沙隆达(荆州)农药化工有限公司　(湖北省荆州市荆州区西环路10号　434020　0716-8083932)

PD85146-2	甲基胂酸锌/20%/可湿性粉剂/甲基胂酸锌 20%/2005.12.29 至 2010.12.29/中等毒			
	水稻	纹枯病	300-750克/公顷	喷雾
PD86132-6	仲丁威/98.5%,97%,95%/原药/仲丁威 98.5%,97%,95%/2006.10.26 至 2011.10.26/低毒			
PD86133-7	仲丁威/25%/乳油/仲丁威 25%/2008.03.19 至 2013.03.19/低毒			
	水稻	飞虱、叶蝉	375-562.5克/公顷	喷雾
PD86147-8	异丙威/98%95%90%/原药/异丙威 98%95%90%/2006.10.26 至 2011.10.26/中等毒			
PD86148-53	异丙威/20%/乳油/异丙威 20%/2006.12.31 至 2011.12.31/中等毒			
	水稻	飞虱、叶蝉	450-600克/公顷	喷雾
PD90101-11	异丙威/2%/粉剂/异丙威 2%/2005.03.29 至 2010.03.29/中等毒			
	水稻	飞虱、叶蝉	450-900克/公顷	喷粉
PD93102	异丙威/10%/粉剂/异丙威 10%/2008.03.19 至 2013.03.19/中等毒			
	水稻	飞虱、叶蝉	450-900克/公顷	喷粉
PD20070508	丁硫克百威/90%/原药/丁硫克百威 90%/2007.11.28 至 2012.11.28/低毒			
PD20080403	灭多威/98%/原药/灭多威 98%/2008.02.29 至 2013.02.28/高毒			
PD20082884	灭多威/20%/乳油/灭多威 20%/2008.12.09 至 2013.12.09/高毒			
	棉花	棉铃虫	150-225克/公顷	喷雾
	棉花	蚜虫	75-150克/公顷	喷雾
PD20083738	克百威/97%/原药/克百威 97%/2008.12.15 至 2013.12.15/高毒			
PD20085274	克百・敌百虫/3%/颗粒剂/敌百虫 1.5%、克百威 1.5%/2008.12.23 至 2013.12.23/低毒(原药高毒)			
	棉花	蚜虫	1125-1350克/公顷	沟施或穴施
	水稻	二化螟、三化螟	1350-1800克/公顷	撒施
PD20085339	克百威/3%/颗粒剂/克百威 3%/2008.12.24 至 2013.12.24/中等毒(原药高毒)			
	甘蔗	蚜虫、蔗龟	1350-2250克/公顷	沟施
	花生	线虫	1800-2250克/公顷	条施,沟施
	棉花	蚜虫	675-900克/公顷	条施,沟施
	水稻	螟虫、瘿蚊	900-1350克/公顷	撒施
LS20082931	吡虫・仲丁威/20%/乳油/吡虫啉 1%、仲丁威 19%/2009.07.18 至 2010.07.18/低毒			
	水稻	稻飞虱	180-225克/公顷	喷雾

湖北沙隆达股份有限公司　(湖北省荆州市沙市区北京东路93号　434001　0716-8314802)

PD84108-9	敌百虫/90%/原药/敌百虫 90%/2009.12.07 至 2014.12.07/低毒			
	白菜、青菜	地下害虫	750-1500克/公顷	喷雾
	白菜、青菜	菜青虫	960-1200克/公顷	喷雾
	茶树	尺蠖、刺蛾	450-900毫克/千克	喷雾
	大豆	造桥虫	1800克/公顷	喷雾
	柑橘树	卷叶蛾	600-750毫克/千克	喷雾
	林木	松毛虫	600-900毫克/千克	喷雾
	水稻	螟虫	1500-1800克/公顷	喷雾、泼浇或毒土
	小麦	黏虫	1800克/公顷	喷雾
	烟草	烟青虫	900毫克/千克	喷雾
PD85104-3	敌敌畏/95%92%/原药/敌敌畏 95%92%/2009.12.07 至 2014.12.07/中等毒			
PD85105-18	敌敌畏/80%/乳油/敌敌畏 77.5%(气谱法)/2009.12.07 至 2014.12.07/中等毒			
	茶树	食叶害虫	600克/公顷	喷雾
	粮仓	多种储藏害虫	1)400-500倍液	1)喷雾
			2)0.4-0.5克/立方米	2)挂条熏蒸
	棉花	蚜虫、造桥虫	600-1200克/公顷	喷雾
	苹果树	小卷叶蛾、蚜虫	400-500毫克/千克	喷雾
	青菜	菜青虫	600克/公顷	喷雾
	桑树	尺蠖	600克/公顷	喷雾
	卫生	多种卫生害虫	1)300-400倍液	1)泼洒
			2)0.08克/立方米	2)挂条熏蒸
	小麦	黏虫、蚜虫	600克/公顷	喷雾
PD85159-22	草甘膦/30%/水剂/草甘膦 30%/2005.08.15 至 2010.08.15/低毒			
	茶树、甘蔗、果园、剑麻、林木、桑树、橡胶树	一年生杂草和多年生恶性杂草	1125-2250克/公顷	喷雾
PD85162-2	敌百虫/80%/可溶性粉剂/敌百虫 80%/2005.08.23 至 2010.08.23/低毒			
	茶树	尺蠖	700-1400倍液	喷雾
	荔枝树	蝽蟓	700倍液	喷雾
	林木	松毛虫	1500-2000倍液	喷雾

	蔬菜	斜纹夜蛾	1000倍液	喷雾
	水稻	螟虫	700倍液	喷雾
	小麦	黏虫	350-700倍液	喷雾
	枣树	黏虫	700倍液	喷雾
PD86175-6	乙酰甲胺磷/90%/原药/乙酰甲胺磷 90%/2007.02.07 至 2012.02.07/低毒			
PD86176-4	乙酰甲胺磷/30%/乳油/乙酰甲胺磷 30%/2007.06.10 至 2012.06.10/低毒			
	柑橘树	介壳虫、螨	500-1000倍液	喷雾
	果树	食心虫	500-1000倍液	喷雾
	棉花	棉铃虫、蚜虫	450-900克/公顷	喷雾
	蔬菜	菜青虫、蚜虫	337.5-540克/公顷	喷雾
	水稻	螟虫、叶蝉	562.5-1012.5克/公顷	喷雾
	小麦、玉米	黏虫、玉米螟	540-1080克/公顷	喷雾
	烟草	烟青虫	450-900克/公顷	喷雾
PD88101-5	水胺硫磷/40%/乳油/水胺硫磷 40%/2008.01.27 至 2013.01.27/高毒			
	柑橘树	潜叶蛾、锈壁虱、螨	300-400毫克/千克	喷雾
	棉花	红蜘蛛、棉铃虫	300-600克/公顷	喷雾
	水稻	蓟马、螟虫	450-900克/公顷	喷雾
PD92103-2	草甘膦/95%/原药/草甘膦 95%/2007.06.07 至 2012.06.07/低毒			
PD20040280	吡虫啉/95%/原药/吡虫啉 95%/2009.12.19 至 2014.12.19/低毒			
PD20040296	哒螨灵/95%/原药/哒螨灵 95%/2009.12.19 至 2014.12.19/中等毒			
PD20040321	吡虫啉/5%/乳油/吡虫啉 5%/2009.12.19 至 2014.12.19/低毒			
	梨树	梨木虱	25-33.3毫克/千克	喷雾
	棉花、小麦	蚜虫	7.5-15克/公顷	喷雾
	水稻	稻飞虱	15-22.5克/公顷	喷雾
	注:水稻、梨树的有效期至2009年10月29日。			
PD20040533	哒螨灵/20%/可湿性粉剂/哒螨灵 20%/2009.12.19 至 2014.12.19/中等毒			
	柑橘树、苹果树	红蜘蛛	50-67毫克/千克	喷雾
	棉花	红蜘蛛	90-135克/公顷	喷雾
PD20040598	吡虫·杀虫单/60%/可湿性粉剂/吡虫啉 2%、杀虫单 58%/2009.12.19 至 2014.12.19/中等毒			
	水稻	稻飞虱	360-540克/公顷	喷雾
PD20040624	哒螨灵/15%/乳油/哒螨灵 15%/2009.12.19 至 2014.12.19/中等毒			
	柑橘树	红蜘蛛	50-67毫克/千克	喷雾
	棉花	红蜘蛛	90-135克/公顷	喷雾
PD20040690	氯氰·三唑磷/20%/乳油/氯氰菊酯 1.8%、三唑磷 18.2%/2009.12.19 至 2014.12.19/中等毒			
	棉花	红铃虫	180-300克/公顷	喷雾
	棉花	蚜虫	180-240克/公顷	喷雾
	棉花	棉铃虫	300-360克/公顷	喷雾
PD20040748	吡虫啉/10%/可湿性粉剂/吡虫啉 10%/2009.12.19 至 2014.12.19/低毒			
	梨树	梨木虱	33.3-50毫克/千克	喷雾
	棉花	蚜虫	15-30克/公顷	喷雾
	蔬菜	蚜虫	7.5克/公顷	喷雾
	水稻	飞虱	15-30克/公顷	喷雾
	小麦	蚜虫	15-30克/公顷(南方地区) 45-60克/公顷(北方地区)	喷雾
PD20040807	三唑磷/20%/乳油/三唑磷 20%/2009.12.20 至 2014.12.20/中等毒			
	棉花	棉铃虫	375-450克/公顷	喷雾
	水稻	二化螟、三化螟	300-450克/公顷	喷雾
	注:棉花登记有效期至2009年12月9日。			
PD20050024	氯氰菊酯/10%/乳油/氯氰菊酯 10%/2005.04.15 至 2010.04.14/中等毒			
	甘蓝	菜青虫	30-45克/公顷	喷雾
	棉花	棉铃虫	67.5-90克/公顷	喷雾
PD20050026	高效氯氰菊酯/4.5%/乳油/高效氯氰菊酯 4.5%/2005.04.15 至 2010.04.14/中等毒			
	棉花	棉铃虫	33.75-40.5克/公顷	喷雾
	棉花	棉蚜	13.5-27克/公顷	喷雾
	棉花	红铃虫	20.25-33.75克/公顷	喷雾
	苹果树	桃小食心虫	22.5-30毫克/千克	喷雾
	十字花科蔬菜	菜青虫	13.5-20.25克/公顷	喷雾
	十字花科蔬菜	小菜蛾	20.25-33.75克/公顷	喷雾
	注:苹果树登记有效期至2009年12月9日。			
PD20050027	高效氯氰菊酯/4.5%/微乳剂/高效氯氰菊酯 4.5%/2005.04.15 至 2010.04.14/低毒			
	甘蓝	菜青虫	13.5-27克/公顷	喷雾
PD20050119	三唑磷/85%/原药/三唑磷 85%/2005.08.15 至 2010.08.14/中等毒			
PD20080243	毒死蜱/98%/原药/毒死蜱 98%/2008.02.14 至 2013.02.14/中等毒			

PD20082048 高效氟吡甲禾灵/98%/原药/高效氟吡甲禾灵 98%/2008.11.25 至 2013.11.25/低毒

PD20082140 高效氯氟氰菊酯/95%/原药/高效氯氟氰菊酯 95%/2008.11.25 至 2013.11.25/中等毒

PD20082142 二氯喹啉酸/50%/可湿性粉剂/二氯喹啉酸 50%/2008.11.25 至 2013.11.25/低毒

水稻移栽田 稗草 200-390克/公顷(北方地区) 茎叶喷雾

PD20082230 虫酰肼/20%/悬浮剂/虫酰肼 20%/2008.11.26 至 2013.11.26/低毒

十字花科蔬菜 甜菜夜蛾 210-300克/公顷 喷雾

PD20082269 阿维·氯氰/2.1%/乳油/阿维菌素 0.1%、氯氰菊酯 2%/2008.11.27 至 2013.11.27/低毒(原药高毒)

十字花科蔬菜 小菜蛾 15.75-22.05克/公顷 喷雾

PD20082461 高效氯氟氰菊酯/2.5%/乳油/高效氯氟氰菊酯 2.5%/2008.12.02 至 2013.12.02/中等毒

棉花 棉铃虫 22.5-30克/公顷 喷雾

十字花科蔬菜 菜青虫 11.25-15克/公顷 喷雾

PD20082669 阿维菌素/1.8%/乳油/阿维菌素 1.8%/2008.12.05 至 2013.12.05/低毒(原药高毒)

棉花 棉铃虫 13.5-21.6克/公顷 喷雾

十字花科蔬菜 小菜蛾 8.1-13.5克/公顷 喷雾

PD20082765 敌百虫/30%/乳油/敌百虫 30%/2008.12.08 至 2013.12.08/低毒

十字花科蔬菜 菜青虫 450-675克/公顷 喷雾

PD20082772 氯氰·毒死蜱/52.25%/乳油/毒死蜱 47.5%、氯氰菊酯 4.75%/2008.12.08 至 2013.12.08/中等毒

十字花科蔬菜 菜青虫 235.125-391.875克/公顷 喷雾

PD20083141 辛硫·高氯氟/26%/乳油/高效氯氟氰菊酯 1%、辛硫磷 25%/2008.12.10 至 2013.12.10/中等毒

棉花 棉铃虫 300克/公顷 喷雾

叶菜类蔬菜 菜青虫 162.63-243.75克/公顷 喷雾

PD20083659 毒死蜱/40%/乳油/毒死蜱 40%/2008.12.12 至 2013.12.12/中等毒

十字花科蔬菜 黄条跳甲 240-480克/公顷 喷雾

十字花科蔬菜 菜青虫、蚜虫 360-480克/公顷 喷雾

十字花科蔬菜 斜纹夜蛾 300-420克/公顷 喷雾

PD20084110 高效氟吡甲禾灵/10.8%/乳油/高效氟吡甲禾灵 10.8%/2008.12.16 至 2013.12.16/低毒

冬油菜田 一年生禾本科杂草 32.4—48.6克/公顷 茎叶喷雾

花生田、棉花田、夏大豆田 一年生禾本科杂草 40.5—56.7克/公顷 茎叶喷雾

PD20084204 甲萘威/85%/可湿性粉剂/甲萘威 85%/2008.12.16 至 2013.12.16/中等毒

棉花 棉铃虫 1275-1912.5克/公顷 喷雾

PD20085146 毒死蜱/30%/微乳剂/毒死蜱 30%/2008.12.23 至 2013.12.23/中等毒

苹果树 绵蚜 200-250毫克/千克 喷雾

十字花科蔬菜 菜青虫 270-360克/公顷 喷雾

PD20085262 精喹·草除灵/17.5%/乳油/草除灵 15%、精喹禾灵 2.5%/2008.12.23 至 2013.12.23/低毒

冬油菜田 一年生杂草 262.5-393.8克/公顷 茎叶喷雾

PD20085987 草甘膦异丙胺盐/41%/水剂/草甘膦异丙胺盐 41%/2008.12.29 至 2013.12.29/低毒

果园 杂草 1125-2250克/公顷 定向茎叶喷雾

免耕春油菜田 杂草 1500-2250克/公顷 茎叶喷雾

免耕冬油菜田 一年生杂草 750-1200克/公顷 茎叶喷雾

免耕抛秧晚稻田 杂草 2100-2550克/公顷 茎叶喷雾

PD20090681 代森锰锌/80%/可湿性粉剂/代森锰锌 80%/2009.01.19 至 2014.01.19/低毒

柑橘树 疮痂病、炭疽病 1333-2000毫克/千克 喷雾

黄瓜 霜霉病 1800-2400克/公顷 喷雾

梨树 黑星病 800-1600毫克/千克 喷雾

荔枝树 霜疫霉病 1333-2000毫克/千克 喷雾

苹果树 斑点落叶病、轮纹病、炭疽病 1000-1600毫克/千克 喷雾

葡萄 白腐病、黑痘病、霜霉病 1000-1600毫克/千克 喷雾

西瓜 炭疽病 1560-2520毫克/千克 喷雾

PD20090710 乐果/40%/乳油/乐果 40%/2009.01.19 至 2014.01.19/中等毒

十字花科蔬菜 蚜虫 540-600克/公顷 喷雾

PD20090731 精喹禾灵/5%/乳油/精喹禾灵 5%/2009.01.19 至 2014.01.19/低毒

花生田、棉花田 一年生禾本科杂草 45-60克/公顷 茎叶喷雾

西瓜田 一年生禾本科杂草 30-45克/公顷 茎叶喷雾

夏大豆田 一年生禾本科杂草 52.5-67.5克/公顷 喷雾

油菜田 一年生禾本科杂草 45-67.5克/公顷 喷雾

芝麻 一年生禾本科杂草 37.5-60克/公顷 茎叶喷雾

PD20090757 吡虫·氧乐果/20%/乳油/吡虫啉 1%、氧乐果 19%/2009.01.19 至 2014.01.19/中等毒(原药高毒)

小麦 蚜虫 45-60克/公顷 喷雾

PD20091118 烯唑醇/12.5%/可湿性粉剂/烯唑醇 12.5%/2009.01.21 至 2014.01.21/低毒

小麦 白粉病 60-120克/公顷 喷雾

PD20092057 百草枯/200克/升/水剂/百草枯 200克/升/2009.02.13 至 2014.02.13/中等毒

稻茬免耕小麦田 杂草 382.5-510克/公顷 茎叶喷雾

PD20093393	高效氯氰菊酯/95%/原药/高效氯氰菊酯 95%/2009.03.19 至 2014.03.19/低毒			
PD20095676	阿维·哒螨灵/5%/乳油/阿维菌素 0.2%、哒螨灵 4.8%/2009.05.14 至 2014.05.14/低毒(原药高毒)			
	苹果树	红蜘蛛	25-50毫克/千克	喷雾
PD20097523	百草枯/42%/母药/百草枯 42%/2009.11.03 至 2014.11.03/中等毒			
LS20060171	三唑磷/20%/微乳剂/三唑磷 20%/2009.01.27 至 2010.01.27/中等毒			
	水稻	二化螟、三化螟	240-360克/公顷	喷雾

湖北沙隆达天门农化有限责任公司 (湖北省天门市皂市镇古都大道179号 431703 0728-4811345)

PD20060191	百草枯/42%/母药/百草枯 42%/2006.12.06 至 2011.12.06/中等毒			
PD20080084	百草枯/200克/升/水剂/百草枯 200克/升/2008.01.03 至 2013.01.03/低毒			
	茶园	杂草	450-900克/公顷	定向喷雾
	非耕地	杂草	600-900克/公顷	茎叶喷雾
	免耕油菜	杂草	450-600克/公顷	茎叶喷雾
	夏玉米田	杂草	450-600克/公顷	定向喷雾

湖北省赤壁志诚生物工程有限公司 (湖北省赤壁市凤凰山苦竹桥 437322 0715-5260250)

PD20092500	杀单·苏云菌/63.6%/可湿性粉剂/杀虫单 63%、苏云金杆菌 0.6%/2009.02.26 至 2014.02.26/中等毒			
	水稻	二化螟	477-667.8克/公顷	喷雾
PD20092860	阿维·毒死蜱/26%/乳油/阿维菌素 0.15%、毒死蜱 25.85%/2009.03.05 至 2014.03.05/中等毒(原药高毒)			
	黄瓜	斑潜蝇	58.5-97.5克/公顷	喷雾
PD20094641	唑磷·毒死蜱/32%/乳油/毒死蜱 16%、三唑磷 16%/2009.04.10 至 2014.04.10/中等毒			
	水稻	三化螟	192-288克/公顷	喷雾
PD20095176	灭多威/10%/可湿性粉剂/灭多威 10%/2009.04.24 至 2014.04.24/高毒			
	棉花	棉铃虫	150-225克/公顷	喷雾
PD20097285	阿维·苏云菌/2%/可湿性粉剂/阿维菌素 0.1%、苏云金杆菌 1.9%/2009.10.26 至 2014.10.26/低毒(原药高毒)			
	甘蓝	菜青虫	6-9克/公顷	喷雾
PD20097862	苏云金杆菌/16000IU/毫克/可湿性粉剂/苏云金杆菌 16000IU/毫克/2009.11.20 至 2014.11.20/低毒			
	茶树	茶毛虫	800-1600倍液	喷雾
	棉花	二代棉铃虫	1500-2250克制剂/公顷	喷雾
	森林	松毛虫	1200-1600倍液	喷雾
	十字花科蔬菜	菜青虫	375-750克制剂/公顷	喷雾
	十字花科蔬菜	小菜蛾	750-1125克制剂/公顷	喷雾
	水稻	稻纵卷叶螟	1500-2250克制剂/公顷	喷雾
	烟草	烟青虫	750-1500克制剂/公顷	喷雾
	玉米	玉米螟	750-1500克制剂/公顷	喷雾
	枣树	枣尺蠖	1200-1600倍液	喷雾
PD20098123	棉铃虫核型多角体病毒/10亿PIB/克/可湿性粉剂/棉铃虫核型多角体病毒 10亿PIB/克/2009.12.08 至 2014.12.08/低毒			
	棉花	棉铃虫	1500-2250克制剂/公顷	喷雾

湖北省汉川瑞天利化工有限公司 (湖北省孝感市汉川市田二河镇振兴路 431605 0712-8752532)

PD20083427	高效氯氰菊酯/4.5%/水乳剂/高效氯氰菊酯 4.5%/2008.12.11 至 2013.12.11/低毒			
	甘蓝	菜青虫	20.25-27克/公顷	喷雾
PD20095443	三唑磷/20%/乳油/三唑磷 20%/2009.05.11 至 2014.05.11/低毒			
	水稻	三化螟	375-450克/公顷	喷雾
LS20060024	苯丁锡/10%/乳油/苯丁锡 10%/2009.01.16 至 2010.01.16/低毒			
	柑橘树	红蜘蛛	200-250毫克/千克	喷雾
LS20071914	异丙威/20%/乳油/异丙威 20%/2009.08.07 至 2010.08.08/中等毒			
	水稻	稻飞虱	600-750克/公顷	喷雾
LS20080463	啶虫脒/5%/乳油/啶虫脒 5%/2009.02.21 至 2010.02.21/低毒			
	柑橘树	蚜虫	10-12.5毫克/千克	喷雾
LS20080700	甲氨基阿维菌素苯甲酸盐/0.5%/乳油/甲氨基阿维菌素苯甲酸盐 0.5%/2009.02.27 至 2010.02.27/低毒			
	十字花科蔬菜	甜菜夜蛾	2.25-3.75克/公顷	喷雾
LS20081052	阿维菌素/0.5%/乳油/阿维菌素 0.5%/2009.03.08 至 2010.03.08/低毒(原药高毒)			
	苹果树	红蜘蛛	3-6毫克/千克	喷雾

湖北省洪湖市阳光化工有限责任公司 (湖北省洪湖市新堤新村七巷17村 433200 0716-2422393)

WL20060045	杀蟑热雾剂/1%/热雾剂/高效氯氰菊酯 1%/2008.03.06 至 2009.03.06/低毒			
	卫生	蜚蠊	/	喷雾
	注:由专业人员使用。			

湖北省荆州隆丰农药有限公司 (湖北省荆州市江陵县新园路1号 434100 0716-4738903)

PD85105-60	敌敌畏/80%/乳油/敌敌畏 77.5%(气谱法)/2005.05.09 至 2010.05.09/中等毒			
	茶树	食叶害虫	600克/公顷	喷雾
	粮仓	多种储藏害虫	1)400-500倍液	1)喷雾
			2)0.4-0.5克/立方米	2)挂条熏蒸
	棉花	蚜虫、造桥虫	600-1200克/公顷	喷雾
	苹果树	小卷叶蛾、蚜虫	400-500毫克/千克	喷雾
	青菜	菜青虫	600克/公顷	喷雾

桑树 尺蠖 600克/公顷 喷雾
卫生 多种卫生害虫 1)300-400倍液 1)泼洒
2)0.08克/立方米 2)挂条熏蒸
小麦 黏虫、蚜虫 600克/公顷 喷雾

PD86148-70 异丙威/20%/乳油/异丙威 20%/2007.06.12 至 2012.06.12/中等毒
水稻 飞虱、叶蝉 450-600克/公顷 喷雾

PD91104-16 敌敌畏/50%/乳油/敌敌畏 48%(气谱法)/2006.03.15 至 2011.03.15/中等毒
茶树 食叶害虫 600克/公顷 喷雾
粮仓 多种储粮害虫 1)300-400倍液 1)喷雾
2)0.4-0.5克/立方米 2)挂条熏蒸
棉花 蚜虫、造桥虫 600-1200克/公顷 喷雾
苹果树 小卷叶蛾、蚜虫 400-500毫克/千克 喷雾
青菜 菜青虫 600克/公顷 喷雾
桑树 尺蠖 600克/公顷 喷雾
卫生 多种卫生害虫 1)250-300倍液 1)泼洒
2)0.08克/立方米 2)挂条熏蒸
小麦 黏虫、蚜虫 600克/公顷 喷雾

PD20040374 哒螨灵/20%/可湿性粉剂/哒螨灵 20%/2009.12.19 至 2014.12.19/中等毒
柑橘树 红蜘蛛 50-67毫克/千克 喷雾

PD20040388 哒螨灵/15%/乳油/哒螨灵 15%/2009.12.19 至 2014.12.19/中等毒
柑橘树 红蜘蛛 50-67毫克/千克 喷雾

PD20040473 吡虫啉/2.5%/可湿性粉剂/吡虫啉 2.5%/2004.12.19 至 2009.12.18/低毒
水稻 飞虱 75-150克/公顷 喷雾

PD20040474 吡虫啉/10%/可湿性粉剂/吡虫啉 10%/2009.12.19 至 2014.12.19/低毒
水稻 飞虱 15-30克/公顷 喷雾
小麦 蚜虫 15-30克/公顷(南方地区) 喷雾
45-60克/公顷(北方地区)

PD20040612 三唑磷/20%/乳油/三唑磷 20%/2009.12.19 至 2014.12.19/中等毒
水稻 二化螟、三化螟 300-450克/公顷 喷雾

PD20082854 噻嗪酮/25%/可湿性粉剂/噻嗪酮 25%/2008.12.09 至 2013.12.09/低毒
茶树 茶小绿叶蝉 166-250毫克/千克 喷雾
柑橘树 介壳虫 150-250毫克/千克 喷雾
水稻 飞虱 75-112.5克/公顷 喷雾

PD20086069 氰戊·丙溴磷/25%/乳油/丙溴磷 12.5%、氰戊菊酯 12.5%/2008.12.30 至 2013.12.30/中等毒
棉花 棉铃虫 262.5-375克/公顷 喷雾

PD20096356 草甘膦/30%/水剂/草甘膦 30%/2009.07.28 至 2014.07.28/低毒
茶园 杂草 1125-2250克/公顷 定向茎叶喷雾

湖北省荆州市荆江化工有限责任公司 (湖北省荆州市沙市区航空路8号 434000 0716-8212989)

WP20080276 蚊香/0.22%/蚊香/富右旋反式烯丙菊酯 0.22%/2008.12.01 至 2013.12.01/低毒
卫生 蚊 / 点燃

湖北省荆州市扬长日化有限公司 (湖北省公安县杨家厂镇斗杨路18号 434303 0716-5394358)

WP20080228 杀蚊烟片/1.8%/片剂/胺菊酯 1.8%/2008.11.25 至 2013.11.25/低毒
卫生 蚊 / 点燃

湖北省荆州市鑫隆达农药化工有限公司 (湖北省荆州市荆州区弥市镇刘家桥村 434035 0716-8817235)

PD84104-51 杀虫双/18%/水剂/杀虫双 18%/2009.10.15 至 2014.10.15/中等毒
甘蔗、蔬菜、水稻、小麦、玉米 多种害虫 540-675克/公顷 喷雾
果树 多种害虫 225-360毫克/千克 喷雾

LS20071157 井冈霉素/5%/水剂/井冈霉素 5%/2009.04.25 至 2010.04.26/低毒
水稻 纹枯病 150-187.5克/公顷 喷雾

LS20080219 井冈霉素/20%/可溶粉剂/井冈霉素 20%/2009.01.08 至 2010.01.08/低毒
水稻 纹枯病 150-187.5克/公顷 喷雾

LS20081677 草甘膦/10%/水剂/草甘膦 10%/2009.04.07 至 2009.12.31/低毒
柑橘园 杂草 1125-2250克/公顷 定向喷雾

LS20082432 草甘膦异丙胺盐/41%/水剂/草甘膦异丙胺盐 41%/2009.04.22 至 2010.04.22/低毒
棉花田 杂草 1230-1537.5克/公顷 行间定向喷雾

湖北省老河口富灵农药有限责任公司 (湖北省襄樊市老河口市赞阳办事处卢营村北 441800 0710-8222936)

PD84104-37 杀虫双/18%/水剂/杀虫双 18%/2006.04.04 至 2011.04.04/中等毒
甘蔗、蔬菜、水稻、小麦、玉米 多种害虫 540-675克/公顷 喷雾
果树 多种害虫 225-360毫克/千克 喷雾

PD20040738 杀虫单/90%/可溶粉剂/杀虫单 90%/2009.12.19 至 2014.12.19/中等毒
水稻 螟虫 675-810克/公顷 喷雾

PD20080684 甲氰菊酯/20%/乳油/甲氰菊酯 20%/2008.06.04 至 2013.06.04/中等毒
苹果树 桃小食心虫 67-100毫克/千克 喷雾
苹果树 红蜘蛛 100-133.3毫克/千克 喷雾
PD20083222 阿维菌素/1%/乳油/阿维菌素 1%/2008.12.11 至 2013.12.11/低毒(原药高毒)
柑橘树 红蜘蛛 4.5-9毫克/千克 喷雾
PD20090682 氰戊·马拉松/21%/乳油/马拉硫磷 15%、氰戊菊酯 6%/2009.01.19 至 2014.01.19/中等毒
白菜 蚜虫 75-120克/公顷 喷雾
棉花 棉铃虫 150-300克/公顷 喷雾
苹果树 红蜘蛛 200-300毫克/千克 喷雾
苹果树 蚜虫 100-200毫克/千克 喷雾
PD20095428 苄嘧磺隆/10%/可湿性粉剂/苄嘧磺隆 10%/2009.05.11 至 2014.05.11/低毒
移栽水稻田 一年生阔叶杂草 30-45克/公顷 毒土法

湖北省天门市生物农药厂 (湖北省天门市蒋湖农工路3号 431725 0728-4691209)

PD20040373 高效氯氰菊酯/4.5%/乳油/高效氯氰菊酯 4.5%/2009.12.19 至 2014.12.19/中等毒
棉花 棉铃虫 15-30克/公顷 喷雾
PD20082395 高氯·辛硫磷/27.5%/乳油/高效氯氰菊酯 2.5%、辛硫磷 25%/2008.12.01 至 2013.12.01/中等毒
棉花 棉铃虫 247.5-330克/公顷 喷雾
PD20082542 氰戊·辛硫磷/34%/乳油/氰戊菊酯 4%、辛硫磷 30%/2008.12.03 至 2013.12.03/中等毒
棉花 棉铃虫 255-306克/公顷 喷雾
PD20097117 棉铃虫核型多角体病毒/5000亿PIB/克/母药/棉铃虫核型多角体病毒 5000亿PIB/克/2009.10.12 至 2014.10.12/低毒
PD20097118 棉铃虫核型多角体病毒/10亿PIB/克/可湿性粉剂/棉铃虫核型多角体病毒 10亿PIB/克/2009.10.12 至 2014.10.12/低毒
棉花 棉铃虫 1200-1500克制剂/公顷 喷雾
PD20097119 棉铃虫核型多角体病毒/20亿PIB/克/悬浮剂/棉铃虫核型多角体病毒 20亿PIB/克/2009.10.12 至 2014.10.12/低毒
棉花 棉铃虫 750-900毫升制剂/公顷 喷雾

湖北省天门斯普林植物保护有限公司 (湖北省天门市岳口镇沿河路3号 431702 0728-4718826)

PD20092019 甲哌鎓/25%/水剂/甲哌鎓 25%/2009.02.12 至 2014.02.12/低毒
棉花 调节生长 45-60克/公顷 喷雾
LS20061121 吡虫啉/2%/颗粒剂/吡虫啉 2%/2009.05.11 至 2010.05.11/低毒
烟草 蚜虫 135-195克/公顷 毒土法根部穴施
LS20061469 阿维菌素/0.5%/微乳剂/阿维菌素 0.5%/2009.07.17 至 2010.07.17/低毒(原药高毒)
柑橘 红蜘蛛 4.5-9毫克/千克 喷雾
棉花 红蜘蛛 10.8-16.2克/公顷 喷雾
棉花 棉铃虫 21.6-32.4克/公顷 喷雾
LS20061875 啶虫脒/3%/微乳剂/啶虫脒 3%/2009.11.21 至 2010.11.21/低毒
烟草 蚜虫 18-27克/公顷 喷雾

湖北省天门易普乐农化有限公司 (湖北省天门市岳口镇沿河大道3号 431702 0728-4717346)

PDN8-91 三环唑/20%/可湿性粉剂/三环唑 20%/2006.04.12 至 2011.04.12/中等毒
水稻 稻瘟病 225-300克/公顷 喷雾
PD84118-9 多菌灵/25%/可湿性粉剂/多菌灵 25%/2010.01.21 至 2015.01.21/低毒
果树 病害 0.05-0.1%药液 喷雾
花生 倒秧病 750克/公顷 喷雾
麦类 赤霉病 750克/公顷 喷雾.泼浇
棉花 苗期病害 500克/100千克种子 拌种
水稻 稻瘟病、纹枯病 750克/公顷 喷雾.泼浇
油菜 菌核病 1125-1500克/公顷 喷雾
PD84125-11 乙烯利/40%/水剂/乙烯利 40%/2010.01.21 至 2015.01.21/低毒
番茄 催熟 800-1000倍液 喷雾或浸渍
棉花 催熟、增产 330-500倍液 喷雾
柿子、香蕉 催熟 400倍液 喷雾或浸渍
水稻 催熟、增产 800倍液 喷雾
橡胶树 增产 5-10倍液 涂布
烟草 催熟 1000-2000倍液 喷雾
PD85150-11 多菌灵/50%/可湿性粉剂/多菌灵 50%/2006.04.11 至 2011.04.11/低毒
果树 病害 0.05-0.1%药液 喷雾
花生 倒秧病 750克/公顷 喷雾
麦类 赤霉病 750克/公顷 喷雾、泼浇
棉花 苗期病害 250克/50千克种子 拌种
水稻 稻瘟病、纹枯病 750克/公顷 喷雾、泼浇
油菜 菌核病 1125-1500克/公顷 喷雾
PD86133-5 仲丁威/25%/乳油/仲丁威 25%/2006.11.13 至 2011.11.13/低毒
水稻 飞虱、叶蝉 375-562.5克/公顷 喷雾
PD86134-4 多菌灵/40%/悬浮剂/多菌灵 40%/2006.11.13 至 2011.11.13/低毒
果树 病害 0.05-0.1%药液 喷雾

花生 倒秧病 750克/公顷 喷雾
绿萍 霉腐病 0.05%药液 喷雾
麦类 赤霉病 0.025%药液 喷雾
棉花 苗期病害 0.3%药液 浸种
水稻 纹枯病 0.025%药液 喷雾
甜菜 褐斑病 250-500倍液 喷雾
油菜 菌核病 1125-1500克/公顷 喷雾

PD86148-22 异丙威/20%/乳油/异丙威 20%/2006.11.13 至 2011.11.13/中等毒
水稻 飞虱、叶蝉 450-600克/公顷 喷雾

PD86153-5 叶枯唑/20%/可湿性粉剂/叶枯唑 20%/2006.11.13 至 2011.11.13/低毒
水稻 白叶枯病 300-375克/公顷 喷雾、弥雾

PD86156-4 异丙威/4%/粉剂/异丙威 4%/2006.11.13 至 2011.11.13/中等毒
水稻 飞虱、叶蝉 600克/公顷 喷粉

PD90101-2 异丙威/2%/粉剂/异丙威 2%/2010.01.06 至 2015.01.06/中等毒
水稻 飞虱、叶蝉 450-900克/公顷 喷粉

PD20040610 三唑酮/15%/可湿性粉剂/三唑酮 15%/2009.12.19 至 2014.12.19/低毒
小麦 白粉病、锈病 135-180克/公顷 喷雾
玉米 丝黑穗病 60-90克/100千克种子 拌种

PD20040649 三唑酮/20%/乳油/三唑酮 20%/2009.12.19 至 2014.12.19/低毒
小麦 白粉病 120-127.5克/公顷 喷雾

PD20085441 高效氯氟氰菊酯/25克/升/乳油/高效氯氟氰菊酯 25克/升/2008.12.24 至 2013.12.24/中等毒
茶树 茶尺蠖 3.75-7.5克/公顷 喷雾

PD20091436 毒死蜱/40%/乳油/毒死蜱 40%/2009.02.02 至 2014.02.02/中等毒
十字花科蔬菜 菜青虫 420-540克/公顷 喷雾

PD20091753 异稻·三环唑/20%/可湿性粉剂/三环唑 12%、异稻瘟净 8%/2009.02.04 至 2014.02.04/中等毒
水稻 稻瘟病 300-450克/公顷 喷雾

PD20091994 甲基异柳磷/2.5%/颗粒剂/甲基异柳磷 2.5%/2009.02.12 至 2014.02.12/高毒
小麦 吸浆虫 495-750克/公顷 土壤处理

PD20092068 溴氰菊酯/2.5%/乳油/溴氰菊酯 2.5%/2009.02.16 至 2014.02.16/中等毒
茶树 害虫 3.75-7.5克/公顷 喷雾
大白菜、棉花 害虫 7.5-15克/公顷 喷雾
柑橘树、苹果树 害虫 5-10毫克/千克 喷雾
烟草 烟青虫 7.5-9克/公顷 喷雾

PD20093316 噻嗪酮/25%/可湿性粉剂/噻嗪酮 25%/2009.03.13 至 2014.03.13/低毒
水稻 飞虱 150-187.5克/公顷 喷雾

PD20093465 草甘膦/30%/水剂/草甘膦 30%/2009.03.23 至 2014.03.23/低毒
柑橘园 杂草 1125-2250克/公顷 定向喷雾

PD20094864 甲霜·锰锌/72%/可湿性粉剂/甲霜灵 64%、代森锰锌 8%/2009.04.13 至 2014.04.13/低毒
黄瓜 霜霉病 1944-2268克/公顷 喷雾

LS20051209 阿维菌素/1.8%/乳油/阿维菌素 1.8%/2008.04.12 至 2009.04.12/低毒(原药高毒)
柑橘树 红蜘蛛 6-7.2毫克/千克 喷雾

LS20060441 啶虫脒/20%/可溶粉剂/啶虫脒 20%/2009.03.05 至 2010.03.05/低毒
黄瓜 蚜虫 30-45克/公顷 喷雾

LS20060777 烯酰·锰锌/69%/可湿性粉剂/代森锰锌 61%、烯酰吗啉 8%/2009.04.05 至 2010.04.05/低毒
黄瓜 霜霉病 1035-1400克/公顷 喷雾

LS20071207 杀螟丹/4%/颗粒剂/杀螟丹 4%/2009.05.07 至 2010.05.08/低毒
水稻 稻纵卷叶螟 1350-1800克/公顷 撒施

LS20071208 吡虫啉/70%/水分散粒剂/吡虫啉 70%/2009.05.07 至 2010.05.08/低毒
十字花科蔬菜 蚜虫 14-20克/公顷 喷雾

LS20072617 苯醚甲环唑/25%/乳油/苯醚甲环唑 25%/2009.12.09 至 2010.12.10/低毒
梨树 黑星病 20.8-31.25毫克/千克 喷雾

LS20080026 甲氨基阿维菌素苯甲酸盐/5%/水分散粒剂/甲氨基阿维菌素苯甲酸盐 5%/2010.01.03 至 2011.01.03/低毒
十字花科蔬菜 甜菜夜蛾 2.5-3.75克/公顷 喷雾

LS20083060 甲氨基阿维菌素苯甲酸盐/2.15%/乳油/甲氨基阿维菌素苯甲酸盐 2.15%/2009.10.09 至 2010.10.09/低毒
棉花 棉铃虫 9.675-12.9克/公顷 喷雾

湖北省蚊香厂 (湖北省黄梅县环城路1号 435500 0713-3636236)

WL20050021 蚊香/0.35%/蚊香/富右旋反式烯丙菊酯 0.35%/2008.01.24 至 2009.01.23/微毒
卫生 蚊 / 点燃

湖北省武汉爱卫灭鼠消杀药品供应站 (湖北省武汉市武昌区长虹桥2-5号 430064 027-88023117)

PD20080899 溴敌隆/0.005%/饵剂/溴敌隆 0.005%/2008.07.09 至 2013.07.09/低毒(原药高毒)
室内、外 鼠 饱和投饵 撒施

湖北省武汉汉南同心化工有限公司 (湖北省武汉市汉南区汉南大道810号 430090 027-84854610)

PD84111-46 氧乐果/40%/乳油/氧乐果 40%/2009.11.19 至 2014.11.19/高毒

	棉花	蚜虫、螨	375-600克/公顷	喷雾
	森林	松干蚧、松毛虫	500倍液	喷雾或直接涂树干
	水稻	稻纵卷叶螟、飞虱	375-600克/公顷	喷雾
	小麦	蚜虫	300-450克/公顷	喷雾
PD85105-37	敌敌畏/80%/乳油/敌敌畏 77.5%(气谱法)/2005.03.19 至 2010.03.19/中等毒			
	茶树	食叶害虫	600克/公顷	喷雾
	粮仓	多种储藏害虫	1)400-500倍液 2)0.4-0.5克/立方米	1)喷雾 2)挂条熏蒸
	棉花	蚜虫、造桥虫	600-1200克/公顷	喷雾
	苹果树	小卷叶蛾、蚜虫	400-500毫克/千克	喷雾
	青菜	菜青虫	600克/公顷	喷雾
	桑树	尺蠖	600克/公顷	喷雾
	卫生	多种卫生害虫	1)300-400倍液 2)0.08克/立方米	1)泼洒 2)挂条熏蒸
	小麦	黏虫、蚜虫	600克/公顷	喷雾
PD85126-8	三氯杀螨醇/20%/乳油/三氯杀螨醇 20%/2005.07.14 至 2010.07.14/低毒			
	棉花	红蜘蛛	225-300克/公顷	喷雾
	苹果树	红蜘蛛、锈蜘蛛	800-1000倍液	喷雾
PD85151-6	2,4-滴丁酯/72%/乳油/2,4-滴丁酯 72%/2005.08.15 至 2010.08.15/低毒			
	谷子、小麦	双子叶杂草	525克/公顷	喷雾
	水稻	双子叶杂草	300-525克/公顷	喷雾
	玉米	双子叶杂草	1)1050克/公顷 2)450-525克/公顷	1)苗前土壤处理 2)喷雾
PD91104-8	敌敌畏/50%/乳油/敌敌畏 48%(气谱法)/2007.03.06 至 2012.03.06/中等毒			
	茶树	食叶害虫	600克/公顷	喷雾
	粮仓	多种储粮害虫	1)300-400倍液 2)0.4-0.5克/立方米	1)喷雾 2)挂条熏蒸
	棉花	蚜虫、造桥虫	600-1200克/公顷	喷雾
	苹果树	小卷叶蛾、蚜虫	400-500毫克/千克	喷雾
	青菜	菜青虫	600克/公顷	喷雾
	桑树	尺蠖	600克/公顷	喷雾
	卫生	多种卫生害虫	1)250-300倍液 2)0.08克/立方米	1)泼洒 2)挂条熏蒸
	小麦	黏虫、蚜虫	600克/公顷	喷雾
PD20040599	哒螨灵/20%/可湿性粉剂/哒螨灵 20%/2009.12.19 至 2014.12.19/中等毒			
	柑橘树、苹果树	红蜘蛛	50-67毫克/千克	喷雾
PD20040668	哒螨灵/15%/乳油/哒螨灵 15%/2009.12.19 至 2014.12.19/中等毒			
	柑橘树、苹果树	红蜘蛛	50-67毫克/千克	喷雾
PD20040676	三唑磷/20%/乳油/三唑磷 20%/2009.12.19 至 2014.12.19/中等毒			
	棉花	棉铃虫	375-450克/公顷	喷雾
	水稻	二化螟、三化螟	300-450克/公顷	喷雾
PD20070667	辛硫磷/40%/乳油/辛硫磷 40%/2007.12.17 至 2012.12.17/低毒			
	棉花	棉铃虫	540-720克/公顷	喷雾
PD20085066	敌百虫/30%/乳油/敌百虫 30%/2008.12.23 至 2013.12.23/低毒			
	十字花科蔬菜	菜青虫	450-675克/公顷	喷雾
PD20090618	草甘膦/30%/水剂/草甘膦 30%/2009.01.14 至 2014.01.14/低毒			
	甘蔗田	一年生和多年生杂草	1125-2250克/公顷	喷雾
PD20092769	2甲4氯钠/13%/水剂/2甲4氯钠 13%/2009.03.04 至 2014.03.04/低毒			
	水稻	部分阔叶杂草	450-900克/公顷	喷雾
	小麦	部分阔叶杂草	600-900克/公顷	喷雾
PD20096185	单甲脒盐酸盐/25%/水剂/单甲脒盐酸盐 25%/2009.07.10 至 2014.07.10/中等毒			
	柑橘树	红蜘蛛	250毫克/千克	喷雾

湖北省武汉洁利日化有限责任公司 （湖北省武汉市蔡甸区汉口青年路56号 430022 027-85769452）

WP20090257	杀虫气雾剂/0.46%/气雾剂/Es-生物烯丙菊酯 0.06%、胺菊酯 0.2%、氯菊酯 0.2%/2009.04.27 至 2014.04.27/低毒			
	卫生	蜚蠊、蚊、蝇	/	喷雾

湖北省武汉天惠生物工程有限公司 （湖北省武汉市洪山区华中农业大学狮子山大道天惠楼 430070 027-87287660）

PD20082288	阿维菌素/1.8%/乳油/阿维菌素 1.8%/2008.12.01 至 2013.12.01/低毒(原药高毒)			
	柑橘树	红蜘蛛	4.5-9毫克/千克	喷雾
	十字花科蔬菜	小菜蛾	8.1-10.8克/公顷	喷雾
PD20082628	阿维菌素/92%/原药/阿维菌素 92%/2008.12.04 至 2013.12.04/高毒			
PD20090205	三唑磷/20%/乳油/三唑磷 20%/2009.01.09 至 2014.01.09/中等毒			
	水稻	二化螟、三化螟	300-450克/公顷	喷雾

PD20091472	苏云金杆菌/16000IU/毫克/可湿性粉剂/苏云金杆菌 16000IU/毫克/2009.02.02 至 2014.02.02/低毒			
	茶树	茶毛虫	800-1600倍	喷雾
	棉花	二代棉铃虫	1500-2250克制剂/公顷	喷雾
	森林	松毛虫	1200-1600倍	喷雾
	十字花科蔬菜	菜青虫	375-750克制剂/公顷	喷雾
	十字花科蔬菜	小菜蛾	750-1125克制剂/公顷	喷雾
	水稻	稻纵卷叶螟	1500-2250克制剂/公顷	喷雾
	烟草	烟青虫	750-1500克制剂/公顷	喷雾
	玉米	玉米螟	750-1500克制剂/公顷	喷雾
	枣树	枣尺蠖	1200-1600倍	喷雾
PD20094730	百草枯/200克/升/水剂/百草枯 20%/2009.04.10 至 2014.04.10/中等毒			
	苹果园	杂草	600-750克/公顷	定向喷雾
PD20096215	多抗霉素/32%/原药/多抗霉素 32%/2009.07.15 至 2014.07.15/低毒			
PD20096234	唑磷·毒死蜱/25%/乳油/毒死蜱 5%、三唑磷 20%/2009.07.15 至 2014.07.15/中等毒			
	水稻	稻纵卷叶螟	300-375克/公顷	喷雾
PD20096823	枯草芽孢杆菌/2000亿个/克/母药/枯草芽孢杆菌 2000亿个/克/2009.09.21 至 2014.09.21/低毒			
PD20096824	枯草芽孢杆菌/1000亿个/克/可湿性粉剂/枯草芽孢杆菌 1000亿个/克/2009.09.21 至 2014.09.21/低毒			
	草莓	灰霉病	600-900克制剂/公顷	喷雾
	黄瓜	白粉病	840-1260克制剂/公顷	喷雾
PD20097517	井冈霉素A/5%/可溶粉剂/井冈霉素A 5%/2009.11.03 至 2014.11.03/低毒			
	水稻	纹枯病	52.5-75克/公顷	喷雾
PD20097858	苏云金杆菌/8000IU/毫克/可湿性粉剂/苏云金杆菌 8000IU/毫克/2009.11.20 至 2014.11.20/低毒			
	茶树	茶毛虫	400-800倍	喷雾
	棉花	棉铃虫	3000-4500克制剂/公顷	喷雾
	森林	松毛虫	600-800倍	喷雾
	十字花科蔬菜	小菜蛾	1500-2250克制剂/公顷	喷雾
	十字花科蔬菜	菜青虫	750-1500克制剂/公顷	喷雾
	水稻	稻纵卷叶螟	3000-4500克制剂/公顷	喷雾
	烟草	烟青虫	1500-3000克制剂/公顷	喷雾
	玉米	玉米螟	1500-3000克制剂/公顷	加细沙灌心
	枣树	枣尺蠖	600-800倍	喷雾
PD20098521	多抗霉素/3%/可湿性粉剂/多抗霉素 3%/2009.12.24 至 2014.12.24/低毒			
	烟草	赤星病	105－135克/公顷	喷雾
LS20053180	啶虫脒/3%/微乳剂/啶虫脒 3%/2008.10.10 至 2009.10.10/低毒			
	十字花科蔬菜	蚜虫	18-22.5克/公顷	喷雾
LS20053348	阿维·高氯/3%/水分散粒剂/阿维菌素 1%、高效氯氰菊酯 2%/2008.10.17 至 2009.10.17/低毒(原药高毒)			
	十字花科蔬菜	小菜蛾	7.5-15克/公顷	喷雾
LS20053404	阿维菌素/3%/微乳剂/阿维菌素 3%/2008.10.18 至 2009.10.18/低毒(原药高毒)			
	柑橘树	红蜘蛛	5-10毫克/千克	喷雾
	梨树	梨木虱	6-12毫克/千克	喷雾
LS20053749	阿维菌素/1%/水分散粒剂/阿维菌素 1%/2008.12.11 至 2009.12.11/低毒(原药高毒)			
	柑橘树	红蜘蛛	5-10毫克/千克	喷雾
LS20060160	异丙甲·苄/20%/可湿性粉剂/苄嘧磺隆 3%、异丙甲草胺 17%/2009.01.24 至 2010.01.24/低毒			
	移栽水稻田	一年生杂草	105-150克/公顷	药土法
LS20061213	胺·吡·草除灵/14.5%/可湿性粉剂/胺苯磺隆 1%、草除灵 10%、高效氟吡甲禾灵 3.5%/2009.05.21至2010.05.21/低毒			
	油菜田	一年生杂草	108.75-130.5克/公顷	茎叶喷雾
LS20071373	阿维·哒螨灵/10%/微乳剂/阿维菌素 0.6%、哒螨灵 9.4%/2009.05.17 至 2010.05.18/中等毒(原药高毒)			
	棉花	红蜘蛛	45-75克/公顷	喷雾
LS20072329	甲氨基阿维菌素苯甲酸盐/1%/水分散粒剂/甲氨基阿维菌素苯甲酸盐 1%/2009.10.15 至 2010.10.16/低毒			
	甘蓝	甜菜夜蛾	3-4.5克/公顷	喷雾
LS20081065	井冈霉素/5%/水剂/井冈霉素 5%/2009.03.07 至 2010.03.07/低毒			
	水稻	纹枯病	150-187.5克/公顷	喷雾
LS20082546	甲氨基阿维菌素苯甲酸盐/2.5%/水分散粒剂/甲氨基阿维菌素 2.5%/2009.04.23 至 2010.04.23/低毒			
	甘蓝	甜菜夜蛾	2.25-3.75克/公顷	喷雾
LS20082571	阿维菌素/5.4%/微乳剂/阿维菌素 5.4%/2009.04.23 至 2010.04.23/低毒(原药高毒)			
	菜豆	美洲斑潜蝇	8.1-12.15克/公顷	喷雾
LS20090311	阿维菌素/2%/水分散粒剂/阿维菌素 2%/2009.03.02 至 2010.03.02/低毒(原药高毒)			
	柑橘树	锈壁虱	5-6.67毫克/千克	喷雾
LS20090693	蛇床子素/10%/母药/蛇床子素 10%/2009.03.27 至 2010.03.27/低毒			
LS20091396	蛇床子素/1%/粉剂/蛇床子素 1%/2009.09.15 至 2010.09.15/低毒			
	仓储原粮	谷蠹、书虱、玉米象	0.25-0.75毫克/千克	拌粮
WL20060040	苏云金杆菌/7000ITU/毫克/母药/苏云金杆菌(以色列亚种) 7000ITU/毫克/2009.03.01 至 2010.03.01/微毒			
WL20060157	苏云金杆菌/1200ITU/毫克/可湿性粉剂/苏云金杆菌(以色列亚种) 1200ITU/毫克/2009.08.20 至 2010.08.20/低毒			

卫生 蚊(幼虫) 1-2克制剂/平方米 喷洒

WL20080478 杀蚁饵剂/0.0025%/饵剂/吡虫啉 0.0025%/2008.12.10 至 2009.12.10/低毒

堤坝、森林 黑翅土白蚁 / 投放

湖北省武汉武隆农药有限公司 (湖北省武汉市新洲区仓埠街方杨林岗 430014 027-83225780)

PD85105-36 敌敌畏/80%/乳油/敌敌畏 77.5%(气谱法)/2005.01.14 至 2010.01.14/中等毒

茶树 食叶害虫 600克/公顷 喷雾
粮仓 多种储藏害虫 1)400-500倍液 2)0.4-0.5克/立方米 1)喷雾 2)挂条熏蒸
棉花 蚜虫、造桥虫 600-1200克/公顷 喷雾
苹果树 小卷叶蛾、蚜虫 400-500毫克/千克 喷雾
青菜 菜青虫 600克/公顷 喷雾
桑树 尺蠖 600克/公顷 喷雾
卫生 多种卫生害虫 1)300-400倍液 2)0.08克/立方米 1)泼洒 2)挂条熏蒸
小麦 黏虫、蚜虫 600克/公顷 喷雾

PD86142-4 三氯杀虫酯/98%,95%/原药/三氯杀虫酯 98%,95%/2006.10.23 至 2011.10.23/低毒

PD86148-20 异丙威/20%/乳油/异丙威 20%/2006.10.23 至 2011.10.23/中等毒

水稻 飞虱、叶蝉 450-600克/公顷 喷雾

PD91104-30 敌敌畏/50%/乳油/敌敌畏 48%(气谱法)/2006.01.17 至 2011.01.17/中等毒

茶树 食叶害虫 600克/公顷 喷雾
粮仓 多种储粮害虫 1)300-400倍液 2)0.4-0.5克/立方米 1)喷雾 2)挂条熏蒸
棉花 蚜虫、造桥虫 600-1200克/公顷 喷雾
苹果树 小卷叶蛾、蚜虫 400-500毫克/千克 喷雾
青菜 菜青虫 600克/公顷 喷雾
桑树 尺蠖 600克/公顷 喷雾
卫生 多种卫生害虫 1)250-300倍液 2)0.08克/立方米 1)泼洒 2)挂条熏蒸
小麦 黏虫、蚜虫 600克/公顷 喷雾

PD20050172 高效氯氰菊酯/4.5%/乳油/高效氯氰菊酯 4.5%/2005.11.14 至 2010.11.14/中等毒

茶树 尺蠖 15-25.5克/公顷 喷雾
柑橘树 潜叶蛾 15-20毫克/千克 喷雾
柑橘树 红蜡蚧 50毫克/千克 喷雾
棉花 红铃虫、棉铃虫、蚜虫 15-30克/公顷 喷雾
十字花科蔬菜 菜蚜 3-18克/公顷 喷雾
十字花科蔬菜 菜青虫、小菜蛾 9-25.5克/公顷 喷雾
烟草 烟青虫 15-25.5克/公顷 喷雾

PD20082277 甲氰菊酯/20%/乳油/甲氰菊酯 20%/2008.11.27 至 2013.11.27/中等毒

十字花科叶菜 小菜蛾 120-240克/公顷 喷雾

PD20082967 精吡氟禾草灵/15%/乳油/精吡氟禾草灵 15%/2008.12.09 至 2013.12.09/低毒

棉花田 一年生禾本科杂草 75-150克/公顷 茎叶喷雾

PD20083139 溴氰菊酯/2.5%/乳油/溴氰菊酯 2.5%/2008.12.10 至 2013.12.10/中等毒

十字花科蔬菜 菜青虫 7.5-15克/公顷 喷雾

PD20085925 阿维·灭多威/8%/可湿性粉剂/阿维菌素 0.15%、灭多威 7.85%/2008.12.29 至 2013.12.29/低毒(原药高毒)

甘蓝 小菜蛾 48-72克/公顷 喷雾

PD20090683 杀单·苏云/63.1%/可湿性粉剂/杀虫单 62.6%、苏云金杆菌 0.5%/2009.01.19 至 2014.01.19/中等毒

水稻 二化螟 437.25-662.55克/公顷 喷雾

PD20090780 氰戊·氧乐果/30%/乳油/氰戊菊酯 10%、氧乐果 20%/2009.01.19 至 2014.01.19/高毒

棉花 红铃虫、棉铃虫 90-180克/公顷 喷雾
棉花 蚜虫 67.5-135克/公顷 喷雾

PD20095677 氰戊·马拉松/20%/乳油/马拉硫磷 15%、氰戊菊酯 5%/2009.05.14 至 2014.05.14/中等毒

棉花 棉铃虫、蚜虫 90-150克/公顷 喷雾
苹果树 桃小食心虫 160-333毫克/千克 喷雾
十字花科蔬菜 菜青虫、蚜虫 90－150克/公顷 喷雾
小麦 蚜虫 60-90克/公顷 喷雾

PD20097310 毒死蜱/480克/升/乳油/毒死蜱 480克/升/2009.10.27 至 2014.10.27/中等毒

水稻 稻纵卷叶螟 468-612克/公顷 喷雾

湖北省武汉兴泰生物技术有限公司 (湖北省武汉市武昌区小洪山中区44号 430071 027-87198641)

LS20091451 松毛虫赤眼蜂·质型多角体病毒病毒杀虫卡/1%/病毒杀虫卡/松毛虫质型多角体病毒 1亿个PIB/每卡、松毛虫赤眼蜂 1500头/每卡/2009.12.14 至 2010.12.14/微毒

松树 松毛虫 112500头＋75亿PIB-225000头＋150亿PIB/公顷 悬挂

湖北省武汉中鑫化工有限公司 (湖北省武汉市江夏区金口街五里堤85号 430209 027-87989222)

PD85126-18 三氯杀螨醇/20%/乳油/三氯杀螨醇 20%/2006.01.15 至 2011.01.15/低毒

棉花 红蜘蛛 225-300克/公顷 喷雾

苹果树 红蜘蛛、锈蜘蛛 800-1000倍液 喷雾

PD20082928 稻瘟灵/40%/乳油/稻瘟灵 40%/2008.12.09 至 2013.12.09/低毒

水稻 稻瘟病 450-675克/公顷 喷雾

PD20083295 辛硫磷/3%/颗粒剂/辛硫磷 3%/2008.12.11 至 2013.12.11/低毒

花生 地老虎、金针虫、蝼蛄、蛴螬 2700-3600克/公顷 撒施

PD20086259 氯氰·马拉松/37%/乳油/氯氰菊酯 1%、马拉硫磷 36%/2008.12.31 至 2013.12.31/中等毒

十字花科蔬菜 菜青虫 333-444克/公顷 喷雾

PD20090067 氰戊·马拉松/20%/乳油/马拉硫磷 15%、氰戊菊酯 5%/2009.01.08 至 2014.01.08/中等毒

十字花科蔬菜 菜青虫 90-150克/公顷 喷雾

PD20091070 草甘膦/95%/原药/草甘膦 95%/2009.01.21 至 2014.01.21/低毒

PD20093200 草甘膦/10%/水剂/草甘膦 10%/2009.03.11 至 2009.12.31/低毒

柑橘园 杂草 1125-2250克/公顷 定向喷雾

PD20093311 乙草胺/50%/乳油/乙草胺 50%/2009.03.13 至 2014.03.13/低毒

夏玉米田 一年生禾本科杂草及部分阔叶杂草 750-1050克/公顷 土壤喷雾

PD20093575 乐果/50%/乳油/乐果 50%/2009.03.23 至 2014.03.23/中等毒

水稻 三化螟 600-750克/公顷 喷雾

PD20094741 多·福/40%/可湿性粉剂/多菌灵 5%、福美双 35%/2009.04.10 至 2014.04.10/低毒

葡萄 霜霉病 1000-1250毫克/千克 喷雾

PD20095631 丁草胺/50%/乳油/丁草胺 50%/2009.05.12 至 2014.05.12/低毒

水稻移栽田 一年生杂草 750-1050克/公顷 毒土法

LS20051029 阿维·高氯/3%/可湿性粉剂/阿维菌素 0.2%、高效氯氰菊酯 2.8%/2008.04.07 至 2009.04.07/低毒(原药高毒)

十字花科蔬菜 菜青虫、小菜蛾 13.5-27克/公顷 喷雾

LS20052398 吡虫·杀虫单/58%/可湿性粉剂/吡虫啉 2.5%、杀虫单 55.5%/2008.07.10 至 2009.07.10/低毒

水稻 稻飞虱、稻纵卷叶螟、二化螟、三化螟 450-750克/公顷 喷雾

LS20071599 草甘膦/30%/可溶粉剂/草甘膦 30%/2009.06.05 至 2010.06.06/低毒

柑橘园 多年生杂草、一年生杂草 1125-2250克/公顷 定向茎叶喷雾

湖北省孝感市日用化工厂 (湖北省孝感市黄花路中段 432000 0712-2466220)

WP20090315 蚊香/0.28%/蚊香/富右旋反式烯丙菊酯 0.28%/2009.09.07 至 2014.09.07/低毒

卫生 蚊 / 点燃

WL20070127 杀虫气雾剂/0.45%/气雾剂/胺菊酯 0.35%、高效氯氰菊酯 0.1%/2009.06.24 至 2010.06.25/低毒

卫生 蜚蠊、蚊、蝇 / 喷雾

湖北省阳新县化工厂 (湖北省黄石市阳新县兴国镇太垴 435200 0714-7300156)

PD84104-8 杀虫双/18%/水剂/杀虫双 18%/2009.11.25 至 2014.11.25/中等毒

甘蔗、蔬菜、水稻、小麦、玉米 多种害虫 540-675克/公顷 喷雾

果树 多种害虫 225-360毫克/千克 喷雾

PD20081525 毒死蜱/98%/原药/毒死蜱 98%/2008.11.06 至 2013.11.06/中等毒

PD20082150 氯氰·毒死蜱/522.5克/升/乳油/毒死蜱 475克/升、氯氰菊酯 47.5克/升/2008.11.25 至 2013.11.25/中等毒

棉花 棉铃虫 548.625-705.375克/公顷 喷雾

PD20082677 毒死蜱/480克/升/乳油/毒死蜱 480克/升/2008.12.05 至 2013.12.05/中等毒

柑橘树 介壳虫 1000-1500倍液 喷雾

苹果树 绵蚜 1800-3000倍液 喷雾

十字花科蔬菜 蚜虫 468-612克/公顷 喷雾

水稻 稻纵卷叶螟 450-600克/公顷 喷雾

水稻 稻飞虱 468-612克/公顷 喷雾

PD20083410 氯氰·辛硫磷/20%/乳油/氯氰菊酯 1.5%、辛硫磷 18.5%/2008.12.11 至 2013.12.11/中等毒

棉花 棉铃虫、蚜虫 75-150克/公顷 喷雾

PD20093861 杀扑磷/95%/原药/杀扑磷 95%/2009.03.25 至 2014.03.25/高毒

PD20096243 三唑磷/20%/乳油/三唑磷 20%/2009.07.15 至 2014.07.15/中等毒

水稻 二化螟 300-450克/公顷 喷雾

LS20053196 辛硫·三唑磷/20%/乳油/三唑磷 10%、辛硫磷 10%/2008.10.10 至 2009.10.10/中等毒

水稻 二化螟 300-450克/公顷 喷雾

LS20053871 三唑磷/85%/原药/三唑磷 85%/2008.12.28 至 2009.12.28/中等毒

LS20061374 高氯·三唑磷/15%/乳油/高效氯氰菊酯 1%、三唑磷 14%/2009.06.25 至 2010.06.25/中等毒

棉花 棉铃虫 135-180克/公顷 喷雾

LS20061393 唑磷·毒死蜱/30%/乳油/毒死蜱 15%、三唑磷 15%/2009.06.26 至 2010.06.26/中等毒

水稻 三化螟 270-360克/公顷 喷雾

湖北省阳新县泰鑫化工有限公司 (湖北省阳新县星国镇 435200 0714-7300776)

LS20090174 甲氨基阿维菌素苯甲酸盐/3%/微乳剂/甲氨基阿维菌素苯甲酸盐 3%/2009.02.04 至 2010.02.04/低毒

甘蓝 小菜蛾 1.8—2.25克/公顷 喷雾

湖北省宜昌地区三峡农药厂 (湖北省枝江市白洋镇 443208 0717-4401918)

PD90105-3 石硫合剂/45%/结晶粉/石硫合剂 45%(以CaS4 计)/2005.05.17 至 2010.05.17/低毒

茶树	叶螨	150倍液	喷雾
柑橘树	锈壁虱	300-500倍液	晚秋喷雾
柑橘树	介壳虫、螨	1)180-300倍液 2)300-500倍液	1)早春喷雾 2)晚秋喷雾
麦类	白粉病	150倍液	喷雾
苹果树	叶螨	20-30倍液	萌芽前喷雾

PD20082927 石硫合剂/29%/水剂/石硫合剂 29%/2008.12.09 至 2013.12.09/低毒

柑橘树	红蜘蛛	0.5-1Be(波美)	喷雾
苹果树	白粉病	0.5Be(波美)	喷雾

PD20083258 氰戊·马拉松/21%/乳油/马拉硫磷 15%、氰戊菊酯 6%/2008.12.11 至 2013.12.11/中等毒

棉花	红蜘蛛	120-180克/公顷	喷雾
棉花	蚜虫	75-120克/公顷	喷雾
苹果树	桃小食心虫	60-100毫克/千克	喷雾
苹果树	红蜘蛛	60-150毫克/千克	喷雾
苹果树	蚜虫	50-70毫克/千克	喷雾

湖北省宜昌励创科技开发有限公司　(湖北省宜昌市麦陵区黄金卡社区　443000　0717-6484988)

LS20072369 毒死蜱/97%/原药/毒死蜱 97%/2008.10.16 至 2009.10.17/中等毒

LS20080368 毒死蜱/480克/升/乳油/毒死蜱 480克/升/2009.02.18 至 2010.02.18/中等毒

柑橘树	介壳虫	320-480毫克/千克	喷雾

湖北省宜昌三峡农药厂　(湖北省枝江市白洋镇　443208　0716-4401918，8714066)

PD20082058 草甘膦/10%/水剂/草甘膦 10%/2008.11.25 至 2009.12.31/低毒

柑橘园	杂草	11250-22500克/公顷	定向茎叶喷雾

PD20083970 草甘膦/95%/原药/草甘膦 95%/2008.12.16 至 2013.12.16/低毒

湖北省云梦县同德农化有限公司　(湖北省孝感市云梦县城关镇建设西路9号　432500　0712-4338618)

PD20081218 S-氰戊菊酯/5%/乳油/S-氰戊菊酯 5%/2008.09.11 至 2013.09.11/中等毒

甘蓝	菜青虫	7.5-15克/公顷	喷雾
棉花	棉铃虫	18.75-26.5克/公顷	喷雾
苹果树	桃小食心虫	16-25毫克/千克	喷雾
小麦	麦蚜、黏虫	9-11.25克/公顷	喷雾

PD20084437 井冈霉素/5%/水剂/井冈霉素A 5%/2008.12.17 至 2013.12.17/低毒

水稻	纹枯病	112.5-150克/公顷	喷雾

PD20084893 吡虫啉/200克/升/可溶液剂/吡虫啉 200克/升/2008.12.22 至 2013.12.22/低毒

十字花科蔬菜	蚜虫	22.5-30克/公顷	喷雾

PD20084966 丁硫克百威/200克/升/乳油/丁硫克百威 200克/升/2008.12.22 至 2013.12.22/中等毒

水稻	三化螟	600-750克/公顷	喷雾

PD20085237 甲氰菊酯/20%/乳油/甲氰菊酯 20%/2008.12.23 至 2013.12.23/中等毒

柑橘树	潜叶蛾	133.3-200毫克/千克	喷雾
柑橘树	红蜘蛛	67-100毫克/千克	喷雾
棉花	红铃虫、棉铃虫	90-120克/公顷	喷雾
苹果树	桃小食心虫	67-100毫克/千克	喷雾
苹果树	山楂红蜘蛛	100毫克/千克	喷雾

PD20085529 仲丁威/20%/乳油/仲丁威 20%/2008.12.25 至 2013.12.25/低毒

水稻	稻飞虱	450-600克/公顷	喷雾

LS20090122 氟铃·毒死蜱/10%/乳油/毒死蜱 8.5%、氟铃脲 1.5%/2009.02.04 至 2010.02.04/低毒

甘蓝	小菜蛾	90-120克/公顷	喷雾

湖北省枣阳市先飞高科农药有限公司　(湖北省枣阳市襄阳路79号　441200　0710-6223368)

PD20040603 氯氰·三唑磷/20%/乳油/氯氰菊酯 5%、三唑磷 15%/2009.12.19 至 2014.12.19/中等毒

棉花	棉铃虫	225-300克/公顷	喷雾

PD20040755 多·硫/25%/可湿性粉剂/多菌灵 12.5%、硫磺 12.5%/2009.12.19 至 2014.12.19/低毒

水稻	稻瘟病	1200-1800克/公顷	喷雾

PD20040758 硫磺·三唑酮/20%/可湿性粉剂/硫磺 10%、三唑酮 10%/2009.12.19 至 2014.12.19/低毒

小麦	白粉病、锈病	150-225克/公顷	喷雾

PD20050069 三唑磷/20%/乳油/三唑磷 20%/2005.06.24 至 2010.06.23/中等毒

水稻	二化螟、三化螟	300-450克/公顷	喷雾

PD20082605 甲氰菊酯/20%/乳油/甲氰菊酯 20%/2008.12.04 至 2013.12.04/中等毒

苹果树	红蜘蛛	100-133.3毫克/千克	喷雾
苹果树	桃小食心虫	67-100毫克/千克	喷雾

PD20085781 苯磺隆/10%/可湿性粉剂/苯磺隆 10%/2008.12.29 至 2013.12.29/低毒

冬小麦田	一年生阔叶杂草	15-22.5克/公顷	茎叶喷雾

PD20092203 甲氰·乐果 /20%/乳油/甲氰菊酯 4%、乐果 16%/2009.02.23 至 2014.02.23/低毒

棉花	棉铃虫	210-270克/公顷	喷雾

PD20096056 喹禾灵/10%/乳油/喹禾灵 10%/2009.06.18 至 2014.06.18/低毒

	夏大豆田	一年生禾本科杂草	105-150克/公顷	喷雾
PD20096307	西净·乙草胺/20%/可湿性粉剂/西草净 14%、乙草胺 6%/2009.07.22 至 2014.07.22/低毒			
	水稻本田	一年生杂草	120-150克/公顷	毒土法

湖北省枣阳天燕化工有限公司　(湖北省枣阳市徐寨天燕路1号　441223　0710-6591802)

PD84102-4	杀螟硫磷/45%/乳油/杀螟硫磷 45%/2009.11.26 至 2014.11.26/中等毒			
	茶树	尺蠖、毛虫、小绿叶蝉	250-500毫克/千克	喷雾
	甘薯	小象甲	525-900克/公顷	喷雾
	果树	卷叶蛾、毛虫、食心虫	250-500毫克/千克	喷雾
	棉花	红铃虫、棉铃虫	375-750克/公顷	喷雾
	棉花	蚜虫、叶蝉、造桥虫	375-562.5克/公顷	喷雾
	水稻	飞虱、螟虫、叶蝉	375-562.5克/公顷	喷雾
PD90102-2	扑草净/25%/可湿性粉剂/扑草净 25%/2006.05.15 至 2011.05.15/低毒			
	麦田	杂草	375-562.5克/公顷	喷雾
	水稻	阔叶杂草	187.5-562.5克/公顷	毒土
PD20091413	甲哌鎓/250克/升/水剂/甲哌鎓 250克/升/2009.02.04 至 2014.02.04/低毒			
	棉花	调节生长	45-60克/公顷	喷雾
PD20094479	甲哌鎓/96%/原药/甲哌鎓 96%/2009.04.09 至 2014.04.09/低毒			

湖北省钟祥市第二化工农药厂　(湖北省荆门市钟祥市中山镇　431903　0724-4338065)

PD84104-59	杀虫双/18%/水剂/杀虫双 18%/2009.12.22 至 2014.12.22/中等毒			
	甘蔗、蔬菜、水稻、小麦、玉米	多种害虫	540-675克/公顷	喷雾
	果树	多种害虫	225-360毫克/千克	喷雾
PD85105-21	敌敌畏/80%/乳油/敌敌畏 77.5%(气谱法)/2005.03.23 至 2010.03.23/中等毒			
	茶树	食叶害虫	600克/公顷	喷雾
	粮仓	多种储藏害虫	1)400-500倍液 2)0.4-0.5克/立方米	1)喷雾 2)挂条熏蒸
	棉花	蚜虫、造桥虫	600-1200克/公顷	喷雾
	苹果树	小卷叶蛾、蚜虫	400-500毫克/千克	喷雾
	青菜	菜青虫	600克/公顷	喷雾
	桑树	尺蠖	600克/公顷	喷雾
	卫生	多种卫生害虫	1)300-400倍液 2)0.08克/立方米	1)泼洒 2)挂条熏蒸
	小麦	黏虫、蚜虫	600克/公顷	喷雾
PD88101-7	水胺硫磷/40%/乳油/水胺硫磷 40%/2008.04.09 至 2013.04.09/高毒			
	柑橘树	潜叶蛾、锈壁虱、螨	300-400毫克/千克	喷雾
	棉花	红蜘蛛、棉铃虫	300-600克/公顷	喷雾
	水稻	蓟马、螟虫	450-900克/公顷	喷雾
PD20040212	高效氯氰菊酯/4.5%/乳油/高效氯氰菊酯 4.5%/2009.12.19 至 2014.12.19/中等毒			
	茶树	茶尺蠖	15-25.5克/公顷	喷雾
	柑橘树	潜叶蛾	15-20毫克/千克	喷雾
	柑橘树	红蜡蚧	50毫克/千克	喷雾
	棉花	红铃虫、棉铃虫、棉蚜	15-30克/公顷	喷雾
	十字花科蔬菜	菜青虫、小菜蛾	9-25.5克/公顷	喷雾
	十字花科蔬菜	菜蚜	3-18克/公顷	喷雾
	烟草	烟青虫	15-25.5克/公顷	喷雾
PD20040600	杀虫单/90%/可溶粉剂/杀虫单 90%/2009.12.19 至 2014.12.19/中等毒			
	水稻	螟虫	525-750克/公顷	喷雾
PD20083012	百草枯/200克/升/水剂/百草枯 200克/升/2008.12.10 至 2013.12.10/中等毒			
	柑橘园	杂草	600-750克/公顷	定向茎叶喷雾
PD20091167	噻嗪·杀虫单/60%/可湿性粉剂/噻嗪酮 10%、杀虫单 50%/2009.01.22 至 2014.01.22/中等毒			
	水稻	稻飞虱、稻纵卷叶螟	450-540克/公顷	喷雾
PD20092508	敌畏·氧乐/30%/乳油/敌敌畏 15%、氧乐果 15%/2009.02.26 至 2014.02.26/高毒			
	小麦	蚜虫	157.5-247.5克/公顷	喷雾
PD20093368	单甲脒盐酸盐/25%/水剂/单甲脒盐酸盐 25%/2009.03.18 至 2014.03.18/低毒			
	柑橘树	红蜘蛛	208-250毫克/千克	喷雾
PD20096214	丙溴磷/40%/乳油/丙溴磷 40%/2009.07.15 至 2014.07.15/低毒			
	棉花	棉铃虫	360-450克/公顷	喷雾
PD20096283	辛硫磷/40%/乳油/辛硫磷 40%/2009.07.22 至 2014.07.22/低毒			
	十字花科蔬菜	菜青虫	180-240克/公顷	喷雾
PD20096764	甲氰菊酯/20%/乳油/甲氰菊酯 20%/2009.09.15 至 2014.09.15/中等毒			
	茶树	茶尺蠖	60-90克/公顷	喷雾
LS20050728	三唑磷/10%/乳油/三唑磷 10%/2008.03.27 至 2009.03.27/中等毒			
	水稻	二化螟	225-300克/公顷	喷雾

LS20052213 啶虫脒/3%/乳油/啶虫脒 3%/2008.06.15 至 2009.06.15/低毒
柑橘树 蚜虫 10-15毫克/千克 喷雾
LS20052295 乙酰甲胺磷/20%/乳油/乙酰甲胺磷 20%/2008.06.22 至 2009.06.22/低毒
水稻 二化螟 600-900克/公顷 喷雾
LS20053877 敌敌畏/37%/乳油/敌敌畏 37%/2008.12.28 至 2009.12.28/中等毒
十字花科蔬菜 菜青虫 333-444克/公顷 喷雾
LS20071505 异丙威/20%/乳油/异丙威 20%/2009.05.29 至 2010.05.30/低毒
水稻 稻飞虱 600-750克/公顷 喷雾
LS20072064 联苯菊酯/100克/升/乳油/联苯菊酯 100克/升/2009.08.29 至 2010.08.30/中等毒
茶树 茶尺蠖 11.25-15克/公顷 喷雾
LS20080094 毒死蜱/480克/升/乳油/毒死蜱 480克/升/2009.01.05 至 2010.01.05/中等毒
水稻 稻纵卷叶螟 576-720克/公顷 喷雾
LS20080317 甲氨基阿维菌素苯甲酸盐/2.5%/乳油/甲氨基阿维菌素苯甲酸盐 2.5%/2009.02.18 至 2010.02.19/低毒
十字花科蔬菜 小菜蛾 1.5-3克/公顷 喷雾
LS20080332 喹硫磷/25%/乳油/喹硫磷 25%/2009.02.18 至 2010.02.19/中等毒
柑橘树 介壳虫 250-312.5毫克/千克 喷雾

湖北省钟祥市祥隆化工有限公司 (湖北省钟祥市冷水镇新桥街8号 431921 0724-4918115)

LS20082622 高效氯氟氰菊酯/25克/升/乳油/高效氯氟氰菊酯 25克/升/2008.04.23 至 2009.04.23/中等毒
十字花科蔬菜 菜青虫 15-18.75克/公顷 喷雾

湖北泰盛化工有限公司 (湖北省宜昌市猇亭区长江路29号 443007 0717-6917409)

PD20086040 草甘膦/95%/原药/草甘膦 95%/2008.12.29 至 2013.12.29/低毒

湖北太极生化有限公司 (湖北省恩施土家族苗族自治州恩施市后山湾高井河65号 445000 0718-8281369)

PD90104-4 机油/95%/乳油/机油 95%/2005.04.06 至 2010.04.06/低毒
柑橘树 锈壁虱、蚜虫 100-200倍液 喷雾
柑橘树、杨梅树、枇杷树 介壳虫 50-60倍液 喷雾
PD90106-33 苏云金杆菌/2000IU/微升/悬浮剂/苏云金杆菌 2000IU/微升/2005.06.29 至 2010.06.29/低毒
白菜、萝卜、青菜 菜青虫、小菜蛾 1500-2250克制剂/公顷 喷雾
茶树 茶毛虫 3000克制剂/公顷 喷雾
高粱、玉米 玉米螟 2250-3000克制剂/公顷 加细沙灌心叶
梨树、苹果树、桃树、枣树 尺蠖、食心虫 200倍液 喷雾
林木 尺蠖、柳毒蛾、松毛虫 150-200倍液 喷雾
棉花 棉铃虫、造桥虫 3750-6000克制剂/公顷 喷雾
水稻 稻苞虫、螟虫 3000-6000克制剂/公顷 喷雾
烟草 烟青虫 3000克制剂/公顷 喷雾
PD20085408 石硫合剂/29%/水剂/石硫合剂 29%/2008.12.24 至 2013.12.24/低毒
苹果 白粉病 0.5-0.8Be(波美) 喷雾
PD20094476 氰戊·马拉松/20%/乳油/马拉硫磷 15%、氰戊菊酯 5%/2009.04.09 至 2014.04.09/低毒
十字花科蔬菜 菜青虫 120-150克/公顷 喷雾
PD20094943 二嗪磷/50%/乳油/二嗪磷 50%/2009.04.17 至 2014.04.17/中等毒
水稻 二化螟 750-900克/公顷 喷雾
PD20096080 高效氯氟氰菊酯/25克/升/乳油/高效氯氟氰菊酯 25克/升/2009.06.18 至 2014.06.18/低毒
十字花科蔬菜 蚜虫 7.5-11.25克/公顷 喷雾
PD20096299 石硫合剂/45%/结晶/石硫合剂 45%/2009.07.22 至 2014.07.22/中等毒
柑橘树 红蜘蛛 1800-2250毫克/千克 喷雾
PD20097252 福美双/50%/可湿性粉剂/福美双 50%/2009.10.19 至 2014.10.19/低毒
烟草 根腐病 500克/500千克温床土 土壤处理
LS20071486 异稻·稻瘟灵/40%/乳油/稻瘟灵 10%、异稻瘟净 30%/2009.05.28 至 2010.05.29/低毒
水稻 稻瘟病 900-1200克/公顷 喷雾
LS20071844 三唑锡/25%/可湿性粉剂/三唑锡 25%/2009.07.09 至 2010.07.10/低毒
柑橘树 红蜘蛛 125-250毫克/千克 喷雾
LS20072082 高氯·辛硫磷/20%/乳油/高效氯氰菊酯 1%、辛硫磷 19%/2009.08.29 至 2010.08.30/低毒
甘蓝 菜青虫 90-150克/公顷 喷雾
LS20072148 甲氰菊酯/20%/乳油/甲氰菊酯 20%/2009.09.04 至 2010.09.05/中等毒
棉花 红蜘蛛 120-150克/公顷 喷雾
LS20081853 井冈霉素/5%/水剂/井冈霉素 5%/2009.04.10 至 2010.04.10/低毒
水稻 纹枯病 150-187.5克/公顷 喷雾
LS20083080 唑磷·毒死蜱/25%/乳油/毒死蜱 5%、三唑磷 20%/2009.10.21 至 2010.10.21/中等毒
水稻 三化螟 300-450克/公顷 喷雾
LS20091317 井冈·蜡芽菌//可湿性粉剂/井冈霉素 2.5%、蜡质芽孢杆菌 100亿活芽孢/克/2009.06.02 至 2010.06.02/低毒
水稻 纹枯病 300-360克/公顷 喷雾

湖北天泽农生物工程有限公司 (湖北省武汉市洪山区珞狮路449号 430070 027-87386569)

PD20081539 高效氯氟氰菊酯/25克/升/乳油/高效氯氟氰菊酯 25克/升/2008.11.11 至 2013.11.11/中等毒
十字花科蔬菜 菜青虫 7.5-15克/公顷 喷雾
PD20081972 苏云金杆菌/16000IU/毫克/可湿性粉剂/苏云金杆菌 16000IU/毫克/2008.11.25 至 2013.11.25/低毒
茶树 茶毛虫 稀释800-1600倍 喷雾
棉花 二代棉铃虫 1500-2250克制剂/公顷 喷雾
森林 松毛虫 稀释1200-1600倍 喷雾
十字花科蔬菜 小菜蛾 750-1125克制剂/公顷 喷雾
十字花科蔬菜 菜青虫 375-750克制剂/公顷 喷雾
水稻 稻纵卷叶螟 1500-2250克制剂/公顷 喷雾
烟草 烟青虫 750-1500克制剂/公顷 喷雾
玉米 玉米螟 750-1500克制剂/公顷 加细沙灌心
枣树 枣尺蠖 稀释1200-1600倍 喷雾
PD20082346 苏云金杆菌/8000IU/毫克/可湿性粉剂/苏云金杆菌 8000IU/毫克/2008.12.01 至 2013.12.01/低毒
茶树 茶毛虫 稀释400-800倍 喷雾
棉花 二代棉铃虫 3000-4500克制剂/公顷 喷雾
森林 松毛虫 稀释600-800倍 喷雾
十字花科蔬菜 菜青虫 750-1500克制剂/公顷 喷雾
十字花科蔬菜 小菜蛾 1500-2250克制剂/公顷 喷雾
水稻 稻纵卷叶螟 3000-4500克制剂/公顷 喷雾
烟草 烟青虫 1500-3000克制剂/公顷 喷雾
玉米 玉米螟 1500-3000克制剂/公顷 加细沙灌心
枣树 枣尺蠖 稀释600-800倍 喷雾
PD20082766 联苯菊酯/100克/升/乳油/联苯菊酯 100克/升/2008.12.08 至 2013.12.08/中等毒
茶树 茶小绿叶蝉 30-37.5克/公顷 喷雾
PD20083756 阿维菌素/18克/升/乳油/阿维菌素 18克/升/2008.12.15 至 2013.12.15/低毒(原药高毒)
甘蓝 小菜蛾 8.1-10.8克/公顷 喷雾
PD20083760 噻嗪·异丙威/25%/可湿性粉剂/噻嗪酮 5%、异丙威 20%/2008.12.15 至 2013.12.15/低毒
水稻 稻飞虱 450-562.5克/公顷 喷雾
PD20084302 甲霜·锰锌/58%/可湿性粉剂/甲霜灵 10%、代森锰锌 48%/2008.12.17 至 2013.12.17/低毒
黄瓜 霜霉病 870-1305克/公顷 喷雾
PD20092327 阿维·高氯/1.8%/乳油/阿维菌素 0.3%、高效氯氰菊酯 1.5%/2009.02.24 至 2014.02.24/低毒(原药高毒)
甘蓝 菜青虫、小菜蛾 7.5-15克/公顷 喷雾
PD20092519 阿维·苏云菌/2%/可湿性粉剂/阿维菌素 0.1%、苏云金杆菌 1.9%/2009.02.26 至 2014.02.26/低毒(原药高毒)
小油菜 小菜蛾 9-15克/公顷 喷雾
PD20093796 唑磷·毒死蜱/30%/乳油/毒死蜱 15%、三唑磷 15%/2009.03.25 至 2014.03.25/中等毒
水稻 三化螟 225-270克/公顷 喷雾
PD20096968 毒死蜱/480克/升/乳油/毒死蜱 480克/升/2009.09.29 至 2014.09.29/中等毒
棉花 棉铃虫 675-900克/公顷 喷雾
PD20097634 丙环唑/250克/升/乳油/丙环唑 250克/升/2009.11.03 至 2014.11.03/低毒
小麦 白粉病 125－156克/公顷 喷雾
PD20097774 甲氰菊酯/20%/乳油/甲氰菊酯 20%/2009.11.12 至 2014.11.12/中等毒
柑橘树 红蜘蛛 67-133毫克/千克 喷雾
PD20098271 杀单·苏云菌/46%/可湿性粉剂/杀虫单 45%、苏云金杆菌 1%/2009.12.18 至 2014.12.18/中等毒
水稻 稻纵卷叶螟 345-448.5克/公顷 喷雾

湖北旺世化工有限公司 (湖北省武汉市武昌区南湖通惠桥58号 430064 027-88034139)

PD85105-45 敌敌畏/80%/乳油/敌敌畏 77.5%/2007.10.28 至 2012.10.28/中等毒
茶树 食叶害虫 600克/公顷 喷雾
粮仓 多种储藏害虫 1)400-500倍液 1)喷雾
2)0.4-0.5克/立方米 2)挂条熏蒸
棉花 蚜虫、造桥虫 600-1200克/公顷 喷雾
苹果树 小卷叶蛾、蚜虫 400-500毫克/千克 喷雾
青菜 菜青虫 600克/公顷 喷雾
桑树 尺蠖 600克/公顷 喷雾
卫生 多种卫生害虫 1)300-400倍液 1)泼洒
2)0.08克/立方米 2)挂条熏蒸
小麦 黏虫、蚜虫 600克/公顷 喷雾
PD86148-59 异丙威/20%/乳油/异丙威 20%/2007.10.28 至 2012.10.28/中等毒
水稻 飞虱、叶蝉 450-600克/公顷 喷雾
PD20040728 高效氯氰菊酯/4.5%/乳油/高效氯氰菊酯 4.5%/2009.12.19 至 2014.12.19/中等毒
棉花 蚜虫 13.5-20.25克/公顷 喷雾
棉花 棉铃虫 15-30克/公顷 喷雾
PD20081473 乙草胺/88%/乳油/乙草胺 88%/2008.11.04 至 2013.11.04/低毒
夏大豆 部分阔叶杂草、一年生禾本科杂草 1056－1320克/公顷 土壤喷雾

PD20085144 氰戊·敌敌畏/25%/乳油/敌敌畏 20%、氰戊菊酯 5%/2008.12.29 至 2013.12.29/中等毒

甘蓝	蚜虫	112.5-187.5克/公顷	喷雾

PD20091659 精喹禾灵/5%/乳油/精喹禾灵 5%/2009.02.03 至 2014.02.03/低毒

油菜田	一年生禾本科杂草	45-67.5克/公顷	茎叶喷雾

PD20093345 敌百虫/30%/乳油/敌百虫 30%/2009.03.18 至 2014.03.18/低毒

甘蓝、萝卜、小油菜	菜青虫	450-900克/公顷	喷雾

LS20072071 唑磷·毒死蜱/25%/乳油/毒死蜱 8%、三唑磷 17%/2009.08.29 至 2010.08.30/中等毒

水稻	稻纵卷叶螟	300-450克/公顷	喷雾

LS20080485 戊唑醇/25%/乳油/戊唑醇 25%/2009.02.20 至 2010.02.21/低毒

香蕉	叶斑病	167-312.5毫克/千克	喷雾

LS20090134 甲氨基阿维菌素苯甲酸盐/1.2%/微乳剂/甲氨基阿维菌素苯甲酸盐 1.2%/2009.02.04 至 2010.02.04/低毒

甘蓝	小菜蛾	1.8-3.6克/公顷	喷雾

湖北武汉宝世卫生药械有限责任公司 (湖北省武汉市江汉区新华小路111-2号08室 430022 027-85775245)

WL20080138 烯丙·氯菊/10%/乳油/Es-生物烯丙菊酯 2.5%、氯菊酯 7.5%/2009.02.21 至 2010.02.22/低毒

卫生	蚊、蝇	1)300-500毫克/平方米 2)7.5毫克/立方米	1)滞留喷洒 2)喷雾
卫生	蜚蠊	300-500毫克/平方米	滞留喷洒

WL20080161 苯氰·残杀威/10%/乳油/残杀威 5%、右旋苯醚氰菊酯 5%/2009.02.25 至 2010.02.26/低毒

卫生	蜚蠊	250毫克/平方米	滞留喷洒

WL20090058 Es-生物烯丙菊酯·氯菊酯/10%/乳油/Es-生物烯丙菊酯 2.5%、氯菊酯 7.5%/2009.03.13 至 2010.03.13/低毒

卫生	蚊、蝇	7.5毫克/立方米	喷雾

WL20090118 杀虫气雾剂/0.9%/气雾剂/胺菊酯 0.4%、富右旋反式烯丙菊酯 0.1%、氯菊酯 0.4%/2009.04.10 至 2010.04.10/微毒

卫生	蚊、蝇、蜚蠊	/	喷雾

WL20090132 杀蟑气雾剂/0.63%/气雾剂/胺菊酯 0.4%、高效氯氰菊酯 0.08%、右旋苯醚氰菊酯 0.15%/2009.04.15 至 2010.04.15/微毒

卫生	蜚蠊	/	喷雾

WL20090138 烯丙·氯菊/5%/水乳剂/富右旋反式烯丙菊酯 1%、氯菊酯 4%/2009.04.17 至 2010.04.17/低毒

卫生	蚊、蝇	7.5毫克/立方米	喷雾

WL20090139 杀虫喷射剂/1%/喷射剂/胺菊酯 0.5%、富右旋反式烯丙菊酯 0.1%、氯菊酯 0.4%/2009.04.17 至 2010.04.17/微毒

卫生	蚊、蝇、蜚蠊	/	喷射

湖北仙光日化有限公司 (湖北省仙桃市三伏潭镇毛场街 433005 0728-2839459)

WP20090337 电热蚊香液/0.86%/电热蚊香液/炔丙菊酯 0.86%/2009.10.10 至 2014.10.10/微毒

卫生	蚊	/	电热加温

WL20080368 杀虫气雾剂/0.28%/气雾剂/胺菊酯 0.12%、富右旋反式烯丙菊酯 0.06%、氯菊酯 0.1%/2009.08.20 至 2010.08.20/微毒

卫生	蚊、蝇、蜚蠊	/	喷雾

WL20080377 杀虫气雾剂/0.46%/气雾剂/富右旋反式炔丙菊酯 0.12%、氯菊酯 0.22%、右旋苯醚氰菊酯 0.12%/2009.08.20至2010.08.20/微毒

卫生	蚊、蝇、蜚蠊	/	喷雾

湖北仙隆化工股份有限公司 (湖北省仙桃市沿江大道东36号 433000 0728-3221415 3221061)

PD84112-2 亚胺硫磷/20%/乳油/亚胺硫磷 20%/2010.01.11 至 2015.01.11/中等毒

白菜	菜青虫、蚜虫	700-1000倍液	喷雾
大豆	食心虫	975-1275克/公顷	喷雾
柑橘树	介壳虫	250-400倍液	喷雾
棉花	棉铃虫、蚜虫、螨	300-2000倍液	喷雾
水稻	螟虫	750-900克/公顷	喷雾
玉米	黏虫、玉米螟	200-400倍液	喷雾

PD86163-2 甲基异柳磷/95%,90%,85%/原药/甲基异柳磷 95%,90%,85%/2006.12.07 至 2011.12.07/高毒

PD86164-2 甲基异柳磷/20%/乳油/甲基异柳磷 20%/2006.12.07 至 2011.12.07/中等毒

甘薯	茎线虫病	1500-3000克/公顷	拌土条施或铺施
甘薯	蛴螬	600克/公顷	毒饵
甘蔗	黑色蔗龟	1500克/公顷	淋于蔗苗基部并覆薄土
高粱	地下害虫	0.05%药液	拌种
花生	蛴螬	1500克/公顷	沟施花生墩旁
小麦	地下害虫	40克/100千克种子	拌种
玉米	地下害虫	0.1%药液	拌种

PD86165-3 甲基异柳磷/40%/乳油/甲基异柳磷 40%/2006.12.07 至 2011.12.07/高毒

甘薯	茎线虫病	1500-3000克/公顷	拌土条施或铺施
甘薯	蛴螬	600克/公顷	毒饵
甘蔗	黑色蔗龟	1500克/公顷	淋于蔗苗基部并覆薄土
高粱	地下害虫	0.05%药液	拌种
花生	蛴螬	1500克/公顷	沟施花生墩旁

	小麦	地下害虫	40克/100千克种子	拌种
	玉米	地下害虫	0.1%药液	拌种
PD88101	水胺硫磷/40%/乳油/水胺硫磷 40%/2008.02.25 至 2013.02.25/高毒			
	柑橘树	潜叶蛾、锈壁虱、螨	300-400毫克/千克	喷雾
	棉花	红蜘蛛、棉铃虫	300-600克/公顷	喷雾
	水稻	蓟马、螟虫	450-900克/公顷	喷雾
PD93108	水胺硫磷/20%/乳油/水胺硫磷 20%/2005.03.23 至 2010.03.23/中等毒(原药高毒)			
	柑橘树	潜叶蛾、锈壁虱、螨	300-400毫克/千克	喷雾
	棉花	红蜘蛛、棉铃虫	300-600克/公顷	喷雾
	水稻	蓟马、螟虫	450-900克/公顷	喷雾
PD20040310	杀虫单/95%/原药/杀虫单 95%/2009.12.19 至 2014.12.19/中等毒			
PD20040401	高效氯氰菊酯/4.5%/乳油/高效氯氰菊酯 4.5%/2009.12.19 至 2014.12.19/中等毒			
	十字花科蔬菜	菜青虫	10.125-20.25克/公顷	喷雾
PD20040489	三唑磷/30%/乳油/三唑磷 30%/2009.12.19 至 2014.12.19/中等毒			
	水稻	二化螟	225-300克/公顷	喷雾
PD20040604	吡虫・杀虫单/80%/可湿性粉剂/吡虫啉 2%、杀虫单 78%/2009.12.19 至 2014.12.19/低毒			
	水稻	飞虱、三化螟	450-750克/公顷	喷雾
PD20040615	杀虫单/90%/可溶粉剂/杀虫单 90%/2009.12.19 至 2014.12.19/中等毒			
	水稻	三化螟	675-810克/公顷	喷雾
PD20040811	三唑磷//原药/三唑磷 85%/2009.12.23 至 2014.12.23/中等毒			
PD20040812	三唑磷/20%/乳油/三唑磷 20%/2009.12.23 至 2014.12.23/中等毒			
	水稻	二化螟	300-450克/公顷	喷雾
PD20070098	百草枯/20%/水剂/百草枯 20%/2007.04.20 至 2012.04.20/中等毒			
	茶树	一年生和多年生杂草	450-750克/公顷	定向喷雾
PD20070101	百草枯/42%/母液/百草枯 42%/2007.04.20 至 2012.04.20/中等毒			
PD20070460	炔螨特/90%/原药/炔螨特 90%/2007.11.20 至 2012.11.20/中等毒			
PD20070513	敌敌畏/95%/原药/敌敌畏 95%/2007.11.28 至 2012.11.28/低毒			
PD20080183	辛硫磷/90%/原药/辛硫磷 90%/2008.01.04 至 2013.01.04/低毒			
PD20080806	乙酰甲胺磷/95%/原药/乙酰甲胺磷 95%/2008.06.20 至 2013.06.20/低毒			
PD20080918	草甘膦/95%/原药/草甘膦 95%/2008.07.17 至 2013.07.17/低毒			
PD20082026	甲霜・福美双/40%/可湿性粉剂/福美双 30%、甲霜灵 10%/2008.11.25 至 2013.11.25/低毒			
	水稻	立枯病、青枯病	140-200克/100千克种子	拌种
PD20082033	草甘膦/30%/水剂/草甘膦 30%/2008.11.25 至 2013.11.25/低毒			
	柑橘园	一年生及部分多年生杂草	1125-2250克/公顷	定向茎叶喷雾
PD20082049	井冈霉素/5%/水剂/井冈霉素 5%/2008.12.01 至 2013.12.01/微毒			
	水稻	纹枯病	150-187.5克/公顷	喷雾
PD20082261	炔螨特/70%/乳油/炔螨特 70%/2008.11.27 至 2013.11.27/中等毒			
	柑橘树、苹果树	红蜘蛛	233.3-350毫克/千克	喷雾
PD20082320	阿维菌素/0.9%/乳油/阿维菌素 0.9%/2008.12.01 至 2013.12.01/低毒(原药高毒)			
	柑橘树	红蜘蛛	1.8-2.25毫克/千克	喷雾
PD20082564	辛硫磷/40%/乳油/辛硫磷 40%/2008.12.04 至 2013.12.04/低毒			
	十字花科蔬菜	菜青虫	300-450克/公顷	喷雾
PD20082637	高效氯氟氰菊酯/2.5%/乳油/高效氯氟氰菊酯 2.5%/2008.12.04 至 2013.12.04/中等毒			
	十字花科蔬菜	菜青虫	7.5-11.25克/公顷	喷雾
PD20082735	炔螨特/40%/乳油/炔螨特 40%/2008.12.08 至 2013.12.08/低毒			
	柑橘树	红蜘蛛	266.7-400毫克/千克	喷雾
	苹果树	红蜘蛛	1000-1500倍液	喷雾
PD20082960	敌敌畏/50%/乳油/敌敌畏 50%/2008.12.09 至 2013.12.09/中等毒			
	十字花科蔬菜	菜青虫	600-750克/公顷	喷雾
PD20083323	高效氯氰菊酯/95%/原药/高效氯氰菊酯 95%/2008.12.11 至 2013.12.11/中等毒			
PD20083373	敌敌畏/80%/乳油/敌敌畏 80%/2008.12.11 至 2013.12.11/中等毒			
	十字花科蔬菜	菜青虫	600-840克/公顷	喷雾
PD20083384	腈菌唑/95%/原药/腈菌唑 95%/2008.12.11 至 2013.12.11/低毒			
PD20083540	阿维・高氯/1%/乳油/阿维菌素 0.1%、高效氯氰菊酯 0.9%/2008.12.12 至 2013.12.12/低毒(原药高毒)			
	十字花科蔬菜	小菜蛾	13.5-27克/公顷	喷雾
PD20083715	腈菌唑/12.5%/乳油/腈菌唑 12.5%/2008.12.15 至 2013.12.15/低毒			
	小麦	白粉病	30-60克/公顷	喷雾
PD20083733	二甲戊灵/33%/乳油/二甲戊灵 33%/2008.12.15 至 2013.12.15/低毒			
	移栽甘蓝田	一年生杂草	495-742.5克/公顷	土壤喷雾
PD20083847	甲氰菊酯/10%/乳油/甲氰菊酯 10%/2008.12.15 至 2013.12.15/中等毒			
	苹果树	红蜘蛛	80-120毫克/千克	喷雾
PD20084134	杀螟丹/98%/原药/杀螟丹 98%/2008.12.16 至 2013.12.16/中等毒			
PD20084837	马拉硫磷/90%/原药/马拉硫磷 90%/2008.12.22 至 2013.12.22/低毒			

PD20085047 毒死蜱/98%/原药/毒死蜱 98%/2008.12.23 至 2013.12.23/中等毒
PD20085647 甲基异柳磷/3%/颗粒剂/甲基异柳磷 3%/2008.12.26 至 2013.12.26/高毒
甘蔗 蔗龟 1875克/公顷 穴施
PD20090299 杀虫双/25%/母药/杀虫双 25%/2009.01.09 至 2014.01.09/中等毒
PD20090357 阿维・苏云菌/1.5%/可湿性粉剂/阿维菌素 0.1%、苏云金杆菌 1.4%/2009.01.12 至 2014.01.12/低毒(原药高毒)
十字花科蔬菜 小菜蛾 750-900克制剂/公顷 喷雾
PD20090462 毒死蜱/40%/乳油/毒死蜱 40%/2009.01.12 至 2014.01.12/中等毒
棉花 棉铃虫 600-900克/公顷 喷雾
苹果树 桃小食心虫 1500-2500倍液 喷雾
水稻 稻飞虱 300-600克/公顷 喷雾
PD20090563 甲硫・腈菌唑/25%/可湿性粉剂/甲基硫菌灵 22.5%、腈菌唑 2.5%/2009.01.13 至 2014.01.13/低毒
番茄 叶霉病 375-525克/公顷 喷雾
PD20091865 腈菌・咪鲜胺/15%/乳油/腈菌唑 12.5%、咪鲜胺 2.5%/2009.02.09 至 2014.02.09/低毒
香蕉 叶斑病 600-900倍液 喷雾
PD20092061 毒死蜱/45%/乳油/毒死蜱 45%/2009.02.13 至 2014.02.13/中等毒
棉花 棉铃虫 300-420克/公顷 喷雾
PD20092512 阿维菌素/1.8%/乳油/阿维菌素 1.8%/2009.02.26 至 2014.02.26/低毒(原药高毒)
棉花 棉铃虫 21.6-22.5克/公顷 喷雾
PD20092611 锰锌・腈菌唑/25%/可湿性粉剂/腈菌唑 5%、代森锰锌 20%/2009.03.02 至 2014.03.02/低毒
梨树 黑星病 1250-1500倍液 喷雾
PD20092764 杀虫双/400克/升/水剂/杀虫双 400克/升/2009.03.04 至 2014.03.04/中等毒
水稻 二化螟 600-900克/公顷 喷雾
PD20094368 亚胺硫磷/95%/原药/亚胺硫磷 95%/2009.04.01 至 2014.04.01/中等毒
PD20095235 杀虫双/18%/水剂/杀虫双 18%/2009.04.27 至 2014.04.27/低毒
水稻 三化螟 540-675克/公顷 喷雾
PD20095539 阿维・吡虫啉/1.5%/乳油/阿维菌素 0.1%、吡虫啉 1.4%/2009.05.12 至 2014.05.12/低毒(原药高毒)
十字花科蔬菜 小菜蛾、蚜虫 11.25-22.5克/公顷 喷雾
PD20095762 杀螟丹/95%/可溶粉剂/杀螟丹 95%/2009.05.18 至 2014.05.18/中等毒
水稻 二化螟 600-900克/公顷 喷雾
PD20095921 吡虫啉/10%/可湿性粉剂/吡虫啉 10%/2009.06.02 至 2014.06.02/低毒
水稻 稻飞虱 15-30克/公顷 喷雾
PD20096429 辛硫・三唑磷/20%/乳油/三唑磷 10%、辛硫磷 10%/2009.08.05 至 2014.08.05/中等毒
水稻 稻纵卷叶螟 275-480克/公顷 喷雾
PD20097484 棉铃虫核型多角体病毒/20亿PIB/毫升/悬浮剂/棉铃虫核型多角体病毒 20亿PIB/毫升/2009.11.03 至 2014.11.03/低毒
棉花 棉铃虫 750-900毫升制剂/公顷 喷雾
LS93619 棉铃虫核型多角体病毒/10亿PIB/克/可湿性粉剂/棉铃虫核型多角体病毒 10亿PIB/克/2009.01.14 至 2009.12.31/低毒
棉花 棉铃虫 12000-15000亿PIB/公顷 喷雾
LS20020893 阿维・苏云菌/1.5%/可湿性粉剂/阿维菌素 0.1%、苏云金杆菌 1.4%/2009.01.14 至 2009.12.31/低毒(原药高毒)
十字花科蔬菜 小菜蛾 11.25-13.5克/公顷 喷雾
LS20050068 乙酰甲胺磷/30%/乳油/乙酰甲胺磷 30%/2008.01.08 至 2009.01.07/低毒
水稻 稻纵卷叶螟 675-900克/公顷 喷雾
LS20050121 乙羧氟草醚/10%/乳油/乙羧氟草醚 10%/2008.01.14 至 2009.01.13/低毒
春大豆田 一年生阔叶杂草 90-105克/公顷(东北地区) 茎叶喷雾
LS20061796 高氯・毒死蜱/12%/乳油/毒死蜱 10%、高效氯氰菊酯 2%/2008.10.30 至 2009.10.30/中等毒
黄瓜 美洲斑潜蝇 112.5-135克/公顷 喷雾
LS20070455 腈菌唑/5%/乳油/腈菌唑 5%/2009.03.07 至 2010.03.07/低毒
梨树 黑星病 33.3-50毫克/千克 喷雾
LS20070565 亚胺・高氯/20%/乳油/高效氯氰菊酯 2%、亚胺硫磷 18%/2009.03.20 至 2010.03.21/中等毒
甘蓝 菜青虫 120-150克/公顷 喷雾
LS20072456 辛硫磷/3%/颗粒剂/辛硫磷 3%/2008.11.05 至 2009.11.06/低毒
小麦 地下害虫 1350-1800克/公顷 沟施
LS20081098 草甘膦异丙胺盐/41%/水剂/草甘膦异丙胺盐 41%/2009.03.10 至 2010.03.10/微毒
非耕地 杂草 1125-3000克/公顷 茎叶喷雾
LS20081764 烯酰・福美双/35%/可湿性粉剂/福美双 30%、烯酰吗啉 5%/2009.04.07 至 2010.04.07/低毒
黄瓜 霜霉病 1050-1470克/公顷 喷雾
LS20082430 高效氯氰菊酯/4.5%/水乳剂/高效氯氰菊酯 4.5%/2009.04.22 至 2010.04.22/低毒
十字花科蔬菜 菜青虫 27-40.5克/公顷 喷雾
LS20090768 烯啶虫胺/95%/原药/烯啶虫胺 95%/2009.03.31 至 2010.03.31/低毒

湖北信风作物保护有限公司(湖北省武汉市珞狮南路517号国家农业科技园明泽大厦1538室 430070 027-87677780)

PD20080946 联苯菊酯/25克/升/乳油/联苯菊酯 25克/升/2008.07.23 至 2013.07.23/低毒
茶树 小绿叶蝉 30-37.5克/公顷 喷雾
PD20080952 氟啶脲/5%/乳油/氟啶脲 5%/2008.07.23 至 2013.07.23/低毒
甘蓝 甜菜夜蛾 33.75-45克/公顷 喷雾

PD20080963 高效氟吡甲禾灵/108克/升/乳油/高效氟吡甲禾灵 108克/升/2008.07.23 至 2013.07.23/低毒
冬油菜田 一年生禾本科杂草 32-45克/公顷 茎叶喷雾
PD20080970 高效氯氟氰菊酯/25克/升/乳油/高效氯氟氰菊酯 25克/升/2008.07.24 至 2013.07.24/中等毒
甘蓝 菜青虫 7.5-15克/公顷 喷雾
PD20085936 苄嘧·苯噻酰/53%/可湿性粉剂/苯噻酰草胺 50%、苄嘧磺隆 3%/2008.12.29 至 2013.12.29/低毒
水稻移栽田 一年生及部分多年生杂草 397.5-450克/公顷（南方） 药土法
PD20091540 吡虫啉/70%/可湿性粉剂/吡虫啉 70%/2009.02.03 至 2014.02.03/低毒
水稻 飞虱 15-30克/公顷 喷雾
PD20094842 阿维·高氯/6%/乳油/阿维菌素 1%、高效氯氰菊酯 5%/2009.04.13 至 2014.04.13/低毒(原药高毒)
十字花科蔬菜 菜青虫、小菜蛾 7.5-15克/公顷 喷雾
PD20096687 唑磷·毒死蜱/30%/乳油/毒死蜱 15%、三唑磷 15%/2009.09.07 至 2014.09.07/中等毒
水稻 三化螟 180-270克/公顷 喷雾
LS20052870 阿维·高氯/1.8%/微乳剂/阿维菌素 0.15%、高效氯氰菊酯 1.65%/2008.09.02 至 2009.09.02/低毒(原药高毒)
黄瓜 美洲斑潜蝇 15-30克/公顷 喷雾
LS20072272 丁醚脲/50%/悬浮剂/丁醚脲 50%/2009.09.16 至 2010.09.17/低毒
十字花科蔬菜 小菜蛾 300-450克/公顷 喷雾
LS20080299 苯甲·丙环唑/300克/升/乳油/苯醚甲环唑 100克/升、丙环唑 200克/升/2009.02.18 至 2010.02.19/低毒
水稻 稻曲病 67.5-112.5克/公顷 喷雾

湖北移栽灵农业科技股份有限公司 （湖北省荆州市公安县斗湖堤镇荆江河路65号 434300 0716-5236488）

PD20086357 噁霉·稻瘟灵/20%/乳油/稻瘟灵 10%、噁霉灵 10%/2008.12.31 至 2013.12.31/低毒
水稻 立枯病 2-3毫升制剂/平方米 苗床喷洒
烟草 立枯病 1000-1500倍液 播种前喷洒苗床，移栽后再喷雾一次。
PD20096408 毒死蜱/40%/乳油/毒死蜱 40%/2009.08.04 至 2014.08.04/中等毒
水稻 飞虱 540-648克/公顷 喷雾
水稻 稻纵卷叶螟 446-600克/公顷 喷雾
LS20071902 噁霉·稻瘟灵/20%/微乳剂/稻瘟灵 10%、噁霉灵 10%/2009.08.02 至 2010.08.03/低毒
水稻 立枯病 0.4-0.6克/平方米 苗床浇洒
西瓜 枯萎病 120-180克/公顷 灌根
烟草 黑胫病 120-180克/公顷 苗床浇洒、本田灌根

湖北蕲农化工有限公司 （湖北省蕲春县蕲州镇南门街23号 435315 0713-7501059）

PD84111-17 氧乐果/40%/乳油/氧乐果 40%/2010.01.31 至 2015.01.31/中等毒
棉花 蚜虫、螨 375-600克/公顷 喷雾
森林 松干蚧、松毛虫 500倍液 喷雾或直接涂树干
水稻 稻纵卷叶螟、飞虱 375-600克/公顷 喷雾
小麦 蚜虫 300-450克/公顷 喷雾
PD84117-7 多菌灵/92%/原药/多菌灵 92%/2010.01.31 至 2015.01.31/低毒
PD84118-10 多菌灵/25%/可湿性粉剂/多菌灵 25%/2010.01.31 至 2015.01.31/低毒
果树 病害 0.05-0.1%药液 喷雾
花生 倒秧病 750克/公顷 喷雾
麦类 赤霉病 750克/公顷 喷雾，泼浇
棉花 苗期病害 500克/100千克种子 拌种
水稻 稻瘟病、纹枯病 750克/公顷 喷雾，泼浇
油菜 菌核病 1125-1500克/公顷 喷雾
PD85150-12 多菌灵/50%/可湿性粉剂/多菌灵 50%/2005.08.15 至 2010.08.15/低毒
果树 病害 0.05-0.1%药液 喷雾
花生 倒秧病 750克/公顷 喷雾
麦类 赤霉病 750克/公顷 喷雾、泼浇
棉花 苗期病害 250克/50千克种子 拌种
水稻 稻瘟病、纹枯病 750克/公顷 喷雾、泼浇
油菜 菌核病 1125-1500克/公顷 喷雾
PD86134-5 多菌灵/40%/悬浮剂/多菌灵 40%/2007.05.08 至 2012.05.08/低毒
果树 病害 0.05-0.1%药液 喷雾
花生 倒秧病 750克/公顷 喷雾
绿萍 霉腐病 0.05%药液 喷雾
麦类 赤霉病 0.025%药液 喷雾
棉花 苗期病害 0.3%药液 浸种
水稻 纹枯病 0.025%药液 喷雾
甜菜 褐斑病 250-500倍液 喷雾
油菜 菌核病 1125-1500克/公顷 喷雾

PD86148-25 异丙威/20%/乳油/异丙威 20%/2007.05.08 至 2012.05.08/中等毒
水稻 飞虱、叶蝉 450-600克/公顷 喷雾
PD86153-6 叶枯唑/20%/可湿性粉剂/叶枯唑 20%/2007.07.24 至 2012.07.24/低毒
水稻 白叶枯病 300-375克/公顷 喷雾、弥雾
PD20040262 吡虫·杀虫单/35%/可湿性粉剂/吡虫啉 1%、杀虫单 34%/2009.12.19 至 2014.12.19/中等毒
水稻 飞虱 450-750克/公顷 喷雾
PD20081784 三唑酮/20%/乳油/三唑酮 20%/2008.11.19 至 2013.11.19/低毒
小麦 白粉病 120-127.5克/公顷 喷雾
PD20083112 敌敌畏/80%/乳油/敌敌畏 80%/2008.12.10 至 2013.12.10/中等毒
十字花科蔬菜 菜青虫 制剂量：60-80克/亩 喷雾
PD20083701 辛硫磷/40%/乳油/辛硫磷 40%/2008.12.15 至 2013.12.15/低毒
十字花科蔬菜 菜青虫 360-450克/公顷 喷雾
PD20083735 克百威/3%/颗粒剂/克百威 3%/2008.12.15 至 2013.12.15/低毒(原药高毒)
甘蔗 蚜虫、蔗龟 1350-2250克/公顷 沟施
花生 线虫 1800-2250克/公顷 条施、沟施
棉花 蚜虫 675-900克/公顷 条施、沟施
水稻 二化螟、瘿蚊 900-1350克/公顷 撒施
PD20083773 噻嗪酮/25%/可湿性粉剂/噻嗪酮 25%/2008.12.15 至 2013.12.15/低毒
茶树 茶小绿叶蝉 166-250毫克/千克 喷雾
柑橘树 介壳虫 150-250毫克/千克 喷雾
水稻 稻飞虱 75-112.5克/公顷 喷雾
PD20085113 杀虫双/3.6%/大粒剂/杀虫双 3.6%/2008.12.23 至 2013.12.23/中等毒
水稻 二化螟、三化螟 540-675克/公顷 撒施
PD20085800 硫磺·多菌灵/40%/悬浮剂/多菌灵 20%、硫磺 20%/2008.12.29 至 2013.12.29/低毒
水稻 稻瘟病 1200-1800克/公顷 喷雾
甜菜 褐斑病 900-1200克/公顷 喷雾
PD20085881 马拉·克百威/3%/颗粒剂/克百威 1%、马拉硫磷 2%/2008.12.29 至 2013.12.29/低毒(原药高毒)
水稻 飞虱 900-1125克/公顷 撒施
PD20085913 硫磺·多菌灵/25%/可湿性粉剂/多菌灵 12.5%、硫磺 12.5%/2008.12.29 至 2013.12.29/低毒
水稻 稻瘟病 1200-1800克/公顷 喷雾
PD20085923 异稻·三环唑/20%/可湿性粉剂/三环唑 12%、异稻瘟净 8%/2008.12.29 至 2013.12.29/中等毒
水稻 稻瘟病 285-435克/公顷 喷雾
PD20090659 毒死蜱/480克/升/乳油/毒死蜱 480克/升/2009.01.15 至 2014.01.15/中等毒
苹果树 桃小食心虫 200-240毫克/千克 喷雾
PD20090773 氯氰·毒死蜱/25%/乳油/毒死蜱 22.5%、氯氰菊酯 2.5%/2009.01.19 至 2014.01.19/中等毒
棉花 棉铃虫 225-300克/公顷 喷雾
PD20091159 丁硫·辛硫磷/21%/乳油/丁硫克百威 1%、辛硫磷 20%/2009.01.22 至 2014.01.22/低毒
棉花 蚜虫 189-252克/公顷 喷雾
PD20091658 杀单·克百威/3%/颗粒剂/克百威 1.5%、杀虫单 1.5%/2009.02.03 至 2014.02.03/高毒
水稻 蓟马 90-135克/公顷 撒施
PD20091834 苄·乙/20%/可湿性粉剂/苄嘧磺隆 4.5%、乙草胺 15.5%/2009.02.06 至 2014.02.06/低毒
水稻移栽田 一年生及部分多年生杂草 84-118克/公顷 毒土或毒砂法
PD20092596 氰戊·氧乐果/30%/乳油/氰戊菊酯 10%、氧乐果 20%/2009.02.27 至 2014.02.27/中等毒(原药高毒)
棉花 红铃虫、棉铃虫 90-180克/公顷 喷雾
棉花 蚜虫 67.5-135克/公顷 喷雾
PD20095303 甲哌鎓/250克/升/水剂/甲哌鎓 250克/升/2009.04.27 至 2014.04.27/低毒
棉花 调节生长 45-60克/公顷 喷雾
PD20096694 阿维菌素/18克/升/乳油/阿维菌素 18克/升/2009.09.07 至 2014.09.07/低毒(原药高毒)
甘蓝 小菜蛾 8.1-10.8克/公顷 喷雾
PD20096955 毒死蜱/97%/原药/毒死蜱 97%/2009.09.29 至 2014.09.29/中等毒
PD20097237 丙溴磷/89%/原药/丙溴磷 89%/2009.10.19 至 2014.10.19/中等毒
LS20061015 印楝素/0.3%/乳油/印楝素 0.3%/2009.04.24 至 2010.04.24/低毒
十字花科蔬菜 小菜蛾 3.6-5.4克/公顷 喷雾
LS20080412 敌敌畏/80%/乳油/敌敌畏 80%/2009.02.19 至 2010.02.20/中等毒
十字花科蔬菜 菜青虫 720-960克/公顷 喷雾
LS20080683 毒死蜱/480克/升/乳油/毒死蜱 480克/升/2009.02.24 至 2010.02.25/中等毒
苹果树 桃小食心虫 200-240毫克/千克 喷雾
LS20090664 辛硫磷/5%/颗粒剂/辛硫磷 5%/2009.03.24 至 2010.03.24/低毒
花生 地老虎、金针虫、蝼蛄、蛴螬 3150-3600克/公顷 撒施

利洁时家化（中国）有限公司 （湖北省荆州市北京东路34号 434001 0716-8317085）

WP20080399 电热蚊香液/2.6%/电热蚊香液/Es-生物烯丙菊酯 2.6%/2008.12.11 至 2013.12.11/微毒
卫生 蚊 / 电热加温
WP20080405 电热蚊香液/1.8%/电热蚊香液/Es-生物烯丙菊酯 1.8%/2008.12.12 至 2013.12.12/微毒

卫生 蚊 / 电热加温

WP20090196 电热蚊香液/2%/电热蚊香液/Es-生物烯丙菊酯 2%/2009.03.23 至 2014.03.23/微毒

卫生 蚊 / 电热加温

武汉楚强生物科技有限公司 (湖北省武汉市蔡甸经济开发区常福工业园17号地块 430070 027-87387836)

PD20060149 菜青虫颗粒体病毒/1亿个/毫克/原药/菜青虫颗粒体病毒 1亿个/毫克/2006.08.24 至 2011.08.24/低毒

PD20070419 1万PIB/毫克菜青虫颗粒体病毒·16000IU/毫克苏可湿性粉剂//可湿性粉剂/菜青虫颗粒体病毒 1万PIB/毫克、苏云金杆菌 16000IU/毫克/2007.11.06 至 2012.11.06/低毒

甘蓝 菜青虫 750-1125克制剂/公顷 喷雾

PD20086027 甜核·苏云菌/16000IU/毫克，1万PIB/毫克/可湿性粉剂/苏云金杆菌 16000IU/毫克、甜菜夜蛾核型多角体病毒 1万PIB/毫克/2008.12.29 至 2013.12.29/低毒

十字花科蔬菜 甜菜夜蛾 1125-1500克制剂/公顷 喷雾

PD20086028 甜菜夜蛾核型多角体病毒/200亿PIB/克/母药/甜菜夜蛾核型多角体病毒 200亿PIB/克/2008.12.29 至 2013.12.29/低毒

PD20086029 松毛虫质型多角体病毒/100亿PIB/克/母药/松毛虫质型多角体病毒 100亿PIB/克/2008.12.29 至 2013.12.29/低毒

PD20086030 苏·松质病毒//可湿性粉剂/松毛虫质型多角体病毒 1万PIB/毫克、苏云金杆菌 1.6万IU/毫克/2008.12.29 至 2013.12.29/低毒

森林 松毛虫 1000-1200倍液 喷雾

PD20086035 茶尺蠖核型多角体病毒·苏云菌//悬浮剂/茶尺蠖核型多角体病毒 1千万PIB/毫升、苏云金杆菌 2000IU/微升/2008.12.29 至 2013.12.29/低毒

茶树 尺蠖 1500-2250毫升制剂/公顷 喷雾

PD20086036 茶尺蠖核型多角体病毒/200亿PIB/克/母药/茶尺蠖核型多角体病毒 200亿PIB/克/2008.12.29 至 2013.12.29/低毒

PD20094866 高氯·甜核///悬浮剂/高效氯氰菊酯 3%、甜菜夜蛾核型多角体病毒 1千万PIB/毫升/2009.04.13 至 2014.04.13/低毒

十字花科蔬菜 甜菜夜蛾 1500-1875克制剂/公顷 喷雾

PD20097412 苜核·苏云菌///悬浮剂/苜蓿银纹夜蛾核型多角体病毒 1千万PIB/毫升、苏云金杆菌 2000IU/微升/2009.10.28 至 2014.10.28/低毒

十字花科蔬菜 甜菜夜蛾 1125-1500毫升制剂/公顷 喷雾

PD20097660 高氯·斜夜核///悬浮剂/高效氯氰菊酯 3%、斜纹夜蛾核型多角体病毒 1千万PIB/毫升/2009.11.04 至 2014.11.04/低毒

十字花科蔬菜 斜纹夜蛾 1125-1500毫升制剂/公顷 喷雾

PD20098198 棉核·苏云菌///悬浮剂/棉铃虫核型多角体病毒 1千万PIB/毫升、苏云金杆菌 2000IU/微升/2009.12.16 至 2014.12.16/低毒

棉花 棉铃虫 3000-6000毫升制剂/公顷 喷雾

WP20080055 诱虫烯/90%/原药/诱虫烯 90%/2008.03.11 至 2013.03.11/微毒

WP20080081 蟑螂病毒/1亿PIB/毫升/原药/蟑螂病毒 1亿PIB/毫升/2008.06.16 至 2013.06.16/低毒

WP20080082 杀蟑饵剂/6000PIB/克/饵剂/蟑螂病毒 6000PIB/克/2008.06.16 至 2013.06.16/低毒

卫生 蜚蠊 / 投放

武汉富强科技发展有限责任公司 (湖北省武汉市武昌南湖瑶苑省农科院内 430205 027-51768518)

PD20095307 苄·乙/20%/可湿性粉剂/苄嘧磺隆 4.4%、乙草胺 15.6%/2009.04.27 至 2014.04.27/低毒

水稻移栽田 部分多年生杂草、一年生杂草 84-118克/公顷 药土法

PD20097336 阿维·氰戊/2.2%/乳油/阿维菌素 0.4%、氰戊菊酯 1.8%/2009.10.27 至 2014.10.27/低毒(原药高毒)

甘蓝 小菜蛾 9.9-13.2克/公顷 喷雾

武汉科诺生物科技股份有限公司 (湖北省武汉市洪山区关南工业园 430074 027-87514086)

PD85131-32 井冈霉素/3%,5%/水剂/井冈霉素 3%,5%/2005.07.04 至 2010.07.04/低毒

水稻 纹枯病 75-112.5克/公顷 喷雾,泼浇

PD86109-25 苏云金杆菌/8000IU/毫克/可湿性粉剂/苏云金杆菌 8000IU/毫克/2006.11.28 至 2011.11.28/低毒

茶树	茶毛虫	100-200倍液	喷雾
棉花	二代棉铃虫	6000-7500克制剂/公顷	喷雾
森林	松毛虫	100-200倍液	喷雾
十字花科蔬菜	菜青虫、小菜蛾	3000-4500克制剂/公顷	喷雾
水稻	稻纵卷叶螟	3000-4500克制剂/公顷	喷雾
烟草	烟青虫	6000-7500克制剂/公顷	喷雾
玉米	玉米螟	2250-3000克制剂/公顷	加细沙灌心叶
枣树	枣尺蠖	100-200倍液	喷雾

PD86110-4 嘧啶核苷类抗菌素/2%,4%/水剂/嘧啶核苷类抗菌素 2%,4%/2006.11.28 至 2011.11.28/低毒

大白菜	黑斑病	100毫克/千克	喷雾
番茄	疫病	100毫克/千克	喷雾
瓜类、花卉、苹果、葡萄、烟草	白粉病	100毫克/千克	喷雾
水稻	炭疽病、纹枯病	150-180克/公顷	喷雾
西瓜	枯萎病	100毫克/千克	灌根
小麦	锈病	100毫克/千克	喷雾

PD88109-19 井冈霉素/20%/可溶性粉剂/井冈霉素 20%/2005.03.18 至 2010.03.18/低毒

草坪	褐斑病	200-400毫克/千克	喷雾
水稻	纹枯病	75-112.5克/公顷	喷雾、泼浇
小麦	纹枯病	105-135克/公顷	喷雾

注:草坪褐斑病为临时登记,有效期至2010年年10月19日。

PD90106-20 苏云金杆菌/2000IU/微升、4000IU/微升/悬浮剂/苏云金杆菌 2000IU/微升 4000IU/微升/2005.07.04至2010.07.04/低毒

茶树	茶毛虫	100-200倍液	喷雾
棉花	二代棉铃虫	6000-7500毫升制剂/公顷	喷雾
森林	松毛虫	100-200倍液	喷雾
十字花科蔬菜	菜青虫、小菜蛾	3000-4500毫升制剂/公顷	喷雾
水稻	稻纵卷叶螟	6000-7500毫升制剂/公顷	喷雾
烟草	烟青虫	6000-7500毫升制剂/公顷	喷雾
玉米	玉米螟	4500-6000毫升制剂/公顷	加细沙灌心叶
枣树	尺蠖	100-200倍液	喷雾

PD20040437 吡虫啉/2%/可湿性粉剂/吡虫啉 2%/2004.12.19 至 2009.12.18/低毒

梨树	梨木虱	13.3-20毫克/千克	喷雾
水稻	飞虱	15-30克/公顷	喷雾
小麦	蚜虫	7.5-15克/公顷	喷雾

PD20040651 吡虫啉/10%/可湿性粉剂/吡虫啉 10%/2009.12.19 至 2014.12.19/低毒

十字花科蔬菜	蚜虫	15-30克/公顷	喷雾
水稻	飞虱	15-30克/公顷	喷雾
小麦	蚜虫	15-30克/公顷(南方地区)	喷雾
		45-60克/公顷(北方地区)	

注:十字花科蔬菜为临时登记状态,有效期至2008年6月2日止。

PD20081367 井冈霉素A/60%/原药/井冈霉素A 60%/2008.10.22 至 2013.10.22/低毒

PD20081860 井冈霉素A/5%/可溶粉剂/井冈霉素A 5%/2008.11.20 至 2013.11.20/低毒

水稻	纹枯病	52.5-75克/公顷	喷雾

PD20084969 苏云金杆菌/32000IU/毫克/可湿性粉剂/苏云金杆菌 32000IU/毫克/2008.12.22 至 2013.12.22/低毒

十字花科蔬菜	菜青虫	450-750克制剂/公顷	喷雾

PD20085215 苏云金杆菌/50000IU/毫克/原药/苏云金杆菌 50000IU/毫克/2008.12.23 至 2013.12.23/低毒

PD20085347 苏云金杆菌/8000IU/微升/悬浮剂/苏云金杆菌 8000IU/微升/2008.12.24 至 2013.12.24/低毒

茶树	茶毛虫	1500-2250毫升制剂/公顷	喷雾
棉花	棉铃虫	6000-7500毫升制剂/公顷	喷雾
森林	松毛虫	稀释200-300倍液	喷雾
十字花科蔬菜	菜青虫	375-562毫升制剂/公顷	喷雾
水稻	稻纵卷叶螟	3000-6000毫升制剂/公顷	喷雾
玉米	玉米螟	2500-3000毫升制剂/公顷	拌细沙灌心

PD20085683 苏云金杆菌/16000IU/毫克/可湿性粉剂/苏云金杆菌 16000IU/毫克/2008.12.26 至 2013.12.26/低毒

茶树	茶毛虫	800-1600倍液	喷雾
棉花	二代棉铃虫	1500-2250克制剂/公顷	喷雾
森林	松毛虫	1200-1600倍液	喷雾
十字花科蔬菜	小菜蛾	750-1125克制剂/公顷	喷雾
十字花科蔬菜	菜青虫	375-750克制剂/公顷	喷雾
水稻	稻纵卷叶螟	1500-2250克制剂/公顷	喷雾
烟草	烟青虫	750-1500克制剂/公顷	喷雾
玉米	玉米螟	750-1500克制剂/公顷	拌细沙灌心
枣树	枣尺蠖	1200-1600倍液	喷雾

PD20090594 苏云·虫酰肼/3.6%/可湿性粉剂/虫酰肼 1.6%、苏云金杆菌 2.0%/2009.01.14 至 2014.01.14/低毒

甘蓝	甜菜夜蛾	43.2-54克/公顷	喷雾

PD20091358 阿维·苏云菌/1.5%/可湿性粉剂/阿维菌素 0.1%、苏云金杆菌 1.4%/2009.02.02 至 2014.02.02/低毒(原药高毒)

十字花科蔬菜	小菜蛾	600-750克制剂/公顷	喷雾
十字花科蔬菜	菜青虫	450-750克制剂/公顷	喷雾

PD20091518 苏云·灭多威/11%/可湿性粉剂/灭多威 9%、苏云金杆菌 2%/2009.02.02 至 2014.02.02/中等毒(原药高毒)

甘蓝	小菜蛾	49.5-99克制剂/公顷	喷雾
棉花	棉铃虫	82.5-99克制剂/公顷	喷雾

PD20092637 苄·丁/15%/可湿性粉剂/苄嘧磺隆 0.7%、丁草胺 14.3%/2009.03.02 至 2014.03.02/低毒

水稻移栽田	部分多年生杂草、一年生杂草	675-787.5克/公顷	药土法

PD20096183 百草枯/200克/升/水剂/百草枯 200克/升/2009.07.10 至 2014.07.10/中等毒

稻茬免耕小麦田	杂草	382.5-510克/公顷	喷雾

PD20096351 杀单·苏云菌/55%/可湿性粉剂/杀虫单 54%、苏云金杆菌 1%/2009.07.28 至 2014.07.28/中等毒

甘蓝	小菜蛾	412.5-495克/公顷	喷雾
甘蓝	菜青虫	330-412.5克/公顷	喷雾
水稻	三化螟	660-825克/公顷	喷雾
水稻	稻纵卷叶螟	412.5-495克/公顷	喷雾
水稻	二化螟	288.8-412.5克/公顷	喷雾

PD20096733 阿维菌素/1.8%/乳油/阿维菌素 1.8%/2009.09.07 至 2014.09.07/低毒(原药高毒)

甘蓝 小菜蛾 8.1-10.8克/公顷 喷雾

PD20097752 噻嗪酮/25%/可湿性粉剂/噻嗪酮 25%/2009.11.12 至 2014.11.12/低毒

水稻 飞虱 75-112.5克/公顷 喷雾

LS2000406 苏云・杀虫双//悬浮剂/杀虫双 18%、苏云金杆菌 4000IU/微升/2009.01.08 至 2009.12.31/中等毒

水稻 二化螟 1500毫升(BT)+2250毫升杀虫双/公顷 喷雾

LS20060818 多素・苏云菌/2%/悬浮剂/多杀霉素 0.4%、苏云金杆菌 1.6%/2009.04.11 至 2010.04.11/低毒

十字花科蔬菜 小菜蛾 36-48克/公顷 喷雾

LS20070295 井冈霉素A/10%/可溶粉剂/井冈霉素A 10%/2009.02.24 至 2010.02.24/低毒

水稻 纹枯病 52.5-75克/公顷 喷雾

LS20091136 苏・三唑磷/15.5%/悬浮剂/三唑磷 15%、苏云金杆菌 0.5%/2009.04.17 至 2010.04.17/中等毒

水稻 二化螟 100-120毫升/亩 喷雾

LS20091358 枯草芽孢杆菌/1000亿活芽孢/克/可湿性粉剂/枯草芽孢杆菌 1000亿活芽孢/克/2009.07.15 至 2010.07.15/微毒

黄瓜 灰霉病 525-825克制剂/公顷 喷雾

LS20091360 阿维・苏云菌/1.6%/悬乳剂/阿维菌素 0.2%、苏云金杆菌 1.4%/2009.07.20 至 2010.07.20/低毒(原药高毒)

森林 松毛虫 50-75克制剂/亩 喷雾

十字花科蔬菜 小菜蛾 75-125克制剂/亩 喷雾

武汉老马入和化妆品有限公司 (湖北省武汉市汉阳区南庙工业园3号 430051 027-84639769)

WP20090026 驱蚊花露水/4.5%/驱蚊花露水/驱蚊酯 4.5%/2009.01.09 至 2014.01.09/低毒

卫生 蚊 / 涂抹

湖南省

常德双鹤日化有限公司 (湖南省常德市武陵镇常沅路100号 415101 0736-2599666)

WP20080413 杀虫气雾剂/0.3%/气雾剂/胺菊酯 0.2%、高效氯氰菊酯 0.1%/2008.12.12 至 2013.12.12/微毒

卫生 蚊、蝇、蜚蠊 / 喷雾

WL20080218 蚊香/0.03%/蚊香/四氟醚菊酯 0.03%/2009.03.10 至 2010.03.10/微毒

卫生 蚊 / 点燃

湖南创力农化有限公司 (湖南省长沙市岳麓山观沙岭工业园茶子山村 410013 0731-8682952)

PD20085879 甲硫・福美双/40%/可湿性粉剂/福美双 25%、甲基硫菌灵 15%/2008.12.29 至 2013.12.29/低毒

辣椒 炭疽病 480-600克/公顷 喷雾

PD20085909 井冈・多菌灵/20%/可湿性粉剂/多菌灵 6%、井冈霉素 14%/2008.12.29 至 2013.12.29/微毒

水稻 纹枯病 60-90克/公顷 喷雾

PD20090037 多・锰锌/50%/可湿性粉剂/多菌灵 15%、代森锰锌 35%/2009.01.06 至 2014.01.06/低毒

番茄 早疫病 600-750克/公顷 喷雾

PD20090678 苄・乙/25%/可湿性粉剂/苄嘧磺隆 6%、乙草胺 19%/2009.01.19 至 2014.01.19/低毒

水稻移栽田 一年生及部分多年生杂草 84-118克/公顷 药土法

PD20091179 吡虫・异丙威/35%/可湿性粉剂/吡虫啉 3%、异丙威 32%/2009.01.22 至 2014.01.22/低毒

水稻 稻飞虱 105-131.25克/公顷 喷雾

PD20091707 甲氰・噻螨酮/7.5%/乳油/甲氰菊酯 5%、噻螨酮 2.5%/2009.02.03 至 2014.02.03/中等毒

柑橘树 红蜘蛛 75-100毫克/千克 喷雾

PD20091823 唑酮・福美双/25%/可湿性粉剂/福美双 17%、三唑酮 8%/2009.02.05 至 2014.02.05/低毒

小麦 白粉病 225-300克/公顷 喷雾

PD20093638 百草枯/200克/升/水剂/百草枯 200克/升/2009.03.25 至 2014.03.25/中等毒

柑橘园 杂草 600-750克/公顷 喷雾

PD20093884 高效氯氰菊酯/4.5%/乳油/高效氯氰菊酯 4.5%/2009.03.25 至 2014.03.25/中等毒

棉花 棉铃虫 27-47.25克/公顷 喷雾

PD20094529 阿维・哒螨灵/10%/乳油/阿维菌素 0.2%、哒螨灵 9.8%/2009.04.09 至 2014.04.09/低毒(原药高毒)

柑橘树 红蜘蛛 33.3-50毫克/千克 喷雾

PD20095911 毒死蜱/45%/乳油/毒死蜱 45%/2009.06.02 至 2014.06.02/中等毒

水稻 稻纵卷叶螟 375-450克/公顷 喷雾

PD20096099 噻嗪・异丙威/25%/可湿性粉剂/噻嗪酮 5%、异丙威 20%/2009.06.18 至 2014.06.18/低毒

水稻 稻飞虱 450-562.5克/公顷 喷雾

LS20070102 啶虫脒/3%/可湿性粉剂/啶虫脒 3%/2009.02.01 至 2010.02.01/低毒

十字花科蔬菜 蚜虫 13.5-18克/公顷 喷雾

LS20090410 杀螺胺乙醇胺盐/25%/可湿性粉剂/杀螺胺乙醇胺盐 25%/2009.03.16 至 2010.03.16/低毒

水稻 福寿螺 375-450克/公顷 喷雾

湖南大乘医药化工有限公司 (湖南省冷水江市禾青镇球溪 417506 0738-5276510)

PD20083008 多效唑/15%/可湿性粉剂/多效唑 15%/2008.12.10 至 2013.12.10/低毒

水稻育秧田 控制生长 200-300毫克/千克 喷雾

油菜(苗床) 控制生长 100-200毫克/千克 喷雾

PD20083060 稻瘟灵/40%/乳油/稻瘟灵 40%/2008.12.10 至 2013.12.10/低毒

水稻 稻瘟病 480-600克/公顷 喷雾

PD20090221 草甘膦/10%/水剂/草甘膦 10%/2009.01.09 至 2009.12.31/微毒

茶园 杂草 1125-2250克/公顷 定向茎叶喷雾

PD20094810 苄·丁·乙草胺/27.4%/可湿性粉剂/苄嘧磺隆 1.4%、丁草胺 24.8%、乙草胺 1.2%/2009.04.13 至 2014.04.13/低毒
水稻抛秧田 一年生及部分多年生杂草 328.8-411克/公顷 毒土法

PD20094905 苄·乙/20%/可湿性粉剂/苄嘧磺隆 4.5%、乙草胺 15.5%/2009.04.13 至 2014.04.13/低毒
水稻移栽田 一年生及部分多年生杂草 84-118克/公顷 毒土法

PD20097264 氰戊菊酯/20%/乳油/氰戊菊酯 20%/2009.10.26 至 2014.10.26/低毒
十字花科叶菜 菜青虫 90-120克/公顷 喷雾

PD20098249 烯效唑/5%/可湿性粉剂/烯效唑 5%/2009.12.16 至 2014.12.16/微毒
水稻 控制生长 100-150毫克/千克 浸泡

LS20060561 吡虫·异丙威/25%/可湿性粉剂/吡虫啉 1%、异丙威 24%/2009.03.16 至 2010.03.16/低毒
水稻 稻飞虱 112.5-150克/公顷 喷雾

LS20061950 阿维·三唑磷/20%/乳油/阿维菌素 0.1%、三唑磷 19.9%/2008.12.06 至 2009.12.06/中等毒(原药高毒)
水稻 二化螟 120-150克/公顷 喷雾

LS20070065 唑磷·毒死蜱/30%/乳油/毒死蜱 7%、三唑磷 23%/2009.01.18 至 2010.01.18/中等毒
水稻 稻纵卷叶螟 315-450克/公顷 喷雾

WP20080342 氰戊菊酯/20%/乳油/氰戊菊酯 20%/2008.12.09 至 2013.12.09/低毒
卫生 白蚁 2500-5000毫克/千克 木材喷洒
土壤处理

湖南大方农化有限公司 (湖南省长沙市芙蓉区东湖 410127 0731-4690178)

PD20040653 杀虫单/92%/可溶粉剂/杀虫单 92%/2004.12.19 至 2009.12.18/中等毒
水稻 二化螟 552-759克/公顷 喷雾

PD20040695 三唑磷/30%/乳油/三唑磷 30%/2009.12.19 至 2014.12.19/中等毒
水稻 二化螟 300-450克/公顷 喷雾

PD20050121 吡虫啉/10%/可湿性粉剂/吡虫啉 10%/2005.08.15 至 2010.08.14/低毒
棉花 蚜虫 15-22.5克/公顷 喷雾
水稻 飞虱 15-30克/公顷 喷雾
注:棉花的有效期至2006年8月15日，不再续展。

PD20070169 三环唑/75%/可湿性粉剂/三环唑 75%/2007.06.25 至 2012.06.25/低毒
水稻 稻瘟病 225—300克/公顷 喷雾

PD20080037 噻嗪酮/20%/可湿性粉剂/噻嗪酮 20%/2008.01.03 至 2013.01.03/低毒
柑橘树 介壳虫 200-250毫克/千克 喷雾
水稻 稻飞虱 90-120克/公顷 喷雾

PD20080086 炔螨特/73%/乳油/炔螨特 73%/2008.01.03 至 2013.01.03/低毒
柑橘树 红蜘蛛 243.3-365毫克/千克 喷雾

PD20080546 啶虫脒/3%/乳油/啶虫脒 3%/2008.05.08 至 2013.05.08/低毒
小麦 蚜虫 18-27克/公顷 喷雾

PD20080562 甲氰菊酯/20%/乳油/甲氰菊酯 20%/2008.05.09 至 2013.05.09/中等毒
十字花科蔬菜 菜青虫 90—120克/公顷 喷雾

PD20080873 高效氯氟氰菊酯/2.5%/乳油/高效氯氟氰菊酯 2.5%/2008.06.27 至 2013.06.27/中等毒
十字花科蔬菜 菜青虫 7.5-11.25克/公顷 喷雾

PD20081005 精喹禾灵/5%/乳油/精喹禾灵 5%/2008.08.06 至 2013.08.06/低毒
棉花田 一年生禾本科杂草 45-52.5克/公顷 茎叶喷雾

PD20081317 高效氟吡甲禾灵/108克/升/乳油/高效氟吡甲禾灵 108克/升/2008.10.17 至 2013.10.17/低毒
棉花田 一年生禾本科杂草 40.5-48.6克/公顷 茎叶喷雾

PD20081343 草甘膦异丙胺盐/41%/水剂/草甘膦异丙胺盐 41%/2008.10.21 至 2013.10.21/低毒
柑橘园 杂草 1230-2460克/公顷 定向茎叶喷雾

PD20082157 三唑锡/25%/可湿性粉剂/三唑锡 25%/2008.11.26 至 2013.11.26/低毒
柑橘树 红蜘蛛 125-166.7毫克/千克 喷雾

PD20082375 代森锰锌/80%/可湿性粉剂/代森锰锌 80%/2008.12.01 至 2013.12.01/低毒
番茄 早疫病 1920-2400克/公顷 喷雾
柑橘树 疮痂病、炭疽病 1333-2000毫克/千克 喷雾
花生 叶斑病 720-900克/公顷 喷雾
梨树 黑星病 800-1600毫克/千克 喷雾
荔枝树 霜疫霉病 1333-2000毫克/千克 喷雾
马铃薯 晚疫病 1440-2160克/公顷 喷雾
苹果树 斑点落叶病、轮纹病、炭疽病 1000-1500毫克/千克 喷雾
葡萄 白腐病、黑痘病、霜霉病 1000-1600毫克/千克 喷雾
西瓜 炭疽病 1560-2520克/公顷 喷雾
烟草 赤星病 1440-1920克/公顷 喷雾

PD20082450 溴氰·马拉松/25%/乳油/马拉硫磷 24.4%、溴氰菊酯 0.6%/2008.12.02 至 2013.12.02/中等毒
甘蓝、小白菜 菜青虫 112.5-187.5克/公顷 喷雾
棉花 棉铃虫 225-300克/公顷 喷雾

PD20082674 苯·苄·异丙甲/34%/可湿性粉剂/苯噻酰草胺 22%、苄嘧磺隆 3%、异丙甲草胺 9%/2008.12.05 至 2013.12.05/低毒
水稻抛秧田 一年生及部分多年生杂草 204-255克/公顷(南方地区) 药土法

PD20082736 联苯菊酯/25克/升/乳油/联苯菊酯 25克/升/2008.12.08 至 2013.12.08/低毒
茶树 茶尺蠖 7.5-15克/公顷 喷雾
PD20082755 乙草胺/900克/升/乳油/乙草胺 900克/升/2008.12.08 至 2013.12.08/低毒
夏玉米田 一年生禾本科杂草及部分小粒种子阔叶杂草 1080-1350克/公顷 播后苗前土壤喷雾
PD20084127 甲氨基阿维菌素苯甲酸盐(1.1%)///乳油/甲氨基阿维菌素 1.0%/2008.12.16 至 2013.12.16/低毒
甘蓝 小菜蛾 1.2-2.4克/公顷 喷雾
PD20085256 春雷霉素/4%/可湿性粉剂/春雷霉素 4%/2008.12.23 至 2013.12.23/微毒
水稻 稻瘟病 30-37.5克/公顷 喷雾
PD20085585 溴氰菊酯/2.8%/乳油/溴氰菊酯 2.8%/2008.12.25 至 2013.12.25/低毒
十字花科蔬菜 菜青虫 16.8-21克/公顷 喷雾
PD20085858 烯酰吗啉/25%/可湿性粉剂/烯酰吗啉 25%/2008.12.29 至 2013.12.29/低毒
黄瓜 霜霉病 225-300克/公顷 喷雾
PD20085910 甲硫·福美双/50%/可湿性粉剂/福美双 30%、甲基硫菌灵 20%/2008.12.29 至 2013.12.29/低毒
黄瓜 炭疽病 525-750克/公顷 喷雾
PD20086270 异丙威/20%/乳油/异丙威 20%/2008.12.31 至 2013.12.31/低毒
水稻 飞虱 450-600克/公顷 喷雾
PD20086288 氟啶脲/5%/乳油/氟啶脲 5%/2008.12.31 至 2013.12.31/低毒
十字花科蔬菜 甜菜夜蛾 37.5-52.5克/公顷 喷雾
PD20090189 稻瘟灵/40%/乳油/稻瘟灵 40%/2009.01.08 至 2014.01.08/低毒
水稻 稻瘟病 420-600克/公顷 喷雾
PD20091510 毒死蜱/480克/升/乳油/毒死蜱 480克/升/2009.02.02 至 2014.02.02/中等毒
水稻 稻纵卷叶螟 504-648克/公顷 喷雾
PD20091589 丙溴·辛硫磷/35%/乳油/丙溴磷 8.5%、辛硫磷 26.5%/2009.02.03 至 2014.02.03/低毒
棉花 棉铃虫 262.5-393.75克/公顷 喷雾
PD20092030 三唑磷/20%/乳油/三唑磷 20%/2009.02.12 至 2014.02.12/中等毒
水稻 二化螟 360-450克/公顷 喷雾
PD20092207 噻螨酮/5%/乳油/噻螨酮 5%/2009.02.24 至 2014.02.24/低毒
柑橘树 红蜘蛛 25-33.3毫克/千克 喷雾
PD20092320 氯氰·毒死蜱/522.5克/升/乳油/毒死蜱 475克/升、氯氰菊酯 47.5克/升/2009.02.24 至 2014.02.24/中等毒
棉花 棉铃虫 548.6-783.75克/公顷 喷雾
PD20093236 辛硫磷/40%/乳油/辛硫磷 40%/2009.03.11 至 2014.03.11/低毒
水稻 稻纵卷叶螟 600-900克/公顷 喷雾
PD20093241 福美双/50%/可湿性粉剂/福美双 50%/2009.03.11 至 2014.03.11/低毒
小麦 白粉病 900-997.5克/公顷 喷雾
PD20093487 丙环唑/250克/升/乳油/丙环唑 250克/升/2009.03.23 至 2014.03.23/低毒
小麦 锈病 112.5-150克/公顷 喷雾
PD20093732 除脲·辛硫磷/20%/乳油/除虫脲 1%、辛硫磷 19%/2009.03.25 至 2014.03.25/低毒
十字花科蔬菜 菜青虫 90-120克/公顷 喷雾
PD20094417 百菌清/75%/可湿性粉剂/百菌清 75%/2009.04.01 至 2014.04.01/微毒
黄瓜 霜霉病 1125-1687.5克/公顷 喷雾
PD20094688 阿维菌素/1.8%/乳油/阿维菌素 1.8%/2009.04.10 至 2014.04.10/中等毒(原药高毒)
甘蓝 菜青虫 8.1-10.8克/公顷 喷雾
PD20094835 苄·乙/12%/可湿性粉剂/苄嘧磺隆 5.8%、乙草胺 6.2%/2009.04.13 至 2014.04.13/低毒
水稻抛秧田 一年生及部分多年生杂草 72-81克/公顷 药土法
PD20095105 苄·乙·甲 /20%/可湿性粉剂/苄嘧磺隆 1.85%、甲磺隆 0.25%、乙草胺 17.9%/2009.04.24 至 2014.04.24/低毒
水稻移栽田 一年生杂草 69-75克/公顷 药土法撒施
PD20095570 苄·乙/20%/可湿性粉剂/苄嘧磺隆 4.5%、乙草胺 15.5%/2009.05.12 至 2014.05.12/低毒
水稻移栽田 一年生杂草 84-118克/公顷(南方地区) 药土法
PD20095590 苄·二氯/22%/可湿性粉剂/苄嘧磺隆 2%、二氯喹啉酸 20%/2009.05.12 至 2014.05.12/低毒
水稻秧田 一年生杂草 165-198克/公顷 喷雾
PD20096347 辛硫磷/40%/乳油/辛硫磷 40%/2009.07.28 至 2014.07.28/低毒
棉花 棉铃虫 300-450克/公顷 喷雾
水稻 稻纵卷叶螟 450-600克/公顷 喷雾
LS20050202 柴油·哒螨灵/34%/乳油/柴油 30%、哒螨灵 4%/2008.01.26 至 2009.01.25/中等毒
柑橘树 红蜘蛛 226.7-340毫克/千克 喷雾
LS20050263 三唑磷/8%/微乳剂/三唑磷 8%/2008.02.04 至 2009.02.03/中等毒
水稻 二化螟 180-216克/公顷 喷雾
LS20050916 吡虫啉/5%/可湿性粉剂/吡虫啉 5%/2008.04.04 至 2009.04.04/低毒
水稻 稻飞虱 15-30克/公顷 喷雾
LS20052007 咪鲜胺锰盐/25%/可湿性粉剂/咪鲜胺锰盐 25%/2008.05.31 至 2009.05.31/低毒
辣椒 炭疽病 318.75-450克/公顷 喷雾
LS20052650 哒螨灵/20%/可湿性粉剂/哒螨灵 20%/2008.08.14 至 2009.08.14/低毒

柑橘树　红蜘蛛　66.7-100毫克/千克　喷雾
LS20052990　井冈霉素/20%/可溶粉剂/井冈霉素 20%/2008.09.13 至 2009.09.13/微毒
水稻　水稻纹枯病　150-187.5克/公顷　喷雾
LS20053669　阿维菌素/0.5%/乳油/阿维菌素 0.5%/2008.11.29 至 2009.11.29/低毒(原药高毒)
柑橘树　红蜘蛛、潜叶蛾　4.5-9毫克/千克　喷雾
柑橘树　锈壁虱　2.25-4.5毫克/千克　喷雾
梨树　梨木虱　6-12毫克/千克　喷雾
棉花　棉铃虫　21.6-32.4克/公顷　喷雾
棉花　红蜘蛛　10.8-16.2克/公顷　喷雾
苹果树　桃小食心虫　4.5-9毫克/千克　喷雾
苹果树　红蜘蛛　3-6毫克/千克　喷雾
苹果树　二斑叶螨　4.5-6毫克/千克　喷雾
水稻　稻纵卷叶螟　3.75-4.5克/公顷　喷雾
LS20053718　阿维·高氯/7%/微乳剂/阿维菌素 1%、高效氯氰菊酯 6%/2008.12.08 至 2009.12.08/低毒(原药高毒)
十字花科蔬菜　菜青虫、小菜蛾　7.5-15克/公顷　喷雾
LS20053719　辛硫·三唑磷/20%/乳油/三唑磷 10%、辛硫磷 10%/2008.12.08 至 2009.12.08/中等毒
水稻　稻水象甲　180-240克/公顷　喷雾
水稻　稻纵卷叶螟　240-360克/公顷　喷雾
LS20060015　五硝·多菌灵/40%/可湿性粉剂/多菌灵 32%、五氯硝基苯 8%/2009.01.16 至 2010.01.16/低毒
西瓜　枯萎病　0.3-0.4克/株　灌根
LS20060091　吡虫啉/30%/微乳剂/吡虫啉 30%/2009.01.24 至 2010.01.24/低毒
水稻　稻飞虱　22.5-30克/公顷　喷雾
LS20060239　马拉·杀螟松/12%/乳油/马拉硫磷 10%、杀螟硫磷 2%/2009.02.21 至 2010.02.21/低毒
水稻　二化螟　180-270克/公顷　喷雾
LS20061027　敌畏·马/45%/乳油/敌敌畏 40%、马拉硫磷 5%/2009.04.25 至 2010.04.25/中等毒
十字花科蔬菜　黄条跳甲　270-337.5克/公顷　喷雾
LS20070054　高效氯氟氰菊酯/2.5%/微乳剂/高效氯氟氰菊酯 2.5%/2009.01.18 至 2010.01.18/中等毒
十字花科蔬菜　菜青虫　7.5-15克/公顷　喷雾
LS20070155　高效氯氰菊酯/4.5%/微乳剂/高效氯氰菊酯 4.5%/2009.02.07 至 2010.02.07/低毒
十字花科蔬菜　菜青虫　13.5-27克/公顷　喷雾
LS20070156　吡虫啉/70%/水分散粒剂/吡虫啉 70%/2009.02.07 至 2010.02.07/低毒
水稻　飞虱　22.5-30克/公顷　喷雾
LS20070245　阿维·炔螨特/40%/乳油/阿维菌素 0.3%、炔螨特 39.7%/2009.02.24 至 2010.02.24/中等毒(原药高毒)
柑橘树　红蜘蛛　200-400毫克/千克　喷雾
LS20071581　醚菊酯/10%/悬浮剂/醚菊酯 10%/2009.06.05 至 2010.06.06/低毒
甘蓝　菜青虫　45-60克/公顷　喷雾
LS20071770　甲氨基阿维菌素苯甲酸盐(0.56%)///微乳剂/甲氨基阿维菌素 0.5%/2009.07.04 至 2010.07.05/微毒
甘蓝　甜菜夜蛾　1.2-1.5克/公顷　喷雾
LS20071814　阿维·高氯/3%/可湿性粉剂/阿维菌素 0.2%、高效氯氰菊酯 2.8%/2009.07.09 至 2010.07.10/中等毒(原药高毒)
十字花科蔬菜　菜青虫　13.5-27克/公顷　喷雾
LS20071866　丁醚脲/25%/乳油/丁醚脲 25%/2009.07.10 至 2010.07.11/低毒
十字花科蔬菜　小菜蛾　300-450克/公顷　喷雾
LS20081161　杀扑磷/40%/乳油/杀扑磷 40%/2009.03.10 至 2010.03.10/高毒
柑橘树　介壳虫　400-600毫克/千克　喷雾
LS20081287　氰戊菊酯/20%/水乳剂/氰戊菊酯 20%/2009.03.11 至 2010.03.11/中等毒
十字花科蔬菜　菜青虫　90-120克/公顷　喷雾
LS20081380　阿维·杀螟松/20%/乳油/阿维菌素 0.2%、杀螟硫磷 19.8%/2009.03.17 至 2010.03.17/低毒(原药高毒)
水稻　二化螟　210-270克/公顷　喷雾
LS20081437　噻嗪酮/50%/可湿性粉剂/噻嗪酮 50%/2009.03.17 至 2010.03.17/低毒
水稻　飞虱　75-135克/公顷　喷雾
LS20081529　烯唑·多菌灵/27%/可湿性粉剂/多菌灵 25%、烯唑醇 2%/2009.03.31 至 2010.03.31/低毒
梨树　黑星病　180-337.5克/公顷　喷雾
LS20081551　毒死蜱/30%/水乳剂/毒死蜱 30%/2009.04.02 至 2010.04.02/中等毒
水稻　稻纵卷叶螟　360-540克/公顷　喷雾
LS20081831　阿维·毒死蜱/15%/乳油/阿维菌素 0.1%、毒死蜱 14.9%/2009.04.10 至 2010.04.10/低毒(原药高毒)
水稻　稻纵卷叶螟　180-225克/公顷　喷雾
LS20082281　三唑磷/60%/乳油/三唑磷 60%/2009.04.21 至 2010.04.21/中等毒
水稻　二化螟　360-450克/公顷　喷雾
LS20082671　甲氨基阿维菌素苯甲酸盐/5%/水分散粒剂/甲氨基阿维菌素苯甲酸盐 5%/2009.04.25 至 2010.04.25/低毒
甘蓝　小菜蛾　1.5-3克/公顷　喷雾
LS20082728　吡虫啉/10%/微乳剂/吡虫啉 10%/2009.05.04 至 2010.05.04/低毒
水稻　稻飞虱　30-45克/公顷　喷雾
LS20082943　甲维·毒死蜱/40%/乳油/毒死蜱 39%、甲氨基阿维菌素苯甲酸盐 1%/2009.07.23 至 2010.07.23/中等毒

	十字花科蔬菜	甜菜夜蛾	90-120克/公顷	喷雾
LS20083237	吡虫啉/30%/微乳剂/吡虫啉 30%/2008.12.11 至 2009.12.11/低毒			
	水稻	稻水象甲	45-67.5克/公顷	喷雾
LS20083250	阿维菌素/5%/乳油/阿维菌素 5%/2008.12.11 至 2009.12.11/中等毒(原药高毒)			
	十字花科蔬菜	小菜蛾	9-11.25克/公顷	喷雾
LS20083284	丙溴磷/40%/乳油/丙溴磷 40%/2008.12.29 至 2009.12.29/低毒			
	水稻	稻纵卷叶螟	540-660克/公顷	喷雾
LS20090488	苄嘧·二甲戊/16%/可湿性粉剂/苄嘧磺隆 4%、二甲戊灵 12%/2009.03.18 至 2010.03.18/低毒			
	直播水稻(南方)	一年生杂草	120-144克/公顷	茎叶喷雾

湖南东永化工有限责任公司 （湖南省长沙市岳麓区茶子山 410004 0731-5562259）

PD84118-48	多菌灵/25%/可湿性粉剂/多菌灵 25%/2009.11.02 至 2014.11.02/低毒			
	果树	病害	0.05-0.1%药液	喷雾
	花生	倒秧病	750克/公顷	喷雾
	麦类	赤霉病	750克/公顷	喷雾,泼浇
	棉花	苗期病害	500克/100千克种子	拌种
	水稻	稻瘟病、纹枯病	750克/公顷	喷雾,泼浇
	油菜	菌核病	1125-1500克/公顷	喷雾
PD85122-19	福美双/50%/可湿性粉剂/福美双 50%/2009.11.02 至 2014.11.02/中等毒			
	黄瓜	白粉病、霜霉病	500-1000倍液	喷雾
	葡萄	白腐病	500-1000倍液	喷雾
	水稻	稻瘟病、胡麻叶斑病	250克/100千克种子	拌种
	甜菜、烟草	根腐病	500克/500千克温床土	土壤处理
	小麦	白粉病、赤霉病	500倍液	喷雾
PD91106-19	70%,50%甲基硫菌灵可湿性粉剂//可湿性粉剂/甲基硫菌灵 70%,50%/2006.08.01 至 2011.08.01/低毒			
	番茄	叶霉病	375-562.5克/公顷	喷雾
	甘薯	黑斑病	360-450毫克/千克	浸薯块
	瓜类	白粉病	337.5-506.25克/公顷	喷雾
	梨树	黑星病	360-450毫克/千克	喷雾
	苹果树	轮纹病	700毫克/千克	喷雾
	水稻	稻瘟病、纹枯病	1050-1500克/公顷	喷雾
	小麦	赤霉病	750-1050克/公顷	喷雾
PD20050089	15%三唑酮可湿性粉剂//可湿性粉剂/三唑酮 15%/2005.07.01 至 2010.06.30/低毒			
	小麦	白粉病、锈病	135-180克/公顷	喷雾
PD20085391	噻嗪酮/25%/可湿性粉剂/噻嗪酮 25%/2008.12.24 至 2013.12.24/低毒			
	水稻	飞虱	75-112.5克/公顷	喷雾
PD20086061	硫磺·多菌灵/50%/可湿性粉剂/多菌灵 15%、硫磺 35%/2008.12.30 至 2013.12.30/低毒			
	花生	叶斑病	1200-1800克/公顷	喷雾
	黄瓜	白粉病	937.5-1125克/公顷	喷雾
PD20090273	异稻·三环唑/20%/可湿性粉剂/三环唑 10%、异稻瘟净 10%/2009.01.09 至 2014.01.09/中等毒			
	水稻	稻瘟病	300-450克/公顷	喷雾
PD20090538	噻嗪·异丙威 /25%/可湿性粉剂/噻嗪酮 7%、异丙威 18%/2009.01.13 至 2014.01.13/中等毒			
	水稻	稻飞虱	93.75-131.28克/公顷	喷雾
PD20091115	敌百·灭多威/30%/乳油/敌百虫 25%、灭多威 5%/2009.01.21 至 2014.01.21/中等毒(原药高毒)			
	甘蓝	菜青虫	337.5-450克/公顷	喷雾
PD20091691	硫磺·多菌灵/25%/可湿性粉剂/多菌灵 7.5%、硫磺 17.5%/2009.02.03 至 2014.02.03/低毒			
	花生	叶斑病	1200-1800克/公顷	喷雾
PD20091709	苄·乙/14%/可湿性粉剂/苄嘧磺隆 3.2%、乙草胺 10.8%/2009.02.03 至 2014.02.03/低毒			
	水稻移栽田	多年生杂草、一年生莎草、一年生禾本科杂草	84-118克/公顷	毒土法
PD20091764	硫磺·三环唑/20%/可湿性粉剂/硫磺 0%、三环唑 0%/2009.02.04 至 2014.02.04/中等毒			
	水稻	稻瘟病	300-450克/公顷	喷雾
PD20092025	氰戊·辛硫磷/25%/乳油/氰戊菊酯 2.2%、辛硫磷 22.8%/2009.02.12 至 2014.02.12/中等毒			
	棉花	棉铃虫	187.5-225克/公顷	喷雾
	蔬菜	菜青虫	75-150克/公顷	喷雾
PD20092085	福·甲·硫磺/70%/可湿性粉剂/福美双 25%、甲基硫菌灵 14%、硫磺 31%/2009.02.16 至 2014.02.16/低毒			
	辣椒	炭疽病	525-945克/公顷	喷雾
	西瓜	枯萎病	800-1000倍液	灌根
	小麦	白粉病	840-1050 克/公顷	喷雾
PD20092686	吡·硫·多菌灵/60%/可湿性粉剂/吡虫啉 2%、多菌灵 25%、硫磺 33%/2009.03.03 至 2014.03.03/低毒			
	小麦	白粉病、蚜虫	540-900克/公顷	喷雾
PD20093060	吡虫·异丙威/25%/可湿性粉剂/吡虫啉 1%、异丙威 24%/2009.03.09 至 2014.03.09/中等毒			
	水稻	稻飞虱	112.5-150克/公顷	喷雾
PD20093257	唑酮·福美双 /15%/可湿性粉剂/福美双 8%、三唑酮 7%/2009.03.11 至 2014.03.11/低毒			

小麦 白粉病 202.5-225克/公顷 喷雾
小麦 锈病 135—180克/公顷 喷雾

PD20093812 苄·丁/31.5%/可湿性粉剂/苄嘧磺隆 1.5%、丁草胺 30%/2009.03.25 至 2014.03.25/低毒
水稻抛秧田 部分多年生杂草、一年生杂草 540-720克/公顷 毒土法

PD20093938 苄·二氯/22%/可湿性粉剂/苄嘧磺隆 2%、二氯喹啉酸 20%/2009.03.27 至 2014.03.27/低毒
水稻秧田、水稻移栽田 一年生杂草 165-198克/公顷 秧苗>2叶期喷雾处理

PD20094233 福·甲·硫磺/50%/可湿性粉剂/福美双 18%、甲基硫菌灵 10%、硫磺 22%/2009.03.31 至 2014.03.31/低毒
辣椒 炭疽病 1125克/公顷 喷雾

PD20094347 草甘膦/30%/可溶粉剂/草甘膦 30%/2009.04.01 至 2014.04.01/低毒
柑橘园 杂草 900-1800克/公顷 定向茎叶喷雾

PD20094548 草甘膦异丙胺盐(41%)///水剂/草甘膦 30%/2009.04.09 至 2014.04.09/低毒
柑橘园 杂草 1230-1845克/公顷 喷雾

PD20094899 苯·苄·乙草胺 /30%/可湿性粉剂/苯噻酰草胺 25%、苄嘧磺隆 2.5%、乙草胺 2.5%/2009.04.13 至 2014.04.13/低毒
水稻抛秧田 部分多年生杂草、一年生杂草 225-315克/公顷(南方地区) 毒土法

湖南丰田作物科学有限公司 (湖南省岳阳市云溪工业园 414009 0730-8419847)

PD85170-2 敌鼠钠原药//原药/敌鼠钠盐 80%/2006.03.07 至 2011.03.07/高毒

LS20061810 溴敌隆/0.5%/母药/溴敌隆 0.5%/2009.10.31 至 2010.10.31/中等毒(原药高毒)

LS20070165 溴敌隆/0.005%/饵剂/溴敌隆 0.005%/2009.02.07 至 2010.02.07/低毒(原药高毒)
室内 家鼠 / 饱和投饵

LS20083042 阿维·高氯/3%/乳油/阿维菌素 0.2%、高效氯氰菊酯 2.8%/2009.09.18 至 2010.09.18/低毒(原药高毒)
甘蓝 菜青虫、小菜蛾 13.5-27克/公顷 喷雾

湖南国发精细化工科技有限公司 (湖南省临湘市儒溪镇 414013 0730-8411560)

PDN46-97 克百威/95%,97%/原药/克百威 95%,97%/2007.03.28 至 2012.03.28/高毒

PD85134-6 速灭威/98%,95%,90%/原药/速灭威 98%,95%,90%/2005.08.15 至 2010.08.15/中等毒

PD86132-7 仲丁威/97%,95%/原药/仲丁威 97%,95%/2006.12.28 至 2011.12.28/低毒

PD86147-7 异丙威/98%, 95%, 90%/原药/异丙威 98%, 95%, 90%/2006.12.28 至 2011.12.28/中等毒

PD20093489 高效氯氟氰菊酯/95%/原药/高效氯氟氰菊酯 95%/2009.03.23 至 2014.03.23/中等毒

PD20097503 甲基硫菌灵/95%/原药/甲基硫菌灵 95%/2009.11.03 至 2014.11.03/微毒

PD20097533 丁硫克百威/90%/原药/丁硫克百威 90%/2009.11.03 至 2014.11.03/中等毒

PD20098505 多菌灵/98%/原药/多菌灵 98%/2009.12.24 至 2014.12.24/低毒

LS20070513 杀螟丹/98%/原药/杀螟丹 98%/2009.03.06 至 2010.03.07/中等毒

LS20071825 莎稗磷/90%/原药/莎稗磷 90%/2009.07.09 至 2010.07.10/低毒

LS20071924 甲氨基阿维菌素苯甲酸盐/95%/原药/甲氨基阿维菌素苯甲酸盐 95%/2009.08.07 至 2010.08.08/中等毒

LS20081091 异丙威/4%/粉剂/异丙威 4%/2009.03.10 至 2010.03.10/中等毒
水稻 稻飞虱 450-600克/公顷 喷粉

LS20082315 氰氟草酯/98%/原药/氰氟草酯 98%/2009.04.21 至 2010.04.21/低毒

LS20083239 甲氨基阿维菌素苯甲酸盐/2.2%/微乳剂/甲氨基阿维菌素苯甲酸盐 2.2%/2009.12.11 至 2010.12.11/低毒
十字花科蔬菜 小菜蛾 1.65-3.3克/公顷 喷雾

LS20090936 苯菌灵/95%/原药/苯菌灵 95%/2009.04.09 至 2010.04.09/微毒

湖南海利常德农药化工有限公司 (湖南省常德市武陵区德山开发区 415001 0736-7340168)

PD84104-7 杀虫双/18%/水剂/杀虫双 18%/2009.09.20 至 2014.09.20/中等毒
甘蔗、蔬菜、水稻、小麦、玉米 多种害虫 540-675克/公顷 喷雾
果树 多种害虫 225-360毫克/千克 喷雾

PD85121-6 乐果/40%/乳油/乐果 40%/2005.06.03 至 2010.06.03/中等毒
茶树 蚜虫、叶蝉、螨 1000-2000倍液 喷雾
甘薯 小象甲 2000倍液 浸鲜薯片诱杀
柑橘树、苹果树 鳞翅目幼虫、蚜虫、螨 800-1600倍液 喷雾
棉花 蚜虫、螨 450-600克/公顷 喷雾
蔬菜 蚜虫、螨 300-600克/公顷 喷雾
水稻 飞虱、螟虫、叶蝉 450-600克/公顷 喷雾
烟草 蚜虫、烟青虫 300-600克/公顷 喷雾

PD20040576 杀虫单/90%/可溶粉剂/杀虫单 90%/2009.12.19 至 2014.12.19/中等毒
水稻 二化螟 675-810克/公顷 喷雾

PD20082248 乐果/98%/原药/乐果 96%/2008.11.27 至 2013.11.27/中等毒

PD20093005 杀虫单/95%/原药/杀虫单 95%/2009.03.09 至 2014.03.09/中等毒

LS20080352 乐果/50%/乳油/乐果 50%/2009.02.18 至 2010.02.19/中等毒
十字花科蔬菜 蚜虫 450-600克/公顷 喷雾
水稻 二化螟 450-600克/公顷 喷雾
烟草 烟青虫 450-600克/公顷 喷雾

湖南海利化工股份有限公司 (湖南省长沙市望城县芙蓉中路二段251号 410007 0731-5357911)

PDN44-97 克百威/97%90%/原药/克百威 97%90%/2006.12.26 至 2011.12.26/高毒

PDN45-97 克百威/3%/颗粒剂/克百威 3%/2006.12.26 至 2011.12.26/中等毒(原药高毒)
甘蔗 蚜虫、蔗龟 1350-2250克/公顷 沟施
花生 线虫 1800-2250克/公顷 条施.沟施
棉花 蚜虫 675-900克/公顷 条施.沟施
水稻 螟虫、瘿蚊 900-1350克/公顷 撒施
PD85134-2 速灭威/98%,95%,90%/原药/速灭威 98%,95%,90%/2005.06.03 至 2010.06.03/中等毒
PD86132-3 仲丁威/98%,95%,90%/原药/仲丁威 98%,95%,90%/2006.10.26 至 2011.10.26/低毒
PD86147-2 异丙威/98%,95%,90%/原药/异丙威 98%,95%,90%/2006.10.26 至 2011.10.26/中等毒
PD86148-2 异丙威/20%/乳油/异丙威 20%/2006.12.26 至 2011.12.26/中等毒
水稻 飞虱、叶蝉 450-600克/公顷 喷雾
PD91109 速灭威/20%/乳油/速灭威 20%/2006.12.26 至 2011.12.26/中等毒
水稻 飞虱、叶蝉 450-600克/公顷 喷雾
PD92106 仲丁威/20%/乳油/仲丁威 20%/2007.11.01 至 2012.11.01/低毒
水稻 飞虱、叶蝉 375-562.5克/公顷 喷雾
PD20040292 三唑磷/90%/原药/三唑磷 90%/2009.12.19 至 2014.12.19/中等毒
PD20040530 三唑磷/20%/乳油/三唑磷 20%/2009.12.19 至 2014.12.19/中等毒
水稻 二化螟 300-450克/公顷 喷雾
PD20070468 苯噻酰草胺/95%/原药/苯噻酰草胺 95%/2007.11.28 至 2012.11.28/低毒
PD20080564 胺苯磺隆/5%/可湿性粉剂/胺苯磺隆 5%/2008.05.09 至 2013.05.09/低毒
春油菜 阔叶杂草 22.5-30克/公顷(北方地区) 喷雾
18.75-22.5克/公顷(南方地区)
PD20081556 甲基嘧啶磷/90%/原药/甲基嘧啶磷 90%/2008.11.11 至 2013.11.11/低毒
PD20082869 丁硫克百威/90%/原药/丁硫克百威 90%/2008.12.09 至 2013.12.09/中等毒
PD20083067 二嗪磷/96%/原药/二嗪磷 96%/2008.12.10 至 2013.12.10/中等毒
PD20086236 异噁草松/90%/原药/异噁草松 90%/2008.12.31 至 2013.12.31/低毒
PD20092748 丁硫克百威/35%/种子处理干粉剂/丁硫克百威 35%/2009.03.04 至 2014.03.04/中等毒
水稻秧田 蓟马 350-420克/100千克种子 拌种
PD20093708 丁硫・辛硫磷 /20%/乳油/丁硫克百威 5%、辛硫磷 15%/2009.03.25 至 2014.03.25/中等毒
棉花 棉铃虫 300-375克/公顷 喷雾
PD20093768 乐果・高氯氟/20.5%/乳油/高效氯氟氰菊酯 0.5%、乐果 20%/2009.03.25 至 2014.03.25/中等毒
甘蓝 菜青虫 215.3-307.5克/公顷 喷雾
PD20094530 乐果・仲丁威/40%/乳油/乐果 32%、仲丁威 8%/2009.04.09 至 2014.04.09/中等毒
水稻 稻飞虱 600-900克/公顷 喷雾
PD20095034 苄嘧・苯噻酰/53%/可湿性粉剂/苯噻酰草胺 50%、苄嘧磺隆 3%/2009.04.21 至 2014.04.21/低毒
水稻抛秧田 部分多年生杂草、一年生杂草 318-397.5克/公顷 毒土法
水稻移栽田 部分多年生杂草、一年生杂草 556.5-636克/公顷(北方地区) 毒土法
318-397.5克/公顷(南方地区)
PD20096344 异噁草松/480克/升/乳油/异噁草松 480克/升/2009.07.28 至 2014.07.28/低毒
春大豆田 一年生杂草 720-864克/公顷 土壤喷雾
PD20097488 胺苯磺隆/95%/原药/胺苯磺隆 95%/2009.11.03 至 2014.11.03/低毒
LS20051869 丁硫克百威/5%/颗粒剂/丁硫克百威 5%/2008.05.16 至 2009.05.16/中等毒
甘蔗 蔗螟 2250-3000克/公顷 撒施
LS20052300 丁硫克百威/20%/水乳剂/丁硫克百威 20%/2008.06.22 至 2009.06.22/中等毒
柑橘树 潜叶蛾 133.3-200毫克/千克 喷雾
LS20053136 仲丁威/20%/水乳剂/仲丁威 20%/2008.09.28 至 2009.09.28/低毒
水稻 稻飞虱 450-540克/公顷 喷雾
LS20060229 甲硫嘧磺隆/10%/可湿性粉剂/甲硫嘧磺隆 10%/2009.02.20 至 2010.02.20/低毒
春小麦 一年生阔叶杂草及禾本科杂草 22.5-30克/公顷（东北地区） 茎叶喷雾
LS20060244 甲硫嘧磺隆/95%/原药/甲硫嘧磺隆 95%/2009.02.21 至 2010.02.21/低毒
WPN1-94 残杀威/97%/原药/残杀威 97%/2009.03.31 至 2014.03.31/中等毒
WP20080371 残杀威/20%/乳油/残杀威 20%/2008.12.10 至 2013.12.10/低毒
卫生 蜚蠊 0.25-0.5克/平方米（玻璃） 滞留喷洒
0.5-0.75克/平方米(木)
1-1.5克/平方米(水泥)
WL20090053 甲基嘧啶磷/55%/乳油/甲基嘧啶磷 55%/2009.03.13 至 2010.03.13/低毒
稻谷原粮 赤拟谷盗、谷蠹、玉米象 5-10毫克/千克 喷雾

湖南衡阳莱德生物药业有限公司 (湖南省衡阳市湘江南路83号 421001 0734-2895028)

PD84121-4 磷化铝/56%/片剂/磷化铝 56%/2006.03.19 至 2011.03.19/高毒
洞穴 室外啮齿动物 根据洞穴大小而定 密闭熏蒸
货物 仓储害虫 5-10片/1000千克 密闭熏蒸
空间 多种害虫 1-4片/立方米 密闭熏蒸
粮食、种子 储粮害虫 3-10片/1000千克 密闭熏蒸
PD85105-32 敌敌畏/80%/乳油/敌敌畏 77.5%(气谱法)/2006.03.16 至 2011.03.16/中等毒

	茶树	食叶害虫	600克/公顷	喷雾
	粮仓	多种储藏害虫	1)400-500倍液 2)0.4-0.5克/立方米	1)喷雾 2)挂条熏蒸
	棉花	蚜虫、造桥虫	600-1200克/公顷	喷雾
	苹果树	小卷叶蛾、蚜虫	400-500毫克/千克	喷雾
	青菜	菜青虫	600克/公顷	喷雾
	桑树	尺蠖	600克/公顷	喷雾
	卫生	多种卫生害虫	1)300-400倍液 2)0.08克/立方米	1)泼洒 2)挂条熏蒸
	小麦	黏虫、蚜虫	600克/公顷	喷雾
PD85131-39	井冈霉素/3%,5%/水剂/井冈霉素 3%,5%/2005.03.10 至 2010.03.10/低毒			
	水稻	纹枯病	75-112.5克/公顷	喷雾.泼浇
PD86182-3	稻瘟灵/30%/乳油/稻瘟灵 30%/2007.04.22 至 2012.04.22/低毒			
	水稻	稻瘟病	450-675克/公顷	喷雾
PD88109-3	井冈霉素/10%,20%/水溶粉剂/井冈霉素 10%,20%/2009.03.12 至 2014.03.12/低毒			
	水稻	纹枯病	150-187.5克/公顷	喷雾、泼浇
PD90106-35	苏云金杆菌/2000IU/微升/悬浮剂/苏云金杆菌 2000IU/微升/2005.03.10 至 2010.03.10/低毒			
	茶树	茶毛虫	100-200倍液	喷雾
	林木	松毛虫	100-200倍液	喷雾
	棉花	二代棉铃虫	6000-7500毫升制剂/公顷	喷雾
	十字花科蔬菜	菜青虫、小菜蛾	3000-4500毫升制剂/公顷	喷雾
	水稻	稻纵卷叶螟	6000-7500毫升制剂/公顷	喷雾
	烟草	烟青虫	6000-7500毫升制剂/公顷	喷雾
	玉米	玉米螟	4500-6000毫升制剂/公顷	加细沙灌心叶
	枣树	尺蠖	100-200倍液	喷雾
PD91104-18	敌敌畏/48%/乳油/敌敌畏 48%/2009.07.20 至 2014.07.20/中等毒			
	茶树	食叶害虫	600克/公顷	喷雾
	粮仓	多种储粮害虫	1)300-400倍液 2)0.4-0.5克/立方米	1)喷雾 2)挂条熏蒸
	棉花	蚜虫、造桥虫	600-1200克/公顷	喷雾
	苹果树	小卷叶蛾、蚜虫	400-500毫克/千克	喷雾
	青菜	菜青虫	600克/公顷	喷雾
	桑树	尺蠖	600克/公顷	喷雾
	卫生	多种卫生害虫	1)250-300倍液 2)0.08克/立方米	1)泼洒 2)挂条熏蒸
	小麦	黏虫、蚜虫	600克/公顷	喷雾
PD20040286	三唑磷/85%/原药/三唑磷 85%/2009.12.19 至 2014.12.19/中等毒			
PD20040820	三唑磷/20%/乳油/三唑磷 20%/2009.12.27 至 2014.12.27/中等毒			
	十字花科蔬菜	菜青虫	120-180克/公顷	喷雾
	水稻	二化螟、三化螟	300-450克/公顷	喷雾
PD20080022	40%稻瘟灵乳油//乳油/稻瘟灵 40%/2008.01.04 至 2013.01.04/低毒			
	水稻	稻瘟病	450-675克/公顷	喷雾
PD20081271	稻瘟灵/95%/原药/稻瘟灵 95%/2008.09.22 至 2013.09.22/低毒			
PD20081301	异稻·稻瘟灵/30%/乳油/稻瘟灵 20%、异稻瘟净 10%/2008.10.09 至 2013.10.09/低毒			
	水稻	稻瘟病	562.5-675克/公顷	喷雾
PD20081522	乙酰甲胺磷/95%/原药/乙酰甲胺磷 95%/2008.11.06 至 2013.11.06/低毒			
PD20082398	乙酰甲胺磷/30%/乳油/乙酰甲胺磷 30%/2008.12.01 至 2013.12.01/低毒			
	水稻	稻纵卷叶螟	765-990克/公顷	喷雾
	水稻	二化螟	810-990克/公顷	喷雾
PD20082497	草甘膦/95%/原药/草甘膦 95%/2008.12.03 至 2013.12.03/低毒			
PD20090844	苏云金杆菌/8000IU/毫克/可湿性粉剂/苏云金杆菌 8000IU/毫克/2009.01.19 至 2014.01.19/低毒			
	茶树	茶毛虫	400-800倍液	喷雾
	棉花	二代棉铃虫	3000-4500克制剂/公顷	喷雾
	森林	松毛虫	600-800倍液	喷雾
	十字花科蔬菜	菜青虫	750-1500克制剂/公顷	喷雾
	十字花科蔬菜	小菜蛾	1500-2250克制剂/公顷	喷雾
	水稻	稻纵卷叶螟	3000-4500克制剂/公顷	喷雾
	烟草	烟青虫	1500-3000克制剂/公顷	喷雾
	玉米	玉米螟	1500-3000克制剂/公顷	加细沙灌心
	枣树	尺蠖	600-800倍液	喷雾
PD20092548	井冈霉素A/5%/可溶粉剂/井冈霉素A 5%/2009.02.26 至 2014.02.26/低毒			
	水稻	纹枯病	52.5-75克/公顷	喷雾

湖南京西祥隆化工有限公司 (湖南省株洲市石峰区杨梅塘路 412005 0733-2546966)

LS20061845 五氯酚钠/65%/可溶粉剂/五氯酚钠 65%/2009.11.08 至 2010.11.08/中等毒

沟渠	钉螺	5-8克/立方米	浸杀
滩涂	钉螺	15-20克/平方米	喷洒

LS20091259 五氯酚钠/90%/原药/五氯酚钠 90%/2009.05.12 至 2010.05.12/中等毒

湖南绿叶化工有限公司 (湖南省长沙市天心区芙蓉中路三段270号 410007 0731-5228337)

PD20040502 三唑磷/20%/乳油/三唑磷 20%/2009.12.19 至 2014.12.19/中等毒

水稻	二化螟	300-450克/公顷	喷雾

PD20040711 唑磷·杀虫单/35%/可湿性粉剂/三唑磷 15%、杀虫单 20%/2009.12.19 至 2014.12.19/中等毒

水稻	二化螟	472.5-525克/公顷	喷雾
水稻	稻纵卷叶螟	420-525克/公顷	喷雾

注:稻纵卷叶螟为临时登记，有效期最多至2010年4月28日。

PD20090112 阿维·高氯/3%/乳油/阿维菌素 0.5%、高效氯氰菊酯 2.5%/2009.01.08 至 2014.01.08/低毒(原药高毒)

十字花科蔬菜	菜青虫、小菜蛾	7.5-15克/公顷	喷雾

PD20090147 丙溴·辛硫磷/25%/乳油/丙溴磷 5%、辛硫磷 20%/2009.01.08 至 2014.01.08/低毒

棉花	棉铃虫	281.25-337.5克/公顷	喷雾

PD20091242 顺式氯氰菊酯/5%/乳油/顺式氯氰菊酯 5%/2009.02.01 至 2014.02.01/中等毒

十字花科蔬菜	菜青虫	15-22.5克/公顷	喷雾

PD20091437 吡虫啉/10%/可湿性粉剂/吡虫啉 10%/2009.02.02 至 2014.02.02/低毒

水稻	稻飞虱	15-30克/公顷	喷雾

PD20091579 马拉·辛硫磷/25%/乳油/马拉硫磷 12.5%、辛硫磷 12.5%/2009.02.03 至 2014.02.03/低毒

棉花	棉铃虫	300-375克/公顷	喷雾

PD20091969 噻嗪酮/25%/可湿性粉剂/噻嗪酮 25%/2009.02.12 至 2014.02.12/低毒

水稻	稻飞虱	75-150克/公顷	喷雾

PD20092626 乐果·高氯氟/20.5%/乳油/高效氯氟氰菊酯 0.5%、乐果 20%/2009.03.02 至 2014.03.02/中等毒

十字花科蔬菜	菜青虫	215.3-301.5克/公顷	喷雾

PD20093571 硫磺·稻瘟灵/50%/可湿性粉剂/稻瘟灵 20%、硫磺 30%/2009.03.23 至 2014.03.23/低毒

水稻	稻瘟病	675-900克/公顷	喷雾

PD20094960 咪鲜胺/25%/乳油/咪鲜胺 25%/2009.04.21 至 2014.04.21/低毒

水稻	恶苗病	62.5-125毫克/千克	浸种

PD20096633 哒螨灵/15%/乳油/哒螨灵 15%/2009.09.02 至 2014.09.02/中等毒

柑橘树	红蜘蛛	30-60毫克/千克	喷雾

PD20098518 唑磷·毒死蜱/30%/乳油/毒死蜱 15%、三唑磷 15%/2009.12.24 至 2014.12.24/中等毒

水稻	三化螟	270-360克/公顷	喷雾

LS20051595 丙溴·辛硫磷/25%/乳油/丙溴磷 6%、辛硫磷 19%/2008.04.28 至 2009.04.28/低毒

水稻	稻纵卷叶螟	262.5-3000克/公顷	喷雾

LS20090001 吡虫·噻嗪酮/20%/可湿性粉剂/吡虫啉 2%、噻嗪酮 18%/2009.01.08 至 2010.01.08/低毒

水稻	稻飞虱	120～150克/公顷	喷雾

LS20090116 吡虫·毒死蜱 /22%/乳油/吡虫啉 2%、毒死蜱 20%/2009.01.21 至 2010.01.21/中等毒

水稻	稻飞虱	132-198克/公顷	喷雾

LS20090341 阿维·三唑磷 /15%/微乳剂/阿维菌素 0.3%、三唑磷 14.7%/2009.03.13 至 2010.03.13/中等毒(原药高毒)

水稻	二化螟	202.5～270克/公顷	喷雾

LS20090342 阿维·氟铃脲/2.5%/乳油/阿维菌素 0.4%、氟铃脲 2.1%/2009.03.13 至 2010.03.13/低毒(原药高毒)

甘蓝	小菜蛾	11.25～22.5克/公顷	喷雾

湖南猫头家化有限公司 (湖南省益阳市五一东路149号 413001 0737-3104318)

WP20080288 杀蚊烟片/0.8%/片剂/富右旋反式烯丙菊酯 0.8%/2008.12.03 至 2013.12.03/低毒

卫生	蚊	/	点燃

WP20080295 杀虫气雾剂/1.27%/气雾剂/胺菊酯 0.54%、氯菊酯 0.72%、溴氰菊酯 0.01%/2008.12.03 至 2013.12.03/低毒

卫生	蜚蠊、蚊、蝇	/	喷雾

WP20080337 蚊香/0.3%/蚊香/富右旋反式烯丙菊酯 0.3%/2008.12.09 至 2013.12.09/微毒

卫生	蚊	/	点燃熏烟

WL20060006 电热蚊香片/13毫克/片/电热蚊香片/炔丙菊酯 13毫克/片/2010.01.24 至 2011.01.24/微毒

卫生	蚊	/	电热加温

湖南南天实业股份有限公司 (湖南省湘潭市岳塘区易家湾 411103 0732-3281364)

PD84104-35 杀虫双/18%/水剂/杀虫双 18%/2009.06.16 至 2014.06.16/中等毒

甘蔗、蔬菜、水稻、小麦、玉米	多种害虫	540-675克/公顷	喷雾
果树	多种害虫	225-360毫克/千克	喷雾

PD84108-14 敌百虫/90%/原药/敌百虫 90%/2009.12.22 至 2014.12.22/低毒

白菜、青菜	地下害虫	750-1500克/公顷	毒饵
白菜、青菜	菜青虫	960-1200克/公顷	喷雾
茶树	尺蠖、刺蛾	450-900毫克/千克	喷雾
大豆	造桥虫	1800克/公顷	喷雾
柑橘树	卷叶蛾	600-750毫克/千克	喷雾

	林木	松毛虫	600-900毫克/千克	喷雾
	水稻	螟虫	1500-1800克/公顷	喷雾、泼浇或毒土
	小麦	黏虫	1800克/公顷	喷雾
	烟草	烟青虫	900毫克/千克	喷雾
PD84111-30	氧乐果/40%/乳油/氧乐果 40%/2008.12.24 至 2013.12.24/高毒			
	棉花	蚜虫、螨	375-600克/公顷	喷雾
	森林	松干蚧、松毛虫	500倍液	喷雾或直接涂树干
	水稻	稻纵卷叶螟、飞虱	375-600克/公顷	喷雾
	小麦	蚜虫	300-450克/公顷	喷雾
PD85105-14	敌敌畏/80%/乳油/敌敌畏 77.5%(气谱法)/2004.12.22 至 2009.12.22/中等毒			
	茶树	食叶害虫	600克/公顷	喷雾
	粮仓	多种储藏害虫	1)400-500倍液 2)0.4-0.5克/立方米	1)喷雾 2)挂条熏蒸
	棉花	蚜虫、造桥虫	600-1200克/公顷	喷雾
	苹果树	小卷叶蛾、蚜虫	400-500毫克/千克	喷雾
	青菜	菜青虫	600克/公顷	喷雾
	桑树	尺蠖	600克/公顷	喷雾
	卫生	多种卫生害虫	1)300-400倍液 2)0.08克/立方米	1)泼洒 2)挂条熏蒸
	小麦	黏虫、蚜虫	600克/公顷	喷雾
PD85136-6	速灭威/25%/可湿性粉剂/速灭威 25%/2005.12.21 至 2010.12.21/中等毒			
	水稻	飞虱、叶蝉	375-750克/公顷	喷雾
PD86175-13	乙酰甲胺磷/90%/原药/乙酰甲胺磷 90%/2006.11.22 至 2011.11.22/低毒			
PD86176-7	乙酰甲胺磷/30%/乳油/乙酰甲胺磷 30%/2006.11.22 至 2011.11.22/低毒			
	柑橘树	介壳虫、螨	500-1000倍液	喷雾
	果树	食心虫	500-1000倍液	喷雾
	棉花	棉铃虫、蚜虫	450-900克/公顷	喷雾
	蔬菜	菜青虫、蚜虫	337.5-540克/公顷	喷雾
	水稻	螟虫、叶蝉	562.5-1012.5克/公顷	喷雾
	小麦、玉米	黏虫、玉米螟	540-1080克/公顷	喷雾
	烟草	烟青虫	450-900克/公顷	喷雾
PD86179-3	百菌清/98%,96%,90%/原药/百菌清 98%,96%,90%/2006.11.22 至 2011.11.22/低毒			
PD86180-4	百菌清/75%/可湿性粉剂/百菌清 75%/2006.11.22 至 2011.11.22/低毒			
	茶树	炭疽病	600-800倍液	喷雾
	豆类	炭疽病、锈病	1275-2325克/公顷	喷雾
	柑橘树	疮痂病	750-900毫克/千克	喷雾
	瓜类	白粉病、霜霉病	1200-1650克/公顷	喷雾
	果菜类蔬菜	多种病害	1125-2400克/公顷	喷雾
	花生	锈病、叶斑病	1125-1350克/公顷	喷雾
	梨树	斑点落叶病	500倍液	喷雾
	苹果树	多种病害	600倍液	喷雾
	葡萄	白粉病、黑痘病	600-700倍液	喷雾
	水稻	稻瘟病、纹枯病	1125-1425克/公顷	喷雾
	橡胶树	炭疽病	500-800倍液	喷雾
	小麦	叶斑病、叶锈病	1125-1425克/公顷	喷雾
	叶菜类蔬菜	白粉病、霜霉病	1275-1725克/公顷	喷雾
PD20040404	吡虫啉/10%/可湿性粉剂/吡虫啉 10%/2009.12.19 至 2014.12.19/低毒			
	水稻	飞虱	15-30克/公顷	喷雾
PD20040677	三唑磷/20%/乳油/三唑磷 20%/2009.12.19 至 2014.12.19/中等毒			
	水稻	二化螟、三化螟	300-450克/公顷	喷雾
PD20092045	噻嗪酮/25%/可湿性粉剂/噻嗪酮 25%/2009.02.12 至 2014.02.12/低毒			
	水稻	稻飞虱	93.75-112.5克/公顷	喷雾
PD20093086	噻嗪·异丙威/25%/可湿性粉剂/噻嗪酮 5%、异丙威 20%/2009.03.09 至 2014.03.09/低毒			
	水稻	稻飞虱	450-562.5克/公顷	喷雾
PD20093650	百草枯/200克/升/水剂/百草枯 200克/升/2009.03.25 至 2014.03.25/中等毒			
	非耕地	杂草	600-900克/公顷	茎叶喷雾
PD20093976	毒死蜱/480克/升/乳油/毒死蜱 480克/升/2009.03.27 至 2014.03.27/中等毒			
	水稻	稻纵卷叶螟	504-576克/公顷	喷雾
PD20094145	仲丁威/20%/乳油/仲丁威 20%/2009.03.27 至 2014.03.27/低毒			
	水稻	稻飞虱	375.0-562.5克/公顷	喷雾
PD20094168	异丙威/20%/乳油/异丙威 20%/2009.03.27 至 2014.03.27/中等毒			

水稻　稻飞虱　450-600克/公顷　喷雾
PD20094437　速灭威/20%/乳油/速灭威 20%/2009.04.01 至 2014.04.01/中等毒
水稻　稻飞虱　525-600克/公顷　喷雾
LS20082642　甲氰菊酯/20%/乳油/甲氰菊酯 20%/2009.04.23 至 2010.04.23/中等毒
柑橘树　红蜘蛛　133.3-200毫克/千克　喷雾

湖南农大海特农化有限公司　(湖南省岳阳市云溪工业园　414009　0730-8419856)

PD20085343　灭威·毒死蜱/30%/乳油/毒死蜱 20%、灭多威 10%/2008.12.24 至 2013.12.24/中等毒(原药高毒)
棉花　甜菜夜蛾　315-405克/公顷　喷雾
PD20085789　苄·二氯/40%/可湿性粉剂/苄嘧磺隆 2.5%、二氯喹啉酸 37.5%/2008.12.29 至 2013.12.29/低毒
水稻直播田　一年生杂草　240-300克/公顷　喷雾
PD20093235　咪鲜·吡虫啉/1.3%/悬浮种衣剂/吡虫啉 1.0%、咪鲜胺 0.3%/2009.03.11 至 2014.03.11/低毒
水稻　稻蓟马、恶苗病　1:40-50(药种比)　种子包衣
PD20094017　苄嘧·丙草胺/35%/可湿性粉剂/苄嘧磺隆 2%、丙草胺 33%/2009.03.27 至 2014.03.27/低毒
水稻抛秧田　一年生及部分多年生杂草　315-367.5克/公顷(南方地区)　药土法
PD20096327　苄·乙/15%/可湿性粉剂/苄嘧磺隆 3.4%、乙草胺 11.6%/2009.07.22 至 2014.07.22/低毒
水稻移栽田　部分多年生杂草　84-118克/公顷　药土法
PD20096578　敌敌畏/77.5%/乳油/敌敌畏 77.5%/2009.08.25 至 2014.08.25/中等毒
茶树　茶尺蠖　600－840克/公顷　喷雾
PD20097780　异丙甲·苄/23%/可湿性粉剂/苄嘧磺隆 3%、异丙甲草胺 20%/2009.11.17 至 2014.11.17/低毒
水稻移栽田　一年生及部分多年生杂草　120.8-172.5克/公顷　药土法
LS20051418　十八烷基三甲基氯化铵/2%/可溶粉剂/十八烷基三甲基氯化铵 2%/2008.04.21 至 2009.04.21/低毒
柑橘树　矢尖蚧　500-667毫克/千克　喷雾
LS20051419　十八烷基三甲基氯化铵/68%/原药/十八烷基三甲基氯化铵 68%/2008.04.21 至 2009.04.21/低毒
LS20090313　氰氟草酯/15%/乳油/氰氟草酯 15%/2009.03.02 至 2010.03.02/低毒
直播水稻(南方)　千金子　450-750毫升制剂/公顷　茎叶喷雾
LS20090347　阿维·噻嗪酮/15%/可湿性粉剂/阿维菌素 0.15%、噻嗪酮 14.85%/2009.03.13 至 2010.03.13/低毒(原药高毒)
水稻　稻飞虱　67.5-90克/公顷　喷雾
LS20090480　吡虫·异丙威 /45%/可湿性粉剂/吡虫啉 5%、异丙威 40%/2009.03.18 至 2010.03.18/低毒
水稻　稻飞虱　101.25-135克/公顷　喷雾

湖南农杰生物科技有限公司　(湖南省浏阳市现代农业园　410301　0731-4673878)

PD20091966　噻嗪酮/25%/可湿性粉剂/噻嗪酮 25%/2009.02.12 至 2014.02.12/低毒
水稻　稻飞虱　112.5-150克/公顷　喷雾
PD20093895　毒死蜱/40%/乳油/毒死蜱 40%/2009.04.02 至 2014.04.02/中等毒
甘蓝　菜青虫　432-540克/公顷　喷雾
LS20051334　啶虫脒/3%/乳油/啶虫脒 3%/2008.04.13 至 2009.04.13/低毒
柑橘树　蚜虫　10-12毫克/千克　喷雾
LS20051582　辛硫·高氯氟/16%/乳油/高效氯氟氰菊酯 0.7%、辛硫磷 15.3%/2008.04.28 至 2009.04.28/低毒
棉花　棉铃虫　96-144克/公顷　喷雾
LS20051642　阿维菌素/0.5%/乳油/阿维菌素 0.5%/2008.04.29 至 2009.04.29/低毒(原药高毒)
十字花科蔬菜　小菜蛾　6-9克/公顷　喷雾
LS20051929　三唑磷/10%/乳油/三唑磷 10%/2008.05.17 至 2009.05.17/中等毒
水稻　二化螟　225-300克/公顷　喷雾

湖南瑞泽农化有限公司　(湖南省长沙市芙蓉区荷花园中扬华苑701室　410016　0731-4770396)

PD20091921　联苯菊酯/25克/升/乳油/联苯菊酯 25克/升/2009.02.12 至 2014.02.12/低毒
柑橘树　红蜘蛛　20-25毫克/千克　喷雾
PD20092197　毒死蜱/40%/乳油/毒死蜱 40%/2009.02.23 至 2014.02.23/中等毒
棉花　棉铃虫　600-750克/公顷　喷雾
PD20092353　噻嗪·异丙威/25%/可湿性粉剂/噻嗪酮 5%、异丙威 20%/2009.02.24 至 2014.02.24/低毒
水稻　稻飞虱　468.75-562.5克/公顷　喷雾
PD20092482　甲氰菊酯/20%/乳油/甲氰菊酯 20%/2009.02.26 至 2014.02.26/中等毒
十字花科蔬菜　小菜蛾　75-90克/公顷　喷雾
PD20094420　高效氯氟氰菊酯/25克/升/乳油/高效氯氟氰菊酯 25克/升/2009.04.01 至 2014.04.01/低毒
棉花　棉铃虫　15-22.5克/公顷　喷雾
PD20097084　异丙威/20%/乳油/异丙威 20%/2009.10.10 至 2014.10.10/低毒
水稻　稻飞虱　450-600克/公顷　喷雾
PD20097105　阿维菌素/18克/升/乳油/阿维菌素 18克/升/2009.10.10 至 2014.10.10/低毒(原药高毒)
甘蓝　小菜蛾　8.1-10.8克/公顷　喷雾
LS20080241　阿维·毒死蜱/15%/乳油/阿维菌素 0.1%、毒死蜱 14.9%/2009.02.17 至 2010.02.18/中等毒(原药高毒)
水稻　稻纵卷叶螟　135-180克/公顷　喷雾
LS20080592　乙酰甲胺磷/30%/乳油/乙酰甲胺磷 30%/2009.02.21 至 2010.02.22/低毒
水稻　稻纵卷叶螟　787.5-1012.5克/公顷　喷雾
LS20080752　草甘膦异丙胺盐/41%/水剂/草甘膦异丙胺盐 41%/2009.02.25 至 2010.02.26/低毒
柑橘园　一年生和多年生杂草　1125-2250克/公顷　定向茎叶喷雾

LS20083238 阿维菌素/0.9%/乳油/阿维菌素 0.9%/2009.12.11 至 2010.12.11/低毒(原药高毒)
十字花科蔬菜 小菜蛾 8.1-10.8克/公顷 喷雾
LS20083269 氟铃脲/5%/乳油/氟铃脲 5%/2009.12.15 至 2010.12.15/低毒
十字花科蔬菜 小菜蛾 45-60克/公顷 喷雾
LS20090014 吡虫·噻嗪酮/20%/可湿性粉剂/吡虫啉 2%、噻嗪酮 18%/2009.01.08 至 2010.01.08/低毒
水稻 稻飞虱 120-150克/公顷 喷雾
LS20090074 吡虫·仲丁威 /20%/乳油/吡虫啉 1%、仲丁威 19%/2009.01.09 至 2010.01.09/低毒
水稻 稻飞虱 210-240克/公顷 喷雾
LS20090460 甲维·氟铃脲/2.2%/乳油/氟铃脲 2%、甲氨基阿维菌素苯甲酸盐 0.2%/2009.03.18 至 2010.03.18/低毒
甘蓝 甜菜夜蛾 16.5-19.8克/公顷 喷雾

湖南神网生物化工有限公司 (湖南省长沙市芙蓉中路二段12号机电大楼504 410025 0731-6784168)

WP20080410 杀虫喷射剂/0.45%/喷射剂/Es-生物烯丙菊酯 0.15%、氯菊酯 0.30%/2008.12.12 至 2013.12.12/低毒
卫生 蜚蠊、蚊、蝇 / 喷洒
WL20070052 杀虫水乳剂/5%/水乳剂/高效氯氰菊酯 2.5%、右旋苯氰菊酯 2.5%/2009.03.04 至 2010.03.05/低毒
卫生 蚊、蝇、蜚蠊 玻璃板面：30毫克/平方米； 滞留喷洒
水漆板面：40毫克/平方米；
水泥板面：50毫克/平方米；

湖南生华农化有限公司 (湖南省益阳市安化县烟溪镇 413512 0737-7553883)

PD20091616 速灭威/20%/乳油/速灭威 20%/2009.02.03 至 2014.02.03/中等毒
水稻 飞虱 450-600克/公顷 喷雾
PD20091710 辛硫磷/40%/乳油/辛硫磷 40%/2009.02.03 至 2014.02.03/低毒
烟草 烟青虫 450-600克/公顷 喷雾
PD20095261 毒死蜱/480克/升/乳油/毒死蜱 480克/升/2009.04.27 至 2014.04.27/中等毒
水稻 稻纵卷叶螟 450-600克/公顷 喷雾

湖南省安乡县天马蚊香厂 (湖南省常德市安乡县北河口 415606 0736-4773048)

WP20090147 杀蚊烟片/1%/电热蚊香片/富右旋反式烯丙菊酯 1%/2009.03.02 至 2014.03.02/低毒
卫生 蚊 / 点燃
WP20090368 蚊香/0.2%/蚊香/富右旋反式烯丙菊酯 0.2%/2009.11.20 至 2014.11.20/低毒
卫生 蚊 / 点燃

湖南省常德鹤王蚊香有限公司 (湖南省常德市鼎城区武陵镇金霞大道 415101 0736-2599666)

WP20080141 杀蚊烟片/1%/烟片/富右旋反式烯丙菊酯 1%/2008.11.04 至 2013.11.04/低毒
卫生 蚊 / 点燃
WP20090348 蚊香/0.3%/蚊香/富右旋反式烯丙菊酯 0.3%/2009.10.26 至 2014.10.26/微毒
卫生 蚊 / 点燃
WP20090355 蚊香/0.3%/蚊香/富右旋反式烯丙菊酯 0.2%、富右旋反式炔丙菊酯 0.1%/2009.11.03 至 2014.11.03/微毒
卫生 蚊 / 点燃
WL20080124 杀虫气雾剂/0.63%/气雾剂/氯菊酯 0.21%、右旋胺菊酯 0.25%、右旋苯醚氰菊酯 0.17%/2009.02.20至2010.02.21/微毒
卫生 蚊、蝇、蜚蠊 / 喷雾

湖南省常德市鼎城万球日用品有限公司 (湖南省常德市鼎城区武陵镇常沅路71号 415101 0736-7392211)

WP20080489 杀蚊烟片/1%/烟片/富右旋反式烯丙菊酯 1%/2008.12.17 至 2013.12.17/微毒
卫生 蚊 / 点燃

湖南省常宁市银河化工有限公司 (湖南省常宁市宜阳镇培元塔 421500 0734-7221955)

PD84104-22 18%杀虫双水剂//水剂/杀虫双 18%/2004.11.16 至 2009.11.16/中等毒
甘蔗、蔬菜、水稻、小麦、玉米 多种害虫 540-675克/公顷 喷雾
果树 多种害虫 225-360毫克/千克 喷雾

湖南省长沙美佳家庭用品有限公司 (湖南省长沙市星沙镇灰埠二片四栋 410100 0731-4016193)

WP20080590 防蛀片剂/96%/片剂/对二氯苯 96%/2008.12.29 至 2013.12.29/低毒
卫生 黑皮蠹 40克/立方米 投放

湖南省郴州市邦尔泰工贸发展有限公司 (湖南省郴州市苏仙区栖凤渡镇 423017 0735-2532678)

PD84104-25 杀虫双/18%/水剂/杀虫双 18%/2006.02.19 至 2011.02.19/中等毒
甘蔗、蔬菜、水稻、小麦、玉米 多种害虫 540-675克/公顷 喷雾
果树 多种害虫 225-360毫克/千克 喷雾
PD20050063 杀虫单/95%/原药/杀虫单 95%/2005.06.24 至 2010.06.23/中等毒
LS20071352 草甘膦/30%/水剂/草甘膦 30%/2009.05.17 至 2010.05.18/低毒
柑橘园 杂草 1200-2250克/公顷 茎叶喷雾

湖南省郴州市金穗农药化工有限责任公司 (湖南省郴州市北湖区华塘镇 423000 0735-2835057)

PD92106-2 仲丁威/20%/乳油/仲丁威 20%/2007.11.29 至 2012.11.29/低毒
水稻 飞虱、叶蝉 375-562.5克/公顷 喷雾
PD20081995 异丙威/20%/乳油/异丙威 20%/2008.11.25 至 2013.11.25/低毒
水稻 稻飞虱 450-600克/公顷 喷雾
PD20091246 辛硫磷/40%/乳油/辛硫磷 40%/2009.02.01 至 2014.02.01/低毒

十字花科蔬菜 菜青虫 360-450克/公顷 喷雾
PD20096668 草甘膦/30%/水剂/草甘膦 30%/2009.09.07 至 2014.09.07/低毒
柑橘园 杂草 1125—2250克/公顷 定向茎叶喷雾
LS20060684 唑磷·毒死蜱/12%/乳油/毒死蜱 2%、三唑磷 10%/2009.04.03 至 2010.04.03/中等毒
十字花科蔬菜 小菜蛾 216-270克/公顷 喷雾
LS20070347 马拉·杀螟松/12%/乳油/马拉硫磷 10%、杀螟硫磷 2%/2009.02.25 至 2010.02.25/低毒
十字花科蔬菜 菜青虫 180-216克/公顷 喷雾
LS20080174 马拉·三唑磷/20%/乳油/马拉硫磷 10%、三唑磷 10%/2010.01.08 至 2011.01.08/中等毒
水稻 二化螟 360-450克/公顷 喷雾
LS20082131 二嗪磷/50%/乳油/二嗪磷 50%/2009.04.16 至 2010.04.16/中等毒
水稻 三化螟 600-750克/公顷 喷雾
LS20082202 丙环唑/250克/升/乳油/丙环唑 250克/升/2009.04.18 至 2010.04.18/低毒
香蕉 叶斑病 250-500毫克/千克 喷雾
LS20082270 阿维菌素/18克/升/乳油/阿维菌素 18克/升/2009.04.18 至 2010.04.18/低毒(原药高毒)
十字花科蔬菜 小菜蛾 9.45-12.15克/公顷 喷雾

湖南省郴州市新春化工有限公司 (湖南省郴州市苏仙区白鹿洞镇官庄坪村 423000 0735-2833699)

PD20095859 异丙威/20%/乳油/异丙威 20%/2009.05.27 至 2014.05.27/低毒
水稻 稻飞虱 525-600克/公顷 喷雾
LS20071556 草甘膦/30%/水剂/草甘膦 30%/2009.05.29 至 2010.05.30/微毒
茶园 杂草 1125-2250克/公顷 定向喷雾
LS20080946 草甘膦异丙胺盐/41%/水剂/草甘膦异丙胺盐 41%/2009.03.04 至 2010.03.04/低毒
柑橘园 杂草 1125-2250克/公顷 定向茎叶喷雾

湖南省郴州天龙农药化工有限公司 (湖南省郴州市国庆北路47号 423000 0735-2646276)

PD84104-6 杀虫双/18%/水剂/杀虫双 18%/2009.10.19 至 2014.10.19/中等毒
甘蔗、蔬菜、水稻、小麦、玉米 多种害虫 540-675克/公顷 喷雾
果树 多种害虫 225-360毫克/千克 喷雾
PD84105-2 马拉硫磷/45%/乳油/马拉硫磷 45%/2009.10.19 至 2014.10.19/低毒
茶树 长白蚧、象甲 625-1000毫克/千克 喷雾
豆类 食心虫、造桥虫 562.5-750克/公顷 喷雾
果树 蝽蟓、蚜虫 250-333毫克/千克 喷雾
林木、牧草、农田 蝗虫 450-600克/公顷 喷雾
棉花 盲蝽蟓、蚜虫、叶跳虫 375-562.2克/公顷 喷雾
蔬菜 黄条跳甲、蚜虫 562.5-750克/公顷 喷雾
水稻 飞虱、蓟马、叶蝉 562.5-750克/公顷 喷雾
小麦 黏虫、蚜虫 562.5-750克/公顷 喷雾
PD20090737 杀虫双/25%/母药/杀虫双 25%/2009.01.19 至 2014.01.19/低毒
PD20097201 杀虫单/95%/原药/杀虫单 95%/2009.10.19 至 2014.10.19/中等毒
LS20070748 草甘膦/10%/水剂/草甘膦 10%/2009.04.08 至 2009.12.31/低毒
柑橘园 杂草 1125-2250克/公顷 茎叶喷雾

湖南省洞口县农药厂 (湖南省邵阳市洞口县高沙镇高武路2号 422312 0739-7965237)

PD85136-2 速灭威/25%/可湿性粉剂/速灭威 25%/2008.09.08 至 2013.09.08/中等毒
水稻 飞虱、叶蝉 375-750克/公顷 喷雾
PD85168-7 混灭威/50%/乳油/混灭威 50%/2006.09.13 至 2011.09.13/中等毒
水稻 飞虱、叶蝉 375-750克/公顷 喷雾、泼浇
PD86148-18 异丙威/20%/乳油/异丙威 20%/2006.09.13 至 2011.09.13/中等毒
水稻 飞虱、叶蝉 450-600克/公顷 喷雾
PD91109-3 速灭威/20%/乳油/速灭威 20%/2006.09.13 至 2011.09.13/中等毒
水稻 飞虱、叶蝉 450-600克/公顷 喷雾
PD20081312 噻嗪酮/25%/可湿性粉剂/噻嗪酮 25%/2008.10.17 至 2013.10.17/低毒
水稻 飞虱 75-112.5克/公顷 喷雾
PD20084408 噻嗪·异丙威/25%/可湿性粉剂/噻嗪酮 5%、异丙威 20%/2008.12.17 至 2013.12.17/中等毒
水稻 稻飞虱 112.5-184.5克/公顷 喷雾
PD20090702 阿维·三唑磷/20%/乳油/阿维菌素 0.1%、三唑磷 19.9%/2009.01.19 至 2014.01.19/中等毒(原药高毒)
水稻 二化螟 360-450克/公顷 喷雾
PD20091826 克百·敌百虫/3%/颗粒剂/敌百虫 1.8%、克百威 1.2%/2009.02.05 至 2014.02.05/高毒
水稻 二化螟、三化螟 1125-1350克/公顷 撒施
PD20091895 克百威/3%/颗粒剂/克百威 3%/2009.02.09 至 2014.02.09/高毒
甘蔗 蚜虫 1350-2250克/公顷 条施,沟施
PD20098051 毒死蜱/15%/微乳剂/毒死蜱 15%/2009.12.07 至 2014.12.07/中等毒
水稻 稻纵卷叶螟 300-360克/公顷 喷雾
LS20050130 吡虫·仲丁威/5%/微乳剂/吡虫啉 1%、仲丁威 4%/2008.01.19 至 2009.01.18/低毒
水稻 稻飞虱 75—90克/公顷 喷雾

湖南省海利化工股份有限公司试验工场(化工研究院试验工场)(湖南省长沙市望城县 410007 0731-8062734)

PD20082298 丁硫克百威/20%/乳油/丁硫克百威 20%/2008.12.01 至 2013.12.01/中等毒
棉花 蚜虫 60-90克/公顷 喷雾

湖南省海洋生物工程有限公司 (湖南省湘潭市雨湖区宝丰街520号 411100 0732-8288130)

PD20091677 高效氯氟氰菊酯/2.5%/乳油/高效氯氟氰菊酯 2.5%/2009.02.03 至 2014.02.03/中等毒
棉花 棉铃虫 15-22.5克/公顷 喷雾
十字花科蔬菜 菜青虫 18.75-22.5克/公顷 喷雾

PD20093387 噻嗪·异丙威/25%/乳油/噻嗪酮 5%、异丙威 20%/2009.03.19 至 2014.03.19/中等毒
水稻 稻飞虱 450-562.5克/公顷 喷雾

PD20094340 三氯异氰尿酸/40%/可湿性粉剂/三氯异氰尿酸 40%/2009.04.01 至 2014.04.01/低毒
水稻 细菌性条斑病 300-600倍液 浸种

PD20094378 三氯异氰尿酸/36%/可湿性粉剂/三氯异氰尿酸 36%/2009.04.01 至 2014.04.01/低毒
棉花 黄萎病、枯萎病 432-540克/公顷 喷雾
棉花 立枯病、炭疽病 540-900克/公顷 喷雾
水稻 稻瘟病 270-324克/公顷 喷雾
水稻 白叶枯病、纹枯病、细菌性条斑病 324-486克/公顷 喷雾

PD20095210 三氯异氰尿酸/42%/可湿性粉剂/三氯异氰尿酸 42%/2009.04.24 至 2014.04.24/低毒
辣椒 炭疽病 525-787.5克/公顷 喷雾

PD20095947 氯溴异氰尿酸/50%/可溶粉剂/氯溴异氰尿酸 50%/2009.06.02 至 2014.06.02/低毒
水稻 白叶枯病 165-375克/公顷 喷雾

湖南省华容县远大农资有限公司 (湖南省华容县麻里泗工业区 414200 0730-4224758)

PD20092854 草甘膦/10%/水剂/草甘膦 10%/2009.03.05 至 2009.12.31/低毒
茶园 一年生和多年生杂草 1125-2250克/公顷 定向茎叶喷雾

PD20097041 草甘膦异丙胺盐(41%)///水剂/草甘膦 30%/2009.10.10 至 2014.10.10/低毒
茶园 杂草 200-350毫升制剂/亩 定向茎叶喷雾

湖南省怀化惠民农药化工有限责任公司 (湖南省怀化市鹤城区迎丰东路475号 418000 0745-2851568)

PD20082478 草甘膦/10%/水剂/草甘膦 10%/2008.12.03 至 2009.12.31/微毒
茶园 一年生和多年生杂草 1125-2250克/公顷 定向茎叶喷雾

PD20082975 异丙威/20%/乳油/异丙威 20%/2008.12.09 至 2013.12.09/低毒
水稻 稻飞虱 450-600克/公顷 喷雾

LS20052815 三唑磷/20%/乳油/三唑磷 20%/2008.12.23 至 2009.12.23/中等毒
水稻 二化螟 360-450克/公顷 喷雾

LS20053729 阿维·高氯/1.8%/乳油/阿维菌素 0.1%、高效氯氰菊酯 1.7%/2008.12.09 至 2009.12.09/中等毒(原药高毒)
黄瓜 美洲斑潜蝇 15-30克/公顷 喷雾

LS20071975 辛硫·高氯氟/25%/乳油/高效氯氟氰菊酯 0.5%、辛硫磷 24.5%/2009.08.07 至 2010.08.08/中等毒
棉花 棉铃虫 300-375克/公顷 喷雾

LS20081522 阿维·杀虫单/10.2%/微乳剂/阿维菌素 0.2%、杀虫单 10%/2009.03.31 至 2010.03.31/低毒(原药高毒)
水稻 稻纵卷叶螟 153-229.5克/公顷 喷雾

LS20082200 吡虫啉/5%/微乳剂/吡虫啉 5%/2009.04.18 至 2010.04.18/低毒
水稻 飞虱 22.5-30克/公顷 喷雾

LS20082509 唑磷·毒死蜱/25%/乳油/毒死蜱 5%、三唑磷 20%/2009.04.22 至 2010.04.22/中等毒
水稻 稻纵卷叶螟 225-375克/公顷 喷雾

LS20082916 甲氰·辛硫磷/25%/乳油/甲氰菊酯 5%、辛硫磷 20%/2009.07.14 至 2010.07.14/中等毒
棉花 棉铃虫 300-375克/公顷 喷雾

湖南省金穗农药有限公司 (湖南省汨罗市建设路14号 414400 0730-5111945)

PD20091694 井冈·蜡芽菌/12.5%/水剂/井冈霉素 2.5%、蜡质芽孢杆菌 10%/2009.02.03 至 2014.02.03/低毒
水稻 纹枯病 187.5-243.75克/公顷 喷雾

PD20092245 辛硫·灭多威/18%/乳油/灭多威 5%、辛硫磷 13%/2009.02.24 至 2014.02.24/高毒
棉花 棉铃虫 135-270克/公顷 喷雾
水稻 稻纵卷叶螟 270-337.5克/公顷 喷雾

PD20093609 异稻·稻瘟灵/40%/乳油/稻瘟灵 20%、异稻瘟净 20%/2009.03.24 至 2014.03.24/低毒
水稻 稻瘟病 600-900克/公顷 喷雾

PD20094856 噻嗪·异丙威 /25%/乳油/噻嗪酮 5%、异丙威 20%/2009.04.13 至 2014.04.13/中等毒
水稻 飞虱 375-562.5克/公顷 喷雾

PD20097612 杀螟硫磷/45%/乳油/杀螟硫磷 45%/2009.11.03 至 2014.11.03/中等毒
水稻 二化螟 300-375克/公顷 喷雾

湖南省今日农化科技有限公司 (湖南省邵阳市大祥区罗市镇 422000 0730-5620588)

PD20092232 杀虫双/18%/水剂/杀虫双 18%/2009.02.24 至 2014.02.24/中等毒
水稻 三化螟 675-810克/公顷 喷雾

PD20092481 敌敌畏/80%/乳油/敌敌畏 80%/2009.02.26 至 2014.02.26/中等毒
十字花科蔬菜 菜青虫 600-840克/公顷 喷雾

PD20096231 井冈·蜡芽菌/12.5%/水剂/井冈霉素 2.5%、蜡质芽孢杆菌 10%/2009.07.15 至 2014.07.15/微毒
水稻 纹枯病 1800-2400克制剂/公顷 喷雾

LS20050968 井冈霉素/3%/可溶粉剂/井冈霉素 3%/2008.04.04 至 2009.04.04/低毒

水稻 纹枯病 150-187.5克/公顷 喷雾

LS20051202 杀单·乙酰甲/90%/可溶粉剂/杀虫单 65%、乙酰甲胺磷 25%/2008.04.12 至 2009.04.12/中等毒

水稻 稻纵卷叶螟 810-1080克/公顷 喷雾

LS20053581 唑磷·仲丁威/30%/乳油/三唑磷 15%、仲丁威 15%/2008.11.15 至 2009.11.15/中等毒

水稻 稻飞虱、稻纵卷叶螟 540-675克/公顷 喷雾

LS20053679 阿维·杀虫单/10.2%/微乳剂/阿维菌素 0.2%、杀虫单 10%/2008.11.29 至 2009.11.29/低毒(原药高毒)

水稻 稻纵卷叶螟 153-229.5克/公顷 喷雾

LS20081968 异丙威/20%/乳油/异丙威 20%/2009.04.15 至 2010.04.15/低毒

水稻 稻飞虱 450-600克/公顷 喷雾

水稻 纹枯病 67.5-90克/公顷 喷雾

LS20082408 噻嗪酮/25%/可湿性粉剂/噻嗪酮 25%/2009.04.22 至 2010.04.22/低毒

水稻 稻飞虱 93.75-112.5克/公顷 喷雾

湖南省九喜日化有限公司 (湖南省岳阳市汨罗市汨罗江工业园区 414413 0730-5630899)

WP20080011 蚊香/0.2%/蚊香/右旋烯丙菊酯 0.2%/2008.01.04 至 2013.01.04/低毒

卫生 蚊 / 点燃

WP20080012 蚊香/0.2/蚊香/富右旋反式烯丙菊酯 0.2%/2008.01.04 至 2013.01.04/微毒

卫生 蚊 / 点燃

WP20080233 蚊香/0.33%/蚊香/富右旋反式烯丙菊酯 0.33%/2008.11.25 至 2013.11.25/低毒

卫生 蚊 / 点燃

WP20080582 杀虫气雾剂/0.55%/气雾剂/富右旋反式烯丙菊酯 0.25%、高效氯氰菊酯 0.15%、右旋苯醚氰菊酯 0.15%/2008.12.29 至 2013.12.29/微毒

卫生 蚊、蝇、蜚蠊 / 喷雾

WL20090130 蝇香/1%/蝇香/氯烯炔菊酯 1%/2009.04.15 至 2010.04.15/微毒

卫生 蝇 / 点燃

湖南省临湘市化学农药厂 (湖南省岳阳市云溪区陆城镇 414013 0730-8462898)

PD84104-23 杀虫双/18%/水剂/杀虫双 18%/2005.04.12 至 2010.04.12/中等毒

甘蔗、蔬菜、水稻、小麦、玉米 多种害虫 540-675克/公顷 喷雾

果树 多种害虫 225-360毫克/千克 喷雾

PD84108-32 敌百虫/97%,90%/原药/敌百虫 97%,90%/2005.12.29 至 2010.12.29/低毒

白菜、青菜 菜青虫 960-1200克/公顷 喷雾

白菜、青菜 地下害虫 750-1500克/公顷 毒饵

茶树 尺蠖、刺蛾 450-900毫克/千克 喷雾

大豆 造桥虫 1800克/公顷 喷雾

柑橘树 卷叶蛾 600-750毫克/千克 喷雾

林木 松毛虫 600-900毫克/千克 喷雾

水稻 螟虫 1500-1800克/公顷 喷雾、泼浇或毒土

小麦 黏虫 1800克/公顷 喷雾

烟草 烟青虫 900毫克/千克 喷雾

PD85105-71 敌敌畏/80%/乳油/敌敌畏 77.5%(气谱法)/2006.02.22 至 2011.02.22/中等毒

茶树 食叶害虫 600克/公顷 喷雾

粮仓 多种储藏害虫 1)400-500倍液 2)0.4-0.5克/立方米 1)喷雾 2)挂条熏蒸

棉花 蚜虫、造桥虫 600-1200克/公顷 喷雾

苹果树 小卷叶蛾、蚜虫 400-500毫克/千克 喷雾

青菜 菜青虫 600克/公顷 喷雾

桑树 尺蠖 600克/公顷 喷雾

卫生 多种卫生害虫 1)300-400倍液 2)0.08克/立方米 1)泼洒 2)挂条熏蒸

小麦 黏虫、蚜虫 600克/公顷 喷雾

PD20060187 杀虫单/95%/原药/杀虫单 95%/2006.12.06 至 2011.12.06/中等毒

水稻 螟虫 525-750克/公顷 喷雾

PD20070573 克百威/3%/颗粒剂/克百威 3%/2007.12.03 至 2012.12.03/低毒

棉花 蚜虫 675-900克/公顷 条施,沟施

水稻 稻瘿蚊、二化螟、三化螟 900-1350克/公顷 撒施

PD20096531 嗪草酮/95%/原药/嗪草酮 95%/2009.08.20 至 2014.08.20/低毒

LS20072081 敌鼠钠盐/0.1%/饵粒/敌鼠钠盐 0.1%/2009.08.29 至 2010.08.30/低毒(原药高毒)

室内 家鼠 饱和投饵 投放

湖南省临湘市农药厂 (湖南省岳阳市临湘市北区陆城镇 414013 0730-461063)

PD86148-67 异丙威/20%/乳油/异丙威 20%/2006.11.21 至 2011.11.21/中等毒

水稻 飞虱、叶蝉 450-600克/公顷 喷雾

湖南省隆回县农药厂 (湖南省邵阳市隆回县城南郊紫河 422200 0739-8320088)

LS20052937 稻瘟灵/40%/乳油/稻瘟灵 40%/2008.09.08 至 2009.09.08/低毒
水稻 稻瘟病 510-600克/公顷 喷雾

LS20053318 稻瘟灵/30%/乳油/稻瘟灵 30%/2008.10.17 至 2009.10.17/低毒
水稻 稻瘟病 562.5-675克/公顷 喷雾

LS20081486 异丙威/20%/乳油/异丙威 20%/2009.03.31 至 2010.03.31/低毒
水稻 稻飞虱 450-600克/公顷 喷雾

LS20082739 毒·辛/25%/乳油/毒死蜱 7%、辛硫磷 18%/2009.05.04 至 2010.05.04/低毒
水稻 稻纵卷叶螟 337.5-562.5克/公顷 喷雾

湖南省娄底化工总厂 (湖南省娄底市西郊 417008 0738-8710278)

PD20096508 苯·苄·乙草胺/32%/可湿性粉剂/苯噻酰草胺 27%、苄嘧磺隆 2%、乙草胺 3%/2009.08.19 至 2014.08.19/低毒
水稻抛秧田 部分多年生杂草、一年生杂草 216-288克/公顷(南方地区) 药土法

湖南省娄底农科所农药实验厂 (湖南省娄底市娄星区关家脑 417000 0738-8326272)

PD20081895 苄嘧·苯噻酰/60%/可湿性粉剂/苯噻酰草胺 55%、苄嘧磺隆 5%/2008.11.21 至 2013.11.21/低毒
水稻移栽田 一年生及部分多年生杂草 450-540克/公顷 药土法

PD20082774 苄·二氯/38.5%/可湿性粉剂/苄嘧磺隆 2.8%、二氯喹啉酸 35.7%/2008.12.08 至 2013.12.08/低毒
水稻秧田 一年生杂草 202-231克/公顷 茎叶喷雾

PD20091250 草甘膦/28%/可溶粉剂/草甘膦 28%/2009.02.01 至 2014.02.01/低毒
柑橘园 杂草 1125-2250克/公顷 定向茎叶喷雾

PD20091649 苯·苄·乙草胺/36%/可湿性粉剂/苯噻酰草胺 30%、苄嘧磺隆 1.5%、乙草胺 4.5%/2009.02.03 至 2014.02.03/低毒
水稻抛秧田 一年生及部分多年生杂草 216-270克/公顷 药土法

PD20094488 苄·丁·乙草胺/22.5%/可湿性粉剂/苄嘧磺隆 1%、丁草胺 19%、乙草胺 2.5%/2009.04.09 至 2014.04.09/低毒
水稻抛秧田 一年生杂草 270-337.5克/公顷 药土法

PD20094514 苄·丁·乙草胺/20%/可湿性粉剂/苄嘧磺隆 1.9%、丁草胺 7.7%、乙草胺 10.4%/2009.04.09 至 2014.04.09/低毒
水稻移栽田 多年生杂草、一年生杂草 90-120克/公顷 药土法

PD20095464 苄·乙·甲/10%/可湿性粉剂/苄嘧磺隆 3.6%、甲磺隆 0.4%、乙草胺 6%/2009.05.11 至 2014.05.11/低毒
水稻抛秧田 部分多年生杂草、一年生杂草 37.5-52.5克/公顷 药土法

PD20095466 甲磺·乙草胺/19.2%/可湿性粉剂/甲磺隆 0.8%、乙草胺 18.4%/2009.05.11 至 2014.05.11/低毒
水稻移栽田 一年生杂草 72-86.4克/公顷 药土法

PD20097255 苄·乙·甲/18.2%/可湿性粉剂/苄嘧磺隆 1.25%、甲磺隆 0.55%、乙草胺 16.4%/2009.10.19 至 2014.10.19/低毒
水稻移栽田 多年生杂草、一年生杂草 60-75克/公顷 毒土法

LS20061119 苯·苄·乙草胺/40%/可湿性粉剂/苯噻酰草胺 33.4%、苄嘧磺隆 3.6%、乙草胺 3%/2009.05.11 至 2010.05.11/低毒
水稻移栽田 一年生及部分多年生杂草 300-540克/公顷(东北地区) 毒土法
240-360克/公顷(南方地区)

LS20061219 草甘膦/74.7%/可溶粉剂/草甘膦 74.7%/2009.05.22 至 2010.05.22/低毒
柑橘 一年生和多年生杂草 1120.5-2241克/公顷 定向茎叶喷雾

LS20071262 苄嘧·丙草胺/25%/可湿性粉剂/苄嘧磺隆 2%、丙草胺 23%/2009.05.07 至 2010.05.08/低毒
直播水稻田 一年生杂草和多年生恶性杂草 375-450克/公顷(南方地区) 播后苗前土壤喷雾

LS20091064 阿维·高氯氟/1.3%/乳油/阿维菌素 0.3%、高效氯氟氰菊酯 1%/2009.04.15 至 2010.04.15/中等毒(原药高毒)
十字花科蔬菜 小菜蛾 7.8—9.75克/公顷 喷雾

湖南省麻阳苗族自治县农药化工公司 (湖南省麻阳苗族自治县县城建设北路258号 419400 0745-5824461)

PD20083913 氰戊·辛硫磷/25%/乳油/氰戊菊酯 5%、辛硫磷 20%/2008.12.15 至 2013.12.15/中等毒
棉花 棉铃虫 300-375克/公顷 喷雾
十字花科蔬菜 菜青虫 150-225克/公顷 喷雾

PD20084553 溴氰 ·敌敌畏/25%/乳油/敌敌畏 24.5%、溴氰菊酯 0.5%/2008.12.18 至 2013.12.18/中等毒
十字花科蔬菜 菜青虫 75-112.5克/公顷 喷雾

PD20093574 噻嗪·氧乐果/30%/乳油/噻嗪酮 10%、氧乐果 20%/2009.03.23 至 2014.03.23/中等毒(原药高毒)
水稻 飞虱 225-315克/公顷 喷雾

LS20082189 稻瘟灵/40%/乳油/稻瘟灵 40%/2009.04.18 至 2010.04.18/低毒
水稻 稻瘟病 630-750克/公顷 喷雾

湖南省南县云昌蚊香厂 (湖南省南县乌嘴乡 413223 0737-5739366)

WP20080494 蚊香/0.2%/烟雾剂/烯丙菊酯 0.2%/2008.12.18 至 2013.12.18/低毒
卫生 蚊 / 点燃

WL20080284 杀蚊烟片/1%/烟片/富右旋反式烯丙菊酯 1%/2009.04.18 至 2010.04.18/低毒
卫生 蚊 / 点燃

湖南省平江县化学农药厂 (湖南省岳阳市平江县天岳经济开发区 415400 0730-6282989)

PD86148-44 异丙威/20%/乳油/异丙威 20%/2006.12.29 至 2011.12.29/中等毒
水稻 飞虱、叶蝉 450-600克/公顷 喷雾

PD91109-4 速灭威/20%/乳油/速灭威 20%/2006.07.31 至 2011.07.31/中等毒
水稻 飞虱、叶蝉 450-600克/公顷 喷雾

湖南省邵阳市柄瑶精细化工有限公司 (湖南省邵东县城关镇 422800 0739-2729355)

WL20070101 杀虫气雾剂/0.5%/气雾剂/胺菊酯 0.2%、氯菊酯 0.3%/2009.05.20 至 2010.05.21/低毒

卫生　蚊、蝇、蜚蠊　/　喷雾

湖南省邵阳市鸿诚生物药业有限公司　(湖南省邵阳市双清区龙须塘工业区　422001　0739-2312988)

PD84104-56　杀虫双/18%/水剂/杀虫双 18%/2009.12.23 至 2014.12.23/中等毒
甘蔗、蔬菜、水稻、小麦、玉米　多种害虫　540-675克/公顷　喷雾
果树　多种害虫　225-360毫克/千克　喷雾

PD20040621　吡虫・杀虫单/30%/可湿性粉剂/吡虫啉 1%、杀虫单 29%/2009.12.19 至 2014.12.19/中等毒
水稻　稻纵卷叶螟、二化螟、飞虱、三化螟　450-750克/公顷　喷雾

PD20050120　杀虫单/90%/可溶粉剂/杀虫单 90%/2005.08.15 至 2010.08.14/中等毒
水稻　二化螟　675-1012.5克/公顷　喷雾

PD20093295　杀虫双/29%/水剂/杀虫双 29%/2009.03.13 至 2014.03.13/中等毒
水稻　二化螟　600-750克/公顷　喷雾

LS20081610　阿维菌素/18克/升/乳油/阿维菌素 18克/升/2009.04.03 至 2010.04.03/低毒(原药高毒)
十字花科蔬菜　小菜蛾　8.1-10.8克/公顷　喷雾

LS20081818　辛硫磷/40%/乳油/辛硫磷 40%/2009.04.10 至 2010.04.10/低毒
水稻　稻纵卷叶螟　600-900克/公顷　喷雾

LS20090026　氟铃・辛硫磷 /20%/乳油/氟铃脲 2%、辛硫磷 18%/2009.01.08 至 2010.01.08/低毒
甘蓝　小菜蛾　150-180克/公顷　喷雾

LS20090045　丙溴磷/40%/乳油/丙溴磷 40%/2009.01.08 至 2010.01.08/低毒
水稻　稻纵卷叶螟　480-600克/公顷　喷雾

LS20090144　毒死蜱/30%/水乳剂/毒死蜱 30%/2009.02.04 至 2010.02.04/中等毒
水稻　稻纵卷叶螟　360—540克/公顷　喷雾

湖南省湘潭市昭山农药厂　(湖南省湘潭市岳塘区易家湾　411103　0732-3281165)

PD85136-10　速灭威/25%/可湿性粉剂/速灭威 25%/2005.08.15 至 2010.08.15/中等毒
水稻　飞虱、叶蝉　375-750克/公顷　喷雾

PD86148-50　异丙威/20%/乳油/异丙威 20%/2006.09.19 至 2011.09.19/中等毒
水稻　飞虱、叶蝉　450-600克/公顷　喷雾

PD90101　异丙威/2%/粉剂/异丙威 2%/2005.03.07 至 2010.03.07/中等毒
水稻　飞虱、叶蝉　450-900克/公顷　喷粉

PD91109-2　速灭威/20%/乳油/速灭威 20%/2006.06.05 至 2011.06.05/中等毒
水稻　飞虱、叶蝉　450-600克/公顷　喷雾

PD20040447　吡虫啉/10%/可湿性粉剂/吡虫啉 10%/2009.12.19 至 2014.12.19/低毒
十字花科蔬菜　蚜虫　22.5-30克/公顷　喷雾
水稻　飞虱　15-30克/公顷　喷雾

PD20090843　高效氯氟氰菊酯/2.5%/乳油/高效氯氟氰菊酯 2.5%/2009.01.19 至 2014.01.19/中等毒
棉花　棉铃虫　18.75-22.5克/公顷　喷雾
十字花科蔬菜　菜青虫　7.5-15克/公顷　喷雾
烟草　烟青虫　7.5-9.375克/公顷　喷雾

PD20093713　噻嗪酮/25%/可湿性粉剂/噻嗪酮 25%/2009.03.25 至 2014.03.25/低毒
水稻　飞虱　75-112.5克/公顷　喷雾

PD20094413　噻嗪・异丙威/25%/可湿性粉剂/噻嗪酮 7%、异丙威 18%/2009.04.01 至 2014.04.01/中等毒
水稻　稻飞虱　150-225克/公顷　喷雾

PD20094855　噻嗪・异丙威 /30%/乳油/噻嗪酮 7%、异丙威 23%/2009.04.13 至 2014.04.13/中等毒
水稻　稻飞虱　270-360克/公顷　喷雾

PD20098345　苄・二・乙草胺/19.2%/可湿性粉剂/苄嘧磺隆 2.8%、二氯喹啉酸 1%、乙草胺 15.4%/2009.12.18 至 2014.12.18/低毒
水稻移栽田　部分多年生杂草、一年生杂草　86.4-115.2克/公顷(南方地区)　药土法

湖南省新晃龙辰化工有限责任公司　(湖南省新晃县波州镇红岩村　419202　0745-6421348)

PD86148-17　异丙威/20%/乳油/异丙威 20%/2008.01.17 至 2013.01.17/中等毒
水稻　飞虱、叶蝉　450-600克/公顷　喷雾

PD20084633　马拉・异丙威/30%/乳油/马拉硫磷 15%、异丙威 15%/2008.12.18 至 2013.12.18/中等毒
水稻　飞虱、叶蝉　450-600克/公顷　喷雾

PD20084816　噻嗪・异丙威/25%/可湿性粉剂/噻嗪酮 6%、异丙威 19%/2008.12.22 至 2013.12.22/中等毒
水稻　稻飞虱　131.25-187.5克/公顷　喷雾

湖南省益阳海润化工科技有限公司　(湖南省益阳市化工路七号　413000　0737-2669100)

WP20090085　高氯・残杀威/10%/微乳剂/残杀威 6%、高效氯氰菊酯 4%/2009.02.02 至 2014.02.02/低毒
卫生　蜚蠊、蝇　30毫克/平方米（玻璃板面）50毫克/平方米（木板面、水泥面白灰面）　滞留喷洒

WP20090132　氯氰・残杀威/15%/乳油/残杀威 10%、氯氰菊酯 5%/2009.02.23 至 2014.02.23/低毒
卫生　蜚蠊　玻璃面50毫克/平方米；油漆、石灰面200毫克/平方米　滞留喷洒

WP20090181　甲基嘧啶磷/20%/水乳剂/甲基嘧啶磷 20%/2009.03.18 至 2014.03.18/低毒
卫生　蚊、蝇　玻璃面：1克/平方米；油漆面、　滞留喷洒

石灰面3克/平方米

WP20090236 蚊香/0.2%/蚊香/富右旋反式烯丙菊酯 0.2%/2009.04.21 至 2014.04.21/微毒
卫生 蚊 / 点燃

WP20090290 灭蚊烟片/1.0%/烟片/富右旋反式烯丙菊酯 1%/2009.06.29 至 2014.06.29/低毒
卫生 蚊 / 点燃

湖南省益阳宏达日化产品制造有限公司 (湖南省益阳市资阳区金花苑3栋606号 413001 0737-4328728)

WL20070002 杀蚊烟片/1%/烟片/富右旋反式烯丙菊酯 1%/2010.01.18 至 2011.01.18/微毒
卫生 蚊 / 点燃

湖南省益阳市千山红蚊香厂 (湖南省益阳市千山红镇 413119 0737-2556221)

WP20090156 蚊香/0.2%/蚊香/富右旋反式烯丙菊酯 0.2%/2009.03.04 至 2014.03.04/低毒
卫生 蚊 / 点燃

湖南省益阳市润慷宝化工有限公司 (湖南省益阳市龙洲北路6号 413000 0737-4300995)

PD84104-26 杀虫双/18%/水剂/杀虫双 18%/2009.10.28 至 2014.10.28/中等毒
甘蔗、蔬菜、水稻、小麦、玉米 多种害虫 540-675克/公顷 喷雾
果树 多种害虫 225-360毫克/千克 喷雾

PD86148-15 异丙威/20%/乳油/异丙威 20%/2009.07.15 至 2014.07.15/中等毒
水稻 飞虱、叶蝉 450-600克/公顷 喷雾

PD20050054 杀虫单/95%/原药/杀虫单 95%/2005.04.29 至 2010.04.28/中等毒

PD20085051 辛硫·高氯氟/20%/乳油/高效氯氟氰菊酯 1.5%、辛硫磷 18.5%/2008.12.23 至 2013.12.23/中等毒
棉花 棉铃虫 300-360克/公顷 喷雾

PD20090148 氯氟·毒死蜱/10%/乳油/毒死蜱 8.5%、高效氯氟氰菊酯 1.5%/2009.01.08 至 2014.01.08/中等毒
十字花科蔬菜 菜青虫 120-150克/公顷 喷雾

PD20091893 噻嗪·杀虫单/70%/可湿性粉剂/噻嗪酮 8%、杀虫单 62%/2009.02.09 至 2014.02.09/中等毒
水稻 稻飞虱、稻纵卷叶螟 570-630克/公顷 喷雾

LS20060141 草甘膦/10%/水剂/草甘膦 10%/2008.01.25 至 2009.01.24/低毒
柑橘园 杂草 1125-2250克/公顷 定向喷雾

LS20060397 马拉·三唑磷/20%/乳油/马拉硫磷 12%、三唑磷 8%/2009.03.05 至 2010.03.05/中等毒
水稻 二化螟 360-540克/公顷 喷雾

LS20080250 杀虫双/40%/可溶粉剂/杀虫双 40%/2009.02.17 至 2010.02.18/中等毒
水稻 二化螟 600-660克/公顷 喷雾

LS20080253 杀虫单/72%/可溶粉剂/杀虫单 72%/2009.02.17 至 2010.02.18/中等毒
水稻 三化螟 702-810克/公顷 喷雾

LS20080254 毒·辛/20%/乳油/毒死蜱 4%、辛硫磷 16%/2009.02.17 至 2010.02.18/低毒
水稻 稻纵卷叶螟 390-480克/公顷 喷雾

LS20080997 甲维·毒死蜱/14.1%/乳油/毒死蜱 14%、甲氨基阿维菌素苯甲酸盐 0.1%/2009.03.07 至 2010.03.07/中等毒
水稻 稻纵卷叶螟 126.9-148.05克/公顷 喷雾

LS20081591 杀虫双/29%/水剂/杀虫双 29%/2009.04.03 至 2010.04.03/低毒
水稻 三化螟 594-660克/公顷 喷雾

LS20081912 甲维·杀虫双/20.1%/微乳剂/甲氨基阿维菌素苯甲酸盐 0.1%、杀虫双 20%/2009.04.10 至 2010.04.10/低毒
水稻 二化螟 301.5-542.7克/公顷 喷雾

LS20090413 阿维·丙溴磷/25.5%/乳油/阿维菌素 0.5%、丙溴磷 25%/2009.03.16 至 2010.03.16/低毒(原药高毒)
水稻 稻纵卷叶螟 / 喷雾

LS20090466 阿维·炔螨特/30.3%/乳油/阿维菌素 0.3%、炔螨特 30%/2009.03.18 至 2010.03.18/低毒(原药高毒)
柑橘树 红蜘蛛 150-200毫克/千克 喷雾

LS20090496 杀单·毒死蜱/20%/水乳剂/毒死蜱 4%、杀虫单 16%/2009.03.18 至 2010.03.18/中等毒
水稻 二化螟 270-300克/公顷 喷雾

LS20090592 氟啶·丙溴磷/30%/乳油/丙溴磷 29%、氟啶脲 1%/2009.03.19 至 2010.03.19/低毒
棉花 棉铃虫 225-315克/公顷 喷雾

LS20090694 噻嗪·速灭威/25%/乳油/噻嗪酮 5%、速灭威 20%/2009.03.27 至 2010.03.27/低毒
水稻 稻飞虱 300-375克/公顷 喷雾

湖南省益阳市生物农药厂 (湖南省益阳市赫山区泉交河镇 413002 0737-6502632)

PD85131-24 3%,5%井冈霉素水剂//水剂/井冈霉素 3%,5%/2005.07.21 至 2010.07.21/低毒
水稻 纹枯病 75-112.5克/公顷 喷雾,泼浇

湖南省益阳市资江蚊香厂 (湖南省益阳市资阳区新桥河镇 413056 0737-3263117)

WP20080310 蚊香/0.2%/蚊香/富右旋反式烯丙菊酯 0.2%/2008.12.04 至 2013.12.04/低毒
卫生 蚊 / 点燃

WP20080420 杀蚊烟片/1.0%/片剂/富右旋反式烯丙菊酯 1.0%/2008.12.12 至 2013.12.12/低毒
卫生 蚊 / 点燃

WL20050137 杀虫气雾剂/0.4%/气雾剂/胺菊酯 0.2%、氯菊酯 0.2%/2008.05.22 至 2009.05.22/微毒
卫生 蚊、蝇、蜚蠊 / 喷雾

湖南省益阳市资阳区金宇灭蚊药片厂 (湖南省益阳市资阳区马良开发区 413001 0737-4315401)

WP20090095 蚊香/0.2%/蚊香/富右旋反式烯丙菊酯 0.2%/2009.02.04 至 2014.02.04/低毒

卫生 蚊 / 点燃

WL20050103 灭蚊烟片/1%/烟片/富右旋反式烯丙菊酯 1%/2008.04.11 至 2009.04.11/低毒

卫生 蚊 / 点燃

湖南省永州广丰农化有限公司 (湖南省永州市零陵区桃江路53号 425006 0746-6389941)

PD86148-51 异丙威/20%/乳油/异丙威 20%/2006.12.21 至 2011.12.21/中等毒

水稻 飞虱、叶蝉 450-600克/公顷 喷雾

PD20083686 杀虫双/20%/水剂/杀虫双 20%/2008.12.15 至 2013.12.15/低毒

水稻 二化螟 600-750克/公顷 喷雾

PD20091452 杀双·灭多威 /20%/水剂/灭多威 4%、杀虫双 16%/2009.02.02 至 2014.02.02/低毒(原药高毒)

水稻 二化螟 240-300克/公顷 喷雾

PD20093772 草甘膦异丙胺盐/41%/水剂/草甘膦 41%/2009.03.25 至 2014.03.25/低毒

茶园 杂草 1230-1845克/公顷 喷雾

PD20093779 草甘膦/95%/原药/草甘膦 95%/2009.03.25 至 2014.03.25/低毒

PD20094990 氯氰·敌敌畏/10%/乳油/敌敌畏 9%、氯氰菊酯 1%/2009.04.21 至 2014.04.21/中等毒

甘蓝 蚜虫 37.5-75克/公顷 喷雾

LS20061388 草甘膦/10%/水剂/草甘膦 10%/2008.06.26 至 2009.06.26/低毒

茶园 杂草 1125-2250克/公顷 定向喷雾

湖南省袁隆平农业高科技股份有限公司 (湖南省长沙市芙蓉区马坡岭高科技园 410125 0731-4690269)

PD20083541 苄嘧·苯噻酰/52.5%/可湿性粉剂/苯噻酰草胺 50%、苄嘧磺隆 2.5%/2008.12.12 至 2013.12.12/低毒

水稻抛秧田 一年生及部分多年生杂草 393.8-472.5克/公顷 药土法

PD20091698 苄·乙/18%/可湿性粉剂/苄嘧磺隆 4%、乙草胺 14%/2009.02.03 至 2014.02.03/低毒

水稻 杂草 84-118克/公顷 毒土或毒砂法

PD20091938 甲硫·锰锌 /20%/可湿性粉剂/甲基硫菌灵 10%、代森锰锌 10%/2009.02.12 至 2014.02.12/低毒

辣椒 炭疽病、疫病 240-480克/公顷 喷雾

西瓜 炭疽病 375-480克/公顷 喷雾

PD20092251 锰锌·拌种灵/20%/可湿性粉剂/拌种灵 10%、代森锰锌 10%/2009.02.24 至 2014.02.24/低毒

辣椒 疮痂病、炭疽病 300-450克/公顷 喷雾

PD20092884 四螨·哒螨灵/5%/可湿性粉剂/哒螨灵 2.5%、四螨嗪 2.5%/2009.03.05 至 2014.03.05/中等毒

柑橘树 红蜘蛛 62.5-100毫克/千克 喷雾

PD20093244 苯·苄·乙草胺 /33%/可湿性粉剂/苯噻酰草胺 26%、苄嘧磺隆 2.5%、乙草胺 4.5%/2009.03.11 至 2014.03.11/低毒

水稻抛秧田 部分多年生杂草、一年生杂草 198-247.5克/公顷(南方地区) 药土法

PD20094690 赤霉酸/4%/乳油/赤霉酸 4%/2009.04.10 至 2014.04.10/低毒

水稻制种 调节生长 180-240克/公顷 喷雾2-3次

PD20097094 苄·乙/10%/可湿性粉剂/苄嘧磺隆 5%、乙草胺 5%/2009.10.10 至 2014.10.10/低毒

水稻抛秧田 部分多年生杂草、一年生杂草 67.5-90克/公顷(南方地区) 药土法

PD20097601 苄·乙·甲 /15.6%/可湿性粉剂/苄嘧磺隆 0.96%、甲磺隆 0.24%、乙草胺 14.4%/2009.11.03 至 2014.11.03/低毒

水稻移栽田 部分多年生杂草、一年生杂草 70.2-93.6克/公顷 药土法

LS20072256 异丙威/20%/乳油/异丙威 20%/2008.09.11 至 2009.09.12/低毒

水稻 稻飞虱 450-600克/公顷 喷雾

LS20080756 噻嗪酮/25%/可湿性粉剂/噻嗪酮 25%/2009.02.27 至 2010.02.28/微毒

水稻 稻飞虱 112.5-187.5克/公顷 喷雾

LS20080777 丙溴·辛硫磷/25%/乳油/丙溴磷 6%、辛硫磷 19%/2009.02.27 至 2010.02.28/中等毒

水稻 稻纵卷叶螟 262.5-375克/公顷 喷雾

LS20090826 苄·丁/0.64%/颗粒剂/苄嘧磺隆 0.032%、丁草胺 0.608%/2009.04.03 至 2010.04.03/低毒

水稻抛秧田 一年生杂草 576-720克/公顷 撒施

湖南省岳阳隆兴实业公司 (湖南省岳阳市云溪区岳化二工区 414014 0730-8495717)

PD84104-36 18%杀虫双水剂//水剂/杀虫双 18%/2004.11.02 至 2009.11.02/中等毒

甘蔗、蔬菜、水稻、小麦、玉米 多种害虫 540-675克/公顷 喷雾

果树 多种害虫 225-360毫克/千克 喷雾

湖南省株洲邦化化工有限公司 (湖南省株洲市石峰区湘珠路 412005 0733-2546966)

PD84104-24 杀虫双/18%/水剂/杀虫双 18%/2005.03.08 至 2010.03.08/中等毒

甘蔗、蔬菜、水稻、小麦、玉米 多种害虫 540-675克/公顷 喷雾

果树 多种害虫 225-360毫克/千克 喷雾

PD85159-18 草甘膦/10%/水剂/草甘膦 10%/2005.08.15 至 2009.12.31/低毒

茶树、甘蔗、果园、剑麻、林木、桑树、橡胶树 一年生杂草和多年生恶性杂草 1125-2250克/公顷 喷雾

PD92103-12 草甘膦/90%/原药/草甘膦 90%/2007.08.08 至 2012.08.08/低毒

PD20082199 草甘膦异丙胺盐/41%/水剂/草甘膦异丙胺盐 41%/2008.11.26 至 2013.11.26/低毒

柑橘园 杂草 1125-2250克/公顷 喷雾

PD20091673 草甘膦/30%/可溶粉剂/草甘膦 30%/2009.02.03 至 2014.02.03/低毒

	柑橘园	杂草	1485-2250克/公顷	定向茎叶喷雾

湖南省资江农药厂　(湖南省邵阳市双清区龙须塘　422001　0739-5271661)

PD20040558	12%高渗三唑磷乳油//乳油/三唑磷 12%/2004.12.19 至 2009.12.18/中等毒			
	水稻	二化螟	144-180克/公顷	喷雾

湖南省沅江市永丰化工有限公司　(湖南省沅江市南嘴镇　413104　0737-2286028)

PD20091919	异丙威/20%/乳油/异丙威 20%/2009.02.12 至 2014.02.12/低毒			
	水稻	稻飞虱	450-600克/公顷	喷雾
PD20092147	高效氯氟氰菊酯/25克/升/乳油/高效氯氟氰菊酯 25克/升/2009.02.23 至 2014.02.23/中等毒			
	十字花科蔬菜	菜青虫	9.375-11.25克/公顷	喷雾
PD20092969	甲氰·噻螨酮/7.5%/乳油/甲氰菊酯 5%、噻螨酮 2.5%/2009.03.09 至 2014.03.09/低毒			
	柑橘树	红蜘蛛	75-100毫克/千克	喷雾
PD20093902	联苯菊酯/25克/升/乳油/联苯菊酯 25克/升/2009.03.26 至 2014.03.26/低毒			
	茶树	茶尺蠖	7.5-15克/公顷	喷雾
PD20095046	丙溴·辛硫磷/35%/乳油/丙溴磷 8.5%、辛硫磷 26.5%/2009.04.21 至 2014.04.21/低毒			
	棉花	棉铃虫	367.5-525克/公顷	喷雾
PD20097594	三唑磷/20%/乳油/三唑磷 20%/2009.11.03 至 2014.11.03/中等毒			
	水稻	二化螟	202.5-303.75克/公顷	喷雾
LS20050452	阿维菌素/1.8%/乳油/阿维菌素 1.8%/2008.02.19 至 2009.02.18/中等毒(原药高毒)			
	十字花科蔬菜	小菜蛾	8.1-10.8克/公顷	喷雾
LS20082717	阿维·毒死蜱/15%/乳油/阿维菌素 0.2%、毒死蜱 14.8%/2009.04.29 至 2010.04.29/中等毒(原药高毒)			
	水稻	稻纵卷叶螟	112.5-157.5克/公顷	喷雾

湖南省醴陵市金牛蚊香厂　(湖南省醴陵市三刀石19号　412000　0733-3228679)

WL20050150	蚊香/0.2%/蚊香/富右旋反式烯丙菊酯 0.2%/2008.05.24 至 2009.05.24/微毒			
	卫生	蚊	/	点燃

湖南省醴陵市牛王蚊香厂　(湖南省醴陵市建新巷14号　412200　0733-3818193)

WL20060143	蚊香/0.28%/蚊香/富右旋反式烯丙菊酯 0.28%/2009.07.20 至 2010.07.20/低毒			
	卫生	蚊	/	点燃

湖南穗丰化工有限公司　(湖南省长沙市远大二路马坡岭隆平高科技园　410007　0731-4693010)

PD86176-10	乙酰甲胺磷/30%/乳油/乙酰甲胺磷 30%/2007.01.14 至 2012.01.14/低毒			
	柑橘树	介壳虫、螨	500-1000倍液	喷雾
	果树	食心虫	500-1000倍液	喷雾
	棉花	棉铃虫、蚜虫	450-900克/公顷	喷雾
	蔬菜	菜青虫、蚜虫	337.5-540克/公顷	喷雾
	水稻	螟虫、叶蝉	562.5-1012.5克/公顷	喷雾
	小麦、玉米	黏虫、玉米螟	540-1080克/公顷	喷雾
	烟草	烟青虫	450-900克/公顷	喷雾
PD98101	乙酰甲胺磷/20%/乳油/乙酰甲胺磷 20%/2007.01.14 至 2012.01.14/低毒			
	柑橘树	介壳虫、螨	500-1000倍液	喷雾
	果树	食心虫	500-1000倍液	喷雾
	棉花	棉铃虫、蚜虫	450-900克/公顷	喷雾
	蔬菜	菜青虫、蚜虫	337.5-540克/公顷	喷雾
	水稻	螟虫、叶蝉	562.5-1012.5克/公顷	喷雾
	小麦、玉米	黏虫、玉米螟	540-1080克/公顷	喷雾
	烟草	烟青虫	450-900克/公顷	喷雾
PD20094225	毒死蜱/480克/升/乳油/毒死蜱 480克/升/2009.03.31 至 2014.03.31/中等毒			
	水稻	二化螟	432-576克/公顷	喷雾
PD20097403	草甘膦/10%/水剂/草甘膦 10%/2009.10.28 至 2009.12.31/低毒			
	柑橘园	杂草	1125-2250克/公顷	茎叶喷雾

湖南天鸟生化科技有限公司　(湖南省长沙市岳麓区高新区火炬城M7-1栋　410013　0731-8917208)

PD20096988	氢氧化铜/77%/可湿性粉剂/氢氧化铜 77%/2009.09.29 至 2014.09.29/低毒			
	柑橘树	溃疡病	400-600倍液	喷雾
PD20097861	仲丁威/20%/乳油/仲丁威 20%/2009.11.20 至 2014.11.20/低毒			
	水稻	稻飞虱	450－570克/公顷	喷雾
PD20098047	王铜/30%/悬浮剂/王铜 30%/2009.12.07 至 2014.12.07/低毒			
	柑橘树	溃疡病	600-800倍液	喷雾
LS20082963	阿维·溴氰/0.8%/水乳剂/阿维菌素 0.2%、溴氰菊酯 0.6%/2009.08.20 至 2010.08.20/低毒(原药高毒)			
	甘蓝	小菜蛾	21.6-26.4克/公顷	喷雾

湖南天人农药有限公司　(湖南省长沙市宁乡县玉潭镇戴亭路10号　410600　0731-7823888)

PD20040570	三唑酮/8%/可湿性粉剂/三唑酮 8%/2009.12.19 至 2014.12.19/低毒			
	水稻	叶尖枯病	120－144克/公顷	喷雾
PD20040786	三唑磷/10%/乳油/三唑磷 10%/2004.12.19 至 2009.12.18/中等毒			
	水稻	二化螟	225-300克/公顷	喷雾
PD20081158	吡虫·仲丁威/25%/乳油/吡虫啉 1%、仲丁威 24%/2008.09.11 至 2013.09.11/低毒			

水稻 飞虱 187.5-281.25克/公顷 喷雾

PD20082413 阿维菌素/0.3%/乳油/阿维菌素 0.3%/2008.12.02 至 2013.12.02/低毒(原药高毒)

十字花科蔬菜 小菜蛾 3.6-5.4克/公顷 喷雾

PD20082506 异稻·稻瘟灵/40%/乳油/稻瘟灵 20%、异稻瘟净 20%/2008.12.03 至 2013.12.03/低毒

水稻 稻瘟病 600-750克/公顷 喷雾

PD20084289 溴氰菊酯/0.6%/乳油/溴氰菊酯 0.6%/2008.12.17 至 2013.12.17/低毒

十字花科蔬菜 菜青虫 2.7-4.5克/公顷 喷雾

PD20085872 苄·丁/30%/可湿性粉剂/苄嘧磺隆 1.5%、丁草胺 28.5%/2008.12.29 至 2013.12.29/低毒

水稻抛秧田 部分多年生杂草、一年生杂草 675-900克/公顷 药土法

PD20091161 辛硫磷/40%/乳油/辛硫磷 40%/2009.01.22 至 2014.01.22/低毒

棉花 棉铃虫 300-375克/公顷 喷雾

PD20091713 高效氯氟氰菊酯/2.5%/乳油/高效氯氟氰菊酯 2.5%/2009.02.03 至 2014.02.03/中等毒

十字花科蔬菜 菜青虫 7.5-11.25克/公顷 喷雾

PD20091988 敌畏·高氯/20%/乳油/敌敌畏 19%、高效氯氰菊酯 1%/2009.02.12 至 2014.02.12/中等毒

棉花 棉铃虫 180-240克/公顷 喷雾

PD20092137 噻嗪酮/25%/可湿性粉剂/噻嗪酮 25%/2009.02.23 至 2014.02.23/低毒

柑橘树 介壳虫 200-250毫克/千克 喷雾

PD20092351 联苯菊酯/25克/升/乳油/联苯菊酯 25克/升/2009.02.24 至 2014.02.24/低毒

棉花 红蜘蛛 52.5-60克/公顷 喷雾

PD20093049 仲丁威/20%/乳油/仲丁威 20%/2009.03.09 至 2014.03.09/低毒

水稻 飞虱 450-562.5克/公顷 喷雾

PD20096709 阿维菌素/18克/升/乳油/阿维菌素 18克/升/2009.09.07 至 2014.09.07/低毒(原药高毒)

甘蓝 小菜蛾 9.45-10.8克/公顷 喷雾

PD20097838 辛硫·三唑磷/20%/乳油/三唑磷 10%、辛硫磷 10%/2009.11.20 至 2014.11.20/中等毒

水稻 稻纵卷叶螟 240-360克/公顷 喷雾

LS20082951 丙溴·辛硫磷/25%/乳油/丙溴磷 5%、辛硫磷 20%/2009.07.24 至 2010.07.24/低毒

水稻 稻纵卷叶螟 300-375克/公顷 喷雾

LS20090199 杀单·毒死蜱/25%/微乳剂/毒死蜱 5%、杀虫单 20%/2009.02.05 至 2010.02.05/低毒

水稻 稻纵卷叶螟 450-562.5克/公顷 喷雾

湖南天泽农药化工有限公司 (湖南省岳阳市湘阴县跃进路135号 414621 0730-2561058)

PD20040643 吡虫·杀虫单/60%/可湿性粉剂/吡虫啉 2%、杀虫单 58%/2009.12.19 至 2014.12.19/中等毒

水稻 稻飞虱、稻纵卷叶螟、二化螟、三化螟 450-750克/公顷 喷雾

PD20092356 辛硫·高氯氟/26%/乳油/高效氯氟氰菊酯 1%、辛硫磷 25%/2009.02.24 至 2014.02.24/中等毒

甘蓝 小菜蛾 162.63-243.75克/公顷 喷雾

PD20093621 敌畏·毒死蜱/35%/乳油/敌敌畏 25%、毒死蜱 10%/2009.03.25 至 2014.03.25/中等毒

水稻 稻纵卷叶螟 420-525克/公顷 喷雾

PD20093689 溴氰 ·敌敌畏 /26%/乳油/敌敌畏 25.5%、溴氰菊酯 0.5%/2009.03.25 至 2014.03.25/中等毒

十字花科蔬菜 甜菜夜蛾 351-390克/公顷 喷雾

PD20096360 阿维菌素/18克/升/乳油/阿维菌素 18克/升/2009.07.28 至 2014.07.28/低毒(原药高毒)

十字花科蔬菜 小菜蛾 8.1-10.8克/公顷 喷雾

PD20097410 咪鲜胺/25%/乳油/咪鲜胺 25%/2009.10.28 至 2014.10.28/低毒

柑橘树 炭疽病 75-100毫克/千克 喷雾

LS20060144 甲氨基阿维菌素苯甲酸盐/0.2%/乳油/甲氨基阿维菌素苯甲酸盐 0.2%/2009.01.25 至 2010.01.25/微毒

十字花科蔬菜 甜菜夜蛾 1.8-2.4克/公顷 喷雾

LS20091065 高效氯氟氰菊酯/2.5%/微乳剂/高效氯氟氰菊酯 2.5%/2009.04.15 至 2010.04.15/中等毒

十字花科蔬菜 菜青虫 7.5—15克/公顷 喷雾

LS20091092 联苯菊酯/4.5%/水乳剂/联苯菊酯 4.5%/2009.04.15 至 2010.04.15/中等毒

茶树 茶小绿叶蝉 30.4—45.2克/公顷 喷雾

湖南万家丰科技有限公司 (湖南省益阳市沅江市竹莲工业园 413100 0737-2630228)

PD20092873 辛硫·高氯氟/26%/乳油/高效氯氟氰菊酯 1%、辛硫磷 25%/2009.03.05 至 2014.03.05/中等毒

棉花 棉铃虫 273-312克/公顷 喷雾

PD20093230 咪鲜胺/25%/乳油/咪鲜胺 25%/2009.03.11 至 2014.03.11/低毒

柑橘 炭疽病 333.3-500毫克/千克 浸果

PD20093245 丙溴·辛硫磷/25%/乳油/丙溴磷 5%、辛硫磷 20%/2009.03.11 至 2014.03.11/低毒

棉花 棉铃虫 300-375克/公顷 喷雾

PD20093622 高氯·辛硫磷/20%/乳油/高效氯氰菊酯 2.5%、辛硫磷 17.5%/2009.03.25 至 2014.03.25/低毒

十字花科蔬菜 菜青虫 120-150克/公顷 喷雾

PD20094636 噻嗪·异丙威/25%/可湿性粉剂/噻嗪酮 5%、异丙威 20%/2009.04.10 至 2014.04.10/低毒

水稻 稻飞虱 450-562.5克/公顷 喷雾

PD20095488 复硝酚钠/1.8%/水剂/5-硝基邻甲氧基苯酚钠 0.3%、对硝基苯酚钠 0.9%、邻硝基苯酚钠 0.6%/2009.05.11 至2014.05.11/低毒

黄瓜 调节生长、增产 2-2.5毫克/千克 茎叶喷雾

PD20097344 阿维菌素/1.8%/乳油/阿维菌素 1.8%/2009.10.27 至 2014.10.27/低毒(原药高毒)

甘蓝 菜青虫 8.1-10.8克/公顷 喷雾
PD20097695 乙酸铜/20%/可湿性粉剂/乙酸铜 20%/2009.11.04 至 2014.11.04/低毒
黄瓜 苗期猝倒病 3000-4500克/公顷 灌根
LS20051295 哒螨灵/6%/乳油/哒螨灵 6%/2008.04.12 至 2009.04.12/低毒
棉花 红蜘蛛 22.5-36克/公顷 喷雾
LS20051469 松铜·咪鲜胺/18%/乳油/咪鲜胺 3%、松脂酸铜 15%/2008.04.21 至 2009.04.21/低毒
西瓜 炭疽病 225-337.5克/公顷 喷雾
LS20051505 松脂酸铜/16%/乳油/松脂酸铜 16%/2008.04.21 至 2009.04.21/低毒
柑橘树 炭疽病 228.6-400毫克/千克 喷雾
LS20051704 啶虫脒/3%/乳油/啶虫脒 3%/2008.05.12 至 2009.05.12/低毒
柑橘树 蚜虫 10-12毫克/千克 喷雾
LS20053230 丙·辛/25%/乳油/丙溴磷 6%、辛硫磷 19%/2008.10.11 至 2009.10.11/低毒
水稻 稻纵卷叶螟 225-300克/公顷 喷雾
LS20070643 阿维·三唑磷/10.2%/乳油/阿维菌素 0.2%、三唑磷 10%/2009.03.29 至 2010.03.30/中等毒(原药高毒)
水稻 二化螟 153-229.5克/公顷 喷雾
LS20080957 甲氨基阿维菌素苯甲酸盐/0.5%/乳油/甲氨基阿维菌素苯甲酸盐 0.5%/2009.03.04 至 2010.03.04/低毒
十字花科蔬菜 小菜蛾 3-4.5克/公顷 喷雾
LS20083280 阿维菌素/5%/乳油/阿维菌素 5%/2008.12.29 至 2009.12.29/低毒(原药高毒)
甘蓝 小菜蛾 8.25-11.25克/公顷 喷雾

湖南湘沙化工有限公司 (湖南省岳阳市湘阴县袁家铺镇 414602 0730-2603999)

PD20092490 硫磺·三环唑/45%/可湿性粉剂/硫磺 40%、三环唑 5%/2009.02.26 至 2014.02.26/低毒
水稻 稻瘟病 742.5-945克/公顷 喷雾
PD20093046 杀虫双/18%/水剂/杀虫双 18%/2009.03.09 至 2014.03.09/低毒
水稻 二化螟 540-675克/公顷 喷雾
PD20093085 甲氰·马拉松/22.5%/乳油/甲氰菊酯 4.5%、马拉硫磷 18%/2009.03.09 至 2014.03.09/中等毒
甘蓝 菜青虫 135-202.5克/公顷 喷雾
PD20093914 高效氯氟氰菊酯/25克/升/乳油/高效氯氟氰菊酯 25克/升/2009.03.26 至 2014.03.26/中等毒
甘蓝 菜青虫 7.5-15克/公顷 喷雾
PD20094921 阿维菌素/18克/升/乳油/阿维菌素 18克/升/2009.04.13 至 2014.04.13/低毒(原药高毒)
十字花科蔬菜 小菜蛾 8.1-10.8克/公顷 喷雾
PD20095052 马拉·辛硫磷/20%/乳油/马拉硫磷 10%、辛硫磷 10%/2009.04.21 至 2014.04.21/低毒
棉花 棉铃虫 225-300克/公顷 喷雾
LS20082108 阿维·毒死蜱/15%/乳油/阿维菌素 0.1%、毒死蜱 14.9%/2009.04.16 至 2010.04.16/中等毒(原药高毒)
水稻 稻纵卷叶螟 112.5-135克/公顷 喷雾
LS20082411 毒·辛/40%/乳油/毒死蜱 15%、辛硫磷 25%/2009.04.22 至 2010.04.22/低毒
水稻 稻纵卷叶螟 600-750克/公顷 喷雾
LS20082536 噻嗪·仲丁威/25%/乳油/噻嗪酮 5%、仲丁威 20%/2009.04.22 至 2010.04.22/中等毒
水稻 稻飞虱 243.75-281.25克/公顷 喷雾

湖南新安江化工有限公司 (湖南省津市市车胤大道266号 415500 0736-3121191)

PD20040652 杀虫单/90%/可溶粉剂/杀虫单 90%/2009.12.19 至 2014.12.19/中等毒
水稻 二化螟 540-810克/公顷 喷雾
LS20081999 噻嗪·异丙威/25%/可湿性粉剂/噻嗪酮 5%、异丙威 20%/2009.04.15 至 2010.04.15/低毒
水稻 稻飞虱 450-562.5克/公顷 喷雾
LS20090260 丙溴·辛硫磷/40%/乳油/丙溴磷 6%、辛硫磷 34%/2009.02.13 至 2010.02.13/低毒
棉花 棉铃虫 360-480克/公顷 喷雾

湖南新斑马实业股份有限公司 (湖南省津市市北大路240号 415400 0736-4223565)

WP20080266 杀虫气雾剂/0.36%/气雾剂/胺菊酯 0.15%、高效氯氰菊酯 0.21%/2008.11.27 至 2013.11.27/低毒
卫生 蜚蠊、蚊、蝇 / 喷雾
WP20080306 蚊香/0.24%/蚊香/右旋烯丙菊酯 0.24%/2008.12.04 至 2013.12.04/低毒
卫生 蚊 / 点燃
WP20080418 电热蚊香片/50毫克/片/电热蚊香片/右旋烯丙菊酯 50毫克/片/2008.12.12 至 2013.12.12/低毒
卫生 蚊 / 电热加温

湖南亚华种业股份有限公司生物药厂 (湖南省长沙市长沙县经济技术开发区板仓南路 410100 0731-4021012)

PD85131-20 井冈霉素/3%/水剂/井冈霉素 3%/2006.03.02 至 2011.03.02/低毒
水稻 纹枯病 75-112.5克/公顷 喷雾.泼浇
PD85131-40 井冈霉素/5%/水剂/井冈霉素 5%/2006.03.02 至 2011.03.02/低毒
水稻 纹枯病 75-112.5克/公顷 喷雾.泼浇
PD86101-2 赤霉酸//乳油/赤霉酸 4%/2006.09.10 至 2011.09.10/低毒
菠菜 增加鲜重 10-25毫克/千克 叶面处理1-3次
菠萝 果实增大、增重 40-80毫克/千克 喷花
柑橘树 果实增大、增重 20-40毫克/千克 喷花
花卉 提前开花 700毫克/千克 叶面处理涂抹花芽

	绿肥	增产	10-20毫克/千克	喷雾
	马铃薯	苗齐、增产	0.5-1毫克/千克	浸薯块10-30分钟
	棉花	提高结铃率、增产	10-20毫克/千克	点喷、点涂或喷雾
	葡萄	无核、增产	50-200毫克/千克	花后1周处理果穗
	芹菜	增产	20-100毫克/千克	叶面处理1次
	人参	增加发芽率	20毫克/千克	播前浸种15分钟
	水稻	增加千粒重、制种	20-30毫克/千克	喷雾
PD86109-10	苏云金杆菌/8000IU/毫克/可湿性粉剂/苏云金杆菌 8000IU/毫克/2006.10.15 至 2011.10.15/低毒			
	茶树	茶毛虫	400-800倍液	喷雾
	棉花	二代棉铃虫	3000-4500克制剂/公顷	喷雾
	森林	松毛虫	600-800倍液	喷雾
	十字花科蔬菜	小菜蛾	1500-2250克制剂/公顷	喷雾
	十字花科蔬菜	菜青虫	750-1500克制剂/公顷	喷雾
	水稻	稻纵卷叶螟	3000-4500克制剂/公顷	喷雾
	烟草	烟青虫	1500-3000克制剂/公顷	喷雾
	玉米	玉米螟	1500-3000克制剂/公顷	加细沙灌心叶
	枣树	枣尺蠖	600-800倍液	喷雾
PD86183-2	赤霉酸/85%/结晶粉/赤霉酸 85%/2006.12.20 至 2011.12.20/低毒			
	菠菜	增加鲜重	10-25毫克/千克	叶面处理1-3次
	菠萝	果实增大、增重	40-80毫克/千克	喷花
	柑橘树	果实增大、增重	20-40毫克/千克	喷花
	花卉	提前开花	700毫克/千克	叶面处理涂抹花芽
	绿肥	增产	10-20毫克/千克	喷雾
	马铃薯	苗齐、增产	0.5-1毫克/千克	浸薯块10-30分钟
	棉花	提高结铃率、增产	10-20毫克/千克	点喷、点涂或喷雾
	葡萄	无核、增产	50-200毫克/千克	花后一周处理果穗
	芹菜	增产	20-100毫克/千克	叶面处理1次
	人参	增加发芽率	20毫克/千克	播种前浸种15分钟
	水稻	增加千粒重、制种	20-30毫克/千克	喷雾
PD88109-6	井冈霉素/20%/水溶粉剂/井冈霉素 20%/2009.02.26 至 2014.02.26/低毒			
	水稻	纹枯病	75-112.5克/公顷	喷雾、泼浇
PD90106-5	苏云金杆菌/2000IU/微升/悬浮剂/苏云金杆菌 2000IU/微升/2006.03.02 至 2011.03.02/低毒			
	茶树	茶毛虫	100-200倍液	喷雾
	林木	松毛虫	100-200倍液	喷雾
	棉花	二代棉铃虫	6000-7500毫升制剂/公顷	喷雾
	十字花科蔬菜	菜青虫、小菜蛾	3000-4500毫升制剂/公顷	喷雾
	水稻	稻纵卷叶螟	6000-7500毫升制剂/公顷	喷雾
	烟草	烟青虫	6000-7500毫升制剂/公顷	喷雾
	玉米	玉米螟	4500-6000毫升制剂/公顷	加细沙灌心叶
	枣树	尺蠖	100-200倍液	喷雾
PD93106	井冈霉素/10%/水剂/井冈霉素 10%/2008.08.25 至 2013.08.25/低毒			
	水稻	纹枯病	75-112.5克/公顷	喷雾、泼浇

湖南益阳飞鱼蚊香有限公司　（湖南省益阳市赫山区罗溪南路　413002　0737-4425168）

WP20090070	蚊香/0.2%/蚊香/富右旋反式炔丙菊酯 0.2%/2009.02.01 至 2014.02.01/低毒			
	卫生	蚊	/	点燃
WL20060093	蚊香/0.3%/蚊香/富右旋反式烯丙菊酯 0.3%/2009.04.24 至 2010.04.24/微毒			
	卫生	蚊	/	点燃

湖南岳阳安达化工有限公司　（湖南省岳阳市巴陵中路创业中心室　414000　0730-8821797）

PDN47-97	克百威/3%/颗粒剂/克百威 3%/2007.04.22 至 2012.04.22/高毒			
	花生	线虫	1800-2250克/公顷	条施.沟施
	水稻	螟虫、瘿蚊	900-1350克/公顷	撒施
PD85171-4	甲萘威/25%/可湿性粉剂/甲萘威 25%/2006.12.29 至 2011.12.29/中等毒			
	豆类	造桥虫	750-975克/公顷	喷雾
	棉花	红铃虫、蚜虫	375-975克/公顷	喷雾
	水稻	飞虱、叶蝉	750-975克/公顷	喷雾

烟草 烟青虫 375-975克/公顷 喷雾
PD86148-75 异丙威/20%/乳油/异丙威 20%/2006.12.28 至 2011.12.28/中等毒
水稻 飞虱、叶蝉 450-600克/公顷 喷雾
PD91109-11 速灭威/20%/乳油/速灭威 20%/2006.12.29 至 2011.12.29/中等毒
水稻 飞虱、叶蝉 450-600克/公顷 喷雾
PD92106-6 仲丁威/20%/乳油/仲丁威 20%/2007.09.17 至 2012.09.17/低毒
水稻 飞虱、叶蝉 375-562.5克/公顷 喷雾
PD97102 仲丁威/80%/乳油/仲丁威 80%/2007.03.28 至 2012.03.28/低毒
水稻 飞虱、叶蝉 375-562.5克/公顷 喷雾
PD97103 仲丁威/50%/乳油/仲丁威 50%/2007.03.28 至 2012.03.28/低毒
水稻 飞虱、叶蝉 375-562.5克/公顷 喷雾
PD20040026 杀螟丹/98%/原药/杀螟丹 98%/2009.12.07 至 2014.12.07/中等毒
PD20093031 杀螟丹/50%/可溶性粉剂/杀螟丹 50%/2009.03.09 至 2014.03.09/中等毒
水稻 三化螟 600-750克/公顷 喷雾
PD20093256 灭多威/20%/乳油/灭多威 20%/2009.03.11 至 2014.03.11/高毒
棉花 棉铃虫 150-225克/公顷 喷雾
PD20093649 杀螟丹/98%/可溶粉剂/杀螟丹 98%/2009.03.25 至 2014.03.25/中等毒
茶树 茶小绿叶蝉 441-588克/公顷 喷雾
柑橘树 潜叶蛾 490-653毫克/千克 喷雾
LS20050842 杀螟丹/4%/颗粒剂/杀螟丹 4%/2008.03.29 至 2009.03.29/微毒
十字花科蔬菜 黄条跳甲 900—1200克/公顷 撒施

湖南泽丰农化有限公司 (湖南省长沙市芙蓉区马坡岭省农科院 410125 0731-4693082)

PD20085423 毒死蜱/480克/升/乳油/毒死蜱 480克/升/2008.12.24 至 2013.12.24/中等毒
水稻 稻纵卷叶螟 432-576克/公顷 喷雾
PD20086203 高效氯氟氰菊酯/25克/升/乳油/高效氯氟氰菊酯 25克/升/2008.12.30 至 2013.12.30/中等毒
十字花科蔬菜 菜青虫 7.5-11.25克/公顷 喷雾
PD20090914 丙环唑/250克/升/乳油/丙环唑 250克/升/2009.01.19 至 2014.01.19/低毒
香蕉 叶斑病 250-500毫克/千克 喷雾
PD20092243 噻嗪·异丙威/25%/可湿性粉剂/噻嗪酮 5%、异丙威 20%/2009.02.24 至 2014.02.24/低毒
水稻 稻飞虱 450-562.5克/公顷 喷雾
LS20082539 丙环唑/205克/升/乳油/丙环唑 205克/升/2008.04.22 至 2009.04.22/低毒
水稻 纹枯病 93.75-112.5克/公顷 喷雾

湖南众业科技实业有限公司 (湖南省长沙市天心区仰天湖新村1号 410015 0731-5135799)

WP20080181 避蚊胺/98.5%/原药/避蚊胺 98.5%/2008.11.19 至 2013.11.19/低毒
WP20080521 驱蚊酯/98%/原药/驱蚊酯 98%/2008.12.23 至 2013.12.23/低毒

湖南沅江赤蜂农化有限公司 (湖南省沅江市南嘴镇 413104 0737-2288898)

PD88101-4 水胺硫磷/40%/乳油/水胺硫磷 40%/2008.04.07 至 2013.04.07/高毒
柑橘树 潜叶蛾、锈壁虱、螨 300-400毫克/千克 喷雾
棉花 红蜘蛛、棉铃虫 300-600克/公顷 喷雾
水稻 蓟马、螟虫 450-900克/公顷 喷雾
PD20085241 百菌清/96%/原药/百菌清 96%/2008.12.23 至 2013.12.23/微毒
PD20094614 氯氟吡氧乙酸异辛酯/96%/原药/氯氟吡氧乙酸异辛酯 96%/2009.04.10 至 2014.04.10/低毒
PD20095560 氨氯吡啶酸/95%/原药/氨氯吡啶酸 95%/2009.05.12 至 2014.05.12/微毒
LS20061694 乙酰甲胺磷/95%/原药/乙酰甲胺磷 95%/2008.09.21 至 2009.09.21/低毒
LS20070583 乙酰甲胺磷/30%/乳油/乙酰甲胺磷 30%/2009.03.20 至 2010.03.21/低毒
水稻 稻纵卷叶螟 787.5-1012.5克/公顷 喷雾
LS20080523 二氯吡啶酸/95%/原药/二氯吡啶酸 95%/2009.02.20 至 2010.02.21/微毒

湖南昊华化工有限责任公司 (湖南省株洲市石峰区丁山路18号 412005 0733-2969000)

PD84104-27 杀虫双/18%/水剂/杀虫双 18%/2009.10.19 至 2014.10.19/中等毒
水稻 多种害虫 540-675克/公顷 喷雾
PD84111-26 氧乐果/40%/乳油/氧乐果 40%/2009.10.19 至 2014.10.19/高毒
棉花 蚜虫、螨 375-600克/公顷 喷雾
森林 松干蚧、松毛虫 500倍液 喷雾或直接涂树干
水稻 稻纵卷叶螟、飞虱 375-600克/公顷 喷雾
小麦 蚜虫 300-450克/公顷 喷雾
PD20040696 杀虫单/90%/可溶粉剂/杀虫单 90%/2009.12.19 至 2014.12.19/中等毒
水稻 螟虫 675-810克/公顷 喷雾
PD20050086 杀虫单/95%/原药/杀虫单 95%/2005.06.24 至 2010.06.23/中等毒
PD20050177 杀螟丹/98%/原药/杀螟丹 98%/2005.11.15 至 2010.11.15/低毒
PD20084631 杀螟丹/50%/可溶粉剂/杀螟丹 50%/2008.12.18 至 2013.12.18/中等毒
水稻 二化螟 600-900克/公顷 喷雾
LS20051297 灭线磷/10%/颗粒剂/灭线磷 10%/2008.04.12 至 2009.04.12/中等毒(原药高毒)

水稻 稻瘿蚊 1800-2250克/公顷 撒施
LS20083006 杀单·高氯氟/32%/微乳剂/高效氯氟氰菊酯 2%、杀虫单 30%/2009.09.01 至 2010.09.01/中等毒
甘蓝 菜青虫 192-288克/公顷 喷雾
LS20090373 杀虫双/29%/水剂/杀虫双 29%/2009.03.13 至 2010.03.13/低毒
水稻 三化螟 674.25-804.75克/公顷 喷雾

益阳市润野化工有限公司 (湖南省益阳市赫山区泉交河镇柏家冲村 413043)

PD84104-46 杀虫双/18%/水剂/杀虫双 18%/2009.10.26 至 2014.10.26/中等毒
甘蔗、蔬菜、水稻、小麦、玉米 多种害虫 540-675克/公顷 喷雾
果树 多种害虫 225-360毫克/千克 喷雾
PD86148-72 异丙威/20%/乳油/异丙威 20%/2008.03.25 至 2013.03.25/中等毒
水稻 飞虱、叶蝉 450-600克/公顷 喷雾

岳阳迪普化工技术有限公司 (湖南省岳阳市巴陵中路创业中心617室 414000 0730-8287679)

PD20096369 乙氧氟草醚/97%/原药/乙氧氟草醚 97%/2009.08.04 至 2014.08.04/微毒
LS20061929 阿维菌素/0.5%/乳油/阿维菌素 0.5%/2008.12.06 至 2009.12.06/低毒(原药高毒)
十字花科蔬菜 小菜蛾 6-12克/公顷 喷雾
LS20090745 炔草酸/95%/原药/炔草酯 95%/2009.03.31 至 2010.03.31/低毒
LS20091264 草铵膦/95%/原药/草铵膦 95%/2009.05.12 至 2010.05.12/低毒
LS20091357 粉唑醇/95%/原药/粉唑醇 95%/2009.07.15 至 2010.07.15/低毒

澧县城头山蚊香厂 (湖南省澧县澧澹乡白羊村 415500 0736-3264278)

WP20080317 蚊香/0.2%/蚊香/富右旋反式烯丙菊酯 0.2%/2008.12.04 至 2013.12.04/低毒
卫生 蚊 / 点燃

吉林省

吉林邦农生物农药有限公司 (吉林省长春市绿园区青年路9549号 130114 0431-2631666)

PD85151-9 2,4-滴丁酯/72%/乳油/2,4-滴丁酯 72%/2005.02.02 至 2010.02.02/低毒
谷子、小麦 双子叶杂草 525克/公顷 喷雾
水稻 双子叶杂草 300-525克/公顷 喷雾
玉米 双子叶杂草 1)1050克/公顷 2)450-525克/公顷 1)苗前土壤处理 2)喷雾
PD20085450 苄嘧磺隆/32%/可湿性粉剂/苄嘧磺隆 32%/2008.12.24 至 2013.12.24/低毒
移栽水稻田 一年生阔叶杂草及莎草科杂草 48-72克/公顷(东北地区) 36-72克、公顷(其它地区) 药土法
PD20085455 精喹禾灵/10%/乳油/精喹禾灵 10%/2008.12.24 至 2013.12.24/低毒
春大豆田 一年生禾本科杂草 52.5-60克/公顷 茎叶喷雾
夏大豆田 一年生禾本科杂草 37.5-52.5克/公顷 茎叶喷雾
PD20090120 甲霜·噁霉灵/3%/水剂/噁霉灵 2.5%、甲霜灵 0.5%/2009.01.08 至 2014.01.08/低毒
水稻 立枯病 0.36-0.54克/平方米 喷雾
PD20090970 甲霜·福美双/38%/可湿性粉剂/福美双 33%、甲霜灵 5%/2009.01.20 至 2014.01.20/低毒
水稻 立枯病 1)1.2-1.5克商品量/平方米 2)114-136.8克/100千克种子 1)苗床浇洒 2)苗床拌种
PD20091409 乙草胺/900克/升/乳油/乙草胺 900克/升/2009.02.02 至 2014.02.02/低毒
春玉米田 部分阔叶杂草、一年生禾本科杂草 1350-2092.5克/公顷 播后苗前土壤喷雾
PD20091774 稻瘟灵/40%/乳油/稻瘟灵 40%/2009.02.04 至 2014.02.04/低毒
水稻 稻瘟病 450-600克/公顷 喷雾
PD20093074 丁草胺/900克/升/乳油/丁草胺 900克/升/2009.03.09 至 2014.03.09/低毒
水稻移栽田 稗草、千金子等禾本科杂草 904.5-1350克/公顷 毒土法
PD20093142 吡虫啉/20%/可溶液剂/吡虫啉 20%/2009.03.11 至 2014.03.11/低毒
十字花科蔬菜 蚜虫 15-30克/公顷 喷雾
PD20094461 甲霜·噁霉灵/39%/可湿性粉剂/噁霉灵 19%、甲霜灵 20%/2009.04.01 至 2014.04.01/低毒
水稻 苗期立枯病 0.35-0.51克/平方米 苗床泼浇
PD20095951 2甲·灭草松/37.5%/水剂/2甲4氯钠 7.5%、灭草松 30%/2009.06.02 至 2014.06.02/低毒
水稻移栽田 阔叶杂草、莎草 900-1012.5克/公顷 茎叶喷雾
PD20096119 滴丁·莠去津/45%/悬乳剂/2,4-滴丁酯 12%、莠去津 33%/2009.06.18 至 2014.06.18/低毒
春玉米田 一年生杂草 1485-2025克/公顷 茎叶或土壤喷雾
PD20096914 咪鲜胺/25%/乳油/咪鲜胺 25%/2009.09.23 至 2014.09.23/低毒
水稻 恶苗病 62.5-125毫克/千克 浸种
PD20097083 滴丁·乙草胺/73%/乳油/2,4-滴丁酯 16.5%、乙草胺 56.5%/2009.10.10 至 2014.10.10/低毒
春大豆田、春玉米田 一年生阔叶杂草及禾本科杂草 2400-3300毫升/公顷(制剂) 播后苗前土壤喷雾
LS20053629 吡嘧磺隆/10%/水分散片剂/吡嘧磺隆 10%/2008.11.29 至 2009.11.29/低毒
水稻移栽田 莎草、一年生阔叶杂草 22.5-30克/公顷 直接撒施
LS20061455 二氯喹啉酸/50%/可湿性粉剂/二氯喹啉酸 50%/2009.07.13 至 2010.07.13/低毒

	水稻移栽田	稗草	225-375克/公顷	茎叶喷雾
LS20083216	苄嘧·苯噻酰/70%/可湿性粉剂/苯噻酰草胺 65%、苄嘧磺隆 5%/2009.12.10 至 2010.12.10/低毒			
	移栽水稻田	一年生杂草	630-750克/公顷	毒土法

吉林吉农高新技术发展股份有限公司农药一公司 (吉林省四平市公主岭市西兴华街6号 136100 0434-6221634)

LS20051742	甲霜·福美双/0.75%/可湿性粉剂/福美双 0.67%、甲霜灵 0.08%/2008.05.15 至 2009.05.15/低毒			
	水稻苗床	立枯病	0.63-0.94克/平方米	拌土撒施
LS20052659	丁·扑/9.8%/可湿性粉剂/丁草胺 8.4%、扑草净 1.4%/2008.08.14 至 2009.08.14/低毒			
	水稻旱秧田	一年生杂草	19.6-24.5克/100平方米(东北地区)	药土法

吉林金秋农药有限公司 (吉林省磐石市磐石大街325号 132300 0432-5223363)

PD85112-3	莠去津/38%/悬浮剂/莠去津 38%/2005.04.29 至 2010.04.29/低毒			
	茶园	一年生杂草	1125-1875克/公顷	喷于地表
	甘蔗	一年生杂草	1050-1500克/公顷	喷于地表
	高粱、糜子、玉米	一年生杂草	1800-2250克/公顷(东北地区)	喷于地表
	公路、森林、铁路	一年生杂草	0.8-2克/平方米	喷于地表
	红松苗圃	一年生杂草	0.2-0.3克/平方米	喷于地表
	梨树(12年以上树龄)、苹果树(12年以上树龄)	一年生杂草	1625-1875克/公顷	喷于地表
	橡胶园	一年生杂草	2250-3750克/公顷	喷于地表
PD20080359	乙草胺/93%/原药/乙草胺 93%/2008.02.29 至 2013.02.28/低毒			
PD20081482	莠去津/92%/原药/莠去津 92%/2008.11.04 至 2013.11.04/低毒			
PD20081514	甲基硫菌灵/70%/可湿性粉剂/甲基硫菌灵 70%/2008.11.06 至 2013.11.06/低毒			
	苹果树	轮纹病	700-875毫克/千克	喷雾
PD20081719	西草净/25%/可湿性粉剂/西草净 25%/2008.11.18 至 2013.11.18/低毒			
	水稻移栽田	阔叶杂草	562.5—750克/公顷	药土法
PD20081735	乙草胺/900克/升/乳油/乙草胺 900克/升/2008.11.18 至 2013.11.18/低毒			
	春大豆田	一年生禾本科杂草及部分阔叶杂草	1350-1890克/公顷	土壤喷雾
	春玉米田	部分阔叶杂草、一年生禾本科杂草	1350-2025克/公顷(东北地区)	土壤喷雾
	花生田	一年生禾本科杂草及部分阔叶杂草	810-1890克/公顷	土壤喷雾
	夏大豆田	一年生禾本科杂草及部分阔叶杂草	810-1350克/公顷	土壤喷雾
PD20081819	丁草胺/60%/乳油/丁草胺 60%/2008.11.19 至 2013.11.19/低毒			
	移栽水稻田	部分阔叶杂草、一年生禾本科杂草	900-1350克/公顷	药土法
PD20081881	苄嘧磺隆/30%/可湿性粉剂/苄嘧磺隆 30%/2008.11.20 至 2013.11.20/低毒			
	水稻移栽田	莎草及阔叶杂草	60-90克/公顷	毒土法
PD20081907	二氯喹啉酸/25%/可湿性粉剂/二氯喹啉酸 25%/2008.11.21 至 2013.11.21/低毒			
	水稻移栽田	稗草	225—375克/公顷	喷雾
PD20081923	稻瘟灵/40%/乳油/稻瘟灵 40%/2008.11.21 至 2013.11.21/低毒			
	水稻	稻瘟病	450-750克/公顷	喷雾
PD20081924	乙草胺/50%/乳油/乙草胺 50%/2008.11.21 至 2013.11.21/低毒			
	春玉米	部分阔叶杂草、一年生禾本科杂草	1500—1875克/公顷	土壤喷雾
PD20081926	丁草胺/900克/升/乳油/丁草胺 900克/升/2008.11.21 至 2013.11.21/低毒			
	移栽水稻田	一年生杂草	945-1350克/公顷	药土法
PD20082856	异丙草胺/720克/升/乳油/异丙草胺 720克/升/2008.12.09 至 2013.12.09/低毒			
	春玉米田	阔叶杂草、一年生禾本科杂草	1620-2160克/公顷(东北地区)	播后苗前土壤喷雾
	夏玉米田	阔叶杂草、一年生禾本科杂草	1404-1620克/公顷(其它地区)	播后苗前土壤喷雾
PD20085263	丁·扑/19%/可湿性粉剂/丁草胺 16%、扑草净 3%/2008.12.23 至 2013.12.23/低毒			
	水稻(旱育秧及半旱育秧田)	一年生杂草	1430-2380克/公顷	土壤喷雾
PD20085297	异丙草·莠/40%/悬浮剂/异丙草胺 24%、莠去津 16%/2008.12.23 至 2013.12.23/低毒			
	春玉米田	一年生杂草	1800-2400克/公顷(东北地区)	土壤喷雾
	夏玉米田	一年生杂草	1200-1500克/公顷(其它地区)	土壤喷雾
PD20085685	苄嘧·西草净/22%/可湿性粉剂/苄嘧磺隆 3%、西草净 19%/2008.12.26 至 2013.12.26/低毒			
	水稻移栽田	一年生阔叶杂草及莎草科杂草	330-396克/公顷	药土法
PD20085747	嗪酮·乙草胺/50%/乳油/嗪草酮 10%、乙草胺 40%/2008.12.26 至 2013.12.26/低毒			
	春大豆田、春玉米田	一年生杂草	1500-1875克/公顷	播后苗前土壤喷雾
PD20086280	西净·乙草胺/40%/乳油/西草净 10%、乙草胺 30%/2008.12.31 至 2013.12.31/低毒			
	春大豆田	一年生杂草	1200-1500克/公顷	播后苗前喷雾
	春玉米田	一年生杂草	1200-1500克/公顷	播后苗前喷雾
	花生田、夏大豆田	一年生杂草	900-1200克/公顷	播后苗前喷雾

PD20092309	乙草胺/90.5%/乳油/乙草胺 90.5%/2009.02.24 至 2014.02.24/低毒			
	春大豆田	一年生禾本科杂草及部分阔叶杂草	1498.5-2097.5克/公顷	土壤喷雾
	春玉米田	一年生禾本科杂草及部分阔叶杂草	1498.5-2097.9克/公顷	土壤喷雾
PD20094221	咪唑乙烟酸/50克/升/水剂/咪唑乙烟酸 50克/升/2009.03.31 至 2014.03.31/低毒			
	春大豆田	一年生杂草	75-112.5克/公顷	播后苗前土壤喷雾
PD20095080	莠去津/55%/悬浮剂/莠去津 55%/2009.04.22 至 2014.04.22/低毒			
	春玉米田	一年生杂草	2062.5-2475克/公顷	土壤喷雾
	夏玉米田	一年生杂草	1237.5-1650克/公顷	土壤喷雾
PD20095134	丙·莠·滴丁酯/45%/悬乳剂/2,4-滴丁酯 10.5%、异丙草胺 16.5%、莠去津 18%/2009.04.24 至 2014.04.24/低毒			
	春玉米田	一年生杂草	2025-2700克/公顷	土壤喷雾
PD20095359	丙·莠·滴丁酯/55%/悬乳剂/2,4-滴丁酯 10%、异丙草胺 20%、莠去津 25%/2009.04.27 至 2014.04.27/低毒			
	春玉米田	一年生杂草	2062.5-2887.5克/公顷	土壤喷雾
PD20096530	2,4-滴丁酯/57%/乳油/2,4-滴丁酯 57%/2009.08.20 至 2014.08.20/低毒			
	春小麦田	阔叶杂草	810-1080克/公顷	茎叶喷雾
	春玉米田	阔叶杂草	810-1080克/公顷	播后苗前土壤喷雾
PD20096647	扑·乙·滴丁酯/40%/乳油/2,4-滴丁酯 12%、扑草净 6%、乙草胺 22%/2009.09.02 至 2014.09.02/低毒			
	春大豆田、春玉米田	一年生杂草	1600-2000克/公顷	土壤喷雾
PD20097244	滴丁·乙草胺/78%/乳油/2,4-滴丁酯 28%、乙草胺 50%/2009.10.19 至 2014.10.19/低毒			
	春大豆田、春玉米田	一年生杂草	1989-2340克/公顷	土壤喷雾
LS20060899	松·喹·氟磺胺/18%/乳油/氟磺胺草醚 5.5%、精喹禾灵 1.5%、异噁草松 11%/2009.04.18 至 2010.04.18/低毒			
	春大豆	一年生杂草	540-675克/公顷	茎叶喷雾
LS20061142	异丙草胺/90%/原药/异丙草胺 90%/2009.05.15 至 2010.05.15/低毒			
LS20082084	苄·二氯/31%/泡腾粒剂/苄嘧磺隆 2%、二氯喹啉酸 29%/2009.04.15 至 2010.04.15/低毒			
	水稻移栽田	一年生及部分多年生杂草	325.5-372克/公顷	撒施
LS20082293	氯氟吡氧乙酸异辛酯/200克/升/乳油/氯氟吡氧乙酸异辛酯 200克/升/2009.04.21 至 2010.04.21/低毒			
	水田畦畔	水花生	150-210克/公顷	定向茎叶喷雾
	玉米田	一年生阔叶杂草	120-180克/公顷	茎叶喷雾
LS20082507	异丙草·莠/52%/悬乳剂/异丙草胺 26%、莠去津 26%/2009.04.22 至 2010.04.22/低毒			
	春玉米田	一年生杂草	1560-1950克/公顷	播后苗前土壤喷雾
	夏玉米田	一年生杂草	1170-1560克/公顷	播后苗前土壤喷雾
LS20090337	精喹禾灵/17.5%/乳油/精喹禾灵 17.5%/2009.03.09 至 2010.03.09/低毒			
	大豆田	一年生禾本科杂草	225-375毫升制剂/公顷	茎叶喷雾
LS20090395	乙草胺/999克/升/乳油/乙草胺 999克/升/2009.03.16 至 2010.03.16/低毒			
	玉米田	一年生禾本科杂草及部分小粒种子阔叶杂草	春玉米：1348.7-1650克/公顷 夏玉米：750-1348.7克/公顷	播后苗前土壤喷雾
LS20090478	异丙草·莠/60%/悬乳剂/异丙草胺 30%、莠去津 30%/2009.03.18 至 2010.03.18/低毒			
	玉米	一年生杂草	2850－3450克制剂/公顷(东北地区) 1500－2250克制剂/公顷（其他地区）	播后苗前土壤喷雾
LS20090503	莠去津/60%/悬浮剂/莠去津 60%/2009.03.18 至 2010.03.18/低毒			
	玉米田	一年生杂草	春玉米：200－250毫升制剂/亩 夏玉米：150－200毫升制剂/亩	播后苗前土壤喷雾
LS20090506	2甲·莠灭净/48%/可湿性粉剂/2甲4氯钠 8%、莠灭净 40%/2009.03.18 至 2010.03.18/低毒			
	甘蔗	一年生杂草	1440－1800克/公顷	茎叶喷雾
LS20090648	乙·莠/62%/悬乳剂/乙草胺 31%、莠去津 31%/2009.03.23 至 2010.03.23/低毒			
	玉米田	一年生杂草	170－210毫升制剂/亩（东北） 90－150毫升制剂/亩（其他）	播后苗前土壤喷雾
LS20090757	烟嘧·莠去津/40%/油悬浮剂/烟嘧磺隆 4%、莠去津 36%/2009.03.31 至 2010.03.31/低毒			
	玉米田	一年生杂草	80－100毫升制剂/亩	茎叶喷雾
LS20090894	氯氟吡氧乙酸异辛酯/200克/升/乳油/氯氟吡氧乙酸异辛酯 200克/升/2009.04.09 至 2010.04.09/低毒			
	小麦田	一年生阔叶杂草	150-210克/公顷	茎叶喷雾
LS20090949	2甲·灭·敌隆/55%/可湿性粉剂/敌草隆 15%、2甲4氯钠 10%、莠灭净 30%/2009.04.10 至 2010.04.10/低毒			
	甘蔗田	一年生杂草	1237.5－2062.5克/公顷	定向茎叶喷雾
LS20091067	磺草酮/15%/水剂/磺草酮 15%/2009.04.15 至 2010.04.15/低毒			
	玉米田	一年生杂草	200-300毫升制剂/亩	茎叶喷雾
LS20091094	磺草·莠去津/40%/悬浮剂/磺草酮 10%、莠去津 30%/2009.04.15 至 2010.04.15/低毒			
	玉米田	一年生杂草	200-300毫升制剂/亩	茎叶喷雾
LS20091168	氟胺·烯禾啶/31.5%/乳油/氟磺胺草醚 14%、烯禾啶 17.5%/2009.04.22 至 2010.04.22/低毒			
	大豆田	一年生杂草	70－80毫升制剂/亩	茎叶喷雾

吉林美联化学品有限公司　（吉林省吉林市吉林哈达湾工业开发区　132002　0432-2748700）				
PD85112-13	莠去津/38%/悬浮剂/莠去津 38%/2005.04.28 至 2010.04.28/低毒			
	茶园	一年生杂草	1125-1875克/公顷	喷于地表
	甘蔗	一年生杂草	1050-1500克/公顷	喷于地表
	高粱、糜子、玉米	一年生杂草	1800-2250克/公顷(东北地区)	喷于地表
	公路、森林、铁路	一年生杂草	0.8-2克/平方米	喷于地表
	红松苗圃	一年生杂草	0.2-0.3克/平方米	喷于地表
	梨树(12年以上树龄)、苹果树(12年以上树龄)	一年生杂草	1625-1875克/公顷(东北地区)	喷于地表
	橡胶园	一年生杂草	2250-3750克/公顷	喷于地表
PD20082170	乙草胺/50%/乳油/乙草胺 50%/2008.11.26 至 2013.11.26/低毒			
	大豆田	一年生杂草	1）春大豆1500-1875克公顷 2）夏大豆：900-1125克/公顷	土壤喷雾
	玉米田	一年生杂草	1）春玉米1500-1875克公顷 2）夏玉米：900-1125克/公顷	土壤喷雾
PD20082881	乙·莠/40%/悬乳剂/乙草胺 15%、莠去津 25%/2008.12.09 至 2013.12.09/低毒			
	春玉米田	一年生杂草	1800-2400克/公顷(东北地区)	播后苗前土壤喷雾
	夏玉米田	一年生杂草	1200-1500克/公顷(其它地区)	播后苗前土壤喷雾
PD20085874	西净·乙草胺/40%/乳油/西草净 10%、乙草胺 30%/2008.12.29 至 2013.12.29/低毒			
	春大豆田	一年生杂草	1200-1500克/公顷	播后苗前喷雾
	花生田、夏大豆田、夏玉米田	一年生杂草	900-1200克/公顷	播后苗前喷雾
PD20091899	丁·扑/40%/乳油/丁草胺 30%、扑草净 10%/2009.02.09 至 2014.02.09/低毒			
	水稻秧田	一年生杂草	16-20克/100平方米	土壤喷雾
LS20070607	乙草胺/900克/升/乳油/乙草胺 900克/升/2009.03.20 至 2010.03.21/低毒			
	春玉米田	一年生禾本科杂草及部分阔叶杂草	1350-1890克/公顷	土壤喷雾
	夏玉米田	一年生禾本科杂草及部分阔叶杂草	1080-1350克/公顷	土壤喷雾
LS20070872	丁·西/40%/乳油/丁草胺 30%、西草净 10%/2009.04.11 至 2010.04.12/低毒			
	移栽水稻田	禾本科杂草、莎草、一年生阔叶杂草	900-1200克/公顷(东北地区) 720-900克/公顷(其它地区)	毒土法
LS20081213	乙·莠· 滴丁酯/53%/悬乳剂/2,4-滴丁酯 8%、乙草胺 30%、莠去津 15%/2009.03.10 至 2010.03.10/低毒			
	春玉米田	一年生杂草	2385-3180克/公顷	土壤喷雾
吉林省八达农药有限公司　（吉林省四平市公主岭市西兴华街9号　136100　0434-6351819）				
PD20040449	哒螨灵/20%/可湿性粉剂/哒螨灵 20%/2009.12.19 至 2014.12.19/低毒			
	棉花	红蜘蛛	60-90克/公顷	喷雾
	苹果树	红蜘蛛	50-67毫克/千克	喷雾
	注:在棉花的登记有效期至2006年1月12日。			
PD20040494	吡虫啉/10%/可湿性粉剂/吡虫啉 10%/2009.12.19 至 2014.12.19/低毒			
	水稻	稻飞虱	15-30克/公顷	喷雾
PD20040574	哒螨灵/15%/乳油/哒螨灵 15%/2009.12.19 至 2014.12.19/中等毒			
	柑橘树、苹果树	红蜘蛛	50-67毫克/千克	喷雾
PD20080430	高效氯氟氰菊酯/25克/升/乳油/高效氯氟氰菊酯 25克/升/2008.03.10 至 2013.03.10/中等毒			
	棉花	棉铃虫	18.75-26.25克/公顷	喷雾
PD20080829	苄嘧·苯噻酰/60%/可湿性粉剂/苯噻酰草胺 56.5%、苄嘧磺隆 3.5%/2008.06.20 至 2013.06.20/低毒			
	水稻移栽田	部分多年生杂草、一年生杂草	630-810克/公顷	药土法
PD20080869	苯噻酰草胺/50%/可湿性粉剂/苯噻酰草胺 50%/2008.06.27 至 2013.06.27/低毒			
	水稻移栽田	稗草等杂草	525－600克/公顷	药土法
PD20081375	噻吩磺隆/15%/可湿性粉剂/噻吩磺隆 15%/2008.10.27 至 2013.10.27/低毒			
	春大豆	一年生阔叶杂草	22.5-27克/公顷	土壤喷雾
	冬小麦	一年生阔叶杂草	22.5-33.8克/公顷	茎叶喷雾
	夏大豆	一年生阔叶杂草	18-22.5克/公顷	土壤喷雾
PD20081378	啶虫脒/3%/乳油/啶虫脒 3%/2008.10.27 至 2013.10.27/低毒			
	柑橘树	蚜虫	6-10毫克/千克	喷雾
PD20081387	苄·二氯/36%/可湿性粉剂/苄嘧磺隆 5%、二氯喹啉酸 31%/2008.10.28 至 2013.10.28/低毒			
	水稻移栽田	部分多年生杂草、一年生杂草	270-324克/公顷	喷雾或药土法
PD20081512	戊唑醇/2%/湿拌种剂/戊唑醇 2%/2008.11.06 至 2013.11.06/低毒			
	玉米	丝黑穗病	8-12克/100千克种子	拌种
PD20081536	咪鲜胺/250克/升/乳油/咪鲜胺 250克/升/2008.11.11 至 2013.11.11/低毒			
	柑橘	蒂腐病、绿霉病、青霉病、炭疽病	250-500毫克/千克	浸果
	水稻	恶苗病	2000-4000倍液	浸种

PD20081544	二氯喹啉酸/50%/可湿性粉剂/二氯喹啉酸 50%/2008.11.11 至 2013.11.11/低毒			
	水稻移栽田	稗草等杂草	225—375克/公顷	喷雾或药土法
PD20081687	稻瘟灵/40%/乳油/稻瘟灵 40%/2008.11.17 至 2013.11.17/低毒			
	水稻	稻瘟病	564—675克/公顷	喷雾
PD20081769	苄嘧磺隆/30%/可湿性粉剂/苄嘧磺隆 30%/2008.11.18 至 2013.11.18/低毒			
	水稻移栽田	多年生莎草、阔叶杂草	45-67.5克/公顷	药土法
PD20081858	莠去津/38%/悬浮剂/莠去津 38%/2008.11.20 至 2013.11.20/低毒			
	春玉米	一年生杂草	1710-2318克/公顷	土壤喷雾
	夏玉米	一年生杂草	1140-1710克/公顷	土壤喷雾
PD20081940	苄嘧磺隆/10%/可湿性粉剂/苄嘧磺隆 10%/2008.11.24 至 2013.11.24/低毒			
	水稻移栽田	阔叶杂草及莎草科杂草	30—45克/公顷	药土法
PD20081941	多效唑/15%/可湿性粉剂/多效唑 15%/2008.11.24 至 2013.11.24/低毒			
	水稻秧田	控制生长	200—300毫克/千克	茎叶喷雾
PD20081951	霜脲·锰锌/72%/可湿性粉剂/代森锰锌 64%、霜脲氰 8%/2008.11.24 至 2013.11.24/低毒			
	黄瓜	霜霉病	1440—1800克/公顷	喷雾
PD20082143	乙草胺/900克/升/乳油/乙草胺 900克/升/2008.11.25 至 2013.11.25/低毒			
	春大豆田	一年生禾本科杂草及部分阔叶杂草	1350-1890克/公顷(东北地区)	土壤喷雾
	春玉米田	部分阔叶杂草、一年生禾本科杂草	1350-1890克/公顷(东北地区)	土壤喷雾
	夏大豆田	一年生禾本科杂草及部分阔叶杂草	1080-1350克/公顷(其它地区)	土壤喷雾
	夏玉米田	部分阔叶杂草、一年生禾本科杂草	1080-1350克/公顷(其它地区)	土壤喷雾
PD20082574	异噁草松/48%/乳油/异噁草松 48%/2008.12.04 至 2013.12.04/低毒			
	春大豆田	一年生杂草	1008-1224克/公顷	播后苗前土壤喷雾
PD20082617	阿维菌素/1.8%/乳油/阿维菌素 1.8%/2008.12.04 至 2013.12.04/中等毒(原药高毒)			
	十字花科蔬菜	小菜蛾	8.1-10.8克/公顷	喷雾
PD20083050	苄嘧磺隆/32%/可湿性粉剂/苄嘧磺隆 32%/2008.12.10 至 2013.12.10/低毒			
	移栽水稻田	一年生阔叶杂草及莎草科杂草	36-48克/公顷(南方地区) 48-72克/公顷(东北地区)	药土法
PD20083094	氟磺胺草醚/250克/升/水剂/氟磺胺草醚 250克/升/2008.12.10 至 2013.12.10/低毒			
	春大豆田	一年生阔叶杂草	1800-2250毫升/公顷(制剂)	茎叶喷雾
	夏大豆田	一年生阔叶杂草	1500-1800毫升/公顷(制剂)	茎叶喷雾
PD20083133	丁草胺/900克/升/乳油/丁草胺 900克/升/2008.12.10 至 2013.12.10/低毒			
	移栽水稻田	一年生杂草	945-1350克/公顷	药土法
PD20083403	精喹禾灵/5%/乳油/精喹禾灵 5%/2008.12.11 至 2013.12.11/低毒			
	春大豆田	一年生禾本科杂草	52.5-75克/公顷	茎叶喷雾
	冬油菜田	一年生禾本科杂草	37.5-52.5克/公顷	茎叶喷雾
	棉花田	一年生禾本科杂草	45-60克/公顷	茎叶喷雾
PD20083535	百草枯/200克/升/水剂/百草枯 200克/升/2008.12.12 至 2013.12.12/低毒			
	稻茬免耕小麦田	杂草	450-600克/公顷	土壤喷雾
	玉米田	杂草	450-600克/公顷	定向茎叶喷雾
PD20083536	高效氟吡甲禾灵/108克/升/乳油/高效氟吡甲禾灵 108克/升/2008.12.12 至 2013.12.12/低毒			
	油菜田	一年生禾本科杂草	30-45克/公顷	茎叶喷雾
PD20083574	草除灵/30%/悬浮剂/草除灵 30%/2008.12.12 至 2013.12.12/低毒			
	冬油菜田	一年生阔叶杂草	750-975毫升/公顷(制剂)	茎叶喷雾
PD20083590	草甘膦异丙胺盐/410克/升/水剂/草甘膦异丙胺盐 410克/升/2008.12.12 至 2013.12.12/低毒			
	柑橘园	杂草	3000-6000毫升/公顷(制剂)	定向茎叶喷雾
PD20083601	乙草胺/50%/乳油/乙草胺 50%/2008.12.12 至 2013.12.12/低毒			
	春大豆田、春玉米田	一年生禾本科杂草及部分阔叶杂草	1498.5-2081.25克/公顷	土壤喷雾
	夏大豆田、夏玉米田	一年生禾本科杂草及部分阔叶杂草	999-1498.5克/公顷	土壤喷雾
PD20083842	精喹禾灵/8.8%/乳油/精喹禾灵 8.8%/2008.12.15 至 2013.12.15/低毒			
	春大豆田	一年生禾本科杂草	52.8-72.6克/公顷	茎叶喷雾
	春油菜	一年生禾本科杂草	52.8-79.2克/公顷	茎叶喷雾
	冬油菜田、夏大豆田	一年生禾本科杂草	39.6-52.8克/公顷	茎叶喷雾
PD20084590	甲霜·福美双/50%/干拌种剂/福美双 41%、甲霜灵 9%/2008.12.18 至 2013.12.18/低毒			
	水稻	苗期立枯病	1:400-500(药种比)	浸种后拌药
PD20084664	福·克/15%/悬浮种衣剂/福美双 7%、克百威 8%/2008.12.22 至 2013.12.22/中等毒(原药高毒)			
	玉米	地下害虫、苗期病害	1:40-50(药种比)	种子包衣
PD20084705	甲霜·福美双/15%/悬浮种衣剂/福美双 13%、甲霜灵 2%/2008.12.22 至 2013.12.22/低毒			
	水稻	恶苗病、立枯病	1:40-50(药种比)	种子包衣
PD20084883	甲柳·福美双/15%/悬浮种衣剂/福美双 10%、甲基异柳磷 5%/2008.12.22 至 2013.12.22/低毒(原药高毒)			
	玉米	地下害虫、茎基腐病	1:40-50(药种比)	种子包衣
PD20085065	甲霜·福美双/38%/可湿性粉剂/福美双 29%、甲霜灵 9%/2008.12.23 至 2013.12.23/低毒			
	黄瓜	猝倒病	0.76-1.14克/平方米	苗床浇洒

	水稻苗床	立枯病	5700-9505.5克/公顷	苗床浇洒
PD20085369	灭多威/90%/可溶粉剂/灭多威 90%/2008.12.24 至 2013.12.24/高毒			
	甘蓝	菜青虫	202.5-337.5克/公顷	喷雾
PD20085642	咪唑乙烟酸/50克/升/水剂/咪唑乙烟酸 50克/升/2008.12.26 至 2013.12.26/低毒			
	春大豆田	一年生杂草	75－105克/公顷(东北地区)	茎叶喷雾
PD20085643	吡嘧磺隆/10%/可湿性粉剂/吡嘧磺隆 10%/2008.12.26 至 2013.12.26/低毒			
	水稻移栽田	阔叶杂草、莎草科杂草	22.5－30克/公顷	药土法
PD20085801	苯磺隆/10%/可湿性粉剂/苯磺隆 10%/2008.12.29 至 2013.12.29/低毒			
	冬小麦田	一年生阔叶杂草	13.5－22.5克/公顷	茎叶喷雾
PD20086237	毒死蜱/40%/乳油/毒死蜱 40%/2008.12.31 至 2013.12.31/中等毒			
	水稻	稻纵卷叶螟	600-750克/公顷	喷雾
PD20090831	扑·乙/40%/乳油/扑草净 10%、乙草胺 30%/2009.01.19 至 2014.01.19/低毒			
	春玉米田	一年生杂草	1500-1800克/公顷	播后苗前，土壤喷雾
	花生田、夏玉米田	一年生杂草	1200-1500克/公顷	播后苗前，土壤喷雾
PD20090870	戊唑·克百威/7.5%/悬浮种衣剂/克百威 7%、戊唑醇 0.5%/2009.01.19 至 2014.01.19/中等毒(原药高毒)			
	玉米	地下害虫、丝黑穗病	1:40-50(药种比)	种子包衣
PD20090986	甲柳·三唑醇/7.5%/悬浮种衣剂/甲基异柳磷 4.7%、三唑醇 2.8%/2009.01.20 至 2014.01.20/高毒			
	小麦	地下害虫、散黑穗病	1:80-100(药种比)	种子包衣
	玉米	地下害虫、丝黑穗病	1:35-40(药种比)	种子包衣
PD20091424	苄·乙/20%/可湿性粉剂/苄嘧磺隆 4.5%、乙草胺 15.5%/2009.02.02 至 2014.02.02/低毒			
	水稻移栽田	一年生杂草	84-118克/公顷(南方地区)	药土法
PD20091547	丁·扑/19%/可湿性粉剂/丁草胺 16%、扑草净 3%/2009.02.03 至 2014.02.03/低毒			
	水稻秧田	一年生杂草	1500-2000克/公顷(东北地区)	毒土法
PD20091739	烯唑·福美双/15%/悬浮剂/福美双 13%、烯唑醇 2%/2009.02.04 至 2014.02.04/低毒			
	梨树	黑星病	800-1200倍液	喷雾
PD20091792	多·福·克/26%/悬浮种衣剂/多菌灵 8%、福美双 11%、克百威 7%/2009.02.04 至 2014.02.04/高毒			
	大豆	地下害虫、根腐病	1:40-50(药种比)	种子包衣
PD20091936	氰戊·马拉松/20%/乳油/马拉硫磷 15%、氰戊菊酯 5%/2009.02.12 至 2014.02.12/低毒			
	苹果树	桃小食心虫	200-250毫克/千克	喷雾
PD20092093	多·福·克/30%/悬浮种衣剂/多菌灵 10%、福美双 10%、克百威 10%/2009.02.16 至 2014.02.16/高毒			
	大豆	地下害虫、根腐病	1:50-60(药种比)	种子包衣
PD20092233	百草枯/250克/升/水剂/百草枯 250克/升/2009.02.24 至 2014.02.24/中等毒			
	非耕地	一年生和多年生杂草	562.5-750克/公顷	茎叶喷雾
PD20092583	精噁唑禾草灵/100克/升/乳油/精噁唑禾草灵 100克/升/2009.02.27 至 2014.02.27/低毒			
	冬小麦田	看麦娘、野燕麦等一年生禾本科杂草	75－90克/公顷	茎叶喷雾
PD20093157	高氯·马/30%/乳油/高效氯氰菊酯 1.5%、马拉硫磷 28.5%/2009.03.11 至 2014.03.11/中等毒			
	苹果树	黄蚜	1000-2000倍液	喷雾
PD20093442	嗪酮·乙草胺/50%/乳油/嗪草酮 10%、乙草胺 40%/2009.03.23 至 2014.03.23/低毒			
	春大豆田、春玉米田	一年生杂草	1500-1875克/公顷(东北地区)	土壤喷雾
	夏大豆田、夏玉米田	一年生杂草	900-1125克/公顷(其他地区)	土壤喷雾
PD20093980	烯草酮/24%/乳油/烯草酮 24%/2009.03.27 至 2014.03.27/低毒			
	冬油菜田	一年生禾本科杂草	54-72克/公顷	茎叶喷雾
PD20094983	甲霜·福美双/1%/微粒剂/福美双 0.75%、甲霜灵 0.25%/2009.04.21 至 2014.04.21/低毒			
	水稻	苗期立枯病	0.5-0.9克/平方米	药土法
PD20095411	滴丁·乙草胺/51%/乳油/2,4-滴丁酯 15%、乙草胺 36%/2009.05.11 至 2014.05.11/低毒			
	春大豆田、春玉米田	一年生杂草	1683-1912.5克/公顷(东北地区)	喷雾
PD20095522	烟嘧磺隆/40克/升/油悬浮剂/烟嘧磺隆 40克/升/2009.05.11 至 2014.05.11/低毒			
	玉米田	一年生杂草	42-60克/公顷	茎叶喷雾
PD20095804	烯唑·福美双/15%/悬浮种衣剂/福美双 13%、烯唑醇 2%/2009.05.27 至 2014.05.27/低毒			
	玉米	丝黑穗病	1:30-40(药种比)	种子包衣
PD20096350	苄·丁/35%/可湿性粉剂/苄嘧磺隆 1.5%、丁草胺 33.5%/2009.07.28 至 2014.07.28/低毒			
	水稻抛栽田	部分多年生杂草、一年生杂草	630－787.5克/公顷(南方地区)	药土法
LS20050527	异丙草·莠/40%/悬浮剂/异丙草胺 24%、莠去津 16%/2008.02.26 至 2009.02.25/低毒			
	春玉米	一年生杂草	1800-2400克/公顷(东北地区)	土壤喷雾
	夏玉米	一年生杂草	1050-1500克/公顷(华北地区)	土壤喷雾
LS20050766	氯嘧·乙草胺/43%/乳油/氯嘧磺隆 0.5%、乙草胺 42.5%/2008.03.28 至 2009.03.28/低毒			
	春大豆	一年生杂草	1161-1548克/公顷	土壤喷雾
LS20051616	啶虫脒/3%/可湿性粉剂/啶虫脒 3%/2008.04.29 至 2009.04.29/低毒			
	柑橘树	蚜虫	7.5-10毫克/千克	喷雾
LS20053338	磺草酮/15%/水剂/磺草酮 15%/2008.10.17 至 2009.10.17/低毒			
	春玉米	一年生杂草	675-787.5克/公顷	喷雾

夏玉米　一年生杂草　450-562.5克/公顷　喷雾

LS20060138　扑·乙·滴丁酯/60%/乳油/2,4-滴丁酯 15%、扑草净 2%、乙草胺 43%/2009.01.25 至 2010.01.25/低毒

春玉米　一年生杂草　1575-1800克/公顷　土壤喷雾

LS20060417　喹·唑·氟磺胺/20%/乳油/氟磺胺草醚 15%、精喹禾灵 3%、咪唑乙烟酸 2%/2009.03.06 至 2010.03.06/低毒

春大豆　一年生杂草　300-360克/公顷　茎叶喷雾

LS20060418　咪唑乙烟酸/10%/水剂/咪唑乙烟酸 10%/2009.03.06 至 2010.03.06/低毒

春大豆　一年生杂草　75-90克/公顷　茎叶喷雾

LS20060449　阿维·辛硫磷/20%/可湿性粉剂/阿维菌素 0.2%、辛硫磷 19.8%/2009.03.07 至 2010.03.07/低毒(原药高毒)

十字花科蔬菜　小菜蛾　90-120克/公顷　喷雾

LS20061869　氯氟吡氧乙酸/200克/升/乳油/氯氟吡氧乙酸 200克/升/2009.11.21 至 2010.11.21/低毒

冬小麦　一年生阔叶杂草　150-198克/公顷　茎叶喷雾

LS20070008　草甘膦/58%/可溶粉剂/草甘膦 58%/2009.01.16 至 2010.01.16/低毒

非耕地　一年生和多年生杂草　1125-2175克/公顷　茎叶喷雾

LS20070369　精喹禾灵/15.8%/乳油/精喹禾灵 15.8%/2009.03.05 至 2010.03.05/低毒

花生　禾本科杂草　35.6-52.1克/公顷　茎叶喷雾

LS20070372　吡·戊·福美双/20%/悬浮种衣剂/吡虫啉 5%、福美双 14.4%、戊唑醇 0.6%/2009.03.05 至 2010.03.05/低毒

玉米　地下害虫、丝黑穗病　333.3-400克/100千克种子（药种比1：60-1：50）　种子包衣

LS20070373　丁·戊·福美双/18%/悬浮种衣剂/丁硫克百威 7%、福美双 10.4%、戊唑醇 0.6%/2009.03.06 至 2010.03.06/中等毒

玉米　地下害虫、丝黑穗病　300-450克/100千克种子（药种比1：60-1：50）　种子包衣

LS20070618　辛酰溴苯腈/25%/乳油/辛酰溴苯腈 25%/2009.03.22 至 2010.03.22/低毒

春玉米田　一年生阔叶杂草　375-525克/公顷　茎叶喷雾

夏玉米田　一年生阔叶杂草　262.5-375克/公顷　茎叶喷雾

LS20070889　咪唑乙烟酸/18.8%/水剂/咪唑乙烟酸 18.8%/2009.04.13 至 2010.04.13/低毒

春大豆田　一年生杂草　70.5-84.6克/公顷　茎叶喷雾

LS20070895　滴·莠·丁草胺/48%/悬乳剂/2,4-滴丁酯 5%、丁草胺 24%、莠去津 19%/2009.04.13 至 2010.04.13/低毒

春玉米田　一年生杂草　1800-2160克/公顷　播后苗前土壤喷雾

LS20070948　松·喹·氟磺胺/20.8%/乳油/氟磺胺草醚 7%、精喹禾灵 1.8%、异噁草松 12%/2009.04.20 至 2010.04.20/低毒

春大豆田　一年生杂草　468-624克/公顷　茎叶喷雾

LS20070950　乙羧氟草醚/10%/微乳剂/乙羧氟草醚 10%/2009.04.20 至 2010.04.20/低毒

春大豆田　阔叶杂草　60-90克/公顷　茎叶喷雾

夏大豆田　阔叶杂草　45-60克/公顷　茎叶喷雾

LS20071730　咪唑喹啉酸/10%/水剂/咪唑喹啉酸 10%/2009.07.03 至 2010.07.04/低毒

春大豆田　一年生杂草　112.5-150克/公顷　茎叶喷雾

LS20071904　阿维·毒死蜱/30%/可湿性粉剂/阿维菌素 0.3%、毒死蜱 29.7%/2009.08.02 至 2010.08.03/低毒

水稻　稻纵卷叶螟　135-225克/公顷　喷雾

LS20072629　烯酮·草除灵/33%/悬浮剂/草除灵 25%、烯草酮 8%/2009.12.09 至 2010.12.10/低毒

冬油菜田　一年生杂草　198-247.5克/公顷　茎叶喷雾

LS20080362　乙·噁·滴丁酯/60%/乳油/2,4-滴丁酯 16%、乙草胺 40%、异噁草松 4%/2009.02.20 至 2010.02.20/低毒

春大豆　一年生杂草　1350-1800克/公顷　土壤喷雾

LS20080369　乙·莠· 滴丁酯/62%/悬浮剂/2,4-滴丁酯 12%、乙草胺 35%、莠去津 15%/2009.02.20 至 2010.02.20/低毒

春玉米田　一年生杂草　1860-2325克/公顷　土壤喷雾

LS20081321　莎稗磷/40%/乳油/莎稗磷 40%/2009.03.14 至 2010.03.14/低毒

水稻移栽田　稗草、千金子等禾本科杂草　1)225-270克/公顷(长江以南) 2)270-315克/公顷(长江以北)　毒土法

LS20081474　萎锈·福美双/400克/升/悬浮剂/福美双 200克/升、萎锈灵 200克/升/2009.03.28 至 2010.03.28/低毒

玉米　丝黑穗病　160-200克/100千克种子　拌种

LS20081637　苯甲·丙环唑/300克/升/乳油/苯醚甲环唑 150克/升、丙环唑 150克/升/2009.04.04 至 2010.04.04/低毒

水稻　稻曲病、纹枯病　67.5-90克/公顷　喷雾

LS20082280　咪鲜胺/25%/微乳剂/咪鲜胺 25%/2009.04.22 至 2010.04.22/低毒

水稻　稻瘟病　225-375克/公顷　喷雾

LS20083083　精噁唑禾草灵/10.8%/水乳剂/精噁唑禾草灵 10.8%/2009.10.21 至 2010.10.21/低毒

冬小麦田　一年生禾本科杂草　600-750毫升(制剂)/公顷　茎叶喷雾

LS20083147　异丙草·莠/52%/悬乳剂/异丙草胺 32%、莠去津 20%/2009.11.17 至 2010.11.17/低毒

春玉米田　一年生杂草　1482-2340克/公顷　播后苗前土壤喷雾

夏玉米田　一年生杂草　1053-1482克/公顷　播后苗前土壤喷雾

LS20090348　顺式氯氰菊酯/19.6%/种子处理乳剂/顺式氯氰菊酯 19.6%/2009.03.13 至 2010.03.13/低毒

玉米　金针虫、蝼蛄、蛴螬　35-40克/100千克种子　种子包衣

LS20090411　烟嘧磺隆/200克/升/油悬浮剂/烟嘧磺隆 200克/升/2009.03.16 至 2010.03.16/低毒

玉米田　一年生杂草　42-60克/公顷　茎叶喷雾

LS20090505　滴丁·烟嘧/15.8%/悬浮剂/2,4-滴丁酯 12.8%、烟嘧磺隆 3%/2009.03.18 至 2010.03.18/低毒

春玉米田　一年生杂草　189.6-237克/公顷　茎叶喷雾

LS20090530　灭·喹·氟磺胺/30%/乳油/氟磺胺草醚 20%、精喹禾灵 6.5%、灭草松 3.5%/2009.03.18 至 2010.03.18/低毒

大豆田　一年生杂草　50－100毫升制剂/亩　茎叶喷雾

花生田　一年生杂草　50－70毫升制剂/亩　茎叶喷雾

LS20090531　戊唑醇/6%/悬浮种衣剂/戊唑醇 6%/2009.03.18 至 2010.03.18/低毒

玉米　丝黑穗病　6-12克/100千克种子　种子包衣

LS20090554　乙·嗪·滴丁酯/78%/乳油/2,4-滴丁酯 20%、嗪草酮 5%、乙草胺 53%/2009.03.19 至 2010.03.19/低毒

大豆田、玉米田　一年生杂草　130－150毫升制剂/亩(东北地区)　播后苗前土壤
70－100毫升制剂/亩(其他地区)　喷雾

LS20090574　烟嘧·莠去津/20%/悬浮剂/烟嘧磺隆 3%、莠去津 17%/2009.03.19 至 2010.03.19/低毒

玉米　一年生杂草　240-300克/公顷　茎叶喷雾

LS20090649　丁硫·吡虫啉/30%/悬浮剂/吡虫啉 7.5%、丁硫克百威 22.5%/2009.03.24 至 2010.03.24/中等毒

水稻　稻飞虱　103.5-121.5克/公顷　喷雾

LS20090742　烟嘧·莠去津/85%/可湿性粉剂/烟嘧磺隆 9%、莠去津 76%/2009.03.31 至 2010.03.31/低毒

玉米田　一年生杂草　382.5-573.75克/公顷　茎叶喷雾

LS20090772　滴异·莠去津/51%/悬浮剂/2,4-滴异辛酯 15%、莠去津 36%/2009.03.31 至 2010.03.31/低毒

玉米田　一年生阔叶杂草　100－160毫升制剂/亩（春玉米）　播后苗前土壤喷
70－100毫升制剂/亩（夏玉米）　雾

LS20090773　滴丁·烟嘧/40%/悬浮剂/2,4-滴丁酯 32%、烟嘧磺隆 8%/2009.03.31 至 2010.03.31/低毒

春玉米田　一年生杂草　40－50mL制剂/亩　茎叶喷雾

LS20090812　氰氟草酯/15%/乳油/氰氟草酯 15%/2009.04.03 至 2010.04.03/低毒

直播水稻(南方)　一年生禾本科杂草　32-48毫升制剂/亩　茎叶喷雾

LS20090866　扑·乙·滴丁酯/72%/乳油/2,4-滴丁酯 17%、扑草净 10%、乙草胺 45%/2009.04.09 至 2010.04.09/低毒

大豆田、玉米田　一年生杂草　180－210毫升制剂/亩（东北）　播后苗前土壤
120－150毫升制剂/亩（其他）　喷雾

LS20090879　乙·嗯·滴丁酯/81.8%/乳油/2,4-滴丁酯 24%、乙草胺 49%、异噁草松 8.8%/2009.04.09 至 2010.04.09/低毒

春大豆田　一年生杂草　130－150毫升制剂/亩　播后苗前土壤
喷雾

LS20090986　甲霜·戊唑醇/6%/悬浮种衣剂/甲霜灵 1%、戊唑醇 5%/2009.04.10 至 2010.04.10/低毒

玉米　茎基腐病、丝黑穗病　6-12克/100千克种子　拌种、包衣

LS20091025　草甘膦异丙胺盐（47%）///水剂/草甘膦 35%/2009.04.13 至 2010.04.13/低毒

非耕地　杂草　1164-2982.75克/公顷　茎叶喷雾

LS20091166　烟嘧·乙·莠/47%/油悬浮剂/烟嘧磺隆 1.5%、乙草胺 25.5%、莠去津 20%/2009.04.21 至 2010.04.21/低毒

春玉米田　一年生杂草　200-250毫升制剂/亩　茎叶喷雾

夏玉米田　一年生杂草　150-200毫升制剂/亩　茎叶喷雾

吉林省长白山化工有限公司　（吉林省临江市迎宾路2669号滨江楼　134600　0439-6133555）

WL20070025　杀虫粉剂/85%/粉剂/硅藻土 85%/2009.02.07 至 2010.02.07/微毒

卫生　蜚蠊、蚂蚁　3克制剂/平方米　撒布

吉林省长春阿尔丹化工有限公司　（高新技术开发区火炬路1239号　130012　0431-5184333）

WP20090017　杀蟑饵剂/30%/饵剂/硼酸 30%/2009.01.08 至 2014.01.08/低毒

卫生　蜚蠊　/　投饵

吉林省长春市长双农药有限公司　（吉林省长春市宽城区兰家镇兰西大路4055号　130114　0431-82620782）

PD20084616　咪锰·多菌灵/50%/可湿性粉剂/多菌灵 40%、咪鲜胺锰盐 10%/2008.12.18 至 2013.12.18/低毒

水稻　恶苗病　166.7-250毫克/千克　浸种

PD20085008　甲霜·福美双/38%/可湿性粉剂/福美双 33%、甲霜灵 5%/2008.12.22 至 2013.12.22/低毒

水稻　立枯病　117.8-136.8克/100千克种子　拌种

PD20097745　苄嘧磺隆/30%/可湿性粉剂/苄嘧磺隆 30%/2009.11.12 至 2014.11.12/低毒

水稻移栽田　一年生阔叶杂草及莎草科杂草　45-67.5克/公顷　毒土法

LS20060607　咪锰·甲霜灵/20%/可湿性粉剂/甲霜灵 10%、咪鲜胺锰盐 10%/2009.03.23 至 2010.03.23/低毒

水稻　立枯病　0.8-1.2克/平方米(商品量)　苗床喷雾

LS20070362　甲霜·噁霉灵/3%/水剂/噁霉灵 2.5%、甲霜灵 0.5%/2009.03.04 至 2010.03.05/低毒

水稻　立枯病　0.36-0.54克/平方米　苗床喷雾

LS20070567　三苯基乙酸锡/25%/可湿性粉剂/三苯基乙酸锡 25%/2009.03.20 至 2010.03.21/低毒

水稻　水绵　405-472.5克/公顷　毒土法

LS20071923　莎稗磷/30%/乳油/莎稗磷 30%/2009.08.07 至 2010.08.08/低毒

水稻移栽田　莎草及稗草　225-270克/公顷(南方地区)，270-315克/公顷(北方地区)　毒土法

LS20090236　精甲·噁霉灵/3%/水剂/噁霉灵 2.5%、精甲霜灵 .5%/2009.02.13 至 2010.02.13/低毒

水稻　立枯病　0.36-0.48克/平方米　苗床喷洒

LS20090732　咪鲜·稻瘟灵/40%/乳油/稻瘟灵 30%、咪鲜胺 10%/2009.03.31 至 2010.03.31/低毒

	水稻	稻瘟病	420-660克/公顷	喷雾
LS20091438	丁·扑/12%/可湿性粉剂/丁草胺 10%、扑草净 2%/2009.11.12 至 2010.11.12/低毒			
	水稻旱秧田	一年生杂草	1440-1800克/公顷	毒土法

吉林省长春市恒大实业有限责任公司 (吉林省长春市卡伦经济技术开发区 130507 0431-2557329)

PD20090691	克·醇·福美双/15%/悬浮种衣剂/福美双 6%、克百威 7%、三唑醇 2%/2009.01.19 至 2014.01.19/低毒(原药高毒)			
	玉米	地下害虫、黑穗病	1:30-50(药种比)	种子包衣
LS20083000	丁·戊·福美双/15.6%/悬浮种衣剂/丁硫克百威 7%、福美双 8%、戊唑醇 0.6%/2009.09.01 至 2010.09.01/低毒			
	玉米	蛴螬等地下害虫、丝黑穗病	260-390克/100千克种子	种子包衣

吉林省吉化集团农药化工有限责任公司 (吉林省吉林市江北郑州路15-1号 132021 0432-3039677-2088)

PDN7-90	丁草胺/60%/乳油/丁草胺 60%/2005.07.25 至 2010.07.25/低毒			
	水稻	稗草、牛毛草、鸭舌草	750-1275克/公顷	毒土、喷雾
PDN26-93	丁草胺/92%,85%,80%/原药/丁草胺 92%,85%,80%/2008.12.26 至 2013.12.26/低毒			
PDN29-93	丁草胺/50%/乳油/丁草胺 50%/2006.04.03 至 2011.04.03/低毒			
	水稻	稗草、牛毛草、鸭舌草	750-1275克/公顷	喷雾、毒土
PD85111	西玛津/50%/可湿性粉剂/西玛津 50%/2005.04.22 至 2010.04.22/低毒			
	茶园、甘蔗	一年生杂草	1125-1875克/公顷	喷于地表
	公路、森林防火道、铁路	一年生杂草	0.8-2克/平方米	喷于地表
	红松苗圃	一年生杂草	0.2-0.4克/平方米	喷于地表
	梨树(12年以上树龄)、苹果树(12年以上树龄)	一年生杂草	1800-3000克/公顷	喷于地表
	玉米	一年生杂草	2250-3000克/公顷	喷于地表
PD85112	莠去津水/38%/悬浮剂/莠去津 38%/2005.04.13 至 2010.04.13/低毒			
	茶园	一年生杂草	1068.75-1781.25克/平方米	土壤喷雾
	防火隔离带、公路、森林、铁路	一年生杂草	0.76-1.9克/平方米	土壤喷雾
	甘蔗	一年生杂草	997.5-1425克/公顷	土壤喷雾
	高粱、糜子、玉米	一年生杂草	1710-2137.5克/公顷(东北地区)	土壤喷雾
	红松苗圃	一年生杂草	0.19-0.285克/平方米	土壤喷雾
	梨树(12年以上树龄)	一年生杂草	1781.25-2493.75克/平方米(东地北区)	土壤喷雾
	苹果树(12年以上树龄)	一年生杂草	1781.25-2493.75克/平方米	土壤喷雾
	橡胶园	一年生杂草	2137.5-3562.5克/公顷	土壤喷雾
PD86103	莠去津/48%/可湿性粉剂/莠去津 48%/2007.01.09 至 2012.01.09/低毒			
	茶园	一年生杂草	1500-2250克/公顷	喷于地表
	甘蔗	一年生杂草	1125-1875克/公顷	喷于地表
	高粱、糜子	一年生杂草	1875-2625克/公顷(东北地区)	喷于地表
	公路	一年生杂草	0.8-2克/平方米	喷雾
	红松苗圃	一年生杂草	0.25-0.5克/平方米	喷洒苗床
	梨树(12年以上树龄)、苹果树(12年以上树龄)	一年生杂草	3000-3750克/公顷(东北地区)	喷于地表
	葡萄园	一年生杂草	2250-3000克/公顷	避开葡萄根部
	森林、铁路	一年生杂草	1-2.5克/平方米	喷雾
	橡胶园	一年生杂草	3750-4500克/公顷	喷于地表
	玉米	一年生杂草	2250-3000克/公顷(东北地区)	喷于地表
PD86105	西草净/25%/可湿性粉剂/西草净 25%/2007.01.09 至 2012.01.09/低毒			
	水稻	阔叶杂草、眼子菜	750-937.5克/公顷(东北地区)	撒毒土
PD86125-2	扑草净/95%,90%,80%/原药/扑草净 95%,90%,80%/2007.01.09 至 2012.01.09/低毒			
PD86126-3	扑草净/50%/可湿性粉剂/扑草净 50%/2007.01.09 至 2012.01.09/低毒			
	茶园、成年果园、苗圃	阔叶杂草	1875-3000克/公顷	喷于地表,切勿喷至树上
	大豆、花生	阔叶杂草	1125克/公顷	喷雾
	甘蔗、棉花、苎麻	阔叶杂草	1500-2250克/公顷	播后苗前土壤喷雾
	谷子	阔叶杂草	375克/公顷	喷雾
	麦田	阔叶杂草	450-750克/公顷	喷雾
	水稻秧田	阔叶杂草	150-900克/公顷	撒毒土
PD90102	扑草净/25%/可湿性粉剂/扑草净 25%/2010.02.04 至 2015.02.04/中等毒			
	麦田	杂草	375-562.5克/公顷	喷雾
	水稻	阔叶杂草	187.5-562.5克/公顷	毒土

PD92105-2 西草净/80%/原药/西草净 80%/2007.11.12 至 2012.11.12/低毒
PD93104 西玛津/85%/原药/西玛津 85%/2008.05.27 至 2013.05.27/低毒
PD93105 莠去津/92%,88%,85%/原药/莠去津 92%,88%,85%/2008.05.27 至 2013.05.27/低毒
PD20070507 戊唑醇/95%/原药/戊唑醇 95%/2007.11.28 至 2012.11.28/低毒
PD20080679 草除灵/95%/原药/草除灵 95%/2008.06.04 至 2013.06.04/低毒
PD20080687 二甲戊灵/90%/原药/二甲戊灵 90%/2008.06.04 至 2013.06.04/低毒
PD20080704 精喹禾灵/95%/原药/精喹禾灵 95%/2008.06.04 至 2013.06.04/低毒
PD20080745 乙草胺/93%/原药/乙草胺 93%/2008.06.11 至 2013.06.11/低毒
PD20081485 二甲戊灵/33%/乳油/二甲戊灵 33%/2008.11.05 至 2013.11.05/低毒

春大豆田、春玉米田	一年生杂草及部分阔叶杂草	1237.5-1485克/公顷(东北地区)	土壤喷雾
大蒜田、甘蓝田	一年生杂草	742.5-990克/公顷	土壤喷雾
夏玉米田	一年生杂草及部分阔叶杂草	742.5-990克/公顷(其它地区)	土壤喷雾
烟草	抑制腋芽生长	66-82.5毫克/株	杯淋法

PD20081620 精喹禾灵/5%/乳油/精喹禾灵 5%/2008.11.12 至 2013.11.12/低毒

春大豆田	一年生禾本科杂草	52.5-75克/公顷	茎叶喷雾
冬油菜田、花生田、棉花田、夏大豆田	一年生禾本科杂草	45-52.5克/公顷	茎叶喷雾
绿豆	一年生禾本科杂草	52.5-67.5克/公顷(东北地区) 37.5-52.5克/公顷(其它地区)	茎叶喷雾

PD20081625 乙草胺/900克/升/乳油/乙草胺 900克/升/2008.11.12 至 2013.11.12/低毒

春大豆田、春玉米田	部分阔叶杂草、一年生禾本科杂草	1350-2025克/公顷(东北地区)	播后苗前土壤喷雾
夏玉米田	部分阔叶杂草、一年生禾本科杂草	1080-1350克/公顷(其它地区)	播后苗前土壤喷雾

PD20081699 乙草胺/50%/微乳剂/乙草胺 50%/2008.11.17 至 2013.11.17/低毒

春大豆田	部分阔叶杂草、一年生禾本科杂草	1500-1875克/公顷(东北地区)	土壤喷雾
春玉米田	一年生禾本科杂草及小粒阔叶杂草	1500-1875克/公顷	土壤喷雾
棉花田、夏玉米田	一年生禾本科杂草及小粒阔叶杂草	900-1125克/公顷	土壤喷雾
夏大豆田	部分阔叶杂草、一年生禾本科杂草	900-1200克/公顷(其它地区)	土壤喷雾

PD20081702 丁草胺/900克/升/乳油/丁草胺 900克/升/2008.11.17 至 2013.11.17/低毒

水稻移栽田	部分阔叶杂草、一年生禾本科杂草	1080-1350克/公顷	药土法

PD20081703 乙草胺/50%/乳油/乙草胺 50%/2008.11.17 至 2013.11.17/低毒

大豆田	小粒种子阔叶杂草、一年生禾本科杂草	1200-1875克/公顷(东北地区) 750-1050克/公顷(其它地区)	播前、播后苗前土壤喷雾处理
花生田	小粒种子阔叶杂草、一年生禾本科杂草	750-1200克/公顷(覆膜时药量酌减)	播后苗前土壤喷雾处理
棉花田	小粒种子阔叶杂草、一年生禾本科杂草	900-1125克/公顷	播后苗前喷雾
油菜田	小粒种子阔叶杂草、一年生禾本科杂草	525-750克/公顷	栽前或移栽后3天喷雾
玉米田	小粒种子阔叶杂草、一年生禾本科杂草	900-1875克/公顷(东北地区) 750-1050克/公顷(其它地区)	播后或苗期喷雾

PD20083268 丁草胺/50%/微乳剂/丁草胺 50%/2008.12.11 至 2013.12.11/低毒

水稻移栽田	一年生杂草	900－1275克/公顷	药土法

PD20083676 乙·莠/40%/悬乳剂/乙草胺 15%、莠去津 25%/2008.12.15 至 2013.12.15/低毒

春玉米田	一年生杂草	1800-2400克/公顷(东北地区)	播后苗前土壤喷雾
夏玉米田	一年生杂草	1200-1500克/公顷(其他地区)	播后苗前土壤喷雾

PD20085161 丁·莠/40%/悬乳剂/丁草胺 20%、莠去津 20%/2008.12.23 至 2013.12.23/低毒

春玉米田	一年生杂草	1800-2400克/公顷(东北地区)	播后苗前土壤喷雾
夏玉米田	一年生杂草	1200-1500克/公顷(华北地区)	播后苗前土壤喷雾

PD20085806 丁·扑/40%/乳油/丁草胺 30%、扑草净 10%/2008.12.29 至 2013.12.29/低毒

水稻旱育秧田	多种一年生杂草	1600-2000克/公顷	旱育秧播种盖土后喷雾

PD20092980 扑·乙/40%/乳油/扑草净 12%、乙草胺 28%/2009.03.09 至 2014.03.09/低毒

春大豆田	一年生杂草	1500-1800克/公顷	土壤喷雾
花生田、夏大豆田	一年生杂草	900-1500克/公顷	土壤喷雾
棉花田	一年生杂草	900-1200克/公顷	土壤喷雾

PD20093859 甲戊·乙草胺/40%/乳油/二甲戊灵 22%、乙草胺 18%/2009.03.25 至 2014.03.25/低毒

大蒜田、姜田	一年生杂草	900-1200克/公顷	土壤喷雾

PD20093893 甲戊·扑草净/35%/乳油/二甲戊灵 20%、扑草净 15%/2009.03.25 至 2014.03.25/低毒

大蒜 一年生杂草 787.5-1050克/公顷 土壤喷雾
马铃薯 一年生杂草 1312.5-1575克/公顷(东北地区) 土壤喷雾
787.5-1312.5克/公顷(其它地区)
PD20094851 乙草胺/990克/升/乳油/乙草胺 990克/升/2009.04.13 至 2014.04.13/低毒
春大豆田、春玉米田 一年生杂草 1485-1930.5克/公顷 播后苗前土壤喷雾
夏大豆田、夏玉米田 一年生杂草 1039.5-1336.5克/公顷 播后苗前土壤喷雾
PD20094923 精喹禾灵/15%/乳油/精喹禾灵 15%/2009.04.13 至 2014.04.13/低毒
春大豆田 一年生禾本科杂草 67.5-78.75克/公顷 茎叶喷雾
花生田 一年生禾本科杂草 45-56.25克/公顷 茎叶喷雾
夏大豆田 一年生禾本科杂草 56.25-67.5克/公顷 茎叶喷雾
PD20097598 烟嘧磺隆/40克/升/可分散油悬浮剂/烟嘧磺隆 40克/升/2009.11.03 至 2014.11.03/低毒
玉米田 一年生杂草 42-60克/公顷 茎叶喷雾
LS20053895 2甲・莠灭净/48%/可湿性粉剂/2甲4氯钠 8%、莠灭净 40%/2009.12.30 至 2010.12.30/低毒
甘蔗 一年生杂草 1440-2160克/公顷 茎叶喷雾
LS20060007 戊唑・福美双/6%/可湿性粉剂/福美双 4%、戊唑醇 2%/2008.01.09 至 2009.01.08/低毒
玉米 丝黑穗病 18-30克/100千克种子 拌种
LS20060072 甲戊・丁草胺/40%/乳油/丁草胺 22%、二甲戊灵 18%/2009.01.16 至 2010.01.16/低毒
移栽水稻田 一年生杂草 1080-1200克/公顷(东北地区) 药土法
840-1080克/公顷(其它地区)
LS20083092 乙草胺/50%/水乳剂/乙草胺 50%/2009.10.22 至 2010.10.22/低毒
春玉米田 一年生杂草 3000-3750毫升/公顷 播后苗前土壤喷雾
夏玉米田 一年生杂草 1800-2400毫升/公顷 播后苗前土壤喷雾
LS20083107 乙・莠・ 滴丁酯/62%/悬乳剂/2,4-滴丁酯 8%、乙草胺 32%、莠去津 22%/2009.10.28 至 2010.10.28/低毒
春玉米田 一年生杂草 亩制剂250-300毫升/亩 土壤喷雾
3750-4500毫升/公顷
LS20083123 异丙草・莠/50%/悬乳剂/异丙草胺 30%、莠去津 20%/2009.11.11 至 2010.11.11/低毒
春玉米田 一年生杂草 4500-5250毫升/公顷 土壤喷雾
夏玉米田 一年生杂草 3000-3750毫升/公顷 土壤喷雾
LS20090782 乙・莠/62%/悬乳剂/乙草胺 36%、莠去津 26%/2009.03.31 至 2010.03.31/低毒
玉米田 一年生杂草 3450－4200毫升制剂/公顷 土壤喷雾
(东北地区)2100-2700毫升制剂
/公顷 (其他地区)
LS20090831 烟嘧・莠去津/23%/悬浮剂/烟嘧磺隆 3%、莠去津 20%/2009.04.03 至 2010.04.03/低毒
玉米田 一年生杂草 100－150毫升制剂/亩 茎叶喷雾

吉林省吉林市吉丰农药有限公司 (吉林省吉林市龙潭区遵义东路11号 132021 0432-3035033)

PD85112-5 莠去津/38%/悬浮剂/莠去津 38%/2007.12.09 至 2012.12.09/低毒
茶园 一年生杂草 1125-1875克/公顷 喷于地表
防火隔离带、公路、森林、铁路 一年生杂草 0.8-2克/平方米 喷于地表
甘蔗 一年生杂草 1050-1500克/公顷 喷于地表
高粱、糜子、玉米 一年生杂草 1800-2250克/公顷(东北地区) 喷于地表
红松苗圃 一年生杂草 0.2-0.3克/平方米 喷于地表
梨树(12年以上树龄)、苹果树(12年以上树龄) 一年生杂草 1875-2625克/公顷(东北地区) 喷于地表
橡胶园 一年生杂草 2250-3750克/公顷 喷于地表
PD20085416 丁草胺/60%/乳油/丁草胺 60%/2008.12.24 至 2013.12.24/低毒
水稻移栽田 一年生杂草 900-1125克/公顷 毒土法
PD20085798 乙草胺/50%/乳油/乙草胺 50%/2008.12.29 至 2013.12.29/低毒
春大豆田、春玉米田 一年生杂草 1500-1875克/公顷 土壤喷雾
夏大豆田、夏玉米田 一年生杂草 900-1200克/公顷 土壤喷雾
PD20095623 乙草胺/81.5%/乳油/乙草胺 81.5%/2009.05.12 至 2014.05.12/低毒
春大豆田、春玉米田 一年生杂草 1620-2025克/公顷 土壤喷雾
夏大豆田、夏玉米田 一年生杂草 1080-1350克/公顷 土壤喷雾
PD20095726 2,4-滴丁酯/57%/乳油/2,4-滴丁酯 57%/2009.05.18 至 2014.05.18/低毒
春玉米田 一年生阔叶杂草 684-855克/公顷 土壤喷雾
PD20095891 西草净/25%/可湿性粉剂/西草净 25%/2009.05.31 至 2014.05.31/低毒
水稻移栽田 阔叶杂草 750-937.5克/公顷(东北地区) 毒土法
PD20096106 百草枯/200克/升/水剂/百草枯 200克/升/2009.06.18 至 2014.06.18/中等毒

春玉米田 杂草 450-600克/公顷 定向喷雾

PD20096536 丁草胺/50%/乳油/丁草胺 50%/2009.08.20 至 2014.08.20/低毒

移栽水稻田 一年生杂草 900-1350克/公顷 药土法

LS20071026 丁·莠/40%/悬乳剂/丁草胺 20%、莠去津 20%/2009.04.19 至 2010.04.20/低毒

春玉米田 一年生杂草 1800-2400克/公顷 土壤喷雾

LS20071086 莠去津/500克/升/悬浮剂/莠去津 500克/升/2009.04.25 至 2010.04.26/低毒

春玉米田 一年生杂草 2250-2550克/公顷 播后苗前土壤喷雾

LS20071147 异丙草·莠/40%/悬乳剂/异丙草胺 24%、莠去津 16%/2009.04.25 至 2010.04.26/低毒

春玉米田 一年生杂草 1800-2400克/公顷 土壤喷雾

吉林省吉林市农科院高新技术研究所 （吉林省吉林市九站街 132101 0432-3050453）

PD20093001 芸苔·乙烯利/30%/水剂/乙烯利 30%、芸苔素内酯 0.0004%/2009.03.09 至 2014.03.09/低毒

玉米 调节生长 150-180克/公顷 兑水喷雾

吉林省吉林市升泰农药有限责任公司 （吉林省吉林市昌邑区桦皮厂镇 132205 0432-4016618）

PD20081977 乙草胺/900克/升/乳油/乙草胺 900克/升/2008.11.25 至 2013.11.25/低毒

春大豆田、春玉米田 一年生禾本科杂草及部分小粒种子阔叶杂草 1620-1822克/公顷 播后苗前土壤喷雾

PD20083322 莠去津/38%/悬浮剂/莠去津 38%/2008.12.11 至 2013.12.11/低毒

春玉米田 一年生杂草 4500-5625毫升/公顷(制剂) 土壤喷雾

PD20084757 咪鲜胺/25%/乳油/咪鲜胺 25%/2008.12.22 至 2013.12.22/低毒

水稻 恶苗病 62.5-125毫克/千克 浸种

PD20084950 甲霜·福美双/0.75%/微粒剂/福美双 0.55%、甲霜灵 0.2%/2008.12.22 至 2013.12.22/低毒

水稻 立枯病 0.7-0.9克/平方米 拌土

PD20085329 异丙草·莠/40%/悬乳剂/异丙草胺 16%、莠去津 24%/2008.12.24 至 2013.12.24/低毒

春玉米田 一年生杂草 300-400毫升制剂/亩 土壤喷雾

4500-6000毫升制剂/公顷

PD20095433 滴丁·乙草胺/52%/乳油/2,4-滴丁酯 14%、乙草胺 38%/2009.05.11 至 2014.05.11/低毒

春大豆田、春玉米田 一年生杂草 1638-1950克/公顷 土壤喷雾

PD20095662 芸苔·乙烯利/30%/水剂/乙烯利 30%、芸苔素内酯 0.0004%/2009.05.13 至 2014.05.13/低毒

玉米 调节生长 150-180克/公顷 喷雾

PD20096322 2,4-滴丁酯/57%/乳油/2,4-滴丁酯 57%/2009.07.22 至 2014.07.22/低毒

春玉米田 一年生阔叶杂草 513-684克/公顷 土壤喷雾

PD20097017 百草枯/200克/升/水剂/百草枯 200克/升/2009.10.10 至 2014.10.10/中等毒

稻茬免耕小麦田 杂草 450-600克/公顷 定向茎叶喷雾

PD20097058 烟嘧磺隆/40克/升/可分散油悬浮剂/烟嘧磺隆 40克/升/2009.10.10 至 2014.10.10/低毒

玉米田 一年生杂草 42-60克/公顷 茎叶喷雾

LS20071204 苄嘧·苯噻酰/60%/可湿性粉剂/苯噻酰草胺 56.5%、苄嘧磺隆 3.5%/2009.05.07 至 2010.05.08/低毒

水稻移栽田 一年生及部分多年生杂草 630-810克/公顷(东北地区) 毒土法

540-630克/公顷(其它地区)

LS20082786 苯·苄·甲草胺/30%/泡腾颗粒剂/苯噻酰草胺 16%、苄嘧磺隆 6%、甲草胺 8%/2009.05.08 至 2010.05.08/低毒

水稻移栽田 一年生及部分多年生杂草 337.5-382.5克/公顷（北方地区） 直接撒施

180-225克/公顷（南方地区）

LS20090185 异丙草·莠/50%/悬浮剂/异丙草胺 30%、莠去津 20%/2009.02.04 至 2010.02.04/低毒

春玉米田 一年生杂草 2100-2400克/公顷 土壤喷雾

LS20090431 滴丁·乙草胺/83.2%/乳油/2,4-滴丁酯 22.4%、乙草胺 60.8%/2009.03.16 至 2010.03.16/低毒

春大豆田、春玉米田 一年生杂草 144-156毫升制剂/亩 土壤喷雾

吉林省吉林市世纪农药有限责任公司 （吉林省吉林市龙潭区黎明路38号 132021 0432-3026666）

PD20093975 莠去津/38%/悬浮剂/莠去津 38%/2009.03.27 至 2014.03.27/低毒

玉米田 一年生杂草 1140-1995克/公顷 播后苗前土壤喷雾

PD20094374 西草净/25%/可湿性粉剂/西草净 25%/2009.04.01 至 2014.04.01/低毒

水稻田 部分阔叶杂草 562.5-937.5克/公顷 毒土法

PD20094405 扑草净/25%/可湿性粉剂/扑草净 25%/2009.04.01 至 2014.04.01/低毒

水稻本田 阔叶杂草 450-675克/公顷 毒土法

PD20094526 乙草胺/50%/乳油/乙草胺 50%/2009.04.09 至 2014.04.09/低毒

春大豆田 一年生禾本科杂草及部分阔叶杂草 1125-1875克/公顷 土壤喷雾

夏大豆田 一年生禾本科杂草及部分阔叶杂草 750-1125克/公顷 土壤喷雾

PD20094746 乙草胺/900克/升/乳油/乙草胺 900克/升/2009.04.10 至 2014.04.10/低毒

春玉米田 小粒种子阔叶杂草、一年生禾本科杂草 1350-2025克/公顷 播后苗前土壤喷雾

大豆田 一年生禾本科杂草及阔叶杂草 1012.5-1687.5克/公顷 播后苗前土壤喷雾

PD20095738 丁·扑/40%/乳油/丁草胺 30%、扑草净 10%/2009.05.18 至 2014.05.18/低毒

水稻苗床　一年生禾本科杂草及阔叶杂草　0.16-0.24克/平方米　土壤处理

PD20097401　丁·莠/40%/悬浮剂/丁草胺 20%、莠去津 20%/2009.10.28 至 2014.10.28/低毒
夏玉米田　一年生杂草　1200-1800克/公顷　播后苗前土壤喷雾

吉林省吉林市松润农药厂　(吉林省吉林市龙潭区乌拉街镇前阿拉村　132227　0432-4938386)

PD20081412　扑草净/25%/可湿性粉剂/扑草净 25%/2008.10.29 至 2013.10.29/低毒
移栽水稻田　阔叶杂草　375-562.5克/公顷　药土法

PD20081621　西草净/25%/可湿性粉剂/西草净 25%/2008.11.12 至 2013.11.12/低毒
移栽水稻田　阔叶杂草　562.5-750克/公顷　药土法

PD20081736　丁草胺/900克/升/乳油/丁草胺 900克/升/2008.11.18 至 2013.11.18/低毒
水稻移栽田　部分阔叶杂草、一年生禾本科杂草　1080-1350克/公顷　药土法

PD20093585　敌磺钠/50%/可湿性粉剂/敌磺钠 50%/2009.03.23 至 2014.03.23/中等毒
水稻秧田　立枯病　1-1.5克/平方米　苗期喷雾

PD20094136　2甲4氯钠/13%/水剂/2甲4氯钠 13%/2009.03.27 至 2014.03.27/低毒
水稻移栽田　阔叶杂草及莎草科杂草　682.5-877.5克/公顷　茎叶喷雾

PD20095713　滴丁·乙草胺/50%/乳油/2,4-滴丁酯 17.1%、乙草胺 32.9%/2009.05.18 至 2014.05.18/低毒
春大豆田、春玉米田　一年生杂草　1200-1800克/公顷　播后苗前土壤喷雾

PD20097860　敌草隆/25%/可湿性粉剂/敌草隆 25%/2009.11.20 至 2014.11.20/低毒
甘蔗田　一年生杂草　1500-2400克/公顷　喷雾

LS20090833　2甲·莠灭净/48%/可湿性粉剂/2甲4氯钠 8%、莠灭净 40%/2009.04.03 至 2010.04.03/低毒
甘蔗田　一年生杂草　1440-2160克/公顷　茎叶喷雾

吉林省吉林市田丰农药有限公司　(吉林省吉林市吉林大街103号　132013　0432-4689929)

PD20081475　复硝酚钠/1.8%/水剂/5-硝基邻甲氧基苯酚钠 0.3%、对硝基苯酚钠 0.9%、邻苯基苯酚钠 0.6%/2008.11.04至2013.11.04/低毒
番茄　促进生长　2-2.5毫克/千克　喷雾

吉林省吉林市新民农药有限公司　(吉林省吉林市龙潭区汉阳南街11-1号　132021　0432-3038486)

PD20080707　西草净/25%/可湿性粉剂/西草净 25%/2008.06.04 至 2013.06.04/低毒
水稻移栽田　阔叶杂草　750-937.5克/公顷(东北地区)　撒毒土
375-562.5克/公顷(其它地区)

PD20080865　扑草净/40%/可湿性粉剂/扑草净 40%/2008.06.27 至 2013.06.27/低毒
水稻移栽田　部分多年生杂草、一年生杂草　600-900克/公顷(东北地区)　毒土法
300-420克/公顷(其它地区)

PD20080892　苄嘧磺隆/32%/可湿性粉剂/苄嘧磺隆 32%/2008.07.09 至 2013.07.09/低毒
水稻移栽田　阔叶杂草及莎草科杂草　48-60克/公顷　毒土法

PD20080962　扑·乙/40%/乳油/扑草净 15%、乙草胺 25%/2008.07.23 至 2013.07.23/低毒
春大豆田　一年生杂草　1500-1800克/公顷(东北地区)　土壤喷雾
春玉米田　一年生杂草　1500-1800克/公顷　播后苗前土壤喷雾
花生田、夏大豆田　一年生杂草　1200-1500克/公顷　土壤喷雾

PD20081192　丁·西/5.3%/颗粒剂/丁草胺 4%、西草净 1.3%/2008.09.11 至 2013.09.11/低毒
水稻移栽田　一年生杂草　1)795-1200克/公顷(南方地区)　撒施
2)1200-1590克/公顷(北方地区)

PD20081259　丁·扑/40%/乳油/丁草胺 30%、扑草净 10%/2008.09.18 至 2013.09.18/低毒
水稻(旱育秧及半旱育秧田)　一年生杂草　1600-2000克/公顷(东北地区)　喷雾

PD20081777　噁酮·乙草胺/36%/乳油/噁草酮 6%、乙草胺 30%/2008.11.19 至 2013.11.19/低毒
春大豆田　一年生杂草　1242-1404克/公顷(东北地区)　喷雾
花生田　一年生杂草　1080-1350克/公顷　喷雾

PD20084534　嗪酮·乙草胺/56%/乳油/嗪草酮 14%、乙草胺 42%/2008.12.18 至 2013.12.18/低毒
春大豆田　一年生杂草　1260-1680克/公顷　播后苗前土壤喷雾
玉米田　一年生杂草　840-1680克/公顷　播后苗前土壤喷雾

PD20090130　敌磺钠/1.5%/湿粉/敌磺钠 1.5%/2009.01.08 至 2014.01.08/低毒
水稻　苗期立枯病　1.35-1.95克/平方米　苗床处理(与细土拌匀撒于苗床)

PD20091973　莠去津/38%/悬浮剂/莠去津 38%/2009.02.12 至 2014.02.12/低毒
春玉米田　一年生杂草　1800-2200克/公顷　播后苗前土壤喷雾

PD20092851　甲霜·福美双/43%/可湿性粉剂/福美双 37%、甲霜灵 6%/2009.03.05 至 2014.03.05/低毒
水稻　苗期立枯病、青枯病　5590-9460克/公顷　苗床浇洒

LS20061895 甲霜·福美双/1%/微粒剂/福美双 0.75%、甲霜灵 0.25%/2009.12.05 至 2010.12.05/低毒
水稻 立枯病 0.5-0.9克/平方米 药土法
LS20070956 异丙草·莠/40%/悬乳剂/异丙草胺 24%、莠去津 16%/2009.04.18 至 2010.04.19/低毒
春玉米田 一年生杂草 1800-2400克/公顷 播后苗前土壤喷雾
夏玉米田 一年生杂草 900-1500克/公顷 播后苗前土壤喷雾
LS20081046 丙·莠·滴丁酯/45%/悬乳剂/2,4-滴丁酯 10.5%、异丙草胺 16.5%、莠去津 18%/2009.03.07 至 2010.03.07/低毒
春玉米田 一年生杂草 300-350毫升/亩（制剂） 土壤喷雾
LS20081096 扑·乙·滴丁酯/64%/乳油/2,4-滴丁酯 18%、扑草净 6%、乙草胺 40%/2009.03.10 至 2010.03.10/低毒
春大豆田、春玉米田 一年生杂草 200-250毫升/亩（制剂） 土壤喷雾
LS20090408 滴丁·乙草胺 /83%/乳油/2,4-滴丁酯 22.5%、乙草胺 60.5%/2009.03.16 至 2010.03.16/低毒
春大豆田、春玉米田 一年生杂草 140-170毫升制剂/亩 播后苗前土壤喷雾

吉林省吉林市永青农药厂 （吉林省吉林市经济技术开发区九站街工农路47号 132101 0432-3059462）

PD20085400 苄嘧磺隆/30%/可湿性粉剂/苄嘧磺隆 30%/2008.12.24 至 2013.12.24/低毒
移栽水稻田 一年生阔叶杂草及部分莎草科杂草 36-67.5克/公顷 药土法

吉林省瑞野农药有限公司 （吉林省公主岭市国家农业科技园区瑞泽工业园 136100 0434-6268055）

PD20081669 苄嘧磺隆/30%/可湿性粉剂/苄嘧磺隆 30%/2008.11.17 至 2013.11.17/低毒
抛秧水稻 阔叶杂草、莎草科杂草 45-67.5克/公顷(南方地区) 药土法
移栽水稻田 阔叶杂草、莎草科杂草 45-67.5克/公顷 药土法
PD20082232 百草枯/200克/升/水剂/百草枯 200克/升/2008.11.26 至 2013.11.26/中等毒
春玉米田、夏玉米田 一年生及部分多年生杂草 450-600克/公顷 行间定向茎叶喷雾
PD20082596 草甘膦异丙胺盐/41%/水剂/草甘膦异丙胺盐 41%/2008.12.04 至 2013.12.04/低毒
棉花田、玉米田 一年生和多年生杂草 150-250毫升/亩 2250-3750毫升/公顷 行间定向茎叶喷雾
苹果园 一年生和多年生杂草 250-400毫升/亩 3750-6000毫升/公顷 定向茎叶喷雾
PD20082823 乙草胺/900克/升/乳油/乙草胺 900克/升/2008.12.09 至 2013.12.09/低毒
春大豆田、春玉米田 一年生禾本科杂草及部分小粒种子阔叶杂草 1620-2025克/公顷 土壤喷雾
PD20083608 苄嘧·苯噻酰/55%/干悬浮剂/苯噻酰草胺 50%、苄嘧磺隆 5%/2008.12.12 至 2013.12.12/低毒
水稻抛秧田 一年生及部分多年生杂草 412-577.5克/公顷 药土法
水稻移栽田 一年生及部分多年生杂草 577.5-825克/公顷 药土法
PD20084135 福·克/15%/悬浮种衣剂/福美双 8%、克百威 7%/2008.12.16 至 2013.12.16/中等毒(原药高毒)
玉米 地下害虫、茎基腐病 1:40-50(药种比) 种子包衣
PD20084963 多·福·克/30%/悬浮种衣剂/多菌灵 10%、福美双 10%、克百威 10%/2008.12.22 至 2013.12.22/高毒
大豆 地下害虫、根腐病 1:50-70(药种比) 种子包衣
PD20085025 多·福·克/35%/悬浮种衣剂/多菌灵 15%、福美双 10%、克百威 10%/2008.12.22 至 2013.12.22/高毒
大豆 地下害虫、根腐病 1:70-90(药种比) 种子包衣
PD20090494 精喹禾灵/5%/乳油/精喹禾灵 5%/2009.01.12 至 2014.01.12/低毒
春大豆田 一年生禾本科杂草 52.5-67.5克/公顷 茎叶喷雾
林业苗圃 一年生禾本科杂草 60-75克/公顷 茎叶喷雾
PD20091359 噻吩磺隆/25%/可湿性粉剂/噻吩磺隆 25%/2009.02.02 至 2014.02.02/低毒
春大豆田、春玉米田 一年生阔叶杂草 30-37.5克/公顷 土壤喷雾
冬小麦田 一年生阔叶杂草 22.5-37.5克/公顷 土壤喷雾
PD20092365 甲戊·乙草胺/40%/乳油/二甲戊灵 10%、乙草胺 30%/2009.02.24 至 2014.02.24/低毒
姜田 一年生杂草 600-900克/公顷 播后苗前土壤喷雾
PD20092378 苄嘧磺隆/30%/水分散粒剂/苄嘧磺隆 30%/2009.02.25 至 2014.02.25/低毒
抛秧水稻 一年生阔叶杂草及部分莎草科杂草 36-49.5克/公顷 药土法
移栽水稻田 一年生阔叶杂草及部分莎草科杂草 36-72克/公顷 药土法
PD20092932 咪乙·氟磺胺/25%/水剂/氟磺胺草醚 21%、咪唑乙烟酸 4%/2009.03.05 至 2014.03.05/低毒
春大豆田 一年生杂草 375-450克/公顷(东北地区) 茎叶喷雾
PD20093468 二氯喹啉酸/50%/水分散粒剂/二氯喹啉酸 50%/2009.03.23 至 2014.03.23/微毒
移栽水稻田 稗草 225-300克/公顷 喷雾或药土法
PD20093554 克·戊·三唑酮/8.1%/悬浮种衣剂/克百威 7%、三唑酮 0.9%、戊唑醇 0.2%/2009.03.23 至 2014.03.23/中等毒(原药高毒)
玉米 地下害虫、黑穗病 1:35-45(药种比) 种子包衣
PD20094452 戊唑·福美双/11%/悬浮种衣剂/福美双 10.4%、戊唑醇 0.6%/2009.04.01 至 2014.04.01/低毒
玉米 丝黑穗病 183-275克/100千克种子 种子包衣
PD20094865 扑·乙/40%/乳油/扑草净 15%、乙草胺 25%/2009.04.13 至 2014.04.13/低毒

春大豆田、花生田　一年生杂草　1200-1500克/公顷　土壤喷雾
春玉米田、夏玉米田　一年生杂草　1200-1800克/公顷　播后苗前土壤喷雾

PD20095276　苄·二氯/36%/泡腾颗粒剂/苄嘧磺隆 3%、二氯喹啉酸 33%/2009.04.27 至 2014.04.27/低毒
移栽水稻田　一年生杂草　216-324克/公顷　直接撒施

PD20095409　滴丁·乙草胺/79%/乳油/2,4-滴丁酯 21%、乙草胺 58%/2009.04.27 至 2014.04.27/低毒
春大豆田、春玉米田　一年生杂草　2014.5-2370克/公顷　土壤喷雾

LS20070912　三苯基乙酸锡/45%/可湿性粉剂/三苯基乙酸锡 45%/2009.04.17 至 2010.04.18/低毒
水稻　水绵　405-472.5克/公顷　撒毒土

LS20080019　噁霉灵/15%/可湿性粉剂/噁霉灵 15%/2009.01.03 至 2010.01.03/低毒
水稻　恶苗病、立枯病　93.75-150毫克/千克　浸种

LS20081033　松·烟·氟磺胺/25%/微乳剂/氟磺胺草醚 10%、咪唑乙烟酸 4%、异噁草松 11%/2009.03.07 至 2010.03.07/低毒
春大豆田　一年生杂草　562.5-675克/公顷　茎叶喷雾

LS20082889　乙·噁·滴丁酯/60%/乳油/2,4-滴丁酯 22%、乙草胺 20%、异噁草松 18%/2009.06.23 至 2010.06.23/低毒
春大豆田　一年生杂草　1620-1800克/公顷　播后苗前土壤喷雾

LS20083099　松·喹·氟磺胺/35%/微乳剂/氟磺胺草醚 15%、精喹禾灵 5%、异噁草松 15%/2009.10.23 至 2010.10.23/低毒
春大豆田　一年生杂草　110-130毫升制剂/亩　茎叶喷雾

LS20083187　苄嘧·苯噻酰/69%/水分散粒剂/苯噻酰草胺 62%、苄嘧磺隆 7%/2009.11.25 至 2010.11.25/低毒
抛秧水稻　一年生杂草　414-517.5克/公顷　毒土法
移栽水稻田　一年生杂草　517.5-621克/公顷　毒土法

LS20090179　甲硫·噁霉灵/56%/可湿性粉剂/噁霉灵 16%、甲基硫菌灵 40%/2010.02.04 至 2011.02.04/低毒
番茄　叶霉病　700-1120毫克/千克　喷雾
黄瓜　枯萎病　700-1120毫克/千克　灌根

吉林省四平市吉平有害生物防治技术研究所　(吉林省四平市铁西区南体育街68号　136000　0434-3243411)

WL20080405　杀蟑饵剂/1.8%/饵剂/乙酰甲胺磷 1.8%/2009.09.18 至 2010.09.18/低毒
卫生　蜚蠊　/　投放

吉林省四平市圣峰化学有限公司　(吉林省四平市铁东区北山东路　136001　0434-3580313)

PD85112-10　莠去津/38%/悬浮剂/莠去津 38%/2005.04.19 至 2010.04.19/低毒
茶园　一年生杂草　1125-1875克/公顷　喷于地表
甘蔗　一年生杂草　1050-1500克/公顷　喷于地表
高粱、糜子　一年生杂草　1800-2250克/公顷(东北地区)　喷于地表
公路、森林防火道、铁路　一年生杂草　0.8-2克/平方米　喷于地表
红松苗圃　一年生杂草　0.2-0.3克/平方米　喷于地表
梨树(12年以上树龄)　一年生杂草　1625-1875克/公顷(东北地区)　喷于地表
苹果树(12年以上树龄)　一年生杂草　1625-1875克/公顷　喷于地表
橡胶园　一年生杂草　2250-3750克/公顷　喷于地表
玉米　一年生杂草　1800-2250克/公顷　喷于地表

吉林省通化绿地农药化学有限公司　(吉林省柳河县柳河镇三道沟村　135300　0435-3213408)

PD85157-28　辛硫磷/40%/乳油/辛硫磷 40%/2005.07.20 至 2010.07.20/低毒
茶树、桑树　食叶害虫　200-400毫克/千克　喷雾
果树　食心虫、蚜虫、螨　200-400毫克/千克　喷雾
林木　食叶害虫　3000-6000克/公顷　喷雾
棉花　棉铃虫、蚜虫　300-600克/公顷　喷雾
蔬菜　菜青虫　300-450克/公顷　喷雾
烟草　食叶害虫　300-600克/公顷　喷雾
玉米　玉米螟　450-600克/公顷　灌心叶

PD20050111　甲拌磷/5%/颗粒剂/甲拌磷 5%/2005.08.15 至 2010.08.15/高毒
高粱　蚜虫　150-300克/公顷　撒施

PD20081631　灭幼脲/25%/悬浮剂/灭幼脲 25%/2008.11.12 至 2013.11.12/低毒
苹果树　金纹细蛾　100-167毫克/千克　喷雾

PD20096455　氟磺胺草醚/250克/升/水剂/氟磺胺草醚 250克/升/2009.08.05 至 2014.08.05/低毒
春大豆田　一年生阔叶杂草　375－487.5克/公顷　茎叶喷雾

LS20051699　滴丁·乙草胺/50%/乳油/2,4-滴丁酯 13%、乙草胺 37%/2008.05.07 至 2009.05.07/低毒
春大豆、春玉米　一年生杂草　1875-2250克/公顷　土壤喷雾

LS20051901　辛硫磷/3%/颗粒剂/辛硫磷 3%/2008.05.16 至 2009.05.16/低毒
花生　地下害虫　1800-3600克/公顷　撒施

LS20052243　咪唑乙烟酸/5%/水剂/咪唑乙烟酸 5%/2008.06.20 至 2009.06.20/中等毒
春大豆　一年生杂草　75-112.5克/公顷　茎叶喷雾

LS20061334　杀铃脲/98%/原药/杀铃脲 98%/2009.06.12 至 2010.06.12/低毒

LS20083051　阿维·杀铃脲/5.5%/悬浮剂/阿维菌素 0.3%、杀铃脲 5.2%/2009.09.25 至 2010.09.25/低毒

	甘蓝	小菜蛾	82.4-99克/公顷	喷雾

吉林省通化农药化工股份有限公司　（吉林省通化市东昌区江南路468号　134001　0435-5083707）

PD20070347	杀铃脲/20%/悬浮剂/杀铃脲 20%/2007.10.24 至 2012.10.24/低毒			
	苹果树	金纹细蛾	33.3-40毫克/千克	喷雾
PD20070348	杀铃脲/97%/原药/杀铃脲 97%/2007.10.24 至 2012.10.24/低毒			
PD20070356	灭幼脲/96%/原药/灭幼脲 96%/2007.10.24 至 2012.10.24/低毒			
PD20070357	灭幼脲/20%/悬浮剂/灭幼脲 20%/2007.10.24 至 2012.10.24/低毒			
	苹果树	金纹细蛾	125-166.7毫克/千克	喷雾
PD20080643	灭脲·吡虫啉/25%/可湿性粉剂/吡虫啉 2.5%、灭幼脲 22.5%/2008.05.13 至 2013.05.13/低毒			
	苹果树	黄蚜、金纹细蛾	100-167毫克/千克	喷雾
PD20080827	杀铃脲/5%/乳油/杀铃脲 5%/2008.06.20 至 2013.06.20/低毒			
	甘蓝	菜青虫	22.5-37.5克/公顷	喷雾
	甘蓝	小菜蛾	37.5-52.5克/公顷	喷雾
	苹果树	金纹细蛾	33-50毫克/千克	喷雾
PD20081069	杀铃脲/5%/悬浮剂/杀铃脲 5%/2008.08.14 至 2013.08.14/低毒			
	苹果树	金纹细蛾	33-50毫克/千克	喷雾
PD20085574	丁硫克百威/35%/种子处理干粉剂/丁硫克百威 35%/2008.12.25 至 2013.12.25/中等毒			
	水稻秧田	蓟马	350-420克/100千克种子	拌种
PD20092269	灭幼脲/25%/悬浮剂/灭幼脲 25%/2009.02.27 至 2014.02.27/低毒			
	马尾松	松毛虫	112.5-150克/公顷	喷雾
	苹果树	金纹细蛾	100-167毫克/千克	喷雾
PD20094446	杀铃脲/40%/悬浮剂/杀铃脲 40%/2009.04.01 至 2014.04.01/微毒			
	柑橘树	潜叶蛾	57-80毫克/千克	喷雾
PD20095613	哒螨·灭幼脲/30%/可湿性粉剂/哒螨灵 10%、灭幼脲 20%/2009.05.12 至 2014.05.12/中等毒			
	苹果树	金纹细蛾、山楂红蜘蛛	150-200毫克/千克	喷雾
PD20095644	乙铝·百菌清/80%/可湿性粉剂/百菌清 30%、三乙膦酸铝 50%/2009.05.12 至 2014.05.12/低毒			
	黄瓜	霜霉病	1440-2100克/公顷	喷雾
PD20096169	莠去津/38%/悬浮剂/莠去津 38%/2009.06.29 至 2014.06.29/低毒			
	春玉米田	一年生杂草	1795.5-2251.5克/公顷	土壤喷雾
PD20096575	乙·莠· 滴丁酯/28%/悬浮剂/2,4-滴丁酯 4%、乙草胺 12%、莠去津 12%/2009.08.24 至 2014.08.24/低毒			
	春玉米田	一年生杂草	1890-2100克/公顷(东北地区)	土壤喷雾
LS20052137	甲硫·福美双/70%/可湿性粉剂/福美双 40%、甲基硫菌灵 30%/2008.06.09 至 2009.06.09/低毒			
	苹果树	轮纹病	875-1167毫克/千克	喷雾
LS20053645	阿维·灭幼脲/30%/悬浮剂/阿维菌素 0.3%、灭幼脲 29.7%/2008.11.29 至 2009.11.29/低毒(原药高毒)			
	十字花科蔬菜	小菜蛾	135-225克/公顷	喷雾
LS20060419	丁·戊·福美双/14.4%/悬浮种衣剂/丁硫克百威 5%、福美双 8.9%、戊唑醇 0.5%/2009.03.06 至 2010.03.06/中等毒			
	玉米	地下害虫、丝黑穗病	288-360克/100千克种子	种子包衣
LS20080371	阿维·杀铃脲/5%/悬浮剂/阿维菌素 0.3%、杀铃脲 4.7%/2009.02.20 至 2010.02.20/低毒			
	十字花科蔬菜	小菜蛾	37.5-45克/公顷	喷雾
LS20081761	滴丁·乙草胺/70%/乳油/2,4-滴丁酯 20%、乙草胺 50%/2009.04.07 至 2010.04.07/低毒			
	春玉米田	一年生杂草	2100-2625克/公顷	土壤喷雾
LS20090808	乙·莠·滴丁酯/63%/悬乳剂/2,4-滴丁酯 12%、乙草胺 38%、莠去津 13%/2009.04.03 至 2010.04.03/低毒			
	春玉米田	一年生杂草	250-250毫升制剂/亩	播后苗前土壤喷雾
LS20091034	甲硫·锰锌/55%/可湿性粉剂/甲基硫菌灵 10%、代森锰锌 45%/2009.04.15 至 2010.04.15/低毒			
	苹果树	轮纹病	550-920毫克/千克	喷雾
WP20090287	高效氯氰菊酯/10%/悬浮剂/高效氯氰菊酯 10%/2009.06.18 至 2014.06.18/低毒			
	卫生	蜚蠊	40毫克/平方米	滞留喷洒
WL20080197	高效氯氰菊酯/8%/可湿性粉剂/高效氯氰菊酯 8%/2009.03.07 至 2010.03.07/低毒			
	卫生	蜚蠊	30-40毫克/平方米	滞留喷洒

吉林省延边春雷生物药业有限公司（吉林省延边朝鲜族自治州延吉市新兴街兴城胡同391号　133000　0433-2613125）

PD85163	多抗霉素/1.5%,2%,3%/可湿性粉剂/多抗霉素 1.5%,2%,3%/2005.08.23 至 2010.08.23/低毒			
	茶树	茶饼病	100单位液	喷雾
	番茄、烟草	赤星病、晚疫病	200单位液	喷雾
	花卉	白粉病、霜霉病	150-200单位液	喷雾
	黄瓜	白发病、霜霉病	150-200单位液	喷雾
	梨树、苹果树	黑斑病、灰斑病	50-200单位液	喷雾
	棉花、甜菜	褐斑病、立枯病	100-200单位液	喷雾
	人参	黑斑病	100-200单位液	喷雾
	水稻、小麦	白粉病、纹枯病	100-200单位液	喷雾
PD85164	春雷霉素/6%,4%,2%/可湿性粉剂/春雷霉素 6%,4%,2%/2005.08.23 至 2010.08.23/低毒			
	柑橘树	溃疡病	50-66.7毫克/千克	喷雾
	黄瓜	枯萎病	200-400单位液	喷雾、灌根、抹

水稻 稻瘟病 40毫克/千克 病斑喷雾

注:2%春雷霉素可湿性粉剂扩大防治作物番茄叶霉病/40-52.5克/公顷/喷雾;白菜软腐病/30-45克/公顷/喷雾,有效期至2009年7月4日。柑橘树为临时登记,有效期最多至2011年2月28日。

PD20070254 春雷霉素/55%/原药/春雷霉素 55%/2007.09.04 至 2012.09.04/低毒

PD20080422 春雷霉素/4%/可湿性粉剂/春雷霉素 4%/2008.03.06 至 2013.03.06/低毒

柑橘 溃疡病 50-66.7毫克/千克 喷雾

PD20081904 春雷霉素/2%/水剂/春雷霉素 2%/2008.11.21 至 2013.11.21/低毒

水稻 稻瘟病 30-45克/公顷 喷雾

PD20083122 多抗霉素/32%/原药/多抗霉素 32%/2008.12.10 至 2013.12.10/低毒

PD20092745 春雷·三环唑/13%/可湿性粉剂/春雷霉素 3%、三环唑 10%/2009.03.04 至 2014.03.04/低毒

水稻 稻瘟病 117-195克/公顷 喷雾

PD20098015 多抗·福美双/25.75%/可湿性粉剂/多抗霉素 0.75%、福美双 25%/2009.12.07 至 2014.12.07/低毒

黄瓜 霜霉病 386-724克/公顷 喷雾

LS20072628 多抗霉素/32%/原药/多抗霉素 32%/2008.12.09 至 2009.12.10/低毒

LS20082902 多抗霉素/1.5%/水剂/多抗霉素 1.5%/2009.07.09 至 2010.07.09/微毒

苹果树 斑点落叶病 25-50毫克/千克 喷雾

LS20082952 春雷·多菌灵/50%/可湿性粉剂/春雷霉素 4%、多菌灵 46%/2009.08.06 至 2010.08.06/低毒

辣椒 炭疽病 562.5-703克/公顷 喷雾

吉林省延边绿州化工有限责任公司 (吉林省龙井市河西街龙延路 133400 0433-3283698)

PDN17-92 噁霉灵/15%/水剂/噁霉灵 15%/2007.05.10 至 2012.05.10/低毒

水稻 立枯病 9000-18000克/公顷 苗床、育秧箱土壤处理

PD20094119 噁霉灵/99%/原药/噁霉灵 99%/2009.03.27 至 2014.03.27/低毒

吉林省延边天泰生物工程科贸有限公司 (吉林省延边朝鲜族自治州龙井市光新乡吉兴村 133400 0433-2838019)

PD86169-2 百菌清/2.5%/烟剂/百菌清 2.5%/2007.06.03 至 2012.06.03/低毒

林木 病害 750-1200克/公顷 点燃放烟

PD88106-2 敌敌畏/2%/烟剂/敌敌畏 2%/2007.06.10 至 2012.06.10/低毒

森林 松毛虫、天幕毛虫、杨柳毒蛾、竹蝗 150-300克/公顷 点燃放烟

PD20086375 杀鼠醚/0.0375%/毒饵/杀鼠醚 0.0375%/2008.12.31 至 2013.12.31/高毒

室内 家鼠 饱和投饵 投饵

吉林省延边西爱斯开化学农药厂 (吉林省延边朝鲜族自治州延吉市小营镇东新村 133001 0433-2526171)

PDN16-92 噁霉灵/15%/水剂/噁霉灵 15%/2008.01.14 至 2013.01.14/低毒

水稻 立枯病 9000-18000克/公顷 苗床,育秧箱土壤处理

PD20092191 噁霉灵/99%/原药/噁霉灵 99%/2009.02.23 至 2014.02.23/低毒

PD20092945 噁霉·福美双/54.5%/可湿性粉剂/噁霉灵 9.5%、福美双 45%/2009.03.09 至 2014.03.09/低毒

黄瓜 立枯病 2.0-2.5克/平方米 苗床浇洒

PD20093711 苄嘧·苯噻酰/53%/可湿性粉剂/苯噻酰草胺 49.6%、苄嘧磺隆 3.4%/2009.03.25 至 2014.03.25/低毒

水稻移栽田 一年生及部分多年生杂草 397.5-636克/公顷 药土法

PD20095092 苄·丁/20%/粉剂/苄嘧磺隆 1%、丁草胺 19%/2009.04.24 至 2014.04.24/低毒

水稻田 一年生及部分多年生杂草 600-900克/公顷 毒土法

吉林市吉九农科农药有限公司 (吉林省吉林市经济技术开发区农研西路1号 132101 0432-3050448)

PD20084722 福·克/15%/悬浮种衣剂/福美双 7%、克百威 8%/2008.12.22 至 2013.12.22/高毒

玉米 地下害虫、苗期茎基腐病 1:30-40(药种比) 种子包衣

PD20085589 多菌灵/50%/可湿性粉剂/多菌灵 50%/2008.12.25 至 2013.12.25/低毒

水稻 纹枯病 750克/公顷 喷雾

PD20085596 甲霜·福美双/38%/可湿性粉剂/福美双 29%、甲霜灵 9%/2008.12.25 至 2013.12.25/中等毒

水稻苗床 立枯病 0.57-0.95克/平方米 苗床浇淋

PD20085761 甲霜·福美双/0.75%/微粒剂/福美双 0.55%、甲霜灵 0.20%/2008.12.29 至 2013.12.29/低毒

水稻 苗期立枯病 0.6-0.9克/平方米 苗床浇洒

PD20086282 甲柳·福美双/15%/悬浮种衣剂/福美双 10.2%、甲基异柳磷 4.8%/2008.12.31 至 2013.12.31/中等毒(原药高毒)

玉米 茎基腐病、金针虫、蝼蛄、蛴螬、小地老虎 1:40-50(药种比) 种子包衣

PD20090542 柳·戊·三唑酮/6.9%/悬浮种衣剂/甲基异柳磷 4.8%、三唑酮 1.8%、戊唑醇 0.3%/2009.01.13 至 2014.01.13/中等毒(原药高毒)

玉米 地下害虫、丝黑穗病 1:40-50(药种比) 种子包衣

PD20091063 丁草胺/60%/乳油/丁草胺 60%/2009.01.21 至 2014.01.21/低毒

水稻移栽田 一年生杂草 900－1350克/公顷 药土法

PD20091251 咪鲜胺/25%/乳油/咪鲜胺 25%/2009.02.01 至 2014.02.01/低毒

水稻 恶苗病 2000－4000倍液 浸种

PD20091663 多·福·克/20%/悬浮种衣剂/多菌灵 8%、福美双 7%、克百威 5%/2009.02.03 至 2014.02.03/中等毒(原药高毒)

大豆 地下害虫、根腐病 1:30-40(药种比) 种子包衣

PD20093216 克·戊·三唑酮/9.1%/悬浮种衣剂/克百威 7%、三唑酮 1.8%、戊唑醇 0.3%/2009.03.11 至 2014.03.11/中等毒(原药高毒)
玉米 地下害虫、丝黑穗病 1:40-50(药种比) 种子包衣
PD20094093 苄嘧磺隆/30%/可湿性粉剂/苄嘧磺隆 30%/2009.03.27 至 2014.03.27/低毒
水稻移栽田 阔叶杂草、莎草 45—90克/公顷 喷雾法或药土法
PD20095137 丁·扑/4.7%/颗粒剂/丁草胺 3.4%、扑草净 1.3%/2009.04.24 至 2014.04.24/低毒
水稻秧田 一年生杂草 1500-2000克/公顷(东北地区) 毒土法
PD20095453 苄·丁·扑草净/33%/可湿性粉剂/苄嘧磺隆 1%、丁草胺 28%、扑草净 4%/2009.05.11 至 2014.05.11/低毒
水稻半旱育秧田、水稻旱育秧田 一年生杂草 1320-1650克/公顷 土壤喷雾
PD20095519 福·克/60%/种子处理干粉剂/福美双 28%、克百威 32%/2009.05.11 至 2014.05.11/高毒
玉米 地下害虫、茎基腐病 1:120-150(药种比) 种子包衣
PD20095649 异丙草·莠/40%/悬乳剂/异丙草胺 24%、莠去津 16%/2009.05.12 至 2014.05.12/低毒
春玉米田 一年生杂草 1800-2100克/公顷 土壤喷雾
PD20096170 扑·乙·滴丁酯/40%/乳油/2,4-滴丁酯 12%、扑草净 6%、乙草胺 22%/2009.06.29 至 2014.06.29/低毒
大豆田 一年生杂草 1600-2000克/公顷 喷雾
玉米田 一年生杂草 1600-2000克/公顷 毒土法
PD20096249 滴丁·乙草胺/50%/乳油/2,4-滴丁酯 17.1%、乙草胺 32.9%/2009.07.15 至 2014.07.15/低毒
春大豆田、春玉米田 一年生杂草 1245-1500克/公顷 播后苗前土壤喷雾
PD20096324 乙草胺/81.5%/乳油/乙草胺 81.5%/2009.07.22 至 2014.07.22/低毒
春玉米田 部分阔叶杂草、一年生禾本科杂草 1350—1620克/公顷 土壤喷雾
PD20096664 滴丁·莠去津/45%/悬乳剂/2,4-滴丁酯 12%、莠去津 33%/2009.09.07 至 2014.09.07/低毒
春玉米田 一年生杂草 1485-2025克/公顷 土壤喷雾
PD20096872 扑·乙·滴丁酯/50%/乳油/2,4-滴丁酯 13%、扑草净 2%、乙草胺 35%/2009.09.23 至 2014.09.23/低毒
春玉米田 一年生杂草 1575-1875克/公顷 土壤喷雾

吉林延边天保生物制剂有限公司 (吉林省敦化市经济开发区工业园区 133700 0433-6343000)

PD20097538 烟嘧磺隆/40克/升/可分散油悬浮剂/烟嘧磺隆 40克/升/2009.11.03 至 2014.11.03/低毒
玉米田 一年生杂草 42-60克/公顷 茎叶喷雾
LS20053767 莪术醇/0.2%/饵剂/莪术醇 0.2%/2008.12.14 至 2009.12.14/低毒
农田 田鼠 5000克毒饵/公顷 饱和投饵
森林 害鼠 5000克毒饵/公顷 饱和投饵
LS20053774 莪术醇/92%/原药/莪术醇 92%/2008.12.14 至 2009.12.14/低毒

江苏省

常州康美化工有限公司 (江苏省金坛市儒林镇 213225 0519-2561700)

PD20050156 联苯菊酯原药/95%/原药/联苯菊酯 95%/2005.10.11 至 2010.10.11/中等毒
PD20050180 高效氯氟氰菊酯/95%/原药/高效氯氟氰菊酯 95%/2005.11.15 至 2010.11.15/中等毒
PD20050181 氯氰菊酯/95%/原药/氯氰菊酯 95%/2005.11.15 至 2010.11.15/中等毒
PD20060106 溴氰菊酯/98%/原药/溴氰菊酯 98%/2006.06.13 至 2011.06.13/中等毒
WP20040008 氯菊酯原药/93%/原药/氯菊酯 93%/2009.12.27 至 2014.12.27/低毒
WP20050002 右旋烯丙菊酯/总酯93%,右旋80/原药/右旋烯丙菊酯 总酯93%,右旋80%/2010.01.14 至 2015.01.14/中等毒
WP20050004 胺菊酯原药/92%/原药/胺菊酯 92%/2005.04.05 至 2010.04.05/低毒
WP20050006 炔丙菊酯/总酯93%, 右旋体82/原药/炔丙菊酯 总酯93%, 右旋体82%/2005.06.21 至 2010.06.21/中等毒
WP20060003 Es-生物烯丙菊酯//原药/Es-生物烯丙菊酯 总酯93%,右旋体82%/2006.03.02 至 2011.03.02/中等毒
WP20070003 右旋苯醚菊酯/总酯93%,右旋体90/原药/右旋苯醚菊酯 总酯93%,右旋体90%/2007.04.12 至 2012.04.12/低毒
WP20070007 四氟苯菊酯/92%/原药/四氟苯菊酯 92%/2007.05.08 至 2012.05.08/微毒
WP20070022 右旋苯醚氰菊酯/93%/原药/右旋苯醚氰菊酯 93%/2007.11.20 至 2012.11.20/低毒
WP20080033 右旋胺菊酯/总酯92%, 右旋体90%/原药/右旋胺菊酯 92%/2008.02.29 至 2013.02.28/低毒
WP20080107 富右旋反式炔丙菊酯/总酯94%,右旋体85%/原药/富右旋反式烯丙菊酯 总酯94%,右旋体85%/2008.10.21 至 2013.10.21/低毒
WP20080116 S-生物烯丙菊酯/总酯95%, 右旋反式体90%/原药/S-生物烯丙菊酯 总酯95%, 右旋反式体90%/2008.10.22至2013.10.22/中等毒
WP20090243 富右旋反式烯丙菊酯/总酯93%, 右旋反式体82%/原药/富右旋反式烯丙菊酯 93%/2009.04.24 至 2014.04.24/低毒

常州市闻江防蛀用品有限公司 (江苏省常州市武进区湖塘镇周家巷85号 213161 0519-86562693)

WL20050184 防蛀片剂/96%/防蛀片剂/樟脑 96%/2008.06.15 至 2009.06.15/低毒
卫生 黑皮蠹 40克制剂/立方米 投放

发事达(南通)化工有限公司 (江苏省如皋市如皋港经济开发区精细化工园区 226532 0513-87688188)

PD20090427 螨醇·哒螨灵/20%/乳油/哒螨灵 5%、三氯杀螨醇 15%/2009.01.12 至 2014.01.12/中等毒
柑橘树 红蜘蛛 100-133毫克/千克 喷雾
PD20097684 精噁唑禾草灵/69克/升/水乳剂/精噁唑禾草灵 69克/升/2009.11.04 至 2014.11.04/低毒
小麦田 看麦娘、野燕麦等一年生禾本科杂草 62.1-82.8克/公顷 茎叶喷雾
LS20061147 丙溴·氟铃脲/32%/乳油/丙溴磷 30%、氟铃脲 2%/2009.05.15 至 2010.05.15/低毒
水稻 稻纵卷叶螟 144-240克/公顷 喷雾

阜宁宁翔化工有限公司 （江苏省金坛市水北镇水潢路99号 224400 0515-87954457）

PD20081486 联苯菊酯/94%/原药/联苯菊酯 94%/2008.11.05 至 2013.11.05/中等毒

海门兆丰化工有限公司 （江苏省海门市青龙化工园区大庆路 215622 0513-82609168）

PD20094938 四聚乙醛/98%/原药/四聚乙醛 98%/2009.04.16 至 2014.04.16/中等毒

江苏艾泽化工实业有限公司 （江苏省南京市鼓楼区定淮门大街11号商会大厦B座2403室 210036 025-86588411）

LS20081906 噻嗪酮/25%/可湿性粉剂/噻嗪酮 25%/2009.04.10 至 2010.04.10/低毒

水稻	稻飞虱	112.5-187.5克/公顷	喷雾

江苏爱特福气雾剂有限公司 （江苏省淮安市金湖县陈桥镇84号 211628 0517-6405284）

WP20080123 电热蚊香片/10毫克/片/电热蚊香片/炔丙菊酯 10毫克/片/2008.10.28 至 2013.10.28/低毒

卫生	蚊	/	电热加温

WL20070070 杀虫气雾剂/0.7%/气雾剂/胺菊酯 0.25%、富右旋反式烯丙菊酯 0.1%、氯菊酯 0.35%/2009.04.10 至 2010.04.11/微毒

卫生	蚊、蝇、蜚蠊	/	喷雾

WL20070071 杀虫气雾剂/0.45%/气雾剂/Es-生物烯丙菊酯 0.3%、高效氯氰菊酯 0.15%/2009.04.10 至 2010.04.11/微毒

卫生	蚊、蝇	/	喷雾

WL20070167 蚊香/0.04%/蚊香/四氟醚菊酯 0.04%/2009.08.09 至 2010.08.10/微毒

卫生	蚊	/	点燃

WL20070170 蚊香/0.15%/蚊香/Es-生物烯丙菊酯 0.15%/2009.08.29 至 2010.08.30/微毒

卫生	蚊	/	点燃

WL20080183 杀虫气雾剂/0.45%/气雾剂/胺菊酯 0.4%、高效氯氰菊酯 0.05%/2009.03.03 至 2010.03.03/微毒

卫生	蚊、蝇、蜚蠊	/	喷雾

WL20080192 杀虫气雾剂/0.72%/气雾剂/胺菊酯 0.12%、氯菊酯 0.45%、四氟苯菊酯 0.15%/2009.03.04 至 2010.03.04/微毒

卫生	蚊、蝇、蜚蠊	/	喷雾

WL20080195 杀虫气雾剂/0.55%/气雾剂/胺菊酯 0.3%、氯菊酯 0.25%/2009.03.04 至 2010.03.04/微毒

卫生	蚊、蝇、蜚蠊	/	喷雾

WL20080217 杀虫气雾剂/0.5%/气雾剂/胺菊酯 0.25%、富右旋反式烯丙菊酯 0.15%、氯氰菊酯 0.1%/2009.03.10至2010.03.10/微毒

卫生	蚊、蝇、蜚蠊	/	喷雾

WL20080243 杀虫气雾剂/0.41%/气雾剂/富右旋反式烯丙菊酯 0.16%、高效氯氰菊酯 0.03%、氯菊酯 0.22%/2009.03.17至2010.03.17/微毒

卫生	蚊、蝇、蜚蠊	/	喷雾

江苏安邦电化有限公司 （江苏省淮安市清浦区化工路30号 223002 0517-83556168）

PDN37-96 噻嗪酮/97%，95%，90%/原药/噻嗪酮 97%，95%，90%/2007.03.11 至 2012.03.11/低毒

PDN38-96 噻嗪酮/25%/可湿性粉剂/噻嗪酮 25%/2006.03.15 至 2011.03.15/低毒

茶树	小绿叶蝉	166-250毫克/千克	喷雾
柑橘树	矢尖蚧	150-250毫克/千克	喷雾
水稻	飞虱	75-112.5克/公顷	喷雾

PD84104-52 杀虫双/18%/水剂/杀虫双 18%/2009.10.26 至 2014.10.26/中等毒

甘蔗、蔬菜、水稻、小麦、玉米	多种害虫	540-675克/公顷	喷雾
果树	多种害虫	225-360毫克/千克	喷雾

PD84108-23 敌百虫/90%/原药/敌百虫 90%/2009.12.28 至 2014.12.28/低毒

白菜、青菜	地下害虫	750-1500克/公顷	毒饵
白菜、青菜	菜青虫	960-1200克/公顷	喷雾
茶树	尺蠖、刺蛾	450-900毫克/千克	喷雾
大豆	造桥虫	1800克/公顷	喷雾
柑橘树	卷叶蛾	600-750毫克/千克	喷雾
林木	松毛虫	600-900毫克/千克	喷雾
水稻	螟虫	1500-1800克/公顷	喷雾、泼浇或毒土
小麦	黏虫	1800克/公顷	喷雾
烟草	烟青虫	900毫克/千克	喷雾

PD84125-3 乙烯利/40%/水剂/乙烯利 40%/2009.12.28 至 2014.12.28/低毒

大麦	防止倒伏、调节生长	300-360 克/公顷	兑水喷雾
番茄	催熟	800-1000倍液	喷雾或浸渍
棉花	催熟、增产	330-500倍液	喷雾
柿子树、香蕉	催熟	400倍液	喷雾或浸渍
水稻	催熟、增产	800倍液	喷雾
橡胶树	增产	5-10倍液	涂布
烟草	催熟	1000-2000倍液	喷雾

注:大麦为临时登记状态。

PD85105-49 敌敌畏/77.5%/乳油/敌敌畏 77.5%/2009.12.28 至 2014.12.28/中等毒

茶树	食叶害虫	600克/公顷	喷雾
粮仓	多种储藏害虫	1)400-500倍液 2)0.4-0.5克/立方米	1)喷雾 2)挂条熏蒸

	棉花	蚜虫、造桥虫	600-1200克/公顷	喷雾
	苹果树	小卷叶蛾、蚜虫	400-500毫克/千克	喷雾
	青菜	菜青虫	600克/公顷	喷雾
	桑树	尺蠖	600克/公顷	喷雾
	卫生	多种卫生害虫	1)300-400倍液 2)0.08克/立方米	1)泼洒 2)挂条熏蒸
	小麦	黏虫、蚜虫	600克/公顷	喷雾
PD94106	乙烯利/70%/原药/乙烯利 70%/2009.04.12 至 2014.04.12/低毒			
PD20040071	三唑酮/20%/乳油/三唑酮 20%/2009.12.19 至 2014.12.19/低毒			
	小麦	白粉病	120-127.5克/公顷	喷雾
PD20040105	多·酮/40%/可湿性粉剂/多菌灵 35%、三唑酮 5%/2009.12.19 至 2014.12.19/低毒			
	水稻	叶尖枯病	750-900克/公顷	喷雾
	小麦	白粉病、赤霉病	750-850克/公顷	喷雾
PD20040125	吡虫啉/10%/可湿性粉剂/吡虫啉 10%/2009.12.19 至 2014.12.19/低毒			
	水稻	飞虱	15-30克/公顷	喷雾
PD20040130	三唑酮/15%/可湿性粉剂/三唑酮 15%/2009.12.19 至 2014.12.19/低毒			
	小麦	白粉病	120-127.5克/公顷	喷雾
PD20040551	杀虫单/90%/可溶粉剂/杀虫单 90%/2009.12.19 至 2014.12.19/中等毒			
	水稻	螟虫	675-810克/公顷	喷雾
PD20050080	杀虫单/95%/原药/杀虫单 95%/2005.06.24 至 2010.06.23/中等毒			
PD20050116	吡虫·杀虫单/72%/可湿性粉剂/吡虫啉 2.4%、杀虫单 69.6%/2005.08.15 至 2010.08.14/低毒			
	水稻	稻飞虱、稻纵卷叶螟、二化螟、三化螟	450-750克/公顷	喷雾
PD20060178	草甘膦/95%/原药/草甘膦 95%/2006.11.09 至 2011.11.09/低毒			
PD20070372	吡蚜酮/96%/原药/吡蚜酮 96%/2007.10.24 至 2012.10.24/中等毒			
PD20070373	吡蚜酮/25%/可湿性粉剂/吡蚜酮 25%/2007.10.24 至 2012.10.24/低毒			
	水稻	飞虱	60-75克/公顷	喷雾
	小麦	蚜虫	60-75克/公顷	喷雾
PD20070467	噻·酮·杀虫单/45%/可湿性粉剂/噻嗪酮 7%、杀虫单 33%、三唑酮 5%/2007.11.20 至 2012.11.20/中等毒			
	杂交水稻	稻飞虱、稻纵卷叶螟、二化螟、叶尖枯病	600-815克/公顷	喷雾
PD20080538	硫丹/96%/原药/硫丹 96%/2008.05.04 至 2013.05.04/高毒			
PD20080728	草甘膦异丙胺盐/41%/水剂/草甘膦异丙胺盐 41%/2008.06.11 至 2013.06.11/微毒			
	柑橘园	杂草	1230－2460克/公顷	喷雾
PD20080765	草甘膦/10%/水剂/草甘膦 10%/2008.06.11 至 2009.12.31/微毒			
	柑橘园	杂草	1125－2250克/公顷	喷雾
PD20081705	杀虫双/25%/母液/杀虫双 25%/2008.11.17 至 2013.11.17/中等毒			
PD20081818	杀螟丹/98%/原药/杀螟丹 98%/2008.11.19 至 2013.11.19/中等毒			
PD20082053	苄·二氯/27.5%/可湿性粉剂/苄嘧磺隆 2.75%、二氯喹啉酸 24.75%/2008.11.25 至 2013.11.25/低毒			
	水稻秧田	单、双子叶杂草	202-231克/公顷	喷雾
PD20082284	二氯喹啉酸/50%/可湿性粉剂/二氯喹啉酸 50%/2008.12.01 至 2013.12.01/低毒			
	水稻移栽田	稗草	200-375克/公顷	喷雾
PD20082816	硫丹/35%/乳油/硫丹 35%/2008.12.09 至 2013.12.09/中等毒(原药高毒)			
	棉花	棉铃虫	630-945克/公顷	喷雾
	苹果树	黄蚜	117-175毫克/千克	喷雾
PD20082909	三环唑/20%/可湿性粉剂/三环唑 20%/2008.12.09 至 2013.12.09/中等毒			
	水稻	稻瘟病	225-300克/公顷	喷雾
PD20083063	氰戊·辛硫磷/50%/乳油/氰戊菊酯 4.5%、辛硫磷 45.5%/2008.12.10 至 2013.12.10/中等毒			
	棉花	蚜虫	150-225克/公顷	喷雾
PD20086354	醚磺隆/92%/原药/醚磺隆 92%/2008.12.31 至 2013.12.31/低毒			
PD20090085	草甘膦异丙胺盐/62%/水剂/草甘膦异丙胺盐 62%/2009.01.08 至 2014.01.08/微毒			
	柑橘园	杂草	1125-2250克/公顷	定向茎叶喷雾
PD20091726	醚磺隆/10%/可湿性粉剂/醚磺隆 10%/2009.02.04 至 2014.02.04/低毒			
	水稻移栽田	一年生阔叶杂草及莎草科杂草	18-30克/公顷	毒土法
PD20095197	乙烯利/5%/膏剂/乙烯利 5%/2009.04.24 至 2014.04.24/微毒			
	橡胶树	增产	0.06-0.08毫克/株	涂抹
PD20095334	井·噻·杀虫单 /48%/可湿性粉剂/井冈霉素 7%、噻嗪酮 7%、杀虫单 34%/2009.04.27 至 2014.04.27/中等毒			
	水稻	稻飞虱、二化螟、纹枯病	720-864克/公顷	喷雾
PD20095529	苄·乙/20%/可湿性粉剂/苄嘧磺隆 4.5%、乙草胺 15.5%/2009.05.11 至 2014.05.11/低毒			
	水稻移栽田	部分多年生杂草、一年生杂草	84-118克/公顷	毒土法
PD20095598	醚磺·乙草胺/25%/可湿性粉剂/醚磺隆 4%、乙草胺 21%/2009.05.12 至 2014.05.12/低毒			
	水稻移栽田	一年生及部分多年生杂草	75-112.5克/公顷	药土法
PD20096218	乙草胺/50%/乳油/乙草胺 50%/2009.07.15 至 2014.07.15/低毒			
	玉米田	一年生禾本科杂草及部分小粒种子阔叶杂草	180-220毫升制剂/亩(东北地区) 100-180毫升制剂/亩(其它地区)	播后苗前土壤喷雾

PD20096457 羟烯·乙烯利/40%/水剂/羟烯腺嘌呤 0.3毫克/毫升、乙烯利 40%/2009.08.05 至 2014.08.05/低毒
玉米 防止倒伏 150-180克/公顷 喷雾
PD20097512 乙草胺/93%/原药/乙草胺 93%/2009.11.03 至 2014.11.03/低毒
PD20097616 苯菌灵/95%/原药/苯菌灵 95%/2009.11.03 至 2014.11.03/低毒

江苏傲伦达科技实业股份有限公司连云港分公司(江苏省连云港市灌南县堆沟港镇化学工业园区 222525 0518-83611221)

PD20081500 禾草丹/93%/原药/禾草丹 93%/2008.11.05 至 2013.11.05/低毒
PD20091088 禾草敌/99%/原药/禾草敌 99%/2009.01.21 至 2014.01.21/低毒

江苏百灵农化有限公司 (江苏省姜堰市姜官路4号桥口 225529 0510-86832163)

PD85150-33 多菌灵/50%/可湿性粉剂/多菌灵 50%/2006.01.12 至 2011.01.12/低毒
果树 病害 0.05-0.1%药液 喷雾
花生 倒秧病 750克/公顷 喷雾
麦类 赤霉病 750克/公顷 喷雾、泼浇
棉花 苗期病害 500克/100千克种子 拌种
水稻 稻瘟病、纹枯病 750克/公顷 喷雾、泼浇
油菜 菌核病 1125-1500克/公顷 喷雾
PD85154-18 氰戊菊酯/20%/乳油/氰戊菊酯 20%/2005.08.15 至 2010.08.15/中等毒
柑橘树 潜叶蛾 10-20毫克/千克 喷雾
果树 梨小食心虫 10-20毫克/千克 喷雾
棉花 红铃虫、蚜虫 75-150克/公顷 喷雾
蔬菜 菜青虫、蚜虫 60-120克/公顷 喷雾
PD20040223 氯氰菊酯/10%/乳油/氯氰菊酯 10%/2009.12.19 至 2014.12.19/中等毒
棉花 棉铃虫、蚜虫 45-90克/公顷 喷雾
十字花科蔬菜 菜青虫 30-45克/公顷 喷雾
PD20040450 哒螨灵/20%/可湿性粉剂/哒螨灵 20%/2009.12.19 至 2014.12.19/中等毒
柑橘树、苹果树 红蜘蛛 50-67毫克/千克 喷雾
PD20040579 哒螨灵/15%/乳油/哒螨灵 15%/2009.12.19 至 2014.12.19/中等毒
柑橘树 红蜘蛛 50-67毫克/千克 喷雾
PD20070252 草甘膦/95%/原药/草甘膦 95%/2007.09.03 至 2012.09.03/低毒
PD20070262 噻菌灵/98.5%/原药/噻菌灵 98.5%/2007.09.04 至 2012.09.04/低毒
PD20070264 氯氰菊酯/94%/原药/氯氰菊酯 94%/2007.09.04 至 2012.09.04/低毒
PD20070273 高效氯氟氰菊酯/95%/原药/高效氯氟氰菊酯 95%/2007.09.05 至 2012.09.05/中等毒
PD20070287 百菌清/98%/原药/百菌清 98%/2007.09.05 至 2012.09.05/低毒
PD20070328 双甲脒/95%/原药/双甲脒 95%/2007.10.10 至 2012.10.10/中等毒
PD20070417 噁草酮/94%/原药/噁草酮 94%/2007.11.06 至 2012.11.06/低毒
PD20070489 吡虫啉/95%/原药/吡虫啉 95%/2007.11.28 至 2012.11.28/低毒
PD20070493 醚菊酯/96%/原药/醚菊酯 96%/2007.11.28 至 2012.11.28/低毒
PD20070510 戊唑醇/95%/原药/戊唑醇 95%/2007.11.28 至 2012.11.28/低毒
PD20070648 甲基硫菌灵/95%/原药/甲基硫菌灵 95%/2007.12.17 至 2012.12.17/低毒
PD20080038 氟磺胺草醚/95%/原药/氟磺胺草醚 95%/2008.01.03 至 2013.01.03/低毒
PD20080112 噻嗪酮/95%/原药/噻嗪酮 95%/2008.01.03 至 2013.01.03/低毒
PD20080116 乙草胺/93%/原药/乙草胺 93%/2008.01.03 至 2013.01.03/低毒
PD20080176 异丙甲草胺/96%/原药/异丙甲草胺 96%/2008.01.03 至 2013.01.03/低毒
PD20080178 乙烯利/85%/原药/乙烯利 85%/2008.01.03 至 2013.01.03/低毒
PD20080412 杀螺胺/98%/原药/杀螺胺 98%/2008.02.29 至 2013.02.28/低毒
PD20080575 毒死蜱/97%/原药/毒死蜱 97%/2008.05.12 至 2013.05.12/中等毒
PD20080737 代森锰锌/90%/原药/代森锰锌 90%/2008.06.11 至 2013.06.11/低毒
PD20081062 阿维菌素/95%/原药/阿维菌素 95%/2008.08.14 至 2013.08.14/高毒
PD20081137 丙环唑/95%/原药/丙环唑 95%/2008.09.01 至 2013.09.01/低毒
PD20081151 氟乐灵/96%/原药/氟乐灵 96%/2008.09.01 至 2013.09.01/低毒
PD20081329 三环·杀虫单/50%/可湿性粉剂/三环唑 17%、杀虫单 33%/2008.10.21 至 2013.10.21/中等毒
水稻 稻瘟病、三化螟 750-937.5克/公顷 喷雾
PD20081538 多菌灵/98%/原药/多菌灵 98%/2008.11.11 至 2013.11.11/低毒
PD20081745 双甲脒/20%/乳油/双甲脒 20%/2008.11.18 至 2013.11.18/中等毒
柑橘树 红蜘蛛 100-200毫克/千克 喷雾
PD20082213 溴氰菊酯/2.5%/乳油/溴氰菊酯 2.5%/2008.11.26 至 2013.11.26/中等毒
棉花 棉铃虫 7.5-15克/公顷 喷雾
PD20082587 赤霉酸/90%/原药/赤霉酸 90%/2008.12.04 至 2013.12.04/低毒
PD20083227 高效氯氟氰菊酯/25克/升/乳油/高效氯氟氰菊酯 25克/升/2008.12.11 至 2013.12.11/中等毒
十字花科蔬菜 菜青虫 7.5-11.25克/公顷 喷雾
PD20083573 阿维·双甲脒/10.8%/乳油/阿维菌素 0.2%、双甲脒 10.6%/2008.12.12 至 2013.12.12/低毒(原药高毒)
梨树 梨木虱 27-36毫克/千克 喷雾
PD20096193 乙烯利/40%/水剂/乙烯利 40%/2009.07.13 至 2014.07.13/低毒
水稻 催熟、增产 500-666.7毫克/千克 兑水喷雾

PD20096574	噁草酮/250克/升/乳油/噁草酮 250克/升/2009.08.24 至 2014.08.24/低毒			
	移栽水稻田	一年生杂草	375-487.5克/公顷	土壤喷雾
PD20096588	氟乐灵/480克/升/乳油/氟乐灵 480克/升/2009.08.25 至 2014.08.25/低毒			
	棉花田	一年生禾本科杂草	133-150毫升制剂/亩	播后苗前土壤喷雾
PD20096703	异丙甲草胺/720克/升/乳油/异丙甲草胺 720克/升/2009.09.07 至 2014.09.07/低毒			
	大豆田	一年生杂草	100-180毫升制剂/亩	播前或播后苗前土壤处理
PD20096793	噻菌灵/42%/悬浮剂/噻菌灵 42%/2009.09.15 至 2014.09.15/微毒			
	柑橘	青霉病	1250-1500毫克/千克	浸果
PD20096857	噻嗪酮/25%/可湿性粉剂/噻嗪酮 25%/2009.09.22 至 2014.09.22/低毒			
	水稻	稻飞虱	150—187.5克/公顷	喷雾
PD20097007	毒死蜱/480克/升/乳油/毒死蜱 480克/升/2009.09.29 至 2014.09.29/中等毒			
	水稻	三化螟	720—864克/公顷	喷雾
PD20097057	百菌清/75%/可湿性粉剂/百菌清 75%/2009.10.10 至 2014.10.10/低毒			
	黄瓜	霜霉病	1350—1642.5克/公顷	喷雾
PD20097106	代森锰锌/80%/可湿性粉剂/代森锰锌 80%/2009.10.10 至 2014.10.10/低毒			
	苹果树	斑点落叶病	500-800倍液	喷雾
PD20097204	丙环唑/250克/升/乳油/丙环唑 250克/升/2009.10.19 至 2014.10.19/低毒			
	小麦	白粉病	112.5-187.5克/公顷	喷雾
PD20097233	赤霉酸/20%/可溶粉剂/赤霉酸 20%/2009.10.19 至 2014.10.19/低毒			
	移栽水稻田	调节生长	60-90克/公顷	喷雾
PD20097539	氟磺胺草醚/250克/升/水剂/氟磺胺草醚 250克/升/2009.11.03 至 2014.11.03/低毒			
	春大豆田	一年生阔叶杂草	375-525克/公顷	茎叶喷雾
PD20098033	草甘膦异丙胺盐(41%)///水剂/草甘膦 30%/2009.12.07 至 2014.12.07/低毒			
	棉花田	一年生及部分多年生杂草	120-270毫升制剂/亩	行间定向茎叶喷雾
PD20098216	乙草胺/900克/升/乳油/乙草胺 900克/升/2009.12.16 至 2014.12.16/低毒			
	夏玉米田	一年生禾本科杂草	80-100毫升制剂/亩	播后苗前土壤喷雾
PD20098294	甲基硫菌灵/70%/可湿性粉剂/甲基硫菌灵 70%/2009.12.18 至 2014.12.18/低毒			
	苹果树	轮纹病	700—875毫克/千克	喷雾
PD20098420	吡虫啉/10%/可湿性粉剂/吡虫啉 10%/2009.12.24 至 2014.12.24/低毒			
	水稻	稻飞虱	30-45克/公顷	喷雾
PD20098438	醚菊酯/10%/悬浮剂/醚菊酯 10%/2009.12.24 至 2014.12.24/低毒			
	甘蓝	菜青虫	45—60克/公顷	喷雾
LS20072011	哒螨灵/95%/原药/哒螨灵 95%/2009.08.07 至 2010.08.08/中等毒			

江苏宝灵化工股份有限公司 （江苏省南通市姚港路41号 226006 0513-83513257）

PD85156-8	辛硫磷/91%,87%,80%/原药/辛硫磷 91%,87%,80%/2005.07.22 至 2010.07.22/低毒			
PD85157-3	40%辛硫磷乳油//乳油/辛硫磷 40%/2005.07.22 至 2010.07.22/低毒			
	茶树、桑树	食叶害虫	200-400毫克/千克	喷雾
	果树	食心虫、蚜虫、螨	200-400毫克/千克	喷雾
	林木	食叶害虫	3000-6000克/公顷	喷雾
	棉花	棉铃虫、蚜虫	300-600克/公顷	喷雾
	蔬菜	菜青虫	300-450克/公顷	喷雾
	烟草	食叶害虫	300-600克/公顷	喷雾
	玉米	玉米螟	450-600克/公顷	灌心叶
PD20070139	氯氰·毒死蜱/50%/乳油/毒死蜱 45%、氯氰菊酯 5%/2007.05.30 至 2012.05.30/中等毒			
	棉花	棉铃虫	300-375克/公顷	喷雾
	苹果树	绵蚜	200-333.3毫克/千克	喷雾
PD20070188	甲霜灵/35%/种子处理干粉剂/甲霜灵 35%/2007.07.10 至 2012.07.10/低毒			
	谷子	白发病	70-105克/100千克种子	拌种
PD20070228	氯氰·辛硫磷/20%/乳油/氯氰菊酯 1.5%、辛硫磷 18.5%/2007.08.08 至 2012.08.08/低毒			
	棉花	棉铃虫	210-300克/公顷	喷雾
PD20070253	毒死蜱/97%/原药/毒死蜱 97%/2007.09.04 至 2012.09.04/中等毒			
PD20070301	虫酰肼/95%/原药/虫酰肼 95%/2007.09.21 至 2012.09.21/低毒			
PD20070449	虫酰肼/20%/悬浮剂/虫酰肼 20%/2007.11.20 至 2012.11.20/低毒			
	甘蓝	甜菜夜蛾	180-210克/公顷	喷雾
PD20080166	丙溴磷/90%/原药/丙溴磷 90%/2008.01.04 至 2013.01.04/中等毒			
PD20080404	霜霉威/98%/原药/霜霉威 98%/2008.02.29 至 2013.02.28/低毒			
PD20081143	甲霜灵/95%/原药/甲霜灵 95%/2008.09.01 至 2013.09.01/低毒			
PD20081927	四螨嗪/20%/悬浮剂/四螨嗪 20%/2008.11.21 至 2013.11.21/低毒			

苹果树 红蜘蛛 80-100毫克/千克 喷雾
PD20082132 丙溴磷/40%/乳油/丙溴磷 40%/2008.11.25 至 2013.11.25/中等毒
棉花 棉铃虫 480-600克/公顷 喷雾
水稻 稻纵卷叶螟 480-600克/公顷 喷雾
PD20082404 丙溴磷/500克/升/乳油/丙溴磷 500克/升/2008.12.01 至 2013.12.01/低毒
棉花 棉铃虫 562.5-937.5克/公顷 喷雾
PD20082441 二嗪磷/50%/乳油/二嗪磷 50%/2008.12.02 至 2013.12.02/低毒
棉花 蚜虫 600-900克/公顷 喷雾
水稻 二化螟 450-900克/公顷 喷雾
PD20082753 霜霉威盐酸盐/722克/升/水剂/霜霉威盐酸盐 722克/升/2008.12.08 至 2013.12.08/低毒
黄瓜 霜霉病 705-1174克/公顷 喷雾
烟草 黑胫病 775.5-1164克/公顷 喷雾
PD20083368 甲霜·锰锌/72%/可湿性粉剂/甲霜灵 8%、代森锰锌 64%/2008.12.11 至 2013.12.11/低毒
黄瓜 霜霉病 1620-2250克/公顷 喷雾
葡萄 霜霉病 1087.5-1740克/公顷 喷雾
烟草 黑胫病 696-1044克/公顷 灌根
PD20083681 毒死蜱/480克/升/乳油/毒死蜱 480克/升/2008.12.15 至 2013.12.15/低毒
柑橘树 介壳虫 360-480毫克/千克 喷雾
水稻 稻纵卷叶螟 360-720克/公顷 喷雾
水稻 二化螟 576-720克/公顷 喷雾
PD20084096 氯氰·丙溴磷/44%/乳油/丙溴磷 40%、氯氰菊酯 4%/2008.12.16 至 2013.12.16/低毒
棉花 棉铃虫 528-660克/公顷 喷雾
PD20084693 甲霜·锰锌/58%/可湿性粉剂/甲霜灵 10%、代森锰锌 48%/2008.12.22 至 2013.12.22/低毒
葡萄 霜霉病 1087.5-1740克/公顷 喷雾
烟草 黑胫病 696-1044克/公顷 喷淋茎基部
PD20084846 毒死蜱/40%/乳油/毒死蜱 40%/2008.12.22 至 2013.12.22/中等毒
棉花 棉铃虫、蚜虫 450-900克/公顷 喷雾
苹果树 桃小食心虫 160-240毫克/千克 喷雾
水稻 稻飞虱 300-600克/公顷 喷雾
PD20084910 辛硫磷/3%/颗粒剂/辛硫磷 3%/2008.12.22 至 2013.12.22/低毒
花生 地老虎、金针虫、蝼蛄、蛴螬 1800-2250克/公顷 沟施
PD20085464 辛硫磷/30%/微囊悬浮剂/辛硫磷 30%/2008.12.24 至 2013.12.24/微毒
十字花科蔬菜 菜青虫 270-360克/公顷 喷雾
PD20085868 代森锰锌/30%/悬浮剂/代森锰锌 30%/2008.12.29 至 2013.12.29/微毒
番茄 早疫病 1080-1440克/公顷 喷雾
PD20085984 甲霜·福美双/70%/可湿性粉剂/福美双 60%、甲霜灵 10%/2008.12.29 至 2013.12.29/低毒
黄瓜 霜霉病 1312.5-1575克/公顷 喷雾
PD20090188 丙溴·敌百虫/48%/乳油/丙溴磷 12%、敌百虫 36%/2009.01.08 至 2014.01.08/中等毒
棉花 棉铃虫 360-720克/公顷 喷雾
水稻 二化螟 576-720克/公顷 喷雾
PD20091765 甲霜·霜霉威/25%/可湿性粉剂/甲霜灵 15%、霜霉威盐酸盐 10%/2009.02.04 至 2014.02.04/低毒
番茄 晚疫病 312.5-468.75克/公顷 喷雾
黄瓜 霜霉病 469.5-703.5克/公顷 喷雾
辣椒 疫病 0.06-0.1克/株 灌根
葡萄 霜霉病 312.5-416.7毫克/千克 喷雾
水稻 苗期立枯病 0.38-0.5克/平方米 喷雾或浇施
烟草 黑胫病 300-375克/公顷 灌根
PD20092599 毒死蜱/30%/微囊悬浮剂/毒死蜱 30%/2009.02.27 至 2014.02.27/低毒
十字花科蔬菜 斜纹夜蛾 270-570克/公顷 喷雾
PD20096190 氯氰·丙溴磷/44%/乳油/丙溴磷 40%、氯氰菊酯 4%/2009.07.10 至 2014.07.10/低毒
柑橘树 潜叶蛾 146.7-220毫克/千克 喷雾
棉花 棉铃虫 528-660克/公顷 喷雾
十字花科蔬菜 小菜蛾 396-528克/公顷 喷雾
PD20098313 精甲霜灵/90%/原药/精甲霜灵 90%/2009.12.18 至 2014.12.18/低毒
PD20098502 甲霜灵/25%/可湿性粉剂/甲霜灵 25%/2009.12.24 至 2014.12.24/低毒
注:仅供出口。
LS20052574 氟铃脲/5%/乳油/氟铃脲 5%/2008.08.03 至 2009.08.03/低毒
十字花科蔬菜 小菜蛾 28.13-56.25克/公顷 喷雾
LS20053056 氟铃脲/95%/原药/氟铃脲 95%/2008.09.15 至 2009.09.15/低毒
LS20053574 甲霜·霜脲氰/25%/可湿性粉剂/甲霜灵 12.5%、霜脲氰 12.5%/2008.11.14 至 2009.11.14/低毒
辣椒 疫病 416.7-625毫克/千克 灌根
LS20060482 高氯·毒死蜱/15%/乳油/毒死蜱 13.5%、高效氯氰菊酯 1.5%/2009.03.06 至 2010.03.06/中等毒
黄瓜 美洲斑潜蝇 112.5-135克/公顷 喷雾

LS20061053 丙溴·辛硫磷/25%/乳油/丙溴磷 6%、辛硫磷 19%/2009.05.10 至 2010.05.10/低毒
水稻 稻纵卷叶螟 262.5-337.5克/公顷 喷雾
LS20061749 阿维·毒死蜱/41%/乳油/阿维菌素 1%、毒死蜱 40%/2009.10.10 至 2010.10.10/中等毒(原药高毒)
棉花 棉铃虫 461.25-615克/公顷 喷雾
LS20071646 虫酰·辛硫磷/40%/乳油/虫酰肼 8%、辛硫磷 32%/2009.06.06 至 2010.06.07/低毒
十字花科蔬菜 甜菜夜蛾 360-480克/公顷 喷雾
LS20072562 四螨·哒螨灵/10%/悬浮剂/哒螨灵 7%、四螨嗪 3%/2009.12.04 至 2010.12.05/低毒
柑橘树 红蜘蛛 40-60毫克/千克 喷雾
LS20081354 丙溴磷/720克/升/乳油/丙溴磷 720克/升/2009.03.13 至 2010.03.13/低毒
水稻 稻纵卷叶螟、二化螟 432-540克/公顷 喷雾
LS20082282 阿维·三唑磷/8.3%/微囊悬浮剂/阿维菌素 0.3%、三唑磷 8%/2009.04.21 至 2010.04.21/低毒(原药高毒)
水稻 二化螟 149.4-186.75克/公顷 喷雾
LS20082841 毒·辛/40%/乳油/毒死蜱 15%、辛硫磷 25%/2009.06.11 至 2010.06.11/低毒
水稻 稻纵卷叶螟 600-750克/公顷 喷雾
LS20082913 毒死蜱/30%/水乳剂/毒死蜱 30%/2009.07.14 至 2010.07.14/中等毒
水稻 稻纵卷叶螟 540-675克/公顷 喷雾
LS20083291 毒·辛 /15%/颗粒剂/毒死蜱 10%、辛硫磷 5%/2009.12.29 至 2010.12.29/低毒
十字花科蔬菜 黄条跳甲 1125-1350克/公顷 撒施
LS20090345 丙森·甲霜灵/68%/可湿性粉剂/丙森锌 64%、甲霜灵 4%/2009.03.13 至 2010.03.13/低毒
烟草 黑胫病 612-1020克/公顷 喷雾
LS20090536 甲维·丙溴磷/40.2%/乳油/丙溴磷 40%、甲氨基阿维菌素苯甲酸盐 0.2%/2009.03.18 至 2010.03.18/低毒
棉花 棉铃虫 361.8-482.4克/公顷 喷雾
LS20090553 噻嗪·毒死蜱 /40%/乳油/毒死蜱 20%、噻嗪酮 20%/2009.03.19 至 2010.03.19/低毒
水稻 飞虱 180-240克/公顷 /喷雾
LS20091118 甲氨基阿维菌素苯甲酸盐(5.7%)///水分散粒剂/甲氨基阿维菌素 5%/2009.04.17 至 2010.04.17/低毒
水稻 稻纵卷叶螟、二化螟 7.5-11.25克/公顷 喷雾
WP20080246 毒死蜱/40%/乳油/毒死蜱 40%/2008.11.26 至 2013.11.26/中等毒
卫生 白蚁 1)5克/平方米 1)土壤处理
2)27.6克/立方米 2)木材浸泡

江苏宝众宝达药业有限公司 (江苏省如皋市港口经济开发区精细化工园区 226532 0513-87680088)

LS20082593 唑草酮/90%/原药/唑草酮 90%/2009.04.23 至 2010.04.23/微毒

江苏常隆化工有限公司 (江苏省常州市新北区龙虎塘 213031 0519-85481167)

PD85134-3 速灭威/98%,95%,90%/原药/速灭威 98%,95%,90%/2005.07.14 至 2010.07.14/中等毒
PD85136-11 速灭威/25%/可湿性粉剂/速灭威 25%/2005.07.14 至 2010.07.14/中等毒
水稻 飞虱、叶蝉 375-750克/公顷 喷雾
PD85153-2 甲萘威/95%,93%,90%/原药/甲萘威 95%,93%,90%/2005.07.14 至 2010.07.14/中等毒
PD85154-21 氰戊菊酯/20%/乳油/氰戊菊酯 20%/2005.07.14 至 2010.07.14/中等毒
柑橘树 潜叶蛾 10-20毫克/千克 喷雾
果树 梨小食心虫 10-20毫克/千克 喷雾
棉花 红铃虫、蚜虫 75-150克/公顷 喷雾
蔬菜 菜青虫、蚜虫 60-120克/公顷 喷雾
PD85167-2 混灭威/90%/原药/混灭威 90%/2005.10.25 至 2010.10.25/中等毒
PD85168-2 混灭威/50%/乳油/混灭威 50%/2005.10.25 至 2010.10.25/中等毒
水稻 飞虱、叶蝉 375-750克/公顷 喷雾、泼浇
PD86147-3 异丙威/98%/原药/异丙威 98%/2007.01.30 至 2012.01.30/中等毒
PD86148-69 异丙威/20%/乳油/异丙威 20%/2007.01.30 至 2012.01.30/中等毒
水稻 飞虱、叶蝉 450-600克/公顷 喷雾
PD89104-5 氰戊菊酯/85%/原药/氰戊菊酯 85%/2009.10.15 至 2014.10.15/中等毒
PD91109-10 速灭威/20%/乳油/速灭威 20%/2006.06.21 至 2011.06.21/中等毒
水稻 飞虱、叶蝉 450-600克/公顷 喷雾
PD20040047 吡虫啉/95%/原药/吡虫啉 95%/2009.12.19 至 2014.12.19/低毒
PD20040518 吡虫啉/10%/可湿性粉剂/吡虫啉 10%/2009.12.19 至 2014.12.19/低毒
水稻 飞虱 15-30克/公顷 喷雾
小麦 蚜虫 15-30克/公顷(南方地区)/45-60克/公顷(北方地区) 喷雾
PD20040701 吡虫啉/20%/可溶液剂/吡虫啉 20%/2009.12.19 至 2014.12.19/低毒
水稻 稻飞虱 15-30克/公顷 喷雾
烟草 蚜虫 30-60克/公顷 喷雾
PD20040761 吡虫啉/5%/可溶液剂/吡虫啉 5%/2009.12.19 至 2014.12.19/低毒
苹果树 蚜虫 25-50毫克/千克 喷雾
十字花科蔬菜 蚜虫 15-22.5克/公顷 喷雾
水稻 稻飞虱 15-30克/公顷 喷雾
PD20040813 异丙隆/95%/原药/异丙隆 95%/2009.12.23 至 2014.12.23/低毒

PD20040814 异丙隆/70%/可湿性粉剂/异丙隆 70%/2009.12.23 至 2014.12.23/低毒
冬小麦田 一年生单子叶杂草、一年生双子叶杂草 1050-1200克/公顷 喷雾
PD20060119 灭多威/98%/原药/灭多威 98%/2006.06.15 至 2011.06.15/高毒
PD20070325 啶虫咪/96%/原药/啶虫脒 96%/2007.10.10 至 2012.10.10/中等毒
PD20070408 丙草胺/原药/原药/丙草胺 94%/2007.11.05 至 2012.11.05/低毒
PD20070413 噻嗪酮/95%/原药/噻嗪酮 95%/2007.11.05 至 2012.11.05/低毒
PD20070602 啶虫脒/5%/乳油/啶虫脒 5%/2007.12.14 至 2012.12.14/中等毒
柑橘树 蚜虫 6-10毫克/千克 喷雾
苹果树 蚜虫 10-15毫克/千克 喷雾
十字花科蔬菜 蚜虫 9-13.5克/公顷 喷雾
小麦 蚜虫 13.5-18克/公顷 喷雾
PD20080046 丙环唑/95%/原药/丙环唑 95%/2008.01.03 至 2013.01.03/低毒
PD20080072 仲丁威/95%/原药/仲丁威 95%/2008.01.03 至 2013.01.03/低毒
PD20080109 苯噻酰草胺/95%/原药/苯噻酰草胺 95%/2008.01.04 至 2013.01.04/低毒
PD20080125 苯磺隆/95%/原药/苯磺隆 95%/2008.01.03 至 2013.01.03/低毒
PD20080130 苯噻酰草胺/50%/可湿性粉剂/苯噻酰草胺 50%/2008.01.04 至 2013.01.04/低毒
水稻移栽田 稗草、异型莎草 450-600克/公顷(北方地区) 毒土法
375-450克/公顷(南方地区)
PD20080365 噁霜灵/96%/原药/噁霜灵 96%/2008.02.29 至 2013.02.28/低毒
PD20080561 克百威/96%/原药/克百威 96%/2008.05.09 至 2013.05.09/高毒
PD20080576 炔螨特/90%/原药/炔螨特 90%/2008.05.12 至 2013.05.12/低毒
PD20080594 吡嘧磺隆/97%/原药/吡嘧磺隆 97%/2008.05.12 至 2013.05.12/低毒
PD20080646 噻嗪酮/25%/可湿性粉剂/噻嗪酮 25%/2008.05.13 至 2013.05.13/低毒
柑橘树 矢尖蚧 200-250毫克/千克 喷雾
水稻 飞虱 75-112.5克/公顷 喷雾
PD20080655 溴氰菊酯/98%/原药/溴氰菊酯 98%/2008.05.27 至 2013.05.27/中等毒
PD20080665 草除灵/96%/原药/草除灵 96%/2008.05.27 至 2013.05.27/微毒
PD20080763 嘧霉胺/98%/原药/嘧霉胺 98%/2008.06.11 至 2013.06.11/低毒
PD20081108 烯酰吗啉/95%/原药/烯酰吗啉 95%/2008.09.01 至 2013.09.01/低毒
PD20081128 噻菌灵/98.5%/原药/噻菌灵 98.5%/2008.08.21 至 2013.08.21/低毒
PD20081155 敌草隆/95%/原药/敌草隆 95%/2008.09.02 至 2013.09.02/低毒
PD20081193 乙草胺/93%/原药/乙草胺 93%/2008.09.11 至 2013.09.11/低毒
PD20081246 氯嘧磺隆/95%/原药/氯嘧磺隆 95%/2008.09.18 至 2013.09.18/低毒
注:仅供出口。
PD20081463 异丙草胺/90%/原药/异丙草胺 90%/2008.11.04 至 2013.11.04/低毒
PD20081479 丁硫克百威/90%/原药/丁硫克百威 90%/2008.11.04 至 2013.11.04/中等毒
PD20081562 苄嘧磺隆/96%/原药/苄嘧磺隆 96%/2008.11.11 至 2013.11.11/低毒
PD20081581 吡嘧磺隆/10%/可湿性粉剂/吡嘧磺隆 10%/2008.11.12 至 2013.11.12/微毒
移栽水稻田 阔叶杂草、莎草科杂草 22.5-30克/公顷 药土法
PD20081642 联苯菊酯/95%/原药/联苯菊酯 95%/2008.11.14 至 2013.11.14/中等毒
PD20081729 高效氯氟氰菊酯/25克/升/乳油/高效氯氟氰菊酯 25克/升/2008.11.18 至 2013.11.18/中等毒
茶树 小绿叶蝉 15-30克/公顷 喷雾
大豆 食心虫 5.625-7.5克/公顷 喷雾
梨树 梨小食心虫 5-8.3毫克/千克 喷雾
棉花 棉铃虫 15-22.5克/公顷 喷雾
十字花科蔬菜 菜青虫 7.5-11.25克/公顷 喷雾
烟草 烟青虫 7.5-9.375克/公顷 喷雾
PD20081734 乙草胺/900克/升/乳油/乙草胺 900克/升/2008.11.18 至 2013.11.18/低毒
春大豆、春玉米 一年生禾本科杂草及部分阔叶杂草 1620－1890克/公顷 播后苗前土壤喷雾
冬油菜 一年生禾本科杂草及部分阔叶杂草 1080-1350克/公顷 播后苗前土壤喷雾
花生、夏大豆、夏玉米 一年生禾本科杂草及部分阔叶杂草 1080－1350克/公顷 土壤喷雾
PD20081850 丁硫克百威/20%/乳油/丁硫克百威 20%/2008.11.20 至 2013.11.20/中等毒
棉花 蚜虫 90-180克/公顷 喷雾
PD20081902 丁草胺/60%/乳油/丁草胺 60%/2008.11.21 至 2013.11.21/低毒
水稻移栽田 稗草、牛毛草 900-1350克/公顷 药土法
PD20081953 丙草胺/30%/乳油/丙草胺 30%/2008.11.24 至 2013.11.24/低毒
水稻抛秧田 一年生杂草 495-675克/公顷 药土法
水稻秧田 一年生杂草 450-525克/公顷 喷雾
水稻直播田 一年生杂草 450-675克/公顷(南方地区) 土壤喷雾
PD20081973 苯磺隆/75%/水分散粒剂/苯磺隆 75%/2008.11.25 至 2013.11.25/低毒

	冬小麦田	阔叶杂草	10.05-19.5克/公顷	茎叶喷雾
PD20081984	克百威/3%/颗粒剂/克百威 3%/2008.11.25 至 2013.11.25/高毒			
	棉花	蚜虫	900-1575克/公顷	沟施
PD20082051	甲草胺/95%/原药/甲草胺 95%/2008.11.25 至 2013.11.25/低毒			
PD20082123	异丙甲草胺/93%/原药/异丙甲草胺 93%/2008.11.25 至 2013.11.25/低毒			
PD20082206	氯磺隆/95%/原药/氯磺隆 95%/2008.11.26 至 2013.11.26/低毒			
PD20082257	甲草胺/43%/乳油/甲草胺 43%/2008.11.27 至 2013.11.27/低毒			
	夏大豆田	一年生禾本科杂草及部分阔叶杂草	1419-1935克/公顷	播后苗前土壤喷雾
PD20082264	苄嘧磺隆/10%/可湿性粉剂/苄嘧磺隆 10%/2008.11.27 至 2013.11.27/低毒			
	水稻移栽田	阔叶杂草、莎草科杂草	18-30克/公顷	毒土法
PD20082304	丙草胺/50%/乳油/丙草胺 50%/2008.12.01 至 2013.12.01/低毒			
	水稻抛秧田	一年生杂草	300-450克/公顷	毒土
	水稻移栽田	一年生杂草	450-525克/公顷	毒土
PD20082427	乙草胺/50%/乳油/乙草胺 50%/2008.12.02 至 2013.12.02/低毒			
	花生田、夏大豆田、夏玉米田	一年生禾本科杂草及部分小粒种子阔叶杂草	900-1125克/公顷	播后苗前土壤喷雾
	油菜(移栽田)	一年生禾本科杂草及部分小粒种子阔叶杂草	600-750克/公顷	移栽前或移栽后3天土壤喷雾
PD20082449	苄·二氯/36%/可湿性粉剂/苄嘧磺隆 2%、二氯喹啉酸 34%/2008.12.02 至 2013.12.02/低毒			
	水稻秧田、水稻移栽田	单、双子叶杂草	216-270克/公顷	喷雾
PD20082655	噻菌灵/450克/升/悬浮剂/噻菌灵 450克/升/2008.12.04 至 2013.12.04/微毒			
	柑橘	绿霉病	1000-1500毫克/千克	浸果
PD20082664	异丙草胺/50%/乳油/异丙草胺 50%/2008.12.04 至 2013.12.04/低毒			
	水稻移栽田	一年生禾本科杂草及部分小粒种子阔叶杂草	112.5-150克/公顷(南方地区)	药土法
PD20082685	溴氰菊酯/25克/升/乳油/溴氰菊酯 25克/升/2008.12.05 至 2013.12.05/中等毒			
	棉花	棉铃虫	11.25-18.75克/公顷	喷雾
	十字花科蔬菜	菜青虫	7.5-15克/公顷	喷雾
PD20082730	戊唑醇/95%/原药/戊唑醇 95%/2008.12.08 至 2013.12.08/低毒			
PD20082924	仲丁威/50%/乳油/仲丁威 50%/2008.12.09 至 2013.12.09/低毒			
	水稻	稻飞虱	600-937.5克/公顷	喷雾
PD20083036	炔螨特/57%/乳油/炔螨特 57%/2008.12.10 至 2013.12.10/低毒			
	柑橘树	红蜘蛛	285-570毫克/千克	喷雾
PD20083078	苄嘧·苯噻酰/68%/可湿性粉剂/苯噻酰草胺 64.8%、苄嘧磺隆 3.2%/2008.12.10 至 2013.12.10/低毒			
	水稻抛秧田、水稻直播田	一年生杂草	408-612克/公顷	药土法
	水稻移栽田	一年生杂草	408-510克/公顷(南方地区)663-816克/公顷(北方地区)	药土法
PD20083101	敌草隆/80%/可湿性粉剂/敌草隆 80%/2008.12.10 至 2013.12.10/低毒			
	甘蔗	杂草	1560-1980克/公顷	土壤喷雾
PD20083611	戊唑醇/2%/湿拌种剂/戊唑醇 2%/2008.12.12 至 2013.12.12/低毒			
	玉米	丝黑穗病	8-12克/100千克种子	拌种
PD20083632	异丙·苄/10%/可湿性粉剂/苄嘧磺隆 1.25%、异丙草胺 8.75%/2008.12.12 至 2013.12.12/低毒			
	水稻移栽田	一年生杂草	90-112.5克/公顷	毒土法
PD20083743	苄嘧磺隆/30%/可湿性粉剂/苄嘧磺隆 30%/2008.12.15 至 2013.12.15/微毒			
	移栽水稻田	一年生阔叶杂草及莎草科杂草	45-75克/公顷	药土法
PD20083821	硫双威/95%/原药/硫双威 95%/2008.12.15 至 2013.12.15/中等毒			
PD20083976	异丙甲草胺/70%/乳油/异丙甲草胺 70%/2008.12.16 至 2013.12.16/低毒			
	水稻移栽田	一年生杂草	105.5-210克/公顷	毒土法
	夏玉米田	部分阔叶杂草、一年生禾本科杂草	1260－1575克/公顷	播后苗前土壤喷雾
PD20083978	联苯菊酯/25克/升/乳油/联苯菊酯 25克/升/2008.12.16 至 2013.12.16/低毒			
	茶树	茶小绿叶蝉	30-45克/公顷	喷雾
	棉花	棉铃虫	41.25-52.5克/公顷	喷雾
PD20083979	丙环唑/25%/乳油/丙环唑 25%/2008.12.16 至 2013.12.16/中等毒			
	香蕉树	叶斑病	375-500毫克/千克	喷雾
	小麦	白粉病、根腐病	124.5-249克/公顷	喷雾
PD20083981	烯酰吗啉/50%/可湿性粉剂/烯酰吗啉 50%/2008.12.16 至 2013.12.16/低毒			
	黄瓜	霜霉病	225-300克/公顷	喷雾
	葡萄	霜霉病	250-400克/公顷	喷雾
PD20084650	灭多威/20%/乳油/灭多威 20%/2008.12.18 至 2013.12.18/高毒			

棉花 蚜虫 75-150克/公顷 喷雾
棉花 棉铃虫 150-225克/公顷 喷雾
PD20085021 苯磺隆/10%/可湿性粉剂/苯磺隆 10%/2008.12.22 至 2013.12.22/微毒
冬小麦田 一年生阔叶杂草 13.5-22.5克/公顷 茎叶喷雾
PD20085571 甲萘威/85%/可湿性粉剂/甲萘威 85%/2008.12.25 至 2013.12.25/中等毒
棉花 地老虎 1530-2040克/公顷 喷雾
棉花 红铃虫 1275-1912.5克/公顷 喷雾
PD20085863 丁草胺/90%/原药/丁草胺 90%/2008.12.29 至 2013.12.29/低毒
PD20090403 异丙草胺/30%/可湿性粉剂/异丙草胺 30%/2009.01.12 至 2014.01.12/低毒
夏玉米田 一年生禾本科杂草及部分小粒种子阔叶杂草 1125-1350克/公顷 播后苗前土壤喷雾
PD20091877 异丙甲·苄/9%/细粒剂/苄嘧磺隆 2%、异丙甲草胺 7%/2009.02.09 至 2014.02.09/低毒
水稻移栽田 一年生及部分多年生杂草 108-135克/公顷(南方地区) 药土法
PD20092323 苄·丁/47%/可湿性粉剂/苄嘧磺隆 2%、丁草胺 45%/2009.02.24 至 2014.02.24/低毒
水稻移栽田 部分多年生杂草、部分一年生杂草 564-846克/公顷 药土法
PD20092998 硫双威/375克/升/悬浮剂/硫双威 375克/升/2009.03.09 至 2014.03.09/低毒
棉花 棉铃虫 421.9-506.3克/公顷 喷雾
PD20094223 烯唑醇/96%/原药/烯唑醇 96%/2009.03.31 至 2014.03.31/低毒
PD20094799 甲磺隆/60%/水分散粒剂/甲磺隆 60%/2009.06.15 至 2014.06.15/微毒
冬小麦田 一年生阔叶杂草 7.2克/公顷 喷雾
PD20094840 甲磺·氯磺隆/10%/可湿性粉剂/甲磺隆 4%、氯磺隆 6%/2009.04.13 至 2014.04.13/低毒
小麦田 看麦娘、猪殃殃等一年生单、双子叶杂草 11.25-12.5克/公顷 喷雾
PD20094978 苄·甲·异丙甲/8%/细粒剂/苄嘧磺隆 0.8%、甲磺隆 0.16%、异丙甲草胺 7.04%/2009.04.21 至 2014.04.21/低毒
水稻移栽田 稗草、阔叶杂草、一年生莎草 90-127.5克/公顷 毒土法
PD20095874 甲磺隆/10%/可湿性粉剂/甲磺隆 10%/2009.05.27 至 2014.05.27/低毒
冬小麦田 一年生杂草 7.5克/公顷 播后苗前或苗后(看麦娘2.5叶期)叶面处理
PD20095899 甲磺隆/96%/原药/甲磺隆 96%/2009.05.31 至 2014.05.31/低毒
PD20096033 乙草胺/20%/可湿性粉剂/乙草胺 20%/2009.06.15 至 2014.06.15/低毒
水稻移栽田 部分阔叶杂草、一年生禾本科杂草 90-120克/公顷 药土法
PD20096114 烯唑醇/12.5%/可湿性粉剂/烯唑醇 12.5%/2009.06.18 至 2014.06.18/微毒
小麦 条锈病 56.25-93.75克/公顷 喷雾
PD20097353 高效氯氟氰菊酯/96%/原药/高效氯氟氰菊酯 96%/2009.11.09 至 2014.11.09/中等毒
PD20097865 苄嘧·禾草敌 /45%/细粒剂/苄嘧磺隆 0.5%、禾草敌 44.5%/2009.11.20 至 2014.11.20/低毒
水稻秧田、水稻直播田 部分多年生杂草、一年生杂草 1012.5-1350克/公顷 毒土法
LS20020284 吡氟酰草胺/98%/原药/吡氟酰草胺 98%/2009.01.01 至 2009.12.31/低毒
LS20051682 利谷隆/95%/原药/利谷隆 95%/2008.05.07 至 2009.05.07/低毒
LS20060654 氯氟氰菊酯/10%/可湿性粉剂/高效氯氟氰菊酯 10%/2009.03.28 至 2010.03.28/中等毒
十字花科蔬菜 菜青虫 7.5-15克/公顷 喷雾
LS20061061 烯唑醇/5%/可湿性粉剂/烯唑醇 5%/2009.05.10 至 2010.05.10/低毒
梨树 黑星病 42-72毫克/千克 喷雾
LS20061366 甲嘧磺隆/10%/悬浮剂/甲嘧磺隆 10%/2008.06.25 至 2009.06.25/微毒
森林防火道 杂灌 1050-3000 克/公顷 喷雾
LS20061632 己唑醇/95%/原药/己唑醇 95%/2009.08.20 至 2010.08.20/低毒
LS20061671 吡虫啉/350克/升/悬浮剂/吡虫啉 350克/升/2009.09.07 至 2010.09.07/低毒
十字花科蔬菜 蚜虫 15.75-26.25克/公顷 喷雾
LS20070603 杀螟丹/98%/原药/杀螟丹 98%/2009.03.20 至 2010.03.21/中等毒
LS20071690 烟嘧磺隆//原药/烟嘧磺隆 95%/2009.06.24 至 2010.06.25/微毒
LS20072023 咪鲜胺/97%/原药/咪鲜胺 97%/2009.08.09 至 2010.08.10/低毒
LS20072114 烯啶虫胺/95%/原药/烯啶虫胺 95%/2009.08.29 至 2010.08.30/低毒
LS20072268 异菌脲/96%/原药/异菌脲 96%/2009.09.16 至 2010.09.17/微毒
LS20072332 嘧霉胺/20%/悬浮剂/嘧霉胺 20%/2009.10.15 至 2010.10.16/低毒
黄瓜 灰霉病 375-562.5克/公顷 喷雾
LS20080288 硫双威/80%/可湿性粉剂/硫双威 80%/2008.02.19 至 2009.02.19/中等毒
十字花科蔬菜 甜菜夜蛾 600-750克/公顷 喷雾
LS20081640 醚苯磺隆/95%/原药/醚苯磺隆 95%/2009.04.03 至 2010.04.03/微毒
LS20082005 甲氰菊酯/95%/原药/甲氰菊酯 95%/2009.04.15 至 2010.04.15/中等毒
LS20082499 毒死蜱/97%/原药/毒死蜱 97%/2009.04.22 至 2010.04.22/中等毒
LS20082707 草甘膦/95%/原药/草甘膦 95%/2009.04.29 至 2010.04.29/低毒
LS20091240 吡虫·仲丁威/10%/乳油/吡虫啉 1%、仲丁威 9%/2009.04.30 至 2010.04.30/低毒
水稻 稻飞虱 180—225克/公顷 喷雾

LS20091342 噻嗪酮/37%/悬浮剂/噻嗪酮 37%/2009.06.10 至 2010.06.10/微毒
水稻 稻飞虱 120-150克/公顷 喷雾
LS20091347 混灭·噻嗪酮/30%/乳油/混灭威 25%、噻嗪酮 5%/2009.07.06 至 2010.07.06/低毒
水稻 稻飞虱 373.5-405克/公顷 喷雾
LS20091431 硫双威/80%/水分散粒剂/硫双威 80%/2009.10.30 至 2010.10.30/中等毒
十字花科蔬菜 甜菜夜蛾 780－900克/公顷 喷雾
WP20080035 残杀威/97%/原药/残杀威 97%/2008.02.29 至 2013.02.28/中等毒

江苏长青农化股份有限公司 (江苏省扬州市江都市浦头镇江灵路1号 225218 0514-6421237)

PD20040167 吡虫啉/10%/可湿性粉剂/吡虫啉 10%/2009.12.19 至 2014.12.19/低毒
水稻 飞虱 15-30克/公顷 喷雾
小麦 蚜虫 15-30克/公顷(南方地区) 喷雾
45-60克/公顷(北方地区)
PD20040607 吡虫·杀虫单/40%/可湿性粉剂/吡虫啉 1.2%、杀虫单 38.8%/2009.12.19 至 2014.12.19/中等毒
水稻 稻飞虱、三化螟 450-750克/公顷 喷雾
PD20040647 三唑磷/40%/乳油/三唑磷 40%/2009.12.19 至 2014.12.19/中等毒
水稻 二化螟、三化螟 300-450克/公顷 喷雾
PD20040654 三唑磷/20%/乳油/三唑磷 20%/2009.12.19 至 2014.12.19/中等毒
棉花 棉铃虫 420-480克/公顷 喷雾
十字花科蔬菜 菜青虫 150-180克/公顷 喷雾
水稻 二化螟、三化螟 300-360克/公顷 喷雾
PD20060035 噻嗪·异丙威/25%/可湿性粉剂/噻嗪酮 5%、异丙威 20%/2006.02.07 至 2011.02.07/低毒
水稻 稻飞虱 187.5-262.5克/公顷 喷雾
PD20060103 三唑磷/≥85%/原药/三唑磷 85%/2006.06.09 至 2011.06.08/中等毒
PD20070008 多·酮/33%/可湿性粉剂/多菌灵 28%、三唑酮 5%/2007.01.16 至 2012.01.16/低毒
小麦 白粉病、赤霉病 445.5-594克/公顷 喷雾
油菜 菌核病 495-643.5克/公顷 喷雾
PD20070469 三氟羧草醚/88%/原药/三氟羧草醚 88%/2007.11.20 至 2012.11.20/低毒
PD20070520 草除灵/95%/原药/草除灵 95%/2007.11.28 至 2012.11.28/低毒
PD20070551 异噁草松/93%/原药/异噁草松 93%/2007.12.03 至 2012.12.03/低毒
PD20070595 噻嗪·杀虫单/25%/可湿性粉剂/噻嗪酮 5%、杀虫单 20%/2007.12.14 至 2012.12.14/低毒
水稻 稻飞虱 375-450克/公顷 喷雾
PD20070622 噻嗪·杀虫单/75%/可湿性粉剂/噻嗪酮 11.6%、杀虫单 63.4%/2007.12.14 至 2012.12.14/低毒
水稻 稻飞虱 337.5-562.5克/公顷 喷雾
PD20080005 噻嗪酮/25%/可湿性粉剂/噻嗪酮 25%/2008.01.04 至 2013.01.04/低毒
水稻 稻飞虱 75-112.5克/公顷 喷雾
PD20080012 吡虫啉/95%/原药/吡虫啉 95%/2008.01.03 至 2013.01.03/低毒
PD20080088 咪唑乙烟酸/96%/原药/咪唑乙烟酸 96%/2008.01.03 至 2013.01.03/低毒
PD20080120 辛酰溴苯腈/95%/原药/辛酰溴苯腈 95%/2008.01.04 至 2013.01.04/中等毒
PD20080397 咪鲜胺/25%/乳油/咪鲜胺 25%/2008.03.04 至 2013.03.04/低毒
柑橘 青霉病 333-500毫克/千克 浸果
水稻 恶苗病 2000-4000倍液 浸种
PD20080411 苄嘧·苯噻酰/53%/可湿性粉剂/苯噻酰草胺 50%、苄嘧磺隆 3%/2008.02.29 至 2013.02.28/低毒
水稻抛秧田 一年生及部分多年生杂草 318-397.5克/公顷(南方地区) 毒土法
PD20080528 氟磺胺草醚/95%/原药/氟磺胺草醚 95%/2008.04.29 至 2013.04.29/低毒
PD20080539 烯酰吗啉/95%/原药/烯酰吗啉 95%/2008.05.04 至 2013.05.04/低毒
PD20080556 三环唑/20%/可湿性粉剂/三环唑 20%/2008.05.09 至 2013.05.09/中等毒
水稻 稻瘟病 225-300克/公顷 喷雾
PD20080559 三环唑/96%/原药/三环唑 96%/2008.05.09 至 2013.05.09/中等毒
PD20080573 三环唑/75%/可湿性粉剂/三环唑 75%/2008.05.12 至 2013.05.12/中等毒
水稻 稻瘟病 225-300克/公顷 喷雾
PD20080618 乳氟禾草灵/80%/原药/乳氟禾草灵 80%/2008.05.12 至 2013.05.12/低毒
PD20080816 咪唑乙烟酸/5%/水剂/咪唑乙烟酸 5%/2008.06.20 至 2013.06.20/低毒
春大豆田 一年生杂草 90-105克/公顷 喷雾
PD20080830 乳氟禾草灵/24%/乳油/乳氟禾草灵 24%/2008.06.20 至 2013.06.20/低毒
春大豆田 一年生阔叶杂草 108-144克/公顷(东北地区) 茎叶喷雾
夏大豆田 一年生阔叶杂草 90-108克/公顷(其它地区) 茎叶喷雾
PD20081104 氟磺胺草醚/25%/水剂/氟磺胺草醚 25%/2008.09.01 至 2013.09.01/低毒
春大豆田 一年生阔叶杂草 375-450克/公顷 茎叶喷雾
夏大豆田 一年生阔叶杂草 250-300克/公顷 喷雾
PD20081135 异噁草松/48%/乳油/异噁草松 48%/2008.09.01 至 2013.09.01/低毒
春大豆田 一年生杂草 1008-1080克/公顷(东北地区) 播后苗前土壤喷雾
注:仅限于非豆麦轮作的地区使用。

PD20081159 稻瘟灵/30%/乳油/稻瘟灵 30%/2008.09.11 至 2013.09.11/低毒
水稻 稻瘟病 450-675克/公顷 喷雾

PD20081344 苄·乙/14%/可湿性粉剂/苄嘧磺隆 3.2%、乙草胺 10.8%/2008.10.21 至 2013.10.21/低毒
水稻移栽田 一年生及部分多年生杂草 84-118克/公顷 药土法

PD20081347 异松·乙草胺/58%/乳油/乙草胺 34%、异噁草松 24%/2008.10.21 至 2013.10.21/低毒
春大豆田 一年生杂草 1044-1392克/公顷(东北地区) 土壤喷雾

PD20081363 草除灵/30%/悬浮剂/草除灵 30%/2008.10.22 至 2013.10.22/低毒
冬油菜田 一年生阔叶杂草 225-292.5克/公顷 茎叶喷雾

PD20081815 苯磺隆/10%/可湿性粉剂/苯磺隆 10%/2008.11.19 至 2013.11.19/低毒
冬小麦田 一年生阔叶杂草 13.5-22.5克/公顷 茎叶喷雾

PD20082017 异稻·三环唑/20%/可湿性粉剂/三环唑 6%、异稻瘟净 14%/2008.11.25 至 2013.11.25/低毒
水稻 稻瘟病 300-450克/公顷 喷雾

PD20082063 毒死蜱/97%/原药/毒死蜱 97%/2008.11.25 至 2013.11.25/中等毒

PD20082171 莠去津/38%/悬浮剂/莠去津 38%/2008.11.26 至 2013.11.26/低毒
春玉米田 一年生杂草 1425-1710克/公顷(东北地区) 茎叶喷雾

PD20082260 扑·乙·滴丁酯/65%/乳油/2,4-滴丁酯 20%、扑草净 8%、乙草胺 37%/2008.11.27 至 2013.11.27/低毒
春大豆田、春玉米田 一年生杂草 1462.5-1950克/公顷(东北地区) 播后苗前土壤喷雾

PD20082357 百草枯/20%/水剂/百草枯 20%/2008.12.01 至 2013.12.01/中等毒
柑橘园 杂草 600-900克/公顷 定向茎叶喷雾

PD20082824 松·喹·氟磺胺/18%/乳油/氟磺胺草醚 6%、精喹禾灵 1.6%、异噁草松 10.4%/2008.12.09 至 2013.12.09/低毒
春大豆田 一年生杂草 486-540克/公顷 茎叶喷雾

PD20083035 烯酰·锰锌/50%/可湿性粉剂/代森锰锌 44%、烯酰吗啉 6%/2008.12.10 至 2013.12.10/低毒
黄瓜 霜霉病 1050-1350克/公顷 喷雾

PD20083337 高效氯氟氰菊酯/95%/原药/高效氯氟氰菊酯 95%/2008.12.11 至 2013.12.11/中等毒

PD20084666 毒死蜱/480克/升/乳油/毒死蜱 480克/升/2008.12.22 至 2013.12.22/中等毒
水稻 稻飞虱 360-432克/公顷 喷雾

PD20085069 溴氰菊酯/2.5%/乳油/溴氰菊酯 2.5%/2008.12.23 至 2013.12.23/低毒
十字花科蔬菜 菜青虫 7.5-11.25克/公顷 喷雾

PD20085831 草甘膦异丙胺盐(55%)///水剂/草甘膦 41%/2008.12.29 至 2013.12.29/低毒
茶园、柑橘园 杂草 1230-2460克/公顷 定向茎叶喷雾

PD20085849 精喹禾灵/50克/升/乳油/精喹禾灵 50克/升/2008.12.29 至 2013.12.29/低毒
春大豆田 一年生禾本科杂草 52.5-75克/公顷 茎叶喷雾

PD20085994 草甘膦/30%/水剂/草甘膦 30%/2008.12.29 至 2013.12.29/低毒
茶园、柑橘园 杂草 1125-2250克/公顷 定向茎叶喷雾

PD20086048 精喹·草除灵/17.5%/乳油/草除灵 15%、精喹禾灵 2.5%/2008.12.29 至 2013.12.29/低毒
冬油菜田 一年生杂草 262.5-393.8克/公顷 喷雾

PD20086078 烯草酮/93%/原药/烯草酮 93%/2008.12.30 至 2013.12.30/低毒

PD20086113 三氟羧草醚/21.4%/水剂/三氟羧草醚 21.4%/2008.12.30 至 2013.12.30/低毒
春大豆田 一年生阔叶杂草 401.25-481.5克/公顷 茎叶喷雾

PD20090760 啶虫脒/3%/乳油/啶虫脒 3%/2009.01.19 至 2014.01.19/中等毒
柑橘树 蚜虫 20-40毫克/千克 喷雾

PD20091062 高效氟吡甲禾灵/108克/升/乳油/高效氟吡甲禾灵 108克/升/2009.01.21 至 2014.01.21/低毒
春大豆田 一年生禾本科杂草 48.6-64.8克/公顷 茎叶喷雾

PD20091149 苄·二氯/36%/可湿性粉剂/苄嘧磺隆 3%、二氯喹啉酸 33%/2009.01.21 至 2014.01.21/低毒
水稻移栽田 一年生杂草 216-270克/公顷 移栽田浅水层喷雾处理

PD20092105 井冈·烯唑醇/12%/可湿性粉剂/井冈霉素 10%、烯唑醇 2%/2009.02.23 至 2014.02.23/低毒
水稻 稻曲病 81-135克/公顷 喷雾

PD20092257 辛酰溴苯腈/25%/乳油/辛酰溴苯腈 25%/2009.02.24 至 2014.02.24/低毒
玉米田 一年生阔叶杂草 375-562.5克/公顷 喷雾

PD20092281 氧氟·乙草胺/40%/乳油/乙草胺 34%、乙氧氟草醚 6%/2009.02.24 至 2014.02.24/低毒
花生田 一年生杂草 600-720克/公顷 播后苗前喷雾

PD20092369 氟醚·灭草松/440克/升/水剂/三氟羧草醚 80克/升、灭草松 360克/升/2009.02.24 至 2014.02.24/低毒
春大豆田 一年生阔叶杂草 924-1056克/公顷 茎叶喷雾

PD20092421 氟·咪·灭草松/32%/水剂/氟磺胺草醚 9%、灭草松 20%、咪唑乙烟酸 3%/2009.02.25 至 2014.02.25/低毒
春大豆田 一年生杂草 672-768克/公顷 茎叶喷雾

PD20092655 吡虫啉/20%/可溶液剂/吡虫啉 20%/2009.03.03 至 2014.03.03/低毒
十字花科蔬菜 蚜虫 22.5-30克/公顷 喷雾

PD20092902 阿维·三唑磷/20%/乳油/阿维菌素 0.2%、三唑磷 19.8%/2009.03.05 至 2014.03.05/中等毒(原药高毒)
水稻 二化螟 150-210克/公顷 喷雾

PD20093151 噁草·丁草胺/42%/乳油/丁草胺 32%、噁草酮 10%/2009.03.11 至 2014.03.11/低毒
水稻旱育秧田 一年生杂草 567-693克/公顷 复土后盖膜前

喷雾

PD20093582 二嗪磷/50%/乳油/二嗪磷 50%/2009.03.23 至 2014.03.23/中等毒
水稻 二化螟、三化螟 450-600克/公顷 喷雾

PD20094169 异噁·氟磺胺/26%/乳油/氟磺胺草醚 10%、异噁草松 16%/2009.03.27 至 2014.03.27/低毒
春大豆田 一年生杂草 487.5-585克/公顷 茎叶喷雾

PD20094337 乙羧氟草醚/10%/乳油/乙羧氟草醚 10%/2009.04.01 至 2014.04.01/低毒
春大豆田 一年生阔叶杂草 75-90克/公顷 茎叶喷雾

PD20094338 乙羧氟草醚/95%/原药/乙羧氟草醚 95%/2009.04.01 至 2014.04.01/低毒

PD20094830 异噁草松/36%/乳油/异噁草松 36%/2009.04.13 至 2014.04.13/低毒
春大豆田 一年生杂草 540-648克/公顷 土壤喷雾

PD20095068 唑磷·敌百虫/50%/乳油/敌百虫 40%、三唑磷 10%/2009.04.21 至 2014.04.21/中等毒
水稻 二化螟、三化螟 750-900克/公顷 喷雾

PD20095101 二甲戊灵/33%/乳油/二甲戊灵 33%/2009.04.24 至 2014.04.24/低毒
甘蓝田 一年生杂草 618.8-742.5克/公顷 喷雾

PD20095284 烟嘧磺隆/94%/原药/烟嘧磺隆 94%/2009.04.27 至 2014.04.27/低毒

PD20095406 乙·嗪·滴丁酯/60%/乳油/2,4-滴丁酯 6%、嗪草酮 5%、乙草胺 49%/2009.04.27 至 2014.04.27/低毒
春大豆田、春玉米田 一年生杂草 2250-2700克/公顷 播后苗前土壤喷雾

PD20095511 烯草酮/120克/升/乳油/烯草酮 120克/升/2009.05.11 至 2014.05.11/低毒
春大豆田 一年生禾本科杂草 72-108克/公顷 茎叶喷雾

PD20095719 烯禾啶/12.5%/乳油/烯禾啶 12.5%/2009.05.18 至 2014.05.18/低毒
春大豆田 一年生禾本科杂草 187.5-281.25克/公顷 茎叶喷雾

PD20095767 氟磺胺草醚/48%/水剂/氟磺胺草醚 48%/2009.05.18 至 2014.05.18/低毒
春大豆田 一年生阔叶杂草 360-432克/公顷 茎叶喷雾

PD20096002 烯唑·多菌灵/30%/可湿性粉剂/多菌灵 26%、烯唑醇 4%/2009.06.11 至 2014.06.11/低毒
梨树 黑星病 900-1200倍液 喷雾

PD20096039 烯唑醇/12.5%/可湿性粉剂/烯唑醇 12.5%/2009.06.15 至 2014.06.15/低毒
梨树 黑星病 2500-3500倍液 喷雾

PD20096267 苄嘧·丙草胺/35%/可湿性粉剂/苄嘧磺隆 2%、丙草胺 33%/2009.07.20 至 2014.07.20/低毒
直播水稻(南方) 一年生杂草 367.5-420克/公顷 喷雾

PD20096352 精喹·乙羧氟/20%/乳油/精喹禾灵 6%、乙羧氟草醚 14%/2009.07.28 至 2014.07.28/低毒
夏大豆田 一年生杂草 90-120克/公顷 茎叶喷雾

PD20096439 乙羧·氟磺胺/30%/水剂/氟磺胺草醚 25%、乙羧氟草醚 5%/2009.08.05 至 2014.08.05/低毒
春大豆田 一年生阔叶杂草 180-225克/公顷(东北地区) 喷雾

PD20096657 异松·乙草胺 /35%/可湿性粉剂/乙草胺 25%、异噁草松 10%/2009.09.07 至 2014.09.07/微毒
冬油菜田 一年生杂草 315-367.5克/公顷 土壤喷雾

PD20097089 草甘膦/95%/原药/草甘膦 95%/2009.10.10 至 2014.10.10/微毒

PD20097981 异噁·乙·滴丁酯/48%/乳油/2,4-滴丁酯 6%、乙草胺 30%、异噁草松 12%/2009.12.01 至 2014.12.01/低毒
春大豆田 一年生杂草 864-1080克/公顷 土壤喷雾

PD20098219 毒死蜱/40%/乳油/毒死蜱 40%/2009.12.16 至 2014.12.16/中等毒
水稻 稻纵卷叶螟 480-600克/公顷 喷雾

LS20051972 异稻·稻瘟灵/30%/乳油/稻瘟灵 20%、异稻瘟净 10%/2008.05.24 至 2009.05.24/低毒
水稻 稻瘟病 540-675克/公顷 喷雾

LS20060569 咪乙·异噁松/20%/微乳剂/咪唑乙烟酸 2.5%、异噁草松 17.5%/2009.03.16 至 2010.03.16/微毒(原药低毒)
春大豆 一年生杂草 480-600克/公顷 茎叶喷雾

LS20060666 啶虫脒/5%/可溶液剂/啶虫脒 5%/2009.03.30 至 2010.03.30/低毒
柑橘树 蚜虫 10-12.5毫克/千克 喷雾

LS20060669 异噁草松/40%/水乳剂/异噁草松 40%/2009.03.30 至 2010.03.30/低毒
春大豆 一年生杂草 720-900克/公顷 茎叶喷雾

LS20060671 杀单·三唑磷/18%/水乳剂/三唑磷 6%、杀虫单 12%/2009.03.30 至 2010.03.30/中等毒
水稻 二化螟、三化螟 270-405克/公顷 喷雾

LS20071364 磺草酮/98%/原药/磺草酮 98%/2009.05.17 至 2010.05.18/低毒

LS20071518 吡虫啉/35%/悬浮剂/吡虫啉 35%/2009.05.29 至 2010.05.30/低毒
水稻 稻飞虱 15.75-26.25克/公顷 喷雾

LS20071611 氟腈·毒死蜱/16%/乳油/毒死蜱 15%、氟虫腈 1%/2008.06.05 至 2009.06.06/低毒
水稻 稻飞虱、稻纵卷叶螟、二化螟 192-240克/公顷 喷雾

LS20080034 磺草酮/15%/水剂/磺草酮 15%/2010.01.03 至 2011.01.03/低毒
春玉米田 一年生杂草 562.5-900克/公顷 茎叶喷雾
夏玉米田 一年生杂草 450-562.5克/公顷 茎叶喷雾

LS20080668 稻瘟酰胺/95%/原药/稻瘟酰胺 95%/2009.02.24 至 2010.02.25/低毒

LS20082187 吡虫·毒死蜱/22%/乳油/吡虫啉 2%、毒死蜱 20%/2009.04.18 至 2010.04.18/低毒
水稻 稻飞虱 132-165克/公顷 喷雾

LS20082849 稻瘟酰胺/20%/悬浮剂/稻瘟酰胺 20%/2009.06.11 至 2010.06.11/微毒

水稻 稻瘟病 180-300克/公顷 喷雾

LS20082915 丁醚脲/95%/原药/丁醚脲 95%/2009.07.14 至 2010.07.14/中等毒

LS20083142 苄·噁·丙草胺/27%/可湿性粉剂/苄嘧磺隆 3%、丙草胺 17%、异噁草松 7%/2009.11.14 至 2010.11.14/微毒

直播水稻(南方) 一年生杂草 283.5-324克/公顷 播后苗前土壤喷雾

LS20090548 氟磺·烯草酮/21%/乳油/氟磺胺草醚 18%、烯草酮 3%/2009.03.19 至 2010.03.19/微毒

春大豆田 一年生杂草 315-378克/公顷 茎叶喷雾

LS20090652 醚苯磺隆/95%/原药/醚苯磺隆 95%/2009.03.24 至 2010.03.24/低毒

LS20091399 硝磺草酮/97%/原药/硝磺草酮 97%/2009.09.16 至 2010.09.16/低毒

江苏春江农化有限公司 (江苏省金坛市直溪镇潘家湾84号 213251 0519-2441708)

PD20070405 高效氯氟氰菊酯/95%/原药/高效氯氟氰菊酯 95%/2007.11.05 至 2012.11.05/中等毒

PD20080596 联苯菊酯/95%/原药/联苯菊酯 95%/2008.05.12 至 2013.05.12/中等毒

PD20092610 氟氯氰菊酯/92%/原药/氟氯氰菊酯 92%/2009.03.02 至 2014.03.02/低毒

PD20097755 联苯菊酯/100克/升/乳油/联苯菊酯 100克/升/2009.11.12 至 2014.11.12/中等毒

苹果树 桃小食心虫 20-33毫克/千克 喷雾

LS20052174 三苯基乙酸锡/95%/原药/三苯基乙酸锡 95%/2008.06.14 至 2009.06.14/中等毒

江苏东宝农药化工有限公司 (江苏省扬州市江都市宜陵镇 225225 0514-6731500)

PD20040082 高效氯氰菊酯/5%/水乳剂/高效氯氰菊酯 5%/2009.12.19 至 2014.12.19/中等毒

十字花科蔬菜 菜青虫 30-37.5克/公顷 喷雾

PD20040101 高效氯氰菊酯/4.5%/乳油/高效氯氰菊酯 4.5%/2009.12.19 至 2014.12.19/低毒

十字花科蔬菜 菜青虫、小菜蛾、蚜虫 13.5-27克/公顷 喷雾

PD20040108 多·酮/47%/可湿性粉剂/多菌灵 45%、三唑酮 2%/2009.12.19 至 2014.12.19/低毒

小麦 白粉病、赤霉病 450-600克/公顷 喷雾

PD20040256 多·酮/30%/可湿性粉剂/多菌灵 20%、三唑酮 10%/2009.12.19 至 2014.12.19/低毒

水稻 稻瘟病、叶尖枯病 450-600克/公顷 喷雾

小麦 赤霉病 360-450克/公顷 喷雾

小麦 白粉病 450-600克/公顷 喷雾

PD20040707 井冈·杀虫单/65%/可溶粉剂/井冈霉素 7%、杀虫单 58%/2009.12.19 至 2014.12.19/中等毒

水稻 二化螟、纹枯病 682.5-975克/公顷 喷雾

PD20040770 苏云·杀虫单//可湿性粉剂/杀虫单 46%、苏云金杆菌 100亿活芽孢/克/2009.12.19 至 2014.12.19/中等毒

水稻 二化螟 750-900克制剂/公顷 喷雾

PD20040803 吡·井·杀虫单/44%/可湿性粉剂/吡虫啉 1%、井冈霉素 7%、杀虫单 36%/2009.12.20 至 2014.12.20/中等毒

水稻 二化螟、飞虱、纹枯病 660-792克/公顷 喷雾

PD20080274 氰戊·辛硫磷/25%/乳油/氰戊菊酯 6.2%、辛硫磷 18.8%/2008.02.22 至 2013.02.22/中等毒

甘蓝 菜青虫、蚜虫 150-225克/公顷 喷雾

棉花 棉铃虫 281.25-375克/公顷 喷雾

PD20080276 噻嗪·杀虫单/70%/可湿性粉剂/噻嗪酮 10%、杀虫单 60%/2008.02.22 至 2013.02.22/中等毒

水稻 稻纵卷叶螟 525-630克/公顷 喷雾

水稻 稻飞虱、二化螟 630-735克/公顷 喷雾

PD20080613 苄嘧·苯噻酰/50%/可湿性粉剂/苯噻酰草胺 47%、苄嘧磺隆 3%/2008.05.12 至 2013.05.12/低毒

水稻直播田 部分多年生杂草、一年生杂草 375-525克/公顷 药土法

PD20080783 苯磺·异丙隆/70%/可湿性粉剂/苯磺隆 1%、异丙隆 69%/2008.06.20 至 2013.06.20/低毒

冬小麦田 一年生杂草 1050—1575克/公顷 茎叶喷雾

PD20080799 氰戊菊酯/20%/乳油/氰戊菊酯 20%/2008.06.20 至 2013.06.20/低毒

十字花科蔬菜 蚜虫 90-120克/公顷 喷雾

PD20080814 嘧霉胺/20%/可湿性粉剂/嘧霉胺 20%/2008.06.20 至 2013.06.20/低毒

黄瓜 灰霉病 360-480克/公顷 喷雾

PD20081058 氧氟·乙草胺/40%/乳油/乙草胺 34%、乙氧氟草醚 6%/2008.08.14 至 2013.08.14/低毒

夏大豆田 一年生杂草 600-720克/公顷 土壤喷雾

PD20081198 精喹禾灵/5%/乳油/精喹禾灵 5%/2008.09.11 至 2013.09.11/低毒

冬油菜田 一年生禾本科杂草 37.5-52.5克/公顷 茎叶喷雾

PD20081236 苯磺隆/10%/可湿性粉剂/苯磺隆 10%/2008.09.16 至 2013.09.16/低毒

冬小麦田 阔叶杂草 15—22.5克/公顷 茎叶喷雾

PD20081287 苄·二氯/36%/可湿性粉剂/苄嘧磺隆 3%、二氯喹啉酸 33%/2008.09.25 至 2013.09.25/低毒

水稻抛秧田 部分多年生杂草、一年生杂草 216-270克/公顷 喷雾或药土法

水稻直播田 部分多年生杂草、一年生杂草 216-324克/公顷(南方地区) 喷雾

PD20081300 硫磺·三环唑/45%/可湿性粉剂/硫磺 40%、三环唑 5%/2008.10.09 至 2013.10.09/低毒

水稻 稻瘟病 810-1215克/公顷 喷雾

PD20081812 三唑酮/25%/可湿性粉剂/三唑酮 25%/2008.11.19 至 2013.11.19/低毒

小麦 白粉病、锈病 150-168.7克/公顷 喷雾

PD20081821 氯氰菊酯/100克/升/乳油/氯氰菊酯 100克/升/2008.11.19 至 2013.11.19/中等毒

十字花科蔬菜 菜青虫 45-52.5克/公顷 喷雾

PD20081905 联苯菊酯/100克/升/乳油/联苯菊酯 100克/升/2008.11.21 至 2013.11.21/中等毒

茶树 茶毛虫、茶尺蠖 7.5-15克/公顷 喷雾
PD20081925 精喹·草除灵/17.5%/乳油/草除灵 15%、精喹禾灵 2.5%/2008.11.21 至 2013.11.21/低毒
冬油菜田 一年生杂草 262.5-393.8克/公顷 茎叶喷雾
PD20082303 高效氯氟氰菊酯/25克/升/乳油/高效氯氟氰菊酯 25克/升/2008.12.01 至 2013.12.01/中等毒
十字花科蔬菜 菜青虫 11.25-22.5克/公顷 喷雾
PD20082364 高效氟吡甲禾灵/95%/原药/高效氟吡甲禾灵 95%/2008.12.01 至 2013.12.01/低毒
PD20082408 二嗪磷/50%/乳油/二嗪磷 50%/2008.12.02 至 2013.12.02/中等毒
水稻 二化螟 675-900克/公顷 喷雾
PD20082979 甲氨基阿维菌素苯甲酸盐/1%/乳油/甲氨基阿维菌素苯甲酸盐 1%/2008.12.09 至 2013.12.09/低毒
甘蓝 小菜蛾 15-30毫升/亩 喷雾
PD20083065 稻瘟灵/40%/可湿性粉剂/稻瘟灵 40%/2008.12.10 至 2013.12.10/低毒
水稻 稻瘟病 480-600克/公顷 喷雾
PD20083140 毒死蜱/480克/升/乳油/毒死蜱 480克/升/2008.12.10 至 2013.12.10/中等毒
水稻 稻飞虱、稻纵卷叶螟 504-576克/公顷 喷雾
PD20083252 丙草胺/300克/升/乳油/丙草胺 300克/升/2008.12.11 至 2013.12.11/低毒
直播水稻田 一年生杂草 490-530克/公顷 土壤喷雾
PD20083359 丙溴·辛硫磷/40%/乳油/丙溴磷 6%、辛硫磷 34%/2008.12.11 至 2013.12.11/中等毒
棉花 棉铃虫 150-187.5克/公顷 喷雾
水稻 三化螟 600-720克/公顷 喷雾
PD20083460 三环唑/20%/可湿性粉剂/三环唑 20%/2008.12.12 至 2013.12.12/低毒
水稻 稻瘟病 262.5-300克/公顷 喷雾
PD20083464 氰戊·三唑酮/20%/乳油/氰戊菊酯 10%、三唑酮 10%/2008.12.12 至 2013.12.12/中等毒
小麦 白粉病、蚜虫 210-240克/公顷 喷雾
PD20083519 噻嗪酮/25%/可湿性粉剂/噻嗪酮 25%/2008.12.12 至 2013.12.12/低毒
水稻 稻飞虱 112.5—150克/公顷 喷雾
PD20083583 阿维·高氯/3%/乳油/阿维菌素 0.2%、高效氯氰菊酯 2.8%/2008.12.12 至 2013.12.12/低毒(原药高毒)
黄瓜 美洲斑潜蝇 15-30克/公顷 喷雾
梨树 梨木虱 20-30毫克/千克 喷雾
十字花科蔬菜 菜青虫 18-27克/公顷 喷雾
十字花科蔬菜 小菜蛾 13.5-27克/公顷 喷雾
PD20083732 苄嘧磺隆/10%/可湿性粉剂/苄嘧磺隆 10%/2008.12.15 至 2013.12.15/低毒
移栽水稻田、直播水稻田 一年生阔叶杂草及部分莎草科杂草 32.5-45克/公顷 药土法
PD20083859 高效氟吡甲禾灵/108克/升/乳油/高效氟吡甲禾灵 108克/升/2008.12.15 至 2013.12.15/低毒
夏大豆田 一年生禾本科杂草 45-52.5克/公顷 茎叶喷雾
PD20084069 三环·杀虫单/50%/可湿性粉剂/三环唑 14%、杀虫单 36%/2008.12.16 至 2013.12.16/中等毒
水稻 稻瘟病、螟虫 750-900克/公顷 喷雾
PD20084486 三唑磷/20%/乳油/三唑磷 20%/2008.12.17 至 2013.12.17/中等毒
水稻 二化螟、三化螟 300-450克/公顷 喷雾
PD20085079 溴氰·乐果/20%/乳油/乐果 19.2%、溴氰菊酯 0.8%/2008.12.23 至 2013.12.23/中等毒
十字花科蔬菜 菜青虫、菜蚜 45-75克/公顷 喷雾
PD20085155 噻嗪·异丙威/25%/可湿性粉剂/噻嗪酮 5%、异丙威 20%/2008.12.23 至 2013.12.23/低毒
水稻 稻飞虱 487.5-562.5克/公顷 喷雾
PD20085197 吡虫啉/10%/可湿性粉剂/吡虫啉 10%/2008.12.23 至 2013.12.23/低毒
水稻 稻飞虱 15-30克/公顷 喷雾
PD20085433 毒·辛/20%/乳油/毒死蜱 4%、辛硫磷 16%/2008.12.24 至 2013.12.24/低毒
水稻 稻纵卷叶螟 450-480克/公顷 喷雾
PD20085666 氯氰·乐果/20%/乳油/乐果 14.5%、氯氰菊酯 5.5%/2008.12.26 至 2013.12.26/中等毒
十字花科蔬菜 菜青虫 150-300克/公顷 喷雾
PD20085846 阿维·毒死蜱/15%/乳油/阿维菌素 0.1%、毒死蜱 14.9%/2008.12.29 至 2013.12.29/低毒(原药高毒)
十字花科蔬菜 小菜蛾 600-750克制剂/公顷 喷雾
水稻 二化螟 112.5-157.5克/公顷 喷雾
水稻 稻飞虱、稻纵卷叶螟 112.5-135克/公顷 喷雾
PD20090278 阿维·苏云菌//可湿性粉剂/阿维菌素 0.1%、苏云金杆菌 100亿活芽孢/克/2009.01.09 至 2014.01.09/低毒(原药高毒)
十字花科蔬菜 菜青虫 750-1050克制剂/公顷 喷雾
十字花科蔬菜 小菜蛾 900-1200克制剂/公顷 喷雾
水稻 稻纵卷叶螟 1500-1800克制剂/公顷 喷雾
PD20090420 乐·酮·多菌灵/60%/可湿性粉剂/多菌灵 30%、乐果 20%、三唑酮 10%/2009.01.12 至 2014.01.12/中等毒
小麦 白粉病、赤霉病、蚜虫 630-720克/公顷 喷雾
PD20090534 阿维·三唑磷/20%/乳油/阿维菌素 0.1%、三唑磷 19.9%/2009.01.13 至 2014.01.13/中等毒(原药高毒)
水稻 二化螟 360-450克/公顷 喷雾
水稻 三化螟 300-360克/公顷 喷雾
PD20091192 乙草胺/20%/可湿性粉剂/乙草胺 20%/2009.02.01 至 2014.02.01/低毒

水稻移栽田 部分阔叶杂草、一年生禾本科杂草 90-112.5克/公顷(南方地区) 药土法

PD20091199 精噁唑禾草灵/69克/升/水乳剂/精噁唑禾草灵 69克/升/2009.02.01 至 2014.02.01/低毒
冬小麦田 一年生禾本科杂草 41.4-82.8克/公顷 茎叶喷雾

PD20091410 苄・乙/14%/可湿性粉剂/苄嘧磺隆 3.2%、乙草胺 10.8%/2009.02.02 至 2014.02.02/低毒
水稻移栽田 部分多年生杂草、一年生杂草 84-118克/公顷 药土法

PD20091586 氯氟吡氧乙酸异辛酯/200克/升/乳油/氯氟吡氧乙酸异辛酯 200克/升/2009.02.03 至 2014.02.03/低毒
冬小麦田 一年生阔叶杂草 150-210克/公顷 茎叶喷雾

PD20091682 苏云・氟铃脲//可湿性粉剂/氟铃脲 1.5%、苏云金杆菌 50亿活孢子/克/2009.02.03 至 2014.02.03/低毒
甘蓝 甜菜夜蛾 1200-1800克制剂/公顷 喷雾

PD20091900 阿维・吡虫啉/2%/乳油/阿维菌素 0.2%、吡虫啉 1.8%/2009.02.09 至 2014.02.09/低毒(原药高毒)
十字花科蔬菜 菜青虫、小菜蛾、蚜虫 12-18克/公顷 喷雾

PD20092510 阿维・氟铃脲/2.5%/乳油/阿维菌素 0.2%、氟铃脲 2.3%/2009.02.26 至 2014.02.26/微毒(原药高毒)
甘蓝 小菜蛾 30-37.5克/公顷 喷雾
甘蓝 菜青虫 22.5-30克/公顷 喷雾

PD20092760 阿维・哒螨灵/10%/乳油/阿维菌素 0.2%、哒螨灵 9.8%/2009.03.04 至 2014.03.04/中等毒(原药高毒)
棉花 红蜘蛛 90-120克/公顷 喷雾

PD20093818 扑・乙/40%/可湿性粉剂/扑草净 20%、乙草胺 20%/2009.03.25 至 2014.03.25/低毒
水稻移栽田 一年生杂草 120-180克/公顷 毒土法

PD20094198 草甘膦异丙胺盐(41%)///水剂/草甘膦 30%/2009.03.30 至 2014.03.30/微毒
春玉米田、柑橘园、棉花田、夏玉米田 杂草 1125-2250毫升/公顷 定向喷雾
防火隔离带、非耕地、公路、免耕春油菜田、免耕冬油菜田、免耕抛秧晚稻田、铁路 杂草 1125-2250毫升/公顷 喷雾

PD20094383 混灭・噻嗪酮/30%/乳油/混灭威 25%、噻嗪酮 5%/2009.04.01 至 2014.04.01/低毒
水稻 稻飞虱 337.5-405克/公顷 喷雾

PD20095036 溴氰菊酯/25克/升/乳油/溴氰菊酯 25克/升/2009.04.21 至 2014.04.21/中等毒
十字花科蔬菜 菜青虫 11.25-15克/公顷 喷雾
十字花科蔬菜 小菜蛾 7.5-15克/公顷 喷雾

PD20095451 乙羧氟草醚/10%/乳油/乙羧氟草醚 10%/2009.05.11 至 2014.05.11/低毒
夏大豆田 一年生阔叶杂草 60－90克/公顷 茎叶喷雾

PD20095686 草甘膦/95%/原药/草甘膦 95%/2009.05.15 至 2014.05.15/低毒

PD20096284 井冈・三环唑/20%/可湿性粉剂/井冈霉素 5%、三环唑 15%/2009.07.22 至 2014.07.22/中等毒
水稻 稻曲病、稻瘟病、纹枯病 300-450克/公顷 喷雾

PD20096285 井冈・杀虫双/22%/水剂/井冈霉素 2%、杀虫双 20%/2009.07.22 至 2014.07.22/中等毒
水稻 螟虫 660-825克/公顷 喷雾

PD20096409 唑螨酯/96%/原药/唑螨酯 96%/2009.08.04 至 2014.08.04/中等毒

PD20096567 苄嘧・禾草丹/35%/可湿性粉剂/苄嘧磺隆 0.8%、禾草丹 34.2%/2009.08.24 至 2014.08.24/低毒
水稻秧田 一年生杂草 1050-1312.5克/公顷 喷雾或药土法

PD20096592 烟嘧磺隆/40克/升/可分散油悬浮剂/烟嘧磺隆 40克/升/2009.08.25 至 2014.08.25/微毒
玉米田 一年生杂草 42-60克/公顷 茎叶喷雾

PD20096630 混灭威/50%/乳油/混灭威 50%/2009.09.02 至 2014.09.02/中等毒
水稻 稻飞虱 562.5-750克/公顷 喷雾

PD20096945 二甲戊灵/330克/升/乳油/二甲戊灵 330克/升/2009.09.29 至 2014.09.29/低毒
玉米田 一年生杂草 200-250毫升制剂/亩 播后苗前土壤喷雾

PD20096949 精吡氟禾草灵/90%/原药/精吡氟禾草灵 90%/2009.09.29 至 2014.09.29/低毒

PD20097826 唑螨酯/5%/悬浮剂/唑螨酯 5%/2009.11.20 至 2014.11.20/低毒
柑橘树 红蜘蛛 33.3-50毫克/千克 喷雾

PD20098080 氯氰・丙溴磷/440克/升/乳油/丙溴磷 400克/升、氯氰菊酯 40克/升/2009.12.08 至 2014.12.08/低毒
棉花 棉铃虫 528-792克/公顷 喷雾

PD20098359 井・噻・杀虫单/50%/可湿性粉剂/井冈霉素 7%、噻嗪酮 7%、杀虫单 36%/2009.12.18 至 2014.12.18/中等毒
水稻 稻飞虱、二化螟、三化螟、纹枯病 600-900克/公顷 喷雾

LS20053785 菌毒清/5%/水剂/菌毒清 5%/2008.12.14 至 2009.12.14/低毒
辣椒 病毒病 150-225克/公顷 喷雾
棉花 枯萎病 112.5-187.5克/公顷 喷雾
水稻 细菌性条斑病 97.5-120克/公顷 喷雾

LS20060354 氯溴异氰尿酸/50%/可溶粉剂/氯溴异氰尿酸 50%/2009.03.01 至 2010.03.01/低毒
大白菜 软腐病 375-450克/公顷 喷雾
水稻 条纹叶枯病 450-600克/公顷 喷雾
水稻 白叶枯病、细菌性条斑病 300-450克/公顷 喷雾

LS20071995 乙酰甲胺磷/30%/乳油/乙酰甲胺磷 30%/2009.08.07 至 2010.08.08/低毒
水稻 三化螟 562.5-675克/公顷 喷雾
水稻 二化螟 562.5-900克/公顷 喷雾
LS20071996 甲哌鎓/250克/升/水剂/甲哌鎓 250克/升/2009.08.07 至 2010.08.08/低毒
棉花 调节生长 52.5-60克/公顷 喷雾
LS20072543 乙羧·苯磺隆/20%/可湿性粉剂/苯磺隆 10%、乙羧氟草醚 10%/2009.12.04 至 2010.12.05/微毒
冬小麦田 一年生阔叶杂草 37.5-45克/公顷 茎叶喷雾
LS20072544 苯甲·丙环唑/30%/乳油/苯醚甲环唑 15%、丙环唑 15%/2009.12.04 至 2010.12.05/微毒
小麦 纹枯病 67.5-90克/公顷 喷雾
LS20081871 毒·辛/20%/乳油/毒死蜱 4%、辛硫磷 16%/2008.04.10 至 2009.04.10/低毒
水稻 稻纵卷叶螟 450-480克/公顷 喷雾
LS20081953 吡虫啉/25%/悬浮剂/吡虫啉 25%/2009.04.15 至 2010.04.15/低毒
水稻 稻飞虱 22.5-30克/公顷 喷雾
LS20082479 苯甲·丙环唑/30%/悬浮剂/苯醚甲环唑 15%、丙环唑 15%/2009.04.22 至 2010.04.22/低毒
水稻 纹枯病 67.5-90克/公顷 喷雾
LS20082572 乙酰甲胺磷/30%/乳油/乙酰甲胺磷 30%/2008.04.23 至 2009.04.23/低毒
水稻 三化螟 562.5-675克/公顷 喷雾
LS20082866 杀单·毒死蜱/25%/可湿性粉剂/毒死蜱 5%、杀虫单 20%/2009.06.11 至 2010.06.11/低毒
水稻 稻纵卷叶螟 562.5-750克/公顷 喷雾
LS20083259 丙威·毒死蜱/20%/可湿性粉剂/毒死蜱 5%、异丙威 15%/2009.12.15 至 2010.12.15/中等毒
水稻 稻飞虱 300-360克/公顷 喷雾
LS20090189 戊唑·多菌灵/40%/可湿性粉剂/多菌灵 37.3%、戊唑醇 2.7%/2009.02.04 至 2010.02.04/微毒
油菜 菌核病 300-360克/公顷 喷雾/
LS20090569 丁醚脲/50%/悬浮剂/丁醚脲 50%/2009.03.19 至 2010.03.19/低毒
十字花科蔬菜 小菜蛾 562.5－675克制剂/公顷 喷雾
WP20090216 蚊香/0.25%/蚊香/富右旋反式烯丙菊酯 0.25%/2009.04.01 至 2014.04.01/微毒
卫生 蚊 / 点燃

江苏东进农药化工厂 (江苏省泰兴市黄桥镇 225411 0523-7227386)

PD20092400 辛硫磷/40%/乳油/辛硫磷 40%/2009.02.25 至 2014.02.25/低毒
玉米 玉米螟 1125-1500克制剂/公顷 灌心叶
PD20093396 乐果/40%/乳油/乐果 40%/2009.03.19 至 2014.03.19/低毒
水稻 稻飞虱 85-100毫升制剂/亩 喷雾
PD20097768 三唑酮/20%/乳油/三唑酮 20%/2009.11.12 至 2014.11.12/低毒
小麦 白粉病 120－150克/公顷 喷雾
LS20053123 吡虫啉/5%/乳油/吡虫啉 5%/2008.09.28 至 2009.09.28/低毒
水稻 稻飞虱 15-30克/公顷 喷雾
LS20053124 阿维·高氯/3%/乳油/阿维菌素 0.2%、高效氯氰菊酯 2.8%/2008.09.28 至 2009.09.28/中等毒(原药高毒)
十字花科蔬菜 小菜蛾 13.5-27克/公顷 喷雾
LS20070641 辛硫磷/40%/乳油/辛硫磷 40%/2009.03.29 至 2010.03.30/低毒
玉米 玉米螟 450-600克/公顷 灌心叶
LS20080596 乐果/40%/乳油/乐果 40%/2009.02.21 至 2010.02.22/低毒
水稻 稻飞虱 510-600克/公顷 喷雾
LS20082489 噻嗪·异丙威/25%/可湿性粉剂/噻嗪酮 5%、异丙威 20%/2009.04.22 至 2010.04.22/低毒
水稻 稻飞虱 375-562.5克/公顷 喷雾

江苏飞翔化工股份有限公司 (江苏省张家港市凤凰镇 215613 0512-58110118)

PD20094966 十三吗啉/99%/原药/十三吗啉 99%/2009.04.21 至 2014.04.21/低毒
LS20052768 氟环唑/96%/原药/氟环唑 96%/2008.08.21 至 2009.08.21/微毒
LS20091443 十三吗啉/95%/油剂/十三吗啉 95%/2009.11.12 至 2010.11.12/低毒
香蕉 叶斑病 425-516克/公顷 喷雾

江苏丰登农药有限公司 (江苏省金坛市直溪镇登冠集镇 213253 0519-82426026)

PDN23-92 三环唑/20%/可湿性粉剂/三环唑 20%/2007.09.26 至 2012.09.26/中等毒
水稻 稻瘟病 225-300克/公顷 喷雾
PD84104-3 杀虫双/18%/水剂/杀虫双 18%/2009.10.19 至 2014.10.19/中等毒
甘蔗、蔬菜、水稻、小麦、玉米 多种害虫 540-675克/公顷 喷雾
果树 多种害虫 225-360毫克/千克 喷雾
PD20040318 杀虫单/95%/可溶性粉剂/杀虫单 95%/2009.12.19 至 2014.12.19/中等毒
水稻 螟虫 675-810克/公顷 喷雾
PD20060090 三环唑/75%/可湿性粉剂/三环唑 75%/2006.05.19 至 2011.05.19/低毒
水稻 稻瘟病 225-300克/公顷 喷雾
PD20060093 三环唑/95%/原药/三环唑 95%/2006.05.19 至 2011.05.19/中等毒
PD20060110 丙环唑/95%/原药/丙环唑 95%/2006.06.13 至 2011.06.13/低毒

PD20070412	丙环唑/25%/乳油/丙环唑 25%/2007.11.05 至 2012.11.05/低毒			
	香蕉	叶斑病	500-1000倍液	喷雾
	小麦	纹枯病	112.5-225克/公顷	喷雾
	小麦	锈病	131-169克/公顷	喷雾
PD20070441	已唑醇/95%/原药/已唑醇 95%/2007.11.20 至 2012.11.20/低毒			
PD20070477	嘧霉胺/95%/原药/嘧霉胺 95%/2007.11.28 至 2012.11.28/低毒			
PD20070506	戊唑醇/95%/原药/戊唑醇 95%/2007.11.28 至 2012.11.28/低毒			
PD20080017	嘧霉胺/40%/可湿性粉剂/嘧霉胺 40%/2008.01.03 至 2013.01.03/低毒			
	番茄、黄瓜	灰霉病	375－562.5克/公顷	喷雾
PD20080059	高效氯氟氰菊酯/2.5%/乳油/高效氯氟氰菊酯 2.5%/2008.01.03 至 2013.01.03/低毒			
	十字花科蔬菜	菜青虫	7.5-11.25克/公顷	喷雾
PD20080202	高效氯氟氰菊酯/95%/原药/高效氯氟氰菊酯 95%/2008.01.11 至 2013.01.11/中等毒			
PD20081594	苯醚甲环唑/95%/原药/苯醚甲环唑 95%/2008.11.12 至 2013.11.12/低毒			
PD20085870	苯醚甲环唑/10%/水分散粒剂/苯醚甲环唑 10%/2008.12.29 至 2013.12.29/低毒			
	番茄	早疫病	100-150克/公顷	喷雾
	梨树	黑星病	16.7-20毫克/千克	喷雾
	西瓜	炭疽病	75-112.5克/公顷	喷雾
PD20090107	苯甲·丙环唑/300克/升/乳油/苯醚甲环唑 150克/升、丙环唑 150克/升/2009.01.08 至 2014.01.08/低毒			
	水稻	纹枯病	67.5-90克/公顷	喷雾
PD20090821	异稻·三环唑 /20%/可湿性粉剂/三环唑 10%、异稻瘟净 10%/2009.01.19 至 2014.01.19/中等毒			
	水稻	稻瘟病	300-450克/公顷	喷雾
PD20090955	苯醚甲环唑/250克/升/乳油/苯醚甲环唑 250克/升/2009.01.20 至 2014.01.20/低毒			
	香蕉	叶斑病	83.3-125毫克/千克	喷雾
PD20095103	硫磺·三环唑/45%/可湿性粉剂/硫磺 40%、三环唑 5%/2009.04.24 至 2014.04.24/中等毒			
	水稻	稻瘟病	675-1012克/公顷	喷雾
PD20097407	戊唑醇/25%/乳油/戊唑醇 25%/2009.10.28 至 2014.10.28/低毒			
	香蕉	叶斑病	167-250毫克/千克	喷雾
PD20098415	已唑醇/50克/升/悬浮剂/已唑醇 50克/升/2009.12.24 至 2014.12.24/低毒			
	番茄	灰霉病	56.25-112.5克/公顷	喷雾
LS20072267	氟环唑/95%/原药/氟环唑 95%/2009.09.16 至 2010.09.17/低毒			
LS20072556	稻瘟酰胺/95%/原药/稻瘟酰胺 95%/2009.12.04 至 2010.12.05/低毒			
LS20080987	粉唑醇/12.5%/悬浮剂/粉唑醇 12.5%/2009.03.06 至 2010.03.06/低毒			
	小麦	白粉病	56.25-112.5克/公顷	喷雾
LS20081397	粉唑醇/95%/原药/粉唑醇 95%/2009.03.17 至 2010.03.17/低毒			
LS20081926	稻瘟酰胺/20%/悬浮剂/稻瘟酰胺 20%/2009.04.11 至 2010.04.11/微毒			
	水稻	稻瘟病	150-200克/公顷	喷雾
LS20082791	戊唑醇/80%/可湿性粉剂/戊唑醇 80%/2009.05.09 至 2010.05.09/低毒			
	小麦	锈病	60-96克/公顷	喷雾
LS20091257	嘧菌环胺/98%/原药/嘧菌环胺 98%/2009.05.12 至 2010.05.12/微毒			

江苏丰山集团有限公司 (江苏省盐城市大丰市草庙镇 224134 0515-3372405)

PD85154-60	氰戊菊酯/20%/乳油/氰戊菊酯 20%/2005.05.31 至 2010.05.31/中等毒			
	柑橘树	潜叶蛾	10-20毫克/千克	喷雾
	果树	梨小食心虫	10-20毫克/千克	喷雾
	棉花	红铃虫、蚜虫	75-150克/公顷	喷雾
	蔬菜	菜青虫、蚜虫	60-120克/公顷	喷雾
PD85157-21	辛硫磷/40%/乳油/辛硫磷 40%/2005.08.15 至 2010.08.15/低毒			
	茶树、桑树	食叶害虫	200-400毫克/千克	喷雾
	果树	食心虫、蚜虫、螨	200-400毫克/千克	喷雾
	林木	食叶害虫	3000-6000克/公顷	喷雾
	棉花	棉铃虫、蚜虫	300-600克/公顷	喷雾
	蔬菜	菜青虫	300-450克/公顷	喷雾
	烟草	食叶害虫	300-600克/公顷	喷雾
	玉米	玉米螟	450-600克/公顷	灌心叶
PD20040053	甲拌磷/3%/颗粒剂/甲拌磷 3%/2009.12.19 至 2014.12.19/高毒			
	棉花	蚜虫	1125-1875克/公顷	沟施,穴施
PD20040580	吡虫啉/10%/可湿性粉剂/吡虫啉 10%/2009.12.19 至 2014.12.19/低毒			
	棉花	蚜虫	22.5-37.5克/公顷	喷雾
	水稻	飞虱	15-30克/公顷	喷雾
	小麦	蚜虫	15-30克/公顷	喷雾
PD20050088	吡虫啉/5%/乳油/吡虫啉 5%/2005.07.01 至 2010.06.30/低毒			
	水稻	飞虱	15-30克/公顷	喷雾
	小麦	蚜虫	15-30克/公顷(南方地区) 45-60克/公顷(北方地区)	喷雾

PD20050165 氟乐灵/96%/原药/氟乐灵 96%/2005.11.04 至 2010.11.04/低毒
PD20060075 炔螨特/90%/原药/炔螨特 90%/2006.04.14 至 2011.04.14/低毒
PD20060091 氟乐灵/480克/升/乳油/氟乐灵 480克/升/2006.05.19 至 2011.05.19/低毒
春大豆田 一年生禾本科杂草及部分阔叶杂草 1080-1440克/公顷 土壤喷雾
棉花 一年生禾本科杂草及部分阔叶杂草 540-1080克/公顷 土壤喷雾
夏大豆田 一年生禾本科杂草及部分阔叶杂草 792-1080克/公顷 土壤喷雾
PD20070095 炔螨特/57%/乳油/炔螨特 57%/2007.04.19 至 2012.04.19/低毒
柑橘树 红蜘蛛 190-380毫克/千克 喷雾
PD20070220 炔螨特/73%/乳油/炔螨特 73%/2007.08.08 至 2012.08.08/低毒
柑橘树 红蜘蛛 243-365毫克/千克 喷雾
PD20070303 喹禾灵/10%/乳油/喹禾灵 10%/2007.09.21 至 2012.09.21/低毒
棉花田、夏大豆田、油菜田 一年生禾本科杂草 100-150克/公顷 茎叶喷雾
PD20070633 三环唑/20%/可湿性粉剂/三环唑 20%/2007.12.14 至 2012.12.14/低毒
水稻 稻瘟病 255—300克/公顷 喷雾
PD20070687 精喹禾灵/95%/原药/精喹禾灵 95%/2007.12.19 至 2012.12.19/低毒
PD20080454 吡虫啉/95%/原药/吡虫啉 95%/2008.03.27 至 2013.03.27/中等毒
PD20080458 啶虫脒/96%/原药/啶虫脒 96%/2008.03.27 至 2013.03.27/中等毒
PD20080654 噻嗪酮/25%/可湿性粉剂/噻嗪酮 25%/2008.05.27 至 2013.05.27/低毒
水稻 稻飞虱 75-112.5克/公顷 喷雾
PD20080660 高氯・毒死蜱/12%/乳油/毒死蜱 10%、高效氯氰菊酯 2%/2008.05.27 至 2013.05.27/中等毒
棉花 棉铃虫 216-270克/公顷 喷雾
十字花科蔬菜 甜菜夜蛾 180-216克/公顷 喷雾
PD20080738 氯氰・辛硫磷/25%/乳油/氯氰菊酯 4%、辛硫磷 21%/2008.06.11 至 2013.06.11/低毒
棉花 棉铃虫 300-375克/公顷 喷雾
小麦 蚜虫 112.5-150克/公顷 喷雾
PD20080803 氰戊・辛硫磷/25%/乳油/氰戊菊酯 6.25%、辛硫磷 18.75%/2008.06.20 至 2013.06.20/中等毒
甘蓝 菜青虫 150-225克/公顷 喷雾
棉花 棉铃虫 281.25-337.5克/公顷 喷雾
苹果树 蚜虫 125-250毫克/千克 喷雾
小麦 蚜虫 150-875克/公顷 喷雾
玉米 玉米螟 300-375克/公顷 喷雾
PD20081007 高效氯氟氰菊酯/95%/原药/高效氯氟氰菊酯 95%/2008.08.06 至 2013.08.06/中等毒
PD20081050 精喹禾灵/8.8%/乳油/精喹禾灵 8.8%/2008.08.14 至 2013.08.14/低毒
春大豆田 一年生禾本科杂草 52.8-66克/公顷 茎叶喷雾
夏大豆田 一年生禾本科杂草 46.2-52.8克/公顷 茎叶喷雾
PD20081085 高效氯氟氰菊酯/25克/升/乳油/高效氯氟氰菊酯 25克/升/2008.08.18 至 2013.08.18/中等毒
十字花科蔬菜 菜青虫 9.375-11.25克/公顷 喷雾
PD20081136 氯氰菊酯/92%/原药/氯氰菊酯 92%/2008.09.01 至 2013.09.01/中等毒
PD20081356 灭线磷/95%/原药/灭线磷 95%/2008.10.21 至 2013.10.21/高毒
PD20081680 精喹禾灵/5%/乳油/精喹禾灵 5%/2008.11.17 至 2013.11.17/低毒
春大豆田 一年生禾本科杂草 52.5-67.5克/公顷 茎叶喷雾
花生田、西瓜田 一年生禾本科杂草 45-52.5克/公顷 茎叶喷雾
棉花田 一年生禾本科杂草 37.5-60克/公顷 茎叶喷雾
夏大豆田 一年生禾本科杂草 37.5-52.5克/公顷 茎叶喷雾
油菜田 一年生禾本科杂草 30-45克/公顷 茎叶喷雾
PD20081829 毒死蜱/97%/原药/毒死蜱 97%/2008.11.20 至 2013.11.20/中等毒
PD20081981 啶虫脒/3%/乳油/啶虫脒 3%/2008.11.25 至 2013.11.25/低毒
柑橘树 蚜虫 10-15毫克/千克 喷雾
棉花 蚜虫 9-13.5克/公顷 喷雾
PD20083006 草甘膦/95%/原药/草甘膦 95%/2008.12.10 至 2013.12.10/低毒
PD20083110 二嗪磷/25%/乳油/二嗪磷 25%/2008.12.10 至 2013.12.10/低毒
水稻 二化螟、三化螟 600-900克/公顷 喷雾
PD20083154 阿维・二嗪磷/20%/乳油/阿维菌素 0.1%、二嗪磷 19.9%/2008.12.11 至 2013.12.11/低毒(原药高毒)
水稻 二化螟 360-450克/公顷 喷雾
PD20083200 三唑磷/20%/乳油/三唑磷 20%/2008.12.11 至 2013.12.11/中等毒
水稻 二化螟、三化螟 360-450克/公顷 喷雾
PD20083211 灭线磷/10%/颗粒剂/灭线磷 10%/2008.12.11 至 2013.12.11/高毒
甘薯 茎线虫病 1500-2250克/公顷 穴施
花生 根结线虫 4500-5250克/公顷 沟施
水稻 稻瘿蚊 1500-1800克/公顷 撒施
PD20083940 杀单・毒死蜱/25%/可湿性粉剂/毒死蜱 5%、杀虫单 20%/2008.12.15 至 2013.12.15/低毒
水稻 稻纵卷叶螟 562.5-750克/公顷 喷雾

PD20084081　阿维·三唑磷/20%/乳油/阿维菌素 0.1%、三唑磷 19.9%/2008.12.16 至 2013.12.16/中等毒(原药高毒)
草地　东亚蝗虫　240-270克/公顷　喷雾
水稻　三化螟　270-360克/公顷　喷雾
PD20084565　灭线磷/5%/颗粒剂/灭线磷 5%/2008.12.18 至 2013.12.18/低毒(原药高毒)
甘薯　茎线虫病　1875-2250克/公顷　穴施
花生　根结线虫　4500－5250克/公顷　沟施
PD20086342　乐果·三唑磷/25%/乳油/乐果 15%、三唑磷 10%/2008.12.31 至 2013.12.31/中等毒
水稻　二化螟　450-562.5克/公顷　喷雾
PD20090358　精喹·草除灵/14%/乳油/草除灵 12%、精喹禾灵 2%/2009.01.12 至 2014.01.12/低毒
冬油菜田　一年生杂草　252-294克/公顷　喷雾
PD20090476　丙草胺/94%/原药/丙草胺 94%/2009.01.12 至 2014.01.12/低毒
PD20091311　噻嗪·高氯氟/9%/乳油/高效氯氟氰菊酯 1%、噻嗪酮 8%/2009.02.01 至 2014.02.01/中等毒
茶树　小绿叶蝉　90-120毫克/千克　喷雾
PD20091438　烟嘧磺隆/95%/原药/烟嘧磺隆 95%/2009.02.02 至 2014.02.02/低毒
PD20095938　烟嘧磺隆/40克/升/油悬浮剂/烟嘧磺隆 40克/升/2009.06.02 至 2014.06.02/微毒
玉米田　一年生杂草　42-60克/公顷　茎叶喷雾
PD20096075　苯磺隆/10%/可湿性粉剂/苯磺隆 10%/2009.06.18 至 2014.06.18/微毒
冬小麦田　一年生阔叶杂草　15-22.5克/公顷　茎叶喷雾
PD20096397　唑磷·毒死蜱/25%/乳油/毒死蜱 5%、三唑磷 20%/2009.08.04 至 2014.08.04/中等毒
水稻　稻纵卷叶螟　225～300克/公顷　喷雾
PD20096720　二甲戊灵/330克/升/乳油/二甲戊灵 330克/升/2009.09.07 至 2014.09.07/低毒
玉米田　一年生杂草　742.5-990克/公顷　土壤喷雾
PD20096994　苯·苄·异丙甲/33%/可湿性粉剂/苯噻酰草胺 25%、苄嘧磺隆 3%、异丙甲草胺 5%/2009.09.29 至 2014.09.29/低毒
水稻抛秧田　一年生及部分多年生杂草　247.5-297克/公顷(南方地区)　药土法
PD20097006　氯氟吡氧乙酸异辛酯(288克/升)///乳油/氯氟吡氧乙酸 200克/升/2009.09.29 至 2014.09.29/低毒
冬小麦田、玉米田　阔叶杂草　180-210克/公顷　茎叶喷雾
PD20097641　唑螨酯/5%/悬浮剂/唑螨酯 5%/2009.11.04 至 2014.11.04/低毒
苹果树　红蜘蛛　20-25毫克/千克　喷雾
PD20097849　联苯菊酯/100克/升/乳油/联苯菊酯 100克/升/2009.11.20 至 2014.11.20/中等毒
茶树　茶小绿叶蝉　30-37.5克/公顷　喷雾
棉花　红蜘蛛　52.5-60克/公顷　喷雾
PD20097973　草甘膦异丙胺盐(41%)///水剂/草甘膦 30%/2009.12.01 至 2014.12.01/低毒
桑园、水稻田埂　杂草　200-400毫升制剂/亩　定向茎叶喷雾
LS20053165　苯磺·异丙隆/50%/可湿性粉剂/苯磺隆 0.5%、异丙隆 49.5%/2008.10.10 至 2009.10.10/低毒
冬小麦　一年生杂草　937.5-1125克/公顷　茎叶喷雾
LS20061173　高效氯氰菊酯/95%/原药/高效氯氰菊酯 95%/2008.05.17 至 2009.05.17/中等毒
LS20070886　高效氯氰菊酯/4.5%/乳油/高效氯氰菊酯 4.5%/2009.04.11 至 2010.04.12/低毒
棉花　棉铃虫　27-40.5克/公顷　喷雾
LS20070887　毒死蜱/480克/升/乳油/毒死蜱 480克/升/2009.04.11 至 2010.04.12/中等毒
水稻　稻纵卷叶螟　432-576克/公顷　喷雾
LS20082998　精喹禾灵/15%/乳油/精喹禾灵 15%/2009.09.01 至 2010.09.01/低毒
大豆田　一年生禾本科杂草　45-67.5克/公顷　茎叶喷雾
棉花田　一年生禾本科杂草　45-56.25克/公顷　茎叶喷雾
LS20083054　毒死蜱/25%/微乳剂/毒死蜱 25%/2009.09.25 至 2010.09.25/中等毒
水稻　稻纵卷叶螟　487.5-562.5克/公顷　喷雾
LS20083212　苄嘧·丙草胺/30%/乳油/苄嘧磺隆 2%、丙草胺 28%/2009.12.09 至 2010.12.09/低毒
水稻直播田　一年生杂草　1200-1800毫升/公顷(制剂)　喷雾
LS20090353　吡虫啉/48%/悬浮剂/吡虫啉 48%/2009.03.13 至 2010.03.13/低毒
水稻　稻飞虱　26.25-31.5克/公顷　喷雾
小麦　蚜虫　15.75-26.25克/公顷　喷雾
LS20090360　吡虫啉/15%/泡腾片剂/吡虫啉 15%/2009.03.13 至 2010.03.13/中等毒
水稻　稻飞虱　33.75-45克/公顷　喷雾
LS20090412　高效氯氟氰菊酯/5%/微乳剂/高效氯氟氰菊酯 5%/2009.03.16 至 2010.03.16/中等毒
棉花　棉铃虫　15-22.5克/公顷　喷雾
LS20091457　甲氨基阿维菌素苯甲酸盐(1.14%)///可湿性粉剂/甲氨基阿维菌素 1%/2009.12.14 至 2010.12.14/低毒
甘蓝　小菜蛾　3-4.5克/公顷　喷雾
水稻　二化螟　10.5-13.5克/公顷　喷雾

江苏丰源生物化工有限公司　(江苏省射阳县红旗路6号　224300　0515-2353191)

PD86101-39　赤霉酸/4%/乳油/赤霉酸 4%/2006.11.29 至 2011.11.29/低毒
菠菜　增加鲜重　10-25毫克/千克　叶面处理1-3次
菠萝　果实增大、增重　40-80毫克/千克　喷花
柑橘树　果实增大、增重　20-40毫克/千克　喷花
花卉　提前开花　700毫克/千克　叶面处理涂抹花

芽
绿肥 增产 10-20毫克/千克 喷雾
马铃薯 苗齐、增产 0.5-1毫克/千克 浸薯块10-30分钟
棉花 提高结铃率、增产 10-20毫克/千克 点喷、点涂或喷雾
葡萄 无核、增产 50-200毫克/千克 花后1周处理果穗
芹菜 增产 20-100毫克/千克 叶面处理1次
人参 增加发芽率 20毫克/千克 播前浸种15分钟
水稻 增加千粒重、制种 20-30毫克/千克 喷雾

PD86183-42 赤霉酸/85%/结晶粉/赤霉酸 750单位/毫克/2006.11.29 至 2011.11.29/低毒
菠菜 增加鲜重 10-25毫克/千克 叶面处理1-3次
菠萝 果实增大、增重 40-80毫克/千克 喷花
柑橘树 果实增大、增重 20-40毫克/千克 喷花
花卉 提前开花 700毫克/千克 叶面处理涂抹花芽
绿肥 增产 10-20毫克/千克 喷雾
马铃薯 苗齐、增产 0.5-1毫克/千克 浸薯块10-30分钟
棉花 提高结铃率、增产 10-20毫克/千克 点喷、点涂或喷雾
葡萄 无核、增产 50-200毫克/千克 花后一周处理果穗
芹菜 增加鲜重 20-100毫克/千克 叶面处理1次
人参 增加发芽率 20毫克/千克 播种前浸种15分钟
水稻 增加千粒重、制种 20-30毫克/千克 喷雾

PD20070096 赤霉酸/90%/原药/赤霉酸 90%/2007.04.20 至 2012.04.20/低毒

PD20070110 阿维菌素/92%/原药/阿维菌素 92%/2007.04.26 至 2012.04.26/高毒

PD20081394 苄氨基嘌呤/99%/原药/苄氨基嘌呤 99%/2008.10.28 至 2013.10.28/低毒

PD20081401 苄氨·赤霉酸/3.8%/乳油/苄氨基嘌呤 1.9%、赤霉酸A4+A7 1.9%/2008.10.28 至 2013.10.28/低毒
苹果树 调节果型 800-1000倍液 喷雾

PD20081598 赤霉酸/10%/可溶粉剂/赤霉酸 10%/2008.11.12 至 2013.11.12/低毒
芹菜 调节生长 90-100毫克/千克 喷雾2次

PD20083844 赤霉酸GA3/20%/可溶性粉剂/赤霉酸A3 20%/2008.12.15 至 2013.12.15/低毒
菠菜 调节生长、增产 20-30 毫克/千克 喷雾2次

PD20084112 赤霉酸/90%/原药/赤霉酸A4+A7 90%/2008.12.16 至 2013.12.16/低毒

PD20084232 阿维菌素/1.8%/乳油/阿维菌素 1.8%/2008.12.17 至 2013.12.17/低毒(原药高毒)
菜豆 斑潜蝇 10.8-21.6克/公顷 喷雾
甘蓝 菜青虫 8.1-10.8克/公顷 喷雾
棉花 棉铃虫 21.6-32.4克/公顷 喷雾
苹果树 红蜘蛛 3-6毫克/千克 喷雾

PD20097807 赤霉酸A3/40%/可溶粉剂/赤霉酸A3 40%/2009.11.20 至 2014.11.20/低毒
菠菜 调节生长、增产 20-30 毫克/千克 喷雾2次

LS20081668 赤霉酸/10%/可溶片剂/赤霉酸A3 10%/2009.04.07 至 2010.04.07/微毒
水稻制种 调节生长、增产 160-240毫克/升 兑水喷雾，两次(抽穗始期和盛期)

LS20082936 赤霉酸/2.7%/脂膏/赤霉酸 2.7%/2009.07.18 至 2010.07.18/微毒
梨树 调节生长 0.405－0.675毫克/果 涂抹

LS20082949 赤霉酸/20%/可溶性片剂/赤霉酸 20%/2009.07.24 至 2010.07.24/微毒
芹菜 调节生长、增产 40-60毫克/千克 喷雾，2次

江苏富田农化有限公司 (江苏省南京市雨花台区铁心桥工业园内 210012 025-52893118)

PD20040497 毒·唑磷/30%/乳油/毒死蜱 15%、三唑磷 15%/2009.12.19 至 2014.12.19/中等毒
水稻 三化螟 180-270克/公顷 喷雾

PD20040499 井冈·杀虫单/65%/可溶粉剂/井冈霉素 7%、杀虫单 58%/2009.12.19 至 2014.12.19/中等毒
水稻 稻纵卷叶螟、纹枯病 682.5-877.5克/千克 喷雾

PD20040500 吡虫·三唑酮/15.8%/可湿性粉剂/吡虫啉 1.8%、三唑酮 14%/2009.12.19 至 2014.12.19/低毒
小麦 白粉病、蚜虫 130-160克/公顷 喷雾

PD20040509 三唑·辛硫磷/27%/乳油/三唑磷 22%、辛硫磷 5%/2009.12.19 至 2014.12.19/中等毒
水稻 二化螟 243-324克/公顷 喷雾

PD20040617 吡虫啉/10%/可湿性粉剂/吡虫啉 10%/2009.12.19 至 2014.12.19/低毒

水稻 稻飞虱 15-30克/公顷 喷雾
小麦 蚜虫 15-30克/公顷(南方地区) 喷雾
45-60克/公顷(北方地区)

PD20040632 异丙隆/50%/可湿性粉剂/异丙隆 50%/2009.12.19 至 2014.12.19/低毒
冬小麦 一年生杂草 1050-1200克/公顷 喷雾

PD20040797 高效氯氰菊酯/10%/乳油/高效氯氰菊酯 10%/2009.12.19 至 2014.12.19/中等毒
十字花科蔬菜 菜青虫 15-22.5克/公顷 喷雾

PD20060207 高效氯氟氰菊酯/95%/原药/高效氯氟氰菊酯 95%/2006.12.07 至 2011.12.07/中等毒

PD20070094 氧氟·乙草胺/42%/乳油/乙草胺 34%、乙氧氟草醚 8%/2007.04.19 至 2012.04.19/低毒
大蒜田 一年生杂草 567-693克/公顷 土壤喷雾
棉花田 一年生杂草 630-945克/公顷 土壤喷雾

PD20070154 苄嘧磺隆/30%/可湿性粉剂/苄嘧磺隆 30%/2007.06.14 至 2012.06.14/低毒
水稻移栽田 一年生阔叶杂草及莎草科杂草 45-90克/公顷 毒土法

PD20070207 毒死蜱/480克/升/乳油/毒死蜱 480克/升/2007.08.07 至 2012.08.07/中等毒
水稻 稻纵卷叶螟 504-576克/公顷 喷雾

PD20070415 丙草胺/30%/乳油/丙草胺 30%/2007.11.06 至 2012.11.06/低毒
水稻秧田 一年生杂草 450-675克/公顷(南方地区) 土壤喷雾

PD20070462 苄·乙/18%/可湿性粉剂/苄嘧磺隆 2%、乙草胺 16%/2007.11.20 至 2012.11.20/低毒
水稻移栽田 一年生杂草 81-121.5克/公顷 药土法

PD20080045 乙·异噁/35%/可湿性粉剂/乙草胺 25%、异噁草松 10%/2008.01.07 至 2013.01.07/微毒
冬油菜(移栽田) 一年生杂草 315-367.5克/公顷 土壤喷雾

PD20080080 苄·丁/37.5%/可湿性粉剂/苄嘧磺隆 1.5%、丁草胺 36%/2008.01.03 至 2013.01.03/低毒
水稻抛秧田 部分多年生杂草、一年生杂草 675-843.8克/公顷 药土法

PD20080222 乙·异噁松/50%/乳油/乙草胺 40%、异噁草松 10%/2008.01.11 至 2013.01.11/微毒
冬油菜(移栽田) 一年生杂草 525-600克/公顷 移栽前土壤喷雾

PD20080228 毒·辛/35%/乳油/毒死蜱 10%、辛硫磷 25%/2008.01.11 至 2013.01.11/中等毒
水稻 稻纵卷叶螟 472.5-525克/公顷 喷雾

PD20080235 仲威·毒死蜱/25%/乳油/毒死蜱 5%、仲丁威 20%/2008.02.19 至 2013.02.19/低毒
水稻 稻飞虱 300-450克/公顷 喷雾

PD20080253 吡嘧磺隆/10%/可湿性粉剂/吡嘧磺隆 10%/2008.02.19 至 2013.02.19/微毒
移栽水稻田 稗草、莎草及阔叶杂草 22.5-30克/公顷 毒土法

PD20080257 苄·噻磺/15%/可湿性粉剂/苄嘧磺隆 5%、噻吩磺隆 10%/2008.02.19 至 2013.02.19/低毒
冬小麦田 一年生阔叶杂草 36-45克/公顷 喷雾

PD20080258 胺苯磺隆/5%/可湿性粉剂/胺苯磺隆 5%/2008.02.19 至 2013.02.19/低毒
冬油菜(移栽田) 一年生阔叶杂草 22.5-30克/公顷 茎叶喷雾

PD20080259 氯氟吡氧乙酸/20%/乳油/氯氟吡氧乙酸 20%/2008.02.20 至 2013.02.20/低毒
冬小麦田 一年生阔叶杂草 150—210克/公顷 茎叶喷雾

PD20080380 噻嗪·异丙威/25%/可湿性粉剂/噻嗪酮 7%、异丙威 18%/2008.02.29 至 2013.02.28/低毒
水稻 稻飞虱 150-225克/公顷 喷雾

PD20080423 噻吩磺隆/15%/可湿性粉剂/噻吩磺隆 15%/2008.03.07 至 2013.03.07/低毒
春大豆田 一年生阔叶杂草 22.5-33.8克/公顷 土壤喷雾
冬小麦田 一年生阔叶杂草 22.5-33.8克/公顷 喷雾
夏大豆田 一年生阔叶杂草 18-27克/公顷 土壤喷雾

PD20080451 烟嘧磺隆/95%/原药/烟嘧磺隆 95%/2008.03.27 至 2013.03.27/微毒

PD20080543 噻嗪酮/25%/可湿性粉剂/噻嗪酮 25%/2008.05.04 至 2013.05.04/低毒
水稻 稻飞虱 112.5-150克/公顷 喷雾

PD20080586 虫酰肼/20%/悬浮剂/虫酰肼 20%/2008.05.12 至 2013.05.12/微毒
甘蓝 甜菜夜蛾 210-300克/公顷 喷雾

PD20080587 精喹禾灵/8.8%/乳油/精喹禾灵 8.8%/2008.05.12 至 2013.05.12/低毒
冬油菜田 一年生禾本科杂草 46.2-59.4克/公顷 茎叶喷雾
夏大豆田 一年生禾本科杂草 52.8-66克/公顷 茎叶喷雾

PD20080667 噁草·丁草胺/30%/乳油/丁草胺 24%、噁草酮 6%/2008.05.27 至 2013.05.27/低毒
水稻半旱育秧田、水稻旱育秧田 一年生杂草 600-720克/公顷 喷雾

PD20080922 苄·二氯/36%/可湿性粉剂/苄嘧磺隆 2%、二氯喹啉酸 34%/2008.07.17 至 2013.07.17/低毒
水稻直播田 一年生杂草 216-270克/公顷 喷雾

PD20080950 二氯喹啉酸/50%/可湿性粉剂/二氯喹啉酸 50%/2008.07.23 至 2013.07.23/低毒
水稻直播田 稗草 225-375克/公顷 茎叶喷雾

PD20081156 苯磺隆/10%/可湿性粉剂/苯磺隆 10%/2008.09.02 至 2013.09.02/微毒
冬小麦田 一年生阔叶杂草 13.5-22.5克/公顷 茎叶喷雾

PD20081655 硫磺·三环唑/45%/可湿性粉剂/硫磺 40%、三环唑 5%/2008.11.14 至 2013.11.14/低毒
水稻 稻瘟病 810-1215克/公顷 喷雾

PD20081656 苯磺·异丙隆/50%/可湿性粉剂/苯磺隆 1%、异丙隆 49%/2008.11.14 至 2013.11.14/低毒

	冬小麦田	一年生杂草	900-1125克/公顷	茎叶喷雾
PD20082016	氟磺胺草醚/250克/升/水剂/氟磺胺草醚 250克/升/2008.11.25 至 2013.11.25/微毒			
	夏大豆田	一年生阔叶杂草	187.5-225克/公顷	茎叶喷雾
PD20082620	异丙·苄/18.5%/可湿性粉剂/苄嘧磺隆 3.5%、异丙草胺 15%/2008.12.04 至 2013.12.04/低毒			
	水稻移栽田	部分多年生杂草、一年生杂草	111-138.8克/公顷	药土法
PD20083041	三环唑/20%/可湿性粉剂/三环唑 20%/2008.12.10 至 2013.12.10/低毒			
	水稻	稻瘟病	225-300克/公顷	喷雾
PD20083604	苯磺隆/75%/水分散粒剂/苯磺隆 75%/2008.12.12 至 2013.12.12/低毒			
	冬小麦田	一年生阔叶杂草	13.5-22.5克/公顷	茎叶喷雾
PD20083717	草除灵/30%/悬浮剂/草除灵 30%/2008.12.15 至 2013.12.15/低毒			
	冬油菜田	一年生阔叶杂草	225-300克/公顷	喷雾
PD20083963	甲戊·乙草胺/40%/乳油/二甲戊灵 20%、乙草胺 20%/2008.12.16 至 2013.12.16/低毒			
	大蒜田	一年生杂草	600-900克/公顷	土壤喷雾处理
PD20085462	精噁唑禾草灵/69克/升/水乳剂/精噁唑禾草灵 69克/升/2008.12.24 至 2013.12.24/低毒			
	冬小麦田	一年生禾本科杂草	51.75-62.1克/公顷	茎叶喷雾
PD20085989	异稻·三环唑/20%/可湿性粉剂/三环唑 10%、异稻瘟净 10%/2008.12.29 至 2013.12.29/低毒			
	水稻	稻瘟病	300-450克/公顷	喷雾
PD20090063	苄嘧·丙草胺/25%/可湿性粉剂/苄嘧磺隆 5%、丙草胺 20%/2009.01.08 至 2014.01.08/微毒			
	水稻直播田	一年生及部分多年生杂草	225-300克/公顷	喷雾法
PD20090182	苄·乙·扑/19%/可湿性粉剂/苄嘧磺隆 1.9%、扑草净 5.6%、乙草胺 11.5%/2009.01.08 至 2014.01.08/低毒			
	冬小麦田	一年生杂草	427.5-570克/公顷	喷雾
	水稻移栽田	一年生杂草	85.5-142.5克/公顷(南方地区)	药土法
PD20090348	高效氯氟氰菊酯/2.5%/乳油/高效氯氟氰菊酯 2.5%/2009.01.12 至 2014.01.12/中等毒			
	十字花科蔬菜	菜青虫	7.5-11.25克/公顷	喷雾
PD20091374	烟嘧磺隆/40克/升/油悬浮剂/烟嘧磺隆 40克/升/2009.02.02 至 2014.02.02/微毒			
	夏玉米田	一年生单、双子叶杂草	66-100毫升制剂/亩	茎叶喷雾
PD20092667	喹·胺·草除灵/20%/可湿性粉剂/胺苯磺隆 1%、草除灵 14%、喹禾灵 5%/2009.03.18 至 2014.03.18/低毒			
	冬油菜田	一年生杂草	150-210克/公顷	喷雾
PD20092784	草甘膦/410克/升/水剂/草甘膦 410克/升/2009.03.04 至 2014.03.04/低毒			
	非耕地	杂草	1230-2460克/公顷	茎叶喷雾
PD20092797	杀单·毒死蜱/25%/可湿性粉剂/毒死蜱 5%、杀虫单 20%/2009.03.04 至 2014.03.04/中等毒			
	水稻	稻纵卷叶螟	450-562.5克/公顷	喷雾
PD20093259	氟吡甲禾灵/108克/升/乳油/高效氟吡甲禾灵 108克/升/2009.03.11 至 2014.03.11/低毒			
	夏大豆田	一年生禾本科杂草	48.6-56.7克/公顷	茎叶喷雾
PD20093373	丙威·毒死蜱/20%/可湿性粉剂/毒死蜱 5%、异丙威 15%/2009.03.18 至 2014.03.18/低毒			
	水稻	稻飞虱	240-360克/公顷	喷雾
PD20093376	苯·苄·乙草胺/30%/可湿性粉剂/苯噻酰草胺 22.5%、苄嘧磺隆 2.5%、乙草胺 5%/2009.03.18 至 2014.03.18/低毒			
	水稻抛秧田	部分多年生杂草、一年生杂草	202.5-270克/公顷(南方地区)	药土法
PD20094919	吡虫·异丙威/24%/可湿性粉剂/吡虫啉 1.5%、异丙威 22.5%/2009.04.13 至 2014.04.13/低毒			
	水稻	稻飞虱	144-180克/公顷	喷雾
PD20095655	噻磺·乙草胺/20%/可湿性粉剂/噻吩磺隆 1%、乙草胺 19%/2009.05.12 至 2014.05.12/低毒			
	冬小麦田	一年生杂草	240-300克/公顷	土壤喷雾
	夏玉米田	一年生杂草	600-750克/公顷	土壤喷雾
PD20096978	三环唑/75%/可湿性粉剂/三环唑 75%/2009.09.29 至 2014.09.29/中等毒			
	水稻	稻瘟病	225-300克/公顷	喷雾
LS20052611	井冈·蜡芽菌/15%/可溶粉剂/井冈霉素 10%、蜡质芽孢杆菌 5%/2008.08.14 至 2009.08.14/低毒			
	水稻	纹枯病	90-135克/公顷	喷雾
LS20060505	阿维·毒死蜱/15%/乳油/阿维菌素 0.1%、毒死蜱 14.9%/2009.03.15 至 2010.03.15/中等毒(原药高毒)			
	水稻	稻纵卷叶螟	112.5-135克/公顷	喷雾
LS20061920	噻吩磺隆/75%/可分散粒剂/噻吩磺隆 75%/2008.12.06 至 2009.12.06/微毒			
	夏大豆	阔叶杂草	20-25克/公顷	土壤喷雾
LS20071294	精噁唑禾草灵/69克/升/水乳剂/精噁唑禾草灵 69克/升/2008.05.08 至 2009.05.09/低毒			
	冬小麦田	一年生禾本科杂草	51.75-62.1克/公顷	茎叶喷雾
LS20071937	苯磺·异丙隆/60%/可湿性粉剂/苯磺隆 1%、异丙隆 59%/2009.08.07 至 2010.08.08/低毒			
	冬小麦田	一年生杂草	810-1080克/公顷	茎叶喷雾
LS20081797	乙羧·苯磺隆/20%/可湿性粉剂/苯磺隆 12%、乙羧氟草醚 8%/2009.04.07 至 2010.04.07/低毒			
	冬小麦田	阔叶杂草	30-39克/公顷	茎叶喷雾
LS20082168	丙溴·辛硫磷/25%/乳油/丙溴磷 6%、辛硫磷 19%/2009.04.18 至 2010.04.18/低毒			
	水稻	稻纵卷叶螟	262.5-300克/公顷	喷雾
LS20082703	阿维·丙溴磷/20%/乳油/阿维菌素 0.1%、丙溴磷 19.9%/2009.04.29 至 2010.04.29/低毒(原药高毒)			
	水稻	稻纵卷叶螟	180-300克/公顷	喷雾
LS20082953	丙溴磷/50%/乳油/丙溴磷 50%/2009.08.14 至 2010.08.14/低毒			
	水稻	稻纵卷叶螟	600-750克/公顷	喷雾

LS20090081 异隆·乙草胺/40%/可湿性粉剂/乙草胺 20%、异丙隆 20%/2009.01.09 至 2010.01.09/低毒
冬小麦田 一年生杂草 100-125克制剂/公顷 喷雾
LS20090084 氰氟·精噁唑/10%/乳油/精噁唑禾草灵 5%、氰氟草酯 5%/2009.01.09 至 2010.01.09/低毒
水稻直播田 一年生禾本科杂草 40-60毫升制剂/亩 喷雾
LS20090446 硝磺草酮/94%/原药/硝磺草酮 94%/2009.03.18 至 2010.03.18/低毒

江苏耕耘化学有限公司 (江苏省镇江市丹徒区荣炳镇 212126 0511-4350055)

PD20080073 三环唑/95%/原药/三环唑 95%/2008.01.03 至 2013.01.03/低毒
PD20080410 嘧霉胺/95%/原药/嘧霉胺 95%/2008.02.29 至 2013.02.28/低毒
PD20080516 烯酰吗啉/95%/原药/烯酰吗啉 95%/2008.04.29 至 2013.04.29/低毒
PD20080548 嘧霉胺/400克/升/悬浮剂/嘧霉胺 400克/升/2008.05.08 至 2013.05.08/低毒
番茄 灰霉病 480-525克/公顷 喷雾
PD20080708 抑食肼/95%/原药/抑食肼 95%/2008.06.04 至 2013.06.04/低毒
PD20081205 腈菌唑/95%/原药/腈菌唑 95%/2008.09.11 至 2013.09.11/低毒
PD20081727 苯醚甲环唑/95%/原药/苯醚甲环唑 95%/2008.11.18 至 2013.11.18/低毒
PD20082120 S-氰戊菊酯/90%/原药/S-氰戊菊酯 90%/2008.11.25 至 2013.11.25/中等毒
PD20082659 烯酰吗啉/50%/水分散粒剂/烯酰吗啉 50%/2008.12.04 至 2013.12.04/低毒
黄瓜 霜霉病 225-300克/公顷 喷雾
PD20082741 甲氰菊酯/92%/原药/甲氰菊酯 92%/2008.12.08 至 2013.12.08/中等毒
PD20083713 S-氰戊菊酯/5%/乳油/S-氰戊菊酯 5%/2008.12.15 至 2013.12.15/中等毒
十字花科蔬菜 菜青虫 7.5-22.5克/公顷 喷雾
PD20085503 氰戊菊酯/90%/原药/氰戊菊酯 90%/2008.12.25 至 2013.12.25/低毒
PD20092433 腈菌唑/40%/悬浮剂/腈菌唑 40%/2009.02.25 至 2014.02.25/中等毒
梨树 黑星病 40-50毫克/千克 喷雾
PD20092990 腈菌唑/12%/乳油/腈菌唑 12%/2009.03.09 至 2014.03.09/低毒
小麦 白粉病 30-60克/公顷 喷雾
PD20094716 苯醚甲环唑/10%/水分散粒剂/苯醚甲环唑 10%/2009.04.10 至 2014.04.10/低毒
梨树 黑星病 16.7-20毫克/千克 喷雾
PD20095664 醚菌酯/95%/原药/醚菌酯 95%/2009.05.13 至 2014.05.13/低毒
PD20097746 三环唑/75%/可湿性粉剂/三环唑 75%/2009.11.12 至 2014.11.12/中等毒
水稻 稻瘟病 225－300克/公顷 喷雾
LS20050108 氟环唑/95%/原药/氟环唑 95%/2008.01.12 至 2009.01.11/低毒
LS20061416 氟环唑/125克/升/悬浮剂/氟环唑 125克/升/2009.06.29 至 2010.06.29/低毒
小麦 锈病 90-112.5克/公顷 喷雾
LS20061472 苯醚甲环唑/25%/乳油/苯醚甲环唑 25%/2009.07.17 至 2010.07.17/低毒
香蕉 叶斑病 83.3-125毫克/千克 喷雾
LS20083040 苯甲·丙环唑/500克/升/乳油/苯醚甲环唑 250克/升、丙环唑 250克/升/2009.09.18 至 2010.09.18/低毒
水稻 纹枯病 67.5-90克/公顷 喷雾

江苏广丰农药有限公司 (江苏省盐城市盐都县龙冈镇人民路76号 224011 0515-8710488)

PD84104-53 杀虫双/18%/水剂/杀虫双 18%/2009.12.10 至 2014.12.10/中等毒
甘蔗、蔬菜、水稻、小麦、玉米 多种害虫 540-675克/公顷 喷雾
果树 多种害虫 225-360毫克/千克 喷雾
PD20083144 啶虫脒/5%/可湿性粉剂/啶虫脒 5%/2008.12.10 至 2013.12.10/低毒
小麦 蚜虫 22.5-30克/公顷 喷雾
PD20083528 烯效唑/5%/可湿性粉剂/烯效唑 5%/2008.12.12 至 2013.12.12/微毒
水稻 调节生长 100-150毫克/千克 浸种
PD20085200 毒死蜱/480克/升/乳油/毒死蜱 480克/升/2008.12.23 至 2013.12.23/中等毒
水稻 稻纵卷叶螟 468-612克/公顷 喷雾
PD20085787 速灭威/25%/可湿性粉剂/速灭威 25%/2008.12.29 至 2013.12.29/中等毒
水稻 稻飞虱 375-750克/公顷 喷雾
PD20086242 炔螨特/570克/升/乳油/炔螨特 570克/升/2008.12.31 至 2013.12.31/低毒
柑橘树 红蜘蛛 285-380毫克/千克 喷雾
PD20090045 高效氯氟氰菊酯/25克/升/乳油/高效氯氟氰菊酯 25克/升/2009.01.06 至 2014.01.06/中等毒
小麦 蚜虫 7.5-9.375克/公顷 喷雾
PD20092231 马拉·杀螟松/12%/乳油/马拉硫磷 10%、杀螟硫磷 2%/2009.02.24 至 2014.02.24/中等毒
白菜、甘蓝 菜青虫 63-72克/公顷 喷雾
PD20094871 杀螺胺乙醇胺盐/50%/可湿性粉剂/杀螺胺乙醇胺盐 50%/2009.04.13 至 2014.04.13/低毒
水稻 福寿螺 450-600克/公顷 毒土撒施
PD20096911 毒·辛/40%/乳油/毒死蜱 10%、辛硫磷 30%/2009.09.23 至 2014.09.23/低毒
棉花 棉铃虫 420-480克/公顷 喷雾
LS20061332 顺氯·氟铃脲/3%/乳油/氟铃脲 2%、顺式氯氰菊酯 1%/2009.06.12 至 2010.06.12/低毒
十字花科蔬菜 甜菜夜蛾 22.5-27克/公顷 喷雾
LS20061980 吡虫·异丙威/25%/可湿性粉剂/吡虫啉 5%、异丙威 20%/2009.12.11 至 2010.12.11/低毒

水稻 稻飞虱 75-112.5克/公顷 喷雾
LS20090323 噻嗪·速灭威 /25%/可湿性粉剂/噻嗪酮 5%、速灭威 20%/2009.03.05 至 2010.03.05/中等毒
水稻 稻飞虱 262.5-375克/公顷 喷雾
LS20090419 井冈·三环唑/20%/可湿性粉剂/井冈霉素 5%、三环唑 15%/2009.03.16 至 2010.03.16/低毒
水稻 稻瘟病 300-450克/公顷 喷雾
LS20090761 敌畏·毒死蜱 /40%/乳油/敌敌畏 30%、毒死蜱 10%/2009.03.31 至 2010.03.31/中等毒
水稻 稻纵卷叶螟 480-600克/公顷 喷雾

江苏好收成韦恩农化股份有限公司 （江苏省南通市启东市老启东港 226221 0513-83889007）

PD84105-3 马拉硫磷/45%/乳油/马拉硫磷 45%/2009.12.23 至 2014.12.23/低毒
茶树 长白蚧、象甲 625-1000毫克/千克 喷雾
豆类 食心虫、造桥虫 562.5-750克/公顷 喷雾
果树 蝽蟓、蚜虫 250-333毫克/千克 喷雾
林木、牧草、农田 蝗虫 450-600克/公顷 喷雾
棉花 盲蝽蟓、蚜虫、叶跳虫 375-562.2克/公顷 喷雾
蔬菜 黄条跳甲、蚜虫 562.5-750克/公顷 喷雾
水稻 飞虱、蓟马、叶蝉 562.5-750克/公顷 喷雾
小麦 黏虫、蚜虫 562.5-750克/公顷 喷雾
PD85157-17 辛硫磷/40%/乳油/辛硫磷 40%/2005.08.15 至 2010.08.15/低毒
茶树、林木、桑树 食叶害虫 200-400毫克/千克 喷雾
果树 食心虫、蚜虫、螨 200-400毫克/千克 喷雾
棉花 棉铃虫、蚜虫 300-600克/公顷 喷雾
蔬菜 菜青虫 300-450克/公顷 喷雾
烟草 食叶害虫 300-600克/公顷 喷雾
玉米 玉米螟 450-600克/公顷 灌心叶
PD85159-44 草甘膦/10%/水剂/草甘膦 10%(含量以草甘膦计)/2006.03.25 至 2009.12.31/低毒
茶树、甘蔗、果园、剑麻、林木、桑树、橡胶树 一年生杂草和多年生恶性杂草 1125-2250克/公顷 喷雾
PD20040484 三唑磷/40%/乳油/三唑磷 40%/2004.12.19 至 2009.12.18/中等毒
水稻 二化螟 300-450克/公顷 喷雾
PD20040486 三唑磷/20%/乳油/三唑磷 20%/2009.12.19 至 2014.12.19/中等毒
水稻 二化螟、三化螟 300-450克/公顷 喷雾
PD20040537 吡虫啉/10%/可湿性粉剂/吡虫啉 10%/2009.12.19 至 2014.12.19/低毒
水稻 飞虱 15-30克/公顷 喷雾
PD20050049 三唑磷/40%/乳油/三唑磷 40%/2005.04.27 至 2010.04.26/中等毒
水稻 二化螟 300-420克/公顷 喷雾
PD20050078 三唑磷/85%/原药/三唑磷 85%/2005.06.24 至 2010.06.23/中等毒
PD20050173 马拉硫磷/90%/原药/马拉硫磷 90%/2005.11.14 至 2010.11.14/低毒
PD20050182 草甘膦/95%/原药/草甘膦 95%/2006.11.15 至 2010.11.15/低毒
PD20050183 辛硫磷/87%/原药/辛硫磷 87%/2005.11.15 至 2010.11.15/低毒
PD20070533 草甘膦异丙胺盐/41%/水剂/草甘膦异丙胺盐 41%/2007.12.03 至 2012.12.03/低毒
非耕地 一年生和多年生杂草 1230-2460克/公顷 茎叶喷雾
PD20070617 草甘膦异丙胺盐/62%/水剂/草甘膦异丙胺盐 62%/2007.12.14 至 2012.12.14/低毒
柑橘园 一年生和多年生杂草 1395-2325克/公顷 定向茎叶喷雾
PD20082658 草甘膦铵盐/98%/原药/草甘膦铵盐 98%/2008.12.04 至 2013.12.04/低毒
PD20083766 甜菜安/96%/原药/甜菜安 96%/2008.12.15 至 2013.12.15/低毒
PD20086303 草甘膦铵盐/77.7%/可溶性粒剂/草甘膦 77.7%/2008.12.31 至 2013.12.31/低毒
茶园、柑橘园、剑麻园、梨园、苹果园、桑园、香蕉园、橡胶园 杂草 1125-2250克/公顷 定向茎叶喷雾
春玉米田、棉花田、夏玉米田 杂草 750-1650克/公顷 定向茎叶喷雾
免耕春油菜田 杂草 1500-2250克/公顷 定向茎叶喷雾
免耕冬油菜田 杂草 750-1200克/公顷 定向茎叶喷雾
免耕抛秧晚稻田 杂草 2100-2550克/公顷 定向茎叶喷雾
PD20090522 草甘膦铵盐/31.5%/可溶粉剂/草甘膦铵盐 31.5%/2009.01.12 至 2014.01.12/低毒
非耕地 杂草 1417.5-2362.5克/公顷 喷雾
柑橘园、剑麻园、橡胶园 杂草 1125-2250克/公顷 定向茎叶喷雾
PD20092189 甜菜宁/96%/原药/甜菜宁 96%/2009.02.23 至 2014.02.23/低毒
PD20094200 聚醛·甲萘威/6%/毒饵/甲萘威 1.5%、四聚乙醛 4.5%/2009.03.30 至 2014.03.30/低毒
旱地 蜗牛 585-630克/公顷 撒施

PD20097068 甜菜宁/16%/乳油/甜菜宁 16%/2009.10.10 至 2014.10.10/低毒
甜菜田 阔叶杂草 960-1600克/公顷 茎叶喷雾
LS20082903 乙氧呋草黄/20%/乳油/乙氧呋草黄 20%/2009.07.09 至 2010.07.09/低毒
甜菜 部分阔叶杂草 6-8升/公顷（制剂） 茎叶喷雾
LS20082907 乙氧呋草黄/96%/原药/乙氧呋草黄 96%/2009.07.09 至 2010.07.09/低毒
LS20083102 四聚乙醛/80%/可湿性粉剂/四聚乙醛 80%/2009.10.27 至 2010.10.27/中等毒
十字花科蔬菜 蜗牛 540-600克/公顷 喷雾
LS20090406 甜菜安/16%/乳油/甜菜安 16%/2009.03.16 至 2010.03.16/低毒
甜菜田 一年生阔叶杂草 6000-7500毫升制剂/公顷 茎叶喷雾
LS20090556 安·宁·乙呋黄/21%/乳油/甜菜安 7%、甜菜宁 7%、乙氧呋草黄 7%/2009.03.19 至 2010.03.19/低毒
甜菜田 阔叶杂草 400-533毫升制剂/亩 茎叶喷雾
LS20091247 草甘膦铵盐(55%)///可溶粒剂/草甘膦 50%/2009.05.04 至 2010.05.04/低毒
柑橘园 杂草 1969.5-2424克/公顷 定向茎叶喷雾

江苏禾笑化工有限公司 （江苏省江都市小纪镇西贾村 225245 0514-6631149）

PD20081468 三环唑/75%/可湿性粉剂/三环唑 75%/2008.11.04 至 2013.11.04/低毒
水稻 稻瘟病 280－337.5克/公顷 喷雾
PD20081797 毒死蜱/40%/乳油/毒死蜱 40%/2008.11.19 至 2013.11.19/中等毒
水稻 稻纵卷叶螟 480-600克/公顷 喷雾
PD20092991 吡虫啉/10%/可湿性粉剂/吡虫啉 10%/2009.03.09 至 2014.03.09/微毒
水稻 稻飞虱 15-30克/公顷 喷雾
PD20093626 井冈·烯唑醇/12%/可湿性粉剂/井冈霉素 10%、烯唑醇 2%/2009.03.25 至 2014.03.25/低毒
水稻 纹枯病 90-108克/公顷 喷雾
水稻 稻曲病 108-130克/公顷 喷雾
PD20093946 氯氰·马拉松/16%/乳油/氯氰菊酯 2%、马拉硫磷 14%/2009.03.27 至 2014.03.27/低毒
十字花科蔬菜 菜青虫 120-168克/公顷 喷雾
PD20095127 除虫脲/25%/可湿性粉剂/除虫脲 25%/2009.04.24 至 2014.04.24/低毒
森林 松毛虫 206.25-225克/公顷 喷雾
PD20095140 丙环唑/250克/升/乳油/丙环唑 250克/升/2009.04.24 至 2014.04.24/低毒
香蕉 叶斑病 375-500毫克/千克 喷雾
PD20095280 硫磺·三环唑/45%/可湿性粉剂/硫磺 40%、三环唑 5%/2009.04.27 至 2014.04.27/低毒
水稻 稻瘟病 810-1215克/公顷 喷雾
PD20097867 阿维菌素/1.8%/乳油/阿维菌素 1.8%/2009.11.20 至 2014.11.20/低毒(原药高毒)
甘蓝 菜青虫、小菜蛾 8.1-10.8克/公顷 喷雾
LS20053589 吗胍·乙酸铜/20%/可湿性粉剂/盐酸吗啉胍 10%、乙酸铜 10%/2008.11.15 至 2009.11.15/微毒
番茄 病毒病 540-660克/公顷 喷雾
LS20053732 菌毒清/5%/水剂/菌毒清 5%/2008.12.08 至 2009.12.08/微毒
水稻 细菌性条斑病 120-150克/公顷 喷雾
LS20061854 吡虫·仲丁威/20%/乳油/吡虫啉 1%、仲丁威 19%/2009.11.14 至 2010.11.14/低毒
水稻 稻飞虱 135-180克/公顷 喷雾
LS20080437 井冈·嘧苷素/3%/水剂/井冈霉素 2%、嘧啶核苷类抗菌素 1%/2009.02.19 至 2010.02.20/微毒
水稻 稻曲病、纹枯病 90-112.5克/公顷 喷雾

江苏禾业农化有限公司 （江苏省盐城市射阳县临海化工集中区 224354 0515-82540118）

PD20091249 精喹禾灵/5%/乳油/精喹禾灵 5%/2009.02.01 至 2014.02.01/低毒
大豆田 一年生禾本科杂草 45-60克/公顷 茎叶喷雾
PD20094630 四聚乙醛/6%/颗粒剂/四聚乙醛 6%/2009.04.10 至 2014.04.10/低毒
十字花科蔬菜 蜗牛 450-630克/公顷 毒土撒施
PD20098501 吡虫啉/10%/可湿性粉剂/吡虫啉 10%/2009.12.24 至 2014.12.24/低毒
水稻 稻飞虱 15-30克/公顷 喷雾
小麦 蚜虫 15-30克/公顷(南方地区) 喷雾
45-60克/公顷(北方地区)
LS20052488 多·福/30%/可湿性粉剂/多菌灵 10%、福美双 20%/2008.07.25 至 2009.07.25/低毒
梨树 黑星病 1000-1500毫克/千克 喷雾
葡萄 霜霉病 1000-1250毫克/千克 喷雾
LS20052513 吡虫·杀虫单/44%/可湿性粉剂/吡虫啉 1.5%、杀虫单 42.5%/2008.07.25 至 2009.07.25/低毒
水稻 稻飞虱、稻纵卷叶螟、二化螟、三化螟 450-750克/公顷 喷雾
LS20053202 苄·乙/18%/可湿性粉剂/苄嘧磺隆 4%、乙草胺 14%/2008.10.10 至 2009.10.10/低毒
移栽水稻田 一年生及部分多年生杂草 84-118克/公顷 药土法
LS20053802 苯磺·异丙隆/50%/可湿性粉剂/苯磺隆 1.5%、异丙隆 48.5%/2008.12.22 至 2009.12.22/低毒
冬小麦 一年生杂草 600-900克/公顷 茎叶喷雾
LS20053898 唑磷·毒死蜱/25%/乳油/毒死蜱 5%、三唑磷 20%/2008.12.29 至 2009.12.29/中等毒
水稻 二化螟 300-375克/公顷 喷雾
水稻 三化螟 300-450克/公顷 喷雾
LS20053904 阿维·高氯/3%/乳油/阿维菌素 0.2%、高效氯氰菊酯 2.8%/2008.12.29 至 2009.12.29/低毒(原药高毒)

黄瓜 美洲斑潜蝇 15-30克/公顷 喷雾
梨树 梨木虱 12-24毫克/千克 喷雾
十字花科蔬菜 菜青虫、小菜蛾 13.5-27克/公顷 喷雾
LS20071143 苄·二氯/36%/可湿性粉剂/苄嘧磺隆 3%、二氯喹啉酸 33%/2009.04.25 至 2010.04.26/低毒
水稻秧田 杂草 270-324克/公顷 茎叶喷雾

江苏黑鹰化学工业有限公司 (江苏省海门市常乐工业园区 226142 0513-82075822)

WP20080024 杀虫气雾剂/0.16%/气雾剂/胺菊酯 0.1%、氯氰菊酯 0.06%/2008.01.11 至 2013.01.11/低毒
卫生 蜚蠊、蚊、蝇 / 喷雾
WP20080104 电热蚊香液/1.2%/电热蚊香液/炔丙菊酯 1.2%/2008.10.06 至 2013.10.06/低毒
卫生 蚊 / 电热加温
WP20080110 电热蚊香片/21毫克/片/电热蚊香片/Es-生物烯丙菊酯 16毫克/片、炔丙菊酯 5毫克/片/2008.10.22 至 2013.10.22/低毒
卫生 蚊 / 电热加温
WP20080111 蚊香/0.3%/蚊香/富右旋反式烯丙菊酯 0.3%/2008.10.22 至 2013.10.22/低毒
卫生 蚊 / 点燃
WP20080112 蚊香/0.28%/蚊香/富右旋反式烯丙菊酯 0.28%/2008.10.22 至 2013.10.22/微毒
卫生 蚊 / 点燃
WP20080160 杀虫气雾剂/0.6%/气雾剂/胺菊酯 0.3%、富右旋反式烯丙菊酯 0.1%、氯菊酯 0.2%/2008.11.12 至 2013.11.12/低毒
卫生 蜚蠊、蚊、蝇 / 喷雾
WP20080384 驱蚊花露水/5%/驱蚊花露水/避蚊胺 5%/2008.12.11 至 2013.12.11/低毒
卫生 蚊 / 涂抹
WP20090292 蚊香/0.2%/蚊香/Es-生物烯丙菊酯 0.2%/2009.07.13 至 2014.07.13/微毒
卫生 蚊 / 点燃
WL20090126 杀蚊气雾剂/0.55%/气雾剂/胺菊酯 0.35%、富右旋反式烯丙菊酯 0.1%、氯菊酯 0.1%/2009.04.13 至 2010.04.13/微毒
卫生 蚊 / 喷雾
WL20090192 杀蟑气雾剂/0.3%/气雾剂/炔咪菊酯 0.13%、右旋苯醚氰菊酯 0.17%/2009.11.12 至 2010.11.12/微毒
卫生 蜚蠊 喷雾
WL20090196 电热蚊香片/12毫克/片/电热蚊香片/炔丙菊酯 10毫克/片、四氟苯菊酯 2毫克/片/2009.11.12 至 2010.11.12/微毒
卫生 蚊 电热加温
WL20090212 蚊香/0.08%/蚊香/氯氟醚菊酯 0.08%/2009.12.14 至 2010.12.14/微毒
卫生 蚊 / 点燃

江苏华农生物化学有限公司 (江苏省东台市北关路28号 224200 0515-5272588)

PD85131-8 井冈霉素/3%,5%/水剂/井冈霉素 3%,5%/2005.08.15 至 2010.08.15/低毒
水稻 纹枯病 75-112.5克/公顷 喷雾,泼浇
PD88109-13 井冈霉素/20%/水溶粉剂/井冈霉素 20%/2004.06.16 至 2009.06.16/低毒
水稻 纹枯病 150-187.5克/公顷 喷雾、泼浇
PD20080354 丙草胺/30%/乳油/丙草胺 30%/2008.02.29 至 2013.02.28/低毒
水稻直播田 一年生杂草 495-675克/公顷(南方地区) 喷雾
PD20093642 马拉硫磷/45%/乳油/马拉硫磷 45%/2009.03.25 至 2014.03.25/低毒
棉花 盲蝽蟓 540-607.5克/公顷 喷雾
PD20094800 毒死蜱/480克/升/乳油/毒死蜱 480克/升/2009.04.13 至 2014.04.13/中等毒
水稻 稻飞虱 450-600克/公顷 喷雾
PD20095354 乙烯利/40%/水剂/乙烯利 40%/2009.04.27 至 2014.04.27/低毒
棉花 催熟 750-1000克/公顷(300-400倍) 喷雾
PD20097174 甲氨基阿维菌素苯甲酸盐 (1.14%)///乳油/甲氨基阿维菌素 1%/2009.10.16 至 2014.10.16/微毒
甘蓝 小菜蛾 2.25-3.75克/公顷 喷雾
PD20097175 氯氟吡氧乙酸异辛酯 (288克/升)///乳油/氯氟吡氧乙酸 200克/升/2009.10.16 至 2014.10.16/低毒
小麦田 一年生阔叶杂草 195-225克/公顷 茎叶喷雾
PD20098467 精喹禾灵/10%/乳油/精喹禾灵 10%/2009.12.24 至 2014.12.24/低毒
夏大豆田 一年生杂草 48.6-64.8克/公顷 茎叶喷雾

江苏华农种衣剂有限责任公司 (江苏省无锡市江阴市西石桥镇 214441 0510-6601311)

PD20050163 吡虫啉/1%/悬浮种衣剂/吡虫啉 1%/2005.11.10 至 2010.11.10/低毒
水稻秧田 蓟马 1: 30-40(药种比) 种子包衣
PD20050164 1%吡虫啉悬浮种衣剂//悬浮种衣剂/吡虫啉 1%/2005.11.04 至 2010.11.03/低毒
水稻秧田 蓟马 1:30-40(药种比) 种子包衣
PD20080427 咪鲜胺/0.5%/悬浮种衣剂/咪鲜胺 0.5%/2008.03.10 至 2013.03.10/低毒
水稻 恶苗病 1:30-40(药种比) 种子包衣
PD20084542 多·福·克/25%/种衣剂/多菌灵 5%、福美双 10%、克百威 10%/2008.12.18 至 2013.12.18/高毒
大豆 根腐病、线虫 500-625克/100千克种子 种子包衣
PD20084563 克百·三唑酮/9%/悬浮种衣剂/克百威 7%、三唑酮 2%/2008.12.18 至 2013.12.18/高毒
玉米 地老虎、金针虫、蛴螬 1:40-50(药种比) 种子包衣
PD20084629 福美·拌种灵/10%/悬浮种衣剂/拌种灵 5%、福美双 5%/2008.12.18 至 2013.12.18/低毒
棉花 苗期病害 200-250克/100千克种子 种子包衣
PD20090109 福美·拌种灵/70%/可湿粉种衣剂/拌种灵 35%、福美双 35%/2009.01.08 至 2014.01.08/中等毒

棉花 立枯病、炭疽病 210-280克/100千克种子 种子包衣
PD20090338 福·克/20%/悬浮种衣剂/福美双 10%、克百威 10%/2009.01.12 至 2014.01.12/高毒
玉米 地下害虫、茎基腐病、蚜虫 444.4-800克/100千克种子 种子包衣
PD20094782 戊唑醇/2%/种衣剂/戊唑醇 2%/2009.04.13 至 2014.04.13/低毒
小麦 散黑穗病 2-3克/100千克种子 种子包衣
玉米 丝黑穗病 8-12克/100千克种子 种子包衣
PD20097811 戊唑醇/60克/升/悬浮种衣剂/戊唑醇 60克/升/2009.11.20 至 2014.11.20/低毒
小麦 散黑穗病 1:2000-3000(药种比) 种子包衣
玉米 丝黑穗病 1:400-600(药种比) 种子包衣
LS20090686 丁硫克百威/47%/种子处理乳剂/丁硫克百威 47%/2009.03.27 至 2010.03.27/中等毒
棉花 地老虎、金针虫、蝼蛄、蛴螬、蚜虫 1:100-225(药种比) 拌种
水稻 稻蓟马 1:300-400(药种比) 拌种
玉米 地老虎、金针虫、蝼蛄、蛴螬 1:350-450(药种比) 拌种
LS20090691 噁霉灵/70%/种子处理干粉剂/噁霉灵 70%/2009.03.27 至 2010.03.27/低毒
大豆、油菜 立枯病 70-140克/100千克种子 种子包衣
棉花 立枯病 70-93克/100千克种子 种子包衣
水稻 恶苗病、立枯病 70-140克/100千克种子 种子包衣

江苏华裕农化有限公司 (江苏省扬州市江都市小纪镇竹墩路 225246 0514-86599110)

PD20040192 三唑酮/20%/乳油/三唑酮 20%/2009.12.19 至 2014.12.19/低毒
小麦 白粉病 120-135克/公顷 喷雾
PD20060058 多·酮/40%/可湿性粉剂/多菌灵 35%、三唑酮 5%/2006.03.06 至 2011.03.05/低毒
水稻 叶尖枯病 450-600克/公顷 喷雾
小麦 白粉病、赤霉病 450-600克/公顷 喷雾
PD20080373 高氯·辛硫磷/25%/乳油/高效氯氰菊酯 1.5%、辛硫磷 23.5%/2008.02.29 至 2013.02.28/中等毒
棉花 棉铃虫 300-375克/公顷 喷雾
PD20083213 毒·辛/25%/乳油/毒死蜱 7%、辛硫磷 18%/2008.12.11 至 2013.12.11/中等毒
水稻 稻纵卷叶螟 375-450克/公顷 喷雾
PD20083664 吡·井·杀虫单/40%/可湿性粉剂/吡虫啉 1.5%、井冈霉素 5%、杀虫单 33.5%/2008.12.12 至 2013.12.12/低毒
水稻 二化螟、飞虱、纹枯病 600-720克/公顷 喷雾
PD20090518 噻嗪·三唑磷/30%/乳油/噻嗪酮 7%、三唑磷 23%/2009.01.12 至 2014.01.12/中等毒
水稻 稻纵卷叶螟、二化螟、飞虱 360-540克/公顷 喷雾
PD20091962 毒死蜱/480克/升/乳油/毒死蜱 480克/升/2009.02.12 至 2014.02.12/中等毒
水稻 二化螟 468-576克/公顷 喷雾
PD20092164 噻嗪酮/25%/可湿性粉剂/噻嗪酮 25%/2009.02.23 至 2014.02.23/低毒
水稻 稻飞虱 112.5-150克/公顷 喷雾
PD20094637 吡虫啉/10%/可湿性粉剂/吡虫啉 10%/2009.04.10 至 2014.04.10/低毒
水稻 稻飞虱 18.75-22.5克/公顷 喷雾
PD20095348 三环唑/75%/可湿性粉剂/三环唑 75%/2009.04.27 至 2014.04.27/低毒
水稻 稻瘟病 225-300克/公顷 喷雾
PD20096097 仲丁威/20%/乳油/仲丁威 20%/2009.06.18 至 2014.06.18/低毒
水稻 稻飞虱 495-570克/公顷 喷雾
LS20081966 辛硫·高氯氟/20%/乳油/高效氯氟氰菊酯 1%、辛硫磷 19%/2009.04.15 至 2010.04.15/低毒
棉花 棉铃虫 360-420克/公顷 喷雾
LS20082299 高效氯氰菊酯/4.5%/乳油/高效氯氰菊酯 4.5%/2009.04.21 至 2010.04.21/中等毒
甘蓝 菜青虫 20.25-27克/公顷 喷雾
LS20082900 噻嗪·仲丁威/25%/乳油/噻嗪酮 5%、仲丁威 20%/2009.07.09 至 2010.07.09/中等毒
水稻 稻飞虱 243.75-281.25克/公顷 喷雾
LS20082935 甲氰·辛硫磷/25%/乳油/甲氰菊酯 5%、辛硫磷 20%/2009.07.18 至 2010.07.18/中等毒
甘蓝 菜青虫 150-225克/公顷 喷雾
LS20082944 唑磷·仲丁威/30%/乳油/三唑磷 15%、仲丁威 15%/2009.07.23 至 2010.07.23/中等毒
水稻 稻飞虱、二化螟 675-900克/公顷 喷雾
LS20082981 虫酰·辛硫磷/20%/乳油/虫酰肼 5%、辛硫磷 15%/2009.09.11 至 2010.09.11/低毒
甘蓝 甜菜夜蛾 270-300克/公顷 喷雾
LS20083090 丙溴·辛硫磷/25%/乳油/丙溴磷 6%、辛硫磷 19%/2009.10.22 至 2010.10.22/低毒
水稻 二化螟 318.75-375克/公顷 喷雾
LS20090854 四螨·哒螨灵/5%/可湿性粉剂/哒螨灵 2.5%、四螨嗪 2.5%/2009.04.09 至 2010.04.09/低毒
柑橘树 红蜘蛛 83.3-100毫克/千克 喷雾
LS20091127 混灭·噻嗪酮 /30%/乳油/混灭威 25%、噻嗪酮 5%/2009.04.17 至 2010.04.17/低毒
水稻 稻飞虱 373.5-405克/公顷 喷雾

江苏皇马农化有限公司 (江苏省镇江市丹阳市皇塘镇大南庄村 212327 0511-6632428)

PDN59-99 甲氰菊酯/20%/乳油/甲氰菊酯 20%/2009.02.27 至 2014.02.27/中等毒
苹果树 桃小食心虫 67-100毫克/千克 喷雾
苹果树 红蜘蛛 100毫克/千克 喷雾

PD85154-26 氰戊菊酯/20%/乳油/氰戊菊酯 20%/2010.02.08 至 2015.02.08/中等毒
柑橘树 潜叶蛾 10-20毫克/千克 喷雾
果树 梨小食心虫 10-20毫克/千克 喷雾
棉花 红铃虫、蚜虫 75-150克/公顷 喷雾
蔬菜 菜青虫、蚜虫 60-120克/公顷 喷雾
PD89104-9 氰戊菊酯/93%/原药/氰戊菊酯 93%/2009.09.28 至 2014.09.28/中等毒
PD20040033 氯氰菊酯/92%/原药/氯氰菊酯 92%/2009.12.19 至 2014.12.19/中等毒
PD20040045 高效氯氰菊酯/95%/原药/高效氯氰菊酯 95%/2009.12.19 至 2014.12.19/中等毒
PD20040194 氯氰菊酯/10%/乳油/氯氰菊酯 10%/2009.12.19 至 2014.12.19/中等毒
十字花科蔬菜 菜青虫 30-45克/公顷 喷雾
PD20040241 顺式氯氰菊酯/5%/乳油/顺式氯氰菊酯 5%/2009.12.19 至 2014.12.19/中等毒
十字花科蔬菜 菜青虫 22.5-30克/公顷 喷雾
PD20040243 吡虫啉/10%/可湿性粉剂/吡虫啉 10%/2009.12.19 至 2014.12.19/低毒
水稻 飞虱 75-150克/公顷 喷雾
PD20040244 高效氯氰菊酯/4.5%/乳油/高效氯氰菊酯 4.5%/2009.12.19 至 2014.12.19/中等毒
十字花科蔬菜 菜青虫 13.5-20.25克/公顷 喷雾
PD20050037 吡虫啉/200克/升/可溶性液剂/吡虫啉 200克/升/2005.04.15 至 2010.04.14/中等毒
水稻 飞虱 20-30克/公顷 喷雾
PD20050138 顺式氯氰菊酯/90%/原药/顺式氯氰菊酯 90%/2005.09.09 至 2010.09.08/中等毒
PD20070536 啶虫脒/96%/原药/啶虫脒 96%/2007.12.03 至 2012.12.03/低毒
PD20070678 吡虫啉/95%/原药/吡虫啉 95%/2008.03.06 至 2013.03.06/低毒
PD20080264 啶虫脒/20%/可溶粉剂/啶虫脒 20%/2008.02.20 至 2013.02.20/低毒
柑橘树 蚜虫 20-40毫克/千克 喷雾
PD20081505 联苯菊酯/95%/原药/联苯菊酯 95%/2008.11.06 至 2013.11.06/中等毒
PD20081661 啶虫脒/20%/可溶液剂/啶虫脒 20%/2008.11.25 至 2013.11.25/低毒
柑橘树 蚜虫 15-20毫克/千克 喷雾
PD20081898 甲氰菊酯/92%/原药/甲氰菊酯 92%/2008.11.21 至 2013.11.21/中等毒
PD20082029 啶虫脒/3%/乳油/啶虫脒 3%/2008.11.25 至 2013.11.25/中等毒
柑橘树 蚜虫 20-40毫克/千克 喷雾
PD20083902 S-氰戊菊酯/95%/原药/S-氰戊菊酯 95%/2008.12.15 至 2013.12.15/中等毒
PD20084235 联苯菊酯/10%/乳油/联苯菊酯 10%/2008.12.17 至 2013.12.17/中等毒(原药高毒)
苹果树 桃小食心虫 3000-4000倍液 喷雾
PD20084253 联苯菊酯/25克/升/乳油/联苯菊酯 25克/升/2008.12.17 至 2013.12.17/中等毒
苹果树 桃小食心虫 12.5-25毫克/千克 喷雾
PD20084361 毒死蜱/40%/乳油/毒死蜱 40%/2008.12.17 至 2013.12.17/中等毒
棉花 棉铃虫 450-900克/公顷 喷雾
PD20084584 氯氰菊酯/250克/升/乳油/氯氰菊酯 250克/升/2008.12.18 至 2013.12.18/中等毒
十字花科蔬菜 菜青虫 37.5-45克/公顷 喷雾
PD20084624 毒死蜱/95%/原药/毒死蜱 95%/2008.12.18 至 2013.12.18/中等毒
PD20085287 高效氯氟氰菊酯/96%/原药/高效氯氟氰菊酯 96%/2008.12.23 至 2013.12.23/中等毒
PD20085595 S-氰戊菊酯/50克/升/乳油/S-氰戊菊酯 50克/升/2008.12.25 至 2013.12.25/中等毒
棉花 棉铃虫 30-37.5克/公顷 喷雾
PD20093595 高效氯氟氰菊酯/25克/升/乳油/高效氯氟氰菊酯 25克/升/2009.03.23 至 2014.03.23/中等毒
棉花 棉铃虫 7.5-22.5克/公顷 喷雾
LS20050113 氟氯氰菊酯/92%/原药/氟氯氰菊酯 92%/2008.01.10 至 2009.01.10/中等毒
LS20052340 氟氯氰菊酯/50克/升/乳油/氟氯氰菊酯 50克/升/2008.06.26 至 2009.06.26/低毒
甘蓝 菜青虫 22.5-26.5克/公顷 喷雾
LS20061203 高效氯氟氰菊酯/50克/升/乳油/高效氯氟氰菊酯 50克/升/2009.05.21 至 2010.05.21/中等毒
棉花 棉铃虫 15-22.5克/公顷 喷雾
LS20061675 高效氟氯氰菊酯/95%/原药/高效氟氯氰菊酯 95%/2009.09.07 至 2010.09.07/中等毒
LS20072611 草铵膦/95%/原药/草铵膦 95%/2009.12.09 至 2010.12.10/低毒
LS20081079 联苯菊酯/100克/升/乳油/联苯菊酯 100克/升/2009.03.07 至 2010.03.07/中等毒
茶树 茶小绿叶蝉 30-37.5克/公顷 喷雾

江苏辉丰农化股份有限公司 (江苏省大丰市新丰镇中闸村二组 224100 0515-83551820)

PD84117-5 多菌灵/95%/原药/多菌灵 95%/2009.12.14 至 2014.12.14/低毒
PD85154-55 氰戊菊酯/20%/乳油/氰戊菊酯 20%/2006.07.26 至 2011.07.26/中等毒
柑橘树 潜叶蛾 10-20毫克/千克 喷雾
果树 梨小食心虫 10-20毫克/千克 喷雾
棉花 红铃虫、蚜虫 75-150克/公顷 喷雾
蔬菜 菜青虫、蚜虫 60-120克/公顷 喷雾
PD85167 混灭威/90%、85%/原药/混灭威 90%、85%/2005.10.25 至 2010.10.25/中等毒
PD85168 混灭威/50%/乳油/混灭威 50%/2005.10.25 至 2010.10.25/中等毒
水稻 飞虱、叶蝉 375-750克/公顷 喷雾,泼浇

PD86132-2	仲丁威/98%、95%、90%/原药/仲丁威 98%、95%、90%/2006.10.23 至 2011.10.23/低毒			
PD86147-4	异丙威/98%、95%、90%/原药/异丙威 98%、95%、90%/2006.10.23 至 2011.10.23/中等毒			
PD86148-46	异丙威/20%/乳油/异丙威 20%/2006.10.23 至 2011.10.23/中等毒			
	水稻	飞虱、叶蝉	450-600克/公顷	喷雾
PD20040288	氯氰菊酯/10%/乳油/氯氰菊酯 10%/2009.05.13 至 2014.07.19/中等毒			
	十字花科蔬菜	菜青虫	30-45克/公顷	喷雾
PD20040340	高效氯氰菊酯/2.5%/乳油/高效氯氰菊酯 2.5%/2009.05.13 至 2014.12.19/中等毒			
	梨树	梨木虱	20.8-31.25毫克/千克	喷雾
	苹果树	桃小食心虫	12.5-25毫克/千克	喷雾
	小麦	蚜虫	7.5-11.25克/公顷	喷雾
PD20040349	高效氯氰菊酯/4.5%/乳油/高效氯氰菊酯 4.5%/2009.05.13 至 2014.12.19/中等毒			
	十字花科蔬菜	菜青虫	9-25.5克/公顷	喷雾
PD20040436	哒螨灵/15%/乳油/哒螨灵 15%/2009.05.13 至 2014.12.19/中等毒			
	柑橘树	红蜘蛛	50-67毫克/千克	喷雾
PD20060063	氟乐灵/480克/升/乳油/氟乐灵 480克/升/2006.03.24 至 2011.03.24/低毒			
	棉花	部分阔叶杂草、一年生禾本科杂草	720-1080克/公顷	土壤喷雾
PD20070446	咪鲜胺锰盐/98%/原药/咪鲜胺锰盐 98%/2007.11.20 至 2012.11.20/低毒			
PD20070522	咪鲜胺锰盐/50%/可湿性粉剂/咪鲜胺锰盐 50%/2007.11.28 至 2012.11.28/低毒			
	大蒜	叶枯病	375—450克/公顷	喷雾
	柑橘	绿霉病、青霉病	250-500毫克/千克	浸果
	芒果	炭疽病	500-1000毫克/千克	浸果
	葡萄	黑痘病	250—333.3毫克/千克	喷雾
	西瓜	枯萎病	333—625毫克/千克	喷雾
	烟草	赤星病	263—350克/公顷	喷雾
PD20070548	咪鲜胺/98%/原药/咪鲜胺 98%/2007.12.03 至 2012.12.03/低毒			
PD20070655	咪鲜胺/450克/升/水乳剂/咪鲜胺 450克/升/2007.12.17 至 2012.12.17/低毒			
	水稻	稻瘟病	300—375克/公顷	喷雾
	香蕉	冠腐病	500-1000毫克/千克	浸果
PD20080001	咪鲜胺/25%/乳油/咪鲜胺 25%/2008.01.03 至 2013.01.03/低毒			
	大蒜	叶枯病	375-450克/公顷	喷雾
	柑橘	蒂腐病、绿霉病、青霉病、炭疽病	250-500毫克/千克	浸果
	黄瓜	炭疽病	250-500毫克/千克	喷雾
	辣椒	枯萎病	333-500毫克/千克	喷雾
	芒果	炭疽病	1)167-250毫克/千克 2)371-500毫克/千克	1)喷雾 2)浸果
	苹果	炭疽病	250-333.3毫克/千克	喷雾
	水稻	稻曲病	187.5-225克/公顷	喷雾
	水稻	稻瘟病	225-375克/公顷	喷雾
	水稻	恶苗病	2000-4000倍液	浸种
	香蕉	炭疽病	250-500毫克/千克	浸果
	小麦	白粉病、赤霉病	187.5-225克/公顷	喷雾
	烟草	赤星病	188-375克/公顷	喷雾
	油菜	菌核病	150-187.5克/公顷	喷雾
PD20080634	草甘膦/95%/原药/草甘膦 95%/2008.05.13 至 2013.05.13/低毒			
PD20080697	异丙甲草胺/96%/原药/异丙甲草胺 96%/2008.06.04 至 2013.06.04/低毒			
PD20080699	辛酰溴苯腈/95%/原药/辛酰溴苯腈 95%/2008.06.04 至 2013.06.04/低毒			
PD20080700	异丙甲草胺/720克/升/乳油/异丙甲草胺 720克/升/2008.06.04 至 2013.06.04/低毒			
	春大豆田、春玉米田	一年生杂草	1620-2160克/公顷	土壤喷雾
	夏大豆田、夏玉米田	一年生杂草	1080-1620克/公顷	土壤喷雾
PD20080701	草甘膦/30%/水剂/草甘膦 30%/2008.06.04 至 2013.06.04/低毒			
	苹果园	杂草	1125-2250克/公顷	定向喷雾
PD20080839	百草枯/200克/升/水剂/百草枯 200克/升/2008.06.20 至 2013.06.20/中等毒			
	柑橘园	杂草	600-750克/公顷	喷雾
PD20081041	麦畏·草甘膦/400克/升/水剂/草甘膦 380克/升、麦草畏 20克/升/2008.08.06 至 2013.08.06/微毒			
	非耕地	杂草	1200-1500克/公顷	喷雾
PD20081660	醚菊酯/96%/原药/醚菊酯 96%/2008.11.14 至 2013.11.14/微毒			
PD20082971	氰戊·辛硫磷 /50%/乳油/氰戊菊酯 4.5%、辛硫磷 45.5%/2008.12.09 至 2013.12.09/中等毒			
	小麦	蚜虫	90克/公顷	喷雾
PD20083031	啶虫脒/20%/可溶粉剂/啶虫脒 20%/2008.12.10 至 2013.12.10/低毒			
	苹果树	蚜虫	25-33.3毫克/千克	喷雾
	水稻	稻飞虱	22.5-30克/公顷	喷雾
	注:水稻有效期至2011年6月15日。			
PD20083119	氯氟吡氧乙酸/200克/升/乳油/氯氟吡氧乙酸 200克/升/2008.12.10 至 2013.12.10/低毒			

冬小麦田 一年生阔叶杂草 150－210克/公顷 茎叶喷雾
水田畦畔 空心莲子草(水花生) 150－210克/公顷 茎叶喷雾
PD20083147 阿维·毒死蜱/15%/乳油/阿维菌素 0.1%、毒死蜱 14.9%/2008.12.10 至 2013.12.10/中等毒(原药高毒)
十字花科蔬菜 小菜蛾 180－270克/公顷 喷雾
水稻 二化螟 180－270克/公顷 喷雾
PD20083149 氰戊·辛硫磷/25%/乳油/氰戊菊酯 6.25%、辛硫磷 18.75%/2008.12.11 至 2013.12.11/中等毒
棉花 棉铃虫 270-300克/公顷 喷雾
十字花科蔬菜 蚜虫 112.5-150克/公顷 喷雾
小麦 蚜虫 75-112.5克/公顷 喷雾
PD20083626 醚菊酯/10%/悬浮剂/醚菊酯 10%/2008.12.12 至 2013.12.12/微毒
十字花科蔬菜 甜菜夜蛾、小菜蛾 120-150克/公顷 喷雾
水稻 稻飞虱、稻水象甲 120-150克/公顷 喷雾
PD20084929 唑螨酯/96%/原药/唑螨酯 96%/2008.12.22 至 2013.12.22/低毒
PD20085090 硫丹·辛硫磷/45%/乳油/硫丹 15%、辛硫磷 30%/2008.12.23 至 2013.12.23/高毒
棉花 棉铃虫 675-810克/公顷 喷雾
PD20085640 咪鲜·杀螟丹/18%/悬浮剂/咪鲜胺 8%、杀螟丹 10%/2008.12.26 至 2013.12.26/中等毒
水稻 恶苗病、干尖线虫病 800-1000倍液 浸种
PD20085804 乙烯利/91%/原药/乙烯利 91%/2008.12.29 至 2013.12.29/低毒
PD20085856 草甘膦异丙胺盐/41%/水剂/草甘膦异丙胺盐 41%/2008.12.29 至 2013.12.29/微毒
非耕地 杂草 1125-3000克/公顷 茎叶喷雾
PD20085999 氟吡甲禾灵/108克/升/乳油/高效氟吡甲禾灵 108克/升/2008.12.29 至 2013.12.29/微毒
花生田、油菜田 一年生禾本科杂草 32.4-40.5克/公顷 喷雾
PD20091108 氟节胺/95%/原药/氟节胺 95%/2009.01.21 至 2014.01.21/微毒
PD20091558 异菌脲/96%/原药/异菌脲 96%/2009.02.03 至 2014.02.03/低毒
PD20092506 毒死蜱/480克/升/乳油/毒死蜱 480克/升/2009.02.26 至 2014.02.26/中等毒
水稻 稻飞虱、稻纵卷叶螟 504-648克/公顷 喷雾
PD20092700 烟嘧磺隆/95%/原药/烟嘧磺隆 95%/2009.03.03 至 2014.03.03/微毒
PD20093514 联苯菊酯/100克/升/乳油/联苯菊酯 100克/升/2009.03.23 至 2014.03.23/低毒
苹果树 桃小食心虫 25-33毫克/千克 喷雾
PD20093629 萎锈灵/98%/原药/萎锈灵 98%/2009.03.25 至 2014.03.25/低毒
PD20093756 溴苯腈/97%/原药/溴苯腈 97%/2009.03.25 至 2014.03.25/中等毒
PD20093915 噻苯隆/97%/原药/噻苯隆 97%/2009.03.26 至 2014.03.26/微毒
PD20094967 烯唑醇/12.5%/可湿性粉剂/烯唑醇 12.5%/2009.04.21 至 2014.04.21/低毒
梨树 黑星病 31-42毫克/千克 喷雾
苹果树 斑点落叶病 50-125毫克/千克 喷雾
水稻 纹枯病 70.3－93.75克/公顷 喷雾
小麦 白粉病 60-120克/公顷 喷雾
PD20095190 噻苯隆/50%/可湿性粉剂/噻苯隆 50%/2009.04.24 至 2014.04.24/低毒
棉花 脱叶 225-300克/公顷 喷雾
PD20095589 苄·乙·甲 /16%/可湿性粉剂/苄嘧磺隆 1%、甲磺隆 0.2%、乙草胺 14.8%/2009.05.12 至 2014.05.12/低毒
水稻移栽田 部分多年生杂草、一年生杂草 84-108克/公顷 毒土法
PD20096804 烯草酮/120克/升/乳油/烯草酮 120克/升/2009.09.15 至 2014.09.15/低毒
大豆田 一年生禾本科杂草 63-72克/公顷 茎叶喷雾
PD20097040 烟嘧磺隆/40克/升/可分散油悬浮剂/烟嘧磺隆 40克/升/2009.10.10 至 2014.10.10/微毒
玉米田 一年生杂草 42-60克/公顷 茎叶喷雾
PD20097090 唑螨酯/5%/悬浮剂/唑螨酯 5%/2009.10.10 至 2014.10.10/微毒
柑橘树 红蜘蛛 25-50毫克/千克 喷雾
PD20097141 乙烯利/40%/水剂/乙烯利 40%/2009.10.16 至 2014.10.16/微毒
棉花 催熟 330-415倍液 茎叶喷雾
PD20097830 烯禾啶/12.5%/乳油/烯禾啶 12.5%/2009.11.20 至 2014.11.20/微毒
大豆田 一年生禾本科杂草 131.25-187.5克/公顷 茎叶喷雾
PD20098509 异菌脲/500克/升/悬浮剂/异菌脲 500克/升/2009.12.24 至 2014.12.24/低毒
番茄 灰霉病、早疫病 562.5－750克/公顷 喷雾
LS20060423 溴腈·莠灭净/78%/可湿性粉剂/溴苯腈 13%、莠灭净 65%/2009.03.05 至 2010.03.05/低毒
甘蔗田 杂草 1755-2925克/公顷 茎叶喷雾
玉米田 一年生杂草 1462.5-1755克/公顷 喷雾
LS20070035 氯氟氰菊酯/2.5%/微乳剂/高效氯氟氰菊酯 2.5%/2009.01.18 至 2010.01.18/中等毒
十字花科蔬菜 菜青虫 7.5-15克/公顷 喷雾
LS20070052 甲氨基阿维菌素苯甲酸盐/1%/微乳剂/甲氨基阿维菌素苯甲酸盐 1%/2010.01.01 至 2011.01.01/低毒
十字花科蔬菜 甜菜夜蛾 1.5-2.25克/公顷 喷雾
LS20072048 甲嘧磺隆/75%/水分散粒剂/甲嘧磺隆 75%/2009.08.29 至 2010.08.30/微毒
非耕地 杂草 506.3-675克/公顷 喷雾
LS20072154 氟环唑/97%/原药/氟环唑 97%/2009.09.04 至 2010.09.05/低毒

LS20080877 唑螨酯/96%/原药/唑螨酯 96%/2009.03.05 至 2010.03.05/低毒
LS20081009 氟环唑/12.5%/悬浮剂/氟环唑 12.5%/2009.03.07 至 2010.03.07/微毒
小麦 锈病 90-112.5克/公顷 喷雾
LS20082693 氰氟草酯/97.4%/原药/氰氟草酯 97.4%/2009.04.29 至 2010.04.29/低毒
LS20082806 溴腈·2甲钠/40%/可溶粉剂/2甲4氯钠 20%、溴苯腈 20%/2009.05.12 至 2010.05.12/中等毒
冬小麦田 一年生阔叶杂草 510-600克/公顷 茎叶喷雾
LS20083013 辛酰溴苯腈/30%/乳油/辛酰溴苯腈 30%/2009.09.02 至 2010.09.02/中等毒
大蒜田 阔叶杂草 337.5-405克/公顷 茎叶喷雾
LS20090484 吡氟酰草胺/98%/原药/吡氟酰草胺 98%/2009.03.18 至 2010.03.18/微毒
LS20090486 二氰蒽醌/95%/原药/二氰蒽醌 95%/2009.03.18 至 2010.03.18/中等毒
LS20090564 烟嘧·溴苯腈/75%/水分散粒剂/溴苯腈 60%、烟嘧磺隆 15%/2009.03.19 至 2010.03.19/中等毒
玉米田 一年生杂草 281.25-337.5克/公顷 茎叶喷雾
LS20090628 草铵膦/95%/原药/草铵膦 95%/2009.03.23 至 2010.03.23/低毒
LS20090767 溴苯腈/80%/可溶粉剂/溴苯腈 80%/2009.03.31 至 2010.03.31/中等毒
小麦田 多种一年生阔叶杂草 360-480克/公顷 茎叶喷雾
玉米田 多种一年生阔叶杂草 480－600克/公顷 茎叶喷雾
LS20091073 草铵膦/50%/母液/草铵膦 50%/2009.04.15 至 2010.04.15/低毒
LS20091158 氰氟草酯/10%/乳油/氰氟草酯 10%/2009.04.17 至 2010.04.17/低毒
水稻秧田、直播水稻(南方) 稗草、千金子等禾本科杂草 50-70毫升制剂/亩 茎叶喷雾

江苏嘉隆化工有限公司 （江苏省徐州市铜山县三堡镇街 221112 0516-85030332)

PD84118-12 多菌灵/25%/可湿性粉剂/多菌灵 25%/2010.01.10 至 2015.01.10/低毒
果树 病害 0.05-0.1%药液 喷雾
花生 倒秧病 750克/公顷 喷雾
麦类 赤霉病 750克/公顷 喷雾,泼浇
棉花 苗期病害 500克/100千克种子 拌种
水稻 稻瘟病、纹枯病 750克/公顷 喷雾,泼浇
油菜 菌核病 1125-1500克/公顷 喷雾
PD85105-27 敌敌畏/80%/乳油/敌敌畏 77.5%(气谱法)/2005.03.18 至 2010.03.18/中等毒
茶树 食叶害虫 600克/公顷 喷雾
粮仓 多种储藏害虫 1)400-500倍液 2)0.4-0.5克/立方米 1)喷雾 2)挂条熏蒸
棉花 蚜虫、造桥虫 600-1200克/公顷 喷雾
苹果树 小卷叶蛾、蚜虫 400-500毫克/千克 喷雾
青菜 菜青虫 600克/公顷 喷雾
桑树 尺蠖 600克/公顷 喷雾
卫生 多种卫生害虫 1)300-400倍液 2)0.08克/立方米 1)泼洒 2)挂条熏蒸
小麦 黏虫、蚜虫 600克/公顷 喷雾
PD85109-3 甲拌磷/55%/乳油/甲拌磷 55%/2005.03.18 至 2010.03.18/高毒
棉花 地下害虫、蚜虫、螨 600-800克/100千克种子 浸种、拌种
注:甲拌磷乳油只用于浸、拌种，严禁喷雾使用。
PD90101-7 异丙威/2%/粉剂/异丙威 2%/2005.03.18 至 2010.03.18/中等毒
水稻 飞虱、叶蝉 450-900克/公顷 喷粉
PD91106-3 甲基硫菌灵/50%/可湿性粉剂/甲基硫菌灵 50%/2007.02.25 至 2012.02.25/低毒
番茄 叶霉病 375-562.5克/公顷 喷雾
甘薯 黑斑病 360-450毫克/千克 浸薯块
瓜类 白粉病 337.5-506.25克/公顷 喷雾
梨树 黑星病 360-450毫克/千克 喷雾
苹果树 轮纹病 700毫克/千克 喷雾
水稻 稻瘟病、纹枯病 1050-1500克/公顷 喷雾
小麦 赤霉病 750-1050克/公顷 喷雾
PD20040055 甲拌磷/5%/颗粒剂/甲拌磷 5%/2009.12.19 至 2014.12.19/中等毒(原药高毒)
高粱 蚜虫 150-300克/公顷 撒施
棉花 蚜虫 1125-1875克/公顷 沟施,穴施
PD20040072 甲拌磷/3%/颗粒剂/甲拌磷 3%/2009.12.19 至 2014.12.19/中等毒(原药高毒)
甘蔗 蔗螟 2250-3000克/公顷 沟施
甘蔗 蔗龟 2250克/公顷 沟施
甘蔗 天牛 3750克/公顷 沟施
高粱 蚜虫 150-300克/公顷 撒施
棉花 蚜虫 1125-1875克/公顷 沟施,穴施
PD20040158 高效氯氰菊酯/3%/水乳剂/高效氯氰菊酯 3%/2009.12.19 至 2014.12.19/中等毒
十字花科蔬菜 蚜虫 11.25-15克/公顷 喷雾

PD20040159	高效氯氰菊酯/4.5%/乳油/高效氯氰菊酯 4.5%/2009.12.19 至 2014.12.19/中等毒			
	茶树	茶尺蠖	15-25.5克/公顷	喷雾
	柑橘树	红蜡蚧	50毫克/千克	喷雾
	柑橘树	潜叶蛾	15-20毫克/千克	喷雾
	棉花	红铃虫、棉铃虫、蚜虫	15-30克/公顷	喷雾
	十字花科蔬菜	蚜虫	3-18克/公顷	喷雾
	十字花科蔬菜	菜青虫、小菜蛾	9-25.5克/公顷	喷雾
	烟草	烟青虫	15-25.5克/公顷	喷雾
PD20040348	多·甲拌/15%/悬浮种衣剂/多菌灵 5%、甲拌磷 10%/2009.12.19 至 2014.12.19/高毒			
	小麦	地下害虫、纹枯病	333-400克/100千克种子	种子包衣
	玉米	地下害虫	1:40-50(药种比)	种子包衣
PD20040729	吡虫·杀虫单/60%/可湿性粉剂/吡虫啉 2%、杀虫单 58%/2009.12.19 至 2014.12.19/中等毒			
	水稻	飞虱、螟虫	450-750克/公顷	喷雾
PD20080094	异噁草松/480克/升/乳油/异噁草松 480克/升/2008.01.03 至 2013.01.03/低毒			
	春大豆田	一年生杂草	900-1005克/公顷	喷雾
	甘蔗田	一年生杂草	900-1008克/公顷	喷雾
PD20080289	溴氰菊酯/2.5%/乳油/溴氰菊酯 2.5%/2008.02.25 至 2013.02.25/低毒			
	茶树	茶毛虫、茶尺蠖、茶小绿叶蝉、刺蛾、黑刺粉虱、介壳虫、卷叶蛾、蚜虫	3.75-7.5克/公顷	喷雾
	柑橘树	潜叶蛾、蚜虫	5-10毫克/千克	喷雾
	棉花	红铃虫、蓟马、盲蝽蟓、棉铃虫、棉造桥虫、蚜虫	7.5-15克/公顷	喷雾
	苹果树	桃小食心虫、蚜虫	5-10毫克/千克	喷雾
	十字花科蔬菜	菜青虫、黄条跳甲、小菜蛾、斜纹夜蛾、蚜虫	7.5-15克/公顷	喷雾
	烟草	烟青虫	7.5-9克/公顷	喷雾
PD20080348	克百威/75%/母粉/克百威 75%/2008.02.26 至 2013.02.26/低毒			
PD20080431	噻菌灵/98.5%/原药/噻菌灵 98.5%/2008.03.10 至 2013.03.10/低毒			
PD20080432	克百威/97%/原药/克百威 97%/2008.03.11 至 2013.03.11/高毒			
PD20081689	乙草胺/50%/乳油/乙草胺 50%/2008.11.17 至 2013.11.17/低毒			
	夏玉米田	一年生禾本科杂草及部分小粒种子阔叶杂草	900-1125克/公顷	播后苗前土壤喷雾
PD20081833	敌草隆/20%/悬浮剂/敌草隆 20%/2008.11.20 至 2013.11.20/低毒			
	甘蔗	一年生杂草	1500-2100克/公顷	土壤喷雾
PD20081937	敌草隆/95%/原药/敌草隆 95%/2008.11.24 至 2013.11.24/低毒			
PD20082014	丁硫克百威/5%/乳油/丁硫克百威 5%/2008.11.25 至 2013.11.25/低毒			
	棉花	蚜虫	22.5-37.5克/公顷	喷雾
PD20082200	炔螨特/25%/乳油/炔螨特 25%/2008.11.26 至 2013.11.26/低毒			
	柑橘树	红蜘蛛	250-312.5毫克/千克	喷雾
PD20083040	丁硫克百威/90%/原药/丁硫克百威 90%/2008.12.10 至 2013.12.10/中等毒			
PD20083286	多·福/50%/可湿性粉剂/多菌灵 25%、福美双 25%/2008.12.11 至 2013.12.11/中等毒			
	梨树	黑星病	1000-1500毫克/千克	喷雾
	葡萄	霜霉病	1000-1250毫克/千克	喷雾
PD20083866	噻菌灵/42%/悬浮剂/噻菌灵 42%/2008.12.15 至 2013.12.15/低毒			
	柑橘	保鲜、防腐、绿霉病、青霉病	1000-1500毫克/千克	浸果
PD20084002	辛硫磷/3%/颗粒剂/辛硫磷 3%/2008.12.16 至 2013.12.16/低毒			
	根菜类蔬菜	蛴螬等地下害虫	1800-3750克/公顷	沟施
	花生	地下害虫	1800-3750克/公顷	播种时沟施
	玉米	玉米螟	135-180克/公顷	加细沙后在喇叭口处均匀撒施
PD20084156	丁硫·福美双/25%/悬浮种衣剂/丁硫克百威 6%、福美双 19%/2008.12.16 至 2013.12.16/低毒			
	玉米	地下害虫、黑穗病、茎基腐病	417-625克/100千克种子	种子包衣
PD20084216	丁硫克百威/20%/乳油/丁硫克百威 20%/2008.12.17 至 2013.12.17/中等毒			
	棉花	棉蚜	90—180克/公顷	喷雾
PD20084836	福·克/30%/悬浮种衣剂/福美双 10%、克百威 20%/2008.12.22 至 2013.12.22/高毒			
	大豆	地下害虫、根腐病	1:50-75（药种比）	种子包衣
PD20084915	克百·多菌灵/15%/悬浮种衣剂/多菌灵 5%、克百威 10%/2008.12.22 至 2013.12.22/高毒			
	玉米	地下害虫	1:30-40(药种比)	种子包衣
PD20085031	丁硫克百威/5%/颗粒剂/丁硫克百威 5%/2008.12.22 至 2013.12.22/低毒			
	甘蔗	蔗龟、蔗螟	2025-3375克/公顷	拌毒土撒施
PD20085398	甲·克/25%/悬浮种衣剂/甲拌磷 20%、克百威 5%/2008.12.24 至 2013.12.24/高毒			
	花生	地下害虫、蚜虫	0.7%-1%种子量	种子包衣
PD20085662	克百威/3%/颗粒剂/克百威 3%/2008.12.26 至 2013.12.26/中等毒(原药高毒)			

棉花 蚜虫 675-900克/公顷 随种撒施
PD20090161 异稻·三环唑/20%/可湿性粉剂/三环唑 7%、异稻瘟净 13%/2009.01.08 至 2014.01.08/低毒
水稻 稻瘟病 300-450克/公顷 喷雾
PD20090708 甲·克/3%/颗粒剂/甲拌磷 1.8%、克百威 1.2%/2009.01.19 至 2014.01.19/中等毒(原药高毒)
甘蔗 蔗龟、蔗螟 2250-2700克/公顷 沟施
棉花 地老虎、蚜虫 1800-2250克/公顷 沟施
PD20090838 毒·辛/5%/颗粒剂/毒死蜱 2%、辛硫磷 3%/2009.01.19 至 2014.01.19/低毒
甘蔗 蔗龟、蔗螟 2250-3000克/公顷 拌毒土撒施
PD20091040 甲·克/25%/悬浮种衣剂/甲拌磷 17%、克百威 8%/2009.01.21 至 2014.01.21/高毒
花生 地下害虫、蚜虫 1:40-50（药种比） 种子包衣
PD20091080 灭多威/20%/乳油/灭多威 20%/2009.01.21 至 2014.01.21/高毒
棉花 蚜虫 75-150克/公顷 喷雾
棉花 棉铃虫 150-225克/公顷 喷雾
PD20093572 井冈·杀虫单 /32%/可湿性粉剂/井冈霉素 10%、杀虫单 22%/2009.03.23 至 2014.03.23/中等毒
水稻 稻纵卷叶螟、二化螟、纹枯病 720-960克/公顷 喷雾
PD20093611 杀单·克百威/3%/颗粒剂/克百威 1.5%、杀虫单 1.5%/2009.03.25 至 2014.03.25/中等毒(原药高毒)
水稻 蓟马 90-135克/公顷 撒施
PD20093730 聚醛·甲萘威/6%/颗粒剂/甲萘威 1.5%、四聚乙醛 4.5%/2009.03.25 至 2014.03.25/低毒
旱地 蜗牛 540-675克/公顷 撒施
PD20094252 氰戊·三唑酮/24%/可湿性粉剂/氰戊菊酯 9%、三唑酮 15%/2009.03.31 至 2014.03.31/中等毒
小麦 白粉病、蚜虫 180-216克/公顷 喷雾
PD20094343 丁硫·福·戊唑/20%/悬浮种衣剂/丁硫克百威 6%、福美双 13.6%、戊唑醇 0.4%/2009.04.01 至 2014.04.01/中等毒
玉米 地下害虫、丝黑穗病 334-500克/100千克种子 拌种
PD20094588 高效氯氟氰菊酯/2%/悬浮剂/高效氯氟氰菊酯 2%/2009.04.10 至 2014.04.10/中等毒
甘蓝 蚜虫 4.5-7.5克/公顷 喷雾
PD20095069 多·福·克/35%/悬浮种衣剂/多菌灵 15%、福美双 10%、克百威 10%/2009.04.21 至 2014.04.21/高毒
大豆 根腐病、蓟马、蚜虫 360-450克/100千克种子 种子包衣
PD20095595 异隆·乙草胺/40%/可湿性粉剂/乙草胺 20%、异丙隆 20%/2009.05.12 至 2014.05.12/低毒
冬小麦田 一年生杂草 720-960克/公顷 土壤喷雾
PD20095605 苄嘧·丙草胺 /20%/可湿性粉剂/苄嘧磺隆 2%、丙草胺 18%/2009.05.12 至 2014.05.12/低毒
水稻移栽田 一年生及部分多年生杂草 360-420克/公顷（南方地区） 药土法
PD20095665 毒死蜱/3%/颗粒剂/毒死蜱 3%/2009.05.14 至 2014.05.14/低毒
十字花科蔬菜 地老虎、金针虫、蝼蛄、蛴螬 1800-2250克/公顷 沟施或撒施
PD20095972 丁草胺/5%/颗粒剂/丁草胺 5%/2009.06.04 至 2014.06.04/低毒
水稻 稗草、牛毛草、鸭舌草 750-1275克/公顷 撒施
PD20096765 聚醛·甲萘威/30%/粉剂/甲萘威 20%、四聚乙醛 10%/2009.09.15 至 2014.09.15/中等毒
棉花 蜗牛 1125-2250克/公顷 毒饵撒施
PD20098139 唑醇·甲拌磷/10.9%/悬浮种衣剂/甲拌磷 8.9%、三唑醇 2%/2009.12.08 至 2014.12.08/高毒
小麦 地下害虫、纹枯病 1:35-50(药种比) 拌种
LS20031263 苦参碱/3克/升/水乳剂/苦参碱 3克/升/2009.02.16 至 2009.12.31/低毒
十字花科蔬菜 菜青虫 4.5-6.75克/公顷 喷雾
LS20052863 丁硫·辛硫磷/5%/颗粒剂/丁硫克百威 1%、辛硫磷 4%/2008.09.01 至 2009.09.01/低毒
甘蔗 蔗龟 2625-3375克/公顷 撒施
LS20052872 丁硫·杀虫单/5%/颗粒剂/丁硫克百威 1%、杀虫单 4%/2008.09.01 至 2009.09.01/低毒
水稻 蓟马 1350-1875克/公顷 撒施
LS20053740 腐霉·百菌清/30%/悬浮剂/百菌清 25%、腐霉利 5%/2008.12.11 至 2009.12.11/低毒
番茄 灰霉病 900-1125克/公顷 喷雾
LS20072302 丁硫克百威/5%/乳油/丁硫克百威 5%/2009.10.09 至 2010.10.10/低毒
十字花科蔬菜 蚜虫 52.5-70克/公顷 喷雾
水稻 飞虱 150-225克/公顷 喷雾
小麦 蚜虫 45-60克/公顷 喷雾
LS20081360 氯胺磷/92%/原药/氯胺磷 92%/2009.03.13 至 2010.03.13/中等毒
LS20082779 氯胺磷/30%/乳油/氯胺磷 30%/2009.05.08 至 2010.05.08/低毒
水稻 稻纵卷叶螟 540-900克/公顷 喷雾

江苏健谷化工有限公司 （江苏省宿迁市宿城区城北路35号 223800 0527-4377065)

PD84118-15 多菌灵/25%/可湿性粉剂/多菌灵 25%/2009.12.22 至 2014.12.22/低毒
果树 病害 0.05-0.1%药液 喷雾
花生 倒秧病 750克/公顷 喷雾
麦类 赤霉病 750克/公顷 喷雾、泼浇
棉花 苗期病害 500克/100千克种子 拌种
水稻 稻瘟病、纹枯病 750克/公顷 喷雾、泼浇
油菜 菌核病 1125-1500克/公顷 喷雾
PD85102-10 2甲4氯钠盐/13%/水剂/2甲4氯钠 13%/2010.01.24 至 2015.01.24/低毒

	水稻	多种杂草	450-900克/公顷	喷雾
	小麦	多种杂草	600-900克/公顷	喷雾
PD85150-15	多菌灵/50%/可湿性粉剂/多菌灵 50%/2005.07.08 至 2010.07.08/低毒			
	果树	病害	0.05-0.1%药液	喷雾
	花生	倒秧病	750克/公顷	喷雾
	麦类	赤霉病	750克/公顷	喷雾、泼浇
	棉花	苗期病害	500克/100千克种子	拌种
	水稻	稻瘟病、纹枯病	750克/公顷	喷雾、泼浇
	油菜	菌核病	1125-1500克/公顷	喷雾
PD85166-3	绿麦隆/25%/可湿性粉剂/绿麦隆 25%/2005.09.26 至 2010.09.26/低毒			
	大麦、小麦、玉米	一年生杂草	1500-3000克/公顷(北方地区) 600-1500克/公顷(南方地区)	播后苗前或苗期喷雾
PD20040721	吡虫啉/10%/可湿性粉剂/吡虫啉 10%/2009.12.19 至 2014.12.19/低毒			
	水稻	飞虱	15-30克/公顷	喷雾
PD20040724	吡虫·三唑酮/18%/可湿性粉剂/吡虫啉 3%、三唑酮 15%/2009.12.19 至 2014.12.19/低毒			
	小麦	白粉病、蚜虫	130-160克/公顷	喷雾
PD20070451	噻嗪酮/25%/可湿性粉剂/噻嗪酮 25%/2007.11.20 至 2012.11.20/低毒			
	水稻	飞虱	75-112.5克/公顷	喷雾
PD20082103	乙草胺/50%/乳油/乙草胺 50%/2008.11.25 至 2013.11.25/低毒			
	冬油菜(移栽田)	一年生禾本科杂草及部分小粒种子阔叶杂草	525-750克/公顷	土壤喷雾
PD20090118	2甲4氯钠/56%/可溶粉剂/2甲4氯钠 56%/2009.01.08 至 2014.01.08/低毒			
	冬小麦田	一年生阔叶杂草	840-1260克/公顷	茎叶喷雾
	水稻移栽田	阔叶杂草及莎草科杂草	672-1008克/公顷	茎叶喷雾
	玉米田	一年生阔叶杂草	900-1200克/公顷	茎叶喷雾
PD20090510	乙草胺/20%/可湿性粉剂/乙草胺 20%/2009.01.12 至 2014.01.12/低毒			
	水稻本田	稗草	90-112.5克/公顷	毒土法(限长江以南)
PD20092280	噻·酮·杀虫单/43%/可湿性粉剂/噻嗪酮 8%、杀虫单 28%、三唑酮 7%/2009.02.24 至 2014.02.24/中等毒			
	杂交水稻	稻飞虱、叶尖枯病	645-810克/公顷	喷雾
PD20095682	噻嗪·异丙威/25%/可湿性粉剂/噻嗪酮 5%、异丙威 20%/2009.05.15 至 2014.05.15/低毒			
	水稻	稻飞虱	168.75-187.5克/公顷	喷雾
PD20095920	毒死蜱/40%/乳油/毒死蜱 40%/2009.06.02 至 2014.06.02/中等毒			
	水稻	稻纵卷叶螟	540—600克/公顷	喷雾
LS20053340	2甲4氯/95%/原药/2甲4氯 95%/2008.10.17 至 2009.10.17/低毒			
LS20053853	2甲·苯磺隆/50%/可湿性粉剂/苯磺隆 2%、2甲4氯钠 48%/2008.12.22 至 2009.12.22/低毒			
	冬小麦	一年生阔叶杂草	375-450克/公顷	茎叶喷雾

江苏健神生物农化有限公司　(江苏省镇江市高资镇江苏丹徒经济开发区　212114　0511-5682828)

PD20092951	吡虫啉/200克/升/可溶液剂/吡虫啉 200克/升/2009.03.09 至 2014.03.09/低毒			
	棉花	蚜虫	27-36克/公顷	喷雾
PD20094016	吡虫啉/10%/可湿性粉剂/吡虫啉 10%/2009.03.27 至 2014.03.27/低毒			
	水稻	稻飞虱	15-30克/公顷	喷雾
PD20095084	三环唑/20%/可湿性粉剂/三环唑 20%/2009.04.22 至 2014.04.22/低毒			
	水稻	稻瘟病	210-270克/公顷	喷雾
PD20095355	高效氯氰菊酯/4.5%/乳油/高效氯氰菊酯 4.5%/2009.04.27 至 2014.04.27/低毒			
	甘蓝	菜青虫	20.25-27克/公顷	喷雾
PD20095514	苯磺隆/75%/水分散粒剂/苯磺隆 75%/2009.05.11 至 2014.05.11/低毒			
	冬小麦田	一年生阔叶杂草	16.9-22.5克/公顷	茎叶喷雾
PD20095552	吡嘧磺隆/10%/可湿性粉剂/吡嘧磺隆 10%/2009.05.12 至 2014.05.12/低毒			
	移栽水稻田	稗草、莎草及阔叶杂草	22.5-45克/公顷	毒土法
PD20098461	草甘膦/41%/水剂/草甘膦 41%/2009.12.24 至 2014.12.24/低毒			
	非耕地	杂草	1125-3000克/公顷	茎叶喷雾
LS20053113	阿维·三唑磷/20%/乳油/阿维菌素 0.2%、三唑磷 19.8%/2008.09.28 至 2009.09.28/中等毒(原药高毒)			
	水稻	二化螟	180-240克/公顷	喷雾
LS20071915	啶虫脒/5%/可湿性粉剂/啶虫脒 5%/2009.08.07 至 2010.08.08/低毒			
	十字花科蔬菜	蚜虫	15—22.5克/公顷	喷雾

江苏剑牌农药化工有限公司　(江苏省盐城市建湖县城冠华东路1008号　224700　0515-86253585)

PDN33-95	三唑酮//原药/三唑酮 95%,90%/2005.07.14 至 2010.07.14/低毒			
PDN34-95	三唑酮/20%/乳油/三唑酮 20%/2005.08.15 至 2010.08.15/低毒			
	小麦	白粉病	120-127.5克/公顷	喷雾
PD86130	灭草松/25%/水剂/灭草松 25%/2006.11.15 至 2011.11.15/低毒			
	草原牧场	阔叶杂草	1500-1875克/公顷	喷雾
	茶园、大豆、甘薯	阔叶杂草	750-1500克/公顷	喷雾

水稻 阔叶杂草、莎草 750-1500克/公顷 喷雾
小麦 阔叶杂草 750克/公顷 喷雾

PD20040103 三唑酮/15%/可湿性粉剂/三唑酮 15%/2009.12.19 至 2014.12.19/低毒
小麦 白粉病、锈病 135-180克/公顷 喷雾
玉米 丝黑穗病 60-90克/100千克种子 拌种

PD20040104 三唑酮/25%/可湿性粉剂/三唑酮 25%/2009.12.19 至 2014.12.19/低毒
小麦 锈病 135-180克/公顷 喷雾
小麦 白粉病 120-127.5克/公顷 喷雾

PD20040172 三唑酮/15%/烟雾剂/三唑酮 15%/2009.12.19 至 2014.12.19/低毒
橡胶树 白粉病 90-120克/公顷 烟雾机喷烟雾

PD20050039 三唑酮/15%/乳油/三唑酮 15%/2005.04.15 至 2010.04.14/低毒
小麦 白粉病 105-120克/公顷 喷雾

PD20070149 嗪草酮/95%/原药/嗪草酮 95%/2007.06.07 至 2012.06.07/低毒

PD20070209 炔螨特/570克/升/乳油/炔螨特 570克/升/2007.08.07 至 2012.08.07/低毒
柑橘树 红蜘蛛 228-380毫克/千克 喷雾

PD20070222 炔螨特/92%/原药/炔螨特 92%/2007.08.08 至 2012.08.08/低毒

PD20070251 丙森锌/80%/母药/丙森锌 80%/2007.08.30 至 2012.08.30/低毒

PD20070541 三唑醇/97%/原药/三唑醇 97%/2007.12.03 至 2012.12.03/低毒

PD20080292 戊唑醇/97%/原药/戊唑醇 97%/2008.02.25 至 2013.02.25/低毒

PD20080480 多效唑/95%/原药/多效唑 95%/2008.03.31 至 2013.03.31/低毒

PD20080481 多效唑/15%/可湿性粉剂/多效唑 15%/2008.03.31 至 2013.03.31/低毒
花生 调节生长、增产 90-112.5克/公顷 茎叶喷雾
水稻育秧田 控制生长 200-300毫克/千克 喷雾
油菜(苗床) 控制生长 100-200毫克/千克 喷雾

PD20081122 联苯三唑醇/25%/可湿性粉剂/联苯三唑醇 25%/2008.08.19 至 2013.08.19/低毒
花生 叶斑病 187.5-312.5克/公顷 喷雾

PD20081373 灭草松/48%/水剂/灭草松 48%/2008.10.23 至 2013.10.23/低毒
水稻移栽田 阔叶杂草及莎草科杂草 1080-1440克/公顷 喷雾

PD20081648 烯唑醇/95/原药/烯唑醇 95%/2008.11.14 至 2013.11.14/低毒

PD20081840 烯效唑/90%/原药/烯效唑 90%/2008.11.20 至 2013.11.20/中等毒

PD20082611 烯效唑/5%/可湿性粉剂/烯效唑 5%/2008.12.04 至 2013.12.04/低毒
草坪 调节生长 300-450毫克/千克 茎叶喷雾
水稻秧田 控制生长 50-150毫克/千克 浸种

PD20085796 联苯三唑醇/97%/原药/联苯三唑醇 97%/2008.12.29 至 2013.12.29/低毒

PD20086153 三唑醇/15%/可湿性粉剂/三唑醇 15%/2008.12.30 至 2013.12.30/低毒
水稻 稻曲病 135-157.5克/公顷 喷雾
小麦 纹枯病 30-45克/100千克种子 拌种

PD20090134 四螨·哒螨灵/16%/可湿性粉剂/哒螨灵 9%、四螨嗪 7%/2009.01.08 至 2014.01.08/中等毒
苹果树 红蜘蛛 80-100毫克/千克 喷雾

PD20090301 戊唑醇/25%/可湿性粉剂/戊唑醇 25%/2009.01.12 至 2014.01.12/低毒
花生 叶斑病 93.75-125克/公顷 喷雾

PD20091314 高氯·马/37%/乳油/高效氯氰菊酯 0.8%、马拉硫磷 36.2%/2009.02.01 至 2014.02.01/中等毒
甘蓝 菜青虫 175.5-354克/公顷 喷雾
柑橘树 橘蚜 92.5-185毫克/千克 喷雾

PD20091655 嗪草酮/70%/可湿性粉剂/嗪草酮 70%/2009.02.03 至 2014.02.03/低毒
春大豆田 一年生阔叶杂草 570-795克/公顷(东北地区) 土壤喷雾

PD20092097 丙森锌/70%/可湿性粉剂/丙森锌 70%/2009.02.16 至 2014.02.16/低毒
大白菜 霜霉病 1365-1680克/公顷 喷雾
番茄 晚疫病 1890-2835克/公顷 喷雾
番茄 早疫病 1575-1968.75克/公顷 喷雾
黄瓜 霜霉病 1890-2835克/公顷 喷雾
苹果 斑点落叶病 1000-1167毫克/千克 喷雾
葡萄 霜霉病 1400-1750毫克/千克 喷雾

PD20092812 毒死蜱/480克/升/乳油/毒死蜱 480克/升/2009.03.04 至 2014.03.04/中等毒
水稻 稻飞虱、稻纵卷叶螟 504-648克/公顷 喷雾

PD20094948 烯唑醇/12.5%/可湿性粉剂/烯唑醇 12.5%/2009.04.17 至 2014.04.17/低毒
梨树 黑星病 31-42毫克/千克 喷雾
葡萄 黑痘病、炭疽病 2000-3000倍液 喷雾
小麦 白粉病 60-120克/公顷 喷雾

PD20095922 灭草松/96%/原药/灭草松 96%/2009.06.02 至 2014.06.02/低毒

PD20097890 R-烯唑醇/74.5%/原药/R-烯唑醇 74.5%/2009.11.30 至 2014.11.30/低毒

LS20053145 啶虫脒/5%/可湿性粉剂/啶虫脒 5%/2008.10.10 至 2009.10.10/微毒
柑橘树 蚜虫 10-12.5毫克/千克 喷雾

LS20061676 多效唑/25%/悬浮剂/多效唑 25%/2009.09.07 至 2010.09.07/低毒
荔枝 杀冬梢 300-400毫克/千克 喷雾
LS20080649 戊唑醇/25%/悬浮剂/戊唑醇 25%/2009.02.24 至 2010.02.25/低毒
苹果 轮纹病 62.5-125毫克/千克 喷雾
LS20090005 毒死蜱/30%/水乳剂/毒死蜱 30%/2010.01.08 至 2011.01.08/中等毒
水稻 稻纵卷叶螟 360-540克/公顷 喷雾
LS20090052 三唑酮/500克/升/悬浮剂/三唑酮 500克/升/2010.01.09 至 2011.01.09/低毒
小麦 锈病 135-180克/公顷 喷雾
LS20090071 戊唑·多菌灵/40%/悬浮剂/多菌灵 35%、戊唑醇 5%/2010.01.09 至 2011.01.09/微毒
小麦 赤霉病 330-450克/公顷 喷雾
LS20090095 噻嗪酮/400克/升/悬浮剂/噻嗪酮 400克/升/2010.01.09 至 2011.01.09/微毒
水稻 稻飞虱 90-150克/公顷 喷雾
LS20090186 吡虫啉/350克/升/悬浮剂/吡虫啉 350克/升/2009.02.04 至 2010.02.04/低毒
水稻 飞虱 22.5-30克/公顷 喷雾
小麦 蚜虫 30-45克/公顷 喷雾
LS20090195 阿维·毒死蜱/20%/水乳剂/阿维菌素 0.2%、毒死蜱 19.8%/2009.02.04 至 2010.02.04/低毒(原药高毒)
水稻 二化螟 180-240克/公顷 喷雾
LS20090208 阿维·炔螨特/40%/水乳剂/阿维菌素 0.5%、炔螨特 39.5%/2009.02.09 至 2010.02.09/低毒(原药高毒)
柑橘树 红蜘蛛 200-266.7毫克/千克 喷雾
LS20090224 氯氟·毒死蜱/22%/水乳剂/毒死蜱 20%、高效氯氟氰菊酯 2%/2009.02.13 至 2010.02.13/中等毒
棉花 棉铃虫 148.5-198克/公顷 /喷雾
LS20090230 戊唑·丙森锌/65%/可湿性粉剂/丙森锌 60%、戊唑醇 5%/2009.02.13 至 2010.02.13/微毒
苹果树 斑点落叶病 433-722毫克/千克 喷雾

江苏建农农药化工有限公司 (江苏省盐城市建湖县钟庄北郊 224741 0515-86392058)

PD20040745 吡虫·杀虫单/70%/可湿性粉剂/吡虫啉 2%、杀虫单 68%/2009.12.19 至 2014.12.19/中等毒
水稻 稻飞虱、稻纵卷叶螟 525-735克/公顷 喷雾
PD20050012 三唑酮/95%/原药/三唑酮 95%/2010.04.12 至 2015.04.12/低毒
PD20050093 三唑酮/15%/可湿性粉剂/三唑酮 15%/2005.07.01 至 2010.06.30/低毒
小麦 白粉病、锈病 135-180克/公顷 喷雾
玉米 丝黑穗病 60-90克/100千克种子 拌种
PD20050094 三唑酮/20%/乳油/三唑酮 20%/2005.07.01 至 2010.06.30/低毒
小麦 白粉病 120-127.5克/公顷 喷雾
PD20050102 氯氰·吡虫啉/5%/乳油/吡虫啉 1%、氯氰菊酯 4%/2005.07.29 至 2010.07.28/中等毒
苹果树 黄蚜 25-50毫克/千克 喷雾
PD20050178 异噁草松/94%/原药/异噁草松 94%/2005.11.15 至 2010.11.15/低毒
PD20060057 多·酮/40%/可湿性粉剂/多菌灵 35%、三唑酮 5%/2006.03.06 至 2011.03.05/低毒
水稻 稻曲病 480-600克/公顷 喷雾
小麦 白粉病、赤霉病 480-600克/公顷 喷雾
PD20060067 异噁草松/48%/乳油/异噁草松 48%/2006.04.04 至 2011.04.04/低毒
春大豆 一年生杂草 1008-1080克/公顷(东北地区) 播前或播后苗前土壤喷雾
PD20070116 灭草松/95%/原药/灭草松 95%/2007.05.08 至 2012.05.08/低毒
PD20070123 灭草松/40%/水剂/灭草松 40%/2007.05.18 至 2012.05.18/低毒
大豆田 阔叶杂草 1152—1440克/公顷 茎叶喷雾
水稻田 阔叶杂草及莎草科杂草 1152—1440克/公顷 茎叶喷雾
PD20080923 多效唑/95%/原药/多效唑 95%/2008.07.17 至 2013.07.17/低毒
PD20081162 噻·酮·杀虫单/43%/可湿性粉剂/噻嗪酮 8%、杀虫单 28%、三唑酮 7%/2008.09.11 至 2013.09.11/中等毒
杂交水稻 稻飞虱、叶尖枯病 645-810克/公顷 喷雾
PD20081195 多效唑/15%/可湿性粉剂/多效唑 15%/2008.09.11 至 2013.09.11/低毒
花生 调节生长、增产 90-135克/公顷 茎叶喷雾
水稻育秧田 控制生长 200-300毫克/千克 喷雾
油菜(苗床) 控制生长 100-200毫克/千克 喷雾
PD20081452 杀螺胺/98%/原药/杀螺胺 98%/2008.11.04 至 2013.11.04/低毒
PD20081523 氟硅唑/93%/原药/氟硅唑 93%/2008.11.06 至 2013.11.06/低毒
PD20082414 戊唑醇/96%/原药/戊唑醇 96%/2008.12.02 至 2013.12.02/低毒
PD20082445 吡虫啉/95%/原药/吡虫啉 95%/2008.12.02 至 2013.12.02/低毒
PD20082633 三唑酮/25%/可湿性粉剂/三唑酮 25%/2008.12.04 至 2013.12.04/低毒
小麦 白粉病 93.75-131.25克/公顷 喷雾
PD20082996 氟硅唑/40%/乳油/氟硅唑 40%/2008.12.10 至 2013.12.10/低毒
梨树 黑星病 8000-10000倍液 喷雾
葡萄 白腐病、炭疽病 40-50毫克/千克 喷雾
PD20083389 杀螺胺/70%/可湿性粉剂/杀螺胺 70%/2008.12.11 至 2013.12.11/低毒
水稻 福寿螺 315-420克/公顷 喷雾

PD20091393	丁·莠/48%/悬乳剂/丁草胺 19%、莠去津 29%/2009.02.02 至 2014.02.02/低毒			
	夏玉米田	一年生杂草	1080-1440克/公顷	播后苗前土壤喷雾
PD20091967	吡虫啉/10%/可湿性粉剂/吡虫啉 10%/2009.02.12 至 2014.02.12/低毒			
	水稻	稻飞虱	15-30克/公顷	喷雾
PD20094057	烯唑醇/12.5%/可湿性粉剂/烯唑醇 12.5%/2009.03.27 至 2014.03.27/低毒			
	梨树	黑星病	31-42毫克/千克	喷雾
	水稻	纹枯病	46.88-75克/公顷	喷雾
	小麦	白粉病	60-120克/公顷	喷雾
PD20094406	烯唑醇/5%/微乳剂/烯唑醇 5%/2009.04.01 至 2014.04.01/低毒			
	梨树	黑星病	35-45毫克/千克	喷雾
PD20094918	烯唑醇/92%/原药/烯唑醇 92%/2009.04.13 至 2014.04.13/低毒			
PD20094975	烯唑·多菌灵/32%/可湿性粉剂/多菌灵 30%、烯唑醇 2%/2009.04.21 至 2014.04.21/低毒			
	小麦	白粉病、赤霉病	336-432克/公顷	喷雾
PD20097901	啶虫脒/20%/可湿性粉剂/啶虫脒 20%/2009.11.30 至 2014.11.30/低毒			
	柑橘树	蚜虫	10-13.33毫克/千克	喷雾
LS20071253	啶虫脒/99%/原药/啶虫脒 99%/2009.05.07 至 2010.05.08/中等毒			
LS20081411	氟硅唑/10%/水乳剂/氟硅唑 10%/2009.03.17 至 2010.03.17/低毒			
	梨树	黑星病	25-50毫克/千克	喷雾
LS20090803	粉唑醇/95%/原药/粉唑醇 95%/2009.04.03 至 2010.04.03/低毒			
江苏江南农化有限公司	**(江苏省常州市溧阳市绸缪镇化工园区中心路1号 213322 0519-87843886)**			
PD20080231	氰戊·敌敌畏/30%/乳油/敌敌畏 25%、氰戊菊酯 5%/2008.01.11 至 2013.01.11/中等毒			
	棉花	棉铃虫	540-675克/公顷	喷雾
PD20080332	精喹禾灵/5%/乳油/精喹禾灵 5%/2008.02.26 至 2013.02.26/低毒			
	油菜田	一年生禾本科杂草	45-75克/公顷	喷雾
PD20080719	噻吩磺隆/75%/水分散粒剂/噻吩磺隆 75%/2008.06.11 至 2013.06.11/低毒			
	春大豆田	一年生阔叶杂草	22.5-33.8克/公顷(东北地区)	土壤喷雾
PD20080750	啶虫脒/3%/可湿性粉剂/啶虫脒 3%/2008.06.11 至 2013.06.11/低毒			
	柑橘树	蚜虫	10-15毫克/千克	喷雾
PD20080761	噻吩磺隆/15%/可湿性粉剂/噻吩磺隆 15%/2008.06.11 至 2013.06.11/低毒			
	春大豆田	一年生阔叶杂草	22.5-33.8克/公顷	土壤喷雾
PD20080871	氰戊菊酯/40%/乳油/氰戊菊酯 40%/2008.06.27 至 2013.06.27/低毒			
	叶菜类十字花科蔬菜	菜青虫	120-180克/公顷	喷雾
PD20081103	苯磺隆/75%/水分散粒剂/苯磺隆 75%/2008.08.18 至 2013.08.18/微毒			
	冬小麦田	一年生阔叶杂草	13.5-22.5克/公顷	茎叶喷雾
PD20081183	丙环唑/250克/升/乳油/丙环唑 250克/升/2008.09.11 至 2013.09.11/低毒			
	香蕉	叶斑病	250-500毫克/千克	喷雾
PD20081233	草甘膦异丙胺盐/41%/水剂/草甘膦异丙胺盐 41%/2008.09.16 至 2013.09.16/微毒			
	非耕地	杂草	1230-2460克/公顷	茎叶喷雾
PD20081238	草甘膦/10%/水剂/草甘膦 10%/2008.09.16 至 2009.12.31/微毒			
	柑橘园	杂草	1125-2250克/公顷	定向茎叶喷雾
PD20081316	氯氟吡氧乙酸异辛酯/200克/升/乳油/氯氟吡氧乙酸异辛酯 200克/升/2008.10.17 至 2013.10.17/低毒			
	春小麦田	一年生阔叶杂草	180-210克/公顷	茎叶喷雾
	冬小麦田	一年生阔叶杂草	150-210克/公顷	茎叶喷雾
PD20081336	乙草胺/50%/乳油/乙草胺 50%/2008.10.21 至 2013.10.21/低毒			
	冬油菜田	一年生禾本科杂草	600-750克/公顷	土壤喷雾
PD20081851	莠去津/38%/悬浮剂/莠去津 38%/2008.11.20 至 2013.11.20/低毒			
	春玉米田	一年生杂草	1710-2280克/公顷(东北地区)	土壤喷雾
PD20081997	嘧霉胺/400克/升/悬浮剂/嘧霉胺 400克/升/2008.11.25 至 2013.11.25/低毒			
	黄瓜	灰霉病	360-510克/公顷	喷雾
PD20083069	噻嗪酮/25%/可湿性粉剂/噻嗪酮 25%/2008.12.10 至 2013.12.10/低毒			
	水稻	稻飞虱	112.5—150克/公顷	喷雾
PD20083082	毒死蜱/40%/乳油/毒死蜱 40%/2008.12.10 至 2013.12.10/中等毒			
	水稻	稻纵卷叶螟	480—600克/公顷	喷雾
LS20083090	乙酰甲胺磷/40%/乳油/乙酰甲胺磷 40%/2008.12.16 至 2013.12.16/低毒			
	水稻	稻纵卷叶螟	540-900克/公顷	喷雾
PD20083281	甲氰菊酯/20%/乳油/甲氰菊酯 20%/2008.12.11 至 2013.12.11/中等毒			
	柑橘树	潜叶蛾	66.7-200毫克/千克	喷雾
PD20083651	联苯菊酯/25克/升/乳油/联苯菊酯 25克/升/2008.12.12 至 2013.12.12/低毒			
	茶树	茶毛虫	11.25-15克/公顷	喷雾
PD20083939	高效氯氟氰菊酯/25克/升/乳油/高效氯氟氰菊酯 25克/升/2008.12.15 至 2013.12.15/低毒			
	十字花科蔬菜	菜青虫	9.375-11.25克/公顷	喷雾
PD20084074	苯磺隆/10%/可湿性粉剂/苯磺隆 10%/2008.12.16 至 2013.12.16/微毒			

	冬小麦田	阔叶杂草	15—22.5克/公顷	茎叶喷雾
PD20084549	吡虫啉/10%/可湿性粉剂/吡虫啉 10%/2008.12.18 至 2013.12.18/低毒			
	水稻	飞虱	15-30克/公顷	喷雾
PD20084807	高效氯氰菊酯/4.5%/乳油/高效氯氰菊酯 4.5%/2008.12.22 至 2013.12.22/低毒			
	十字花科蔬菜	菜青虫	20.25-27克/公顷	喷雾
PD20085242	苄·乙/14%/可湿性粉剂/苄嘧磺隆 3.5%、乙草胺 10.5%/2008.12.23 至 2013.12.23/微毒			
	水稻移栽田	一年生及部分多年生杂草	84-118克/公顷	药土法
PD20085738	甲氰·辛硫磷/25%/乳油/甲氰菊酯 5%、辛硫磷 20%/2008.12.26 至 2013.12.26/中等毒			
	十字花科蔬菜	菜青虫	93.75-187.5克/公顷	喷雾
PD20085965	乙草胺/20%/可湿性粉剂/乙草胺 20%/2008.12.29 至 2013.12.29/低毒			
	水稻移栽田	部分阔叶杂草、一年生禾本科杂草	90-120克/公顷	药土法（限长江以南）
PD20086366	硫磺·三环唑/45%/可湿性粉剂/硫磺 40%、三环唑 5%/2008.12.31 至 2013.12.31/低毒			
	水稻	稻瘟病	675-1012克/公顷	喷雾
PD20090977	苄嘧磺隆/10%/可湿性粉剂/苄嘧磺隆 10%/2009.01.20 至 2014.01.20/微毒			
	移栽水稻田	莎草及阔叶杂草	30-45克/公顷	毒土法
PD20090998	精噁唑禾草灵/69克/升/水乳剂/精噁唑禾草灵 69克/升/2009.01.21 至 2014.01.21/低毒			
	春小麦田	一年生禾本科杂草	62.1-77.625克/公顷	茎叶喷雾
	冬小麦田	一年生禾本科杂草	51.75-62.1克/公顷	茎叶喷雾
PD20091213	吡嘧磺隆/10%/可湿性粉剂/吡嘧磺隆 10%/2009.02.01 至 2014.02.01/微毒			
	移栽水稻田	稗草、莎草及阔叶杂草	22.5-30克/公顷	毒土法
PD20095569	吡虫啉/10%/可湿性粉剂/吡虫啉 10%/2009.05.12 至 2014.05.12/低毒			
	水稻	稻飞虱	15-30克/公顷	喷雾
PD20095778	溴氰菊酯/25克/升/乳油/溴氰菊酯 25克/升/2009.05.21 至 2014.05.21/中等毒			
	十字花科蔬菜	蚜虫	3-4.5克/公顷	喷雾
PD20098383	2,4-滴丁酯/57%/乳油/2,4-滴丁酯 57%/2009.12.18 至 2014.12.18/低毒			
	春小麦田	一年生阔叶杂草	675-810克/公顷	茎叶喷雾
LS20052010	三唑磷/13.5%/乳油/三唑磷 13.5%/2008.05.31 至 2009.05.31/中等毒			
	水稻	二化螟	202.5-303.75克/公顷	喷雾
LS20052175	乙酰甲胺磷/20%/可湿性粉剂/乙酰甲胺磷 20%/2008.06.14 至 2009.06.14/低毒			
	水稻	稻纵卷叶螟	750-900克/公顷	喷雾
LS20060459	氯嘧磺隆/50%/可湿性粉剂/氯嘧磺隆 50%/2009.03.06 至 2010.03.06/微毒			
	春大豆	一年生阔叶杂草	15-22.5克/公顷	播后苗前土壤喷雾
LS20061248	胺苯磺隆/20%/可溶粉剂/胺苯磺隆 20%/2009.05.22 至 2010.05.22/微毒			
	春油菜	一年生阔叶杂草	22.5-30克/公顷	茎叶喷雾
LS20081590	二氯喹啉酸/50%/可湿性粉剂/二氯喹啉酸 50%/2009.04.03 至 2010.04.03/微毒			
	抛秧水稻	稗草等杂草	262.5-300克/公顷	茎叶喷雾
LS20082090	苄·二氯/36%/可湿性粉剂/苄嘧磺隆 4%、二氯喹啉酸 32%/2009.04.15 至 2010.04.15/低毒			
	水稻秧田	一年生杂草	243-270克/公顷	茎叶喷雾
LS20082215	噻嗪·异丙威/30%/乳油/噻嗪酮 7.5%、异丙威 22.5%/2009.04.18 至 2010.04.18/中等毒			
	水稻	稻飞虱	270-337.5克/公顷	喷雾
LS20082234	丙溴·辛硫磷/25%/乳油/丙溴磷 6%、辛硫磷 19%/2009.04.18 至 2010.04.18/低毒			
	水稻	二化螟	300-375克/公顷	喷雾
LS20082312	苄嘧·丙草胺/40%/可湿性粉剂/苄嘧磺隆 4%、丙草胺 36%/2009.04.21 至 2010.04.21/微毒			
	水稻直播田	一年生及部分多年生杂草	360-480克/公顷	喷雾
LS20082608	二氯喹啉酸/250克/升/悬浮剂/二氯喹啉酸 250克/升/2009.04.23 至 2010.04.23/微毒			
	直播水稻(南方)	稗草	187.5-375克/公顷	茎叶喷雾
LS20090889	氟铃·毒死蜱/20%/乳油/毒死蜱 18%、氟铃脲 2%/2009.04.09 至 2010.04.09/中等毒			
	十字花科蔬菜	甜菜夜蛾	150—210克/公顷	喷雾

江苏洁利三三有限责任公司　(江苏省南京市江宁开发区秦淮路33号　211100　025-52121833)

WP20080396	杀虫气雾剂/0.43%/气雾剂/胺菊酯 0.2%、氯菊酯 0.2%、氯氰菊酯 0.03%/2008.12.11 至 2013.12.11/微毒			
	卫生	蚊、蝇、蜚蠊	/	喷雾
WP20080513	电热蚊香片/10毫克/片/电热蚊香片/炔丙菊酯 10毫克/片/2008.12.22 至 2013.12.22/低毒			
	卫生	蚊	/	电热加温
WP20080514	窗纱涂剂/1.8%/涂抹剂/残杀威 0.75%、氯菊酯 0.30%、氯氰菊酯 0.75%/2008.12.22 至 2013.12.22/低毒			
	卫生	蚊、蝇	0.54克/平方米	涂刷
WP20080584	杀虫气雾剂/1.13%/气雾剂/Es-生物烯丙菊酯 0.08%、胺菊酯 0.25%、氯菊酯 0.80%/2008.12.29 至 2013.12.29/低毒			
	卫生	蜚蠊、蚊、蝇	/	喷雾
WP20090023	杀虫气雾剂/0.58%/气雾剂/Es-生物烯丙菊酯 0.08%、胺菊酯 0.30%、氯菊酯 0.20%/2009.01.08 至 2014.01.08/微毒			
	卫生	蜚蠊、蚊、蝇	/	喷雾
WP20090075	驱蚊花露水/7.5%/液剂/避蚊胺 7.5%/2009.02.01 至 2014.02.01/低毒			
	卫生	蚊	/	涂抹

WP20090182 杀蟑气雾剂/1.6%/气雾剂/残杀威 0.75%、氯菊酯 0.50%、氯氰菊酯 0.35%/2009.03.18 至 2014.03.18/低毒

卫生	蜚蠊	/	喷雾

WL20090074 驱蚊花露水/4%/驱蚊花露水/驱蚊酯 4%/2009.03.19 至 2010.03.19/微毒

卫生	蚊	/	涂抹

江苏金凤凰农化有限公司 （江苏省常州市武进区西门泰西路195号 213147 0519-83561171）

PD85131-6 井冈霉素/3%,5%/水剂/井冈霉素 3%,5%/2005.07.29 至 2010.07.29/低毒

水稻	纹枯病	75-112.5克/公顷	喷雾,泼浇

PD86110 嘧啶核苷类抗菌素/2%,4%/水剂/嘧啶核苷类抗菌素 2%,4%/2006.10.16 至 2011.10.16/低毒

大白菜	黑斑病	100毫克/千克	喷雾
番茄	疫病	100毫克/千克	喷雾
瓜类、花卉、苹果、葡萄、烟草	白粉病	100毫克/千克	喷雾
水稻	炭疽病、纹枯病	150-180克/公顷	喷雾
西瓜	枯萎病	100毫克/千克	灌根
小麦	锈病	100毫克/千克	喷雾

PD20040264 多·酮/40%/可湿性粉剂/多菌灵 35%、三唑酮 5%/2009.12.19 至 2014.12.19/低毒

水稻	叶尖枯病	450-600克/公顷	喷雾
小麦	白粉病、赤霉病	450-600克/公顷	喷雾

PD20040325 吡虫啉/10%/可湿性粉剂/吡虫啉 10%/2009.12.19 至 2014.12.19/低毒

水稻	稻飞虱	15-30克/公顷	喷雾
小麦	蚜虫	15-30克/公顷（南方） 45-60克/公顷（北方）	喷雾

PD20040327 高渗吡虫啉/2.5%/可湿性粉剂/吡虫啉 2.5%/2004.12.19 至 2009.12.18/低毒

水稻	飞虱	7.5-11.25克/公顷	喷雾
小麦	蚜虫	15-22.5克/公顷	喷雾

PD20070674 苄嘧磺隆/95%/原药/苄嘧磺隆 95%/2007.12.17 至 2012.12.17/低毒

PD20080119 啶虫脒/3%/可湿性粉剂/啶虫脒 3%/2008.01.04 至 2013.01.04/低毒

柑橘树	蚜虫	10-12毫克/千克	喷雾

PD20080149 噻嗪酮/25%/可湿性粉剂/噻嗪酮 25%/2008.01.04 至 2013.01.04/低毒

柑橘树	介壳虫	125-250毫克/千克	喷雾
水稻	稻飞虱	112.5-150克/公顷	喷雾

PD20080190 苄嘧磺隆/30%/可湿性粉剂/苄嘧磺隆 30%/2008.01.07 至 2013.01.07/低毒

水稻移栽田	阔叶杂草、莎草科杂草	36—67.5克/公顷	喷雾或药土法

PD20080192 噻·杀单/20%/可湿性粉剂/噻嗪酮 3%、杀虫单 17%/2008.01.07 至 2013.01.07/中等毒

水稻	稻飞虱	210-300克/公顷	喷雾

PD20080226 毒死蜱/40%/乳油/毒死蜱 40%/2008.01.11 至 2013.01.11/中等毒

水稻	稻纵卷叶螟	600-720克/公顷	喷雾

PD20080230 苄嘧磺隆/10%/可湿性粉剂/苄嘧磺隆 10%/2008.01.11 至 2013.01.11/低毒

水稻移栽田	部分多年生阔叶杂草、莎草科杂草、一年生阔叶杂草	22.5-37.5克/公顷	喷雾

PD20080240 噻吩磺隆/10%/可湿性粉剂/噻吩磺隆 10%/2008.02.14 至 2013.02.14/低毒

冬小麦	一年生阔叶杂草	22.5-30克/公顷	喷雾

PD20080244 苯磺隆/75%/水分散粒剂/苯磺隆 75%/2008.02.14 至 2013.02.14/低毒

冬小麦田	一年生阔叶杂草	13.5-22.5克/公顷	茎叶喷雾

PD20080256 苯磺隆/95%/原药/苯磺隆 95%/2008.02.19 至 2013.02.19/低毒

PD20080502 噻嗪·异丙威/25%/可湿性粉剂/噻嗪酮 7%、异丙威 18%/2008.04.10 至 2013.04.10/中等毒

水稻	稻飞虱	93.75-131.25克/公顷	喷雾

PD20081338 草甘膦/10%/水剂/草甘膦 10%/2008.10.21 至 2009.12.31/低毒

非耕地	杂草	1200-2250克/公顷	茎叶喷雾

PD20081339 草甘膦异丙胺盐/41%/水剂/草甘膦异丙胺盐 41%/2008.10.21 至 2013.10.21/低毒

非耕地	杂草	1230-2460克/公顷	茎叶喷雾

PD20081345 苯磺隆/10%/可湿性粉剂/苯磺隆 10%/2008.10.21 至 2013.10.21/低毒

冬小麦田	一年生阔叶杂草	13.5-22.5克/公顷	喷雾

PD20081357 高效氯氟氰菊酯/25克/升/乳油/高效氯氟氰菊酯 25克/升/2008.10.21 至 2013.10.21/中等毒

十字花科叶菜	蚜虫	9.375-18.75克/公顷	喷雾

PD20082479 噻嗪·杀虫单/25%/可湿性粉剂/噻嗪酮 5%、杀虫单 20%/2008.12.03 至 2013.12.03/中等毒

水稻	稻飞虱	187.5-281.25克/公顷	喷雾

PD20083927 氰戊·辛硫磷/25%/乳油/氰戊菊酯 2.2%、辛硫磷 22.8%/2008.12.15 至 2013.12.15/中等毒

棉花	棉铃虫	300-450克/公顷	喷雾

PD20084003 辛硫磷/3%/颗粒剂/辛硫磷 3%/2008.12.16 至 2013.12.16/中等毒

花生	地下害虫	1800-3600克/公顷	撒施

PD20084583 炔螨特/570克/升/乳油/炔螨特 570克/升/2008.12.18 至 2013.12.18/中等毒

棉花	红蜘蛛	285-380毫克/千克	喷雾

PD20085188	乙草·氯磺隆/20%/可湿性粉剂/氯磺隆 0.7%、乙草胺 19.3%/2008.12.23 至 2013.12.23/低毒			
	冬小麦	杂草	210-300克/公顷	播后苗前处理一次
PD20086308	异丙·苄/30%/可湿性粉剂/苄嘧磺隆 5%、异丙草胺 25%/2008.12.31 至 2013.12.31/低毒			
	水稻抛秧田	一年生及部分多年生杂草	135-180克/公顷	毒土法
PD20090458	氰戊菊酯/20%/乳油/氰戊菊酯 20%/2009.01.12 至 2014.01.12/中等毒			
	十字花科蔬菜	菜青虫	60-120克/公顷	喷雾
PD20091538	乙草胺/50%/乳油/乙草胺 50%/2009.02.03 至 2014.02.03/低毒			
	夏大豆田	一年生禾本科杂草及小粒阔叶杂草	750-1050克/公顷	土壤喷雾
PD20091937	三环唑/20%/可湿性粉剂/三环唑 20%/2009.02.12 至 2014.02.12/低毒			
	水稻	稻瘟病	270-300克/公顷	喷雾
PD20092236	丁草胺/50%/乳油/丁草胺 50%/2009.02.24 至 2014.02.24/低毒			
	水稻田	多种一年生杂草	750-1275克/公顷	毒土法
PD20092540	苄·丁/30%/可湿性粉剂/苄嘧磺隆 1.5%、丁草胺 28.5%/2009.02.26 至 2014.02.26/低毒			
	水稻抛秧田	部分多年生杂草、一年生杂草	675-900克/公顷(南方地区)	药土法
PD20095304	乙草胺/20%/可湿性粉剂/乙草胺 20%/2009.04.27 至 2014.04.27/低毒			
	冬油菜田	一年生禾本科杂草及小粒阔叶杂草	600-750克/公顷	土壤喷雾
	水稻移栽田	一年生禾本科杂草及部分阔叶杂草	90-112.5克/公顷	药土法
PD20095368	苄·乙/12%/粉剂/苄嘧磺隆 3%、乙草胺 9%/2009.04.27 至 2014.04.27/低毒			
	水稻移栽田	一年生及部分多年生杂草	90-108克/公顷	药土法
PD20095764	麦畏·甲磺隆/20%/可湿性粉剂/甲磺隆 2%、麦草畏 18%/2009.05.18 至 2014.05.18/低毒			
	非耕地	水花生	120-150克/公顷	喷雾
PD20096013	辛硫·三唑磷/20%/乳油/三唑磷 10%、辛硫磷 10%/2009.06.15 至 2014.06.15/中等毒			
	水稻	三化螟	360-480克/公顷	喷雾
	水稻	二化螟	300-450克/公顷	喷雾
PD20096138	苄·二氯/36%/可湿性粉剂/苄嘧磺隆 4%、二氯喹啉酸 32%/2009.06.24 至 2014.06.24/低毒			
	水稻秧田	一年生及部分多年生杂草	216-270克/公顷	喷雾
PD20096741	苄嘧·苯噻酰/53%/可湿性粉剂/苯噻酰草胺 50%、苄嘧磺隆 3%/2009.09.07 至 2014.09.07/低毒			
	水稻移栽田	一年生及部分多年生杂草	318-397.5克/公顷 (南方地区)	药土法
PD20097088	嘧霉胺/400克/升/悬浮剂/嘧霉胺 400克/升/2009.10.10 至 2014.10.10/低毒			
	黄瓜	灰霉病	480-600克/公顷	喷雾
LS20050772	敌胺·乙草胺/50%/可湿性粉剂/敌草胺 25%、乙草胺 25%/2008.03.28 至 2009.03.28/低毒			
	冬油菜(移栽田)	一年生杂草	750-900克/公顷	土壤喷雾
LS20050862	苯磺·异丙隆/70%/可湿性粉剂/苯磺隆 1.2%、异丙隆 68.8%/2008.03.29 至 2009.03.29/低毒			
	小麦	一年生杂草	840－1260克/公顷	喷雾
LS20050884	三唑磷/13.5%/乳油/三唑磷 13.5%/2008.03.29 至 2009.03.29/中等毒			
	水稻	三化螟	202.5—243克/公顷	喷雾
LS20051365	二氯喹啉酸/50%/可湿性粉剂/二氯喹啉酸 50%/2008.04.18 至 2009.04.18/低毒			
	直播水稻(南方)	稗草	225-375克/公顷	喷雾
LS20051804	噻吩磺隆/75%/水分散粒剂/噻吩磺隆 75%/2008.05.16 至 2009.05.16/低毒			
	春大豆	一年生阔叶杂草	22.5-33.8克/公顷	土壤喷雾
LS20052068	氯氰菊酯/5%/乳油/氯氰菊酯 5%/2008.06.05 至 2009.06.05/低毒			
	十字花科蔬菜	菜青虫	30-45克/公顷	喷雾
LS20052317	阿维·哒螨灵/3.2%/乳油/阿维菌素 0.2%、哒螨灵 3%/2008.06.26 至 2009.06.26/低毒(原药高毒)			
	柑橘树	红蜘蛛	32-40毫克/千克	喷雾
LS20052582	吡嘧磺隆/10%/可湿性粉剂/吡嘧磺隆 10%/2008.08.03 至 2009.08.03/低毒			
	水稻	稗草、莎草及阔叶杂草	15-30克/公顷	毒土法
LS20052779	阿维菌素/0.5%/乳油/阿维菌素 0.5%/2008.08.21 至 2009.08.21/低毒(原药高毒)			
	菜豆、黄瓜	美洲斑潜蝇	10.8-21.6克/公顷	喷雾
	梨树	梨木虱	6-12毫克/千克	喷雾
	棉花	棉铃虫	21.6-32.4克/公顷	喷雾
	棉花	红蜘蛛	10.8-16.2克/公顷	喷雾
	十字花科蔬菜	菜青虫、小菜蛾	8.1-10.8克/公顷	喷雾
LS20053335	毒·唑磷/30%/乳油/毒死蜱 15%、三唑磷 15%/2008.10.17 至 2009.10.17/中等毒			
	水稻	三化螟	225-270克/公顷	喷雾
LS20053402	代锌·百菌清/70%/可湿性粉剂/百菌清 35%、代森锌 35%/2008.10.18 至 2009.10.18/低毒			
	黄瓜	霜霉病	840-1260克/公顷	喷雾
	葡萄	炭疽病	840-1260克/公顷	喷雾
LS20053600	吡虫啉/2%/乳油/吡虫啉 2%/2008.11.17 至 2009.11.17/低毒			
	水稻	稻飞虱	9-18克/公顷	喷雾
LS20061096	苄嘧·二甲戊/16%/可湿性粉剂/苄嘧磺隆 4%、二甲戊灵 12%/2009.05.10 至 2010.05.10/低毒			
	水稻移栽田	一年生杂草	144-168克/公顷	毒土法
	水稻直播田	一年生杂草	120-144克/公顷	毒土法

LS20061271 苯磺·甲磺隆/10%/可湿性粉剂/苯磺隆 7.5%、甲磺隆 2.5%/2009.05.30 至 2010.05.30/低毒
冬小麦 一年生杂草 24-27克/公顷 喷雾（该产品含甲磺隆，限长江中下游及其以南地区使用）
LS20061611 二氯喹啉酸/25%/可湿性粉剂/二氯喹啉酸 25%/2009.08.17 至 2010.08.17/低毒
水稻移栽田 稗草 295-390 克/公顷 茎叶喷雾
LS20061712 啶虫脒/5%/乳油/啶虫脒 5%/2009.09.21 至 2010.09.21/低毒
柑橘 蚜虫 10-16.7毫克/千克 喷雾
LS20061906 精噁·苯磺隆/9%/可湿性粉剂/苯磺隆 2.4%、精噁唑禾草灵 6.6%/2009.12.05 至 2010.12.05/低毒
冬小麦 一年生杂草 67.5-81.0克/公顷 茎叶喷雾
LS20072296 乙烯利/40%/水剂/乙烯利 40%/2009.10.09 至 2010.10.09/低毒
番茄 催熟 800-1000倍 涂抹
LS20083059 噻磺·乙草胺/20%/可湿性粉剂/噻吩磺隆 0.2%、乙草胺 19.8%/2009.10.06 至 2010.10.06/低毒
冬小麦田 一年生杂草 525-600克/公顷 土壤喷雾

江苏金浦北方氯碱化工有限公司 (江苏省徐州市北郊孟家沟 221007 0516-83658676)

PD20040589 5%高渗吡虫啉乳油//乳油/吡虫啉 5%/2004.12.19 至 2009.12.18/低毒
水稻 飞虱 11.25-22.5克/公顷 喷雾
PD20094522 阿维·吡虫啉/1.8%/乳油/阿维菌素 0.2%、吡虫啉 1.6%/2009.04.09 至 2014.04.09/低毒(原药高毒)
甘蓝 菜青虫、蚜虫 5.4-10.8克/公顷 喷雾
PD20096579 阿维菌素/1.8%/乳油/阿维菌素 1.8%/2009.08.25 至 2014.08.25/低毒(原药高毒)
甘蓝 菜青虫 0.9-1.8克/公顷 喷雾

江苏康鹏农化有限公司 (江苏省姜堰市桥头工业园 225511 0523-8781612)

PD20050084 吡虫啉/10%/可湿性粉剂/吡虫啉 10%/2005.06.24 至 2010.06.23/低毒
水稻 飞虱 15-30克/公顷 喷雾
PD20050085 吡虫啉/95%/原药/吡虫啉 95%/2005.06.24 至 2010.06.23/低毒
PD20050105 吡虫·杀虫单/40%/可湿性粉剂/吡虫啉 1%、杀虫单 39%/2005.08.04 至 2010.08.03/中等毒
水稻 稻飞虱、三化螟 450-750克/公顷 喷雾
PD20070482 啶虫脒/97%/原药/啶虫脒 97%/2007.11.28 至 2012.11.28/低毒
PD20080461 啶虫脒/3%/乳油/啶虫脒 3%/2008.03.27 至 2013.03.27/中等毒
小麦 蚜虫 13.5-18克/公顷 喷雾
PD20082921 啶虫脒/20%/可溶液剂/啶虫脒 20%/2008.12.09 至 2013.12.09/低毒
棉花 蚜虫 30-45克/公顷 喷雾
PD20083195 吡虫啉/20%/可溶液剂/吡虫啉 20%/2008.12.11 至 2013.12.11/低毒
水稻 稻飞虱 15-30克/公顷 喷雾
PD20086010 多效唑/15%/可湿性粉剂/多效唑 15%/2008.12.29 至 2013.12.29/低毒
水稻育秧田 控制生长 200-300毫克/千克 喷雾
油菜(苗床) 控制生长 100-200毫克/千克 喷雾
PD20093566 啶虫脒/20%/可溶粉剂/啶虫脒 20%/2009.03.23 至 2014.03.23/低毒
黄瓜 蚜虫 18-24克/公顷 喷雾
LS20080005 高效氟吡甲禾灵/94%/原药/高效氟吡甲禾灵 94%/2008.01.03 至 2009.01.03/低毒

江苏克胜集团股份有限公司 (江苏省盐城市建湖县盐淮路888号 224700 0515-6273958)

PD20040061 吡虫啉/95%/原药/吡虫啉 95%/2009.12.19 至 2014.12.19/低毒
PD20040069 三唑酮/15%/可湿性粉剂/三唑酮 15%/2009.12.19 至 2014.12.19/低毒
小麦 白粉病、锈病 135-180克/公顷 喷雾
玉米 丝黑穗病 60-90克/100千克种子 拌种
PD20040435 哒螨灵/20%/可湿性粉剂/哒螨灵 20%/2009.12.19 至 2014.12.19/中等毒
柑橘树、苹果树 红蜘蛛 50-67毫克/千克 喷雾
棉花 红蜘蛛 90-135克/公顷 喷雾
PD20040487 三唑酮/20%/乳油/三唑酮 20%/2009.12.19 至 2014.12.19/低毒
小麦 白粉病 120-127.5克/公顷 喷雾
PD20040506 三唑磷/20%/乳油/三唑磷 20%/2009.12.19 至 2014.12.19/中等毒
水稻 二化螟 300-450克/公顷 喷雾
PD20040517 吡虫啉/50%/可湿性粉剂/吡虫啉 50%/2009.12.19 至 2014.12.19/中等毒
水稻 飞虱 15-30克/公顷 喷雾
PD20040519 吡虫啉/2.5%/可湿性粉剂/吡虫啉 2.5%/2004.12.19 至 2009.12.18/低毒
水稻 飞虱 15-30克/公顷 喷雾
PD20040529 哒螨灵/15%/乳油/哒螨灵 15%/2009.12.19 至 2014.12.19/中等毒
柑橘树 红蜘蛛 50-67毫克/千克 喷雾
棉花 红蜘蛛 90-135克/公顷 喷雾
苹果树 叶螨 45-50毫克/千克 喷雾
PD20040549 哒螨灵/15%/可湿性粉剂/哒螨灵 15%/2009.12.19 至 2014.12.19/中等毒
苹果树 红蜘蛛 50-67毫克/千克 喷雾

PD20040555 哒螨灵/10%/乳油/哒螨灵 10%/2004.12.19 至 2009.12.18/中等毒
苹果树 叶螨 50-67毫克/千克 喷雾
PD20040561 吡虫·杀虫单/35%/可湿性粉剂/吡虫啉 1%、杀虫单 34%/2009.12.19 至 2014.12.19/低毒
水稻 二化螟、飞虱 450-750克/公顷 喷雾
PD20040754 吡虫啉/5%/乳油/吡虫啉 5%/2009.12.19 至 2014.12.19/低毒
柑橘树 蚜虫 20-33.3毫克/千克 喷雾
棉花 蚜虫 22.5-30克/公顷 喷雾
苹果树 蚜虫 50-100毫克/千克 喷雾
十字花科蔬菜 蚜虫 7.5-15克/公顷 喷雾
PD20040756 吡虫啉/10%/可湿性粉剂/吡虫啉 10%/2009.12.19 至 2014.12.19/低毒
柑橘树 蚜虫 20-33毫克/千克 喷雾
苹果树 蚜虫 25-50毫克/千克 喷雾
水稻 飞虱 75-150克/公顷 喷雾
小麦 蚜虫 60-105克/公顷 喷雾
PD20050017 哒螨灵/95%/原药/哒螨灵 95%/2005.04.15 至 2010.04.14/中等毒
PD20050047 吡虫啉/2.5%/乳油/吡虫啉 2.5%/2005.04.20 至 2010.04.19/低毒
水稻 飞虱 15-30克/公顷 喷雾
PD20080030 苄嘧·苯噻酰/53%/可湿性粉剂/苯噻酰草胺 50%、苄嘧磺隆 3%/2008.01.04 至 2013.01.04/低毒
水稻抛秧田 一年生及部分多年生禾本科杂草 375-450克/公顷(南方地区) 毒土法
PD20080035 噻螨酮/95%/原药/噻螨酮 95%/2008.01.03 至 2013.01.03/低毒
PD20080187 噻螨酮/5%/乳油/噻螨酮 5%/2008.01.07 至 2013.01.07/低毒
柑橘树 红蜘蛛 25-33.3毫克/千克 喷雾
PD20080281 啶虫脒/95%/原药/啶虫脒 95%/2008.02.25 至 2013.02.25/低毒
PD20080310 四螨·哒螨灵/10%/悬浮剂/哒螨灵 7%、四螨嗪 3%/2008.02.25 至 2013.02.25/中等毒
柑橘树 红蜘蛛 40-67.6毫克/千克 喷雾
苹果树 山楂叶螨 50-67.6毫克/千克 喷雾
PD20080362 炔螨特/90%/原药/炔螨特 90%/2008.02.29 至 2013.02.28/低毒
PD20081606 多效唑/15%/可湿性粉剂/多效唑 15%/2008.11.12 至 2013.11.12/低毒
水稻 控制生长 200-300毫克/千克 喷雾
PD20081664 苯磺隆/10%/可湿性粉剂/苯磺隆 10%/2008.11.14 至 2013.11.14/低毒
冬小麦田 一年生阔叶杂草 13.5—22.5克/公顷 茎叶喷雾
PD20081726 炔螨特/57%/乳油/炔螨特 57%/2008.11.18 至 2013.11.18/低毒
柑橘树 红蜘蛛 228-380毫克/千克 喷雾
PD20081738 炔螨特/73%/乳油/炔螨特 73%/2008.11.18 至 2013.11.18/低毒
苹果树 红蜘蛛 243-365毫克/千克 喷雾
PD20082005 啶虫脒/5%/可湿性粉剂/啶虫脒 5%/2008.11.25 至 2013.11.25/低毒
柑橘树 蚜虫 12-15毫克/千克 喷雾
PD20082122 炔螨特/40%/乳油/炔螨特 40%/2008.11.25 至 2013.11.25/低毒
柑橘树 红蜘蛛 266.7-400毫克/千克 喷雾
PD20082585 乙草胺/50%/乳油/乙草胺 50%/2008.12.04 至 2013.12.04/低毒
花生田 一年生禾本科杂草及部分小粒种子阔叶杂草 750-1200克/公顷 播后苗前土壤喷雾
玉米田 一年生禾本科杂草及部分小粒种子阔叶杂草 1)900-1875克/公顷(东北地区) 2)750-1050克/公顷(其他地区) 播后苗前土壤喷雾
PD20082930 啶虫脒/5%/乳油/啶虫脒 5%/2008.12.09 至 2013.12.09/低毒
柑橘树 蚜虫 6-10毫克/千克 喷雾
棉花 蚜虫 9-13.5克/公顷 喷雾
PD20083171 戊唑醇/91%/原药/戊唑醇 91%/2008.12.11 至 2013.12.11/低毒
PD20083726 毒死蜱/95%/原药/毒死蜱 95%/2008.12.15 至 2013.12.15/中等毒
PD20083995 吡虫啉/70%/水分散粒剂/吡虫啉 70%/2008.12.16 至 2013.12.16/低毒
甘蓝 蚜虫 15-30克/公顷 喷雾
PD20084066 毒死蜱/30%/微乳剂/毒死蜱 30%/2008.12.16 至 2013.12.16/中等毒
棉花 蚜虫 450-675克/公顷 喷雾
PD20084168 氟啶脲/5%/乳油/氟啶脲 5%/2008.12.16 至 2013.12.16/低毒
青菜 菜青虫、小菜蛾 60-75克/公顷 喷雾
PD20084221 阿维·哒螨灵/10.2%/乳油/阿维菌素 0.2%、哒螨灵 10%/2008.12.17 至 2013.12.17/中等毒(原药高毒)
苹果树 二斑叶螨 51-67毫克/千克 喷雾
PD20084484 吡虫啉/25%/悬浮剂/吡虫啉 25%/2008.12.17 至 2013.12.17/低毒
甘蓝 蚜虫 15-30克/公顷 喷雾
PD20084634 阿维菌素/1.8%/乳油/阿维菌素 1.8%/2008.12.18 至 2013.12.18/中等毒(原药高毒)
柑橘树 红蜘蛛 4.5-9毫克/千克 喷雾
PD20090066 抗蚜·吡虫啉/24%/可湿性粉剂/吡虫啉 2%、抗蚜威 22%/2009.01.08 至 2014.01.08/中等毒
小麦 蚜虫 54-72克/公顷 喷雾

PD20090502 噻螨·哒螨灵 /12.5%/乳油/哒螨灵 10%、噻螨酮 2.5%/2009.01.12 至 2014.01.12/中等毒
柑橘树 红蜘蛛 62.5-125毫克/千克 喷雾
PD20091166 毒死蜱/40%/乳油/毒死蜱 40%/2009.01.22 至 2014.01.22/中等毒
水稻 二化螟 375-562.5克/公顷 喷雾
PD20092183 戊唑醇/12.5%/水乳剂/戊唑醇 12.5%/2009.02.23 至 2014.02.23/低毒
香蕉 叶斑病 800-1000倍液 喷雾
PD20092294 甲氨基阿维菌素苯甲酸盐(1.14%)///乳油/甲氨基阿维菌素 1%/2009.02.24 至 2014.02.24/低毒
甘蓝 小菜蛾 1.5-2.25克/公顷 喷雾
PD20092607 草甘膦/95%/原药/草甘膦 95%/2009.03.02 至 2014.03.02/低毒
PD20092823 哒灵·炔螨特 /30%/乳油/哒螨灵 10%、炔螨特 20%/2009.03.04 至 2014.03.04/中等毒
柑橘树 红蜘蛛 150-200毫克/千克 喷雾
PD20093181 戊唑醇/30%/悬浮剂/戊唑醇 30%/2009.03.11 至 2014.03.11/低毒
苹果树 斑点落叶病 2000-3000倍液 喷雾
PD20093930 啶虫脒/20%/可溶粉剂/啶虫脒 20%/2009.03.27 至 2014.03.27/低毒
柑橘树 蚜虫 20-40毫克/千克 喷雾
LS20060511 阿维·毒死蜱/25%/乳油/阿维菌素 0.2%、毒死蜱 24.8%/2009.03.15 至 2010.03.15/中等毒(原药高毒)
水稻 二化螟 300-375克/公顷 喷雾
LS20070296 戊唑·福美双/30%/可湿性粉剂/福美双 25%、戊唑醇 5%/2009.02.24 至 2010.02.24/低毒
小麦 赤霉病 270-405克/公顷 喷雾
LS20071298 吡虫·毒死蜱/30%/乳油/吡虫啉 3%、毒死蜱 27%/2009.05.08 至 2010.05.09/中等毒
水稻 稻飞虱 360-450克/公顷 喷雾
LS20080397 吡蚜酮/25%/悬浮剂/吡蚜酮 25%/2009.08.14 至 2010.08.14/低毒
水稻 稻飞虱 75-90克/公顷 喷雾
LS20080633 吡蚜酮/95%/原药/吡蚜酮 95%/2009.02.21 至 2010.02.22/低毒
LS20091270 哌虫啶/95%/原药/哌虫啶 95%/2009.05.19 至 2010.05.19/低毒
LS20091271 哌虫啶/10%/悬浮剂/哌虫啶 10%/2009.05.19 至 2010.05.19/低毒
水稻 稻飞虱 37.5-52.5克/公顷 喷雾
LS20091272 甲维·毒死蜱/30.2%/乳油/毒死蜱 30%、甲氨基阿维菌素苯甲酸盐 0.2%/2009.05.19 至 2010.05.19/中等毒
水稻 稻纵卷叶螟、二化螟 226.5-317.1克/公顷 喷雾

江苏克胜集团克山天华化工有限公司 (黑龙江省克山县南二街路东 161600 0452-4524279)

PD20095277 异噁草松/480克/升/乳油/异噁草松 480克/升/2009.04.27 至 2014.04.27/低毒
春大豆田 一年生杂草 864-1152克/公顷 土壤喷雾
LS20050300 噻磺·乙草胺/48%/乳油/噻吩磺隆 1%、乙草胺 47%/2008.02.05 至 2009.02.04/低毒
春大豆 一年生杂草 1440～1800克/公顷 土壤喷雾
春玉米 一年生杂草 1440-1800克/公顷 土壤喷雾
LS20051764 氯嘧磺隆/10%/可湿性粉剂/氯嘧磺隆 10%/2008.05.16 至 2009.05.16/低毒
春大豆 一年生阔叶杂草 15-22.5克/公顷 茎叶喷雾

江苏快达农化股份有限公司 (江苏省南通市如东县马塘镇建设路2号 226401 0513-84541320)

PD85126-2 三氯杀螨醇/20%/乳油/三氯杀螨醇 20%/2005.06.07 至 2010.06.07/低毒
棉花 红蜘蛛 225-300克/公顷 喷雾
苹果树 红蜘蛛、锈蜘蛛 800-1000倍液 喷雾
PD85137-3 绿麦隆/95%、90%、80%/原药/绿麦隆 95%、90%、80%/2005.06.07 至 2010.06.07/低毒
PD85153 甲萘威/95%,93%,90%/原药/甲萘威 95%,93%,90%/2005.06.07 至 2010.06.07/中等毒
PD20040266 异丙隆/97%/原药/异丙隆 97%/2009.12.19 至 2014.12.19/低毒
PD20040658 异丙隆/50%/可湿性粉剂/异丙隆 50%/2009.12.19 至 2014.12.19/低毒
冬小麦田 一年生杂草 1050-1200克/公顷 喷雾
PD20050159 敌草胺/96%/原药/敌草胺 96%/2005.11.02 至 2010.11.02/低毒
PD20050167 异菌脲/96%/原药/异菌脲 96%/2005.11.14 至 2010.11.14/低毒
PD20050212 硫丹/94%/原药/硫丹 94%/2005.12.23 至 2010.12.23/高毒
PD20050214 苄嘧磺隆/96%/原药/苄嘧磺隆 96%/2005.12.23 至 2010.12.23/低毒
PD20060109 草甘膦/95%/原药/草甘膦 95%/2006.06.13 至 2011.06.13/低毒
PD20060129 苯磺隆/95%/原药/苯磺隆 95%/2006.06.26 至 2011.06.26/低毒
PD20060211 S-氰戊菊酯/90%/原药/S-氰戊菊酯 90%/2006.12.11 至 2011.12.11/中等毒
PD20070175 虫酰肼//原药/虫酰肼 95%/2007.06.25 至 2012.06.25/低毒
PD20070324 嘧霉胺/98%/原药/嘧霉胺 98%/2007.10.10 至 2012.10.10/低毒
PD20070376 苯噻酰草胺/95%/原药/苯噻酰草胺 95%/2007.10.24 至 2012.10.24/低毒
PD20070377 苯噻酰草胺/50%/可湿性粉剂/苯噻酰草胺 50%/2007.10.24 至 2012.10.24/低毒
水稻抛秧田 一年生杂草 375-450克/公顷(南方地区) 毒土法
水稻移栽田 一年生杂草 450-600克/公顷(东北地区) 毒土法
375-450克/公顷(南方地区)
PD20070554 苄嘧·苯噻酰/53%/可湿性粉剂/苯噻酰草胺 50%、苄嘧磺隆 3%/2007.12.03 至 2012.12.03/低毒
水稻抛秧田 部分多年生杂草、一年生杂草 318.5-397.5克/公顷 药土(砂)法
水稻移栽田 部分多年生杂草、一年生杂草 556.5-636克/公顷(北方地区) 药土(砂)法

			318-397.6克/公顷(南方地区)	
	水稻直播田	部分多年生杂草、一年生杂草	636-795克/公顷(南方地区)	喷雾、药土法
PD20070643	嘧霉胺/40%/悬浮剂/嘧霉胺 40%/2007.12.14 至 2012.12.14/低毒			
	番茄、黄瓜	灰霉病	375－562.5克/公顷	喷雾
PD20080093	毒死蜱/97%/原药/毒死蜱 97%/2008.01.03 至 2013.01.03/低毒			
PD20080210	异菌脲/50%/可湿性粉剂/异菌脲 50%/2008.01.11 至 2013.01.11/低毒			
	番茄	早疫病	750-1500克/公顷	喷雾
PD20080321	烟嘧磺隆/95%/原药/烟嘧磺隆 95%/2008.02.26 至 2013.02.26/低毒			
PD20080759	吡嘧磺隆/97%/原药/吡嘧磺隆 97%/2008.06.11 至 2013.06.11/低毒			
PD20080800	绿麦隆/25%/可湿性粉剂/绿麦隆 25%/2008.06.20 至 2013.06.20/低毒			
	春小麦田	一年生杂草	2250-3000克/公顷	土壤或茎叶喷雾
	冬小麦田	一年生杂草	1125-2250克/公顷	土壤或茎叶喷雾
PD20080804	苯磺隆/75%/水分散粒剂/苯磺隆 75%/2008.06.20 至 2013.06.20/低毒			
	冬小麦田	多种一年生阔叶杂草	13.5－22.5克/公顷	茎叶喷雾
PD20080867	苄嘧磺隆/10%/可湿性粉剂/苄嘧磺隆 10%/2008.06.27 至 2013.06.27/低毒			
	水稻秧田	莎草科杂草、一年生阔叶杂草	22.5-30克/公顷	喷雾或药土
	水稻移栽田	莎草科杂草、一年生阔叶杂草	19.5-30克/公顷	药土法
	水稻移栽田	扁杆藨草、阔叶杂草	62.5-75克/公顷(东北地区)	药土法
	水稻直播田	阔叶杂草、莎草科杂草	22.5-45克/公顷	药土法
PD20080995	敌草胺/50%/可湿性粉剂/敌草胺 50%/2008.08.06 至 2013.08.06/低毒			
	大蒜	一年生禾本科杂草及部分阔叶杂草	900-1500克/公顷	喷雾
	棉花田	一年生杂草	1125-1875克/公顷	土壤喷雾
	甜菜	一年生禾本科杂草及部分阔叶杂草	750－1500克/公顷	土壤喷雾
	西瓜	一年生禾本科杂草及部分阔叶杂草	1125-1875克/公顷	喷雾
	烟草	一年生杂草	1125-1875克/公顷	喷雾
	油菜田	一年生禾本科杂草及部分阔叶杂草	750-900克/公顷	喷雾
PD20080996	敌草胺/20%/乳油/敌草胺 20%/2008.08.06 至 2013.08.06/低毒			
	油菜田	部分阔叶杂草、一年生禾本科杂草	750-900克/公顷	喷雾
PD20081115	敌草隆/98%/原药/敌草隆 98%/2008.08.19 至 2013.08.19/低毒			
PD20081116	敌草隆/80%/可湿性粉剂/敌草隆 80%/2008.08.19 至 2013.08.19/低毒			
	甘蔗田	杂草	1200-1500克/公顷	土壤喷雾
PD20081744	乙草胺/900克/升/乳油/乙草胺 900克/升/2008.11.18 至 2013.11.18/低毒			
	春大豆田、春玉米田	部分阔叶杂草、一年生禾本科杂草	1620-2025克/公顷(东北地区)	土壤喷雾
	夏大豆田、夏玉米田	部分阔叶杂草、一年生禾本科杂草	1080-1350克/公顷(其它地区)	土壤喷雾
PD20081760	苯磺·异丙隆/50%/可湿性粉剂/苯磺隆 0.8%、异丙隆 49.2%/2008.11.18 至 2013.11.18/低毒			
	冬小麦田	一年生杂草	937.5-1125克/公顷	茎叶喷雾
PD20081771	硫丹/35%/乳油/硫丹 35%/2008.11.18 至 2013.11.18/高毒			
	棉花	棉铃虫	525-840克/公顷	喷雾
PD20081813	苯磺隆/10%/可湿性粉剂/苯磺隆 10%/2008.11.19 至 2013.11.19/微毒			
	冬小麦田	一年生阔叶杂草	13.5-22.5克/公顷	茎叶喷雾
PD20081857	S-氰戊菊酯/5%/乳油/S-氰戊菊酯 5%/2008.11.20 至 2013.11.20/中等毒			
	棉花	棉铃虫	30-37.5克/公顷	喷雾
PD20081896	氰戊·硫丹/22%/乳油/硫丹 20%、S-氰戊菊酯 2%/2008.11.21 至 2013.11.21/高毒			
	棉花	棉铃虫	198-264克/公顷	喷雾
PD20081943	草甘膦异丙胺盐（41%）///水剂/草甘膦 30%/2008.11.24 至 2013.11.24/低毒			
	柑橘园	杂草	1125-1500克/公顷	定向茎叶喷雾
	桑园	杂草	1125-2250克/公顷	定向茎叶喷雾
PD20081989	二氯喹啉酸/50%/可湿性粉剂/二氯喹啉酸 50%/2008.11.25 至 2013.11.25/低毒			
	水稻直播田	稗草	225-300克/公顷	喷雾
PD20082136	草甘膦/10%/水剂/草甘膦 10%/2008.11.25 至 2009.12.31/低毒			
	桑园	杂草	1125-2250克/公顷	定向茎叶喷雾
PD20082501	苄嘧·丙草胺/35%/可湿性粉剂/苄嘧磺隆 2%、丙草胺 33%/2008.12.03 至 2013.12.03/低毒			
	水稻移栽田、水稻直播田	一年生及部分多年生杂草	367.5-420克/公顷	喷雾
PD20083658	草甘膦/30%/可溶粉剂/草甘膦 30%/2008.12.12 至 2013.12.12/低毒			
	非耕地	杂草	1125-3000克/公顷	茎叶喷雾
PD20083816	苄嘧磺隆/32%/可湿性粉剂/苄嘧磺隆 32%/2008.12.15 至 2013.12.15/低毒			
	冬小麦田	一年生阔叶杂草	48-57.6克/公顷	茎叶喷雾
	水稻秧田	阔叶杂草及莎草科杂草	28.8-48克/公顷	毒土法
	水稻移栽田、水稻直播田	阔叶杂草及莎草科杂草	36-48克/公顷	毒土法
PD20083954	吡虫啉/200克/升/可溶液剂/吡虫啉 200克/升/2008.12.15 至 2013.12.15/低毒			
	水稻	稻飞虱	15-30克/公顷	喷雾

PD20084091	虫酰肼/200克/升/悬浮剂/虫酰肼 200克/升/2008.12.16 至 2013.12.16/低毒			
	甘蓝	甜菜夜蛾	150-225克/公顷	喷雾
PD20084196	毒死蜱/480克/升/乳油/毒死蜱 480克/升/2008.12.16 至 2013.12.16/中等毒			
	水稻	稻纵卷叶螟、二化螟、飞虱、三化螟	432-576克/公顷	喷雾
PD20084402	噻嗪酮/25%/可湿性粉剂/噻嗪酮 25%/2008.12.17 至 2013.12.17/微毒			
	水稻	飞虱	75-150克/公顷	喷雾
PD20084425	高效氯氰菊酯/25克/升/乳油/高效氯氰菊酯 25克/升/2008.12.17 至 2013.12.17/中等毒			
	十字花科蔬菜	菜青虫	11.25-18.75克/公顷	喷雾
PD20084627	苄・丁/30%/可湿性粉剂/苄嘧磺隆 1.5%、丁草胺 28.5%/2008.12.18 至 2013.12.18/低毒			
	水稻抛秧田、水稻移栽田	一年生及部分多年生杂草	675-900克/公顷	毒土法
PD20085174	阿维・三唑磷/18%/乳油/阿维菌素 0.2%、三唑磷 17.8%/2008.12.23 至 2013.12.23/中等毒(原药高毒)			
	水稻	二化螟、三化螟	216-270克/公顷	喷雾
PD20085204	敌草胺/50%/水分散粒剂/敌草胺 50%/2008.12.23 至 2013.12.23/微毒			
	烟草	一年生禾本科杂草及部分阔叶杂草	1500-1875克/公顷	土壤喷雾
PD20085316	苄嘧・异丙隆/50%/可湿性粉剂/苄嘧磺隆 3%、异丙隆 47%/2008.12.24 至 2013.12.24/低毒			
	冬小麦田	一年生杂草	750-1125克/公顷	茎叶喷雾
PD20085364	氰戊・辛硫磷/28%/乳油/S-氰戊菊酯 1.5%、辛硫磷 26.5%/2008.12.24 至 2013.12.24/中等毒			
	棉花	棉铃虫	252-336克/公顷	喷雾
	苹果树	桃小食心虫	1000-2000倍液	喷雾
	十字花科蔬菜	菜青虫	126-168克/公顷	喷雾
	小麦	蚜虫	126-168克/公顷	喷雾
	烟草	烟青虫	252-336克/公顷	喷雾
PD20085493	草甘膦/65%/可溶粉剂/草甘膦 65%/2008.12.25 至 2013.12.25/低毒			
	非耕地	一年生及部分多年生杂草	1125-3000克/公顷	茎叶喷雾
PD20085857	异菌・福美双/50%/可湿性粉剂/福美双 42%、异菌脲 8%/2008.12.29 至 2013.12.29/低毒			
	番茄	灰霉病	700-900克/公顷	喷雾
	黄瓜	灰霉病	600-1200克/公顷	喷雾
	苹果树	斑点落叶病	600-800倍液	喷雾
PD20085950	异菌・多菌灵/52.5%/可湿性粉剂/多菌灵 17.5%、异菌脲 35%/2008.12.29 至 2013.12.29/低毒			
	番茄	早疫病	787.5-1181.25克/公顷	喷雾
PD20086187	苄・二氯/30%/可湿性粉剂/苄嘧磺隆 5%、二氯喹啉酸 25%/2008.12.30 至 2013.12.30/低毒			
	水稻秧田、水稻移栽田、水稻直播田	部分多年生阔叶杂草、一年生禾本科杂草	180-225克/公顷	喷雾或毒土法
PD20086255	异菌脲/25%/悬浮剂/异菌脲 25%/2008.12.31 至 2013.12.31/低毒			
	番茄	灰霉病	375-750克/公顷	喷雾
	香蕉	冠腐病、轴腐病	1500-2000毫克/千克	浸果
PD20090288	吡虫・异丙威/24%/可湿性粉剂/吡虫啉 1.5%、异丙威 22.5%/2009.01.09 至 2014.01.09/中等毒			
	水稻	飞虱	144-180克/公顷	喷雾
PD20090642	吡嘧磺隆/10%/可湿性粉剂/吡嘧磺隆 10%/2009.01.14 至 2014.01.14/微毒			
	移栽水稻田	一年生阔叶杂草及部分莎草科杂草	15-30克/公顷	药土法
PD20090996	苄・乙/14%/可湿性粉剂/苄嘧磺隆 3.2%、乙草胺 10.8%/2009.01.21 至 2014.01.21/低毒			
	水稻田	杂草	84-118克/公顷	毒土法
PD20092154	精噁唑禾草灵/69克/升/水乳剂/精噁唑禾草灵 69克/升/2009.02.23 至 2014.02.23/微毒			
	春小麦田、冬小麦田	一年生禾本科杂草	51.75-62.1克/公顷	茎叶喷雾
PD20092255	精喹禾灵/50克/升/乳油/精喹禾灵 50克/升/2009.02.24 至 2014.02.24/低毒			
	春大豆田	一年生禾本科杂草	45-60克/公顷	茎叶喷雾
	夏大豆田	一年生禾本科杂草	37.5-45克/公顷	茎叶喷雾
PD20095129	吡虫啉/10%/可湿性粉剂/吡虫啉 10%/2009.04.24 至 2014.04.24/低毒			
	棉花	蚜虫	30-45克/公顷	喷雾
	水稻	飞虱	15-30克/公顷	喷雾
	小麦	蚜虫	15-30克/公顷(南方地区) 45-60克/公顷(北方地区)	喷雾
PD20096005	毒・辛/480克/升/乳油/毒死蜱 120克/升、辛硫磷 360克/升/2009.06.11 至 2014.06.11/低毒			
	水稻	稻纵卷叶螟	300-420克/公顷	喷雾
PD20096381	烟嘧磺隆/40克/升/油悬浮剂/烟嘧磺隆 40克/升/2009.08.04 至 2014.08.04/微毒			
	春玉米田、夏玉米田	一年生杂草	42-60克/公顷	茎叶喷雾
LS20072133	利谷隆/97%/原药/利谷隆 97%/2009.09.03 至 2010.09.04/低毒			
LS20081616	利谷隆/50%/可湿性粉剂/利谷隆 50%/2009.04.03 至 2010.04.03/低毒			
	夏玉米田	一年生杂草	1125-1500克/公顷	土壤喷雾
LS20090650	苄嘧・苯噻酰/69%/可湿性粉剂/苯噻酰草胺 64.5%、苄嘧磺隆 4.5%/2009.03.24 至 2010.03.24/微毒			
	移栽水稻田	一年生杂草	517.5-931.5克/公顷(东北地区)	毒土法(东北地区)

LS20090733	吡嘧·苯噻酰/68%/可湿性粉剂/苯噻酰草胺 64%、吡嘧磺隆 4%/2009.03.31 至 2010.03.31/微毒			
	移栽水稻田	一年生杂草	306-714克/公顷	毒土法
LS20091311	苄嘧磺隆/30%/水分散粒剂/苄嘧磺隆 30%/2009.06.02 至 2010.06.02/低毒			
	水稻移栽田	阔叶杂草、一年生及部分多年生莎草	38.4-57.6克/公顷	毒土法
LS20091335	苄嘧·苯噻酰/53%/水分散粒剂/苯噻酰草胺 50%、苄嘧磺隆 3%/2009.06.10 至 2010.06.10/微毒			
	水稻抛秧田	一年生杂草	318-477克/公顷	毒土法
WP20070008	吡丙醚/98%/原药/吡丙醚 98%/2007.05.29 至 2012.05.29/低毒			

江苏蓝丰生物化工股份有限公司　（江苏省新沂经济技术开发区苏化路　221400　0516-88921171）

PD84117-6	多菌灵/95%/原药/多菌灵 95%/2009.11.26 至 2014.11.26/低毒			
PD84118-6	多菌灵/25%/可湿性粉剂/多菌灵 25%/2009.11.26 至 2014.11.26/低毒			
	果树	病害	0.05-0.1%药液	喷雾
	花生	倒秧病	750克/公顷	喷雾
	麦类	赤霉病	750克/公顷	喷雾,泼浇
	棉花	苗期病害	500克/100千克种子	拌种
	水稻	稻瘟病、纹枯病	750克/公顷	喷雾,泼浇
	油菜	菌核病	1125-1500克/公顷	喷雾
PD85120-3	乐果/90%,85%,80%/原药/乐果 90%,85%,80%/2005.06.27 至 2010.06.27/中等毒			
PD85121-2	乐果/40%/乳油/乐果 40%/2005.06.27 至 2010.06.27/中等毒			
	茶树	蚜虫、叶蝉、螨	1000-2000倍液	喷雾
	甘薯	小象甲	2000倍液	浸鲜薯片诱杀
	柑橘树、苹果树	鳞翅目幼虫、蚜虫、螨	800-1600倍液	喷雾
	棉花	蚜虫、螨	450-600克/公顷	喷雾
	蔬菜	蚜虫、螨	300-600克/公顷	喷雾
	水稻	飞虱、螟虫、叶蝉	450-600克/公顷	喷雾
	烟草	蚜虫、烟青虫	300-600克/公顷	喷雾
PD85150-8	多菌灵/50%/可湿性粉剂/多菌灵 50%/2005.08.15 至 2010.08.15/低毒			
	果树	病害	0.05-0.1%药液	喷雾
	花生	倒秧病	750克/公顷	喷雾
	麦类	赤霉病	750克/公顷	喷雾、泼浇
	棉花	苗期病害	500克/100千克种子	拌种
	水稻	稻瘟病、纹枯病	750克/公顷	喷雾、泼浇
	油菜	菌核病	1125-1500克/公顷	喷雾
PD85159-15	草甘膦/10%/水剂/草甘膦 10%(含量以草甘膦计)/2005.08.15 至 2009.12.31/低毒			
	茶树、甘蔗、果园、剑麻、林木、桑树、橡胶园	一年生杂草和多年生恶性杂草	1125-2250克/公顷	定向喷雾
PD86115	甲基硫菌灵/95%,92%,85%/原药/甲基硫菌灵 95%,92%,85%/2006.08.23 至 2011.08.23/低毒			
PD86116	36%甲基硫菌灵悬浮剂//悬浮剂/甲基硫菌灵 36%/2006.04.17 至 2011.04.17/低毒			
	甘薯	黑斑病	800-1000倍液	浸种,喷雾
	柑橘树	绿霉病、青霉病	800倍液	浸果
	禾谷类	黑穗病	1000-2000倍液	浸种
	花生	叶斑病	1500-1800倍液	喷雾
	梨树、苹果树	白粉病、黑星病	800-1200倍液	喷雾
	马铃薯	环腐病	800倍液	浸种
	毛竹	枯梢病	1500倍液	喷雾
	棉花	枯萎病	170倍液	浸种
	葡萄、桑树、烟草	白粉病	800-1000倍液	喷雾
	蔬菜	多种病害	400-1200倍液	喷雾
	水稻	稻瘟病、纹枯病	800-1500倍液	喷雾
	甜菜	褐斑病	1300倍液	喷雾
	小麦	白粉病、赤霉病	1500倍液	喷雾
	油菜	菌核病	1500倍液	喷雾
PD86134-3	多菌灵/40%/悬浮剂/多菌灵 40%/2006.08.23 至 2011.08.23/低毒			
	果树	病害	0.05-0.1%药液	喷雾
	花生	倒秧病	750克/公顷	喷雾
	绿萍	霉腐病	0.05%药液	喷雾
	麦类	赤霉病	0.025%药液	喷雾
	棉花	苗期病害	0.3%药液	浸种
	水稻	纹枯病	0.025%药液	喷雾
	甜菜	褐斑病	250-500倍液	喷雾
	油菜	菌核病	1125-1500克/公顷	喷雾
PD91106-8	甲基硫菌灵/50%/可湿性粉剂/甲基硫菌灵 50%/2006.04.18 至 2011.04.18/低毒			
	番茄	叶霉病	375-562.5克/公顷	喷雾

	甘薯	黑斑病	360-450毫克/千克	浸薯块
	瓜类	白粉病	337.5-506.25克/公顷	喷雾
	梨树	黑星病	360-450毫克/千克	喷雾
	苹果树	轮纹病	700毫克/千克	喷雾
	水稻	稻瘟病、纹枯病	1050-1500克/公顷	喷雾
	小麦	赤霉病	750-1050克/公顷	喷雾
PD91106-29	甲基硫菌灵/70%/可湿性粉剂/甲基硫菌灵 70%/2006.05.09 至 2011.05.09/低毒			
	番茄	叶霉病	375-562.5克/公顷	喷雾
	甘薯	黑斑病	360-450毫克/千克	浸薯块
	瓜类	白粉病	337.5-506.25克/公顷	喷雾
	梨树	黑星病	360-450毫克/千克	喷雾
	苹果树	轮纹病	700毫克/千克	喷雾
	水稻	稻瘟病、纹枯病	1050-1500克/公顷	喷雾
	小麦	赤霉病	750-1050克/公顷	喷雾
PD92103-17	草甘膦/80%,85%,92%/原药/草甘膦 80%,85%,92%/2007.08.06 至 2012.08.06/低毒			
PD20040036	氯氰菊酯/95%/原药/氯氰菊酯 95%/2009.12.19 至 2014.12.19/中等毒			
PD20040042	吡虫啉/95%/原药/吡虫啉 95%/2009.12.19 至 2014.12.19/低毒			
PD20040117	吡虫啉/10%/可湿性粉剂/吡虫啉 10%/2009.12.19 至 2014.12.19/低毒			
	十字花科蔬菜、小麦	蚜虫	15-30克/公顷	喷雾
	水稻	飞虱	15-30克/公顷	喷雾
PD20040149	高效氯氰菊酯/96%/原药/高效氯氰菊酯 96%/2009.12.19 至 2014.12.19/中等毒			
PD20040151	高效氯氰菊酯/4.5%/乳油/高效氯氰菊酯 4.5%/2009.12.19 至 2014.12.19/中等毒			
	棉花	棉铃虫	15-30克/公顷	喷雾
	十字花科蔬菜	小菜蛾	20.75-27克/公顷	喷雾
PD20040171	吡虫啉/70%/湿拌种剂/吡虫啉 70%/2004.12.19 至 2009.12.18/低毒			
	玉米	蚜虫	420-490克/100千克种子	拌种
PD20040189	氯氰菊酯/10%/乳油/氯氰菊酯 10%/2009.12.19 至 2014.12.19/中等毒			
	蔬菜	菜青虫	30-45克/公顷	喷雾
PD20040295	哒螨灵/95%/原药/哒螨灵 95%/2009.12.19 至 2014.12.19/中等毒			
PD20040498	哒螨灵/15%/乳油/哒螨灵 15%/2009.12.19 至 2014.12.19/中等毒			
	苹果树	叶螨	50-67毫克/千克	喷雾
PD20040550	哒螨灵/20%/可湿性粉剂/哒螨灵 20%/2009.12.19 至 2014.12.19/中等毒			
	柑橘树、苹果树	红蜘蛛	50-67毫克/千克	喷雾
PD20040601	吡虫·杀虫单/35%/可湿性粉剂/吡虫啉 1%、杀虫单 34%/2009.12.19 至 2014.12.19/中等毒			
	水稻	稻纵卷叶螟、二化螟、飞虱、三化螟	450-750克/公顷	喷雾
PD20060076	乙酰甲胺磷/95%/原药/乙酰甲胺磷 95%/2006.04.14 至 2011.04.14/低毒			
PD20070140	异菌脲/96%/原药/异菌脲 96%/2007.05.30 至 2012.05.30/低毒			
PD20070141	环嗪酮/98%/原药/环嗪酮 98%/2007.05.30 至 2012.05.30/低毒			
PD20070384	环嗪酮/25%/可溶液剂/环嗪酮 25%/2007.10.24 至 2012.10.24/低毒			
	森林防火道	灌木、杂草	1252.5-1875克/公顷	茎叶喷雾
PD20070388	草除灵/95%/原药/草除灵 95%/2007.11.05 至 2012.11.05/低毒			
PD20070389	噁草酮/95%/原药/噁草酮 95%/2007.11.05 至 2012.11.05/低毒			
PD20070557	草甘膦异丙铵盐/41%/水剂/草甘膦异丙胺盐 41%/2007.12.03 至 2012.12.03/低毒			
	非耕地	杂草	1125-3000克/公顷	喷雾
PD20070635	异丙甲草胺/96%/原药/异丙甲草胺 96%/2007.12.14 至 2012.12.14/低毒			
PD20080066	甲基硫菌灵/500克/升/悬浮剂/甲基硫菌灵 500克/升/2008.01.03 至 2013.01.03/低毒			
	小麦	赤霉病	900-1200克/公顷	喷雾
PD20080078	甲基毒死蜱/95%/原药/甲基毒死蜱 95%/2008.01.04 至 2013.01.04/低毒			
PD20080118	啶虫脒/96%/原药/啶虫脒 96%/2008.01.04 至 2013.01.04/低毒			
PD20080145	啶虫脒/3%/乳油/啶虫脒 3%/2008.01.04 至 2013.01.04/低毒			
	柑橘树	蚜虫	10-15毫克/千克	喷雾
PD20080208	硫磺·多菌灵/50%/悬浮剂/多菌灵 15%、硫磺 35%/2008.01.25 至 2013.01.25/低毒			
	小麦	赤霉病	900-1200克/公顷	喷雾
PD20080250	硫磺·多菌灵/40%/悬浮剂/多菌灵 20%、硫磺 20%/2008.02.19 至 2013.02.19/低毒			
	水稻	稻瘟病	1200-1800克/公顷	喷雾
PD20080251	福·甲·硫磺/50%/可湿性粉剂/福美双 18%、甲基硫菌灵 10%、硫磺 22%/2008.02.19 至 2013.02.19/低毒			
	小麦	赤霉病	1575-2100克/公顷	喷雾
PD20080304	毒死蜱/40%/乳油/毒死蜱 40%/2008.02.25 至 2013.02.25/低毒			
	棉花	棉铃虫	600-900克/公顷	喷雾
	水稻	稻纵卷叶螟	600-720克/公顷	喷雾
PD20080333	多菌灵/500克/升/悬浮剂/多菌灵 500克/升/2008.02.26 至 2013.02.26/低毒			
	苹果树	轮纹病	625-833.3毫克/千克	喷雾
PD20080607	zeta-氯氰菊酯/90%/原药/zeta-氯氰菊酯 90%/2008.05.12 至 2013.05.12/中等毒			

PD20080659 噁草酮/25%/乳油/噁草酮 25%/2008.05.27 至 2013.05.27/低毒
水稻田 一年生禾本科杂草 450-487.5克/公顷 药土法
PD20081403 氯菊酯/94%/原药/氯菊酯 94%/2008.10.28 至 2013.10.28/低毒
PD20081408 氟磺胺草醚/95%/原药/氟磺胺草醚 95%/2008.10.29 至 2013.10.29/低毒
PD20081610 啶虫脒/5%/乳油/啶虫脒 5%/2008.11.12 至 2013.11.12/中等毒
柑橘树 蚜虫 10-15毫克/千克 喷雾
PD20081643 苯噻酰草胺/95%/原药/苯噻酰草胺 95%/2008.11.14 至 2013.11.14/低毒
PD20081654 霜霉威/98%/原药/霜霉威 98%/2008.11.14 至 2013.11.14/低毒
PD20081673 异丙甲草胺/72%/乳油/异丙甲草胺 72%/2008.11.17 至 2013.11.17/低毒
夏玉米田 一年生禾本科杂草及部分阔叶杂草 1080-1620克/公顷 喷雾
PD20081773 硫磺·多菌灵/50%/可湿性粉剂/多菌灵 15%、硫磺 35%/2008.11.18 至 2013.11.18/低毒
花生 叶斑病 1200-1800克/公顷 喷雾
PD20081963 毒死蜱/95%/原药/毒死蜱 95%/2008.11.24 至 2013.11.24/中等毒
PD20081991 啶虫脒/20%/可溶液剂/啶虫脒 20%/2008.11.25 至 2013.11.25/低毒
棉花 蚜虫 30-45克/公顷 喷雾
PD20082172 高效氯氟氰菊酯/95%/原药/高效氯氟氰菊酯 95%/2008.11.26 至 2013.11.26/中等毒
PD20082178 啶虫脒/20%/可湿性粉剂/啶虫脒 20%/2008.11.26 至 2013.11.26/中等毒
柑橘树 蚜虫 12-20毫克/千克 喷雾
PD20082203 氟磺胺草醚/25%/水剂/氟磺胺草醚 25%/2008.11.26 至 2013.11.26/低毒
夏大豆田 一年生阔叶杂草 262.5-375克/公顷 茎叶喷雾
PD20082417 乙·莠/40%/可湿性粉剂/乙草胺 14%、莠去津 26%/2008.12.02 至 2013.12.02/低毒
夏玉米田 一年生杂草 1200-1500克/公顷 播后苗前土壤喷雾
PD20082563 异菌脲/50%/可湿性粉剂/异菌脲 50%/2008.12.04 至 2013.12.04/低毒
番茄 早疫病 900—1200克/公顷 喷雾
PD20082591 硫磺·多菌灵/25%/可湿性粉剂/多菌灵 12.5%、硫磺 12.5%/2008.12.04 至 2013.12.04/低毒
水稻 稻瘟病 1200-1800克/公顷 喷雾
PD20082608 硫磺/50%/悬浮剂/硫磺 50%/2008.12.04 至 2013.12.04/低毒
苹果树 白粉病 1250-2500毫克/千克 喷雾
PD20082660 硫磺·甲硫灵/50%/悬浮剂/甲基硫菌灵 20%、硫磺 30%/2008.12.04 至 2013.12.04/低毒
黄瓜 炭疽病 1125-2250克/公顷 喷雾
PD20082783 霜霉威盐酸盐/722克/升/水剂/霜霉威盐酸盐 722克/升/2008.12.09 至 2013.12.09/低毒
黄瓜 霜霉病 975-1950克/公顷 喷雾
PD20083265 高效氯氟氰菊酯/25克/升/乳油/高效氯氟氰菊酯 25克/升/2008.12.11 至 2013.12.11/中等毒
柑橘树 潜叶蛾 12.5-25毫克/千克 喷雾
十字花科蔬菜 菜青虫 7.5-11.25克/公顷 喷雾
PD20083485 霜霉威盐酸盐/36%/水剂/霜霉威盐酸盐 36%/2008.12.12 至 2013.12.12/低毒
黄瓜 霜霉病 649.8-1083克/公顷 喷雾
PD20083635 阿维·啶虫脒/1.5%/微乳剂/阿维菌素 0.2%、啶虫脒 1.3%/2008.12.12 至 2013.12.12/低毒(原药高毒)
十字花科蔬菜 小菜蛾 13.5-18克/公顷 喷雾
PD20083727 氯氰·毒死蜱/50%/乳油/毒死蜱 45%、氯氰菊酯 5%/2008.12.15 至 2013.12.15/中等毒
棉花 棉铃虫 225-375克/公顷 喷雾
十字花科蔬菜 甜菜夜蛾 225-375克/公顷 喷雾
PD20084140 环嗪酮/5%/颗粒剂/环嗪酮 5%/2008.12.16 至 2013.12.16/低毒
森林防火道 杂草 1125-1875克/公顷 直接撒施
森林防火道 杂灌 1875-2250克/公顷 直接撒施
PD20084194 草除灵/30%/悬浮剂/草除灵 30%/2008.12.16 至 2013.12.16/低毒
油菜田 一年生阔叶杂草 750-1000毫升/公顷(制剂) 茎叶喷雾
PD20084441 甲硫·福美双/50%/可湿性粉剂/福美双 20%、甲基硫菌灵 30%/2008.12.17 至 2013.12.17/低毒
小麦 赤霉病 900-1200克/公顷 喷雾
PD20085833 多·锰锌/80%/可湿性粉剂/多菌灵 30%、代森锰锌 50%/2008.12.29 至 2013.12.29/低毒
梨树 黑星病 1000-1250毫克/千克 喷雾
苹果树 斑点落叶病 1000-1250毫克/千克 喷雾
PD20085943 异甲·莠去津/40%/悬乳剂/异丙甲草胺 20%、莠去津 20%/2008.12.29 至 2013.12.29/低毒
夏玉米田 一年生杂草 1200-1500克/公顷 播后苗前土壤喷雾
PD20091656 精喹禾灵/5%/乳油/精喹禾灵 5%/2009.02.03 至 2014.02.03/低毒
夏大豆田 一年生禾本科杂草 37.5-52.5克/公顷 喷雾
PD20092582 阿维·哒螨灵/5%/乳油/阿维菌素 0.2%、哒螨灵 4.8%/2009.02.27 至 2014.02.27/低毒(原药高毒)
柑橘树 红蜘蛛 33.3-50毫克/千克 喷雾
PD20093363 代森锰锌/30%/悬浮剂/代森锰锌 30%/2009.03.18 至 2014.03.18/低毒
番茄 早疫病 1080-1440克/公顷 喷雾
PD20095102 精喹禾灵/95%/原药/精喹禾灵 95%/2009.04.24 至 2014.04.24/低毒

PD20095393 环嗪酮/75%/水分散粒剂/环嗪酮 75%/2009.04.27 至 2014.04.27/低毒
森林防火道 杂草 1800-2250克/公顷 茎叶喷雾
PD20096852 苯菌灵/95%/原药/苯菌灵 95%/2009.09.21 至 2014.09.21/低毒
PD20096853 苯菌灵/50%/可湿性粉剂/苯菌灵 50%/2009.09.21 至 2014.09.21/低毒
柑橘树 疮痂病 833-1000毫克/千克 喷雾
LS20051243 吡虫啉/10%/可湿性粉剂/吡虫啉 10%/2008.04.12 至 2009.04.12/微毒
十字花科蔬菜 蚜虫 30-45克/公顷 喷雾
水稻 稻飞虱 15-30克/公顷 喷雾
小麦 蚜虫 15-30克/公顷(南方地区) 喷雾
45-60克/公顷(北方地区)
LS20051274 烯酰·福美双/55%/可湿性粉剂/福美双 47%、烯酰吗啉 8%/2008.04.12 至 2009.04.12/低毒
荔枝树 霜疫霉病 1100-1375毫克/千克 喷雾
LS20053111 环嗪·敌草隆/60%/可湿性粉剂/敌草隆 46.8%、环嗪酮 13.2%/2008.09.28 至 2009.09.28/低毒
甘蔗田 一年生杂草 1305-1665克/公顷 定向喷雾
LS20061905 乙霉·多菌灵/60%/可湿性粉剂/多菌灵 30%、乙霉威 30%/2009.12.05 至 2010.12.05/低毒
番茄 灰霉病 720-1440克/公顷 喷雾
LS20071566 敌草隆/98%/原药/敌草隆 98%/2009.06.04 至 2010.06.05/低毒
LS20090042 吡唑草胺/500克/升/悬浮剂/吡唑草胺 500克/升/2010.01.08 至 2011.01.08/低毒
冬油菜田 一年生杂草 600-750克/公顷 土壤喷雾
LS20090058 吡唑草胺/97%/原药/吡唑草胺 97%/2010.01.09 至 2011.01.09/低毒
LS20091171 环嗪·敌草隆/60%/水分散粒剂/敌草隆 46.8%、环嗪酮 13.2%/2009.04.22 至 2010.04.22/低毒
甘蔗田 一年生杂草 1260-1620克/公顷 定向茎叶喷雾

江苏利达农药有限公司 (江苏省宜兴市周铁镇分水 214262 0510-87551550)

PD20040183 氯氰菊酯/10%/乳油/氯氰菊酯 10%/2004.12.19 至 2009.12.18/低毒
十字花科蔬菜 菜青虫 30-45克/公顷 喷雾
PD20070558 氰戊菊酯/20%/乳油/氰戊菊酯 20%/2007.12.03 至 2012.12.03/低毒
甘蓝 菜青虫 60-120克/公顷 喷雾
PD20081147 甲氰菊酯/20%/乳油/甲氰菊酯 20%/2008.09.01 至 2013.09.01/中等毒
苹果树 红蜘蛛 67-100毫克/千克 喷雾
PD20083346 高效氯氟氰菊酯/25克/升/乳油/高效氯氟氰菊酯 25克/升/2008.12.11 至 2013.12.11/中等毒
十字花科蔬菜 菜青虫 7.5-15克/公顷 喷雾
PD20084200 溴氰菊酯/25克/升/乳油/溴氰菊酯 25克/升/2008.12.16 至 2013.12.16/中等毒
十字花科蔬菜 蚜虫 15-22.5克/公顷 喷雾
PD20084736 氰戊·辛硫磷/50%/乳油/氰戊菊酯 4.5%、辛硫磷 45.5%/2008.12.23 至 2013.12.23/低毒
十字花科蔬菜 菜青虫 112.5-225克/公顷 喷雾
PD20095785 溴氰·敌敌畏/25%/乳油/敌敌畏 24.5%、溴氰菊酯 0.5%/2009.05.27 至 2014.05.27/中等毒
十字花科蔬菜 蚜虫 300-375克/公顷 喷雾
PD20096470 毒死蜱/480克/升/乳油/毒死蜱 480克/升/2009.08.14 至 2014.08.14/中等毒
水稻 二化螟 576-720克/公顷 喷雾
LS20071274 高效氯氟氰菊酯/25克/升/微乳剂/高效氯氟氰菊酯 25克/升/2009.05.07 至 2010.05.08/中等毒
十字花科蔬菜 菜青虫 11.25-15克/公顷 喷雾

江苏联合农用化学有限公司 (江苏省南京市栖霞区靖安镇太平村 210019 025-86520571)

PD20040119 吡虫啉/20%/可溶液剂/吡虫啉 20%/2009.12.19 至 2014.12.19/中等毒
水稻 稻飞虱 20-30克/公顷 喷雾
PD20040245 高效氯氰菊酯/4.5%/水乳剂/高效氯氰菊酯 4.5%/2009.12.19 至 2014.12.19/中等毒
十字花科蔬菜 菜青虫 40.5-54克/公顷 喷雾
PD20080550 啶虫脒/20%/可溶粉剂/啶虫脒 20%/2008.05.08 至 2013.05.08/低毒
棉花 蚜虫 9-13.5克/公顷 喷雾
LS20061788 十三吗啉/99%/原药/十三吗啉 99%/2009.10.30 至 2010.10.30/低毒
LS20070744 甲氨基阿维菌素苯甲酸盐/90%/原药/甲氨基阿维菌素 90%/2009.04.08 至 2010.04.09/中等毒
LS20071919 溴苯腈/97%/原药/溴苯腈 97%/2009.08.07 至 2010.08.08/中等毒
LS20080770 2甲4氯/97%/原药/2甲4氯 97%/2009.02.27 至 2010.02.28/低毒
LS20080851 丙草胺/96%/原药/丙草胺 96%/2009.03.03 至 2010.03.03/低毒
LS20080916 甲氨基阿维菌素苯甲酸盐/19克/升/乳油/甲氨基阿维菌素苯甲酸盐 19克/升/2009.03.04 至 2010.03.04/低毒
十字花科蔬菜 小菜蛾 2.28-3.42克/公顷 喷雾

江苏联化科技有限公司 (江苏省盐城市响水县陈家港化工区纬一路 224634 0515-6734222)

PD20070133 异噁草松/92%/原药/异噁草松 92%/2007.05.21 至 2012.05.21/低毒
PD20070300 联苯菊酯/95.5%/原药/联苯菊酯 95.5%/2007.09.21 至 2012.09.21/中等毒
PD20081498 氟磺胺草醚/98%/原药/氟磺胺草醚 98%/2008.11.05 至 2013.11.05/低毒
PD20082183 唑草酮/90%/原药/唑草酮 90%/2008.11.26 至 2013.11.26/低毒
LS20081029 氟磺胺草醚/48%/母液/氟磺胺草醚 48%/2009.03.07 至 2010.03.07/低毒
注:仅供出口。
LS20090534 嗪草酸甲酯/95%/原药/嗪草酸甲酯 95%/2009.03.18 至 2010.03.18/微毒

江苏连云港立本农药化工有限公司 (连云港经济技术开发区大浦化工区(新浦丁字路北首) 222002 0518-85153415)

PD85154-2	氰戊菊酯/20%/乳油/氰戊菊酯 20%/2006.08.15 至 2011.08.15/中等毒			
	柑橘树	潜叶蛾	10-20毫克/千克	喷雾
	果树	梨小食心虫	10-20毫克/千克	喷雾
	棉花	红铃虫、蚜虫	75-150克/公顷	喷雾
	蔬菜	菜青虫、蚜虫	60-120克/公顷	喷雾
PD85156-3	辛硫磷/85%,75%/原药/辛硫磷 85%,75%/2005.08.15 至 2010.08.15/低毒			
PD85157-2	40%辛硫磷乳油//乳油/辛硫磷 40%/2005.08.15 至 2010.08.15/低毒			
	茶树、桑树	食叶害虫	200-400毫克/千克	喷雾
	果树	食心虫、蚜虫、螨	200-400毫克/千克	喷雾
	林木	食叶害虫	3000-6000克/公顷	喷雾
	棉花	棉铃虫、蚜虫	300-600克/公顷	喷雾
	蔬菜	菜青虫	300-450克/公顷	喷雾
	水稻	稻纵卷叶螟	600-900克/公顷	喷雾
	小麦	地下害虫	72-96克/100千克种子	拌种
	烟草	食叶害虫	300-600克/公顷	喷雾
	玉米	玉米螟	450-600克/公顷	灌心叶
PD20040232	氯氰菊酯/5%/乳油/氯氰菊酯 5%/2009.12.19 至 2014.12.19/低毒			
	十字花科蔬菜	菜青虫	33.7-45克/公顷	喷雾
PD20040457	哒螨灵/15%/乳油/哒螨灵 15%/2009.12.19 至 2014.12.19/中等毒			
	柑橘树	红蜘蛛	50-67毫克/千克	喷雾
	棉花	红蜘蛛	90-135克/公顷	喷雾
	苹果树	红蜘蛛	45-67.5毫克/千克	喷雾
PD20040472	吡虫啉/5%/乳油/吡虫啉 5%/2009.12.19 至 2014.12.19/低毒			
	水稻	稻飞虱	13.5-18克/公顷	喷雾
PD20040525	三唑磷/20%/乳油/三唑磷 20%/2009.12.19 至 2014.12.19/中等毒			
	水稻	二化螟	300-450克/公顷	喷雾
PD20040817	哒螨灵/95%/原药/哒螨灵 95%/2009.12.23 至 2014.12.23/中等毒			
PD20040818	哒螨灵/20%/可湿性粉剂/哒螨灵 20%/2009.12.23 至 2014.12.23/低毒			
	柑橘树、苹果树	红蜘蛛	50-67毫克/千克	喷雾
	棉花	红蜘蛛	90-135克/公顷	喷雾
PD20070406	己唑醇/95%/原药/己唑醇 95%/2007.11.05 至 2012.11.05/低毒			
PD20070647	啶虫脒/95%/原药/啶虫脒 95%/2007.12.17 至 2012.12.17/低毒			
PD20080811	氟磺胺草醚/95%/原药/氟磺胺草醚 95%/2008.06.20 至 2013.06.20/低毒			
PD20081438	毒死蜱/95%/原药/毒死蜱 95%/2008.10.31 至 2013.10.31/中等毒			
PD20082081	精喹禾灵/5%/乳油/精喹禾灵 5%/2008.11.25 至 2013.11.25/低毒			
	夏大豆田	一年生禾本科杂草	900-1050毫升/公顷(制剂)	茎叶喷雾
PD20082380	啶虫脒/3%/乳油/啶虫脒 3%/2008.12.01 至 2013.12.01/低毒			
	柑橘树	蚜虫	10-12毫克/千克	喷雾
	棉花	蚜虫	9-18克/公顷	喷雾
PD20082407	氰戊·辛硫磷/25%/乳油/氰戊菊酯 2.2%、辛硫磷 22.8%/2008.12.02 至 2013.12.02/中等毒			
	棉花	棉铃虫	337.5-450克/公顷	喷雾
PD20082519	啶虫脒/3%/可湿性粉剂/啶虫脒 3%/2008.12.03 至 2013.12.03/低毒			
	柑橘树	蚜虫	10-12毫克/千克	喷雾
PD20082562	吡嘧磺隆/90%/原药/吡嘧磺隆 90%/2008.12.04 至 2013.12.04/低毒			
PD20082594	苯磺隆/95%/原药/苯磺隆 95%/2008.12.04 至 2013.12.04/低毒			
PD20082716	氰戊·辛硫磷/40%/乳油/氰戊菊酯 3.6%、辛硫磷 36.4%/2008.12.05 至 2013.12.05/中等毒			
	棉花	棉铃虫	300-360克/公顷	喷雾
	苹果树	桃小食心虫	200-400毫克/千克	喷雾
PD20082805	氟磺胺草醚/250克/升/水剂/氟磺胺草醚 250克/升/2008.12.09 至 2013.12.09/低毒			
	大豆田	一年生阔叶杂草	250-500克/公顷	茎叶喷雾
PD20083282	苯磺隆/10%/可湿性粉剂/苯磺隆 10%/2008.12.11 至 2013.12.11/低毒			
	冬小麦田	一年生阔叶杂草	15-22.5克/公顷	茎叶喷雾
PD20083547	氰戊菊酯/10%/乳油/氰戊菊酯 10%/2008.12.12 至 2013.12.12/低毒			
	十字花科蔬菜	菜青虫	37.5-75克/公顷	喷雾
PD20083703	阿维菌素/1.8%/乳油/阿维菌素 1.8%/2008.12.15 至 2013.12.15/低毒(原药高毒)			
	棉花	棉铃虫	21.6-32.4克/公顷	喷雾
	棉花	红蜘蛛	10.8-16.2克/公顷	喷雾
PD20084904	辛硫磷/3%/颗粒剂/辛硫磷 3%/2008.12.22 至 2013.12.22/中等毒			
	花生	地老虎、金针虫、蝼蛄、蛴螬	3000-3750克/公顷	沟施
PD20085926	己唑醇/5%/微乳剂/己唑醇 5%/2008.12.29 至 2013.12.29/低毒			
	梨树	黑星病	40-50毫克/千克	喷雾
	苹果树	白粉病	40-50毫克/千克	喷雾

PD20086251 吡嘧磺隆/10%/可湿性粉剂/吡嘧磺隆 10%/2008.12.31 至 2013.12.31/低毒
水稻 稗草、阔叶杂草、莎草 15-30克/公顷 毒土法(移栽水稻插秧后3-8天，稗草1.5叶期前施药)

PD20092140 乙烯利/90%/原药/乙烯利 90%/2009.02.23 至 2014.02.23/低毒

PD20092346 高效氟吡甲禾灵/108克/升/乳油/高效氟吡甲禾灵 108克/升/2009.02.24 至 2014.02.24/低毒
大豆田、冬油菜田 一年生禾本科杂草 32.4-48.6克/公顷 喷雾

PD20092800 炔螨特/20%/水乳剂/炔螨特 20%/2009.03.04 至 2014.03.04/低毒
苹果 二斑叶螨 133.3-200毫克/千克 喷雾

PD20093496 异丙甲草胺/96%/原药/异丙甲草胺 96%/2009.03.23 至 2014.03.23/低毒

PD20093839 异丙草胺/72%/乳油/异丙草胺 72%/2009.03.25 至 2014.03.25/低毒
春大豆田 一年生禾本科杂草及部分小粒种子阔叶杂草 1620-2160克/公顷(东北地区) 土壤喷雾

PD20094133 乙烯利/40%/水剂/乙烯利 40%/2009.03.27 至 2014.03.27/低毒
棉花 催熟 330-500 倍液 喷雾

PD20094255 精吡氟禾草灵/150克/升/乳油/精吡氟禾草灵 150克/升/2009.03.31 至 2014.03.31/低毒
大豆田 一年生禾本科杂草 112.5-157.5克/公顷 茎叶喷雾

PD20094328 苄嘧磺隆/10%/可湿性粉剂/苄嘧磺隆 10%/2009.03.31 至 2014.03.31/低毒
水稻移栽田 阔叶杂草及莎草科杂草 45-60克/公顷 毒土法

PD20094394 马拉硫磷/45%/乳油/马拉硫磷 45%/2009.04.01 至 2014.04.01/低毒
棉花 盲蝽蟓 468-562.5克/公顷 喷雾

PD20094408 三环唑/75%/可湿性粉剂/三环唑 75%/2009.04.01 至 2014.04.01/中等毒
水稻 稻瘟病 225-300克/公顷 喷雾

PD20094434 异噁草松/95%/原药/异噁草松 95%/2009.04.01 至 2014.04.01/低毒

PD20094544 2甲4氯钠/56%/可溶粉剂/2甲4氯钠 56%/2009.04.09 至 2014.04.09/低毒
冬小麦田 阔叶杂草 840-1008克/公顷 喷雾

PD20094715 苄嘧磺隆/30%/可湿性粉剂/苄嘧磺隆 30%/2009.04.10 至 2014.04.10/低毒
冬小麦田 一年生阔叶杂草 45-54克/公顷 茎叶喷雾
水稻移栽田 一年生阔叶杂草及莎草科杂草 58.5-90克/公顷 毒土法

PD20094784 高效氟吡甲禾灵/92%/原药/高效氟吡甲禾灵 92%/2009.04.13 至 2014.04.13/低毒

PD20095144 吡嘧·苯噻酰/50%/可湿性粉剂/苯噻酰草胺 48%、吡嘧磺隆 2%/2009.04.24 至 2014.04.24/低毒
水稻抛秧田 一年生及部分多年生杂草 375-450克/公顷(南方地区) 药土法

PD20095257 乙羧氟草醚/10%/乳油/乙羧氟草醚 10%/2009.04.27 至 2014.04.27/低毒
春大豆田 阔叶杂草 75-105克/公顷 茎叶喷雾
春小麦田 阔叶杂草 60-90克/公顷 茎叶喷雾
花生田 阔叶杂草 45-75克/公顷 茎叶喷雾

PD20095281 氟乐灵/96%/原药/氟乐灵 96%/2009.04.27 至 2014.04.27/低毒

PD20095336 乙草胺/81.5%/乳油/乙草胺 81.5%/2009.04.27 至 2014.04.27/低毒
春大豆田 一年生禾本科杂草及部分阔叶杂草 1350-2025克/公顷 土壤喷雾

PD20095379 百草枯/200克/升/水剂/百草枯 200克/升/2009.04.27 至 2014.04.27/中等毒
茶园、玉米田 杂草 450-600克/公顷 喷雾

PD20095425 氟磺胺草醚/10%/乳油/氟磺胺草醚 10%/2009.05.11 至 2014.05.11/低毒
花生田 一年生阔叶杂草 105-150克/公顷 茎叶喷雾
夏大豆田 一年生阔叶杂草 150-225克/公顷 茎叶喷雾

PD20095484 莠去津/38%/悬浮剂/莠去津 38%/2009.05.11 至 2014.05.11/低毒
春玉米田 一年生杂草 1710-2280克/公顷 土壤喷雾

PD20095542 苄·乙/20%/可湿性粉剂/苄嘧磺隆 5%、乙草胺 15%/2009.05.12 至 2014.05.12/低毒
移栽水稻田 一年生及部分多年生杂草 84-118克/公顷 药土法

PD20095549 咪唑乙烟酸/50克/升/水剂/咪唑乙烟酸 50克/升/2009.05.12 至 2014.05.12/低毒
春大豆田 一年生杂草 75-112.5克/公顷 土壤喷雾

PD20095609 草甘膦/95%/原药/草甘膦 95%/2009.05.12 至 2014.05.12/低毒

PD20095877 氯氟吡氧乙酸异辛酯(290克/升)///乳油/氯氟吡氧乙酸 200克/升/2009.05.31 至 2014.05.31/低毒
冬小麦田 阔叶杂草 150-200克/公顷 茎叶喷雾

PD20095919 乙羧氟草醚/95%/原药/乙羧氟草醚 95%/2009.06.02 至 2014.06.02/低毒

PD20096023 苄嘧磺隆/96%/原药/苄嘧磺隆 96%/2009.06.15 至 2014.06.15/低毒

PD20096084 乙草胺/20%/可湿性粉剂/乙草胺 20%/2009.06.18 至 2014.06.18/低毒
水稻移栽田 一年生禾本科杂草及部分阔叶杂草 90-112.5克/公顷(南方地区) 毒土法

PD20096089 乙草胺/90%/原药/乙草胺 90%/2009.06.18 至 2014.06.18/低毒

PD20096091 氟乐灵/480克/升/乳油/氟乐灵 480克/升/2009.06.18 至 2014.06.18/低毒
大豆田 一年生禾本科杂草及部分阔叶杂草 900-1260克/公顷 土壤喷雾

PD20096205 阿维菌素/1.8%/可湿性粉剂/阿维菌素 1.8%/2009.07.13 至 2014.07.13/低毒(原药高毒)
十字花科蔬菜 小菜蛾 8.1-10.8克/公顷 喷雾

PD20096390 异丙甲草胺/720克/升/乳油/异丙甲草胺 720克/升/2009.08.04 至 2014.08.04/低毒

春大豆田	一年生禾本科杂草及部分小粒种子阔叶杂草	1890-2160克/公顷	播后苗前土壤喷雾
夏大豆田	一年生禾本科杂草及部分小粒种子阔叶杂草	1350-1890克/公顷	播后苗前土壤喷雾

PD20096410 己唑醇/10%/乳油/己唑醇 10%/2009.08.04 至 2014.08.04/微毒

水稻	纹枯病	45-75克/公顷	喷雾
水稻	稻曲病	52.5-75克/公顷	喷雾

PD20096486 异噁草松/480克/升/乳油/异噁草松 480克/升/2009.08.14 至 2014.08.14/低毒

春大豆田	一年生杂草	936-1152克/公顷	播后苗前土壤喷雾

PD20096569 2甲4氯钠/13%/水剂/2甲4氯钠 13%/2009.08.24 至 2014.08.24/微毒

冬小麦田	一年生阔叶杂草	750-1200克/公顷	喷雾

PD20096661 氟啶脲/5%/乳油/氟啶脲 5%/2009.09.07 至 2014.09.07/微毒

甘蓝	甜菜夜蛾	45-60克/公顷	喷雾

PD20097075 2,4-滴丁酯/57%/乳油/2,4-滴丁酯 57%/2009.10.10 至 2014.10.10/低毒

春大豆田	一年生阔叶杂草	864-1296克/公顷	播后苗前土壤喷雾
冬小麦田	一年生阔叶杂草	486-540克/公顷	茎叶喷雾

LS20050064 哒螨灵/6%/乳油/哒螨灵 6%/2008.01.08 至 2009.01.07/低毒

棉花	红蜘蛛	22.5-36克/公顷	喷雾

LS20050311 二氯喹啉酸/50%/可湿性粉剂/二氯喹啉酸 50%/2008.02.05 至 2009.02.04/低毒

水稻抛秧田	稗草	225-300克/公顷	喷雾

LS20050669 虫酰肼/20%/悬浮剂/虫酰肼 20%/2008.03.15 至 2009.03.15/微毒

十字花科蔬菜	甜菜夜蛾	240-300克/公顷	喷雾

LS20052337 乳氟禾草灵/95%/原药/乳氟禾草灵 95%/2008.06.26 至 2009.06.26/低毒

LS20052557 噻吩磺隆/15%/可湿性粉剂/噻吩磺隆 15%/2008.08.03 至 2009.08.03/微毒

冬小麦	一年生阔叶杂草	22.5-30克/公顷	茎叶喷雾

LS20052607 吡嘧磺隆/20%/可湿性粉剂/吡嘧磺隆 20%/2008.08.14 至 2009.08.14/低毒

水稻移栽田	阔叶杂草	15-30克/公顷	毒土法

LS20052767 苯磺隆/75%/水分散粒剂/苯磺隆 75%/2008.08.21 至 2009.08.21/低毒

冬小麦	一年生阔叶杂草	14.06-16.87克/公顷	喷雾

LS20052846 腈菌唑/12.5%/乳油/腈菌唑 12.5%/2008.09.01 至 2009.09.01/低毒

小麦	白粉病	30-60克/公顷	喷雾

LS20052884 草除灵/30%/悬浮剂/草除灵 30%/2008.09.07 至 2009.09.07/低毒

冬油菜	一年生阔叶杂草	225-270克/公顷	喷雾

LS20053175 百草枯/42%/母药/百草枯 42%/2008.10.10 至 2009.10.10/中等毒

LS20053176 三氟羧草醚/90%/原药/三氟羧草醚 90%/2008.10.10 至 2009.10.10/低毒

LS20053199 毒死蜱/40%/乳油/毒死蜱 40%/2008.10.10 至 2009.10.10/中等毒

韭菜	韭蛆	1500-1800克/公顷	灌根

LS20053208 草甘膦异丙胺盐/62%/水剂/草甘膦异丙胺盐 62%/2008.10.11 至 2009.10.11/低毒

非耕地	杂草	1860-2325克/公顷	喷雾

LS20053209 乙草胺/50%/乳油/乙草胺 50%/2008.10.11 至 2009.10.11/低毒

春大豆	一年生禾本科杂草及部分阔叶杂草	1125-1875克/公顷	播后苗前土壤喷雾

LS20053237 草甘膦/30%/可溶性粉剂/草甘膦 30%/2008.10.11 至 2009.10.11/低毒

柑橘园	杂草	1687.5-2250克/公顷	喷雾

LS20053248 辛酰溴苯腈/25%/乳油/辛酰溴苯腈 25%/2008.10.11 至 2009.10.11/低毒

春小麦、春玉米	一年生阔叶杂草	450-562.5克/公顷	喷雾
冬小麦、夏玉米	一年生阔叶杂草	375-562.5克/公顷	喷雾

LS20053363 乳氟禾草灵/240克/升/乳油/乳氟禾草灵 240克/升/2008.10.17 至 2009.10.17/低毒

春大豆	阔叶杂草	108-144克/公顷	喷雾
夏大豆	阔叶杂草	72-108克/公顷	喷雾

LS20053624 仲丁灵/95%/原药/仲丁灵 95%/2008.11.29 至 2009.11.29/低毒

LS20053672 灭草松/48%/水剂/灭草松 48%/2008.11.29 至 2009.11.29/低毒

春大豆	一年生阔叶杂草	1260-1800克/公顷	茎叶喷雾

LS20053681 莎稗磷/30%/乳油/莎稗磷 30%/2008.11.29 至 2009.11.29/低毒

移栽水稻田	莎草及稗草	247.5-315克/公顷	药土法

LS20053691 溴氰菊酯/25克/升/乳油/溴氰菊酯 25克/升/2008.11.29 至 2009.11.29/低毒

小麦	蚜虫	4.69-5.63克/公顷	喷雾

LS20053714 三氟羧草醚/214克/升/水剂/三氟羧草醚 214克/升/2008.12.08 至 2009.12.08/低毒

春大豆	一年生阔叶杂草	321-481.5克/公顷	茎叶喷雾

LS20053715 仲丁灵/48%/乳油/仲丁灵 48%/2008.12.08 至 2009.12.08/低毒

	夏大豆	菟丝子	1440-1800克/公顷	茎叶喷雾
LS20053726	莎稗磷/90%/原药/莎稗磷 90%/2008.12.08 至 2009.12.08/低毒			
LS20060100	烯啶虫胺/10%/水剂/烯啶虫胺 10%/2009.01.24 至 2010.01.24/低毒			
	棉花	蚜虫	15-30克/公顷	喷雾
LS20060213	氯嘧磺隆/95%/原药/氯嘧磺隆 95%/2009.02.14 至 2010.02.14/低毒			
LS20060214	氯嘧磺隆/20%/可湿性粉剂/氯嘧磺隆 20%/2009.02.14 至 2010.02.14/低毒			
	春大豆	一年生杂草	15-22.5克/公顷	土壤喷雾
LS20060769	烯啶虫胺/95%/原药/烯啶虫胺 95%/2009.04.05 至 2010.04.05/低毒			
LS20061028	丙环唑/250克/升/乳油/丙环唑 250克/升/2009.04.25 至 2010.04.25/低毒			
	香蕉	叶斑病	250-500毫克/千克	喷雾
LS20061928	阿维菌素/3%/可湿性粉剂/阿维菌素 3%/2009.12.06 至 2010.12.06/低毒(原药高毒)			
	棉花	红蜘蛛	9-18克/公顷	喷雾
LS20061961	唑嘧磺草胺/95%/原药/唑嘧磺草胺 95%/2009.12.10 至 2010.12.10/低毒			
LS20070004	唑嘧磺草胺/80%/水分散粒剂/唑嘧磺草胺 80%/2009.01.09 至 2010.01.09/微毒			
	冬小麦	阔叶杂草	25-30克/公顷	茎叶喷雾
LS20070058	麦草畏/480克/升/水剂/麦草畏 480克/升/2009.01.18 至 2010.01.18/低毒			
	春玉米	阔叶杂草	180-288克/公顷	茎叶喷雾
LS20070614	咪唑乙烟酸/10%/水剂/咪唑乙烟酸 10%/2009.03.22 至 2010.03.22/低毒			
	春大豆	一年生杂草	75-105克/公顷	茎叶喷雾
LS20070695	丙溴磷/89%/原药/丙溴磷 89%/2009.03.31 至 2010.03.31/中等毒			
LS20070715	苯噻酰草胺/50%/可湿性粉剂/苯噻酰草胺 50%/2009.03.31 至 2010.03.31/低毒			
	水稻移栽田	一年生杂草	东北地区：487.5-600克/公顷 其他地区：375-487.5克/公顷	毒土法
LS20071281	扑草净/50%/可湿性粉剂/扑草净 50%/2009.05.07 至 2010.05.08/低毒			
	大豆田	阔叶杂草	937.25-1125克/公顷(东北地区) 750-937.25克/公顷(其它地区)	播后苗前土壤喷雾
LS20071283	乙氧氟草醚/240克/升/乳油/乙氧氟草醚 240克/升/2009.05.07 至 2010.05.08/低毒			
	大蒜田	一年生杂草	150-180克/公顷	土壤喷雾
LS20071787	莠去津/80%/可湿性粉剂/莠去津 80%/2009.07.04 至 2010.07.05/低毒			
	夏玉米田	一年生杂草	1200-1800克/公顷	土壤喷雾
LS20072605	乙草胺/990克/升/乳油/乙草胺 990克/升/2009.12.09 至 2010.12.10/低毒			
	春大豆田	一年生禾本科杂草及部分小粒种子阔叶杂草	1485-2227.5克/公顷	土壤喷雾
LS20072609	精喹禾灵/10%/乳油/精喹禾灵 10%/2009.12.09 至 2010.12.10/低毒			
	夏大豆田	一年生禾本科杂草	37.5-52.5克/公顷	茎叶喷雾
LS20072614	醚磺隆/95%/原药/醚磺隆 95%/2009.12.09 至 2010.12.10/低毒			
LS20072645	异丙草·莠/40%/悬浮剂/异丙草胺 16%、莠去津 24%/2009.12.09 至 2010.12.10/低毒			
	夏玉米田	一年生杂草	900-1500克/公顷	土壤喷雾
LS20080016	高效氯氟氰菊酯/25克/升/乳油/高效氯氟氰菊酯 25克/升/2009.01.03 至 2010.01.03/中等毒			
	小麦	粘虫	6.75-9克/公顷	喷雾
LS20081056	杀虫单/90%/可溶粉剂/杀虫单 90%/2009.03.08 至 2010.03.08/中等毒			
	水稻	二化螟	675—810克/公顷	喷雾
LS20081066	醚磺隆/10%/可湿性粉剂/醚磺隆 10%/2009.03.08 至 2010.03.08/低毒			
	移栽水稻田	一年生阔叶杂草及莎草科杂草	24-30克/公顷	毒土法
LS20081232	咪鲜胺锰盐/50%/可湿性粉剂/咪鲜胺锰盐 50%/2009.03.11 至 2010.03.11/低毒			
	柑橘(果实)	炭疽病	250-500毫克/千克	浸果
LS20081396	烯草酮/120克/升/乳油/烯草酮 120克/升/2009.03.18 至 2010.03.18/低毒			
	大豆田	一年生禾本科杂草	72—108克/公顷	茎叶喷雾
LS20081425	甲氨基阿维菌素苯甲酸盐/1%/乳油/甲氨基阿维菌素苯甲酸盐 1%/2009.03.18 至 2010.03.18/低毒			
	十字花科蔬菜	小菜蛾	1.5-2.25克/公顷	喷雾
LS20081623	噁草酮/120克/升/乳油/噁草酮 120克/升/2009.04.03 至 2010.04.03/低毒			
	移栽水稻田	一年生杂草	423-486克/公顷	甩施
LS20081651	敌草胺/50%/可湿性粉剂/敌草胺 50%/2009.04.07 至 2010.04.07/低毒			
	西瓜	一年生杂草	1125-1875克/公顷	土壤喷雾
LS20081788	戊唑醇/250克/升/水乳剂/戊唑醇 250克/升/2009.04.07 至 2010.04.07/低毒			
	香蕉	叶斑病	167-256毫克/千克	喷雾
LS20081948	咪鲜胺/25%/乳油/咪鲜胺 25%/2009.04.11 至 2010.04.11/低毒			
	水稻	恶苗病	62.5-125毫克/千克	浸种
LS20082062	二嗪磷/50%/乳油/二嗪磷 50%/2009.04.15 至 2010.04.15/低毒			
	水稻	二化螟	450-900克/公顷	喷雾
LS20082118	高效氟氯氰菊酯/25克/升/乳油/高效氟氯氰菊酯 25克/升/2009.04.16 至 2010.04.16/中等毒			
	小麦	蚜虫	4.5-7.5克/公顷	喷雾
LS20082227	毒死蜱/3%/颗粒剂/毒死蜱 3%/2009.04.18 至 2010.04.18/低毒			

	水稻	稻瘿蚊	1350-1800克/公顷	撒施
LS20082325	福美双/50%/可湿性粉剂/福美双 50%/2009.04.21 至 2010.04.21/低毒			
	黄瓜	霜霉病	1000-1500克/公顷	喷雾
LS20082366	三唑磷/40%/乳油/三唑磷 40%/2009.04.21 至 2010.04.21/中等毒			
	水稻	二化螟	300-450克/公顷	喷雾
LS20082510	丙草胺/500克/升/乳油/丙草胺 500克/升/2009.04.22 至 2010.04.22/低毒			
	水稻移栽田	莎草	450-525克/公顷	毒土法

江苏粮满仓农化有限公司 （江苏省扬州市江都市周西振兴街2号 225247 0514-6640888）

PD84118-45	多菌灵/25%/可湿性粉剂/多菌灵 25%/2009.12.15 至 2014.12.15/低毒			
	果树	病害	0.05-0.1%药液	喷雾
	花生	倒秧病	750克/公顷	喷雾
	麦类	赤霉病	750克/公顷	喷雾,泼浇
	棉花	苗期病害	500克/100千克种子	拌种
	水稻	稻瘟病、纹枯病	750克/公顷	喷雾,泼浇
	油菜	菌核病	1125-1500克/公顷	喷雾
PD85150-42	多菌灵/50%/可湿性粉剂/多菌灵 50%/2006.01.18 至 2011.01.18/低毒			
	果树	病害	0.05-0.1%药液	喷雾
	花生	倒秧病	750克/公顷	喷雾
	麦类	赤霉病	750克/公顷	喷雾、泼浇
	棉花	苗期病害	500克/100千克种子	拌种
	水稻	稻瘟病、纹枯病	750克/公顷	喷雾、泼浇
	油菜	菌核病	1125-1500克/公顷	喷雾
PD86130-2	灭草松/25%/水剂/灭草松 25%/2007.07.23 至 2012.07.23/低毒			
	草原牧场	阔叶杂草	1500-1875克/公顷	喷雾
	茶园、大豆、甘薯	阔叶杂草	750-1500克/公顷	喷雾
	水稻	阔叶杂草、莎草	750-1500克/公顷	喷雾
	小麦	阔叶杂草	750克/公顷	喷雾
PD20040378	多·酮/40%/可湿性粉剂/多菌灵 35%、三唑酮 5%/2009.12.19 至 2014.12.19/低毒			
	水稻	稻瘟病、叶尖枯病	480-600克/公顷	喷雾
	小麦	白粉病、赤霉病	450-600克/公顷	喷雾
PD20040448	三唑磷/20%/乳油/三唑磷 20%/2009.12.19 至 2014.12.19/中等毒			
	水稻	二化螟、三化螟	300-450克/公顷	喷雾
PD20040648	三唑磷/40%/乳油/三唑磷 40%/2009.12.19 至 2014.12.19/中等毒			
	水稻	二化螟、三化螟	300-450克/公顷	喷雾
PD20080004	噻嗪酮/25%/可湿性粉剂/噻嗪酮 25%/2008.01.05 至 2013.01.05/低毒			
	水稻	稻飞虱	112.5-150克/公顷	喷雾
PD20080171	三环唑/75%/可湿性粉剂/三环唑 75%/2008.01.04 至 2013.01.04/中等毒			
	水稻	稻瘟病	225-300克/公顷	喷雾
PD20080293	三环唑/20%/可湿性粉剂/三环唑 20%/2008.02.25 至 2013.02.25/中等毒			
	水稻	稻瘟病	225-300克/公顷	喷雾
PD20080302	硫磺·三环唑/45%/可湿性粉剂/硫磺 40%、三环唑 5%/2008.02.25 至 2013.02.25/低毒			
	水稻	稻瘟病	810-1215克/公顷	喷雾
PD20080742	三环唑/95%/原药/三环唑 95%/2008.06.11 至 2013.06.11/中等毒			
PD20082829	多·硫/50%/悬浮剂/多菌灵 15%、硫磺 35%/2008.12.09 至 2013.12.09/低毒			
	花生	叶斑病	1200-1800克/公顷	喷雾
PD20083027	多·福/50%/可湿性粉剂/多菌灵 12.5%、福美双 37.5%/2008.12.10 至 2013.12.10/中等毒			
	梨树	黑星病	1000-1500毫克/千克	喷雾
	葡萄	霜霉病	1000-1250毫克/千克	喷雾
PD20084835	井·噻·杀虫单/50%/可湿性粉剂/井冈霉素 6%、噻嗪酮 6%、杀虫单 38%/2008.12.22 至 2013.12.22/中等毒			
	水稻	稻纵卷叶螟、二化螟、飞虱、纹枯病	900-1125克/公顷	喷雾
PD20085990	噻嗪·异丙威/25%/可湿性粉剂/噻嗪酮 7%、异丙威 18%/2008.12.29 至 2013.12.29/中等毒			
	水稻	稻飞虱	300-375克/公顷	喷雾
PD20086337	异稻·三环唑/20%/可湿性粉剂/三环唑 8%、异稻瘟净 12%/2008.12.31 至 2013.12.31/中等毒			
	水稻	稻瘟病	360-450克/公顷	喷雾
PD20093419	毒死蜱/480克/升/乳油/毒死蜱 480克/升/2009.03.23 至 2014.03.23/低毒			
	水稻	稻飞虱、稻纵卷叶螟	504-648克/公顷	喷雾
PD20093563	硫磺·三环唑/75%/可湿性粉剂/硫磺 30%、三环唑 45%/2009.03.23 至 2014.03.23/低毒			
	水稻	稻瘟病	281-337克/公顷	喷雾
PD20095648	乙草胺/50%/乳油/乙草胺 50%/2009.05.12 至 2014.05.12/低毒			
	夏大豆田、夏玉米田	部分阔叶杂草、一年生禾本科杂草	900-1200克/公顷	土壤喷雾
PD20098382	三唑磷/85%/原药/三唑磷 85%/2009.12.18 至 2014.12.18/中等毒			
LS20060061	阿维·三唑磷/15%/微乳剂/阿维菌素 0.3%、三唑磷 14.7%/2009.01.16 至 2010.01.16/中等毒			
	十字花科蔬菜	菜青虫、小菜蛾	90-112.5克/公顷	喷雾

	水稻	二化螟、三化螟	135-202.5克/公顷	喷雾
LS20090681	甲氨基阿维菌素苯甲酸盐(1.3%)///微乳剂/甲氨基阿维菌素 1%/2009.03.25 至 2010.03.25/低毒			
	棉花	棉铃虫	9-10.5克/公顷	喷雾

江苏龙灯化学有限公司　(江苏省苏州市昆山市经济技术开发区龙灯路88号　215301　0512-57709265)

PD84102-5	杀螟硫磷/50%/乳油/杀螟硫磷 50%/2009.10.12 至 2014.10.12/中等毒			
	茶树	尺蠖、毛虫、小绿叶蝉	250-500毫克/千克	喷雾
	甘薯	小象甲	525-900克/公顷	喷雾
	果树	卷叶蛾、毛虫、食心虫	250-500毫克/千克	喷雾
	棉花	红铃虫、棉铃虫	375-750克/公顷	喷雾
	棉花	蚜虫、叶蝉、造桥虫	375-562.5克/公顷	喷雾
	水稻	飞虱、螟虫、叶蝉	375-562.5克/公顷	喷雾
PD84116-6	代森锌/80%/可湿性粉剂/代森锌 80%/2009.11.16 至 2014.11.16/低毒			
	茶树	炭疽病	1143-1600毫克/千克	喷雾
	观赏植物	炭疽病、锈病、叶斑病	1143-1600毫克/千克	喷雾
	花生	叶斑病	750-960克/公顷	喷雾
	梨树、苹果树	多种病害	1143-1600毫克/千克	喷雾
	马铃薯	晚疫病、早疫病	960-1200克/公顷	喷雾
	麦类	锈病	960-1440克/公顷	喷雾
	蔬菜、油菜	多种病害	960-1200克/公顷	喷雾
	烟草	立枯病、炭疽病	960-1200克/公顷	喷雾
PD84125-21	乙烯利/40%/水剂/乙烯利 40%/2009.11.16 至 2014.11.16/低毒			
	番茄	催熟	800-1000倍液	喷雾或浸渍
	棉花	催熟、增产	330-500倍液	喷雾
	柿子、香蕉	催熟	400倍液	喷雾或浸渍
	水稻	催熟、增产	800倍液	喷雾
	橡胶树	增产	5-10倍液	涂布
	烟草	催熟	1000-2000倍液	喷雾
PD85121-32	乐果/40%/乳油/乐果 40%/2005.05.12 至 2010.05.12/中等毒			
	茶树	蚜虫、叶蝉、螨	1000-2000倍液	喷雾
	甘薯	小象甲	2000倍液	浸鲜薯片诱杀
	柑橘树、苹果树	鳞翅目幼虫、蚜虫、螨	800-1600倍液	喷雾
	棉花	蚜虫、螨	450-600克/公顷	喷雾
	蔬菜	蚜虫、螨	300-600克/公顷	喷雾
	水稻	飞虱、螟虫、叶蝉	450-600克/公顷	喷雾
	烟草	蚜虫、烟青虫	300-600克/公顷	喷雾
PD85150-40	多菌灵/50%/可湿性粉剂/多菌灵 50%/2005.07.18 至 2010.07.18/低毒			
	果树	病害	0.05-0.1%药液	喷雾
	花生	倒秧病	750克/公顷	喷雾
	麦类	赤霉病	750克/公顷	喷雾、泼浇
	棉花	苗期病害	500克/100千克种子	拌种
	水稻	稻瘟病、纹枯病	750克/公顷	喷雾、泼浇
	油菜	菌核病	1125-1500克/公顷	喷雾
PD86180-9	百菌清/75%/可湿性粉剂/百菌清 75%/2006.11.06 至 2011.11.06/低毒			
	茶树	炭疽病	600-800倍液	喷雾
	豆类	炭疽病、锈病	1275-2325克/公顷	喷雾
	柑橘树	疮痂病	750-900毫克/千克	喷雾
	瓜类	白粉病、霜霉病	1200-1650克/公顷	喷雾
	果菜类蔬菜	多种病害	1125-2400克/公顷	喷雾
	花生	锈病、叶斑病	1125-1350克/公顷	喷雾
	梨树	斑点落叶病	500倍液	喷雾
	苹果树	多种病害	600倍液	喷雾
	葡萄	白粉病、黑痘病	600-700倍液	喷雾
	水稻	稻瘟病、纹枯病	1125-1425克/公顷	喷雾
	橡胶树	炭疽病	500-800倍液	喷雾
	小麦	叶斑病、叶锈病	1125-1425克/公顷	喷雾
	叶菜类蔬菜	白粉病、霜霉病	1275-1725克/公顷	喷雾
PD20040163	吡虫啉/10%/可湿性粉剂/吡虫啉 10%/2009.12.19 至 2014.12.19/低毒			
	水稻	飞虱	15-30克/公顷	喷雾
PD20040666	氯氰·吡虫啉/7.5%/乳油/吡虫啉 2.5%、氯氰菊酯 5%/2009.12.19 至 2014.12.19/中等毒			
	茶树	小绿叶蝉	33.75-56.25克/公顷	喷雾
PD20060047	氯氰·辛硫磷/25%/乳油/氯氰菊酯 3%、辛硫磷 22%/2006.02.27 至 2011.02.27/中等毒			
	十字花科蔬菜	菜青虫	112.5-187.5克/公顷	喷雾
PD20070213	氯氰·毒死蜱/25%/乳油/毒死蜱 22%、氯氰菊酯 3%/2007.08.07 至 2012.08.07/中等毒			

	棉花	棉铃虫	150-225克/公顷	喷雾
PD20070560	代森锰锌/80%/可湿性粉剂/代森锰锌 80%/2007.12.03 至 2012.12.03/低毒			
	番茄	早疫病	制剂量：1845-2370克/公顷	喷雾
	柑橘	疮痂病、炭疽病	制剂量：1600-2000毫克/千克	喷雾
	黄瓜	霜霉病	制剂量：2550-3750克/公顷	喷雾
	辣椒、甜椒	炭疽病、疫病	制剂量：2250-3150克/公顷	喷雾
	梨树	黑星病	制剂量：1000-1333毫克/千克	喷雾
	荔枝树	霜疫霉病	制剂量：1333-2000毫克/千克	喷雾
	苹果树	斑点落叶病、轮纹病	制剂量：1000-1500毫克/千克	喷雾
	苹果树	炭疽病	制剂量：1143-1333毫克/千克	喷雾
	葡萄	白腐病、黑痘病、霜霉病	制剂量：1000-1600毫克/千克	喷雾
	西瓜	炭疽病	制剂量：1950-3150克/公顷	喷雾
PD20080053	稻瘟灵/40%/乳油/稻瘟灵 40%/2008.01.03 至 2013.01.03/低毒			
	水稻	稻瘟病	564-675克/公顷	喷雾
PD20080107	噻螨酮/5%/乳油/噻螨酮 5%/2008.01.03 至 2013.01.03/低毒			
	柑橘树	红蜘蛛	25-37.5毫克/千克	喷雾
	棉花	红蜘蛛	45-56.25毫克/千克	喷雾
	苹果树	红蜘蛛	25-31.25毫克/千克	喷雾
PD20080138	甲基硫菌灵/70%/可湿性粉剂/甲基硫菌灵 70%/2008.01.04 至 2013.01.04/低毒			
	苹果树	轮纹病	700-875毫克/千克	喷雾
	水稻	纹枯病	1050-2100克/公顷	喷雾
	小麦	赤霉病	787.5-1050克/公顷	喷雾
PD20080213	啶虫脒/3%/乳油/啶虫脒 3%/2008.01.11 至 2013.01.11/低毒			
	茶树	小绿叶蝉	18-27克/公顷	喷雾
	柑橘树	蚜虫	10-12毫克/千克	喷雾
PD20080615	精喹禾灵/8.8%/乳油/精喹禾灵 8.8%/2008.05.12 至 2013.05.12/低毒			
	冬油菜田	一年生禾本科杂草	46.2-59.4克/公顷	茎叶喷雾
	夏大豆田	一年生禾本科杂草	52.8-66克/公顷	茎叶喷雾
PD20080793	高效氯氰菊酯/4.5%/水乳剂/高效氯氰菊酯 4.5%/2008.06.20 至 2013.06.20/低毒			
	甘蓝	蚜虫	27-33.75克/公顷	喷雾
	甘蓝	菜青虫、小菜蛾	20.25-27克/公顷	喷雾
PD20080798	噻嗪酮/25%/可湿性粉剂/噻嗪酮 25%/2008.06.20 至 2013.06.20/低毒			
	茶树	茶小绿叶蝉	112.5-187.5克/公顷	喷雾
	柑橘树	介壳虫	166.7-250毫克/千克	喷雾
	水稻	飞虱	75-112.5克/公顷	喷雾
PD20080853	苯磺隆/75%/水分散粒剂/苯磺隆 75%/2008.06.23 至 2013.06.23/低毒			
	小麦田	阔叶杂草	14-16.87克/公顷	喷雾
PD20081189	多菌灵/500克/升/悬浮剂/多菌灵 500克/升/2008.09.11 至 2013.09.11/低毒			
	花生	叶斑病	500-625毫克/千克	喷雾
PD20081202	溴氰菊酯/50克/升/乳油/溴氰菊酯 50克/升/2008.09.11 至 2013.09.11/中等毒			
	大白菜	菜青虫	15-22.5克/公顷	喷雾
PD20081214	毒死蜱/40%/乳油/毒死蜱 40%/2008.09.11 至 2013.09.11/中等毒			
	十字花科叶菜	菜青虫	420-540克/公顷	喷雾
PD20081216	异菌·多·锰锌/75%/可湿性粉剂/多菌灵 20%、代森锰锌 40%、异菌脲 15%/2008.09.11 至 2013.09.11/低毒			
	番茄	灰霉病	1125-1575克/公顷	喷雾
PD20081249	噁草酮/250克/升/乳油/噁草酮 250克/升/2008.09.18 至 2013.09.18/低毒			
	花生田	一年生杂草	450-750克/公顷	土壤喷雾
PD20081267	溴氰菊酯/25克/升/乳油/溴氰菊酯 25克/升/2008.09.18 至 2013.09.18/低毒			
	大白菜	菜青虫	11.25-18.75克/公顷	喷雾
PD20081369	烯草酮/120克/升/乳油/烯草酮 120克/升/2008.10.22 至 2013.10.22/微毒			
	冬油菜田	一年生禾本科杂草	54-72克/公顷	茎叶喷雾
PD20081635	草甘膦异丙胺盐/41%/水剂/草甘膦异丙胺盐 41%/2008.11.14 至 2013.11.14/低毒			
	茶园、柑橘园、剑麻、梨园、桑园、香蕉园、橡胶园	杂草	1125-2250克/公顷	定向喷雾
	春玉米、棉花、夏玉米	杂草	750-1650克/公顷	定向喷雾
	免耕小麦	杂草	1230-1537.5克/公顷	喷雾
	苹果园	杂草	1440-2160克/公顷	喷雾
PD20081647	烯草酮/240克/升/乳油/烯草酮 240克/升/2008.11.14 至 2013.11.14/低毒			
	大豆田	一年生禾本科杂草	108-144克/公顷	茎叶喷雾
	冬油菜田	一年生禾本科杂草	72-90克/公顷	茎叶喷雾
PD20081715	氧氟·甲戊灵/34%/乳油/二甲戊灵 25%、乙氧氟草醚 9%/2008.11.18 至 2013.11.18/低毒			

	大蒜田	一年生杂草	375-510克/公顷	土壤喷雾
	花生田	一年生杂草	408-612克/公顷	土壤喷雾
PD20081785	二甲戊灵/330克/升/乳油/二甲戊灵 330克/升/2008.11.19 至 2013.11.19/低毒			
	甘蓝田	一年生杂草	495-742.5克/公顷	移栽前土壤喷雾
	韭菜田	一年生杂草	495-742.5克/公顷	土壤喷雾
	棉花田、水稻旱育秧田	一年生杂草	743-990克/公顷	播后苗前土壤喷雾
	移栽白菜	一年生禾本科杂草及部分阔叶杂草	618.8-742.5克/公顷	土壤喷雾
	玉米田	一年生杂草	742.5-1114克/公顷（其他） 1114-1485克/公顷（东北）	播后苗前土壤喷雾
PD20082013	灭多威/90%/可溶粉剂/灭多威 90%/2008.11.25 至 2013.11.25/高毒			
	甘蓝	菜青虫	202.5-270克/公顷	喷雾
	棉花	棉铃虫	202.5-243克/公顷	喷雾
PD20082106	甲基硫菌灵/500克/升/悬浮剂/甲基硫菌灵 500克/升/2008.11.25 至 2013.11.25/低毒			
	苹果树	轮纹病	800-1000倍液	喷雾
	水稻	稻瘟病、纹枯病	750-1125克/公顷	喷雾
	小麦	赤霉病	750-1125克/公顷	喷雾
PD20082130	抗蚜威/50%/可湿性粉剂/抗蚜威 50%/2008.11.25 至 2013.11.25/中等毒			
	小麦	蚜虫	75-112.5克/公顷	喷雾
PD20082341	吡虫啉/350克/升/悬浮剂/吡虫啉 350克/升/2008.12.01 至 2013.12.01/低毒			
	甘蓝	蚜虫	15.75-26.25克/公顷	喷雾
PD20082422	阿维菌素/1.8%/乳油/阿维菌素 1.8%/2008.12.05 至 2013.12.05/低毒(原药高毒)			
	菜豆、黄瓜	美洲斑潜蝇	10.8-21.6克/公顷	喷雾
	柑橘树	红蜘蛛	4.5-6毫克/千克	喷雾
	柑橘树	潜叶蛾	4.5-9毫克/千克	喷雾
	柑橘树	锈壁虱	2.25-4.5毫克/千克	喷雾
	梨树	梨木虱	6-12毫克/千克	喷雾
	苹果树	二斑叶螨	4.5-6毫克/千克	喷雾
	苹果树	红蜘蛛	3-6毫克/千克	喷雾
	苹果树	桃小食心虫	4.5-9毫克/千克	喷雾
	十字花科蔬菜	菜青虫、小菜蛾	8.1-10.8克/公顷	喷雾
PD20082781	灭多威/24%/可溶液剂/灭多威 24%/2008.12.17 至 2013.12.17/高毒			
	甘蓝	菜青虫	288-360克/公顷	喷雾
PD20082913	双甲脒/20%/乳油/双甲脒 20%/2008.12.09 至 2013.12.09/中等毒			
	棉花	红蜘蛛	120-150克/公顷	喷雾
PD20083039	灭多威/40%/可溶粉剂/灭多威 40%/2008.12.10 至 2013.12.10/中等毒(原药高毒)			
	甘蓝	甜菜夜蛾	300-360克/公顷	喷雾
	棉花	棉铃虫	240-300克/公顷	喷雾
PD20083438	吡虫啉/200克/升/可溶液剂/吡虫啉 200克/升/2008.12.11 至 2013.12.11/低毒			
	十字花科蔬菜	蚜虫	22.5-30克/公顷	喷雾
PD20083588	硫丹/350克/升/乳油/硫丹 350克/升/2008.12.12 至 2013.12.12/中等毒(原药高毒)			
	棉花	棉铃虫	682.5-840克/公顷	喷雾
PD20083798	阿维·高氯/2.8%/乳油/阿维菌素 0.2%、高效氯氰菊酯 2.6%/2008.12.15 至 2013.12.15/低毒(原药高毒)			
	黄瓜	美洲斑潜蝇	15-30克/公顷	喷雾
	十字花科蔬菜	小菜蛾	13.5-27克/公顷	喷雾
PD20083959	噻嗪·异丙威/25%/可湿性粉剂/噻嗪酮 5%、异丙威 20%/2008.12.16 至 2013.12.16/低毒			
	水稻	稻飞虱	450-562.5克/公顷	喷雾
PD20084064	二甲戊灵/30%/乳油/二甲戊灵 30%/2008.12.16 至 2013.12.16/低毒			
	甘蓝田	一年生杂草	618.75-742.5克/公顷	土壤喷雾
PD20084188	高效氯氰菊酯/4.5%/乳油/高效氯氰菊酯 4.5%/2008.12.16 至 2013.12.16/低毒			
	十字花科蔬菜	蚜虫	27-33.75克/公顷	喷雾
PD20084306	高效氯氟氰菊酯/50克/升/乳油/高效氯氟氰菊酯 50克/升/2008.12.17 至 2013.12.17/中等毒			
	茶树	茶小绿叶蝉	22.5-30克/公顷	喷雾
PD20084513	甲霜·百菌清/81%/可湿性粉剂/百菌清 72%、甲霜灵 9%/2008.12.18 至 2013.12.18/低毒			
	黄瓜	霜霉病	1215-1458克/公顷	喷雾
PD20084579	吡虫啉/600克/升/悬浮种衣剂/吡虫啉 600克/升/2008.12.18 至 2013.12.18/低毒			
	小麦	蚜虫	360-420克/100千克种子	种子包衣
PD20084822	灭多威/20%/乳油/灭多威 20%/2008.12.22 至 2013.12.22/高毒			
	棉花	棉铃虫	150-225克/公顷	喷雾
PD20084826	吡虫啉/200克/升/悬浮剂/吡虫啉 200克/升/2008.12.22 至 2013.12.22/低毒			
	甘蓝	蚜虫	22.5-30克/公顷	喷雾
PD20085037	70%甲基硫菌灵可湿性粉剂/70%/可湿性粉剂/甲基硫菌灵 70%/2008.12.22 至 2013.12.22/低毒			
	苹果树	轮纹病	700-875毫克/千克	喷雾

PD20085129	甲基硫菌灵/50%/悬浮剂/甲基硫菌灵 50%/2008.12.23 至 2013.12.23/低毒			
	小麦	赤霉病	750-1125克/公顷	喷雾
PD20085616	毒死蜱/480克/升/乳油/毒死蜱 480克/升/2008.12.25 至 2013.12.25/中等毒			
	水稻	稻纵卷叶螟	504-648克/公顷	喷雾
PD20085621	噻螨酮/5%/可湿性粉剂/噻螨酮 5%/2008.12.25 至 2013.12.25/低毒			
	柑橘树	红蜘蛛	25-31.25毫克/千克	喷雾
PD20085646	溴氰菊酯/2.5%/可湿性粉剂/溴氰菊酯 2.5%/2008.12.26 至 2013.12.26/低毒			
	十字花科蔬菜	菜青虫	15-22.5克/公顷	喷雾
PD20085979	甲基硫菌灵/500克/升/悬浮剂/甲基硫菌灵 500克/升/2008.12.29 至 2013.12.29/低毒			
	苹果树	轮纹病	800-1000倍液	喷雾
	水稻	稻瘟病、纹枯病	750-1125克/公顷	喷雾
PD20090043	丙溴磷/50%/乳油/丙溴磷 50%/2009.01.06 至 2014.01.06/中等毒			
	棉花	棉铃虫	480-600克/公顷	喷雾
PD20090114	吡虫・异丙威/30%/可湿性粉剂/吡虫啉 3%、异丙威 27%/2009.01.08 至 2014.01.08/低毒			
	水稻	飞虱	135-225克/公顷	喷雾
PD20090447	毒・辛/48%/乳油/毒死蜱 16%、辛硫磷 32%/2009.01.12 至 2014.01.12/低毒			
	韭菜	韭蛆	1440-2160克/公顷	喷淋灌根
PD20090849	联苯菊酯/100克/升/乳油/联苯菊酯 100克/升/2009.01.19 至 2014.01.19/中等毒			
	茶树	茶小绿叶蝉	30-37.5克/公顷	喷雾
PD20091266	硫双威/350克/升/悬浮剂/硫双威 350克/升/2009.02.01 至 2014.02.01/中等毒			
	棉花	棉铃虫	420-525克/公顷	喷雾
PD20091300	虫螨腈/100克/升/悬浮剂/虫螨腈 100克/升/2009.02.01 至 2014.02.01/低毒			
	十字花科蔬菜	甜菜夜蛾、小菜蛾	75-105克/公顷	喷雾
PD20091341	二甲戊灵/330克/升/乳油/二甲戊灵 330克/升/2009.02.01 至 2014.02.01/低毒			
	烟草	抑制腋芽生长	60-80毫克/株	杯淋法
PD20092200	吡虫啉/480克/升/悬浮剂/吡虫啉 480克/升/2009.02.23 至 2014.02.23/低毒			
	十字花科蔬菜	蚜虫	14.4-28.8克/公顷	喷雾
PD20092438	甲霜・锰锌 /70%/可湿性粉剂/甲霜灵 10%、代森锰锌 60%/2009.02.25 至 2014.02.25/低毒			
	葡萄	霜霉病	600-700倍液	喷雾
PD20092673	异稻・三环唑/20%/可湿性粉剂/三环唑 10%、异稻瘟净 10%/2009.03.03 至 2014.03.03/中等毒			
	水稻	稻瘟病	300-450克/公顷	喷雾
PD20092783	双甲脒/12.5%/乳油/双甲脒 12.5%/2009.03.04 至 2014.03.04/中等毒			
	柑橘树	红蜘蛛	83-125毫克/千克	喷雾
PD20093692	烯唑・多菌灵/27%/可湿性粉剂/多菌灵 25%、R-烯唑醇 2%/2009.03.25 至 2014.03.25/低毒			
	梨树	黑星病	1000-1500倍液	喷雾
PD20093706	草甘膦异丙胺盐/62%/母液/草甘膦异丙胺盐 62%/2009.03.25 至 2014.03.25/低毒			
PD20094196	波尔・霜脲氰/85%/可湿性粉剂/波尔多液 77%、霜脲氰 8%/2009.03.30 至 2014.03.30/低毒			
	黄瓜	霜霉病	1366.1-1912.5克/公顷	喷雾
PD20094325	啶虫脒/20%/可溶粉剂/啶虫脒 20%/2009.03.31 至 2014.03.31/低毒			
	黄瓜	蚜虫	15-30克/公顷	喷雾
PD20095394	铜钙・多菌灵/60%/可湿性粉剂/多菌灵 20%、硫酸铜钙 40%/2009.04.27 至 2014.04.27/低毒			
	苹果树	轮纹病	1000-1500毫克/千克	喷雾
PD20095770	吡嘧磺隆/10%/可湿性粉剂/吡嘧磺隆 10%/2009.05.18 至 2014.05.18/低毒			
	移栽水稻田	一年生阔叶杂草及莎草科杂草	15-30克/公顷	药土法
PD20096015	甲哌鎓/250克/升/水剂/甲哌鎓 250克/升/2009.06.15 至 2014.06.15/低毒			
	棉花	调节生长、增产	45-90克/公顷	喷雾
PD20096043	甲磺隆/60%/可湿性粉剂/甲磺隆 60%/2009.06.15 至 2014.06.15/低毒			
	注:仅供出口。			
PD20096134	杀扑磷/40%/乳油/杀扑磷 40%/2009.06.24 至 2014.06.24/高毒			
	柑橘树	介壳虫	400-500毫克/千克	喷雾
PD20096516	硫酸铜钙/77%/可湿性粉剂/硫酸铜钙 77%/2009.08.19 至 2014.08.19/低毒			
	柑橘树	溃疡病	1283-1925毫克/千克	喷雾
	黄瓜	霜霉病	1444-2022克/公顷	喷雾
PD20096589	烯草酮/240克/升/乳油/烯草酮 240克/升/2009.08.25 至 2014.08.25/低毒			
	冬油菜田	一年生禾本科杂草	72-90克/公顷	茎叶喷雾
PD20096635	仲丁灵/48%/乳油/仲丁灵 48%/2009.09.02 至 2014.09.02/低毒			
	春大豆田	一年生杂草	1800-2160克/公顷	土壤喷雾
	西瓜田	一年生杂草	1080-1440克/公顷	土壤喷雾
	夏大豆田	一年生杂草	1620-1800克/公顷	土壤喷雾
PD20096979	波尔・甲霜灵/85%/可湿性粉剂/波尔多液 77%、甲霜灵 8%/2009.09.29 至 2014.09.29/低毒			
	黄瓜	霜霉病	900-1275克/公顷	喷雾
PD20097064	烟嘧磺隆/40克/升/可分散油悬浮剂/烟嘧磺隆 40克/升/2009.10.10 至 2014.10.10/低毒			
	玉米田	一年生杂草	42-60克/公顷	茎叶喷雾

PD20097417 王铜·甲霜灵/50%/可湿性粉剂/甲霜灵 15%、王铜 35%/2009.10.28 至 2014.10.28/低毒
黄瓜 霜霉病 750-937.5克/公顷 喷雾
PD20097463 异菌脲/45%/悬浮剂/异菌脲 45%/2009.11.03 至 2014.11.03/低毒
番茄 灰霉病 562.5-750克/公顷 喷雾
PD20098145 吡虫啉/70%/种子处理可分散粉剂/吡虫啉 70%/2009.12.14 至 2014.12.14/低毒
棉花 蚜虫 420-500克/公顷 拌种
PD20098184 甲霜·锰锌/72%/可湿性粉剂/甲霜灵 8%、代森锰锌 64%/2009.12.14 至 2014.12.14/低毒
黄瓜 霜霉病 1620-2250克/公顷 喷雾
LS20050417 吡虫啉/70%/水分散粒剂/吡虫啉 70%/2008.11.01 至 2009.11.01/低毒
十字花科蔬菜 蚜虫 35-45克/公顷 喷雾
LS20052572 丙酰芸苔素内酯/0.003%/水剂/丙酰芸苔素内酯 0.003%/2008.08.03 至 2009.08.03/低毒
黄瓜、葡萄 促进生长 3000-5000倍液 喷雾
烟草 促进生长 2000-4000倍液 喷雾
LS20052608 噻嗪·毒死蜱/40%/可湿性粉剂/毒死蜱 20%、噻嗪酮 20%/2008.08.14 至 2009.08.14/低毒
柑橘树 介壳虫 266.7-400毫克/千克 喷雾
水稻 稻飞虱 120-180克/公顷 喷雾
LS20060778 百菌清/720克/升/悬浮剂/百菌清 720克/升/2009.04.05 至 2010.04.05/低毒
苹果树 斑点落叶病 1200-1800毫克/千克 喷雾
LS20060839 戊唑·多菌灵/30%/悬浮剂/多菌灵 22%、戊唑醇 8%/2009.04.12 至 2010.04.12/低毒
苹果树 轮纹病 375-500毫克/千克 喷雾
葡萄 白腐病 250-375毫克/千克 喷雾
LS20061825 戊唑醇/60克/升/悬浮种衣剂/戊唑醇 60克/升/2009.10.31 至 2010.10.31/低毒
小麦 黑穗病 1.8-3.6克/100千克种子 种子包衣
LS20071552 戊唑醇/250克/升/乳油/戊唑醇 250克/升/2009.05.29 至 2010.05.30/低毒
苹果树 斑点落叶病 100-167.7毫克/千克 喷雾
LS20072174 噁草酮/380克/升/悬浮剂/噁草酮 380克/升/2009.09.04 至 2010.09.05/微毒
移栽水稻田 一年生杂草 360-480克/公顷 毒土法
LS20080272 虫螨腈/100克/升/悬浮剂/虫螨腈 100克/升/2008.02.18 至 2009.02.18/低毒
十字花科蔬菜 小菜蛾 75-105克/公顷 喷雾
LS20080357 戊唑醇/430克/升/悬浮剂/戊唑醇 430克/升/2009.02.18 至 2010.02.19/低毒
苹果树 斑点落叶病 107.5-143.3毫克/千克 喷雾
LS20080452 戊唑醇/250克/升/水乳剂/戊唑醇 250克/升/2009.02.19 至 2010.02.20/低毒
苹果树 斑点落叶病 100-125毫克/千克 喷雾
LS20081701 硫酸铜钙/77%/可湿性粉剂/硫酸铜钙 77%/2008.04.07 至 2009.04.07/低毒
柑橘树 溃疡病 1283-1925毫克/千克 喷雾
LS20081717 毒死蜱/40%/可湿性粉剂/毒死蜱 40%/2009.04.07 至 2010.04.07/中等毒
苹果树 绵蚜 160-267毫克/千克 喷雾
LS20082955 丁醚脲/500克/升/悬浮剂/丁醚脲 500克/升/2009.08.20 至 2010.08.20/低毒
甘蓝 小菜蛾 375-450克/公顷 喷雾
LS20083005 嗪草酮/480克/升/悬浮剂/嗪草酮 480克/升/2009.09.01 至 2010.09.01/低毒
春大豆田 一年生阔叶杂草 540-648克/公顷 播后苗前土壤喷雾
LS20083156 烟嘧磺隆/75%/水分散粒剂/烟嘧磺隆 75%/2009.11.17 至 2010.11.17/低毒
玉米田 一年生杂草 40-60克/公顷 茎叶喷雾
LS20090063 吡虫啉/240克/升/悬浮剂/吡虫啉 240克/升/2009.01.09 至 2010.01.09/低毒
甘蓝 蚜虫 21.6-28.8克/公顷 喷雾
LS20090390 环嗪酮/75%/水分散粒剂/环嗪酮 75%/2009.03.13 至 2010.03.13/微毒
森林防火道 杂灌 1237.5-1913克/公顷 茎叶喷雾
LS20090583 高效氯氟氰菊酯/120克/升/乳油/高效氯氟氰菊酯 120克/升/2009.03.19 至 2010.03.19/中等毒
注:仅供出口。
LS20090670 杀铃脲/40%/悬浮剂/杀铃脲 40%/2009.03.24 至 2010.03.24/微毒
甘蓝 小菜蛾 86.4-108克/公顷 喷雾
WL20080369 溴氰菊酯/50克/升/悬浮剂/溴氰菊酯 50克/升/2009.08.20 至 2010.08.20/低毒
卫生 蜚蠊、蝇 25-50毫克/平方米 滞留喷洒

江苏隆力奇集团有限公司 (江苏省苏州市常熟市隆力奇生物工业园 215555 0512-52485538)

WP20080377 驱蚊花露水/5%/水剂/避蚊胺 5%/2008.12.10 至 2013.12.10/微毒
卫生 蚊 / 涂抹

江苏隆力奇生物科技股份有限公司 (江苏省常熟市隆力奇生物工业园 215555 0512-52485538)

WL20090190 驱蚊花露水/5%/驱蚊花露水/驱蚊酯 5%/2009.11.04 至 2010.11.04/微毒
卫生 蚊 / 涂抹

江苏绿利来股份有限公司 (江苏省苏州市昆山市朝阳支路21号 215300 0512-86166528)

PDN2-88 丁草胺/60%/乳油/丁草胺 60%/2008.09.17 至 2013.09.17/低毒
水稻 稗草、牛毛草、鸭舌草 750-1275克/公顷 喷雾,毒土

PDN18-92	丁草胺/50%/乳油/丁草胺 50%/2007.04.11 至 2012.04.11/低毒			
	水稻	稗草、牛毛草、鸭舌草	750-1275克/公顷	毒土、喷雾
PDN19-92	丁草胺/≥80%/原药/丁草胺 ≥80%/2007.04.10 至 2012.04.10/低毒			
PD85112-8	莠去津/38%/悬浮剂/莠去津 38%/2010.04.07 至 2015.04.07/低毒			
	茶园	一年生杂草	1125-1875克/公顷	喷于地表
	防火隔离带、公路、森林、铁路	一年生杂草	0.8-2克/平方米	喷于地表
	甘蔗	一年生杂草	1050-1500克/公顷	喷于地表
	高粱、糜子、玉米	一年生杂草	1800-2250克/公顷(东北地区)	喷于地表
	红松苗圃	一年生杂草	0.2-0.3克/平方米	喷于地表
	梨树、苹果树	一年生杂草	1625-1875克/公顷	喷于地表
	橡胶园	一年生杂草	2250-3750克/公顷	喷于地表
PD86130-3	灭草松/25%/水剂/灭草松 25%/2006.11.21 至 2011.11.21/低毒			
	草原牧场	阔叶杂草	1500-1875克/公顷	喷雾
	茶园、大豆、甘薯	阔叶杂草	750-1500克/公顷	喷雾
	水稻	阔叶杂草、莎草	750-1500克/公顷	喷雾
	小麦	阔叶杂草	750克/公顷	喷雾
PD20040073	三唑酮/20%/乳油/三唑酮 20%/2009.12.19 至 2014.12.19/低毒			
	小麦	白粉病	120-127.5克/公顷	喷雾
PD20050208	灭草松/95%/原药/灭草松 95%/2005.12.23 至 2010.12.23/低毒			
PD20060102	灭草松/480克/升/水剂/灭草松 480克/升/2006.05.22 至 2011.05.22/低毒			
	春大豆	莎草科杂草、一年生阔叶杂草	1440-1800克/公顷(东北地区)	喷雾
	水稻移栽田、水稻直播田	阔叶杂草、莎草	1080-1440克/公顷	喷雾
PD20080598	丁草胺/900克/升/乳油/丁草胺 900克/升/2008.05.12 至 2013.05.12/低毒			
	水稻移栽田	一年生杂草	810-1215克/公顷	毒土法
PD20080610	双甲脒/95%/原药/双甲脒 95%/2008.05.12 至 2013.05.12/中等毒			
PD20080888	乙草胺/94%/原药/乙草胺 94%/2008.07.09 至 2013.07.09/低毒			
PD20080935	二氯喹啉酸/90%/原药/二氯喹啉酸 90%/2008.07.17 至 2013.07.17/低毒			
PD20080978	乙草胺/900克/升/乳油/乙草胺 900克/升/2008.07.24 至 2013.07.24/低毒			
	春大豆田	一年生杂草	1620-2025克/公顷(东北地区)	土壤喷雾
	春玉米田	一年生禾本科杂草及部分阔叶杂草	1350-1620克/公顷	播后苗前土壤喷雾
	冬油菜(移栽田)	部分阔叶杂草、一年生禾本科杂草	810-1080克/公顷	土壤喷雾
	花生田	部分阔叶杂草、一年生禾本科杂草	1080-1350克/公顷	土壤喷雾
	夏大豆田	部分阔叶杂草、一年生禾本科杂草	810-1080克/公顷	喷雾
	夏玉米田	一年生杂草	756-1053克/公顷	播后苗前喷雾
PD20081488	双甲脒/20%/乳油/双甲脒 20%/2008.11.05 至 2013.11.05/中等毒			
	柑橘树	红蜘蛛	100-200毫克/千克	喷雾
PD20081495	丁草胺/40%/水乳剂/丁草胺 40%/2008.11.05 至 2013.11.05/低毒			
	水稻移栽田	一年生禾本科杂草	制剂用量:120-150毫升/亩	药土法
PD20081602	异丙草胺/90%/原药/异丙草胺 90%/2008.11.12 至 2013.11.12/低毒			
PD20081748	乙草胺/50%/乳油/乙草胺 50%/2008.11.18 至 2013.11.18/低毒			
	大豆田	一年生禾本科杂草及小粒阔叶杂草	1)1200-1875克/公顷(东北地区) 2)750-1050克/公顷(其它地区)	播前、播后苗前土壤喷雾处理
	花生田	一年生禾本科杂草及小粒阔叶杂草	750-1200克/公顷(覆膜时药量酌减)	播后苗前土壤处理
	油菜田	一年生禾本科杂草及小粒阔叶杂草	525-750克/公顷	栽前或栽后3天喷雾
	玉米田	一年生禾本科杂草及小粒阔叶杂草	1)900-1875克/公顷(东北地区) 2)750-1050克/公顷(其它地区)	播后或苗期喷雾
PD20082080	吡嘧·苯噻酰/50%/可湿性粉剂/苯噻酰草胺 48.2%、吡嘧磺隆 1.8%/2008.11.25 至 2013.11.25/低毒			
	水稻抛秧田	一年生及部分多年生杂草	450-525克/公顷(南方地区)	毒土法
	水稻移栽田	一年生及部分多年生杂草	1)375-525克/公顷(南方地区) 2)525-750克/公顷(北方地区)	毒土法
PD20082189	二氯喹啉酸/50%/可湿性粉剂/二氯喹啉酸 50%/2008.11.26 至 2013.11.26/低毒			
	水稻秧田	稗草等杂草	150-225克/公顷	喷雾
	水稻移栽田	稗草等杂草	200-390克/公顷(北方地区)	喷雾
	水稻直播田	稗草等杂草	300-375克/公顷	喷雾
PD20082697	吡嘧·二氯喹/50%/可湿性粉剂/吡嘧磺隆 3%、二氯喹啉酸 47%/2008.12.05 至 2013.12.05/低毒			
	水稻移栽田	一年生及部分多年生杂草	225-300克/公顷	施药前排干田水喷雾
PD20082842	苄嘧·苯噻酰/50%/可湿性粉剂/苯噻酰草胺 47%、苄嘧磺隆 3%/2008.12.09 至 2013.12.09/低毒			

水稻抛秧田 一年生及部分多年生杂草 450-525克/公顷(南方地区) 毒土法
水稻移栽田 一年生及部分多年生杂草 1)375-450克/公顷(南方地区) 2)600-800克/公顷(北方地区) 毒土法

PD20083683 二氯喹啉酸/25%/悬浮剂/二氯喹啉酸 25%/2008.12.15 至 2013.12.15/微毒
水稻抛秧田 稗草 225-300克/公顷 喷雾

PD20083729 吡嘧磺隆/10%/可湿性粉剂/吡嘧磺隆 10%/2008.12.15 至 2013.12.15/低毒
水稻田 稗草、阔叶杂草、莎草 15-30克/公顷 毒土法

PD20083986 多效唑/15%/可湿性粉剂/多效唑 15%/2008.12.16 至 2013.12.16/低毒
水稻育秧田 控制生长 200-300毫克/千克 兑水喷雾
油菜(苗床) 控制生长 100-200毫克/千克 兑水喷雾

PD20085579 莠去津/97%/原药/莠去津 97%/2008.12.25 至 2013.12.25/低毒

PD20085625 吡嘧磺隆/98%/原药/吡嘧磺隆 98%/2008.12.25 至 2013.12.25/低毒

PD20085766 乙·莠/40%/可湿性粉剂/乙草胺 14%、莠去津 26%/2008.12.29 至 2013.12.29/低毒
春玉米田 一年生禾本科杂草及阔叶杂草 1800-2400克/公顷 播后苗前土壤喷雾
甘蔗田 一年生禾本科杂草及阔叶杂草 1200-1500克/公顷 土壤喷雾
夏玉米田 一年生禾本科杂草及阔叶杂草 1200-1500克/公顷 播后苗前土壤喷雾

PD20085982 阿维·吡虫啉/1.45%/可湿性粉剂/阿维菌素 0.45%、吡虫啉 1%/2008.12.29 至 2013.12.29/低毒(原药高毒)
甘蓝 小菜蛾 8.7-17.4克/公顷 喷雾
水稻 飞虱 13.05-17.4克/公顷 喷雾

PD20086018 2甲·灭草松/22%/水剂/2甲4氯钠 12%、灭草松 10%/2008.12.29 至 2013.12.29/低毒
冬小麦田 多种一年生阔叶杂草 825-1155克/公顷 茎叶喷雾
水稻移栽田 莎草及阔叶杂草 825-1155克/公顷 茎叶喷雾

PD20086185 吡嘧·丁草胺/24%/可湿性粉剂/吡嘧磺隆 0.4%、丁草胺 23.6%/2008.12.30 至 2013.12.30/低毒
水稻抛秧田 多年生杂草、一年生杂草 630-792克/公顷 药土法
水稻移栽田 一年生杂草 720-900克/公顷 药土法
水稻直播田 一年生及部分多年生杂草 540-720克/公顷(南方地区) 药土法

PD20086345 异丙草胺/72%/乳油/异丙草胺 72%/2008.12.31 至 2013.12.31/低毒
春大豆田、春玉米田 一年生禾本科杂草及部分小粒种子阔叶杂草 1620-2160克/公顷(东北地区) 播后苗前土壤喷雾
夏大豆田、夏玉米田 一年生禾本科杂草及部分小粒种子阔叶杂草 1080-1620克/公顷(其它地区) 播后苗前土壤喷雾

PD20093456 乙草胺/40%/水乳剂/乙草胺 40%/2009.03.23 至 2014.03.23/低毒
大豆田 一年生禾本科杂草及小粒阔叶杂草 900-1200克/公顷 土壤喷雾
花生田 一年生禾本科杂草及小粒阔叶杂草 600-900克/公顷 土壤喷雾

PD20093928 氟胺·灭草松/447克/升/水剂/氟磺胺草醚 87克/升、灭草松 360克/升/2009.03.27 至 2014.03.27/低毒
夏大豆田 莎草科杂草、一年生阔叶杂草 1005.75-1341克/公顷 茎叶喷雾

PD20095502 乙草胺/20%/可湿性粉剂/乙草胺 20%/2009.05.11 至 2014.05.11/低毒
水稻移栽田 稗草、部分阔叶杂草、异型莎草 105-150克/公顷 毒土法

PD20095871 异丙草·莠/40%/悬乳剂/异丙草胺 20%、莠去津 20%/2009.05.27 至 2014.05.27/低毒
春玉米田 一年生杂草 1800－2400克/公顷 土壤喷雾
夏玉米田 一年生杂草 1200－1500克/公顷 土壤喷雾

PD20096897 莠灭净/75%/可湿性粉剂/莠灭净 75%/2009.09.23 至 2014.09.23/低毒
甘蔗田 一年生禾本科杂草及阔叶杂草 1710-2280克/公顷 喷雾

LS20061234 嘧霉胺/98%/原药/嘧霉胺 98%/2009.05.22 至 2010.05.22/微毒

LS20061578 嘧霉胺/400克/升/悬浮剂/嘧霉胺 400克/升/2009.08.13 至 2010.08.13/微毒
草莓、番茄、黄瓜、葡萄 灰霉病 333.3-500毫克/千克 喷雾

江苏绿叶农化有限公司 (江苏省阜宁县生态化工园(郭墅镇西北村一组) 224000 0515-88601455)

PD85131-19 井冈霉素/3%/水剂/井冈霉素 3%/2006.05.17 至 2011.05.17/低毒
水稻 纹枯病 75-112.5克/公顷 喷雾,泼浇

PD85131-41 井冈霉素/5%/水剂/井冈霉素 5%/2006.05.17 至 2011.05.17/低毒
水稻 纹枯病 75-112.5克/公顷 喷雾,泼浇

PD88109-11 井冈霉素/20%/水溶粉剂/井冈霉素 20%/2008.11.11 至 2013.11.11/低毒
水稻 纹枯病 75-112.5克/公顷 喷雾、泼浇

PD20097530 三唑酮/25%/可湿性粉剂/三唑酮 25%/2009.11.03 至 2014.11.03/低毒
小麦 白粉病 187.5-225克/公顷 喷雾

LS20072325 井冈霉素A/60%/原药/井冈霉素A 60%/2009.10.15 至 2010.10.16/低毒

LS20091218 井冈·硫酸铜/4.5%/水剂/井冈霉素 4%、硫酸铜 0.5%/2009.04.30 至 2010.04.30/微毒
水稻 纹枯病 67.5-91.1克/公顷 喷雾

LS20091368 井冈·蜡芽菌///水剂/井冈霉素A 2.5%、蜡质芽孢杆菌 10亿个/毫升/2009.07.23 至 2010.07.23/微毒
水稻 纹枯病 1500-3000克制剂/公顷 喷雾

江苏梦达日用品有限公司　(江苏省苏州市张家港市(保税区)后塍工业园　215631　0512-58777888)

WP20080101　电热蚊香片/12.5毫克/片/电热蚊香片/炔丙菊酯 12.5毫克/片/2008.09.25 至 2013.09.25/微毒
　卫生　蚊　/　电热加温
　注:本品有三种香型：无香型、草木香型、薄荷香型。
WP20080157　杀虫气雾剂/0.32%/气雾剂/富右旋反式烯丙菊酯 0.11%、氯菊酯 0.20%、溴氰菊酯 0.01%/2008.11.06至2013.11.06/低毒
　卫生　蚊、蝇、蜚蠊　/　喷雾
　注:本品有三种香型：无香型、花香型、薄荷香型。
WP20080171　蚊香/0.3%/蚊香/Es-生物烯丙菊酯 0.3%/2008.11.18 至 2013.11.18/低毒
　卫生　蚊　/　点燃
　注:本品有三种香型：檀香型、草木香型、薄荷香型。
WL20050078　杀虫气雾剂/0.32%/气雾剂/富右旋反式烯丙菊酯 0.11%、氯菊酯 0.2%、溴氰菊酯 0.01%/2008.03.29 至 2009.03.29/微毒
　卫生　蚊、蝇、蜚蠊　/　喷雾
WL20070240　电热蚊香液/0.8%/电热蚊香液/炔丙菊酯 0.8%/2009.11.03 至 2010.11.04/低毒
　卫生　蚊　/　电热加温
　注:本品有三种香型：无香型、草本香型、薄荷香型。
WL20070256　杀虫喷射剂/0.56%/喷射剂/Es-生物烯丙菊酯 0.35%、氯菊酯 0.2%、溴氰菊酯 0.01%/2009.11.04至2010.11.05/微毒
　卫生　蚊、蝇　/　喷雾
　注:本品有三种香型：无香型、清新香型、清凉薄荷香型。
WL20080098　驱蚊液/7%/驱蚊液/避蚊胺 7%/2009.02.20 至 2010.02.20/微毒
　卫生　蚊　/　涂抹
　注:本品有三种香型：无香型、清新香型、清凉薄荷香型。
WL20080155　驱蚊乳/7.5%/驱蚊乳/避蚊胺 7.5%/2009.02.25 至 2010.02.25/微毒
　卫生　蚊　/　涂抹
　注:本品有三种香型：无香型、清新香型、清凉薄荷香型。
WL20080180　杀虫气雾剂/0.73%/气雾剂/Es-生物烯丙菊酯 0.42%、氯菊酯 0.3%、溴氰菊酯 0.01%/2009.03.03至2010.03.03/微毒
　卫生　蚊、蝇、蜚蠊　/　喷雾
　注:本品有三种香型：花香型、清新香型、百花香型。
WL20080393　杀虫气雾剂/0.79%/气雾剂/Es-生物烯丙菊酯 0.48%、氯菊酯 0.30%、溴氰菊酯 0.01%/2009.09.11至2010.09.11/微毒
　卫生　蚊、蝇、蜚蠊　/　喷雾
　注:本品有三种香型：无香型、薄荷香型、鲜花茉莉香型。
WL20090014　电热蚊香液/1.3%/电热蚊香液/炔丙菊酯 1.3%/2010.01.12 至 2011.01.12/微毒
　卫生　蚊　/　电热加温

江苏南京敖广日用化工有限公司　(江苏省南京市高淳县双牌石漆桥北路6号　211302　025-57852678)

WP20080182　杀虫气雾剂/0.65%/气雾剂/胺菊酯 0.33%、富右旋反式烯丙菊酯 0.1%、氯菊酯 0.22%/2008.11.19 至 2013.11.19/微毒
　卫生　蚊、蝇、蜚蠊　/　喷雾
WP20080403　杀虫气雾剂/0.6%/气雾剂/胺菊酯 0.30%、富右旋反式烯丙菊酯 0.10%、氯菊酯 0.20%/2008.12.12 至 2013.12.12/低毒
　卫生　蚊、蝇、蜚蠊　/　喷雾
WP20090224　电热蚊香片/9.5毫克/片/电热蚊香片/炔丙菊酯 9.5毫克/片/2009.04.09 至 2014.04.09/微毒
　卫生　蚊　/　电热加温
WP20090358　电热蚊香液/1.5%/电热蚊香液/炔丙菊酯 1.5%/2009.11.03 至 2014.11.03/微毒
　卫生　蚊　/　电热加温
WL20080166　蚊香/0.16%/蚊香/富右旋反式烯丙菊酯 0.15%、四氟醚菊酯 0.01%/2009.05.12 至 2010.05.12/微毒
　卫生　蚊　/　点燃
WL20080378　蚊香/0.26%/蚊香/富右旋反式烯丙菊酯 0.25%、四氟醚菊酯 0.01%/2009.08.20 至 2010.08.20/微毒
　卫生　蚊　/　点燃
WL20080418　电热蚊香片/13毫克/片/电热蚊香片/炔丙菊酯 13毫克/片/2009.10.27 至 2010.10.27/微毒
　卫生　蚊　/　电热加温
WL20090042　杀虫气雾剂/0.55%/气雾剂/Es-生物烯丙菊酯 0.25%、氯菊酯 0.3%/2009.02.24 至 2010.02.24/微毒
　卫生　蚊、蝇、蜚蠊　/　喷雾
WL20090174　蚊香/0.08%/蚊香/氯氟醚菊酯 0.08%/2009.09.11 至 2010.09.11/微毒
　卫生　蚊　/　点燃
WL20090175　蝇香/0.8%/蝇香/氯烯炔菊酯 0.8%/2009.09.11 至 2010.09.11/微毒
　卫生　蝇　/　点燃
WL20090199　蚊香/0.05%/蚊香/氯氟醚菊酯 0.05%/2009.11.12 至 2010.11.12/微毒
　卫生　蚊　/　点燃

江苏南京常丰农化有限公司　(江苏省南京市六合区瓜埠镇红山窑　211511　025-57634368)

PD84125-18　乙烯利/40%/水剂/乙烯利 40%/2009.12.14 至 2014.12.14/低毒
　番茄　催熟　800-1000倍液　喷雾或浸渍
　棉花　催熟、增产　330-500倍液　喷雾
　柿子、香蕉　催熟　400倍液　喷雾或浸渍
　水稻　催熟、增产　800倍液　喷雾

	橡胶树	增产	5-10倍液	涂布
	烟草	催熟	1000-2000倍液	喷雾
PD85105-4	敌敌畏/77.5%/乳油/敌敌畏 77.5%/2009.12.14 至 2014.12.14/中等毒			
	茶树	食叶害虫	600克/公顷	喷雾
	粮仓	多种储藏害虫	1)400-500倍液 2)0.4-0.5克/立方米	1)喷雾 2)挂条熏蒸
	棉花	蚜虫、造桥虫	600-1200克/公顷	喷雾
	苹果树	小卷叶蛾、蚜虫	400-500毫克/千克	喷雾
	青菜	菜青虫	600克/公顷	喷雾
	桑树	尺蠖	600克/公顷	喷雾
	卫生	多种卫生害虫	1)300-400倍液 2)0.08克/立方米	1)泼洒 2)挂条熏蒸
	小麦	黏虫、蚜虫	600克/公顷	喷雾
PD20082328	戊唑醇/95%/原药/戊唑醇 95%/2008.12.01 至 2013.12.01/低毒			
PD20091027	乙烯利/90%/原药/乙烯利 90%/2009.01.21 至 2014.01.21/低毒			
PD20096424	氟乐灵/480克/升/乳油/氟乐灵 480克/升/2009.08.04 至 2014.08.04/低毒			
	大豆田	一年生禾本科杂草及阔叶杂草	720-1080克/公顷	播前或播后苗前土壤喷雾
	棉花田	一年生禾本科杂草及部分阔叶杂草	720-1080克/公顷	播前或播后苗前土壤喷雾
LS20061778	2,4-滴/96%/原药/2,4-滴 96%/2008.10.15 至 2009.10.15/低毒			
LS20071184	2,4-滴丁酯/72%/乳油/2,4-滴丁酯 72%/2009.05.07 至 2010.05.08/低毒			
	小麦田	阔叶杂草	540-648克/公顷	茎叶喷雾
LS20080338	2,4-滴异辛酯/96%/原药/2,4-滴异辛酯 96%/2009.02.18 至 2010.02.19/低毒			
LS20080431	2,4-滴异辛酯/96%/原药/2,4-滴异辛酯 96%/2008.02.20 至 2009.02.20/低毒			
LS20080660	2,4-滴二甲胺盐/720克/升/水剂/2,4-滴二甲胺盐 720克/升/2009.02.24 至 2010.02.25/低毒			
	春小麦田	一年生阔叶杂草	432-540克/公顷	茎叶喷雾

江苏南通龙灯化工有限公司 (江苏省南通市船闸西路78号 226002 0513-85600663)

PD20040054	吡虫啉/95%/原药/吡虫啉 95%/2004.12.19 至 2009.12.18/低毒			
PD20060153	溴氰菊酯/98%/原药/溴氰菊酯 98%/2006.08.29 至 2011.08.29/中等毒			
PD20070480	啶虫脒/98%/原药/啶虫脒 98%/2007.11.28 至 2012.11.28/低毒			

江苏磐希化工有限公司 (江苏省泰兴市经济开发区新港路6-2号 225404 0523-7676205)

WP20090061	避蚊胺/99%/原药/避蚊胺 99%/2009.01.21 至 2014.01.21/低毒			

江苏七洲绿色化工股份有限公司 (江苏省张家港市杨舍镇城北路28号 215600 0512-58680566)

PD86130-4	灭草松/25%/水剂/灭草松 25%/2005.07.13 至 2010.07.13/低毒			
	草原牧场	阔叶杂草	1500-1875克/公顷	喷雾
	茶园、大豆、甘薯	阔叶杂草	750-1500克/公顷	喷雾
	水稻	阔叶杂草、莎草	750-1500克/公顷	喷雾
	小麦	阔叶杂草	750克/公顷	喷雾
PD20040048	多·酮/30%/可湿性粉剂/多菌灵 20%、三唑酮 10%/2009.12.19 至 2014.12.19/低毒			
	水稻	纹枯病、叶尖枯病	675-900克/公顷	喷雾
	小麦	白粉病、赤霉病	450-600克/公顷	喷雾
PD20040177	三唑酮/20%/乳油/三唑酮 20%/2009.12.19 至 2014.12.19/低毒			
	小麦	白粉病	120-127.5克/公顷	喷雾
PD20040424	吡虫·三唑酮/15.8%/可湿性粉剂/吡虫啉 1.8%、三唑酮 14%/2009.12.19 至 2014.12.19/低毒			
	小麦	白粉病、蚜虫	189.6-237克/公顷	喷雾
PD20040708	三唑酮/15%/可湿性粉剂/三唑酮 15%/2009.12.19 至 2014.12.19/低毒			
	小麦	白粉病、锈病	135-180克/公顷	喷雾
	玉米	丝黑穗病	60-90克/100千克种子	拌种
PD20050022	三唑酮/90%/原药/三唑酮 90%/2005.04.15 至 2010.04.14/低毒			
PD20050023	吡虫·杀虫单/46.5%/可湿性粉剂/吡虫啉 1.5%、杀虫单 45%/2005.04.15 至 2010.04.14/低毒			
	水稻	稻飞虱、稻纵卷叶螟、二化螟、三化螟	450-750克/公顷	喷雾
PD20070351	烯效唑/90%/原药/烯效唑 90%/2007.10.24 至 2012.10.24/低毒			
PD20070352	烯效唑/5%/可湿性粉剂/烯效唑 5%/2007.10.24 至 2012.10.24/低毒			
	水稻	控制生长	50-150毫克/千克	浸种
PD20070360	己唑醇/95%/原药/己唑醇 95%/2007.10.24 至 2012.10.24/微毒			
PD20070361	己唑醇/5%/悬浮剂/己唑醇 5%/2007.10.24 至 2012.10.24/微毒			
	葡萄	白粉病	10-20毫克/千克	喷雾
PD20070464	醚菊酯/96%/原药/醚菊酯 96%/2007.11.20 至 2012.11.20/低毒			
PD20080051	醚菊酯/10%/悬浮剂/醚菊酯 10%/2008.01.03 至 2013.01.03/低毒			
	十字花科蔬菜	菜青虫	45-60克/公顷	喷雾
	水稻	稻象甲	120-150克/公顷	喷雾
PD20080090	丙环唑/95%/原药/丙环唑 95%/2008.01.04 至 2013.01.04/低毒			

PD20080144	噻嗪酮/95%/原药/噻嗪酮 95%/2008.01.03 至 2013.01.03/微毒			
PD20080234	丙环唑/25%/乳油/丙环唑 25%/2008.02.14 至 2013.02.14/低毒			
	香蕉	叶斑病	250-500毫克/千克	喷雾
PD20080521	噻嗪酮/25%/可湿性粉剂/噻嗪酮 25%/2008.04.29 至 2013.04.29/低毒			
	水稻	稻飞虱	112.5-150克/公顷	喷雾
PD20080796	三唑醇/97%/原药/三唑醇 97%/2008.06.20 至 2013.06.20/低毒			
PD20081256	多效唑/15%/可湿性粉剂/多效唑 15%/2008.09.18 至 2013.09.18/低毒			
	冬小麦	调节生长	76.5-90克/公顷	喷雾
	花生	调节生长、增产	90-120克/公顷	喷雾
	水稻育秧田	控制生长	200-300毫克/千克	喷雾
	油菜(苗床)	控制生长	100-200毫克/千克	喷雾
PD20081265	多效唑/95%/原药/多效唑 95%/2008.09.18 至 2013.09.18/低毒			
PD20081516	嗪草酮/93%/原药/嗪草酮 93%/2008.11.06 至 2013.11.06/低毒			
PD20082107	戊唑醇/96%/原药/戊唑醇 96%/2008.11.25 至 2013.11.25/低毒			
PD20082579	烯草酮/95%/原药/烯草酮 95%/2008.12.04 至 2013.12.04/低毒			
PD20082931	戊唑醇/2%/湿拌种剂/戊唑醇 2%/2008.12.09 至 2013.12.09/微毒			
	玉米	丝黑穗病	8-12克/100千克种子	拌种
PD20084551	三唑醇/15%/可湿性粉剂/三唑醇 15%/2008.12.18 至 2013.12.18/低毒			
	小麦	纹枯病	30-45克/100千克种子	拌种
PD20084933	嗪草酮/70%/可湿性粉剂/嗪草酮 70%/2008.12.22 至 2013.12.22/低毒			
	春大豆田	一年生阔叶杂草	525-735克/公顷(东北地区)	播后苗前土壤喷雾
PD20085381	嗪草酮/50%/可湿性粉剂/嗪草酮 50%/2008.12.24 至 2013.12.24/低毒			
	春大豆田	一年生阔叶杂草	450-600克/公顷(东北地区)	播后苗前土壤喷雾
PD20092188	戊唑醇/25%/乳油/戊唑醇 25%/2009.02.23 至 2014.02.23/低毒			
	香蕉	叶斑病	833-1250倍液	喷雾
PD20093502	戊唑醇/5%/悬浮拌种剂/戊唑醇 5%/2009.03.23 至 2014.03.23/微毒			
	小麦	纹枯病	3—4克/100千克种子	拌种
PD20095163	烯唑醇/12.5%/可湿性粉剂/烯唑醇 12.5%/2009.04.24 至 2014.04.24/低毒			
	梨树	黑星病	30-50毫克/千克	喷雾
PD20095203	烯唑醇/95%/原药/烯唑醇 95%/2009.04.24 至 2014.04.24/低毒			
PD20097670	多效唑/10%/可湿性粉剂/多效唑 0%/2009.11.04 至 2014.11.04/低毒			
	大豆	控制生长、增产	90-112.5克/公顷	喷雾
	冬小麦	增产	76.5-90克/公顷	/
	冬小麦	调节生长	76.5-90克/公顷	茎叶喷雾
	花生	调节生长、增产	90-120克/公顷	喷雾
LS20053132	己唑·腐霉利/16%/悬浮剂/腐霉利 14%、己唑醇 2%/2008.09.28 至 2009.09.28/微毒			
	番茄	灰霉病	160-200毫克/千克	喷雾
LS20053276	双甲脒/20%/乳油/双甲脒 20%/2008.10.11 至 2009.10.11/低毒			
	柑橘树	红蜘蛛、介壳虫	166.7-200毫克/千克	喷雾
LS20053393	三环·烯唑醇/18%/悬浮剂/三环唑 15%、烯唑醇 3%/2008.10.18 至 2009.10.18/低毒			
	水稻	稻瘟病	108-135克/公顷	喷雾
LS20061572	三唑醇/250克/升/乳油/三唑醇 250克/升/2009.08.13 至 2010.08.13/低毒			
	小麦	白粉病	75-150克/公顷	喷雾
LS20061573	多效唑/25%/悬浮剂/多效唑 25%/2009.08.13 至 2010.08.13/低毒			
	小麦	调节生长、增产	100-150 毫克/升	兑水喷雾
LS20061653	甲氨基阿维菌素苯甲酸盐/90%/原药/甲氨基阿维菌素苯甲酸盐 90%/2009.08.28 至 2010.08.28/中等毒			
LS20061698	苯醚甲环唑/95%/原药/苯醚甲环唑 95%/2009.09.21 至 2010.09.21/低毒			
LS20070117	嗪草酮/70%/水分散粒剂/嗪草酮 70%/2009.02.01 至 2010.02.01/低毒			
	春大豆	一年生阔叶杂草	525-630克/公顷	土壤喷雾
LS20072046	戊唑醇/430克/升/悬浮剂/戊唑醇 430克/升/2009.08.09 至 2010.08.10/低毒			
	苹果树	斑点落叶病	86-143毫克/千克	喷雾
LS20072356	氟环唑/95%/原药/氟环唑 95%/2009.10.16 至 2010.10.17/低毒			
LS20080049	粉唑醇/95%/原药/粉唑醇 95%/2010.01.03 至 2011.01.03/低毒			
LS20081306	苯醚甲环唑/10%/水分散粒剂/苯醚甲环唑 10%/2009.03.13 至 2010.03.13/微毒			
	大白菜	黑斑病	52.5-75克/公顷	喷雾
LS20081924	粉唑醇/12.5%/悬浮剂/粉唑醇 12.5%/2009.04.11 至 2010.04.11/微毒			
	小麦	白粉病	67.5-112.5克/公顷	喷雾
LS20082504	氟环唑/125克/升/悬浮剂/氟环唑 125克/升/2009.04.22 至 2010.04.22/微毒			
	小麦	锈病	84-112.5克/公顷	喷雾
LS20082790	甲氨基阿维菌素苯甲酸盐/2%/乳油/甲氨基阿维菌素苯甲酸盐 2%/2009.05.09 至 2010.05.09/低毒			
	甘蓝	小菜蛾	1.5-3.0克/公顷	喷雾

LS20090054　戊菌唑/95%/原药/戊菌唑 95%/2010.01.09 至 2011.01.09/低毒
WL20090091　羟哌酯/98%/原药/羟哌酯 98%/2009.03.24 至 2010.03.24/低毒
WL20090125　驱蚊液/10%/驱蚊液/羟哌酯 10%/2009.04.13 至 2010.04.13/微毒
　卫生　蚊　/　涂抹
WL20090214　驱蚊液/20%/驱蚊液/羟哌酯 20%/2009.12.14 至 2010.12.14/微毒
　卫生　蚊　/　涂抹

江苏洽益农化有限公司　(江苏省盐城市东台市许河镇工业园区　224232　0515-5635180)

PD20080453　敌畏·辛硫磷/40%/乳油/敌敌畏 25%、辛硫磷 15%/2008.03.27 至 2013.03.27/中等毒
　桑树　毛虫　333-500毫克/千克　喷雾
PD20093633　氟啶脲/5%/乳油/氟啶脲 5%/2009.03.25 至 2014.03.25/低毒
　棉花　棉铃虫　82.5-105克/公顷　喷雾
PD20094086　精吡氟禾草灵/150克/升/乳油/精吡氟禾草灵 150克/升/2009.03.27 至 2014.03.27/微毒
　冬油菜田　一年生禾本科杂草　120-150克/公顷　茎叶喷雾
PD20094584　毒死蜱/480克/升/乳油/毒死蜱 480克/升/2009.04.10 至 2014.04.10/中等毒
　水稻　稻飞虱　450-600克/公顷　喷雾
PD20096690　高效氯氟氰菊酯/25克/升/乳油/高效氯氟氰菊酯 25克/升/2009.09.07 至 2014.09.07/中等毒
　十字花科叶菜　菜青虫　7.5-15克/公顷　喷雾
PD20097459　氯氰·毒死蜱/522.5克/升/乳油/毒死蜱 475克/升、氯氰菊酯 47.5克/升/2009.11.03 至 2014.11.03/中等毒
　十字花科蔬菜　菜青虫　247.5-495.8克/公顷　喷雾
LS20051606　多菌灵/12.5%/可溶液剂/多菌灵 12.5%/2008.04.29 至 2009.04.29/低毒
　小麦　赤霉病　218.25-750克/公顷　喷雾
LS20052916　代森锌/65%/可湿性粉剂/代森锌 65%/2008.09.07 至 2009.09.07/低毒
　马铃薯　晚疫病　1100-1250克/公顷　喷雾
LS20061514　烯酰吗啉/50%/可湿性粉剂/烯酰吗啉 50%/2009.08.02 至 2010.08.02/低毒
　番茄　晚疫病　250-300克/公顷　喷雾
LS20080515　咪鲜胺锰盐/50%/可湿性粉剂/咪鲜胺锰盐 50%/2009.02.20 至 2010.02.21/微毒
　柑橘　绿霉病、青霉病　250-500毫克/千克　浸果
　黄瓜　炭疽病　380-500克/公顷　喷雾
LS20080581　甲氨基阿维菌素苯甲酸盐/2%/乳油/甲氨基阿维菌素苯甲酸盐 2%/2009.02.21 至 2010.02.22/低毒
　十字花科蔬菜　小菜蛾　1.8-2.4克/公顷　喷雾
LS20080686　苯醚甲环唑/250克/升/乳油/苯醚甲环唑 250克/升/2009.02.25 至 2010.02.26/低毒
　香蕉　叶斑病　100-125毫克/千克　喷雾
LS20082232　阿维菌素/18克/升/乳油/阿维菌素 18克/升/2009.04.18 至 2010.04.18/低毒(原药高毒)
　柑橘树　潜叶蛾　4.5-6.0毫克/千克　喷雾
LS20082729　咪鲜胺锰盐/50%/可湿性粉剂/咪鲜胺锰盐 50%/2009.05.04 至 2010.05.04/低毒
　柑橘　绿霉病、青霉病　250-500毫克/千克　浸果
LS20090407　己唑醇/10%/悬浮剂/己唑醇 10%/2009.03.16 至 2010.03.16/微毒
　水稻　纹枯病　60-75克/公顷　喷雾
LS20090832　烯酰·霜脲氰/35%/悬浮剂/霜脲氰 5%、烯酰吗啉 30%/2009.04.03 至 2010.04.03/低毒
　黄瓜　霜霉病　210-315克/公顷　喷雾
LS20090875　辛硫磷/5%/颗粒剂/辛硫磷 5%/2009.04.09 至 2010.04.09/微毒
　花生　地老虎、金针虫、蝼蛄、蛴螬　2250-3000克/公顷　撒施

江苏侨基生物化学有限公司　(江苏省南通市海安县仇湖镇仇湖南路168号　226692　0513-88433136)

PD20081922　杀螺胺/98%/原药/杀螺胺 98%/2008.11.21 至 2013.11.21/微毒
PD20090480　杀螟丹/50%/可溶粉剂/杀螟丹 50%/2009.01.12 至 2014.01.12/中等毒
　水稻　二化螟　600-750克/公顷　喷雾
PD20096191　杀螺胺/70%/可湿性粉剂/杀螺胺 70%/2009.07.10 至 2014.07.10/低毒
　水稻　福寿螺　315-420克/公顷　喷雾
LS20053579　高效氯氟氰菊酯/25克/升/乳油/高效氯氟氰菊酯 25克/升/2008.11.15 至 2009.11.15/中等毒
　十字花科蔬菜　菜青虫　7.5-15克/公顷　喷雾
LS20060362　高效氟吡甲禾灵/108克/升/乳油/高效氟吡甲禾灵 108克/升/2009.03.05 至 2010.03.05/低毒
　春大豆　一年生禾本科杂草　48.6-56.7克/公顷　茎叶喷雾
　春油菜　一年生禾本科杂草　45.3-51.8克/公顷　茎叶喷雾
　冬油菜　一年生禾本科杂草　32.5-45克/公顷　茎叶喷雾
　甘蓝　一年生禾本科杂草　48.6-64.8克/公顷　茎叶喷雾
　花生　一年生禾本科杂草　32.4-48.6克/公顷　茎叶喷雾
　棉花、夏大豆　一年生禾本科杂草　40.5-48.6克/公顷　茎叶喷雾
LS20061340　丙环唑/250克/升/乳油/丙环唑 250克/升/2009.06.12 至 2010.06.12/低毒
　香蕉　叶斑病　250-500毫克/千克　喷雾
　小麦　白粉病　100-150克/公顷　喷雾
LS20061586　戊唑醇/430克/升/悬浮剂/戊唑醇 430克/升/2009.08.13 至 2010.08.13/微毒
　大白菜　黑斑病　120-150克/公顷　喷雾
　苹果树　轮纹病　107.5-143毫克/千克　喷雾

苹果树 斑点落叶病 61.4-86毫克/千克 喷雾

LS20070114 阿维·啶虫脒/4%/乳油/阿维菌素 1%、啶虫脒 3%/2009.01.31 至 2010.01.31/低毒(原药高毒)

黄瓜 蚜虫 9-12克/公顷 喷雾

苹果树 蚜虫 8-10毫克/千克 喷雾

LS20072502 咪鲜胺/450克/升/水乳剂/咪鲜胺 450克/升/2009.11.19 至 2010.11.20/低毒

水稻 恶苗病 62.5-125毫克/千克 浸种

LS20081178 苯醚甲环唑/250克/升/乳油/苯醚甲环唑 250克/升/2009.03.10 至 2010.03.10/低毒

番茄 早疫病 100.5-150克/公顷 喷雾

西瓜 炭疽病 75-112.5克/公顷 喷雾

江苏瑞邦农药厂有限公司 (江苏省金坛市华城东路8号 213200 0519-82330773)

PD20070039 苯磺隆/95%/原药/苯磺隆 95%/2007.03.06 至 2012.03.06/低毒

PD20070269 苯磺隆/75%/水分散粒剂/苯磺隆 75%/2007.09.05 至 2012.09.05/低毒

冬小麦田 杂草 13.5—22.5克/公顷 茎叶喷雾

PD20070270 草甘膦/95%/原药/草甘膦 95%/2007.09.05 至 2012.09.05/低毒

PD20070447 毒死蜱/480克/升/乳油/毒死蜱 480克/升/2007.11.20 至 2012.11.20/低毒

水稻 二化螟 468-576克/公顷 喷雾

PD20070556 多菌灵/80%/可湿性粉剂/多菌灵 80%/2007.12.03 至 2012.12.03/低毒

水稻 稻瘟病 750-900克/公顷 喷雾

PD20080015 苄嘧磺隆/97%/原药/苄嘧磺隆 97%/2008.01.03 至 2013.01.03/低毒

PD20080148 炔螨特/57%/乳油/炔螨特 57%/2008.01.03 至 2013.01.03/低毒

柑橘树 红蜘蛛 285-380毫克/千克 喷雾

PD20080306 灭蝇胺/50%/可湿性粉剂/灭蝇胺 50%/2008.02.25 至 2013.02.25/低毒

黄瓜 美洲斑潜蝇 187.5-225克/公顷 喷雾

PD20080312 苯磺隆/10%/可湿性粉剂/苯磺隆 10%/2008.02.25 至 2013.02.25/低毒

冬小麦田 杂草 15—22.5克/公顷 茎叶喷雾

PD20080445 胺苯磺隆/20%/可溶粉剂/胺苯磺隆 20%/2008.03.17 至 2013.03.17/低毒

冬油菜(移栽田) 一年生阔叶杂草 22.5-30克/公顷 喷雾

PD20080459 烟嘧磺隆/95%/原药/烟嘧磺隆 95%/2008.03.27 至 2013.03.27/低毒

PD20080503 草甘膦异丙胺盐/41%/水剂/草甘膦异丙胺盐 41%/2008.04.10 至 2013.04.10/低毒

柑橘园 杂草 1125-2250克/公顷 定向茎叶喷雾

PD20080540 噻吩磺隆/15%/可湿性粉剂/噻吩磺隆 15%/2008.05.04 至 2013.05.04/低毒

冬小麦田 一年生阔叶杂草 22.5-30克/公顷 喷雾

PD20080558 噻吩磺隆/75%/水分散粒剂/噻吩磺隆 75%/2008.05.09 至 2013.05.09/低毒

夏大豆田 一年生阔叶杂草 20-25克/公顷 土壤喷雾

夏玉米田 一年生阔叶杂草 15-25克/公顷 土壤或茎叶喷雾

PD20080852 吡嘧磺隆/10%/可湿性粉剂/吡嘧磺隆 10%/2008.06.23 至 2013.06.23/低毒

水稻移栽田 阔叶杂草、莎草科杂草 22.5—30克/公顷 药土法

PD20080854 精喹禾灵/5%/乳油/精喹禾灵 5%/2008.06.23 至 2013.06.23/低毒

冬油菜田、夏大豆田 一年生禾本科杂草 45-52.5克/公顷 茎叶喷雾

PD20080920 硫双威/95%/原药/硫双威 95%/2008.07.17 至 2013.07.17/中等毒

PD20081277 灭草松/97%/原药/灭草松 97%/2008.09.25 至 2013.09.25/低毒

PD20081788 精喹·草除灵/17.5%/乳油/草除灵 15%、精喹禾灵 2.5%/2008.11.19 至 2013.11.19/低毒

冬油菜田 一年生杂草 262.5-393.8克/公顷 喷雾

PD20082022 苄·二氯/36%/可湿性粉剂/苄嘧磺隆 3%、二氯喹啉酸 33%/2008.11.25 至 2013.11.25/低毒

水稻直播田 一年生及部分多年生杂草 216-270克/公顷 茎叶喷雾

PD20082258 硫双威/375克/升/悬浮种衣剂/硫双威 375克/升/2008.11.27 至 2013.11.27/中等毒

棉花 棉铃虫 562.5-787.5克/公顷 喷雾

PD20082367 氯氰·辛硫磷/40%/乳油/氯氰菊酯 5%、辛硫磷 35%/2008.12.01 至 2013.12.01/中等毒

棉花 棉铃虫 360-480克/公顷 喷雾

PD20082725 二氯喹啉酸/50%/可湿性粉剂/二氯喹啉酸 50%/2008.12.08 至 2013.12.08/低毒

水稻秧田 稗草 225-375克/公顷 喷雾

水稻移栽田 稗草 225-375克/公顷 喷雾或药土法

PD20082750 除虫脲/25%/可湿性粉剂/除虫脲 25%/2008.12.08 至 2013.12.08/微毒

甘蓝 菜青虫 215.7-225克/公顷 喷雾

PD20082999 硫双威/75%/可湿性粉剂/硫双威 75%/2008.12.10 至 2013.12.10/中等毒

棉花 棉铃虫 675-900克/公顷 喷雾

PD20083099 莠去津/48%/可湿性粉剂/莠去津 48%/2008.12.10 至 2013.12.10/低毒

夏玉米田 一年生杂草 1080-1440克/公顷 土壤喷雾

PD20083151 高氯·毒死蜱/20%/乳油/毒死蜱 18%、高效氯氰菊酯 2%/2008.12.11 至 2013.12.11/中等毒

棉花 棉铃虫 240-270克/公顷 喷雾

PD20083178 腐霉利/80%/可湿性粉剂/腐霉利 80%/2008.12.11 至 2013.12.11/微毒

番茄 灰霉病 375-750克/公顷 喷雾

PD20083925 除虫脲/75%/可湿性粉剂/除虫脲 75%/2008.12.15 至 2013.12.15/低毒

十字花科蔬菜 菜青虫 188-244克/公顷 喷雾
PD20084173 锰锌·腈菌唑/25%/可湿性粉剂/腈菌唑 2%、代森锰锌 23%/2008.12.16 至 2013.12.16/低毒
梨树 黑星病 700-1000倍液 喷雾
PD20084806 除虫脲/98%/原药/除虫脲 98%/2008.12.22 至 2013.12.22/低毒
PD20085338 丙溴磷/500克/升/乳油/丙溴磷 500克/升/2008.12.24 至 2013.12.24/低毒
棉花 棉铃虫 450-600克/公顷 喷雾
PD20085569 异丙草胺/72%/乳油/异丙草胺 72%/2008.12.25 至 2013.12.25/低毒
夏玉米田 一年生禾本科杂草及部分阔叶杂草 1080-1620克/公顷 喷雾
PD20085993 辛酰溴苯腈/25%/乳油/辛酰溴苯腈 25%/2008.12.29 至 2013.12.29/低毒
玉米田 一年生阔叶杂草 375-562.5克/公顷 茎叶喷雾
PD20092088 异丙·苄/10%/可湿性粉剂/苄嘧磺隆 1.25%、异丙草胺 8.75%/2009.02.16 至 2014.02.16/微毒
水稻抛秧田 一年生杂草 112.5－150克/公顷 药土法
PD20092199 乳氟禾草灵/240克/升/乳油/乳氟禾草灵 240克/升/2009.02.23 至 2014.02.23/低毒
花生田 一年生阔叶杂草 54-108克/公顷 茎叶喷雾
PD20092347 噻苯隆/50%/可湿性粉剂/噻苯隆 50%/2009.02.24 至 2014.02.24/微毒
棉花 脱叶 225-300克/公顷 喷雾
PD20093034 精吡氟禾草灵/150克/升/乳油/精吡氟禾草灵 150克/升/2009.03.09 至 2014.03.09/低毒
大豆田 一年生禾本科杂草 60-70毫升制剂/亩 茎叶喷雾
棉花田 一年生禾本科杂草 50-60毫升制剂/亩 茎叶喷雾
PD20093131 咪唑乙烟酸/10%/水剂/咪唑乙烟酸 10%/2009.03.10 至 2014.03.10/微毒
春大豆田 一年生杂草 75-100.5克/公顷 茎叶喷雾
PD20093703 草甘膦/75.7%/可溶粒剂/草甘膦 75.7%/2009.03.25 至 2014.03.25/低毒
柑橘 杂草 1873.5-2498.1克/公顷 喷雾
PD20095847 噻磺·乙草胺/20%/可湿性粉剂/噻吩磺隆 1%、乙草胺 19%/2009.05.27 至 2014.05.27/低毒
夏大豆田、夏玉米田 一年生杂草 600-750克/公顷 播后苗前土壤喷雾
PD20096008 甲磺隆/60%/水分散粒剂/甲磺隆 60%/2009.06.11 至 2014.06.11/低毒
冬小麦田 一年生杂草 7.5克/公顷 喷雾
PD20096035 甲磺隆/60%/可湿性粉剂/甲磺隆 60%/2009.06.15 至 2014.06.15/微毒
冬小麦田 一年生杂草 7.5克/公顷 喷雾
注:仅供出口。
PD20096050 吡虫啉/98%/原药/吡虫啉 98%/2009.06.18 至 2014.06.18/低毒
PD20096150 精噁唑禾草灵/10%/乳油/精噁唑禾草灵 10%/2009.06.24 至 2014.06.24/低毒
花生田 一年生禾本科杂草 51.4-62.4克/公顷 茎叶喷雾
棉花田 一年生禾本科杂草 48.3-60.4克/公顷 茎叶喷雾
PD20096187 灭草松/560克/升/水剂/灭草松 560克/升/2009.07.10 至 2014.07.10/低毒
春大豆田 一年生阔叶杂草 1176-1512克/公顷 茎叶喷雾
PD20097042 精噁唑禾草灵/69克/升/水乳剂/精噁唑禾草灵 69克/升/2009.10.10 至 2014.10.10/低毒
小麦田 看麦娘、野燕麦等一年生禾本科杂草 41.4-62.1克/公顷 茎叶喷雾
PD20097238 多菌灵/98%/原药/多菌灵 98%/2009.10.19 至 2014.10.19/低毒
PD20097657 烟嘧磺隆/40克/升/可分散油悬浮剂/烟嘧磺隆 40克/升/2009.11.04 至 2014.11.04/低毒
玉米田 一年生杂草 42-60克/公顷 茎叶喷雾
PD20098299 联苯菊酯/100克/升/乳油/联苯菊酯 100克/升/2009.12.18 至 2014.12.18/低毒
茶树 茶尺蠖 7.5-15克/公顷 喷雾
茶树 茶小绿叶蝉 30-37.5克/公顷 喷雾
LS20001505 甲嘧磺隆/75%/可湿性粉剂/甲嘧磺隆 75%/2009.02.01 至 2009.12.31/低毒
非耕地 杂草 450-675克/公顷 喷雾
LS20051221 苄嘧·丙草胺/40%/可湿性粉剂/苄嘧磺隆 4%、丙草胺 36%/2008.04.12 至 2009.04.12/低毒
水稻直播田 一年生及部分多年生杂草 450-480克/公顷(南方地区) 喷雾
LS20060628 咪唑乙烟酸/75%/水分散粒剂/咪唑乙烟酸 75%/2009.03.23 至 2010.03.23/微毒
春大豆 一年生杂草 75.4-100.1克/公顷 茎叶喷雾
LS20060807 苄嘧磺隆/60%/水分散粒剂/苄嘧磺隆 60%/2009.04.09 至 2010.04.09/低毒
冬小麦田 一年生阔叶杂草 45-72克/公顷 茎叶喷雾
移栽水稻田 一年生阔叶杂草及莎草科杂草 27-54克/公顷 药土法
LS20070160 丁醚脲/80%/可湿性粉剂/丁醚脲 80%/2009.02.08 至 2010.02.08/低毒
十字花科蔬菜 小菜蛾 600-900克/公顷 喷雾
LS20070778 氯嘧磺隆/75%/水分散粒剂/氯嘧磺隆 75%/2009.04.09 至 2010.04.10/低毒
春大豆田 一年生阔叶杂草 15-22.5克/公顷 播后苗前土壤喷雾
LS20071239 氯嘧磺隆/25%/水分散粒剂/氯嘧磺隆 25%/2009.05.07 至 2010.05.08/低毒
春大豆田 一年生阔叶杂草 22.5-30克/公顷 播后苗前土壤喷雾
LS20071291 噻苯隆/80%/可湿性粉剂/噻苯隆 80%/2009.05.07 至 2010.05.08/低毒

	棉花	脱叶	240-300克/公顷	兑水喷雾
LS20071613	多菌灵/75%/水分散粒剂/多菌灵 75%/2009.06.05 至 2010.06.06/低毒			
	水稻	稻瘟病	675-750克/公顷	喷雾
LS20072418	粉唑醇/50%/可湿性粉剂/粉唑醇 50%/2009.11.04 至 2010.11.05/低毒			
	小麦	条锈病	60～90克/公顷	喷雾
LS20072421	粉唑醇/95%/原药/粉唑醇 95%/2009.11.04 至 2010.11.05/低毒			
LS20072427	粉唑醇/250克/升/悬浮剂/粉唑醇 250克/升/2009.11.04 至 2010.11.05/低毒			
	小麦	条锈病	60～90克/公顷	喷雾
LS20072519	灭草松/97%/原药/灭草松 97%/2008.12.04 至 2009.12.05/低毒			
LS20080536	异松·乙草胺/35%/可湿性粉剂/乙草胺 25%、异噁草松 10%/2009.02.21 至 2010.02.21/微毒			
	冬油菜(移栽田)	一年生杂草	315-367.5克/公顷	移栽前土壤喷雾
LS20081327	2,4-滴二甲胺盐/720克/升/水剂/2,4-滴二甲胺盐 720克/升/2009.03.13 至 2010.03.13/低毒			
	冬小麦田	一年生阔叶杂草	540-756克/公顷	茎叶喷雾
LS20081839	硫双威/95%/原药/硫双威 95%/2008.04.10 至 2009.04.10/中等毒			
LS20083243	啶虫脒/70%/可湿性粉剂/啶虫脒 70%/2009.12.11 至 2010.12.11/低毒			
	十字花科蔬菜	蚜虫	12.6-18.9克/公顷	喷雾
LS20083265	烟嘧磺隆/75%/水分散粒剂/烟嘧磺隆 75%/2009.12.15 至 2010.12.15/低毒			
	玉米田	一年生杂草	40-60克/公顷	茎叶喷雾
LS20090020	粉唑醇/80%/可湿性粉剂/粉唑醇 80%/2010.01.08 至 2011.01.08/低毒			
	小麦	条锈病	75-112.5克/公顷	喷雾
LS20090445	硫双威/80%/可湿性粉剂/硫双威 80%/2009.03.16 至 2010.03.16/中等毒			
	棉花	棉铃虫	600-900克/公顷	喷雾
LS20090665	利谷隆/97%/原药/利谷隆 97%/2009.03.24 至 2010.03.24/低毒			
LS20090671	利谷隆/50%/悬浮剂/利谷隆 50%/2009.03.24 至 2010.03.24/低毒			
	玉米田	一年生阔叶杂草	春玉米：1500-2250克/公顷 夏玉米：1125-1500克/公顷	播后苗前土壤 喷雾

江苏瑞东农药有限公司　(江苏省常州市金坛市华城开发区电厂路　213200　0519-2356988)

PD85154-52	氰戊菊酯/20%/乳油/氰戊菊酯 20%/2006.03.05 至 2011.03.05/中等毒			
	柑橘树	潜叶蛾	10-20毫克/千克	喷雾
	果树	梨小食心虫	10-20毫克/千克	喷雾
	棉花	红铃虫、蚜虫	75-150克/公顷	喷雾
	蔬菜	菜青虫、蚜虫	60-120克/公顷	喷雾
PD20080858	苄嘧磺隆/30%/可湿性粉剂/苄嘧磺隆 30%/2008.06.23 至 2013.06.23/低毒			
	水稻移栽田	莎草科杂草、一年生禾本科杂草及部分阔叶杂草	31.5-63克/公顷	药土法
PD20081456	苄·二氯/40%/可湿性粉剂/苄嘧磺隆 6%、二氯喹啉酸 34%/2008.11.04 至 2013.11.04/低毒			
	水稻直播田	一年生杂草	189-270克/公顷	喷雾
PD20081685	三环唑/75%/可湿性粉剂/三环唑 75%/2008.11.17 至 2013.11.17/低毒			
	水稻	稻瘟病	225-337.5克/公顷	喷雾
PD20082240	苯磺隆/10%/可湿性粉剂/苯磺隆 10%/2008.11.27 至 2013.11.27/低毒			
	冬小麦田	一年生阔叶杂草	13.5—22.5克/公顷	茎叶喷雾
PD20083405	高效氯氟氰菊酯/25克/升/乳油/高效氯氟氰菊酯 25克/升/2008.12.11 至 2013.12.11/中等毒			
	十字花科蔬菜	菜青虫	7.5-11.25克/公顷	喷雾
PD20084143	苄嘧·扑草净/36%/可湿性粉剂/苄嘧磺隆 4%、扑草净 32%/2008.12.16 至 2013.12.16/低毒			
	水稻抛秧田	一年生阔叶杂草及莎草科杂草	162-216克/公顷(南方地区)	药土法
PD20084635	精喹禾灵/8.8%/乳油/精喹禾灵 8.8%/2008.12.18 至 2013.12.18/低毒			
	夏大豆田	一年生禾本科杂草	39.6-52.8克/公顷	茎叶喷雾
PD20085198	吡嘧磺隆/10%/可湿性粉剂/吡嘧磺隆 10%/2008.12.23 至 2013.12.23/低毒			
	移栽水稻田	一年生阔叶杂草及莎草科杂草	15-30克/公顷	药土法
PD20086105	高效氟吡甲禾灵/108克/升/乳油/高效氟吡甲禾灵 108克/升/2008.12.30 至 2013.12.30/低毒			
	夏大豆田	一年生禾本科杂草	40.5-56.7克/公顷	茎叶喷雾
PD20092050	莠去津/38%/悬浮剂/莠去津 38%/2009.02.12 至 2014.02.12/低毒			
	苹果园	一年生杂草	1140-1710克/公顷	土壤喷雾
PD20095318	噻吩磺隆/75%/水分散粒剂/噻吩磺隆 75%/2009.04.27 至 2014.04.27/低毒			
	春大豆田	一年生阔叶杂草	22.5-33.75克/公顷	土壤喷雾
PD20095460	苄·乙/14%/可湿性粉剂/苄嘧磺隆 3.5%、乙草胺 10.5%/2009.05.11 至 2014.05.11/低毒			
	移栽水稻田	一年生及部分多年生杂草	84-118克/公顷	药土法
PD20097773	联苯菊酯/100克/升/乳油/联苯菊酯 100克/升/2009.11.12 至 2014.11.12/中等毒			
	苹果树	桃小食心虫	25-33毫克/千克	喷雾
PD20097990	吡嘧磺隆/98%/原药/吡嘧磺隆 98%/2009.12.07 至 2014.12.07/低毒			
PD20098230	苯磺隆/75%/水分散粒剂/苯磺隆 75%/2009.12.16 至 2014.12.16/微毒			
	小麦田	一年生阔叶杂草	11.3-22.5克/公顷	茎叶喷雾
PD20098388	丙环唑/250克/升/乳油/丙环唑 250克/升/2009.12.18 至 2014.12.18/低毒			

小麦 白粉病 112.5-150克/公顷 喷雾

LS20060495 乙羧氟草醚/10%/乳油/乙羧氟草醚 10%/2009.03.08 至 2010.03.08/低毒

春大豆 一年生阔叶杂草 75-105克/公顷 茎叶喷雾

LS20061339 氯嘧磺隆/75%/水分散粒剂/氯嘧磺隆 75%/2009.06.12 至 2010.06.12/低毒

春大豆 一年生阔叶杂草 22.5-33.75克/公顷 播后苗前土壤喷雾

LS20061543 氯嘧磺隆/25%/可湿性粉剂/氯嘧磺隆 25%/2009.08.02 至 2010.08.02/低毒

春大豆 一年生阔叶杂草 15-22.5克/公顷 播后苗期土壤喷雾

LS20070582 精喹·草除灵/17.5%/乳油/草除灵 15%、精喹禾灵 2.5%/2009.03.20 至 2010.03.21/中等毒

油菜田 一年生杂草 262.5-394克/公顷 茎叶喷雾

LS20090958 烟嘧磺隆/75%/水分散粒剂/烟嘧磺隆 75%/2009.04.10 至 2010.04.10/微毒

春玉米田 一年生杂草 33.8－56.3克/公顷 茎叶喷雾

江苏瑞禾化学有限公司 (江苏省南京市玄武区经济技术开发区尧新大道233号 210002 025-884652102)

PD20040097 高效氯氰菊酯/4.5%/乳油/高效氯氰菊酯 4.5%/2009.12.19 至 2014.12.19/低毒

十字花科蔬菜 菜青虫 20.25-27克/公顷 喷雾

PD20040720 异丙隆/75%/可湿性粉剂/异丙隆 75%/2009.12.19 至 2014.12.19/低毒

冬小麦 一年生单、双子叶杂草 1050-1200克/公顷 喷雾

PD20060216 苄嘧磺隆/10%/可湿性粉剂/苄嘧磺隆 10%/2006.12.26 至 2011.12.26/低毒

水稻移栽田 一年生阔叶杂草及莎草科杂草 20-30克/公顷 毒土法

PD20070391 苯磺隆/75%/水分散粒剂/苯磺隆 75%/2007.11.05 至 2012.11.05/低毒

冬小麦田 一年生阔叶杂草 13.5-22.5克/公顷 茎叶喷雾

PD20080018 精喹禾灵/5%/乳油/精喹禾灵 5%/2008.01.04 至 2013.01.04/低毒

春大豆田 一年生禾本科杂草 45-75克/公顷 茎叶喷雾

棉花田 一年生禾本科杂草 37.5-60克/公顷 茎叶喷雾

夏大豆田 一年生禾本科杂草 37-60克/公顷 茎叶喷雾

油菜田 一年生禾本科杂草 30-45克/公顷 茎叶喷雾

PD20081047 乙草胺/900克/升/乳油/乙草胺 900克/升/2008.08.14 至 2013.08.14/低毒

春玉米田 小粒种子阔叶杂草、一年生禾本科杂草 1350-1620克/公顷 土壤喷雾

夏玉米田 小粒种子阔叶杂草、一年生禾本科杂草 1080-1350克/公顷 土壤喷雾

PD20081341 二氯喹啉酸/50%/可湿性粉剂/二氯喹啉酸 50%/2008.10.21 至 2013.10.21/低毒

水稻移栽田 稗草 225-375克/公顷 喷雾

PD20081515 苄·二氯/36%/可湿性粉剂/苄嘧磺隆 2%、二氯喹啉酸 34%/2008.11.06 至 2013.11.06/低毒

水稻秧田、水稻直播田 一年生及部分多年生杂草 216-270克/公顷 排水喷雾

PD20081628 噁草·丁草胺/40%/乳油/丁草胺 34%、噁草酮 6%/2008.11.12 至 2013.11.12/低毒

水稻(旱育秧及半旱育秧田) 一年生杂草 600-750克/公顷 喷雾

PD20082714 胺苯磺隆/25%/可湿性粉剂/胺苯磺隆 25%/2008.12.05 至 2013.12.05/低毒

冬油菜田 一年生阔叶杂草 18.75-30克/公顷 喷雾

PD20082969 吡嘧磺隆/10%/可湿性粉剂/吡嘧磺隆 10%/2008.12.09 至 2013.12.09/低毒

水稻移栽田 稗草、阔叶杂草、莎草 15-30克/公顷 药土法

PD20090684 异丙草·莠/41%/悬乳剂/异丙草胺 21%、莠去津 20%/2009.01.19 至 2014.01.19/低毒

夏玉米田 一年生杂草 1230－1537.5克/公顷 播后苗前土壤喷雾

PD20092820 苄·丁/30%/可湿性粉剂/苄嘧磺隆 1.5%、丁草胺 28.5%/2009.03.04 至 2014.03.04/低毒

水稻抛秧田 部分多年生杂草、一年生杂草 540-720克/公顷 毒土法

PD20093989 苄·乙/14%/可湿性粉剂/苄嘧磺隆 4%、乙草胺 10%/2009.03.27 至 2014.03.27/微毒

水稻移栽田 部分多年生杂草、一年生杂草 84-105克/公顷(南方地区) 药土法

PD20094457 苄·乙/10%/可湿性粉剂/苄嘧磺隆 5%、乙草胺 5%/2009.04.01 至 2014.04.01/低毒

抛秧水稻 一年生杂草 75-90克/公顷 药土法

PD20097442 烟嘧磺隆/40克/升/可分散油悬浮剂/烟嘧磺隆 40克/升/2009.10.28 至 2014.10.28/微毒

玉米田 一年生杂草 42-60克/公顷 茎叶喷雾

LS20053458 噻吩磺隆/75%/水分散粒剂/噻吩磺隆 75%/2008.11.06 至 2009.11.06/微毒

春大豆 一年生阔叶杂草 20.3-22.5克/公顷 土壤喷雾

夏大豆 一年生阔叶杂草 22.5-28.1克/公顷 土壤喷雾

LS20070028 啶虫脒/50%/水分散粒剂/啶虫脒 50%/2009.01.16 至 2010.01.16/低毒

柑橘 蚜虫 12.5～20毫克/千克 喷雾

LS20070335 精噁唑禾草灵/100克/升/乳油/精噁唑禾草灵 100克/升/2009.02.26 至 2010.02.26/低毒

春小麦田 一年生禾本科杂草 90-120克/公顷 茎叶喷雾

冬小麦田 一年生禾本科杂草 60-90克/公顷 茎叶喷雾

LS20070378 精喹·乙羧氟/20%/乳油/精喹禾灵 8%、乙羧氟草醚 12%/2009.03.06 至 2010.03.06/低毒

大豆 一年生杂草 150-180克/公顷 茎叶喷雾

LS20071426 氯嘧磺隆/75%/水分散粒剂/氯嘧磺隆 75%/2009.05.17 至 2010.05.18/微毒
春大豆田 一年生阔叶杂草 16.875-22.5克/公顷 土壤喷雾
LS20071481 氯嘧磺隆/25%/可湿性粉剂/氯嘧磺隆 25%/2009.05.28 至 2010.05.29/微毒
春大豆田 一年生阔叶杂草 15-22.5克/公顷 土壤喷雾
LS20080697 苄嘧磺隆/60%/水分散粒剂/苄嘧磺隆 60%/2009.02.27 至 2010.02.27/微毒
水稻移栽田 一年生阔叶杂草 45-72克/公顷 毒土法
小麦田 一年生阔叶杂草 45-72克/公顷 喷雾
LS20082809 溴氰菊酯/25%/水分散粒剂/溴氰菊酯 25%/2009.05.12 至 2010.05.12/低毒
十字花科蔬菜 菜青虫 7.5～15克/公顷 喷雾
LS20083098 烟嘧磺隆/75%/水分散粒剂/烟嘧磺隆 75%/2009.10.23 至 2010.10.23/微毒
玉米田 一年生杂草 40-60克/公顷 茎叶喷雾

江苏瑞泽农化有限公司 （江苏省洪泽县永安东路70号 223100 0517-7223544）

PD20082139 噻嗪酮/25%/可湿性粉剂/噻嗪酮 25%/2008.11.25 至 2013.11.25/低毒
茶树 茶小绿叶蝉 166-250毫克/千克 喷雾
柑橘树 介壳虫 166-250毫克/千克 喷雾
水稻 稻飞虱 75-112.5克/公顷 喷雾
PD20083143 噁草・丁草胺/36%/乳油/丁草胺 30%、噁草酮 6%/2008.12.10 至 2013.12.10/低毒
水稻(旱育秧及半旱育秧田) 一年生杂草 540-720克/公顷 播后苗前土壤喷雾
PD20090623 2甲4氯钠/56%/可溶粉剂/2甲4氯钠 56%/2009.01.14 至 2014.01.14/低毒
冬小麦田 一年生阔叶杂草 840－1260克/公顷 茎叶喷雾
PD20091174 甲霜・福美双/40%/可湿性粉剂/福美双 31%、甲霜灵 9%/2009.01.22 至 2014.01.22/中等毒
水稻 立枯病 2400-3600克/公顷 苗床浇洒或秧苗喷雾
PD20093903 苯磺隆/10%/可湿性粉剂/苯磺隆 10%/2009.03.26 至 2014.03.26/低毒
冬小麦田 一年生阔叶杂草 10-15克制剂/亩 茎叶喷雾
LS20053687 噻嗪・杀虫单/25%/可湿性粉剂/噻嗪酮 5%、杀虫单 20%/2008.11.29 至 2009.11.29/中等毒
水稻 稻飞虱 225-300克/公顷 喷雾

江苏润泽农化有限公司 （江苏省金坛市金城镇后阳化工园区16号 213215 0519-82618989）

PD85154-22 氰戊菊酯/20%/乳油/氰戊菊酯 20%/2006.03.16 至 2011.03.16/中等毒
柑橘树 潜叶蛾 10-20毫克/千克 喷雾
果树 梨小食心虫 10-20毫克/千克 喷雾
棉花 红铃虫、蚜虫 75-150克/公顷 喷雾
蔬菜 菜青虫、蚜虫 60-120克/公顷 喷雾
PD89104-7 氰戊菊酯/90%/原药/氰戊菊酯 90%/2009.11.23 至 2014.11.23/中等毒
PD20080341 联苯菊酯/95%/原药/联苯菊酯 95%/2008.02.26 至 2013.02.26/中等毒
PD20083363 高效氯氟氰菊酯/95%/原药/高效氯氟氰菊酯 95%/2008.12.11 至 2013.12.11/中等毒
PD20084777 氟氯氰菊酯/92%/原药/氟氯氰菊酯 92%/2008.12.22 至 2013.12.22/中等毒
PD20085139 甲哌鎓/98%/原药/甲哌鎓 98%/2008.12.23 至 2013.12.23/低毒
PD20093014 S-氰戊菊酯/90%/原药/S-氰戊菊酯 90%/2009.03.09 至 2014.03.09/中等毒
PD20093965 氰戊菊酯/40%/乳油/氰戊菊酯 40%/2009.03.27 至 2014.03.27/中等毒
十字花科蔬菜 菜青虫 120-180克/公顷 喷雾
PD20093979 毒死蜱/97%/原药/毒死蜱 97%/2009.03.27 至 2014.03.27/中等毒
PD20094372 氰戊・氧乐果/25%/乳油/氰戊菊酯 2.5%、氧乐果 22.5%/2009.04.01 至 2014.04.01/高毒
棉花 棉铃虫、蚜虫 187.5-225克/公顷 喷雾
PD20094892 溴氰菊酯/2.5%/乳油/溴氰菊酯 2.5%/2009.04.13 至 2014.04.13/中等毒
甘蓝 菜青虫 7.5-15克/公顷 喷雾
PD20097191 甲哌鎓/250克/升/水剂/甲哌鎓 250克/升/2009.10.16 至 2014.10.16/低毒
棉花 调节生长 45-60克/公顷 喷雾

江苏三迪化学有限公司 （江苏省泰州市孤山中路121号 214522 0523-4560377-8118）

PD90104-2 机油/94%/乳油/机油 94%/2010.03.31 至 2015.03.31/低毒
柑橘树 锈壁虱、蚜虫 100-200倍液 喷雾
柑橘树、杨梅树、枇杷树 介壳虫 50-60倍液 喷雾
PD20040076 多・酮/60%/可湿性粉剂/多菌灵 57%、三唑酮 3%/2009.12.19 至 2014.12.19/低毒
小麦 白粉病、赤霉病 450-600克/公顷 喷雾
PD20040683 吡虫・三唑酮/18%/可湿性粉剂/吡虫啉 2.4%、三唑酮 15.6%/2009.12.19 至 2014.12.19/低毒
小麦 白粉病、蚜虫 135-189克/公顷 喷雾
PD20040715 吡虫・杀虫单/70%/可湿性粉剂/吡虫啉 2.5%、杀虫单 67.5%/2009.12.19 至 2014.12.19/中等毒
水稻 飞虱、螟虫 630-735克/公顷 喷雾
PD20040783 吡虫・多菌灵/60%/可湿性粉剂/吡虫啉 3%、多菌灵 57%/2009.12.19 至 2014.12.19/低毒
小麦 赤霉病、蚜虫 540-720克/公顷 喷雾
PD20091515 井冈・杀虫单/55%/可溶粉剂/井冈霉素 10%、杀虫单 45%/2009.02.02 至 2014.02.02/中等毒

水稻　稻纵卷叶螟、螟虫、纹枯病　577.5-742.5克/公顷　喷雾
PD20091520　三环·多菌灵/50%/可湿性粉剂/多菌灵 42%、三环唑 8%/2009.02.02 至 2014.02.02/中等毒
水稻　稻瘟病　375-525克/公顷　喷雾
PD20092190　井冈·噻嗪酮/29%/可湿性粉剂/井冈霉素 14.5%、噻嗪酮 14.5%/2009.02.23 至 2014.02.23/低毒
水稻　飞虱、纹枯病　174-217.5克/公顷　喷雾
PD20092212　井·噻·杀虫单/45%/可湿性粉剂/井冈霉素 7.5%、噻嗪酮 7.5%、杀虫单 30%/2009.02.24 至 2014.02.24/中等毒
水稻　飞虱、螟虫　600-750克/公顷　喷雾
水稻　纹枯病　675-742.5克/公顷　喷雾
PD20092606　抗·酮·多菌灵/37.5%/可湿性粉剂/多菌灵 24%、抗蚜威 7.5%、三唑酮 6%/2009.03.02 至 2014.03.02/中等毒
小麦　白粉病、赤霉病、蚜虫　562.5-703.9克/公顷　喷雾
PD20093205　腐霉·多菌灵/50%/可湿性粉剂/多菌灵 19%、腐霉利 31%/2009.03.11 至 2014.03.11/低毒
油菜　菌核病　600-675克/公顷　喷雾
PD20097261　噻嗪·异丙威/25%/可湿性粉剂/噻嗪酮 5%、异丙威 20%/2009.10.26 至 2014.10.26/低毒
水稻　飞虱　225-300克/公顷　喷雾
LS20051075　高效氯氟氰菊酯/2.5%/乳油/高效氯氟氰菊酯 2.5%/2008.04.11 至 2009.04.11/中等毒
十字花科蔬菜　菜青虫　7.5-11.25克/公顷　喷雾
LS20051114　吡虫啉/20%/可溶液剂/吡虫啉 20%/2008.04.11 至 2009.04.11/低毒
水稻　稻飞虱　15-30克/公顷　喷雾
LS20052347　异丙·苄/10%/可湿性粉剂/苄嘧磺隆 1.25%、异丙草胺 8.75%/2008.06.28 至 2009.06.28/低毒
移栽水稻田　一年生杂草　90-112.5克/公顷　药土法
LS20061917　多菌灵/40%/悬浮剂/多菌灵 40%/2009.12.06 至 2010.12.06/微毒
苹果树　轮纹病　666.7-1000毫克/千克　喷雾

江苏三泉农化有限责任公司　(江苏省镇江市丹阳市后巷镇高桥　212316　0511-6397436)

PD20040086　多·酮/33%/可湿性粉剂/多菌灵 25%、三唑酮 8%/2009.12.19 至 2014.12.19/低毒
小麦　白粉病、赤霉病　450-600克/公顷　喷雾
PD20040483　吡虫·三唑酮/15.8%/可湿性粉剂/吡虫啉 1.8%、三唑酮 14%/2009.12.19 至 2014.12.19/低毒
小麦　白粉病、蚜虫　130-160克/公顷　喷雾
PD20040659　吡虫·杀虫单/46%/可湿性粉剂/吡虫啉 1%、杀虫单 45%/2009.12.19 至 2014.12.19/中等毒
水稻　飞虱　450-750克/公顷　喷雾
PD20040741　吡虫啉/10%/可湿性粉剂/吡虫啉 10%/2009.12.19 至 2014.12.19/低毒
水稻　飞虱　15-30克/公顷　喷雾
小麦　蚜虫　15-30克/公顷　喷雾
PD20081430　噻嗪酮/25%/可湿性粉剂/噻嗪酮 25%/2008.10.31 至 2013.10.31/低毒
茶树　茶小绿叶蝉　166-250毫克/千克　喷雾
柑橘树　矢尖蚧　150-250毫克/千克　喷雾
水稻　稻飞虱　75-112.5克/公顷　喷雾
PD20081597　敌百·辛硫磷/30%/乳油/敌百虫 20%、辛硫磷 10%/2008.11.12 至 2013.11.12/低毒
水稻　二化螟　450-540克/公顷　喷雾
PD20081862　三环·多菌灵/40%/可湿性粉剂/多菌灵 30%、三环唑 10%/2008.11.20 至 2013.11.20/低毒
水稻　稻瘟病　480-600克/公顷　喷雾
PD20082075　氰戊·辛硫磷/25%/乳油/氰戊菊酯 6.25%、辛硫磷 18.75%/2008.11.25 至 2013.11.25/中等毒
棉花　棉铃虫　270-300克/公顷　喷雾
PD20082099　霜霉盐/40%/水剂/霜霉威盐酸盐 40%/2008.11.25 至 2013.11.25/低毒
黄瓜　霜霉病　649.8-1083克/公顷　喷雾
PD20082115　苄嘧·苯噻酰/50%/可湿性粉剂/苯噻酰草胺 47%、苄嘧磺隆 3%/2008.11.25 至 2013.11.25/低毒
水稻移栽田　一年生及部分多年生杂草　375-450克/公顷(南方地区)　药土法
PD20082162　霜霉威盐酸盐/722克/升/水剂/霜霉威盐酸盐 722克/升/2008.11.26 至 2013.11.26/低毒
黄瓜　霜霉病　705-1174克/公顷　喷雾
PD20082216　苯噻酰草胺/50%/可湿性粉剂/苯噻酰草胺 50%/2008.11.26 至 2013.11.26/低毒
水稻移栽田　稗草等杂草　375-450克/公顷(南方地区)　药土法
PD20083214　噻嗪·杀虫单/50%/可湿性粉剂/噻嗪酮 8%、杀虫单 42%/2008.12.11 至 2013.12.11/中等毒
水稻　稻飞虱、螟虫　750-900克/公顷　喷雾
PD20083893　唑磷·毒死蜱/30%/乳油/毒死蜱 15%、三唑磷 15%/2008.12.15 至 2013.12.15/中等毒
水稻　稻飞虱、三化螟　675-810克/公顷　喷雾
PD20084113　苄嘧磺隆/30%/可湿性粉剂/苄嘧磺隆 30%/2008.12.16 至 2013.12.16/低毒
水稻移栽田　阔叶杂草及一年生莎草　31.5-63克/公顷　药土法
PD20085172　苄·乙/20%/可湿性粉剂/苄嘧磺隆 4.5%、乙草胺 15.5%/2008.12.23 至 2013.12.23/低毒
水稻移栽田　一年生杂草　90-120克/公顷(南方地区)　药土法
水稻移栽田　一年生及部分多年生杂草　84-118克/公顷　毒土法
PD20086377　阿维菌素/0.2%/可湿性粉剂/阿维菌素 0.2%/2008.12.31 至 2013.12.31/低毒(原药高毒)
十字花科蔬菜　菜青虫　1.5-2.25克/公顷　喷雾
PD20090176　井·噻·杀虫单/50%/可湿性粉剂/井冈霉素 6%、噻嗪酮 8%、杀虫单 36%/2009.01.08 至 2014.01.08/中等毒
水稻　稻飞虱、稻纵卷叶螟、二化螟　750-950克/公顷　喷雾

PD20092054 腈菌·福美双/20%/可湿性粉剂/福美双 18%、腈菌唑 2%/2009.02.13 至 2014.02.13/低毒
黄瓜 黑星病 200-400克/公顷 喷雾
PD20092056 阿维·高氯氟/2%/乳油/阿维菌素 0.2%、高效氯氟氰菊酯 1.8%/2009.02.13 至 2014.02.13/中等毒(原药高毒)
十字花科蔬菜 小菜蛾 15-18克/公顷 喷雾
PD20092059 敌畏·毒死蜱/40%/乳油/敌敌畏 20%、毒死蜱 20%/2009.02.13 至 2014.02.13/中等毒
菜豆 美洲斑潜蝇 240-360克/公顷 喷雾
LS20072233 毒死蜱/40%/乳油/毒死蜱 40%/2009.09.11 至 2010.09.12/中等毒
水稻 稻纵卷叶螟 600-720克/公顷 喷雾
LS20080126 异丙隆/50%/可湿性粉剂/异丙隆 50%/2008.01.04 至 2009.01.04/微毒
冬小麦田 一年生杂草 1125-1200克/公顷 茎叶喷雾

江苏三山农药有限公司 (江苏省淮安市工业园区枚乘西路118号 223002 0517-83852011)

PD84118 多菌灵/25%/可湿性粉剂/多菌灵 25%/2010.01.18 至 2015.01.18/低毒
果树 病害 0.05-0.1%药液 喷雾
花生 倒秧病 750克/公顷 喷雾
麦类 赤霉病 750克/公顷 喷雾,泼浇
棉花 苗期病害 500克/100千克种子 拌种
水稻 稻瘟病、纹枯病 750克/公顷 喷雾,泼浇
油菜 菌核病 1125-1500克/公顷 喷雾
PD85150-2 多菌灵/50%/可湿性粉剂/多菌灵 50%/2005.07.12 至 2010.07.12/低毒
果树 病害 0.05-0.1%药液 喷雾
花生 倒秧病 750克/公顷 喷雾
麦类 赤霉病 750克/公顷 喷雾、泼浇
棉花 苗期病害 500克/100千克种子 拌种
水稻 稻瘟病、纹枯病 750克/公顷 喷雾、泼浇
油菜 菌核病 1125-1500克/公顷 喷雾
PD20040709 吡虫啉/10%/可湿性粉剂/吡虫啉 10%/2009.12.19 至 2014.12.19/低毒
水稻 飞虱 15-30克/公顷 喷雾
小麦 蚜虫 15-30克/公顷(南方地区) 喷雾
45-60克/公顷(北方地区)
注:小麦的有效期为2005年6月29日至2006年6月29日。
PD20082092 三环唑/20%/可湿性粉剂/三环唑 20%/2008.11.25 至 2013.11.25/中等毒
水稻 稻瘟病 225-300克/公顷 喷雾
PD20082205 噻嗪酮/25%/可湿性粉剂/噻嗪酮 25%/2008.11.26 至 2013.11.26/低毒
水稻 稻飞虱 75-112.5克/公顷 喷雾
PD20082421 硫磺·三环唑/45%/可湿性粉剂/硫磺 40%、三环唑 5%/2008.12.02 至 2013.12.02/低毒
水稻 稻瘟病 675-1012.5克/公顷 喷雾
PD20083887 硫磺·多菌灵/50%/可湿性粉剂/多菌灵 15%、硫磺 35%/2008.12.15 至 2013.12.15/低毒
花生 叶斑病 1200-1800克/公顷 喷雾
PD20096951 三环唑/75%/可湿性粉剂/三环唑 75%/2009.09.29 至 2014.09.29/中等毒
水稻 稻瘟病 225-375克/公顷 喷雾
PD20098332 噻嗪·异丙威/25%/可湿性粉剂/噻嗪酮 5%、异丙威 20%/2009.12.18 至 2014.12.18/低毒
水稻 稻飞虱 468.75-562.5克/公顷 喷雾
LS20053869 杀螟·敌百虫/40%/乳油/敌百虫 22%、杀螟硫磷 18%/2008.12.28 至 2009.12.28/中等毒
水稻 二化螟 600-900克/公顷 喷雾
LS20061597 苄·乙/20%/可湿性粉剂/苄嘧磺隆 2.5%、乙草胺 17.5%/2009.08.17 至 2010.08.17/低毒
移栽水稻田 一年生杂草 84-118克/公顷 药土法

江苏三笑集团有限公司 (江苏省扬州市邗江区杭集镇三笑大道1号 225111 0514-7278082)

WP20070026 蚊香/0.23%/蚊香/Es-生物烯丙菊酯 0.23%/2007.11.28 至 2012.11.28/低毒
卫生 蚊 / 点燃
WP20080108 电热蚊香片/13毫克/片/电热蚊香片/炔丙菊酯 13毫克/片/2008.10.21 至 2013.10.21/低毒
卫生 蚊 / 电热加温
WP20080173 驱蚊露/15%/驱蚊露/避蚊胺 15%/2008.11.18 至 2013.11.18/微毒
卫生 蚊 / 涂抹
WP20080189 电热蚊香液/0.8%/电热蚊香液/炔丙菊酯 0.8%/2008.11.19 至 2013.11.19/低毒
卫生 蚊 / 电热加温
WP20080214 杀虫气雾剂/0.5%/气雾剂/右旋胺菊酯 0.3%、右旋苯醚菊酯 0.2%/2008.11.21 至 2013.11.21/低毒
卫生 蚊、蝇、蜚蠊 / 喷雾
WP20080318 蚊香/0.25%/蚊香/富右旋反式烯丙菊酯 0.25%/2008.12.05 至 2013.12.05/微毒
卫生 蚊 / 点燃
WP20080338 驱蚊花露水/5%/驱蚊花露水/避蚊胺 5%/2008.12.09 至 2013.12.09/微毒
卫生 蚊 / 涂抹
WP20090367 蚊香/0.03%/蚊香/四氟甲醚菊酯 0.03%/2009.11.12 至 2014.11.12/微毒
卫生 蚊 / 点燃

注:本品有一种香型：檀香型。
WL20060088 杀虫气雾剂/0.55%/气雾剂/胺菊酯 0.3%、高效氯氰菊酯 0.05%、氯菊酯 0.2%/2009.04.23 至 2010.04.23/微毒
卫生 蚊、蝇、蜚蠊 / 喷雾
注:本品种有三种香型：无香型、清新香型、柠檬香型。
WL20060144 杀虫气雾剂/0.6%/气雾剂/氯菊酯 0.35%、炔咪菊酯 0.05%、右旋胺菊酯 0.2%/2009.07.20 至 2010.07.20/微毒
卫生 蚊、蝇、蜚蠊 / 喷雾
WL20060148 电热蚊香片/12毫克/片/电热蚊香片/炔丙菊酯 10毫克/片、四氟苯菊酯 2毫克/片/2009.08.02 至 2010.08.02/微毒
卫生 蚊 / 电热加温
WL20070180 杀蟑气雾剂/0.3%/气雾剂/炔咪菊酯 0.1%、右旋苯醚氰菊酯 0.2%/2009.09.11 至 2010.09.12/微毒
卫生 蜚蠊 / 喷雾
WL20070185 杀蟑饵剂/1.5%/饵剂/吡虫啉 1.5%/2009.09.11 至 2010.09.12/低毒
卫生 蜚蠊 / 投放
WL20070254 杀虫气雾剂/0.67%/气雾剂/胺菊酯 0.5%、溴氰菊酯 0.02%、右旋苯醚菊酯 0.15%/2009.11.04 至 2010.11.05/微毒
卫生 蚊、蝇、蜚蠊 / 喷雾
WL20080075 蟑香/7.2%/蟑香/右旋苯醚氰菊酯 7.2%/2009.02.20 至 2010.02.20/微毒
卫生 蜚蠊 / 点燃
WL20080112 电热蚊香液/1.3%/电热蚊香液/四氟苯菊酯 1.3%/2009.02.22 至 2010.02.22/微毒
卫生 蚊 / 电热加温
注:本品种有两种香型：无香型、熏衣草香型。
WL20080202 蚊香/0.21%/蚊香/富右旋反式烯丙菊酯 0.2%、四氟醚菊酯 0.01%/2009.03.08 至 2010.03.08/微毒
卫生 蚊 / 点燃
WL20080248 蚊香/0.13%/蚊香/Es-生物烯丙菊酯 0.08%、四氟苯菊酯 0.05%/2009.03.27 至 2010.03.27/微毒
卫生 蚊 / 点燃
WL20080410 蚊香/0.02%/蚊香/四氟甲醚菊酯 0.02%/2009.10.20 至 2010.10.20/微毒
卫生 蚊 / 点燃
注:本品有三种香型：檀香型、茉莉香型、桂花香型。
WL20080483 蚊香/0.305%/蚊香/Es-生物烯丙菊酯 0.28%、四氟醚菊酯 0.025%/2008.12.10 至 2009.12.10/微毒
卫生 蚊 / 点燃
WL20090031 蚊香/0.08%/蚊香/四氟醚菊酯 0.08%/2009.02.13 至 2010.02.13/微毒
卫生 蚊 / /点燃
WL20090038 电热蚊香液/1.5%/电热蚊香液/四氟醚菊酯 1.5%/2009.02.16 至 2010.02.16/低毒
卫生 蚊 / /电热加温
WL20090045 电热蚊香片/10毫克/片/电热蚊香片/炔丙菊酯 5毫克/片、四氟甲醚菊酯 5毫克/片/2009.03.02 至 2010.03.02/微毒
卫生 蚊 / 电热加温
注:本品有三种香型：熏衣草香型、清香型、无香型。
WL20090154 蚊香/0.05%/蚊香/氯氟醚菊酯 0.05%/2009.06.02 至 2010.06.02/微毒
卫生 蚊 / 点燃
WL20090155 杀虫气雾剂/0.18%/气雾剂/高效氯氰菊酯 0.1%、右旋反式氯丙炔菊酯 0.08%/2009.06.02 至 2010.06.02/微毒
卫生 蚊、蝇、蜚蠊 / 喷雾
WL20090156 蝇香/0.5%/蝇香/氯烯炔菊酯 0.5%/2009.06.10 至 2010.06.10/微毒
卫生 蝇 / 点燃
注:本品有一种香型：檀香型。
WL20090157 杀虫气雾剂/0.28%/气雾剂/氯菊酯 0.25%、四氟醚菊酯 0.03%/2009.06.10 至 2010.06.10/微毒
卫生 蚊、蝇、蜚蠊 / 喷雾
注:本品有三种香型：柠檬香型、清新香型、无香型。
WL20090158 杀虫气雾剂/0.33%/气雾剂/氯菊酯 0.28%、四氟醚菊酯 0.05%/2009.06.10 至 2010.06.10/微毒
卫生 蚊、蝇、蜚蠊 / 喷雾
注:本品有三种香型：柠檬香型、清新香型、无香型。
WL20090206 电热蚊香液/1.5%/电热蚊香液/氯氟醚菊酯 1.5%/2009.12.08 至 2010.12.08/微毒
卫生 蚊 / 电热加温
WL20090226 蝇香/0.8%/蝇香/氯氟醚菊酯 0.8%/2009.12.16 至 2010.12.16/微毒
卫生 蝇 / 点燃

江苏射阳黄海农药化工有限公司 (江苏省射阳县临海化工集中地 224300 0515-2324359)

PD84111-20 40%氧乐果乳油//乳油/氧乐果 40%/2005.01.11 至 2010.01.11/高毒
棉花 蚜虫、螨 375-600克/公顷 喷雾
森林 松干蚧、松毛虫 500倍液 喷雾或直接涂树干
水稻 稻纵卷叶螟、飞虱 375-600克/公顷 喷雾
小麦 蚜虫 300-450克/公顷 喷雾
PD85142-5 氧乐果/70%/原药/氧乐果 70%/2005.07.29 至 2010.07.29/高毒
PD20093887 辛硫磷/87%/原药/辛硫磷 87%/2009.03.25 至 2014.03.25/低毒
LS20060703 戊唑醇/95%/原药/戊唑醇 95%/2009.04.03 至 2010.04.03/低毒
LS20081162 二氯吡啶酸/95%/原药/二氯吡啶酸 95%/2009.03.10 至 2010.03.10/微毒

LS20091254 粉唑醇/95%/原药/粉唑醇 95%/2009.05.05 至 2010.05.05/低毒

江苏生花农药有限公司 (江苏省无锡市宜兴市东郊新庄镇西元村8号 214267 0510-87591333)

PD20040123 三唑酮/20%/乳油/三唑酮 20%/2004.12.19 至 2009.12.18/低毒
小麦 白粉病 120-127.5克/公顷 喷雾

PD20040527 三唑磷/20%/乳油/三唑磷 20%/2004.12.19 至 2009.12.18/中等毒
水稻 二化螟、三化螟 300-450克/公顷 喷雾

PD20080656 抑食肼/90%/原药/抑食肼 90%/2008.05.30 至 2013.05.30/中等毒

PD20080668 抑食肼/20%/可湿性粉剂/抑食肼 20%/2008.05.27 至 2013.05.27/低毒
水稻 稻黏虫、稻纵卷叶螟 150-300克/公顷 喷雾

PD20081443 嘧霉胺/98%/原药/嘧霉胺 98%/2008.10.31 至 2013.10.31/低毒

PD20081499 麦草畏/97.5%/原药/麦草畏 97.5%/2008.11.05 至 2013.11.05/低毒

PD20081530 腈菌唑/96%/原药/腈菌唑 96%/2008.11.06 至 2013.11.06/低毒

PD20081822 麦草畏/480克/升/水剂/麦草畏 480克/升/2008.11.19 至 2013.11.19/低毒
春小麦田 一年生阔叶杂草 180-216克/公顷 茎叶喷雾

PD20081876 腈菌唑/12%/乳油/腈菌唑 12%/2008.11.20 至 2013.11.20/低毒
梨树 黑星病 3000-4000倍液 喷雾
香蕉 叶斑病 800-1000倍液 喷雾
小麦 白粉病 30-60克/公顷 喷雾

PD20081930 腈菌唑/25%/乳油/腈菌唑 25%/2008.11.24 至 2013.11.24/低毒
香蕉 黑星病 62.5-83.3毫克/千克 喷雾
小麦 白粉病 30-60克/公顷 喷雾

PD20082227 锰锌·腈菌唑/50%/可湿性粉剂/腈菌唑 2%、代森锰锌 48%/2008.11.26 至 2013.11.26/低毒
梨树 黑星病 1500-1750倍液 喷雾

PD20082415 多效唑/15%/可湿性粉剂/多效唑 15%/2008.12.02 至 2013.12.02/低毒
水稻育秧田 控制生长 200-300毫克/千克 兑水喷雾
油菜(苗床) 控制生长 100-200毫克/千克 兑水喷雾

PD20082767 腈菌唑/5%/乳油/腈菌唑 5%/2008.12.08 至 2013.12.08/低毒
梨树 黑星病 1000-1500倍液 喷雾

PD20085848 嘧霉胺/20%/悬浮剂/嘧霉胺 20%/2008.12.29 至 2013.12.29/低毒
黄瓜 灰霉病 375-562.5克/公顷 喷雾

LS20060106 嘧霉胺/400克/升/悬浮剂/嘧霉胺 400克/升/2009.01.24 至 2010.01.24/微毒
番茄 灰霉病 300-360克/公顷 喷雾

LS20070208 甲氨基阿维菌素苯甲酸盐/1%/乳油/甲氨基阿维菌素苯甲酸盐 1%/2009.02.14 至 2010.02.14/低毒
十字花科蔬菜 甜菜夜蛾 2.25-3克/公顷 喷雾

江苏生久农化有限公司 (江苏省东台市三仓镇新农街新秀路69号 224235 0515-5682999)

PD20085598 毒死蜱/40%/乳油/毒死蜱 40%/2008.12.25 至 2013.12.25/中等毒
桑树 桑尺蠖 200-267毫克/千克 喷雾
水稻 稻飞虱 450-600克/公顷 喷雾

PD20097787 炔螨特/73%/乳油/炔螨特 73%/2009.11.20 至 2014.11.20/低毒
桑树 朱砂叶螨 243.3-487毫克/千克 喷雾

LS20090284 残杀威/8%/可湿性粉剂/残杀威 8%/2009.02.16 至 2010.02.16/中等毒
蚕桑树 桑象虫 53.33-80毫克/千克 喷雾

LS20090362 敌畏·马/60%/乳油/敌敌畏 40%、马拉硫磷 20%/2009.03.13 至 2010.03.13/低毒
桑树 桑尺蠖 400～600毫克/千克 /喷雾

LS20091453 抑肼·毒死蜱/30%/可湿性粉剂/毒死蜱 20%、抑食肼 10%/2009.12.14 至 2010.12.14/低毒
水稻 稻纵卷叶螟 360-450克/公顷 喷雾

LS20091455 丙溴·噻嗪酮/25%/可湿性粉剂/丙溴磷 20%、噻嗪酮 5%/2009.12.14 至 2010.12.14/低毒
水稻 稻飞虱 337.5-375克/公顷 喷雾

WL20080063 顺式氯氰菊酯/10%/悬浮剂/顺式氯氰菊酯 10%/2009.02.17 至 2010.02.18/低毒
卫生 蚊、蝇、蜚蠊 20-30毫克/平方米 滞留喷洒

WL20080329 顺氯·残杀威/10%/乳油/残杀威 6%、顺式氯氰菊酯 4%/2009.05.12 至 2010.05.12/中等毒
室外 蚊、蝇 / 喷雾

WL20080338 高效氯氟氰菊酯/2.5%/微囊悬浮剂/高效氯氟氰菊酯 2.5%/2009.06.04 至 2010.06.04/低毒
卫生 蚊、蝇、蜚蠊 20-30毫克/平方米 滞留喷洒

江苏省常熟市农药厂有限公司 (江苏省常熟市莫城镇南 215556 0512-52451166)

PD84125-4 乙烯利/40%/水剂/乙烯利 40%/2009.12.01 至 2014.12.01/低毒
番茄 催熟 800-1000倍液 喷雾或浸渍
棉花 催熟、增产 330-500倍液 喷雾
柿子、香蕉 催熟 400倍液 喷雾或浸渍
水稻 催熟、增产 800倍液 喷雾
橡胶树 增产 5-10倍液 涂布
烟草 催熟 1000-2000倍液 喷雾

PD85159-37 草甘膦/10%/水剂/草甘膦 10%/2005.07.14 至 2009.12.31/低毒

茶园、甘蔗田、果园、剑麻、林木、桑园、橡胶园 多年生恶性杂草、一年生杂草 1125-2250克/公顷 喷雾

PD92103-18 草甘膦/95%,93%,90%/原药/草甘膦 95%,93%,90%/2007.07.16 至 2012.07.16/低毒

PD94106-3 乙烯利/70%/原药/乙烯利 70%/2009.04.01 至 2014.04.01/低毒

PD20082810 草甘膦异丙胺盐/41%/水剂/草甘膦异丙胺盐 41%/2008.12.09 至 2013.12.09/低毒
非耕地、苹果园 杂草 1230-2460克/公顷 喷雾

江苏省常熟市义农农化有限公司 (江苏省苏州市常熟市大义镇 215557 0512-52391347)

PD20040236 多·酮/36%/可湿性粉剂/多菌灵 27%、三唑酮 9%/2009.12.19 至 2014.12.19/低毒
小麦 白粉病、赤霉病 450-600克/公顷 喷雾
小麦 纹枯病 66-99克/100千克种子 拌种

PD20040742 吡虫·杀虫单/46%/可湿性粉剂/吡虫啉 1.5%、杀虫单 44.5%/2009.12.19 至 2014.12.19/中等毒
水稻 稻飞虱 450-750克/公顷 喷雾

PD20040775 杀虫单/90%/可溶粉剂/杀虫单 90%/2009.12.19 至 2014.12.19/中等毒
水稻 螟虫 675-810克/公顷 喷雾

PD20090326 咪鲜·三环唑/20%/可湿性粉剂/咪鲜胺 5%、三环唑 15%/2009.01.12 至 2014.01.12/低毒
水稻 稻瘟病 150-180克/公顷 喷雾

PD20090453 阿维·杀虫单/30%/微乳剂/阿维菌素 0.2%、杀虫单 29.8%/2009.01.12 至 2014.01.12/低毒(原药高毒)
水稻 二化螟 450-675克/公顷 喷雾

PD20091066 井·噻·杀虫单/55%/可湿性粉剂/井冈霉素 7%、噻嗪酮 8%、杀虫单 40%/2009.01.21 至 2014.01.21/中等毒
水稻 二化螟、飞虱、纹枯病 825-990克/公顷 喷雾

PD20091090 敌百·三唑磷/36%/乳油/敌百虫 30%、三唑磷 6%/2009.01.21 至 2014.01.21/中等毒
水稻 二化螟 810-972克/公顷 喷雾

PD20091391 阿维·三唑磷/20%/乳油/阿维菌素 0.2%、三唑磷 19.8%/2009.02.02 至 2014.02.02/中等毒(原药高毒)
水稻 二化螟 150-210克/公顷 喷雾

PD20092436 阿维·氟铃脲 /2.5%/乳油/阿维菌素 0.4%、氟铃脲 2.1%/2009.02.25 至 2014.02.25/低毒(原药高毒)
甘蓝 甜菜夜蛾、小菜蛾 11.25-15克/公顷 喷雾

PD20093305 井冈·烯唑醇/18%/可湿性粉剂/井冈霉素 15%、烯唑醇 3%/2009.03.13 至 2014.03.13/低毒
水稻 稻曲病 81-135克/公顷 喷雾

PD20093508 井冈·杀虫单/42%/可溶粉剂/井冈霉素 6%、杀虫单 36%/2009.03.23 至 2014.03.23/中等毒
水稻 螟虫、纹枯病 630-787.5克/公顷 喷雾

PD20096242 氰戊·辛硫磷/30%/乳油/氰戊菊酯 3%、辛硫磷 27%/2009.07.15 至 2014.07.15/中等毒
棉花 棉铃虫 270-360克/公顷 喷雾

LS20051777 啶虫脒/3%/乳油/啶虫脒 3%/2008.05.16 至 2009.05.16/低毒
柑橘树 蚜虫 10-12毫克/千克 喷雾

LS20051789 吡虫啉/10%/可湿性粉剂/吡虫啉 10%/2008.05.16 至 2009.05.16/低毒
水稻 飞虱 15-30克/公顷 喷雾

LS20052544 乙甲·毒死蜱/50%/乳油/毒死蜱 20%、乙酰甲胺磷 30%/2008.07.25 至 2009.07.25/中等毒
水稻 稻纵卷叶螟 450-600克/公顷 喷雾

LS20052758 三唑磷/40%/乳油/三唑磷 40%/2008.08.21 至 2009.08.21/中等毒
水稻 二化螟 360-600克/公顷 喷雾

LS20081760 噻嗪酮/25%/可湿性粉剂/噻嗪酮 25%/2009.04.07 至 2010.04.07/低毒
水稻 稻飞虱 131.25-150克/公顷 喷雾

LS20082046 毒死蜱/480克/升/乳油/毒死蜱 480克/升/2009.04.15 至 2010.04.15/中等毒
水稻 稻飞虱 468-612克/公顷 喷雾

LS20082595 噻嗪·异丙威/25%/可湿性粉剂/噻嗪酮 5%、异丙威 20%/2009.04.23 至 2010.04.23/低毒
水稻 稻飞虱 450-562.5克/公顷 喷雾

江苏省常州华夏农药有限公司 (江苏省常州市武进区夏溪镇新东街65号 213148 0519-3582888)

PD20070046 双甲脒/200克/升/乳油/双甲脒 200克/升/2007.03.06 至 2012.03.06/低毒
柑橘树 红蜘蛛 100-200毫克/千克 喷雾

PD20070049 双甲脒/97%/原药/双甲脒 97%/2007.03.06 至 2012.03.06/低毒

江苏省常州兰陵制药有限公司 (江苏省常州市天宁区采菱东路58号 213018 0519-8771316)

PD20090001 荧光假单胞杆菌/6000亿个/克/母药/荧光假单胞杆菌 6000亿个/克/2009.01.04 至 2014.01.04/低毒

PD20090002 荧光假单胞杆菌/3000亿个/克/粉剂/荧光假单胞杆菌 3000亿个/克/2009.01.04 至 2014.01.04/微毒
番茄 青枯病 6562.5-8250克制剂/公顷 浸种+泼浇+灌根
烟草 青枯病 7687.5-9937.5克制剂/公顷 浸种+泼浇+灌根

江苏省常州市宝利德农药有限公司 (江苏省常州市新北区罗溪镇 213136 0519-3401033)

PD85154-9 氰戊菊酯/20%/乳油/氰戊菊酯 20%/2005.08.15 至 2010.08.15/中等毒
柑橘树 潜叶蛾 10-20毫克/千克 喷雾
果树 梨小食心虫 10-20毫克/千克 喷雾
棉花 红铃虫、蚜虫 75-150克/公顷 喷雾

	蔬菜	菜青虫、蚜虫	60-120克/公顷	喷雾
PD85157-5	40%辛硫磷乳油//乳油/辛硫磷 40%/2005.08.15 至 2010.08.15/低毒			
	茶树、桑树	食叶害虫	200-400毫克/千克	喷雾
	果树	食心虫、蚜虫、螨	200-400毫克/千克	喷雾
	林木	食叶害虫	3000-6000克/公顷	喷雾
	棉花	棉铃虫、蚜虫	300-600克/公顷	喷雾
	蔬菜	菜青虫	300-450克/公顷	喷雾
	烟草	食叶害虫	300-600克/公顷	喷雾
	玉米	玉米螟	450-600克/公顷	灌心叶
PD20080972	杀螟丹/98%/原药/杀螟丹 98%/2008.07.24 至 2013.07.24/中等毒			
PD20080974	甲氰菊酯/20%/乳油/甲氰菊酯 20%/2008.07.24 至 2013.07.24/中等毒			
	甘蓝	菜青虫	75-90克/公顷	喷雾
PD20083546	杀螟丹/50%/可溶粉剂/杀螟丹 50%/2008.12.12 至 2013.12.12/中等毒			
	水稻	二化螟	600-750克/公顷	喷雾
PD20085315	杀螟丹/95%/可溶粉剂/杀螟丹 95%/2008.12.24 至 2013.12.24/中等毒			
	水稻	二化螟	570-712.5克/公顷	喷雾
PD20085753	杀螟丹/98%/可溶粉剂/杀螟丹 98%/2008.12.29 至 2013.12.29/中等毒			
	水稻	二化螟	735-882克/公顷	喷雾
PD20094287	溴氰菊酯/25克/升/乳油/溴氰菊酯 25克/升/2009.03.31 至 2014.03.31/中等毒			
	茶树	害虫	3.75-7.5克/公顷	喷雾
	大白菜、棉花	害虫	7.5-15克/公顷	喷雾
	柑橘树、苹果树	害虫	5-10毫克/千克	喷雾
	烟草	烟青虫	7.5-9克/公顷	喷雾
江苏省常州市绿风生化有限公司　(江苏省常州市天宁区五角场地道口北路158号　213021　0519-5316797)				
PD85154-53	氰戊菊酯/20%/乳油/氰戊菊酯 20%/2005.07.07 至 2010.07.07/中等毒			
	柑橘树	潜叶蛾	10-20毫克/千克	喷雾
	果树	梨小食心虫	10-20毫克/千克	喷雾
	棉花	红铃虫、蚜虫	75-150克/公顷	喷雾
	蔬菜	菜青虫、蚜虫	60-120克/公顷	喷雾
PD20091414	溴氰·马拉松/25%/乳油/马拉硫磷 24.4%、溴氰菊酯 0.6%/2009.02.02 至 2014.02.02/中等毒			
	甘蓝	菜青虫	112.5-187.5克/公顷	喷雾
PD20092011	灭威·高氯氟/15%/乳油/高效氯氟氰菊酯 0.8%、灭多威 14.2%/2009.02.12 至 2014.02.12/高毒			
	棉花	棉铃虫	112.5-157.5克/公顷	喷雾
PD20093145	氰戊·辛硫磷/35%/乳油/氰戊菊酯 10%、辛硫磷 25%/2009.03.11 至 2014.03.11/中等毒			
	十字花科蔬菜	菜青虫	157.5-262.5克/公顷	喷雾
LS20052879	阿维·高氯氟/1.3%/乳油/阿维菌素 0.3%、高效氯氟氰菊酯 1%/2008.09.07 至 2009.09.07/中等毒(原药高毒)			
	十字花科蔬菜	小菜蛾	7.8-9.75克/公顷	喷雾
LS20053150	阿维·毒死蜱/15%/乳油/阿维菌素 0.1%、毒死蜱 14.9%/2008.10.10 至 2009.10.10/中等毒(原药高毒)			
	十字花科蔬菜	小菜蛾	67.5-112.5克/公顷	喷雾
LS20053699	甲哌鎓/96%/可溶粉剂/甲哌鎓 96%/2008.11.29 至 2009.11.29/低毒			
	棉花	调节生长	45-60克/公顷	喷雾
LS20060498	高效氯氟氰菊酯/25克/升/乳油/高效氯氟氰菊酯 25克/升/2009.03.08 至 2010.03.08/中等毒			
	棉花	棉铃虫	15-22.5克/公顷	喷雾
LS20061954	三唑磷/10%/乳油/三唑磷 10%/2009.12.10 至 2010.12.10/中等毒			
	水稻	二化螟	225-270克/公顷	喷雾
LS20071840	甲氰菊酯/20%/乳油/甲氰菊酯 20%/2009.07.09 至 2010.07.10/中等毒			
	茶树	茶尺蠖	22.5-28.5克/公顷	喷雾
LS20081564	丙溴·辛硫磷/25%/乳油/丙溴磷 6%、辛硫磷 19%/2009.04.02 至 2010.04.02/低毒			
	水稻	稻纵卷叶螟	187.5-262.5克/公顷	喷雾
江苏省常州市明星化学品有限公司　(江苏省常州市戚墅堰宋沟墩19号　213011　0519-8772206)				
WL20080332	杀蝇饵粒/0.25%/饵粒/甲基吡噁磷 0.25%/2009.05.12 至 2010.05.12/微毒			
	卫生	蝇	/	投放
江苏省常州市农林药业有限公司　(江苏省常州市金坛市西门常湟线汤庄镇　213200　0519-2892688)				
PD20083310	高效氯氟氰菊酯/25克/升/乳油/高效氯氟氰菊酯 25克/升/2008.12.11 至 2013.12.11/中等毒			
	十字花科蔬菜	蚜虫	5.625-9.375克/公顷	喷雾
PD20083858	噻嗪酮/25%/可湿性粉剂/噻嗪酮 25%/2008.12.15 至 2013.12.15/低毒			
	水稻	稻飞虱	112.5—150克/公顷	喷雾
PD20084404	三环唑/20%/可湿性粉剂/三环唑 20%/2008.12.17 至 2013.12.17/低毒			
	水稻	稻瘟病	225-300克/公顷	喷雾
PD20084739	氰戊菊酯/20%/乳油/氰戊菊酯 20%/2008.12.22 至 2013.12.22/低毒			
	十字花科蔬菜	菜青虫	60-120克/公顷	喷雾
PD20084962	丙环唑/250克/升/乳油/丙环唑 250克/升/2008.12.22 至 2013.12.22/低毒			
	香蕉	叶斑病	333-500毫克/千克	喷雾

PD20085750 联苯菊酯/25克/升/乳油/联苯菊酯 25克/升/2008.12.29 至 2013.12.29/低毒
茶树 茶小绿叶蝉 30—37.5克/公顷 /喷雾

PD20090515 精喹禾灵/10.8%/乳油/精喹禾灵 10.8%/2009.01.12 至 2014.01.12/低毒
大豆田 一年生禾本科杂草 48.6-56.7克/公顷 茎叶喷雾

PD20096564 苯磺隆/10%/可湿性粉剂/苯磺隆 10%/2009.08.24 至 2014.08.24/低毒
冬小麦田 一年生阔叶杂草 18-22.5克/公顷 茎叶喷雾

LS20053635 苄·乙/20%/可湿性粉剂/苄嘧磺隆 5%、乙草胺 15%/2008.11.29 至 2009.11.29/低毒
移栽水稻田 一年生及部分多年生杂草 84-118克/公顷 药土法

LS20060217 阿维·三唑磷/20%/乳油/阿维菌素 0.2%、三唑磷 19.8%/2009.02.13 至 2010.02.13/中等毒(原药高毒)
水稻 二化螟 180-210克/公顷 喷雾

LS20061891 苄·二氯/36%/可湿性粉剂/苄嘧磺隆 4%、二氯喹啉酸 32%/2009.11.21 至 2010.11.21/低毒
水稻秧田 一年生及部分多年生杂草 216-270克/公顷 茎叶喷雾

LS20071097 氯嘧磺隆/75%/水分散粒剂/氯嘧磺隆 75%/2009.04.25 至 2010.04.26/低毒
春大豆田 一年生阔叶杂草 15-22.5克/公顷 土壤喷雾

LS20071264 仲丁灵/48%/乳油/仲丁灵 48%/2009.05.07 至 2010.05.08/低毒
大豆田 一年生杂草 1440-2160克/公顷 播后苗前土壤喷雾，耙地拌土

LS20082960 噁草·丁草胺/40%/乳油/丁草胺 34%、噁草酮 6%/2009.08.20 至 2010.08.20/微毒
水稻(旱育秧及半旱育秧田) 一年生杂草 675-750克/公顷 土壤喷雾

江苏省常州市武进恒隆农药有限公司 (江苏省常州市武进区西门外卜弋镇 213141 0519-3319230)

PD20070426 双甲脒/95%/原药/双甲脒 95%/2007.11.12 至 2012.11.12/低毒

PD20070682 嗪草酮/95%/原药/嗪草酮 95%/2007.12.17 至 2012.12.17/低毒

PD20094414 杀螟硫磷/93%/原药/杀螟硫磷 93%/2009.04.01 至 2014.04.01/中等毒

LS20061500 马拉硫磷/95%/原药/马拉硫磷 95%/2009.07.20 至 2010.07.20/低毒

LS20061867 马拉硫磷/45%/乳油/马拉硫磷 45%/2009.11.21 至 2010.11.21/低毒
十字花科蔬菜 蚜虫 540-810克/公顷 喷雾

LS20070063 双甲脒/200克/升/乳油/双甲脒 200克/升/2010.01.18 至 2011.01.18/低毒
棉花 红蜘蛛 135-150克/公顷 喷雾

LS20071594 嗪草酮/70%/可湿性粉剂/嗪草酮 70%/2009.06.05 至 2010.06.06/低毒
春大豆田 一年生阔叶杂草 630-735克/公顷 土壤喷雾

LS20072529 杀螟硫磷/50%/乳油/杀螟硫磷 50%/2009.12.04 至 2010.12.05/低毒
水稻 二化螟 450-525克/公顷 喷雾

江苏省常州市植物药品厂 (江苏省金坛市金城镇工业集中区红山路8号 213200 0519-2813839)

PD20080778 啶虫脒/3%/可湿性粉剂/啶虫脒 3%/2008.06.20 至 2013.06.20/低毒
柑橘树 蚜虫 10-20毫克/千克 喷雾

PD20081084 噻吩磺隆/75%/水分散粒剂/噻吩磺隆 75%/2008.08.18 至 2013.08.18/微毒
春大豆田 一年生阔叶杂草 22.5—33.8克/公顷 土壤喷雾

PD20081711 氰戊菊酯/20%/乳油/氰戊菊酯 20%/2008.11.18 至 2013.11.18/低毒
甘蓝 菜青虫 60-120克/公顷 喷雾

PD20081787 精喹·草除灵/17.5%/乳油/草除灵 15%、精喹禾灵 2.5%/2008.11.19 至 2013.11.19/低毒
冬油菜田 一年生杂草 262.5-393.8克/公顷 茎叶喷雾

PD20084755 三环唑/75%/可湿性粉剂/三环唑 75%/2008.12.22 至 2013.12.22/低毒
水稻 稻瘟病 225-300克/公顷 喷雾

PD20085454 苯磺隆/10%/可湿性粉剂/苯磺隆 10%/2008.12.24 至 2013.12.24/微毒
冬小麦田 一年生阔叶杂草 13.5-22.5克/公顷 茎叶喷雾

PD20091559 高效氯氟氰菊酯/25克/升/乳油/高效氯氟氰菊酯 25克/升/2009.02.03 至 2014.02.03/中等毒
十字花科蔬菜 菜青虫 7.5-11.25克/公顷 喷雾

PD20095968 精喹禾灵/8.8%/乳油/精喹禾灵 8.8%/2009.06.04 至 2014.06.04/微毒
棉花田 一年生禾本科杂草 39.6-66克/公顷 茎叶喷雾

PD20097111 吡嘧磺隆/10%/可湿性粉剂/吡嘧磺隆 10%/2009.10.12 至 2014.10.12/低毒
移栽水稻田 一年生阔叶杂草 15-30克/公顷 药土法

PD20097397 烟嘧磺隆/40克/升/可分散油悬浮剂/烟嘧磺隆 40克/升/2009.10.28 至 2014.10.28/低毒
玉米田 一年生杂草 42-60克/公顷 茎叶喷雾

PD20097652 莠去津/48%/可湿性粉剂/莠去津 48%/2009.11.04 至 2014.11.04/微毒
春玉米田 一年生杂草 2250-2628克/公顷 播后苗前土壤喷雾
夏玉米田 一年生杂草 1350-2025克/公顷 播后苗前土壤喷雾

LS20050220 阿维·吡虫啉/1.8%/可湿性粉剂/阿维菌素 0.2%、吡虫啉 1.6%/2008.01.26 至 2009.01.25/低毒(原药高毒)
十字花科蔬菜 蚜虫 8.1-10.8克/公顷 喷雾

LS20050299 苄·乙/14%/可湿性粉剂/苄嘧磺隆 2%、乙草胺 12%/2008.02.05 至 2009.02.04/微毒
水稻移栽田 一年生及部分多年生杂草 84-118克/公顷 毒土法

LS20061993 高氯·毒死蜱/15%/乳油/毒死蜱 13.5%、高效氯氰菊酯 1.5%/2009.12.25 至 2010.12.25/中等毒
黄瓜 美洲斑潜蝇 112.5-180克/公顷 喷雾
LS20082870 异丙·苄/10%/可湿性粉剂/苄嘧磺隆 1.25%、异丙草胺 8.75%/2009.06.11 至 2010.06.11/微毒
水稻抛秧田 杂草 67.5-142.5克/公顷 毒土法
LS20083047 苄·二氯/36%/可湿性粉剂/苄嘧磺隆 2%、二氯喹啉酸 34%/2009.09.22 至 2010.09.22/微毒
水稻移栽田 杂草 216-270克/公顷 毒土法
LS20090470 松·喹·氟磺胺/35%/乳油/氟磺胺草醚 9.5%、精喹禾灵 2.5%、异噁草松 23%/2009.03.18 至 2010.03.18/微毒
春大豆田 一年生杂草 2100-3150毫升（制剂）/公顷 茎叶喷雾
LS20090710 乙羧氟草醚/10%/乳油/乙羧氟草醚 10%/2009.03.31 至 2010.03.31/低毒
冬小麦 一年生阔叶杂草 525-750毫升制剂/公顷 茎叶喷雾
LS20091012 乙草胺/20%/可湿性粉剂/乙草胺 20%/2009.04.13 至 2010.04.13/低毒
移栽水稻田 一年生杂草 90-120克/公顷（南方地区） 毒土法

江苏省常州沃富斯农化有限公司 （江苏省金坛市北环西路146号 213200 0519-2822581）

PD20095312 甲哌鎓/96%/可溶粉剂/甲哌鎓 96%/2009.04.27 至 2014.04.27/低毒
棉花 调节生长 45-60克/公顷 喷雾
PD20097436 烟嘧磺隆/40克/升/可分散油悬浮剂/烟嘧磺隆 40克/升/2009.10.28 至 2014.10.28/低毒
玉米田 一年生杂草 42-60克/公顷 茎叶喷雾
LS20090789 高效氯氟氰菊酯/2.5%/微乳剂/高效氯氟氰菊酯 2.5%/2009.04.01 至 2010.04.01/中等毒
茶树 茶小绿叶蝉 22.5－37.5克/公顷 喷雾
茶树 茶尺蠖 7.5－11.25克/公顷 喷雾
柑橘树 潜叶蛾 12.5－25毫克/千克 喷雾
棉花 棉铃虫 22.5－37.5克/公顷 喷雾
苹果树 桃小食心虫 6.25－12.5毫克/千克 喷雾
十字花科蔬菜 小菜蛾 15－22.5克/公顷 喷雾
十字花科蔬菜 菜青虫、蚜虫 11.25－18.75克/公顷 喷雾
烟草 烟青虫 7.5－11.25克/公顷 喷雾

江苏省常州永泰丰化工有限公司 （江苏省常州市新北区滨江化工开发西区 213033 0519-5776299）

PD20083591 草甘膦/95%/原药/草甘膦 95%/2008.12.16 至 2013.12.16/低毒
PD20095816 2,4-滴/96%/原药/2,4-滴 96%/2009.05.27 至 2014.05.27/低毒
PD20096452 2,4-滴丁酯/96%/原药/2,4-滴丁酯 96%/2009.08.05 至 2014.08.05/低毒
LS20031630 2,4-滴钠盐/85%/原药/2,4-滴钠盐 85%/2009.01.01 至 2009.12.31/低毒
LS20040657 2,4滴丁酯/72%/乳油/2,4-滴丁酯 72%/2009.01.01 至 2009.12.31/低毒
春小麦 一年生阔叶杂草 810-1080克/公顷 喷雾
冬小麦 一年生阔叶杂草 540-810克/公顷 喷雾
LS20053870 2,4-滴二甲胺盐/860克/升/水剂/2,4-滴二甲胺盐 860克/升/2009.12.31 至 2010.12.31/低毒
非耕地 阔叶杂草 1612.5-2418.5克/公顷 喷雾
水稻移栽田 阔叶杂草 1935-3225克/公顷 喷雾
LS20060189 2甲4氯钠/13%/水剂/2甲4氯钠 13%/2009.01.27 至 2010.01.27/低毒
小麦 一年生阔叶杂草 741-897克/公顷 茎叶喷雾
LS20060465 2甲4氯钠/56%/可溶粉剂/2甲4氯钠 56%/2009.03.07 至 2010.03.07/低毒
小麦 阔叶杂草 840-1260克/公顷 喷雾
LS20070259 2,4-滴异辛酯/50%/乳油/2,4-滴异辛酯 50%/2009.12.31 至 2010.12.31/低毒
小麦 一年生阔叶杂草 750-900克/公顷 喷雾

江苏省常州中天气雾制品有限公司 （江苏省常州市勤业西路1号 213023 0519-3906531）

WP20080044 杀虫气雾剂/0.55%/气雾剂/胺菊酯 0.3%、氯菊酯 0.25%/2008.03.04 至 2013.03.04/低毒
卫生 蚊、蝇、蜚蠊 / 喷雾

江苏省常州晔康化学制品有限公司 （江苏省常州市武进区卜弋镇段庄 213147 0519-3561136）

WP20040004 氟虫胺/95%/原药/氟虫胺 95%/2009.11.02 至 2014.11.02/低毒
WP20040005 杀蟑胶饵/1%/胶饵/氟虫胺 1%/2009.11.02 至 2014.11.02/微毒
卫生 蜚蠊 / 投放
WL20060024 联苯菊酯/5%/悬浮剂/联苯菊酯 5%/2009.02.13 至 2010.02.13/低毒
卫生 白蚁 2.5-5克/平方米 1）土壤喷洒
500毫克/千克 2）木材浸泡
WL20060025 杀虫悬浮剂/10%/悬浮剂/高效氯氰菊酯 10%/2009.02.13 至 2010.02.13/低毒
卫生 蚊、蝇、蜚蠊 50毫克/平方米 滞留喷洒
WL20070152 杀蚁饵片/0.08%/饵片/氟虫胺 0.08%/2009.07.16 至 2010.07.17/低毒
卫生 白蚁 / 投放

江苏省丹阳市东南卫生化工厂 （江苏省丹阳市港口东路44号 212300 0511-6520580）

WL20080292 高效氯氰菊酯/4.5%/乳油/高效氯氰菊酯 4.5%/2009.04.21 至 2010.04.21/低毒
卫生 蚊、蝇、蜚蠊 22.5毫克/平方米 滞留喷洒

江苏省丹阳市农药化工厂 （江苏省丹阳市里庄镇东 212363 0511-6672029）

PD20070631 三环唑/20%/可湿性粉剂/三环唑 20%/2007.12.14 至 2012.12.14/低毒
水稻 稻瘟病 225-300克/公顷 喷雾

PD20080894 噻嗪·杀虫单/75%/可湿性粉剂/噻嗪酮 12%、杀虫单 63%/2008.07.09 至 2013.07.09/低毒
水稻 飞虱 562.5-675克/公顷 喷雾

江苏省东台市东南农药化工有限公司 (江苏省东台市安丰镇 224247 0515-85488789)

PD20070459 多·酮/40%/可湿性粉剂/多菌灵 35%、三唑酮 5%/2007.11.20 至 2012.11.20/低毒
水稻 纹枯病 480-600克/公顷 喷雾
小麦 白粉病、赤霉病 450-600克/公顷 喷雾

PD20082914 辛硫·灭多威/35%/乳油/灭多威 7%、辛硫磷 28%/2008.12.09 至 2013.12.09/高毒
棉花 棉铃虫 525-648.75克/公顷 喷雾

PD20092893 氰戊·辛硫磷/50%/乳油/氰戊菊酯 4.5%、辛硫磷 45.5%/2009.03.05 至 2014.03.05/中等毒
甘蓝 菜青虫、蚜虫 75-150克/公顷 喷雾
棉花 蚜虫 150-225克/公顷 喷雾
小麦 蚜虫 90克/公顷 喷雾

LS20072394 高效氯氟氰菊酯/25克/升/乳油/高效氯氟氰菊酯 25克/升/2009.10.23 至 2010.10.24/低毒
茶树 茶小绿叶蝉 30-37.5克/公顷 喷雾

LS20072431 噻嗪·异丙威/25%/可湿性粉剂/噻嗪酮 5%、异丙威 20%/2009.11.04 至 2010.11.05/低毒
水稻 飞虱 375-562.5克/公顷 喷雾

LS20081376 毒死蜱/480克/升/乳油/毒死蜱 480克/升/2009.03.17 至 2010.03.17/中等毒
水稻 稻飞虱 432-648克/公顷 喷雾

LS20081423 唑磷·毒死蜱/18%/乳油/毒死蜱 6%、三唑磷 12%/2009.03.17 至 2010.03.17/中等毒
水稻 二化螟 189-216克/公顷 喷雾

LS20081492 炔螨特/73%/乳油/炔螨特 73%/2009.03.31 至 2010.03.31/低毒
柑橘树 红蜘蛛 243.3-365毫克/千克 喷雾

江苏省东台市化工三厂 (江苏省东台市富安镇西头 224222 0515-5571096)

PD20097548 毒死蜱/40%/乳油/毒死蜱 40%/2009.11.03 至 2014.11.03/中等毒
甘蓝 蚜虫 450-600克/公顷 喷雾

江苏省丰县百农思达农用化学品有限公司 (江苏省徐州市丰县常店镇 221700 0516-4591009)

PD85154-54 氰戊菊酯/20%/乳油/氰戊菊酯 20%/2006.06.19 至 2011.06.19/中等毒
柑橘树 潜叶蛾 10-20毫克/千克 喷雾
果树 梨小食心虫 10-20毫克/千克 喷雾
棉花 红铃虫、蚜虫 75-150克/公顷 喷雾
蔬菜 菜青虫、蚜虫 60-120克/公顷 喷雾

PD20097732 吡虫啉/200克/升/可溶液剂/吡虫啉 200克/升/2009.11.12 至 2014.11.12/低毒
十字花科蔬菜 蚜虫 15-30克/公顷 喷雾

PD20097741 抗蚜威/25%/水分散粒剂/抗蚜威 25%/2009.11.12 至 2014.11.12/中等毒
甘蓝 蚜虫 131.25-187.5克/公顷 喷雾

江苏省高邮市丰田农药有限公司 (江苏省高邮市周山镇中奎路85号 225612 0514-84302158)

PD20040133 吡虫啉/5%/可湿性粉剂/吡虫啉 5%/2004.12.19 至 2009.12.18/微毒
水稻 飞虱 15-22.5克/公顷 喷雾
小麦 蚜虫 15-22.5克/公顷 喷雾

PD20040347 吡·多·三唑酮/50%/可湿性粉剂/吡虫啉 3%、多菌灵 40%、三唑酮 7%/2009.12.19 至 2014.12.19/低毒
小麦 白粉病、赤霉病、蚜虫 600-750克/公顷 喷雾

PD20040622 吡虫·杀虫单/75%/可湿性粉剂/吡虫啉 2%、杀虫单 73%/2009.12.19 至 2014.12.19/中等毒
水稻 稻纵卷叶螟、二化螟、飞虱、三化螟 450-750克/公顷 喷雾

PD20040636 吡虫·多菌灵/32%/可湿性粉剂/吡虫啉 2%、多菌灵 30%/2009.12.19 至 2014.12.19/低毒
小麦 赤霉病、蚜虫 720-816克/公顷 喷雾

PD20040713 吡虫·三唑磷/25%/乳油/吡虫啉 1.5%、三唑磷 23.5%/2009.12.19 至 2014.12.19/中等毒
水稻 飞虱、三化螟 375-450克/公顷 喷雾

PD20081683 噻嗪·杀虫单/75%/可湿性粉剂/噻嗪酮 12.5%、杀虫单 62.5%/2008.11.17 至 2013.11.17/中等毒
水稻 稻飞虱、二化螟 675-787.5克/公顷 喷雾

PD20081854 氯氰·辛硫磷/24%/乳油/氯氰菊酯 2%、辛硫磷 22%/2008.11.20 至 2013.11.20/中等毒
茶树 茶尺蠖 216-288克/公顷 喷雾
棉花 棉铃虫 216-288克/公顷 喷雾
小麦 蚜虫 144-252克/公顷 喷雾
玉米 玉米螟 216-288克/公顷 喇叭口灌心

PD20083629 甲霜·锰锌/72%/可湿性粉剂/甲霜灵 8%、代森锰锌 64%/2008.12.12 至 2013.12.12/低毒
黄瓜 霜霉病 1620-1944克/公顷 喷雾

PD20090753 吡·井·杀虫单/46%/可湿性粉剂/吡虫啉 1.2%、井冈霉素 7.8%、杀虫单 37%/2009.01.19 至 2014.01.19/低毒
水稻 稻飞虱、二化螟、纹枯病 690-828克/公顷 喷雾

PD20090762 井冈·三环唑/40%/可湿性粉剂/井冈霉素 10%、三环唑 30%/2009.01.19 至 2014.01.19/中等毒
水稻 稻瘟病、纹枯病 300-450克/公顷 喷雾

PD20093807 精喹·草除灵/17.5%/乳油/草除灵 15%、精喹禾灵 2.5%/2009.03.25 至 2014.03.25/低毒
油菜田 一年生禾本科杂草及部分阔叶杂草 262.5-393.8克/公顷 茎叶喷雾

PD20094869 高氯·啶虫脒/5%/乳油/啶虫脒 2%、高效氯氰菊酯 3%/2009.04.13 至 2014.04.13/低毒

十字花科蔬菜 菜青虫、蚜虫 30-37.5克/公顷 喷雾
LS20082901 敌百·毒死蜱/40%/乳油/敌百虫 22%、毒死蜱 18%/2009.07.09 至 2010.07.09/低毒
水稻 稻纵卷叶螟 600-720克/公顷 喷雾

江苏省高邮市运东农药化工有限公司 (江苏省扬州市高邮市平胜工业区 225635 0514-4872239)

LS20051332 吡虫啉/10%/可湿性粉剂/吡虫啉 10%/2008.04.13 至 2009.04.13/低毒
水稻 稻飞虱 15-30克/公顷 喷雾

江苏省海门市江乐农药化工有限责任公司 (江苏省南通市海门市青龙港大庆路2号 226121 0513-82606504)

PD84111-3 氧乐果/40%/乳油/氧乐果 40%/2009.11.30 至 2014.11.30/中等毒(原药高毒)
棉花 蚜虫、螨 375-600克/公顷 喷雾
森林 松干蚧、松毛虫 500倍液 喷雾或直接涂树干
水稻 稻纵卷叶螟、飞虱 375-600克/公顷 喷雾
小麦 蚜虫 300-450克/公顷 喷雾
PD20095223 辛硫·氧乐果/45%/乳油/辛硫磷 25%、氧乐果 20%/2009.04.24 至 2014.04.24/高毒
棉花 棉铃虫 450-600克/公顷 喷雾
LS20060104 虫酰·辛硫磷/20%/乳油/虫酰肼 5%、辛硫磷 15%/2009.01.23 至 2010.01.23/低毒
棉花 棉铃虫 240-300克/公顷 喷雾
十字花科蔬菜 甜菜夜蛾 240-300克/公顷 喷雾
水稻 稻纵卷叶螟 240-300克/公顷 喷雾

江苏省淮安市国业日化有限公司 (江苏省淮安市徐溜工业区 223321 0517-4662362)

WP20080519 蚊香/0.25%/蚊香/富右旋反式烯丙菊酯 0.25%/2008.12.23 至 2013.12.23/低毒
卫生 蚊 / 点燃
WL20060097 电热蚊香片/24毫克/片/电热蚊香片/Es-生物烯丙菊酯 24毫克/片/2009.04.25 至 2010.04.25/微毒
卫生 蚊 / 电热加温

江苏省激素研究所股份有限公司 (江苏省金坛市经济技术开发区环园北路95号 213200 0519-28225818)

PD20070478 噻吩磺隆/95%/原药/噻吩磺隆 95%/2007.11.28 至 2012.11.28/低毒
PD20080242 噻吩磺隆/15%/可湿性粉剂/噻吩磺隆 15%/2008.02.14 至 2013.02.14/低毒
冬小麦田 一年生阔叶杂草 22.5-33.8克/公顷 茎叶喷雾
夏玉米田 一年生阔叶杂草及禾本科杂草 22.5-27克/公顷 播后苗前土壤喷雾
PD20080530 灭蝇胺/98%/原药/灭蝇胺 98%/2008.04.29 至 2013.04.29/低毒
PD20081126 二氯喹啉酸/90%/原药/二氯喹啉酸 90%/2008.08.20 至 2013.08.20/低毒
PD20081127 二氯喹啉酸/50%/可湿性粉剂/二氯喹啉酸 50%/2008.08.20 至 2013.08.20/低毒
水稻直播田 稗草 225-375克/公顷 喷雾
PD20081204 氯嘧磺隆/95%/原药/氯嘧磺隆 95%/2008.09.11 至 2013.09.11/低毒
PD20081209 麦草畏/90%/原药/麦草畏 90%/2008.09.11 至 2013.09.11/低毒
PD20081222 苯磺隆/95%/原药/苯磺隆 95%/2008.09.11 至 2013.09.11/低毒
PD20081254 胺苯磺隆/95%/原药/胺苯磺隆 95%/2008.09.18 至 2013.09.18/低毒
PD20081325 氯磺隆/25%/可湿性粉剂/氯磺隆 25%/2008.10.20 至 2013.10.20/低毒
冬小麦田 一年生单、双子叶杂草 7.5-9克/公顷 喷雾
PD20081327 苯磺隆/75%/水分散粒剂/苯磺隆 75%/2008.10.20 至 2013.10.20/微毒
小麦田 阔叶杂草 15.75-22.5克/公顷 喷雾
PD20081368 氯磺隆/95%/原药/氯磺隆 95%/2008.10.22 至 2013.10.22/低毒
PD20081370 氯磺隆/10%/可湿性粉剂/氯磺隆 10%/2008.10.23 至 2013.10.23/低毒
小麦 一年生单、双子叶杂草 7.5克/公顷 喷雾
PD20081437 高效氯氟氰菊酯/95%/原药/高效氯氟氰菊酯 95%/2008.10.31 至 2013.10.31/中等毒
PD20081570 S-氰戊菊酯/97%/原药/S-氰戊菊酯 97%/2008.11.12 至 2013.11.12/中等毒
PD20082946 烟嘧磺隆/95%/原药/烟嘧磺隆 95%/2008.12.09 至 2013.12.09/微毒
PD20083106 灭蝇胺/50%/可湿性粉剂/灭蝇胺 50%/2008.12.10 至 2013.12.10/低毒
黄瓜 美洲斑潜蝇 112.5-150克/公顷 喷雾
PD20083423 苯磺隆/10%/可湿性粉剂/苯磺隆 10%/2008.12.11 至 2013.12.11/微毒
冬小麦田 一年生阔叶杂草 16-22.5克/公顷 茎叶喷雾
PD20083669 苄嘧磺隆/10%/可湿性粉剂/苄嘧磺隆 10%/2008.12.12 至 2013.12.12/低毒
移栽水稻田 一年生阔叶杂草及莎草科杂草 19.95-30克/公顷 毒土法
PD20084018 苄嘧磺隆/96%/原药/苄嘧磺隆 96%/2008.12.16 至 2013.12.16/低毒
PD20084190 苄嘧磺隆/30%/可湿性粉剂/苄嘧磺隆 30%/2008.12.16 至 2013.12.16/低毒
水稻移栽田 多年生阔叶杂草及莎草科杂草 45-60克/公顷 药土法
水稻移栽田 一年生阔叶杂草及莎草科杂草 30-45克/公顷 药土法
PD20084577 胺苯磺隆/20%/可溶性粉剂/胺苯磺隆 20%/2008.12.18 至 2013.12.18/低毒
冬油菜(移栽田) 一年生阔叶杂草 22.5-30克/公顷 茎叶喷雾
PD20085134 氯磺隆/75%/水分散粒剂/氯磺隆 75%/2008.12.23 至 2013.12.23/低毒
冬小麦田 一年生杂草 15-22.5克/公顷 土壤或茎叶喷雾
PD20085295 噁草·丁草胺/40%/乳油/丁草胺 34%、噁草酮 6%/2008.12.23 至 2013.12.23/低毒

	水稻半旱育秧田、水稻旱育秧田	一年生杂草	600-750克/公顷	喷雾
PD20085930	苄·丁/30%/可湿性粉剂/苄嘧磺隆 1.5%、丁草胺 28.5%/2008.12.29 至 2013.12.29/低毒			
	水稻抛秧田	部分多年生杂草、一年生杂草	540-725克/公顷	毒土法
PD20085952	二氯喹啉酸/25%/可湿性粉剂/二氯喹啉酸 25%/2008.12.29 至 2013.12.29/低毒			
	水稻直播田	稗草	225-375克/公顷	喷雾
PD20086084	苄·二氯/40%/可湿性粉剂/苄嘧磺隆 6%、二氯喹啉酸 34%/2008.12.30 至 2013.12.30/低毒			
	水稻插秧田	一年生及部分多年生杂草	216-270克/公顷	毒土法或喷雾
	水稻秧田、水稻直播田	一年生及部分多年生杂草	210-300克/公顷	喷雾
PD20090284	高效氯氟氰菊酯/25克/升/乳油/高效氯氟氰菊酯 25克/升/2009.01.09 至 2014.01.09/低毒			
	柑橘树	潜叶蛾	8.3-16.67毫克/千克	喷雾
	棉花	棉铃虫	18.75-22.5克/公顷	喷雾
	苹果	桃小食心虫	6.25-8.33毫克/千克	喷雾
	十字花科蔬菜	小菜蛾	15-30克/公顷	喷雾
	十字花科蔬菜	菜青虫、蚜虫	11.25-22.5克/公顷	喷雾
PD20090410	烯草酮/240克/升/乳油/烯草酮 240克/升/2009.01.12 至 2014.01.12/低毒			
	大豆田	一年生禾本科杂草	72-108克/公顷	茎叶喷雾
PD20090545	灭胺·毒死蜱/50%/可湿性粉剂/毒死蜱 42.5%、灭蝇胺 7.5%/2009.01.13 至 2014.01.13/中等毒			
	黄瓜	美洲斑潜蝇	285-562.5克/公顷	喷雾
PD20091075	喹禾灵/10%/乳油/喹禾灵 10%/2009.01.21 至 2014.01.21/低毒			
	棉花田、油菜田	一年生禾本科杂草	90-150克/公顷	喷雾
PD20091200	苄嘧·草甘膦/75%/可湿性粉剂/苄嘧磺隆 3%、草甘膦 72%/2009.02.01 至 2014.02.01/低毒			
	橡胶园	杂草	1125-2250克/公顷	喷雾
PD20091671	苄嘧·苯噻酰/50%/可湿性粉剂/苯噻酰草胺 47%、苄嘧磺隆 3%/2009.02.03 至 2014.02.03/低毒			
	水稻抛秧田	部分多年生杂草、一年生杂草	375-450克/公顷(南方地区)	毒土法
PD20092131	双草醚/95%/原药/双草醚 95%/2009.02.23 至 2014.02.23/低毒			
PD20092237	双草醚/20%/可湿性粉剂/双草醚 20%/2009.02.24 至 2014.02.24/低毒			
	水稻直播田	部分多年生杂草、一年生杂草	30-45克/公顷(南方稻区)	苗后喷雾
PD20092260	甲磺隆/96%/原药/甲磺隆 96%/2009.02.24 至 2014.02.24/低毒			
PD20092357	草甘膦/95%/原药/草甘膦 95%/2009.02.24 至 2014.02.24/微毒			
PD20092484	精喹·草除灵/17.5%/乳油/草除灵 15%、精喹禾灵 2.5%/2009.02.26 至 2014.02.26/低毒			
	冬油菜(移栽田)	一年生杂草	262.5-393.8克/公顷	茎叶喷雾
PD20092488	苄·乙·甲/20%/可湿性粉剂/苄嘧磺隆 1.1%、甲磺隆 0.23%、乙草胺 18.67%/2009.02.26 至 2014.02.26/低毒			
	水稻移栽田	部分多年生杂草、一年生杂草	72-112.5克/公顷	移栽返青(稗草1.5叶)时药土(沙)撒施
PD20092492	苄嘧磺隆/60%/水分散粒剂/苄嘧磺隆 60%/2009.02.26 至 2014.02.26/低毒			
	水稻直播田	阔叶杂草、莎草科杂草	27-45克/公顷	毒土法或喷雾
PD20092494	甲磺隆/60%/水分散粒剂/甲磺隆 60%/2009.02.26 至 2014.02.26/低毒			
	冬小麦田	一年生阔叶杂草	7.2-10.8克/公顷	土壤或茎叶喷雾
PD20092498	苄·乙/20%/可湿性粉剂/苄嘧磺隆 4.5%、乙草胺 15.5%/2009.02.26 至 2014.02.26/低毒			
	水稻移栽田	部分多年生杂草、阔叶杂草、莎草科杂草、一年生禾本科杂草	84-118克/公顷	移后返青(5-7天)药土法撒施
PD20092499	甲磺·乙草胺/20%/可湿性粉剂/甲磺隆 0.34%、乙草胺 19.66%/2009.02.26 至 2014.02.26/低毒			
	水稻移栽田	一年生杂草	75-90克/公顷	毒土法
PD20092503	苄嘧·甲磺隆/10%/可湿性粉剂/苄嘧磺隆 8.25%、甲磺隆 1.75%/2009.02.26 至 2014.02.26/低毒			
	移栽水稻田	阔叶杂草及一年生莎草	6-10克/公顷	药土法
PD20094591	甲磺·异丙隆/45%/可湿性粉剂/甲磺隆 0.5%、异丙隆 44.5%/2009.04.10 至 2014.04.10/低毒			
	冬小麦田	一年生杂草	540-675克/公顷	播前至小麦1-2叶期喷雾
PD20094974	甲磺隆/10%/可湿性粉剂/甲磺隆 10%/2009.04.21 至 2014.04.21/低毒			
	冬小麦田	一年生杂草	7.5克/公顷	播后苗前或苗后(看麦娘2.5叶期)叶面处理
PD20095541	噻苯隆/50%/可湿性粉剂/噻苯隆 50%/2009.05.12 至 2014.05.12/低毒			
	棉花	脱叶	150-300克/公顷	茎叶喷雾
PD20095763	甲磺·氯磺隆/10%/可湿性粉剂/甲磺隆 4%、氯磺隆 6%/2009.05.18 至 2014.05.18/低毒			
	小麦田	看麦娘、一年生单、双子叶杂草、猪殃殃	11.25-12.5克/公顷	喷雾
PD20096247	苄嘧·双草醚/30%/可湿性粉剂/苄嘧磺隆 12%、双草醚 18%/2009.07.15 至 2014.07.15/低毒			
	水稻直播田	部分多年生杂草、一年生杂草	45-67.5克/公顷(南方地区)	喷雾
PD20097593	烟嘧磺隆/40克/升/可分散油悬浮剂/烟嘧磺隆 40克/升/2009.11.03 至 2014.11.03/低毒			
	玉米田	一年生杂草	40-60克/公顷	茎叶喷雾

PD20097688	噻苯隆/95%/原药/噻苯隆 95%/2009.11.04 至 2014.11.04/微毒			
LS20040550	甲嘧磺隆/75%/水分散粒剂/甲嘧磺隆 75%/2009.01.08 至 2009.12.31/微毒			
	防火隔离带	一年生杂草	506.3-675克/公顷	喷雾
LS20050771	麦畏·莠去津/40%/可湿性粉剂/麦草畏 6%、莠去津 34%/2008.03.28 至 2009.03.28/低毒			
	春玉米	一年生杂草	1500-2100克/公顷	喷雾
LS20071299	高效氯氟氰菊酯/2.5%/水乳剂/高效氯氟氰菊酯 2.5%/2009.05.08 至 2010.05.09/中等毒			
	十字花科蔬菜	菜青虫、蚜虫	7.5-15克/公顷	喷雾
LS20081583	甲哌鎓/98%/原药/甲哌鎓 98%/2009.04.02 至 2010.04.02/中等毒			
LS20082933	高效氯氟氰菊酯/2.5%/水乳剂/高效氯氟氰菊酯 2.5%/2009.07.18 至 2010.07.18/中等毒			
	茶叶	茶小绿叶蝉	22.5-37.5克/公顷	喷雾
	茶叶	茶尺蠖	15-30克/公顷	喷雾
	柑橘树	红蜘蛛	常规剂量下抑制作用	喷雾
	柑橘树	潜叶蛾	12.5-25毫克/千克	喷雾
	苹果树	桃小食心虫	8.33-12.5毫克/千克	喷雾
	十字花科蔬菜	小菜蛾	15-22.5克/公顷	喷雾
	烟草	烟青虫	7.5-11.25克/公顷	喷雾
江苏省姜堰市万家日用卫生品厂 (江苏省姜堰市张甸镇徐村二组 225536)				
WL20090001	杀虫饵粒/0.4%/饵剂/甲基吡噁磷 0.4%/2009.01.08 至 2010.01.08/微毒			
	卫生	蜚蠊、蝇	/	投放
江苏省江阴凯江农化有限公司 (江苏省无锡市江阴市青阳镇青桐路2号 214401 0510-86519027)				
PD84117-2	多菌灵/95%/原药/多菌灵 95%/2009.11.16 至 2014.11.16/低毒			
PD84118-24	多菌灵/25%/可湿性粉剂/多菌灵 25%/2009.11.16 至 2014.11.16/低毒			
	果树	病害	0.05-0.1%药液	喷雾
	花生	倒秧病	750克/公顷	喷雾
	麦类	赤霉病	750克/公顷	喷雾,泼浇
	棉花	苗期病害	500克/100千克种子	拌种
	水稻	稻瘟病、纹枯病	750克/公顷	喷雾,泼浇
	油菜	菌核病	1125-1500克/公顷	喷雾
PD85150-19	多菌灵/50%/可湿性粉剂/多菌灵 50%/2005.07.07 至 2010.07.07/低毒			
	果树	病害	0.05-0.1%药液	喷雾
	花生	倒秧病	750克/公顷	喷雾
	麦类	赤霉病	750克/公顷	喷雾、泼浇
	棉花	苗期病害	500克/100千克种子	拌种
	水稻	稻瘟病、纹枯病	750克/公顷	喷雾、泼浇
	油菜	菌核病	1125-1500克/公顷	喷雾
PD85159-49	草甘膦/10%/水剂/草甘膦 10%/2007.06.11 至2009.12.31/低毒			
	茶树、甘蔗、果园、剑麻、林木、桑树、橡胶园	一年生杂草和多年生恶性杂草	1125-2250克/公顷	喷雾
PD86115-4	甲基硫菌灵/97%,95%,90%,87%/原药/甲基硫菌灵 97%,95%,90%,87%/2006.05.29 至 2011.05.29/低毒			
PD86134-6	多菌灵/40%/悬浮剂/多菌灵 40%/2006.05.29 至 2011.05.29/低毒			
	果树	病害	0.05-0.1%药液	喷雾
	花生	倒秧病	750克/公顷	喷雾
	绿萍	霉腐病	0.05%药液	喷雾
	麦类	赤霉病	0.025%药液	喷雾
	棉花	苗期病害	0.3%药液	浸种
	水稻	纹枯病	0.025%药液	喷雾
	甜菜	褐斑病	250-500倍液	喷雾
	油菜	菌核病	1125-1500克/公顷	喷雾
PD91106-13	甲基硫菌灵/70%,50%/可湿性粉剂/甲基硫菌灵 70%,50%/2006.05.29 至 2011.05.29/低毒			
	番茄	叶霉病	375-562.5克/公顷	喷雾
	甘薯	黑斑病	360-450毫克/千克	浸薯块
	瓜类	白粉病	337.5-506.25克/公顷	喷雾
	梨树	黑星病	360-450毫克/千克	喷雾
	苹果树	轮纹病	700毫克/千克	喷雾
	水稻	稻瘟病、纹枯病	1050-1500克/公顷	喷雾
	小麦	赤霉病	750-1050克/公顷	喷雾
PD92101	多菌灵/40%/可湿性粉剂/多菌灵 40%/2006.11.22 至 2011.11.22/低毒			
	果树	病害	0.05-0.1%药液	喷雾
	花生	倒秧病	750克/公顷	喷雾
	麦类	赤霉病	750克/公顷	喷雾,泼浇
	棉花	苗期病害	500克/100千克种子	拌种
	水稻	稻瘟病、纹枯病	750克/公顷	喷雾,泼浇

油菜 菌核病 1125-1500克/公顷 喷雾
PD92102 多菌灵/80%/可湿性粉剂/多菌灵 80%/2006.11.22 至 2011.11.22/低毒
果树 病害 0.05-0.1%药液 喷雾
花生 倒秧病 750克/公顷 喷雾
麦类 赤霉病 750克/公顷 喷雾,泼浇
棉花 苗期病害 500克/100千克种子 拌种
水稻 稻瘟病、纹枯病 750克/公顷 喷雾,泼浇
油菜 菌核病 1125-1500克/公顷 喷雾
PD20040805 异丙隆/50%/可湿性粉剂/异丙隆 50%/2009.12.20 至 2014.12.20/低毒
冬小麦 一年生单、双子叶杂草 1050-1200克/公顷 喷雾
PD20050081 异丙隆/95%/原药/异丙隆 95%/2005.06.24 至 2010.06.23/低毒
PD20050127 多·酮/60%/可湿性粉剂/多菌灵 57%、三唑酮 3%/2005.08.25 至 2010.08.24/低毒
小麦 白粉病、赤霉病 450-600克/公顷 喷雾
PD20060105 噁霜灵/96%/原药/噁霜灵 96%/2006.06.12 至 2011.06.12/低毒
PD20060214 环嗪酮/98%/原药/环嗪酮 98%/2006.12.26 至 2011.12.26/低毒
PD20070118 抗蚜威/95%/原药/抗蚜威 95%/2007.05.08 至 2012.05.08/中等毒
PD20070305 伏杀硫磷/95%/原药/伏杀硫磷 95%/2007.09.21 至 2012.09.21/中等毒
PD20070309 多·硫/50%/可湿性粉剂/多菌灵 15%、硫磺 35%/2007.11.20 至 2012.11.20/低毒
花生 叶斑病 1200-1800克/公顷 喷雾
PD20070428 伏杀硫磷/35%/乳油/伏杀硫磷 35%/2007.11.12 至 2012.11.12/中等毒
棉花 棉铃虫 840-945克/公顷 喷雾
PD20080685 环嗪酮/25%/可溶液剂/环嗪酮 25%/2008.06.04 至 2013.06.04/低毒
森林防火道 杂草、杂灌 1125-1875克/公顷 茎叶喷雾
PD20080703 多·福·锰锌/50%/可湿性粉剂/多菌灵 10%、福美双 25%、代森锰锌 15%/2008.06.04 至 2013.06.04/低毒
苹果树 轮纹病 625-1000毫克/千克 喷雾
PD20081051 抗蚜威/25%/可湿性粉剂/抗蚜威 25%/2008.08.14 至 2013.08.14/中等毒
小麦 蚜虫 45-90克/公顷 喷雾
PD20082296 精噁唑禾草灵/6.9%/水乳剂/精噁唑禾草灵 6.9%/2008.12.01 至 2013.12.01/微毒
冬小麦田 一年生禾本科杂草 750-1050毫升/公顷(制剂) 茎叶喷雾
PD20090643 甲硫·福美双/50%/可湿性粉剂/福美双 20%、甲基硫菌灵 30%/2009.01.14 至 2014.01.14/中等毒
黄瓜 炭疽病 525-787.5克/公顷 喷雾
PD20092781 多·福/50%/可湿性粉剂/多菌灵 15%、福美双 35%/2009.03.04 至 2014.03.04/低毒
梨树 黑星病 1000-1500毫克/千克 喷雾
LS991401 苯菌灵/90%/原药/苯菌灵 90%/2009.01.09 至 2009.12.31/低毒
LS991402 苯菌灵/50%/可湿性粉剂/苯菌灵 50%/2009.01.09 至 2009.12.31/低毒
梨树 黑星病 500-667毫克/千克 喷雾

江苏省江阴市福达农化有限公司 (江苏省无锡市江阴市祝塘镇化工工业园区内 214415 0510-86391848)

PD20050115 吡虫啉/10%/可湿性粉剂/吡虫啉 10%/2005.08.15 至 2010.08.14/低毒
水稻 稻飞虱 12-18克/公顷 喷雾
PD20070014 多菌灵/50%/可湿性粉剂/多菌灵 50%/2007.01.18 至 2012.01.18/低毒
水稻 纹枯病 750—900克/公顷 喷雾
PD20070021 草甘膦异丙胺盐/41%/水剂/草甘膦异丙胺盐 41%/2007.01.18 至 2012.01.18/低毒
茶园 一年生和多年生杂草 1537.5-2460克/公顷 定向喷雾
PD20070040 草甘膦/30%/水剂/草甘膦 30%/2007.03.06 至 2012.03.06/微毒
茶园 一年生和多年生杂草 1500-2400克/公顷 定向茎叶喷雾
PD20070041 甲基硫菌灵/70%/可湿性粉剂/甲基硫菌灵 70%/2007.03.06 至 2012.03.06/微毒
苹果树 轮纹病 800-1000倍液 喷雾
PD20070217 氯氰菊酯/10%/乳油/氯氰菊酯 10%/2007.08.08 至 2012.08.08/低毒
十字花科蔬菜 菜青虫 30-45克/公顷 喷雾
PD20070525 福·甲·硫磺/50%/可湿性粉剂/福美双 18%、甲基硫菌灵 10%、硫磺 22%/2007.11.28 至 2012.11.28/低毒
黄瓜 灰霉病 550—600克/公顷 喷雾
PD20080003 多·福/50%/可湿性粉剂/多菌灵 15%、福美双 35%/2008.01.03 至 2013.01.03/低毒
梨树 黑星病 1000-1667毫克/千克 喷雾
PD20081944 精噁唑禾草灵/6.9%/水乳剂/精噁唑禾草灵 6.9%/2008.11.24 至 2013.11.24/低毒
冬小麦田 一年生禾本科杂草 62.1—72.5克/公顷 茎叶喷雾
PD20082184 精噁唑禾草灵/69克/升/水乳剂/精噁唑禾草灵 69克/升/2008.11.26 至 2013.11.26/低毒
春大豆田 一年生禾本科杂草 62.1-72.5克/公顷 茎叶喷雾
PD20082872 噁霜·锰锌/64%/可湿性粉剂/噁霜灵 8%、代森锰锌 56%/2008.12.09 至 2013.12.09/微毒
黄瓜 霜霉病 1560-1950克/公顷 喷雾
PD20085322 氯氰·丙溴磷/44%/乳油/丙溴磷 40%、氯氰菊酯 4%/2008.12.24 至 2013.12.24/低毒
棉花 棉铃虫 462-660克/公顷 喷雾
PD20093054 高效氯氰菊酯/4.5%/乳油/高效氯氰菊酯 4.5%/2009.03.09 至 2014.03.09/低毒
甘蓝 菜青虫 13.5-20.25克/公顷 喷雾

PD20096780 丙环唑/250克/升/乳油/丙环唑 250克/升/2009.09.15 至 2014.09.15/低毒
香蕉 叶斑病 333－500毫克/千克 喷雾
LS20050550 高效氯氟氰菊酯/2.5%/水乳剂/高效氯氟氰菊酯 2.5%/2008.02.26 至 2009.02.25/中等毒
十字花科蔬菜 菜青虫 11.25-15克/公顷 喷雾
LS20061285 啶虫脒/3%/可湿性粉剂/啶虫脒 3%/2008.06.01 至 2009.06.01/低毒
柑橘 蚜虫 7.5-15毫克/千克 喷雾
LS20080895 多菌灵/40%/悬浮剂/多菌灵 40%/2009.03.04 至 2010.03.04/低毒
小麦 赤霉病 750-900克/公顷 喷雾
LS20083252 丙溴·辛硫磷/25%/乳油/丙溴磷 6%、辛硫磷 19%/2009.12.11 至 2010.12.11/低毒
水稻 稻纵卷叶螟 262.5-375克/公顷 喷雾
LS20090837 甲维·毒死蜱/20%/乳油/毒死蜱 19.5%、甲氨基阿维菌素 0.5%/2009.04.03 至 2010.04.03/中等毒
十字花科蔬菜 甜菜夜蛾 30－50毫升制剂/亩 喷雾
LS20090939 丙森·多菌灵/53%/可湿性粉剂/丙森锌 45%、多菌灵 8%/2009.04.09 至 2010.04.09/微毒
苹果树 轮纹病 663-883毫克/千克 喷雾

江苏省江阴市农药二厂有限公司 (江苏省江阴市青阴镇青桐路1号 214422 0510-88611372)

PD84125-20 乙烯利/40%/水剂/乙烯利 40%/2009.11.11 至 2014.11.11/低毒
番茄 催熟 800-1000倍液 喷雾或浸渍
棉花 催熟、增产 330-500倍液 喷雾
柿子、香蕉 催熟 400倍液 喷雾或浸渍
水稻 催熟、增产 800倍液 喷雾
橡胶树 增产 5-10倍液 涂布
烟草 催熟 1000-2000倍液 喷雾
PD85150-3 多菌灵/50%/可湿性粉剂/多菌灵 50%/2006.09.19 至 2011.09.19/低毒
果树 病害 0.05-0.1%药液 喷雾
花生 倒秧病 750克/公顷 喷雾
麦类 赤霉病 750克/公顷 喷雾、泼浇
棉花 苗期病害 500克/100千克种子 拌种
水稻 稻瘟病、纹枯病 750克/公顷 喷雾、泼浇
油菜 菌核病 1125-1500克/公顷 喷雾
PD85159-39 草甘膦/30%/水剂/草甘膦 30%/2005.07.29 至 2010.07.29/低毒
茶树、甘蔗、果园、剑麻、林木、桑树、橡胶树 一年生杂草和多年生恶性杂草 1125-2250克/公顷 喷雾
PD20040043 多菌灵/95%/原药/多菌灵 95%/2009.12.19 至 2014.12.19/低毒
PD20040560 吡虫啉/10%/可湿性粉剂/吡虫啉 10%/2009.12.19 至 2014.12.19/低毒
梨树 梨木虱 2000-2500倍液 喷雾
苹果树 黄蚜 2000-4000倍液 喷雾
十字花科蔬菜 蚜虫 15-22.5克公顷 喷雾
水稻 飞虱 15-30克/公顷 喷雾
小麦 蚜虫 15-30克/公顷(南方地区) 45-60克/公顷(北方地区) 喷雾
PD20070174 草甘膦/95%/原药/草甘膦 95%/2007.06.25 至 2012.06.25/微毒
PD20080077 噻嗪酮/90%/原药/噻嗪酮 90%/2008.01.04 至 2013.01.04/低毒
PD20080126 噻嗪·异丙威/25%/可湿性粉剂/噻嗪酮 8%、异丙威 17%/2008.01.04 至 2013.01.04/中等毒
水稻 稻飞虱 187.5-225克/公顷 喷雾
PD20080186 噻嗪酮/25%/可湿性粉剂/噻嗪酮 25%/2008.01.07 至 2013.01.07/低毒
茶树 小绿叶蝉 250-312毫克/千克 喷雾
柑橘树 矢尖蚧 200-250毫克/千克 喷雾
水稻 飞虱 75-112.5克/公顷 喷雾
PD20080485 草甘膦异丙胺盐/41%/水剂/草甘膦异丙胺盐 41%/2008.04.07 至 2013.04.07/低毒
茶园、柑橘园、桑园 杂草 1125-2250克/公顷 定向茎叶喷雾
非耕地 杂草 1125-3000克/公顷 茎叶喷雾
油菜(移栽田) 一年生杂草 615-922.5克/公顷 定向茎叶喷雾
油菜免耕田 一年生杂草 750-1200克/公顷(免耕冬油菜) 1500-2250克/公顷(免耕春油菜) 茎叶喷雾
PD20081820 精噁唑禾草灵/69克/升/水乳剂/精噁唑禾草灵 69克/升/2008.11.19 至 2013.11.19/低毒
冬小麦田 一年生禾本科杂草 51.75-62.1克/公顷 茎叶喷雾
PD20082526 硫磺·多菌灵/50%/可湿性粉剂/多菌灵 15%、硫磺 35%/2008.12.03 至 2013.12.03/微毒
花生 叶斑病 1200-1800克/公顷 喷雾
PD20090355 多菌灵/80%/可湿性粉剂/多菌灵 80%/2009.01.12 至 2014.01.12/微毒
水稻 稻瘟病 900-1080克/公顷 喷雾
PD20097247 乙烯利/85%/原药/乙烯利 85%/2009.10.19 至 2014.10.19/微毒
LS991143 乙利·百草枯/32.5%/水剂/百草枯 7.5%、乙烯利 25%/2008.02.28 至 2009.12.31/中等毒

棉花 棉叶摧枯 390-487.5克/公顷 喷雾
LS20060747 甲基硫菌灵/70%/可湿性粉剂/甲基硫菌灵 70%/2009.04.04 至 2010.04.04/低毒
苹果树 轮纹病 700-875毫克/千克 喷雾

江苏省金坛市兴达化工厂 (江苏省金坛市薛埠镇 213245 0519-2660755)

PD20060127 三乙膦酸铝/95%/原药/三乙膦酸铝 95%/2006.06.26 至 2011.06.26/微毒
PD20070034 三乙膦酸铝/80%/可湿性粉剂/三乙膦酸铝 80%/2007.01.29 至 2012.01.29/低毒
烟草 黑胫病 4200-4800克/公顷 喷雾
PD20070180 三乙膦酸铝/40%/可湿性粉剂/三乙膦酸铝 40%/2007.06.25 至 2012.06.25/微毒
橡胶树 割面条溃疡病 50-100倍液 切口涂抹
PD20082818 三乙膦酸铝/90%/可溶粉剂/三乙膦酸铝 90%/2008.12.09 至 2013.12.09/微毒
番茄 晚疫病 1080-1620克/公顷 喷雾
PD20095942 乙铝·锰锌/70%/可湿性粉剂/代森锰锌 45%、三乙膦酸铝 25%/2009.06.02 至 2014.06.02/低毒
黄瓜 霜霉病 1575-3937.5克/公顷 喷雾
PD20097287 烟嘧磺隆/40克/升/可分散油悬浮剂/烟嘧磺隆 40克/升/2009.10.26 至 2014.10.26/低毒
玉米田 一年生杂草 42-60克/公顷 茎叶喷雾

江苏省靖江市新茂塑化厂 (江苏省靖江市常安南路184号 214517 0523-4281900)

PD90104-3 机油/95%/乳油/机油 95%/2004.12.30 至 2009.12.30/低毒
柑橘树 锈壁虱、蚜虫 100-200倍液 喷雾
柑橘树、杨梅树、枇杷树 介壳虫 50-60倍液 喷雾
LS20070209 杀单·三唑磷/22%/微乳剂/三唑磷 5.5%、杀虫单 16.5%/2009.02.13 至 2010.02.13/中等毒
水稻 三化螟 330-495克/公顷 喷雾

江苏省句容市宏达生物农药科技有限公司 (江苏省句容市茅山镇茅山村168号 212466 0511-7833036)

PD20096192 阿维菌素/1.8%/乳油/阿维菌素 1.8%/2009.07.13 至 2014.07.13/低毒(原药高毒)
甘蓝 小菜蛾 8.1-10.8克/公顷 喷雾

江苏省昆山瑞泽农药有限公司 (江苏省昆山市陆扬镇新杨东路 215313 0512-57645999)

PDN52-97 嗪草酮/50%/可湿性粉剂/嗪草酮 50%/2007.06.27 至 2012.06.27/低毒
大豆 阔叶杂草 375-795克/公顷 喷雾
PD20080322 嘧霉胺/40%/可湿性粉剂/嘧霉胺 40%/2008.02.26 至 2013.02.26/低毒
黄瓜 灰霉病 375-562.5克/公顷 喷雾
PD20080418 嘧霉胺/95%/原药/嘧霉胺 95%/2008.03.04 至 2013.03.04/低毒
PD20081589 嗪草酮/95%/原药/嗪草酮 95%/2008.11.12 至 2013.11.12/低毒
PD20092254 嗪草酮/70%/可湿性粉剂/嗪草酮 70%/2009.02.24 至 2014.02.24/低毒
春大豆田 一年生阔叶杂草 525-735克/公顷 土壤喷雾

江苏省昆山市鼎烽农药有限公司 (江苏省昆山市周市镇尉州路21号 215314 0512-57621705)

PD84118-35 多菌灵/25%/可湿性粉剂/多菌灵 25%/2009.12.15 至 2014.12.15/低毒
果树 病害 0.05-0.1%药液 喷雾
花生 倒秧病 750克/公顷 喷雾
麦类 赤霉病 750克/公顷 喷雾,泼浇
棉花 苗期病害 500克/100千克种子 拌种
水稻 稻瘟病、纹枯病 750克/公顷 喷雾,泼浇
油菜 菌核病 1125-1500克/公顷 喷雾
PD85150-27 多菌灵/50%/可湿性粉剂/多菌灵 50%/2005.07.13 至 2010.07.13/低毒
果树 病害 0.05-0.1%药液 喷雾
花生 倒秧病 750克/公顷 喷雾
麦类 赤霉病 750克/公顷 喷雾、泼浇
棉花 苗期病害 500克/100千克种子 拌种
水稻 稻瘟病、纹枯病 750克/公顷 喷雾、泼浇
油菜 菌核病 1125-1500克/公顷 喷雾
PD92101-3 多菌灵/40%/可湿性粉剂/多菌灵 40%/2007.01.22 至 2012.01.22/低毒
果树 病害 0.05-0.1%药液 喷雾
花生 倒秧病 750克/公顷 喷雾
麦类 赤霉病 750克/公顷 喷雾,泼浇
棉花 苗期病害 500克/100千克种子 拌种
水稻 稻瘟病、纹枯病 750克/公顷 喷雾,泼浇
油菜 菌核病 1125-1500克/公顷 喷雾
PD20040322 吡虫啉/10%/可湿性粉剂/吡虫啉 10%/2009.12.19 至 2014.12.19/低毒
水稻 稻飞虱 15-30克/公顷 喷雾
PD20040520 异丙隆/50%/可湿性粉剂/异丙隆 50%/2009.12.19 至 2014.12.19/低毒
冬小麦田 一年生杂草 1050-1200克/公顷 土壤或茎叶喷雾
PD20040714 吡虫·杀虫单/40%/可湿性粉剂/吡虫啉 1.7%、杀虫单 38.3%/2009.12.19 至 2014.12.19/中等毒
水稻 稻飞虱、稻纵卷叶螟 600-750克/公顷 喷雾
PD20081863 苄嘧·苯噻酰/53%/可湿性粉剂/苯噻酰草胺 50%、苄嘧磺隆 3%/2008.11.20 至 2013.11.20/低毒

	水稻抛秧田	一年生及部分多年生杂草	397.5-477克/公顷(南方地区)	药土法
PD20081901	乙草胺/900克/升/乳油/乙草胺 900克/升/2008.11.21 至 2013.11.21/低毒			
	春玉米田	一年生杂草	1485-2025克/公顷	播后苗前土壤喷雾
PD20082305	三环唑/20%/可湿性粉剂/三环唑 20%/2008.12.01 至 2013.12.01/中等毒			
	水稻	稻瘟病	225-300克/公顷	喷雾
PD20090142	丁草胺/10%/微粒剂/丁草胺 10%/2009.01.08 至 2014.01.08/低毒			
	水稻	稗草、牛毛草	750-1275克/公顷	毒土,毒肥
PD20090764	硫磺·多菌灵/40%/悬浮剂/多菌灵 20%、硫磺 20%/2009.01.19 至 2014.01.19/低毒			
	水稻	稻瘟病	1200-1800克/公顷	喷雾
PD20090828	井冈·三环唑/20%/悬浮剂/井冈霉素 5%、三环唑 15%/2009.01.19 至 2014.01.19/中等毒			
	水稻	稻瘟病、纹枯病	300-450克/公顷	喷雾
PD20091263	苄嘧·丙草胺/30%/可湿性粉剂/苄嘧磺隆 1.5%、丙草胺 28.5%/2009.02.01 至 2014.02.01/低毒			
	水稻直播田	一年生及部分多年生杂草	360—540克/公顷	喷雾或毒土法
PD20092746	苄·丁/10%/微粒剂/苄嘧磺隆 0.4%、丁草胺 9.6%/2009.03.04 至 2014.03.04/低毒			
	水稻移栽田	部分多年生杂草、一年生杂草	600-900克/公顷	毒土法撒施
PD20093464	苄·乙/6%/微粒剂/苄嘧磺隆 1.5%、乙草胺 4.5%/2009.03.23 至 2014.03.23/低毒			
	水稻移栽田	杂草	84-118克/公顷	药土法撒施
PD20093855	乙草胺/20%/可湿性粉剂/乙草胺 20%/2009.03.25 至 2014.03.25/低毒			
	水稻移栽田	稗草、一年生莎草	90-120克/公顷	毒土法
PD20095014	井冈·多菌灵/28%/悬浮剂/多菌灵 24%、井冈霉素 4%/2009.04.21 至 2014.04.21/低毒			
	水稻	稻瘟病	375-525克/公顷	喷雾
	小麦	赤霉病	375克/公顷	喷雾
PD20095018	异隆·氯磺隆/50%/可湿性粉剂/氯磺隆 0.5%、异丙隆 49.5%/2009.04.21 至 2014.04.21/低毒			
	冬小麦田	一年生单、双子叶杂草	750-900克/公顷	喷雾
LS20082977	苯磺·异丙隆/50%/可湿性粉剂/苯磺隆 1%、异丙隆 49%/2009.08.20 至 2010.08.20/微毒			
	冬小麦田	一年生杂草	900-1050克/公顷	茎叶喷雾
江苏省连云港市东金化工有限公司　(江苏省连云港市东海县驼峰新区　222300　0518-87319228)				
PD20081816	甲基立枯磷/95%/原药/甲基立枯磷 95%/2008.11.19 至 2013.11.19/低毒			
PD20081817	甲基立枯磷/20%/乳油/甲基立枯磷 20%/2008.11.19 至 2013.11.19/低毒			
	棉花	苗期病害	200-300克/100千克种子	拌种
PD20085186	高效氯氰菊酯/4.5%/乳油/高效氯氰菊酯 4.5%/2008.12.23 至 2013.12.23/中等毒			
	棉花	棉铃虫	33.75-40.5克/公顷	喷雾
PD20086364	高氯·辛硫磷 /35%/乳油/高效氯氰菊酯 1%、辛硫磷 34%/2008.12.31 至 2013.12.31/低毒			
	棉花	棉铃虫	315-420克/公顷	喷雾
PD20092379	吡虫啉/10%/可湿性粉剂/吡虫啉 10%/2009.02.25 至 2014.02.25/低毒			
	水稻	飞虱	22.5-30克/公顷	喷雾
PD20096602	苄·丁/20%/可湿性粉剂/苄嘧磺隆 0.8%、丁草胺 19.2%/2009.09.02 至 2014.09.02/低毒			
	水稻移栽田	部分多年生杂草、一年生杂草	600-900克/公顷	毒土法
LS20071512	乙酰甲胺磷/30%/乳油/乙酰甲胺磷 30%/2009.05.29 至 2010.05.30/低毒			
	水稻	二化螟	900-1012.5克/公顷	喷雾
LS20071541	乙酰甲胺磷/95%/原药/乙酰甲胺磷 95%/2009.05.29 至 2010.05.30/低毒			
江苏省连云港死海溴化物有限公司　(江苏省连云港市连云区西墅　222042　0518-2320777)				
PD84122	溴甲烷/99%/原药/溴甲烷 99%/2009.12.15 至 2014.12.15/高毒			
	粮食、食品、种子	多种害虫、鼠	27-37.5克/立方米	密闭熏蒸
	烟草(苗床)	土壤线虫、真菌	50-100克/平方米	熏蒸
PD20070193	溴甲烷/98%/气体制剂/溴甲烷 98%/2007.07.11 至 2012.07.11/中等毒(原药高毒)			
	草莓	黄萎病	490千克/公顷	土壤处理
	黄瓜	根结线虫	490-735千克/公顷	土壤处理
	姜	根结线虫	50-75克制剂/平方米	土壤处理
	烟草(苗床)	土壤线虫	500-750千克/公顷	土壤处理
江苏省涟水化工总厂　(江苏省涟水县城北朱鸪　223402　0517-2321130)				
PD84121-17	磷化铝/56%/片剂/磷化铝 56%/2006.04.09 至 2011.04.09/高毒			
	洞穴	室外啮齿动物	根据洞穴大小而定	密闭熏蒸
	货物	仓储害虫	5-10片/1000千克	密闭熏蒸
	空间	多种害虫	1-4片/立方米	密闭熏蒸
	粮食、种子	储粮害虫	3-10片/1000千克	密闭熏蒸
PD86145-3	磷化铝/90%、85%/原药/磷化铝 90%、85%/2006.04.09 至 2011.04.09/高毒			
	洞穴	室外啮齿动物	根据洞穴大小而定	密闭熏蒸
	货物	仓储害虫	10-20克/吨	密闭熏蒸
	空间	多种害虫	2-8克/立方米	密闭熏蒸
	粮食、种子	储粮害虫	6-20克/吨	密闭熏蒸
PD20080360	二甲戊灵/95%/原药/二甲戊灵 95%/2008.02.29 至 2013.02.28/低毒			

PD20081696 二甲戊灵/330克/升/乳油/二甲戊灵 330克/升/2008.11.17 至 2013.11.17/微毒
甘蓝田 杂草 618.8-742.5克/公顷 土壤喷雾
棉花田 一年生杂草 742.5-990克/公顷 播后苗前毒土法

江苏省绿盾植保农药实验有限公司 (江苏省镇江市句容市宁杭路112号 212400 0511-87274221)

PD20040095 吡虫啉/10%/可湿性粉剂/吡虫啉 10%/2009.12.19 至 2014.12.19/低毒
水稻 飞虱 22.5-30克/公顷 喷雾
PD20040187 吡·多·三唑酮/24%/可湿性粉剂/吡虫啉 1%、多菌灵 20%、三唑酮 3%/2009.12.19 至 2014.12.19/低毒
小麦 白粉病、赤霉病、蚜虫 432-612克/公顷 喷雾
PD20040206 多·酮/25%/可湿性粉剂/多菌灵 22%、三唑酮 3%/2009.12.19 至 2014.12.19/低毒
小麦 赤霉病 400-600克/公顷 喷雾
油菜 菌核病 900-1200克/公顷 喷雾
PD20040664 吡虫·杀虫单/42%/可湿性粉剂/吡虫啉 1.7%、杀虫单 40.3%/2009.12.19 至 2014.12.19/中等毒
水稻 稻纵卷叶螟、二化螟、飞虱、三化螟 450-750克/公顷 喷雾
PD20080505 噻嗪酮/25%/可湿性粉剂/噻嗪酮 25%/2008.04.10 至 2013.04.10/低毒
水稻 稻飞虱 150-168.75克/公顷 喷雾
PD20082127 咪鲜·杀螟丹/16%/可湿性粉剂/咪鲜胺 4%、杀螟丹 12%/2008.11.25 至 2013.11.25/中等毒
水稻 恶苗病、干尖线虫病 400-700倍液 浸种
PD20083158 毒死蜱/40%/乳油/毒死蜱 40%/2008.12.11 至 2013.12.11/中等毒
水稻 稻纵卷叶螟 480-600克/公顷 喷雾
PD20090187 杀螟丹/6%/水剂/杀螟丹 6%/2009.01.08 至 2014.01.08/低毒
水稻 干尖线虫病 30-60毫克/千克 浸种
PD20091501 高氯·毒死蜱/12%/乳油/毒死蜱 9.5%、高效氯氰菊酯 2.5%/2009.02.02 至 2014.02.02/中等毒
十字花科蔬菜 菜青虫 54-72克/公顷 喷雾
PD20091925 辛硫·三唑磷 /40%/乳油/三唑磷 20%、辛硫磷 20%/2009.02.12 至 2014.02.12/中等毒
水稻 二化螟 480-600克/公顷 喷雾
PD20098326 2甲·苄/38%/可湿性粉剂/苄嘧磺隆 4%、2甲4氯钠 34%/2009.12.18 至 2014.12.18/低毒
冬小麦田 一年生阔叶杂草 228-342克/公顷 茎叶喷雾
LS20090242 咪鲜·甲硫灵/42%/可湿性粉剂/甲基硫菌灵 35%、咪鲜胺 7%/2009.02.13 至 2010.02.13/微毒
水稻 稻瘟病 378-504克/公顷 喷雾
小麦 赤霉病 378-504克/公顷 喷雾
LS20090243 井冈·咪鲜胺/20%/可湿性粉剂/井冈霉素 12%、咪鲜胺 8%/2009.02.13 至 2010.02.13/微毒
水稻 纹枯病 120-165克/公顷 喷雾
LS20090502 阿维·杀虫单/52%/可湿性粉剂/阿维菌素 0.3%、杀虫单 51.7%/2009.03.18 至 2010.03.18/中等毒(原药高毒)
水稻 稻纵卷叶螟 546-624克/公顷 喷雾

江苏省南京艾金化工有限责任公司 (江苏省南京市南苑街道所叶路18－5 210017 025-86455860)

LS20072636 杀螺胺/70%/可湿性粉剂/杀螺胺 70%/2009.12.09 至 2010.12.10/低毒
水稻 福寿螺 315-420克/公顷 喷雾
LS20081019 吡虫啉/200克/升/可溶液剂/吡虫啉 200克/升/2009.03.07 至 2010.03.07/微毒
水稻 稻飞虱 21-30克/公顷 喷雾
LS20083087 四聚·杀螺胺/26%/悬浮剂/杀螺胺乙醇胺盐 25%、四聚乙醛 1%/2009.10.21 至 2010.10.21/微毒
沟渠 钉螺 0.52-1.04克/平方米 浸杀
滩涂 钉螺 0.52-1.04克/平方米 喷洒
LS20090241 吡虫啉/350克/升/悬浮剂/吡虫啉 350克/升/2009.02.13 至 2010.02.13/低毒
十字花科蔬菜 蚜虫 21-26.25克/公顷 喷雾

江苏省南京巴黎贝丽丝香水有限公司 (江苏省南京市江宁经济技术开发区董村路39号 211100 025-52127151)

WP20090265 驱蚊花露水/4%/驱蚊液/驱蚊酯 4%/2009.05.12 至 2014.05.12/微毒
卫生 蚊 / 涂抹

江苏省南京博臣农化有限公司 (江苏省高淳县古柏镇 211316 025-57354064)

PD20040507 吡虫·三唑磷/21%/乳油/吡虫啉 1%、三唑磷 20%/2004.12.19 至 2009.12.18/中等毒
水稻 二化螟、三化螟 315-472.5克/公顷 喷雾
PD20040626 哒螨灵/15%/乳油/哒螨灵 15%/2004.12.19 至 2009.12.18/中等毒
柑橘树、苹果树 红蜘蛛 50-67毫克/千克 喷雾
PD20040637 哒螨灵/5%/乳油/哒螨灵 5%/2004.12.19 至 2009.12.18/中等毒
棉花 红蜘蛛 30-60克/公顷 喷雾
苹果树 红蜘蛛 20-25毫克/千克 喷雾
PD20040825 哒螨灵/10%/乳油/哒螨灵 10%/2004.12.27 至 2009.12.26/中等毒
柑橘树 红蜘蛛 50-67毫克/千克 喷雾
苹果树 叶螨 50-67毫克/千克 喷雾
PD20050025 高效氯氰菊酯/4.5%/乳油/高效氯氰菊酯 4.5%/2005.04.15 至 2010.04.14/中等毒
十字花科蔬菜 菜青虫 10-20克/公顷 喷雾
PD20080925 二氯喹啉酸/50%/可湿性粉剂/二氯喹啉酸 50%/2008.07.17 至 2013.07.17/低毒
水稻移栽田 稗草 225-375克/公顷(北方地区) 喷雾
PD20081056 苄·二氯/27.5%/可湿性粉剂/苄嘧磺隆 2.5%、二氯喹啉酸 25%/2008.08.14 至 2013.08.14/低毒

水稻移栽田 部分多年生杂草、一年生杂草 206.3-268 克/公顷 喷雾

PD20083610 啶虫脒/3%/乳油/啶虫脒 3%/2008.12.12 至 2013.12.12/低毒
苹果树 蚜虫 10-15毫克/千克 喷雾

PD20084942 炔螨特/57%/乳油/炔螨特 57%/2008.12.22 至 2013.12.22/低毒
柑橘树、苹果树 红蜘蛛 285-380毫克/千克 喷雾

PD20086258 甲硫·福美双/70%/可湿性粉剂/福美双 30%、甲基硫菌灵 40%/2008.12.31 至 2013.12.31/低毒
苹果树 炭疽病 600-800倍液 喷雾

PD20091219 高氯·马/37%/乳油/高效氯氰菊酯 0.8%、马拉硫磷 36.2%/2009.02.01 至 2014.02.01/中等毒
苹果树 黄蚜 123-185毫克/千克 喷雾

PD20091998 阿维·高氯/1%/乳油/阿维菌素 0.2%、高效氯氰菊酯 0.8%/2009.02.12 至 2014.02.12/低毒(原药高毒)
苹果树 二斑叶螨 1500-2000倍液 喷雾
十字花科蔬菜 小菜蛾 6-9克/公顷 喷雾

PD20092683 螨醇·哒螨灵/20%/乳油/哒螨灵 5%、三氯杀螨醇 15%/2009.03.03 至 2014.03.03/中等毒
苹果树 红蜘蛛 100-133毫克/千克 喷雾

PD20096485 灭多威/10%/可湿性粉剂/灭多威 10%/2009.08.14 至 2014.08.14/中等毒(原药高毒)
棉花 棉铃虫 120-150克/公顷 喷雾

江苏省南京高正农用化工有限公司 (江苏省南京市化学工业园方水东路1号 210047 025-58392868)

PD20093504 苄·二氯/36%/可湿性粉剂/苄嘧磺隆 3%、二氯喹啉酸 33%/2009.03.23 至 2014.03.23/低毒
水稻直播田 一年生杂草 216-324克/公顷(北方地区) 落干田水喷雾一天后保水3-5厘米一周以上
162-216克/公顷(南方地区)

PD20094836 苄·乙·甲 /16%/可湿性粉剂/苄嘧磺隆 1.1%、甲磺隆 0.2%、乙草胺 14.7%/2009.04.13 至 2014.04.13/低毒
水稻移栽田 多年生阔叶杂草、一年生莎草、一年生杂草 72-96克/公顷 返青后拌药土均匀撒施

江苏省南京海浦化工有限公司 (江苏省南京市浦口区乌江镇茆庄 211813 025-58291399)

PD84104-48 18%杀虫双水剂//水剂/杀虫双 18%/2004.11.15 至 2009.11.15/中等毒
甘蔗、蔬菜、水稻、小麦、玉米 多种害虫 540-675克/公顷 喷雾
果树 多种害虫 225-360毫克/千克 喷雾

江苏省南京红花日用品厂 (江苏省南京市六合区雄州镇蒋湾村 211500 025-57756644)

WL20080342 蚊香/0.27%/蚊香/富右旋反式烯丙菊酯 0.27%/2009.06.11 至 2010.06.11/微毒
卫生 蚊 / 点燃

江苏省南京红太阳生物化学有限责任公司 (江苏省南京市汉中路89号金鹰国际商城19楼 210029 025-84785832)

PD20081501 百草枯/30.5%/母药/百草枯 30.5%/2008.11.06 至 2013.11.06/中等毒

PD20082072 百草枯/200克/升/水剂/百草枯 200克/升/2008.11.25 至 2013.11.25/中等毒
苹果园 一年生及部分多年生杂草 450-750克/公顷 定向茎叶喷雾

PD20096678 草甘膦/96%/原药/草甘膦 96%/2009.09.07 至 2014.09.07/低毒

LS20080832 百草枯/30.5%/原药/百草枯 30.5%/2009.03.01 至 2010.03.01/中等毒

江苏省南京惠宇农化有限公司 (江苏省南京市六合区横梁镇石庙村 211515 025-57606338)

PD20050050 吡虫·杀虫单/62%/可湿性粉剂/吡虫啉 2%、杀虫单 60%/2010.04.29 至 2015.04.29/中等毒
水稻 稻纵卷叶螟、二化螟、飞虱、三化螟 450-750克/公顷 喷雾

PD20070411 多·酮/33%/可湿性粉剂/多菌灵 24%、三唑酮 9%/2007.11.05 至 2012.11.05/低毒
小麦 白粉病、赤霉病 445-594克/公顷 喷雾

PD20080188 多菌灵/50%/可湿性粉剂/多菌灵 50%/2008.01.07 至 2013.01.07/微毒
油菜 菌核病 1125-1500克/公顷 喷雾

PD20080356 多·福/50%/可湿性粉剂/多菌灵 15%、福美双 35%/2008.02.29 至 2013.02.28/微毒
梨树 黑星病 1000-1500毫克/千克 喷雾

PD20080617 硫磺·多菌灵/50%/可湿性粉剂/多菌灵 15%、硫磺 35%/2008.05.12 至 2013.05.12/低毒
花生 叶斑病 1200-1800克/公顷 喷雾

PD20080791 硫磺·甲硫灵/70%/可湿性粉剂/甲基硫菌灵 40%、硫磺 30%/2008.06.20 至 2013.06.20/低毒
黄瓜 白粉病 840-1050克/公顷 喷雾

PD20080818 毒·辛/40%/乳油/毒死蜱 15%、辛硫磷 25%/2008.06.20 至 2013.06.20/低毒
水稻 稻纵卷叶螟、三化螟 450-750克/公顷 喷雾
水稻 稻飞虱 540-750克/公顷 喷雾

PD20082532 甲基硫菌灵/70%/可湿性粉剂/甲基硫菌灵 70%/2008.12.03 至 2013.12.03/低毒
番茄 叶霉病 525－630克/公顷 喷雾

PD20083397 井冈霉素/10%/水剂/井冈霉素 10%/2008.12.11 至 2013.12.11/微毒
水稻 纹枯病 150-187.5克/公顷 喷雾

PD20084217 辛硫·三唑磷/40%/乳油/三唑磷 15%、辛硫磷 25%/2008.12.17 至 2013.12.17/中等毒
水稻 稻纵卷叶螟、三化螟 450-750克/公顷 喷雾

PD20084652 吡虫啉/10%/可湿性粉剂/吡虫啉 10%/2008.12.18 至 2013.12.18/低毒
水稻 稻飞虱 15-30克/公顷 喷雾

PD20084908 井冈·杀虫单/50%/可湿性粉剂/井冈霉素 7.5%、杀虫单 42.5%/2008.12.22 至 2013.12.22/中等毒

水稻　稻纵卷叶螟、纹枯病　750-900克/公顷　喷雾

PD20085291　阿维·三唑磷/20%/乳油/阿维菌素 0.1%、三唑磷 19.9%/2008.12.23 至 2013.12.23/中等毒(原药高毒)

水稻　二化螟　150-180克/公顷　喷雾

PD20085371　唑磷·仲丁威/35%/乳油/三唑磷 14%、仲丁威 21%/2008.12.24 至 2013.12.24/中等毒

水稻　稻纵卷叶螟、二化螟　393.75-656.25克/公顷　喷雾

PD20086355　井冈·己唑醇/11%/可湿性粉剂/井冈霉素 8.5%、己唑醇 2.5%/2008.12.31 至 2013.12.31/低毒

水稻　纹枯病　49.5-57.75克/公顷　喷雾

小麦　纹枯病　99-148.5克/公顷　喷雾

注:小麦为临时登记状态，有效期至2011年12月31日。

PD20096287　吡·井·杀虫单/54%/可湿性粉剂/吡虫啉 1.5%、井冈霉素 7.5%、杀虫单 45%/2009.07.22 至 2014.07.22/中等毒

水稻　稻纵卷叶螟、飞虱、纹枯病　810-972克/公顷　喷雾

LS20071319　井冈·己唑醇/3.5%/微乳剂/井冈霉素A 2.3%、己唑醇 1.2%/2009.05.16 至 2010.05.17/微毒

水稻　纹枯病　31.5-36.75克/公顷　喷雾

LS20081350　杀单·丙溴磷/20%/微乳剂/丙溴磷 5.5%、杀虫单 14.5%/2009.03.13 至 2010.03.13/低毒

水稻　稻纵卷叶螟　390-450克/公顷　喷雾

LS20090397　噁草·丁草胺/42%/乳油/丁草胺 32%、噁草酮 10%/2009.03.18 至 2010.03.18/低毒

直播水稻(南方)　一年生杂草　1350－1875毫升制剂/公顷　喷雾

LS20090661　噻嗪·毒死蜱/40%/乳油/毒死蜱 31%、噻嗪酮 9%/2009.03.24 至 2010.03.24/中等毒

水稻　稻飞虱　540-660克/公顷　喷雾

LS20090673　甲维·杀虫单/30%/微乳剂/甲氨基阿维菌素苯甲酸盐 0.15%、杀虫单 29.85%/2009.03.24 至 2010.03.24/中等毒

水稻　稻纵卷叶螟　562.5-675克/公顷　喷雾

LS20090674　噻嗪·甲维盐/15.5%/乳油/甲氨基阿维菌素苯甲酸盐 0.5%、噻嗪酮 15%/2009.03.24 至 2010.03.24/低毒

水稻　稻飞虱　174.375－209.25克/公顷　喷雾

WP20080518　高效氯氰菊酯/4.5%/水乳剂/高效氯氰菊酯 4.5%/2008.12.23 至 2013.12.23/低毒

卫生　蚊、蝇　22.5毫克/平方米　喷洒

WL20060072　顺式氯氰菊酯/5%/悬浮剂/顺式氯氰菊酯 5%/2009.04.12 至 2010.04.12/低毒

卫生　蜚蠊　40毫克/平方米　滞留喷洒

WL20060184　右旋苯醚氰菊酯/10%/乳油/右旋苯醚氰菊酯 10%/2009.11.07 至 2010.11.07/低毒

卫生　蜚蠊　30-40毫克/平方米　滞留喷洒

WL20080061　氯菊酯/10%/微乳剂/氯菊酯 10%/2009.02.17 至 2010.02.18/微毒

卫生　白蚁　木材浸泡：70.8-90毫克/立方米；土壤处理：20-25克/平方米　木材：浸泡；土壤：喷洒

卫生　蚊、蝇　150毫克/平方米　滞留喷洒

江苏省南京金芭蕾化妆品有限公司　(江苏省南京市雨花台区雨花东路112号　210012　025-52410550)

WP20080422　驱蚊花露水/4.5%/驱蚊花露水/避蚊胺 4.5%/2008.12.12 至 2013.12.12/低毒

卫生　蚊　/　涂抹

WP20090317　驱蚊花露水/3.5%/水剂/驱蚊酯 3.5%/2009.09.07 至 2014.09.07/微毒

卫生　蚊　/　涂抹

江苏省南京金陵蚊香实业有限公司　(江苏省南京市白下区光华门火车站33号　210007　025-84619002)

WP20080153　蚊香/0.12%/蚊香/Es-生物烯丙菊酯 0.12%/2008.11.05 至 2013.11.05/微毒

卫生　蚊　/　点燃

WP20080163　电热蚊香片/10毫克/片/电热蚊香片/Es-生物烯丙菊酯 10毫克/片/2008.11.12 至 2013.11.12/低毒

卫生　蚊　/　电热加温

WP20080179　蚊香/0.2%/蚊香/富右旋反式烯丙菊酯 0.2%/2008.11.19 至 2013.11.19/微毒

卫生　蚊　/　点燃

WP20080199　蚊香/0.24%/蚊香/富右旋反式烯丙菊酯 0.24%/2008.11.20 至 2013.11.20/低毒

卫生　蚊　/　点燃

WP20080208　杀虫气雾剂/0.5%/气雾剂/胺菊酯 0.25%、氯菊酯 0.25%/2008.11.21 至 2013.11.21/低毒

卫生　蚊、蝇、蜚蠊　/　喷雾

WP20080213　电热蚊香液/2.6%/电热蚊香液/Es-生物烯丙菊酯 2.6%/2008.11.21 至 2013.11.21/低毒

卫生　蚊　/　电热加温

WP20080301　驱蚊液/5%/驱蚊液/避蚊胺 5%/2008.12.04 至 2013.12.04/微毒

卫生　蚊　/　涂抹

WL20080065　杀虫气雾剂/0.55%/气雾剂/Es-生物烯丙菊酯 0.1%、胺菊酯 0.25%、氯菊酯 0.2%/2009.02.19 至 2010.02.19/微毒

卫生　蚊、蝇、蜚蠊　/　喷雾

WL20080114　电热蚊香液/1.25%/电热蚊香液/炔丙菊酯 1.25%/2009.02.22 至 2010.02.22/微毒

卫生　蚊　/　电热加温

WL20080151　电热蚊香片/13毫克/片/电热蚊香片/炔丙菊酯 13毫克/片/2009.02.26 至 2010.02.26/低毒

卫生　蚊　/　电热加温

WL20080171　蚊香/0.012%/蚊香/四氟甲醚菊酯 0.012%/2009.03.01 至 2010.03.01/微毒

卫生　蚊　/　点燃

江苏省南京康辉化学品有限公司　(江苏省南京市钟灵街50号　210014　025-84391102)

WL20080106　蚊香/0.3%/蚊香/富右旋反式烯丙菊酯 0.3%/2009.02.20 至 2010.02.21/微毒

卫生 蚊 / 点燃

江苏省南京莱顿日用化工有限公司 (江苏省南京市高淳县东坝镇化工园区 211301 025-57831568)

WP20080142 杀虫气雾剂/0.65%/气雾剂/胺菊酯 0.35%、氯菊酯 0.2%、右旋苯醚氰菊酯 0.1%/2008.11.04 至 2013.11.04/微毒
卫生 蚊、蝇、蜚蠊 / 喷雾

WP20080164 蚊香/0.3%/蚊香/富右旋反式烯丙菊酯 0.3%/2008.11.12 至 2013.11.12/微毒
卫生 蚊 / 点燃

江苏省南京荣诚化工有限公司 (江苏省南京市高淳县固城镇工业园 211304 025-52431141)

WP20080407 高效氯氰菊酯/6%/可湿性粉剂/高效氯氰菊酯 6%/2008.12.12 至 2013.12.12/低毒
卫生 蚊、蝇、蜚蠊 玻璃面,木板面50毫克/平方米;石灰面100毫克/平方米 滞留喷洒

WP20090184 杀虫气雾剂/0.44%/气雾剂/胺菊酯 0.25%、氯菊酯 0.15%、氯氰菊酯 0.04%/2009.03.18 至 2014.03.18/微毒
卫生 蚊、蝇 / 喷雾

WP20090250 高氯·残杀威/10%/悬浮剂/残杀威 6%、高效氯氰菊酯 4%/2009.04.27 至 2014.04.27/低毒
卫生 蚊、蝇、蜚蠊 50-100毫克/平方米 滞留喷洒

WL20050022 杀虫超低容量液剂/2%/超低容量剂/胺菊酯 1%、富右旋反式苯醚菊酯 1%/2008.01.26 至 2009.01.25/低毒
卫生 蚊、蝇 0.15毫升制剂/平方米 喷洒
注:仅限于外环境使用。

WL20050039 高氯·辛硫磷/21%/可溶液剂/高效氯氟氰菊酯 1%、辛硫磷 20%/2008.02.04 至 2009.02.03/低毒
卫生 蚊、蝇 0.3毫升制剂/平方米 喷洒
注:仅限于外环境使用。

江苏省南京苏研科创农化有限公司 (江苏省南京市江宁区禄口街道铜山集镇 211156 025-86581155)

PD20040064 哒螨灵/15%/乳油/哒螨灵 15%/2009.12.27 至 2014.12.27/中等毒
柑橘树 红蜘蛛 50-67毫克/千克 喷雾

PD20040196 氯氰菊酯/10%/乳油/氯氰菊酯 10%/2009.12.19 至 2014.12.19/中等毒
十字花科蔬菜 菜青虫 30-45克/公顷 喷雾

PD20040482 吡虫啉/125克/升/可溶液剂/吡虫啉 125克/升/2004.12.19 至 2009.12.18/低毒
棉花 蚜虫 7.5-15克/公顷 喷雾

PD20040660 哒螨灵/10%/乳油/哒螨灵 10%/2004.12.19 至 2009.12.18/中等毒
柑橘树 红蜘蛛 50-67毫克/千克 喷雾

PD20040804 吡虫·杀虫单/35%/可湿性粉剂/吡虫啉 1%、杀虫单 34%/2009.12.20 至 2014.12.20/中等毒
水稻 二化螟、飞虱 450-750克/公顷 喷雾

PD20040819 高效氯氰菊酯/4.5%/乳油/高效氯氰菊酯 4.5%/2009.12.27 至 2014.12.27/中等毒
茶树 茶尺蠖 15-25.5克/公顷 喷雾
柑橘树 红蜡蚧 50毫克/千克 喷雾
柑橘树 潜叶蛾 15-20毫克/千克 喷雾
棉花 红铃虫、棉铃虫、棉蚜 15-30克/公顷 喷雾
十字花科蔬菜 菜青虫、小菜蛾 9-25.5克/公顷 喷雾
十字花科蔬菜 菜蚜 3-18克/公顷 喷雾

PD20040821 哒螨灵/20%/可湿性粉剂/哒螨灵 20%/2009.12.27 至 2014.12.27/低毒
苹果树 红蜘蛛 50-67毫克/千克 喷雾

PD20050001 氯氰菊酯/5%/乳油/氯氰菊酯 5%/2010.01.04 至 2015.01.04/中等毒
棉花 棉铃虫、棉蚜 45-90克/公顷 喷雾
十字花科蔬菜 菜青虫 30-45克/公顷 喷雾

PD20070547 啶虫脒/96%/原药/啶虫脒 96%/2007.12.03 至 2012.12.03/低毒

PD20080398 灭蝇胺/98%/原药/灭蝇胺 98%/2008.02.29 至 2013.02.28/低毒

PD20081837 草除灵/95%/原药/草除灵 95%/2008.11.20 至 2013.11.20/低毒

PD20082539 噻嗪酮/25%/可湿性粉剂/噻嗪酮 25%/2008.12.03 至 2013.12.03/低毒
水稻 飞虱 75-112.5克/公顷 喷雾

PD20082754 草除灵/30%/悬浮剂/草除灵 30%/2008.12.08 至 2013.12.08/低毒
油菜田 多种一年生阔叶杂草 225-300克/公顷 茎叶喷雾

PD20083672 灭蝇胺/50%/可溶粉剂/灭蝇胺 50%/2008.12.15 至 2013.12.15/低毒
菜豆 斑潜蝇 112.5-150克/公顷 喷雾

PD20085358 噁草·丁草胺/40%/乳油/丁草胺 34%、噁草酮 6%/2008.12.24 至 2013.12.24/低毒
棉花苗床 一年生杂草 900-1200克/公顷 喷雾
水稻旱育秧田 阔叶杂草、一年生杂草 660-750克/公顷 播后复土芽前喷雾

PD20090441 高氯·辛硫磷/30%/乳油/高效氯氰菊酯 1.5%、辛硫磷 28.5%/2009.01.12 至 2014.01.12/中等毒
棉花 棉铃虫 180-270克/公顷 喷雾
小麦 蚜虫 180-225克/公顷 喷雾

PD20090968 苄嘧·苯噻酰/53%/可湿性粉剂/苯噻酰草胺 50%、苄嘧磺隆 3%/2009.01.20 至 2014.01.20/低毒
水稻抛秧田 部分多年生杂草、一年生杂草 397.5-477克/公顷 药土法

PD20093705 精喹·草除灵/17.5%/乳油/草除灵 15%、精喹禾灵 2.5%/2009.03.25 至 2014.03.25/低毒
油菜田 一年生杂草 262.5-393.8克/公顷 茎叶喷雾

PD20094874 高效氯氟氰菊酯/25克/升/乳油/高效氯氟氰菊酯 25克/升/2009.04.13 至 2014.04.13/中等毒
甘蓝 菜青虫 22.5-30克/公顷 喷雾
小麦 黏虫、蚜虫 4.5-9克/公顷 喷雾
LS20091263 高效氯氟氰菊酯/2.5%/水乳剂/高效氯氟氰菊酯 2.5%/2009.05.12 至 2010.05.12/中等毒
十字花科叶菜 菜青虫 11.25-22.5克/公顷 喷雾

江苏省南京祥宇农药有限公司 (江苏省南京市江宁区滨江开发区 211162 025-86121898)

PD20080821 噻吩磺隆/75%/水分散粒剂/噻吩磺隆 75%/2008.06.20 至 2013.06.20/低毒
春大豆田 一年生阔叶杂草 22.5-28.125克/公顷 土壤喷雾
PD20081022 噻吩磺隆/15%/可湿性粉剂/噻吩磺隆 15%/2008.08.06 至 2013.08.06/低毒
春大豆田 一年生阔叶杂草 22.5-27克/公顷 播后苗前土壤喷雾
夏大豆田 一年生阔叶杂草 18—27克/公顷 播后苗前土壤喷雾
PD20081046 精喹禾灵/5%/乳油/精喹禾灵 5%/2008.08.14 至 2013.08.14/低毒
春大豆田 一年生禾本科杂草 52.5-67.5克/公顷 茎叶喷雾
冬油菜田 一年生禾本科杂草 37.5-52.5克/公顷 茎叶喷雾
PD20081096 啶虫脒/3%/乳油/啶虫脒 3%/2008.08.18 至 2013.08.18/低毒
柑橘树 蚜虫 10-15毫克/千克 喷雾
PD20081795 胺苯磺隆/25%/可湿性粉剂/胺苯磺隆 25%/2008.11.19 至 2013.11.19/低毒
冬油菜田 一年生阔叶杂草 18.8-22.5克/公顷 茎叶喷雾
PD20082635 甲氰菊酯/20%/乳油/甲氰菊酯 20%/2008.12.04 至 2013.12.04/中等毒
苹果树 桃小食心虫 66.7-100毫克/千克 喷雾
PD20085150 井冈·杀虫双/22%/水剂/井冈霉素 2%、杀虫双 20%/2008.12.23 至 2013.12.23/中等毒
水稻 稻螟铃、稻纵卷叶螟、二化螟、纹枯病 900-1050克/公顷 喷雾
PD20085226 苯磺隆/10%/可湿性粉剂/苯磺隆 10%/2008.12.23 至 2013.12.23/低毒
冬小麦田 一年生阔叶杂草 13.5-22.5克/公顷 茎叶喷雾
PD20086184 苄·二氯/36%/可湿性粉剂/苄嘧磺隆 4%、二氯喹啉酸 32%/2008.12.30 至 2013.12.30/微毒
水稻直播田 一年生及部分多年生杂草 216-270克/公顷 茎叶喷雾
PD20090275 苯磺隆/75%/水分散粒剂/苯磺隆 75%/2009.01.09 至 2014.01.09/低毒
冬小麦田 一年生阔叶杂草 13.5—22.5克/公顷 茎叶喷雾
PD20090459 精喹禾灵/10.8%/乳油/精喹禾灵 10.8%/2009.01.12 至 2014.01.12/低毒
春大豆田 一年生禾本科杂草 64.8-81.0克/公顷 茎叶喷雾
PD20090880 精噁唑禾草灵/69克/升/水乳剂/精噁唑禾草灵 69克/升/2009.01.19 至 2014.01.19/微毒
冬小麦田 一年生禾本科杂草 51.8-62.1克/公顷 茎叶喷雾
PD20091401 松·喹·氟磺胺/35%/乳油/氟磺胺草醚 9.5%、精喹禾灵 2.5%、异噁草松 23%/2009.02.02 至 2014.02.02/低毒
春大豆田 一年生杂草 525-787.5克/公顷(东北地区) 喷雾
PD20091690 吡虫啉/10%/可湿性粉剂/吡虫啉 10%/2009.02.03 至 2014.02.03/低毒
水稻 稻飞虱 15-30克/公顷 喷雾
PD20091816 高效氟吡甲禾灵/108克/升/乳油/高效氟吡甲禾灵 108克/升/2009.02.05 至 2014.02.05/低毒
春大豆田 一年生禾本科杂草 45-52.5克/公顷 喷雾
PD20092625 氟磺胺草醚/250克/升/水剂/氟磺胺草醚 250克/升/2009.03.02 至 2014.03.02/微毒
春大豆田 一年生阔叶杂草 300-375克/公顷 茎叶喷雾
PD20094094 异噁草松/480克/升/乳油/异噁草松 480克/升/2009.03.27 至 2014.03.27/低毒
春大豆田 一年生杂草 936-1152克/公顷 播后苗前土壤喷雾
PD20094644 精吡氟禾草灵/150克/升/乳油/精吡氟禾草灵 150克/升/2009.04.10 至 2014.04.10/微毒
大豆田 一年生禾本科杂草 112.5-135克/公顷 茎叶喷雾
PD20094933 咪唑乙烟酸/16%/水剂/咪唑乙烟酸 16%/2009.04.13 至 2014.04.13/低毒
春大豆田 一年生杂草 96-120克/公顷 茎叶喷雾
PD20095314 苄·乙/14%/可湿性粉剂/苄嘧磺隆 3.5%、乙草胺 10.5%/2009.04.27 至 2014.04.27/低毒
水稻移栽田 部分多年生杂草、一年生杂草 84-118克/公顷 药土法
PD20095495 吡嘧·苯噻酰/50%/可湿性粉剂/苯噻酰草胺 48.2%、吡嘧磺隆 1.8%/2009.05.11 至 2014.05.11/低毒
水稻抛秧田 一年生及部分多年生杂草 375-450克/公顷 毒土法
PD20095607 松·喹·氟磺胺/18%/乳油/氟磺胺草醚 5.5%、精喹禾灵 1.5%、异噁草松 11%/2009.05.12 至 2014.05.12/低毒
春大豆田 一年生杂草 486-540克/公顷 茎叶喷雾
PD20095833 高效氯氰菊酯/4.5%/乳油/高效氯氰菊酯 4.5%/2009.05.27 至 2014.05.27/低毒
甘蓝 菜青虫 15-30克/公顷 喷雾
PD20095868 苄·乙/20%/可湿性粉剂/苄嘧磺隆 4.4%、乙草胺 15.6%/2009.05.27 至 2014.05.27/低毒
水稻移栽田 一年生杂草 84-118克/公顷 毒土法
PD20096943 烟嘧磺隆/40克/升/可分散油悬浮剂/烟嘧磺隆 40克/升/2009.09.29 至 2014.09.29/微毒
春玉米田 一年生杂草 42-60克/公顷 茎叶喷雾
PD20097013 氯氟吡氧乙酸异辛酯(280克/升)///乳油/氯氟吡氧乙酸 200克/升/2009.09.29 至 2014.09.29/低毒
冬小麦田 一年生阔叶杂草 150-180克/公顷 茎叶喷雾

PD20098426 辛硫·三唑磷/40%/乳油/三唑磷 20%、辛硫磷 20%/2009.12.24 至 2014.12.24/低毒
棉花 棉铃虫 120-180克/公顷 喷雾
水稻 二化螟 360-480克/公顷 喷雾
LS20050786 氯嘧磺隆/20%/可湿性粉剂/氯嘧磺隆 20%/2008.03.28 至 2009.03.28/微毒
春大豆 一年生阔叶杂草 15-22.5克/公顷 土壤喷雾
LS20060391 精喹·乙羧氟/12%/水乳剂/精喹禾灵 4%、乙羧氟草醚 8%/2009.03.05 至 2010.03.05/微毒
夏大豆 一年生杂草 90-108克/公顷 茎叶喷雾
LS20060725 磺草酮/15%/油悬浮剂/磺草酮 15%/2009.04.03 至 2010.04.03/微毒
春玉米 一年生杂草 562.5-675克/公顷 茎叶喷雾
LS20061008 氯嘧·噻吩/70%/水分散粒剂/氯嘧磺隆 50%、噻吩磺隆 20%/2009.04.23 至 2010.04.23/微毒
春大豆 一年生阔叶杂草 21-26.3克/公顷 播后苗前土壤喷雾
LS20070465 苯磺·乙草胺/20%/可湿性粉剂/苯磺隆 1%、乙草胺 19%/2009.03.05 至 2010.03.06/低毒
小麦田 一年生杂草 240-360克/公顷 茎叶喷雾(冬前、杂草2叶期前施药)
LS20082855 精喹·草除灵/17.5%/乳油/草除灵 15%、精喹禾灵 2.5%/2009.06.11 至 2010.06.11/低毒
冬油菜田 一年生杂草 328.1-393.8克/公顷 茎叶喷雾

江苏省南通宝叶化工有限公司 (江苏省南通市港闸区船闸西路78号 226005 0513-85608280)

PD85122-10 福美双/50%/可湿性粉剂/福美双 50%/2005.06.24 至 2010.06.24/中等毒
黄瓜 白粉病、霜霉病 500-1000倍液 喷雾
葡萄 白腐病 500-1000倍液 喷雾
水稻 稻瘟病、胡麻叶斑病 250克/100千克种子 拌种
甜菜、烟草 根腐病 500克/500千克温床土 土壤处理
小麦 白粉病、赤霉病 500倍液 喷雾
PD85133-4 福美双/95%/原药/福美双 95%/2005.07.29 至 2010.07.29/中等毒
PD20070156 代森锰锌/85%/原药/代森锰锌 85%/2007.06.14 至 2012.06.14/低毒
PD20070398 四螨嗪/96%/原药/四螨嗪 96%/2007.11.05 至 2012.11.05/低毒
PD20070414 代森锰锌/80%/可湿性粉剂/代森锰锌 80%/2007.11.06 至 2012.11.06/低毒
番茄 早疫病 2000-2370克/公顷 喷雾
柑橘树 疮痂病、炭疽病 1333-2000毫克/千克 喷雾
梨树 黑星病 800-1600毫克/千克 喷雾
荔枝树 霜疫霉病 1333-2000毫克/千克 喷雾
苹果树 斑点落叶病、轮纹病、炭疽病 1000-1600毫克/千克 喷雾
葡萄 白腐病、黑痘病、霜霉病 1000-1600毫克/千克 喷雾
西瓜 炭疽病 1560-2320克/公顷 喷雾
PD20070429 代森锰锌/70%/可湿性粉剂/代森锰锌 70%/2007.11.12 至 2012.11.12/低毒
番茄 早疫病 1837.5-2362.5克/公顷 喷雾
PD20070504 代森锰锌/50%/可湿性粉剂/代森锰锌 50%/2007.11.28 至 2012.11.28/低毒
番茄 早疫病 1845-2370克/公顷 喷雾
PD20080103 丙森锌/85%/原药/丙森锌 85%/2008.01.03 至 2013.01.03/低毒
PD20080511 霜脲·锰锌/72%/可湿性粉剂/代森锰锌 64%、霜脲氰 8%/2008.04.29 至 2013.04.29/低毒
黄瓜 霜霉病 1440-1800克/公顷 喷雾
PD20093440 四螨嗪/10%/可湿性粉剂/四螨嗪 10%/2009.03.23 至 2014.03.23/低毒
柑橘树 红蜘蛛 100-125毫克/千克 喷雾
PD20095344 吡虫啉/10%/可湿性粉剂/吡虫啉 10%/2009.04.27 至 2014.04.27/低毒
水稻 稻飞虱 15-30克/公顷 喷雾
LS20031310 代森锌/80%/可湿性粉剂/代森锌 80%/2009.05.31 至 2009.12.31/低毒
花生 叶斑病 750-960克/公顷 喷雾
LS20070161 丙森锌/70%/可湿性粉剂/丙森锌 70%/2009.02.07 至 2010.02.07/低毒
黄瓜 霜霉病 1575-2247克/公顷 喷雾
LS20071270 代森联/85%/原药/代森联 85%/2009.05.07 至 2010.05.08/低毒
LS20080435 代森锰锌/85%/可湿性粉剂/代森锰锌 85%/2009.02.19 至 2010.02.20/低毒
黄瓜 霜霉病 2295-2677.5克/公顷 喷雾
LS20081325 丙森·多菌灵/70%/可湿性粉剂/丙森锌 30%、多菌灵 40%/2009.03.13 至 2010.03.13/微毒
苹果树 斑点落叶病 467-700毫克/千克 喷雾
LS20081429 福美双/80%/可湿性粉剂/福美双 80%/2009.03.17 至 2010.03.17/低毒
黄瓜 霜霉病 840-1050克/公顷 喷雾
LS20081742 烯酰·锰锌/69%/可湿性粉剂/代森锰锌 60%、烯酰吗啉 9%/2009.04.07 至 2010.04.07/低毒
黄瓜 霜霉病 1035-1380克/公顷 喷雾
LS20082966 代森联/70%/可湿性粉剂/代森联 70%/2009.08.20 至 2010.08.20/低毒
黄瓜 霜霉病 1123.5-1753.5克/公顷 喷雾
LS20090603 咪鲜·丙森锌/30%/可湿性粉剂/丙森锌 20%、咪鲜胺锰盐 10%/2009.03.23 至 2010.03.23/微毒

水稻 稻瘟病 360-450克/公顷 喷雾

江苏省南通德斯益农化工有限公司 （江苏省南通市港闸经济开发区永兴大道60号 226003 0513-85305353）

PD20070024 代森锰锌/88%/原药/代森锰锌 88%/2007.01.18 至 2012.01.18/低毒

PD20070192 代森锰锌/80%/可湿性粉剂/代森锰锌 80%/2007.07.11 至 2012.07.11/低毒

番茄 早疫病 1500-2250克/公顷 喷雾
柑橘 炭疽病 400-600倍液 喷雾
柑橘 树脂病(砂皮病) 1333-2000毫克/千克 喷雾
柑橘树 疮痂病 400-600倍液 喷雾
柑橘树 锈蜘蛛 1333.3-1600毫克/千克 喷雾
花生 叶斑病 720-900克/公顷 喷雾
黄瓜 霜霉病 2040-3000克/公顷 喷雾
辣椒 疫病 1800-2520克/公顷 喷雾
梨树 黑星病 600-800倍液 喷雾
荔枝树 霜疫霉病 1333-2000毫克/千克 喷雾
马铃薯 晚疫病 1440-2160克/公顷 喷雾
苹果树 斑点落叶病、轮纹病、炭疽病 600-800倍液 喷雾
葡萄 白腐病、黑痘病、霜霉病 600-800倍液 喷雾
西瓜 炭疽病 1500-2250克/公顷 喷雾
烟草 赤星病 1440-1920克/公顷 喷雾

江苏省南通飞天化学实业有限公司 （江苏省南通市崇川区人民西路12号飞天大厦 226001 0513-85507107）

PD20082466 草甘膦/30%/可溶粉剂/草甘膦 30%/2008.12.03 至 2013.12.03/低毒

防火隔离带 多年生杂草 1800-2250克/公顷 茎叶喷雾
非耕地 一年生杂草 675-1125克/公顷 茎叶喷雾
非耕地 多年生杂草 1125-2250克/公顷 茎叶喷雾

PD20082976 草甘膦/30%/水剂/草甘膦 30%/2008.12.09 至 2013.12.09/低毒

非耕地 杂草 1125-3000克/公顷 茎叶喷雾

PD20083279 草甘膦/95%/原药/草甘膦 95%/2008.12.11 至 2013.12.11/低毒

PD20086004 草甘膦铵盐/98%/原药/草甘膦铵盐 98%/2008.12.29 至 2013.12.29/低毒

PD20091669 草甘膦铵盐/88.8%/可溶性粒剂/草甘膦铵盐 88.8%/2009.02.03 至 2014.02.03/低毒

非耕地、柑橘园 杂草 1198.8－2264.4克/公顷 定向喷雾
橡胶园 杂草 1864.8－3063.6克/公顷 定向喷雾

PD20091670 草甘膦/41%/可溶粉剂/草甘膦 41%/2009.02.03 至 2014.02.03/低毒

非耕地 多年生杂草 1125-2250克/公顷 杂草生长旺盛期茎叶喷雾处理
非耕地 一年生杂草 675-1125克/公顷 杂草生长旺盛期茎叶喷雾处理

PD20092341 草甘膦/65%/可溶粉剂/草甘膦 65%/2009.02.24 至 2014.02.24/低毒

防火隔离带 杂草、杂灌 1950-2437.5克/公顷 茎叶喷雾
非耕地、柑橘园 杂草 1170-1462.5克/公顷 茎叶喷雾

江苏省南通丰田化工有限公司 （江苏省南通市城港路309号 226003 0513-85632518）

PD20085298 氟草·喹禾灵/7.5%/乳油/三氟羧草醚 2.5%、喹禾灵 5%/2008.12.23 至 2013.12.23/低毒

夏大豆田 一年生杂草 90-135克/公顷 苗后喷雾

PD20085700 丙溴·辛硫磷/40%/乳油/丙溴磷 6%、辛硫磷 34%/2008.12.26 至 2013.12.26/中等毒

棉花 棉铃虫 450-600克/公顷 喷雾
水稻 稻纵卷叶螟 540-660克/公顷 喷雾

PD20085904 吡嘧·丁草胺/28%/可湿性粉剂/吡嘧磺隆 1.4%、丁草胺 26.6%/2008.12.29 至 2013.12.29/低毒

水稻移栽田 部分多年生杂草、一年生杂草 504-630克/公顷 药土法

PD20085934 代森锌/65%/可湿性粉剂/代森锌 65%/2008.12.29 至 2013.12.29/低毒

马铃薯 晚疫病 731.25-1092克/公顷 喷雾

PD20090013 吡嘧·二氯喹/20%/可湿性粉剂/吡嘧磺隆 1.5%、二氯喹啉酸 18.5%/2009.01.04 至 2014.01.04/低毒

水稻抛秧田、水稻秧田、水稻移栽田 一年生及部分多年生杂草 210-270克/公顷 茎叶喷雾
水稻直播田 一年生及部分多年生杂草 210-300克/公顷 茎叶喷雾

LS20070774 精喹禾灵/10.8%/乳油/精喹禾灵 10.8%/2009.04.09 至 2010.04.10/低毒

夏大豆田 一年生禾本科杂草 32.4-64.8克/公顷 茎叶喷雾

LS20071848 丙溴·辛硫磷/40%/乳油/丙溴磷 4%、辛硫磷 36%/2009.07.09 至 2010.07.10/低毒

桑树 桑尺蠖 240-360克/公顷 喷雾

LS20071908 唑磷·毒死蜱/15%/微乳剂/毒死蜱 5%、三唑磷 10%/2009.08.02 至 2010.08.03/中等毒

水稻 二化螟 315-405克/公顷 喷雾

LS20080883 阿维·哒螨灵/10.8%/乳油/阿维菌素 0.3%、哒螨灵 10.5%/2009.03.04 至 2010.03.04/中等毒(原药高毒)

柑橘树 红蜘蛛 70-105毫克/千克 喷雾

江苏省南通功成精细化工有限公司 （江苏省南通市栟茶镇 226406 0513-84823982）

PD20070505 噻嗪酮/95%/原药/噻嗪酮 95%/2007.11.28 至 2012.11.28/低毒

PD20080500	联苯菊酯/95%/原药/联苯菊酯 95%/2008.04.10 至 2013.04.10/低毒			
PD20095020	唑螨酯/96%/原药/唑螨酯 96%/2009.04.21 至 2014.04.21/中等毒			
PD20095990	噻嗪酮/25%/可湿性粉剂/噻嗪酮 25%/2009.06.11 至 2014.06.11/微毒			
	水稻	飞虱	93.75－112.5克/公顷	喷雾
PD20096860	唑螨酯/5%/悬浮剂/唑螨酯 5%/2009.09.22 至 2014.09.22/微毒			
	柑橘树	红蜘蛛	25-50毫克/千克	喷雾
	苹果树	红蜘蛛	20-33.3毫克/千克	喷雾
LS20082263	高效氯氟氰菊酯/10%/可湿性粉剂/高效氯氟氰菊酯 10%/2009.04.18 至 2010.04.18/中等毒			
	茶树	茶尺蠖	7.5-15克/公顷	喷雾
	茶树	小绿叶蝉	22.5-37.5克/公顷	喷雾
	柑橘树	潜叶蛾	12.5-18.75毫克/千克	喷雾
	苹果树	桃小食心虫	6.25-12.5毫克/千克	喷雾
WP20070032	高效氯氰菊酯/10%/悬浮剂/高效氯氰菊酯 10%/2007.11.28 至 2012.11.28/低毒			
	卫生	蚊、蝇	50毫克/平方米	滞留喷洒
	卫生	蜚蠊	83.3毫克/平方米	滞留喷洒
	卫生	跳蚤	10毫克/平方米(吸收地面)	滞留喷洒
WP20080043	高效氯氰菊酯/5%/悬浮剂/高效氯氰菊酯 5%/2008.03.04 至 2013.03.04/低毒			
	卫生	蚊、蝇、蜚蠊	50毫克/平方米	滞留喷洒
WP20080048	高效氯氰菊酯/8%/可湿性粉剂/高效氯氰菊酯 8%/2008.03.04 至 2013.03.04/低毒			
	卫生	跳蚤	10毫克/平方米(吸收板面)	滞留喷洒
	卫生	蜚蠊、蚊、蝇	40毫克/平方米	滞留喷洒
WP20080066	吡丙醚/95%/原药/吡丙醚 95%/2008.05.04 至 2013.05.04/低毒			
WP20080067	氯菊酯/92%/原药/氯菊酯 92%/2008.05.04 至 2013.05.04/低毒			
WP20080102	残杀威/97%/原药/残杀威 97%/2008.09.26 至 2013.09.26/中等毒			
WP20080128	高效氟氯氰菊酯/2.5%/悬浮剂/高效氟氯氰菊酯 2.5%/2008.10.29 至 2013.10.29/低毒			
	卫生	蚊、蝇、蜚蠊	25毫克/平方米	滞留喷洒
WP20080166	高氯·残杀威/10%/悬浮剂/残杀威 6%、高效氯氰菊酯 4%/2008.11.14 至 2013.11.14/低毒			
	卫生	蜚蠊	120毫克/平方米	滞留喷洒
	卫生	蚊	50毫克/平方米	滞留喷洒
	卫生	蝇	80毫克/平方米	滞留喷洒
WP20080355	吡虫啉/10%/悬浮剂/吡虫啉 10%/2008.12.09 至 2013.12.09/低毒			
	卫生	白蚁	37.5克/立方米；1000毫克/千克	土壤喷洒；木材浸泡
WP20080358	高效氯氰菊酯/4.5%/乳油/高效氯氰菊酯 4.5%/2008.12.10 至 2013.12.10/低毒			
	卫生	蚊、蝇	50毫克/平方米	滞留喷洒
WP20080364	联苯菊酯/5%/悬浮剂/联苯菊酯 5%/2008.12.10 至 2013.12.10/低毒			
	木材、土壤	白蚁	2.5-5克/平方米；500毫克/千克	喷洒
	卫生	蜚蠊、蚊、蝇	40-60毫克/平方米	滞留喷洒
WP20080365	杀虫水乳剂/0.3%/水乳剂/氯菊酯 0.15%、氯氰菊酯 0.15%/2008.12.10 至 2013.12.10/微毒			
	卫生	蚊、蝇	/	喷洒
WP20080527	顺式氯氰菊酯/10%/悬浮剂/顺式氯氰菊酯 10%/2008.12.23 至 2013.12.23/低毒			
	卫生	蚊、蝇、蜚蠊	20-30毫克/平方米（玻璃与漆木板面）；20-40毫克/平方米（白灰板面与水泥板面）	滞留喷洒
WP20080540	高效氯氟氰菊酯/10%/可湿性粉剂/高效氯氟氰菊酯 10%/2008.12.23 至 2013.12.23/中等毒			
	室外	蚊	1毫克/立方米	喷雾
WP20080599	杀虫颗粒剂/0.5%/颗粒剂/吡丙醚 0.5%/2008.12.30 至 2013.12.30/微毒			
	卫生	孑孓、蝇(幼虫)	100毫克/平方米	撒施
WP20090004	杀蟑胶饵/1%/胶饵/毒死蜱 1%/2009.01.04 至 2014.01.04/微毒			
	卫生	蜚蠊	/	投放
WP20090020	杀虫粉剂/0.6%/粉剂/高效氯氰菊酯 0.6%/2009.01.08 至 2014.01.08/低毒			
	卫生	蜚蠊	3克制剂/平方米	撒布
	卫生	跳蚤	/	撒布
WP20090103	高氯·毒死蜱/12%/乳油/毒死蜱 9%、高效氯氰菊酯 3%/2009.02.05 至 2014.02.05/中等毒			
	卫生	蚊、蝇	1.8-3.6毫克/平方米	喷雾
	注:本品仅限专业人员在公共场所使用（不包括儿童聚集地）。			
WP20090164	辛硫·高氯氟/21%/乳油/高效氯氟氰菊酯 1%、辛硫磷 20%/2009.03.09 至 2014.03.09/低毒			
	室外	蚊、蝇	21-42毫克/立方米	喷雾
WP20090306	顺式氯氰菊酯/8%/可湿性粉剂/顺式氯氰菊酯 8%/2009.08.06 至 2014.08.06/低毒			
	卫生	蚊、蝇、蜚蠊	30毫克/平方米	滞留喷洒
WP20090309	残杀威/20%/乳油/残杀威 20%/2009.09.02 至 2014.09.02/低毒			
	卫生	蜚蠊、蚊、蝇	玻璃面和漆木面：1克/平方米；水泥面：1-1.5克/平方米	滞留喷洒

WP20090318 溴氰菊酯/2.5%/悬浮剂/溴氰菊酯 2.5%/2009.09.07 至 2014.09.07/低毒
卫生 蜚蠊、蚊、蝇 25毫克/平方米 滞留喷洒
WP20090333 高效氯氰菊酯/10%/微囊悬浮剂/高效氯氰菊酯 10%/2009.10.10 至 2014.10.10/微毒
卫生 蜚蠊、蚊、蝇 10-20毫克/平方米 滞留喷洒
WP20090334 高效氯氰菊酯/2.5%/悬浮剂/高效氯氰菊酯 2.5%/2009.10.10 至 2014.10.10/低毒
卫生 蜚蠊、蚊、蝇 40-50毫克/平方米 滞留喷洒
WP20090336 高效氯氰菊酯/5%/悬浮剂/高效氯氰菊酯 5%/2009.10.10 至 2014.10.10/低毒
卫生 蜚蠊、蚊、蝇 40-50毫克/平方米 滞留喷洒
WP20090344 氟氯氰菊酯/10%/可湿性粉剂/氟氯氰菊酯 10%/2009.10.16 至 2014.10.16/低毒
卫生 蜚蠊、蚊、蝇 22.5-45毫克/平方米 滞留喷洒
WP20090345 氟氯氰菊酯/5%/水乳剂/氟氯氰菊酯 5%/2009.10.16 至 2014.10.16/低毒
卫生 蜚蠊、蚊、蝇 30-60毫克/平方米 滞留喷洒
WL20080365 胺·氯菊/10%/微乳剂/胺菊酯 4.5%、氯菊酯 5.5%/2009.07.24 至 2010.07.24/低毒
室外 蚊、蝇 1.5毫克/平方米 喷雾
WL20080395 联苯菊酯/5%/悬浮剂/联苯菊酯 5%/2008.09.18 至 2009.09.18/低毒
卫生 蚊、蝇、蜚蠊 40-60毫克/平方米 滞留喷洒
WL20080396 杀虫粉剂/0.6%/粉剂/高效氯氰菊酯 0.6%/2008.09.18 至 2009.09.18/低毒
卫生 跳蚤 / 撒布
WL20080422 杀蟑热雾剂/1%/热雾剂/高效氯氰菊酯 1%/2009.10.29 至 2010.10.29/微毒
卫生 蜚蠊 33毫克/平方米 热雾机喷雾
WL20080486 驱蚊液/15%/驱蚊液/避蚊胺 15%/2009.12.11 至 2010.12.11/低毒
卫生 蚊 / 涂抹
WL20090095 联苯菊酯/2.5%/水乳剂/联苯菊酯 2.5%/2009.03.25 至 2010.03.25/低毒
木材 白蚁 500-625毫克/千克 浸泡
土壤 白蚁 2.5-3.125克/平方米 喷洒
WL20090215 吡虫啉/20%/悬浮剂/吡虫啉 20%/2009.12.14 至 2010.12.14/微毒
卫生 白蚁 5-6克/平方米; 土壤处理;
600-1000毫克/千克 木材浸泡

江苏省南通宏洋化工有限公司 (江苏省南通市海安县角斜镇环镇东路65号 226633 0513-88247133)

PD20084467 噻嗪·异丙威/25%/可湿性粉剂/噻嗪酮 5%、异丙威 20%/2008.12.17 至 2013.12.17/低毒
水稻 稻飞虱 450-562.5克/公顷 喷雾
LS20061824 啶虫脒/20%/可溶粉剂/啶虫脒 20%/2009.10.31 至 2010.10.31/低毒
十字花科蔬菜 蚜虫 36-48克/公顷 喷雾
LS20090251 毒死蜱/10%/颗粒剂/毒死蜱 10%/2009.02.13 至 2010.02.13/低毒
十字花科蔬菜 小地老虎 1800-2250克/公顷 撒施

江苏省南通嘉禾化工有限公司 (江苏省海门市青龙港化工园区 226121 0513-86251567)

PD20070494 咪唑乙烟酸/96%/原药/咪唑乙烟酸 96%/2007.11.28 至 2012.11.28/低毒
PD20080802 乙氧氟草醚/97%/原药/乙氧氟草醚 97%/2008.06.20 至 2013.06.20/低毒
PD20096179 精喹禾灵/95%/原药/精喹禾灵 95%/2009.07.03 至 2014.07.03/低毒
PD20096189 草甘膦异丙胺盐(41%)///水剂/草甘膦 30%/2009.07.10 至 2014.07.10/低毒
柑橘园 一年生及部分多年生杂草 200-400毫升制剂/亩 定向茎叶喷雾
LS20081102 吡氟酰草胺/98%/原药/吡氟酰草胺 98%/2009.03.10 至 2010.03.10/低毒

江苏省南通江山农药化工股份有限公司 (江苏省南通市崇川区姚港路35号 226006 0513-83558269)

PDN3-88 丁草胺/60%/乳油/丁草胺 60%/2008.07.15 至 2013.07.15/低毒
水稻 稗草、牛毛草、鸭舌草 750-1275克/公顷 毒土、喷雾
PDN27-93 丁草胺/95%/原药/丁草胺 95%/2008.12.02 至 2013.12.02/低毒
PDN28-93 丁草胺/50%/乳油/丁草胺 50%/2008.12.11 至 2013.12.11/低毒
水稻 稗草、部分阔叶杂草、牛毛草、鸭舌草、一年生禾本科杂草 750-1200克/公顷 喷雾,毒土
PDN63-2000 喹禾灵/95%/原药/喹禾灵 95%/2010.01.07 至 2015.01.07/低毒
PD84108-5 敌百虫/97%、90%/原药/敌百虫 97%、90%/2006.11.06 至 2011.11.06/低毒
白菜、青菜 菜青虫 960-1200克/公顷 喷雾
白菜、青菜 地下害虫 750-1500克/公顷 毒饵
茶树 尺蠖、刺蛾 450-900毫克/千克 喷雾
大豆 造桥虫 1800克/公顷 喷雾
柑橘树 卷叶蛾 600-750毫克/千克 喷雾
林木 松毛虫 600-900毫克/千克 喷雾
水稻 螟虫 1500-1800克/公顷 喷雾、泼浇或毒土
小麦 黏虫 1800克/公顷 喷雾
烟草 烟青虫 900毫克/千克 喷雾
PD85104-5 敌敌畏/95%/原药/敌敌畏 95%/2010.01.07 至 2015.01.07/中等毒
PD85105-2 敌敌畏/80%/乳油/敌敌畏 77.5%(气谱法)/2005.01.07 至 2010.01.07/中等毒

	茶树	食叶害虫	600克/公顷	喷雾
	粮仓	多种储藏害虫	1)400-500倍液 2)0.4-0.5克/立方米	1)喷雾 2)挂条熏蒸
	棉花	蚜虫、造桥虫	600-1200克/公顷	喷雾
	苹果树	小卷叶蛾、蚜虫	400-500毫克/千克	喷雾
	青菜	菜青虫	600克/公顷	喷雾
	桑树	尺蠖	600克/公顷	喷雾
	卫生	多种卫生害虫	1)300-400倍液 2)0.08克/立方米	1)泼洒 2)挂条熏蒸
	小麦	黏虫、蚜虫	600克/公顷	喷雾
PD85140	拌种·双/40%/可湿性粉剂/拌种灵 20%、福美双 20%/2005.08.15 至 2010.08.15/中等毒			
	高粱	黑穗病	120-200克/100千克种子	拌种
	红麻	炭疽病	160倍液	浸种
	花生	锈病	500倍液	喷雾
	棉花	苗期病害	200克/100千克种子	拌种
	小麦	黑穗病	40-80克/100千克种子	拌种
	玉米	黑穗病	200克/100千克种子	拌种
PD85159-3	草甘膦/10%/水剂/草甘膦 10%/2005.08.15 至 2009.12.31/低毒			
	茶树、甘蔗、果园、剑麻、林木、桑树、橡胶园	一年生杂草和多年生恶性杂草	1125-2250克/公顷	喷雾
PD86141	拌种灵/90%/原药/拌种灵 90%/2006.11.06 至 2011.11.06/低毒			
PD91104-29	敌敌畏/50%/乳油/敌敌畏 48%(气谱法)/2006.01.21 至 2011.01.21/中等毒			
	茶树	食叶害虫	600克/公顷	喷雾
	粮仓	多种储粮害虫	1)300-400倍液 2)0.4-0.5克/立方米	1)喷雾 2)挂条熏蒸
	棉花	蚜虫、造桥虫	600-1200克/公顷	喷雾
	苹果树	小卷叶蛾、蚜虫	400-500毫克/千克	喷雾
	青菜	菜青虫	600克/公顷	喷雾
	桑树	尺蠖	600克/公顷	喷雾
	卫生	多种卫生害虫	1)250-300倍液 2)0.08克/立方米	1)泼洒 2)挂条熏蒸
	小麦	黏虫、蚜虫	600克/公顷	喷雾
PD92103-20	草甘膦/95%, 93%, 90%/原药/草甘膦 95%, 93%, 90%/2007.08.05 至 2012.08.05/低毒			
PD20070308	二嗪磷/96%/原药/二嗪磷 96%/2007.09.21 至 2012.09.21/中等毒			
PD20070443	丁草胺/900克/升/乳油/丁草胺 900克/升/2007.11.20 至 2012.11.20/低毒			
	移栽水稻田	阔叶杂草、一年生禾本科杂草	810—1215克/公顷	药土法
PD20070445	甲草胺/97%/原药/甲草胺 97%/2007.11.20 至 2012.11.20/低毒			
PD20070452	丁草胺/600克/升/水乳剂/丁草胺 600克/升/2007.11.20 至 2012.11.20/低毒			
	水稻移栽田	一年生杂草	900-1350克/公顷	药土法
PD20070472	咪鲜胺/45%/水乳剂/咪鲜胺 45%/2007.11.20 至 2012.11.20/低毒			
	香蕉	冠腐病、炭疽病	500-1000毫克/千克	浸果
PD20070502	高效氯氟氰菊酯/25克/升/乳油/高效氯氟氰菊酯 25克/升/2007.11.28 至 2012.11.28/中等毒			
	棉花	棉铃虫	15-22.5克/公顷	喷雾
	苹果树	桃小食心虫	5-6.25毫克/千克	喷雾
	十字花科蔬菜	菜青虫	7.5-11.25克/公顷	喷雾
PD20070537	甲草胺/43%/乳油/甲草胺 43%/2007.12.03 至 2012.12.03/低毒			
	花生田、棉花田、夏大豆田	一年生禾本科杂草及部分阔叶杂草	1290-1935克/公顷	播后苗前土壤喷雾
PD20070591	咪鲜胺锰盐/98%/原药/咪鲜胺锰盐 98%/2007.12.14 至 2012.12.14/低毒			
PD20070614	咪鲜胺锰盐/50%/可湿性粉剂/咪鲜胺锰盐 50%/2007.12.14 至 2012.12.14/低毒			
	黄瓜	炭疽病	300-525克/公顷	喷雾
	辣椒	炭疽病	280-555克/公顷	喷雾
	芒果	炭疽病	250-500毫克/千克(采前) 500-1000毫克/千克(采后)	采前喷雾,采后浸果
	蘑菇	褐腐病	0.8-1.2克/平方米	喷雾或拌土
PD20070649	咪鲜胺/25%/乳油/咪鲜胺 25%/2007.12.17 至 2012.12.17/低毒			
	柑橘	蒂腐病、绿霉病、青霉病、炭疽病	100-125毫克/千克	浸果
	芒果	炭疽病	1)250-500毫克/千克 2)500-1000毫克/千克	1)喷雾 2)浸果
	水稻	恶苗病	100-125毫克/千克	浸种
PD20070685	咪鲜胺/97%/原药/咪鲜胺 97%/2007.12.17 至 2012.12.17/低毒			
PD20080174	乙草胺/93%/原药/乙草胺 93%/2008.01.04 至 2013.01.04/低毒			

PD20080175	精喹禾灵/95%/原药/精喹禾灵 95%/2008.01.04 至 2013.01.04/低毒			
PD20080305	二嗪磷/50%/乳油/二嗪磷 50%/2008.02.25 至 2013.02.25/低毒			
	棉花	蚜虫	750-900克/公顷	喷雾
	水稻	二化螟、三化螟	450-750克/公顷	喷雾
	小麦	地下害虫	100-200克/100千克种子	拌种
PD20080462	草甘膦异丙胺盐/41%/水剂/草甘膦异丙胺盐 41%/2008.03.27 至 2013.03.27/低毒			
	非耕地	杂草	1125-3000克/公顷	茎叶喷雾
	柑橘园、桑园	杂草	1125-2250克/公顷	定向茎叶喷雾
PD20080491	乙草胺/50%/乳油/乙草胺 50%/2008.04.07 至 2013.04.07/低毒			
	大豆	小粒种子阔叶杂草、一年生禾本科杂草	1200-1875克/公顷(东北地区) 750-1050克公顷(其它地区)	播前、播后苗前土壤喷雾处理
	花生	小粒种子阔叶杂草、一年生禾本科杂草	750-1200克/公顷(覆膜时药量酌减)	播后苗前土壤喷雾处理
	油菜	小粒种子阔叶杂草、一年生禾本科杂草	525-750克/公顷	移栽前土壤喷雾
	玉米	小粒种子阔叶杂草、一年生禾本科杂草	900-1875克/公顷(东北地区) 750-1050克/公顷(其它地区)	播后苗前土壤喷雾
PD20080716	毒死蜱/97%/原药/毒死蜱 97%/2008.06.11 至 2013.06.11/中等毒			
PD20080905	毒死蜱/40%/乳油/毒死蜱 40%/2008.07.09 至 2013.07.09/中等毒			
	甘蓝	菜青虫	450-540克/公顷	喷雾
	韭菜	韭蛆	1200-1440克/公顷	灌根
	棉花	蚜虫	480-600克/公顷	喷雾
	苹果树	桃小食心虫	160-200毫克/千克	喷雾
	苹果树	绵蚜	200-266.7毫克/千克	喷雾
	水稻	稻飞虱、稻纵卷叶螟	480-600克/公顷	喷雾
PD20080926	喹禾灵/10%/乳油/喹禾灵 10%/2008.07.17 至 2013.07.17/低毒			
	大豆田、甜菜	一年生禾本科杂草	90-150克/公顷	喷雾
	棉花田	一年生禾本科杂草	75-120克/公顷	喷雾
PD20081386	异丙甲草胺原药/96%/原药/异丙甲草胺 96%/2008.10.28 至 2013.10.28/低毒			
PD20081519	异丙甲草胺/72%/乳油/异丙甲草胺 72%/2008.11.06 至 2013.11.06/低毒			
	甘蔗田	一年生禾本科杂草及部分阔叶杂草	1620-2160克/公顷	播后苗前土壤喷雾
	花生田、夏大豆、夏玉米	一年生禾本科杂草及部分阔叶杂草	1350-1620克/公顷	播后苗前土壤喷雾
PD20081990	乙草胺/900克/升/乳油/乙草胺 900克/升/2008.11.25 至 2013.11.25/低毒			
	春大豆田、春玉米田	部分阔叶杂草、一年生禾本科杂草	1350-1890克/公顷(东北地区)	土壤喷雾
	夏大豆田、夏玉米田	部分阔叶杂草、一年生禾本科杂草	1080-1350克/公顷(其它地区)	土壤喷雾
PD20082037	精喹禾灵/5%/乳油/精喹禾灵 5%/2008.11.25 至 2013.11.25/低毒			
	大白菜、西瓜田	一年生禾本科杂草	30-45克/公顷	茎叶喷雾
	冬油菜田、夏大豆田	一年生禾本科杂草	37.5-52.5克/公顷	茎叶喷雾
	花生田	一年生禾本科杂草	45-60克/公顷	茎叶喷雾
	棉花田	一年生禾本科杂草	37.5-60克/公顷	茎叶喷雾
PD20082111	毒死蜱/10%/颗粒剂/毒死蜱 10%/2008.11.25 至 2013.11.25/中等毒			
	花生	地下害虫	1350-2250克/公顷	撒施
PD20082297	二嗪磷/10%/颗粒剂/二嗪磷 10%/2008.12.01 至 2013.12.01/低毒			
	花生	地下害虫	600-750克/公顷	撒施
PD20082527	氯噻啉/10%/可湿性粉剂/氯噻啉 10%/2008.12.03 至 2013.12.03/低毒			
	茶树	小绿叶蝉	30-45克/公顷	喷雾
	番茄(大棚)	白粉虱	22.5-45克/公顷	喷雾
	甘蓝	蚜虫	15-22.5克/公顷	喷雾
	柑橘树	蚜虫	20-25毫克/千克	喷雾
	水稻	飞虱	15-30克/公顷	喷雾
	小麦	蚜虫	22.5-30克/公顷	喷雾
PD20082528	氯噻啉/95%/原药/氯噻啉 95%/2008.12.03 至 2013.12.03/低毒			
PD20084023	毒死蜱/25%/微乳剂/毒死蜱 25%/2008.12.16 至 2013.12.16/中等毒			
	柑橘树	红蜘蛛、矢尖蚧、锈壁虱	250-500毫克/千克	喷雾
	苹果树	绵蚜、桃小食心虫	125-250毫克/千克	喷雾
	十字花科蔬菜	菜青虫、蚜虫	300-450克/公顷	喷雾
	十字花科蔬菜	斜纹夜蛾	337.5-525克/公顷	喷雾
	水稻	稻飞虱、稻纵卷叶螟	375-562.5克/公顷	喷雾
PD20085100	草甘膦异丙胺盐/62%/母药/草甘膦异丙胺盐 62%/2008.12.23 至 2013.12.23/低毒			
PD20086000	乙草胺/40%/水乳剂/乙草胺 40%/2008.12.29 至 2013.12.29/低毒			
	春大豆田、春玉米田	部分阔叶杂草、一年生禾本科杂草	1500-1800克/公顷(东北地区)	土壤喷雾
	夏大豆田、夏玉米田	部分阔叶杂草、一年生禾本科杂草	900-1200克/公顷(其它地区)	土壤喷雾

PD20094681 敌稗·丁草胺/550克/升/乳油/敌稗 275克/升、丁草胺 275克/升/2009.04.10 至 2014.04.10/低毒
水稻抛秧田 一年生杂草 825-1072.5克/公顷(南方地区) 喷雾
PD20096024 氯噻啉/40%/水分散粒剂/氯噻啉 40%/2009.06.15 至 2014.06.15/低毒
水稻 稻飞虱 24-30克/公顷 喷雾
烟草 蚜虫 24-30克/公顷 喷雾
PD20096818 烯啶虫胺/95%/原药/烯啶虫胺 95%/2009.09.21 至 2014.09.21/低毒
PD20096819 烯啶虫胺/10%/可溶液剂/烯啶虫胺 10%/2009.09.21 至 2014.09.21/低毒
柑橘树 蚜虫 20-25毫克/千克 喷雾
LS20051935 双甲胺草磷/20%/乳油/双甲胺草磷 20%/2008.05.22 至 2009.05.22/低毒
胡萝卜 一年生禾本科杂草及部分阔叶杂草 750-1125克/公顷 播后苗前土壤喷雾
LS20051937 双甲胺草磷/95%/原药/双甲胺草磷 95%/2008.05.22 至 2009.05.22/低毒
LS20052437 烯啶虫胺/50%/可溶粒剂/烯啶虫胺 50%/2008.07.12 至 2009.07.12/低毒
柑橘树 蚜虫 20-25毫克/千克 喷雾

江苏省南通金陵农化有限公司 (江苏省南通市如东县马塘镇丰南路2号 226401 0513-84543278)

PD20070402 甲霜灵/98%/原药/甲霜灵 98%/2007.11.05 至 2012.11.05/低毒
PD20080557 苄嘧磺隆/32%/可湿性粉剂/苄嘧磺隆 32%/2008.05.09 至 2013.05.09/微毒
移栽水稻田 阔叶杂草、莎草科杂草 48-72克/公顷 喷雾或药土法
PD20080711 丁草胺/900克/升/乳油/丁草胺 900克/升/2008.06.10 至 2013.06.10/低毒
移栽水稻田 部分阔叶杂草、一年生禾本科杂草 1080-1350克/公顷 药土法
PD20080769 丙草胺/300克/升/乳油/丙草胺 300克/升/2008.06.11 至 2013.06.11/低毒
水稻秧田 一年生杂草 450-675克/公顷 土壤喷雾
PD20080779 高效氯氟氰菊酯/25克/升/乳油/高效氯氟氰菊酯 25克/升/2008.06.20 至 2013.06.20/中等毒
棉花 棉铃虫 15-22.5克/公顷 喷雾
PD20080850 苄嘧·苯噻酰/53%/可湿性粉剂/苯噻酰草胺 50%、苄嘧磺隆 3%/2008.06.23 至 2013.06.23/微毒
抛秧水稻 一年生及部分多年生杂草 397.5-477克/公顷 药土法
PD20081130 乙草胺/900克/升/乳油/乙草胺 900克/升/2008.09.01 至 2013.09.01/低毒
春玉米田 一年生杂草 1350-2025克/公顷 土壤喷雾
PD20081178 精噁唑禾草灵/69克/升/水乳剂/精噁唑禾草灵 69克/升/2008.09.11 至 2013.09.11/低毒
春小麦田 一年生禾本科杂草 51.75-62.1克/公顷 茎叶喷雾
冬小麦田 一年生禾本科杂草 41.4-51.75克/公顷 茎叶喷雾
PD20081237 烯禾啶/12.5%/乳油/烯禾啶 12.5%/2008.09.16 至 2013.09.16/低毒
春大豆田 一年生禾本科杂草 187.5－225克/公顷 茎叶喷雾
PD20081492 苄嘧磺隆/10%/可湿性粉剂/苄嘧磺隆 10%/2008.11.05 至 2013.11.05/低毒
水稻移栽田 莎草科杂草、一年生阔叶杂草 30-45克/公顷 喷雾或药土法
PD20081920 精噁唑禾草灵/69克/升/水乳剂/精噁唑禾草灵 69克/升/2008.11.21 至 2013.11.21/低毒
大豆田 一年生禾本科杂草 50-70克/公顷 茎叶喷雾
PD20082291 百草枯/200克/升/水剂/百草枯 200克/升/2008.12.01 至 2013.12.01/中等毒
非耕地 杂草 600-900克/公顷 茎叶喷雾
PD20082336 苄·二氯/35%/可湿性粉剂/苄嘧磺隆 5%、二氯喹啉酸 30%/2008.12.01 至 2013.12.01/低毒
水稻移栽田、水稻直播田 一年生杂草 262.5-315克/公顷 喷雾
PD20082420 咪唑乙烟酸/50克/升/水剂/咪唑乙烟酸 50克/升/2008.12.02 至 2013.12.02/低毒
春大豆田 一年生杂草 75-105克/公顷 播后苗前土壤喷雾
PD20082540 氟磺胺草醚/250克/升/水剂/氟磺胺草醚 250克/升/2008.12.03 至 2013.12.03/低毒
春大豆田 一年生阔叶杂草 450-562.5克/公顷(东北地区) 茎叶喷雾
夏大豆田 一年生阔叶杂草 375-450克/公顷(其它地区) 茎叶喷雾
PD20082600 甲哌鎓/98%/原药/甲哌鎓 98%/2008.12.04 至 2013.12.04/低毒
棉花 调节生长 45-60克/公顷 喷雾
PD20082642 灭草松/480克/升/水剂/灭草松 480克/升/2008.12.04 至 2013.12.04/低毒
移栽水稻田 阔叶杂草及莎草科杂草 1080-1440克/公顷 茎叶喷雾
PD20082653 氧氟·乙草胺/40%/乳油/乙草胺 34%、乙氧氟草醚 6%/2008.12.04 至 2013.12.04/低毒
花生田 一年生杂草 600-720克/公顷 土壤喷雾
PD20082825 毒死蜱/480克/升/乳油/毒死蜱 480克/升/2008.12.09 至 2013.12.09/中等毒
水稻 稻飞虱 468-612克/公顷 喷雾
PD20082899 丙草胺/500克/升/乳油/丙草胺 500克/升/2008.12.09 至 2013.12.09/低毒
水稻移栽田 一年生禾本科、莎草科及部分阔叶杂草 450-525克/公顷 毒土法
PD20083749 噻嗪·异丙威/25%/可湿性粉剂/噻嗪酮 5%、异丙威 20%/2008.12.15 至 2013.12.15/低毒
水稻 稻飞虱 487.5-562.5克/公顷 喷雾
PD20083750 精喹禾灵/50克/升/乳油/精喹禾灵 50克/升/2008.12.15 至 2013.12.15/低毒
春大豆田 一年生禾本科杂草 52.5-75克/公顷 茎叶喷雾
PD20084369 甲霜·锰锌/58%/可湿性粉剂/甲霜灵 10%、代森锰锌 48%/2008.12.17 至 2013.12.17/低毒

黄瓜 霜霉病 1050-1425克/公顷 喷雾

PD20085085 二氯喹啉酸/50%/可湿性粉剂/二氯喹啉酸 50%/2008.12.23 至 2013.12.23/微毒

移栽水稻田 稗草 225-300克/公顷 茎叶喷雾

PD20085323 虫酰肼/200克/升/悬浮剂/虫酰肼 200克/升/2008.12.24 至 2013.12.24/低毒

苹果树 卷叶蛾 100-133.3毫克/千克 喷雾

PD20085612 丁·扑/19%/可湿性粉剂/丁草胺 16%、扑草净 3%/2008.12.25 至 2013.12.25/低毒

水稻(旱育秧及半旱育秧田) 一年生杂草 14.3-20克/100平方米 土壤喷雾

PD20090450 草甘膦异丙胺盐/41%/水剂/草甘膦异丙胺盐 41%/2009.01.12 至 2014.01.12/低毒

茶园 一年生和多年生杂草 1125-2250克/公顷 定向茎叶喷雾

PD20091411 苄·丁/30%/可湿性粉剂/苄嘧磺隆 1.5%、丁草胺 28.5%/2009.02.02 至 2014.02.02/低毒

抛秧水稻 一年生及部分多年生杂草 600-900克/公顷(南方地区) 药土法

PD20091742 吡虫啉/10%/可湿性粉剂/吡虫啉 10%/2009.02.04 至 2014.02.04/低毒

水稻 稻飞虱 15-30克/公顷 喷雾

PD20091857 毒死蜱/40%/乳油/毒死蜱 40%/2009.02.09 至 2014.02.09/中等毒

十字花科蔬菜 蚜虫 360-540克/公顷 喷雾

水稻 稻纵卷叶螟 600-750克/公顷 喷雾

PD20092839 苄嘧·丙草胺/35%/可湿性粉剂/苄嘧磺隆 2%、丙草胺 33%/2009.03.05 至 2014.03.05/低毒

移栽水稻田 一年生杂草 367.5-420克/公顷 喷雾法或药土法

PD20093445 苯磺隆/10%/可湿性粉剂/苯磺隆 10%/2009.03.23 至 2014.03.23/低毒

冬小麦田 一年生阔叶杂草 13.5-22.5克/公顷 茎叶喷雾

PD20093716 苯磺·异丙隆/50%/可湿性粉剂/苯磺隆 0.8%、异丙隆 49.2%/2009.03.25 至 2014.03.25/低毒

冬小麦田 一年生杂草 937.5-1125克/公顷 茎叶喷雾

PD20093800 异丙隆/50%/可湿性粉剂/异丙隆 50%/2009.03.25 至 2014.03.25/低毒

小麦田 一年生禾本科杂草及部分阔叶杂草 900-1350克/公顷 喷雾

PD20094008 吡嘧磺隆/10%/可湿性粉剂/吡嘧磺隆 10%/2009.03.27 至 2014.03.27/低毒

移栽水稻田 阔叶杂草及莎草科杂草 15-45克/公顷 毒土法

PD20095258 苄·乙/14%/可湿性粉剂/苄嘧磺隆 3.2%、乙草胺 10.8%/2009.04.27 至 2014.04.27/微毒

移栽水稻田 部分多年生杂草、一年生杂草 84-118克/公顷 药土法

PD20096379 噻嗪酮/25%/可湿性粉剂/噻嗪酮 25%/2009.08.04 至 2014.08.04/微毒

水稻 稻飞虱 112.5-150克/公顷 喷雾

PD20096466 甲哌鎓/98%/可溶粉剂/甲哌鎓 98%/2009.08.14 至 2014.08.14/中等毒

棉花 调节生长 45-60克/公顷 茎叶喷雾

PD20097070 异丙甲草胺/720克/升/乳油/异丙甲草胺 720克/升/2009.10.10 至 2014.10.10/低毒

花生田 一年生阔叶杂草及禾本科杂草 1080-1620克/公顷 土壤喷雾

PD20097225 吡嘧磺隆/20%/可湿性粉剂/吡嘧磺隆 20%/2009.10.19 至 2014.10.19/微毒

移栽水稻田 阔叶杂草及莎草科杂草 30-45克/公顷 毒土法

PD20098286 稻瘟灵/40%/乳油/稻瘟灵 40%/2009.12.18 至 2014.12.18/低毒

水稻田 稻瘟病 600—750克/公顷 喷雾

LS20052019 氯嘧磺隆/20%/可湿性粉剂/氯嘧磺隆 20%/2008.05.31 至 2009.05.31/低毒

春大豆 一年生阔叶杂草 15-22.5克/公顷 土壤喷雾

LS20052981 苯噻酰草胺/50%/可湿性粉剂/苯噻酰草胺 50%/2008.04.11 至 2009.04.11/低毒

水稻移栽田 稗草 450-750克/公顷(南方地区) 毒土法

LS20053422 苄嘧·异丙隆/50%/可湿性粉剂/苄嘧磺隆 3%、异丙隆 47%/2008.11.02 至 2009.11.02/微毒

冬小麦 一年生杂草 1125-1500克/公顷 茎叶喷雾

LS20060156 噻吩磺隆/15%/可湿性粉剂/噻吩磺隆 15%/2009.01.25 至 2010.01.25/低毒

夏大豆 一年生阔叶杂草 22.5-33.75克/公顷 土壤喷雾

LS20060624 啶虫脒/3%/乳油/啶虫脒 3%/2009.03.23 至 2010.03.23/低毒

柑橘树 蚜虫 10-15毫克/千克 喷雾

LS20061364 唑磷·毒死蜱/30%/乳油/毒死蜱 15%、三唑磷 15%/2009.06.25 至 2010.06.25/中等毒

水稻 三化螟 180-360克/公顷 喷雾

LS20070521 高效氯氰菊酯/4.5%/乳油/高效氯氰菊酯 4.5%/2009.03.06 至 2010.03.07/低毒

十字花科蔬菜 菜青虫 20.25-27克/公顷 喷雾

LS20072257 吡虫·异丙威/24%/可湿性粉剂/吡虫啉 1.5%、异丙威 22.5%/2009.09.11 至 2010.09.12/低毒

水稻 稻飞虱 144-288克/公顷 喷雾

LS20090094 甲氨基阿维菌素苯甲酸盐/2.2%/微乳剂/甲氨基阿维菌素苯甲酸盐 2.2%/2010.01.09 至 2011.01.09/中等毒

甘蓝 小菜蛾 1.65-2.64克/公顷 喷雾

LS20090497 吡嘧磺隆/20%/可湿性粉剂/吡嘧磺隆 20%/2009.03.18 至 2010.03.18/微毒

水稻移栽田 稗草及部分阔叶杂草和莎草 15-30克/公顷 毒土法

江苏省南通利华农化有限公司 (江苏省如东沿海经济开发区黄海一路(小洋口) 226407 0513-84515998)

PD85166-12 绿麦隆/25%/可湿性粉剂/绿麦隆 25%/2006.07.10 至 2011.07.10/低毒

大麦、小麦、玉米 一年生杂草 1500-3000克/公顷(北方地区) 播后苗前或苗期喷雾

600-1500克/公顷(南方地区)

PD85171-3 甲萘威/25%/可湿性粉剂/甲萘威 25%/2006.06.28 至 2011.06.28/中等毒
豆类 造桥虫 750-975克/公顷 喷雾
棉花 红铃虫、蚜虫 375-975克/公顷 喷雾
水稻 飞虱、叶蝉 750-975克/公顷 喷雾
烟草 烟青虫 375-975克/公顷 喷雾
PD20070214 草甘膦/95%/原药/草甘膦 95%/2007.08.07 至 2012.08.07/低毒
PD20083329 吡虫啉/10%/可湿性粉剂/吡虫啉 10%/2008.12.11 至 2013.12.11/低毒
水稻 稻飞虱 15-30克/公顷 喷雾
PD20090111 草甘膦异丙胺盐/41%/水剂/草甘膦异丙胺盐 41%/2009.01.08 至 2014.01.08/微毒
非耕地 杂草 1230-2460克/公顷 茎叶喷雾
PD20091003 草甘膦/10%/水剂/草甘膦 10%/2009.01.21 至 2009.12.31/微毒
非耕地 杂草 1125-2250克/公顷 喷雾
PD20091728 草甘膦/50%/可溶粉剂/草甘膦 50%/2009.02.04 至 2014.02.04/低毒
苹果园 杂草 1125-1500克/公顷 喷雾
PD20093813 二氯喹啉酸/50%/可湿性粉剂/二氯喹啉酸 50%/2009.03.25 至 2014.03.25/微毒
水稻秧田 稗草 300-375克/公顷(北方地区) 喷雾
225-300克/公顷(南方地区)
PD20097911 唑磷·毒死蜱 /30%/乳油/毒死蜱 15%、三唑磷 15%/2009.11.30 至 2014.11.30/中等毒
水稻 三化螟 180-270克/公顷 喷雾

江苏省南通联农农药制剂研究开发有限公司 (江苏省南通市外环西路21号 226006 0513-83516727)

LS20051340 高氯·吡虫啉/4%/悬浮剂/吡虫啉 1.8%、高效氯氰菊酯 2.2%/2008.04.13 至 2009.04.13/低毒
小麦 蚜虫 12-15克/公顷 喷雾
LS20082793 吡虫啉/70%/水分散粒剂/吡虫啉 70%/2009.05.09 至 2010.05.09/低毒
水稻 稻飞虱 21-42克/公顷 喷雾
LS20082954 草甘膦铵盐/77.7%/可溶粒剂/草甘膦铵盐 77.7%/2009.08.20 至 2010.08.20/低毒
非耕地 杂草 1125-3000克/公顷 茎叶喷雾
LS20082959 甲氨基阿维菌素苯甲酸盐/5%/水分散粒剂/甲氨基阿维菌素苯甲酸盐 5%/2009.08.20 至 2010.08.20/低毒
甘蓝 小菜蛾 3-3.75克/公顷 喷雾
LS20090722 杀扑磷/32%/微囊悬浮剂/杀扑磷 32%/2009.03.31 至 2010.03.31/中等毒
柑橘树 介壳虫 350-437.5毫克/千克 喷雾
LS20090723 毒死蜱/36%/微囊悬浮剂/毒死蜱 36%/2009.03.31 至 2010.03.31/低毒
柑橘树 介壳虫 325.6-407毫克/千克 喷雾
LS20090726 四螨嗪/75%/水分散粒剂/四螨嗪 75%/2009.03.31 至 2010.03.31/低毒
柑橘树 红蜘蛛 150-187.5毫克/千克 喷雾
WL20090148 高效氯氟氰菊酯/10%/微囊悬浮剂/高效氯氟氰菊酯 10%/2009.05.12 至 2010.05.12/中等毒
室外 蚊、蝇、蜚蠊 30毫克/平方米 喷雾

江苏省南通南沈植保科技开发有限公司 (江苏省南通市港闸经济开发区永兴路65号 226003 0513-85602100)

PD20050016 高效氯氰菊酯/4.5%/水乳剂/高效氯氰菊酯 4.5%/2005.04.15 至 2010.04.14/中等毒
十字花科蔬菜 菜青虫 40.5-54克/公顷 喷雾
PD20085099 福美·拌种灵/40%/悬浮种衣剂/拌种灵 20%、福美双 20%/2008.12.23 至 2013.12.23/低毒
棉花 立枯病、苗炭疽病 1:160-200(药种比) 种子包衣
PD20090845 咪鲜胺/1.5%/水乳种衣剂/咪鲜胺 1.5%/2009.01.19 至 2014.01.19/低毒
水稻 恶苗病 1:100-120(药种比) 种子包衣
PD20092515 多·福/20%/悬浮种衣剂/多菌灵 10%、福美双 10%/2009.02.26 至 2014.02.26/中等毒
棉花 苗期病害 333.3-400克/100千克种子 种子包衣
PD20092662 福美·拌种灵/10%/悬浮种衣剂/拌种灵 5%、福美双 5%/2009.03.03 至 2014.03.03/低毒
棉花 苗期病害 200-250克/100千克种子 种子包衣
PD20093844 氰戊菊酯/30%/水乳剂/氰戊菊酯 30%/2009.03.25 至 2014.03.25/中等毒
甘蓝 菜青虫 90-112.5克/公顷 喷雾
PD20094894 福·克/20%/悬浮种衣剂/福美双 15%、克百威 5%/2009.04.13 至 2014.04.13/高毒
玉米 地下害虫、黑粉病 1:40-50(药种比) 种子包衣
PD20094896 戊唑醇/2%/悬浮种衣剂/戊唑醇 2%/2009.04.13 至 2014.04.13/低毒
小麦 散黑穗病 1:700-1000 (药种比) 种子包衣
PD20094912 高效氯氟氰菊酯/2.5%/水剂/高效氯氟氰菊酯 2.5%/2009.04.13 至 2014.04.13/中等毒
甘蓝 菜青虫 5.625-9.375克/公顷 喷雾
PD20095308 氰戊菊酯/20%/水乳剂/氰戊菊酯 20%/2009.04.27 至 2014.04.27/中等毒
甘蓝 菜青虫 90-120克/公顷 喷雾
LS20072471 高效氯氟氰菊酯/6.3%/水乳剂/高效氯氟氰菊酯 6.3%/2008.11.05 至 2009.11.06/中等毒
十字花科蔬菜 菜青虫 9.45-14.175克/公顷 喷雾
LS20080522 炔螨特/50%/水乳剂/炔螨特 50%/2009.02.20 至 2010.02.21/低毒
柑橘树 红蜘蛛 200-333.3毫克/千克 喷雾

江苏省南通派斯第农药化工有限公司 (江苏省如皋市长江镇(如皋港区)粤江路19号 226532 0513-87584586)

PD20080285 氯氰菊酯/10%/乳油/氯氰菊酯 10%/2008.02.25 至 2013.02.25/低毒

	十字花科叶菜	菜青虫	30-45克/公顷	喷雾
PD20080486	苄嘧·苯噻酰/53%/可湿性粉剂/苯噻酰草胺 50%、苄嘧磺隆 3%/2008.04.07 至 2013.04.07/低毒			
	水稻抛秧田	一年生及部分多年生杂草	397.5-477克/公顷（南方地区）	药土法
PD20080599	草甘膦异丙胺盐/41%/水剂/草甘膦异丙胺盐 41%/2008.05.12 至 2013.05.12/低毒			
	非耕地	杂草	1125-3000克/公顷	茎叶喷雾
PD20081431	吡虫啉/95%/原药/吡虫啉 95%/2008.10.31 至 2013.10.31/中等毒			
PD20081838	氰戊·辛硫磷/25%/乳油/氰戊菊酯 6.25%、辛硫磷 18.75%/2008.11.20 至 2013.11.20/中等毒			
	棉花	棉铃虫	300-450克/公顷	喷雾
PD20082599	嗪草酮/95%/原药/嗪草酮 95%/2008.12.04 至 2013.12.04/中等毒			
PD20082941	草甘膦/95%/原药/草甘膦 95%/2008.12.09 至 2013.12.09/微毒			
PD20083062	戊唑醇/96%/原药/戊唑醇 96%/2008.12.10 至 2013.12.10/低毒			
PD20083075	二嗪磷/95%/原药/二嗪磷 95%/2008.12.10 至 2013.12.10/中等毒			
PD20084967	丙环唑/250克/升/乳油/丙环唑 250克/升/2008.12.22 至 2013.12.22/低毒			
	小麦	白粉病	112.5-187.5克/公顷	喷雾
PD20084990	多·咪·福美双/20%/悬浮种衣剂/多菌灵 6%、福美双 13%、咪鲜胺 1%/2008.12.22 至 2013.12.22/低毒			
	水稻	恶苗病	1:50-80(药种比)	种子包衣
PD20090154	福美·拌种灵/10%/悬浮种衣剂/拌种灵 5%、福美双 5%/2009.01.08 至 2014.01.08/低毒			
	棉花	苗期立枯病、炭疽病	200-250克/100千克种子	种子包衣
PD20090243	烯草酮/240克/升/乳油/烯草酮 240克/升/2009.01.09 至 2014.01.09/低毒			
	大豆田	一年生禾本科杂草	72-108克/公顷	茎叶喷雾
PD20090890	吡嘧磺隆/10%/可湿性粉剂/吡嘧磺隆 10%/2009.01.19 至 2014.01.19/低毒			
	移栽水稻田	稗草、莎草及阔叶杂草	15-30克/公顷	毒土法
PD20091785	福·克/20%/悬浮种衣剂/福美双 13%、克百威 7%/2009.02.04 至 2014.02.04/中等毒(原药高毒)			
	玉米	地下害虫、茎基腐病	1:40-50（药种比）	种子包衣
PD20092042	氟磺胺草醚/25%/水剂/氟磺胺草醚 25%/2009.02.12 至 2014.02.12/低毒			
	大豆田	一年生阔叶杂草	225-375克/公顷	喷雾
PD20092880	乙草胺/900克/升/乳油/乙草胺 900克/升/2009.03.05 至 2014.03.05/低毒			
	大豆田	一年生禾本科杂草及部分小粒种子阔叶杂草	东北高有机质地区：1553-2025克/公顷；其他地区：1080-1553克/公顷	土壤喷雾
PD20093260	草甘膦铵盐/41%/水剂/草甘膦 41%/2009.03.11 至 2014.03.11/低毒			
	非耕地	杂草	1215-1822.5克/公顷	喷雾
PD20094959	异隆·氯磺隆/70%/可湿性粉剂/氯磺隆 0.7%、异丙隆 69.3%/2009.04.21 至 2014.04.21/低毒			
	冬小麦田	一年生杂草	735-750克/公顷	土壤喷雾
PD20097059	乙草胺/93%/原药/乙草胺 93%/2009.10.10 至 2014.10.10/低毒			
PD20097438	莠去津/95%/原药/莠去津 95%/2009.10.28 至 2014.10.28/低毒			
PD20098018	氯氟吡氧乙酸异辛酯(288克/升)///乳油/氯氟吡氧乙酸 200克/升/2009.12.07 至 2014.12.07/微毒			
	冬小麦田	一年生阔叶杂草	172.8-216克/公顷	茎叶喷雾
PD20098199	氯氰菊酯/250克/升/乳油/氯氰菊酯 250克/升/2009.12.16 至 2014.12.16/低毒			
	十字花科蔬菜	菜青虫	37.5-56.25克/公顷	喷雾
LS20080078	戊唑醇/60克/升/悬浮种衣剂/戊唑醇 60克/升/2009.01.04 至 2010.01.04/低毒			
	小麦	散黑穗病	2-4克/100千克种子	种子包衣
LS20080196	咪唑乙烟酸/100克/升/水剂/咪唑乙烟酸 100克/升/2009.01.07 至 2010.01.07/低毒			
	春大豆田	一年生禾本科杂草	87-100.5克/公顷	播后苗前土壤喷雾
LS20082980	戊唑醇/250克/升/悬浮剂/戊唑醇 250克/升/2009.08.20 至 2010.08.20/低毒			
	香蕉	叶斑病	200-312.5毫克/千克	喷雾
LS20090425	高效氯氟氰菊酯/50克/升/乳油/高效氯氟氰菊酯 50克/升/2009.03.16 至 2010.03.16/中等毒			
	甘蓝	菜青虫	7.5-9克/公顷	喷雾
WP20090077	杀蟑饵剂/5亿孢子/克/饵剂/金龟子绿僵菌 5亿孢子/克/2009.02.02 至 2014.02.02/低毒			
	卫生	蜚蠊	/	投放
WP20090213	溴氰菊酯/2.5%/可湿性粉剂/溴氰菊酯 2.5%/2009.03.31 至 2014.03.31/低毒			
	卫生	蚊、蝇、蜚蠊	25毫克/平方米	滞留喷洒
WP20090311	氟氯氰菊酯/5%/水乳剂/氟氯氰菊酯 5%/2009.09.02 至 2014.09.02/低毒			
	卫生	蝇	半吸收表面25毫克/平方米	滞留喷洒
	卫生	蜚蠊	吸收表面50毫克/平方米	滞留喷洒
	卫生	蚊	不吸收表面15毫克/平方米	滞留喷洒
WP20090335	高效氯氰菊酯/4.5%/悬浮剂/高效氯氰菊酯 4.5%/2009.10.10 至 2014.10.10/低毒			
	卫生	蝇	15-20毫克/平方米	滞留喷洒

江苏省南通润鸿生物化学有限公司　(江苏省南通市海安县角斜镇环镇西路12号　226633　0513-88247208)

PD84118-18	多菌灵/25%/可湿性粉剂/多菌灵 25%/2005.02.03 至 2010.02.03/低毒			
	果树	病害	0.05-0.1%药液	喷雾
	花生	倒秧病	750克/公顷	喷雾

	麦类	赤霉病	750克/公顷	喷雾,泼浇
	棉花	苗期病害	500克/100千克种子	拌种
	水稻	稻瘟病、纹枯病	750克/公顷	喷雾,泼浇
	油菜	菌核病	1125-1500克/公顷	喷雾
PD85150-17	多菌灵/50%/可湿性粉剂/多菌灵 50%/2007.02.06 至 2012.02.06/低毒			
	果树	病害	0.05-0.1%药液	喷雾
	花生	倒秧病	750克/公顷	喷雾
	麦类	赤霉病	750克/公顷	喷雾、泼浇
	棉花	苗期病害	500克/100千克种子	拌种
	水稻	稻瘟病、纹枯病	750克/公顷	喷雾、泼浇
	油菜	菌核病	1125-1500克/公顷	喷雾
PD85154-34	氰戊菊酯/20%/乳油/氰戊菊酯 20%/2007.02.06 至 2012.02.06/中等毒			
	柑橘树	潜叶蛾	10-20毫克/千克	喷雾
	果树	梨小食心虫	10-20毫克/千克	喷雾
	棉花	红铃虫、蚜虫	75-150克/公顷	喷雾
	蔬菜	菜青虫、蚜虫	60-120克/公顷	喷雾
PD85166-7	绿麦隆/25%/可湿性粉剂/绿麦隆 25%/2007.02.06 至 2012.02.06/低毒			
	大麦、小麦、玉米	一年生杂草	1500-3000克/公顷(北方地区)	播后苗前或苗期
			600-1500克/公顷(南方地区)	喷雾
PD20070524	三环唑/20%/可湿性粉剂/三环唑 20%/2007.11.28 至 2012.11.28/低毒			
	水稻	稻瘟病	225-300克/公顷	喷雾
PD20080534	噻嗪酮/95%/原药/噻嗪酮 95%/2008.05.04 至 2013.05.04/低毒			
PD20080985	噻嗪酮/25%/可湿性粉剂/噻嗪酮 25%/2008.07.24 至 2013.07.24/低毒			
	水稻	飞虱	75-112.5克/公顷	喷雾
PD20083853	异菌脲/50%/可湿性粉剂/异菌脲 50%/2008.12.15 至 2013.12.15/低毒			
	番茄	早疫病	562.5-750克/公顷	喷雾
PD20084010	啶虫脒/3%/可湿性粉剂/啶虫脒 3%/2008.12.16 至 2013.12.16/低毒			
	柑橘树	蚜虫	10-12毫克/千克	喷雾
PD20084272	三环唑/95%/原药/三环唑 95%/2008.12.17 至 2013.12.17/中等毒			
PD20084375	噻嗪·异丙威/25%/可湿性粉剂/噻嗪酮 5%、异丙威 20%/2008.12.17 至 2013.12.17/低毒			
	水稻	稻飞虱	450-562.5克/公顷	喷雾
PD20084790	甲霜灵/98%/原药/甲霜灵 98%/2008.12.22 至 2013.12.22/低毒			
PD20084898	马拉硫磷/95%/原药/马拉硫磷 95%/2008.12.22 至 2013.12.22/低毒			
PD20085026	双甲脒/20%/乳油/双甲脒 20%/2008.12.22 至 2013.12.22/中等毒			
	柑橘树	红蜘蛛	100-200毫克/千克	喷雾
	梨树	梨木虱	166-250毫克/千克	喷雾
	苹果树	红蜘蛛	130-200毫克/千克	喷雾
PD20085681	三环唑/75%/可湿性粉剂/三环唑 75%/2008.12.26 至 2013.12.26/低毒			
	水稻	稻瘟病	300-337.5克/公顷	喷雾
PD20086194	啶虫脒/3%/乳油/啶虫脒 3%/2008.12.30 至 2013.12.30/低毒			
	柑橘树	蚜虫	10-12毫克/千克	喷雾
PD20090729	氟啶脲/5%/乳油/氟啶脲 5%/2009.01.19 至 2014.01.19/低毒			
	十字花科蔬菜	菜青虫、小菜蛾	30-60克/公顷	喷雾
PD20092407	高效氯氟氰菊酯/25克/升/乳油/高效氯氟氰菊酯 25克/升/2009.02.25 至 2014.02.25/中等毒			
	甘蓝	菜青虫	15-30克/公顷	喷雾
PD20092919	苯磺隆/10%/可湿性粉剂/苯磺隆 10%/2009.03.05 至 2014.03.05/低毒			
	冬小麦田	一年生阔叶杂草	15-22.5克/公顷	茎叶喷雾
PD20093871	马拉硫磷/45%/乳油/马拉硫磷 45%/2009.03.25 至 2014.03.25/低毒			
	十字花科蔬菜	蚜虫	405-675克/公顷	喷雾
PD20093873	丙环唑/250克/升/乳油/丙环唑 250克/升/2009.03.25 至 2014.03.25/低毒			
	香蕉	叶斑病	250-500毫克/千克	喷雾
PD20093929	乙草胺/900克/升/乳油/乙草胺 900克/升/2009.03.27 至 2014.03.27/低毒			
	冬油菜田	一年生禾本科杂草及部分阔叶杂草	945-1080克/公顷	土壤喷雾
PD20095221	高效氟吡甲禾灵/108克/升/乳油/高效氟吡甲禾灵 108克/升/2009.04.24 至 2014.04.24/低毒			
	春大豆田	一年生禾本科杂草	48.6-64.8克/公顷	茎叶喷雾
	夏大豆田	一年生禾本科杂草	40.6-48.6克/公顷	茎叶喷雾
PD20095357	吡嘧磺隆/10%/可湿性粉剂/吡嘧磺隆 10%/2009.04.27 至 2014.04.27/低毒			
	移栽水稻田	一年生阔叶杂草及莎草科杂草	15-30克/公顷	茎叶喷雾
PD20095710	吡虫啉/10%/可湿性粉剂/吡虫啉 10%/2009.05.18 至 2014.05.18/低毒			
	水稻	稻飞虱	15-30克/公顷	喷雾
PD20096310	井冈·噻嗪酮/28%/可湿性粉剂/井冈霉素 12%、噻嗪酮 16%/2009.07.22 至 2014.07.22/低毒			
	水稻	稻飞虱、纹枯病	168-210克/公顷	喷雾
PD20096535	唑磷·毒死蜱/30%/乳油/毒死蜱 15%、三唑磷 15%/2009.08.20 至 2014.08.20/中等毒			

水稻 三化螟 225-270克/公顷 喷雾

PD20097027 草甘膦异丙胺盐(41%)///水剂/草甘膦 30%/2009.10.10 至 2014.10.10/低毒

非耕地 杂草 1125-2250克/公顷 喷雾

PD20097919 草甘膦/95%/原药/草甘膦 95%/2009.11.30 至 2014.11.30/低毒

LS20053324 己唑醇/50克/升/悬浮剂/己唑醇 50克/升/2008.10.17 至 2009.10.17/低毒

水稻 纹枯病 60-75克/公顷 喷雾

LS20053677 吡虫啉/2.5%/可湿性粉剂/吡虫啉 2.5%/2008.11.29 至 2009.11.29/低毒

水稻 稻飞虱 15-22.5克/公顷 喷雾

LS20053704 草甘膦异丙胺盐/41%/水剂/草甘膦异丙胺盐 41%/2008.12.08 至 2009.12.08/低毒

非耕地 杂草 1230-2460克/公顷 茎叶喷雾

LS20071035 苯磺隆/75%/水分散粒剂/苯磺隆 75%/2009.04.19 至 2010.04.20/低毒

冬小麦田 阔叶杂草 10-15克/公顷 茎叶喷雾

LS20072231 阿维菌素/0.5%/乳油/阿维菌素 0.5%/2009.09.11 至 2010.09.12/低毒(原药高毒)

十字花科蔬菜 小菜蛾 8.1-10.8克/公顷 喷雾

LS20080675 氟铃脲/5%/乳油/氟铃脲 5%/2009.02.24 至 2010.02.25/低毒

十字花科蔬菜 甜菜夜蛾 22.5-30克/公顷 喷雾

LS20082677 氧氟·乙草胺/42%/乳油/乙草胺 35%、乙氧氟草醚 7%/2009.04.29 至 2010.04.29/低毒

大蒜田 一年生杂草 567-693克/公顷 土壤喷雾

江苏省南通神雨绿色药业有限公司 (江苏省南通市如东县马塘镇建设路东首 226401 0513-80157160)

LS20011279 苦参碱/0.5%/水剂/苦参碱 0.5%/2009.01.20 至 2009.12.31/低毒

茶树 茶毛虫 3.75-5.25克/公顷 喷雾

十字花科蔬菜 菜青虫、小菜蛾、蚜虫 4.5-6.75克/公顷 喷雾

烟草 烟青虫、烟蚜 4.5-6克/公顷 喷雾

LS20052323 丁子香酚/0.3%/可溶液剂/丁子香酚 0.3%/2008.06.26 至 2009.06.26/低毒

番茄 灰霉病 3.86-5.4克/公顷 喷雾

LS20082505 鱼藤酮/2.5%/乳油/鱼藤酮 2.5%/2009.04.22 至 2010.04.22/低毒

十字花科蔬菜 蚜虫 37.5-56.25克/公顷 喷雾

LS20090083 甲氨基阿维菌素苯甲酸盐/2.2%/微乳剂/甲氨基阿维菌素苯甲酸盐 2.2%/2009.01.09 至 2010.01.09/中等毒

甘蓝 小菜蛾 1.65-2.64克/公顷 喷雾

LS20091409 香菇多糖/1%/水剂/香菇多糖 1%/2009.09.16 至 2010.09.16/微毒

番茄 病毒病 12.45-18.75克/公顷 喷雾

江苏省南通施壮化工有限公司 (江苏省南通市人民西路88号 226005 0513-83517577)

PD20070012 棉隆/98%/原药/棉隆 98%/2007.01.18 至 2012.01.18/低毒

PD20070013 棉隆/98%/微粒剂/棉隆 98%/2007.01.18 至 2012.01.18/低毒

草莓、花卉 线虫 30-40克/平方米 土壤处理

番茄(保护地) 线虫 29.4-44.1克/平方米 土壤处理

PD20083899 霜脲氰/98%/原药/霜脲氰 98%/2008.12.15 至 2013.12.15/低毒

PD20084059 硫双威/95%/原药/硫双威 95%/2008.12.16 至 2013.12.16/中等毒

PD20085375 甲哌鎓/250克/升/水剂/甲哌鎓 250克/升/2008.12.24 至 2013.12.24/低毒

棉花 调节生长 45-60克/公顷 喷雾

PD20092895 苯磺隆/95%/原药/苯磺隆 95%/2009.03.05 至 2014.03.05/低毒

PD20095035 甲哌鎓/98%/原药/甲哌鎓 98%/2009.04.21 至 2014.04.21/低毒

PD20097519 吡虫啉/95%/原药/吡虫啉 95%/2009.11.03 至 2014.11.03/低毒

LS20091372 吡丙醚/10.8%/乳油/吡丙醚 10.8%/2009.07.28 至 2010.07.28/微毒

柑橘树 介壳虫 33.3-40毫克/千克 喷雾

WP20060007 吡丙醚/95%/原药/吡丙醚 95%/2006.04.13 至 2011.04.13/低毒

江苏省南通泰禾化工有限公司 (江苏省南通市如东县洋口化工聚集区 226407 0513-84814860)

PD20081210 野麦畏/94%/原药/野麦畏 94%/2008.09.11 至 2013.09.11/低毒

PD20082354 草甘膦/95%/原药/草甘膦 95%/2008.12.01 至 2013.12.01/低毒

PD20094384 禾草敌/99%/原药/禾草敌 99%/2009.04.01 至 2014.04.01/低毒

江苏省南通同济化工有限公司 (江苏省南通市港闸区港闸经济开发区通港路 226003 0513-85400770)

PD20070187 噁草酮/250克/升/乳油/噁草酮 250克/升/2007.07.10 至 2012.07.10/低毒

花生田 一年生杂草 450—750克/公顷 土壤喷雾

PD20070620 噁草·丁草胺/36%/乳油/丁草胺 30%、噁草酮 6%/2007.12.14 至 2012.12.14/低毒

棉花苗床、水稻(旱育秧及半旱育秧田) 一年生杂草 810-1080克/公顷 土壤喷雾

水稻移栽田 一年生杂草 810-1080克/公顷(南方地区) 土壤喷雾、药土法

PD20080885 噁草酮/120克/升/乳油/噁草酮 120克/升/2008.07.09 至 2013.07.09/低毒

水稻移栽田 一年生杂草 360-450克/公顷 直接用施或药土法

PD20081133 噁酮·乙草胺/42%/乳油/噁草酮 7%、乙草胺 35%/2008.09.01 至 2013.09.01/低毒

花生田 一年生杂草 756-945克/公顷 喷雾

注:仅限芽前使用。
PD20082985 噁草·丁草胺/20%/乳油/丁草胺 12%、噁草酮 8%/2008.12.10 至 2013.12.10/低毒
水稻 稗草、莎草 600-675克/公顷 毒土或毒肥
PD20092639 噁酮·乙草胺/37.5%/乳油/噁草酮 12.5%、乙草胺 25%/2009.03.02 至 2014.03.02/低毒
大蒜田 一年生杂草 675-843.8克/公顷 播后苗前喷雾
油菜田 一年生杂草 675-843.8克/公顷 喷雾
LS20011664 氟腈·敌百虫/50%/乳油/敌百虫 49%、氟虫腈 1%/2009.01.06 至 2009.12.31/低毒
十字花科蔬菜 小菜蛾 300-450克/公顷 喷雾
水稻 稻纵卷叶螟、二化螟、飞虱 600-750克/公顷 喷雾

江苏省南通丸宏农用化工有限公司 (江苏省南通市经济技术开发区盛开路 226009 0513-83595135)

PD20086146 多抗霉素/10%/可湿性粉剂/多抗霉素 10%/2008.12.30 至 2013.12.30/微毒
苹果树 斑点落叶病 67-100毫克/千克 喷雾
烟草 赤星病 105-135克/公顷 喷雾

江苏省南通正达农化有限公司 (江苏省南通市如皋市农业科学研究所内 226576 0513-87381251)

PD84121-16 磷化铝/56%/片剂/磷化铝 56%/2009.12.17 至 2014.12.17/高毒
洞穴 室外啮齿动物 根据洞穴大小而定 密闭熏蒸
货物 仓储害虫 5-10片/1000千克 密闭熏蒸
空间 多种害虫 1-4片/立方米 密闭熏蒸
粮食、种子 储粮害虫 3-10片/1000千克 密闭熏蒸
PD85154-40 氰戊菊酯/20%/乳油/氰戊菊酯 20%/2005.08.15 至 2010.08.15/中等毒
柑橘树 潜叶蛾 10-20毫克/千克 喷雾
果树 梨小食心虫 10-20毫克/千克 喷雾
棉花 红铃虫、蚜虫 75-150克/公顷 喷雾
蔬菜 菜青虫、蚜虫 60-120克/公顷 喷雾
PD20060069 磷化铝/85%/原药/磷化铝 85%/2006.04.13 至 2011.04.13/高毒
PD20083537 联苯菊酯/25克/升/乳油/联苯菊酯 25克/升/2008.12.12 至 2013.12.12/低毒
茶树 茶尺蠖 11.25-15克/公顷 喷雾
PD20083690 高效氯氟氰菊酯/2.5%/乳油/高效氯氟氰菊酯 2.5%/2008.12.15 至 2013.12.15/中等毒
十字花科蔬菜 菜青虫 11.25-15克/公顷 喷雾
PD20084056 三环·多菌灵/52%/可湿性粉剂/多菌灵 40%、三环唑 12%/2008.12.16 至 2013.12.16/低毒
水稻 稻瘟病 468-624克/公顷 喷雾
PD20084411 联苯菊酯/95%/原药/联苯菊酯 95%/2008.12.17 至 2013.12.17/中等毒
PD20084667 三环·杀虫单/58%/可湿性粉剂/三环唑 18%、杀虫单 40%/2008.12.22 至 2013.12.22/中等毒
水稻 稻瘟病、二化螟 870-1044克/公顷 喷雾
PD20085154 氰戊·辛硫磷/30%/乳油/氰戊菊酯 5.5%、辛硫磷 24.5%/2008.12.23 至 2013.12.23/中等毒
十字花科蔬菜 菜青虫 180-225克/公顷 喷雾
PD20085353 噁草·丁草胺/36%/乳油/丁草胺 30%、噁草酮 6%/2008.12.24 至 2013.12.24/低毒
棉花苗床 一年生杂草 810-1080克/公顷 播后苗前土壤喷雾
水稻半旱秧田、水稻旱秧田 一年生杂草 648-756克/公顷 播后苗前土壤喷雾
PD20085426 阿维·三唑磷/20%/乳油/阿维菌素 0.2%、三唑磷 19.8%/2008.12.24 至 2013.12.24/中等毒(原药高毒)
水稻 二化螟 180-240克/公顷 喷雾
PD20085563 溴氰菊酯/2.5%/乳油/溴氰菊酯 2.5%/2008.12.25 至 2013.12.25/中等毒
叶菜类十字花科蔬菜 小菜蛾 15-18.75克/公顷 喷雾
PD20086208 高效氯氟氰菊酯/95%/原药/高效氯氟氰菊酯 95%/2008.12.30 至 2013.12.30/中等毒
PD20090178 高氯·毒死蜱/20%/乳油/毒死蜱 18%、高效氯氟氰菊酯 2%/2009.01.08 至 2014.01.08/中等毒
十字花科蔬菜 菜青虫 90-150克/公顷 喷雾
PD20090276 咪鲜·杀螟丹/12%/可湿性粉剂/咪鲜胺 3%、杀螟丹 9%/2009.01.09 至 2014.01.09/低毒
水稻 恶苗病、干尖线虫病 300—500倍液 浸种
PD20090566 辛硫·高氯氟/30%/乳油/高效氯氟氰菊酯 1%、辛硫磷 29%/2009.01.13 至 2014.01.13/中等毒
棉花 棉铃虫 360-450克/公顷 喷雾
PD20090873 井冈·杀虫单/65%/可溶粉剂/井冈霉素 9%、杀虫单 56%/2009.01.19 至 2014.01.19/中等毒
水稻 螟虫、纹枯病 585-780克/公顷 喷雾
PD20092461 丙溴·辛硫磷/36%/乳油/丙溴磷 18%、辛硫磷 18%/2009.02.25 至 2014.02.25/低毒
棉花 棉铃虫 378-486克/公顷 喷雾
PD20095528 精喹·草除灵/17.5%/乳油/草除灵 15%、精喹禾灵 2.5%/2009.05.11 至 2014.05.11/低毒
冬油菜田 一年生杂草 262.5-393.8克/公顷 茎叶喷雾
PD20095657 阿维·毒死蜱/17%/乳油/阿维菌素 0.1%、毒死蜱 16.9%/2009.05.13 至 2014.05.13/中等毒(原药高毒)
十字花科蔬菜 菜青虫 76.5-127.5克/公顷 喷雾
水稻 稻纵卷叶螟 225-382.5克/公顷 喷雾
水稻 二化螟 225-306克/公顷 喷雾
PD20096366 二嗪磷/50%/乳油/二嗪磷 50%/2009.08.04 至 2014.08.04/低毒

	水稻	二化螟	675-900克/公顷	喷雾
PD20096465	毒死蜱/480克/升/乳油/毒死蜱 480克/升/2009.08.14 至 2014.08.14/中等毒			
	水稻	稻纵卷叶螟	504-648克/公顷	喷雾
PD20096776	虫酰肼/200克/升/悬浮剂/虫酰肼 200克/升/2009.09.15 至 2014.09.15/微毒			
	甘蓝	甜菜夜蛾	240-300克/公顷	喷雾
江苏省农垦生物化学有限公司　(江苏省南京市南京化学工业园赵丰路19号　210047　025-58392246)				
PD86101-41	赤霉酸/4%/乳油/赤霉酸 4%/2007.01.22 至 2012.01.22/低毒			
	菠菜	增加鲜重	10-25毫克/千克	叶面处理1-3次
	菠萝	果实增大、增重	40-80毫克/千克	喷花
	柑橘树	果实增大、增重	20-40毫克/千克	喷花
	花卉	提前开花	700毫克/千克	叶面处理涂抹花芽
	绿肥	增产	10-20毫克/千克	喷雾
	马铃薯	苗齐、增产	0.5-1毫克/千克	浸薯块10-30分钟
	棉花	提高结铃率、增产	10-20毫克/千克	点喷、点涂或喷雾
	葡萄	无核、增产	50-200毫克/千克	花后1周处理果穗
	芹菜	增产	20-100毫克/千克	叶面处理1次
	人参	增加发芽率	20毫克/千克	播前浸种15分钟
	水稻	增加千粒重、制种	20-30毫克/千克	喷雾
PD20092046	氯氰·毒死蜱/522.5克/升/乳油/毒死蜱 475克/升、氯氰菊酯 47.5克/升/2009.02.12 至 2014.02.12/中等毒			
	黄瓜	美洲斑潜蝇	391.9-470.3克/公顷	喷雾
	苹果树	桃小食心虫	307.4-348.3毫克/千克	喷雾
PD20095049	毒死蜱/480克/升/乳油/毒死蜱 480克/升/2009.04.21 至 2014.04.21/中等毒			
	十字花科蔬菜	斜纹夜蛾	360-504克/公顷	喷雾
	水稻	稻瘿蚊	1800-2160克/公顷	毒土法
	水稻	稻飞虱	504-648克/公顷	喷雾
PD20095926	氯氟吡氧乙酸异辛酯(28.8%)///乳油/氯氟吡氧乙酸 20%/2009.06.02 至 2014.06.02/低毒			
	冬小麦田	一年生阔叶杂草	150-210克/公顷	茎叶喷雾
LS20080823	草除灵/500克/升/悬浮剂/草除灵 500克/升/2009.02.28 至 2010.02.28/低毒			
	冬油菜	猪殃殃	300-375克/公顷	茎叶喷雾
LS20090051	赤4+7·赤霉酸/3%/脂膏/赤霉酸A4+A7 1%、赤霉酸A3 2%/2009.01.09 至 2010.01.09/微毒			
	梨树	调节生长	0.6-0.9毫克/果	涂抹果柄
WL20080372	吡虫啉/10%/悬浮剂/吡虫啉 10%/2009.08.20 至 2010.08.20/低毒			
	卫生	白蚁	1)5克/平方米 2)500-1000毫克/千克	1)土壤处理 2)木材浸泡
江苏省农药研究所股份有限公司　(江苏省南京市化工园区方水路90-80号　210047　025-86581155)				
PD20040032	氯氰菊酯/92%/原药/氯氰菊酯 92%/2009.12.19 至 2014.12.19/中等毒			
PD20040210	高效氯氰菊酯/4.5%/乳油/高效氯氰菊酯 4.5%/2009.12.19 至 2014.12.19/中等毒			
	棉花	红铃虫、棉铃虫、棉蚜	15-30克/公顷	喷雾
	十字花科蔬菜	菜蚜	3-18克/公顷	喷雾
	十字花科蔬菜	菜青虫、小菜蛾	9-25.5克/公顷	喷雾
PD20040267	吡虫啉/95%/原药/吡虫啉 95%/2009.12.19 至 2014.12.19/低毒			
PD20040417	吡虫啉/25%/可湿性粉剂/吡虫啉 25%/2009.12.19 至 2014.12.19/低毒			
	水稻	飞虱	15-30克/公顷	喷雾
PD20040433	吡虫啉/5%/乳油/吡虫啉 5%/2009.12.19 至 2014.12.19/低毒			
	水稻	飞虱	15-30克/公顷	喷雾
	水稻	稻瘿蚊	1:100(药种比)	拌种
PD20040568	氯氰·吡虫啉/5%/乳油/吡虫啉 1%、氯氰菊酯 4%/2009.12.19 至 2014.12.19/中等毒			
	梨树	梨木虱	1000-1500倍液	喷雾
	十字花科蔬菜	菜青虫、蚜虫	22.5-37.5克/公顷	喷雾
PD20040752	吡虫啉/10%/可湿性粉剂/吡虫啉 10%/2009.12.19 至 2014.12.19/低毒			
	梨树	梨木虱	33-50毫克/千克	喷雾
	苹果树	黄蚜	20-33毫克/千克	喷雾
	水稻	飞虱	15-30克/公顷	喷雾
PD20050046	吡虫啉/70%/湿拌种剂/吡虫啉 70%/2005.04.20 至 2010.04.19/低毒			
	棉花	蚜虫	280-350克/100千克种子	拌种
PD20050057	高效氯氰菊酯/95%/原药/高效氯氰菊酯 95%/2005.06.06 至 2010.06.05/中等毒			
PD20083172	高效氯氟氰菊酯/95%/原药/高效氯氟氰菊酯 95%/2008.12.11 至 2013.12.11/中等毒			
PD20094131	锰锌·烯唑醇/32.5%/可湿性粉剂/代森锰锌 30%、烯唑醇 2.5%/2009.03.27 至 2014.03.27/低毒			
	梨树	黑星病	400-600倍液	喷雾

LS20070701 苯醚甲环唑/95%/原药/苯醚甲环唑 95%/2009.03.29 至 2010.03.30/低毒

LS20072657 氰烯菌酯/25%/悬浮剂/氰烯菌酯 25%/2009.12.16 至 2010.12.17/微毒
小麦 赤霉病 375-750克/公顷 喷雾

LS20072660 氰烯菌酯/95%/原药/氰烯菌酯 95%/2009.12.16 至 2010.12.17/微毒

LS20080218 杀螺胺/95%/原药/杀螺胺 95%/2009.01.07 至 2010.01.07/微毒

LS20090336 吡虫啉/65%/水分散粒剂/吡虫啉 65%/2009.03.05 至 2010.03.05/中等毒
十字花科蔬菜 蚜虫 11.25-22.5克/公顷 喷雾

LS20090777 杀螺胺/25%/悬浮剂/杀螺胺 25%/2009.03.31 至 2010.03.31/微毒
沟渠 钉螺 1-2克/立方米 浸杀

WP20080045 氯菊酯/94%/原药/氯菊酯 94%/2008.03.04 至 2013.03.04/低毒

江苏省农用激素工程技术研究中心有限公司 (江苏省常州市新区岷江路98号 213200 0519-282581)

PD85154-13 氰戊菊酯/20%/乳油/氰戊菊酯 20%/2006.07.23 至 2011.07.23/中等毒
柑橘树 潜叶蛾 10-20毫克/千克 喷雾
果树 梨小食心虫 10-20毫克/千克 喷雾
棉花 红铃虫、蚜虫 75-150克/公顷 喷雾
蔬菜 菜青虫、蚜虫 60-120克/公顷 喷雾

PD89104-6 氰戊菊酯/93%/原药/氰戊菊酯 93%/2009.11.23 至 2014.11.23/中等毒

PD20080241 噻吩磺隆/75%/水分散粒剂/噻吩磺隆 75%/2008.02.14 至 2013.02.14/低毒
冬小麦 一年生阔叶杂草 22.5-33.8克/公顷 茎叶喷雾

PD20081010 S-氰戊菊酯/93%/原药/S-氰戊菊酯 93%/2008.08.06 至 2013.08.06/中等毒

PD20081031 灭草松/95%/原药/灭草松 95%/2008.08.06 至 2013.08.06/低毒

PD20081250 胺苯磺隆/20%/水分散粒剂/胺苯磺隆 20%/2008.09.18 至 2013.09.18/微毒
冬油菜田 一年生阔叶杂草 24-30克/公顷 茎叶喷雾

PD20082197 联苯菊酯/100克/升/乳油/联苯菊酯 100克/升/2008.11.26 至 2013.11.26/低毒
棉花 棉铃虫 45-75克/公顷 喷雾

PD20084021 戊唑醇/95%/原药/戊唑醇 95%/2008.12.16 至 2013.12.16/低毒

PD20085335 S-氰戊菊酯/5%/乳油/S-氰戊菊酯 5%/2008.12.24 至 2013.12.24/中等毒
棉花 红铃虫、棉铃虫 22.5-30克/公顷 喷雾

PD20086174 联苯菊酯/95%/原药/联苯菊酯 95%/2008.12.30 至 2013.12.30/中等毒

PD20090673 氯磺隆/25%/水分散粒剂/氯磺隆 25%/2009.01.19 至 2014.01.19/低毒
冬小麦田 多种一年生杂草 7.5-15克/公顷 冬前，小麦播后苗前或苗后早期杂草（2-3）叶期

PD20091275 高效氟吡甲禾灵/108克/升/乳油/高效氟吡甲禾灵 108克/升/2009.02.01 至 2014.02.01/低毒
春大豆田 一年生禾本科杂草 48.6-56.7克/公顷 茎叶喷雾
冬油菜田 一年生禾本科杂草 32.4-48.6克/公顷 茎叶喷雾
棉花田、夏大豆田 一年生禾本科杂草 40.5-48.6克/公顷 茎叶喷雾

PD20092487 烯草酮/90%/原药/烯草酮 90%/2009.02.26 至 2014.02.26/低毒

PD20096078 氯氟吡氧乙酸异辛酯/95%/原药/氯氟吡氧乙酸异辛酯 95%/2009.06.18 至 2014.06.18/微毒

PD20096883 双草醚/95%/原药/双草醚 95%/2009.09.23 至 2014.09.23/低毒

LS20071293 高效氯氟氰菊酯/10%/水乳剂/高效氯氟氰菊酯 10%/2009.05.08 至 2010.05.09/中等毒
茶叶 茶小绿叶蝉 22.5-37.5克/公顷 喷雾
茶叶 茶尺蠖 15-30克/公顷 喷雾
柑橘树 潜叶蛾 12.5-25毫克/千克 喷雾
苹果树 桃小食心虫 8.33-12.5毫克/千克 喷雾
十字花科蔬菜 菜青虫、蚜虫 7.5-15克/公顷 喷雾
十字花科蔬菜 小菜蛾 15-22.5克/公顷 喷雾
烟草 烟青虫 7.5-12克/公顷 喷雾

LS20081083 砜嘧磺隆/95%/原药/砜嘧磺隆 95%/2009.03.10 至 2010.03.10/微毒

江苏省双菱化工集团有限公司 (江苏省连云港市海州区新海路 222023 0518-5253833)

PD84121-3 磷化铝/56%/片剂/磷化铝 56%/2009.12.10 至 2014.12.10/高毒
洞穴 室外啮齿动物 根据洞穴大小而定 密闭熏蒸
货物 仓储害虫 5-10片/1000千克 密闭熏蒸
空间 多种害虫 1-4片/立方米 密闭熏蒸
粮食、种子 储粮害虫 3-10片/1000千克 密闭熏蒸

PD86145 磷化铝/90%,85%/原药/磷化铝 90%,85%/2006.11.02 至 2011.11.02/高毒
洞穴 室外啮齿动物 根据洞穴大小而定 密闭熏蒸
货物 仓储害虫 10-20克/吨 密闭熏蒸
空间 多种害虫 2-8克/立方米 密闭熏蒸
粮食、种子 储粮害虫 6-20克/吨 密闭熏蒸

江苏省苏科农化有限责任公司 (江苏省南京市孝陵卫钟灵街50号 210014 025-84390387)

PD20040398 多·酮/33%/可湿性粉剂/多菌灵 24%、三唑酮 9%/2009.12.19 至 2014.12.19/低毒

小麦 白粉病、赤霉病、纹枯病 1)450-600克/公顷 1)喷雾
2)66-99克/100千克种子 2)拌种
油菜 菌核病 495-693克/公顷 喷雾

PD20040468 杀单·三唑磷/15%/乳油/三唑磷 5%、杀虫单 10%/2009.12.19 至 2014.12.19/中等毒
水稻 稻纵卷叶螟、二化螟、三化螟 450-562.5克/公顷 喷雾

PD20040670 吡虫·杀虫单/62%/可湿性粉剂/吡虫啉 2%、杀虫单 60%/2009.12.19 至 2014.12.19/中等毒
水稻 稻纵卷叶螟、二化螟、飞虱 450-750克/公顷 喷雾

PD20040678 吡虫·三唑磷/20%/乳油/吡虫啉 1%、三唑磷 19%/2009.12.19 至 2014.12.19/中等毒
水稻 二化螟、飞虱 300-375克/公顷 喷雾

PD20070553 苄嘧·苯噻酰/50%/可湿性粉剂/苯噻酰草胺 48.5%、苄嘧磺隆 1.5%/2007.12.03 至 2012.12.03/低毒
水稻抛秧田 一年生及部分多年生杂草 375-450克/公顷(南方地区) 药土法

PD20070587 氰戊·辛硫磷/30%/乳油/氰戊菊酯 15%、辛硫磷 15%/2007.12.14 至 2012.12.14/低毒
棉花 棉铃虫 270-360克/公顷 喷雾

PD20080375 多·福/45%/可湿性粉剂/多菌灵 9%、福美双 36%/2008.02.29 至 2013.02.28/低毒
苹果树 轮纹病 642.9-900毫克/千克 喷雾

PD20080526 氧氟·乙草胺/42%/乳油/乙草胺 34%、乙氧氟草醚 8%/2008.04.29 至 2013.04.29/低毒
大蒜田 一年生杂草 567-693克/公顷 播后苗前喷雾

PD20080891 乙氧氟草醚/24%/乳油/乙氧氟草醚 24%/2008.07.09 至 2013.07.09/低毒
大蒜田 一年生杂草 188-216克/公顷 喷雾

PD20082065 苯磺隆/10%/可湿性粉剂/苯磺隆 10%/2008.11.25 至 2013.11.25/低毒
冬小麦田 阔叶杂草 13.5－22.5克/公顷 茎叶喷雾

PD20082688 阿维·吡虫啉/1.8%/乳油/阿维菌素 0.1%、吡虫啉 1.7%/2008.12.05 至 2013.12.05/低毒(原药高毒)
十字花科蔬菜 蚜虫 10.8-16.2克/公顷 喷雾

PD20082712 阿维·高氯/2.4%/乳油/阿维菌素 0.4%、高效氯氰菊酯 2%/2008.12.05 至 2013.12.05/低毒(原药高毒)
十字花科蔬菜 菜青虫 7.5-15克/公顷 喷雾

PD20082852 阿维·吡虫啉/1.8%/可湿性粉剂/阿维菌素 0.1%、吡虫啉 1.7%/2008.12.09 至 2013.12.09/低毒(原药高毒)
十字花科蔬菜 蚜虫 6.75-10.8克/公顷 喷雾

PD20085660 井冈·杀虫双/22%/水剂/井冈霉素 2%、杀虫双 20%/2008.12.26 至 2013.12.26/中等毒
水稻 螟虫、纹枯病 742.5-825克/公顷 喷雾

PD20086134 阿维·三唑磷/20.2%/乳油/阿维菌素 0.2%、三唑磷 20%/2008.12.30 至 2013.12.30/低毒(原药高毒)
水稻 稻纵卷叶螟、二化螟、三化螟 303-363.6克/公顷 喷雾

PD20092366 苄·乙/20%/可湿性粉剂/苄嘧磺隆 2.5%、乙草胺 17.5%/2009.02.24 至 2014.02.24/低毒
水稻移栽田 一年生及部分多年生杂草 90-120克/公顷 药土法

PD20092502 稻丰·三唑磷/40%/乳油/稻丰散 15%、三唑磷 25%/2009.02.26 至 2014.02.26/中等毒
水稻 稻纵卷叶螟、二化螟、三化螟 600-750克/公顷 喷雾

PD20093651 苄·丁·异丙隆/50%/可湿性粉剂/苄嘧磺隆 2%、丁草胺 24%、异丙隆 24%/2009.03.25 至 2014.03.25/微毒
水稻直播田 部分多年生杂草、一年生杂草 375-450克/公顷(南方地区) 药土法或喷雾

PD20093660 噁草·丁草胺/42%/乳油/丁草胺 32%、噁草酮 10%/2009.03.25 至 2014.03.25/低毒
水稻田 多种一年生杂草 567-693克/公顷 复土后盖膜前喷雾

PD20093795 扑·乙/37.5%/可湿性粉剂/扑草净 20%、乙草胺 17.5%/2009.03.25 至 2014.03.25/低毒
冬油菜田 一年生杂草 843.8－1125克/公顷 土壤喷雾

PD20094076 氰氟·精噁唑/10%/乳油/精噁唑禾草灵 5%、氰氟草酯 5%/2009.03.27 至 2014.03.27/低毒
水稻直播田 一年生禾本科杂草 60－90克/公顷 茎叶喷雾

PD20094946 烯唑·多菌灵/18.7%/可湿性粉剂/多菌灵 8.3%、烯唑醇 10.4%/2009.04.17 至 2014.04.17/低毒
水稻 稻粒黑粉病 90-120克/公顷 喷雾

PD20094988 甲磺·氯磺隆/20%/可湿性粉剂/甲磺隆 5%、氯磺隆 15%/2009.04.21 至 2014.04.21/低毒
冬小麦田 一年生杂草 11.25-15克/公顷 冬前喷雾

PD20096100 苄·乙·甲/20%/可湿性粉剂/苄嘧磺隆 1.2%、甲磺隆 0.2%、乙草胺 18.6%/2009.06.18 至 2014.06.18/低毒
水稻移栽田 一年生杂草 90-120克/公顷 毒土法

PD20096244 绿麦·异丙隆 /50%/可湿性粉剂/绿麦隆 25%、异丙隆 25%/2009.07.15 至 2014.07.15/低毒
冬小麦田 一年生杂草 925-1125克/公顷 喷雾

PD20097178 井冈·枯芽菌///水剂/井冈霉素 2.5%、枯草芽孢杆菌 100亿活芽孢/毫升/2009.10.16 至 2014.10.16/低毒
水稻 稻曲病、纹枯病 3000-4500毫升制剂/公顷 喷雾

LS20051329 百·福/30%/可湿性粉剂/百菌清 12%、福美双 18%/2008.04.13 至 2009.04.13/低毒
食用菌 木霉菌、疣孢霉菌 0.09-0.18克/平方米 喷雾

LS20053792 胺·喹·乙草胺/21%/悬乳剂/胺苯磺隆 0.75%、精喹禾灵 2.5%、乙草胺 17.75%/2008.12.14 至 2009.12.14/微毒
油菜田 一年生杂草 315-393.75克/公顷 喷雾

LS20060620 蛇床子素/1%/水乳剂/蛇床子素 1%/2009.03.23 至 2010.03.23/微毒
黄瓜 霜霉病 22.5-30克/公顷 喷雾
黄瓜(保护地) 白粉病 22.5-30克/公顷 喷雾
水稻 稻曲病 18.75-25克/公顷 喷雾

LS20061209 喹硫·辛硫磷/30%/乳油/喹硫磷 10%、辛硫磷 20%/2009.05.21 至 2010.05.21/中等毒

水稻 稻纵卷叶螟 360-450克/公顷 喷雾

LS20061286 阿维·氟铃脲/3%/可湿性粉剂/阿维菌素 0.5%、氟铃脲 2.5%/2009.06.08 至 2010.06.08/低毒(原药高毒)

水稻 稻纵卷叶螟 22.5-27克/公顷 喷雾

LS20061639 蛇素·苏云菌//悬乳剂/蛇床子素 1%、苏云金杆菌 8000IU/微升/2009.08.23 至 2010.08.23/微毒

十字花科蔬菜 菜青虫、小菜蛾 1875-2250克制剂/公顷 喷雾

LS20083024 蛇床子素/1%/水乳剂/蛇床子素 1%/2009.09.16 至 2010.09.16/微毒

黄瓜 霜霉病 22.5-30克/公顷 喷雾

水稻 稻曲病 18.75-25克/公顷 喷雾

LS20090605 烟嘧·莠去津/51%/可湿性粉剂/烟嘧磺隆 3%、莠去津 48%/2009.03.23 至 2010.03.23/低毒

夏玉米 一年生杂草 765-918克/公顷 茎叶喷雾

LS20090815 氰氟草酯/10%/微乳剂/氰氟草酯 10%/2009.04.03 至 2010.04.03/微毒

直播水稻(南方) 千金子 90-120克/公顷 茎叶喷雾

LS20091119 井冈·枯芽菌 //可湿性粉剂/井冈霉素 6%、枯草芽孢杆菌 240亿个/克/2009.04.17 至 2010.04.17/微毒

水稻 纹枯病 90－108克/公00顷 喷雾

水稻 稻曲病 90－108克/公顷 喷雾

LS20091394 氟啶·斜夜核/7.5%/悬浮剂/氟啶脲 1.5%、斜纹夜蛾核型多角体病毒 6亿PIB/毫升/2009.09.15 至 2010.09.15/微毒

十字花科蔬菜 斜纹夜蛾 40-70毫升制剂/亩 喷雾

江苏省苏州蒂业日用品有限公司 (江苏省苏州市常熟市隆力奇生物工业园 215555 0512-52485538)

WL20070237 蚊香/0.28%/蚊香/富右旋反式烯丙菊酯 0.28%/2008.11.04 至 2009.11.05/微毒

卫生 蚊 / 点燃

WL20070238 杀虫气雾剂/0.55%/气雾剂/胺菊酯 0.25%、高效氯氰菊酯 0.05%、氯菊酯 0.25%/2008.11.04 至 2009.11.05/微毒

卫生 蚊、蝇、蜚蠊 / 喷雾

WL20080201 蚊香/0.25%/蚊香/Es-生物烯丙菊酯 0.25%/2009.03.07 至 2010.03.07/微毒

卫生 蚊 / 点燃

江苏省苏州富美实植物保护剂有限公司 (江苏省苏州工业园区界浦路99号 215126 0512-62863988)

PD20040208 高效顺式氯氰菊酯/50克/升/乳油/顺式氯氰菊酯 50克/升/2004.12.19 至 2009.12.18/中等毒

荔枝树 蝽蟓 20-25毫克/千克 喷雾

荔枝树 蒂蛀虫 33.3-50毫克/千克 喷雾

PD20040225 高效氯氰菊酯/4.5%/乳油/高效氯氰菊酯 4.5%/2009.12.19 至 2014.12.19/低毒

棉花 棉铃虫 33.75-47.25克/公顷 喷雾

十字花科蔬菜 蚜虫 33.75-67.5克/公顷 喷雾

PD20050006 联苯菊酯/25克/升/乳油/联苯菊酯 25克/升/2010.01.08 至 2015.01.08/低毒

茶树 茶尺蠖 10-16.7毫克/千克 喷雾

茶树 象甲 37.5-52.5克/公顷 喷雾

苹果树 桃小食心虫 12.5-25毫克/千克 喷雾

PD20050059 氯氰菊酯/100克/升/乳油/氯氰菊酯 100克/升/2005.06.10 至 2010.06.10/中等毒

茶树 茶尺蠖 33-50毫克/千克 喷雾

棉花 棉铃虫 90-105克/公顷 喷雾

苹果树 桃小食心虫 40-67毫克/千克 喷雾

十字花科蔬菜 菜青虫 30-45克/公顷 喷雾

PD20050117 丁硫·吡虫啉/150克/升/乳油/吡虫啉 50克/升、丁硫克百威 100克/升/2005.08.15 至 2010.08.14/中等毒

甘蓝 蚜虫 22.5-33.75克/公顷 喷雾

水稻 稻飞虱 67.5-135克/公顷 喷雾

注:水稻有效期累计为4年,至2011年转正式登记。

PD20050152 丁硫克百威/200克/升/乳油/丁硫克百威 200克/升/2005.09.29 至 2010.09.29/中等毒

甘蓝 蚜虫 90-120克/公顷 喷雾

柑橘树 锈壁虱、蚜虫 100-133毫克/千克 喷雾

节瓜 蓟马 225-375克/公顷 喷雾

苹果树 黄蚜 50-67毫克/千克 喷雾

PD20060062 zeta-氯氰菊酯/181克/升/乳油/zeta-氯氰菊酯 181克/升/2006.03.24 至 2011.03.24/中等毒

棉花 棉铃虫 54.3-67.9克/公顷 喷雾

十字花科蔬菜 蚜虫 54.3-108.6克/公顷 喷雾

注:十字花科蔬菜有效期为2006年3月24日至2007年3月24日。

PD20070177 硫线磷/5%/颗粒剂/硫线磷 5%/2007.06.25 至 2012.06.25/低毒(原药高毒)

黄瓜 根结线虫 6000-7500克/公顷 撒施

PD20081568 异噁草松/480克/升/乳油/异噁草松 480克/升/2008.11.12 至 2013.11.12/低毒

春大豆 一年生杂草 1)1008-1224克/公顷(东北地区) 2)504-612克/公顷+乙草胺 750-1125克/公顷 土壤喷雾

PD20082225 异松·乙草胺/500克/升/乳油/乙草胺 400克/升、异噁草松 100克/升/2008.11.26 至 2013.11.26/低毒

冬油菜(移栽田) 杂草 525-600克/公顷 土壤喷雾

花生田 一年生杂草 450-600克/公顷 播后苗前土壤喷雾

注:花生田为临时登记阶段，有效期至2011年11月20日。

PD20082629 阿维·联苯菊/33克/升/乳油/阿维菌素 3克/升、联苯菊酯 30克/升/2008.12.04 至 2013.12.04/低毒(原药高毒)
甘蓝 小菜蛾 24.75-39.6克/公顷 喷雾

PD20085337 毒死蜱/40%/乳油/毒死蜱 40%/2008.12.24 至 2013.12.24/中等毒
水稻 稻纵卷叶螟 540-660克/公顷 喷雾

PD20091327 咪乙·异噁松/405克/升/乳油/咪唑乙烟酸 45克/升、异噁草松 360克/升/2009.02.01 至 2014.02.01/低毒
春大豆田 一年生杂草 425.3-607.5克/公顷(东北地区) 播后苗前土壤喷雾

PD20093335 唑草·苯磺隆/36%/可湿性粉剂/苯磺隆 14%、唑草酮 22%/2009.03.18 至 2014.03.18/低毒
冬小麦田 阔叶杂草 21.6-27克/公顷 喷雾

PD20097258 2甲·唑草酮/70.5%/干悬浮剂/2甲4氯 0%、唑草酮 0%/2009.10.19 至 2014.10.19/低毒
冬小麦田 一年生阔叶杂草 370.1-475.9克/公顷 茎叶喷雾
水稻移栽田 阔叶杂草、莎草 528.75-634.5克/公顷 茎叶喷雾

PD20097259 2甲·唑草酮/70.5%/水分散粒剂/2甲4氯钠 66.5%、唑草酮 4%/2009.10.19 至 2014.10.19/低毒
冬小麦田 一年生阔叶杂草 370.1-475.9克/公顷 茎叶喷雾
水稻移栽田 阔叶杂草、莎草 528.75-634.5克/公顷 茎叶喷雾

LS20080441 苯·唑·2甲钠/55%/可湿性粉剂/苯磺隆 2.6%、2甲4氯钠 50%、唑草酮 2.4%/2009.02.19 至 2010.02.20/低毒
小麦 阔叶杂草 330-412.5克/公顷 茎叶喷雾

LS20082784 联苯·吡虫啉/150克/升/悬浮剂/吡虫啉 110克/升、联苯菊酯 40克/升/2009.05.08 至 2010.05.08/低毒
茶树 茶小绿叶蝉 67.5-101.25克/公顷 喷雾

LS20083173 莠·唑·2甲钠/73%/可湿性粉剂/2甲4氯钠 12.4%、莠灭净 60%、唑草酮 0.6%/2009.11.20 至 2010.11.20/低毒
甘蔗田 一年生杂草 1752-2190克/公顷 行间定向茎叶喷雾

WP20080557 联苯菊酯/100克/升/乳油/联苯菊酯 100克/升/2008.12.24 至 2013.12.24/中等毒
卫生 白蚁 1)2.5克/平方米 2)250毫克/千克 1)土壤喷洒 2)木材喷洒

WL20070054 联苯菊酯/25克/升/水乳剂/联苯菊酯 25克/升/2009.03.04 至 2010.03.05/中等毒
木材 白蚁 250毫克/千克 喷洒
土壤 白蚁 3-3.75克/平方米 喷洒

WL20080334 氯菊酯/38.4%/母药/氯菊酯 38.4%/2009.05.12 至 2010.05.12/低毒

江苏省苏州朗力福保健品有限公司 (江苏省苏州市相城区渭塘镇 215134 0512-65400999)

WP20080300 驱蚊花露水/3.5%/驱蚊花露水/避蚊胺 3.5%/2008.12.03 至 2013.12.03/低毒
卫生 蚊 / 涂抹

江苏省苏州联合伟业科技有限公司 (江苏省苏州市相城区东桥镇东首 215152 0512-65379658)

PD20070247 二甲戊灵/95%/原药/二甲戊灵 95%/2007.08.30 至 2012.08.30/低毒

PD20080049 杀虫环/87.5%/原药/杀虫环 87.5%/2008.01.03 至 2013.01.03/低毒

PD20080092 灭草松/480克/升/水剂/灭草松 480克/升/2008.01.03 至 2013.01.03/低毒
春大豆田 莎草科杂草、一年生杂草 1440-1800克/公顷(东北地区) 茎叶喷雾
花生田 阔叶杂草 957.6-1440克/公顷 喷雾
水稻田 阔叶杂草、莎草科杂草 1080-1440克/公顷 喷雾
夏大豆田 莎草科杂草、一年生杂草 1080-1440克/公顷(其它地区) 茎叶喷雾

PD20080167 灭草松/25%/水剂/灭草松 25%/2008.01.04 至 2013.01.04/低毒
春大豆田 莎草科杂草、一年生阔叶杂草 1312.5-1687.5克/公顷(东北地区 喷雾
花生田 阔叶杂草 750-1500克/公顷 喷雾
水稻移栽田 阔叶杂草、莎草科杂草 1125-1500克/公顷 喷雾
夏大豆田 莎草科杂草、一年生阔叶杂草 1125-1500克/公顷(其它地区) 喷雾

PD20080173 灭草松/95%/原药/灭草松 95%/2008.01.04 至 2013.01.04/低毒

PD20080826 二甲戊灵/330克/升/乳油/二甲戊灵 330克/升/2008.06.20 至 2013.06.20/低毒
甘蓝田 一年生禾本科杂草及部分阔叶杂草 594-742.5克/公顷 土壤喷雾
夏玉米田 一年生禾本科杂草及部分阔叶杂草 990-1237.5克/公顷 播后苗前土壤喷雾
烟草 抑制腋芽生长 60-80毫克/株 杯淋法

LS20080917 烯丙苯噻唑/95%/原药/烯丙苯噻唑 95%/2009.03.04 至 2010.03.04/低毒

江苏省苏州诗妍生物日化有限公司 (江苏省苏州市相城区湘城湘陆路2号 215008 0510-6288828)

WL20060005 防蛀片剂/94%/防蛀片/樟脑 94%/2009.01.16 至 2010.01.16/低毒
卫生 黑皮蠹 40克制剂/立方米 投放

江苏省苏州市宝带农药有限责任公司 (江苏省苏州市相城区望亭锦湖路3号 215155 0512-65254323)

PD20040207 多·酮/30%/可湿性粉剂/多菌灵 24%、三唑酮 6%/2009.12.19 至 2014.12.19/低毒
小麦 白粉病、赤霉病 450-600克/公顷 喷雾

PD20040656 异丙隆/50%/可湿性粉剂/异丙隆 50%/2009.12.19 至 2014.12.19/低毒
小麦 一年生单、双子叶杂草 937.5-1875克/公顷 喷雾

PD20050019 吡·多·三唑酮/32%/可湿性粉剂/吡虫啉 2%、多菌灵 24%、三唑酮 6%/2005.04.15 至 2010.04.14/低毒
小麦 白粉病、赤霉病、蚜虫 484-576克/公顷 喷雾

PD20082397 氯磺·异丙隆/70%/可湿性粉剂/氯磺隆 0.7%、异丙隆 69.3%/2008.12.01 至 2013.12.01/低毒
小麦田 一年生单、双子叶杂草 600-750克/公顷 茎叶喷雾
PD20082459 苄嘧磺隆/10%/可湿性粉剂/苄嘧磺隆 10%/2008.12.02 至 2013.12.02/低毒
冬小麦田 一年生阔叶杂草 45-60克/公顷 茎叶喷雾
PD20082662 苄嘧·异丙隆/60%/可湿性粉剂/苄嘧磺隆 4%、异丙隆 56%/2008.12.04 至 2013.12.04/低毒
水稻移栽田 一年生及部分多年生杂草 540-720克/公顷(南方地区) 药土法
水稻直播田 一年生及部分多年生杂草 360-450克/公顷(南方地区) 喷雾
PD20085196 苄嘧·异丙隆/70%/可湿性粉剂/苄嘧磺隆 2%、异丙隆 68%/2008.12.23 至 2013.12.23/低毒
大蒜田 一年生杂草 1050-1575克/公顷 播后苗前土壤喷雾
冬小麦田 一年生杂草 1050-1260克/公顷 喷雾
PD20092672 苄·乙/14%/可湿性粉剂/苄嘧磺隆 3.5%、乙草胺 10.5%/2009.03.03 至 2014.03.03/低毒
水稻 杂草 84-118克/公顷 毒土法
PD20094727 噻嗪酮/25%/可湿性粉剂/噻嗪酮 25%/2009.04.10 至 2014.04.10/微毒
水稻 稻飞虱 112.5-150克/公顷 喷雾
PD20094982 噻嗪·异丙威 /25%/可湿性粉剂/噻嗪酮 5%、异丙威 20%/2009.04.21 至 2014.04.21/低毒
水稻 飞虱 450-525克/公顷 喷雾
PD20098112 2甲·异丙隆/40%/可湿性粉剂/2甲4氯钠 20%、异丙隆 20%/2009.12.08 至 2014.12.08/低毒
水稻移栽田 阔叶杂草、莎草 360-420克/公顷 喷雾

江苏省苏州市江枫白蚁防治有限公司 (江苏省苏州市新区枫桥镇旺未村工业区 215129 0512-65365323)

WP20080508 毒死蜱/40%/乳油/毒死蜱 40%/2008.12.22 至 2013.12.22/中等毒
木材 白蚁 5000-10000毫克/千克 木材涂抹
卫生 白蚁 5000-10000毫克/千克 土壤喷洒
WP20090384 氟铃脲/0.5%/饵剂/氟铃脲 0.5%/2009.12.24 至 2014.12.24/微毒
木材、土壤 白蚁 / 投放
WL20090080 联苯菊酯/5%/水乳剂/联苯菊酯 5%/2009.03.19 至 2010.03.19/低毒
木材 白蚁 250-625毫克/千克 浸泡
土壤 白蚁 2.5-3.75克/平方米 喷洒
WL20090097 吡虫啉/80%/水分散粒剂/吡虫啉 80%/2009.03.25 至 2010.03.25/低毒
木材 白蚁 500-600毫克/千克 浸泡
土壤 白蚁 5-6克/平方米 喷洒

江苏省苏州市林克制片有限公司 (江苏省苏州市虎阜路24号 215008 0512-65343609)

WP20090241 防蛀防霉片剂/98%/防蛀片/对二氯苯 98%/2009.04.23 至 2014.04.23/低毒
卫生 黑皮蠹、青霉菌 40克/立方米 投放
WL20050197 防蛀片剂/95%/防蛀片剂/樟脑 95%/2008.07.25 至 2009.07.25/低毒
卫生 黑毛皮蠹 40克制剂/立方米 投放

江苏省苏州市新兴保健品厂 (江苏省苏州市相城区黄埭镇裴圩村 215143 0512-65712218)

WL20050254 驱蚊花露水/4.5%/驱蚊花露水/避蚊胺 4.5%/2008.09.13 至 2009.09.13/微毒
卫生 蚊 / 涂抹

江苏省苏州兴达喷雾制品有限公司 (江苏省苏州市太仓市陆渡镇浏太路888号 215412 0512-53450190)

WP20080017 杀虫气雾剂/0.33%/气雾剂/右旋胺菊酯 0.21%、右旋苯醚菊酯 0.12%/2008.01.07 至 2013.01.07/低毒
卫生 蚊、蝇 / 喷雾
WP20080561 杀虫气雾剂/0.33%/气雾剂/右旋胺菊酯 0.21%、右旋苯醚菊酯 0.12%/2008.12.24 至 2013.12.24/低毒
卫生 蜚蠊、蚊、蝇 / 喷雾
WP20080566 杀蟑气雾剂/0.65%/气雾剂/右旋胺菊酯 0.55%、右旋苯醚氰菊酯 0.40%/2008.12.24 至 2013.12.24/低毒
卫生 蜚蠊 / 喷雾

江苏省宿迁市新兴日化有限公司 (江苏省宿迁市宿豫区大兴镇启宇村宿泗公路旁 223800 0527-4351361)

WP20090129 杀虫气雾剂/0.25%/气雾剂/胺菊酯 0.2%、氯氰菊酯 0.05%/2009.02.23 至 2014.02.23/微毒
卫生 蚊、蝇、蜚蠊 / 喷雾

江苏省泰兴市东风农药化工厂 (江苏省泰兴市东进纪念塔北1000米 225411 0523-7211454)

PD84118-29 多菌灵/25%/可湿性粉剂/多菌灵 25%/2009.12.28 至 2014.12.28/低毒
果树 病害 0.05-0.1%药液 喷雾
花生 倒秧病 750克/公顷 喷雾
麦类 赤霉病 750克/公顷 喷雾,泼浇
棉花 苗期病害 500克/100千克种子 拌种
水稻 稻瘟病、纹枯病 750克/公顷 喷雾,泼浇
油菜 菌核病 1125-1500克/公顷 喷雾
PD85166-17 绿麦隆/25%/可湿性粉剂/绿麦隆 25%/2005.09.01 至 2010.09.01/低毒
大麦、小麦、玉米 一年生杂草 1)1500-3000克/公顷(北方地区) 播后苗前或苗期
2)600-1500克/公顷(南方地区) 喷雾
PD20060051 噻嗪酮/25%/可湿性粉剂/噻嗪酮 25%/2006.03.02 至 2011.03.02/低毒
水稻 稻飞虱 75-112.5克/公顷 喷雾
LS20071027 三环唑/20%/可湿性粉剂/三环唑 20%/2009.04.19 至 2010.04.20/低毒

水稻 稻瘟病 270-360克/公顷 喷雾

江苏省太仓大塚化学有限公司 （江苏省太仓市沙溪镇东 215421 0512-53222613）

PD20081326 克百威/98%/原药/克百威 98%/2008.10.20 至 2013.10.20/高毒

PD20081910 克百威/90%/母粉/克百威 90%/2008.11.21 至 2013.11.21/高毒

PD20082788 克百威/75%/母药/克百威 75%/2008.12.09 至 2013.12.09/高毒

江苏省太仓市长江化工厂 （江苏省太仓市城厢镇昆太路吴塘桥西堍 215400 0512-53103536）

PD20085141 苄嘧·苯噻酰/53%/可湿性粉剂/苯噻酰草胺 50%、苄嘧磺隆 3%/2008.12.23 至 2013.12.23/低毒

水稻抛秧田 部分多年生杂草、一年生杂草 397.5-556.5克/公顷(南方地区) 药土法

PD20086076 井冈·多菌灵/28%/悬浮剂/多菌灵 24%、井冈霉素 4%/2008.12.30 至 2013.12.30/低毒

水稻 稻瘟病、纹枯病 630-840克/公顷 喷雾

PD20090353 井冈·三环唑/20%/可湿性粉剂/井冈霉素 5%、三环唑 15%/2009.01.12 至 2014.01.12/中等毒

水稻 稻瘟病、纹枯病 300-450克/公顷 喷雾

PD20090744 苄嘧·丙草胺/30%/可湿性粉剂/苄嘧磺隆 1.5%、丙草胺 28.5%/2009.01.19 至 2014.01.19/低毒

水稻直播田 一年生及部分多年生杂草 360-540克/公顷(南方地区) 喷雾或药土法

PD20093529 烯唑·多菌灵/17.5%/可湿性粉剂/多菌灵 10%、烯唑醇 7.5%/2009.03.23 至 2014.03.23/低毒

水稻 稻粒黑粉病 157.5-183.75克/公顷 喷雾

PD20095335 苄·丁/20%/微粒剂/苄嘧磺隆 1%、丁草胺 19%/2009.04.27 至 2014.04.27/低毒

水稻移栽田 部分多年生杂草、一年生杂草 750-900克/公顷 毒土法

江苏省太仓市农药厂有限公司 （江苏省太仓市浏河镇滨河街114号 215431 0512-53611849）

PD84117-9 多菌灵/98%,95%,92%/原药/多菌灵 98%,95%,92%/2009.07.30 至 2014.07.30/低毒

PD84118-37 多菌灵/25%/可湿性粉剂/多菌灵 25%/2009.11.24 至 2014.11.24/低毒

果树 病害 0.05-0.1%药液 喷雾

花生 倒秧病 750克/公顷 喷雾

麦类 赤霉病 750克/公顷 喷雾,泼浇

棉花 苗期病害 500克/100千克种子 拌种

水稻 稻瘟病、纹枯病 750克/公顷 喷雾,泼浇

油菜 菌核病 1125-1500克/公顷 喷雾

PD85150-29 多菌灵/50%/可湿性粉剂/多菌灵 50%/2005.08.15 至 2010.08.15/低毒

果树 病害 0.05-0.1%药液 喷雾

花生 倒秧病 750克/公顷 喷雾

麦类 赤霉病 750克/公顷 喷雾、泼浇

棉花 苗期病害 500克/100千克种子 拌种

水稻 稻瘟病、纹枯病 750克/公顷 喷雾、泼浇

油菜 菌核病 1125-1500克/公顷 喷雾

PD85159-32 草甘膦/30%/水剂/草甘膦 30%/2005.08.15 至 2010.08.15/低毒

茶园、甘蔗田、果园、剑麻、林木、桑园、橡胶园 多年生恶性杂草、一年生杂草 1125-2250克/公顷 喷雾

PD91106-22 甲基硫菌灵/70%/可湿性粉剂/甲基硫菌灵 70%/2006.04.05 至 2011.04.05/低毒

番茄 叶霉病 375-562.5克/公顷 喷雾

甘薯 黑斑病 360-450毫克/千克 浸薯块

瓜类 白粉病 337.5-506.25克/公顷 喷雾

梨树 黑星病 360-450毫克/千克 喷雾

苹果树 轮纹病 700毫克/千克 喷雾

水稻 稻瘟病、纹枯病 1050-1500克/公顷 喷雾

小麦 赤霉病 750-1050克/公顷 喷雾

PD92101-2 多菌灵/40%/可湿性粉剂/多菌灵 40%/2007.01.15 至 2012.01.15/低毒

果树 病害 0.05-0.1%药液 喷雾

花生 倒秧病 750克/公顷 喷雾

麦类 赤霉病 750克/公顷 喷雾,泼浇

棉花 苗期病害 500克/100千克种子 拌种

水稻 稻瘟病、纹枯病 750克/公顷 喷雾,泼浇

油菜 菌核病 1125-1500克/公顷 喷雾

PD92102-2 多菌灵/80%/可湿性粉剂/多菌灵 80%/2007.01.15 至 2012.01.15/低毒

果树 病害 0.05-0.1%药液 喷雾

花生 倒秧病 750克/公顷 喷雾

麦类 赤霉病 750克/公顷 喷雾,泼浇

棉花 苗期病害 500克/100千克种子 拌种

水稻 稻瘟病、纹枯病 750克/公顷 喷雾,泼浇

油菜 菌核病 1125-1500克/公顷 喷雾

PD92103-15 草甘膦/95%,93%,90%/原药/草甘膦 95%,93%,90%/2007.08.09 至 2012.08.09/低毒

PD20070151 甲基硫菌灵/95%/原药/甲基硫菌灵 95%/2007.06.07 至 2012.06.07/低毒

PD20070334 丙环唑/95%/原药/丙环唑 95%/2007.10.12 至 2012.10.12/低毒

PD20081799　丙环唑/25%/乳油/丙环唑 25%/2008.11.19 至 2013.11.19/低毒
　香蕉　叶斑病　500-1000倍液　喷雾
PD20082841　草甘膦异丙胺盐/41%/水剂/草甘膦异丙胺盐 41%/2008.12.09 至 2013.12.09/低毒
　非耕地　杂草　1125-3000克/公顷　茎叶喷雾
　柑橘园　杂草　1125-2250克/公顷　茎叶喷雾
PD20092591　井冈·多菌灵/28%/悬浮剂/多菌灵 24%、井冈霉素 4%/2009.02.27 至 2014.02.27/低毒
　水稻　稻瘟病　375-525克/公顷　喷雾
　小麦　赤霉病　375克/公顷　喷雾
PD20093175　井冈·三环唑//悬浮剂/井冈霉素 40000微克/毫升、三环唑 16%/2009.03.11 至 2014.03.11/低毒
　水稻　稻瘟病　300-450克/公顷　喷雾
PD20095341　多菌灵/500克/升/悬浮剂/多菌灵 500克/升/2009.04.27 至 2014.04.27/低毒
　苹果树　轮纹病　625-1000毫克/千克　喷雾
PD20097395　苯菌灵/95%/原药/苯菌灵 95%/2009.10.28 至 2014.10.28/低毒
PD20098164　苯菌灵/50%/可湿性粉剂/苯菌灵 50%/2009.12.14 至 2014.12.14/低毒
　柑橘树　疮痂病　500-600倍液　喷雾

江苏省太湖地区农科所苏州农药实验厂　(江苏省苏州市相城区望亭镇问渡路63号　215155　0512-65381992)

PD20040115　30%多·酮可湿性粉剂//可湿性粉剂/多菌灵 20%、三唑酮 10%/2004.12.19 至 2009.12.18/低毒
　水稻　稻瘟病、纹枯病　450-600克/公顷　喷雾
PD20040124　47%多·酮可湿性粉剂//可湿性粉剂/多菌灵 45%、三唑酮 2%/2004.12.19 至 2009.12.18/低毒
　小麦　白粉病、赤霉病　750-850克/公顷　喷雾
　油菜　菌核病　705-881.3克/公顷　喷雾

江苏省通州正大农药化工有限公司　(江苏省南通市通州市港区通洋工业园　226017　0513-8599388)

PD88109　井冈霉素/20%/水溶粉剂/井冈霉素 20%/2008.11.25 至 2013.11.25/低毒
　水稻　纹枯病　75-112.5克/公顷　喷雾、泼浇
PD20040793　多·酮/46%/可湿性粉剂/多菌灵 44%、三唑酮 2%/2009.12.19 至 2014.12.19/低毒
　小麦　白粉病、赤霉病　400-600克/公顷　喷雾
PD20050042　多菌灵/22%/可湿性粉剂/多菌灵 22%/2005.04.15 至 2010.04.14/低毒
　油菜　菌核病　900-1200克/公顷　喷雾
PD20050079　吡虫·杀虫单/40%/可湿性粉剂/吡虫啉 1.7%、杀虫单 38.3%/2005.06.24 至 2010.06.23/中等毒
　水稻　稻飞虱、稻纵卷叶螟　600-750克/公顷　喷雾
PD20080877　噻嗪·杀虫单/45%/可湿性粉剂/噻嗪酮 7%、杀虫单 38%/2008.07.09 至 2013.07.09/中等毒
　水稻　稻纵卷叶螟、飞虱　675-810克/公顷　喷雾
PD20080889　三环·多菌灵/20%/可湿性粉剂/多菌灵 6%、三环唑 14%/2008.07.09 至 2013.07.09/低毒
　水稻　稻瘟病　300-420克/公顷　喷雾
PD20084523　二嗪磷/10%/颗粒剂/二嗪磷 10%/2008.12.18 至 2013.12.18/低毒
　花生　蛴螬　600—750克/公顷　撒施
PD20084602　多·酮·福美双/38%/可湿性粉剂/多菌灵 16.6%、福美双 16.7%、三唑酮 4.7%/2008.12.18 至 2013.12.18/低毒
　苹果树　轮纹病　400-600倍液　喷雾
　小麦　白粉病、赤霉病　444-666克/公顷　喷雾
PD20085255　井冈·杀虫单/50%/可湿性粉剂/井冈霉素 6.5%、杀虫单 43.5%/2008.12.23 至 2013.12.23/中等毒
　水稻　螟虫、纹枯病　600-750克/公顷　喷雾
PD20085822　苄嘧·丙草胺/20%/可湿性粉剂/苄嘧磺隆 2.7%、丙草胺 17.3%/2008.12.29 至 2013.12.29/低毒
　水稻抛秧田　一年生及部分多年生杂草　300-450克/公顷　药土法
PD20090475　毒死蜱/480克/升/乳油/毒死蜱 480克/升/2009.01.12 至 2014.01.12/中等毒
　柑橘树　介壳虫　320-480毫克/千克　喷雾
　棉花　棉铃虫、蚜虫　648-864克/公顷　喷雾
　苹果树　桃小食心虫　320-480毫克/千克　喷雾
　苹果树　绵蚜　240-320毫克/千克　喷雾
　十字花科蔬菜　蚜虫　360-432克/公顷　喷雾
　十字花科蔬菜　斜纹夜蛾　432-576克/公顷　喷雾
　十字花科蔬菜　菜青虫　432-540克/公顷　喷雾
　水稻　稻瘿蚊　2160-2520克/公顷　喷雾
　水稻　稻飞虱、稻纵卷叶螟　504-648克/公顷　喷雾
　小麦　蚜虫　72-144克/公顷　喷雾
PD20090553　二嗪·辛硫磷/40%/乳油/二嗪磷 15%、辛硫磷 25%/2009.01.13 至 2014.01.13/中等毒
　水稻　二化螟　480-600克/公顷　喷雾
PD20091552　井冈·噻嗪酮/30%/可湿性粉剂/井冈霉素 12%、噻嗪酮 18%/2009.02.03 至 2014.02.03/低毒
　水稻　稻飞虱、纹枯病　157.5-189克/公顷　喷雾
PD20091990　井·唑·多菌灵/20%/可湿性粉剂/多菌灵 9.2%、井冈霉素 5%、三环唑 5.8%/2009.02.12 至 2014.02.12/中等毒
　水稻　稻瘟病、纹枯病　300-375克/公顷　喷雾
PD20092546　噻嗪·异丙威/25%/可湿性粉剂/噻嗪酮 5%、异丙威 20%/2009.02.26 至 2014.02.26/低毒
　水稻　飞虱　375-450克/公顷　喷雾
PD20093922　高效氟吡甲禾灵/108克/升/乳油/高效氟吡甲禾灵 108克/升/2009.03.26 至 2014.03.26/微毒

大豆田　禾本科杂草　35.6-51.8克/公顷　茎叶喷雾
PD20094502　氧氟·草甘膦/40%/可湿性粉剂/草甘膦 37.8%、乙氧氟草醚 2.2%/2009.04.09 至 2014.04.09/低毒
非耕地　杂草　1200-1500克/公顷　茎叶喷雾
PD20094980　井·烯·三环唑/20%/可湿性粉剂/井冈霉素 5%、三环唑 14%、烯唑醇 1%/2009.04.21 至 2014.04.21/低毒
水稻　稻曲病、稻瘟病、纹枯病　225-270克/公顷　喷雾
PD20095119　精喹禾灵/50克/升/乳油/精喹禾灵 50克/升/2009.04.24 至 2014.04.24/低毒
花生田、夏大豆田、油菜田　禾本科杂草　37.5-45克/公顷　喷雾
PD20095209　波尔多液/80%/可湿性粉剂/波尔多液 80%/2009.04.24 至 2014.04.24/低毒
柑橘树　溃疡病　500-700倍液　喷雾
黄瓜　霜霉病　600-800倍液　喷雾
苹果树　轮纹病　1000-1200倍液　喷雾
PD20095823　苄·丁·草甘膦/50%/可湿性粉剂/苄嘧磺隆 0.5%、草甘膦 31.2%、丁草胺 18.3%/2009.05.27 至 2014.05.27/低毒
免耕直播水稻田　一年生和多年生杂草　3000-3750克/公顷　杂草茎叶喷雾
PD20096125　精噁唑禾草灵/69克/升/水乳剂/精噁唑禾草灵 69克/升/2009.06.18 至 2014.06.18/微毒
小麦田　一年生禾本科杂草　41.4-62.1克/公顷　茎叶喷雾
PD20097708　草甘膦异丙胺盐(41%)///水剂/草甘膦 30%/2009.11.04 至 2014.11.04/微毒
苹果园　一年生和多年生杂草　1440-2160克/公顷　定向茎叶喷雾
LS20050476　20%辛·唑磷乳油//乳油/三唑磷 10%、辛硫磷 10%/2008.02.26 至 2009.02.25/中等毒
水稻　稻纵卷叶螟　300-360克/公顷　喷雾
水稻　二化螟　300-480克/公顷　喷雾
LS20053135　苯·扑·异丙隆/50%/可湿性粉剂/苯磺隆 1.2%、扑草净 15%、异丙隆 33.8%/2008.09.28 至 2009.09.28/低毒
冬小麦　一年生杂草　750-900克/公顷　茎叶喷雾
LS20053569　阿维·氯氰/7%/水乳剂/阿维菌素 1%、氯氰菊酯 6%/2008.11.14 至 2009.11.14/低毒(原药高毒)
十字花科蔬菜　小菜蛾　21-31.5克/公顷　喷雾
LS20060488　高效氯氟氰菊酯/2.5%/水乳剂/高效氯氟氰菊酯 2.5%/2009.03.06 至 2010.03.06/中等毒
十字花科蔬菜　菜青虫　5.625-7.5克/公顷　喷雾
LS20061493　四螨·哒螨灵/10%/悬浮剂/哒螨灵 7%、四螨嗪 3%/2009.07.20 至 2010.07.20/低毒
柑橘　红蜘蛛　40-67毫克/千克　喷雾
LS20090976　苯甲·丙环唑/30%/悬乳剂/苯醚甲环唑 15%、丙环唑 15%/2009.04.10 至 2010.04.10/低毒
水稻　纹枯病　67.5-90克/公顷　喷雾
LS20090992　敌畏·仲丁威/50%/乳油/敌敌畏 30%、仲丁威 20%/2009.04.10 至 2010.04.10/中等毒
水稻　稻飞虱　375-450克/公顷　喷雾
LS20091011　丙草胺/50%/水乳剂/丙草胺 50%/2009.04.13 至 2010.04.13/微毒
移栽水稻田　一年生杂草　60—70毫升制剂/亩　毒土法

江苏省无锡联华日用科技有限公司　(江苏省无锡市国家高新技术产业开发区　214026　0510-2112965)

WL20050186　杀虫气雾剂/0.55%/气雾剂/胺菊酯 0.25%、高效氯氰菊酯 0.05%、氯菊酯 0.25%/2008.06.20 至 2009.06.20/微毒
卫生　蚊、蝇、蜚蠊　/　喷雾
WL20070077　驱蚊花露水/5%/驱蚊花露水/避蚊胺 5%/2009.04.18 至 2010.04.19/微毒
卫生　蚊　/　涂抹
WL20080204　防蛀片剂/94%/片剂/樟脑 94%/2009.03.07 至 2010.03.07/微毒
卫生　黑皮蠹　/　投放

江苏省无锡龙邦化工有限公司　(江苏省无锡市宜兴市杨巷镇新芳新城路9号　214254　0510-87261318)

PD20082446　草甘膦/95%/原药/草甘膦 95%/2008.12.02 至 2013.12.02/低毒
PD20082558　丙溴·辛硫磷/25%/乳油/丙溴磷 6%、辛硫磷 19%/2008.12.05 至 2013.12.05/低毒
棉花　棉铃虫　337.5-375克/公顷　喷雾
苹果树　蚜虫　125-250毫克/千克　喷雾
水稻　稻飞虱、稻纵卷叶螟　187.5-262.5克/公顷　喷雾
PD20082626　草甘膦异丙胺盐/41%/水剂/草甘膦异丙胺盐 41%/2008.12.04 至 2013.12.04/低毒
非耕地　杂草　1230-1845克/公顷　茎叶喷雾
PD20097131　二氯喹啉酸/50%/可湿性粉剂/二氯喹啉酸 50%/2009.10.16 至 2014.10.16/低毒
水稻秧田、水稻直播田　稗草　225-300克/公顷　喷雾
水稻移栽田　稗草　225-390克/公顷(北方地区)　喷雾
PD20097262　苄·二氯/36%/可湿性粉剂/苄嘧磺隆 3%、二氯喹啉酸 33%/2009.10.26 至 2014.10.26/低毒
水稻秧田　一年生杂草　216-270克/公顷　喷雾或药土法
水稻移栽田　一年生杂草　216-270克/公顷　毒土法
水稻直播田　一年生杂草　210-270克/公顷　喷雾或药土法

江苏省无锡洛社卫生材料厂　(江苏省无锡市惠山区洛社镇杨村　214187　0510-83322026)

PD20081843　溴鼠灵/0.005%/饵剂/溴鼠灵 0.005%/2008.11.20 至 2013.11.20/低毒(原药高毒)
室内　家鼠　饱和投饵　投饵
WP20080374　杀蟑饵剂/1%/饵剂/残杀威 1%/2008.12.10 至 2013.12.10/微毒
卫生　蜚蠊　/　投放

WP20080424 杀虫颗粒剂/5%/颗粒剂/倍硫磷 5%/2008.12.12 至 2013.12.12/低毒
卫生 孑孓、蛆 30克制剂/平方米 撒布
WP20080551 高氯·残杀威/5%/乳油/残杀威 2%、高效氯氰菊酯 3%/2008.12.24 至 2013.12.24/低毒
卫生 蜚蠊、蝇 20-30毫克/平方米 滞留喷洒
WP20080583 高效氯氰菊酯/4.5%/微乳剂/高效氯氰菊酯 4.5%/2008.12.29 至 2013.12.29/低毒
卫生 蝇 100克制剂/平方米 滞留喷洒
WP20090310 辛硫磷/15%/乳油/辛硫磷 15%/2009.09.02 至 2014.09.02/低毒
卫生 蝇 1.5克/平方米 喷洒

江苏省无锡市高尔登日用品厂 (江苏省无锡市新区长江南路28－66 214028 0510-85345598)

WL20060175 防蛀片剂/96%/防蛀剂/樟脑 96%/2009.10.10 至 2010.10.10/低毒
卫生 黑皮蠹 40克制剂/立方米 投放

江苏省无锡市佳乐樟脑有限公司 (江苏省无锡市新区坊前镇锡甘路18号 214111 0510-8278252)

WL20070106 防蛀片剂/96%/片剂/樟脑 96%/2008.06.04 至 2009.06.05/低毒
卫生 黑皮蠹、霉菌 / 投放

江苏省无锡市稼宝药业有限公司 (江苏省无锡市锡山区厚桥镇嵩山工业园 214106 0510-88721127)

PD84125-29 乙烯利/40%/水剂/乙烯利 40%/2005.07.20 至 2010.07.20/低毒
番茄 催熟 800-1000倍液 喷雾或浸渍
棉花 催熟、增产 330-500倍液 喷雾
柿子、香蕉 催熟 400倍液 喷雾或浸渍
水稻 催熟、增产 800倍液 喷雾
橡胶树 增产 5-10倍液 涂布
烟草 催熟 1000-2000倍液 喷雾
PD20082651 三唑锡/25%/可湿性粉剂/三唑锡 25%/2008.12.04 至 2013.12.04/中等毒
柑橘树 红蜘蛛 167-250毫克/千克 喷雾
PD20082721 丁硫克百威/200克/升/乳油/丁硫克百威 200克/升/2008.12.05 至 2013.12.05/中等毒
棉花 蚜虫 90-180克/公顷 喷雾
PD20082949 苯丁锡/25%/可湿性粉剂/苯丁锡 25%/2008.12.09 至 2013.12.09/低毒
柑橘树 红蜘蛛、锈壁虱 150-250毫克/千克 喷雾
苹果树 红蜘蛛 250毫克/千克 喷雾
PD20084236 苯丁锡/50%/可湿性粉剂/苯丁锡 50%/2008.12.17 至 2013.12.17/低毒
柑橘树 红蜘蛛、锈壁虱 150-250毫克/千克 喷雾
苹果树 红蜘蛛 250毫克/千克 喷雾
PD20090031 苯丁锡/96%/原药/苯丁锡 96%/2009.01.06 至 2014.01.06/低毒
PD20092102 毒死蜱/480克/升/乳油/毒死蜱 480克/升/2009.02.23 至 2014.02.23/中等毒
柑橘树 矢尖蚧 360-480毫克/千克 喷雾
PD20093012 炔螨特/570克/升/乳油/炔螨特 570克/升/2009.03.09 至 2014.03.09/低毒
柑橘树 红蜘蛛 228-300毫克/千克 喷雾
PD20095474 辛硫·灭多威/30%/乳油/灭多威 10%、辛硫磷 20%/2009.05.11 至 2014.05.11/中等毒(原药高毒)
棉花 棉铃虫 450-540克/公顷 喷雾
PD20095901 精喹禾灵/5.3%/乳油/精喹禾灵 5.3%/2009.05.31 至 2014.05.31/低毒
棉花田 一年生禾本科杂草 45-60克/公顷 茎叶喷雾
PD20097012 三唑锡/95%/原药/三唑锡 95%/2009.09.29 至 2014.09.29/中等毒
LS20081693 阿维菌素/18克/升/乳油/阿维菌素 18克/升/2009.04.07 至 2010.04.07/低毒(原药高毒)
十字花科蔬菜 小菜蛾 9.45-13.5克/公顷 喷雾
LS20090193 三苯基乙酸锡/95%/原药/三苯基乙酸锡 95%/2009.02.04 至 2010.02.04/中等毒
LS20090194 三苯基氢氧化锡/95%/原药/三苯基氢氧化锡 95%/2009.02.04 至 2010.02.04/中等毒
LS20091338 三苯基氢氧化锡/40%/悬浮剂/三苯基氢氧化锡 40%/2009.06.10 至 2010.06.10/低毒
马铃薯 晚疫病 690-960克/公顷 喷雾

江苏省无锡市五方化工有限公司 (江苏省宜兴市官林镇西环路 214251 0510-87207625)

WL20070034 蚊香/0.35%/蚊香/富右旋反式烯丙菊酯 0.35%/2008.02.08 至 2009.02.07/微毒
卫生 蚊 / 点燃

江苏省无锡市锡南农药有限公司 (江苏省无锡市滨湖区新区旺庄工业配套区73号地块 214028 0510-85345188)

PD20040641 异丙隆/50%/可湿性粉剂/异丙隆 50%/2009.12.19 至 2014.12.19/低毒
冬小麦 一年生禾本科杂草及部分阔叶杂草 975-1125克/公顷 喷雾
PD20040703 吡虫啉/10%/可湿性粉剂/吡虫啉 10%/2009.12.19 至 2014.12.19/低毒
水稻 飞虱 15-30克/公顷 喷雾
PD20082009 苄·丁/30%/可湿性粉剂/苄嘧磺隆 1.5%、丁草胺 28.5%/2008.11.25 至 2013.11.25/低毒
水稻移栽田 一年生及部分多年生杂草 540-675克/公顷(南方地区) 药土法
PD20082955 嗪草酮/70%/可湿性粉剂/嗪草酮 70%/2008.12.09 至 2013.12.09/低毒
夏大豆田 一年生阔叶杂草 420－525克/公顷 播后苗前土壤喷雾
PD20084618 多·福/50%/可湿性粉剂/多菌灵 15%、福美双 35%/2008.12.18 至 2013.12.18/低毒
梨树 黑星病 1000-1500毫克/千克 喷雾

PD20086083 甲硫·福美双/70%/可湿性粉剂/福美双 40%、甲基硫菌灵 30%/2008.12.30 至 2013.12.30/低毒
苹果树 轮纹病 600—800倍液 喷雾
PD20090800 硫磺·多菌灵/50%/可湿性粉剂/多菌灵 15%、硫磺 35%/2009.01.19 至 2014.01.19/低毒
花生 叶斑病 1200-1800克/公顷 喷雾
PD20096730 多菌灵/50%/可湿性粉剂/多菌灵 50%/2009.09.15 至 2014.09.15/微毒
小麦 赤霉病 750—1125克/公顷 喷雾
PD20096784 噻嗪酮/25%/可湿性粉剂/噻嗪酮 25%/2009.09.15 至 2014.09.15/微毒
水稻 稻飞虱 112.5-150克/公顷 喷雾
LS20053296 苯磺隆/10%/可湿性粉剂/苯磺隆 10%/2008.10.17 至 2009.10.17/微毒
冬小麦 一年生阔叶杂草 15-22.5克/公顷 喷雾
LS20061910 啶虫脒/20%/水分散粒剂/啶虫脒 20%/2009.12.05 至 2010.12.05/低毒
苹果树 蚜虫 20-25毫克/千克 喷雾
LS20070383 杀单·氟啶脲/75%/可湿性粉剂/氟啶脲 1%、杀虫单 74%/2009.03.05 至 2010.03.06/中等毒
水稻 稻纵卷叶螟 675-787.5克/公顷 喷雾
LS20090998 甲氨基阿维菌素苯甲酸盐(5.7%)///水分散粒剂/甲氨基阿维菌素 5%/2009.04.10 至 2010.04.10/低毒
十字花科蔬菜 甜菜夜蛾 2.25-3克/公顷 喷雾
LS20091430 甲基硫菌灵/70%/水分散粒剂/甲基硫菌灵 70%/2009.10.27 至 2010.10.27/低毒
梨树 黑星病 466.7-700毫克/千克 喷雾

江苏省无锡市锡西日用品有限公司 (江苏省无锡市滨湖区胡埭镇闾江村虎弄 214161 0510-85590231)

WL20050065 防蛀球剂/96%/球剂/樟脑 96%/2008.03.29 至 2009.03.29/低毒
卫生 黑皮蠹 40克制剂/立方米 投放

江苏省无锡市玉祁生物有限公司 (江苏省无锡市玉祁镇绛脚下143号 214183 0510-83880263)

PD85131-7 井冈霉素/3%,5%/水剂/井冈霉素 3%,5%/2005.07.13 至 2010.07.13/低毒
水稻 纹枯病 75-112.5克/公顷 喷雾,泼浇
PD88109-15 井冈霉素/10%,20%/水溶粉剂/井冈霉素 10%,20%/2009.03.04 至 2014.03.04/低毒
水稻 纹枯病 75-112.5克/公顷 喷雾、泼浇
PD20082463 井冈霉素/5%/可溶粉剂/井冈霉素 5%/2008.12.02 至 2013.12.02/微毒
水稻 纹枯病 52.5-75克/公顷 喷雾
PD20096489 井冈·蜡芽菌///水剂/井冈霉素 2.5%、蜡质芽孢杆菌 10亿个/毫升/2009.08.14 至 2014.08.14/低毒
水稻 纹枯病 375-468.75克/公顷 喷雾
LS20081873 井冈霉素/10%/水剂/井冈霉素 10%/2009.04.10 至 2010.04.10/低毒
水稻 纹枯病 150-187.5克/公顷 喷雾
LS20083272 井冈·蜡芽菌//可溶粉剂/井冈霉素 12%、蜡质芽孢杆菌 30亿个/克/2009.12.16 至 2010.12.16/低毒
水稻 纹枯病 375-450克/公顷(制剂量) 喷雾

江苏省无锡伊斯顿罐头制品有限公司 (江苏省无锡市江阴北门外璜塘镇上庄工业区 214407 0510-6531128)

WL20080230 杀虫气雾剂/0.55%/气雾剂/胺菊酯 0.3%、氯菊酯 0.2%、氯氰菊酯 0.05%/2009.03.13 至 2010.03.13/微毒
卫生 蚊、蝇、蜚蠊 / 喷雾

江苏省无锡樱花梦美容制品有限公司 (江苏省江阴市月城经济开发区1151号 214404 0510-6986289)

WL20070100 驱蚊花露水/5%/驱蚊花露水/避蚊胺 5%/2009.05.21 至 2010.05.21/微毒
卫生 蚊 / 涂抹

江苏省吴江森亮化工有限公司 (江苏省苏州市吴江市铜罗镇镇北 215237 0512-67254621)

PD20083851 杀螺胺乙醇胺盐/98%/原药/杀螺胺乙醇胺盐 98%/2008.12.15 至 2013.12.15/微毒
PD20084489 杀螺胺乙醇胺盐/4%/粉剂/杀螺胺乙醇胺盐 4%/2008.12.17 至 2013.12.17/微毒
滩涂 钉螺 2克/平方米 喷粉
PD20090102 杀螺胺乙醇胺盐/50%/可湿性粉剂/杀螺胺乙醇胺盐 50%/2009.01.08 至 2014.01.08/低毒
滩涂 钉螺 1-2克/平方米 喷洒
PD20095481 杀螺胺乙醇胺盐/80%/可湿性粉剂/杀螺胺乙醇胺盐 80%/2009.05.11 至 2014.05.11/微毒
滩涂 钉螺 1-3克/平方米 喷洒

江苏省新河农用化工有限公司 (江苏省新沂市新安西路 221400 0516-8928471)

PD86179-6 百菌清/98.5%、96%、90%/原药/百菌清 98.5%、96%、90%/2006.11.07 至 2011.11.07/低毒
PD20090153 百菌清/75%/可湿性粉剂/百菌清 75%/2009.01.08 至 2014.01.08/低毒
黄瓜 霜霉病 1125-2400克/公顷 喷雾
PD20093223 百菌清/40%/悬浮剂/百菌清 40%/2009.03.11 至 2014.03.11/低毒
黄瓜 霜霉病 900-1050克/公顷 喷雾

江苏省新沂市科大农药厂 (江苏省徐州市新沂市经济技术开发区 221400 0516-88069278)

PD20070530 代森锰锌/80%/可湿性粉剂/代森锰锌 80%/2007.12.03 至 2012.12.03/低毒
番茄 早疫病 1848-2160克/公顷 喷雾
PD20070559 甲基硫菌灵/70%/可湿性粉剂/甲基硫菌灵 70%/2007.12.03 至 2012.12.03/低毒
苹果树 轮纹病 700-875毫克/千克 喷雾
PD20070670 多菌灵/40%/悬浮剂/多菌灵 40%/2007.12.17 至 2012.12.17/低毒
梨树 黑星病 667-1000毫克/千克 喷雾
PD20080252 百菌清/75%/可湿性粉剂/百菌清 75%/2008.02.19 至 2013.02.19/微毒
黄瓜 霜霉病 1350-1642.5克/公顷 喷雾

PD20081055	多菌灵/50%/可湿性粉剂/多菌灵 50%/2008.08.14 至 2013.08.14/微毒			
	梨树	黑星病	625-833.3毫克/千克	喷雾
PD20090169	多菌灵/25%/可湿性粉剂/多菌灵 25%/2009.01.08 至 2014.01.08/微毒			
	花生	倒秧病	750-900克/公顷	喷雾
LS20053321	硫磺·三环唑/45%/可湿性粉剂/硫磺 40%、三环唑 5%/2008.10.17 至 2009.10.17/低毒			
	水稻	稻瘟病	742.5-945克/公顷	喷雾
LS20071631	辛硫磷/30%/微囊悬浮剂/辛硫磷 30%/2009.06.06 至 2010.06.07/微毒			
	花生	地下害虫	4500-5400克/公顷	穴施
LS20082812	毒死蜱/30%/微囊悬浮剂/毒死蜱 30%/2009.05.12 至 2010.05.12/微毒			
	花生	蛴螬	1575-2250克/公顷	喷雾于播种穴

江苏省新沂市中港农用化工有限公司 (江苏省新沂市建业路西首 221400 0516-8950088)

PD20092706	多菌灵/40%/悬浮剂/多菌灵 40%/2009.03.03 至 2014.03.03/微毒			
	苹果	斑点落叶病	666.7-1000毫克/千克	喷雾
PD20093282	多菌灵/25%/可湿性粉剂/多菌灵 25%/2009.03.11 至 2014.03.11/微毒			
	花生	倒秧病	750-900克/公顷	喷雾
PD20095351	乙草胺/81.5%/乳油/乙草胺 81.5%/2009.04.27 至 2014.04.27/低毒			
	花生田	一年生禾本科杂草及部分小粒种子阔叶杂草	1080-1350克/公顷	播后苗前土壤喷雾
PD20095371	苄嘧磺隆/10%/可湿性粉剂/苄嘧磺隆 10%/2009.04.27 至 2014.04.27/微毒			
	移栽水稻田	阔叶杂草及莎草科杂草	37.5-45克/公顷	毒土法
LS20061255	乙酰甲胺磷/40%/乳油/乙酰甲胺磷 40%/2009.05.22 至 2010.05.22/低毒			
	水稻	二化螟、三化螟	600—900克/公顷	喷雾
LS20061692	甲基硫菌灵/70%/水分散粒剂/甲基硫菌灵 70%/2009.09.20 至 2010.09.20/微毒			
	黄瓜	白粉病	420-525克/公顷	喷雾
LS20061971	2甲4氯钠/56%/可溶粉剂/2甲4氯钠 56%/2008.12.12 至 2009.12.12/低毒			
	冬小麦	阔叶杂草	1050-1260克/公顷	茎叶喷雾
LS20072597	多效唑/5%/悬浮剂/多效唑 5%/2008.12.09 至 2009.12.10/低毒			
	花生	调节生长	100-125毫克/升	在分蘖至开花期，兑水喷雾1-2次

江苏省新沂中凯农用化工有限公司 (江苏省徐州市新沂市轻工路10号 221400 0516-88069930)

PD20080467	异丙草胺/90%/原药/异丙草胺 90%/2008.03.31 至 2013.03.31/低毒			
PD20080468	异丙草胺/50%/乳油/异丙草胺 50%/2008.03.31 至 2013.03.31/低毒			
	夏大豆田	一年生禾本科杂草及部分阔叶杂草	1125-1500克/公顷	土壤喷雾
PD20081206	乙草胺/93%/原药/乙草胺 93%/2008.09.11 至 2013.09.11/低毒			
PD20081774	乙草胺/50%/乳油/乙草胺 50%/2008.11.18 至 2013.11.18/低毒			
	春大豆田	一年生禾本科杂草及部分阔叶杂草	1875-2250克/公顷	土壤喷雾
	春玉米田	一年生禾本科杂草及部分阔叶杂草	1500-2250克/公顷	土壤喷雾
	夏大豆田	一年生禾本科杂草及部分阔叶杂草	900-1125克/公顷	土壤喷雾
	夏玉米田	一年生禾本科杂草及部分阔叶杂草	900-1200克/公顷	土壤喷雾
PD20081823	乙草胺/900克/升/乳油/乙草胺 900克/升/2008.11.19 至 2013.11.19/低毒			
	春大豆田	一年生禾本科杂草及小粒阔叶杂草	1552.5-2025克/公顷	土壤喷雾
	夏大豆田	一年生禾本科杂草及小粒阔叶杂草	877.5-1147.5克/公顷	土壤喷雾
PD20081968	二氯喹啉酸/30%/悬浮剂/二氯喹啉酸 30%/2008.11.25 至 2013.11.25/低毒			
	水稻田	稗草	202.5-382.5克/公顷	茎叶喷雾
PD20082379	苄嘧磺隆/10%/可湿性粉剂/苄嘧磺隆 10%/2008.12.01 至 2013.12.01/低毒			
	水稻移栽田	一年生阔叶杂草及莎草科杂草	30-45克/公顷	药土法
PD20082760	苯磺隆/10%/可湿性粉剂/苯磺隆 10%/2008.12.08 至 2013.12.08/低毒			
	春小麦田	一年生阔叶杂草	22.5-27克/公顷(东北地区)	茎叶喷雾
	冬小麦田	一年生阔叶杂草	13.5-22.5克/公顷(其它地区)	茎叶喷雾
PD20082803	二氯喹啉酸/50%/可湿性粉剂/二氯喹啉酸 50%/2008.12.09 至 2013.12.09/低毒			
	水稻移栽田	稗草	225-390克/公顷	喷雾
	水稻直播田	稗草	225-375克/公顷	喷雾
PD20082978	烟嘧磺隆/95%/原药/烟嘧磺隆 95%/2008.12.09 至 2013.12.09/低毒			
PD20083687	三环唑/20%/可湿性粉剂/三环唑 20%/2008.12.15 至 2013.12.15/低毒			
	水稻	稻瘟病	270-360克/公顷	喷雾
PD20084160	吡虫啉/95%/原药/吡虫啉 95%/2008.12.16 至 2013.12.16/低毒			
	水稻	稻飞虱	15-30克/公顷	喷雾
	小麦	蚜虫	15-30克/公顷	喷雾
PD20085374	高效氯氟氰菊酯/25克/升/乳油/高效氯氟氰菊酯 25克/升/2008.12.24 至 2013.12.24/中等毒			
	苹果树	桃小食心虫	6.25-8.3毫克/千克	喷雾
PD20085584	丁硫克百威/20%/乳油/丁硫克百威 20%/2008.12.25 至 2013.12.25/中等毒			
	棉花	蚜虫	60-120克/公顷	喷雾

PD20090177 丁草胺/60%/乳油/丁草胺 60%/2009.01.08 至 2014.01.08/低毒
水稻移栽田 一年生杂草 1080-1440克/公顷 毒土法
PD20091268 苄·二氯/32%/可湿性粉剂/苄嘧磺隆 4%、二氯喹啉酸 28%/2009.02.01 至 2014.02.01/低毒
水稻秧田 一年生杂草 192-288克/公顷 茎叶喷雾
PD20091412 毒死蜱/480克/升/乳油/毒死蜱 480克/升/2009.02.02 至 2014.02.02/中等毒
水稻 稻飞虱、稻纵卷叶螟 504-648克/公顷 喷雾
PD20092295 二氯喹啉酸/96%/原药/二氯喹啉酸 96%/2009.02.24 至 2014.02.24/低毒
PD20095038 异丙草·苄/18.5%/可湿性粉剂/苄嘧磺隆 3.5%、异丙草胺 15%/2009.04.21 至 2014.04.21/低毒
水稻抛秧田、水稻移栽田 部分多年生杂草、一年生杂草 111-138.8克/公顷 毒土法
PD20095039 异丙草·莠/40%/悬乳剂/异丙草胺 24%、莠去津 16%/2009.04.21 至 2014.04.21/低毒
春玉米田 一年生杂草 1800-2400克/公顷(东北地区) 播后苗前土壤喷雾
夏玉米田 一年生杂草 1050-1500克/公顷(其它地区) 播后苗前土壤喷雾
PD20095620 苄·二氯/25%/悬浮剂/苄嘧磺隆 3%、二氯喹啉酸 22%/2009.05.12 至 2014.05.12/低毒
水稻抛秧田 一年生杂草 206-270克/公顷 喷雾
水稻秧田 一年生杂草 131.25-168.75克/公顷 喷雾
PD20095782 吡虫啉/10%/可湿性粉剂/吡虫啉 10%/2009.06.02 至 2014.06.02/低毒
水稻 稻飞虱 15-30克/公顷 喷雾
小麦 蚜虫 15-30克/公顷 喷雾
PD20097818 烟嘧磺隆/40克/升/可分散油悬浮剂/烟嘧磺隆 40克/升/2009.11.20 至 2014.11.20/低毒
玉米田 一年生杂草 42-60克/公顷 茎叶喷雾
LS20051307 草除灵/500克/升/悬浮剂/草除灵 500克/升/2008.04.12 至 2009.04.12/低毒
春油菜 一年生阔叶杂草 225-300克/公顷 茎叶喷雾
冬油菜 阔叶杂草 195-300克/公顷 喷雾
LS20051363 乙草胺/20%/可湿性粉剂/乙草胺 20%/2008.04.18 至 2009.04.18/低毒
水稻移栽田 稗草、部分一年生阔叶草及莎草 105-150克/公顷（南方） 毒土法
LS20051938 二氯·乙氧隆/26.2%/悬浮剂/二氯喹啉酸 25%、乙氧磺隆 1.2%/2008.05.22 至 2009.05.22/微毒
直播水稻(南方) 稗草及部分阔叶杂草和莎草 117.9-157.2克/公顷 茎叶喷雾
LS20053094 霜脲·锰锌/72%/可湿性粉剂/代森锰锌 64%、霜脲氰 8%/2008.09.22 至 2009.09.22/低毒
黄瓜 霜霉病 1620-1944克/公顷 喷雾
LS20053118 哒螨·吡虫啉/20%/乳油/吡虫啉 2%、哒螨灵 18%/2008.09.28 至 2009.09.28/中等毒
苹果树 红蜘蛛、蚜虫 100-133毫克/千克 喷雾
LS20061214 啶虫脒/5%/乳油/啶虫脒 5%/2009.05.21 至 2010.05.21/低毒
柑橘树 蚜虫 10-15毫克/千克 喷雾
LS20070087 二氯喹啉酸/75%/水分散粒剂/二氯喹啉酸 75%/2010.01.29 至 2011.01.29/低毒
移栽水稻田 稗草 337.5-450克/公顷 茎叶喷雾
LS20070111 甲氨基阿维菌素苯甲酸盐/93%/原药/甲氨基阿维菌素苯甲酸盐 93%/2010.02.01 至 2011.02.01/中等毒
LS20070126 吡虫啉/95%/原药/吡虫啉 95%/2009.02.01 至 2010.02.01/低毒
LS20070142 阿维菌素/18克/升/乳油/阿维菌素 18克/升/2010.02.08 至 2011.02.08/中等毒(原药高毒)
十字花科蔬菜 小菜蛾 8.1-10.8克/公顷 喷雾
LS20071810 啶虫脒/96%/原药/啶虫脒 96%/2009.07.09 至 2010.07.09/中等毒
LS20072274 阿维菌素/1%/乳油/阿维菌素 1%/2009.09.16 至 2010.09.17/低毒(原药高毒)
十字花科蔬菜 小菜蛾 9.75-12克/公顷 喷雾
LS20080009 氯氰·吡虫啉/3%/乳油/吡虫啉 1%、高效氯氰氰菊酯 2%/2010.01.03 至 2011.01.03/中等毒
十字花科蔬菜 蚜虫 6.75-11.25克/公顷 喷雾
LS20080733 甲氨基阿维菌素苯甲酸盐/1%/乳油/甲氨基阿维菌素苯甲酸盐 1%/2010.02.26 至 2011.02.26/低毒
十字花科蔬菜 小菜蛾 1.5-3克/公顷 喷雾
LS20081795 精噁·苯磺隆/18.5%/可湿性粉剂/苯磺隆 3.5%、精噁唑禾草灵 15%/2009.04.07 至 2010.04.07/微毒
冬小麦田 一年生杂草 83.25-111克/公顷 茎叶喷雾

江苏省兴化市宝中宝化妆品有限公司 （江苏省兴化市陶庄镇新洋工业区 225733 0523-3856275）

WP20080274 蚊香/0.3%/蚊香/烯丙菊酯 0.3%/2008.12.01 至 2013.12.01/微毒
卫生 蚊 / 点燃
WP20080440 杀虫气雾剂/0.33%/气雾剂/胺菊酯 0.25%、氯氰菊酯 0.08%/2008.12.15 至 2013.12.15/微毒
卫生 蚊、蝇、蜚蠊 / 喷雾
WP20080580 驱蚊花露水/5%/驱蚊花露水/避蚊胺 5%/2008.12.29 至 2013.12.29/低毒
卫生 蚊 / 涂抹

江苏省兴化市彩茗日化有限公司 （江苏省兴化市荻垛西毛工业区 225732 0523-3686378）

WL20070001 驱蚊液/5%/驱蚊液/避蚊胺 5%/2009.01.18 至 2010.01.18/微毒
卫生 蚊 / 涂抹
WL20070005 杀虫气雾剂/0.4%/气雾剂/胺菊酯 0.2%、氯菊酯 0.2%/2009.01.18 至 2010.01.18/微毒
卫生 蚊、蝇、蜚蠊 / 喷雾

江苏省兴化市佳洁日用化学品贸易有限公司　(江苏省兴化市大邹镇农贸市场1号　002763　0523-3611260)

WL20080270　杀虫气雾剂/0.55%/气雾剂/胺菊酯 0.3%、氯菊酯 0.2%、氯氰菊酯 0.05%/2008.04.10 至 2009.04.10/微毒
　卫生　蚊、蝇、蜚蠊　/　喷雾

江苏省兴化市青松农药化工有限公司　(江苏省兴化市陶庄镇　225733　0523-3851181)

PD85157-26　40%辛硫磷乳油//乳油/辛硫磷 40%/2005.08.15 至 2010.08.15/低毒
　茶树、桑树　食叶害虫　200-400毫克/千克　喷雾
　果树　食心虫、蚜虫、螨　200-400毫克/千克　喷雾
　林木　食叶害虫　3000-6000克/公顷　喷雾
　棉花　棉铃虫、蚜虫　300-600克/公顷　喷雾
　蔬菜　菜青虫　300-450克/公顷　喷雾
　烟草　食叶害虫　300-600克/公顷　喷雾
　玉米　玉米螟　450-600克/公顷　灌心叶

PD20040531　三唑磷/20%/乳油/三唑磷 20%/2009.12.19 至 2014.12.19/低毒
　水稻　三化螟　300-450克/公顷　喷雾

PD20070179　噻嗪·杀虫单/52%/可湿性粉剂/噻嗪酮 12%、杀虫单 40%/2007.06.25 至 2012.06.25/中等毒
　水稻　飞虱、螟虫　624-780克/公顷　喷雾

PD20081283　噻嗪酮/25%/可湿性粉剂/噻嗪酮 25%/2008.09.25 至 2013.09.25/低毒
　茶树　茶小绿叶蝉　166-250毫克/千克　喷雾
　柑橘树　介壳虫　150-250毫克/千克　喷雾
　水稻　稻飞虱　75-112.5克/公顷　喷雾

PD20081576　三环唑/20%/可湿性粉剂/三环唑 20%/2008.11.12 至 2013.11.12/低毒
　水稻　稻瘟病　225－300克/公顷　喷雾

PD20084101　硫磺·三环唑/20%/可湿性粉剂/硫磺 8%、三环唑 12%/2008.12.16 至 2013.12.16/中等毒
　水稻　稻瘟病　300-450克/公顷　喷雾

PD20084126　硫磺·三环唑/50%/可湿性粉剂/硫磺 44%、三环唑 6%/2008.12.16 至 2013.12.16/低毒
　水稻　稻瘟病　810-1080克/公顷　喷雾

PD20084594　三环唑/75%/可湿性粉剂/三环唑 75%/2008.12.18 至 2013.12.18/低毒
　水稻　稻瘟病　225-360克/公顷　喷雾

PD20084860　噻嗪·异丙威/25%/可湿性粉剂/噻嗪酮 5%、异丙威 20%/2008.12.22 至 2013.12.22/低毒
　水稻　稻飞虱　450-562.5克/公顷　喷雾

PD20090035　硫·酮·多菌灵/60%/可湿性粉剂/多菌灵 20%、硫磺 37%、三唑酮 3%/2009.01.06 至 2014.01.06/低毒
　小麦　白粉病　900-1080克/公顷　喷雾

PD20091293　苯磺·异丙隆/50%/可湿性粉剂/苯磺隆 1.5%、异丙隆 48.5%/2009.02.01 至 2014.02.01/低毒
　冬小麦田　一年生杂草　600－750克/公顷　茎叶喷雾

PD20095097　毒死蜱/480克/升/乳油/毒死蜱 480克/升/2009.04.24 至 2014.04.24/中等毒
　水稻　稻飞虱、稻纵卷叶螟　468-612克/公顷　喷雾

PD20095123　噻嗪酮/97%/原药/噻嗪酮 97%/2009.04.24 至 2014.04.24/低毒

PD20095287　苄·乙/20%/可湿性粉剂/苄嘧磺隆 4.5%、乙草胺 15.5%/2009.04.27 至 2014.04.27/低毒
　水稻移栽田　一年生禾本科杂草及部分多年生杂草　84-118克/公顷　毒土法

PD20096029　吡虫啉/10%/可湿性粉剂/吡虫啉 10%/2009.06.15 至 2014.06.15/低毒
　水稻　稻飞虱　15-30克/公顷　喷雾

PD20097331　丁硫克百威/200克/升/乳油/丁硫克百威 200克/升/2009.10.27 至 2014.10.27/中等毒
　水稻　稻飞虱　600-750克/公顷　喷雾

PD20098274　高效氯氟氰菊酯/25克/升/乳油/高效氯氟氰菊酯 25克/升/2009.12.18 至 2014.12.18/低毒
　十字花科蔬菜　菜青虫　7.5-15克/公顷　喷雾

LS20090325　唑磷·毒死蜱/25%/乳油/毒死蜱 5%、三唑磷 20%/2009.03.05 至 2010.03.05/中等毒
　水稻　稻纵卷叶螟、二化螟　262.5-300克/公顷　喷雾
　水稻　三化螟　262.5-300克/公顷/　喷雾

LS20090424　阿维·毒死蜱 /17%/乳油/阿维菌素 0.1%、毒死蜱 16.9%/2009.03.16 至 2010.03.16/中等毒(原药高毒)
　十字花科蔬菜　菜青虫　102～127.5克/公顷　/喷雾
　水稻　稻纵卷叶螟　255～382.5克/公顷　/喷雾
　水稻　二化螟　255～306克/公顷　/喷雾

江苏省兴化市天派化妆品有限公司　(江苏省兴化市荻垛镇西毛工业区　225732　0523-3686388)

WL20070177　驱蚊花露水/5%/驱蚊花露水/避蚊胺 5%/2009.09.04 至 2010.09.05/微毒
　卫生　蚊　/　涂抹

WL20080139　杀虫气雾剂/0.48%/气雾剂/胺菊酯 0.25%、高效氯氰菊酯 0.03%、氯菊酯 0.2%/2009.02.21 至 2010.02.22/微毒
　卫生　蚊、蝇、蜚蠊　/　喷雾

江苏省徐州丰威化工厂　(江苏省铜山县黄集镇高楼村　221145　0516-85262999)

PD20096948　毒死蜱/480克/升/乳油/毒死蜱 480克/升/2009.09.29 至 2014.09.29/中等毒
　水稻　稻纵卷叶螟　432-576克/公顷　喷雾

PD20097202　高效氯氟氰菊酯/25克/升/乳油/高效氯氟氰菊酯 25克/升/2009.10.19 至 2014.10.19/中等毒
　十字花科叶菜　菜青虫　7.5-15克/公顷　喷雾

江苏省徐州龙威药物化工有限公司　(江苏省徐州市沛县敬安镇　221636　0516-4775042)

PD20097992 高效氯氟氰菊酯/25克/升/乳油/高效氯氟氰菊酯 25克/升/2009.12.07 至 2014.12.07/低毒
十字花科叶菜 菜青虫 7.5-11.25克/公顷 喷雾
PD20098513 氰戊菊酯/20%/乳油/氰戊菊酯 20%/2009.12.24 至 2014.12.24/低毒
十字花科蔬菜 菜青虫 90-120克/公顷 喷雾

江苏省徐州农丰生物化工有限公司 (江苏省徐州市贾汪区耿集 221126 0516-87500818)

PD86109-22 苏云金杆菌/8000IU/毫克/可湿性粉剂/苏云金杆菌 8000IU/毫克/2006.12.13 至 2011.12.13/低毒
白菜、萝卜、青菜 菜青虫、小菜蛾 1500-4500克制剂/公顷 喷雾
茶树 茶毛虫 1500-7500克制剂/公顷 喷雾
大豆、甘薯 天蛾 1500-2250克制剂/公顷 喷雾
柑橘树 柑橘凤蝶 2250-3750克制剂/公顷 喷雾
高粱、玉米 玉米螟 3750-4500克制剂/公顷 喷雾、毒土
梨树 天幕毛虫 1500-3750克制剂/公顷 喷雾
林木 尺蠖、柳毒蛾、松毛虫 2250-7500克制剂/公顷 喷雾
棉花 棉铃虫、造桥虫 1500-7500克制剂/公顷 喷雾
苹果树 巢蛾 2250-3750克制剂/公顷 喷雾
水稻 稻苞虫、稻纵卷叶螟 1500-6000克制剂/公顷 喷雾
烟草 烟青虫 3750-7500克制剂/公顷 喷雾
枣树 尺蠖 3750-4500克制剂/公顷 喷雾
PD20040156 甲拌磷/3%/颗粒剂/甲拌磷 3%/2009.12.19 至 2014.12.19/中等毒(原药高毒)
高粱 蚜虫 225-300克/公顷 撒施
PD20082226 多·锰锌/40%/可湿性粉剂/多菌灵 20%、代森锰锌 20%/2008.11.26 至 2013.11.26/低毒
梨树 黑星病 1000-1250毫克/千克 喷雾
苹果树 斑点落叶病 1000-1250毫克/千克 喷雾
PD20084717 乙铝·锰锌/70%/可湿性粉剂/代森锰锌 45%、三乙膦酸铝 25%/2008.12.22 至 2013.12.22/低毒
黄瓜 霜霉病 1575-3937.5克/公顷 喷雾
PD20085052 毒死蜱/480克/升/乳油/毒死蜱 480克/升/2008.12.23 至 2013.12.23/中等毒
水稻 稻纵卷叶螟 504-648克/公顷 喷雾
PD20091048 辛硫磷/3%/颗粒剂/辛硫磷 3%/2009.01.21 至 2014.01.21/微毒
花生 地下害虫 2700-3600克/公顷 沟施
LS20060911 阿维·三唑锡/12.15%/可湿性粉剂/阿维菌素 0.15%、三唑锡 12%/2009.04.18 至 2010.04.18/低毒(原药高毒)
柑橘树 红蜘蛛 60.75-81毫克/千克 喷雾
LS20060917 阿维·三唑磷/15%/乳油/阿维菌素 0.1%、三唑磷 14.9%/2009.04.18 至 2010.04.18/中等毒(原药高毒)
棉花 棉铃虫 100-135克/公顷 喷雾
LS20061835 毒死蜱/3%/颗粒剂/毒死蜱 3%/2009.11.07 至 2010.11.07/低毒
花生 地下害虫 1800～2250克/公顷 沟施

江苏省徐州诺恩农化有限公司 (江苏省徐州市南郊铜山新区 221116 0516-3408351)

PD20082074 噻菌灵/99%/原药/噻菌灵 99%/2008.11.25 至 2013.11.25/低毒
PD20094319 噻菌灵/450克/升/悬浮剂/噻菌灵 450克/升/2009.03.31 至 2014.03.31/微毒
柑橘 绿霉病、青霉病 1000-1500毫克/千克 浸果
香蕉 冠腐病 562.5-1125毫克/千克 浸果

江苏省徐州诺特化工有限公司 (江苏省徐州市贾汪区青山泉白集 221137 0516-83905136)

PD20081616 四聚乙醛/98%/原药/四聚乙醛 98%/2008.11.12 至 2013.11.12/中等毒
PD20095656 聚醛·甲萘威/6%/颗粒剂/甲萘威 1.5%、四聚乙醛 4.5%/2009.05.12 至 2014.05.12/中等毒
农田 蜗牛 510-675克/公顷 地面撒施
PD20096371 噻菌灵/98.5%/原药/噻菌灵 98.5%/2009.08.04 至 2014.08.04/低毒
LS20053705 四聚乙醛/6%/颗粒剂/四聚乙醛 6%/2008.12.08 至 2009.12.08/低毒
蔬菜 蜗牛 450-540克/公顷 撒施
水稻 福寿螺 450-540克/公顷 撒施
LS20083231 四聚乙醛/80%/可湿性粉剂/四聚乙醛 80%/2008.12.10 至 2009.12.10/中等毒
甘蓝 蜗牛 375-750克/公顷 喷雾
水稻 福寿螺 500-1000毫克/千克 喷雾
LS20090329 四聚乙醛/10%/颗粒剂/四聚乙醛 10%/2009.03.05 至 2010.03.05/低毒
甘蓝 蜗牛 600-750克/公顷 撒施

江苏省徐州润泽化工有限公司 (江苏省新沂市唐店镇龙河村 221400 0516-88783588)

PD20096717 乙草胺/81.5%/乳油/乙草胺 81.5%/2009.09.07 至 2014.09.07/低毒
玉米田 一年生禾本科杂草及部分小粒种子阔叶杂草 1350-1620克/公顷(东北地区) 1080-1350克/公顷(其他地区) 播后苗前土壤喷雾
PD20097666 烟嘧磺隆/40克/升/可分散油悬浮剂/烟嘧磺隆 40克/升/2009.11.04 至 2014.11.04/低毒
玉米田 一年生杂草 42-60克/公顷 茎叶喷雾
PD20098193 莠去津/38%/悬浮剂/莠去津 38%/2009.12.16 至 2014.12.16/低毒
甘蔗田 一年生杂草 1800-2025克/公顷 土壤喷雾
LS20082697 四螨嗪/20%/悬浮剂/四螨嗪 20%/2009.04.29 至 2010.04.29/低毒
柑橘树 红蜘蛛 100-200毫克/千克 喷雾

LS20090152 嘧霉·百菌清/40%/悬浮剂/百菌清 25%、嘧霉胺 15%/2009.02.04 至 2010.02.04/低毒
番茄 灰霉病 2100-2700克/公顷 喷雾
LS20090162 霜脲·百菌清/18%/悬浮剂/百菌清 16%、霜脲氰 2%/2009.02.04 至 2010.02.04/低毒
黄瓜 霜霉病 472.5-540克/公顷 喷雾
LS20090265 异菌脲/25%/悬浮剂/异菌脲 25%/2009.02.13 至 2010.02.13/低毒
番茄 灰霉病 562.5-750克/公顷 喷雾
LS20090525 戊唑醇/30%/悬浮剂/戊唑醇 30%/2009.03.18 至 2010.03.18/低毒
苹果树 斑点落叶病 100-150毫克/千克 喷雾
LS20090654 腈菌唑/40%/悬浮剂/腈菌唑 40%/2009.03.24 至 2010.03.24/低毒
梨树 黑星病 40-50毫克/千克 喷雾

江苏省徐州市临黄农药厂 (江苏省徐州市九里区桃园办事处 221140 0516-85770235)

PD20040136 甲拌磷/3%/颗粒剂/甲拌磷 3%/2009.12.19 至 2014.12.19/高毒
棉花 蚜虫 1125-1875克/公顷 沟施
PD20070072 喹禾灵/10%/乳油/喹禾灵 10%/2007.04.12 至 2012.04.12/低毒
夏大豆田 一年生禾本科杂草 100.5-150克/公顷 喷雾
PD20070201 辛硫磷/40%/乳油/辛硫磷 40%/2007.08.07 至 2012.08.07/低毒
十字花科蔬菜 菜青虫 450-600克/公顷 喷雾
PD20083388 井冈·杀虫双/22%/水剂/井冈霉素 4%、杀虫双 18%/2008.12.11 至 2013.12.11/低毒
水稻 二化螟、纹枯病 825-924克/公顷 喷雾
PD20083677 丁草胺/5%/颗粒剂/丁草胺 5%/2008.12.15 至 2013.12.15/低毒
水稻移栽田 稗草、部分一年生阔叶草及莎草 1125-1500克/公顷 毒土法
PD20085327 甲基异柳磷/3%/颗粒剂/甲基异柳磷 3%/2008.12.24 至 2013.12.24/高毒
甘蔗 蔗龟 1875克/公顷 穴施
PD20090020 辛硫磷/3%/颗粒剂/辛硫磷 3%/2009.01.06 至 2014.01.06/微毒
花生 蛴螬等地下害虫 1800-2700克/公顷 沟施
PD20091878 甲·克/3%/颗粒剂/甲拌磷 1.8%、克百威 1.2%/2009.02.09 至 2014.02.09/高毒
甘蔗 蔗龟、蔗螟 150-180克/公顷 沟施
PD20092944 辛硫磷/1.5%/颗粒剂/辛硫磷 1.5%/2009.03.09 至 2014.03.09/中等毒
玉米 玉米螟 112.5-225克/公顷 喇叭口撒施
LS20052955 吡虫啉/10%/可湿性粉剂/吡虫啉 10%/2008.09.08 至 2009.09.08/低毒
水稻 稻飞虱 15-30克/公顷 喷雾
小麦 蚜虫 15-30克/公顷(南方地区) 喷雾
45-60克/公顷(北方地区)
LS20053595 阿维·高氯/3%/乳油/阿维菌素 0.2%、高效氯氰菊酯 2.8%/2008.11.17 至 2009.11.17/低毒(原药高毒)
十字花科蔬菜 菜青虫、小菜蛾 13.5-27克/公顷 喷雾

江苏省徐州市青春日用化妆品有限公司 (江苏省徐州市睢宁县睢邱公路西侧青春村 221200 0516-8372067)

WL20080235 杀虫气雾剂/0.36%/气雾剂/胺菊酯 0.3%、氯氰菊酯 0.06%/2009.03.13 至 2010.03.13/微毒
卫生 蚊、蝇、蜚蠊 / 喷雾
WL20080360 杀虫气雾剂/0.48%/气雾剂/胺菊酯 0.16%、氯菊酯 0.32%/2008.07.17 至 2009.07.17/微毒
卫生 蚊、蝇、蜚蠊 / 喷雾

江苏省盐城利民农化有限公司 (江苏省盐城市盐都区龙冈镇 224011 0515-88719678)

PD85157-18 辛硫磷/40%/乳油/辛硫磷 40%/2005.08.15 至 2010.08.15/低毒
茶树、桑树 食叶害虫 200-400毫克/千克 喷雾
果树 食心虫、蚜虫、螨 200-400毫克/千克 喷雾
林木 食叶害虫 3000-6000克/公顷 喷雾
棉花 棉铃虫、蚜虫 300-600克/公顷 喷雾
蔬菜 菜青虫 300-450克/公顷 喷雾
烟草 食叶害虫 300-600克/公顷 喷雾
玉米 玉米螟 450-600克/公顷 灌心叶
PD20040044 三唑酮/95%/原药/三唑酮 95%/2009.12.19 至 2014.12.19/低毒
PD20040059 吡虫啉/95%/原药/吡虫啉 95%/2009.12.19 至 2014.12.19/低毒
PD20040200 三唑酮/10%/可湿性粉剂/三唑酮 10%/2009.12.19 至 2014.12.19/低毒
小麦 白粉病、锈病 135-180克/公顷 喷雾
PD20040233 三唑酮/20%/乳油/三唑酮 20%/2009.12.19 至 2014.12.19/低毒
小麦 白粉病 120-127.5克/公顷 喷雾
PD20040339 吡虫啉/5%/乳油/吡虫啉 5%/2009.12.19 至 2014.12.19/低毒
柑橘树 蚜虫 12.5-16.7毫克/千克 喷雾
PD20040343 多·酮/50%/可湿性粉剂/多菌灵 40%、三唑酮 10%/2009.12.19 至 2014.12.19/中等毒
小麦 白粉病、赤霉病 450-600克/公顷 喷雾
油菜 菌核病 750-1050克/公顷 喷雾
PD20040403 吡虫·三唑酮/15%/可湿性粉剂/吡虫啉 2.5%、三唑酮 12.5%/2009.12.19 至 2014.12.19/低毒
小麦 白粉病、蚜虫 135-180克/公顷 喷雾
PD20040425 吡虫啉/10%/可湿性粉剂/吡虫啉 10%/2009.12.19 至 2014.12.19/低毒

	水稻	飞虱	15-30克/公顷	喷雾
	小麦	蚜虫	15-30克/公顷(南方地区) 45-60克/公顷(北方地区)	喷雾
PD20040503	三唑酮/15%/可湿性粉剂/三唑酮 15%/2009.12.19 至 2014.12.19/低毒			
	小麦	白粉病、锈病	135-180克/公顷	喷雾
	玉米	丝黑穗病	60-90克/100千克种子	拌种
PD20040539	吡虫·杀虫单/75%/可湿性粉剂/吡虫啉 3%、杀虫单 72%/2009.12.19 至 2014.12.19/中等毒			
	水稻	飞虱、螟虫	562.5-675克/公顷	喷雾
PD20070605	灭多威/98%/原药/灭多威 98%/2007.12.14 至 2012.12.14/高毒			
PD20080147	己唑醇/10%/乳油/己唑醇 10%/2008.01.03 至 2013.01.03/低毒			
	苹果	白粉病	4000-3000倍液	喷雾
	水稻	纹枯病	45-75克/公顷	喷雾
	注:水稻有效期为2006年8月29日至2010年8月29日。			
PD20080191	己唑醇/95%/原药/己唑醇 95%/2008.01.07 至 2013.01.07/低毒			
PD20080247	啶虫脒/96%/原药/啶虫脒 96%/2008.02.18 至 2013.02.18/低毒			
PD20080307	啶虫脒/5%/可湿性粉剂/啶虫脒 5%/2008.02.25 至 2013.02.25/低毒			
	小麦	蚜虫	22.5-30克/公顷	喷雾
PD20080357	三唑醇/97%/原药/三唑醇 97%/2008.02.29 至 2013.02.28/低毒			
PD20082233	戊唑醇/96%/原药/戊唑醇 96%/2008.11.26 至 2013.11.26/低毒			
PD20082477	啶虫脒/5%/乳油/啶虫脒 5%/2008.12.03 至 2013.12.03/中等毒			
	柑橘树	蚜虫	6-10毫克/千克	喷雾
	小麦	蚜虫	27-36克/公顷	喷雾
PD20082639	灭多威/90%/可溶粉剂/灭多威 90%/2008.12.04 至 2013.12.04/高毒			
	甘蓝	菜青虫	202.5-270克/公顷	喷雾
PD20083207	马拉·杀螟松/12%/乳油/马拉硫磷 10%、杀螟硫磷 2%/2008.12.11 至 2013.12.11/中等毒			
	甘蓝	菜青虫	63-72克/公顷	喷雾
PD20083297	丙环唑/250克/升/乳油/丙环唑 250克/升/2008.12.11 至 2013.12.11/低毒			
	香蕉	叶斑病	250-500毫克/千克	喷雾
PD20083308	毒死蜱/480克/升/乳油/毒死蜱 480克/升/2008.12.11 至 2013.12.11/中等毒			
	水稻	稻纵卷叶螟	504-648克/公顷	喷雾
PD20083445	丙环唑/95%/原药/丙环唑 95%/2008.12.12 至 2013.12.12/低毒			
PD20083454	烟嘧磺隆/40克/升/油悬浮剂/烟嘧磺隆 40克/升/2008.12.12 至 2013.12.12/低毒			
	玉米田	多种一年生杂草	48-60克/公顷	茎叶喷雾
PD20083515	多效唑/15%/可湿性粉剂/多效唑 15%/2008.12.12 至 2013.12.12/低毒			
	花生	调节生长、增产	90-112.5克/公顷	喷雾
	水稻育秧田	控制生长	200-300毫克/千克	喷雾
	油菜(苗床)	控制生长	100-200毫克/千克	喷雾
PD20083752	三唑酮/25%/可湿性粉剂/三唑酮 25%/2008.12.15 至 2013.12.15/低毒			
	小麦	白粉病	150-168.75克/公顷	喷雾
PD20083878	戊唑醇/2%/湿拌种剂/戊唑醇 2%/2008.12.15 至 2013.12.15/低毒			
	小麦	散黑穗病	2—3克/100千克种子	拌种
	玉米	丝黑穗病	8-12克/100千克种子	拌种
PD20085091	灭多威/20%/乳油/灭多威 20%/2008.12.23 至 2013.12.23/高毒			
	棉花	蚜虫	75-150克/公顷	喷雾
	棉花	棉铃虫	150-225克/公顷	喷雾
PD20085490	高氯·毒死蜱/12%/乳油/毒死蜱 9.5%、高效氯氰菊酯 2.5%/2008.12.25 至 2013.12.25/中等毒			
	棉花	棉铃虫	180-270克/公顷	喷雾
	十字花科蔬菜	菜青虫	54-90克/公顷	喷雾
PD20085748	阿维菌素/1.8%/乳油/阿维菌素 1.8%/2008.12.26 至 2013.12.26/低毒(原药高毒)			
	棉花	红蜘蛛	10.8-16.2克/公顷	喷雾
	棉花	棉铃虫	21.6-32.4克/公顷	喷雾
PD20090032	多效唑/94%/原药/多效唑 94%/2009.01.06 至 2014.01.06/低毒			
PD20091229	戊唑醇/6%/微乳剂/戊唑醇 6%/2009.02.01 至 2014.02.01/低毒			
	花生	叶斑病	144-180克/公顷	喷雾
PD20091380	三唑醇/10%/可湿性粉剂/三唑醇 10%/2009.02.02 至 2014.02.02/低毒			
	小麦	白粉病	112.5-135克/公顷	喷雾
PD20091856	己唑醇/5%/微乳剂/己唑醇 5%/2009.02.09 至 2014.02.09/低毒			
	葡萄	白粉病	1500-2000倍液	喷雾
	水稻	纹枯病	60-75克/公顷	喷雾
PD20091862	烯效唑/5%/可湿性粉剂/烯效唑 5%/2009.02.09 至 2014.02.09/微毒			
	水稻	调节生长	100-150毫克/千克	浸种
PD20093274	戊唑醇/25%/乳油/戊唑醇 25%/2009.03.11 至 2014.03.11/低毒			
	苹果树	轮纹病	3000-4000倍液	喷雾

香蕉 叶斑病 250-312.5毫克/千克 喷雾

PD20093759 唑磷·毒死蜱/25%/乳油/毒死蜱 5%、三唑磷 20%/2009.03.25 至 2014.03.25/中等毒

水稻 二化螟 262.5-375克/公顷 喷雾

PD20093761 烯唑醇/12.5%/可湿性粉剂/烯唑醇 12.5%/2009.03.25 至 2014.03.25/低毒

梨树 黑星病 31－42毫克/千克 喷雾

水稻 纹枯病 75-93.75克/公顷 喷雾

小麦 白粉病 60-120克/公顷 喷雾

PD20093763 烯唑醇/95%/原药/烯唑醇 95%/2009.03.25 至 2014.03.25/低毒

PD20094575 三唑醇/15%/可湿性粉剂/三唑醇 15%/2009.04.09 至 2014.04.09/低毒

小麦 纹枯病 37.5-45克/100千克种子 拌种

小麦 白粉病 112.5-135克/公顷 喷雾

PD20095202 高效氯氰菊酯/4.5%/乳油/高效氯氰菊酯 4.5%/2009.04.24 至 2014.04.24/低毒

甘蓝 菜青虫 13.5-27克/公顷 喷雾

PD20098121 三唑锡/25%/可湿性粉剂/三唑锡 25%/2009.12.08 至 2014.12.08/低毒

柑橘树 红蜘蛛 125-250毫克/千克 喷雾

PD20098177 吡虫啉/25%/可湿性粉剂/吡虫啉 25%/2009.12.14 至 2014.12.14/低毒

水稻 稻飞虱 15-30克/公顷 喷雾

小麦 蚜虫 15-30克/公顷(南方地区) 喷雾

45-60克/公顷(北方地区)

LS20051614 阿维·高氯/3%/乳油/阿维菌素 0.2%、高效氯氰菊酯 2.8%/2008.04.29 至 2009.04.29/低毒(原药高毒)

黄瓜 美洲斑潜蝇 15-30克/公顷 喷雾

梨树 梨木虱 12-24毫克/千克 喷雾

十字花科蔬菜 菜青虫、小菜蛾 13.5-27克/公顷 喷雾

LS20080141 粉唑醇/95%/原药/粉唑醇 95%/2010.01.07 至 2011.01.07/低毒

LS20082838 粉唑醇/125克/升/悬浮剂/粉唑醇 125克/升/2009.06.04 至 2010.06.04/微毒

小麦 锈病 56.25-93.75克/公顷 喷雾

LS20090324 噻嗪·毒死蜱 /30%/乳油/毒死蜱 15%、噻嗪酮 15%/2009.03.05 至 2010.03.05/中等毒

水稻 稻飞虱 90-135克/公顷 喷雾

江苏省盐城南方化工有限公司 (江苏省盐城市响水县陈家港化工集中区 224631 0515-6735766)

PD20082360 高效氯氟氰菊酯/95%/原药/高效氯氟氰菊酯 95%/2008.12.01 至 2013.12.01/中等毒

PD20083653 联苯菊酯/95%/原药/联苯菊酯 95%/2008.12.12 至 2013.12.12/中等毒

PD20096148 嗪草酮/90%/原药/嗪草酮 90%/2009.06.24 至 2014.06.24/低毒

LS20091333 丁醚脲/98%/原药/丁醚脲 98%/2009.06.09 至 2010.06.09/中等毒

江苏省盐城双宁农化有限公司 (江苏省阜宁县古河镇洋桥村淮阜桥口 224427 0515-7606197)

PD20070006 多·酮·福美双/40%/可湿性粉剂/多菌灵 17%、福美双 17%、三唑酮 6%/2007.01.16 至 2012.01.16/低毒

小麦 白粉病、赤霉病 420-600克/公顷 喷雾

PD20070538 吡虫啉/95%/原药/吡虫啉 95%/2007.12.03 至 2012.12.03/中等毒

PD20080551 吡虫啉/10%/可湿性粉剂/吡虫啉 10%/2008.05.08 至 2013.05.08/低毒

水稻 稻飞虱 15-30克/公顷 喷雾

PD20080784 三唑锡/25%/可湿性粉剂/三唑锡 25%/2008.06.20 至 2013.06.20/低毒

柑橘树 红蜘蛛 125-250毫克/千克 喷雾

PD20080987 炔螨特/40%/乳油/炔螨特 40%/2008.07.24 至 2013.07.24/低毒

柑橘树 红蜘蛛 266.7-400毫克/千克 喷雾

PD20081458 噁草·丁草胺/18%/乳油/丁草胺 15%、噁草酮 3%/2008.11.04 至 2013.11.04/低毒

水稻半旱育秧田、水稻旱育秧田 一年生杂草 648-756克/公顷 土壤喷雾

PD20083393 噻嗪酮/25%/可湿性粉剂/噻嗪酮 25%/2008.12.11 至 2013.12.11/低毒

水稻 稻飞虱 112.5-150克/公顷 喷雾

PD20084353 吡虫啉/25%/可湿性粉剂/吡虫啉 25%/2008.12.17 至 2013.12.17/低毒

水稻 稻飞虱 18.75-37.5克/公顷 喷雾

PD20084881 吡虫啉/20%/可溶液剂/吡虫啉 20%/2008.12.22 至 2013.12.22/低毒

十字花科蔬菜 蚜虫 15-30克/公顷 喷雾

PD20090503 三唑磷/20%/乳油/三唑磷 20%/2009.01.12 至 2014.01.12/中等毒

水稻 二化螟 300-450克/公顷 喷雾

PD20090637 戊唑醇/25%/可湿性粉剂/戊唑醇 25%/2009.01.14 至 2014.01.14/低毒

香蕉 叶斑病 167-250毫克/千克 喷雾

PD20091609 吡虫·噻嗪酮/18%/可湿性粉剂/吡虫啉 4%、噻嗪酮 14%/2009.02.03 至 2014.02.03/低毒

水稻 稻飞虱 54-81克/公顷 喷雾

PD20098244 甲氨基阿维菌素苯甲酸盐(1.13%)///乳油/甲氨基阿维菌素 1%/2009.12.16 至 2014.12.16/低毒

甘蓝 小菜蛾 1.5-3克/公顷 喷雾

LS20051960 吡虫啉/5%/乳油/吡虫啉 5%/2008.05.22 至 2009.05.22/低毒

柑橘树 潜叶蛾 25-50毫克/千克 喷雾

LS20053806 氟铃·辛硫磷/20%/乳油/氟铃脲 2%、辛硫磷 18%/2008.12.22 至 2009.12.22/低毒

十字花科蔬菜 小菜蛾 120-150克/公顷 喷雾

LS20061039 高氯·乙酰甲/22%/乳油/高效氯氰菊酯 2%、乙酰甲胺磷 20%/2009.04.25 至 2010.04.25/中等毒

十字花科蔬菜 蚜虫 132-165克/公顷 喷雾

LS20070158 吡虫啉/35%/悬浮剂/吡虫啉 35%/2010.02.08 至 2011.02.08/低毒

十字花科蔬菜 蚜虫 15.75-26.25克/公顷 喷雾

LS20083208 甲维·毒死蜱/20%/乳油/毒死蜱 19.5%、甲氨基阿维菌素苯甲酸盐 0.5%/2009.12.04 至 2010.12.04/中等毒

水稻 稻飞虱 300-360克/公顷 喷雾

LS20090037 噻嗪·速灭威 /25%/可湿性粉剂/噻嗪酮 5%、速灭威 20%/2010.01.08 至 2011.01.08/低毒

水稻 稻飞虱 225-300克/公顷 喷雾

LS20090064 噻嗪·毒死蜱/30%/乳油/毒死蜱 15%、噻嗪酮 15%/2009.01.09 至 2010.01.09/中等毒

水稻 稻飞虱 90-135克/公顷 喷雾

LS20091160 吡蚜酮/80%/母药/吡蚜酮 80%/2009.04.20 至 2010.04.20/低毒

LS20091161 吡蚜酮/25%/可湿性粉剂/吡蚜酮 25%/2009.04.20 至 2010.04.20/低毒

水稻 稻飞虱 60-75克/公顷 喷雾

江苏省扬州崔氏生物实验所有限公司 (江苏省扬州市东花园东路5号 225003 0514-7221096)

PD20081043 D型肉毒梭菌毒素/200万毒价/毫升/水剂/D型肉毒梭菌毒素 200万毒价/毫升/2008.08.06 至 2013.08.06/低毒

牧草 长爪沙鼠、兔尾鼠 配成0.1-0.2%毒饵 每公顷投饵1500克 投放毒饵

江苏省扬州佳美斯气雾剂制品厂 (江苏省扬州市邗江区沙头镇 225105 0514-7531179)

WP20090140 杀虫气雾剂/0.4%/气雾剂/胺菊酯 0.2%、氯菊酯 0.2%/2009.02.25 至 2014.02.25/微毒

卫生 蚊、蝇、蜚蠊 / 喷雾

江苏省扬州绿源生物化工有限公司 (江苏省扬州市江阳工业园小官桥路 225008 0514-7302019)

PD86109-16 苏云金杆菌/16000IU/毫克/可湿性粉剂/苏云金杆菌 16000IU/毫克/2006.10.30 至 2011.10.30/低毒

白菜、萝卜、青菜 菜青虫、小菜蛾 1500-4500克制剂/公顷 喷雾

茶树 茶毛虫 1500-7500克制剂/公顷 喷雾

大豆、甘薯 天蛾 1500-2250克制剂/公顷 喷雾

柑橘树 柑橘凤蝶 2250-3750克制剂/公顷 喷雾

高粱、玉米 玉米螟 3750-4500克制剂/公顷 喷雾、毒土

梨树 天幕毛虫 1500-3750克制剂/公顷 喷雾

林木 尺蠖、柳毒蛾、松毛虫 2250-7500克制剂/公顷 喷雾

棉花 棉铃虫、造桥虫 1500-7500克制剂/公顷 喷雾

苹果树 巢蛾 2250-3750克制剂/公顷 喷雾

水稻 稻苞虫、稻纵卷叶螟 1500-6000克制剂/公顷 喷雾

烟草 烟青虫 3750-7500克制剂/公顷 喷雾

枣树 尺蠖 3750-4500克制剂/公顷 喷雾

PD90106-14 苏云金杆菌/2000IU/微升/悬浮剂/苏云金杆菌 2000IU/微升/2005.06.06 至 2010.06.06/低毒

白菜、萝卜、青菜 菜青虫、小菜蛾 1500-2250克制剂/公顷 喷雾

茶树 茶毛虫 3000克制剂/公顷 喷雾

高粱、玉米 玉米螟 2500-3000克制剂/公顷 加细沙灌心叶

梨树、苹果树、桃树 尺蠖、食心虫 200倍液 喷雾

林木 食心虫 200倍液 喷雾

林木 尺蠖、柳毒蛾、松毛虫 150-200倍液 喷雾

棉花 棉铃虫、造桥虫 3750-6000克制剂/公顷 喷雾

水稻 稻苞虫、螟虫 3000-6000克制剂/公顷 喷雾

烟草 烟青虫 3000克制剂/公顷 喷雾

PD20040209 多·酮/40%/可湿性粉剂/多菌灵 37%、三唑酮 3%/2009.12.19 至 2014.12.19/低毒

水稻 叶尖枯病 750-900克/公顷 喷雾

小麦 白粉病、赤霉病 750-900克/公顷 喷雾

PD20040543 吡虫·杀虫单/62%/可湿性粉剂/吡虫啉 2%、杀虫单 60%/2009.12.19 至 2014.12.19/中等毒

水稻 稻纵卷叶螟、二化螟、飞虱、三化螟 450-750克/公顷 喷雾

PD20080367 苄嘧·苯噻酰/50%/可湿性粉剂/苯噻酰草胺 48%、苄嘧磺隆 2%/2008.02.29 至 2013.02.28/低毒

水稻抛秧田 部分多年生杂草、一年生杂草 450-525克/公顷(南方地区) 药土法

PD20081331 多·多唑/0.78%/拌种剂/多菌灵 0.75%、多效唑 0.03%/2008.10.21 至 2013.10.21/低毒

水稻 恶苗病、控制生长 233-312克/100千克种子 拌种

PD20085265 三环唑/20%/可湿性粉剂/三环唑 20%/2008.12.23 至 2013.12.23/低毒

水稻 稻瘟病 300-375克/公顷 喷雾

PD20085305 噻嗪·异丙威/25%/可湿性粉剂/噻嗪酮 5%、异丙威 20%/2008.12.23 至 2013.12.23/低毒

水稻 稻飞虱 450-562.5克/公顷 喷雾

PD20097569 茶核·苏云菌///悬浮剂/茶尺蠖核型多角体病毒 1万PIB/微升、苏云金杆菌 2000IU/微升/2009.11.03 至 2014.11.03/微毒

茶树 茶尺蠖 1500-2250克制剂/公顷 喷雾

LS20051953 吡虫·乙酰甲/50%/可湿性粉剂/吡虫啉 1%、乙酰甲胺磷 49%/2008.05.22 至 2009.05.22/低毒

水稻 稻飞虱、三化螟 600-750克/公顷 喷雾

LS20060335 粘颗·苏云菌/130亿/克/可湿性粉剂/苏云金杆菌 100亿活芽孢/克、粘虫颗粒体病毒 30亿个/克/2009.03.01至2010.03.01/低毒
十字花科蔬菜 小菜蛾 600-1200克制剂/公顷 喷雾
WP20080091 球形芽孢杆菌/100ITU/毫克/悬浮剂/球形芽孢杆菌 100ITU/毫克/2008.08.19 至 2013.08.19/低毒
卫生 孑孓 3毫升制剂/平方米 喷洒
WP20080092 球形芽孢杆菌/200ITU/毫克/母药/球形芽孢杆菌 200ITU/毫克/2008.08.19 至 2013.08.19/微毒
WL20080212 球形芽孢杆菌/200ITU/毫克/母药/球形芽孢杆菌 200ITU/毫克/2008.03.10 至 2009.03.10/微毒
WL20090150 杀蟑饵粒/1.5%/饵粒/吡虫啉 0.5%、乙酰甲胺磷 1%/2009.06.02 至 2010.06.02/低毒
卫生 蜚蠊 / 投放

江苏省扬州市苏灵农药化工有限公司 （江苏省扬州市江都市宜陵镇 225225 0514-6730888）

PD85154-59 氰戊菊酯/20%/乳油/氰戊菊酯 20%/2005.08.15 至 2010.08.15/中等毒
柑橘树 潜叶蛾 10-20毫克/千克 喷雾
果树 梨小食心虫 10-20毫克/千克 喷雾
棉花 红铃虫、蚜虫 75-150克/公顷 喷雾
蔬菜 菜青虫、蚜虫 60-120克/公顷 喷雾
PD20040147 吡虫·三唑酮/8%/可湿性粉剂/吡虫啉 1%、三唑酮 7%/2009.12.19 至 2014.12.19/低毒
小麦 白粉病、蚜虫 144-180克/公顷 喷雾
PD20040226 氯氰菊酯/10%/乳油/氯氰菊酯 10%/2009.12.19 至 2014.12.19/中等毒
十字花科蔬菜 小菜蛾 45-60克/公顷 喷雾
PD20040765 多·酮/50%/可湿性粉剂/多菌灵 40%、三唑酮 10%/2009.12.19 至 2014.12.19/低毒
水稻 稻瘟病、叶尖枯病 450-600克/公顷 喷雾
小麦 赤霉病 375-525克/公顷 喷雾
小麦 白粉病 50-70克/公顷 喷雾
PD20040773 吡虫·杀虫单/44%/可湿性粉剂/吡虫啉 1.5%、杀虫单 42.5%/2009.12.19 至 2014.12.19/低毒
水稻 稻飞虱、稻纵卷叶螟、二化螟、三化螟 450-750克/公顷 喷雾
PD20081190 精喹禾灵/5%/乳油/精喹禾灵 5%/2008.09.11 至 2013.09.11/低毒
夏大豆田 一年生禾本科杂草 45-52.5克/公顷 茎叶喷雾
PD20081251 毒·辛/25%/乳油/毒死蜱 7%、辛硫磷 18%/2008.09.18 至 2013.09.18/低毒
水稻 稻纵卷叶螟 375-562.5克/公顷 喷雾
PD20081258 甲氰·辛硫磷/25%/乳油/甲氰菊酯 5%、辛硫磷 20%/2008.09.18 至 2013.09.18/中等毒
茶树 茶尺蠖 75-112.5克/公顷 喷雾
棉花 棉铃虫 281.25-375克/公顷 喷雾
PD20082055 氧氟·乙草胺/40%/乳油/乙草胺 34%、乙氧氟草醚 6%/2008.11.25 至 2013.11.25/低毒
夏大豆田 一年生杂草 480-600克/公顷 播后苗前土壤喷雾
PD20082249 苯磺隆/10%/可湿性粉剂/苯磺隆 10%/2008.11.27 至 2013.11.27/低毒
冬小麦田 一年生阔叶杂草 15-22.5克/公顷 茎叶喷雾
PD20082510 芊·二氯/36%/可湿性粉剂/苄嘧磺隆 2%、二氯喹啉酸 34%/2008.12.03 至 2013.12.03/低毒
水稻秧田 一年生杂草 216-270克/公顷 茎叶喷雾
PD20082565 草甘膦/30%/水剂/草甘膦 30%/2008.12.04 至 2013.12.04/低毒
茶园、柑橘园、剑麻园、梨园、苹果园、桑园、香蕉园、橡胶园 一年生及部分多年生杂草 1125-2250克/公顷 定向茎叶喷雾
春玉米田、棉花田、夏玉米田 一年生杂草 750-1650克/公顷 行间定向茎叶喷雾
非耕地 一年生及部分多年生杂草 1125－3000克/公顷 茎叶喷雾
免耕春油菜田 一年生杂草 1500-2250克/公顷 茎叶喷雾
免耕冬油菜田 一年生杂草 750-1200克/公顷 茎叶喷雾
免耕抛秧晚稻田 一年生杂草 2100－2550克/公顷 茎叶喷雾
PD20082576 乙酰甲胺磷/30%/乳油/乙酰甲胺磷 30%/2008.12.04 至 2013.12.04/中等毒
棉花 棉铃虫、棉蚜 675-900克/公顷 喷雾
水稻 三化螟 675-900克/公顷 喷雾
水稻 二化螟 720-900克/公顷 喷雾
PD20082711 阿维菌素/1.8%/乳油/阿维菌素 1.8%/2008.12.05 至 2013.12.05/低毒(原药高毒)
菜豆、黄瓜 美洲斑潜蝇 10.8－21.6克/公顷 喷雾
柑橘树 潜叶蛾 4.5-9毫克/千克 喷雾
柑橘树 锈壁虱 2.25-4.5毫克/千克 喷雾
梨树 梨木虱 6-12毫克/千克 喷雾
棉花 红蜘蛛 10.8－16.2克/公顷 喷雾
棉花 棉铃虫 21.6-32.4克/公顷 喷雾
苹果树 桃小食心虫 4.5-9毫克/千克 喷雾
苹果树 二斑叶螨 4.5-6毫克/千克 喷雾

	苹果树	红蜘蛛	3-6毫克/千克	喷雾
	十字花科蔬菜	菜青虫、小菜蛾	8.1-10.8克/公顷	喷雾
PD20082858	硫磺·三环唑/45%/可湿性粉剂/硫磺 40%、三环唑 5%/2008.12.09 至 2013.12.09/低毒			
	水稻	稻瘟病	675－1012.5克/公顷	喷雾
PD20083340	井·唑·多菌灵/20%/可湿性粉剂/多菌灵 9.2%、井冈霉素 5%、三环唑 5.8%/2008.12.11 至 2013.12.11/中等毒			
	水稻	稻瘟病、纹枯病	300-375克/公顷	喷雾
PD20083815	甲哌鎓/250克/升/水剂/甲哌鎓 250克/升/2008.12.15 至 2013.12.15/低毒			
	棉花	调节生长、增产	45-60克/公顷	喷雾
PD20084133	哒螨灵/15%/乳油/哒螨灵 15%/2008.12.16 至 2013.12.16/中等毒			
	柑橘树	红蜘蛛	50-100毫克/千克	喷雾
PD20084889	噻嗪酮/25%/可湿性粉剂/噻嗪酮 25%/2008.12.22 至 2013.12.22/低毒			
	水稻	稻飞虱	112.5－150克/公顷	喷雾
PD20085009	多·福/40%/可湿性粉剂/多菌灵 25%、福美双 15%/2008.12.22 至 2013.12.22/低毒			
	油菜	菌核病	480-600克/公顷	喷雾
PD20085102	乙草胺/20%/可湿性粉剂/乙草胺 20%/2008.12.23 至 2013.12.23/微毒			
	移栽水稻田	一年生杂草	90-120克/公顷	药土法
PD20085103	丙溴·辛硫磷/40%/乳油/丙溴磷 6%、辛硫磷 34%/2008.12.23 至 2013.12.23/低毒			
	水稻	三化螟	600-720克/公顷	喷雾
PD20085385	阿维·哒螨灵/10%/乳油/阿维菌素 0.2%、哒螨灵 9.8%/2008.12.24 至 2013.12.24/中等毒(原药高毒)			
	柑橘树	红蜘蛛	33.3-66.7毫克/千克	喷雾
PD20085389	异丙威/20%/乳油/异丙威 20%/2008.12.24 至 2013.12.24/中等毒			
	水稻	稻飞虱	450-600克/公顷	喷雾
PD20085447	阿维·三唑磷/20%/乳油/阿维菌素 0.3%、三唑磷 19.7%/2008.12.24 至 2013.12.24/中等毒(原药高毒)			
	水稻	二化螟	150-180克/公顷	喷雾
PD20085631	毒死蜱/480克/升/乳油/毒死蜱 480克/升/2008.12.26 至 2013.12.26/中等毒			
	水稻	稻飞虱、稻纵卷叶螟、二化螟、三化螟	504-648克/公顷	喷雾
PD20085634	氯氰·乐果/20%/乳油/乐果 14.5%、氯氰菊酯 5.5%/2008.12.26 至 2013.12.26/中等毒			
	甘蓝	菜青虫	120-150克/公顷	喷雾
PD20085953	异稻·三环唑/30%/可湿性粉剂/三环唑 8%、异稻瘟净 22%/2008.12.29 至 2013.12.29/低毒			
	水稻	稻瘟病	450－540克/公顷	喷雾
PD20086267	噻嗪·异丙威/25%/可湿性粉剂/噻嗪酮 5%、异丙威 20%/2008.12.31 至 2013.12.31/低毒			
	水稻	稻飞虱	450-562.5克/公顷	喷雾
PD20086334	马拉·杀螟松/12%/乳油/马拉硫磷 10%、杀螟硫磷 2%/2008.12.31 至 2013.12.31/低毒			
	水稻	稻纵卷叶螟、二化螟	216-270克/公顷	喷雾
PD20090072	噻嗪·杀虫单/70%/可湿性粉剂/噻嗪酮 10%、杀虫单 60%/2009.01.08 至 2014.01.08/中等毒			
	水稻	二化螟、飞虱	630-840克/公顷	喷雾
PD20090084	吡·井·杀虫单/42%/可湿性粉剂/吡虫啉 1%、井冈霉素 5%、杀虫单 36%/2009.01.08 至 2014.01.08/中等毒			
	水稻	稻纵卷叶螟、二化螟、飞虱、纹枯病	630-756克/公顷	喷雾
PD20090266	井冈·杀虫单/40%/可湿性粉剂/井冈霉素 5%、杀虫单 35%/2009.01.09 至 2014.01.09/中等毒			
	水稻	二化螟、纹枯病	720-840克/公顷	喷雾
PD20091469	二甲戊灵/330克/升/乳油/二甲戊灵 330克/升/2009.02.02 至 2014.02.02/低毒			
	甘蓝田	一年生杂草	618.75-742.5克/公顷	移栽前土壤喷雾
PD20091701	氰戊·马拉松/20%/乳油/马拉硫磷 15%、氰戊菊酯 5%/2009.02.03 至 2014.02.03/低毒			
	十字花科蔬菜	菜青虫、蚜虫	120-150克/公顷	喷雾
PD20092689	苏云·吡虫啉/2%/可湿性粉剂/吡虫啉 1.25%、苏云金杆菌 0.75%/2009.03.03 至 2014.03.03/低毒			
	水稻	二化螟、飞虱	15-30克/公顷	喷雾
PD20093303	咪鲜胺/25%/乳油/咪鲜胺 25%/2009.03.13 至 2014.03.13/低毒			
	水稻	恶苗病	2000-4000倍液	浸种
PD20093342	高效氯氟氰菊酯/25克/升/乳油/高效氯氟氰菊酯 25克/升/2009.03.18 至 2014.03.18/中等毒			
	十字花科蔬菜	菜青虫、蚜虫	11.25-15克/公顷	喷雾
PD20093790	乙烯利/40%/水剂/乙烯利 40%/2009.03.25 至 2014.03.25/低毒			
	番茄	催熟	333.3-500毫克/千克（800-1200倍）	涂果法或喷雾法
PD20094191	氯氟吡氧乙酸异辛酯/200克/升/乳油/氯氟吡氧乙酸异辛酯 200克/升/2009.03.30 至 2014.03.30/低毒			
	冬小麦田	一年生阔叶杂草	150-210克/公顷	茎叶喷雾
PD20094407	吡虫·异丙威/25%/可湿性粉剂/吡虫啉 5%、异丙威 20%/2009.04.01 至 2014.04.01/低毒			
	水稻	稻飞虱	112.5-150克/公顷	喷雾
PD20094661	精噁唑禾草灵/69克/升/水乳剂/精噁唑禾草灵 69克/升/2009.04.10 至 2014.04.10/低毒			
	冬小麦田	一年生禾本科杂草	41.4-62.1克/公顷	茎叶喷雾
PD20094853	三唑磷/20%/乳油/三唑磷 20%/2009.04.13 至 2014.04.13/中等毒			
	水稻	二化螟	202.5-303.75克/公顷	喷雾
PD20096102	唑磷·毒死蜱/25%/乳油/毒死蜱 5%、三唑磷 20%/2009.06.18 至 2014.06.18/中等毒			
	水稻	稻纵卷叶螟、二化螟、三化螟	300-375克/公顷	喷雾

PD20096196 氟乐·扑草净/48%/乳油/氟乐灵 36%、扑草净 12%/2009.07.13 至 2014.07.13/低毒
花生田、棉花田 一年生杂草 1080-1440克/公顷 土壤喷雾
夏大豆田 一年生杂草 864-1296克/公顷 土壤喷雾
PD20096451 吡虫啉/10%/可湿性粉剂/吡虫啉 10%/2009.08.05 至 2014.08.05/低毒
水稻 稻飞虱 15-30克/公顷 喷雾
PD20097250 烟嘧磺隆/40克/升/可分散油悬浮剂/烟嘧磺隆 40克/升/2009.10.19 至 2014.10.19/低毒
玉米田 一年生杂草 42-60克/公顷 茎叶喷雾
PD20097904 辛硫磷/3%/颗粒剂/辛硫磷 3%/2009.11.30 至 2014.11.30/低毒
花生 地老虎、金针虫、蝼蛄、蛴螬 2700-3600克/公顷 撒施
LS20051123 硫磺·多菌灵/25%/可湿性粉剂/多菌灵 10%、硫磺 15%/2008.04.11 至 2009.04.11/低毒
水稻 稻瘟病 1200-1800克/公顷 喷雾
小麦 白粉病 937.5-1125克/公顷 喷雾
LS20071258 毒死蜱/200克/升/乳油/毒死蜱 200克/升/2009.05.07 至 2010.05.08/中等毒
水稻 稻飞虱、稻纵卷叶螟、二化螟、三化螟 450-600克/公顷 喷雾
LS20082796 杀单·毒死蜱/25%/可湿性粉剂/毒死蜱 5%、杀虫单 20%/2009.05.09 至 2010.05.09/低毒
水稻 稻纵卷叶螟 487.5-562.5克/公顷 喷雾
LS20083045 苄嘧·丙草胺/35%/可湿性粉剂/苄嘧磺隆 2%、丙草胺 33%/2009.09.18 至 2010.09.18/微毒
直播水稻(南方) 一年生杂草 367.5-420克/公顷 喷雾
LS20083166 杀螺胺乙醇胺盐/25%/可湿性粉剂/杀螺胺乙醇胺盐 25%/2009.11.17 至 2010.11.17/微毒
水稻 福寿螺 375-450克/公顷 喷雾
WP20090228 蚊香/0.25%/蚊香/富右旋反式烯丙菊酯 0.25%/2009.04.09 至 2014.04.09/微毒
卫生 蚊 / 点燃

江苏省扬州亿佳人日化有限公司 (江苏省扬州市邗江区杭集工业园三笑大道东侧 225111 0514-7271300)

WP20080369 杀虫气雾剂/0.55%/气雾剂/胺菊酯 0.3%、氯氰菊酯 0.25%/2008.12.10 至 2013.12.10/微毒
卫生 蚊、蝇、蜚蠊 / 喷雾
WP20080372 蚊香/0.25%/蚊香/富右旋反式烯丙菊酯 0.25%/2008.12.10 至 2013.12.10/微毒
卫生 蚊 / 点燃

江苏省宜兴市谷丰农业化学有限公司 (江苏省无锡市宜兴市宜城镇沧浦西路52号 214200 0510-87961783)

PD20090527 毒死蜱/480克/升/乳油/毒死蜱 480克/升/2009.01.12 至 2014.01.12/中等毒
水稻 稻纵卷叶螟 468-604.8克/公顷 喷雾
PD20094195 辛硫·三唑磷/40%/乳油/三唑磷 20%、辛硫磷 20%/2009.03.30 至 2014.03.30/中等毒
水稻 二化螟 360－480克/公顷 喷雾
PD20095073 草甘膦异丙胺盐/41%/水剂/草甘膦异丙胺盐 41%/2009.04.22 至 2014.04.22/微毒
非耕地 杂草 1230-1845克/公顷 喷雾法
LS20072581 草甘膦/30%/水剂/草甘膦 30%/2009.12.09 至 2010.12.10/微毒
茶园 杂草 1125-2250克/公顷 定向茎叶喷雾
LS20072625 井冈霉素/10%/水剂/井冈霉素 10%/2009.12.09 至 2010.12.10/微毒
水稻 纹枯病 150-187.5克/公顷 喷雾

江苏省宜兴市亚晶芯棒电器有限公司 (江苏省宜兴市丁蜀镇解放东路72号 214221 0510-87411786)

WL20080203 电热蚊香液/2.6%/电热蚊香液/Es-生物烯丙菊酯 2.6%/2009.03.08 至 2010.03.08/微毒
卫生 蚊 / 电热加温

江苏省宜兴市宜州化学制品有限公司 (江苏省无锡市宜兴市和桥镇工业区东区 214211 0510-87801463)

PD20082388 草甘膦异丙胺盐/41%/水剂/草甘膦异丙胺盐 41%/2008.12.01 至 2013.12.01/微毒
柑橘园 杂草 1230-2460克/公顷 定向茎叶喷雾
PD20083614 甲氰菊酯/20%/乳油/甲氰菊酯 20%/2008.12.12 至 2013.12.12/中等毒
甘蓝 菜青虫 60-90克/公顷 喷雾
PD20084743 甲氰·螨醇/20%/乳油/甲氰菊酯 2%、三氯杀螨醇 18%/2008.12.22 至 2013.12.22/低毒
柑橘树 红蜘蛛 166.7-250毫克/千克 喷雾
PD20085142 炔螨特/40%/乳油/炔螨特 40%/2008.12.23 至 2013.12.23/低毒
柑橘树 红蜘蛛 266-400毫克/千克 喷雾
PD20085525 氰戊菊酯/20%/乳油/氰戊菊酯 20%/2008.12.25 至 2013.12.25/低毒
十字花科蔬菜 菜青虫 90－120克/公顷 喷雾
PD20090511 氰戊·辛硫磷/25%/乳油/氰戊菊酯 6.25%、辛硫磷 18.75%/2009.01.12 至 2014.01.12/中等毒
十字花科蔬菜 菜青虫 112.5-187.5克/公顷 喷雾
PD20091047 噻嗪·杀扑磷/20%/乳油/噻嗪酮 15%、杀扑磷 5%/2009.01.21 至 2014.01.21/中等毒(原药高毒)
柑橘树 矢尖蚧 200-250毫克/千克 喷雾
PD20094019 阿维·高氯氟/2%/乳油/阿维菌素 0.3%、高效氯氟氰菊酯 1.7%/2009.03.27 至 2014.03.27/低毒(原药高毒)
甘蓝 菜青虫、小菜蛾 7.5-10.5克/公顷 喷雾
苹果树 红蜘蛛 10-13.3毫克/千克 喷雾
PD20096768 溴氰菊酯/25克/升/乳油/溴氰菊酯 25克/升/2009.09.15 至 2014.09.15/低毒
甘蓝 菜青虫 4.5-5.4克/公顷 喷雾
PD20097885 毒死蜱/40%/乳油/毒死蜱 40%/2009.11.20 至 2014.11.20/中等毒
水稻 稻纵卷叶螟 540－600克/公顷 喷雾

LS20052993 吡虫啉/10%/可湿性粉剂/吡虫啉 10%/2008.09.13 至 2009.09.13/低毒
小麦 蚜虫 15-30克/公顷(南方地区) 喷雾
45-60克/公顷(北方地区)
LS20061126 唑磷·毒死蜱/30%/乳油/毒死蜱 10%、三唑磷 20%/2009.05.11 至 2010.05.11/中等毒
水稻 三化螟 225-270克/公顷 喷雾
LS20082086 噻嗪·异丙威/25%/可湿性粉剂/噻嗪酮 5%、异丙威 20%/2009.04.15 至 2010.04.15/低毒
水稻 稻飞虱 450-562.5克/公顷 喷雾
LS20090010 噻嗪酮/40%/水分散粒剂/噻嗪酮 40%/2010.01.08 至 2011.01.08/微毒
水稻 稻飞虱 90-120克/公顷 喷雾

江苏省宜兴兴农化工制品有限公司 (江苏省无锡市宜兴市万石镇漕南 214217 0510-87851001)

PD85154-58 氰戊菊酯/20%/乳油/氰戊菊酯 20%/2005.03.14 至 2010.03.14/中等毒
柑橘树 潜叶蛾 10-20毫克/千克 喷雾
果树 梨小食心虫 10-20毫克/千克 喷雾
棉花 红铃虫、蚜虫 75-150克/公顷 喷雾
蔬菜 菜青虫、蚜虫 60-120克/公顷 喷雾
PD20040152 氯氰菊酯/5%/乳油/氯氰菊酯 5%/2009.12.19 至 2014.12.19/中等毒
十字花科蔬菜 菜青虫 30-45克/公顷 喷雾
PD20040165 高效氯氰菊酯/4.5%/乳油/高效氯氰菊酯 4.5%/2009.12.19 至 2014.12.19/低毒
甘蓝 菜青虫 13.5-27克/公顷 喷雾
PD20040722 高氯·吡虫啉/3%/乳油/吡虫啉 1.5%、高效氯氰菊酯 1.5%/2009.12.19 至 2014.12.19/中等毒
十字花科蔬菜 菜青虫 11.25-22.5克/公顷 喷雾
PD20040792 哒螨灵/10%/乳油/哒螨灵 10%/2004.12.19 至 2009.12.18/中等毒
柑橘树 红蜘蛛 100-125毫克/千克 喷雾
PD20050045 氯氰菊酯/10%/乳油/氯氰菊酯 10%/2005.04.15 至 2010.04.14/中等毒
十字花科蔬菜 菜青虫 30-45克/公顷 喷雾
PD20080934 毒死蜱/40%/乳油/毒死蜱 40%/2008.07.17 至 2013.07.17/中等毒
棉花 棉铃虫、蚜虫 600-900克/公顷 喷雾
水稻 稻飞虱 600-780克/公顷 喷雾
PD20082042 高效氯氟氰菊酯/25克/升/乳油/高效氯氟氰菊酯 25克/升/2008.11.25 至 2013.11.25/中等毒
十字花科蔬菜 菜青虫 7.5-11.25克/公顷 喷雾
烟草 烟青虫 7.5-11.25克/公顷 喷雾
PD20082219 咪鲜胺/250克/升/乳油/咪鲜胺 250克/升/2008.11.26 至 2013.11.26/低毒
柑橘 绿霉病、青霉病 500毫克/千克 浸果
水稻 恶苗病 62.5-125毫克/千克 浸种
PD20082255 甲氰菊酯/20%/乳油/甲氰菊酯 20%/2008.11.27 至 2013.11.27/中等毒
苹果树 红蜘蛛 100-133.3毫克/千克 喷雾
PD20082689 百菌清/75%/可湿性粉剂/百菌清 75%/2008.12.05 至 2013.12.05/低毒
黄瓜 霜霉病 1462.5—1687.5克/公顷 喷雾
PD20082911 甲霜·锰锌/58%/可湿性粉剂/甲霜灵 10%、代森锰锌 48%/2008.12.09 至 2013.12.09/低毒
黄瓜 霜霉病 1305—1632克/公顷 喷雾
PD20082942 噁霜·锰锌/64%/可湿性粉剂/噁霜灵 8%、代森锰锌 56%/2008.12.09 至 2013.12.09/低毒
烟草 黑胫病 2160-2400克/公顷 喷雾
PD20083276 百草枯/200克/升/水剂/百草枯 200克/升/2008.12.11 至 2013.12.11/中等毒
非耕地 一年生及部分多年生杂草 450-600克/公顷 茎叶喷雾
PD20083284 氯氰菊酯/92%/原药/氯氰菊酯 92%/2008.12.11 至 2013.12.11/中等毒
PD20083466 阿维·辛硫磷/15%/乳油/阿维菌素 0.1%、辛硫磷 14.9%/2008.12.12 至 2013.12.12/中等毒(原药高毒)
十字花科蔬菜 小菜蛾 157.5-225克/公顷 喷雾
PD20083555 甲基硫菌灵/70%/可湿性粉剂/甲基硫菌灵 70%/2008.12.12 至 2013.12.12/低毒
黄瓜 白粉病 420—504克/公顷 喷雾
PD20083603 氰戊·辛硫磷/30%/乳油/氰戊菊酯 5%、辛硫磷 25%/2008.12.12 至 2013.12.12/中等毒
棉花 棉铃虫 180-270克/公顷 喷雾
PD20083716 敌畏·毒死蜱/35%/乳油/敌敌畏 25%、毒死蜱 10%/2008.12.15 至 2013.12.15/中等毒
水稻 稻纵卷叶螟 525-630克/公顷 喷雾
PD20084141 精噁唑禾草灵/69克/升/水乳剂/精噁唑禾草灵 69克/升/2008.12.16 至 2013.12.16/低毒
冬小麦田 一年生禾本科杂草 41.4-62.1克/公顷 茎叶喷雾
PD20084244 高效氯氟氰菊酯/95%/原药/高效氯氟氰菊酯 95%/2008.12.17 至 2013.12.17/中等毒
PD20084622 溴氰菊酯/25克/升/乳油/溴氰菊酯 25克/升/2008.12.18 至 2013.12.18/中等毒
十字花科蔬菜 菜青虫 7.5-15克/公顷 喷雾
PD20085016 联苯菊酯/90%/原药/联苯菊酯 90%/2008.12.22 至 2013.12.22/中等毒
PD20085655 联苯菊酯/25克/升/乳油/联苯菊酯 25克/升/2008.12.26 至 2013.12.26/低毒
茶树 茶尺蠖 11.25-15克/公顷 喷雾
PD20085826 草甘膦异丙胺盐/41%/水剂/草甘膦异丙胺盐 41%/2008.12.29 至 2013.12.29/低毒
非耕地 一年生及部分多年生杂草 1125—3000克/公顷 茎叶喷雾

PD20085844　噻嗪·杀扑磷/20%/乳油/噻嗪酮 10%、杀扑磷 10%/2008.12.29 至 2013.12.29/中等毒(原药高毒)
柑橘树　矢尖蚧　200-250毫克/千克　喷雾
PD20085957　阿维·高氯/2%/乳油/阿维菌素 0.3%、高效氯氰菊酯 1.7%/2008.12.29 至 2013.12.29/低毒(原药高毒)
黄瓜　美洲斑潜蝇　15-30克/公顷　喷雾
PD20090131　吡虫·灭多威/10%/可湿性粉剂/吡虫啉 2%、灭多威 8%/2009.01.08 至 2014.01.08/中等毒(原药高毒)
棉花　蚜虫　30-60克/公顷　喷雾
PD20090198　苏云金杆菌/8000IU/毫克/可湿性粉剂/苏云金杆菌 8000IU/毫克/2009.01.08 至 2014.01.08/微毒
十字花科蔬菜　菜青虫　1500-2250克制剂/公顷　喷雾
水稻　稻纵卷叶螟　3000-4500克制剂/公顷　喷雾
PD20090677　溴氰菊酯/50克/升/乳油/溴氰菊酯 50克/升/2009.01.19 至 2014.01.19/中等毒
甘蓝　菜青虫　3.15-4.05克/公顷　喷雾
PD20090707　噻嗪·氧乐果/35%/乳油/噻嗪酮 15%、氧乐果 20%/2009.01.19 至 2014.01.19/中等毒(原药高毒)
水稻　飞虱　262.5-393.75克/公顷　喷雾
PD20091297　草甘膦异丙胺盐（41%）///水剂/草甘膦 30%/2009.02.01 至 2014.02.01/微毒
柑橘园　杂草　1200-2400克/公顷　喷雾
PD20091313　吡·井·杀虫单/42.5%/可湿性粉剂/吡虫啉 2%、井冈霉素 5%、杀虫单 35.5%/2009.02.01 至 2014.02.01/中等毒
水稻　稻纵卷叶螟、飞虱、纹枯病　637.5-765克/公顷　喷雾
PD20093091　三唑磷/10%/乳油/三唑磷 10%/2009.03.09 至 2014.03.09/低毒
水稻　二化螟　225-300克/公顷　喷雾
PD20098217　吗胍·乙酸铜/20%/可湿性粉剂/盐酸吗啉胍 10%、乙酸铜 10%/2009.12.16 至 2014.12.16/低毒
番茄　病毒病　450-750克/公顷　喷雾
LS20060820　杀虫单/36%/可溶粉剂/杀虫单 36%/2009.04.12 至 2010.04.12/中等毒
水稻　三化螟　648-864克/公顷　喷雾
LS20082222　高效氯氟氰菊酯/2.5%/水乳剂/高效氯氟氰菊酯 2.5%/2009.04.18 至 2010.04.18/中等毒
十字花科蔬菜　蚜虫　5.625-9.375克/公顷　喷雾
LS20090364　仲威·毒死蜱/40%/乳油/毒死蜱 15%、仲丁威 25%/2009.03.13 至 2010.03.13/低毒
十字花科蔬菜　菜青虫　360-420克/公顷　喷雾

江苏省张家港市第二农药厂有限公司　(江苏省张家港市金港镇南沙港西北路1号　215632　0512-58373995)

PD20040056　15.8%吡·酮可湿性粉剂//可湿性粉剂/吡虫啉 1.8%、三唑酮 14%/2004.12.19 至 2009.12.18/低毒
小麦　白粉病、蚜虫　142.2-189.6克/公顷　喷雾
PD20040138　三唑酮/15%/可湿性粉剂/三唑酮 15%/2009.12.19 至 2014.12.19/低毒
小麦　白粉病、锈病　135-180克/公顷　喷雾
PD20040178　三唑酮原药//原药/三唑酮 95%,90%/2004.12.19 至 2009.12.18/低毒
PD20040290　三唑酮/20%/乳油/三唑酮 20%/2009.12.23 至 2014.12.23/低毒
小麦　白粉病　120-127.5克/公顷　喷雾
PD20050002　三唑酮/95%/原药/三唑酮 95%/2010.01.04 至 2015.01.04/低毒
PD20080664　戊唑醇/96%/原药/戊唑醇 96%/2008.05.27 至 2013.05.27/低毒
PD20080739　丙溴磷/85%/原药/丙溴磷 85%/2008.06.11 至 2013.06.11/中等毒
PD20081201　多效唑/15%/可湿性粉剂/多效唑 15%/2008.09.11 至 2013.09.11/低毒
水稻育秧田　控制生长　200-300毫克/千克　喷雾
PD20081207　多效唑/94%/原药/多效唑 94%/2008.09.11 至 2013.09.11/低毒
PD20085345　丙溴磷/40%/乳油/丙溴磷 40%/2008.12.24 至 2013.12.24/低毒
棉花　棉铃虫　480-600克/公顷　喷雾
水稻　稻纵卷叶螟　480-600克/公顷　喷雾
PD20093769　戊唑醇/25%/水乳剂/戊唑醇 25%/2009.03.25 至 2014.03.25/低毒
香蕉树　叶斑病　200-250毫克/千克　喷雾
LS20051809　丙溴磷/20%/乳油/丙溴磷 20%/2008.05.16 至 2009.05.16/低毒
棉花　棉铃虫　450-600克/公顷　喷雾
LS20052160　丙溴磷/500克/升/乳油/丙溴磷 500克/升/2008.06.12 至 2009.06.12/低毒
棉花　棉铃虫　450-600克/公顷　喷雾
LS20071660　戊唑醇/80%/可湿性粉剂/戊唑醇 80%/2009.06.13 至 2010.06.14/低毒
苹果树　轮纹病　95-143毫克/千克　喷雾
LS20090827　粉唑醇/95%/原药/粉唑醇 95%/2009.04.03 至 2010.04.03/低毒

江苏省张家港市华神日用化工有限公司　(江苏省张家港市泗港西新村　215638　0520-8583380)

WL20080148　杀虫气雾剂/0.6%/气雾剂/胺菊酯 0.3%、氯菊酯 0.3%/2008.02.24 至 2009.02.24/微毒
卫生　蚊、蝇、蜚蠊　/　喷雾

江苏省张家港市美佳乐气雾剂制造有限公司 (江苏省苏州市张家港市妙桥镇工业西区　215615　0512-58460158)

WL20070215　杀虫气雾剂/0.48%/气雾剂/富右旋反式烯丙菊酯 0.16%、氯菊酯 0.32%/2009.10.16 至 2010.10.17/微毒
卫生　蚊、蝇、蜚蠊　/　喷雾
WL20080076　杀虫气雾剂/0.45%/气雾剂/富右旋反式烯丙菊酯 0.15%、高效氯氰菊酯 0.05%、氯菊酯 0.25%/2009.02.19至2010.02.19/微毒
卫生　蚊、蝇、蜚蠊　/　喷雾
WL20080086　蚊香/0.3%/蚊香/富右旋反式烯丙菊酯 0.3%/2009.02.19 至 2010.02.19/微毒

卫生 蚊 / 点燃

江苏省张家港市显美化妆品制造有限公司 (江苏省张家港市凤凰镇西张韩国工业城 215614 0512-58452413)

WL20080299 驱蚊花露水/2.8%/驱蚊花露水/驱蚊酯 2.8%/2009.04.21 至 2010.04.21/微毒

卫生 蚊 / 涂抹

江苏省镇江豪威杀虫消毒用品有限责任公司 (江苏省镇江市经济开发区社湖新村23幢205号 212000 0511-5015398)

WP20080185 杀蟑饵剂/2%/饵剂/乙酰甲胺磷 2%/2008.11.19 至 2013.11.19/低毒

卫生 蜚蠊 / 投放

WP20080193 胺·氯菊/7%/可溶液剂/胺菊酯 3%、氯菊酯 4%/2008.11.20 至 2013.11.20/低毒

卫生 蚊、蝇 玻璃面：21毫克/平方米；木板面:42毫克/平方米；/白灰面：70毫克/平方米 滞留喷洒

WP20080255 杀虫颗粒剂/5%/颗粒剂/倍硫磷 5%/2008.11.26 至 2013.11.26/低毒

卫生 蚊(幼虫) 17-20克制剂/平方米 撒布

卫生 蝇(幼虫) 40克制剂/平方米 撒布

江苏省镇江江南化工有限公司 (江苏省镇江市新区国际化学工业园内 212152 0511-83366262)

PD85159-2 草甘膦/10%/水剂/草甘膦 10%/2005.07.23 至 2009.12.31/低毒

茶树、甘蔗、果园、剑麻、林木、桑树、橡胶树 一年生杂草和多年生恶性杂草 1125-2250克/公顷 喷雾

PD86158-2 三乙膦酸铝/95%、87%/原药/三乙膦酸铝 95%、87%/2006.08.09 至 2011.08.09/低毒

PD92103-6 草甘膦/95%,93%,90%/原药/草甘膦 95%,93%,90%/2007.07.31 至 2012.07.31/低毒

PD20081948 草甘膦异丙胺盐/41%/水剂/草甘膦异丙胺盐 41%/2008.11.24 至 2013.11.24/低毒

非耕地、柑橘园 杂草 1125-2250克/公顷 杂草茎叶喷雾

PD20085882 三乙膦酸铝/80%/可湿性粉剂/三乙膦酸铝 80%/2008.12.29 至 2013.12.29/低毒

黄瓜 霜霉病 2200-2800克/公顷 喷雾

PD20086175 草甘膦/75.7%/可溶粒剂/草甘膦 75.7%/2008.12.30 至 2013.12.30/低毒

非耕地 杂草 1135.5-1816.8克/公顷 茎叶喷雾

柑橘园 杂草 1135.5-2271克/公顷 定向茎叶喷雾

LS20072426 草甘膦异丙胺盐/62%/水剂/草甘膦异丙胺盐 62%/2009.11.04 至 2010.11.05/微毒

非耕地 杂草 1125-3000克/公顷 茎叶喷雾

江苏省镇江市丹徒区利民卫生用品厂 (江苏省镇江市丹徒区宝埝镇 212125 0511-4426931)

WP20090007 杀蟑饵剂/1.5%/饵剂/乙酰甲胺磷 1.5%/2009.01.04 至 2014.01.04/低毒

卫生 蜚蠊 / 投放

江苏省镇江先锋化学有限公司 (江苏省镇江市丹徒区高资镇（丹徒经济开发区） 212114 0511-4492158)

PD20083066 苯磺隆/95%/原药/苯磺隆 95%/2008.12.10 至 2013.12.10/低毒

PD20097126 苯磺隆/75%/水分散粒剂/苯磺隆 75%/2009.10.16 至 2014.10.16/低毒

冬小麦田 一年生阔叶杂草 11.25-16.875克/公顷 茎叶喷雾

PD20097908 烟嘧磺隆/40克/升/可分散油悬浮剂/烟嘧磺隆 40克/升/2009.11.30 至 2014.11.30/微毒

玉米田 一年生杂草 48-60克/公顷 茎叶喷雾

江苏省镇江振邦化工有限公司 (江苏省镇江市北门坡51号 212001 0511-5233677)

PD85133-3 福美双原药//原药/福美双 95%/2005.07.13 至 2010.07.13/中等毒

江苏省邳州市金地农化有限公司 (江苏省徐州市邳州市岱山工业园区 221362 0516-86091154)

PD20040135 甲拌磷/3%/颗粒剂/甲拌磷 3%/2009.12.19 至 2014.12.19/高毒

棉花 蚜虫 1125-1875克/公顷 沟施、穴施

PD20082181 氰戊·辛硫磷/25%/乳油/氰戊菊酯 6.25%、辛硫磷 18.75%/2008.12.01 至 2013.12.01/中等毒

棉花 棉铃虫 300-375克/公顷 喷雾

PD20084859 辛硫磷/3%/颗粒剂/辛硫磷 3%/2008.12.22 至 2013.12.22/低毒

花生 金针虫、蝼蛄、蛴螬 2250-3600克/公顷 撒施

LS20081802 高氯·辛硫磷/20%/乳油/高效氯氰菊酯 1.5%、辛硫磷 18.5%/2009.04.07 至 2010.04.07/低毒

十字花科蔬菜 菜青虫 120-150克/公顷 喷雾

LS20082427 丁硫克百威/5%/颗粒剂/丁硫克百威 5%/2009.04.22 至 2010.04.22/低毒

甘蔗 蔗龟 2625-3000克/公顷 撒施

LS20083089 丁·戊·福美双/20.6%/悬浮种衣剂/丁硫克百威 7%、福美双 13%、戊唑醇 0.6%/2009.10.22 至 2010.10.22/中等毒

春玉米田 蛴螬等地下害虫、丝黑穗病 412-515克/100千克种子 种子包衣

江苏省泗洪县农药厂 (江苏省宿迁市泗洪县青阳南路 223900 0527-6261364)

PD84104-62 杀虫双/18%/水剂/杀虫双 18%/2009.12.22 至 2014.12.22/中等毒

甘蔗、蔬菜、水稻、小麦、玉米 多种害虫 540-675克/公顷 喷雾

果树 多种害虫 225-360毫克/千克 喷雾

PD20083896 氰戊·乐果/25%/乳油/乐果 22.8%、氰戊菊酯 2.2%/2008.12.15 至 2013.12.15/中等毒

十字花科叶菜 菜青虫、蚜虫 180-300克/公顷 喷雾

LS20052606 唑磷·乙酰甲/30%/乳油/三唑磷 15%、乙酰甲胺磷 15%/2008.08.14 至 2009.08.14/中等毒

水稻 二化螟 300-450克/公顷 喷雾

江苏省泗阳县鼠药厂 (江苏省泗阳县工业园东区 223700 0527-5377667)

PD20070322 溴敌隆/98%/原药/溴敌隆 98%/2007.09.27 至 2012.09.27/剧毒
PD20070323 溴鼠灵/98%/原药/溴鼠灵 98%/2007.09.27 至 2012.09.27/剧毒
PD20081024 溴敌隆/0.5%/母液/溴敌隆 0.5%/2008.08.06 至 2013.08.06/中等毒(原药剧毒)
农田 害鼠 配成0.005%毒饵1500-2250克/公顷 投放毒饵
PD20081101 溴鼠灵/0.5%/母液/溴鼠灵 0.5%/2008.08.18 至 2013.08.18/中等毒(原药剧毒)
农田 田鼠 配成0.005%毒饵1500-2250克/公顷 投放毒饵
PD20081102 溴鼠灵/0.005%/毒饵/溴鼠灵 0.005%/2008.08.18 至 2013.08.18/低毒(原药剧毒)
室内 家鼠 饱和投饵 投饵
PD20081154 杀鼠灵/97%/原药/杀鼠灵 97%/2008.09.02 至 2013.09.02/高毒
PD20083600 杀鼠醚/98%/原药/杀鼠醚 98%/2008.12.12 至 2013.12.12/剧毒

江苏省溧阳市新球农药化工有限公司 (江苏省常州市溧阳市溧城镇歌岐路55号 213300 0519-7207031)

PD85157-24 40%辛硫磷乳油//乳油/辛硫磷 40%/2006.03.11 至 2011.03.11/低毒
茶树、桑树 食叶害虫 200-400毫克/千克 喷雾
果树 食心虫、蚜虫、螨 200-400毫克/千克 喷雾
林木 食叶害虫 3000-6000克/公顷 喷雾
棉花 棉铃虫、蚜虫 300-600克/公顷 喷雾
蔬菜 菜青虫 300-450克/公顷 喷雾
烟草 食叶害虫 300-600克/公顷 喷雾
玉米 玉米螟 450-600克/公顷 灌心叶
PD20040203 高效氯氰菊酯/4.5%/乳油/高效氯氰菊酯 4.5%/2009.12.19 至 2014.12.19/中等毒
棉花 棉铃虫 20.25-33.75克/公顷 喷雾
十字花科蔬菜 菜青虫 20.25-27克/公顷 喷雾
PD20040328 吡虫啉/10%/可湿性粉剂/吡虫啉 10%/2009.12.19 至 2014.12.19/低毒
水稻 飞虱 15-30克/公顷 喷雾
PD20040540 杀虫单/80%/可溶性粉剂/杀虫单 80%/2009.12.19 至 2014.12.19/中等毒
水稻 稻纵卷叶螟 480-600克/公顷 喷雾
PD20040640 吡虫・杀虫单/50%/可湿性粉剂/吡虫啉 1.3%、杀虫单 48.7%/2009.12.19 至 2014.12.19/中等毒
水稻 稻飞虱、稻纵卷叶螟 450-750克/公顷 喷雾
PD20040650 三唑磷/20%/乳油/三唑磷 20%/2009.12.19 至 2014.12.19/中等毒
水稻 三化螟 300-450克/公顷 喷雾
PD20080986 噻吩磺隆/15%/可湿性粉剂/噻吩磺隆 15%/2008.07.24 至 2013.07.24/微毒
夏玉米田 一年生阔叶杂草 22.5-29.3克/公顷 茎叶喷雾
PD20083678 苄嘧磺隆/10%/可湿性粉剂/苄嘧磺隆 10%/2008.12.15 至 2013.12.15/低毒
水稻移栽田 阔叶杂草及一年生莎草 22.5-45 克/公顷 毒土法
PD20083916 氯氰・辛硫磷/30%/乳油/氯氰菊酯 2%、辛硫磷 28%/2008.12.15 至 2013.12.15/中等毒
棉花 棉铃虫 225-315克/公顷 喷雾
PD20084145 甲氰菊酯/20%/乳油/甲氰菊酯 20%/2008.12.16 至 2013.12.16/中等毒
十字花科蔬菜 菜青虫 90-120克/公顷 喷雾
PD20084345 毒死蜱/480克/升/乳油/毒死蜱 480克/升/2008.12.17 至 2013.12.17/中等毒
水稻 稻纵卷叶螟 576-648克/公顷 喷雾
PD20085234 甲氰・辛硫磷/25%/乳油/甲氰菊酯 5%、辛硫磷 20%/2008.12.23 至 2013.12.23/中等毒
棉花 棉铃虫 281.25-375克/公顷 喷雾
PD20091572 精喹禾灵/5%/乳油/精喹禾灵 5%/2009.02.03 至 2014.02.03/微毒
春油菜 一年生禾本科杂草 52.5-75克/公顷 茎叶喷雾
冬油菜田 一年生禾本科杂草 45-52.5克/公顷 茎叶喷雾
PD20092193 苯磺隆/10%/可湿性粉剂/苯磺隆 10%/2009.02.23 至 2014.02.23/低毒
春小麦田 一年生阔叶杂草 22.5-30克/公顷(东北地区) 茎叶喷雾
冬小麦田 一年生阔叶杂草 13.5-22.5克/公顷(其它地区) 茎叶喷雾
PD20094030 胺苯磺隆/25%/可湿性粉剂/胺苯磺隆 25%/2009.03.27 至 2014.03.27/低毒
冬油菜田 一年生阔叶杂草 18.75-22.5克/公顷(南方地区) 喷雾
PD20094937 高效氯氟氰菊酯/2.5%/乳油/高效氯氟氰菊酯 2.5%/2009.04.13 至 2014.04.13/中等毒
甘蓝 菜青虫 7.5-15克/公顷 喷雾
PD20095179 井・噻・杀虫单/48%/可湿性粉剂/井冈霉素 6%、噻嗪酮 7%、杀虫单 35%/2009.04.24 至 2014.04.24/中等毒
水稻 二化螟、飞虱、纹枯病 720-864克/公顷 喷雾
PD20097923 苄嘧・苯噻酰/53%/可湿性粉剂/苯噻酰草胺 50%、苄嘧磺隆 3%/2009.11.30 至 2014.11.30/低毒
水稻移栽田 一年生及部分多年生杂草 318-397.5克/公顷(南方地区) 药土法
LS20052423 咪唑乙烟酸/5%/水剂/咪唑乙烟酸 5%/2008.07.10 至 2009.07.10/微毒
春大豆 一年生杂草 75-90克/公顷 茎叶喷雾
LS20071081 辛硫・三唑磷/30%/乳油/三唑磷 10%、辛硫磷 20%/2009.04.25 至 2010.04.26/中等毒
水稻 三化螟 450-675克/公顷 喷雾
LS20071138 辛硫・高氯氟/25%/乳油/高效氯氟氰菊酯 0.5%、辛硫磷 24.5%/2009.04.25 至 2010.04.26/低毒
棉花 棉铃虫 300-450克/公顷 喷雾

LS20071168 噻嗪·异丙威/25%/可湿性粉剂/噻嗪酮 5%、异丙威 20%/2009.04.25 至 2010.04.26/低毒
水稻 稻飞虱 487.5-562.5克/公顷 喷雾
LS20091224 噻嗪·毒死蜱/10%/乳油/毒死蜱 6%、噻嗪酮 4%/2009.04.30 至 2010.04.30/低毒
水稻 稻飞虱 180—225克/公顷 喷雾

江苏省溧阳中南化工有限公司 (江苏省常州市溧阳市上黄镇 213314 0519-7390137)

PD20050113 吡虫·杀虫单/50%/可湿性粉剂/吡虫啉 1.3%、杀虫单 48.7%/2005.08.15 至 2010.08.14/中等毒
水稻 稻飞虱、稻纵卷叶螟、二化螟、三化螟 450-750克/公顷 喷雾
PD20050114 吡虫·杀虫单/40%/可湿性粉剂/吡虫啉 1%、杀虫单 39%/2005.08.15 至 2010.08.14/中等毒
水稻 稻飞虱、稻纵卷叶螟、二化螟、三化螟 450-750克/公顷 喷雾
PD20082707 毒死蜱/480克/升/乳油/毒死蜱 480克/升/2008.12.05 至 2013.12.05/中等毒
十字花科蔬菜 菜青虫 450-540克/公顷 喷雾
水稻 稻飞虱、稻纵卷叶螟 468-612克/公顷 喷雾
PD20083264 噻嗪酮/25%/可湿性粉剂/噻嗪酮 25%/2008.12.11 至 2013.12.11/低毒
茶树 小绿叶蝉 150-187.5克/公顷 喷雾
水稻 稻飞虱 150-187.5克/公顷 喷雾
PD20086165 溴氰 ·敌敌畏/25%/乳油/敌敌畏 24.5%、溴氰菊酯 0.5%/2008.12.30 至 2013.12.30/中等毒
十字花科蔬菜 菜青虫 187.5-281.25克/公顷 喷雾
PD20090312 井·噻·杀虫单/52%/可湿性粉剂/井冈霉素 6%、噻嗪酮 7%、杀虫单 39%/2009.01.12 至 2014.01.12/中等毒
水稻 飞虱、螟虫、纹枯病 780-936克/公顷 喷雾
PD20094850 井冈·蜡芽菌/40%/可湿性粉剂/井冈霉素 8%、蜡质芽孢杆菌 32%/2009.04.13 至 2014.04.13/低毒
水稻 纹枯病 300-360克/公顷 喷雾
PD20096445 吡虫啉/10%/可湿性粉剂/吡虫啉 10%/2009.08.05 至 2014.08.05/低毒
水稻 稻飞虱 15-30克/公顷 喷雾
LS20060687 阿维·高氯/3%/乳油/阿维菌素 0.2%、高效氯氰菊酯 2.8%/2009.04.03 至 2010.04.03/低毒(原药高毒)
十字花科蔬菜 菜青虫 13.5-27克/公顷 喷雾
LS20082844 甲维·毒死蜱/20%/可湿性粉剂/毒死蜱 19.8%、甲氨基阿维菌素苯甲酸盐 0.2%/2009.06.11 至 2010.06.11/低毒
甘蓝 小菜蛾 150-210克/公顷 喷雾
水稻 稻纵卷叶螟 180-210克/公顷 喷雾
LS20090964 井冈·蛇床素/6%/可湿性粉剂/井冈霉素A 5.9%、蛇床子素 0.1%/2009.04.10 至 2010.04.10/微毒
水稻 纹枯病 45—54克/公顷 喷雾
LS20091126 氯氟·毒死蜱/25%/可湿性粉剂/毒死蜱 24%、高效氯氟氰菊酯 1%/2009.04.17 至 2010.04.17/中等毒
十字花科蔬菜 甜菜夜蛾 187.5-225克/公顷 喷雾
LS20091255 井冈·蜡芽菌/'/水剂/井冈霉素A 5%、蜡质芽孢杆菌 10亿个/毫升/2009.05.05 至 2010.05.05/微毒
水稻 纹枯病 52.5—67.5克/公顷 喷雾

江苏省盱眙县舒怡化工有限公司 (江苏省盱眙县黄花塘镇泥沛街道宁连路88号 211755 0517-8432858)

WL20070264 氯氟·胺·氯菊/10%/乳油/胺菊酯 5%、高效氯氟氰菊酯 2%、氯菊酯 3%/2008.11.04 至 2009.11.05/低毒
室外 蚊、蝇、蜚蠊 30毫克/立方米 喷雾

江苏省睢宁县农药厂 (江苏省睢宁县沙集镇 221232 0516-8221024)

PD20083210 毒死蜱/480克/升/乳油/毒死蜱 480克/升/2008.12.11 至 2013.12.11/中等毒
水稻 稻纵卷叶螟 576-648克/公顷 喷雾
PD20092737 噻嗪·异丙威/25%/可湿性粉剂/噻嗪酮 5%、异丙威 20%/2009.03.04 至 2014.03.04/低毒
水稻 稻飞虱 375-562.5克/公顷 喷雾
PD20092886 敌敌畏/50%/乳油/敌敌畏 50%/2009.03.05 至 2014.03.05/中等毒
十字花科蔬菜 菜青虫 600-750克/公顷 喷雾
PD20095986 阿维菌素/18克/升/乳油/阿维菌素 18克/升/2009.06.11 至 2014.06.11/低毒(原药高毒)
十字花科蔬菜 小菜蛾 8.1-10.8克/公顷 喷雾
LS20051461 高效氯氰菊酯/4.5%/乳油/高效氯氰菊酯 4.5%/2008.04.21 至 2009.04.21/低毒
十字花科蔬菜 菜青虫 13.5-27克/公顷 喷雾
LS20052690 氯氰菊酯/5%/乳油/氯氰菊酯 5%/2008.08.14 至 2009.08.14/低毒
棉花 棉铃虫 60-90克/公顷 喷雾
LS20060279 高效氯氟氰菊酯/25克/升/乳油/高效氯氟氰菊酯 25克/升/2009.03.01 至 2010.03.01/中等毒
十字花科蔬菜 蚜虫 7.5-9.375克/公顷 喷雾
LS20060640 吡虫啉/5%/可湿性粉剂/吡虫啉 5%/2009.03.26 至 2010.03.27/低毒
水稻 稻飞虱 15-22.5克/公顷 喷雾
LS20060681 辛硫磷/20%/乳油/辛硫磷 20%/2009.04.03 至 2010.04.03/低毒
棉花 棉铃虫 225-300克/公顷 喷雾

江苏苏中农药化工厂 (江苏省泰州市泰兴市黄桥镇印三路2号 225411 0523-7227293)

PD84111-49 氧乐果/40%/乳油/氧乐果 40%/2009.12.20 至 2014.12.20/高毒
棉花 蚜虫、螨 375-600克/公顷 喷雾
森林 松干蚧、松毛虫 500倍液 喷雾或直接涂树干
水稻 稻纵卷叶螟、飞虱 375-600克/公顷 喷雾
小麦 蚜虫 300-450克/公顷 喷雾

PD84118-13	多菌灵/25%/可湿性粉剂/多菌灵 25%/2009.12.20 至 2014.12.20/低毒			
	果树	病害	0.05-0.1%药液	喷雾
	花生	倒秧病	750克/公顷	喷雾
	麦类	赤霉病	750克/公顷	喷雾,泼浇
	棉花	苗期病害	500克/100千克种子	拌种
	水稻	稻瘟病、纹枯病	750克/公顷	喷雾,泼浇
	油菜	菌核病	1125-1500克/公顷	喷雾
PD85105-77	敌敌畏/77.5%/乳油/敌敌畏 77.5%/2010.01.27 至 2015.01.27/中等毒			
	茶树	食叶害虫	600克/公顷	喷雾
	粮仓	多种储藏害虫	1)400-500倍液, 2)0.4-0.5克/立方米	1)喷雾 2)挂条熏蒸
	棉花	蚜虫、造桥虫	600-1200克/公顷	喷雾
	苹果树	小卷叶蛾、蚜虫	400-500毫克/千克	喷雾
	青菜	菜青虫	600克/公顷	喷雾
	桑树	尺蠖	600克/公顷	喷雾
	卫生	多种卫生害虫	1)300-400倍液, 2)0.08克/立方米	1)泼洒 2)挂条熏蒸
	小麦	黏虫、蚜虫	600克/公顷	喷雾
PD85166-5	绿麦隆/25%/可湿性粉剂/绿麦隆 25%/2005.09.26 至 2010.09.26/低毒			
	大麦、小麦、玉米	一年生杂草	1500-3000克/公顷(北方地区) 600-1500克/公顷(南方地区)	播后苗前或苗期喷雾
PD20040107	三唑酮/20%/乳油/三唑酮 20%/2009.12.19 至 2014.12.19/低毒			
	小麦	白粉病	120-127.5克/公顷	喷雾
PD20040168	吡虫啉/10%/可湿性粉剂/吡虫啉 10%/2009.12.19 至 2014.12.19/低毒			
	水稻	飞虱	15-30克/公顷	喷雾
PD20070517	噻嗪酮/25%/可湿性粉剂/噻嗪酮 25%/2007.11.28 至 2012.11.28/低毒			
	水稻	稻飞虱	75-112.5克/公顷	喷雾
PD20080781	硫磺・三环唑/45%/可湿性粉剂/硫磺 40%、三环唑 5%/2008.06.20 至 2013.06.20/低毒			
	水稻	稻瘟病	810-1215克/公顷	喷雾
PD20081152	三环唑/20%/可湿性粉剂/三环唑 20%/2008.09.02 至 2013.09.02/中等毒			
	水稻	稻瘟病	225-300克/公顷	喷雾
PD20082923	啶虫脒/3%/可湿性粉剂/啶虫脒 3%/2008.12.09 至 2013.12.09/低毒			
	柑橘	蚜虫	8.6-12毫克/千克	喷雾
PD20095293	三唑磷/20%/乳油/三唑磷 20%/2009.04.27 至 2014.04.27/中等毒			
	水稻	三化螟	360-450克/公顷	喷雾
LS20051368	速灭・硫酸铜/74%/可湿性粉剂/速灭威 0.1%、硫酸铜 73.9%/2009.03.24 至 2009.12.31/低毒			
	旱地	蜗牛	3108-3663克/公顷	喷雾
LS20072300	噻嗪・异丙威/25%/可湿性粉剂/噻嗪酮 5%、异丙威 20%/2009.10.09 至 2010.10.10/低毒			
	水稻	飞虱	375～562.5克/公顷	喷雾
LS20072523	多效唑/15%/可湿性粉剂/多效唑 15%/2009.12.04 至 2010.12.05/低毒			
	水稻育秧田	控制生长	225-450克/公顷	兑水喷雾
LS20080071	高氯・啶虫脒/7.5%/可湿性粉剂/啶虫脒 5%、高效氯氰菊酯 2.5%/2010.01.04 至 2011.01.04/低毒			
	十字花科蔬菜	蚜虫	11.3～16.9克/公顷	喷雾

江苏苏州佳辉化工有限公司　(江苏省苏州市相城区东桥镇　215152　0512-65371841)

PD92103-16	草甘膦/95%,93%,90%/原药/草甘膦 95%,93%,90%/2007.08.27 至 2012.08.27/低毒			
PD20080492	百草枯/42%/母药/百草枯 42%/2008.04.07 至 2013.04.07/中等毒			
PD20080838	草甘膦/10%/水剂/草甘膦 10%/2008.06.20 至 2009.12.31/微毒			
	柑橘园	杂草	1200—2400克/公顷	定向喷雾
PD20081001	草甘膦异丙胺盐/41%/水剂/草甘膦异丙胺盐 41%/2008.08.06 至 2013.08.06/低毒			
	柑橘园	杂草	1230-2460克/公顷	定向茎叶喷雾
PD20084093	百草枯/200克/升/水剂/百草枯 200克/升/2008.12.16 至 2013.12.16/中等毒			
	柑橘园	杂草	600-900克/公顷	定向茎叶喷雾
	玉米田	杂草	450-600克/公顷	定向茎叶喷雾
LS20080040	草甘膦异丙胺盐/62%/母药/草甘膦异丙胺盐 62%/2009.01.03 至 2010.01.03/低毒			

江苏泰州百力化学有限公司　(江苏省江阴市利港镇苏利化学内　214444　0510-6636248)

PD20080812	百菌清/98.5%/原药/百菌清 98.5%/2008.06.20 至 2013.06.20/微毒			
PD20081145	氟酰胺/98%/原药/氟酰胺 98%/2008.09.01 至 2013.09.01/微毒			

江苏腾龙生物药业有限公司　(江苏省盐城市大丰市西团镇城乡北路1号　224124　0515-83695266)

PD85120-4	乐果/98%,96%/原药/乐果 98%,96%/2005.07.14 至 2010.07.14/中等毒			
PD85121-30	乐果/40%/乳油/乐果 40%/2005.07.14 至 2010.07.14/中等毒			
	茶树	蚜虫、叶蝉、螨	1000-2000倍液	喷雾
	甘薯	小象甲	2000倍液	浸鲜薯片诱杀
	柑橘树、苹果树	鳞翅目幼虫、蚜虫、螨	800-1600倍液	喷雾

棉花 蚜虫、螨 450-600克/公顷 喷雾
蔬菜 蚜虫、螨 300-600克/公顷 喷雾
水稻 飞虱、螟虫、叶蝉 450-600克/公顷 喷雾
烟草 蚜虫、烟青虫 300-600克/公顷 喷雾

PD85154-51 氰戊菊酯/20%/乳油/氰戊菊酯 20%/2005.07.14 至 2010.07.14/中等毒
柑橘树 潜叶蛾 10-20毫克/千克 喷雾
果树 梨小食心虫 10-20毫克/千克 喷雾
棉花 红铃虫、蚜虫 75-150克/公顷 喷雾
蔬菜 菜青虫、蚜虫 60-120克/公顷 喷雾

PD20070629 噻吩磺隆/95%/原药/噻吩磺隆 95%/2007.12.14 至 2012.12.14/低毒

PD20080255 稻丰散/93%/原药/稻丰散 93%/2008.02.19 至 2013.02.19/中等毒

PD20080309 噻吩磺隆/75%/水分散粒剂/噻吩磺隆 75%/2008.02.25 至 2013.02.25/低毒
冬小麦田 一年生阔叶杂草 22.5-33.8克/公顷 喷雾

PD20081994 丁草胺/60%/乳油/丁草胺 60%/2008.11.25 至 2013.11.25/低毒
水稻移栽田 稗草、异型莎草 1500-2250克/公顷 药土法

PD20082134 乙草胺/50%/乳油/乙草胺 50%/2008.11.25 至 2013.11.25/低毒
夏玉米田 一年生杂草 750-1050克/公顷 土壤喷雾

PD20082275 苯磺隆/10%/可湿性粉剂/苯磺隆 10%/2008.11.27 至 2013.11.27/低毒
冬小麦田 一年生阔叶杂草 15—22.5克/公顷 茎叶喷雾

PD20082366 丁草胺/50%/乳油/丁草胺 50%/2008.12.01 至 2013.12.01/低毒
水稻移栽田 一年生杂草 963-1444.5克/公顷 药土法

PD20083339 乐果/50%/乳油/乐果 50%/2008.12.11 至 2013.12.11/中等毒
水稻 二化螟 600-750克/公顷 喷雾

PD20084067 稻丰散/50%/乳油/稻丰散 50%/2008.12.16 至 2013.12.16/中等毒
柑橘 介壳虫 625-1000毫克/千克 喷雾
水稻 稻纵卷叶螟、二化螟、三化螟 750-900克/公顷 喷雾

PD20084879 氰戊·乐果/25%/乳油/乐果 22.8%、氰戊菊酯 2.2%/2008.12.22 至 2013.12.22/中等毒
十字花科蔬菜 菜青虫、蚜虫 180-300克/公顷 喷雾
小麦 蚜虫 187.5-225克/公顷 喷雾

PD20090471 苯磺隆/95%/原药/苯磺隆 95%/2009.01.12 至 2014.01.12/低毒

PD20090791 氟乐灵/480克/升/乳油/氟乐灵 480克/升/2009.01.19 至 2014.01.19/低毒
棉花田 部分阔叶杂草、一年生禾本科杂草 540-1080克/公顷 喷雾

PD20090792 乙草胺/880克/升/乳油/乙草胺 880克/升/2009.01.19 至 2014.01.19/低毒
夏玉米田 一年生禾本科杂草及部分小粒种子阔叶杂草 1056-1380克/公顷 播后苗前土壤喷雾

PD20091505 马拉·灭多威 /30%/乳油/马拉硫磷 20%、灭多威 10%/2009.02.02 至 2014.02.02/高毒
棉花 棉铃虫 300-450克/公顷 喷雾

PD20091614 辛硫·灭多威/30%/乳油/灭多威 10%、辛硫磷 20%/2009.02.03 至 2014.02.03/中等毒
棉花 棉铃虫 315-450克/公顷 喷雾

PD20093286 阿维·杀螟松/20%/乳油/阿维菌素 0.2%、杀螟硫磷 19.8%/2009.03.11 至 2014.03.11/中等毒(原药高毒)
棉花 红蜘蛛 60-90克/公顷 喷雾
水稻 二化螟 150-210克/公顷 喷雾

PD20094501 噻磺·乙草胺/20%/可湿性粉剂/噻吩磺隆 0.2%、乙草胺 19.8%/2009.04.09 至 2014.04.09/低毒
夏大豆田 一年生杂草 450-600克/公顷 播后苗前土壤喷雾
夏玉米田 一年生杂草 600-750克/公顷 喷雾

PD20095367 草甘膦/95%/原药/草甘膦 95%/2009.04.27 至 2014.04.27/低毒

PD20095984 氟乐灵/96%/原药/氟乐灵 96%/2009.06.11 至 2014.06.11/低毒

PD20096686 杀扑磷/40%/乳油/杀扑磷 40%/2009.09.07 至 2014.09.07/高毒
柑橘树 矢尖蚧 500-667毫克/千克 喷雾

PD20098532 噻吩磺隆/15%/可湿性粉剂/噻吩磺隆 15%/2009.12.24 至 2014.12.24/低毒
冬小麦田 一年生阔叶杂草 22.5-30克/公顷 喷雾

LS20053835 吡虫啉/10%/可湿性粉剂/吡虫啉 10%/2008.12.22 至 2009.12.22/低毒
水稻 稻飞虱 15-30克/公顷 喷雾
小麦 蚜虫 15-30克/公顷(南方地区) 45-60克/公顷(北方地区) 喷雾

LS20062003 吡虫啉/95%/原药/吡虫啉 95%/2008.12.25 至 2009.12.25/低毒

LS20081510 乙草胺/93%/原药/乙草胺 93%/2009.03.31 至 2010.03.31/低毒

LS20090627 稻丰散/60%/乳油/稻丰散 60%/2009.03.23 至 2010.03.23/中等毒
柑橘树 矢尖蚧 600-1000毫克/千克 喷雾
水稻 稻纵卷叶螟、二化螟 540-900克/公顷 喷雾

LS20090886 啶虫脒/15%/可湿性粉剂/啶虫脒 15%/2009.04.09 至 2010.04.09/低毒
柑橘树 蚜虫 12-15毫克/千克 喷雾

	十字花科蔬菜	蚜虫	13.5-18克/公顷	喷雾
LS20090966	稻散·毒死蜱/45%/乳油/稻丰散 20%、毒死蜱 25%/2009.04.10 至 2010.04.10/中等毒			
	水稻	稻纵卷叶螟	540-810克/公顷	喷雾
LS20091153	稻散·乐果/40%/乳油/稻丰散 30%、乐果 10%/2009.04.17 至 2010.04.17/中等毒			
	水稻	稻飞虱	600-720克/公顷	喷雾
LS20091225	稻散·高氯氟/40%/乳油/稻丰散 38.5%、高效氯氟氰菊酯 1.5%/2009.04.30 至 2010.04.30/低毒			
	柑橘树	矢尖蚧	800-1000毫克/千克	喷雾
LS20091227	乐果·三唑磷/25%/乳油/乐果 15%、三唑磷 10%/2009.04.30 至 2010.04.30/中等毒			
	水稻	二化螟	468.75-562.5克/公顷	喷雾
LS20091228	稻散·噻嗪酮/45%/乳油/稻丰散 40%、噻嗪酮 5%/2009.04.30 至 2010.04.30/中等毒			
	水稻	稻飞虱	675-810克/公顷	喷雾
江苏天禾宝农化有限责任公司　(江苏省徐州市东郊徐庄镇　221122　0516-83385555)				
PD20040766	甲拌·多菌灵/15%/悬浮种衣剂/多菌灵 5%、甲拌磷 10%/2008.12.19 至 2013.12.19/高毒			
	小麦	地下害虫、纹枯病	333-400克/100千克种子	种子包衣
	玉米	地下害虫	1:40-50(药种比)	种子包衣
PD20084524	多菌灵/80%/可湿性粉剂/多菌灵 80%/2008.12.18 至 2013.12.18/微毒			
	苹果	轮纹病	667-1000毫克/千克	喷雾
PD20084829	福美·拌种灵/10%/悬浮种衣剂/拌种灵 5%、福美双 5%/2008.12.22 至 2013.12.22/中等毒			
	棉花	苗期病害	1:40-50(药种比)	种子包衣
PD20091290	多·福/15%/悬浮种衣剂/多菌灵 5%、福美双 10%/2009.02.01 至 2014.02.01/低毒			
	水稻	恶苗病	1:40-60(药种比)	种子包衣
PD20093139	福·克/15%/悬浮种衣剂/福美双 8%、克百威 7%/2009.03.11 至 2014.03.11/中等毒(原药高毒)			
	玉米	地老虎、茎腐病、金针虫、蝼蛄、蛴螬	1:40-50(药种比)	种子包衣
PD20094083	戊唑醇/0.2%/悬浮种衣剂/戊唑醇 0.2%/2009.03.27 至 2014.03.27/低毒			
	小麦	纹枯病	1:50-70(药种比)	种子包衣
PD20094645	克百·多菌灵/17%/悬浮种衣剂/多菌灵 5%、克百威 12%/2009.04.10 至 2014.04.10/高毒			
	玉米	金针虫、蝼蛄、蛴螬	2%种子量	种子包衣
PD20094832	辛硫磷/3%/颗粒剂/辛硫磷 3%/2009.04.13 至 2014.04.13/低毒			
	花生	地下害虫	2700-3600克/公顷	撒施
	玉米	玉米螟	135-180克/公顷	喇叭口撒施
PD20094885	丁·戊·福美双/20.6%/悬浮种衣剂/丁硫克百威 7%、福美双 13%、戊唑醇 0.6%/2009.04.13 至 2014.04.13/中等毒			
	玉米	地下害虫、丝黑穗病	412-515克/100千克种子 (药种比1:40-50)	种子包衣
LS20061316	啶虫脒/3%/可湿性粉剂/啶虫脒 3%/2008.06.12 至 2009.06.12/微毒			
	柑橘	蚜虫	8.6-12毫克/千克	喷雾
LS20090366	丁硫·戊唑醇/4.4%/悬浮种衣剂/丁硫克百威 4%、戊唑醇 0.4%/2009.03.13 至 2010.03.13/中等毒			
	小麦	地老虎、金针虫、蝼蛄、蛴螬、纹枯病	63-88克/100千克种子	种子包衣
LS20090917	丁硫·戊唑醇/7.6%/悬浮种衣剂/丁硫克百威 7%、戊唑醇 0.6%/2009.04.09 至 2010.04.09/中等毒			
	玉米	地老虎、金针虫、蝼蛄、蛴螬、丝黑穗病	126.7-190克/100公斤种子	拌种
江苏天容集团股份有限公司　(江苏省溧阳市平陵东路147号　213300　025-84652102)				
PD84104-32	杀虫双/18%/水剂/杀虫双 18%/2009.10.27 至 2014.10.27/低毒			
	甘蔗、蔬菜、水稻、小麦、玉米	多种害虫	540-675克/公顷	喷雾
	果树	多种害虫	225-360毫克/千克	喷雾
PD20040063	高效氯氰菊酯/95%/原药/高效氯氰菊酯 95%/2009.12.19 至 2014.12.19/中等毒			
PD20040312	杀虫单/95%/原药/杀虫单 95%/2009.12.19 至 2014.12.19/中等毒			
PD20040655	吡虫·杀虫单/50%/可湿性粉剂/吡虫啉 1%、杀虫单 49%/2009.12.19 至 2014.12.19/中等毒			
	水稻	稻飞虱、稻纵卷叶螟	600-750克/公顷	喷雾
PD20040809	杀虫单/90%/可溶粉剂/杀虫单 90%/2009.12.20 至 2014.12.20/中等毒			
	水稻	二化螟	675-810克/公顷	喷雾
PD20050160	杀虫单/50%/可溶性粉剂/杀虫单 50%/2005.11.03 至 2010.11.02/中等毒			
	水稻	二化螟	600-750克/公顷	喷雾
PD20070003	联苯菊酯/97%/原药/联苯菊酯 97%/2007.01.04 至 2012.01.04/中等毒			
PD20070042	杀螟丹/98%/原药/杀螟丹 98%/2007.03.06 至 2012.03.06/中等毒			
PD20070099	精噁唑禾草灵/95%/原药/精噁唑禾草灵 95%/2007.04.20 至 2012.04.20/低毒			
PD20070105	杀虫环/90%/原药/杀虫环 90%/2007.04.26 至 2012.04.26/中等毒			
PD20070237	精喹禾灵/95%/原药/精喹禾灵 95%/2007.08.08 至 2012.08.08/低毒			
PD20070293	苯磺隆/95%/原药/苯磺隆 95%/2007.09.21 至 2012.09.21/低毒			
PD20070314	杀螟丹/50%/可溶粉剂/杀螟丹 50%/2007.09.25 至 2012.09.25/中等毒			
	水稻	二化螟	600-750克/公顷	喷雾
PD20080110	苄嘧磺隆/96%/原药/苄嘧磺隆 96%/2008.01.03 至 2013.01.03/低毒			
PD20080471	氯磺隆/95%/原药/氯磺隆 95%/2008.03.31 至 2013.03.31/低毒			
PD20080472	氯磺隆/20%/可湿性粉剂/氯磺隆 20%/2008.03.31 至 2013.03.31/低毒			

	小麦田	一年生单、双子叶杂草	6-7.5克/公顷	播后苗前土壤处理或小麦2-3叶期杂草茎叶喷雾处理
PD20080989	杀虫环/50%/可溶粉剂/杀虫环 50%/2008.07.24 至 2013.07.24/中等毒			
	水稻	二化螟	600-750克/公顷	喷雾
PD20080997	精噁唑禾草灵/69克/升/水乳剂/精噁唑禾草灵 69克/升/2008.08.06 至 2013.08.06/微毒			
	春小麦田	一年生禾本科杂草	60-75克/公顷	茎叶喷雾
	冬小麦田	看麦娘、野燕麦等一年生禾本科杂草	51.75-62.1克/公顷	茎叶喷雾
PD20081020	杀螟丹/98%/可溶粉剂/杀螟丹 98%/2008.08.06 至 2013.08.06/中等毒			
	茶叶	茶小绿叶蝉	514.5-661.5克/公顷	喷雾
	水稻	二化螟	735-882克/公顷	喷雾
PD20081285	甲氰菊酯/20%/乳油/甲氰菊酯 20%/2008.09.25 至 2013.09.25/中等毒			
	甘蓝	菜青虫	60-90克/公顷	喷雾
PD20081765	氯嘧磺隆/95%/原药/氯嘧磺隆 95%/2008.11.18 至 2013.11.18/低毒			
PD20082989	二氯喹啉酸/96%/原药/二氯喹啉酸 96%/2008.12.10 至 2013.12.10/低毒			
PD20083287	胺苯磺隆/95%/原药/胺苯磺隆 95%/2008.12.11 至 2013.12.11/低毒			
PD20085285	苯磺隆/20%/可湿性粉剂/苯磺隆 20%/2008.12.23 至 2013.12.23/低毒			
	冬小麦田	一年生阔叶杂草	13.5-22.5克/公顷	茎叶喷雾
PD20085821	井・噻・杀虫单/55%/可湿性粉剂/井冈霉素 8%、噻嗪酮 7%、杀虫单 40%/2008.12.29 至 2013.12.29/中等毒			
	水稻	二化螟、飞虱、纹枯病	825-990克/公顷	喷雾
PD20086374	杀螟丹/95%/可溶粉剂/杀螟丹 95%/2008.12.31 至 2013.12.31/中等毒			
	茶树	茶小绿叶蝉	475-950毫克/千克	喷雾
	水稻	二化螟	783.75-855克/公顷	喷雾
PD20093469	联苯菊酯/10%/乳油/联苯菊酯 10%/2009.03.23 至 2014.03.23/中等毒			
	苹果树	桃小食心虫	33.3-50毫克/千克	喷雾
PD20094679	杀螟丹/4%/颗粒剂/杀螟丹 4%/2009.04.10 至 2014.04.10/低毒			
	水稻	稻纵卷叶螟	1080-1350克/公顷	撒施
PD20095216	甲磺隆/10%/可湿性粉剂/甲磺隆 10%/2009.04.24 至 2014.04.24/低毒			
	小麦	一年生单、双子叶杂草	7.5克/公顷	播后苗前或苗后(看麦娘2.5叶)叶面处理
PD20095416	甲磺・氯磺隆/20%/可湿性粉剂/甲磺隆 4.5%、氯磺隆 15.5%/2009.05.11 至 2014.05.11/低毒			
	小麦田	杂草	15克/公顷	喷雾
PD20096082	吡虫啉/10%/可湿性粉剂/吡虫啉 10%/2009.06.18 至 2014.06.18/低毒			
	水稻	稻飞虱	15-30克/公顷	喷雾
PD20096865	甲磺隆/96%/原药/甲磺隆 96%/2009.09.23 至 2014.09.23/低毒			
PD20097400	吡嘧磺隆/98%/原药/吡嘧磺隆 98%/2009.10.28 至 2014.10.28/低毒			
LS20071831	烟嘧磺隆/95%/原药/烟嘧磺隆 95%/2009.07.09 至 2010.07.10/微毒			
LS20090474	杀螟丹/18%/水剂/杀螟丹 18%/2009.03.18 至 2010.03.18/中等毒			
	水稻	二化螟	675-810克/公顷	喷雾
LS20091273	杀虫双/29%/水剂/杀虫双 29%/2009.05.22 至 2010.05.22/低毒			
	水稻	二化螟	600-840克/公顷	喷雾
LS20091330	吡虫・杀虫环/50%/可溶粉剂/吡虫啉 2%、杀虫环 48%/2009.06.04 至 2010.06.04/中等毒			
	苹果树	黄蚜、金纹细蛾	250-500毫克/千克	喷雾

江苏通维生化有限公司　(江苏省句容市茅山镇春城工业集中区　212404　0511-87874866)

PD20070221	吡虫啉/10%/可湿性粉剂/吡虫啉 10%/2007.08.08 至 2012.08.08/低毒			
	水稻	稻飞虱	15-30克/公顷	喷雾
PD20080680	苄嘧・苯噻酰/68%/可湿性粉剂/苯噻酰草胺 64.8%、苄嘧磺隆 3.2%/2008.06.04 至 2013.06.04/低毒			
	水稻抛栽田	一年生杂草	405-510克/公顷(南方地区)	药土法
PD20081461	仲丁威/20%/乳油/仲丁威 20%/2008.11.04 至 2013.11.04/低毒			
	水稻	稻飞虱	510-570克/公顷	喷雾
PD20083967	三环唑/20%/可湿性粉剂/三环唑 20%/2008.12.16 至 2013.12.16/低毒			
	水稻	稻瘟病	240-300克/公顷	喷雾
PD20085864	阿维・三唑磷/20%/乳油/阿维菌素 0.2%、三唑磷 19.8%/2008.12.29 至 2013.12.29/中等毒(原药高毒)			
	水稻	二化螟	120-240克/公顷	喷雾
PD20097227	高氯・毒死蜱/12%/乳油/毒死蜱 9.5%、高效氯氰菊酯 2.5%/2009.10.19 至 2014.10.19/中等毒			
	苹果树	桃小食心虫	30-48毫克/千克	喷雾
PD20097624	毒死蜱/480克/升/乳油/毒死蜱 480克/升/2009.11.03 至 2014.11.03/中等毒			
	水稻	稻纵卷叶螟	432-576克/公顷	喷雾
PD20097714	联苯菊酯/25克/升/乳油/联苯菊酯 25克/升/2009.11.04 至 2014.11.04/低毒			
	番茄(保护地)	白粉虱	7.5-15克/公顷	喷雾
LS20051068	氟铃・辛硫磷/20%/乳油/氟铃脲 2%、辛硫磷 18%/2008.04.11 至 2009.04.11/低毒			

十字花科蔬菜　小菜蛾　150-180克/公顷　喷雾
LS20051148　丙溴·辛硫磷/25%/乳油/丙溴磷 6%、辛硫磷 19%/2008.04.11 至 2009.04.11/低毒
水稻　稻纵卷叶螟　225-337.5克/公顷　喷雾
LS20051622　辛硫·三唑磷/27%/乳油/三唑磷 5%、辛硫磷 22%/2008.04.29 至 2009.04.29/低毒
水稻　二化螟　243-324克/公顷　喷雾
LS20051920　阿维·哒螨灵/4%/乳油/阿维菌素 0.1%、哒螨灵 3.9%/2008.05.17 至 2009.05.17/低毒(原药高毒)
柑橘树　红蜘蛛　26.7-40毫克/千克　喷雾
LS20070094　噻嗪酮/25%/可湿性粉剂/噻嗪酮 25%/2010.01.31 至 2011.01.31/微毒
水稻　飞虱　112.5-150克/公顷　喷雾
LS20070095　噻嗪·异丙威/25%/可湿性粉剂/噻嗪酮 5%、异丙威 20%/2010.01.31 至 2011.01.31/低毒
水稻　稻飞虱　487.5-562.5克/公顷　喷雾
LS20070096　杀螟硫磷/45%/乳油/杀螟硫磷 45%/2010.01.31 至 2011.01.31/低毒
水稻　二化螟　472.5-540克/公顷　喷雾
LS20070097　甲基硫菌灵/50%/可湿性粉剂/甲基硫菌灵 50%/2010.01.31 至 2011.01.31/微毒
水稻　稻瘟病　1050-1500克/公顷　喷雾
LS20070395　三乙膦酸铝/40%/可湿性粉剂/三乙膦酸铝 40%/2009.03.05 至 2010.03.06/低毒
水稻　纹枯病　1410-1500克/公顷　喷雾
LS20070512　马拉·辛硫磷/25%/乳油/马拉硫磷 12.5%、辛硫磷 12.5%/2009.03.06 至 2010.03.07/低毒
水稻　稻纵卷叶螟　300-375克/公顷　喷雾
LS20071798　阿维·杀虫单/20%/微乳剂/阿维菌素 0.2%、杀虫单 19.8%/2009.07.04 至 2010.07.05/低毒(原药高毒)
水稻　二化螟　285～330克/公顷　喷雾

江苏托球农化有限公司　(江苏省盐城市人民北路227号　224003　0515-8553345)

PD84108-4　敌百虫/90%/原药/敌百虫 90%/2009.12.13 至 2014.12.13/低毒
白菜、青菜　地下害虫　750-1500克/公顷　毒饵
白菜、青菜　菜青虫　960-1200克/公顷　喷雾
茶树　尺蠖、刺蛾　450-900毫克/千克　喷雾
大豆　造桥虫　1800克/公顷　喷雾
柑橘树　卷叶蛾　600-750毫克/千克　喷雾
林木　松毛虫　600-900毫克/千克　喷雾
水稻　螟虫　1500-1800克/公顷　喷雾、泼浇或毒土
小麦　黏虫　1800克/公顷　喷雾
烟草　烟青虫　900毫克/千克　喷雾
PD20080672　溴菌腈/95%/原药/溴菌腈 95%/2008.05.27 至 2013.05.27/低毒
PD20080673　溴菌腈/25%/可湿性粉剂/溴菌腈 25%/2008.05.27 至 2013.05.27/低毒
苹果树　炭疽病　416.7-500毫克/千克　喷雾
PD20081245　多效唑/15%/可湿性粉剂/多效唑 15%/2008.09.18 至 2013.09.18/低毒
油菜　控制生长　100-200毫克/千克　喷雾
PD20092891　烯唑醇/95%/原药/烯唑醇 95%/2009.03.05 至 2014.03.05/低毒
PD20094395　噻嗪·杀扑磷/20%/乳油/噻嗪酮 15%、杀扑磷 5%/2009.04.01 至 2014.04.01/中等毒(原药高毒)
柑橘树　矢尖蚧　200-250毫克/千克　喷雾
PD20094687　溴菌清/25%/乳油/溴菌腈 25%/2009.04.10 至 2014.04.10/低毒
苹果树　炭疽病　500-833ppm　喷雾
PD20095854　氟虫腈/96%/原药/氟虫腈 96%/2009.05.27 至 2014.05.27/中等毒
注:仅供出口。
LS20050117　哒螨灵/20%/可湿性粉剂/哒螨灵 20%/2008.01.12 至 2009.01.11/低毒
柑橘树　红蜘蛛　80-100毫克/千克　喷雾
LS20072583　戊唑醇/95%/原药/戊唑醇 95%/2008.12.09 至 2009.12.10/低毒
LS20072649　啶虫脒/5%/可湿性粉剂/啶虫脒 5%/2009.12.09 至 2010.12.10/低毒
甘蓝　蚜虫　15-22.5克/公顷　喷雾
LS20083257　吡虫啉/25%/可湿性粉剂/吡虫啉 25%/2009.12.15 至 2010.12.15/低毒
水稻　稻飞虱　15-30克/公顷　喷雾
LS20091447　溴菌腈/25%/微乳剂/溴菌腈 25%/2009.12.14 至 2010.12.14/低毒
柑橘　疮痂病　100－166.7毫克/千克　喷雾
葡萄　炭疽病　100－166.7毫克/千克　喷雾

江苏无锡开立达实业有限公司　(江苏省无锡市洛社镇华圻村　214187　0510-3321632)

PD20090003　雷公藤甲素/0.01%/母药/雷公藤甲素 0.01%/2009.01.04 至 2014.01.04/中等毒
PD20090004　雷公藤甲素/0.25毫克/千克/颗粒剂/雷公藤甲素 0.25毫克/千克/2009.01.04 至 2014.01.04/低毒
农田　田鼠　饱和投饵　投饵

江苏新港农化有限公司　(江苏省江都市大桥镇屏江村　225218　0514-6922414)

PD20081520　氟磺胺草醚/97%/原药/氟磺胺草醚 97%/2008.11.06 至 2013.11.06/低毒
PD20092391　异噁草松/93%/原药/异噁草松 93%/2009.02.25 至 2014.02.25/低毒
PD20096792　丙环唑/95%/原药/丙环唑 95%/2009.09.15 至 2014.09.15/低毒

江苏雪豹日化有限公司　(江苏省江阴市东门立交桥8号　214432　0510-6281448)

WP20060016　杀虫气雾剂/0.45%/气雾剂/富右旋反式烯丙菊酯 0.15%、氯菊酯 0.3%/2006.12.07 至 2011.12.07/微毒
　卫生　蜚蠊、蚊、蝇　/　喷雾
WP20090285　电热蚊香片/10毫克/片/电热蚊香片/炔丙菊酯 10毫克/片/2009.06.15 至 2014.06.15/微毒
　卫生　蚊　/　电热加温
WP20090331　驱蚊花露水/4.5%/驱蚊花露水/避蚊胺 4.5%/2009.09.23 至 2014.09.23/低毒
　卫生　蚊　/　涂抹
WL20050095　防蛀球剂/94%/球剂/樟脑 94%/2008.04.11 至 2009.04.11/低毒
　卫生　黑皮蠹　/　投放
WL20060194　防蛀防霉球剂/98%/球剂/对二氯苯 98%/2009.12.06 至 2010.12.06/低毒
　卫生　黑皮蠹　/　投放

江苏亚美日用化工有限公司　(江苏省苏州市吴中区东山镇洞庭路8号　215107　0512-66281363)

WL20070026　驱蚊液/10%/驱蚊液/避蚊胺 10%/2010.02.07 至 2011.02.07/微毒
　卫生　蚊　/　涂抹
WL20070028　驱蚊霜/10%/驱蚊霜/避蚊胺 10%/2009.02.07 至 2010.02.07/微毒
　卫生　蚊　/　涂抹

江苏扬农化工股份有限公司　(江苏省扬州市文峰路39号　225009　0514-5123456)

PD20040067　高效氯氰菊酯/97%/原药/高效氯氰菊酯 97%/2009.12.19 至 2014.12.19/中等毒
PD20050009　氯氰菊酯/94%/原药/氯氰菊酯 94%/2010.02.07 至 2015.02.07/低毒
PD20070035　麦草畏/98%/原药/麦草畏 98%/2007.01.29 至 2012.01.29/低毒
PD20070036　氰氟氰菊酯/93%/原药/氰氟氰菊酯 93%/2007.01.29 至 2012.01.29/中等毒
PD20070160　溴氰菊酯/98.5%/原药/溴氰菊酯 98.5%/2007.06.14 至 2012.06.14/中等毒
PD20070165　高效氯氟氰菊酯/95%/原药/高效氯氟氰菊酯 95%/2007.06.18 至 2012.06.18/中等毒
PD20070245　联苯菊酯/97%/原药/联苯菊酯 97%/2007.08.30 至 2012.08.30/中等毒
PD20070658　氟氯氰菊酯/5.7%/乳油/氟氯氰菊酯 5.7%/2007.12.17 至 2012.12.17/低毒
　甘蓝　菜青虫　25.65-34.2克/公顷　喷雾
PD20070672　氯氰菊酯/250克/升/乳油/氯氰菊酯 250克/升/2007.12.17 至 2012.12.17/低毒
　十字花科蔬菜　菜青虫　37.5-56.25克/公顷　喷雾
PD20070679　高效氟氯氰菊酯/95%/原药/高效氟氯氰菊酯 95%/2007.12.17 至 2012.12.17/低毒
PD20080954　氯氰菊酯/10%/乳油/氯氰菊酯 10%/2008.07.23 至 2013.07.23/中等毒
　棉花　棉铃虫　60-90克/公顷　喷雾
　叶菜类十字花科蔬菜　菜青虫　30-45克/公顷　喷雾
PD20081444　高效氯氟氰菊酯/25克/升/乳油/高效氯氟氰菊酯 25克/升/2008.10.31 至 2013.10.31/中等毒
　柑橘树　潜叶蛾　20.8-31.25毫克/千克　喷雾
　棉花　棉铃虫　18.25-26.25克/公顷　喷雾
　十字花科蔬菜　菜青虫　11.25-15克/公顷　喷雾
　烟草　烟青虫　7.5-9.375克/公顷　喷雾
PD20083402　高效氯氰菊酯/4.5%/乳油/高效氯氰菊酯 4.5%/2008.12.11 至 2013.12.11/中等毒
　甘蓝　菜青虫　13.5-25.7克/公顷　喷雾
PD20083987　溴氰菊酯/25克/升/乳油/溴氰菊酯 25克/升/2008.12.16 至 2013.12.16/低毒
　十字花科蔬菜　菜青虫、蚜虫　7.5-15克/公顷　喷雾
PD20084845　高效氟氯氰菊酯/2.8%/乳油/高效氟氯氰菊酯 2.8%/2008.12.22 至 2013.12.22/低毒
　棉花　棉铃虫　21-29.4克/公顷　喷雾
　十字花科蔬菜　菜青虫　8.4-12.6克/公顷　喷雾
PD20091096　联苯菊酯/100克/升/乳油/联苯菊酯 100克/升/2009.01.21 至 2014.01.21/中等毒
　茶树　茶小绿叶蝉　30-45克/公顷　喷雾
PD20096201　联苯菊酯/25克/升/乳油/联苯菊酯 25克/升/2009.07.13 至 2014.07.13/低毒
　茶树　茶毛虫　7.5-15克/公顷　喷雾
LS20070979　高效氯氟氰菊酯/5%/乳油/高效氯氟氰菊酯 5%/2009.04.19 至 2010.04.20/中等毒
　十字花科蔬菜　菜青虫　7.5-15克/公顷　喷雾
LS20071912　高效氯氟氰菊酯/25%/可湿性粉剂/高效氯氟氰菊酯 25%/2009.08.02 至 2010.08.03/中等毒
　十字花科蔬菜　菜青虫　15-18.75克/公顷　喷雾
LS20082247　高效氯氟氰菊酯/2.5%/水乳剂/高效氯氟氰菊酯 2.5%/2009.04.18 至 2010.04.18/低毒
　十字花科蔬菜　菜青虫　7.5-9.375克/公顷　喷雾
LS20082894　吡虫啉/25%/可溶粒剂/吡虫啉 25%/2009.06.23 至 2010.06.23/低毒
　甘蓝　蚜虫　18.75-26.25克/公顷　喷雾
WP33-2002　右旋烯丙菊酯/95%、右旋体93%/原药/右旋烯丙菊酯 95%、右旋体93%/2007.03.15 至 2012.03.15/低毒
WP86137-2　氯菊酯/92%/原药/氯菊酯 92%/2006.09.12 至 2011.09.12/低毒
WP86149　胺菊酯/92%/原药/胺菊酯 92%/2006.09.12 至 2011.09.12/低毒
WP86150　甲醚菊酯/90%/原药/甲醚菊酯 90%/2006.09.12 至 2011.09.12/低毒
WP86151　甲醚菊酯/20%/母药/甲醚菊酯 20%/2006.09.12 至 2011.09.12/低毒
WP20020101　Es-生物烯丙菊酯/总酯93%(S:R=80:20)/原药/Es-生物烯丙菊酯 总酯93%(S:R=80:20)/2007.11.26至2012.11.26/低毒
WP20030001　富右旋反式烯丙菊酯/总酯95%，右旋反式体78%/原药/富右旋反式烯丙菊酯 总酯95%，右旋反式体78%/2008.01.10 至

2013.01.10/低毒

WP20030002 右旋苯醚菊酯/总酯95%，右旋体92%/原药/右旋苯醚菊酯 总酯95%，右旋体92%/2008.01.22 至 2013.01.22/低毒

WP20030003 右旋反式烯丙菊酯/总酯93%，S/R=75/25/原药/右旋反式烯丙菊酯 总酯93%，S/R=75/25/2008.01.22至2013.01.22/低毒

WP20030004 炔丙菊酯/总酯92%，S/R=90/10/原药/炔丙菊酯 总酯92%，S/R=90/10/2008.01.29 至 2013.01.29/低毒

WP20030011 右旋苯醚氰菊酯/总酯94%，右旋体90%/原药/右旋苯醚氰菊酯 总酯94%，右旋体90%/2008.06.24 至 2013.06.24/中等毒

WP20040003 四氟苯菊酯/总酯93%,右旋95%/原药/四氟苯菊酯 总酯93%,右旋95%/2009.06.07 至 2014.06.07/低毒

WP20050007 蚊香/0.2%/蚊香/Es-生物烯丙菊酯 0.2%/2005.06.21 至 2010.06.21/微毒

卫生 蚊 / 点燃

WP20050009 右旋烯炔菊酯/总酯93%，右旋体88%/原药/右旋烯炔菊酯 总酯93%，右旋体88%/2005.08.15 至 2010.08.15/低毒

WP20050010 电热蚊香液//电热灭蚊液/炔丙菊酯 0.8%/2005.08.22 至 2010.08.22/低毒

卫生 蚊 / 电热加温

WP20050011 右旋胺菊酯/总酯94%,右旋体90%/原药/右旋胺菊酯 总酯94%,右旋体90%/2005.09.09 至 2010.09.09/低毒

WP20050012 炔丙菊酯/10%/滴加液/炔丙菊酯 10%/2005.09.09 至 2010.09.09/低毒

WP20070028 氟硅菊酯/93%/原药/氟硅菊酯 93%/2007.11.28 至 2012.11.28/低毒

WP20080020 高效氯氟氰菊酯/10%/可湿性粉剂/高效氯氟氰菊酯 10%/2008.01.11 至 2013.01.11/中等毒

卫生 蜚蠊、蚊、蝇 20毫克/平方米 滞留喷洒

WP20080022 杀蝇饵剂/1%/饵剂/吡虫啉 1%/2008.01.11 至 2013.01.11/微毒

卫生 蝇 / 投放

WP20080023 杀蟑胶饵/2%/胶饵/吡虫啉 2%/2008.01.11 至 2013.01.11/低毒

卫生 蜚蠊 / 投放

WP20080056 右旋反式氯丙炔菊酯/96%/原药/右旋反式氯丙炔菊酯 96%/2008.03.31 至 2013.03.31/低毒

WP20080057 杀虫气雾剂/0.35%/气雾剂/氯菊酯 0.3%、右旋反式氯丙炔菊酯 0.05%/2008.03.31 至 2013.03.31/微毒

卫生 蚊、蝇、蜚蠊 / 喷雾

WP20080058 蚊香/0.05%/蚊香/四氟醚菊酯 0.05%/2008.03.31 至 2013.03.31/微毒

卫生 蚊 / 点燃

WP20080059 四氟醚菊酯/90%/原药/四氟醚菊酯 90%/2008.03.31 至 2013.03.31/中等毒

WP20080060 氟氯苯菊酯/90%/原药/氟氯苯菊酯 90%/2008.03.31 至 2013.03.31/低毒

WP20080061 喷射剂/1%/喷射剂/氟氯苯菊酯 1%/2008.03.31 至 2013.03.31/低毒

卫生 蚂蚁 / 喷射

WP20080086 富右旋反式炔丙菊酯/90%/原药/富右旋反式炔丙菊酯 90%/2008.08.06 至 2013.08.06/低毒

WP20080099 S-生物烯丙菊酯/右旋体89%,总酯95%/原药/S-生物烯丙菊酯 右旋体89%,总酯95%/2008.09.18 至 2013.09.18/低毒

WP20080122 生物烯丙菊酯/总酯含量93%,有效体含量90%/原药/生物烯丙菊酯 总酯含量93%,有效体含量90%/2008.10.28 至 2013.10.28/低毒

WP20080139 避蚊胺/95%/原药/避蚊胺 95%/2008.11.04 至 2013.11.04/低毒

WP20080144 高效氯氟氰菊酯/2.5%/悬浮剂/高效氯氟氰菊酯 2.5%/2008.11.04 至 2013.11.04/低毒

卫生 蚊、蝇、蜚蠊 玻璃面:1.2克/平方米 木板面1.6克/平方米 水泥面:2克/平方米 滞留喷洒

WP20080154 溴氰菊酯/2.5%/悬浮剂/溴氰菊酯 2.5%/2008.11.06 至 2013.11.06/低毒

卫生 蚊、蝇、蜚蠊 玻璃：10毫克/平方米；木板：15毫克/平方米；水泥：20毫克/平方米 滞留喷洒

WP20080167 高效氟氯氰菊酯/1.25%/悬浮剂/高效氟氯氰菊酯 1.25%/2008.11.17 至 2013.11.17/低毒

卫生 蚊、蝇、蜚蠊 玻璃：10毫克/平方米；木板：15毫克/平方米；水泥：20毫克/平方米 滞留喷洒

WP20080231 炔咪菊酯/50%/母药/炔咪菊酯 50%/2008.11.25 至 2013.11.25/微毒

WP20080257 炔咪菊酯/总酯90%，右旋体87%/原药/炔咪菊酯 总酯90%，右旋体87%/2008.11.26 至 2013.11.26/低毒

WP20090072 四氟醚菊酯/5%/母药/四氟醚菊酯 5%/2009.02.01 至 2014.02.01/低毒

WP20090178 杀蟑饵剂/2.15%/饵剂/氟蚁腙 2.15%/2009.03.13 至 2014.03.13/微毒

卫生 蜚蠊 / 投放

WL20050178 烯丙·氯菊/0.45%/微乳剂/富右旋反式烯丙菊酯 0.2%、氯菊酯 0.25%/2008.06.15 至 2009.06.15/微毒

卫生 蚊、蝇 1.5毫升/立方米 喷雾

卫生 蜚蠊 15毫升/平方米 喷雾

注:仅限于室内使用。

WL20070115 苯氰·残杀威/15%/乳油/残杀威 12%、右旋苯醚氰菊酯 3%/2009.06.05 至 2010.06.06/低毒

卫生 蜚蠊 90毫克/平方米 滞留喷洒

卫生 蚊、蝇 50毫克/平方米 滞留喷洒

WL20070120 氯菊·烯丙菊/168.6克/升/乳油/氯菊酯 161.5克/升、S-生物烯丙菊酯 7.1克/升/2009.06.06 至 2010.06.07/低毒

卫生 蚊、蝇 50毫克/平方米 滞留喷洒

卫生 蜚蠊 90毫克/平方米 滞留喷洒

WL20080033 高效氯氟氰菊酯/75克/升/微囊悬浮剂/高效氯氟氰菊酯 75克/升/2010.01.07 至 2011.01.07/低毒

卫生 蚊、蝇、蜚蠊 10毫克/平方米（不吸收表面）15毫克/平方米（半吸收表面） 滞留喷洒

20毫克/平方米（吸收表面）

WL20080293 蚊香/0.08%/蚊香/四氟醚菊酯 0.08%/2009.04.21 至 2010.04.21/微毒
卫生 蚊 / 点燃

江苏扬农化工集团有限公司 （江苏省扬州市文峰路39号 225009 0514-87568831）

PD85126-4 三氯杀螨醇/20%/乳油/三氯杀螨醇 20%/2005.06.24 至 2010.06.24/低毒
棉花 红蜘蛛 225-300克/公顷 喷雾
苹果树 红蜘蛛、锈蜘蛛 800-1000倍液 喷雾
PD87106-2 三氯杀螨醇/80%/原药/三氯杀螨醇 80%/2005.06.06 至 2010.06.06/低毒
PD20040040 吡虫啉/95%/原药/吡虫啉 95%/2009.12.19 至 2014.12.19/低毒
PD20040237 氯氰菊酯/10%/乳油/氯氰菊酯 10%/2009.12.19 至 2014.12.19/中等毒
棉花 棉铃虫、棉蚜 45-90克/公顷 喷雾
蔬菜 菜青虫 30-45克/公顷 喷雾
PD20040270 高效氯氰菊酯/4.5%/乳油/高效氯氰菊酯 4.5%/2009.12.19 至 2014.12.19/中等毒
茶树 尺蠖 15-25.5克/公顷 喷雾
柑橘树 潜叶蛾 15-20毫克/千克 喷雾
柑橘树 红蜡蚧 50毫克/千克 喷雾
棉花 红铃虫、棉铃虫、蚜虫 15-30克/公顷 喷雾
苹果树 桃小食心虫 20-33毫克/千克 喷雾
十字花科蔬菜 蚜虫 3-18克/公顷 喷雾
十字花科蔬菜 菜青虫、小菜蛾 9-25.5克/公顷 喷雾
烟草 烟青虫 15-25.5克/公顷 喷雾
PD20040330 吡虫啉/10%/可湿性粉剂/吡虫啉 10%/2009.12.19 至 2014.12.19/低毒
棉花 蚜虫 22.5-30克/公顷 喷雾
苹果树 蚜虫 20-25毫克/千克 喷雾
十字花科蔬菜 蚜虫 15-22.5克/公顷 喷雾
水稻 飞虱 15-30克/公顷 喷雾
小麦 蚜虫 15-30克/公顷(南方地区) 喷雾
45-60克/公顷(北方地区)
PD20040475 螨醇·哒螨灵/20%/乳油/哒螨灵 5%、三氯杀螨醇 15%/2009.12.19 至 2014.12.19/中等毒
棉花 红蜘蛛 90-150克/公顷 喷雾
PD20040546 哒螨灵/15%/乳油/哒螨灵 15%/2009.12.19 至 2014.12.19/中等毒
柑橘树 红蜘蛛 50-67毫克/千克 喷雾
PD20050140 哒螨灵/95%/原药/哒螨灵 95%/2005.09.09 至 2010.09.08/中等毒
PD20080113 啶虫脒/95%/原药/啶虫脒 95%/2008.01.03 至 2013.01.03/低毒
PD20080400 啶虫脒/3%/乳油/啶虫脒 3%/2008.03.04 至 2013.03.04/低毒
柑橘树 蚜虫 12-15毫克/千克 喷雾
PD20081048 苯磺隆/95%/原药/苯磺隆 95%/2008.08.14 至 2013.08.14/低毒
PD20081049 苯磺隆/75%/水分散粒剂/苯磺隆 75%/2008.08.14 至 2013.08.14/微毒
冬小麦田 一年生阔叶杂草 13.5-22.5克/公顷 茎叶喷雾
PD20081467 高效氯氟氰菊酯/25克/升/乳油/高效氯氟氰菊酯 25克/升/2008.11.04 至 2013.11.04/中等毒
柑橘树 潜叶蛾 1500-3000倍液 喷雾
棉花 棉铃虫 18.75-26.25克/公顷 喷雾
十字花科蔬菜 菜青虫 7.5-11.25克/公顷 喷雾
PD20081582 氟啶脲/90%/原药/氟啶脲 90%/2008.11.12 至 2013.11.12/低毒
PD20082050 苯磺隆/10%/可湿性粉剂/苯磺隆 10%/2008.11.25 至 2013.11.25/低毒
小麦田 阔叶杂草 10.05-19.5克/公顷 喷雾
PD20082963 氟啶脲/5%/乳油/氟啶脲 5%/2008.12.09 至 2013.12.09/低毒
甘蓝 菜青虫、小菜蛾 30-45克/公顷 喷雾
PD20084086 溴氰菊酯/25克/升/乳油/溴氰菊酯 25克/升/2008.12.16 至 2013.12.16/低毒
十字花科蔬菜 菜青虫、蚜虫 7.5-15克/公顷 喷雾
PD20090730 氟铃脲/95%/原药/氟铃脲 95%/2009.01.19 至 2014.01.19/微毒
PD20090902 高氯·氟啶脲/4.65%/乳油/氟啶胺 1.5%、高效氯氰菊酯 3.15%/2009.01.19 至 2014.01.19/低毒
十字花科蔬菜 菜青虫、小菜蛾 20.925-41.85克/公顷 喷雾
PD20091875 氟铃脲/5%/乳油/氟铃脲 5%/2009.02.09 至 2014.02.09/低毒
棉花 棉铃虫 90-120克/公顷 喷雾
PD20093250 氟吡甲禾灵/94%/原药/氟吡甲禾灵 94%/2009.03.11 至 2014.03.11/低毒
PD20095174 高效氟吡甲禾灵/10.8%/乳油/高效氟吡甲禾灵 10.8%/2009.04.24 至 2014.04.24/低毒
夏大豆田 一年生禾本科杂草 40.5-48.6克/公顷 茎叶喷雾
LS20070001 吡虫啉/25%/可湿性粉剂/吡虫啉 25%/2010.01.04 至 2011.01.04/低毒
水稻 飞虱 15-30克/公顷 喷雾
LS20080289 三氯杀螨醇/20%/水乳剂/三氯杀螨醇 20%/2009.02.18 至 2010.02.19/低毒
柑橘树 红蜘蛛 200-250毫克/千克 喷雾
LS20081631 啶虫脒/70%/可湿性粉剂/啶虫脒 70%/2009.04.03 至 2010.04.03/中等毒

	柑橘树	蚜虫	7.78-8.75毫克/千克	喷雾
LS20082839	吡虫啉/350克/升/悬浮剂/吡虫啉 350克/升/2009.06.04 至 2010.06.04/低毒			
	棉花	蚜虫	21-31.5克/公顷	喷雾
WP20090013	对二氯苯/99.5%/原药/对二氯苯 99.5%/2009.01.06 至 2014.01.06/低毒			
WL20080356	对二氯苯/99%/片剂/对二氯苯 99%/2009.07.14 至 2010.07.14/低毒			
	卫生	黑皮蠹、霉菌	/	投放

江苏银燕化工股份有限公司　(江苏省无锡市宜兴市周铁镇　241261　0510-87501565)

PD20070189	草甘膦/95%/原药/草甘膦 95%/2007.07.11 至 2012.07.11/低毒			
PD20070279	草甘膦/30%/水剂/草甘膦 30%/2007.09.05 至 2012.09.05/低毒			
	柑橘园	一年生和多年生杂草	1200－2250克/公顷	定向茎叶喷雾
PD20070280	草甘膦异丙胺盐/41%/水剂/草甘膦异丙胺盐 41%/2007.09.05 至 2012.09.05/低毒			
	柑橘园	一年生和多年生杂草	1230－2460克/公顷	定向茎叶喷雾
PD20070404	草甘膦异丙胺盐/62%/水剂/草甘膦异丙胺盐 62%/2007.11.05 至 2012.11.05/低毒			
	柑橘园	一年生和多年生杂草	1209－2325克/公顷	定向茎叶喷雾

江苏优士化学有限公司　(江苏省扬州市仪征市大连路3号　225009　0514-5123456)

PD20080757	草甘膦/95%/原药/草甘膦 95%/2008.06.11 至 2013.06.11/低毒			
PD20081436	氯氰菊酯/94%/原药/氯氰菊酯 94%/2008.10.31 至 2013.10.31/低毒			
PD20081448	高效氯氟氰菊酯/95%/原药/高效氯氟氰菊酯 95%/2008.11.04 至 2013.11.04/中等毒			
PD20083291	溴氰菊酯/98.5%/原药/溴氰菊酯 98.5%/2008.12.11 至 2013.12.11/中等毒			
PD20091416	麦草畏/98%/原药/麦草畏 98%/2009.02.02 至 2014.02.02/低毒			
PD20095109	吡虫啉/95%/原药/吡虫啉 95%/2009.04.24 至 2014.04.24/中等毒			
PD20095698	高效氯氰菊酯/27%/母药/高效氯氰菊酯 27%/2009.05.15 至 2014.05.15/低毒			
PD20095931	草甘膦异丙胺盐(41%)///水剂/草甘膦 30%/2009.06.02 至 2014.06.02/低毒			
	柑橘园	杂草	1224-2448克/公顷	定向茎叶喷雾
PD20097647	氟虫腈/95%/原药/氟虫腈 95%/2009.11.04 至 2014.11.04/中等毒			
LS20051806	四氯苯酞/97%/原药/四氯苯酞 97%/2008.05.16 至 2009.05.16/低毒			
LS20053167	敌草隆/98%/原药/敌草隆 98%/2008.10.10 至 2009.10.10/低毒			
LS20053342	利谷隆/97%/原药/利谷隆 97%/2008.10.17 至 2009.10.17/低毒			
LS20061620	四溴菊酯/90%/原药/四溴菊酯 90%/2009.08.17 至 2010.08.17/中等毒			
LS20070431	噻苯隆/98%/原药/噻苯隆 98%/2009.03.05 至 2010.03.06/低毒			
LS20082199	麦草畏/480克/升/水剂/麦草畏 480克/升/2009.04.18 至 2010.04.18/低毒			
	春小麦田	一年生阔叶杂草	180-216克/公顷	茎叶喷雾
LS20082754	氟啶胺/97%/原药/氟啶胺 97%/2009.05.04 至 2010.05.04/低毒			
WP20080018	氟蚁腙/95%/原药/氟蚁腙 95%/2008.01.07 至 2013.01.07/低毒			
WP20080132	氯菊酯/92%/原药/氯菊酯 92%/2008.10.31 至 2013.10.31/低毒			
WP20090339	氟硅菊酯/93%/原药/氟硅菊酯 93%/2009.10.10 至 2014.10.10/微毒			
WP20090340	四氟醚菊酯/90%/原药/四氟醚菊酯 90%/2009.10.10 至 2014.10.10/中等毒			
WP20090346	四氟苯菊酯///原药/四氟苯菊酯 93%,右旋反式体88%/2009.10.19 至 2014.10.19/低毒			
WL20080426	氯氟醚菊酯/90%/原药/氯氟醚菊酯 90%/2009.11.12 至 2010.11.12/低毒			
WL20080441	氯烯炔菊酯/90%/原药/氯烯炔菊酯 90%/2009.11.17 至 2010.11.17/中等毒			
WL20090140	噁虫酮/98.5%/原药/噁虫酮 98.5%/2009.04.22 至 2010.04.22/中等毒			

江苏云帆化工有限公司　(江苏省海门市海门港大港路8号　226100　0513-82314898)

PD20090364	苏云金杆菌/8000IU/毫克/可湿性粉剂/苏云金杆菌 8000IU/毫克/2009.01.12 至 2014.01.12/低毒			
	茶树	茶毛虫	400-800倍液	喷雾
	棉花	二代棉铃虫	3000-4500毫升制剂/公顷	喷雾
	森林	松毛虫	600-800倍液	喷雾
	十字花科蔬菜	菜青虫	750-1500毫升制剂/公顷	喷雾
	十字花科蔬菜	小菜蛾	1500-2250毫升制剂/公顷	喷雾
	水稻	稻纵卷叶螟	3000-4500毫升制剂/公顷	喷雾
	烟草	烟青虫	1500-3000毫升制剂/公顷	喷雾
	玉米	玉米螟	1500-3000毫升制剂/公顷	拌细纱灌心
	枣树	枣尺蠖	600-800倍液	喷雾
PD20095444	阿维·苏云菌//可湿性粉剂/阿维菌素 0.1%、苏云金杆菌 100亿活芽孢/克/2009.05.11 至 2014.05.11/低毒(原药高毒)			
	十字花科蔬菜	小菜蛾	750-1125克制剂/公顷	喷雾
PD20096128	氰戊·敌敌畏/50%/乳油/敌敌畏 0%、氰戊菊酯 0%/2009.06.19 至 2014.06.19/中等毒			
	粮库空仓	仓储害虫	0.2-0.8克/平方米	喷雾
LS20083144	苯线磷/90%/原药/苯线磷 90%/2009.11.14 至 2010.11.14/高毒			
LS20090594	烯酰吗啉/50%/水分散粒剂/烯酰吗啉 50%/2009.03.23 至 2010.03.23/低毒			
	黄瓜	霜霉病	225-375克/公顷	喷雾
LS20090877	甲氨基阿维菌素苯甲酸盐/5%/水分散粒剂/甲氨基阿维菌素 5%/2009.04.09 至 2010.04.09/低毒			
	十字花科蔬菜	小菜蛾	1.5-2.25克/公顷	喷雾
LS20091382	草甘膦铵盐(88.8%)//可溶粒剂/草甘膦 80%/2009.08.04 至 2010.08.04/低毒			
	非耕地	杂草	1132.2-2997克/公顷	茎叶喷雾

江苏灶星农化有限公司　(江苏省东台市头灶镇头富街8号　224247　0515-85481198)

PD20060117　多·酮/40%/可湿性粉剂/多菌灵 35%、三唑酮 5%/2006.06.15 至 2011.06.15/低毒
小麦　白粉病、赤霉病　450-600克/公顷　喷雾
油菜　菌核病　600-800克/公顷　喷雾
杂交水稻　叶尖枯病、云形病　450-600克/公顷　喷雾

PD20060133　吡虫·三唑酮/18%/可湿性粉剂/吡虫啉 2.5%、三唑酮 15.5%/2006.07.14 至 2011.07.14/低毒
小麦　白粉病、蚜虫　135-162克/公顷　喷雾

PD20070152　噻嗪·杀虫单/50%/可湿性粉剂/噻嗪酮 10%、杀虫单 40%/2007.06.07 至 2012.06.07/低毒
水稻　稻飞虱、二化螟　450-525克/公顷　喷雾
水稻　稻纵卷叶螟　375-450克/公顷　喷雾

PD20080020　噻嗪酮/25%/可湿性粉剂/噻嗪酮 25%/2008.01.04 至 2013.01.04/低毒
水稻　稻飞虱　112.5-150克/公顷　喷雾

PD20080499　三唑酮/15%/可湿性粉剂/三唑酮 15%/2008.04.10 至 2013.04.10/低毒
小麦　白粉病、锈病　135-180克/公顷　喷雾
玉米　丝黑穗病　60-90克/100千克种子　拌种

PD20080748　马拉·辛硫磷/25%/乳油/马拉硫磷 12.5%、辛硫磷 12.5%/2008.06.11 至 2013.06.11/低毒
棉花　棉铃虫　262.5-300克/公顷　喷雾
水稻　二化螟　337.5-375克/公顷　喷雾

PD20081292　三环唑/20%/可湿性粉剂/三环唑 20%/2008.09.26 至 2013.09.26/中等毒
水稻　稻瘟病　225-300克/公顷　喷雾

PD20082715　高效氯氟氰菊酯/25克/升/乳油/高效氯氟氰菊酯 25克/升/2008.12.05 至 2013.12.05/中等毒
棉花　棉铃虫　15-22.5克/公顷　喷雾

PD20084287　联苯菊酯/25克/升/乳油/联苯菊酯 25克/升/2008.12.17 至 2013.12.17/低毒
棉花　红蜘蛛　45-60克/公顷　喷雾

PD20093292　噻嗪·异丙威/25%/可湿性粉剂/噻嗪酮 5%、异丙威 20%/2009.03.11 至 2014.03.11/低毒
水稻　稻飞虱　468.75-562.5克/公顷　喷雾

LS20081424　敌畏·辛硫磷/65%/乳油/敌敌畏 40%、辛硫磷 25%/2009.03.17 至 2010.03.17/中等毒
桑树　桑毛虫　433.3-650毫克/千克　喷雾

WP20080292　杀虫气雾剂/1%/气雾剂/胺菊酯 0.6%、氯菊酯 0.4%/2008.12.03 至 2013.12.03/微毒
卫生　蚊、蝇、蜚蠊　/　喷雾

江苏正本农药化工有限公司　(江苏省宿迁市沭阳县贤官乡　223653　0527-3350088)

PD20050076　吡·多·三唑酮/30%/可湿性粉剂/吡虫啉 1.8%、多菌灵 20%、三唑酮 8.2%/2005.06.24 至 2010.06.23/低毒
小麦　白粉病、赤霉病、蚜虫　270-315克/公顷　喷雾

PD20050077　多·酮/40%/可湿性粉剂/多菌灵 35%、三唑酮 5%/2005.06.24 至 2010.06.23/低毒
水稻　纹枯病、叶尖枯病　600-720克/公顷　喷雾
小麦　白粉病、赤霉病　450-600克/公顷　喷雾

PD20085878　三环·杀虫单/50%/可湿性粉剂/三环唑 14%、杀虫单 36%/2008.12.29 至 2013.12.29/中等毒
晚稻本田　稻瘟病、螟虫　750-900克/公顷　喷雾

PD20092368　阿维·三唑磷/20%/乳油/阿维菌素 0.1%、三唑磷 19.9%/2009.02.24 至 2014.02.24/中等毒(原药高毒)
水稻　二化螟　135-180克/公顷　喷雾

PD20092413　吡虫·杀虫单/80%/可湿性粉剂/吡虫啉 2%、杀虫单 78%/2009.02.25 至 2014.02.25/中等毒
水稻　稻飞虱、稻纵卷叶螟、二化螟、三化螟　450-750克/公顷　喷雾

PD20094006　乙·莠/40%/可湿性粉剂/乙草胺 14%、莠去津 26%/2009.03.27 至 2014.03.27/低毒
夏玉米田　一年生单、双子叶杂草　1200-1500克/公顷　播后苗前土壤喷雾

PD20094114　阿维·高氯/6%/乳油/阿维菌素 0.4%、高效氯氰菊酯 5.6%/2009.03.27 至 2014.03.27/中等毒(原药高毒)
黄瓜　美洲斑潜蝇　15-30克/公顷　喷雾
梨树　梨木虱　12-24毫克/千克　喷雾
十字花科蔬菜　菜青虫、小菜蛾　13.5-27克/公顷　喷雾

PD20094353　氧氟·乙草胺/40%/乳油/乙草胺 34%、乙氧氟草醚 6%/2009.04.01 至 2014.04.01/低毒
花生田　一年生单、双子叶杂草　600-750克/公顷　播后苗前土壤喷雾

PD20094470　甲霜·福美双/40%/可湿性粉剂/福美双 31%、甲霜灵 9%/2009.04.01 至 2014.04.01/中等毒
水稻　立枯病　2400-3600克/公顷　苗床浇洒或秧苗喷雾

PD20094537　异丙·苄/30%/可湿性粉剂/苄嘧磺隆 5%、异丙草胺 25%/2009.04.09 至 2014.04.09/低毒
水稻抛秧田、水稻移栽田　一年生杂草　90-135克/公顷　毒土法

PD20096072　唑酮·氧乐果/30%/乳油/三唑酮 7%、氧乐果 23%/2009.06.18 至 2014.06.18/中等毒(原药高毒)
小麦　白粉病、蚜虫　450-480克/公顷　喷雾

PD20096163　唑磷·敌百虫/36%/乳油/敌百虫 30%、三唑磷 6%/2009.06.24 至 2014.06.24/中等毒
水稻　二化螟　810-972克/公顷　喷雾

PD20096571　氯溴异氰尿酸/50%/可溶粉剂/氯溴异氰尿酸 50%/2009.08.24 至 2014.08.24/低毒

水稻　白叶枯病　450-506.25克/公顷　喷雾
PD20097478　井·噻·杀虫单/50%/可湿性粉剂/井冈霉素 6%、噻嗪酮 8%、杀虫单 36%/2009.11.03 至 2014.11.03/中等毒
水稻　稻飞虱、稻纵卷叶螟、纹枯病　750-937.5克/公顷　喷雾

江苏植物调节剂中心农药厂　(江苏省沭阳县万匹西首　223001　0527-3240099)

PD20080681　噁草·丁草胺/36%/乳油/丁草胺 30%、噁草酮 6%/2008.06.04 至 2013.06.04/低毒
水稻(旱育秧及半旱育秧田)　一年生杂草　645-756克/公顷　喷雾
PD20083472　甲霜·福美双/45%/可湿性粉剂/福美双 35%、甲霜灵 10%/2008.12.12 至 2013.12.12/低毒
水稻　立枯病　2025-3375克/公顷　苗床喷雾
PD20084724　噻嗪酮/25%/可湿性粉剂/噻嗪酮 25%/2008.12.22 至 2013.12.22/低毒
水稻　稻飞虱　112.5—150克/公顷　喷雾
PD20084954　多·酮/30%/可湿性粉剂/多菌灵 24%、三唑酮 6%/2008.12.22 至 2013.12.22/低毒
小麦　白粉病、赤霉病　450-585克/公顷　喷雾
PD20085007　仲丁威/50%/乳油/仲丁威 50%/2008.12.22 至 2013.12.22/低毒
水稻　叶蝉　900-1200克/公顷　喷雾
PD20090492　咪鲜·甲霜灵/3.5%/粉剂/甲霜灵 2.5%、咪鲜胺 1%/2009.01.12 至 2014.01.12/低毒
水稻　恶苗病、立枯病　1:80-100(药种比)　拌种
PD20094563　氰戊·三唑酮 /11%/乳油/氰戊菊酯 4%、三唑酮 7%/2009.04.09 至 2014.04.09/中等毒
小麦　白粉病、蚜虫　210-285克/公顷　喷雾
PD20095750　乙草胺/50%/乳油/乙草胺 50%/2009.05.18 至 2014.05.18/低毒
夏玉米田　多年生杂草、一年生杂草　900-1200克/公顷　喷雾
PD20098101　毒·辛/25%/乳油/毒死蜱 7%、辛硫磷 18%/2009.12.08 至 2014.12.08/低毒
水稻　稻纵卷叶螟　375-562.5克/公顷　喷雾
PD20098250　噻嗪·异丙威/25%/可湿性粉剂/噻嗪酮 5%、异丙威 20%/2009.12.16 至 2014.12.16/低毒
水稻　稻飞虱　450-562.5克/公顷　喷雾
LS20052159　苦参碱/0.36%/水剂/苦参碱 0.36%/2008.06.12 至 2009.06.12/低毒
十字花科蔬菜　菜青虫　4.32-6.48克/公顷　喷雾

江苏中旗化工有限公司　(江苏省南京市六合区南京化学工业园长丰河路　210047　025-58375761)

PD20070511　噁霜灵/96%/原药/噁霜灵 96%/2007.11.28 至 2012.11.28/低毒
PD20080518　精吡氟禾草灵/90%/原药/精吡氟禾草灵 90%/2008.04.29 至 2013.04.29/低毒
PD20080764　氟虫脲/95%/原药/氟虫脲 95%/2008.06.11 至 2013.06.11/低毒
PD20081435　戊唑醇/97%/原药/戊唑醇 97%/2008.10.31 至 2013.10.31/低毒
PD20081442　乙氧氟草醚/97%/原药/乙氧氟草醚 97%/2008.10.31 至 2013.10.31/微毒
PD20081561　氟硅唑/95%/原药/氟硅唑 95%/2008.11.11 至 2013.11.11/低毒
PD20081641　精噁唑禾草灵/95%/原药/精噁唑禾草灵 95%/2008.11.14 至 2013.11.14/低毒
PD20081798　草甘膦/95%/原药/草甘膦 95%/2008.11.19 至 2013.11.19/微毒
PD20081980　高效氟吡甲禾灵/108克/升/乳油/高效氟吡甲禾灵 108克/升/2008.11.25 至 2013.11.25/低毒
油菜田　一年生禾本科杂草　45-60克/公顷　茎叶喷雾
PD20082231　精噁唑禾草灵/69克/升/水乳剂/精噁唑禾草灵 69克/升/2008.11.26 至 2013.11.26/微毒
冬小麦田　一年生禾本科杂草　51.75-62.1克/公顷　茎叶喷雾
PD20082500　环嗪酮/98%/原药/环嗪酮 98%/2008.12.03 至 2013.12.03/低毒
PD20083285　麦草畏/98%/原药/麦草畏 98%/2008.12.11 至 2013.12.11/低毒
PD20086313　氯氟吡氧乙酸异辛酯/95%/原药/氯氟吡氧乙酸异辛酯 95%/2008.12.31 至 2013.12.31/低毒
PD20092634　氯氟吡氧乙酸/20%/乳油/氯氟吡氧乙酸 20%/2009.03.02 至 2014.03.02/低毒
冬小麦田　一年生阔叶杂草　150-210克/公顷　茎叶喷雾
PD20093804　高效氟吡甲禾灵/90%/原药/高效氟吡甲禾灵 90%/2009.03.25 至 2014.03.25/中等毒
PD20096695　草甘膦异丙胺盐(41%)///水剂/草甘膦 30%/2009.09.07 至 2014.09.07/微毒
柑橘园　杂草　200-400毫升制剂/亩　定向茎叶喷雾
PD20096721　咪唑乙烟酸/98%/原药/咪唑乙烟酸 98%/2009.09.07 至 2014.09.07/微毒
PD20096795　烯草酮/90%/原药/烯草酮 90%/2009.09.15 至 2014.09.15/低毒
PD20097009　烟嘧磺隆/95%/原药/烟嘧磺隆 95%/2009.09.29 至 2014.09.29/微毒
PD20097196　乳氟禾草灵/85%/原药/乳氟禾草灵 85%/2009.10.16 至 2014.10.16/低毒
PD20097209　稻瘟灵/95%/原药/稻瘟灵 95%/2009.10.19 至 2014.10.19/低毒
PD20097228　氟磺胺草醚/95%/原药/氟磺胺草醚 95%/2009.10.19 至 2014.10.19/低毒
PD20097833　噻嗪酮/99%/原药/噻嗪酮 99%/2009.11.20 至 2014.11.20/低毒
PD20098288　异菌脲/96%/原药/异菌脲 96%/2009.12.18 至 2014.12.18/微毒
LS20060361　虱螨脲/95%/原药/虱螨脲 95%/2009.03.05 至 2010.03.05/低毒
LS20061908　氟环唑/95%/原药/氟环唑 95%/2009.12.05 至 2010.12.05/低毒
LS20070159　苯醚甲环唑/95%/原药/苯醚甲环唑 95%/2009.02.07 至 2010.02.07/低毒
LS20071235　虱螨脲/5%/乳油/虱螨脲 5%/2009.05.07 至 2010.05.08/低毒
十字花科蔬菜　甜菜夜蛾　22.5-30克/公顷　喷雾
LS20072411　精甲霜灵/90%/原药/精甲霜灵 90%/2009.11.04 至 2010.11.05/低毒
LS20081173　咪唑烟酸/95%/原药/咪唑烟酸 95%/2009.03.10 至 2010.03.10/低毒

LS20090003 草铵膦/95%/原药/草铵膦 95%/2010.01.08 至 2011.01.08/低毒
LS20090016 噻虫啉/95%/原药/噻虫啉 95%/2010.01.08 至 2011.01.08/中等毒
LS20090380 炔草酸/95%/原药/炔草酯 95%/2009.03.13 至 2010.03.13/低毒
LS20090708 嘧菌环胺/95%/原药/嘧菌环胺 95%/2009.03.31 至 2010.03.31/低毒
LS20090727 除草定/80%/可湿性粉剂/除草定 80%/2009.03.31 至 2010.03.31/低毒
菠萝田 杂草 3600-4800 杂草2叶前，定向喷雾
LS20090728 除草定/95%/原药/除草定 95%/2009.03.31 至 2010.03.31/低毒
LS20090734 吡氟酰草胺/98%/原药/吡氟酰草胺 98%/2009.03.31 至 2010.03.31/微毒
LS20091035 磺草酮/98%/原药/磺草酮 98%/2009.04.15 至 2010.04.15/微毒
LS20091102 炔苯酰草胺/95%/原药/炔苯酰草胺 95%/2009.04.15 至 2010.04.15/低毒
WP20070030 吡丙醚/95%/原药/吡丙醚 95%/2007.11.28 至 2012.11.28/低毒

江苏中意化学有限公司 （江苏省盐城市响水县双港镇化工工业园区 224632 025-84652102）

PD20060217 二甲戊灵原药//原药/二甲戊灵 95%/2006.12.26 至 2011.12.26/低毒
PD20060218 杀螟丹/98%/原药/杀螟丹 98%/2006.12.26 至 2011.12.26/低毒
PD20070001 毒死蜱/97%/原药/毒死蜱 97%/2007.01.04 至 2012.01.04/中等毒
PD20070176 乙氧氟草醚/95%/原药/乙氧氟草醚 95%/2007.06.25 至 2012.06.25/微毒
PD20081064 乙氧氟草醚/20%/乳油/乙氧氟草醚 20%/2008.08.14 至 2013.08.14/低毒
水稻田 一年生杂草 37.5-75克/公顷 毒土法
PD20082531 杀虫双/18%/水剂/杀虫双 18%/2008.12.03 至 2013.12.03/低毒
水稻 二化螟 675-810克/公顷 喷雾
PD20083188 毒死蜱/480克/升/乳油/毒死蜱 480克/升/2008.12.11 至 2013.12.11/中等毒
水稻 二化螟 576-648克/公顷 喷雾
PD20083823 草甘膦/95%/原药/草甘膦 95%/2008.12.15 至 2013.12.15/低毒
PD20091355 二甲戊灵/330克/升/乳油/二甲戊灵 330克/升/2009.02.02 至 2014.02.02/低毒
春玉米田 一年生杂草 1237.5-1732.5克/公顷(东北地区) 土壤喷雾
棉花田 一年生杂草 742.5-990克/公顷 土壤喷雾
夏玉米田 一年生杂草 750-1125克/公顷 土壤喷雾
PD20091370 草甘膦异丙胺盐/41%/水剂/草甘膦异丙胺盐 41%/2009.02.02 至 2014.02.02/微毒
橡胶园 杂草 1125-2250克/公顷 定向喷雾
PD20092007 苄嘧磺隆/96%/原药/苄嘧磺隆 96%/2009.02.12 至 2014.02.12/微毒
PD20092743 烟嘧磺隆/95%/原药/烟嘧磺隆 95%/2009.03.04 至 2014.03.04/低毒
PD20096746 氟虫腈/95%/原药/氟虫腈 95%/2009.09.07 至 2014.09.07/中等毒

江苏庄臣同大有限公司 （江苏省常州市新北区河海西路18号 213022 0519-85151608）

WP20030013 杀虫气雾剂/0.37%/气雾剂/胺菊酯 0.15%、富右旋反式烯丙菊酯 0.07%、氯菊酯 0.15%/2008.07.03至2013.07.03/微毒
卫生 蜚蠊、蚊、蝇 / 喷雾
WP20030019 电热蚊香片/9毫克/片/气雾剂/炔丙菊酯 9毫克/片/2008.12.04 至 2013.12.04/微毒
卫生 蚊 / 电热加温
WP20080184 驱蚊液/10%/驱蚊液/避蚊胺 10%/2008.11.19 至 2013.11.19/微毒
卫生 蚊 / 涂抹
WP20080200 蚊香/0.25%/蚊香/富右旋反式烯丙菊酯 0.25%/2008.11.20 至 2013.11.20/微毒
卫生 蚊 / 点燃
WP20080245 电热蚊香片/12毫克/片/电热蚊香片/炔丙菊酯 12毫克/片/2008.11.26 至 2013.11.26/微毒
卫生 蚊 / 电热加温
注:清香型、甘菊香型、无香型。
WP20080259 电热蚊香片/26毫克/片/电热蚊香片/富右旋反式烯丙菊酯 26毫克/片/2008.11.27 至 2013.11.27/微毒
卫生 蚊 / 电热加温
WP20080428 电热蚊香液/1.2%/电热灭蚊液/炔丙菊酯 1.2%/2008.12.15 至 2013.12.15/微毒
卫生 蚊 / 电热加温
注:本品有三种香型：清香型、甘菊香型、无香型。
WP20080500 杀虫气雾剂/0.35%/气雾剂/Es-生物烯丙菊酯 0.27%、右旋苯醚氰菊酯 0.08%/2008.12.18 至 2013.12.18/微毒
卫生 蚊、蝇、蜚蠊 喷雾
WL20070014 杀虫气雾剂/0.75%/气雾剂/Es-生物烯丙菊酯 0.18%、残杀威 0.45%、氯菊酯 0.12%/2009.01.28 至 2010.01.28/微毒
卫生 蚊、蝇、蜚蠊 喷雾
WL20070082 蚊香/0.015%/蚊香/四氟甲醚菊酯 0.015%/2009.04.25 至 2010.04.26/微毒
卫生 蚊 / 点燃
注:无香型、花香型、檀香型。
WL20070161 杀虫气雾剂/0.6%/气雾剂/胺菊酯 0.44%、高效氯氰菊酯 0.04%、氯菊酯 0.12%/2009.08.07 至 2010.08.08/微毒
卫生 黄家蚁、蚊、蝇、蜚蠊 / 喷雾
WL20070162 杀虫气雾剂/0.06%/气雾剂/高效氯氰菊酯 0.03%、右旋反式氯丙炔菊酯 0.03%/2008.08.07 至 2009.08.08/微毒
卫生 黄家蚁、蚊、蝇、蜚蠊 / 喷雾
WL20070165 杀虫气雾剂/0.33%/气雾剂/胺菊酯 0.25%、右旋苯醚氰菊酯 0.08%/2008.08.07 至 2009.08.08/微毒
卫生 黄家蚁、蚊、蝇、蜚蠊 / 喷雾

WL20070233 杀蚊气雾剂/0.39%/气雾剂/Es-生物烯丙菊酯 0.25%、右旋苯醚菊酯 0.14%/2009.11.04 至 2010.11.04/微毒
卫生 蚊 / 喷雾
注:清香型、无香型。

WL20070234 杀虫气雾剂/0.08%/气雾剂/高效氯氰菊酯 0.05%、炔咪菊酯 0.03%/2008.11.04 至 2009.11.05/微毒
卫生 蜚蠊、蚂蚁 喷雾

WL20070275 杀蟑气雾剂/0.16%/气雾剂/高效氯氰菊酯 0.09%、炔咪菊酯 0.07%/2009.11.19 至 2010.11.19/微毒
卫生 蜚蠊 / 喷雾
注:甘菊香型、无香型。

WL20070296 蚊香/0.3%/蚊香/富右旋反式烯丙菊酯 0.3%/2009.12.11 至 2010.12.12/微毒
卫生 蚊 / 点燃
注:花香型、檀香型、甘菊香型。

WL20080101 杀虫气雾剂/0.54%/气雾剂/胺菊酯 0.45%、右旋苯醚氰菊酯 0.09%/2009.02.19 至 2010.02.20/微毒
卫生 蚂蚁、蚊、蝇、蜚蠊 喷雾
注:清香型、无香型。

WL20080122 杀虫气雾剂/0.1%/气雾剂/高效氯氰菊酯 0.05%、右旋反式氯丙炔菊酯 0.05%/2009.02.20 至 2010.02.21/微毒
卫生 蚂蚁、蚊、蝇、蜚蠊 / 喷雾

WL20080222 杀虫气雾剂/0.35%/气雾剂/邻苯基苯酚 0.15%、氯氰菊酯 0.1%、炔咪菊酯 0.1%/2009.03.10 至 2010.03.10/微毒
卫生 蜚蠊、蚂蚁 / 喷雾

WL20080432 蟑香/8.8%/蟑香/右旋苯醚氰菊酯 8.8%/2008.11.12 至 2009.11.12/微毒
卫生 蜚蠊 / 点燃

WL20080475 杀蟑饵剂/2.5%/饵剂/吡虫啉 2.5%/2008.12.04 至 2009.12.04/微毒
卫生 蜚蠊 / 投放

WL20080480 氯菊·烯丙菊/0.56%/气雾剂/Es-生物烯丙菊酯 0.37%、氯菊酯 0.19%/2008.12.10 至 2009.12.10/微毒
卫生 蚊、蝇 / 喷雾

WL20080495 电热蚊香片/15毫克/片/电热蚊香片/炔丙菊酯 15毫克/片/2009.12.16 至 2010.12.16/微毒
卫生 蚊 / 电热加温

江阴苏利化学有限公司 (江苏省江阴市利港镇润华路7号 214444 0510-86636248)

PD86179-5 百菌清/98.5%、96%、90%/原药/百菌清 98.5%、96%、90%/2006.10.23 至 2011.10.23/低毒

PD86180-8 百菌清/75%/可湿性粉剂/百菌清 75%/2006.10.23 至 2011.10.23/低毒

茶树	炭疽病	600-800倍液	喷雾
豆类	炭疽病、锈病	1275-2325克/公顷	喷雾
柑橘树	疮痂病	750-900毫克/千克	喷雾
瓜类	白粉病、霜霉病	1200-1650克/公顷	喷雾
果菜类蔬菜	多种病害	1125-2400克/公顷	喷雾
花生	锈病、叶斑病	1125-1350克/公顷	喷雾
梨树	斑点落叶病	500倍液	喷雾
苹果树	多种病害	600倍液	喷雾
葡萄	白粉病、黑痘病	600-700倍液	喷雾
水稻	稻瘟病、纹枯病	1125-1425克/公顷	喷雾
橡胶树	炭疽病	500-800倍液	喷雾
小麦	叶斑病、叶锈病	1125-1425克/公顷	喷雾
叶菜类蔬菜	白粉病、霜霉病	1275-1725克/公顷	喷雾

PD20060195 除虫脲/95%/原药/除虫脲 95%/2006.12.06 至 2011.12.06/微毒

PD20082673 百菌清/720克/升/悬浮剂/百菌清 720克/升/2008.12.05 至 2013.12.05/低毒
番茄 早疫病 896.4-1188克/公顷 喷雾

PD20083249 百菌清/40%/悬浮剂/百菌清 40%/2008.12.11 至 2013.12.11/低毒
番茄 早疫病 900-1050克/公顷 喷雾

PD20083275 除虫脲/25%/可湿性粉剂/除虫脲 25%/2008.12.11 至 2013.12.11/微毒
十字花科蔬菜 小菜蛾 120-150克/公顷 喷雾

PD20084972 百菌清/50%/可湿性粉剂/百菌清 50%/2008.12.22 至 2013.12.22/低毒
黄瓜 霜霉病 1275-1725克/公顷 喷雾

PD20085420 百菌清/75%/水分散粒剂/百菌清 75%/2008.12.24 至 2013.12.24/低毒
番茄 晚疫病 1055-1406克/公顷 喷雾

PD20092009 霜脲·百菌清 /36%/可湿性粉剂/百菌清 30%、霜脲氰 6%/2009.02.12 至 2014.02.12/低毒
番茄 晚疫病 540—630克/公顷 喷雾

PD20097067 百·福/55%/可湿性粉剂/百菌清 20%、福美双 35%/2009.10.10 至 2014.10.10/低毒
黄瓜 白粉病 942.9—1100克/公顷 喷雾

PD20097370 琥铜·霜脲氰/42%/可湿性粉剂/琥胶肥酸铜 36%、霜脲氰 6%/2009.10.28 至 2014.10.28/低毒
黄瓜 霜霉病 630—735克/公顷 喷雾

PD20097371 琥胶肥酸铜/30%/可湿性粉剂/琥胶肥酸铜 30%/2009.10.28 至 2014.10.28/低毒
黄瓜 细菌性角斑病 506.25—675克/公顷 喷雾

江阴优佳宝日化有限公司（江苏省江阴市周庄镇澄鹿路工业园区（澄杨路1016号） 214424 0510-86901660)

WL20080211 驱蚊花露水/5%/驱蚊花露水/避蚊胺 5%/2009.03.10 至 2010.03.10/微毒

	卫生	蚊	/	涂抹

昆山隆腾生物制品有限公司　(江苏省昆山市巴城镇新澄路南侧　215311　0512-57656976)

PD85131-5	井冈霉素/3%,5%/水剂/井冈霉素 3%,5%/2006.03.28 至 2011.03.28/低毒			
	水稻	纹枯病	75-112.5克/公顷	喷雾,泼浇

利民化工股份有限公司　(江苏省新沂市经济开发区　221400　0516-88927453)

PD84119-12	代森铵/45%/水剂/代森铵 45%/2005.04.21 至 2010.04.21/低毒			
	白菜、黄瓜	霜霉病	525克/公顷	喷雾
	甘薯	黑斑病	200-400倍液	浸种
	谷子	白发病	180-360倍液	浸种
	水稻	白叶枯病、纹枯病	337.5克/公顷	喷雾
	水稻	稻瘟病	535-675克/公顷	喷雾
	橡胶树	条溃疡病	150倍液	涂抹
	玉米	大斑病、小斑病	525-675克/公顷	喷雾
PD86134-8	多菌灵/40%/悬浮剂/多菌灵 40%/2006.10.17 至 2011.10.17/低毒			
	果树	病害	0.05-0.1%药液	喷雾
	花生	倒秧病	750克/公顷	喷雾
	绿萍	霉腐病	0.05%药液	喷雾
	麦类	赤霉病	0.025%药液	喷雾
	棉花	苗期病害	0.3%药液	浸种
	水稻	纹枯病	0.025%药液	喷雾
	甜菜	褐斑病	250-500倍液	喷雾
	油菜	菌核病	1125-1500克/公顷	喷雾
PD86179-4	百菌清/98%,96%/原药/百菌清 98%,96%/2006.11.22 至 2011.11.22/低毒			
PD86180-5	百菌清/75%/可湿性粉剂/百菌清 75%/2006.11.22 至 2011.11.22/低毒			
	茶树	炭疽病	600-800倍液	喷雾
	豆类	炭疽病、锈病	1275-2325克/公顷	喷雾
	柑橘树	疮痂病	750-900毫克/千克	喷雾
	瓜类	白粉病、霜霉病	1200-1650克/公顷	喷雾
	果菜类蔬菜	多种病害	1125-2400克/公顷	喷雾
	花生	锈病、叶斑病	1125-1350克/公顷	喷雾
	梨树	斑点落叶病	500倍液	喷雾
	苹果树	多种病害	600倍液	喷雾
	葡萄	白粉病、黑痘病	600-700倍液	喷雾
	水稻	稻瘟病、纹枯病	1125-1425克/公顷	喷雾
	橡胶树	炭疽病	500-800倍液	喷雾
	小麦	叶斑病、叶锈病	1125-1425克/公顷	喷雾
	叶菜类蔬菜	白粉病、霜霉病	1275-1725克/公顷	喷雾
PD20040009	代森锌/80%/可湿性粉剂/代森锌 80%/2009.08.06 至 2014.08.06/低毒			
	番茄	早疫病	2550-3600克/公顷	喷雾
PD20040011	代森锰锌/70%/可湿性粉剂/代森锰锌 70%/2009.08.16 至 2014.08.16/低毒			
	番茄	早疫病	制剂量：2640-3390克/公顷	喷雾
	柑橘树	疮痂病、炭疽病	制剂量：1333-2000毫克/千克	喷雾
	花生	叶斑病	制剂量：720-900克/公顷	喷雾
	黄瓜	霜霉病	制剂量：2040-3000克/公顷	喷雾
	辣椒	炭疽病、疫病	制剂量：1800-2520克/公顷	喷雾
	梨树	黑星病	制剂量：800-1600毫克/千克	喷雾
	荔枝树	霜疫霉病	制剂量：1333-2000毫克/千克	喷雾
	马铃薯	晚疫病	制剂量：1440-2160克/公顷	喷雾
	苹果树	斑点落叶病、轮纹病、炭疽病	制剂量：1000-1500毫克/千克	喷雾
	葡萄	白腐病、黑痘病、霜霉病	制剂量：1000-1600毫克/千克	喷雾
	西瓜	炭疽病	制剂量：1560-2520克/公顷	喷雾
	烟草	赤星病、黑胫病	制剂量：2625-3390克/公顷	喷雾
PD20040028	代森锰锌/90%/原药/代森锰锌 90%/2009.12.10 至 2014.12.10/微毒			
PD20040029	代森锰锌/80%/可湿性粉剂/代森锰锌 80%/2009.12.10 至 2014.12.10/微毒			
	番茄	早疫病	1840-2370克/公顷	喷雾
	柑橘树	疮痂病、炭疽病	1333-2000毫克/千克	喷雾
	花生	叶斑病	720-900克/公顷	喷雾
	黄瓜	霜霉病	2040-3000克/公顷	喷雾
	辣椒、甜椒	炭疽病、疫病	1800-2520克/公顷	喷雾
	梨树	黑星病	800-1600毫克/千克	喷雾
	荔枝树	霜疫霉病	1333-2000毫克/千克	喷雾
	马铃薯	晚疫病	1140-2160克/公顷	喷雾
	苹果树	斑点落叶病、轮纹病、炭疽病	1000-1500毫克/千克	喷雾

	葡萄	白腐病、黑痘病、霜霉病	1000-1600毫克/千克	喷雾
	西瓜	炭疽病	1560-2520克/公顷	喷雾
	烟草	赤星病	1680-2100克/公顷	喷雾
PD20070073	三乙膦酸铝/95%/原药/三乙膦酸铝 95%/2007.04.12 至 2012.04.12/微毒			
PD20070074	三乙膦酸铝/80%/可湿性粉剂/三乙膦酸铝 80%/2007.04.12 至 2012.04.12/低毒			
	黄瓜	霜霉病	2160-2760克/公顷	喷雾
PD20070223	代森锌/90%/原药/代森锌 90%/2007.08.08 至 2012.08.08/微毒			
PD20070519	甲霜·锰锌/72%/可湿性粉剂/甲霜灵 8%、代森锰锌 64%/2007.11.28 至 2012.11.28/低毒			
	黄瓜	霜霉病	1620-2268克/公顷	喷雾
PD20070584	嘧霉胺/95%/原药/嘧霉胺 95%/2007.12.03 至 2012.12.03/低毒			
PD20070686	百菌清/40%/悬浮剂/百菌清 40%/2007.12.19 至 2012.12.19/低毒			
	黄瓜	霜霉病	900-1050克/公顷	喷雾
PD20080070	丙森锌/89%/原药/丙森锌 89%/2008.01.04 至 2013.01.04/低毒			
PD20080091	三乙膦酸铝/90%/可溶粉剂/三乙膦酸铝 90%/2008.01.03 至 2013.01.03/低毒			
	番茄	晚疫病	2376-2700克/公顷	喷雾
PD20080132	嘧霉胺/20%/悬浮剂/嘧霉胺 20%/2008.01.03 至 2013.01.03/低毒			
	番茄	灰霉病	450-562.5克/公顷	喷雾
	黄瓜	灰霉病	450-540克/公顷	喷雾
PD20080221	乙铝·锰锌/50%/可湿性粉剂/代森锰锌 30%、三乙膦酸铝 20%/2008.01.11 至 2013.01.11/低毒			
	黄瓜	霜霉病	1400-2800克/公顷	喷雾
PD20080387	代森锌/65%/可湿性粉剂/代森锌 65%/2008.02.29 至 2013.02.28/低毒			
	番茄	早疫病	2550-3600克/公顷	喷雾
PD20080399	嘧霉胺/40%/悬浮剂/嘧霉胺 40%/2008.02.29 至 2013.02.28/低毒			
	黄瓜	灰霉病	375-562.5克/公顷	喷雾
PD20080443	乙铝·锰锌/70%/可湿性粉剂/代森锰锌 45%、三乙膦酸铝 25%/2008.03.13 至 2013.03.13/低毒			
	白菜	白斑病、霜霉病	1399.95-4200克/公顷	喷雾
	黄瓜	霜霉病	1399.95-4200克/公顷	喷雾
PD20080484	霜脲氰/98%/原药/霜脲氰 98%/2008.04.07 至 2013.04.07/低毒			
PD20080642	乙铝·锰锌/81%/可湿性粉剂/代森锰锌 48.6%、三乙膦酸铝 32.4%/2008.05.13 至 2013.05.13/低毒			
	黄瓜	霜霉病	1944-2673克/公顷	喷雾
PD20080766	锰锌·百菌清/70%/可湿性粉剂/百菌清 30%、代森锰锌 40%/2008.06.11 至 2013.06.11/低毒			
	番茄	早疫病	1050-1575克/公顷	喷雾
PD20080808	甲硫·锰锌/50%/可湿性粉剂/甲基硫菌灵 20%、代森锰锌 30%/2008.06.20 至 2013.06.20/低毒			
	梨树	黑星病	556-833毫克/千克	喷雾
PD20080836	丙森锌/70%/可湿性粉剂/丙森锌 70%/2008.06.20 至 2013.06.20/低毒			
	番茄	早疫病	1312.5-1968.75克/公顷	喷雾
PD20081123	威百亩/35%/水剂/威百亩 35%/2008.08.19 至 2013.08.19/微毒			
	番茄、黄瓜	根结线虫	21000—31500克/公顷	沟施
PD20081179	丙环唑/250克/升/乳油/丙环唑 250克/升/2008.09.11 至 2013.09.11/低毒			
	香蕉	叶斑病	250-510毫克/千克	喷雾
PD20081421	三乙膦酸铝/40%/可湿性粉剂/三乙膦酸铝 40%/2008.10.31 至 2013.10.31/低毒			
	黄瓜	霜霉病	2310-2880克/公顷	喷雾
PD20081526	锰锌·异菌脲/50%/可湿性粉剂/代森锰锌 37.5%、异菌脲 12.5%/2008.11.06 至 2013.11.06/低毒			
	苹果树	斑点落叶病	625-833毫克/千克	喷雾
PD20081574	霜脲·锰锌/72%/可湿性粉剂/代森锰锌 64%、霜脲氰 8%/2008.11.12 至 2013.11.12/低毒			
	黄瓜	霜霉病	1440-1800克/公顷	喷雾
PD20081999	代森锰锌/50%/可湿性粉剂/代森锰锌 50%/2008.11.25 至 2013.11.25/低毒			
	番茄	早疫病	1845-2370克/公顷	喷雾
PD20085602	硫磺·锰锌/70%/可湿性粉剂/硫磺 42%、代森锰锌 28%/2008.12.25 至 2013.12.25/低毒			
	豇豆	锈病	1575-2100克/公顷	喷雾
PD20086318	代森锰锌/30%/悬浮剂/代森锰锌 30%/2008.12.31 至 2013.12.31/低毒			
	番茄	早疫病	1080-1440克/公顷	喷雾
PD20086367	2甲4氯钠/13%/水剂/2甲4氯钠 13%/2008.12.31 至 2013.12.31/微毒			
	水稻移栽田	阔叶杂草及莎草科杂草	468-877.5克/公顷	茎叶喷雾
PD20091114	硫磺·锰锌/50%/可湿性粉剂/硫磺 30%、代森锰锌 20%/2009.01.21 至 2014.01.21/低毒			
	豇豆	锈病	1875-2100克/公顷	喷雾
PD20091257	2甲4氯钠/56%/可溶性粉剂/2甲4氯钠 56%/2009.02.01 至 2014.02.01/低毒			
	移栽水稻田	阔叶杂草、莎草科杂草	672-840克/公顷	茎叶喷雾
LS20050092	百菌清/75%/水分散粒剂/百菌清 75%/2008.01.12 至 2009.01.11/微毒			
	黄瓜	霜霉病	1271.25-1721.25克/公顷	喷雾
LS20050153	啶虫脒/3%/可湿性粉剂/啶虫脒 3%/2008.01.21 至 2009.01.20/低毒			
	柑橘树	蚜虫	10-15毫克/千克	喷雾
LS20051945	代森锰锌/80%/水分散粒剂/代森锰锌 80%/2008.05.22 至 2009.05.22/微毒			

黄瓜 霜霉病 2040-3000克/公顷 喷雾
LS20053358 代森锰锌/84%/可湿性粉剂/代森锰锌 84%/2008.10.17 至 2009.10.17/低毒
番茄 早疫病 2205-2520克/公顷 喷雾
LS20061098 丙森·霜脲氰/76%/可湿性粉剂/丙森锌 70%、霜脲氰 6%/2009.05.11 至 2010.05.11/微毒
黄瓜 霜霉病 1812.6-2154.6克/公顷 喷雾
LS20070129 霜脲·锰锌/60%/可湿性粉剂/代森锰锌 50%、霜脲氰 10%/2009.02.02 至 2010.02.02/低毒
黄瓜 霜霉病 1170-1350克/公顷 喷雾
LS20080153 甲硫·福美双/80%/可湿性粉剂/福美双 60%、甲基硫菌灵 20%/2010.01.07 至 2011.01.07/微毒
黄瓜 枯萎病 1333-2000毫克/千克 灌根
LS20080226 多·福/80%/可湿性粉剂/多菌灵 10%、福美双 70%/2010.01.07 至 2011.01.07/微毒
番茄 叶霉病 1920-2520克/公顷 喷雾
LS20080235 乙铝·锰锌/80%/可湿性粉剂/代森锰锌 48%、三乙膦酸铝 32%/2008.01.07 至 2009.01.07/低毒
黄瓜 霜霉病 1944-2673克/公顷 喷雾
LS20090270 三乙膦酸铝/80%/水分散粒剂/三乙膦酸铝 80%/2010.02.13 至 2011.02.13/低毒
黄瓜 霜霉病 2160-2760克/公顷 喷雾

立志美丽(南京)有限公司 (江苏省南京市栖霞区马群科技园青马路8号 210049 025-86983310)

WL20090092 驱蚊花露水/4%/驱蚊花露水/驱蚊酯 4%/2009.03.24 至 2010.03.24/微毒
卫生 蚊 / 涂抹

连云港市金囤农化有限公司 (江苏省连云港市化学工业园区(灌南县堆沟港镇) 222523 0518-87122756)

PD84117-3 多菌灵/95%/原药/多菌灵 95%/2009.12.03 至 2014.12.03/低毒
PD84118-26 多菌灵/25%/可湿性粉剂/多菌灵 25%/2005.03.23 至 2010.03.23/低毒
果树 病害 0.05-0.1%药液 喷雾
花生 倒秧病 750克/公顷 喷雾
麦类 赤霉病 750克/公顷 喷雾、泼浇
棉花 苗期病害 500克/100千克种子 拌种
水稻 稻瘟病、纹枯病 750克/公顷 喷雾、泼浇
油菜 菌核病 1125-1500克/公顷 喷雾
PD85150-20 多菌灵/50%/可湿性粉剂/多菌灵 50%/2005.08.15 至 2010.08.15/低毒
果树 病害 0.05-0.1%药液 喷雾
花生 倒秧病 750克/公顷 喷雾
麦类 赤霉病 750克/公顷 喷雾、泼浇
棉花 苗期病害 500克/100千克种子 拌种
水稻 稻瘟病、纹枯病 750克/公顷 喷雾、泼浇
油菜 菌核病 1125-1500克/公顷 喷雾
PD20070147 噁草酮/94%/原药/噁草酮 94%/2007.05.30 至 2012.05.30/低毒

连云港市特别特生化有限公司 (江苏省建湖县高作镇高作村 222228 0518-8582199)

PD20090830 吡虫啉/10%/可湿性粉剂/吡虫啉 10%/2009.01.19 至 2014.01.19/低毒
水稻 稻飞虱 15-30克/公顷 喷雾
小麦 蚜虫 15-30克/公顷(南方地区) 喷雾
45-60克/公顷(北方地区)
PD20095720 锰锌·烯唑醇/32.5%/可湿性粉剂/代森锰锌 30%、烯唑醇 2.5%/2009.05.18 至 2014.05.18/低毒
梨树 黑星病 400-600倍液 喷雾
PD20096580 溴氰菊酯/25克/升/乳油/溴氰菊酯 25克/升/2009.08.25 至 2014.08.25/低毒
十字花科蔬菜 菜青虫、小菜蛾 7.5-11.25克/公顷 喷雾
WP20090044 杀虫气雾剂/0.50%/气雾剂/胺菊酯 0.25%、氯菊酯 0.25%/2009.01.19 至 2014.01.19/低毒
卫生 蚊、蝇、蜚蠊 / 喷雾

南京保丰农药有限公司 (江苏省南京市江宁区淳化街道云居寺 211123 025-52290282)

PD84104-65 杀虫双/18%/水剂/杀虫双 18%/2005.03.11 至 2010.03.11/中等毒
甘蔗、蔬菜、水稻、小麦、玉米 多种害虫 540-675克/公顷 喷雾
果树 多种害虫 225-360毫克/千克 喷雾
PD85154-32 氰戊菊酯/20%/乳油/氰戊菊酯 20%/2005.08.15 至 2010.08.15/中等毒
柑橘树 潜叶蛾 10-20毫克/千克 喷雾
果树 梨小食心虫 10-20毫克/千克 喷雾
棉花 红铃虫、蚜虫 75-150克/公顷 喷雾
蔬菜 菜青虫、蚜虫 60-120克/公顷 喷雾
PD89104-12 氰戊菊酯/85%/原药/氰戊菊酯 85%/2010.01.18 至 2015.01.18/中等毒
PD20040211 高效氯氰菊酯/4.5%/乳油/高效氯氰菊酯 4.5%/2009.12.19 至 2014.12.19/中等毒
十字花科蔬菜 菜青虫 13.5-20.25克/公顷 喷雾
PD20040602 吡虫·杀虫单/50%/可湿性粉剂/吡虫啉 1.5%、杀虫单 48.5%/2009.12.19 至 2014.12.19/中等毒
水稻 稻飞虱、稻纵卷叶螟 450-750克/公顷 喷雾
PD20050051 杀虫单/80%/可溶性粉剂/杀虫单 80%/2005.04.29 至 2010.04.28/中等毒
水稻 稻纵卷叶螟 480-600克/公顷 喷雾

PD20082665	氯氰·毒死蜱/50%/乳油/毒死蜱 45%、氯氰菊酯 5%/2008.12.05 至 2013.12.05/中等毒			
	萝卜、青菜	小菜蛾	150-225克/公顷	喷雾
PD20082790	苄·二氯/36%/可湿性粉剂/苄嘧磺隆 4%、二氯喹啉酸 32%/2008.12.09 至 2013.12.09/低毒			
	水稻抛秧田	一年生及部分多年生杂草	216-270克/公顷	茎叶喷雾
	水稻秧田	一年生及部分多年生杂草	189-270克/公顷	茎叶喷雾
PD20083501	氯氰·毒死蜱/25%/乳油/毒死蜱 22.5%、氯氰菊酯 2.5%/2008.12.12 至 2013.12.12/中等毒			
	十字花科蔬菜	小菜蛾	150-225克/公顷	喷雾
PD20083563	阿维·毒死蜱/15%/乳油/阿维菌素 0.1%、毒死蜱 14.9%/2008.12.12 至 2013.12.12/低毒(原药高毒)			
	十字花科蔬菜	小菜蛾	45-56.25克/公顷	喷雾
PD20084054	阿维菌素/0.5%/可湿性粉剂/阿维菌素 0.5%/2008.12.16 至 2013.12.16/低毒(原药高毒)			
	柑橘树	红蜘蛛、锈壁虱	4.5-9毫克/千克	喷雾
	棉花	红蜘蛛	10.8-21.6克/公顷	喷雾
	苹果树	红蜘蛛	3-6毫克/千克	喷雾
	十字花科蔬菜	菜青虫、小菜蛾	8.1-10.8克/公顷	喷雾
PD20084185	苯磺隆/75%/水分散粒剂/苯磺隆 75%/2008.12.16 至 2013.12.16/低毒			
	春小麦田	一年生阔叶杂草	22.5-28.1克/公顷(东北地区)	茎叶喷雾
	冬小麦田	一年生阔叶杂草	13.5-22.5克/公顷(其它地区)	茎叶喷雾
PD20085266	苯磺隆/10%/可湿性粉剂/苯磺隆 10%/2008.12.23 至 2013.12.23/低毒			
	春小麦田	一年生阔叶杂草	22.5-30克/公顷(东北地区)	茎叶喷雾
	冬小麦田	一年生阔叶杂草	13.5-22.5克/公顷(其它地区)	茎叶喷雾
PD20085341	氯氰·丙溴磷/44%/乳油/丙溴磷 40%、氯氰菊酯 4%/2008.12.24 至 2013.12.24/中等毒			
	棉花	棉铃虫	462-528克/公顷	喷雾
PD20085357	噻吩磺隆/15%/可湿性粉剂/噻吩磺隆 15%/2008.12.24 至 2013.12.24/低毒			
	冬小麦田	一年生阔叶杂草	22.5-33.8克/公顷	茎叶喷雾
PD20085901	精喹禾灵/5%/乳油/精喹禾灵 5%/2008.12.29 至 2013.12.29/低毒			
	春大豆田	一年生禾本科杂草	52.5-75克/公顷(东北地区)	茎叶喷雾
	春油菜	一年生禾本科杂草	52.5-75克/公顷	茎叶喷雾
	冬油菜田	一年生禾本科杂草	37.5-52.5克/公顷	茎叶喷雾
	夏大豆田	一年生禾本科杂草	45-52.5克/公顷(其它地区)	茎叶喷雾
PD20085954	精喹·草除灵/17.5%/乳油/草除灵 15%、精喹禾灵 2.5%/2008.12.29 至 2013.12.29/低毒			
	油菜田	一年生杂草	262.5-393.8克/公顷	喷雾
PD20090099	苄嘧·苯噻酰/50%/可湿性粉剂/苯噻酰草胺 47.4%、苄嘧磺隆 2.6%/2009.01.08 至 2014.01.08/低毒			
	水稻抛秧田	一年生及部分多年生杂草	375-450克/公顷(南方地区)	药土法
PD20090101	胺苯磺隆/25%/可湿性粉剂/胺苯磺隆 25%/2009.01.08 至 2014.01.08/低毒			
	冬油菜田	一年生禾本科杂草	18.75-22.5克/公顷	喷雾
PD20090174	阿维·辛硫磷/20%/乳油/阿维菌素 0.05%、辛硫磷 19.95%/2009.01.08 至 2014.01.08/低毒(原药高毒)			
	大白菜	小菜蛾	150-225克/公顷	喷雾
	苹果树	山楂红蜘蛛	200-400毫克/千克	喷雾
PD20090982	高氯·丙溴磷/40%/乳油/丙溴磷 38%、高效氯氰菊酯 2%/2009.01.20 至 2014.01.20/中等毒			
	棉花	棉铃虫	240-360克/公顷	喷雾
PD20091488	井·噻·杀虫单/21%/可湿性粉剂/井冈霉素 1%、噻嗪酮 2.6%、杀虫单 17.4%/2009.02.02 至 2014.02.02/中等毒			
	水稻	稻纵卷叶螟	787.5-1181.25克/公顷	喷雾
	水稻	稻飞虱	393.75-787.5克/公顷	喷雾
PD20093185	乙草·氯磺隆/16%/可湿性粉剂/氯磺隆 0.5%、乙草胺 15.5%/2009.03.11 至 2014.03.11/低毒			
	小麦田	一年生杂草	240-288克/公顷	喷雾
PD20094735	噻吩磺隆/75%/水分散粒剂/噻吩磺隆 75%/2009.04.10 至 2014.04.10/低毒			
	春玉米田、大豆田	一年生阔叶杂草	20-25克/公顷	播后苗前土壤喷雾
	夏玉米田	一年生阔叶杂草	15-24克/公顷	播后苗前土壤喷雾
PD20095413	苄·乙/14%/可湿性粉剂/苄嘧磺隆 3.2%、乙草胺 10.8%/2009.05.11 至 2014.05.11/低毒			
	水稻移栽田	部分多年生杂草、莎草科杂草、一年生禾本科杂草	84-118克/公顷	播后返青拌药土均匀撒施
PD20096101	吡虫啉/10%/可湿性粉剂/吡虫啉 10%/2009.06.18 至 2014.06.18/低毒			
	水稻	稻飞虱	15-30克/公顷	喷雾
PD20098484	甲氨基阿维菌素苯甲酸盐(1.1%)///乳油/甲氨基阿维菌素 1%/2009.12.24 至 2014.12.24/低毒			
	甘蓝	小菜蛾	1.5-2.25克/公顷	喷雾
LS20052279	啶虫脒/3%/乳油/啶虫脒 3%/2008.06.22 至 2009.06.22/低毒			
	小麦	蚜虫	18-27克/公顷	喷雾
LS20072333	2,4-滴/96%/原药/2,4-滴 96%/2009.10.15 至 2010.10.16/低毒			
LS20072521	2,4-滴丁酯/72%/乳油/2,4-滴丁酯 72%/2009.12.04 至 2010.12.05/低毒			
	春玉米田	一年生阔叶杂草	756-972克/公顷	土壤喷雾
LS20080786	2,4-滴丁酯/94%/原药/2,4-滴丁酯 94%/2009.03.01 至 2010.03.01/低毒			

南京第一农药集团有限公司 (江苏省南京市高淳县城宝塔路269号 211300 025-57888659)

PD20040305 顺式氯氰菊酯/5%/乳油/顺式氯氰菊酯 5%/2009.12.19 至 2014.12.19/中等毒
柑橘树 潜叶蛾 33.3-50毫克/千克 喷雾
棉花 盲蝽蟓 30-37.5克/公顷 喷雾
棉花 棉铃虫 25.5-34.5克/公顷 喷雾
十字花科蔬菜 蚜虫 15-22.5克/公顷 喷雾

PD20070302 草甘膦/10%/水剂/草甘膦 10%/2007.09.21 至 2009.12.31/低毒
苹果园 一年生和多年生杂草 1200—2250克/公顷 定向茎叶喷雾

PD20070390 百草枯/200克/升/水剂/百草枯 200克/升/2007.11.05 至 2012.11.05/中等毒
棉花田 一年生和多年生杂草 450-600克/公顷 定向茎叶喷雾
苹果园 一年生和多年生杂草 450-750克/公顷 定向茎叶喷雾

PD20070483 噻吩磺隆/95%/原药/噻吩磺隆 95%/2007.11.28 至 2012.11.28/低毒

PD20070563 草甘膦异丙胺盐/41%/水剂/草甘膦 41%/2007.12.03 至 2012.12.03/低毒
苹果园 一年生和多年生杂草 1230—2460克/公顷 定向喷雾

PD20080280 噻吩磺隆/15%/可湿性粉剂/噻吩磺隆 15%/2008.02.25 至 2013.02.25/低毒
冬小麦田 一年生阔叶杂草 22.5-33.8克/公顷 茎叶喷雾

PD20080342 噻吩磺隆/75%/可湿性粉剂/噻吩磺隆 75%/2008.02.26 至 2013.02.26/微毒
冬小麦田、夏玉米田 一年生阔叶杂草 20-25克/公顷 茎叶喷雾

PD20080401 氟乐灵/96%/原药/氟乐灵 96%/2008.02.29 至 2013.02.28/低毒

PD20080517 莠去津/96%/原药/莠去津 96%/2008.04.29 至 2013.04.29/低毒

PD20080786 莠去津/48%/可湿性粉剂/莠去津 48%/2008.06.20 至 2013.06.20/低毒
春玉米田 一年生杂草 2160—2520克/公顷 土壤喷雾

PD20080787 二甲戊灵/95%/原药/二甲戊灵 95%/2008.06.20 至 2013.06.20/低毒

PD20080921 莠去津/38%/悬浮剂/莠去津 38%/2008.07.17 至 2013.07.17/低毒
春玉米田 一年生杂草 1995-2280克/公顷 土壤喷雾

PD20080967 精吡氟禾草灵/15%/乳油/精吡氟禾草灵 15%/2008.07.24 至 2013.07.24/低毒
春大豆田 一年生禾本科杂草 146.25-180克/公顷 茎叶喷雾
棉花田 一年生禾本科杂草 123.75-180克/公顷 茎叶喷雾
夏大豆田 一年生禾本科杂草 112.5-146.25克/公顷 茎叶喷雾

PD20080968 高效氟吡甲禾灵/108克/升/乳油/高效氟吡甲禾灵 108克/升/2008.07.24 至 2013.07.24/低毒
春大豆田 一年生禾本科杂草 56.7-64.8克/公顷 茎叶喷雾
夏大豆田 一年生禾本科杂草 48.6-56.7克/公顷 茎叶喷雾

PD20081235 氯氟吡氧乙酸(酯)/200克/升/乳油/氯氟吡氧乙酸 200克/升/2008.09.16 至 2013.09.16/低毒
小麦田 阔叶杂草 150-210克/公顷 茎叶喷雾
玉米田 阔叶杂草 150-300克/公顷 茎叶喷雾

PD20081239 氯氟吡氧乙酸异辛酯/95%/原药/氯氟吡氧乙酸异辛酯 95%/2008.09.16 至 2013.09.16/低毒

PD20081240 苄嘧·苯噻酰/50%/可湿性粉剂/苯噻酰草胺 47%、苄嘧磺隆 3%/2008.09.16 至 2013.09.16/低毒
水稻移栽田 一年生及部分多年生杂草 375-525克/公顷(南方地区) 药土法

PD20081349 百草枯/30.5%/母药/百草枯 30.5%/2008.10.21 至 2013.10.21/中等毒

PD20081358 草甘膦/95%/原药/草甘膦 95%/2008.10.21 至 2013.10.21/低毒

PD20081533 烟嘧磺隆/95%/原药/烟嘧磺隆 95%/2008.11.06 至 2013.11.06/微毒

PD20082207 精吡氟禾草灵/92%/原药/精吡氟禾草灵 92%/2008.11.26 至 2013.11.26/低毒

PD20082293 敌草快/20%/水剂/敌草快 20%/2008.12.01 至 2013.12.01/低毒
苹果园 杂草 450-600克/公顷 定向喷雾
小麦免耕田 一年生阔叶杂草 450-600克/公顷 喷雾

PD20082581 氟乐灵/480克/升/乳油/氟乐灵 480克/升/2008.12.04 至 2013.12.04/低毒
大豆田 一年生禾本科杂草及部分阔叶杂草 900-1260克/公顷 播后苗前土壤喷雾
棉花田 一年生禾本科杂草及部分阔叶杂草 1080-1440克/公顷 播后苗前或移栽前土壤喷雾

PD20082643 二甲戊灵/33%/乳油/二甲戊灵 33%/2008.12.04 至 2013.12.04/微毒
甘蓝田 一年生杂草 495-742.5克/公顷 土壤喷雾

PD20082727 氧氟·乙草胺/43%/乳油/乙草胺 37.5%、乙氧氟草醚 5.5%/2008.12.08 至 2013.12.08/低毒
大蒜田 一年生杂草 580.5-774克/公顷 播后苗前土壤喷雾
花生田 一年生杂草 645-838.5克/公顷 播后苗前土壤喷雾
棉花田 一年生杂草 483.8-645克/公顷 播后苗前土壤喷雾

PD20084076 乙酰甲胺磷/30%/乳油/乙酰甲胺磷 30%/2008.12.16 至 2013.12.16/低毒
水稻 二化螟 810-990克/公顷 喷雾

PD20084492 敌草快/97%/原药/敌草快 97%/2008.12.17 至 2013.12.17/低毒

PD20085308 苄·二氯/18%/泡腾片剂/苄嘧磺隆 1.5%、二氯喹啉酸 16.5%/2008.12.23 至 2013.12.23/低毒

	水稻抛秧田、水稻移栽田	部分多年生杂草、一年生杂草	216-270克/公顷	撒施
PD20085405	草甘膦/50%/可溶性粉剂/草甘膦 50%/2008.12.24 至 2013.12.24/微毒			
	苹果园	杂草	1230-2460克/公顷	定向喷雾
PD20095994	烟嘧磺隆/40克/升/油悬浮剂/烟嘧磺隆 40克/升/2009.06.11 至 2014.06.11/微毒			
	玉米田	一年生杂草	42-60克/公顷	茎叶喷雾
PD20096693	2,4-滴丁酯/总酯72%/乳油/2,4-滴丁酯 57%/2009.09.07 至 2014.09.07/低毒			
	春玉米田	阔叶杂草	1080-1296克/公顷	播后苗前土壤喷雾
	夏玉米田	阔叶杂草	864-1080克/公顷	播后苗前土壤喷雾
PD20098103	高效氯氰菊酯/4.5%/水乳剂/高效氯氰氰菊酯 4.5%/2009.12.08 至 2014.12.08/低毒			
	甘蓝	菜青虫	27-33.75克/公顷	喷雾
PD20098142	高效氟吡甲禾灵/98%/原药/高效氟吡甲禾灵 98%/2009.12.14 至 2014.12.14/低毒			
LS20060857	苯·苄·禾草丹/40%/可湿性粉剂/苯噻酰草胺 17%、苄嘧磺隆 1.6%、禾草丹 21.4%/2009.04.13至2010.04.13/微毒			
	水稻直播田	一年生杂草	1200-1800克/公顷	毒土法
LS20061803	阿维·三唑磷/20%/乳油/阿维菌素 0.2%、三唑磷 19.8%/2009.10.30 至 2010.10.30/中等毒(原药高毒)			
	水稻	二化螟	180-270克/公顷	喷雾
LS20082161	氟啶脲/96%/原药/氟啶脲 96%/2009.04.18 至 2010.04.18/微毒			
LS20090760	2,4-滴/98%/原药/2,4-滴 98%/2009.03.31 至 2010.03.31/低毒			
LS20091248	百草枯/250克/升/水剂/百草枯 250克/升/2009.05.05 至 2010.05.05/中等毒			
	苹果园	杂草	600-750克/公顷	定向茎叶喷雾
南京红太阳股份有限公司　(江苏省南京市高淳县城宝塔路269号　211300　025-57888637)				
PD85154-31	氰戊菊酯/20%/乳油/氰戊菊酯 20%/2005.08.15 至 2010.08.15/中等毒			
	柑橘树	潜叶蛾	10-20毫克/千克	喷雾
	果树	梨小食心虫	10-20毫克/千克	喷雾
	棉花	红铃虫、蚜虫	75-150克/公顷	喷雾
	蔬菜	菜青虫、蚜虫	60-120克/公顷	喷雾
PD85157-23	辛硫磷/40%/乳油/辛硫磷 40%/2005.08.15 至 2010.08.15/低毒			
	茶树、桑树	食叶害虫	200-400毫克/千克	喷雾
	果树	食心虫、蚜虫、螨	200-400毫克/千克	喷雾
	林木	食叶害虫	3000-6000克/公顷	喷雾
	棉花	棉铃虫、蚜虫	300-600克/公顷	喷雾
	蔬菜	菜青虫	300-450克/公顷	喷雾
	烟草	食叶害虫	300-600克/公顷	喷雾
	玉米	玉米螟	450-600克/公顷	灌心叶
PD89104-13	氰戊菊酯/92%/原药/氰戊菊酯 92%/2009.04.07 至 2014.04.07/中等毒			
PD20040035	氯氰菊酯/92%/原药/氯氰菊酯 92%/2009.12.19 至 2014.12.19/中等毒			
PD20040041	吡虫啉/95%/原药/吡虫啉 95%/2009.12.19 至 2014.12.19/低毒			
PD20040058	高效氯氰菊酯/95%/原药/高效氯氰菊酯 95%/2009.12.19 至 2014.12.19/中等毒			
PD20040060	高效反式氯氰菊酯/95%/原药/高效反式氯氰菊酯 95%/2009.12.19 至 2014.12.19/低毒			
PD20040068	顺式氯氰菊酯/92%/原药/顺式氯氰菊酯 92%/2009.12.19 至 2014.12.19/中等毒			
PD20040111	高效氯氰菊酯/27%/母液/高效氯氰菊酯 27%/2009.12.19 至 2014.12.19/低毒			
PD20040137	吡虫啉/20%/可溶液剂/吡虫啉 20%/2009.12.19 至 2014.12.19/低毒			
	水稻	稻飞虱	22.5-37.5克/公顷	喷雾
PD20040142	吡虫啉/5%/可湿性粉剂/吡虫啉 5%/2004.12.19 至 2009.12.19/低毒			
	十字花科蔬菜	蚜虫	7.5-15克/公顷	喷雾
	水稻	稻瘿蚊	60-75克/公顷	喷雾
	水稻	蓟马	15-22.5克/公顷	喷雾
	水稻	飞虱	15-18克/公顷	喷雾
	小麦	蚜虫	6-9克/公顷	喷雾
PD20040143	吡虫啉/25%/可湿性粉剂/吡虫啉 25%/2009.12.19 至 2014.12.19/低毒			
	茶树	小绿叶蝉	31.25-50毫克/千克	喷雾
	水稻	飞虱	15-30克/公顷	喷雾
PD20040154	顺式氯氰菊酯/100克/升/乳油/顺式氯氰菊酯 100克/升/2009.12.19 至 2014.12.19/中等毒			
	棉花	棉铃虫	45-60克/公顷	喷雾
PD20040176	高效氯氰菊酯/5%/可湿性粉剂/高效氯氰菊酯 5%/2009.12.19 至 2014.12.19/中等毒			
	十字花科蔬菜	菜青虫	13.5-27克/公顷	喷雾
PD20040180	氯氰菊酯/8%/微囊剂/氯氰菊酯 8%/2009.12.19 至 2014.12.19/微毒			
	杨树	天牛	267-400毫克/千克	喷雾
PD20040182	高效反式氯氰菊酯/5%/乳油/高效反式氯氰菊酯 5%/2009.12.19 至 2014.12.19/低毒			
	棉花	棉铃虫	45-60克/公顷	喷雾
	十字花科蔬菜	蚜虫	30-45克/公顷	喷雾

PD20040193 吡虫啉/10%/可湿性粉剂/吡虫啉 10%/2009.12.19 至 2014.12.19/低毒
茶树 小绿叶蝉 30-50毫克/千克 喷雾
梨树 梨木虱 40-50毫克/千克 喷雾
棉花、十字花科蔬菜、烟草 蚜虫 15-30克/公顷 喷雾
水稻 稻瘿蚊 60-70克/公顷 喷雾
水稻 稻飞虱 15-30克/公顷 喷雾
水稻 蓟马 6-9克/公顷 喷雾
小麦 蚜虫 15-30克/公顷(南方地区) 喷雾
45-60克/公顷(北方地区)
注:按1158号文与PD20040142合并。

PD20040201 高效氯氰菊酯/4.5%/微乳剂/高效氯氰菊酯 4.5%/2009.12.19 至 2014.12.19/中等毒
茶树 茶尺蠖 22.5-30毫克/千克 喷雾
十字花科蔬菜 菜青虫、蚜虫 13.5-20.25克/公顷 喷雾

PD20040234 顺式氯氰菊酯/3%/乳油/顺式氯氰菊酯 3%/2009.09.19 至 2014.09.19/低毒
小麦 蚜虫 13.5-20.25克/公顷 喷雾
注:按1158号文与PD20040234合并。

PD20040240 高效氯氰菊酯/4.5%/乳油/高效氯氰菊酯 4.5%/2009.12.19 至 2014.12.19/中等毒
茶树 茶尺蠖 15-25.5克/公顷 喷雾
柑橘树 红蜡蚧 50毫克/千克 喷雾
柑橘树 潜叶蛾 15-20毫克/千克 喷雾
棉花 红铃虫、棉铃虫、棉蚜 15-30克/公顷 喷雾
苹果树 桃小食心虫 20-33毫克/千克 喷雾
十字花科蔬菜 菜青虫、小菜蛾 9-25.5克/公顷 喷雾
十字花科蔬菜 蚜虫 3-18克/公顷 喷雾
烟草 烟青虫 15-25.5克/公顷 喷雾

PD20040268 氯氰菊酯/10%/乳油/氯氰菊酯 10%/2009.12.19 至 2014.12.19/中等毒
茶树 茶毛虫、茶尺蠖、小绿叶蝉 27-50毫克/千克 喷雾
柑橘树 潜叶蛾 50-100毫克/千克 喷雾
棉花 棉铃虫、蚜虫 75-120克/公顷 喷雾
苹果树 桃小食心虫 67-100毫克/千克 喷雾
十字花科蔬菜 菜青虫、蚜虫 15-30克/公顷 喷雾

PD20040293 哒螨灵/95%/原药/哒螨灵 95%/2009.12.19 至 2014.12.19/中等毒

PD20040294 高效反式氯氰菊酯/20%/乳油/高效反式氯氰菊酯 20%/2009.12.19 至 2014.12.19/低毒
棉花 棉铃虫 45-90克/公顷 喷雾
十字花科蔬菜 菜蚜 75-120克/公顷 喷雾

PD20040297 三唑酮/20%/乳油/三唑酮 20%/2009.12.19 至 2014.12.19/低毒
小麦 白粉病 120-127.5克/公顷 喷雾

PD20040438 哒螨灵/20%/可湿性粉剂/哒螨灵 20%/2009.12.19 至 2014.12.19/中等毒
柑橘树 红蜘蛛 50-67毫克/千克 喷雾

PD20040544 哒螨灵/15%/乳油/哒螨灵 15%/2009.12.19 至 2014.12.19/中等毒
柑橘树 红蜘蛛 50-67毫克/千克 喷雾

PD20070307 毒死蜱/40.7%/乳油/毒死蜱 40.7%/2007.09.21 至 2012.09.21/中等毒
棉花 蚜虫 366.3-488.4克/公顷 喷雾
水稻 二化螟、飞虱 488.4-732.6克/公顷 喷雾

PD20070436 甲氰菊酯/92%/原药/甲氰菊酯 92%/2007.11.20 至 2012.11.20/中等毒

PD20070640 溴氰菊酯/25克/升/乳油/溴氰菊酯 25克/升/2007.12.14 至 2012.12.14/低毒
茶树 害虫 3.75-7.5克/公顷 喷雾
大白菜、棉花 害虫 7.5-15克/公顷 喷雾
柑橘树、苹果树 害虫 5-10毫克/千克 喷雾
荒地 飞蝗 11.25-18.75克/公顷 喷雾
松树 松毛虫 5-10毫克/千克 喷雾
烟草 烟青虫 7.5-9克/公顷 喷雾

PD20080100 咪鲜胺/95%/原药/咪鲜胺 95%/2008.01.04 至 2013.01.04/低毒

PD20080123 啶虫脒/5%/可湿性粉剂/啶虫脒 5%/2008.01.04 至 2013.01.04/低毒
小麦 蚜虫 15-22.5克/公顷 喷雾

PD20080124 毒死蜱/94%/原药/毒死蜱 94%/2008.01.03 至 2013.01.03/低毒

PD20080162 咪鲜胺//乳油/咪鲜胺 25%/2008.01.04 至 2013.01.04/低毒
柑橘 绿霉病、青霉病 250-500毫克/千克 浸果
水稻 恶苗病 62.5-125毫克/千克 浸种
油菜 菌核病 150-225克/公顷 喷雾

PD20080683 炔螨特/570克/升/乳油/炔螨特 570克/升/2008.06.04 至 2013.06.04/低毒
柑橘树 红蜘蛛 228-380毫克/千克 喷雾

	棉花	红蜘蛛	342-513克/公顷	喷雾
PD20080732	啶虫脒/96%/原药/啶虫脒 96%/2008.06.11 至 2013.06.11/中等毒			
PD20080752	炔螨特/730克/升/乳油/炔螨特 730克/升/2008.06.11 至 2013.06.11/低毒			
	棉花	红蜘蛛	328.5-492.75克/公顷	喷雾
PD20080843	啶虫脒/20%/可溶液剂/啶虫脒 20%/2008.06.23 至 2013.06.23/低毒			
	黄瓜	蚜虫	15-30克/公顷	喷雾
PD20080943	溴氰菊酯/98%/原药/溴氰菊酯 98%/2008.07.18 至 2013.07.18/中等毒			
PD20081328	S-氰戊菊酯/5%/乳油/S-氰戊菊酯 5%/2008.10.21 至 2013.10.21/中等毒			
	十字花科蔬菜叶菜	菜青虫	11.25-18.75克/公顷	喷雾
PD20081529	高效氯氟氰菊酯/95%/原药/高效氯氟氰菊酯 95%/2008.11.06 至 2013.11.06/中等毒			
PD20081586	高效氯氟氰菊酯/25克/升/乳油/高效氯氟氰菊酯 25克/升/2008.11.12 至 2013.11.12/中等毒			
	茶树	茶小绿叶蝉	15-30克/公顷	喷雾
	茶树	茶尺蠖	3.75-7.5克/公顷	喷雾
	柑橘树	潜叶蛾	4.2-6.2毫克/千克	喷雾
	梨树	梨小食心虫	5-8.3毫克/千克	喷雾
	梨树、叶菜	红蜘蛛	常量有抑制作用	喷雾
	棉花	红铃虫、棉铃虫	7.5-22.5克/公顷	喷雾
	棉花	棉蚜	3.75-7.5克/公顷	喷雾
	棉花	棉红蜘蛛	常量有抑制作用	喷雾
	苹果树	桃小食心虫	5-6.3毫克/千克	喷雾
	叶菜	菜青虫	6.25-12.5毫克/千克	喷雾
	叶菜	蚜虫	6-10毫克/千克	喷雾
PD20081684	甲氰菊酯/20%/乳油/甲氰菊酯 20%/2008.11.17 至 2013.11.17/中等毒			
	棉花	棉铃虫	180-240克/公顷	喷雾
	苹果树	红蜘蛛	100毫克/千克	喷雾
	苹果树	桃小食心虫	67-100毫克/千克	喷雾
	十字花科蔬菜	小菜蛾	120-150克/公顷	喷雾
	十字花科蔬菜	菜青虫	60-90克/公顷	喷雾
PD20082043	啶虫脒/3%/可湿性粉剂/啶虫脒 3%/2008.11.25 至 2013.11.25/微毒			
	柑橘树	蚜虫	10-15毫克/千克	喷雾
	十字花科蔬菜	蚜虫	13.5-22.5克/公顷	喷雾
PD20082046	啶虫脒/3%/乳油/啶虫脒 3%/2008.11.25 至 2013.11.25/中等毒			
	小麦	蚜虫	18-27克/公顷	喷雾
PD20082093	高氯·毒死蜱/12%/乳油/毒死蜱 9.5%、高效氯氰菊酯 2.5%/2008.11.25 至 2013.11.25/中等毒			
	棉花	棉铃虫	180-270克/公顷	喷雾
	苹果树	桃小食心虫	30-48毫克/千克	喷雾
	十字花科蔬菜	菜青虫	54-72克/公顷	喷雾
PD20082094	哒螨·辛硫磷/29%/乳油/哒螨灵 4%、辛硫磷 25%/2008.11.25 至 2013.11.25/中等毒			
	柑橘树、苹果树	红蜘蛛	145-193毫克/千克	喷雾
PD20082229	辛硫磷/91%/原药/辛硫磷 91%/2008.11.26 至 2013.11.26/低毒			
PD20082430	氯氰菊酯/25%/乳油/氯氰菊酯 25%/2008.12.02 至 2013.12.02/低毒			
	苹果树	桃小食心虫	62.5-125毫克/千克	喷雾
PD20082440	丙环唑/250克/升/乳油/丙环唑 250克/升/2008.12.02 至 2013.12.02/低毒			
	小麦	白粉病	112.5-187.5克/公顷	喷雾
PD20082567	联苯菊酯/2.5%/乳油/联苯菊酯 2.5%/2008.12.04 至 2013.12.04/低毒			
	苹果树	桃小食心虫	25-31.25毫克/千克	喷雾
PD20082885	氯氰·毒死蜱/55%/乳油/毒死蜱 50%、氯氰菊酯 5%/2008.12.09 至 2013.12.09/中等毒			
	十字花科蔬菜	菜青虫	330-412.5克/公顷	喷雾
PD20083098	啶虫脒/20%/可溶粉剂/啶虫脒 20%/2008.12.10 至 2013.12.10/低毒			
	黄瓜	蚜虫	12-18克/公顷	喷雾
PD20083135	溴氰菊酯/2.5%/可湿性粉剂/溴氰菊酯 2.5%/2008.12.10 至 2013.12.10/中等毒			
	十字花科蔬菜	菜青虫	7.5-15克/公顷	喷雾
PD20083146	氯氰·辛硫磷/40%/乳油/氯氰菊酯 3%、辛硫磷 37%/2008.12.10 至 2013.12.10/中等毒			
	棉花	棉铃虫	180-270克/公顷	喷雾
	苹果树	桃小食心虫	66-80毫克/千克	喷雾
	十字花科蔬菜	小菜蛾	300-420克/公顷	喷雾
	十字花科蔬菜	菜青虫	150-300克/公顷	喷雾
PD20083204	氟啶脲/5%/乳油/氟啶脲 5%/2008.12.11 至 2013.12.11/微毒			
	十字花科蔬菜	小菜蛾	45-60克/公顷	喷雾
PD20083488	丙溴磷/40%/乳油/丙溴磷 40%/2008.12.12 至 2013.12.12/中等毒			
	棉花	棉铃虫	480-720克/公顷	喷雾
PD20083621	咪鲜胺锰盐/50%/可湿性粉剂/咪鲜胺锰盐 50%/2008.12.12 至 2013.12.12/低毒			
	黄瓜	炭疽病	450—600克/公顷	喷雾

水稻 恶苗病 4000－6000倍液 浸种

PD20084034 二嗪磷/50%/乳油/二嗪磷 50%/2008.12.16 至 2013.12.16/低毒

棉花 蚜虫 600-1200克/公顷 喷雾

水稻 二化螟、三化螟 600-900克/公顷 喷雾

小麦 地下害虫 0.1-0.2%种子量 拌种

PD20085245 咪鲜胺锰盐/98%/原药/咪鲜胺锰盐 98%/2008.12.23 至 2013.12.23/低毒

PD20086268 阿维·高氯/1%/乳油/阿维菌素 0.2%、高效氯氰菊酯 0.8%/2008.12.31 至 2013.12.31/低毒(原药高毒)

菜豆 斑潜蝇 9-12克/公顷 喷雾

十字花科蔬菜 小菜蛾 7.5-10.5克/公顷 喷雾

PD20086359 甲氨基阿维菌素苯甲酸盐/90%/原药/甲氨基阿维菌素苯甲酸盐 90%/2008.12.31 至 2013.12.31/中等毒

PD20090171 高效氯氰菊酯/4.5%/悬浮剂/高效氯氰菊酯 4.5%/2009.01.08 至 2014.01.08/低毒

甘蓝 菜青虫 20.25-27克/公顷 喷雾

PD20090570 溴氰菊酯/5%/可湿性粉剂/溴氰菊酯 5%/2009.01.14 至 2014.01.14/中等毒

十字花科蔬菜 菜青虫 15-18.75克/公顷 喷雾

PD20090756 敌百·毒死蜱/50%/乳油/敌百虫 25%、毒死蜱 25%/2009.01.19 至 2014.01.19/中等毒

水稻 二化螟 450-750克/公顷 喷雾

PD20091258 氰戊·辛硫磷/50%/乳油/氰戊菊酯 4.5%、辛硫磷 45.5%/2009.02.01 至 2014.02.01/中等毒

甘蓝 菜青虫、蚜虫 75-150克/公顷 喷雾

棉花 蚜虫 150-225克/公顷 喷雾

小麦 蚜虫 90克/公顷 喷雾

PD20091296 甲氨基阿维菌素苯甲酸盐/1%/乳油/甲氨基阿维菌素苯甲酸盐 1%/2009.02.01 至 2014.02.01/低毒

甘蓝 甜菜夜蛾 2.25-3克/公顷 喷雾

甘蓝 小菜蛾 2.25-4.5克/公顷 喷雾

PD20091582 辛硫·高氯氟/26%/乳油/高效氯氟氰菊酯 1%、辛硫磷 25%/2009.02.03 至 2014.02.03/中等毒

茶树 茶尺蠖 173-260毫克/千克 喷雾

甘蓝 小菜蛾 162.5-243.75克/公顷 喷雾

棉花 棉铃虫 300克/公顷 喷雾

苹果树 桃小食心虫 130-260毫克/千克 喷雾

烟草 烟青虫 195-273克/公顷 喷雾

PD20092261 高效氟氯氰菊酯/25克/升/乳油/高效氟氯氰菊酯 25克/升/2009.02.24 至 2014.02.24/中等毒

棉花 棉铃虫 15-22.5克/公顷 喷雾

PD20092789 氟氯氰菊酯/5.7%/乳油/氟氯氰菊酯 5.7%/2009.03.04 至 2014.03.04/低毒

甘蓝 菜青虫 17.1-25.67克/公顷 喷雾

PD20093218 阿维·高氯氟/2%/乳油/阿维菌素 0.4%、高效氯氟氰菊酯 1.6%/2009.03.11 至 2014.03.11/中等毒(原药高毒)

菜豆 美洲斑潜蝇 15-21克/公顷 喷雾

十字花科蔬菜 小菜蛾 9-12克/公顷 喷雾

PD20093824 高效氯氟氰菊酯/10%/可湿性粉剂/高效氯氟氰菊酯 10%/2009.03.25 至 2014.03.25/中等毒

甘蓝 菜青虫 11.25-15克/公顷 喷雾

PD20094250 高效氯氟氰菊酯/2.5%/水乳剂/高效氯氟氰菊酯 2.5%/2009.03.31 至 2014.03.31/中等毒

甘蓝 菜青虫 7.5-11.25克/公顷 喷雾

LS20050205 三唑酮/15%/可湿性粉剂/三唑酮 15%/2008.01.26 至 2009.01.25/微毒

小麦 白粉病 135-180克/公顷 喷雾

LS20052298 三唑磷/20%/乳油/三唑磷 20%/2008.06.22 至 2009.06.22/低毒

水稻 二化螟 300-450克/公顷 喷雾

LS20060547 高效氯氟氰菊酯/2.5%/悬浮剂/高效氯氟氰菊酯 2.5%/2009.03.17 至 2010.03.17/中等毒

十字花科蔬菜 菜青虫 7.5-11.25克/公顷 喷雾

LS20060880 唑磷·氟啶脲/31%/乳油/氟啶脲 1%、三唑磷 30%/2009.04.17 至 2010.04.17/中等毒

水稻 稻纵卷叶螟 279-325.5克/公顷 喷雾

LS20070189 阿维·毒死蜱/15%/乳油/阿维菌素 0.1%、毒死蜱 14.9%/2009.02.08 至 2010.02.08/低毒(原药高毒)

水稻 二化螟 135-180克/公顷 喷雾

LS20071530 咪鲜胺/25%/水乳剂/咪鲜胺 25%/2009.05.29 至 2010.05.30/微毒

香蕉 冠腐病 500-1000毫克/千克 浸果

LS20071565 毒死蜱/30%/水乳剂/毒死蜱 30%/2009.06.04 至 2010.06.04/中等毒

甘蓝 菜青虫 360-405克/公顷 喷雾

水稻 稻纵卷叶螟 360-540克/公顷 喷雾

水稻 飞虱 450－585克/公顷 喷雾

LS20080798 联苯菊酯/2.5%/水乳剂/联苯菊酯 2.5%/2009.03.01 至 2010.03.01/低毒

番茄 白粉虱 7.5-15克/公顷 喷雾

LS20080870 毒死蜱/10%/颗粒剂/毒死蜱 10%/2009.03.04 至 2010.03.04/低毒

韭菜 韭蛆 1500-1800克/公顷 撒施

LS20082710 醚菊酯/10%/水乳剂/醚菊酯 10%/2009.04.29 至 2010.04.29/低毒

甘蓝 菜青虫 30-60克/公顷 喷雾

LS20082904 氯氰菊酯/10%/水乳剂/氯氰菊酯 10%/2009.07.09 至 2010.07.09/中等毒

	柑橘树	潜叶蛾	76.9-100毫克/千克	喷雾
LS20083219	溴氰菊酯/25克/升/悬浮剂/溴氰菊酯 25克/升/2009.12.10 至 2010.12.10/低毒			
	苹果树	桃小食心虫	12.5-16.7毫克/千克	喷雾
	十字花科蔬菜	蚜虫	15-18.75克/公顷	喷雾
LS20090136	毒死蜱/30%/水乳剂/毒死蜱 30%/2009.02.04 至 2010.02.04/中等毒			
	甘蓝	菜青虫	360-405克/公顷	喷雾
	水稻	飞虱	450-585克/公顷	喷雾
LS20090196	溴氰菊酯/2.5%/水乳剂/溴氰菊酯 2.5%/2009.02.04 至 2010.02.04/中等毒			
	十字花科蔬菜	菜青虫	11.25-15克/公顷	喷雾
LS20090301	顺式氯氰菊酯/5%/水乳剂/顺式氯氰菊酯 5%/2009.02.24 至 2010.02.24/中等毒			
	甘蓝	菜青虫	22.5-30克/公顷	喷雾
	黄瓜	蚜虫	15-22.5克/公顷	喷雾
WP20080378	溴氰菊酯/5%/可湿性粉剂/溴氰菊酯 5%/2008.12.11 至 2013.12.11/低毒			
	卫生	蚊、蝇	0.3克制剂/平方米	滞留喷洒
	卫生	蜚蠊	0.4克制剂/平方米	滞留喷洒
WP20080530	高效氯氰菊酯/4.5%/微乳剂/高效氯氰菊酯 4.5%/2008.12.23 至 2013.12.23/低毒			
	卫生	蜚蠊	0.55克制剂/平方米	滞留喷洒
	卫生	蚊、蝇	0.44克制剂/平方米	滞留喷洒
WP20090201	高效氯氰菊酯/4.5%/可湿性粉剂/高效氯氰菊酯 4.5%/2009.03.25 至 2014.03.25/低毒			
	卫生	蜚蠊	0.55克制剂/平方米	滞留喷洒
	卫生	蚊、蝇	0.44克制剂/平方米	滞留喷洒
南京南农农药科技发展有限公司 (江苏省南京化学工业园区方水路90号-109 210047 025-84395285)				
PD20040744	杀虫单/20%/水乳剂/杀虫单 20%/2004.12.19 至 2009.12.18/低毒			
	甘蓝	蚜虫	225-300克/公顷	喷雾
	甘蓝	小菜蛾	300-375克/公顷	喷雾
PD20081992	S-氰戊菊酯 /5%/乳油/S-氰戊菊酯 5%/2008.11.25 至 2013.11.25/中等毒			
	棉花	棉铃虫	30-37.5克/公顷	喷雾
PD20086132	氰戊·辛硫磷/20%/乳油/氰戊菊酯 5%、辛硫磷 15%/2008.12.30 至 2013.12.30/中等毒			
	棉花	棉铃虫	135-180克/公顷	喷雾
PD20095663	氯溴异氰尿酸/50%/可溶粉剂/氯溴异氰尿酸 50%/2009.05.13 至 2014.05.13/低毒			
	白菜	软腐病	375-450克/公顷	喷雾
	黄瓜	霜霉病	450-525克/公顷	喷雾
	辣椒	病毒病	450-525克/公顷	喷雾
	梨树	黑星病	800-1000倍液	喷雾
	水稻	条纹叶枯病	412.5-515.6克/公顷	喷雾
	水稻	白叶枯病	168-420克/公顷	喷雾
	水稻	稻瘟病、纹枯病、细菌性条斑病	375-450克/公顷	喷雾
	烟草	野火病	450-600克/公顷	喷雾
PD20095777	氰戊·辛硫磷/30%/乳油/S-氰戊菊酯 1.2%、辛硫磷 28.8%/2009.05.21 至 2014.05.21/中等毒			
	棉花	棉铃虫	270-360克/公顷	喷雾
	小麦	蚜虫	112.5-157.5克/公顷	喷雾
PD20096030	精喹禾灵/50克/升/乳油/精喹禾灵 50克/升/2009.06.15 至 2014.06.15/低毒			
	油菜田	一年生禾本科杂草	45-60克/公顷	茎叶喷雾
PD20098511	高效氯氟氰菊酯/25克/升/乳油/高效氯氟氰菊酯 25克/升/2009.12.24 至 2014.12.24/中等毒			
	十字花科蔬菜	菜青虫	7.5-15克/公顷	喷雾
LS20060230	阿维·哒嗪/16%/乳油/阿维菌素 0.2%、哒嗪硫磷 15.8%/2009.02.20 至 2010.02.20/低毒(原药高毒)			
	水稻	二化螟	132-168克/公顷	喷雾
LS20070367	戊唑·福美双/30%/可湿性粉剂/福美双 25%、戊唑醇 5%/2009.03.04 至 2010.03.05/低毒			
	小麦	赤霉病	270-405克/公顷	喷雾
LS20090547	井冈·丙环唑/15%/可湿性粉剂/丙环唑 3%、井冈霉素 12%/2009.03.19 至 2010.03.19/微毒			
	水稻	稻曲病、纹枯病	30-60克/公顷	喷雾
南龙(连云港)化学有限公司 (江苏省连云港市灌南县堆沟港镇(化学工业园内) 222523 0518-3619369)				
PD20070075	灭多威/98%/原药/灭多威 98%/2007.04.12 至 2012.04.12/高毒			
PD20083783	灭多威/24%/水剂/灭多威 24%/2008.12.15 至 2013.12.15/高毒			
	甘蓝	菜青虫	300-360克/公顷	喷雾
PD20084082	灭多威/90%/可溶粉剂/灭多威 90%/2008.12.16 至 2013.12.16/高毒			
	甘蓝	菜青虫	202.5-405克/公顷	喷雾
	棉花	棉铃虫	135-225克/公顷	喷雾
PD20085615	灭多威/20%/乳油/灭多威 20%/2008.12.25 至 2013.12.25/高毒			
	甘蓝	菜青虫	180-240克/公顷	喷雾
	棉花	蚜虫	75-150克/公顷	喷雾
PD20091660	辛硫·灭多威/30%/乳油/灭多威 10%、辛硫磷 20%/2009.02.03 至 2014.02.03/高毒			
	棉花	棉铃虫	225-270克/公顷	喷雾

南通维立科化工有限公司　(江苏省如东县洋口化学工业园　226407　0513-84816518)

PD20095617　丙草胺/95%/原药/丙草胺 95%/2009.05.12 至 2014.05.12/低毒
PD20097527　丁草胺/92%/原药/丁草胺 92%/2009.11.03 至 2014.11.03/低毒
PD20097899　草甘膦/95%/原药/草甘膦 95%/2009.11.30 至 2014.11.30/低毒
PD20098270　乙酰甲胺磷/97%/原药/乙酰甲胺磷 97%/2009.12.18 至 2014.12.18/低毒

南通新华农药有限公司　(江苏省通州市骑岸镇骑北村　226343　0513-82567165)

PD20091504　苄嘧・丙草胺/0.1%/颗粒剂/苄嘧磺隆 0.016%、丙草胺 0.084%/2009.02.02 至 2014.02.02/低毒
水稻移栽田　部分多年生杂草、一年生杂草　300-450克/公顷(南方地区)　直接撒施
PD20093599　马拉・高氯氟/20%/乳油/高效氯氟氰菊酯 1%、马拉硫磷 19%/2009.03.23 至 2014.03.23/中等毒
棉花　红蜘蛛　135-180克/公顷　喷雾
PD20094065　草甘膦异丙胺盐/41%/水剂/草甘膦 41%/2009.03.27 至 2014.03.27/低毒
非耕地　杂草　1107-1845克/公顷　茎叶喷雾
PD20094126　麦畏・草甘膦/20%/水剂/草甘膦 17%、麦草畏 3%/2009.03.27 至 2014.03.27/低毒
非耕地　杂草　600-900克/公顷　茎叶喷雾
PD20097699　丙溴・辛硫磷/40%/乳油/丙溴磷 10%、辛硫磷 30%/2009.11.04 至 2014.11.04/中等毒
棉花　棉铃虫　360-480克/公顷　喷雾
LS20081456　苯・苄・异丙甲/30%/可湿性粉剂/苯噻酰草胺 20%、苄嘧磺隆 4%、异丙甲草胺 6%/2009.03.27 至 2010.03.27/低毒
移栽水稻田　一年生杂草　180-225克/公顷　药土法
LS20082815　咪锰・多菌灵/21%/可湿性粉剂/多菌灵 14%、咪鲜胺锰盐 7%/2009.05.12 至 2010.05.12/微毒
水稻　稻瘟病　157.5-220.5克/公顷　喷雾
LS20082975　敌畏・毒死蜱/40%/乳油/敌敌畏 20%、毒死蜱 20%/2009.08.20 至 2010.08.20/中等毒
水稻　稻飞虱　600-720克/公顷　喷雾
LS20090597　烯酮・草除灵/19%/乳油/草除灵 15%、烯草酮 4%/2009.03.23 至 2010.03.23/低毒
冬油菜田　一年生杂草　1500－1800毫升制剂/公顷　茎叶喷雾
LS20091321　苦参碱/0.5%/水剂/苦参碱 0.5%/2009.06.02 至 2010.06.02/微毒
烟草　烟青虫　6-7.5克/公顷　喷雾

瑞邦农化(江苏)有限公司　(江苏省常州市春江镇魏村江边工业园　213200　0519-2330773)

PD20097146　吡嘧磺隆/98%/原药/吡嘧磺隆 98%/2009.10.16 至 2014.10.16/低毒
LS20080007　炔苯酰草胺/95%/原药/炔苯酰草胺 95%/2010.01.03 至 2011.01.03/低毒
LS20080008　炔苯酰草胺/50%/可湿性粉剂/炔苯酰草胺 50%/2010.01.03 至 2011.01.03/低毒
莴苣田　一年生禾本科杂草及小粒阔叶杂草　1000-1440克/公顷　土壤喷雾

苏州遍净植保科技有限公司　(江苏省苏州市吴中区木渎镇　215101　0512-66262451)

PD84118-8　多菌灵/25%/可湿性粉剂/多菌灵 25%/2009.12.16 至 2014.12.16/低毒
果树　病害　0.05-0.1%药液　喷雾
花生　倒秧病　750克/公顷　喷雾
麦类　赤霉病　750克/公顷　喷雾,泼浇
棉花　苗期病害　500克/100千克种子　拌种
水稻　稻瘟病、纹枯病　750克/公顷　喷雾,泼浇
油菜　菌核病　1125-1500克/公顷　喷雾
PD84125-9　乙烯利/40%/水剂/乙烯利 40%/2009.12.16 至 2014.12.16/低毒
番茄　催熟　800-1000倍液　喷雾或浸渍
棉花　催熟、增产　330-500倍液　喷雾
柿子、香蕉　催熟　400倍液　喷雾或浸渍
水稻　催熟、增产　800倍液　喷雾
橡胶树　增产　5-10倍液　涂布
烟草　催熟　1000-2000倍液　喷雾
PD85150-10　多菌灵/50%/可湿性粉剂/多菌灵 50%/2005.07.12 至 2010.07.12/低毒
果树　病害　0.05-0.1%药液　喷雾
花生　倒秧病　750克/公顷　喷雾
麦类　赤霉病　750克/公顷　喷雾、泼浇
棉花　苗期病害　500克/100千克种子　拌种
水稻　稻瘟病、纹枯病　750克/公顷　喷雾、泼浇
油菜　菌核病　1125-1500克/公顷　喷雾
PD85158-5　喹硫磷/25%/乳油/喹硫磷 25%/2005.07.12 至 2010.07.12/中等毒
棉花　棉铃虫、蚜虫　180-600克/公顷　喷雾
水稻　螟虫　375-495克/公顷　喷雾
PD86134　多菌灵/40%/悬浮剂/多菌灵 40%/2007.03.12 至 2012.03.12/低毒
果树　病害　0.05-0.1%药液　喷雾
花生　倒秧病　750克/公顷　喷雾
绿萍　霉腐病　0.05%药液　喷雾
麦类　赤霉病　0.025%药液　喷雾
棉花　苗期病害　0.3%药液　浸种
水稻　纹枯病　0.025%药液　喷雾

甜菜 褐斑病 250-500倍液 喷雾
油菜 菌核病 1125-1500克/公顷 喷雾

PD91106-21 甲基硫菌灵/70%/可湿性粉剂/甲基硫菌灵 70%/2006.02.28 至 2011.02.28/低毒
番茄 叶霉病 375-562.5克/公顷 喷雾
甘薯 黑斑病 360-450毫克/千克 浸薯块
瓜类 白粉病 337.5-506.25克/公顷 喷雾
梨树 黑星病 360-450毫克/千克 喷雾
苹果树 轮纹病 700毫克/千克 喷雾
水稻 稻瘟病、纹枯病 1050-1500克/公顷 喷雾
小麦 赤霉病 750-1050克/公顷 喷雾

PD91106-26 甲基硫菌灵/50%/可湿性粉剂/甲基硫菌灵 50%/2006.02.28 至 2011.02.28/低毒
番茄 叶霉病 375-562.5克/公顷 喷雾
甘薯 黑斑病 360-450毫克/千克 浸薯块
瓜类 白粉病 337.5-506.25克/公顷 喷雾
梨树 黑星病 360-450毫克/千克 喷雾
苹果树 轮纹病 700毫克/千克 喷雾
水稻 稻瘟病、纹枯病 1050-1500克/公顷 喷雾
小麦 赤霉病 750-1050克/公顷 喷雾

PD20040118 吡虫啉/5%/可湿性粉剂/吡虫啉 5%/2004.12.19 至 2009.12.18/低毒
水稻 飞虱 15-18克/公顷 喷雾

PD20040184 吡虫啉/5%/乳油/吡虫啉 5%/2009.12.19 至 2014.12.19/低毒
水稻 飞虱 15-30克/公顷 喷雾

PD20040186 吡虫啉/10%/可湿性粉剂/吡虫啉 10%/2009.12.19 至 2014.12.19/低毒
水稻 飞虱 15-30克/公顷 喷雾
小麦 蚜虫 15-30克/公顷(南方) 45-60克/公顷（北方） 喷雾

PD20040459 异丙隆/50%/悬浮剂/异丙隆 50%/2009.12.19 至 2014.12.19/低毒
冬小麦田 一年生单、双子叶杂草 750-1125克/公顷 喷雾

PD20040611 异丙隆/75%/可湿性粉剂/异丙隆 75%/2009.12.19 至 2014.12.19/低毒
小麦田 一年生单、双子叶杂草 1050-1200克/公顷 茎叶喷雾或药土撒施

PD20040777 多·酮/30%/可湿性粉剂/多菌灵 24%、三唑酮 6%/2009.12.19 至 2014.12.19/低毒
小麦 赤霉病 450-600克/公顷 喷雾

PD20050139 异丙隆/50%/可湿性粉剂/异丙隆 50%/2005.09.09 至 2010.09.08/低毒
小麦田 一年生单、双子叶杂草 900-1050克/公顷 喷雾

PD20050141 异丙隆/25%/可湿性粉剂/异丙隆 25%/2005.09.09 至 2010.09.08/低毒
小麦田 一年生单、双子叶杂草 900-1050克/公顷 茎叶喷雾或药土撒施

PD20050155 吡虫啉/25%/可湿性粉剂/吡虫啉 25%/2005.09.29 至 2010.09.28/低毒
水稻 飞虱 75-150克/公顷 喷雾
小麦 蚜虫 60-105克/公顷 喷雾

PD20080329 硫磺·多菌灵/40%/悬浮剂/多菌灵 20%、硫磺 20%/2008.02.26 至 2013.02.26/低毒
水稻 稻瘟病 1200-1800克/公顷 喷雾
甜菜 褐斑病 900-1200克/公顷 喷雾

PD20086371 异隆·氯磺隆/70%/可湿性粉剂/氯磺隆 0.7%、异丙隆 69.3%/2008.12.31 至 2013.12.31/低毒
小麦田 单、双子叶杂草 600-750克/公顷 喷雾

PD20094495 噻嗪酮/25%/可湿性粉剂/噻嗪酮 25%/2009.04.09 至 2014.04.09/低毒
水稻 稻飞虱 90－150克/公顷 喷雾

PD20094725 多菌灵/50%/可湿性粉剂/多菌灵 50%/2009.04.10 至 2014.04.10/低毒
水稻 纹枯病 750-900克/公顷 喷雾

PD20094736 多菌灵/80%/可湿性粉剂/多菌灵 80%/2009.04.10 至 2014.04.10/低毒
苹果树 轮纹病 750-1000毫克/千克 喷雾

PD20097004 啶虫脒/5%/可湿性粉剂/啶虫脒 5%/2009.09.29 至 2014.09.29/低毒
十字花科蔬菜 蚜虫 15-22.5克/公顷 喷雾

PD20098488 硫磺·多菌灵/50%/可湿性粉剂/多菌灵 15%、硫磺 35%/2009.12.24 至 2014.12.24/低毒
花生 叶斑病 1200-1800克/公顷 喷雾

苏州东沙合成化工有限公司 （江苏省张家港市东沙工业园 215619 0512-58633787）

WL20070176 防蛀球剂/94%/防蛀球剂/樟脑 94%/2008.09.04 至 2009.09.05/微毒
卫生 黑皮蠹 / 投放

苏州海光石油制品有限公司 （江苏省苏州市东环路 215126 0512-65265133）

PD90104 矿物油/95%/乳油/矿物油 95%/2009.12.29 至 2014.12.29/低毒
柑橘树 锈壁虱、蚜虫 100-200倍液 喷雾
柑橘树、杨梅树、枇 介壳虫 50-60倍液 喷雾

	杷树			

无锡禾美农化科技有限公司　(江苏省无锡市江阴市云亭镇　214422　0510-86010565)

PD20040420	吡虫啉/2.5%/可湿性粉剂/吡虫啉 2.5%/2004.12.19 至 2009.12.18/微毒(原药中等毒)			
	水稻	飞虱	15-22.5克/公顷	喷雾
PD20040432	吡虫啉/10%/可湿性粉剂/吡虫啉 10%/2009.12.19 至 2014.12.19/低毒			
	水稻	稻飞虱	15-30克/公顷	喷雾
	小麦	蚜虫	15-30克/公顷(南方地区) 45-60克/公顷(北方地区)	喷雾
PD20070652	莠去津/98%/原药/莠去津 98%/2007.12.17 至 2012.12.17/低毒			
PD20080268	乙草胺/93%/原药/乙草胺 93%/2008.02.20 至 2013.02.20/低毒			
PD20080589	抗蚜威/95%/原药/抗蚜威 95%/2008.05.12 至 2013.05.12/中等毒			
PD20081073	啶虫脒/3%/乳油/啶虫脒 3%/2008.08.14 至 2013.08.14/低毒			
	柑橘树	蚜虫	6-10毫克/千克	喷雾
PD20081212	丁草胺/90%/原药/丁草胺 90%/2008.09.11 至 2013.09.11/低毒			
PD20081637	异丙草胺/90%/原药/异丙草胺 90%/2008.11.14 至 2013.11.14/低毒			
PD20082179	乙草胺/50%/乳油/乙草胺 50%/2008.11.26 至 2013.11.26/低毒			
	春大豆田、春玉米田	一年生杂草	2081.25-2497.5克/公顷	播后苗前土壤喷雾
	花生田、夏大豆田	一年生杂草	999-1148.75克/公顷	播后苗前土壤喷雾
	棉花田	一年生杂草	999-1148.75克/公顷	土壤喷雾
	夏玉米田	一年生杂草	999-1332克/公顷	播后苗前土壤喷雾
PD20082855	乙草胺/900克/升/乳油/乙草胺 900克/升/2008.12.09 至 2013.12.09/低毒			
	春大豆田、春玉米田	一年生禾本科杂草及部分小粒种子阔叶杂草	1687.5-2025克/公顷(东北地区)	播后苗前土壤喷雾
	冬油菜(移栽田)	一年生禾本科杂草及部分小粒种子阔叶杂草	810-1080克/公顷	土壤喷雾
	花生田	一年生禾本科杂草及部分小粒种子阔叶杂草	1080-1350克/公顷	播后苗前土壤喷雾
	棉花田	一年生禾本科杂草及部分小粒种子阔叶杂草	1080-1350克/公顷	土壤喷雾
	夏大豆田	一年生禾本科杂草及部分小粒种子阔叶杂草	810-1080克/公顷	播后苗前土壤喷雾
	夏玉米田	一年生禾本科杂草及部分小粒种子阔叶杂草	1080-1620克/公顷	播后苗前土壤喷雾
PD20082984	抗蚜威/50%/可湿性粉剂/抗蚜威 50%/2008.12.10 至 2013.12.10/中等毒			
	小麦	蚜虫	150-225克/公顷	喷雾
PD20083906	噻嗪酮/97%/原药/噻嗪酮 97%/2008.12.15 至 2013.12.15/低毒			
PD20085504	苄嘧·苯噻酰/50%/可湿性粉剂/苯噻酰草胺 47.5%、苄嘧磺隆 2.5%/2008.12.25 至 2013.12.25/低毒			
	水稻抛秧田、水稻移栽田	一年生及部分多年生禾本科杂草	375-450克/公顷(南方地区)	药土法
PD20085734	异丙草胺/720克/升/乳油/异丙草胺 720克/升/2008.12.26 至 2013.12.26/低毒			
	春大豆田	一年生杂草	1620-2160克/公顷	土壤喷雾
	夏大豆田	一年生杂草	1080-1620克/公顷	土壤喷雾
	夏玉米田	一年生杂草及部分阔叶杂草	1080-1620克/公顷	喷雾
PD20086261	莠去津/38%/悬浮剂/莠去津 38%/2008.12.31 至 2013.12.31/低毒			
	春玉米田	一年生杂草	1710-1995克/公顷	土壤喷雾
	夏玉米田	一年生杂草	1140-1425克/公顷	土壤喷雾
PD20090965	异丙草·莠/50%/悬乳剂/异丙草胺 30%、莠去津 20%/2009.01.20 至 2014.01.20/低毒			
	春玉米田	一年生杂草	1500-2250克/公顷	喷雾
	夏玉米田	一年生杂草	1125-1875克/公顷	土壤喷雾
PD20090993	苯磺隆/75%/水分散粒剂/苯磺隆 75%/2009.01.21 至 2014.01.21/低毒			
	小麦田	一年生阔叶杂草	18-22.5克/公顷	喷雾
PD20091038	丙草胺/300克/升/乳油/丙草胺 300克/升/2009.01.21 至 2014.01.21/低毒			
	水稻直播田	一年生杂草	450-525克/公顷	播后苗前土壤喷雾
PD20091134	丁草胺/900克/升/乳油/丁草胺 900克/升/2009.01.21 至 2014.01.21/低毒			
	水稻移栽田	一年生禾本科杂草及部分阔叶杂草	1080-1350克/公顷	药土法
PD20091948	灭多威/20%/乳油/灭多威 20%/2009.02.12 至 2014.02.12/高毒			
	棉花	棉铃虫	150-225克/公顷	喷雾
PD20092835	辛酰溴苯腈/95%/原药/辛酰溴苯腈 95%/2009.03.05 至 2014.03.05/中等毒			
PD20092939	异丙·苄/30%/可湿性粉剂/苄嘧磺隆 6%、异丙草胺 24%/2009.03.05 至 2014.03.05/低毒			

水稻抛秧田、水稻移栽田　部分多年生杂草、一年生杂草　135-180克/公顷　药土法
PD20093030　苯·苄·乙草胺/45%/可湿性粉剂/苯噻酰草胺 36%、苄嘧磺隆 4.5%、乙草胺 4.5%/2009.03.09 至 2014.03.09/低毒
水稻抛秧田　部分多年生杂草、一年生杂草　202.5-270克/公顷(南方地区)　药土法
PD20093084　苄·乙/20%/可湿性粉剂/苄嘧磺隆 4.5%、乙草胺 15.5%/2009.03.09 至 2014.03.09/低毒
水稻移栽田　一年生及部分多年生禾本科杂草　90-120克/公顷(南方地区)　药土法
PD20093576　苄·乙/30%/可湿性粉剂/苄嘧磺隆 6.7%、乙草胺 23.3%/2009.03.23 至 2014.03.23/低毒
水稻移栽田　部分多年生杂草、一年生杂草　84-118克/公顷(南方地区)　药土法
PD20093720　乙草胺/20%/可湿性粉剂/乙草胺 20%/2009.03.25 至 2014.03.25/低毒
水稻移栽田　部分阔叶杂草、一年生禾本科杂草　90-112.5克/公顷　毒土法
PD20095136　苄·丁/30%/可湿性粉剂/苄嘧磺隆 1.5%、丁草胺 28.5%/2009.04.24 至 2014.04.24/低毒
水稻抛秧田　一年生及部分多年生杂草　540-675克/公顷　药土法
PD20095505　苄嘧·丙草胺/30%/可湿性粉剂/苄嘧磺隆 4%、丙草胺 26%/2009.05.11 至 2014.05.11/低毒
水稻直播田　一年生杂草　225-270克/公顷　播后苗前土壤喷雾
PD20095533　苯噻酰草胺/50%/可湿性粉剂/苯噻酰草胺 50%/2009.05.11 至 2014.05.11/低毒
水稻移栽田　异型莎草　375-450克/公顷(南方地区)　药土法
水稻移栽田　稗草　375-450克/公顷(南方地区)　药土法
525-750克/公顷(东北地区)
PD20097399　丁草胺/600克/升/水乳剂/丁草胺 600克/升/2009.10.28 至 2014.10.28/低毒
水稻移栽田　一年生禾本科杂草及部分阔叶杂草　750-1275克/公顷　毒土法
LS20052286　苄·二氯/36%/可湿性粉剂/苄嘧磺隆 2%、二氯喹啉酸 34%/2008.06.22 至 2009.06.22/低毒
水稻秧田、水稻直播田　一年生杂草　216-270克/公顷　喷雾
LS20053414　乙草胺/50%/微乳剂/乙草胺 50%/2008.11.01 至 2009.11.01/低毒
大豆　一年生禾本科杂草及小粒阔叶杂草　1500-1875克/公顷(东北地区)　土壤喷雾
900-1200克/公顷(其它地区)
LS20070216　乙草胺/999克/升/乳油/乙草胺 999克/升/2009.02.15 至 2010.02.15/低毒
春大豆、春玉米　一年生禾本科杂草　1648-1948克/公顷　土壤喷雾

先正达(苏州)作物保护有限公司　(江苏省昆山市经济技术开发区黄浦江中路255号　215301　0512-57716998)

PD20040024　杀扑磷/40%/乳油/杀扑磷 40%/2004.12.02 至 2009.12.02/高毒
柑橘树　红蜡蚧、褐园蚧　400-600毫克/千克　喷雾
PD20040030　噁霜·锰锌/64%/可湿性粉剂/噁霜灵 8%、代森锰锌 56%/2009.12.14 至 2014.12.14/低毒
黄瓜　霜霉病　1650-1950克/公顷　喷雾
烟草　黑胫病　1950-2400克/公顷　喷雾
PD20050008　丙草胺/300克/升/乳油/丙草胺 300克/升/2005.01.14 至 2010.01.14/低毒
水稻秧田　一年生杂草　450-525克/公顷　喷雾
PD20060028　丙环唑/250克/升/乳油/丙环唑 250克/升/2006.01.25 至 2011.01.25/低毒
香蕉　叶斑病　250-500毫克/千克　喷雾
小麦　白粉病、锈病　93.75-125克/公顷　喷雾
小麦　纹枯病　112.5-150克/公顷　喷雾
PD20080880　丙环唑/250克/升/乳油/丙环唑 250克/升/2008.07.09 至 2013.07.09/低毒
小麦　纹枯病　112.5-150克/公顷　喷雾
PD20081721　氟磺胺草醚/250克/升/水剂/氟磺胺草醚 250克/升/2008.11.18 至 2013.11.18/低毒
春大豆田　一年生阔叶杂草　225-375克/公顷　喷雾
夏大豆田　一年生阔叶杂草　187.5-225克/公顷　喷雾
PD20081871　禾草敌/90.9%/乳油/禾草敌 90.9%/2008.11.20 至 2013.11.20/低毒
水稻秧田、水稻移栽田、水稻直播田　稗草、牛毛草　2045-3000克/公顷　毒土或喷雾
PD20082322　精异丙甲草胺/960克/升/乳油/精异丙甲草胺 960克/升/2008.12.01 至 2013.12.01/低毒
春大豆田　一年生禾本科杂草及部分阔叶杂草　1152—1728克/公顷　土壤喷雾
棉花田　一年生禾本科杂草及阔叶杂草　864—1440克/公顷　土壤喷雾
夏大豆田、夏玉米田　一年生禾本科杂草及部分阔叶杂草　864—1224克/公顷　土壤喷雾
PD20084803　精甲霜·锰锌/68%/水分散粒剂/精甲霜灵 4%、代森锰锌 64%/2008.12.22 至 2013.12.22/微毒
黄瓜　霜霉病　1020-1224克/公顷　喷雾
辣椒　疫病　1020-1224克/公顷　喷雾
PD20085971　丙草胺/500克/升/乳油/丙草胺 500克/升/2008.12.29 至 2013.12.29/低毒
水稻移栽田　一年生禾本科、莎草科及部分阔叶杂草　450-525克/公顷　毒土法
PD20090149　苯醚甲环唑/10%/水分散粒剂/苯醚甲环唑 10%/2009.01.08 至 2014.01.08/低毒
梨树　黑星病　14.3-16.7毫克/千克　喷雾
西瓜　炭疽病　75-112.5克/公顷　喷雾
PD20095087　百草枯/200克/升/水剂/百草枯 200克/升/2009.04.22 至 2014.04.22/中等毒
非耕地　一年生及部分多年生杂草　450-750克/公顷　茎叶喷雾

	柑橘园	一年生及部分多年生杂草	450-750克/公顷	定向茎叶喷雾
LS20042357	百草枯/200克/升/水剂/百草枯 200克/升/2009.01.06 至 2009.12.31/中等毒			
	非耕地、柑橘园	杂草	450-750克/公顷	喷雾
LS20070176	丙溴磷/500克/升/乳油/丙溴磷 500克/升/2009.02.08 至 2010.02.08/低毒			
	棉花	棉铃虫	750-900克/公顷	喷雾
	水稻	稻纵卷叶螟	750-900克/公顷	喷雾
LS20070270	百菌清/75%/可湿性粉剂/百菌清 75%/2009.02.25 至 2010.02.25/微毒			
	番茄	早疫病	1650-3000克/公顷	喷雾
	花生	叶斑病	1249-1496克/公顷	喷雾
	黄瓜	霜霉病	1650-3000克/公顷	喷雾
LS20080036	甲氨基阿维菌素苯甲酸盐/1%/乳油/甲氨基阿维菌素苯甲酸盐 1%/2010.01.03 至 2011.01.03/微毒			
	十字花科蔬菜	甜菜夜蛾	3-4.5克/公顷	喷雾
LS20080425	代森锰锌/80%/可湿性粉剂/代森锰锌 80%/2009.02.20 至 2010.02.20/微毒			
	番茄	早疫病	1560-2520克/公顷	喷雾
	柑橘树	疮痂病、炭疽病	1333-2000毫克/千克	喷雾
	黄瓜	霜霉病	2040-3000克/公顷	喷雾
	梨树	黑星病	800-1600毫克/千克	喷雾
	荔枝树	霜疫霉病	1333-2000毫克/千克	喷雾
	苹果树	斑点落叶病、轮纹病、炭疽病	1000-1500毫克/千克	喷雾
	葡萄	白腐病、黑痘病、霜霉病	1000-1600毫克/千克	喷雾
	甜椒	炭疽病、疫病	1800-2520克/公顷	喷雾
	西瓜	炭疽病	1560-2520克/公顷	喷雾
LS20080808	阿维菌素/18克/升/乳油/阿维菌素 18克/升/2009.02.28 至 2010.02.28/低毒(原药高毒)			
	甘蓝	小菜蛾	8.1-10.8克/公顷	喷雾
	柑橘树	潜叶蛾	4.5-9毫克/千克	喷雾
	棉花	红蜘蛛	8.1-10.8克/公顷	喷雾
LS20080933	氯氰·丙溴磷/440克/升/乳油/丙溴磷 400克/升、氯氰菊酯 40克/升/2009.03.04 至 2010.03.04/中等毒			
	棉花	蚜虫	297-396克/公顷	喷雾
	棉花	棉铃虫	561-660克/公顷	喷雾
LS20082645	甲氨基阿维菌素苯甲酸盐/19克/升/乳油/甲氨基阿维菌素苯甲酸盐 19克/升/2009.04.23 至 2010.04.23/低毒			
	甘蓝	小菜蛾	2.85-5.7克/公顷	喷雾
LS20083159	代森锰锌/80%/可湿性粉剂/代森锰锌 80%/2008.11.17 至 2009.11.17/微毒			
	番茄	早疫病	1560-2520克/公顷	喷雾
	柑橘树	疮痂病、炭疽病	1333-2000毫克/千克	喷雾
	黄瓜	霜霉病	2040-3000克/公顷	喷雾
	梨树	黑星病	800-1600毫克/千克	喷雾
	荔枝树	霜疫霉病	1333-2000毫克/千克	喷雾
	苹果树	斑点落叶病、轮纹病、炭疽病	1000-1500毫克/千克	喷雾
	葡萄	白腐病、黑痘病、霜霉病	1000-1600毫克/千克	喷雾
	甜椒	炭疽病、疫病	1800-2520克/公顷	喷雾
	西瓜	炭疽病	1560-2520克/公顷	喷雾
LS20090991	阿维菌素/18克/升/乳油/阿维菌素 18克/升/2009.04.10 至 2010.04.10/低毒(原药高毒)			
	甘蓝	小菜蛾	8.1-10.8克/公顷	喷雾
	柑橘树	潜叶蛾	4.5-9毫克/千克	喷雾
	棉花	红蜘蛛	8.1-10.8克/公顷	喷雾
LS20091009	甲氨基阿维菌素苯甲酸盐/19%/乳油/甲氨基阿维菌素 19%/2009.04.13 至 2010.04.13/低毒			
	番茄	棉铃虫	8.55-11.4克/公顷	喷雾
LS20091010	吡蚜酮/50%/水分散粒剂/吡蚜酮 50%/2009.04.13 至 2010.04.13/微毒			
	水稻	稻飞虱	90—120克/公顷	喷雾
先正达南通作物保护有限公司 (江苏省南通市经济开发区中央路1号 226009 0513-81150600)				
PD20040010	高效氯氟氰菊酯/25克/升/乳油/高效氯氟氰菊酯 25克/升/2009.08.12 至 2014.08.12/中等毒			
	茶树	茶小绿叶蝉	15-30克/公顷	喷雾
	大豆	食心虫	5.63-7.5克/公顷	喷雾
	柑橘树	潜叶蛾	4.2-6.2毫克/千克	喷雾
	果菜、叶菜	菜青虫	6.25-12.5毫克/千克	喷雾
	果菜、叶菜	蚜虫	6-10毫克/千克	喷雾
	梨树	梨小食心虫	5-8.3毫克/千克	喷雾
	荔枝树	蝽蟓	6.25-12.5毫克/千克	喷雾
	棉花	红铃虫、棉铃虫	7.5-22.5克/公顷	喷雾
	棉花	棉蚜	3.75-7.5克/公顷	喷雾
	苹果树	桃小食心虫	5-6.3毫克/千克	喷雾
	小麦	麦蚜、粘虫	4.5-7.5克/公顷	喷雾
	烟草	烟青虫	5.63-7.5克/公顷	喷雾

PD20040016	百草枯/360克/升/母药/百草枯 360克/升/2009.10.13 至 2014.10.13/中等毒			
PD20050007	百草枯/200克/升/水剂/百草枯 200克/升/2010.02.06 至 2015.02.06/中等毒			
	茶园、香蕉园	杂草	600-750克/公顷	定向喷雾
	非耕地	杂草	600-900克/公顷	喷雾
	甘蔗田	一年生杂草	300-600克/公顷	定向喷雾
	柑橘园、苹果园	杂草	600-900克/公顷	定向喷雾
	免耕水稻田	一年生和多年生杂草	450-900克/公顷	茎叶喷雾
	葡萄园	杂草	450-600克/公顷	喷雾
	蔬菜地	杂草	450-600克/公顷	行间定向喷雾
	小麦免耕田	杂草	450-600克/公顷	播前、播后、苗前茎叶喷雾
	油菜免耕田	杂草	450-600克/公顷	移栽前茎叶喷雾
	玉米田	一年生杂草	300-600克/公顷	喷雾
	中草药田	一年生和多年生杂草	600-900克/公顷	行间定向茎叶喷雾
PD20093036	甲氨基阿维菌素苯甲酸盐/95%/原药/甲氨基阿维菌素苯甲酸盐 95%/2009.03.09 至 2014.03.09/中等毒			
PD20095231	高效氯氟氰菊酯/25克/升/水乳剂/高效氯氟氰菊酯 25克/升/2009.04.27 至 2014.04.27/中等毒			
	甘蓝	小菜蛾	15-18.75克/公顷	喷雾
	甘蓝、小白菜	菜青虫、菜蚜	5.625-7.5克/公顷	喷雾
	棉花	蚜虫	5.625-9.375克/公顷	喷雾
	棉花	棉铃虫	15-22.5克/公顷	喷雾
PD20095838	百草枯/250克/升/水剂/百草枯 250克/升/2009.05.27 至 2014.05.27/中等毒			
	非耕地、免耕小麦、免耕油菜、香蕉园	杂草	600-750克/公顷	茎叶喷雾
	夏玉米田	杂草	600-900克/公顷	行间定向喷雾
WL20070299	高效氯氟氰菊酯/25克/升/水乳剂/高效氯氟氰菊酯 25克/升/2009.12.16 至 2010.12.17/中等毒			
	室外	蚊、蝇	2-4毫克/平方米	喷洒

盐城苏滨生物农化有限公司　(江苏省盐城市滨海县坎园路63号　224500　0515-2081982)

PD20080343	多菌灵/25%/可湿性粉剂/多菌灵 25%/2008.02.26 至 2013.02.26/低毒			
	小麦	赤霉病	750-937.5克/公顷	喷雾
PD20084697	吡虫啉/10%/可湿性粉剂/吡虫啉 10%/2008.12.22 至 2013.12.22/低毒			
	水稻	稻飞虱	15-30克/公顷	喷雾
PD20091631	井冈·蜡芽菌/15%/可溶粉剂/井冈霉素 10%、蜡质芽孢杆菌 5%/2009.02.03 至 2014.02.03/低毒			
	水稻	稻曲病	112.5-157.5克/公顷	喷雾
	水稻	纹枯病	90-135克/公顷	喷雾
PD20093446	毒·辛/25%/乳油/毒死蜱 7%、辛硫磷 18%/2009.03.23 至 2014.03.23/中等毒			
	水稻	稻纵卷叶螟	450-562.5克/公顷	喷雾
PD20096038	井冈·枯芽菌///水剂/井冈霉素 2.5%、枯草芽孢杆菌 100亿活芽孢/毫升/2009.06.15 至 2014.06.15/低毒			
	水稻	稻曲病、纹枯病	3000-3600毫升制剂/公顷	喷雾
PD20097374	喹硫磷/10%/乳油/喹硫磷 10%/2009.10.28 至 2014.10.28/中等毒			
	水稻	稻纵卷叶螟	150-180克/公顷	喷雾
LS20070170	吡虫·异丙威/25%/可湿性粉剂/吡虫啉 5%、异丙威 20%/2009.02.08 至 2010.02.08/低毒			
	水稻	稻飞虱	112.5-150克/公顷	喷雾
LS20090254	噻嗪·仲丁威/25%/乳油/噻嗪酮 5%、仲丁威 20%/2009.02.13 至 2010.02.13/低毒			
	水稻	稻飞虱	225-281.25克/公顷	喷雾
LS20090421	甲维·仲丁威/25%/乳油/甲氨基阿维菌素苯甲酸盐 0.4%、仲丁威 24.6%/2009.03.16 至 2010.03.16/低毒			
	水稻	稻纵卷叶螟	225-262.5克/公顷	喷雾

扬州市正鸿卫生用品厂　(江苏省扬州市高桥二村十八幢304室　225002　0514-2151408)

WL20070286	氯氰·氯菊/0.4%/水乳剂/氯菊酯 0.2%、氯氰菊酯 0.2%/2009.12.04 至 2010.12.05/低毒			
	卫生	蚊	/	喷雾

张家港利华日用品有限公司　(江苏省张家港市杨舍镇闸上村　215638　0512-58585868)

WL20070204	杀虫气雾剂/0.6%/气雾剂/胺菊酯 0.3%、氯菊酯 0.3%/2009.10.15 至 2010.10.16/微毒			
	卫生	蚊、蝇、蜚蠊	/	喷雾

镇江建苏农药化工有限公司　(江苏省镇江市大港孩溪路12号　212132　0511-83355157)

PD84118-2	多菌灵/25%/可湿性粉剂/多菌灵 25%/2009.11.16 至 2014.11.16/低毒			
	果树	病害	0.05-0.1%药液	喷雾
	花生	倒秧病	750克/公顷	喷雾
	麦类	赤霉病	750克/公顷	喷雾,泼浇
	棉花	苗期病害	500克/100千克种子	拌种
	水稻	稻瘟病、纹枯病	750克/公顷	喷雾,泼浇
	油菜	菌核病	1125-1500克/公顷	喷雾
PD85150-16	多菌灵/50%/可湿性粉剂/多菌灵 50%/2005.07.13 至 2010.07.13/低毒			
	果树	病害	0.05-0.1%药液	喷雾

	花生	倒秧病	750克/公顷	喷雾
	麦类	赤霉病	750克/公顷	喷雾、泼浇
	棉花	苗期病害	500克/100千克种子	拌种
	水稻	稻瘟病、纹枯病	750克/公顷	喷雾、泼浇
	油菜	菌核病	1125-1500克/公顷	喷雾
PD85154-33	氰戊菊酯/20%/乳油/氰戊菊酯 20%/2005.08.15 至 2010.08.15/中等毒			
	柑橘树	潜叶蛾	10-20毫克/千克	喷雾
	果树	梨小食心虫	10-20毫克/千克	喷雾
	棉花	红铃虫、蚜虫	75-150克/公顷	喷雾
	蔬菜	菜青虫、蚜虫	60-120克/公顷	喷雾
PD86148-45	异丙威/20%/乳油/异丙威 20%/2006.11.19 至 2011.11.19/中等毒			
	水稻	飞虱、叶蝉	450-600克/公顷	喷雾
PD91106-10	甲基硫菌灵/70%/可湿性粉剂/甲基硫菌灵 70%/2006.05.09 至 2011.05.09/低毒			
	番茄	叶霉病	375-562.5克/公顷	喷雾
	甘薯	黑斑病	360-450毫克/千克	浸薯块
	瓜类	白粉病	337.5-506.25克/公顷	喷雾
	梨树	黑星病	360-450毫克/千克	喷雾
	苹果树	轮斑病	700毫克/千克	喷雾
	水稻	稻瘟病、纹枯病	1050-1500克/公顷	喷雾
	小麦	赤霉病	750-1050克/公顷	喷雾
PD20040222	吡虫啉/10%/可湿性粉剂/吡虫啉 10%/2009.12.19 至 2014.12.19/低毒			
	十字花科蔬菜	蚜虫	15-22.5克/公顷	喷雾
	水稻	飞虱	15-30克/公顷	喷雾
	小麦	蚜虫	15-30克/公顷(南方地区) 45-60克/公顷(北方地区)	喷雾
PD20040335	三唑酮/15%/可湿性粉剂/三唑酮 15%/2009.12.19 至 2014.12.19/低毒			
	小麦	白粉病、锈病	135-180克/公顷	喷雾
	玉米	丝黑穗病	60-90克/100千克种子	拌种
PD20040444	三唑酮/20%/乳油/三唑酮 20%/2009.12.19 至 2014.12.19/低毒			
	小麦	白粉病	120-127.5克/公顷	喷雾
PD20040788	多·酮/25%/可湿性粉剂/多菌灵 22%、三唑酮 3%/2009.12.19 至 2014.12.19/低毒			
	小麦	赤霉病	262.5-375克/公顷	喷雾
	油菜	菌核病	600-800克/公顷	喷雾
PD20050032	吡虫·杀虫单/72%/可湿性粉剂/吡虫啉 2%、杀虫单 70%/2005.04.15 至 2010.04.14/中等毒			
	水稻	稻纵卷叶螟、飞虱	540-756克/公顷	喷雾
PD20060200	噻嗪酮/25%/可湿性粉剂/噻嗪酮 25%/2006.12.07 至 2011.12.07/低毒			
	水稻	稻飞虱	75-112.5克/公顷	喷雾
PD20070097	禾草丹/90%/乳油/禾草丹 90%/2007.04.20 至 2012.04.20/低毒			
	水稻移栽田	一年生杂草	1890-2970克/公顷	喷药或毒土法
PD20070271	禾草丹/50%/乳油/禾草丹 50%/2007.09.05 至 2012.09.05/低毒			
	水稻田	一年生杂草	1995-3000克/公顷	毒土或喷雾
PD20070470	三环唑/20%/可湿性粉剂/三环唑 20%/2007.11.20 至 2012.11.20/低毒			
	水稻	稻瘟病	225-300克/公顷	喷雾
PD20080286	唑酮·福美双/40%/可湿性粉剂/福美双 34%、三唑酮 6%/2008.02.25 至 2013.02.25/低毒			
	黄瓜	白粉病	450-562.5克/公顷	喷雾
	苹果树	炭疽病	500-667毫克/千克	喷雾
PD20082165	精喹禾灵/5%/乳油/精喹禾灵 5%/2008.11.26 至 2013.11.26/低毒			
	夏大豆田	一年生禾本科杂草	45-52.5克/公顷	茎叶喷雾
	油菜田	一年生禾本科杂草	30-45克/公顷	茎叶喷雾
PD20085752	甲氰菊酯/20%/乳油/甲氰菊酯 20%/2008.12.29 至 2013.12.29/中等毒			
	甘蓝	菜青虫、小菜蛾	70-90克/公顷	喷雾
PD20086225	溴氰菊酯/25克/升/乳油/溴氰菊酯 25克/升/2008.12.31 至 2013.12.31/中等毒			
	茶树	害虫	3.75-7.5克/公顷	喷雾
	大白菜、棉花	害虫	7.5-15克/公顷	喷雾
	大豆	食心虫	6-9克/公顷	喷雾
	柑橘树、苹果树	害虫	5-10毫克/千克	喷雾
	森林	松毛虫	1)4-7毫克/千克2)	1)喷雾
	森林	害虫	10-20毫克/千2)10-25毫克/千克	2)弥雾涂药环
	小麦	害虫	3.75-5.625克/公顷	喷雾
	烟草	烟青虫	7.5-9克/公顷	喷雾
PD20091331	氟乐灵/480克/升/乳油/氟乐灵 480克/升/2009.02.01 至 2014.02.01/低毒			
	大豆田	一年生禾本科杂草及部分阔叶杂草	900-1260克/公顷	喷雾
	棉花田	一年生禾本科杂草及部分阔叶杂草	864-1296克/公顷	土壤喷雾

PD20091351 咪鲜·杀螟丹/16%/可湿性粉剂/咪鲜胺 4%、杀螟丹 12%/2009.02.02 至 2014.02.02/中等毒
水稻 恶苗病、干尖线虫病 400-600倍液 浸种
PD20091786 吡虫·灭多威 /10%/可湿性粉剂/吡虫啉 2.5%、灭多威 7.5%/2009.02.04 至 2014.02.04/中等毒(原药高毒)
棉花 蚜虫 45-60克/公顷 喷雾
PD20092483 克百威/3%/颗粒剂/克百威 3%/2009.02.26 至 2014.02.26/高毒
甘蔗 蚜虫、蔗龟 1350-2250克/公顷 沟施
花生 线虫 1800-2250克/公顷 沟施、条施
花生 地下害虫 900-1800克/公顷 沟施或穴施
棉花 蚜虫 675-900克/公顷 沟施、条施
水稻 螟虫、瘿蚊 900-1350克/公顷 撒施
PD20092547 腈菌唑/90%/原药/腈菌唑 90%/2009.02.26 至 2014.02.26/低毒
PD20093899 腈菌唑/12%/乳油/腈菌唑 12%/2009.03.26 至 2014.03.26/低毒
梨树 黑星病 2000-3000倍液 喷雾
PD20094460 锰锌·腈菌唑/62.5%/可湿性粉剂/腈菌唑 2.5%、代森锰锌 60%/2009.04.01 至 2014.04.01/低毒
梨树 黑星病 400-600倍液 喷雾
PD20095509 精喹·草除灵/17.5%/乳油/草除灵 15%、精喹禾灵 2.5%/2009.05.11 至 2014.05.11/低毒
冬油菜田 一年生禾本科杂草及部分阔叶杂草 262.5-393.8克/公顷 茎叶喷雾
PD20098251 二嗪磷/5%/颗粒剂/二嗪磷 5%/2009.12.16 至 2014.12.16/低毒
花生 蛴螬 450-600克/公顷 撒施
PD20098429 氟乐灵/96%/原药/氟乐灵 96%/2009.12.24 至 2014.12.24/低毒

江西省

江西安利达化工有限公司 (江西省九江市湖口县金砂湾工业园 332500 0792-6327688)

PD20095733 氯氟吡氧乙酸异辛酯/95%/原药/氯氟吡氧乙酸异辛酯 95%/2009.05.18 至 2014.05.18/低毒
LS20081890 三唑磷/90%/原药/三唑磷 90%/2009.04.10 至 2010.04.10/中等毒
WP20080395 吡丙醚/95%/原药/吡丙醚 95%/2008.12.11 至 2013.12.11/低毒

江西巴菲特化工有限公司 (江西省永修县江上星火 330307 0792-3170228)

PD84104-57 杀虫双/18%/水剂/杀虫双 18%/2009.11.16 至 2014.11.16/中等毒
甘蔗、蔬菜、水稻、小麦、玉米 多种害虫 540-675克/公顷 喷雾
果树 多种害虫 225-360毫克/千克 喷雾
PD20083194 氯氟氰菊酯/25克/升/乳油/高效氯氟氰菊酯 25克/升/2008.12.11 至 2013.12.11/中等毒
甘蓝 菜青虫 7.5-15克/公顷 喷雾
PD20083240 仲丁威/20%/乳油/仲丁威 20%/2008.12.11 至 2013.12.11/低毒
水稻 稻飞虱 450-562.5克/公顷 喷雾
PD20083303 噻嗪·异丙威/25%/可湿性粉剂/噻嗪酮 5%、异丙威 20%/2008.12.11 至 2013.12.11/低毒
水稻 稻飞虱 487.5-562.5克/公顷 喷雾
PD20084338 多菌灵/25%/可湿性粉剂/多菌灵 25%/2008.12.17 至 2013.12.17/低毒
水稻 纹枯病 750-1500克/公顷 喷雾
PD20084665 甲基硫菌灵/50%/可湿性粉剂/甲基硫菌灵 50%/2008.12.22 至 2013.12.22/低毒
番茄 叶霉病 375-562.5克/公顷 喷雾
PD20084675 三环唑/75%/可湿性粉剂/三环唑 75%/2008.12.22 至 2013.12.22/低毒
水稻 稻瘟病 225-300克/公顷 喷雾
PD20084800 氯氰·丙溴磷/440克/升/乳油/丙溴磷 400克/升、氯氰菊酯 40克/升/2008.12.22 至 2013.12.22/中等毒
棉花 棉铃虫 462-660克/公顷 喷雾
PD20090143 三唑磷/20%/乳油/三唑磷 20%/2009.01.08 至 2014.01.08/中等毒
水稻 二化螟 202.5-303.75克/公顷 喷雾
PD20096675 啶虫脒/5%/乳油/啶虫脒 5%/2009.09.07 至 2014.09.07/低毒
苹果树 蚜虫 10-12毫克/千克 喷雾
PD20097060 毒死蜱/480克/升/乳油/毒死蜱 480克/升/2009.10.10 至 2014.10.10/中等毒
水稻 稻瘿蚊 1800-2160克/公顷 毒土法
PD20097222 联苯菊酯/25克/升/乳油/联苯菊酯 25克/升/2009.10.19 至 2014.10.19/低毒
苹果树 桃小食心虫 25-31.5毫克/千克 喷雾
PD20097318 敌百·辛硫磷/30%/乳油/敌百虫 20%、辛硫磷 10%/2009.10.27 至 2014.10.27/低毒
水稻 二化螟 450-540克/公顷 喷雾
PD20098273 唑磷·毒死蜱/25%/乳油/毒死蜱 5%、三唑磷 20%/2009.12.18 至 2014.12.18/中等毒
水稻 稻纵卷叶螟 262.5-300克/公顷 喷雾
LS20070833 喹硫磷/10%/乳油/喹硫磷 10%/2009.04.11 至 2010.04.12/低毒
水稻 稻纵卷叶螟 150-225克/公顷 喷雾
LS20081988 甲维·毒死蜱/15%/乳油/毒死蜱 14.8%、甲氨基阿维菌素苯甲酸盐 0.2%/2009.04.15 至 2010.04.15/中等毒
甘蓝 小菜蛾 90～112.5克/公顷 喷雾
LS20082068 阿维·吡虫啉/1.8%/可湿性粉剂/阿维菌素 0.1%、吡虫啉 1.7%/2009.04.15 至 2010.04.15/低毒(原药高毒)
十字花科蔬菜 蚜虫 10.8-16.2克/公顷 喷雾
LS20082160 阿维·哒螨灵/10%/乳油/阿维菌素 0.2%、哒螨灵 9.8%/2009.04.18 至 2010.04.18/中等毒(原药高毒)

苹果树　红蜘蛛　33.3-50毫克/千克　喷雾
LS20082249　阿维·三唑磷/20%/乳油/阿维菌素 0.2%、三唑磷 19.8%/2009.04.18 至 2010.04.18/中等毒(原药高毒)
水稻　二化螟　180-270克/公顷　喷雾
LS20082512　腈菌·咪鲜胺/12.5%/乳油/腈菌唑 2.5%、咪鲜胺 10%/2009.04.22 至 2010.04.22/低毒
香蕉　叶斑病　156-208毫克/千克　喷雾
LS20082781　阿维·杀虫单/30%/微乳剂/阿维菌素 0.2%、杀虫单 29.8%/2009.05.08 至 2010.05.08/中等毒(原药高毒)
水稻　二化螟　540-675克/公顷　喷雾
LS20082994　甲氨基阿维菌素苯甲酸盐/1%/微乳剂/甲氨基阿维菌素苯甲酸盐 1%/2009.09.01 至 2010.09.01/低毒
甘蓝　小菜蛾　1.5-1.8克/公顷　喷雾
LS20083189　高氯·氟铃脲/5.7%/乳油/氟铃脲 1.9%、高效氯氰菊酯 3.8%/2009.12.04 至 2010.12.04/低毒
甘蓝　小菜蛾　42.75-51.3克/公顷　喷雾
LS20083200　异稻·稻瘟灵/30%/乳油/稻瘟灵 7.5%、异稻瘟净 22.5%/2009.12.04 至 2010.12.04/低毒
水稻　稻瘟病　900-1125克/公顷　喷雾

江西巴姆博生物科技有限公司　(江西省吉安市新干县城北工业园　331300　0796-2620718)

PD20080314　乙酰甲胺磷/20%/乳油/乙酰甲胺磷 20%/2008.02.25 至 2013.02.25/低毒
水稻　二化螟　750-900克/公顷　喷雾
PD20080407　毒·辛/40%/乳油/毒死蜱 10%、辛硫磷 30%/2008.02.29 至 2013.02.28/低毒
棉花　棉铃虫　420-480克/公顷　喷雾
PD20084169　高效氯氟氰菊酯/2.5%/乳油/高效氯氟氰菊酯 2.5%/2008.12.16 至 2013.12.16/中等毒
十字花科蔬菜　蚜虫　7.5-9.375克/公顷　喷雾
PD20084674　杀螺胺乙醇胺盐/70%/可湿性粉剂/杀螺胺乙醇胺盐 70%/2008.12.22 至 2013.12.22/低毒
水稻田　福寿螺　315-472.5克/公顷　撒施
PD20084769　稻瘟灵/40%/可湿性粉剂/稻瘟灵 40%/2008.12.22 至 2013.12.22/低毒
水稻　稻瘟病　400-600克/公顷　喷雾
PD20086176　井冈霉素/3%/可溶粉剂/井冈霉素 3%/2008.12.30 至 2013.12.30/低毒
水稻　纹枯病　150-187.5克/公顷　喷雾
PD20090978　丙溴·辛硫磷/25%/乳油/丙溴磷 5%、辛硫磷 20%/2009.01.20 至 2014.01.20/中等毒
棉花　棉铃虫　225-281.25克/公顷　喷雾
PD20091644　氯氰·毒死蜱/522.5克/升/乳油/毒死蜱 475克/升、氯氰菊酯 47.5克/升/2009.02.03 至 2014.02.03/中等毒
十字花科蔬菜　菜青虫　247.5-495.8克/公顷　喷雾
PD20091847　井冈霉素/10%/水剂/井冈霉素 10%/2009.02.06 至 2014.02.06/低毒
水稻　纹枯病　150-187.5克/公顷　喷雾
PD20093126　联苯菊酯/25克/升/乳油/联苯菊酯 25克/升/2009.03.10 至 2014.03.10/低毒
茶树　茶小绿叶蝉　33.75-37.5克/公顷　喷雾
PD20093548　吡虫啉/10%/可湿性粉剂/吡虫啉 10%/2009.03.23 至 2014.03.23/低毒
水稻　稻飞虱　15-30克/公顷　喷雾
PD20093627　敌畏·毒死蜱/35%/乳油/敌敌畏 25%、毒死蜱 10%/2009.03.25 至 2014.03.25/中等毒
水稻　稻纵卷叶螟　420-525克/公顷　喷雾
PD20093735　三唑磷/20%/乳油/三唑磷 20%/2009.03.25 至 2014.03.25/中等毒
水稻　二化螟　222.75-303.75克/公顷　喷雾
PD20094106　硫磺·三环唑/45%/可湿性粉剂/硫磺 40%、三环唑 5%/2009.03.27 至 2014.03.27/低毒
水稻　稻瘟病　810-1080克/公顷　喷雾
PD20094107　苄·丁/25%/可湿性粉剂/苄嘧磺隆 1%、丁草胺 24%/2009.03.27 至 2014.03.27/低毒
水稻移栽田　一年生及部分多年生杂草　750-937.5克/公顷　毒土法
PD20094466　苄·乙/18%/可湿性粉剂/苄嘧磺隆 4%、乙草胺 14%/2009.04.01 至 2014.04.01/低毒
水稻移栽田　一年生及部分多年生杂草　84-118克/公顷　毒土法
PD20095712　百草枯/20%/水剂/百草枯 20%/2009.05.18 至 2014.05.18/中等毒
柑橘园　杂草　600-900克/公顷　定向喷雾
PD20096499　三环·烯唑醇/18%/悬浮剂/三环唑 15%、烯唑醇 3%/2009.08.14 至 2014.08.14/低毒
水稻　稻瘟病　108-135克/公顷　喷雾
PD20096583　阿维菌素/18克/升/乳油/阿维菌素 18克/升/2009.08.25 至 2014.08.25/低毒(原药高毒)
甘蓝　小菜蛾　8.1-10.8克/公顷　喷雾
PD20097444　阿维·高氯/1.2%/乳油/阿维菌素 0.1%、高效氯氰菊酯 1.1%/2009.10.28 至 2014.10.28/低毒(原药高毒)
十字花科蔬菜　菜青虫、小菜蛾　13.5-27克/公顷　喷雾
PD20097879　草甘膦异丙胺盐(41%)///水剂/草甘膦 30%/2009.11.20 至 2014.11.20/低毒
茶园　杂草　1125-2250克/公顷　茎叶喷雾
PD20098348　杀螟硫磷/45%/乳油/杀螟硫磷 45%/2009.12.18 至 2014.12.18/低毒
水稻　稻飞虱　56-83.3毫升制剂/亩　喷雾
LS20050416　吡虫·杀虫单/40%/可湿性粉剂/吡虫啉 1%、杀虫单 39%/2008.04.07 至 2009.04.07/中等毒
水稻　稻纵卷叶螟、二化螟、飞虱、三化螟　450-750克/公顷　喷雾
LS20050698　阿维·高氯/1.1%/微乳剂/阿维菌素 0.1%、高效氯氰菊酯 1%/2008.03.20 至 2009.03.20/低毒(原药高毒)
十字花科蔬菜　菜青虫、小菜蛾　13.5-27克/公顷　喷雾
LS20050714　吡虫啉/5%/乳油/吡虫啉 5%/2008.03.20 至 2009.03.20/低毒

水稻 稻飞虱 15-30克/公顷 喷雾

LS20050882 柴油·哒螨灵/41%/乳油/柴油 33%、哒螨灵 8%/2008.03.29 至 2009.03.29/中等毒

柑橘 红蜘蛛 205-273.3毫克/千克 喷雾

LS20053114 阿维·三唑磷/20%/乳油/阿维菌素 0.2%、三唑磷 19.8%/2008.09.28 至 2009.09.28/中等毒(原药高毒)

水稻 二化螟 180-210克/公顷 喷雾

LS20061605 吡虫·异丙威/25%/可湿性粉剂/吡虫啉 5%、异丙威 20%/2009.08.17 至 2010.08.17/低毒

水稻 稻飞虱 75-93.75克/公顷 喷雾

LS20070423 阿维·杀虫单/30%/微乳剂/阿维菌素 0.2%、杀虫单 29.8%/2009.03.05 至 2010.03.06/中等毒(原药高毒)

水稻 二化螟 450-675克/公顷 喷雾

LS20081185 唑磷·毒死蜱/25%/乳油/毒死蜱 5%、三唑磷 20%/2009.03.10 至 2010.03.10/中等毒

水稻 二化螟 262.5-300克/公顷 喷雾

LS20081330 杀单·毒死蜱/25%/可湿性粉剂/毒死蜱 5%、杀虫单 20%/2009.03.13 至 2010.03.13/低毒

水稻 稻纵卷叶螟 562.5-750克/公顷 喷雾

LS20090068 草甘膦/50%/可溶粉剂/草甘膦 50%/2009.01.09 至 2010.01.09/低毒

非耕地 杂草 1687.5-2250克/公顷 茎叶喷雾/

LS20090902 虫酰·毒死蜱/20%/乳油/虫酰肼 4%、毒死蜱 16%/2009.04.09 至 2010.04.09/低毒

十字花科蔬菜 斜纹夜蛾 330-360克/公顷 喷雾

LS20091090 苯丁·哒螨灵/10%/乳油/苯丁锡 5%、哒螨灵 5%/2009.04.15 至 2010.04.15/低毒

柑橘树 红蜘蛛 80-100毫克/千克 喷雾

LS20091179 氟铃脲/5%/乳油/氟铃脲 5%/2009.04.23 至 2010.04.23/低毒

十字花科蔬菜 小菜蛾 30-45克/公顷 喷雾

LS20091194 苄嘧·丙草胺/30%/可湿性粉剂/苄嘧磺隆 3%、丙草胺 27%/2009.04.23 至 2010.04.23/低毒

直播水稻(南方) 一年生杂草 360-480克/公顷 土壤喷雾

LS20091235 阿维·氟铃脲/3%/乳油/阿维菌素 1%、氟铃脲 2%/2009.04.30 至 2010.04.30/低毒(原药高毒)

甘蓝 小菜蛾 15.75—20.25克/公顷 喷雾

LS20091341 甲氨基阿维菌素苯甲酸盐（2.2%）///微乳剂/甲氨基阿维菌素 2%/2009.06.10 至 2010.06.10/低毒

甘蓝 甜菜夜蛾 2.31—3.3克/公顷 喷雾

LS20091370 联苯·炔螨特/27%/乳油/联苯菊酯 2%、炔螨特 25%/2009.07.28 至 2010.07.28/低毒

柑橘树 红蜘蛛 270-337.5毫克/千克 喷雾

江西博邦生物药业有限公司 (江西省抚州市大公东路235号 344000 0794-8338225)

PD20083180 杀螟丹/50%/可溶粉剂/杀螟丹 50%/2008.12.11 至 2013.12.11/低毒

水稻 二化螟 600-750克/公顷 喷雾

PD20084324 氟啶脲/50克/升/乳油/氟啶脲 50克/升/2008.12.17 至 2013.12.17/低毒

十字花科蔬菜 甜菜夜蛾 45-60克/公顷 喷雾

PD20084619 丁硫克百威/200克/升/乳油/丁硫克百威 200克/升/2008.12.18 至 2013.12.18/中等毒

水稻 三化螟 750-900克/公顷 喷雾

PD20085672 联苯菊酯/100克/升/乳油/联苯菊酯 100克/升/2008.12.26 至 2013.12.26/中等毒

茶树 茶尺蠖 11.25-15克/公顷 喷雾

PD20090026 毒死蜱/480克/升/乳油/毒死蜱 480克/升/2009.01.06 至 2014.01.06/中等毒

水稻 稻纵卷叶螟 525-600克/公顷 喷雾

PD20091023 春雷霉素/2%/液剂/春雷霉素 2%/2009.01.21 至 2014.01.21/低毒

水稻 稻瘟病 24-30克/公顷 喷雾

PD20091689 仲丁威/20%/乳油/仲丁威 20%/2009.02.03 至 2014.02.03/低毒

水稻 稻飞虱 450-600克/公顷 喷雾

PD20093010 氯氰·丙溴磷/440克/升/乳油/丙溴磷 400克/升、氯氰菊酯 40克/升/2009.03.09 至 2014.03.09/中等毒

棉花 棉铃虫 660-792克/公顷 喷雾

PD20093357 草甘膦/30%/水剂/草甘膦 30%/2009.03.18 至 2014.03.18/低毒

柑橘园 杂草 1125-2250克/公顷 茎叶喷雾

PD20095374 喹硫磷/25%/乳油/喹硫磷 25%/2009.04.27 至 2014.04.27/中等毒

水稻 二化螟 450-525克/公顷 喷雾

LS20071077 噻嗪·异丙威/30%/乳油/噻嗪酮 7.5%、异丙威 22.5%/2009.04.25 至 2010.04.26/低毒

水稻 稻飞虱 360-450克/公顷 喷雾

LS20071272 阿维·毒死蜱/15%/乳油/阿维菌素 0.1%、毒死蜱 14.9%/2009.05.07 至 2010.05.08/低毒(原药高毒)

水稻 稻纵卷叶螟 112.5-135克/公顷 喷雾

LS20071605 高效氯氟氰菊酯/2.5%/微乳剂/高效氯氟氰菊酯 2.5%/2009.06.05 至 2010.06.06/中等毒

十字花科蔬菜 菜青虫 9.375-13.125克/公顷 喷雾

LS20071895 阿维菌素/18克/升/乳油/阿维菌素 18克/升/2009.08.02 至 2010.08.03/低毒(原药高毒)

柑橘树 潜叶蛾 6-9毫克/千克 喷雾

LS20071973 甲维·丙溴磷/15.2%/乳油/丙溴磷 15%、甲氨基阿维菌素苯甲酸盐 0.2%/2009.08.07 至 2010.08.08/低毒

十字花科蔬菜 小菜蛾 182.4-228克/公顷 喷雾

LS20080839 阿维·氟铃脲/2.5%/乳油/阿维菌素 0.2%、氟铃脲 2.3%/2009.02.28 至 2010.02.28/低毒(原药高毒)

十字花科蔬菜 小菜蛾 22.5-37.5克/公顷 喷雾

LS20081944 杀双·毒死蜱/24%/水乳剂/毒死蜱 10%、杀虫双 14%/2009.04.11 至 2010.04.11/低毒

	水稻	二化螟	288-360克/公顷	喷雾
WL20070122	杀虫喷射剂/0.5%/喷射剂/氯菊酯 0.25%、氯氰菊酯 0.25%/2009.06.06 至 2010.06.07/微毒			
	卫生	蚊、蝇、蜚蠊	/	喷射

江西长荣天然香料有限公司 (江西省德兴市银山西路151号 334200 0793-7512888)

WL20080216	樟脑/94%/片剂/樟脑 94%/2008.03.10 至 2009.03.10/低毒			
	卫生	黑皮蠹	/	投放

江西诚志日化有限公司 (江西省南昌市解放西路226号 330002 0791-3815631)

WL20050087	蚊香/0.35%/蚊香/富右旋反式烯丙菊酯 0.35%/2008.03.29 至 2009.03.29/微毒			
	卫生	蚊	/	点燃
WL20050231	杀虫气雾剂/0.35%/气雾剂/胺菊酯 0.2%、高效氯氰菊酯 0.1%、炔丙菊酯 0.05%/2008.08.22 至 2009.08.21/微毒			
	卫生	蚊、蝇、蜚蠊	/	喷雾
WL20080484	电热蚊香液/0.85%/电热蚊香液/炔丙菊酯 0.85%/2009.12.11 至 2010.12.11/微毒			
	卫生	蚊	/	电热加温
WL20080485	杀虫气雾剂/0.65%/气雾剂/胺菊酯 0.5%、氯氰菊酯 0.15%/2009.12.11 至 2010.12.11/微毒			
	卫生	蚊、蝇、蜚蠊	/	喷雾
WL20080490	杀虫气雾剂/0.43%/气雾剂/炔咪菊酯 0.03%、右旋胺菊酯 0.2%、右旋苯氰菊酯 0.2%/2009.12.15 至 2010.12.15/微毒			
	卫生	蜚蠊、蚊、蝇	/	喷雾
WL20090086	蚊香/0.02%/蚊香/四氟甲醚菊酯 0.02%/2009.03.24 至 2010.03.24/微毒			
	卫生	蚊	/	点燃

江西大农化工有限公司 (江西省丰城市东郊路2号 331100 0791-8530160)

PD20081167	草甘膦异丙胺盐/41%/水剂/草甘膦异丙胺盐 41%/2008.09.11 至 2013.09.11/低毒			
	柑橘园	杂草	1230-2460克/公顷	定向茎叶喷雾
PD20084280	喹硫磷/10%/乳油/喹硫磷 10%/2008.12.17 至 2013.12.17/中等毒(原药高毒)			
	水稻	稻纵卷叶螟	150-180克/公顷	喷雾
PD20091767	高效氯氟氰菊酯/25克/升/乳油/高效氯氟氰菊酯 25克/升/2009.02.04 至 2014.02.04/中等毒			
	十字花科蔬菜	菜青虫	7.5-13.125克/公顷	喷雾
PD20092115	苏云金杆菌/2000IU/微升/悬浮剂/苏云金杆菌 2000IU/微升/2009.02.23 至 2014.02.23/低毒			
	茶树	茶毛虫	100-200倍	喷雾
	棉花	二代棉铃虫	6000-7500毫升制剂/公顷	喷雾
	森林	松毛虫	100-200倍	喷雾
	十字花科蔬菜	菜青虫、小菜蛾	3000-4500毫升制剂/公顷	喷雾
	水稻	稻纵卷叶螟	6000-7500毫升制剂/公顷	喷雾
	烟草	烟青虫	6000-7500毫升制剂/公顷	喷雾
	玉米	玉米螟	4500-6000毫升制剂/公顷	加细沙灌心
	枣树	枣尺蠖	100-200倍	喷雾
PD20092218	异丙威/4%/粉剂/异丙威 4%/2009.02.24 至 2014.02.24/中等毒			
	水稻	稻飞虱	600-720克/公顷	喷粉
PD20092809	辛硫磷/40%/乳油/辛硫磷 40%/2009.03.04 至 2014.03.04/低毒			
	十字花科蔬菜	菜青虫	360-450克/公顷	喷雾
PD20092883	甲氰菊酯/20%/乳油/甲氰菊酯 20%/2009.03.05 至 2014.03.05/中等毒			
	柑橘树	红蜘蛛	80-100毫克/千克	喷雾
PD20092965	三唑锡/25%/可湿性粉剂/三唑锡 25%/2009.03.09 至 2014.03.09/中等毒			
	柑橘树	红蜘蛛	145-166.7毫克/千克	喷雾
PD20093083	苏云金杆菌/8000IU/毫克/可湿性粉剂/苏云金杆菌 8000IU/毫克/2009.03.09 至 2014.03.09/低毒			
	茶树	茶毛虫	400-800倍	喷雾
	棉花	棉铃虫	3000-4500克制剂/公顷	喷雾
	森林	松毛虫	600-800倍	喷雾
	十字花科蔬菜	菜青虫	750-1500克制剂/公顷	喷雾
	十字花科蔬菜	小菜蛾	1500-2250克制剂/公顷	喷雾
	水稻	稻纵卷叶螟	3000-4500克制剂/公顷	喷雾
	烟草	烟青虫	1500-3000克制剂/公顷	喷雾
	玉米	玉米螟	1500-3000克制剂/公顷	加细沙灌心
	枣树	枣尺蠖	600-800倍	喷雾
PD20093206	异稻瘟净/40%/乳油/异稻瘟净 40%/2009.03.11 至 2014.03.11/低毒			
	水稻	稻瘟病	1050-1200克/公顷	喷雾
PD20093912	百菌清/75%/可湿性粉剂/百菌清 75%/2009.03.26 至 2014.03.26/低毒			
	大白菜	霜霉病	1507.5-1732.5克/公顷	喷雾
PD20094027	氰戊菊酯/20%/乳油/氰戊菊酯 20%/2009.03.27 至 2014.03.27/低毒			
	十字花科蔬菜	菜青虫	90-120克/公顷	喷雾
PD20094075	马拉·杀螟松/12%/乳油/马拉硫磷 10%、杀螟硫磷 2%/2009.03.27 至 2014.03.27/中等毒			
	水稻	二化螟	180-270克/公顷	喷雾
PD20094108	敌敌畏/50%/乳油/敌敌畏 50%/2009.03.27 至 2014.03.27/中等毒			
	十字花科蔬菜	菜青虫	600-750克/公顷	喷雾

PD20094748 毒死蜱/480克/升/乳油/毒死蜱 480克/升/2009.04.10 至 2014.04.10/中等毒
水稻 稻纵卷叶螟 504-576克/公顷 喷雾
PD20094804 多菌灵/25%/可湿性粉剂/多菌灵 25%/2009.04.13 至 2014.04.13/低毒
水稻 稻瘟病 750-937.5克/公顷 喷雾
PD20095055 联苯菊酯/25克/升/乳油/联苯菊酯 25克/升/2009.04.21 至 2014.04.21/中等毒
茶树 茶小绿叶蝉 37.5-45克/公顷 喷雾
PD20095373 杀虫双/18%/水剂/杀虫双 18%/2009.04.27 至 2014.04.27/中等毒
水稻 二化螟 607.5-675克/公顷 喷雾
PD20095477 异丙甲·苄/20%/可湿性粉剂/苄嘧磺隆 3%、异丙甲草胺 17%/2009.05.11 至 2014.05.11/低毒
水稻移栽田 一年生及部分多年生杂草 105-150克/公顷 药土法
PD20095642 苄·乙/14%/可湿性粉剂/苄嘧磺隆 3.2%、乙草胺 10.8%/2009.05.12 至 2014.05.12/低毒
水稻移栽田 一年生及部分多年生杂草 84-118克/公顷 毒土法
PD20095835 仲丁威/20%/乳油/仲丁威 20%/2009.05.27 至 2014.05.27/低毒
水稻 稻飞虱 450-540克/公顷 喷雾
PD20095982 百草枯/200克/升/水剂/百草枯 200克/升/2009.06.04 至 2014.06.04/中等毒
非耕地 杂草 600-900克/公顷 茎叶喷雾
PD20095993 苄·丁/25%/粉剂/苄嘧磺隆 1%、丁草胺 24%/2009.06.11 至 2014.06.11/低毒
水稻抛秧田 一年生及部分多年生杂草 562.5-750克/公顷 药土法
PD20096478 吡虫啉/10%/可湿性粉剂/吡虫啉 10%/2009.08.14 至 2014.08.14/低毒
水稻 稻飞虱 15-30克/公顷 喷雾
PD20098470 阿维·高氯/1.8%/乳油/阿维菌素 0.3%、高效氯氰菊酯 1.5%/2009.12.24 至 2014.12.24/低毒(原药高毒)
十字花科蔬菜 菜青虫、小菜蛾 7.5-15克/公顷 喷雾
LS20060739 哒螨灵/6%/乳油/哒螨灵 6%/2009.04.04 至 2010.04.04/中等毒
柑橘树 红蜘蛛 30-40毫克/千克 喷雾
LS20061120 乙酰甲胺磷/20%/乳油/乙酰甲胺磷 20%/2009.05.11 至 2010.05.11/低毒
水稻 二化螟 600-960克/公顷 喷雾
LS20070757 嘧啶核苷类抗菌素/2%/水剂/嘧啶核苷类抗菌素 2%/2009.04.08 至 2010.04.09/低毒
大白菜 黑斑病 90-180克/公顷 喷雾
LS20090420 草甘膦/50%/可溶粉剂/草甘膦 50%/2009.03.18 至 2010.03.18/低毒
柑橘园 杂草 1125-2250克/公顷 定向茎叶喷雾

江西大自然化工厂 (江西省南昌市新建县乐化乡老屋裘村 330114 0791-3111918)

PD20090519 氰戊·辛硫磷 /25%/乳油/氰戊菊酯 6.5%、辛硫磷 18.5%/2009.01.12 至 2014.01.12/中等毒
棉花 棉铃虫 281.25-375克/公顷 喷雾
PD20093821 噻嗪·异丙威/25%/可湿性粉剂/噻嗪酮 5%、异丙威 20%/2009.03.25 至 2014.03.25/低毒
水稻 稻飞虱 450-562.5克/公顷 喷雾
PD20093881 毒死蜱/480克/升/乳油/毒死蜱 480克/升/2009.03.25 至 2014.03.25/中等毒
水稻 三化螟 576-720克/公顷 喷雾
PD20094868 炔螨特/57%/乳油/炔螨特 57%/2009.04.13 至 2014.04.13/低毒
柑橘树 红蜘蛛 228-380毫克/千克 喷雾
PD20094936 硫丹/350克/升/乳油/硫丹 350克/升/2009.04.13 至 2014.04.13/高毒
棉花 棉铃虫 525-840克/公顷 喷雾
PD20095538 联苯菊酯/25克/升/乳油/联苯菊酯 25克/升/2009.05.12 至 2014.05.12/低毒
棉花 棉铃虫 41.25-52.5克/公顷 喷雾
PD20095561 异丙威/20%/乳油/异丙威 20%/2009.05.12 至 2014.05.12/中等毒
水稻 稻飞虱 450-600克/公顷 喷雾
PD20095635 杀螟丹/50%/可溶粉剂/杀螟丹 50%/2009.05.12 至 2014.05.12/中等毒
水稻 稻纵卷叶螟 600-750克/公顷 喷雾
PD20095900 敌百·辛硫磷/30%/乳油/敌百虫 20%、辛硫磷 10%/2009.05.31 至 2014.05.31/低毒
水稻 二化螟 450-540克/公顷 喷雾
LS20070112 丙溴·辛硫磷/25%/乳油/丙溴磷 6%、辛硫磷 19%/2009.01.31 至 2010.01.31/低毒
水稻 二化螟 300-375克/公顷 喷雾
LS20090739 丙溴·氟铃脲/32%/乳油/丙溴磷 30%、氟铃脲 2%/2009.03.31 至 2010.03.31/低毒
甘蓝 小菜蛾 192-240克/公顷 喷雾
LS20090994 甲氨基阿维菌素苯甲酸盐(2.28%)///微乳剂/甲氨基阿维菌素 2%/2009.04.10 至 2010.04.10/低毒
甘蓝 小菜蛾 3—4.2克/公顷 喷雾
LS20091043 噻嗪·速灭威/25%/乳油/噻嗪酮 5%、速灭威 20%/2009.04.15 至 2010.04.15/低毒
水稻 稻飞虱 281.25-375克/公顷 喷雾
LS20091437 烯啶虫胺/10%/水剂/烯啶虫胺 10%/2009.11.04 至 2010.11.04/低毒
棉花 蚜虫 22.5-30克/公顷 喷雾

江西德鑫化工有限公司 (江西省兴国县江背镇 342408 0797-5247092)

PD20040397 乐·杀单/80%/可湿性粉剂/乐果 20%、杀虫单 60%/2009.12.19 至 2014.12.19/中等毒
水稻 三化螟 840-960克/公顷 喷雾
PD20040547 吡虫·三唑磷/20%/乳油/吡虫啉 1%、三唑磷 19%/2009.12.19 至 2014.12.19/中等毒

水稻 飞虱、三化螟 300-450克/公顷 喷雾

PD20082067 氯氰·马拉松/21%/乳油/马拉硫磷 15%、氰戊菊酯 6%/2008.11.25 至 2013.11.25/中等毒

柑橘树 红蜘蛛 53-70毫克/千克 喷雾

棉花 蚜虫 75-120克/公顷 喷雾

棉花 红蜘蛛 120-180克/公顷 喷雾

苹果树 蚜虫 50-75毫克/千克 喷雾

苹果树 红蜘蛛、食心虫 60-150毫克/千克 喷雾

PD20090778 三环·多菌灵/50%/可湿性粉剂/多菌灵 42%、三环唑 8%/2009.01.19 至 2014.01.19/中等毒

水稻 稻瘟病 375-525克/公顷 喷雾

LS20081697 敌敌畏/50%/乳油/敌敌畏 50%/2009.04.07 至 2010.04.07/中等毒

棉花 蚜虫 750-900克/公顷 喷雾

十字花科蔬菜 菜青虫 750-900克/公顷 喷雾

LS20082009 多菌灵/25%/可湿性粉剂/多菌灵 25%/2009.04.15 至 2010.04.15/低毒

水稻 稻瘟病、纹枯病 562.5-750克/公顷 喷雾

江西盾牌化工有限责任公司 (江西省抚州市临川区红桥镇红桥路2号 344116 0794-8490503)

PD20040006 仲丁灵/95%/原药/仲丁灵 95%/2009.07.26 至 2014.07.26/低毒

PD20040618 辛硫·三唑磷/20%/乳油/三唑磷 10%、辛硫磷 10%/2009.12.19 至 2014.12.19/中等毒

水稻 螟虫 360-480克/公顷 喷雾

水稻 稻纵卷叶螟 240-360克/公顷 喷雾

PD20050153 仲丁灵/37.3%/乳油/仲丁灵 37.3%/2005.09.29 至 2010.09.29/低毒

烟草 抑制腋芽生长 80-100倍液 杯淋法

PD20081564 氟乐灵/480克/升/乳油/氟乐灵 480克/升/2008.11.11 至 2013.11.11/低毒

棉花田 一年生禾本科杂草及部分阔叶杂草 900－1080克/公顷 土壤喷雾

PD20081584 扑草·仲丁灵/33%/乳油/扑草净 11%、仲丁灵 22%/2008.11.12 至 2013.11.12/低毒

大蒜田 一年生禾本科杂草及部分阔叶杂草 742.5-990克/公顷 播后苗前土壤喷雾

棉花田 一年生杂草 742.5-990克/公顷 播后苗前土壤喷雾

PD20081674 精喹·草除灵/14%/乳油/草除灵 12%、精喹禾灵 2%/2008.11.17 至 2013.11.17/低毒

冬油菜(移栽田) 一年生杂草 210-252克/公顷 茎叶喷雾

PD20081725 仲灵·异噁松/40%/乳油/异噁草松 10%、仲丁灵 30%/2008.11.18 至 2013.11.18/低毒

烟草 一年生杂草 900-1200克/公顷 移栽前土壤喷雾

PD20081831 百草枯/200克/升/水剂/百草枯 200克/升/2008.11.20 至 2013.11.20/中等毒

苹果园 杂草 450-900克/公顷 定向茎叶喷雾

PD20081959 二甲戊灵/330克/升/乳油/二甲戊灵 330克/升/2008.11.24 至 2013.11.24/低毒

甘蓝 一年生杂草 495-742.5克/公顷 土壤喷雾

PD20082443 马拉·杀螟松/12%/乳油/马拉硫磷 10%、杀螟硫磷 2%/2008.12.02 至 2013.12.02/低毒

水稻 二化螟 216-324克/公顷 喷雾

PD20082577 霜霉威/722克/升/水剂/霜霉威 722克/升/2008.12.04 至 2013.12.04/低毒

黄瓜 霜霉病 866－1083克/公顷 喷雾

烟草 黑胫病 758-1516克/公顷 喷雾

PD20082780 二甲戊灵/330克/升/乳油/二甲戊灵 330克/升/2008.12.09 至 2013.12.09/低毒

烟草 抑制腋芽生长 66-82.5毫克/株 杯淋法

PD20083657 仲丁灵/48%/乳油/仲丁灵 48%/2008.12.12 至 2013.12.12/低毒

大豆田 菟丝子 1425-1800克/公顷 茎叶喷雾

花生田 一年生禾本科杂草及部分阔叶杂草 1080-2175克/公顷 土壤喷雾

西瓜 一年生禾本科杂草及部分阔叶杂草 1080-1440克/公顷 土壤喷雾

PD20084686 阿维·毒死蜱/5.5%/乳油/阿维菌素 0.5%、毒死蜱 5%/2008.12.22 至 2013.12.22/低毒(原药高毒)

十字花科蔬菜 小菜蛾 49.5-66克/公顷 喷雾

LS20050770 杀单·高氯氟/20%/微乳剂/高效氯氟氰菊酯 1%、杀虫单 19%/2008.03.28 至 2009.03.28/中等毒

十字花科蔬菜 菜青虫 150-210克/公顷 喷雾

LS20090114 仲灵·乙草胺 /50%/乳油/乙草胺 30%、仲丁灵 20%/2009.01.19 至 2010.01.19/低毒

春大豆田 一年生杂草 200-300毫升/亩 土壤喷雾

夏大豆田 一年生杂草 100-200毫升/亩 土壤喷雾

江西丰源农药有限公司 (江西省南昌市建新县江西成新农场)

PD20083997 仲丁威/20%/乳油/仲丁威 20%/2008.12.16 至 2013.12.16/低毒

水稻 稻飞虱 450-600克/公顷 喷雾

PD20086332 异丙威/20%/乳油/异丙威 20%/2008.12.31 至 2013.12.31/中等毒

水稻 稻飞虱 525-600克/公顷 喷雾

PD20098171 敌百·辛硫磷/30%/乳油/敌百虫 20%、辛硫磷 10%/2009.12.14 至 2014.12.14/低毒

水稻 二化螟 110-120毫升制剂/亩 喷雾

江西抚州新兴化工有限公司 (江西省抚州市临川区抚北工业园 344000 0794-8458696)

PD20040385 氯氰·三唑磷/11%/乳油/氯氰菊酯 1%、三唑磷 10%/2009.12.19 至 2014.12.19/中等毒

棉花 棉铃虫 165-247.5克/公顷 喷雾

PD20082064 苯磺隆/10%/可湿性粉剂/苯磺隆 10%/2008.11.25 至 2013.11.25/低毒

冬小麦田 一年生阔叶杂草 15-22.5克/公顷 茎叶喷雾

PD20082744 氯氰·敌敌畏/10%/乳油/敌敌畏 8%、氯氰菊酯 2%/2008.12.08 至 2013.12.08/中等毒

十字花科蔬菜 蚜虫 37.5-75克/公顷 喷雾

十字花科蔬菜 菜青虫 52.5-75克/公顷 喷雾

PD20083219 甲基硫菌灵/70%/可湿性粉剂/甲基硫菌灵 70%/2008.12.11 至 2013.12.11/低毒

水稻 纹枯病 1312.5-1575克/公顷 喷雾

PD20084350 仲丁威/25%/乳油/仲丁威 25%/2008.12.17 至 2013.12.17/低毒

水稻 稻飞虱 468.75-562.5克/公顷 喷雾

PD20085776 苄·丁/25%/粉剂/苄嘧磺隆 0.7%、丁草胺 24.3%/2008.12.29 至 2013.12.29/低毒

水稻抛秧田 一年生及部分多年生杂草 562.5-750克/公顷 毒土法

PD20091833 毒·辛/20%/乳油/毒死蜱 4%、辛硫磷 16%/2009.02.06 至 2014.02.06/低毒

水稻 稻纵卷叶螟 360-480克/公顷 喷雾

PD20092058 草甘膦异丙胺盐/41%/水剂/草甘膦异丙胺盐 41%/2009.02.13 至 2014.02.13/低毒

柑橘园 一年生及部分多年生杂草 1125-2250克/公顷 定向茎叶喷雾

PD20092283 乙草胺/20%/可湿性粉剂/乙草胺 20%/2009.02.24 至 2014.02.24/低毒

水稻移栽田 稗草 90-120克/公顷 毒土法

PD20093252 联苯菊酯/25克/升/乳油/联苯菊酯 25克/升/2009.03.11 至 2014.03.11/低毒

茶树 茶小绿叶蝉 30-37.5克/公顷 喷雾

PD20094440 阿维菌素/1.8%/乳油/阿维菌素 1.8%/2009.04.01 至 2014.04.01/中等毒(原药高毒)

柑橘树 红蜘蛛 6-9毫克/千克 喷雾

PD20095949 阿维·氯氰/2.1%/乳油/阿维菌素 0.1%、氯氰菊酯 2%/2009.06.02 至 2014.06.02/低毒(原药高毒)

十字花科蔬菜 小菜蛾 15.75-22.05克/公顷 喷雾

PD20096353 毒死蜱/40%/乳油/毒死蜱 40%/2009.07.28 至 2014.07.28/中等毒

水稻 稻纵卷叶螟 450-600克/公顷 喷雾

PD20097451 辛硫·三唑磷/20%/乳油/三唑磷 10%、辛硫磷 10%/2009.10.28 至 2014.10.28/中等毒

水稻 二化螟 360-450克/公顷 喷雾

LS20061603 马拉·辛硫磷/25%/乳油/马拉硫磷 12.5%、辛硫磷 12.5%/2008.08.17 至 2009.08.17/低毒

水稻 稻纵卷叶螟 300-375克/公顷 喷雾

LS20070718 苄·二氯/28%/可湿性粉剂/苄嘧磺隆 3%、二氯喹啉酸 25%/2009.03.29 至 2010.03.30/低毒

水稻秧田 一年生杂草 210-252克/公顷 茎叶喷雾

LS20071065 吡虫啉/5%/可湿性粉剂/吡虫啉 5%/2009.04.19 至 2010.04.20/低毒

水稻 稻飞虱 22.5-30克/公顷 喷雾

LS20071185 甲霜·锰锌/58%/可湿性粉剂/甲霜灵 10%、代森锰锌 48%/2009.05.07 至 2010.05.08/低毒

黄瓜 霜霉病 1305-1631.25克/公顷 喷雾

LS20072056 吡虫·杀虫单/35%/可湿性粉剂/吡虫啉 1%、杀虫单 34%/2009.08.29 至 2010.08.30/中等毒

水稻 稻飞虱、二化螟 525-787.5克/公顷 喷雾

LS20081674 唑磷·毒死蜱/25%/乳油/毒死蜱 5%、三唑磷 20%/2009.04.07 至 2010.04.07/中等毒

水稻 二化螟 300-375克/公顷 喷雾

LS20090273 阿维·杀虫单/30%/微乳剂/阿维菌素 0.2%、杀虫单 29.8%/2009.02.13 至 2010.02.13/中等毒(原药高毒)

水稻 二化螟 540-675克/公顷 喷雾

LS20090385 丙溴·辛硫磷 /30%/乳油/丙溴磷 7.2%、辛硫磷 22.8%/2009.03.13 至 2010.03.13/低毒

水稻 稻纵卷叶螟 405-450克/公顷 喷雾

江西赣南果业股份有限公司赣州农药分公司 (江西省赣州市虎岗 341005 0797-8452077)

PD84102-3 杀螟硫磷/45%/乳油/杀螟硫磷 45%/2009.10.21 至 2014.10.21/中等毒

茶树 尺蠖、毛虫、小绿叶蝉 250-500毫克/千克 喷雾

甘薯 小象甲 525-900克/公顷 喷雾

果树 卷叶蛾、毛虫、食心虫 250-500克/公顷 喷雾

棉花 红铃虫、棉铃虫 375-750克/公顷 喷雾

棉花 蚜虫、叶蝉、造桥虫 375-562.5克/公顷 喷雾

水稻 飞虱、螟虫、叶蝉 375-562.5克/公顷 喷雾

PD84104-49 杀虫双/18%/水剂/杀虫双 18%/2009.10.21 至 2014.10.21/中等毒

甘蔗、蔬菜、水稻、小麦、玉米 多种害虫 540-675克/公顷 喷雾

果树 多种害虫 225-360毫克/千克 喷雾

PD86133-3 仲丁威/25%/乳油/仲丁威 25%/2006.10.23 至 2011.10.23/低毒

水稻 飞虱、叶蝉 375-562.5克/公顷 喷雾

PD86148-7 异丙威/20%/乳油/异丙威 20%/2006.10.23 至 2011.10.23/中等毒

水稻 飞虱、叶蝉 450-600克/公顷 喷雾

PD86154 杀螟硫磷/80%,75%/原药/杀螟硫磷 80%,75%/2006.10.23 至 2011.10.23/中等毒

LS20051975 马拉·杀螟松/12%/乳油/马拉硫磷 10%、杀螟硫磷 2%/2008.05.24 至 2009.05.24/中等毒

水稻 二化螟 216-324克/公顷 喷雾

LS20061487 乙酰甲胺磷/20%/乳油/乙酰甲胺磷 20%/2008.07.17 至 2009.07.17/低毒
水稻 二化螟 561.6-1012.5克/公顷 喷雾
LS20071084 杀双·毒死蜱/24%/水乳剂/毒死蜱 10%、杀虫双 14%/2009.04.25 至 2010.04.26/低毒
水稻 二化螟 288-432克/公顷 喷雾
LS20072155 阿维·杀螟松/16%/乳油/阿维菌素 0.2%、杀螟硫磷 15.8%/2009.09.04 至 2010.09.05/低毒(原药高毒)
水稻 稻纵卷叶螟 120-144克/公顷 喷雾

江西核工业三农化工有限公司 (江西省新干县城南工业开发区 331300 0796-2676143)

LS20070751 草甘膦/10%/水剂/草甘膦 10%/2009.04.08 至 2009.12.31/低毒
柑橘园 一年生杂草和多年生恶性杂草 1125-2250克/公顷 定向茎叶喷雾
LS20070930 三唑酮/25%/可湿性粉剂/三唑酮 25%/2009.04.18 至 2010.04.19/低毒
小麦 白粉病 105-140克/公顷 喷雾
LS20072022 赤霉酸/4%/乳油/赤霉酸 4%/2009.08.09 至 2010.08.10/低毒
水稻 调节生长 30-40毫克/千克 喷雾
LS20082457 辛硫磷/40%/乳油/辛硫磷 40%/2009.04.22 至 2010.04.22/低毒
棉花 棉铃虫 450-600克/公顷 喷雾
LS20082570 赤霉酸/75%/结晶粉/赤霉酸 75%/2009.04.23 至 2010.04.23/低毒
水稻制种 调节生长 30-40毫克/千克 喷雾
LS20082581 吡虫啉/10%/可湿性粉剂/吡虫啉 10%/2009.04.23 至 2010.04.23/低毒
水稻 稻飞虱 30-45克/公顷 喷雾
LS20082744 多菌灵/25%/可湿性粉剂/多菌灵 25%/2009.05.04 至 2010.05.04/低毒
水稻 纹枯病 750-1000克/公顷 喷雾

江西禾益化工有限公司 (江西省彭泽县龙城镇矶山村 332700 0792-5683999)

PD20060215 异菌脲/95%/原药/异菌脲 95%/2006.12.26 至 2011.12.26/低毒
PD20070134 腐霉利/98.5%/原药/腐霉利 98.5%/2007.05.29 至 2012.05.29/低毒
PD20070241 灭蝇胺/75%/可湿性粉剂/灭蝇胺 75%/2007.08.30 至 2012.08.30/低毒
黄瓜 美洲斑潜蝇 112.5-168.75克/公顷 喷雾
PD20070242 灭蝇胺/98%/原药/灭蝇胺 98%/2007.08.30 至 2012.08.30/低毒
PD20070486 三环唑/75%/可湿性粉剂/三环唑 75%/2007.11.28 至 2012.11.28/低毒
水稻 稻瘟病 225-450克/公顷 喷雾
PD20070688 灭蝇胺/50%/可湿性粉剂/灭蝇胺 50%/2007.12.19 至 2012.12.19/低毒
黄瓜 美洲斑潜蝇 112.5-168.75克/公顷 喷雾
PD20080131 腐霉利/50%/可湿性粉剂/腐霉利 50%/2008.01.03 至 2013.01.03/低毒
葡萄 灰霉病 250-500毫克/千克 喷雾
PD20080984 腐霉利/20%/悬浮剂/腐霉利 20%/2008.07.24 至 2013.07.24/低毒
葡萄 灰霉病 400-500毫克/千克 喷雾
PD20081750 异稻·三环唑/20%/可湿性粉剂/三环唑 6.7%、异稻瘟净 13.3%/2008.11.18 至 2013.11.18/低毒
水稻 稻瘟病 300-450克/公顷 喷雾
PD20081855 腐霉·百菌清/50%/可湿性粉剂/百菌清 33.3%、腐霉利 16.7%/2008.11.20 至 2013.11.20/低毒
番茄 灰霉病 600-900克/公顷 喷雾
PD20085167 异菌·多菌灵/20%/悬浮剂/多菌灵 15%、异菌脲 5%/2008.12.23 至 2013.12.23/低毒
苹果树 斑点落叶病 333-500毫克/千克 喷雾
PD20085445 异菌脲/50%/可湿性粉剂/异菌脲 50%/2008.12.24 至 2013.12.24/低毒
番茄 早疫病 375-562.5克/公顷 喷雾
苹果树 斑点落叶病 333.3-500毫克/千克 喷雾
葡萄 灰霉病 750-1000倍液 喷雾
PD20085855 噻嗪·速灭威/25%/可湿性粉剂/噻嗪酮 5%、速灭威 20%/2008.12.29 至 2013.12.29/中等毒
水稻 稻飞虱 187.5-281.25克/公顷 喷雾
PD20095999 阿维·抑食肼/20%/可湿性粉剂/阿维菌素 0.3%、抑食肼 19.7%/2009.06.11 至 2014.06.11/低毒(原药高毒)
甘蓝 斜纹夜蛾 120-150克/公顷 喷雾
PD20096829 二氰·锰锌/65%/可湿性粉剂/二氰蒽醌 5%、代森锰锌 60%/2009.09.21 至 2014.09.21/低毒
梨树 黑星病 500-750倍液 喷雾
PD20096834 二氰蒽醌/95%/原药/二氰蒽醌 95%/2009.09.21 至 2014.09.21/低毒
PD20096835 二氰蒽醌/22.7%/悬浮剂/二氰蒽醌 22.7%/2009.09.21 至 2014.09.21/低毒
辣椒 炭疽病 213-284克/公顷 喷雾
PD20096892 氟硅唑/95%/原药/氟硅唑 95%/2009.09.23 至 2014.09.23/低毒
PD20096942 吡虫啉/95%/原药/吡虫啉 95%/2009.09.29 至 2014.09.29/低毒
PD20096966 丙环唑/95%/原药/丙环唑 95%/2009.09.29 至 2014.09.29/低毒
PD20096998 甲霜灵/96%/原药/甲霜灵 96%/2009.09.29 至 2014.09.29/低毒
PD20097150 盐酸吗啉胍/20%/可湿性粉剂/盐酸吗啉胍 20%/2009.10.16 至 2014.10.16/低毒
番茄 病毒病 375-750克/公顷 喷雾
烟草 病毒病 500-667毫克/千克 喷雾
PD20097207 王铜·霜脲氰/40%/可湿性粉剂/霜脲氰 10%、王铜 30%/2009.10.19 至 2014.10.19/低毒
黄瓜 霜霉病 720-960克/公顷 喷雾

LS2000672 王铜·菌核净/45%/可湿性粉剂/菌核净 20%、王铜 25%/2009.01.09 至 2009.12.31/低毒
烟草 赤星病 562.5-843.75克/公顷 喷雾
LS20011695 王铜/90%/原药/王铜 90%/2009.01.09 至 2009.12.31/低毒
LS20030925 王铜/30%/悬浮剂/王铜 30%/2009.01.09 至 2009.12.31/低毒
番茄 早疫病 225-321.4克/公顷 喷雾
柑橘树 溃疡病 600-800倍液 喷雾
花生 叶斑病 405-540克/公顷 喷雾
LS20041576 王铜/50%/可湿性粉剂/王铜 50%/2009.01.09 至 2009.12.31/低毒
黄瓜 细菌性角斑病 1607-2250克/公顷 喷雾
LS20051291 柴油·哒螨灵/83%/乳油/柴油 75%、哒螨灵 8%/2008.04.12 至 2009.04.12/低毒
柑橘树 红蜘蛛 276.7-415毫克/千克 喷雾
LS20052084 灭蝇胺/1.5%/颗粒剂/灭蝇胺 1.5%/2008.06.05 至 2009.06.05/低毒
韭菜 韭蛆 180-225克/公顷 撒施
LS20053284 叶枯唑/20%/可湿性粉剂/叶枯唑 20%/2008.10.17 至 2009.10.17/低毒
番茄 青枯病 400-667毫克/千克 灌根
LS20053833 抑食肼/92%/原药/抑食肼 92%/2008.12.22 至 2009.12.22/低毒
LS20060623 杀单·辛硫磷/42.9%/可湿性粉剂/杀虫单 29.9%、辛硫磷 13%/2009.03.23 至 2010.03.23/中等毒
水稻 二化螟 643.5-772.2克/公顷 喷雾
LS20061821 灭胺·杀虫单/75%/可湿性粉剂/灭蝇胺 10%、杀虫单 65%/2009.10.31 至 2010.10.31/中等毒
菜豆 美洲斑潜蝇 450-675克/公顷 喷雾
LS20061934 啶虫·二嗪磷/22.5%/乳油/啶虫脒 2.5%、二嗪磷 20%/2009.12.06 至 2010.12.06/低毒
柑橘 介壳虫 150-225毫克/千克 喷雾
LS20070858 高效氯氟氰菊酯/2.5%/微乳剂/高效氯氟氰菊酯 2.5%/2009.04.11 至 2010.04.12/中等毒
十字花科蔬菜 菜青虫 7.5-11.25克/公顷 喷雾
LS20071437 二嗪磷/40%/水乳剂/二嗪磷 40%/2009.05.20 至 2010.05.21/低毒
水稻 二化螟 420-600克/公顷 喷雾
LS20071618 乙嘧酚/95%/原药/乙嘧酚 95%/2009.06.05 至 2010.06.06/低毒
LS20071622 乙嘧酚/25%/悬浮剂/乙嘧酚 25%/2009.06.05 至 2010.06.06/低毒
黄瓜 白粉病 234.38-351.56克/公顷 喷雾
LS20072347 菌核净/96%/原药/菌核净 96%/2009.10.15 至 2010.10.16/低毒
LS20090046 三环·多菌灵 /75%/可湿性粉剂/多菌灵 45%、三环唑 30%/2009.01.08 至 2010.01.08/低毒
水稻 稻瘟病 337.5-450克/公顷 喷雾
LS20090950 阿维·噻螨酮/6%/微乳剂/阿维菌素 1%、噻螨酮 5%/2009.04.10 至 2010.04.10/低毒(原药高毒)
柑橘树 红蜘蛛 30-40毫克/千克 喷雾
LS20090956 二氰蒽醌/66%/水分散粒剂/二氰蒽醌 66%/2009.04.10 至 2010.04.10/低毒
辣椒 炭疽病 198—297克/公顷 喷雾

江西黑猫蚊香厂 (江西省峡江县城南工业园区 331409 0796-3692307)

WL20070182 蚊香/0.3%/蚊香/富右旋反式烯丙菊酯 0.3%/2009.09.11 至 2010.09.12/微毒
卫生 蚊 / 点燃

江西红土地化工有限公司 (江西省南昌县莲塘镇迎宾北大道1088号 330200 0791-5260607)

PD20081321 异丙威/20%/乳油/异丙威 20%/2008.10.20 至 2013.10.20/中等毒
水稻 稻飞虱 450-600克/公顷 喷雾
PD20085029 毒死蜱/480克/升/乳油/毒死蜱 480克/升/2008.12.22 至 2013.12.22/中等毒
水稻 二化螟 468-576克/公顷 喷雾
PD20085626 高效氯氟氰菊酯/25克/升/乳油/高效氯氟氰菊酯 25克/升/2008.12.25 至 2013.12.25/中等毒
棉花 棉铃虫 15-22.5克/公顷 喷雾
PD20085669 丙溴·辛硫磷/25%/乳油/丙溴磷 6%、辛硫磷 19%/2008.12.26 至 2013.12.26/中等毒
棉花 棉铃虫 337.5-375克/公顷 喷雾
PD20086077 马拉·辛硫磷/25%/乳油/马拉硫磷 12.5%、辛硫磷 12.5%/2008.12.30 至 2013.12.30/中等毒
水稻 稻纵卷叶螟 300-375克/公顷 喷雾
PD20090368 敌百·辛硫磷/30%/乳油/敌百虫 20%、辛硫磷 10%/2009.01.12 至 2014.01.12/低毒
水稻 二化螟 450-540克/公顷 喷雾
PD20096565 三唑磷/20%/乳油/三唑磷 20%/2009.08.24 至 2014.08.24/中等毒
水稻 二化螟 1215-1515毫升制剂/公顷 喷雾
PD20097700 阿维·高氯/1.8%/乳油/阿维菌素 0.3%、高效氯氰菊酯 1.5%/2009.11.04 至 2014.11.04/中等毒(原药高毒)
甘蓝 小菜蛾 7.5-15克/公顷 喷雾
PD20097766 唑磷·毒死蜱/25%/乳油/毒死蜱 5%、三唑磷 20%/2009.11.12 至 2014.11.12/中等毒
水稻 二化螟 225-375克/公顷 喷雾
LS20060823 乙酰甲胺磷/20%/乳油/乙酰甲胺磷 20%/2009.04.12 至 2010.04.12/低毒
水稻 稻纵卷叶螟 600-750克/公顷 喷雾
LS20060890 三唑磷/13.5%/乳油/三唑磷 13.5%/2009.04.17 至 2010.04.17/中等毒
水稻 二化螟 243-303.75克/公顷 喷雾

LS20061044 辛硫·三唑磷/20%/乳油/三唑磷 10%、辛硫磷 10%/2009.04.25 至 2010.04.25/中等毒
水稻 二化螟 360-450克/公顷 喷雾

江西华兴化工有限公司 (江西省乐平市工业园塔山工业区 333311 0798-6225555-605)

PD20085578 毒死蜱/480克/升/乳油/毒死蜱 480克/升/2008.12.25 至 2013.12.25/中等毒
水稻 稻纵卷叶螟 576-720克/公顷 喷雾

PD20090277 异丙威/20%/乳油/异丙威 20%/2009.01.14 至 2014.01.14/中等毒
水稻 稻飞虱 450-600克/公顷 喷雾

PD20090604 杀虫双/18%/水剂/杀虫双 18%/2009.01.14 至 2014.01.14/中等毒
水稻 二化螟 540-675克/公顷 喷雾

PD20096790 高效氯氟氰菊酯/25克/升/乳油/高效氯氟氰菊酯 25克/升/2009.09.15 至 2014.09.15/中等毒
棉花 棉铃虫 15-22.5克/公顷 喷雾

江西汇和化工有限公司 (江西省南昌市高新大道578号 330096 0791-8115275)

PD20083179 联苯菊酯/25克/升/乳油/联苯菊酯 25克/升/2008.12.11 至 2013.12.11/中等毒
茶树 茶尺蠖 7.5-15克/公顷 喷雾

PD20083921 异丙威/20%/乳油/异丙威 20%/2008.12.15 至 2013.12.15/中等毒
水稻 稻飞虱 450-600克/公顷 喷雾

PD20083955 三环唑/75%/可湿性粉剂/三环唑 75%/2008.12.15 至 2013.12.15/低毒
水稻 稻瘟病 225-300克/公顷 喷雾

PD20084062 杀螟丹/50%/可溶粉剂/杀螟丹 50%/2008.12.16 至 2013.12.16/中等毒
水稻 二化螟 600-750克/公顷 喷雾

PD20084080 噻嗪·异丙威/25%/乳油/噻嗪酮 5%、异丙威 20%/2008.12.16 至 2013.12.16/中等毒
水稻 稻飞虱 450-562.5克/公顷 喷雾

PD20084144 毒死蜱/480克/升/乳油/毒死蜱 480克/升/2008.12.16 至 2013.12.16/中等毒
水稻 稻纵卷叶螟 576-720克/公顷 喷雾

PD20084421 高效氯氟氰菊酯/25克/升/乳油/高效氯氟氰菊酯 25克/升/2008.12.17 至 2013.12.17/中等毒
十字花科蔬菜 菜青虫 11.25-15克/公顷 喷雾

PD20085484 炔螨特/73%/乳油/炔螨特 73%/2008.12.25 至 2013.12.25/低毒
柑橘树 红蜘蛛 292-365毫克/千克 喷雾

PD20091272 氯氰·丙溴磷/440克/升/乳油/丙溴磷 400克/升、氯氰菊酯 40克/升/2009.02.01 至 2014.02.01/中等毒
棉花 棉铃虫 462-660克/公顷 喷雾

PD20091598 甲氰菊酯/20%/乳油/甲氰菊酯 20%/2009.02.03 至 2014.02.03/中等毒
十字花科蔬菜 菜青虫 75-90克/公顷 喷雾

PD20093075 丁硫克百威/200克/升/乳油/丁硫克百威 200克/升/2009.03.09 至 2014.03.09/中等毒
棉花 蚜虫 120-180克/公顷 喷雾

PD20096200 阿维菌素/18克/升/乳油/阿维菌素 18克/升/2009.07.15 至 2014.07.15/低毒(原药高毒)
甘蓝 小菜蛾 9.45-10.8克/公顷 喷雾

PD20096420 井冈霉素/20%/可溶粉剂/井冈霉素 20%/2009.08.04 至 2014.08.04/低毒
水稻 纹枯病 150-187.5克/公顷 喷雾

PD20097419 杀螺胺乙醇胺盐/50%/可湿性粉剂/杀螺胺乙醇胺盐 50%/2009.10.28 至 2014.10.28/低毒
水稻 福寿螺 450—600克/公顷 毒土法

PD20098019 丙草胺/300克/升/乳油/丙草胺 300克/升/2009.12.07 至 2014.12.07/低毒
水稻秧田 一年生杂草 360—540克/公顷 播后苗前土壤处理

LS20080996 阿维·哒螨灵/10%/乳油/阿维菌素 0.2%、哒螨灵 9.8%/2009.03.06 至 2010.03.06/中等毒(原药高毒)
柑橘树 红蜘蛛 50-100毫克/千克 喷雾

LS20081170 氟铃·辛硫磷/20%/乳油/氟铃脲 2%、辛硫磷 18%/2009.03.10 至 2010.03.10/低毒
棉花 棉铃虫 210-300克/公顷 喷雾

LS20081228 三唑磷/40%/乳油/三唑磷 40%/2009.03.10 至 2010.03.10/中等毒
水稻 三化螟 300-480克/公顷 喷雾

LS20090357 苯醚甲环唑/20%/微乳剂/苯醚甲环唑 20%/2009.03.13 至 2010.03.13/低毒
西瓜 炭疽病 90-120克/公顷 喷雾

LS20090461 高效氯氟氰菊酯/5%/微乳剂/高效氯氟氰菊酯 5%/2009.03.18 至 2010.03.18/中等毒
十字花科蔬菜 菜青虫 7.5-15克/公顷 喷雾

LS20090542 氟铃·毒死蜱/22%/乳油/毒死蜱 20%、氟铃脲 2%/2009.03.18 至 2010.03.18/中等毒
棉花 棉铃虫 330-396克/公顷 喷雾

LS20090887 唑磷·毒死蜱/25%/乳油/毒死蜱 10%、三唑磷 15%/2009.04.09 至 2010.04.09/中等毒
水稻 二化螟 300—375克/公顷 喷雾

LS20091029 草甘膦铵盐(63.8%)///可溶粉剂/草甘膦 58%/2009.04.13 至 2010.04.13/低毒
柑橘园 杂草 1706-2242.5克/公顷 茎叶喷雾

LS20091320 甲维·毒死蜱/20%/微乳剂/毒死蜱 19.8%、甲氨基阿维菌素苯甲酸盐 0.2%/2009.06.02 至 2010.06.02/中等毒
甘蓝 小菜蛾 90—150克/公顷 喷雾

江西金龙化工有限公司 (江西省乐平市塔山 333320 0798-6821910)

PD20080105 乙烯利/80%/原药/乙烯利 80%/2008.01.03 至 2013.01.03/低毒

PD20081144 草甘膦/95%/原药/草甘膦 95%/2008.09.01 至 2013.09.01/低毒

PD20086386 乙烯利/40%/水剂/乙烯利 40%/2008.12.31 至 2013.12.31/低毒

番茄 催熟 800-1000倍液 兑水喷雾

棉花 增产 300-500倍液 兑水喷雾

香蕉 催熟 300-400倍液 兑水喷雾

橡胶树 增产 5-10倍液 涂抹

LS20081073 乙烯利/80%/原药/乙烯利 80%/2008.03.07 至 2009.03.07/低毒

江西劲农化工有限公司 (江西省湖口县金砂湾工业园 330096 0791-8115275)

PD20083801 灭蝇胺/10%/悬浮剂/灭蝇胺 10%/2008.12.15 至 2013.12.15/低毒

黄瓜 美洲斑潜蝇 150-225克/公顷 喷雾

PD20083820 杀螟丹/50%/可溶粉剂/杀螟丹 50%/2008.12.15 至 2013.12.15/中等毒

水稻 二化螟 600-750克/公顷 喷雾

PD20084001 稻瘟灵/30%/乳油/稻瘟灵 30%/2008.12.16 至 2013.12.16/低毒

水稻 稻瘟病 450-675克/公顷 喷雾

PD20084015 高效氯氟氰菊酯/25克/升/乳油/高效氯氟氰菊酯 25克/升/2008.12.16 至 2013.12.16/中等毒

十字花科蔬菜 菜青虫 300-600毫升/公顷 喷雾

烟草 烟青虫 300-375毫升/公顷 喷雾

PD20084037 井冈霉素/10%/可溶粉剂/井冈霉素 10%/2008.12.16 至 2013.12.16/低毒

水稻 纹枯病 150-187.5克/公顷 喷雾

PD20084261 炔螨特/57%/乳油/炔螨特 57%/2008.12.17 至 2013.12.17/低毒

柑橘树 红蜘蛛 228-380毫克/千克 喷雾

PD20084462 甲氰菊酯/20%/乳油/甲氰菊酯 20%/2008.12.17 至 2013.12.17/中等毒

甘蓝 菜青虫 60-90克/公顷 喷雾

PD20084477 灭幼脲/20%/悬浮剂/灭幼脲 20%/2008.12.17 至 2013.12.17/低毒

甘蓝 菜青虫 45-75克/公顷 喷雾

PD20084556 甲基硫菌灵/70%/可湿性粉剂/甲基硫菌灵 70%/2008.12.18 至 2013.12.18/低毒

番茄 叶霉病 378-567克/公顷 喷雾

PD20084562 代森锰锌/80%/可湿性粉剂/代森锰锌 80%/2008.12.18 至 2013.12.18/低毒

柑橘树 炭疽病 1333-2000毫克/千克 喷雾

PD20084780 多·福/40%/可湿性粉剂/多菌灵 15%、福美双 25%/2008.12.22 至 2013.12.22/低毒

葡萄 霜霉病 1000-1250毫克/千克 喷雾

PD20084812 溴氰菊酯/25克/升/乳油/溴氰菊酯 25克/升/2008.12.22 至 2013.12.22/中等毒

烟草 烟青虫 7.5—9.375克/公顷 喷雾

PD20084936 多菌灵/80%/可湿性粉剂/多菌灵 80%/2008.12.22 至 2013.12.22/低毒

苹果树 轮纹病 800-1000毫克/千克 喷雾

PD20085591 马拉硫磷/45%/乳油/马拉硫磷 45%/2008.12.25 至 2013.12.25/低毒

棉花 盲蝽蟓 506.25-607.5克/公顷 喷雾

PD20085694 异丙威/20%/乳油/异丙威 20%/2008.12.26 至 2013.12.26/低毒

水稻 稻飞虱 450-600克/公顷 喷雾

PD20090974 草甘膦异丙胺盐/41%/水剂/草甘膦异丙胺盐 41%/2009.01.20 至 2014.01.20/低毒

柑橘园 杂草 1125-2250克/公顷 定向茎叶喷雾

PD20093039 噻嗪·异丙威/25%/可湿性粉剂/噻嗪酮 5%、异丙威 20%/2009.03.09 至 2014.03.09/低毒

水稻 稻飞虱 487.5-562.5克/公顷 喷雾

PD20094150 仲丁灵/360克/升/乳油/仲丁灵 360克/升/2009.03.27 至 2014.03.27/低毒

烟草 抑制腋芽生长 54-72毫克/株 杯淋法

PD20094605 高效氟吡甲禾灵/108克/升/乳油/高效氟吡甲禾灵 108克/升/2009.04.10 至 2014.04.10/低毒

春大豆田 一年生禾本科杂草 56.7-64.8克/公顷 茎叶喷雾

夏大豆田 一年生禾本科杂草 40.5-56.7克/公顷 茎叶喷雾

PD20095747 丁硫克百威/200克/升/乳油/丁硫克百威 200克/升/2009.05.18 至 2014.05.18/中等毒

棉花 蚜虫 90-135克/公顷 喷雾

PD20095840 多·锰锌/35%/可湿性粉剂/多菌灵 17.5%、代森锰锌 17.5%/2009.05.27 至 2014.05.27/低毒

苹果 斑点落叶病 1000-1250毫克/千克 喷雾

PD20097875 敌畏·毒死蜱/35%/乳油/敌敌畏 25%、毒死蜱 10%/2009.11.20 至 2014.11.20/中等毒

水稻 稻纵卷叶螟 420-525克/公顷 喷雾

PD20098136 丙草胺/300克/升/乳油/丙草胺 300克/升/2009.12.08 至 2014.12.08/低毒

水稻秧田 一年生杂草 360-540克/公顷 播后苗前土壤喷雾

LS20052363 三唑磷/13.5%/乳油/三唑磷 13.5%/2008.06.29 至 2009.06.29/中等毒

水稻 二化螟 243-303.75克/公顷 喷雾

LS20053652 苄·乙/18%/可湿性粉剂/苄嘧磺隆 4%、乙草胺 14%/2008.11.29 至 2009.11.29/低毒

移栽水稻田 一年生杂草 84-118克/公顷 药土法

LS20053674 阿维·高氯/2.4%/可湿性粉剂/阿维菌素 0.2%、高效氯氰菊酯 2.2%/2008.11.29 至 2009.11.29/低毒(原药高毒)

黄瓜 美洲斑潜蝇 15-30克/公顷 喷雾

LS20053688 吡虫啉/5%/可湿性粉剂/吡虫啉 5%/2008.11.29 至 2009.11.29/低毒
小麦 蚜虫 15-30克/公顷(南方地区) 喷雾
45-60克/公顷(北方地区)
LS20053694 阿维·高氯/2%/微乳剂/阿维菌素 0.2%、高效氯氰菊酯 1.8%/2008.11.29 至 2009.11.29/中等毒(原药高毒)
十字花科蔬菜 菜青虫、小菜蛾 13.5-27克/公顷 喷雾
LS20053695 吡虫·杀虫单/35%/可湿性粉剂/吡虫啉 1%、杀虫单 34%/2008.11.29 至 2009.11.29/中等毒
水稻 稻纵卷叶螟、二化螟、飞虱、三化螟 450-750克/公顷 喷雾
LS20060012 吡虫啉/5%/乳油/吡虫啉 5%/2009.01.16 至 2010.01.16/低毒
水稻 稻飞虱 15-30克/公顷 喷雾
LS20061277 三唑磷/92%/原药/三唑磷 92%/2009.06.01 至 2010.06.01/中等毒
LS20071542 高效氯氟氰菊酯/25克/升/乳油/高效氯氟氰菊酯 25克/升/2008.05.29 至 2009.05.30/中等毒
十字花科蔬菜 菜青虫 7.5-15克/公顷 喷雾
LS20081039 三唑磷/15%/微乳剂/三唑磷 15%/2009.03.07 至 2010.03.07/中等毒
水稻 二化螟 270-337.5克/公顷 喷雾
LS20081060 阿维菌素/18克/升/乳油/阿维菌素 18克/升/2009.03.07 至 2010.03.07/低毒(原药高毒)
棉花 红蜘蛛 10.8-16.2克/公顷 喷雾
LS20081085 菌核净/40%/可湿性粉剂/菌核净 40%/2009.03.10 至 2010.03.10/低毒
烟草 赤星病 600-900克/公顷 喷雾
LS20081166 丙溴·辛硫磷/25%/乳油/丙溴磷 6%、辛硫磷 19%/2009.03.10 至 2010.03.10/低毒
水稻 稻纵卷叶螟 375-562.5克/公顷 喷雾
LS20082563 叶枯唑/20%/可湿性粉剂/叶枯唑 20%/2009.04.23 至 2010.04.23/低毒
水稻 白叶枯病 240-360克/公顷 喷雾
LS20090351 盐酸吗啉胍/20%/可湿性粉剂/盐酸吗啉胍 20%/2009.03.13 至 2010.03.13/低毒
烟草 病毒病 600-750克/公顷 喷雾
LS20090391 咪鲜·三环唑/20%/可湿性粉剂/咪鲜胺 5%、三环唑 15%/2009.03.16 至 2010.03.16/低毒
水稻 稻瘟病 150-210克/公顷 喷雾
LS20090392 高效氯氟氰菊酯/5%/微乳剂/高效氯氟氰菊酯 5%/2009.03.16 至 2010.03.16/中等毒
十字花科蔬菜 菜青虫 11.25-15克/公顷 喷雾
LS20090448 毒死蜱/25%/微乳剂/毒死蜱 25%/2009.03.18 至 2010.03.18/中等毒
水稻 稻纵卷叶螟 487.5-562.5克/公顷 喷雾
LS20090862 苄嘧·丙草胺/30%/可湿性粉剂/苄嘧磺隆 4%、丙草胺 26%/2009.04.09 至 2010.04.09/低毒
直播水稻(南方) 一年生杂草 225-270克/公顷 播后苗前土壤喷雾
LS20090900 氟铃·毒死蜱/20%/乳油/毒死蜱 18%、氟铃脲 2%/2009.04.09 至 2010.04.09/中等毒
甘蓝 甜菜夜蛾 180-210克/公顷 喷雾

江西龙源农药有限公司 (江西省新建县樵舍镇经济开发区 330116 0791-3210789)

PD20082104 异丙威/20%/乳油/异丙威 20%/2008.11.25 至 2013.11.25/中等毒
水稻 稻飞虱 450-600克/公顷 喷雾
PD20084116 乙酰甲胺磷/30%/乳油/乙酰甲胺磷 30%/2008.12.16 至 2013.12.16/低毒
水稻 二化螟 787.5-1012.5克/公顷 喷雾
PD20090926 井冈霉素/5%/水剂/井冈霉素 5%/2009.01.19 至 2014.01.19/微毒
水稻 纹枯病 150-187.5克/公顷 喷雾
PD20091479 甲氰菊酯/20%/乳油/甲氰菊酯 20%/2009.02.02 至 2014.02.02/中等毒
十字花科蔬菜 菜青虫 75-90克/公顷 喷雾
PD20091918 高效氯氟氰菊酯/25克/升/乳油/高效氯氟氰菊酯 25克/升/2009.02.12 至 2014.02.12/中等毒
棉花 棉铃虫 15-22.5克/公顷 喷雾
PD20091945 仲丁威/20%/乳油/仲丁威 20%/2009.02.12 至 2014.02.12/低毒
水稻 稻飞虱 450-600克/公顷 喷雾
PD20092033 毒死蜱/480克/升/乳油/毒死蜱 480克/升/2009.02.12 至 2014.02.12/中等毒
水稻 稻纵卷叶螟 504-648克/公顷 喷雾
PD20092070 多菌灵/50%/可湿性粉剂/多菌灵 50%/2009.02.16 至 2014.02.16/低毒
水稻 稻瘟病、纹枯病 600-750克/公顷 喷雾
PD20093099 氰戊·辛硫磷/30%/乳油/氰戊菊酯 5%、辛硫磷 25%/2009.03.09 至 2014.03.09/低毒
棉花 棉铃虫 180-270克/公顷 喷雾
PD20095110 异丙威/4%/粉剂/异丙威 4%/2009.04.24 至 2014.04.24/低毒
水稻 稻飞虱 540-600克/公顷 喷粉
PD20096758 噻嗪·异丙威/25%/可湿性粉剂/噻嗪酮 5%、异丙威 20%/2009.09.15 至 2014.09.15/低毒
水稻 稻飞虱 375-562.5克/公顷 喷雾
PD20096960 辛硫·三唑磷/30%/乳油/三唑磷 7.5%、辛硫磷 22.5%/2009.09.29 至 2014.09.29/低毒
水稻 稻纵卷叶螟、二化螟 450-540克/公顷 喷雾
PD20097575 唑磷·毒死蜱/25%/乳油/毒死蜱 8.3%、三唑磷 16.7%/2009.11.03 至 2014.11.03/中等毒
水稻 稻纵卷叶螟、三化螟 262.5-337.5克/公顷 喷雾
PD20098134 三唑磷/20%/乳油/三唑磷 20%/2009.12.08 至 2014.12.08/中等毒

水稻 二化螟 202.5-303.75克/公顷 喷雾
LS20052850 吡虫·杀虫单/70%/可湿性粉剂/吡虫啉 2%、杀虫单 68%/2008.09.01 至 2009.09.01/中等毒
水稻 稻纵卷叶螟、二化螟、飞虱、三化螟 450-750克/公顷 喷雾
LS20070875 喹硫·敌百虫/35%/乳油/敌百虫 28%、喹硫磷 7%/2009.04.11 至 2010.04.12/中等毒
水稻 三化螟 525-630克/公顷 喷雾
LS20071568 敌百·辛硫磷/30%/乳油/敌百虫 20%、辛硫磷 10%/2009.06.04 至 2010.06.05/低毒
水稻 二化螟 450-540克/公顷 喷雾
LS20072453 哒螨灵/15%/乳油/哒螨灵 15%/2009.11.05 至 2010.11.06/中等毒
柑橘树 红蜘蛛 50-100毫克/千克 喷雾
LS20080982 吡虫·噻嗪酮/20%/可湿性粉剂/吡虫啉 2%、噻嗪酮 18%/2009.03.06 至 2010.03.06/低毒
水稻 稻飞虱 120-150克/公顷 喷雾
LS20081099 啶虫脒/3%/乳油/啶虫脒 3%/2009.03.10 至 2010.03.10/低毒
烟草 蚜虫 13.5-18克/公顷 喷雾
LS20081259 吡虫啉/10%/可湿性粉剂/吡虫啉 10%/2009.03.11 至 2010.03.11/低毒
水稻 稻飞虱 22.5-45克/公顷 喷雾
LS20081466 井冈·水杨酸/13%/水剂/井冈霉素 3%、水杨酸钠 10%/2009.03.27 至 2010.03.27/低毒
水稻 纹枯病 146.25-195克/公顷 喷雾
LS20082719 咪鲜胺/25%/乳油/咪鲜胺 25%/2009.04.29 至 2010.04.29/低毒
柑橘树 炭疽病 250-500毫克/千克 喷雾
LS20082930 毒死蜱/25%/微乳剂/毒死蜱 25%/2009.07.18 至 2010.07.18/中等毒
水稻 稻纵卷叶螟 450-562.5克/公顷 喷雾
LS20083177 甲氨基阿维菌素苯甲酸盐/2%/乳油/甲氨基阿维菌素苯甲酸盐 2%/2009.11.20 至 2010.11.20/中等毒
甘蓝 小菜蛾 1.8-2.4克/公顷 喷雾
LS20083226 烯唑醇/12.5%/可湿性粉剂/烯唑醇 12.5%/2009.12.10 至 2010.12.10/低毒
水稻 纹枯病 56-112.5克/公顷 喷雾

江西绿川生物科技实业有限公司 (江西省抚州市抚北工业园区 344000 0794-7023333)

PD20083490 高效氯氟氰菊酯/25克/升/乳油/高效氯氟氰菊酯 25克/升/2008.12.12 至 2013.12.12/中等毒
十字花科蔬菜 菜青虫 7.5-11.25克/公顷 喷雾
PD20084916 噻嗪酮/25%/可湿性粉剂/噻嗪酮 25%/2008.12.22 至 2013.12.22/低毒
水稻 稻飞虱 112.5-150克/公顷 喷雾
PD20085403 井冈霉素/5%/水剂/井冈霉素 5%/2008.12.24 至 2013.12.24/低毒
水稻 纹枯病 150-187.5克/公顷 喷雾
PD20085620 仲丁威/50%/乳油/仲丁威 50%/2008.12.25 至 2013.12.25/低毒
水稻 稻飞虱 562.5-750克/公顷 喷雾
PD20085664 杀螺胺/70%/可湿性粉剂/杀螺胺 70%/2008.12.26 至 2013.12.26/低毒
水稻 福寿螺 450-495克/公顷 撒施
PD20092031 多菌灵/50%/可湿性粉剂/多菌灵 50%/2009.02.12 至 2014.02.12/低毒
水稻 纹枯病 750-900克/公顷 喷雾
PD20094356 联苯菊酯/25克/升/乳油/联苯菊酯 25克/升/2009.04.01 至 2014.04.01/低毒
茶树 茶尺蠖 7.5-15克/公顷 喷雾
PD20096365 毒死蜱/480克/升/乳油/毒死蜱 480克/升/2009.08.04 至 2014.08.04/中等毒
水稻 稻纵卷叶螟 450-600克/公顷 喷雾
PD20097195 三环唑/75%/可湿性粉剂/三环唑 75%/2009.10.16 至 2014.10.16/低毒
水稻 稻瘟病 225-300克/公顷 喷雾
PD20098263 杀螟丹/50%/可溶粉剂/杀螟丹 50%/2009.12.16 至 2014.12.16/中等毒
水稻 二化螟 600-900克/公顷 喷雾
LS20090087 苄·丁/25%/可湿性粉剂/苄嘧磺隆 1%、丁草胺 24%/2009.01.09 至 2010.01.09/低毒
水稻抛秧田 一年生及部分多年生杂草 525-750克/公顷 毒土法
LS20090609 杀单·毒死蜱/25%/可湿性粉剂/毒死蜱 5%、杀虫单 20%/2009.03.23 至 2010.03.23/低毒
水稻 稻纵卷叶螟 562.5-675克/公顷 喷雾
LS20090631 甲氨基阿维菌素苯甲酸盐(2.3%)///乳油/甲氨基阿维菌素 2%/2009.03.23 至 2010.03.23/低毒
十字花科蔬菜 小菜蛾 2.1-3.3克/公顷 喷雾
LS20090637 甲氨基阿维菌素苯甲酸盐(5.7%)///水分散粒剂/甲氨基阿维菌素 5%/2009.03.23 至 2010.03.23/低毒
水稻 稻纵卷叶螟 9-11.25克/公顷 喷雾
LS20090644 阿维·炔螨特/40%/乳油/阿维菌素 0.3%、炔螨特 39.7%/2009.03.23 至 2010.03.23/低毒(原药高毒)
柑橘树 红蜘蛛 200-400毫克/千克 喷雾

江西绿田生化有限公司 (江西省上饶市余干县黄金埠镇 335101 0793-3271584)

PD86101-37 赤霉酸/4%/乳油/赤霉酸 4%/2006.09.10 至 2011.09.10/低毒
菠菜 增加鲜重 10-25毫克/千克 叶面处理1-3次
菠萝 果实增大、增重 40-80毫克/千克 喷花
柑橘树 果实增大、增重 20-40毫克/千克 喷花
花卉 提前开花 700毫克/千克 叶面处理涂抹花芽

绿肥 增产 10-20毫克/千克 喷雾
马铃薯 苗齐、增产 0.5-1毫克/千克 浸薯块10-30分钟
棉花 提高结铃率、增产 10-20毫克/千克 点喷、点涂或喷雾
葡萄 无核、增产 50-200毫克/千克 花后1周处理果穗
芹菜 增产 20-100毫克/千克 叶面处理1次
人参 增加发芽率 20毫克/千克 播前浸种15分钟
水稻 增加千粒重、制种 20-30毫克/千克 喷雾

PD86183-40 赤霉酸/75%/结晶粉/赤霉酸 75%/2007.04.02 至 2012.04.02/低毒
菠菜 增加鲜重 10-25毫克/千克 叶面处理1-3次
菠萝 果实增大、增重 40-80毫克/千克 喷花
柑橘树 果实增大、增重 20-40毫克/千克 喷花
花卉 提前开花 700毫克/千克 叶面处理涂抹花芽
绿肥 增产 10-20毫克/千克 喷雾
马铃薯 苗齐、增产 0.5-1毫克/千克 浸薯块10-30分钟
棉花 提高结铃率、增产 10-20毫克/千克 点喷、点涂或喷雾
葡萄 无核、增产 50-200毫克/千克 花后一周处理果穗
芹菜 增加鲜重 20-100毫克/千克 叶面处理1次
人参 增加发芽率 20毫克/千克 播种前浸种15分钟
水稻 增加千粒重、制种 20-30毫克/千克 喷雾

江西明兴农药实业有限公司 (江西省南昌市新建县七里岗 330116 0791-3209238)

PD20081175 毒·辛/25%/乳油/毒死蜱 7%、辛硫磷 18%/2008.09.11 至 2013.09.11/低毒
水稻 稻纵卷叶螟 300-450克/公顷 喷雾

PD20081177 毒死蜱/480克/升/乳油/毒死蜱 480克/升/2008.09.11 至 2013.09.11/中等毒
水稻 二化螟 468-576克/公顷 喷雾

PD20082368 氰戊·辛硫磷/25%/乳油/氰戊菊酯 6.5%、辛硫磷 18.5%/2008.12.01 至 2013.12.01/中等毒
棉花 棉铃虫 270-300克/公顷 喷雾

PD20083639 氯氰·敌敌畏/10%/乳油/敌敌畏 8%、氯氰菊酯 2%/2008.12.12 至 2013.12.12/中等毒
叶菜类蔬菜 蚜虫 60-75克/公顷 喷雾

LS20050809 高渗吡虫啉/3%/乳油/吡虫啉 3%/2008.03.28 至 2009.03.28/低毒
水稻 稻飞虱 13.5-18克/公顷 喷雾

LS20051062 阿维·三唑磷/20%/乳油/阿维菌素 0.2%、三唑磷 19.8%/2008.04.07 至 2009.04.07/中等毒(原药高毒)
水稻 二化螟 210-270克/公顷 喷雾

LS20060841 乙酰甲胺磷/20%/乳油/乙酰甲胺磷 20%/2009.04.13 至 2010.04.13/低毒
水稻 二化螟 774-1014克/公顷 喷雾

LS20062013 甲氨基阿维菌素苯甲酸盐/0.5%/乳油/甲氨基阿维菌素苯甲酸盐 0.5%/2009.12.25 至 2010.12.25/低毒
十字花科蔬菜 甜菜夜蛾 2.25-3.75克/公顷 喷雾

江西南昌德宝蚊香开发有限公司 (江西省南昌市湾里竹山路18号 330004 0791-3760868)

WL20050014 蚊香/0.3%/蚊香/富右旋反式烯丙菊酯 0.3%/2008.01.13 至 2009.01.12/微毒
卫生 蚊 / 点燃

江西农大锐特化工科技有限公司 (江西省南昌市江西农业大学化工厂内 330045 0791-3813621)

PD20080440 烯效唑/90%/原药/烯效唑 90%/2008.03.13 至 2013.03.13/低毒

PD20085939 多效唑/15%/可湿性粉剂/多效唑 15%/2008.12.29 至 2013.12.29/低毒
水稻育秧田 控制生长 200-300毫克/千克 兑水喷雾
油菜(苗床) 控制生长 100-200毫克/千克 兑水喷雾

LS20081453 氟硅唑/10%/乳油/氟硅唑 10%/2008.03.19 至 2009.03.19/低毒
梨树 黑星病 1500-2000倍 喷雾

江西农大植保化工有限公司 (江西省宜春市奉新县冯田经济开发区 330700 0791-7082219)

PD20083320 毒·辛/25%/乳油/毒死蜱 7%、辛硫磷 18%/2008.12.11 至 2013.12.11/低毒
水稻 稻纵卷叶螟 300-375克/公顷 喷雾

PD20083633 三环·多菌灵/20%/可湿性粉剂/多菌灵 6%、三环唑 14%/2008.12.12 至 2013.12.12/低毒
水稻 稻瘟病 375-450克/公顷 喷雾

PD20084364 氰戊·辛硫磷/25%/乳油/氰戊菊酯 6.5%、辛硫磷 18.5%/2008.12.17 至 2013.12.17/中等毒
棉花 棉铃虫 262.5-337.5克/公顷 喷雾

PD20085058 噻嗪酮/25%/可湿性粉剂/噻嗪酮 25%/2008.12.23 至 2013.12.23/低毒
水稻 稻飞虱 112.5-150克/公顷 喷雾

PD20094666 多效唑/15%/可湿性粉剂/多效唑 15%/2009.04.10 至 2014.04.10/微毒

水稻育秧田	控制生长	200—300毫克/千克	茎叶喷雾

PD20096652 阿维菌素/18克/升/乳油/阿维菌素 18克/升/2009.09.02 至 2014.09.02/低毒(原药高毒)

甘蓝	小菜蛾	9.45-10.8克/公顷	喷雾

PD20096923 辛硫磷/40%/乳油/辛硫磷 40%/2009.09.23 至 2014.09.23/低毒

水稻	稻纵卷叶螟	750—900克/公顷	喷雾

PD20098543 三唑磷/20%/乳油/三唑磷 20%/2009.12.31 至 2014.12.31/中等毒

水稻	二化螟	300-450克/公顷	喷雾

LS20051443 三唑磷/40%/乳油/三唑磷 40%/2008.05.12 至 2009.05.12/中等毒

水稻	二化螟	360-480克/公顷	喷雾

LS20082156 吡虫·仲丁威/20%/乳油/吡虫啉 1%、仲丁威 19%/2009.04.18 至 2010.04.18/低毒

水稻	稻飞虱	180-240克/公顷	喷雾

LS20083172 阿维·毒死蜱/15%/水乳剂/阿维菌素 0.2%、毒死蜱 14.8%/2009.11.20 至 2010.11.20/低毒(原药高毒)

水稻	二化螟	112.5-135克/公顷	喷雾

LS20083256 氟铃·辛硫磷/20%/乳油/氟铃脲 2%、辛硫磷 18%/2009.12.15 至 2010.12.15/低毒

十字花科蔬菜	小菜蛾	150-180克/公顷	喷雾

LS20083258 丙溴·辛硫磷/25%/乳油/丙溴磷 6%、辛硫磷 19%/2009.12.15 至 2010.12.15/低毒

水稻	二化螟	300-375克/公顷	喷雾

LS20091206 氟铃·毒死蜱/20%/乳油/毒死蜱 17%、氟铃脲 3%/2009.04.27 至 2010.04.27/低毒

甘蓝	小菜蛾	90—120克/公顷	喷雾

江西农喜作物科学有限公司 (江西省东乡县孝岗镇河山村狮子岩 331800 0794-4387528)

PD20040505 三唑磷/20%/乳油/三唑磷 20%/2009.12.19 至 2014.12.19/中等毒

棉花	棉红铃虫	375-450克/公顷	喷雾
水稻	二化螟、三化螟	300-450克/公顷	喷雾

PD20040638 氯氰·三唑磷/11%/乳油/氯氰菊酯 1%、三唑磷 10%/2009.12.19 至 2014.12.19/中等毒

棉花	棉铃虫	165-247.5克/公顷	喷雾

PD20050038 三唑磷/85%/原药/三唑磷 85%/2005.04.15 至 2010.04.14/中等毒

PD20091212 唑磷·毒死蜱/25%/乳油/毒死蜱 5%、三唑磷 20%/2009.02.01 至 2014.02.01/中等毒

水稻	稻纵卷叶螟、二化螟	262.5-375克/公顷	喷雾

PD20093374 单甲脒盐酸盐/25%/水剂/单甲脒盐酸盐 25%/2009.03.18 至 2014.03.18/中等毒

柑橘树	红蜘蛛	250毫克/千克	喷雾

PD20095515 高效氯氟氰菊酯/25克/升/乳油/高效氯氟氰菊酯 25克/升/2009.05.11 至 2014.05.11/中等毒

棉花	棉铃虫	18.75-26.25克/公顷	喷雾
十字花科蔬菜	菜青虫	9.375-13.125克/公顷	喷雾

LS20061901 威百亩/32.7%/水剂/威百亩 32.7%/2009.12.05 至 2010.12.05/低毒

烟草(苗床)	一年生杂草	16.4-24.5克/平方米	土壤喷雾

江西欧美生物科技有限公司 (江西省高安市大城开发区 330814 0795-5792005)

PD20098084 异丙威/4%/粉剂/异丙威 4%/2009.12.08 至 2014.12.08/中等毒

水稻	稻飞虱	450-600克/公顷	喷粉

LS20090472 阿维·杀虫单/30%/微乳剂/阿维菌素 0.2%、杀虫单 29.8%/2009.03.18 至 2010.03.18/中等毒

水稻	二化螟	540-675克/公顷	喷雾

江西日上化工有限公司 (江西省南昌市黎川县高新区火炬大街201楼A711 344600 0794-7469863)

PD20080299 氰戊·辛硫磷/25%/乳油/氰戊菊酯 6.5%、辛硫磷 18.5%/2008.02.25 至 2013.02.25/中等毒

棉花	棉铃虫	281.25-375克/公顷	喷雾
十字花科蔬菜	菜青虫	150-187.5克/公顷	喷雾

PD20080515 苄嘧磺隆/10%/可湿性粉剂/苄嘧磺隆 10%/2008.04.29 至 2013.04.29/低毒

水稻移栽田	一年生阔叶杂草及莎草科杂草	22.5-30克/公顷	药土法

PD20080553 辛硫·三唑磷/20%/乳油/三唑磷 10%、辛硫磷 10%/2008.05.09 至 2013.05.09/中等毒

水稻	二化螟	360-480克/公顷	喷雾

PD20080626 苄嘧磺隆/30%/可湿性粉剂/苄嘧磺隆 30%/2008.05.12 至 2013.05.12/低毒

水稻移栽田	一年生阔叶杂草及莎草科杂草	22.5-30克/公顷	药土法

PD20081982 苯磺隆/10%/可湿性粉剂/苯磺隆 10%/2008.11.25 至 2013.11.25/低毒

冬小麦田	一年生阔叶杂草	13.5-22.5克/公顷	喷雾

PD20090822 乙草胺/20%/可湿性粉剂/乙草胺 20%/2009.01.19 至 2014.01.19/低毒

水稻移栽田	部分阔叶杂草、一年生禾本科杂草	90-120克/公顷	毒土法

PD20091864 腐霉·多菌灵/50%/可湿性粉剂/多菌灵 25%、腐霉利 25%/2009.02.09 至 2014.02.09/低毒

油菜	菌核病	525-675克/公顷	喷雾

PD20093249 苄·丁/35%/可湿性粉剂/苄嘧磺隆 1.4%、丁草胺 33.6%/2009.03.11 至 2014.03.11/低毒

水稻抛秧田	一年生及部分多年生杂草	525-735克/公顷	毒土法

PD20093403 异丙甲草胺/720克/升/乳油/异丙甲草胺 720克/升/2009.03.20 至 2014.03.20/低毒

甘蔗田	一年生禾本科杂草及部分小粒种子阔叶杂草	1080-1620克/公顷	土壤喷雾
玉米田	一年生禾本科杂草及部分小粒种子阔叶	1458-2160克/公顷(东北地区)	播后苗前土壤喷

杂草 972-1458克/公顷(其它地区) 雾

PD20094077 精喹·草除灵/14%/乳油/草除灵 12%、精喹禾灵 2%/2009.03.27 至 2014.03.27/低毒
冬油菜田 一年生杂草 252-294克/公顷 茎叶喷雾

PD20094100 苄嘧磺隆/10%/可湿性粉剂/苄嘧磺隆 10%/2009.03.27 至 2014.03.27/低毒
水稻秧田、水稻直播田 一年生阔叶杂草及莎草科杂草 22.5-30克/公顷 药土法

PD20094103 异稻·稻瘟灵 /30%/乳油/稻瘟灵 20%、异稻瘟净 10%/2009.03.27 至 2014.03.27/低毒
水稻 稻瘟病 562.5-675克/公顷 喷雾

PD20094110 异丙甲·苄/20%/可湿性粉剂/苄嘧磺隆 3%、异丙甲草胺 17%/2009.03.27 至 2014.03.27/低毒
水稻移栽田 部分多年生杂草、一年生杂草 112.5-187.5克/公顷 毒土法

PD20094111 阿维·三唑磷 /20%/乳油/阿维菌素 0.2%、三唑磷 19.8%/2009.03.27 至 2014.03.27/中等毒(原药高毒)
水稻 二化螟 150-210克/公顷 喷雾

PD20094852 精喹禾灵/10%/乳油/精喹禾灵 10%/2009.04.13 至 2014.04.13/低毒
冬油菜田 一年生禾本科杂草 39.6-52.8克/公顷 茎叶喷雾

PD20095691 噻磺·乙草胺/20%/可湿性粉剂/噻吩磺隆 0.5%、乙草胺 19.5%/2009.05.15 至 2014.05.15/低毒
夏大豆田 一年生杂草 600-750克/公顷 土壤喷雾

PD20095711 苄·乙·甲/15%/可湿性粉剂/苄嘧磺隆 0.8%、甲磺隆 0.2%、乙草胺 14%/2009.05.18 至 2014.05.18/低毒
水稻移栽田 一年生杂草 78.75-90克/公顷(南方地区) 毒土法

PD20096670 苄·乙/20%/可湿性粉剂/苄嘧磺隆 4.5%、乙草胺 15.5%/2009.09.07 至 2014.09.07/低毒
水稻移栽田 一年生杂草 84-118克/公顷(南方地区) 药土法

PD20097065 苯·苄·乙草胺 /33%/可湿性粉剂/苯噻酰草胺 25%、苄嘧磺隆 3%、乙草胺 5%/2009.10.10 至 2014.10.10/低毒
水稻抛秧田 一年生及部分多年生杂草 247.5-297克/公顷(南方地区) 药土法

PD20097177 烟嘧磺隆/95%/原药/烟嘧磺隆 95%/2009.10.16 至 2014.10.16/低毒

PD20097469 草甘膦异丙胺盐(41%)///水剂/草甘膦 30%/2009.11.03 至 2014.11.03/低毒
茶园 杂草 1125-2250克/公顷 定向茎叶喷雾

PD20097540 苯磺隆/95%/原药/苯磺隆 95%/2009.11.03 至 2014.11.03/低毒

LS20071422 敌百·辛硫磷/30%/乳油/敌百虫 20%、辛硫磷 10%/2009.05.17 至 2010.05.18/低毒
水稻 二化螟 450-540克/公顷 喷雾

LS20072479 阿维·苏云菌//可湿性粉剂/阿维菌素 0.1%、苏云金杆菌 100亿活芽孢/克/2009.11.19 至 2010.11.20/低毒(原药高毒)
十字花科蔬菜 小菜蛾 750-1200克制剂/公顷 喷雾

江西山峰日化有限公司 (江西省宜春市樟树市福城工业园 331200 0795-7343958)

WP20070027 蚊香/0.3%/蚊香/富右旋反式烯丙菊酯 0.3%/2007.11.28 至 2012.11.28/低毒
卫生 蚊 / 点燃

WP20080034 杀虫气雾剂/0.6%/气雾剂/胺菊酯 0.5%、高效氯氰菊酯 0.1%/2008.02.29 至 2013.02.28/低毒
卫生 蜚蠊、蚊、蝇 / 喷雾

WP20080121 电热蚊香片/35毫克/片/电热蚊香片/富右旋反式烯丙菊酯 28毫克/片、富右旋反式炔丙菊酯 7毫克/片/2008.10.28 至 2013.10.28/低毒
卫生 蚊 / 电热加温

WP20080138 电热蚊香液/0.8%/电热蚊香液/富右旋反式炔丙菊酯 0.8%/2008.11.04 至 2013.11.04/低毒
卫生 蚊 / 电热加温

WP20080360 电热蚊香片/11毫克/片/电热蚊香片/炔丙菊酯 11毫克/片/2008.12.10 至 2013.12.10/微毒
卫生 蚊 / 电热加温

WP20080373 杀虫气雾剂/0.57%/气雾剂/Es-生物烯丙菊酯 0.24%、胺菊酯 0.3%、溴氰菊酯 0.03%/2008.12.10 至 2013.12.10/微毒
卫生 蚊、蝇、蜚蠊 / 喷雾

WP20080469 杀蟑气雾剂/0.3%/气雾剂/炔咪菊酯 0.1%、右旋苯氰菊酯 0.2%/2008.12.16 至 2013.12.16/微毒
卫生 蜚蠊 / 喷雾

WP20090134 蚊香/0.2%/蚊香/Es-生物烯丙菊酯 0.2%/2009.02.24 至 2014.02.24/微毒
卫生 蚊 / 点燃

WP20090135 蚊香/0.25%/蚊香/富右旋反式烯丙菊酯 0.2%、富右旋反式炔丙菊酯 0.05%/2009.02.24 至 2014.02.24/微毒
卫生 蚊 / 点燃

WP20090352 电热蚊香片/24毫克/片/电热蚊香片/Es-生物烯丙菊酯 24毫克/片/2009.11.03 至 2014.11.03/低毒
卫生 蚊 / 电热加温

WL20050055 杀蟑气雾剂/0.22%/气雾剂/Es-生物烯丙菊酯 0.13%、邻苯基苯酚 0.07%、溴氰菊酯 0.02%/2008.02.07 至 2009.02.06/微毒
卫生 蚊、蝇、蜚蠊 / 喷雾

WL20050190 蚊香/0.3%/蚊香/富右旋反式烯丙菊酯 0.2%、环戊烯丙菊酯 0.1%/2008.07.12 至 2009.07.12/微毒
卫生 蚊 / 点燃

WL20060146 蚊香/0.21%/蚊香/富右旋反式烯丙菊酯 0.2%、四氟醚菊酯 0.01%/2009.08.02 至 2010.08.02/微毒
卫生 蚊 / 点燃

WL20070075 蚊香/0.25%/蚊香/富右旋反式烯丙菊酯 0.2%、环戊烯丙菊酯 0.05%/2009.04.17 至 2010.04.18/微毒
卫生 蚊 / 点燃

WL20070145 蚊香/0.35%/蚊香/富右旋反式烯丙菊酯 0.35%/2009.07.09 至 2010.07.10/微毒
卫生 蚊 / 点燃

WL20070146 蚊香/0.02%/蚊香/四氟甲醚菊酯 0.02%/2009.07.09 至 2010.07.10/微毒
卫生 蚊 / 点燃
WL20070147 杀虫气雾剂/0.43%/气雾剂/富右旋反式烯丙菊酯 0.2%、炔咪菊酯 0.05%、右旋苯醚菊酯 0.18%/2009.07.09至2010.07.10/微毒
卫生 蚊、蝇、蜚蠊 / 喷雾
WL20070153 电热蚊香片/13毫克/片 /电热蚊香片/富右旋反式炔丙菊酯 13毫克/片/2009.07.16 至 2010.07.17/微毒
卫生 蚊 / 电热加温
WL20070207 蚊香/0.25%/蚊香/Es-生物烯丙菊酯 0.25%/2009.10.15 至 2010.10.16/微毒
卫生 蚊 / 点燃
WL20070218 杀虫气雾剂//气雾剂/高效氯氰菊酯 0.2%、炔丙菊酯 0.1%、右旋胺菊酯 0.2%/2009.10.16 至 2010.10.17/微毒
卫生 蚊、蝇、蜚蠊 / 喷雾
WL20070243 蝇香/1%/蝇香/右旋烯炔菊酯 1%/2009.11.04 至 2010.11.05/微毒
卫生 蝇 / 点燃
WL20070244 杀虫气雾剂/0.5%/气雾剂/富右旋反式炔丙菊酯 0.15%、氯菊酯 0.2%、右旋苯醚菊酯 0.15%/2009.11.04至2010.11.05/微毒
卫生 蚊、蝇、蜚蠊 / 喷雾
WL20070259 电热蚊香液/1.1%/电热蚊香液/富右旋反式炔丙菊酯 1.1%/2009.11.04 至 2010.11.05/微毒
卫生 蚊 / 电热加温
WL20080012 蚊香/0.1%/蚊香/四氟苯菊酯 0.1%/2009.01.03 至 2010.01.03/微毒
卫生 蚊 / 点燃
WL20080165 杀蟑饵剂/1%/饵剂/毒死蜱 1%/2009.02.25 至 2010.02.26/微毒
卫生 蜚蠊 / 投放
WL20080219 杀虫气雾剂/0.45%/气雾剂/炔咪菊酯 0.05%、右旋胺菊酯 0.2%、右旋苯醚菊酯 0.2%/2009.03.10 至 2010.03.10/微毒
卫生 蚊、蝇、蜚蠊 / 喷雾
WL20080261 杀虫气雾剂/0.55%/气雾剂/右旋胺菊酯 0.2%、右旋苯醚氰菊酯 0.2%、右旋烯丙菊酯 0.15%/2009.04.07至2010.04.07/微毒
卫生 蚊、蝇、蜚蠊 / 喷雾
WL20080265 蚊香/0.03%/蚊香/四氟甲醚菊酯 0.03%/2009.04.10 至 2010.04.10/微毒
卫生 蚊 / 点燃
注:本品有两种香型：香樟油香型、檀香油香型。
WL20080272 杀虫气雾剂/0.5%/气雾剂/Es-生物烯丙菊酯 0.17%、氯菊酯 0.2%、右旋苯醚氰菊酯 0.13%/2009.04.10 至 2010.04.10/微毒
卫生 蚊、蝇、蜚蠊 / 喷雾
WL20080297 蚊香/0.3%/蚊香/右旋烯丙菊酯 0.3%/2009.04.21 至 2010.04.21/微毒
卫生 蚊 / 点燃
WL20080361 杀蚊烟片/1%/烟片/富右旋反式烯丙菊酯 1%/2009.07.17 至 2010.07.17/微毒
卫生 蚊 / 点燃
WL20090023 杀虫气雾剂/0.83%/气雾剂/残杀威 0.46%、高效氯氰菊酯 0.09%、右旋胺菊酯 0.28%/2009.02.09 至 2010.02.09/微毒
卫生 蚂蚁、蚊、蝇、蜚蠊 / 喷雾
WL20090117 电热蚊香片/10毫克/片/电热蚊香片/炔丙菊酯 5毫克/片、四氟甲醚菊酯 5毫克/片/2009.04.10 至 2010.04.10/微毒
卫生 蚊 / 电热加温
WL20090160 蝇香/1%/蝇香/氯烯炔菊酯 1%/2009.07.10 至 2010.07.10/微毒
卫生 蝇 / 点燃
WL20090173 蚊香/0.05%/蚊香/氯氟醚菊酯 0.05%/2009.09.07 至 2010.09.07/微毒
卫生 蚊 / 点燃

江西山野化工有限责任公司 (江西省高安市大城经济开发区 330814 0791-6496299)

PD20080489 辛硫·三唑磷/40%/乳油/三唑磷 20%、辛硫磷 20%/2008.04.07 至 2013.04.07/中等毒
水稻 二化螟 360-480克/公顷 喷雾
PD20082381 异稻·稻瘟灵/40%/乳油/稻瘟灵 10%、异稻瘟净 30%/2008.12.01 至 2013.12.01/低毒
水稻 稻瘟病 900-1200克/公顷 喷雾
PD20082794 氰戊·辛硫磷/50%/乳油/氰戊菊酯 4.5%、辛硫磷 45.5%/2008.12.09 至 2013.12.09/中等毒
棉花 棉铃虫 450-562.5克/公顷 喷雾
PD20083113 苄嘧·苯噻酰/50%/可湿性粉剂/苯噻酰草胺 47%、苄嘧磺隆 3%/2008.12.10 至 2013.12.10/低毒
水稻抛秧田 一年生及部分多年生杂草 375-450克/公顷(南方地区) 药土法
PD20084220 苄·二氯/28%/可湿性粉剂/苄嘧磺隆 3%、二氯喹啉酸 25%/2008.12.17 至 2013.12.17/低毒
水稻秧田 一年生杂草 210-252克/公顷 茎叶喷雾
PD20090676 苄·乙/14%/可湿性粉剂/苄嘧磺隆 3.2%、乙草胺 10.8%/2009.01.19 至 2014.01.19/低毒
水稻移栽田 一年生杂草 84-118克/公顷 毒土法
PD20091819 苯·苄·乙草胺 /32%/可湿性粉剂/苯噻酰草胺 27%、苄嘧磺隆 3%、乙草胺 2%/2009.02.05 至 2014.02.05/低毒
水稻移栽田 一年生及部分多年生杂草 240-288克/公顷(南方地区) 药土法
PD20092738 苄·丁/35%/可湿性粉剂/苄嘧磺隆 1.4%、丁草胺 33.6%/2009.03.04 至 2014.03.04/低毒
水稻抛秧田 部分多年生杂草、一年生杂草 630-787.5克/公顷 毒土法
PD20092775 阿维·哒螨灵/5%/乳油/阿维菌素 0.1%、哒螨灵 4.9%/2009.03.04 至 2014.03.04/低毒(原药高毒)

柑橘树　红蜘蛛　25-33毫克/千克　喷雾
PD20094127　唑磷·毒死蜱/30%/乳油/毒死蜱 10%、三唑磷 20%/2009.03.27 至 2014.03.27/中等毒
水稻　稻纵卷叶螟　225-315克/公顷　喷雾
PD20096358　三唑磷/20%/乳油/三唑磷 20%/2009.07.28 至 2014.07.28/中等毒
水稻　二化螟　202.5-305.75克/公顷　喷雾
PD20096491　吡虫·噻嗪酮/22%/可湿性粉剂/吡虫啉 2.5%、噻嗪酮 19.5%/2009.08.14 至 2014.08.14/低毒
水稻　稻飞虱　49.5-82.5克/公顷　喷雾
PD20098423　阿维菌素/18克/升/乳油/阿维菌素 18克/升/2009.12.24 至 2014.12.24/低毒(原药高毒)
十字花科蔬菜　小菜蛾　8.1—10.8克/公顷　喷雾
PD20098447　毒死蜱/480克/升/乳油/毒死蜱 480克/升/2009.12.24 至 2014.12.24/中等毒
水稻　稻纵卷叶螟　432—576克/公顷　喷雾
LS20072545　阿维·杀虫单/30%/微乳剂/阿维菌素 0.3%、杀虫单 29.7%/2008.12.04 至 2009.12.05/低毒(原药高毒)
水稻　二化螟　450-540克/公顷　喷雾
LS20083283　苄嘧·丙草胺/30%/可湿性粉剂/苄嘧磺隆 1.5%、丙草胺 28.5%/2009.12.29 至 2010.12.29/低毒
水稻直播田　一年生和多年生杂草　360-450克/公顷　土壤喷雾

江西生成卫生用品有限公司　(江西省武宁县万福经济技术开发区　332300　0792-2831608)

WL20090005　杀蟑饵剂/0.525%/饵剂/毒死蜱 0.525%/2009.01.08 至 2010.01.08/微毒
卫生　蜚蠊　/　投放
WL20090010　杀蟑胶饵/0.05%/饵剂/氟虫胺 0.05%/2009.01.09 至 2010.01.09/微毒
卫生　蜚蠊　/　投放

江西省安农生化有限公司　(江西省进贤县张公镇工业开发区　330077　0791-5537611)

PD20091256　三环唑/75%/可湿性粉剂/三环唑 75%/2009.02.01 至 2014.02.01/低毒
水稻　稻瘟病　225-300克/公顷　喷雾
PD20091317　精喹禾灵/50克/升/乳油/精喹禾灵 50克/升/2009.02.01 至 2014.02.01/低毒
花生田　一年生禾本科杂草　37.5-45克/公顷　茎叶喷雾
PD20092094　甲氰菊酯/20%/乳油/甲氰菊酯 20%/2009.02.16 至 2014.02.16/中等毒
十字花科蔬菜　菜青虫　75-90克/公顷　喷雾
PD20092153　毒死蜱/480克/升/乳油/毒死蜱 480克/升/2009.02.23 至 2014.02.23/中等毒
水稻　稻纵卷叶螟、二化螟　468-648克/公顷　喷雾
PD20093724　敌百·辛硫磷/30%/乳油/敌百虫 20%、辛硫磷 10%/2009.03.25 至 2014.03.25/低毒
水稻　二化螟　450-540克/公顷　喷雾

江西省丰城市金丰化工有限责任公司　(江西省丰城市老汽车站九九隆宾馆　331100　)

PD20091507　异丙威/20%/乳油/异丙威 20%/2009.02.02 至 2014.02.02/中等毒
水稻　稻飞虱　540-600克/公顷　喷雾
PD20092170　噻嗪·异丙威/25%/可湿性粉剂/噻嗪酮 5%、异丙威 20%/2009.02.23 至 2014.02.23/中等毒
水稻　稻飞虱　450-562.5克/公顷　喷雾
PD20092443　仲丁威/20%/乳油/仲丁威 20%/2009.02.25 至 2014.02.25/低毒
水稻　稻飞虱　540-600克/公顷　喷雾

江西省赣州宇田化工有限公司　(江西省赣州市章贡区水东镇七里村　341001　0797-8465916)

PD20070218　异丙威/20%/乳油/异丙威 20%/2007.08.08 至 2012.08.08/低毒
水稻　稻飞虱　450-600克/公顷　喷雾
PD20070596　仲丁威/20%/乳油/仲丁威 20%/2007.12.14 至 2012.12.14/低毒
水稻　稻飞虱　450-540克/公顷　喷雾
PD20070612　仲丁威·三唑磷/25%/乳油/三唑磷 15%、仲丁威 10%/2007.12.14 至 2012.12.14/低毒
水稻　稻飞虱、稻纵卷叶螟　675-750克/公顷　喷雾
PD20080064　稻灵·异稻/35%/乳油/稻瘟灵 17%、异稻瘟净 18%/2008.01.04 至 2013.01.04/低毒
水稻　稻瘟病　525-630克/公顷　喷雾
PD20082038　甲基硫菌灵/70%/可湿性粉剂/甲基硫菌灵 70%/2008.12.03 至 2013.12.03/低毒
番茄　叶霉病　375-562克/公顷　喷雾
PD20082595　春雷霉素/2%/可湿性粉剂/春雷霉素 2%/2008.12.04 至 2013.12.04/低毒
黄瓜　枯萎病　56.25-75克/公顷　喷雾
水稻　稻瘟病　30-36克/公顷　喷雾
PD20082648　联苯菊酯/25克/升/乳油/联苯菊酯 25克/升/2008.12.04 至 2013.12.04/低毒
柑橘树　红蜘蛛　20.8-31.25毫克/千克　喷雾
PD20082680　双甲脒/10%/乳油/双甲脒 10%/2008.12.05 至 2013.12.05/中等毒
梨树　梨木虱　67-100毫克/千克　喷雾
PD20083084　杀螺胺乙醇胺盐/50%/可湿性粉剂/杀螺胺乙醇胺盐 50%/2008.12.10 至 2013.12.10/低毒
水稻　福寿螺　525-600克/公顷　喷雾或撒毒土
PD20083114　喹硫·敌百虫/35%/乳油/敌百虫 28%、喹硫磷 7%/2008.12.10 至 2013.12.10/中等毒
水稻　二化螟　525-630克/公顷　喷雾
PD20083355　井冈霉素/20%/可溶粉剂/井冈霉素 20%/2008.12.11 至 2013.12.11/低毒
水稻　纹枯病　75-111克/公顷　喷雾
PD20083642　高效氯氟氰菊酯/25克/升/乳油/高效氯氟氰菊酯 25克/升/2008.12.12 至 2013.12.12/中等毒

十字花科蔬菜 菜青虫 7.5-11.25克/公顷 喷雾

PD20090054 杀双·灭多威/23%/水剂/灭多威 5%、杀虫双 18%/2009.01.08 至 2014.01.08/中等毒(原药高毒)

甘蓝 菜青虫 172.5-213.9克/公顷 喷雾

PD20091181 代森锰锌/80%/可湿性粉剂/代森锰锌 80%/2009.01.22 至 2014.01.22/低毒

柑橘 炭疽病 1000-1600毫克/千克 喷雾

PD20091525 噻嗪酮/25%/可湿性粉剂/噻嗪酮 25%/2009.02.02 至 2014.02.02/低毒

水稻 稻飞虱 93.75-131.25克/公顷 喷雾

PD20092053 噻嗪·异丙威/25%/可湿性粉剂/噻嗪酮 5%、异丙威 20%/2009.02.13 至 2014.02.13/低毒

水稻 稻飞虱 187.5-262.5克/公顷 喷雾

PD20092594 阿维菌素/1.8%/乳油/阿维菌素 1.8%/2009.02.27 至 2014.02.27/低毒(原药高毒)

柑橘树 红蜘蛛 4.5-9毫克/千克 喷雾

PD20093298 阿维·毒死蜱/15%/乳油/阿维菌素 0.2%、毒死蜱 14.8%/2009.03.13 至 2014.03.13/低毒(原药高毒)

柑橘树 红蜘蛛 60-75毫克/千克 喷雾

水稻 稻纵卷叶螟 135-157.5克/公顷 喷雾

PD20096361 三唑磷/20%/乳油/三唑磷 20%/2009.07.28 至 2014.07.28/中等毒

水稻 三化螟 300-450克/公顷 喷雾

LS20050280 阿维·三唑磷/20%/乳油/阿维菌素 0.2%、三唑磷 19.8%/2008.02.04 至 2009.02.03/中等毒(原药高毒)

水稻 二化螟 180-240克/公顷 喷雾

LS20050281 辛硫·三唑磷/20%/乳油/三唑磷 10%、辛硫磷 10%/2008.02.04 至 2009.02.03/中等毒

水稻 稻纵卷叶螟、二化螟 300-450克/公顷 喷雾

LS20050286 乙酰甲胺磷/30%/乳油/乙酰甲胺磷 30%/2008.02.04 至 2009.02.03/低毒

十字花科蔬菜 菜青虫 450-540克/公顷 喷雾

水稻 二化螟 540-990克/公顷 喷雾

LS20070731 丙溴·辛硫磷/25%/乳油/丙溴磷 6%、辛硫磷 19%/2009.04.08 至 2010.04.09/低毒

水稻 二化螟 262.5～375克/公顷 喷雾

LS20072102 高氯·甲维盐/1.1%/乳油/高效氯氰菊酯 1%、甲氨基阿维菌素苯甲酸盐 0.1%/2009.08.29 至 2010.08.30/低毒

十字花科蔬菜 菜青虫 5.775～9.075克/公顷 喷雾

江西省赣州鑫谷生物化工有限公司 (江西省赣州市大余县新城镇 341501 0791-8208155)

PD85131-30 井冈霉素/3%,5%/水剂/井冈霉素 3%,5%/2005.07.01 至 2010.07.01/低毒

水稻 纹枯病 75-112.5克/公顷 喷雾,泼浇

PD86139-5 井冈霉素/5%/水溶粉剂/井冈霉素 5%/2007.08.20 至 2012.08.20/低毒

水稻 纹枯病 75-112.5克/公顷 喷雾、泼浇

PD88109-12 井冈霉素/10%,20%/水溶粉剂/井冈霉素 10%,20%/2008.11.13 至 2013.11.13/低毒

水稻 纹枯病 75-112.5克/公顷 喷雾、泼浇

PD20083452 马拉硫磷/1.2%/粉剂/马拉硫磷 1.2%/2008.12.12 至 2013.12.12/低毒

仓储原粮 储粮害虫 12-24克/1000千克 撒施(拌粮)

PD20084707 异稻·稻瘟灵/40%/乳油/稻瘟灵 10%、异稻瘟净 30%/2008.12.22 至 2013.12.22/低毒

水稻 稻瘟病 900-1200克/公顷 喷雾

PD20085178 氰戊·辛硫磷/25%/乳油/氰戊菊酯 6.5%、辛硫磷 18.5%/2008.12.23 至 2013.12.23/中等毒

十字花科蔬菜 蚜虫 112.5-187.5克/公顷 喷雾

PD20092114 仲丁威/20%/乳油/仲丁威 20%/2009.02.23 至 2014.02.23/低毒

水稻 稻飞虱 450-570克/公顷 喷雾

PD20092133 高效氯氟氰菊酯/25克/升/乳油/高效氯氟氰菊酯 25克/升/2009.02.23 至 2014.02.23/中等毒

甘蓝 菜青虫 7.5-15克/公顷 喷雾

PD20092387 井冈·噻嗪酮/20%/可湿性粉剂/井冈霉素 4.3%、噻嗪酮 15.7%/2009.02.25 至 2014.02.25/低毒

水稻 稻飞虱、纹枯病 157.5-189克/公顷 喷雾

PD20092723 噻嗪·异丙威/25%/可湿性粉剂/噻嗪酮 5%、异丙威 20%/2009.03.04 至 2014.03.04/低毒

水稻 稻飞虱 450-562.5克/公顷 喷雾

PD20094218 多菌灵/25%/可湿性粉剂/多菌灵 25%/2009.03.31 至 2014.03.31/低毒

柑橘树 炭疽病 750-1000毫克/千克 喷雾

LS20071753 阿维菌素/18克/升/乳油/阿维菌素 18克/升/2009.07.04 至 2010.07.05/中等毒(原药高毒)

十字花科蔬菜 小菜蛾 9.45-12.15克/公顷 喷雾

LS20080203 咪鲜胺/250克/升/乳油/咪鲜胺 250克/升/2008.01.07 至 2009.01.07/低毒

柑橘(果实) 炭疽病 250-500毫克/千克 浸果

LS20080560 唑磷·毒死蜱/25%/乳油/毒死蜱 5%、三唑磷 20%/2009.02.21 至 2010.02.22/中等毒

水稻 二化螟 300-450克/公顷 喷雾

LS20080799 甲硫·福美双/70%/可湿性粉剂/福美双 40%、甲基硫菌灵 30%/2009.02.28 至 2010.02.28/低毒

黄瓜 炭疽病 945-1050克/公顷 喷雾

LS20090080 阿维·毒死蜱/15%/乳油/阿维菌素 0.1%、毒死蜱 14.9%/2009.01.09 至 2010.01.09/中等毒(原药高毒)

水稻 稻纵卷叶螟 225～270克/公顷 喷雾

LS20090277 阿维·炔螨特/56%/乳油/阿维菌素 0.3%、炔螨特 55.7%/2009.02.16 至 2010.02.16/低毒(原药高毒)

柑橘树 红蜘蛛 224-280毫克/千克 喷雾

LS20090279 氟铃·毒死蜱 /10%/乳油/毒死蜱 8.5%、氟铃脲 1.5%/2009.02.16 至 2010.02.16/低毒

十字花科蔬菜 小菜蛾 105-135克/公顷 喷雾

江西省高安金龙生物科技有限公司 (江西省高安市新世纪工业城 330800 0795-5293888)

PD20092159 高氯·马/20%/乳油/高效氯氰菊酯 2%、马拉硫磷 18%/2009.02.23 至 2014.02.23/中等毒
茶树 茶毛虫 60～180克/公顷 喷雾
PD20092182 毒·辛/20%/乳油/毒死蜱 4%、辛硫磷 16%/2009.02.23 至 2014.02.23/低毒
水稻 三化螟 375～450克/公顷 喷雾
PD20092437 毒死蜱/480克/升/乳油/毒死蜱 480克/升/2009.02.25 至 2014.02.25/中等毒
水稻 稻纵卷叶螟 504-576克/公顷 喷雾
PD20092982 仲丁威/25%/乳油/仲丁威 25%/2009.03.09 至 2014.03.09/低毒
水稻 稻飞虱 375-562.5克/公顷 喷雾
PD20093526 二甲戊灵/330克/升/乳油/二甲戊灵 330克/升/2009.03.23 至 2014.03.23/低毒
夏玉米田 一年生杂草 742.5-990克/公顷 播后苗前土壤喷雾
PD20093615 高效氯氟氰菊酯/25克/升/乳油/高效氯氟氰菊酯 25克/升/2009.03.25 至 2014.03.25/中等毒
烟草 烟青虫 5.625-9.375克/公顷 喷雾
PD20093835 虫酰肼/200克/升/悬浮剂/虫酰肼 200克/升/2009.03.25 至 2014.03.25/低毒
十字花科蔬菜 甜菜夜蛾 200-300克/公顷 喷雾
PD20093868 噻嗪·异丙威/25%/可湿性粉剂/噻嗪酮 20%、异丙威 5%/2009.03.25 至 2014.03.25/低毒
水稻 飞虱 375～562.5克/公顷 喷雾
PD20094140 毒死蜱/40%/乳油/毒死蜱 40%/2009.03.27 至 2014.03.27/中等毒
水稻 稻瘿蚊 900-1200克/公顷 喷雾
PD20097388 喹硫·敌百虫/35%/乳油/敌百虫 28%、喹硫磷 7%/2009.10.28 至 2014.10.28/中等毒
水稻 二化螟 420～630克/公顷 喷雾
PD20097843 唑磷·毒死蜱/25%/乳油/毒死蜱 8.3%、三唑磷 16.7%/2009.11.20 至 2014.11.20/中等毒
水稻 稻纵卷叶螟 262.5-375克/公顷 喷雾
LS20061663 苦参碱/0.3%/水剂/苦参碱 0.3%/2009.08.31 至 2010.08.31/低毒
十字花科蔬菜 菜青虫 4.5-5.4克/公顷 喷雾
LS20070962 丙溴·辛硫磷/25%/乳油/丙溴磷 6%、辛硫磷 19%/2009.04.19 至 2010.04.20/低毒
水稻 二化螟 300-487.5克/公顷 喷雾
LS20072120 乙酰甲胺磷/20%/乳油/乙酰甲胺磷 20%/2009.08.29 至 2010.08.30/低毒
柑橘树 红蜘蛛 200-400毫克/千克 喷雾

江西省冠菊精细化工有限公司 (江西省进贤县张公镇(省红壤研究所内) 330000 0791-5537909)

WL20080240 杀虫气雾剂/0.6%/气雾剂/胺菊酯 0.5%、高效氯氰菊酯 0.1%/2008.03.17 至 2009.03.17/微毒
卫生 蚊、蝇、蜚蠊 / 喷雾

江西省海利贵溪化工农药有限公司 (江西省贵溪市柏里工业区 335425 0701-3322955)

PD84118-43 多菌灵/25%/可湿性粉剂/多菌灵 25%/2004.12.17 至 2009.12.17/低毒
果树 病害 0.05-0.1%药液 喷雾
花生 倒秧病 750克/公顷 喷雾
麦类 赤霉病 750克/公顷 喷雾,泼浇
棉花 苗期病害 500克/100千克种子 拌种
水稻 稻瘟病、纹枯病 750克/公顷 喷雾,泼浇
油菜 菌核病 1125-1500克/公顷 喷雾
PD85150-38 多菌灵/50%/可湿性粉剂/多菌灵 50%/2005.08.15 至 2010.08.15/低毒
果树 病害 0.05-0.1%药液 喷雾
花生 倒秧病 750克/公顷 喷雾
麦类 赤霉病 750克/公顷 喷雾、泼浇
棉花 苗期病害 250克/50千克种子 拌种
水稻 稻瘟病、纹枯病 750克/公顷 喷雾、泼浇
油菜 菌核病 1125-1500克/公顷 喷雾
PD86133-10 仲丁威/25%/乳油/仲丁威 25%/2006.10.26 至 2011.10.26/低毒
水稻 飞虱、叶蝉 375-562.5克/公顷 喷雾
PD86147 异丙威/98%,95%,90%/原药/异丙威 98%,95%,90%/2006.10.26 至 2011.10.26/中等毒
PD86148 异丙威/20%/乳油/异丙威 20%/2006.10.26 至 2011.10.26/中等毒
水稻 飞虱、叶蝉 450-600克/公顷 喷雾
PD91106-14 甲基硫菌灵/70%/可湿性粉剂/甲基硫菌灵 70%/2006.04.27 至 2011.04.27/低毒
番茄 叶霉病 375-562.5克/公顷 喷雾
甘薯 黑斑病 360-450毫克/千克 浸薯块
瓜类 白粉病 337.5-506.25克/公顷 喷雾
梨树 黑星病 360-450毫克/千克 喷雾
苹果树 轮纹病 700毫克/千克 喷雾
水稻 稻瘟病、纹枯病 1050-1500克/公顷 喷雾
小麦 赤霉病 750-1050克/公顷 喷雾
PD92106-4 仲丁威/20%/乳油/仲丁威 20%/2007.10.09 至 2012.10.09/低毒

水稻 飞虱、叶蝉 375-562.5克/公顷 喷雾
PD20060198 甲萘威/99%/原药/甲萘威 99%/2006.12.07 至 2011.12.07/中等毒
PD20070501 甲基硫菌灵/92%/原药/甲基硫菌灵 92%/2007.11.28 至 2012.11.28/低毒
PD20070606 灭多威/98/原药/灭多威 98%/2007.12.14 至 2012.12.14/高毒
PD20080034 甲萘威/85%/可湿性粉剂/甲萘威 85%/2008.01.04 至 2013.01.04/中等毒
水稻 稻飞虱 765-1275克/公顷 喷雾

江西省吉安市东庆精细化工有限公司 (江西省吉安市吉州区跃进路23号 343000 0796-8261420)

WL20060185 防蛀片剂/96%/片剂/樟脑 96%/2008.11.08 至 2009.11.08/低毒
卫生 黑毛皮蠹 50克/立方米 投放

江西省江丰化工有限公司 (江西省宜春经济技术开发区南区 336000 0795-3243333)

PD85121-27 乐果/40%/乳油/乐果 40%/2004.12.22 至 2009.12.22/中等毒
茶树 蚜虫、叶蝉、螨 1000-2000倍液 喷雾
甘薯 小象甲 2000倍液 浸鲜薯片诱杀
柑橘树、苹果树 鳞翅目幼虫、蚜虫、螨 800-1600倍液 喷雾
棉花 蚜虫、螨 450-600克/公顷 喷雾
蔬菜 蚜虫、螨 300-600克/公顷 喷雾
水稻 飞虱、螟虫、叶蝉 450-600克/公顷 喷雾
烟草 蚜虫、烟青虫 300-600克/公顷 喷雾
PD86133-9 仲丁威/25%/乳油/仲丁威 25%/2006.10.30 至 2011.10.30/低毒
水稻 飞虱、叶蝉 375-562.5克/公顷 喷雾
PD86148-6 异丙威/20%/乳油/异丙威 20%/2006.10.30 至 2011.10.30/中等毒
水稻 飞虱、叶蝉 450-600克/公顷 喷雾
PD86156-9 异丙威/4%/粉剂/异丙威 4%/2006.10.30 至 2011.10.30/中等毒
水稻 飞虱、叶蝉 600克/公顷 喷粉
PD20070488 噻嗪·杀虫单/25%/可湿性粉剂/噻嗪酮 5%、杀虫单 20%/2007.11.28 至 2012.11.28/中等毒
水稻 稻飞虱 281.25-450克/公顷 喷雾
PD20070569 噻嗪酮/25%/可湿性粉剂/噻嗪酮 25%/2007.12.03 至 2012.12.03/低毒
水稻 稻飞虱 75-112.5克/公顷 喷雾
PD20070592 噻嗪·异丙威/30%/乳油/噻嗪酮 7.5%、异丙威 22.5%/2007.12.14 至 2012.12.14/低毒
水稻 稻飞虱 270-360克/公顷 喷雾
PD20080021 噻·异/25%/可湿性粉剂/噻嗪酮 5%、异丙威 20%/2008.01.04 至 2013.01.04/中等毒
水稻 稻飞虱 375-562.5克/公顷 喷雾
PD20083586 异稻·稻瘟灵/40%/乳油/稻瘟灵 10%、异稻瘟净 30%/2008.12.12 至 2013.12.12/中等毒
水稻 稻瘟病 900-1200克/公顷 喷雾
PD20090322 异稻·三环唑 /20%/可湿性粉剂/三环唑 6.7%、异稻瘟净 13.3%/2009.01.12 至 2014.01.12/中等毒
水稻 稻瘟病 300-450克/公顷 喷雾
PD20090736 井冈·噻嗪酮/30%/可湿性粉剂/井冈霉素 14.3%、噻嗪酮 15.7%/2009.01.19 至 2014.01.19/低毒
水稻 稻飞虱、纹枯病 157.5-180克/公顷 喷雾
PD20095936 毒死蜱/40.7%/乳油/毒死蜱 40.7%/2009.06.02 至 2014.06.02/中等毒
水稻 二化螟 504-648克/公顷 喷雾
PD20097749 联苯菊酯/25克/升/乳油/联苯菊酯 25克/升/2009.11.12 至 2014.11.12/低毒
茶树 茶小绿叶蝉 30-37.5克/公顷 喷雾

江西省景德镇市农亚达农用化工有限公司 (江西省景德镇市历尧渡峰坑 333000 0798-8393268)

PD20083131 马拉·杀螟松/12%/乳油/马拉硫磷 10%、杀螟硫磷 2%/2008.12.10 至 2013.12.10/低毒
水稻 二化螟 180-270克/公顷 喷雾
PD20083372 氰戊·敌敌畏/30%/乳油/敌敌畏 25%、氰戊菊酯 5%/2008.12.11 至 2013.12.11/中等毒
棉花 棉铃虫 570-675克/公顷 喷雾
LS20082920 唑磷·毒死蜱/20%/乳油/毒死蜱 5%、三唑磷 15%/2009.07.14 至 2010.07.14/中等毒
水稻 稻纵卷叶螟 225-450克/公顷 喷雾
LS20083035 敌百·辛硫磷/30%/乳油/敌百虫 20%、辛硫磷 10%/2009.09.18 至 2010.09.18/低毒
水稻 三化螟 450-540克/公顷 喷雾

江西省南昌绿叶化学制剂有限公司 (江西省南昌市高新技术开发区 330029 0791-8108141)

PD20097614 辛硫·三唑磷 /40%/乳油/三唑磷 20%、辛硫磷 20%/2009.11.03 至 2014.11.03/中等毒
水稻 螟虫 360-480克/公顷 喷雾

江西省南昌农药厂 (江西省南昌市南昌县莲塘镇 330200 0791-5719923)

PD84104-4 杀虫双/18%/水剂/杀虫双 18%/2009.11.02 至 2014.11.02/中等毒
甘蔗、蔬菜、水稻、小麦、玉米 多种害虫 540-675克/公顷 喷雾
果树 多种害虫 225-360毫克/千克 喷雾
PD20070162 三唑磷/20%/乳油/三唑磷 20%/2007.06.14 至 2012.06.14/中等毒
水稻 三化螟 300-450克/公顷 喷雾

江西省南昌蚊香厂 (江西省南昌市十字街82号 330002 0791-6472305)

WL20070053 蚊香/0.35%/蚊香/富右旋反式烯丙菊酯 0.35%/2009.03.04 至 2010.03.05/微毒

卫生 蚊 / 点燃

WL20090072 杀蟑笔剂/0.025%/笔剂/溴氰菊酯 0.025%/2009.03.19 至 2010.03.19/低毒

卫生 蜚蠊 / 涂抹

江西省农福来农化有限公司 (江西省南昌市抚生路518号 330009 0791-7082291)

PD20084998 甲氰菊酯/20%/乳油/甲氰菊酯 20%/2008.12.22 至 2013.12.22/中等毒

十字花科蔬菜 菜青虫 60-90克/公顷 喷雾

PD20092570 稻瘟灵/30%/乳油/稻瘟灵 30%/2009.02.26 至 2014.02.26/低毒

水稻 稻瘟病 562.5-675克/公顷 喷雾

PD20093540 毒·辛/40%/乳油/毒死蜱 15%、辛硫磷 25%/2009.03.23 至 2014.03.23/中等毒

水稻 三化螟 450-600克/公顷 喷雾

PD20096718 毒·辛 /25%/乳油/毒死蜱 7%、辛硫磷 18%/2009.09.07 至 2014.09.07/中等毒

水稻 稻纵卷叶螟 450—562.5克/公顷 喷雾

PD20097777 速灭威/20%/乳油/速灭威 20%/2009.11.12 至 2014.11.12/中等毒

水稻 稻飞虱 510-600克/公顷 喷雾

LS20080061 炔螨特/40%/乳油/炔螨特 40%/2009.01.04 至 2010.01.04/低毒

柑橘树 红蜘蛛 266.67-400毫克/千克 喷雾

LS20081058 哒螨灵/15%/乳油/哒螨灵 15%/2009.03.07 至 2010.03.07/中等毒

柑橘树 红蜘蛛 90-100毫克/千克 喷雾

LS20081257 敌百·乙酰甲/30%/乳油/敌百虫 20%、乙酰甲胺磷 10%/2009.03.11 至 2010.03.11/低毒

水稻 二化螟 450-675克/公顷 喷雾

LS20082857 阿维·三唑磷/20%/乳油/阿维菌素 0.2%、三唑磷 19.8%/2009.06.11 至 2010.06.11/中等毒(原药高毒)

水稻 二化螟 210-300克/公顷 喷雾

LS20091148 硫磺·敌磺钠/40%/可湿性粉剂/敌磺钠 20%、硫磺 20%/2009.04.17 至 2010.04.17/低毒

甜菜 根腐病 267-307克/100千克种子 拌种

LS20091164 春雷·三环唑/13%/可湿性粉剂/春雷霉素 3%、三环唑 10%/2009.04.21 至 2010.04.21/低毒

水稻 稻瘟病 253.5-331.5克/公顷 喷雾

LS20091221 吡虫·噻嗪酮/20%/可湿性粉剂/吡虫啉 2%、噻嗪酮 18%/2009.04.30 至 2010.04.30/低毒

水稻 稻飞虱 120-150克/公顷 喷雾

LS20091223 氟铃·辛硫磷/42%/乳油/氟铃脲 2%、辛硫磷 40%/2009.04.30 至 2010.04.30/低毒

棉花 棉铃虫 693-882克/公顷 喷雾

LS20091306 噻嗪·杀扑磷/20%/可湿性粉剂/噻嗪酮 15%、杀扑磷 5%/2009.06.02 至 2010.06.02/中等毒(原药高毒)

柑橘树 矢尖蚧 200-250毫克/千克 喷雾

江西省萍乡市昌丰农药厂 (江西省萍乡市青山大城 337014 0799-6381972)

PD84104-61 18%杀虫双水剂//水剂/杀虫双 18%/2004.12.22 至 2009.12.22/中等毒

甘蔗、蔬菜、水稻、小麦、玉米 多种害虫 540-675克/公顷 喷雾

果树 多种害虫 225-360毫克/千克 喷雾

PD20060082 杀虫单/90%/可溶粉剂/杀虫单 90%/2006.04.14 至 2011.04.13/中等毒

水稻 螟虫 540-675克/公顷 喷雾

江西省宜春新龙化工有限公司 (江西省宜春市经济开发区城南工业园 336000 0795-3240188)

PD20096511 草甘膦铵盐（33%）///水剂/草甘膦 30%/2009.08.19 至 2014.08.19/低毒

柑橘园 杂草 250-500毫升制剂/亩 定向茎叶喷雾

PD20097437 炔螨特/73%/乳油/炔螨特 73%/2009.10.28 至 2014.10.28/低毒

柑橘树 红蜘蛛 304-365毫克/千克 喷雾

PD20097912 百草枯/200克/升/水剂/百草枯 200克/升/2009.11.30 至 2014.11.30/中等毒

柑橘园 杂草 750-900克/公顷 定向茎叶喷雾

LS20051345 吡虫啉/70%/可湿性粉剂/吡虫啉 70%/2008.04.13 至 2009.04.13/低毒

水稻 稻飞虱 15-30克/公顷 喷雾

LS20051748 吡虫·杀虫单/30%/可湿性粉剂/吡虫啉 1%、杀虫单 29%/2008.05.15 至 2009.05.15/中等毒

水稻 稻纵卷叶螟、二化螟、飞虱、三化螟 450-750克/公顷 喷雾

LS20052623 井冈霉素A/5%/可溶粉剂/井冈霉素A 5%/2008.08.14 至 2009.08.14/低毒

水稻 纹枯病 52.5-75克/公顷 喷雾

LS20053290 阿维·唑磷/20%/乳油/阿维菌素 0.2%、三唑磷 19.8%/2008.10.17 至 2009.10.17/中等毒(原药高毒)

水稻 二化螟 180-210克/公顷 喷雾

LS20053888 阿维·高氯/2.5%/乳油/阿维菌素 0.2%、高效氯氰菊酯 2.3%/2008.12.29 至 2009.12.29/低毒(原药高毒)

十字花科蔬菜 菜青虫、小菜蛾 13.5-27克/公顷 喷雾

LS20070229 杀虫双/18%/水剂/萘酮 0.01%、杀虫双 18%/2009.02.24 至 2010.02.24/低毒

水稻 三化螟 540—675克/公顷 喷雾

LS20080212 甲氰菊酯/20%/乳油/甲氰菊酯 20%/2010.01.07 至 2011.01.07/中等毒

棉花 棉铃虫 90-120克/公顷 喷雾

LS20081946 毒死蜱/480克/升/乳油/毒死蜱 480克/升/2009.04.11 至 2010.04.11/中等毒

水稻 稻纵卷叶螟 432-648克/公顷 喷雾

LS20082576 杀虫单/90%/可溶粉剂/杀虫单 90%/2009.04.23 至 2010.04.23/中等毒

	水稻	二化螟	675-810克/公顷	喷雾

江西省宜春信友化工有限公司　(江西省宜春市东郊文笔峰　336000　0795-3285752)

PD84104-34	杀虫双/18%/水剂/杀虫双 18%/2009.09.20 至 2014.09.20/中等毒			
	甘蔗、蔬菜、水稻、小麦、玉米	多种害虫	540-675克/公顷	喷雾
	果树	多种害虫	225-360毫克/千克	喷雾
PD20040644	吡虫·杀虫单/70%/可湿性粉剂/吡虫啉 2.5%、杀虫单 67.5%/2009.12.19 至 2014.12.19/中等毒			
	水稻	稻纵卷叶螟、二化螟、飞虱、三化螟	450-750克/公顷	喷雾
PD20050018	杀虫单/90%/可溶粉剂/杀虫单 90%/2005.04.15 至 2010.04.14/中等毒			
	水稻	螟虫	525-750克/公顷	喷雾
PD20070598	噻嗪·杀虫单/25%/可湿性粉剂/噻嗪酮 5%、杀虫单 20%/2007.12.14 至 2012.12.14/低毒			
	水稻	稻飞虱	375-450克/公顷	喷雾
PD20081985	草甘膦/10%/水剂/草甘膦 10%/2008.11.25 至 2009.12.31/微毒			
	柑橘园	一年生及部分多年生杂草	1125-2250克/公顷	定向茎叶喷雾
PD20082148	毒·辛/20%/乳油/毒死蜱 4%、辛硫磷 16%/2008.11.25 至 2013.11.25/低毒			
	棉花	棉铃虫	360-450克/公顷	喷雾
PD20082250	高效氯氟氰菊酯/25克/升/乳油/高效氯氟氰菊酯 25克/升/2008.11.27 至 2013.11.27/中等毒			
	叶菜类蔬菜	菜青虫	7.5-11.25克/公顷	喷雾
PD20082259	联苯菊酯/100克/升/乳油/联苯菊酯 100克/升/2008.11.27 至 2013.11.27/中等毒			
	茶树	茶小绿叶蝉	37.5-45克/公顷	喷雾
PD20082274	杀虫双/25%/水剂/杀虫双 25%/2008.11.27 至 2013.11.27/中等毒			
	水稻	二化螟	675-810克/公顷	喷雾
PD20082826	毒死蜱/480克/升/乳油/毒死蜱 480克/升/2008.12.09 至 2013.12.09/中等毒			
	水稻	稻飞虱	468-612克/公顷	喷雾
PD20082896	杀单·克百威/3%/颗粒剂/克百威 1%、杀虫单 2%/2008.12.09 至 2013.12.09/高毒			
	水稻	三化螟	1125-1350克/公顷	拌细土撒施
PD20090793	草甘膦异丙胺盐/41%/水剂/草甘膦异丙胺盐 41%/2009.01.19 至 2014.01.19/低毒			
	柑橘园	一年生及部分多年生杂草	1125－2250克/公顷	定向茎叶喷雾
PD20090938	杀虫单/95%/原药/杀虫单 95%/2009.01.19 至 2014.01.19/中等毒			
PD20092350	氰氯氰菊酯/50克/升/乳油/氰氯氰菊酯 50克/升/2009.02.24 至 2014.02.24/中等毒			
	棉花	棉铃虫	41.5-52.5克/公顷	喷雾
PD20093137	联苯菊酯/25克/升/乳油/联苯菊酯 25克/升/2009.03.10 至 2014.03.10/中等毒			
	棉花	棉铃虫	37.5-52.5克/公顷	喷雾
PD20093954	噻嗪·异丙威/25%/可湿性粉剂/噻嗪酮 5%、异丙威 20%/2009.03.27 至 2014.03.27/低毒			
	水稻	稻飞虱	375-562.5克/公顷	喷雾
PD20094330	唑磷·毒死蜱/20%/乳油/毒死蜱 5%、三唑磷 15%/2009.03.31 至 2014.03.31/低毒			
	水稻	三化螟	300-375克/公顷	喷雾
PD20094496	吡虫·噻嗪酮/20%/可湿性粉剂/吡虫啉 2%、噻嗪酮 18%/2009.04.09 至 2014.04.09/低毒			
	水稻	稻飞虱	120-150克/公顷	喷雾
PD20095268	毒死蜱/400克/升/乳油/毒死蜱 400克/升/2009.04.27 至 2014.04.27/中等毒			
	棉花	棉铃虫	540-900克/公顷	喷雾
LS20050615	马拉·辛硫磷/20%/乳油/马拉硫磷 10%、辛硫磷 10%/2008.03.14 至 2009.03.14/低毒			
	水稻	稻纵卷叶螟	300-375克/公顷	喷雾
LS20050802	辛硫·三唑磷/12%/乳油/三唑磷 4%、辛硫磷 8%/2008.03.28 至 2009.03.28/低毒			
	水稻	三化螟	324-360克/公顷	喷雾
LS20051060	阿维·毒死蜱/10%/乳油/阿维菌素 0.1%、毒死蜱 9.9%/2008.04.07 至 2009.04.07/低毒(原药高毒)			
	十字花科蔬菜	小菜蛾	120-150克/公顷	喷雾
	水稻	稻纵卷叶螟	120-150克/公顷	喷雾
LS20061362	氟铃·辛硫磷/20%/乳油/氟铃脲 2%、辛硫磷 18%/2009.06.25 至 2010.06.25/低毒			
	十字花科蔬菜	小菜蛾	120-150克/公顷	喷雾
LS20071543	阿维·三唑磷/15%/乳油/阿维菌素 0.1%、三唑磷 14.9%/2009.05.29 至 2010.05.30/中等毒(原药高毒)			
	棉花	棉铃虫	135-157.5克/公顷	喷雾
LS20071667	草甘膦异丙胺盐/10%/水剂/草甘膦异丙胺盐 10%/2009.06.13 至 2009.12.31/低毒			
	柑橘园	杂草	1125-2250克/公顷	茎叶喷雾
LS20071828	吡虫·仲丁威/20%/乳油/吡虫啉 1%、仲丁威 19%/2009.07.09 至 2010.07.10/低毒			
	水稻	稻飞虱	180-240克/公顷	喷雾
LS20072219	吡虫啉/5%/乳油/吡虫啉 5%/2009.09.11 至 2010.09.12/低毒			
	水稻	稻飞虱	18.75-22.5克/公顷	喷雾
LS20080719	高氯·甲维盐/2.02%/乳油/高效氯氰菊酯 1.9%、甲氨基阿维菌素苯甲酸盐 0.12%/2009.02.25 至 2010.02.26/低毒			
	十字花科蔬菜	甜菜夜蛾	18.18-24.24克/公顷	喷雾
LS20081374	杀虫单/50%/可溶粉剂/杀虫单 50%/2009.03.17 至 2010.03.17/中等毒			
	水稻	二化螟	675-810克/公顷	喷雾
LS20081395	虫酰·辛硫磷/20%/乳油/虫酰肼 5%、辛硫磷 15%/2009.03.17 至 2010.03.17/低毒			

十字花科蔬菜 甜菜夜蛾 270-300克/公顷 喷雾
LS20081731 甲维·虫酰肼/5.1%/乳油/虫酰肼 5%、甲氨基阿维菌素苯甲酸盐 0.1%/2009.04.07 至 2010.04.07/低毒
甘蓝 小菜蛾 45.9-53.55克/公顷 喷雾
LS20082494 除脲·辛硫磷/20%/乳油/除虫脲 1%、辛硫磷 19%/2009.04.22 至 2010.04.22/低毒
十字花科蔬菜 菜青虫 90-120克/公顷 喷雾
LS20083274 10%毒死蜱·氟铃脲乳油/10%/乳油/毒死蜱 8.5%、氟铃脲 1.5%/2009.12.16 至 2010.12.16/低毒
十字花科蔬菜 小菜蛾 105-120克/公顷 喷雾
LS20090783 杀虫双/29%/水剂/杀虫双 29%/2009.04.01 至 2010.04.01/中等毒
水稻 二化螟 702-810克/公顷 喷雾

江西省鹰潭市双收农药有限责任公司 (江西省鹰潭市西郊320国道北侧市工业园 335000 0701-6219171)

PD20091278 异丙威/20%/乳油/异丙威 20%/2009.02.01 至 2014.02.01/低毒
水稻 稻飞虱 450-600克/公顷 喷雾
PD20091763 甲氰菊酯/20%/乳油/甲氰菊酯 20%/2009.02.04 至 2014.02.04/中等毒
十字花科蔬菜 菜青虫 60-120克/公顷 喷雾
PD20091952 多菌灵/50%/可湿性粉剂/多菌灵 50%/2009.02.12 至 2014.02.12/微毒
水稻 稻瘟病 1125-1500克/公顷 喷雾
PD20092613 炔螨特/73%/乳油/炔螨特 73%/2009.03.02 至 2014.03.02/低毒
柑橘树 红蜘蛛 243-365毫克/千克 喷雾
PD20092836 井冈霉素/3%/水剂/井冈霉素A 2.4%/2009.03.05 至 2014.03.05/微毒
水稻 纹枯病 150-187.5克/公顷 喷雾
PD20093798 毒·辛/40%/乳油/毒死蜱 15%、辛硫磷 25%/2009.03.25 至 2014.03.25/低毒
水稻 三化螟 450-750克/公顷 喷雾
LS20051919 吡虫·杀虫单/40%/可湿性粉剂/吡虫啉 1.2%、杀虫单 38.8%/2008.05.17 至 2009.05.17/中等毒
水稻 稻纵卷叶螟、二化螟、飞虱、三化螟 450-750克/公顷 喷雾
LS20061872 乙酰甲胺磷/30%/乳油/乙酰甲胺磷 30%/2008.11.21 至 2009.11.21/低毒
水稻 二化螟 787.5-1012.5克/公顷 喷雾
LS20071302 丙溴·辛硫磷/25%/乳油/丙溴磷 6%、辛硫磷 19%/2009.05.08 至 2010.05.09/低毒
水稻 二化螟 300-375克/公顷 喷雾
LS20090350 丁硫·吡虫啉 /9%/乳油/吡虫啉 1.5%、丁硫克百威 7.5%/2009.03.13 至 2010.03.13/中等毒
棉花 蚜虫 40.5～81克/公顷 /喷雾

江西省余干县农业化工厂 (江西省余干县瑞洪工业开发区 335118 0793-3465131)

PD20060049 氯氰·三唑磷/11%/乳油/氯氰菊酯 1%、三唑磷 10%/2006.02.27 至 2011.02.27/中等毒
棉花 棉铃虫 165-247.5克/公顷 喷雾
PD20081707 百草枯/200克/升/水剂/百草枯 200克/升/2008.11.17 至 2013.11.17/中等毒
稻茬免耕小麦田 杂草 450-600克/公顷 茎叶喷雾
PD20083456 精喹·草除灵/17.5%/乳油/草除灵 15%、精喹禾灵 2.5%/2008.12.12 至 2013.12.12/低毒
油菜田 一年生杂草 262.5-393.5克/公顷 茎叶喷雾
PD20083571 高效氯氰菊酯/4.5%/乳油/高效氯氰菊酯 4.5%/2008.12.12 至 2013.12.12/低毒
十字花科蔬菜 菜青虫 15-22.5克/公顷 喷雾
PD20083709 高氯·马/20%/乳油/高效氯氰菊酯 2%、马拉硫磷 18%/2008.12.15 至 2013.12.15/低毒
茶树 茶毛虫 120-150克/公顷 喷雾
PD20083822 多菌灵/25%/可湿性粉剂/多菌灵 25%/2008.12.15 至 2013.12.15/低毒
水稻 稻瘟病 375-750克/公顷 喷雾
PD20085318 敌敌畏/30%/乳油/敌敌畏 30%/2008.12.24 至 2013.12.24/中等毒
水稻 稻飞虱 450-540克/公顷 喷雾
PD20094509 毒死蜱/20%/乳油/毒死蜱 20%/2009.04.09 至 2014.04.09/低毒
水稻 稻瘿蚊 900-1200克/公顷 喷雾

江西省樟树市樟菊日用化工厂 (江西省樟树市大桥街道办事处 331200 0795-7325788)

WP20080482 蚊香/0.3%/蚊香/富右旋反式烯丙菊酯 0.3%/2008.12.17 至 2013.12.17/微毒
卫生 蚊 / 点燃

江西省资溪县农药厂 (江西省抚州地区资溪县城郊 335400 0794-5793560)

PD20095781 三唑磷/20%/乳油/三唑磷 20%/2009.05.21 至 2014.05.21/中等毒
棉花 红铃虫、棉铃虫 375-450克/公顷 喷雾
水稻 二化螟、三化螟 300-450克/公顷 喷雾

江西盛华生物农药有限责任公司 (江西省抚州市南湖路 344809 0794-8238688)

PD20082345 阿维菌素/0.5%/乳油/阿维菌素 0.5%/2008.12.01 至 2013.12.01/低毒(原药高毒)
梨树 梨木虱 6-12毫克/千克 喷雾
PD20082676 阿维菌素/0.9%/乳油/阿维菌素 0.9%/2008.12.05 至 2013.12.05/低毒(原药高毒)
棉花 棉铃虫 21.6-32.4克/公顷 喷雾
PD20083495 阿维菌素/1.8%/乳油/阿维菌素 1.8%/2008.12.12 至 2013.12.12/低毒(原药高毒)
甘蓝 小菜蛾 8.1-10.8克/公顷 喷雾
柑橘树 红蜘蛛 4.5-9毫克/千克 喷雾
PD20090212 稻瘟灵/30%/乳油/稻瘟灵 30%/2009.01.09 至 2014.01.09/低毒

水稻 稻瘟病 450-675克/公顷 喷雾

PD20090506 草甘膦异丙胺盐/41%/水剂/草甘膦异丙胺盐 41%/2009.01.12 至 2014.01.12/低毒

柑橘园 杂草 1125-2250克/公顷 定向茎叶喷雾

PD20093391 氯氰·丙溴磷/440克/升/乳油/丙溴磷 400克/升、氯氰菊酯 40克/升/2009.03.19 至 2014.03.19/中等毒

棉花 棉铃虫 528-660克/公顷 喷雾

PD20098239 三唑磷/20%/乳油/三唑磷 20%/2009.12.16 至 2014.12.16/中等毒

水稻 二化螟 180-225克/公顷 喷雾

LS20081481 阿维·辛硫磷/15%/乳油/阿维菌素 0.1%、辛硫磷 14.9%/2009.03.31 至 2010.03.31/低毒(原药高毒)

十字花科蔬菜 小菜蛾 180-247.5克/公顷 喷雾

LS20081768 啶虫脒/3%/乳油/啶虫脒 3%/2009.04.07 至 2010.04.07/低毒

水稻 稻飞虱 27-36克/公顷 喷雾

LS20082399 高氯·氟铃脲/5%/乳油/氟铃脲 2%、高效氯氰菊酯 3%/2009.04.22 至 2010.04.22/低毒

十字花科蔬菜 甜菜夜蛾 45-52.5克/公顷 喷雾

江西施普润农化有限公司 (江西省泰和县上田 343700 0796-5380606)

PD20060065 氯氰·敌敌畏/10%/乳油/敌敌畏 8%、氯氰菊酯 2%/2006.04.04 至 2011.04.04/中等毒

十字花科蔬菜 菜青虫 37.5-75克/公顷 喷雾

PD20083332 甲氰菊酯/20%/乳油/甲氰菊酯 20%/2008.12.11 至 2013.12.11/低毒

棉花 红蜘蛛 90-150克/公顷 喷雾

PD20083417 毒死蜱/480克/升/乳油/毒死蜱 480克/升/2008.12.11 至 2013.12.11/中等毒

水稻 稻纵卷叶螟 432-576克/公顷 喷雾

PD20084968 噻嗪酮/25%/可湿性粉剂/噻嗪酮 25%/2008.12.22 至 2013.12.22/低毒

水稻 稻飞虱 112.5—150克/公顷 喷雾

PD20086086 阿维菌素/18克/升/乳油/阿维菌素 18克/升/2008.12.30 至 2013.12.30/中等毒(原药高毒)

甘蓝 小菜蛾 8.1-10.8毫克/千克 喷雾

PD20090915 氰戊·辛硫磷/25%/乳油/氰戊菊酯 6.5%、辛硫磷 18.5%/2009.01.19 至 2014.01.19/中等毒

棉花 棉铃虫 270-300克/公顷 喷雾

小麦 蚜虫 93.75-150克/公顷 喷雾

PD20091110 乙草胺/900克/升/乳油/乙草胺 900克/升/2009.01.21 至 2014.01.21/低毒

花生田 一年生杂草 1080-1350克/公顷 播后苗前土壤喷雾

PD20091267 三环唑/75%/可湿性粉剂/三环唑 75%/2009.02.01 至 2014.02.01/中等毒

水稻 稻瘟病 225-375克/公顷 喷雾

PD20097864 唑磷·毒死蜱/25%/乳油/毒死蜱 5%、三唑磷 20%/2009.11.20 至 2014.11.20/中等毒

水稻 稻纵卷叶螟 300-375克/公顷 喷雾

LS20070509 辛硫·三唑磷/40%/乳油/三唑磷 20%、辛硫磷 20%/2009.03.06 至 2010.03.07/中等毒

水稻 二化螟 360-480克/公顷 喷雾

LS20070558 乙酰甲胺磷/20%/乳油/乙酰甲胺磷 20%/2009.03.19 至 2010.03.20/低毒

水稻 二化螟 540-1020克/公顷 喷雾

LS20072192 井冈霉素A/2.4%/水剂/井冈霉素A 2.4%/2009.09.11 至 2010.09.12/低毒

水稻 纹枯病 120-150克/公顷 喷雾

江西顺泉生物科技有限公司 (江西省抚州市青云峰路75号 344000 0794-8423669)

PD20093607 三环唑/75%/可湿性粉剂/三环唑 75%/2009.03.23 至 2014.03.23/低毒

水稻 稻瘟病 225-375克/公顷 喷雾

PD20094087 噻嗪·异丙威/25%/可湿性粉剂/噻嗪酮 5%、异丙威 20%/2009.03.27 至 2014.03.27/低毒

水稻 稻飞虱 450-562.5克/公顷 喷雾

PD20094112 杀螟丹/50%/可溶粉剂/杀螟丹 50%/2009.03.27 至 2014.03.27/中等毒

水稻 二化螟 600-900克/公顷 喷雾

PD20095383 苏云金杆菌/8000IU/微升/悬浮剂/苏云金杆菌 8000IU/微升/2009.04.27 至 2014.04.27/低毒

十字花科蔬菜 菜青虫 1500-2250克制剂/公顷 喷雾

PD20097246 百草枯/200克/升/水剂/百草枯 200克/升/2009.10.19 至 2014.10.19/中等毒

柑橘园 杂草 750-900克/公顷 行间定向茎叶喷雾

PD20097701 草甘膦/30%/水剂/草甘膦 30%/2009.11.04 至 2014.11.04/低毒

柑橘园 杂草 1125-2250克/公顷 定向茎叶喷雾

江西穗丰农药化工有限公司 (江西省南昌县蒋巷经济开发区 330224 0791-5070518)

PD20070601 马拉·杀螟松/12%/乳油/马拉硫磷 10%、杀螟硫磷 2%/2007.12.14 至 2012.12.14/低毒

水稻 二化螟 225-270克/公顷 喷雾

PD20080316 敌敌畏/50%/乳油/敌敌畏 50%/2008.02.25 至 2013.02.25/低毒

十字花科蔬菜 菜青虫 600-675克/公顷 喷雾

PD20080876 异丙威/20%/乳油/异丙威 20%/2008.07.04 至 2013.07.04/低毒

水稻 稻飞虱 450-600克/公顷 喷雾

PD20081847 丁硫·辛硫磷/20%/乳油/丁硫克百威 5%、辛硫磷 15%/2008.11.20 至 2013.11.20/中等毒

棉花 棉铃虫 315-375克/公顷 喷雾

PD20083945 高效氯氟氰菊酯/25克/升/乳油/高效氯氟氰菊酯 25克/升/2008.12.15 至 2013.12.15/中等毒
十字花科蔬菜 菜青虫 7.5-11.25克/公顷 喷雾
PD20084558 多菌灵/50%/可湿性粉剂/多菌灵 50%/2008.12.18 至 2013.12.18/低毒
水稻 稻瘟病 750-900克/公顷 喷雾
PD20084612 噻嗪酮/25%/可湿性粉剂/噻嗪酮 25%/2008.12.18 至 2013.12.18/低毒
水稻 稻飞虱 112.5-150克/公顷 喷雾
PD20085040 毒死蜱/480克/升/乳油/毒死蜱 480克/升/2008.12.23 至 2013.12.23/中等毒
水稻 二化螟 576-648克/公顷 喷雾
PD20085641 稻瘟灵/30%/乳油/稻瘟灵 30%/2008.12.26 至 2013.12.26/低毒
水稻 稻瘟病 450-675克/公顷 喷雾
PD20086164 敌百·毒死蜱/40%/乳油/敌百虫 20%、毒死蜱 20%/2008.12.30 至 2013.12.30/低毒
水稻 稻纵卷叶螟 480-600克/公顷 喷雾
PD20093426 井冈·硫酸铜/4.5%/水剂/井冈霉素 4%、硫酸铜 0.5%/2009.03.23 至 2014.03.23/低毒
水稻 纹枯病 59-79克/公顷 喷雾
PD20096623 喹硫磷/25%/乳油/喹硫磷 25%/2009.09.02 至 2014.09.02/中等毒
水稻 稻纵卷叶螟 375-495克/公顷 喷雾
PD20097570 三唑磷/20%/乳油/三唑磷 20%/2009.11.03 至 2014.11.03/中等毒
水稻 二化螟 202.5-303.75克/公顷 喷雾
PD20097952 阿维·高氯/1.8%/乳油/阿维菌素 0.3%、高效氯氰菊酯 1.5%/2009.11.30 至 2014.11.30/中等毒(原药高毒)
甘蓝 菜青虫、小菜蛾 7.5-15克/公顷 喷雾
LS20070726 辛硫·三唑磷/30%/乳油/三唑磷 7.5%、辛硫磷 22.5%/2009.04.08 至 2010.04.09/中等毒
水稻 二化螟 405-540克/公顷 喷雾
LS20071742 阿维·哒螨灵/10%/乳油/阿维菌素 0.2%、哒螨灵 9.8%/2009.07.04 至 2010.07.05/中等毒(原药高毒)
柑橘树 红蜘蛛 33.3-50毫克/千克 喷雾
LS20091362 甲维·氟铃脲/2.2%/微乳剂/氟铃脲 2%、甲氨基阿维菌素苯甲酸盐 0.2%/2009.07.20 至 2010.07.20/低毒
十字花科蔬菜 甜菜夜蛾 16.5-19.8克/公顷 喷雾

江西遂川县制香厂 (江西省遂川县泉江镇朴树村 343900 0796-6323096)

WL20070062 蚊香/0.35%/蚊香/富右旋反式烯丙菊酯 0.35%/2009.03.20 至 2010.03.21/微毒
卫生 蚊 / 点燃

江西天人生态工业有限责任公司 (江西省吉安市高新技术产业开发区 343100 0796-8401803)

PD20094629 金龟子绿僵菌/170亿活孢子/克/原药/金龟子绿僵菌 170亿活孢子/克/2009.04.10 至 2014.04.10/低毒
LS20072249 乙酰甲胺磷/30%/乳油/乙酰甲胺磷 30%/2009.09.11 至 2010.09.12/低毒
水稻 二化螟 562.5-1012.5克/公顷 喷雾
LS20072258 高效氯氟氰菊酯/25克/升/乳油/高效氯氟氰菊酯 25克/升/2009.09.16 至 2010.09.17/中等毒
十字花科蔬菜 菜青虫 9.37-12.5克/公顷 喷雾
LS20081730 球孢白僵菌/400亿孢子/克/可湿性粉剂/球孢白僵菌 400亿孢子/克/2009.04.07 至 2010.04.07/低毒
马尾松 松毛虫 1200-1500克/公顷(制剂) 喷雾
LS20082448 球孢白僵菌/500亿孢子/克/母药/球孢白僵菌 500亿孢子/克/2009.04.22 至 2010.04.22/低毒
LS20082650 啶虫脒/3%/乳油/啶虫脒 3%/2009.04.23 至 2010.04.23/低毒
柑橘树 蚜虫 10-20毫克/千克 喷雾
LS20082658 阿维·毒死蜱/15%/乳油/阿维菌素 0.1%、毒死蜱 14.9%/2009.04.23 至 2010.04.23/低毒(原药高毒)
甘蓝 小菜蛾 90-180克/公顷 喷雾
LS20082880 甲氨基阿维菌素苯甲酸盐/0.5%/微乳剂/甲氨基阿维菌素苯甲酸盐 0.5%/2009.06.11 至 2010.06.11/低毒
甘蓝 甜菜夜蛾 3-4.5克/公顷 喷雾
LS20083008 球孢白僵菌/150亿孢子/克/可湿性粉剂/球孢白僵菌 150亿孢子/克/2009.09.01 至 2010.09.01/低毒
花生 蛴螬 3750-4500克/公顷(制剂) 拌毒土撒施
松树 松毛虫 3000-3900克/公顷(制剂) 喷雾
LS20083026 精喹禾灵/10.8%/乳油/精喹禾灵 10.8%/2009.09.18 至 2010.09.18/低毒
夏大豆田 一年生禾本科杂草 48.6-56.7克/公顷 茎叶喷雾
LS20091463 噻虫啉/1%/微胶囊粉剂/噻虫啉 1%/2009.12.31 至 2010.12.31/低毒
森林 天牛 / /
LS20091464 噻虫啉/48%/悬浮剂/噻虫啉 48%/2009.12.31 至 2010.12.31/低毒
森林 天牛 / /
LS20091465 噻虫啉/2%/微囊悬浮剂/噻虫啉 2%/2009.12.31 至 2010.12.31/低毒
森林 天牛 / /
WL20090129 杀蟑饵剂/5亿孢子/克/饵剂/金龟子绿僵菌 5亿孢子/克/2009.04.15 至 2010.04.15/低毒
卫生 蜚蠊 / 投放

江西田友生化有限公司 (江西省南昌市抚生路19号 330009 0791-6597496)

PD20070588 异丙威/20%/乳油/异丙威 20%/2007.12.14 至 2012.12.14/低毒
水稻 稻飞虱 450-600克/公顷 喷雾
PD20080216 稻瘟灵/40%/乳油/稻瘟灵 40%/2008.01.11 至 2013.01.11/低毒
水稻 稻瘟病 600-750克/公顷 喷雾
PD20081976 仲丁威/20%/乳油/仲丁威 20%/2008.11.25 至 2013.11.25/低毒

水稻 稻飞虱 450-525克/公顷 喷雾

PD20082167 三环唑/75%/可湿性粉剂/三环唑 75%/2008.11.26 至 2013.11.26/中等毒

水稻 稻瘟病 225-300克/公顷 喷雾

PD20082431 联苯菊酯/25克/升/乳油/联苯菊酯 25克/升/2008.12.02 至 2013.12.02/中等毒

茶树 茶小绿叶蝉 1200-1500毫升/公顷 喷雾

PD20082777 草甘膦异丙胺盐/41%/水剂/草甘膦异丙胺盐 41%/2008.12.08 至 2013.12.08/低毒

柑橘园 杂草 1125-2250克/公顷 定向茎叶喷雾

PD20082878 高效氯氟氰菊酯/25克/升/乳油/高效氯氟氰菊酯 25克/升/2008.12.09 至 2013.12.09/中等毒

棉花 棉铃虫 22.5-26.5克/公顷 喷雾

PD20083018 异丙威/4%/粉剂/异丙威 4%/2008.12.10 至 2013.12.10/中等毒

水稻 稻飞虱 600-720克/公顷 喷粉

PD20083045 乙酰甲胺磷/30%/乳油/乙酰甲胺磷 30%/2008.12.10 至 2013.12.10/低毒

水稻 二化螟 787.5-1012.5克/公顷 喷雾

PD20083051 草甘膦/10%/水剂/草甘膦 10%/2008.12.10 至 2009.12.31/低毒

非耕地 杂草 制剂量：11250-30000毫升/公顷 茎叶喷雾

PD20083580 毒死蜱/480克/升/乳油/毒死蜱 480克/升/2008.12.12 至 2013.12.12/中等毒

水稻 稻飞虱、稻纵卷叶螟、二化螟 300-432克/公顷 喷雾

PD20083725 甲氰菊酯/20%/乳油/甲氰菊酯 20%/2008.12.15 至 2013.12.15/中等毒

十字花科蔬菜 菜青虫 60-120克/公顷 喷雾

PD20086152 敌百・辛硫磷/30%/乳油/敌百虫 20%、辛硫磷 10%/2008.12.30 至 2013.12.30/低毒

水稻 二化螟 450-540克/公顷 喷雾

PD20090647 噻嗪酮/25%/可湿性粉剂/噻嗪酮 25%/2009.01.15 至 2014.01.15/低毒

水稻 稻飞虱 112.5-150克/公顷 喷雾

PD20091867 毒・辛/25%/乳油/毒死蜱 7%、辛硫磷 18%/2009.02.09 至 2014.02.09/中等毒

水稻 稻纵卷叶螟 375-562.5克/公顷 喷雾

PD20093328 辛硫・三唑磷/30%/乳油/三唑磷 7.5%、辛硫磷 22.5%/2009.03.18 至 2014.03.18/中等毒

水稻 二化螟 405-540克/公顷 喷雾

PD20095722 井冈・蜡芽菌//水剂/井冈霉素A 2%、蜡质芽孢杆菌 1亿cfu/克/2009.05.18 至 2014.05.18/低毒

水稻 纹枯病 30-50毫升/亩 喷雾

LS20061974 吡虫啉/5%/乳油/吡虫啉 5%/2009.03.25 至 2010.03.25/低毒

水稻 稻飞虱 15-30克/公顷 喷雾

LS20061994 丙溴・辛硫磷/25%/乳油/丙溴磷 6%、辛硫磷 19%/2008.03.21 至 2009.03.21/低毒

水稻 二化螟 300-375克/公顷 喷雾

LS20070709 草甘膦/10%/水剂/草甘膦 10%/2008.03.29 至 2009.12.31/低毒

非耕地 杂草 1125-3000克/公顷 茎叶喷雾

LS20070801 草甘膦异丙胺盐/41%/水剂/草甘膦异丙胺盐 41%/2008.04.10 至 2009.04.11/低毒

柑橘园 杂草 1125-2250克/公顷 茎叶喷雾

LS20071301 毒死蜱/480克/升/乳油/毒死蜱 480克/升/2008.05.08 至 2009.05.09/中等毒

水稻 稻飞虱、稻纵卷叶螟 300-432克/公顷 喷雾

水稻 二化螟 360-576克/公顷 喷雾

LS20071417 三唑磷/10%/乳油/三唑磷 10%/2009.05.17 至 2010.05.18/中等毒

水稻 二化螟 180-225克/公顷 喷雾

LS20071695 苯甲・丙环唑/300克/升/乳油/苯醚甲环唑 150克/升、丙环唑 150克/升/2009.06.24 至 2010.06.25/低毒

水稻 纹枯病 67.5-90克/公顷 喷雾

LS20071826 混灭・噻嗪酮/30%/乳油/混灭威 25%、噻嗪酮 5%/2009.07.09 至 2010.07.10/低毒

水稻 稻飞虱 360-405克/公顷 喷雾

LS20071913 异丙威/4%/粉剂/异丙威 4%/2008.08.06 至 2009.08.07/中等毒

水稻 稻飞虱 600-720克/公顷 喷粉

LS20072065 联苯菊酯/25克/升/乳油/联苯菊酯 25克/升/2008.08.29 至 2009.08.30/中等毒

茶树 小绿叶蝉 30-37.5克/公顷 喷雾

LS20072123 阿维・毒死蜱/15%/乳油/阿维菌素 0.1%、毒死蜱 14.9%/2009.09.02 至 2010.09.03/中等毒(原药高毒)

水稻 稻纵卷叶螟 112.5-157.5克/公顷 喷雾

LS20072661 辛菌胺/5%/水剂/辛菌胺 5%/2009.12.16 至 2010.12.17/低毒

水稻 细菌性条斑病 97.5-120克/公顷 喷雾

LS20080001 阿维菌素/18克/升/乳油/阿维菌素 18克/升/2009.01.03 至 2010.01.03/低毒(原药高毒)

棉花 红蜘蛛 10.8-16.2克/公顷 喷雾

LS20080868 百草枯/200克/升/水剂/百草枯 200克/升/2008.03.03 至 2009.03.03/中等毒

柑橘园 杂草 600-900克/公顷 定向茎叶喷雾

LS20081642 噻嗪酮/25%/可湿性粉剂/噻嗪酮 25%/2008.04.03 至 2009.04.03/低毒

水稻 稻飞虱 112.5-150克/公顷 喷雾

LS20082810 甲维・氟铃脲/2.2%/乳油/氟铃脲 2%、甲氨基阿维菌素苯甲酸盐 0.2%/2009.05.12 至 2010.05.12/低毒

十字花科蔬菜 甜菜夜蛾 16.5-19.8克/公顷 喷雾

LS20082852 甲维・毒死蜱/15%/乳油/毒死蜱 14.8%、甲氨基阿维菌素苯甲酸盐 0.2%/2009.06.11 至 2010.06.11/中等毒

十字花科蔬菜 小菜蛾 90-112.5克/公顷 喷雾

江西铜业集团(贵溪)新材料有限公司 (江西省贵溪市冶金大道贵冶厂内 335424 0701-3778104)

PD20097356 硫酸铜/98%/原药/硫酸铜 98%/2009.10.27 至 2014.10.27/低毒

江西万德化工科技有限公司 (江西省泰和县上田镇 343701 0796-5380903)

PD84104-5 杀虫双/18%/水剂/杀虫双 18%/2009.11.09 至 2014.11.09/中等毒
甘蔗、蔬菜、水稻、小麦、玉米 多种害虫 540-675克/公顷 喷雾
果树 多种害虫 225-360毫克/千克 喷雾

PD20040504 三唑磷/30%/乳油/三唑磷 30%/2009.12.19 至 2014.12.19/中等毒
水稻 三化螟 202.5-253.125克/公顷 喷雾

PD20040534 哒螨灵/15%/乳油/哒螨灵 15%/2009.12.19 至 2014.12.19/中等毒
柑橘树 红蜘蛛 50-67毫克/千克 喷雾

PD20040582 三唑磷/20%/乳油/三唑磷 20%/2009.12.19 至 2014.12.19/中等毒
棉花 棉红铃虫 375-450克/公顷 喷雾
水稻 二化螟、三化螟 300-450克/公顷 喷雾

PD20093876 毒死蜱/40%/乳油/毒死蜱 40%/2009.03.25 至 2014.03.25/中等毒
水稻 稻飞虱 450-600克/公顷 喷雾

PD20094048 三唑磷/40%/乳油/三唑磷 40%/2009.03.27 至 2014.03.27/中等毒
水稻 二化螟、三化螟 360-450克/公顷 喷雾

PD20096700 唑磷·毒死蜱/30%/乳油/毒死蜱 7%、三唑磷 23%/2009.09.07 至 2014.09.07/中等毒
水稻 稻纵卷叶螟 360-450克/公顷 喷雾

LS20061798 乙甲·毒死蜱/35%/可湿性粉剂/毒死蜱 14%、乙酰甲胺磷 21%/2009.10.30 至 2010.10.30/中等毒
水稻 稻纵卷叶螟 315-420克/公顷 喷雾

LS20070262 毒死蜱/3%/颗粒剂/毒死蜱 3%/2009.02.25 至 2010.02.25/低毒
十字花科蔬菜 地下害虫 1800-2250克/公顷 沟施

LS20070449 唑磷·高氯氟/21%/乳油/高效氯氟氰菊酯 1%、三唑磷 20%/2009.03.05 至 2010.03.06/中等毒
棉花 棉铃虫 220.5-252克/公顷 喷雾

LS20071378 咪鲜·三环唑/20%/可湿性粉剂/咪鲜胺 5%、三环唑 15%/2009.05.17 至 2010.05.18/低毒
水稻 稻瘟病 135-195克/公顷 喷雾

LS20072190 阿维·三唑磷/20%/乳油/阿维菌素 0.2%、三唑磷 19.8%/2009.09.11 至 2010.09.12/低毒(原药高毒)
水稻 二化螟 180-270克/公顷 喷雾

LS20081184 甲氨基阿维菌素苯甲酸盐/0.5%/微乳剂/甲氨基阿维菌素苯甲酸盐 0.5%/2009.03.10 至 2010.03.10/低毒
十字花科蔬菜 甜菜夜蛾 1.5-3克/公顷 喷雾

LS20081347 甲维·辛硫磷/20%/乳油/甲氨基阿维菌素苯甲酸盐 0.1%、辛硫磷 19.9%/2009.03.13 至 2010.03.13/低毒
十字花科蔬菜 甜菜夜蛾 525-600克/公顷 喷雾

LS20081783 阿维·氟铃脲/2.5%/乳油/阿维菌素 0.4%、氟铃脲 2.1%/2009.04.07 至 2010.04.07/低毒(原药高毒)
十字花科蔬菜 小菜蛾 11.25-16.875克/公顷 喷雾

江西万丰农药化工有限公司 (江西省万安县城北工业区 343800 0796-5713178)

PD85150-7 多菌灵/50%/可湿性粉剂/多菌灵 50%/2006.03.28 至 2011.03.28/低毒
果树 病害 0.05-0.1%药液 喷雾
花生 倒秧病 750克/公顷 喷雾
麦类 赤霉病 750克/公顷 喷雾、泼浇
棉花 苗期病害 250克/50千克种子 拌种
水稻 稻瘟病、纹枯病 750克/公顷 喷雾、泼浇
油菜 菌核病 1125-1500克/公顷 喷雾

PD86148-10 异丙威/20%/乳油/异丙威 20%/2007.01.08 至 2012.01.08/中等毒
水稻 飞虱、叶蝉 450-600克/公顷 喷雾

PD86156-2 异丙威/4%/粉剂/异丙威 4%/2007.01.08 至 2012.01.08/中等毒
水稻 飞虱、叶蝉 600克/公顷 喷粉

PD20096745 仲丁威/20%/乳油/仲丁威 20%/2009.09.07 至 2014.09.07/低毒
水稻 稻飞虱 465-555克/公顷 喷雾

PD20096873 毒·辛/25%/乳油/毒死蜱 7%、辛硫磷 18%/2009.09.23 至 2014.09.23/中等毒
水稻 稻纵卷叶螟 506.25-562.5克/公顷 喷雾

PD20097667 毒死蜱/480克/升/乳油/毒死蜱 480克/升/2009.11.04 至 2014.11.04/中等毒
水稻 稻纵卷叶螟 540-612克/公顷 喷雾

LS20072218 阿维·毒死蜱/10%/乳油/阿维菌素 0.1%、毒死蜱 9.9%/2009.09.11 至 2010.09.12/低毒(原药高毒)
十字花科蔬菜 小菜蛾 135-150克/公顷 喷雾

LS20082300 氰戊菊酯/20%/乳油/氰戊菊酯 20%/2009.04.21 至 2010.04.21/低毒
十字花科蔬菜 菜青虫 90-120克/公顷 喷雾

LS20082502 辛硫磷/40%/乳油/辛硫磷 40%/2009.04.22 至 2010.04.22/低毒
水稻 稻纵卷叶螟 750-900克/公顷 喷雾

LS20082588 三乙膦酸铝/80%/乳油/三乙膦酸铝 80%/2009.04.23 至 2010.04.23/低毒
水稻 纹枯病 1200-1440克/公顷 喷雾

LS20090078 丙溴·辛硫磷/25%/乳油/丙溴磷 6%、辛硫磷 19%/2009.01.09 至 2010.01.09/低毒
水稻 稻纵卷叶螟 243.75-300克/公顷 喷雾
LS20090191 阿维·三唑磷/15%/乳油/阿维菌素 0.1%、三唑磷 14.9%/2009.02.04 至 2010.02.04/中等毒(原药高毒)
棉花 棉铃虫 135-180克/公顷 喷雾

江西威力特生物科技有限公司 (江西省安义县工业园区凤凰东路18号 330500 0791-3499262)

PD20070168 氯氰·三唑磷/11%/乳油/氯氰菊酯 1%、三唑磷 10%/2007.06.25 至 2012.06.25/中等毒
棉花 棉铃虫 247.5-330克/公顷 喷雾
PD20081563 精喹禾灵/10.8%/乳油/精喹禾灵 10.8%/2008.11.11 至 2013.11.11/低毒
花生田 一年生禾本科杂草 40.5-48.6克/公顷 茎叶喷雾
PD20081952 氯氰·敌敌畏/10%/乳油/敌敌畏 8%、氯氰菊酯 2%/2008.11.24 至 2013.11.24/中等毒
十字花科蔬菜 蚜虫 45-75克/公顷 喷雾
PD20082028 异稻·稻瘟灵/40%/乳油/稻瘟灵 30%、异稻瘟净 10%/2008.11.25 至 2013.11.25/中等毒
水稻 稻瘟病 600-900克/公顷 喷雾
PD20085469 高效氯氟氰菊酯/2.5%/乳油/高效氯氟氰菊酯 2.5%/2008.12.25 至 2013.12.25/中等毒
十字花科蔬菜 蚜虫 7.5-15克/公顷 喷雾
PD20092617 螨醇·哒螨灵/20%/乳油/哒螨灵 8%、三氯杀螨醇 12%/2009.03.02 至 2014.03.02/低毒
柑橘树 红蜘蛛 133.3-200毫克/千克 喷雾
PD20094491 阿维·氯氰/2.1%/乳油/阿维菌素 0.1%、氯氰菊酯 2%/2009.04.09 至 2014.04.09/中等毒(原药高毒)
十字花科蔬菜 小菜蛾 18.9-22.05克/公顷 喷雾
LS20071763 丁硫克百威/200克/升/乳油/丁硫克百威 200克/升/2009.07.04 至 2010.07.05/中等毒
柑橘树 锈壁虱 100-133.3毫克/千克 喷雾
LS20071809 唑磷·敌百虫/50%/乳油/敌百虫 40%、三唑磷 10%/2009.07.09 至 2010.07.10/中等毒
水稻 三化螟 750-900克/公顷 喷雾

江西文达实业有限公司 (江西省南昌县八一经济开发区 330200 0791-5721686)

PD20098122 炔螨特/57%/乳油/炔螨特 57%/2009.12.08 至 2014.12.08/低毒
柑橘树 红蜘蛛 228-380毫克/千克 喷雾
PD20098210 高效氯氟氰菊酯/25克/升/乳油/高效氯氟氰菊酯 25克/升/2009.12.16 至 2014.12.16/中等毒
棉花 棉铃虫 18.75-26.25克/公顷 喷雾
PD20098245 异丙威/20%/乳油/异丙威 20%/2009.12.16 至 2014.12.16/中等毒
水稻 稻飞虱 525-600克/公顷 喷雾
PD20098541 阿维菌素/18克/升/乳油/阿维菌素 18克/升/2009.12.31 至 2014.12.31/低毒(原药高毒)
十字花科蔬菜 菜青虫 8.1-10.8克/公顷 喷雾
PD20098542 毒死蜱/480克/升/乳油/毒死蜱 480克/升/2009.12.31 至 2014.12.31/中等毒
水稻 稻纵卷叶螟 504-648克/公顷 喷雾

江西新瑞丰生化有限公司 (江西省吉安市新干县县城南工业区(何家山) 331307 0796-2676038)

PD85131-38 井冈霉素/3%,5%/水剂/井冈霉素 3%,5%/2005.07.29 至 2010.07.29/低毒
水稻 纹枯病 75-112.5克/公顷 喷雾,泼浇
PD86101-11 赤霉酸/4%/乳油/赤霉酸 4%/2006.09.13 至 2011.09.13/低毒
菠菜 增加鲜重 10-25毫克/千克 叶面处理1-3次
菠萝 果实增大、增重 40-80毫克/千克 喷花
柑橘树 果实增大、增重 20-40毫克/千克 喷花
花卉 提前开花 700毫克/千克 叶面处理涂抹花芽
绿肥 增产 10-20毫克/千克 喷雾
马铃薯 苗齐、增产 0.5-1毫克/千克 浸薯块10-30分钟
棉花 提高结铃率、增产 10-20毫克/千克 点喷、点涂或喷雾
葡萄 无核、增产 50-200毫克/千克 花后1周处理果穗
芹菜 增产 20-100毫克/千克 叶面处理1次
人参 增加发芽率 20毫克/千克 播前浸种15分钟
水稻 增加千粒重、制种 20-30毫克/千克 喷雾
PD86183-15 赤霉酸/75%/结晶粉/赤霉酸 75%/2006.09.13 至 2011.09.13/低毒
菠菜 增加鲜重 10-25毫克/千克 叶面处理1-3次
菠萝 果实增大、增重 40-80毫克/千克 喷花
柑橘树 果实增大、增重 20-40毫克/千克 喷花
花卉 提前开花 700毫克/千克 叶面处理涂抹花芽
绿肥 增产 10-20毫克/千克 喷雾
马铃薯 苗齐、增产 0.5-1毫克/千克 浸薯块10-30分钟
棉花 提高结铃率、增产 10-20毫克/千克 点喷、点涂或喷

雾

葡萄 无核、增产 50-200毫克/千克 花后一周处理果穗

芹菜 增加鲜重 20-100毫克/千克 叶面处理1次

人参 增加发芽率 20毫克/千克 播种前浸种15分钟

水稻 增加千粒重、制种 20-30毫克/千克 喷雾

PD20080523 赤霉酸/90%/原药/赤霉酸 90%/2008.04.29 至 2013.04.29/低毒

PD20082338 赤霉酸A3/10%/可溶片剂/赤霉酸A3 10%/2008.12.01 至 2013.12.01/低毒

水稻 调节生长 15—22.5克/公顷 茎叶喷雾

PD20082666 阿维菌素/0.9%/乳油/阿维菌素 0.9%/2008.12.05 至 2013.12.05/低毒(原药高毒)

棉花 棉铃虫 21.6-32.4克/公顷 喷雾

十字花科蔬菜 小菜蛾 8.1-10.8克/公顷 喷雾

PD20083342 赤霉酸/20%/可溶粉剂/赤霉酸 20%/2008.12.11 至 2013.12.11/低毒

水稻 调节生长、增产 28-36毫克/千克 兑水喷雾

PD20083689 井冈霉素A/20%/可溶粉剂/井冈霉素A 20%/2008.12.15 至 2013.12.15/低毒

水稻 纹枯病 52.5—75克/公顷 喷雾

PD20084354 井冈霉素A/5%/可溶粉剂/井冈霉素 5%/2008.12.17 至 2013.12.17/低毒

水稻 纹枯病 52.5-75克/公顷 喷雾

PD20095955 赤霉酸A4+A7/90%/原药/赤霉酸A4+A7 90%/2009.06.03 至 2014.06.03/低毒

LS20091185 苄氨·赤霉酸/3.6%/乳油/苄氨基嘌呤 1.8%、赤霉酸A4+A7 1.8%/2009.04.23 至 2010.04.23/低毒

苹果树 调节生长 400—500倍液 喷雾

LS20091186 赤4+7·赤霉酸/2.7%/涂抹剂/赤霉酸A4+A7 1.35%、赤霉酸A3 1.35%/2009.04.23 至 2010.04.23/低毒

梨树 早熟、增产 15—25毫克制剂/果 涂抹果柄

江西新兴农药有限公司 (江西省抚州市临川区抚北镇工业区 344000 0794-8621067)

PD20040562 氯氰·三唑磷/11%/乳油/氯氰菊酯 1%、三唑磷 10%/2009.12.19 至 2014.12.19/中等毒

棉花 棉铃虫 165-247.5克/公顷 喷雾

PD20040717 辛硫·三唑磷/20%/乳油/三唑磷 10%、辛硫磷 10%/2009.12.19 至 2014.12.19/中等毒

水稻 二化螟 300-480克/公顷 喷雾

PD20081947 精喹禾灵/5%/乳油/精喹禾灵 5%/2008.11.24 至 2013.11.24/低毒

冬油菜田 一年生禾本科杂草 37.5-45克/公顷 茎叶喷雾

PD20082724 苯磺隆/10%/可湿性粉剂/苯磺隆 10%/2008.12.08 至 2013.12.08/微毒

冬小麦田 一年生阔叶杂草 15-22.5克/公顷 茎叶喷雾

PD20084424 多菌灵/25%/可湿性粉剂/多菌灵 25%/2008.12.17 至 2013.12.17/低毒

水稻 稻瘟病 750-900克/公顷 喷雾

PD20084702 高效氯氟氰菊酯/25克/升/乳油/高效氯氟氰菊酯 25克/升/2008.12.22 至 2013.12.22/中等毒

十字花科蔬菜 菜青虫 7.5-15克/公顷 喷雾

PD20085012 毒死蜱/40%/乳油/毒死蜱 40%/2008.12.22 至 2013.12.22/中等毒

水稻 稻纵卷叶螟 504-648克/公顷 喷雾

PD20090292 苄·乙/18%/可湿性粉剂/苄嘧磺隆 4%、乙草胺 14%/2009.01.09 至 2014.01.09/微毒

水稻移栽田 部分多年生杂草、一年生杂草 84-118克/公顷 药土法

PD20090468 异稻·稻瘟灵/40%/乳油/稻瘟灵 10%、异稻瘟净 30%/2009.01.12 至 2014.01.12/低毒

水稻 稻瘟病 750-1000克/公顷 喷雾

PD20090619 百草枯/20%/水剂/百草枯 20%/2009.01.14 至 2014.01.14/中等毒

茶园 一年生和多年生杂草 600-900克/公顷 定向茎叶喷雾

PD20090923 苄·丁/25%/可湿性粉剂/苄嘧磺隆 1%、丁草胺 24%/2009.01.19 至 2014.01.19/低毒

水稻抛秧田 部分多年生杂草、一年生杂草 562.5—750克/公顷 药土法

PD20092561 噻嗪·异丙威/25%/可湿性粉剂/噻嗪酮 5%、异丙威 20%/2009.02.26 至 2014.02.26/低毒

水稻 稻飞虱 450-562.5克/公顷 喷雾

PD20092730 阿维·氯氰/2.1%/乳油/阿维菌素 0.1%、氯氰菊酯 2%/2009.03.04 至 2014.03.04/低毒(原药高毒)

十字花科蔬菜 小菜蛾 15.75-22.05克/公顷 喷雾

PD20093591 联苯菊酯/100克/升/乳油/联苯菊酯 100克/升/2009.03.23 至 2014.03.23/中等毒

茶树 茶小绿叶蝉 30-37.5克/公顷 喷雾

PD20093785 高效氯氰菊酯/4.5%/乳油/高效氯氰菊酯 4.5%/2009.03.25 至 2014.03.25/中等毒

甘蓝 小菜蛾 15.75-22.5克/公顷 喷雾

PD20094754 吡虫·杀虫单/50%/可湿性粉剂/吡虫啉 2%、杀虫单 48%/2009.04.13 至 2014.04.13/中等毒

水稻 稻纵卷叶螟、二化螟、飞虱、三化螟 450-750克/公顷 喷雾

PD20096003 阿维菌素/1.8%/乳油/阿维菌素 1.8%/2009.06.11 至 2014.06.11/中等毒(原药高毒)

甘蓝 小菜蛾 8.1-10.8克/公顷 喷雾

PD20096111 高效氟吡甲禾灵/108克/升/乳油/高效氟吡甲禾灵 108克/升/2009.06.18 至 2014.06.18/低毒

大豆田、花生田 一年生禾本科杂草 48.6-64.8 克/公顷 茎叶喷雾

PD20097544 异丙甲草胺/720克/升/乳油/异丙甲草胺 720克/升/2009.11.03 至 2014.11.03/低毒

移栽水稻田 一年生杂草 10-20毫升制剂/亩 移栽后茎叶喷雾

LS20070729 丙溴·辛硫磷/25%/乳油/丙溴磷 6%、辛硫磷 19%/2009.04.08 至 2010.04.09/低毒
水稻 稻纵卷叶螟 262.5-375克/公顷 喷雾
LS20070864 三唑磷/10%/乳油/三唑磷 10%/2009.04.11 至 2010.04.12/中等毒
水稻 二化螟 225-300克/公顷 喷雾
LS20070879 草甘膦异丙胺盐/41%/水剂/草甘膦异丙胺盐 41%/2009.04.11 至 2010.04.12/微毒
非耕地 杂草 1125-3000克/公顷 茎叶喷雾
LS20082387 吡虫·仲丁威/20%/乳油/吡虫啉 1%、仲丁威 19%/2009.04.21 至 2010.04.21/低毒
水稻 稻飞虱 180-240克/公顷 喷雾
LS20082421 阿维·杀虫单/30%/微乳剂/阿维菌素 0.2%、杀虫单 29.8%/2009.04.22 至 2010.04.22/中等毒(原药高毒)
水稻 二化螟 540-675克/公顷 喷雾
LS20082477 啶虫脒/5%/乳油/啶虫脒 5%/2009.04.22 至 2010.04.22/低毒
柑橘树 蚜虫 10-12.5毫克/千克 喷雾
LS20083119 唑磷·毒死蜱/25%/乳油/毒死蜱 5%、三唑磷 20%/2009.11.11 至 2010.11.11/中等毒
水稻 稻纵卷叶螟 300-375克/公顷 喷雾

江西益隆化工有限公司 (江西省抚州市临川区河西火焰山 331800 0794-4410778)

PD86148-80 异丙威/20%/乳油/异丙威 20%/2007.03.01 至 2012.03.01/中等毒
水稻 飞虱、叶蝉 450-600克/公顷 喷雾
PD20040342 吡虫啉/2%/乳油/吡虫啉 2%/2004.12.19 至 2009.12.18/低毒
水稻 稻飞虱 9-18克/公顷 喷雾
PD20081856 氯氰·敌敌畏/10%/乳油/敌敌畏 8%、氯氰菊酯 2%/2008.11.20 至 2013.11.20/中等毒
十字花科蔬菜 蚜虫 37.5-75克/公顷 喷雾
PD20084495 高效氯氟氰菊酯/2.5%/乳油/高效氯氟氰菊酯 2.5%/2008.12.18 至 2013.12.18/中等毒
十字花科蔬菜 菜青虫 7.5-15克/公顷 喷雾
PD20084525 丁硫克百威/200克/升/乳油/丁硫克百威 200克/升/2008.12.18 至 2013.12.18/中等毒
水稻 三化螟 200-250克制剂/亩 600-750克/公顷 喷雾
PD20084849 虫酰肼/20%/悬浮剂/虫酰肼 20%/2008.12.22 至 2013.12.22/低毒
苹果树 卷叶蛾 100-133毫克/千克 喷雾
PD20086049 多·福/30%/可湿性粉剂/多菌灵 15%、福美双 15%/2008.12.29 至 2013.12.29/微毒
辣椒 立枯病 3－4.5克/平方米 每平米的药量与细土混合1/3撒于苗床底部2/3覆盖在种子上面
PD20092014 百草枯/200克/升/水剂/百草枯 200克/升/2009.02.12 至 2014.02.12/低毒
柑橘园 杂草 600-900克/公顷 定向喷雾
PD20092416 炔螨特/25%/乳油/炔螨特 25%/2009.02.25 至 2014.02.25/低毒
柑橘 红蜘蛛 250-312.5毫克/千克 喷雾
PD20092549 氟磺胺草醚/25%/水剂/氟磺胺草醚 25%/2009.02.26 至 2014.02.26/低毒
春大豆田 一年生阔叶杂草 300-375克/公顷 茎叶喷雾
夏大豆田 一年生阔叶杂草 225-250克/公顷 茎叶喷雾
PD20092563 仲丁灵/36%/乳油/仲丁灵 36%/2009.02.26 至 2014.02.26/低毒
烟草 抑制腋芽生长 54-72毫克/株 杯淋法
PD20092994 溴氰菊酯/25克/升/乳油/溴氰菊酯 25克/升/2009.03.09 至 2014.03.09/中等毒
烟草 烟青虫 7.5-10.5克/公顷 喷雾
PD20094600 三唑锡/20%/悬浮剂/三唑锡 20%/2009.04.10 至 2014.04.10/低毒
柑橘树 红蜘蛛 133-200毫克/千克 喷雾
PD20094872 阿维菌素/0.2%/乳油/阿维菌素 0.2%/2009.04.13 至 2014.04.13/低毒(原药高毒)
苹果树 红蜘蛛 1－2毫克/千克 喷雾
PD20096155 二甲戊灵/330克/升/乳油/二甲戊灵 330克/升/2009.06.24 至 2014.06.24/低毒
大蒜田 一年生杂草 643.5-742.5克/公顷 播后苗前土壤喷雾
LS20041401 盐酸吗啉胍/20%/悬浮剂/盐酸吗啉胍 20%/2008.06.06 至 2009.06.06/低毒
番茄 病毒病 500-750克/公顷 喷雾
LS20050844 精喹·草除灵/17.5%/乳油/草除灵 15%、精喹禾灵 2.5%/2008.03.29 至 2009.03.29/低毒
油菜 一年生杂草 262.5-393.8克/公顷 喷雾
LS20051353 丙溴·辛硫磷/25%/乳油/丙溴磷 6%、辛硫磷 19%/2008.04.13 至 2009.04.13/低毒
水稻 稻纵卷叶螟 262.5-337.5克/公顷 喷雾
LS20051679 松脂酸铜/12%/乳油/松脂酸铜 12%/2008.05.07 至 2009.05.07/低毒
柑橘树 溃疡病 150-240毫克/千克 喷雾
LS20051707 溴菌·多菌灵/25%/可湿性粉剂/多菌灵 5%、溴菌腈 20%/2008.05.12 至 2009.05.12/低毒
柑橘树 炭疽病 500-833.3毫克 / 千克 喷雾
LS20051793 苄·乙/12%/可湿性粉剂/苄嘧磺隆 3%、乙草胺 9%/2008.05.16 至 2009.05.16/低毒
水稻移栽田 一年生及部分多年生杂草 84-118克/公顷 药土法

LS20051991 阿维·高氯/1.8%/乳油/阿维菌素 0.3%、高效氯氰菊酯 1.5%/2008.05.24 至 2009.05.24/中等毒(原药高毒)
十字花科蔬菜 菜青虫、小菜蛾 7.5-15克/公顷 喷雾

LS20053115 噻嗪·毒死蜱/8%/颗粒剂/毒死蜱 7.2%、噻嗪酮 0.8%/2008.09.28 至 2009.09.28/低毒
水稻 稻瘿蚊 1500-2220克/公顷 撒施

LS20053140 阿维·杀虫单/30%/微乳剂/阿维菌素 0.3%、杀虫单 29.7%/2008.09.28 至 2009.09.28/中等毒(原药高毒)
水稻 二化螟 450-540克/公顷 喷雾

LS20060005 苄·丁/25%/粉剂/苄嘧磺隆 0.7%、丁草胺 24.3%/2009.01.09 至 2010.01.09/低毒
水稻抛秧田 一年生杂草 525-750克/公顷 毒土法

LS20060047 混合脂肪酸/10%/水剂/混合脂肪酸 10%/2009.01.16 至 2010.01.16/低毒
烟草 花叶病毒病 1500-3000克/公顷 喷雾

LS20061229 乙蒜素/20%/乳油/乙蒜素 20%/2009.05.22 至 2010.05.22/低毒
水稻 稻瘟病 225-285克/公顷 喷雾

LS20070691 啶虫脒/3%/乳油/啶虫脒 3%/2009.03.29 至 2010.03.30/低毒
柑橘树 蚜虫 12-15毫克/千克 喷雾

LS20071332 唑磷·毒死蜱/25%/乳油/毒死蜱 8.3%、三唑磷 16.7%/2009.05.17 至 2010.05.18/中等毒
水稻 稻纵卷叶螟 225～262.5克/公顷 喷雾

LS20071478 仲丁灵/48%/乳油/仲丁灵 48%/2009.05.28 至 2010.05.29/低毒
花生田 一年生禾本科杂草及部分阔叶杂草 1440-1800克/公顷 土壤喷雾

LS20071619 敌百·毒死蜱/40%/乳油/敌百虫 30%、毒死蜱 10%/2009.06.05 至 2010.06.06/低毒
水稻 稻纵卷叶螟 480-600克/公顷 喷雾

LS20080239 氯氰·虫酰肼/15%/乳油/虫酰肼 14%、高效氯氟氰菊酯 1%/2009.01.07 至 2010.01.07/低毒
十字花科蔬菜 斜纹夜蛾 135～202.5克/公顷 喷雾

LS20082738 氟铃·辛硫磷/25%/乳油/氟铃脲 2%、辛硫磷 23%/2009.05.04 至 2010.05.04/低毒
十字花科蔬菜 小菜蛾 187.5-281.25克/公顷 喷雾

LS20082993 精喹禾灵/15%/乳油/精喹禾灵 15%/2009.08.21 至 2010.08.21/低毒
大豆田 一年生禾本科杂草 60.75-90克/公顷 茎叶喷雾

江西英苏尔生物科技有限公司 (江西省高安市大城开业区 330814 0795-5793800)

PD20085253 辛硫磷/40%/乳油/辛硫磷 40%/2008.12.23 至 2013.12.23/低毒
棉花 棉铃虫 450-600克/公顷 喷雾

PD20085551 三环唑/20%/可湿性粉剂/三环唑 20%/2008.12.25 至 2013.12.25/低毒
水稻 稻瘟病 225-300克/公顷 喷雾

PD20085794 杀螟丹/50%/可溶粉剂/杀螟丹 50%/2008.12.29 至 2013.12.29/中等毒
水稻 二化螟 750-825克/公顷 喷雾

PD20086201 高效氯氟氰菊酯/25克/升/乳油/高效氯氟氰菊酯 25克/升/2008.12.30 至 2013.12.30/中等毒
十字花科蔬菜 菜青虫 11.25-15克/公顷 喷雾

PD20086230 联苯菊酯/100克/升/乳油/联苯菊酯 100克/升/2008.12.31 至 2013.12.31/中等毒
茶树 茶尺蠖 11.25-15克/公顷 喷雾

PD20091473 仲丁威/20%/乳油/仲丁威 20%/2009.02.02 至 2014.02.02/低毒
水稻 稻飞虱 450-600克/公顷 喷雾

PD20091496 噻嗪·异丙威/25%/可湿性粉剂/噻嗪酮 5%、异丙威 20%/2009.02.02 至 2014.02.02/低毒
水稻 稻飞虱 450-562.5克/公顷 喷雾

PD20091704 毒死蜱/480克/升/乳油/毒死蜱 480克/升/2009.02.03 至 2014.02.03/中等毒
水稻 稻纵卷叶螟 468-612克/公顷 喷雾

PD20091986 氯氰·丙溴磷/440克/升/乳油/丙溴磷 400克/升、氯氰菊酯 40克/升/2009.02.12 至 2014.02.12/中等毒
棉花 棉铃虫 528-660克/公顷 喷雾

PD20092949 吡虫啉/200克/升/可溶液剂/吡虫啉 200克/升/2009.03.09 至 2014.03.09/低毒
水稻 稻飞虱 24-30克/公顷 喷雾

PD20093002 多菌灵/50%/可湿性粉剂/多菌灵 50%/2009.03.09 至 2014.03.09/低毒
苹果树 轮纹病 800-1000毫克/千克 喷雾

PD20093453 甲基硫菌灵/70%/可湿性粉剂/甲基硫菌灵 70%/2009.03.23 至 2014.03.23/低毒
苹果树 轮纹病 700-875毫克/千克 喷雾

PD20093501 丙环唑/250克/升/乳油/丙环唑 250克/升/2009.03.23 至 2014.03.23/低毒
香蕉 叶斑病 250-500毫克/千克 喷雾

PD20094285 速灭威/25%/可湿性粉剂/速灭威 25%/2009.03.31 至 2014.03.31/低毒
水稻 飞虱 562.5-750克/公顷 喷雾

LS20071377 氯氰·三唑磷/11%/乳油/氯氰菊酯 1%、三唑磷 10%/2009.05.17 至 2010.05.18/中等毒
棉花 棉铃虫 198-247.5克/公顷 喷雾

LS20071960 苄·丁/35%/可湿性粉剂/苄嘧磺隆 1.4%、丁草胺 33.6%/2009.08.07 至 2010.08.08/低毒
水稻抛栽田 一年生杂草 630-787.5克/公顷 毒土法

LS20082267 阿维·三唑磷/20%/乳油/阿维菌素 0.2%、三唑磷 19.8%/2009.04.18 至 2010.04.18/中等毒(原药高毒)
水稻 二化螟 210-270克/公顷 喷雾

LS20082493 阿维菌素/18克/升/乳油/阿维菌素 18克/升/2009.04.22 至 2010.04.22/低毒(原药高毒)
十字花科蔬菜 小菜蛾 10.8-13.5克/公顷 喷雾

LS20090969　阿维·炔螨特/40%/乳油/阿维菌素 0.3%、炔螨特 39.7%/2009.04.10 至 2010.04.10/低毒(原药高毒)
柑橘树　红蜘蛛　200-266.7毫克/千克　喷雾
LS20091428　甲氨基阿维菌素苯甲酸盐(2.3%)///微乳剂/甲氨基阿维菌素 2%/2009.10.19 至 2010.10.19/低毒
甘蓝　甜菜夜蛾　2.31-3.3克/公顷　喷雾

江西正邦生物化工股份有限公司　(江西省高安市新世纪工业城　330096　0791-8115275)

PD20040387　三唑磷/20%/乳油/三唑磷 20%/2009.12.19 至 2014.12.19/中等毒
水稻　二化螟　202.5-243克/公顷　喷雾
PD20040462　哒螨灵/15%/乳油/哒螨灵 15%/2009.12.19 至 2014.12.19/中等毒
柑橘树　红蜘蛛　50-67毫克/千克　喷雾
PD20040581　吡虫·杀虫单/58%/可湿性粉剂/吡虫啉 2.5%、杀虫单 55.5%/2009.12.19 至 2014.12.19/中等毒
水稻　稻纵卷叶螟、飞虱　261-435克/公顷　喷雾
PD20080262　咪鲜胺/45%/水乳剂/咪鲜胺 45%/2008.02.20 至 2013.02.20/低毒
香蕉　冠腐病　500-900毫克/千克　浸果
PD20081415　腈菌·三唑酮/12%/乳油/腈菌唑 2%、三唑酮 10%/2008.10.29 至 2013.10.29/低毒
小麦　白粉病　45-54克/公顷　喷雾
PD20081450　腐霉·多菌灵/50%/可湿性粉剂/多菌灵 31%、腐霉利 19%/2008.11.04 至 2013.11.04/低毒
油菜　菌核病　600-750克/公顷　喷雾
PD20081455　苯磺隆/10%/可湿性粉剂/苯磺隆 10%/2008.11.04 至 2013.11.04/低毒
冬小麦　一年生阔叶杂草　13.5-22.5克/公顷　茎叶喷雾
PD20081477　吡虫·仲丁威/20%/乳油/吡虫啉 1%、仲丁威 19%/2008.11.04 至 2013.11.04/低毒
水稻　稻飞虱　90-150克/公顷　喷雾
PD20083176　杀螟丹/50%/可溶粉剂/杀螟丹 50%/2008.12.11 至 2013.12.11/中等毒
水稻　二化螟　600-750克/公顷　喷雾
PD20083418　多·锰锌/40%/可湿性粉剂/多菌灵 20%、代森锰锌 20%/2008.12.11 至 2013.12.11/低毒
梨树　黑星病　1000-1250毫克/千克　喷雾
PD20083592　氯氰 ·敌敌畏/10%/乳油/敌敌畏 8%、氯氰菊酯 2%/2008.12.12 至 2013.12.12/中等毒
十字花科蔬菜　菜青虫、蚜虫　37.5-75克/公顷　喷雾
PD20083956　异丙威/20%/乳油/异丙威 20%/2008.12.15 至 2013.12.15/低毒
水稻　稻飞虱　450-600克/公顷　喷雾
PD20084300　仲丁威/50%/乳油/仲丁威 50%/2008.12.17 至 2013.12.17/低毒
水稻　稻飞虱　900-1200克/公顷　喷雾
PD20084334　高效氯氟氰菊酯/2.5%/乳油/高效氯氟氰菊酯 2.5%/2008.12.17 至 2013.12.17/中等毒
茶树　小绿叶蝉　15-30克/公顷　喷雾
十字花科蔬菜　菜青虫　7.5-15克/公顷　喷雾
PD20084358　代森锰锌/80%/可湿性粉剂/代森锰锌 80%/2008.12.17 至 2013.12.17/低毒
番茄　早疫病　1800-2400克/公顷　喷雾
PD20084427　联苯菊酯/25克/升/乳油/联苯菊酯 25克/升/2008.12.17 至 2013.12.17/中等毒
茶树　茶毛虫　7.5-15克/公顷　喷雾
PD20084428　毒死蜱/480克/升/乳油/毒死蜱 480克/升/2008.12.17 至 2013.12.17/中等毒
十字花科蔬菜　菜青虫　360-549克/公顷　喷雾
水稻　稻纵卷叶螟　432-648克/公顷　喷雾
PD20084649　阿维菌素/0.9%/乳油/阿维菌素 0.9%/2008.12.18 至 2013.12.18/低毒(原药高毒)
梨树　梨木虱　6-12毫克/千克　喷雾
PD20084696　炔螨特/73%/乳油/炔螨特 73%/2008.12.22 至 2013.12.22/低毒
柑橘树　红蜘蛛　292-365毫克/千克　喷雾
PD20084947　辛硫磷/40%/乳油/辛硫磷 40%/2008.12.22 至 2013.12.22/低毒
十字花科蔬菜　菜青虫　210-270克/公顷　喷雾
PD20084958　联苯菊酯/100克/升/乳油/联苯菊酯 100克/升/2008.12.22 至 2013.12.22/中等毒
茶树　茶尺蠖　15-22.5克/公顷　喷雾
PD20086044　苄·乙/18%/可湿性粉剂/苄嘧磺隆 4%、乙草胺 14%/2008.12.29 至 2013.12.29/低毒
水稻移栽田　一年生杂草　81-118克/公顷　毒土法
PD20086197　噻嗪·杀扑磷/20%/乳油/噻嗪酮 15%、杀扑磷 5%/2008.12.30 至 2013.12.30/中等毒(原药高毒)
柑橘树　介壳虫　200-250毫克/千克　喷雾
PD20086349　三环唑/75%/可湿性粉剂/三环唑 75%/2008.12.31 至 2013.12.31/低毒
水稻　稻瘟病　225-337.5克/公顷　喷雾
PD20090209　辛硫·灭多威/18%/乳油/灭多威 5%、辛硫磷 13%/2009.01.09 至 2014.01.09/中等毒(原药高毒)
棉花　棉铃虫　189-270克/公顷　喷雾
PD20090319　噻嗪·氧乐果/35%/乳油/噻嗪酮 8%、氧乐果 27%/2009.01.12 至 2014.01.12/高毒
柑橘树　红圆蚧　290-350毫克/千克　喷雾
柑橘树　红蜡蚧、矢尖蚧　350-437.5毫克/千克　喷雾
PD20090320　阿维·三唑磷/20%/乳油/阿维菌素 0.2%、三唑磷 19.8%/2009.01.12 至 2014.01.12/高毒
水稻　二化螟　150-210克/公顷　喷雾
PD20090805　霜脲·百菌清/18%/悬浮剂/百菌清 16%、霜脲氰 2%/2009.01.19 至 2014.01.19/低毒

黄瓜 霜霉病 405-513克/公顷 喷雾
PD20091041 苄·二氯/28%/可湿性粉剂/苄嘧磺隆 3%、二氯喹啉酸 25%/2009.01.21 至 2014.01.21/低毒
水稻秧田 一年生及部分多年生杂草 210－252克/公顷 茎叶喷雾
PD20091059 苄嘧·苯噻酰/50%/可湿性粉剂/苯噻酰草胺 47.5%、苄嘧磺隆 2.5%/2009.01.21 至 2014.01.21/低毒
水稻抛秧田 一年生及部分多年生杂草 375-450克/公顷(南方地区) 药土法
PD20091302 四螨嗪/10%/可湿性粉剂/四螨嗪 10%/2009.02.01 至 2014.02.01/低毒
柑橘树 红蜘蛛 100-125毫克/千克 喷雾
PD20091532 精喹禾灵/5%/乳油/精喹禾灵 5%/2009.02.03 至 2014.02.03/低毒
冬油菜田 一年生禾本科杂草 45-52.5克/公顷 茎叶喷雾
PD20091679 井·唑·多菌灵/20%/可湿性粉剂/多菌灵 9.2%、井冈霉素 5%、三环唑 5.8%/2009.02.03 至 2014.02.03/中等毒
水稻 稻瘟病 300-375克/公顷 喷雾
PD20091968 草甘膦异丙胺盐/41%/水剂/草甘膦异丙胺盐 41%/2009.02.12 至 2014.02.12/低毒
柑橘园 杂草 1230-2460克/公顷 喷雾
PD20092016 草甘膦/58%/可溶粉剂/草甘膦 58%/2009.02.12 至 2014.02.12/低毒
柑橘园 杂草 1131-2175克/公顷 茎叶喷雾
PD20092184 苏云金杆菌/8000IU/毫克/可湿性粉剂/苏云金杆菌 8000IU/毫克/2009.02.23 至 2014.02.23/低毒
茶树 茶毛虫 400-800倍液 喷雾
棉花 二代棉铃虫 3000-4500克制剂/公顷 喷雾
森林 松毛虫 600-800倍液 喷雾
十字花科蔬菜 小菜蛾 1500-2250克制剂/公顷 喷雾
十字花科蔬菜 菜青虫 750-1500克制剂/公顷 喷雾
水稻 稻纵卷叶螟 3000-4500克制剂/公顷 喷雾
烟草 烟青虫 1500-3000克制剂/公顷 喷雾
玉米 玉米螟 1500-3000克制剂/公顷 加细沙灌心
枣树 枣尺蠖 600-800倍液 喷雾
PD20093209 马拉硫磷/45%/乳油/马拉硫磷 45%/2009.03.11 至 2014.03.11/低毒
棉花 盲蝽蟓 506.25-607.5克/公顷 喷雾
PD20093214 阿维·苏云菌//可湿性粉剂/阿维菌素 0.2%、苏云金杆菌 100亿活芽孢/克/2009.03.11 至 2014.03.11/低毒(原药高毒)
十字花科蔬菜 小菜蛾 1050-1500克制剂/公顷 喷雾
PD20093499 高效氟吡甲禾灵/108克/升/乳油/高效氟吡甲禾灵 108克/升/2009.03.23 至 2014.03.23/低毒
花生田 一年生禾本科杂草 32.4-48.6克/公顷 茎叶喷雾
PD20093776 丁硫克百威/200克/升/乳油/丁硫克百威 200克/升/2009.03.25 至 2014.03.25/中等毒
棉花 棉蚜 135-180克/公顷 喷雾
PD20093789 毒死蜱/40%/乳油/毒死蜱 40%/2009.05.21 至 2014.05.21/中等毒
棉花 棉铃虫 600-900克/公顷 喷雾
PD20094675 硫磺·甲硫灵/70%/可湿性粉剂/甲基硫菌灵 30%、硫磺 40%/2009.04.10 至 2014.04.10/低毒
黄瓜 白粉病 840-1050克/公顷 喷雾
PD20095121 苄·丁/25%/粉剂/苄嘧磺隆 0.7%、丁草胺 24.3%/2009.04.24 至 2014.04.24/低毒
水稻抛秧田 一年生杂草 525-750克/公顷 毒土法
PD20095364 丙草胺/300克/升/乳油/丙草胺 300克/升/2009.04.27 至 2014.04.27/低毒
水稻秧田 一年生杂草 450-540克/公顷 土壤喷雾
PD20095601 丙草胺/500克/升/乳油/丙草胺 500克/升/2009.05.12 至 2014.05.12/低毒
水稻抛秧田 一年生杂草 300-450克/公顷 毒土法
PD20095798 甲霜·锰锌/58%/可湿性粉剂/甲霜灵 10%、代森锰锌 48%/2009.05.27 至 2014.05.27/低毒
黄瓜 霜霉病 1044-1566克/公顷 喷雾
PD20096317 丙溴磷/40%/乳油/丙溴磷 40%/2009.07.22 至 2014.07.22/中等毒
苹果树 红蜘蛛 100-200毫克/千克 喷雾
PD20096464 井冈霉素/20%/可溶粉剂/井冈霉素 20%/2009.08.14 至 2014.08.14/低毒
水稻 纹枯病 150-187.5克/公顷 喷雾
PD20096882 杀螺胺乙醇胺盐/50%/可湿性粉剂/杀螺胺乙醇胺盐 50%/2009.09.23 至 2014.09.23/低毒
水稻 福寿螺 450-600克/公顷 喷雾活撒毒土
PD20098491 噻嗪酮/25%/可湿性粉剂/噻嗪酮 25%/2009.12.24 至 2014.12.24/低毒
水稻 稻飞虱 112.5-185.7克/公顷 喷雾
LS20052818 阿维·毒死蜱/15%/乳油/阿维菌素 0.1%、毒死蜱 14.9%/2008.09.01 至 2009.09.01/低毒(原药高毒)
十字花科蔬菜 小菜蛾 101.5-135克/公顷 喷雾
LS20052851 高效氯氰菊酯/4.5%/微乳剂/高效氯氰菊酯 4.5%/2008.09.01 至 2009.09.01/中等毒
十字花科蔬菜 菜青虫 13.5-27克/公顷 喷雾
LS20052857 啶虫脒/3%/可湿性粉剂/啶虫脒 3%/2008.09.01 至 2009.09.01/低毒
柑橘树 蚜虫 8.6-12毫克/千克 喷雾
LS20052885 吡虫·异丙威/25%/可湿性粉剂/吡虫啉 1%、异丙威 24%/2008.09.07 至 2009.09.07/低毒
水稻 稻飞虱 112.5-187.5克/公顷 喷雾
LS20052947 啶虫脒/3%/乳油/啶虫脒 3%/2008.09.08 至 2009.09.08/低毒
黄瓜 蚜虫 18-22.5克/公顷 喷雾

LS20053745 吗胍·乙酸铜/20%/可湿性粉剂/盐酸吗啉胍 10%、乙酸铜 10%/2008.12.11 至 2009.12.11/低毒
番茄 病毒病 600-750克/公顷 喷雾
LS20053881 氢铜·福美锌/64%/可湿性粉剂/福美锌 48%、氢氧化铜 16%/2008.12.29 至 2009.12.29/低毒
番茄 早疫病 960-1152克/公顷 喷雾
LS20060018 溴菌·多菌灵/25%/可湿性粉剂/多菌灵 5%、溴菌腈 20%/2009.01.16 至 2010.01.16/低毒
柑橘树 炭疽病 500-833.3毫克/千克 喷雾
LS20070791 吡虫啉/70%/水分散粒剂/吡虫啉 70%/2009.04.10 至 2010.04.11/中等毒
柑橘树 矢尖蚧 15.75-21克/公顷 喷雾
十字花科蔬菜 蚜虫 14-28克/公顷 喷雾
LS20070893 王铜/50%/可湿性粉剂/王铜 50%/2009.04.11 至 2010.04.12/低毒
黄瓜 细菌性角斑病 1500-2250克/公顷 喷雾
LS20070906 辛硫磷/20%/乳油/辛硫磷 20%/2008.04.17 至 2009.04.18/低毒
十字花科蔬菜 菜青虫 210-270克/公顷 喷雾
LS20070996 苯甲·丙环唑/300克/升/乳油/苯醚甲环唑 150克/升、丙环唑 150克/升/2009.04.19 至 2010.04.20/低毒
水稻 纹枯病 67.5-90克/公顷 喷雾
LS20071004 阿维·炔螨特/40%/乳油/阿维菌素 0.3%、炔螨特 39.7%/2009.04.19 至 2010.04.20/低毒(原药高毒)
柑橘树 红蜘蛛 200-400毫克/千克 喷雾
LS20071104 杀单·毒死蜱/25%/可湿性粉剂/毒死蜱 5%、杀虫单 20%/2009.04.25 至 2010.04.26/低毒
水稻 稻纵卷叶螟 450-750克/公顷 喷雾
LS20071141 噻螨·哒螨灵/12.5%/乳油/哒螨灵 10%、噻螨酮 2.5%/2009.04.25 至 2010.04.26/中等毒
柑橘树 红蜘蛛 62.5-125毫克/千克 喷雾
LS20071250 甲氨基阿维菌素苯甲酸盐/0.5%/微乳剂/甲氨基阿维菌素苯甲酸盐 0.5%/2009.05.07 至 2010.05.08/微毒
十字花科蔬菜 甜菜夜蛾 2.25-3克/公顷 喷雾
LS20071477 苯醚甲环唑/10%/水分散粒剂/苯醚甲环唑 10%/2009.05.28 至 2010.05.29/微毒
大白菜 黑斑病 52.5-75克/公顷 喷雾
LS20071934 啶虫脒/20%/可溶粉剂/啶虫脒 20%/2009.08.07 至 2010.08.08/低毒
黄瓜 蚜虫 36-72克/公顷 喷雾
LS20080383 丁醚脲/25%/乳油/丁醚脲 25%/2009.02.18 至 2010.02.19/低毒
十字花科蔬菜 菜青虫 225-300克/公顷 喷雾
LS20081212 叶枯唑/20%/可湿性粉剂/叶枯唑 20%/2009.03.10 至 2010.03.10/低毒
水稻 白叶枯病 300-375克/公顷 喷雾
LS20082845 阿维·杀虫单/30%/微乳剂/阿维菌素 0.2%、杀虫单 29.8%/2009.06.11 至 2010.06.11/低毒(原药高毒)
水稻 二化螟 540-675克/公顷 喷雾
LS20090164 毒死蜱/30%/微乳剂/毒死蜱 30%/2009.02.04 至 2010.02.04/中等毒
水稻 稻纵卷叶螟 450-540克/公顷 喷雾
LS20090361 丙溴·毒死蜱/40%/乳油/丙溴磷 15%、毒死蜱 25%/2009.03.13 至 2010.03.13/中等毒
水稻 稻纵卷叶螟 600-720克/公顷 喷雾
LS20090374 毒死蜱/20%/颗粒剂/毒死蜱 20%/2009.03.13 至 2010.03.13/中等毒
花生 金针虫、蝼蛄、蛴螬 2100-3000克/公顷 撒施
LS20090790 甲氨基阿维菌素苯甲酸盐(5.7%)///水分散粒剂/甲氨基阿维菌素 5%/2009.04.01 至 2010.04.01/低毒
甘蓝 甜菜夜蛾 2.25-3.75克/公顷 喷雾
LS20090856 三唑磷/30%/水乳剂/三唑磷 30%/2009.04.09 至 2010.04.09/中等毒
水稻 二化螟 315－450克/公顷 喷雾
LS20090901 敌畏·毒死蜱/40%/乳油/敌敌畏 30%、毒死蜱 10%/2009.04.09 至 2010.04.09/中等毒
水稻 稻纵卷叶螟 480-540克/公顷 喷雾

江西中源化工有限公司 (江西省高安市新世纪工业城 330800 0795-5266578)

PD20082604 噻嗪·异丙威/25%/可湿性粉剂/噻嗪酮 5%、异丙威 20%/2008.12.04 至 2013.12.04/低毒
水稻 稻飞虱 450-562.5克/公顷 喷雾
PD20084490 毒死蜱/480克/升/乳油/毒死蜱 480克/升/2008.12.17 至 2013.12.17/中等毒
水稻 二化螟 432-720克/公顷 喷雾
PD20084866 甲基硫菌灵/70%/可湿性粉剂/甲基硫菌灵 70%/2008.12.22 至 2013.12.22/低毒
水稻 稻瘟病 1050-1575克/公顷 喷雾
PD20084901 炔螨特/570克/升/乳油/炔螨特 570克/升/2008.12.22 至 2013.12.22/低毒
柑橘树 红蜘蛛 285-380毫克/千克 喷雾
PD20085630 高效氯氟氰菊酯/25克/升/乳油/高效氯氟氰菊酯 25克/升/2008.12.26 至 2013.12.26/中等毒
十字花科蔬菜 蚜虫 20-25毫升制剂/亩 喷雾
PD20090052 三环唑/75%/可湿性粉剂/三环唑 75%/2009.01.06 至 2014.01.06/中等毒
水稻 稻瘟病 225-337.5克/公顷 喷雾
PD20091028 甲氰菊酯/20%/乳油/甲氰菊酯 20%/2009.01.21 至 2014.01.21/中等毒
柑橘树 红蜘蛛 100-200毫克/千克 喷雾
PD20093226 百草枯/200克/升/水剂/百草枯 200克/升/2009.03.11 至 2014.03.11/中等毒
柑橘园 杂草 600-900克/公顷 定向茎叶喷雾
PD20097552 唑磷·毒死蜱/25%/乳油/毒死蜱 5%、三唑磷 20%/2009.11.03 至 2014.11.03/中等毒

水稻　二化螟　300-375克/公顷　喷雾
LS20070706　高效氯氟氰菊酯/25克/升/乳油/高效氯氟氰菊酯 25克/升/2008.03.29 至 2009.03.30/中等毒
十字花科蔬菜　蚜虫　7.5-9.375克/公顷　喷雾
LS20081663　阿维菌素/1.8%/微乳剂/阿维菌素 1.8%/2009.04.07 至 2010.04.07/低毒(原药高毒)
十字花科蔬菜　小菜蛾　8.1-10.8克/公顷　喷雾

江西众和化工有限公司　(江西省新建县七里岗　330700)

PD85105-67　敌敌畏/80%/乳油/敌敌畏 77.5%(气谱法)/2005.04.05 至 2010.04.05/中等毒
茶树　食叶害虫　600克/公顷　喷雾
粮仓　多种储藏害虫　1)400-500倍液　1)喷雾
　　2)0.4-0.5克/立方米　2)挂条熏蒸
棉花　蚜虫、造桥虫　600-1200克/公顷　喷雾
苹果树　小卷叶蛾、蚜虫　400-500毫克/千克　喷雾
青菜　菜青虫　600克/公顷　喷雾
桑树　尺蠖　600克/公顷　喷雾
卫生　多种卫生害虫　1)300-400倍液　1)泼洒
　　2)0.08克/立方米　2)挂条熏蒸
小麦　黏虫、蚜虫　600克/公顷　喷雾
PD20050071　辛硫·三唑磷/20%/乳油/三唑磷 10%、辛硫磷 10%/2005.06.24 至 2010.06.23/中等毒
水稻　稻纵卷叶螟　200-360克/公顷　喷雾
水稻　二化螟　300-450克/公顷　喷雾
PD20080405　敌畏·辛硫磷/25%/乳油/敌敌畏 17%、辛硫磷 8%/2008.02.29 至 2013.02.28/中等毒
水稻　稻纵卷叶螟　300-450克/公顷　喷雾
PD20080406　敌百·辛硫磷/30%/乳油/敌百虫 20%、辛硫磷 10%/2008.02.29 至 2013.02.28/低毒
水稻　二化螟　450-540克/公顷　喷雾
PD20080927　高效氯氟氰菊酯/25克/升/乳油/高效氯氟氰菊酯 25克/升/2008.07.17 至 2013.07.17/中等毒
十字花科蔬菜　菜青虫　7.5-11.25克/公顷　喷雾
PD20082868　马拉·辛硫磷/25%/乳油/马拉硫磷 12.5%、辛硫磷 12.5%/2008.12.09 至 2013.12.09/低毒
水稻　稻纵卷叶螟　300-375克/公顷　喷雾
PD20083052　敌百·乙酰甲/25%/乳油/敌百虫 10%、乙酰甲胺磷 15%/2008.12.10 至 2013.12.10/低毒
水稻　稻纵卷叶螟　300-450克/公顷　喷雾
PD20083126　马拉·杀螟松/12%/乳油/马拉硫磷 10%、杀螟硫磷 2%/2008.12.10 至 2013.12.10/低毒
棉花　棉铃虫　180-216克/公顷　喷雾
水稻　二化螟　360-432克/公顷　喷雾
PD20083181　毒死蜱/480克/升/乳油/毒死蜱 480克/升/2008.12.11 至 2013.12.11/中等毒
水稻　二化螟　576-648克/公顷　喷雾
PD20083439　噻嗪酮/25%/可湿性粉剂/噻嗪酮 25%/2008.12.11 至 2013.12.11/低毒
水稻　稻飞虱　112.5-150克/公顷　喷雾
PD20083665　异稻·稻瘟灵/40%/乳油/稻瘟灵 10%、异稻瘟净 30%/2008.12.12 至 2013.12.12/低毒
水稻　稻瘟病　900-1200克/公顷　喷雾
PD20084051　异丙威/20%/乳油/异丙威 20%/2008.12.16 至 2013.12.16/低毒
水稻　稻飞虱　450-600克/公顷　喷雾
PD20084298　二嗪磷/25%/乳油/二嗪磷 25%/2008.12.17 至 2013.12.17/低毒
水稻　二化螟　487.5-600克/公顷　喷雾
PD20084331　联苯菊酯/25克/升/乳油/联苯菊酯 25克/升/2008.12.17 至 2013.12.17/低毒
茶树　茶尺蠖　7.5-15克/公顷　喷雾
PD20084805　异丙威/4%/粉剂/异丙威 4%/2008.12.22 至 2013.12.22/低毒
水稻　稻飞虱　450-700克/公顷　喷粉
PD20085043　喹硫磷/10%/乳油/喹硫磷 10%/2008.12.23 至 2013.12.23/低毒
水稻　稻纵卷叶螟　180-225克/公顷　喷雾
PD20090190　春雷霉素/2%/可湿性粉剂/春雷霉素 2%/2009.01.08 至 2014.01.08/低毒
水稻　稻瘟病　36-45克/公顷　喷雾
PD20091447　三唑磷/20%/乳油/三唑磷 20%/2009.02.02 至 2014.02.02/中等毒
水稻　二化螟　243-303.75克/公顷　喷雾
PD20091741　井冈霉素/3%/水剂/井冈霉素 3%/2009.02.04 至 2014.02.04/低毒
水稻　纹枯病　150-187.5克/公顷　喷雾
PD20094655　灭草松/48%/水剂/灭草松 48%/2009.04.10 至 2014.04.10/低毒
春大豆田　一年生阔叶杂草　1080-1440克/公顷　茎叶喷雾
PD20095659　毒死蜱/40%/乳油/毒死蜱 40%/2009.05.13 至 2014.05.13/低毒
水稻　稻纵卷叶螟　360-480克/公顷　喷雾
PD20096269　混灭威/50%/乳油/混灭威 50%/2009.07.22 至 2014.07.22/低毒
水稻　稻飞虱　562.5-750克/公顷　喷雾
PD20098020　草甘膦异丙胺盐(41%)///水剂/草甘膦 30%/2009.12.07 至 2014.12.07/低毒
非耕地　杂草　1125.45-2995.05克/公顷　茎叶喷雾

PD20098133 甲氰菊酯/20%/乳油/甲氰菊酯 20%/2009.12.08 至 2014.12.08/中等毒
柑橘树 红蜘蛛 80-100毫克/千克 喷雾
PD20098278 仲丁威/20%/乳油/仲丁威 20%/2009.12.18 至 2014.12.18/低毒
水稻 稻飞虱 465-555克/公顷 喷雾
PD20098307 速灭威/20%/乳油/速灭威 20%/2009.12.18 至 2014.12.18/中等毒
水稻 稻飞虱 175-200毫升制剂/亩 喷雾
PD20098468 百草枯/200克/升/水剂/百草枯 200克/升/2009.12.24 至 2014.12.24/中等毒
玉米田 杂草 450-600克/公顷 定向茎叶喷雾
LS20061804 吡虫啉/10%/可湿性粉剂/吡虫啉 10%/2009.10.30 至 2010.10.30/低毒
水稻 稻飞虱 15-20克/公顷 喷雾
LS20070574 杀虫单/90%/可溶粉剂/杀虫单 90%/2009.03.20 至 2010.03.21/中等毒
水稻 二化螟 675-810克/公顷 喷雾
LS20070606 吡虫啉/25%/可湿性粉剂/吡虫啉 25%/2009.03.20 至 2010.03.21/低毒
水稻 稻飞虱 22.5-30克/公顷 喷雾
LS20070657 丙溴·辛硫磷/25%/乳油/丙溴磷 6%、辛硫磷 19%/2009.03.29 至 2010.03.30/低毒
水稻 稻纵卷叶螟 225-262.5克/公顷 喷雾
LS20070738 吡虫·仲丁威/20%/乳油/吡虫啉 1%、仲丁威 19%/2009.04.08 至 2010.04.09/低毒
水稻 稻飞虱 180-225克/公顷 喷雾
LS20070743 苯甲·丙环唑/30%/乳油/苯醚甲环唑 15%、丙环唑 15%/2009.04.08 至 2010.04.09/低毒
水稻 纹枯病 67.5-90毫克/千克 喷雾
LS20080541 甲氨基阿维菌素苯甲酸盐/0.5%/微乳剂/甲氨基阿维菌素苯甲酸盐 0.5%/2009.02.22 至 2010.02.22/低毒
十字花科蔬菜 甜菜夜蛾 1.5-2.25克/公顷 喷雾
LS20080609 吡虫·噻嗪酮/22%/可湿性粉剂/吡虫啉 2.5%、噻嗪酮 19.5%/2009.02.23 至 2010.02.23/低毒
水稻 稻飞虱 66-82.5克/公顷 喷雾
LS20090629 甲氨基阿维菌素苯甲酸盐/5%/水分散粒剂/甲氨基阿维菌素苯甲酸盐 5%/2009.03.23 至 2010.03.23/低毒
十字花科蔬菜 小菜蛾 2.25-3克/公顷 喷雾
LS20090639 阿维·丁醚脲/15.6%/乳油/阿维菌素 0.6%、丁醚脲 15%/2009.03.23 至 2010.03.23/低毒(原药高毒)
十字花科蔬菜 小菜蛾 46.8～58.5克/公顷 喷雾
LS20090640 阿维菌素/2%/微乳剂/阿维菌素 2%/2009.03.23 至 2010.03.23/中等毒(原药高毒)
十字花科蔬菜 小菜蛾 9-10.8克/公顷 喷雾

江西珀尔农作物工程有限公司 (江西省南昌市抚生路19号 330009 0791-6589973)

PD20091827 草甘膦/10%/水剂/草甘膦 10%/2009.02.05 至 2009.12.31/低毒
柑橘园 杂草 750-1500毫升制剂/亩 定向茎叶喷雾
PD20096785 毒死蜱/480克/升/乳油/毒死蜱 480克/升/2009.09.15 至 2014.09.15/中等毒
水稻 稻纵卷叶螟 504-648克/公顷 喷雾
PD20097160 联苯菊酯/25克/升/乳油/联苯菊酯 25克/升/2009.10.16 至 2014.10.16/低毒
茶树 茶小绿叶蝉 30-37.5克/公顷 喷雾
PD20097163 高效氯氟氰菊酯/25克/升/乳油/高效氯氟氰菊酯 25克/升/2009.10.16 至 2014.10.16/中等毒
十字花科蔬菜 菜青虫 7.5-11.25克/公顷 喷雾
LS20070528 高效氯氟氰菊酯/25克/升/乳油/高效氯氟氰菊酯 25克/升/2009.03.08 至 2010.03.09/中等毒
十字花科蔬菜 菜青虫 7.5-11.25克/公顷 喷雾
LS20080838 丙溴·辛硫磷/25%/乳油/丙溴磷 6%、辛硫磷 19%/2009.02.28 至 2010.02.28/低毒
水稻 稻纵卷叶螟 262.5-375克/公顷 喷雾
LS20081567 毒死蜱/480克/升/乳油/毒死蜱 480克/升/2009.04.02 至 2010.04.02/中等毒
水稻 稻纵卷叶螟 504-648克/公顷 喷雾
LS20083155 乙蒜素/20%/乳油/乙蒜素 20%/2008.11.17 至 2009.11.17/低毒
水稻 稻瘟病 225-285克/公顷 喷雾

南昌赣丰化工农药有限公司 (江西省南昌西新建石埠岗群线工业园 330100 0791-3712799/3516999)

PD20040477 三唑磷/20%/乳油/三唑磷 20%/2009.12.19 至 2014.12.19/低毒
水稻 二化螟 180-225克/公顷 喷雾
PD20040495 哒螨灵/15%/乳油/哒螨灵 15%/2009.12.19 至 2014.12.19/低毒
柑橘树 红蜘蛛 30-40毫克/千克 喷雾
PD20040710 杀虫单/50%/可溶粉剂/杀虫单 50%/2009.12.19 至 2014.12.19/中等毒
水稻 二化螟 678-810克/公顷 喷雾
水稻 稻纵卷叶螟 540-648克/公顷 喷雾
PD20040778 吡虫啉/10%/可湿性粉剂/吡虫啉 10%/2009.12.19 至 2014.12.19/低毒
水稻 稻飞虱 12-18克/公顷 喷雾
PD20040796 高效氯氰菊酯/4.5%/乳油/高效氯氰菊酯 4.5%/2009.12.19 至 2014.12.19/低毒
十字花科蔬菜 菜青虫 13.5-27克/公顷 喷雾
PD20050218 三唑·辛硫磷/20%/乳油/三唑磷 10%、辛硫磷 10%/2005.12.23 至 2010.12.22/中等毒
水稻 二化螟 360-450克/公顷 喷雾
PD20060120 苏云金杆菌/8000IU/毫克/可湿性粉剂/苏云金杆菌 8000IU/毫克/2006.06.15 至 2011.06.15/低毒
茶树 茶毛虫 400-800倍 喷雾

	棉花	棉铃虫	3000-4500克制剂/公顷	喷雾
	森林	松毛虫	600-800倍	喷雾
	十字花科蔬菜	小菜蛾	1500-2250克制剂/公顷	喷雾
	十字花科蔬菜	菜青虫	750-1500克制剂/公顷	喷雾
	水稻	稻纵卷叶螟	3000-4500克制剂/公顷	喷雾
	烟草	烟青虫	1500-3000克制剂/公顷	喷雾
	玉米	玉米螟	1500-3000克制剂/公顷	加细纱灌心
	枣树	枣尺蠖	600-800倍	喷雾
PD20060137	马拉·杀螟松/12%/乳油/马拉硫磷 10%、杀螟硫磷 2%/2006.07.21 至 2011.07.21/低毒			
	棉花	棉铃虫	135-180克/公顷	喷雾
	水稻	二化螟	180-270克/公顷	喷雾
PD20060185	马拉·辛硫磷/25%/乳油/马拉硫磷 12.5%、辛硫磷 12.5%/2006.11.22 至 2011.11.22/低毒			
	水稻	稻纵卷叶螟	300-375克/公顷	喷雾
PD20070268	敌百·三唑磷/36%/乳油/敌百虫 30%、三唑磷 6%/2007.09.05 至 2012.09.05/中等毒			
	水稻	二化螟	810-972克/公顷	喷雾
PD20070540	乙酰甲胺磷/30%/乳油/乙酰甲胺磷 30%/2007.12.03 至 2012.12.03/低毒			
	烟草	烟青虫	675-900克/公顷	喷雾
PD20070580	异稻·三环唑/20%/可湿性粉剂/三环唑 5%、异稻瘟净 15%/2007.12.03 至 2012.12.03/低毒			
	水稻	稻瘟病	285-435克/公顷	喷雾
PD20070581	敌百·毒死蜱/40%/乳油/敌百虫 20%、毒死蜱 20%/2007.12.03 至 2012.12.03/低毒			
	水稻	稻纵卷叶螟	450-660克/公顷	喷雾
PD20080002	马拉硫磷/45%/乳油/马拉硫磷 45%/2008.01.03 至 2013.01.03/低毒			
	水稻	稻飞虱	540-810克/公顷	喷雾
PD20080048	异丙威/20%/乳油/异丙威 20%/2008.01.03 至 2013.01.03/低毒			
	水稻	稻飞虱	450-600克/公顷	喷雾
PD20080133	甲氰菊酯/10%/乳油/甲氰菊酯 10%/2008.01.03 至 2013.01.03/低毒			
	苹果树	红蜘蛛	100-125毫克/千克	喷雾
PD20080435	阿维菌素/18克/升/乳油/阿维菌素 18克/升/2008.03.12 至 2013.03.12/中等毒(原药高毒)			
	十字花科蔬菜	菜青虫	8.1-10.8克/公顷	喷雾
PD20081348	噻嗪酮/25%/可湿性粉剂/噻嗪酮 25%/2008.10.21 至 2013.10.21/低毒			
	水稻	稻飞虱	7.5-112.5克/公顷	喷雾
PD20082032	草甘膦/30%/水剂/草甘膦 30%/2008.11.25 至 2013.11.25/低毒			
	柑橘园	杂草	1125-2250克/公顷	定向茎叶喷雾
PD20082175	敌百·乙酰甲/25%/乳油/敌百虫 10%、乙酰甲胺磷 15%/2008.11.26 至 2013.11.26/低毒			
	十字花科蔬菜	菜青虫	562.5-750克/公顷	喷雾
	水稻	稻纵卷叶螟	225-375克/公顷	喷雾
PD20082442	草甘膦异丙胺盐/41%/水剂/草甘膦异丙胺盐 41%/2008.12.02 至 2013.12.02/低毒			
	柑橘园	杂草	1125-2250克/公顷	定向茎叶喷雾
PD20083056	敌百虫/30%/乳油/敌百虫 30%/2008.12.10 至 2013.12.10/低毒			
	十字花科蔬菜	菜青虫	450-675克/公顷	喷雾
PD20083707	仲丁威/20%/乳油/仲丁威 20%/2008.12.15 至 2013.12.15/低毒			
	水稻	稻飞虱	375-562.5克/公顷	喷雾
PD20083757	多·福/50%/可湿性粉剂/多菌灵 8%、福美双 42%/2008.12.15 至 2013.12.15/低毒			
	梨树	黑星病	1000-1500毫克/千克	喷雾
PD20084247	敌百·辛硫磷/30%/乳油/敌百虫 20%、辛硫磷 10%/2008.12.17 至 2013.12.17/低毒			
	水稻	二化螟	360-450克/公顷	喷雾
PD20084762	毒·辛/25%/乳油/毒死蜱 7%、辛硫磷 18%/2008.12.22 至 2013.12.22/低毒			
	水稻	稻纵卷叶螟	120-150克制剂/亩	喷雾
PD20085942	丙威·毒死蜱/13%/乳油/毒死蜱 3%、异丙威 10%/2008.12.29 至 2013.12.29/低毒			
	水稻	稻飞虱	150-200克制剂/亩 2250-3000克制剂/公顷	喷雾
PD20086057	高效氯氟氰菊酯/2.5%/乳油/高效氯氟氰菊酯 2.5%/2008.12.29 至 2013.12.29/中等毒			
	十字花科蔬菜	菜青虫	11.25-15克/公顷	喷雾
PD20090046	氰戊·马拉松/20%/乳油/马拉硫磷 15%、氰戊菊酯 5%/2009.01.06 至 2014.01.06/低毒			
	小麦	蚜虫	75-120克/公顷	喷雾
PD20090163	敌畏·毒死蜱/35%/乳油/敌敌畏 25%、毒死蜱 10%/2009.01.08 至 2014.01.08/低毒			
	水稻	稻纵卷叶螟	420-525克/公顷	喷雾
PD20090398	甲氰·辛硫磷/20%/乳油/甲氰菊酯 2%、辛硫磷 18%/2009.01.12 至 2014.01.12/中等毒			
	甘蓝	菜青虫	150-240克/公顷	喷雾
PD20090738	辛硫·三唑磷/27%/乳油/三唑磷 5%、辛硫磷 22%/2009.01.19 至 2014.01.19/中等毒			
	水稻	二化螟	202.5-283.5克/公顷	喷雾
PD20091274	氰戊·辛硫磷/20%/乳油/氰戊菊酯 2%、辛硫磷 18%/2009.02.01 至 2014.02.01/低毒			
	甘蓝	菜青虫	180-240克/公顷	喷雾

PD20091885 苏云金杆菌/2000IU/毫克/悬浮剂/苏云金杆菌 2000IU/毫克/2009.02.09 至 2014.02.09/低毒

茶树	茶毛虫	100-200倍液	喷雾
棉花	棉铃虫	6000-7500毫升制剂/公顷	喷雾
森林	松毛虫	100-200倍液	喷雾
十字花科蔬菜	菜青虫、小菜蛾	3000-4500毫升制剂/公顷	喷雾
水稻	稻纵卷叶螟	6000-7500毫升制剂/公顷	喷雾
烟草	烟青虫	6000-7500毫升制剂/公顷	喷雾
玉米	玉米螟	4500-6000毫升制剂/公顷	喷雾
枣树	枣尺蠖	100-200倍液	喷雾

PD20091908 杀虫双/20%/水剂/杀虫双 20%/2009.02.09 至 2014.02.09/低毒
水稻 二化螟 600-750克/公顷 喷雾

PD20092272 阿维·毒死蜱/15%/乳油/阿维菌素 0.1%、毒死蜱 14.9%/2009.02.24 至 2014.02.24/低毒(原药高毒)
水稻 二化螟 135-180克/公顷 喷雾

PD20092742 速灭威/20%/乳油/速灭威 20%/2009.03.04 至 2014.03.04/低毒
水稻 稻飞虱 2250-2700克制剂/公顷 喷雾

PD20092786 唑磷·毒死蜱 /25%/乳油/毒死蜱 5%、三唑磷 20%/2009.03.04 至 2014.03.04/中等毒
水稻 二化螟 300-375克/公顷 喷雾

PD20092787 唑磷·毒死蜱/25%/乳油/毒死蜱 8.3%、三唑磷 16.7%/2009.03.04 至 2014.03.04/中等毒
水稻 稻纵卷叶螟 225-262.5克/公顷 喷雾

PD20092788 吡虫·噻嗪酮/10%/可湿性粉剂/吡虫啉 3.3%、噻嗪酮 6.7%/2009.03.04 至 2014.03.04/低毒
水稻 稻飞虱 45-75克/公顷 喷雾

PD20092790 马拉·三唑磷/25%/乳油/马拉硫磷 12.5%、三唑磷 12.5%/2009.03.04 至 2014.03.04/中等毒
水稻 二化螟 318.75-375克/公顷 喷雾

PD20092803 敌畏·仲丁威/20%/乳油/敌敌畏 12%、仲丁威 8%/2009.03.04 至 2014.03.04/中等毒
水稻 稻飞虱 1500-1800克制剂/公顷 喷雾

PD20092804 喹硫磷/25%/乳油/喹硫磷 25%/2009.03.04 至 2014.03.04/低毒
水稻 稻纵卷叶螟 375-450克/公顷 喷雾

PD20093204 辛硫磷/40%/乳油/辛硫磷 40%/2009.03.11 至 2014.03.11/低毒
棉花 棉铃虫 240-300克/公顷 喷雾

PD20093315 敌敌畏/50%/乳油/敌敌畏 50%/2009.03.13 至 2014.03.13/中等毒
柑橘树 介壳虫 500-1000毫克/千克 喷雾

PD20093324 辛硫·三唑磷/30%/乳油/三唑磷 15%、辛硫磷 15%/2009.03.16 至 2014.03.16/中等毒
水稻 三化螟 315-405克/公顷 喷雾

PD20093325 辛硫·三唑磷/40%/乳油/三唑磷 20%、辛硫磷 20%/2009.03.16 至 2014.03.16/中等毒
水稻 二化螟 360-480克/公顷 喷雾

PD20093372 吡虫·杀虫单/35%/可湿性粉剂/吡虫啉 1%、杀虫单 34%/2009.03.18 至 2014.03.18/中等毒
水稻 稻飞虱、稻纵卷叶螟、二化螟、三化螟 450-750克/公顷 喷雾

PD20094380 吡虫·杀虫单/70%/可湿性粉剂/吡虫啉 2%、杀虫单 68%/2009.04.01 至 2014.04.01/中等毒
水稻 稻纵卷叶螟、二化螟、飞虱、三化螟 450-750克/公顷 喷雾

PD20094512 溴氰·仲丁威/2.5%/乳油/溴氰菊酯 0.6%、仲丁威 1.9%/2009.04.09 至 2014.04.09/中等毒
十字花科蔬菜 蚜虫 11.25-15克/公顷 喷雾

PD20094513 阿维菌素/3.2%/乳油/阿维菌素 3.2%/2009.04.09 至 2014.04.09/低毒(原药高毒)
十字花科蔬菜 小菜蛾 3.6-5.4克/公顷 喷雾

PD20094620 阿维·吡虫啉/1.8%/乳油/阿维菌素 0.1%、吡虫啉 1.7%/2009.04.10 至 2014.04.10/低毒(原药高毒)
十字花科蔬菜 蚜虫 10.8-16.2克/公顷 喷雾

PD20094669 三唑磷/40%/乳油/三唑磷 40%/2009.04.10 至 2014.04.10/中等毒
水稻 二化螟 360-420克/公顷 喷雾

PD20094699 百草枯/20%/水剂/百草枯 20%/2009.04.10 至 2014.04.10/中等毒
茶园 杂草 450-750克/公顷 定向茎叶喷雾

PD20094701 多·锰锌/50%/可湿性粉剂/多菌灵 8%、代森锰锌 42%/2009.04.10 至 2014.04.10/低毒
苹果树 斑点落叶病 1000-1250毫克/千克 喷雾

PD20096473 阿维·高氯/1.8%/乳油/阿维菌素 0.3%、高效氯氰菊酯 1.5%/2009.08.14 至 2014.08.14/低毒(原药高毒)
十字花科蔬菜 菜青虫、小菜蛾 7.5-15克/公顷 喷雾

PD20098174 井冈霉素(5%)///水剂/井冈霉素A 4%/2009.12.14 至 2014.12.14/低毒
水稻 纹枯病 150-187.5克/公顷 喷雾

PD20098414 毒死蜱/40%/乳油/毒死蜱 40%/2009.12.24 至 2014.12.24/中等毒
水稻 稻瘿蚊 1050-1200克/公顷 喷雾

LS20050226 甲氰·柴油/28%/乳油/柴油 25%、甲氰菊酯 3%/2008.01.27 至 2009.01.26/低毒
柑橘树 红蜘蛛 233.3-280毫克/千克 喷雾

LS20050967 乙酰甲胺磷/20%/乳油/乙酰甲胺磷 20%/2008.04.04 至 2009.04.04/低毒
柑橘树 介壳虫 250-400毫克/千克 喷雾

LS20051315 柴油·毒死蜱/40%/乳油/柴油 20%、毒死蜱 20%/2008.04.12 至 2009.04.12/中等毒
十字花科蔬菜 小菜蛾 450-600克/公顷 喷雾

LS20051316 阿维·三唑磷/20%/乳油/阿维菌素 0.1%、三唑磷 19.9%/2008.04.12 至 2009.04.12/中等毒(原药高毒)
水稻 二化螟 360-450克/公顷 喷雾
LS20052268 乙酰甲胺磷/15%/乳油/乙酰甲胺磷 15%/2008.06.21 至 2009.06.21/低毒
十字花科蔬菜 菜青虫 270-337.5克/公顷 喷雾
LS20053619 丙溴·辛硫磷/25%/乳油/丙溴磷 6%、辛硫磷 19%/2008.11.29 至 2009.11.29/低毒
水稻 稻纵卷叶螟 225-262.5克/公顷 喷雾
LS20060054 咪鲜胺/25%/乳油/咪鲜胺 25%/2009.01.16 至 2010.01.16/低毒
油菜 菌核病 150-225克/公顷 喷雾
LS20060253 柴油·丁硫/30%/乳油/柴油 25%、丁硫克百威 5%/2009.02.21 至 2010.02.21/中等毒
棉花 蚜虫 135-180克/公顷 喷雾
LS20070799 敌畏·毒死蜱/35%/乳油/敌敌畏 25%、毒死蜱 10%/2008.04.10 至 2009.04.11/低毒
水稻 稻纵卷叶螟 420-525克/公顷 喷雾
LS20070898 毒·辛/25%/乳油/毒死蜱 7%、辛硫磷 18%/2008.04.11 至 2009.04.12/低毒
水稻 稻纵卷叶螟 450-562.5克/公顷 喷雾
LS20071656 三唑磷/15%/微乳剂/三唑磷 15%/2009.06.06 至 2010.06.07/中等毒
水稻 二化螟 225-281.25克/公顷 喷雾
LS20071657 仲丁威/20%/乳油/仲丁威 20%/2008.06.06 至 2009.06.07/低毒
水稻 稻飞虱 375-562.5克/公顷 喷雾
LS20071822 敌畏·仲丁威/20%/乳油/敌敌畏 12%、仲丁威 8%/2008.07.09 至 2009.07.10/中等毒
水稻 稻飞虱 300-360克/公顷 喷雾
LS20071889 丙威·毒死蜱/13%/乳油/毒死蜱 3%、异丙威 10%/2008.07.16 至 2009.07.17/低毒
水稻 稻飞虱 292.5-390克/公顷 喷雾
LS20071997 吡虫啉/5%/乳油/吡虫啉 5%/2009.08.07 至 2010.08.08/低毒
水稻 稻飞虱 15-30克/公顷 喷雾
LS20072473 阿维·杀虫单/20%/微乳剂/阿维菌素 0.1%、杀虫单 19.9%/2009.11.05 至 2010.11.06/中等毒(原药高毒)
水稻 二化螟 300-450克/公顷 喷雾
LS20072481 丙溴·辛硫磷/25%/乳油/丙溴磷 6%、辛硫磷 19%/2009.11.19 至 2010.11.20/低毒
水稻 稻纵卷叶螟 225-262.5克/公顷 喷雾
LS20072504 唑磷·毒死蜱/25%/乳油/毒死蜱 5%、三唑磷 20%/2008.11.19 至 2009.11.20/中等毒
水稻 二化螟 300-375克/公顷 喷雾
LS20072505 阿维·毒死蜱/15%/乳油/阿维菌素 0.1%、毒死蜱 14.9%/2008.11.19 至 2009.11.19/低毒(原药高毒)
水稻 二化螟 135-180克/公顷 喷雾
LS20072522 阿维·三唑磷/20%/乳油/阿维菌素 0.1%、三唑磷 19.9%/2009.12.04 至 2010.12.05/中等毒(原药高毒)
水稻 二化螟 360-450克/公顷 喷雾
LS20080084 喹硫磷/25%/乳油/喹硫磷 25%/2009.01.05 至 2010.01.05/中等毒
水稻 稻纵卷叶螟 375-450克/公顷 喷雾
LS20080163 噻嗪酮/25%/可湿性粉剂/噻嗪酮 25%/2008.01.07 至 2009.01.07/低毒
水稻 稻飞虱 75-112.5克/公顷 喷雾
LS20080182 速灭威/20%/乳油/速灭威 20%/2009.01.08 至 2010.01.08/低毒
水稻 稻飞虱 450-540克/公顷 喷雾
LS20082934 甲氰·辛硫磷/20%/乳油/甲氰菊酯 2%、辛硫磷 18%/2008.07.18 至 2009.07.18/中等毒
甘蓝 菜青虫 150-240克/公顷 喷雾

上海威敌生化(南昌)有限公司 (江西省南昌市进贤县工业开发区威化路 331700 0791-5690498)

PD86109-30 苏云金杆菌/8000IU/毫克/可湿性粉剂/苏云金杆菌 8000IU/毫克/2006.11.16 至 2011.11.16/低毒
茶树 茶毛虫 400倍液 喷雾
棉花 二代棉铃虫 3000－4500克制剂/公顷 喷雾
森林 松毛虫 600-800倍液 喷雾
十字花科蔬菜 菜青虫 750－1500克制剂/公顷 喷雾
十字花科蔬菜 小菜蛾 1550－2250克制剂/公顷 喷雾
水稻 稻纵卷叶螟 3000－4500克制剂/公顷 喷雾
烟草 烟青虫 1500-3000克制剂/公顷 喷雾
玉米 玉米螟 1500-3000克制剂/公顷 加细沙灌心
枣树 枣尺蠖 600-800倍液 喷雾
PD86110-8 嘧啶核苷类抗菌素/2%/水剂/嘧啶核苷类抗菌素 2%/2005.06.20 至 2010.06.20/低毒
大白菜 黑斑病 100毫克/千克 喷雾
番茄 疫病 100毫克/千克 喷雾
瓜类、花卉、苹果、葡萄、烟草 白粉病 100毫克/千克 喷雾
水稻 炭疽病、纹枯病 150-180克/公顷 喷雾
西瓜 枯萎病 100毫克/千克 灌根
小麦 锈病 100毫克/千克 喷雾
PD86110-9 嘧啶核苷类抗菌素/4%/水剂/嘧啶核苷类抗菌素 4%/2005.06.20 至 2010.06.20/低毒
大白菜 黑斑病 100毫克/千克 喷雾

	番茄	疫病	100毫克/千克	喷雾
	瓜类、花卉、苹果、葡萄、烟草	白粉病	100毫克/千克	喷雾
	水稻	炭疽病、纹枯病	150-180克/公顷	喷雾
	西瓜	枯萎病	100毫克/千克	灌根
	小麦	锈病	100毫克/千克	喷雾
PD20040681	氯氰·吡虫啉/5%/乳油/吡虫啉 1%、氯氰菊酯 4%/2009.12.19 至 2014.12.19/低毒			
	茶树	小绿叶蝉	30-45克/公顷	喷雾
	十字花科蔬菜	白粉虱	22.5-45克/公顷	喷雾
	注:十字花科蔬菜为临时登记。			
PD20060144	丙环唑/95%/原药/丙环唑 95%/2006.08.07 至 2011.08.07/低毒			
PD20060170	高效氯氟氰菊酯/95%/原药/高效氯氟氰菊酯 95%/2006.11.01 至 2011.11.01/中等毒			
PD20060176	溴敌隆/95.8%/原药/溴敌隆 95.8%/2006.11.01 至 2011.11.01/剧毒			
PD20060202	氟啶脲/95%/原药/氟啶脲 95%/2006.12.07 至 2011.12.07/低毒			
PD20060204	虫酰肼/95%/原药/虫酰肼 95%/2006.12.07 至 2011.12.07/低毒			
PD20070104	苏云金杆菌//原药/苏云金杆菌 50000IU/毫克/2007.04.26 至 2012.04.26/低毒			
PD20070183	联苯菊酯/95%/原药/联苯菊酯 95%/2007.06.25 至 2012.06.25/中等毒			
PD20070609	百草枯/30.5%/母药/百草枯 30.5%/2007.12.14 至 2012.12.14/低毒			
PD20080385	丙环唑/25%/乳油/丙环唑 25%/2008.02.29 至 2013.02.28/低毒			
	香蕉	叶斑病	250-500毫克/千克	喷雾
PD20080444	芸苔素内酯/95%/原药/芸苔素内酯 95%/2008.03.17 至 2013.03.17/低毒			
PD20081288	百草枯/20%/水剂/百草枯 20%/2008.09.25 至 2013.09.25/中等毒			
	柑橘园	杂草	600-900克/公顷	定向茎叶喷雾
	棉花	催枯	300-420克/公顷	茎叶喷雾
PD20081618	虫酰肼/200克/升/悬浮剂/虫酰肼 200克/升/2008.11.12 至 2013.11.12/低毒			
	十字花科蔬菜	甜菜夜蛾	210-300克/公顷	喷雾
PD20081713	草甘膦异丙胺盐/41%/水剂/草甘膦异丙胺盐 41%/2008.11.18 至 2013.11.18/低毒			
	非耕地	杂草	1125-3000克/公顷	茎叶喷雾
PD20081740	高效氯氰菊酯/4.5%/乳油/高效氯氰菊酯 4.5%/2008.11.18 至 2013.11.18/低毒			
	甘蓝	小菜蛾	27-40.5克/公顷	喷雾
PD20081766	草甘膦/10%/水剂/草甘膦 10%/2008.11.18 至 2009.12.31/低毒			
	柑橘园	杂草	1125-2250克/公顷	定向茎叶喷雾
PD20082860	苏云金杆菌/16000IU/毫克/可湿性粉剂/苏云金杆菌 16000IU/毫克/2008.12.09 至 2013.12.09/低毒			
	茶树	茶毛虫	800-1600倍液	喷雾
	棉花	二代棉铃虫	100-150毫升/亩	喷雾
	十字花科蔬菜	甜菜夜蛾	50-100克/亩	喷雾
	枣树	枣尺蠖	1200-1600倍液	喷雾
PD20083290	苏云金杆菌/32000IU/毫克/可湿性粉剂/苏云金杆菌 32000IU/毫克/2008.12.11 至 2013.12.11/低毒			
	十字花科蔬菜	小菜蛾	450-750克制剂/公顷	喷雾
PD20085075	阿维菌素/1.8%/乳油/阿维菌素 1.8%/2008.12.23 至 2013.12.23/低毒(原药高毒)			
	十字花科蔬菜	小菜蛾	8.1-10.8克/公顷	喷雾
PD20090030	克百威/3%/颗粒剂/克百威 3%/2009.01.06 至 2014.01.06/高毒			
	棉花	蚜虫	675-900克/公顷	条施,沟施
PD20090249	氯氰·敌敌畏/10%/乳油/敌敌畏 8%、氯氰菊酯 2%/2009.01.09 至 2014.01.09/低毒			
	茶树	茶尺蠖	100-125毫克/千克	喷雾
PD20090482	炔螨特/40%/乳油/炔螨特 40%/2009.01.12 至 2014.01.12/低毒			
	柑橘树	红蜘蛛	266.7-400毫克/千克	喷雾
PD20090655	氟铃·辛硫磷/42%/乳油/氟铃脲 2%、辛硫磷 40%/2009.01.15 至 2014.01.15/低毒			
	棉花	棉铃虫	693-882克/公顷	喷雾
PD20090783	阿维·苏云菌//可湿性粉剂/阿维菌素 0.1%、苏云金杆菌 100亿活芽孢/克/2009.01.19 至 2014.01.19/低毒(原药高毒)			
	十字花科蔬菜	甜菜夜蛾	3000-4500克制剂/公顷	喷雾
	十字花科蔬菜	小菜蛾	750-1125克制剂/公顷	喷雾
PD20091818	噻磺·乙草胺/20%/可湿性粉剂/噻吩磺隆 0.2%、乙草胺 19.8%/2009.02.05 至 2014.02.05/低毒			
	夏大豆田	一年生杂草	600-900克/公顷	土壤喷雾
PD20091848	阿维·氟铃脲/1.8%/乳油/阿维菌素 0.5%、氟铃脲 1.3%/2009.02.06 至 2014.02.06/低毒(原药高毒)			
	森林	松毛虫	3000-4000倍液	喷雾
PD20092015	阿维·苏云菌//可湿性粉剂/阿维菌素 0.05%、苏云金杆菌 100亿活芽孢/克/2009.02.12 至 2014.02.12/低毒(原药高毒)			
	甘蓝	小菜蛾	50－100克/亩	喷雾
PD20092265	氰戊·氧乐果/25%/乳油/氰戊菊酯 2.5%、氧乐果 22.5%/2009.02.24 至 2014.02.24/中等毒(原药高毒)			
	棉花	蚜虫	187.5-225克/公顷	喷雾
PD20092268	精喹禾灵/5%/乳油/精喹禾灵 5%/2009.02.24 至 2014.02.24/低毒			
	春大豆田	一年生禾本科杂草	67.5-90克/公顷	茎叶喷雾
	冬油菜田	一年生禾本科杂草	37.5-52.5克/公顷	茎叶喷雾

夏大豆田 一年生禾本科杂草 45-52.5克/公顷 茎叶喷雾
PD20092614 精喹·草除灵/17.5%/乳油/草除灵 15%、精喹禾灵 2.5%/2009.03.02 至 2014.03.02/低毒
冬油菜田 一年生杂草 262.5-393.8克/公顷 茎叶喷雾
PD20092750 嘧霉胺/20%/可湿性粉剂/嘧霉胺 20%/2009.03.04 至 2014.03.04/低毒
黄瓜 灰霉病 375-562.5克/公顷 喷雾
PD20092751 苄·乙/14%/可湿性粉剂/苄嘧磺隆 2%、乙草胺 12%/2009.03.04 至 2014.03.04/低毒
水稻移栽田 部分多年生杂草、一年生杂草 84-118克/公顷 药土法
PD20092785 精喹禾灵/8.8%/乳油/精喹禾灵 8.8%/2009.03.04 至 2014.03.04/低毒
冬油菜田 一年生禾本科杂草 52.8-66克/公顷 茎叶喷雾
PD20092938 敌百虫/30%/乳油/敌百虫 30%/2009.03.18 至 2014.03.18/低毒
十字花科蔬菜 菜青虫 450-675克/公顷 喷雾
PD20093160 高氯·氟啶脲/5%/乳油/氟啶脲 1%、高效氯氰菊酯 4%/2009.03.11 至 2014.03.11/低毒
十字花科蔬菜 小菜蛾 45-60克/公顷 喷雾
十字花科蔬菜 甜菜夜蛾 37.5-52.5克/公顷 喷雾
PD20093326 螨醇·哒螨灵/20%/乳油/哒螨灵 8%、三氯杀螨醇 12%/2009.03.16 至 2014.03.16/中等毒
柑橘树 红蜘蛛 100-133毫克/千克 喷雾
苹果树 二斑叶螨 100-133毫克/千克 喷雾
PD20093327 杀扑磷/40%/乳油/杀扑磷 40%/2009.03.18 至 2014.03.18/高毒
柑橘树 介壳虫 400—500毫克/千克 喷雾
PD20093329 螨醇·哒螨灵/10%/乳油/哒螨灵 2%、三氯杀螨醇 8%/2009.03.18 至 2014.03.18/中等毒
柑橘树 红蜘蛛 100-140毫克/千克 喷雾
PD20093330 唑磷·毒死蜱/30%/乳油/毒死蜱 15%、三唑磷 15%/2009.03.18 至 2014.03.18/中等毒
水稻 三化螟 270-360克/公顷 喷雾
PD20093371 螨醇·哒螨灵/15%/乳油/哒螨灵 9%、三氯杀螨醇 6%/2009.03.18 至 2014.03.18/中等毒
柑橘树 红蜘蛛 100-150毫克/千克 喷雾
PD20093377 杀双·灭多威/23%/可溶液剂/灭多威 5%、杀虫双 18%/2009.03.18 至 2014.03.18/中等毒(原药高毒)
大豆 美洲斑潜蝇 138-172.5克/公顷 喷雾
甘蓝 菜青虫 172.5-213.9克/公顷 喷雾
PD20093378 杀扑·氧乐果/40%/乳油/杀扑磷 10%、氧乐果 30%/2009.03.18 至 2014.03.18/中等毒(原药高毒)
柑橘树 矢尖蚧 500-800毫克/千克 喷雾
PD20093380 氯氰·硫丹/18%/乳油/硫丹 16%、氯氰菊酯 2%/2009.03.18 至 2014.03.18/中等毒(原药高毒)
茶树 小绿叶蝉 108-162克/公顷 喷雾
棉花 棉铃虫 162-202.5克/公顷 喷雾
PD20093783 苄·二氯/36%/可湿性粉剂/苄嘧磺隆 2%、二氯喹啉酸 34%/2009.03.25 至 2014.03.25/低毒
水稻秧田 一年生杂草 216-270克/公顷 喷雾
PD20094379 吡虫·异丙威/24%/可湿性粉剂/吡虫啉 1.5%、异丙威 22.5%/2009.04.01 至 2014.04.01/低毒
水稻 稻飞虱 180-360克/公顷 喷雾
PD20094385 灭线磷/10%/颗粒剂/灭线磷 10%/2009.04.01 至 2014.04.01/高毒
水稻 稻瘿蚊 1500-1800克/公顷 撒施
PD20094386 吡虫·噻嗪酮/10%/可湿性粉剂/吡虫啉 1%、噻嗪酮 9%/2009.04.01 至 2014.04.01/微毒
水稻 稻飞虱 225-300克/公顷 喷雾
PD20094499 高效氯氟氰菊酯/25克/升/乳油/高效氯氟氰菊酯 25克/升/2009.04.09 至 2014.04.09/中等毒
十字花科蔬菜 菜青虫 7.5-11.25克/公顷 喷雾
PD20094500 甲戊·乙草胺/40%/乳油/二甲戊灵 10%、乙草胺 30%/2009.04.09 至 2014.04.09/低毒
大蒜田 一年生杂草 750—1050克/公顷 土壤喷雾
PD20094511 氟啶脲/5%/乳油/氟啶脲 5%/2009.04.09 至 2014.04.09/低毒
十字花科蔬菜 小菜蛾 60-75克/公顷 喷雾
PD20094516 氰戊·敌敌畏/30%/乳油/敌敌畏 25%、氰戊菊酯 5%/2009.04.09 至 2014.04.09/中等毒
棉花 棉铃虫、棉蚜 450-675克/公顷 喷雾
PD20094685 溴敌隆/0.005%/毒饵/溴敌隆 0.005%/2009.04.10 至 2014.04.10/低毒(原药高毒)
室内 家鼠 饱和投饵 投饵
PD20094700 甲氰·噻螨酮/12.5%/乳油/甲氰菊酯 10%、噻螨酮 2.5%/2009.04.10 至 2014.04.10/中等毒
柑橘树 红蜘蛛 50-62.5毫克/千克 喷雾
PD20094704 敌百·辛硫磷/30%/乳油/敌百虫 10%、辛硫磷 20%/2009.04.10 至 2014.04.10/低毒
水稻 二化螟 450-540克/公顷 喷雾
PD20094756 三唑磷/20%/乳油/三唑磷 20%/2009.04.13 至 2014.04.13/中等毒
水稻 二化螟 375-450克/公顷 喷雾
PD20095122 苯·苄·乙草胺 /32%/可湿性粉剂/苯噻酰草胺 27%、苄嘧磺隆 3%、乙草胺 2%/2009.04.24 至 2014.04.24/低毒
水稻抛秧田 一年生杂草 216-288克/公顷(南方地区) 药土法
PD20095887 草甘膦/30%/水剂/草甘膦 30%/2009.05.31 至 2014.05.31/低毒
茶园 杂草 1125—2250克/公顷 定向茎叶喷雾
PD20096058 芸苔素内酯/0.004%/水剂/芸苔素内酯 0.004%/2009.06.18 至 2014.06.18/低毒
白菜 调节生长、增产 0.01-0.02毫克/千克 喷雾

PD20096885	精噁唑禾草灵/10%/乳油/精噁唑禾草灵 10%/2009.09.23 至 2014.09.23/低毒			
	春小麦田	野燕麦等一年生禾本科杂草	105-120克/公顷	茎叶喷雾
	冬小麦田	看麦娘、野燕麦等一年生禾本科杂草	60-90克/公顷	茎叶喷雾
LS20052873	芸苔素内酯/0.01%/乳油/芸苔素内酯 0.01%/2008.09.01 至 2009.09.01/低毒			
	小白菜	调节生长、增产	0.02-0.04毫克/千克	喷雾法
	小麦	调节生长、增产	0.02-0.06毫克/千克	喷雾法
LS20060761	联菊・啶虫脒/5%/乳油/啶虫脒 3%、联苯菊酯 2%/2009.04.04 至 2010.04.04/低毒			
	茶树	小绿叶蝉	45-60克/公顷	喷雾
	十字花科蔬菜	白粉虱	75-90克/公顷	喷雾
LS20061268	吗胍・乙酸铜/20%/可湿性粉剂/盐酸吗啉胍 10%、乙酸铜 10%/2009.05.30 至 2010.05.30/微毒			
	水稻	条纹叶枯病	300-450克/公顷	喷雾
LS20061273	三磷锡/30%/乳油/三磷锡 30%/2009.05.30 至 2010.05.30/中等毒			
	柑橘树	红蜘蛛	100-120毫克/千克	喷雾
	棉花	红蜘蛛	81-112.5克/公顷	喷雾
LS20061550	苯・苄・乙草胺/8%/可湿性粉剂/苯噻酰草胺 6.75%、苄嘧磺隆 0.5%、乙草胺 0.75%/2009.08.02 至 2010.08.02/微毒			
	抛秧水稻	一年生杂草	216-264克/公顷	药土法
LS20061684	吡啶醇/8%/乳油/吡啶醇 8%/2009.09.10 至 2010.09.10/低毒			
	小白菜	调节生长、增产	80-100 毫克/升	茎叶喷雾
LS20061685	联苯・炔螨特/27%/乳油/联苯菊酯 2%、炔螨特 25%/2009.09.10 至 2010.09.10/低毒			
	柑橘树	红蜘蛛	270-337.5毫克/千克	喷雾
LS20070575	高效氟吡甲禾灵/108克/升/乳油/高效氟吡甲禾灵 108克/升/2009.06.11 至 2010.06.11/微毒			
	大豆田	一年生禾本科杂草	48.6-56.7克/公顷	茎叶喷雾
LS20071218	联菊・丁醚脲/13%/乳油/丁醚脲 10%、联苯菊酯 3%/2009.05.07 至 2010.05.08/中等毒			
	棉花	红蜘蛛	78-117克/公顷	喷雾
LS20071440	哒嗪・丁硫/30%/乳油/哒嗪硫磷 20%、丁硫克百威 10%/2009.05.20 至 2010.05.21/中等毒			
	水稻	二化螟	675-900克/公顷	喷雾
LS20080372	阿维・毒死蜱/32%/乳油/阿维菌素 2%、毒死蜱 30%/2009.02.18 至 2010.02.19/中等毒(原药高毒)			
	水稻	二化螟	144-216克/公顷	喷雾
	水稻	稻纵卷叶螟	240-360克/公顷	喷雾
LS20080969	阿维・丙溴磷/37%/乳油/阿维菌素 2%、丙溴磷 35%/2009.03.04 至 2010.03.04/低毒(原药高毒)			
	水稻	二化螟	166.5-277.5克/公顷	喷雾
	水稻	稻纵卷叶螟	277.5-416.25克/公顷	喷雾
LS20080977	阿维・氟虫脲/3.5%/乳油/阿维菌素 0.5%、氟虫脲 3%/2009.03.06 至 2010.03.06/低毒(原药高毒)			
	柑橘树	红蜘蛛	23.3-35毫克/千克	喷雾
LS20082550	异松・灭草松/37%/乳油/灭草松 27%、异噁草松 10%/2009.04.23 至 2010.04.23/低毒			
	春大豆田	一年生杂草	999-1221克/公顷	茎叶喷雾
LS20082742	磺草・莠去津/40%/悬浮剂/磺草酮 10%、莠去津 30%/2009.05.04 至 2010.05.04/低毒			
	玉米田	一年生杂草	1320-1680克/公顷	茎叶喷雾
LS20090344	阿维菌素/5%/乳油/阿维菌素 5%/2009.03.13 至 2010.03.13/中等毒(原药高毒)			
	甘蓝	小菜蛾	12.15毫升/亩	喷雾
LS20090386	灭・异・高氟吡/41.6%/乳油/高效氟吡甲禾灵 1.6%、灭草松 24%、异噁草松 16%/2009.03.13 至 2010.03.13/低毒			
	大豆田	杂草	200-240毫升制剂/亩	茎叶喷雾
LS20090560	丙・噁・滴丁酯/70%/乳油/2,4-滴丁酯 14%、异丙草胺 40%、异噁草松 16%/2009.03.19 至 2010.03.19/低毒			
	春大豆田	一年生杂草	180－250毫升制剂/亩	播后苗前土壤喷雾
	夏大豆田	一年生杂草	100－150毫升制剂/亩	播后苗前土壤喷雾
LS20090561	甲・灭・敌草隆 /65%/可湿性粉剂/敌草隆 15%、2甲4氯 10%、莠灭净 40%/2009.03.19 至 2010.03.19/低毒			
	甘蔗田	一年生杂草	1462.5－1706.25克/公顷	定向茎叶喷雾
LS20090562	吡嘧・苯噻酰/40%/可湿性粉剂/苯噻酰草胺 39%、吡嘧磺隆 1%/2009.03.19 至 2010.03.19/低毒			
	水稻移栽田	一年生及部分多年生杂草	480－600克/公顷	毒土法
LS20090563	乙羧・高氟吡/30%/乳油/高效氟吡甲禾灵 10%、乙羧氟草醚 20%/2009.03.19 至 2010.03.19/低毒			
	花生田	一年生杂草	40－60毫升制剂/亩	茎叶喷雾
LS20090762	乙・莠・ 滴丁酯/43.2%/悬浮剂/2,4-滴丁酯 7.2%、乙草胺 18%、莠去津 18%/2009.03.31 至 2010.03.31/低毒			
	玉米田	一年生杂草	2916－3240克/公顷	播后苗前土壤喷雾
LS20091052	甲氨基阿维菌素苯甲酸盐/2%/乳油/甲氨基阿维菌素苯甲酸盐 2%/2009.04.15 至 2010.04.15/低毒			
	十字花科蔬菜	小菜蛾	9-11毫升制剂/亩	喷雾

易克斯特农药(南昌)有限公司 (江西省南昌市进贤县工业开发区 331700 0791-5690535)

PD20040712	吡虫啉/10%/可湿性粉剂/吡虫啉 10%/2004.12.19 至 2009.12.18/低毒			
	水稻	飞虱	15-30克/公顷	喷雾
PD20092023	阿维・氯氰/2.1%/乳油/阿维菌素 0.1%、氯氰菊酯 2%/2009.02.12 至 2014.02.12/低毒(原药高毒)			
	十字花科蔬菜	小菜蛾	18.9-23.63克/公顷	喷雾

PD20092390 阿维菌素/0.9%/乳油/阿维菌素 0.9%/2009.02.25 至 2014.02.25/低毒(原药高毒)
柑橘树 红蜘蛛 4.5-9毫克/千克 喷雾
棉花 棉铃虫 21.6-32.4克/公顷 喷雾
十字花科蔬菜 小菜蛾 8.1-10.8克/公顷 喷雾
PD20095441 三唑磷/13.5%/乳油/三唑磷 13.5%/2009.05.11 至 2014.05.11/中等毒
水稻 二化螟 202.5-253.2克/公顷 喷雾
LS20070817 甲基硫菌灵/500克/升/悬浮剂/甲基硫菌灵 500克/升/2009.04.10 至 2010.04.11/低毒
水稻 稻瘟病 937.5-1125克/公顷 喷雾
LS20071058 乙酰甲胺磷/30%/乳油/乙酰甲胺磷 30%/2009.04.19 至 2010.04.20/低毒
棉花 棉铃虫 675-900克/公顷 喷雾
LS20080470 敌敌畏/80%/乳油/敌敌畏 80%/2009.02.19 至 2010.02.20/中等毒
十字花科蔬菜 菜青虫 600-960克/公顷 喷雾
LS20080676 联苯菊酯/100克/升/乳油/联苯菊酯 100克/升/2009.02.24 至 2010.02.25/中等毒
茶树 茶尺蠖 11.25-15克/公顷 喷雾
LS20081776 吡虫·噻嗪酮/18%/可湿性粉剂/吡虫啉 4%、噻嗪酮 14%/2009.04.07 至 2010.04.07/低毒
水稻 稻飞虱 81-108克/公顷 喷雾
LS20081947 烯酰·锰锌/69%/水分散粒剂/代森锰锌 60%、烯酰吗啉 9%/2009.04.11 至 2010.04.11/低毒
黄瓜 霜霉病 1380-2250克/公顷 喷雾
LS20081990 氯氰·毒死蜱/522.5克/升/乳油/毒死蜱 475克/升、氯氰菊酯 47.5克/升/2009.04.15 至 2010.04.15/低毒
荔枝树 蒂蛀虫 348.3-522.5毫克/千克 喷雾
LS20082347 吡虫·噻嗪酮/18%/可湿性粉剂/吡虫啉 4%、噻嗪酮 14%/2008.04.21 至 2009.04.21/低毒
水稻 稻飞虱 74.25-81克/公顷 喷雾
LS20082363 咪鲜胺/25%/水乳剂/咪鲜胺 25%/2009.04.21 至 2010.04.21/低毒
香蕉 冠腐病 250-500毫克/千克 浸果
LS20082384 高氯·甲维盐/4%/微乳剂/高效氯氰菊酯 3.7%、甲氨基阿维菌素苯甲酸盐 0.3%/2009.04.21 至 2010.04.21/低毒
十字花科蔬菜 小菜蛾 9-12克/公顷 喷雾
LS20082437 阿维·三唑锡/16.8%/可湿性粉剂/阿维菌素 0.3%、三唑锡 16.5%/2009.04.22 至 2010.04.22/低毒(原药高毒)
苹果树 二斑叶螨 96-112毫克/千克 喷雾
LS20082483 苯甲·丙环唑/30%/水分散粒剂/苯醚甲环唑 15%、丙环唑 15%/2009.04.22 至 2010.04.22/低毒
水稻 纹枯病 67.5-90克/公顷 喷雾
LS20083011 戊唑醇/25%/水乳剂/戊唑醇 25%/2009.09.01 至 2010.09.01/低毒
香蕉 叶斑病 167-250毫克/千克 喷雾
LS20083117 杀扑·毒死蜱/20%/乳油/毒死蜱 10%、杀扑磷 10%/2009.11.11 至 2010.11.11/中等毒(原药高毒)
柑橘树 介壳虫 200-250毫克/千克 喷雾
LS20090033 2甲·氯氟吡/30%/可湿性粉剂/2甲4氯 25%、氯氟吡氧乙酸异辛酯 5%/2010.01.08 至 2011.01.08/低毒
冬小麦田 一年生阔叶杂草 607.5-675克/公顷 茎叶喷雾

辽宁省

北镇市永丰农药有限责任公司 (辽宁省北宁市沟帮子镇胜国街1号 121308 0416-6652704)

PD20040588 甲拌磷/5%/颗粒剂/甲拌磷 5%/2009.12.19 至 2014.12.19/高毒
高粱 蚜虫 150-300克/公顷 撒施
LS20070711 二嗪磷/50%/乳油/二嗪磷 50%/2009.03.29 至 2010.03.30/中等毒
棉花 蚜虫 750～1050克/公顷 喷雾
LS20071167 二嗪磷/5%/颗粒剂/二嗪磷 5%/2009.04.25 至 2010.04.26/低毒
花生 地下害虫 600-900克/公顷 撒施

大连木春农药厂有限公司 (辽宁省庄河市兰店乡磨石房村 116400 0411-89813515)

PD20091427 氰戊·马拉松/30%/乳油/马拉硫磷 22.5%、氰戊菊酯 7.5%/2009.02.02 至 2014.02.02/中等毒
苹果树 桃小食心虫 200-300毫克/千克 喷雾
PD20093601 甲基硫菌灵/70%/可湿性粉剂/甲基硫菌灵 70%/2009.03.23 至 2014.03.23/低毒
番茄 叶霉病 933.3-1400毫克/千克 喷雾

丹东天祥农药有限公司 (辽宁省丹东市振安区同兴镇 118011 0415-6132058)

PD20082444 溴氰·氧乐果/23%/乳油/溴氰菊酯 0.2%、氧乐果 22.8%/2008.12.02 至 2013.12.02/中等毒(原药高毒)
小麦 蚜虫 241.5-345克/公顷 喷雾
PD20093217 福·霜·敌磺钠/40%/可湿性粉剂/敌磺钠 10%、福美双 20%、甲霜灵 10%/2009.03.11 至 2014.03.11/低毒
水稻苗床 立枯病 0.16-0.2克/平方米 喷雾
LS20081724 苄嘧·二甲戊/18%/可湿性粉剂/苄嘧磺隆 3%、二甲戊灵 15%/2009.04.07 至 2010.04.07/低毒
移栽水稻田 一年生杂草 北方：135-216克/公顷 毒土法
南方：108-135克/公顷
WL20060147 杀蟑饵粒/2.5%/饵粒/吡虫啉 2.5%/2009.08.02 至 2010.08.02/低毒
卫生 蜚蠊 / 投放

海城市博圣化工有限公司 (辽宁省鞍山市海城市农药总厂 114200 0412-3336476)

PD84121-22 磷化铝/56%/片剂/磷化铝 56%/2010.01.11 至 2015.01.11/高毒
洞穴 室外啮齿动物 根据洞穴大小而定 密闭熏蒸
货物 仓储害虫 5-10片/1000千克 密闭熏蒸

	空间	多种害虫	1-4片/立方米	密闭熏蒸
	粮食、种子	储粮害虫	3-10片/1000千克	密闭熏蒸
PD90109	乐果/1.5%/粉剂/乐果 1.5%/2005.10.31 至 2010.10.31/中等毒			
	柑橘树、苹果树	鳞翅目幼虫、蚜虫、螨	337.5-450克/公顷	喷粉
	棉花、蔬菜	蚜虫、螨	337.5-450克/公顷	喷粉
	烟草	蚜虫	337.5-450克/公顷	喷粉
PD20097249	敌敌畏/15%/烟剂/敌敌畏 15%/2009.10.19 至 2014.10.19/中等毒			
	黄瓜(保护地)	蚜虫	1125-1350克/公顷	点燃放烟
WL20090020	杀蟑饵粒/2.5%/饵剂/吡虫啉 2.5%/2009.02.04 至 2010.02.04/微毒			
	卫生	蜚蠊	/	投放
WL20090026	杀蟑胶饵/2.5%/胶饵/吡虫啉 2.5%/2009.02.12 至 2010.02.12/微毒			
	卫生	蜚蠊	/	投放

葫芦岛金信化工有限公司 (辽宁省凌海市双羊镇双羊村 125003 0429-2078877)

PD20084488	代锌·甲霜灵/47%/可湿性粉剂/代森锌 32%、甲霜灵 15%/2008.12.17 至 2013.12.17/低毒			
	黄瓜	霜霉病	400-500倍液	喷雾
PD20085471	敌敌畏/15%/烟剂/敌敌畏 15%/2008.12.25 至 2013.12.25/中等毒			
	黄瓜(保护地)	蚜虫	1125-1350克/公顷	点燃放烟
PD20085682	腐霉·多菌灵/50%/可湿性粉剂/多菌灵 37.5%、腐霉利 12.5%/2008.12.26 至 2013.12.26/低毒			
	黄瓜	灰霉病	630-750克/公顷	喷雾

葫芦岛市鹏翔农药化工科技有限公司 (辽宁省葫芦岛市连山区塔山乡信屯村 125014 0429-4064488)

PD20097937	阿维菌素/18克/升/乳油/阿维菌素 18克/升/2009.11.30 至 2014.11.30/低毒(原药高毒)			
	甘蓝	小菜蛾	8.1-13.5克/公顷	喷雾
PD20098389	高效氯氰菊酯/4.5%/乳油/高效氯氰菊酯 4.5%/2009.12.18 至 2014.12.18/低毒			
	十字花科蔬菜	小菜蛾	20.25-27克/公顷	喷雾

辽宁凤凰蚕药厂 (辽宁省丹东市凤城市 118100 0415-8196810)

PD85127	蝇毒磷/90%,80%,70%/原药/蝇毒磷 90%,80%,70%/2005.07.14 至 2010.07.14/高毒			
PD20082350	噻吩磺隆/75%/干悬浮剂/噻吩磺隆 75%/2008.12.01 至 2013.12.01/低毒			
	春大豆田	一年生阔叶杂草	22.5-33.8克/公顷	土壤喷雾
PD20082586	莠去津/38%/悬浮剂/莠去津 38%/2008.12.04 至 2013.12.04/低毒			
	春玉米田	一年生杂草	1710-2280克/公顷	播后苗前土壤喷雾
PD20092892	辛硫·福美双/16%/悬浮种衣剂/福美双 10%、辛硫磷 6%/2009.03.05 至 2014.03.05/低毒			
	玉米	地下害虫、茎基腐病	1:40-50(药种比)	种子包衣
PD20096890	烯草酮/120克/升/乳油/烯草酮 120克/升/2009.09.23 至 2014.09.23/低毒			
	大豆田	一年生禾本科杂草	63-72克/公顷	茎叶喷雾
	油菜田	一年生禾本科杂草	30-40毫升制剂/亩	茎叶喷雾
LS20053504	乙蒜素/41%/乳油/乙蒜素 41%/2008.11.13 至 2009.11.13/中等毒			
	黄瓜	细菌性角斑病	430.5-493克/公顷	喷雾

辽宁抚顺丰谷农药有限公司 (辽宁省抚顺市顺城区寒江路1号 113006 0413-7601269)

PD85101	敌稗/16%/乳油/敌稗 16%/2010.01.24 至 2015.01.24/低毒			
	水稻	稗草	3000-4500克/公顷	喷雾
PD85102-9	2甲4氯钠盐/13%/水剂/2甲4氯钠 13%/2010.01.24 至 2015.01.24/低毒			
	水稻	多种杂草	450-900克/公顷	喷雾
	小麦	多种杂草	600-900克/公顷	喷雾
PD85103	2甲4氯钠/56%/粉剂/2甲4氯钠 56%/2010.01.24 至 2015.01.24/低毒			
	高粱、小麦、玉米	阔叶杂草	900-1200克/公顷	喷粉
	水稻	三棱草、眼子菜	450-900克/公顷	毒土、喷雾
PD20092959	2甲·灭草松/26%/水剂/2甲4氯钠 6%、灭草松 20%/2009.03.09 至 2014.03.09/低毒			
	水稻移栽田	阔叶杂草、莎草科杂草	702-975克/公顷	喷雾

辽宁海佳农化有限公司 (辽宁省清原满族自治县大孤家镇湾龙泡村 113305 0413-3581150088)

PD20040252	高效氯氰菊酯/4.5%/乳油/高效氯氰菊酯 4.5%/2009.12.19 至 2014.12.18/中等毒			
	茶树	茶尺蠖	15-25.5克/公顷	喷雾
	柑橘树	潜叶蛾	15-20毫克/千克	喷雾
	柑橘树	红蜡蚧	50毫克/千克	喷雾
	棉花	红铃虫、棉铃虫、蚜虫	15-30克/公顷	喷雾
	蔬菜	菜青虫、小菜蛾	9-25.5克/公顷	喷雾
	烟草	烟青虫	15-25.5克/公顷	喷雾
PD20040587	吡虫啉/2.5%/乳油/吡虫啉 2.5%/2009.12.19 至 2014.12.18/低毒			
	棉花	蚜虫	7.5-11.25克/公顷	喷雾
PD20070644	啶虫脒/3%/微乳剂/啶虫脒 3%/2007.12.17 至 2012.12.17/低毒			
	小麦	蚜虫	11.25-18克/公顷	喷雾
PD20082439	阿维菌素/1.8%/乳油/阿维菌素 1.8%/2008.12.02 至 2013.12.02/低毒(原药高毒)			
	棉花	棉铃虫	21.6-32.4克/公顷	喷雾

PD20082703 阿维菌素/1%/乳油/阿维菌素 1%/2008.12.05 至 2013.12.05/低毒(原药高毒)
苹果树 红蜘蛛 4000-5000倍液 喷雾
PD20090749 高氯 ·敌敌畏/29%/乳油/敌敌畏 26%、高效氯氰菊酯 3%/2009.01.19 至 2014.01.19/中等毒
苹果树 潜叶蛾 580-725毫克/千克 喷雾

辽宁科生生物化学制品有限公司 (辽宁省盘锦市兴隆台区渤海乡陈屯 124011 0427-2885497)

PD20090586 多抗霉素/35%/原药/多抗霉素 35%/2009.01.14 至 2014.01.14/微毒
PD20092758 多抗霉素/0.3%/水剂/多抗霉素 0.3%/2009.03.04 至 2014.03.04/低毒
苹果树 斑点落叶病 200-300倍液 喷雾
LS20081630 多抗霉素/3.5%/水剂/多抗霉素 3.5%/2009.04.03 至 2010.04.03/低毒
苹果树 斑点落叶病 500-700毫克/千克 喷雾

辽宁生物农药厂 (辽宁省朝阳市喀喇沁左蒙古族自治县昌盛街20号 122300 0421-4823575)

PD86109-21 苏云金杆菌/8000IU/毫克/可湿性粉剂/苏云金杆菌 8000IU/毫克/2006.11.09 至 2011.11.09/低毒
白菜、萝卜、青菜 菜青虫、小菜蛾 1500-4500克制剂/公顷 喷雾
茶树 茶毛虫 1500-7500克制剂/公顷 喷雾
大豆、甘薯 天蛾 1500-2250克制剂/公顷 喷雾
柑橘树 柑橘凤蝶 2250-3750克制剂/公顷 喷雾
高粱、玉米 玉米螟 3750-4500克制剂/公顷 喷雾、毒土
梨树 天幕毛虫 1500-3750克制剂/公顷 喷雾
林木 尺蠖、柳毒蛾、松毛虫 2250-7500克制剂/公顷 喷雾
棉花 棉铃虫、造桥虫 1500-7500克制剂/公顷 喷雾
苹果树 巢蛾 2250-3750克制剂/公顷 喷雾
水稻 稻苞虫、稻纵卷叶螟 1500-6000克制剂/公顷 喷雾
烟草 烟青虫 3750-7500克制剂/公顷 喷雾
枣树 尺蠖 3750-4500克制剂/公顷 喷雾

辽宁省鞍山东大嘉隆生物控制技术开发有限公司 (辽宁省鞍山市铁西区新开街47栋 114014 0412-8220705)

PD20097631 溴鼠灵/0.005%/饵剂/溴鼠灵 0.005%/2009.11.03 至 2014.11.03/低毒(原药高毒)
农田 田鼠 150-200克制剂/亩 投饵

辽宁省鞍山市千山区汤岗子镇温泉卫生杀虫剂厂 (辽宁省鞍山市千山区汤岗子镇汤岗子村 114048 0412-2410219)

WP20080315 杀虫粉剂/0.3%/粉剂/氯氰菊酯 0.3%/2008.12.04 至 2013.12.04/低毒
卫生 蜚蠊 3克制剂/平方米 撒布
WP20090076 氯氰菊酯/10%/可湿性粉剂/氯氰菊酯 10%/2009.02.01 至 2014.02.01/低毒
卫生 蚊、蝇、蜚蠊 玻璃面：20毫克/平方米；木板面，水泥面：30毫克/平方米 滞留喷洒
WL20080340 氯氰菊酯/0.3%/粉剂/氯氰菊酯 0.3%/2008.06.11 至 2009.06.11/低毒
卫生 虱 5克制剂/一件衣 涂抹
卫生 蚂蚁、跳蚤 3克制剂/平方米 撒布

辽宁省鞍山市泽鑫农药有限公司 (辽宁省鞍山市岫岩县满族自治县杨家堡镇松树秧村 114317 0412-7852548)

PD20091237 甲氰菊酯/20%/乳油/甲氰菊酯 20%/2009.02.01 至 2014.02.01/中等毒
苹果树 红蜘蛛 2000-2500倍液 喷雾
PD20091762 溴氰·氧乐果/16%/乳油/溴氰菊酯 1%、氧乐果 15%/2009.02.04 至 2014.02.04/中等毒(原药高毒)
棉花 蚜虫 72-120克/公顷 喷雾
PD20092542 甲氰·辛硫磷/33%/乳油/甲氰菊酯 6.5%、辛硫磷 26.5%/2009.02.26 至 2014.02.26/中等毒
棉花 红蜘蛛 124-165克/公顷 喷雾
PD20093120 高氯·辛硫磷/22.5%/乳油/高效氯氟氰菊酯 3%、辛硫磷 19.5%/2009.06.09 至 2014.06.09/中等毒
十字花科蔬菜 菜青虫 101.25-135克/公顷 喷雾
PD20093536 氰戊菊酯/20%/乳油/氰戊菊酯 20%/2009.03.23 至 2014.03.23/低毒
棉花 棉铃虫 120-180克/公顷 喷雾
PD20094162 甲霜·福美双/35%/可湿性粉剂/福美双 28%、甲霜灵 7%/2009.03.27 至 2014.03.27/低毒
黄瓜 霜霉病 1312.5-1575克/公顷 喷雾
PD20096181 辛硫·高氯氟/26%/乳油/高效氯氟氰菊酯 1%、辛硫磷 25%/2009.07.03 至 2014.07.03/中等毒
苹果树 桃小食心虫 800-1200倍液 喷雾

辽宁省北宁市家宝消杀药剂厂 (辽宁省北宁市广宁西环路炮团对过 121300 0416-6629120)

WL20050085 杀虫粉剂/0.2%/粉剂/氯氰菊酯 0.2%/2008.03.29 至 2009.03.29/低毒
卫生 蜚蠊 3克制剂/平方米 撒布

辽宁省北宁市文喜消杀药品厂 (辽宁省北宁市富屯乡莲花村 127300 0416-6628345)

WL20050278 杀虫粉剂/0.2%/粉剂/氯氰菊酯 0.2%/2008.11.03 至 2009.11.03/低毒
卫生 蜚蠊 3克制剂/平方米 撒布

辽宁省本溪经济开发区壮苗科技开发有限公司(本溪滨河工业园区(石桥镇园区西路28栋) 117004 0414-5858931)

PD20080990 烯禾啶/12.5%/乳油/烯禾啶 12.5%/2008.07.24 至 2013.07.24/低毒
春大豆田 一年生禾本科杂草 187.5-281.3克/公顷 茎叶喷雾
PD20083521 苄嘧磺隆/30%/可湿性粉剂/苄嘧磺隆 30%/2008.12.12 至 2013.12.12/低毒
移栽水稻田 阔叶杂草、莎草科杂草 45-67.5克/公顷 喷雾或药土法
PD20084514 乙草胺/900克/升/乳油/乙草胺 900克/升/2008.12.18 至 2013.12.18/低毒

春大豆田、春玉米田 部分阔叶杂草、一年生禾本科杂草 1350-2025克/公顷 土壤喷雾
PD20084547 多·福·克/25%/悬浮种衣剂/多菌灵 8%、福美双 9%、克百威 8%/2008.12.18 至 2013.12.18/高毒
大豆 根腐病、金针虫、蛴螬、小地老虎 1:50-40(药种比) 种子包衣
PD20084937 克百威/10%/悬浮种衣剂/克百威 10%/2008.12.22 至 2013.12.22/高毒
玉米 地老虎、金针虫、蝼蛄、蛴螬 200-250克/100千克种子 种子包衣
PD20085098 多·福·克/35%/悬浮种衣剂/多菌灵 15%、福美双 10%、克百威 10%/2008.12.23 至 2013.12.23/中等毒(原药高毒)
大豆 地老虎、根腐病、金针虫、蛴螬 1:50-60(药种比) 种子包衣
PD20090656 福·克/15.5%/悬浮种衣剂/福美双 8.5%、克百威 7.0%/2009.01.15 至 2014.01.15/高毒
玉米 地下害虫、茎腐病 1:35-45(药种比) 种子包衣
PD20090713 异噁草松/48%/乳油/异噁草松 48%/2009.01.19 至 2014.01.19/低毒
春大豆田 一年生杂草 1008-1152克/公顷(东北地区) 播后苗前土壤喷雾
PD20091018 精喹禾灵/5%/乳油/精喹禾灵 5%/2009.01.21 至 2014.01.21/低毒
春大豆田 一年生禾本科杂草 52.5-75克/公顷 茎叶喷雾
PD20091664 烯草酮/120克/升/乳油/烯草酮 120克/升/2009.02.03 至 2014.02.03/微毒
春大豆田 一年生禾本科杂草 63-90克/公顷 茎叶喷雾
PD20092089 戊唑·克百威/7.3%/悬浮种衣剂/克百威 7.0%、戊唑醇 0.3%/2009.02.16 至 2014.02.16/高毒
玉米 地下害虫、丝黑穗病 1:35-45(药种比) 种子包衣
PD20093013 莠去津/38%/悬浮剂/莠去津 38%/2009.03.09 至 2014.03.09/低毒
春玉米田 一年生杂草 1710-2109克/公顷 土壤喷雾
PD20093112 甲霜·百菌清/2.2%/悬浮种衣剂/百菌清 1.65%、甲霜灵 0.55%/2009.03.10 至 2014.03.10/低毒
西瓜 枯萎病 1:10-15(药种比) 种子包衣
PD20093183 氟磺胺草醚/250克/升/水剂/氟磺胺草醚 250克/升/2009.03.11 至 2014.03.11/低毒
春大豆田 一年生阔叶杂草 300-375克/公顷 茎叶喷雾
PD20095690 乙·噁·滴丁酯/72%/乳油/2,4-滴丁酯 14%、乙草胺 42%、异噁草松 16%/2009.05.15 至 2014.05.15/低毒
春大豆田 一年生杂草 1620-1944克/公顷 土壤喷雾
PD20096142 噁草酮/13%/乳油/噁草酮 13%/2009.06.24 至 2014.06.24/低毒
水稻移栽田 一年生杂草 360-468克/公顷 甩施
LS20060987 百草枯/200克/升/水剂/百草枯 200克/升/2008.04.23 至 2009.04.23/中等毒
玉米 杂草 450-600克/公顷 定向喷雾
LS20070379 福·唑·毒死蜱/22%/悬浮种衣剂/毒死蜱 10%、福美双 11.6%、戊唑醇 0.4%/2009.03.04 至 2010.03.05/低毒
春玉米 地下害虫、丝黑穗病 440-550克(有效成分)/100千克种子 种子包衣
LS20070897 异噁·氟磺胺/13.8%/微乳剂/氟磺胺草醚 4.6%、异噁草松 9.2%/2009.04.11 至 2010.04.12/低毒
春大豆田 一年生杂草 455.4-538.2克/公顷 茎叶喷雾
LS20071896 戊唑·福美双/38%/种子处理可分散粉剂/福美双 33%、戊唑醇 5%/2009.08.02 至 2010.08.03/低毒
春玉米 丝黑穗病 63.3-95克/100千克种子 种子包衣
LS20072507 甲霜·多菌灵/50%/种子处理可分散粉剂/多菌灵 45.5%、甲霜灵 4.5%/2009.11.19 至 2010.11.20/低毒
春大豆 根腐病 250-333克/100千克种子 种子包衣
LS20082829 绿·莠·乙草胺/48%/悬乳剂/绿麦隆 1%、乙草胺 25%、莠去津 22%/2009.05.27 至 2010.05.27/低毒
春玉米田 一年生杂草 1080-1800克/公顷 播后苗前土壤喷雾
LS20090868 多·咪·福美双/20%/悬浮种衣剂/多菌灵 4%、福美双 12%、咪鲜胺 4%/2009.04.09 至 2010.04.09/低毒
水稻 恶苗病 167-250克/100千克种子 种子包衣
LS20090983 苄嘧·苯噻酰/72%/可湿性粉剂/苯噻酰草胺 65.5%、苄嘧磺隆 6.5%/2009.04.10 至 2010.04.10/低毒
移栽水稻田 一年生杂草 486-648克/公顷 毒土法
LS20091037 乙·莠·氰草津 /48%/悬浮剂/氰草津 4%、乙草胺 24%、莠去津 20%/2009.04.15 至 2010.04.15/低毒
春玉米田 一年生杂草 230-280毫升制剂/亩 播后苗前土壤喷雾

辽宁省昌图县昌图镇宝灵卫生消杀药品厂 (辽宁省昌图县昌图镇城关村五组 112500 0410-5910750)

WP20080447 杀蟑饵剂/1.5%/饵剂/残杀威 1.5%/2008.12.15 至 2013.12.15/低毒
卫生 蜚蠊 / 投放
WP20080539 高效氯氰菊酯/5%/可湿性粉剂/高效氯氰菊酯 5%/2008.12.23 至 2013.12.23/低毒
卫生 蚊、蝇 玻璃面20毫克/平方米;木板面30毫克/平方米;水泥面60毫克/平方米 滞留喷洒

辽宁省大连奥德植保药业有限公司 (辽宁省大连市经济技术开发区哈尔滨路34号 116600 0411-82449505)

LS20032012 苦参碱/0.36%/水剂/苦参碱 0.36%/2009.02.01 至 2009.12.31/低毒
十字花科蔬菜 蚜虫 4.32-6.48克/公顷 喷雾

辽宁省大连广达农药有限责任公司 (辽宁省大连市普兰店市太平办事处姚家村 116200 0411-83161188)

PD20081603 吡嘧·苯噻酰/42%/可湿性粉剂/苯噻酰草胺 40%、吡嘧磺隆 2%/2008.11.12 至 2013.11.12/低毒
水稻移栽田 一年生及部分多年生杂草 375-504克/公顷(东北地区) 药土法
PD20081912 三唑锡/25%/可湿性粉剂/三唑锡 25%/2008.11.21 至 2013.11.21/中等毒

柑橘树 红蜘蛛 125-166毫克/千克 喷雾

PD20085444 福·甲·锰锌/40%/可湿性粉剂/福美双 25%、甲霜灵 10%、代森锰锌 5%/2008.12.24 至 2013.12.24/低毒

辣椒 疫病 500-750克/公顷 喷雾

LS20053548 氟胺·灭草松/447克/升/水剂/氟磺胺草醚 87克/升、灭草松 360克/升/2008.11.15 至 2009.11.15/低毒

夏大豆 一年生阔叶杂草及莎草科杂草 1005.75-1341克/公顷 茎叶喷雾

LS20060147 乙草胺/900克/升/乳油/乙草胺 900克/升/2009.01.24 至 2010.01.24/低毒

春大豆 一年生禾本科杂草及部分小粒种子阔叶杂草 1620-2025克/公顷 土壤喷雾

夏大豆、夏玉米 一年生禾本科杂草及部分小粒种子阔叶杂草 1080-1350克/公顷 土壤喷雾

LS20070501 二氯喹啉酸/50%/可湿性粉剂/二氯喹啉酸 50%/2009.03.06 至 2010.03.07/低毒

水稻移栽田 稗草 390-502.5克/公顷 茎叶喷雾

LS20080795 甲氨基阿维菌素苯甲酸盐/1%/乳油/甲氨基阿维菌素苯甲酸盐 1%/2009.02.28 至 2010.02.28/中等毒

棉花 棉铃虫 11.25-15克/公顷 喷雾

十字花科蔬菜 小菜蛾 1.2-1.8克/公顷 喷雾

LS20082768 苄·二氯/36%/可湿性粉剂/苄嘧磺隆 3%、二氯喹啉酸 33%/2009.05.08 至 2010.05.08/微毒

水稻移栽田 一年生及部分多年生杂草 270-324克/公顷 茎叶喷雾

辽宁省大连广垠生物农药有限公司 (辽宁省大连市甘井子区营城子镇沙岗子村 116036 0411-86715401)

LS95578 菇类蛋白多糖/0.5%/水剂/菇类蛋白多糖 0.5%/2009.02.10 至 2009.12.31/低毒

番茄 病毒病 12.45-18.75克/公顷 喷雾

水稻 条纹叶枯病 7.5-9克/公顷 喷雾

LS20090806 井冈·香菇糖/2.75%/水剂/菇类蛋白多糖 0.25%、井冈霉素 2.5%/2009.04.03 至 2010.04.03/微毒

水稻 纹枯病 10.3-20.6克/公顷 喷雾

辽宁省大连金猫鼠药有限公司 (辽宁省大连市甘井子区凌南路28号 116024 0411-84791834)

PD20070077 敌鼠钠盐/0.05%/毒饵/敌鼠钠盐 0.05%/2007.04.12 至 2012.04.12/低毒(原药高毒)

室内 家鼠 饱和投饵 投饵

PD20080336 溴敌隆/0.005%/毒饵/溴敌隆 0.005%/2008.02.26 至 2013.02.26/低毒(原药剧毒)

室内 家鼠 10-20克毒饵/10平方米 饱和投饵

PD20084426 溴鼠灵/0.005%/毒饵/溴鼠灵 0.005%/2008.12.17 至 2013.12.17/低毒(原药高毒)

室内、外 家鼠 饱和投饵 投饵

PD20094759 溴敌隆/0.5%/母药/溴敌隆 0.5%/2009.04.13 至 2014.04.13/中等毒(原药高毒)

PD20096044 溴鼠灵/0.5%/母药/溴鼠灵 0.5%/2009.06.16 至 2014.06.16/中等毒

室内 家鼠 15-30克毒饵/15平方米 配制成0.005%毒饵饱和投饵

室外 家鼠 10-15克毒饵/5平方米 配制成0.005%毒饵饱和投饵

LS20060064 溴鼠灵/0.5%/母药/溴鼠灵 0.5%/2009.01.16 至 2010.01.16/中等毒(原药高毒)

WP20080307 杀蟑饵剂/2%/毒饵/残杀威 2%/2008.12.04 至 2013.12.04/低毒

卫生 蜚蠊 / 投放

WP20090141 杀蟑胶饵/2.5%/胶饵/吡虫啉 2.5%/2009.02.26 至 2014.02.26/低毒

室内 蜚蠊 / 投放

WP20090217 溴鼠灵/0.5%/母药/溴鼠灵 0.5%/2009.04.01 至 2014.04.01/中等毒

卫生 蜚蠊 / 涂抹

辽宁省大连凯飞化工有限公司 (辽宁省大连开发区东北大街488号 116610 0411-87512961)

PD20040281 吡虫啉/95%/原药/吡虫啉 95%/2009.12.19 至 2014.12.19/低毒

PD20050107 吡虫啉/5%/乳油/吡虫啉 5%/2005.08.04 至 2010.08.03/低毒

苹果树 蚜虫 25-50毫克/千克 喷雾

水稻 飞虱 15-30克/公顷 喷雾

PD20060132 吡虫啉/10%/可湿性粉剂/吡虫啉 10%/2006.07.14 至 2011.07.13/低毒

水稻 飞虱 15-30克/公顷 喷雾

小麦 蚜虫 15-30克/公顷 喷雾

PD20070564 啶虫脒/98%/原药/啶虫脒 98%/2007.12.03 至 2012.12.03/低毒

PD20080755 溴氰菊酯/98%/原药/溴氰菊酯 98%/2008.06.11 至 2013.06.11/中等毒

PD20081716 溴氰菊酯/25克/升/乳油/溴氰菊酯 25克/升/2008.11.18 至 2013.11.18/中等毒

棉花 蚜虫 15-18.75克/公顷 喷雾

苹果树 桃小食心虫 8.3-12.5毫克/千克 喷雾

PD20083797 啶虫脒/3%/乳油/啶虫脒 3%/2008.12.15 至 2013.12.15/低毒

黄瓜 蚜虫 18-27克/公顷 喷雾

PD20090620 毒死蜱/40%/乳油/毒死蜱 40%/2009.01.14 至 2014.01.14/低毒

苹果树 绵蚜 266.7-400毫克/千克 喷雾

水稻 稻飞虱 480-600克/公顷 喷雾

辽宁省大连凯飞化学股份有限公司 (辽宁省大连市开发区东北大街488号 116610 0411-87511189)

PD20097891 氨基寡糖素/2%/水剂/氨基寡糖素 2%/2009.11.30 至 2014.11.30/微毒

白菜	软腐病	56.25-75克/公顷	喷雾
番茄	病毒病	48-80克/公顷	喷雾
番茄	晚疫病	15-18克/公顷	喷雾
烟草	病毒病	33.75-50克/公顷	喷雾

PD20097892 氨基寡糖素/7.5%/母药/氨基寡糖素 7.5%/2009.11.30 至 2014.11.30/微毒

辽宁省大连绿峰化学股份有限公司 （辽宁省大连市甘井子区振兴路188号 116113 0411-86861000）

PD84129 氯化苦/99.5%/液剂/氯化苦 99.5%/2009.12.03 至 2014.12.03/高毒

草莓	黄枯萎病	240-360千克/公顷	土壤熏蒸
东方百合	根腐病	375-525千克/公顷	土壤消毒
非成品粮	多种害虫	1)35-70千克/立方米 2)20-30千克/立方米	1)粮堆用药 2)空间体积用药
非成品粮	病菌	1)35-70克/立方米 2)20-30克/立方米	1)粮堆用药 2)空间体积用药
花生	根瘤线虫	500千克/公顷	开沟施药
姜	姜瘟病	37.5-52.5毫升/平方米	土壤消毒
棉花	黄萎病、枯萎病	125毫升/平方米	土壤消毒
农田	田鼠	5-10克/鼠穴	细沙与药混合投入
茄子	黄萎病	292.5-447.75千克/公顷	注射法土壤熏蒸,施药后覆土盖地膜
甜瓜	黄萎病	275-382.5千克/公顷	土壤熏蒸
烟草	黑胫病	373.125-522.375千克/公顷	土壤熏蒸

注:草莓、甜瓜、姜有效期至2008.08.08。东方百合有效期至2010.02.04。烟草有效期至2010.06.14。

辽宁省大连诺斯曼化工有限公司 （辽宁省大连市永宁经济开发区 116326 0411-85173299）

PD90109-4 1.5%乐果粉剂//粉剂/乐果 1.5%/2006.01.31 至 2011.01.31/中等毒

柑橘树、苹果树	鳞翅目幼虫、蚜虫、螨	337.5-450克/公顷	喷粉
棉花、蔬菜	蚜虫、螨	337.5-450克/公顷	喷粉
烟草	蚜虫	337.5-450克/公顷	喷粉

PD20094910 多·福/30%/可湿性粉剂/多菌灵 5%、福美双 25%/2009.04.13 至 2014.04.13/低毒

葡萄	霜霉病	1000-1250毫克/千克	喷雾

LS20051264 吡虫啉/5%/乳油/吡虫啉 5%/2008.04.12 至 2009.04.12/低毒

小麦	蚜虫	15-30克/公顷(南方地区) 45-60克/公顷(北方地区)	喷雾

LS20051540 吡虫啉/20%/可湿性粉剂/吡虫啉 20%/2008.04.28 至 2009.04.28/低毒

小麦	蚜虫	15-30克/公顷(南方地区) 45-60克/公顷(北方地区)	喷雾

LS20051916 多·锰锌/40%/可湿性粉剂/多菌灵 6%、代森锰锌 34%/2008.05.17 至 2009.05.17/低毒

梨树	黑星病	1000-1250毫克/千克	喷雾

辽宁省大连瑞泽农药股份有限公司 （辽宁省大连市金州区西南窑101号 116100 0411-87679776）

PD85112-16 莠去津/38%/悬浮剂/莠去津 38%/2005.12.26 至 2010.12.26/低毒

茶园	一年生杂草	1125-1875克/公顷	喷于地表
防火隔离带、公路、森林、铁路	一年生杂草	0.8-2克/平方米	喷于地表
甘蔗	一年生杂草	1050-1500克/公顷	喷于地表
高粱、糜子、玉米	一年生杂草	1800-2250克/公顷(东北地区)	喷于地表
红松苗圃	一年生杂草	0.2-0.3克/平方米	喷于地表
梨树、苹果树	一年生杂草	1625-1875克/公顷	喷于地表
橡胶园	一年生杂草	2250-3750克/公顷	喷于地表

PD20070136 嗪草酮/90%/原药/嗪草酮 90%/2007.05.29 至 2012.05.29/低毒

PD20070206 烯草酮/95%/原药/烯草酮 95%/2007.08.07 至 2012.08.07/中等毒

PD20070332 甲氰菊酯原药//原药/甲氰菊酯 95%/2007.10.12 至 2012.10.12/中等毒

PD20070386 乙草胺原药//原药/乙草胺 96%/2007.11.05 至 2012.11.05/低毒

PD20070542 苯磺隆原药//原药/苯磺隆 95%/2007.12.03 至 2012.12.03/低毒

PD20070651 苯噻酰草胺/95%/原药/苯噻酰草胺 95%/2007.12.17 至 2012.12.17/低毒

PD20080294 甲氰·炔螨特/30%/乳油/甲氰菊酯 10%、炔螨特 20%/2008.02.25 至 2013.02.25/低毒

柑橘树	红蜘蛛	150-300毫克/千克	喷雾
棉花	红蜘蛛	180-270克/公顷	喷雾

PD20080345 苯噻酰草胺/50%/可湿性粉剂/苯噻酰草胺 50%/2008.02.26 至 2013.02.26/微毒

水稻移栽田	稗草、异型莎草	1)450-525克/公顷(南方地区) 2)450-525克/公顷(北方地区)	药土法

PD20080446 氟磺胺草醚/25%/水剂/氟磺胺草醚 25%/2008.03.18 至 2013.03.18/低毒

大豆田	一年生阔叶杂草	250-500克/公顷	喷雾

PD20080494	胺苯磺隆/20%/可溶粉剂/胺苯磺隆 20%/2008.04.07 至 2013.04.07/低毒			
	冬油菜(移栽田)	一年生阔叶杂草	18.75-22.5克/公顷(南方地区)	喷雾
	冬油菜(直播田)	一年生阔叶杂草	22.5-30克/公顷(北方地区)	喷雾(苗期)
PD20080507	胺苯磺隆/95%/原药/胺苯磺隆 95%/2008.04.10 至 2013.04.10/低毒			
PD20080512	甲氰菊酯/20%/乳油/甲氰菊酯 20%/2008.04.29 至 2013.04.29/中等毒			
	棉花	红蜘蛛、棉铃虫	90-150克/公顷	喷雾
	苹果树	红蜘蛛	100-133.3毫克/千克	喷雾
	苹果树	桃小食心虫	67-100毫克/千克	喷雾
PD20080571	丁草胺/60%/乳油/丁草胺 60%/2008.05.12 至 2013.05.12/低毒			
	水稻移栽田	稗草、牛毛草、鸭舌草	750-1275克/公顷	毒土法
PD20080580	丁草胺/92%/原药/丁草胺 92%/2008.05.12 至 2013.05.12/低毒			
PD20080581	二甲戊灵/96%/原药/二甲戊灵 96%/2008.05.12 至 2013.05.12/低毒			
PD20080582	氟磺胺草醚/95%/原药/氟磺胺草醚 95%/2008.05.12 至 2013.05.12/低毒			
PD20080583	三氟羧草醚/95%/原药/三氟羧草醚 95%/2008.05.12 至 2013.05.12/低毒			
PD20080584	异丙甲草胺/96%/原药/异丙甲草胺 96%/2008.05.12 至 2013.05.12/低毒			
PD20080621	乙草胺/900克/升/乳油/乙草胺 900克/升/2008.05.12 至 2013.05.12/低毒			
	春大豆田、春玉米田	部分阔叶杂草、一年生禾本科杂草	1620-2025克/公顷(东北地区)	土壤喷雾
	花生田、夏大豆田、夏玉米田	一年生禾本科杂草及小粒阔叶杂草	1080-1350克/公顷	土壤喷雾
PD20080718	灭蝇胺/98%/原药/灭蝇胺 98%/2008.06.11 至 2013.06.11/低毒			
PD20081131	烯草酮/120克/升/乳油/烯草酮 120克/升/2008.09.01 至 2013.09.01/低毒			
	春大豆田	一年生禾本科杂草	72-108克/公顷	茎叶喷雾
	冬油菜田	一年生禾本科杂草	54-72克/公顷	茎叶喷雾
PD20081160	咪唑乙烟酸/5%/水剂/咪唑乙烟酸 5%/2008.09.11 至 2013.09.11/低毒			
	春大豆田	一年生杂草	90-105克/公顷(东北地区)	土壤或茎叶喷雾
PD20081161	乙草胺/50%/乳油/乙草胺 50%/2008.09.11 至 2013.09.11/低毒			
	大豆田	一年生禾本科杂草及小粒阔叶杂草	1)1200-1875克/公顷(东北地区) 2)750-1050克/公顷(其它地区)	土壤喷雾
	花生田	一年生禾本科杂草及小粒阔叶杂草	750-1200克/公顷	土壤喷雾
	油菜田	一年生禾本科杂草及小粒阔叶杂草	525-750克/公顷	土壤喷雾
	玉米田	一年生禾本科杂草及小粒阔叶杂草	1)900-1875克/公顷(东北地区) 2)750-1050克/公顷(其它地区)	土壤喷雾
PD20081168	三氟羧草醚/21.4%/水剂/三氟羧草醚 21.4%/2008.09.11 至 2013.09.11/低毒			
	春大豆田	一年生阔叶杂草	360-480克/公顷	喷雾
PD20081171	乙草胺/990克/升/乳油/乙草胺 990克/升/2008.09.11 至 2013.09.11/低毒			
	春大豆田、春玉米田	一年生禾本科杂草及部分阔叶杂草	1485-1930.5克/公顷	土壤喷雾
PD20081172	嗪草酮/70%/可湿性粉剂/嗪草酮 70%/2008.09.11 至 2013.09.11/低毒			
	春大豆田	一年生阔叶杂草	525-750克/公顷	播后苗前喷雾
PD20081173	二甲戊灵/330克/升/乳油/二甲戊灵 330克/升/2008.09.11 至 2013.09.11/低毒			
	白菜	一年生杂草	495-742.5克/公顷	土壤喷雾
	春玉米田	一年生杂草	891-1089克/公顷(东北地区)	土壤喷雾
PD20081174	乙草胺/50%/微乳剂/乙草胺 50%/2008.09.11 至 2013.09.11/低毒			
	春大豆田、春玉米田	阔叶杂草、一年生禾本科杂草	1500-1875克/公顷	播后苗前土壤喷雾
	花生田	一年生禾本科杂草	750-1200克/公顷	播后苗前土壤喷雾
	夏大豆田、夏玉米田	一年生禾本科杂草	975-1500克/公顷	播后苗前土壤喷雾
PD20081180	甲氰菊酯/10%/乳油/甲氰菊酯 10%/2008.09.11 至 2013.09.11/中等毒			
	苹果树	红蜘蛛	100毫克/千克	喷雾
	苹果树	桃小食心虫	67-100毫克/千克	喷雾
	十字花科蔬菜	菜青虫	60-75克/公顷	喷雾
PD20081182	烯草酮/240克/升/乳油/烯草酮 240克/升/2008.09.11 至 2013.09.11/低毒			
	大豆田	一年生禾本科杂草	108-144克/公顷	茎叶喷雾
PD20081220	氟磺胺草醚/250克/升/水剂/氟磺胺草醚 250克/升/2008.09.11 至 2013.09.11/低毒			
	春大豆田	一年生阔叶杂草	300-412.5克/公顷	茎叶喷雾
	夏大豆田	一年生阔叶杂草	187.5-225克/公顷	茎叶喷雾
PD20081253	苯磺隆/20%/可溶粉剂/苯磺隆 20%/2008.09.18 至 2013.09.18/低毒			
	小麦田	阔叶杂草	10.05-19.5克/公顷	茎叶喷雾
PD20081542	噻磺·乙草胺/43.6%/乳油/噻吩磺隆 0.6%、乙草胺 43%/2008.11.11 至 2013.11.11/低毒			
	春大豆田、春玉米田	一年生杂草	1308-1635克/公顷(东北地区)	土壤喷雾处理
	花生田	一年生杂草	654-981克/公顷	土壤喷雾处理
PD20081697	氯嘧磺隆/96%/原药/氯嘧磺隆 96%/2008.11.17 至 2013.11.17/低毒			

PD20082096 氟磺胺草醚/20%/乳油/氟磺胺草醚 20%/2008.11.25 至 2013.11.25/低毒
春大豆田 一年生阔叶杂草 210-270克/公顷 茎叶喷雾
PD20082786 氟磺胺草醚/12.8%/微乳剂/氟磺胺草醚 12.8%/2008.12.09 至 2013.12.09/低毒
春大豆田 一年生阔叶杂草 153.6-230.4克/公顷(东北地区) 茎叶喷雾
花生田 一年生阔叶杂草 153.6-230.4克/公顷 茎叶喷雾
PD20083273 霜霉威盐酸盐/722克/升/水剂/霜霉威盐酸盐 722克/升/2008.12.11 至 2013.12.11/低毒
黄瓜 霜霉病 705-1174克/公顷 喷雾
PD20083581 炔螨特/760克/升/乳油/炔螨特 760克/升/2008.12.12 至 2013.12.12/低毒
柑橘树 红蜘蛛 233-350毫克/千克 喷雾
PD20083748 灭蝇胺/20%/可溶粉剂/灭蝇胺 20%/2008.12.15 至 2013.12.15/低毒
菜豆 斑潜蝇 150-210克/公顷 喷雾
PD20084892 苄嘧・苯噻酰/55%/可湿性粉剂/苯噻酰草胺 50%、苄嘧磺隆 5%/2008.12.22 至 2013.12.22/低毒
水稻移栽田 一年生及部分多年生杂草 577.5-660克/公顷(北方地区) 药土法
PD20090048 嗪酮・乙草胺/50%/乳油/嗪草酮 10%、乙草胺 40%/2009.01.06 至 2014.01.06/低毒
大豆田 一年生杂草 1)1125-1500克/公顷(东北地区) 2)750-1125克/公顷(华北地区) 播后苗前土壤喷雾
甘蔗田 一年生杂草 900-1125克/公顷 土壤喷雾
马铃薯田 一年生杂草 1125-1500克/公顷 播后苗前土壤喷雾
玉米田 一年生阔叶杂草、一年生禾本科杂草 1)1125-1500克/公顷(东北地区) 2)750-1125克/公顷(华北地区) 播后苗前土壤喷雾
PD20090706 异丙甲草胺/72%/乳油/异丙甲草胺 72%/2009.01.19 至 2014.01.19/低毒
春大豆田、春玉米田 一年生禾本科杂草及部分阔叶杂草 1620-2160克/公顷(东北地区) 土壤喷雾
花生田 一年生禾本科杂草及部分阔叶杂草 1080－1620克/公顷 土壤喷雾
PD20090785 氟铃脲/95%/原药/氟铃脲 95%/2009.01.19 至 2014.01.19/低毒
PD20091778 氟铃脲/5%/乳油/氟铃脲 5%/2009.02.10 至 2014.02.10/低毒
甘蓝 小菜蛾 28.13-56.25克/公顷 喷雾
棉花 棉铃虫 60-120克/公顷 喷雾
PD20091801 苄・乙/20%/可湿性粉剂/苄嘧磺隆 2.5%、乙草胺 17.5%/2009.02.04 至 2014.02.04/低毒
水稻移栽田 部分多年生杂草、一年生杂草 84-118克/公顷 药土法
PD20093134 氟铃・辛硫磷/42%/乳油/氟铃脲 2%、辛硫磷 40%/2009.03.10 至 2014.03.10/低毒
棉花 棉铃虫 693-882克/公顷 喷雾
十字花科蔬菜 小菜蛾 504-693克/公顷 喷雾
PD20093339 乙草胺/20%/可湿性粉剂/乙草胺 20%/2009.03.18 至 2014.03.18/低毒
水稻移栽田 部分阔叶杂草、一年生禾本科杂草 90-112.5克/公顷 毒土法
PD20094342 甲氰・氧乐果/15%/乳油/甲氰菊酯 4%、氧乐果 11%/2009.04.01 至 2014.04.01/高毒
大豆 食心虫、蚜虫 60-90克/公顷 喷雾
PD20094555 氟・松・烯草酮/22%/乳油/氟磺胺草醚 7%、烯草酮 2%、异噁草松 13%/2009.04.09 至 2014.04.09/低毒
春大豆田 一年生杂草 495-561克/公顷 茎叶喷雾
PD20095401 克・扑・滴丁酯/56%/乳油/2,4-滴丁酯 20%、克草胺 28%、扑草净 8%/2009.04.27 至 2014.04.27/低毒
春大豆田、春玉米田 一年生杂草 2100-2520克/公顷 播后苗前土壤喷雾
PD20095536 异松・乙草胺/67%/乳油/乙草胺 53%、异噁草松 14%/2009.05.12 至 2014.05.12/低毒
春大豆田 一年生杂草 1708.5-2211克/公顷 播后苗前土壤喷雾
PD20095879 咪乙・异噁松/30%/乳油/咪唑乙烟酸 4%、异噁草松 26%/2009.05.31 至 2014.05.31/低毒
春大豆田 一年生杂草 1)405-810克/公顷 2)405-495克/公顷 1)土壤喷雾 2)茎叶喷雾
PD20095913 嗪草酸甲酯/90%/原药/嗪草酸甲酯 90%/2009.06.02 至 2014.06.02/低毒
PD20095914 嗪草酸甲酯/5%/乳油/嗪草酸甲酯 5%/2009.06.02 至 2014.06.02/低毒
春大豆田、春玉米田 一年生阔叶杂草 150-225克制剂/公顷(东北地区) 茎叶喷雾
夏大豆田、夏玉米田 一年生阔叶杂草 120-180克制剂/公顷 茎叶喷雾
PD20096026 异松・乙草胺/36%/乳油/乙草胺 27%、异噁草松 9%/2009.06.15 至 2014.06.15/低毒
冬油菜田 一年生杂草 324-432克/公顷 移栽前土壤喷雾
花生田 一年生杂草 810-1080克/公顷 播后苗前土壤喷雾
PD20096178 甲氰・氧乐果/30%/乳油/甲氰菊酯 8%、氧乐果 22%/2009.07.03 至 2014.07.03/高毒
大豆 食心虫、蚜虫 60-90克/公顷 喷雾
PD20096258 噻吩磺隆/75%/水分散粒剂/噻吩磺隆 75%/2009.07.15 至 2014.07.15/微毒
春大豆田 一年生阔叶杂草 22.5-33.75克/公顷 播后苗前土壤喷雾
PD20096430 2,4-滴丁酯/57%/乳油/2,4-滴丁酯 57%/2009.08.05 至 2014.08.05/低毒
春玉米田 阔叶杂草 756-972克/公顷 播后苗前土壤喷

				雾
PD20096848	克草胺/95%/原药/克草胺 95%/2009.09.21 至 2014.09.21/低毒			
PD20096849	克草胺/47%/乳油/克草胺 47%/2009.09.21 至 2014.09.21/低毒			
	移栽水稻田	部分阔叶杂草、一年生禾本科杂草	528.8-705克/公顷(东北地区)	药土法
			352.5-528.8克/公顷(其它地区)	
PD20096899	滴丁・乙草胺 /50%/乳油/2,4-滴丁酯 13%、乙草胺 37%/2009.09.23 至 2014.09.23/低毒			
	春大豆田、春玉米田	一年生杂草	1875-2250克/公顷(东北地区)	喷雾
PD20097128	氟虫腈/95%/原药/氟虫腈 95%/2009.10.16 至 2014.10.16/中等毒			
PD20097466	克胺・莠去津/40%/悬浮剂/克草胺 20%、莠去津 20%/2009.11.03 至 2014.11.03/低毒			
	春玉米田	一年生杂草	1800-2400克/公顷(东北地区)	土壤喷雾
	夏玉米田	一年生杂草	1200-1500克/公顷(其它地区)	土壤喷雾
LS20052190	氟铃・辛硫磷/21%/乳油/氟铃脲 1%、辛硫磷 20%/2008.06.14 至 2009.06.14/低毒			
	十字花科蔬菜	甜菜夜蛾	409.5-504克/公顷	喷雾
LS20060236	甲氰菊酯/20%/水乳剂/甲氰菊酯 20%/2009.02.22 至 2010.02.22/中等毒			
	棉花	红蜘蛛、棉铃虫	120-150克/公顷	喷雾
	苹果树	桃小食心虫	100-200毫克/千克	喷雾
	十字花科蔬菜	菜青虫	75-105克/公顷	喷雾
LS20061353	草甘膦/58%/可溶粉剂/草甘膦 58%/2009.06.25 至 2010.06.25/低毒			
	柑橘园	杂草	1131-2175克/公顷	定向喷雾
LS20061399	氟磺胺草醚/73%/可溶粉剂/氟磺胺草醚 73%/2009.06.26 至 2010.06.26/低毒			
	春大豆田	一年生阔叶杂草	328.5-438克/公顷	杂草2-4叶期，茎叶喷雾
LS20072656	丁烯氟虫腈/5%/乳油/丁烯氟虫腈 5%/2009.12.16 至 2010.12.17/低毒			
	十字花科蔬菜	小菜蛾	15-30克/公顷	喷雾
LS20072658	丁烯氟虫腈/96%/原药/丁烯氟虫腈 96%/2009.12.16 至 2010.12.17/低毒			
LS20090655	嗪・烟・莠去津/20%/油悬浮剂/嗪草酸甲酯 0.25%、烟嘧磺隆 1%、莠去津 18.75%/2009.03.24 至 2010.03.24/低毒			
	玉米	一年生杂草	360-399克/公顷	茎叶喷雾

辽宁省大连润邦化工科技有限公司　(辽宁省大连市瓦房店市李店镇杨沟村　116307　0411-85390518)

LS20072517	精喹禾灵/5%/乳油/精喹禾灵 5%/2009.12.04 至 2010.12.05/低毒			
	春大豆田	一年生禾本科杂草	67.5-75克/公顷	茎叶喷雾
LS20072664	三唑锡/25%/可湿性粉剂/三唑锡 25%/2009.12.18 至 2010.12.19/中等毒			
	柑橘树	红蜘蛛	125-250毫克/千克	喷雾
LS20081362	百草枯/200克/升/水剂/百草枯 200克/升/2009.03.13 至 2010.03.13/中等毒			
	苹果园	杂草	750-900克/公顷	茎叶定向喷雾
LS20081440	福美双/50%/可湿性粉剂/福美双 50%/2009.03.17 至 2010.03.17/低毒			
	葡萄	白腐病	500-1000毫克/千克	喷雾
LS20081635	甲基硫菌灵/70%/可湿性粉剂/甲基硫菌灵 70%/2009.04.03 至 2010.04.03/微毒			
	苹果树	轮纹病	700-1167毫克/千克	喷雾

辽宁省大连润泽农化有限公司　(辽宁省大连市庄河市徐岭镇杨树房村　116400　0411-88872136)

PD20080114	乙草胺/92%/原药/乙草胺 93%/2008.01.03 至 2013.01.03/低毒			
PD20080614	丁草胺/90%/原药/丁草胺 90%/2008.05.12 至 2013.05.12/低毒			
PD20080627	乙草胺/900克/升/乳油/乙草胺 900克/升/2008.05.12 至 2013.05.12/低毒			
	春大豆田、春玉米田	一年生禾本科杂草及小粒阔叶杂草	1620-2025克/公顷	土壤喷雾

辽宁省大连实验化工有限公司　(辽宁省大连市甘井子区振兴路199号　116113　0411-87110827)

PD85170	敌鼠钠盐/80%/原药/敌鼠钠盐 80%/2005.11.22 至 2010.11.22/高毒			
PD20090049	敌鼠钠盐/40%/母药/敌鼠钠盐 40%/2009.01.06 至 2014.01.06/高毒			
	农田	害鼠	配制成0.05%毒饵，饱和投饵	投饵

辽宁省大连松辽化工有限公司　(辽宁省大连市甘井子区工兴路22号　116031　0411-86671213)

PD85151-8	2,4-滴丁酯/72%/乳油/2,4-滴丁酯 72%/2005.07.13 至 2010.07.13/低毒			
	谷子、小麦	双子叶杂草	525克/公顷	喷雾
	水稻	双子叶杂草	300-525克/公顷	喷雾
	玉米	双子叶杂草	1)1050克/公顷	1)苗前土壤处理
			2)450-525克/公顷	2)喷雾
PD88111	2,4滴三乙醇胺盐/0.5%/水剂/2,4滴三乙醇胺盐 0.5%/2008.11.27 至 2013.11.27/低毒			
	大白菜	调节生长	45毫克/千克	喷雾
	番茄	调节生长	10-20毫克/千克	喷雾
	茄子	调节生长	30-40毫克/千克	喷雾
	葵瓜	调节生长	50-100毫克/千克	喷雾
PD20080155	异恶草松/93%/原药/异噁草松 93%/2008.01.04 至 2013.01.04/低毒			
PD20080156	氟磺胺草醚/95%/原药/氟磺胺草醚 95%/2008.01.04 至 2013.01.04/低毒			
PD20080522	三氟羧草醚/80%/原药/三氟羧草醚 80%/2008.04.29 至 2013.04.29/低毒			
PD20081215	精喹禾灵/96%/原药/精喹禾灵 96%/2008.09.11 至 2013.09.11/低毒			
PD20082083	乙草胺/93%/原药/乙草胺 93%/2008.11.25 至 2013.11.25/低毒			

PD20082105 异噁草松/36%/乳油/异噁草松 36%/2008.11.25 至 2013.11.25/低毒
春大豆田 一年生杂草 813-976克/公顷 茎叶喷雾

PD20082489 异丙草胺/90%/原药/异丙草胺 90%/2008.12.03 至 2013.12.03/低毒

PD20082759 氟磺胺草醚/250克/升/水剂/氟磺胺草醚 250克/升/2008.12.08 至 2013.12.08/低毒
大豆田 一年生阔叶杂草 250-500克/公顷 茎叶喷雾

PD20082897 异丙草胺/50%/乳油/异丙草胺 50%/2008.12.09 至 2013.12.09/低毒
春大豆田、春玉米田 一年生禾本科杂草及部分阔叶杂草 1493-2073克/公顷(东北地区) 播后苗前土壤喷雾
夏大豆田、夏玉米田 一年生禾本科杂草及部分阔叶杂草 1161.3-1493克/公顷(其它地区) 播后苗前土壤喷雾

PD20082934 乙草胺/50%/乳油/乙草胺 50%/2008.12.09 至 2013.12.09/低毒
春大豆田、春玉米田 一年生杂草 1505-1881克/公顷 土壤喷雾
花生田 一年生杂草 752-1204克/公顷 土壤喷雾
棉花田、夏大豆田、夏玉米田 一年生杂草 752-1128克/公顷 土壤喷雾

PD20083032 三氟羧草醚/21.4%/水剂/三氟羧草醚 21.4%/2008.12.10 至 2013.12.10/低毒
大豆田 阔叶杂草 360-480克/公顷 茎叶喷雾

PD20083059 三氟羧草醚/14.8%/水剂/三氟羧草醚 14.8%/2008.12.10 至 2013.12.10/低毒
大豆田 一年生阔叶杂草 246.2-295.4克/公顷 茎叶喷雾

PD20084012 氟胺·烯禾啶/20.8%/乳油/氟磺胺草醚 12.5%、烯禾啶 8.3%/2008.12.16 至 2013.12.16/低毒
春大豆田 一年生杂草 374.4-468克/公顷 喷雾

PD20084077 乙草胺/900克/升/乳油/乙草胺 900克/升/2008.12.16 至 2013.12.16/低毒
春大豆田、春玉米田 一年生杂草 1620-2025克/公顷 土壤喷雾
花生田、棉花田、夏大豆田、夏玉米田 一年生杂草 810-1215克/公顷 土壤喷雾

PD20085332 丙·噁·滴丁酯/70%/乳油/2,4-滴丁酯 14%、异丙草胺 40%、异噁草松 16%/2008.12.24 至 2013.12.24/低毒
春大豆田 一年生杂草 1890-2625克/公顷 播前或播后苗前土壤喷雾

PD20085658 松·喹·氟磺胺/18%/乳油/氟磺胺草醚 5.5%、精喹禾灵 1.5%、异噁草松 11%/2008.12.26 至 2013.12.26/低毒
春大豆田 一年生杂草 486-540克/公顷(东北地区) 喷雾

PD20090033 异噁草松/48%/乳油/异噁草松 48%/2009.01.06 至 2014.01.06/低毒
春大豆 一年生杂草 1008-1080克/公顷(东北地区) 喷雾

PD20090752 氟磺胺草醚/16.8%/水剂/氟磺胺草醚 16.8%/2009.01.19 至 2014.01.19/低毒
春大豆田 一年生阔叶杂草 252-302.4克/公顷(华北地区) 茎叶喷雾

PD20090786 氟·喹·异噁松/15.8%/乳油/三氟羧草醚 4.7%、精喹禾灵 1.5%、异噁草松 9.6%/2009.01.19 至 2014.01.19/低毒
春大豆田 一年生杂草 474-521.4克/公顷(东北地区) 喷雾

PD20091190 松·喹·氟磺胺/13.6%/微乳剂/氟磺胺草醚 4%、精喹禾灵 1.2%、异噁草松 8.4%/2009.01.22 至 2014.01.22/低毒
春大豆田 一年生杂草 489.6-571.2克/公顷(东北地区) 茎叶喷雾

PD20092336 精喹禾灵/8%/微乳剂/精喹禾灵 8%/2009.02.24 至 2014.02.24/低毒
大豆田 一年生禾本科杂草 48-60克/公顷 茎叶喷雾

PD20092967 精喹·氟磺胺/15%/乳油/氟磺胺草醚 12%、精喹禾灵 3%/2009.03.09 至 2014.03.09/低毒
春大豆田 一年生杂草 337.5-405克/公顷 茎叶喷雾
花生田、夏大豆田 一年生杂草 225-315克/公顷 茎叶喷雾

PD20093313 异噁·氟磺胺/18%/微乳剂/氟磺胺草醚 6%、异噁草松 12%/2009.03.13 至 2014.03.13/低毒
春大豆田 一年生杂草 486-540克/公顷 茎叶喷雾

PD20093656 异噁·氟磺胺/36%/乳油/氟磺胺草醚 12%、异噁草松 24%/2009.03.25 至 2014.03.25/低毒
春大豆 一年生杂草 486-540克/公顷 茎叶喷雾

PD20093741 氟磺胺草醚/20%/微乳剂/氟磺胺草醚 20%/2009.03.25 至 2014.03.25/微毒
春大豆田 一年生阔叶杂草 180-240克/公顷 茎叶喷雾
夏大豆田 一年生阔叶杂草 150-180克/公顷 茎叶喷雾

PD20094364 松·喹·氟磺胺/36%/乳油/氟磺胺草醚 10%、精喹禾灵 3%、异噁草松 23%/2009.04.01 至 2014.04.01/低毒
春大豆田 一年生杂草 594-702克/公顷 茎叶喷雾

PD20094623 喹·唑·氟磺胺/16.8%/微乳剂/氟磺胺草醚 12%、精喹禾灵 3%、咪唑乙烟酸 1.8%/2009.04.10 至 2014.04.10/低毒
春大豆田 一年生杂草 378-453.6克/公顷 茎叶喷雾

PD20094875 松·烟·氟磺胺/18%/微乳剂/氟磺胺草醚 6%、咪唑乙烟酸 1%、异噁草松 11%/2009.04.13 至 2014.04.13/低毒
春大豆田 一年生杂草 675-756克/公顷 茎叶喷雾

PD20094907 丙·噁·嗪草酮/52%/乳油/嗪草酮 6%、异丙草胺 32%、异噁草松 14%/2009.04.13 至 2014.04.13/低毒
春大豆田 一年生杂草 1950-2340克/公顷 土壤喷雾

PD20095053 灭·喹·氟磺胺/21%/微乳剂/氟磺胺草醚 5%、精喹禾灵 1.5%、灭草松 14.5%/2009.04.21 至 2014.04.21/低毒
春大豆田 一年生杂草 630-693克/公顷 茎叶喷雾
夏大豆田 一年生杂草 580-630克/公顷 茎叶喷雾

PD20095408 异丙·滴丁酯/50%/乳油/2,4-滴丁酯 15%、异丙草胺 35%/2009.04.27 至 2014.04.27/低毒
春玉米田 一年生杂草 1875-2250克/公顷(东北地区) 喷雾

PD20095417 扑·乙·滴丁酯/68%/乳油/2,4-滴丁酯 18%、扑草净 10%、乙草胺 40%/2009.05.11 至 2014.05.11/低毒
春大豆田、春玉米田 一年生杂草 2040-2346克/公顷 土壤喷雾

PD20095421 异丙·滴丁酯/58%/乳油/2,4-滴丁酯 18%、异丙草胺 40%/2009.05.11 至 2014.05.11/低毒
春大豆田、春玉米田 一年生杂草 2175-2610克/公顷(东北地区) 土壤喷雾

PD20095423 扑·丙·滴丁酯/64%/乳油/2,4-滴丁酯 18%、扑草净 6%、异丙草胺 40%/2009.05.11 至 2014.05.11/低毒
春大豆田、春玉米田 一年生杂草 1920-2400克/公顷(东北地区) 土壤喷雾

PD20095432 乙·噁·滴丁酯/70%/乳油/2,4-滴丁酯 14%、乙草胺 40%、异噁草松 16%/2009.05.11 至 2014.05.11/低毒
春大豆田 一年生杂草 1785-2415克/公顷 土壤喷雾

PD20095446 丙草胺/95%/原药/丙草胺 95%/2009.05.11 至 2014.05.11/低毒

PD20095450 2,4-滴/96%/原药/2,4-滴 96%/2009.05.11 至 2014.05.11/中等毒

PD20095743 咪乙·异噁松/20%/微乳剂/咪唑乙烟酸 2%、异噁草松 18%/2009.05.18 至 2014.05.18/低毒
春大豆田 一年生杂草 525-900克/公顷 土壤或茎叶喷雾

PD20095745 精喹禾灵/5%/乳油/精喹禾灵 5%/2009.05.18 至 2014.05.18/低毒
大豆田、红小豆田、花生田、棉花田 一年生禾本科杂草 37.5-52.5克/公顷 茎叶喷雾

PD20096062 2,4-滴丁酯/96%/原药/2,4-滴丁酯 96%/2009.06.18 至 2014.06.18/中等毒

PD20096110 咪乙·异噁松/40%/乳油/咪唑乙烟酸 4%、异噁草松 36%/2009.06.18 至 2014.06.18/低毒
春大豆田 一年生杂草 540-840克/公顷(东北地区) 土壤或茎叶喷雾

PD20096393 2，4-滴丁酯/76%/乳油/2,4-滴丁酯 76%/2009.08.04 至 2014.08.04/低毒
春大豆田、春玉米田 一年生阔叶杂草 540-1080克/公顷 土壤喷雾
春小麦田 一年生阔叶杂草 405-675克/公顷 茎叶喷雾

PD20096421 2,4-滴二胺/50%/水剂/2,4-滴二甲胺盐 50%/2009.08.04 至 2014.08.04/低毒
春小麦田 一年生阔叶杂草 600-900克/公顷 喷雾

PD20096437 丙·莠·滴丁酯/42%/悬乳剂/2,4-滴丁酯 10%、异丙草胺 20%、莠去津 12%/2009.08.05 至 2014.08.05/低毒
春玉米田 一年生杂草 1890-2520克/公顷 土壤喷雾

PD20096476 丙·噁·滴丁酯/76%/乳油/2,4-滴丁酯 16%、异丙草胺 42%、异噁草松 18%/2009.08.14 至 2014.08.14/低毒
春大豆田 一年生杂草 2250-2622克/公顷 播后苗前土壤喷雾

PD20097348 吡嘧磺隆/10%/可湿性粉剂/吡嘧磺隆 10%/2009.10.27 至 2014.10.27/微毒
水稻移栽田 一年生阔叶杂草及莎草科杂草 15-30克/公顷 毒土法

PD20097779 松·烟·氟磺胺/36%/乳油/氟磺胺草醚 12%、咪唑乙烟酸 2%、异噁草松 22%/2009.11.19 至 2014.11.19/低毒
春大豆田 一年生杂草 675-756克/公顷 茎叶喷雾

LS2000345 滴胺·百草枯/36%/水剂/百草枯 13.5%、2,4-滴二甲胺盐 22.5%/2009.01.12 至 2009.12.31/低毒
稻茬免耕小麦田、柑橘园、苹果园 一年生杂草 1080-1350克/公顷 喷雾

LS20051252 松·喹·氟磺胺/36%/乳油/氟磺胺草醚 10%、精喹禾灵 3%、异噁草松 23%/2008.04.12 至 2009.04.12/低毒
春大豆 一年生杂草 594-702克/公顷 茎叶喷雾

LS20060385 2,4-滴异辛酯/900克/升/乳油/2,4-滴异辛酯 900克/升/2009.03.05 至 2010.03.05/低毒
春大豆田、春玉米田 一年生阔叶杂草 540-675克/公顷 土壤喷雾
小麦田 一年生阔叶杂草 540-675克/公顷 茎叶喷雾

LS20060472 咪·丙·异噁松/56%/乳油/咪唑乙烟酸 2%、异丙草胺 44%、异噁草松 10%/2009.03.06 至 2010.03.06/低毒
春大豆 一年生杂草 1932-2352克/公顷 土壤喷雾

LS20080439 莎稗磷/90%/原药/莎稗磷 90%/2010.02.20 至 2011.02.20/低毒

LS20082276 莎稗磷/30%/乳油/莎稗磷 30%/2010.04.21 至 2011.04.21/低毒
水稻移栽田 莎草及稗草 270-360克/公顷 毒土法

LS20083210 硝磺草酮/10%/悬浮剂/硝磺草酮 10%/2009.12.09 至 2010.12.09/低毒
玉米田 一年生杂草 1)225-300克/公顷 2)150-190克/公顷 1)播后苗前土壤喷雾2)苗后茎叶喷雾

LS20083211 硝磺草酮/96%/原药/硝磺草酮 96%/2009.12.09 至 2010.12.09/低毒

LS20091041 烟嘧·嗪草酮/7.8%/油悬浮剂/嗪草酮 4.8%、烟嘧磺隆 3%/2010.04.15 至 2011.04.15/低毒
春玉米田 一年生禾本科杂草及阔叶杂草 100-110毫升制剂/亩 茎叶喷雾

LS20091183 嗪酮·乙草胺/68.6%/乳油/嗪草酮 13.6%、乙草胺 55%/2010.04.23 至 2011.04.23/低毒
春大豆田、春玉米田 一年生禾本科杂草及阔叶杂草 140-160毫升制剂/亩 播后苗前土壤喷雾

LS20091343 烟嘧·莠去津 /23%/油悬浮剂/烟嘧磺隆 3%、莠去津 20%/2009.06.23 至 2010.06.23/低毒
春玉米田 一年生禾本科杂草及阔叶杂草 100-110毫升制剂/亩 茎叶喷雾

LS20091397 乙·嗪·滴丁酯/81.3%/乳油/2,4-滴丁酯 20.5%、嗪草酮 6.8%、乙草胺 54%/2009.09.15 至 2010.09.15/低毒
春大豆田、春玉米田 一年生禾本科杂草及阔叶杂草 160-180毫升制剂/亩 播后苗前土壤喷雾

LS20091418 异松·乙草胺 /81%/乳油/乙草胺 56%、异噁草松 25%/2009.09.16 至 2010.09.16/低毒
春大豆田 一年生禾本科杂草及阔叶杂草 100-140毫升制剂/亩 播后苗前土壤喷雾

马铃薯田　一年生禾本科杂草及阔叶杂草　80-140毫升制剂/亩　播后苗前土壤喷雾

LS20091423　吡嘧·莎稗磷/20.5%/可湿性粉剂/吡嘧磺隆 2.5%、莎稗磷 18%/2009.09.29 至 2010.09.29/低毒
移栽水稻田　一年生禾本科、莎草科及部分阔叶杂草　276.75-338.25克/公顷　毒土法

LS20091445　2,4-滴丁酯/82.5%/乳油/2,4-滴丁酯 82.5%/2009.11.30 至 2010.11.30/低毒
春大豆田、春玉米田　一年生阔叶杂草　509.5-704.3克/公顷　土壤喷雾
冬小麦田　一年生阔叶杂草　404.6-509.5克/公顷　茎叶喷雾

辽宁省大连瓦房店市无机化工厂　（辽宁省瓦房店市新建路13号　116300　0411-85503606）

PD85125-5　40%福美胂可湿性粉剂//可湿性粉剂/福美胂 40%/2005.05.27 至 2010.05.27/中等毒
黄瓜　白粉病　1025-1500克/公顷　喷雾
苹果树　白粉病　700倍液　喷雾
水稻　稻粒瘟病　562.5-645克/公顷　喷雾
豌豆　白粉病　900-1125克/公顷　喷雾
小麦　白粉病　562.5-750克/公顷　喷雾

PD92104　石硫合剂/45%/固体/石硫合剂 45%/2005.04.29 至 2010.04.29/低毒
茶树　茶叶螨　150倍液　喷雾
柑橘树　介壳虫、螨　1)180-300倍液　1)早春喷雾
　　　　2)300-500倍液　2)晚秋喷雾
柑橘树　锈壁虱　300-500倍液　晚秋喷雾
麦类　白粉病　150倍液　喷雾
苹果树　叶螨　20-30倍液　萌芽前喷雾

辽宁省大连越达农药化工有限公司　（辽宁省大连市旅顺口区水师营街道火石岭　116041　0411-86233103）

PD20040688　高效氯氰菊酯/4.5%/乳油/高效氯氰菊酯 4.5%/2009.12.19 至 2014.12.19/中等毒
茶树　茶尺蠖　15-25.5克/公顷　喷雾
柑橘树　潜叶蛾　15-20毫克/千克　喷雾
柑橘树　红蜡蚧　50毫克/千克　喷雾
棉花　红铃虫、棉铃虫、棉蚜　15-30克/公顷　喷雾
苹果树　桃小食心虫　20-33毫克/千克　喷雾
十字花科蔬菜　菜蚜　3-18克/公顷　喷雾
十字花科蔬菜　菜青虫、小菜蛾　9-25.5克/公顷　喷雾
烟草　烟青虫　15-25.5克/公顷　喷雾

PD20081825　噁草酮/13%/乳油/噁草酮 13%/2008.11.20 至 2013.11.20/低毒
水稻　一年生杂草　360-480克/公顷　瓶洒

PD20081846　噁草·丁草胺/30%/乳油/丁草胺 23%、噁草酮 7%/2008.11.20 至 2013.11.20/低毒
水稻移栽田　一年生杂草　900-1125克/公顷　毒土法

PD20081853　噁酮·乙草胺/36%/乳油/噁草酮 6%、乙草胺 30%/2008.11.20 至 2013.11.20/低毒
春花生　一年生单、双子叶杂草　1080-1620克/公顷　播后苗前土壤处理
大豆田　杂草　1080-1350克/公顷　播后苗前土壤处理
夏花生　一年生单、双子叶杂草　810-1080克/公顷　播后苗前土壤处理

PD20081916　氟乐灵/480克/升/乳油/氟乐灵 480克/升/2008.11.21 至 2013.11.21/低毒
大豆田　一年生禾本科杂草及部分阔叶杂草　720－1440克/公顷　土壤喷雾
花生田、棉花田　一年生禾本科杂草及部分阔叶杂草　720－1080克/公顷　土壤喷雾

PD20081917　扑·乙/40%/乳油/扑草净 15%、乙草胺 25%/2008.11.21 至 2013.11.21/低毒
春大豆田　一年生杂草　1050-1575克/公顷　喷雾
春玉米田　一年生杂草　1200-1800克/公顷(东北地区)　喷雾
花生田　一年生杂草　900-1500克/公顷　喷雾
马铃薯田　一年生杂草　1200-1500克/公顷　喷雾

PD20082204　烯禾啶/12.5%/乳油/烯禾啶 12.5%/2008.11.26 至 2013.11.26/低毒
大豆田　一年生禾本科杂草　124.5-187.5克/公顷　喷雾

PD20091874　氰戊·马拉松/20%/乳油/马拉硫磷 15%、氰戊菊酯 5%/2009.02.09 至 2014.02.09/中等毒
棉花　棉铃虫　90-150克/公顷　喷雾
苹果树　桃小食心虫　160-333毫克/千克　喷雾
十字花科蔬菜　菜青虫、蚜虫　90-150克/公顷　喷雾
小麦　蚜虫　60-90克/公顷　喷雾

PD20094711　氯氰·毒死蜱/522.5克/升/乳油/毒死蜱 475克/升、氯氰菊酯 47.5克/升/2009.04.10 至 2014.04.10/中等毒
苹果树　桃小食心虫　261.25-522.5毫克/千克　喷雾
十字花科蔬菜　菜青虫　391.875-470.25克/公顷　喷雾

PD20094989　扑·乙·滴丁酯/55%/乳油/2,4-滴丁酯 5%、扑草净 15%、乙草胺 35%/2009.04.21 至 2014.04.21/低毒
春大豆田、春玉米田　一年生杂草　1650-2062.5克/公顷　土壤喷雾
春花生　一年生杂草　1650-2062.5克/公顷(东北地区)　土壤喷雾

PD20095583 2甲·灭草松/30%/水剂/2甲4氯 6%、灭草松 24%/2009.05.12 至 2014.05.12/低毒
水稻插秧田 阔叶杂草、莎草 675-900克/公顷 喷雾
PD20095599 滴丁·乙草胺/50%/乳油/2,4-滴丁酯 10%、乙草胺 40%/2009.05.12 至 2014.05.12/低毒
春玉米田 一年生杂草 1500-1875克/公顷 播后苗前土壤喷雾

辽宁省大石桥星光农药有限公司 (辽宁省营口市大石桥市金桥管理区农科里 115100 0417-5205323)

PD20091626 甲霜·噁霉灵/3%/水剂/噁霉灵 2.5%、甲霜灵 0.5%/2009.02.03 至 2014.02.03/低毒
水稻育秧田 立枯病 0.36-0.60克/平方米 苗床喷雾
LS20072466 甲霜·福美双/38%/可湿性粉剂/福美双 33%、甲霜灵 5%/2009.11.05 至 2010.11.06/低毒
水稻 立枯病 105.6-118.75克/100千克种子 拌种
LS20080544 辛硫·三唑磷/20%/乳油/三唑磷 10%、辛硫磷 10%/2009.02.20 至 2010.02.21/中等毒
水稻 稻水象甲 150-240克/公顷 喷雾

辽宁省丹东绿洲生物农药有限公司 (辽宁省凤城市凤凰城区二台子 118100 0415-8125749)

PD20097295 氰戊菊酯/20%/乳油/氰戊菊酯 20%/2009.10.26 至 2014.10.26/低毒
十字花科蔬菜 蚜虫 90-120克/公顷 喷雾
PD20097296 溴氰菊酯/2.5%/乳油/溴氰菊酯 2.5%/2009.10.26 至 2014.10.26/低毒
十字花科蔬菜 小菜蛾 11.25-15克/公顷 喷雾
PD20097327 苏云金杆菌/16000IU/毫克/可湿性粉剂/苏云金杆菌 16000IU/毫克/2009.10.27 至 2014.10.27/微毒
十字花科蔬菜 小菜蛾 750-1050克制剂/公顷 喷雾

辽宁省丹东市红泽农化有限公司 (辽宁省丹东市元宝区山东街43号 118001 0415-2821528)

PD20050110 杀虫单/50%/泡腾粒剂/杀虫单 50%/2005.08.15 至 2010.08.15/低毒
水稻 二化螟 525-750克/公顷 撒施
PD20086343 甲草·莠去津/55%/可湿性粉剂/甲草胺 25%、莠去津 30%/2008.12.31 至 2013.12.31/低毒
春玉米田 一年生杂草 1650-2062.5克/公顷(东北地区) 土壤喷雾
PD20090411 苯·苄·甲草胺/30%/泡腾粒剂/苯噻酰草胺 18%、苄嘧磺隆 4%、甲草胺 8%/2009.01.12 至 2014.01.12/低毒
水稻移栽田 一年生及部分多年生杂草 180-270克/公顷(南方地区) 撒施
270-360克/公顷(北方地区)
PD20090504 氟胺·灭草松/30%/水剂/氟磺胺草醚 10%、灭草松 20%/2009.01.12 至 2014.01.12/低毒
春花生 一年生阔叶杂草 720-900克/公顷 茎叶喷雾
PD20090834 苄嘧·苯噻酰/42.5%/泡腾粒剂/苯噻酰草胺 40%、苄嘧磺隆 2.5%/2009.01.19 至 2014.01.19/低毒
水稻田 一年生及部分多年生杂草 510-637.5克/公顷 直接撒施
PD20091099 福美双/50%/可湿性粉剂/福美双 50%/2009.01.21 至 2014.01.21/低毒
黄瓜 霜霉病 803.6-1125克/公顷 喷雾
PD20091330 氟磺胺草醚/250克/升/水剂/氟磺胺草醚 250克/升/2009.02.01 至 2014.02.01/低毒
春大豆田 一年生阔叶杂草 300-450克/公顷 喷雾
PD20091460 百菌清/5%/粉剂/百菌清 5%/2009.02.02 至 2014.02.02/低毒
黄瓜(保护地) 霜霉病 750-1125克/公顷 喷粉
PD20093408 苄·二氯/36%/可湿性粉剂/苄嘧磺隆 6%、二氯喹啉酸 30%/2009.03.20 至 2014.03.20/低毒
水稻移栽田 一年生杂草 270-324克/公顷 茎叶喷雾
PD20094860 丁·扑/19%/可湿性粉剂/丁草胺 16%、扑草净 3%/2009.04.13 至 2014.04.13/低毒
水稻秧田 一年生杂草 1425-1995克/公顷(东北地区) 毒土法
PD20095285 百草枯/20%/水剂/百草枯 20%/2009.04.27 至 2014.04.27/中等毒
苹果园 杂草 600-750克/公顷 定向喷雾
PD20095299 苄·乙/25%/泡腾粒剂/苄嘧磺隆 4%、乙草胺 21%/2009.04.27 至 2014.04.27/低毒
水稻移栽田 一年生及部分多年生杂草 112.5-150克/公顷(南方地区) 撒施
PD20096109 精喹禾灵/5%/乳油/精喹禾灵 5%/2009.06.18 至 2014.06.18/低毒
春大豆田 一年生禾本科杂草 52.5-60克/公顷 茎叶喷雾
PD20096401 莠去津/48%/可湿性粉剂/莠去津 48%/2009.08.04 至 2014.08.04/低毒
玉米田 一年生杂草 2160-2520克/公顷（东北地区） 播后苗前土壤喷雾
936-1080克/公顷（其他地区）
PD20096902 霜脲·锰锌/72%/可湿性粉剂/代森锰锌 64%、霜脲氰 8%/2009.09.23 至 2014.09.23/低毒
黄瓜 霜霉病 1440-1800克/公顷 喷雾
PD20096903 腈菌唑/25%/乳油/腈菌唑 25%/2009.09.23 至 2014.09.23/低毒
小麦 白粉病 56.25-75克/公顷 喷雾
PD20097099 琥铜·吗啉胍/20%/可湿性粉剂/琥胶肥酸铜 10%、盐酸吗啉胍 10%/2009.10.10 至 2014.10.10/低毒
番茄 病毒病 450-750克/公顷 喷雾
PD20097110 二氯喹啉酸/25%/泡腾粒剂/二氯喹啉酸 25%/2009.10.12 至 2014.10.12/低毒
水稻移栽田 稗草 187.5-375克/公顷 撒施
PD20097165 硫磺·多菌灵/50%/可湿性粉剂/多菌灵 15%、硫磺 35%/2009.10.16 至 2014.10.16/低毒
花生 叶斑病 1200-1800克/公顷 喷雾
PD20097781 混合氨基酸铜/10%/水剂/混合氨基酸铜 10%/2009.11.20 至 2014.11.20/低毒
西瓜 枯萎病 300-450毫克/千克 灌根
LS20052231 稻瘟灵/40%/泡腾粒剂/稻瘟灵 40%/2008.06.20 至 2009.06.20/低毒

水稻 稻瘟病 510-630克/公顷 直接撒施
LS20053733 阿维·三唑磷/20%/乳油/阿维菌素 0.2%、三唑磷 19.8%/2008.12.08 至 2009.12.08/中等毒(原药高毒)
水稻 二化螟 150-210克/公顷 喷雾
LS20053793 精喹·草除灵/17.5%/乳油/草除灵 15%、精喹禾灵 2.5%/2008.12.22 至 2009.12.22/低毒
冬油菜 一年生杂草 262.5-393.8克/公顷 茎叶喷雾
LS20060231 烯禾啶/12.5%/乳油/烯禾啶 12.5%/2008.02.21 至 2009.02.20/低毒
春大豆 一年生禾本科杂草 187.5-225克/公顷 茎叶喷雾

辽宁省丹东市农药总厂 (辽宁省丹东市振兴区浪东路5号 118009 0415-6155350)

PDN20-92 多·森铵/20%/悬浮剂/代森铵 15%、多菌灵 5%/2007.06.13 至 2012.06.13/中等毒
水稻 恶苗病 600-1000毫克/千克 浸种
PD84119-8 代森铵/45%/水剂/代森铵 45%/2008.12.02 至 2013.12.02/低毒
白菜、黄瓜 霜霉病 525克/公顷 喷雾
甘薯 黑斑病 200-400倍液 浸种
谷子 白发病 180-360倍液 浸种
水稻 白叶枯病、纹枯病 337.5克/公顷 喷雾
水稻 稻瘟病 535-675克/公顷 喷雾
橡胶树 条溃疡病 150倍液 涂抹
玉米 大斑病、小斑病 525-675克/公顷 喷雾
PD85110-2 敌磺钠/45%/湿粉/敌磺钠 45%/2010.04.22 至 2015.04.22/中等毒
白菜、黄瓜 霜霉病 250-500倍液 喷雾、灌根
马铃薯 环腐病 100-200克/100千克种薯 拌种
棉花 苗期病害 500克/100千克种子 拌种
小麦 黑穗病 300克/100千克种子 拌种
烟草 黑胫病 1)3000克/公顷 1)拌土穴施
2)500倍液 2)浇灌
PD20080330 苯噻酰草胺/95%/原药/苯噻酰草胺 95%/2008.02.26 至 2013.02.26/低毒
PD20080914 敌磺钠/90%/原药/敌磺钠 90%/2008.07.14 至 2013.07.14/中等毒
PD20081072 苯噻酰草胺/50%/可湿性粉剂/苯噻酰草胺 50%/2008.08.14 至 2013.08.14/低毒
水稻移栽田 稗草、异型莎草 1)450-600克/公顷(北方地区) 毒土法
2)375-450克/公顷(南方地区)
PD20082210 噁草酮/12%/乳油/噁草酮 12%/2008.11.26 至 2013.11.26/低毒
移栽水稻田 一年生杂草 360-450克/公顷 甩施或药土法
PD20085739 苄嘧·苯噻酰/53%/可湿性粉剂/苯噻酰草胺 50%、苄嘧磺隆 3%/2008.12.26 至 2013.12.26/低毒
水稻抛秧田 一年生及部分多年生杂草 318-397.5克/公顷 毒土法
水稻移栽田 一年生及部分多年生杂草 556.5-636克/公顷(北方地区) 毒土法
318-397.5克/公顷(南方地区)
PD20086031 溴硝醇/20%/可湿性粉剂/溴硝醇 20%/2008.12.29 至 2013.12.29/中等毒
水稻 恶苗病 800-1000毫克/千克 浸种
PD20086032 溴硝醇/95%/原药/溴硝醇 95%/2008.12.29 至 2013.12.29/中等毒
PD20090759 腈菌唑/12.5%/乳油/腈菌唑 12.5%/2009.01.19 至 2014.01.19/低毒
黄瓜 白粉病 37.5-60克/公顷 喷雾
PD20093132 咪唑乙烟酸/5%/水剂/咪唑乙烟酸 5%/2009.03.10 至 2014.03.10/低毒
春大豆田 一年生杂草 90-105克/公顷(东北地区) 土壤或茎叶喷雾
PD20095180 苯·吡·甲草胺/31%/泡腾粒剂/苯噻酰草胺 20%、吡嘧磺隆 4%、甲草胺 7%/2009.04.24 至 2014.04.24/低毒
水稻移栽田 杂草 139.5-186克/公顷(南方地区) 撒施
232.5-325.5克/公顷(北方地区)
PD20095709 硫磺·敌磺钠/60%/可湿性粉剂/敌磺钠 16%、硫磺 44%/2009.05.18 至 2014.05.18/中等毒
番茄 立枯病、猝倒病 3.6-6克/平方米 毒土撒施于土壤
PD20095886 锰锌·腈菌唑/60%/可湿性粉剂/腈菌唑 2%、代森锰锌 58%/2009.05.31 至 2014.05.31/低毒
梨 黑星病 400-600毫克/千克 喷雾
PD20096022 苄·乙/14%/泡腾粒剂/苄嘧磺隆 2%、乙草胺 12%/2009.06.15 至 2014.06.15/低毒
水稻移栽田 杂草 105-126克/公顷 撒施
LS20090153 甲基磺草酮/95%/原药/甲基磺草酮 95%/2010.02.04 至 2011.02.04/低毒
LS20090165 甲基磺草酮/15%/悬浮剂/硝磺草酮 15%/2010.02.04 至 2011.02.04/低毒
玉米田 一年生阔叶杂草 750-975毫升制剂/公顷 茎叶喷雾
LS20090878 甲磺·异丙·莠/33.5%/悬浮剂/异丙草胺 15%、莠去津 15%、甲基磺草酮 3.5%/2010.04.09 至 2011.04.09/低毒
玉米田 一年生杂草 150-250毫升制剂/亩 茎叶喷雾

辽宁省丹东市益民卫生药厂 (辽宁省丹东市花园路75-4号 118000 0415-2254982)

WP20090086 杀蟑饵剂/1.5%/饵剂/残杀威 1.5%/2009.02.02 至 2014.02.02/微毒
卫生 蜚蠊 / 投放
WL20050047 杀虫饵剂/1%/饵剂/乙酰甲胺磷 1%/2008.02.05 至 2009.02.04/微毒
卫生 蜚蠊、蚂蚁 / 投放
WL20080239 杀蟑胶饵/1.5%/胶饵/残杀威 1.5%/2009.03.17 至 2010.03.17/微毒

卫生 蜚蠊 / 投放

辽宁省抚顺有机化工总厂 (辽宁省抚顺市望花区鞍山西路西段54号 113122 0413-6603169)

PD85105-9 80%敌敌畏乳油//乳油/敌敌畏 77.5%(气谱法)/2006.01.30 至 2011.01.30/中等毒
茶树 食叶害虫 600克/公顷 喷雾
粮仓 多种储藏害虫 1)400-500倍液 1)喷雾
2)0.4-0.5克/立方米 2)挂条熏蒸
棉花 蚜虫、造桥虫 600-1200克/公顷 喷雾
苹果树 小卷叶蛾、蚜虫 400-500毫克/千克 喷雾
青菜 菜青虫 600克/公顷 喷雾
桑树 尺蠖 600克/公顷 喷雾
卫生 多种卫生害虫 1)300-400倍液 1)泼洒
2)0.08克/立方米 2)挂条熏蒸
小麦 黏虫、蚜虫 600克/公顷 喷雾

辽宁省阜新蒙古族自治县农药厂 (辽宁省阜新市蒙古族自治县大巴关山 123114 0418-8230052)

PD90109-5 1.5%乐果粉剂//粉剂/乐果 1.5%/2005.12.14 至 2010.12.14/中等毒
柑橘树、苹果树 鳞翅目幼虫、蚜虫、螨 337.5-450克/公顷 喷粉
棉花、蔬菜 蚜虫、螨 337.5-450克/公顷 喷粉
烟草 蚜虫 337.5-450克/公顷 喷粉
PD20040463 甲拌磷/5%/颗粒剂/甲拌磷 5%/2009.12.19 至 2014.12.19/高毒
高粱 蚜虫 150-300克/公顷 撒施
PD20040616 甲拌磷/3%/颗粒剂/甲拌磷 3%/2009.12.19 至 2014.12.19/高毒
高粱 蚜虫 150-300克/公顷 撒施
PD20093334 灭多威/20%/乳油/灭多威 20%/2009.03.18 至 2014.03.18/高毒
棉花 棉铃虫 150-225克/公顷 喷雾

辽宁省海城市八里镇鑫源卫生杀虫剂厂 (辽宁省海城市八里镇八里村 114206 0412-3248097)

WL20080185 杀虫粉剂/0.3%/粉剂/氯氰菊酯 0.3%/2009.03.03 至 2010.03.03/低毒
卫生 蜚蠊 3克制剂/平方米 撒布

辽宁省海城市农药一厂 (辽宁省鞍山市海城市海岫铁路北500米 114200 0412-3280053)

PD86158 三乙膦酸铝原药//原药/三乙膦酸铝 90%,80%/2006.11.01 至 2011.11.01/低毒
PD86160 80%三乙膦酸铝可湿性粉剂//可湿性粉剂/三乙膦酸铝 80%/2006.12.04 至 2011.12.04/低毒
胡椒 瘟病 1克/株 灌根
棉花 疫病 1410-2820克/公顷 喷雾
蔬菜 霜霉病 1410-2820克/公顷 喷雾
水稻 稻瘟病、纹枯病 1410克/公顷 喷雾
橡胶 割面条溃疡病 100倍液 切口涂药、喷雾
烟草 黑胫病 1)4500克/公顷2)0.8克/株 喷雾

辽宁省海城园艺化工有限公司 (辽宁省海城市海岫路小河沿路段 114200 0412-3216620)

PD20084125 腈菌·福美双/20%/可湿性粉剂/福美双 18%、腈菌唑 2%/2008.12.16 至 2013.12.16/低毒
黄瓜 黑星病 300-400克/公顷 喷雾
PD20084711 百菌清/10%/烟剂/百菌清 10%/2008.12.22 至 2013.12.22/低毒
黄瓜 霜霉病 750-1200克/公顷 点燃放烟
PD20085225 氰戊·马拉松/21%/乳油/马拉硫磷 16%、氰戊菊酯 5%/2008.12.23 至 2013.12.23/中等毒
甘蓝 小菜蛾 126-189克/公顷 喷雾
LS20051402 吡虫啉/5%/乳油/吡虫啉 5%/2008.04.18 至 2009.04.18/低毒
小麦 蚜虫 15-30克/公顷(南方地区) 喷雾
45-60克/公顷(北方地区)
LS20052085 多·福/40%/可湿性粉剂/多菌灵 10%、福美双 30%/2008.06.05 至 2009.06.05/低毒
葡萄 霜霉病 1000-1250毫克/千克 喷雾
LS20052720 多·锰锌/25%/可湿性粉剂/多菌灵 8%、代森锰锌 17%/2008.08.21 至 2009.08.21/低毒
梨树 黑星病 1000-1250毫克/千克 喷雾
LS20052989 阿维·高氯/1.8%/乳油/阿维菌素 0.1%、高效氯氰菊酯 1.7%/2008.09.13 至 2009.09.13/低毒(原药高毒)
黄瓜 美洲斑潜蝇 15-30克/公顷 喷雾
LS20081103 辛硫·三唑磷/20%/乳油/三唑磷 10%、辛硫磷 10%/2009.03.10 至 2010.03.10/中等毒
水稻 二化螟 450-600克/公顷 喷雾
LS20081401 对氯苯氧乙酸钠/0.11%/水剂/对氯苯氧乙酸钠 0.11%/2009.03.17 至 2010.03.17/低毒
番茄 调节生长 10-20毫克/千克 喷雾
LS20081738 霜脲·锰锌/72%/可湿性粉剂/代森锰锌 64%、霜脲氰 8%/2009.04.07 至 2010.04.07/低毒
黄瓜 霜霉病 1440-1800克/公顷 喷雾
LS20083033 松·喹·氟磺胺/18%/乳油/氟磺胺草醚 5.5%、精喹禾灵 1.5%、异噁草松 11%/2009.09.18 至 2010.09.18/低毒
春大豆田 一年生杂草 486-540克/公顷 茎叶喷雾
LS20090741 敌敌畏/15%/烟剂/敌敌畏 15%/2009.03.31 至 2010.03.31/低毒
黄瓜(保护地) 蚜虫 1125-1350克/公顷 点燃
LS20091393 高效氯氰菊酯/2%/烟剂/高效氯氰菊酯 2%/2009.09.15 至 2010.09.15/低毒

黄瓜(保护地) 蚜虫 180-270克/公顷 点燃放烟

辽宁省葫芦岛金信化工有限公司 (辽宁省葫芦岛市龙港经济技术开发区铁路线南侧 125000 0429-3996695)

PD85112-6 莠去津水/38%/悬浮剂/莠去津 38%/2006.03.27 至 2011.03.27/低毒

茶园 一年生杂草 1125-1875克/公顷 喷于地表

防火隔离带、公路、森林、铁路 一年生杂草 0.8-2克/平方米 喷于地表

甘蔗 一年生杂草 1050-1500克/公顷 喷于地表

高粱、糜子、玉米 一年生杂草 1800-2250克/公顷(东北地区) 喷于地表

红松苗圃 一年生杂草 0.2-0.3克/平方米 喷于地表

梨树、苹果树 一年生杂草 1625-1875克/公顷 喷于地表

橡胶园 一年生杂草 2250-3750克/公顷 喷于地表

PD20085415 福·克/20%/悬浮种衣剂/福美双 10%、克百威 10%/2008.12.24 至 2013.12.24/高毒

玉米 地老虎、黑穗病、金针虫、蝼蛄、蛴螬 333-400克/100千克种子 种子包衣

辽宁省葫芦岛凌云集团农药化工有限公司 (辽宁省葫芦岛市连山区台集屯镇 125019 0429-4270329)

PD84101-4 马拉硫磷/90%,85%,75%/原药/马拉硫磷 90%,85%,75%/2006.12.30 至 2011.12.30/低毒

PD84105-4 马拉硫磷/45%/乳油/马拉硫磷 45%/2009.12.08 至 2014.12.08/低毒

茶树 长白蚧、象甲 625-1000毫克/千克 喷雾

豆类 食心虫、造桥虫 561.5-750克/公顷 喷雾

果树 蝽蟓、蚜虫 250-333毫克/千克 喷雾

林木、牧草、农田 蝗虫 450-600克/公顷 喷雾

棉花 盲蝽蟓、蚜虫、叶跳虫 375-562.2克/公顷 喷雾

蔬菜 黄条跳甲、蚜虫 562.5-750克/公顷 喷雾

水稻 飞虱、蓟马、叶蝉 562.5-750克/公顷 喷雾

小麦 黏虫、蚜虫 562.5-750克/公顷 喷雾

PD20090314 毒死蜱/95%/原药/毒死蜱 95%/2009.01.12 至 2014.01.12/中等毒

PD20091465 氰戊·马拉松/20%/乳油/马拉硫磷 15%、氰戊菊酯 5%/2009.02.02 至 2014.02.02/中等毒

十字花科蔬菜 菜青虫 120～150克/公顷 喷雾

LS20070453 敌·马/60%/乳油/敌百虫 40%、马拉硫磷 20%/2009.03.05 至 2010.03.06/中等毒

森林 松毛虫 300～400毫克/千克 喷雾

十字花科蔬菜 菜青虫 450～720克/公顷 喷雾

LS20072153 三唑磷/85%/原药/三唑磷 85%/2009.09.04 至 2010.09.05/中等毒

辽宁省锦州市德泉消杀药品有限责任公司 (辽宁省锦州市高新技术开发区马群沟163号 121013 0416-8600966)

WP20080098 杀虫气雾剂/0.28%/气雾剂/胺菊酯 0.23%、高效氯氰菊酯 0.05%/2008.09.18 至 2013.09.18/低毒

卫生 蚊、蝇 / 喷雾

WP20080174 蚊香/0.2%/蚊香/富右旋反式烯丙菊酯 0.2%/2008.11.18 至 2013.11.18/低毒

卫生 蚊 / 点燃

WP20080393 杀虫气雾剂/0.4%/气雾剂/富右旋反式炔丙菊酯 0.1%、氯菊酯 0.3%/2008.12.11 至 2013.12.11/低毒

卫生 蜚蠊、蚊、蝇 / 喷雾

WP20080423 杀蟑饵剂/1.5%/饵剂/乙酰甲胺磷 1.5%/2008.12.12 至 2013.12.12/低毒

卫生 蜚蠊 / 投放

WP20090297 防蛀片剂/99%/片剂/对二氯苯 99%/2009.07.15 至 2014.07.15/微毒

卫生 黑皮蠹 40克制剂/立方米 投放

辽宁省锦州硕丰农药集团有限公司 (辽宁省北宁市沟帮子镇护国街79号 121308 0416-6653346)

PD85109-8 甲拌磷/55%/乳油/甲拌磷 55%/2010.02.28 至 2015.02.28/高毒

棉花 地下害虫、蚜虫、螨 600-800克/100千克种子 浸种、拌种

注:甲拌磷乳油只准用于拌种，严禁喷雾使用。

PD20050062 甲拌磷/5%/颗粒剂/甲拌磷 5%/2005.06.24 至 2010.06.23/高毒

高粱 蚜虫 150-225克/公顷 条施;垄施

PD20050092 甲拌磷/30%/细粒剂/甲拌磷 30%/2005.07.01 至 2010.06.30/高毒

小麦 地下害虫 300克/100千克麦种 拌种

PD20050097 甲拌磷/3%/颗粒剂/甲拌磷 3%/2005.07.13 至 2010.07.12/中等毒(原药高毒)

棉花 蚜虫 1350-1800克/公顷 沟施

PD20094775 克百·敌百虫/3%/颗粒剂/敌百虫 1.5%、克百威 1.5%/2009.04.13 至 2014.04.13/低毒(原药高毒)

水稻 二化螟 1125-1350克/公顷 撒施

PD20095989 2甲4氯钠/13%/水剂/2甲4氯钠 13%/2009.06.11 至 2014.06.11/低毒

春小麦田 一年生阔叶杂草 600-900克/公顷 茎叶喷雾

PD20096500 辛硫磷/1.5%/颗粒剂/辛硫磷 1.5%/2009.08.14 至 2014.08.14/低毒

玉米 玉米螟 112.5-168.75克/公顷 撒施

PD20096928 辛硫磷/40%/乳油/辛硫磷 40%/2009.09.23 至 2014.09.23/低毒

十字花科蔬菜 菜青虫 450-600克/公顷 喷雾

PD20097493 辛硫磷/3%/颗粒剂/辛硫磷 3%/2009.11.03 至 2014.11.03/低毒

花生 地下害虫 1800-2700克/公顷 撒施

LS20060453 2甲4氯钠/56%/可溶粉剂/2甲4氯钠 56%/2008.03.06 至 2009.03.06/低毒

夏玉米 一年生阔叶杂草 900-1050克/公顷 茎叶喷雾

辽宁省锦州天缘农药厂 (辽宁省锦州市凌海市双羊镇铁南街3号 121213 0416-8300035)

PD20040258 甲拌磷/30%/粉粒剂/甲拌磷 30%/2004.12.19 至 2009.12.18/高毒
小麦 地下害虫 300-375克/100千克种子 拌种

PD20040261 甲拌磷/3%/颗粒剂/甲拌磷 3%/2004.12.19 至 2009.12.18/中等毒(原药高毒)
高粱 蚜虫 135-225克/公顷 撒施

PD20081859 咪唑乙烟酸/5%/水剂/咪唑乙烟酸 5%/2008.11.20 至 2013.11.20/低毒
春大豆 一年生杂草 90-112.5克/公顷(东北地区) 茎叶喷雾

PD20092062 克百威/3%/颗粒剂/克百威 3%/2009.02.13 至 2014.02.13/高毒
棉花 蚜虫 675-900克/公顷 条施,沟施

PD20094031 辛硫磷/3%/颗粒剂/辛硫磷 3%/2009.03.27 至 2014.03.27/低毒
玉米 玉米螟 135-180克/公顷 喇叭口撒施

辽宁省开原市光明杀虫药剂厂 (辽宁省开原市站前街2委7组 112300 0410-3823848)

WP20080471 杀蟑饵剂/1.5%/饵剂/残杀威 1.5%/2008.12.16 至 2013.12.16/低毒
卫生 蜚蠊 / 投放

WP20090019 高效氯氰菊酯/5%/可湿性粉剂/高效氯氰菊酯 5%/2009.01.08 至 2014.01.08/低毒
卫生 蚊、蝇 玻璃面20毫克/平方米; 木板面30毫克/平方米; 水泥面60毫克/平方米 滞留喷洒

辽宁省开原市卫生杀虫药剂厂 (辽宁省开原市站前街12委3组 112300 0410-3830360)

WP20080466 杀蟑饵剂/1.5%/饵剂/残杀威 1.5%/2008.12.16 至 2013.12.16/低毒
卫生 蜚蠊 / 投放

WP20080480 高效氯氰菊酯/5%/可湿性粉剂/高效氯氰菊酯 5%/2008.12.16 至 2013.12.16/低毒
卫生 蚊、蝇 玻璃面:20毫克/平方米; 木板面:30毫克/平方米; 水泥面:60毫克/平方米 滞留喷洒

辽宁省沈阳爱威科技发展股份有限公司(辽宁省沈阳市市辖区浑南高新区21世纪大厦A1611 110179 024-23745180)

PD20084740 溴鼠灵/0.005%/毒饵/溴鼠灵 0.005%/2008.12.22 至 2013.12.22/低毒(原药高毒)
室内、外 家鼠 饱和投饵 堆施

PD20094272 溴鼠灵/0.5%/母液/溴鼠灵 0.5%/2009.03.31 至 2014.03.31/中等毒(原药高毒)
室内、外 家鼠 配成0.05%的毒饵,饱和投饵 堆施或穴施

PD20095172 溴敌隆/0.5%/母液/溴敌隆 0.5%/2009.04.24 至 2014.04.24/中等毒(原药剧毒)
室内 家鼠 配成0.005%的毒饵,室内投放 饱和投放

PD20096394 溴敌隆/0.005%/毒饵/溴敌隆 0.005%/2009.08.04 至 2014.08.04/低毒(原药高毒)
室内、外 家鼠 饱和投饵 投饵

PD20097790 溴鼠灵/95%/原药/溴鼠灵 95%/2009.11.20 至 2014.11.20/剧毒

WP20090089 杀蟑饵粒/1%/饵剂/残杀威 1%/2009.02.03 至 2014.02.03/低毒
卫生 蜚蠊 / 投放

辽宁省沈阳北方卫生防疫消杀站 (辽宁省沈阳市铁西区保工南街51号16门 110023 024-25491388)

WP20080397 杀蟑饵剂/0.1%/饵剂/高效氯氰菊酯 0.1%/2008.12.11 至 2013.12.11/低毒
卫生 蜚蠊 / 投放

WP20080429 杀蟑笔剂/0.45%/笔剂/高效氯氰菊酯 0.45%/2008.12.15 至 2013.12.15/低毒
卫生 蜚蠊 / 涂抹

WL20080349 杀虫烟剂/3%/烟剂/高效氯氰菊酯 3%/2009.06.23 至 2010.06.23/低毒
卫生 蚊、蝇 / 点燃

辽宁省沈阳东大迪克化工药业有限公司 (辽宁省沈阳市高新技术产业开发区78号 110179 024-23786225)

PD20082828 溴敌隆/0.005%/毒饵/溴敌隆 0.005%/2008.12.09 至 2013.12.09/高毒
室内 家鼠 饱和投饵 投饵

PD20091681 阿维菌素/1.8%/乳油/阿维菌素 1.8%/2009.02.03 至 2014.02.03/中等毒(原药高毒)
十字花科蔬菜 小菜蛾 8.1-10.8克/公顷 喷雾

LS20042111 苦参碱/1%/可溶性液剂/苦参碱 1%/2009.11.11 至 2009.12.31/低毒
十字花科蔬菜 菜青虫 7.5-10.5克/公顷 喷雾

LS20053244 印楝素/0.32%/乳油/印楝素 0.32%/2009.11.11 至 2009.12.31/低毒
十字花科蔬菜 小菜蛾 2.4-3.84克/公顷 喷雾

LS20071047 联苯菊酯/100克/升/乳油/联苯菊酯 100克/升/2009.04.19 至 2010.04.20/中等毒
茶树 茶小绿叶蝉 30-37.5克/公顷 喷雾

LS20071057 联苯菊酯/25克/升/乳油/联苯菊酯 25克/升/2009.04.19 至 2010.04.20/低毒
茶树 茶小绿叶蝉 22.5-37.5克/公顷 喷雾

LS20071583 毒死蜱/480克/升/乳油/毒死蜱 480克/升/2009.06.05 至 2010.06.06/中等毒
十字花科蔬菜 菜青虫 540-720克/公顷 喷雾

LS20072307 丙环唑/250克/升/乳油/丙环唑 250克/升/2009.10.11 至 2010.10.12/低毒
香蕉 叶斑病 250-500毫克/千克 喷雾

LS20072320 丙环唑/95%/原药/丙环唑 95%/2009.10.15 至 2010.10.16/低毒

LS20080421 联苯菊酯/95%/原药/联苯菊酯 95%/2009.02.19 至 2010.02.20/中等毒

LS20080681 高效氟吡甲禾灵/108克/升/乳油/高效氟吡甲禾灵 108克/升/2009.02.24 至 2010.02.25/低毒

春大豆田	一年生杂草、一年生禾本科杂草	48.6-64.8克/公顷	茎叶喷雾

LS20081593 溴鼠灵/0.005%/毒饵/溴鼠灵 0.005%/2009.04.03 至 2010.04.03/低毒(原药剧毒)

室内、外	家鼠	饱和投饵	投饵

LS20082349 溴敌隆/0.5%/母液/溴敌隆 0.5%/2009.04.21 至 2010.04.21/中等毒(原药高毒)

卫生	家鼠	饱和投饵	配制成0.005%毒饵

WP20080456 杀蟑饵剂/1%/毒饵/残杀威 1%/2008.12.16 至 2013.12.16/低毒

卫生	蜚蠊	/	投放

辽宁省沈阳丰收农药有限公司 (辽宁省沈阳市苏家屯区林盛镇冀东路100号 110108 024-89487843)

PD84115 代森锌/90%/原药/代森锌 90%/2009.11.26 至 2014.11.26/低毒

PD84116 代森锌/80%/可湿性粉剂/代森锌 80%/2009.11.26 至 2014.11.26/低毒

茶树	炭疽病	1143-1600毫克/千克	喷雾
观赏植物	炭疽病、锈病、叶斑病	1143-1600毫克/千克	喷雾
花生	叶斑病	750-960克/公顷	喷雾
梨树、苹果树	多种病害	1143-1600毫克/千克	喷雾
马铃薯	晚疫病、早疫病	960-1200克/公顷	喷雾
麦类	锈病	960-1440克/公顷	喷雾
蔬菜、油菜	多种病害	960-1200克/公顷	喷雾
烟草	立枯病、炭疽病	960-1200克/公顷	喷雾

PD84119-4 代森铵/45%/水剂/代森铵 45%/2009.11.26 至 2014.11.26/低毒

白菜、黄瓜	霜霉病	525克/公顷	喷雾
甘薯	黑斑病	200-400倍液	浸种
谷子	白发病	180-360倍液	浸种
水稻	稻瘟病	525-675克/公顷	喷雾
水稻	白叶枯病、纹枯病	337.5克/公顷	喷雾
橡胶树	条溃疡病	150倍液	涂抹
玉米	大斑病、小斑病	525-675克/公顷	喷雾

PD84121 磷化铝/56%/片剂/磷化铝 56%/2009.11.26 至 2014.11.26/高毒

洞穴	室外啮齿动物	根据洞穴大小而定	密闭熏蒸
货物	仓储害虫	5-10片/1000千克	密闭熏蒸
空间	多种害虫	1-4片/立方米	密闭熏蒸
粮食、种子	储粮害虫	3-10片/1000千克	密闭熏蒸

PD87103 磷化铝/56%/粉剂/磷化铝 56%/2007.04.10 至 2012.04.10/高毒

谷物	储粮害虫	6-18克/1000千克	密闭熏蒸
货物	仓储害虫	4.5-9克/立方米	密闭熏蒸
空间	多种害虫	2-6克/立方米	密闭熏蒸

PD88105 硫酸铜/96%,93%/原药/硫酸铜 96%,93%/2008.06.16 至 2013.06.16/低毒

PD88107 磷化铝/56%/丸剂/磷化铝 56%/2008.06.16 至 2013.06.16/高毒

谷物	储粮害虫	6-18克/1000千克	密闭熏蒸
货物	仓储害虫	4.5-9克/立方米	密闭熏蒸
空间	多种害虫	2-6克/立方米	密闭熏蒸

PD20082718 吡嘧磺隆/10%/可湿性粉剂/吡嘧磺隆 10%/2008.12.05 至 2013.12.05/低毒

水稻移栽田	稗草、莎草及阔叶杂草	15-30克/公顷	药土法

PD20083253 吡嘧磺隆/97%/原药/吡嘧磺隆 97%/2008.12.11 至 2013.12.11/低毒

PD20083395 氯磺隆/25%/可湿性粉剂/氯磺隆 25%/2008.12.11 至 2013.12.11/低毒

小麦田	多种一年生杂草	7.5-9克/公顷与适量其他除草剂(绿麦隆、骠马、2,4-滴、异丙隆、野燕枯等)混用	播后苗前土壤处理或小麦2-3叶期茎叶处理。

PD20090525 氯磺隆/95%/原药/氯磺隆 95%/2009.01.12 至 2014.01.12/低毒

PD20091215 烯酰·锰锌/69%/可湿性粉剂/代森锰锌 60%、烯酰吗啉 9%/2009.02.01 至 2014.02.01/低毒

黄瓜	霜霉病	1035-1552.5克/公顷	喷雾

PD20091603 代森锰锌/88%/原药/代森锰锌 88%/2009.02.03 至 2014.02.03/低毒

PD20093381 代森锰锌/80%/可湿性粉剂/代森锰锌 80%/2009.03.18 至 2014.03.18/低毒

番茄	早疫病	1845-2370克/公顷	喷雾

PD20094450 敌稗/98%/原药/敌稗 98%/2009.04.01 至 2014.04.01/低毒

PD20094846 烯唑醇/85%,80%/原药/烯唑醇 85%,80%/2009.04.13 至 2014.04.13/低毒

PD20095139 敌草隆/80%/可湿性粉剂/敌草隆 80%/2009.04.24 至 2014.04.24/低毒

甘蔗田	一年生杂草	1200—1560克/公顷	土壤或定向喷雾

PD20095294 烯酰吗啉/98%/原药/烯酰吗啉 98%/2009.04.27 至 2014.04.27/低毒

PD20095834 敌草隆/98.5%/原药/敌草隆 98.5%/2009.05.27 至 2014.05.27/低毒

PD20095971 氯嘧磺隆/90%/原药/氯嘧磺隆 90%/2009.06.04 至 2014.06.04/低毒

PD20096314 甲磺隆/96%/原药/甲磺隆 96%/2009.07.22 至 2014.07.22/低毒

PD20096453 甲磺隆/10%/可湿性粉剂/甲磺隆 10%/2009.08.05 至 2014.08.05/低毒

冬小麦田 一年生杂草 7.5-12克/公顷 喷雾

PD20096597 敌稗/34%/乳油/敌稗 34%/2009.09.02 至 2014.09.02/低毒

移栽水稻田 稗草 3002-4498克/公顷(东北地区) 喷雾

PD20097266 烯唑醇/12.5%/可湿性粉剂/烯唑醇 12.5%/2009.10.26 至 2014.10.26/低毒

梨树 黑星病 31-42毫克/千克 喷雾

小麦 白粉病 60-120克/公顷 喷雾

PD20097267 磷化镁/66%/片剂/磷化镁 66%/2009.10.26 至 2014.10.26/高毒

原粮 仓储害虫 4-6克/立方米 熏蒸

PD20097270 磷化铝/90%/原药/磷化铝 90%/2009.10.26 至 2014.10.26/剧毒

PD20097271 磷化铝/85%/大粒剂/磷化铝 85%/2009.10.26 至 2014.10.26/高毒

粮仓 储粮害虫 3-4.5克/立方米 熏蒸

LS20090779 威百亩/42%/水剂/威百亩 42%/2009.03.31 至 2010.03.31/低毒

烟草(苗床) 一年生杂草 40—60毫升制剂/平方米 土壤喷雾

辽宁省沈阳好猫药业公司 (辽宁省沈阳市沈河区万柳塘路65号 110015 024-24822909)

PD20081801 溴敌隆/0.5%/母液/溴敌隆 0.5%/2008.11.19 至 2013.11.19/高毒

农田 田鼠 每点20克0.005%毒饵(沿周边5米1堆) 投放毒饵

PD20081827 溴敌隆/0.005%/毒饵/溴敌隆 0.005%/2008.11.20 至 2013.11.20/高毒

农田 田鼠 20克/堆(沿周边5米一堆) 投放毒饵

LS20053252 溴鼠灵/0.005%/饵剂/溴鼠灵 0.005%/2008.10.11 至 2009.10.11/低毒(原药高毒)

室内、外 家鼠 饱和投饵 投饵

辽宁省沈阳红旗林药有限公司 (辽宁省沈阳市于洪区于洪乡红旗村 110141 024-25359450)

LS20070855 腐霉利/10%/烟剂/腐霉利 10%/2009.04.11 至 2010.04.12/低毒

番茄 灰霉病 300-600克/公顷 点燃放烟

辽宁省沈阳市东陵区兴达卫生用品厂 (辽宁省沈阳市东陵区白塔镇下深村 110167 024-23783081)

WP20080562 杀蟑饵剂/1.5%/饵剂/乙酰甲胺磷 1.5%/2008.12.24 至 2013.12.24/低毒

卫生 蜚蠊 / 投放

辽宁省沈阳市和田化工有限公司 (辽宁省沈阳市新城子区杭州西路4号 110121 024-89608442)

PD20082059 百·福/70%/可湿性粉剂/百菌清 30%、福美双 40%/2008.11.25 至 2013.11.25/低毒

葡萄 霜霉病 600-800倍液 喷雾

PD20095353 烯草酮/12%/乳油/烯草酮 12%/2009.04.27 至 2014.04.27/低毒

春大豆田 一年生禾本科杂草 108-144克/公顷 茎叶喷雾

PD20096967 烟嘧磺隆/40克/升/可分散油悬浮剂/烟嘧磺隆 40克/升/2009.09.29 至 2014.09.29/微毒

玉米田 一年生杂草 42-60克/公顷 茎叶喷雾

LS20090182 甲霜·福美双 /38%/可湿性粉剂/福美双 33%、甲霜灵 5%/2009.02.04 至 2010.02.04/低毒

水稻 立枯病 95-114克/100kg种子 拌种/

LS20090261 甲霜·噁霉灵/3%/水剂/噁霉灵 2.5%、甲霜灵 0.5%/2009.02.13 至 2010.02.13/低毒

水稻苗床 立枯病 0.18-0.3克/平方米 苗床泼浇

LS20090533 二氯喹啉酸/50%/可溶粉剂/二氯喹啉酸 50%/2009.03.18 至 2010.03.18/低毒

移栽水稻田 稗草 225-375克/公顷 茎叶喷雾/

LS20090653 苄·二氯/40%/泡腾颗粒剂/苄嘧磺隆 5%、二氯喹啉酸 35%/2009.03.24 至 2010.03.24/微毒

移栽水稻田 一年生杂草 300-480克/公顷 撒施

辽宁省沈阳市双兴卫生消杀药剂厂 (辽宁省沈阳市东陵区深井子乡双村子村 110015 024-24820905)

WP20090152 杀蟑饵粒/1.5%/饵剂/残杀威 1.5%/2009.03.03 至 2014.03.03/低毒

卫生 蜚蠊 / 投放

WP20090193 高效氯氰菊酯/5%/可湿性粉剂/高效氯氰菊酯 5%/2009.03.23 至 2014.03.23/低毒

卫生 蚊、蝇 75毫克/平方米 滞留喷洒

辽宁省沈阳市阳威日用品厂 (辽宁省沈阳市于洪区彰驿镇前庙村 110024 024-85730796)

WL20050273 杀虫气雾剂/0.35%/气雾剂/胺菊酯 0.3%、氯氰菊酯 0.05%/2008.11.01 至 2009.11.01/低毒

卫生 蚊、蝇 / 喷雾

辽宁省沈阳市于洪区五凌消杀药厂 (辽宁省沈阳市红艳路大潘镇小祝村 110023 024-89896226)

WP20070038 杀虫粉剂/0.45%/粉剂/氯氰菊酯 0.45%/2007.12.17 至 2012.12.17/低毒

卫生 蜚蠊 3克制剂/平方米 撒布

WP20080004 杀蟑笔剂/0.45%/笔剂/氯氰菊酯 0.45%/2008.01.03 至 2013.01.03/低毒

卫生 蜚蠊 / 涂抹

辽宁省沈阳市于洪区紫燕卫生药剂厂 (辽宁省沈阳市于洪区机场路一号 110141 024-25730389)

WP20090045 杀蟑笔剂/0.45%/笔剂/氯氰菊酯 0.45%/2009.01.19 至 2014.01.19/低毒

卫生 蜚蠊 3克制剂/平方米 涂抹

WP20090051 杀蟑饵粒/3.5%/饵剂/乙酰甲胺磷 3.5%/2009.01.21 至 2014.01.21/低毒

卫生 蜚蠊 / 投放

辽宁省沈阳同祥农化有限公司 (辽宁省沈阳市和平区三好街96号 110005 024-23315216)

PD20093675 咪唑乙烟酸/10%/水剂/咪唑乙烟酸 10%/2009.03.25 至 2014.03.25/低毒
春大豆田 一年生杂草 75-105克/公顷 喷雾

PD20095480 氟磺胺草醚/25%/水剂/氟磺胺草醚 25%/2009.05.11 至 2014.05.11/低毒
春大豆田 一年生阔叶杂草 300-450克/公顷(东北地区) 茎叶喷雾

辽宁省沈阳喜伦日用化工厂 (辽宁省沈阳市东陵区榆树屯街12号 110161 024-88421681)

WL20050267 防蛀球剂/94%/球剂/樟脑 94%/2008.09.28 至 2009.09.28/低毒
卫生 黑皮蠹 40克制剂/立方米 投放

WL20050268 防蛀球剂/99%/球剂/对二氯苯 99%/2008.09.28 至 2009.09.28/低毒
卫生 黑皮蠹 40克制剂/立方米 投放

辽宁省沈阳兴农化工农药有限公司 (辽宁省沈阳市铁西区翟家镇郎家堡 110042 024-25910797)

PD20094957 甲霜·噁霉灵/3%/水剂/噁霉灵 2.5%、甲霜灵 0.5%/2009.04.20 至 2014.04.20/低毒
水稻育秧田 立枯病 0.36-0.54克/平方米 苗床喷雾

PD20095013 甲霜·福美双/35%/可湿性粉剂/福美双 24%、甲霜灵 11%/2009.04.21 至 2014.04.21/低毒
水稻 立枯病 1-1.5克/平方米 苗床浇洒

辽宁省沈阳中科生物工程有限公司 (辽宁省沈阳市浑南国家高新技术产业开发区新智街2号 110179 024-23784112)

PD20091226 多抗霉素/0.3%/水剂/多抗霉素 0.3%/2009.02.01 至 2014.02.01/低毒
番茄 早疫病 27-45克/公顷 喷雾

LS20090487 多抗霉素/3%/水剂/多抗霉素 3%/2009.03.18 至 2010.03.18/低毒
苹果树 斑点落叶病 25-37.5毫克/千克 喷雾

辽宁省铁岭市昌图农药厂 (辽宁省铁岭市昌图县双庙子镇 112503 024-25966676)

PD20082126 氟磺胺草醚/25%/水剂/氟磺胺草醚 25%/2008.11.25 至 2013.11.25/低毒
春大豆田 一年生阔叶杂草 375—487.5克/公顷(东北地区) 茎叶喷雾

PD20091310 精喹禾灵/5%/乳油/精喹禾灵 5%/2009.02.01 至 2014.02.01/低毒
大豆田 一年生禾本科杂草 56.25-75克/公顷 喷雾

PD20093156 苯磺隆/10%/可湿性粉剂/苯磺隆 10%/2009.03.11 至 2014.03.11/低毒
春小麦田 一年生阔叶杂草 22.5-30克/公顷 茎叶喷雾

PD20093931 二氯喹啉酸/50%/可溶粉剂/二氯喹啉酸 50%/2009.03.27 至 2014.03.27/低毒
水稻移栽田 稗草 225-375克/公顷 喷雾

PD20094433 咪唑乙烟酸/5%/水剂/咪唑乙烟酸 5%/2009.04.01 至 2014.04.01/低毒
春大豆田 一年生杂草 75-112.5克/公顷(东北地区) 土壤或茎叶喷雾

PD20095472 胺苯磺隆/25%/可湿性粉剂/胺苯磺隆 25%/2009.05.11 至 2014.05.11/低毒
油菜田 一年生阔叶杂草 冬油菜18.75—22.5克/公顷 喷雾
春油菜22.5-30克/公顷

PD20096740 烯草酮/24%/乳油/烯草酮 24%/2009.09.07 至 2014.09.07/低毒
春大豆田 一年生禾本科杂草 30-40毫升制剂/亩 茎叶喷雾

LS20061792 乙烯利/40%/水剂/乙烯利 40%/2009.10.30 至 2010.10.30/低毒
棉花 催熟 800-1000毫克/千克 喷雾法
(400-500倍液)

LS20071952 吡虫啉/10%/可湿性粉剂/吡虫啉 10%/2009.08.07 至 2010.08.08/低毒
水稻 稻飞虱 30-45克/公顷 喷雾

LS20080778 阿维·高氯/3%/乳油/阿维菌素 0.2%、高效氯氰菊酯 2.8%/2009.02.27 至 2010.02.28/低毒(原药高毒)
十字花科蔬菜 小菜蛾 20.25-27克/公顷 喷雾

LS20090150 乙羧氟草醚/10%/乳油/乙羧氟草醚 10%/2009.02.04 至 2010.02.04/低毒
春大豆田 一年生阔叶杂草 750-1050毫升制剂/公顷 茎叶喷雾

LS20090684 丁硫·戊唑醇/7.5%/悬浮种衣剂/丁硫克百威 7%、戊唑醇 0.5%/2009.03.27 至 2010.03.27/中等毒
春玉米 地老虎、黑穗病、金针虫、蝼蛄、蛴螬 125-187.5克/100千克种子 种子包衣

辽宁省瓦房店市蚊香厂 (辽宁省瓦房店市闫店乡 116325 0411-85160222)

WP20080248 蚊香/0.25%/蚊香/富右旋反式烯丙菊酯 0.25%/2008.11.26 至 2013.11.26/低毒
卫生 蚊 / 点燃

辽宁省西丰县新兴卫生消杀药剂厂 (辽宁省西丰县西丰镇向阳街向阳委4组 112400 0410-7818780)

WP20090209 高效氯氰菊酯/5%/可湿性粉剂/高效氯氰菊酯 5%/2009.03.27 至 2014.03.27/低毒
卫生 蚊、蝇、蜚蠊 75毫克/平方米 滞留喷洒

辽宁省新民市农药厂 (辽宁省沈阳市新民市姚堡乡中姚堡村 110309 024-87591767)

LS20070133 磺草·莠去津/36%/悬浮剂/磺草酮 12%、莠去津 24%/2009.02.01 至 2010.02.01/低毒
春玉米田 一年生单、双子叶杂草 1620-2160克/公顷 喷雾
夏玉米田 一年生单、双子叶杂草 1080-1620克/公顷 喷雾

辽宁省营口雷克农药有限公司 (辽宁省营口市盼盼工业园西区 115116 0417-3841457)

PD85122-4 福美双/50%/可湿性粉剂/福美双 50%/2007.04.04 至 2012.04.04/中等毒
黄瓜 白粉病、霜霉病 500-1000倍液 喷雾
葡萄 白腐病 500-1000倍液 喷雾
水稻 稻瘟病、胡麻叶斑病 250克/100千克种子 拌种
甜菜、烟草 根腐病 500克/500千克温床土 土壤处理
小麦 白粉病、赤霉病 500倍液 喷雾

PD85133-2 福美双/95%/原粉/福美双 95%/2007.04.03 至 2012.04.03/中等毒

PD85150-26 多菌灵/50%/可湿性粉剂/多菌灵 50%/2007.04.04 至 2012.04.04/低毒

果树	病害	0.05-0.1%药液	喷雾
花生	倒秧病	750克/公顷	喷雾
麦类	赤霉病	750克/公顷	喷雾、泼浇
棉花	苗期病害	250克/50千克种子	拌种
水稻	稻瘟病、纹枯病	750克/公顷	喷雾、泼浇
油菜	菌核病	1125-1500克/公顷	喷雾

辽宁省营口三征农用化工有限公司 （辽宁省营口市水源镇盖家村 115001 0417-3635160）

PD85112-2 莠去津/38%/悬浮剂/莠去津 38%/2005.05.26 至 2010.05.26/低毒

茶园	一年生杂草	1125-1875克/公顷	喷于地表
防火隔离带、公路、森林、铁路	一年生杂草	0.8-2克/平方米	喷于地表
甘蔗	一年生杂草	1050-1500克/公顷	喷于地表
高粱、糜子、玉米	一年生杂草	1800-2250克/公顷(东北地区)	喷于地表
红松苗圃	一年生杂草	0.2-0.3克/平方米	喷于地表
梨树、苹果树	一年生杂草	1625-1875克/公顷	喷于地表
橡胶园	一年生杂草	2250-3750克/公顷	喷于地表

PD86105-2 西草净/25%/可湿性粉剂/西草净 25%/2009.07.08 至 2014.07.08/低毒

水稻	阔叶杂草、眼子菜	750-937.5克/公顷(东北地区)	撒毒土

PD90102-3 扑草净/25%/可湿性粉剂/扑草净 25%/2010.01.26 至 2015.01.26/低毒

麦田	杂草	375-562.5克/公顷	喷雾
水稻	阔叶杂草	187.5-562.5克/公顷	毒土

PD92105 西草净/94%/原药/西草净 94%/2009.07.08 至 2014.07.08/低毒

PD20082937 乙草胺/900克/升/乳油/乙草胺 900克/升/2008.12.09 至 2013.12.09/低毒

春玉米田	一年生禾本科杂草及部分小粒种子阔叶杂草	1350-1620克/公顷	播后苗前土壤喷雾
夏玉米田	一年生禾本科杂草及部分小粒种子阔叶杂草	810-1080克/公顷	播后苗前土壤喷雾

PD20083014 乙草胺/50%/乳油/乙草胺 50%/2008.12.10 至 2013.12.10/低毒

春玉米田	一年生禾本科杂草及部分小粒种子阔叶杂草	1500-1875克/公顷	播后苗前土壤喷雾
夏玉米田	一年生禾本科杂草及部分小粒种子阔叶杂草	750-1050克/公顷	播后苗前土壤喷雾

PD20083104 莠去津/50%/悬浮剂/莠去津 50%/2008.12.10 至 2013.12.10/低毒

春玉米田	一年生杂草	1575-2250克/公顷	播后苗前土壤喷雾
夏玉米田	一年生杂草	1125-1875克/公顷	播后苗前土壤喷雾

PD20086128 丁·莠/48%/悬乳剂/丁草胺 19%、莠去津 29%/2008.12.30 至 2013.12.30/低毒

夏玉米田	一年生杂草	1080-1440克/公顷	喷雾

PD20090414 莠去津/80%/可湿性粉剂/莠去津 80%/2009.01.12 至 2014.01.12/低毒

春玉米田	一年生杂草	1800-2280克/公顷	播后苗前土壤喷雾
夏玉米田	一年生杂草	1020-1500克/公顷	播后苗前土壤喷雾

PD20091361 甲·乙·莠/42%/悬乳剂/甲草胺 8%、乙草胺 9%、莠去津 25%/2009.02.02 至 2014.02.02/低毒

春玉米田	一年生杂草	1260-2520克/公顷	播后苗期土壤喷雾
夏玉米田	一年生杂草	945-1260克/公顷	土壤喷雾

PD20092195 2甲4氯钠/56%/可溶粉剂/2甲4氯钠 56%/2009.02.23 至 2014.02.23/低毒

玉米田	阔叶杂草	924-1176克/公顷	茎叶喷雾

PD20092507 福·克/15.5%/悬浮种衣剂/福美双 8.5%、克百威 7.0%/2009.02.26 至 2014.02.26/中等毒(原药高毒)

玉米	地下害虫、茎基腐病	1:40-50(药种比)	种子包衣

PD20093605 异丙草·莠/40%/悬乳剂/异丙草胺 16%、莠去津 24%/2009.03.23 至 2014.03.23/低毒

夏玉米田	一年生杂草	1020-1500克/公顷	播后苗前土壤喷雾

PD20094984 莠去津/96%/原药/莠去津 96%/2009.04.21 至 2014.04.21/低毒

PD20095218 扑·乙/40%/悬乳剂/扑草净 10%、乙草胺 30%/2009.04.24 至 2014.04.24/低毒

花生田	一年生杂草	1110-1320克/公顷	播后苗前土壤喷雾

PD20095331 莠灭净/40%/可湿性粉剂/莠灭净 40%/2009.04.27 至 2014.04.27/低毒

甘蔗田	一年生杂草	1980-2640克/公顷	喷雾

PD20095419 百草枯/200克/升/水剂/百草枯 200克/升/2009.05.11 至 2014.05.11/中等毒
春玉米田 杂草 450-600克/公顷 行间定向茎叶喷雾

LS20053369 丁·扑/19%/可湿性粉剂/丁草胺 16%、扑草净 3%/2008.10.18 至 2009.10.18/低毒
水稻秧田 一年生杂草 1425-1710克/公顷 毒土法

LS20070516 2,4-滴丁酯/72%/乳油/2,4-滴丁酯 72%/2009.03.06 至 2010.03.07/低毒
春玉米 阔叶杂草 486-540克/公顷 茎叶喷雾

LS20070627 2甲·莠灭净/48%/可湿性粉剂/2甲4氯钠 8%、莠灭净 40%/2009.03.29 至 2010.03.30/低毒
甘蔗田 一年生杂草 1584-1872克/公顷 茎叶喷雾

LS20072055 莠去津/90%/水分散粒剂/莠去津 90%/2009.08.29 至 2010.08.30/低毒
春玉米田 一年生杂草 2025-2295克/公顷 播后苗前土壤喷雾
夏玉米田 一年生杂草 1282-1485克/公顷 播后苗前土壤喷雾

LS20080627 莠灭净/50%/悬浮剂/莠灭净 50%/2009.02.21 至 2010.02.22/低毒
甘蔗田 杂草 1950-2400克/公顷 定向茎叶喷雾

LS20081683 42%甲草胺·乙草胺·莠去津悬乳剂/42%/悬乳剂/甲草胺 8%、乙草胺 9%、莠去津 25%/2008.04.07 至 2009.04.07/低毒
春玉米 一年生杂草 1260-2520克/公顷 播后苗期土壤喷雾

LS20083058 滴丁·乙草胺/855克/升/乳油/2,4-滴丁酯 305克/升、乙草胺 550克/升/2009.09.27 至 2010.09.27/低毒
春大豆田、春玉米田 一年生杂草 2372.6-2565克/公顷 播后苗前土壤喷雾

LS20090211 异丙草·莠/52%/悬乳剂/异丙草胺 30%、莠去津 22%/2009.02.12 至 2010.02.12/低毒
春玉米田 一年生杂草 1170-1716克/公顷 土壤喷雾
夏玉米田 一年生杂草 897-1092克/公顷 土壤喷雾

LS20090212 乙草胺/999克/升/乳油/乙草胺 999克/升/2009.02.12 至 2010.02.12/低毒
春玉米田 一年生杂草 1498.5-1798.2毫升/公顷 土壤喷雾

LS20090226 丙·莠·滴丁酯/55%/悬浮剂/2,4-滴丁酯 10%、异丙草胺 20%、莠去津 25%/2009.02.13 至 2010.02.13/低毒
春玉米田 一年生杂草 2250-2700克/公顷 播后苗前土壤喷雾

LS20090428 2,4-滴丁酯/82%/乳油/2,4-滴丁酯 82%/2009.03.16 至 2010.03.16/低毒
春玉米田 一年生杂草 450－900克/公顷 土壤喷雾

LS20090842 烟嘧·莠去津/20%/油悬浮剂/烟嘧磺隆 3.5%、莠去津 16.5%/2009.04.03 至 2010.04.03/低毒
玉米田 一年生杂草 80－120毫升制剂/亩 茎叶喷雾

辽宁省彰武凯驰农化有限公司 （辽宁省阜新市彰武县两家子 123215 0418-7785333)

PD20070031 甲拌磷/5%/颗粒剂/甲拌磷 5%/2007.01.29 至 2012.01.29/高毒
高粱 蚜虫 150-300克/公顷 撒施

辽宁双博农化科技有限公司 （辽宁省沈阳市于洪区黄河北大街千山西路22号 110034 024-82653450)

PD20092975 噻吩磺隆/15%/可湿性粉剂/噻吩磺隆 15%/2009.03.09 至 2014.03.09/低毒
春大豆田 一年生阔叶杂草 22.5-33.8克/公顷(东北地区) 播后苗前土壤喷雾

PD20093333 苄嘧磺隆/30%/可湿性粉剂/苄嘧磺隆 30%/2009.03.18 至 2014.03.18/低毒
移栽水稻田 阔叶杂草及莎草科杂草 45-90克/公顷 毒土法

PD20094193 咪唑乙烟酸/10%/水剂/咪唑乙烟酸 10%/2009.03.30 至 2014.03.30/低毒
春大豆田 一年生杂草 90-105克/公顷(东北地区) 茎叶喷雾

PD20095320 二氯喹啉酸/50%/可溶粉剂/二氯喹啉酸 50%/2009.04.27 至 2014.04.27/低毒
移栽水稻田 稗草 225-375克/公顷 茎叶喷雾

PD20095486 吡嘧磺隆/10%/可湿性粉剂/吡嘧磺隆 10%/2009.05.11 至 2014.05.11/低毒
移栽水稻田 稗草、莎草及阔叶杂草 15-30克/公顷 毒土法

PD20095639 苄·二氯/40%/可湿性粉剂/苄嘧磺隆 5%、二氯喹啉酸 35%/2009.05.12 至 2014.05.12/低毒
移栽水稻田 一年生及部分多年生杂草 210-300克/公顷 茎叶喷雾

PD20095878 苄嘧磺隆/10%/可湿性粉剂/苄嘧磺隆 10%/2009.05.31 至 2014.05.31/低毒
移栽水稻田 阔叶杂草及莎草科杂草 30-45克/公顷 毒土法

PD20096167 噻吩磺隆/75%/水分散粒剂/噻吩磺隆 75%/2009.06.24 至 2014.06.24/低毒
春大豆田 一年生阔叶杂草 22.5-33.8克/公顷(东北地区) 苗前土壤喷雾

PD20098374 莠去津/38%/悬浮剂/莠去津 38%/2009.12.18 至 2014.12.18/低毒
甘蔗田 一年生杂草 997.5-1425克/公顷 土壤喷雾

LS20052732 苄嘧·苯噻酰/55%/可湿性粉剂/苯噻酰草胺 50%、苄嘧磺隆 5%/2008.08.21 至 2009.08.21/低毒
移栽水稻田 一年生及部分多年生杂草 577.5-600克/公顷 毒土法

辽宁天一农药化工有限责任公司 （辽宁省盘锦市大洼县西安镇高坎村 124206 0427-8894499)

PD20070146 莠去津/38%/悬浮剂/莠去津 38%/2007.05.30 至 2012.05.30/低毒
春玉米田 一年生杂草 1995-2280克/公顷 土壤喷雾
甘蔗田 一年生杂草 200-300毫升制剂/亩 土壤喷雾

夏玉米田 一年生杂草 1425-1710克/公顷 土壤喷雾
PD20070654 莠去津/92%/原药/莠去津 92%/2007.12.17 至 2012.12.17/低毒
PD20094170 精喹禾灵/92%/原药/精喹禾灵 92%/2009.03.27 至 2014.03.27/低毒
PD20095395 乙草胺/81.5%/乳油/乙草胺 81.5%/2009.04.27 至 2014.04.27/低毒
玉米田 一年生禾本科杂草及部分阔叶杂草 1620-1890克/公顷(东北地区) 土壤喷雾
1080-1620克/公顷(其它地区)
PD20096502 烟嘧磺隆/40克/升/可分散油悬浮剂/烟嘧磺隆 40克/升/2009.08.17 至 2014.08.17/低毒
玉米田 一年生杂草 42-60克/公顷 茎叶喷雾
LS20082842 精喹禾灵/10.8%/乳油/精喹禾灵 10.8%/2009.06.11 至 2010.06.11/低毒
春大豆田 一年生禾本科杂草 72.9-81克/公顷 茎叶喷雾
夏大豆田 一年生禾本科杂草 48.6-72.9克/公顷 茎叶喷雾
LS20090968 烟嘧·莠去津/20%/悬浮剂/烟嘧磺隆 1.5%、莠去津 18.5%/2009.04.10 至 2010.04.10/低毒
玉米田 一年生杂草 180—220毫升制剂/亩 茎叶喷雾
LS20091036 异丙草·莠/50%/悬乳剂/异丙草胺 20%、莠去津 30%/2009.04.15 至 2010.04.15/低毒
玉米田 一年生杂草 220-240毫升制剂/亩(东北地区) 土壤喷雾
150-200毫升制剂/亩(其它地区)

辽宁微科生物工程有限公司 (辽宁省朝阳市双塔区文化路二段22号 122000 0421-6684613)

LS20081829 四霉素/0.15%/水剂/四霉素 .15%/2009.04.10 至 2010.04.10/低毒
水稻 稻瘟病 1.08-1.35克/公顷 喷雾

辽宁正诺生物技术有限公司 (辽宁省沈阳市新城子区杭州西路4号 110121 024-89866085)

PD20084645 西草净/13%/乳油/西草净 13%/2008.12.18 至 2013.12.18/低毒
水稻移栽田 水绵 234-253.5克/公顷 药土法
PD20097361 琥铜·乙膦铝/48%/可湿性粉剂/琥胶肥酸铜 20%、三乙膦酸铝 28%/2009.10.27 至 2014.10.27/低毒
黄瓜 霜霉病、细菌性角斑病 900-1344克/公顷 喷雾
PD20097365 琥胶肥酸铜/30%/可湿性粉剂/琥胶肥酸铜 30%/2009.10.27 至 2014.10.27/低毒
黄瓜 细菌性角斑病 900-1050克/公顷 喷雾
PD20097956 琥铜·吗啉胍 /20%/可湿性粉剂/琥胶肥酸铜 10%、盐酸吗啉胍 10%/2009.12.01 至 2014.12.01/低毒
番茄 病毒病 450-750克/公顷 喷雾
LS20061232 氟磺胺草醚/250克/升/水剂/氟磺胺草醚 250克/升/2009.05.22 至 2010.05.22/低毒
春大豆 一年生阔叶杂草 375-487.5克/公顷 茎叶喷雾
LS20070483 阿维菌素/2%/微乳剂/阿维菌素 2%/2009.03.06 至 2010.03.07/低毒(原药高毒)
柑橘树 红蜘蛛 3.33-5毫克/千克 喷雾
LS20080041 苄嘧·苯噻酰/53%/可湿性粉剂/苯噻酰草胺 50%、苄嘧磺隆 3%/2010.01.03 至 2011.01.03/微毒
移栽水稻田 一年生杂草 477-556.5克/公顷(东北地区) 毒土法
397.5-477克/公顷(其它地区)

盘锦鑫地农药厂 (辽宁省盘锦市大洼县田庄台镇 124208 0427-8866504)

LS20060086 苯锡·硫酸铜/46%/可湿性粉剂/三苯基乙酸锡 18%、硫酸铜 28%/2009.01.24 至 2010.01.24/低毒
移栽水稻田 水绵 690-1035克/公顷 药土法

沈阳科创化学品有限公司 (沈阳经济技术开发区细河九北街17号 110144 024-25326727)

PD20040039 吡虫啉/95%/原药/吡虫啉 95%/2009.12.19 至 2014.12.19/低毒
PD20040164 吡虫啉/10%/可湿性粉剂/吡虫啉 10%/2009.12.19 至 2014.12.19/低毒
水稻 飞虱 15-30克/公顷 喷雾
小麦 蚜虫 15-30克/公顷(南方地区) 喷雾
45-60克、公顷(北方地区)
PD20060038 锰锌·氟吗啉/60%/可湿性粉剂/氟吗啉 10%、代森锰锌 50%/2006.02.07 至 2011.02.07/低毒
黄瓜 霜霉病 720-1080克/公顷 喷雾
LS20060039 氟吗啉/95%/原药/氟吗啉 95%/2006.02.07 至 2011.02.07/低毒
PD20060079 苯磺隆/95%/原药/苯磺隆 95%/2006.04.14 至 2011.04.14/低毒
PD20070059 灭蝇胺/98%/原药/灭蝇胺 98%/2007.03.09 至 2012.03.09/低毒
PD20070060 灭蝇胺/50%/可湿性粉剂/灭蝇胺 50%/2007.03.09 至 2012.03.09/低毒
菜豆 美洲斑潜蝇 150-187.5克/公顷 喷雾
PD20070065 烯草酮/94%/原药/烯草酮 94%/2007.03.21 至 2012.03.21/低毒
PD20070067 烯草酮/24%/乳油/烯草酮 24%/2007.03.21 至 2012.03.21/低毒
春大豆田 一年生禾本科杂草 72-108克/公顷 茎叶喷雾
油菜田 禾本科杂草 54-72克/公顷 茎叶喷雾
PD20070090 二氯喹啉酸/96%/原药/二氯喹啉酸 96%/2007.04.18 至 2012.04.18/低毒
PD20070103 烯禾啶/12.5%/乳油/烯禾啶 12.5%/2007.04.26 至 2012.04.26/低毒
春大豆田 一年生禾本科杂草 187.5-281.3克/公顷 茎叶喷雾
PD20070109 异噁草松/96%/原药/异噁草松 96%/2007.04.26 至 2012.04.26/低毒
PD20070197 烯禾啶/96%/原药/烯禾啶 96%/2007.07.17 至 2012.07.17/低毒
PD20070205 二氯喹啉酸/50%/可湿性粉剂/二氯喹啉酸 50%/2007.08.07 至 2012.08.07/低毒
水稻抛秧田、水稻移栽田、水稻直播田 稗草等杂草 225-375克/公顷 喷雾或毒土法

PD20070212 咪唑乙烟酸/97%/原药/咪唑乙烟酸 97%/2007.08.07 至 2012.08.07/低毒

PD20070240 戊唑醇/97%/原药/戊唑醇 97%/2007.08.08 至 2012.08.08/低毒

PD20070249 吡嘧磺隆/10%/可湿性粉剂/吡嘧磺隆 10%/2007.08.30 至 2012.08.30/低毒
水稻移栽田 稗草、阔叶杂草、莎草 15-30克/公顷 毒土法

PD20070250 吡嘧磺隆/98%/原药/吡嘧磺隆 98%/2007.08.30 至 2012.08.30/低毒

PD20070263 咪鲜胺/25%/乳油/咪鲜胺 25%/2007.09.04 至 2012.09.04/低毒
辣椒 炭疽病 270-400克/公顷 喷雾

PD20070267 咪鲜胺/98%/原药/咪鲜胺 98%/2007.09.04 至 2012.09.04/低毒

PD20070297 精噁唑禾草灵/95%/原药/精噁唑禾草灵 95%/2007.09.21 至 2012.09.21/低毒

PD20070339 烯肟菌酯/90%/原药/烯肟菌酯 90%/2007.10.24 至 2012.10.24/低毒

PD20070340 烯肟菌酯/25%/乳油/烯肟菌酯 25%/2007.10.24 至 2012.10.24/低毒
黄瓜 霜霉病 100-200克/公顷 喷雾

PD20070403 锰锌·氟吗啉/50%/可湿性粉剂/氟吗啉 6.5%、代森锰锌 43.5%/2007.11.05 至 2012.11.05/低毒
番茄 晚疫病 500-750克/公顷 喷雾
黄瓜 霜霉病 500-900克/公顷 喷雾
辣椒 疫病 450-750克/公顷 喷雾
马铃薯 晚疫病 600-800克/公顷 喷雾
注:马铃薯为临时登记,有效期最多至2011年2月3日。

PD20070423 二氯喹啉酸/25%/可湿性粉剂/二氯喹啉酸 25%/2007.11.06 至 2012.11.06/低毒
水稻移栽田 稗草 225-375克/公顷(北方地区) 喷雾

PD20080099 咪唑乙烟酸/15%/水剂/咪唑乙烟酸 15%/2008.01.03 至 2013.01.03/低毒
春大豆田 一年生杂草 90-112.5克/公顷(东北地区) 茎叶喷雾

PD20080146 咪唑乙烟酸/5%/水剂/咪唑乙烟酸 5%/2008.01.04 至 2013.01.04/低毒
大豆田 杂草 75-100.5克/公顷 土壤喷雾或茎叶喷雾

PD20080270 草甘膦异丙胺盐/41%/水剂/草甘膦异丙胺盐 41%/2008.02.20 至 2013.02.20/低毒
苹果园 一年生和多年生杂草 1125-2250克/公顷 定向茎叶喷雾

PD20080272 胺苯磺隆/25%/可湿性粉剂/胺苯磺隆 25%/2008.02.22 至 2013.02.22/低毒
冬油菜田 一年生阔叶杂草 18.75-22.5克/公顷 茎叶喷雾

PD20080273 胺苯磺隆/95%/原药/胺苯磺隆 95%/2008.02.22 至 2013.02.22/低毒

PD20080421 氯氰·毒死蜱/50%/乳油/毒死蜱 45%、氯氰菊酯 5%/2008.03.05 至 2013.03.05/中等毒
大豆 食心虫 450-600克/公顷 喷雾
甘蓝 小菜蛾 450-600克/公顷 喷雾
黄瓜 美洲斑潜蝇 450-600克/公顷 喷雾
韭菜 韭蛆 900-1500克/公顷 灌根
棉花 棉铃虫 150-300克/公顷 喷雾
苹果 桃小食心虫 450-600克/公顷 喷雾

PD20080565 高效氟吡甲禾灵/10.8%/乳油/高效氟吡甲禾灵 10.8%/2008.05.12 至 2013.05.12/低毒
春大豆田 一年生禾本科杂草 48.6-56.7克/公顷 茎叶喷雾
冬油菜田 一年生禾本科杂草 32.4-48.6克/公顷 茎叶喷雾
夏大豆田 一年生禾本科杂草 40.5-48.6克/公顷 茎叶喷雾

PD20080600 草除灵/96%/原药/草除灵 96%/2008.05.12 至 2013.05.12/低毒

PD20080605 灭草松/480克/升/水剂/灭草松 480克/升/2008.05.12 至 2013.05.12/低毒
春大豆田 一年生阔叶杂草 1440-1800克/公顷 茎叶喷雾
水稻移栽田 阔叶杂草及莎草科杂草 1080-1440克/公顷 茎叶喷雾
夏大豆田 一年生阔叶杂草 1080-1400克/公顷 茎叶喷雾

PD20080628 高效氟吡甲禾灵/95%/原药/高效氟吡甲禾灵 95%/2008.05.13 至 2013.05.13/低毒

PD20080729 二甲戊灵/95%/原药/二甲戊灵 95%/2008.06.11 至 2013.06.11/低毒

PD20080773 啶菌噁唑/90%/原药/啶菌噁唑 90%/2008.06.16 至 2013.06.16/低毒

PD20080774 啶菌噁唑/25%/乳油/啶菌噁唑 25%/2008.06.16 至 2013.06.16/低毒
番茄 灰霉病 200-400克/公顷 喷雾

PD20080832 氟磺胺草醚/250克/升/水剂/氟磺胺草醚 250克/升/2008.06.20 至 2013.06.20/低毒
春大豆田 一年生阔叶杂草 375-562.5克/公顷 茎叶喷雾
夏大豆田 一年生阔叶杂草 281.25-375克/公顷 茎叶喷雾

PD20080969 精噁唑禾草灵/6.9%/水乳剂/精噁唑禾草灵 6.9%/2008.07.24 至 2013.07.24/低毒
春小麦田 一年生禾本科杂草 72.5-82.8克/公顷 茎叶喷雾

PD20080979 异噁草松/48%/乳油/异噁草松 48%/2008.07.24 至 2013.07.24/低毒
春大豆田 一年生杂草 1008-1152克/公顷(东北地区) 土壤喷雾

PD20080992 氯嘧磺隆/96%/原药/氯嘧磺隆 96%/2008.08.06 至 2013.08.06/低毒
注:专供出口。

PD20081065 苄·二氯/36%/可湿性粉剂/苄嘧磺隆 3%、二氯喹啉酸 33%/2008.08.14 至 2013.08.14/低毒
水稻抛秧田、水稻直播田 一年生杂草 216-270克/公顷 喷雾

	水稻移栽田	稗草、阔叶杂草	216-324克/公顷	喷雾
PD20081066	吡嘧·二氯喹/34.5%/可湿性粉剂/吡嘧磺隆 2%、二氯喹啉酸 32.5%/2008.08.14 至 2013.08.14/低毒			
	水稻移栽田	部分多年生杂草、一年生杂草	227.7-310克/公顷	排水喷雾
PD20081095	苄嘧磺隆/10%/可湿性粉剂/苄嘧磺隆 10%/2008.08.18 至 2013.08.18/低毒			
	水稻田	阔叶杂草、莎草科杂草	15-30克/公顷	毒土法
PD20081340	多·福/40%/可湿性粉剂/多菌灵 10%、福美双 30%/2008.10.21 至 2013.10.21/中等毒			
	梨树	黑星病	1000-1500毫克/千克	喷雾
	葡萄	霜霉病	1000-1250毫克/千克	喷雾
PD20081392	腈菌唑/95%/原药/腈菌唑 95%/2008.10.28 至 2013.10.28/低毒			
PD20081399	腈菌唑/12.5%/乳油/腈菌唑 12.5%/2008.10.28 至 2013.10.28/低毒			
	梨	黑星病	40-80毫克/千克	喷雾
	小麦	白粉病	30-60克/公顷	喷雾
PD20081792	烯草酮/120克/升/乳油/烯草酮 120克/升/2008.11.19 至 2013.11.19/低毒			
	春大豆田、夏大豆田	一年生禾本科杂草	72-90克/公顷	茎叶喷雾
	冬油菜田	一年生禾本科杂草	54-72克/公顷	茎叶喷雾
PD20082116	咪唑乙烟酸/10%/水剂/咪唑乙烟酸 10%/2008.11.25 至 2013.11.25/低毒			
	春大豆田	一年生杂草	90-105克/公顷(东北地区)	茎叶喷雾
PD20082331	锰锌·腈菌唑/40%/可湿性粉剂/腈菌唑 5%、代森锰锌 35%/2008.12.01 至 2013.12.01/低毒			
	梨树	黑星病	333-500毫克/千克	喷雾
PD20083250	苯磺隆/10%/可湿性粉剂/苯磺隆 10%/2008.12.11 至 2013.12.11/低毒			
	小麦田	多种一年生阔叶杂草	10.05-19.5克/公顷	茎叶喷雾
PD20083606	二氯喹啉酸/45%/可溶粉剂/二氯喹啉酸 45%/2008.12.12 至 2013.12.12/低毒			
	水稻插秧田、水稻抛秧田、水稻直播田	稗草	202.5-337.5克/公顷	茎叶喷雾
PD20085249	多效唑/95%/原药/多效唑 95%/2008.12.23 至 2013.12.23/低毒			
PD20085908	草除灵/50%/悬浮剂/草除灵 50%/2008.12.29 至 2013.12.29/低毒			
	油菜田	一年生阔叶杂草	225-300克/公顷	喷雾
PD20086256	氟吡·氟磺胺/24%/乳油/氟磺胺草醚 21%、高效氟吡甲禾灵 3%/2008.12.31 至 2013.12.31/低毒			
	春大豆田	一年生杂草	460.8-576克/公顷	茎叶喷雾
	夏大豆田	一年生杂草	345.6-460.8克/公顷	茎叶喷雾
PD20086368	腈菌·福美双/20%/可湿性粉剂/福美双 18%、腈菌唑 2%/2008.12.31 至 2013.12.31/低毒			
	黄瓜	黑星病	300-400克/公顷	喷雾
PD20090442	苄·丁/20%/可湿性粉剂/苄嘧磺隆 0.5%、丁草胺 19.5%/2009.01.12 至 2014.01.12/低毒			
	水稻田	部分多年生杂草、一年生杂草	600-900克/公顷	毒土法
PD20090493	氟吗·乙铝/50%/可湿性粉剂/氟吗啉 5%、三乙膦酸铝 45%/2009.01.12 至 2014.01.12/低毒			
	葡萄	霜霉病	500-900克/公顷	喷雾
	烟草	黑胫病	600-800克/公顷	喷雾
PD20090541	氰戊·氧乐果/30%/乳油/氰戊菊酯 10%、氧乐果 20%/2009.01.13 至 2014.01.13/中等毒(原药高毒)			
	大豆	食心虫	135-180克/公顷	喷雾
	棉花	红铃虫、棉铃虫	90-180克/公顷	喷雾
	棉花	蚜虫	67.5-135克/公顷	喷雾
PD20090605	咪唑乙烟酸/70%/可湿性粉剂/咪唑乙烟酸 70%/2009.01.14 至 2014.01.14/低毒			
	春大豆田	一年生杂草	84—105克/公顷(东北地区)	茎叶喷雾
PD20090667	戊唑醇/25%/可湿性粉剂/戊唑醇 25%/2009.01.19 至 2014.01.19/低毒			
	苹果树	斑点落叶病	100-200毫克/千克	喷雾
PD20092291	吡蚜酮/98%/原药/吡蚜酮 98%/2009.02.24 至 2014.02.24/低毒			
PD20093355	啶菌·福美双/40%/悬乳剂/啶菌噁唑 8%、福美双 32%/2009.03.18 至 2014.03.18/低毒			
	番茄	灰霉病	400-600克/公顷	喷雾
PD20094188	二甲戊灵/33%/乳油/二甲戊灵 33%/2009.03.30 至 2014.03.30/低毒			
	马铃薯田	一年生禾本科杂草及部分阔叶杂草	990-1485克/公顷	土壤喷雾
PD20094684	氟环唑/95%/原药/氟环唑 95%/2009.04.10 至 2014.04.10/低毒			
PD20094992	苄·乙·甲/22.5%/可湿性粉剂/苄嘧磺隆 2%、甲磺隆 0.5%、乙草胺 20%/2009.04.21 至 2014.04.21/低毒			
	水稻移栽田	部分多年生杂草、一年生杂草	67.5-84克/公顷	返青后药土(法)均匀撒施(秧苗4叶期以上)
PD20095004	甲磺隆/96%/原药/甲磺隆 96%/2009.04.21 至 2014.04.21/低毒			
PD20095143	甲磺隆/10%/可湿性粉剂/甲磺隆 10%/2009.04.24 至 2014.04.24/低毒			
	冬小麦田	一年生单、双子叶杂草	6.0-7.5克/公顷	播后苗前或苗后(看麦娘2.5叶)早期叶面处理
PD20095213	烯肟菌胺/5%/乳油/烯肟菌胺 5%/2009.04.24 至 2014.04.24/低毒			
	黄瓜(温棚)、小麦	白粉病	40-80克/公顷	喷雾
PD20095214	烯肟菌胺/98%/原药/烯肟菌胺 98%/2009.04.24 至 2014.04.24/低毒			

PD20095298 烯肟·多菌灵/28%/可湿性粉剂/多菌灵 21%、烯肟菌酯 7%/2009.04.27 至 2014.04.27/低毒

小麦 赤霉病 200-400克/公顷 喷雾

PD20095462 氟吗·乙铝/50%/水分散粒剂/氟吗啉 5%、三乙膦酸铝 45%/2009.05.11 至 2014.05.11/低毒

荔枝 霜疫霉病 600-800毫克/千克 喷雾

PD20095602 烯酮·草除灵/12%/乳油/草除灵 9.5%、烯草酮 2.5%/2009.05.12 至 2014.05.12/低毒

冬油菜田 一年生杂草 360-450克/公顷 茎叶喷雾

PD20095603 苄·乙/25%/可湿性粉剂/苄嘧磺隆 5.5%、乙草胺 19.5%/2009.05.12 至 2014.05.12/低毒

水稻移栽田 一年生及部分多年生杂草 84-118克/公顷 药土法

PD20095756 烟嘧磺隆/40克/升/油悬浮剂/烟嘧磺隆 40克/升/2009.05.18 至 2014.05.18/微毒

玉米田 一年生杂草 42-60克/公顷 茎叶喷雾

PD20095846 烟嘧磺隆/95%/原药/烟嘧磺隆 95%/2009.05.27 至 2014.05.27/微毒

PD20095930 灭草松/95%/原药/灭草松 95%/2009.06.02 至 2014.06.02/低毒

PD20095953 氟吗啉/20%/可湿性粉剂/氟吗啉 20%/2009.06.02 至 2014.06.02/低毒

黄瓜 霜霉病 75-150克/公顷 喷雾

PD20095983 咪唑喹啉酸/95%/原药/咪唑喹啉酸 95%/2009.06.05 至 2014.06.05/低毒

PD20096182 咪唑喹啉酸/5%/水剂/咪唑喹啉酸 5%/2009.07.06 至 2014.07.06/低毒

春大豆田 一年生阔叶杂草 112.5-150克/公顷(东北地区) 喷雾

PD20096229 唑喹·咪乙烟/7.5%/水剂/咪唑喹啉酸 5%、咪唑乙烟酸 2.5%/2009.07.15 至 2014.07.15/低毒

春大豆田 一年生杂草 112.5-135克/公顷 茎叶喷雾

PD20096507 灭草松/480克/升/水剂/灭草松 480%/2009.08.19 至 2014.08.19/低毒

水稻移栽田 阔叶杂草及莎草科杂草 1080-1440克/公顷 茎叶喷雾

PD20096554 氟虫腈/95%/原药/氟虫腈 95%/2009.08.24 至 2014.08.24/中等毒

PD20096615 烯肟·氟环唑/18%/悬浮剂/氟环唑 6%、烯肟菌酯 12%/2009.09.02 至 2014.09.02/低毒

苹果 斑点落叶病 100-200毫克/千克 喷雾

PD20096616 烯肟·戊唑醇/20%/悬浮剂/戊唑醇 10%、烯肟菌胺 10%/2009.09.02 至 2014.09.02/低毒

小麦 锈病 40-60克/公顷 喷雾

PD20096843 磺草酮/98%/原药/磺草酮 98%/2009.09.21 至 2014.09.21/低毒

PD20096851 磺草酮/15%/水剂/磺草酮 15%/2009.09.21 至 2014.09.21/低毒

春玉米田 一年生杂草 981-1226.3克/公顷 茎叶喷雾

夏玉米田 一年生杂草 735.8-981克/公顷 茎叶喷雾

PD20096896 烯肟·霜脲氰/25%/可湿性粉剂/霜脲氰 12.5%、烯肟菌酯 12.5%/2009.09.23 至 2014.09.23/低毒

葡萄 霜霉病 100-200克/公顷 喷雾

PD20097354 磺草·乙草胺/30%/悬乳剂/磺草酮 15%、乙草胺 15%/2009.10.27 至 2014.10.27/低毒

春玉米田 一年生杂草 1350-1800克/公顷 土壤喷雾

PD20097389 氟虫腈/50克/升/悬浮剂/氟虫腈 50克/升/2009.10.28 至 2014.10.28/低毒

注:仅供出口。

PD20097949 氟环唑/12.5%/悬浮剂/氟环唑 12.5%/2009.11.30 至 2014.11.30/低毒

香蕉 叶斑病 93.75-187.5克/公顷 喷雾

LS20011701 吡氟酰草胺/97%/原药/吡氟酰草胺 97%/2009.01.01 至 2009.12.31/低毒

LS20053765 啶菌·乙霉威/30%/悬浮剂/啶菌噁唑 20%、乙霉威 10%/2008.12.14 至 2009.12.14/低毒

黄瓜 灰霉病 200-400克/公顷 喷雾

LS20060597 嗪草酸甲酯/5%/乳油/嗪草酸甲酯 5%/2009.03.23 至 2010.03.23/低毒

春大豆、春玉米 一年生阔叶杂草 7.5-11.25克/公顷 茎叶喷雾

夏大豆、夏玉米 一年生阔叶杂草 3.75-7.5克/公顷 茎叶喷雾

LS20060981 嗪草酸甲酯/95%/原药/嗪草酸甲酯 95%/2009.04.23 至 2010.04.23/低毒

LS20071617 喹·嗪·氟磺胺/14%/乳油/氟磺胺草醚 10%、精喹禾灵 3%、嗪草酸甲酯 1%/2009.06.05 至 2010.06.06/低毒

大豆田 一年生杂草 157.5-210克/公顷 茎叶喷雾

LS20071638 氟·嗪·烯草酮/18%/乳油/氟磺胺草醚 10%、嗪草酸甲酯 1%、烯草酮 7%/2009.06.06 至 2010.06.07/低毒

大豆田 一年生杂草 202.5-270克/公顷 茎叶喷雾

LS20080039 莎稗磷/90%/原药/莎稗磷 90%/2010.01.03 至 2011.01.03/低毒

LS20080214 莎稗磷/300克/升/乳油/莎稗磷 300克/升/2010.01.07 至 2011.01.07/低毒

水稻移栽田 稗草、莎草 270-315克/公顷 毒土法

LS20082798 嗪·烟·辛酰腈/20%/油悬浮剂/嗪草酸甲酯 1%、辛酰溴苯腈 15%、烟嘧磺隆 4%/2009.05.09 至 2010.05.09/低毒

玉米田 一年生杂草 225-300克/公顷 茎叶喷雾

LS20082864 50%氟吗啉·三乙膦酸铝可湿性粉剂/50%/可湿性粉剂/氟吗啉 5%、三乙膦酸铝 45%/2008.06.11 至 2009.06.11/低毒

烟草 黑胫病 600-800克/公顷 灌根

LS20082882 嗪·烟·莠去津/20%/油悬浮剂/嗪草酸甲酯 0.5%、烟嘧磺隆 2%、莠去津 17.5%/2009.06.12 至 2010.06.12/低毒

玉米田 一年生杂草 450-600克/公顷 茎叶喷雾

LS20083201 硝磺草酮/95%/原药/硝磺草酮 95%/2009.12.04 至 2010.12.04/低毒

LS20090954 磺草酮/26%/悬浮剂/磺草酮 26%/2009.04.10 至 2010.04.10/微毒

玉米田 一年生杂草 585-900克/公顷 茎叶喷雾

LS20091071 唑菌酯/20%/悬浮剂/唑菌酯 20%/2009.04.15 至 2010.04.15/低毒

黄瓜 霜霉病 50-100克/公顷 喷雾

LS20091072 唑菌酯/95%/原药/唑菌酯 95%/2009.04.15 至 2010.04.15/中等毒
LS20091366 氟吡·烯草酮/22.5%/乳油/高效氟吡甲禾灵 7.5%、烯草酮 15%/2009.07.22 至 2010.07.22/低毒
冬油菜田 一年生禾本科杂草 30-40毫升制剂/亩 茎叶喷雾

沈阳民友农化有限公司 (辽宁省沈阳市新城子区杭州西路4号 110121 024-89860341)

PD20084024 三唑锡/20%/悬浮剂/三唑锡 20%/2008.12.16 至 2013.12.16/低毒
柑橘树 红蜘蛛 133.3-200毫克/千克 喷雾
PD20086006 三唑锡/25%/可湿性粉剂/三唑锡 25%/2008.12.29 至 2013.12.29/低毒
柑橘树 红蜘蛛 125-250毫克/千克 喷雾
PD20092753 三唑锡/95%/原药/三唑锡 95%/2009.03.04 至 2014.03.04/中等毒

内蒙古自治区

赤峰中农大生化科技有限责任公司 (内蒙古自治区赤峰市松山区上官地镇镇中心 024049 0476-2202297)

PD20096372 毒死蜱/480克/升/乳油/毒死蜱 480克/升/2009.08.04 至 2014.08.04/中等毒
苹果树 绵蚜 192-240毫克/千克 喷雾
十字花科蔬菜 菜青虫 360-540克/公顷 喷雾
LS93614 苦参碱/1%/可溶性液剂/苦参碱 1%/2009.01.06 至 2009.12.31/低毒
甘蓝 菜青虫、菜蚜 7.5-18克/公顷 喷雾

内蒙古百草原防虫制品有限责任公司 (内蒙古自治区赤峰市巴林左旗报头大街中段74号 025450 0476-7885890)

WP20090242 防蛀片剂/98%/防蛀剂/对二氯苯 98%/2009.04.23 至 2014.04.23/低毒
卫生 黑皮蠹 / 投放

内蒙古拜克生物有限公司 (内蒙古自治区托克托县托电工业园区 010206 0471-8661111)

PD20082349 阿维菌素/92%/原药/阿维菌素 92%/2008.12.01 至 2013.12.01/高毒

内蒙古赤峰市帅旗农药有限责任公司 (内蒙古自治区赤峰市松山区蒙中对面 024005 0476-8423682)

LS95475 烟碱·苦参碱/1.2%/乳油/苦参碱 0.5%、烟碱 0.7%/2009.01.01 至 2009.12.31/中等毒
甘蓝 菜青虫 7.2-9克/公顷 喷雾
黄瓜 红蜘蛛、蚜虫 7.2-9克/公顷 喷雾
苹果树 黄蚜 12-15毫克/千克 喷雾
小麦 黏虫 9-11.7克/公顷 喷雾

内蒙古宏裕科技股份有限公司 (内蒙古呼伦贝尔岭东工业开发区扎兰屯市中央南路68号 162650 0470-3353737)

PD20070285 乙草胺/93%/原药/乙草胺 93%/2007.09.05 至 2012.09.05/低毒
PD20080135 乙草胺/900克/升/乳油/乙草胺 900克/升/2008.01.04 至 2013.01.04/低毒
春大豆田、春玉米田 一年生禾本科杂草及部分阔叶杂草 1350-1890克/公顷(东北地区) 播后苗前土壤喷雾
花生田、夏玉米田 一年生禾本科杂草及部分阔叶杂草 1080－1620克/公顷 播后苗前土壤喷雾
马铃薯田 一年生禾本科杂草及部分阔叶杂草 1350-1890克/公顷 播后苗前土壤喷雾
棉花田 一年生禾本科杂草及部分阔叶杂草 945-1350克/公顷 播后苗前土壤喷雾
PD20080593 灭草松/480克/升/水剂/灭草松 480克/升/2008.05.12 至 2013.05.12/低毒
春大豆田 阔叶杂草、莎草科杂草 1440-1800克/公顷(东北地区) 茎叶喷雾
夏大豆田 阔叶杂草、莎草科杂草 1152-1440克/公顷(其它地区) 茎叶喷雾
移栽水稻田 阔叶杂草、莎草科杂草 1152-1440克/公顷 茎叶喷雾
PD20080616 丁草胺/90%/原药/丁草胺 90%/2008.05.12 至 2013.05.12/低毒
PD20081665 异噁草松/480克/升/乳油/异噁草松 480克/升/2008.11.14 至 2013.11.14/低毒
春大豆田 一年生杂草 1080-1296克/公顷 播后苗前土壤喷雾处理
PD20082214 异丙草胺/90%/原药/异丙草胺 90%/2008.11.26 至 2013.11.26/低毒
PD20082469 丁草胺/60%/乳油/丁草胺 60%/2008.12.03 至 2013.12.03/低毒
水稻移栽田 一年生杂草 765-1350克/公顷 毒土法
PD20083522 烯禾啶/12.5%/乳油/烯禾啶 12.5%/2008.12.12 至 2013.12.12/低毒
春大豆田 一年生禾本科杂草 187.5-225克/公顷(东北地区) 茎叶喷雾
夏大豆田 一年生禾本科杂草 150-187.5克/公顷(其它地区) 茎叶喷雾
PD20084504 异丙草·莠/40%/悬乳剂/异丙草胺 24%、莠去津 16%/2008.12.18 至 2013.12.18/低毒
春玉米田 一年生杂草 4500-5250毫升/公顷(制剂) 土壤喷雾
夏玉米田 一年生杂草 3000-3750毫升/公顷(制剂) 土壤喷雾
PD20084823 乙草胺/50%/乳油/乙草胺 50%/2008.12.22 至 2013.12.22/低毒
春大豆田 一年生禾本科杂草及部分阔叶杂草 1350-1875克/公顷(东北地区) 播后苗前土壤喷雾
春玉米田 一年生禾本科杂草及部分阔叶杂草 1125-1875克/公顷 播后苗前土壤喷雾
花生田、夏玉米田 部分阔叶杂草、一年生禾本科杂草 1050-1350克/公顷 播后苗前土壤喷雾
马铃薯田 一年生禾本科杂草及部分阔叶杂草 1350-1875克/公顷 播后苗前土壤喷雾

雾
棉花田　一年生禾本科杂草及部分小粒种子阔叶杂草　937.5-1200克/公顷　播后苗前土壤喷雾
PD20085348　滴丁·乙草胺/75%/乳油/2,4-滴丁酯 20%、乙草胺 55%/2008.12.24 至 2013.12.24/低毒
春玉米田　一年生杂草　1921.5-2250克/公顷(东北地区)　播后苗前土壤喷雾
PD20085907　氟胺·烯禾啶/22.5%/乳油/氟磺胺草醚 10%、烯禾啶 12.5%/2008.12.29 至 2013.12.29/低毒
春大豆田　一年生杂草　287.0-354.4克/公顷　茎叶喷雾处理
PD20086096　丙草胺/95%/原药/丙草胺 95%/2008.12.30 至 2013.12.30/低毒
PD20095251　异丙草胺/720克/升/乳油/异丙草胺 720克/升/2009.04.27 至 2014.04.27/低毒
春大豆田、春玉米田　一年生禾本科杂草及部分阔叶杂草　1620-2160克/公顷(东北地区)　土壤喷雾
春油菜　一年生禾本科杂草及部分阔叶杂草　1350-1890克/公顷　土壤喷雾
花生田、夏玉米田　一年生禾本科杂草及部分阔叶杂草　1296－1620克/公顷　土壤喷雾
PD20095803　乙羧氟草醚/10%/乳油/乙羧氟草醚 10%/2009.05.27 至 2014.05.27/低毒
春大豆田　一年生阔叶杂草　90-105克/公顷(东北地区)　茎叶喷雾
PD20095806　乙羧氟草醚/95%/原药/乙羧氟草醚 95%/2009.05.27 至 2014.05.27/低毒
PD20096132　异丙甲草胺/96%/原药/异丙甲草胺 96%/2009.06.24 至 2014.06.24/低毒
PD20096382　氟磺胺草醚/250克/升/水剂/氟磺胺草醚 250克/升/2009.08.04 至 2014.08.04/低毒
春大豆田　一年生阔叶杂草　300-375克/公顷　茎叶喷雾
夏大豆田　一年生阔叶杂草　225-300克/公顷　茎叶喷雾
PD20097319　烟嘧磺隆/40克/升/可分散油悬浮剂/烟嘧磺隆 40克/升/2009.10.27 至 2014.10.27/微毒
玉米田　一年生杂草　42-60克/公顷　茎叶喷雾
LS20090317　丙草胺/50%/水乳剂/丙草胺 50%/2009.03.05 至 2010.03.05/低毒
移栽水稻田　一年生禾本科、莎草科及部分阔叶杂草　50-90毫升制剂/亩　毒土法
LS20090711　乙草胺/89%/乳油/乙草胺 89%/2009.03.31 至 2010.03.31/低毒
大豆田　一年生禾本科杂草及部分小粒种子阔叶杂草　1800-2250克/公顷(东北地区) 1200-1500克/公顷(其他地区)　播后苗前土壤喷雾
玉米田　一年生禾本科杂草及部分小粒种子阔叶杂草　1725－2175克/公顷（东北地区） 975－1425克/公顷（其他地区）　播后苗前土壤喷雾

内蒙古呼和浩特市绿邦农药有限责任公司　（内蒙古自治区呼和浩特市土左旗兵州亥乡　010100　0471-4954433-2922）

PD20081636　复硝酚钠/1.4%/水剂/复硝酚钠 1.4%/2008.11.14 至 2013.11.14/低毒
番茄、黄瓜、茄子　促进生长　6000-8000倍液　喷雾
PD20083369　联苯菊酯/25克/升/乳油/联苯菊酯 25克/升/2008.12.11 至 2013.12.11/低毒
茶树　茶小绿叶蝉　25-37.5毫克/千克　喷雾
PD20084035　乙草胺/900克/升/乳油/乙草胺 900克/升/2008.12.16 至 2013.12.16/低毒
夏玉米田　一年生杂草　1080-1350克/公顷　土壤喷雾
PD20084061　炔螨特/730克/升/乳油/炔螨特 730克/升/2008.12.16 至 2013.12.16/低毒
棉花　红蜘蛛　273.75-492.75克/公顷　喷雾
PD20084233　高效氯氟氰菊酯/25克/升/乳油/高效氯氟氰菊酯 25克/升/2008.12.17 至 2013.12.17/中等毒
十字花科蔬菜　菜青虫　7.5-11.25克/公顷　喷雾
PD20085451　氯氰·丙溴磷/440克/升/乳油/丙溴磷 400克/升、氯氰菊酯 40克/升/2008.12.24 至 2013.12.24/低毒
棉花　棉铃虫　462-660克/公顷　喷雾
PD20091013　吡虫啉/50%/可湿性粉剂/吡虫啉 50%/2009.01.21 至 2014.01.21/低毒
水稻　稻飞虱　22.5-30克/公顷　喷雾
PD20092078　氯氰·毒死蜱/522.5克/升/乳油/毒死蜱 475克/升、氯氰菊酯 47.5克/升/2009.02.16 至 2014.02.16/中等毒
十字花科蔬菜　菜青虫　391.875-470.25克/公顷　喷雾
PD20092402　高效氟吡甲禾灵/108克/升/乳油/高效氟吡甲禾灵 108克/升/2009.02.25 至 2014.02.25/低毒
夏大豆田　一年生禾本科杂草　48.6-72.9克/公顷　茎叶喷雾
PD20096754　阿维菌素/1.8%/乳油/阿维菌素 1.8%/2009.09.07 至 2014.09.07/低毒(原药高毒)
十字花科蔬菜　小菜蛾　8.1-10.8克/公顷　喷雾
LS20070293　阿维·毒死蜱/10.2%/乳油/阿维菌素 0.2%、毒死蜱 10%/2009.02.24 至 2010.02.24/低毒(原药高毒)
十字花科蔬菜　小菜蛾　91.8-122.4克/公顷　喷雾
LS20070901　苯甲·丙环唑/300克/升/乳油/苯醚甲环唑 150克/升、丙环唑 150克/升/2009.04.12 至 2010.04.13/低毒
水稻　纹枯病　67.5-90克/公顷　喷雾
LS20071029　阿维·哒螨灵/5.5%/乳油/阿维菌素 0.5%、哒螨灵 5%/2009.04.19 至 2010.04.20/低毒(原药高毒)
柑橘树　红蜘蛛　27.5-36.7毫克/千克　喷雾
LS20080156　甲维盐·氯氰/3.2%/微乳剂/甲氨基阿维菌素苯甲酸盐 0.2%、氯氰菊酯 3%/2009.01.06 至 2010.01.07/低毒
十字花科蔬菜　甜菜夜蛾　19.2-28.8克/公顷　喷雾
LS20082101　阿维·三唑磷/20%/乳油/阿维菌素 0.2%、三唑磷 19.8%/2009.04.15 至 2010.04.15/中等毒(原药高毒)
水稻　二化螟　180-240克/公顷　喷雾

内蒙古呼和浩特市蒙加农药化工有限公司（内蒙古自治区呼和浩特市回民区阿拉善路1号　010030　0471-3965433）

PD85154-24　20%氰戊菊酯乳油//乳油/氰戊菊酯 20%/2005.08.15 至 2010.08.15/中等毒
柑橘树　潜叶蛾　10-20毫克/千克　喷雾

果树 梨小食心虫 10-20毫克/千克 喷雾
棉花 红铃虫、蚜虫 75-150克/公顷 喷雾
蔬菜 菜青虫、蚜虫 60-120克/公顷 喷雾

内蒙古华星生物科技有限公司 （内蒙古自治区赤峰市元宝山区赤元公路21公里 024070 0476-3584310）

PD20097608 戊唑·福美双/8.6%/悬浮种衣剂/福美双 8.2%、戊唑醇 0.4%/2009.11.03 至 2014.11.03/低毒
玉米 丝黑穗病 172-215克/100千克种子 种子包衣
LS20090582 丁硫·福·甲霜/38%/悬浮种衣剂/丁硫克百威 10%、福美双 24%、甲霜灵 4%/2009.03.19 至 2010.03.19/中等毒
大豆 地下害虫、根腐病 630-760克/100千克种子 种子包衣
LS20090872 丁·戊·福美双/15.6%/悬浮种衣剂/丁硫克百威 7%、福美双 8.2%、戊唑醇 0.4%/2009.04.09 至 2010.04.09/中等毒
玉米 地老虎、金针虫、蛴螬、丝黑穗病 260-390克/100千克种子 种子包衣

内蒙古宁城县天力神卫生制品有限责任公司 （内蒙古自治区赤峰市宁城县天义镇兴隆街西段 024200 0476-4228199）

WP20090096 杀虫粉剂/0.11%/粉剂/高效氯氰菊酯 0.06%、溴氰菊酯 0.05%/2009.02.04 至 2014.02.04/低毒
卫生 蜚蠊 3克制剂/平方米 撒布

内蒙古清源保生物科技有限公司 （内蒙古自治区巴彦淖尔盟磴口县化肥厂东侧 015200 0478-4213742）

LS96394 氧苦·内酯/0.6%/水剂/补骨内酯 0.4%、氧化苦参碱 0.2%/2009.02.01 至 2009.12.31/低毒
十字花科蔬菜 菜青虫、蚜虫 7.5-9克/公顷 喷雾
LS20050169 异噁草松/480克/升/乳油/异噁草松 480克/升/2008.01.24 至 2009.01.23/低毒
春大豆 一年生杂草 864-1008克/公顷 土壤喷雾
LS20061384 甲氨基阿维菌素苯甲酸盐/1%/微乳剂/甲氨基阿维菌素苯甲酸盐 1%/2009.06.26 至 2010.06.26/低毒
十字花科蔬菜 甜菜夜蛾 1.5-3.75克/公顷 喷雾
LS20071711 高效氟吡甲禾灵/108克/升/乳油/高效氟吡甲禾灵 108克/升/2009.07.03 至 2010.07.04/低毒
大豆田 一年生禾本科杂草 48.6-64.8克/公顷 茎叶喷雾
LS20071714 高效氯氰菊酯/4.5%/微乳剂/高效氯氰菊酯 4.5%/2009.07.03 至 2010.07.04/中等毒
十字花科蔬菜 菜青虫 22.5-30克/公顷 喷雾
LS20080104 大黄素甲醚/8.5%/母药/大黄素甲醚 8.5%/2009.01.03 至 2010.01.04/低毒
LS20080157 大黄素甲醚/0.5%/水剂/大黄素甲醚 0.5%/2009.01.06 至 2010.01.07/低毒
黄瓜 白粉病 18-45克/公顷 喷雾
LS20080240 除虫菊素/1.5%/水乳剂/除虫菊素 1.5%/2009.01.06 至 2010.01.07/低毒
十字花科蔬菜 蚜虫 18-36克/公顷 喷雾
LS20083019 苦参碱/0.6%/水剂/苦参碱 0.6%/2009.09.11 至 2010.09.11/低毒
茶树 茶尺蠖 5.4-6.75克/公顷 喷雾
LS20090370 鱼藤酮/7.5%/乳油/鱼藤酮 7.5%/2009.03.13 至 2010.03.13/低毒
十字花科蔬菜 蚜虫 56.25-73.125克/公顷 喷雾
LS20091209 甲氨基阿维菌素苯甲酸盐(5.7%)///水分散粒剂/甲氨基阿维菌素 5%%/2009.04.27 至 2010.04.27/低毒
十字花科蔬菜 小菜蛾 3-4.5克/公顷 喷雾

内蒙古神威科技开发有限责任公司 （内蒙古自治区呼和浩特市昭马达路306号 010018 0471-4301490）

PD20083361 高效氯氟氰菊酯/25克/升/乳油/高效氯氟氰菊酯 25克/升/2008.12.11 至 2013.12.11/中等毒
十字花科蔬菜 菜青虫 7.5-11.25克/公顷 喷雾
PD20084953 氯氰·丙溴磷/440克/升/乳油/丙溴磷 400克/升、氯氰菊酯 40克/升/2008.12.22 至 2013.12.22/中等毒
棉花 棉铃虫 462-660克/公顷 喷雾
PD20097139 高效氟吡甲禾灵/108克/升/乳油/高效氟吡甲禾灵 108克/升/2009.10.16 至 2014.10.16/低毒
春大豆田 一年生禾本科杂草 56.7-64.8克/公顷 茎叶喷雾
夏大豆田 一年生禾本科杂草 32.4-56.7克/公顷 茎叶喷雾
LS20081220 精喹禾灵/10.8%/乳油/精喹禾灵 10.8%/2009.03.10 至 2010.03.10/低毒
大豆田 一年生禾本科杂草 48.6-64.8克/公顷 茎叶喷雾

内蒙古新威远生物化工有限公司 （内蒙古自治区鄂尔多斯市达拉特旗王爱召镇 014300 0477-5229505）

PD20084919 阿维菌素/95%/原药/阿维菌素 95%/2008.12.22 至 2013.12.22/高毒
PD20094508 甲氨基阿维菌素苯甲酸盐/95%/原药/甲氨基阿维菌素 95%/2009.04.09 至 2014.04.09/低毒

宁夏回族自治区

宁夏格瑞精细化工有限公司 （宁夏回族自治区平罗县太沙工业区 753400 0952-3950069）

PD85159-46 草甘膦/30%/水剂/草甘膦 30%/2005.08.15 至 2010.08.15/低毒
茶树、甘蔗、果园、剑麻、林木、桑树、橡胶树 一年生杂草和多年生恶性杂草 1125-2250克/公顷 定向茎叶喷雾
PD92103-24 草甘膦/95%/原药/草甘膦 95%/2009.12.08 至 2014.12.08/低毒
PD20080572 草甘膦异丙胺盐/41%/水剂/草甘膦异丙胺盐 41%/2008.05.12 至 2013.05.12/微毒
柑橘园 杂草 1125-2250克/公顷 定向茎叶喷雾
PD20082190 草甘膦异丙胺盐/62%/水剂/草甘膦异丙胺盐 62%/2008.11.26 至 2013.11.26/低毒
柑橘园 杂草 1209－2325克/公顷 定向茎叶喷雾

宁夏华西中天新材料有限公司 （宁夏回族自治区银川市西夏区镇北堡华西工业区 750001 0951-2136001）

PD20084804 多·福·克/16.8%/悬浮种衣剂/多菌灵 3.8%、福美双 6%、克百威 7%/2008.12.22 至 2013.12.22/高毒
玉米 地下害虫、茎基腐病 1:30-40(药种比) 种子包衣
LS20071411 甲枯·福美双/15%/悬浮种衣剂/福美双 10%、甲基立枯磷 5%/2009.05.17 至 2010.05.18/低毒

棉花 立枯病、炭疽病 1:40-60（药种比） 种子包衣
LS20090073 戊唑·福美双/9.6%/悬浮种衣剂/福美双 9%、戊唑醇 .6%/2010.01.09 至 2011.01.09/低毒
玉米 丝黑穗病 160-240克/100千克种子 种子包衣

宁夏垦原生物化工科技有限公司 （宁夏回族自治区银川市金凤区垦原路 750011 0951-3066993）

PD20093840 草甘膦/95%/原药/草甘膦 95%/2009.03.25 至 2014.03.25/低毒
PD20094021 吡虫·仲丁威 /40%/乳油/吡虫啉 1.5%、仲丁威 38.5%/2009.03.27 至 2014.03.27/中等毒
水稻 飞虱 300-390克/公顷 喷雾
PD20094215 异稻·稻瘟灵/40%/乳油/稻瘟灵 10%、异稻瘟净 30%/2009.03.31 至 2014.03.31/中等毒
水稻 稻瘟病 600-1000克/公顷 喷雾
PD20094249 辛硫·灭多威/30%/乳油/灭多威 10%、辛硫磷 20%/2009.03.31 至 2014.03.31/高毒
棉花 棉铃虫 180-360克/公顷 喷雾
PD20094469 霜脲·锰锌/72%/可湿性粉剂/代森锰锌 64%、霜脲氰 8%/2009.04.01 至 2014.04.01/低毒
黄瓜 霜霉病 1440-1800克/公顷 喷雾
PD20096601 乙烯利/40%/水剂/乙烯利 40%/2009.09.02 至 2014.09.02/低毒
棉花 催熟 800-1333毫克/千克 喷雾
PD20097549 复硝酚钠/2%/水剂/2,4-二硝基苯酚钠 0.2%、5-硝基邻甲氧基苯酚钠 0.4%、对硝基苯酚钠 0.8%、邻硝基苯酚钠 0.6%/2009.11.03 至 2014.11.03/低毒
小麦 调节生长 3000-4000倍液 喷雾
LS20060943 草甘膦异丙胺盐(41%)///水剂/草甘膦 30%/2009.04.18 至 2010.04.18/低毒
苹果园 一年生和多年生杂草 1125-2250克/公顷 定向茎叶喷雾

宁夏绿泰生物工程有限公司 （宁夏回族自治区银川市金凤区通达南街友谊巷8号 750011 0951-3992828）

LS20060028 核苷酸/0.05%/水剂/核苷酸 0.05%/2009.01.16 至 2010.01.16/低毒
黄瓜 调节生长、增产 400-600倍 茎叶喷雾

宁夏启元药业有限公司 （宁夏回族自治区银川市工业园启元大道1号 750101 0951-4066000，8355556）

PD20083568 阿维菌素/92%/原药/阿维菌素 92%/2008.12.12 至 2013.12.12/高毒

宁夏三喜科技有限公司 （宁夏回族自治区平罗县太沙工业园区精细化工园 753401 0952-3910670）

PD84117 多菌灵/98%/原药/多菌灵 98%/2009.12.16 至 2014.12.16/低毒
PD86115-6 甲基硫菌灵/97%/原粉/甲基硫菌灵 97%/2007.10.15 至 2012.10.15/低毒
PD20050035 异丙隆/95%/原药/异丙隆 95%/2005.04.15 至 2010.04.14/低毒
PD20050058 吡虫啉/95%/原药/吡虫啉 95%/2005.06.06 至 2010.06.05/低毒
PD20060107 噁草酮/94%/原药/噁草酮 94%/2006.06.13 至 2011.06.13/低毒
PD20080636 多菌灵/98%/原药/多菌灵 98%/2008.05.13 至 2013.05.13/低毒
PD20081129 草甘膦/95%/原药/草甘膦 95%/2008.08.21 至 2013.08.21/低毒
PD20081213 噻嗪酮/95%/原药/噻嗪酮 95%/2008.09.11 至 2013.09.11/低毒
PD20091248 敌草隆/95%/原药/敌草隆 95%/2009.02.01 至 2014.02.01/低毒
PD20094489 毒死蜱/95%/原药/毒死蜱 95%/2009.04.09 至 2014.04.09/中等毒
PD20094492 甲基硫菌灵/95%/原药/甲基硫菌灵 95%/2009.04.09 至 2014.04.09/低毒
PD20094652 吡虫啉/95%/原药/吡虫啉 95%/2009.04.10 至 2014.04.10/低毒
PD20094674 百草枯/30.5%/母药/百草枯 30.5%/2009.04.10 至 2014.04.10/中等毒
LS20071886 敌草隆/98%/原药/敌草隆 98%/2009.07.16 至 2010.07.17/微毒

宁夏亚乐农业科技有限责任公司 （宁夏回族自治区银川市良田工业区文昌路41号 750002 0951-5047115）

LS20080956 苦参碱/0.3%/水剂/苦参碱 0.3%/2009.03.04 至 2010.03.04/低毒
十字花科蔬菜 蚜虫 4.5-6.75克/公顷 喷雾

宁夏裕农化工有限责任公司 （宁夏回族自治区惠农县红果子经济开发区 753600 0952-7681891）

PD20081583 霜脲氰/98%/原药/霜脲氰 98%/2008.11.12 至 2013.11.12/低毒
PD20082211 霜脲·锰锌/72%/可湿性粉剂/代森锰锌 64%、霜脲氰 8%/2008.11.26 至 2013.11.26/低毒
黄瓜 霜霉病 1440-1800克/公顷 喷雾
PD20086067 辛硫·高氯氟/21%/乳油/高效氯氟氰菊酯 0.9%、辛硫磷 20.1%/2008.12.30 至 2013.12.30/中等毒
棉花 棉铃虫 189-252克/公顷 喷雾
十字花科蔬菜 菜青虫 94.5-126克/公顷 喷雾
PD20096407 复硝酚钠/1.8%/水剂/5-硝基邻甲氧基苯酚钠 0.3%、对硝基苯酚钠 0.9%、邻硝基苯酚钠 0.6%/2009.08.04至2014.08.04/低毒
小麦 调节生长、增产 3000-4000倍液 喷雾
PD20096641 氯吡脲/0.1%/可溶液剂/氯吡脲 0.1%/2009.09.02 至 2014.09.02/低毒
葡萄 调节生长、增产 10-20毫克/千克 浸幼果穗

银川创卫环保科技有限公司 （宁夏回族自治区银川市解放西街164号 750011 0951-5041414）

WL20090015 杀蟑胶饵/1%/胶饵/乙酰甲胺磷 1%/2010.01.12 至 2011.01.12/低毒
室内 蜚蠊 / 投放

青海省

青海黎化实业有限责任公司 （青海省大通县宁张公路28公里处 810103 0971-2765458）

PD20060052 矮壮素/50%/水剂/矮壮素 50%/2006.03.06 至 2011.03.06/低毒
小麦 防止倒伏、增产 150-250倍液 喷雾

青海绿原生物工程有限公司 （青海省西宁市青海生物科技产业园纬二路1号 810016 0971-5318744）

PD20030008 氟乐灵/96%/原药/氟乐灵 ≥96%/2008.09.28 至 2013.09.28/低毒

PD20030009 氟乐灵/48%/乳油/氟乐灵 48%/2008.09.28 至 2013.09.28/低毒

春油菜	部分阔叶杂草、一年生禾本科杂草	1296-1440克/公顷	土壤喷雾
棉花田	部分阔叶杂草、一年生禾本科杂草	864-1080克/公顷	土壤喷雾

PD20096472 D型肉毒梭菌毒素/1000万毒价/毫升/水剂/D型肉毒梭菌毒素 1000万毒价/毫升/2009.08.14 至 2014.08.14/中等毒

草场牧草	鼢鼠、高原鼠兔	按1：500-1：1000配制毒饵，饱和投饵	鼠洞投饵

青海生物药品厂 (青海省西宁市城北区经济技术开发区生物产业园区 810003 0971-5318190)

PD20070418 C型肉毒杀鼠素/100万毒价/毫升/水剂/C型肉毒梭菌毒素 100万毒价/毫升/2007.11.06 至 2012.11.06/高毒

牧草	鼢鼠、高原鼠兔	配成0.1-0.2%含量的毒饵1125克/公顷	洞施

LS20080075 C型肉毒梭菌毒素/100万毒价/mL/浓饵剂/C型肉毒梭菌毒素 100万毒价/毫升/2009.01.04 至 2010.01.04/低毒

草原	害鼠	10-12毒饵/鼠洞	配成0.1-0.15%的毒饵，鼠洞洞口投饵

LS20090404 D型肉毒梭菌毒素/1500万毒价/毫升/水剂/D型肉毒梭菌毒素 1500万毒价/毫升/2009.03.16 至 2010.03.16/低毒

草原	长爪沙鼠、高原鼠兔、黑线姬鼠	与基饵按1:1000的比例配制成饵	粒 投放

山东省

德州雪豹化学有限公司 (山东省德州市德城区恒东路10号 253035 0534-2233299)

WP20080442 杀虫气雾剂/0.32%/气雾剂/胺菊酯 0.27%、氯氰菊酯 0.05%/2008.12.15 至 2013.12.15/低毒

卫生	蚊、蝇、蜚蠊	/	喷雾

WP20080529 蚊香/0.2%/蚊香/富右旋反式烯丙菊酯 0.2%/2008.12.23 至 2013.12.23/低毒

卫生	蚊	/	点燃

WP20090066 杀虫气雾剂/0.36%/气雾剂/胺菊酯 0.26%、氯菊酯 0.1%/2009.02.01 至 2014.02.01/低毒

卫生	蚊、蝇、蜚蠊	/	喷雾

WL20080029 杀虫气雾剂/0.38%/气雾剂/胺菊酯 0.33%、氯氰菊酯 0.05%/2009.01.07 至 2010.01.07/微毒

室内	蜚蠊、蚊、蝇	/	喷雾

WL20080043 杀虫气雾剂/0.44%/气雾剂/胺菊酯 0.25%、氯菊酯 0.15%、氯氰菊酯 0.04%/2009.01.07 至 2010.01.07/低毒

室内	蜚蠊、蚊、蝇	/	喷雾

东方润博农化(山东)有限公司 (山东省青州市王母宫镇东洪高速出口处 262515 0536-3523999)

PD20083416 苏云金杆菌/16000IU/毫克/可湿性粉剂/苏云金杆菌 16000IU/毫克/2008.12.11 至 2013.12.11/低毒

茶树	茶毛虫	800-1600倍	喷雾
棉花	二代棉铃虫	1500-2250克制剂/公顷	喷雾
森林	松毛虫	1200-1600倍	喷雾
十字花科蔬菜	小菜蛾	750-1125克制剂/公顷	喷雾
十字花科蔬菜	菜青虫	375-750克制剂/公顷	喷雾
水稻	稻纵卷叶螟	1500-2250克制剂/公顷	喷雾
烟草	烟青虫	750-1500克制剂/公顷	喷雾
玉米	玉米螟	750-1500克制剂/公顷	加细沙灌心
枣树	枣尺蠖	1200-1600倍	喷雾

PD20083444 毒死蜱/480克/升/乳油/毒死蜱 480克/升/2008.12.11 至 2013.12.11/中等毒

十字花科蔬菜	黄条跳甲	216-432克/公顷	喷雾

PD20084154 甲氰·噻螨酮/7.5%/乳油/甲氰菊酯 5%、噻螨酮 2.5%/2008.12.16 至 2013.12.16/低毒

柑橘树	红蜘蛛	75-100毫克/千克	喷雾

PD20084352 噁霉灵/15%/水剂/噁霉灵 15%/2008.12.17 至 2013.12.17/低毒

水稻	立枯病	9000-18000克/公顷	苗床喷雾

PD20084439 代森锰锌/80%/可湿性粉剂/代森锰锌 80%/2008.12.17 至 2013.12.17/低毒

番茄	早疫病	1845-2370克/公顷	喷雾

PD20084819 阿维·高氯/1.8%/乳油/阿维菌素 0.3%、高效氯氰菊酯 1.5%/2008.12.22 至 2013.12.22/低毒(原药高毒)

黄瓜	美洲斑潜蝇	10.8-16.2克/公顷	喷雾

PD20084934 多·福/50%/可湿性粉剂/多菌灵 25%、福美双 25%/2008.12.22 至 2013.12.22/低毒

梨树	黑星病	1000-1500毫克/千克	喷雾

PD20085054 啶虫脒/3%/乳油/啶虫脒 3%/2008.12.23 至 2013.12.23/低毒

黄瓜	蚜虫	18-22.5克/公顷	喷雾

PD20086098 灭多威/10%/可湿性粉剂/灭多威 10%/2008.12.30 至 2013.12.30/低毒(原药高毒)

棉花	棉铃虫	315-360克/公顷	喷雾

PD20086116 硫磺·锰锌/70%/可湿性粉剂/硫磺 42%、代森锰锌 28%/2008.12.30 至 2013.12.30/低毒

豇豆	锈病	1575－2100克/公顷	喷雾

PD20090206 烯酰·锰锌/69%/可湿性粉剂/代森锰锌 60%、烯酰吗啉 9%/2009.01.09 至 2014.01.09/低毒

黄瓜	霜霉病	1035-1380克/公顷	喷雾

PD20090449 乙铝·锰锌/50%/可湿性粉剂/代森锰锌 22%、三乙膦酸铝 28%/2009.01.12 至 2014.01.12/低毒

黄瓜	霜霉病	937-1406克/公顷	喷雾

PD20093301 高效氯氟氰菊酯/25克/升/乳油/高效氯氟氰菊酯 25克/升/2009.03.13 至 2014.03.13/低毒

十字花科蔬菜　菜青虫　7.5-11.25克/公顷　喷雾
PD20097138　乙酸铜/20%/可湿性粉剂/乙酸铜 20%/2009.10.16 至 2014.10.16/低毒
黄瓜　苗期猝倒病　3000-4500克/公顷　灌根
PD20097274　福美双/50%/可湿性粉剂/福美双 50%/2009.10.26 至 2014.10.26/低毒
黄瓜　白粉病　562.5—1050克/公顷　喷雾
PD20097429　灭多威/90%/可溶粉剂/灭多威 90%/2009.10.28 至 2014.10.28/高毒
甘蓝　菜青虫　202-270克/公顷　喷雾
LS20052505　阿维·高氯/4.5%/微乳剂/阿维菌素 0.3%、高效氯氰菊酯 4.2%/2008.07.25 至 2009.07.25/中等毒(原药高毒)
十字花科蔬菜　菜青虫、小菜蛾　13.5-27克/公顷　喷雾
LS20060285　菌核净/40%/可湿性粉剂/菌核净 40%/2009.03.01 至 2010.03.01/低毒
烟草　赤星病　1575-2025克/公顷　喷雾
LS20070884　阿维·哒螨灵/10.5%/水乳剂/阿维菌素 0.3%、哒螨灵 10.2%/2009.04.11 至 2010.04.12/低毒(原药高毒)
苹果树　红蜘蛛　30-42毫克/千克　喷雾
LS20072352　高效氯氰菊酯/4.5%/水乳剂/高效氯氰菊酯 4.5%/2008.10.16 至 2009.10.17/低毒
十字花科蔬菜　菜青虫　20.25-27克/公顷　喷雾

肥城市乐家日化有限公司　(山东省肥城市湖屯镇经济开发区　271600　0538-3250666)
WL20090110　杀虫气雾剂/0.43%/气雾剂/氯菊酯 0.15%、右旋胺菊酯 0.28%/2009.04.09 至 2010.04.09/微毒
卫生　蚊、蝇、蜚蠊　/　喷雾

冠县百威日用品厂　(山东省冠县疃镇　252500　0635-8923666)
WL20090085　杀虫气雾剂/0.46%/气雾剂/胺菊酯 0.25%、氯菊酯 0.21%/2009.03.24 至 2010.03.24/微毒
卫生　蚊、蝇　/　/喷雾

冠县军威精细化工厂　(山东省冠县东古镇工业园区　252525　0635-5741989)
WL20090182　杀虫气雾剂/0.5%/气雾剂/胺菊酯 0.3%、氯菊酯 0.2%/2009.09.22 至 2010.09.22/微毒
室内　蚊、蝇、蜚蠊　/　喷雾

济南佳家丽消杀用品厂　(山东省济阳县开源大街东段南侧　251400　0531-84237156)
WL20090050　电热蚊香片/14毫克/片/电热蚊香片/炔丙菊酯 10毫克/片、四氟苯菊酯 4毫克/片/2009.03.05 至 2010.03.05/微毒
卫生　蚊　/　电热加温
WL20090102　杀虫气雾剂/0.6%/气雾剂/Es-生物烯丙菊酯 0.1%、胺菊酯 0.36%、右旋苯醚氰菊酯 0.14%/2009.03.31 至 2010.03.31/微毒
卫生　蚊、蝇、蜚蠊　/　喷雾

济南康威福工贸有限公司　(山东省济南市华阳路69号留学人员创业园二期442　250100　0531-86420139)
WL20080250　高效氯氟氰菊酯/10%/可湿性粉剂/高效氯氟氰菊酯 10%/2008.03.27 至 2009.03.27/中等毒
室外　蝇　/　喷雾

济南泰禾化工有限公司　(山东省济南市工业北路鸿腾工业园　250100　)
PD20095562　百草枯/200克/升/水剂/百草枯 200克/升/2009.05.12 至 2014.05.12/中等毒
苹果园　杂草　600-900克/公顷　定向茎叶喷雾

莱芜钢铁集团新泰铜业有限公司　(山东省新泰市高新技术开发区云山路　271200　0538-7058025)
PD20097778　硫酸铜/98%/原药/硫酸铜 98%/2009.11.12 至 2014.11.12/低毒

梁山县金鹰化工厂　(山东省梁山县韩垓镇大李庄　272616　0537-7658327)
WL20080315　杀虫水乳剂/0.3%/水乳剂/氯菊酯 0.15%、氯氰菊酯 0.15%/2009.04.22 至 2010.04.22/微毒
卫生　蚊、蝇　/　喷射

聊城市东昌府区皎洁卫生用品厂　(山东省聊城市东昌府区梁水镇张樊村　252000　0635-8498880)
WL20090088　蚊香/0.27%/蚊香/Es-生物烯丙菊酯 0.27%/2009.03.24 至 2010.03.24/微毒
卫生　蚊　/　/点燃

聊城市华能精细化工厂　(山东省聊城市开发区拥军路路北　252000　0635-8531266)
WP20090130　杀虫气雾剂/0.3%/气雾剂/胺菊酯 0.25%、氯菊酯 0.05%/2009.02.23 至 2014.02.23/低毒
卫生　蚊、蝇、蜚蠊　/　喷雾
WL20090071　杀虫气雾剂/0.52%/气雾剂/胺菊酯 0.3%、氯菊酯 0.17%、氯氰菊酯 0.05%/2009.03.18 至 2010.03.18/微毒
室内　蜚蠊、蚊、蝇　/　喷雾

聊城市来威日化厂　(山东省聊城市开发区聊井路北　252000　0635-8214920)
WL20080317　杀虫气雾剂/0.26%/气雾剂/高效氯氰菊酯 0.06%、右旋胺菊酯 0.2%/2009.04.23 至 2010.04.23/低毒
卫生　蚊、蝇　/　喷雾

临沂超光日化有限公司　(山东省临沂市兰山区启阳路西段　276000　0539-8887442)
WL20080345　杀虫气雾剂/0.36%/气雾剂/胺菊酯 0.26%、氯菊酯 0.1%/2008.06.11 至 2009.06.11/微毒
室内　蚊、蝇、蜚蠊　/　喷雾

临沂晨阳精细化工有限公司　(山东省临沂市临沂经济开发区芝麻墩办事处驻地　276023　0539-8780088)
WL20090040　杀虫气雾剂/0.53%/气雾剂/胺菊酯 0.3%、氯菊酯 0.18%、氯氰菊酯 0.05%/2009.02.24 至 2010.02.24/微毒
卫生　蜚蠊、蚊、蝇　/　喷雾

临沂丰阳化工有限公司　(山东省临沂市河东区太平办事处东张屯村　276000　0539-8763656)
WL20080153　杀虫气雾剂/0.36%/气雾剂/胺菊酯 0.3%、氯氰菊酯 0.06%/2009.02.24 至 2010.02.25/微毒
室内　蚊、蝇、蜚蠊　/　喷雾

临沂枪克工贸有限公司　(山东省临沂市河兰山区马厂湖镇小山前工业园　276000　0539-8943788)
WL20090060　杀虫气雾剂/0.5%/气雾剂/胺菊酯 0.3%、氯菊酯 0.2%/2009.03.13 至 2010.03.13/微毒

室内　蜚蠊、蚊、蝇　/　喷雾
WL20090063　杀虫气雾剂/0.39%/气雾剂/胺菊酯 0.3%、氯氰菊酯 0.09%/2009.03.16 至 2010.03.16/微毒
室内　蜚蠊、蚊、蝇　/　喷雾

临沂市恒拓日用品有限公司　(山东省临沂市罗庄区盛庄街道花卜圈村　276000　0539-7101998)

WL20060141　蚊香/0.27%/蚊香/富右旋反式烯丙菊酯 0.27%/2009.07.20 至 2010.07.20/微毒
卫生　蚊　/　点燃
WL20060142　杀虫气雾剂/0.48%/气雾剂/胺菊酯 0.26%、氯菊酯 0.22%/2009.07.20 至 2010.07.20/微毒
卫生　蚊、蝇　/　喷雾

临沂市蓝天环科日化有限公司　(山东省临沂市河东区九曲张庄　276023　0539-6019669)

WP20090123　杀虫气雾剂/0.4%/气雾剂/胺菊酯 0.2%、富右旋反式烯丙菊酯 0.1%、氯菊酯 0.1%/2009.02.12 至 2014.02.12/微毒
卫生　蚊、蝇、蜚蠊　/　喷雾
WP20090126　蚊香/0.25%/蚊香/富右旋反式烯丙菊酯 0.25%/2009.02.16 至 2014.02.16/低毒
卫生　蚊　/　点燃
WP20090225　杀虫气雾剂/0.52%/气雾剂/胺菊酯 0.33%、氯菊酯 0.19%/2009.04.09 至 2014.04.09/低毒
卫生　蚊、蝇　/　喷雾
WP20090267　杀虫气雾剂/0.38%/气雾剂/胺菊酯 0.33%、氯氰菊酯 0.05%/2009.05.12 至 2014.05.12/低毒
卫生　蚊、蝇　/　喷雾
WL20080306　杀虫气雾剂/0.25%/气雾剂/胺菊酯 0.2%、氯氰菊酯 0.05%/2009.04.22 至 2010.04.22/微毒
卫生　蚊、蝇、蜚蠊　/　喷雾

临沂市兴冠精细化工有限公司　(山东省临沂市兰山区南坊镇小杏花工业园　276037　0539-8603366)

WL20070202　杀虫气雾剂/0.33%/气雾剂/胺菊酯 0.18%、氯菊酯 0.15%/2009.10.15 至 2010.10.16/微毒
卫生　蚊、蝇、蜚蠊　/　喷雾

临沂万佳鑫日化有限公司　(山东省临沂市河东区相公街道办事处大范庄村　276025　0539-8061499)

WL20090100　杀虫气雾剂/0.5%/气雾剂/胺菊酯 0.3%、氯菊酯 0.2%/2009.03.31 至 2010.03.31/微毒
卫生　蚊、蝇、蜚蠊　/　喷雾

龙口市振华化工厂　(山东省龙口市黄城牟黄路绛水河桥东　265701　0535-8519698)

LS20082540　氯氰·毒死蜱/522.5克/升/乳油/毒死蜱 475克/升、氯氰菊酯 47.5克/升/2008.04.23 至 2009.04.23/中等毒
十字花科蔬菜　菜青虫　352.69-470.25克/公顷　喷雾

青岛海纳生物科技有限公司　(山东省烟台市莱阳市东郊开发区吉龙集团院内　266601　0532-85490666)

PD86109-28　苏云金杆菌/8000IU/毫克/可湿性粉剂/苏云金杆菌 8000IU/毫克/2006.10.19 至 2011.10.19/低毒
白菜、萝卜、青菜　菜青虫、小菜蛾　1500-4500克制剂/公顷　喷雾
茶树　茶毛虫　1500-7500克制剂/公顷　喷雾
大豆、甘薯　天蛾　1500-2250克制剂/公顷　喷雾
柑橘树　柑橘凤蝶　2250-3750克制剂/公顷　喷雾
高粱、玉米　玉米螟　3750-4500克制剂/公顷　喷雾、毒土
梨树　天幕毛虫　1500-3750克制剂/公顷　喷雾
林木　尺蠖、柳毒蛾、松毛虫　2250-7500克制剂/公顷　喷雾
棉花　棉铃虫、造桥虫　1500-7500克制剂/公顷　喷雾
苹果树　巢蛾　2250-3750克制剂/公顷　喷雾
水稻　稻苞虫、稻纵卷叶螟　1500-6000克制剂/公顷　喷雾
烟草　烟青虫　3750-7500克制剂/公顷　喷雾
枣树　尺蠖　3750-4500克制剂/公顷　喷雾
PD20096290　速灭威/20%/乳油/速灭威 20%/2009.07.22 至 2014.07.22/中等毒
水稻　稻飞虱　450-600克/公顷　喷雾
PD20096956　甲基硫菌灵/70%/可湿性粉剂/甲基硫菌灵 70%/2009.09.29 至 2014.09.29/低毒
番茄　叶霉病　375—562.5克/公顷　喷雾
PD20097168　多抗霉素/1.5%/可湿性粉剂/多抗霉素 1.5%/2009.10.16 至 2014.10.16/低毒
苹果树　斑点落叶病　75—120毫克/千克　喷雾
PD20097936　联苯菊酯/25克/升/乳油/联苯菊酯 25克/升/2009.11.30 至 2014.11.30/中等毒
茶树　茶小绿叶蝉　80-100毫升制剂/亩　喷雾
PD20098000　甲霜·锰锌/58%/可湿性粉剂/甲霜灵 10%、代森锰锌 48%/2009.12.07 至 2014.12.07/低毒
黄瓜　霜霉病　1000-1827克/公顷　喷雾
PD20098045　吡虫啉/95%/原药/吡虫啉 95%/2009.12.07 至 2014.12.07/低毒
PD20098052　福美双/50%/可湿性粉剂/福美双 50%/2009.12.07 至 2014.12.07/低毒
黄瓜　霜霉病　750-1050克/公顷　喷雾
PD20098068　联苯菊酯/100克/升/乳油/联苯菊酯 100克/升/2009.12.07 至 2014.12.07/中等毒
茶树　茶小绿叶蝉　20-25毫升制剂/亩　喷雾
PD20098104　氟啶脲/50克/升/乳油/氟啶脲 50克/升/2009.12.08 至 2014.12.08/低毒
甘蓝　菜青虫　46.8-62.4克/公顷　喷雾
PD20098285　溴氰菊酯/25克/升/乳油/溴氰菊酯 25克/升/2009.12.18 至 2014.12.18/低毒
烟草　烟青虫　20-35毫升制剂/亩　喷雾
LS20090683　阿维·炔螨特/40%/乳油/阿维菌素 0.3%、炔螨特 39.7%/2009.03.27 至 2010.03.27/中等毒(原药高毒)
柑橘树　红蜘蛛　200—266.7毫克/千克　喷雾

LS20090705 灭胺·杀虫单/50%/可湿性粉剂/灭蝇胺 5%、杀虫单 45%/2009.03.31 至 2010.03.31/低毒

菜豆	斑潜蝇	262.5-337.5克/公顷	喷雾

LS20090758 高效氯氟氰菊酯/10%/可湿性粉剂/高效氯氟氰菊酯 10%/2009.03.31 至 2010.03.31/中等毒

十字花科蔬菜	蚜虫	12－15克/公顷	喷雾

LS20090766 阿维·灭幼脲/18%/悬浮剂/阿维菌素 0.2%、灭幼脲 17.8%/2009.03.31 至 2010.03.31/低毒(原药高毒)

十字花科蔬菜	小菜蛾	108-135克/公顷	喷雾

LS20090769 烯唑醇/12.5%/可湿性粉剂/烯唑醇 12.5%/2009.03.31 至 2010.03.31/低毒

梨树	黑星病	31.25-41.7毫克/千克	喷雾

LS20090780 氟铃·毒死蜱/10%/乳油/毒死蜱 8.5%、氟铃脲 1.5%/2009.03.31 至 2010.03.31/低毒

甘蓝	小菜蛾	90-120克/公顷	喷雾

LS20091097 吡虫·噻嗪酮/20%/可湿性粉剂/吡虫啉 2%、噻嗪酮 18%/2009.04.15 至 2010.04.15/低毒

水稻	稻飞虱	120-150克/公顷	喷雾

青岛三力本诺化学工业有限公司 (山东省青岛市山东路27号港澳大厦1904 266071 0532-86685381)

WL20080187 避蚊胺/99%/原药/避蚊胺 99%/2009.03.04 至 2010.03.04/低毒

青岛双收农药化工有限公司 (山东省胶州市德州路8号 266300 0532-82292312)

PD84111-47 氧乐果/40%/乳油/氧乐果 40%/2010.03.08 至 2015.03.08/高毒

棉花	蚜虫、螨	375-600克/公顷	喷雾
森林	松干蚧、松毛虫	500倍液	喷雾或直接涂树干
水稻	稻纵卷叶螟、飞虱	375-600克/公顷	喷雾
小麦	蚜虫	300-450克/公顷	喷雾

PD85122-14 福美双/50%/可湿性粉剂/福美双 50%/2005.07.12 至 2010.07.12/中等毒

黄瓜	白粉病、霜霉病	500-1000倍液	喷雾
葡萄	白腐病	500-1000倍液	喷雾
水稻	稻瘟病、胡麻叶斑病	250克/100千克种子	拌种
甜菜、烟草	根腐病	500克/500千克温床土	土壤处理
小麦	白粉病、赤霉病	500倍液	喷雾

PD85123-8 胂·锌·福美双/50%/可湿性粉剂/福美甲胂 12.5%、福美双 25%、福美锌 12.5%/2006.04.11 至 2011.04.11/中等毒

大白菜	霜霉病	750-1125克/公顷	喷雾
梨树	黑星病	500-800倍液	喷雾
苹果树	炭疽病	500-800倍液	喷雾
葡萄	黑痘病、炭疽病	500-1000倍液	喷雾
水稻	纹枯病	562.5-712.5克/公顷	喷雾
烟草	炭疽病	562.5-712.5克/公顷	喷雾
芝麻	疫病	2500倍液	喷雾

PD85124-9 福·福锌/80%/可湿性粉剂/福美双 30%、福美锌 50%/2005.07.01 至 2010.07.01/中等毒

黄瓜、西瓜	炭疽病	1500-1800克/公顷	喷雾
麻	炭疽病	240-400克/100千克种子	拌种
棉花	苗期病害	0.5%药液	浸种
苹果树、杉木、橡胶	炭疽病	500-600倍液	喷雾

PD85125-4 福美胂/40%/可湿性粉剂/福美胂 40%/2005.07.12 至 2010.07.12/中等毒

黄瓜	白粉病	1125-1500克/公顷	喷雾
苹果树	白粉病	700倍液	喷雾
水稻	稻粒瘟病	562.5-645克/公顷	喷雾
豌豆	白粉病	900-1125克/公顷	喷雾
小麦	白粉病	562.5-750克/公顷	喷雾

PD86163 甲基异柳磷/95%90%85%/原药/甲基异柳磷 95%90%85%/2006.12.30 至 2011.12.30/高毒

PD86164 甲基异柳磷/20%/乳油/甲基异柳磷 20%/2006.12.30 至 2011.12.30/高毒

甘薯	茎线虫病	1500-3000克/公顷	拌土条施可铺施
甘薯	蛴螬	600克/公顷	毒饵
甘蔗	黑色蔗龟	1500克/公顷	淋于蔗苗基部并覆薄土
高粱	地下害虫	0.05%药液	拌种
花生	蛴螬	1500克/公顷	沟施花生墩旁
小麦	地下害虫	40克/100千克种子	拌种
玉米	地下害虫	0.1%药液	拌种

PD86165 甲基异柳磷/40%/乳油/甲基异柳磷 40%/2006.12.30 至 2011.12.30/高毒

甘薯	蛴螬	600克/公顷	毒饵
甘薯	茎线虫病	1500-3000克/公顷	拌土条施或铺施
甘蔗	黑色蔗龟	1500克/公顷	淋于蔗苗基部并覆薄土
高粱	地下害虫	0.05%药液	拌种
花生	蛴螬	1500克/公顷	沟施花生墩旁

	小麦	地下害虫	40克/100千克种子	拌种
	玉米	地下害虫	0.1%药液	拌种
PD86167	倍硫磷/50%/乳油/倍硫磷 50%/2006.10.25 至 2011.10.25/中等毒			
	大豆	食心虫	562.5-1125克/公顷	喷雾
	果树	桃小食心虫	1000-2000倍液	喷雾
	棉花	棉铃虫、蚜虫	375-750克/公顷	喷雾
	蔬菜	蚜虫	375克/公顷	喷雾
	水稻	螟虫	1)562.5-1125克/公顷 2)1125克/公顷	1)喷雾 2)泼浇、毒土
	甜菜	叶蝇	375-562.5克/公顷	喷雾
	小麦	吸浆虫	562.5克/公顷	喷雾
PD88101-14	水胺硫磷/40%/乳油/水胺硫磷 40%/2008.02.26 至 2013.02.26/高毒			
	柑橘树	潜叶蛾、锈壁虱、螨	300-400毫克/千克	喷雾
	棉花	红蜘蛛、棉铃虫	300-600克/公顷	喷雾
	水稻	蓟马、螟虫	450-1200克/公顷	喷雾
PD20081261	丙溴磷/89%/原药/丙溴磷 89%/2008.09.18 至 2013.09.18/中等毒			
PD20082465	异丙草胺/90%/原药/异丙草胺 90%/2008.12.02 至 2013.12.02/低毒			
PD20084115	甲基异柳磷/2.5%/颗粒剂/甲基异柳磷 2.5%/2008.12.16 至 2013.12.16/中等毒(原药高毒)			
	小麦	吸浆虫	495-750克/公顷	土壤处理
PD20085296	异丙草胺/50%/乳油/异丙草胺 50%/2008.12.23 至 2013.12.23/低毒			
	春大豆田、春玉米田	一年生禾本科杂草	3000-3750毫升/公顷(制剂)	土壤喷雾
	夏大豆田、夏玉米田	一年生禾本科杂草	2250-3000毫升/公顷(制剂)	土壤喷雾
PD20090689	丙溴磷/40%/乳油/丙溴磷 40%/2009.01.19 至 2014.01.19/中等毒			
	棉花	棉铃虫	480-600克/公顷	喷雾
PD20091304	多·福/50%/可湿性粉剂/多菌灵 25%、福美双 25%/2009.02.01 至 2014.02.01/低毒			
	葡萄	霜霉病	1000-1250毫克/千克	喷雾
PD20091353	异丙草·莠/40%/悬乳剂/异丙草胺 20%、莠去津 20%/2009.02.02 至 2014.02.02/低毒			
	夏玉米田	一年生杂草	900－1500克/公顷	播后苗前土壤喷雾
PD20091577	锰锌·福美双/60%/可湿性粉剂/福美双 25%、代森锰锌 35%/2009.02.03 至 2014.02.03/低毒			
	番茄	早疫病	1350-2250克/公顷	喷雾
PD20092859	丁硫·吡虫啉/9%/乳油/吡虫啉 1.5%、丁硫克百威 7.5%/2009.03.05 至 2014.03.05/中等毒			
	棉花	蚜虫	40.5-81克/公顷	喷雾
PD20094007	烯酰吗啉/90%/原药/烯酰吗啉 90%/2009.03.27 至 2014.03.27/低毒			
PD20094618	烯酰·锰锌/69%/可湿性粉剂/代森锰锌 60%、烯酰吗啉 9%/2009.04.10 至 2014.04.10/低毒			
	黄瓜	霜霉病	1242-1656克/公顷	喷雾
PD20094743	氟磺胺草醚/25%/水剂/氟磺胺草醚 25%/2009.04.10 至 2014.04.10/低毒			
	春大豆田	一年生阔叶杂草	375-506.3克/公顷	喷雾
	夏大豆田	一年生阔叶杂草	262.5-375克/公顷	喷雾
PD20095422	三氟羧草醚/21%/水剂/三氟羧草醚 21%/2009.05.11 至 2014.05.11/低毒			
	大豆田	一年生阔叶杂草	360-480克/公顷	茎叶喷雾
PD20095437	氟醚·灭草松/40%/水剂/三氟羧草醚 8%、灭草松 32%/2009.05.11 至 2014.05.11/低毒			
	夏大豆田	莎草科杂草、一年生阔叶杂草	660-780克/公顷	茎叶喷雾
PD20097520	氟磺胺草醚/95%/原药/氟磺胺草醚 95%/2009.11.03 至 2014.11.03/低毒			
PD20097800	苯磺隆/95%/原药/苯磺隆 95%/2009.11.20 至 2014.11.20/低毒			
LS20052868	丁硫·吡虫啉/6%/微乳剂/吡虫啉 1%、丁硫克百威 5%/2008.09.01 至 2009.09.01/中等毒			
	苹果树	黄蚜	40-60毫克/千克	喷雾
LS20060925	精喹·乙羧氟/15%/乳油/精喹禾灵 6%、乙羧氟草醚 9%/2009.04.18 至 2010.04.18/低毒			
	夏大豆	一年生杂草	90-135克/公顷	茎叶喷雾
LS20061315	乙羧氟草醚/10%/水乳剂/乙羧氟草醚 10%/2009.06.12 至 2010.06.12/低毒			
	大豆	一年生阔叶杂草	60-90 克/公顷	茎叶喷雾

青岛四象日用化工有限公司(山东省青岛市城阳区城阳街道西旺疃社区(村西200米)　266109　0532-87752728)

WP20080313	杀虫气雾剂/0.22%/气雾剂/胺菊酯 0.18%、高效氯氰菊酯 0.04%/2008.12.04 至 2013.12.04/微毒			
	卫生	蚊、蝇	/	喷雾
WL20070184	杀虫气雾剂/0.51%/气雾剂/胺菊酯 0.3%、氯菊酯 0.21%/2008.09.11 至 2009.09.12/微毒			
	卫生	蚊、蝇	/	喷雾

青岛星牌作物科学有限公司　(山东省青岛市莱西市姜山镇前垛埠村(釜山工业园)　266228　0532-85698019)

PD20090270	腐霉·福美双/25%/可湿性粉剂/腐霉利 5%、福美双 20%/2009.01.09 至 2014.01.09/低毒			
	番茄	灰霉病	225-300克/公顷	喷雾
PD20091481	氯氰·丙溴磷/440克/升/乳油/丙溴磷 40克/升、氯氰菊酯 400克/升/2009.02.02 至 2014.02.02/中等毒			
	棉花	棉铃虫	435～660克/公顷	喷雾
PD20091573	多·锰锌/50%/可湿性粉剂/多菌灵 8%、代森锰锌 42%/2009.02.03 至 2014.02.03/低毒			
	苹果树	斑点落叶病	1000-1250毫克/千克	喷雾

PD20091624	氟氯氰菊酯/50克/升/乳油/氟氯氰菊酯 50克/升/2009.02.03 至 2014.02.03/中等毒			
	甘蓝	菜青虫	22.5-30克/公顷	喷雾
PD20091711	甲霜·锰锌/58%/可湿性粉剂/甲霜灵 10%、代森锰锌 48%/2009.02.03 至 2014.02.03/低毒			
	黄瓜	霜霉病	675-1050克/公顷	喷雾
PD20091775	毒死蜱/480克/升/乳油/毒死蜱 480克/升/2009.02.04 至 2014.02.04/中等毒			
	十字花科蔬菜	斜纹夜蛾	324-432克/公顷	喷雾
PD20091840	氰戊·辛硫磷/25%/乳油/氰戊菊酯 5%、辛硫磷 20%/2009.02.06 至 2014.02.06/中等毒			
	棉花	棉铃虫	270-300克/公顷	喷雾
PD20091924	多菌灵/25%/可湿性粉剂/多菌灵 25%/2009.02.12 至 2014.02.12/低毒			
	油菜	菌核病	1125-1500克/公顷	喷雾
PD20092210	除虫脲/5%/可湿性粉剂/除虫脲 5%/2009.02.24 至 2014.02.24/低毒			
	苹果树	金纹细蛾	125-250毫克/千克	喷雾
PD20092489	噁霜·锰锌/64%/可湿性粉剂/噁霜灵 8%、代森锰锌 56%/2009.02.26 至 2014.02.26/低毒			
	黄瓜	霜霉病	1350-1950克/公顷	喷雾
PD20093027	噁霉灵/15%/水剂/噁霉灵 15%/2009.03.09 至 2014.03.09/低毒			
	水稻	立枯病	1.35-1.8克/平方米	苗床土壤处理
PD20093089	乙铝·锰锌/50%/可湿性粉剂/代森锰锌 27%、三乙膦酸铝 23%/2009.03.09 至 2014.03.09/低毒			
	黄瓜	霜霉病	937-1400克/公顷	喷雾
PD20093146	克百威/3%/颗粒剂/克百威 3%/2009.03.11 至 2014.03.11/中等毒(原药高毒)			
	花生	线虫	1800-2250克/公顷	条施、沟施
PD20093340	噻嗪·异丙威/25%/可湿性粉剂/噻嗪酮 5%、异丙威 20%/2009.03.18 至 2014.03.18/低毒			
	水稻	稻飞虱	450-562.5克/公顷	喷雾
PD20093511	异菌脲/50%/可湿性粉剂/异菌脲 50%/2009.03.23 至 2014.03.23/低毒			
	番茄	灰霉病	375-750克/公顷	喷雾
PD20093955	三唑锡/10%/乳油/三唑锡 10%/2009.03.27 至 2014.03.27/低毒			
	柑橘树	红蜘蛛	67-100毫克/千克	喷雾
PD20094036	春雷霉素/2%/水剂/春雷霉素 2%/2009.03.27 至 2014.03.27/低毒			
	黄瓜	细菌性角斑病	42-52.5克/公顷	喷雾
PD20094269	毒死蜱/3%/颗粒剂/毒死蜱 3%/2009.03.31 至 2014.03.31/低毒			
	花生	地下害虫	1800-2250克/公顷	撒施
PD20094596	阿维菌素/18克/升/乳油/阿维菌素 18克/升/2009.04.10 至 2014.04.10/低毒(原药高毒)			
	甘蓝	小菜蛾	9-13.5克/公顷	喷雾
PD20095059	阿维菌素/5%/乳油/阿维菌素 5%/2009.04.21 至 2014.04.21/中等毒(原药高毒)			
	十字花科蔬菜	小菜蛾	7.5-11.25克/公顷	喷雾
PD20095147	丙溴磷/20%/乳油/丙溴磷 20%/2009.04.24 至 2014.04.24/低毒			
	甘蓝	小菜蛾	360-450克/公顷	喷雾
PD20095290	异菌脲/255克/升/悬浮剂/异菌脲 255克/升/2009.04.27 至 2014.04.27/低毒			
	油菜	菌核病	600-750克/公顷	喷雾
PD20097796	敌敌畏/50%/乳油/敌敌畏 50%/2009.11.20 至 2014.11.20/中等毒			
	甘蓝	菜青虫	600-750克/公顷	喷雾
PD20097852	吗胍·乙酸铜/20%/可湿性粉剂/盐酸吗啉胍 16%、乙酸铜 4%/2009.11.20 至 2014.11.20/低毒			
	番茄	病毒病	499.5-750克/公顷	喷雾
PD20098013	氯氰·毒死蜱 /522.5克/升/乳油/毒死蜱 475克/升、氯氰菊酯 47.5克/升/2009.12.07 至 2014.12.07/中等毒			
	菜豆	豆荚螟	40-60克毫升制剂/亩	喷雾
PD20098017	噁霉灵/99%/原药/噁霉灵 99%/2009.12.07 至 2014.12.07/低毒			
PD20098021	氟啶脲/50克/升/乳油/氟啶脲 50克/升/2009.12.07 至 2014.12.07/低毒			
	甘蓝	甜菜夜蛾	45-60克/公顷	喷雾
PD20098043	马拉硫磷/45%/乳油/马拉硫磷 45%/2009.12.07 至 2014.12.07/低毒			
	十字花科蔬菜	黄条跳甲	562.5-750克/公顷	喷雾
PD20098105	联苯菊酯/100克/升/乳油/联苯菊酯 100克/升/2009.12.08 至 2014.12.08/低毒			
	茶树	茶小绿叶蝉	20-25毫升制剂/亩	喷雾
PD20098107	春雷霉素/2%/可湿性粉剂/春雷霉素 2%/2009.12.08 至 2014.12.08/低毒			
	黄瓜	枯萎病	225-270克/公顷	灌根
PD20098296	噻螨酮/5%/可湿性粉剂/噻螨酮 5%/2009.12.18 至 2014.12.18/低毒			
	柑橘树	红蜘蛛	25-30毫克/千克	喷雾
PD20098336	百菌清/40%/悬浮剂/百菌清 40%/2009.12.18 至 2014.12.18/低毒			
	黄瓜	霜霉病	900—1050克/公顷	喷雾
PD20098346	速灭威/25%/可湿性粉剂/速灭威 25%/2009.12.18 至 2014.12.18/低毒			
	水稻	稻飞虱	562.5-750克/公顷	喷雾
PD20098350	高效氯氟氰菊酯/25%/乳油/高效氯氟氰菊酯 25%/2009.12.18 至 2014.12.18/中等毒			
	十字花科蔬菜	菜青虫	20-30毫升制剂/亩	喷雾
PD20098354	噻嗪酮/25%/可湿性粉剂/噻嗪酮 25%/2009.12.18 至 2014.12.18/低毒			
	柑橘树	介壳虫	200-250毫克/千克	喷雾

PD20098482 井冈霉素(3%)///水溶粉剂/井冈霉素A 2.4%/2009.12.24 至 2014.12.24/低毒
水稻 纹枯病 75—112.5克/公顷 喷雾
LS20051464 啶虫脒/3%/乳油/啶虫脒 3%/2008.04.21 至 2009.04.21/中等毒
小麦 蚜虫 13.5-18克/公顷 喷雾
LS20052548 三唑磷/20%/乳油/三唑磷 20%/2008.07.25 至 2009.07.25/低毒
水稻 二化螟 300-450克/公顷 喷雾
LS20060616 高效氯氰菊酯/4.5%/乳油/高效氯氰菊酯 4.5%/2009.03.23 至 2010.03.23/低毒
十字花科蔬菜 蚜虫 10.1-20.25克/公顷 喷雾
LS20070124 甲氰·噻螨酮/7.5%/乳油/甲氰菊酯 5%、噻螨酮 2.5%/2009.02.01 至 2010.02.01/低毒
柑橘树 红蜘蛛 75-100毫克/千克 喷雾
LS20070355 唑螨酯/5%/悬浮剂/唑螨酯 5%/2009.02.25 至 2010.02.25/中等毒
柑橘树 红蜘蛛 25-50毫克/千克 喷雾
LS20070475 叶枯唑/20%/可湿性粉剂/叶枯唑 20%/2009.03.06 至 2010.03.07/低毒
水稻 白叶枯病 300-375克/公顷 喷雾
LS20071949 杀扑磷/40%/乳油/杀扑磷 40%/2009.08.07 至 2010.08.08/高毒
柑橘 介壳虫 400-600毫克/千克 喷雾
LS20080262 甲氨基阿维菌素苯甲酸盐/1%/乳油/甲氨基阿维菌素苯甲酸盐 1%/2009.02.17 至 2010.02.18/低毒
十字花科蔬菜 甜菜夜蛾 1.5-3克/公顷 喷雾
LS20080280 阿维·三唑磷/11.2%/乳油/阿维菌素 0.2%、三唑磷 11%/2009.02.17 至 2010.02.18/中等毒(原药高毒)
柑橘树 红蜘蛛 74.7-112毫克/千克 喷雾
LS20080298 四聚乙醛/6%/颗粒剂/四聚乙醛 6%/2009.02.18 至 2010.02.19/低毒
十字花科蔬菜 蜗牛 360-450克/公顷 毒土撒施
LS20080359 烯酰吗啉/10%/微乳剂/烯酰吗啉 10%/2009.02.18 至 2010.02.19/低毒
辣椒 疫病 300-450克/公顷 喷雾
LS20080381 甲氨基阿维菌素苯甲酸盐/2.5%/微乳剂/甲氨基阿维菌素苯甲酸盐 2.5%/2009.02.18 至 2010.02.19/低毒
十字花科蔬菜 小菜蛾 1.5-2.25克/公顷 喷雾
LS20080385 丁醚脲/25%/乳油/丁醚脲 25%/2009.02.18 至 2010.02.19/低毒
十字花科蔬菜 小菜蛾 225-300克/公顷 喷雾
LS20080447 灭蝇胺/80%/可湿性粉剂/灭蝇胺 80%/2009.02.19 至 2010.02.20/低毒
黄瓜 美洲斑潜蝇 108-168克/公顷 喷雾
LS20080494 氯氰·毒死蜱/20%/微乳剂/毒死蜱 19%、高效氯氰氰菊酯 1%/2009.02.20 至 2010.02.21/中等毒
十字花科蔬菜 小菜蛾 180~210克/公顷 喷雾
LS20080498 高效氯氟氰菊酯/5%/微乳剂/高效氯氟氰菊酯 5%/2009.02.20 至 2010.02.21/中等毒
十字花科蔬菜 菜青虫 7.5-15克/公顷 喷雾
LS20080606 阿维·苯丁锡/10%/乳油/阿维菌素 0.5%、苯丁锡 9.5%/2009.02.21 至 2010.02.22/中等毒(原药高毒)
柑橘 红蜘蛛 50～100毫克/千克 喷雾
LS20080703 毒·辛/5%/颗粒剂/毒死蜱 2.5%、辛硫磷 2.5%/2009.02.25 至 2010.02.26/低毒
韭菜 韭蛆 1500～1800克/公顷 开沟撒施
LS20080745 啶虫脒/40%/可溶粉剂/啶虫脒 40%/2009.02.25 至 2010.02.26/低毒
黄瓜 白粉虱 30-42克/公顷 喷雾
LS20081205 苯醚甲环唑/5%/水乳剂/苯醚甲环唑 5%/2009.03.10 至 2010.03.10/低毒
西瓜 炭疽病 60-90克/公顷 喷雾
LS20082259 咪鲜胺/450克/升/水乳剂/咪鲜胺 450克/升/2009.04.18 至 2010.04.18/低毒
香蕉 炭疽病 250-500毫克/千克 浸果
LS20082277 吡虫啉/30%/微乳剂/吡虫啉 30%/2009.04.21 至 2010.04.21/低毒
节瓜 蓟马 29.25-35.1克/公顷 喷雾
LS20082287 吡虫·噻嗪酮/18%/微乳剂/吡虫啉 2%、噻嗪酮 16%/2009.04.21 至 2010.04.21/低毒
水稻 稻飞虱 108-162克/公顷 喷雾
LS20082462 乙酰甲胺磷/30%/乳油/乙酰甲胺磷 30%/2009.04.22 至 2010.04.22/低毒
水稻 二化螟 810-990克/公顷 喷雾
LS20083025 甲氨基阿维菌素苯甲酸盐/5%/水分散粒剂/甲氨基阿维菌素苯甲酸盐 5%/2009.09.16 至 2010.09.16/中等毒
十字花科蔬菜 甜菜夜蛾 2.25-3.75克/公顷 喷雾
LS20090602 烯酰吗啉/10%/悬浮剂/烯酰吗啉 10%/2009.03.23 至 2010.03.23/低毒
葡萄 霜霉病 167-250毫克/千克 喷雾
LS20090620 苯醚甲环唑/30%/乳油/苯醚甲环唑 30%/2009.03.23 至 2010.03.23/低毒
香蕉树 叶斑病 86-120毫克/千克 喷雾
LS20090792 氟硅唑/10%/微乳剂/氟硅唑 10%/2009.04.01 至 2010.04.01/低毒
黄瓜 黑星病 60-75克/公顷 喷雾
LS20091076 烯酰吗啉/25%/可湿性粉剂/烯酰吗啉 25%/2009.04.15 至 2010.04.15/低毒
黄瓜 霜霉病 225-300克/公顷 喷雾
LS20091109 甲维·丙溴磷/15.2%/乳油/丙溴磷 15%、甲氨基阿维菌素苯甲酸盐 0.2%/2009.04.17 至 2010.04.17/低毒
甘蓝 小菜蛾 182.4-228克/公顷 喷雾
LS20091141 甲维·毒死蜱 /15.5%/微乳剂/毒死蜱 15%、甲氨基阿维菌素苯甲酸盐 0.5%/2009.04.17 至 2010.04.17/中等毒

甘蓝 斜纹夜蛾 90-112.5克/公顷 喷雾
LS20091286 高效氯氟氰菊酯/20%/水乳剂/高效氯氟氰菊酯 20%/2009.05.22 至 2010.05.22/中等毒
甘蓝 菜青虫 9-12克/公顷 喷雾
LS20091297 溴氰菊酯/2.5%/水乳剂/溴氰菊酯 2.5%/2009.05.25 至 2010.05.25/低毒
苹果树 桃小食心虫 12.5-16.7毫克/千克 喷雾
LS20091329 苯丁·哒螨灵/15%/乳油/苯丁锡 5%、哒螨灵 10%/2009.06.04 至 2010.06.04/低毒
柑橘树 红蜘蛛 75-100毫克/千克 喷雾
LS20091398 辛菌·三十烷醇/2.2%/可湿性粉剂/三十烷醇 0.05%、辛菌胺 2.15%/2009.09.16 至 2010.09.16/微毒
番茄 病毒病 78.8-126克/公顷 喷雾
LS20091410 溴菌·多菌灵/25%/可湿性粉剂/多菌灵 5%、溴菌腈 20%/2009.09.16 至 2010.09.16/低毒
柑橘树 炭疽病 500-833毫克/千克 喷雾
LS20091425 辛菌胺/3%/可湿性粉剂/辛菌胺 3%/2009.09.29 至 2010.09.29/微毒
水稻 细菌性条斑病 96-120克/公顷 喷雾

青岛正道药业有限公司 (山东省青岛市城阳区惜福镇演礼村 266600 0532-66031627)

PD20090306 高氯·辛硫磷/20%/乳油/高效氯氰菊酯 1.5%、辛硫磷 18.5%/2009.01.12 至 2014.01.12/低毒
甘蓝 菜青虫 90-150克/公顷 喷雾
PD20091232 苏云金杆菌/16000IU/毫克/可湿性粉剂/苏云金杆菌 16000IU/毫克/2009.02.01 至 2014.02.01/低毒
茶树 茶毛虫 800-1600倍液 喷雾
棉花 二代棉铃虫 1500-2250克制剂/公顷 喷雾
森林 松毛虫 1200-1600倍液 喷雾
十字花科蔬菜 菜青虫 375-750克制剂/公顷 喷雾
十字花科蔬菜 小菜蛾 750-1125克制剂/公顷 喷雾
水稻 稻纵卷叶螟 1500-2250克制剂/公顷 喷雾
烟草 烟青虫 750-1500克制剂/公顷 喷雾
玉米 玉米螟 750-1500克制剂/公顷 加细沙灌心
枣树 枣尺蠖 1200-1600倍液 喷雾
PD20092935 多·锰锌 /50%/可湿性粉剂/多菌灵 8%、代森锰锌 42%/2009.03.05 至 2014.03.05/低毒
苹果树 斑点落叶病 400-600倍液 喷雾
LS20052153 多·福/40%/可湿性粉剂/多菌灵 5%、福美双 35%/2008.06.09 至 2009.06.09/低毒
葡萄 霜霉病 1000-1250毫克/千克 喷雾

青岛中达农业科技有限公司 (山东省青岛市胶州市李哥庄镇大沽河工业园 266316 0532-86019998)

PD20040465 吡虫啉/5%/乳油/吡虫啉 5%/2009.12.19 至 2014.12.19/低毒
水稻 飞虱 15-22.5克/公顷 喷雾
PD20040470 高效氯氰菊酯/2.5%/乳油/高效氯氰菊酯 2.5%/2009.12.19 至 2014.12.19/低毒
梨树 梨木虱 1000-1500倍液 喷雾
PD20040513 三唑磷/10%/乳油/三唑磷 10%/2004.12.19 至 2009.12.18/中等毒
水稻 二化螟 187.5-300克/公顷 喷雾
PD20050106 哒螨灵/15%/乳油/哒螨灵 15%/2005.08.04 至 2010.08.03/中等毒
柑橘树 红蜘蛛 1500-2500倍液 喷雾
PD20080040 甲基硫菌灵/50%/可湿性粉剂/甲基硫菌灵 50%/2008.01.03 至 2013.01.03/低毒
番茄 叶霉病 375-562.5克/公顷 喷雾
PD20080159 毒死蜱/400克/升/乳油/毒死蜱 400克/升/2008.01.03 至 2013.01.03/中等毒
棉花 棉铃虫 720-900克/公顷 喷雾
PD20080369 多菌灵/25%/可湿性粉剂/多菌灵 25%/2008.02.29 至 2013.02.28/低毒
水稻 稻瘟病 750-1000克/公顷 喷雾
PD20080371 甲霜·锰锌/58%/可湿性粉剂/甲霜灵 10%、代森锰锌 48%/2008.02.29 至 2013.02.28/低毒
黄瓜 霜霉病 870-1044克/公顷 喷雾
PD20081722 苯磺隆/10%/可湿性粉剂/苯磺隆 10%/2008.11.18 至 2013.11.18/低毒
冬小麦田 一年生杂草 13.5—22.5克/公顷 茎叶喷雾
PD20081835 联苯菊酯/25克/升/乳油/联苯菊酯 25克/升/2008.11.20 至 2013.11.20/中等毒
茶树 茶尺蠖 7.5-15克/公顷 喷雾
PD20081866 高效氯氟氰菊酯/25克/升/乳油/高效氯氟氰菊酯 25克/升/2008.11.20 至 2013.11.20/中等毒
十字花科蔬菜 蚜虫 7.5-11.25克/公顷 喷雾
PD20082222 代森锌/65%/可湿性粉剂/代森锌 65%/2008.11.26 至 2013.11.26/低毒
番茄 早疫病 2550-3600克/公顷 喷雾
PD20083049 多·锰锌/40%/可湿性粉剂/多菌灵 20%、代森锰锌 20%/2008.12.10 至 2013.12.10/低毒
梨树 黑星病 667-1000毫克/千克 喷雾
PD20083288 福·福锌/80%/可湿性粉剂/福美双 30%、福美锌 50%/2008.12.11 至 2013.12.11/低毒
苹果树 炭疽病 1000-1600毫克/千克 喷雾
PD20083470 高氯·辛硫磷/25%/乳油/高效氯氰菊酯 2.5%、辛硫磷 22.5%/2008.12.12 至 2013.12.12/低毒
棉花 棉铃虫 225-300克/公顷 喷雾
PD20083720 阿维菌素/1.8%/乳油/阿维菌素 1.8%/2008.12.15 至 2013.12.15/低毒(原药高毒)
黄瓜 美洲斑潜蝇 10.8-21.6克/公顷 喷雾

十字花科蔬菜 小菜蛾 8.1-10.8克/公顷 喷雾

PD20085377 噻嗪·异丙威/25%/可湿性粉剂/噻嗪酮 5%、异丙威 20%/2008.12.24 至 2013.12.24/低毒

水稻 稻飞虱 450-562.5克/公顷 喷雾

PD20085542 福美双/50%/可湿性粉剂/福美双 50%/2008.12.25 至 2013.12.25/低毒

黄瓜 霜霉病 750-1125克/公顷 喷雾

PD20085780 丙环唑/250克/升/乳油/丙环唑 250克/升/2008.12.29 至 2013.12.29/低毒

香蕉 叶斑病 250-500毫克/千克 喷雾

PD20086279 腈菌·福美双/40%/可湿性粉剂/福美双 34%、腈菌唑 6%/2008.12.31 至 2013.12.31/中等毒

黄瓜 白粉病 360-480克/公顷 喷雾

PD20086281 丙溴·辛硫磷/25%/乳油/丙溴磷 12%、辛硫磷 13%/2008.12.31 至 2013.12.31/中等毒

棉花 棉铃虫 300-375克/公顷 喷雾

PD20086324 灭多威/10%/可溶粉剂/灭多威 10%/2008.12.31 至 2013.12.31/中等毒(原药高毒)

棉花 棉铃虫 150-225克/公顷 喷雾

PD20090192 高氯·灭多威/10%/乳油/高效氯氰菊酯 1%、灭多威 9%/2009.01.08 至 2014.01.08/低毒(原药高毒)

甘蓝 菜青虫 45-60克/公顷 喷雾

PD20091153 氟铃·辛硫磷/20%/乳油/氟铃脲 2%、辛硫磷 18%/2009.01.21 至 2014.01.21/低毒

棉花 棉铃虫 225-300克/公顷 喷雾

PD20092585 甲硫·锰锌/60%/可湿性粉剂/甲基硫菌灵 15%、代森锰锌 45%/2009.02.27 至 2014.02.27/低毒

梨树 黑星病 750-1000毫克/千克 喷雾

PD20092771 多·福/50%/可湿性粉剂/多菌灵 20%、福美双 30%/2009.03.04 至 2014.03.04/低毒

苹果树 轮纹病 500-600倍液 喷雾

PD20093471 三唑锡/20%/可湿性粉剂/三唑锡 20%/2009.03.23 至 2014.03.23/低毒

柑橘树 红蜘蛛 125-167毫克/千克 喷雾

PD20094391 扑·乙/40%/乳油/扑草净 20%、乙草胺 20%/2009.04.01 至 2014.04.01/低毒

花生田 一年生杂草 1080-1320克/公顷 土壤喷雾

PD20095471 甲·乙·莠/40%/悬乳剂/甲草胺 11%、乙草胺 9%、莠去津 20%/2009.05.11 至 2014.05.11/低毒

夏玉米田 一年生杂草 1020-1500克/公顷 土壤喷雾

PD20095653 乙铝·锰锌/50%/可湿性粉剂/代森锰锌 27%、三乙膦酸铝 23%/2009.05.12 至 2014.05.12/低毒

黄瓜 霜霉病 1400-2800克/公顷 喷雾

苹果 炭疽病 833-1250毫克/千克 喷雾

PD20098408 吗胍·乙酸铜/20%/可湿性粉剂/盐酸吗啉胍 16%、乙酸铜 4%/2009.12.18 至 2014.12.18/低毒

番茄 病毒病 562.5-625克/公顷 喷雾

LS20030670 几丁聚糖/2%/水剂/几丁聚糖 2%/2009.01.01 至 2009.12.31/低毒

番茄 晚疫病 30-45克/公顷 喷雾

LS20060617 甲维盐·氯氰/3.2%/微乳剂/甲氨基阿维菌素 0.2%、氯氰菊酯 3%/2009.03.23 至 2010.03.23/低毒

十字花科蔬菜 甜菜夜蛾 19.2-28.8克/公顷 喷雾

LS20070325 锰锌·腈菌唑/60%/可湿性粉剂/腈菌唑 2%、代森锰锌 58%/2009.02.25 至 2010.02.25/低毒

梨树 黑星病 400-600毫克/千克 喷雾

LS20071117 阿维·甲氰/1.8%/乳油/阿维菌素 0.1%、甲氰菊酯 1.7%/2009.04.25 至 2010.04.26/低毒(原药高毒)

苹果树 红蜘蛛 15-18毫克/千克 喷雾

LS20071297 多·福·溴菌腈/40%/可湿性粉剂/多菌灵 20%、福美双 10%、溴菌腈 10%/2009.05.08 至 2010.05.09/低毒

黄瓜 炭疽病 600-900克/公顷 喷雾

LS20080797 吡虫啉/20%/可湿性粉剂/吡虫啉 20%/2009.02.28 至 2010.02.28/低毒

水稻 稻飞虱 21-30克/公顷 喷雾

LS20083202 阿维·啶虫脒/4%/乳油/阿维菌素 1%、啶虫脒 3%/2009.12.04 至 2010.12.04/低毒(原药高毒)

苹果树 蚜虫 8-10毫克/千克 喷雾

日照市邦化生物科技有限公司 (山东省莒县城西莒沂路北侧 276521 0633-6790199)

PD20092752 甲硫·福美双/50%/可湿性粉剂/福美双 30%、甲基硫菌灵 20%/2009.03.04 至 2014.03.04/中等毒

苹果树 轮纹病 500-700倍液 喷雾

PD20094543 高效氯氟氰菊酯/25克/升/乳油/高效氯氟氰菊酯 25克/升/2009.04.09 至 2014.04.09/中等毒

甘蓝 菜青虫 11.25-15克/公顷 喷雾

PD20094653 草甘膦/95%/原药/草甘膦 95%/2009.04.10 至 2014.04.10/低毒

PD20095313 甲戊·莠去津/40%/悬乳剂/二甲戊灵 20%、莠去津 20%/2009.04.27 至 2014.04.27/低毒

夏玉米田 一年生杂草 1080-1320克/公顷 土壤喷雾

PD20095889 苄·丁/32%/颗粒剂/苄嘧磺隆 0.5%、丁草胺 31.5%/2009.05.31 至 2014.05.31/低毒

水稻移栽田 部分多年生杂草、一年生杂草 600-900克/公顷 拌药土(沙)撒施

PD20098531 扑·乙/20%/乳油/扑草净 8%、乙草胺 12%/2009.12.24 至 2014.12.24/低毒

花生田 一年生杂草 600-750克/公顷 喷雾

山东奥丰化工科技有限责任公司 (山东省阳谷县侨润工业园 252300 0635-6396999)

PD20097038 氟硅唑/400克/升/乳油/氟硅唑 400克/升/2009.10.10 至 2014.10.10/低毒

黄瓜 黑星病 60-75克/公顷 喷雾

LS20082099 乙草胺/900克/升/乳油/乙草胺 900克/升/2009.04.15 至 2010.04.15/低毒

春大豆田 一年生禾本科杂草及部分小粒种子阔叶杂 1620-1890克/公顷 土壤喷雾

草
夏大豆田 一年生禾本科杂草及部分小粒种子阔叶杂草 1080-1350克/公顷 土壤喷雾
LS20083138 阿维·哒螨灵/10.2%/乳油/阿维菌素 0.2%、哒螨灵 10%/2009.11.14 至 2010.11.14/低毒(原药高毒)
苹果树 二斑叶螨 51-68毫克/千克 喷雾
LS20083143 毒·辛/30%/乳油/毒死蜱 10%、辛硫磷 20%/2009.11.14 至 2010.11.14/中等毒
韭菜 韭蛆 2250-2700克/公顷 喷雾
LS20091074 高氯·甲维盐/4.3%/乳油/高效氯氰菊酯 4.2%、甲氨基阿维菌素苯甲酸盐 0.1%/2009.04.15 至 2010.04.15/低毒
甘蓝 小菜蛾 19.35-22.575克/公顷 喷雾
WP20090351 杀虫气雾剂/0.35%/气雾剂/胺菊酯 0.3%、高效氯氰菊酯 0.05%/2009.10.28 至 2014.10.28/微毒
卫生 蚊、蝇、蜚蠊 / 喷雾

山东奥凯农业发展有限公司 (山东省青州市开发区时代二路 262500 0536-3299161)

PD20093058 福美双/50%/可湿性粉剂/福美双 50%/2009.03.09 至 2014.03.09/低毒
黄瓜 白粉病 562.5-1125克/公顷 喷雾
PD20093418 丙环唑/250克/升/乳油/丙环唑 250克/升/2009.03.20 至 2014.03.20/低毒
香蕉 叶斑病 250-500毫克/千克 喷雾
PD20093483 乙酰甲胺磷/30%/乳油/乙酰甲胺磷 30%/2009.03.23 至 2014.03.23/低毒
棉花 蚜虫 675-900克/公顷 喷雾
PD20097913 吡虫啉/10%/可湿性粉剂/吡虫啉 10%/2009.11.30 至 2014.11.30/低毒
水稻 飞虱 15-30克/公顷 喷雾
LS20052353 多·福/50%/可湿性粉剂/多菌灵 15%、福美双 35%/2008.06.28 至 2009.06.28/低毒
葡萄 霜霉病 1000-1250毫克/千克 喷雾
LS20052356 多·锰锌/50%/可湿性粉剂/多菌灵 8%、代森锰锌 42%/2008.06.29 至 2009.06.29/低毒
梨树 黑星病 1000-1250毫克/千克 喷雾
LS20053148 阿维·高氯/3%/可湿性粉剂/阿维菌素 0.3%、高效氯氰菊酯 2.7%/2008.10.10 至 2009.10.10/低毒(原药高毒)
十字花科蔬菜 菜青虫、小菜蛾 13.5-27克/公顷 喷雾
LS20053302 吡·杀单/35%/可湿性粉剂/吡虫啉 1%、杀虫单 34%/2008.10.17 至 2009.10.17/低毒
水稻 稻飞虱、稻纵卷叶螟、二化螟、三化螟 450-750克/公顷 喷雾
LS20053776 吡虫啉/20%/乳油/吡虫啉 20%/2008.12.14 至 2009.12.14/低毒
小麦 蚜虫 15-30克/公顷(南方地区) 喷雾
45-60克/公顷(北方地区)
LS20081100 井冈霉素/20%/可溶性粉剂/井冈霉素 20%/2009.03.11 至 2010.03.11/低毒
水稻 纹枯病 150-187.5克/公顷 喷雾
LS20081775 高效氯氟氰菊酯/25克/升/乳油/高效氯氟氰菊酯 25克/升/2009.04.07 至 2010.04.07/中等毒
小麦 蚜虫 5.625-7.5克/公顷 喷雾
LS20082241 叶枯唑/20%/可湿性粉剂/叶枯唑 20%/2009.04.18 至 2010.04.18/低毒
水稻 白叶枯病 300-375克/公顷 喷雾
LS20082549 联苯菊酯/25克/升/乳油/联苯菊酯 25克/升/2009.04.23 至 2010.04.23/低毒
茶树 茶小绿叶蝉 30-37.5克/公顷 喷雾
LS20082683 仲丁威/20%/乳油/仲丁威 20%/2009.04.29 至 2010.04.29/低毒
水稻 稻飞虱 450-600克/公顷 喷雾

山东奥维特农药有限公司 (山东省潍坊市坊子区潍州路13.5公里处 261200 0535-7628628)

PD20085235 氰戊·马拉松/21%/乳油/马拉硫磷 15%、氰戊菊酯 6%/2008.12.23 至 2013.12.23/中等毒
苹果树 蚜虫 50-70毫克/千克 喷雾
苹果树 桃小食心虫 60-100毫克/千克 喷雾
苹果树 红蜘蛛 60-150毫克/千克 喷雾
PD20085248 氰戊·马拉松/30%/乳油/马拉硫磷 22.5%、氰戊菊酯 7.5%/2008.12.23 至 2013.12.23/中等毒
苹果树 蚜虫 60-75毫克/千克 喷雾
苹果树 桃小食心虫 120-150毫克/千克 喷雾
PD20093583 高氯·辛硫磷/25%/乳油/高效氯氰菊酯 2.5%、辛硫磷 22.5%/2009.03.23 至 2014.03.23/低毒
棉花 棉铃虫 150-225克/公顷 喷雾
PD20094546 锰锌·腈菌唑/60%/可湿性粉剂/腈菌唑 2%、代森锰锌 58%/2009.04.09 至 2014.04.09/低毒
梨树 黑星病 400-600毫克/千克 喷雾
LS20051014 阿维·高氯/1.8%/乳油/阿维菌素 0.3%、高效氯氰菊酯 1.5%/2008.04.07 至 2009.04.07/低毒(原药高毒)
十字花科蔬菜 菜青虫、小菜蛾 7.5-15克/公顷 喷雾
LS20051621 柴油·炔螨特/57%/乳油/柴油 38%、炔螨特 19%/2008.04.29 至 2009.04.29/低毒
苹果树 红蜘蛛 285-570毫克/千克 喷雾
LS20051649 柴油·哒螨灵/40%/乳油/柴油 36%、哒螨灵 4%/2008.04.29 至 2009.04.29/低毒
苹果树 红蜘蛛 200-267毫克/千克 喷雾
LS20051702 烯酰·锰锌/69%/可湿性粉剂/代森锰锌 60%、烯酰吗啉 9%/2008.05.07 至 2009.05.07/低毒
黄瓜 霜霉病 1035-1398克/公顷 喷雾
LS20052161 高氯·柴油/35%/乳油/柴油 32.5%、高效氯氰菊酯 2.5%/2008.06.12 至 2009.06.12/低毒
黄瓜 蚜虫 210-262.5克/公顷 喷雾

LS20052164 甲硫·乙霉威/65%/可湿性粉剂/甲基硫菌灵 52.5%、乙霉威 12.5%/2008.06.12 至 2009.06.12/低毒
黄瓜 灰霉病 780-1170克/公顷 喷雾
LS20052649 甲霜·噁霉灵/3%/水剂/噁霉灵 2.5%、甲霜灵 0.5%/2008.08.14 至 2009.08.14/低毒
黄瓜 枯萎病 42.85-60毫克/千克，250毫升/株 灌根
LS20052725 高氯·吡虫啉/3.6%/乳油/吡虫啉 1.8%、高效氯氰菊酯 1.8%/2008.08.21 至 2009.08.21/低毒
十字花科蔬菜 蚜虫 16.2-27克/公顷 喷雾
LS20090031 井冈·三环唑/20%/可湿性粉剂/井冈霉素 5%、三环唑 15%/2009.01.08 至 2010.01.08/低毒
水稻 稻瘟病 300-450克/公顷 喷雾
LS20090119 唑磷·毒死蜱/25%/乳油/毒死蜱 5%、三唑磷 20%/2009.01.22 至 2010.01.22/中等毒
水稻 稻纵卷叶螟 337.5-375克/公顷 喷雾

山东澳得利化工有限公司 （山东省潍坊市寿光市南环路中段 262700 0536-5206888）

PD20083412 百菌清/75%/可湿性粉剂/百菌清 75%/2008.12.11 至 2013.12.11/低毒
黄瓜 白粉病 1275-1725克/公顷 喷雾
PD20083860 丙环唑/250克/升/乳油/丙环唑 250克/升/2008.12.15 至 2013.12.15/低毒
香蕉 叶斑病 250-500毫克/千克 喷雾
PD20084255 异菌脲/50%/可湿性粉剂/异菌脲 50%/2008.12.22 至 2013.12.22/低毒
番茄 灰霉病 375-750克/公顷 喷雾
PD20084545 多菌灵/50%/可湿性粉剂/多菌灵 50%/2008.12.18 至 2013.12.18/低毒
小麦 赤霉病 750-1125克/公顷 喷雾
PD20084593 联苯菊酯/25克/升/乳油/联苯菊酯 25克/升/2008.12.18 至 2013.12.18/低毒
茶树 茶小绿叶蝉 30-37.5克/公顷 喷雾
PD20084957 福美双/50%/可湿性粉剂/福美双 50%/2008.12.22 至 2013.12.22/中等毒
葡萄 白腐病 500-1000毫克/千克 喷雾
PD20085011 高氯·辛硫磷/20%/乳油/高效氯氰菊酯 2%、辛硫磷 18%/2008.12.22 至 2013.12.22/低毒
十字花科蔬菜 菜青虫 120-150克/公顷 喷雾
PD20086304 甲基硫菌灵/70%/可湿性粉剂/甲基硫菌灵 70%/2008.12.31 至 2013.12.31/低毒
番茄 叶霉病 525-630克/公顷 喷雾
PD20091474 高效氯氟氰菊酯/25克/升/乳油/高效氯氟氰菊酯 25克/升/2009.02.02 至 2014.02.02/中等毒
十字花科蔬菜 菜青虫 9.375-11.25克/公顷 喷雾
PD20091528 氟啶脲/50克/升/乳油/氟啶脲 50克/升/2009.02.03 至 2014.02.03/低毒
甘蓝 小菜蛾 30-60克/公顷 喷雾
PD20092590 代森锰锌/80%/可湿性粉剂/代森锰锌 80%/2009.02.27 至 2014.02.27/低毒
番茄 早疫病 1560-2520克/公顷 喷雾
柑橘树 疮痂病、炭疽病 1333-2000毫克/千克 喷雾
花生 叶斑病 720-900克/公顷 喷雾
黄瓜 霜霉病 2040-3000克/公顷 喷雾
辣椒 炭疽病、疫病 1800-2520克/公顷 喷雾
梨树 黑星病 800-1600毫克/千克 喷雾
荔枝树 霜疫霉病 1333-2000毫克/千克 喷雾
马铃薯 晚疫病 1800-2700克/公顷 喷雾
苹果树 斑点落叶病、轮纹病、炭疽病 1000-1500毫克/千克 喷雾
葡萄 白腐病、黑痘病、霜霉病 1000-1600毫克/千克 喷雾
西瓜 炭疽病 1560-2520克/公顷 喷雾
烟草 赤星病 1440-1920克/公顷 喷雾
PD20093568 毒死蜱/480克/升/乳油/毒死蜱 480克/升/2009.03.23 至 2014.03.23/中等毒
韭菜 根蛆 1440-1800克/公顷 灌根
PD20096260 氰戊菊酯/20%/乳油/氰戊菊酯 20%/2009.07.15 至 2014.07.15/中等毒
苹果树 食心虫 67－100毫克/千克 喷雾
PD20097133 复硝酚钠/1.8%/水剂/复硝酚钠 1.8%/2009.10.16 至 2014.10.16/低毒
番茄 调节生长 4.05-8.1克/公顷 喷雾
PD20097528 氟硅唑/400克/升/乳油/氟硅唑 400克/升/2009.11.03 至 2014.11.03/低毒
菜豆 白粉病 45-54克/公顷 喷雾
PD20097821 甲霜·锰锌/58%/可湿性粉剂/甲霜灵 10%、代森锰锌 48%/2009.11.20 至 2014.11.20/低毒
黄瓜 霜霉病 978-1632克/公顷 喷雾
PD20097942 炔螨特/57%/乳油/炔螨特 57%/2009.11.30 至 2014.11.30/低毒
柑橘树 红蜘蛛 228-380毫克/千克 喷雾
PD20098003 氟硅唑/93%/原药/氟硅唑 93%/2009.12.07 至 2014.12.07/低毒
PD20098022 氯氰·丙溴磷/440克/升/乳油/丙溴磷 400克/升、氯氰菊酯 40克/升/2009.12.07 至 2014.12.07/中等毒
棉花 棉铃虫 528-660克/公顷 喷雾
PD20098220 吗胍·乙酸铜/20%/可湿性粉剂/盐酸吗啉胍 10%、乙酸铜 10%/2009.12.16 至 2014.12.16/低毒
番茄 病毒病 600-750克/公顷 喷雾
PD20098381 阿维菌素/18克/升/乳油/阿维菌素 18克/升/2009.12.18 至 2014.12.18/低毒(原药高毒)
甘蓝 小菜蛾 8.1-10.8克/公顷 喷雾

LS20053794 硫磺·敌磺钠/60%/可湿性粉剂/敌磺钠 16%、硫磺 44%/2008.12.22 至 2009.12.22/中等毒
番茄 猝倒病 3.6-6克/平方米 毒土撒施
LS20060174 烯酰·锰锌/69%/可湿性粉剂/代森锰锌 60%、烯酰吗啉 9%/2009.01.27 至 2010.01.27/低毒
黄瓜 霜霉病 1035-1380克/公顷 喷雾
LS20060329 乙霉·多菌灵/50%/可湿性粉剂/多菌灵 25%、乙霉威 25%/2009.03.01 至 2010.03.01/低毒
番茄 灰霉病 703-1125克/公顷 喷雾
LS20061094 灭线磷/20%/颗粒剂/灭线磷 20%/2009.05.10 至 2010.05.10/中等毒(原药高毒)
花生 根结线虫 4500-5250克/公顷 沟施
注:不得用于鲜食花生。
LS20061673 咪鲜胺/25%/乳油/咪鲜胺 25%/2009.09.07 至 2010.09.07/低毒
黄瓜 炭疽病 250-500毫克/千克 喷雾
LS20061677 嘧霉胺/20%/可湿性粉剂/嘧霉胺 20%/2009.09.10 至 2010.09.10/低毒
黄瓜 灰霉病 360-540克/公顷 喷雾
LS20061707 吡虫啉/20%/泡腾片剂/吡虫啉 20%/2009.09.21 至 2010.09.21/低毒
十字花科蔬菜 蚜虫 22.5-30克/公顷 喷雾
LS20070136 苯醚甲环唑/10%/水分散粒剂/苯醚甲环唑 10%/2010.02.08 至 2011.02.08/低毒
番茄 早疫病 100.5-150克/公顷 喷雾
LS20071158 甲氰·噻螨酮/7.5%/乳油/甲氰菊酯 5%、噻螨酮 2.5%/2009.04.25 至 2010.04.26/低毒
柑橘树 红蜘蛛 75-100毫克/千克 喷雾
LS20080844 灭蝇胺/70%/水分散粒剂/灭蝇胺 70%/2009.03.03 至 2010.03.03/低毒
菜豆 美洲斑潜蝇 157.5-210克/公顷 喷雾
LS20080894 阿维·毒死蜱/25%/乳油/阿维菌素 0.2%、毒死蜱 24.8%/2009.03.04 至 2010.03.04/中等毒(原药高毒)
水稻 二化螟 300-375克/公顷 喷雾
LS20080983 杀虫单/50%/泡腾粒剂/杀虫单 50%/2009.03.06 至 2010.03.06/低毒
水稻 二化螟 525-750克/公顷 撒施
LS20081923 丁醚脲/25%/悬浮剂/丁醚脲 25%/2009.04.11 至 2010.04.11/低毒
十字花科蔬菜 小菜蛾 300-450克/公顷 喷雾
LS20082006 四聚乙醛/6%/颗粒剂/四聚乙醛 6%/2009.04.15 至 2010.04.15/低毒
十字花科蔬菜 蜗牛 450-540克/公顷 拌毒土撒施
LS20082868 噻嗪·杀扑磷/20%/乳油/噻嗪酮 15%、杀扑磷 5%/2009.06.11 至 2010.06.11/低毒(原药高毒)
柑橘树 介壳虫 200-250毫克/千克 喷雾
LS20090288 烯啶虫胺/95%/原药/烯啶虫胺 95%/2009.02.16 至 2010.02.16/低毒
LS20091266 阿维菌素/0.5%/颗粒剂/阿维菌素 0.5%/2009.05.12 至 2010.05.12/低毒(原药高毒)
黄瓜 根结线虫 180-225克/公顷 穴施

山东白云农药有限公司 (山东省泰安市宁阳县伏山镇 271408 0538-5713666)

PD20093606 氯氰菊酯/5%/乳油/氯氰菊酯 5%/2009.03.23 至 2014.03.23/低毒
甘蓝 菜青虫 30-45克/公顷 喷雾
PD20094456 异丙草·莠/40%/悬乳剂/异丙草胺 24%、莠去津 16%/2009.04.01 至 2014.04.01/低毒
夏玉米田 一年生杂草 1200-1500克/公顷 土壤喷雾
PD20098341 敌·辛/50%/乳油/敌百虫 30%、辛硫磷 20%/2009.12.18 至 2014.12.18/低毒
棉花 棉铃虫 450-600克/公顷 喷雾
LS20061153 甲氰·辛硫磷/25%/乳油/甲氰菊酯 5%、辛硫磷 20%/2009.05.15 至 2010.05.15/中等毒
棉花 棉铃虫 262.5-375克/公顷 喷雾
LS20061159 阿维菌素/0.5%/可湿性粉剂/阿维菌素 0.5%/2009.05.17 至 2010.05.17/低毒(原药高毒)
十字花科蔬菜 小菜蛾 8.1-10.8克/公顷 喷雾
LS20061737 高氯·辛硫磷/20%/乳油/高效氯氰菊酯 1.5%、辛硫磷 18.5%/2009.10.10 至 2010.10.10/低毒
棉花 棉铃虫 240-300克/公顷 喷雾
LS20070816 苯磺隆/10%/粉剂/苯磺隆 10%/2009.04.10 至 2010.04.11/低毒
冬小麦 一年生阔叶杂草 15-22.5克/公顷 茎叶喷雾

山东百纳生物科技有限公司 (山东省济南市章丘化工工业园(刁镇) 250200 0531-88681605)

PD20081865 啶虫脒/5%/乳油/啶虫脒 5%/2008.11.25 至 2013.11.25/低毒
黄瓜 蚜虫 18-27克/公顷 喷雾
PD20083037 啶虫脒/3%/可湿性粉剂/啶虫脒 3%/2008.12.10 至 2013.12.10/低毒
柑橘树 蚜虫 8.6-12毫克/千克 喷雾
PD20083882 联苯菊酯/25克/升/乳油/联苯菊酯 25克/升/2008.12.15 至 2013.12.15/低毒
茶树 茶小绿叶蝉 30-37.5克/公顷 喷雾
PD20084379 三乙膦酸铝/40%/可湿性粉剂/三乙膦酸铝 40%/2008.12.17 至 2013.12.17/低毒
黄瓜 霜霉病 2115-2820克/公顷 喷雾
PD20090366 代森锰锌/80%/可湿性粉剂/代森锰锌 80%/2009.01.12 至 2014.01.12/低毒
番茄 早疫病 1800-2400克/公顷 喷雾
PD20090463 高效氯氟氰菊酯/25克/升/乳油/高效氯氟氰菊酯 25克/升/2009.01.12 至 2014.01.12/中等毒
十字花科蔬菜 蚜虫 7.5-9.375克/公顷 喷雾
PD20091178 嘧霉胺/40%/悬浮剂/嘧霉胺 40%/2009.01.22 至 2014.01.22/低毒

番茄 灰霉病 375-562.5克/公顷 喷雾
PD20092432 硫磺/50%/悬浮剂/硫磺 50%/2009.02.25 至 2014.02.25/低毒
黄瓜 白粉病 1125-1500克/公顷 喷雾
PD20094181 氯氰菊酯/5%/乳油/氯氰菊酯 5%/2009.03.30 至 2014.03.30/低毒
甘蓝 菜青虫 45-60克/公顷 喷雾
PD20094348 高氯·马/20%/乳油/高效氯氰菊酯 2%、马拉硫磷 18%/2009.04.01 至 2014.04.01/低毒
苹果树 桃小食心虫 133-200毫克/千克 喷雾
PD20094478 福美双/50%/可湿性粉剂/福美双 50%/2009.04.09 至 2014.04.09/低毒
黄瓜 白粉病 1125-1500克/公顷 喷雾
PD20094647 敌百虫/30%/乳油/敌百虫 30%/2009.04.10 至 2014.04.10/低毒
十字花科蔬菜 菜青虫 675-900克/公顷 喷雾
PD20095081 高效氯氰菊酯/4.5%/乳油/高效氯氰菊酯 4.5%/2009.04.22 至 2014.04.22/低毒
甘蓝 菜青虫 20.25-27克/公顷 喷雾
PD20095716 二甲戊灵/33%/乳油/二甲戊灵 33%/2009.05.18 至 2014.05.18/低毒
甘蓝(保护地) 一年生杂草 495－742.5克/公顷 土壤喷雾
PD20096124 乙草胺/81.5%/乳油/乙草胺 81.5%/2009.06.18 至 2014.06.18/低毒
玉米田 一年生禾本科杂草及部分小粒种子阔叶杂草 1350-1890克/公顷(东北地区) 1080-1350克/公顷(其他地区) 播后苗前土壤喷雾
PD20096406 抑食肼/95%/原药/抑食肼 95%/2009.08.04 至 2014.08.04/中等毒
PD20096519 单甲脒盐酸盐/25%/水剂/单甲脒 25%/2009.08.20 至 2014.08.20/低毒
柑橘树 红蜘蛛 150-350毫克/千克 喷雾
PD20096522 高氯·辛硫磷/20%/乳油/高效氯氰菊酯 1.5%、辛硫磷 18.5%/2009.08.20 至 2014.08.20/低毒
棉花 棉铃虫 225-300克/公顷 喷雾
PD20097086 阿维菌素/3.2%/乳油/阿维菌素 3.2%/2009.10.10 至 2014.10.10/低毒(原药高毒)
甘蓝 小菜蛾 8.1-10.8克/公顷 喷雾
PD20097087 阿维菌素/1.8%/乳油/阿维菌素 1.8%/2009.10.10 至 2014.10.10/低毒(原药高毒)
棉花 红蜘蛛 10.8-16.2克/公顷 喷雾
棉花 棉铃虫 21.6-32.4克/公顷 喷雾
十字花科蔬菜 小菜蛾 6-12克/公顷 喷雾
PD20097377 氟铃脲/5%/乳油/氟铃脲 5%/2009.10.28 至 2014.10.28/低毒
甘蓝 小菜蛾 28.13-56.25克/公顷 喷雾
PD20097414 乙烯利/40%/水剂/乙烯利 40%/2009.10.28 至 2014.10.28/低毒
棉花 催熟 300-500倍液 喷雾
PD20098108 精喹禾灵/50克/升/乳油/精喹禾灵 50克/升/2009.12.08 至 2014.12.08/低毒
大豆田 一年生禾本科杂草 45-60克/公顷 茎叶喷雾
PD20098137 异丙甲草胺/720克/升/乳油/异丙甲草胺 720克/升/2009.12.08 至 2014.12.08/低毒
花生田 一年生禾本科杂草及部分小粒种子阔叶杂草 1080-1620克/公顷 播后苗前土壤喷雾
LS20051084 阿维·柴油/24.5%/乳油/阿维菌素 0.2%、柴油 24.3%/2008.04.11 至 2009.04.11/低毒(原药高毒)
柑橘树 红蜘蛛 123-245毫克/千克 喷雾
LS20051135 抑食肼/20%/可湿性粉剂/抑食肼 20%/2008.04.11 至 2009.04.11/低毒
十字花科蔬菜 菜青虫 240-375克/公顷 喷雾
LS20053253 哒螨灵/15%/乳油/哒螨灵 15%/2008.10.11 至 2009.10.11/中等毒
苹果树 红蜘蛛 50-60毫克/千克 喷雾
LS20053485 代森铵/45%/水剂/代森铵 45%/2008.11.13 至 2009.11.13/低毒
黄瓜 霜霉病 506.25-1012.5克/公顷 喷雾
LS20061170 二甲基二硫醚/0.5%/乳油/二甲基二硫醚 0.5%/2008.05.17 至 2009.05.17/低毒
棉花 红蜘蛛 3－3.75克/公顷 喷雾
LS20083206 阿维菌素/2%/乳油/阿维菌素 2%/2008.12.04 至 2009.12.04/低毒(原药高毒)
黄瓜 美洲斑潜蝇 10.8-21.6克/公顷 喷雾
棉花 红蜘蛛 10.8-16.2克/公顷 喷雾
十字花科蔬菜 小菜蛾 8.1-10.8克/公顷 喷雾

山东百威农药有限公司 (山东省潍坊市青州市青州工业园 262500 0536-3570008)

PD20092687 福美双/50%/可湿性粉剂/福美双 50%/2009.03.03 至 2014.03.03/中等毒
葡萄 白腐病 667-1000毫克/千克 喷雾
PD20092987 甲霜·锰锌/58%/可湿性粉剂/甲霜灵 10%、代森锰锌 48%/2009.03.09 至 2014.03.09/低毒
黄瓜 霜霉病 862.5-1050克/公顷 喷雾
PD20093064 高效氯氟氰菊酯/25克/升/乳油/高效氯氟氰菊酯 25克/升/2009.03.09 至 2014.03.09/中等毒
甘蓝 蚜虫 5.625－7.5克/公顷 喷雾
PD20093686 甲基硫菌灵/70%/可湿性粉剂/甲基硫菌灵 70%/2009.03.25 至 2014.03.25/低毒
黄瓜 白粉病 420-630克/公顷 喷雾
PD20093997 代森锌/80%/可湿性粉剂/代森锌 80%/2009.03.27 至 2014.03.27/微毒
马铃薯 早疫病 960-1200克/公顷 喷雾

PD20094341 多·锰锌/50%/可湿性粉剂/多菌灵 8%、代森锰锌 42%/2009.04.01 至 2014.04.01/低毒
苹果树 斑点落叶病 1000-1250毫克/千克 喷雾
PD20094789 马拉硫磷/45%/乳油/马拉硫磷 45%/2009.04.13 至 2014.04.13/低毒
棉花 盲蝽蟓 405-607.5克/公顷 喷雾
PD20097380 百草枯/200克/升/水剂/百草枯 200克/升/2009.10.28 至 2014.10.28/中等毒
夏玉米田 杂草 2250-3000毫升制剂/公顷 行间定向茎叶喷雾
LS991724 苦参碱/0.2%/水剂/苦参碱 0.2%/2009.02.27 至 2009.12.31/低毒
苹果树 红蜘蛛 7.5-22.5克/公顷 喷雾
LS20052594 多·福/40%/可湿性粉剂/多菌灵 5%、福美双 35%/2008.08.14 至 2009.08.14/低毒
梨树 黑星病 1000-1500毫克/千克 喷雾
LS20052656 吡虫啉/10%/可湿性粉剂/吡虫啉 10%/2008.08.14 至 2009.08.14/低毒
小麦 蚜虫 15-30克/公顷(南方地区) 喷雾
45-60克/公顷(北方地区)
LS20052911 阿维·高氯/1.8%/乳油/阿维菌素 0.3%、高效氯氰菊酯 1.5%/2008.09.07 至 2009.09.07/低毒(原药高毒)
十字花科蔬菜 菜青虫、小菜蛾 7.5-15克/公顷 喷雾
LS20053604 井冈霉素A/4%/水剂/井冈霉素A 4%/2008.11.17 至 2009.11.17/低毒
水稻 纹枯病 150-187.5克/公顷 喷雾
LS20061376 福·福锌/80%/可湿性粉剂/福美双 30%、福美锌 50%/2008.06.25 至 2009.06.25/低毒
黄瓜 炭疽病 1500-1800克/公顷 喷雾
LS20091244 嘧霉·多菌灵/55%/可湿性粉剂/多菌灵 40%、嘧霉胺 15%/2009.04.30 至 2010.04.30/低毒
黄瓜 灰霉病 1155-1815克/公顷 喷雾

山东百信生物科技有限公司 （山东省济南市华能路19号留学生创业园2号楼317 250101 0531-88118088）

LS20071028 吗胍·乙酸铜/20%/可湿性粉剂/盐酸吗啉胍 10%、乙酸铜 10%/2009.04.19 至 2010.04.20/低毒
番茄 病毒病 500-750克/公顷 喷雾
LS20071101 叶枯唑/20%/可湿性粉剂/叶枯唑 20%/2009.04.25 至 2010.04.26/低毒
水稻 白叶枯病 300-375克/公顷 喷雾
LS20071112 代森锌/80%/可湿性粉剂/代森锌 80%/2009.04.25 至 2010.04.26/低毒
番茄 早疫病 2550-3600克/公顷 喷雾
LS20071114 氯氰菊酯/50克/升/乳油/氯氰菊酯 50克/升/2009.04.25 至 2010.04.26/低毒
十字花科蔬菜 菜青虫 37.5-52.5克/公顷 喷雾
LS20071126 福美双/50%/可湿性粉剂/福美双 50%/2009.04.25 至 2010.04.26/低毒
黄瓜 霜霉病 750-1200克/公顷 喷雾
LS20090820 噁霉·福美双/54.5%/可湿性粉剂/噁霉灵 9.5%、福美双 45%/2009.04.03 至 2010.04.03/微毒
黄瓜 立枯病 1.5-2.5克/平方米 苗床喷洒
LS20091220 虫酰·毒死蜱/20%/乳油/虫酰肼 4%、毒死蜱 16%/2009.04.30 至 2010.04.30/低毒
甘蓝 斜纹夜蛾 300—360克/公顷 喷雾
LS20091242 嘧霉·福美双/50%/可湿性粉剂/福美双 40%、嘧霉胺 10%/2009.04.30 至 2010.04.30/低毒
番茄 灰霉病 900-1050克/公顷 喷雾
LS20091315 甲氨基阿维菌素苯甲酸盐(2.3%)///乳油/甲氨基阿维菌素 2%/2009.06.02 至 2010.06.02/低毒
甘蓝 甜菜夜蛾 2.55-3.825克/公顷 喷雾
LS20091316 高氯·甲维盐/4.2%/乳油/高效氯氰菊酯 4%、甲氨基阿维菌素苯甲酸盐 0.2%/2009.06.02 至 2010.06.02/低毒
十字花科蔬菜 甜菜夜蛾 22.05-28.35克/公顷 喷雾

山东拜尔化工有限公司 （山东省寿光市文家开发区 262712 0536-5502858）

PD20085250 丙环唑/250克/升/乳油/丙环唑 250克/升/2008.12.23 至 2013.12.23/低毒
小麦 白粉病 112.5-150克/公顷 喷雾
PD20085390 噻嗪酮/25%/可湿性粉剂/噻嗪酮 25%/2008.12.24 至 2013.12.24/低毒
水稻 稻飞虱 75-112.5克/公顷 喷雾
PD20085779 腐霉利/50%/可湿性粉剂/腐霉利 50%/2008.12.29 至 2013.12.29/低毒
黄瓜 灰霉病 525-750克/公顷 喷雾
PD20086141 福美双/50%/可湿性粉剂/福美双 50%/2008.12.30 至 2013.12.30/低毒
黄瓜 白粉病 525-1125克/公顷 喷雾
PD20086202 氟啶脲/50克/升/乳油/氟啶脲 50克/升/2008.12.30 至 2013.12.30/低毒
甘蓝 小菜蛾 30-60克/公顷 喷雾
PD20091464 多菌灵/50%/可湿性粉剂/多菌灵 50%/2009.02.02 至 2014.02.02/低毒
梨树 黑星病 750-1000毫克/千克 喷雾
PD20091591 吡虫啉/200克/升/可溶液剂/吡虫啉 200克/升/2009.02.03 至 2014.02.03/低毒
水稻 稻飞虱 21-30克/公顷 喷雾
PD20093129 异菌脲/50%/可湿性粉剂/异菌脲 50%/2009.03.10 至 2014.03.10/低毒
番茄 灰霉病 375-750克/公顷 喷雾
PD20093149 甲霜·锰锌/58%/可湿性粉剂/甲霜灵 10%、代森锰锌 48%/2009.03.11 至 2014.03.11/低毒
黄瓜 霜霉病 1305-1566克/公顷 喷雾
PD20093949 赤霉酸/4%/乳油/赤霉酸 4%/2009.03.27 至 2014.03.27/微毒

	芹菜	调节生长	50-100毫克/千克	喷雾
PD20093967	氢氧化铜/77%/可湿性粉剂/氢氧化铜 77%/2009.03.27 至 2014.03.27/低毒			
	番茄	早疫病	1386-2310克/公顷	喷雾
PD20094268	福·福锌/80%/可湿性粉剂/福美双 30%、福美锌 50%/2009.03.31 至 2014.03.31/低毒			
	黄瓜	炭疽病	1500-2100克/公顷	喷雾
PD20094310	氯氰菊酯/50克/升/乳油/氯氰菊酯 50克/升/2009.03.31 至 2014.03.31/中等毒			
	棉花	棉铃虫	45-60克/公顷	喷雾
PD20094720	霜霉威/722克/升/水剂/霜霉威 722克/升/2009.04.10 至 2014.04.10/低毒			
	黄瓜	疫病	3.6-5.4克/平方米	苗床浇灌
LS20071366	吗胍·乙酸铜/20%/可湿性粉剂/盐酸吗啉胍 10%、乙酸铜 10%/2009.05.17 至 2010.05.18/低毒			
	番茄	病毒病	500-750克/公顷	喷雾
LS20081054	阿维菌素/18克/升/乳油/阿维菌素 18克/升/2009.03.07 至 2010.03.07/低毒(原药高毒)			
	十字花科蔬菜	小菜蛾	8.1-10.8克/公顷	喷雾
LS20081895	春雷·王铜/50%/可湿性粉剂/春雷霉素 5%、王铜 45%/2009.04.10 至 2010.04.10/低毒			
	柑橘树	溃疡病	625-1000毫克/千克	喷雾
LS20082527	叶枯唑/20%/可湿性粉剂/叶枯唑 20%/2009.04.22 至 2010.04.22/低毒			
	水稻	白叶枯病	300-375克/公顷	喷雾
山东滨农科技有限公司 (山东省滨州市滨城区滨北办事处永莘路518号 256651 0543-3315114)				
PD20080074	仲丁灵原药/95%/原药/仲丁灵 95%/2008.01.03 至 2013.01.03/低毒			
PD20080081	精吡氟禾草灵/90%/原药/精吡氟禾草灵 90%/2008.01.03 至 2013.01.03/低毒			
PD20080143	高效氟吡甲禾灵/95%/原药/高效氟吡甲禾灵 95%/2008.01.03 至 2013.01.03/低毒			
PD20080702	丁草胺/95%/原药/丁草胺 95%/2008.06.04 至 2013.06.04/低毒			
PD20080706	莠去津/98%/原药/莠去津 98%/2008.06.04 至 2013.06.04/低毒			
PD20080709	异丙甲草胺/95%/原药/异丙甲草胺 95%/2008.06.04 至 2013.06.04/低毒			
PD20080710	甲草胺/95%/原药/甲草胺 95%/2008.06.04 至 2013.06.04/低毒			
PD20081243	草甘膦/30%/水剂/草甘膦 30%/2008.09.16 至 2013.09.16/低毒			
	苹果园	杂草	1200-2460克/公顷	定向喷雾
PD20081247	丁草胺/600克/升/水乳剂/丁草胺 600克/升/2008.09.18 至 2013.09.18/低毒			
	水稻移栽田	一年生禾本科杂草	990-1260克/公顷	毒土法
PD20081260	异丙甲草胺/720克/升/乳油/异丙甲草胺 720克/升/2008.09.18 至 2013.09.18/低毒			
	春大豆田	一年生禾本科杂草及部分阔叶杂草	1404-1950克/公顷	播后苗前土壤喷雾
	春玉米田	一年生禾本科杂草及部分阔叶杂草	1620-2160克/公顷	土壤喷雾
	花生田	一年生禾本科杂草及小粒阔叶杂草	1080-1620克/公顷	土壤喷雾
	夏大豆田	一年生禾本科杂草及部分阔叶杂草	1080-1404克/公顷	播后苗前土壤喷雾
	夏玉米田	一年生禾本科杂草及部分阔叶杂草	1296-1620克/公顷	土壤喷雾
PD20081276	氟乐灵/480克/升/乳油/氟乐灵 480克/升/2008.09.25 至 2013.09.25/低毒			
	大豆田	一年生杂草	900-1260克/公顷	土壤喷雾
	棉花田	一年生杂草	864-1080克/公顷	土壤喷雾
PD20081278	乙草胺/900克/升/乳油/乙草胺 900克/升/2008.09.25 至 2013.09.25/低毒			
	春大豆田	一年生禾本科杂草及小粒阔叶杂草	1080-1350克/公顷	土壤喷雾
	春玉米田	一年生禾本科杂草及小粒阔叶杂草	1080-1620克/公顷	土壤喷雾
	花生田	一年生禾本科杂草及部分阔叶杂草	1080-1350克/公顷	土壤喷雾
	棉花田、夏大豆田	一年生禾本科杂草及小粒阔叶杂草	945-1215克/公顷	土壤喷雾
PD20081280	莠去津/48%/可湿性粉剂/莠去津 48%/2008.09.25 至 2013.09.25/低毒			
	夏玉米田	一年生杂草	1296-1440克/公顷	土壤喷雾
PD20081281	精喹禾灵/8.8%/乳油/精喹禾灵 8.8%/2008.09.25 至 2013.09.25/低毒			
	春油菜、花生田、棉花田	一年生禾本科杂草	46.2-52.8克/公顷	茎叶喷雾
	大豆田	一年生禾本科杂草	52.8-66克/公顷	茎叶喷雾
	冬油菜田	一年生禾本科杂草	39.6-52.8克/公顷	茎叶喷雾
PD20081282	莠去津/38%/悬浮剂/莠去津 38%/2008.09.25 至 2013.09.25/低毒			
	春玉米田	一年生杂草	1425-1995克/公顷	土壤喷雾
	甘蔗田	一年生杂草	1050-1500克/公顷	土壤喷雾
	夏玉米田	一年生杂草	855-1140克/公顷	土壤喷雾
PD20081289	异噁草松/480克/升/乳油/异噁草松 480克/升/2008.09.26 至 2013.09.26/低毒			
	春大豆田	一年生杂草	864-1080克/公顷	喷雾
PD20081451	二甲戊灵/98%/原药/二甲戊灵 98%/2008.11.04 至 2013.11.04/低毒			
PD20081591	草甘膦/95%/原药/草甘膦 95%/2008.11.12 至 2013.11.12/低毒			
PD20081704	苯磺隆/75%/水分散粒剂/苯磺隆 75%/2008.11.17 至 2013.11.17/低毒			
	冬小麦田	一年生阔叶杂草	14-20.25克/公顷	喷雾
PD20082173	戊唑醇/96%/原药/戊唑醇 96%/2008.11.26 至 2013.11.26/低毒			

PD20082208	三唑醇/95%/原药/三唑醇 95%/2008.11.26 至 2013.11.26/低毒			
PD20082571	异丙草·莠/42%/悬浮剂/异丙草胺 16%、莠去津 26%/2008.12.04 至 2013.12.04/低毒			
	夏玉米田	一年生杂草	1134－1512克/公顷	播后苗前土壤喷雾
PD20082785	高效氟吡甲禾灵/108克/升/乳油/高效氟吡甲禾灵 108克/升/2008.12.09 至 2013.12.09/低毒			
	春大豆田	一年生禾本科杂草	52.5-64.8克/公顷	茎叶喷雾
	花生田	一年生禾本科杂草	32.4-48.6克/公顷	茎叶喷雾
	棉花田、油菜田	一年生禾本科杂草	40.5-48.6克/公顷	茎叶喷雾
	夏大豆田	一年生禾本科杂草	45-52.5克/公顷	茎叶喷雾
PD20082904	仲丁灵/48%/乳油/仲丁灵 48%/2008.12.09 至 2013.12.09/低毒			
	春大豆田	部分阔叶杂草、一年生禾本科杂草	1800-2160克/公顷	土壤喷雾
	夏大豆田	部分阔叶杂草、一年生禾本科杂草	1440-1800克/公顷	土壤喷雾
PD20083132	乙草胺/95%/原药/乙草胺 95%/2008.12.10 至 2013.12.10/低毒			
PD20083595	氟磺胺草醚/250克/升/水剂/氟磺胺草醚 250克/升/2008.12.12 至 2013.12.12/低毒			
	春大豆田	一年生阔叶杂草	375-502.5克/公顷	茎叶喷雾
	夏大豆田	一年生阔叶杂草	262.5-375克/公顷	茎叶喷雾
PD20084239	氟乐灵/95%/原药/氟乐灵 95%/2008.12.17 至 2013.12.17/低毒			
PD20084242	莠灭净/80%/可湿性粉剂/莠灭净 80%/2008.12.17 至 2013.12.17/低毒			
	甘蔗田	一年生杂草	1560-2400克/公顷	土壤或定向喷雾
PD20085028	丙环唑/250克/升/乳油/丙环唑 250克/升/2008.12.22 至 2013.12.22/低毒			
	小麦	白粉病	100-150克/公顷	喷雾
PD20085410	炔螨特/570克/升/乳油/炔螨特 570克/升/2008.12.24 至 2013.12.24/低毒			
	棉花	红蜘蛛	342-513克/公顷	喷雾
PD20086196	三唑醇/25%/干拌剂/三唑醇 25%/2008.12.30 至 2013.12.30/低毒			
	小麦	锈病	34-37.5克/100千克种子	拌种
PD20086328	丙草胺/98%/原药/丙草胺 98%/2008.12.31 至 2013.12.31/低毒			
PD20086331	扑草净/96%/原药/扑草净 96%/2008.12.31 至 2013.12.31/低毒			
PD20090061	百草枯/200克/升/水剂/百草枯 200克/升/2009.01.08 至 2014.01.08/中等毒			
	苹果园	杂草	600-900克/公顷	定向喷雾
PD20090481	二甲戊灵/330克/升/乳油/二甲戊灵 330克/升/2009.01.12 至 2014.01.12/低毒			
	韭菜田	一年生杂草	495-742.5克/公顷	土壤喷雾
	棉花田	一年生杂草	742.5-990克/公顷	土壤喷雾
PD20090823	草甘膦异丙胺盐/41%/水剂/草甘膦异丙胺盐 41%/2009.01.19 至 2014.01.19/低毒			
	柑橘园	杂草	1230-1845克/公顷	喷雾
PD20090940	乙草胺/990克/升/乳油/乙草胺 990克/升/2009.01.19 至 2014.01.19/低毒			
	春大豆田	一年生禾本科杂草	1485-1930.5克/公顷	播后苗前土壤喷雾
	夏大豆田	一年生禾本科杂草	1188-1485克/公顷	播后苗前土壤喷雾
PD20091584	仲灵·乙草胺/50%/乳油/乙草胺 30%、仲丁灵 20%/2009.02.03 至 2014.02.03/低毒			
	大豆田	一年生禾本科杂草及部分阔叶杂草	1125-1500克/公顷	土壤喷雾
	棉花田	杂草	1125-1500克/公顷	土壤喷雾
PD20091810	松·喹·氟磺胺/35%/乳油/氟磺胺草醚 9.5%、精喹禾灵 2.5%、异噁草松 23%/2009.02.04 至 2014.02.04/低毒			
	春大豆田	一年生杂草	525-630克/公顷	喷雾
PD20092090	辛硫·氟氯氰/25%/乳油/氟氯氰菊酯 1%、辛硫磷 24%/2009.02.16 至 2014.02.16/低毒			
	十字花科蔬菜	菜青虫	93.75-131.25克/公顷	喷雾
PD20092204	乙·莠·异丙甲/40%/悬浮剂/乙草胺 9%、异丙甲草胺 11%、莠去津 20%/2009.02.23 至 2014.02.23/低毒			
	夏玉米田	一年生杂草	1200-1500克/公顷	土壤喷雾
PD20092677	扑草净/50%/可湿性粉剂/扑草净 50%/2009.03.03 至 2014.03.03/低毒			
	花生田	一年生阔叶杂草	750-1125克/公顷	土壤喷雾
	水稻移栽田	一年生杂草	600-900克/公顷	药土法
PD20092865	高效氯氟氰菊酯/2.5%/乳油/高效氯氟氰菊酯 2.5%/2009.03.05 至 2014.03.05/中等毒			
	十字花科蔬菜	菜青虫	7.5-15克/公顷	喷雾
PD20092970	氟氯氰菊酯/50克/升/乳油/氟氯氰菊酯 50克/升/2009.03.09 至 2014.03.09/低毒			
	甘蓝	菜青虫	15-30克/公顷	喷雾
PD20093246	吡嘧磺隆/10%/可湿性粉剂/吡嘧磺隆 10%/2009.03.11 至 2014.03.11/低毒			
	移栽水稻田	一年生阔叶杂草	22.5-30克/公顷	毒土法
PD20093306	乙草胺/50%/微乳剂/乙草胺 50%/2009.03.13 至 2014.03.13/低毒			
	花生田	一年生杂草	1012.5-1500克/公顷	土壤喷雾
PD20094300	咪唑乙烟酸/10%/水剂/咪唑乙烟酸 10%/2009.03.31 至 2014.03.31/低毒			
	春大豆田	一年生杂草	105-135克/公顷	土壤喷雾
PD20094363	烯禾啶/12.5%/乳油/烯禾啶 12.5%/2009.04.01 至 2014.04.01/低毒			
	大豆田	一年生禾本科杂草	124.5-187.5克/公顷	茎叶喷雾

PD20094465 灭草松/480克/升/水剂/灭草松 480克/升/2009.04.01 至 2014.04.01/低毒
大豆田 一年生阔叶杂草 1125-1500克/公顷 茎叶喷雾
PD20094498 丁草胺/90%/乳油/丁草胺 90%/2009.04.09 至 2014.04.09/低毒
移栽水稻田 一年生杂草 810-350克/公顷 药土法
PD20094660 精吡氟禾草灵/15%/乳油/精吡氟禾草灵 15%/2009.04.10 至 2014.04.10/低毒
大豆田 一年生禾本科杂草 112.5-150克/公顷 茎叶喷雾
PD20094792 西草净/25%/可湿性粉剂/西草净 25%/2009.04.13 至 2014.04.13/低毒
移栽水稻田 一年生杂草 562.5-750克/公顷(南方地区) 毒土法
PD20094801 烯草酮/240克/升/乳油/烯草酮 240克/升/2009.04.13 至 2014.04.13/低毒
大豆田 一年生禾本科杂草 97.5-144克/公顷 茎叶喷雾
PD20094845 甲草胺/480克/升/乳油/甲草胺 480克/升/2009.04.13 至 2014.04.13/低毒
棉花田 一年生杂草 华北地区：1800-2160克/公顷，1080-1440克/公顷(盖膜)；长江流域:1440-1800克/公顷，900-1080克/公顷(盖膜) 苗前或播后苗前土壤喷雾
PD20095030 精吡氟禾草灵/150克/升/乳油/精吡氟禾草灵 150克/升/2009.04.21 至 2014.04.21/低毒
冬油菜田 一年生禾本科杂草 135-157.5克/公顷 茎叶喷雾
花生田、棉花田 一年生禾本科杂草 112.5-150克/公顷 茎叶喷雾
PD20095618 乙氧氟草醚/240克/升/乳油/乙氧氟草醚 240克/升/2009.05.12 至 2014.05.12/低毒
甘蔗田 一年生杂草 105-180克/公顷 土壤喷雾
PD20095773 甲·乙·莠/42%/悬乳剂/甲草胺 8%、乙草胺 9%、莠去津 25%/2009.05.18 至 2014.05.18/低毒
春玉米田 一年生杂草 1890-2520克/公顷 播后苗前土壤喷雾
夏玉米田 一年生杂草 1134-1386克/公顷 播后苗前土壤喷雾
PD20095783 氯氟吡氧乙酸异辛酯(28.8%)///乳油/氯氟吡氧乙酸 20%/2009.05.25 至 2014.05.25/低毒
冬小麦田 一年生阔叶杂草 150-199.5克/公顷 茎叶喷雾
PD20096811 仲丁灵/360克/升/乳油/仲丁灵 360克/升/2009.09.16 至 2014.09.16/低毒
烟草 抑制腋芽生长 2430-3037.5克/公顷 杯淋法
PD20097113 丙草胺/30%/乳油/丙草胺 30%/2009.10.12 至 2014.10.12/低毒
水稻移栽田 一年生杂草 450-540克/公顷 毒土法
PD20097169 烟嘧磺隆/40克/升/可分散油悬浮剂/烟嘧磺隆 40克/升/2009.10.16 至 2014.10.16/低毒
玉米田 一年生杂草 42-60克/公顷 茎叶喷雾
PD20097393 氰草·莠去津/40%/悬浮剂/氰草津 20%、莠去津 20%/2009.10.28 至 2014.10.28/低毒
夏玉米田 一年生杂草 1500-1800克/公顷 土壤喷雾
PD20097430 滴丁·乙草胺/72%/乳油/2,4-滴丁酯 27%、乙草胺 45%/2009.10.28 至 2014.10.28/低毒
春玉米田 一年生杂草 1620-2160克/公顷 播后苗前土壤喷雾
PD20097471 2,4-滴丁酯/57%/乳油/2,4-滴丁酯 57%/2009.11.03 至 2014.11.03/低毒
春小麦田 一年生阔叶杂草 432-864克/公顷 茎叶喷雾
冬小麦田 一年生阔叶杂草 432-810克/公顷 茎叶喷雾
PD20097685 精噁唑禾草灵/69克/升/水乳剂/精噁唑禾草灵 69克/升/2009.11.04 至 2014.11.04/低毒
小麦田 一年生杂草 51.76-62.1克/公顷 茎叶喷雾
PD20097970 异丙甲草胺/960克/升/乳油/异丙甲草胺 960克/升/2009.12.01 至 2014.12.01/低毒
西瓜田 一年生杂草 1080-1872克/公顷 土壤喷雾
PD20097975 乳氟禾草灵/240克/升/乳油/乳氟禾草灵 240克/升/2009.12.01 至 2014.12.01/低毒
大豆田 一年生阔叶杂草 72-144克/公顷 茎叶喷雾
花生田 一年生阔叶杂草 54-108克/公顷 茎叶喷雾
PD20098212 百草枯/250克/升/水剂/百草枯 250克/升/2009.12.16 至 2014.12.16/低毒
非耕地 杂草 600-900克/公顷 定向茎叶喷雾
LS20060416 松·烟·氟磺胺/39%/乳油/氟磺胺草醚 13%、咪唑乙烟酸 3%、异噁草松 23%/2009.03.05 至 2010.03.05/低毒
春大豆 一年生杂草 585-702克/公顷 茎叶喷雾
LS20071629 莠灭净/98%/原药/莠灭净 98%/2009.06.06 至 2010.06.07/低毒
LS20071659 特丁净/97%/原药/特丁净 97%/2009.06.13 至 2010.06.14/低毒
LS20081452 莎稗磷/95%/原药/莎稗磷 95%/2009.03.17 至 2010.03.17/低毒
LS20081476 2甲4氯钠/56%/粉剂/2甲4氯钠 56%/2009.03.27 至 2010.03.27/低毒
移栽水稻田 一年生阔叶杂草及部分莎草科杂草 450-900克/公顷 茎叶喷雾
LS20082170 阿维·三唑磷/15%/乳油/阿维菌素 0.1%、三唑磷 14.9%/2009.04.18 至 2010.04.18/中等毒(原药高毒)
棉花 棉铃虫 135-180克/公顷 喷雾
LS20082298 啶虫脒/5%/乳油/啶虫脒 5%/2009.04.21 至 2010.04.21/低毒
柑橘树 蚜虫 10-20毫克/千克 喷雾
LS20082302 吡虫啉/70%/水分散粒剂/吡虫啉 70%/2009.04.21 至 2010.04.21/低毒
甘蓝 蚜虫 14-20克/公顷 喷雾

LS20082613 丙溴磷/40%/乳油/丙溴磷 40%/2009.04.23 至 2010.04.23/中等毒
棉花 棉铃虫 480-600克/公顷 喷雾

LS20082733 苄嘧·莎稗磷/20%/可湿性粉剂/苄嘧磺隆 2.5%、莎稗磷 17.5%/2009.05.04 至 2010.05.04/低毒
移栽水稻田 一年生杂草 240-360克/公顷 毒土法

LS20082773 甲·灭·敌草隆/55%/可湿性粉剂/敌草隆 15%、2甲4氯 10%、莠灭净 30%/2009.05.08 至 2010.05.08/低毒
甘蔗田 一年生杂草 1237.5-1732.5克/公顷 茎叶喷雾

LS20082780 草甘膦铵盐/95%/可溶粒剂/草甘膦 95%/2009.05.08 至 2010.05.08/低毒
柑橘园 杂草 1125-2250克/公顷 定向茎叶喷雾

LS20082822 异甲·特丁净/50%/乳油/异丙甲草胺 33%、特丁净 17%/2009.05.12 至 2010.05.12/低毒
花生田 一年生杂草 1500-2250克/公顷 播后苗前土壤喷雾

LS20082967 氟铃·辛硫磷/15%/乳油/氟铃脲 2%、辛硫磷 13%/2009.08.20 至 2010.08.20/低毒
棉花 棉铃虫 180-225克/公顷 喷雾

LS20082979 莠去津/90%/水分散粒剂/莠去津 90%/2009.08.20 至 2010.08.20/低毒
春玉米田 多种一年生杂草 1485-1755克/公顷 播后苗前土壤喷雾
夏玉米田 多种一年生杂草 1215-1485克/公顷 播后苗前土壤喷雾

LS20082996 松·吡·氟磺胺/27%/乳油/氟磺胺草醚 7.5%、精吡氟禾草灵 3.5%、异噁草松 16%/2009.09.01 至 2010.09.01/低毒
春大豆田 一年生杂草 810-1012.5克/公顷 茎叶喷雾

LS20083034 阿维菌素/2%/乳油/阿维菌素 2%/2009.09.18 至 2010.09.18/中等毒(原药高毒)
十字花科蔬菜 小菜蛾 8.1-10.8克/公顷 喷雾

LS20083190 乙·莠· 滴丁酯/50%/悬乳剂/2,4-滴丁酯 5%、乙草胺 30%、莠去津 15%/2009.12.04 至 2010.12.04/低毒
春玉米田 一年生杂草 制剂量：250-300毫升/亩 播后苗前土壤喷雾

LS20090295 甲氨基阿维菌素苯甲酸盐/0.5%/微乳剂/甲氨基阿维菌素苯甲酸盐 0.5%/2009.02.16 至 2010.02.16/低毒
甘蓝 甜菜夜蛾 2.25-3.75克/公顷 喷雾

LS20090521 阿维·高氯氟/2%/微乳剂/阿维菌素 0.4%、高效氯氟氰菊酯 1.6%/2009.03.18 至 2010.03.18/低毒(原药高毒)
黄瓜 美洲斑潜蝇 15－21克/公顷 喷雾

LS20090571 烟嘧·莠去津/22%/悬浮剂/烟嘧磺隆 2.5%、莠去津 19.5%/2009.03.19 至 2010.03.19/微毒
玉米田 杂草 330-495克/公顷 茎叶喷雾

LS20090771 氟磺·乳·精喹/20%/乳油/氟磺胺草醚 12%、精喹禾灵 3.5%、乳氟禾草灵 4.5%/2009.03.31 至 2010.03.31/低毒
大豆田 一年生杂草 360－420克/公顷 茎叶喷雾

LS20090805 精喹·氟磺胺/16%/乳油/氟磺胺草醚 12.5%、精喹禾灵 3.5%/2009.04.03 至 2010.04.03/低毒
大豆田 一年生杂草 1500-2250毫升制剂/公顷 茎叶喷雾

LS20090835 烟嘧·磺草·莠/24%/悬浮剂/磺草酮 7.5%、烟嘧磺隆 1.5%、莠去津 15%/2009.04.03 至 2010.04.03/低毒
玉米田 一年生杂草 150－250毫升制剂/亩 茎叶喷雾

LS20090848 莠灭净/90%/水分散粒剂/莠灭净 90%/2009.04.09 至 2010.04.09/低毒
甘蔗田 一年生杂草 1485-1755克/公顷 行间定向茎叶喷雾

LS20090855 精喹禾灵/20.8%/悬浮剂/精喹禾灵 20.8%/2009.04.09 至 2010.04.09/低毒
大豆田、花生田、棉花田 一年生杂草 15－22毫升制剂/亩 茎叶喷雾

LS20090916 甲戊·莠去津/42%/悬浮剂/二甲戊灵 17%、莠去津 25%/2009.04.09 至 2010.04.09/低毒
玉米田 一年生杂草 4500－6000毫升制剂/公顷（东北地区）；2250－3750毫升制剂/公顷（其他地区） 播后苗前土壤喷雾

LS20090935 磺草·莠去津/45%/悬浮剂/磺草酮 10%、莠去津 35%/2009.04.09 至 2010.04.09/低毒
玉米田 一年生杂草 150－300毫升制剂/亩 茎叶喷雾

LS20090942 2,4-滴丁酯/85%/乳油/2,4-滴丁酯 85%/2009.04.10 至 2010.04.10/低毒
小麦田 一年生阔叶杂草 642-802.5克/公顷 茎叶喷雾

LS20090943 烟嘧·噻·莠/26%/油悬浮剂/噻吩磺隆 0.5%、烟嘧磺隆 3%、莠去津 22.5%/2009.04.10 至 2010.04.10/低毒
玉米田 一年生杂草 80－130毫升制剂/亩 茎叶喷雾

LS20090971 乙羧·苯·精噁/35%/可湿性粉剂/苯磺隆 6%、精噁唑禾草灵 25%、乙羧氟草醚 4%/2009.04.10 至 2010.04.10/低毒
小麦田 一年生杂草 73.5-89.25克/公顷 茎叶喷雾

LS20090973 异噁·异丙甲/80%/乳油/异丙甲草胺 64%、异噁草松 16%/2009.04.10 至 2010.04.10/低毒
春大豆田 一年生杂草 150－200毫升制剂/亩 土壤喷雾
烟草 一年生杂草 80－100毫升制剂/亩 土壤喷雾

LS20090974 乙氧·异·甲戊/50%/乳油/二甲戊灵 15%、异丙甲草胺 30%、乙氧氟草醚 5%/2009.04.10 至 2010.04.10/低毒
大蒜田、姜田 一年生杂草 150－200毫升制剂/亩 土壤喷雾

LS20090999 2,4-滴异辛酯/86%/乳油/2,4-滴异辛酯 86%/2009.04.10 至 2010.04.10/低毒
小麦田 一年生阔叶杂草 525-675克/公顷 茎叶喷雾

LS20091016 扑·乙/53%/乳油/扑草净 15%、乙草胺 38%/2009.04.13 至 2010.04.13/低毒

花生田 一年生杂草 2250—3000毫升制剂/公顷 播后苗前土壤喷雾
LS20091061 氰氟草酯/100克/升/水乳剂/氰氟草酯 100克/升/2009.04.15 至 2010.04.15/低毒
水稻移栽田 一年生杂草 75-105克/公顷 茎叶喷雾
LS20091135 氧氟·乙草胺 /57%/乳油/乙草胺 51%、乙氧氟草醚 6%/2009.04.17 至 2010.04.17/低毒
大蒜田 一年生杂草 100-120毫升制剂/亩 播后苗前土壤喷雾
LS20091165 烟嘧·莠·异丙/37%/可分散油悬浮剂/烟嘧磺隆 2%、异丙草胺 15%、莠去津 20%/2009.04.21 至 2010.04.21/低毒
玉米田 杂草 832.5-1110克/公顷 茎叶喷雾
LS20091172 乙·莠·氰草津/70%/悬浮剂/氰草津 10%、乙草胺 35%、莠去津 25%/2009.04.22 至 2010.04.22/低毒
玉米田 一年生杂草 200—250毫升制剂/亩(东北地区) 120—180毫升制剂/亩(其他地区) 播后苗前土壤喷雾
LS20091216 甲戊·乙草胺/42%/乳油/二甲戊灵 17%、乙草胺 25%/2009.05.05 至 2010.05.05/低毒
大蒜田 一年生杂草 150-200毫升制剂/亩 播后苗前土壤喷雾
LS20091300 精喹·乙羧氟/15%/乳油/精喹禾灵 6%、乙羧氟草醚 9%/2009.05.27 至 2010.05.27/低毒
大豆田 一年生杂草 600-900毫升制剂/公顷 茎叶喷雾
花生田 一年生杂草 750-900毫升制剂/公顷 茎叶喷雾
LS20091309 马拉硫磷/84%/乳油/马拉硫磷 84%/2009.06.02 至 2010.06.02/低毒
棉花 盲蝽蟓 384.4-538.6克/公顷 喷雾
苹果树 蚜虫 256.25-341.67毫克/千克 喷雾
LS20091375 乙羧氟草醚/20%/乳油/乙羧氟草醚 20%/2009.07.28 至 2010.07.28/低毒
大豆田 一年生阔叶杂草 30-40毫升制剂/亩(东北地区) 2030毫升制剂/亩(其它地区) 茎叶喷雾
花生田 一年生阔叶杂草 10-25毫升制剂/亩 茎叶喷雾
LS20091405 苄嘧·苯噻酰/25%/泡腾粒剂/苯噻酰草胺 23.5%、苄嘧磺隆 1.5%/2009.09.16 至 2010.09.16/低毒
移栽水稻田 一年生杂草 562.5-750克/公顷 毒土法
LS20091440 异丙甲·苄/20%/泡腾粒剂/苄嘧磺隆 4%、异丙甲草胺 16%/2009.11.12 至 2010.11.12/低毒
移栽水稻田 一年生杂草 120-180克/公顷 毒土法

山东曹达化工有限公司 (山东省菏泽市双河东路28号 274000 0530-5159118)

PD20040078 多·酮/25%/可湿性粉剂/多菌灵 22%、三唑酮 3%/2009.12.19 至 2014.12.19/低毒
小麦 赤霉病 262.5-375克/公顷 喷雾
PD20040081 氯氰菊酯/2.5%/乳油/氯氰菊酯 2.5%/2004.12.19 至 2009.12.18/低毒
十字花科蔬菜 菜青虫 15-18.75克/公顷 喷雾
PD20070529 阿维·辛硫磷/15%/乳油/阿维菌素 0.1%、辛硫磷 14.9%/2007.12.03 至 2012.12.03/低毒(原药高毒)
甘蓝 小菜蛾 112.5-225克/公顷 喷雾
PD20080275 啶虫脒/3%/可湿性粉剂/啶虫脒 3%/2008.02.22 至 2013.02.22/低毒
柑橘树 蚜虫 10-12毫克/千克 喷雾
PD20080785 硫磺·多菌灵/50%/可湿性粉剂/多菌灵 15%、硫磺 35%/2008.06.20 至 2013.06.20/低毒
花生 叶斑病 1200-1800克/公顷 喷雾
PD20080884 氯氰·丙溴磷/44%/乳油/丙溴磷 40%、氯氰菊酯 4%/2008.07.09 至 2013.07.09/中等毒
棉花 棉铃虫 660-792克/公顷 喷雾
PD20080897 氯氰菊酯/5%/乳油/氯氰菊酯 5%/2008.07.09 至 2013.07.09/低毒
甘蓝 菜青虫 37.5-45克/公顷 喷雾
PD20080898 福美双/50%/可湿性粉剂/福美双 50%/2008.07.09 至 2013.07.09/低毒
黄瓜 霜霉病 562.5-1125克/公顷 喷雾
PD20080901 代森锰锌/50%/可湿性粉剂/代森锰锌 50%/2008.07.09 至 2013.07.09/低毒
番茄 早疫病 1560-2520克/公顷 喷雾
PD20080941 高氯·辛硫磷/22%/乳油/高效氯氰菊酯 2%、辛硫磷 20%/2008.07.17 至 2013.07.17/中等毒
棉花 棉铃虫 132-165克/公顷 喷雾
PD20080942 代森锰锌/80%/可湿性粉剂/代森锰锌 80%/2008.07.17 至 2013.07.17/低毒
苹果树 斑点落叶病 1000-1600毫克/千克 喷雾
PD20080960 辛硫磷/40%/乳油/辛硫磷 40%/2008.07.23 至 2013.07.23/低毒
甘蓝、萝卜 菜青虫 450-600克/公顷 喷雾
PD20080965 甲基硫菌灵/70%/可湿性粉剂/甲基硫菌灵 70%/2008.07.24 至 2013.07.24/低毒
番茄 叶霉病 375-562.5克/公顷 喷雾
PD20080966 马拉硫磷/45%/乳油/马拉硫磷 45%/2008.07.24 至 2013.07.24/低毒
十字花科蔬菜 黄条跳甲 540-810克/公顷 喷雾
PD20081059 氯氰菊酯/10%/乳油/氯氰菊酯 10%/2008.08.14 至 2013.08.14/低毒
十字花科蔬菜 菜青虫 30-45克/公顷 喷雾
PD20081082 高效氯氟氰菊酯/25克/升/乳油/高效氯氟氰菊酯 25克/升/2008.08.18 至 2013.08.18/低毒
棉花 棉铃虫 22.5-30克/公顷 喷雾

PD20081219 氯氰·毒死蜱/25%/乳油/毒死蜱 22.5%、氯氰菊酯 2.5%/2008.09.11 至 2013.09.11/中等毒
棉花 棉铃虫 375-525克/公顷 喷雾
PD20081262 氯氰·敌敌畏/10%/乳油/敌敌畏 8%、氯氰菊酯 2%/2008.09.18 至 2013.09.18/低毒
甘蓝 蚜虫 60-75克/公顷 喷雾
PD20081284 辛硫·高氯氟/26%/乳油/高效氯氟氰菊酯 1%、辛硫磷 25%/2008.09.25 至 2013.09.25/中等毒
甘蓝 小菜蛾 162.5-325克/公顷 喷雾
PD20081979 代森锌/80%/可湿性粉剂/代森锌 80%/2008.11.25 至 2013.11.25/低毒
番茄 早疫病 2550-3600克/公顷 喷雾
PD20083234 阿维菌素/1%/乳油/阿维菌素 1%/2008.12.11 至 2013.12.11/低毒(原药高毒)
十字花科蔬菜 菜青虫 8.1-10.8克/公顷 喷雾
PD20083994 敌百虫/80%/可溶粉剂/敌百虫 80%/2008.12.16 至 2013.12.16/低毒
十字花科蔬菜 斜纹夜蛾 1050-1200克/公顷 喷雾
PD20084131 腈菌唑/25%/乳油/腈菌唑 25%/2008.12.16 至 2013.12.16/低毒
香蕉 黑星病 83.3-100毫克/千克 喷雾
PD20084170 腐霉·福美双/25%/可湿性粉剂/腐霉利 5%、福美双 20%/2008.12.16 至 2013.12.16/低毒
番茄 灰霉病 225-300克/公顷 喷雾
PD20084249 阿维菌素/0.5%/可湿性粉剂/阿维菌素 0.5%/2008.12.17 至 2013.12.17/低毒(原药高毒)
十字花科蔬菜 小菜蛾 8.1-10.8克/公顷 喷雾
PD20084630 霜脲·锰锌/72%/可湿性粉剂/代森锰锌 64%、霜脲氰 8%/2008.12.18 至 2013.12.18/低毒
黄瓜 霜霉病 1440-1800克/公顷 喷雾
PD20085053 阿维菌素/0.5%/乳油/阿维菌素 0.5%/2008.12.23 至 2013.12.23/低毒(原药高毒)
甘蓝 小菜蛾 8.1-10.8克/公顷 喷雾
棉花 红蜘蛛 10.8-16.2克/公顷 喷雾
棉花 棉铃虫 21.6-32.4克/公顷 喷雾
PD20085119 百·福 /70%/可湿性粉剂/百菌清 20%、福美双 50%/2008.12.23 至 2013.12.23/低毒
葡萄 霜霉病 875-1167毫克/千克 喷雾
PD20085158 阿维·氯氰/2.5%/乳油/阿维菌素 0.3%、氯氰菊酯 2.2%/2008.12.23 至 2013.12.23/低毒(原药高毒)
十字花科蔬菜 菜青虫 11.25-18.75克/公顷 喷雾
PD20085222 炔螨特/40%/乳油/炔螨特 40%/2008.12.23 至 2013.12.23/低毒
柑橘树 红蜘蛛 266.7-400毫克/千克 喷雾
PD20085507 井冈霉素/20%/可溶粉剂/井冈霉素 20%/2008.12.25 至 2013.12.25/低毒
水稻 纹枯病 150-187.5克/公顷 喷雾
PD20085618 井冈霉素A/5%/可溶粉剂/井冈霉素A 5%/2008.12.25 至 2013.12.25/低毒
水稻 纹枯病 52.5-75克/公顷 喷雾
PD20085661 甲氰菊酯/10%/乳油/甲氰菊酯 10%/2008.12.26 至 2013.12.26/中等毒
苹果树 桃小食心虫 67-133毫克/千克 喷雾
PD20085693 井冈霉素/5%/水剂/井冈霉素 5%/2008.12.26 至 2013.12.26/低毒
水稻 纹枯病 150-187.5克/公顷 喷雾
PD20085922 敌百虫/30%/乳油/敌百虫 30%/2008.12.29 至 2013.12.29/低毒
十字花科蔬菜 菜青虫 675-900克/公顷 喷雾
PD20086193 高氯·辛硫磷/20%/乳油/高效氯氰菊酯 1.5%、辛硫磷 18.5%/2008.12.30 至 2013.12.30/中等毒
甘蓝 菜青虫 100-152克/公顷 喷雾
PD20090057 硫磺·锰锌/70%/可湿性粉剂/硫磺 42%、代森锰锌 28%/2009.01.08 至 2014.01.08/低毒
豇豆 锈病 1575-2100克/公顷 喷雾
PD20090179 多·福/40%/可湿性粉剂/多菌灵 5%、福美双 35%/2009.01.08 至 2014.01.08/低毒
梨树 黑星病 1000-1500毫克/千克 喷雾
葡萄 霜霉病 1000-1250毫克/千克 喷雾
PD20090194 甲硫·福美双/40%/可湿性粉剂/福美双 25%、甲基硫菌灵 15%/2009.01.08 至 2014.01.08/低毒
西瓜 枯萎病 500-667毫克/千克 喷雾
PD20090195 高氯·敌敌畏/20%/乳油/敌敌畏 19%、高效氯氰菊酯 1%/2009.01.08 至 2014.01.08/中等毒
棉花 棉铃虫 120-180克/公顷 喷雾
PD20090291 丙环唑/250克/升/乳油/丙环唑 250克/升/2009.01.09 至 2014.01.09/低毒
香蕉 叶斑病 250-500毫克/千克 喷雾
PD20090349 异菌脲/50%/可湿性粉剂/异菌脲 50%/2009.01.12 至 2014.01.12/低毒
番茄 早疫病 562.5-750克/公顷 喷雾
PD20090580 高效氯氰菊酯/4.5%/乳油/高效氯氰菊酯 4.5%/2009.01.14 至 2014.01.14/低毒
甘蓝 蚜虫 27-33.75克/公顷 喷雾
PD20090777 高效氯氰菊酯/10%/乳油/高效氯氰菊酯 10%/2009.02.04 至 2014.02.04/中等毒
棉花 棉铃虫 60-90克/公顷 喷雾
PD20090905 氰戊·马拉松/20%/乳油/马拉硫磷 15%、氰戊菊酯 5%/2009.01.19 至 2014.01.19/低毒
苹果树 桃小食心虫 200-333.3毫克/千克 喷雾
PD20091012 阿维菌素/0.9%/乳油/阿维菌素 0.9%/2009.01.21 至 2014.01.21/低毒(原药高毒)
菜豆、黄瓜 美洲斑潜蝇 10.8-21.6克/公顷 喷雾

柑橘树 红蜘蛛 4.5-6毫克/千克 喷雾
十字花科蔬菜 菜青虫、小菜蛾 8.1-10.8克/公顷 喷雾

PD20091417 氯氰·毒死蜱/55%/乳油/毒死蜱 50%、氯氰菊酯 5%/2009.02.02 至 2014.02.02/中等毒
棉花 棉铃虫 412.5-618.75克/公顷 喷雾

PD20091422 虫酰肼/20%/悬浮剂/虫酰肼 20%/2009.02.02 至 2014.02.02/低毒
十字花科蔬菜 甜菜夜蛾 210-300克/公顷 喷雾

PD20091714 敌百·辛硫磷/40%/乳油/敌百虫 30%、辛硫磷 10%/2009.02.04 至 2014.02.04/低毒
十字花科蔬菜 菜青虫 360-480克/公顷 喷雾

PD20091958 噻嗪·异丙威/25%/可湿性粉剂/噻嗪酮 5%、异丙威 20%/2009.02.12 至 2014.02.12/中等毒
水稻 稻飞虱 375～562.5克/公顷 喷雾

PD20092013 联苯菊酯/25克/升/乳油/联苯菊酯 25克/升/2009.02.12 至 2014.02.12/中等毒
茶树 茶尺蠖 7.5-15克/公顷 喷雾

PD20092206 马拉·辛硫磷/20%/乳油/马拉硫磷 10%、辛硫磷 10%/2009.02.24 至 2014.02.24/低毒
棉花 棉铃虫 225-300克/公顷 喷雾

PD20092520 氟啶脲/50克/升/乳油/氟啶脲 50克/升/2009.02.26 至 2014.02.26/低毒
甘蓝 甜菜夜蛾 45-60克/公顷 喷雾

PD20092656 多菌灵/50%/可湿性粉剂/多菌灵 50%/2009.03.03 至 2014.03.03/低毒
水稻 稻瘟病 750-1000克/公顷 喷雾

PD20092674 井冈霉素A/4%/可溶粉剂/井冈霉素A 4%/2009.03.03 至 2014.03.03/低毒
水稻 纹枯病 150-187.5克/公顷 喷雾

PD20093636 乙烯利/40%/水剂/乙烯利 40%/2009.03.25 至 2014.03.25/低毒
棉花 催熟 330-500倍液 喷雾

PD20093674 丙溴·辛硫磷/35%/乳油/丙溴磷 8.5%、辛硫磷 26.5%/2009.03.25 至 2014.03.25/中等毒
棉花 棉铃虫 393.75-525.1克/公顷 喷雾

PD20093700 高氯·马/20%/乳油/高效氯氰菊酯 2%、马拉硫磷 18%/2009.03.25 至 2014.03.25/低毒
苹果树 蚜虫 100-200毫克/千克 喷雾

PD20093701 多·福/60%/可湿性粉剂/多菌灵 30%、福美双 30%/2009.03.25 至 2014.03.25/低毒
梨树 黑星病 1000-1500毫克/千克 喷雾

PD20093923 马拉·杀螟松/12%/乳油/马拉硫磷 10%、杀螟硫磷 2%/2009.03.26 至 2014.03.26/中等毒
水稻 二化螟 180-360克/公顷 喷雾

PD20094550 噁霜·锰锌/64%/可湿性粉剂/噁霜灵 8%、代森锰锌 56%/2009.04.09 至 2014.04.09/低毒
烟草 黑胫病 1950-2400克/公顷 喷雾

PD20095385 吡虫·杀虫单/70%/可湿性粉剂/吡虫啉 2%、杀虫单 68%/2009.04.27 至 2014.04.27/低毒
水稻 稻飞虱、稻纵卷叶螟、二化螟、三化螟 450-750克/公顷 喷雾

PD20095893 溴氰菊酯/25克/升/乳油/溴氰菊酯 25克/升/2009.05.31 至 2014.05.31/中等毒
棉花 棉铃虫 11.25-18.75克/公顷 喷雾

PD20096542 哒螨灵/20%/可湿性粉剂/哒螨灵 20%/2009.08.20 至 2014.08.20/中等毒
苹果树 红蜘蛛 50-66.7毫克/千克 喷雾

LS20050046 氟铃脲/5%/乳油/氟铃脲 5%/2008.01.07 至 2009.01.06/低毒
十字花科蔬菜 小菜蛾 45-60克/公顷 喷雾

LS20050063 吡虫·杀虫单/40%/可湿性粉剂/吡虫啉 1%、杀虫单 39%/2008.01.08 至 2009.01.07/低毒
水稻 稻飞虱、稻纵卷叶螟、二化螟、三化螟 450-750克/公顷 喷雾

LS20050155 吡虫·杀虫单/80%/可湿性粉剂/吡虫啉 2%、杀虫单 78%/2008.01.24 至 2009.01.23/低毒
水稻 稻飞虱、稻纵卷叶螟、二化螟、三化螟 450-750克/公顷 喷雾

LS20050178 吡虫·杀虫单/35%/可湿性粉剂/吡虫啉 1%、杀虫单 34%/2008.01.24 至 2009.01.23/低毒
水稻 稻飞虱、稻纵卷叶螟、二化螟、三化螟 450-750克/公顷 喷雾

LS20050243 苄·乙/18%/可湿性粉剂/苄嘧磺隆 4%、乙草胺 14%/2008.02.03 至 2009.02.02/低毒
移栽水稻田 一年生及部分多年生杂草 84-118克/公顷 药土法

LS20050261 阿维·高氯/2.8%/乳油/阿维菌素 0.3%、高效氯氰菊酯 2.5%/2008.02.04 至 2009.02.03/低毒(原药高毒)
十字花科蔬菜 菜青虫、小菜蛾 13.5-27克/公顷 喷雾

LS20050392 阿维·高氯/3%/可湿性粉剂/阿维菌素 0.2%、高效氯氰菊酯 2.8%/2008.02.19 至 2009.02.18/低毒(原药高毒)
黄瓜 美洲斑潜蝇 15-30克/公顷 喷雾

LS20050477 多·锰锌/60%/可湿性粉剂/多菌灵 20%、代森锰锌 40%/2008.02.26 至 2009.02.25/低毒
苹果树 斑点落叶病 1000-1250毫克/千克 喷雾

LS20050482 吡虫啉/5%/乳油/吡虫啉 5%/2008.02.26 至 2009.02.25/低毒
小麦 蚜虫 15-30克/公顷(南方地区) 喷雾
45-60克/公顷(北方地区)

LS20050493 吡虫啉/10%/乳油/吡虫啉 10%/2008.02.26 至 2009.02.25/低毒
水稻 稻飞虱 15-30克/公顷 喷雾

LS20050497 阿维菌素/2%/乳油/阿维菌素 2%/2008.02.26 至 2009.02.25/低毒(原药高毒)
菜豆 美洲斑潜蝇 10.8-21.6克/公顷 喷雾

LS20050535 阿维·高氯/3%/乳油/阿维菌素 0.2%、高效氯氰菊酯 2.8%/2008.02.26 至 2009.02.25/低毒(原药高毒)
梨树 梨木虱 12-24毫克/千克 喷雾

LS20050536 柴油·辛硫磷/40%/乳油/柴油 20%、辛硫磷 20%/2008.02.26 至 2009.02.25/低毒
棉花 蚜虫 600-750克/公顷 喷雾
LS20050662 吡虫啉/50%/可湿性粉剂/吡虫啉 50%/2008.03.15 至 2009.03.15/低毒
水稻 稻飞虱 15-30克/公顷 喷雾
LS20050674 毒死蜱/20%/乳油/毒死蜱 20%/2008.03.15 至 2009.03.15/低毒
十字花科蔬菜 菜青虫 375-450克/公顷 喷雾
LS20050748 阿维·高氯/2.8%/可湿性粉剂/阿维菌素 0.3%、高效氯氰菊酯 2.5%/2008.03.28 至 2009.03.28/低毒(原药高毒)
十字花科蔬菜 菜青虫、小菜蛾 13.5-27克/公顷 喷雾
LS20050944 啶虫脒/3%/乳油/啶虫脒 3%/2008.04.04 至 2009.04.04/低毒
黄瓜 蚜虫 18-22.5克/公顷 喷雾
LS20050960 多·福/80%/可湿性粉剂/多菌灵 10%、福美双 70%/2008.04.04 至 2009.04.04/低毒
葡萄 霜霉病 1000-1250毫克/千克 喷雾
LS20050962 阿维·高氯/1.8%/微乳剂/阿维菌素 0.1%、高效氯氰菊酯 1.7%/2008.04.04 至 2009.04.04/低毒(原药高毒)
黄瓜 美洲斑潜蝇 15-30克/公顷 喷雾
LS20050972 阿维·高氯/2.4%/可湿性粉剂/阿维菌素 0.3%、高效氯氰菊酯 2.1%/2008.04.04 至 2009.04.04/低毒(原药高毒)
十字花科蔬菜 菜青虫、小菜蛾 13.5-27克/公顷 喷雾
LS20050976 多·福/50%/可湿性粉剂/多菌灵 25%、福美双 25%/2008.04.04 至 2009.04.04/低毒
葡萄 霜霉病 1000-1250毫克/千克 喷雾
LS20051000 多·锰锌/80%/可湿性粉剂/多菌灵 15%、代森锰锌 65%/2008.04.06 至 2009.04.06/低毒
苹果树 斑点落叶病 1000-1250毫克/千克 喷雾
LS20051044 阿维·高氯/1.8%/乳油/阿维菌素 0.3%、高效氯氰菊酯 1.5%/2008.04.07 至 2009.04.07/低毒(原药高毒)
梨树 梨木虱 6-12毫克/千克 喷雾
LS20051045 阿维·高氯/3%/微乳剂/阿维菌素 0.2%、高效氯氰菊酯 2.8%/2008.04.07 至 2009.04.07/低毒(原药高毒)
梨树 梨木虱 12-24毫克/千克 喷雾
LS20051046 阿维·高氯/2.8%/微乳剂/阿维菌素 0.3%、高效氯氰菊酯 2.5%/2008.04.07 至 2009.04.07/低毒(原药高毒)
十字花科蔬菜 菜青虫、小菜蛾 13.5-27克/公顷 喷雾
LS20051107 吡虫啉/25%/可湿性粉剂/吡虫啉 25%/2008.04.11 至 2009.04.11/低毒
水稻 稻飞虱 15-30克/公顷 喷雾
LS20052245 苄·乙/20%/可湿性粉剂/苄嘧磺隆 5%、乙草胺 15%/2008.06.20 至 2009.06.20/低毒
水稻 一年生及部分多年生杂草 84-118克/公顷 毒土法
LS20052803 吡虫啉/70%/可湿性粉剂/吡虫啉 70%/2008.08.21 至 2009.08.21/低毒
小麦 蚜虫 15-30克/公顷(南方地区) 喷雾
45-60克/公顷(北方地区)
LS20053235 高效氯氰菊酯/4.5%/微乳剂/高效氯氰菊酯 4.5%/2008.10.11 至 2009.10.11/中等毒
苹果树 桃小食心虫 30-45毫克/千克 喷雾
LS20053448 高效氯氟氰菊酯/10%/可湿性粉剂/高效氯氟氰菊酯 10%/2008.11.03 至 2009.11.03/低毒
十字花科蔬菜 菜青虫 12-15克/公顷 喷雾
LS20053453 啶虫脒/20%/可溶粉剂/啶虫脒 20%/2008.11.03 至 2009.11.03/低毒
黄瓜 蚜虫 18-30克/公顷 喷雾
LS20053530 高效氯氰菊酯/4.5%/可湿性粉剂/高效氯氰菊酯 4.5%/2008.11.14 至 2009.11.14/低毒
十字花科蔬菜 菜青虫 13.5-27克/公顷 喷雾
LS20053533 哒螨灵/10%/乳油/哒螨灵 10%/2008.11.14 至 2009.11.14/中等毒
苹果树 红蜘蛛 66.7-100毫克/千克 喷雾
LS20053614 百·霜脲/18%/悬浮剂/百菌清 16%、霜脲氰 2%/2008.11.29 至 2009.11.29/低毒
黄瓜 霜霉病 405-607克/公顷 喷雾
LS20053654 丙溴磷/20%/乳油/丙溴磷 20%/2008.11.29 至 2009.11.29/中等毒
十字花科蔬菜 小菜蛾 360-540克/公顷 喷雾
LS20053680 哒螨灵/15%/可湿性粉剂/哒螨灵 15%/2008.11.29 至 2009.11.29/低毒
苹果树 红蜘蛛 67-100毫克/千克 喷雾
LS20053798 多抗霉素/0.3%/水剂/多抗霉素 0.3%/2008.12.22 至 2009.12.22/低毒
番茄 早疫病 27-45克/公顷 喷雾
LS20053807 螨砜·哒螨灵/20%/可湿性粉剂/哒螨灵 4%、三氯杀螨砜 16%/2008.12.22 至 2009.12.22/低毒
苹果树 红蜘蛛 100-200毫克/千克 喷雾
LS20053824 烯酰·锰锌/69%/水分散粒剂/代森锰锌 60%、烯酰吗啉 9%/2008.12.22 至 2009.12.22/低毒
黄瓜 霜霉病 1035-1380克/公顷 喷雾
LS20060308 井冈·多菌灵/28%/悬浮剂/多菌灵 24%、井冈霉素A 4%/2009.03.01 至 2010.03.01/低毒
水稻 稻瘟病 420-630克/公顷 喷雾
LS20060585 高效氯氟氰菊酯/2.5%/微乳剂/高效氯氟氰菊酯 2.5%/2009.03.23 至 2010.03.23/中等毒
十字花科蔬菜 菜青虫 11.25-15克/公顷 喷雾
LS20061281 阿维·甲氰/1.8%/乳油/阿维菌素 0.1%、甲氰菊酯 1.7%/2009.06.01 至 2010.06.01/低毒(原药高毒)
苹果树 红蜘蛛 12-24毫克/千克 喷雾
LS20061551 盐酸吗啉胍/20%/可湿性粉剂/盐酸吗啉胍 20%/2009.08.17 至 2010.08.17/低毒
番茄 病毒病 500-750克/公顷 喷雾

LS20061882 甲氨基阿维菌素苯甲酸盐/0.8%/乳油/甲氨基阿维菌素苯甲酸盐 0.8%/2009.11.21 至 2010.11.21/低毒
十字花科蔬菜 小菜蛾 1.2-2.4克/公顷 喷雾
LS20071872 甲霜·锰锌/58%/可湿性粉剂/甲霜灵 10%、代森锰锌 48%/2009.07.16 至 2010.07.17/低毒
黄瓜 霜霉病 675-1050克/公顷 喷雾
LS20081919 烯酰吗啉/50%/可湿性粉剂/烯酰吗啉 50%/2009.04.11 至 2010.04.11/低毒
黄瓜 霜霉病 225-300克/公顷 喷雾
LS20082260 苯醚甲环唑/10%/水分散粒剂/苯醚甲环唑 10%/2009.04.18 至 2010.04.18/低毒
西瓜 炭疽病 75-112.5克/公顷 喷雾
LS20082361 复硝酚钾/2%/水剂/2,4-二硝基苯酚钾 0.1%、对硝基苯酚钾 1%、邻硝基苯酚钾 0.9%/2009.04.21 至 2010.04.21/低毒
甘蓝 调节生长 8-13.3毫克/千克 喷雾3次
LS20082480 嘧霉胺/20%/可湿性粉剂/嘧霉胺 20%/2009.04.22 至 2010.04.22/低毒
黄瓜 灰霉病 450-540克/公顷 喷雾
LS20082482 甲霜·噁霉灵/3%/水剂/噁霉灵 2.5%、甲霜灵 0.5%/2009.04.22 至 2010.04.22/低毒
黄瓜 枯萎病 50-60毫克/千克 灌根
LS20090514 唑磷·毒死蜱/20%/乳油/毒死蜱 10%、三唑磷 10%/2009.03.18 至 2010.03.18/中等毒
水稻 稻纵卷叶螟 240-288克/公顷 喷雾
LS20090908 阿维·毒死蜱/42%/乳油/阿维菌素 0.2%、毒死蜱 41.8%/2009.04.09 至 2010.04.09/中等毒(原药高毒)
十字花科蔬菜 菜青虫 252-378克/公顷 喷雾
LS20091116 噁霉灵/8%/水剂/噁霉灵 8%/2009.04.17 至 2010.04.17/低毒
水稻 立枯病 11200—14400克/公顷 苗床喷雾
LS20091178 吡虫·异丙威/10%/可湿性粉剂/吡虫啉 2%、异丙威 8%/2009.04.23 至 2010.04.23/低毒
水稻 飞虱 75-150克/公顷 喷雾
LS20091190 唑酮·乙蒜素/16%/可湿性粉剂/三唑酮 1%、乙蒜素 15%/2009.04.23 至 2010.04.23/低毒
水稻 稻瘟病 144-192克/公顷 喷雾
LS20091203 氟铃·辛硫磷/20%/乳油/氟铃脲 2%、辛硫磷 18%/2009.04.23 至 2010.04.23/低毒
棉花 棉铃虫 210-240克/公顷 喷雾
LS20091208 戊唑醇/12.5%/可湿性粉剂/戊唑醇 12.5%/2009.04.27 至 2010.04.27/低毒
香蕉树 叶斑病 375-525克/公顷 喷雾
LS20091238 阿维·三唑锡/16.8%/可湿性粉剂/阿维菌素 0.3%、三唑锡 16.5%/2009.04.30 至 2010.04.30/低毒(原药高毒)
苹果树 二斑叶螨 84—112毫克/千克 喷雾
LS20091281 阿维·四螨嗪/10%/悬浮剂/阿维菌素 0.1%、四螨嗪 9.9%/2009.05.22 至 2010.05.22/低毒(原药高毒)
苹果树 红蜘蛛 50-66.7毫克/千克 喷雾
LS20091283 高氯·甲维盐/4.5%/微乳剂/高效氯氰菊酯 4.3%、甲氨基阿维菌素苯甲酸盐 0.2%/2009.05.22 至 2010.05.22/中等毒
甘蓝 甜菜夜蛾 20.25-27克/公顷 喷雾
LS20091432 春雷·三环唑/10%/可湿性粉剂/春雷霉素 1%、三环唑 9%/2009.11.02 至 2010.11.02/低毒
水稻 稻瘟病 150-195克/公顷 喷雾

山东昌裕集团宝乐来日用化工有限公司 (山东省聊城市东昌府区嘉明开发区西区1号 252036 0635-8723236)

WP20090155 蚊香/0.25%/蚊香/富右旋反式烯丙菊酯 0.25%/2009.03.04 至 2014.03.04/微毒
卫生 蚊 / 点燃
WL20070104 杀虫气雾剂/0.32%/气雾剂/胺菊酯 0.17%、氯菊酯 0.15%/2009.05.29 至 2010.05.30/微毒
卫生 蚊、蝇、蜚蠊 / 喷雾
WL20070287 杀虫气雾剂/0.49%/气雾剂/胺菊酯 0.25%、氯菊酯 0.2%、氯氰菊酯 0.04%/2009.12.04 至 2010.12.05/微毒
卫生 蚊、蝇、蜚蠊 / 喷雾
WL20080047 蚊香/0.3%/蚊香/Es-生物烯丙菊酯 0.3%/2010.01.07 至 2011.01.07/微毒
卫生 蚊 / 点燃

山东大成农药股份有限公司 (山东省淄博市张店区洪沟路25号 255009 0533-2116668)

PD84108-8 敌百虫/90%/原药/敌百虫 90%/2009.12.09 至 2014.12.09/低毒
白菜、青菜 菜青虫 960-1200克/公顷 喷雾
白菜、青菜 地下害虫 750-1500克/公顷 喷雾
茶树 尺蠖、刺蛾 450-900毫克/千克 喷雾
大豆 造桥虫 1800克/公顷 喷雾
柑橘树 卷叶蛾 600-750毫克/千克 喷雾
林木 松毛虫 600-900毫克/千克 喷雾
水稻 螟虫 1500-1800克/公顷 喷雾、泼浇或毒土
小麦 黏虫 1800克/公顷 喷雾
烟草 烟青虫 900毫克/千克 喷雾
PD84111-10 氧乐果/40%/乳油/氧乐果 40%/2009.12.09 至 2014.12.09/中等毒(原药高毒)
棉花 蚜虫、螨 375-600克/公顷 喷雾
森林 松干蚧、松毛虫 500倍液 喷雾或直接涂树干
水稻 稻纵卷叶螟、飞虱 375-600克/公顷 喷雾
小麦 蚜虫 300-450克/公顷 喷雾

PD84125-7	乙烯利/40%/水剂/乙烯利 40%/2009.12.09 至 2014.12.09/低毒			
	番茄	催熟	800-1000倍液	喷雾或浸渍
	棉花	催熟、增产	330-500倍液	喷雾
	柿子、香蕉	催熟	400倍液	喷雾或浸渍
	水稻	催熟、增产	800倍液	喷雾
	橡胶树	增产	5-10倍液	涂布
	烟草	催熟	1000-2000倍液	喷雾
PD85104-9	敌敌畏/95%/原药/敌敌畏 95%/2009.12.09 至 2014.12.09/中等毒			
PD85105-12	敌敌畏/77.5%/乳油/敌敌畏 77.5%/2010.01.26 至 2015.01.26/中等毒			
	茶树	食叶害虫	600克/公顷	喷雾
	粮仓	多种储藏害虫	1)400-500倍液 2)0.4-0.5克/立方米	1)喷雾 2)挂条熏蒸
	棉花	蚜虫、造桥虫	600-1200克/公顷	喷雾
	苹果树	小卷叶蛾、蚜虫	400-500毫克/千克	喷雾
	青菜	菜青虫	600克/公顷	喷雾
	桑树	尺蠖	600克/公顷	喷雾
	卫生	多种卫生害虫	1)300-400倍液 2)0.08克/立方米	1)泼洒 2)挂条熏蒸
	小麦	黏虫、蚜虫	600克/公顷	喷雾
PD85126-7	三氯杀螨醇/20%/乳油/三氯杀螨醇 20%/2005.06.24 至 2010.06.24/低毒			
	棉花	红蜘蛛	225-300克/公顷	喷雾
	苹果树	红蜘蛛、锈蜘蛛	800-1000倍液	喷雾
PD85142	氧乐果/70%/原药/氧乐果 70%/2005.12.15 至 2010.12.15/高毒			
PD86158-4	三乙膦酸铝/95%,87%/原药/三乙膦酸铝 95%,87%/2006.10.25 至 2011.10.25/低毒			
PD86160-2	三乙膦酸铝/80%/可湿性粉剂/三乙膦酸铝 80%/2006.10.25 至 2011.10.25/低毒			
	胡椒	瘟病	1克/株	喷雾
	棉花	疫病	1410-2820克/公顷	喷雾
	蔬菜	霜霉病	1410-2820克/公顷	喷雾
	水稻	稻瘟病、纹枯病	1410克/公顷	喷雾
	橡胶树	瘟病	100倍液	喷雾
	橡胶树	割面条溃疡病	100倍液	切口涂药
	烟草	黑胫病	1)4875克/公顷2)0.8克/株	1)喷雾2)灌根
PD86180-14	百菌清/75%/可湿性粉剂/百菌清 75%/2005.07.06 至 2010.07.06/低毒			
	茶树	炭疽病	600-800倍液	喷雾
	豆类	炭疽病、锈病	1275-2325克/公顷	喷雾
	柑橘树	疮痂病	750-900毫克/千克	喷雾
	瓜类	白粉病、霜霉病	1200-1650克/公顷	喷雾
	果菜类蔬菜	多种病害	1125-2400克/公顷	喷雾
	花生	锈病、叶斑病	1125-1350克/公顷	喷雾
	梨树	斑点落叶病	500倍液	喷雾
	苹果树	多种病害	600倍液	喷雾
	葡萄	白粉病、黑痘病	600-700倍液	喷雾
	水稻	稻瘟病、纹枯病	1125-1425克/公顷	喷雾
	橡胶树	炭疽病	500-800倍液	喷雾
	小麦	叶斑病、叶锈病	1125-1425克/公顷	喷雾
	叶菜类蔬菜	白粉病、霜霉病	1275-1725克/公顷	喷雾
PD87106	三氯杀螨醇/30%/原药/三氯杀螨醇 30%/2004.03.25 至 2009.03.25/低毒			
PD91104-26	敌敌畏/50%/乳油/敌敌畏 48%/2005.12.15 至 2010.12.15/中等毒			
	茶树	食叶害虫	600克/公顷	喷雾
	粮仓	多种储粮害虫	1)300-400倍液 2)0.4-0.5克/立方米	1)喷雾 2)挂条熏蒸
	棉花	蚜虫、造桥虫	600-1200克/公顷	喷雾
	苹果树	小卷叶蛾、蚜虫	400-500毫克/千克	喷雾
	青菜	菜青虫	600克/公顷	喷雾
	桑树	尺蠖	600克/公顷	喷雾
	卫生	多种卫生害虫	1)250-300倍液 2)0.08克/立方米	1)泼洒 2)挂条熏蒸
	小麦	黏虫、蚜虫	600克/公顷	喷雾
PD20040037	氯氰菊酯/95%/原药/氯氰菊酯 95%/2009.12.19 至 2014.12.19/中等毒			
PD20040065	高效氯氰菊酯/99%/原药/高效氯氰菊酯 99%/2009.12.19 至 2014.12.19/中等毒			
PD20040277	三唑酮/12%/乳油/三唑酮 12%/2004.12.19 至 2009.12.18/低毒			
	小麦	白粉病	72-90克/公顷	喷雾
PD20040279	三唑酮/20%/乳油/三唑酮 20%/2009.12.19 至 2014.12.19/低毒			

	小麦	白粉病	120-127.5克/公顷	喷雾
PD20040379	高效氯氰菊酯/4.5%/微乳剂/高效氯氰菊酯 4.5%/2009.12.19 至 2014.12.19/中等毒			
	苹果树	食心虫	30-37.5毫克/千克	喷雾
	十字花科蔬菜	菜青虫	20.25-27克/公顷	喷雾
PD20040567	吡虫啉/3%/乳油/吡虫啉 3%/2004.12.19 至 2009.12.18/低毒			
	棉花、小麦	蚜虫	9-13.5克/公顷	喷雾
PD20081453	甲氰菊酯/95%/原药/甲氰菊酯 95%/2008.11.04 至 2013.11.04/中等毒			
PD20081491	辛硫磷/87%/原药/辛硫磷 87%/2008.11.05 至 2013.11.05/低毒			
PD20081535	百菌清/96%/原药/百菌清 96%/2008.11.06 至 2013.11.06/低毒			
PD20082024	氰草津/95%/原药/氰草津 95%/2008.11.25 至 2013.11.25/中等毒			
PD20084414	氰戊菊酯/93%/原药/氰戊菊酯 93%/2008.12.17 至 2013.12.17/低毒			
PD20084561	甲氰菊酯/20%/乳油/甲氰菊酯 20%/2008.12.18 至 2013.12.18/中等毒			
	苹果树	山楂红蜘蛛	100毫克/千克	喷雾
	苹果树	桃小食心虫	67-100毫克/千克	喷雾
PD20086159	乙烯利/75%/原药/乙烯利 75%/2008.12.30 至 2013.12.30/低毒			
PD20090365	高效氯氰菊酯/27%/母液/高效氯氰菊酯 27%/2009.01.12 至 2014.01.12/低毒			
PD20090686	扑草净/95%/原药/扑草净 95%/2009.01.19 至 2014.01.19/低毒			
PD20091306	莠去津/95%/原药/莠去津 95%/2009.02.01 至 2014.02.01/低毒			
PD20091686	草甘膦/95%/原药/草甘膦 95%/2009.02.03 至 2014.02.03/低毒			
PD20091975	高氯·辛硫磷/20%/乳油/高效氯氰菊酯 3%、辛硫磷 17%/2009.02.12 至 2014.02.12/中等毒			
	苹果树	桃小食心虫	66.7-100毫克/千克	喷雾
PD20092065	甲氰·辛硫磷/25%/乳油/甲氰菊酯 5%、辛硫磷 20%/2009.02.16 至 2014.02.16/中等毒			
	棉花	棉铃虫	225-345克/公顷	喷雾
PD20092186	百草枯/20%/水剂/百草枯 20%/2009.02.23 至 2014.02.23/中等毒			
	非耕地	一年生杂草	600-900克/公顷	喷雾
PD20092410	百草枯/30.5%/母药/百草枯 30.5%/2009.02.25 至 2014.02.25/中等毒			
PD20092942	三唑酮/8%/悬浮剂/三唑酮 8%/2009.03.09 至 2014.03.09/低毒			
	水稻	纹枯病	72-96克/公顷	喷雾
PD20093023	辛硫磷/40%/乳油/辛硫磷 40%/2009.03.09 至 2014.03.09/低毒			
	苹果树	桃小食心虫	200-400毫克/千克	喷雾
PD20094315	扑·乙/40%/悬浮剂/扑草净 20%、乙草胺 20%/2009.03.31 至 2014.03.31/低毒			
	花生田	一年生杂草	1080-1320克/公顷	土壤喷雾处理
PD20095699	异丙草胺/90%/原药/异丙草胺 90%/2009.05.15 至 2014.05.15/低毒			
PD20096400	乙草胺/93%/原药/乙草胺 93%/2009.08.04 至 2014.08.04/低毒			
PD20097101	氰草·莠去津/40%/悬浮剂/氰草津 20%、莠去津 20%/2009.10.10 至 2014.10.10/低毒			
	春玉米田	一年生杂草	2100-2700克/公顷	茎叶喷雾
	夏玉米田	一年生杂草	1500-1800克/公顷	喷雾
LS20052860	乙草胺/50%/水乳剂/乙草胺 50%/2008.09.01 至 2009.09.01/低毒			
	春玉米	一年生禾本科杂草及小粒阔叶杂草	1350-1500克/公顷	土壤喷雾
	夏玉米	一年生禾本科杂草及小粒阔叶杂草	1050-1350克/公顷	土壤喷雾
LS20061189	三氯杀螨醇/20%/悬浮剂/三氯杀螨醇 20%/2008.05.18 至 2009.05.18/低毒			
	棉花	红蜘蛛	225-360克/公顷	喷雾
	苹果	红蜘蛛	250-400毫克/千克	喷雾
LS20061390	毒死蜱/95%/原药/毒死蜱 95%/2009.06.26 至 2010.06.26/中等毒			
LS20061491	高效氯氟氰菊酯/95%/原药/高效氯氟氰菊酯 95%/2009.07.20 至 2010.07.20/中等毒			
LS20061616	氯氰菊酯/100克/升/乳油/氯氰菊酯 100克/升/2009.08.17 至 2010.08.17/低毒			
	十字花科蔬菜	菜青虫	30-45克/公顷	喷雾
LS20061626	异丙草胺/50%/乳油/异丙草胺 50%/2009.08.17 至 2010.08.17/低毒			
	春大豆	一年生杂草	1875-2175克/公顷	土壤喷雾
	夏大豆	一年生杂草	1125-1575克/公顷	土壤喷雾
LS20061772	毒死蜱/40%/乳油/毒死蜱 40%/2009.10.12 至 2010.10.12/中等毒			
	十字花科蔬菜	菜青虫	360-480克/公顷	喷雾
LS20071276	高效氯氟氰菊酯/5%/微乳剂/高效氯氟氰菊酯 5%/2009.05.07 至 2010.05.08/中等毒			
	十字花科蔬菜	菜青虫	11.25-15克/公顷	喷雾
WP20090308	对二氯苯/99.8%/原药/对二氯苯 99.8%/2009.08.17 至 2014.08.17/中等毒			

山东大农药业有限公司　(山东省莒南县坊前工业园　276177　0539-7555555)

PD20084102	辛硫磷/3%/颗粒剂/辛硫磷 3%/2008.12.16 至 2013.12.16/低毒			
	玉米	玉米螟	135-180克/公顷	心叶撒施
PD20093787	高氯·马/20%/乳油/高效氯氰菊酯 1.5%、马拉硫磷 18.5%/2009.03.25 至 2014.03.25/低毒			
	苹果树	桃小食心虫	133-200毫克/千克	喷雾
PD20098404	多·硫/50%/悬浮剂/多菌灵 15%、硫磺 35%/2009.12.18 至 2014.12.18/低毒			
	花生	叶斑病	1500-1875克/公顷	喷雾
LS20050933	啶虫脒/3%/乳油/啶虫脒 3%/2008.04.04 至 2009.04.04/低毒			

柑橘树 蚜虫 7.5-10毫克/千克 喷雾
LS20051288 氯氰·吡虫啉/5%/乳油/吡虫啉 1%、氯氰菊酯 4%/2008.04.12 至 2009.04.12/低毒
十字花科蔬菜 蚜虫 30-37.5克/公顷 喷雾
LS20051304 乙铝·多菌灵/60%/可湿性粉剂/多菌灵 20%、三乙膦酸铝 40%/2008.04.12 至 2009.04.12/低毒
苹果树 轮纹病 1000-1500毫克/千克 喷雾
LS20052523 多·福/50%/可湿性粉剂/多菌灵 25%、福美双 25%/2008.07.25 至 2009.07.25/低毒
梨树 黑星病 1000-1500毫克/千克 喷雾
LS20071898 毒·辛/6%/颗粒剂/毒死蜱 2%、辛硫磷 4%/2009.08.02 至 2010.08.03/低毒
甘蔗 蔗龟 2250-3000克/公顷 撒施
LS20090911 甲氨基阿维菌素苯甲酸盐（3.4%）///水分散粒剂/甲氨基阿维菌素 3%/2009.04.09 至 2010.04.09/低毒
甘蓝 小菜蛾 1.5-2.25克/公顷 喷雾
LS20091411 甲·灭·敌草隆/30%/可湿性粉剂/敌草隆 4%、2甲4氯钠 6%、莠灭净 20%/2009.09.16 至 2010.09.16/低毒
甘蔗田 一年生杂草 900-1350克/公顷 茎叶喷雾

山东德州大成农药有限公司 （山东省德州市经济开发区 253000 0534-2757586）

PD20084311 噻嗪·异丙威/25%/可湿性粉剂/噻嗪酮 5%、异丙威 20%/2008.12.17 至 2013.12.17/低毒
水稻 稻飞虱 450-562.5克/公顷 喷雾
PD20084518 联苯菊酯/100克/升/乳油/联苯菊酯 100克/升/2008.12.18 至 2013.12.18/中等毒
茶树 茶小绿叶蝉 30—37.5克/公顷 喷雾
PD20085572 高效氯氟氰菊酯/25克/升/乳油/高效氯氟氰菊酯 25克/升/2008.12.25 至 2013.12.25/中等毒
十字花科蔬菜 菜青虫 7.5-11.25克/公顷 喷雾
PD20092092 高氯·马/20%/乳油/高效氯氰菊酯 2%、马拉硫磷 18%/2009.02.16 至 2014.02.16/低毒
棉花 棉铃虫 180-240克/公顷 喷雾
PD20095724 百草枯/200克/升/水剂/百草枯 200克/升/2009.05.18 至 2014.05.18/中等毒
苹果园 杂草 750-900克/公顷 定向茎叶喷雾
PD20096622 乙烯利/40%/水剂/乙烯利 40%/2009.09.02 至 2014.09.02/低毒
棉花 催熟 300-500倍液 喷雾
PD20096710 莠去津/38%/悬浮剂/莠去津 38%/2009.09.07 至 2014.09.07/低毒
春玉米田 一年生杂草 300-400毫升制剂/亩 播后苗前土壤喷雾
PD20097464 啶虫脒/40%/水分散粒剂/啶虫脒 40%/2009.11.03 至 2014.11.03/低毒
黄瓜 蚜虫 21.6-27克/公顷 喷雾
PD20097783 啶虫脒/5%/可湿性粉剂/啶虫脒 5%/2009.11.20 至 2014.11.20/中等毒
甘蓝 蚜虫 15-22.5克/公顷 喷雾
PD20098392 阿维菌素/18克/升/乳油/阿维菌素 18克/升/2009.12.18 至 2014.12.18/低毒(原药高毒)
甘蓝 小菜蛾 8.1—10.8克/公顷 喷雾
LS20082485 吗胍·乙酸铜/20%/可湿性粉剂/盐酸吗啉胍 10%、乙酸铜 10%/2009.04.22 至 2010.04.22/低毒
水稻 条纹叶枯病 360-450克/公顷 喷雾
LS20082726 高效氯氟氰菊酯/2.5%/微乳剂/高效氯氟氰菊酯 2.5%/2008.05.04 至 2009.05.04/中等毒
棉花 棉铃虫 15-22.5克/公顷 喷雾
LS20082878 阿维·高氯/3%/乳油/阿维菌素 0.2%、高效氯氰菊酯 2.8%/2009.06.11 至 2010.06.11/低毒(原药高毒)
甘蓝 小菜蛾 20.25-27克/公顷 喷雾
LS20091251 阿维·哒螨灵/10.5%/可湿性粉剂/阿维菌素 0.3%、哒螨灵 10.2%/2009.05.07 至 2010.05.07/低毒(原药高毒)
柑橘树 红蜘蛛 70-105毫克/千克 喷雾
LS20091260 2.2%甲氨基阿维菌素苯甲酸盐微乳剂/2.2%/微乳剂/甲氨基阿维菌素苯甲酸盐 2.2%/2009.05.12 至 2010.05.12/低毒
十字花科蔬菜 甜菜夜蛾 2.31—3.3克/公顷 喷雾
LS20091301 甲氨基阿维菌素苯甲酸盐（5.7%）//水分散粒剂/甲氨基阿维菌素 5%/2009.05.27 至 2010.05.27/低毒
十字花科蔬菜 甜菜夜蛾 1.5-2.25克/公顷 喷雾

山东东方农药科技实业公司 （山东省济南市天桥区北园大街234号 250100 0531-88631835）

PD20040329 氯氰菊酯/5%/乳油/氯氰菊酯 5%/2009.12.19 至 2014.12.19/中等毒
棉花 棉铃虫 45-90克/公顷 喷雾
PD20040410 吡虫啉/10%/可湿性粉剂/吡虫啉 10%/2009.12.19 至 2014.12.19/低毒
苹果树 黄蚜 16.7-25毫克/千克 喷雾
PD20040439 哒螨灵/20%/可湿性粉剂/哒螨灵 20%/2009.12.19 至 2014.12.19/中等毒
苹果树 红蜘蛛 50-67毫克/千克 喷雾
PD20040630 哒螨灵/15%/乳油/哒螨灵 15%/2009.12.19 至 2014.12.19/中等毒
苹果树 叶螨 50-67毫克/千克 喷雾
PD20084591 灭多威/20%/乳油/灭多威 20%/2008.12.18 至 2013.12.18/高毒
棉花 棉铃虫 120-150克/公顷 喷雾
PD20086089 福美双/50%/可湿性粉剂/福美双 50%/2008.12.30 至 2013.12.30/低毒
黄瓜 霜霉病 937.5—1125克/公顷 喷雾
PD20086238 氟啶脲/94%/原药/氟啶脲 94%/2008.12.31 至 2013.12.31/低毒
PD20091555 敌百·辛硫磷/30%/乳油/敌百虫 20%、辛硫磷 10%/2009.02.03 至 2014.02.03/低毒
水稻 二化螟 405-495克/公顷 喷雾

PD20093195　毒·辛/20%/乳油/毒死蜱 4%、辛硫磷 16%/2009.03.11 至 2014.03.11/中等毒
棉花　棉铃虫　240-360克/公顷　喷雾
PD20093733　甲硫·福美双/70%/可湿性粉剂/福美双 40%、甲基硫菌灵 30%/2009.03.25 至 2014.03.25/低毒
梨树　黑星病　700-1000倍液　喷雾
PD20093957　精喹禾灵/8.8%/乳油/喹禾灵 8.8%/2009.03.27 至 2014.03.27/低毒
夏大豆田　一年生禾本科杂草　52.5-66克/公顷　茎叶喷雾
PD20095056　乙铝·锰锌/50%/可湿性粉剂/代森锰锌 22%、三乙膦酸铝 28%/2009.04.21 至 2014.04.21/低毒
黄瓜　霜霉病　900-1400克/公顷　喷雾
PD20095811　辛硫·灭多威/20%/乳油/灭多威 10%、辛硫磷 10%/2009.05.27 至 2014.05.27/高毒
棉花　棉蚜　75-150克/公顷　喷雾
PD20097001　氟啶脲/5%/乳油/氟啶脲 5%/2009.09.29 至 2014.09.29/低毒
十字花科蔬菜　菜青虫、小菜蛾　30-60克/公顷　喷雾
LS20050015　柴油·辛硫磷/40%/乳油/柴油 25%、辛硫磷 15%/2008.01.05 至 2009.01.04/低毒
十字花科蔬菜　菜青虫　300-450克/公顷　喷雾
LS20052969　高效氯氟氰菊酯/25克/升/乳油/高效氯氟氰菊酯 25克/升/2008.09.13 至 2009.09.13/中等毒
棉花　棉铃虫　15-22.5克/公顷　喷雾
LS20071140　高效氟吡甲禾灵/108克/升/乳油/高效氟吡甲禾灵 108克/升/2008.04.25 至 2009.04.26/低毒
夏大豆田　一年生禾本科杂草　45-52.5克/公顷　茎叶喷雾

山东东泰农化有限公司　（山东省聊城市东昌府区道口铺工业区　252033　0635-8671517）

PD85154-38　氰戊菊酯/20%/乳油/氰戊菊酯 20%/2005.07.22 至 2010.07.22/中等毒
柑橘树　潜叶蛾　10-20毫克/千克　喷雾
果树　梨小食心虫　10-20毫克/千克　喷雾
棉花　红铃虫、蚜虫　75-150克/公顷　喷雾
蔬菜　菜青虫、蚜虫　60-120克/公顷　喷雾
PD85157-13　辛硫磷/40%/乳油/辛硫磷 40%/2005.08.15 至 2010.08.15/低毒
茶树、桑树　食叶害虫　200-400毫克/千克　喷雾
果树　食心虫、蚜虫、螨　200-400毫克/千克　喷雾
林木　食叶害虫　3000-6000克/公顷　喷雾
棉花　棉铃虫、蚜虫　300-600克/公顷　喷雾
蔬菜　菜青虫　300-450克/公顷　喷雾
烟草　食叶害虫　300-600克/公顷　喷雾
玉米　玉米螟　450-600克/公顷　灌心叶
PD20050217　吡虫啉/70%/可湿性粉剂/吡虫啉 70%/2005.12.23 至 2010.12.22/低毒
棉花、十字花科蔬菜　蚜虫　21-31.5克/公顷　喷雾
PD20070514　三唑锡/25%/可湿性粉剂/三唑锡 25%/2007.11.28 至 2012.11.28/低毒
柑橘树　红蜘蛛　125-250毫克/千克　喷雾
PD20070676　啶虫脒/3%/乳油/啶虫脒 3%/2007.12.17 至 2012.12.17/低毒
黄瓜　蚜虫　18-22.5克/公顷　喷雾
PD20080010　啶虫脒/3%/可湿性粉剂/啶虫脒 3%/2008.01.03 至 2013.01.03/低毒
柑橘树　蚜虫　10-12毫克/千克　喷雾
PD20080269　苯磺隆/75%/水分散粒剂/苯磺隆 75%/2008.02.20 至 2013.02.20/低毒
冬小麦田　一年生阔叶杂草　13.5-22.5克/公顷　茎叶喷雾
PD20080726　硫磺·三唑酮/20%/可湿性粉剂/硫磺 10%、三唑酮 10%/2008.06.11 至 2013.06.11/低毒
小麦　白粉病　150-210克/公顷　喷雾
PD20080797　精喹禾灵/8.8%/乳油/精喹禾灵 8.8%/2008.06.20 至 2013.06.20/低毒
夏大豆田　一年生禾本科杂草　52.5-66克/公顷　茎叶喷雾
PD20080906　烯酰·福美双/48%/可湿性粉剂/福美双 44%、烯酰吗啉 4%/2008.07.14 至 2013.07.14/低毒
黄瓜　霜霉病　936-1152克/公顷　喷雾
PD20081565　噁草酮/95%/原药/噁草酮 95%/2008.11.11 至 2013.11.11/低毒
PD20081650　氰戊·辛硫磷/30%/乳油/氰戊菊酯 10%、辛硫磷 20%/2008.11.14 至 2013.11.14/中等毒
棉花　棉铃虫　150-225克/公顷　喷雾
PD20081701　二甲戊灵/33%/乳油/二甲戊灵 33%/2008.11.17 至 2013.11.17/低毒
大蒜　一年生杂草　643.5-742.5克/公顷　播后苗前土壤喷雾
姜　一年生杂草　643.5-742.5克/公顷　土壤喷雾
PD20082301　苯磺隆/10%/可湿性粉剂/苯磺隆 10%/2008.12.01 至 2013.12.01/低毒
冬小麦田　一年生阔叶杂草　15-22.5克/公顷　茎叶喷雾
PD20082457　苄嘧·丙草胺/25%/可湿性粉剂/苄嘧磺隆 2%、丙草胺 23%/2008.12.02 至 2013.12.02/低毒
直播水稻(南方)　一年生及部分多年生杂草　375-450克/公顷　土壤喷雾
PD20082876　高效氟吡甲禾灵/108克/升/乳油/高效氟吡甲禾灵 108克/升/2008.12.09 至 2013.12.09/低毒
棉花田、夏大豆田　一年生禾本科杂草　32.4-56.7克/公顷　茎叶喷雾
PD20083152　草甘膦/10%/水剂/草甘膦 10%/2008.12.11 至 2009.12.31/低毒
甘蔗田　杂草　1125-2250克/公顷　定向喷雾

PD20083187 高效氯氟氰菊酯/25克/升/乳油/高效氯氟氰菊酯 25克/升/2008.12.11 至 2013.12.11/中等毒
棉花 棉铃虫 18.75-26.25克/公顷 喷雾

PD20083218 联苯菊酯/25克/升/乳油/联苯菊酯 25克/升/2008.12.11 至 2013.12.11/中等毒
茶树 茶尺蠖 7.5-15克/公顷 喷雾

PD20083473 丙环唑/25%/乳油/丙环唑 25%/2008.12.12 至 2013.12.12/低毒
香蕉 叶斑病 250-500毫克/千克 喷雾

PD20083542 福美双/50%/可湿性粉剂/福美双 50%/2008.12.12 至 2013.12.12/低毒
葡萄 白腐病 500-1000毫克/千克 喷雾

PD20084266 吡虫啉/200克/升/可溶液剂/吡虫啉 200克/升/2008.12.17 至 2013.12.17/低毒
烟草 蚜虫 30-45克/公顷 喷雾

PD20084971 炔螨特/570克/升/乳油/炔螨特 570克/升/2008.12.22 至 2013.12.22/低毒
柑橘 红蜘蛛 285-380毫克/千克 喷雾

PD20085267 马拉硫磷/45%/乳油/马拉硫磷 45%/2008.12.23 至 2013.12.23/低毒
十字花科蔬菜 黄条跳甲 540-810克/公顷 喷雾

PD20085278 毒死蜱/480克/升/乳油/毒死蜱 480克/升/2008.12.23 至 2013.12.23/中等毒
水稻 稻纵卷叶螟 432-576克/公顷 喷雾

PD20085304 多·福/50%/可湿性粉剂/多菌灵 8%、福美双 42%/2008.12.23 至 2013.12.23/低毒
梨树 黑星病 1000-1500毫克/千克 喷雾
葡萄 霜霉病 1000-1250毫克/千克 喷雾

PD20085869 噁草酮/25%/乳油/噁草酮 25%/2008.12.29 至 2013.12.29/低毒
花生田 一年生杂草 375-562.5克/公顷 土壤喷雾

PD20085880 阿维·高氯/1.8%/乳油/阿维菌素 0.1%、高效氯氰菊酯 1.7%/2008.12.29 至 2013.12.29/低毒(原药高毒)
黄瓜 美洲斑潜蝇 15-30克/公顷 喷雾

PD20085983 硫磺/80%/水分散粒剂/硫磺 80%/2008.12.29 至 2013.12.29/低毒
苹果 白粉病 800-1600毫克/千克 喷雾

PD20086009 异丙甲草胺/720克/升/乳油/异丙甲草胺 720克/升/2008.12.29 至 2013.12.29/低毒
春大豆田 一年生禾本科杂草及部分小粒种子阔叶杂草 1620-2160克/公顷 播后苗前土壤喷雾

PD20090801 乙草胺/50%/乳油/乙草胺 50%/2009.01.19 至 2014.01.19/低毒
夏玉米田 一年生禾本科杂草及部分小粒种子阔叶杂草 1050-1200克/公顷 播后苗前土壤喷雾

PD20091020 毒·辛/5%/颗粒剂/毒死蜱 2%、辛硫磷 3%/2009.01.21 至 2014.01.21/低毒
花生 蛴螬 1875-2250克/公顷 撒施

PD20091676 百草枯/200克/升/水剂/百草枯 200克/升/2009.02.03 至 2014.02.03/低毒
夏玉米田 一年生杂草 450-600克/公顷 定向喷雾

PD20092287 氰津·乙草胺 /40%/悬浮剂/氰草津 12%、乙草胺 28%/2009.02.24 至 2014.02.24/低毒
夏玉米田 一年生杂草 1110－1200克/公顷 播后苗前土壤喷雾

PD20093424 乙草胺/900克/升/乳油/乙草胺 900克/升/2009.03.23 至 2014.03.23/低毒
春大豆田 一年生禾本科杂草及部分小粒种子阔叶杂草 1620-1890克/公顷 播后苗前土壤喷雾

PD20093505 苏云金杆菌/8000IU/毫克/可湿性粉剂/苏云金杆菌 8000IU/毫克/2009.03.23 至 2014.03.23/低毒
茶树 茶毛虫 400-800倍 喷雾
棉花 二代棉铃虫 3000-4500克制剂/公顷 喷雾
森林 松毛虫 600-800倍 喷雾
十字花科蔬菜 菜青虫 750-1500克制剂/公顷 喷雾
十字花科蔬菜 小菜蛾 1500-2250克制剂/公顷 喷雾
水稻 稻纵卷叶螟 3000-4500克制剂/公顷 喷雾
烟草 烟青虫 1500-3000克制剂/公顷 喷雾
玉米 玉米螟 1500-3000克制剂/公顷 加细纱灌心
枣树 枣尺蠖 600-800倍 喷雾

PD20094369 苯醚甲环唑/95%/原药/苯醚甲环唑 95%/2009.04.01 至 2014.04.01/低毒

PD20094909 复硝酚钠/1.8%/水剂/5-硝基邻甲氧基苯酚钠 0.3%、对硝基苯酚钠 0.9%、邻苯基苯酚钠 0.6%/2009.04.13至2014.04.13/低毒
棉花 调节生长、增产 6-9毫克/千克（2000-3000倍液） 喷雾

PD20095009 聚醛·甲萘威/6%/颗粒剂/甲萘威 1.5%、四聚乙醛 4.5%/2009.04.21 至 2014.04.21/低毒
小白菜 蜗牛 540-675克/公顷 撒施

PD20095839 阿维菌素/5%/乳油/阿维菌素 5%/2009.05.27 至 2014.05.27/中等毒(原药高毒)
十字花科蔬菜 小菜蛾 8.1-10.8克/公顷 喷雾

PD20096357 氧乐果/40%/乳油/氧乐果 40%/2009.07.28 至 2014.07.28/中等毒
棉花 蚜虫 127.5-202.5克/公顷 喷雾
小麦 蚜虫 81-162克/公顷 喷雾

PD20096822 混合氨基酸铜/10%/水剂/混合氨基酸铜 10%/2009.09.21 至 2014.09.21/低毒

水稻 稻曲病 375-562.5克/公顷 喷雾

PD20097276 甲氰菊酯/10%/乳油/甲氰菊酯 10%/2009.10.26 至 2014.10.26/中等毒

苹果树 红蜘蛛 25.7-45毫克/千克 喷雾

PD20097404 吗胍·乙酸铜/20%/可湿性粉剂/盐酸吗啉胍 16%、乙酸铜 4%/2009.10.28 至 2014.10.28/低毒

番茄 病毒病 600-750克/公顷 喷雾

PD20097965 乙酸铜/20%/可湿性粉剂/乙酸铜 20%/2009.12.01 至 2014.12.01/低毒

黄瓜 猝倒病 3000-4500克/公顷 灌根

LS20050097 阿维·高氯/3%/乳油/阿维菌素 0.5%、高效氯氰菊酯 2.5%/2008.01.12 至 2009.01.11/低毒(原药高毒)

梨树 梨木虱 6-12毫克/千克 喷雾

十字花科蔬菜 菜青虫、小菜蛾 7.5-15克/公顷 喷雾

LS20052389 吡虫啉/2.5%/可湿性粉剂/吡虫啉 2.5%/2008.07.10 至 2009.07.10/低毒

水稻 稻飞虱 15-30克/公顷 喷雾

LS20053540 苯磺隆/20%/可溶粉剂/苯磺隆 20%/2008.11.14 至 2009.11.14/低毒

小麦 一年生阔叶杂草 15-19.5克/公顷 喷雾

LS20061030 滴丁·苯磺隆/20%/可湿性粉剂/苯磺隆 2%、2,4-滴丁酯 18%/2009.04.26 至 2010.04.26/低毒

冬小麦 一年生阔叶杂草 150-180克/公顷 茎叶喷雾

LS20070059 苯醚甲环唑/250克/升/乳油/苯醚甲环唑 250克/升/2009.01.18 至 2010.01.18/低毒

香蕉 叶斑病 100-125毫克/千克 喷雾

LS20070184 吗胍·乙酸铜/20%/可湿性粉剂/盐酸吗啉胍 10%、乙酸铜 10%/2009.02.08 至 2010.02.08/低毒

水稻 条纹叶枯病 360-450克/公顷 喷雾

烟草 病毒病 450-600克/公顷 喷雾

LS20070320 苯醚甲环唑/10%/水分散粒剂/苯醚甲环唑 10%/2009.02.26 至 2010.02.26/低毒

梨树 黑星病 14.3-16.7毫克/千克 喷雾

LS20071805 苯甲·福美双/60%/可湿性粉剂/苯醚甲环唑 4%、福美双 56%/2009.07.09 至 2010.07.10/中等毒

烟草 炭疽病 900-1350克/公顷 喷雾

LS20072520 甲氨基阿维菌素苯甲酸盐/5%/乳油/甲氨基阿维菌素苯甲酸盐 5%/2009.12.04 至 2010.12.05/低毒

十字花科蔬菜 小菜蛾 1.5-3克/公顷 喷雾

LS20090861 嘧霉胺/70%/水分散粒剂/嘧霉胺 70%/2009.04.09 至 2010.04.09/低毒

黄瓜 灰霉病 525—577.5克/公顷 喷雾

LS20091117 苯醚甲环唑/20%/微乳剂/苯醚甲环唑 20%/2009.04.17 至 2010.04.17/低毒

香蕉 叶斑病 100-133毫克/千克 喷雾

WL20080024 高效氯氰菊酯/5%/可湿性粉剂/高效氯氰菊酯 5%/2009.01.04 至 2010.01.04/低毒

卫生 蚊、蝇 35毫克/平方米 滞留喷洒

WL20080042 高氯·胺菊/0.23%/气雾剂/胺菊酯 0.2%、高效氯氰菊酯 0.03%/2009.01.07 至 2010.01.07/低毒

卫生 蚊、蝇 / 喷雾

WL20080069 杀虫气雾剂/0.52%/气雾剂/胺菊酯 0.33%、氯菊酯 0.19%/2009.02.19 至 2010.02.19/低毒

卫生 蚊、蝇 / 喷雾

WL20080084 溴氰菊酯/2.5%/微乳剂/溴氰菊酯 2.5%/2009.02.20 至 2010.02.20/低毒

卫生 蚊、蝇 35毫克/平方米 滞留喷洒

山东东信生物农药有限公司 (山东省聊城市阳谷县阿城工业园 252321 0635-6750969)

PD20070523 代森锰锌/80%/可湿性粉剂/代森锰锌 80%/2007.11.28 至 2012.11.28/低毒

番茄 早疫病 1560-2520克/公顷 喷雾

PD20084920 三唑锡/25%/可湿性粉剂/三唑锡 25%/2008.12.22 至 2013.12.22/低毒

柑橘树 红蜘蛛 125-250毫克/千克 喷雾

PD20085015 石硫合剂/29%/水剂/石硫合剂 29%/2008.12.22 至 2013.12.22/低毒

苹果树 白粉病 0.4-0.5Be 喷雾

PD20090456 多·福/40%/可湿性粉剂/多菌灵 5%、福美双 35%/2009.01.12 至 2014.01.12/低毒

葡萄 霜霉病 1000-1250毫克/千克 喷雾

PD20091421 异丙草·莠/40%/悬乳剂/异丙草胺 24%、莠去津 16%/2009.02.02 至 2014.02.02/低毒

夏玉米田 一年生杂草 1200-1500克/公顷 土壤喷雾

PD20091651 啶虫脒/3%/可湿性粉剂/啶虫脒 3%/2009.02.03 至 2014.02.03/低毒

甘蓝 蚜虫 13.5-22.5克/公顷 喷雾

PD20094214 高效氯氟氰菊酯/25克/升/乳油/高效氯氟氰菊酯 25克/升/2009.03.31 至 2014.03.31/中等毒

十字花科蔬菜叶菜 蚜虫 7.5-11.25克/公顷 喷雾

PD20096861 百草枯/200克/升/水剂/百草枯 200克/升/2009.09.22 至 2014.09.22/中等毒

苹果园 杂草 200-300毫升制剂/亩 定向茎叶喷雾

PD20097157 辛硫磷/1.5%/颗粒剂/辛硫磷 1.5%/2009.10.16 至 2014.10.16/低毒

玉米 玉米螟 67.5-90克/公顷 撒心(喇叭口期)

PD20097300 联苯菊酯/100克/升/乳油/联苯菊酯 100克/升/2009.10.26 至 2014.10.26/中等毒

茶树 茶小绿叶蝉 20-26.7毫升制剂/亩 喷雾

PD20098237 溴氰菊酯/25克/升/乳油/溴氰菊酯 25克/升/2009.12.16 至 2014.12.16/中等毒

苹果树 桃小食心虫 5-10毫克/千克 喷雾

PD20098474 甲氰·噻螨酮/7.5%/乳油/甲氰菊酯 5%、噻螨酮 2.5%/2009.12.24 至 2014.12.24/低毒
苹果树 红蜘蛛 50-75毫克/千克 喷雾
LS20072435 敌百虫/30%/乳油/敌百虫 30%/2009.11.04 至 2010.11.05/低毒
十字花科蔬菜 菜青虫 562.5-675克/公顷 喷雾
LS20072606 甲氨基阿维菌素苯甲酸盐/0.5%/微乳剂/甲氨基阿维菌素苯甲酸盐 0.5%/2009.12.09 至 2010.12.10/低毒
甘蓝 甜菜夜蛾 2.25-3克/公顷 喷雾

山东东营胜德制罐有限公司 (山东省东营市东营区东二路283号 257055 0546-8736871)

WP20080597 杀虫气雾剂/0.13%/气雾剂/胺菊酯 0.10%、高效氯氰菊酯 0.03%/2008.12.30 至 2013.12.30/低毒
卫生 蜚蠊、蚊、蝇 / 喷雾
WP20090165 杀虫气雾剂/0.3%/气雾剂/胺菊酯 0.25%、右旋苯醚菊酯 0.05%/2009.03.09 至 2014.03.09/低毒
卫生 蚊、蝇 / 喷雾
WP20090189 杀虫气雾剂/0.3%/气雾剂/胺菊酯 0.25%、右旋苯醚菊酯 0.05%/2009.03.23 至 2014.03.23/微毒
卫生 蚊、蝇 / 喷雾
WP20090195 杀蟑饵剂/0.8%/饵剂/杀螟硫磷 0.8%/2009.03.23 至 2014.03.23/低毒
卫生 蜚蠊 / 投放
WP20090271 电热蚊香片/9毫克/片/电热蚊香片/炔丙菊酯 9毫克/片/2009.05.18 至 2014.05.18/低毒
卫生 蚊 / 电热加温
WP20090354 蚊香/0.2%/蚊香/富右旋反式烯丙菊酯 0.2%/2009.11.03 至 2014.11.03/微毒
卫生 蚊 / 点燃

山东东营胜利绿野农药化工有限公司 (山东省东营市河口区仙河镇(孤东油区) 257237 0546-8584229)

PD20081074 甲草胺/43%/乳油/甲草胺 43%/2008.08.14 至 2013.08.14/低毒
夏大豆田 部分阔叶杂草、一年生禾本科杂草 1290-1935克/公顷 播后苗前喷雾
PD20091641 甲草胺/95%/原药/甲草胺 95%/2009.02.03 至 2014.02.03/低毒

山东丰泽化工有限公司 (山东省阳谷县经济开发区 252300 0635-2951888)

PD20070236 精喹禾灵/95%/原药/精喹禾灵 95%/2007.08.08 至 2012.08.08/低毒
PD20090865 精喹禾灵/50克/升/乳油/精喹禾灵 50克/升/2009.01.19 至 2014.01.19/低毒
大豆田 一年生禾本科杂草 37.5-60克/公顷 茎叶喷雾
PD20096158 高效氟吡甲禾灵/108克/升/乳油/高效氟吡甲禾灵 108克/升/2009.06.24 至 2014.06.24/低毒
大豆田 一年生禾本科杂草 48.6-72.9克/公顷 茎叶喷雾
PD20097215 百草枯/200克/升/水剂/百草枯 200克/升/2009.10.19 至 2014.10.19/中等毒
苹果园 杂草 750-900克/公顷 定向茎叶喷雾
PD20098106 毒死蜱/480克/升/乳油/毒死蜱 480克/升/2009.12.08 至 2014.12.08/中等毒
水稻 稻纵卷叶螟 62.5-83.5毫升制剂/亩 喷雾
PD20098204 二甲戊灵/330克/升/乳油/二甲戊灵 330克/升/2009.12.16 至 2014.12.16/低毒
棉花田 一年生杂草 945-1260克/公顷 土壤喷雾

山东福瑞德化工有限公司 (山东省济南市历城区华信路15号 250100 0531-88906442)

PD20084511 福·福锌/40%/可湿性粉剂/福美双 15%、福美锌 25%/2008.12.18 至 2013.12.18/低毒
西瓜 炭疽病 1500-1800克/公顷 喷雾
PD20091640 联苯菊酯/25克/升/乳油/联苯菊酯 25克/升/2009.02.03 至 2014.02.03/低毒
茶树 茶小绿叶蝉 30-37.5克/公顷 喷雾
PD20094787 多·福/60%/可湿性粉剂/多菌灵 30%、福美双 30%/2009.04.13 至 2014.04.13/低毒
梨树 黑星病 1000-1500毫克/千克 喷雾
PD20095563 多·锰锌/50%/可湿性粉剂/多菌灵 20%、代森锰锌 30%/2009.05.12 至 2014.05.12/低毒
梨树 黑星病 1000-1250毫克/千克 喷雾
PD20096090 高效氯氟氰菊酯/25克/升/乳油/高效氯氟氰菊酯 25克/升/2009.06.18 至 2014.06.18/中等毒
十字花科蔬菜 菜青虫 6.75-9.375克/公顷 喷雾
PD20098259 福·福锌/80%/可湿性粉剂/福美双 30%、福美锌 50%/2009.12.16 至 2014.12.16/低毒
黄瓜 炭疽病 1650-1800克/公顷 喷雾
PD20098371 氯氰·敌敌畏/10%/乳油/敌敌畏 8%、氯氰菊酯 2%/2009.12.18 至 2014.12.18/中等毒
甘蓝 蚜虫 60-75克/公顷 喷雾
LS20052104 吡虫·杀虫单/35%/可湿性粉剂/吡虫啉 1%、杀虫单 34%/2008.06.09 至 2009.06.09/低毒
水稻 稻纵卷叶螟、二化螟、飞虱、三化螟 450-750克/公顷 喷雾
LS20052116 吡虫·杀虫单/30%/可湿性粉剂/吡虫啉 1%、杀虫单 29%/2008.06.09 至 2009.06.09/低毒
水稻 稻纵卷叶螟、二化螟、飞虱、三化螟 450-750克/公顷 喷雾
LS20052123 啶虫脒/3%/乳油/啶虫脒 3%/2008.06.09 至 2009.06.09/低毒
苹果树 蚜虫 10-12毫克/千克 喷雾
LS20052125 柴油·哒螨灵/40%/乳油/柴油 36%、哒螨灵 4%/2008.06.09 至 2009.06.09/中等毒
苹果树 红蜘蛛 200-308毫克/千克 喷雾
LS20052126 柴油·辛硫磷/40%/乳油/柴油 25%、辛硫磷 15%/2008.06.09 至 2009.06.09/低毒
十字花科蔬菜 菜青虫 360-780克/公顷 喷雾
LS20052170 高氯·柴油/35%/乳油/柴油 32.5%、高效氯氰菊酯 2.5%/2008.06.14 至 2009.06.14/低毒
黄瓜 蚜虫 210-315克/公顷 喷雾
LS20052837 阿维·高氯/1.65%/可湿性粉剂/阿维菌素 0.15%、高效氯氰菊酯 1.5%/2008.09.01 至 2009.09.01/低毒(原药高毒)

十字花科蔬菜　菜青虫、小菜蛾　13.5-27克/公顷　喷雾
LS20052983　井冈霉素A/2.4%/水剂/井冈霉素A 2.4%/2008.09.13 至 2009.09.13/低毒
水稻　纹枯病　150-187.5克/公顷　喷雾
LS20071187　辛硫・三唑磷/20%/乳油/三唑磷 10%、辛硫磷 10%/2009.05.07 至 2010.05.08/低毒
水稻　二化螟　390-480克/公顷　喷雾
LS20071353　高效氯氰菊酯/2.5%/乳油/高效氯氰菊酯 2.5%/2009.05.17 至 2010.05.18/中等毒
梨树　梨木虱　20.83-31.25毫克/千克　喷雾

山东富安集团农药有限公司　(山东省淄博市博山区五龙北路7号　255200　0533-4201564)

PD84119-11　代森铵/45%/水剂/代森铵 45%/2005.01.11 至 2010.01.11/中等毒
白菜、黄瓜　霜霉病　525克/公顷　喷雾
甘薯　黑斑病　200-400倍液　浸种
谷子　白发病　180-360倍液　浸种
水稻　白叶枯病、纹枯病　337.5克/公顷　喷雾
水稻　稻瘟病　535-675克/公顷　喷雾
橡胶树　条溃疡病　150倍液　涂抹
玉米　大斑病、小斑病　525-675克/公顷　喷雾
PD85151-3　2,4-滴丁酯/72%/乳油/2,4-滴丁酯 72%/2005.06.23 至 2010.06.23/低毒
谷子、小麦　双子叶杂草　525克/公顷　喷雾
水稻　双子叶杂草　300-525克/公顷　喷雾
玉米　双子叶杂草　1)1050克/公顷 2)450-525克/公顷　1)苗前土壤处理 2)喷雾
PD86111　甲基硫环磷/70%/原药/甲基硫环磷 70%/2006.11.07 至 2011.11.07/高毒
PD86112　甲基硫环磷/35%/乳油/甲基硫环磷 35%/2006.09.26 至 2011.09.26/高毒
棉花　棉蚜　1)490-525克/100千克种子 2)7倍液　1)拌种、浸种 2)加缓释剂涂茎
甜菜　象甲　1)525-1125克/公顷 2)700克/100千克种子　1)加土拌土肥蘸母根2)加水闷种或拌种
小麦　地下害虫　1)500-1000倍液2)1200倍液　1)拌种2)浇灌
PD20040357　吡虫啉/5%/乳油/吡虫啉 5%/2004.12.19 至 2009.12.19/低毒
棉花　蚜虫　11.25-18.75克/公顷　喷雾
PD20091889　高氯・马/20%/乳油/高效氯氰菊酯 1.5%、马拉硫磷 18.5%/2009.02.09 至 2014.02.09/中等毒
苹果树　桃小食心虫　133-200毫克/千克　喷雾
PD20092404　硫磺・多菌灵/50%/可湿性粉剂/多菌灵 15%、硫磺 35%/2009.02.25 至 2014.02.25/低毒
花生　叶斑病　1200-1800克/公顷　喷雾
PD20093095　乙铝・锰锌/50%/可湿性粉剂/代森锰锌 27%、三乙膦酸铝 23%/2009.03.09 至 2014.03.09/低毒
黄瓜　霜霉病　937-1400克/公顷　喷雾
PD20093111　硫磺・多菌灵/42%/悬浮剂/多菌灵 7%、硫磺 35%/2009.03.10 至 2014.03.10/低毒
黄瓜　白粉病　1575-2363克/公顷　喷雾
PD20093414　硫磺・三唑酮/20%/可湿性粉剂/硫磺 10%、三唑酮 10%/2009.03.20 至 2014.03.20/低毒
小麦　白粉病　180-240克/公顷　喷雾
PD20094178　代森锰锌/80%/可湿性粉剂/代森锰锌 80%/2009.03.27 至 2014.03.27/低毒
番茄　早疫病　1845-2370克/公顷　喷雾
PD20094606　甲硫・福美双/70%/可湿性粉剂/福美双 40%、甲基硫菌灵 30%/2009.04.10 至 2014.04.10/低毒
苹果树　轮纹病　800-1500倍液　喷雾
PD20095029　多・锰锌/50%/可湿性粉剂/多菌灵 8%、代森锰锌 42%/2009.04.21 至 2014.04.21/低毒
苹果树　斑点落叶病　1000-1250毫克/千克　喷雾
PD20095496　异丙草・莠/40%/悬乳剂/异丙草胺 24%、莠去津 16%/2009.05.11 至 2014.05.11/低毒
夏玉米田　一年生杂草　1200－1500克/公顷　土壤喷雾
LS20051815　柴油・哒螨灵/40%/乳油/柴油 36%、哒螨灵 4%/2008.05.16 至 2009.05.16/中等毒
苹果树　红蜘蛛　200-266.7毫克/千克　喷雾
LS20051855　柴油・吡虫啉/25%/乳油/吡虫啉 1%、柴油 24%/2008.05.16 至 2009.05.16/低毒
棉花　蚜虫　150-187.5克/公顷　喷雾
LS20091296　吡虫啉/35%/悬浮剂/吡虫啉 35%/2009.05.25 至 2010.05.25/低毒
十字花科蔬菜　蚜虫　15.75-26.25克/公顷　喷雾

山东富先达农药有限公司　(山东省青州市朱良镇曲屯村西(济寿路14公里处)　262511　0533-7809688)

LS20050394　苏云金杆菌/8000IU/毫克/可湿性粉剂/苏云金杆菌 8000IU/毫克/2008.02.19 至 2009.02.18/低毒
茶树　茶毛虫　400-800倍液　喷雾
棉花　棉铃虫　3000-4500克制剂/公顷　喷雾
森林　松毛虫　600-800倍液　喷雾
十字花科蔬菜　小菜蛾　1500-2250克制剂/公顷　喷雾
十字花科蔬菜　菜青虫　750-1500克制剂/公顷　喷雾
水稻　稻纵卷叶螟　3000-4500克制剂/公顷　喷雾

烟草 烟青虫 1500-3000克制剂/公顷 喷雾
玉米 玉米螟 1500-3000克制剂/公顷 加细沙灌心
枣树 枣尺蠖 600-800倍 喷雾

LS20050513 多·福/40%/可湿性粉剂/多菌灵 5%、福美双 35%/2008.02.26 至 2009.02.25/低毒
葡萄 霜霉病 1000-1250毫克/千克 喷雾

LS20051774 硫磺·三唑锡/25%/可湿性粉剂/硫磺 20%、三唑锡 5%/2008.05.16 至 2009.05.16/低毒
苹果树 红蜘蛛 166.7-250毫克/千克 喷雾

LS20052224 阿维·高氯/1.8%/乳油/阿维菌素 0.3%、高效氯氰菊酯 1.5%/2008.06.15 至 2009.06.15/低毒(原药高毒)
十字花科蔬菜 菜青虫、小菜蛾 7.5-15克/公顷 喷雾

LS20053249 机油·炔螨/73%/乳油/机油 33%、炔螨特 40%/2008.10.11 至 2009.10.11/低毒
柑橘树 红蜘蛛 243-365毫克/千克 喷雾

LS20060387 嘧霉·多菌灵/30%/悬浮剂/多菌灵 25%、嘧霉胺 5%/2009.03.05 至 2010.03.05/低毒
黄瓜 灰霉病 495-675克/公顷 喷雾

山东光大化学有限公司 (山东省济南市平阴县刁山坡镇 250404 0531-86884888)

PD20093827 氯氰·敌敌畏/20%/乳油/敌敌畏 18%、氯氰菊酯 2%/2009.03.25 至 2014.03.25/中等毒
棉花 棉铃虫 170-255克/公顷 喷雾

山东贵合生物科技有限公司 (山东省肥城市石横镇经济园区 271602 0538-3660235)

PD20085068 氯氰菊酯/50克/升/乳油/氯氰菊酯 50克/升/2008.12.23 至 2013.12.23/低毒
甘蓝 菜青虫 37.5-52.5克/公顷 喷雾

PD20085101 联苯菊酯/25克/升/乳油/联苯菊酯 25克/升/2008.12.23 至 2013.12.23/低毒
茶树 茶尺蠖 7.5-15克/公顷 喷雾

PD20090861 毒死蜱/480克/升/乳油/毒死蜱 480克/升/2009.01.19 至 2014.01.19/中等毒
甘蓝 菜青虫 432-504克/公顷 喷雾

PD20094009 高效氯氟氰菊酯/25克/升/乳油/高效氯氟氰菊酯 25克/升/2009.03.27 至 2014.03.27/中等毒
十字花科蔬菜 蚜虫 7.5-15克/公顷 喷雾

PD20098233 吡虫啉/200克/升/可溶液剂/吡虫啉 200克/升/2009.12.16 至 2014.12.16/低毒
烟草 蚜虫 37.5-45克/公顷 喷雾

LS20061604 甲氨基阿维菌素苯甲酸盐/1%/乳油/甲氨基阿维菌素苯甲酸盐 1%/2009.08.17 至 2010.08.17/低毒
十字花科蔬菜 小菜蛾 1.5-2.25克/公顷 喷雾

LS20081334 杀扑磷/40%/乳油/杀扑磷 40%/2009.03.13 至 2010.03.13/高毒
柑橘树 介壳虫 200-400毫克/千克 喷雾

山东国润生物农药有限责任公司 (山东省泰安市岱岳区范镇工业区 271033 0538-8681116)

LS20071121 阿维菌素/18克/升/乳油/阿维菌素 18克/升/2008.04.25 至 2009.04.26/低毒(原药高毒)
棉花 红蜘蛛 10.8-16.2克/公顷 喷雾

LS20080130 高效氯氟氰菊酯/25克/升/乳油/高效氯氟氰菊酯 25克/升/2009.01.07 至 2010.01.07/中等毒
烟草 烟青虫 5.63-7.5毫克/千克 喷雾

LS20081192 丙环唑/250克/升/乳油/丙环唑 250克/升/2009.03.10 至 2010.03.10/低毒
小麦 锈病 112.5-136.5克/公顷 喷雾

山东哈维斯生化科技有限公司 (山东省青州市开发区 262500 0536-3522618)

PD20085199 腐霉利/50%/可湿性粉剂/腐霉利 50%/2008.12.23 至 2013.12.23/低毒
番茄 灰霉病 562.5-750克/公顷 喷雾

PD20085412 多菌灵/25%/可湿性粉剂/多菌灵 25%/2008.12.24 至 2013.12.24/低毒
水稻 纹枯病 675-825克/公顷 喷雾

PD20086041 三唑锡/25%/可湿性粉剂/三唑锡 25%/2008.12.29 至 2013.12.29/中等毒
苹果树 红蜘蛛 125-250毫克/千克 喷雾

PD20086222 代森锰锌/80%/可湿性粉剂/代森锰锌 80%/2008.12.31 至 2013.12.31/低毒
番茄 早疫病 1800-2400克/公顷 喷雾

PD20090044 异菌脲/50%/可湿性粉剂/异菌脲 50%/2009.01.06 至 2014.01.06/低毒
番茄 灰霉病 375-750克/公顷 喷雾

PD20091596 甲霜·锰锌/58%/可湿性粉剂/甲霜灵 10%、代森锰锌 48%/2009.02.03 至 2014.02.03/低毒
黄瓜 霜霉病 978-1632克/公顷 喷雾

PD20093124 三环唑/75%/可湿性粉剂/三环唑 75%/2009.03.10 至 2014.03.10/低毒
水稻 稻瘟病 225-300克/公顷 喷雾

PD20095350 乙烯利/40%/水剂/乙烯利 40%/2009.04.27 至 2014.04.27/低毒
棉花 催熟 800-1333毫克/千克 兑水喷雾

PD20095862 百草枯/200克/升/水剂/百草枯 200克/升/2009.05.27 至 2014.05.27/中等毒
柑橘园 杂草 600-900克/公顷 定向茎叶喷雾

PD20097996 硫双威/75%/可湿性粉剂/硫双威 75%/2009.12.07 至 2014.12.07/中等毒
棉花 棉铃虫 337.5-506.25克/公顷 喷雾

山东海而三利生物化工有限公司 (山东省诸城市龙城市场 262200 0536-62128101)

PD20085110 氰戊·马拉松/30%/乳油/马拉硫磷 22.5%、氰戊菊酯 7.5%/2008.12.23 至 2013.12.23/中等毒
苹果树 桃小食心虫 150-200毫克/千克 喷雾

PD20085891 甲·克/25%/悬浮种衣剂/甲拌磷 17%、克百威 8%/2008.12.29 至 2013.12.29/高毒

花生　地老虎、金针虫、蝼蛄、蛴螬　500-625克/100千克种子　种子包衣

PD20090160　克百·多菌灵/16%/悬浮种衣剂/多菌灵 10%、克百威 6%/2009.01.08 至 2014.01.08/高毒

小麦　金针虫、蝼蛄　1:30(药种比)　种子包衣

PD20091194　井冈·三唑酮 /28%/可湿性粉剂/井冈霉素 8%、三唑酮 20%/2009.02.01 至 2014.02.01/低毒

小麦　纹枯病　280-420克/公顷　喷雾

PD20093025　异丙甲草胺/720克/升/乳油/异丙甲草胺 720克/升/2009.03.09 至 2014.03.09/低毒

春大豆田　一年生禾本科杂草及部分阔叶杂草　1620-2160克/公顷　土壤喷雾

PD20093138　百草枯/200克/升/水剂/百草枯 200克/升/2009.03.10 至 2014.03.10/中等毒

苹果园　杂草　600-900克/公顷　定向喷雾

PD20093569　甲基硫菌灵/70%/可湿性粉剂/甲基硫菌灵 70%/2009.03.23 至 2014.03.23/低毒

苹果树　轮纹病　700-875毫克/千克　喷雾

PD20094275　辛硫磷/40%/乳油/辛硫磷 40%/2009.03.31 至 2014.03.31/低毒

棉花　棉铃虫　450-600克/公顷　喷雾

PD20094507　百草枯/200克/升/水剂/百草枯 200克/升/2009.04.09 至 2014.04.09/中等毒

苹果园　杂草　600-900克/公顷　定向茎叶喷雾

PD20095597　仲丁灵/360克/升/乳油/仲丁灵 360克/升/2009.05.12 至 2014.05.12/低毒

烟草　抑制腋芽生长　54-72毫克/株　杯淋法

PD20098012　联苯菊酯/100克/升/乳油/联苯菊酯 100克/升/2009.12.07 至 2014.12.07/低毒

茶树　茶小绿叶蝉　20-25毫升制剂/亩　喷雾

PD20098363　吡虫啉/200克/升/可溶液剂/吡虫啉 200克/升/2009.12.18 至 2014.12.18/低毒

棉花　伏蚜　30-45克/公顷　喷雾

山东海利莱化工科技有限公司　(山东省沂南县铜井镇山旺庄村　276300　0539-3232777)

PD20084570　高氯·马/25%/乳油/高效氯氰菊酯 1%、马拉硫磷 24%/2008.12.18 至 2013.12.18/低毒

苹果树　桃小食心虫　167-250毫克/千克　喷雾

苹果树　黄蚜　125-167毫克/千克　喷雾

PD20085368　甲氰·辛硫磷/20%/乳油/甲氰菊酯 9%、辛硫磷 11%/2008.12.24 至 2013.12.24/中等毒

苹果树　山楂红蜘蛛、桃小食心虫　50-66.67毫克/千克　喷雾

苹果树　黄蚜　66.67-100毫克/千克　喷雾

PD20090455　硫丹·灭多威/20%/乳油/硫丹 10%、灭多威 10%/2009.01.12 至 2014.01.12/高毒

棉花　棉铃虫　100-150克/公顷　喷雾

山东海立信农化有限公司　(山东省聊城市东昌府区李海务镇凤凰工业园　252000　0635-8570388)

PD20085817　甲硫·福美双/70%/可湿性粉剂/福美双 40%、甲基硫菌灵 30%/2008.12.29 至 2013.12.29/低毒

苹果树　轮纹病　700-1000倍液　喷雾

PD20090180　辛硫磷/1.5%/颗粒剂/辛硫磷 1.5%/2009.01.08 至 2014.01.08/低毒

玉米　玉米螟　112.5-168.75克/公顷　撒施（喇叭口）

PD20093273　硫磺·多菌灵/50%/可湿性粉剂/多菌灵 15%、硫磺 35%/2009.03.11 至 2014.03.11/低毒

花生　叶斑病　1200-1800克/公顷　喷雾

PD20093617　阿维·辛硫磷/10%/乳油/阿维菌素 0.1%、辛硫磷 9.9%/2009.03.25 至 2014.03.25/低毒(原药高毒)

十字花科蔬菜　小菜蛾　120-150克/公顷　喷雾

PD20093947　高效氯氟氰菊酯/25克/升/乳油/高效氯氟氰菊酯 25克/升/2009.03.27 至 2014.03.27/中等毒

棉花　棉铃虫　15-22.5克/公顷　喷雾

PD20096442　啶虫脒/5%/可湿性粉剂/啶虫脒 5%/2009.08.05 至 2014.08.05/低毒

甘蓝　蚜虫　13.5-22.5克/公顷　喷雾

PD20097214　烟嘧磺隆/40克/升/可分散油悬浮剂/烟嘧磺隆 40克/升/2009.10.19 至 2014.10.19/低毒

玉米田　一年生杂草　42-60克/公顷　茎叶喷雾

LS20050035　阿维·高氯/2.4%/可湿性粉剂/阿维菌素 0.3%、高效氯氰菊酯 2.1%/2008.01.05 至 2009.01.04/低毒(原药高毒)

黄瓜　美洲斑潜蝇　9-18克/公顷　喷雾

山东海讯生物化学有限公司　(山东省济南市槐荫区美里湖开发区美里南路7号　250100　0531-88904638)

PD20040552　哒螨灵/15%/乳油/哒螨灵 15%/2009.12.19 至 2014.12.19/中等毒

柑橘树　红蜘蛛　50-67毫克/千克　喷雾

PD20085218　马拉·高氯氟/37%/乳油/高效氯氰菊酯 0.8%、马拉硫磷 36.2%/2008.12.23 至 2013.12.23/中等毒

十字花科蔬菜　菜青虫　175.5-354克/公顷　喷雾

PD20085650　多·福/40%/可湿性粉剂/多菌灵 5%、福美双 35%/2008.12.26 至 2013.12.26/中等毒

葡萄　霜霉病　1000-1250毫克/千克　喷雾

PD20086248　苏云金杆菌/8000IU/毫克/可湿性粉剂/苏云金杆菌 8000IU/毫克/2008.12.31 至 2013.12.31/低毒

茶树　茶毛虫　400－800倍　喷雾

棉花　二代棉铃虫　3000－4500克制剂/公顷　喷雾

森林　松毛虫　600－800倍　喷雾

十字花科蔬菜　菜青虫　750－1500克制剂/公顷　喷雾

十字花科蔬菜　小菜蛾　1500－2250克制剂/公顷　喷雾

水稻　稻纵卷叶螟　3000－4500克制剂/公顷　喷雾

烟草　烟青虫　1500－3000克制剂/公顷　喷雾

玉米　玉米螟　1500－3000克制剂/公顷　加细沙灌心

枣树 枣尺蠖 600－800倍 喷雾
PD20090140 腈菌唑/12%/乳油/腈菌唑 12%/2009.01.08 至 2014.01.08/低毒
梨树 黑星病 30-40毫克/千克 喷雾
香蕉 叶斑病 120-150毫克/千克 喷雾
PD20090362 甲基硫菌灵/70%/可湿性粉剂/甲基硫菌灵 70%/2009.01.12 至 2014.01.12/低毒
苹果 轮纹病 700-875毫克/千克 喷雾
PD20091057 啶虫脒/3%/可湿性粉剂/啶虫脒 3%/2009.01.21 至 2014.01.21/低毒
柑橘树 蚜虫 8.6-12毫克/千克 喷雾
PD20092825 氯氰·辛硫磷/30%/乳油/氯氰菊酯 1.5%、辛硫磷 28.5%/2009.03.04 至 2014.03.04/中等毒
棉花 棉铃虫 270-337.5克/公顷 喷雾
PD20094351 多·福/50%/可湿性粉剂/多菌灵 6.5%、福美双 43.5%/2009.04.01 至 2014.04.01/低毒
梨树 黑星病 1000-1500毫克/千克 喷雾
葡萄 霜霉病 1000-1250毫克/千克 喷雾
PD20094404 甲硫·福美双/70%/可湿性粉剂/福美双 35%、甲基硫菌灵 35%/2009.04.01 至 2014.04.01/低毒
苹果树 轮纹病 700-875毫克/千克 喷雾
PD20096248 高氯·氟铃脲/5.7%/乳油/氟铃脲 1.9%、高效氯氰菊酯 3.8%/2009.07.15 至 2014.07.15/中等毒
甘蓝 小菜蛾 42.75-51.3克/公顷 喷雾
PD20096446 硫磺·锰锌/50%/可湿性粉剂/硫磺 35%、代森锰锌 15%/2009.08.05 至 2014.08.05/低毒
花生 叶斑病 1050-1312.5克/公顷 喷雾
PD20098124 吗胍·硫酸铜/20%/可湿性粉剂/盐酸吗啉胍 10%、乙酸铜 10%/2009.12.08 至 2014.12.08/低毒
番茄 病毒病 600-750克/公顷 喷雾
PD20098535 腐霉·福美双/50%/可湿性粉剂/腐霉利 10%、福美双 40%/2009.12.24 至 2014.12.24/低毒
番茄 灰霉病 750-900克/公顷 喷雾
LS20051013 阿维·高氯/2%/乳油/阿维菌素 0.3%、高效氯氰菊酯 1.7%/2008.04.07 至 2009.04.07/低毒(原药高毒)
梨树 梨木虱 6-12毫克/千克 喷雾
十字花科蔬菜 菜青虫、小菜蛾 7.5-15克/公顷 喷雾
LS20051042 吡虫啉/5%/乳油/吡虫啉 5%/2008.04.07 至 2009.04.07/低毒
水稻 稻飞虱 15-30克/公顷 喷雾
小麦 蚜虫 15-30克/公顷(南方地区) 喷雾
45-60克(北方地区)
LS20051947 吡虫啉/70%/可湿性粉剂/吡虫啉 70%/2008.05.22 至 2009.05.22/低毒
小麦 蚜虫 15-30克/公顷(南方地区) 喷雾
45-60克/公顷(北方地区)
LS20052459 烯酰·锰锌/69%/可湿性粉剂/代森锰锌 60%、烯酰吗啉 9%/2008.07.12 至 2009.07.12/低毒
黄瓜 霜霉病 1035-1380克/公顷 喷雾
LS20052931 阿维·高氯/10%/微乳剂/阿维菌素 0.7%、高效氯氰菊酯 9.3%/2008.09.07 至 2009.09.07/中等毒(原药高毒)
黄瓜 美洲斑潜蝇 15-30克/公顷 喷雾
梨树 梨木虱 12-24毫克/千克 喷雾
十字花科蔬菜 菜青虫、小菜蛾 13.5-27克/公顷 喷雾
LS20053856 灭线磷/5%/颗粒剂/灭线磷 5%/2008.12.29 至 2009.12.29/低毒(原药高毒)
花生 茎线虫病 4000-4875克/公顷 沟施

山东韩农化学有限公司 （山东省青州市普通镇刘镇村 262507 0536-3802980)

PD20090606 甲氰菊酯/20%/乳油/甲氰菊酯 20%/2009.01.14 至 2014.01.14/低毒
苹果树 桃小食心虫 67-120毫克/千克 喷雾
PD20091227 三唑酮/25%/可湿性粉剂/三唑酮 25%/2009.02.01 至 2014.02.01/低毒
小麦 白粉病 100-127.5克/公顷 喷雾
PD20091279 联苯菊酯/25克/升/乳油/联苯菊酯 25克/升/2009.02.01 至 2014.02.01/中等毒
苹果树 叶螨 20-40毫克/千克 喷雾
PD20091432 代森锰锌/80%/可湿性粉剂/代森锰锌 80%/2009.02.02 至 2014.02.02/低毒
黄瓜 霜霉病 2700-3600克/公顷 喷雾
PD20091703 多菌灵/25%/可湿性粉剂/多菌灵 25%/2009.02.03 至 2014.02.03/微毒
小麦 赤霉病 750-900克/公顷 喷雾
PD20092339 代森锌/80%/可湿性粉剂/代森锌 80%/2009.02.24 至 2014.02.24/微毒
番茄 早疫病 2250-3600克/公顷 喷雾
PD20093178 高效氯氟氰菊酯/25克/升/乳油/高效氯氟氰菊酯 25克/升/2009.03.11 至 2014.03.11/中等毒
十字花科蔬菜 菜青虫 7.5-11.25克/公顷 喷雾
PD20093427 多·福/50%/可湿性粉剂/多菌灵 6.5%、福美双 43.5%/2009.03.23 至 2014.03.23/低毒
梨树 黑星病 1000-1500毫克/千克 喷雾
PD20093461 三唑锡/25%/可湿性粉剂/三唑锡 25%/2009.03.23 至 2014.03.23/低毒
柑橘树 红蜘蛛 125-250毫克/千克 喷雾
PD20093593 多·锰锌/50%/可湿性粉剂/多菌灵 8%、代森锰锌 42%/2009.03.23 至 2014.03.23/低毒
苹果树 斑点落叶病 1000-1250毫克/千克 喷雾
PD20095236 甲基硫菌灵/70%/可湿性粉剂/甲基硫菌灵 70%/2009.04.27 至 2014.04.27/低毒

小麦 赤霉病 900-1050克/公顷 喷雾

LS20050577 吡虫啉/5%/可湿性粉剂/吡虫啉 5%/2008.03.14 至 2009.03.14/低毒
小麦 蚜虫 15-30克/公顷(南方地区) 喷雾
45-60克/公顷(北方地区)

LS20050604 阿维·高氯/1.8%/乳油/阿维菌素 0.1%、高效氯氰菊酯 1.7%/2008.03.14 至 2009.03.14/低毒(原药高毒)
黄瓜 美洲斑潜蝇 15-30克/公顷 喷雾

LS20050649 井冈霉素/20%/可溶粉剂/井冈霉素 20%/2008.03.14 至 2009.03.14/低毒
水稻 纹枯病 150-187.5克/公顷 喷雾

LS20050652 吡虫啉/20%/乳油/吡虫啉 20%/2008.03.14 至 2009.03.14/低毒
小麦 蚜虫 15-30克/公顷(南方地区) 喷雾
45-60克/公顷(北方地区)

LS20050676 吡虫·杀虫单/35%/可湿性粉剂/吡虫啉 1%、杀虫单 34%/2008.03.15 至 2009.03.15/低毒
水稻 稻飞虱、稻纵卷叶螟、二化螟、三化螟 450-750克/公顷 喷雾

LS20050774 阿维·高氯/2.4%/可湿性粉剂/阿维菌素 0.2%、高效氯氰菊酯 2.2%/2008.03.28 至 2009.03.28/低毒(原药高毒)
十字花科蔬菜 菜青虫、小菜蛾 13.5-27克/公顷 喷雾

LS20060321 福·福锌/80%/可湿性粉剂/福美双 30%、福美锌 50%/2009.03.01 至 2010.03.01/低毒
黄瓜 炭疽病 1500-1800克/公顷 喷雾

LS20060324 吗胍·乙酸铜/20%/可湿性粉剂/盐酸吗啉胍 10%、乙酸铜 10%/2009.03.01 至 2010.03.01/低毒
番茄 病毒病 500-750克/公顷 喷雾

LS20060704 苏云金杆菌/8000IU/毫克/可湿性粉剂/苏云金杆菌 8000IU/毫克/2009.04.03 至 2010.04.03/低毒
茶树 茶毛虫 400—800倍 喷雾
棉花 棉铃虫 3000—4500克制剂/公顷 喷雾
森林 松毛虫 600—800倍 喷雾
十字花科蔬菜 菜青虫 750—1500克制剂/公顷 喷雾
十字花科蔬菜 小菜蛾 1500—2250克制剂/公顷 喷雾
水稻 稻纵卷叶螟 3000-4500克制剂/公顷 喷雾
烟草 烟青虫 1500—3000克制剂/公顷 喷雾
玉米 玉米螟 1500-3000克制剂/公顷 喷雾
枣树 枣尺蠖 600—800倍 喷雾

LS20060973 氟乐灵/480克/升/乳油/氟乐灵 480克/升/2009.04.23 至 2010.04.23/低毒
夏大豆 一年生禾本科杂草 1080-1260克/公顷 播后苗前土壤喷雾

LS20070933 马拉硫磷/45%/乳油/马拉硫磷 45%/2009.04.18 至 2010.04.19/低毒
十字花科蔬菜 蚜虫 540-742.5克/公顷 喷雾

LS20071760 乙酰甲胺磷/20%/乳油/乙酰甲胺磷 20%/2009.07.04 至 2010.07.05/低毒
十字花科蔬菜 蚜虫 336-540克/公顷 喷雾

LS20080564 乙羧氟草醚/10%/乳油/乙羧氟草醚 10%/2009.02.21 至 2010.02.22/低毒
夏大豆田 一年生阔叶杂草 60-90克/公顷 茎叶喷雾

山东汉兴化学工业有限公司 (山东省聊城市东阿县新聊滑路 252000 0635-3483369)

WL20070138 杀虫气雾剂/0.37%/气雾剂/胺菊酯 0.25%、氯菊酯 0.12%/2009.07.04 至 2010.07.05/微毒
卫生 蚊、蝇、蜚蠊 / 喷雾

WL20080018 杀虫气雾剂/0.25%/气雾剂/胺菊酯 0.2%、氯氰菊酯 0.05%/2009.01.04 至 2010.01.04/微毒
卫生 蚊、蝇、蜚蠊 / 喷雾

山东菏泽源丰农药有限公司 (山东省菏泽市解放南街一号 274000 0530-5663339)

PD20084943 氰戊·马拉松/30%/乳油/马拉硫磷 22.5%、氰戊菊酯 7.5%/2008.12.22 至 2013.12.22/中等毒
苹果树 桃小食心虫 1000-2000倍液 喷雾

PD20086387 辛硫·灭多威/20%/乳油/灭多威 10%、辛硫磷 10%/2008.12.31 至 2013.12.31/中等毒(原药高毒)
棉花 棉铃虫 150-300克/公顷 喷雾

PD20090498 灭多威/20%/乳油/灭多威 20%/2009.01.12 至 2014.01.12/高毒
棉花 棉铃虫 150-225克/公顷 喷雾
棉花 蚜虫 75-150克/公顷 喷雾

PD20091566 高效氯氟氰菊酯/25克/升/乳油/高效氯氟氰菊酯 25克/升/2009.02.03 至 2014.02.03/中等毒
十字花科蔬菜 菜青虫 7.5-15克/公顷 喷雾

PD20092915 百草枯/200克/升/水剂/百草枯 200克/升/2009.03.05 至 2014.03.05/中等毒
苹果园 杂草 750-900克/公顷 定向茎叶喷雾

LS20070632 阿维菌素/18克/升/乳油/阿维菌素 18克/升/2009.03.29 至 2010.03.30/低毒(原药高毒)
棉花 棉铃虫 21.6-32.4克/公顷 喷雾
棉花 红蜘蛛 10.8-16.2克/公顷 喷雾
十字花科蔬菜 小菜蛾 8.1-10.8克/公顷 喷雾

LS20072641 甲氨基阿维菌素苯甲酸盐/2.2%/微乳剂/甲氨基阿维菌素苯甲酸盐 2.2%/2009.12.09 至 2010.12.10/低毒
十字花科蔬菜 小菜蛾 2.31-3.63克/公顷 喷雾

山东禾宜化工有限公司 (山东省寿光市经济开发区北洛工业园特钢路(特钢对面) 262711 0536-5677717)

PD20083449 三唑锡/25%/可湿性粉剂/三唑锡 25%/2008.12.12 至 2013.12.12/中等毒

苹果树 红蜘蛛 188-250毫克/千克 喷雾
PD20084301 噻嗪·异丙威/25%/可湿性粉剂/噻嗪酮 5%、异丙威 20%/2008.12.17 至 2013.12.17/低毒
水稻 稻飞虱 375-562.5克/公顷 喷雾
PD20084470 多菌灵/25%/可湿性粉剂/多菌灵 25%/2008.12.17 至 2013.12.17/低毒
苹果树 轮纹病 333-500毫克/千克 喷雾
PD20084476 甲基硫菌灵/50%/可湿性粉剂/甲基硫菌灵 50%/2008.12.17 至 2013.12.17/低毒
黄瓜 白粉病 337.5-506.25克/公顷 喷雾
PD20085497 代森锰锌/80%/可湿性粉剂/代森锰锌 80%/2008.12.25 至 2013.12.25/微毒
番茄 早疫病 1560-2520克/公顷 喷雾
PD20096788 异菌脲/50%/可湿性粉剂/异菌脲 50%/2009.09.15 至 2014.09.15/低毒
番茄 灰霉病 562.5-750克/公顷 喷雾
PD20097763 多·锰锌/60%/可湿性粉剂/多菌灵 20%、代森锰锌 40%/2009.11.12 至 2014.11.12/低毒
苹果树 斑点落叶病 1000—1250毫克/千克 喷雾
PD20098434 甲霜灵/95%/原药/甲霜灵 95%/2009.12.24 至 2014.12.24/低毒
LS20081517 吗胍·乙酸铜/20%/可湿性粉剂/盐酸吗啉胍 10%、乙酸铜 10%/2009.03.31 至 2010.03.31/低毒
番茄、辣椒 病毒病 360-540克/公顷 喷雾
LS20090004 烯酰·福美双 /50%/可湿性粉剂/福美双 30%、烯酰吗啉 20%/2010.01.08 至 2011.01.08/低毒
黄瓜 霜霉病 600-900克/公顷 喷雾
LS20090093 嘧霉·多菌灵 /40%/可湿性粉剂/多菌灵 20%、嘧霉胺 20%/2010.01.09 至 2011.01.09/低毒
番茄 灰霉病 450-600克/公顷 喷雾
LS20090200 乙铝·锰锌/70%/可湿性粉剂/代森锰锌 40%、三乙膦酸铝 30%/2010.02.05 至 2011.02.05/低毒
黄瓜 霜霉病 1400-2100克/公顷 喷雾
LS20090636 高效氯氟氰菊酯/10%/可湿性粉剂/高效氯氟氰菊酯 10%/2009.03.23 至 2010.03.23/低毒
甘蓝 菜青虫 15-18克/公顷 喷雾

山东恒丰化学有限公司 (山东省莱西市姜山镇岭前村(姜山工业园) 266603 0532-82499368)

PD20092227 多菌灵/25%/可湿性粉剂/多菌灵 25%/2009.02.24 至 2014.02.24/低毒
花生 倒秧病 750-900克/公顷 喷雾
PD20092240 联苯菊酯/25克/升/乳油/联苯菊酯 25克/升/2009.02.24 至 2014.02.24/低毒
番茄(保护地) 白粉虱 7.5-15克/公顷 喷雾
PD20092247 联苯菊酯/100克/升/乳油/联苯菊酯 100克/升/2009.02.24 至 2014.02.24/中等毒
茶树 茶小绿叶蝉 22.5-37.5克/公顷 喷雾
PD20092275 甲氰菊酯/20%/乳油/甲氰菊酯 20%/2009.02.24 至 2014.02.24/中等毒
甘蓝 小菜蛾 75-90克/公顷 喷雾
PD20092372 代森锰锌/80%/可湿性粉剂/代森锰锌 80%/2009.02.25 至 2014.02.25/低毒
番茄 早疫病 1560-2520克/公顷 喷雾
PD20092382 甲霜·锰锌/58%/可湿性粉剂/甲霜灵 10%、代森锰锌 48%/2009.02.25 至 2014.02.25/低毒
黄瓜 霜霉病 678.6-1044克/公顷 喷雾
PD20092539 丙环唑/250克/升/乳油/丙环唑 250克/升/2009.02.26 至 2014.02.26/低毒
香蕉 叶斑病 250-500毫克/千克 喷雾
PD20092589 速灭威/25%/可湿性粉剂/速灭威 25%/2009.02.27 至 2014.02.27/中等毒
水稻 稻飞虱 562.5-750克/公顷 喷雾
PD20092684 福·福锌/80%/可湿性粉剂/福美双 30%、福美锌 50%/2009.03.03 至 2014.03.03/中等毒
黄瓜 炭疽病 1500-1800克/公顷 喷雾
PD20094441 高效氯氟氰菊酯/25克/升/乳油/高效氯氟氰菊酯 25克/升/2009.04.01 至 2014.04.01/中等毒
甘蓝 蚜虫 6-7.5克/公顷 喷雾
PD20097750 氟硅唑/400克/升/乳油/氟硅唑 400克/升/2009.11.12 至 2014.11.12/低毒
梨树 黑星病 40—50毫克/千克 喷雾
PD20098465 吗胍·乙酸铜/20%/可湿性粉剂/盐酸吗啉胍 10%、乙酸铜 10%/2009.12.24 至 2014.12.24/低毒
番茄 病毒病 500-750克/公顷 喷雾
LS20072588 阿维菌素/18克/升/乳油/阿维菌素 18克/升/2009.12.09 至 2010.12.10/低毒(原药高毒)
十字花科蔬菜 小菜蛾 8.1-10.8克/公顷 喷雾
LS20081150 噻嗪·异丙威/25%/可湿性粉剂/噻嗪酮 5%、异丙威 20%/2009.03.10 至 2010.03.10/低毒
水稻 稻飞虱 450-562.5克/公顷 喷雾
LS20081414 杀扑磷/40%/乳油/杀扑磷 40%/2009.03.17 至 2010.03.17/高毒
柑橘树 介壳虫 400-600毫克/千克 喷雾
LS20081475 叶枯唑/20%/可湿性粉剂/叶枯唑 20%/2009.03.27 至 2010.03.27/低毒
水稻 白叶枯病 300-375克/公顷 喷雾
LS20081852 毒死蜱/480克/升/乳油/毒死蜱 480克/升/2009.04.10 至 2010.04.10/中等毒
柑橘树 介壳虫 240-480毫克/千克/ 喷雾
LS20090181 啶虫脒/5%/微乳剂/啶虫脒 5%/2009.02.04 至 2010.02.04/低毒
水稻 稻飞虱 27-36克/公顷 喷雾
LS20090207 甲氨基阿维菌素苯甲酸盐/1%/微乳剂/甲氨基阿维菌素苯甲酸盐 1%/2009.02.09 至 2010.02.09/低毒
甘蓝 甜菜夜蛾 1.5-2.25克/公顷 喷雾

LS20090231 甲氨基阿维菌素苯甲酸盐/5%/水分散粒剂/甲氨基阿维菌素苯甲酸盐 5%/2009.02.13 至 2010.02.13/低毒
甘蓝 甜菜夜蛾 2.25-3.75克/公顷 喷雾
LS20090248 高效氯氟氰菊酯/5%/微乳剂/高效氯氟氰菊酯 5%/2009.02.13 至 2010.02.13/中等毒
十字花科蔬菜 菜青虫 11.25-15克/公顷 喷雾
LS20090274 阿维·哒螨灵/6%/乳油/阿维菌素 0.15%、哒螨灵 5.85%/2009.02.16 至 2010.02.16/低毒(原药高毒)
苹果树 红蜘蛛 30～40毫克/千克 喷雾
LS20090278 烯酰吗啉/50%/水分散粒剂/烯酰吗啉 50%/2009.02.16 至 2010.02.16/低毒
黄瓜 霜霉病 225-300克/公顷 喷雾/

山东鸿汇烟草用药有限公司 (山东省潍坊市青州市高新路9号 262500 0536-3200711)

PD20081142 仲丁灵/36%/乳油/仲丁灵 36%/2008.09.01 至 2013.09.01/低毒
烟草 抑制腋芽生长 80-100倍液 杯淋法
PD20081607 仲丁灵/95%/原药/仲丁灵 95%/2008.11.12 至 2013.11.12/低毒
PD20095715 威百亩/35%/水剂/威百亩 35%/2009.05.18 至 2014.05.18/低毒
烟草(苗床) 猝倒病 17.5-26.25克/平方米 土壤处理
PD20097230 烟嘧磺隆/40克/升/可分散油悬浮剂/烟嘧磺隆 40克/升/2009.10.19 至 2014.10.19/低毒
玉米田 一年生杂草 42-60克/公顷 茎叶喷雾
PD20097888 甲戊·乙草胺/40%/乳油/二甲戊灵 15%、乙草胺 25%/2009.11.20 至 2014.11.20/低毒
棉花田 一年生杂草 150-175毫升制剂/亩 移栽前土壤喷雾
LS20083015 精喹·异噁松/29%/乳油/精喹禾灵 5%、异噁草松 24%/2009.09.02 至 2010.09.02/低毒
烟草 一年生杂草 217.5-304.5克/公顷 定向茎叶喷雾
LS20091295 阿维菌素/0.5%/颗粒剂/阿维菌素 0.5%/2009.05.25 至 2010.05.25/低毒(原药高毒)
烟草(苗床) 线虫 225-300克/公顷 沟施或穴施
LS20091324 甲氨基阿维菌素苯甲酸盐(5.7%)///水分散粒剂/甲氨基阿维菌素 5%/2009.06.02 至 2010.06.02/低毒
甘蓝 甜菜夜蛾 1.5-2.25克/公顷 喷雾

山东红箭农药有限公司 (山东省济南市历下区清河北路魏家庄 250100 0531-88610052)

PD20084422 仲丁威/20%/乳油/仲丁威 20%/2008.12.17 至 2013.12.17/中等毒
水稻 叶蝉 450-540克/公顷 喷雾
PD20090022 高效氯氟氰菊酯/25克/升/乳油/高效氯氟氰菊酯 25克/升/2009.01.06 至 2014.01.06/中等毒
棉花 棉铃虫 18.75-22.5克/公顷 喷雾
PD20090073 阿维·哒螨灵/6.78%/乳油/阿维菌素 0.11%、哒螨灵 6.67%/2009.01.08 至 2014.01.08/低毒(原药高毒)
苹果树 红蜘蛛 22.6-33.9毫克/千克 喷雾
PD20091122 高氯·辛硫磷/20%/乳油/高效氯氰菊酯 1.5%、辛硫磷 18.5%/2009.01.21 至 2014.01.21/低毒
棉花 棉铃虫 180-240克/公顷 喷雾
PD20091343 精喹禾灵/50克/升/乳油/精喹禾灵 50克/升/2009.02.01 至 2014.02.01/低毒
油菜田 一年生禾本科杂草 冬油菜：37.5-52.5克/公顷；春油菜：52.5-75克/公顷 茎叶喷雾
PD20091372 乙氧氟草醚/240克/升/乳油/乙氧氟草醚 240克/升/2009.02.02 至 2014.02.02/低毒
大蒜田 一年生杂草 144-180克/公顷 土壤喷雾
LS20093996 多·福/40%/可湿性粉剂/多菌灵 5%、福美双 35%/2009.03.27 至 2014.03.27/低毒
葡萄 霜霉病 1000-1250毫克/千克 喷雾
PD20095558 高氯·氟铃脲/5.7%/乳油/氟铃脲 1.9%、高效氯氰菊酯 3.8%/2009.05.12 至 2014.05.12/低毒
甘蓝 小菜蛾 42.75-51.3克/公顷 喷雾
PD20096376 阿维·氰戊/1.8%/乳油/阿维菌素 0.2%、S-氰戊菊酯 1.6%/2009.08.04 至 2014.08.04/低毒(原药高毒)
十字花科蔬菜 菜青虫 8.1-13.5克/公顷 喷雾
PD20096869 联苯菊酯/25克/升/乳油/联苯菊酯 25克/升/2009.09.23 至 2014.09.23/低毒
茶树 粉虱 88-101毫升制剂/亩 喷雾
LS20051168 阿维·高氯/3%/可湿性粉剂/阿维菌素 0.2%、高效氯氰菊酯 2.8%/2008.04.12 至 2009.04.12/低毒(原药高毒)
十字花科蔬菜 菜青虫、小菜蛾 13.5-27克/公顷 喷雾
LS20051212 啶虫脒/3%/可湿性粉剂/啶虫脒 3%/2008.04.12 至 2009.04.12/低毒
柑橘树 蚜虫 8.6-12毫克/千克 喷雾
LS20080739 丙溴·辛硫磷/25%/乳油/丙溴磷 6%、辛硫磷 19%/2009.02.25 至 2010.02.26/低毒
水稻 二化螟 375-450克/公顷 喷雾
LS20082389 啶虫脒/5%/微乳剂/啶虫脒 5%/2009.04.22 至 2010.04.22/低毒
棉花 蚜虫 15-22.5克/公顷 喷雾

山东华美日化有限公司 (山东省聊城地区冠县振兴西路中段 252500 0635-5233655)

WL20070283 杀虫气雾剂/0.3%/气雾剂/胺菊酯 0.25%、氯氰菊酯 0.05%/2009.12.04 至 2010.12.05/低毒
卫生 蚊、蝇 / 喷雾

山东华阳和乐农药有限公司 (山东省乐陵市铁营乡南侧路东 253600 0534-6621555-8018)

PD85157-11 辛硫磷/40%/乳油/辛硫磷 40%/2005.08.15 至 2010.08.15/低毒
茶树、桑树 食叶害虫 200-400毫克/千克 喷雾
果树 食心虫、蚜虫、螨 200-400毫克/千克 喷雾
林木 食叶害虫 3000-6000克/公顷 喷雾
棉花 棉铃虫、蚜虫 300-600克/公顷 喷雾

蔬菜 菜青虫 300-450克/公顷 喷雾
烟草 食叶害虫 300-600克/公顷 喷雾
玉米 玉米螟 450-600克/公顷 灌心叶
PD20040564 三唑磷/20%/乳油/三唑磷 20%/2009.12.19 至 2014.12.19/中等毒
水稻 二化螟 300-450克/公顷 喷雾
PD20083441 甲基嘧啶磷/90%/原药/甲基嘧啶磷 90%/2008.12.11 至 2013.12.11/低毒
PD20084317 辛硫磷/91%/原药/辛硫磷 91%/2008.12.17 至 2013.12.17/中等毒
PD20091077 阿维·四螨嗪 /10%/悬浮剂/阿维菌素 0.1%、四螨嗪 9.9%/2009.01.21 至 2014.01.21/低毒(原药高毒)
苹果树 二斑叶螨 1500-2000倍液 喷雾
苹果树 红蜘蛛 50-67毫克/千克 喷雾
PD20091104 敌百·辛硫磷/50%/乳油/敌百虫 30%、辛硫磷 20%/2009.01.21 至 2014.01.21/低毒
棉花 棉铃虫 450-600克/公顷 喷雾
十字花科蔬菜 菜青虫 375-525克/公顷 喷雾
PD20093004 辛硫磷/3%/颗粒剂/辛硫磷 3%/2009.03.09 至 2014.03.09/低毒
花生 蛴螬等地下害虫 1800-3600克/公顷 撒施
PD20093208 阿维菌素/2%/乳油/阿维菌素 2%/2009.03.11 至 2014.03.11/低毒(原药高毒)
菜豆 美洲斑潜蝇 10.8-21.6克/公顷 喷雾
PD20093588 四螨嗪/20%/悬浮剂/四螨嗪 20%/2009.03.23 至 2014.03.23/低毒
柑橘树 红蜘蛛 100-125毫克/千克 喷雾
梨树 红蜘蛛 50-100毫克/千克 喷雾
苹果树 红蜘蛛 80-100毫克/千克 喷雾
PD20094032 仲丁灵/48%/乳油/仲丁灵 48%/2009.03.27 至 2014.03.27/低毒
大豆田 阔叶杂草、一年生禾本科杂草 1620-1800克/公顷 播后苗前土壤喷雾
花生田 阔叶杂草、一年生禾本科杂草 1620-2160克/公顷 播后苗前土壤喷雾
西瓜田 阔叶杂草、一年生禾本科杂草 1080-1440克/公顷 土壤喷雾
PD20095654 啶虫脒/3%/乳油/啶虫脒 3%/2009.05.12 至 2014.05.12/低毒
苹果树 蚜虫 2000-2500倍液 喷雾
PD20095742 仲丁灵/36%/乳油/仲丁灵 36%/2009.05.18 至 2014.05.18/低毒
烟草 抑制腋芽生长 80-100倍液 杯淋法
PD20098178 仲丁灵/90%/原药/仲丁灵 90%/2009.12.14 至 2014.12.14/低毒
LS20052199 高氯·辛硫磷/12%/乳油/高效氯氰菊酯 2%、辛硫磷 10%/2008.06.14 至 2009.06.14/低毒
枣树 蛴螬 108-144克/公顷 拌细沙撒施
枣树 盲蝽蟓 80-120毫克/千克 喷雾

山东华阳科技股份有限公司 (山东省泰安市宁阳县磁窑镇 271411 0538-5826339)

PDN50-97 涕灭威/80%/原药/涕灭威 80%/2007.06.28 至 2012.06.28/剧毒
PDN51-97 涕灭威/5%/颗粒剂/涕灭威 5%/2008.06.23 至 2013.06.23/剧毒
甘薯 茎线虫病 1500-2250克/公顷 穴施
花生 线虫 2250-3000克/公顷 沟施、穴施
棉花 蚜虫 450-900克/公顷 沟施、穴施
烟草 烟蚜 562.5-750克/公顷 穴施
月季 红蜘蛛 2625-3000克/公顷 穴施
PD84117-8 多菌灵/98%、95%、92%/原药/多菌灵 98%、95%、92%/2009.12.09 至 2014.12.09/低毒
PD84118-38 多菌灵/25%/可湿性粉剂/多菌灵 25%/2009.12.09 至 2014.12.09/低毒
果树 病害 0.05-0.1%药液 喷雾
花生 倒秧病 750克/公顷 喷雾
麦类 赤霉病 750克/公顷 喷雾,泼浇
棉花 苗期病害 500克/100千克种子 拌种
水稻 稻瘟病、纹枯病 750克/公顷 喷雾,泼浇
油菜 菌核病 1125-1500克/公顷 喷雾
PD85134-5 速灭威/98%,95%,90%/原药/速灭威 98%,95%,90%/2005.08.15 至 2010.08.15/中等毒
PD85150-41 多菌灵/50%/可湿性粉剂/多菌灵 50%/2005.08.15 至 2010.08.15/低毒
果树 病害 0.05-0.1%药液 喷雾
花生 倒秧病 750克/公顷 喷雾
麦类 赤霉病 750克/公顷 喷雾、泼浇
棉花 苗期病害 250克/50千克种子 拌种
水稻 稻瘟病、纹枯病 750克/公顷 喷雾、泼浇
油菜 菌核病 1125-1500克/公顷 喷雾
PD85154-56 氰戊菊酯/20%/乳油/氰戊菊酯 20%/2005.05.19 至 2010.05.19/中等毒
柑橘树 潜叶蛾 10-20毫克/千克 喷雾
果树 梨小食心虫 10-20毫克/千克 喷雾
棉花 红铃虫、蚜虫 75-150克/公顷 喷雾

	蔬菜	菜青虫、蚜虫	60-120克/公顷	喷雾
PD86115-5	甲基硫菌灵/95%、92%、85%/原药/甲基硫菌灵 95%、92%、85%/2006.10.16 至 2011.10.16/低毒			
PD86132-4	仲丁威/98%、95%、90%/原药/仲丁威 98%、95%、90%/2006.10.16 至 2011.10.16/低毒			
PD86133-8	仲丁威/25%/原药/仲丁威 25%/2007.04.19 至 2012.04.19/低毒			
	水稻	飞虱、叶蝉	375-562.5克/公顷	喷雾
PD86134-12	多菌灵/40%/悬浮剂/多菌灵 40%/2006.11.23 至 2011.11.23/低毒			
	果树	病害	0.05-0.1%药液	喷雾
	花生	倒秧病	750克/公顷	喷雾
	绿萍	霉腐病	0.05%药液	喷雾
	麦类	赤霉病	0.025%药液	喷雾
	棉花	苗期病害	0.3%药液	浸种
	水稻	纹枯病	0.025%药液	喷雾
	甜菜	褐斑病	250-500倍液	喷雾
	油菜	菌核病	1125-1500克/公顷	喷雾
PD86147-5	异丙威/98%95%90%/原药/异丙威 98%95%90%/2006.10.16 至 2011.10.16/中等毒			
PD86148-57	异丙威/20%/乳油/异丙威 20%/2007.04.18 至 2012.04.18/中等毒			
	水稻	飞虱、叶蝉	450-600克/公顷	喷雾
PD86180-6	百菌清/75%/可湿性粉剂/百菌清 75%/2006.10.16 至 2011.10.16/低毒			
	茶树	炭疽病	600-800倍液	喷雾
	豆类	炭疽病、锈病	1275-2325克/公顷	喷雾
	柑橘树	疮痂病	750-900毫克/千克	喷雾
	瓜类	白粉病、霜霉病	1200-1650克/公顷	喷雾
	果菜类蔬菜	多种病害	1125-2400克/公顷	喷雾
	花生	锈病、叶斑病	1125-1350克/公顷	喷雾
	梨树	斑点落叶病	500倍液	喷雾
	苹果树	多种病害	600倍液	喷雾
	葡萄	白粉病、黑痘病	600-700倍液	喷雾
	水稻	稻瘟病、纹枯病	1125-1425克/公顷	喷雾
	橡胶树	炭疽病	500-800倍液	喷雾
	小麦	叶斑病、叶锈病	1125-1425克/公顷	喷雾
	叶菜类蔬菜	白粉病、霜霉病	1275-1725克/公顷	喷雾
PD91106-15	甲基硫菌灵/70%/可湿性粉剂/甲基硫菌灵 70%/2006.04.05 至 2011.04.05/低毒			
	番茄	叶霉病	375-562.5克/公顷	喷雾
	甘薯	黑斑病	360-450毫克/千克	浸薯块
	瓜类	白粉病	337.5-506.25克/公顷	喷雾
	梨树	黑星病	360-450毫克/千克	喷雾
	苹果树	轮纹病	700毫克/千克	喷雾
	水稻	稻瘟病、纹枯病	1050-1500克/公顷	喷雾
	小麦	赤霉病	750-1050克/公顷	喷雾
PD91106-28	甲基硫菌灵/50%/可湿性粉剂/甲基硫菌灵 50%/2006.04.05 至 2011.04.05/低毒			
	番茄	叶霉病	375-562.5克/公顷	喷雾
	甘薯	黑斑病	360-450毫克/千克	浸薯块
	瓜类	白粉病	337.5-506.25克/公顷	喷雾
	梨树	黑星病	360-450毫克/千克	喷雾
	苹果树	轮纹病	700毫克/千克	喷雾
	水稻	稻瘟病、纹枯病	1050-1500克/公顷	喷雾
	小麦	赤霉病	750-1050克/公顷	喷雾
PD91109-5	速灭威/20%/乳油/速灭威 20%/2006.07.10 至 2011.07.10/中等毒			
	水稻	飞虱、叶蝉	450-600克/公顷	喷雾
PD20040049	甲拌·多菌灵/15%/悬浮种衣剂/多菌灵 5%、甲拌磷 10%/2009.12.19 至 2014.12.19/高毒			
	小麦	地下害虫、纹枯病	333-400克/100千克种子	种子包衣
PD20040083	氯氰菊酯/5%/乳油/氯氰菊酯 5%/2009.12.19 至 2014.12.19/中等毒			
	十字花科蔬菜	甜菜夜蛾	18.75-37.5克/公顷	喷雾
PD20050028	高效氯氰菊酯/4.5%/微乳剂/高效氯氰菊酯 4.5%/2005.04.15 至 2010.04.14/中等毒			
	十字花科蔬菜	菜青虫	13.5-27克/公顷	喷雾
PD20050029	氯氰菊酯/5%/乳油/氯氰菊酯 5%/2005.04.15 至 2010.04.14/中等毒			
	十字花科蔬菜	菜青虫	30-45克/公顷	喷雾
PD20050030	高效氯氰菊酯/10%/乳油/高效氯氰菊酯 10%/2005.04.15 至 2010.04.14/低毒			
	十字花科蔬菜	菜青虫	10-15克/公顷	喷雾
	烟草	菜青虫	15-25.5克/公顷	喷雾
PD20050031	高效氯氰菊酯/4.5%/乳油/高效氯氰菊酯 4.5%/2005.04.15 至 2010.04.14/中等毒			
	茶树	茶尺蠖	15-25.5克/公顷	喷雾
	柑橘树	潜叶蛾	15-20毫克/千克	喷雾

柑橘树 红蜡蚧 50毫克/千克 喷雾
棉花 红铃虫、棉铃虫、棉蚜 15-30克/公顷 喷雾
苹果树 桃小食心虫 20-33毫克/千克 喷雾
蔬菜 菜蚜 3-18克/公顷 喷雾
蔬菜 菜青虫、小菜蛾 9-25.5克/公顷 喷雾
烟草 烟青虫 15-25.5克/公顷 喷雾

PD20070645 咪鲜胺/25%/乳油/咪鲜胺 25%/2007.12.17 至 2012.12.17/低毒
水稻 恶苗病 62.5-125毫克/千克 浸种

PD20080323 毒死蜱/98%/原药/毒死蜱 98%/2008.02.26 至 2013.02.26/中等毒

PD20080531 灭多威/98%/原药/灭多威 98%/2008.04.29 至 2013.04.29/高毒

PD20081188 乙酰甲胺磷/95%/原药/乙酰甲胺磷 95%/2008.09.11 至 2013.09.11/低毒

PD20081194 硫双威/95%/原药/硫双威 95%/2008.09.11 至 2013.09.11/低毒

PD20081228 二甲戊灵/95%/原药/二甲戊灵 95%/2008.09.11 至 2013.09.11/低毒

PD20081232 S-氰戊菊酯/90%/原药/S-氰戊菊酯 90%/2008.09.16 至 2013.09.16/中等毒

PD20081471 苯磺隆/95%/原药/苯磺隆 95%/2008.11.04 至 2013.11.04/低毒

PD20081593 乙草胺/93%/原药/乙草胺 93%/2008.11.12 至 2013.11.12/低毒

PD20082070 乙草胺/900克/升/乳油/乙草胺 900克/升/2008.11.25 至 2013.11.25/低毒
春大豆田、春玉米田 一年生禾本科杂草及小粒阔叶杂草 1620—1890克/公顷 播后苗前土壤喷雾
水稻移栽田 一年生禾本科杂草及小粒阔叶杂草 94.5-121.5克/公顷 毒土法
夏玉米田 一年生禾本科杂草及小粒阔叶杂草 1080—1350克/公顷 播后苗前土壤喷雾

PD20082158 乙草胺/50%/乳油/乙草胺 50%/2008.11.26 至 2013.11.26/低毒
春大豆田 一年生禾本科杂草及部分小粒种子阔叶杂草 1200-1875克/公顷 播后苗前土壤喷雾
花生田 一年生禾本科杂草及部分小粒种子阔叶杂草 750-1200克/公顷 播后苗前土壤喷雾
夏大豆田 一年生禾本科杂草及部分小粒种子阔叶杂草 900-1200克/公顷 播后苗前土壤喷雾
玉米田 一年生禾本科杂草及部分小粒种子阔叶杂草 春玉米田：1500-2250克/公顷 夏玉米田：900—1200克/公顷 播后苗前土壤喷雾

PD20082217 二甲戊灵/33%/乳油/二甲戊灵 33%/2008.11.26 至 2013.11.26/低毒
甘蓝(保护地) 一年生杂草 1500-2250毫升/公顷(制剂) 播后苗前土壤喷雾
花生田、棉花田 一年生杂草 2250-3000毫升/公顷(制剂) 播后苗前土壤喷雾
姜田、蒜田 一年生杂草 1950-2250毫升/公顷(制剂) 播后苗前土壤喷雾
烟草 抑制腋芽生长 亩制剂量：0.2-0.25毫升/株；公顷制剂量：0.2-0.25毫升/株 杯淋法

PD20082356 甲戊·乙草胺/40%/乳油/二甲戊灵 10%、乙草胺 30%/2008.12.01 至 2013.12.01/低毒
大蒜田 一年生杂草 750-1050克/公顷 播后苗前土壤喷雾
姜田 一年生杂草 900-1200克/公顷 播后苗前土壤喷雾
棉花田 一年生杂草 900-1050克/公顷 播后苗前土壤喷雾

PD20082359 氯氰菊酯/95%/原药/氯氰菊酯 95%/2008.12.01 至 2013.12.01/低毒

PD20082468 灭多威/90%/可溶粉剂/灭多威 90%/2008.12.03 至 2013.12.03/高毒
甘蓝 菜青虫 202.5-405克/公顷 喷雾
棉花 棉铃虫 135-225克/公顷 喷雾

PD20082598 克百威/98%/原药/克百威 98%/2008.12.04 至 2013.12.04/高毒

PD20083422 苯磺隆/75%/水分散粒剂/苯磺隆 75%/2008.12.11 至 2013.12.11/低毒
冬小麦田 一年生阔叶杂草 13.5-22.5克/公顷 茎叶喷雾

PD20084193 灭多威/20%/乳油/灭多威 20%/2008.12.16 至 2013.12.16/中等毒(原药高毒)
棉花 棉铃虫 150-225克/公顷 喷雾
棉花 蚜虫 75-150克/公顷 喷雾

PD20084507 S-氰戊菊酯/5%/乳油/S-氰戊菊酯 5%/2008.12.18 至 2013.12.18/中等毒
甘蓝 菜青虫 7.5-15克/公顷 喷雾
棉花 蚜虫 18.75-26.25克/公顷 喷雾

PD20085033 多·锰锌/40%/可湿性粉剂/多菌灵 20%、代森锰锌 20%/2008.12.22 至 2013.12.22/低毒
梨树 黑星病 1000-1250毫克/千克 喷雾
苹果树 斑点落叶病 1000-1250毫克/千克 喷雾

PD20085483 戊唑醇/96%/原药/戊唑醇 96%/2008.12.25 至 2013.12.25/低毒

PD20085759 苯磺隆/10%/可湿性粉剂/苯磺隆 10%/2008.12.29 至 2013.12.29/低毒

冬小麦田	一年生阔叶杂草	13.5-22.5克/公顷	茎叶喷雾

PD20085977 高氯·毒死蜱/15%/乳油/毒死蜱 13.5%、高效氯氰菊酯 1.5%/2008.12.29 至 2013.12.29/中等毒

柑橘树	潜叶蛾	125-187.5毫克/千克	喷雾
黄瓜	美洲斑潜蝇	90-135克/公顷	喷雾
棉花	棉铃虫	157.5-202.5克/公顷	喷雾
十字花科蔬菜	甜菜夜蛾	112.5-135克/公顷	喷雾

PD20086363 吡虫·三唑锡/20%/可湿性粉剂/吡虫啉 2%、三唑锡 18%/2008.12.31 至 2013.12.31/中等毒

柑橘树	红蜘蛛、蚜虫	100-200毫克/千克	喷雾
苹果树	红蜘蛛、黄蚜	100-200毫克/千克	喷雾

PD20090499 毒死蜱/40%/乳油/毒死蜱 40%/2009.01.12 至 2014.01.12/中等毒

柑橘树	介壳虫	333-500毫克/千克	喷雾
韭菜	韭蛆	1500-2100克/公顷	喷淋
棉花	棉铃虫、蚜虫	450-900克/公顷	喷雾
苹果树	桃小食心虫	160-240毫克/千克	喷雾
水稻	稻纵卷叶螟	540-630克/公顷	喷雾
水稻	稻飞虱	300-600克/公顷	喷雾

PD20090697 克百·多菌灵/16%/悬浮种衣剂/多菌灵 11.7%、克百威 4.3%/2009.01.19 至 2014.01.19/高毒

小麦	苗期病害	400-480克/100千克种子	种子包衣

PD20091116 克·酮·福美双/15%/悬浮种衣剂/福美双 7%、克百威 7%、三唑酮 1%/2009.01.21 至 2014.01.21/中等毒(原药高毒)

玉米	地老虎、茎基腐病、金针虫、蝼蛄、蛴螬	1:40-50(药种比))	种子包衣

PD20092264 甲硫·福美双/70%/可湿性粉剂/福美双 40%、甲基硫菌灵 30%/2009.02.24 至 2014.02.24/中等毒

苹果树	轮纹病	800-1000倍液	喷雾

PD20092277 克百威/3%/颗粒剂/克百威 3%/2009.02.24 至 2014.02.24/中等毒(原药高毒)

甘蔗	蚜虫、蔗龟	1350-2250克/公顷	沟施
花生	线虫	1800-2250克/公顷	条施，沟施
棉花	蚜虫	675-900克/公顷	条施，沟施
水稻	螟虫、瘿蚊	900-1350克/公顷	撒施

PD20092428 甲氰菊酯/20%/乳油/甲氰菊酯 20%/2009.02.25 至 2014.02.25/中等毒

甘蓝	菜青虫、小菜蛾	75-90克/公顷	喷雾
柑橘树	潜叶蛾	20-25毫克/千克	喷雾
柑橘树	红蜘蛛	67-100毫克/千克	喷雾
棉花	红铃虫、棉铃虫	90-120克/公顷	喷雾
苹果树	桃小食心虫	67-100毫克/千克	喷雾
苹果树	山楂红蜘蛛	100毫克/千克	喷雾

PD20092830 多·福·克/25%/悬浮种衣剂/多菌灵 10%、福美双 10%、克百威 5%/2009.03.05 至 2014.03.05/高毒

大豆	根腐病、线虫	500-625克/100千克种子	种子包衣

PD20092849 甲·克/25%/悬浮种衣剂/甲拌磷 5%、克百威 20%/2009.03.05 至 2014.03.05/高毒

花生	地老虎、金针虫、蝼蛄、蛴螬、蚜虫	0.7%-1%种子量	种子包衣

PD20093375 灭多威/24%/可溶液剂/灭多威 24%/2009.03.18 至 2014.03.18/中等毒(原药高毒)

甘蓝	菜青虫	300-360克/公顷	喷雾

PD20093652 甲·戊·福美双/14%/悬浮种衣剂/福美双 10%、甲基异柳磷 3.88%、戊唑醇 0.12%/2009.03.25 至 2014.03.25/低毒(原药高毒)

小麦	地下害虫、纹枯病	1:50(药种比)	种子包衣

PD20095033 丁硫克百威/20%/乳油/丁硫克百威 20%/2009.04.21 至 2014.04.21/中等毒

棉花	蚜虫	60-90克/公顷	喷雾

PD20095566 戊唑醇/25%/可湿性粉剂/戊唑醇 25%/2009.05.12 至 2014.05.12/低毒

香蕉	叶斑病	167-250毫克/千克	喷雾

PD20096067 甲·克/3%/颗粒剂/甲拌磷 1.8%、克百威 1.2%/2009.06.18 至 2014.06.18/高毒

甘蔗	蔗龟、蔗螟	2250-2700克/公顷	沟施

PD20096375 阿维·高氯/2.4%/可湿性粉剂/阿维菌素 0.3%、高效氯氰菊酯 2.1%/2009.08.04 至 2014.08.04/低毒(原药高毒)

黄瓜	美洲斑潜蝇	15-30克/公顷	喷雾
梨树	梨木虱	12-24毫克/千克	喷雾
十字花科蔬菜	菜青虫、小菜蛾	13.5-27克/公顷	喷雾

PD20096696 灭多威/20%/乳油/灭多威 20%/2009.09.07 至 2014.09.07/中等毒(原药高毒)

苹果树	黄蚜	80-100毫克/千克	喷雾

PD20096794 阿维·高氯/1.8%/乳油/阿维菌素 0.3%、高效氯氰菊酯 1.5%/2009.09.15 至 2014.09.15/低毒(原药高毒)

黄瓜	美洲斑潜蝇	9-18克/公顷	喷雾

LS20051313 滴丁·苯磺隆/20%/可湿性粉剂/苯磺隆 2%、2,4-滴丁酯 18%/2008.04.12 至 2009.04.12/低毒

麦田	阔叶杂草	150-180克/公顷	喷雾

LS20052101 阿维·哒螨灵/5%/乳油/阿维菌素 0.2%、哒螨灵 4.8%/2008.06.09 至 2009.06.09/低毒(原药高毒)

柑橘树	红蜘蛛	33.3-50毫克/千克	喷雾

	苹果树	红蜘蛛	25-33.3毫克/千克	喷雾
LS20053025	异丙草·莠/40%/悬浮剂/异丙草胺 20%、莠去津 20%/2008.09.13 至 2009.09.13/低毒			
	春玉米	一年生杂草	2100-2400克/公顷	土壤喷雾
	夏玉米	一年生杂草	1200-1500克/公顷	土壤喷雾
LS20053250	乙酰甲胺磷/30%/乳油/乙酰甲胺磷 30%/2008.10.11 至 2009.10.11/低毒			
	柑橘树	介壳虫	400-600毫克/千克	喷雾
	棉花	棉铃虫、蚜虫	675-900克/公顷	喷雾
	苹果树	桃小食心虫	400-600毫克/千克	喷雾
	十字花科蔬菜	菜青虫、蚜虫	450-540克/公顷	喷雾
	水稻	叶蝉	787.5-1012.5克/公顷	喷雾
	小麦	粘虫	810-1080克/公顷	喷雾
	烟草	烟青虫	675-900克/公顷	喷雾
	玉米	粘虫、玉米螟	810-1080克/公顷	喷雾
LS20061208	氟胺·烯禾啶/13%/乳油/氟磺胺草醚 6.2%、烯禾啶 6.8%/2009.05.21 至 2010.05.21/低毒			
	春大豆	一年生杂草	390-487.5克/公顷	茎叶喷雾
	夏大豆	一年生杂草	292.5-390克/公顷	茎叶喷雾
LS20061808	多·福·立枯磷/13%/悬浮种衣剂/多菌灵 5%、福美双 6%、甲基立枯磷 2%/2009.10.31 至 2010.10.31/低毒			
	水稻	立枯病	260克/100千克种子	种子包衣
LS20070248	戊唑·多菌灵/20%/可湿性粉剂/多菌灵 10%、戊唑醇 10%/2009.02.25 至 2010.02.25/低毒			
	苹果树	斑点落叶病、轮纹病	100-200毫克/千克	喷雾
LS20070568	戊唑·吡虫啉/5.4%/悬浮种衣剂/吡虫啉 5%、戊唑醇 0.4%/2009.03.22 至 2010.03.22/低毒			
	玉米	丝黑穗病、蚜虫	108-180克/100千克种子	种子包衣
LS20071284	氧氟·甲戊灵/34%/乳油/二甲戊灵 30%、乙氧氟草醚 4%/2009.05.07 至 2010.05.08/低毒			
	大蒜田	一年生杂草	765-892.5克/公顷	土壤喷雾
LS20071290	戊·氧·乙草胺/44%/乳油/二甲戊灵 10%、乙草胺 30%、乙氧氟草醚 4%/2009.05.07 至 2010.05.08/低毒			
	大蒜田	一年生杂草	990-1155克/公顷	播后苗前土壤喷雾
LS20071956	硫双威/25%/可湿性粉剂/硫双威 25%/2009.08.07 至 2010.08.08/中等毒			
	棉花	棉铃虫	600-750克/公顷	喷雾
LS20072284	福·唑·毒死蜱/20.3%/悬浮种衣剂/毒死蜱 5%、福美双 15%、戊唑醇 0.3%/2009.09.20 至 2010.09.21/低毒			
	玉米	金针虫、蝼蛄、蛴螬	338-570克/100千克种子	种子包衣
	玉米	丝黑穗病	1:40-60(药种比)	种子包衣

山东惠民中农作物保护有限责任公司　(山东省滨州市惠民县惠民镇大崔村　251700　0543-5312033)

PD20083804	双甲脒/200克/升/乳油/双甲脒 200克/升/2008.12.15 至 2013.12.15/中等毒			
	柑橘树	红蜘蛛	100-200毫克/千克	喷雾
	棉花	棉红蜘蛛	60-120克/公顷	喷雾
PD20083811	联苯菊酯/25克/升/乳油/联苯菊酯 25克/升/2008.12.15 至 2013.12.15/中等毒			
	茶树	茶小绿叶蝉	30-37.5克/公顷	喷雾
PD20084303	联苯菊酯/100克/升/乳油/联苯菊酯 100克/升/2008.12.17 至 2013.12.17/中等毒			
	苹果树	桃小食心虫	25-33.3毫克/千克	喷雾
PD20084572	啶虫脒/20%/可溶性粉剂/啶虫脒 20%/2008.12.18 至 2013.12.18/低毒			
	黄瓜	蚜虫	36-72克/公顷	喷雾
PD20085189	春雷霉素/2%/水剂/春雷霉素 2%/2008.12.23 至 2013.12.23/低毒			
	水稻	稻瘟病	24-30克/公顷	喷雾
PD20085583	高效氯氟氰菊酯/25克/升/乳油/高效氯氟氰菊酯 25克/升/2008.12.25 至 2013.12.25/中等毒			
	棉花	棉铃虫	15-22.5克/公顷	喷雾
PD20090331	敌百虫/30%/乳油/敌百虫 30%/2009.01.12 至 2014.01.12/低毒			
	十字花科蔬菜	菜青虫	450-900克/公顷	喷雾
PD20090423	丁草胺/50%/乳油/丁草胺 50%/2009.01.12 至 2014.01.12/低毒			
	移栽水稻田	一年生杂草	南方：750-1012.5克/公顷 北方：1012.5-1275克/公顷	毒土法
PD20091657	啶虫脒/5%/乳油/啶虫脒 5%/2009.02.03 至 2014.02.03/低毒			
	柑橘树	蚜虫	10-12.5毫克/千克	喷雾
PD20097134	多抗霉素/1.5%/可湿性粉剂/多抗霉素 1.5%/2009.10.16 至 2014.10.16/低毒			
	番茄	晚疫病	112.5-168.75克/公顷	喷雾
PD20097260	吡虫啉/200克/升/可溶液剂/吡虫啉 200克/升/2009.10.20 至 2014.10.20/低毒			
	水稻	稻飞虱	112.5－150毫升/公顷	喷雾
PD20097562	氟铃脲/5%/乳油/氟铃脲 5%/2009.11.03 至 2014.11.03/低毒			
	甘蓝	小菜蛾	37.5-52.5克/公顷	喷雾
LS20051895	烯酰·锰锌/69%/可湿性粉剂/代森锰锌 60%、烯酰吗啉 9%/2008.05.16 至 2009.05.16/低毒			
	黄瓜	霜霉病	1035-1397.25克/公顷	喷雾
LS20060262	阿维·哒螨灵/10.5%/可湿性粉剂/阿维菌素 0.3%、哒螨灵 10.2%/2009.02.21 至 2010.02.21/低毒(原药高毒)			
	柑橘树	红蜘蛛	70-105毫克/千克	喷雾

LS20071812 阿维菌素/18克/升/乳油/阿维菌素 18克/升/2009.07.09 至 2010.07.10/低毒(原药高毒)
棉花 红蜘蛛 10.8-16.2克/公顷 喷雾
十字花科蔬菜 小菜蛾 9-11.25克/公顷 喷雾
LS20081442 高效氯氰菊酯/5%/可湿性粉剂/高效氯氰菊酯 5%/2009.05.27 至 2010.05.27/中等毒
棉花 棉铃虫 22.5-33.75克/公顷 喷雾
LS20083027 甲氨基阿维菌素苯甲酸盐/5%/水分散粒剂/甲氨基阿维菌素苯甲酸盐 5%/2009.09.18 至 2010.09.18/低毒
十字花科蔬菜 小菜蛾 1.5-3克/公顷 喷雾
LS20083271 二嗪磷/250克/升/乳油/二嗪磷 250克/升/2008.12.16 至 2009.12.16/中等毒
棉花 蚜虫 750-1050克/公顷 喷雾
LS20083273 戊唑醇/25%/水乳剂/戊唑醇 25%/2008.12.16 至 2009.12.16/低毒
苹果树 斑点落叶病 100-125毫克/千克 喷雾
LS20090098 印楝素/0.5%/乳油/印楝素 0.5%/2009.01.09 至 2010.01.09/低毒
十字花科蔬菜 小菜蛾 9.375-11.25克/公顷 喷雾
LS20090223 烯啶虫胺/10%/水剂/烯啶虫胺 10%/2009.02.13 至 2010.02.13/微毒
柑橘树 蚜虫 20-25毫克/千克 喷雾

山东济宁弘发化工有限公司 (山东省济宁市市北郊327国道北 272075 0537-2323055)

PD20070157 辛硫·甲拌磷/5%/粉粒剂/甲拌磷 2%、辛硫磷 3%/2007.06.14 至 2012.06.14/中等毒(原药高毒)
小麦 地下害虫 200-300克/100千克种子 拌种
PD20070196 辛硫·甲拌磷/10%/粉粒剂/甲拌磷 4%、辛硫磷 6%/2007.07.17 至 2012.07.17/中等毒(原药高毒)
小麦 地下害虫 250-333克/100千克种子 拌种
PD20084187 辛硫磷/3%/颗粒剂/辛硫磷 3%/2008.12.16 至 2013.12.16/低毒
玉米 玉米螟 90-157.5克/公顷 心叶撒施
PD20090313 敌百·辛硫磷/50%/乳油/敌百虫 25%、辛硫磷 25%/2009.01.12 至 2014.01.12/低毒
十字花科蔬菜 菜青虫 450-600克/公顷 喷雾

山东嘉诚农药化工有限公司 (山东省淄博市张店区湖田镇辛安店村 255000 0533-2066420)

PD20083874 氰戊·辛硫磷/25%/乳油/氰戊菊酯 5%、辛硫磷 20%/2008.12.15 至 2013.12.15/低毒
棉花 棉铃虫 187.5-300克/公顷 喷雾
PD20084322 高效氯氟氰菊酯/25克/升/乳油/高效氯氟氰菊酯 25克/升/2008.12.17 至 2013.12.17/低毒
十字花科蔬菜 蚜虫 7.5-9.375克/公顷 喷雾
PD20084536 代森锰锌/80%/可湿性粉剂/代森锰锌 80%/2008.12.18 至 2013.12.18/低毒
黄瓜 霜霉病 2040-3000克/公顷 喷雾
PD20085169 敌敌畏/80%/乳油/敌敌畏 80%/2008.12.23 至 2013.12.23/中等毒
小麦 蚜虫 600-720克/公顷 喷雾
PD20090803 高氯·灭多威/12%/乳油/高效氯氰菊酯 2%、灭多威 10%/2009.01.19 至 2014.01.19/低毒(原药高毒)
棉花 棉铃虫 72-90克/公顷 喷雾
PD20090983 啶虫脒/3%/可湿性粉剂/啶虫脒 3%/2009.01.20 至 2014.01.20/低毒
柑橘树 蚜虫 8.6-10毫克/千克 喷雾
PD20091444 阿维菌素/0.5%/乳油/阿维菌素 0.5%/2009.02.02 至 2014.02.02/低毒(原药高毒)
苹果树 红蜘蛛 3-6毫克/千克 喷雾
PD20091979 阿维菌素/1.8%/乳油/阿维菌素 1.8%/2009.02.12 至 2014.02.12/低毒(原药高毒)
十字花科蔬菜 菜青虫 8.1-10.8克/公顷 喷雾
PD20092228 三唑锡/25%/可湿性粉剂/三唑锡 25%/2009.02.24 至 2014.02.24/低毒
柑橘树 红蜘蛛 125-250毫克/千克 /喷雾
PD20092853 甲氰·辛硫磷/25%/乳油/甲氰菊酯 5%、辛硫磷 20%/2009.03.05 至 2014.03.05/低毒
棉花 棉铃虫 300-375克/公顷 喷雾
PD20093988 啶虫脒/25%/乳油/啶虫脒 25%/2009.03.27 至 2014.03.27/低毒
柑橘树 蚜虫 16.67-25毫克/千克 喷雾
PD20094349 多·锰锌/50%/可湿性粉剂/多菌灵 8%、代森锰锌 42%/2009.04.01 至 2014.04.01/低毒
苹果树 斑点落叶病 1000-1250毫克/千克 喷雾
PD20094421 百草枯/200克/升/水剂/百草枯 200克/升/2009.04.01 至 2014.04.01/中等毒
夏玉米田 杂草 450-600克/公顷 茎叶喷雾
PD20094439 联苯菊酯/100克/升/乳油/联苯菊酯 100克/升/2009.04.01 至 2014.04.01/中等毒
茶树 茶小绿叶蝉 30-37.5克/公顷 喷雾
PD20094473 高氯·辛硫磷/18%/乳油/高效氯氰菊酯 2%、辛硫磷 16%/2009.04.02 至 2014.04.02/中等毒
棉花 棉铃虫 108-216克/公顷 喷雾
PD20096545 哒螨灵/20%/可湿性粉剂/哒螨灵 20%/2009.08.24 至 2014.08.24/低毒
苹果树 红蜘蛛 66.7-100毫克/千克 喷雾
PD20096628 联苯菊酯/25克/升/乳油/联苯菊酯 25克/升/2009.09.02 至 2014.09.02/低毒
茶树 茶毛虫 7.5-15克/公顷 喷雾
番茄 白粉虱 7.5-15克/公顷 喷雾
PD20096904 高效氯氰菊酯/4.5%/乳油/高效氯氰菊酯 4.5%/2009.09.23 至 2014.09.23/低毒
十字花科蔬菜 菜青虫 11.25-18.75克/公顷 喷雾
PD20097049 福·福锌/80%/可湿性粉剂/福美双 30%、福美锌 50%/2009.10.10 至 2014.10.10/低毒

黄瓜　炭疽病　1500-1800克/公顷　喷雾
PD20097254　吗胍·乙酸铜/20%/可湿性粉剂/盐酸吗啉胍 10%、乙酸铜 10%/2009.10.19 至 2014.10.19/低毒
番茄　病毒病　500-750克/公顷　喷雾
PD20097435　丙环唑/250克/升/乳油/丙环唑 250克/升/2009.10.28 至 2014.10.28/低毒
香蕉树　叶斑病　250-500毫克/千克　喷雾
PD20097704　高效氟吡甲禾灵/108克/升/乳油/高效氟吡甲禾灵 108克/升/2009.11.04 至 2014.11.04/低毒
油菜田　一年生禾本科杂草　32.4-48.6克/公顷　茎叶喷雾
PD20098315　烯草酮/240克/升/乳油/烯草酮 240克/升/2009.12.18 至 2014.12.18/低毒
夏大豆田　一年生禾本科杂草　72-108克/公顷　茎叶喷雾
LS20050556　吡虫啉/5%/可湿性粉剂/吡虫啉 5%/2008.02.26 至 2009.02.25/低毒
水稻　稻飞虱　15-30克/公顷　喷雾
LS20050672　多·福/50%/可湿性粉剂/多菌灵 15%、福美双 35%/2008.03.15 至 2009.03.15/低毒
梨树　黑星病　1000-1500毫克/千克　喷雾
LS20051330　柴油·辛硫磷/40%/乳油/柴油 20%、辛硫磷 20%/2008.04.13 至 2009.04.13/低毒
十字花科蔬菜　菜青虫　300-450克/公顷　喷雾
LS20051613　吡虫啉/20%/乳油/吡虫啉 20%/2008.04.29 至 2009.04.29/低毒
小麦　蚜虫　15-30克/公顷(南方地区)45-60克/公顷(北方地区)　喷雾
LS20052296　吡虫啉/2.5%/可湿性粉剂/吡虫啉 2.5%/2008.06.22 至 2009.06.22/低毒
水稻　稻飞虱　11.25-18.75克/公顷　喷雾
LS20052772　福·甲·硫磺/70%/可湿性粉剂/福美双 24%、甲基硫菌灵 16%、硫磺 30%/2008.08.21 至 2009.08.21/低毒
花生　叶斑病　630-788克/公顷　喷雾
LS20060520　吡虫·杀虫单/35%/可湿性粉剂/吡虫啉 1%、杀虫单 34%/2009.03.15 至 2010.03.15/中等毒
水稻　稻纵卷叶螟、二化螟、飞虱、三化螟　450-750克/公顷　喷雾
LS20060523　阿维·高氯/2.4%/可湿性粉剂/阿维菌素 0.3%、高效氯氰菊酯 2.1%/2009.03.15 至 2010.03.15/低毒(原药高毒)
十字花科蔬菜　菜青虫、小菜蛾　13.5-27克/公顷　喷雾
LS20060539　高氯·啶虫脒/5%/乳油/啶虫脒 1.5%、高效氯氰菊酯 3.5%/2009.03.16 至 2010.03.16/低毒
番茄　蚜虫　22.5-30克/公顷　喷雾
LS20061122　噻嗪·杀扑磷/20%/乳油/噻嗪酮 15%、杀扑磷 5%/2009.05.11 至 2010.05.11/中等毒(原药高毒)
柑橘树　介壳虫　200-250毫克/千克　喷雾
LS20061314　乙酰甲胺磷/20%/乳油/乙酰甲胺磷 20%/2009.06.12 至 2010.06.12/低毒
十字花科蔬菜　蚜虫　360-540克/公顷　喷雾
LS20070241　柴油·乐果/40%/乳油/柴油 20%、乐果 20%/2009.02.24 至 2010.02.24/低毒
小麦　蚜虫　540-720克/公顷　喷雾
LS20071769　乙烯利/40%/水剂/乙烯利 40%/2009.07.04 至 2010.07.05/低毒
棉花　催熟　330-500倍液　喷雾
LS20090997　烯酰·锰锌/69%/水分散粒剂/代森锰锌 60%、烯酰吗啉 9%/2009.04.10 至 2010.04.10/低毒
黄瓜　霜霉病　1035-1380克/公顷　喷雾
LS20091050　烟嘧·莠去津/52%/可湿性粉剂/烟嘧磺隆 4%、莠去津 48%/2009.04.15 至 2010.04.15/低毒
玉米田　一年生杂草　780-975克/公顷　茎叶喷雾
LS20091083　敌百·毒死蜱 /48%/乳油/敌百虫 38%、毒死蜱 10%/2009.04.15 至 2010.04.15/中等毒
水稻　稻纵卷叶螟　576-720克/公顷　喷雾
LS20091413　甲维·高氯氟/10%/乳油/高效氯氟氰菊酯 9.8%、甲氨基阿维菌素苯甲酸盐 0.2%/2009.09.16 至 2010.09.16/中等毒
甘蓝　甜菜夜蛾　12-15克/公顷　喷雾

山东金农华药业有限公司　(山东省莒南县朱边镇崖子村　276627　0539-7623976)

PD20081884　辛硫·甲拌磷/10%/粉粒剂/甲拌磷 4%、辛硫磷 6%/2008.11.20 至 2013.11.20/高毒
花生　地下害虫　750-900克/公顷　拌种
PD20082770　甲氰·辛硫磷/25%/乳油/甲氰菊酯 5%、辛硫磷 20%/2008.12.08 至 2013.12.08/低毒
棉花　棉铃虫　225-345克/公顷　喷雾
PD20083248　氰戊·马拉松/21%/乳油/马拉硫磷 15%、氰戊菊酯 6%/2008.12.11 至 2013.12.11/中等毒
苹果树　桃小食心虫　70-105毫克/千克　喷雾
PD20083789　多菌灵/50%/可湿性粉剂/多菌灵 50%/2008.12.15 至 2013.12.15/低毒
水稻　稻瘟病　750-900克/公顷　喷雾
PD20084642　阿维菌素/1.8%/乳油/阿维菌素 1.8%/2008.12.18 至 2013.12.18/低毒(原药高毒)
十字花科蔬菜　小菜蛾　8.1-10.8克/公顷　喷雾
PD20093780　硫磺·多菌灵/50%/悬浮剂/多菌灵 15%、硫磺 35%/2009.03.25 至 2014.03.25/低毒
花生　叶斑病　1200-1800克/公顷　喷雾
PD20094435　异丙草·莠/40%/悬乳剂/异丙草胺 24%、莠去津 16%/2009.04.01 至 2014.04.01/低毒
夏玉米田　一年生杂草　900-1500克/公顷　土壤喷雾
PD20094790　多·福·锰锌/50%/可湿性粉剂/多菌灵 15%、福美双 25%、代森锰锌 10%/2009.04.13 至 2014.04.13/中等毒
苹果树　轮纹病　500-700倍液　喷雾
LS20061052　吡虫啉/10%/可湿性粉剂/吡虫啉 10%/2009.04.25 至 2010.04.25/低毒
水稻　稻飞虱　15-30克/公顷　喷雾

LS20072499 氯氰·吡虫啉/5%/乳油/吡虫啉 1%、氯氰菊酯 4%/2009.11.19 至 2010.11.20/低毒
甘蓝 蚜虫 22.5-37.5克/公顷 喷雾
LS20081535 苄·二氯/30%/可湿性粉剂/苄嘧磺隆 27%、二氯喹啉酸 3%/2009.03.31 至 2010.03.31/低毒
水稻移栽田 一年生杂草 225-360克/公顷 茎叶喷雾

山东京博农化有限公司 (山东省滨州市博兴县陈户镇京博工业区 256505 0543-2511389)

PD20040606 氯氰·吡虫啉/5%/乳油/吡虫啉 1%、氯氰菊酯 4%/2009.12.19 至 2014.12.19/低毒
茶树 茶小绿叶蝉 37.5-45克/公顷 喷雾
甘蓝 蚜虫 22.5-37.5克/公顷 喷雾
苹果树 蚜虫 25-50毫克/千克 喷雾
PD20040699 吡虫啉/2.5%/乳油/吡虫啉 2.5%/2004.12.19 至 2009.12.18/低毒
小麦 蚜虫 12-15克/公顷 喷雾
PD20080335 灭幼脲/20%/悬浮剂/灭幼脲 20%/2008.02.26 至 2013.02.26/低毒
苹果树 金纹细蛾 125-167毫克/千克 喷雾
十字花科蔬菜 菜青虫 75-112.5克/公顷 喷雾
PD20081225 精喹禾灵/95%/原药/精喹禾灵 95%/2008.09.11 至 2013.09.11/低毒
PD20081503 精喹禾灵/5%/乳油/精喹禾灵 5%/2008.11.06 至 2013.11.06/低毒
春大豆 一年生禾本科杂草 52.5-67.5克/公顷 茎叶喷雾
夏大豆、油菜 一年生禾本科杂草 37.5-52.5克/公顷 茎叶喷雾
PD20081567 虫酰肼/95%/原药/虫酰肼 95%/2008.11.11 至 2013.11.11/低毒
PD20081759 精喹禾灵/10.8%/乳油/精喹禾灵 10.8%/2008.11.18 至 2013.11.18/低毒
春大豆田 一年生禾本科杂草 64.8-81.0克/公顷 茎叶喷雾
花生田 一年生禾本科杂草 32.4-51.84克/公顷 茎叶喷雾
夏大豆田 一年生禾本科杂草 35.6-51.8克/公顷 茎叶喷雾
油菜田 多年生禾本科杂草、一年生禾本科杂草 40.5-56.7克/公顷 茎叶喷雾
PD20081802 霜脲·锰锌/72%/可湿性粉剂/代森锰锌 64%、霜脲氰 8%/2008.11.19 至 2013.11.19/低毒
番茄 晚疫病 1440-1944克/公顷 喷雾
黄瓜 霜霉病 1440-1800克/公顷 喷雾
PD20081807 莠去津/38%/悬浮剂/莠去津 38%/2008.11.19 至 2013.11.19/低毒
春玉米田 一年生杂草 1710-1995克/公顷(东北地区) 土壤喷雾
夏玉米田 一年生杂草 1140-1425克/公顷(其它地区) 土壤喷雾
PD20081921 精喹禾灵/8.8%/乳油/精喹禾灵 8.8%/2008.11.21 至 2013.11.21/低毒
春大豆 一年生禾本科杂草 66-79.2克/公顷 茎叶喷雾
冬油菜 一年生禾本科杂草 46.2-59.4克/公顷 茎叶喷雾
夏大豆 一年生禾本科杂草 52.8-66克/公顷 茎叶喷雾
PD20082141 硫丹/35%/乳油/硫丹 35%/2008.11.25 至 2013.11.25/高毒
棉花 棉铃虫 525-840克/公顷 喷雾
PD20082622 嘧霉胺/95%/原药/嘧霉胺 95%/2008.12.04 至 2013.12.04/低毒
PD20082796 虫酰肼/20%/悬浮剂/虫酰肼 20%/2008.12.09 至 2013.12.09/低毒
甘蓝 甜菜夜蛾 240-300克/公顷 喷雾
苹果树 卷叶蛾 100-133毫克/千克 喷雾
PD20083100 阿维菌素/0.5%/微乳剂/阿维菌素 0.5%/2008.12.10 至 2013.12.10/低毒(原药高毒)
菜豆 美洲斑潜蝇 2.25-3.75克/公顷 喷雾
PD20083964 苯磺隆/10%/可湿性粉剂/苯磺隆 10%/2008.12.16 至 2013.12.16/低毒
冬小麦田 一年生阔叶杂草 13.5-22.5克/公顷 茎叶喷雾
PD20084429 高效氯氟氰菊酯/2.5%/乳油/高效氯氟氰菊酯 2.5%/2008.12.17 至 2013.12.17/中等毒
十字花科蔬菜 蚜虫 5.625-7.5克/公顷 喷雾
烟草 烟青虫 6.09-8.125克/公顷 喷雾
PD20084857 虫酰肼/20%/可湿性粉剂/虫酰肼 20%/2008.12.22 至 2013.12.22/低毒
十字花科蔬菜 甜菜夜蛾 180-300克/公顷 喷雾
PD20085181 甲氨基阿维菌素苯甲酸盐/1.5%/乳油/甲氨基阿维菌素苯甲酸盐 1.5%/2008.12.23 至 2013.12.23/低毒
十字花科蔬菜 甜菜夜蛾、小菜蛾 1.14-1.6克/公顷 喷雾
PD20085355 异丙草·莠/40%/悬浮剂/异丙草胺 16%、莠去津 24%/2008.12.24 至 2013.12.24/低毒
春玉米田 一年生杂草 1800-2400克/公顷(东北地区) 播后苗前土壤喷雾
夏玉米田 一年生杂草 1050-1500克/公顷(其它地区) 播后苗前土壤喷雾
PD20086037 烟嘧磺隆/95%/原药/烟嘧磺隆 95%/2008.12.29 至 2013.12.29/低毒
PD20086149 乙铝·多菌灵/60%/可湿性粉剂/多菌灵 40%、三乙膦酸铝 20%/2008.12.30 至 2013.12.30/低毒
苹果树 斑点落叶病、轮纹病 400-600倍液 喷雾
PD20086379 草甘膦/95%/原药/草甘膦 95%/2008.12.31 至 2013.12.31/微毒
PD20090086 甲氨基阿维菌素苯甲酸盐/0.2%/乳油/甲氨基阿维菌素苯甲酸盐 0.2%/2009.01.08 至 2014.01.08/低毒
甘蓝 甜菜夜蛾、小菜蛾 1.5-1.8克/公顷 喷雾
PD20090282 阿维·三唑磷/15%/乳油/阿维菌素 0.1%、三唑磷 14.9%/2009.01.09 至 2014.01.09/中等毒(原药高毒)

棉花　棉铃虫　135-180克/公顷　喷雾

PD20090799　醚菌酯/95%/原药/醚菌酯 95%/2009.01.19 至 2014.01.19/低毒

PD20090817　精噁唑禾草灵/69克/升/水乳剂/精噁唑禾草灵 69克/升/2009.01.19 至 2014.01.19/低毒
春小麦田　一年生禾本科杂草　51.8-62.1克/公顷　茎叶喷雾
冬小麦田　一年生禾本科杂草　41.4-51.8克/公顷　茎叶喷雾

PD20090992　辛硫·高氯氟/26%/乳油/高效氯氟氰菊酯 1%、辛硫磷 25%/2009.01.21 至 2014.01.21/中等毒
甘蓝　小菜蛾　162.63-243.75克/公顷　喷雾

PD20091220　甲氨基阿维菌素苯甲酸盐/0.5%/乳油/甲氨基阿维菌素苯甲酸盐 0.5%/2009.02.01 至 2014.02.01/低毒
十字花科蔬菜　甜菜夜蛾、小菜蛾　1.14-1.6克/公顷　喷雾

PD20091277　啶虫脒/20%/可溶粉剂/啶虫脒 20%/2009.02.01 至 2014.02.01/低毒
棉花　蚜虫　18-30克/公顷　喷雾

PD20091406　氟磺胺草醚/25%/水剂/氟磺胺草醚 25%/2009.02.02 至 2014.02.02/低毒
春大豆田　一年生阔叶杂草　375-450克/公顷　茎叶喷雾
夏大豆田　一年生阔叶杂草　262.5-375克/公顷　茎叶喷雾

PD20091635　噁霉灵/70%/可溶粉剂/噁霉灵 70%/2009.02.03 至 2014.02.03/低毒
西瓜　枯萎病　380-500毫克/千克　本田灌根

PD20091643　甲氨基阿维菌素苯甲酸盐/1%/乳油/甲氨基阿维菌素苯甲酸盐 1%/2009.02.03 至 2014.02.03/低毒
甘蓝　小菜蛾　1.5-2.25克/公顷　喷雾

PD20091674　氯氰·毒死蜱/52.25%/乳油/毒死蜱 47.5%、氯氰菊酯 4.75%/2009.02.03 至 2014.02.03/中等毒
柑橘树　潜叶蛾　348.3-550毫克/千克　喷雾
韭菜　韭蛆　783.75-1567.5克/公顷　兑水灌根
荔枝树　蒂蛀虫　261.3-522.5毫克/千克　喷雾
十字花科蔬菜　黄条跳甲　352.7-391.9克/公顷　喷雾

PD20091892　2甲·灭草松/25%/水剂/2甲4氯 4%、灭草松 21%/2009.02.09 至 2014.02.09/低毒
水稻移栽田　阔叶杂草及莎草科杂草　750-1125克/公顷　茎叶喷雾

PD20092755　嘧霉胺/30%/悬浮剂/嘧霉胺 30%/2009.03.04 至 2014.03.04/低毒
番茄　灰霉病　450-585克/公顷　喷雾
黄瓜　灰霉病　375－562.5克/公顷　喷雾

PD20093438　烯酰吗啉/30%/可湿性粉剂/烯酰吗啉 30%/2009.03.23 至 2014.03.23/低毒
黄瓜　霜霉病　225-315克/公顷　喷雾

PD20093778　甲氨基阿维菌素苯甲酸盐/5%/水分散粒剂/甲氨基阿维菌素 5%/2009.03.25 至 2014.03.25/低毒
甘蓝　甜菜夜蛾、小菜蛾　1.125-2.25克/公顷　喷雾

PD20094175　阿维菌素/3.2%/乳油/阿维菌素 3.2%/2009.03.27 至 2014.03.27/低毒(原药高毒)
菜豆　美洲斑潜蝇　10.8-21.6克/公顷　喷雾
甘蓝　小菜蛾　8.1-10.8克/公顷　喷雾

PD20094335　烟嘧磺隆/40克/升/油悬浮剂/烟嘧磺隆 40克/升/2009.03.31 至 2014.03.31/低毒
玉米田　一年生杂草　45-54克/公顷　茎叶喷雾

PD20094400　嘧霉胺/70%/水分散粒剂/嘧霉胺 70%/2009.04.01 至 2014.04.01/低毒
番茄、黄瓜　灰霉病　472.5-577.5克/公顷　喷雾

PD20094639　精噁唑禾草灵/95%/原药/精噁唑禾草灵 95%/2009.04.10 至 2014.04.10/低毒

PD20095025　精喹禾灵/15%/乳油/精喹禾灵 15%/2009.04.21 至 2014.04.21/低毒
冬油菜田、夏大豆田　一年生禾本科杂草　45-67.5克/公顷　茎叶喷雾
花生田　一年生禾本科杂草　45-58.5克/公顷　茎叶喷雾

PD20095124　甲氨基阿维菌素苯甲酸盐（90%）///原药/甲氨基阿维菌素 79.1%/2009.04.24 至 2014.04.24/中等毒

PD20095289　醚菌酯/30%/可湿性粉剂/醚菌酯 30%/2009.04.27 至 2014.04.27/低毒
草莓　白粉病　67.5-180克/公顷　喷雾
黄瓜　白粉病　123.75-157.5克/公顷　喷雾

PD20096927　烟嘧磺隆/6%/油悬浮剂/烟嘧磺隆 6%/2009.09.23 至 2014.09.23/低毒
夏玉米田　一年生杂草　63－72克/公顷　茎叶喷雾

PD20098151　甲氨基阿维菌素苯甲酸盐(2.2%)///微乳剂/甲氨基阿维菌素 2%/2009.12.14 至 2014.12.14/低毒
甘蓝　小菜蛾　1.25-1.61克/公顷　喷雾
甘蓝　甜菜夜蛾　1.65-3.3克/公顷　喷雾

LS20060295　阿维菌素/96%/原药/阿维菌素 96%/2009.03.01 至 2010.03.01/高毒

LS20082833　稻瘟酰胺/20%/悬浮剂/稻瘟酰胺 20%/2009.05.27 至 2010.05.27/低毒
水稻　稻瘟病　157.5-210克/公顷　喷雾

LS20082834　稻瘟酰胺/96%/原药/稻瘟酰胺 96%/2009.05.27 至 2010.05.27/低毒

山东京蓬生物药业股份有限公司　（山东省蓬莱市北沟镇　265601　0535-5916496）

PD20040780　哒螨·吡虫啉/6%/乳油/吡虫啉 1.5%、哒螨灵 4.5%/2009.12.19 至 2014.12.19/低毒
苹果树　红蜘蛛、黄蚜　30-60毫克/千克　喷雾

PD20040801　吡虫啉/10%/可湿性粉剂/吡虫啉 10%/2009.12.19 至 2014.12.19/低毒
水稻　飞虱　15-30克/公顷　喷雾
小麦　蚜虫　15-30克/公顷(南方地区)　喷雾
45-60克/公顷(北方地区)

PD20081864 氰戊·马拉松/25%/乳油/马拉硫磷 20%、氰戊菊酯 5%/2008.11.20 至 2013.11.20/中等毒
苹果树 黄蚜 125-167毫克/千克 喷雾
PD20081949 氰戊·马拉松/30%/乳油/马拉硫磷 22.5%、氰戊菊酯 7.5%/2008.11.24 至 2013.11.24/中等毒
棉花 棉铃虫 180-270克/公顷 喷雾
苹果树 蚜虫 60-75毫克/千克 喷雾
苹果树 桃小食心虫 120-150毫克/千克 喷雾
PD20082246 硫磺·多菌灵/40%/悬浮剂/多菌灵 20%、硫磺 20%/2008.11.27 至 2013.11.27/低毒
水稻 稻瘟病 1200-1800克/公顷 喷雾
甜菜 褐斑病 900-1200克/公顷 喷雾
PD20082787 硫磺·多菌灵/50%/悬浮剂/多菌灵 15%、硫磺 35%/2008.12.09 至 2013.12.09/低毒
花生 叶斑病 1200-1800克/公顷 喷雾
PD20084245 氰戊·辛硫磷/50%/乳油/氰戊菊酯 5%、辛硫磷 45%/2008.12.17 至 2013.12.17/中等毒
棉花 棉铃虫 450-562.5克/公顷 喷雾
棉花 蚜虫 150-225克/公顷 喷雾
PD20086125 精喹禾灵/10.8%/乳油/精喹禾灵 10.8%/2008.12.30 至 2013.12.30/低毒
夏大豆田 一年生禾本科杂草 48.6-64.8克/公顷 茎叶喷雾
PD20092244 甲基硫菌灵/70%/可湿性粉剂/甲基硫菌灵 70%/2009.02.24 至 2014.02.24/低毒
苹果树 轮纹病 700-875毫克/千克 喷雾
PD20092968 高效氯氟氰菊酯/25克/升/乳油/高效氯氟氰菊酯 25克/升/2009.03.09 至 2014.03.09/中等毒
甘蓝 菜青虫 7.5-11.25克/公顷 喷雾
PD20093567 多菌灵/80%/可湿性粉剂/多菌灵 80%/2009.03.23 至 2014.03.23/低毒
水稻 纹枯病 750-900克/公顷 喷雾
PD20093578 代森锰锌/80%/可湿性粉剂/代森锰锌 80%/2009.03.23 至 2014.03.23/低毒
苹果树 斑点落叶病 1000-1500毫克/千克 喷雾
PD20095449 矮壮·甲哌鎓 /18%/水剂/矮壮素 15%、甲哌鎓 3%/2009.05.11 至 2014.05.11/低毒
棉花 调节生长、增产 40.5-54克/公顷 喷雾
PD20095678 霜脲·锰锌/36%/悬浮剂/代森锰锌 32%、霜脲氰 4%/2009.05.15 至 2014.05.15/低毒
黄瓜 霜霉病 1440-1800克/公顷 喷雾
PD20097079 草甘膦/41%/水剂/草甘膦 41%/2009.10.10 至 2014.10.10/低毒
苹果园 杂草 1230－2460克/公顷 定向茎叶喷雾
PD20097299 吡虫啉/95%/原药/吡虫啉 95%/2009.10.26 至 2014.10.26/低毒
PD20097420 三唑锡/25%/可湿性粉剂/三唑锡 25%/2009.10.28 至 2014.10.28/低毒
柑橘树 红蜘蛛 100－166.7毫克/千克 喷雾
PD20098282 福美双/50%/可湿性粉剂/福美双 50%/2009.12.18 至 2014.12.18/低毒
葡萄 白腐病 625－1250毫克/千克 喷雾
LS20051732 高效氯氰菊酯/4.5%/微乳剂/高效氯氰菊酯 4.5%/2008.05.12 至 2009.05.12/低毒
十字花科蔬菜 菜青虫 20.25-27克/公顷 喷雾
LS20053297 毒死蜱/30%/可湿性粉剂/毒死蜱 30%/2008.10.17 至 2009.10.17/中等毒
棉花 棉铃虫 540-810克/公顷 喷雾
LS20053333 油菜素甾醇内酯/90%/原药/油菜素甾醇内酯 90%/2008.10.17 至 2009.10.17/低毒
LS20060056 芸苔素内酯/0.01%/水剂/芸苔素内酯 0.01%/2009.01.16 至 2010.01.16/低毒
黄瓜 调节生长 0.03-0.05毫克/千克 茎叶喷雾
LS20072397 R-烯唑醇/12.5%/可湿性粉剂/R-烯唑醇 12.5%/2009.10.23 至 2010.10.24/低毒
梨树 黑星病 31-42毫克/千克 喷雾
LS20090528 烯啶虫胺/95%/原药/烯啶虫胺 95%/2009.03.18 至 2010.03.18/低毒
LS20090719 烯啶虫胺/10%/可溶液剂/烯啶虫胺 10%/2009.03.31 至 2010.03.31/低毒
柑橘树 蚜虫 20-25毫克/千克 喷雾

山东九洲农药有限公司 (山东省鄄城县富春乡 274600 0530-2471765)

PD85124-14 福·福锌/80%/可湿性粉剂/福美双 30%、福美锌 50%/2005.07.12 至 2010.07.12/中等毒
黄瓜、西瓜 炭疽病 1500-1800克/公顷 喷雾
麻 炭疽病 240-400克/100千克种子 拌种
棉花 苗期病害 0.5%药液 浸种
苹果树、杉木、橡胶树 炭疽病 500-600倍液 喷雾
PD20060096 锰锌·多菌灵/50%/可湿性粉剂/多菌灵 8%、代森锰锌 42%/2006.05.22 至 2011.05.22/低毒
苹果树 斑点落叶病 1000-1250毫克/千克 喷雾
PD20060101 氯氰·辛硫磷/30%/乳油/氯氰菊酯 1.5%、辛硫磷 28.5%/2006.05.22 至 2011.05.22/中等毒
棉花 棉铃虫 270-337.5克/公顷 喷雾
PD20080980 螨醇·哒螨灵/20%/乳油/哒螨灵 5%、三氯杀螨醇 15%/2008.07.24 至 2013.07.24/中等毒
柑橘树 红蜘蛛 100-133.3毫克/千克 喷雾
PD20081229 啶虫脒/3%/乳油/啶虫脒 3%/2008.09.11 至 2013.09.11/低毒
柑橘树 蚜虫 1500-2000倍液 喷雾
PD20082348 灭多威/20%/可溶粉剂/灭多威 20%/2008.12.01 至 2013.12.01/中等毒(原药高毒)

棉花 棉铃虫 270-360克/公顷 喷雾

PD20084679 腈菌·三唑酮/12%/乳油/腈菌唑 2%、三唑酮 10%/2008.12.22 至 2013.12.22/低毒

小麦 白粉病 45-54克/公顷 喷雾

PD20085608 辛硫·灭多威/20%/乳油/灭多威 10%、辛硫磷 10%/2008.12.25 至 2013.12.25/中等毒(原药高毒)

棉花 棉铃虫 67.5-90克/公顷 喷雾

PD20090850 虫酰肼/200克/升/悬浮剂/虫酰肼 200克/升/2009.01.19 至 2014.01.19/低毒

十字花科蔬菜 甜菜夜蛾 250-300克/公顷 喷雾

PD20091369 阿维菌素/0.5%/乳油/阿维菌素 0.5%/2009.02.02 至 2014.02.02/低毒(原药高毒)

十字花科蔬菜 菜青虫、小菜蛾 8.1-10.8克/公顷 喷雾

PD20092130 高效氯氟氰菊酯/25克/升/乳油/高效氯氟氰菊酯 25克/升/2009.02.23 至 2014.02.23/中等毒

十字花科蔬菜 菜青虫 7.5-11.25克/公顷 喷雾

PD20092872 高氯·马/20%/乳油/高效氯氰菊酯 2%、马拉硫磷 18%/2009.03.05 至 2014.03.05/低毒

苹果树 桃小食心虫 133.3-200毫克/千克 喷雾

PD20093045 甲哌鎓/96%/可溶粉剂/甲哌鎓 96%/2009.03.09 至 2014.03.09/低毒

棉花 调节生长、增产 45-60克/公顷 喷雾

PD20093535 三唑锡/25%/可湿性粉剂/三唑锡 25%/2009.03.23 至 2014.03.23/低毒

柑橘树 红蜘蛛 125-250毫克/千克 喷雾

PD20094081 精喹禾灵/5%/乳油/精喹禾灵 5%/2009.03.27 至 2014.03.27/低毒

棉花田 一年生禾本科杂草 45－60克/公顷 茎叶喷雾

PD20097696 甲哌鎓/250克/升/水剂/甲哌鎓 250克/升/2009.11.04 至 2014.11.04/低毒

棉花 调节生长、增产 45－60克/公顷 茎叶喷雾

LS20051040 多抗霉素/0.3%/水剂/多抗霉素 0.3%/2008.04.07 至 2009.04.07/低毒

西瓜 枯萎病 30-37.5毫克/千克 灌根

LS20051684 阿维菌素/2%/乳油/阿维菌素 2%/2008.05.07 至 2009.05.07/低毒(原药高毒)

菜豆、黄瓜 美洲斑潜蝇 10.8-21.6克/公顷 喷雾

棉花 红蜘蛛 10.8-16.2克/公顷 喷雾

棉花 棉铃虫 21.6-32.4克/公顷 喷雾

十字花科蔬菜 菜青虫、小菜蛾 8.1-10.8克/公顷 喷雾

LS20051722 啶虫脒/20%/可湿性粉剂/啶虫脒 20%/2008.05.12 至 2009.05.12/低毒

柑橘树 蚜虫 13.3-16.7毫克/千克 喷雾

LS20051835 高效氯氰菊酯/4.5%/微乳剂/高效氯氰菊酯 4.5%/2008.05.16 至 2009.05.16/低毒

十字花科蔬菜 菜青虫 13.5-27克/公顷 喷雾

LS20052005 阿维·高氯/3%/乳油/阿维菌素 0.2%、高效氯氰菊酯 2.8%/2008.05.31 至 2009.05.31/低毒(原药高毒)

十字花科蔬菜 菜青虫、小菜蛾 13.5-27克/公顷 喷雾

LS20072220 啶虫脒/21%/可溶液剂/啶虫脒 21%/2008.09.11 至 2009.09.12/低毒

十字花科蔬菜 蚜虫 18.9-25.2克/公顷 喷雾

LS20083094 甲维盐·氯氰/3.2%/微乳剂/甲氨基阿维菌素苯甲酸盐 0.2%、氯氰菊酯 3%/2008.10.22 至 2009.10.22/低毒

甘蓝 甜菜夜蛾 19.2～28.8克/公顷 喷雾

山东君得利化工有限公司 (山东省聊城市东昌府区许营工业园 252000 0635-8593966)

WL20090114 杀虫气雾剂/0.6%/气雾剂/胺菊酯 0.51%、氯氰菊酯 0.09%/2009.04.10 至 2010.04.10/微毒

卫生 蚊、蝇、蜚蠊 / 喷雾

山东凯利农生物科技有限公司 (山东省济南市解放东路35号 250014 0531-88518236)

PD20096816 葡聚烯糖/95%/原药/葡聚烯糖 95%/2009.09.21 至 2014.09.21/微毒

PD20096817 葡聚烯糖/0.5%/可溶粉剂/葡聚烯糖 0.5%/2009.09.21 至 2014.09.21/微毒

番茄 病毒病 0.75-0.94克/公顷 喷雾

LS20052753 高氯·马/20%/乳油/高效氯氰菊酯 2%、马拉硫磷 18%/2008.08.21 至 2009.08.21/低毒

苹果树 桃小食心虫 133－200毫克/千克 喷雾

山东科大创业生物有限公司 (山东省邹平县长山镇长山工业园 256206 0543-4851285)

PD86108-3 菌核净/40%/可湿性粉剂/菌核净 40%/2006.09.21 至 2011.09.21/低毒

水稻 纹枯病 1200-1500克/公顷 喷雾

烟草 赤星病 1125-2025克/公顷 喷雾

油菜 菌核病 600-900克/公顷 喷雾

PD86159-5 三乙膦酸铝/40%/可湿性粉剂/三乙膦酸铝 40%/2006.09.21 至 2011.09.21/低毒

胡椒 瘟病 1克/株 灌根

棉花 疫病 1410-2820克/公顷 喷雾

蔬菜 霜霉病 1410-2820克/公顷 喷雾

水稻 稻瘟病、纹枯病 1410克/公顷 喷雾

橡胶树 割面条溃疡病 100倍液 1)切口涂药 2)喷雾

烟草 黑胫病 1)4500克/公顷2)0.8克/株 1)喷雾2)灌根

PD20040337 高氯·辛硫磷/20%/乳油/高效氯氰菊酯 1%、辛硫磷 19%/2004.12.19 至 2009.12.18/中等毒

十字花科蔬菜 菜青虫 90-150克/公顷 喷雾

PD20040338 高氯·马/20%/乳油/高效氯氰菊酯 1.5%、马拉硫磷 18.5%/2004.12.19 至 2009.12.18/中等毒

苹果树 桃小食心虫 133-200毫克/千克 喷雾
PD20040665 哒螨灵/15%/乳油/哒螨灵 15%/2004.12.19 至 2009.12.18/中等毒
苹果树 红蜘蛛 33-50毫克/千克 喷雾
PD20040810 多·锰锌/40%/可湿性粉剂/多菌灵 20%、代森锰锌 20%/2004.12.20 至 2009.12.19/低毒
梨树 黑星病 667-1000毫克/千克 喷雾
PD20040827 螨醇·哒螨灵/20%/乳油/哒螨灵 5%、三氯杀螨醇 15%/2004.12.31 至 2009.12.30/低毒
苹果树 山楂红蜘蛛 100-133毫克/千克 喷雾
PD20050213 哒螨灵/20%/可湿性粉剂/哒螨灵 20%/2005.12.23 至 2010.12.23/低毒
柑橘树 红蜘蛛 50-100毫克/千克 喷雾
PD20060166 硫磺/99.5%/原药/硫磺 99.5%/2006.10.16 至 2011.10.16/低毒
PD20060194 乙酰甲胺磷/20%/乳油/乙酰甲胺磷 20%/2006.12.06 至 2011.12.06/低毒
柑橘树 介壳虫 250-400毫克/千克 喷雾
PD20070048 阿维菌素/92%/原药/阿维菌素 92%/2007.03.06 至 2012.03.06/高毒
PD20070397 啶虫脒/3%/可湿性粉剂/啶虫脒 3%/2007.11.05 至 2012.11.05/低毒
柑橘树 蚜虫 10-12毫克/千克 喷雾
PD20070399 多抗霉素/34%/原药/多抗霉素 34%/2007.11.05 至 2012.11.05/低毒
PD20070432 阿维·高氯/4.2%/乳油/阿维菌素 0.3%、高效氯氰菊酯 3.9%/2007.11.12 至 2012.11.12/低毒(原药高毒)
十字花科蔬菜 菜青虫、小菜蛾 13.5-27克/公顷 喷雾
PD20080337 噻螨酮/97.5%/原药/噻螨酮 97.5%/2008.02.26 至 2013.02.26/低毒
PD20080383 甲硫·福美双/50%/可湿性粉剂/福美双 20%、甲基硫菌灵 30%/2008.02.29 至 2013.02.28/中等毒
苹果树 轮纹病 500-700倍液 喷雾
PD20080847 四螨·三唑锡/10%/悬浮剂/四螨嗪 3%、三唑锡 7%/2008.06.23 至 2013.06.23/低毒
柑橘树 红蜘蛛 67-100毫克/千克 喷雾
PD20081353 硫磺·锰锌/70%/可湿性粉剂/硫磺 42%、代森锰锌 28%/2008.10.21 至 2013.10.21/低毒
豇豆 锈病 2250—3000克/公顷 喷雾
PD20081706 阿维菌素/0.2%/可湿性粉剂/阿维菌素 0.2%/2008.11.17 至 2013.11.17/低毒(原药高毒)
菜豆 美洲斑潜蝇 3-4.5克/公顷 喷雾
PD20082151 福美双/70%/可湿性粉剂/福美双 70%/2008.11.25 至 2013.11.25/低毒
黄瓜 霜霉病 840-1260克/公顷 喷雾
PD20082922 灭幼脲/20%/悬浮剂/灭幼脲 20%/2008.12.09 至 2013.12.09/低毒
十字花科蔬菜 菜青虫 60-75克/公顷 喷雾
PD20083840 高氯·毒死蜱/15%/乳油/毒死蜱 13.5%、高效氯氰菊酯 1.5%/2008.12.15 至 2013.12.15/中等毒
黄瓜 美洲斑潜蝇 112.5-135克/公顷 喷雾
PD20084148 高氯·氟啶脲/5%/乳油/氟啶脲 1%、高效氯氰菊酯 4%/2008.12.16 至 2013.12.16/低毒
十字花科蔬菜 甜菜夜蛾 37.5-52.5克/公顷 喷雾
PD20084533 福·福锌/80%/可湿性粉剂/福美双 30%、福美锌 50%/2008.12.18 至 2013.12.18/低毒
苹果树 炭疽病 1333-1600毫克/千克 喷雾
西瓜 炭疽病 1500-1800克/公顷 喷雾
PD20086356 阿维·炔螨特/56%/乳油/阿维菌素 0.3%、炔螨特 55.7%/2008.12.31 至 2013.12.31/低毒(原药高毒)
柑橘树 红蜘蛛 140-280毫克/千克 喷雾
PD20086378 碱式硫酸铜/96%/原药/碱式硫酸铜 96%/2008.12.31 至 2013.12.31/低毒
PD20086381 井冈霉素/3%/可溶粉剂/井冈霉素 3%/2008.12.31 至 2013.12.31/低毒
水稻 纹枯病 150-187.5克/公顷 喷雾
PD20086382 井冈霉素/3%/水剂/井冈霉素 3%/2008.12.31 至 2013.12.31/低毒
水稻 纹枯病 150-187.5克/公顷 喷雾
PD20091189 高效氯氟氰菊酯/2.5%/水乳剂/高效氯氟氰菊酯 2.5%/2009.01.22 至 2014.01.22/中等毒
甘蓝 菜青虫、蚜虫 5.625-7.5克/公顷 喷雾
PD20091271 腐霉·百菌清/20%/烟剂/百菌清 10%、腐霉利 10%/2009.02.01 至 2014.02.01/低毒
黄瓜(保护地) 霜霉病 600-900克/公顷 点燃放烟
PD20091668 阿维·甲氰/1.8%/乳油/阿维菌素 0.1%、甲氰菊酯 1.7%/2009.02.03 至 2014.02.03/低毒(原药高毒)
苹果树 红蜘蛛 12-18毫克/千克 喷雾
PD20091821 灭多威/10%/可溶粉剂/灭多威 10%/2009.02.05 至 2014.02.05/中等毒(原药高毒)
棉花 棉铃虫 270-360克/公顷 喷雾
PD20092615 稻瘟灵/30%/乳油/稻瘟灵 30%/2009.03.02 至 2014.03.02/低毒
水稻 稻瘟病 562.5-675克/公顷 喷雾
PD20092616 氧乐果/40%/乳油/氧乐果 40%/2009.03.02 至 2014.03.02/中等毒(原药高毒)
柑橘树 矢尖蚧 167-250毫克/千克 喷雾
PD20093745 硫磺·百菌清/10%/粉剂/百菌清 5%、硫磺 5%/2009.03.25 至 2014.03.25/低毒
黄瓜(温棚) 霜霉病 1500—1800克/公顷 喷粉
PD20093822 精喹禾灵/10.8%/乳油/精喹禾灵 10.8%/2009.03.25 至 2014.03.25/低毒
夏大豆田 一年生禾本科杂草 48.6-64.8克/公顷 茎叶喷雾
PD20094033 高效氯氰菊酯/4.5%/乳油/高效氯氰菊酯 4.5%/2009.03.27 至 2014.03.27/中等毒
茶树 茶尺蠖 22.5-30毫克/千克 喷雾

PD20094037 三唑磷/20%/乳油/三唑磷 20%/2009.03.27 至 2014.03.27/中等毒
水稻 二化螟 202.5-303.75克/公顷 喷雾
PD20094619 氯氰·敌敌畏/20%/乳油/敌敌畏 18%、氯氰菊酯 2%/2009.04.10 至 2014.04.10/中等毒
十字花科蔬菜 黄条跳甲 225-300克/公顷 喷雾
PD20094706 高氯·灭多威/5%/乳油/高效氯氰菊酯 2%、灭多威 3%/2009.04.10 至 2014.04.10/中等毒(原药高毒)
棉花 棉铃虫 75-90克/公顷 喷雾
PD20094908 甲基硫菌灵/500克/升/悬浮剂/甲基硫菌灵 500克/升/2009.04.16 至 2014.04.16/低毒
水稻 稻瘟病 750-1125克/公顷 喷雾
PD20095799 除虫脲/5%/乳油/除虫脲 5%/2009.05.27 至 2014.05.27/低毒
茶树 茶尺蠖 40-50毫克/千克 喷雾
PD20096555 硫磺/91%/粉剂/硫磺 91%/2009.08.24 至 2014.08.24/微毒
橡胶树 白粉病 10237.5—13650克/公顷 喷粉
PD20096719 苏云金杆菌/8000IU/微升/悬浮剂/苏云金杆菌 8000IU/微升/2009.09.07 至 2014.09.07/低毒
十字花科蔬菜 菜青虫 1500-2250毫升制剂/公顷 喷雾
PD20096972 吡虫啉/200克/升/可溶液剂/吡虫啉 200克/升/2009.09.29 至 2014.09.29/低毒
十字花科蔬菜 蚜虫 20-30克/公顷 喷雾
PD20097197 四螨嗪/500克/升/悬浮剂/四螨嗪 500克/升/2009.10.16 至 2014.10.16/低毒
苹果树 苹果红蜘蛛 83-100毫克/千克 喷雾
PD20097256 阿维·氟铃脲/2.5%/乳油/阿维菌素 0.4%、氟铃脲 2.1%/2009.10.19 至 2014.10.19/低毒(原药高毒)
甘蓝 小菜蛾 11.25-15克/公顷 喷雾
PD20097281 代森锰锌/80%/可湿性粉剂/代森锰锌 80%/2009.10.26 至 2014.10.26/低毒
黄瓜 霜霉病 1800—2700克/公顷 喷雾
PD20097334 噻嗪酮/5%/可湿性粉剂/噻嗪酮 5%/2009.10.27 至 2014.10.27/低毒
柑橘树 红蜘蛛 25-31.25毫克/千克 喷雾
PD20097735 甲基硫菌灵/70%/可湿性粉剂/甲基硫菌灵 70%/2009.11.12 至 2014.11.12/低毒
番茄 叶霉病 367.5—556.5克/公顷 喷雾
PD20097813 乙酸铜/20%/可湿性粉剂/乙酸铜 20%/2009.11.20 至 2014.11.20/低毒
黄瓜 苗期猝倒病 3000-4500克/公顷 灌根
PD20098055 福美双/50%/可湿性粉剂/福美双 50%/2009.12.07 至 2014.12.07/低毒
黄瓜 霜霉病 750—1125克/公顷 喷雾
PD20098056 多抗霉素/3%/可湿性粉剂/多抗霉素B 3%/2009.12.07 至 2014.12.07/低毒
番茄 晚疫病 168.75—337.5克/公顷 喷雾
PD20098418 苏云金杆菌/16000IU/毫克/可湿性粉剂/苏云金杆菌 16000IU/毫克/2009.12.24 至 2014.12.24/低毒
十字花科蔬菜 菜青虫 37.5-50毫克制剂/亩 喷雾
PD20098436 辛硫·矿物油/40%/乳油/矿物油 20%、辛硫磷 20%/2009.12.24 至 2014.12.24/低毒
棉花 棉铃虫 600-900克/公顷 喷雾
PD20098437 阿维·矿物油/24.5%/乳油/阿维菌素 0.2%、松碱柴油 24.3%/2009.12.24 至 2014.12.24/低毒(原药高毒)
柑橘树 红蜘蛛 122.5-245毫克/千克 喷雾
PD20098499 丁硫·矿物油/30%/乳油/丁硫克百威 5%、矿物油 25%/2009.12.24 至 2014.12.24/中等毒
棉花 蚜虫 135-270克/公顷 喷雾
LS20050686 吡虫·杀虫单/56%/可湿性粉剂/吡虫啉 1.4%、杀虫单 54.6%/2008.03.15 至 2009.03.15/中等毒
水稻 稻飞虱、稻纵卷叶螟、二化螟、三化螟 450-750克/公顷 喷雾
LS20051065 甲维盐·氯氰/3.2%/微乳剂/甲氨基阿维菌素苯甲酸盐 0.2%、氯氰菊酯 3%/2008.04.07 至 2009.04.07/低毒
十字花科蔬菜 甜菜夜蛾 19.2-28.8克/公顷 喷雾
LS20051483 阿维·高氯/2.8%/微乳剂/阿维菌素 0.2%、高效氯氰菊酯 2.6%/2008.04.21 至 2009.04.21/低毒(原药高毒)
梨树 梨木虱 12-24毫克/千克 喷雾
十字花科蔬菜 菜青虫、小菜蛾 13.5-27克/公顷 喷雾
LS20051871 阿维·高氯/3.6%/可湿性粉剂/阿维菌素 0.3%、高效氯氰菊酯 3.3%/2008.05.16 至 2009.05.16/低毒(原药高毒)
黄瓜 美洲斑潜蝇 15-30克/公顷 喷雾
梨树 梨木虱 12-24毫克/千克 喷雾
十字花科蔬菜 菜青虫、小菜蛾 13.5-27克/公顷 喷雾
LS20052601 虫酰·毒死蜱/20%/乳油/虫酰肼 4%、毒死蜱 16%/2008.08.14 至 2009.08.14/低毒
十字花科蔬菜 斜纹夜蛾 300-360克/公顷 喷雾
LS20061582 锰锌·烯唑醇/32.5%/可湿性粉剂/代森锰锌 30%、烯唑醇 2.5%/2009.08.13 至 2010.08.13/低毒
辣椒 疫病 585-731.25克/公顷 喷雾
LS20061892 烯酰·福美双/48%/可湿性粉剂/福美双 44%、烯酰吗啉 4%/2009.11.21 至 2010.11.21/低毒
黄瓜 霜霉病 936-1152克/公顷 喷雾
LS20070578 甲基硫菌灵/500克/升/悬浮剂/甲基硫菌灵 500克/升/2009.03.20 至 2010.03.21/低毒
水稻 稻瘟病 750-1125克/公顷 喷雾
LS20070579 稻瘟灵/30%/乳油/稻瘟灵 30%/2009.03.20 至 2010.03.21/低毒
水稻 稻瘟病 450-675克/公顷 喷雾
LS20070592 氯氰菊酯/5%/乳油/氯氰菊酯 5%/2009.03.20 至 2010.03.21/中等毒
烟草 小地老虎 5.625-7.5克/公顷 喷雾

LS20070593 丁醚脲/25%/乳油/丁醚脲 25%/2009.03.20 至 2010.03.21/低毒
十字花科蔬菜 小菜蛾 300－375克/公顷 喷雾
LS20070599 四螨·哒螨灵/10%/悬浮剂/哒螨灵 6.5%、四螨嗪 3.5%/2009.03.20 至 2010.03.21/低毒
柑橘树 红蜘蛛 66.7-100毫克/千克 喷雾
LS20070626 噻嗪·杀扑磷/20%/乳油/噻嗪酮 15%、杀扑磷 5%/2009.03.29 至 2010.03.30/中等毒(原药高毒)
柑橘树 介壳虫 200-250毫克/千克 喷雾
LS20071489 乙·莠/40%/悬乳剂/乙草胺 20%、莠去津 20%/2009.05.28 至 2010.05.29/低毒
夏玉米田 一年生杂草 1200-1500克/公顷 土壤喷雾
LS20071588 丁·莠/48%/悬乳剂/丁草胺 19%、莠去津 29%/2009.06.05 至 2010.06.06/低毒
夏玉米田 一年生杂草 1080-1440克/公顷 土壤喷雾
LS20071849 阿维·三唑磷/20%/乳油/阿维菌素 0.2%、三唑磷 19.8%/2009.07.09 至 2010.07.10/中等毒(原药高毒)
水稻 二化螟 150～210克/公顷 喷雾
LS20071988 甲氨基阿维菌素苯甲酸盐/2.2%/微乳剂/甲氨基阿维菌素苯甲酸盐 2.2%/2009.08.07 至 2010.08.08/低毒
十字花科蔬菜 甜菜夜蛾 2.64-3.3克/公顷 喷雾
LS20072615 苄·乙/20%/可湿性粉剂/苄嘧磺隆 4.5%、乙草胺 15.5%/2009.12.09 至 2010.12.09/低毒
水稻移栽田 一年生及部分多年生杂草 84-118克/公顷 毒土法
LS20072640 五硝·多菌灵/40%/可湿性粉剂/多菌灵 32%、五氯硝基苯 8%/2009.12.09 至 2010.12.09/低毒
西瓜 枯萎病 500-667毫克/千克 灌根
LS20080124 2甲·氯氟吡/30%/可湿性粉剂/2甲4氯 25%、氯氟吡氧乙酸 5%/2009.01.04 至 2010.01.04/低毒
冬小麦田 一年生阔叶杂草 540-675克/公顷 茎叶喷雾
LS20080729 吗胍·乙酸铜/20%/可湿性粉剂/盐酸吗啉胍 10%、乙酸铜 10%/2009.02.25 至 2010.02.26/低毒
番茄 病毒病 500-750克/公顷 喷雾
LS20082906 丙溴·氟铃脲/32%/乳油/丙溴磷 30%、氟铃脲 2%/2009.07.09 至 2010.07.09/低毒
棉花 棉铃虫 240-336克/公顷 喷雾

山东科信生物化学有限公司 （山东省济南市历城区北园大街234号 250100 0531-88631827)

PD20093110 百草枯/42%/母药/百草枯 42%/2009.03.09 至 2014.03.09/中等毒
PD20094494 百草枯/200克/升/水剂/百草枯 200克/升/2009.04.09 至 2014.04.09/中等毒
茶园 杂草 450-750克/公顷 定向喷雾
PD20095162 虫酰肼/95%/原药/虫酰肼 95%/2009.04.24 至 2014.04.24/低毒
LS20053225 虫酰肼/200克/升/悬浮剂/虫酰肼 200克/升/2008.10.11 至 2009.10.11/低毒
十字花科蔬菜 甜菜夜蛾 210-300克/公顷 喷雾
LS20070570 高效氯氟氰菊酯/25克/升/乳油/高效氯氟氰菊酯 25克/升/2009.03.20 至 2010.03.21/中等毒
十字花科蔬菜 蚜虫 7.5-11.25克/公顷 喷雾

山东科源化工有限公司 （山东省莱州市银海工业园区 261413 0532-83834402)

PD85104-7 敌敌畏/95%/原药/敌敌畏 95%/2010.01.05 至 2015.01.05/中等毒
PD85105-61 敌敌畏/80%/乳油/敌敌畏 77.5%(气谱法)/2005.01.05 至 2010.01.05/中等毒
茶树 食叶害虫 600克/公顷 喷雾
粮仓 多种储藏害虫 1)400-500倍液 1)喷雾
2)0.4-0.5克/立方米 2)挂条熏蒸
棉花 蚜虫、造桥虫 600-1200克/公顷 喷雾
苹果树 小卷叶蛾、蚜虫 400-500毫克/千克 喷雾
青菜 菜青虫 600克/公顷 喷雾
桑树 尺蠖 600克/公顷 喷雾
卫生 多种卫生害虫 1)300-400倍液 1)泼洒
2)0.08克/立方米 2)挂条熏蒸
小麦 黏虫、蚜虫 600克/公顷 喷雾
PD20040784 哒螨灵/15%/乳油/哒螨灵 15%/2009.12.19 至 2014.12.19/中等毒
柑橘树 红蜘蛛 50-67毫克/千克 喷雾
PD20084931 霜霉威盐酸盐/66.5%/水剂/霜霉威盐酸盐 66.5%/2008.12.22 至 2013.12.22/低毒
黄瓜 霜霉病 649.8-1083克/公顷 喷雾
PD20085340 丙溴磷/40%/乳油/丙溴磷 40%/2008.12.24 至 2013.12.24/中等毒
棉花 棉铃虫 480-600克/公顷 喷雾
PD20085732 丙溴·辛硫磷/25%/乳油/丙溴磷 12%、辛硫磷 13%/2008.12.26 至 2013.12.26/低毒
棉花 棉铃虫 300-375克/公顷 喷雾
PD20090158 氯氰·丙溴磷/44%/乳油/丙溴磷 40%、氯氰菊酯 4%/2009.01.08 至 2014.01.08/低毒
甘蓝 小菜蛾 99-165克/公顷 喷雾
棉花 棉铃虫 198-264克/公顷 喷雾
PD20092344 杀鼠醚/0.0375%/毒饵/杀鼠醚 0.0375%/2009.02.24 至 2014.02.24/中等毒(原药高毒)
室内、外 家鼠 / 饱和投饵
PD20095500 甲哌鎓/250克/升/水剂/甲哌鎓 250克/升/2009.05.11 至 2014.05.11/低毒
棉花 调节生长 45-60克/公顷 喷雾
LS20070560 辛硫磷/40%/乳油/辛硫磷 40%/2009.03.20 至 2010.03.21/低毒
棉花 蚜虫 450-600克/公顷 喷雾

山东坤丰生物化工有限公司 （山东省济南市天桥区工业园 250033 0531-89667269）

PD20093691 精噁唑禾草灵/69克/升/水乳剂/精噁唑禾草灵 69克/升/2009.03.25 至 2014.03.25/低毒
冬小麦田 一年生禾本科杂草 46.6-51.8克/公顷 茎叶喷雾

PD20094002 百草枯/200克/升/水剂/百草枯 200克/升/2009.03.27 至 2014.03.27/中等毒
非耕地 杂草 600-900克/公顷 茎叶喷雾

PD20094186 苯磺隆/75%/水分散粒剂/苯磺隆 75%/2009.03.30 至 2014.03.30/低毒
冬小麦田 一年生阔叶杂草 13.5-22.5克/公顷 茎叶喷雾

PD20094749 烟嘧磺隆/40克/升/可分散油悬浮剂/烟嘧磺隆 40克/升/2009.04.10 至 2014.04.10/微毒
玉米田 一年生杂草 42-60克/公顷 茎叶喷雾

PD20094944 吡虫啉/200克/升/可溶液剂/吡虫啉 200克/升/2009.04.17 至 2014.04.17/低毒
番茄 白粉虱 450-60克/公顷 喷雾

PD20094947 炔螨特/73%/乳油/炔螨特 73%/2009.04.17 至 2014.04.17/低毒
苹果树 红蜘蛛 243-365毫克/千克 喷雾

PD20095088 异丙威/20%/乳油/异丙威 20%/2009.04.23 至 2014.04.23/中等毒
水稻 飞虱 150-600克/公顷 喷雾

PD20095089 氟氯氰菊酯/50克/升/乳油/氟氯氰菊酯 50克/升/2009.04.23 至 2014.04.23/低毒
甘蓝 蚜虫 22.5-3.克/公顷 喷雾

PD20095252 氯氰菊酯/10%/乳油/氯氰菊酯 10%/2009.04.27 至 2014.04.27/低毒
甘蓝 菜青虫 22.5—30克/公顷 喷雾

PD20095645 毒死蜱/480克/升/乳油/毒死蜱 480克/升/2009.05.12 至 2014.05.12/中等毒
甘蓝 菜青虫 432-540克/公顷 喷雾

PD20095679 精喹禾灵/15%/乳油/精喹禾灵 15%/2009.05.15 至 2014.05.15/低毒
春大豆田 一年生禾本科杂草 20-35毫升制剂/亩 茎叶喷雾

PD20096081 高效氯氟氰菊酯/25克/升/乳油/高效氯氟氰菊酯 25克/升/2009.06.18 至 2014.06.18/中等毒
甘蓝 菜青虫 7.5-15克/公顷 喷雾

PD20096298 联苯菊酯/25克/升/乳油/联苯菊酯 25克/升/2009.07.22 至 2014.07.22/低毒
茶树 茶小绿叶蝉 30-37.5克/公顷 喷雾

PD20096461 烯草酮/240克/升/乳油/烯草酮 240克/升/2009.08.14 至 2014.08.14/低毒
大豆田 一年生禾本科杂草 27-40毫升制剂/亩 茎叶喷雾

PD20096468 高效氟吡甲禾灵/108克/升/乳油/高效氟吡甲禾灵 108克/升/2009.08.14 至 2014.08.14/低毒
油菜田 一年生禾本科杂草 23-28毫升制剂/亩 茎叶喷雾

PD20096702 氯氟吡氧乙酸/200克/升/乳油/氯氟吡氧乙酸 200克/升/2009.09.07 至 2014.09.07/低毒
小麦田 一年生阔叶杂草 50-67毫升制剂/亩 茎叶喷雾

PD20097011 氟磺胺草醚/250克/升/水剂/氟磺胺草醚 250克/升/2009.09.29 至 2014.09.29/低毒
春大豆田 一年生阔叶杂草 300-375克/公顷 茎叶喷雾

PD20097475 阿维菌素/3.2%/乳油/阿维菌素 3.2%/2009.11.03 至 2014.11.03/低毒(原药高毒)
甘蓝 小菜蛾 8.1-10.8克/公顷 喷雾

PD20097814 甲·乙·莠/42%/悬浮剂/甲草胺 8%、乙草胺 9%、莠去津 25%/2009.11.20 至 2014.11.20/低毒
春玉米田 一年生杂草 350-400毫升制剂/亩 播后苗前土壤喷雾
夏玉米田 一年生杂草 170-230毫升制剂/亩 播后苗前土壤喷雾

LS99987 浏阳霉素/10%/乳油/浏阳霉素 10%/2009.01.19 至 2009.12.31/低毒
苹果树 红蜘蛛 1000-1500倍液 喷雾

LS20090246 氯吡·苯磺隆/20%/可湿性粉剂/苯磺隆 2.7%、氯氟吡氧乙酸 17.3%/2009.02.13 至 2010.02.13/低毒
冬小麦田 一年生阔叶杂草 90-120克/公顷 茎叶喷雾

LS20090312 草甘膦铵盐/95%/可溶粒剂/草甘膦铵盐 95%/2009.03.02 至 2010.03.02/低毒
柑橘园 杂草 1781.25-2280克/公顷 定向茎叶喷雾

LS20090844 甲·乙·莠/42%/悬浮剂/甲草胺 8%、乙草胺 9%、莠去津 25%/2009.04.09 至 2010.04.09/低毒
玉米田 一年生杂草 350-400毫升制剂/亩（东北地区） 170—230毫升制剂/亩(其他地区) 播后苗前土壤喷雾

WL20080287 杀虫气雾剂/0.55%/气雾剂/胺菊酯 0.25%、氯菊酯 0.25%、氯氰菊酯 0.05%/2009.04.18 至 2010.04.18/微毒
卫生 蚊、蝇、蜚蠊 / 喷雾

WL20080304 杀虫气雾剂/0.28%/气雾剂/胺菊酯 0.15%、富右旋反式烯丙菊酯 0.08%、氯菊酯 0.05%/2009.04.21至2010.04.21/微毒
卫生 蚊、蝇、蜚蠊 / 喷雾

山东乐邦化学品有限公司 （山东省济南市大桥路 250100 0531-88263059）

PD20083883 毒死蜱/480克/升/乳油/毒死蜱 480克/升/2008.12.15 至 2013.12.15/中等毒
水稻 稻纵卷叶螟 432-576克/公顷 喷雾

PD20084482 高效氯氟氰菊酯/25克/升/乳油/高效氯氟氰菊酯 25克/升/2008.12.17 至 2013.12.17/中等毒
棉花 棉铃虫 15-18.75克/公顷 喷雾

PD20084582 丙环唑/250克/升/乳油/丙环唑 250克/升/2008.12.18 至 2013.12.18/低毒
香蕉 叶斑病 250-500毫克/千克 喷雾

PD20084607 联苯菊酯/100克/升/乳油/联苯菊酯 100克/升/2008.12.18 至 2013.12.18/中等毒
茶树 茶小绿叶蝉 30-37.5克/公顷 喷雾

PD20085401 草甘膦异丙胺盐/41%/水剂/草甘膦异丙胺盐 41%/2008.12.24 至 2013.12.24/低毒
桑园 杂草 1125-2250克/公顷 定向茎叶喷雾

PD20086344 代森锰锌/80%/可湿性粉剂/代森锰锌 80%/2008.12.31 至 2013.12.31/低毒
黄瓜 霜霉病 2250-3000克/公顷 喷雾

PD20090385 氟乐灵/480克/升/乳油/氟乐灵 480克/升/2009.01.12 至 2014.01.12/低毒
棉花田 一年生禾本科杂草及部分阔叶杂草 900-1080克/公顷 播后苗前土壤喷雾

PD20090413 异丙甲草胺/720克/升/乳油/异丙甲草胺 720克/升/2009.01.12 至 2014.01.12/低毒
大豆田 一年生杂草 1080-1944克/公顷 土壤喷雾

PD20090567 百草枯/200克/升/水剂/百草枯 200克/升/2009.01.13 至 2014.01.13/中等毒
茶园 一年生和多年生杂草 450-750克/公顷 定向茎叶喷雾

PD20090961 二甲戊灵/330克/升/乳油/二甲戊灵 330克/升/2009.01.20 至 2014.01.20/低毒
棉花田 一年生杂草 742.5-990克/公顷 土壤喷雾

PD20091362 高效氟吡甲禾灵/108克/升/乳油/高效氟吡甲禾灵 108克/升/2009.02.02 至 2014.02.02/低毒
大豆田 杂草 48.6-72.9克/公顷 茎叶喷雾

PD20092698 精喹禾灵/50克/升/乳油/精喹禾灵 50克/升/2009.03.03 至 2014.03.03/低毒
春大豆田 一年生禾本科杂草 45-60克/公顷 茎叶喷雾
夏大豆田 一年生禾本科杂草 60-75克/公顷 茎叶喷雾

PD20093108 丁草胺/600克/升/水乳剂/丁草胺 600克/升/2009.03.09 至 2014.03.09/低毒
移栽水稻田 杂草 1650-2100毫升制剂/公顷 毒土法

PD20093516 乙草胺/900克/升/乳油/乙草胺 900克/升/2009.03.23 至 2014.03.23/低毒
春玉米田 一年生禾本科杂草及部分小粒种子阔叶杂草 1350-1620克/公顷 土壤喷雾
夏玉米田 一年生禾本科杂草及部分小粒种子阔叶杂草 810-1215克/公顷 土壤喷雾

PD20094194 莠去津/50%/悬浮剂/莠去津 50%/2009.03.30 至 2014.03.30/低毒
夏玉米田 一年生杂草 1050-1500克/公顷 播后苗前土壤喷雾

PD20097203 乙草胺/50%/乳油/乙草胺 50%/2009.10.19 至 2014.10.19/低毒
花生田 一年生杂草 900-1125克/公顷 播后苗前土壤喷雾

PD20097375 阿维菌素/18克/升/乳油/阿维菌素 18克/升/2009.10.28 至 2014.10.28/低毒(原药高毒)
甘蓝 小菜蛾 8.1-10.8克/公顷 喷雾

PD20097691 阿维·高氯/3%/乳油/阿维菌素 0.2%、高效氯氰菊酯 2.8%/2009.11.04 至 2014.11.04/低毒(原药高毒)
甘蓝 菜青虫、小菜蛾 13.5-27克/公顷 喷雾

PD20097795 甲基硫菌灵/70%/可湿性粉剂/甲基硫菌灵 70%/2009.11.20 至 2014.11.20/低毒
番茄 叶腐病 525-787.5克/公顷 喷雾

PD20097841 精噁唑禾草灵/69克/升/水乳剂/精噁唑禾草灵 69克/升/2009.11.20 至 2014.11.20/低毒
小麦田 一年生禾本科杂草 41.4-62.10克/公顷 茎叶喷雾

PD20097847 烟嘧磺隆/40克/升/可分散油悬浮剂/烟嘧磺隆 40克/升/2009.11.20 至 2014.11.20/低毒
玉米田 一年生杂草 45-60克/公顷 茎叶喷雾

PD20098085 三环唑/75%/可湿性粉剂/三环唑 75%/2009.12.08 至 2014.12.08/中等毒
水稻 稻瘟病 225-300克/公顷 喷雾

PD20098268 氟硅唑/400克/升/乳油/氟硅唑 400克/升/2009.12.18 至 2014.12.18/低毒
黄瓜 黑星病 60-75克/公顷 喷雾

PD20098373 吡嘧磺隆/10%/可湿性粉剂/吡嘧磺隆 10%/2009.12.18 至 2014.12.18/低毒
移栽水稻田 一年生阔叶杂草 22.5-30克/公顷 毒土法

LS20052491 吡虫啉/20%/可湿性粉剂/吡虫啉 20%/2008.07.25 至 2009.07.25/低毒
小麦 蚜虫 15-30克/公顷(南方地区)45-60克/公顷(北方地区) 喷雾

LS20052495 多·福/75%/可湿性粉剂/多菌灵 25%、福美双 50%/2008.07.25 至 2009.07.25/低毒
葡萄 霜霉病 1000-1250毫克/千克 喷雾

LS20052509 吡虫·杀虫单/38%/可湿性粉剂/吡虫啉 2%、杀虫单 36%/2008.07.25 至 2009.07.25/中等毒
水稻 稻飞虱、稻纵卷叶螟、二化螟、三化螟 450-750克/公顷 喷雾

LS20071504 草甘膦/10%/水剂/草甘膦 10%/2009.05.29 至 2009.12.31/低毒
苹果园 杂草 1125-2250克/公顷 定向茎叶喷雾

LS20080087 丁草胺/600克/升/水乳剂/丁草胺 600克/升/2009.01.04 至 2010.01.04/低毒
移栽水稻田 杂草 990-1260克/公顷 毒土法

LS20080652 2,4-滴丁酯/72%/乳油/2,4-滴丁酯 72%/2009.02.25 至 2010.02.25/低毒
春玉米田 阔叶杂草 432-540克/公顷 茎叶喷雾

LS20082100 咪唑乙烟酸/50克/升/水剂/咪唑乙烟酸 50克/升/2009.04.15 至 2010.04.15/低毒

春大豆田　一年生杂草　75-97.5克/公顷　土壤喷雾

LS20082730　丁·莠/42%/悬乳剂/丁草胺 22%、莠去津 20%/2009.05.04 至 2010.05.04/低毒
夏玉米田　一年生杂草　1260—1575克/公顷　播后苗前土壤喷雾

LS20082794　松·喹·氟磺胺/35%/乳油/氟磺胺草醚 9.5%、精喹禾灵 2.5%、异噁草松 23%/2009.05.09 至 2010.05.09/低毒
春大豆田　一年生杂草　630-787.5克/公顷　茎叶喷雾

LS20082816　异丙草·莠/41%/悬浮剂/异丙草胺 21%、莠去津 20%/2009.05.12 至 2010.05.12/低毒
夏玉米田　一年生杂草　1230-1537.5克/公顷　播后苗前土壤喷雾

LS20082820　莠灭净/80%/可湿性粉剂/莠灭净 80%/2009.05.12 至 2010.05.12/低毒
夏玉米田　一年生杂草　1440-2160克/公顷　播后苗前土壤喷雾

LS20083048　甲·乙·莠/42%/悬乳剂/甲草胺 8%、乙草胺 9%、莠去津 25%/2009.09.22 至 2010.09.22/低毒
玉米田　一年生杂草　夏玉米：945-1260克/公顷　土壤喷雾
春玉米：1260-1890克/公顷

LS20083063　阿维·哒螨灵/10.5%/乳油/阿维菌素 0.3%、哒螨灵 10.2%/2009.10.09 至 2010.10.09/中等毒(原药高毒)
柑橘树　红蜘蛛　70-105毫克/千克　喷雾

LS20083152　乙草胺/990克/升/乳油/乙草胺 990克/升/2009.11.17 至 2010.11.17/低毒
春大豆田　一年生杂草　1350-1650毫升/公顷(制剂)　播后苗前土壤喷雾

LS20090555　烟嘧·莠去津 /22%/油悬浮剂/烟嘧磺隆 2%、莠去津 20%/2009.03.19 至 2010.03.19/低毒
玉米田　一年生杂草　100—150毫升制剂/亩　茎叶喷雾

LS20090955　丁·戊·福美双/20.6%/悬浮种衣剂/丁硫克百威 7%、福美双 13%、戊唑醇 0.6%/2009.04.10 至 2010.04.10/中等毒
玉米　地老虎、金针虫、蝼蛄、蛴螬、丝黑穗病　463.5-515克/100千克种子　种子包衣

LS20091144　甲·灭·敌草隆/55%/可湿性粉剂/敌草隆 15%、2甲4氯 10%、莠灭净 30%/2009.04.17 至 2010.04.17/低毒
甘蔗田　一年生杂草　1350-1732.5克/公顷　定向茎叶喷雾

LS20091277　甲维·毒死蜱/15%/乳油/毒死蜱 14.8%、甲氨基阿维菌素苯甲酸盐 0.2%/2009.05.22 至 2010.05.22/中等毒
甘蓝　甜菜夜蛾　67.5-112.5克/公顷　喷雾

LS20091312　磺草·莠去津/40%/悬浮剂/磺草酮 10%、莠去津 30%/2009.06.02 至 2010.06.02/低毒
夏玉米田　一年生杂草　200-250毫升制剂/亩　茎叶喷雾

LS20091380　乙·莠· 滴丁酯/51%/悬乳剂/2,4-滴丁酯 5%、乙草胺 30%、莠去津 16%/2009.08.04 至 2010.08.04/低毒
春玉米田　一年生杂草　230-270毫升制剂/亩　茎叶喷雾

山东利邦农化有限公司　（山东省青州市北环一路3889号　262515　0536-3521758）

PD20085105　代森锌/65%/可湿性粉剂/代森锌 65%/2008.12.23 至 2013.12.23/微毒
番茄　早疫病　2550-3600克/公顷　喷雾

PD20085773　三唑锡/25%/可湿性粉剂/三唑锡 25%/2008.12.29 至 2013.12.29/中等毒
柑橘树　红蜘蛛　125-166.7毫克/千克　喷雾

PD20090255　异菌脲/50%/可湿性粉剂/异菌脲 50%/2009.01.09 至 2014.01.09/低毒
番茄　灰霉病　375-750克/公顷　喷雾

PD20090315　代森锰锌/80%/可湿性粉剂/代森锰锌 80%/2009.01.12 至 2014.01.12/微毒
黄瓜　霜霉病　2040-3000克/公顷　喷雾

PD20091590　三环唑/75%/可湿性粉剂/三环唑 75%/2009.02.03 至 2014.02.03/低毒
水稻　稻瘟病　225-375克/公顷　喷雾

PD20092229　百菌清/75%/可湿性粉剂/百菌清 75%/2009.02.24 至 2014.02.24/低毒
苹果树　斑点落叶病　1250-1875毫克/千克　喷雾

PD20092818　虫酰肼/20%/悬浮剂/虫酰肼 20%/2009.03.04 至 2014.03.04/微毒
十字花科蔬菜　甜菜夜蛾　210-300克/公顷　喷雾

PD20093439　辛硫磷/40%/乳油/辛硫磷 40%/2009.03.23 至 2014.03.23/低毒
棉花　棉铃虫　360-600克/公顷　喷雾

PD20093852　百草枯/200克/升/水剂/百草枯 200克/升/2009.03.25 至 2014.03.25/中等毒
柑橘园　杂草　600-900克/公顷　定向茎叶喷雾

PD20096363　异丙威/20%/乳油/异丙威 20%/2009.07.28 至 2014.07.28/中等毒
水稻　稻飞虱　450-600克/公顷　喷雾

PD20096395　福美双/50%/可湿性粉剂/福美双 50%/2009.08.04 至 2014.08.04/中等毒
黄瓜　白粉病　525-1050克/公顷　喷雾

PD20096438　阿维菌素/1.8%/乳油/阿维菌素 1.8%/2009.08.05 至 2014.08.05/低毒(原药高毒)
甘蓝　小菜蛾　8.1-10.8克/公顷　喷雾

PD20097672　甲霜·锰锌/58%/可湿性粉剂/甲霜灵 10%、代森锰锌 48%/2009.11.04 至 2014.11.04/低毒
黄瓜　霜霉病　670-1044克/公顷　喷雾

PD20098479　三唑磷/20%/乳油/三唑磷 20%/2009.12.24 至 2014.12.24/低毒
水稻　二化螟　300-450克/公顷　喷雾

LS20081392　吗胍·乙酸铜/20%/可湿性粉剂/盐酸吗啉胍 10%、乙酸铜 10%/2009.03.18 至 2010.03.18/微毒
水稻　条纹叶枯病　360-450克/公顷　喷雾

LS20083270 烯酰吗啉/40%/水分散粒剂/烯酰吗啉 40%/2009.12.15 至 2010.12.15/低毒
黄瓜 霜霉病 225-300克/公顷 喷雾
LS20090077 甲维盐·氯氰/3.2%/微乳剂/甲氨基阿维菌素苯甲酸盐 0.2%、氯氰菊酯 3%/2010.01.09 至 2011.01.09/低毒
甘蓝 甜菜夜蛾 21-28.8克/公顷 喷雾

山东力邦化工有限公司 (山东省菏泽市定陶工业园 274100 0530-2152744)

PD20082807 硫双威/95%/原药/硫双威 95%/2008.12.09 至 2013.12.09/中等毒
PD20090688 硫双威/375克/升/悬浮剂/硫双威 375克/升/2009.01.19 至 2014.01.19/中等毒
棉花 棉铃虫 337.5-506.25克/公顷 喷雾
PD20090848 虫酰肼/200克/升/悬浮剂/虫酰肼 200克/升/2009.01.19 至 2014.01.19/低毒
十字花科蔬菜 甜菜夜蛾 200-300克/公顷 喷雾
LS20052765 阿维·高氯/2%/微乳剂/阿维菌素 0.2%、高效氯氰菊酯 1.8%/2008.08.21 至 2009.08.21/低毒(原药高毒)
梨树 梨木虱 12-24毫克/千克 喷雾
十字花科蔬菜 菜青虫、小菜蛾 13.5-27克/公顷 喷雾
LS20053394 吡虫啉/10%/可湿性粉剂/吡虫啉 10%/2008.10.18 至 2009.10.18/低毒
水稻 稻飞虱 15-30克/公顷 喷雾
小麦 蚜虫 15-30克/公顷(南方地区) 喷雾
45-60克/公顷(北方地区)
LS20080858 高效氯氰菊酯/4.5%/水乳剂/高效氯氰菊酯 4.5%/2009.03.04 至 2010.03.04/中等毒
棉花 棉铃虫 20.25-33.75克/公顷 喷雾
LS20090065 硫双威/80%/水分散粒剂/硫双威 80%/2009.01.09 至 2010.01.09/中等毒
甘蓝 菜青虫 240-300克/公顷 喷雾

山东聊城赛德农药有限公司 (山东省莘县朝城镇工业开发区 252423 0635-7717777)

PD20084502 霜脲·锰锌/72%/可湿性粉剂/代森锰锌 64%、霜脲氰 8%/2008.12.22 至 2013.12.22/低毒
黄瓜 霜霉病 1440-1800克/公顷 喷雾
PD20090651 啶虫脒/40%/水分散粒剂/啶虫脒 40%/2009.01.15 至 2014.01.15/中等毒
甘蓝 蚜虫 18-22.5克/公顷 喷雾
PD20092262 福·福锌/80%/可湿性粉剂/福美双 30%、福美锌 50%/2009.02.24 至 2014.02.24/低毒
西瓜 炭疽病 1500-1800克/公顷 喷雾
LS96331 藜芦碱/0.5%/可溶液剂/藜芦碱 0.5%/2009.01.20 至 2009.12.31/低毒
棉花 棉铃虫、棉蚜 5.625-7.5克/公顷 喷雾
LS20072099 吗胍·乙酸铜/20%/可湿性粉剂/盐酸吗啉胍 10%、乙酸铜 10%/2009.08.29 至 2010.08.30/低毒
水稻 条纹叶枯病 360-450克/公顷 喷雾
LS20082464 阿维菌素/18克/升/乳油/阿维菌素 18克/升/2009.04.22 至 2010.04.22/低毒(原药高毒)
十字花科蔬菜 小菜蛾 8.1-10.8克/公顷 喷雾
LS20082686 嘧啶核苷类抗菌素/4%/水剂/嘧啶核苷类抗菌素 4%/2009.04.29 至 2010.04.29/低毒
葡萄 白粉病 100-125毫克/千克 喷雾

山东临沂化联化工有限公司 (山东省临沂市兰山区朱保工业园 276000 0539-8558888)

PD85105-55 敌敌畏/80%/乳油/敌敌畏 77.5%/2005.03.22 至 2010.03.22/中等毒
茶树 食叶害虫 600克/公顷 喷雾
粮仓 多种储藏害虫 1)400-500倍液, 1)喷雾,
2)0.4-0.5克/立方米 2)挂条熏蒸
棉花 蚜虫、造桥虫 600-1200克/公顷 喷雾
苹果树 小卷叶蛾、蚜虫 400-500毫克/千克 喷雾
青菜 菜青虫 600克/公顷 喷雾
桑树 尺蠖 600克/公顷 喷雾
卫生 多种卫生害虫 1)300-400倍液, 1)泼洒.
2)0.08克/立方米 2)挂条熏蒸
小麦 黏虫、蚜虫 600克/公顷 喷雾
PD91104-27 敌敌畏/48%/乳油/敌敌畏 48%/2006.01.17 至 2011.01.17/中等毒
茶树 食叶害虫 600克/公顷 喷雾
粮仓 多种储粮害虫 1)300-400倍液 1)喷雾
2)0.4-0.5克/立方米 2)挂条熏蒸
棉花 蚜虫、造桥虫 600-1200克/公顷 喷雾
苹果树 小卷叶蛾、蚜虫 400-500毫克/千克 喷雾
青菜 菜青虫 600克/公顷 喷雾
桑树 尺蠖 600克/公顷 喷雾
卫生 多种卫生害虫 1)250-300倍液 1)泼洒
2)0.08克/立方米 2)挂条熏蒸
小麦 黏虫、蚜虫 600克/公顷 喷雾
PD20040217 氯氰菊酯/5%/乳油/氯氰菊酯 5%/2009.12.19 至 2014.12.19/中等毒
棉花 棉铃虫 45-90克/公顷 喷雾
PD20040682 氯氰·吡虫啉/5%/乳油/吡虫啉 1.5%、氯氰菊酯 3.5%/2009.12.19 至 2014.12.19/中等毒
十字花科蔬菜 蚜虫 22.5-37.5克/公顷 喷雾

PD20082541 甲氰·辛硫磷/25%/乳油/甲氰菊酯 5%、辛硫磷 20%/2008.12.03 至 2013.12.03/中等毒
棉花 棉铃虫 225-345克/公顷 喷雾
PD20083255 辛硫·仲丁威/24%/悬浮剂/辛硫磷 16%、仲丁威 8%/2008.12.11 至 2013.12.11/中等毒
甘蓝 菜青虫 216-288克/公顷 喷雾
PD20083968 乙酰甲胺磷/30%/乳油/乙酰甲胺磷 30%/2008.12.16 至 2013.12.16/低毒
十字花科蔬菜 菜青虫 360-540克/公顷 喷雾
PD20090267 敌百·辛硫磷/30%/乳油/敌百虫 20%、辛硫磷 10%/2009.01.09 至 2014.01.09/低毒
水稻 二化螟 360-450克/公顷 喷雾
PD20090899 联苯菊酯/100克/升/乳油/联苯菊酯 100克/升/2009.01.19 至 2014.01.19/中等毒
茶树 茶小绿叶蝉 30-37.5克/公顷 喷雾
PD20094922 阿维菌素/18克/升/乳油/阿维菌素 18克/升/2009.04.13 至 2014.04.13/低毒(原药高毒)
十字花科蔬菜 小菜蛾 8.1-10.8克/公顷 喷雾
PD20095952 氧乐果/20%/乳油/氧乐果 20%/2009.06.02 至 2014.06.02/中等毒(原药高毒)
棉花 蚜虫 100-150克/公顷 喷雾
PD20096708 三唑磷/20%/乳油/三唑磷 20%/2009.09.07 至 2014.09.07/中等毒
水稻 二化螟 300-450克/公顷 喷雾
PD20098450 柴油·毒死蜱/48%/乳油/柴油 32%、毒死蜱 16%/2009.12.24 至 2014.12.24/中等毒
萝卜 菜青虫 540-720克/公顷 喷雾
LS20052921 阿维·三唑磷/11.2%/乳油/阿维菌素 0.2%、三唑磷 11%/2008.09.07 至 2009.09.07/中等毒(原药高毒)
柑橘树 红蜘蛛 74.7-112毫克/千克 喷雾
LS20061574 福·福锌/40%/可湿性粉剂/福美双 15%、福美锌 25%/2009.08.13 至 2010.08.13/低毒
黄瓜 炭疽病 1500-1800克/公顷 喷雾
LS20072200 三唑·辛硫磷/20%/乳油/三唑磷 10%、辛硫磷 10%/2008.09.11 至 2009.09.12/中等毒
水稻 二化螟 360-480克/公顷 喷雾
LS20072482 辛硫磷/3%/颗粒剂/辛硫磷 3%/2009.11.19 至 2010.11.20/低毒
花生 地下害虫 2700-3600克/公顷 沟施或穴施

山东临沂圣骐日化有限公司 (山东省临沂市水田路化妆品市场263号 276002 0539-8996519)

WL20070157 杀虫气雾剂/0.26%/气雾剂/胺菊酯 0.21%、氯氰菊酯 0.05%/2009.08.07 至 2010.08.08/微毒
卫生 蜚蠊、蚊、蝇 / 喷雾

山东临沂市河东区利多精细化工厂 (山东省临沂市河东区刘店子乡小十六湖村 276034 0539-8737644)

WL20050110 杀虫气雾剂/0.23%/气雾剂/胺菊酯 0.2%、高效氯氰菊酯 0.03%/2008.04.11 至 2009.04.11/低毒
卫生 蚊、蝇、蜚蠊 / 喷雾

山东临沂市维尔雅精细化工厂 (山东省临沂市罗庄区技术开发区盛庄镇 276016 0539-8591160)

WP20090151 杀虫气雾剂/0.3%/气雾剂/胺菊酯 0.25%、氯氰菊酯 0.05%/2009.03.03 至 2014.03.03/低毒
卫生 蚊、蝇 / 喷雾
WL20070270 杀虫气雾剂/0.45%/气雾剂/胺菊酯 0.25%、氯氰菊酯 0.2%/2009.11.05 至 2010.11.06/微毒
卫生 蚊、蝇 / 喷雾

山东鲁抗生物农药有限责任公司 (山东省德州市齐河县友谊路3号 251100 0534-5337777)

PD86109-8 苏云金杆菌/8000IU/毫克/可湿性粉剂/苏云金杆菌 8000IU/毫克/2006.11.16 至 2011.11.16/低毒
白菜、萝卜、青菜 菜青虫、小菜蛾 1500-4500克制剂/公顷 喷雾
茶树 茶毛虫 1500-7500克制剂/公顷 喷雾
大豆、甘薯 天蛾 1500-2250克制剂/公顷 喷雾
柑橘树 柑橘凤蝶 2250-3750克制剂/公顷 喷雾
高粱、玉米 玉米螟 3750-4500克制剂/公顷 喷雾、毒土
梨树 天幕毛虫 1500-3750克制剂/公顷 喷雾
林木 尺蠖、柳毒蛾、松毛虫 2250-7500克制剂/公顷 喷雾
棉花 棉铃虫、造桥虫 1500-7500克制剂/公顷 喷雾
苹果树 巢蛾 2250-3750克制剂/公顷 喷雾
水稻 稻苞虫、稻纵卷叶螟 1500-6000克制剂/公顷 喷雾
烟草 烟青虫 3750-7500克制剂/公顷 喷雾
枣树 尺蠖 3750-4500克制剂/公顷 喷雾
PD86183-7 赤霉酸/85%/结晶粉/赤霉酸 85%/2006.08.20 至 2011.08.20/低毒
菠菜 增加鲜重 10-25毫克/千克 叶面处理1-3次
菠萝 果实增大、增重 40-80毫克/千克 喷花
柑橘树 果实增大、增重 20-40毫克/千克 喷花
花卉 提前开花 700毫克/千克 叶面处理涂抹花芽
绿肥 增产 10-20毫克/千克 喷雾
马铃薯 苗齐、增产 0.5-1毫克/千克 浸薯块10-30分钟
棉花 提高结铃率、增产 10-20毫克/千克 点喷、点涂或喷雾
葡萄 无核、增产 50-200毫克/千克 花后一周处理果

				穗
	芹菜	增加鲜重	20-100毫克/千克	叶面处理1次
	人参	增加发芽率	20毫克/千克	播种前浸种15分钟
	水稻	增加千粒重、制种	20-30毫克/千克	喷雾
PD20080386	多·福/30%/可湿性粉剂/多菌灵 5%、福美双 25%/2008.02.29 至 2013.02.28/低毒			
	辣椒	立枯病	3-4.5克/平方米	每平方米用药量与15-20千克细土混匀，1/3量撒于苗床底部，2/3量盖在种子上面。
PD20081834	精喹禾灵/5%/乳油/精喹禾灵 5%/2008.11.20 至 2013.11.20/低毒			
	春大豆	一年生禾本科杂草	52.5-75克/公顷(东北地区)	茎叶喷雾
	夏大豆	一年生禾本科杂草	45-52.5克/公顷(东北以外地区)	茎叶喷雾
PD20081870	霜脲·锰锌/36%/可湿性粉剂/代森锰锌 32%、霜脲氰 4%/2008.11.20 至 2013.11.20/低毒			
	黄瓜	霜霉病	1440-1800克/公顷	喷雾
PD20082163	百草枯/200克/升/水剂/百草枯 200克/升/2008.11.26 至 2013.11.26/中等毒			
	茶园	一年生及部分多年生杂草	600-750克/公顷	定向茎叶喷雾
PD20084052	苏云金杆菌/32000IU/毫克/可湿性粉剂/苏云金杆菌 32000IU/毫克/2008.12.16 至 2013.12.16/低毒			
	十字花科蔬菜	小菜蛾	450-750克制剂/公顷	喷雾
PD20084506	腐霉·福美双/25%/可湿性粉剂/腐霉利 5%、福美双 20%/2008.12.18 至 2013.12.18/低毒			
	番茄	灰霉病	225-300克/公顷	喷雾
PD20085619	高效氯氟氰菊酯/25克/升/乳油/高效氯氟氰菊酯 25克/升/2008.12.25 至 2013.12.25/中等毒			
	十字花科蔬菜	菜青虫	7.5-11.25克/公顷	喷雾
PD20085695	苏云金杆菌/4000IU/微升/悬浮剂/苏云金杆菌 4000IU/微升/2008.12.26 至 2013.12.26/低毒			
	茶树	茶毛虫	200-400倍液	喷雾
	棉花	二代棉铃虫	3000-3750毫升制剂/公顷	喷雾
	森林	松毛虫	200-400倍液	喷雾
	十字花科蔬菜	菜青虫、小菜蛾	1500-2250毫升制剂/公顷	喷雾
	水稻	稻纵卷叶螟	3000-3750毫升制剂/公顷	喷雾
	烟草	烟青虫	3000-3750毫升制剂/公顷	喷雾
	玉米	玉米螟	2250-3000毫升制剂/公顷	加细沙灌心叶
	枣树	枣尺蠖	200-400倍液	喷雾
PD20090305	阿维菌素/0.3%/乳油/阿维菌素 0.3%/2009.01.12 至 2014.01.12/低毒(原药高毒)			
	黄瓜	美洲斑潜蝇	2.7-5.4克/公顷	喷雾
PD20091336	高氯·辛硫磷/20%/乳油/高效氯氰菊酯 1.5%、辛硫磷 18.5%/2009.02.01 至 2014.02.01/低毒			
	十字花科蔬菜	菜青虫	120-150克/公顷	喷雾
PD20092828	丙溴·辛硫磷/24%/乳油/丙溴磷 10%、辛硫磷 14%/2009.03.04 至 2014.03.04/中等毒			
	棉花	棉铃虫	135-270克/公顷	喷雾
	十字花科蔬菜	菜青虫	72-144克/公顷	喷雾
PD20094848	苏云金杆菌/16000IU/毫克/可湿性粉剂/苏云金杆菌 16000IU/毫克/2009.04.13 至 2014.04.13/低毒			
	茶树	茶毛虫	800-1600倍液	喷雾
	棉花	二代棉铃虫	1500-2250克制剂/公顷	喷雾
	森林	松毛虫	1200-1600倍液	喷雾
	十字花科蔬菜	小菜蛾	750-1125克制剂/公顷	喷雾
	十字花科蔬菜	菜青虫	375-750克制剂/公顷	喷雾
	水稻	稻纵卷叶螟	1500-2250克制剂/公顷	喷雾
	烟草	烟青虫	750-1500克制剂/公顷	喷雾
	玉米	玉米螟	750-1500克制剂/公顷	加细沙灌心
	枣树	枣尺蠖	1200-1600倍液	喷雾
PD20096981	啶虫脒/5%/乳油/啶虫脒 5%/2009.09.29 至 2014.09.29/低毒			
	柑橘树	蚜虫	8-10毫克/千克	喷雾
PD20097082	虫酰肼/20%/悬浮剂/虫酰肼 20%/2009.10.10 至 2014.10.10/低毒			
	甘蓝	甜菜夜蛾	255-300克/公顷	喷雾
LS20021676	硫酸链霉素/72%/可溶粉剂/硫酸链霉素 72%/2009.04.23 至 2009.12.31/低毒			
	大白菜	软腐病	150－300克/公顷	喷雾
LS20030777	吗胍·乙酸铜/20%/可湿性粉剂/盐酸吗啉胍 15%、乙酸铜 5%/2009.02.16 至 2009.12.31/低毒			
	番茄	病毒病	500－750克/公顷	喷雾
LS20050408	杀单·苏云菌/46%/可湿性粉剂/杀虫单 45%、苏云金杆菌 1%/2008.02.19 至 2009.02.18/低毒			
	十字花科蔬菜	小菜蛾	276-345克/公顷	喷雾
	水稻	二化螟	431.25-517.5克/公顷	喷雾
LS20050788	阿维·苏云菌/2%/可湿性粉剂/阿维菌素 0.5%、苏云金杆菌 1.5%/2008.03.28 至 2009.03.28/低毒(原药高毒)			

	十字花科蔬菜	菜青虫、小菜蛾	12-15克/公顷	喷雾
LS20050876	苏云·吡虫啉/3%/可湿性粉剂/吡虫啉 2%、苏云金杆菌 1%/2008.03.29 至 2009.03.29/低毒			
	烟草	烟青虫、烟蚜	33.75-45克/公顷	喷雾
LS20051348	烷醇·硫酸铜/2.1%/水乳剂/硫酸铜 2%、三十烷醇 0.1%/2008.04.13 至 2009.04.13/低毒			
	番茄	病毒病	37.8-56.7克/公顷	喷雾
LS20053141	苏云·毒死蜱/21%/可湿性粉剂/毒死蜱 20%、苏云金杆菌 1%/2008.09.28 至 2009.09.28/低毒			
	水稻	稻飞虱、稻纵卷叶螟	472.5-630克/公顷	喷雾
LS20081956	阿维菌素/18克/升/乳油/阿维菌素 18克/升/2009.04.15 至 2010.04.15/低毒(原药高毒)			
	柑橘树	潜叶蛾	4.5-9.0毫克/千克	喷雾

山东绿霸化工股份有限公司　(山东省济南市历城区西周南路26号　250100　0531-81795669)

PD20040341	吡虫啉/2.5%/乳油/吡虫啉 2.5%/2004.12.19 至 2009.12.18/低毒			
	苹果树	黄蚜	8.3-12.5克/公顷	喷雾
PD20040362	氯氰菊酯/5%/乳油/氯氰菊酯 5%/2009.12.19 至 2014.12.19/中等毒			
	十字花科蔬菜	菜青虫	30-45克/公顷	喷雾
PD20040376	哒螨灵/10%/乳油/哒螨灵 10%/2004.12.19 至 2009.12.18/中等毒			
	苹果树	红蜘蛛	50-67毫克/千克	喷雾
PD20070265	高效氟吡甲禾灵/94%/原药/高效氟吡甲禾灵 94%/2007.09.04 至 2012.09.04/低毒			
PD20070313	氯氟吡氧乙酸/96%/原药/氯氟吡氧乙酸 96%/2007.09.21 至 2012.09.21/低毒			
PD20070394	氟啶脲/96%/原药/氟啶脲 96%/2007.11.05 至 2012.11.05/微毒			
PD20070594	灭幼脲/25%/悬浮剂/氟啶脲 25%/2007.12.14 至 2012.12.14/低毒			
	苹果树	金纹细蛾	125-167毫克/千克	喷雾
PD20070607	百草枯/30.5%/母药/百草枯 30.5%/2007.12.14 至 2012.12.14/中等毒			
PD20070613	锰锌·多菌灵/60%/可湿性粉剂/多菌灵 20%、代森锰锌 40%/2007.12.14 至 2012.12.14/低毒			
	苹果树	斑点落叶病	1000-1250毫克/千克	喷雾
PD20080177	灭幼脲/20%/悬浮剂/灭幼脲 20%/2008.01.04 至 2013.01.04/低毒			
	苹果树	金纹细蛾	100-167.7毫克/千克	喷雾
PD20081377	草甘膦异丙胺盐/41%/水剂/草甘膦异丙胺盐 41%/2008.10.27 至 2013.10.27/低毒			
	非耕地	杂草	1230－2460克/公顷	茎叶喷雾
	柑橘园、苹果园	杂草	1230－2460克/公顷	定向茎叶喷雾
PD20081383	百草枯/200克/升/水剂/百草枯 200克/升/2008.10.28 至 2013.10.28/中等毒			
	茶园	杂草	450-750毫升/公顷	定向茎叶喷雾
	稻茬免耕小麦田、稻茬免耕油菜田	杂草	450-600毫升/公顷	土壤喷雾
	非耕地	杂草	450-600毫升/公顷	定向喷雾
	甘蔗田、玉米田	一年生杂草	450-600毫升/公顷	定向茎叶喷雾
	柑橘园	杂草	600-900毫升/公顷	定向喷雾
	苹果园	杂草	600-750毫升/公顷	定向茎叶喷雾
	香蕉园	杂草	600-750毫升/公顷	茎叶茎叶喷雾
PD20081502	毒死蜱/97%/原药/毒死蜱 97%/2008.11.06 至 2013.11.06/中等毒			
PD20081545	马拉硫磷/45%/乳油/马拉硫磷 45%/2008.11.11 至 2013.11.11/低毒			
	棉花	盲蝽蟓	405-540克/公顷	喷雾
PD20081552	高效氟吡甲禾灵/108克/升/乳油/高效氟吡甲禾灵 108克/升/2008.11.11 至 2013.11.11/低毒			
	春大豆田	一年生禾本科杂草	48.5-56.7克/公顷	茎叶喷雾
	冬油菜田、夏大豆田	一年生禾本科杂草	40.5-48.6克/公顷	茎叶喷雾
	花生田	一年生禾本科杂草	40.5-56.7克/公顷	茎叶喷雾
PD20081578	精吡氟禾草灵/90%/原药/精吡氟禾草灵 90%/2008.11.12 至 2013.11.12/低毒			
PD20081638	虫酰肼/20%/悬浮剂/虫酰肼 20%/2008.11.14 至 2013.11.14/低毒			
	甘蓝	甜菜夜蛾	210－300克/公顷	喷雾
	苹果树	卷叶蛾	100－133毫克/千克	喷雾
PD20081749	毒死蜱/40%/乳油/毒死蜱 40%/2008.11.18 至 2013.11.18/中等毒			
	韭菜	根蛆	1200-1800克/公顷	灌根
PD20081939	四螨·哒螨灵/10%/悬浮剂/哒螨灵 6.5%、四螨嗪 3.5%/2008.11.24 至 2013.11.24/中等毒			
	柑橘树	红蜘蛛	66.7-100毫克/千克	喷雾
PD20082066	杀扑磷/40%/乳油/杀扑磷 40%/2008.11.25 至 2013.11.25/中等毒(原药高毒)			
	柑橘树	介壳虫	400-500毫克/千克	喷雾
PD20082507	氰戊·马拉松/20%/乳油/马拉硫磷 15%、氰戊菊酯 5%/2008.12.03 至 2013.12.03/低毒			
	苹果树	桃小食心虫	200-333毫克/千克	喷雾
PD20083044	啶虫脒/3%/乳油/啶虫脒 3%/2008.12.10 至 2013.12.10/低毒			
	小麦	蚜虫	13.5-18克/公顷	喷雾
PD20083055	阿维菌素/1.8%/乳油/阿维菌素 1.8%/2008.12.10 至 2013.12.10/低毒(原药高毒)			
	柑橘树	红蜘蛛	4.5－6毫克/千克	喷雾
PD20083396	阿维菌素/1%/乳油/阿维菌素 1%/2008.12.11 至 2013.12.11/低毒(原药高毒)			
	棉花	红蜘蛛	10.8-16.2克/公顷	喷雾

PD20084293 炔螨特/57%/乳油/炔螨特 57%/2008.12.17 至 2013.12.17/低毒
柑橘树 红蜘蛛 285－380毫克/千克 喷雾
PD20084307 精吡氟禾草灵/15%/乳油/精吡氟禾草灵 15%/2008.12.17 至 2013.12.17/低毒
花生田 一年生禾本科杂草 112.5-150克/公顷 茎叶喷雾
PD20084326 氟啶脲/50克/升/乳油/氟啶脲 50克/升/2008.12.17 至 2013.12.17/低毒
十字花科蔬菜 甜菜夜蛾 30-60克/公顷 喷雾
PD20084333 草甘膦/10%/水剂/草甘膦 10%/2008.12.17 至 2009.12.31/低毒
苹果园 杂草 1125-2250克/公顷 定向茎叶喷雾
PD20084830 阿维·高氯/1.8%/乳油/阿维菌素 0.3%、高效氯氰菊酯 1.5%/2008.12.22 至 2013.12.22/低毒(原药高毒)
十字花科蔬菜 小菜蛾 13.5-18.9克/公顷 喷雾
十字花科蔬菜 菜青虫 7.5-15克/公顷 喷雾
PD20085561 氟吡·草除灵/20%/乳油/草除灵 16%、高效氟吡甲禾灵 4%/2008.12.25 至 2013.12.25/低毒
春油菜 一年生杂草 270-330克/公顷 茎叶喷雾
冬油菜田 一年生杂草 240-300克/公顷 茎叶喷雾
PD20085673 氯氟吡氧乙酸/200克/升/乳油/氯氟吡氧乙酸 200克/升/2008.12.26 至 2013.12.26/低毒
春小麦田 阔叶杂草 150-199.5克/公顷 茎叶喷雾
冬小麦田、夏玉米田 一年生阔叶杂草 150-210克/公顷 茎叶喷雾
水田畦畔 空心莲子草(水花生) 135-165克/公顷 茎叶喷雾
PD20085850 高效氯氰菊酯/5%/水乳剂/高效氯氰菊酯 5%/2008.12.29 至 2013.12.29/低毒
十字花科蔬菜 菜青虫 30-37.5克/公顷 喷雾
PD20085894 高效氯氟氰菊酯/2.5%/水乳剂/高效氯氟氰菊酯 2.5%/2008.12.29 至 2013.12.29/中等毒
十字花科蔬菜 菜青虫 7.5-15克/公顷 喷雾
PD20085911 吡虫啉/20%/可溶液剂/吡虫啉 20%/2008.12.29 至 2013.12.29/低毒
水稻 稻飞虱 15-30克/公顷 喷雾
PD20086133 高氯·灭多威/12%/乳油/高效氯氰菊酯 1.5%、灭多威 10.5%/2008.12.30 至 2013.12.30/高毒
棉花 棉铃虫 72-90克/公顷 喷雾
PD20090224 甲氨基阿维菌素苯甲酸盐/1%/乳油/甲氨基阿维菌素苯甲酸盐 1%/2009.01.09 至 2014.01.09/低毒
甘蓝 菜青虫 1.5-2.55克/公顷 喷雾
PD20090227 百草枯/250克/升/水剂/百草枯 250克/升/2009.01.09 至 2014.01.09/中等毒
非耕地 一年生和多年生杂草 600-900克/公顷 茎叶喷雾
玉米田 一年生和多年生杂草 450-600克/公顷 定向茎叶喷雾
PD20090884 乙草胺/40%/水乳剂/乙草胺 40%/2009.01.19 至 2014.01.19/低毒
花生田 一年生禾本科杂草及部分阔叶杂草 750-1200克/公顷 土壤喷雾
PD20093845 啶虫脒/9%/可溶液剂/啶虫脒 9%/2009.03.25 至 2014.03.25/低毒
黄瓜 白粉虱 13.5-20.25克/公顷 喷雾
PD20094622 毒·辛/20%/乳油/毒死蜱 4%、辛硫磷 16%/2009.04.10 至 2014.04.10/低毒
韭菜 韭蛆 1500-1800克/公顷 灌根
PD20095090 敌草快/40％/母药/敌草快 40%/2009.04.24 至 2014.04.24/中等毒
PD20095238 烟嘧磺隆/40克/升/油悬浮剂/烟嘧磺隆 40克/升/2009.04.27 至 2014.04.27/低毒
玉米田 一年生杂草 42-60克/公顷 茎叶喷雾
PD20096961 矿物油·辛硫磷/40%/乳油/矿物油 20%、辛硫磷 20%/2009.09.29 至 2014.09.29/低毒
甘蓝 菜青虫 360-480克/公顷 喷雾
LS991241 机油·哒螨灵/28%/乳油/哒螨灵 5%、机油 23%/2009.01.14 至 2009.12.31/中等毒
苹果树 红蜘蛛 70-140毫克/千克 喷雾
LS992229 苯·杨·三唑酮/20%/乳油/苯甲酸 4%、水杨酸 6%、三唑酮 10%/2009.01.14 至 2009.12.31/低毒
梨树 黑星病 600-800倍液 喷雾
LS2000460 吗胍·乙酸铜/20%/可湿性粉剂/盐酸吗啉胍 16%、乙酸铜 4%/2008.01.19 至 2009.01.18/低毒
番茄 病毒病 499.5-750克/公顷 喷雾
LS20020797 机油·毒死蜱/40%/乳油/毒死蜱 20%、机油 20%/2009.01.14 至 2009.12.31/中等毒
十字花科蔬菜 小菜蛾 450-600克/公顷 喷雾
LS20030074 机油·杀扑磷/40%/乳油/机油 24%、杀扑磷 16%/2009.01.14 至 2009.12.31/中等毒(原药高毒)
柑橘树 矢尖蚧 500-800毫克/千克 喷雾
LS20051140 啶虫脒/3%/微乳剂/啶虫脒 3%/2008.04.11 至 2009.04.11/低毒
小麦 蚜虫 11.25-18克/公顷 喷雾
LS20052267 噻嗪·杀扑磷/20%/可湿性粉剂/噻嗪酮 15%、杀扑磷 5%/2008.06.21 至 2009.06.21/低毒(原药高毒)
柑橘树 矢尖蚧 200-250毫克/千克 喷雾
LS20052379 噻嗪·杀扑磷/20%/乳油/噻嗪酮 15%、杀扑磷 5%/2008.07.10 至 2009.07.10/中等毒(原药高毒)
柑橘树 矢尖蚧 200-250毫克/千克 喷雾
LS20060897 吡虫啉/5%/可溶液剂/吡虫啉 5%/2009.04.18 至 2010.04.18/低毒
水稻 稻飞虱 15-30克/公顷 喷雾
LS20061868 辛硫磷/800克/升/乳油/辛硫磷 800克/升/2009.11.21 至 2010.11.21/低毒
韭菜 韭蛆 3600-6000克/公顷 灌根
LS20071156 毒死蜱/480克/升/乳油/毒死蜱 480克/升/2009.04.25 至 2010.04.26/中等毒

苹果树 桃小食心虫 200-240毫克/千克 喷雾
水稻 稻纵卷叶螟 600-720克/公顷 喷雾

LS20072210 敌草快/20%/水剂/敌草快 20%/2009.09.11 至 2010.09.12/低毒
免耕冬油菜田 杂草 600-900克/公顷 茎叶喷雾

LS20080033 氟啶脲原药/96%/原药/氟啶脲 96%/2008.01.03 至 2009.01.03/微毒

LS20080304 毒死蜱/30%/可湿性粉剂/毒死蜱 30%/2009.02.19 至 2010.02.19/中等毒
水稻 稻纵卷叶螟 450-630克/公顷 喷雾

LS20080617 联苯菊酯/100克/升/水乳剂/联苯菊酯 100克/升/2009.02.22 至 2010.02.22/中等毒
茶树 茶小绿叶蝉 30-37.5克/公顷 喷雾

LS20080746 氟啶胺/97%/原药/氟啶胺 97%/2009.02.26 至 2010.02.26/低毒

LS20082020 氰氟草酯/100克/升/乳油/氰氟草酯 100克/升/2009.04.15 至 2010.04.15/低毒
移栽水稻田 一年生禾本科杂草 75-105克/公顷 茎叶喷雾

LS20082655 氰氟草酯/97.4%/原药/氰氟草酯 97.4%/2009.04.23 至 2010.04.23/低毒

LS20090158 敌草快/40%/母药/敌草快 40%/2009.02.04 至 2010.02.04/中等毒

LS20090616 吡虫啉/65%/水分散粒剂/吡虫啉 65%/2009.03.23 至 2010.03.23/低毒
棉花 蚜虫 22.5-33.75克/公顷 喷雾

LS20091226 虫酰肼/10%/乳油/虫酰肼 10%/2009.04.30 至 2010.04.30/低毒
甘蓝 甜菜夜蛾 210-300克/公顷 喷雾

山东绿德地生物科技有限公司 （山东省定陶县陈集镇工业园区 274108 0531-88873587）

PD20083316 乙酰甲胺磷/30%/乳油/乙酰甲胺磷 30%/2008.12.11 至 2013.12.11/低毒
水稻 二化螟 900-990克/公顷 喷雾

PD20083356 代森锰锌/80%/可湿性粉剂/代森锰锌 80%/2008.12.11 至 2013.12.11/低毒
番茄 早疫病 1800-2400克/公顷 喷雾

PD20083769 辛硫磷/40%/乳油/辛硫磷 40%/2008.12.15 至 2013.12.15/低毒
十字花科蔬菜 菜青虫 360-450克/公顷 喷雾

PD20085093 敌敌畏/80%/乳油/敌敌畏 80%/2008.12.23 至 2013.12.23/中等毒
十字花科蔬菜 菜青虫 780-960克/公顷 喷雾

PD20091235 精喹禾灵/50克/升/乳油/精喹禾灵 50克/升/2009.02.01 至 2014.02.01/低毒
春大豆田 一年生禾本科杂草 60-75克/公顷 茎叶喷雾
夏大豆田 一年生禾本科杂草 45-60克/公顷 茎叶喷雾

PD20091467 马拉·杀螟松/12%/乳油/马拉硫磷 10%、杀螟硫磷 2%/2009.02.02 至 2014.02.02/低毒
水稻 二化螟 252-324克/公顷 喷雾

PD20091588 三唑酮/20%/乳油/三唑酮 20%/2009.02.03 至 2014.02.03/低毒
小麦 白粉病 120-150克/公顷 喷雾

PD20093066 高氯·辛硫磷/20%/乳油/高效氯氰菊酯 2%、辛硫磷 18%/2009.03.09 至 2014.03.09/中等毒
棉花 棉铃虫 225-300克/公顷 喷雾

PD20096063 百草枯/200克/升/水剂/百草枯 200克/升/2009.06.18 至 2014.06.18/中等毒
苹果园 杂草 600-900克/公顷 定向喷雾

PD20096384 甲基硫菌灵/70%/可湿性粉剂/甲基硫菌灵 70%/2009.08.04 至 2014.08.04/低毒
苹果树 轮纹病 700-875毫克/千克 喷雾

PD20098194 氟铃脲/5%/乳油/氟铃脲 5%/2009.12.16 至 2014.12.16/低毒
棉花 棉铃虫 105-120克/公顷 喷雾

LS20051344 阿维·高氯/5%/泡腾片剂/阿维菌素 0.9%、高效氯氰菊酯 4.1%/2008.04.13 至 2009.04.13/低毒(原药高毒)
十字花科蔬菜 小菜蛾 9-12克/公顷 喷雾

LS20053008 甲氨基阿维菌素苯甲酸盐/1%/乳油/甲氨基阿维菌素苯甲酸盐 1%/2008.09.13 至 2009.09.13/低毒
十字花科蔬菜 小菜蛾 1.875-2.25克/公顷 喷雾

LS20080693 阿维·哒螨灵/5%/乳油/阿维菌素 0.2%、哒螨灵 4.8%/2009.02.27 至 2010.02.27/中等毒(原药高毒)
柑橘树 红蜘蛛 33.3-50毫克/千克 喷雾

LS20081335 毒死蜱/480克/升/乳油/毒死蜱 480克/升/2009.03.14 至 2010.03.14/中等毒
韭菜 根蛆 1400-1800克/公顷 灌根

LS20081432 高氯·甲维盐/3.2%/微乳剂/高效氯氰菊酯 3%、甲氨基阿维菌素苯甲酸盐 0.2%/2009.03.18 至 2010.03.18/低毒
十字花科蔬菜 甜菜夜蛾 16.8-21.6克/公顷 喷雾

LS20081869 草甘膦/10%/水剂/草甘膦 10%/2009.04.10 至 2009.12.31/低毒
柑橘园 杂草 1125-2250克/公顷 定向喷雾

LS20090919 氯氟·毒死蜱/10%/乳油/毒死蜱 8.5%、高效氯氟氰菊酯 1.5%/2009.04.09 至 2010.04.09/中等毒
苹果树 桃小食心虫 40-50毫克/千克 喷雾

山东绿丰农药有限公司 （山东省青州市马氏路南段东侧 262515 0536-3529527）

PD85124-18 福·福锌/80%/可湿性粉剂/福美双 30%、福美锌 50%/2005.07.16 至 2010.07.16/中等毒
黄瓜、西瓜 炭疽病 1500-1800克/公顷 喷雾
麻 炭疽病 240-400克/100千克种子 拌种
棉花 苗期病害 0.5%药液 浸种
苹果树、杉木、橡胶 炭疽病 500-600倍液 喷雾

PD85125-12 福美胂/40%/可湿性粉剂/福美胂 40%/2005.07.12 至 2010.07.12/中等毒

黄瓜 白粉病 1025-1500克/公顷 喷雾
苹果树 白粉病 700倍液 喷雾
水稻 稻粒瘟病 542.5-645克/公顷 喷雾
豌豆 白粉病 900-1025克/公顷 喷雾
小麦 白粉病 542.5-750克/公顷 喷雾

PD20040452 三唑磷/20%/乳油/三唑磷 20%/2009.12.19 至 2014.12.19/中等毒
水稻 二化螟 202.5-303.75克/公顷 喷雾

PD20040594 吡虫啉/10%/可湿性粉剂/吡虫啉 10%/2009.12.19 至 2014.12.19/低毒
小麦 蚜虫 15-22.5克/公顷 喷雾

PD20040657 螨醇·哒螨灵/10%/乳油/哒螨灵 4%、三氯杀螨醇 6%/2009.12.19 至 2014.12.19/低毒
苹果树 红蜘蛛 50-66.7毫克/千克 喷雾

PD20040789 多·福/50%/可湿性粉剂/多菌灵 25%、福美双 25%/2009.12.19 至 2014.12.19/低毒
梨树 黑星病 1000-1500毫克/千克 喷雾

PD20040794 高氯·辛硫磷/25%/乳油/高效氯氰菊酯 2.5%、辛硫磷 22.5%/2009.12.19 至 2014.12.19/中等毒
棉花 棉铃虫 150-225克/公顷 喷雾

PD20080366 百草枯/42%/原药/百草枯 42%/2008.02.29 至 2013.02.28/中等毒

PD20080525 啶虫脒/3%/可湿性粉剂/啶虫脒 3%/2008.04.29 至 2013.04.29/低毒
柑橘树 蚜虫 10—12毫克/千克 喷雾

PD20081297 甲硫·福美双/70%/可湿性粉剂/福美双 40%、甲基硫菌灵 30%/2008.10.06 至 2013.10.06/低毒
苹果树 轮纹病 467-875毫克/千克 喷雾

PD20082822 百草枯/200克/升/水剂/百草枯 200克/升/2008.12.09 至 2013.12.09/中等毒
柑橘园 杂草 600-900克/公顷 喷雾

PD20082983 硫磺·三唑酮/20%/可湿性粉剂/硫磺 10%、三唑酮 10%/2008.12.10 至 2013.12.10/低毒
小麦 白粉病 150-225克/公顷 喷雾

PD20091813 丙溴·辛硫磷/25%/乳油/丙溴磷 5%、辛硫磷 20%/2009.02.04 至 2014.02.04/低毒
棉花 棉铃虫 225-300克/公顷 喷雾

PD20091951 高效氯氟氰菊酯/25克/升/乳油/高效氯氟氰菊酯 25克/升/2009.02.12 至 2014.02.12/中等毒
十字花科蔬菜 菜青虫 7.5-15克/公顷 喷雾

PD20092739 霜脲·锰锌/72%/可湿性粉剂/代森锰锌 64%、霜脲氰 8%/2009.03.04 至 2014.03.04/低毒
黄瓜 霜霉病 1440-1800克/公顷 喷雾

PD20092794 辛硫·灭多威/20%/乳油/灭多威 10%、辛硫磷 10%/2009.03.04 至 2014.03.04/高毒
棉花 蚜虫 75-150克/公顷 喷雾

PD20092840 高效氯氰菊酯/2.5%/乳油/高效氯氰菊酯 2.5%/2009.03.05 至 2014.03.05/低毒
梨树 梨木虱 12.5-25毫克/千克 喷雾

PD20093228 敌畏·毒死蜱/35%/乳油/敌敌畏 25%、毒死蜱 10%/2009.03.11 至 2014.03.11/中等毒
水稻 稻纵卷叶螟 420-525克/公顷 喷雾

PD20093600 噻嗪·异丙威/25%/可湿性粉剂/噻嗪酮 5%、异丙威 20%/2009.03.23 至 2014.03.23/低毒
水稻 稻飞虱 450-562.5克/公顷 喷雾

PD20094346 氯氰·敌敌畏/20%/乳油/敌敌畏 18%、氯氰菊酯 2%/2009.04.01 至 2014.04.01/中等毒
十字花科叶菜 黄条跳甲 150-225克/公顷 喷雾

PD20094594 硫磺·三环唑/45%/可湿性粉剂/硫磺 40%、三环唑 5%/2009.04.10 至 2014.04.10/低毒
水稻 稻瘟病 675-945克/公顷 喷雾

PD20095224 丙环唑/250克/升/乳油/丙环唑 250克/升/2009.04.24 至 2014.04.24/低毒
香蕉 叶斑病 250-500毫克/千克 喷雾

PD20095361 乙铝·锰锌/70%/可湿性粉剂/代森锰锌 40%、三乙膦酸铝 30%/2009.04.27 至 2014.04.27/低毒
黄瓜 霜霉病 1400-4200克/公顷 喷雾

PD20095377 五氯·福美双/45%/粉剂/福美双 25%、五氯硝基苯 20%/2009.04.27 至 2014.04.27/低毒
茄子 立枯病、猝倒病 3.15-4.05克/平方米 土壤处理

PD20095813 高氯·毒死蜱/12%/乳油/毒死蜱 9.5%、高效氯氰菊酯 2.5%/2009.05.27 至 2014.05.27/中等毒
叶菜类蔬菜 菜青虫 54-72克/公顷 喷雾

PD20097611 乙酸铜/20%/可湿性粉剂/乙酸铜 20%/2009.11.03 至 2014.11.03/低毒
黄瓜 苗期猝倒病 3000-4500克/公顷 灌根

PD20098186 阿维·毒死蜱/10%/乳油/阿维菌素 0.1%、毒死蜱 9.9%/2009.12.14 至 2014.12.14/低毒(原药高毒)
十字花科蔬菜 小菜蛾 112.5-150克/公顷 喷雾

LS991793 吗胍·乙酸铜/20%/可湿性粉剂/盐酸吗啉胍 16%、乙酸铜 4%/2009.01.20 至 2009.12.31/低毒
番茄 病毒病 499.5-750克/公顷 喷雾

LS20050448 高效氯氰菊酯/95%/原药/高效氯氰菊酯 95%/2008.02.19 至 2009.02.18/中等毒

LS20051736 哒螨·吡虫啉/17.5%/可湿性粉剂/吡虫啉 2.5%、哒螨灵 15%/2008.05.12 至 2009.05.12/低毒
柑橘树 红蜘蛛、蚜虫 97-116毫克/千克 喷雾

LS20051790 马拉·辛硫磷/25%/乳油/马拉硫磷 12.5%、辛硫磷 12.5%/2008.05.16 至 2009.05.16/中等毒
水稻 稻纵卷叶螟 300-375克/公顷 喷雾

LS20052052 氟铃·毒死蜱/10%/乳油/毒死蜱 8.5%、氟铃脲 1.5%/2008.06.01 至 2009.06.01/低毒
十字花科蔬菜 小菜蛾 75-90克/公顷 喷雾

LS20052637 噻嗪·杀扑磷/20%/乳油/噻嗪酮 15%、杀扑磷 5%/2008.08.14 至 2009.08.14/中等毒(原药高毒)
柑橘树 矢尖蚧 200-250毫克/千克 喷雾
LS20060377 杀螺胺乙醇胺盐/50%/可湿性粉剂/杀螺胺乙醇胺盐 50%/2009.03.05 至 2010.03.05/低毒
水稻 福寿螺 450-600克/公顷 喷雾或撒毒土
LS20060571 甲氨基阿维菌素苯甲酸盐/0.2%/乳油/甲氨基阿维菌素苯甲酸盐 0.2%/2009.03.16 至 2010.03.16/低毒
十字花科蔬菜 甜菜夜蛾、小菜蛾 1.5-1.8克/公顷 喷雾
LS20060843 吗胍·乙酸铜/20%/可湿性粉剂/盐酸吗啉胍 10%、乙酸铜 10%/2009.04.12 至 2010.04.12/低毒
水稻 条纹叶枯病 300-450克/公顷 喷雾
LS20061704 井冈·三唑酮/15.5%/可湿性粉剂/井冈霉素A 6.2%、三唑酮 9.3%/2009.09.21 至 2010.09.21/低毒
水稻 稻曲病、纹枯病 232.5-279克/公顷 喷雾
LS20070066 聚醛·甲萘威/30%/粉剂/甲萘威 20%、四聚乙醛 10%/2009.01.17 至 2010.01.17/中等毒
旱地 蜗牛 1125—2250克/公顷 毒饵撒施
LS20080621 烯酰吗啉/40%/水分散粒剂/烯酰吗啉 40%/2009.02.21 至 2010.02.22/低毒
黄瓜 霜霉病 225-300克/公顷 喷雾
LS20081283 嘧霉胺/70%/水分散粒剂/嘧霉胺 70%/2009.03.11 至 2010.03.11/低毒
番茄 灰霉病 472.5-577.5克/公顷 喷雾
LS20091458 阿维菌素/1.8%/微乳剂/阿维菌素 1.8%/2009.12.24 至 2010.12.24/低毒(原药高毒)
柑橘树 红蜘蛛 5—10毫克/千克 喷雾

山东罗邦生物农药有限公司 (山东省潍坊市潍城区外商投资开发区西洋工贸园 261021 0536-8351303)

PD20040099 高效氯氰菊酯/2.5%/乳油/高效氯氰菊酯 2.5%/2009.12.19 至 2014.12.19/低毒
梨树 梨木虱 20.8-31.25毫克/千克 喷雾
PD20081867 高氯·辛硫磷/20%/乳油/高效氯氰菊酯 2%、辛硫磷 18%/2008.11.20 至 2013.11.20/低毒
棉花 棉铃虫 150-225克/公顷 喷雾
PD20083095 福美双/50%/可湿性粉剂/福美双 50%/2008.12.10 至 2013.12.10/低毒
黄瓜 白粉病 562.5—1050克/公顷 喷雾
PD20084224 高氯·马/37%/乳油/高效氯氰菊酯 2%、马拉硫磷 35%/2008.12.17 至 2013.12.17/低毒
苹果树 桃小食心虫 185-370毫克/千克 喷雾
PD20085206 多菌灵/50%/可湿性粉剂/多菌灵 50%/2008.12.23 至 2013.12.23/低毒
小麦 赤霉病 750-1125克/公顷 喷雾
PD20085632 高氯·灭多威/15%/乳油/高效氯氰菊酯 1.5%、灭多威 13.5%/2008.12.26 至 2013.12.26/中等毒(原药高毒)
棉花 棉铃虫 67.5-90克/公顷 喷雾
PD20086330 三唑酮/25%/可湿性粉剂/三唑酮 25%/2008.12.31 至 2013.12.31/低毒
小麦 白粉病 131.25-168.75克/公顷 喷雾
PD20090316 甲霜·锰锌/58%/可湿性粉剂/甲霜灵 10%、代森锰锌 48%/2009.01.12 至 2014.01.12/低毒
黄瓜 霜霉病 1305-1632克/公顷 喷雾
PD20090631 克·醇·福美双/20%/悬浮种衣剂/福美双 11.2%、克百威 8.0%、三唑醇 0.8%/2009.01.14 至 2014.01.14/高毒
玉米 地下害虫、丝黑穗病 1:30-40(药种比) 种子包衣
PD20092162 高效氯氟氰菊酯/25克/升/乳油/高效氯氟氰菊酯 25克/升/2009.02.23 至 2014.02.23/中等毒
小麦 蚜虫 5.625-7.5克/公顷 喷雾
PD20095021 福·克/21%/悬浮种衣剂/福美双 11%、克百威 10%/2009.04.21 至 2014.04.21/中等毒(原药高毒)
玉米 地下害虫、茎基腐病 1:40-50(药种比) 种子包衣
PD20096523 复硝酚钠/0.7%/水剂/5-硝基邻甲氧基苯酚钠 0.1%、对硝基苯酚钠 0.4%、邻硝基苯酚钠 0.2%/2009.08.20至2014.08.20/低毒
番茄 调节生长 2.3-3.5毫克/千克 (2000-3000倍) 喷雾
PD20098040 丙环唑/250克/升/乳油/丙环唑 250克/升/2009.12.07 至 2014.12.07/低毒
香蕉 叶斑病 250—500毫克/千克 喷雾
PD20098064 毒死蜱/480克/升/乳油/毒死蜱 480克/升/2009.12.07 至 2014.12.07/中等毒
水稻 稻纵卷叶螟 504-612克/公顷 喷雾
PD20098091 甲基硫菌灵/70%/可湿性粉剂/甲基硫菌灵 70%/2009.12.08 至 2014.12.08/低毒
水稻 纹枯病 1050—1500克/公顷 喷雾
PD20098454 吡虫啉/10%/可湿性粉剂/吡虫啉 10%/2009.12.24 至 2014.12.24/低毒
水稻 飞虱 15-30克/公顷 喷雾
小麦 蚜虫 15-30克/公顷(南方麦区,禾谷缢管蚜为优势种); 45-60克/公顷(北方麦区,麦长管蚜为优势种) 喷雾
PD20098503 噻螨酮/5%/乳油/噻螨酮 5%/2009.12.24 至 2014.12.24/低毒
柑橘树 红蜘蛛 25-33.3毫克/千克 喷雾
LS20052151 霉威·百菌清/30%/可湿性粉剂/百菌清 20%、乙霉威 10%/2008.06.09 至 2009.06.09/低毒
番茄 灰霉病 590-700克/公顷 喷雾
LS20052152 腐霉利/10%/烟剂/腐霉利 10%/2008.06.09 至 2009.06.09/低毒
番茄 灰霉病 450-675克/公顷 点燃放烟
LS20052355 四螨·哒螨灵/12%/可湿性粉剂/哒螨灵 8%、四螨嗪 4%/2008.06.29 至 2009.06.29/低毒

柑橘树 红蜘蛛 80-120毫克/千克 喷雾
LS20052450 吗胍·乙酸铜/20%/可湿性粉剂/盐酸吗啉胍 10%、乙酸铜 10%/2008.07.09 至 2009.07.10/低毒
番茄 病毒病 600-750克/公顷 喷雾
水稻 条纹叶枯病 450-750克/公顷 喷雾
LS20053610 阿维菌素/0.5%/可湿性粉剂/阿维菌素 0.5%/2008.11.17 至 2009.11.17/低毒(原药高毒)
十字花科蔬菜 小菜蛾 8.1-10.8克/公顷 喷雾
LS20061768 井冈·多菌灵/28%/悬浮剂/多菌灵 24%、井冈霉素 4%/2009.10.12 至 2010.10.12/低毒
水稻 纹枯病 450-525克/公顷 喷雾
LS20081433 甲氨基阿维菌素苯甲酸盐/0.2%/乳油/甲氨基阿维菌素苯甲酸盐 0.2%/2009.03.18 至 2010.03.18/低毒
十字花科蔬菜 小菜蛾 1.5-1.8克/公顷 喷雾

山东迈英德化学有限公司 (山东省济南市民营科技产业园新沙北路5号 250118 0531-85976085)

PD85105-62 敌敌畏/80%/乳油/敌敌畏 77.5%/2005.01.25 至 2010.01.25/中等毒
茶树 食叶害虫 600克/公顷 喷雾
粮仓 多种储藏害虫 1)400-500倍液 1)喷雾
2)0.4-0.5克/立方米 2)挂条熏蒸
棉花 蚜虫、造桥虫 600-1200克/公顷 喷雾
苹果树 小卷叶蛾、蚜虫 400-500毫克/千克 喷雾
青菜 菜青虫 600克/公顷 喷雾
桑树 尺蠖 600克/公顷 喷雾
卫生 多种卫生害虫 1)300-400倍液 1)泼洒
2)0.08克/立方米 2)挂条熏蒸
小麦 黏虫、蚜虫 600克/公顷 喷雾
PD91104-17 敌敌畏/50%/乳油/敌敌畏 48%(气谱法)/2006.03.08 至 2011.03.08/中等毒
茶树 食叶害虫 600克/公顷 喷雾
粮仓 多种储粮害虫 1)300-400倍液 1)喷雾
2)0.4-0.5克/立方米 2)挂条熏蒸
棉花 蚜虫、造桥虫 600-1200克/公顷 喷雾
苹果树 小卷叶蛾、蚜虫 400-500毫克/千克 喷雾
青菜 菜青虫 600克/公顷 喷雾
桑树 尺蠖 600克/公顷 喷雾
卫生 多种卫生害虫 1)250-300倍液 1)泼洒
2)0.08克/立方米 2)挂条熏蒸
小麦 黏虫、蚜虫 600克/公顷 喷雾
PD20090165 腐霉利/10%/烟剂/腐霉利 10%/2009.01.08 至 2014.01.08/低毒
番茄(保护地) 灰霉病 300-450克/公顷 点燃放烟
PD20090936 敌敌畏/22%/烟剂/敌敌畏 22%/2009.01.19 至 2014.01.19/中等毒
黄瓜(保护地) 瓜蚜 900-1320克/公顷 点燃放烟
PD20091054 甲硫·福美双/70%/可湿性粉剂/福美双 40%、甲基硫菌灵 30%/2009.01.21 至 2014.01.21/中等毒
黄瓜 炭疽病 525-735克/公顷 喷雾
PD20091269 甲氰·辛硫磷/25%/乳油/甲氰菊酯 5%、辛硫磷 20%/2009.02.01 至 2014.02.01/中等毒
棉花 棉铃虫 281.25-375克/公顷 喷雾
PD20091796 辛硫·高氯氟/26%/乳油/高效氯氟氰菊酯 1%、辛硫磷 25%/2009.02.04 至 2014.02.04/低毒
棉花 棉铃虫 300克/公顷 喷雾
十字花科蔬菜 小菜蛾 156-234克/公顷 喷雾
PD20092445 甲氰菊酯/20%/乳油/甲氰菊酯 20%/2009.02.25 至 2014.02.25/中等毒
甘蓝 菜青虫、小菜蛾 75-90克/公顷 喷雾
柑橘树 红蜘蛛 67-100毫克/千克 喷雾
柑橘树 潜叶蛾 20-25毫克/千克 喷雾
棉花 红铃虫、棉铃虫 90-120克/公顷 喷雾
苹果树 桃小食心虫 67-100毫克/千克 喷雾
苹果树 山楂红蜘蛛 100毫克/千克 喷雾
PD20092869 高氯·灭多威/12%/乳油/高效氯氰菊酯 1.5%、灭多威 10.5%/2009.03.05 至 2014.03.05/高毒
棉花 棉铃虫 72-90克/公顷 喷雾

山东美罗福农化有限公司 (山东省淄博市邹平县韩店镇工业园 256209 0543-4619148)

PD20040609 三唑酮/20%/乳油/三唑酮 20%/2004.12.19 至 2009.12.18/低毒
小麦 白粉病 120-127.5克/公顷 喷雾
PD20081945 硫磺·多菌灵/50%/可湿性粉剂/多菌灵 15%、硫磺 35%/2008.11.24 至 2013.11.24/低毒
花生 叶斑病 1200-1800克/公顷 喷雾
PD20081946 硫磺·多菌灵/50%/悬浮剂/多菌灵 15%、硫磺 35%/2008.11.24 至 2013.11.24/低毒
花生 叶斑病 1200-1800克/公顷 喷雾
PD20082534 硫磺·三唑酮/20%/可湿性粉剂/硫磺 10%、三唑酮 10%/2008.12.03 至 2013.12.03/低毒
小麦 白粉病 150-225克/公顷 喷雾
PD20083116 阿维菌素/0.5%/乳油/阿维菌素 0.5%/2008.12.10 至 2013.12.10/低毒(原药高毒)

十字花科蔬菜 菜青虫 8.1-10.8克/公顷 喷雾

PD20083612 啶虫脒/3%/乳油/啶虫脒 3%/2008.12.12 至 2013.12.12/低毒

黄瓜 蚜虫 18-22.5克/公顷 喷雾

PD20091155 乙铝·锰锌/70%/可湿性粉剂/代森锰锌 45%、三乙膦酸铝 25%/2009.01.22 至 2014.01.22/低毒

黄瓜 霜霉病 1399.95-4200克/公顷 喷雾

PD20091176 乙铝·锰锌/50%/可湿性粉剂/代森锰锌 27%、三乙膦酸铝 23%/2009.01.22 至 2014.01.22/低毒

黄瓜 霜霉病 937-1400克/公顷 喷雾

PD20096894 盐酸吗啉胍/20%/悬浮剂/盐酸吗啉胍 20%/2009.09.23 至 2014.09.23/低毒

番茄 病毒病 500-750克/公顷 喷雾

PD20097910 硫磺·多菌灵/42%/悬浮剂/多菌灵 7%、硫磺 35%/2009.11.30 至 2014.11.30/低毒

黄瓜 白粉病 1575-2363克/公顷 喷雾

PD20098489 甲硫·福美双/70%/可湿性粉剂/福美双 40%、甲基硫菌灵 30%/2009.12.24 至 2014.12.24/低毒

苹果树 轮纹病 875-1167毫克/千克 喷雾

LS20050418 吡虫啉/5%/乳油/吡虫啉 5%/2008.02.19 至 2009.02.18/低毒

柑橘树 潜叶蛾 50-100毫克/千克 喷雾

LS20052141 苦参碱/0.3%/水剂/苦参碱 0.3%/2008.06.09 至 2009.06.09/低毒

十字花科蔬菜 菜青虫 6.75-9克/公顷 喷雾

LS20071222 高效氯氟氰菊酯/25克/升/乳油/高效氯氟氰菊酯 25克/升/2008.05.07 至 2009.05.08/中等毒

十字花科蔬菜 蚜虫 7.5-15克/公顷 喷雾

山东农丰化工有限公司 (山东省菏泽市新技术开发区都司镇 274000 0530-5670030)

PD20082573 氰戊·马拉松/30%/乳油/马拉硫磷 22.5%、氰戊菊酯 7.5%/2008.12.04 至 2013.12.04/中等毒

苹果树 桃小食心虫 120-150毫克/千克 喷雾

苹果树 蚜虫 60-75毫克/千克 喷雾

PD20084198 辛硫磷/1.5%/颗粒剂/辛硫磷 1.5%/2008.12.16 至 2013.12.16/低毒

玉米 玉米螟 112.5-168.75克/公顷 喇叭口撒施

PD20085185 马拉硫磷/45%/乳油/马拉硫磷 45%/2008.12.23 至 2013.12.23/低毒

十字花科蔬菜 黄条跳甲 562.5-750克/公顷 喷雾

PD20085768 高效氯氟氰菊酯/25克/升/乳油/高效氯氟氰菊酯 25克/升/2008.12.29 至 2013.12.29/中等毒

十字花科蔬菜 菜青虫 22.5-37.5克/公顷 喷雾

PD20085811 高效氟吡甲禾灵/108克/升/乳油/高效氟吡甲禾灵 108克/升/2008.12.29 至 2013.12.29/低毒

夏大豆田 一年生禾本科杂草 40.5-48.6克/公顷 茎叶喷雾

PD20091117 啶虫脒/3%/乳油/啶虫脒 3%/2009.01.21 至 2014.01.21/低毒

黄瓜 蚜虫 18-22.5克/公顷 喷雾

PD20091377 甲哌鎓/25%/水剂/甲哌鎓 25%/2009.02.02 至 2014.02.02/低毒

棉花 调节生长 45-60克/公顷 喷雾

PD20092553 联苯菊酯/25克/升/乳油/联苯菊酯 25克/升/2009.02.26 至 2014.02.26/低毒

番茄(保护地) 白粉虱 7.5-15克/公顷 喷雾

PD20093412 氰戊·马拉松/20%/乳油/马拉硫磷 18.5%、氰戊菊酯 1.5%/2009.03.20 至 2014.03.20/低毒

十字花科蔬菜 蚜虫 150-210克/公顷 喷雾

PD20093956 哒螨灵/20%/可湿性粉剂/哒螨灵 20%/2009.03.27 至 2014.03.27/低毒

苹果树 红蜘蛛 50-66.7毫克/千克 喷雾

PD20094527 辛硫·氯氟氰/26%/乳油/氯氟氰菊酯 1%、辛硫磷 25%/2009.04.09 至 2014.04.09/中等毒

棉花 棉铃虫 292.5-351克/公顷 喷雾

PD20095801 阿维·甲氰/2.8%/乳油/阿维菌素 0.3%、甲氰菊酯 2.5%/2009.05.27 至 2014.05.27/低毒(原药高毒)

甘蓝 小菜蛾 25.2-42克/公顷 喷雾

PD20096901 阿维·毒死蜱/15%/乳油/阿维菌素 0.3%、毒死蜱 14.7%/2009.09.23 至 2014.09.23/低毒(原药高毒)

叶菜类蔬菜 小菜蛾 90-135克/公顷 喷雾

LS20051480 阿维菌素/0.9%/乳油/阿维菌素 0.9%/2008.04.21 至 2009.04.21/低毒(原药高毒)

苹果树 红蜘蛛 3-6毫克/千克 喷雾

LS20051485 四螨·哒螨灵/15%/可湿性粉剂/哒螨灵 10%、四螨嗪 5%/2008.04.21 至 2009.04.21/低毒

柑橘树 红蜘蛛 75-150毫克/千克 喷雾

LS20051492 阿维·杀虫单/20%/微乳剂/阿维菌素 0.2%、杀虫单 19.8%/2008.04.21 至 2009.04.21/低毒(原药高毒)

菜豆 美洲斑潜蝇 135-180克/公顷 喷雾

LS20051577 阿维·柴油/24.5%/乳油/阿维菌素 0.2%、柴油 24.3%/2008.04.28 至 2009.04.28/低毒(原药高毒)

菜豆 美洲斑潜蝇 93.75-112.5克/公顷 喷雾

LS20051656 烯酰·锰锌/69%/可湿性粉剂/代森锰锌 60%、烯酰吗啉 9%/2008.04.29 至 2009.04.29/低毒

黄瓜 霜霉病 1035-1380克/公顷 喷雾

LS20053220 乙铝·多菌灵/60%/可湿性粉剂/多菌灵 20%、三乙膦酸铝 40%/2008.10.12 至 2009.10.12/低毒

苹果树 轮纹病 1000-1500毫克/千克 喷雾

LS20053291 氟铃·辛硫磷/20%/乳油/氟铃脲 2%、辛硫磷 18%/2008.10.17 至 2009.10.17/低毒

棉花 棉铃虫 150-225克/公顷 喷雾

LS20053741 过氧乙酸/21%/水剂/过氧乙酸 21%/2008.12.12 至 2009.12.12/低毒

黄瓜 灰霉病 441-735克/公顷 喷雾

LS20070955　吡虫啉/5%/可湿性粉剂/吡虫啉 5%/2009.04.18 至 2010.04.19/低毒
十字花科蔬菜　蚜虫　7.5-11.25克/公顷　喷雾
LS20070975　吡虫啉/70%/水分散粒剂/吡虫啉 70%/2009.04.19 至 2010.04.20/低毒
十字花科蔬菜　蚜虫　15-25克/公顷　喷雾
LS20082680　高氯·甲维盐/4.3%/乳油/高效氯氰菊酯 4.2%、甲氨基阿维菌素苯甲酸盐 0.1%/2009.04.29 至 2010.04.29/低毒
十字花科蔬菜　小菜蛾　19.35-22.575克/公顷　喷雾

山东诺华农药有限公司　(山东省济南市历城区花园路92号　250100　0531-88916599)

PD20083993　三唑磷/20%/乳油/三唑磷 20%/2008.12.16 至 2013.12.16/中等毒
水稻　三化螟　300-450克/公顷　喷雾
PD20084042　异丙威/2%/粉剂/异丙威 2%/2008.12.16 至 2013.12.16/中等毒
水稻　叶蝉　450-900克/公顷　喷粉
PD20084201　异丙威/20%/乳油/异丙威 20%/2008.12.16 至 2013.12.16/中等毒
水稻　叶蝉　450-600克/公顷　喷雾
PD20084371　联苯菊酯/25克/升/乳油/联苯菊酯 25克/升/2008.12.17 至 2013.12.17/低毒
茶树　茶小绿叶蝉　30-37.5克/公顷　喷雾
PD20084568　高效氯氰菊酯/25克/升/乳油/高效氯氰菊酯 25克/升/2008.12.18 至 2013.12.18/中等毒
十字花科蔬菜　菜青虫　7.5-11.25克/公顷　喷雾
PD20084638　多菌灵/80%/可湿性粉剂/多菌灵 80%/2008.12.18 至 2013.12.18/低毒
花生　倒秧病　750-900克/公顷　喷雾
PD20086059　福·福锌/80%/可湿性粉剂/福美双 30%、福美锌 50%/2008.12.30 至 2013.12.30/低毒
黄瓜　炭疽病　1500-1800克/公顷　喷雾
PD20090935　高效氟吡甲禾灵/108克/升/乳油/高效氟吡甲禾灵 108克/升/2009.01.19 至 2014.01.19/低毒
大豆田　一年生禾本科杂草　48.6-72.9克/公顷　茎叶喷雾
PD20091542　异菌脲/50%/可湿性粉剂/异菌脲 50%/2009.02.03 至 2014.02.03/低毒
番茄　早疫病　562.5-750克/公顷　喷雾
PD20093090　甲基硫菌灵/70%/可湿性粉剂/甲基硫菌灵 70%/2009.03.09 至 2014.03.09/微毒
番茄　叶霉病　375-562.5克/公顷　喷雾
PD20096550　毒死蜱/40%/乳油/毒死蜱 40%/2009.08.24 至 2014.08.24/中等毒
棉花　棉铃虫　450-900克/公顷　喷雾
PD20097854　高氯·辛硫磷 /20%/乳油/高效氯氰菊酯 1.5%、辛硫磷 18.5%/2009.11.20 至 2014.11.20/低毒
棉花　棉铃虫　262.5-300克/公顷　喷雾
LS20072391　阿维·哒螨灵/10.5%/可湿性粉剂/阿维菌素 0.3%、哒螨灵 10.2%/2009.10.23 至 2010.10.24/低毒(原药高毒)
柑橘树　红蜘蛛　70～105克/公顷　喷雾
LS20080363　杀扑磷/40%/乳油/杀扑磷 40%/2009.02.18 至 2010.02.19/高毒
柑橘树　介壳虫　200-400毫克/千克　喷雾
LS20080430　氟铃·辛硫磷/20%/乳油/氟铃脲 2%、辛硫磷 18%/2009.02.19 至 2010.02.20/中等毒
十字花科蔬菜　小菜蛾　90～150克/公顷　喷雾
LS20080656　啶虫脒/5%/乳油/啶虫脒 5%/2009.02.24 至 2010.02.25/低毒
柑橘树　蚜虫　8.33-12.5毫克/千克　喷雾
LS20080657　高效氯氰菊酯/4.5%/微乳剂/高效氯氰菊酯 4.5%/2009.02.24 至 2010.02.25/低毒
十字花科蔬菜　菜青虫　20.25-27克/公顷　喷雾
LS20080760　烯酰·锰锌/69%/可湿性粉剂/代森锰锌 60%、烯酰吗啉 9%/2009.02.27 至 2010.02.28/低毒
黄瓜　霜霉病　1035-1397.25克/公顷　喷雾
LS20080803　吡虫啉/20%/微乳剂/吡虫啉 20%/2009.02.28 至 2010.02.28/低毒
十字花科蔬菜　蚜虫　22.5-30克/公顷　喷雾
LS20081357　多·福/50%/可湿性粉剂/多菌灵 10%、福美双 40%/2009.03.13 至 2010.03.13/低毒
葡萄　霜霉病　1000-1250毫克/千克　喷雾
LS20081381　吡虫·噻嗪酮/20%/可湿性粉剂/吡虫啉 2%、噻嗪酮 18%/2009.03.17 至 2010.03.17/低毒
水稻　稻飞虱　120-150克/公顷　喷雾
LS20081434　敌畏·毒死蜱/35%/乳油/敌敌畏 25%、毒死蜱 10%/2009.03.17 至 2010.03.17/中等毒
水稻　稻纵卷叶螟　472.5-630克/公顷　喷雾
LS20082628　阿维·高氯/2%/乳油/阿维菌素 0.45%、高效氯氰菊酯 1.55%/2009.04.23 至 2010.04.23/低毒(原药高毒)
梨树　梨木虱　6-12毫克/千克　喷雾

山东齐发药业有限公司　(山东省济南市平阴县城青龙路21号　250400　0531-83105815)

PD20081170　阿维菌素/92%/原药/阿维菌素 92%/2008.09.11 至 2013.09.11/高毒

山东侨昌化学有限公司　(山东省滨州市滨城区滨北办新永莘路南侧　256614　0543-3275005)

PD20080635　乙草胺/92%/原药/乙草胺 92%/2008.05.13 至 2013.05.13/低毒
PD20081023　莠去津/92%/原药/莠去津 92%/2008.08.06 至 2013.08.06/低毒
PD20081071　仲丁灵/96%/原药/仲丁灵 96%/2008.08.14 至 2013.08.14/低毒
PD20081075　异丙甲草胺/96%/原药/异丙甲草胺 96%/2008.08.18 至 2013.08.18/低毒
PD20081079　氟乐灵/96%/原药/氟乐灵 96%/2008.08.18 至 2013.08.18/低毒
PD20081081　精吡氟禾草灵/92%/原药/精吡氟禾草灵 92%/2008.08.18 至 2013.08.18/低毒
PD20081089　草甘膦/95%/原药/草甘膦 95%/2008.08.18 至 2013.08.18/低毒

PD20081090	乙氧氟草醚/95%/原药/乙氧氟草醚 95%/2008.08.18 至 2013.08.18/低毒			
PD20081092	甲草胺/95%/原药/甲草胺 95%/2008.08.18 至 2013.08.18/低毒			
PD20081093	丁草胺/90%/原药/丁草胺 90%/2008.08.18 至 2013.08.18/低毒			
PD20081097	丙草胺/95%/原药/丙草胺 95%/2008.08.18 至 2013.08.18/低毒			
PD20081134	扑草净/95%/原药/扑草净 95%/2008.09.01 至 2013.09.01/低毒			
PD20081146	百草枯/30.5%/母药/百草枯 30.5%/2008.09.01 至 2013.09.01/中等毒			
PD20082062	丁草胺/60%/乳油/丁草胺 60%/2008.11.25 至 2013.11.25/低毒			
	水稻移栽田	一年生杂草	900-1350克/公顷	毒土、喷雾
PD20082295	乙草胺/900克/升/乳油/乙草胺 900克/升/2008.12.01 至 2013.12.01/低毒			
	春大豆田、春玉米田	一年生禾本科杂草及部分小粒种子阔叶杂草	1620－2025克/公顷	播后苗前土壤喷雾
	夏玉米田	一年生禾本科杂草及部分小粒种子阔叶杂草	1080-1350克/公顷	播后苗前土壤喷雾
PD20082679	氟乐灵/480克/升/乳油/氟乐灵 480克/升/2008.12.05 至 2013.12.05/低毒			
	大豆田、棉花田	一年生禾本科杂草及部分阔叶杂草	720-1080克/公顷	土壤喷雾
	辣椒田	一年生杂草	720-1080克/公顷	土壤喷雾
PD20082857	咪唑乙烟酸/16%/颗粒剂/咪唑乙烟酸 16%/2008.12.09 至 2013.12.09/低毒			
	春大豆田	一年生杂草	96-120克/公顷(东北地区)	土壤或茎叶喷雾
PD20082862	精喹禾灵/5%/乳油/精喹禾灵 5%/2008.12.09 至 2013.12.09/低毒			
	春大豆田	一年生禾本科杂草	52.5-67.5克/公顷	茎叶喷雾
	夏大豆田	一年生禾本科杂草	37.5-52.5克/公顷	喷雾
PD20083398	丁草胺/400克/升/水乳剂/丁草胺 400克/升/2008.12.11 至 2013.12.11/低毒			
	水稻移栽田	一年生杂草	900-1200克/公顷	药土法
PD20083561	异丙甲草胺/72%/乳油/异丙甲草胺 72%/2008.12.12 至 2013.12.12/低毒			
	春大豆	一年生禾本科杂草及部分小粒种子阔叶杂草	1620-2160克/公顷	播后苗前土壤喷雾
	西瓜	一年生禾本科杂草及部分小粒种子阔叶杂草	1080-1620克/公顷	移栽前土壤喷雾
	夏大豆田	部分阔叶杂草、一年生禾本科杂草	1296-1620克/公顷	播后苗前土壤喷雾
PD20084243	乙草胺/50%/乳油/乙草胺 50%/2008.12.17 至 2013.12.17/低毒			
	春大豆田、春玉米田	一年生禾本科杂草及部分小粒种子阔叶杂草	1500-2250克/公顷	播后苗前土壤喷雾
	冬油菜(移栽田)	一年生禾本科杂草及部分小粒种子阔叶杂草	750-1125克/公顷	土壤喷雾
	花生田	一年生禾本科杂草及部分小粒种子阔叶杂草	750-1125克/公顷	播后苗前土壤喷雾
	棉花田	一年生禾本科杂草及部分小粒种子阔叶杂草	1125-1500克/公顷	播后苗前土壤喷雾
	夏大豆田、夏玉米田	一年生禾本科杂草及部分小粒种子阔叶杂草	900-1250克/公顷	播后苗前土壤喷雾
PD20084817	莠去津/50%/悬浮剂/莠去津 50%/2008.12.22 至 2013.12.22/低毒			
	春玉米田、夏玉米田	一年生杂草	20-30毫升制剂/亩	喷雾
PD20085533	苯磺隆/10%/可湿性粉剂/苯磺隆 10%/2008.12.25 至 2013.12.25/低毒			
	冬小麦田	一年生阔叶杂草	13.5－22.5克/公顷	茎叶喷雾
PD20085827	扑·莠·乙草胺/42%/悬乳剂/扑草净 10%、乙草胺 23%、莠去津 9%/2008.12.29 至 2013.12.29/低毒			
	春玉米田	一年生杂草	1890-2520克/公顷	播后苗前土壤喷雾
	夏玉米田	一年生杂草	945-1260克/公顷	喷雾
PD20085875	异丙草·莠/42%/悬乳剂/异丙草胺 16%、莠去津 26%/2008.12.29 至 2013.12.29/低毒			
	春玉米田	一年生杂草	1890-2520克/公顷	播后苗前土壤喷雾
	夏玉米田	一年生杂草	1134-1512克/公顷	喷雾
PD20085927	莠去津/38%/悬浮剂/莠去津 38%/2008.12.29 至 2013.12.29/低毒			
	春玉米田	一年生杂草	1824-2280克/公顷	土壤喷雾
	夏玉米田	一年生杂草	1142-1425克/公顷	喷雾
PD20085961	莠灭净/80%/可湿性粉剂/莠灭净 80%/2008.12.29 至 2013.12.29/低毒			
	甘蔗田	一年生杂草	1560-2400克/公顷	土壤喷雾
	夏玉米田	一年生杂草	1440-2160克/公顷	土壤喷雾
PD20085967	苯·苄·甲草胺/30%/泡腾颗粒剂/苯噻酰草胺 16%、苄嘧磺隆 6%、甲草胺 8%/2008.12.29 至 2013.12.29/低毒			
	移栽水稻田	部分多年生杂草、一年生杂草	270－360克/公顷	直接撒施
PD20085970	扑·乙/50%/乳油/扑草净 10%、乙草胺 40%/2008.12.29 至 2013.12.29/低毒			
	春玉米田	一年生杂草	1500-2250克/公顷	土壤喷雾

	大蒜田	一年生杂草	975-1125克/公顷	土壤喷雾
	花生田、棉花田、夏玉米田	一年生杂草	1125-1500克/公顷	土壤喷雾
PD20085981	苄·丁/35%/可湿性粉剂/苄嘧磺隆 1.5%、丁草胺 33.5%/2008.12.29 至 2013.12.29/低毒			
	水稻抛秧田	部分多年生杂草、一年生杂草	525-787.5克/公顷(南方地区)	药土法
	水稻移栽田	部分多年生杂草、一年生杂草	525-787.5克/公顷	药土法
PD20086168	仲丁灵/48%/乳油/仲丁灵 48%/2008.12.30 至 2013.12.30/低毒			
	棉花田	一年生禾本科杂草及部分阔叶杂草	1440-1800克/公顷	土壤喷雾
	西瓜田	一年生杂草	1080-1440克/公顷	土壤喷雾
PD20086171	莠灭·乙草胺/42%/悬浮剂/乙草胺 24%、莠灭净 18%/2008.12.30 至 2013.12.30/低毒			
	夏玉米田	一年生杂草	1260-1575克/公顷	土壤喷雾
PD20086173	2甲4氯钠/13%/水剂/2甲4氯钠 13%/2008.12.30 至 2013.12.30/低毒			
	冬小麦田	一年生阔叶杂草	877.5－1170克/公顷	茎叶喷雾
PD20090415	甲草胺/43%/乳油/甲草胺 43%/2009.01.12 至 2014.01.12/低毒			
	夏大豆田	部分阔叶杂草、一年生禾本科杂草	1290-1612.5克/公顷	喷雾
PD20091193	氟磺胺草醚/250克/升/水剂/氟磺胺草醚 250克/升/2009.02.01 至 2014.02.01/低毒			
	春大豆田	一年生阔叶杂草	375-450克/公顷	茎叶喷雾
	夏大豆田	一年生阔叶杂草	262.5-375克/公顷	茎叶喷雾
PD20091197	精吡氟禾草灵/15%/乳油/精吡氟禾草灵 15%/2009.02.01 至 2014.02.01/低毒			
	春大豆田	一年生禾本科杂草	135-157.35克/公顷	茎叶喷雾
	夏大豆田	一年生禾本科杂草	112.5-135克/公顷	茎叶喷雾
PD20091326	草甘膦异丙胺盐/41%/水剂/草甘膦异丙胺盐 41%/2009.02.01 至 2014.02.01/低毒			
	柑橘园	杂草	1230-2460克/公顷	定向喷雾
PD20091665	甲·乙·莠/42%/悬乳剂/甲草胺 8%、乙草胺 9%、莠去津 25%/2009.02.03 至 2014.02.03/低毒			
	春玉米田	一年生杂草	1890-2520克/公顷	土壤喷雾
	夏玉米田	一年生杂草	945-1260克/公顷	喷雾
PD20091809	高效氟吡甲禾灵/108克/升/乳油/高效氟吡甲禾灵 108克/升/2009.02.04 至 2014.02.04/低毒			
	春大豆田	一年生禾本科杂草	48.6-56.7克/公顷	茎叶喷雾
	夏大豆田	一年生禾本科杂草	40.5-48.6克/公顷	茎叶喷雾
PD20092003	乙草胺/999克/升/乳油/乙草胺 999克/升/2009.02.12 至 2014.02.12/低毒			
	春玉米田	一年生禾本科杂草及部分阔叶杂草	1348.7-2023克/公顷	土壤喷雾
	夏玉米田	一年生禾本科杂草及部分阔叶杂草	1049-1348.7克/公顷	土壤喷雾
PD20092256	草甘膦/10%/水剂/草甘膦 10%/2009.02.24 至 2009.12.31/低毒			
	苹果园	杂草	1200-2250克/公顷	喷雾
PD20092304	敌敌畏/80%/乳油/敌敌畏 80%/2009.02.24 至 2014.02.24/中等毒			
	棉花	蚜虫	900-1200克/公顷	喷雾
PD20092729	2甲4氯钠/56%/可溶粉剂/2甲4氯钠 56%/2009.03.04 至 2014.03.04/低毒			
	冬小麦田	一年生阔叶杂草	900－1260克/公顷	茎叶喷雾
PD20092778	甲·乙·莠/42%/悬乳剂/甲草胺 2%、乙草胺 25%、莠去津 15%/2009.03.04 至 2014.03.04/低毒			
	大蒜、姜	一年生杂草	945-1260克/公顷	土壤喷雾
	玉米田	杂草	945-1260克/公顷	播后苗前土壤处理
PD20092929	甲·乙·莠/42%/悬乳剂/甲草胺 11%、乙草胺 9%、莠去津 22%/2009.03.05 至 2014.03.05/低毒			
	春玉米田	一年生杂草	1890-2520克/公顷	土壤喷雾
	夏玉米田	一年生杂草	1071-1449克/公顷	土壤喷雾
PD20093081	辛酰溴苯腈/25%/乳油/辛酰溴苯腈 25%/2009.03.09 至 2014.03.09/低毒			
	冬小麦田	一年生阔叶杂草	375-562.5克/公顷	茎叶喷雾
PD20093159	异噁草松/480克/升/乳油/异噁草松 480克/升/2009.03.11 至 2014.03.11/低毒			
	春大豆田	一年生杂草	1080-1296克/公顷	土壤喷雾
PD20093533	霜脲·锰锌/72%/可湿性粉剂/代森锰锌 64%、霜脲氰 8%/2009.03.23 至 2014.03.23/低毒			
	黄瓜	霜霉病	1440-1800克/公顷	喷雾
PD20093671	硫磺·多菌灵/40%/悬浮剂/多菌灵 15%、硫磺 25%/2009.03.25 至 2014.03.25/低毒			
	花生	叶斑病	1080-1560克/公顷	喷雾
PD20093897	2,4-滴/96%/原药/2,4-滴 96%/2009.03.26 至 2014.03.26/低毒			
PD20094099	多·福/50%/可湿性粉剂/多菌灵 25%、福美双 25%/2009.03.27 至 2014.03.27/低毒			
	梨树	黑星病	1000-1250毫克/千克	喷雾
PD20094148	乙·莠·草甘膦/36%/悬乳剂/草甘膦 12%、乙草胺 12%、莠去津 12%/2009.03.27 至 2014.03.27/低毒			
	夏玉米田	一年生杂草	2160-2700克/公顷	定向喷雾
PD20094719	敌草胺/50%/可湿性粉剂/敌草胺 50%/2009.04.10 至 2014.04.10/低毒			
	烟草	一年生杂草	1125-1875克/公顷	土壤喷雾
PD20094838	辛溴·滴丁酯/60%/乳油/2,4-滴丁酯 36%、辛酰溴苯腈 24%/2009.04.13 至 2014.04.13/低毒			
	春玉米田	一年生阔叶杂草	720-900克/公顷	茎叶喷雾
	冬小麦田	一年生阔叶杂草	540-720克/公顷	喷雾

PD20094880 二甲戊灵/330克/升/乳油/二甲戊灵 330克/升/2009.04.13 至 2014.04.13/低毒
韭菜田 一年生杂草 544.5-742.5克/公顷 土壤喷雾
PD20095108 高效氟吡甲禾灵/96%/原药/高效氟吡甲禾灵 96%/2009.04.24 至 2014.04.24/低毒
PD20095204 乙烯利/40%/水剂/乙烯利 40%/2009.04.24 至 2014.04.24/低毒
棉花 催熟、增产 330-500倍液 喷雾
PD20095233 丁草胺/81.5%/乳油/丁草胺 81.5%/2009.04.27 至 2014.04.27/低毒
水稻移栽田 一年生杂草 810－1215克/公顷 药土法
PD20095259 2甲・莠去津/45%/悬浮剂/2甲4氯 20%、莠去津 25%/2009.04.27 至 2014.04.27/低毒
夏玉米田 一年生阔叶杂草 1350－1687.5克/公顷 茎叶喷雾
PD20095260 苄・二氯/31%/泡腾粒剂/苄嘧磺隆 2%、二氯喹啉酸 29%/2009.04.27 至 2014.04.27/低毒
水稻移栽田 一年生及部分多年生杂草 325.5－372克/公顷 撒施
PD20095271 苄・乙/16%/泡腾颗粒剂/苄嘧磺隆 4%、乙草胺 12%/2009.04.27 至 2014.04.27/低毒
水稻移栽田 一年生及部分多年生杂草 96-120克/公顷(南方地区) 撒施
PD20095327 乙氧氟草醚/240克/升/乳油/乙氧氟草醚 240克/升/2009.04.27 至 2014.04.27/低毒
大蒜田 一年生杂草 144-180克/公顷 土壤喷雾
花生田 一年生杂草 144-216克/公顷 土壤喷雾
PD20095360 乙・莠・ 滴丁酯/37%/悬乳剂/2,4-滴丁酯 8.5%、乙草胺 9.5%、莠去津 19%/2009.04.27 至 2014.04.27/低毒
春玉米田 一年生杂草 1665-2220克/公顷(东北地区) 土壤喷雾
PD20095794 乙草胺/40%/水乳剂/乙草胺 40%/2009.05.27 至 2014.05.27/低毒
花生田 一年生杂草 750-1050克/公顷 土壤喷雾
PD20095843 莠去津/80%/可湿性粉剂/莠去津 80%/2009.05.27 至 2014.05.27/低毒
夏玉米田 一年生杂草 1200－1440克/公顷 播后苗前土壤喷雾
PD20095902 甲草・莠去津/48%/悬乳剂/甲草胺 28%、莠去津 20%/2009.05.31 至 2014.05.31/低毒
春玉米田 一年生杂草 2160-2880克/公顷 土壤喷雾
大葱、大蒜田、姜田 一年生杂草 1080-1440克/公顷 土壤喷雾
夏玉米田 一年生杂草 1440-1800克/公顷 土壤喷雾
PD20095965 百草枯/200克/升/水剂/百草枯 200克/升/2009.06.04 至 2014.06.04/中等毒
夏玉米田 杂草 450-600克/公顷 行间定向茎叶喷雾
PD20096054 精噁唑禾草灵/10%/乳油/精噁唑禾草灵 10%/2009.06.18 至 2014.06.18/低毒
冬小麦田 一年生禾本科杂草 60-75克/公顷 茎叶喷雾
PD20096800 乙草胺/900克/升/水乳剂/乙草胺 900克/升/2009.09.15 至 2014.09.15/低毒
春大豆田、春玉米田 一年生杂草 1350-1890克/公顷 土壤喷雾
花生田 一年生禾本科杂草及部分阔叶杂草 1080-1350克/公顷 土壤喷雾
夏大豆田 一年生杂草 1012.5-1350克/公顷 土壤喷雾
PD20096995 扑草净/50%/悬浮剂/扑草净 50%/2009.09.29 至 2014.09.29/低毒
棉花田 一年生阔叶杂草 750－1125克/公顷 土壤喷雾
PD20097096 扑・乙・滴丁酯/50%/乳油/2,4-滴丁酯 20%、扑草净 10%、乙草胺 20%/2009.10.10 至 2014.10.10/低毒
春大豆田 一年生杂草 1575-1875克/公顷(东北地区) 土壤喷雾
春玉米田 一年生杂草 1575－1875克/公顷(东北地区) 土壤喷雾
PD20098098 2,4-滴丁酯/57%/乳油/2,4-滴丁酯 57%/2009.12.08 至 2014.12.08/低毒
春玉米田 一年生阔叶杂草 648-864克/公顷 喷雾
小麦田 一年生阔叶杂草 540－810克/公顷 茎叶喷雾
PD20098099 滴丁・乙草胺/72%/乳油/2,4-滴丁酯 27%、乙草胺 45%/2009.12.08 至 2014.12.08/低毒
春玉米田 一年生杂草 1620-2160克/公顷(东北地区) 土壤喷雾
PD20098433 氟磺胺草醚/98%/原药/氟磺胺草醚 98%/2009.12.24 至 2014.12.24/低毒
PD20098496 2,4-滴二甲胺盐/720克/升/水剂/2,4-滴二甲胺盐 720克/升/2009.12.24 至 2014.12.24/低毒
春小麦田 一年生阔叶杂草 756-972克/公顷 茎叶喷雾
冬小麦田 一年生阔叶杂草 540-756克/公顷 茎叶喷雾
LS20051994 苯磺隆/75%/干悬浮剂/苯磺隆 75%/2008.05.24 至 2009.05.24/低毒
冬小麦 一年生阔叶杂草 13.5－22.5克/公顷 茎叶喷雾
LS20052479 草甘膦铵盐/74.7%/可溶粒剂/草甘膦铵盐 74.7%/2008.07.13 至 2009.07.13/低毒
柑橘园 杂草 1120.5-2241克/公顷 定向喷雾
LS20061361 2甲4氯/95%/原药/2甲4氯 95%/2009.06.25 至 2010.06.25/低毒
LS20061940 特丁净/96%/原药/特丁净 96%/2009.12.06 至 2010.12.06/低毒
LS20070460 异丙草胺/90%/原药/异丙草胺 90%/2009.03.05 至 2010.03.06/低毒
LS20071688 乙草・滴辛酯/72%/乳油/2,4-滴异辛酯 24%、乙草胺 48%/2009.06.24 至 2010.06.25/低毒
春玉米田 一年生杂草 1620-2160克/公顷 土壤喷雾
LS20071694 氯酰草膦/30%/乳油/氯酰草膦 30%/2009.06.24 至 2010.06.25/低毒
高羊茅草坪 阔叶杂草 405-540克/公顷 茎叶喷雾
LS20071853 氯酰草膦/93%/原药/氯酰草膦 93%/2009.07.09 至 2010.07.10/低毒
LS20072285 乙羧・苯磺隆/20%/可湿性粉剂/苯磺隆 5%、乙羧氟草醚 15%/2009.09.24 至 2010.09.25/低毒

冬小麦田 阔叶杂草 45-60克/公顷 茎叶喷雾
LS20072610 精喹·咪唑喹/13%/悬浮剂/精喹禾灵 4%、咪唑喹啉酸 9%/2009.12.09 至 2010.12.10/低毒
春大豆田 一年生杂草 195-234克/公顷 茎叶喷雾
LS20090535 百草枯/250克/升/水剂/百草枯 250克/升/2009.03.18 至 2010.03.18/中等毒
非耕地 杂草 600-750克/公顷 茎叶喷雾
LS20090765 草铵膦/95%/原药/草铵膦 95%/2009.03.31 至 2010.03.31/低毒
LS20090775 异丙甲草胺/88%/乳油/异丙甲草胺 88%/2009.03.31 至 2010.03.31/低毒
大豆田 一年生杂草 1296-1584克/公顷 播后苗前土壤喷雾
西瓜田 一年生杂草 1080-1872克/公顷 移栽前土壤喷雾
LS20090801 异丙草胺/900克/升/乳油/异丙草胺 900克/升/2009.04.03 至 2010.04.03/低毒
玉米田 一年生杂草及部分阔叶杂草 1620-2160克/公顷(东北地区) 1080-1620克/公顷（其他地区） 土壤喷雾
LS20090809 二氯喹啉酸/90%/水分散粒剂/二氯喹啉酸 90%/2009.04.03 至 2010.04.03/低毒
直播水稻(南方) 稗草 202.5-337.5克/公顷 茎叶喷雾
LS20090818 烟嘧·莠去津/80%/水分散粒剂/烟嘧磺隆 8%、莠去津 72%/2009.04.03 至 2010.04.03/低毒
玉米田 一年生杂草 360-720克/公顷 茎叶喷雾
LS20090822 氧氟·乙草胺/57%/乳油/乙草胺 51%、乙氧氟草醚 6%/2009.04.03 至 2010.04.03/低毒
大蒜田、花生田 一年生杂草 80－110毫升制剂/亩 播后苗前土壤喷雾
LS20090829 烟嘧·莠去津/20%/油悬浮剂/烟嘧磺隆 2%、莠去津 18%/2009.04.03 至 2010.04.03/低毒
玉米田 一年生杂草 80－120毫升制剂/亩 茎叶喷雾
LS20090834 苄嘧·苯噻酰/80%/可湿性粉剂/苯噻酰草胺 75.5%、苄嘧磺隆 4.5%/2009.04.03 至 2010.04.03/低毒
水稻抛秧田 一年生杂草 480-600克/公顷 毒土法
LS20090985 苯噻酰草胺/88%/可湿性粉剂/苯噻酰草胺 88%/2009.04.10 至 2010.04.10/低毒
移栽水稻田 稗草等杂草 462-594克/公顷 毒土法
LS20090993 精喹禾灵/10.8%/水乳剂/精喹禾灵 10.8%/2009.04.10 至 2010.04.10/低毒
大豆田 一年生禾本科杂草 450－675毫升制剂/公顷 茎叶喷雾
LS20091040 2甲·草甘膦/44%/水剂/草甘膦异丙胺盐 34%、2甲4氯钠 10%/2009.04.15 至 2010.04.15/低毒
苹果园 一年生杂草 2250-5250毫升制剂/公顷 定向茎叶喷雾
LS20091085 2，4-滴异辛酯/87.5%/乳油/2,4-滴异辛酯 87.5%/2009.04.15 至 2010.04.15/低毒
春玉米田 一年生阔叶杂草 36-54毫升制剂/亩 播后苗前土壤喷雾
LS20091091 烟嘧·麦草畏/40%/可湿性粉剂/麦草畏 30%、烟嘧磺隆 10%/2009.04.15 至 2010.04.15/低毒
玉米田 一年生杂草 150-210克/公顷 茎叶喷雾
LS20091137 莠去津/90%/水分散粒剂/莠去津 90%/2009.04.17 至 2010.04.17/低毒
玉米田 一年生杂草 1485-1755克/公顷（东北地区） 1215-1485克/公顷（其他地区） 播后苗前土壤喷雾
LS20091169 乙羧氟草醚/20%/乳油/乙羧氟草醚 20%/2009.04.22 至 2010.04.22/低毒
大豆田 一年生阔叶杂草 60-81克/公顷 茎叶喷雾

山东荣邦化工有限公司 （山东省潍坊市寿光市晨鸣工业园 262700 0536-5285618）

PD20080951 啶虫脒/20%/可溶粉剂/啶虫脒 20%/2008.07.23 至 2013.07.23/低毒
苹果树 蚜虫 20-25毫克/千克 喷雾
PD20090854 甲硫·福美双/70%/可湿性粉剂/福美双 40%、甲基硫菌灵 30%/2009.01.19 至 2014.01.19/低毒
苹果树 轮纹病 700-875毫克/千克 喷雾
PD20091135 三唑锡/25%/可湿性粉剂/三唑锡 25%/2009.01.21 至 2014.01.21/低毒
柑橘树 红蜘蛛 125-250毫克/千克 喷雾
PD20091241 丙环唑/250克/升/乳油/丙环唑 250克/升/2009.02.01 至 2014.02.01/低毒
香蕉 叶斑病 250-500毫克/千克 喷雾
PD20091508 三环唑/75%/可湿性粉剂/三环唑 75%/2009.02.02 至 2014.02.02/中等毒
水稻 稻瘟病 225-300克/公顷 喷雾
PD20091550 代森锰锌/80%/可湿性粉剂/代森锰锌 80%/2009.02.03 至 2014.02.03/低毒
黄瓜 霜霉病 2040-3000克/公顷 喷雾
PD20091580 三唑酮/25%/可湿性粉剂/三唑酮 25%/2009.02.03 至 2014.02.03/低毒
小麦 白粉病 150-225克/公顷 喷雾
PD20091615 辛硫磷/3%/颗粒剂/辛硫磷 3%/2009.02.03 至 2014.02.03/低毒
花生 地下害虫 2250-3600克/公顷 撒施
PD20091770 毒死蜱/480克/升/乳油/毒死蜱 480克/升/2009.02.04 至 2014.02.04/中等毒
十字花科蔬菜 黄条跳甲 432-648克/公顷 喷雾
PD20091777 阿维菌素/1.8%/乳油/阿维菌素 1.8%/2009.02.04 至 2014.02.04/低毒(原药高毒)
苹果树 红蜘蛛 5-6.67毫克/千克 喷雾
PD20091961 联苯菊酯/25克/升/乳油/联苯菊酯 25克/升/2009.02.12 至 2014.02.12/低毒
茶树 茶毛虫 15-22.5克/公顷 喷雾

PD20092143 敌敌畏/80%/乳油/敌敌畏 80%/2009.02.23 至 2014.02.23/低毒
苹果树 蚜虫 400-500毫克/千克 喷雾

PD20092415 乙草胺/900克/升/乳油/乙草胺 900克/升/2009.02.25 至 2014.02.25/低毒
大豆田 一年生禾本科杂草及小粒阔叶杂草 1350-2160克/公顷(东北地区) 播后苗前土壤
810-1350克/公顷(其他地区) 喷雾

PD20092418 硫磺·多菌灵/50%/可湿性粉剂/多菌灵 15%、硫磺 35%/2009.02.25 至 2014.02.25/低毒
花生 叶斑病 1200-1800克/公顷 喷雾

PD20092707 井冈霉素/5%/水剂/井冈霉素A 5%/2009.03.03 至 2014.03.03/低毒
水稻 纹枯病 150-187.5克/公顷 喷雾

PD20092928 霜霉威盐酸盐/722克/升/水剂/霜霉威盐酸盐 722克/升/2009.03.05 至 2014.03.05/低毒
黄瓜 霜霉病 866.4-1083克/公顷 喷雾

PD20093121 阿维菌素/1.8%/可湿性粉剂/阿维菌素 1.8%/2009.03.10 至 2014.03.10/低毒(原药高毒)
苹果树 红蜘蛛 3.3-4毫克/千克 喷雾

PD20093136 硫磺/45%/悬浮剂/硫磺 45%/2009.03.10 至 2014.03.10/低毒
枸杞 锈蜘蛛 1125-2250毫克/千克 喷雾

PD20093302 三唑酮/20%/乳油/三唑酮 20%/2009.03.13 至 2014.03.13/低毒
小麦 白粉病 120-127.5克/公顷 喷雾

PD20093312 代森锌/80%/可湿性粉剂/代森锌 80%/2009.03.13 至 2014.03.13/低毒
马铃薯 早疫病 1200-1440克/公顷 喷雾

PD20093503 虫酰肼/200克/升/悬浮剂/虫酰肼 200克/升/2009.03.23 至 2014.03.23/低毒
甘蓝 甜菜夜蛾 200-300克/公顷 喷雾

PD20093513 代森锰锌/70%/可湿性粉剂/代森锰锌 70%/2009.03.23 至 2014.03.23/低毒
番茄 早疫病 1837.5-2362.5克/公顷 喷雾

PD20093935 甲基硫菌灵/70%/可湿性粉剂/甲基硫菌灵 70%/2009.03.27 至 2014.03.27/微毒
苹果树 轮纹病 700-875毫克/千克 喷雾

PD20093966 辛硫·三唑磷/20%/乳油/三唑磷 10%、辛硫磷 10%/2009.03.27 至 2014.03.27/中等毒
水稻 稻水象甲 150-210克/公顷 喷雾

PD20095072 苏云金杆菌/16000IU/毫克/可湿性粉剂/苏云金杆菌 16000IU/毫克/2009.04.22 至 2014.04.22/低毒
茶树 茶毛虫 800-1600倍 喷雾
棉花 二代棉铃虫 1500-2250克(制剂)/公顷 喷雾
森林 松毛虫 1200-1600倍 喷雾
十字花科蔬菜 小菜蛾 750-1125克(制剂)/公顷 喷雾
十字花科蔬菜 菜青虫 375-750克(制剂)/公顷 喷雾
水稻 稻纵卷叶螟 1500-2250克(制剂)/公顷 喷雾
烟草 烟青虫 750-1500克(制剂)/公顷 喷雾
玉米 玉米螟 750-1500克(制剂)/公顷 加细沙灌心
枣树 枣尺蠖 1200-1600倍 喷雾

PD20096318 三唑磷/20%/乳油/三唑磷 20%/2009.07.22 至 2014.07.22/中等毒
水稻 二化螟 210-240克/公顷 喷雾

PD20097154 乙酸铜/20%/可湿性粉剂/乙酸铜 20%/2009.10.16 至 2014.10.16/低毒
黄瓜 苗期猝倒病 3000-4500克/公顷 灌根

PD20098120 矮壮素/50%/水剂/矮壮素 50%/2009.12.08 至 2014.12.08/低毒
棉花 调节生长 41.67-62.5毫克/千克 于棉花初花期、
(8000-12000倍液) 盛花期、蕾铃期
全株喷雾三次。

PD20098361 草甘膦异丙胺盐(41%)///水剂/草甘膦 30%/2009.12.18 至 2014.12.18/低毒
柑橘园 一年生和多年生杂草 1230-2460克/公顷 定向茎叶喷雾

LS20050974 吡虫·杀虫单/58%/可湿性粉剂/吡虫啉 2.5%、杀虫单 55.5%/2008.04.04 至 2009.04.04/中等毒
水稻 稻纵卷叶螟、二化螟、飞虱、三化螟 450-750克/公顷 喷雾

LS20050985 吡虫啉/20%/乳油/吡虫啉 20%/2008.04.04 至 2009.04.04/低毒
小麦 蚜虫 15-30克/公顷(南方地区) 喷雾
45-60克/公顷(北方地区)

LS20051031 吡虫啉/50%/可湿性粉剂/吡虫啉 50%/2008.04.07 至 2009.04.07/低毒
水稻 稻飞虱 15-30克/公顷 喷雾

LS20051033 多·福/50%/可湿性粉剂/多菌灵 16.6%、福美双 33.4%/2008.04.07 至 2009.04.07/低毒
葡萄 霜霉病 1000-1250毫克/千克 喷雾

LS20051197 柴油·辛硫磷/40%/乳油/柴油 25%、辛硫磷 15%/2008.04.12 至 2009.04.12/低毒
十字花科蔬菜 菜青虫 300-450克/公顷 喷雾

LS20051218 阿维·高氯/3%/可湿性粉剂/阿维菌素 0.2%、高效氯氰菊酯 2.8%/2008.04.12 至 2009.04.12/低毒(原药高毒)
十字花科蔬菜 菜青虫、小菜蛾 13.5-27克/公顷 喷雾

LS20051317 叶枯唑/20%/可湿性粉剂/叶枯唑 20%/2008.04.12 至 2009.04.12/低毒
水稻 白叶枯病 300-375克/公顷 喷雾

LS20053304 机油·炔螨特/73%/乳油/机油 33%、炔螨特 40%/2008.10.17 至 2009.10.17/低毒

苹果树　红蜘蛛　292-365毫克/千克　喷雾
LS20061007　敌畏·马/50%/乳油/敌敌畏 40%、马拉硫磷 10%/2009.04.23 至 2010.04.23/中等毒
十字花科蔬菜　黄条跳甲　375-525克/公顷　喷雾
LS20061009　乙酰甲胺磷/40%/乳油/乙酰甲胺磷 40%/2009.04.23 至 2010.04.23/低毒
苹果树　桃小食心虫　400-600毫克/千克　喷雾
LS20061997　菌核净/40%/可湿性粉剂/菌核净 40%/2008.12.25 至 2009.12.25/低毒
油菜　菌核病　900-1200克/公顷　喷雾
LS20071335　杀扑磷/40%/乳油/杀扑磷 40%/2009.05.17 至 2010.05.18/高毒
柑橘树　介壳虫　400-666.7毫克/千克　喷雾
LS20081704　烯酰·锰锌/69%/可湿性粉剂/代森锰锌 60%、烯酰吗啉 9%/2009.04.07 至 2010.04.07/低毒
黄瓜　霜霉病　1035-1725克/公顷　喷雾
LS20081876　甲氨基阿维菌素苯甲酸盐/0.5%/微乳剂/甲氨基阿维菌素苯甲酸盐 0.5%/2009.04.10 至 2010.04.10/低毒
十字花科蔬菜　甜菜夜蛾　2.25-3.375克/公顷　喷雾
LS20082636　高效氯氰菊酯/5%/微乳剂/高效氯氰菊酯 5%/2009.04.23 至 2010.04.23/中等毒
甘蓝　菜青虫　18.75-26.25克/公顷　喷雾
LS20090932　阿维·毒死蜱/24%/乳油/阿维菌素 1%、毒死蜱 23%/2009.04.09 至 2010.04.09/中等毒(原药高毒)
梨树　梨木虱　48-60毫克/千克　喷雾
LS20090995　咪鲜·多菌灵/50%/可湿性粉剂/多菌灵 42%、咪鲜胺 8%/2009.04.10 至 2010.04.10/低毒
西瓜　炭疽病　500-1000毫克/千克　喷雾
LS20091134　甲维·毒死蜱 /20%/乳油/毒死蜱 19.5%、甲氨基阿维菌素苯甲酸盐 0.5%/2009.04.17 至 2010.04.17/低毒
甘蓝　甜菜夜蛾　90-120克/公顷　喷雾
LS20091180　高氯·甲维盐/4%/微乳剂/高效氯氰菊酯 3.7%、甲氨基阿维菌素苯甲酸盐 0.3%/2009.04.23 至 2010.04.23/低毒
甘蓝　小菜蛾　9-12克/公顷　喷雾
LS20091267　甲氨基阿维菌素苯甲酸盐/5%/水分散粒剂/甲氨基阿维菌素苯甲酸盐 5%/2009.05.12 至 2010.05.12/低毒
十字花科蔬菜　小菜蛾　2.25-3.75克/公顷　喷雾
LS20091282　阿维·灭蝇胺/31%/悬浮剂/阿维菌素 0.7%、灭蝇胺 30.3%/2009.05.22 至 2010.05.22/低毒(原药高毒)
菜豆　美洲斑潜蝇　100-125克/公顷　喷雾

山东锐创化工有限公司　(山东省济南市高新区新宇路750号大学科技园A-508　250101　0531-88873390)

LS20081285　氟磺胺草醚/250克/升/水剂/氟磺胺草醚 250克/升/2009.03.11 至 2010.03.11/低毒
大豆田　一年生阔叶杂草　375-450克/公顷　茎叶喷雾

山东润扬化学有限公司　(山东省烟台市招远市黄城牟黄路　265701　0535-8519698)

PD20093699　毒死蜱/480克/升/乳油/毒死蜱 480克/升/2009.03.25 至 2014.03.25/中等毒
甘蓝　斜纹夜蛾　216-432克/公顷　喷雾
PD20093889　马拉硫磷/45%/乳油/马拉硫磷 45%/2009.03.25 至 2014.03.25/低毒
十字花科蔬菜　黄条跳甲　540-810克/公顷　喷雾
PD20093948　高效氯氟氰菊酯/25克/升/乳油/高效氯氟氰菊酯 25克/升/2009.03.27 至 2014.03.27/中等毒
甘蓝　菜青虫　7.5-11.25克/公顷　喷雾
PD20094149　氯氰菊酯/50克/升/乳油/氯氰菊酯 50克/升/2009.03.27 至 2014.03.27/低毒
甘蓝　菜青虫　37.5-52.5克/公顷　喷雾
PD20094371　代森锰锌/80%/可湿性粉剂/代森锰锌 80%/2009.04.01 至 2014.04.01/低毒
番茄　早疫病　1800-2400克/公顷　喷雾
PD20094927　联苯菊酯/25克/升/乳油/联苯菊酯 25克/升/2009.04.13 至 2014.04.13/低毒
茶树　茶小绿叶蝉　30-37.5克/公顷　喷雾
PD20095501　乙草胺/81.5%/乳油/乙草胺 81.5%/2009.05.11 至 2014.05.11/低毒
夏玉米田　一年生禾本科杂草及部分阔叶杂草　1080-1350克/公顷　播后苗期土壤喷雾
PD20095959　百草枯/200克/升/水剂/百草枯 200克/升/2009.06.03 至 2014.06.03/中等毒
非耕地　杂草　600-900克/公顷　喷雾
LS20050589　乙酰甲胺磷/20%/乳油/乙酰甲胺磷 20%/2008.03.14 至 2009.03.14/中等毒
十字花科蔬菜　菜青虫　450-540克/公顷　喷雾
LS20051090　福·福锌/80%/可湿性粉剂/福美双 30%、福美锌 50%/2008.04.11 至 2009.04.11/低毒
黄瓜　炭疽病　1500-1800克/公顷　喷雾
LS20053413　阿维·高氯/2.4%/乳油/阿维菌素 0.4%、高效氯氰菊酯 2%/2008.11.01 至 2009.11.01/低毒(原药高毒)
十字花科蔬菜　菜青虫、小菜蛾　7.5-13.5克/公顷　喷雾
LS20070911　异丙草·莠/40%/悬乳剂/异丙草胺 24%、莠去津 16%/2008.04.17 至 2009.04.18/低毒
夏玉米田　一年生杂草　1200-1500克/公顷　播后苗前土壤喷雾

山东三农农药有限公司　(山东省临沂市莒南县西环路北段西侧　276600　0539-7218750)

PD20081675　异丙草·莠/40%/悬乳剂/异丙草胺 16%、莠去津 24%/2008.11.17 至 2013.11.17/低毒
夏玉米田　一年生杂草　1200-1500克/公顷　播后苗前土壤喷雾
PD20081900　乙草胺/900克/升/乳油/乙草胺 900克/升/2008.11.21 至 2013.11.21/低毒
花生田　一年生杂草　877.5-1215克/公顷　土壤喷雾

PD20082073 多菌灵/40%/悬浮剂/多菌灵 40%/2008.11.25 至 2013.11.25/低毒
花生 倒秧病 750-900克/公顷 喷雾
苹果树 轮纹病 500-1000毫克/千克 喷雾
PD20082102 乙草胺/50%/乳油/乙草胺 50%/2008.11.25 至 2013.11.25/低毒
花生田 一年生禾本科杂草及部分小粒种子阔叶杂草 900-1350克/公顷 播后苗前土壤喷雾
PD20082215 百草枯/200克/升/水剂/百草枯 200克/升/2008.11.26 至 2013.11.26/中等毒
苹果园 杂草 600-900克/公顷 定向喷雾
PD20083247 代森锰锌/80%/可湿性粉剂/代森锰锌 80%/2008.12.11 至 2013.12.11/低毒
番茄 早疫病 1845-2370克/公顷 喷雾
PD20083831 异丙草胺/50%/乳油/异丙草胺 50%/2008.12.15 至 2013.12.15/低毒
甘薯 一年生禾本科杂草及部分小粒种子阔叶杂草 1500-1875克/公顷 土壤喷雾
PD20085084 氰戊·辛硫磷/20%/乳油/氰戊菊酯 5%、辛硫磷 15%/2008.12.23 至 2013.12.23/中等毒
棉花 棉铃虫 180-225克/公顷 喷雾
PD20085359 扑·乙/40%/悬乳剂/扑草净 20%、乙草胺 20%/2008.12.24 至 2013.12.24/低毒
花生田 一年生杂草 1080-1320克/公顷 土壤喷雾
PD20095363 异丙甲草胺/720克/升/乳油/异丙甲草胺 720克/升/2009.04.27 至 2014.04.27/低毒
花生田 一年生禾本科杂草及部分阔叶杂草 1080-1620克/公顷 播后苗前土壤喷雾
PD20096518 烟嘧磺隆/40克/升/可分散油悬浮剂/烟嘧磺隆 40克/升/2009.08.19 至 2014.08.19/低毒
玉米田 一年生杂草 42-60克/公顷 茎叶喷雾
LS20082184 扑·乙/45%/悬乳剂/扑草净 15%、乙草胺 30%/2009.04.18 至 2010.04.18/低毒
花生田 一年生杂草 1215-1350克/公顷 播后苗前土壤喷雾
棉花田 一年生杂草 1350-1518.75克/公顷 播后苗前土壤喷雾

山东三元工贸有限公司 （山东省潍坊市昌乐县昌乐开发区二街 262400 0531-82722190)

PD20090808 百草枯/200克/升/水剂/百草枯 200克/升/2009.01.19 至 2014.01.19/中等毒
桑树 杂草 450—750克/公顷 喷雾
PD20097340 灭蝇胺/10%/悬浮剂/灭蝇胺 10%/2009.10.27 至 2014.10.27/低毒
黄瓜 美洲斑潜蝇 150-225克/公顷 喷雾
PD20098305 吗胍·乙酸铜/20%/可湿性粉剂/盐酸吗啉胍 16%、乙酸铜 4%/2009.12.18 至 2014.12.18/低毒
番茄 病毒病 510-750克/公顷 喷雾
LS20071237 乙铝·多菌灵/60%/可湿性粉剂/多菌灵 40%、三乙膦酸铝 20%/2009.05.07 至 2010.05.08/低毒
苹果 轮纹病 1200-2000毫克/千克 喷雾
LS20071354 阿维·哒螨灵/10.2%/乳油/阿维菌素 0.2%、哒螨灵 10%/2009.05.17 至 2010.05.18/中等毒(原药高毒)
苹果树 二斑叶螨 51-68毫克/千克 喷雾
LS20072166 高氯·氟铃脲/5.7%/乳油/氟铃脲 1.9%、高效氯氰菊酯 3.8%/2009.09.04 至 2010.09.05/低毒
甘蓝 小菜蛾 42.75-51.3克/公顷 喷雾
LS20072178 氟铃·辛硫磷/20%/乳油/氟铃脲 2%、辛硫磷 18%/2009.09.04 至 2010.09.05/低毒
棉花 棉铃虫 225-300克/公顷 喷雾

山东申王生物药业有限公司 （山东省日照市五莲县莲山路5号 262300 0633-5881776)

PD20083330 阿维菌素/1.8%/乳油/阿维菌素 1.8%/2008.12.11 至 2013.12.11/低毒(原药高毒)
苹果树 红蜘蛛 3-6毫克/千克 喷雾
PD20085527 辛硫·高氯氟/21%/乳油/高效氯氟氰菊酯 1%、辛硫磷 20%/2008.12.25 至 2013.12.25/低毒
甘蓝 菜青虫 94.5-157.5克/公顷 喷雾
PD20095790 螨醇·哒螨灵/20%/乳油/哒螨灵 5%、三氯杀螨醇 15%/2009.05.27 至 2014.05.27/低毒
苹果树 红蜘蛛 100-133毫克/千克 喷雾

山东神星药业有限公司 （山东省潍坊市青州市北环路中段 262500 0536-3289975)

PD20080644 硫磺·多菌灵/50%/可湿性粉剂/多菌灵 15%、硫磺 35%/2008.05.13 至 2013.05.13/低毒
花生 叶斑病 1200-1800克/公顷 喷雾
PD20082019 灭蝇胺/30%/可湿性粉剂/灭蝇胺 30%/2008.11.25 至 2013.11.25/低毒
黄瓜 美洲斑潜蝇 120-150克/公顷 喷雾
PD20082935 多·福/50%/可湿性粉剂/多菌灵 6.5%、福美双 43.5%/2008.12.09 至 2013.12.09/低毒
梨树 黑星病 1000-1500毫克/千克 喷雾
PD20084020 多·福/45%/可湿性粉剂/多菌灵 6%、福美双 39%/2008.12.16 至 2013.12.16/低毒
梨 黑星病 1000-1500毫克/千克 喷雾
水稻 稻瘟病 1080-1350克/公顷 喷雾
PD20084494 毒·辛/25%/乳油/毒死蜱 9%、辛硫磷 16%/2008.12.18 至 2013.12.18/低毒
棉花 棉铃虫 225-337.5克/公顷 喷雾
PD20084516 灭多威/10%/可湿性粉剂/灭多威 10%/2008.12.18 至 2013.12.18/低毒(原药高毒)
棉花 棉铃虫 225-300克/公顷 喷雾

PD20084550 腐霉·福美双/50%/可湿性粉剂/腐霉利 10%、福美双 40%/2008.12.18 至 2013.12.18/低毒
番茄 灰霉病 600-900克/公顷 喷雾
PD20084641 氰戊·马拉松/20%/乳油/马拉硫磷 15%、氰戊菊酯 5%/2008.12.18 至 2013.12.18/中等毒
苹果树 桃小食心虫 160-333毫克/千克 喷雾
PD20085120 阿维·高氯/1.8%/乳油/阿维菌素 0.1%、高效氯氰菊酯 1.7%/2008.12.23 至 2013.12.23/低毒(原药高毒)
黄瓜 美洲斑潜蝇 24.3-27克/公顷 喷雾
PD20090350 福·甲·硫磺/50%/可湿性粉剂/福美双 10%、甲基硫菌灵 5%、硫磺 35%/2009.01.12 至 2014.01.12/低毒
苹果树 轮纹病 500-700倍液 喷雾
PD20090438 硫磺·多菌灵/25%/可湿性粉剂/多菌灵 10%、硫磺 15%/2009.01.12 至 2014.01.12/低毒
水稻 稻瘟病 1200-1800克/公顷 喷雾
PD20091497 氟磺胺草醚/95%/原药/氟磺胺草醚 95%/2009.02.02 至 2014.02.02/低毒
PD20092324 甲氨基阿维菌素苯甲酸盐/0.5%/乳油/甲氨基阿维菌素苯甲酸盐 0.5%/2009.02.24 至 2014.02.24/低毒
棉花 棉铃虫 7.5-11.25克/公顷 喷雾
PD20093182 福·甲·硫磺/70%/可湿性粉剂/福美双 20%、甲基硫菌灵 14%、硫磺 36%/2009.03.11 至 2014.03.11/低毒
黄瓜 炭疽病 840-1260克/公顷 喷雾
PD20095621 敌磺·福美双/10%/可湿性粉剂/敌磺钠 5%、福美双 5%/2009.05.12 至 2014.05.12/低毒
黄瓜 苗期猝倒病 2505-3000克/公顷 毒土法
PD20096268 硫磺·锰锌/70%/可湿性粉剂/硫磺 42%、代森锰锌 28%/2009.07.22 至 2014.07.22/低毒
豇豆 锈病 1575-2100克/公顷 喷雾
PD20096608 异菌·福美双/50%/可湿性粉剂/福美双 40%、异菌脲 10%/2009.09.02 至 2014.09.02/低毒
番茄 早疫病 703.1-937.5克/公顷 喷雾
PD20096619 百·锌·福美双/75%/可湿性粉剂/百菌清 19%、福美双 21%、福美锌 35%/2009.09.02 至 2014.09.02/低毒
黄瓜 霜霉病 1205.4-1687.5克/公顷 喷雾
PD20097455 吗胍·乙酸铜/20%/可溶粉剂/盐酸吗啉胍 15%、乙酸铜 5%/2009.10.28 至 2014.10.28/低毒
番茄 病毒病 450-600克/公顷 喷雾
烟草 病毒病 500-750克/公顷 喷雾
PD20098116 多抗霉素/10%/可湿性粉剂/多抗霉素 10%/2009.12.08 至 2014.12.08/低毒
黄瓜 灰霉病 150-210克/公顷 喷雾
PD20098417 乙羧氟草醚/10%/乳油/乙羧氟草醚 10%/2009.12.24 至 2014.12.24/低毒
春大豆田 一年生阔叶杂草 75-90克/公顷 喷雾
LS981357 盐酸吗啉胍/5%/可溶粉剂/盐酸吗啉胍 5%/2009.02.18 至 2009.12.31/低毒
番茄 病毒病 703-1406克/公顷 喷雾
水稻 条纹叶枯病 300-375克/公顷 喷雾
LS20020715 辛菌·吗啉胍/4.3%/水剂/盐酸吗啉胍 2.5%、辛菌胺 1.8%/2009.02.18 至 2009.12.31/低毒
番茄 病毒病 150-210克/公顷 喷雾
LS20050337 精喹禾灵/8.8%/乳油/精喹禾灵 8.8%/2008.02.07 至 2009.02.06/低毒
油菜田 一年生禾本科杂草 39.6-52.8克/公顷 喷雾
LS20051112 辛硫磷/20%/乳油/辛硫磷 20%/2008.04.11 至 2009.04.11/低毒
水稻 三化螟 600-750克/公顷 喷雾
LS20051129 氟铃脲/5%/乳油/氟铃脲 5%/2008.04.11 至 2009.04.11/低毒
十字花科蔬菜 小菜蛾 45-60克/公顷 喷雾
LS20051130 啶虫脒/5%/乳油/啶虫脒 5%/2008.04.11 至 2009.04.11/低毒
柑橘树 蚜虫 10-12毫克/千克 喷雾
LS20051139 吡虫啉/2.5%/可湿性粉剂/吡虫啉 2.5%/2008.04.11 至 2009.04.11/低毒
水稻 稻飞虱 15-22.5克/公顷 喷雾
LS20051152 高效氯氟氰菊酯/2.5%/乳油/高效氯氟氰菊酯 2.5%/2008.04.11 至 2009.04.11/中等毒
苹果树 桃小食心虫 5-6.3毫克/千克 喷雾
LS20051153 啶虫脒/3%/可湿性粉剂/啶虫脒 3%/2008.04.11 至 2009.04.11/低毒
柑橘树 蚜虫 10-12毫克/千克 喷雾
LS20051161 氟磺胺草醚/25%/水剂/氟磺胺草醚 25%/2008.04.11 至 2009.04.11/低毒
大豆 一年生阔叶杂草 300-375克/公顷 喷雾
LS20051726 三唑磷/13.5%/乳油/三唑磷 13.5%/2008.05.12 至 2009.05.12/中等毒
水稻 二化螟 202.5-303.75克/公顷 喷雾
LS20052373 苯丁·哒螨灵/10%/乳油/苯丁锡 5%、哒螨灵 5%/2008.07.03 至 2009.07.03/低毒
柑橘树 红蜘蛛 50-66.7毫克/千克 喷雾
LS20052374 阿维·三唑磷/18%/乳油/阿维菌素 0.2%、三唑磷 17.8%/2008.07.03 至 2009.07.03/中等毒(原药高毒)
水稻 二化螟 216-270克/公顷 喷雾
LS20052410 高效氯氰菊酯/2.5%/乳油/高效氯氰菊酯 2.5%/2008.07.10 至 2009.07.10/低毒
梨树 梨木虱 20.8-25毫克/千克 喷雾
LS20060791 三唑磷/10%/乳油/三唑磷 10%/2009.04.09 至 2010.04.09/中等毒
水稻 三化螟 225—300克/公顷 /喷雾
LS20060800 机油·杀扑磷/40%/乳油/机油 24%、杀扑磷 16%/2009.04.09 至 2010.04.09/中等毒
柑橘树 矢尖蚧 400-500毫克/千克 定向喷雾

LS20060803 机油·炔螨特/73%/乳油/机油 33%、炔螨特 40%/2009.04.09 至 2010.04.09/低毒
柑橘树 红蜘蛛 243-365毫克/千克 喷雾

LS20060855 氟醚·灭草松/40%/水剂/三氟羧草醚 8%、灭草松 32%/2009.04.12 至 2010.04.12/低毒
春大豆 一年生阔叶杂草 780-900克/公顷 茎叶喷雾
夏大豆 一年生阔叶杂草 660-780克/公顷 茎叶喷雾

LS20070964 虫酰肼/200克/升/悬浮剂/虫酰肼 200克/升/2008.04.19 至 2009.04.20/低毒
苹果树 卷叶蛾 64-115毫克/千克 喷雾
十字花科蔬菜 甜菜夜蛾 240-300克/公顷 喷雾

LS20071087 吗胍·乙酸铜/20%/可湿性粉剂/盐酸吗啉胍 10%、乙酸铜 10%/2008.04.25 至 2009.04.26/低毒
水稻 条纹叶枯病 360-450克/公顷 喷雾

LS20071092 异丙草·莠/40%/悬浮剂/异丙草胺 16%、莠去津 24%/2008.04.25 至 2009.04.26/低毒
夏玉米田 一年生杂草 1260-1500克/公顷 土壤喷雾

LS20071093 甲基硫菌灵/70%/水分散粒剂/甲基硫菌灵 70%/2008.04.25 至 2009.04.26/低毒
苹果树 轮纹病 700-875毫克/千克 喷雾

LS20071322 联苯菊酯/100克/升/乳油/联苯菊酯 100克/升/2008.05.17 至 2009.05.18/中等毒
茶树 茶小绿叶蝉 30-37.5克/公顷 喷雾

LS20072568 吡虫啉/35%/悬浮剂/吡虫啉 35%/2009.12.04 至 2010.12.05/低毒
十字花科蔬菜 蚜虫 15.75-26.25克/公顷 喷雾

LS20081562 吡虫啉/70%/水分散粒剂/吡虫啉 70%/2009.04.02 至 2010.04.02/低毒
水稻 稻飞虱 23.5-31.5克/公顷 喷雾

LS20081847 氟硅唑/400克/升/乳油/氟硅唑 400克/升/2009.04.10 至 2010.04.10/低毒
梨树 黑星病 40-50毫克/千克 喷雾

LS20082177 马拉硫磷/45%/乳油/马拉硫磷 45%/2009.04.18 至 2010.04.18/低毒
棉花 蚜虫 472.5-573.75克/公顷 喷雾

LS20091288 阿维菌素/10%/水分散粒剂/阿维菌素 10%/2009.05.25 至 2010.05.25/中等毒(原药高毒)
柑橘树 红蜘蛛 5-10毫克/千克 喷雾

山东省昌邑市化工厂 (山东省昌邑市柳疃镇西二甲村 261303 0536-7802210)

PD84122-3 溴甲烷/99%/原药/溴甲烷 99%/2005.12.10 至 2010.12.10/高毒
粮食、种子 多种害虫、鼠 27-37.5克/立方米 密闭熏蒸

山东省长清农药厂有限公司 (山东省济南经济开发区南园长兴路2001号 250301 0531-87367068)

PD20050091 高效氯氰菊酯/4.5%/乳油/高效氯氰菊酯 4.5%/2005.07.01 至 2010.06.30/中等毒
十字花科蔬菜 菜青虫 9-25.5克/公顷 喷雾

PD20081068 啶虫脒/3%/乳油/啶虫脒 3%/2008.08.14 至 2013.08.14/低毒
黄瓜 蚜虫 18-22.5克/公顷 喷雾

PD20082891 高氯·辛硫磷/20%/乳油/高效氯氰菊酯 1.5%、辛硫磷 18.5%/2008.12.09 至 2013.12.09/中等毒
十字花科蔬菜 菜青虫 90-150克/公顷 喷雾

PD20084863 辛硫磷/3%/颗粒剂/辛硫磷 3%/2008.12.22 至 2013.12.22/低毒
花生 地老虎、金针虫、蝼蛄、蛴螬 2250-3600克/公顷 沟施

PD20091253 氟铃·辛硫磷/20%/乳油/氟铃脲 2%、辛硫磷 18%/2009.02.01 至 2014.02.01/低毒
棉花 棉铃虫 150-250克/公顷 喷雾

PD20091932 烟嘧磺隆/40克/升/油悬浮剂/烟嘧磺隆 40克/升/2009.02.12 至 2014.02.12/低毒
玉米田 一年生杂草 40-60克/公顷 茎叶喷雾

PD20092908 阿维·高氯/1.8%/乳油/阿维菌素 0.15%、高效氯氰菊酯 1.65%/2009.03.05 至 2014.03.05/低毒(原药高毒)
黄瓜 美洲斑潜蝇 15-30克/公顷 喷雾

PD20093662 精喹禾灵/5%/乳油/精喹禾灵 5%/2009.03.25 至 2014.03.25/低毒
棉花田 一年生禾本科杂草 37.5-60克/公顷 喷雾

PD20093673 精喹禾灵/10%/乳油/精喹禾灵 10%/2009.03.25 至 2014.03.25/低毒
夏大豆田 一年生禾本科杂草 37.5-52.5克/公顷 茎叶喷雾

PD20094586 二甲戊灵/330克/升/乳油/二甲戊灵 330克/升/2009.04.10 至 2014.04.10/低毒
韭菜田 一年生杂草 495-742.5克/公顷 土壤喷雾

PD20095604 吡虫·杀虫单/35%/可湿性粉剂/吡虫啉 1%、杀虫单 34%/2009.05.12 至 2014.05.12/中等毒
水稻 稻飞虱、稻纵卷叶螟、二化螟、三化螟 450-750克/公顷 喷雾

PD20096294 丁·莠/48%/悬乳剂/丁草胺 19%、莠去津 29%/2009.07.22 至 2014.07.22/低毒
夏玉米田 一年生杂草 1080-1440克/公顷 土壤喷雾

PD20096683 氰戊·马拉松/20%/乳油/马拉硫磷 15%、氰戊菊酯 5%/2009.09.07 至 2014.09.07/低毒
棉花 棉铃虫 150-240克/公顷 喷雾

PD20096828 耳霉菌/200万个/毫升/悬浮剂/耳霉菌 200万个/毫升/2009.09.21 至 2014.09.21/低毒
小麦 蚜虫 2250-3000毫升制剂/公顷 喷雾

PD20097926 吡虫啉/50%/可湿性粉剂/吡虫啉 50%/2009.11.30 至 2014.11.30/低毒
水稻 稻飞虱 15-30克/公顷 喷雾
小麦 蚜虫 15-30克/公顷(南方地区) 喷雾
45-60克/公顷(北方地区)

PD20098495 甲氨基阿维菌素苯甲酸盐(2.2%)///微乳剂/甲氨基阿维菌素 2%/2009.12.24 至 2014.12.24/低毒

甘蓝 甜菜夜蛾 2.64-3.3克/公顷 喷雾
LS20051179 多·福/50%/可湿性粉剂/多菌灵 25%、福美双 25%/2008.04.12 至 2009.04.12/低毒
梨树 黑星病 1000-1500毫克/千克 喷雾
葡萄 霜霉病 1000-1250毫克/千克 喷雾
LS20051775 阿维·高氯/2.4%/可湿性粉剂/阿维菌素 0.2%、高效氯氰菊酯 2.2%/2008.05.16 至 2009.05.16/低毒(原药高毒)
黄瓜 美洲斑潜蝇 15-30克/公顷 喷雾
十字花科蔬菜 菜青虫、小菜蛾 13.5-27克/公顷 喷雾
LS20061423 柴油·哒螨灵/40%/乳油/柴油 36%、哒螨灵 4%/2009.06.29 至 2010.06.29/低毒
柑橘树 红蜘蛛 267-400毫克/千克 喷雾
LS20090450 烟嘧·莠去津/22%/悬浮剂/烟嘧磺隆 2.5%、莠去津 19.5%/2009.03.18 至 2010.03.18/低毒
玉米田 一年生杂草 1500-2100毫升制剂/公顷 茎叶喷雾

山东省成武县有机化工厂 (山东省成武县南鲁镇工业小区 274207 0530-8822188)

PD84121-12 磷化铝/56%/片剂/磷化铝 56%/2005.01.31 至 2010.01.31/高毒
洞穴 室外啮齿动物 根据洞穴大小而定 密闭熏蒸
货物 仓储害虫 5-10片/1000千克 密闭熏蒸
空间 多种害虫 1-4片/立方米 密闭熏蒸
粮食、种子 储粮害虫 3-10片/1000千克 密闭熏蒸
PD20085201 井冈霉素/5%/水剂/井冈霉素 5%/2008.12.23 至 2013.12.23/低毒
水稻 纹枯病 150-187.5克/公顷 喷雾
LS98947 苦·钙·硫磺/20%/水剂/苦参碱 0.15%、硫磺 13.5%、氧化钙 6.35%/2009.01.01 至 2009.12.31/低毒
辣椒 病毒病 400-600克/公顷 喷雾
水稻 条纹叶枯病 300-450克/公顷 喷雾
LS20070826 磷化钙/26%/块剂/磷化钙 26%/2009.04.11 至 2010.04.12/高毒
仓储原粮 拟谷盗、玉米象 4-8克/立方米 密闭熏蒸
LS20090222 20%苦参碱·硫磺·氧化钙水剂/20%/水剂/苦参碱 .15%、硫磺 13.5%、氧化钙 6.35%/2009.02.13 至 2010.02.13/低毒
水稻 纹枯病 300-450克/公顷 喷雾
烟草 黑胫病 / /

山东省达瀚农业化控研究院 (山东省济南市桑园路11号 250100 0531-88669927)

PD20083080 多·福/50%/可湿性粉剂/多菌灵 25%、福美双 25%/2008.12.10 至 2013.12.10/中等毒
梨树 黑星病 1000-1500毫克/千克 喷雾
PD20093041 高氯·辛硫磷/22%/乳油/高效氯氰菊酯 2%、辛硫磷 20%/2009.03.09 至 2014.03.09/中等毒
棉花 棉铃虫 132-165克/公顷 喷雾
LS20051944 阿维·哒螨灵/8%/乳油/阿维菌素 0.2%、哒螨灵 7.8%/2008.05.22 至 2009.05.22/中等毒(原药高毒)
柑橘树 红蜘蛛 40-53.3毫克/千克 喷雾
LS20051980 阿维菌素/1.8%/乳油/阿维菌素 1.8%/2008.05.24 至 2009.05.24/中等毒(原药高毒)
十字花科蔬菜 菜青虫 8.1-10.8克/公顷 喷雾
LS20082167 高效氯氟氰菊酯/25克/升/乳油/高效氯氟氰菊酯 25克/升/2009.04.18 至 2010.04.18/中等毒
棉花 蚜虫 7.5-15克/公顷 喷雾
LS20082218 矮壮素/50%/水剂/矮壮素 50%/2009.04.18 至 2010.04.18/低毒
玉米 增产 0.5%（制剂） 浸种

山东省德州市德城区大成卫生杀虫剂厂 (山东省德州市德城区长庄乡水利站 253000 0534-2363191)

WL20080071 杀虫气雾剂/0.35%/气雾剂/胺菊酯 0.3%、氯氰菊酯 0.05%/2009.02.17 至 2010.02.18/微毒
室内 蚊、蝇、蜚蠊 / 喷雾

山东省德州天邦农化有限公司 (山东省德州市德城区二屯镇 253035 0534-2623883)

PD86153-14 叶枯唑/20%/可湿性粉剂/叶枯唑 20%/2006.12.11 至 2011.12.11/低毒
水稻 白叶枯病 300-375克/公顷 喷雾、弥雾
PD20084532 啶虫脒/20%/可湿性粉剂/啶虫脒 20%/2008.12.18 至 2013.12.18/低毒
柑橘树 蚜虫 12-20毫克/千克 喷雾
PD20084738 灭多威/20%/乳油/灭多威 20%/2008.12.22 至 2013.12.22/高毒
棉花 棉铃虫 150-225克/公顷 喷雾
棉花 蚜虫 75-150克/公顷 喷雾
PD20085087 啶虫脒/3%/乳油/啶虫脒 3%/2008.12.23 至 2013.12.23/低毒
柑橘树 蚜虫 12-15毫克/千克 喷雾
PD20092890 三唑锡/8%/乳油/三唑锡 8%/2009.03.05 至 2014.03.05/低毒
柑橘树 红蜘蛛 80-100毫克/千克 喷雾
PD20095146 五氯·福美双 /40%/粉剂/福美双 20%、五氯硝基苯 20%/2009.04.24 至 2014.04.24/低毒
棉花 红腐病、苗期立枯病、炭疽病 200-400克/100千克种子 拌种
PD20095700 阿维·氟铃脲/3%/乳油/阿维菌素 1%、氟铃脲 2%/2009.06.11 至 2014.06.11/低毒(原药高毒)
十字花科蔬菜 小菜蛾 13.5-20.25克/公顷 喷雾
PD20096404 杀双·灭多威/20%/水剂/灭多威 10%、杀虫双 10%/2009.08.04 至 2014.08.04/中等毒(原药高毒)
甘蓝 菜青虫 100-150克/公顷 喷雾
PD20097948 五氯硝基苯/95%/原药/五氯硝基苯 95%/2009.11.30 至 2014.11.30/低毒
LS20070451 三唑锡/25%/可湿性粉剂/三唑锡 25%/2009.03.05 至 2010.03.06/中等毒

柑橘树 红蜘蛛 125-166毫克/千克 喷雾

LS20071124 莠去津/38%/悬浮剂/莠去津 38%/2009.04.25 至 2010.04.26/低毒

春玉米田 一年生杂草 1710-2280克/公顷 播后苗前土壤喷雾

夏玉米田 一年生杂草 855-1140克/公顷 播后苗前土壤喷雾

LS20071135 精喹禾灵/5%/乳油/精喹禾灵 5%/2009.04.25 至 2010.04.26/低毒

花生田 一年生禾本科杂草 45-60克/公顷 茎叶喷雾

山东省德州祥龙生化有限公司 (山东省德州市宁津县宁津镇 253400 0534-5421836)

PD20084955 丙环唑/250克/升/乳油/丙环唑 250克/升/2008.12.22 至 2013.12.22/低毒

香蕉树 叶斑病 250-500毫克/千克 喷雾

PD20084993 联苯菊酯/100克/升/乳油/联苯菊酯 100克/升/2008.12.22 至 2013.12.22/中等毒

茶树 茶小绿叶蝉 30-37.5克/公顷 喷雾

PD20085019 阿维菌素/2%/乳油/阿维菌素 2%/2008.12.22 至 2013.12.22/低毒(原药高毒)

十字花科蔬菜 小菜蛾 8.1-10.8克/公顷 喷雾

PD20085387 三唑锡/25%/可湿性粉剂/三唑锡 25%/2008.12.24 至 2013.12.24/低毒

苹果树 红蜘蛛 188-250毫克/千克 喷雾

PD20085557 敌敌畏/50%/乳油/敌敌畏 50%/2008.12.25 至 2013.12.25/中等毒

十字花科蔬菜 菜青虫 900-1200克/公顷 喷雾

PD20086110 多·锰锌/70%/可湿性粉剂/多菌灵 10%、代森锰锌 60%/2008.12.30 至 2013.12.30/低毒

苹果 斑点落叶病 1000-1250毫克/千克 喷雾

PD20090374 高氯·马/20%/乳油/高效氯氰菊酯 2%、马拉硫磷 18%/2009.01.12 至 2014.01.12/中等毒

棉花 棉铃虫 180-240克/公顷 喷雾

PD20090404 阿维·高氯/3%/乳油/阿维菌素 0.2%、高效氯氰菊酯 2.8%/2009.01.12 至 2014.01.12/低毒(原药高毒)

甘蓝 菜青虫、小菜蛾 13.5-27克/公顷 喷雾

PD20090461 啶虫脒/20%/可溶粉剂/啶虫脒 20%/2009.01.12 至 2014.01.12/低毒

黄瓜 蚜虫 15-24克/公顷 喷雾

PD20090711 精喹禾灵/10%/乳油/精喹禾灵 10%/2009.01.19 至 2014.01.19/低毒

夏大豆田 一年生禾本科杂草 37.5-52.5克/公顷 喷雾

PD20090836 甲哌鎓/10%/可溶粉剂/甲哌鎓 10%/2009.01.19 至 2014.01.19/低毒

棉花 调节生长、增产 45-60克/公顷 喷雾

PD20090939 草甘膦异丙胺盐/41%/水剂/草甘膦异丙胺盐 41%/2009.01.19 至 2014.01.19/低毒

桑园 杂草 1125-2250克/公顷 定向喷雾

PD20091107 阿维·高氯/2.4%/可湿性粉剂/阿维菌素 0.2%、高效氯氰菊酯 2.2%/2009.01.21 至 2014.01.21/低毒(原药高毒)

甘蓝 菜青虫、小菜蛾 13.5-27克/公顷 喷雾

PD20091373 乙草胺/900克/升/乳油/乙草胺 900克/升/2009.02.02 至 2014.02.02/低毒

玉米田 一年生禾本科杂草及部分小粒种子阔叶杂草 1215-1620克/公顷(东北地区)810-1215克/公顷(其它地区) 土壤喷雾

PD20091514 吡虫·杀虫单/58%/可湿性粉剂/吡虫啉 2.5%、杀虫单 55.5%/2009.02.02 至 2014.02.02/低毒

水稻 稻飞虱、稻纵卷叶螟、二化螟、三化螟 450-750克/公顷 喷雾

PD20091617 啶虫脒/36%/水分散粒剂/啶虫脒 36%/2009.02.03 至 2014.02.03/低毒

黄瓜 蚜虫 21.6-27克/公顷 喷雾

PD20092024 百草枯/200克/升/水剂/百草枯 200克/升/2009.02.12 至 2014.02.12/中等毒

苹果园 一年生和多年生杂草 750-900克/公顷 茎叶喷雾

PD20092337 多·福/40%/可湿性粉剂/多菌灵 5%、福美双 35%/2009.02.24 至 2014.02.24/低毒

葡萄 霜霉病 1000-1250毫克/千克 喷雾

PD20092340 阿维·哒螨灵/6.78%/乳油/阿维菌素 0.11%、哒螨灵 6.67%/2009.02.24 至 2014.02.24/低毒(原药高毒)

柑橘树 红蜘蛛 40-45.2毫克/千克 喷雾

PD20092648 复硝酚钠/98%/原药/复硝酚钠 98%/2009.03.03 至 2014.03.03/低毒

PD20092669 高效氟吡甲禾灵/108克/升/乳油/高效氟吡甲禾灵 108克/升/2009.03.03 至 2014.03.03/低毒

棉花田 一年生禾本科杂草 40.5-48.6克/公顷 茎叶喷雾

PD20092962 氯氰·丙溴磷/440克/升/乳油/丙溴磷 400克/升、氯氰菊酯 40克/升/2009.03.09 至 2014.03.09/中等毒

棉花 棉铃虫 528-660克/公顷 喷雾

PD20093444 莠去津/48%/可湿性粉剂/莠去津 48%/2009.03.23 至 2014.03.23/低毒

玉米田 一年生杂草 春玉米:2160-2520克/公顷;其他:1800-2160克/公顷 土壤喷雾

PD20094113 莠去津/38%/悬浮剂/莠去津 38%/2009.03.27 至 2014.03.27/低毒

春玉米田 一年生杂草 1710-2280克/公顷 土壤喷雾

夏玉米田 一年生杂草 1140-1710克/公顷 土壤喷雾

PD20094173 井冈霉素/5%/水剂/井冈霉素 5%/2009.03.27 至 2014.03.27/低毒

水稻 纹枯病 150-187.5克/公顷 喷雾

PD20094280 氯氰·吡虫啉/5%/乳油/吡虫啉 1.5%、氯氰菊酯 3.5%/2009.03.31 至 2014.03.31/低毒

甘蓝 蚜虫 22.5-37.5克/公顷 喷雾

PD20095155 复硝酚钠/1.8%/水剂/5-硝基邻甲氧基苯酚钠 0.3%、对硝基苯酚钾 0.9%、邻硝基苯酚钠 0.6%/2009.04.24至2014.04.24/低毒
棉花 调节生长、增产 2000-3000倍液 分别在苗前、蕾期和盛花期，兑水喷雾
PD20096339 啶虫脒/5%/可湿性粉剂/啶虫脒 5%/2009.07.23 至 2014.07.23/低毒
甘蓝 蚜虫 15-22.5克/公顷 喷雾
PD20097129 烟嘧·莠去津/22%/可分散油悬浮剂/烟嘧磺隆 2%、莠去津 20%/2009.10.16 至 2014.10.16/低毒
玉米田 一年生杂草 100-200毫升制剂/亩 茎叶喷雾
PD20097322 丁·莠/42%/悬乳剂/丁草胺 22%、莠去津 20%/2009.10.27 至 2014.10.27/低毒
夏玉米田 一年生杂草 1260－1575克/公顷 土壤喷雾
PD20097504 烟嘧磺隆/40克/升/可分散油悬浮剂/烟嘧磺隆 40克/升/2009.11.03 至 2014.11.03/低毒
玉米田 一年生杂草 45-60克/公顷 茎叶喷雾
PD20097748 毒死蜱/480克/升/乳油/毒死蜱 480克/升/2009.11.12 至 2014.11.12/中等毒
水稻 稻纵卷叶螟 5.4-648克/公顷 喷雾
PD20097751 噻螨酮/5%/可湿性粉剂/噻螨酮 5%/2009.11.12 至 2014.11.12/低毒
柑橘树 红蜘蛛 25-33.3毫克/千克 喷雾
PD20097840 氯氰·敌敌畏/10%/乳油/敌敌畏 8%、氯氰菊酯 2%/2009.11.20 至 2014.11.20/中等毒
十字花科蔬菜 蚜虫 60-75克/公顷 喷雾
PD20098200 噻嗪·异丙威/25%/可湿性粉剂/噻嗪酮 5%、异丙威 20%/2009.12.16 至 2014.12.16/低毒
水稻 稻飞虱 450-562.5克/公顷 喷雾
PD20098228 氟氯氰菊酯/50克/升/乳油/氟氯氰菊酯 50克/升/2009.12.16 至 2014.12.16/低毒
甘蓝 菜青虫 18.75－22.5克/公顷 喷雾
PD20098386 氟硅唑/400克/升/乳油/氟硅唑 400克/升/2009.12.18 至 2014.12.18/低毒
黄瓜 黑星病 45-75克/公顷 喷雾
LS20051631 啶虫脒/5%/可湿性粉剂/啶虫脒 5%/2008.04.29 至 2009.04.29/低毒
十字花科蔬菜 蚜虫 15-22.5克/公顷 喷雾
LS20051755 啶虫脒/3%/乳油/啶虫脒 3%/2008.05.15 至 2009.05.15/低毒
黄瓜 蚜虫 18-30克/公顷 喷雾
LS20082394 咪唑乙烟酸/50克/升/水剂/咪唑乙烟酸 50克/升/2009.04.22 至 2010.04.22/低毒
春大豆田 一年生杂草 75-97.5克/公顷 播后苗前土壤喷雾
LS20082429 乙蒜素/80%/乳油/乙蒜素 80%/2009.04.22 至 2010.04.22/低毒
水稻 烂秧病 100-133毫克/千克 浸种
LS20082668 吗胍·乙酸铜/20%/可湿性粉剂/盐酸吗啉胍 10%、乙酸铜 10%/2009.04.25 至 2010.04.25/低毒
水稻 条纹叶枯病 360-450克/公顷 喷雾
LS20082741 马拉硫磷/45%/乳油/马拉硫磷 45%/2009.05.04 至 2010.05.04/低毒
水稻 稻飞虱 607.5-742.5克/公顷 喷雾
LS20082883 异丙草·莠/50%/悬浮剂/异丙草胺 20%、莠去津 30%/2009.06.23 至 2010.06.23/低毒
夏玉米田 一年生杂草 1500-1875克/公顷 播后苗前土壤喷雾
LS20083082 松·喹·氟磺胺/35%/乳油/氟磺胺草醚 9.5%、精喹禾灵 2.5%、异噁草松 23%/2008.10.21 至 2009.10.21/低毒
春大豆田 一年生杂草 630-787.5克/公顷 茎叶喷雾
LS20083230 高氯·毒死蜱/20%/乳油/毒死蜱 19%、高效氯氰菊酯 1%/2008.12.10 至 2009.12.10/中等毒
十字花科蔬菜 菜青虫 120-150克/公顷 喷雾
LS20090130 丙溴·辛硫磷/25%/乳油/丙溴磷 6%、辛硫磷 19%/2009.02.04 至 2010.02.04/低毒
水稻 稻纵卷叶螟 262.5-375克/公顷 喷雾
LS20090587 甲氨基阿维菌素苯甲酸盐(2.2%)///微乳剂/甲氨基阿维菌素 2%/2009.03.25 至 2010.03.25/低毒
甘蓝 甜菜夜蛾 1.65-3.3克/公顷 喷雾
LS20090841 萘乙酸/5%/水剂/萘乙酸 5%/2009.04.03 至 2010.04.03/低毒
番茄 调节生长 4000－5000倍液 喷花
LS20090863 烟嘧·莠去津/22%/油悬浮剂/烟嘧磺隆 2%、莠去津 20%/2009.04.09 至 2010.04.09/低毒
玉米田 一年生杂草 1500－2250毫升制剂/公顷 茎叶喷雾
LS20090906 甲维·毒死蜱/15%/乳油/毒死蜱 14.8%、甲氨基阿维菌素苯甲酸盐 0.2%/2009.04.09 至 2010.04.09/中等毒
甘蓝 小菜蛾 90－112.5克/公顷 喷雾
LS20090970 磺草·莠去津/40%/悬浮剂/磺草酮 10%、莠去津 30%/2009.04.10 至 2010.04.10/低毒
夏玉米田 一年生杂草 200－250毫升制剂/亩 茎叶喷雾
LS20091234 哒螨灵/40%/可湿性粉剂/哒螨灵 40%/2009.04.30 至 2010.04.30/低毒
柑橘树 红蜘蛛 100-133.3毫克/千克 喷雾
LS20091389 矮壮素/80%/可溶粉剂/矮壮素 80%/2009.09.11 至 2010.09.11/低毒
棉花 调节生长 12000-15000倍液 茎叶喷雾

山东省东都农药厂 (山东省泰安市新泰市东都镇 271222 0538-7375171)
PD85105-33 80%敌敌畏乳油//乳油/敌敌畏 77.5%(气谱法)/2005.01.11 至 2010.01.11/中等毒

	茶树	食叶害虫	600克/公顷	喷雾
	粮仓	多种储藏害虫	1)400-500倍液 2)0.4-0.5克/立方米	1)喷雾 2)挂条熏蒸
	棉花	蚜虫、造桥虫	600-1200克/公顷	喷雾
	苹果树	小卷叶蛾、蚜虫	400-500毫克/千克	喷雾
	青菜	菜青虫	600克/公顷	喷雾
	桑树	尺蠖	600克/公顷	喷雾
	卫生	多种卫生害虫	1)300-400倍液 2)0.08克/立方米	1)泼洒 2)挂条熏蒸
	小麦	黏虫、蚜虫	600克/公顷	喷雾

山东省东营市洁保化学制品有限责任公司　(山东省东营市东营区海河路南王屋120号　257000　0546-8225284)

WP20080548	高效氯氰菊酯/5%/可湿性粉剂/高效氯氰菊酯 5%/2008.12.24 至 2013.12.24/低毒			
	卫生	蚊、蝇	30-40毫克/平方米	滞留喷洒
WP20080560	杀虫气雾剂/0.65%/气雾剂/胺菊酯 0.35%、氯菊酯 0.30%/2008.12.24 至 2013.12.24/低毒			
	卫生	蚊、蝇	/	喷雾
WP20080586	高效氯氰菊酯/5%/悬浮剂/高效氯氰菊酯 5%/2008.12.29 至 2013.12.29/低毒			
	卫生	蚊、蝇	30-40毫克/平方米	滞留喷洒
WL20080391	氯氰·残杀威/15%/乳油/残杀威 10%、氯氰菊酯 5%/2009.09.02 至 2010.09.02/中等毒			
	卫生	蚊、蝇	40毫克/平方米	喷雾
WL20090170	高效氟氯氰菊酯/5%/悬浮剂/高效氟氯氰菊酯 5%/2009.07.27 至 2010.07.27/低毒			
	卫生	蚊、蝇、蜚蠊	30-40毫克/平方米	滞留喷洒

山东省东营市农药厂　(山东省东营市垦利县胜坨镇　257506　0546-2061383)

PD84111-43	氧乐果/40%/乳油/氧乐果 40%/2005.02.02 至 2010.02.02/高毒			
	棉花	蚜虫、螨	375-600克/公顷	喷雾
	森林	松干蚧、松毛虫	500倍液	喷雾或直接涂树干
	水稻	稻纵卷叶螟、飞虱	375-600克/公顷	喷雾
	小麦	蚜虫	300-450克/公顷	喷雾
PD91104-12	敌敌畏/48%/乳油/敌敌畏 48%/2006.04.04 至 2011.04.04/中等毒			
	茶树	食叶害虫	600克/公顷	喷雾
	粮仓	多种储粮害虫	1)300-400倍液 2)0.4-0.5克/立方米	1)喷雾 2)挂条熏蒸
	棉花	蚜虫、造桥虫	600-1200克/公顷	喷雾
	苹果树	小卷叶蛾、蚜虫	400-500毫克/千克	喷雾
	青菜	菜青虫	600克/公顷	喷雾
	桑树	尺蠖	600克/公顷	喷雾
	卫生	多种卫生害虫	1)250-300倍液 2)0.08克/立方米	1)泼洒 2)挂条熏蒸
	小麦	黏虫、蚜虫	600克/公顷	喷雾
PD20092136	联苯菊酯/25克/升/乳油/联苯菊酯 25克/升/2009.02.23 至 2014.02.23/低毒			
	番茄(保护地)	白粉虱	7.5-15克/公顷	喷雾
PD20092952	甲氰·辛硫磷/25%/乳油/甲氰菊酯 5%、辛硫磷 20%/2009.03.09 至 2014.03.09/低毒			
	棉花	棉铃虫	225-345克/公顷	喷雾
LS20071873	高效氯氟氰菊酯/25克/升/乳油/高效氯氟氰菊酯 25克/升/2009.07.16 至 2010.07.17/中等毒			
	十字花科蔬菜	蚜虫	7.5-11.25克/公顷	喷雾

山东省高密市绿洲化工有限公司　(山东省潍坊市高密市旗台路北首　261500　0536-2323133)

PD85105-50	敌敌畏/77.5%/乳油/敌敌畏 77.5%/2005.03.17 至 2010.03.17/中等毒			
	茶树	食叶害虫	600克/公顷	喷雾
	粮仓	多种储藏害虫	1)400-500倍液 2)0.4-0.5克/立方米	1)喷雾 2)挂条熏蒸
	棉花	蚜虫、造桥虫	600-1200克/公顷	喷雾
	苹果树	小卷叶蛾、蚜虫	400-500毫克/千克	喷雾
	青菜	菜青虫	600克/公顷	喷雾
	桑树	尺蠖	600克/公顷	喷雾
	卫生	多种卫生害虫	1)300-400倍液 2)0.08克/立方米	1)泼洒 2)挂条熏蒸
	小麦	黏虫、蚜虫	600克/公顷	喷雾
PD86152-5	乙酰甲胺磷/40%/乳油/乙酰甲胺磷 40%/2006.11.29 至 2011.11.29/低毒			
	茶树	茶尺蠖	500-1000倍液	喷雾
	柑橘树	介壳虫、螨	500-1000倍液	喷雾
	棉花	棉铃虫、蚜虫	600-750克/公顷	喷雾
	苹果树	食心虫	500-1000倍液	喷雾
	蔬菜	菜青虫、蚜虫	1000倍液	喷雾

水稻 螟虫、叶蝉 600-750克/公顷 喷雾
小麦、玉米 黏虫、玉米螟 500-1000倍液 喷雾
烟草 烟青虫 500-1000倍液 喷雾

PD86175-7 乙酰甲胺磷/90%/原药/乙酰甲胺磷 90%/2006.11.29 至 2011.11.29/低毒

PD20070512 敌敌畏/95%/原药/敌敌畏 95%/2007.11.28 至 2012.11.28/低毒

PD20080758 精喹禾灵/10%/乳油/精喹禾灵 10%/2008.06.11 至 2013.06.11/低毒
冬油菜田 一年生禾本科杂草 45-52.5克/公顷 喷雾
夏大豆田 一年生禾本科杂草 37.5-52.5克/公顷 喷雾

PD20082342 甲基立枯磷/20%/乳油/甲基立枯磷 20%/2008.12.01 至 2013.12.01/低毒
棉花 立枯病 200-300克/100千克种子 拌种

PD20095215 三氯杀螨砜/10%/乳油/三氯杀螨砜 10%/2009.04.24 至 2014.04.24/低毒
苹果树 红蜘蛛 125-200毫克/千克 喷雾

PD20095217 三氯杀螨砜/95%/原药/三氯杀螨砜 95%/2009.04.24 至 2014.04.24/低毒

山东省冠县奥美精细化工厂 (山东省聊城市冠县东古城工业园区 252525 0635-5681398)

WL20080295 杀虫气雾剂/0.35%/气雾剂/胺菊酯 0.18%、氯菊酯 0.17%/2009.04.21 至 2010.04.21/微毒
卫生 蚊、蝇、蜚蠊 / 喷雾

山东省冠县洁宝日用化工厂 (山东省冠县东古城加油站北郊 252525 0635-5742098)

WL20080314 杀虫气雾剂/0.37%/气雾剂/胺菊酯 0.22%、氯菊酯 0.15%/2009.04.22 至 2010.04.22/微毒
卫生 蚊、蝇、蜚蠊 / 喷雾

山东省冠县鲁奥精细化工厂 (山东省冠县东古城陈井南侧 252525 0635-5742198)

WL20080182 杀虫气雾剂/0.43%/气雾剂/胺菊酯 0.28%、氯菊酯 0.15%/2009.03.03 至 2010.03.03/微毒
室内 蚊、蝇、蜚蠊 / 喷雾

山东省冠县腾龙精细化工厂 (山东省冠县东古城镇田马园村东 252525 0635-5284270)

WP20080596 杀虫气雾剂/0.23%/气雾剂/胺菊酯 0.18%、高效氯氰菊酯 0.05%/2008.12.30 至 2013.12.30/微毒
卫生 蚊、蝇 / 喷雾

山东省冠县宜家日化有限公司 (山东省冠县桑阿镇工业园区 252511 0635-5832788)

WL20080233 杀虫气雾剂/0.35%/气雾剂/胺菊酯 0.2%、氯菊酯 0.15%/2009.03.13 至 2010.03.13/微毒
卫生 蚊、蝇、蜚蠊 / 喷雾

山东省冠县亿康精细化工厂 (山东省冠县动古城镇前郑町村 252525 0635-5742178)

WL20090030 杀虫气雾剂/0.39%/气雾剂/胺菊酯 0.3%、氯氰菊酯 0.09%/2009.02.13 至 2010.02.13/微毒
室内 蜚蠊、蚊、蝇 / 喷雾

山东省海阳市中健实业有限公司 (山东省烟台市海阳市旅游度假区 265118 0535-3316288)

PD20082308 灭幼脲/25%/悬浮剂/灭幼脲 25%/2008.12.01 至 2013.12.01/低毒
苹果树 金纹细蛾 125-167毫克/千克 喷雾

PD20084045 高氯·灭幼脲/15%/悬浮剂/高效氯氰菊酯 2%、灭幼脲 13%/2008.12.16 至 2013.12.16/低毒
甘蓝 菜青虫 112.5-157.5克/公顷 喷雾

PD20085706 阿维·高氯/1.8%/乳油/阿维菌素 0.12%、高效氯氰菊酯 1.68%/2008.12.26 至 2013.12.26/低毒(原药高毒)
黄瓜 美洲斑潜蝇 15-30克/公顷 喷雾

LS20052901 吡虫啉/5%/乳油/吡虫啉 5%/2008.09.07 至 2009.09.07/低毒
小麦 蚜虫 15-30克/公顷(南方地区) 喷雾
45-60克/公顷(北方地区)

山东省菏泽北联农药制造有限公司 (山东省菏泽市永昌路中段 274000 0530-5321622)

PD20040716 高氯·吡虫啉/5%/乳油/吡虫啉 2.5%、高效氯氰菊酯 2.5%/2009.12.19 至 2014.12.19/低毒
十字花科蔬菜 蚜虫 15-22.5克/公顷 喷雾

PD20080117 啶虫脒/3%/乳油/啶虫脒 3%/2008.01.03 至 2013.01.03/低毒
黄瓜 蚜虫 18-22.5克/公顷 喷雾

PD20080170 代森锰锌/80%/可湿性粉剂/代森锰锌 80%/2008.01.03 至 2013.01.03/低毒
番茄 早疫病 1800-2400克/公顷 喷雾

PD20080220 三唑锡/25%/可湿性粉剂/三唑锡 25%/2008.01.11 至 2013.01.11/低毒
柑橘树 红蜘蛛 125-166.7毫克/千克 喷雾

PD20080900 高效氯氟氰菊酯/25克/升/乳油/高效氯氟氰菊酯 25克/升/2008.07.09 至 2013.07.09/中等毒
叶菜类十字花科蔬菜 菜青虫 7.5-11.25克/公顷 喷雾

PD20082025 高氯·辛硫磷/20%/乳油/高效氯氰菊酯 2%、辛硫磷 18%/2008.11.25 至 2013.11.25/低毒
棉花 棉铃虫 225-300克/公顷 喷雾

PD20082546 阿维菌素/2%/乳油/阿维菌素 2%/2008.12.03 至 2013.12.03/低毒(原药高毒)
菜豆 美洲斑潜蝇 10.8-21.6克/公顷 喷雾

PD20083209 敌百虫/80%/可溶粉剂/敌百虫 80%/2008.12.11 至 2013.12.11/低毒
水稻 二化螟 1000-1200克/公顷 喷雾

PD20083262 啶虫脒/5%/可湿性粉剂/啶虫脒 5%/2008.12.11 至 2013.12.11/低毒
十字花科蔬菜 蚜虫 15-22.5克/公顷 喷雾

PD20083837 阿维·毒死蜱/18%/乳油/阿维菌素 0.3%、毒死蜱 17.7%/2008.12.15 至 2013.12.15/中等毒(原药高毒)
黄瓜 美洲斑潜蝇 94.5-135克/公顷 喷雾

PD20083958 三环唑/75%/可湿性粉剂/三环唑 75%/2008.12.15 至 2013.12.15/低毒

水稻 稻瘟病 225-300克/公顷 喷雾
PD20084383 甲氰·噻螨酮/7.5%/乳油/甲氰菊酯 5%、噻螨酮 2.5%/2008.12.17 至 2013.12.17/低毒
柑橘 红蜘蛛 75-100毫克/千克 喷雾
PD20090641 甲基硫菌灵/70%/可湿性粉剂/甲基硫菌灵 70%/2009.01.14 至 2014.01.14/低毒
番茄 叶霉病 375-560克/公顷 喷雾
PD20091605 福美双/50%/可湿性粉剂/福美双 50%/2009.02.03 至 2014.02.03/中等毒
黄瓜 霜霉病 750-1125克/公顷 喷雾
PD20092141 吡虫啉/25%/可湿性粉剂/吡虫啉 25%/2009.02.23 至 2014.02.23/低毒
水稻 稻飞虱 15-30克/公顷 喷雾
PD20092355 啶虫脒/36%/水分散粒剂/啶虫脒 36%/2009.02.24 至 2014.02.24/低毒
十字花科蔬菜 蚜虫 21.6-32.4克/公顷 喷雾
PD20094613 霜脲·锰锌/72%/可湿性粉剂/代森锰锌 64%、霜脲氰 8%/2009.04.10 至 2014.04.10/低毒
黄瓜 霜霉病 1458-1800克/公顷 喷雾
PD20094649 乙铝·锰锌/50%/可湿性粉剂/代森锰锌 22%、三乙膦酸铝 28%/2009.04.10 至 2014.04.10/低毒
黄瓜 霜霉病 1125-1350克/公顷 喷雾
PD20095041 甲氰·氧乐果/20%/乳油/甲氰菊酯 15%、氧乐果 5%/2009.04.21 至 2014.04.21/高毒
小麦 麦蚜 150-225克/公顷 喷雾
PD20095660 毒·辛/48%/乳油/毒死蜱 12%、辛硫磷 36%/2009.05.13 至 2014.05.13/中等毒
韭菜 根蛆 2160-2880克/公顷 灌根
PD20097107 吡虫啉/20%/可溶液剂/吡虫啉 20%/2009.10.10 至 2014.10.10/低毒
甘蓝 蚜虫 5-10毫升制剂/亩 喷雾
LS20020253 菌毒·吗啉胍/7.5%/水剂/菌毒清 5%、盐酸吗啉胍 2.5%/2009.01.21 至 2009.12.31/低毒
番茄 病毒病 140.63-202.5克/公顷 喷雾
LS20052112 机油·炔螨特/73%/乳油/机油 33%、炔螨特 40%/2008.06.09 至 2009.06.09/低毒
柑橘树 红蜘蛛 243-365毫克/千克 喷雾
LS20052801 混合氨基酸铜/10%/水剂/混合氨基酸铜 10%/2008.08.21 至 2009.08.21/低毒
西瓜 枯萎病 333-500毫克/千克 灌根
LS20053647 甲氨基阿维菌素苯甲酸盐/1%/乳油/甲氨基阿维菌素苯甲酸盐 1%/2008.11.29 至 2009.11.29/低毒
十字花科蔬菜 小菜蛾 1.5-2.25克/公顷 喷雾
LS20070018 吗胍·乙酸铜/20%/可湿性粉剂/盐酸吗啉胍 10%、乙酸铜 10%/2009.01.16 至 2010.01.16/微毒
番茄 病毒病 450-750克/公顷 喷雾
LS20072124 四螨嗪/20%/悬浮剂/四螨嗪 20%/2009.09.03 至 2010.09.04/低毒
柑橘树 红蜘蛛 100-150毫克/千克 喷雾
LS20080246 三唑锡/20%/悬浮剂/三唑锡 20%/2009.02.19 至 2010.02.19/中等毒
柑橘树 红蜘蛛 100-200毫克/千克 喷雾
LS20080426 烯酰吗啉/50%/可湿性粉剂/烯酰吗啉 50%/2009.02.21 至 2010.02.21/低毒
黄瓜 霜霉病 225-300克/公顷 喷雾

山东省菏泽市澳力奇精细化工厂 (山东省菏泽市恒盛大市场1000米路东 274000 0530-6680963)

WL20060154 杀虫气雾剂/0.31%/气雾剂/胺菊酯 0.25%、氯氰菊酯 0.06%/2009.08.17 至 2010.08.17/微毒
卫生 蚊、蝇 / 喷雾

山东省济南冰山化工有限责任公司 (山东省聊城市铁塔路42号 250301 0531-80889593)

WL20080011 杀虫气雾剂/0.35%/气雾剂/胺菊酯 0.3%、氯氰菊酯 0.05%/2010.01.03 至 2011.01.03/微毒
卫生 蜚蠊、蚊、蝇 / 喷雾

山东省济南东合化工有限公司 (山东省济南市解放东路35号 250100 0531-88933750)

PD20091222 氰戊·辛硫磷/25%/乳油/氰戊菊酯 5%、辛硫磷 20%/2009.02.01 至 2014.02.01/中等毒
棉花 棉铃虫 225-300克/公顷 喷雾
LS20091146 氰戊·马拉松/12%/乳油/马拉硫磷 8%、氰戊菊酯 4%/2009.04.17 至 2010.04.17/中等毒
甘蓝 菜青虫 81-108克/公顷 喷雾

山东省济南海启明化工有限责任公司 (山东省济南市平阴县刁山坡镇刁山坡村 250404 0531-87785569)

PD20086087 嘧霉胺/20%/悬浮剂/嘧霉胺 20%/2008.12.30 至 2013.12.30/低毒
黄瓜 灰霉病 375-562.5克/公顷 喷雾
PD20092627 毒死蜱/480克/升/乳油/毒死蜱 480克/升/2009.03.02 至 2014.03.02/中等毒
水稻 稻纵卷叶螟 432-576克/公顷 喷雾
PD20092718 阿维菌素/1%/乳油/阿维菌素 1%/2009.03.04 至 2014.03.04/低毒(原药高毒)
菜豆 美洲斑潜蝇 10.8-21.6克/公顷 喷雾
PD20093604 福·福锌/80%/可湿性粉剂/福美双 30%、福美锌 50%/2009.03.23 至 2014.03.23/低毒
西瓜 炭疽病 1500-1800克/公顷 喷雾
PD20094794 甲基硫菌灵/70%/可湿性粉剂/甲基硫菌灵 70%/2009.04.13 至 2014.04.13/低毒
黄瓜 白粉病 420-840克/公顷 喷雾
PD20095065 炔螨特/570克/升/乳油/炔螨特 570克/升/2009.04.21 至 2014.04.21/低毒
柑橘树 红蜘蛛 240-360毫克/千克 喷雾
PD20095964 高效氯氟氰菊酯/25克/升/乳油/高效氯氟氰菊酯 25克/升/2009.06.04 至 2014.06.04/中等毒
棉花 棉铃虫 15-22.5克/公顷 喷雾

PD20097620 多·锰锌/50%/可湿性粉剂/多菌灵 8%、代森锰锌 42%/2009.11.03 至 2014.11.03/低毒
苹果 斑点落叶病 1000-1250毫克/千克 喷雾
PD20097905 阿维菌素/1.8%/乳油/阿维菌素 1.8%/2009.11.30 至 2014.11.30/低毒(原药高毒)
菜豆 美洲斑潜蝇 10.8-21.6克/公顷 喷雾
甘蓝 菜青虫、小菜蛾 8.1-10.8克/公顷 喷雾
LS20050403 阿维·高氯/1.8%/乳油/阿维菌素 0.3%、高效氯氰菊酯 1.5%/2008.02.19 至 2009.02.18/低毒(原药高毒)
十字花科蔬菜 菜青虫、小菜蛾 7.5-15克/公顷 喷雾
LS20050495 多·福/40%/可湿性粉剂/多菌灵 5%、福美双 35%/2008.02.26 至 2009.02.25/低毒
葡萄 霜霉病 1000-1250毫克/千克 喷雾
LS20050997 吡虫·杀虫单/58%/可湿性粉剂/吡虫啉 2.5%、杀虫单 55.5%/2008.04.06 至 2009.04.06/中等毒
水稻 稻飞虱、稻纵卷叶螟、二化螟、三化螟 450-750克/公顷 喷雾
LS20061816 甲霜·锰锌/58%/可湿性粉剂/甲霜灵 10%、代森锰锌 48%/2009.10.31 至 2010.10.31/低毒
黄瓜 霜霉病 696-1044克/公顷 喷雾
LS20061931 乙酰甲胺磷/30%/乳油/乙酰甲胺磷 30%/2009.12.06 至 2010.12.06/低毒
柑橘树 介壳虫 400-600毫克/千克 喷雾

山东省济南金地农药有限公司 (山东省济南市商河县商中路116号 251600 0531-84880299)

PD20092146 阿维菌素/2%/乳油/阿维菌素 2%/2009.02.23 至 2014.02.23/中等毒(原药高毒)
十字花科蔬菜 小菜蛾 6-9克/公顷 喷雾
PD20093080 毒死蜱/480克/升/乳油/毒死蜱 480克/升/2009.03.09 至 2014.03.09/低毒
十字花科蔬菜 菜青虫 360-540克/公顷 喷雾
PD20094403 噁霉灵/15%/水剂/噁霉灵 15%/2009.04.01 至 2014.04.01/低毒
水稻 立枯病 9000-18000克/公顷 苗床土壤处理
PD20095082 炔螨特/570克/升/乳油/炔螨特 570克/升/2009.04.22 至 2014.04.22/低毒
柑橘树 红蜘蛛 285-380毫克/千克 喷雾
LS20050460 高效氯氟氰菊酯/2.5%/乳油/高效氯氟氰菊酯 2.5%/2008.02.21 至 2009.02.20/中等毒
十字花科蔬菜 蚜虫 5.625-7.5克/公顷 喷雾
LS20050462 啶虫脒/3%/乳油/啶虫脒 3%/2008.02.21 至 2009.02.20/低毒
黄瓜 蚜虫 18-22.5克/公顷 喷雾
LS20060341 溴氰菊酯/25克/升/乳油/溴氰菊酯 25克/升/2009.03.01 至 2010.03.01/中等毒
十字花科蔬菜 菜青虫 11.25-18.75克/公顷 喷雾
LS20060375 氯氰菊酯/50克/升/乳油/氯氰菊酯 50克/升/2009.03.05 至 2010.03.05/中等毒
十字花科蔬菜 菜青虫 37.5-52.5克/公顷 喷雾
LS20061544 乙酰甲胺磷/30%/乳油/乙酰甲胺磷 30%/2009.08.02 至 2010.08.02/中等毒
十字花科蔬菜 菜青虫 450-540克/公顷 喷雾
LS20071423 阿维菌素/18克/升/乳油/阿维菌素 18克/升/2008.05.17 至 2009.05.18/低毒(原药高毒)
柑橘树 潜叶蛾 4.5-6.75毫克/千克 喷雾
LS20072313 氯氰·丙溴磷/440克/升/乳油/丙溴磷 400克/升、氯氰菊酯 40克/升/2009.10.11 至 2010.10.12/中等毒
棉花 棉铃虫 528-660克/公顷 喷雾
LS20072349 联苯菊酯/100克/升/乳油/联苯菊酯 100克/升/2009.10.15 至 2010.10.16/中等毒
茶树 茶小绿叶蝉 30-37.5克/公顷 喷雾
LS20072474 二嗪磷/50%/乳油/二嗪磷 50%/2009.11.05 至 2010.11.06/低毒
水稻 二化螟 675-900克/公顷 喷雾
LS20080451 丙环唑/250克/升/乳油/丙环唑 250克/升/2009.02.19 至 2010.02.20/低毒
香蕉 叶斑病 250-500毫克/千克 喷雾
LS20090825 甲氨基阿维菌素苯甲酸盐(1.14%)///微乳剂/甲氨基阿维菌素 1%/2009.04.03 至 2010.04.03/低毒
甘蓝 甜菜夜蛾 1.5-3克/公顷 喷雾

山东省济南金科生化有限公司 (山东省济南市历城区洪楼西路39号智慧大厦301室 250100 0531-88901056)

PD86109-12 苏云金杆菌/8000IU/毫克/可湿性粉剂/苏云金杆菌 8000IU/毫克/2007.01.24 至 2012.01.24/低毒
茶树 茶毛虫 400-800倍液 喷雾
棉花 二代棉铃虫 3000-4500克制剂/公顷 喷雾
森林 松毛虫 600-800倍液 喷雾
十字花科蔬菜 小菜蛾 1500-2250克制剂/公顷 喷雾
十字花科蔬菜 菜青虫 750-1500克制剂/公顷 喷雾
水稻 稻纵卷叶螟 3000-3750克制剂/公顷 喷雾
烟草 烟青虫 1500-3000克制剂/公顷 喷雾
玉米 玉米螟 1500-3000克制剂/公顷 加细沙灌心叶
枣树 枣尺蠖 600-800倍液 喷雾
PD90106-6 苏云金杆菌/2000IU/微升/悬浮剂/苏云金杆菌 2000IU/微升/2005.07.01 至 2010.07.01/低毒
茶树 茶毛虫 100-200倍液 喷雾
林木 美国白蛾 250-350倍液 喷雾
棉花 二代棉铃虫 6000-7500毫升制剂/公顷 喷雾
森林 松毛虫 100-200倍液 喷雾
十字花科蔬菜 菜青虫、小菜蛾 3000-4500毫升制剂/公顷 喷雾

水稻 稻纵卷叶螟 6000-7500毫升制剂/公顷 喷雾
烟草 烟青虫 6000-7500毫升制剂/公顷 喷雾
玉米 玉米螟 4500-6000毫升制剂/公顷 加细沙灌心叶
枣树 尺蠖 100-200倍液 喷雾

PD20093480 福·福锌/40%/可湿性粉剂/福美双 15%、福美锌 25%/2009.03.23 至 2014.03.23/低毒
苹果树 炭疽病 1300-1600毫克/千克 喷雾

PD20093990 异丙威/4%/粉剂/异丙威 4%/2009.03.27 至 2014.03.27/中等毒
水稻 稻飞虱 540-600克/公顷 喷粉

PD20094122 辛硫·灭多威/20%/乳油/灭多威 10%、辛硫磷 10%/2009.03.27 至 2014.03.27/高毒
甘蓝 菜青虫 135-180克/公顷 喷雾
棉花 棉蚜 75-150克/公顷 喷雾

PD20094389 苏云金杆菌/4000IU/微升/悬浮剂/苏云金杆菌 4000IU/微升/2009.04.01 至 2014.04.01/低毒
茶树 茶毛虫 200-400倍液 喷雾
棉花 二代棉铃虫 3000-3750毫升制剂/公顷 喷雾
森林 松毛虫 200-400倍液 喷雾
十字花科蔬菜 菜青虫、小菜蛾 1500-2250毫升制剂/公顷 喷雾
水稻 稻纵卷叶螟 3000-3750毫升制剂/公顷 喷雾
烟草 烟青虫 3000-3750毫升制剂/公顷 喷雾
玉米 玉米螟 2250-3000毫升制剂/公顷 加细沙灌心叶
枣树 枣尺蠖 200-400倍液 喷雾

PD20094419 辛硫·高氯氟/21%/乳油/高效氯氟氰菊酯 0.9%、辛硫磷 20.1%/2009.04.01 至 2014.04.01/中等毒
甘蓝 菜青虫 126-189克/公顷 喷雾

PD20094976 苏云金杆菌/16000IU/毫克/可湿性粉剂/苏云金杆菌 16000IU/毫克/2009.04.21 至 2014.04.21/低毒
茶树 茶毛虫 800-1600倍液 喷雾
棉花 二代棉铃虫 1500-2250克制剂/公顷 喷雾
森林 松毛虫 1200-1600倍液 喷雾
十字花科蔬菜 菜青虫 375-750克制剂/公顷 喷雾
十字花科蔬菜 小菜蛾 750-1125克制剂/公顷 喷雾
水稻 稻纵卷叶螟 1500-2250克制剂/公顷 喷雾
烟草 烟青虫 750-1500克制剂/公顷 喷雾
玉米 玉米螟 750-1500克制剂/公顷 加细沙灌心
枣树 枣尺蠖 1200-1600倍液 喷雾

LS20050239 阿维·高氯/1.8%/乳油/阿维菌素 0.3%、高效氯氰菊酯 1.5%/2008.02.03 至 2009.02.02/低毒(原药高毒)
十字花科蔬菜 菜青虫、小菜蛾 7.5-15克/公顷 喷雾

LS20051280 啶虫脒/3%/可湿性粉剂/啶虫脒 3%/2008.04.12 至 2009.04.12/低毒
柑橘树 蚜虫 8.6-12毫克/千克 喷雾

LS20051861 阿维菌素/0.5%/可湿性粉剂/阿维菌素 0.5%/2008.05.16 至 2009.05.16/低毒(原药高毒)
十字花科蔬菜 小菜蛾 4.5-7.5克/公顷 喷雾

LS20090036 啶虫脒/40%/水分散粒剂/啶虫脒 40%/2009.01.08 至 2010.01.08/低毒
甘蓝 蚜虫 18-24克/公顷 喷雾

山东省济南开发区捷康化学商贸中心 (山东省济南市历下区建新南路8号 250013 0531-86560056)

LS20081420 联苯菊酯/25克/升/乳油/联苯菊酯 25克/升/2009.03.17 至 2010.03.17/低毒
茶树 茶小绿叶蝉 30-37.5克/公顷 喷雾

LS20081661 联苯菊酯/100克/升/乳油/联苯菊酯 100克/升/2009.04.07 至 2010.04.07/中等毒
茶树 茶小绿叶蝉 30-37.5克/公顷 喷雾

WP20080062 氯氰菊酯/10%/可湿性粉剂/氯氰菊酯 10%/2008.04.08 至 2013.04.08/低毒
卫生 蝇 40-50毫克/平方米 滞留喷洒

WP20080510 杀虫气雾剂/0.3%/气雾剂/胺菊酯 0.25%、氯氰菊酯 0.05%/2008.12.22 至 2013.12.22/低毒
卫生 蚂蚁、蚊、蝇、蜚蠊 / 喷雾

WL20080059 杀虫气雾剂/0.32%/气雾剂/胺菊酯 0.17%、氯菊酯 0.15%/2009.02.17 至 2010.02.18/微毒
室内 蚊、蝇、蜚蠊 / 喷雾

WL20080070 蚊香/0.25%/蚊香/富右旋反式烯丙菊酯 0.25%/2009.02.17 至 2010.02.18/微毒
室内 蚊 / 点燃

山东省济南科海有限公司 (山东省济南市天桥区北园大街234号 250100 0531-88631859)

PD20040084 氯氰菊酯/5%/乳油/氯氰菊酯 5%/2009.12.19 至 2014.12.19/中等毒
棉花 棉铃虫、棉蚜 45-90克/公顷 喷雾
十字花科蔬菜 菜青虫 30-45克/公顷 喷雾

PD20040087 高效氯氰菊酯/4.5%/乳油/高效氯氰菊酯 4.5%/2009.12.19 至 2014.12.19/中等毒
茶树 茶尺蠖 15-25.5克/公顷 喷雾
柑橘树 潜叶蛾 15-20毫克/千克 喷雾
柑橘树 红蜡蚧 50毫克/千克 喷雾
棉花 红铃虫、棉铃虫、棉蚜 15-30克/公顷 喷雾
苹果树 桃小食心虫 20-33毫克/千克 喷雾

十字花科蔬菜 菜蚜 3-18克/公顷 喷雾
十字花科蔬菜 菜青虫、小菜蛾 9-25.5克/公顷 喷雾
烟草 烟青虫 15-25.5克/公顷 喷雾

PD20040218 高效氯氰菊酯/10%/乳油/高效氯氰菊酯 10%/2009.12.19 至 2014.12.19/低毒
十字花科蔬菜 菜青虫 22.5-37.5克/公顷 喷雾

PD20040591 哒螨灵/15%/乳油/哒螨灵 15%/2004.12.19 至 2009.12.18/中等毒
柑橘树、苹果树 红蜘蛛 50-67毫克/千克 喷雾

PD20040808 哒螨灵/15%/乳油/哒螨灵 15%/2009.12.20 至 2014.12.20/中等毒
苹果树 叶螨 50-67毫克/千克 喷雾

PD20084483 联苯菊酯/100克/升/乳油/联苯菊酯 100克/升/2008.12.17 至 2013.12.17/中等毒
茶树 茶小绿叶蝉 30-37.5克/公顷 喷雾

PD20084528 联苯菊酯/25克/升/乳油/联苯菊酯 25克/升/2008.12.18 至 2013.12.18/低毒
茶树 茶小绿叶蝉 30-37.5克/公顷 喷雾

PD20085057 乙铝·多菌灵/50%/可湿性粉剂/多菌灵 25%、三乙膦酸铝 25%/2008.12.23 至 2013.12.23/低毒
苹果树 轮纹病 1000-1250毫克/千克 喷雾

PD20085350 高氯·马/20%/乳油/高效氯氰菊酯 1.5%、马拉硫磷 18.5%/2008.12.24 至 2013.12.24/中等毒
苹果树 桃小食心虫 133-200毫克/千克 喷雾

PD20090244 氰戊·马拉松/20%/乳油/马拉硫磷 18%、氰戊菊酯 2%/2009.01.09 至 2014.01.09/中等毒
小麦 蚜虫 75-120克/公顷 喷雾

PD20090883 啶虫脒/5%/乳油/啶虫脒 5%/2009.01.19 至 2014.01.19/低毒
黄瓜 蚜虫 18-22.5克/公顷 喷雾

PD20092544 高效氯氟氰菊酯/25克/升/乳油/高效氯氟氰菊酯 25克/升/2009.02.26 至 2014.02.26/中等毒
茶树 小绿叶蝉 15-30克/公顷 喷雾

PD20092620 灭多威/20%/可湿性粉剂/灭多威 20%/2009.03.02 至 2014.03.02/中等毒(原药高毒)
甘蓝 菜青虫 90-112.5克/公顷 喷雾

PD20095824 乙铝·锰锌/50%/可湿性粉剂/代森锰锌 25%、三乙膦酸铝 25%/2009.05.27 至 2014.05.27/低毒
黄瓜 霜霉病 1125-1875克/公顷 喷雾

PD20095842 多·锰锌/40%/可湿性粉剂/多菌灵 20%、代森锰锌 20%/2009.05.27 至 2014.05.27/低毒
梨树 黑星病 1000-1250毫克/千克 喷雾
苹果树 斑点落叶病 1000-1250毫克/千克 喷雾

PD20097275 丙环唑/250克/升/乳油/丙环唑 250克/升/2009.10.26 至 2014.10.26/低毒
香蕉 叶斑病 250－500毫克/千克 喷雾

PD20097293 噻嗪酮/25%/可湿性粉剂/噻嗪酮 25%/2009.10.26 至 2014.10.26/低毒
柑橘树 矢尖蚧 125-250毫克/千克 喷雾

PD20097731 三唑锡/25%/可湿性粉剂/三唑锡 25%/2009.11.12 至 2014.11.12/低毒
柑橘树 红蜘蛛 125-166.67毫克/千克 喷雾

PD20098042 福美双/50%/可湿性粉剂/福美双 50%/2009.12.07 至 2014.12.07/低毒
葡萄 白腐病 500－1000毫克/千克 喷雾

LS20061412 高效氯氰菊酯/3%/水乳剂/高效氯氰菊酯 3%/2008.06.29 至 2009.06.29/低毒
十字花科蔬菜 蚜虫 45-54克/公顷 喷雾

LS20061540 机油·马拉松/44%/乳油/机油 24%、马拉硫磷 20%/2008.08.02 至 2009.08.02/低毒
柑橘树 矢尖蚧 1000-1250毫克/千克 喷雾

LS20061900 氨基寡糖素/0.5%/水剂/氨基寡糖素 0.5%/2009.12.05 至 2010.12.05/低毒
番茄 晚疫病 14-18.8克/公顷 喷雾

LS20090657 甲氨基阿维菌素苯甲酸盐/2%/乳油/甲氨基阿维菌素苯甲酸盐 2%/2009.03.24 至 2010.03.24/低毒
甘蓝 甜菜夜蛾 3－4.5克/公顷 喷雾

LS20090961 灭蝇胺/50%/可溶粉剂/灭蝇胺 50%/2009.04.14 至 2010.04.14/低毒
菜豆 斑潜蝇 112.5-150克/公顷 喷雾

山东省济南科赛基农化工有限公司 (山东省济南市历城区开源路北首鸿腾工业园 250100 0531-88015188)

PD20081169 扑·乙/51%/乳油/扑草净 13%、乙草胺 38%/2008.09.11 至 2013.09.11/低毒
花生田 一年生杂草 1147.5－1530克/公顷 土壤喷雾

PD20081191 精喹禾灵/10.8%/乳油/精喹禾灵 10.8%/2008.09.11 至 2013.09.11/低毒
夏大豆田 一年生禾本科杂草 48.6-64.8克/公顷 茎叶喷雾

PD20092319 莠去津/50%/悬浮剂/莠去津 50%/2009.02.24 至 2014.02.24/低毒
春玉米田 一年生杂草 1800-2100克/公顷 播后苗前土壤喷雾
夏玉米田 一年生杂草 1125-1500克/公顷 土壤喷雾

PD20093332 乙草胺/990克/升/乳油/乙草胺 990克/升/2009.03.18 至 2014.03.18/低毒
春大豆田 一年生禾本科杂草及阔叶杂草 1485-1930.5克/公顷 土壤喷雾

PD20093630 异丙甲草胺/720克/升/乳油/异丙甲草胺 720克/升/2009.03.25 至 2014.03.25/低毒
夏玉米田 一年生禾本科杂草及部分小粒种子阔叶杂草 1296-1620克/公顷 土壤喷雾

PD20093637 乙草胺/50%/水乳剂/乙草胺 50%/2009.03.25 至 2014.03.25/低毒

	花生田	一年生禾本科杂草及部分小粒种子阔叶杂草	975－1500克/公顷	土壤喷雾
PD20093641	二甲戊灵/330克/升/乳油/二甲戊灵 330克/升/2009.03.25 至 2014.03.25/低毒			
	甘蓝田	一年生杂草	544.5-693克/公顷	土壤喷雾
PD20093684	氟乐灵/480克/升/乳油/氟乐灵 480克/升/2009.03.25 至 2014.03.25/低毒			
	棉花田	一年生禾本科杂草及部分阔叶杂草	720-1080克/公顷	土壤喷雾
PD20093702	毒死蜱/480克/升/乳油/毒死蜱 480克/升/2009.03.25 至 2014.03.25/中等毒			
	水稻	稻纵卷叶螟	504-648克/公顷	喷雾
PD20093775	丁·莠/42%/悬乳剂/丁草胺 22%、莠去津 20%/2009.03.25 至 2014.03.25/低毒			
	夏玉米田	一年生杂草	1260－1575克/公顷	土壤喷雾
PD20093904	精喹禾灵/50克/升/乳油/精喹禾灵 50克/升/2009.03.26 至 2014.03.26/低毒			
	大豆田	一年生禾本科杂草	37.5-60克/公顷	茎叶喷雾
PD20093916	氟磺胺草醚/250克/升/水剂/氟磺胺草醚 250克/升/2009.03.26 至 2014.03.26/低毒			
	春大豆田	一年生阔叶杂草	300-375克/公顷	茎叶喷雾
	夏大豆田	一年生阔叶杂草	187.5-300克/公顷	茎叶喷雾
PD20093925	丁·异·莠去津/42%/悬乳剂/丁草胺 4%、异丙草胺 20%、莠去津 18%/2009.03.26 至 2014.03.26/低毒			
	春玉米田	一年生杂草	1575-1890克/公顷	播后苗前土壤喷雾
	夏玉米田	一年生杂草	1260－1575克/公顷	土壤喷雾
PD20093971	草甘膦异丙胺盐/41%/水剂/草甘膦 41%/2009.03.27 至 2014.03.27/低毒			
	柑橘园	杂草	1230-2460克/公顷	定向喷雾
PD20094236	莠去津/38%/悬浮剂/莠去津 38%/2009.03.31 至 2014.03.31/低毒			
	甘蔗田	一年生杂草	1140-1824克/公顷	土壤喷雾
PD20094673	氯氟吡氧乙酸/200克/升/乳油/氯氟吡氧乙酸 200克/升/2009.04.10 至 2014.04.10/低毒			
	冬小麦田	阔叶杂草	180-210克/公顷	茎叶喷雾
PD20094881	丁草胺/50%/乳油/丁草胺 50%/2009.04.13 至 2014.04.13/低毒			
	移栽水稻田	一年生杂草	900-1200克/公顷	药土法
PD20095274	灭草松/480克/升/液剂/灭草松 480克/升/2009.04.27 至 2014.04.27/低毒			
	春大豆田	一年生阔叶杂草	1080-1440克/公顷	茎叶喷雾
	移栽水稻田	一年生阔叶杂草、一年生莎草	1080-1440克/公顷	茎叶喷雾
PD20095275	高效氟吡甲禾灵/108克/升/乳油/高效氟吡甲禾灵 108克/升/2009.04.27 至 2014.04.27/低毒			
	花生田	一年生禾本科杂草	32.4-56.7克/公顷	茎叶喷雾
PD20095508	烯草酮/120克/升/乳油/烯草酮 120克/升/2009.05.11 至 2014.05.11/低毒			
	大豆田	一年生禾本科杂草	63-72克/公顷	茎叶喷雾
PD20095749	松·喹·氟磺胺/18%/乳油/氟磺胺草醚 5.5%、精喹禾灵 1.5%、异噁草松 11%/2009.05.18 至 2014.05.18/低毒			
	春大豆田	一年生杂草	486-540克/公顷	喷雾
PD20095792	莠去津/500克/升/悬浮剂/莠去津 500克/升/2009.05.27 至 2014.05.27/低毒			
	夏玉米田	一年生杂草	1125-1500克/公顷	土壤喷雾
PD20095795	乙草胺/50%/乳油/乙草胺 50%/2009.05.27 至 2014.05.27/低毒			
	花生田	一年生杂草	900-1350克/公顷	土壤喷雾
PD20095869	丁草胺/600克/升/水乳剂/丁草胺 600克/升/2009.05.27 至 2014.05.27/低毒			
	移栽水稻田	一年生杂草	900-1350克/公顷	毒土法
PD20095897	乙草胺/81.5%/乳油/乙草胺 81.5%/2009.05.31 至 2014.05.31/低毒			
	春大豆田、春玉米田	一年生杂草	1620-1890克/公顷	土壤喷雾
	花生田	一年生杂草	1080-1350克/公顷	土壤喷雾
PD20095978	扑草净/50%/可湿性粉剂/扑草净 50%/2009.06.04 至 2014.06.04/低毒			
	移栽水稻田	一年生阔叶杂草	150-300克/公顷	毒土法
PD20098451	高效氯氰菊酯/25克/升/乳油/高效氯氰菊酯 25克/升/2009.12.24 至 2014.12.24/中等毒			
	十字花科蔬菜	菜青虫	7.5-11.25克/公顷	喷雾
LS20050190	绿·莠·乙草胺/40%/悬乳剂/绿麦隆 1%、乙草胺 31%、莠去津 8%/2008.01.26 至 2009.01.25/低毒			
	夏玉米	一年生杂草	1200-1500克/公顷	土壤喷雾
LS20051907	乙羧氟草醚/10%/乳油/乙羧氟草醚 10%/2008.05.17 至 2009.05.17/低毒			
	春大豆田	一年生阔叶杂草	75-90克/公顷	茎叶喷雾
LS20060271	草甘膦/10%/水剂/草甘膦 10%/2009.03.01 至 2009.12.31/低毒			
	苹果园	杂草	1125-2250克/公顷	定向喷雾
LS20060272	百草枯/200克/升/水剂/百草枯 200克/升/2009.03.01 至 2010.03.01/中等毒			
	苹果园	杂草	600-900克/公顷	定向喷雾
LS20070339	氯嘧磺隆/20%/可湿性粉剂/氯嘧磺隆 20%/2009.02.25 至 2010.02.25/低毒			
	春大豆	阔叶杂草	15-22.5克/公顷	播后苗前土壤喷雾
LS20072592	苯磺隆/10%/可湿性粉剂/苯磺隆 10%/2009.12.10 至 2010.12.10/低毒			
	冬小麦田	一年生阔叶杂草	15-20.25克/公顷	茎叶喷雾
LS20080436	草甘膦铵盐/88.8%/可溶粒剂/草甘膦铵盐 88.8%/2009.02.19 至 2010.02.20/低毒			

	非耕地	一年生杂草	1125-3000克/公顷	茎叶喷雾
LS20080716	百草枯/250克/升/水剂/百草枯 250克/升/2009.02.25 至 2010.02.26/中等毒			
	非耕地	一年生和多年生杂草	600-750克/公顷	茎叶喷雾
LS20080775	丙草胺/500克/升/乳油/丙草胺 500克/升/2009.02.27 至 2010.02.28/低毒			
	移栽水稻田	一年生杂草	450-525克/公顷	毒土法
LS20082560	50%莠去津悬浮剂/50%/悬浮剂/莠去津 50%/2008.04.23 至 2009.04.23/低毒			
	春玉米	一年生杂草	1800-2100克/公顷	播后苗前土壤喷雾
LS20082735	乙·噁·滴丁酯/70%/乳油/2,4-滴丁酯 14%、乙草胺 40%、异噁草松 16%/2009.05.04 至 2010.05.04/低毒			
	春大豆田	一年生杂草	1785-2415克/公顷	播后苗前土壤喷雾
LS20082749	2,4-滴丁酯/72%/乳油/2,4-滴丁酯 72%/2009.05.04 至 2010.05.04/低毒			
	冬小麦田	一年生阔叶杂草	540-810克/公顷	茎叶喷雾
LS20082785	高效氯氟氰菊酯/25克/升/水乳剂/高效氯氟氰菊酯 25克/升/2009.05.08 至 2010.05.08/中等毒			
	甘蓝	菜青虫	11.25-16.875克/公顷	喷雾
LS20082787	莠灭净/80%/可湿性粉剂/莠灭净 80%/2009.05.08 至 2010.05.08/低毒			
	甘蔗田	一年生杂草	1980-2400克/公顷	茎叶喷雾
LS20090011	莠去津/80%/可湿性粉剂/莠去津 80%/2010.01.08 至 2011.01.08/低毒			
	夏玉米田	一年生杂草	1200-1440克/公顷	播后苗前土壤喷雾
LS20090545	甲·乙·莠/40%/悬乳剂/甲草胺 6%、乙草胺 9%、莠去津 25%/2009.03.19 至 2010.03.19/低毒			
	夏玉米田	一年生杂草	840-1320克/公顷	土壤喷雾
LS20090810	氧氟·乙草胺/52.6%/乳油/乙草胺 50%、乙氧氟草醚 2.6%/2009.04.03 至 2010.04.03/低毒			
	花生田、棉花田	一年生杂草	100-200毫升制剂/亩	播后苗前土壤喷雾
LS20090828	氟吡·草除灵/20%/乳油/草除灵 17%、高效氟吡甲禾灵 3%/2009.04.03 至 2010.04.03/低毒			
	冬油菜田	一年生杂草	70-100毫升制剂/亩	茎叶喷雾
LS20091199	甲·灭·敌草隆/55%/可湿性粉剂/敌草隆 15%、2甲4氯 10%、莠灭净 30%/2009.04.23 至 2010.04.23/低毒			
	甘蔗田	一年生杂草	1237.5-1732.5克/公顷	定向茎叶喷雾

山东省济南历下快克消杀药剂厂　(山东省济南市历下区灯泡厂南路3号　250014　0531-88956084)

WP20080452	杀虫气雾剂/0.34%/气雾剂/胺菊酯 0.3%、高效氯氰菊酯 0.04%/2008.12.16 至 2013.12.16/低毒			
	卫生	蚊、蝇	/	喷雾
WP20080524	蚊香/0.3%/蚊香/富右旋反式烯丙菊酯 0.3%/2008.12.23 至 2013.12.23/低毒			
	卫生	蚊	/	点燃

山东省济南绿邦化工有限公司　(山东省济南市章丘市水寨镇水南村　250100　0531-88908885)

PD20084275	丙环唑/250克/升/乳油/丙环唑 250克/升/2008.12.17 至 2013.12.17/低毒			
	香蕉	叶斑病	250-500毫克/千克	喷雾
PD20090329	氟乐灵/96%/原药/氟乐灵 96%/2009.01.12 至 2014.01.12/低毒			
PD20090429	百草枯/200克/升/水剂/百草枯 200克/升/2009.01.12 至 2014.01.12/中等毒			
	夏玉米田	杂草	450-600克/公顷	定向喷雾
PD20091007	异丙草·莠/41%/悬浮剂/异丙草胺 18%、莠去津 23%/2009.01.21 至 2014.01.21/低毒			
	夏玉米田	一年生杂草	1230—1537.5克/公顷	土壤喷雾
PD20091214	二甲戊灵/33%/乳油/二甲戊灵 33%/2009.02.01 至 2014.02.01/低毒			
	大蒜田	一年生杂草	693-891克/公顷	土壤喷雾
PD20091254	氟乐灵/480克//乳油/氟乐灵 480克/升/2009.02.01 至 2014.02.01/低毒			
	棉花田	一年生禾本科杂草及阔叶杂草	720—900克/公顷	播后苗前土壤喷雾
PD20091428	精喹禾灵/5%/乳油/精喹禾灵 5%/2009.02.02 至 2014.02.02/低毒			
	夏大豆田	一年生禾本科杂草	37.5-60克/公顷	喷雾
PD20091745	高效氟吡甲禾灵/108克/升/乳油/高效氟吡甲禾灵 108克/升/2009.02.04 至 2014.02.04/低毒			
	大豆田	一年生禾本科杂草	45-52.5克/公顷	茎叶喷雾
PD20091781	精喹禾灵/8.8%/乳油/精喹禾灵 8.8%/2009.02.04 至 2014.02.04/低毒			
	夏大豆田	一年生禾本科杂草	39.6-52.8克/公顷	茎叶喷雾
PD20091995	咪唑乙烟酸/5%/水剂/咪唑乙烟酸 5%/2009.02.12 至 2014.02.12/低毒			
	春大豆田	一年生杂草	75-100.5克/公顷	喷雾
PD20092429	双甲脒/200克/升/乳油/双甲脒 200克/升/2009.02.25 至 2014.02.25/低毒			
	柑橘树	红蜘蛛	100-200毫克/千克	喷雾
PD20092856	苯磺隆/10%/可湿性粉剂/苯磺隆 10%/2009.03.05 至 2014.03.05/低毒			
	冬小麦田	一年生阔叶杂草	11.25-15克/公顷	茎叶喷雾
PD20092986	甲·乙·莠/43%/悬乳剂/甲草胺 14%、乙草胺 9%、莠去津 20%/2009.03.09 至 2014.03.09/低毒			
	水稻秧田和南方直播田	一年生杂草	1032—1419克/公顷	土壤喷雾
PD20093290	草甘膦/30%/水剂/草甘膦 30%/2009.03.11 至 2014.03.11/低毒			

	柑橘园	一年生和多年生杂草	1125-2250克/公顷	定向茎叶喷雾
PD20093394	甲霜·福美锌/58%/可湿性粉剂/福美锌 50%、甲霜灵 8%/2009.03.19 至 2014.03.19/低毒			
	黄瓜	霜霉病	1087.5－1632克/公顷	喷雾
PD20094010	乙草胺/81.5%/乳油/乙草胺 81.5%/2009.03.27 至 2014.03.27/低毒			
	夏玉米田	一年生禾本科杂草及部分阔叶杂草	1080-1350克/公顷	播后苗前土壤喷雾
PD20094070	乙铝·锰锌/50%/可湿性粉剂/代森锰锌 22%、三乙膦酸铝 28%/2009.03.27 至 2014.03.27/低毒			
	黄瓜	霜霉病	1400-2800克/公顷	喷雾
PD20094906	乙·扑/52%/乳油/扑草净 13%、乙草胺 39%/2009.04.13 至 2014.04.13/低毒			
	花生田	一年生杂草	1170-1560克/公顷	土壤喷雾
PD20095434	异丙草·莠/40%/悬乳剂/异丙草胺 16%、莠去津 24%/2009.05.11 至 2014.05.11/低毒			
	春玉米田	一年生杂草	1800-2400克/公顷	土壤喷雾
	夏玉米田	一年生杂草	1050-1500克/公顷	土壤喷雾
PD20095797	氟磺胺草醚/250克/升/水剂/氟磺胺草醚 250克/升/2009.05.27 至 2014.05.27/低毒			
	春大豆田	一年生阔叶杂草	243.75-356.25克/公顷	茎叶喷雾
PD20095828	啶虫脒/20%/可溶粉剂/啶虫脒 20%/2009.05.27 至 2014.05.27/低毒			
	黄瓜	蚜虫	24-36克/公顷	喷雾
PD20096503	烟嘧磺隆/40克/升/可分散油悬浮剂/烟嘧磺隆 40克/升/2009.08.17 至 2014.08.17/低毒			
	玉米田	一年生杂草	42-60克/公顷	茎叶喷雾
PD20096539	2,4-滴丁酯/总酯72%/乳油/2,4-滴丁酯 57%/2009.08.20 至 2014.08.20/低毒			
	小麦田	一年生阔叶杂草	40-50毫升制剂/亩	茎叶喷雾
PD20096610	乙草胺/50%/乳油/乙草胺 50%/2009.09.02 至 2014.09.02/低毒			
	大豆田	一年生禾本科杂草	200-250毫升制剂/亩(东北地区) 120-150毫升制剂/亩(其它地区)	播后苗前土壤喷雾
PD20096870	高效氯氟氰菊酯/25克/升/乳油/高效氯氟氰菊酯 25克/升/2009.09.23 至 2014.09.23/中等毒			
	甘蓝	菜青虫	20-30毫升制剂/亩	喷雾
PD20097239	丙草胺/300克/升/乳油/丙草胺 300克/升/2009.10.19 至 2014.10.19/低毒			
	水稻抛秧田	一年生杂草	450-495克/公顷	土壤喷雾
PD20097308	异丙甲草胺/720克/升/乳油/异丙甲草胺 720克/升/2009.10.27 至 2014.10.27/低毒			
	玉米田	一年生杂草	东北：1296-1620克/公顷 华北：972-1296克/公顷	土壤喷雾
PD20097309	丁草胺/600克/升/水乳剂/丁草胺 600克/升/2009.10.27 至 2014.10.27/低毒			
	水稻抛秧田	一年生杂草	900-1350克/公顷	毒土法
PD20097314	噁草酮/250克/升/乳油/噁草酮 250克/升/2009.10.27 至 2014.10.27/低毒			
	花生田	一年生杂草	375-525克/公顷	播后苗前土壤喷雾
PD20097661	仲丁灵/48%/乳油/仲丁灵 48%/2009.11.04 至 2014.11.04/低毒			
	西瓜	一年生禾本科杂草及部分阔叶杂草	1080-1440克/公顷	土壤喷雾
PD20098024	三唑锡/25%/可湿性粉剂/三唑锡 25%/2009.12.07 至 2014.12.07/低毒			
	柑橘树	红蜘蛛	1500-2000倍	喷雾
PD20098349	异丙威噻嗪酮/25%/可湿性粉剂/噻嗪酮 5%、异丙威 20%/2009.12.18 至 2014.12.18/低毒			
	水稻	稻飞虱	450-525克/公顷	喷雾
PD20098412	丁·莠/48%/悬浮剂/丁草胺 23%、莠去津 25%/2009.12.24 至 2014.12.24/低毒			
	玉米田	一年生杂草	1080-1440克/公顷(其它地区) 1800-2160克/公顷(东北地区)	播后苗前土壤喷雾
PD20098476	杀螺胺/70%/可湿性粉剂/杀螺胺 70%/2009.12.24 至 2014.12.24/低毒			
	水稻	福寿螺	315-420克/公顷	毒土法
LS20050512	高氯·柴油/20%/乳油/柴油 17.5%、高效氯氰菊酯 2.5%/2008.02.26 至 2009.02.25/低毒			
	棉花	棉铃虫	300-360克/公顷	喷雾
LS20050973	阿维·高氯/3%/可湿性粉剂/阿维菌素 0.2%、高效氯氰菊酯 2.8%/2008.04.04 至 2009.04.04/低毒(原药高毒)			
	十字花科蔬菜	菜青虫、小菜蛾	13.5-27克/公顷	喷雾
LS20051005	辛硫·氟氯氰/25%/乳油/氟氯氰菊酯 1%、辛硫磷 24%/2008.04.06 至 2009.04.06/中等毒			
	十字花科蔬菜	菜青虫	93.75-131.25克/公顷	喷雾
LS20051050	柴油·哒螨灵/40%/乳油/柴油 34%、哒螨灵 6%/2008.04.07 至 2009.04.07/低毒			
	苹果树	红蜘蛛	266.7-308毫克/千克	喷雾
LS20051881	柴油·辛硫磷/40%/乳油/柴油 25%、辛硫磷 15%/2008.05.16 至 2009.05.16/低毒			
	十字花科蔬菜	菜青虫	300-450克/公顷	喷雾
LS20051908	高效氯氰菊酯/2.5%/乳油/高效氯氰菊酯 2.5%/2008.05.17 至 2009.05.17/低毒			
	梨树	梨木虱	25-31.25毫克/千克	喷雾
LS20052004	哒螨灵/15%/乳油/哒螨灵 15%/2008.05.31 至 2009.05.31/中等毒			
	苹果树	红蜘蛛	50-75毫克/千克	喷雾
LS20052149	多·福/70%/可湿性粉剂/多菌灵 10%、福美双 60%/2008.06.09 至 2009.06.09/低毒			
	葡萄	霜霉病	1000-1250毫克/千克	喷雾

LS20052988 草甘膦异丙胺盐/41%/水剂/草甘膦异丙胺盐 41%/2008.09.13 至 2009.09.13/低毒
柑橘园 杂草 1230-1845克/公顷 定向喷雾
LS20090624 阿维·毒死蜱/10.8%/乳油/阿维菌素 0.15%、毒死蜱 10.65%/2009.03.23 至 2010.03.23/中等毒(原药高毒)
水稻 稻纵卷叶螟 97.2-145.8克/公顷 喷雾
LS20090781 甲戊·乙草胺/40%/乳油/二甲戊灵 13%、乙草胺 27%/2009.03.31 至 2010.03.31/低毒
大蒜田 一年生杂草 1500－2250毫升制剂/公顷 土壤喷雾
LS20090800 高氯·甲维盐/4.2%/水乳剂/高效氯氰菊酯 4%、甲氨基阿维菌素苯甲酸盐 0.2%/2009.04.03 至 2010.04.03/低毒
十字花科蔬菜 甜菜夜蛾 37.8-44.1克/公顷 喷雾
LS20090817 喹·唑·氟磺胺/16.8%/微乳剂/氟磺胺草醚 12%、精喹禾灵 3%、咪唑乙烟酸 1.8%/2009.04.03 至 2010.04.03/低毒
春大豆田 一年生杂草 150－180毫升制剂/亩 茎叶喷雾
LS20090821 扑·乙·滴丁酯/68%/乳油/2,4-滴丁酯 18%、扑草净 10%、乙草胺 40%/2009.04.03 至 2010.04.03/低毒
春玉米田 一年生杂草 3000－3450毫升制剂/公顷 土壤喷雾
LS20090891 甲维·丁醚脲/26.7%/乳油/丁醚脲 26%、甲氨基阿维菌素苯甲酸盐 0.7%/2009.04.09 至 2010.04.09/低毒
甘蓝 甜菜夜蛾 48-64克/公顷 喷雾
LS20091207 烟嘧·莠去津/64%/可湿性粉剂/烟嘧磺隆 4%、莠去津 60%/2009.04.27 至 2010.04.27/低毒
玉米田 一年生杂草 480-672克/公顷 茎叶喷雾
LS20091351 阿维·甲氰 /5.6%/乳油/阿维菌素 0.5%、甲氰菊酯 5.1%/2009.07.10 至 2010.07.10/低毒
苹果树 红蜘蛛 16-25毫克/千克 喷雾
LS20091352 烟·莠·异丙甲/56%/可湿性粉剂/烟嘧磺隆 2%、异丙甲草胺 22%、莠去津 32%/2009.07.10 至 2010.07.10/低毒
玉米田 一年生杂草 1008-1344克/公顷 茎叶喷雾
LS20091373 烟嘧·莠去津/17.5%/可分散油悬浮剂/烟嘧磺隆 1.2%、莠去津 16.3%/2009.07.28 至 2010.07.28/低毒
玉米田 一年生杂草 100-220毫升制剂/亩 茎叶喷雾
LS20091381 乙·莠· 滴丁酯/45%/悬乳剂/2,4-滴丁酯 7%、乙草胺 19%、莠去津 19%/2009.08.04 至 2010.08.04/低毒
春玉米田 一年生杂草 6000-7500毫升制剂/公顷(东北地区) 播后苗前土壤喷雾
LS20091448 噻嗪·速灭威 /25%/乳油/噻嗪酮 5%、速灭威 20%/2009.12.14 至 2010.12.14/低毒
水稻 稻飞虱 262.5-337.5克/公顷 喷雾

山东省济南全力制药有限公司 (山东省济南市市中区腊山工业园 250022 0531-87984006)

WL20060176 驱蚊液/10%/驱蚊液/避蚊胺 10%/2009.01.31 至 2010.01.31/低毒
卫生 蚊 / 涂抹

山东省济南孺子牛实业有限公司 (山东省济南市山大北路50－1号 250100 0531-88010521)

WL20050277 防霉防蛀片剂/99%/片剂/对二氯苯 99%/2008.11.02 至 2009.11.02/低毒
卫生 黑毛皮蠹、霉菌 40-50克制剂/立方米 投放
WL20070108 防蛀球剂/94%/球剂/樟脑 94%/2009.06.05 至 2010.06.06/低毒
卫生 黑毛皮蠹 / 投放

山东省济南赛普实业有限公司 (山东省济南市高新区新宇路西侧三庆世纪财富中心A3座4层 250101 0531-86510701)

PD20096316 百草枯/200克/升/水剂/百草枯 200克/升/2009.07.22 至 2014.07.22/中等毒
棉花田 一年生杂草 450-600克/公顷 行间定向茎叶喷雾
PD20097061 联苯菊酯/100克/升/乳油/联苯菊酯 100克/升/2009.10.10 至 2014.10.10/低毒
茶树 茶尺蠖 10-15毫升制剂/亩 喷雾
PD20097109 异丙威/20%/乳油/异丙威 20%/2009.10.12 至 2014.10.12/低毒
水稻 飞虱 450-600克/公顷 喷雾
PD20097265 虫酰肼/20%/悬浮剂/虫酰肼 20%/2009.10.26 至 2014.10.26/低毒
甘蓝 甜菜夜蛾 210-300克/公顷 喷雾
PD20097306 联苯菊酯/25克/升/乳油/联苯菊酯 25克/升/2009.10.26 至 2014.10.26/低毒
茶树 茶小绿叶蝉 80-100克制剂/亩 喷雾
PD20097639 仲丁威/20%/乳油/仲丁威 20%/2009.11.04 至 2014.11.04/低毒
水稻 飞虱 430-562.5克/公顷 喷雾
PD20097712 代森锌/80%/可湿性粉剂/代森锌 80%/2009.11.04 至 2014.11.04/低毒
马铃薯 早疫病 960-1200克/公顷 喷雾
PD20097715 多菌灵/50%/可湿性粉剂/多菌灵 50%/2009.11.04 至 2014.11.04/低毒
水稻 纹枯病 750－900克/公顷 喷雾
PD20097716 甲基硫菌灵/70%/可湿性粉剂/甲基硫菌灵 70%/2009.11.04 至 2014.11.04/低毒
苹果 轮纹病 600－800毫克/千克 喷雾
PD20097794 溴氰菊酯/25克/升/乳油/溴氰菊酯 25克/升/2009.11.20 至 2014.11.20/中等毒
大白菜 菜青虫 13.125-18.75克/公顷 喷雾
PD20097978 高氯·辛硫磷/25%/乳油/高效氯氰菊酯 2.5%、辛硫磷 22.5%/2009.12.01 至 2014.12.01/中等毒
棉花 棉铃虫 93.75-187.5克/公顷 喷雾
PD20098293 三唑锡/25%/可湿性粉剂/三唑锡 25%/2009.12.18 至 2014.12.18/低毒
柑橘树 红蜘蛛 125-166毫/千克 喷雾
PD20098478 高效氯氟氰菊酯/25克/升/乳油/高效氯氟氰菊酯 25克/升/2009.12.24 至 2014.12.24/中等毒
梨树 梨小食心虫 6.25-8.3毫克/千克 喷雾

LS20052558 多·锰锌/60%/可湿性粉剂/多菌灵 20%、代森锰锌 40%/2008.08.03 至 2009.08.03/低毒
苹果 斑点落叶病 1000-1250毫克/千克 喷雾
LS20052576 多·福/50%/可湿性粉剂/多菌灵 10%、福美双 40%/2008.08.03 至 2009.08.03/低毒
梨树 黑星病 1000-1500毫克/千克 喷雾
LS20052820 吡虫·杀虫单/35%/可湿性粉剂/吡虫啉 1%、杀虫单 34%/2008.09.01 至 2009.09.01/低毒
水稻 稻纵卷叶螟、二化螟、飞虱、三化螟 450-750克/公顷 喷雾
LS20053597 吡虫啉/5%/乳油/吡虫啉 5%/2008.11.17 至 2009.11.17/低毒
水稻 稻飞虱 15-30克/公顷 喷雾
LS20072079 草甘膦/10%/水剂/草甘膦 10%/2009.08.29 至 2009.12.31/低毒
苹果园 一年生杂草和多年生恶性杂草 1125-2250克/公顷 茎叶喷雾

山东省济南仕邦农化有限公司 (山东省济南市章丘绣惠桃花山工业园 250100 0531-88017222)

PD20080822 精喹禾灵/10.8%/乳油/精喹禾灵 10.8%/2008.06.20 至 2013.06.20/低毒
夏大豆田 一年生禾本科杂草 48.6-64.8克/公顷 茎叶喷雾
PD20082068 甲戊·乙草胺/33%/乳油/二甲戊灵 13%、乙草胺 20%/2008.11.25 至 2013.11.25/低毒
大蒜田 一年生杂草 742.5-1237.5克/公顷 播后苗前土壤喷雾
PD20082632 阿维菌素/2%/乳油/阿维菌素 2%/2008.12.04 至 2013.12.04/低毒(原药高毒)
十字花科蔬菜 小菜蛾 8.1-10.8克/公顷 喷雾
PD20084681 马拉硫磷/70%/乳油/马拉硫磷 70%/2008.12.22 至 2013.12.22/低毒
仓储原粮 仓储害虫 20-30毫克/千克 喷雾
PD20085022 噻嗪·异丙威/25%/可湿性粉剂/噻嗪酮 5%、异丙威 20%/2008.12.22 至 2013.12.22/中等毒
水稻 稻飞虱 375-562.5克/公顷 喷雾
PD20085179 联苯菊酯/25克/升/乳油/联苯菊酯 25克/升/2008.12.23 至 2013.12.23/中等毒
茶树 茶毛虫 7.5-15克/公顷 喷雾
PD20085191 氟啶脲/50克/升/乳油/氟啶脲 50克/升/2008.12.23 至 2013.12.23/低毒
十字花科蔬菜 甜菜夜蛾 45-60克/公顷 喷雾
PD20090106 代森锰锌/80%/可湿性粉剂/代森锰锌 80%/2009.01.08 至 2014.01.08/低毒
苹果树 斑点落叶病 1000-1500毫克/千克 喷雾
PD20091392 二甲戊灵/330克/升/乳油/二甲戊灵 330克/升/2009.02.02 至 2014.02.02/低毒
甘蓝田 一年生杂草 618.75-742.5克/公顷 土壤喷雾
PD20091720 乙氧氟草醚/240克/升/乳油/乙氧氟草醚 240克/升/2009.02.04 至 2014.02.04/低毒
大蒜田 一年生杂草 144-180克/公顷 播后苗前土壤喷雾
PD20091776 联苯菊酯/100克/升/乳油/联苯菊酯 100克/升/2009.02.04 至 2014.02.04/中等毒
茶树 茶小绿叶蝉 37.5-45克/公顷 喷雾
PD20092238 吡虫啉/200克/升/可溶液剂/吡虫啉 200克/升/2009.02.24 至 2014.02.24/低毒
棉花 蚜虫 30-45克/公顷 喷雾
PD20092452 丙环唑/250克/升/乳油/丙环唑 250克/升/2009.02.25 至 2014.02.25/低毒
香蕉 叶斑病 250-500毫克/千克 喷雾
PD20093150 毒死蜱/480克/升/乳油/毒死蜱 480克/升/2009.03.11 至 2014.03.11/中等毒
韭菜 根蛆 1440-1800克/公顷 灌根
PD20093584 多菌灵/80%/可湿性粉剂/多菌灵 80%/2009.03.23 至 2014.03.23/低毒
苹果树 轮纹病 750-1000毫克/千克 喷雾
PD20093623 氯氰·丙溴磷/440克/升/乳油/丙溴磷 400克/升、氯氰菊酯 40克/升/2009.03.25 至 2014.03.25/中等毒
棉花 棉铃虫 528-660克/公顷 喷雾
PD20094251 氟磺胺草醚/250克/升/水剂/氟磺胺草醚 250克/升/2009.03.31 至 2014.03.31/低毒
夏大豆田 一年生阔叶杂草 187.5-225克/公顷 茎叶喷雾
PD20095619 苯磺隆/75%/水分散粒剂/苯磺隆 75%/2009.05.12 至 2014.05.12/低毒
小麦田 一年生阔叶杂草 10.05-19.5克/公顷 茎叶喷雾
PD20095826 氯氰·毒死蜱/522.5克/升/乳油/毒死蜱 475克/升、氯氰菊酯 47.5克/升/2009.05.27 至 2014.05.27/低毒
荔枝树 蒂蛀虫 313.5-470.25克/公顷 喷雾
PD20095836 精噁唑禾草灵/6.5%/水乳剂/精噁唑禾草灵 6.5%/2009.05.27 至 2014.05.27/低毒
冬小麦田 一年生禾本科杂草 41.4-51.75克/公顷 茎叶喷雾
PD20097350 氯氟吡氧乙酸异辛酯(288克/升)///乳油/氯氟吡氧乙酸 200克/升/2009.10.27 至 2014.10.27/低毒
水田畦畔 空心莲子草(水花生) 150-210克/公顷 茎叶喷雾
PD20097806 抑霉唑/22.2%/乳油/抑霉唑 22.2%/2009.11.20 至 2014.11.20/低毒
柑橘 绿霉病、青霉病 250-500毫克/千克 浸果
PD20097971 烟嘧磺隆/40克/升/可分散油悬浮剂/烟嘧磺隆 40克/升/2009.12.01 至 2014.12.01/低毒
玉米田 一年生杂草 42-60克/公顷 茎叶喷雾
PD20098422 顺式氯氰菊酯/100克/升/乳油/顺式氯氰菊酯 100%/2009.12.24 至 2014.12.24/中等毒
甘蓝 菜青虫 7.5-15克/公顷 喷雾
LS20051385 氢氧化铜/38.5%/水分散粒剂/氢氧化铜 38.5%/2008.04.18 至 2009.04.18/低毒
黄瓜 细菌性角斑病 549-635克/公顷 喷雾

LS20052500 吡虫啉/15%/可湿性粉剂/吡虫啉 15%/2008.07.25 至 2009.07.25/低毒
小麦 蚜虫 15-30克/公顷(南方地区) 喷雾
45-60克/公顷(北方地区)

LS20061300 精喹禾灵/50克/升/乳油/精喹禾灵 50克/升/2009.06.11 至 2010.06.11/低毒
大白菜 一年生禾本科杂草 37.5-45克/公顷 茎叶喷雾

LS20070645 阿维·三唑磷/11.2%/乳油/阿维菌素 0.2%、三唑磷 11%/2009.03.29 至 2010.03.30/中等毒(原药高毒)
柑橘树 红蜘蛛 74.67-112毫克/千克 喷雾

LS20070775 乳氟禾草灵/240克/升/乳油/乳氟禾草灵 240克/升/2009.04.09 至 2010.04.10/低毒
花生田 一年生阔叶杂草 81-108克/公顷 茎叶喷雾

LS20070921 莠去津/38%/悬浮剂/莠去津 38%/2009.04.18 至 2010.04.19/低毒
夏玉米田 一年生杂草 1140-1425克/公顷 土壤喷雾

LS20070976 精吡氟禾草灵/150克/升/乳油/精吡氟禾草灵 150克/升/2009.04.19 至 2010.04.20/低毒
大豆田 禾本科杂草 135-157.5克/公顷 茎叶喷雾

LS20071733 高效氯氟氰菊酯/25克/升/乳油/高效氯氟氰菊酯 25克/升/2009.07.04 至 2010.07.05/中等毒
十字花科蔬菜 菜青虫 11.25-22.5克/公顷 喷雾

LS20072392 甲氨基阿维菌素苯甲酸盐/5%/乳油/甲氨基阿维菌素苯甲酸盐 5%/2009.10.23 至 2010.10.24/低毒
甘蓝 小菜蛾 1.5-3克/公顷 喷雾

LS20072402 顺式氯氰菊酯/30克/升/乳油/顺式氯氰菊酯 30克/升/2009.10.23 至 2010.10.24/低毒
十字花科蔬菜 菜青虫 6.75-13.5克/公顷 喷雾

LS20072512 甲维·毒死蜱/15%/乳油/毒死蜱 14.8%、甲氨基阿维菌素苯甲酸盐 0.2%/2009.12.02 至 2010.12.03/低毒
甘蓝 小菜蛾 90-112.5克/公顷 喷雾

LS20072643 氟乐灵/480克/升/乳油/氟乐灵 480克/升/2008.12.09 至 2009.12.10/低毒
棉花田 一年生杂草 720-1080克/公顷 土壤喷雾

LS20080002 苯甲·丙环唑/300克/升/乳油/苯醚甲环唑 150克/升、丙环唑 150克/升/2010.01.03 至 2011.01.03/低毒
水稻 纹枯病 67.5-90克/公顷 喷雾

LS20080704 烯酰吗啉/50%/可湿性粉剂/烯酰吗啉 50%/2009.02.25 至 2010.02.26/低毒
黄瓜 霜霉病 225-300克/公顷 喷雾

LS20080772 阿维·哒螨灵/10%/乳油/阿维菌素 0.3%、哒螨灵 9.7%/2009.02.27 至 2010.02.28/低毒(原药高毒)
苹果树 红蜘蛛 50-66.7毫克/千克 喷雾

LS20080829 三唑锡/25%/可湿性粉剂/三唑锡 25%/2009.02.28 至 2010.02.28/低毒
柑橘树 红蜘蛛 125-167毫克/千克 喷雾

LS20080929 阿维·啶虫脒/4%/乳油/阿维菌素 1%、啶虫脒 3%/2009.03.04 至 2010.03.04/低毒(原药高毒)
苹果树 蚜虫 8～13.3毫克/千克 喷雾

LS20081180 炔螨特/73%/乳油/炔螨特 73%/2009.03.10 至 2010.03.10/低毒
苹果树 红蜘蛛 243-365毫克/千克 喷雾

LS20081186 甲氰·噻螨酮/7.5%/乳油/甲氰菊酯 5%、噻螨酮 2.5%/2009.03.10 至 2010.03.10/低毒
苹果树 红蜘蛛 50-75毫克/千克 喷雾

LS20081885 氯氟·啶虫脒/26%/水分散粒剂/啶虫脒 23.5%、高效氯氟氰菊酯 2.5%/2009.04.10 至 2010.04.10/低毒
棉花 盲蝽蟓 23.4-31.2克/公顷 喷雾
小麦 蚜虫 15.6－31.2克/公顷 喷雾

LS20081997 烯酰·福美双/50%/可湿性粉剂/福美双 20%、烯酰吗啉 30%/2009.04.15 至 2010.04.15/低毒
荔枝树 霜疫霉病 333.3-500毫克/千克 喷雾

LS20082085 辛硫·高氯氟/16%/乳油/高效氯氟氰菊酯 0.7%、辛硫磷 15.3%/2009.04.15 至 2010.04.15/中等毒
棉花 棉铃虫 132-144克/公顷 喷雾

LS20082825 辛硫磷/800克/升/乳油/辛硫磷 800克/升/2009.05.12 至 2010.05.12/低毒
大蒜 根蛆 3681-5889.6克/公顷 灌根

LS20082874 毒死蜱/400克/升/微乳剂/毒死蜱 400克/升/2009.06.11 至 2010.06.11/中等毒
苹果树 绵蚜 200-266.7毫克/千克 喷雾

LS20090271 啶虫脒/5%/微乳剂/啶虫脒 5%/2009.02.13 至 2010.02.13/低毒
棉花 蚜虫 15-22.5克/公顷 喷雾

LS20090646 高效氯氟氰菊酯/5%/微乳剂/高效氯氟氰菊酯 5%/2009.03.23 至 2010.03.23/中等毒
棉花 棉铃虫 15-22.5克/公顷 喷雾

山东省济南天邦化工有限公司 (山东省济南市天桥区308国道230号 250032 0531-86510690)

PD20082492 啶虫脒/3%/乳油/啶虫脒 3%/2008.12.03 至 2013.12.03/低毒
黄瓜 蚜虫 18-22.5克/公顷 喷雾

PD20082521 氰戊·马拉松/20%/乳油/马拉硫磷 15%、氰戊菊酯 5%/2008.12.03 至 2013.12.03/低毒
棉花 棉铃虫 300-360克/公顷 喷雾

PD20082624 啶虫脒/20%/可溶粉剂/啶虫脒 20%/2008.12.04 至 2013.12.04/低毒
黄瓜 蚜虫 30-45克/公顷 喷雾

PD20082802 丁·莠/42%/悬乳剂/丁草胺 22%、莠去津 20%/2008.12.09 至 2013.12.09/低毒
夏玉米田 一年生杂草 1260－1575克/公顷 播后苗前土壤喷雾

PD20082813 阿维菌素/1.8%/乳油/阿维菌素 1.8%/2008.12.09 至 2013.12.09/低毒(原药高毒)

	十字花科蔬菜	小菜蛾	8.1-10.8克/公顷	喷雾
PD20082959	仲丁灵/48%/乳油/仲丁灵 48%/2008.12.09 至 2013.12.09/低毒			
	花生田	一年生禾本科杂草及部分阔叶杂草	1080-2175克/公顷	播后苗前土壤喷雾
PD20083026	高效氯氟氰菊酯/2.5%/乳油/高效氯氟氰菊酯 2.5%/2008.12.10 至 2013.12.10/中等毒			
	棉花	棉铃虫	15-22.5克/公顷	喷雾
PD20083450	甲草·莠去津/38%/悬乳剂/甲草胺 18%、莠去津 20%/2008.12.12 至 2013.12.12/低毒			
	夏玉米田	一年生杂草	1425－1710克/公顷	播后苗前土壤喷雾
PD20083623	高效氟吡甲禾灵/108克/升/乳油/高效氟吡甲禾灵 108克/升/2008.12.12 至 2013.12.12/低毒			
	夏大豆田	一年生禾本科杂草	45-52.5克/公顷	茎叶喷雾
PD20083730	异丙草·莠/40%/悬乳剂/异丙草胺 24%、莠去津 16%/2008.12.15 至 2013.12.15/低毒			
	夏玉米田	一年生杂草	1200-1500克/公顷	播后苗前土壤喷雾
PD20083741	百草枯/200克/升/水剂/百草枯 200克/升/2008.12.15 至 2013.12.15/中等毒			
	甘蔗田	一年生及部分多年生杂草	300－600克/公顷	行间定向茎叶喷雾
PD20083818	氯氰菊酯/5%/乳油/氯氰菊酯 5%/2008.12.15 至 2013.12.15/低毒			
	十字花科蔬菜	蚜虫	30-45克/公顷	喷雾
PD20083989	丁草胺/50%/乳油/丁草胺 50%/2008.12.16 至 2013.12.16/低毒			
	移栽水稻田	一年生杂草	1125-1500克/公顷	毒土法
PD20084109	磷化铝/56%/片剂/磷化铝 56%/2008.12.16 至 2013.12.16/高毒			
	原粮	储粮害虫	6-8克制剂/立方米	密闭熏蒸
PD20084304	炔螨特/40%/乳油/炔螨特 40%/2008.12.17 至 2013.12.17/低毒			
	柑橘树	红蜘蛛	200-400毫克/千克	喷雾
PD20084446	甲基硫菌灵/70%/可湿性粉剂/甲基硫菌灵 70%/2008.12.17 至 2013.12.17/微毒			
	番茄	叶霉病	375-562.5克/公顷	喷雾
PD20084522	氯氰·毒死蜱/522.5克/升/乳油/毒死蜱 475克/升、氯氰菊酯 47.5克/升/2008.12.18 至 2013.12.18/中等毒			
	甘蓝	菜青虫	391.9-509.4克/公顷	喷雾
PD20084952	毒死蜱/480克/升/乳油/毒死蜱 480克/升/2008.12.22 至 2013.12.22/中等毒			
	水稻	稻纵卷叶螟	450-600克/公顷	喷雾
PD20085435	精喹禾灵/10%/乳油/精喹禾灵 10%/2008.12.24 至 2013.12.24/低毒			
	夏大豆田	一年生禾本科杂草	37.5-52.5克/公顷	茎叶喷雾
PD20085692	硫磺·三唑酮/20%/可湿性粉剂/硫磺 10%、三唑酮 10%/2008.12.26 至 2013.12.26/低毒			
	小麦	白粉病	150-225克/公顷	喷雾
PD20085883	福美双/50%/可湿性粉剂/福美双 50%/2008.12.29 至 2013.12.29/低毒			
	黄瓜	霜霉病	750-1200克/公顷	喷雾
PD20090055	氰戊·吡虫啉/7.5%/乳油/吡虫啉 1.5%、氰戊菊酯 6%/2009.01.08 至 2014.01.08/中等毒			
	甘蓝	蚜虫	45-56.25克/公顷	喷雾
PD20090310	异丙威/20%/乳油/异丙威 20%/2009.01.12 至 2014.01.12/中等毒			
	水稻	稻飞虱	450-600克/公顷	喷雾
PD20090734	乙草胺/900克/升/乳油/乙草胺 900克/升/2009.01.19 至 2014.01.19/低毒			
	夏玉米田	一年生禾本科杂草及部分小粒种子阔叶杂草	1080-1350克/公顷	播后苗前土壤喷雾
PD20090790	高氯·仲丁威/20%/乳油/高效氯氰菊酯 2%、仲丁威 18%/2009.01.19 至 2014.01.19/中等毒			
	甘蓝	菜青虫	120-150克/公顷	喷雾
PD20090950	乙草胺/50%/乳油/乙草胺 50%/2009.01.20 至 2014.01.20/低毒			
	冬油菜田	一年生杂草	600-750克/公顷	土壤喷雾
PD20091298	莠去津/38%/悬浮剂/莠去津 38%/2009.02.01 至 2014.02.01/低毒			
	夏玉米田	一年生杂草	1140-1425克/公顷	土壤喷雾
PD20091344	氟乐灵/480克/升/乳油/氟乐灵 480克/升/2009.02.02 至 2014.02.02/低毒			
	夏大豆田	一年生杂草	900-1260克/公顷	播后苗前土壤喷雾
PD20091398	草甘膦/10%/水剂/草甘膦 10%/2009.02.02 至 2009.12.31/低毒			
	苹果园	杂草	1125-2250克/公顷	茎叶喷雾
PD20091587	福·福锌/80%/可湿性粉剂/福美双 30%、福美锌 50%/2009.02.03 至 2014.02.03/低毒			
	黄瓜	炭疽病	1500-1800克/公顷	喷雾
PD20091920	联苯菊酯/25克/升/乳油/联苯菊酯 25克/升/2009.02.12 至 2014.02.12/中等毒			
	茶树	茶小绿叶蝉	30-37.5克/公顷	喷雾
PD20091942	噻嗪·杀扑磷/20%/乳油/噻嗪酮 15%、杀扑磷 5%/2009.02.12 至 2014.02.12/中等毒(原药高毒)			
	柑橘树	介壳虫	200-250毫克/千克	喷雾
PD20092108	高氯·辛硫磷/20%/乳油/高效氯氰菊酯 1.5%、辛硫磷 18.5%/2009.02.23 至 2014.02.23/低毒			
	甘蓝	菜青虫	90-150克/公顷	喷雾

PD20092271 丙溴·辛硫磷/24%/乳油/丙溴磷 10%、辛硫磷 14%/2009.02.24 至 2014.02.24/低毒
甘蓝 菜青虫 144-216克/公顷 喷雾

PD20093405 多·福/40%/可湿性粉剂/多菌灵 5%、福美双 35%/2009.03.20 至 2014.03.20/低毒
葡萄 霜霉病 1000-1250毫克/千克 喷雾

PD20093849 乙铝·锰锌/50%/可湿性粉剂/代森锰锌 22%、三乙膦酸铝 28%/2009.03.25 至 2014.03.25/低毒
黄瓜 霜霉病 1200-1500克/公顷 喷雾

PD20093850 苯磺隆/10%/可湿性粉剂/苯磺隆 10%/2009.03.25 至 2014.03.25/低毒
冬小麦田 一年生阔叶杂草 15-22.5克/公顷 茎叶喷雾

PD20094069 高效氯氰菊酯/4.5%/乳油/高效氯氰菊酯 4.5%/2009.03.27 至 2014.03.27/低毒
十字花科蔬菜 蚜虫 13.5-20.25克/公顷 喷雾

PD20094258 氟磺胺草醚/250克/升/水剂/氟磺胺草醚 250克/升/2009.03.31 至 2014.03.31/低毒
春大豆田 一年生阔叶杂草 300-375克/公顷 茎叶喷雾

PD20094807 苏云金杆菌/8000IU/毫克/可湿性粉剂/苏云金杆菌 8000IU/毫克/2009.04.13 至 2014.04.13/低毒
茶树 茶毛虫 400-800倍 喷雾
棉花 二代棉铃虫 3000-4500克制剂/公顷 喷雾
森林 松毛虫 600-800倍 喷雾
十字花科蔬菜 小菜蛾 1500-2250克制剂/公顷 喷雾
十字花科蔬菜 菜青虫 750-1500克制剂/公顷 喷雾
水稻 稻纵卷叶螟 3000-4500克制剂/公顷 喷雾
烟草 烟青虫 1500-3000克制剂/公顷 喷雾
玉米 玉米螟 1500-3000克制剂/公顷 加细沙灌心
枣树 枣尺蠖 600-800倍 喷雾

PD20095222 高氯·毒死蜱/12%/乳油/毒死蜱 9.5%、高效氯氰菊酯 2.5%/2009.04.24 至 2014.04.24/中等毒
棉花 棉铃虫 180-270克/公顷 喷雾

PD20095791 多·锰锌/70%/可湿性粉剂/多菌灵 10%、代森锰锌 60%/2009.05.27 至 2014.05.27/低毒
苹果 斑点落叶病 1000-1250毫克/千克 喷雾

PD20095800 复硝酚钠/1.4%/水剂/5-硝基邻甲氧基苯酚钠 0.23%、对硝基苯酚钠 0.71%、邻硝基苯酚钾 0.46%/2009.05.27至2014.05.27/低毒
番茄 调节生长 1.75-2.3毫克/千克 喷雾

PD20095802 甲戊·乙草胺/40%/乳油/二甲戊灵 10%、乙草胺 30%/2009.05.27 至 2014.05.27/低毒
姜田 一年生杂草 900-1200克/公顷 土壤喷雾

PD20095915 阿维·柴油/24.5%/乳油/阿维菌素 0.2%、柴油 24.3%/2009.06.02 至 2014.06.02/低毒(原药高毒)
柑橘树 红蜘蛛 123-245毫克/千克 喷雾

PD20096049 高氯·马/20%/乳油/高效氯氰菊酯 1.5%、马拉硫磷 18.5%/2009.06.18 至 2014.06.18/低毒
苹果树 桃小食心虫 133-200毫克/千克 喷雾

PD20096309 异丙甲草胺/720克/升/乳油/异丙甲草胺 720克/升/2009.07.22 至 2014.07.22/低毒
夏大豆田 一年生禾本科杂草及部分小粒种子阔叶杂草 1080-1950克/公顷 播后苗前土壤喷雾

PD20096520 柴油·辛硫磷/40%/乳油/柴油 20%、辛硫磷 20%/2009.08.20 至 2014.08.20/低毒
棉花 棉铃虫 480-720克/公顷 喷雾

PD20096667 辛硫·三唑磷/20%/乳油/三唑磷 10%、辛硫磷 10%/2009.09.07 至 2014.09.07/中等毒
水稻 稻水象甲 120-150克/公顷 喷雾

PD20097044 吡虫·杀虫单/58%/可湿性粉剂/吡虫啉 2.5%、杀虫单 55.5%/2009.10.10 至 2014.10.10/低毒
水稻 稻纵卷叶螟、二化螟、飞虱、三化螟 450-750克/公顷 喷雾

PD20097448 矮壮素/50%/水剂/矮壮素 50%/2009.10.28 至 2014.10.28/低毒
棉花 调节生长 50-62.5毫克/千克（8000-10000倍液） 喷雾

PD20097514 烟嘧磺隆/40克/升/可分散油悬浮剂/烟嘧磺隆 40克/升/2009.11.03 至 2014.11.03/低毒
夏玉米田 一年生杂草 42-60克/公顷 茎叶喷雾

PD20097617 2,4-滴丁酯/57%/乳油/2,4-滴丁酯 57%/2009.11.03 至 2014.11.03/低毒
冬小麦田 一年生阔叶杂草 486-540克/公顷 茎叶喷雾

PD20097922 甲氰菊酯/20%/乳油/甲氰菊酯 20%/2009.11.30 至 2014.11.30/中等毒
甘蓝 小菜蛾 75-90克/公顷 喷雾

PD20098048 氟啶脲/50克/升/乳油/氟啶脲 50克/升/2009.12.07 至 2014.12.07/低毒
甘蓝 甜菜夜蛾 45-60克/公顷 喷雾

PD20098050 虫酰肼/20%/悬浮剂/虫酰肼 20%/2009.12.07 至 2014.12.07/低毒
甘蓝 甜菜夜蛾 240-300克/公顷 喷雾

PD20098053 丁草胺/85%/乳油/丁草胺 85%/2009.12.07 至 2014.12.07/低毒
移栽水稻田 一年生杂草 810-1350克/公顷 毒土法

PD20098054 多菌灵/80%/可湿性粉剂/多菌灵 80%/2009.12.07 至 2014.12.07/低毒
水稻 稻瘟病 750—800克/公顷 喷雾

PD20098076 代森锌/80%/可湿性粉剂/代森锌 80%/2009.12.08 至 2014.12.08/低毒
番茄 早疫病 2550—3600克/公顷 喷雾

PD20098167 氟硅唑/400克/升/乳油/氟硅唑 400克/升/2009.12.14 至 2014.12.14/低毒
菜豆 白粉病 45-56.25克/公顷 喷雾
PD20098283 稻瘟灵/40%/乳油/稻瘟灵 40%/2009.12.18 至 2014.12.18/低毒
水稻 稻瘟病 399－600克/公顷 喷雾
PD20098287 三环唑/75%/可湿性粉剂/三环唑 75%/2009.12.18 至 2014.12.18/中等毒
水稻 稻瘟病 225-300克/公顷 喷雾
PD20098302 丙环唑/250克/升/乳油/丙环唑 250克/升/2009.12.18 至 2014.12.18/低毒
香蕉 叶斑病 375－500毫克/千克 喷雾
PD20098398 阿维菌素/3.2%/乳油/阿维菌素 3.2%/2009.12.18 至 2014.12.18/低毒(原药高毒)
十字花科蔬菜 小菜蛾 6-9克/公顷 喷雾
PD20098442 高氯・毒死蜱/15%/乳油/毒死蜱 13.5%、高效氯氰菊酯 1.5%/2009.12.24 至 2014.12.24/中等毒
黄瓜 美洲斑潜蝇 112.5-135克/公顷 喷雾
LS20050048 阿维・高氯/3%/可湿性粉剂/阿维菌素 0.2%、高效氯氰菊酯 2.8%/2008.01.07 至 2009.01.06/低毒(原药高毒)
十字花科蔬菜 菜青虫、小菜蛾 13.5-27克/公顷 喷雾
LS20050168 阿维・高氯/1.8%/乳油/阿维菌素 0.3%、高效氯氰菊酯 1.5%/2008.01.24 至 2009.01.23/低毒(原药高毒)
十字花科蔬菜 菜青虫、小菜蛾 7.5-15克/公顷 喷雾
LS20050245 柴油・吡虫啉/25%/乳油/吡虫啉 1%、柴油 24%/2008.02.03 至 2009.02.02/低毒
棉花 蚜虫 112.5-187.5克/公顷 喷雾
LS20050389 哒螨灵/15%/可湿性粉剂/哒螨灵 15%/2008.02.19 至 2009.02.18/低毒
苹果树 红蜘蛛 50-60毫克/千克 喷雾
LS20050456 丙溴磷/20%/乳油/丙溴磷 20%/2008.02.19 至 2009.02.18/中等毒
十字花科蔬菜 小菜蛾 360-450克/公顷 喷雾
LS20050478 高氯・柴油/20%/乳油/柴油 17.5%、高效氯氰菊酯 2.5%/2008.02.26 至 2009.02.25/低毒
棉花 棉铃虫 240-360克/公顷 喷雾
LS20050479 阿维・毒死蜱/10%/乳油/阿维菌素 0.1%、毒死蜱 9.9%/2008.02.26 至 2009.02.25/低毒(原药高毒)
十字花科蔬菜 小菜蛾 112.5-150克/公顷 喷雾
LS20050483 机油・炔螨特/73%/乳油/机油 33%、炔螨特 40%/2008.02.26 至 2009.02.25/低毒
柑橘树 红蜘蛛 243-365毫克/千克 喷雾
LS20050492 吡虫啉/10%/可湿性粉剂/吡虫啉 10%/2008.02.26 至 2009.02.25/低毒
小麦 蚜虫 15-30克/公顷(南方地区) 喷雾
45-60克/公顷(北方地区)
LS20050546 苯・苄・甲草胺/30%/泡腾粒剂/苯噻酰草胺 16%、苄嘧磺隆 6%、甲草胺 8%/2008.02.26 至 2009.02.25/低毒
水稻移栽田 一年生及部分多年生杂草 135－225克/公顷 撒施
LS20050560 机油・杀扑磷/40%/乳油/机油 16%、杀扑磷 24%/2008.02.26 至 2009.02.25/高毒
柑橘树 矢尖蚧 400-500毫克/千克 喷雾
LS20050852 阿维・灭幼脲/18%/悬浮剂/阿维菌素 0.2%、灭幼脲 17.8%/2008.03.29 至 2009.03.29/低毒(原药高毒)
十字花科蔬菜 小菜蛾 94.5-135克/公顷 喷雾
LS20050942 多・福/70%/可湿性粉剂/多菌灵 10%、福美双 60%/2008.04.04 至 2009.04.04/低毒
梨树 黑星病 1000-1500毫克/千克 喷雾
LS20051244 乙铝・多菌灵/75%/可湿性粉剂/多菌灵 25%、三乙膦酸铝 50%/2008.04.12 至 2009.04.12/低毒
苹果树 轮纹病 937.5-1500毫克/千克 喷雾
LS20051246 霉威・百菌清/28%/可湿性粉剂/百菌清 15.5%、乙霉威 12.5%/2008.04.12 至 2009.04.12/低毒
番茄 灰霉病 588-735克/公顷 喷雾
LS20051333 阿维・高氯/3%/微乳剂/阿维菌素 0.2%、高效氯氰菊酯 2.8%/2008.04.13 至 2009.04.13/中等毒(原药高毒)
黄瓜 美洲斑潜蝇 15-30克/公顷 喷雾
LS20052593 吡虫啉/70%/可湿性粉剂/吡虫啉 70%/2008.08.14 至 2009.08.14/低毒
水稻 稻飞虱 15-30克/公顷 喷雾
LS20052677 阿维・高氯/1.2%/乳油/阿维菌素 0.1%、高效氯氰菊酯 1.1%/2008.08.14 至 2009.08.14/低毒(原药高毒)
梨树 梨木虱 12-24毫克/千克 喷雾
LS20060716 阿维・哒螨灵/6.78%/乳油/阿维菌素 0.11%、哒螨灵 6.67%/2009.04.03 至 2010.04.03/中等毒(原药高毒)
苹果树 红蜘蛛 27.12-45.2毫克/千克 喷雾
LS20060958 多效唑/15%/可湿性粉剂/多效唑 15%/2009.04.18 至 2010.04.18/低毒
花生 调节生长 100-150毫克/千克 喷雾
LS20081772 草甘膦异丙胺盐/41%/水剂/草甘膦异丙胺盐 41%/2009.04.07 至 2010.04.07/微毒
苹果园 杂草 1125-2250克/公顷 茎叶喷雾
LS20082765 阿维・吡虫啉/1.8%/乳油/阿维菌素 0.1%、吡虫啉 1.7%/2009.05.08 至 2010.05.08/低毒(原药高毒)
十字花科蔬菜 蚜虫 13.5-16.2克/公顷 喷雾
LS20082788 甲氨基阿维菌素苯甲酸盐/2%/乳油/甲氨基阿维菌素苯甲酸盐 2%/2009.05.08 至 2010.05.08/低毒
甘蓝 甜菜夜蛾 2.4-3.6克/公顷 喷雾
LS20090027 阿维・炔螨特/56%/乳油/阿维菌素 0.3%、炔螨特 55.7%/2009.01.08 至 2010.01.08/中等毒(原药高毒)
柑橘树 红蜘蛛 140-280毫克/千克 喷雾
LS20090106 百草枯/250克/升/水剂/百草枯 250克/升/2009.01.09 至 2010.01.09/中等毒
非耕地 杂草 600-750克/公顷 茎叶喷雾

LS20090204 扑·乙·滴丁酯/68%/乳油/2,4-滴丁酯 18%、扑草净 10%、乙草胺 40%/2009.02.09 至 2010.02.09/低毒
春大豆田 一年生杂草 3000-3450毫升制剂/公顷 土壤喷雾
LS20090264 松·喹·氟磺胺/35%/乳油/氟磺胺草醚 9.5%、精喹禾灵 2.5%、异噁草松 23%/2009.02.13 至 2010.02.13/低毒
春大豆田 一年生杂草 1500-2250毫升制剂/亩 茎叶喷雾

山东省济南燕山三丰实业有限公司 (山东省济南市历下区济王路草山岭村东 250102 0531-88953584)

PD20092903 乙铝·锰锌/50%/可湿性粉剂/代森锰锌 28%、三乙膦酸铝 22%/2009.03.05 至 2014.03.05/低毒
黄瓜 霜霉病 937-1406克/公顷 喷雾
PD20093498 多·福/40%/可湿性粉剂/多菌灵 20%、福美双 20%/2009.03.23 至 2014.03.23/低毒
梨树 黑星病 1000-1500毫克/千克 喷雾
PD20094568 二氯异氰尿酸钠/20%/可溶粉剂/二氯异氰尿酸钠 20%/2009.04.09 至 2014.04.09/低毒
黄瓜 霜霉病 562.5-750克/公顷 喷雾
PD20095177 氰戊·马拉松/40%/乳油/马拉硫磷 35%、氰戊菊酯 5%/2009.04.24 至 2014.04.24/中等毒
苹果树 桃小食心虫 200-400毫克/千克 喷雾

山东省济南一农化工有限公司 (山东省济南市历城区东外环路历联大楼5F 250100 0531-88039478)

PD20082030 代森锰锌/80%/可湿性粉剂/代森锰锌 80%/2008.11.25 至 2013.11.25/低毒
苹果树 轮纹病 1000-1300毫克/千克 喷雾
PD20083212 霜脲·锰锌/72%/可湿性粉剂/代森锰锌 64%、霜脲氰 8%/2008.12.11 至 2013.12.11/低毒
黄瓜 霜霉病 1440-1800克/公顷 喷雾
PD20084007 毒死蜱/480克/升/乳油/毒死蜱 480克/升/2008.12.16 至 2013.12.16/中等毒
水稻 稻纵卷叶螟 468-612克/公顷 喷雾
PD20084791 炔螨特/57%/乳油/炔螨特 57%/2008.12.22 至 2013.12.22/低毒
柑橘树 红蜘蛛 228-300毫克/千克 喷雾
PD20084941 异菌脲/50%/可湿性粉剂/异菌脲 50%/2008.12.22 至 2013.12.22/低毒
番茄 灰霉病 563-750克/公顷 喷雾
PD20085473 噻嗪酮/25%/可湿性粉剂/噻嗪酮 25%/2008.12.25 至 2013.12.25/低毒
柑橘树 介壳虫 200-250毫克/千克 喷雾
PD20085560 氯氰·毒死蜱/522.5克/升/乳油/毒死蜱 475克/升、氯氰菊酯 47.5克/升/2008.12.25 至 2013.12.25/中等毒
菜豆 豆荚螟 391.875-470.25克/公顷 喷雾
PD20085590 马拉硫磷/45%/乳油/马拉硫磷 45%/2008.12.25 至 2013.12.25/低毒
十字花科蔬菜 黄条跳甲 656.25-750克/公顷 喷雾
PD20085674 氟啶脲/50克/升/乳油/氟啶脲 50克/升/2008.12.26 至 2013.12.26/低毒
甘蓝 甜菜夜蛾 45-60克/公顷 喷雾
PD20086229 甲基硫菌灵/70%/可湿性粉剂/甲基硫菌灵 70%/2008.12.31 至 2013.12.31/低毒
苹果树 轮纹病 700-800毫克/千克 喷雾
PD20090426 联苯菊酯/25克/升/乳油/联苯菊酯 25克/升/2009.01.12 至 2014.01.12/低毒
茶树 茶毛虫 7.5-15克/公顷 喷雾
PD20090513 丙环唑/250克/升/乳油/丙环唑 250克/升/2009.01.12 至 2014.01.12/低毒
香蕉 叶斑病 250-500毫克/千克 喷雾
PD20091079 福美双/50%/可湿性粉剂/福美双 50%/2009.01.21 至 2014.01.21/低毒
黄瓜 白粉病 450-900克/公顷 喷雾
PD20091433 氯氰·丙溴磷/440克/升/乳油/丙溴磷 400克/升、氯氰菊酯 40克/升/2009.02.02 至 2014.02.02/中等毒
棉花 棉铃虫 528-660克/公顷 喷雾
PD20091492 异丙甲草胺/720克/升/乳油/异丙甲草胺 720克/升/2009.02.02 至 2014.02.02/低毒
夏玉米田 一年生杂草 1458-1944克/公顷 土壤喷雾
PD20091533 高氯·辛硫磷 /20%/乳油/高效氯氰菊酯 2%、辛硫磷 18%/2009.02.03 至 2014.02.03/低毒
棉花 棉铃虫 150-225克/公顷 喷雾
PD20091544 噁霜·锰锌/64%/可湿性粉剂/噁霜灵 8%、代森锰锌 56%/2009.02.03 至 2014.02.03/低毒
黄瓜 霜霉病 1650-1950克/公顷 喷雾
PD20091839 多·锰锌/50%/可湿性粉剂/多菌灵 8%、代森锰锌 42%/2009.02.06 至 2014.02.06/低毒
苹果树 斑点落叶病 1000-1250毫克/千克 喷雾
PD20092225 虫酰肼/200克/升/悬浮剂/虫酰肼 200克/升/2009.02.24 至 2014.02.24/低毒
十字花科蔬菜 甜菜夜蛾 250-300克/公顷 喷雾
PD20092298 阿维菌素/1%/乳油/阿维菌素 1%/2009.02.24 至 2014.02.24/低毒(原药高毒)
十字花科蔬菜 小菜蛾 8.1-10.8克/公顷 喷雾
PD20093073 福美锌/72%/可湿性粉剂/福美锌 72%/2009.03.09 至 2014.03.09/低毒
苹果 炭疽病 1200-1800毫克/千克 喷雾
PD20093278 高效氯氰氰菊酯/25克/升/乳油/高效氯氰氰菊酯 25克/升/2009.03.11 至 2014.03.11/中等毒
十字花科蔬菜 菜青虫 8.33-12.5毫克/千克 喷雾
PD20093448 多·福/70%/可湿性粉剂/多菌灵 10%、福美双 60%/2009.03.23 至 2014.03.23/低毒
梨树 黑星病 1000-1500毫克/千克 喷雾
PD20094299 精喹禾灵/50克/升/乳油/精喹禾灵 50克/升/2009.03.31 至 2014.03.31/低毒
棉花田 一年生禾本科杂草 37.5-60克/公顷 茎叶喷雾
PD20094626 福·福锌/80%/可湿性粉剂/福美双 30%、福美锌 50%/2009.04.10 至 2014.04.10/低毒

苹果树 炭疽病 1140-1600毫克/千克 喷雾
PD20094745 乙草胺/900克/升/乳油/乙草胺 900克/升/2009.04.10 至 2014.04.10/低毒
夏大豆田 一年生禾本科杂草及部分小粒种子阔叶杂草 810-1350克/公顷 土壤喷雾
PD20095465 高效氟吡甲禾灵/108克/升/乳油/高效氟吡甲禾灵 108克/升/2009.05.11 至 2014.05.11/低毒
棉花田 一年生禾本科杂草 40.5-48.6克/公顷 茎叶喷雾
PD20096037 吡虫啉/10%/可湿性粉剂/吡虫啉 10%/2009.06.15 至 2014.06.15/低毒
水稻 稻飞虱 15-30克/公顷 喷雾
LS20050071 井冈霉素/5%/水剂/井冈霉素 5%/2008.01.08 至 2009.01.07/低毒
水稻 纹枯病 150-187.5克/公顷 喷雾
LS20050934 哒螨灵/15%/可湿性粉剂/哒螨灵 15%/2008.04.04 至 2009.04.04/低毒
苹果树 红蜘蛛 50-75毫克/千克 喷雾
LS20051393 阿维·高氯/3%/可湿性粉剂/阿维菌素 0.2%、高效氯氰菊酯 2.8%/2008.04.18 至 2009.04.18/低毒(原药高毒)
十字花科蔬菜 菜青虫、小菜蛾 13.5-27克/公顷 喷雾
LS20060940 吗胍·乙酸铜/20%/可湿性粉剂/盐酸吗啉胍 10%、乙酸铜 10%/2009.04.18 至 2010.04.18/低毒
番茄 病毒病 500-750克/公顷 喷雾
LS20071917 阿维·灭幼脲/18%/悬浮剂/阿维菌素 0.2%、灭幼脲 17.8%/2009.08.07 至 2010.08.08/低毒(原药高毒)
十字花科蔬菜 小菜蛾 108-135克/公顷 喷雾
LS20081144 阿维·三唑锡/16.8%/可湿性粉剂/阿维菌素 0.3%、三唑锡 16.5%/2009.03.10 至 2010.03.10/低毒(原药高毒)
苹果树 二斑叶螨 84-112毫克/千克 喷雾

山东省济南中科绿色生物工程有限公司 (山东省济南市历下区千佛山东二路19号 250014 0531-82380951)

PD20082110 马拉·辛硫磷/20%/乳油/马拉硫磷 10%、辛硫磷 10%/2008.11.25 至 2013.11.25/中等毒
棉花 棉铃虫 225-300克/公顷 喷雾
PD20082263 辛硫·高氯氟/16%/乳油/高效氯氟氰菊酯 0.7%、辛硫磷 15.3%/2008.11.27 至 2013.11.27/低毒
棉花 棉铃虫 144-204克/公顷 喷雾
PD20085477 阿维菌素/0.5%/乳油/阿维菌素 0.5%/2008.12.25 至 2013.12.25/低毒(原药高毒)
菜豆、黄瓜 美洲斑潜蝇 10.8-21.6克/公顷 喷雾
柑橘树 锈壁虱 2.25-4.5毫克/千克 喷雾
柑橘树 红蜘蛛、潜叶蛾 4.5-9毫克/千克 喷雾
梨树 梨木虱 6-12毫克/千克 喷雾
苹果树 红蜘蛛 3-6毫克/千克 喷雾
苹果树 二斑叶螨 4.5-6毫克/千克 喷雾
苹果树 桃小食心虫 4.5-9毫克/千克 喷雾
苹果树 蚜虫 兼治 喷雾
十字花科蔬菜 小菜蛾 8.1-10.8克/公顷 喷雾
PD20097328 氯氰·丙溴磷/440克/升/乳油/丙溴磷 400克/升、氯氰菊酯 40克/升/2009.10.27 至 2014.10.27/中等毒
棉花 棉铃虫 83-100毫升制剂/亩 喷雾
PD20097659 联苯菊酯/100克/升/乳油/联苯菊酯 100克/升/2009.11.04 至 2014.11.04/中等毒
茶树 茶小绿叶蝉 30-37.5克/公顷 喷雾
PD20097876 毒死蜱/480克/升/乳油/毒死蜱 480克/升/2009.11.20 至 2014.11.20/中等毒
水稻 稻纵卷叶螟 432-576克/公顷 喷雾
PD20097916 唑螨酯/5%/悬浮剂/唑螨酯 5%/2009.11.30 至 2014.11.30/中等毒
柑橘树 红蜘蛛 22.5-33.33毫克/千克 喷雾
LS20050529 高氯·马/20%/乳油/高效氯氰菊酯 1.5%、马拉硫磷 18.5%/2008.02.26 至 2009.02.25/低毒
苹果树 桃小食心虫 125-250毫克/千克 喷雾
LS20051094 柴油·哒螨灵/34%/乳油/柴油 30%、哒螨灵 4%/2008.04.11 至 2009.04.11/低毒
柑橘树 红蜘蛛 226.7-340毫克/千克 喷雾
LS20051097 代森铵/45%/水剂/代森铵 45%/2008.04.11 至 2009.04.11/低毒
水稻 纹枯病 337.5-450克/公顷 喷雾
LS20051397 阿维·高氯/1.8%/乳油/阿维菌素 0.3%、高效氯氰菊酯 1.5%/2008.04.18 至 2009.04.18/低毒(原药高毒)
十字花科蔬菜 菜青虫、小菜蛾 7.5-15克/公顷 喷雾
LS20061759 菌毒清/5%/水剂/菌毒清 5%/2009.10.10 至 2010.10.10/低毒
辣椒 病毒病 118-281克/公顷 喷雾
LS20070649 三唑酮/25%/可湿性粉剂/三唑酮 25%/2009.03.29 至 2010.03.30/低毒
小麦 锈病 123.75-168.75克/公顷 喷雾
LS20070674 阿维菌素/18克/升/乳油/阿维菌素 18克/升/2009.03.29 至 2010.03.30/中等毒(原药高毒)
菜豆、黄瓜 美洲斑潜蝇 10.8-21.6克/公顷 喷雾
柑橘树 红蜘蛛、潜叶蛾 4.5-9毫克/千克 喷雾
柑橘树 锈壁虱 2.25-4.5毫克/千克 喷雾
梨树 梨木虱 6-12毫克/千克 喷雾
苹果树 桃小食心虫 4.5-9毫克/千克 喷雾
苹果树 蚜虫 兼治 喷雾
苹果树 二斑叶螨 4.5-6毫克/千克 喷雾

苹果树 红蜘蛛 3-6毫克/千克 喷雾
十字花科蔬菜 小菜蛾 10.8-13.5克/公顷 喷雾

LS20070683 联苯菊酯/25克/升/乳油/联苯菊酯 25克/升/2009.03.29 至 2010.03.30/低毒
茶树 茶尺蠖 7.5-15克/公顷 喷雾

LS20071116 代森锰锌/80%/可湿性粉剂/代森锰锌 80%/2009.04.25 至 2010.04.26/低毒
苹果树 轮纹病 1000-1500毫克/千克 喷雾

LS20071149 阿维菌素/0.5%/乳油/阿维菌素 0.5%/2009.04.25 至 2010.04.26/低毒(原药高毒)
菜豆、黄瓜 美洲斑潜蝇 10.8-21.6克/公顷 喷雾
柑橘树 红蜘蛛、潜叶蛾 4.5-9毫克/千克 喷雾
柑橘树 锈壁虱 2.25-4.5毫克/千克 喷雾
梨树 梨木虱 6-12毫克/千克 喷雾
苹果树 红蜘蛛 3-6毫克/千克 喷雾
苹果树 桃小食心虫 4.5-9毫克/千克 喷雾
苹果树 蚜虫 兼治 /
苹果树 二斑叶螨 4.5-6毫克/千克 喷雾

LS20071215 双甲脒/200克/升/乳油/双甲脒 200克/升/2009.05.07 至 2010.05.08/低毒
柑橘树 红蜘蛛 133-200毫克/千克 喷雾

LS20080948 嘧霉胺/20%/可湿性粉剂/嘧霉胺 20%/2009.03.04 至 2010.03.04/低毒
黄瓜 灰霉病 360-540克/公顷 喷雾

LS20080995 啶虫脒/20%/可湿性粉剂/啶虫脒 20%/2009.03.06 至 2010.03.06/低毒
柑橘树 蚜虫 12.5-25毫克/千克 喷雾

LS20082418 甲氨基阿维菌素苯甲酸盐/1.5%/乳油/甲氨基阿维菌素苯甲酸盐 1.5%/2009.04.22 至 2010.04.22/低毒
十字花科蔬菜 甜菜夜蛾 2.25-4.5克/公顷 喷雾

LS20082910 烯酰·锰锌/69%/可湿性粉剂/代森锰锌 60%、烯酰吗啉 9%/2009.07.14 至 2010.07.14/低毒
黄瓜 霜霉病 1035-1380克/公顷 喷雾

LS20082911 腈菌唑/12.5%/可湿性粉剂/腈菌唑 12.5%/2009.07.14 至 2010.07.14/低毒
黄瓜 黑星病 56.25-75克/公顷 喷雾

LS20082929 阿维·三唑磷/10.2%/乳油/阿维菌素 0.2%、三唑磷 10%/2009.07.17 至 2010.07.17/中等毒(原药高毒)
水稻 三化螟 153-183.6克/公顷 喷雾

山东省济宁高新技术开发区永丰化工厂 (山东省济宁市建设北路75号 272123 0537-2351666)

PD84121-20 磷化铝/56%/片剂/磷化铝 56%/2009.11.16 至 2014.11.16/高毒
洞穴 室外啮齿动物 根据洞穴大小而定 密闭熏蒸
货物 仓储害虫 5-10片/1000千克 密闭熏蒸
空间 多种害虫 1-4片/立方米 密闭熏蒸
粮食、种子 储粮害虫 3-10片/1000千克 密闭熏蒸

PD84130-6 磷化锌/90%/原药/磷化锌 90%/2009.11.16 至 2014.11.16/高毒
仓库 仓库害虫 5-10克/立方米 与稀酸反应放出磷化氢气体
室外 田鼠 5-10克/立方米 配制成毒饵

PD20090782 磷化铝/85%/原药/磷化铝 85%/2009.01.19 至 2014.01.19/高毒

山东省济宁高新区益康精细化工厂 (山东省济宁市泰闸路88号 272000 0537-2197146)

WL20070094 杀虫喷射剂/0.38%/喷射剂/胺菊酯 0.2%、氯菊酯 0.18%/2009.05.18 至 2010.05.18/微毒
卫生 蚊、蝇 / 喷洒

WL20080010 蚊香/0.3%/蚊香/富右旋反式烯丙菊酯 0.3%/2009.01.03 至 2010.01.03/微毒
卫生 蚊 / 点燃

WL20080052 杀虫气雾剂/0.51%/气雾剂/胺菊酯 0.3%、氯菊酯 0.21%/2009.01.07 至 2010.01.07/微毒
卫生 蚊、蝇 / 喷雾

山东省济宁济兴农化有限责任公司 (山东省济宁市任城区唐口 272061 0537-2513818)

PD20084009 阿维菌素/0.9%/乳油/阿维菌素 0.9%/2008.12.16 至 2013.12.16/低毒(原药高毒)
棉花 棉铃虫 21.6-32.4克/公顷 喷雾

PD20084162 甲氰·辛硫磷/25%/乳油/甲氰菊酯 5%、辛硫磷 20%/2008.12.16 至 2013.12.16/中等毒
棉花 棉铃虫 225-345克/公顷 喷雾

PD20084455 腐霉·福美双/25%/可湿性粉剂/腐霉利 5%、福美双 20%/2008.12.17 至 2013.12.17/低毒
番茄 灰霉病 225-300克/公顷 喷雾

PD20084677 腈菌·福美双/20%/可湿性粉剂/福美双 15%、腈菌唑 5%/2008.12.22 至 2013.12.22/低毒
黄瓜 黑星病 200-400克/公顷 喷雾

PD20085107 阿维菌素/0.3%/乳油/阿维菌素 0.3%/2008.12.23 至 2013.12.23/低毒(原药高毒)
十字花科蔬菜 小菜蛾 1.35-1.8克/公顷 喷雾

PD20085261 噁霉灵/15%/水剂/噁霉灵 15%/2008.12.23 至 2013.12.23/低毒
水稻苗床 立枯病 9000-15000克/公顷 苗床喷洒

PD20086299 阿维菌素/1.8%/乳油/阿维菌素 1.8%/2008.12.31 至 2013.12.31/低毒(原药高毒)
棉花 棉铃虫 21.6-32.4克/公顷 喷雾

PD20094520 氟铃·辛硫磷/42%/乳油/氟铃脲 2%、辛硫磷 40%/2009.04.09 至 2014.04.09/低毒

	十字花科蔬菜	小菜蛾	252-378克/公顷	喷雾
PD20095269	复硝酚钠/1.4%/水剂/5-硝基邻甲氧基苯酚钠 0.23%、对硝基苯酚钾 0.71%、邻硝基苯酚钠 0.46%/2009.04.27至2014.04.27/低毒			
	番茄	调节生长	4000-5000倍液	茎叶喷雾
LS20021100	农用硫酸链霉素/72%/可溶粉剂/硫酸链霉素 72%/2009.09.14 至 2009.12.31/低毒			
	大白菜	软腐病	150-300克/公顷	喷雾
LS20050524	氯氰菊酯/5%/乳油/氯氰菊酯 5%/2008.02.26 至 2009.02.25/低毒			
	十字花科蔬菜	甜菜夜蛾	30-45克/公顷	喷雾
LS20051078	哒螨·三唑锡/16%/可湿性粉剂/哒螨灵 10%、三唑锡 6%/2008.04.11 至 2009.04.11/低毒			
	柑橘树	红蜘蛛	106.7-160毫克/千克	喷雾
LS20051126	啶虫脒/3%/可湿性粉剂/啶虫脒 3%/2008.04.11 至 2009.04.11/低毒			
	柑橘树	蚜虫	7.5-10毫克/千克	喷雾
LS20052966	盐酸吗啉胍/20%/可湿性粉剂/盐酸吗啉胍 20%/2008.09.11 至 2009.09.11/低毒			
	番茄	病毒病	500-750克/公顷	喷雾
LS20053641	多·福/40%/可湿性粉剂/多菌灵 20%、福美双 20%/2008.11.28 至 2009.11.29/低毒			
	梨树	黑星病	1000-1500毫克/千克	喷雾
LS20053642	吡虫·杀虫单/30%/可湿性粉剂/吡虫啉 1%、杀虫单 29%/2008.11.28 至 2009.11.29/中等毒			
	水稻	稻飞虱、稻纵卷叶螟、二化螟、三化螟	450-750克/公顷	喷雾
LS20060688	多·锰锌/40%/可湿性粉剂/多菌灵 20%、代森锰锌 20%/2009.04.03 至 2010.04.03/低毒			
	苹果	斑点落叶病	1000-1250毫克/千克	喷雾
LS20060913	阿维·高氯/1.8%/乳油/阿维菌素 0.3%、高效氯氰菊酯 1.5%/2009.04.18 至 2010.04.18/低毒(原药高毒)			
	十字花科蔬菜	菜青虫、小菜蛾	7.5-15克/公顷	喷雾
LS20061194	三唑磷/13.5%/乳油/三唑磷 13.5%/2009.05.18 至 2010.05.18/中等毒			
	水稻	二化螟	202.5-303.75克/公顷	喷雾

山东省济宁圣城化工实验有限责任公司 （山东省济宁市北郊南岱庄路 272131 0537-2230061)

PD84121-8	磷化铝/56%/片剂/磷化铝 56%/2009.11.04 至 2014.11.04/高毒			
	洞穴	室外啮齿动物	根据洞穴大小而定	密闭熏蒸
	货物	仓储害虫	5-10片/1000千克	密闭熏蒸
	空间	多种害虫	1-4片/立方米	密闭熏蒸
	粮食、种子	储粮害虫	3-10片/1000千克	密闭熏蒸
PD84130	磷化锌/80%/原药/磷化锌 80%/2009.11.04 至 2014.11.04/高毒			
	仓库	仓库害虫	5-10克/立方米	与稀酸反应放出磷化氢气体
	农田	田鼠	5-10克/立方米	配制成毒饵
PD86145-4	磷化铝/85%/原药/磷化铝 85%/2006.08.15 至 2011.08.15/高毒			
	洞穴	室外啮齿动物	根据洞穴大小而定	密闭熏蒸
	货物	仓储害虫	10-20克/吨	密闭熏蒸
	空间	多种害虫	2-8克/立方米	密闭熏蒸
	粮食、种子	储粮害虫	6-20克/吨	密闭熏蒸
PD20080932	丙溴磷/90%/原药/丙溴磷 90%/2008.07.17 至 2013.07.17/中等毒			
PD20083278	丙溴·辛硫磷/45%/乳油/丙溴磷 10%、辛硫磷 35%/2008.12.11 至 2013.12.11/中等毒			
	棉花	棉铃虫	225-337.5克/公顷	喷雾
PD20083985	丙溴磷/40%/乳油/丙溴磷 40%/2008.12.16 至 2013.12.16/中等毒			
	棉花	棉铃虫	480-600克/公顷	喷雾
PD20090170	辛硫·灭多威/20%/乳油/灭多威 8%、辛硫磷 12%/2009.01.08 至 2014.01.08/高毒			
	棉花	棉铃虫	100-150克/公顷	喷雾
PD20092600	灭多威/20%/乳油/灭多威 20%/2009.02.27 至 2014.02.27/高毒			
	棉花	蚜虫	75-150克/公顷	喷雾
	棉花	棉铃虫	150-225克/公顷	喷雾

山东省济宁市白斯特化工有限责任公司 （山东省济宁市南郊 272000 0537-2315151)

PD20081067	辛硫·甲拌磷/10%/微粒剂/甲拌磷 4%、辛硫磷 6%/2008.08.14 至 2013.08.14/高毒			
	小麦	地下害虫	200-300克/100千克种子	拌种
PD20083230	辛硫磷/3%/颗粒剂/辛硫磷 3%/2008.12.11 至 2013.12.11/低毒			
	花生	地下害虫	2700—3600克/公顷	撒施
PD20085252	磷化锌/80%/原药/磷化锌 80%/2008.12.23 至 2013.12.23/高毒			
PD20085946	氰戊·辛硫磷/25%/乳油/氰戊菊酯 6.25%、辛硫磷 18.75%/2008.12.29 至 2013.12.29/中等毒			
	棉花	棉铃虫	225-300克/公顷	喷雾
PD20091831	氰戊·马拉松/20%/乳油/马拉硫磷 15%、氰戊菊酯 5%/2009.02.06 至 2014.02.06/中等毒			
	苹果树	桃小食心虫	133-200毫克/千克	喷雾
LS20050779	阿维·柴油/24.5%/乳油/阿维菌素 0.2%、柴油 24.3%/2008.03.28 至 2009.03.28/低毒(原药高毒)			
	十字花科蔬菜	小菜蛾	147-220.5克/公顷	喷雾
LS20050904	高效氯氰菊酯/2.5%/乳油/高效氯氰菊酯 2.5%/2008.04.04 至 2009.04.04/低毒			
	十字花科蔬菜	菜青虫	15-18.75克/公顷	喷雾

LS20050919 辛硫磷/20%/乳油/辛硫磷 20%/2008.04.04 至 2009.04.04/低毒
棉花 棉铃虫 300-375克/公顷 喷雾

LS20051176 乙铝·锰锌/50%/可湿性粉剂/代森锰锌 22%、三乙膦酸铝 28%/2008.04.12 至 2009.04.12/低毒
黄瓜 霜霉病 900-1400克/公顷 喷雾

LS20053763 草甘膦/10%/水剂/草甘膦 10%/2008.12.14 至 2009.12.14/低毒
柑橘园 一年生和多年生杂草 1125-2250克/公顷(以酸计) 定向茎叶喷雾

山东省济宁市通达化工厂 (山东省济宁市任城区长沟经济开发区 272057 0537-2583193)

PD85157-33 辛硫磷/40%/乳油/辛硫磷 40%/2007.02.07 至 2012.02.07/低毒
茶树、桑树 食叶害虫 200-400毫克/千克 喷雾
果树 食心虫、蚜虫、螨 200-400毫克/千克 喷雾
林木 食叶害虫 3000-6000克/公顷 喷雾
棉花 棉铃虫、蚜虫 300-600克/公顷 喷雾
蔬菜 菜青虫 300-450克/公顷 喷雾
烟草 食叶害虫 300-600克/公顷 喷雾
玉米 玉米螟 450-600克/公顷 灌心叶

PD20070178 甲拌·辛硫磷/10%/微粒剂/甲拌磷 4%、辛硫磷 6%/2007.06.25 至 2012.06.25/中等毒(原药高毒)
花生 地下害虫 600-900克/公顷 毒土盖种

PD20082957 辛硫磷/1.5%/颗粒剂/辛硫磷 1.5%/2008.12.09 至 2013.12.09/低毒
玉米 玉米螟 112.5-168.75克/公顷 喇叭口撒心

PD20083983 辛硫磷/3%/颗粒剂/辛硫磷 3%/2008.12.16 至 2013.12.16/低毒
油菜 蛴螬等地下害虫 2700-3600克/公顷 沟施
玉米 玉米螟 135-180克/公顷 心叶撒施

PD20085046 灭线磷/5%/颗粒剂/灭线磷 5%/2008.12.23 至 2013.12.23/中等毒(原药高毒)
花生 根结线虫 4500-5250克/公顷 沟施

PD20090751 氰戊·辛硫磷/25%/乳油/氰戊菊酯 5%、辛硫磷 20%/2009.01.19 至 2014.01.19/中等毒
棉花 棉铃虫 225-300克/公顷 喷雾

PD20091608 阿维·高氯/1.8%/乳油/阿维菌素 0.3%、高效氯氰菊酯 1.5%/2009.02.03 至 2014.02.03/低毒(原药高毒)
黄瓜(保护地) 美洲斑潜蝇 13.5-18.9克/公顷 喷雾

PD20096329 毒死蜱/40%/乳油/毒死蜱 40%/2009.07.22 至 2014.07.22/中等毒
棉花 棉铃虫 512.5-750毫升制剂/公顷 喷雾

PD20097487 吡虫啉/10%/可湿性粉剂/吡虫啉 10%/2009.11.03 至 2014.11.03/低毒
水稻 稻飞虱 15-30克/公顷 喷雾
小麦 蚜虫 15-30克/公顷(南方地区) 喷雾
45-60克/公顷(北方地区)

LS20060153 井冈霉素/5%/水剂/井冈霉素 5%/2009.01.25 至 2010.01.25/低毒
水稻 纹枯病 150-187.5克/公顷 喷雾

LS20061559 磷化铝/56%/片剂/磷化铝 56%/2009.08.13 至 2010.08.13/高毒
粮食 储粮害虫 5-8克/立方米 密闭熏蒸

LS20080145 敌敌畏/50%/乳油/敌敌畏 50%/2009.01.07 至 2010.01.07/中等毒
十字花科蔬菜 菜青虫 600-900克/公顷 喷雾

LS20082501 乙草胺/900克/升/乳油/乙草胺 900克/升/2009.04.22 至 2010.04.22/低毒
春玉米田 一年生禾本科杂草及部分小粒种子阔叶杂草 1350-1620克/公顷 播后苗前土壤喷雾
夏玉米田 一年生禾本科杂草及部分小粒种子阔叶杂草 810-1350克/公顷 播后苗前土壤喷雾

LS20082724 高效氯氟氰菊酯/25克/升/乳油/高效氯氟氰菊酯 25克/升/2009.05.04 至 2010.05.04/中等毒
十字花科蔬菜 蚜虫 7.5-11.25克/公顷 喷雾

LS20090135 毒死蜱/3%/颗粒剂/毒死蜱 3%/2009.02.04 至 2010.02.04/中等毒
甘蓝 金针虫、蝼蛄、蛴螬、小地老虎 1350-2250克/公顷 撒施

LS20090285 毒·辛 /5%/颗粒剂/毒死蜱 2%、辛硫磷 3%/2009.02.16 至 2010.02.16/低毒
甘蔗 蔗螟 2250-3000克/公顷 撒施或沟施

山东省济宁市益民化工厂 (山东省济宁市任城区许庄镇李集村 272067 0537-2291046)

PD84121-9 磷化铝/56%/片剂/磷化铝 56%/2009.12.07 至 2014.12.07/高毒
洞穴 室外啮齿动物 根据洞穴大小而定 密闭熏蒸
货物 仓储害虫 5-10片/1000千克 密闭熏蒸
空间 多种害虫 1-4片/立方米 密闭熏蒸
粮食、种子 储粮害虫 3-10片/1000千克 密闭熏蒸

LS20050105 磷化锌/80%/原药/磷化锌 ≥80%/2008.01.12 至 2009.01.11/高毒

山东省济宁市中武消杀药剂厂 (山东省济宁市中区金城镇冯庄 272100 0537-2271125)

WP20080570 杀虫气雾剂/0.3%/气雾剂/胺菊酯 0.25%、氯氰菊酯 0.05%/2008.12.25 至 2013.12.25/微毒
卫生 蚊、蝇 / 喷雾

WL20080048 杀虫喷射剂/0.38%/喷射剂/胺菊酯 0.2%、氯菊酯 0.18%/2009.01.07 至 2010.01.07/微毒
卫生 蚊、蝇 / 喷射

WL20080205 高效氯氰菊酯/5%/可湿性粉剂/高效氯氰菊酯 5%/2009.03.07 至 2010.03.07/低毒

卫生	蚊、蝇、蜚蠊	30-40毫克/平方米	滞留喷洒

注:限专业人员使用。

山东省济宁新星化工厂 (山东省济宁市327国道满庄 272100 0537-2278988)

PD20092004 辛硫磷/1.5%/颗粒剂/辛硫磷 1.5%/2009.02.12 至 2014.02.12/中等毒

玉米	玉米螟	67.5-90克/公顷	撒心(喇叭口)

PD20092440 高效氯氟氰菊酯/25克/升/乳油/高效氯氟氰菊酯 25克/升/2009.02.25 至 2014.02.25/中等毒

甘蓝	蚜虫	7.5-15克/公顷	喷雾

PD20092963 三唑酮/25%/可湿性粉剂/三唑酮 25%/2009.03.09 至 2014.03.09/低毒

小麦	白粉病	105-130克/公顷	喷雾

PD20093940 百草枯/200克/升/水剂/百草枯 200克/升/2009.03.27 至 2014.03.27/中等毒

甘蔗田	杂草	450-600克/公顷	定向喷雾

PD20094085 氯氰菊酯/50克/升/乳油/氯氰菊酯 50克/升/2009.03.27 至 2014.03.27/中等毒

棉花	棉铃虫	45-60克/公顷	喷雾

LS20071692 啶虫脒/3%/乳油/啶虫脒 3%/2009.06.24 至 2010.06.25/微毒

黄瓜	蚜虫	18-22.5克/公顷	喷雾

LS20080029 吡虫啉/10%/可湿性粉剂/吡虫啉 10%/2009.01.03 至 2010.01.03/低毒

小麦	蚜虫	15-30克/公顷（南方地区） 45-60克/公顷（北方地区）	喷雾

LS20083260 阿维·高氯/1.8%/乳油/阿维菌素 0.3%、高效氯氰菊酯 1.5%/2008.12.15 至 2009.12.15/低毒(原药高毒)

十字花科蔬菜	菜青虫	7.5-15克/公顷	喷雾

山东省金农生物化工有限责任公司 (山东省菏泽市定陶县姑庵经济开发区 274114 0530-2552999)

PD90106-25 苏云金杆菌/4000IU/微升/悬浮剂/苏云金杆菌 4000IU/微升/2005.06.27 至 2010.06.27/低毒

白菜、萝卜、青菜	菜青虫、小菜蛾	1500-2250克制剂/公顷	喷雾
茶树	茶毛虫	3000克制剂/公顷	喷雾
高粱、玉米	玉米螟	2250-3000克制剂/公顷	加细沙灌心叶
梨树、苹果树、桃树、枣树	尺蠖、食心虫	200倍液	喷雾
林木	尺蠖、柳毒蛾、松毛虫	150-200倍液	喷雾
棉花	棉铃虫、造桥虫	3750-6000克制剂/公顷	喷雾
水稻	稻苞虫、螟虫	3000-6000毫升制剂/公顷	喷雾
烟草	烟青虫	3000克制剂/公顷	喷雾

PD20083865 氯氰·辛硫磷/20%/乳油/氯氰菊酯 2%、辛硫磷 18%/2008.12.15 至 2013.12.15/中等毒

棉花	棉铃虫	225-345克/公顷	喷雾

PD20090937 杀螟硫磷/50%/乳油/杀螟硫磷 50%/2009.01.19 至 2014.01.19/中等毒

水稻	三化螟	365-750克/公顷	喷雾

PD20091576 丙溴·辛硫磷 /35%/乳油/丙溴磷 8.5%、辛硫磷 26.5%/2009.02.03 至 2014.02.03/中等毒

棉花	棉铃虫	262.5-393.75克/公顷	喷雾

PD20092331 毒死蜱/480克/升/乳油/毒死蜱 480克/升/2009.02.24 至 2014.02.24/中等毒

苹果树	绵蚜	240-320毫克/千克	喷雾

PD20094155 阿维菌素/18克/升/乳油/阿维菌素 18克/升/2009.03.27 至 2014.03.27/低毒(原药高毒)

甘蓝	小菜蛾	10.8-13.5克/公顷	喷雾

PD20095054 甲霜·锰锌/58%/可湿性粉剂/甲霜灵 10%、代森锰锌 48%/2009.04.21 至 2014.04.21/低毒

黄瓜	霜霉病	1305-1635.5克/公顷	喷雾

LS20070909 高效氯氟氰菊酯/25克/升/乳油/高效氯氟氰菊酯 25克/升/2009.04.17 至 2010.04.18/中等毒

十字花科蔬菜	菜青虫	7.5-15克/公顷	喷雾

LS20071974 氯氰菊酯/50克/升/乳油/氯氰菊酯 50克/升/2009.08.07 至 2010.08.08/低毒

苹果树	桃小食心虫	50-60毫克/千克	喷雾

山东省巨野县万兴农药厂 (山东省巨野县万丰乡关桥)

PD84121-21 磷化铝/56%/片剂/磷化铝 56%/2005.06.30 至 2010.06.30/高毒

洞穴	室外啮齿动物	根据洞穴大小而定	密闭熏蒸
货物	仓储害虫	5-10片/1000千克	密闭熏蒸
空间	多种害虫	1-4片/立方米	密闭熏蒸
粮食、种子	储粮害虫	3-10片/1000千克	密闭熏蒸

山东省莱阳市星火农药有限公司 (山东省莱阳市城厢太平新村 265200 0535-7182897)

PD20095116 多·锰锌 /40%/可湿性粉剂/多菌灵 20%、代森锰锌 20%/2009.04.24 至 2014.04.24/低毒

梨树	黑星病	1000-1250毫克/千克	喷雾

LS20091055 高效氟氯氰菊酯/5%/微乳剂/高效氟氯氰菊酯 5%/2009.04.15 至 2010.04.15/中等毒

十字花科蔬菜	菜青虫	7.5-11.25克/公顷	喷雾

LS20091143 苯醚甲环唑/10%/微乳剂/苯醚甲环唑 10%/2009.04.17 至 2010.04.17/低毒

梨树	黑星病	14.3-16.7毫克/千克	喷雾

山东省乐陵市德乐化工有限公司 (山东省乐陵市振兴西路96号 253600 0534-6322665)

PD20095340 四螨嗪/20%/悬浮剂/四螨嗪 20%/2009.04.27 至 2014.04.27/低毒

柑橘树 红蜘蛛 125-150毫克/千克 喷雾

PD20096295 吡虫啉/10%/可湿性粉剂/吡虫啉 10%/2009.07.22 至 2014.07.22/低毒

水稻 稻飞虱 15-30克/公顷 喷雾

LS20071408 联苯菊酯/25克/升/乳油/联苯菊酯 25克/升/2009.05.17 至 2010.05.18/中等毒

茶树 茶小绿叶蝉 30-37.5克/公顷 喷雾

LS20071704 福·福锌/80%/可湿性粉剂/福美双 30%、福美锌 50%/2009.06.25 至 2010.06.26/低毒

黄瓜 炭疽病 1500-1800克/公顷 喷雾

LS20072398 高效氯氟氰菊酯/25克/升/乳油/高效氯氟氰菊酯 25克/升/2009.10.23 至 2010.10.24/中等毒

十字花科蔬菜 蚜虫 7.5-11.25克/公顷 喷雾

LS20072531 百草枯/200克/升/水剂/百草枯 200克/升/2009.12.04 至 2010.12.05/中等毒

玉米田 一年生杂草 300-600克/公顷 定向茎叶喷雾

LS20080184 啶虫脒/3%/乳油/啶虫脒 3%/2009.01.06 至 2010.01.07/低毒

棉花 蚜虫 9-13.5克/公顷 喷雾

LS20080655 福美双/50%/可湿性粉剂/福美双 50%/2009.02.24 至 2010.02.25/中等毒

葡萄 白腐病 750-1500毫克/千克 喷雾

LS20082313 精噁唑禾草灵/69克/升/水乳剂/精噁唑禾草灵 69克/升/2009.04.21 至 2010.04.21/低毒

小麦田 一年生禾本科杂草 41.4-51.75克/公顷 茎叶喷雾

LS20082706 氰戊菊酯/20%/乳油/氰戊菊酯 20%/2009.04.29 至 2010.04.29/中等毒

十字花科蔬菜 蚜虫 90-120克/公顷 喷雾

山东省联合农药工业有限公司 (山东省济南市历下区历山路80号 250013 0531-86966414)

PD20040361 高效氯氰菊酯/4.5%/乳油/高效氯氰菊酯 4.5%/2009.12.19 至 2014.12.19/中等毒

棉花 棉铃虫 15-30克/公顷 喷雾

PD20040363 氯氰菊酯/5%/乳油/氯氰菊酯 5%/2009.12.19 至 2014.12.19/中等毒

棉花 棉铃虫 45-90克/公顷 喷雾

PD20040453 哒螨灵/15%/乳油/哒螨灵 15%/2009.12.19 至 2014.12.19/中等毒

苹果树 叶螨 50-67毫克/千克 喷雾

PD20040662 哒螨灵/10%/乳油/哒螨灵 10%/2004.12.19 至 2009.12.18/中等毒

苹果树 红蜘蛛 50-67毫克/千克 喷雾

PD20040823 哒螨灵/95%/原药/哒螨灵 95%/2009.12.27 至 2014.12.27/中等毒

PD20070669 啶虫脒/95%/原药/啶虫脒 95%/2007.12.17 至 2012.12.17/低毒

PD20080313 啶虫脒/3%/乳油/啶虫脒 3%/2008.02.25 至 2013.02.25/低毒

黄瓜 蚜虫 20.25-22.5克/公顷 喷雾

PD20080377 霜霉威盐酸盐/95%/原药/霜霉威盐酸盐 95%/2008.02.29 至 2013.02.28/低毒

PD20080944 联苯菊酯/95%/原药/联苯菊酯 95%/2008.07.18 至 2013.07.18/中等毒

PD20081630 霜霉威盐酸盐/35%/水剂/霜霉威盐酸盐 35%/2008.11.12 至 2013.11.12/低毒

黄瓜 霜霉病 650-1083克/公顷 喷雾

PD20081751 霜霉威盐酸盐/66.6%/水剂/霜霉威盐酸盐 66.6%/2008.11.18 至 2013.11.18/低毒

黄瓜 霜霉病 650-1083克/公顷 喷雾

PD20081805 吡虫啉/95%/原药/吡虫啉 95%/2008.11.19 至 2013.11.19/低毒

PD20081914 腈菌唑/12.5%/乳油/腈菌唑 12.5%/2008.11.21 至 2013.11.21/低毒

梨树 黑星病 2000-3000倍液 喷雾

PD20081915 腈菌唑/94%/原药/腈菌唑 94%/2008.11.21 至 2013.11.21/低毒

PD20081998 唑螨酯/95%/原药/唑螨酯 95%/2008.11.25 至 2013.11.25/中等毒

PD20082693 联苯菊酯/25克/升/乳油/联苯菊酯 25克/升/2008.12.05 至 2013.12.05/低毒

苹果树 桃小食心虫 16.7-25毫克/千克 喷雾

PD20084057 S-氰戊菊酯/5%/乳油/S-氰戊菊酯 5%/2008.12.16 至 2013.12.16/中等毒

棉花 棉铃虫 22.5-30克/公顷 喷雾

PD20084257 代森锰锌/80%/可湿性粉剂/代森锰锌 80%/2008.12.17 至 2013.12.17/低毒

苹果树 斑点落叶病 1000-1200毫克/千克 喷雾

PD20084278 虫酰肼/20%/悬浮剂/虫酰肼 20%/2008.12.17 至 2013.12.17/低毒

十字花科蔬菜 甜菜夜蛾 210-300克/公顷 喷雾

PD20084639 腈菌唑/25%/乳油/腈菌唑 25%/2008.12.18 至 2013.12.18/低毒

香蕉 叶斑病 250-312.5毫克/千克 喷雾

PD20084706 吡虫啉/20%/可溶液剂/吡虫啉 20%/2008.12.22 至 2013.12.22/低毒

棉花、烟草 蚜虫 15-30克/公顷 喷雾

水稻 稻飞虱 15-30克/公顷 喷雾

PD20084728 氯氰·丙溴磷/44%/乳油/丙溴磷 40%、氯氰菊酯 4%/2008.12.22 至 2013.12.22/低毒

棉花 棉铃虫 462-660克/公顷 喷雾

PD20084928 啶虫脒/20%/可湿性粉剂/啶虫脒 20%/2008.12.22 至 2013.12.22/低毒

柑橘树 蚜虫 13.3-16.7毫克/千克 喷雾

PD20085300 腈菌唑/40%/可湿性粉剂/腈菌唑 40%/2008.12.23 至 2013.12.23/低毒

黄瓜 白粉病 45-60克/公顷 喷雾

梨树 黑星病 40-50毫克/千克 喷雾

PD20085815 高氯·灭多威/12%/乳油/高效氯氰菊酯 1.5%、灭多威 10.5%/2008.12.29 至 2013.12.29/中等毒(原药高毒)
棉花 棉铃虫 72-90克/公顷 喷雾
PD20085956 高氯·马/20%/乳油/高效氯氰菊酯 1.5%、马拉硫磷 18.5%/2008.12.29 至 2013.12.29/中等毒
苹果树 桃小食心虫 133-200毫克/千克 喷雾
PD20086045 二嗪磷/50%/乳油/二嗪磷 50%/2008.12.29 至 2013.12.29/中等毒
水稻 三化螟 675-900克/公顷 喷雾
PD20086239 毒死蜱/40%/乳油/毒死蜱 40%/2008.12.31 至 2013.12.31/中等毒
十字花科蔬菜 菜青虫 300-450克/公顷 喷雾
PD20090204 双甲脒/20%/乳油/双甲脒 20%/2009.01.09 至 2014.01.09/低毒
棉花 红蜘蛛 120-150克/公顷 喷雾
PD20090207 高效氯氟氰菊酯/2.5%/水乳剂/高效氯氟氰菊酯 2.5%/2009.01.09 至 2014.01.09/中等毒
十字花科蔬菜 菜青虫 7.5-15克/公顷 喷雾
PD20091789 高效氯氟氰菊酯/10%/可湿性粉剂/高效氯氟氰菊酯 10%/2009.02.04 至 2014.02.04/中等毒
十字花科蔬菜 菜青虫 12-15克/公顷 喷雾
PD20092463 高效氯氰菊酯/4.5%/水乳剂/高效氯氰菊酯 4.5%/2009.02.25 至 2014.02.25/低毒
十字花科蔬菜 菜青虫 27-40.5克/公顷 喷雾
PD20092852 噻螨酮/5%/乳油/噻螨酮 5%/2009.03.05 至 2014.03.05/低毒
柑橘树 红蜘蛛 33.3-50毫克/千克 喷雾
棉花 红蜘蛛 22.5-49.5克/公顷 喷雾
苹果树 山楂红蜘蛛 25—30毫克/千克 喷雾
PD20094564 丙溴磷/40%/乳油/丙溴磷 40%/2009.04.09 至 2014.04.09/中等毒
甘蓝 小菜蛾 420-450克/公顷 喷雾
PD20097272 杀螟硫磷/50%/乳油/杀螟硫磷 50%/2009.10.26 至 2014.10.26/中等毒
苹果树 卷叶蛾 250-500毫克/千克 喷雾
水稻 稻纵卷叶螟 375-562.5克/公顷 喷雾
PD20097301 毒死蜱/480克/升/乳油/毒死蜱 480克/升/2009.10.26 至 2014.10.26/中等毒
甘蓝 斜纹夜蛾 30-60毫升制剂/亩 喷雾
苹果树 棉蚜 1770-2360倍 喷雾
水稻 三化螟 50-80毫升制剂/亩 喷雾
PD20097372 哒螨灵/20%/可湿性粉剂/哒螨灵 20%/2009.10.28 至 2014.10.28/低毒
棉花 红蜘蛛 45-90克/公顷 喷雾
苹果树 红蜘蛛 50-67毫克/千克 喷雾
PD20097743 唑螨酯/5%/悬浮剂/唑螨酯 5%/2009.11.12 至 2014.11.12/中等毒
柑橘树 红蜘蛛 25-50毫克/千克 喷雾
苹果树 红蜘蛛 12.5-25毫克/千克 喷雾
PD20097848 吡虫啉/600克/升/悬浮种衣剂/吡虫啉 600克/升/2009.11.20 至 2014.11.20/低毒
棉花 蚜虫 350-500克/100千克种子 拌种
PD20097938 噻嗪酮/65%/可湿性粉剂/噻嗪酮 65%/2009.11.30 至 2014.11.30/低毒
柑橘树 矢尖蚧 216.7-325毫克/千克 喷雾
水稻 稻飞虱 97.5-146.25毫克/千克 喷雾
PD20098069 杀螟丹/50%/可溶粉剂/杀螟丹 50%/2009.12.07 至 2014.12.07/中等毒
水稻 二化螟 525-750克/公顷 喷雾
PD20098096 戊唑醇/95%/原药/戊唑醇 95%/2009.12.08 至 2014.12.08/低毒
PD20098192 甲氨基阿维菌素苯甲酸盐(0.57%)///乳油/甲氨基阿维菌素 0.5%/2009.12.16 至 2014.12.16/低毒
甘蓝 甜菜夜蛾 . 2.25-3.75克/公顷 喷雾
PD20098358 戊唑醇/60克/升/悬浮种衣剂/戊唑醇 60克/升/2009.12.18 至 2014.12.18/低毒
高粱 丝黑穗病 6 —9克/100千克种子 种子包衣
小麦 散黑穗病 1.8—2.7克/100千克种子 种子包衣
小麦 纹枯病 3—4克/100千克种子 种子包衣
玉米 丝黑穗病 6—12克/100千克种子 种子包衣
LS20050093 乙霉威/90%/原药/乙霉威 90%/2008.01.12 至 2009.01.11/低毒
LS20050282 乙酰甲胺磷/25%/可湿性粉剂/乙酰甲胺磷 25%/2008.02.04 至 2009.02.03/低毒
十字花科蔬菜 菜青虫 150-225克/公顷 喷雾
LS20050283 哒螨灵/40%/可湿性粉剂/哒螨灵 40%/2008.02.04 至 2009.02.03/低毒
柑橘树 红蜘蛛 100-160毫克/千克 喷雾
LS20050401 吡虫啉/20%/可溶液剂/吡虫啉 20%/2008.02.19 至 2009.02.18/低毒
棉花 蚜虫 15-30克/公顷 喷雾
水稻 稻飞虱 15-30克/公顷 喷雾
LS20050750 阿维菌素/5%/乳油/阿维菌素 5%/2008.03.28 至 2009.03.28/低毒(原药高毒)
十字花科蔬菜 小菜蛾 6-9克/公顷 喷雾
LS20051650 吡虫啉/70%/可湿性粉剂/吡虫啉 70%/2008.04.29 至 2009.04.29/低毒
棉花、十字花科蔬菜 蚜虫 21-31.6克/公顷 喷雾
LS20052185 阿维·高氯/2%/乳油/阿维菌素 0.5%、高效氯氰菊酯 1.5%/2008.06.14 至 2009.06.14/低毒(原药高毒)

梨树 梨木虱 6-12毫克/千克 喷雾
十字花科蔬菜 菜青虫、小菜蛾 7.5-15克/公顷 喷雾
LS20060036 啶虫脒/60%/可湿性粉剂/啶虫脒 60%/2009.01.16 至 2010.01.16/低毒
黄瓜 蚜虫 13.5-22.5克/公顷 喷雾
LS20060238 戊唑醇/25%/水乳剂/戊唑醇 25%/2009.02.22 至 2010.02.22/低毒
苹果树 斑点落叶病 100-125毫克/千克 喷雾
LS20070043 甲氨基阿维菌素苯甲酸盐/3%/微乳剂/甲氨基阿维菌素苯甲酸盐 3%/2010.01.18 至 2011.01.18/低毒
十字花科蔬菜 小菜蛾 1.5~2.25克/公顷 喷雾
LS20071305 哒螨灵/15%/水乳剂/哒螨灵 15%/2009.05.08 至 2010.05.09/低毒
柑橘树 红蜘蛛 100-150毫克/千克 喷雾
LS20072289 苯醚甲环唑/10%/微乳剂/苯醚甲环唑 10%/2009.09.26 至 2010.09.27/低毒
苹果树 斑点落叶病 50-66.7毫克/千克 喷雾
LS20081563 联苯菊酯/10%/水乳剂/联苯菊酯 10%/2009.04.02 至 2010.04.02/中等毒
茶树 茶小绿叶蝉 22.5-37.5克/公顷 喷雾
LS20081756 苯甲·丙环唑/300克/升/乳油/苯醚甲环唑 150克/升、丙环唑 150克/升/2009.04.07 至 2010.04.07/低毒
水稻 纹枯病 67.5-90克/公顷 喷雾
LS20082076 毒死蜱/30%/水乳剂/毒死蜱 30%/2009.04.15 至 2010.04.15/中等毒
水稻 稻纵卷叶螟 405-540克/公顷 喷雾
LS20082583 醚菊酯/10%/水乳剂/醚菊酯 10%/2009.04.23 至 2010.04.23/低毒
十字花科蔬菜 菜青虫 45-60克/公顷 喷雾
LS20082850 阿维菌素/3%/水乳剂/阿维菌素 3%/2009.06.11 至 2010.06.11/低毒(原药高毒)
甘蓝 小菜蛾 8.1-10.8克/公顷 喷雾
梨树 梨木虱 6-12毫克/千克 喷雾
LS20083165 噻嗪酮/25%/悬浮剂/噻嗪酮 25%/2009.11.17 至 2010.11.17/低毒
柑橘树 介壳虫 166.7-250毫克/千克 喷雾
LS20090133 氯氰菊酯/25%/水乳剂/氯氰菊酯 25%/2009.02.04 至 2010.02.04/中等毒
棉花 棉铃虫 90-120克/公顷 喷雾
十字花科蔬菜 菜青虫 37.5-56.25克/公顷 喷雾
LS20090175 丁醚脲/50%/可湿性粉剂/丁醚脲 50%/2009.02.04 至 2010.02.04/低毒
十字花科蔬菜 小菜蛾 300-450克/公顷 喷雾
LS20090268 毒死蜱/15%/颗粒剂/毒死蜱 15%/2009.02.13 至 2010.02.13/低毒
花生 地老虎、金针虫、蝼蛄、蛴螬 2250-3375克/公顷 撒施
LS20090335 高效氯氟氰菊酯/15%/可溶液剂/高效氯氟氰菊酯 15%/2009.03.05 至 2010.03.05/中等毒
十字花科蔬菜 甜菜夜蛾 15-22.5克/公顷 喷雾
LS20090363 烯啶虫胺/95%/原药/烯啶虫胺 95%/2009.03.13 至 2010.03.13/低毒
LS20090389 噻虫啉/97.5%/原药/噻虫啉 97.5%/2009.03.13 至 2010.03.13/低毒
LS20090499 三唑磷/20%/水乳剂/三唑磷 20%/2009.03.18 至 2010.03.18/中等毒
水稻 二化螟 360-450克/公顷 喷雾
LS20090593 噻螨酮/3%/水乳剂/噻螨酮 3%/2009.03.23 至 2010.03.23/低毒
苹果树 红蜘蛛 20-30毫克/千克 喷雾
LS20090598 敌百虫/40%/乳油/敌百虫 40%/2009.03.23 至 2010.03.23/低毒
水稻 二化螟 1080-1200克/公顷 喷雾
LS20090638 咪鲜胺/25%/水乳剂/咪鲜胺 25%/2009.03.23 至 2010.03.23/低毒
水稻 恶苗病 62.5-125毫克/千克 浸种
西瓜 炭疽病 217.5-247.5克/公顷 喷雾
LS20090698 己唑醇/10%/悬浮剂/己唑醇 10%/2009.03.27 至 2010.03.27/低毒
水稻 纹枯病 45-75克/公顷 喷雾
水稻 稻曲病 52.5-75克/公顷 喷雾

山东省梁山鲁鹏化工有限公司 (山东省梁山县韩垓镇双韩路开发区 272600 0537-7657978)

WP20080465 杀虫气雾剂/0.24%/气雾剂/胺菊酯 0.18%、高效氯氰菊酯 0.06%/2008.12.16 至 2013.12.16/低毒
卫生 蚊、蝇 / 喷雾
WP20090037 杀虫喷射剂/0.48%/喷射剂/胺菊酯 0.26%、氯菊酯 0.22%/2009.01.15 至 2014.01.15/低毒
卫生 蚊、蝇 / 喷射
WL20080253 蚊香/0.3%/蚊香/富右旋反式烯丙菊酯 0.3%/2009.04.02 至 2010.04.02/微毒
卫生 蚊 / 点燃

山东省梁山山鹰化工有限公司 (山东省梁山县韩垓开发区 272616 0537-7650327)

WP20090124 杀虫气雾剂/0.37%/气雾剂/胺菊酯 0.25%、氯菊酯 0.12%/2009.02.12 至 2014.02.12/低毒
卫生 蚊、蝇、蜚蠊 / 喷雾
WP20090125 杀虫水乳剂/0.45%/水乳剂/胺菊酯 0.25%、氯菊酯 0.20%/2009.02.12 至 2014.02.12/低毒
卫生 蚊、蝇 1.5毫升制剂/立方米 喷洒
WL20080053 高效氯氰菊酯/0.12%/水乳剂/高效氯氰菊酯 0.12%/2009.01.07 至 2010.01.07/微毒
卫生 蚊、蝇 / 喷雾

山东省聊城凤凰精细化工有限公司 (山东省聊城市东昌西路127号 252000 0635-8422179)

WP20080363　杀虫气雾剂/0.44%/气雾剂/胺菊酯 0.24%、氯菊酯 0.2%/2008.12.10 至 2013.12.10/低毒
卫生　蚊、蝇　/　喷雾
WL20080073　杀虫气雾剂/0.55%/气雾剂/胺菊酯 0.3%、富右旋反式烯丙菊酯 0.1%、氯菊酯 0.15%/2009.03.10 至 2010.03.10/微毒
卫生　蚊、蝇　/　喷雾

山东省聊城金太阳日用化工有限公司　（山东省聊城市东昌府区闫寺工业区1号　252036　0635-8721118）

WP20090263　蚊香/0.23%/蚊香/富右旋反式烯丙菊酯 0.23%/2009.05.11 至 2014.05.11/低毒
卫生　蚊　/　点燃
WP20090376　杀虫气雾剂/0.44%/气雾剂/胺菊酯 0.40%、溴氰菊酯 0.04%/2009.12.07 至 2014.12.07/低毒
卫生　蚊、蝇　/　喷雾

山东省聊城市长城精细化工厂　（山东省聊城市南环路东段路北　252000　0635-8530296）

WP20090197　杀虫气雾剂/0.23%/气雾剂/胺菊酯 0.2%、高效氯氰菊酯 0.03%/2009.03.23 至 2014.03.23/低毒
卫生　蚊、蝇　/　喷雾
WL20080121　杀虫气雾剂/0.32%/气雾剂/胺菊酯 0.17%、氯菊酯 0.15%/2009.02.20 至 2010.02.21/微毒
卫生　蚊、蝇、蜚蠊　/　喷雾

山东省聊城市东昌府区国泰精细化工厂　（山东省聊城市东昌府区南环路东段路南　252000　0535-8570256）

WP20080468　杀虫气雾剂/0.3%/气雾剂/胺菊酯 0.25%、氯氰菊酯 0.05%/2008.12.16 至 2013.12.16/低毒
卫生　蚊、蝇　/　喷雾
WL20080227　杀虫气雾剂/0.4%/气雾剂/胺菊酯 0.25%、氯菊酯 0.15%/2009.03.13 至 2010.03.13/微毒
卫生　蚊、蝇、蜚蠊　/　喷雾

山东省聊城市东昌府区金洁日化有限公司　（山东省聊城市南环路东段　252000　0635-8532058）

WP20090021　杀虫气雾剂/0.29%/气雾剂/胺菊酯 0.26%、高效氯氰菊酯 0.03%/2009.01.08 至 2014.01.08/低毒
卫生　蚊、蝇、蜚蠊　/　喷雾
WL20080429　杀虫气雾剂/0.44%/气雾剂/胺菊酯 0.24%、氯菊酯 0.2%/2009.11.12 至 2010.11.12/微毒
卫生　蚊、蝇、蜚蠊　/　喷雾

山东省聊城市东昌府区金元精细化工厂　（山东省聊城市侯营镇政府驻地　252000　0635-8563288）

WL20080049　杀虫气雾剂/0.52%/气雾剂/胺菊酯 0.33%、氯菊酯 0.19%/2009.01.07 至 2010.01.07/微毒
卫生　蜚蠊、蚊、蝇　/　喷雾
WL20080055　蚊香/0.25%/蚊香/富右旋反式烯丙菊酯 0.25%/2009.01.07 至 2010.01.07/微毒
卫生　蚊　/　点燃
WL20080186　电热蚊香片/9毫克/片/电热蚊香片/炔丙菊酯 9毫克/片/2009.03.04 至 2010.03.04/微毒
卫生　蚊　/　电热加温
WL20080189　电热蚊香液/0.8%/电热蚊香液/炔丙菊酯 0.8%/2009.03.04 至 2010.03.04/微毒
卫生　蚊　/　电热加温

山东省聊城市东昌府区康家精细化工厂　（山东省聊城地区许营区工业园　252000　0635-8592097）

WL20090016　杀虫气雾剂/0.52%/气雾剂/胺菊酯 0.35%、氯菊酯 0.17%/2009.02.04 至 2010.02.04/微毒
卫生　蜚蠊、蚊、蝇　/　喷雾

山东省聊城市东昌府区康美精细化工厂　（山东省聊城市许营乡绣衣集村　252023　0635-8595868）

WL20080050　杀虫气雾剂/0.5%/气雾剂/胺菊酯 0.3%、氯菊酯 0.2%/2009.01.07 至 2010.01.07/微毒
卫生　蜚蠊、蚊、蝇　/　喷雾

山东省聊城市东昌府区蓝田精细化工厂　（山东省聊城市东昌府区许营工业园　252000　0635-8579168）

WL20070197　杀虫气雾剂/0.46%/气雾剂/胺菊酯 0.26%、氯菊酯 0.2%/2009.10.09 至 2010.10.10/微毒
卫生　蚊、蝇　/　喷雾

山东省聊城市东昌府区齐龙精细化工厂　（山东省聊城市许营乡驻地供销社　252000　0635-8591045）

WL20080152　杀虫气雾剂/0.4%/气雾剂/胺菊酯 0.25%、氯菊酯 0.15%/2009.02.26 至 2010.02.26/微毒
室内　蚊、蝇、蜚蠊　/　喷雾

山东省聊城市东昌府区水城爱家精细化工厂　（山东省聊城市凤凰工业园　252000　0635-8577099）

WL20080285　杀虫气雾剂/0.55%/气雾剂/胺菊酯 0.3%、富右旋反式烯丙菊酯 0.1%、氯菊酯 0.15%/2009.04.18至2010.04.18/微毒
卫生　蚊、蝇　/　喷雾

山东省聊城市东风精细化工有限公司　（山东省聊城市冠县县城东古城镇工业园区　252000　0635-5740150）

WL20080279　杀虫气雾剂/0.55%/气雾剂/胺菊酯 0.3%、氯菊酯 0.25%/2008.04.15 至 2009.04.15/微毒
卫生　蚊、蝇、蜚蠊　/　喷雾

山东省聊城市华夏化工有限公司　（山东省聊城市嘉明工业园京济路中段　252025　0635-8795677）

WL20090048　杀虫气雾剂/0.36%/气雾剂/氯氰菊酯 0.06%、右旋胺菊酯 0.3%/2009.03.05 至 2010.03.05/微毒
卫生　蜚蠊、蚊、蝇　/　喷雾

山东省聊城市金霸王精细化工厂　（山东省聊城市东昌府区侯营镇驻地　252028　0635-8562266）

WP20080550　蚊香/0.2%/蚊香/富右旋反式烯丙菊酯 0.2%/2008.12.24 至 2013.12.24/低毒
卫生　蚊　/　点燃
WP20090234　杀虫气雾剂/0.52%/气雾剂/胺菊酯 0.33%、氯菊酯 0.19%/2009.04.14 至 2014.04.14/低毒
卫生　蚊、蝇　/　喷雾
WL20070107　杀虫气雾剂/0.33%/气雾剂/胺菊酯 0.25%、右旋苯醚氰菊酯 0.08%/2009.06.06 至 2010.06.06/微毒
卫生　蚊、蝇　/　喷雾

山东省聊城市经济开发区嘉乐宝日化厂　（山东省聊城市东昌府区乐园小区10号楼　252000　0635-8986749）

WP20080528　杀虫气雾剂/0.46%/气雾剂/胺菊酯 0.26%、氯菊酯 0.2%/2008.12.23 至 2013.12.23/微毒

卫生 蚊、蝇 / 喷雾

山东省聊城市康泰精细化工厂 (山东省阳谷县张秋镇景阳岗旅游区北邻 252319 0635-6732766)

WP20080504 杀虫气雾剂/0.24%/气雾剂/高效氯氰菊酯 0.04%、右旋胺菊酯 0.20%/2008.12.22 至 2013.12.22/低毒
卫生 蚊、蝇 / 喷雾

WP20090171 蚊香/0.2%/蚊香/富右旋反式烯丙菊酯 0.2%/2009.03.09 至 2014.03.09/微毒
卫生 蚊 / 点燃

WL20070137 杀虫气雾剂/0.44%/气雾剂/胺菊酯 0.24%、氯菊酯 0.2%/2009.07.04 至 2010.07.05/微毒
卫生 蚊、蝇、蜚蠊 / 喷雾

山东省聊城市鲁西精细化工厂 (山东省聊城市南东外环路南首 252000 0635-8530066)

WP20080537 杀虫气雾剂/0.37%/气雾剂/胺菊酯 0.33%、氯氰菊酯 0.04%/2008.12.23 至 2013.12.23/低毒
卫生 蚊、蝇 / 喷雾

WL20080091 杀虫气雾剂/0.43%/气雾剂/胺菊酯 0.28%、氯菊酯 0.15%/2009.02.19 至 2010.02.20/微毒
室内 蚊、蝇、蜚蠊 / 喷雾

山东省聊城市鲁亚精细化工厂 (山东省聊城市东昌府区南外环路东首 252000 0635-8531389)

WP20080416 杀虫气雾剂/0.37%/气雾剂/胺菊酯 0.33%、氯氰菊酯 0.04%/2008.12.12 至 2013.12.12/低毒
卫生 蚊、蝇 / 喷雾

WP20080581 杀虫气雾剂/0.6%/气雾剂/胺菊酯 0.15%、富右旋反式烯丙菊酯 0.15%、氯菊酯 0.3%/2008.12.29至2013.12.29/低毒
卫生 蚊、蝇 / 喷雾

WL20080064 杀虫气雾剂/0.37%/气雾剂/胺菊酯 0.25%、氯菊酯 0.12%/2009.02.19 至 2010.02.19/微毒
卫生 蚊、蝇、蜚蠊 / 喷雾

WL20080096 蚊香/0.25%/蚊香/富右旋反式烯丙菊酯 0.25%/2009.02.21 至 2010.02.21/微毒
卫生 蚊 / 点燃

山东省聊城市纳米化工有限公司 (山东省聊城市东昌府区闫寺工业区1号 252036 0635-8723086)

WL20050111 杀虫喷射剂/0.38%/喷射剂/胺菊酯 0.2%、氯菊酯 0.18%/2008.04.12 至 2009.04.12/低毒
卫生 蚊、蝇 / 喷射

山东省聊城市齐鲁精细化工厂 (山东省聊城市南东外环路 252024 0635-8591099)

WP20080094 杀虫气雾剂/0.37%/气雾剂/胺菊酯 0.33%、氯氰菊酯 0.04%/2008.09.01 至 2013.09.01/低毒
卫生 蚊、蝇 / 喷雾

WL20080208 杀虫气雾剂/0.65%/气雾剂/胺菊酯 0.56%、氯氰菊酯 0.09%/2008.03.07 至 2009.03.07/微毒
室内 蚊、蝇、蜚蠊 / 喷雾

山东省聊城市三星日化有限公司 (山东省聊城市东昌府区朱老庄乡工业园 252000 0635-8570258)

WL20070210 杀虫气雾剂/0.51%/气雾剂/胺菊酯 0.3%、氯菊酯 0.21%/2009.10.15 至 2010.10.16/微毒
卫生 蚊、蝇 / 喷雾

山东省聊城市圣达日化科技有限公司 (山东省聊城市东昌府区侯营镇驻地圣达日化公司 252000 0635-8562266)

WP20080063 杀虫气雾剂/0.26%/气雾剂/胺菊酯 0.21%、氯氰菊酯 0.05%/2008.04.29 至 2013.04.29/低毒
卫生 蚊、蝇、蜚蠊 / 喷雾

WL20070061 杀虫气雾剂/0.45%/气雾剂/胺菊酯 0.25%、氯菊酯 0.2%/2009.03.20 至 2010.03.21/微毒
卫生 蚊、蝇 / 喷雾

山东省聊城市曙光化工有限公司 (山东省聊城市东昌府区侯营工业园区 252000 0635-8569188)

WL20080188 杀虫水乳剂/0.12%/水乳剂/高效氯氰菊酯 0.12%/2009.03.04 至 2010.03.04/微毒
卫生 蚊、蝇 / 喷射

WL20080277 杀虫气雾剂/0.31%/气雾剂/胺菊酯 0.26%、高效氯氰菊酯 0.05%/2009.04.15 至 2010.04.15/微毒
卫生 蚊、蝇 / 喷雾

山东省聊城市泰鑫化工有限公司 (山东省聊城市开发区东城工业园 252000 0635-8530068)

WP20080444 蚊香/0.28%/蚊香/富右旋反式炔丙菊酯 0.28%/2008.12.15 至 2013.12.15/微毒
卫生 蚊 / 点燃

WP20080448 杀虫气雾剂/0.4%/气雾剂/胺菊酯 0.25%、氯菊酯 0.15%/2008.12.16 至 2013.12.16/低毒
卫生 蚊、蝇 / 喷雾

WP20080587 杀虫气雾剂/0.24%/气雾剂/高效氯氰菊酯 0.04%、右旋胺菊酯 0.20%/2008.12.29 至 2013.12.29/低毒
卫生 蚊、蝇 / 喷雾

山东省聊城市新兴卫生药剂厂 (山东省聊城市西外环侯营工业园区 252028 0635-8568168)

WP20090046 杀虫气雾剂/0.34%/气雾剂/胺菊酯 0.30%、高效氯氰菊酯 0.04%/2009.01.20 至 2014.01.20/低毒
卫生 蚊、蝇 / 喷雾

WP20090172 杀虫粉剂/0.05%/粉剂/高效氯氰菊酯 0.05%/2009.03.10 至 2014.03.10/低毒
卫生 麦蛾、米象 0.2-0.6毫克/千克 拌粮
卫生 虱、跳蚤 3克制剂/平方米 撒布

WP20090200 杀虫水乳剂/0.36%/水乳剂/高效氯氰菊酯 0.06%、氯菊酯 0.3%/2009.03.23 至 2014.03.23/低毒
卫生 蚊、蝇 / 喷射

WL20090047 杀虫气雾剂/0.48%/气雾剂/氯菊酯 0.2%、右旋胺菊酯 0.28%/2009.03.05 至 2010.03.05/微毒
卫生 蜚蠊、蚊、蝇 / 喷雾

山东省聊城市信达气雾剂制品厂 (山东省聊城市站前经济开发区 252000 0635-8420211)

WL20070209 杀虫气雾剂/0.46%/气雾剂/胺菊酯 0.28%、氯菊酯 0.18%/2009.10.15 至 2010.10.16/微毒
卫生 蚊、蝇 / 喷雾

山东省聊城天骄日用化工有限公司　(山东省聊城市东昌府区闫寺工业区　252036　0635-8722689)

WP20080520　蚊香/0.26%/蚊香/富右旋反式炔丙菊酯 0.26%/2008.12.23 至 2013.12.23/低毒
卫生　蚊　/　点燃

WP20090221　杀虫气雾剂/0.25%/气雾剂/胺菊酯 0.2%、高效氯氰菊酯 0.05%/2009.04.09 至 2014.04.09/低毒
卫生　蚊、蝇　/　喷雾

WL20080307　杀虫气雾剂/0.4%/气雾剂/胺菊酯 0.25%、氯菊酯 0.15%/2009.04.22 至 2010.04.22/微毒
卫生　蚊、蝇、蜚蠊　/　喷雾

山东省聊城同大纳米科技有限公司　(山东省聊城市东昌府区闫寺工业区　252000　0635-8721336)

WP20090198　杀虫气雾剂/0.33%/气雾剂/胺菊酯 0.15%、氯菊酯 0.18%/2009.03.23 至 2014.03.23/低毒
卫生　蚊、蝇　/　喷雾

山东省临清市第一农用制剂厂　(山东省聊城市临清市康庄镇康四街296号　252656　0635-2714060)

WP20090047　杀虫气雾剂/0.48%/气雾剂/胺菊酯 0.33%、氯菊酯 0.15%/2009.01.21 至 2014.01.21/低毒
卫生　蚊、蝇　/　喷雾

山东省临清市鲁临油脂精细化工有限公司　(山东省聊城市农校路路西　252653　0635-8532086)

WP20080572　杀虫气雾剂/0.3%/气雾剂/胺菊酯 0.2%、右旋苯醚氰菊酯 0.1%/2008.12.25 至 2013.12.25/低毒
卫生　蚊、蝇、蜚蠊　/　喷雾

WP20090163　杀虫气雾剂/0.23%/气雾剂/胺菊酯 0.18%、高效氯氰菊酯 0.05%/2009.03.09 至 2014.03.09/低毒
卫生　蚊、蝇　/　喷雾

WL20090077　杀虫气雾剂/0.65%/气雾剂/胺菊酯 0.33%、富右旋反式烯丙菊酯 0.12%、氯菊酯 0.2%/2009.03.19 至 2010.03.19/微毒
卫生　蚊、蝇　/　喷雾

山东省临沂爱茉莉精细化工有限责任公司　(山东省临沂市南坊镇赵岔河村工业园1号　276037　0539-8210758)

WL20070057　杀蚊气雾剂/0.32%/气雾剂/胺菊酯 0.27%、氯氰菊酯 0.05%/2009.03.06 至 2010.03.07/微毒
卫生　蚊、蝇　/　喷雾

山东省临沂恒晨商贸有限公司　(山东省临沂市兰山区商城路5号　276000　0539-8213638)

WL20050064　杀虫气雾剂/0.25%/气雾剂/胺菊酯 0.2%、高效氯氰菊酯 0.05%/2008.03.29 至 2009.03.29/低毒
卫生　蚊、蝇　/　喷雾

山东省临沂红星日用化学有限公司　(山东省临沂市罗庄区双月湖街道三岗子工业园　276000　0539-8101083)

WP20080602　杀虫气雾剂/0.26%/气雾剂/胺菊酯 0.21%、氯氰菊酯 0.05%/2008.12.31 至 2013.12.31/低毒
卫生　蚊、蝇　/　喷雾

WL20080169　杀虫气雾剂/0.4%/气雾剂/胺菊酯 0.3%、富右旋反式烯丙菊酯 0.06%、高效氯氰菊酯 0.04%/2009.02.27至2010.02.28/微毒
卫生　蚊、蝇、蜚蠊　/　喷雾

WL20090041　蚊香/0.27%/蚊香/Es-生物烯丙菊酯 0.27%/2009.02.24 至 2010.02.24/微毒
卫生　蚊　/　点燃

WL20090059　右旋烯炔菊酯/1%/蝇香/右旋烯炔菊酯 1%/2009.03.13 至 2010.03.13/微毒
卫生　蝇　/　点燃

山东省临沂枪威有限责任公司　(山东省临沂市河东区政府驻地　276034　0539-8098316)

WL20070268　杀虫气雾剂/0.46%/气雾剂/胺菊酯 0.25%、氯菊酯 0.21%/2009.11.05 至 2010.11.06/微毒
卫生　蚊、蝇　/　喷雾

山东省临沂圣健工贸有限公司　(山东省临沂市兰山区临西九路中段　276000　0539-8538966)

WL20070280　杀虫气雾剂/0.6%/气雾剂/胺菊酯 0.3%、富右旋反式烯丙菊酯 0.1%、氯菊酯 0.2%/2009.12.04 至 2010.12.05/微毒
卫生　蚊、蝇、蜚蠊　/　喷雾

山东省临沂市宝韵化妆品有限公司　(山东省临沂市罗庄区双月湖街道化武路西段　276000　0539-8101083)

WL20080002　杀虫气雾剂/0.5%/气雾剂/胺菊酯 0.25%、富右旋反式烯丙菊酯 0.15%、氯氰菊酯 0.1%/2009.01.03至2010.01.03/低毒
卫生　蚊、蝇、蜚蠊　/

山东省临沂市昌运卫生用品有限公司　(山东省临沂市河东区凤凰岭西许庄工业园　276000　0539-8060170)

WP20090373　杀虫气雾剂/0.4%/气雾剂/胺菊酯 0.21%、富右旋反式烯丙菊酯 0.06%、氯菊酯 0.13%/2009.11.30 至 2014.11.30/微毒
卫生　蜚蠊、蚊、蝇　/　喷雾

WL20070158　杀虫气雾剂/0.37%/气雾剂/胺菊酯 0.25%、氯菊酯 0.12%/2009.08.07 至 2010.08.08/微毒
卫生　蚊、蝇、蜚蠊　/　喷雾

山东省临沂市金升精细化工有限公司　(山东省临沂市罗庄区魏三岗　276006　0539-8297069)

WL20080167　杀虫气雾剂/0.37%/气雾剂/胺菊酯 0.15%、富右旋反式烯丙菊酯 0.07%、氯菊酯 0.15%/2009.02.27至2010.02.28/微毒
卫生　蚊、蝇、蜚蠊　/　喷雾

山东省临沂市罗庄区恒谊精细化工厂　(山东省临沂市罗庄区罗庄街道韦姜屯村南　276017　0539-8246226)

WL20070301　蚊香/0.3%/蚊香/右旋烯丙菊酯 0.3%/2009.12.18 至 2010.12.19/微毒
卫生　蚊　/　点燃

WL20080271　杀虫气雾剂/0.51%/气雾剂/胺菊酯 0.3%、氯菊酯 0.21%/2009.04.10 至 2010.04.10/微毒
卫生　蜚蠊、蚊、蝇　/　喷雾

山东省临沂市奇星精细化工厂　(山东省临沂市河东区相公镇　276025　0539-8881482)

WP20080544　杀虫气雾剂/0.35%/气雾剂/胺菊酯 0.18%、氯菊酯 0.17%/2008.12.24 至 2013.12.24/微毒
卫生　蚊、蝇　/　喷雾

WL20080039　杀虫气雾剂/0.26%/气雾剂/胺菊酯 0.21%、氯氰菊酯 0.05%/2009.01.08 至 2010.01.08/微毒
卫生　蚊、蝇　/　喷雾

山东省临沂市强劲气雾剂有限公司　(山东省临沂市兰山区前十里堡167号　276000　)

WL20080481　杀虫气雾剂/0.45%/气雾剂/胺菊酯 0.25%、氯氰菊酯 0.2%/2008.12.10 至 2009.12.10/微毒
卫生　蚊、蝇、蜚蠊　喷雾

山东省临沂市胜豹日用化工有限公司　(山东省临沂市河东区相公镇小茅茨村　276025　0539-8360330)

WL20060145　杀虫气雾剂/0.45%/气雾剂/胺菊酯 0.25%、氯氰菊酯 0.2%/2008.08.02 至 2009.08.02/微毒
卫生　蚊、蝇、蜚蠊　/　喷雾

山东省临沂市圣亚精细化工有限公司　(山东省临沂市工业开发区临西十路中段　276000　0539-8532599)

WP20080563　杀虫气雾剂/0.28%/气雾剂/胺菊酯 0.23%、氯氰菊酯 0.05%/2008.12.24 至 2013.12.24/低毒
卫生　蚂蚁、蚊、蝇、蜚蠊　/　喷雾

WP20080577　杀虫气雾剂/0.52%/气雾剂/胺菊酯 0.33%、氯氰菊酯 0.19%/2008.12.29 至 2013.12.29/低毒
卫生　蚊、蝇　/　喷雾

WP20090054　蚊香/0.25%/蚊香/富右旋反式烯丙菊酯 0.25%/2009.01.21 至 2014.01.21/低毒
卫生　蚊　/　点燃

WP20090083　杀虫气雾剂/0.36%/气雾剂/胺菊酯 0.15%、富右旋反式烯丙菊酯 0.11%、氯菊酯 0.1%/2009.02.02 至 2014.02.02/低毒
卫生　蜚蠊、蚂蚁、蚊、蝇　/　喷雾

WP20090149　杀虫气雾剂/0.15%/气雾剂/Es-生物烯丙菊酯 0.1%、氯氰菊酯 0.05%/2009.03.03 至 2014.03.03/微毒
卫生　蚊、蝇　/　喷雾

WL20090062　杀虫气雾剂/0.32%/气雾剂/胺菊酯 0.15%、富右旋反式烯丙菊酯 0.08%、氯氰菊酯 0.09%/2009.03.16至2010.03.16/微毒
室内　蜚蠊、蚊、蝇　/　喷雾

山东省临沂市威克气雾剂有限公司　(山东省临沂市南坊镇赵岔河村　276000　0539-8951859)

WP20080533　杀虫气雾剂/0.55%/气雾剂/胺菊酯 0.3%、富右旋反式烯丙菊酯 0.15%、氯菊酯 0.1%/2008.12.23 至 2013.12.23/微毒
卫生　蚊、蝇、蜚蠊　/　喷雾

WL20080296　杀虫气雾剂/0.37%/气雾剂/胺菊酯 0.25%、氯菊酯 0.1%、氯氰菊酯 0.02%/2009.04.21 至 2010.04.21/微毒
室内　蚊、蝇、蜚蠊　/　喷雾

山东省临沂市友谊日化有限公司　(山东省临沂市兰山区兰山办事处郭庄工业园　276012　0539-8417708)

WP20080346　杀虫气雾剂/0.35%/气雾剂/胺菊酯 0.30%、氯氰菊酯 0.05%/2008.12.09 至 2013.12.09/低毒
卫生　蜚蠊、蚊、蝇　/　喷雾

WL20070281　杀虫气雾剂/0.4%/气雾剂/胺菊酯 0.25%、氯菊酯 0.15%/2009.12.04 至 2010.12.05/低毒
卫生　蚊、蝇、蜚蠊　/　喷雾

WL20080262　杀虫气雾剂/0.28%/气雾剂/胺菊酯 0.15%、富右旋反式烯丙菊酯 0.08%、氯氰菊酯 0.05%/2009.04.07至2010.04.07/微毒
室内　蚊、蝇、蜚蠊　/　喷雾

WL20090057　杀虫气雾剂/0.5%/气雾剂/除虫菊素 0.15%、富右旋反式炔丙菊酯 0.2%、右旋苯醚菊酯 0.15%/2009.04.03至2010.04.03/微毒
卫生　蜚蠊、蚊、蝇　/　喷雾

WL20090067　杀虫气雾剂/0.5%/气雾剂/Es-生物烯丙菊酯 0.2%、右旋胺菊酯 0.2%、右旋苯醚菊酯 0.1%/2009.03.16 至 2010.03.16/微毒
卫生　蜚蠊、蚊、蝇　/　喷雾

山东省临沂市靓宜化妆品厂　(山东省临沂市河东区九曲镇九曲村　276000　0539-8201217)

WL20070231　杀虫气雾剂/0.32%/气雾剂/胺菊酯 0.17%、氯菊酯 0.15%/2009.10.23 至 2010.10.24/微毒
卫生　蚊、蝇、蜚蠊　/　喷雾

WL20080081　杀虫气雾剂/0.3%/气雾剂/胺菊酯 0.25%、氯氰菊酯 0.05%/2009.02.20 至 2010.02.20/微毒
卫生　蚊、蝇、蜚蠊　/　/

山东省临沂彤威精细化工有限公司　(山东省临沂市兰山区南坊办事处西南村　276000　0539-7017779)

WL20080206　杀虫气雾剂/0.46%/气雾剂/胺菊酯 0.25%、氯氰菊酯 0.21%/2009.03.07 至 2010.03.07/微毒
卫生　蚊、蝇　/　喷雾

山东省临沂欣美日化有限公司　(山东省临沂市兰山区商城路59-3号　276002　0539-8228828)

WL20090180　杀虫气雾剂/0.52%/气雾剂/胺菊酯 0.3%、氯菊酯 0.17%、氯氰菊酯 0.05%/2009.09.22 至 2010.09.22/微毒
室内　蚊、蝇、蜚蠊　/　喷雾

山东省龙口市化工厂　(山东省烟台市龙口市兰高镇四平路北　265709　0535-8637869)

PD84121-5　磷化铝/56%/片剂/磷化铝 56%/2009.04.14 至 2014.04.14/高毒
洞穴　室外啮齿动物　根据洞穴大小而定　密闭熏蒸
货物　仓储害虫　5-10片/1000千克　密闭熏蒸
空间　多种害虫　1-4片/立方米　密闭熏蒸
粮食、种子　储粮害虫　3-10片/1000千克　密闭熏蒸

PD20060145　磷化锌/90%/原药/磷化锌 90%/2006.08.09 至 2011.08.09/高毒

PD20095559　磷化铝/85%/原药/磷化铝 85%/2009.05.12 至 2014.05.12/高毒

LS20082072　硫酰氟/99%/气体制剂/硫酰氟 99%/2009.04.15 至 2010.04.15/中等毒
原粮　仓储害虫　10克/立方米　密闭熏蒸
注:仅限专业人员使用。

WP20060013　硫酰氟/99%/原药/硫酰氟 99%/2006.11.01 至 2011.11.01/中等毒

WP20060014　硫酰氟/99%/熏蒸剂/硫酰氟 99%/2006.11.01 至 2011.11.01/中等毒

	卫生	蜚蠊	/	熏蒸

山东省绿士农药有限公司　(山东省齐河经济开发区金能大道北首　251100　0534-5756113)

PD86157-17	硫磺/50%/悬浮剂/硫磺 50%/2010.01.27 至 2015.01.27/低毒			
	果树	白粉病	200-400倍液	喷雾
	花卉	白粉病	750-1500克/公顷	喷雾
	黄瓜	白粉病	1125-1500克/公顷	喷雾
	橡胶树	白粉病	1875-3000克/公顷	喷雾
	小麦	白粉病、螨	3000克/公顷	喷雾
PD20040421	高效氯氰菊酯/4.5%/乳油/高效氯氰菊酯 4.5%/2009.12.19 至 2014.12.19/中等毒			
	荔枝树	蒂蛀虫	45-56.25克/公顷	喷雾
	棉花	棉铃虫	15-30克/公顷	喷雾
	十字花科蔬菜	菜蚜	13.5-18克/公顷	喷雾
PD20081286	多效唑/15%/可湿性粉剂/多效唑 15%/2008.09.25 至 2013.09.25/低毒			
	水稻育秧田	促分蘖、控制生长	200-300毫克/千克	喷雾
PD20081960	噁酮·乙草胺/36%/乳油/噁草酮 6%、乙草胺 30%/2008.11.24 至 2013.11.24/低毒			
	花生田	一年生杂草	810-1350克/公顷	播后苗前土壤喷雾
PD20082113	甲硫·福美双/50%/可湿性粉剂/福美双 20%、甲基硫菌灵 30%/2008.11.25 至 2013.11.25/中等毒			
	苹果树	轮纹病	500-700倍液	喷雾
PD20084129	啶虫脒/3%/可湿性粉剂/啶虫脒 3%/2008.12.16 至 2013.12.16/低毒			
	柑橘树	蚜虫	8.6-12毫克/千克	喷雾
PD20084585	氰戊·马拉松/20%/乳油/马拉硫磷 15%、氰戊菊酯 5%/2008.12.18 至 2013.12.18/中等毒			
	苹果树	桃小食心虫	133-200毫克/千克	喷雾
	小麦	蚜虫	60-90克/公顷	喷雾
PD20084749	甲氰·辛硫磷/25%/乳油/甲氰菊酯 3%、辛硫磷 22%/2008.12.22 至 2013.12.22/中等毒			
	棉花	棉铃虫	281.25-375克/公顷	喷雾
PD20085121	氰戊·氧乐果/25%/乳油/氰戊菊酯 5%、氧乐果 20%/2008.12.23 至 2013.12.23/中等毒(原药高毒)			
	棉花	棉铃虫	112.5-187.5克/公顷	喷雾
PD20090237	乙铝·百菌清/75%/可湿性粉剂/百菌清 37%、三乙膦酸铝 38%/2009.01.09 至 2014.01.09/低毒			
	黄瓜	霜霉病	1406-2109克/公顷	喷雾
PD20091685	灭多威/90%/可溶粉剂/灭多威 90%/2009.02.03 至 2014.02.03/高毒			
	甘蓝	菜青虫	202.5-405克/公顷	喷雾
PD20092559	啶虫脒/3%/乳油/啶虫脒 3%/2009.02.26 至 2014.02.26/低毒			
	苹果树	蚜虫	15-20毫克/千克	喷雾
	烟草	蚜虫	13.5-18克/公顷	喷雾
PD20093624	仲丁灵/360克/升/乳油/仲丁灵 360克/升/2009.03.25 至 2014.03.25/低毒			
	烟草	抑制腋芽生长	72-90毫克/株	杯淋法
PD20093896	代森锰锌/80%/可湿性粉剂/代森锰锌 80%/2009.03.25 至 2014.03.25/低毒			
	苹果树	轮纹病	1000-1333毫克/千克	喷雾
PD20095706	阿维菌素/0.5%/乳油/阿维菌素 .5%/2009.05.15 至 2014.05.15/低毒(原药高毒)			
	柑橘树	锈壁虱	2.25-4.5毫克/千克	喷雾
	柑橘树	红蜘蛛、潜叶蛾	4.5-9毫克/千克	喷雾
	梨树	梨木虱	6-12毫克/千克	喷雾
	苹果树	桃小食心虫	4.5-9毫克/千克	喷雾
	苹果树	二斑叶螨	4.5-6毫克/千克	喷雾
	十字花科蔬菜	菜青虫	8.1-10.8克/公顷	喷施
PD20095995	乙铝·锰锌/50%/可湿性粉剂/代森锰锌 22%、三乙膦酸铝 28%/2009.06.11 至 2014.06.11/低毒			
	黄瓜	霜霉病	1400-4200克/公顷	喷雾
PD20096068	辛硫·高氯氟/16%/乳油/高效氯氟氰菊酯 0.7%、辛硫磷 15.3%/2009.06.18 至 2014.06.18/低毒			
	棉花	棉铃虫	144-204克/公顷	喷雾
PD20096526	阿维·高氯/1.8%/乳油/阿维菌素 0.3%、高效氯氰菊酯 1.5%/2009.08.20 至 2014.08.20/低毒(原药高毒)			
	甘蓝	菜青虫、小菜蛾	7.5-15克/公顷	喷雾
PD20097587	吗胍·乙酸铜/20%/可湿性粉剂/盐酸吗啉胍 10%、乙酸铜 10%/2009.11.03 至 2014.11.03/低毒			
	番茄	病毒病	499.5-750克/公顷	喷雾
	烟草	病毒病	500-750克/公顷	喷雾
LS20050894	阿维菌素/0.5%/可湿性粉剂/阿维菌素 0.5%/2008.04.04 至 2009.04.04/低毒(原药高毒)			
	十字花科蔬菜	小菜蛾	8.1-10.8克/公顷	喷雾
LS20070328	吗胍·乙酸铜/20%/可湿性粉剂/盐酸吗啉胍 10%、乙酸铜 10%/2009.02.26 至 2010.02.26/低毒			
	水稻	条纹叶枯病	360-450克/公顷	喷雾
LS20072600	甲氨基阿维菌素苯甲酸盐/1%/乳油/甲氨基阿维菌素苯甲酸盐 1%/2009.12.09 至 2010.12.10/低毒			
	十字花科蔬菜	小菜蛾	2.25-3克/公顷	喷雾

山东省农科院植保所新农药中试厂　(山东省济南市历城区桑园路28号　250100　0531-88669286)

PD20093751	啶虫脒/5%/乳油/啶虫脒 5%/2009.03.25 至 2014.03.25/低毒

苹果树 蚜虫 12-15毫克/千克 喷雾
LS20081708 高效氯氟氰菊酯/25克/升/乳油/高效氯氟氰菊酯 25克/升/2008.04.07 至 2009.04.07/低毒
十字花科蔬菜 菜青虫 7.5-11.25克/公顷 喷雾
LS20081982 阿维菌素/18克/升/乳油/阿维菌素 18克/升/2008.04.15 至 2009.04.15/低毒(原药高毒)
甘蓝 小菜蛾 8.1-10.8克/公顷 喷雾

山东省农业科学院高效农药实验厂 (山东省济南市桑园路42号 250100 0531-88275296)

PD20050052 高氯·吡虫啉/5%/乳油/吡虫啉 2%、高效氯氰菊酯 3%/2005.04.29 至 2010.04.28/低毒
苹果树 蚜虫 16.7-25毫克/千克 喷雾
小麦 蚜虫 15-22.5克/公顷 喷雾
PD20080841 多·福/50%/可湿性粉剂/多菌灵 20%、福美双 30%/2008.06.23 至 2013.06.23/低毒
苹果树 轮纹病 500-600倍液 喷雾
PD20085130 氰戊·灭多威/20%/乳油/灭多威 18%、氰戊菊酯 2%/2008.12.23 至 2013.12.23/中等毒(原药高毒)
棉花 棉铃虫 200-300克/公顷 喷雾
PD20095765 毒·辛/48%/乳油/毒死蜱 12%、辛硫磷 36%/2009.05.18 至 2014.05.18/中等毒
韭菜 根蛆 2160-2880克/公顷 灌根
LS20070845 高效氯氟氰菊酯/25克/升/乳油/高效氯氟氰菊酯 25克/升/2009.04.11 至 2010.04.12/中等毒
十字花科蔬菜 菜青虫 6.25-9.375毫克/千克 喷雾
LS20090183 辛硫·高氯氟/21%/乳油/高效氯氟氰菊酯 0.9%、辛硫磷 20.1%/2009.02.04 至 2010.02.04/低毒
棉花 棉铃虫 189-252克/公顷 喷雾
LS20090290 阿维·高氯/2%/乳油/阿维菌素 0.4%、高效氯氰菊酯 1.6%/2009.02.16 至 2010.02.16/低毒(原药高毒)
十字花科蔬菜 小菜蛾 7.5-15克/公顷 喷雾

山东省平邑县蒙阳精细化工厂 (山东省平邑县柏林镇东武安村 273304 0539-4409181)

WL20090101 杀虫气雾剂/0.48%/气雾剂/胺菊酯 0.26%、氯菊酯 0.22%/2009.03.31 至 2010.03.31/微毒
卫生 蚊、蝇 / 喷雾

山东省栖霞市化工厂 (山东省烟台市栖霞市文化路624号 265300 0535-5207792)

PD20080915 氟乐灵/480克/升/乳油/氟乐灵 480克/升/2008.07.14 至 2013.07.14/低毒
棉花田 一年生禾本科杂草及部分阔叶杂草 864-1080克/公顷 土壤喷雾
PD20081483 硫磺·多菌灵/50%/可湿性粉剂/多菌灵 15%、硫磺 35%/2008.11.04 至 2013.11.04/低毒
花生 叶斑病 1200-1800克/公顷 喷雾
PD20081611 硫磺·多菌灵/50%/悬浮剂/多菌灵 15%、硫磺 35%/2008.11.12 至 2013.11.12/中等毒
花生 叶斑病 1200-1800克/公顷 喷雾
PD20081663 乙草胺/50%/乳油/乙草胺 50%/2008.11.14 至 2013.11.14/低毒
春玉米田 部分阔叶杂草、一年生禾本科杂草 1500-2250克/公顷 喷雾
PD20086369 硫磺·三唑酮/50%/悬浮剂/硫磺 45%、三唑酮 5%/2008.12.31 至 2013.12.31/低毒
小麦 白粉病 600-750克公顷 喷雾
PD20092239 异丙草·莠/42%/悬乳剂/异丙草胺 22%、莠去津 20%/2009.02.24 至 2014.02.24/低毒
夏玉米田 一年生杂草 1260-1575克/公顷 播后苗前土壤喷雾
PD20095141 井冈·多菌灵/28%/悬浮剂/多菌灵 24%、井冈霉素 4%/2009.04.24 至 2014.04.24/低毒
小麦 赤霉病 420-525克/公顷 喷雾

山东省栖霞市通达化工有限公司 (山东省烟台市栖霞市市府路西首 265300 0535-5203233)

PD20083170 虫酰肼/200克/升/悬浮剂/虫酰肼 200克/升/2008.12.11 至 2013.12.11/低毒
苹果 卷叶蛾 100-120毫克/千克 喷雾
PD20084485 腐霉·福美双/25%/可湿性粉剂/腐霉利 5%、福美双 20%/2008.12.17 至 2013.12.17/低毒
番茄 灰霉病 225-375克/公顷 喷雾
PD20084537 杀螟丹/50%/可溶粉剂/杀螟丹 50%/2008.12.18 至 2013.12.18/中等毒
水稻 二化螟 600-900克/公顷 喷雾
PD20084687 毒死蜱/40%/乳油/毒死蜱 40%/2008.12.22 至 2013.12.22/低毒
苹果树 绵蚜 160-266.7毫克/千克 喷雾
PD20084732 井冈霉素/5%/水剂/井冈霉素 5%/2008.12.22 至 2013.12.22/低毒
水稻 纹枯病 75-112.5克/公顷 喷雾
PD20085205 丁·莠/40%/悬浮剂/丁草胺 20%、莠去津 20%/2008.12.23 至 2013.12.23/低毒
夏玉米田 一年生杂草 1200－1500克/公顷 土壤喷雾
PD20085677 异菌脲/50%/可湿性粉剂/异菌脲 50%/2008.12.26 至 2013.12.26/低毒
苹果树 斑点落叶病 333-500毫克/千克 喷雾
PD20086205 甲硫·锰锌/50%/可湿性粉剂/甲基硫菌灵 15%、代森锰锌 35%/2008.12.30 至 2013.12.30/低毒
苹果树 炭疽病 500-1000毫克/千克 喷雾
PD20086209 霜脲·锰锌/36%/悬浮剂/代森锰锌 32%、霜脲氰 4%/2008.12.30 至 2013.12.30/低毒
黄瓜 霜霉病 1440-1800克/公顷 喷雾
PD20090526 百草枯/20%/水剂/百草枯 20%/2009.01.12 至 2014.01.12/中等毒
苹果园 杂草 600-900克/公顷 定向喷雾
PD20090966 甲硫·福美双/30%/悬浮剂/福美双 20%、甲基硫菌灵 10%/2009.01.20 至 2014.01.20/低毒
番茄 灰霉病 675-843.75克/公顷 喷雾

PD20091218 多·福/30%/可湿性粉剂/多菌灵 5%、福美双 25%/2009.02.01 至 2014.02.01/低毒
辣椒 立枯病 3-6克/平方米 每平米的用药量与15-20千克细土混匀,1/3撒于苗床底部,2/3覆盖在种子上面
PD20091736 腈菌唑/12.5%/乳油/腈菌唑 12.5%/2009.02.04 至 2014.02.04/低毒
梨树 黑星病 62.5-41.7毫克/千克 喷雾
PD20091779 啶虫脒/5%/乳油/啶虫脒 5%/2009.02.04 至 2014.02.04/低毒
柑橘树 蚜虫 10-12.5毫克/千克 喷雾
PD20091964 唑螨酯/5%/悬浮剂/唑螨酯 5%/2009.02.12 至 2014.02.12/低毒
苹果树 红蜘蛛 16.7-25毫克/千克 喷雾
PD20092006 三唑锡/20%/悬浮剂/三唑锡 20%/2009.02.12 至 2014.02.12/低毒
苹果 红蜘蛛 100-200毫克/千克 喷雾
PD20092988 氟铃·辛硫磷/20%/乳油/氟铃脲 2%、辛硫磷 18%/2009.03.09 至 2014.03.09/低毒
甘蓝 小菜蛾 90-150克/公顷 喷雾
PD20093009 烯酰·锰锌/69%/可湿性粉剂/代森锰锌 60%、烯酰吗啉 9%/2009.03.09 至 2014.03.09/低毒
黄瓜 霜霉病 1035-1380克/公顷 喷雾
PD20094632 灭多威/10%/可湿性粉剂/灭多威 10%/2009.04.10 至 2014.04.10/中等毒(原药高毒)
棉花 棉铃虫 270-360克/公顷 喷雾
PD20094633 三唑锡/8%/乳油/三唑锡 8%/2009.04.10 至 2014.04.10/中等毒
柑橘树 红蜘蛛 800-1200倍液 喷雾
PD20094642 高效氯氰菊酯/4.5%/乳油/高效氯氰菊酯 4.5%/2009.04.10 至 2014.04.10/中等毒
番茄 美洲斑潜蝇 18.75-22.5克/公顷 喷雾
PD20094883 硫磺·多菌灵/25%/可湿性粉剂/多菌灵 10%、硫磺 15%/2009.04.13 至 2014.04.13/低毒
黄瓜 白粉病 1350-1800克/公顷 喷雾
PD20097035 乙铝·多菌灵/60%/可湿性粉剂/多菌灵 20%、三乙膦酸铝 40%/2009.10.10 至 2014.10.10/低毒
苹果树 轮纹病 1000-1250毫克/千克 喷雾
PD20097359 混合氨基酸铜/10%/水剂/混合氨基酸铜 10%/2009.10.27 至 2014.10.27/低毒
西瓜 枯萎病 0.25-4.2克/株 灌根
PD20097573 哒螨灵/20%/可湿性粉剂/哒螨灵 20%/2009.11.03 至 2014.11.03/低毒
苹果树 红蜘蛛 50-60毫克/千克 喷雾
PD20097829 吡虫啉/10%/可湿性粉剂/吡虫啉 10%/2009.11.20 至 2014.11.20/低毒
水稻 稻飞虱 22.5-30克/公顷 喷雾

山东省青岛奥迪斯生物科技有限公司(山东省青岛市香港中路56号金光大厦1608室 266071 0532-85759222)

PD88105-11 硫酸铜/96%,93%/原药/硫酸铜 96%,93%/2008.08.22 至 2013.08.22/低毒
PD20060097 氯氰菊酯/5%/乳油/氯氰菊酯 5%/2006.05.22 至 2011.05.22/低毒
棉花 棉铃虫 67.5-90克/公顷 喷雾
十字花科蔬菜 菜青虫 30-45克/公顷 喷雾
PD20060115 哒螨灵/15%/乳油/哒螨灵 15%/2006.06.13 至 2011.06.13/低毒
苹果树 红蜘蛛 43-50毫克/千克 喷雾
PD20060125 吡虫啉/10%/可湿性粉剂/吡虫啉 10%/2006.06.26 至 2011.06.26/低毒
十字花科蔬菜 蚜虫 12-18克/公顷 喷雾
小麦 蚜虫 60-75克/公顷 喷雾
PD20070568 灭多威/40%/可溶粉剂/灭多威 40%/2007.12.03 至 2012.12.03/低毒
棉花 棉铃虫 180-240克/公顷 喷雾
PD20070574 虫酰肼/20%/悬浮剂/虫酰肼 20%/2007.12.03 至 2012.12.03/低毒
甘蓝 甜菜夜蛾 225-300克/公顷 喷雾
PD20080260 嘧霉胺/20%/可湿性粉剂/嘧霉胺 20%/2008.02.20 至 2013.02.20/低毒
黄瓜 灰霉病 360—540克/公顷 喷雾
PD20080567 甲霜·锰锌/58%/可湿性粉剂/甲霜灵 10%、代森锰锌 48%/2008.05.12 至 2013.05.12/低毒
黄瓜 霜霉病 1050—1305克/公顷 喷雾
PD20080840 草甘膦/95%/原药/草甘膦 95%/2008.06.20 至 2013.06.20/低毒
PD20080908 百菌清/75%/可湿性粉剂/百菌清 75%/2008.07.09 至 2013.07.09/低毒
黄瓜 霜霉病 1800—2400克/公顷 喷雾
PD20081335 烯酰·锰锌/69%/可湿性粉剂/代森锰锌 60%、烯酰吗啉 9%/2008.10.21 至 2013.10.21/低毒
黄瓜 霜霉病 1035—1380克/公顷 喷雾
PD20081880 噻酮·炔螨特/22%/乳油/炔螨特 20%、噻螨酮 2%/2008.11.20 至 2013.11.20/低毒
苹果树 二斑叶螨 137.5-275毫克/千克 喷雾
PD20082317 代森锰锌/70%/可湿性粉剂/代森锰锌 70%/2008.12.01 至 2013.12.01/低毒
番茄 早疫病 1837.5-2362.5克/公顷 喷雾
PD20082365 草甘膦/41%/水剂/草甘膦 41%/2008.12.01 至 2013.12.01/低毒
非耕地 杂草 1125-3000克/公顷 茎叶喷雾

PD20082795	苏云金杆菌/8000IU/毫克/可湿性粉剂/苏云金杆菌 8000IU/毫克/2008.12.09 至 2013.12.09/低毒			
	茶树	茶毛虫	400-800倍液	喷雾
	棉花	二代棉铃虫	3000-4500克制剂/公顷	喷雾
	森林	松毛虫	600-800倍液	喷雾
	十字花科蔬菜	小菜蛾	1500-2250克制剂/公顷	喷雾
	十字花科蔬菜	菜青虫	750-1500克制剂/公顷	喷雾
	水稻	稻纵卷叶螟	3000-4500克制剂/公顷	喷雾
	烟草	烟青虫	1500-3000克制剂/公顷	喷雾
	玉米	玉米螟	1500-3000克制剂/公顷	加细沙灌心
	枣树	枣尺蠖	600-800倍液	喷雾
PD20084111	唑螨酯/5%/悬浮剂/唑螨酯 5%/2008.12.16 至 2013.12.16/低毒			
	柑橘树	红蜘蛛	25-50毫克/千克	喷雾
PD20084118	氯氰·敌敌畏/20%/乳油/敌敌畏 18%、氯氰菊酯 2%/2008.12.16 至 2013.12.16/低毒			
	十字花科蔬菜	黄条跳甲	150-225克/公顷	喷雾
PD20085723	三唑锡/25%/可湿性粉剂/三唑锡 25%/2008.12.26 至 2013.12.26/低毒			
	柑橘树	红蜘蛛	125-166.67毫克/千克	喷雾
PD20085877	啶虫脒/5%/可湿性粉剂/啶虫脒 5%/2008.12.29 至 2013.12.29/低毒			
	十字花科蔬菜	蚜虫	15-22.5克/公顷	喷雾
PD20085935	咪鲜胺/25%/乳油/咪鲜胺 25%/2008.12.29 至 2013.12.29/低毒			
	芒果树	炭疽病	250-500毫克/千克	喷雾
PD20090199	阿维·炔螨特/56%/微乳剂/阿维菌素 0.3%、炔螨特 55.7%/2009.01.09 至 2014.01.09/中等毒(原药高毒)			
	柑橘树	红蜘蛛	140-280毫克/千克	喷雾
PD20090304	阿维菌素/2%/乳油/阿维菌素 2%/2009.01.12 至 2014.01.12/低毒(原药高毒)			
	十字花科蔬菜	小菜蛾	8.1-10.8克/公顷	喷雾
PD20090585	稻瘟灵/40%/可湿性粉剂/稻瘟灵 40%/2009.01.14 至 2014.01.14/低毒			
	水稻	稻瘟病	450-600克/公顷	喷雾
PD20090590	代森锌/80%/可湿性粉剂/代森锌 80%/2009.01.14 至 2014.01.14/低毒			
	苹果树	斑点落叶病	1143-1600毫克/千克	喷雾
PD20090763	甲氰·噻螨酮/7.5%/乳油/甲氰菊酯 5%、噻螨酮 2.5%/2009.01.19 至 2014.01.19/低毒			
	柑橘树	红蜘蛛	75-100毫克/千克	喷雾
PD20091858	阿维菌素/1.8%/乳油/阿维菌素 1.8%/2009.02.09 至 2014.02.09/低毒(原药高毒)			
	梨树	梨木虱	6-12毫克/千克	喷雾
	十字花科蔬菜	小菜蛾	8.1-10.8克/公顷	喷雾
PD20093524	苯丁·哒螨灵/15%/乳油/苯丁锡 10%、哒螨灵 5%/2009.03.23 至 2014.03.23/低毒			
	柑橘树	红蜘蛛	75-100毫克/千克	喷雾
PD20093635	氟啶脲/50克/升/乳油/氟啶脲 50克/升/2009.03.25 至 2014.03.25/低毒			
	甘蓝	菜青虫	45-60克/公顷	喷雾
PD20093687	阿维·啶虫脒/4%/乳油/阿维菌素 1%、啶虫脒 3%/2009.03.25 至 2014.03.25/低毒(原药高毒)			
	黄瓜	蚜虫	6-12克/公顷	喷雾
PD20094695	阿维·甲氰/2.8%/乳油/阿维菌素 0.1%、甲氰菊酯 2.7%/2009.04.10 至 2014.04.10/低毒(原药高毒)			
	十字花科蔬菜	小菜蛾	29.4-42克/公顷	喷雾
PD20095883	精喹禾灵/5%/乳油/精喹禾灵 5%/2009.05.31 至 2014.05.31/低毒			
	春大豆田	一年生禾本科杂草	60-75克/公顷	茎叶喷雾
	夏大豆田	一年生禾本科杂草	45-52.5克/公顷	茎叶喷雾
PD20095907	丙溴磷/40%/乳油/丙溴磷 40%/2009.06.02 至 2014.06.02/低毒			
	棉花	棉铃虫	300-450克/公顷	喷雾
	十字花科蔬菜	小菜蛾	360-450克/公顷	喷雾
PD20096011	吡虫啉/20%/可溶液剂/吡虫啉 20%/2009.06.11 至 2014.06.11/低毒			
	十字花科蔬菜	蚜虫	15-30克/公顷	喷雾
PD20098089	吡虫·噻嗪酮/20%/可湿性粉剂/吡虫啉 2%、噻嗪酮 18%/2009.12.08 至 2014.12.08/低毒			
	水稻	飞虱	90-150克/公顷	喷雾
PD20098150	苏云金杆菌/8000IU/微升/悬浮剂/苏云金杆菌 8000IU/毫克/2009.12.14 至 2014.12.14/低毒			
	茶树	茶毛虫	100-200倍液	喷雾
	棉花	二代棉铃虫	6000-7500毫升制剂/公顷	喷雾
	森林	森林松毛虫	100-200倍液	喷雾
	十字花科蔬菜	菜青虫、小菜蛾	3000-4500毫升制剂/公顷	喷雾
	水稻	稻纵卷叶螟	6000-7500毫升制剂/公顷	喷雾
	烟草	烟青虫	6000-7500毫升制剂/公顷	喷雾
	玉米	玉米螟	4500-6000毫升制剂/公顷	拌细沙撒心
	枣树	枣尺蠖	100-200倍液	喷雾
PD20098152	丙环唑/250克/升/乳油/丙环唑 250克/升/2009.12.14 至 2014.12.14/低毒			
	香蕉	叶斑病	250-500毫克/千克	喷雾
PD20098238	毒·矿物油/40%/乳油/毒死蜱 20%、矿物油 20%/2009.12.16 至 2014.12.16/低毒			

	萝卜	小菜蛾	180-240克/公顷	喷雾
PD20098523	啶虫脒/5%/乳油/啶虫脒 5%/2009.12.24 至 2014.12.24/低毒			
	柑橘树	蚜虫	16.7-20毫克/千克	喷雾
LS20050172	盐酸吗啉胍/5%/可溶粉剂/盐酸吗啉胍 5%/2008.01.24 至 2009.01.23/低毒			
	番茄	病毒病	300-375克/公顷	喷雾
LS20050451	氯氰·毒死蜱/522.5克/升/乳油/毒死蜱 475克/升、氯氰菊酯 47.5克/升/2008.02.19 至 2009.02.18/中等毒			
	菜豆	豆荚螟	313.5-470.25克/公顷	喷雾
LS20050749	嘧胺·乙霉威/26%/水分散粒剂/乙霉威 16%、嘧霉胺 10%/2008.03.28 至 2009.03.28/低毒			
	黄瓜	灰霉病	390-585克/公顷	喷雾
LS20051977	氯氟·吡虫啉/26%/水分散粒剂/啶虫脒 23.5%、高效氯氟氰菊酯 2.5%/2008.05.24 至 2009.05.24/低毒			
	十字花科蔬菜	蚜虫	15.6-31.2克/公顷	喷雾
LS20060422	虫酰·毒死蜱/20%/乳油/虫酰肼 4%、毒死蜱 16%/2009.03.05 至 2010.03.05/低毒			
	十字花科蔬菜	斜纹夜蛾	300-360克/公顷	喷雾
LS20060566	苯丁·炔螨特/38%/乳油/苯丁锡 8%、炔螨特 30%/2009.03.16 至 2010.03.16/低毒			
	柑橘树	红蜘蛛	190-253.3毫克/千克	喷雾
LS20060656	烯酰吗啉/10%/水乳剂/烯酰吗啉 10%/2009.03.28 至 2010.03.28/低毒			
	黄瓜	霜霉病	225-300克/公顷	喷雾
LS20060827	联苯菊酯/3%/水乳剂/联苯菊酯 3%/2009.04.12 至 2010.04.12/低毒			
	黄瓜	白粉虱	9-15.75克/公顷	喷雾
LS20061149	甲氨基阿维菌素苯甲酸盐/1.9%/乳油/甲氨基阿维菌素苯甲酸盐 1.9%/2009.05.15 至 2010.05.15/低毒			
	十字花科蔬菜	甜菜夜蛾	2.85-4.27克/公顷	喷雾
LS20061249	吡虫啉/600克/升/悬浮剂/吡虫啉 600克/升/2009.05.22 至 2010.05.22/低毒			
	水稻	飞虱	12.5-15克/公顷	喷雾
LS20061284	噁霉·福美双/54.5%/可湿性粉剂/噁霉灵 9.5%、福美双 45%/2009.06.01 至 2010.06.01/低毒			
	黄瓜	立枯病	2.0－2.5克/平方米	苗床浇洒
LS20061348	阿维·灭蝇胺/31%/悬浮剂/阿维菌素 0.7%、灭蝇胺 30.3%/2009.06.12 至 2010.06.12/低毒(原药高毒)			
	菜豆	美洲斑潜蝇	75-100克/公顷	喷雾
LS20061725	戊唑醇/430克/升/悬浮剂/戊唑醇 430克/升/2009.10.11 至 2010.10.11/低毒			
	苹果树	斑点落叶病	61.4-86毫克/千克	喷雾
LS20061992	苯甲·丙环唑/300克/升/乳油/苯醚甲环唑 150克/升、丙环唑 150克/升/2009.12.25 至 2010.12.25/低毒			
	水稻	纹枯病	67.5-78.75克/公顷	喷雾
LS20070780	联菊·啶虫脒/7.5%/乳油/啶虫脒 5%、联苯菊酯 2.5%/2009.04.09 至 2010.04.10/低毒			
	茶树	茶小绿叶蝉	45～60克/公顷	喷雾
LS20072128	甲维·虫酰肼/8.8%/乳油/虫酰肼 8.4%、甲氨基阿维菌素苯甲酸盐 0.4%/2009.09.03 至 2010.09.04/低毒			
	十字花科蔬菜	甜菜夜蛾	39.6-52.8克/公顷	喷雾
LS20072594	甲硫·戊唑醇/48%/可湿性粉剂/甲基硫菌灵 38%、戊唑醇 10%/2009.12.10 至 2010.12.10/低毒			
	苹果树	斑点落叶病	480-600毫克/千克	喷雾
LS20080448	甲维·毒死蜱/30%/乳油/毒死蜱 29.7%、甲氨基阿维菌素苯甲酸盐 0.3%/2009.02.19 至 2010.02.20/中等毒			
	水稻	二化螟	270-382.5克/公顷	喷雾
LS20080487	苯丁·丙溴磷/21%/乳油/苯丁锡 6%、丙溴磷 15%/2009.02.20 至 2010.02.21/低毒			
	柑橘树	红蜘蛛	200-250毫克/千克	喷雾
LS20081409	草甘膦/95%/原药/草甘膦 95%/2008.03.17 至 2009.03.17/低毒			
LS20081689	灭胺·杀虫单/30%/可湿性粉剂/灭蝇胺 5%、杀虫单 25%/2009.04.07 至 2010.04.07/低毒			
	菜豆	美洲斑潜蝇	225-337.5克/公顷	喷雾
LS20081941	唑酯·炔螨特/13%/水乳剂/炔螨特 10%、唑螨酯 3%/2009.04.11 至 2010.04.11/低毒			
	柑橘树	红蜘蛛	86.7-130毫克/千克	喷雾
LS20090399	烯酰·甲霜灵/30%/水分散粒剂/甲霜灵 8%、烯酰吗啉 22%/2009.03.16 至 2010.03.16/低毒			
	黄瓜	霜霉病	300-450克/公顷	喷雾

山东省青岛东生药业有限公司　(山东省青岛平度市云山镇驻地　266745　0532-83341209)

PD20050067	哒螨灵/20%/可湿性粉剂/哒螨灵 20%/2005.06.24 至 2010.06.23/中等毒			
	苹果树	红蜘蛛	50-67毫克/千克	喷雾
PD20050123	高效氯氰菊酯/2.5%/乳油/高效氯氰菊酯 2.5%/2005.08.15 至 2010.08.14/中等毒			
	梨树	梨木虱	12.5-20.8毫克/千克	喷雾
PD20050124	氯氰菊酯/5%/乳油/氯氰菊酯 5%/2005.08.15 至 2010.08.14/中等毒			
	棉花	棉铃虫	45-90克/公顷	喷雾
PD20081879	锰锌·百菌清/64%/可湿性粉剂/百菌清 8%、代森锰锌 56%/2008.11.20 至 2013.11.20/低毒			
	番茄	早疫病	1028.6-1440克/公顷	喷雾
PD20082312	高氯·辛硫磷/20%/乳油/高效氯氰菊酯 1%、辛硫磷 19%/2008.12.01 至 2013.12.01/中等毒			
	十字花科蔬菜	菜青虫	60-90克/公顷	喷雾
PD20082460	代森锰锌/70%/可湿性粉剂/代森锰锌 70%/2008.12.02 至 2013.12.02/低毒			
	番茄	早疫病	1845-2370克/公顷	喷雾
PD20082814	马拉硫磷/45%/乳油/马拉硫磷 45%/2008.12.09 至 2013.12.09/低毒			
	十字花科蔬菜	黄条跳甲	607.5-742.5克/公顷	喷雾

PD20083643 联苯菊酯/25克/升/乳油/联苯菊酯 25克/升/2008.12.12 至 2013.12.12/低毒
茶树 茶小绿叶蝉 30－37.5克/公顷 喷雾
PD20084098 氯氰菊酯/100克/升/乳油/氯氰菊酯 100克/升/2008.12.16 至 2013.12.16/中等毒
棉花 棉铃虫 60-90克/公顷 喷雾
PD20084240 福美双/70%/可湿性粉剂/福美双 70%/2008.12.17 至 2013.12.17/低毒
黄瓜(保护地) 霜霉病 840－1260克/公顷 喷雾
PD20090201 霜霉威/722克/升/水剂/霜霉威 722克/升/2009.01.09 至 2014.01.09/低毒
黄瓜 霜霉病 866.4-1083克/公顷 喷雾
PD20090467 代森锰锌/80%/可湿性粉剂/代森锰锌 80%/2009.01.12 至 2014.01.12/低毒
番茄 早疫病 1845-2370克/公顷 喷雾
PD20090810 阿维·敌敌畏/40%/乳油/阿维菌素 0.3%、敌敌畏 39.7%/2009.01.19 至 2014.01.19/中等毒(原药高毒)
小油菜 小菜蛾 300-360克/公顷 喷雾
PD20091021 氰戊·辛硫磷/25%/乳油/氰戊菊酯 5%、辛硫磷 20%/2009.01.21 至 2014.01.21/中等毒
棉花 棉铃虫 281.25-375克/公顷 喷雾
PD20091285 灭多威/90%/可溶粉剂/灭多威 90%/2009.02.01 至 2014.02.01/高毒
棉花 棉铃虫 105-180克/公顷 喷雾
PD20091340 唑磷·毒死蜱/25%/乳油/毒死蜱 8.3%、三唑磷 16.7%/2009.02.01 至 2014.02.01/中等毒
水稻 二化螟 225-300克/公顷 喷雾
PD20091456 灭多威/20%/乳油/灭多威 20%/2009.02.02 至 2014.02.02/高毒
棉花 棉铃虫 150-225克/公顷 喷雾
棉花 蚜虫 75-150克/公顷 喷雾
PD20091459 福·福锌/60%/可湿性粉剂/福美双 30%、福美锌 30%/2009.02.02 至 2014.02.02/低毒
黄瓜 炭疽病 900-1350克/公顷 喷雾
PD20091629 高效氯氟氰菊酯/2.5%/乳油/高效氯氟氰菊酯 2.5%/2009.02.03 至 2014.02.03/中等毒
甘蓝 菜青虫 15-22.5克/公顷 喷雾
PD20091735 阿维·毒死蜱/24%/乳油/阿维菌素 0.15%、毒死蜱 23.85%/2009.02.04 至 2014.02.04/中等毒(原药高毒)
梨树 梨木虱 80-100毫克/千克 喷雾
PD20091883 多·锰锌/40%/可湿性粉剂/多菌灵 20%、代森锰锌 20%/2009.02.09 至 2014.02.09/低毒
梨树 黑星病 1000-1250毫克/千克 喷雾
PD20091888 乙铝·锰锌/50%/可湿性粉剂/代森锰锌 22%、三乙膦酸铝 28%/2009.02.09 至 2014.02.09/低毒
黄瓜 霜霉病 1400-4200克/公顷 喷雾
PD20091903 多·锰锌/50%/可湿性粉剂/多菌灵 8%、代森锰锌 42%/2009.02.09 至 2014.02.09/低毒
苹果树 斑点落叶病 1000-1250毫克/千克 喷雾
PD20092230 苯醚甲环唑/10%/水分散粒剂/苯醚甲环唑 10%/2009.02.24 至 2014.02.24/低毒
梨树 黑星病 14.3-16.7毫克/千克 喷雾
PD20092567 灭多威/10%/可湿性粉剂/灭多威 10%/2009.02.26 至 2014.02.26/中等毒(原药高毒)
棉花 棉铃虫 270-360克/公顷 喷雾
PD20092936 哒螨·灭多威/15%/乳油/哒螨灵 5%、灭多威 10%/2009.03.05 至 2014.03.05/中等毒(原药高毒)
苹果树 红蜘蛛、黄蚜 75-100毫克/千克 喷雾
PD20093098 吡虫·灭多威 /10%/可湿性粉剂/吡虫啉 2%、灭多威 8%/2009.03.09 至 2014.03.09/中等毒(原药高毒)
棉花 蚜虫 60-75克/公顷 喷雾
PD20093254 炔螨特/40%/乳油/炔螨特 40%/2009.03.11 至 2014.03.11/低毒
柑橘树 红蜘蛛 266.7-400毫克/千克 喷雾
PD20093476 啶虫脒/3%/乳油/啶虫脒 3%/2009.03.23 至 2014.03.23/低毒
柑橘树、苹果树 蚜虫 12-15毫克/千克 喷雾
黄瓜 蚜虫 18-22.5克/公顷 喷雾
PD20094891 螨醇·哒螨灵/20%/乳油/哒螨灵 5%、三氯杀螨醇 15%/2009.04.13 至 2014.04.13/低毒
苹果树 山楂红蜘蛛 100-133毫克/千克 喷雾
PD20095670 阿维菌素/0.5%/乳油/阿维菌素 0.5%/2009.05.14 至 2014.05.14/低毒(原药高毒)
甘蓝 小菜蛾 6-9克/公顷 喷雾
PD20096320 阿维·甲氰/1.8%/乳油/阿维菌素 0.1%、甲氰菊酯 1.7%/2009.07.22 至 2014.07.22/低毒(原药高毒)
苹果树 红蜘蛛 12-18毫克/千克 喷雾
PD20098351 吡虫啉/25%/可湿性粉剂/吡虫啉 25%/2009.12.18 至 2014.12.18/低毒
水稻 稻飞虱 15-30克/公顷 喷雾
PD20098405 吗胍·乙酸铜/20%/可湿性粉剂/盐酸吗啉胍 16%、乙酸铜 4%/2009.12.18 至 2014.12.18/低毒
番茄 病毒病 500－750克/公顷 喷雾
PD20098464 阿维菌素/3.2%/乳油/阿维菌素 3.2%/2009.12.24 至 2014.12.24/中等毒(原药高毒)
甘蓝 小菜蛾 8.1-10.8克/公顷 喷雾
LS20050051 多·锰锌/70%/可湿性粉剂/多菌灵 20%、代森锰锌 50%/2008.01.07 至 2009.01.06/低毒
梨树 黑星病 1000-1250毫克/千克 喷雾
LS20050069 井冈霉素/5%/水剂/井冈霉素 5%/2008.01.08 至 2009.01.07/低毒
水稻 纹枯病 150-187.5克/公顷 喷雾
LS20050076 吡虫·杀虫单/35%/可湿性粉剂/吡虫啉 1%、杀虫单 34%/2008.01.11 至 2009.01.10/中等毒

水稻 稻飞虱、稻纵卷叶螟、二化螟、三化螟 450-750克/公顷 喷雾

LS20050268 阿维·高氯/3%/乳油/阿维菌素 0.2%、高效氯氰菊酯 2.8%/2008.02.04 至 2009.02.03/低毒(原药高毒)
黄瓜 美洲斑潜蝇 15-30克/公顷 喷雾
梨树 梨木虱 12-24毫克/千克 喷雾
十字花科蔬菜 菜青虫、小菜蛾 13.5-27克/公顷 喷雾

LS20050308 阿维·高氯/6%/乳油/阿维菌素 0.4%、高效氯氰菊酯 5.6%/2008.02.05 至 2009.02.04/低毒(原药高毒)
黄瓜 美洲斑潜蝇 15-30克/公顷 喷雾
梨树 梨木虱 12-24毫克/千克 喷雾
十字花科蔬菜 菜青虫、小菜蛾 13.5-27克/公顷 喷雾

LS20050358 多·锰锌/60%/可湿性粉剂/多菌灵 25%、代森锰锌 35%/2008.02.19 至 2009.02.18/低毒
梨树 黑星病 1000-1250毫克/千克 喷雾

LS20050450 氯氰·敌敌畏/20%/乳油/敌敌畏 18%、氯氰菊酯 2%/2008.02.19 至 2009.02.18/中等毒
十字花科蔬菜 黄条跳甲 180-240克/公顷 喷雾

LS20050472 啶虫脒/3%/可湿性粉剂/啶虫脒 3%/2008.02.26 至 2009.02.25/低毒
柑橘树 蚜虫 8-12毫克/千克 喷雾

LS20050507 阿维·毒死蜱/10.2%/乳油/阿维菌素 0.2%、毒死蜱 10%/2008.02.26 至 2009.02.25/中等毒(原药高毒)
十字花科蔬菜 小菜蛾 61.2-76.5克/公顷 喷雾

LS20050635 高效氯氰菊酯/4.5%/微乳剂/高效氯氰菊酯 4.5%/2008.03.14 至 2009.03.14/中等毒
十字花科蔬菜 菜青虫 20.25-27克/公顷 喷雾

LS20050682 氯氰·丙溴磷/22%/乳油/丙溴磷 20%、氯氰菊酯 2%/2008.03.15 至 2009.03.15/低毒
棉花 棉铃虫 198-264克/公顷 喷雾

LS20051007 丙溴磷/40%/乳油/丙溴磷 40%/2008.04.07 至 2009.04.07/中等毒
棉花 棉铃虫 480-600克/公顷 喷雾

LS20051019 吡虫啉/2.5%/可湿性粉剂/吡虫啉 2.5%/2008.04.07 至 2009.04.07/低毒
水稻 稻飞虱 15-30克/公顷 喷雾

LS20051108 辛硫磷/3%/颗粒剂/辛硫磷 3%/2008.04.11 至 2009.04.11/低毒
玉米 玉米螟 112.5-157.5克/公顷 喇叭口撒施

LS20051165 乙铝·多菌灵/75%/可湿性粉剂/多菌灵 25%、三乙膦酸铝 50%/2008.04.12 至 2009.04.12/低毒
苹果树 轮纹病 937.5-1500毫克/千克 喷雾

LS20051359 柴油·毒死蜱/48%/乳油/柴油 32%、毒死蜱 16%/2008.04.18 至 2009.04.18/低毒
十字花科蔬菜 菜青虫 540-720克/公顷 喷雾

LS20051467 阿维·高氯/1.65%/可湿性粉剂/阿维菌素 0.15%、高效氯氰菊酯 1.5%/2008.04.21 至 2009.04.21/低毒(原药高毒)
十字花科蔬菜 菜青虫、小菜蛾 13.5-27克/公顷 喷雾

LS20051599 多抗霉素/10%/可湿性粉剂/多抗霉素 10%/2008.04.29 至 2009.04.29/低毒
番茄 叶霉病 150-210克/公顷 喷雾

LS20051636 阿维·高氯/1.8%/乳油/阿维菌素 0.1%、高效氯氰菊酯 1.7%/2008.04.29 至 2009.04.29/低毒(原药高毒)
黄瓜 美洲斑潜蝇 15-30克/公顷 喷雾

LS20051862 井冈霉素A/5%/可溶粉剂/井冈霉素A 5%/2008.05.16 至 2009.05.16/低毒
水稻 纹枯病 52.5-75克/公顷 喷雾

LS20052396 阿维·吡虫啉/2.2%/乳油/阿维菌素 0.2%、吡虫啉 2%/2008.07.10 至 2009.07.10/低毒(原药高毒)
节瓜 蓟马 19.8-26.4克/公顷 喷雾

LS20052749 氯氰·敌敌畏/10%/乳油/敌敌畏 8%、氯氰菊酯 2%/2008.08.21 至 2009.08.21/中等毒
柑橘树 潜叶蛾 125-166.7毫克/千克 喷雾

LS20052902 多菌灵/25%/可湿性粉剂/多菌灵 25%/2008.09.07 至 2009.09.07/低毒
苹果 斑点落叶病 500-1000毫克/千克 喷雾

LS20053191 马拉·毒死蜱/40%/乳油/毒死蜱 15%、马拉硫磷 25%/2008.10.10 至 2009.10.10/中等毒
十字花科蔬菜 小菜蛾 240-360克/公顷 喷雾

LS20053232 敌畏·高氯/29%/乳油/敌敌畏 26%、高效氯氰菊酯 3%/2008.10.11 至 2009.10.11/低毒
苹果 潜叶蛾 580-725毫克/千克 喷雾

LS20053259 敌畏·马/50%/乳油/敌敌畏 40%、马拉硫磷 10%/2008.10.11 至 2009.10.11/低毒
十字花科蔬菜 黄条跳甲 300-375克/公顷 喷雾

LS20053368 溴菌·多菌灵/25%/可湿性粉剂/多菌灵 5%、溴菌腈 20%/2008.10.18 至 2009.10.18/低毒
柑橘树 炭疽病 500-833.3毫克/千克 喷雾

LS20060356 五硝·多菌灵/40%/可湿性粉剂/多菌灵 32%、五氯硝基苯 8%/2009.03.01 至 2010.03.01/低毒
西瓜 枯萎病 0.25-0.33克/株 灌根

LS20061085 丁硫克百威/200克/升/乳油/丁硫克百威 200克/升/2009.05.10 至 2010.05.10/中等毒
柑橘 锈壁虱 100－133.3毫克/千克 喷雾

LS20070345 啶虫脒/20%/可溶粉剂/啶虫脒 20%/2009.02.25 至 2010.02.25/低毒
黄瓜 蚜虫 54-72克/公顷 喷雾

LS20070354 苯丁·哒螨灵/25%/可湿性粉剂/苯丁锡 8%、哒螨灵 17%/2009.02.25 至 2010.02.25/低毒
柑橘树 红蜘蛛 166.7-250毫克/千克 喷雾

LS20070484 咪鲜·多菌灵/25%/可湿性粉剂/多菌灵 12.5%、咪鲜胺 12.5%/2009.03.06 至 2010.03.07/低毒
西瓜 炭疽病 281.25-375克/公顷 喷雾

LS20071068 咪鲜胺/25%/乳油/咪鲜胺 25%/2009.04.19 至 2010.04.20/低毒
芒果 炭疽病 167-250毫克/千克 喷雾
水稻 恶苗病 62.5-125毫克/千克 浸种
LS20071443 高氯·吡虫啉/3.6%/乳油/吡虫啉 1.8%、高效氯氰菊酯 1.8%/2009.05.20 至 2010.05.21/低毒
十字花科蔬菜 蚜虫 21.6-27克/公顷 喷雾
LS20071863 甲硫·乙霉威/66%/可湿性粉剂/甲基硫菌灵 54%、乙霉威 12%/2009.07.10 至 2010.07.11/低毒
番茄 灰霉病 557-742.5克/公顷 喷雾
LS20072199 氯氰·啶虫脒/10%/乳油/啶虫脒 1%、氯氰菊酯 9%/2009.09.11 至 2010.09.12/中等毒
苹果树 棉蚜 50-100毫克/千克 喷雾
LS20082604 咪鲜·抑霉唑/14%/乳油/咪鲜胺 12%、抑霉唑 2%/2009.04.23 至 2010.04.23/低毒
柑橘 青霉病 175-233毫克/千克 浸果
LS20090352 烯酰吗啉/40%/水分散粒剂/烯酰吗啉 40%/2009.03.13 至 2010.03.13/低毒
黄瓜 霜霉病 225-300克/公顷 喷雾
LS20090381 代森锌/65%/水分散粒剂/代森锌 65%/2009.03.13 至 2010.03.13/微毒
黄瓜 霜霉病 1950-3000克/公顷 喷雾
LS20090443 氢氧化铜/38.5%/水分散粒剂/氢氧化铜 38.5%/2009.03.16 至 2010.03.16/低毒
黄瓜 细菌性角斑病 549-635克/公顷 喷雾
LS20090599 甲维·毒死蜱/10%/乳油/毒死蜱 9.9%、甲氨基阿维菌素苯甲酸盐 0.1%/2009.03.23 至 2010.03.23/中等毒
十字花科蔬菜 甜菜夜蛾 90-120克/公顷 喷雾
LS20090619 高氯·氟啶脲/5%/乳油/氟啶脲 1%、高效氯氰菊酯 4%/2009.03.23 至 2010.03.23/中等毒
十字花科蔬菜 甜菜夜蛾 37.5～52.5克/公顷 /喷雾
LS20090647 甲维·丙溴磷/15.2%/乳油/丙溴磷 15%、甲氨基阿维菌素苯甲酸盐 0.2%/2009.03.23 至 2010.03.23/中等毒
十字花科蔬菜 小菜蛾 182.4-228克/公顷 喷雾
LS20090695 代森锌/80%/水分散粒剂/代森锌 80%/2009.03.27 至 2010.03.27/微毒
黄瓜 霜霉病 960-1200克/公顷 喷雾
LS20090890 甲维·氟啶脲/2.2%/乳油/氟啶脲 2%、甲氨基阿维菌素苯甲酸盐 0.2%/2009.04.09 至 2010.04.09/低毒
甘蓝 斜纹夜蛾 19.8-26.4克/公顷 喷雾
LS20090928 氟硅唑/10%/水乳剂/氟硅唑 10%/2009.04.09 至 2010.04.09/低毒
番茄 叶霉病 60-75克/公顷 喷雾
LS20090945 嘧胺·乙霉威/26%/水分散粒剂/乙霉威 16%、嘧霉胺 10%/2009.04.10 至 2010.04.10/低毒
黄瓜 灰霉病 390-585克/公顷 喷雾
LS20091122 氟氯氰菊酯/5.7%/水乳剂/氟氯氰菊酯 5.7%/2009.04.17 至 2010.04.17/低毒
十字花科蔬菜 菜青虫 25.8-34.1克/公顷 喷雾
LS20091123 阿维·三唑锡/5.5%/乳油/阿维菌素 0.2%、三唑锡 5.3%/2009.04.17 至 2010.04.17/低毒(原药高毒)
柑橘树 红蜘蛛 22-36.7毫克/千克 喷雾
LS20091156 灭胺·毒死蜱 /25%/可湿性粉剂/毒死蜱 20%、灭蝇胺 5%/2009.04.17 至 2010.04.17/低毒
黄瓜 美洲斑潜蝇 150-187.5克/公顷 喷雾
LS20091212 己唑醇/5%/微乳剂/己唑醇 5%/2009.04.30 至 2010.04.30/微毒
黄瓜 白粉病 22.5-33.75克/公顷 喷雾
LS20091294 丁醚脲/15%/乳油/丁醚脲 15%/2009.05.25 至 2010.05.25/低毒
十字花科蔬菜 菜青虫 315-360克/公顷 喷雾
LS20091337 马拉·联苯菊/14%/乳油/联苯菊酯 0.6%、马拉硫磷 13.4%/2009.06.10 至 2010.06.10/中等毒
茶树 茶小绿叶蝉 78.75-105克/公顷 喷雾
LS20091415 阿维·丁醚脲/15.6%/乳油/阿维菌素 0.1%、丁醚脲 15.5%/2009.09.16 至 2010.09.16/中等毒(原药高毒)
柑橘树 红蜘蛛 104—156毫克/千克 喷雾

山东省青岛丰邦农化有限公司 (山东省青岛市胶州市胶州西路66号 266300 0532-87259751)

PD20083459 氟啶脲/50克/升/乳油/氟啶脲 50克/升/2008.12.12 至 2013.12.12/低毒
十字花科蔬菜 小菜蛾 45-60克/公顷 喷雾
PD20083841 高效氯氟氰菊酯/25克/升/乳油/高效氯氟氰菊酯 25克/升/2008.12.15 至 2013.12.15/中等毒
十字花科蔬菜 蚜虫 5.625-7.5克/公顷 喷雾
PD20085556 吡虫啉/200克/升/可溶液剂/吡虫啉 200克/升/2008.12.25 至 2013.12.25/低毒
棉花 蚜虫 30-45克/公顷 喷雾
PD20090341 啶虫脒/5%/乳油/啶虫脒 5%/2009.01.12 至 2014.01.12/低毒
黄瓜 蚜虫 18-22.5克/公顷 喷雾
PD20090479 精喹禾灵/10%/乳油/精喹禾灵 10%/2009.01.12 至 2014.01.12/低毒
夏大豆田 一年生禾本科杂草 37.5-52.5克/公顷 茎叶喷雾
PD20090523 草甘膦/30%/水剂/草甘膦 30%/2009.01.12 至 2014.01.12/低毒
苹果园 杂草 1125-2250克/公顷 定向茎叶喷雾
PD20090551 氯氰·丙溴磷/440克/升/乳油/丙溴磷 400克/升、氯氰菊酯 40克/升/2009.01.13 至 2014.01.13/中等毒
棉花 棉铃虫 528-660克/公顷 喷雾
PD20091011 氟乐灵/480克/升/乳油/氟乐灵 480克/升/2009.01.21 至 2014.01.21/低毒
棉花田 一年生杂草 900-1080克/公顷 土壤喷雾
PD20091201 乙草胺/900克/升/乳油/乙草胺 900克/升/2009.02.01 至 2014.02.01/低毒

棉花田 一年生禾本科杂草及部分小粒种子阔叶杂草 1080-1350克/公顷 土壤喷雾

PD20091365 乙草胺/50%/乳油/乙草胺 50%/2009.02.02 至 2014.02.02/低毒
花生田 杂草 900-1125克/公顷 播后苗前土壤喷雾

PD20091965 氟磺胺草醚/250克/升/水剂/氟磺胺草醚 250克/升/2009.02.12 至 2014.02.12/低毒
夏大豆田 一年生阔叶杂草 225-375克/公顷 茎叶喷雾

PD20091983 氟磺胺草醚/95%/原药/氟磺胺草醚 95%/2009.02.12 至 2014.02.12/低毒

PD20093180 百草枯/200克/升/水剂/百草枯 200克/升/2009.03.11 至 2014.03.11/中等毒
苹果园 杂草 600-900克/公顷 定向茎叶喷雾

PD20093517 甲氰菊酯/20%/乳油/甲氰菊酯 20%/2009.03.23 至 2014.03.23/中等毒
苹果树 桃小食心虫 80-100毫克/千克 喷雾

PD20093926 联苯菊酯/100克/升/乳油/联苯菊酯 100克/升/2009.03.26 至 2014.03.26/中等毒
茶树 茶小绿叶蝉 30-37.5克/公顷 喷雾

PD20094095 氯氟吡氧乙酸/22%/乳油/氯氟吡氧乙酸异辛酯 22%/2009.03.27 至 2014.03.27/低毒
水田畦畔 空心莲子草 150-180克/公顷 定向茎叶喷雾

PD20094897 异噁草松/480克/升/乳油/异噁草松 480克/升/2009.04.13 至 2014.04.13/低毒
春大豆田 一年生杂草 1100-1200克/公顷 播后苗前土壤喷雾

PD20095132 毒·辛/20%/乳油/毒死蜱 4%、辛硫磷 16%/2009.04.24 至 2014.04.24/低毒
韭菜 韭蛆 1500-1800克/公顷 灌根

PD20095475 烯草酮/120克/升/乳油/烯草酮 120克/升/2009.05.11 至 2014.05.11/低毒
春大豆田 一年生禾本科杂草 63-72克/公顷 茎叶喷雾

PD20095540 甲哌鎓/250克/升/水剂/甲哌鎓 250克/升/2009.05.12 至 2014.05.12/低毒
棉花 调节生长 45-60克/公顷 喷雾

PD20095584 精噁唑禾草灵/69克/升/水乳剂/精噁唑禾草灵 69克/升/2009.05.12 至 2014.05.12/低毒
冬小麦田 一年生禾本科杂草 51.75-62.1克/公顷 茎叶喷雾

PD20095918 异丙甲草胺/720克/升/乳油/异丙甲草胺 720克/升/2009.06.02 至 2014.06.02/低毒
春玉米田 一年生禾本科杂草及部分阔叶杂草 1296-1620克/公顷 土壤喷雾
夏玉米田 一年生禾本科杂草及部分阔叶杂草 972-1296克/公顷 土壤喷雾

PD20096259 苯磺隆/10%/可湿性粉剂/苯磺隆 10%/2009.07.15 至 2014.07.15/低毒
小麦田 一年生阔叶杂草 13.5-22.5克/公顷 茎叶喷雾

PD20098031 吡嘧磺隆/10%/可湿性粉剂/吡嘧磺隆 10%/2009.12.07 至 2014.12.07/低毒
水稻移栽田 阔叶杂草 15-30克/公顷 毒土法

PD20098063 氟硅唑/400克/升/乳油/氟硅唑 400克/升/2009.12.07 至 2014.12.07/低毒
菜豆 白粉病 45-60克/公顷 喷雾

PD20098072 甲氰·噻螨酮/7.5%/乳油/甲氰菊酯 5%、噻螨酮 2.5%/2009.12.08 至 2014.12.08/中等毒
柑橘树 红蜘蛛 75-125毫克/千克 喷雾

LS20050609 多·福/50%/可湿性粉剂/多菌灵 16.6%、福美双 33.4%/2008.03.14 至 2009.03.14/低毒
葡萄 霜霉病 1000-1250毫克/千克 喷雾

LS20053226 阿维·高氯/3%/乳油/阿维菌素 0.2%、高效氯氰菊酯 2.8%/2008.10.11 至 2009.10.11/中等毒(原药高毒)
十字花科蔬菜 菜青虫、小菜蛾 13.5-27克/公顷 喷雾

LS20060886 辛硫磷/3%/颗粒剂/辛硫磷 3%/2009.04.17 至 2010.04.17/低毒
花生 地下害虫 1800-3600克/公顷 沟施

LS20071918 烯酰·锰锌/69%/可湿性粉剂/代森锰锌 60%、烯酰吗啉 9%/2009.08.07 至 2010.08.08/低毒
黄瓜 霜霉病 1035-1397.25克/公顷 喷雾

LS20082036 异丙草·莠/42%/悬乳剂/异丙草胺 22%、莠去津 20%/2009.04.15 至 2010.04.15/低毒
夏玉米田 一年生杂草 1134-1512克/公顷 播后苗前土壤喷雾

LS20082531 咪唑乙烟酸/50克/升/水剂/咪唑乙烟酸 50克/升/2009.04.22 至 2010.04.22/低毒
春大豆田 一年生杂草 75-97.5克/公顷 土壤喷雾

LS20083199 乙羧氟草醚/10%/乳油/乙羧氟草醚 10%/2009.12.04 至 2010.12.04/低毒
花生田 一年生阔叶杂草 60-75克/公顷 茎叶喷雾

LS20090975 磺草·莠去津/40%/悬浮剂/磺草酮 10%、莠去津 30%/2009.04.10 至 2010.04.10/低毒
夏玉米田 一年生杂草 200－250毫升制剂/亩 茎叶喷雾

LS20091107 甲霜·霜霉威/25%/可湿性粉剂/甲霜灵 15%、霜霉威 10%/2009.04.17 至 2010.04.17/低毒
黄瓜 霜霉病 469-705克/公顷 喷雾

LS20091182 阿维·炔螨特/40%/乳油/阿维菌素 0.3%、炔螨特 39.7%/2009.04.23 至 2010.04.23/低毒(原药高毒)
柑橘树 红蜘蛛 200-400毫克/千克 喷雾

LS20091202 氟铃·毒死蜱/10%/乳油/毒死蜱 8.5%、氟铃脲 1.5%/2009.04.23 至 2010.04.23/中等毒
甘蓝 小菜蛾 90-120克/公顷 喷雾

山东省青岛富尔农艺生化有限公司 (山东省青岛市平度市兰底镇 266734 0532-82345678)

PD20083379 阿维菌素/2%/乳油/阿维菌素 2%/2008.12.11 至 2013.12.11/低毒(原药高毒)

	菜豆	美洲斑潜蝇	10.8-21.6克/公顷	喷雾
PD20084450	异丙威/20%/乳油/异丙威 20%/2008.12.17 至 2013.12.17/中等毒			
	水稻	稻飞虱	450-600克/公顷	喷雾
PD20085243	辛硫·灭多威/20%/乳油/灭多威 10%、辛硫磷 10%/2008.12.23 至 2013.12.23/高毒			
	棉花	棉蚜	75-150克/公顷	喷雾
	棉花	棉铃虫	100-150克/公顷	喷雾
PD20085629	腈菌唑/12.5%/乳油/腈菌唑 12.5%/2008.12.25 至 2013.12.25/低毒			
	黄瓜	白粉病	30-60克/公顷	喷雾
PD20085873	啶虫脒/3%/乳油/啶虫脒 3%/2008.12.29 至 2013.12.29/低毒			
	黄瓜	蚜虫	18-22.5克/公顷	喷雾
PD20091208	氟乐灵/480克/升/乳油/氟乐灵 480克/升/2009.02.01 至 2014.02.01/低毒			
	棉花田	一年生禾本科杂草及部分小粒种子阔叶杂草	540-1080克/公顷	土壤喷雾
PD20092096	氟铃脲/5%/乳油/氟铃脲 5%/2009.02.16 至 2014.02.16/低毒			
	甘蓝	小菜蛾	45-56.25克/公顷	喷雾
PD20095076	异丙甲草胺/720克/升/乳油/异丙甲草胺 720克/升/2009.04.22 至 2014.04.22/低毒			
	花生田	一年生杂草	1350-1620克/公顷	土壤喷雾
PD20095896	乙草胺/81.5%/乳油/乙草胺 81.5%/2009.05.31 至 2014.05.31/低毒			
	棉花田	一年生杂草	810-1080克/公顷	土壤喷雾
PD20097810	甲基硫菌灵/70%/可湿性粉剂/甲基硫菌灵 70%/2009.11.20 至 2014.11.20/低毒			
	苹果树	轮纹病	650－750毫克/千克	喷雾
PD20098475	吡虫·杀虫单/70%/可湿性粉剂/吡虫啉 2%、杀虫单 68%/2009.12.24 至 2014.12.24/低毒			
	水稻	稻飞虱、稻纵卷叶螟	630-735克/公顷	喷雾
LS20051067	烯酰·锰锌/69%/可湿性粉剂/代森锰锌 60%、烯酰吗啉 9%/2008.04.11 至 2009.04.11/低毒			
	黄瓜	霜霉病	1035-1380克/公顷	喷雾
LS20053204	氯氰·柴油/32%/乳油/柴油 30%、氯氰菊酯 2%/2008.10.11 至 2009.10.11/低毒			
	棉花	蚜虫	240-288克/公顷	喷雾
LS20060237	高氯·啶虫脒/5%/乳油/啶虫脒 1.5%、高效氯氰菊酯 3.5%/2009.02.22 至 2010.02.22/低毒			
	番茄	蚜虫	22.5-37.5克/公顷	喷雾
LS20061595	氯氰·敌敌畏/10%/乳油/敌敌畏 8%、氯氰菊酯 2%/2009.08.17 至 2010.08.17/中等毒			
	十字花科蔬菜	菜青虫	45-75克/公顷	喷雾
LS20061649	乙蒜素/41%/乳油/乙蒜素 41%/2009.08.28 至 2010.08.28/低毒			
	黄瓜	角斑病	369-461.25克/公顷	喷雾
LS20090075	甲维盐·氯氰/3.2%/微乳剂/甲氨基阿维菌素苯甲酸盐 0.2%、氯氰菊酯 3%/2009.01.09 至 2010.01.09/低毒			
	甘蓝	甜菜夜蛾	19.2～28.8克/公顷	喷雾
LS20090115	阿维·杀虫单/30%/微乳剂/阿维菌素 0.2%、杀虫单 29.8%/2009.01.21 至 2010.01.21/低毒(原药高毒)			
	水稻	二化螟	540～675克/公顷	喷雾
LS20090940	氟磺·烯草酮/24%/乳油/氟磺胺草醚 19.2%、烯草酮 4.8%/2009.04.09 至 2010.04.09/低毒			
	大豆田	一年生杂草	25－30毫升制剂/亩	茎叶喷雾
LS20091108	苄嘧·莎稗磷/25%/细粒剂/苄嘧磺隆 1.5%、莎稗磷 23.5%/2009.04.17 至 2010.04.17/低毒			
	移栽水稻田	一年生杂草	225-300克/公顷	毒土法
LS20091211	乙·嗪·滴丁酯/81%/乳油/2,4-滴丁酯 21.5%、嗪吩磺隆 0.5%、乙草胺 59%/2009.04.27 至 2010.04.27/低毒			
	春大豆田、春玉米田	一年生杂草	150-200毫升制剂/亩	播后苗前土壤喷雾
LS20091361	唑磷·毒死蜱/30%/乳油/毒死蜱 10%、三唑磷 20%/2009.07.20 至 2010.07.20/中等毒			
	水稻	稻纵卷叶螟	225-315克/公顷	喷雾

山东省青岛格力斯药业有限公司　(山东省胶州市惠州路53号　266300　0532-87205913)

PD20085309	高效氯氟氰菊酯/25克/升/乳油/高效氯氟氰菊酯 25克/升/2008.12.23 至 2013.12.23/中等毒			
	十字花科蔬菜	蚜虫	3.75-7.5克/公顷	喷雾
PD20085805	代森锌/80%/可湿性粉剂/代森锌 80%/2008.12.29 至 2013.12.29/低毒			
	番茄	早疫病	2550-3600克/公顷	喷雾
PD20090040	甲基硫菌灵/70%/可湿性粉剂/甲基硫菌灵 70%/2009.01.06 至 2014.01.06/低毒			
	水稻	稻瘟病	1050-1500克/公顷	喷雾
PD20090059	代森锰锌/80%/可湿性粉剂/代森锰锌 80%/2009.01.08 至 2014.01.08/低毒			
	番茄	早疫病	1560-2520克/公顷	喷雾
PD20091354	井冈霉素/5%/水剂/井冈霉素 5%/2009.02.02 至 2014.02.02/低毒			
	水稻	纹枯病	150-187.5克/公顷	喷雾
PD20091744	噻嗪·异丙威/25%/可湿性粉剂/噻嗪酮 5%、异丙威 20%/2009.02.04 至 2014.02.04/低毒			
	水稻	稻飞虱	450-562.5克/公顷	喷雾
PD20091791	多·锰锌/50%/可湿性粉剂/多菌灵 8%、代森锰锌 42%/2009.02.04 至 2014.02.04/低毒			
	苹果树	斑点落叶病	1000-1250毫克/千克	喷雾
PD20092451	多·福/40%/可湿性粉剂/多菌灵 35%、福美双 5%/2009.02.25 至 2014.02.25/低毒			
	梨树	黑星病	1000-1500毫克/千克	喷雾

PD20094423 毒死蜱/480克/升/乳油/毒死蜱 480克/升/2009.04.01 至 2014.04.01/中等毒
十字花科蔬菜 菜青虫 360-540克/公顷 喷雾
PD20094755 百草枯/200克/升/水剂/百草枯 200克/升/2009.04.13 至 2014.04.13/中等毒
茶园 杂草 450-750克/公顷 定向喷雾
PD20098540 精喹禾灵/15%/乳油/精喹禾灵 15%/2009.12.25 至 2014.12.25/低毒
大豆田 一年生禾本科杂草 45-78.7克/公顷 茎叶喷雾
LS20052439 吡虫啉/10%/可湿性粉剂/吡虫啉 10%/2008.07.12 至 2009.07.12/低毒
小麦 蚜虫 15-30克/公顷(南方地区) 喷雾
45-60克/公顷(北方地区)
LS20061417 阿维菌素/18克/升/乳油/阿维菌素 18克/升/2009.06.29 至 2010.06.29/低毒(原药高毒)
十字花科蔬菜 小菜蛾 9-13.5克/公顷 喷雾
LS20082424 溴氰菊酯/25克/升/乳油/溴氰菊酯 25克/升/2009.04.22 至 2010.04.22/中等毒
苹果树 桃小食心虫 12.5-16.67毫克/千克 喷雾
LS20090439 苯菌灵/50%/可湿性粉剂/苯菌灵 50%/2009.03.16 至 2010.03.16/低毒
柑橘树 疮痂病 714-1000毫克/千克 喷雾
LS20090444 丙环唑/50%/微乳剂/丙环唑 50%/2009.03.16 至 2010.03.16/低毒
香蕉 叶斑病 250-500毫克/千克 喷雾
LS20090740 高效氯氟氰菊酯/5%/微乳剂/高效氯氟氰菊酯 5%/2009.03.31 至 2010.03.31/中等毒
甘蓝 菜青虫 11.25-15克/公顷 喷雾
LS20090787 甲氨基阿维菌素苯甲酸盐(5.7%)///水分散粒剂/甲氨基阿维菌素 5%/2009.04.01 至 2010.04.01/低毒
甘蓝 甜菜夜蛾 2.25-3.75克/公顷 喷雾
LS20091024 甲维·毒死蜱/20%/乳油/毒死蜱 19.5%、甲氨基阿维菌素苯甲酸盐 0.5%/2009.04.13 至 2010.04.13/中等毒
十字花科蔬菜 甜菜夜蛾 90-120克/公顷 喷雾

山东省青岛海贝尔化工有限公司 (山东省青岛市平度市张家坊 266728 0532-82379998)

PD86180-15 百菌清/75%/可湿性粉剂/百菌清 75%/2005.08.10 至 2010.08.10/低毒
茶树 炭疽病 600-800倍液 喷雾
豆类 炭疽病、锈病 1275-2325克/公顷 喷雾
柑橘树 疮痂病 750-900毫克/千克 喷雾
瓜类 白粉病、霜霉病 1200-1650克/公顷 喷雾
果菜类蔬菜 多种病害 1125-2400克/公顷 喷雾
花生 锈病、叶斑病 1125-1350克/公顷 喷雾
梨树 斑点落叶病 500倍液 喷雾
苹果树 多种病害 600倍液 喷雾
葡萄 白粉病、黑痘病 600-700倍液 喷雾
水稻 稻瘟病、纹枯病 1125-1425克/公顷 喷雾
橡胶树 炭疽病 500-800倍液 喷雾
小麦 叶斑病、叶锈病 1125-1425克/公顷 喷雾
叶菜类蔬菜 白粉病、霜霉病 1275-1725克/公顷 喷雾
PD20092843 敌敌畏/50%/乳油/敌敌畏 50%/2009.03.05 至 2014.03.05/中等毒
苹果树 蚜虫 400-500毫克/千克 喷雾
PD20093494 灭多威/20%/乳油/灭多威 20%/2009.03.23 至 2014.03.23/高毒
棉花 棉铃虫 150-225克/公顷 喷雾
棉花 蚜虫 75-150克/公顷 喷雾
PD20094298 三唑锡/25%/可湿性粉剂/三唑锡 25%/2009.03.31 至 2014.03.31/低毒
柑橘树 红蜘蛛 125～175毫克/千克 喷雾
PD20094410 三唑锡/20%/悬浮剂/三唑锡 20%/2009.04.01 至 2014.04.01/低毒
苹果树 红蜘蛛 100-200毫克/千克 喷雾
PD20094528 福·克/20%/悬浮种衣剂/福美双 10%、克百威 10%/2009.04.09 至 2014.04.09/中等毒(原药高毒)
玉米 地下害虫、黑粉病 1:50(药种比) 种子包衣
PD20094664 高效氯氟氰菊酯/25克/升/乳油/高效氯氟氰菊酯 25克/升/2009.04.10 至 2014.04.10/中等毒
苹果树 桃小食心虫 5-6.3毫克/千克 喷雾
PD20095332 百草枯/200克/升/水剂/百草枯 200克/升/2009.04.27 至 2014.04.27/中等毒
玉米田 杂草 450-600克/公顷 定向茎叶喷雾
PD20095793 精喹禾灵/50克/升/乳油/精喹禾灵 50克/升/2009.05.27 至 2014.05.27/低毒
大豆田 一年生禾本科杂草 45-60克/公顷 茎叶喷雾
PD20097717 多抗霉素/1.5%/可湿性粉剂/多抗霉素 1.5%/2009.11.04 至 2014.11.04/低毒
黄瓜 霜霉病 160－270克/公顷 喷雾
LS20071309 毒死蜱/3%/颗粒剂/毒死蜱 3%/2009.05.08 至 2010.05.09/低毒
花生 地下害虫 1800-2250克/公顷 沟施
LS20091198 芸苔素内酯/0.04%/水剂/芸苔素内酯 0.04%/2009.04.23 至 2010.04.23/低毒
辣椒 调节生长 0.045-0.06毫克/千克 茎叶喷雾

山东省青岛海利尔药业有限公司 (山东省青岛市城阳区城东工业园 266071 0532-85721111)

PD20060092 高氯·三唑磷/13%/乳油/高效氯氰菊酯 1.7%、三唑磷 11.3%/2006.05.31 至 2011.05.31/中等毒

	荔枝树	蒂蛀虫	86.67-130毫克/千克	喷雾
PD20060094	高效氯氰菊酯/2.5%/乳油/高效氯氰菊酯 2.5%/2006.05.19 至 2011.05.19/低毒			
	梨树	梨木虱	12.5-20.8毫克/千克	喷雾
	十字花科蔬菜	菜青虫	15-22.5克/公顷	喷雾
PD20060124	吡虫啉/10%/可湿性粉剂/吡虫啉 10%/2006.06.26 至 2011.06.26/低毒			
	十字花科蔬菜	蚜虫	15-30克/公顷	喷雾
	水稻	飞虱	30-45克/公顷	喷雾
PD20070219	高氯·吡虫啉/3%/乳油/吡虫啉 1.5%、高效氯氰菊酯 1.5%/2007.08.08 至 2012.08.08/低毒			
	十字花科蔬菜	蚜虫	18-27克/公顷	喷雾
PD20070229	三唑磷/12%/乳油/三唑磷 12%/2007.08.08 至 2012.08.08/中等毒			
	水稻	二化螟	216-252克/公顷	喷雾
PD20070396	虫酰肼/95%/原药/虫酰肼 95%/2007.11.05 至 2012.11.05/低毒			
PD20070531	代森锌/65%/可湿性粉剂/代森锌 65%/2007.12.03 至 2012.12.03/低毒			
	番茄	早疫病	975-1200克/公顷	喷雾
PD20080050	毒死蜱/40%/乳油/毒死蜱 40%/2008.01.03 至 2013.01.03/中等毒			
	十字花科蔬菜	菜青虫	540-720克/公顷	喷雾
PD20080266	灭蝇胺/20%/可溶粉剂/灭蝇胺 20%/2008.02.20 至 2013.02.20/低毒			
	菜豆	美洲斑潜蝇	120-180克/公顷	喷雾
PD20080320	嘧霉胺/20%/可湿性粉剂/嘧霉胺 20%/2008.02.26 至 2013.02.26/低毒			
	黄瓜	灰霉病	360—540克/公顷	喷雾
PD20080417	吡虫啉/95%/原药/吡虫啉 95%/2008.03.04 至 2013.03.04/低毒			
PD20080844	复硝酚钠/1.8%/水剂/5-硝基邻甲氧基苯酚钠 0.3%、对硝基苯酚钠 0.9%、邻硝基苯酚钠 0.6%/2008.06.23至2013.06.23/低毒			
	番茄	调节生长	6-9 毫克/升	兑水喷雾，自初花期开始，1次/10天，共需3-4次
PD20081318	甲氰·辛硫磷/25%/乳油/甲氰菊酯 5%、辛硫磷 20%/2008.10.17 至 2013.10.17/中等毒			
	苹果树	红蜘蛛	125-250毫克/千克	喷雾
PD20081395	虫酰肼/10%/悬浮剂/虫酰肼 10%/2008.10.28 至 2013.10.28/低毒			
	十字花科蔬菜	甜菜夜蛾	150-180克/公顷	喷雾
PD20081733	二甲戊灵/33%/乳油/二甲戊灵 33%/2008.11.18 至 2013.11.18/低毒			
	甘蓝田	一年生杂草	618.8—742.5克/公顷	土壤喷雾
PD20081772	氟磺胺草醚/25%/水剂/氟磺胺草醚 25%/2008.11.18 至 2013.11.18/低毒			
	春大豆田	一年生阔叶杂草	450-562.5克/公顷	茎叶喷雾
PD20081836	啶虫脒/96%/原药/啶虫脒 96%/2008.11.20 至 2013.11.20/低毒			
PD20081845	高效氟吡甲禾灵/108克/升/乳油/高效氟吡甲禾灵 108克/升/2008.11.20 至 2013.11.20/低毒			
	春大豆田	一年生禾本科杂草	48.6-56.7克/公顷	喷雾
PD20081869	辛硫·高氯氟/26%/乳油/高效氯氟氰菊酯 1%、辛硫磷 25%/2008.11.20 至 2013.11.20/低毒			
	棉花	棉铃虫	373-390克/公顷	喷雾
PD20081964	啶虫脒/20%/可溶粉剂/啶虫脒 20%/2008.11.25 至 2013.11.25/低毒			
	黄瓜	蚜虫	18-27克/公顷	喷雾
PD20081983	代森锰锌/50%/可湿性粉剂/代森锰锌 50%/2008.11.25 至 2013.11.25/低毒			
	番茄	早疫病	1845—2370克/公顷	喷雾
PD20082076	烯禾啶/12.5%/乳油/烯禾啶 12.5%/2008.11.25 至 2013.11.25/低毒			
	春大豆田	一年生禾本科杂草	187.5-281.3克/公顷	茎叶喷雾
PD20082100	三环唑/75%/可湿性粉剂/三环唑 75%/2008.11.25 至 2013.11.25/低毒			
	水稻	稻瘟病	225-300克/公顷	喷雾
PD20082221	多·锰锌/50%/可湿性粉剂/多菌灵 8%、代森锰锌 42%/2008.11.26 至 2013.11.26/低毒			
	苹果树	斑点落叶病	400-500倍液	喷雾
PD20082313	甲基硫菌灵/50%/悬浮剂/甲基硫菌灵 50%/2008.12.01 至 2013.12.01/低毒			
	水稻	纹枯病	937.5-1125克/公顷	喷雾
PD20082326	哒螨·三唑锡/16%/可湿性粉剂/哒螨灵 10%、三唑锡 6%/2008.12.01 至 2013.12.01/低毒			
	柑橘树	红蜘蛛	1000-1500倍液	喷雾
PD20082333	醚菊酯/10%/悬浮剂/醚菊酯 10%/2008.12.01 至 2013.12.01/低毒			
	甘蓝	菜青虫	30-60克/公顷	喷雾
PD20082343	氟硅唑/40%/乳油/氟硅唑 40%/2008.12.01 至 2013.12.01/低毒			
	梨树	黑星病	40-66.7毫克/千克	喷雾
PD20083028	苏云金杆菌/8000IU/毫克/可湿性粉剂/苏云金杆菌 8000IU/毫克/2008.12.10 至 2013.12.10/低毒			
	茶树	茶毛虫	400-800倍液	喷雾
	棉花	二代棉铃虫	3000-4500克制剂/公顷	喷雾
	森林	松毛虫	600-800倍液	喷雾
	十字花科蔬菜	菜青虫	750-1500克制剂/公顷	喷雾

	十字花科蔬菜	小菜蛾	1500-2250克制剂/公顷	喷雾
	水稻	稻纵卷叶螟	3000-4500克制剂/公顷	喷雾
	烟草	烟青虫	1500-3000克制剂/公顷	喷雾
	玉米	玉米螟	1500-3000克制剂/公顷	加细沙灌心
	枣树	枣尺蠖	600-800倍液	喷雾
PD20083457	杀螟硫磷/50%/乳油/杀螟硫磷 50%/2008.12.12 至 2013.12.12/低毒			
	水稻	三化螟	562.5-750克/公顷	喷雾
PD20084114	烟嘧磺隆/40克/升/悬浮剂/烟嘧磺隆 40克/升/2008.12.16 至 2013.12.16/低毒			
	玉米田	一年生杂草	40-60克/公顷	茎叶喷雾
PD20084290	丙环唑/250克/升/乳油/丙环唑 250克/升/2008.12.17 至 2013.12.17/低毒			
	香蕉树	叶斑病	250-500毫克/千克	喷雾
PD20084291	溴氰菊酯/2.5%/乳油/溴氰菊酯 2.5%/2008.12.17 至 2013.12.17/低毒			
	棉花	棉铃虫	15-18.75克/公顷	喷雾
PD20084296	甲基硫菌灵/70%/可湿性粉剂/甲基硫菌灵 70%/2008.12.17 至 2013.12.17/低毒			
	番茄	叶霉病	375-562.5克/公顷	喷雾
PD20084393	联苯菊酯/100克/升/乳油/联苯菊酯 100克/升/2008.12.17 至 2013.12.17/中等毒			
	茶树	茶小绿叶蝉	30-37.5克/公顷	喷雾
PD20084403	噻螨酮/5%/乳油/噻螨酮 5%/2008.12.17 至 2013.12.17/低毒			
	柑橘树	红蜘蛛	25-33.3毫克/千克	喷雾
PD20084878	吡虫啉/200克/升/可溶液剂/吡虫啉 200克/升/2008.12.22 至 2013.12.22/低毒			
	十字花科蔬菜	蚜虫	15-30克/公顷	喷雾
PD20085281	丁草胺/60%/乳油/丁草胺 60%/2008.12.23 至 2013.12.23/低毒			
	水稻移栽田	一年生杂草	900-1350克/公顷	药土法
PD20085284	乙草胺/90%/乳油/乙草胺 90%/2008.12.23 至 2013.12.23/低毒			
	夏玉米田	部分阔叶杂草、一年生禾本科杂草	1080－1350克/公顷	土壤喷雾
PD20085373	精喹禾灵/15.8%/乳油/精喹禾灵 15.8%/2008.12.24 至 2013.12.24/低毒			
	春大豆田	一年生禾本科杂草	60-80克/公顷	茎叶喷雾
PD20086065	多・福/50%/可湿性粉剂/多菌灵 15%、福美双 35%/2008.12.30 至 2013.12.30/低毒			
	葡萄	霜霉病	1000-1250毫克/千克	喷雾
PD20086234	灭多威/10%/可湿性粉剂/灭多威 10%/2008.12.31 至 2013.12.31/中等毒(原药高毒)			
	棉花	棉铃虫	270-360克/公顷	喷雾
PD20086380	氟胺・烯禾啶/20.8%/乳油/氟磺胺草醚 12.5%、烯禾啶 8.3%/2008.12.31 至 2013.12.31/低毒			
	春大豆田	一年生杂草	405.6-468克/公顷	茎叶喷雾
PD20090145	噻嗪酮/25%/可湿性粉剂/噻嗪酮 25%/2009.01.08 至 2014.01.08/低毒			
	水稻	稻飞虱	112.5－150克/公顷	喷雾
PD20090230	甲硫・福美双/70%/可湿性粉剂/福美双 40%、甲基硫菌灵 30%/2009.01.09 至 2014.01.09/低毒			
	苹果树	轮纹病	600-800倍液	喷雾
PD20090246	烯酰・福美双/55%/可湿性粉剂/福美双 47%、烯酰吗啉 8%/2009.01.09 至 2014.01.09/低毒			
	黄瓜	霜霉病	825-1320克/公顷	喷雾
PD20090324	敌畏・毒死蜱/35%/乳油/敌敌畏 25%、毒死蜱 10%/2009.01.12 至 2014.01.12/中等毒			
	水稻	稻纵卷叶螟	420-525克/公顷	喷雾
PD20090390	硫磺・多菌灵/40%/悬浮剂/多菌灵 20%、硫磺 20%/2009.01.12 至 2014.01.12/低毒			
	水稻	稻瘟病	1200-1800克/公顷	喷雾
	甜菜	褐斑病	900-1200克/公顷	喷雾
PD20090496	阿维・炔螨特/56%/微乳剂/阿维菌素 0.3%、炔螨特 55.7%/2009.01.12 至 2014.01.12/中等毒(原药高毒)			
	柑橘树	红蜘蛛	140-280毫克/千克	喷雾
PD20090616	阿维・敌敌畏/40%/乳油/阿维菌素 0.3%、敌敌畏 39.7%/2009.01.14 至 2014.01.14/中等毒(原药高毒)			
	黄瓜	美洲斑潜蝇	360-450克/公顷	喷雾
PD20090754	阿维菌素/18克/升/乳油/阿维菌素 18克/升/2009.01.19 至 2014.01.19/低毒			
	十字花科蔬菜	小菜蛾	8.1-10.8克/公顷	喷雾
PD20090863	丙溴・灭多威/25%/乳油/丙溴磷 15%、灭多威 10%/2009.01.19 至 2014.01.19/中等毒(原药高毒)			
	棉花	棉铃虫	225-375克/公顷	喷雾
PD20090933	阿维・三唑磷/10.2%/乳油/阿维菌素 0.2%、三唑磷 10%/2009.01.19 至 2014.01.19/中等毒(原药高毒)			
	节瓜	蓟马	114.75-229.5克/公顷	喷雾
PD20090945	春雷霉素/2%/可湿性粉剂/春雷霉素 2%/2009.01.19 至 2014.01.19/低毒			
	水稻	稻瘟病	30-36克/公顷	喷雾
PD20091276	氯氰・丙溴磷/440克/升/乳油/丙溴磷 400克/升、氯氰菊酯 40克/升/2009.02.01 至 2014.02.01/中等毒			
	棉花	棉铃虫	528-660克/公顷	喷雾
PD20091383	百・福・福锌/75%/可湿性粉剂/百菌清 19%、福美双 21%、福美锌 35%/2009.02.02 至 2014.02.02/低毒			
	黄瓜	霜霉病	1237.5-1687.5克/公顷	喷雾
PD20091477	哒螨・辛硫磷/24%/乳油/哒螨灵 4%、辛硫磷 20%/2009.02.02 至 2014.02.02/低毒			
	柑橘树	红蜘蛛	160-240毫克/千克	喷雾
PD20091633	阿维・高氯/2.4%/可湿性粉剂/阿维菌素 0.2%、高效氯氰菊酯 2.2%/2009.02.03 至 2014.02.03/低毒(原药高毒)			

黄瓜 美洲斑潜蝇 15-30克/公顷 喷雾
PD20091639 多·福·锌 /80%/可湿性粉剂/多菌灵 25%、福美双 25%、福美锌 30%/2009.02.03 至 2014.02.03/中等毒
苹果树 轮纹病 700-800倍液 喷雾
PD20091683 阿维·高氯/1.8%/乳油/阿维菌素 0.3%、高效氯氰菊酯 1.5%/2009.02.03 至 2014.02.03/低毒(原药高毒)
甘蓝 小菜蛾 8.1-10.8克/公顷 喷雾
PD20091740 甲霜·霜霉威/25%/可湿性粉剂/甲霜灵 15%、霜霉威 10%/2009.02.04 至 2014.02.04/低毒
黄瓜 霜霉病 470－703克/公顷 喷雾
PD20091880 啶虫脒/3%/乳油/啶虫脒 3%/2009.02.09 至 2014.02.09/低毒
黄瓜 蚜虫 18-22.5克/公顷 喷雾
PD20092313 阿维菌素/1%/乳油/阿维菌素 1%/2009.02.24 至 2014.02.24/低毒(原药高毒)
十字花科蔬菜 小菜蛾 8.1-10.8克/公顷 喷雾
PD20092371 氰戊·马拉松/20%/乳油/马拉硫磷 15%、氰戊菊酯 5%/2009.02.25 至 2014.02.25/中等毒
苹果树 桃小食心虫 133-200毫克/千克 喷雾
PD20093437 阿维·哒螨灵/10.2%/乳油/阿维菌素 0.2%、哒螨灵 10%/2009.03.23 至 2014.03.23/低毒(原药高毒)
苹果树 二斑叶螨 51-68毫克/千克 喷雾
PD20093580 硫磺·三唑酮/20%/可湿性粉剂/硫磺 10%、三唑酮 10%/2009.03.23 至 2014.03.23/低毒
小麦 白粉病 150-240克/公顷 喷雾
PD20093901 阿维菌素/0.5%/可湿性粉剂/阿维菌素 0.5%/2009.03.26 至 2014.03.26/低毒(原药高毒)
十字花科蔬菜 小菜蛾 4.5-9克/公顷 喷雾
PD20094163 甲维·氟铃脲/4%/微乳剂/氟铃脲 3.4%、甲氨基阿维菌素苯甲酸盐 0.6%/2009.03.27 至 2014.03.27/低毒
甘蓝 甜菜夜蛾 5.5-10.25克/公顷 喷雾
PD20094373 锰锌·腈菌唑/60%/可湿性粉剂/腈菌唑 2%、代森锰锌 58%/2009.04.01 至 2014.04.01/低毒
梨树 黑星病 1000-1500倍液 喷雾
PD20094454 异丙草胺/50%/乳油/异丙草胺 50%/2009.04.01 至 2014.04.01/低毒
夏玉米田 部分阔叶杂草、一年生禾本科杂草 1125－1500克/公顷 土壤喷雾
PD20095407 盐酸吗啉胍/5%/可溶粉剂/盐酸吗啉胍 5%/2009.04.27 至 2014.04.27/低毒
番茄 病毒病 300－375克/公顷 喷雾
PD20095521 三唑锡/25%/可湿性粉剂/三唑锡 25%/2009.05.11 至 2014.05.11/低毒
柑橘树 红蜘蛛 125-166毫克/千克 喷雾
PD20095612 代森锰锌/80%/可湿性粉剂/代森锰锌 80%/2009.05.12 至 2014.05.12/低毒
番茄 早疫病 1845-2370克/公顷 喷雾
PD20095708 异丙·莠去津/40%/悬乳剂/异丙草胺 26%、莠去津 14%/2009.05.18 至 2014.05.18/低毒
夏玉米田 一年生杂草 1050-1500克/公顷 喷雾
PD20095985 阿维·辛硫磷/35%/乳油/阿维菌素 0.3%、辛硫磷 34.7%/2009.06.11 至 2014.06.11/低毒(原药高毒)
十字花科蔬菜 小菜蛾 131.25-262.5克/公顷 喷雾
PD20096051 甲维·氯氰/3.2%/微乳剂/甲氨基阿维菌素苯甲酸盐 0.2%、氯氰菊酯 3%/2009.06.18 至 2014.06.18/低毒
甘蓝 甜菜夜蛾 19.2-28.8克/公顷 喷雾
PD20096052 丁·莠/48%/悬乳剂/丁草胺 19%、莠去津 29%/2009.06.18 至 2014.06.18/低毒
夏玉米田 一年生杂草 1080-1440克/公顷 土壤喷雾
PD20096094 甲氨基阿维菌素苯甲酸盐(0.57%)///微乳剂/甲氨基阿维菌素 0.5%/2009.06.18 至 2014.06.18/低毒
甘蓝 甜菜夜蛾 1.5-2.25克/公顷 喷雾
PD20096095 松·喹·氟磺胺/18%/乳油/氟磺胺草醚 5.5%、精喹禾灵 1.5%、异噁草松 11%/2009.06.18 至 2014.06.18/低毒
春大豆田 一年生杂草 648-810克/公顷 茎叶喷雾
PD20096783 百草枯/200克/升/水剂/百草枯 200克/升/2009.09.15 至 2014.09.15/中等毒
非耕地 杂草 600-900克/公顷 茎叶喷雾
PD20097842 福·福锌/72%/可湿性粉剂/福美双 27%、福美锌 45%/2009.11.20 至 2014.11.20/低毒
黄瓜 炭疽病 1447.2-1944克/公顷 喷雾
PD20097921 灭多威/20%/乳油/灭多威 20%/2009.11.30 至 2014.11.30/中等毒(原药高毒)
甘蓝 菜青虫 112.5-157.5克/公顷 喷雾
PD20097927 杀扑·矿物油/40%/乳油/矿物油 16%、杀扑磷 24%/2009.11.30 至 2014.11.30/中等毒(原药高毒)
柑橘树 矢尖蚧 800-1000倍液 喷雾
PD20098092 高氯·辛硫磷/20%/乳油/高效氯氰菊酯 1.5%、辛硫磷 18.5%/2009.12.08 至 2014.12.08/低毒
大豆 甜菜夜蛾 240-300克/公顷 喷雾
PD20098242 氟铃·辛硫磷/20%/乳油/氟铃脲 2%、辛硫磷 18%/2009.12.16 至 2014.12.16/低毒
甘蓝 小菜蛾 90-150克/公顷 喷雾
棉花 棉铃虫 150-300克/公顷 喷雾
PD20098284 阿维·毒死蜱/10%/乳油/阿维菌素 0.1%、毒死蜱 9.9%/2009.12.18 至 2014.12.18/低毒(原药高毒)
十字花科蔬菜 小菜蛾 112.5-150克/公顷 喷雾
PD20098424 辛硫磷/40%/乳油/辛硫磷 40%/2009.12.24 至 2014.12.24/低毒
十字花科蔬菜 菜青虫 112.5-180克/公顷 喷雾
PD20098441 吗胍·乙酸铜/20%/可湿性粉剂/盐酸吗啉胍 16%、乙酸铜 4%/2009.12.24 至 2014.12.24/低毒
番茄 病毒病 500-750克/公顷 喷雾
LS20051620 高效氯氟氰菊酯/2.5%/微乳剂/高效氯氟氰菊酯 2.5%/2008.04.29 至 2009.04.29/中等毒

十字花科蔬菜 菜青虫 11.25-13.125克/公顷 喷雾

LS20052073 氯氰·吡虫啉/33%/水分散粒剂/吡虫啉 30%、高效氯氟氰菊酯 3%/2008.06.05 至 2009.06.05/低毒

十字花科蔬菜 白粉虱 29.7-39.6克/公顷 喷雾

LS20060049 咪乙·异噁松/31%/乳油/咪唑乙烟酸 3%、异噁草松 28%/2009.01.16 至 2010.01.16/低毒

春大豆 一年生杂草 697.5-930克/公顷 土壤喷雾

LS20060819 甲氨基阿维菌素苯甲酸盐/3%/水分散粒剂/甲氨基阿维菌素 3%/2009.04.12 至 2010.04.12/低毒

十字花科蔬菜 甜菜夜蛾 1.5-3.6克/公顷 喷雾

LS20060866 阿维·噻螨酮/3%/微乳剂/阿维菌素 0.5%、噻螨酮 2.5%/2009.04.13 至 2010.04.13/低毒(原药高毒)

柑橘树 红蜘蛛 15-20毫克/千克 喷雾

LS20061103 丁硫·吡虫啉/15%/乳油/吡虫啉 5%、丁硫克百威 10%/2009.05.11 至 2010.05.11/中等毒

十字花科蔬菜 蚜虫 22.5-36克/公顷 /喷雾

LS20061295 多抗·锰锌/46%/可湿性粉剂/多抗霉素 2%、代森锰锌 44%/2009.06.11 至 2010.06.11/低毒

苹果树 斑点落叶病 460-575毫克/千克 喷雾

LS20061297 阿维·苯丁锡/10%/乳油/阿维菌素 0.5%、苯丁锡 9.5%/2009.06.11 至 2010.06.11/低毒(原药高毒)

柑橘树 红蜘蛛 50-100毫克/千克 喷雾

LS20061304 吡虫啉/70%/水分散粒剂/吡虫啉 70%/2009.06.11 至 2010.06.11/低毒

十字花科蔬菜 蚜虫 15-30克/公顷 喷雾

LS20061546 甲硫·异菌脲/60%/可湿性粉剂/甲基硫菌灵 40%、异菌脲 20%/2009.08.02 至 2010.08.02/低毒

黄瓜 炭疽病 360-540克/公顷 喷雾

LS20071705 丁醚脲/25%/乳油/丁醚脲 25%/2009.07.03 至 2010.07.04/中等毒

十字花科蔬菜 菜青虫 225-300克/公顷 喷雾

LS20071977 烯酰吗啉/50%/水分散粒剂/烯酰吗啉 50%/2009.08.07 至 2010.08.08/低毒

黄瓜 霜霉病 225-300克/公顷 喷雾

LS20072189 甲维·毒死蜱/30%/乳油/毒死蜱 29.7%、甲氨基阿维菌素苯甲酸盐 0.3%/2009.09.11 至 2010.09.12/中等毒

水稻 二化螟 270-382.5克/公顷 喷雾

LS20080231 吡虫啉/400克/升/微乳剂/吡虫啉 400克/升/2009.01.08 至 2010.01.08/低毒

水稻 稻飞虱 22.5-30克/公顷 喷雾

LS20081720 杀螟丹/50%/可溶粉剂/杀螟丹 50%/2009.04.07 至 2010.04.07/低毒

水稻 二化螟 525-750克/公顷 喷雾

LS20081929 戊唑醇/12.5%/水乳剂/戊唑醇 12.5%/2009.04.11 至 2010.04.11/低毒

香蕉 叶斑病 175-250毫克/千克 喷雾

LS20082747 灭·喹·氟磺胺/24%/乳油/氟磺胺草醚 7%、精喹禾灵 2%、灭草松 15%/2009.05.04 至 2010.05.04/低毒

春大豆田 一年生杂草 432-504克/公顷 茎叶喷雾

LS20091088 苄嘧·莎稗磷/17%/可湿性粉剂/苄嘧磺隆 2%、莎稗磷 15%/2009.04.15 至 2010.04.15/低毒

移栽水稻田 一年生杂草 306-382.5克/公顷 毒土法

LS20091145 唑酮·乙蒜素/32%/乳油/三唑酮 2%、乙蒜素 30%/2009.04.17 至 2010.04.17/低毒

水稻 稻瘟病 350-480克/公顷 喷雾

山东省青岛好利特生物农药有限公司 (山东省莱西市马连庄 266617 0532-85432888)

PD20083352 甲氰·辛硫磷/25%/乳油/甲氰菊酯 5%、辛硫磷 20%/2008.12.11 至 2013.12.11/低毒

棉花 棉铃虫 225-375克/公顷 喷雾

PD20083832 联苯菊酯/25克/升/乳油/联苯菊酯 25克/升/2008.12.15 至 2013.12.15/低毒

番茄 白粉虱 7.5-15克/公顷 喷雾

PD20083861 多·锰锌/50%/可湿性粉剂/多菌灵 8%、代森锰锌 42%/2008.12.15 至 2013.12.15/低毒

苹果树 斑点落叶病 400-500倍液 喷雾

PD20083903 高氯·马/20%/乳油/高效氯氰菊酯 1.5%、马拉硫磷 18.5%/2008.12.15 至 2013.12.15/低毒

苹果树 桃小食心虫 133-200毫克/千克 喷雾

PD20083943 高氯·辛硫磷/20%/乳油/高效氯氰菊酯 1%、辛硫磷 19%/2008.12.15 至 2013.12.15/低毒

甘蓝 菜青虫 90-150克/公顷 喷雾

PD20083950 代森锰锌/80%/可湿性粉剂/代森锰锌 80%/2008.12.15 至 2013.12.15/低毒

番茄 早疫病 1845-2370克/公顷 喷雾

PD20084203 敌百·辛硫磷/50%/乳油/敌百虫 25%、辛硫磷 25%/2008.12.16 至 2013.12.16/中等毒

十字花科蔬菜 菜青虫 450-600克/公顷 喷雾

PD20084479 硫磺·三唑酮/20%/可湿性粉剂/硫磺 10%、三唑酮 10%/2008.12.17 至 2013.12.17/低毒

小麦 白粉病 150-225克/公顷 喷雾

PD20084841 苏云金杆菌/16000IU/毫克/可湿性粉剂/苏云金杆菌 16000IU/毫克/2008.12.22 至 2013.12.22/低毒

茶树 茶毛虫 800-1600倍液 喷雾

棉花 二代棉铃虫 1500-2250克制剂/公顷 喷雾

森林 松毛虫 1200-1600倍液 喷雾

十字花科蔬菜 小菜蛾 750-1125克制剂/公顷 喷雾

十字花科蔬菜 菜青虫 375-750克制剂/公顷 喷雾

水稻 稻纵卷叶螟 1500-2250克制剂/公顷 喷雾

烟草 烟青虫 750-1500克制剂/公顷 喷雾

玉米 玉米螟 750-1500克制剂/公顷 加细沙灌心

	枣树	尺蠖	1200-1600倍液	喷雾
PD20084927	多·福/40%/可湿性粉剂/多菌灵 5%、福美双 35%/2008.12.22 至 2013.12.22/低毒			
	梨树	黑星病	1000-1250毫克/千克	喷雾
	葡萄	霜霉病	1000-1250毫克/千克	喷雾
PD20085002	啶虫脒/3%/乳油/啶虫脒 3%/2008.12.22 至 2013.12.22/低毒			
	柑橘树	蚜虫	6-10毫克/千克	喷雾
PD20085023	苏云金杆菌/8000IU/毫克/可湿性粉剂/苏云金杆菌 8000IU/毫克/2008.12.22 至 2013.12.22/低毒			
	茶树	茶毛虫	400-800倍液	喷雾
	棉花	二代棉铃虫	3000-4500克制剂/公顷	喷雾
	森林	松毛虫	600-800倍液	喷雾
	十字花科蔬菜	菜青虫	750-1500克制剂/公顷	喷雾
	十字花科蔬菜	小菜蛾	1500-2250克制剂/公顷	喷雾
	水稻	稻纵卷叶螟	3000-4500克制剂/公顷	喷雾
	烟草	烟青虫	1500-3000克制剂/公顷	喷雾
	玉米	玉米螟	1500-3000克制剂/公顷	拌细沙灌心
	枣树	尺蠖	600-800倍液	喷雾
PD20085209	吡虫啉/10%/可湿性粉剂/吡虫啉 10%/2008.12.23 至 2013.12.23/低毒			
	水稻	稻飞虱	15-30克/公顷	喷雾
PD20085545	三唑磷/20%/乳油/三唑磷 20%/2008.12.25 至 2013.12.25/低毒			
	水稻	二化螟	300-450克/公顷	喷雾
PD20091068	阿维·甲氰/1.8%/乳油/阿维菌素 0.1%、甲氰菊酯 1.7%/2009.01.21 至 2014.01.21/低毒(原药高毒)			
	苹果树	红蜘蛛	12-18毫克/千克	喷雾
PD20092128	烯酰·锰锌/69%/可湿性粉剂/代森锰锌 60%、烯酰吗啉 9%/2009.02.23 至 2014.02.23/低毒			
	黄瓜	霜霉病	1035-1380克/公顷	喷雾
PD20093015	阿维·敌敌畏/40%/乳油/阿维菌素 0.3%、敌敌畏 39.7%/2009.03.09 至 2014.03.09/中等毒(原药高毒)			
	黄瓜	美洲斑潜蝇	360-450克/公顷	喷雾
PD20095546	氟铃·辛硫磷/20%/乳油/氟铃脲 2%、辛硫磷 18%/2009.05.12 至 2014.05.12/低毒			
	棉花	棉铃虫	150-300克/公顷	喷雾
PD20096040	氧氟·甲戊灵/20%/乳油/二甲戊灵 17.5%、乙氧氟草醚 2.5%/2009.06.15 至 2014.06.15/低毒			
	姜	一年生杂草	390-540克/公顷	土壤喷雾
PD20096127	高效氯氰菊酯/4.5%/乳油/高效氯氰菊酯 4.5%/2009.06.19 至 2014.06.19/低毒			
	甘蓝	菜青虫	600-900毫升制剂/公顷	喷雾
PD20096898	哒螨灵/20%/可湿性粉剂/哒螨灵 20%/2009.09.23 至 2014.09.23/低毒			
	苹果树	红蜘蛛	50-67毫克/千克	喷雾
PD20097200	毒死蜱/97%/原药/毒死蜱 97%/2009.10.19 至 2014.10.19/中等毒			
PD20097630	吡虫啉/95%/原药/吡虫啉 95%/2009.11.03 至 2014.11.03/低毒			
PD20098082	福美双/50%/可湿性粉剂/福美双 50%/2009.12.08 至 2014.12.08/低毒			
	水稻	稻瘟病	200－250克/100千克种子	拌种
LS20072211	阿维·毒死蜱/10.2%/乳油/阿维菌素 0.2%、毒死蜱 10%/2009.09.11 至 2010.09.12/低毒(原药高毒)			
	十字花科蔬菜	小菜蛾	61.2～76.5克/公顷	/喷雾
LS20090332	阿维·毒死蜱 /15%/乳油/阿维菌素 0.1%、毒死蜱 14.9%/2009.03.05 至 2010.03.05/中等毒(原药高毒)			
	水稻	稻纵卷叶螟	180～225克/公顷	喷雾
LS20090622	阿维·哒螨灵/10.5%/乳油/阿维菌素 0.3%、哒螨灵 10.2%/2009.03.23 至 2010.03.23/中等毒(原药高毒)			
	柑橘树	红蜘蛛	87.5～105毫克/千克	喷雾

山东省青岛沪青城市害虫控制有限公司 （山东省青岛市市北区延吉路71号甲 266033 0532-83666309)

WP20090356	杀蟑胶饵/2.1%/胶饵/吡虫啉 2.1%/2009.11.03 至 2014.11.03/低毒			
	卫生	蜚蠊	/	投放

山东省青岛金尔农化研制开发有限公司（山东省青岛市胶州市经济技术开发区胶州湾工业园 266300 0532-87219838)

PD20083656	苯磺隆/10%/可湿性粉剂/苯磺隆 10%/2008.12.16 至 2013.12.16/低毒			
	冬小麦田	一年生阔叶杂草	13.5-22.5克/公顷	茎叶喷雾
PD20095830	氟磺胺草醚/250克/升/水剂/氟磺胺草醚 250克/升/2009.06.11 至 2014.06.11/低毒			
	夏大豆田	一年生阔叶杂草	150-225克/公顷	茎叶喷雾
PD20095917	精喹禾灵/10.8%/乳油/精喹禾灵 10.8%/2009.06.02 至 2014.06.02/低毒			
	夏大豆田	一年生禾本科杂草	48.6-64.8克/公顷	茎叶喷雾
PD20096166	乙草胺/81.5%/乳油/乙草胺 81.5%/2009.06.24 至 2014.06.24/低毒			
	夏玉米田	一年生杂草	810-1350克/公顷	土壤喷雾
PD20096313	高效氯氟氰菊酯/25克/升/乳油/高效氯氟氰菊酯 25克/升/2009.07.22 至 2014.07.22/中等毒			
	甘蓝	菜青虫	9.375-18.75克/公顷	喷雾
PD20096611	精噁唑禾草灵/69克/升/水乳剂/精噁唑禾草灵 69克/升/2009.09.02 至 2014.09.02/低毒			
	冬小麦田	一年生禾本科杂草	41.4-51.75克/公顷	茎叶喷雾
PD20096886	百草枯/200克/升/水剂/百草枯 200克/升/2009.09.23 至 2014.09.23/中等毒			
	玉米田	杂草	450-600克/公顷	行间定向茎叶喷雾

PD20096891 2甲4氯钠/56%/可溶粉剂/2甲4氯钠 56%/2009.09.23 至 2014.09.23/低毒
夏玉米田 一年生阔叶杂草 900-1200克/公顷 茎叶喷雾
PD20096907 毒·辛/40%/乳油/毒死蜱 10%、辛硫磷 30%/2009.09.23 至 2014.09.23/低毒
棉花田 棉铃虫 975-1800毫升制剂/公顷 喷雾
PD20096936 甲基硫菌灵/500克/升/悬浮剂/甲基硫菌灵 500克/升/2009.09.29 至 2014.09.29/低毒
水稻 纹枯病 750-1125克/公顷 喷雾
PD20097725 二甲戊灵/330克/升/乳油/二甲戊灵 330克/升/2009.11.04 至 2014.11.04/低毒
甘蓝田 一年生杂草 618.75-742.5克/公顷 移栽前土壤喷雾
PD20097771 莠去津/38%/悬浮剂/莠去津 38%/2009.11.12 至 2014.11.12/低毒
夏玉米田 一年生杂草 540-600克/公顷 茎叶喷雾
PD20097902 烟嘧磺隆/40克/升/可分散油悬浮剂/烟嘧磺隆 40克/升/2009.11.30 至 2014.11.30/低毒
玉米田 一年生杂草 48-60克/公顷 茎叶喷雾
PD20098032 烯草酮/120克/升/乳油/烯草酮 120克/升/2009.12.07 至 2014.12.07/低毒
冬油菜田 一年生禾本科杂草 54-72克/公顷 茎叶喷雾
PD20098218 炔螨特/57%/乳油/炔螨特 57%/2009.12.16 至 2014.12.16/低毒
棉花 红蜘蛛 273.75-383.25克/公顷 喷雾
PD20098224 丙环唑/250克/升/乳油/丙环唑 250克/升/2009.12.16 至 2014.12.16/低毒
小麦 白粉病 124.5—140克/公顷 喷雾
LS20082837 乙羧氟草醚/10%/乳油/乙羧氟草醚 10%/2009.06.04 至 2010.06.04/低毒
夏大豆田 一年生阔叶杂草 60-90克/公顷 茎叶喷雾
LS20083288 松·喹·氟磺胺/18%/乳油/氟磺胺草醚 5.5%、精喹禾灵 1.5%、异噁草松 11%/2009.12.29 至 2010.12.29/低毒
春大豆田 一年生杂草 486-540克/公顷 茎叶喷雾
LS20090355 烯酰·福美双/50%/可湿性粉剂/福美双 30%、烯酰吗啉 20%/2009.03.13 至 2010.03.13/低毒
黄瓜 霜霉病 750-900克/公顷 喷雾
LS20090743 高效氯氟氰菊酯/2.5%/微乳剂/高效氯氟氰菊酯 2.5%/2009.03.31 至 2010.03.31/低毒
甘蓝 菜青虫 7.5-11.25克/公顷 喷雾
LS20090786 溴腈·莠灭净/78%/可湿性粉剂/溴苯腈 13%、莠灭净 65%/2009.04.01 至 2010.04.01/低毒
玉米田 一年生杂草 1462.5-1755克/公顷 茎叶喷雾
LS20090836 2甲·氯氟吡/30%/可湿性粉剂/2甲4氯 25%、氯氟吡氧乙酸 5%/2009.04.03 至 2010.04.03/低毒
移栽水稻田 一年生阔叶杂草及莎草科杂草 450-675克/公顷 茎叶喷雾
LS20090871 阿维·高氯/1.8%/微乳剂/阿维菌素 0.6%、高效氯氰菊酯 1.2%/2009.04.09 至 2010.04.09/低毒(原药高毒)
甘蓝 小菜蛾 12.15-16.2克/公顷 喷雾
LS20090892 阿维·啶虫脒/1.8%/微乳剂/阿维菌素 0.3%、啶虫脒 1.5%/2009.04.09 至 2010.04.09/低毒(原药高毒)
黄瓜 美洲斑潜蝇 12.15-16.2克/公顷 喷雾
LS20090899 甲氨基阿维菌素苯甲酸盐(2.3%)///微乳剂/甲氨基阿维菌素 2%/2009.04.09 至 2010.04.09/低毒
甘蓝 小菜蛾 1.5-2.4克/公顷 喷雾
LS20090907 氯吡·苯磺隆/20%/可湿性粉剂/苯磺隆 2.7%、氯氟吡氧乙酸 17.3%/2009.04.09 至 2010.04.09/低毒
冬小麦田 一年生阔叶杂草 90-120克/公顷 茎叶喷雾
LS20091004 甲氨基阿维菌素苯甲酸盐(1.1%)///微乳剂/甲氨基阿维菌素 1%/2009.04.13 至 2010.04.13/低毒
甘蓝 小菜蛾 2.25-3.75克/公顷 喷雾
LS20091038 乙羧氟草醚/10%/微乳剂/乙羧氟草醚 10%/2009.04.15 至 2010.04.15/低毒
夏大豆田 一年生阔叶杂草 30-40毫升制剂/亩 茎叶喷雾

山东省青岛金汇丰化学有限公司 (山东省青岛市开发区汇丰化学实验厂长江西路 266555 0532-86721178)

WL20070242 杀虫气雾剂/0.43%/气雾剂/胺菊酯 0.28%、氯菊酯 0.15%/2009.11.04 至 2010.11.04/微毒
卫生 蚊、蝇 / 喷雾

山东省青岛金正农药有限公司 (山东省青岛市莱西市望城办事处荸止头村东 266601 0532-88481368)

PD20083366 苏云金杆菌/16000IU/毫克/可湿性粉剂/苏云金杆菌 16000IU/毫克/2008.12.11 至 2013.12.11/低毒
茶树 茶毛虫 800-1600倍液 喷雾
棉花 二代棉铃虫 1500-2250克制剂/公顷 喷雾
森林 松毛虫 1200-1600倍液 喷雾
十字花科蔬菜 小菜蛾 750-1125克制剂/公顷 喷雾
十字花科蔬菜 菜青虫 375-750克制剂/公顷 喷雾
水稻 稻纵卷叶螟 1500-2250克制剂/公顷 喷雾
烟草 烟青虫 750-1500克制剂/公顷 喷雾
玉米 玉米螟 750-1500克制剂/公顷 加细沙灌心
枣树 枣尺蠖 1200-1600倍液 喷雾
PD20084000 多·锰锌/50%/可湿性粉剂/多菌灵 8%、代森锰锌 42%/2008.12.16 至 2013.12.16/低毒
苹果树 斑点落叶病 1000-1250毫克/千克 喷雾
PD20084171 高氯·马/20%/乳油/高效氯氰菊酯 1.5%、马拉硫磷 18.5%/2008.12.16 至 2013.12.16/低毒
苹果 桃小食心虫 133-200毫克/千克 喷雾
PD20084463 乙酰甲胺磷/20%/乳油/乙酰甲胺磷 20%/2008.12.17 至 2013.12.17/低毒
十字花科蔬菜 菜青虫 450-540克/公顷 喷雾
PD20084571 福美双/50%/可湿性粉剂/福美双 50%/2008.12.18 至 2013.12.18/低毒

葡萄 白腐病 500-1000毫克/千克 喷雾
PD20084655 多·福/50%/可湿性粉剂/多菌灵 25%、福美双 25%/2008.12.22 至 2013.12.22/低毒
梨树 黑星病 833.3-1250毫克/千克 喷雾
PD20084745 代森锰锌/70%/可湿性粉剂/代森锰锌 70%/2008.12.22 至 2013.12.22/低毒
番茄 早疫病 1845-2370克/公顷 喷雾
PD20086240 三唑磷/20%/乳油/三唑磷 20%/2008.12.31 至 2013.12.31/低毒
水稻 二化螟 300-450克/公顷 喷雾
PD20086263 联苯菊酯/25克/升/乳油/联苯菊酯 25克/升/2008.12.31 至 2013.12.31/低毒
茶树 茶小绿叶蝉 30-37.5克/公顷 喷雾
PD20090215 烯酰·锰锌/69%/可湿性粉剂/代森锰锌 60%、烯酰吗啉 9%/2009.01.09 至 2014.01.09/低毒
黄瓜 霜霉病 1035-1380克/公顷 喷雾
PD20090516 高效氯氟氰菊酯/25克/升/乳油/高效氯氟氰菊酯 25克/升/2009.01.12 至 2014.01.12/中等毒
十字花科蔬菜 蚜虫 6-9克/公顷 喷雾
PD20093879 啶虫脒/3%/乳油/啶虫脒 3%/2009.03.25 至 2014.03.25/低毒
柑橘树 蚜虫 6-10毫克/千克 喷雾
PD20093888 二甲戊灵/20%/悬浮剂/二甲戊灵 20%/2009.03.25 至 2014.03.25/低毒
甘蓝田 一年生杂草 600-750克/公顷 土壤喷雾
PD20094041 哒螨灵/20%/可湿性粉剂/哒螨灵 20%/2009.03.27 至 2014.03.27/低毒
苹果树 红蜘蛛 50-100毫克/千克 喷雾
PD20094263 多·福/40%/可湿性粉剂/多菌灵 5%、福美双 35%/2009.03.31 至 2014.03.31/低毒
葡萄 霜霉病 1000-1250毫克/千克 喷雾
PD20094411 甲氰·辛硫磷/25%/乳油/甲氰菊酯 5%、辛硫磷 20%/2009.04.01 至 2014.04.01/中等毒
棉花 棉铃虫 225-345克/公顷 喷雾
PD20095100 百草枯/200克/升/水剂/百草枯 200克/升/2009.04.24 至 2014.04.24/中等毒
非耕地 一年生和多年生杂草 600-750克/公顷 定向茎叶喷雾
PD20095168 异丙草·莠/40%/悬乳剂/异丙草胺 24%、莠去津 16%/2009.04.24 至 2014.04.24/低毒
夏玉米田 一年生杂草 1200-1500克/公顷 土壤喷雾
PD20095553 吡虫啉/10%/可湿性粉剂/吡虫啉 10%/2009.05.12 至 2014.05.12/低毒
水稻 稻飞虱 11.25-22.5克/公顷 喷雾
PD20096433 高效氯氰菊酯/4.5%/乳油/高效氯氰菊酯 4.5%/2009.08.05 至 2014.08.05/低毒
梨树 梨木虱 16.7-25毫克/千克 喷雾
LS20070953 阿维·哒螨灵/4%/乳油/阿维菌素 0.1%、哒螨灵 3.9%/2009.04.18 至 2010.04.19/低毒(原药高毒)
柑橘树 红蜘蛛 40～50毫克/千克 喷雾

山东省青岛凯源祥化工有限公司 (山东省青岛市莱西市水集沽河工业园 266600 0532-88452537)

PD20070575 吡虫啉/95%/原药/吡虫啉 95%/2007.12.03 至 2012.12.03/低毒
PD20080913 高效氯氟氰菊酯/96%/原药/高效氯氟氰菊酯 96%/2008.07.14 至 2013.07.14/中等毒
PD20082289 稻瘟灵/40%/可湿性粉剂/稻瘟灵 40%/2008.12.01 至 2013.12.01/低毒
水稻 稻瘟病 400-600克/公顷 喷雾
PD20082636 甲氰·噻螨酮/7.5%/乳油/甲氰菊酯 5%、噻螨酮 2.5%/2008.12.04 至 2013.12.04/低毒
柑橘树 红蜘蛛 75-100毫克/千克 喷雾
PD20082641 霜霉威/722克/升/水剂/霜霉威 722克/升/2008.12.04 至 2013.12.04/低毒
黄瓜 霜霉病 650-1083克/公顷 喷雾
PD20082834 丙环唑/250克/升/乳油/丙环唑 250克/升/2008.12.09 至 2013.12.09/低毒
香蕉树 叶斑病 250-500毫克/千克 喷雾
PD20084219 杀螟丹/50%/可溶粉剂/杀螟丹 50%/2008.12.17 至 2013.12.17/中等毒
水稻 二化螟 525-750克/公顷 喷雾
PD20090574 噻嗪酮/25%/可湿性粉剂/噻嗪酮 25%/2009.01.14 至 2014.01.14/低毒
水稻 稻飞虱 93.75-112.5克/公顷 喷雾
PD20091139 甲基硫菌灵/70%/可湿性粉剂/甲基硫菌灵 70%/2009.01.21 至 2014.01.21/低毒
番茄 叶霉病 375-562.5克/公顷 喷雾
PD20091845 百菌清/40%/悬浮剂/百菌清 40%/2009.02.06 至 2014.02.06/低毒
番茄 早疫病 750-1050克/公顷 喷雾
PD20093981 啶虫脒/10%/乳油/啶虫脒 10%/2009.03.27 至 2014.03.27/低毒
柑橘树 蚜虫 12.5-22.5毫克/千克 喷雾
PD20096275 甲氨基阿维菌素苯甲酸盐(90%)///原药/甲氨基阿维菌素 79.1%/2009.07.22 至 2014.07.22/中等毒
PD20097609 甲氨基阿维菌素苯甲酸盐(5.7%)///水分散粒剂/甲氨基阿维菌素 5%/2009.11.03 至 2014.11.03/中等毒
甘蓝 甜菜夜蛾 2.25-3.375克/公顷 喷雾
PD20097909 啶虫脒/99%/原药/啶虫脒 99%/2009.11.30 至 2014.11.30/中等毒
PD20098477 双甲脒/200克/升/乳油/双甲脒 200克/升/2009.12.24 至 2014.12.24/低毒
柑橘树 介壳虫 100-200毫克/千克 喷雾
LS20051689 吡虫啉/25%/可湿性粉剂/吡虫啉 25%/2008.05.07 至 2009.05.07/低毒
水稻 稻飞虱 15-30克/公顷 喷雾
LS20071321 啶虫脒/50%/水分散粒剂/啶虫脒 50%/2009.05.17 至 2010.05.18/低毒

茶树 茶小绿叶蝉 15-22.5克/公顷 喷雾

LS20071392 王铜/47%/可湿性粉剂/王铜 47%/2009.05.17 至 2010.05.18/低毒

黄瓜 细菌性角斑病 846-1057.5克/公顷 喷雾

LS20071836 噻嗪·毒死蜱/42%/乳油/毒死蜱 28%、噻嗪酮 14%/2009.07.09 至 2010.07.10/中等毒

水稻 稻飞虱 126-189克/公顷 喷雾

LS20071883 吡虫啉/400克/升/微乳剂/吡虫啉 400克/升/2009.07.16 至 2010.07.17/低毒

水稻 稻飞虱 24-30克/公顷 喷雾

LS20071901 烯酰·丙森锌/57%/水分散粒剂/丙森锌 44%、烯酰吗啉 13%/2009.08.02 至 2010.08.03/低毒

黄瓜 霜霉病 225-262.5克/公顷 喷雾

LS20072125 阿维·三唑锡/20%/悬浮剂/阿维菌素 0.5%、三唑锡 19.5%/2009.09.03 至 2010.09.04/低毒(原药高毒)

柑橘树 红蜘蛛 66.7-100毫克/千克 喷雾

LS20072224 高效氯氟氰菊酯/2.5%/微乳剂/高效氯氟氰菊酯 2.5%/2009.09.11 至 2010.09.12/中等毒

十字花科蔬菜 菜青虫 11.25-15克/公顷 喷雾

LS20080125 甲维·虫酰肼/21%/悬浮剂/虫酰肼 20.5%、甲氨基阿维菌素苯甲酸盐 0.5%/2009.01.03 至 2010.01.04/低毒

十字花科蔬菜 甜菜夜蛾 141.75-283.5克/公顷 喷雾

LS20080589 甲维·杀虫单/22%/微乳剂/甲氨基阿维菌素苯甲酸盐 0.2%、杀虫单 21.8%/2009.02.21 至 2010.02.22/低毒

十字花科蔬菜 甜菜夜蛾 198-247.5克/公顷 喷雾

LS20082142 戊唑醇/250克/升/水乳剂/戊唑醇 250克/升/2009.04.18 至 2010.04.18/低毒

香蕉 叶斑病 167-250毫克/千克 喷雾

LS20090468 烯啶虫胺/95%/原药/烯啶虫胺 95%/2009.03.18 至 2010.03.18/低毒

LS20090920 阿维·炔螨特/30.3%/水乳剂/阿维菌素 0.3%、炔螨特 30%/2009.04.09 至 2010.04.09/中等毒(原药高毒)

柑橘树 红蜘蛛 202-303毫克/千克 喷雾

山东省青岛朗格尔日用品有限公司 (山东省青岛市城阳区城阳街道仲旺路6号 266100 0532-8775177)

WP20080261 杀虫气雾剂/0.35%/气雾剂/胺菊酯 0.20%、氯菊酯 0.15%/2008.11.27 至 2013.11.27/低毒

卫生 蜚蠊、蚊、蝇 / 喷雾

WL20070187 杀虫气雾剂/0.3%/气雾剂/胺菊酯 0.2%、右旋苯醚氰菊酯 0.1%/2008.09.24 至 2009.09.25/微毒

卫生 蚊、蝇、蜚蠊 / 喷雾

山东省青岛农冠农药有限责任公司 (山东省胶南市泊里镇 266409 0532-84181186)

PD90105-5 石硫合剂/45%/结晶粉/石硫合剂 45%/2005.03.17 至 2010.03.17/低毒

茶树 叶螨 150倍液 喷雾

柑橘树 锈壁虱 300-500倍液 晚秋喷雾

柑橘树 介壳虫、螨 1)180-300倍液 1)早春喷雾

2)300-500倍液 2)晚秋喷雾

麦类 白粉病 150倍液 喷雾

苹果树 叶螨 20-30倍液 萌芽前喷雾

PD20040787 三唑磷/20%/乳油/三唑磷 20%/2009.12.19 至 2014.12.19/中等毒

水稻 二化螟、三化螟 300-450克/公顷 喷雾

PD20060155 10%甲拌磷·辛硫磷粉粒剂//粉粒剂/甲拌磷 4%、辛硫磷 6%/2006.08.29 至 2011.08.29/高毒

小麦 地下害虫 200-300克/100千克种子 拌种

PD20070283 高氯·吡虫啉/3%/乳油/吡虫啉 1.5%、高效氯氰菊酯 1.5%/2007.09.05 至 2012.09.03/低毒

甘蓝 蚜虫 18-27克/公顷 喷雾

PD20082182 丁·莠/48%/乳油/丁草胺 19%、莠去津 29%/2008.12.01 至 2013.12.01/低毒

夏玉米田 一年生杂草 1080-1440克/公顷 播后苗前土壤喷雾

PD20082522 精喹禾灵/5%/乳油/精喹禾灵 5%/2008.12.03 至 2013.12.03/低毒

棉花田 一年生禾本科杂草 37.5-60克/公顷 茎叶喷雾

PD20082602 百草枯/200克/升/水剂/百草枯 200克/升/2008.12.04 至 2013.12.04/中等毒

棉花田 杂草 300-600克/公顷 行间定向茎叶喷雾

PD20083447 氰戊·马拉松/21%/乳油/马拉硫磷 15%、氰戊菊酯 6%/2008.12.12 至 2013.12.12/中等毒

苹果树 食心虫 60-100毫克/千克 喷雾

苹果树 蚜虫 50-75毫克/千克 喷雾

苹果树 红蜘蛛 60-150毫克/千克 喷雾

PD20083784 乙草胺/50%/乳油/乙草胺 50%/2008.12.15 至 2013.12.15/低毒

春大豆田 一年生禾本科杂草及部分小粒种子阔叶杂草 1200-1875克/公顷 播后苗前土壤喷雾

夏大豆田 一年生禾本科杂草及部分小粒种子阔叶杂草 750-1050克/公顷 播后苗前土壤喷雾

PD20084659 丁·莠/25%/悬乳剂/丁草胺 10%、莠去津 15%/2008.12.22 至 2013.12.22/低毒

夏玉米田 一年生杂草 1125-1500克/公顷 播后苗前土壤喷雾

PD20090569 异丙草·莠/50%/悬乳剂/异丙草胺 30%、莠去津 20%/2009.01.14 至 2014.01.14/低毒

春玉米田 一年生杂草 1500-2250克/公顷 播后苗前土壤喷

雾

山东省青岛润生农化有限公司　(山东省莱西市姜山镇小泊村　266604　0532-86411166)

PD20083232　联苯菊酯/25克/升/乳油/联苯菊酯 25克/升/2008.12.11 至 2013.12.11/低毒
茶树　茶尺蠖　7.5-15克/公顷　喷雾

PD20083829　丙环唑/250克/升/乳油/丙环唑 250克/升/2008.12.15 至 2013.12.15/低毒
香蕉　叶斑病　250-500毫克/千克　喷雾

PD20084263　马拉硫磷/45%/乳油/马拉硫磷 45%/2008.12.17 至 2013.12.17/低毒
十字花科蔬菜　黄条跳甲　562.5-750克/公顷　喷雾

PD20084351　炔螨特/570克/升/乳油/炔螨特 570克/升/2008.12.17 至 2013.12.17/低毒
柑橘　叶螨　285-365毫克/千克　喷雾

PD20084452　甲基硫菌灵/70%/可湿性粉剂/甲基硫菌灵 70%/2008.12.17 至 2013.12.17/低毒
番茄　叶霉病　375-562.5克/公顷　喷雾

PD20084802　百菌清/75%/可湿性粉剂/百菌清 75%/2008.12.22 至 2013.12.22/低毒
黄瓜　霜霉病　1650-3000克/公顷　喷雾

PD20085437　联苯菊酯/100克/升/乳油/联苯菊酯 100克/升/2008.12.24 至 2013.12.24/中等毒
茶树　茶小绿叶蝉　30-37.5克/公顷　喷雾

PD20085649　氯氟氰菊酯/25克/升/乳油/高效氯氟氰菊酯 25克/升/2008.12.26 至 2013.12.26/中等毒
十字花科蔬菜　菜青虫　15-18.75克/公顷　喷雾

PD20090548　草甘膦/10%/水剂/草甘膦 10%/2009.01.13 至 2014.01.13/低毒
苹果园　杂草　1125-2250克/公顷　定向喷雾

PD20090622　苯醚甲环唑/15%/水分散粒剂/苯醚甲环唑 15%/2009.01.14 至 2014.01.14/低毒
梨树　黑星病　11.2-14.3毫克/千克　喷雾

PD20091470　灭蝇胺/50%/可湿性粉剂/灭蝇胺 50%/2009.02.04 至 2014.02.04/低毒
黄瓜　美洲斑潜蝇　150-225克/公顷　喷雾

PD20091561　霜霉威/722克/升/水剂/霜霉威 722克/升/2009.02.03 至 2014.02.03/低毒
黄瓜　霜霉病　649.8-1083克/公顷　喷雾

PD20091943　井冈霉素/5%/水溶粉剂/井冈霉素 5%/2009.02.12 至 2014.02.12/低毒
水稻　纹枯病　150-187.5克/公顷　喷雾

PD20092067　唑磷·毒死蜱/20%/乳油/毒死蜱 10%、三唑磷 10%/2009.02.16 至 2014.02.16/中等毒
水稻　二化螟　225-300克/公顷　喷雾

PD20092198　氟磺胺草醚/250克/升/水剂/氟磺胺草醚 250克/升/2009.02.23 至 2014.02.23/低毒
春大豆田　一年生阔叶杂草　300-375克/公顷　茎叶喷雾

PD20093029　烯酰·乙膦铝/50%/可湿性粉剂/烯酰吗啉 9%、三乙膦酸铝 41%/2009.03.09 至 2014.03.09/低毒
黄瓜　霜霉病　1050-1350克/公顷　喷雾

PD20093189　氟乐灵/480克/升/乳油/氟乐灵 480克/升/2009.03.11 至 2014.03.11/低毒
棉花田　一年生杂草　720-1080克/公顷　播后苗前土壤喷雾

PD20093220　代森锌/80%/可湿性粉剂/代森锌 80%/2009.03.11 至 2014.03.11/低毒
番茄　早疫病　2550-3600克/公顷　喷雾

PD20093307　马拉·杀扑磷/40%/乳油/马拉硫磷 30%、杀扑磷 10%/2009.03.13 至 2014.03.13/中等毒(原药高毒)
柑橘　介壳虫　400-800毫克/千克　喷雾

PD20096991　阿维菌素/18克/升/乳油/阿维菌素 18克/升/2009.09.29 至 2014.09.29/低毒(原药高毒)
十字花科蔬菜　小菜蛾　9-13.5克/公顷　喷雾

PD20097016　毒死蜱/480克/升/乳油/毒死蜱 480克/升/2009.10.10 至 2014.10.10/中等毒
苹果树　绵蚜　1769-2359倍液　喷雾

PD20097022　噻嗪酮/25%/可湿性粉剂/噻嗪酮 25%/2009.10.10 至 2014.10.10/低毒
水稻　稻飞虱　75-115.5克/公顷　喷雾

PD20097213　速灭威/25%/可湿性粉剂/速灭威 25%/2009.10.19 至 2014.10.19/中等毒
水稻　稻飞虱　562.5-750克/公顷　喷雾

PD20097248　氟啶脲/50克/升/乳油/氟啶脲 50克/升/2009.10.19 至 2014.10.19/低毒
甘蓝　小菜蛾　60-80毫升制剂/亩　喷雾

PD20097277　氯氰·丙溴磷/440克/升/乳油/丙溴磷 400克/升、氯氰菊酯 40克/升/2009.10.26 至 2014.10.26/中等毒
棉花　棉铃虫　65.9-100毫升制剂/亩　喷雾

PD20097279　苯丁锡/50%/可湿性粉剂/苯丁锡 50%/2009.10.26 至 2014.10.26/低毒
柑橘树　红蜘蛛　150-250毫克/千克　喷雾

PD20097283　杀扑磷/40%/乳油/杀扑磷 40%/2009.10.26 至 2014.10.26/高毒
柑橘树　红蜡蚧　400-600毫克/千克　喷雾

PD20097803　啶虫脒/10%/可湿性粉剂/啶虫脒 10%/2009.11.20 至 2014.11.20/低毒
十字花科蔬菜　蚜虫　13.5-15克/公顷　喷雾

PD20098027　甲氨基阿维菌素苯甲酸盐(2.3%)///乳油/甲氨基阿维菌素 2%/2009.12.07 至 2014.12.07/低毒
甘蓝　小菜蛾　1.5-3克/公顷　喷雾

PD20098153　多抗霉素/3%/微乳剂/多抗霉素 3%/2009.12.14 至 2014.12.14/低毒
苹果　斑点落叶病　100-200毫克/千克　喷雾

PD20098322 甲氨基阿维菌素苯甲酸盐(0.57%)///微乳剂/甲氨基阿维菌素 0.5%/2009.12.18 至 2014.12.18/低毒
十字花科蔬菜 甜菜夜蛾 1.5-2.25克/公顷 喷雾

PD20098400 吡虫啉/70%/水分散粒剂/吡虫啉 70%/2009.12.18 至 2014.12.18/低毒
水稻 稻飞虱 21-31.5克/公顷 喷雾

LS20060037 甲氰·噻螨酮/7.5%/乳油/甲氰菊酯 5%、噻螨酮 2.5%/2009.01.16 至 2010.01.16/低毒
柑橘树 红蜘蛛 75-100毫克/千克 喷雾

LS20060046 丁硫克百威/200克/升/乳油/丁硫克百威 200克/升/2009.01.16 至 2010.01.16/中等毒
柑橘树 蚜虫 133.3-200毫克/千克 喷雾

LS20060691 吗胍·乙酸铜/20%/可湿性粉剂/盐酸吗啉胍 10%、乙酸铜 10%/2009.04.03 至 2010.04.03/低毒
番茄 病毒病 500-750克/公顷 喷雾

LS20070148 高效氯氟氰菊酯/5%/微乳剂/高效氯氟氰菊酯 5%/2009.02.07 至 2010.02.07/中等毒
十字花科蔬菜 菜青虫 9-13.5克/公顷 喷雾

LS20080380 嘧霉胺/40%/水分散粒剂/嘧霉胺 40%/2009.02.18 至 2010.02.19/低毒
黄瓜 灰霉病 375-562.5克/公顷 喷雾

LS20080601 噻嗪·异丙威/25%/可湿性粉剂/噻嗪酮 5%、异丙威 20%/2009.02.21 至 2010.02.22/低毒
水稻 稻飞虱 375-562.5克/公顷 喷雾

LS20080964 烯酰吗啉/50%/水分散粒剂/烯酰吗啉 50%/2009.03.04 至 2010.03.04/中等毒
黄瓜 霜霉病 225-300克/公顷 喷雾

LS20083188 氯氰·啶虫脒/6.5%/乳油/啶虫脒 5%、高效氯氟氰菊酯 1.5%/2009.11.25 至 2010.11.25/低毒
十字花科蔬菜 蚜虫 14.625-19.5克/公顷 喷雾

LS20083266 啶虫脒/10%/乳油/啶虫脒 10%/2009.12.15 至 2010.12.15/低毒
棉花 蚜虫 13.5-18克/公顷 喷雾

LS20090023 阿维·哒螨灵/6.5%/乳油/阿维菌素 0.3%、哒螨灵 6.2%/2010.01.08 至 2011.01.08/低毒(原药高毒)
棉花 红蜘蛛 29.25-39克/公顷 喷雾

LS20090220 苯甲·丙环唑/30%/乳油/苯醚甲环唑 15%、丙环唑 15%/2009.02.13 至 2010.02.13/低毒
香蕉 叶斑病 150-300毫克/千克 喷雾

LS20090280 甲维·虫酰肼/10.5%/乳油/虫酰肼 10%、甲氨基阿维菌素苯甲酸盐 .5%/2009.02.16 至 2010.02.16/低毒
甘蓝 甜菜夜蛾 47.25-78.75克/公顷 喷雾

LS20090283 苯醚·甲硫/45%/可湿性粉剂/苯醚甲环唑 3%、甲基硫菌灵 42%/2009.02.16 至 2010.02.16/微毒
苹果树 斑点落叶病 562.5-750毫克/千克 喷雾/

LS20090291 甲维·毒死蜱/15.5%/乳油/毒死蜱 15.2%、甲氨基阿维菌素苯甲酸盐 0.3%/2009.02.16 至 2010.02.16/中等毒
十字花科蔬菜 甜菜夜蛾 93-116.25克/公顷 喷雾

LS20090293 哒灵·炔螨特/40%/乳油/哒螨灵 8%、炔螨特 32%/2009.02.16 至 2010.02.16/中等毒
柑橘 红蜘蛛 133.3-160毫克/千克 喷雾

LS20090306 氟铃·毒死蜱/20%/乳油/毒死蜱 18%、氟铃脲 2%/2009.02.25 至 2010.02.25/中等毒
甘蓝 甜菜夜蛾 150～210克/公顷 /喷雾

LS20090600 抗蚜·吡虫啉/24%/可湿性粉剂/吡虫啉 2%、抗蚜威 22%/2009.03.23 至 2010.03.23/中等毒
小麦 蚜虫 54-72克/公顷 喷雾

LS20090754 吡虫啉/600克/升/悬浮剂/吡虫啉 600克/升/2009.03.31 至 2010.03.31/中等毒
水稻 稻飞虱 36-45克/公顷 喷雾

LS20091057 噻嗪·毒死蜱/40%/乳油/毒死蜱 20%、噻嗪酮 20%/2009.04.15 至 2010.04.15/中等毒
水稻 稻飞虱 120-180克/公顷 喷雾

LS20091233 啶虫脒/40%/水分散粒剂/啶虫脒 40%/2009.04.30 至 2010.04.30/低毒
十字花科蔬菜 蚜虫 18-24克/公顷 喷雾

山东省青岛泰生生物科技有限公司 (山东省莱西市深圳南路208号 266600 0532-66773222)

PD20097944 氟啶脲/50克/升/乳油/氟啶脲 50克/升/2009.11.30 至 2014.11.30/低毒
甘蓝 菜青虫 45-60克/公顷 喷雾

PD20097997 噻嗪·异丙威/25%/可湿性粉剂/噻嗪酮 5%、异丙威 20%/2009.12.07 至 2014.12.07/低毒
水稻 稻飞虱 375-562.5克/公顷 喷雾

PD20097999 联苯菊酯/100克/升/乳油/联苯菊酯 100克/升/2009.12.07 至 2014.12.07/中等毒
茶树 茶小绿叶蝉 30-37.5克/公顷 喷雾

PD20098127 噻螨酮/5%/可湿性粉剂/噻螨酮 5%/2009.12.08 至 2014.12.08/低毒
柑橘树 红蜘蛛 1667-2000倍液 喷雾

LS20090430 丙森·霜脲氰/60%/可湿性粉剂/丙森锌 50%、霜脲氰 10%/2009.03.16 至 2010.03.16/低毒
黄瓜 霜霉病 540-720克/公顷 喷雾

LS20090477 高氯·氟啶脲/5%/乳油/氟啶脲 1%、高效氯氰菊酯 4%/2009.03.18 至 2010.03.18/中等毒
十字花科蔬菜 甜菜夜蛾 37.5-52.5克/公顷 喷雾

LS20090485 氟硅唑/10%/水乳剂/氟硅唑 10%/2009.03.18 至 2010.03.18/低毒
番茄 叶霉病 60-75克/公顷 喷雾

LS20090630 氟铃·毒死蜱/10%/乳油/毒死蜱 8.5%、氟铃脲 1.5%/2009.03.23 至 2010.03.23/低毒
十字花科蔬菜 小菜蛾 90-120克/公顷 喷雾

LS20090656 阿维·炔螨特/40%/乳油/阿维菌素 0.3%、炔螨特 39.7%/2009.03.24 至 2010.03.24/中等毒(原药高毒)
柑橘树 红蜘蛛 200～400毫克/千克 /喷雾

LS20090744 噁霉·福美双/36%/可湿性粉剂/噁霉灵 18%、福美双 18%/2009.03.31 至 2010.03.31/低毒
水稻 立枯病 0.36-0.54克/平方米 喷淋
LS20090864 阿维·灭幼脲/18%/乳油/阿维菌素 0.2%、灭幼脲 17.8%/2009.04.09 至 2010.04.09/低毒(原药高毒)
十字花科蔬菜 小菜蛾 108-135克/公顷 喷雾
LS20091258 四螨·哒螨灵/12%/可湿性粉剂/哒螨灵 8%、四螨嗪 4%/2009.05.12 至 2010.05.12/低毒
柑橘树 红蜘蛛 80-120毫克/千克 喷雾

山东省青岛泰源科技发展有限公司 (山东省青岛市莱西市望城街道办事处工业园 266601 0532-88419066)

PD20083315 高氯·辛硫磷/20%/乳油/高效氯氰菊酯 1.5%、辛硫磷 18.5%/2008.12.11 至 2013.12.11/低毒
十字花科蔬菜 菜青虫 120-180克/公顷 喷雾
PD20084044 多·锰锌/50%/可湿性粉剂/多菌灵 8%、代森锰锌 42%/2008.12.16 至 2013.12.16/低毒
苹果树 斑点落叶病 1000-1250毫克/千克 喷雾
PD20084346 高效氯氟氰菊酯/25克/升/乳油/高效氯氟氰菊酯 25克/升/2008.12.17 至 2013.12.17/中等毒
十字花科蔬菜 蚜虫 7.5-15克/公顷 喷雾
PD20084465 苏云金杆菌/8000IU/毫克/可湿性粉剂/苏云金杆菌 8000IU/毫克/2008.12.17 至 2013.12.17/低毒
茶树 茶毛虫 稀释400-800倍 喷雾
番茄 催熟 500-666.7毫克/千克 喷雾
棉花 二代棉铃虫 3000-4500克制剂/公顷 喷雾
森林 松毛虫 稀释600-800倍 喷雾
十字花科蔬菜 小菜蛾 1500-2250克制剂/公顷 喷雾
十字花科蔬菜 菜青虫 750-1500克制剂/公顷 喷雾
水稻 稻纵卷叶螟 3000-4500克制剂/公顷 喷雾
烟草 烟青虫 1500-3000克制剂/公顷 喷雾
玉米 玉米螟 1500-3000克制剂/公顷 加细沙灌心
枣树 枣尺蠖 稀释600-800倍 喷雾
PD20085151 阿维·高氯/1.8%/乳油/阿维菌素 0.3%、高效氯氰菊酯 1.5%/2008.12.23 至 2013.12.23/低毒(原药高毒)
十字花科蔬菜 菜青虫、小菜蛾 7.5-15克/公顷 喷雾
PD20085411 氧氟·乙草胺/42%/乳油/乙草胺 34%、乙氧氟草醚 8%/2008.12.24 至 2013.12.24/低毒
大蒜田 一年生杂草 567-693克/公顷 播后苗前土壤喷雾
PD20091037 丙溴·辛硫磷/24%/乳油/丙溴磷 10%、辛硫磷 14%/2009.01.21 至 2014.01.21/低毒
甘蓝 菜青虫 108-144克/公顷 喷雾
PD20091687 代森锰锌/80%/可湿性粉剂/代森锰锌 80%/2009.02.03 至 2014.02.03/低毒
番茄 早疫病 1842-2370克/公顷 喷雾
PD20094011 福美双/70%/可湿性粉剂/福美双 70%/2009.03.27 至 2014.03.27/低毒
黄瓜 霜霉病 682.5-1102.5克/公顷 喷雾
PD20098028 吡虫啉/200克/升/可溶液剂/吡虫啉 200克/升/2009.12.07 至 2014.12.07/低毒
水稻 稻飞虱 24-30克/公顷 喷雾
LS20050831 阿维·三唑磷/20%/乳油/阿维菌素 0.2%、三唑磷 19.8%/2008.03.28 至 2009.03.28/中等毒(原药高毒)
水稻 二化螟 180-210克/公顷 喷雾
LS20050833 阿维·柴油/24.5%/乳油/阿维菌素 0.2%、柴油 24.3%/2008.03.28 至 2009.03.28/低毒(原药高毒)
柑橘树 红蜘蛛 122.5-245毫克/千克 喷雾
LS20050834 柴油·辛硫磷/40%/乳油/柴油 20%、辛硫磷 20%/2008.03.28 至 2009.03.28/低毒
棉花 棉铃虫 720-900克/公顷 喷雾
LS20051603 阿维·辛硫磷/15%/乳油/阿维菌素 0.1%、辛硫磷 14.9%/2008.04.29 至 2009.04.29/低毒(原药高毒)
十字花科蔬菜 小菜蛾 135-180克/公顷 喷雾
LS20072127 啶虫脒/3%/乳油/啶虫脒 3%/2009.09.03 至 2010.09.04/低毒
柑橘树 蚜虫 7.5-15毫克/千克 喷雾
LS20082986 阿维·炔螨特/56%/微乳剂/阿维菌素 0.3%、炔螨特 55.7%/2009.08.20 至 2010.08.20/低毒(原药高毒)
柑橘树 红蜘蛛 140-280毫克/千克 喷雾

山东省青岛现代农化有限公司 (山东省青岛市胶州九龙工业园 266300 0532-87217666)

PD20090293 氟啶脲/50克/升/乳油/氟啶脲 50克/升/2009.01.09 至 2014.01.09/低毒
棉花 棉铃虫 75-105克/公顷 喷雾
PD20091004 乙草胺/900克/升/乳油/乙草胺 900克/升/2009.01.21 至 2014.01.21/低毒
玉米田 一年生杂草 1350-1620克/公顷(东北地区) 土壤喷雾
1080-1350克/公顷(其它地区)
PD20091094 毒死蜱/480克/升/乳油/毒死蜱 480克/升/2009.01.21 至 2014.01.21/中等毒
水稻 稻纵卷叶螟 504-648克/公顷 喷雾
PD20091289 二甲戊灵/330克/升/乳油/二甲戊灵 330克/升/2009.02.01 至 2014.02.01/低毒
韭菜田 一年生杂草 618.75-742.5克/公顷 土壤喷雾
PD20091309 精吡氟禾草灵/150克/升/乳油/精吡氟禾草灵 150克/升/2009.02.01 至 2014.02.01/低毒
大豆田 一年生禾本科杂草 112.5-150克/公顷 茎叶喷雾
PD20091328 高效氟吡甲禾灵/108克/升/乳油/高效氟吡甲禾灵 108克/升/2009.02.01 至 2014.02.01/低毒
棉花田 一年生禾本科杂草 40.5-48.6克/公顷 茎叶喷雾

PD20091386	百草枯/200克/升/水剂/百草枯 200克/升/2009.02.02 至 2014.02.02/中等毒			
	非耕地	杂草	600-900克/公顷	茎叶喷雾
PD20091712	莠去津/48%/可湿性粉剂/莠去津 48%/2009.02.03 至 2014.02.03/低毒			
	春玉米田	一年生杂草	300-500克/亩	土壤喷雾
	夏玉米田	一年生杂草	200-240克/亩	土壤喷雾
PD20092584	异丙甲草胺/720克/升/乳油/异丙甲草胺 720克/升/2009.02.27 至 2014.02.27/低毒			
	花生田	一年生杂草	1080-1620克/公顷	土壤喷雾
PD20093207	氟磺胺草醚/250克/升/水剂/氟磺胺草醚 250克/升/2009.03.11 至 2014.03.11/低毒			
	春大豆田	一年生阔叶杂草	300-375克/公顷	茎叶喷雾
PD20095067	精噁唑禾草灵/69克/升/水乳剂/精噁唑禾草灵 69克/升/2009.04.21 至 2014.04.21/低毒			
	小麦田	一年生禾本科杂草	51.75-62.1克/公顷	茎叶喷雾
PD20096414	烟嘧磺隆/40克/升/可分散油悬浮剂/烟嘧磺隆 40克/升/2009.08.04 至 2014.08.04/微毒			
	玉米田	一年生杂草	42-60克/公顷	茎叶喷雾
PD20097076	灭草松/480克/升/可溶液剂/灭草松 480克/升/2009.10.10 至 2014.10.10/低毒			
	移栽水稻田	一年生阔叶杂草	960-1440克/公顷	茎叶喷雾
PD20097273	草甘膦异丙胺盐(41%)///水剂/草甘膦 30%/2009.10.26 至 2014.10.26/低毒			
	柑橘园	杂草	1050-3750克/公顷	定向茎叶喷雾
PD20097421	烯草酮/120克/升/乳油/烯草酮 120克/升/2009.10.28 至 2014.10.28/低毒			
	油菜田	一年生禾本科杂草	54-72克/公顷	喷雾
LS20081209	甲氨基阿维菌素苯甲酸盐/1.8%/微乳剂/甲氨基阿维菌素苯甲酸盐 1.8%/2009.03.10 至 2010.03.10/低毒			
	甘蓝	甜菜夜蛾	2-4克/公顷	喷雾

山东省青岛瀚生生物科技股份有限公司　(山东省莱西市深圳南路210号　266600　0532-85727379)

PD20080279	杀扑磷/93%/原药/杀扑磷 93%/2008.02.25 至 2013.02.25/高毒			
PD20081496	氟磺胺草醚/95%/原药/氟磺胺草醚 95%/2008.11.05 至 2013.11.05/低毒			
PD20081518	炔螨特/90.8%/原药/炔螨特 90.8%/2008.11.06 至 2013.11.06/低毒			
PD20081527	氟乐灵/96%/原药/氟乐灵 96%/2008.11.06 至 2013.11.06/低毒			
PD20081532	阿维菌素/95%/原药/阿维菌素 95%/2008.11.06 至 2013.11.06/高毒			
PD20081730	氟啶脲/95%/原药/氟啶脲 95%/2008.11.18 至 2013.11.18/低毒			
PD20081753	代森锰锌/70%/可湿性粉剂/代森锰锌 70%/2008.11.18 至 2013.11.18/低毒			
	番茄	早疫病	1845-2370克/公顷	喷雾
PD20081878	甲基硫菌灵/70%/可湿性粉剂/甲基硫菌灵 70%/2008.11.20 至 2013.11.20/低毒			
	黄瓜	白粉病	337.5-506克/公顷	喷雾
PD20081890	氯氰菊酯/100克/升/乳油/氯氰菊酯 100克/升/2008.11.20 至 2013.11.20/中等毒			
	棉花	棉铃虫	60-90克/公顷	喷雾
PD20082041	乙铝・百菌清/75%/可湿性粉剂/百菌清 37%、三乙膦酸铝 38%/2008.11.25 至 2013.11.25/低毒			
	黄瓜	霜霉病	1406-2109克/公顷	喷雾
PD20082052	甲基硫菌灵/50%/可湿性粉剂/甲基硫菌灵 50%/2008.11.25 至 2013.11.25/低毒			
	番茄	叶霉病	375-562.5克/公顷	喷雾
PD20082056	乙草胺/50%/乳油/乙草胺 50%/2008.11.25 至 2013.11.25/低毒			
	大豆田	一年生禾本科杂草及部分小粒种子阔叶杂草	春大豆田：1200-1875克/公顷 夏大豆田：750-1050克/公顷	播后苗前土壤喷雾
	花生田	一年生禾本科杂草及部分小粒种子阔叶杂草	750-1200克/公顷	播后苗期土壤喷雾
	油菜田	一年生禾本科杂草及部分小粒种子阔叶杂草	525-750克/公顷	土壤喷雾
	玉米田	一年生禾本科杂草及部分小粒种子阔叶杂草	春玉米田：900-1875克/公顷； 夏玉米田：750-1050克/公顷	播后苗前土壤喷雾
PD20082138	溴氰菊酯/25克/升/乳油/溴氰菊酯 25克/升/2008.11.25 至 2013.11.25/低毒			
	大白菜	菜青虫	7.5-15克/公顷	喷雾
PD20082156	联苯菊酯/2.5%/乳油/联苯菊酯 2.5%/2008.11.26 至 2013.11.26/中等毒			
	茶树	茶小绿叶蝉	30-37.5克/公顷	喷雾
PD20082268	苯磺隆/75%/水分散粒剂/苯磺隆 75%/2008.11.27 至 2013.11.27/低毒			
	小麦田	阔叶杂草	10-19.5克/公顷	茎叶喷雾
PD20082583	顺式氯氰菊酯/5%/乳油/顺式氯氰菊酯 5%/2008.12.04 至 2013.12.04/中等毒			
	棉花	盲蝽蟓	30-37.5克/公顷	喷雾
PD20083173	炔螨特/730克/升/乳油/炔螨特 730克/升/2008.12.11 至 2013.12.11/低毒			
	柑橘树	红蜘蛛	243-365毫克/千克	喷雾
PD20083674	甲霜・锰锌/58%/可湿性粉剂/甲霜灵 10%、代森锰锌 48%/2008.12.15 至 2013.12.15/低毒			
	黄瓜	霜霉病	675-1050克/公顷	喷雾
PD20084491	代森锰锌/80%/可湿性粉剂/代森锰锌 80%/2008.12.17 至 2013.12.17/低毒			
	番茄	早疫病	1845—2370克/公顷	喷雾
PD20085419	氟硅唑/400克/升/乳油/氟硅唑 400克/升/2008.12.24 至 2013.12.24/低毒			
	黄瓜	黑星病	45-56.25克/公顷	喷雾

PD20085429 乙铝·锰锌/50%/可湿性粉剂/代森锰锌 22%、三乙膦酸铝 28%/2008.12.24 至 2013.12.24/低毒

黄瓜 霜霉病 1400-4200克/公顷 喷雾

PD20085568 乙氧氟草醚/240克/升/乳油/乙氧氟草醚 240克/升/2008.12.25 至 2013.12.25/低毒

大蒜田 一年生杂草 144-180克/公顷 播后苗前土壤喷雾

PD20085889 百草枯/200克/升/水剂/百草枯 200克/升/2008.12.29 至 2013.12.29/中等毒

夏玉米田 一年生杂草 450-600克/公顷 行间定向茎叶喷雾

PD20090159 霜脲·锰锌/72%/可湿性粉剂/代森锰锌 64%、霜脲氰 8%/2009.01.08 至 2014.01.08/低毒

黄瓜 霜霉病 1440-1800克/公顷 喷雾

PD20090248 炔螨特/40%/水乳剂/炔螨特 40%/2009.01.09 至 2014.01.09/低毒

柑橘树 红蜘蛛 266.7-400毫克/千克 喷雾

PD20090433 咪鲜胺/25%/乳油/咪鲜胺 25%/2009.01.12 至 2014.01.12/低毒

柑橘 青霉病 333.3-500毫克/千克 浸果

PD20090473 烯禾啶/12.5%/乳油/烯禾啶 12.5%/2009.01.12 至 2014.01.12/低毒

春大豆田 一年生禾本科杂草 187.5-281.3克/公顷 茎叶喷雾

夏大豆田 一年生禾本科杂草 150-187.5克/公顷 茎叶喷雾

PD20090484 精喹禾灵/10.8%/乳油/精喹禾灵 10.8%/2009.01.12 至 2014.01.12/低毒

夏大豆田 一年生禾本科杂草 48.6-64.8克/公顷 茎叶喷雾

PD20090485 精喹禾灵/10%/乳油/精喹禾灵 10%/2009.01.12 至 2014.01.12/低毒

春大豆田 一年生禾本科杂草 50-75克/公顷 茎叶喷雾

夏大豆田 一年生禾本科杂草 37.5-52.5克/公顷 喷雾

PD20090654 阿维菌素/2%/乳油/阿维菌素 2%/2009.01.15 至 2014.01.15/中等毒(原药高毒)

十字花科蔬菜 小菜蛾 8.1-10.8克/公顷 喷雾

PD20090699 乙草胺/900克/升/乳油/乙草胺 900克/升/2009.01.19 至 2014.01.19/低毒

春大豆田 一年生禾本科杂草及部分小粒种子杂草 1350-2025克/公顷 土壤喷雾

夏玉米田 一年生禾本科杂草及部分小粒种子杂草 1080-1350克/公顷 土壤喷雾

PD20090818 阿维·敌敌畏 /40%/乳油/阿维菌素 0.3%、敌敌畏 39.7%/2009.01.19 至 2014.01.19/中等毒(原药高毒)

黄瓜 美洲斑潜蝇 360-450克/公顷 喷雾

PD20090819 烯酰·锰锌/69%/可湿性粉剂/代森锰锌 60%、烯酰吗啉 9%/2009.01.19 至 2014.01.19/低毒

黄瓜 霜霉病 1035-1380克/公顷 喷雾

PD20090892 阿维·甲氰 /1.8%/乳油/阿维菌素 0.1%、甲氰菊酯 1.7%/2009.01.19 至 2014.01.19/低毒(原药高毒)

苹果树 红蜘蛛 12-18毫克/千克 喷雾

PD20090958 甲硫·福美双/70%/可湿性粉剂/福美双 30%、甲基硫菌灵 40%/2009.01.20 至 2014.01.20/低毒

苹果树 轮纹病 875-1167毫克/千克 喷雾

PD20090967 吡虫·毒死蜱/22%/乳油/吡虫啉 2%、毒死蜱 20%/2009.01.20 至 2014.01.20/中等毒

苹果树 绵蚜 88-146.7毫克/千克 喷雾

PD20091014 嘧霉胺/20%/可湿性粉剂/嘧霉胺 20%/2009.01.21 至 2014.01.21/低毒

黄瓜 灰霉病 360-540克/公顷 喷雾

PD20091163 毒死蜱/40%/乳油/毒死蜱 40%/2009.01.22 至 2014.01.22/中等毒

苹果树 绵蚜 200-250毫克/千克 喷雾

PD20091286 氟乐灵/480克/升/乳油/氟乐灵 480克/升/2009.02.01 至 2014.02.01/低毒

棉花田 一年生杂草 720-1080克/公顷 土壤喷雾

PD20091371 三氟羧草醚/95%/原药/三氟羧草醚 95%/2009.02.02 至 2014.02.02/低毒

PD20091503 高效氯氰菊酯/4.5%/微乳剂/高效氯氰菊酯 4.5%/2009.02.02 至 2014.02.02/中等毒

甘蓝 菜青虫 20.25-27克/公顷 喷雾

PD20091527 烯酰吗啉/50%/可湿性粉剂/烯酰吗啉 50%/2009.02.03 至 2014.02.03/低毒

黄瓜 霜霉病 225-300克/公顷 喷雾

PD20091531 丙溴·辛硫磷/24%/乳油/丙溴磷 10%、辛硫磷 14%/2009.02.03 至 2014.02.03/中等毒

十字花科蔬菜 菜青虫 108-144克/公顷 喷雾

PD20091634 甲氰·辛硫磷/25%/乳油/甲氰菊酯 5%、辛硫磷 20%/2009.02.03 至 2014.02.03/中等毒

棉花 棉铃虫 225-345克/公顷 喷雾

PD20091738 高效氟吡甲禾灵/108克/升/乳油/高效氟吡甲禾灵 108克/升/2009.02.04 至 2014.02.04/低毒

春大豆田 一年生禾本科杂草 48.6-56.7克/公顷 茎叶喷雾

冬油菜田 一年生禾本科杂草 32.4-48.6克/公顷 茎叶喷雾

夏大豆田 一年生禾本科杂草 45.4-48.6克/公顷 茎叶喷雾

PD20091743 三氟羧草醚/21.4%/水剂/三氟羧草醚 21.4%/2009.02.04 至 2014.02.04/低毒

大豆田 一年生阔叶杂草 360-480克/公顷 茎叶喷雾

PD20091766 高效氯氟氰菊酯/2.5%/乳油/高效氯氟氰菊酯 2.5%/2009.02.04 至 2014.02.04/中等毒

茶树 茶尺蠖 3.75-7.5克/公顷 喷雾

十字花科蔬菜 菜青虫 7.5-15克/公顷 喷雾

PD20091817 烯草酮/12%/乳油/烯草酮 12%/2009.02.05 至 2014.02.05/低毒

春大豆田 一年生禾本科杂草 72-108克/公顷 茎叶喷雾

	冬油菜田	一年生禾本科杂草	54-72克/公顷	茎叶喷雾
	夏大豆田	一年生禾本科杂草	63-72克/公顷	茎叶喷雾
PD20092071	氟磺胺草醚/25%/水剂/氟磺胺草醚 25%/2009.02.16 至 2014.02.16/低毒			
	春大豆田	一年生阔叶杂草	375-450克/公顷	茎叶喷雾
	夏大豆田	一年生阔叶杂草	262.5-375克/公顷	茎叶喷雾
PD20092073	乳氟禾草灵/95%/原药/乳氟禾草灵 95%/2009.02.16 至 2014.02.16/低毒			
PD20092248	杀螟丹/50%/可溶粉剂/杀螟丹 50%/2009.02.24 至 2014.02.24/低毒			
	水稻	二化螟	600-750克/公顷	喷雾
PD20092551	丙森·多菌灵/70%/可湿性粉剂/丙森锌 30%、多菌灵 40%/2009.02.26 至 2014.02.26/低毒			
	苹果树	斑点落叶病	467-700毫克/千克	喷雾
PD20092641	啶虫脒/3%/乳油/啶虫脒 3%/2009.03.03 至 2014.03.03/低毒			
	柑橘树	蚜虫	12-15毫克/千克	喷雾
	黄瓜	蚜虫	18-36克/公顷	喷雾
PD20092680	苯醚甲环唑/10%/水分散粒剂/苯醚甲环唑 10%/2009.03.03 至 2014.03.03/低毒			
	梨树	黑星病	14.3-16.7毫克/千克	喷雾
PD20092697	氯氟吡氧乙酸(酯)/200克/升/乳油/氯氟吡氧乙酸 200克/升/2009.03.03 至 2014.03.03/低毒			
	冬小麦田	一年生阔叶杂草	150-200克/公顷	茎叶喷雾
PD20093061	异丙草·莠/40%/悬乳剂/异丙草胺 24%、莠去津 16%/2009.03.09 至 2014.03.09/低毒			
	夏玉米田	一年生杂草	1200-1500克/公顷	土壤喷雾
PD20093239	辛硫·灭多威/20%/乳油/灭多威 10%、辛硫磷 10%/2009.03.11 至 2014.03.11/高毒			
	棉花	棉蚜	75-150克/公顷	喷雾
PD20093264	阿维·炔螨特/56%/乳油/阿维菌素 0.3%、炔螨特 55.7%/2009.03.11 至 2014.03.11/低毒(原药高毒)			
	柑橘树	红蜘蛛	186.7-280毫克/千克	喷雾
PD20093267	代森锌/65%/可湿性粉剂/代森锌 65%/2009.03.11 至 2014.03.11/低毒			
	番茄	早疫病	975-1200克/公顷	喷雾
PD20093459	甲维盐·氯氰/3.2%/微乳剂/甲氨基阿维菌素苯甲酸盐 0.2%、氯氰菊酯 3%/2009.03.23 至 2014.03.23/低毒			
	十字花科蔬菜	甜菜夜蛾	19.2-28.8克/公顷	喷雾
PD20093475	丙溴·辛硫磷/40%/乳油/丙溴磷 20%、辛硫磷 20%/2009.03.23 至 2014.03.23/中等毒			
	棉花	棉铃虫	480-600克/公顷	喷雾
PD20093537	烯酰·福美双/55%/可湿性粉剂/福美双 47%、烯酰吗啉 8%/2009.03.23 至 2014.03.23/低毒			
	黄瓜	霜霉病	1072.5-1320克/公顷	喷雾
PD20093698	灭蝇胺/70%/可湿性粉剂/灭蝇胺 70%/2009.03.25 至 2014.03.25/低毒			
	黄瓜	美洲斑潜蝇	157.5-220.5克/公顷	喷雾
PD20093814	甲·乙·莠/42%/悬乳剂/甲草胺 2%、乙草胺 25%、莠去津 15%/2009.03.25 至 2014.03.25/低毒			
	春玉米田	一年生杂草	1260-2520克/公顷	播后苗前土壤喷雾
	夏玉米田	一年生杂草	945-1260克/公顷	土壤喷雾
PD20094284	噻嗪·杀扑磷/20%/乳油/噻嗪酮 15%、杀扑磷 5%/2009.03.31 至 2014.03.31/中等毒(原药高毒)			
	柑橘树	介壳虫	200-250毫克/千克	喷雾
PD20094774	乳氟禾草灵/240克/升/乳油/乳氟禾草灵 240克/升/2009.04.13 至 2014.04.13/低毒			
	春大豆田	一年生阔叶杂草	108-144克/公顷	茎叶喷雾
	夏大豆田	一年生阔叶杂草	90-108克/公顷	茎叶喷雾
PD20096538	啶虫脒/20%/可溶粉剂/啶虫脒 20%/2009.08.20 至 2014.08.20/低毒			
	黄瓜	蚜虫	36-72克/公顷	喷雾
PD20096672	啶虫脒/40%/水分散粒剂/啶虫脒 40%/2009.09.07 至 2014.09.07/低毒			
	黄瓜	蚜虫	21.6-32.4克/公顷	喷雾
PD20096926	盐酸吗啉胍/5%/可溶粉剂/盐酸吗啉胍 5%/2009.09.23 至 2014.09.23/低毒			
	番茄	病毒病	300-375克/公顷	喷雾
PD20097000	三乙膦酸铝/40%/可湿性粉剂/三乙膦酸铝 40%/2009.09.29 至 2014.09.29/低毒			
	十字花科蔬菜	霜霉病	1410-2820克/公顷	喷雾
PD20097199	烟嘧磺隆/40克/升/可分散油悬浮剂/烟嘧磺隆 40克/升/2009.10.16 至 2014.10.16/低毒			
	玉米田	一年生杂草	40-60克/公顷	茎叶喷雾
PD20097461	甲氨基阿维菌素苯甲酸盐(3.4%)///微乳剂/甲氨基阿维菌素 3%/2009.11.03 至 2014.11.03/低毒			
	甘蓝	甜菜夜蛾	1.8-2.25克/公顷	喷雾
PD20097653	精噁唑禾草灵/69克/升/水乳剂/精噁唑禾草灵 69克/升/2009.11.04 至 2014.11.04/低毒			
	冬小麦田	一年生杂草	41.4-62.1克/公顷	茎叶喷雾
PD20098025	甲氨基阿维菌素苯甲酸盐(1.14%)///微乳剂/甲氨基阿维菌素 1%/2009.12.07 至 2014.12.07/低毒			
	甘蓝	小菜蛾	1.5-1.8克/公顷	喷雾
PD20098034	甲氨基阿维菌素苯甲酸盐(1.14%)///乳油/甲氨基阿维菌素 1%/2009.12.07 至 2014.12.07/低毒			
	甘蓝	小菜蛾	1.5-3克/公顷	喷雾
PD20098527	吡虫啉/10%/可湿性粉剂/吡虫啉 10%/2009.12.24 至 2014.12.24/低毒			
	小麦	蚜虫	15-30克/公顷（南方） 45-60克/公顷（北方）	喷雾

LS20050061	阿维·高氯/6%/乳油/阿维菌素 0.4%、高效氯氰菊酯 5.6%/2008.01.08 至 2009.01.07/低毒(原药高毒)			
	黄瓜	美洲斑潜蝇	15-30克/公顷	喷雾
	梨树	梨木虱	12-24毫克/千克	喷雾
	十字花科蔬菜	菜青虫、小菜蛾	13.5-27克/公顷	喷雾
LS20050096	井冈霉素A/5%/可溶粉剂/井冈霉素A 5%/2008.01.12 至 2009.01.11/低毒			
	水稻	纹枯病	52.5-75克/公顷	喷雾
LS20050173	吡虫·杀虫单/35%/可湿性粉剂/吡虫啉 1%、杀虫单 34%/2008.01.24 至 2009.01.23/中等毒			
	水稻	二化螟	450-750克/公顷/	喷雾
	水稻	稻飞虱、稻纵卷叶螟、三化螟	450-750克/公顷	喷雾
LS20050256	阿维菌素/0.5%/可湿性粉剂/阿维菌素 0.5%/2008.02.03 至 2009.02.02/低毒(原药高毒)			
	十字花科蔬菜	小菜蛾	6-8.25克/公顷	喷雾
LS20050317	高效氯氰菊酯/10%/乳油/高效氯氰菊酯 10%/2008.02.06 至 2009.02.05/低毒			
	棉花	棉铃虫	60-75克/公顷	喷雾
LS20050362	高效氯氰菊酯/4.5%/乳油/高效氯氰菊酯 4.5%/2008.02.19 至 2009.02.18/低毒			
	柑橘树	潜叶蛾	22.5-45毫克/千克	喷雾
LS20050470	高氯·三唑磷/13%/乳油/高效氯氰菊酯 1.7%、三唑磷 11.3%/2008.02.26 至 2009.02.25/低毒			
	荔枝树	蒂蛀虫	86.7-130毫克/千克	喷雾
LS20050488	多菌灵/50%/可湿性粉剂/多菌灵 50%/2008.02.26 至 2009.02.25/低毒			
	苹果	斑点落叶病	625-1000毫克/千克	喷雾
LS20050627	高渗丁硫克百威/10%/乳油/丁硫克百威 10%/2008.03.14 至 2009.03.14/中等毒			
	柑橘树	锈壁虱	50-100毫克/千克	喷雾
LS20050631	灭·喹·氟磺胺/24%/乳油/氟磺胺草醚 7%、精喹禾灵 2%、灭草松 15%/2008.03.14 至 2009.03.14/低毒			
	夏大豆	一年生杂草	360-468克/公顷	喷雾
LS20050634	啶虫脒/3%/可湿性粉剂/啶虫脒 3%/2008.03.14 至 2009.03.14/低毒			
	柑橘树	蚜虫	8-12毫克/千克	喷雾
LS20051226	多·福·溴菌腈/40%/可湿性粉剂/多菌灵 20%、福美双 10%、溴菌腈 10%/2008.04.12 至 2009.04.12/低毒			
	黄瓜	炭疽病	600-900克/公顷	喷雾
LS20051846	甲霜·霜霉威/25%/可湿性粉剂/甲霜灵 10%、霜霉威 15%/2008.05.16 至 2009.05.16/低毒			
	黄瓜	霜霉病	469.5-703.5克/公顷	喷雾
LS20052777	井冈霉素A/3%/可溶粉剂/井冈霉素A 3%/2008.08.21 至 2009.08.21/低毒			
	水稻	纹枯病	52.5-75克/公顷	喷雾
LS20052976	丁硫克百威/5%/颗粒剂/丁硫克百威 5%/2008.09.13 至 2009.09.13/低毒			
	黄瓜	根结线虫	3750-5250克/公顷	沟施
LS20053050	噁霉·福美双/36%/可湿性粉剂/噁霉灵 18%、福美双 18%/2008.09.15 至 2009.09.15/低毒			
	水稻苗床	立枯病	0.36-0.54克/平方米	喷雾
LS20053332	多·福·锌/80%/可湿性粉剂/多菌灵 25%、福美双 25%、福美锌 30%/2008.10.17 至 2009.10.17/低毒			
	苹果	轮纹病	889-1143毫克/千克	喷雾
LS20053470	琥·铝·甲霜灵/40%/可湿性粉剂/琥胶肥酸铜 30%、甲霜灵 4%、三乙膦酸铝 6%/2008.11.13 至 2009.11.13/低毒			
	黄瓜	角斑病	270-360克/公顷	喷雾
LS20053849	乙羧氟草醚/10%/乳油/乙羧氟草醚 10%/2008.12.22 至 2009.12.22/低毒			
	春大豆田	一年生阔叶杂草	75-90克/公顷	茎叶喷雾
	花生田	一年生阔叶杂草	45-75克/公顷	茎叶喷雾
LS20060447	乙羧氟草醚/20%/乳油/乙羧氟草醚 20%/2009.03.06 至 2010.03.06/低毒			
	夏大豆	一年生阔叶杂草	60-75克/公顷	茎叶喷雾
LS20060469	乙草胺/40%/水乳剂/乙草胺 40%/2009.03.06 至 2010.03.06/低毒			
	春大豆	一年生禾本科杂草及部分小粒种子阔叶杂草	1500-1800克/公顷	播后苗前土壤喷雾
LS20060476	松·喹·氟磺胺/35%/乳油/氟磺胺草醚 9.5%、精喹禾灵 2.5%、异噁草松 23%/2009.03.06 至 2010.03.06/低毒			
	春大豆	一年生杂草	525-787.5克/公顷	茎叶喷雾
LS20060548	乙羧·氟磺胺/30%/水剂/氟磺胺草醚 25%、乙羧氟草醚 5%/2009.03.16 至 2010.03.16/低毒			
	春大豆	一年生阔叶杂草	180-270克/公顷	茎叶喷雾
LS20061727	阿维菌素/0.2%/可湿性粉剂/阿维菌素 0.2%/2009.10.10 至 2010.10.10/低毒(原药高毒)			
	柑橘树	红蜘蛛	2-2.5毫克/千克	喷雾
LS20070489	叶枯唑/25%/可湿性粉剂/叶枯唑 25%/2009.03.06 至 2010.03.07/低毒			
	水稻	白叶枯病	225-375克/公顷	喷雾
LS20070966	高效氯氟氰菊酯/2.5%/微乳剂/高效氯氟氰菊酯 2.5%/2009.04.19 至 2010.04.20/中等毒			
	十字花科蔬菜	菜青虫	7.5-15克/公顷	喷雾
LS20072078	乙羧氟草醚/96%/原药/乙羧氟草醚 96%/2009.08.29 至 2010.08.30/低毒			
LS20072097	苯线磷/90%/原药/苯线磷 90%/2009.08.29 至 2010.08.30/高毒			
LS20080329	高效氯氟氰菊酯/5%/水乳剂/高效氯氟氰菊酯 5%/2009.02.18 至 2010.02.19/中等毒			
	十字花科蔬菜	菜青虫	11.25-15克/公顷	喷雾
LS20080433	嘧胺·乙霉威/26%/水分散粒剂/乙霉威 16%、嘧霉胺 10%/2009.02.19 至 2010.02.20/低毒			
	黄瓜	灰霉病	375-562.5克/公顷	喷雾

LS20080438 阿维·毒死蜱/20%/微乳剂/阿维菌素 0.5%、毒死蜱 19.5%/2009.02.19 至 2010.02.20/中等毒(原药高毒)
十字花科蔬菜 甜菜夜蛾 90-120克/公顷 喷雾
LS20080643 烯酰吗啉/40%/水分散粒剂/烯酰吗啉 40%/2009.02.21 至 2010.02.22/低毒
黄瓜 霜霉病 225-300克/公顷 喷雾
LS20080670 烯酰吗啉/80%/水分散粒剂/烯酰吗啉 80%/2009.02.24 至 2010.02.25/低毒
黄瓜 霜霉病 225-300克/公顷 喷雾
LS20080705 丁醚脲/50%/悬浮剂/丁醚脲 50%/2009.02.25 至 2010.02.26/低毒
十字花科蔬菜 小菜蛾 562.5-750克/公顷 喷雾
LS20082074 敌畏·马/50%/乳油/敌敌畏 40%、马拉硫磷 10%/2009.10.28 至 2010.10.28/中等毒
甘蓝 黄条跳甲 225-375克/公顷 喷雾
LS20082217 苯甲·丙环唑/30%/乳油/苯醚甲环唑 15%、丙环唑 15%/2009.04.18 至 2010.04.18/低毒
香蕉 叶斑病 150-300毫克/千克 喷雾
LS20082345 吡虫啉/70%/水分散粒剂/吡虫啉 70%/2009.04.21 至 2010.04.21/低毒
十字花科蔬菜 蚜虫 15.75-21克/公顷 喷雾
LS20082402 氟磺胺草醚/12.8%/微乳剂/氟磺胺草醚 12.8%/2009.04.22 至 2010.04.22/低毒
春大豆田 一年生阔叶杂草 192-230.4克/公顷 茎叶喷雾
LS20082763 乙羧氟草醚/10%/乳油/乙羧氟草醚 10%/2009.05.08 至 2010.05.08/低毒
花生 一年生阔叶杂草 45-75克/公顷 茎叶喷雾
LS20082862 氟硅唑/10%/水乳剂/氟硅唑 10%/2009.06.11 至 2010.06.11/低毒
菜豆 白粉病 60-75克/公顷 喷雾
LS20082990 杀扑·毒死蜱/20%/乳油/毒死蜱 10%、杀扑磷 10%/2009.08.20 至 2010.08.20/中等毒(原药高毒)
柑橘树 介壳虫 200-250毫克/千克 喷雾
LS20083120 阿维·三唑锡/16.8%/可湿性粉剂/阿维菌素 0.3%、三唑锡 16.5%/2009.11.11 至 2010.11.11/低毒(原药高毒)
柑橘树 红蜘蛛 84-112毫克/千克 喷雾
LS20083132 苯醚甲环唑/20%/水乳剂/苯醚甲环唑 20%/2009.11.12 至 2010.11.12/低毒
黄瓜 白粉病 90-120克/公顷 喷雾
LS20083162 腈菌唑/12.5%/水乳剂/腈菌唑 12.5%/2009.11.17 至 2010.11.17/低毒
黄瓜 白粉病 45-60克/公顷 喷雾
LS20090297 戊唑醇/25%/乳油/戊唑醇 25%/2009.02.16 至 2010.02.16/低毒
香蕉 叶斑病 200-300毫克/千克 喷雾
LS20091111 氯吡·苯磺隆/20%/可湿性粉剂/苯磺隆 2.7%、氯氟吡氧乙酸 17.3%/2009.04.17 至 2010.04.17/低毒
冬小麦田 一年生阔叶杂草 90-120克/公顷 茎叶喷雾
LS20091250 百草枯/250克/升/水剂/百草枯 250克/升/2009.05.05 至 2010.05.05/中等毒
玉米田 杂草 450-600克/公顷 行间定向茎叶喷雾
LS20091450 烟嘧·莠去津/20%/可分散油悬浮剂/烟嘧磺隆 3%、莠去津 17%/2009.12.14 至 2010.12.14/低毒
玉米田 一年生杂草 300-450克/公顷 茎叶喷雾

山东省青州市农药厂 (山东省青州市城区402医院西侧 262500 0536-3265021)

PD20092971 马拉硫磷/45%/乳油/马拉硫磷 45%/2009.03.09 至 2014.03.09/低毒
十字花科蔬菜 蚜虫 562.5—750克/公顷 /喷雾
PD20093614 三唑锡/25%/可湿性粉剂/三唑锡 25%/2009.03.25 至 2014.03.25/低毒
柑橘树 红蜘蛛 125-250毫克/千克 喷雾
PD20093628 噻嗪·异丙威/25%/可湿性粉剂/噻嗪酮 5%、异丙威 20%/2009.03.25 至 2014.03.25/低毒
水稻 稻飞虱 450-562.5克/公顷 喷雾
PD20093991 多·锰锌/50%/可湿性粉剂/多菌灵 8%、代森锰锌 42%/2009.03.27 至 2014.03.27/低毒
苹果树 斑点落叶病 1000-1250毫克/千克 喷雾
PD20094047 敌畏·氧乐果/30%/乳油/敌敌畏 15%、氧乐果 15%/2009.03.27 至 2014.03.27/高毒
棉花 蚜虫 225-337.5克/公顷 喷雾
小麦 蚜虫 148.5-247克/公顷 喷雾
PD20094541 硫磺·多菌灵/50%/悬浮剂/多菌灵 15%、硫磺 35%/2009.04.09 至 2014.04.09/低毒
花生 叶斑病 1200-1800克/公顷 喷雾
PD20094939 苏云金杆菌/8000IU/毫克/可湿性粉剂/苏云金杆菌 8000IU/毫克/2009.04.16 至 2014.04.16/低毒
茶树 茶毛虫 400-800倍 喷雾
棉花 棉铃虫 3000-4500克制剂/公顷 喷雾
森林 松毛虫 600-800倍 喷雾
十字花科蔬菜 菜青虫 750-1500克制剂/公顷 喷雾
十字花科蔬菜 小菜蛾 1500-2250克制剂/公顷 喷雾
水稻 稻纵卷叶螟 3000-4500克制剂/公顷 喷雾
烟草 烟青虫 1500-3000克制剂/公顷 喷雾
玉米 玉米螟 1500-3000克制剂/公顷 喷雾
枣树 枣尺蠖 600-800倍 喷雾
PD20095181 硫磺·甲硫灵/40%/悬浮剂/甲基硫菌灵 20%、硫磺 20%/2009.04.24 至 2014.04.24/低毒
黄瓜、小麦 白粉病 450-562.5克/公顷 喷雾

PD20096449 吡虫啉/10%/可湿性粉剂/吡虫啉 10%/2009.08.05 至 2014.08.05/低毒
小麦 蚜虫 15-30克/公顷(南方地区) 喷雾
45-60克/公顷(北方地区)
PD20096558 高效氯氰菊酯/25克/升/乳油/高效氯氰菊酯 25克/升/2009.08.24 至 2014.08.24/中等毒
甘蓝 蚜虫 9.4-11.5克/公顷 喷雾
PD20096921 氟铃·毒死蜱/10%/乳油/毒死蜱 8.5%、氟铃脲 1.5%/2009.09.23 至 2014.09.23/低毒
甘蓝 小菜蛾 75-120克/公顷 喷雾
LS20050384 阿维·高氯/1.8%/乳油/阿维菌素 0.3%、高效氯氰菊酯 1.5%/2008.02.19 至 2009.02.18/低毒(原药高毒)
十字花科蔬菜 菜青虫、小菜蛾 7.5-15克/公顷 喷雾
LS20050487 吡虫·杀虫单/35%/可湿性粉剂/吡虫啉 1%、杀虫单 34%/2008.02.26 至 2009.02.25/中等毒
水稻 稻飞虱、稻纵卷叶螟、二化螟、三化螟 450-750克/公顷 喷雾
LS20050584 多·福/50%/可湿性粉剂/多菌灵 15%、福美双 35%/2008.03.14 至 2009.03.14/低毒
梨树 黑星病 1000-1500毫克/千克 喷雾
LS20050775 阿维·高氯/2.4%/可湿性粉剂/阿维菌素 0.3%、高效氯氰菊酯 2.1%/2008.03.28 至 2009.03.28/低毒(原药高毒)
十字花科蔬菜 菜青虫、小菜蛾 13.5-27克/公顷 喷雾
LS20050776 井冈霉素/20%/可溶粉剂/井冈霉素 20%/2008.03.28 至 2009.03.28/低毒
水稻 纹枯病 150-187.5克/公顷 喷雾
LS20060931 吗胍·乙酸铜/20%/可湿性粉剂/盐酸吗啉胍 10%、乙酸铜 10%/2009.04.18 至 2010.04.18/低毒
番茄 病毒病 500-750克/公顷 喷雾
水稻 条纹叶枯病 360-450克/公顷 喷雾
LS20060965 乙酰甲胺磷/20%/乳油/乙酰甲胺磷 20%/2008.04.23 至 2009.04.23/低毒
十字花科蔬菜 蚜虫 337.5—540克/公顷 /喷雾
LS20081728 啶虫脒/10%/微乳剂/啶虫脒 10%/2009.04.07 至 2010.04.07/低毒
十字花科蔬菜 蚜虫 12-15克/公顷 喷雾
LS20082105 唑磷·毒死蜱/30%/乳油/毒死蜱 15%、三唑磷 15%/2009.04.15 至 2010.04.15/中等毒
水稻 三化螟 180-360克/公顷 喷雾
LS20090586 阿维·噻螨酮 /3%/乳油/阿维菌素 0.5%、噻螨酮 2.5%/2009.03.19 至 2010.03.19/低毒(原药高毒)
柑橘树 红蜘蛛 15-20毫克/千克 喷雾

山东省曲阜市尔福农药厂 (山东省济宁市曲阜市旅游经济开发区 273100 0537-4422083)

PD20080324 多菌灵/50%/可湿性粉剂/多菌灵 50%/2008.02.26 至 2013.02.26/低毒
水稻 稻瘟病 750-937.5克/公顷 喷雾
PD20081255 甲基硫菌灵/70%/可湿性粉剂/甲基硫菌灵 70%/2008.09.18 至 2013.09.18/低毒
番茄 叶霉病 375—562.5克/公顷 喷雾
PD20082377 乙铝·福美双/64%/可湿性粉剂/福美双 32%、三乙膦酸铝 32%/2008.12.01 至 2013.12.01/低毒
黄瓜 霜霉病 1440-1880克/公顷 喷雾
PD20082378 毒死蜱/40%/乳油/毒死蜱 40%/2008.12.01 至 2013.12.01/中等毒
水稻 稻飞虱 450-600克/公顷 喷雾
PD20082547 阿维菌素/2%/乳油/阿维菌素 2%/2008.12.03 至 2013.12.03/低毒(原药高毒)
十字花科蔬菜 小菜蛾 8.1-10.8克/公顷 喷雾
PD20082779 啶虫脒/3%/乳油/啶虫脒 3%/2008.12.08 至 2013.12.08/低毒
小麦 蚜虫 13.5-18克/公顷 喷雾
PD20083127 阿维菌素/0.9%/乳油/阿维菌素 0.9%/2008.12.10 至 2013.12.10/低毒(原药高毒)
十字花科蔬菜 菜青虫 8.1-10.8克/公顷 喷雾
PD20083272 氟铃·辛硫磷/20%/乳油/氟铃脲 2%、辛硫磷 18%/2008.12.11 至 2013.12.11/低毒
棉花 棉铃虫 180-240克/公顷 喷雾
PD20085349 辛硫·灭多威/20%/乳油/灭多威 8%、辛硫磷 12%/2008.12.24 至 2013.12.24/高毒
棉花 棉铃虫 100-150克/公顷 喷雾
PD20090634 三唑酮/25%/可湿性粉剂/三唑酮 25%/2009.01.14 至 2014.01.14/低毒
小麦 白粉病 112.5-131.25克/公顷 喷雾
PD20091662 代森锰锌/70%/可湿性粉剂/代森锰锌 70%/2009.02.03 至 2014.02.03/低毒
番茄 早疫病 1837.5—2362.5克/公顷 喷雾
PD20091879 氟铃脲/5%/乳油/氟铃脲 5%/2009.02.09 至 2014.02.09/低毒
棉花 棉铃虫 75-112.5克/公顷 喷雾
PD20092398 烯唑·福美双/42%/可湿性粉剂/福美双 39.5%、烯唑醇 2.5%/2009.02.25 至 2014.02.25/低毒
梨树 黑星病 168-210毫克/千克 喷雾
PD20092896 氰戊·马拉松/20%/乳油/马拉硫磷 15%、氰戊菊酯 5%/2009.03.05 至 2014.03.05/低毒
苹果树 桃小食心虫 200-333.3毫克/千克 喷雾
PD20094898 二氯异氰尿酸钠/50%/可溶粉剂/二氯异氰尿酸钠 50%/2009.04.13 至 2014.04.13/低毒
番茄 早疫病 562.5-750克/公顷 喷雾
PD20095402 烷醇·硫酸铜/6%/可湿性粉剂/硫酸铜 5.9%、三十烷醇 0.1%/2009.04.27 至 2014.04.27/低毒
番茄 病毒病 112.5-140.6克/公顷 喷雾
PD20097702 井冈·硫酸铜/4.5%/水剂/井冈霉素 4%、硫酸铜 0.5%/2009.11.04 至 2014.11.04/低毒
水稻 纹枯病 59.06-78.75克/公顷 喷雾

PD20098333 双甲脒/200克/升/乳油/双甲脒 200克/升/2009.12.18 至 2014.12.18/低毒
苹果树 山楂红蜘蛛 130-200毫克/千克 喷雾
LS96841 烷醇·硫酸铜/1.5%/乳油/十二烷基硫酸钠 1%、硫酸铜 0.4%、三十烷醇 0.1%/2009.02.16 至 2009.12.31/低毒
番茄 病毒病 11.25-16.5克/公顷 喷雾
LS20050217 吡虫啉/30%/可湿性粉剂/吡虫啉 30%/2008.01.26 至 2009.01.25/低毒
水稻 稻飞虱 15-30克/公顷 喷雾
LS20050307 吡虫啉/2.5%/可湿性粉剂/吡虫啉 2.5%/2008.02.05 至 2009.02.04/低毒
小麦 蚜虫 15-22.5克/公顷 喷雾
LS20050515 精喹禾灵/50克/升/乳油/精喹禾灵 50克/升/2008.02.26 至 2009.02.25/低毒
夏大豆 一年生禾本科杂草 45-52.5克/公顷 茎叶喷雾
LS20050516 氟乐灵/480克/升/乳油/氟乐灵 480克/升/2008.02.26 至 2009.02.25/低毒
棉花 一年生杂草 864－1080克/公顷 土壤喷雾
LS20050520 高氯·毒死蜱/15%/乳油/毒死蜱 13.5%、高效氯氰菊酯 1.5%/2008.02.26 至 2009.02.25/中等毒
黄瓜 美洲斑潜蝇 112.5-180克/公顷 喷雾
LS20050597 异丙甲草胺/720克/升/乳油/异丙甲草胺 720克/升/2008.03.14 至 2009.03.14/低毒
夏玉米 一年生禾本科杂草及部分阔叶杂草 1080-1620克/公顷 土壤喷雾
LS20050784 唑磷·毒死蜱/30%/乳油/毒死蜱 15%、三唑磷 15%/2008.03.28 至 2009.03.28/中等毒
水稻 三化螟 180-270克/公顷 喷雾
LS20051364 吡虫啉/5%/乳油/吡虫啉 5%/2008.04.18 至 2009.04.18/低毒
小麦 蚜虫 15-30克/公顷(南方地区) 喷雾
45-60克/公顷(北方地区)
LS20051422 三唑磷/20%/乳油/三唑磷 20%/2008.04.21 至 2009.04.21/中等毒
水稻 二化螟 360-450克/公顷 喷雾
LS20052110 吡虫啉/10%/可湿性粉剂/吡虫啉 10%/2008.06.09 至 2009.06.09/低毒
水稻 稻飞虱 15-30克/公顷 喷雾
LS20052477 氟铃脲/95%/原药/氟铃脲 95%/2008.07.13 至 2009.07.13/低毒
LS20070688 阿维·哒螨灵/3.2%/乳油/阿维菌素 0.2%、哒螨灵 3%/2009.03.29 至 2010.03.30/低毒(原药高毒)
柑橘树 红蜘蛛 32-40毫克/千克 喷雾
LS20070699 啶虫脒/3%/可湿性粉剂/啶虫脒 3%/2009.03.29 至 2010.03.30/低毒
柑橘树 蚜虫 7.5-10毫克/千克 喷雾
LS20071108 氟铃·毒死蜱/10%/乳油/毒死蜱 8.5%、氟铃脲 1.5%/2009.04.26 至 2010.04.26/低毒
十字花科蔬菜 小菜蛾 90-120克/公顷 喷雾
LS20071470 高效氯氟氰菊酯/25克/升/乳油/高效氯氟氰菊酯 25克/升/2009.05.20 至 2010.05.21/中等毒
十字花科蔬菜 菜青虫 7.5-15克/公顷 喷雾
LS20071922 氰戊·辛硫磷/25%/乳油/氰戊菊酯 6.25%、辛硫磷 18.75%/2009.08.07 至 2010.08.08/中等毒
棉花 棉铃虫 300-375克/公顷 喷雾
LS20072201 甲氨基阿维菌素苯甲酸盐/0.2%/乳油/甲氨基阿维菌素苯甲酸盐 0.2%/2009.09.11 至 2010.09.12/低毒
十字花科蔬菜 甜菜夜蛾 1.8-2.25克/公顷 喷雾

山东省乳山韩威生物科技有限公司 (山东省威海市乳山市崖子镇马石店 264502 0631-6384686)

PD90106-30 苏云金杆菌/2000IU/微升/悬浮剂/苏云金杆菌 2000IU/微升/2005.06.23 至 2010.06.23/低毒
白菜、萝卜、青菜 菜青虫、小菜蛾 1500-2250克制剂/公顷 喷雾
茶树 茶毛虫 3000克制剂/公顷 喷雾
高粱、玉米 玉米螟 2250-3000克制剂/公顷 加细沙灌心叶
梨树、苹果树、桃树、枣树 尺蠖、食心虫 200倍液 喷雾
林木 尺蠖、柳毒蛾、松毛虫 150-200倍液 喷雾
棉花 棉铃虫、造桥虫 3750-6000克制剂/公顷 喷雾
水稻 稻苞虫、螟虫 3000-6000克制剂/公顷 喷雾
烟草 烟青虫 3000克制剂/公顷 喷雾
PD20040344 高效氯氰菊酯/4.5%/乳油/高效氯氰菊酯 4.5%/2009.12.19 至 2014.12.19/中等毒
茶树 茶尺蠖 15-25.5克/公顷 喷雾
柑橘树 红蜡蚧 50毫克/千克 喷雾
柑橘树 潜叶蛾 15-20毫克/千克 喷雾
棉花 红铃虫、棉铃虫、蚜虫 15-30克/公顷 喷雾
苹果树 桃小食心虫 20-33毫克/千克 喷雾
十字花科蔬菜 菜蚜 3-18克/公顷 喷雾
十字花科蔬菜 菜青虫、小菜蛾 9-25.5克/公顷 喷雾
烟草 烟青虫 15-25.5克/公顷 喷雾
PD20081364 苏云金杆菌/50000IU/毫克/原药/苏云金杆菌 50000IU/毫克/2008.10.22 至 2013.10.22/低毒
PD20091321 多抗霉素/0.3%/水剂/多抗霉素 0.3%/2009.02.01 至 2014.02.01/低毒
番茄 早疫病 27-45克/公顷 喷雾
苹果树 斑点落叶病 10-15毫克/千克 喷雾
PD20096143 苏云金杆菌/8000IU/毫克/可湿性粉剂/苏云金杆菌 8000IU/毫克/2009.06.24 至 2014.06.24/低毒

	茶树	茶毛虫	400-800倍液	喷雾
	棉花	二代棉铃虫	3000-4500克制剂/公顷	喷雾
	森林	松毛虫	600-800倍液	喷雾
	十字花科蔬菜	小菜蛾	1500-2250克制剂/公顷	喷雾
	十字花科蔬菜	菜青虫	750-1500克制剂/公顷	喷雾
	水稻	稻纵卷叶螟	3000-4500克制剂/公顷	喷雾
	烟草	烟青虫	1500-3000克制剂/公顷	喷雾
	玉米	玉米螟	1500-3000克制剂/公顷	拌细沙灌心
	枣树	枣尺蠖	600-800倍液	喷雾
PD20096222	苏云金杆菌/16000IU/毫克/可湿性粉剂/苏云金杆菌 16000IU/毫克/2009.07.15 至 2014.07.15/低毒			
	茶树	茶毛虫	800-1600倍液	喷雾
	棉花	二代棉铃虫	1500-2250克制剂/公顷	喷雾
	森林	松毛虫	1200-1600倍液	喷雾
	十字花科蔬菜	小菜蛾	750-1125克制剂/公顷	喷雾
	十字花科蔬菜	菜青虫	375-750克制剂/公顷	喷雾
	水稻	稻纵卷叶螟	1500-2250克制剂/公顷	喷雾
	烟草	烟青虫	750-1500克制剂/公顷	喷雾
	玉米	玉米螟	750-1500克制剂/公顷	加细沙灌心
	枣树	枣尺蠖	1200-1600倍液	喷雾
PD20096715	多抗霉素/1.5%/可湿性粉剂/多抗霉素 1.5%/2009.09.07 至 2014.09.07/低毒			
	苹果	斑点落叶病	100-200毫克/千克	喷雾
PD20096862	多抗霉素/3%/可湿性粉剂/多抗霉素 3%/2009.09.22 至 2014.09.22/低毒			
	黄瓜	霜霉病	150-200单位倍液	喷雾
PD20097294	多抗霉素/34%/原药/多抗霉素 34%/2009.10.26 至 2014.10.26/低毒			
PD20097613	春雷・王铜/47%/可湿性粉剂/春雷霉素 2%、王铜 45%/2009.11.20 至 2014.11.20/低毒			
	番茄	叶霉病	770-877克/公顷	喷雾
	柑橘树	溃疡病	470-580倍液	喷雾
PD20098522	甲氨基阿维菌素苯甲酸盐(0.55%)///乳油/甲氨基阿维菌素 0.5%/2009.12.24 至 2014.12.24/低毒			
	十字花科蔬菜	小菜蛾	1.5-1.8克/公顷	喷雾

山东省寿光市立英日化有限责任公司　(山东省寿光市东城工业园区尧河　262700　0536-5803006)

WL20080054	杀虫气雾剂/0.46%/气雾剂/胺菊酯 0.25%、氯菊酯 0.21%/2009.01.07 至 2010.01.07/微毒			
	卫生	蚊、蝇	/	喷雾

山东省泰安市宝丰农药厂　(山东省泰安市岱岳区满庄工业园　271024　0538-8531588)

PD20093057	多・福/50%/可湿性粉剂/多菌灵 25%、福美双 25%/2009.03.09 至 2014.03.09/中等毒			
	梨树	黑星病	300-500倍液	喷雾
PD20093320	阿维菌素/0.5%/乳油/阿维菌素 0.5%/2009.03.13 至 2014.03.13/低毒(原药高毒)			
	甘蓝	菜青虫、小菜蛾	8.1-10.8克/公顷	喷雾
PD20094900	乙铝・锰锌/50%/可湿性粉剂/代森锰锌 27%、三乙膦酸铝 23%/2009.04.13 至 2014.04.13/低毒			
	黄瓜	霜霉病	937-1400克/公顷	喷雾
PD20094953	烟嘧磺隆/40克/升/油悬浮剂/烟嘧磺隆 40克/升/2009.04.20 至 2014.04.20/低毒			
	玉米田	一年生杂草	42-60克/公顷	茎叶喷雾
PD20097390	莠去津/38%/悬浮剂/莠去津 38%/2009.10.28 至 2014.10.28/低毒			
	春玉米田	一年生杂草	250-400毫升制剂/亩	播后苗前土壤喷雾
LS20051581	阿维・高氯/6%/乳油/阿维菌素 0.4%、高效氯氰菊酯 5.6%/2008.04.28 至 2009.04.28/低毒(原药高毒)			
	十字花科蔬菜	菜青虫	13.5-27克/公顷	喷雾
LS20052099	苄・乙/18%/可湿性粉剂/苄嘧磺隆 4%、乙草胺 14%/2008.06.09 至 2009.06.09/低毒			
	水稻移栽田	一年生杂草	84—118克/公顷	毒土法
LS20052115	代森铵/45%/水剂/代森铵 45%/2008.06.09 至 2009.06.09/低毒			
	水稻	水稻纹枯病	540-810克/公顷	喷雾
LS20052132	高氯・辛硫磷/25%/乳油/高效氯氰菊酯 2.5%、辛硫磷 22.5%/2008.06.09 至 2009.06.09/中等毒			
	棉花	棉铃虫	225-280克/公顷	喷雾
LS20052234	啶虫脒/20%/可湿性粉剂/啶虫脒 20%/2008.06.20 至 2009.06.20/低毒			
	柑橘树	蚜虫	10-13.3毫克/千克	喷雾
LS20052255	锰锌・烯唑醇/32.5%/可湿性粉剂/代森锰锌 30%、烯唑醇 2.5%/2008.06.20 至 2009.06.20/低毒			
	梨树	黑星病	541.7-812.5毫克/升	喷雾
LS20052342	三唑锡/20%/可湿性粉剂/三唑锡 20%/2008.06.26 至 2009.06.26/低毒			
	柑橘树	红蜘蛛	146-250毫克/千克	喷雾
LS20052344	杀单・苏云菌/46%/可湿性粉剂/杀虫单 45%、苏云金杆菌 1%/2008.06.26 至 2009.06.26/中等毒			
	水稻	二化螟	414-517.5克/公顷	喷雾
LS20060089	井冈霉素/5%/水剂/井冈霉素 5%/2008.01.23 至 2009.01.23/低毒			
	水稻	纹枯病	150-187.5克/公顷	喷雾
LS20081293	氟铃・辛硫磷/20%/乳油/氟铃脲 2%、辛硫磷 18%/2009.03.11 至 2010.03.11/低毒			

	棉花	棉铃虫	180-270克/公顷	喷雾
LS20081473	毒·辛/40%/乳油/毒死蜱 10%、辛硫磷 30%/2009.03.27 至 2010.03.27/低毒			
	水稻	稻纵卷叶螟	450-600克/公顷	喷雾

山东省泰安市利邦农化有限公司　(山东省泰安市岱岳区化马湾乡　271042　0538-8642016)

PD20084478	高效氯氟氰菊酯/25克/升/乳油/高效氯氟氰菊酯 25克/升/2008.12.17 至 2013.12.17/中等毒			
	十字花科蔬菜	菜青虫	5.625-9.375克/公顷	喷雾
PD20084758	啶虫脒/3%/乳油/啶虫脒 3%/2008.12.22 至 2013.12.22/低毒			
	黄瓜	蚜虫	18－22.5克/公顷	喷雾
PD20085233	苏云金杆菌/16000IU/毫克/可湿性粉剂/苏云金杆菌 16000IU/毫克/2008.12.23 至 2013.12.23/低毒			
	甘蓝	小菜蛾	450-1050克制剂/公顷	喷雾
	棉花	棉铃虫	1875-3750克制剂/公顷	喷雾
PD20090613	阿维菌素/0.5%/乳油/阿维菌素 0.5%/2009.01.14 至 2014.01.14/低毒(原药高毒)			
	十字花科蔬菜	小菜蛾	8.1-10.8克/公顷	喷雾
PD20090918	异丙甲草胺/720克/升/乳油/异丙甲草胺 720克/升/2009.01.19 至 2014.01.19/低毒			
	春大豆田	一年生杂草	1620-2160克/公顷	土壤喷雾
	夏大豆田	一年生杂草	1080-1620克/公顷	土壤喷雾
PD20091008	乙草胺/900克/升/乳油/乙草胺 900克/升/2009.01.21 至 2014.01.21/低毒			
	春大豆田	一年生杂草	1620-2025克/公顷	土壤喷雾
	夏大豆田	一年生杂草	810-1350克/公顷	土壤喷雾
PD20096254	多·锰锌 /50%/可湿性粉剂/多菌灵 8%、代森锰锌 42%/2009.07.15 至 2014.07.15/低毒			
	苹果树	斑点落叶病	1000-1250毫克/千克	喷雾
PD20096335	氯氰·仲丁威/20%/乳油/氯氰菊酯 12%、仲丁威 8%/2009.07.22 至 2014.07.22/中等毒			
	甘蓝	菜青虫	60-120克/公顷	喷雾
PD20097280	毒死蜱/40%/乳油/毒死蜱 40%/2009.10.26 至 2014.10.26/中等毒			
	十字花科蔬菜	小菜蛾	157.5-210克/公顷	喷雾
LS20051284	马拉·噻嗪酮/30%/乳油/马拉硫磷 22%、噻嗪酮 8%/2008.04.12 至 2009.04.12/低毒			
	柑橘树	矢尖蚧	300-375毫克/千克	喷雾
LS20052497	多·福/58%/可湿性粉剂/多菌灵 8%、福美双 50%/2008.07.25 至 2009.07.25/低毒			
	葡萄	霜霉病	1000-1250毫克/千克	喷雾
LS20052686	阿维·高氯/2.4%/可湿性粉剂/阿维菌素 0.2%、高效氯氰菊酯 2.2%/2008.08.14 至 2009.08.14/低毒(原药高毒)			
	十字花科蔬菜	菜青虫、小菜蛾	13.5-27克/公顷	喷雾
LS20060485	机油·炔螨特/73%/乳油/机油 33%、炔螨特 40%/2009.03.06 至 2010.03.06/低毒			
	柑橘树	红蜘蛛	243-365毫克/千克	喷雾
LS20061421	高效氟吡甲禾灵/108克/升/乳油/高效氟吡甲禾灵 108克/升/2009.06.29 至 2010.06.29/低毒			
	春大豆	一年生禾本科杂草	48.6-56.7克/公顷	茎叶喷雾
	夏大豆	一年生禾本科杂草	40.5-48.6克/公顷	茎叶喷雾
LS20083170	仲灵·乙草胺/48%/乳油/乙草胺 24%、仲丁灵 24%/2008.11.18 至 2009.11.18/低毒			
	棉花田	一年生杂草	1440-1800克/公顷	土壤喷雾

山东省泰安市泰山现代农业科技有限公司　(山东省泰安市迎胜东路22号　271000　0538-8506399)

PD91104-5	敌敌畏/48%/乳油/敌敌畏 48%/2006.12.26 至 2011.12.26/中等毒			
	茶树	食叶害虫	600克/公顷	喷雾
	粮仓	多种储粮害虫	1)300-400倍液 2)0.4-0.5克/立方米	1)喷雾 2)挂条熏蒸
	棉花	蚜虫、造桥虫	600-1200克/公顷	喷雾
	苹果树	小卷叶蛾、蚜虫	400-500毫克/千克	喷雾
	青菜	菜青虫	600克/公顷	喷雾
	桑树	尺蠖	600克/公顷	喷雾
	卫生	多种卫生害虫	1)250-300倍液 2)0.08克/立方米	1)泼洒 2)挂条熏蒸
	小麦	黏虫、蚜虫	600克/公顷	喷雾
PD20082324	甲氰·辛硫磷/25%/乳油/甲氰菊酯 5%、辛硫磷 20%/2008.12.01 至 2013.12.01/中等毒			
	棉花	棉铃虫	225-345克/公顷	喷雾
PD20082390	灭多威/90%/可溶粉剂/灭多威 90%/2008.12.01 至 2013.12.01/高毒			
	甘蓝	菜青虫	202.5-270克/公顷	喷雾
PD20083108	灭多威/40%/可溶粉剂/灭多威 40%/2008.12.10 至 2013.12.10/中等毒(原药高毒)			
	棉花	蚜虫	105-180克/公顷	喷雾
PD20083164	乙·莠/40%/可湿性粉剂/乙草胺 14%、莠去津 26%/2008.12.11 至 2013.12.11/低毒			
	夏玉米田	一年生杂草	900-1500克/公顷	播后苗前土壤喷雾
PD20084130	灭多威/20%/乳油/灭多威 20%/2008.12.16 至 2013.12.16/高毒			
	棉花	棉铃虫	150-225克/公顷	喷雾
	棉花	蚜虫	75-150克/公顷	喷雾
LS20050723	啶虫脒/3%/可湿性粉剂/啶虫脒 3%/2008.03.20 至 2009.03.20/低毒			

柑橘树 蚜虫 10-12毫克/千克 喷雾
LS20050753 阿维·高氯/3%/乳油/阿维菌素 0.2%、高效氯氰菊酯 2.8%/2008.03.28 至 2009.03.28/中等毒(原药高毒)
十字花科蔬菜 菜青虫、小菜蛾 13.5-27克/公顷 喷雾
LS20050827 蚜灭磷/40%/乳油/蚜灭磷 40%/2008.03.28 至 2009.03.28/中等毒
苹果树 绵蚜 266.7-400毫克/千克 喷雾
LS20050830 阿维·哒螨灵/6.78%/乳油/阿维菌素 0.11%、哒螨灵 6.67%/2008.03.28 至 2009.03.28/低毒(原药高毒)
柑橘树 红蜘蛛 33.9-45.2毫克/千克 喷雾
LS20051064 柴油·三唑磷/48%/乳油/柴油 36%、三唑磷 12%/2008.04.07 至 2009.04.07/低毒
十字花科蔬菜 菜青虫 432-576克/公顷 喷雾
LS20051522 阿维菌素/0.5%/颗粒剂/阿维菌素 0.5%/2008.04.21 至 2009.04.21/低毒
黄瓜 根结线虫 225-262.5克/公顷 沟施
烟草 根结线虫 225-300克/公顷 沟施、穴施
LS20051799 高氯·辛硫磷/25%/乳油/高效氯氰菊酯 1.5%、辛硫磷 23.5%/2008.05.16 至 2009.05.16/中等毒
棉花 棉铃虫 300-375克/公顷 喷雾
LS20061252 氨基寡糖素/0.5%/可湿性粉剂/氨基寡糖素 0.5%/2009.05.22 至 2010.05.22/低毒
番茄 调节生长、增产 200-300倍液 喷雾
LS20072462 烯酰吗啉/50%/可湿性粉剂/烯酰吗啉 50%/2009.11.05 至 2010.11.06/低毒
荔枝 霜疫霉病 250-333.3毫克/千克 喷雾
LS20080784 高氯·毒死蜱/22.5%/乳油/毒死蜱 20%、高效氯氰菊酯 2.5%/2009.02.27 至 2010.02.28/中等毒
番茄 美洲斑潜蝇 168.75-202.5克/公顷 喷雾

山东省天润化工有限公司 (山东省博兴县湖滨工业园)

LS20082371 氟磺胺草醚/250克/升/水剂/氟磺胺草醚 250克/升/2009.04.21 至 2010.04.21/低毒
春大豆田 一年生阔叶杂草 281.3-393.8克/公顷 茎叶喷雾
夏大豆田 一年生阔叶杂草 187.5-281.3克/公顷 茎叶喷雾
LS20090823 烟嘧·莠去津/20%/油悬浮剂/烟嘧磺隆 3%、莠去津 17%/2009.04.03 至 2010.04.03/低毒
玉米田 一年生杂草 100－120毫升制剂/亩 茎叶喷雾

山东省威海日兴技术开发有限公司 (山东省威海市经济技术开发区贝卡尔特路南 264200 0631-5237157)

LS20072509 硅藻土/85%/粉剂/硅藻土 85%/2009.11.27 至 2010.11.28/微毒
原粮 仓储害虫 500-700毫克/千克 拌粮
WL20060169 杀虫粉剂/85%/粉剂/硅藻土 85%/2009.10.10 至 2010.10.10/微毒
卫生 蜚蠊、蚂蚁 3克制剂/平方米 撒布

山东省潍坊渤海农药厂 (山东省潍坊市寿光市经济开发区北环路3号 262700 0536-5196838)

PD86101-38 赤霉酸/4%/乳油/赤霉酸 4%/2008.03.19 至 2013.03.19/低毒
菠菜 增加鲜重 10-25毫克/千克 叶面处理1-3次
菠萝 果实增大、增重 40-80毫克/千克 喷花
柑橘树 果实增大、增重 20-40毫克/千克 喷花
花卉 提前开花 700毫克/千克 叶面处理涂抹花芽
绿肥 增产 10-20毫克/千克 喷雾
马铃薯 苗齐、增产 0.5-1毫克/千克 浸薯块10-30分钟
棉花 提高结铃率、增产 10-20毫克/千克 点喷、点涂或喷雾
葡萄 无核、增产 50-200毫克/千克 花后1周处理果穗
芹菜 增产 20-100毫克/千克 叶面处理1次
人参 增加发芽率 20毫克/千克 播前浸种15分钟
水稻 增加千粒重、制种 20-30毫克/千克 喷雾
PD20093211 腐霉·福美双/25%/可湿性粉剂/腐霉利 5%、福美双 20%/2009.03.11 至 2014.03.11/低毒
番茄 灰霉病 225-375克/公顷 喷雾
LS20050443 腐霉·百菌清/20%/烟剂/百菌清 10%、腐霉利 10%/2008.02.19 至 2009.02.18/低毒
黄瓜 霜霉病 750-1050克/公顷 点燃放烟
LS20051268 阿维·高氯/1.8%/乳油/阿维菌素 0.3%、高效氯氰菊酯 1.5%/2008.04.12 至 2009.04.12/低毒(原药高毒)
十字花科蔬菜 菜青虫、小菜蛾 7.5-15克/公顷 喷雾
LS20052128 氟铃·毒死蜱/10%/乳油/毒死蜱 8.5%、氟铃脲 1.5%/2008.06.09 至 2009.06.09/低毒
甘蓝 小菜蛾 90-120克/公顷 喷雾
LS20052530 松脂酸铜/12%/乳油/松脂酸铜 12%/2008.07.25 至 2009.07.25/低毒
黄瓜 霜霉病 315-420克/公顷 喷雾
LS20053605 烯酰·锰锌/69%/可湿性粉剂/代森锰锌 60%、烯酰吗啉 9%/2008.11.17 至 2009.11.17/低毒
黄瓜 霜霉病 1035-1380克/公顷 喷雾
LS20061532 霜脲·锰锌/36%/可湿性粉剂/代森锰锌 32%、霜脲氰 4%/2009.08.02 至 2010.08.02/低毒
黄瓜 霜霉病 1440-1800克/公顷 喷雾
LS20071485 锰锌·腈菌唑/32%/可湿性粉剂/腈菌唑 2%、代森锰锌 30%/2009.05.28 至 2010.05.29/低毒

香蕉　叶斑病　533-640毫克/千克　喷雾

山东省潍坊草本堂日用制品有限公司　(山东省昌邑市石埠工业园区　261315　0536-8688238)

WL20080404　杀虫气雾剂/0.5%/气雾剂/胺菊酯 0.25%、氯菊酯 0.25%/2009.09.18 至 2010.09.18/微毒
室内　蚊、蝇、蜚蠊　/　喷雾

山东省潍坊鸿汇化工有限公司　(山东省潍坊市青州市东夏镇二府村　262514　0536-3256717)

PD20090283　丙环唑/250克/升/乳油/丙环唑 250克/升/2009.01.09 至 2014.01.09/低毒
香蕉　叶斑病　250-500毫克/千克　喷雾

PD20091130　福美双/50%/可湿性粉剂/福美双 50%/2009.01.21 至 2014.01.21/低毒
黄瓜　白粉病　525-1050克/公顷　喷雾

PD20091264　联苯菊酯/100克/升/乳油/联苯菊酯 100克/升/2009.02.01 至 2014.02.01/中等毒
茶树　茶小绿叶蝉　30-37.5克/公顷　喷雾

PD20091912　福·福锌/80%/可湿性粉剂/福美双 30%、福美锌 50%/2009.02.12 至 2014.02.12/低毒
黄瓜　炭疽病　1500-1800克/公顷　喷雾

PD20092202　三唑锡/25%/可湿性粉剂/三唑磷 25%/2009.02.23 至 2014.02.23/微毒
柑橘树　红蜘蛛　125-250毫克/千克　喷雾

PD20092330　高效氯氟氰菊酯/25克/升/乳油/高效氯氟氰菊酯 25克/升/2009.02.24 至 2014.02.24/中等毒
甘蓝　菜青虫　7.5-11.25克/公顷　喷雾

PD20093561　多菌灵/25%/可湿性粉剂/多菌灵 25%/2009.03.23 至 2014.03.23/微毒
小麦　赤霉病　750-900克/公顷　喷雾

PD20093865　顺式氯氰菊酯/50克/升/乳油/顺式氯氰菊酯 50克/升/2009.03.25 至 2014.03.25/低毒
棉花　棉铃虫　30-37.5克/公顷　喷雾

PD20094360　氯氰菊酯/50克/升/乳油/氯氰菊酯 50克/升/2009.04.01 至 2014.04.01/中等毒
甘蓝　菜青虫　37.5-52.5克/公顷　喷雾

PD20095578　多·锰锌/50%/可湿性粉剂/多菌灵 8%、代森锰锌 42%/2009.05.12 至 2014.05.12/低毒
苹果树　斑点落叶病　1000-1250毫克/千克　喷雾

LS991045　苦参碱/0.2%/水剂/苦参碱 0.2%/2009.02.27 至 2009.12.31/低毒
十字花科蔬菜　菜青虫　2.4-3.0克/公顷　喷雾

LS20060154　吡虫·杀虫单/35%/可湿性粉剂/吡虫啉 1%、杀虫单 34%/2009.01.24 至 2010.01.24/低毒
水稻　稻飞虱、稻纵卷叶螟、二化螟、三化螟　450-750克/公顷　喷雾

LS20060180　吡虫啉/5%/乳油/吡虫啉 5%/2009.01.26 至 2010.01.27/低毒
水稻　稻飞虱　15-30克/公顷　喷雾

LS20060249　多·福/50%/可湿性粉剂/多菌灵 15%、福美双 35%/2009.02.21 至 2010.02.21/低毒
葡萄　霜霉病　1000-1250毫克/千克　喷雾

LS20060415　吗胍·乙酸铜/20%/可湿性粉剂/盐酸吗啉胍 10%、乙酸铜 10%/2009.03.05 至 2010.03.05/低毒
番茄　病毒病　500-750克/公顷　喷雾

LS20060614　苏云金杆菌/8000IU/毫克/可湿性粉剂/苏云金杆菌 8000IU/毫克/2009.03.23 至 2010.03.23/低毒
茶树　茶毛虫　400－800倍　喷雾
棉花　棉铃虫　3000－4500克制剂/公顷　喷雾
森林　松毛虫　600－800倍　喷雾
十字花科蔬菜　小菜蛾　1500－2250克制剂/公顷　喷雾
十字花科蔬菜　菜青虫　750－1500克制剂/公顷　喷雾
水稻　稻纵卷叶螟　3000－4500克制剂/公顷　喷雾
烟草　烟青虫　1500－3000克制剂/公顷　喷雾
玉米　玉米螟　1500－3000克制剂/公顷　喷雾
枣树　枣尺蠖　600－800倍　喷雾

LS20070852　乙酰甲胺磷/20%/乳油/乙酰甲胺磷 20%/2009.04.11 至 2010.04.12/低毒
十字花科蔬菜　蚜虫　420-540克/公顷　喷雾

LS20081548　乙羧氟草醚/10%/乳油/乙羧氟草醚 10%/2009.03.31 至 2010.03.31/低毒
夏大豆田　一年生阔叶杂草　60-90克/公顷　茎叶喷雾

LS20081608　精喹禾灵/8.8%/乳油/精喹禾灵 8.8%/2009.04.03 至 2010.04.03/低毒
夏大豆田　一年生禾本科杂草　52.8-66克/公顷　茎叶喷雾

LS20090870　烯唑醇/12.5%/乳油/烯唑醇 12.5%/2009.04.09 至 2010.04.09/低毒
梨树　黑星病　35.7-50毫克/千克　喷雾

LS20091068　阿维·三唑磷 /10.2%/乳油/阿维菌素 0.2%、三唑磷 10%/2009.04.15 至 2010.04.15/低毒(原药高毒)
水稻　三化螟　153～214.2克/公顷　/喷雾

山东省潍坊科力化工有限公司　(山东省潍坊市奎文区宏伟中路5号　261051　0536-8807826)

WL20080093　杀虫气雾剂/0.46%/气雾剂/胺菊酯 0.28%、氯菊酯 0.18%/2009.02.19 至 2010.02.20/微毒
卫生　蚊、蝇、蜚蠊　/　喷雾

WL20080120　杀虫气雾剂/0.3%/气雾剂/胺菊酯 0.25%、氯氰菊酯 0.05%/2009.02.20 至 2010.02.21/微毒
卫生　蚊、蝇　/　喷雾

山东省潍坊科赛基农化工有限公司　(山东省潍坊市滨海经济开发区临港化工园　262737　0536-5302586)

PD20093639　莠去津/97%/原药/莠去津 97%/2009.03.25 至 2014.03.25/低毒

PD20093802　丁草胺/90%/原药/丁草胺 90%/2009.03.25 至 2014.03.25/低毒

PD20093870 多菌灵/80%/可湿性粉剂/多菌灵 80%/2009.03.25 至 2014.03.25/低毒

苹果树 轮纹病 667-800毫克/千克 喷雾

PD20093877 异菌脲/255克/升/悬浮剂/异菌脲 255克/升/2009.03.25 至 2014.03.25/低毒

香蕉 冠腐病 1500-2000毫克/千克 浸果

PD20094256 乙草胺/93%/原药/乙草胺 93%/2009.03.31 至 2014.03.31/低毒

PD20094556 甲基硫菌灵/70%/可湿性粉剂/甲基硫菌灵 70%/2009.04.09 至 2014.04.09/低毒

番茄 叶霉病 375-562.5克/公顷 喷雾

PD20094573 代森锰锌/80%/可湿性粉剂/代森锰锌 80%/2009.04.09 至 2014.04.09/低毒

番茄 早疫病 1560-2100克/公顷 喷雾

PD20094884 三唑锡/25%/可湿性粉剂/三唑锡 25%/2009.04.13 至 2014.04.13/低毒

柑橘树 红蜘蛛 125-250毫克/千克 喷雾

PD20095768 草甘膦/95%/原药/草甘膦 95%/2009.05.18 至 2014.05.18/低毒

PD20096427 异菌脲/50%/可湿性粉剂/异菌脲 50%/2009.08.04 至 2014.08.04/低毒

番茄 灰霉病 375-750克/公顷 喷雾

LS20090967 滴丁·乙草胺/990克/升/乳油/2,4-滴丁酯 330克/升、乙草胺 660克/升/2009.04.10 至 2010.04.10/低毒

春玉米田 一年生杂草 1485-1930.5克/公顷 播后苗前土壤喷雾

LS20091095 氟磺·异·精喹/35%/乳油/氟磺胺草醚 9.5%、精喹禾灵 2.5%、异噁草松 23%/2009.04.15 至 2010.04.15/低毒

春大豆田 一年生杂草 125-150毫升制剂/亩 茎叶喷雾

LS20091106 乙草胺/89%/乳油/乙草胺 89%/2009.04.17 至 2010.04.17/低毒

春大豆田 一年生杂草 1498-1948克/公顷 播后苗前土壤喷雾

夏大豆田 一年生杂草 1049-1349克/公顷（其他地区） 播后苗前土壤喷雾

LS20091130 莠去津/45%/悬浮剂/莠去津 45%/2009.04.17 至 2010.04.17/低毒

玉米田 一年生杂草 270-330毫升制剂/亩（东北地区） 土壤喷雾

170-220毫升制剂/亩（其它地区）

LS20091249 百草枯/250克/升/水剂/百草枯 250克/升/2009.05.05 至 2010.05.05/中等毒

非耕地 杂草 450-750克/公顷 茎叶喷雾

山东省潍坊市农药实验厂 （山东省潍坊市潍城区圩河镇 261056 0536-8179888）

PD20060108 三唑酮/20%/乳油/三唑酮 20%/2006.06.13 至 2011.06.13/低毒

小麦 白粉病 120-127.5克/公顷 喷雾

PD20083566 硫磺·多菌灵/50%/悬浮剂/多菌灵 15%、硫磺 35%/2008.12.12 至 2013.12.12/低毒

花生 叶斑病 1200-1800克/公顷 喷雾

LS20051386 硫磺·多菌灵/50%/可湿性粉剂/多菌灵 15%、硫磺 35%/2008.04.18 至 2009.04.18/低毒

水稻 稻瘟病 1125-2250克/公顷 喷雾

LS20052307 高氯·辛硫磷/25%/乳油/高效氯氰菊酯 2.5%、辛硫磷 22.5%/2008.06.26 至 2009.06.26/中等毒

棉花 棉铃虫 187.5-281.25克/公顷 喷雾

LS20052984 阿维·高氯/1.8%/乳油/阿维菌素 0.3%、高效氯氰菊酯 1.5%/2008.09.13 至 2009.09.13/低毒(原药高毒)

十字花科蔬菜 菜青虫、小菜蛾 7.5-15克/公顷 喷雾

山东省潍坊市瑞星农药有限公司 （山东省潍坊市昌乐县北岩镇工业区 262407 0536-6743788）

PD85123-12 50%福·福甲胂·福锌可湿性粉剂//可湿性粉剂/福美甲胂 12.5%、福美双 25%、福美锌 12.5%/2005.05.25至2010.05.25/中等毒

大白菜 霜霉病 750-1125克/公顷 喷雾

梨树 黑星病 500-800倍液 喷雾

苹果树 炭疽病 500-800倍液 喷雾

葡萄 黑痘病、炭疽病 500-1000倍液 喷雾

水稻 纹枯病 562.5-692克/公顷 喷雾

烟草 炭疽病 562.5-692克/公顷 喷雾

芝麻 疫病 2500倍液 喷雾

PD85124-13 80%福·福锌可湿性粉剂//可湿性粉剂/福美双 30%、福美锌 50%/2005.05.25 至 2010.05.25/中等毒

黄瓜、西瓜 炭疽病 1500-1800克/公顷 喷雾

麻 炭疽病 240-400克/100千克种子 拌种

棉花 苗期病害 0.5%药液 浸种

苹果树、杉木、橡胶树 炭疽病 500-600倍液 喷雾

PD90104-6 机油/95%/乳油/机油 95%/2005.01.14 至 2010.01.14/低毒

柑橘树 锈壁虱、蚜虫 100-200倍液 喷雾

柑橘树、杨梅树、枇杷树 介壳虫 50-60倍液 喷雾

PD20080604 啶虫脒/3%/乳油/啶虫脒 3%/2008.05.12 至 2013.05.12/低毒

柑橘树 蚜虫 10-15毫克/千克 喷雾

PD20080611 啶虫脒/20%/可溶粉剂/啶虫脒 20%/2008.05.12 至 2013.05.12/低毒

柑橘树 蚜虫 10-13.3毫克/千克 喷雾
PD20091445 高效氟吡甲禾灵/108克/升/乳油/氟吡甲禾灵 108克/升/2009.02.02 至 2014.02.02/低毒
夏大豆田 一年生禾本科杂草 45-52.5克/公顷 喷雾
PD20091956 虫酰肼/20%/悬浮剂/虫酰肼 20%/2009.02.12 至 2014.02.12/低毒
十字花科蔬菜 甜菜夜蛾 210-300克/公顷 喷雾
PD20093770 井冈霉素/5%/水剂/井冈霉素 5%/2009.03.25 至 2014.03.25/低毒
水稻 纹枯病 150-187.5克/公顷 喷雾
PD20093797 毒死蜱/5%/颗粒剂/毒死蜱 5%/2009.03.25 至 2014.03.25/低毒
韭菜 韭蛆 1125-1875克/公顷 撒施
PD20094455 氟铃·辛硫磷/10%/乳油/氟铃脲 2%、辛硫磷 8%/2009.04.01 至 2014.04.01/低毒
棉花 棉铃虫 180-225克/公顷 喷雾
PD20094582 吡虫·杀虫单/35%/可湿性粉剂/吡虫啉 1%、杀虫单 34%/2009.04.10 至 2014.04.10/中等毒
水稻 稻飞虱、稻纵卷叶螟、二化螟、三化螟 450-750克/公顷 喷雾
PD20095575 百草枯/200克/升/水剂/百草枯 200克/升/2009.05.12 至 2014.05.12/中等毒
玉米田 杂草 450-600克/公顷 定向喷雾
PD20096543 哒螨灵/20%/可湿性粉剂/哒螨灵 20%/2009.08.20 至 2014.08.20/低毒
苹果树 红蜘蛛 50-66.7毫克/千克 喷雾
PD20097020 腈菌唑/5%/乳油/腈菌唑 5%/2009.10.10 至 2014.10.10/低毒
梨树 黑星病 33.3-50毫克/千克 喷雾
LS20050260 阿维·高氯/1.8%/乳油/阿维菌素 0.3%、高效氯氰菊酯 1.5%/2008.02.04 至 2009.02.03/低毒(原药高毒)
十字花科蔬菜 小菜蛾 13.5-18.9克/公顷 喷雾
LS20050655 敌磺·福美双/10%/可湿性粉剂/敌磺钠 5%、福美双 5%/2008.03.15 至 2009.03.15/低毒
黄瓜 苗期猝倒病 2505-3000克/公顷 喷雾
LS20051322 四螨·哒螨灵/10%/悬浮剂/哒螨灵 6.5%、四螨嗪 3.5%/2008.04.12 至 2009.04.12/低毒
柑橘树 红蜘蛛 66.7-100毫克/千克 喷雾
LS20051623 机油·毒死蜱/40%/乳油/毒死蜱 20%、机油 20%/2008.04.29 至 2009.04.29/低毒
十字花科蔬菜 小菜蛾 540-600克/公顷 喷雾
LS20051665 阿维·吡虫啉/2.2%/乳油/阿维菌素 0.2%、吡虫啉 2%/2008.05.07 至 2009.05.07/低毒(原药高毒)
节瓜 蓟马 19.8-26.4克/公顷 喷雾
LS20051749 柴油·吡虫啉/25%/乳油/吡虫啉 1%、柴油 24%/2008.05.15 至 2009.05.15/低毒
棉花 蚜虫 112.5-187.5克/公顷 喷雾
LS20052216 异菌·多菌灵/20%/悬浮剂/多菌灵 15%、异菌脲 5%/2008.06.15 至 2009.06.15/低毒
苹果树 斑点落叶病 333-500毫克/千克 喷雾
LS20061059 高效氯氰菊酯/4.5%/乳油/高效氯氰菊酯 4.5%/2008.05.10 至 2009.05.10/低毒
十字花科蔬菜 蚜虫 10.125-13.5克/公顷 喷雾
LS20070318 三唑磷/15%/微乳剂/三唑磷 15%/2009.02.25 至 2010.02.25/中等毒
水稻 二化螟 225-281.25克/公顷 喷雾
LS20070529 嘧霉胺/20%/可湿性粉剂/嘧霉胺 20%/2009.03.08 至 2010.03.09/低毒
黄瓜 灰霉病 450-540克/公顷 喷雾
LS20083057 灭蝇胺/70%/可湿性粉剂/灭蝇胺 70%/2009.09.26 至 2010.09.26/低毒
黄瓜 美洲斑潜蝇 184-220.5克/公顷 喷雾

山东省潍坊市信得生物科技有限公司 (山东省潍坊市高新区卧龙东街177号 261061 0536-8781163)

PD20090922 毒死蜱/480克/升/乳油/毒死蜱 480克/升/2009.01.19 至 2014.01.19/中等毒
水稻 二化螟 504-648克/公顷 喷雾
PD20091045 多菌灵/40%/可湿性粉剂/多菌灵 40%/2009.01.21 至 2014.01.21/低毒
苹果树 轮纹病 750-1000毫克/千克 喷雾
PD20096370 氯氟氰菊酯/25克/升/乳油/氯氟氰菊酯 25克/升/2009.08.04 至 2014.08.04/中等毒
烟草 烟青虫 6.25-8.3毫克/千克 喷雾
PD20096796 炔螨特/57%/乳油/炔螨特 57%/2009.09.15 至 2014.09.15/低毒
柑橘树 红蜘蛛 285-380毫克/千克 喷雾
LS20060593 甲霜·锰锌/58%/可湿性粉剂/甲霜灵 10%、代森锰锌 48%/2009.03.23 至 2010.03.23/低毒
黄瓜 霜霉病 1305-1632克/公顷 喷雾
LS20061389 甲氨基阿维菌素苯甲酸盐/1%/乳油/甲氨基阿维菌素苯甲酸盐 1%/2009.06.26 至 2010.06.26/低毒
十字花科蔬菜 小菜蛾 1.5-3克/公顷 喷雾
LS20083240 腈菌唑/25%/乳油/腈菌唑 25%/2009.12.11 至 2010.12.11/低毒
香蕉树 叶斑病 278-357毫克/千克 喷雾

山东省潍坊天达植保有限公司 (山东省潍坊市北宫西街潍城交警队300米 261021 0536-8958326)

PD20070677 灭幼脲/25%/悬浮剂/灭幼脲 25%/2007.12.17 至 2012.12.17/低毒
苹果树 金纹细蛾 100-167毫克/千克 喷雾
PD20090157 虫酰肼/200克/升/悬浮剂/虫酰肼 200克/升/2009.01.08 至 2014.01.08/低毒
十字花科蔬菜 甜菜夜蛾 210-300克/公顷 喷雾
PD20090887 高效氯氟氰菊酯/25克/升/乳油/高效氯氟氰菊酯 25克/升/2009.01.19 至 2014.01.19/低毒
十字花科蔬菜 菜青虫 15-22.5克/公顷 喷雾

PD20091035 多抗霉素/34%/原药/多抗霉素 34%/2009.01.21 至 2014.01.21/低毒
PD20091913 阿维菌素/2%/乳油/阿维菌素 2%/2009.02.12 至 2014.02.12/低毒(原药高毒)
菜豆 美洲斑潜蝇 10.8-21.6克/公顷 喷雾
PD20093534 啶虫脒/3%/乳油/啶虫脒 3%/2009.03.23 至 2014.03.23/低毒
黄瓜 蚜虫 18-22.5克/公顷 喷雾
PD20096305 噁霉灵/99%/原药/噁霉灵 99%/2009.07.22 至 2014.07.22/低毒
PD20097045 毒死蜱/45%/乳油/毒死蜱 45%/2009.10.10 至 2014.10.10/中等毒
十字花科蔬菜 地老虎、金针虫、蛴螬 576-720克/公顷 喷雾
PD20098077 多抗霉素/3%/可湿性粉剂/多抗霉素 3%/2009.12.08 至 2014.12.08/低毒
黄瓜 霜霉病 210－270克/公顷 喷雾
PD20098393 甲哌鎓/99%/原药/甲哌鎓 99%/2009.12.18 至 2014.12.18/低毒
PD20098440 噁霉灵/30%/水剂/噁霉灵 30%/2009.12.24 至 2014.12.24/低毒
西瓜 枯萎病 350-500毫克/千克 本田灌根
LS20052008 阿维・柴油/24.5%/乳油/阿维菌素 0.2%、柴油 24.3%/2008.05.31 至 2009.05.31/低毒(原药高毒)
十字花科蔬菜 小菜蛾 150-225克/公顷 喷雾
LS20071144 腐霉利/50%/可湿性粉剂/腐霉利 50%/2009.04.25 至 2010.04.26/低毒
黄瓜 灰霉病 375-562.5克/公顷 喷雾

山东省武城县恒达精细化工有限公司 （山东省武城县工业园 253300 0534-6652999)

WL20070232 杀虫气雾剂/0.4%/气雾剂/胺菊酯 0.25%、氯菊酯 0.15%/2009.11.04 至 2010.11.05/微毒
卫生 蚊、蝇 / 喷雾

山东省夏津县捷豹精细化工厂 （山东省夏津县田庄乡谷庄村 253200 0534-3523752)

WP20080031 杀虫气雾剂/0.4%/气雾剂/胺菊酯 0.25%、氯菊酯 0.15%/2008.02.26 至 2013.02.26/低毒
卫生 蚊、蝇、蜚蠊 / 喷雾
WL20080051 蚊香/0.3%/蚊香/富右旋反式烯丙菊酯 0.3%/2009.01.07 至 2010.01.07/微毒
卫生 蚊 / 点燃

山东省烟台博瑞特生物科技有限公司 （山东省龙口市新嘉街道办事处柳家村北 265700 0535-8559768)

PD20082057 高氯・辛硫磷/20%/乳油/高效氯氰菊酯 1.5%、辛硫磷 18.5%/2008.11.25 至 2013.11.25/中等毒
棉花 棉铃虫 180-240克/公顷 喷雾
PD20091761 啶虫脒/3%/乳油/啶虫脒 3%/2009.02.04 至 2014.02.04/低毒
黄瓜 蚜虫 18-22.5克/公顷 喷雾
PD20093062 高氯・氟铃脲/5.7%/乳油/氟铃脲 1.9%、高效氯氰菊酯 3.8%/2009.03.09 至 2014.03.09/低毒
甘蓝 小菜蛾 51.3-68.4克/公顷 喷雾
PD20094610 苏云金杆菌/8000IU/毫克/粉剂/苏云金杆菌 8000IU/毫克/2009.04.10 至 2014.04.10/低毒
茶树 茶毛虫 400-800倍液 喷雾
棉花 棉铃虫 3000-4500克制剂/公顷 喷雾
森林 松毛虫 600-800倍液 喷雾
十字花科蔬菜 小菜蛾 1500-2250克制剂/公顷 喷雾
十字花科蔬菜 菜青虫 750-1500克制剂/公顷 喷雾
水稻 稻纵卷叶螟 3000-4500克制剂/公顷 喷雾
烟草 烟青虫 1500-3000克制剂/公顷 喷雾
玉米 玉米螟 1500-3000克制剂/公顷 喷雾
枣树 枣尺蠖 600-800倍液 喷雾
PD20094917 哒螨灵/20%/可湿性粉剂/哒螨灵 20%/2009.04.13 至 2014.04.13/低毒
苹果树 红蜘蛛 50-60毫克/千克 喷雾
PD20095378 毒死蜱/40%/乳油/毒死蜱 40%/2009.04.27 至 2014.04.27/中等毒
苹果树 绵蚜 200-250毫克/千克 喷雾
PD20096650 高效氯氰菊酯/4.5%/乳油/高效氯氰菊酯 4.5%/2009.09.02 至 2014.09.02/低毒
棉花 棉铃虫 20.25-30.375克/公顷 喷雾
PD20097855 多抗霉素/3%/可湿性粉剂/多抗霉素 3%/2009.11.20 至 2014.11.20/低毒
黄瓜 霜霉病 210-270克/公顷 喷雾
PD20097930 高效氯氟氰菊酯/25克/升/乳油/高效氯氟氰菊酯 25克/升/2009.11.30 至 2014.11.30/中等毒
苹果树 桃小食心虫 5-6.3毫克/千克 喷雾
LS20050494 阿维・高氯/2.4%/微乳剂/阿维菌素 0.3%、高效氯氰菊酯 2.1%/2008.03.05 至 2009.03.05/低毒(原药高毒)
十字花科蔬菜 菜青虫、小菜蛾 13.5-27克/公顷 喷雾
LS20050541 甲硫・福美双/50%/可湿性粉剂/福美双 40%、甲基硫菌灵 10%/2008.03.25 至 2009.03.25/低毒
苹果 轮纹病 625-833毫克/千克 喷雾
LS20080321 高氯・辛硫磷/20%/乳油/高效氯氰菊酯 1.5%、辛硫磷 18.5%/2008.02.19 至 2009.02.19/中等毒
棉花 棉铃虫 180-240克/公顷 喷雾
LS20081000 多・福/40%/可湿性粉剂/多菌灵 5%、福美双 35%/2009.03.07 至 2010.03.07/低毒
梨树 黑星病 1000-1500毫克/千克 喷雾
LS20081001 阿维・高氯/2.4%/微乳剂/阿维菌素 .3%、高效氯氰菊酯 2.1%/2009.03.07 至 2010.03.07/低毒
十字花科蔬菜 菜青虫、小菜蛾 / /
LS20081805 甲硫・福美双/50%/可湿性粉剂/福美双 40%、甲基硫菌灵 10%/2009.04.08 至 2010.04.08/低毒

	苹果	轮纹病	625-833毫克/千克	喷雾
LS20082258	啶虫脒/30%/可溶液剂/啶虫脒 30%/2009.04.18 至 2010.04.18/低毒			
	黄瓜	蚜虫	18-22.5克/公顷	喷雾
LS20082322	阿维菌素/5%/可溶液剂/阿维菌素 5%/2009.04.21 至 2010.04.21/中等毒(原药高毒)			
	十字花科蔬菜	小菜蛾	7.5-9.0克/公顷	喷雾
LS20082734	丙环唑/45%/微乳剂/丙环唑 45%/2009.05.04 至 2010.05.04/低毒			
	香蕉	叶斑病	250-400毫克/千克	喷雾
LS20082821	苯醚甲环唑/25%/微乳剂/苯醚甲环唑 25%/2009.05.12 至 2010.05.12/低毒			
	梨树	黑星病	12.5-16.7毫克/千克	喷雾
LS20090009	甲氨基阿维菌素苯甲酸盐/5%/微乳剂/甲氨基阿维菌素苯甲酸盐 5%/2009.01.08 至 2010.01.08/低毒			
	十字花科蔬菜	甜菜夜蛾	1.5-2.25克/公顷	喷雾
LS20090209	烯酰・松铜/25%/水乳剂/松脂酸铜 15%、烯酰吗啉 10%/2009.02.09 至 2010.02.09/低毒			
	葡萄	霜霉病	300-375克/公顷	喷雾
LS20090333	苯甲・丙环唑 /30%/微乳剂/苯醚甲环唑 15%、丙环唑 15%/2009.03.05 至 2010.03.05/低毒			
	水稻	纹枯病	60-120克/公顷	喷雾

山东省烟台金诺生物工程有限公司 （山东省烟台市龙口市黄城牟黄路绛水河河桥东 265701 0535-8508887）

PD20083205	氰戊菊酯/20%/乳油/氰戊菊酯 20%/2008.12.11 至 2013.12.11/低毒			
	苹果树	黄蚜	50-62.5毫克/千克	喷雾
PD20083358	苏云金杆菌/16000IU/毫克/可湿性粉剂/苏云金杆菌 16000IU/毫克/2008.12.11 至 2013.12.11/低毒			
	茶树	茶毛虫	800—1600倍液	喷雾
	棉花	二代棉铃虫	1500—2250克制剂/公顷	喷雾
	森林	松毛虫	1200—1600倍液	喷雾
	十字花科蔬菜	小菜蛾	750—1125克制剂/公顷	喷雾
	十字花科蔬菜	菜青虫	375-750克制剂/公顷	喷雾
	水稻	稻纵卷叶螟	1500—2250克制剂/公顷	喷雾
	烟草	烟青虫	750—1500克制剂/公顷	喷雾
	玉米	玉米螟	750—1500克制剂/公顷	加细沙灌心
	枣树	枣尺蠖	1200—1600倍液	喷雾
PD20084271	啶虫脒/3%/可湿性粉剂/啶虫脒 3%/2008.12.17 至 2013.12.17/低毒			
	柑橘树	蚜虫	7.5-10毫克/千克	喷雾
PD20084617	阿维菌素/1.8%/乳油/阿维菌素 1.8%/2008.12.18 至 2013.12.18/低毒(原药高毒)			
	甘蓝、萝卜、小油菜	小菜蛾	8.1-10.8克/公顷	喷雾
PD20084692	氰戊・马拉松/20%/乳油/马拉硫磷 15%、氰戊菊酯 5%/2008.12.22 至 2013.12.22/低毒			
	十字花科蔬菜	菜青虫	90-150克/公顷	喷雾
PD20084873	代森锰锌/80%/可湿性粉剂/代森锰锌 80%/2008.12.22 至 2013.12.22/低毒			
	番茄	早疫病	1845-2370克/公顷	喷雾
PD20084902	多・锰锌/50%/可湿性粉剂/多菌灵 8%、代森锰锌 42%/2008.12.22 至 2013.12.22/低毒			
	苹果	斑点落叶病	1000-1250毫克/千克	喷雾
PD20085550	乙铝・锰锌/50%/可湿性粉剂/代森锰锌 22%、三乙膦酸铝 28%/2008.12.25 至 2013.12.25/低毒			
	黄瓜	霜霉病	1400-4200克/公顷	喷雾
PD20086160	阿维菌素/0.5%/可湿性粉剂/阿维菌素 0.5%/2008.12.30 至 2013.12.30/低毒(原药高毒)			
	十字花科蔬菜	小菜蛾	8.1-10.8克/公顷	喷雾
PD20090815	阿维・毒死蜱/10.2%/乳油/阿维菌素 0.2%、毒死蜱 10%/2009.01.19 至 2014.01.19/低毒(原药高毒)			
	十字花科蔬菜	小菜蛾	61.2-76.5克/公顷	喷雾
PD20090963	多・福・硫磺/25%/可湿性粉剂/多菌灵 5%、福美双 10%、硫磺 10%/2009.01.20 至 2014.01.20/低毒			
	水稻	稻瘟病	600-750克/公顷	喷雾
PD20091992	阿维・辛硫磷/15%/乳油/阿维菌素 0.1%、辛硫磷 14.9%/2009.02.12 至 2014.02.12/低毒(原药高毒)			
	十字花科蔬菜	小菜蛾	112.5-168.75克/公顷	喷雾
PD20092417	氯氰・毒死蜱/25%/乳油/毒死蜱 22.5%、氯氰菊酯 2.5%/2009.02.25 至 2014.02.25/低毒			
	棉花	棉铃虫	225-375克/公顷	喷雾
PD20092664	高效氯氰菊酯/2.5%/乳油/高效氯氰菊酯 2.5%/2009.03.03 至 2014.03.03/低毒			
	梨树	梨木虱	16.67-31.25毫克/千克	喷雾
PD20093163	福・甲・硫磺/70%/可湿性粉剂/福美双 20%、甲基硫菌灵 14%、硫磺 36%/2009.03.11 至 2014.03.11/低毒			
	黄瓜	炭疽病	840-1260克/公顷	喷雾
PD20093752	福・福锌/80%/可湿性粉剂/福美双 30%、福美锌 50%/2009.03.25 至 2014.03.25/低毒			
	黄瓜	炭疽病	1500-1800克/公顷	喷雾
PD20097080	灭多威/20%/乳油/灭多威 20%/2009.10.10 至 2014.10.10/中等毒(原药高毒)			
	棉花	棉铃虫	112.5-157.5克/公顷	喷雾
LS20051054	阿维・高氯/1.8%/乳油/阿维菌素 0.3%、高效氯氰菊酯 1.5%/2008.04.07 至 2009.04.07/低毒(原药高毒)			
	十字花科蔬菜	菜青虫、小菜蛾	7.5-15克/公顷	喷雾
LS20052157	多・福/40%/可湿性粉剂/多菌灵 5%、福美双 35%/2008.06.12 至 2009.06.12/低毒			
	葡萄	霜霉病	1000-1250毫克/千克	喷雾

山东省烟台科达化工有限公司 （山东省烟台市招远市泉山路100号 265400 0535-8382018）

PD20070092 丙溴磷/89%/原药/丙溴磷 89%/2007.04.18 至 2012.04.18/中等毒
PD20070485 嘧霉胺/95%/原药/嘧霉胺 95%/2007.11.28 至 2012.11.28/低毒
PD20070583 高氯·辛硫磷/25%/乳油/高效氯氰菊酯 2.5%、辛硫磷 22.5%/2007.12.03 至 2012.12.03/低毒
棉花 棉铃虫 187.5-300克/公顷 喷雾
PD20070626 硫磺·三唑酮/50%/悬浮剂/硫磺 45%、三唑酮 5%/2007.12.14 至 2012.12.14/低毒
黄瓜 白粉病 375-600克/公顷 喷雾
小麦 白粉病 600-750克/公顷 喷雾
PD20080136 嘧霉胺/40%/悬浮剂/嘧霉胺 40%/2008.01.04 至 2013.01.04/低毒
番茄 灰霉病 375-562.5克/公顷 喷雾
PD20080212 嘧霉胺/20%/悬浮剂/嘧霉胺 20%/2008.01.11 至 2013.01.11/低毒
黄瓜 灰霉病 375-562.5克/公顷 喷雾
PD20081541 多·福/50%/可湿性粉剂/多菌灵 16.6%、福美双 33.4%/2008.11.11 至 2013.11.11/中等毒
葡萄 霜霉病 1000-1250毫克/千克 喷雾
PD20081682 丙溴磷/40%/乳油/丙溴磷 40%/2008.11.17 至 2013.11.17/中等毒
棉花 棉铃虫 480-600克/公顷 喷雾
PD20082223 丙溴·辛硫磷/35%/乳油/丙溴磷 8.5%、辛硫磷 26.5%/2008.11.26 至 2013.11.26/中等毒
棉花 棉铃虫 262.5-393.75克/公顷 喷雾
PD20086008 井冈·多菌灵/28%/悬浮剂/多菌灵 24%、井冈霉素 4%/2008.12.29 至 2013.12.29/低毒
水稻 稻瘟病、纹枯病 450-525克/公顷 喷雾
PD20086177 阿维·杀虫单/20%/微乳剂/阿维菌素 0.2%、杀虫单 19.8%/2008.12.30 至 2013.12.30/低毒(原药高毒)
菜豆 美洲斑潜蝇 90-180克/公顷 喷雾
PD20086336 嘧霉·多菌灵/30%/悬浮剂/多菌灵 25%、嘧霉胺 5%/2008.12.31 至 2013.12.31/低毒
黄瓜 灰霉病 495-675克/公顷 喷雾
PD20090110 高氯·灭多威/12%/乳油/高效氯氰菊酯 1.5%、灭多威 10.5%/2009.01.08 至 2014.01.08/中等毒(原药高毒)
棉花 棉铃虫 90-108克/公顷 喷雾
PD20091053 阿维·甲氰/1.8%/乳油/阿维菌素 0.2%、甲氰菊酯 1.6%/2009.01.21 至 2014.01.21/低毒(原药高毒)
苹果树 山楂红蜘蛛 12-18毫克/千克 喷雾
PD20091650 乙铝·锰锌/50%/可湿性粉剂/代森锰锌 22%、三乙膦酸铝 28%/2009.02.03 至 2014.02.03/低毒
黄瓜 霜霉病 1125-1406克/公顷 喷雾
PD20092312 嘧霉·福美双/30%/悬浮剂/福美双 24%、嘧霉胺 6%/2009.02.24 至 2014.02.24/低毒
番茄 灰霉病 482-675克/公顷 喷雾
PD20096876 三唑磷/20%/乳油/三唑磷 20%/2009.09.23 至 2014.09.23/中等毒
水稻 二化螟 202.5-303.75克/公顷 喷雾
LS20070352 吡虫啉/10%/可湿性粉剂/吡虫啉 10%/2009.02.25 至 2010.02.25/低毒
十字花科蔬菜 蚜虫 15-18克/公顷 喷雾

山东省烟台绿云生物化学有限公司 (山东省烟台市莱山区莱山工业园隆昌路7号 264003 0535-6919385)

PD20082898 虫酰肼/20%/悬浮剂/虫酰肼 20%/2008.12.09 至 2013.12.09/低毒
苹果树 卷叶蛾 100-133毫克/千克 喷雾
PD20083892 甲基硫菌灵/3%/糊剂/甲基硫菌灵 3%/2008.12.15 至 2013.12.15/低毒
苹果树 腐烂病 6-9克/平方米 涂沫
PD20083897 毒死蜱/40%/乳油/毒死蜱 40%/2008.12.15 至 2013.12.15/中等毒
棉花 棉铃虫 225-300克/公顷 喷雾
苹果树 绵蚜 133.3-200毫克/千克 喷雾
PD20084905 异菌·多菌灵/20%/悬浮剂/多菌灵 15%、异菌脲 5%/2008.12.22 至 2013.12.22/低毒
苹果树 斑点落叶病 400-500倍液 喷雾
苹果树 轮纹病 400-600倍液 喷雾
PD20085219 三唑锡/20%/悬浮剂/三唑锡 20%/2008.12.23 至 2013.12.23/低毒
苹果树 红蜘蛛 80-133.3毫克/千克 喷雾
PD20085824 甲基硫菌灵/10%/悬浮剂/甲基硫菌灵 10%/2008.12.29 至 2013.12.29/低毒
苹果树 轮纹病 10-15倍液 涂抹
PD20085825 甲基硫菌灵/36%/悬浮剂/甲基硫菌灵 36%/2008.12.29 至 2013.12.29/低毒
苹果树 白粉病 300-450毫克/千克 喷雾
PD20091700 戊唑醇/430克/升/悬浮剂/戊唑醇 430克/升/2009.02.03 至 2014.02.03/低毒
苹果树 斑点落叶病 61.4-86毫克/千克 喷雾
LS20050060 甲硫·福美胂/7.5%/涂抹剂/福美胂 2.5%、甲基硫菌灵 5%/2008.01.07 至 2009.01.06/低毒
苹果树 轮纹病 7500-15000毫克/千克 涂抹
LS20050617 井冈·多菌灵/28%/悬浮剂/多菌灵 24%、井冈霉素 4%/2008.03.14 至 2009.03.14/低毒
葡萄 白腐病 233.3-350毫克 / 千克 喷雾
LS20051643 嘧霉·多菌灵/30%/悬浮剂/多菌灵 25%、嘧霉胺 5%/2008.04.29 至 2009.04.29/低毒
黄瓜 灰霉病 421.9-562.5克 / 公顷 喷雾
LS20053383 菌毒清/5%/水剂/菌毒清 5%/2008.10.18 至 2009.10.18/低毒
苹果树 腐烂病 500-1000毫克/千克 喷雾
LS20060066 腈菌唑/20%/悬浮剂/腈菌唑 20%/2008.01.16 至 2009.01.15/低毒

	梨树	黑星病	33.3-66.7毫克/千克	喷雾
4	己唑醇/5%/悬浮剂/己唑醇 5%/2009.03.16 至 2010.03.16/低毒			
	苹果树	斑点落叶病	33.3-50毫克/千克	喷雾
080454	戊唑醇/12.5%/悬浮剂/戊唑醇 12.5%/2009.02.21 至 2010.02.21/低毒			
	苹果树	斑点落叶病	62.5-83.3毫克/千克	喷雾
LS20090384	氟硅唑/10%/水乳剂/氟硅唑 10%/2009.03.13 至 2010.03.13/低毒			
	葡萄	白腐病	40-50毫克/千克	喷雾

山东省烟台市福山区强力日用制品厂　(山东省烟台市高疃镇陈家庄　265505　0535-6996196)

WL20080078	对二氯苯/99%/片剂/对二氯苯 99%/2009.02.18 至 2010.02.19/低毒			
	卫生	黑皮蠹	/	投放

山东省烟台市牟平区东方制药厂　(山东省烟台市牟平县观水镇　264104　0535-4569230)

WL20090017	杀虫粉剂/0.2%/粉剂/高效氯氰菊酯 0.2%/2009.02.04 至 2010.02.04/低毒			
	卫生	蚂蚁	/	撒布

山东省烟台万丰药业有限公司　(山东省烟台市化工路北首　264002　0535-6837228)

PD85159-20	草甘膦/30%/水剂/草甘膦 30%/2005.08.15 至 2010.08.15/低毒			
	茶树、甘蔗、果园、剑麻、林木、桑树、橡胶树	一年生杂草和多年生恶性杂草	1125-2250克/公顷	定向喷雾
PD91106-16	甲基硫菌灵/70%/可湿性粉剂/甲基硫菌灵 70%/2006.04.26 至 2011.04.26/低毒			
	番茄	叶霉病	375-562.5克/公顷	喷雾
	甘薯	黑斑病	360-450毫克/千克	浸薯块
	瓜类	白粉病	337.5-506.25克/公顷	喷雾
	梨树	黑星病	360-450毫克/千克	喷雾
	苹果树	轮纹病	700毫克/千克	喷雾
	水稻	稻瘟病、纹枯病	1050-1500克/公顷	喷雾
	小麦	赤霉病	750-1050克/公顷	喷雾
PD91106-25	甲基硫菌灵/50%/可湿性粉剂/甲基硫菌灵 50%/2006.04.26 至 2011.04.26/低毒			
	番茄	叶霉病	375-562.5克/公顷	喷雾
	甘薯	黑斑病	360-450毫克/千克	浸薯块
	瓜类	白粉病	337.5-506.25克/公顷	喷雾
	梨树	黑星病	360-450毫克/千克	喷雾
	苹果树	轮纹病	700毫克/千克	喷雾
	水稻	稻瘟病、纹枯病	1050-1500克/公顷	喷雾
	小麦	赤霉病	750-1050克/公顷	喷雾
PD20082434	阿维·高氯/1.8%/乳油/阿维菌素 0.3%、高效氯氰菊酯 1.5%/2008.12.02 至 2013.12.02/低毒(原药高毒)			
	黄瓜	美洲斑潜蝇	10.8-16.2克/公顷	喷雾
PD20084079	噻嗪酮/25%/可湿性粉剂/噻嗪酮 25%/2008.12.22 至 2013.12.22/低毒			
	柑橘树	矢尖蚧	166.7-250毫克/千克	喷雾
PD20084760	三唑锡/25%/可湿性粉剂/三唑锡 25%/2008.12.22 至 2013.12.22/低毒			
	苹果树	红蜘蛛	188-250毫克/千克	喷雾
PD20085392	精喹禾灵/50克/升/乳油/精喹禾灵 50克/升/2008.12.24 至 2013.12.24/低毒			
	花生田	一年生禾本科杂草	45-60克/公顷	茎叶喷雾
PD20086262	霜霉威盐酸盐/722克/升/水剂/霜霉威盐酸盐 722克/升/2008.12.31 至 2013.12.31/低毒			
	黄瓜	疫病	3.6-5.4克/平方米	苗床浇灌
PD20090571	高氯·灭多威/12%/乳油/高效氯氰菊酯 1.5%、灭多威 10.5%/2009.01.14 至 2014.01.14/中等毒(原药高毒)			
	棉花	棉铃虫	90-126克/公顷	喷雾
PD20090715	吡虫·灭多威/10%/乳油/吡虫啉 1%、灭多威 9%/2009.01.19 至 2014.01.19/中等毒(原药高毒)			
	小麦	蚜虫	90-120克/公顷	喷雾
PD20091078	百草枯/200克/升/水剂/百草枯 200克/升/2009.01.21 至 2014.01.21/中等毒			
	苹果园	一年生和多年生杂草	600-900克/公顷	定向茎叶喷雾
PD20094174	高效氯氟氰菊酯/25克/升/乳油/高效氯氟氰菊酯 25克/升/2009.03.27 至 2014.03.27/中等毒			
	苹果树	桃小食心虫	5-6.3毫克/千克	喷雾
PD20095928	氟铃·毒死蜱/10%/乳油/毒死蜱 8.5%、氟铃脲 1.5%/2009.06.02 至 2014.06.02/低毒			
	十字花科蔬菜	小菜蛾	45-75克/公顷	喷雾
PD20098226	氯氰·毒死蜱　/522.5克/升/乳油/毒死蜱 475克/升、氯氰菊酯 47.5克/升/2009.12.16 至 2014.12.16/中等毒			
	棉花	棉铃虫	548.625-783.75克/公顷	喷雾
PD20098493	阿维菌素/18克/升/乳油/阿维菌素 18克/升/2009.12.24 至 2014.12.24/低毒(原药高毒)			
	甘蓝	小菜蛾	8.1-13.5克/公顷	喷雾
LS20060414	吡嘧磺隆/10%/可湿性粉剂/吡嘧磺隆 10%/2009.03.06 至 2010.03.06/低毒			
	移栽水稻田	阔叶杂草	22.5-30克/公顷	毒土法
LS20060535	联苯菊酯/25克/升/乳油/联苯菊酯 25克/升/2009.03.17 至 2010.03.17/中等毒			
	茶树	茶小绿叶蝉	30-37.5克/公顷	喷雾
LS20070115	草甘膦/50%/可溶粉剂/草甘膦 50%/2009.02.01 至 2010.02.01/低毒			

	柑橘园	一年生和多年生杂草	1125-2250克/公顷	定向茎叶喷雾
LS20090618	毒死蜱/30%/水乳剂/毒死蜱 30%/2009.03.23 至 2010.03.23/中等毒			
	苹果树	绵蚜	200-250毫升/亩	喷雾

山东省烟台鑫润精细化工有限公司　（山东省烟台市开发区长江路150号海诺大厦1106室　264006　0535-6375430）

PD20080857	恶霉灵/99%/原药/噁霉灵 99%/2008.06.23 至 2013.06.23/低毒			
PD20082237	啶虫脒/3%/可湿性粉剂/啶虫脒 3%/2008.11.26 至 2013.11.26/低毒			
	柑橘树	蚜虫	8.6-12毫克/千克	喷雾
PD20082851	霜霉威盐酸盐/35%/水剂/霜霉威盐酸盐 35%/2008.12.09 至 2013.12.09/低毒			
	黄瓜	霜霉病	650-1083克/公顷	喷雾
PD20083661	氯氰·辛硫磷/30%/乳油/氯氰菊酯 1.5%、辛硫磷 28.5%/2008.12.12 至 2013.12.12/中等毒			
	十字花科蔬菜	菜青虫	90-112.5克/公顷	喷雾
PD20083723	毒死蜱/40%/乳油/毒死蜱 40%/2008.12.15 至 2013.12.15/低毒			
	柑橘树	介壳虫	250-500毫克/千克	喷雾
PD20083911	吡虫啉/200克/升/可溶液剂/吡虫啉 200克/升/2008.12.15 至 2013.12.15/低毒			
	棉花	蚜虫	30-45克/公顷	喷雾
PD20084040	阿维菌素/0.5%/可湿性粉剂/阿维菌素 0.5%/2008.12.16 至 2013.12.16/低毒(原药高毒)			
	十字花科蔬菜	小菜蛾	8.1-10.8克/公顷	喷雾
PD20084956	井冈霉素/5%/水剂/井冈霉素 5%/2008.12.22 至 2013.12.22/低毒			
	水稻	纹枯病	150-187.5克/公顷	喷雾
PD20085667	炔螨特/57%/乳油/炔螨特 57%/2008.12.26 至 2013.12.26/低毒			
	柑橘树	红蜘蛛	285-380毫克/千克	喷雾
PD20085834	噁霉灵/70%/可湿性粉剂/噁霉灵 70%/2008.12.29 至 2013.12.29/低毒			
	黄瓜(苗床)	立枯病	0.875-1.225克/平方米	喷雾
PD20085991	噁霉灵/15%/水剂/噁霉灵 15%/2008.12.29 至 2013.12.29/低毒			
	水稻苗床、水稻育秧箱	立枯病	9000-18000克/公顷	土壤处理
PD20090728	霜霉威盐酸盐/66.6%/水剂/霜霉威盐酸盐 66.6%/2009.01.19 至 2014.01.19/低毒			
	黄瓜	霜霉病	650-1100克/公顷	喷雾
PD20098163	毒死蜱/480克/升/乳油/毒死蜱 480克/升/2009.12.14 至 2014.12.14/中等毒			
	柑橘树	矢尖蚧	360-480毫克/千克	喷雾
	苹果树	绵蚜	200-320毫克/千克	喷雾
PD20098248	联苯菊酯/100克/升/乳油/联苯菊酯 100克/升/2009.12.16 至 2014.12.16/中等毒			
	茶树	茶小绿叶蝉	20-25毫升制剂/亩	喷雾
PD20098317	丙环唑/250克/升/乳油/丙环唑 250克/升/2009.12.18 至 2014.12.18/低毒			
	香蕉	叶斑病	250—500毫克/千克	喷雾
	小麦	白粉病	131—150克/公顷	喷雾
LS20081163	阿维菌素/18克/升/乳油/阿维菌素 18克/升/2009.03.10 至 2010.03.10/低毒(原药高毒)			
	十字花科蔬菜	小菜蛾	8.1-10.8克/公顷	喷雾

山东省亿美家生活用品有限公司　（山东省茌平县杜郎口镇孙桥　252000　0635-4891555）

WL20080013	杀虫气雾剂/0.34%/气雾剂/胺菊酯 0.3%、高效氯氰菊酯 0.04%/2009.01.04 至 2010.01.04/微毒			
	卫生	蚊、蝇	/	喷雾
WL20080046	蚊香/0.25%/蚊香/右旋烯丙菊酯 0.25%/2009.01.07 至 2010.01.07/微毒			
	卫生	蚊	/	点燃
WL20090104	杀虫喷射剂/0.48%/喷射剂/氯菊酯 0.2%、右旋胺菊酯 0.28%/2009.03.31 至 2010.03.31/微毒			
	卫生	蚊、蝇、蜚蠊	/	喷射

山东省禹城市农药厂　（山东省德州市禹城市解放路211号　251200　0534-7321223）

PD20093803	高效氯氟氰菊酯/25克/升/乳油/高效氯氟氰菊酯 25克/升/2009.03.25 至 2014.03.25/中等毒			
	十字花科蔬菜	菜青虫	7.5-11.25克/公顷	喷雾
PD20097793	多抗霉素/3%/可湿性粉剂/多抗霉素 3%/2009.11.20 至 2014.11.20/低毒			
	黄瓜	霜霉病	160-270克/公顷	喷雾
LS20060926	吡虫啉/2.5%/可湿性粉剂/吡虫啉 2.5%/2009.04.18 至 2010.04.18/低毒			
	棉花	蚜虫	15-22.5克/公顷	喷雾
LS20071040	阿维菌素/18克/升/乳油/阿维菌素 18克/升/2009.04.19 至 2010.04.20/低毒(原药高毒)			
	十字花科蔬菜	小菜蛾	9.45-13.5克/公顷	喷雾

山东省禹城市鑫泰精细化工有限公司　（山东省德州市禹城市禹城镇杨城子村　251200　0534-2120010）

WL20090181	杀虫气雾剂/0.49%/气雾剂/胺菊酯 0.3%、氯菊酯 0.1%、氯氰菊酯 0.09%/2009.09.22 至 2010.09.22/微毒			
	室内	蚊、蝇、蜚蠊	/	喷雾

山东省招远三联化工厂　（山东省招远市大户工业园　265407　0535-8435163）

PDN40-96	三唑锡/20%/悬浮剂/三唑锡 20%/2006.03.22 至 2011.03.22/中等毒			
	柑橘树、苹果树	螨	100-200毫克/千克	喷雾
PD20060183	丙环唑/90%/原药/丙环唑 90%/2006.11.10 至 2011.11.10/低毒			
PD20070011	三唑锡/95%/原药/三唑锡 95%/2007.01.18 至 2012.01.18/低毒			
PD20070047	多·锰锌/50%/可湿性粉剂/多菌灵 8%、代森锰锌 42%/2007.03.06 至 2012.03.06/低毒			

柑橘 疮痂病 625-1000毫克/千克 喷雾
梨树 黑星病 1000-1250毫克/千克 喷雾
苹果树 斑点落叶病 1000-1250毫克/千克 喷雾
苹果树 轮纹病 600-800倍液 喷雾
注:柑桔树有效期2004年1月16日至2008年1月16日。

PD20070089 吡虫·三唑锡/20%/可湿性粉剂/吡虫啉 2%、三唑锡 18%/2007.04.18 至 2012.04.18/低毒
柑橘树 红蜘蛛、蚜虫 1000-2000倍液 喷雾
苹果树 红蜘蛛、黄蚜 100-200毫克/千克 喷雾

PD20070144 三唑锡/25%/可湿性粉剂/三唑锡 25%/2007.05.30 至 2012.05.30/低毒
柑橘树 红蜘蛛 125-250毫克/千克 喷雾
苹果树 红蜘蛛 125-167毫克/千克 喷雾

PD20070145 丙环唑/250克/升/乳油/丙环唑 250克/升/2007.05.30 至 2012.05.30/低毒
香蕉 叶斑病 250-500毫克/千克 喷雾

PD20080810 炔螨特/40%/乳油/炔螨特 40%/2008.06.20 至 2013.06.20/低毒
柑橘树 红蜘蛛 266.7-400毫克/千克 喷雾

PD20081019 丙唑·多菌灵/25%/悬乳剂/丙环唑 11.4%、多菌灵 13.6%/2008.08.06 至 2013.08.06/低毒
香蕉 叶斑病 208.33-312.55毫克/千克 喷雾

PD20081644 哒螨·灭幼脲/30%/可湿性粉剂/哒螨灵 10%、灭幼脲 20%/2008.11.14 至 2013.11.14/中等毒
苹果树 金纹细蛾、山楂红蜘蛛 150-200毫克/千克 喷雾

PD20090113 氯氰·毒死蜱/22%/乳油/毒死蜱 20%、氯氰菊酯 2%/2009.01.08 至 2014.01.08/中等毒
荔枝树 蒂蛀虫 220-366.7毫克/千克 喷雾
苹果树 桃小食心虫 144-220毫克/千克 喷雾
十字花科蔬菜 菜青虫 132-264克/公顷 喷雾

LS20071824 丙唑·多菌灵/35%/悬乳剂/丙环唑 7%、多菌灵 28%/2009.07.09 至 2010.07.10/低毒
柑橘树 炭疽病 278-417毫克/千克 喷雾
苹果树 轮纹病 417-625毫克/千克 喷雾
苹果树 腐烂病 417-625毫克/千克 涂沫病疤、喷雾
葡萄 白腐病、炭疽病 167-250毫克/千克 喷雾

山东省招远三联远东化学有限公司 (山东省招远市金岭镇大户陈家村 265407 0535-8436009)

PD20070015 炔螨特/90.6%/原药/炔螨特 90.6%/2007.01.18 至 2012.01.18/低毒

PD20070430 炔螨特/40%/乳油/炔螨特 40%/2007.11.12 至 2012.11.12/低毒
柑橘树 红蜘蛛 266.7-400毫克/千克 喷雾
苹果树 红蜘蛛 200-400毫克/千克 喷雾

PD20082663 炔螨特/730克/升/乳油/炔螨特 730克/升/2008.12.04 至 2013.12.04/低毒
柑橘树 红蜘蛛 243.3-365毫克/千克 喷雾

PD20083168 毒死蜱/480克/升/乳油/毒死蜱 480克/升/2008.12.11 至 2013.12.11/中等毒
柑橘树 介壳虫 160-267毫克/千克 喷雾
苹果树 绵蚜 200-400毫克/千克 喷雾

山东省招远市金虹精细化工有限公司 (山东省招远市晨钟路65号 265400 0535-8213457)

PD20070683 高氯·辛硫磷/25%/乳油/高效氯氰菊酯 2.5%、辛硫磷 22.5%/2007.12.17 至 2012.12.17/低毒
棉花 棉铃虫 150-225克/公顷 喷雾

PD20082964 福·克/20%/种衣剂/福美双 10%、克百威 10%/2008.12.09 至 2013.12.09/高毒
玉米 蝼蛄、蚜虫 1:40(药种比) 种子包衣

PD20082982 毒死蜱/480克/升/乳油/毒死蜱 480克/升/2008.12.09 至 2013.12.09/中等毒
柑橘树 介壳虫 320-480毫克/千克 喷雾

PD20083007 甲·克/20%/悬浮种衣剂/甲拌磷 5%、克百威 15%/2008.12.10 至 2013.12.10/高毒
花生 金针虫 0.8-1千克/100千克种子 种子包衣
0.8-1千克/100千克种子
0.8-1千克100千克种子
花生 地老虎、蝼蛄、蛴螬 0.8-1千克/100千克种子 种子包衣

PD20083754 甲·克/25%/悬浮种衣剂/甲拌磷 5%、克百威 20%/2008.12.15 至 2013.12.15/高毒
花生 地老虎、蝼蛄、蛴螬、蚜虫 700-1000克/100千克种子 种子包衣

PD20084319 戊唑醇/2%/湿拌种剂/戊唑醇 2%/2008.12.17 至 2013.12.17/低毒
玉米 丝黑穗病 10-12克/100千克种子 拌种

PD20086362 炔螨特/730克/升/乳油/炔螨特 730克/升/2008.12.31 至 2013.12.31/低毒
苹果树 红蜘蛛 243-365毫克/千克(2000-3000倍) 喷雾

PD20090765 吡虫啉/200克/升/可溶液剂/吡虫啉 200克/升/2009.01.19 至 2014.01.19/低毒
水稻 稻飞虱 24-36克/公顷 喷雾

PD20090853 啶虫脒/3%/乳油/啶虫脒 3%/2009.01.19 至 2014.01.19/低毒
柑橘树 蚜虫 10-12毫克/千克 喷雾

PD20091183 克·酮·多菌灵/17%/悬浮种衣剂/多菌灵 11.2%、克百威 4.3%、三唑酮 1.5%/2009.01.22 至 2014.01.22/高毒
小麦 白粉病、地下害虫 1:50-60(药种比) 种子包衣

PD20091425 高效氯氟氰菊酯/25克/升/乳油/高效氯氟氰菊酯 25克/升/2009.02.02 至 2014.02.02/中等毒

苹果树　桃小食心虫　5-6.25毫克/千克　喷雾
PD20095625　丙溴磷/40%/乳油/丙溴磷 40%/2009.05.12 至 2014.05.12/中等毒
棉花　棉铃虫　480-600克/公顷　喷雾
PD20095632　扑·乙/40%/乳油/扑草净 15%、乙草胺 25%/2009.05.12 至 2014.05.12/低毒
春玉米田　一年生杂草　1200-1500克/公顷　播后苗前土壤喷雾
PD20097036　三唑磷/20%/乳油/三唑磷 20%/2009.10.10 至 2014.10.10/中等毒
水稻　二化螟　202.5-303.75克/公顷　喷雾
PD20098529　戊唑醇/60克/升/悬浮种衣剂/戊唑醇 60克/升/2009.12.24 至 2014.12.24/低毒
小麦　散黑穗病　1.8-2.7克/100千克种子　种植包衣
LS20061492　阿维·哒螨灵/19.8%/可湿性粉剂/阿维菌素 0.8%、哒螨灵 19%/2009.03.05 至 2010.03.05/低毒(原药高毒)
柑橘树　红蜘蛛　66-99毫克/千克　喷雾
LS20061822　高氯·啶虫脒/5%/可湿性粉剂/啶虫脒 3%、高效氯氰菊酯 2%/2009.10.31 至 2010.10.31/低毒
十字花科蔬菜　蚜虫　22.5-30克/公顷　喷雾
LS20080476　阿维菌素/18克/升/乳油/阿维菌素 18克/升/2009.02.21 至 2010.02.21/低毒(原药高毒)
柑橘树　潜叶蛾　4.5-6.75毫克/千克　喷雾
LS20080483　杀扑磷/40%/乳油/杀扑磷 40%/2009.02.21 至 2010.02.21/高毒
柑橘树　介壳虫　200-400毫克/千克　喷雾
LS20081004　19.8%阿维菌素·哒螨灵可湿性粉剂/19.8%/可湿性粉剂/阿维菌素 0.8%、哒螨灵 19%/2008.03.07 至 2009.03.07/低毒(原药高毒)
柑橘树　红蜘蛛　/　/
LS20090044　甲氨基阿维菌素苯甲酸盐/5%/微乳剂/甲氨基阿维菌素苯甲酸盐 5%/2009.01.08 至 2010.01.08/低毒
十字花科蔬菜　小菜蛾　1.125-2.25克/公顷　喷雾
LS20090161　多·福/15%/悬浮种衣剂/多菌灵 7.5%、福美双 7.5%/2009.02.04 至 2010.02.04/低毒
棉花　苗期立枯病　250-375克/100千克种子　种子包衣

山东省植物保护总站服务部　(山东省济南市历城区桑园路2号　250100　0531-82378751)

PD20040121　高效氯氰菊酯/2.5%/乳油/高效氯氰菊酯 2.5%/2004.12.19 至 2009.12.18/中等毒
梨树　梨木虱　20.83-25毫克/千克　喷雾
PD20040510　哒螨灵/9%/乳油/哒螨灵 9%/2004.12.19 至 2009.12.18/低毒
柑橘树　红蜘蛛　45-60毫克/千克　喷雾
PD20091098　辛硫·灭多威/20%/乳油/灭多威 10%、辛硫磷 10%/2009.01.21 至 2014.01.21/中等毒(原药高毒)
棉花　棉铃虫　150-300克/公顷　喷雾
PD20091947　灭多威/10%/可湿性粉剂/灭多威 10%/2009.02.12 至 2014.02.12/低毒(原药高毒)
棉花　棉铃虫　360-450克/公顷　喷雾
PD20092383　高氯·马/20%/乳油/高效氯氰菊酯 1.5%、马拉硫磷 18.5%/2009.02.25 至 2014.02.25/中等毒
蝗区　蝗虫　150-210克/公顷　喷雾
PD20093153　高氯·灭多威/10%/乳油/高效氯氰菊酯 1.2%、灭多威 8.8%/2009.03.11 至 2014.03.11/中等毒(原药高毒)
棉花　棉铃虫　90-120克/公顷　喷雾
PD20093297　吡虫啉/5%/可湿性粉剂/吡虫啉 5%/2009.03.13 至 2014.03.13/低毒
水稻　飞虱　15-22.5克/公顷　喷雾
PD20094821　乙铝·锰锌/50%/可湿性粉剂/代森锰锌 22%、三乙膦酸铝 28%/2009.04.13 至 2014.04.13/低毒
黄瓜　霜霉病　1400-4200克/公顷　喷雾
PD20095008　复硝酚钠/1.4%/水剂/5-硝基邻甲氧基苯酚钠 0.3%、对硝基苯酚钾 0.7%、邻硝基苯酚钠 0.4%/2009.04.21至2014.04.21/低毒
番茄　调节生长　3000－4000倍　茎叶喷雾
LS97624　菌毒·烷醇/6%/可湿性粉剂/菌毒清 5.95%、三十烷醇 0.05%/2009.01.09 至 2009.12.31/低毒
番茄　病毒病　78.8-126克/公顷　喷雾

山东省淄博百禾生物农药有限公司　(山东省淄博市淄川区城南镇西楼村北　255100　0533-5792818)

PD20082839　硫磺·多菌灵/50%/可湿性粉剂/多菌灵 15%、硫磺 35%/2008.12.09 至 2013.12.09/低毒
花生　叶斑病　1200-1800克/公顷　喷雾
PD20083399　代森锰锌/80%/可湿性粉剂/代森锰锌 80%/2008.12.11 至 2013.12.11/低毒
苹果　斑点落叶病　1000-1500毫克/千克　喷雾
PD20083481　丙环唑/250克/升/乳油/丙环唑 250克/升/2008.12.12 至 2013.12.12/低毒
小麦　白粉病　112.5-150克/公顷　喷雾
PD20085519　灭多威/20%/乳油/灭多威 20%/2008.12.25 至 2013.12.25/高毒
棉花　棉铃虫　120-150克/公顷　喷雾
PD20091944　联苯菊酯/25克/升/乳油/联苯菊酯 25克/升/2009.02.12 至 2014.02.12/低毒
茶树　茶尺蠖　7.5-15克/公顷　喷雾
PD20091989　三环·多菌灵/20%/可湿性粉剂/多菌灵 15%、三环唑 5%/2009.02.12 至 2014.02.12/低毒
水稻　稻瘟病　300-420克/公顷　喷雾
PD20093484　炔螨特/570克/升/乳油/炔螨特 570克/升/2009.03.23 至 2014.03.23/低毒
棉花　红蜘蛛　342-513克/公顷　喷雾
LS20070892　吗胍·乙酸铜/20%/可湿性粉剂/盐酸吗啉胍 10%、乙酸铜 10%/2009.04.11 至 2010.04.12/低毒

水稻 条纹叶枯病 360-450克/公顷 喷雾

山东省淄博丰登农药化工有限公司 (山东省淄博市周村区周村经济开发区 255300 0533-6533388)

PD20080958 高氯·辛硫磷/20%/乳油/高效氯氰菊酯 1.5%、辛硫磷 18.5%/2008.07.23 至 2013.07.23/低毒
棉花 棉铃虫 180-300克/公顷 喷雾

PD20084557 啶虫脒/3%/可湿性粉剂/啶虫脒 3%/2008.12.18 至 2013.12.18/低毒
柑橘 蚜虫 7.5-15毫克/千克 喷雾

PD20090650 毒死蜱/480克/升/乳油/毒死蜱 480克/升/2009.01.15 至 2014.01.15/中等毒
苹果树 绵蚜 200-320毫克/千克 喷雾

PD20091384 霜脲·锰锌/72%/可湿性粉剂/代森锰锌 64%、霜脲氰 8%/2009.02.02 至 2014.02.02/低毒
黄瓜 霜霉病 1440-1800克/公顷 喷雾

PD20092474 炔螨特/57%/乳油/炔螨特 57%/2009.02.25 至 2014.02.25/低毒
柑橘树 红蜘蛛 300-380毫克/千克 喷雾

PD20093101 高效氯氟氰菊酯/25克/升/乳油/高效氯氟氰菊酯 25克/升/2009.03.09 至 2014.03.09/中等毒
茶树 茶尺蠖 5.625-7.5克/公顷 喷雾
十字花科蔬菜 蚜虫 5.625-7.5克/公顷 喷雾

PD20095436 辛硫磷/3%/颗粒剂/辛硫磷 3%/2009.05.11 至 2014.05.11/低毒
花生 地下害虫 1800-3600克/公顷 撒施

PD20096342 啶虫脒/3%/乳油/啶虫脒 3%/2009.07.28 至 2014.07.28/低毒
柑橘树 蚜虫 10-15毫克/千克 喷雾

LS20053239 阿维·高氯/3%/乳油/阿维菌素 0.2%、高效氯氰菊酯 2.8%/2008.10.11 至 2009.10.11/低毒(原药高毒)
黄瓜 美洲斑潜蝇 15-30克/公顷 喷雾

LS20053288 吡·杀单/38%/可湿性粉剂/吡虫啉 2%、杀虫单 36%/2008.10.17 至 2009.10.17/中等毒
水稻 稻飞虱、稻纵卷叶螟、二化螟、三化螟 450-750克/公顷 喷雾

LS20053357 吡虫啉/12%/可湿性粉剂/吡虫啉 12%/2008.10.17 至 2009.10.17/低毒
水稻 稻飞虱 15-30克/公顷 喷雾
小麦 蚜虫 15-30克/公顷(南方地区) 喷雾
45-60克/公顷(北方地区)

LS20053373 辛·唑磷/40%/乳油/三唑磷 20%、辛硫磷 20%/2008.10.18 至 2009.10.18/中等毒
水稻 二化螟 360-480克/公顷 喷雾

LS20071079 杀扑磷/40%/乳油/杀扑磷 40%/2009.04.25 至 2010.04.26/高毒
柑橘树 介壳虫 400-600毫克/千克 喷雾

山东省淄博恒生农药有限公司 (山东省淄博市淄川区罗村镇西首 355100 0533-5673799)

PD20083425 高氯·辛硫磷/20%/乳油/高效氯氰菊酯 1.5%、辛硫磷 18.5%/2008.12.11 至 2013.12.11/低毒
十字花科蔬菜 菜青虫 100-150克/公顷 喷雾

PD20084459 硫磺·三唑酮/20%/可湿性粉剂/硫磺 10%、三唑酮 10%/2008.12.17 至 2013.12.17/低毒
小麦 白粉病 150-250克/公顷 喷雾

PD20084970 代森锰锌/80%/可湿性粉剂/代森锰锌 80%/2008.12.22 至 2013.12.22/低毒
番茄 早疫病 1845-2370克/公顷 喷雾

PD20085623 啶虫脒/3%/可湿性粉剂/啶虫脒 3%/2008.12.25 至 2013.12.25/低毒
柑橘树 蚜虫 7.5-15毫克/千克 喷雾

PD20085691 啶虫脒/20%/可溶粉剂/啶虫脒 20%/2008.12.26 至 2013.12.26/低毒
黄瓜 蚜虫 30-45克/公顷 喷雾

PD20086189 福·甲·硫磺/70%/可湿性粉剂/福美双 20%、甲基硫菌灵 14%、硫磺 36%/2008.12.30 至 2013.12.30/低毒
黄瓜 炭疽病 840-1260克/公顷 喷雾

PD20091734 高效氯氟氰菊酯/25克/升/乳油/高效氯氟氰菊酯 25克/升/2009.02.04 至 2014.02.04/低毒
十字花科蔬菜 蚜虫 5.625-9.375克/公顷 喷雾

PD20092536 硫磺·多菌灵/42%/悬浮剂/多菌灵 7%、硫磺 35%/2009.02.26 至 2014.02.26/低毒
黄瓜 白粉病 1575-2363克/公顷 喷雾

PD20093035 阿维菌素/1.8%/乳油/阿维菌素 1.8%/2009.03.09 至 2014.03.09/低毒(原药高毒)
十字花科蔬菜 小菜蛾 8.1-10.8克/公顷 喷雾

PD20097345 福美双/80%/可湿性粉剂/福美双 80%/2009.10.27 至 2014.10.27/低毒
黄瓜 霜霉病 656-1123.5克/公顷 喷雾

PD20097607 多·福/60%/可湿性粉剂/多菌灵 8%、福美双 52%/2009.11.03 至 2014.11.03/低毒
梨树 黑星病 1000—1500毫克/千克 喷雾

PD20098138 毒死蜱/40%/乳油/毒死蜱 40%/2009.12.08 至 2014.12.08/中等毒
棉花 棉铃虫 112.5-150毫升制剂/亩 喷雾

PD20098281 甲基硫菌灵/70%/可湿性粉剂/甲基硫菌灵 70%/2009.12.18 至 2014.12.18/低毒
番茄 叶霉病 375—562.5克/公顷 喷雾

LS20050941 阿维·甲氰/1.8%/乳油/阿维菌素 0.1%、甲氰菊酯 1.7%/2008.04.04 至 2009.04.04/低毒(原药高毒)
苹果树 红蜘蛛 12-18毫克/千克 喷雾

LS20061301 吡虫·噻嗪酮/20%/可湿性粉剂/吡虫啉 2%、噻嗪酮 18%/2009.06.11 至 2010.06.11/低毒
水稻 稻飞虱 90-150克/公顷 喷雾

LS20090830 氟铃·毒死蜱 /22%/乳油/毒死蜱 20%、氟铃脲 2%/2009.04.03 至 2010.04.03/中等毒

棉花 棉铃虫 297-330克/公顷 喷雾

LS20091028 阿维·哒螨灵/10.5%/乳油/阿维菌素 0.3%、哒螨灵 10.2%/2009.04.15 至 2010.04.15/中等毒(原药高毒)

柑橘树 红蜘蛛 87.5-105毫克/千克 喷雾

山东省淄博科龙生物药业有限公司 （山东省淄博市高新技术开发区东张村 255075 0533-2060448)

PD20092920 硫双威/95%/原药/硫双威 95%/2009.03.05 至 2014.03.05/中等毒

PD20094050 仲威·毒死蜱/40%/乳油/毒死蜱 15%、仲丁威 25%/2009.03.27 至 2014.03.27/中等毒

十字花科蔬菜 菜青虫 300-420克/公顷 喷雾

PD20094359 硫双威/75%/可湿性粉剂/硫双威 75%/2009.04.01 至 2014.04.01/中等毒

棉花 棉铃虫 450-675克/公顷 喷雾

PD20094445 乙铝·锰锌/50%/可湿性粉剂/代森锰锌 22%、三乙膦酸铝 28%/2009.04.01 至 2014.04.01/低毒

黄瓜 霜霉病 2700-4200克/公顷 喷雾

PD20094733 甲氰·辛硫磷/25%/乳油/甲氰菊酯 5%、辛硫磷 20%/2009.04.10 至 2014.04.10/低毒

棉花 棉铃虫 225-375克/公顷 喷雾

LS20050509 阿维·高氯/1.5%/乳油/阿维菌素 0.3%、高效氯氰菊酯 1.2%/2008.02.26 至 2009.02.25/低毒(原药高毒)

十字花科蔬菜 小菜蛾 7.5-15克/公顷 喷雾

LS20051061 霜威·百菌清/28%/可湿性粉剂/百菌清 15.5%、乙霉威 12.5%/2008.04.07 至 2009.04.07/低毒

番茄 灰霉病 588-735克/公顷 喷雾

LS20051342 啶虫脒/3%/乳油/啶虫脒 3%/2008.04.13 至 2009.04.13/低毒

黄瓜 蚜虫 18-22.5克/公顷 喷雾

山东省淄博鲁和防蛀制品有限公司 （山东省淄博市张店区洪沟路25号 255009 0533-2111777)

WL20050050 防蛀防霉片剂/99.8%/片剂/对二氯苯 99.8%/2008.02.05 至 2009.02.04/低毒

卫生 黑皮蠹 40克制剂/平方米 投放

卫生 霉菌 40克制剂/立方米 投放

山东省淄博绿晶农药有限公司 （山东省淄博市周村区周村彭阳电信局西南侧 255321 0533-6610065)

PD20060100 高效氯氰菊酯/2.5%/乳油/高效氯氰菊酯 2.5%/2006.05.22 至 2011.05.22/中等毒

梨树 梨木虱 20.8-31.25毫克/千克 喷雾

PD20070521 氰戊·马拉松/20%/乳油/马拉硫磷 15%、氰戊菊酯 5%/2007.11.28 至 2012.11.28/低毒

苹果树 桃小食心虫 160-333毫克/千克 喷雾

PD20080887 百草枯/200克/升/水剂/百草枯 200克/升/2008.07.09 至 2013.07.09/中等毒

玉米田 杂草 300-600克/公顷 定向茎叶喷雾

PD20082405 高效氯氟氰菊酯/25克/升/乳油/高效氯氟氰菊酯 25克/升/2008.12.01 至 2013.12.01/中等毒

十字花科蔬菜 菜青虫 5.625-9.375克/公顷 喷雾

PD20082965 联苯菊酯/25克/升/乳油/联苯菊酯 25克/升/2008.12.09 至 2013.12.09/低毒

茶树 茶小绿叶蝉 30-37.5克/公顷 喷雾

PD20082974 代森锰锌/80%/可湿性粉剂/代森锰锌 80%/2008.12.09 至 2013.12.09/低毒

番茄 早疫病 1560-2520克/公顷 喷雾

PD20082981 联苯菊酯/100克/升/乳油/联苯菊酯 100克/升/2008.12.09 至 2013.12.09/中等毒

番茄 白粉虱 7.5-15克/公顷 喷雾

PD20083000 噻嗪酮/25%/可湿性粉剂/噻嗪酮 25%/2008.12.10 至 2013.12.10/低毒

柑橘树 矢尖蚧 166.7-250毫克/千克 喷雾

PD20083074 啶虫脒/3%/可湿性粉剂/啶虫脒 3%/2008.12.10 至 2013.12.10/低毒

柑橘树 蚜虫 10-12毫克/千克 喷雾

PD20083499 甲基硫菌灵/70%/可湿性粉剂/甲基硫菌灵 70%/2008.12.12 至 2013.12.12/低毒

水稻 纹枯病 1050-1500克/公顷 喷雾

PD20084604 高效氟吡甲禾灵/108克/升/乳油/高效氟吡甲禾灵 108克/升/2008.12.18 至 2013.12.18/低毒

冬油菜田 一年生禾本科杂草 30-45克/公顷 茎叶喷雾

PD20084610 多菌灵/50%/可湿性粉剂/多菌灵 50%/2008.12.18 至 2013.12.18/低毒

水稻 稻瘟病 750-1000克/公顷 喷雾

PD20084852 敌敌畏/15%/烟剂/敌敌畏 15%/2008.12.22 至 2013.12.22/低毒

黄瓜(保护地) 蚜虫 1125-1350克/公顷 熏蒸

PD20084932 毒死蜱/480克/升/乳油/毒死蜱 480克/升/2008.12.22 至 2013.12.22/中等毒

棉花 棉铃虫 648-864克/公顷 喷雾

PD20090701 氟铃·辛硫磷/20%/乳油/氟铃脲 2%、辛硫磷 18%/2009.01.19 至 2014.01.19/低毒

十字花科蔬菜 小菜蛾 90-150克/公顷 喷雾

PD20091081 高氯·辛硫磷/20%/乳油/高效氯氰菊酯 2%、辛硫磷 18%/2009.01.21 至 2014.01.21/低毒

甘蓝 菜青虫 90-120克/公顷 喷雾

PD20091148 氟铃·辛硫磷/42%/乳油/氟铃脲 2%、辛硫磷 40%/2009.01.21 至 2014.01.21/低毒

十字花科蔬菜 小菜蛾 504－693克/公顷 喷雾

PD20091171 氟铃脲/5%/乳油/氟铃脲 5%/2009.01.22 至 2014.01.22/低毒

棉花 棉铃虫 75-120克/公顷 喷雾

PD20092525 阿维菌素/5%/乳油/阿维菌素 5%/2009.02.26 至 2014.02.26/低毒(原药高毒)

十字花科蔬菜 小菜蛾 8.1-10.8克/公顷 喷雾

PD20094816 甲霜·锰锌/58%/可湿性粉剂/甲霜灵 10%、代森锰锌 48%/2009.04.13 至 2014.04.13/低毒

黄瓜 霜霉病 850-1050克/公顷 喷雾
LS20020857 吗胍·乙酸铜/20%/可湿性粉剂/盐酸吗啉胍 16%、乙酸铜 4%/2009.03.12 至 2009.12.31/低毒
番茄 病毒病 510-750克/公顷 喷雾
LS20050298 阿维·哒螨灵/8.5%/可湿性粉剂/阿维菌素 0.3%、哒螨灵 8.2%/2008.02.05 至 2009.02.04/低毒(原药高毒)
苹果树 二斑叶螨 34—56.7毫克/千克 喷雾
LS20052046 四螨·哒螨灵/15%/可湿性粉剂/哒螨灵 10%、四螨嗪 5%/2008.06.01 至 2009.06.01/低毒
柑橘树 红蜘蛛 75-100毫克/千克 喷雾
LS20052844 灭线磷/5%/颗粒剂/灭线磷 5%/2008.09.01 至 2009.09.01/低毒
花生 根结线虫 4500-5250克/公顷 沟施
LS20053053 烯酰·锰锌/69%/可湿性粉剂/代森锰锌 60%、烯酰吗啉 9%/2008.09.15 至 2009.09.15/低毒
黄瓜 霜霉病 1035-1380克/公顷 喷雾
LS20053222 阿维·高氯/2.4%/可湿性粉剂/阿维菌素 0.3%、氯氰菊酯 2.1%/2008.10.11 至 2009.10.11/低毒(原药高毒)
十字花科蔬菜 菜青虫、小菜蛾 13.5-27克/公顷 喷雾
LS20053265 嘧霉胺/400克/升/悬浮剂/嘧霉胺 400克/升/2008.10.11 至 2009.10.11/低毒
番茄 灰霉病 375-562.5克/公顷 喷雾
LS20071859 烯禾啶/12.5%/乳油/烯禾啶 12.5%/2009.07.09 至 2010.07.10/低毒
春大豆田 一年生杂草 140.6-187.5克/公顷 茎叶喷雾
LS20071938 啶虫脒/20%/可湿性粉剂/啶虫脒 20%/2009.08.07 至 2010.08.08/低毒
柑橘 蚜虫 12-16毫克/千克 喷雾
LS20072175 烯酰吗啉/50%/可湿性粉剂/烯酰吗啉 50%/2009.09.04 至 2010.09.05/低毒
黄瓜 霜霉病 225-300克/公顷 喷雾
LS20080161 吡虫啉/70%/可湿性粉剂/吡虫啉 70%/2010.01.06 至 2011.01.06/低毒
棉花 蚜虫 26.25-31.5克/公顷 喷雾
LS20080440 阿维·哒螨灵/22%/可湿性粉剂/阿维菌素 1%、哒螨灵 21%/2009.02.19 至 2010.02.20/低毒(原药高毒)
茄子 红蜘蛛 35-45克/公顷 喷雾
LS20081057 胂·锌·福美双/50%/可湿性粉剂/福美甲胂 12.5%、福美双 25%、福美锌 12.5%/2009.03.07 至 2010.03.07/中等毒
大白菜 霜霉病 750-1025克/公顷 喷雾
LS20081068 氯氰菊酯/250克/升/乳油/氯氰菊酯 250克/升/2009.03.07 至 2010.03.07/中等毒
棉花 棉铃虫 45-60克/公顷 喷雾
LS20082093 唑螨酯/5%/悬浮剂/唑螨酯 5%/2009.04.15 至 2010.04.15/中等毒
柑橘树 红蜘蛛 20-25毫克/千克 喷雾
LS20090177 甲维·高氯氟/4.8%/乳油/高效氯氟氰菊酯 4.5%、甲氨基阿维菌素苯甲酸盐 0.3%/2009.02.04 至 2010.02.04/低毒
甘蓝 甜菜夜蛾 8.64-12.96克/公顷 喷雾

山东省淄博美田农药有限公司 (山东省淄博市张店区房镇东首 255095 0533-3885086)

PD20040593 哒螨灵/15%/乳油/哒螨灵 15%/2009.12.19 至 2014.12.19/中等毒
苹果树 叶螨 45-50毫克/千克 喷雾
PD20090722 硫双威/25%/可湿性粉剂/硫双威 25%/2009.01.19 至 2014.01.19/低毒
棉花 棉铃虫 600-900克/公顷 喷雾
PD20091554 马拉硫磷/45%/乳油/马拉硫磷 45%/2009.02.03 至 2014.02.03/低毒
十字花科蔬菜 蚜虫 562.5-750克/公顷 喷雾
PD20092710 甲基硫菌灵/70%/可湿性粉剂/甲基硫菌灵 70%/2009.03.04 至 2014.03.04/低毒
番茄 叶霉病 375-562.5克/公顷 喷雾
PD20092712 多·福/50%/可湿性粉剂/多菌灵 15%、福美双 35%/2009.03.04 至 2014.03.04/低毒
梨树 黑星病 1000-1500毫克/千克 喷雾
PD20092713 多·锰锌/50%/可湿性粉剂/多菌灵 8%、代森锰锌 42%/2009.03.04 至 2014.03.04/低毒
苹果树 斑点落叶病 1000-1250毫克/千克 喷雾
PD20092714 三唑锡/25%/可湿性粉剂/三唑锡 25%/2009.03.04 至 2014.03.04/低毒
柑橘树 红蜘蛛 125—250毫克/千克 喷雾
PD20093746 丙溴磷/20%/乳油/丙溴磷 20%/2009.03.25 至 2014.03.25/中等毒
棉花 棉铃虫 300-450克/公顷 喷雾
PD20096321 高效氯氟氰菊酯/25克/升/乳油/高效氯氟氰菊酯 25克/升/2009.07.22 至 2014.07.22/中等毒
十字花科蔬菜 菜青虫 5.625-11.25克/公顷 喷雾
LS20050970 阿维·高氯/1.8%/乳油/阿维菌素 0.3%、高效氯氰菊酯 1.5%/2008.04.04 至 2009.04.04/低毒(原药高毒)
梨树 梨木虱 6-12毫克/千克 喷雾
LS20051331 吡虫·杀虫单/35%/可湿性粉剂/吡虫啉 1%、杀虫单 34%/2008.04.13 至 2009.04.13/中等毒
水稻 稻飞虱、稻纵卷叶螟、二化螟、三化螟 450-750克/公顷 喷雾
LS20051587 敌百虫/30%/乳油/敌百虫 30%/2008.04.28 至 2009.04.28/低毒
十字花科蔬菜 菜青虫 450-900克/公顷 喷雾
LS20052069 柴油·辛硫磷/40%/乳油/柴油 20%、辛硫磷 20%/2008.06.05 至 2009.06.05/低毒
十字花科蔬菜 菜青虫 300-450克/公顷 喷雾
LS20052369 吡虫啉/20%/乳油/吡虫啉 20%/2008.07.03 至 2009.07.03/低毒
小麦 蚜虫 15-30克/公顷(南方地区) 喷雾
45-60克/公顷(北方地区)

LS20053495 啶虫脒/3%/乳油/啶虫脒 3%/2008.11.13 至 2009.11.13/低毒

柑橘树	蚜虫	10-15毫克/千克	喷雾

LS20060964 乙酰甲胺磷/20%/乳油/乙酰甲胺磷 20%/2009.04.23 至 2010.04.23/低毒

十字花科蔬菜	蚜虫	337.5-540克/公顷	/喷雾

LS20071734 福·福锌/80%/可湿性粉剂/福美双 30%、福美锌 50%/2009.07.04 至 2010.07.05/低毒

黄瓜	炭疽病	1500-1800克/公顷	喷雾

LS20071847 联苯菊酯/25克/升/乳油/联苯菊酯 25克/升/2009.07.09 至 2010.07.10/中等毒

柑橘树	红蜘蛛	20-40毫克/千克	喷雾

山东省淄博市周村穗丰农药化工有限公司 (山东省淄博市周村区兴鲁大道1668号 255300 0533-6182525)

PD84118-25 多菌灵/25%/可湿性粉剂/多菌灵 25%/2009.12.30 至 2014.12.30/低毒

果树	病害	0.05-0.1%药液	喷雾
花生	倒秧病	750克/公顷	喷雾
麦类	赤霉病	750克/公顷	喷雾,泼浇
棉花	苗期病害	500克/100千克种子	拌种
水稻	稻瘟病、纹枯病	750克/公顷	喷雾,泼浇
油菜	菌核病	1125-1500克/公顷	喷雾

PD85156-4 辛硫磷/90%、87%、80%/原药/辛硫磷 90%、87%、80%/2006.03.14 至 2011.03.14/低毒

PD85157-8 辛硫磷/40%/乳油/辛硫磷 40%/2005.08.15 至 2010.08.15/低毒

茶树、桑树	食叶害虫	200-400毫克/千克	喷雾
果树	食心虫、蚜虫、螨	200-400毫克/千克	喷雾
林木	食叶害虫	3000-6000克/公顷	喷雾
棉花	棉铃虫、蚜虫	300-600克/公顷	喷雾
蔬菜	菜青虫	300-450克/公顷	喷雾
烟草	食叶害虫	300-600克/公顷	喷雾
玉米	玉米螟	450-600克/公顷	灌心叶

PD86131-5 硫磺/45%/悬浮剂/硫磺 45%/2006.09.10 至 2011.09.10/低毒

黄瓜	白粉病	300-500倍液	喷雾
小麦	白粉病	3375克/公顷	喷雾
枸杞	锈蜘蛛	300倍液	喷雾

PD20040155 甲拌磷/5%/颗粒剂/甲拌磷 5%/2009.12.19 至 2014.12.19/中等毒(原药高毒)

高粱	蚜虫	150-300克/公顷	撒施
棉花	蚜虫	1125-1875克/公顷	沟施,穴施

PD20040413 吡虫啉/2%/乳油/吡虫啉 2%/2009.12.19 至 2014.12.19/低毒

水稻	飞虱	9-18克/公顷	喷雾
小麦	蚜虫	7.5-15克/公顷	喷雾

PD20070076 氰戊·辛硫磷/25%/乳油/氰戊菊酯 6.25%、辛硫磷 18.75%/2007.04.12 至 2012.04.12/中等毒

棉花	棉铃虫	270-300克/公顷	喷雾

PD20081720 扑·乙/40%/乳油/扑草净 15%、乙草胺 25%/2008.11.18 至 2013.11.18/低毒

花生田	一年生杂草	1200-1500克/公顷	播后苗前土壤喷雾

PD20083327 硫磺·三环唑/45%/可湿性粉剂/硫磺 40%、三环唑 5%/2008.12.11 至 2013.12.11/低毒

水稻	稻瘟病	843.75-1012.5克/公顷	喷雾

PD20083584 灭线磷/95%/原药/灭线磷 95%/2008.12.12 至 2013.12.12/中等毒

PD20083705 氰戊·马拉松/20%/乳油/马拉硫磷 15%、氰戊菊酯 5%/2008.12.15 至 2013.12.15/中等毒

苹果树	桃小食心虫	160-333毫克/千克	喷雾

PD20083922 氯氰菊酯/50克/升/乳油/氯氰菊酯 50克/升/2008.12.15 至 2013.12.15/低毒

棉花	棉铃虫	45-60克/公顷	喷雾

PD20084231 霜霉威盐酸盐/722克/升/水剂/霜霉威盐酸盐 722克/升/2008.12.17 至 2013.12.17/低毒

黄瓜	霜霉病	649.8-1083克/公顷	喷雾

PD20084315 仲丁威/20%/乳油/仲丁威 20%/2008.12.17 至 2013.12.17/低毒

水稻	稻飞虱	375-562.5克/公顷	喷雾

PD20084382 多·福/40%/可湿性粉剂/多菌灵 10%、福美双 30%/2008.12.17 至 2013.12.17/低毒

梨树	黑星病	1000-1500毫克/千克	喷雾

PD20084588 灭线磷/40%/乳油/灭线磷 40%/2008.12.18 至 2013.12.18/中等毒(原药高毒)

花生	根结线虫	3900—4800克/公顷	沟施

PD20084818 灭线磷/10%/颗粒剂/灭线磷 10%/2008.12.22 至 2013.12.22/中等毒(原药高毒)

水稻	稻瘿蚊	1500-1800克/公顷	拌土撒施

PD20085336 灭线磷/5%/颗粒剂/灭线磷 5%/2008.12.24 至 2013.12.24/低毒(原药高毒)

红薯	茎线虫病	750-1125克/公顷	拌土穴施
花生	根结线虫	4500-5250克/公顷	沟施

PD20085456 辛硫磷/3%/颗粒剂/辛硫磷 3%/2008.12.24 至 2013.12.24/低毒

玉米	玉米螟	112.5-157.5克/公顷	加细沙后在喇叭口处均匀撒施

PD20085725	硫磺·甲硫灵/50%/悬浮剂/甲基硫菌灵 20%、硫磺 30%/2008.12.26 至 2013.12.26/低毒			
	黄瓜	炭疽病	703.1-937.5克/公顷	喷雾
PD20085791	异丙草·莠/40%/悬乳剂/异丙草胺 24%、莠去津 16%/2008.12.29 至 2013.12.29/低毒			
	夏玉米田	一年生杂草	1200-1500克/公顷	土壤喷雾
PD20090487	百菌清/30%/烟剂/百菌清 30%/2009.01.12 至 2014.01.12/低毒			
	黄瓜(保护地)	霜霉病	750-1200克/公顷	点燃放烟
PD20090698	氯氰·丙溴磷/440克/升/乳油/丙溴磷 400克/升、氯氰菊酯 40克/升/2009.01.19 至 2014.01.19/中等毒			
	棉花	棉铃虫	528-660克/公顷	喷雾
PD20092922	异甲·莠去津/45%/悬乳剂/异丙甲草胺 25%、莠去津 20%/2009.03.05 至 2014.03.05/低毒			
	春玉米田	一年生杂草	300-350毫升制剂/亩	播后苗前土壤喷雾
	夏玉米田	一年生杂草	1012.5-1350克/公顷	播后苗前喷雾
PD20092924	丁·莠/48%/悬乳剂/丁草胺 19%、莠去津 29%/2009.03.05 至 2014.03.05/低毒			
	春玉米田	一年生杂草	300-350毫升制剂/亩	播后苗前土壤喷雾
	夏玉米田	一年生杂草	1224—1584克/公顷	土壤喷雾
PD20093506	马拉硫磷/45%/乳油/马拉硫磷 45%/2009.03.23 至 2014.03.23/低毒			
	棉花	盲蝽蟓	506.3-607.5克/公顷	喷雾
LS20050440	阿维·柴油/24.5%/乳油/阿维菌素 0.2%、柴油 24.3%/2008.02.19 至 2009.02.18/低毒(原药高毒)			
	柑橘树	红蜘蛛	123-245毫克/千克	喷雾
LS20050661	辛硫·三唑磷/20%/乳油/三唑磷 10%、辛硫磷 10%/2008.03.15 至 2009.03.15/中等毒			
	水稻	稻水象甲	210-240克/公顷	喷雾
LS20060371	阿维·高氯/2%/微乳剂/阿维菌素 0.2%、高效氯氰菊酯 1.8%/2009.03.05 至 2010.03.05/低毒(原药高毒)			
	十字花科蔬菜	小菜蛾	13.5-27克/公顷	喷雾
LS20081318	阿维·辛硫磷/3.2%/颗粒剂/阿维菌素 0.1%、辛硫磷 3.1%/2009.03.13 至 2010.03.13/低毒(原药高毒)			
	黄瓜	根结线虫	4320—5760克/公顷	沟施

山东省淄博市淄川黉阳农药有限公司　(山东省淄博市淄川区洪山镇聊斋路81号　255120　0533-5811410)

PD20040075	三唑酮/20%/乳油/三唑酮 20%/2009.12.19 至 2014.12.19/低毒			
	小麦	白粉病	120-127.5克/公顷	喷雾
PD20040077	硫磺·三唑酮/20%/悬浮剂/硫磺 10%、三唑酮 10%/2009.12.19 至 2014.12.19/低毒			
	小麦	白粉病	150-225克/公顷	喷雾
PD20080953	霜脲·锰锌/72%/可湿性粉剂/代森锰锌 64%、霜脲氰 8%/2008.07.23 至 2013.07.23/低毒			
	黄瓜	霜霉病	1440-1800克/公顷	喷雾
PD20080961	甲基硫菌灵/70%/可湿性粉剂/甲基硫菌灵 70%/2008.07.23 至 2013.07.23/低毒			
	番茄	叶霉病	375-562.5克/公顷	喷雾
PD20081334	辛硫·甲拌磷/10%/粉粒剂/甲拌磷 4%、辛硫磷 6%/2008.10.21 至 2013.10.21/高毒			
	小麦	地下害虫	200-300克/100千克种子	拌种
PD20081360	高氯·辛硫磷/18%/乳油/高效氯氰菊酯 2%、辛硫磷 16%/2008.10.22 至 2013.10.22/中等毒			
	棉花	棉铃虫	216-270克/公顷	喷雾
PD20082524	硫·酮·多菌灵/50%/可湿性粉剂/多菌灵 15%、硫磺 33%、三唑酮 2%/2008.12.03 至 2013.12.03/低毒			
	苹果树	炭疽病	400-600倍液	喷雾
PD20082667	多·福/50%/可湿性粉剂/多菌灵 8%、福美双 42%/2008.12.05 至 2013.12.05/低毒			
	梨树	黑星病	1000-1500毫克/千克	喷雾
	葡萄	霜霉病	1000-1250毫克/千克	喷雾
PD20082776	螨醇·哒螨灵/20%/乳油/哒螨灵 5%、三氯杀螨醇 15%/2008.12.08 至 2013.12.08/中等毒			
	苹果树	山楂红蜘蛛	100-133.3毫克/千克	喷雾
PD20083545	多菌灵/50%/可湿性粉剂/多菌灵 50%/2008.12.12 至 2013.12.12/低毒			
	花生	倒秧病	750-900克/公顷	喷雾
PD20084153	高氯·马/25%/乳油/高效氯氰菊酯 3%、马拉硫磷 22%/2008.12.16 至 2013.12.16/低毒			
	苹果树	桃小食心虫	125-167毫克/千克	喷雾
PD20085474	井冈·多菌灵/12%/可湿性粉剂/多菌灵 8%、井冈霉素 4%/2008.12.25 至 2013.12.25/低毒			
	水稻	稻瘟病	420—525克/公顷	喷雾
PD20090337	高氯·灭多威/12%/乳油/高效氯氰菊酯 2%、灭多威 10%/2009.01.12 至 2014.01.12/中等毒(原药高毒)			
	棉花	棉铃虫	72-90克/公顷	喷雾
PD20092571	福·福锌/80%/可湿性粉剂/福美双 30%、福美锌 50%/2009.02.26 至 2014.02.26/低毒			
	苹果树	炭疽病	1143-1600毫克/千克	喷雾
PD20092740	高效氯氟氰菊酯/25克/升/乳油/高效氯氟氰菊酯 25克/升/2009.03.04 至 2014.03.04/中等毒			
	十字花科蔬菜	菜青虫	7.5-15克/公顷	喷雾
PD20092768	硫磺·多菌灵/40%/悬浮剂/多菌灵 20%、硫磺 20%/2009.03.04 至 2014.03.04/低毒			
	水稻	稻瘟病	1200-1800克/公顷	喷雾
	甜菜	褐斑病	900-1200克/公顷	喷雾
PD20092772	福·甲·硫磺/50%/可湿性粉剂/福美双 15%、甲基硫菌灵 10%、硫磺 25%/2009.03.04 至 2014.03.04/低毒			
	辣椒	炭疽病	900-1125克/公顷	喷雾

PD20092877 扑·乙/30%/悬浮剂/扑草净 10%、乙草胺 20%/2009.03.05 至 2014.03.05/低毒
花生田 一年生杂草 900-1350克/公顷 播后苗前土壤喷雾
PD20094823 代森锰锌/80%/可湿性粉剂/代森锰锌 80%/2009.04.13 至 2014.04.13/低毒
番茄 早疫病 1800-2200克/公顷 喷雾
PD20096188 井冈·多菌灵/28%/悬浮剂/多菌灵 24%、井冈霉素 4%/2009.07.10 至 2014.07.10/低毒
小麦 赤霉病 420-525克/公顷 喷雾
LS20052688 辛硫·三唑磷/20%/乳油/三唑磷 10%、辛硫磷 10%/2008.08.14 至 2009.08.14/中等毒
水稻 二化螟 300-480克/公顷 喷雾
LS20052800 吗胍·乙酸铜/20%/可溶粉剂/盐酸吗啉胍 15%、乙酸铜 5%/2008.08.21 至 2009.08.21/低毒
番茄 病毒病 500-750克/公顷 喷雾
LS20053184 毒·辛/5%/颗粒剂/毒死蜱 2.5%、辛硫磷 2.5%/2008.10.10 至 2009.10.10/低毒
韭菜 韭蛆 1500-2625克/公顷 开沟撒施或直接撒施后灌水
LS20053228 异丙草·莠/42%/悬乳剂/异丙草胺 16%、莠去津 26%/2008.10.11 至 2009.10.11/低毒
夏玉米田 一年生杂草 1134-1512克/公顷 播后苗前土壤喷雾
LS20081485 四螨·哒螨灵/12%/可湿性粉剂/哒螨灵 8%、四螨嗪 4%/2009.03.31 至 2010.03.31/低毒
柑橘树 红蜘蛛 80-120毫克/千克 喷雾
LS20082989 甲氨基阿维菌素苯甲酸盐/0.2%/乳油/甲氨基阿维菌素苯甲酸盐 0.2%/2009.08.20 至 2010.08.20/低毒
甘蓝 小菜蛾 1.5-1.8克/公顷 喷雾

山东省淄博新农基农药化工有限公司 (山东省淄博市淄博开发区北首(金晶工业园北邻) 256410 0533-8409882)

PD85140-5 拌种双/40%/可湿性粉剂/拌种灵 20%、福美双 20%/2005.08.15 至 2010.08.15/低毒
高粱 黑穗病 120-200克/100千克种子 拌种
红麻 炭疽病 160倍液 浸种
花生 锈病 500倍液 喷雾
棉花 苗期病害 200克/100千克斤种子 拌种
小麦 黑穗病 40-80克/100千克种子 拌种
玉米 黑穗病 200克/100千克种子 拌种
PD20082159 甲硫·福美双/50%/可湿性粉剂/福美双 25%、甲基硫菌灵 25%/2008.11.26 至 2013.11.26/低毒
黄瓜 炭疽病 525-600克/公顷 喷雾
PD20082499 精喹禾灵/10%/乳油/精喹禾灵 10%/2008.12.03 至 2013.12.03/低毒
冬油菜田 一年生禾本科杂草 375-600毫升/公顷(制剂) 茎叶喷雾
夏大豆田 一年生禾本科杂草 450-600毫升/公顷(制剂) 茎叶喷雾
PD20082504 苯磺隆/75%/水分散粒剂/苯磺隆 75%/2008.12.03 至 2013.12.03/低毒
小麦田 一年生阔叶杂草 11.25-18克/公顷 茎叶喷雾
PD20082505 精喹禾灵/5%/乳油/精喹禾灵 5%/2008.12.03 至 2013.12.03/低毒
春大豆田 一年生禾本科杂草 52.5-75克/公顷(东北地区) 茎叶喷雾
夏大豆田 一年生禾本科杂草 45-52.5克/公顷(其它地区) 茎叶喷雾
油菜田 一年生禾本科杂草 45-52.5克/公顷 茎叶喷雾
PD20082554 咪唑乙烟酸/70%/可湿性粉剂/咪唑乙烟酸 70%/2008.12.04 至 2013.12.04/低毒
春大豆田 一年生杂草 84—105克/公顷 茎叶喷雾
PD20082618 咪唑乙烟酸/5%/水剂/咪唑乙烟酸 5%/2008.12.04 至 2013.12.04/低毒
春大豆田 一年生杂草 75-105克/公顷(东北地区) 喷雾
PD20082619 异丙草·莠/40%/悬乳剂/异丙草胺 16%、莠去津 24%/2008.12.04 至 2013.12.04/低毒
春玉米田 一年生杂草 1500-1800克/公顷(东北地区) 播后苗前土壤喷雾
PD20082668 毒死蜱/40%/乳油/毒死蜱 40%/2008.12.05 至 2013.12.05/中等毒
萝卜、青菜 菜青虫 420-540克/公顷 喷雾
PD20082902 咪唑乙烟酸/95%/原药/咪唑乙烟酸 95%/2008.12.09 至 2013.12.09/低毒
PD20083058 咪唑乙烟酸/20%/水剂/咪唑乙烟酸 20%/2008.12.10 至 2013.12.10/低毒
春大豆田 一年生杂草 375-525毫升/公顷(制剂) 茎叶喷雾
PD20083631 异噁草松/48%/乳油/异噁草松 48%/2008.12.12 至 2013.12.12/低毒
春大豆田 一年生杂草 2085-2505毫升/公顷(制剂) 播后苗前土壤喷雾
PD20083638 咪唑乙烟酸/10%/水剂/咪唑乙烟酸 10%/2008.12.12 至 2013.12.12/低毒
春大豆田 一年生杂草 90—105克/公顷 喷雾
PD20083876 硫丹/35%/乳油/硫丹 35%/2008.12.15 至 2013.12.15/中等毒
苹果树 蚜虫 116.7-175毫克/千克 喷雾
PD20085431 丙环唑/250克/升/乳油/丙环唑 250克/升/2008.12.24 至 2013.12.24/低毒
香蕉 叶斑病 250-500毫克/千克 喷雾
PD20085897 烟嘧磺隆/95%/原药/烟嘧磺隆 95%/2008.12.29 至 2013.12.29/低毒
PD20090225 精喹禾灵/8.8%/乳油/精喹禾灵 8.8%/2009.01.09 至 2014.01.09/低毒

春大豆田 一年生禾本科杂草 66-79.2克/公顷 茎叶喷雾
PD20090280 精喹·草除灵/17.5%/乳油/草除灵 12.5%、精喹禾灵 5%/2009.01.09 至 2014.01.09/低毒
油菜田 一年生杂草 328-393克/公顷 茎叶喷雾
PD20090307 莠去津/48%/可湿性粉剂/莠去津 48%/2009.01.12 至 2014.01.12/低毒
春玉米田 一年生杂草 2160-2520克/公顷 土壤喷雾
PD20090633 莠去津/80%/可湿性粉剂/莠去津 80%/2009.01.14 至 2014.01.14/低毒
夏玉米田 一年生杂草 1200-1500克/公顷 播后苗前土壤喷雾
PD20090960 氟磺胺草醚/250克/升/水剂/氟磺胺草醚 250克/升/2009.01.20 至 2014.01.20/低毒
春大豆田 一年生阔叶杂草 225-375克/公顷 茎叶喷雾
夏大豆田 一年生阔叶杂草 187.5-225克/公顷 茎叶喷雾
PD20091723 莠去津/38%/悬浮剂/莠去津 38%/2009.02.04 至 2014.02.04/低毒
春玉米田 一年生杂草 1995-2280克/公顷 土壤喷雾
PD20091841 烯草酮/120克/升/乳油/烯草酮 120克/升/2009.02.06 至 2014.02.06/低毒
油菜田 一年生禾本科杂草 54-72克/公顷 茎叶喷雾
PD20092876 乳氟禾草灵/240克/升/乳油/乳氟禾草灵 240克/升/2009.03.05 至 2014.03.05/低毒
春大豆田 一年生阔叶杂草 108-162克/公顷 茎叶喷雾
夏大豆田 一年生阔叶杂草 54-108克/公顷 茎叶喷雾
PD20094166 烟嘧磺隆/40克/升/油悬浮剂/烟嘧磺隆 40克/升/2009.03.27 至 2014.03.27/低毒
玉米田 一年生杂草 42-60克/公顷 茎叶喷雾
PD20098129 除虫脲/25%/可湿性粉剂/除虫脲 25%/2009.12.08 至 2014.12.08/低毒
甘蓝 菜青虫 225-262.5克/公顷 喷雾
PD20098485 氟铃脲/5%/乳油/氟铃脲 5%/2009.12.24 至 2014.12.24/低毒
甘蓝 小菜蛾 37.5-60克/公顷 喷雾
棉花 棉铃虫 105-150克/公顷 喷雾
LS20052057 胺·喹·草除灵/20%/可湿性粉剂/胺苯磺隆 1%、草除灵 13%、精喹禾灵 6%/2008.06.05 至 2009.06.05/低毒
油菜 一年生杂草 180-210克/公顷 喷雾
LS20061904 灭松·莠去津/40%/悬浮剂/灭草松 20%、莠去津 20%/2009.12.05 至 2010.12.05/低毒
夏玉米 阔叶杂草 1650-2100克/公顷 茎叶喷雾
LS20072041 吡虫啉/70%/可湿性粉剂/吡虫啉 70%/2009.08.09 至 2010.08.10/低毒
十字花科蔬菜 蚜虫 31.5-42克/公顷 喷雾
LS20072129 甲维·毒死蜱/15.5%/乳油/毒死蜱 15%、甲氨基阿维菌素苯甲酸盐 0.5%/2009.09.03 至 2010.09.04/低毒
棉花 棉铃虫 174.4-232.5克/公顷 喷雾
十字花科蔬菜 菜青虫 116.25-174.4克/公顷 喷雾
LS20072288 异松·乙草胺/75%/乳油/乙草胺 60%、异噁草松 15%/2009.09.26 至 2010.09.27/低毒
油菜田 一年生和多年生杂草 450-675克/公顷 移栽前土壤喷雾
LS20081320 高氯·甲维盐/3%/乳油/高效氯氰菊酯 2.5%、甲氨基阿维菌素苯甲酸盐 0.5%/2009.03.13 至 2010.03.13/低毒
甘蓝 小菜蛾 45-54克/公顷 喷雾
棉花 棉铃虫 36-45克/公顷 喷雾
LS20081426 甲维·辛硫磷/35.5%/乳油/甲氨基阿维菌素苯甲酸盐 0.5%、辛硫磷 35%/2009.03.17 至 2010.03.17/低毒
棉花 棉铃虫 400-532.5克/公顷 喷雾
十字花科蔬菜 菜青虫 319.5-400克/公顷 喷雾
LS20082824 阿维·氟铃脲/2.5%/乳油/阿维菌素 0.5%、氟铃脲 2%/2009.05.12 至 2010.05.12/低毒(原药高毒)
甘蓝 小菜蛾 11.25-18.75克/公顷 喷雾
甘蓝 菜青虫 15-22.5克/公顷 喷雾
LS20083062 戊唑醇/80%/可湿性粉剂/戊唑醇 80%/2009.10.09 至 2010.10.09/低毒
苹果树 斑点落叶病 50-100毫克/千克 喷雾
LS20091110 乙羧氟草醚/15%/乳油/乙羧氟草醚 15%/2009.04.17 至 2010.04.17/低毒
大豆田 一年生阔叶杂草 450-750毫升制剂/公顷 茎叶喷雾

山东省邹平县德兴精细化工有限公司 (山东省邹平县工业园 256205)

LS20090252 烯酰吗啉/50%/水分散粒剂/烯酰吗啉 50%/2009.02.13 至 2010.02.13/低毒
黄瓜 霜霉病 225-300克/公顷 喷雾

山东省邹平县绿大药业有限公司 (山东省滨州市邹平县好生工业园 256219 0543-4501664)

PD20081861 苯丁锡/20%/可湿性粉剂/苯丁锡 20%/2008.11.20 至 2013.11.20/低毒
柑橘树 红蜘蛛 133.3-200毫克/千克 喷雾
PD20082800 啶虫脒/3%/可湿性粉剂/啶虫脒 3%/2008.12.09 至 2013.12.09/低毒
柑橘树 蚜虫 8.6-12毫克/千克 喷雾
PD20084348 联苯菊酯/25克/升/乳油/联苯菊酯 25克/升/2008.12.17 至 2013.12.17/低毒
茶树 茶小绿叶蝉 25-37.5克/公顷 喷雾
PD20085018 阿维菌素/0.5%/乳油/阿维菌素 0.5%/2008.12.22 至 2013.12.22/低毒(原药高毒)
柑橘树 锈壁虱 2.25-4.5毫克/千克 喷雾
柑橘树 红蜘蛛、潜叶蛾 4.5-9毫克/千克 喷雾
梨树 梨木虱 6-12毫克/千克 喷雾

棉花 棉铃虫 21.6-32.4克/公顷 喷雾
棉花 红蜘蛛 10.8-16.2克/公顷 喷雾
苹果树 红蜘蛛 3-6毫克/千克 喷雾
苹果树 二斑叶螨 4.5-6毫克/千克 喷雾
苹果树 桃小食心虫 4.5-9毫克/千克 喷雾
十字花科蔬菜 小菜蛾 8.1-10.8克/公顷 喷雾
PD20085866 丙溴·辛硫磷/24%/乳油/丙溴磷 10%、辛硫磷 14%/2008.12.29 至 2013.12.29/低毒
十字花科蔬菜 菜青虫 108-180克/公顷 喷雾
PD20090575 甲硫·福美双/70%/可湿性粉剂/福美双 22%、甲基硫菌灵 48%/2009.01.14 至 2014.01.14/低毒
黄瓜 白粉病 525-787.5克/公顷 喷雾
PD20090885 高效氟吡甲禾灵/108克/升/乳油/高效氟吡甲禾灵 108克/升/2009.01.19 至 2014.01.19/低毒
油菜田 一年生禾本科杂草 30-45克/公顷 茎叶喷雾
PD20090917 高氯·马/20%/乳油/高效氯氰菊酯 1.5%、马拉硫磷 18.5%/2009.01.19 至 2014.01.19/低毒
苹果树 桃小食心虫 133-200毫克/千克 喷雾
PD20091838 二甲戊灵/330克/升/乳油/二甲戊灵 330克/升/2009.02.06 至 2014.02.06/低毒
玉米地 一年生杂草 750-1500克/公顷 播后苗前土壤喷雾
PD20094718 氟啶脲/5%/乳油/氟啶脲 5%/2009.04.10 至 2014.04.10/低毒
十字花科蔬菜 小菜蛾 30-60克/公顷 喷雾
PD20095478 哒螨灵/20%/可湿性粉剂/哒螨灵 20%/2009.05.11 至 2014.05.11/低毒
苹果树 红蜘蛛 50-66.7毫克/千克 喷雾
PD20097053 烟嘧磺隆/40克/升/可分散油悬浮剂/烟嘧磺隆 40克/升/2009.10.10 至 2014.10.10/低毒
玉米田 一年生杂草 42-60克/公顷 茎叶喷雾
PD20098342 顺式氯氰菊酯/50克/升/乳油/顺式氯氰菊酯 50克/升/2009.12.18 至 2014.12.18/低毒
棉花 棉铃虫 22-46毫升制剂/亩 喷雾
LS20051057 甲氰·三唑磷/10%/乳油/甲氰菊酯 5%、三唑磷 5%/2008.04.07 至 2009.04.07/中等毒
十字花科蔬菜 菜青虫 45-75克/公顷 喷雾
LS20051586 阿维菌素/0.5%/可湿性粉剂/阿维菌素 0.5%/2008.04.28 至 2009.04.28/低毒(原药高毒)
柑橘树 红蜘蛛、潜叶蛾 4.5-9毫克/千克 喷雾
柑橘树 锈壁虱 2.25-4.5毫克/千克 喷雾
梨树 梨木虱 6-12毫克/千克 喷雾
棉花 棉铃虫 21.6-32.4克/公顷 喷雾
棉花 红蜘蛛 10.8-16.2克/公顷 喷雾
苹果树 桃小食心虫 4.5-9毫克/千克 喷雾
苹果树 红蜘蛛 3-6毫克/千克 喷雾
苹果树 二斑叶螨 4.5-6毫克/千克 喷雾
十字花科蔬菜 小菜蛾 8.1-10.8克/公顷 喷雾
LS20051705 高效氯氰菊酯/4.5%/可湿性粉剂/高效氯氰菊酯 4.5%/2008.05.12 至 2009.05.12/低毒
十字花科蔬菜 菜青虫 20.25-27克/公顷 喷雾
LS20080276 吡虫啉/200克/升/可溶液剂/吡虫啉 200克/升/2009.02.17 至 2010.02.18/低毒
番茄(保护地) 白粉虱 45-60克/公顷 喷雾
LS20080342 福美双/50%/可湿性粉剂/福美双 50%/2009.02.18 至 2010.02.19/低毒
黄瓜 霜霉病 600-900克/公顷 喷雾
LS20081174 菌核净/40%/可湿性粉剂/菌核净 40%/2009.03.10 至 2010.03.10/低毒
油菜 菌核病 750-900克/公顷 喷雾
LS20081646 除虫脲/25%/可湿性粉剂/除虫脲 25%/2009.04.07 至 2010.04.07/低毒
苹果树 金纹细蛾 125-250毫克/千克 喷雾
LS20081698 除虫脲/5%/可湿性粉剂/除虫脲 5%/2009.04.07 至 2010.04.07/低毒
苹果树 金纹细蛾 125-250毫克/千克 喷雾
LS20081809 硫双威/75%/可湿性粉剂/硫双威 75%/2009.04.10 至 2010.04.10/中等毒
棉花 棉铃虫 506.25-675克/公顷 喷雾

山东省兖州市天成化工有限公司 (山东省济宁市兖州市北站西路 272117 0537-3482493)

WP20080042 高效氯氰菊酯/5%/可湿性粉剂/高效氯氰菊酯 5%/2008.03.04 至 2013.03.04/低毒
卫生 蜚蠊 50毫克/平方米 滞留喷洒
卫生 蚊、蝇 30毫克/平方米 滞留喷洒

山东省郓城县芳洁日用化工厂 (山东省郓城县工业园区 274700 0530-6560645)

WP20080555 杀虫气雾剂/0.55%/气雾剂/胺菊酯 0.30%、氯菊酯 0.25%/2008.12.24 至 2013.12.24/低毒
卫生 蚊、蝇 / 喷雾

山东省莘县养生堂日化有限公司 (山东省聊城市莘县朝城清风工业园清风路一号 252423 0635-7715666)

WP20090186 杀虫气雾剂/0.3%/气雾剂/胺菊酯 0.25%、氯菊酯 0.05%/2009.03.19 至 2014.03.19/低毒
卫生 蚊、蝇 / 喷雾
WL20090079 杀虫气雾剂/0.55%/气雾剂/富右旋反式烯丙菊酯 0.3%、氯菊酯 0.25%/2009.03.19 至 2010.03.19/微毒
卫生 蚊、蝇、蜚蠊 / 喷雾

山东省泗水丰田农药有限公司　(山东省济宁市泗水县拓沟镇　273214　0537-4371067)

PD84118-23	多菌灵/25%/可湿性粉剂/多菌灵 25%/2005.03.04 至 2010.03.04/低毒			
	果树	病害	0.05-0.1%药液	喷雾
	花生	倒秧病	750克/公顷	喷雾
	麦类	赤霉病	750克/公顷	喷雾,泼浇
	棉花	苗期病害	500克/100千克种子	拌种
	水稻	稻瘟病、纹枯病	750克/公顷	喷雾,泼浇
	油菜	菌核病	1125-1500克/公顷	喷雾
PD85150-18	50%多菌灵可湿性粉剂//可湿性粉剂/多菌灵 50%/2005.08.15 至 2010.08.15/低毒			
	果树	病害	0.05-0.1%药液	喷雾
	花生	倒秧病	750克/公顷	喷雾
	麦类	赤霉病	750克/公顷	喷雾、泼浇
	棉花	苗期病害	500克/100千克种子	拌种
	水稻	稻瘟病、纹枯病	750克/公顷	喷雾、泼浇
	油菜	菌核病	1125-1500克/公顷	喷雾
PD85166-2	25%绿麦隆可湿性粉剂//可湿性粉剂/绿麦隆 25%/2006.12.26 至 2011.12.26/低毒			
	大麦、小麦、玉米	一年生杂草	1500-3000克/公顷(北方地区) 600-1500克/公顷(南方地区)	播后苗前或苗期喷雾
PD20060130	吡虫啉/2.5%/乳油/吡虫啉 2.5%/2006.06.29 至 2011.06.29/低毒			
	棉花	蚜虫	11.25-22.5克/公顷	喷雾
PD20092829	硫磺·多菌灵/50%/可湿性粉剂/多菌灵 15%、硫磺 35%/2009.03.05 至 2014.03.05/低毒			
	花生	叶斑病	1200-1800克/公顷	喷雾
PD20092934	辛硫·甲拌磷/10%/粉粒剂/甲拌磷 4%、辛硫磷 6%/2009.03.05 至 2014.03.05/高毒			
	花生	蛴螬	600-900克/公顷	毒土盖种
	小麦	地下害虫	200-300克/100千克种子	拌种
PD20094216	辛硫磷/3%/颗粒剂/辛硫磷 3%/2009.03.31 至 2014.03.31/低毒			
	花生	地下害虫	1800-2250克/公顷	撒施
PD20094266	井冈·多菌灵/28%/悬浮剂/多菌灵 24%、井冈霉素 4%/2009.03.31 至 2014.03.31/低毒			
	小麦	赤霉病	630-840克/公顷	喷雾
PD20094780	高效氯氟氰菊酯/25克/升/乳油/高效氯氟氰菊酯 25克/升/2009.04.13 至 2014.04.13/中等毒			
	十字花科蔬菜	菜青虫	7.5-11.25克/公顷	喷雾
PD20095045	联苯菊酯/100克/升/乳油/联苯菊酯 100克/升/2009.04.21 至 2014.04.21/中等毒			
	茶树	茶小绿叶蝉	30-37.5克/公顷	喷雾
PD20095058	硫磺·多菌灵/50%/悬浮剂/多菌灵 15%、硫磺 35%/2009.04.21 至 2014.04.21/低毒			
	花生	叶斑病	1200-1800克/公顷	喷雾
PD20097164	辛硫磷/1.5%/颗粒剂/辛硫磷 1.5%/2009.10.16 至 2014.10.16/低毒			
	玉米	玉米螟	112.5-168.75克/公顷	撒心(喇叭口)
LS20052760	阿维·哒螨灵/6.78%/乳油/阿维菌素 0.11%、哒螨灵 6.67%/2008.08.21 至 2009.08.21/低毒(原药高毒)			
	苹果树	红蜘蛛	22.6-33.9毫克/千克	喷雾
LS20053146	啶虫脒/3%/可湿性粉剂/啶虫脒 3%/2008.10.10 至 2009.10.10/低毒			
	柑橘树	蚜虫	8.6-12毫克/千克	喷雾
LS20060263	二嗪·辛硫磷/32%/乳油/二嗪磷 12%、辛硫磷 20%/2009.02.21 至 2010.02.21/中等毒			
	韭菜	韭蛆	4800-5760克/公顷	灌根
LS20060420	毒·辛/8%/颗粒剂/毒死蜱 3%、辛硫磷 5%/2009.03.05 至 2010.03.05/低毒			
	花生	地下害虫	1560-1800克/公顷	撒施
LS20071324	噁霉灵/30%/水剂/噁霉灵 30%/2009.05.17 至 2010.05.18/低毒			
	西瓜	枯萎病	350-500毫克/千克	灌根
LS20082144	阿维菌素/18克/升/乳油/阿维菌素 18克/升/2009.04.18 至 2010.04.18/低毒(原药高毒)			
	十字花科蔬菜	小菜蛾	8.1-10.8克/公顷	喷雾
LS20083049	丁·莠/40%/悬浮剂/丁草胺 20%、莠去津 20%/2008.09.22 至 2009.09.22/低毒			
	夏玉米田	一年生杂草	1200-1500克/公顷	播后苗前土壤喷雾

山东胜邦鲁南农药有限公司(山东省临沂经济开发区梅家埠街道办事处干梅路3.5公里处南600米　276024　0539-6019918)

PD84111-14	氧乐果/40%/乳油/氧乐果 40%/2005.03.08 至 2010.03.08/高毒			
	棉花	蚜虫、螨	375-600克/公顷	喷雾
	森林	松干蚧、松毛虫	500倍液	喷雾或直接涂树干
	水稻	稻纵卷叶螟、飞虱	375-600克/公顷	喷雾
	小麦	蚜虫	300-450克/公顷	喷雾
PD84118-7	多菌灵/25%/可湿性粉剂/多菌灵 25%/2005.03.08 至 2010.03.08/低毒			
	果树	病害	0.05-0.1%药液	喷雾
	花生	倒秧病	750克/公顷	喷雾
	麦类	赤霉病	750克/公顷	喷雾,泼浇

	棉花	苗期病害	500克/100千克种子	拌种
	水稻	稻瘟病、纹枯病	750克/公顷	喷雾,泼浇
	油菜	菌核病	1125-1500克/公顷	喷雾
PD85105-19	敌敌畏/80%/乳油/敌敌畏 77.5%/2005.03.08 至 2010.03.08/中等毒			
	茶树	食叶害虫	600克/公顷	喷雾
	粮仓	多种储藏害虫	1)400-500倍液 2)0.4-0.5克/立方米	1)喷雾 2)挂条熏蒸
	棉花	蚜虫、造桥虫	600-1200克/公顷	喷雾
	苹果树	小卷叶蛾、蚜虫	400-500毫克/千克	喷雾
	青菜	菜青虫	600克/公顷	喷雾
	桑树	尺蠖	600克/公顷	喷雾
	卫生	多种卫生害虫	1)300-400倍液 2)0.08克/立方米	1)泼洒 2)挂条熏蒸
	小麦	黏虫、蚜虫	600克/公顷	喷雾
PD85109-2	甲拌磷/55%/乳油/甲拌磷 55%/2005.03.08 至 2010.03.08/高毒			
	棉花	地下害虫、蚜虫、螨	600-800克/100千克种子	浸种、拌种
	注:甲拌磷乳油只准用于浸、拌种，严禁喷雾使用。			
PD85117-4	治螟磷/40%/乳油/治螟磷 40%/2006.01.08 至 2011.01.08/高毒			
	水稻	螟虫	900-1500克/公顷	毒土
PD85150-9	多菌灵/50%/可湿性粉剂/多菌灵 50%/2006.04.01 至 2011.04.01/低毒			
	果树	病害	0.05-0.1%药液	喷雾
	花生	倒秧病	750克/公顷	喷雾
	麦类	赤霉病	750克/公顷	喷雾、泼浇
	棉花	苗期病害	250克/50千克种子	拌种
	水稻	稻瘟病、纹枯病	750克/公顷	喷雾、泼浇
	油菜	菌核病	1125-1500克/公顷	喷雾
PD85156-2	辛硫磷/85%,75%/原药/辛硫磷 85%,75%/2006.01.08 至 2011.01.08/低毒			
PD85157-4	辛硫磷/40%/乳油/辛硫磷 40%/2006.01.08 至 2011.01.08/低毒			
	茶树、林木、桑树	食叶害虫	200-400毫克/千克	喷雾
	果树	食心虫、蚜虫、螨	200-400毫克/千克	喷雾
	棉花	棉铃虫、蚜虫	300-600克/公顷	喷雾
	蔬菜	菜青虫	300-450克/公顷	喷雾
	烟草	食叶害虫	300-600克/公顷	喷雾
	玉米	玉米螟	450-600克/公顷	灌心叶
PD20060077	毒死蜱/97%/原药/毒死蜱 97%/2006.04.14 至 2011.04.14/中等毒			
PD20080864	三唑磷/20%/乳油/三唑磷 20%/2008.06.27 至 2013.06.27/中等毒			
	水稻	二化螟、三化螟	300-450克/公顷	喷雾
PD20081548	丁硫克百威/20%/乳油/丁硫克百威 20%/2008.11.11 至 2013.11.11/中等毒			
	棉花	蚜虫	60-120克/公顷	喷雾
PD20082471	克百威/3%/颗粒剂/克百威 3%/2008.12.03 至 2013.12.03/中等毒(原药高毒)			
	甘蔗	蚜虫、蔗龟	1350-2250克/公顷	沟施
	花生	线虫	1800-2250克/公顷	沟施,条施
	棉花	蚜虫	675-900克/公顷	沟施,条施
	水稻	稻瘿蚊、二化螟、三化螟	900-1350克/公顷	撒施
PD20082847	噁酮·乙草胺/35%/乳油/噁草酮 5%、乙草胺 30%/2008.12.09 至 2013.12.09/低毒			
	花生田	一年生杂草	787.5-1312.5克/公顷	播后苗前土壤喷雾
PD20082893	辛硫磷/3%/颗粒剂/辛硫磷 3%/2008.12.09 至 2013.12.09/低毒			
	花生	蛴螬	1800-3750克/公顷	播种时沟施
PD20083401	甲·克/3%/颗粒剂/甲拌磷 1.8%、克百威 1.2%/2008.12.11 至 2013.12.11/高毒			
	甘蔗	蔗螟	2250-2700克/公顷	沟施
PD20083900	毒死蜱/480克/升/乳油/毒死蜱 480克/升/2008.12.15 至 2013.12.15/中等毒			
	水稻	稻纵卷叶螟	450-600克/公顷	喷雾
PD20085511	辛硫磷/1.5%/颗粒剂/辛硫磷 1.5%/2008.12.25 至 2013.12.25/低毒			
	玉米	玉米螟	112.5-168.75克/公顷	撒心(喇叭口)
PD20091169	毒·辛/30%/乳油/毒死蜱 10%、辛硫磷 20%/2009.01.22 至 2014.01.22/低毒			
	花生	地老虎、金针虫、蝼蛄、蛴螬	1800-2250克/公顷	灌根
	韭菜	韭蛆	2250—2700克/公顷	喷雾
	水稻	二化螟	540-675克/公顷	喷雾
PD20091404	氯氰·辛硫磷/24%/乳油/氯氰菊酯 2%、辛硫磷 22%/2009.02.02 至 2014.02.02/中等毒			
	棉花	棉铃虫	216-288克/公顷	喷雾
PD20092754	辛硫磷/35%/微囊悬浮剂/辛硫磷 35%/2009.03.04 至 2014.03.04/低毒			
	大蒜	蒜蛆	2730-3675克/公顷	灌根

花生　地下害虫　2100-3150克/公顷　灌根
韭菜　韭蛆　2730－3675克/公顷　灌根
棉花　棉铃虫　525-630克/公顷　喷雾

PD20095863　毒死蜱/40%/乳油/毒死蜱 40%/2009.05.27 至 2014.05.27/中等毒
苹果树　绵蚜、桃小食心虫　200-250毫克/千克　喷雾
十字花科蔬菜　菜青虫　180-360克/公顷　喷雾

PD20096739　三唑磷/85%/原药/三唑磷 85%/2009.09.07 至 2014.09.07/中等毒

LS20061613　毒死蜱/25%/微囊悬浮剂/毒死蜱 25%/2009.08.17 至 2010.08.17/低毒
棉花　斜纹夜蛾　281.25-450克/公顷　喷雾

LS20070134　三唑磷/20%/微囊悬浮剂/三唑磷 20%/2009.02.08 至 2010.02.08/低毒
水稻　二化螟　270-360克/公顷　喷雾

山东胜邦绿野化学有限公司　（山东省济南市章丘刁镇工业园　250204　0531-88725086）

PD85112-17　莠去津水/38%/悬浮剂/莠去津 38%/2005.04.14 至 2010.04.14/低毒
茶园　一年生杂草　1125-1875克/公顷　喷于地表
防火隔离带、公路、森林、铁路　一年生杂草　0.8-2克/平方米　喷于地表
甘蔗　一年生杂草　1050-1500克/公顷　喷于地表
高粱、糜子、玉米　一年生杂草　1800-2250克/公顷(东北地区)　喷于地表
红松苗圃　一年生杂草　0.2-0.3克/平方米　喷于地表
梨树、苹果树　一年生杂草　1625-1875克/公顷　喷于地表
橡胶园　一年生杂草　2250-3750克/公顷　喷于地表

PD85159-29　草甘膦/30%/水剂/草甘膦 30%/2005.07.12 至 2010.07.12/低毒
茶树、甘蔗、果园、剑麻、林木、桑树、橡胶树　一年生杂草和多年生恶性杂草　1125-2250克/公顷　定向喷雾

PD86126-7　扑草净/50%/可湿性粉剂/扑草净 50%/2006.10.25 至 2011.10.25/低毒
茶园、成年果园、苗圃　阔叶杂草　1875-3000克/公顷　喷于地表，切勿喷至树上
大豆、花生　阔叶杂草　750-1125克/公顷　喷雾
甘蔗、棉花、苎麻　阔叶杂草　750-1125克/公顷　播后苗前土壤喷雾
谷子　阔叶杂草　375克/公顷　喷雾
麦田　阔叶杂草　450-750克/公顷　喷雾
水稻本田、水稻秧田　阔叶杂草　150-900克/公顷　撒毒土

PD20060128　乙草胺/93%/原药/乙草胺 93%/2006.06.26 至 2011.06.26/低毒

PD20060205　草甘膦/95%/原药/草甘膦 95%/2006.12.07 至 2011.12.07/低毒

PD20070018　丁草胺/60%/乳油/丁草胺 60%/2007.01.18 至 2012.01.18/低毒
水稻　稗草、牛毛草、鸭舌草　750-1275克/公顷　毒土、喷雾

PD20070020　丁草胺/50%/乳油/丁草胺 50%/2007.01.18 至 2012.01.18/低毒
水稻移栽田　一年生禾本科杂草及部分阔叶杂草　1125-1500克/公顷　毒土法

PD20070023　二甲戊灵/90%/原药/二甲戊灵 90%/2007.01.18 至 2012.01.18/低毒

PD20070025　丁草胺/90%/原药/丁草胺 90%/2007.01.18 至 2012.01.18/低毒

PD20070029　西玛津/90%/原药/西玛津 90%/2007.01.18 至 2012.01.18/低毒

PD20070070　乙草胺/50%/乳油/乙草胺 50%/2007.03.21 至 2012.03.21/低毒
大豆田　一年生禾本科杂草及小粒阔叶杂草　1200-1875克/公顷(东北地区)　750-1050克/公顷(其它地区)　播前、播后苗前土壤处理
花生田　一年生禾本科杂草及小粒阔叶杂草　525-750克/公顷、50-1200克/公顷(覆膜时药量酌减)　栽前土壤处理、播后苗前土壤喷雾处理
油菜田　一年生禾本科杂草及小粒阔叶杂草　525-750克/公顷　栽前土壤喷雾处理
玉米田　一年生禾本科杂草及小粒阔叶杂草　900-1875克/公顷(东北地区)　7501050克/公顷(其它地区)　播前或播后苗前土壤处理

PD20070170　扑草净/95%/原药/扑草净 95%/2007.06.25 至 2012.06.25/低毒

PD20070181　乙草胺/880克/升/乳油/乙草胺 880克/升/2007.06.25 至 2012.06.25/低毒
大豆田　一年生禾本科杂草及部分阔叶杂草　924-1320克/公顷　土壤喷雾
花生田　一年生禾本科杂草及部分阔叶杂草　924-1056克/公顷　土壤喷雾
棉花田　部分阔叶杂草、一年生禾本科杂草　924-1188克/公顷　土壤喷雾
夏玉米田　一年生禾本科杂草及部分阔叶杂草　792-1056克/公顷　土壤喷雾

PD20070230　莠去津/95%/原药/莠去津 95%/2007.08.08 至 2012.08.08/低毒

PD20080569　莠去津/50%/悬浮剂/莠去津 50%/2008.05.12 至 2013.05.12/低毒
春玉米田　一年生杂草　1500-2250克/公顷　播后苗前土壤喷雾

夏玉米田　一年生杂草　1125-1500克/公顷　喷雾
PD20080570　乙草胺/900克/升/乳油/乙草胺 900克/升/2008.05.12 至 2013.05.12/低毒
春大豆田、春玉米田　部分阔叶杂草、一年生禾本科杂草　1620-1890克/公顷(东北地区)　土壤喷雾
PD20080608　二甲戊灵/330克/升/乳油/二甲戊灵 330克/升/2008.05.12 至 2013.05.12/低毒
甘蓝田　一年生杂草　495-742.5克/公顷　喷雾
PD20080657　乙草胺/50%/微乳剂/乙草胺 50%/2008.05.27 至 2013.05.27/低毒
花生田、夏玉米田　一年生禾本科杂草及部分阔叶杂草　900-1125克/公顷　土壤喷雾
PD20080722　咪唑乙烟酸/10%/水剂/咪唑乙烟酸 10%/2008.06.11 至 2013.06.11/低毒
春大豆田　一年生杂草　90-105克/公顷　喷雾
PD20080727　甲戊·扑草净/35%/乳油/二甲戊灵 15%、扑草净 20%/2008.06.11 至 2013.06.11/低毒
大蒜、姜　一年生杂草　787.5-1050克/公顷　土壤喷雾
PD20080746　精喹禾灵/10%/乳油/精喹禾灵 10%/2008.06.11 至 2013.06.11/低毒
花生田、棉花田　一年生禾本科杂草　45-60克/公顷　茎叶喷雾
PD20081303　扑·乙/40%/乳油/扑草净 15%、乙草胺 25%/2008.10.09 至 2013.10.09/低毒
花生田　一年生杂草　900-1500克/公顷　土壤喷雾
棉花田　一年生杂草　1200-1500克/公顷　土壤喷雾
PD20081310　草甘膦异丙胺盐/41%/水剂/草甘膦异丙胺盐 41%/2008.10.17 至 2013.10.17/低毒
非耕地、柑橘园　杂草　1230-1845克/公顷　定向茎叶喷雾
PD20081314　苯磺隆/10%/可湿性粉剂/苯磺隆 10%/2008.10.17 至 2013.10.17/低毒
冬小麦田　阔叶杂草　15—22.5克/公顷　茎叶喷雾
PD20081414　百草枯/200克/升/水剂/百草枯 200克/升/2008.10.29 至 2013.10.29/中等毒
茶园、油菜免耕田　杂草　450-750克/公顷　定向喷雾
非耕地、苹果园　杂草　600-900克/公顷　定向喷雾
香蕉园　杂草　600-750克/公顷　定向喷雾
玉米田　杂草　450-600克/公顷　定向喷雾
PD20081489　精喹·草除灵/17.5%/乳油/草除灵 15%、精喹禾灵 2.5%/2008.11.05 至 2013.11.05/低毒
冬油菜田　一年生杂草　262.5-393.8克/公顷　喷雾
PD20082108　噁草·丁草胺/60%/乳油/丁草胺 50%、噁草酮 10%/2008.11.25 至 2013.11.25/低毒
水稻(旱直播田)　一年生杂草　720-900克/公顷　播后苗前土壤喷雾
PD20082273　莠灭净/80%/可湿性粉剂/莠灭净 80%/2008.11.27 至 2013.11.27/低毒
甘蔗田　一年生杂草　1560-2400克/公顷　土壤喷雾
PD20082992　精吡氟禾草灵/150克/升/乳油/精吡氟禾草灵 150克/升/2008.12.10 至 2013.12.10/低毒
大豆田　一年生及部分多年生禾本科杂草　112.5-157.5克/公顷　茎叶喷雾
PD20082993　精噁唑禾草灵/69克/升/水乳剂/精噁唑禾草灵 69克/升/2008.12.10 至 2013.12.10/低毒
冬小麦田　一年生禾本科杂草　41.4-51.75克/公顷　茎叶喷雾
PD20082994　灭草松/480克/升/水剂/灭草松 480克/升/2008.12.10 至 2013.12.10/低毒
春大豆田　一年生阔叶杂草　1440-1800克/公顷　茎叶喷雾
夏大豆田　一年生阔叶杂草　1080-1440克/公顷　茎叶喷雾
PD20083076　高效氟吡甲禾灵/108克/升/乳油/高效氟吡甲禾灵 108克/升/2008.12.10 至 2013.12.10/低毒
冬油菜田　一年生禾本科杂草　32.4-48.6克/公顷　茎叶喷雾
PD20083486　苄·丁/35%/可湿性粉剂/苄嘧磺隆 1.5%、丁草胺 33.5%/2008.12.12 至 2013.12.12/低毒
水稻抛秧田、水稻移栽田　部分多年生杂草、一年生杂草　525-787.5克/公顷　药土法
PD20083529　苯磺隆/75%/水分散粒剂/苯磺隆 75%/2008.12.12 至 2013.12.12/低毒
冬小麦田　阔叶杂草　13.5-22.5克/公顷　茎叶喷雾
PD20083758　氟乐灵/480克/升/乳油/氟乐灵 480克/升/2008.12.15 至 2013.12.15/低毒
棉花田　一年生禾本科杂草及部分阔叶杂草　720-1080克/公顷　土壤喷雾
PD20083895　噁酮·乙草胺/54%/乳油/噁草酮 9%、乙草胺 45%/2008.12.15 至 2013.12.15/低毒
花生田　一年生杂草　567-729克/公顷　播后苗前土壤喷雾
夏大豆田　一年生杂草　486-648克/公顷　播后苗前土壤喷雾
PD20084229　异丙草·莠/41%/悬乳剂/异丙草胺 21%、莠去津 20%/2008.12.17 至 2013.12.17/低毒
春玉米田　一年生杂草　1845-2460克/公顷　播后苗前土壤喷雾
夏玉米田　一年生杂草　1230-1537.5克/公顷　播后苗前土壤喷雾
PD20084283　丁·异·莠去津/42%/悬乳剂/丁草胺 4%、异丙草胺 20%、莠去津 18%/2008.12.17 至 2013.12.17/低毒
春玉米田　一年生杂草　1260-1890克/公顷　播后苗前土壤喷雾
夏玉米田　一年生杂草　1360.8-1750克/公顷　播后苗前土壤喷雾

PD20084347 乙草胺/990克/升/乳油/乙草胺 990克/升/2008.12.17 至 2013.12.17/低毒
春大豆田、春玉米田 一年生禾本科杂草及部分小粒种子阔叶杂草 1485-1930.5克/公顷 土壤喷雾

PD20084387 草甘膦异丙胺盐/62%/母液/草甘膦异丙胺盐 62%/2008.12.17 至 2013.12.17/低毒

PD20084423 莠去津/80%/可湿性粉剂/莠去津 80%/2008.12.17 至 2013.12.17/低毒
春玉米田 一年生杂草 1380-1500克/公顷 土壤喷雾

PD20084820 扑·乙/40%/悬浮剂/扑草净 20%、乙草胺 20%/2008.12.22 至 2013.12.22/低毒
花生田 一年生杂草 1080-1200克/公顷 土壤喷雾
棉花田 一年生杂草 1200-1500克/公顷 土壤喷雾

PD20085115 苄·乙/18%/可湿性粉剂/苄嘧磺隆 4%、乙草胺 14%/2008.12.23 至 2013.12.23/低毒
水稻移栽田 一年生及部分多年生杂草 84-118克/公顷 药土法

PD20085500 异丙草胺/90%/原药/异丙草胺 90%/2008.12.25 至 2013.12.25/低毒

PD20085756 莠去津/90%/水分散粒剂/莠去津 90%/2008.12.29 至 2013.12.29/低毒
春玉米田 一年生杂草 1485-1755克/公顷 土壤喷雾
夏玉米田 一年生杂草 1215-1485克/公顷 土壤喷雾

PD20085895 丁·异·莠去津/50%/悬乳剂/丁草胺 5%、异丙草胺 25%、莠去津 20%/2008.12.29 至 2013.12.29/低毒
夏玉米田 一年生杂草 1537.5-1875克/公顷 土壤喷雾

PD20085929 甲·异·莠去津/42%/悬乳剂/甲草胺 10%、异丙草胺 14%、莠去津 18%/2008.12.29 至 2013.12.29/低毒
春玉米田 一年生杂草 1890-2520克/公顷 播后苗前土壤喷雾
夏玉米田 一年生杂草 1260-1890克/公顷 播后苗前土壤喷雾

PD20086283 甲·乙·莠/55%/悬乳剂/甲草胺 6%、乙草胺 24%、莠去津 25%/2008.12.31 至 2013.12.31/低毒
春玉米田 一年生杂草 1650-2475克/公顷 播后苗前土壤喷雾
夏玉米田 一年生杂草 990-1485克/公顷 播后苗前土壤喷雾

PD20090302 乙·莠/55%/悬浮剂/乙草胺 33%、莠去津 22%/2009.01.12 至 2014.01.12/低毒
春玉米田 一年生杂草 1650-2475克/公顷 播后苗前土壤喷雾
夏玉米田 一年生杂草 990-1650克/公顷 播后苗前土壤喷雾

PD20090346 乙·莠/52%/悬乳剂/乙草胺 26%、莠去津 26%/2009.01.12 至 2014.01.12/低毒
夏玉米田 一年生杂草 1248-1560克/公顷 土壤喷雾

PD20090609 甲·灭·莠去津/35%/可湿性粉剂/2甲4氯 2%、莠去津 3%、莠灭净 30%/2009.01.14 至 2014.01.14/低毒
甘蔗田 一年生杂草 1312.5-1837.5克/公顷 喷雾

PD20090687 氟磺胺草醚/250克/升/水剂/氟磺胺草醚 250克/升/2009.01.19 至 2014.01.19/低毒
春大豆田 一年生阔叶杂草 300-375克/公顷 茎叶喷雾
夏大豆田 一年生阔叶杂草 187.5-225克/公顷 茎叶喷雾

PD20090693 2甲4氯钠/56%/可溶粉剂/2甲4氯钠 56%/2009.01.19 至 2014.01.19/低毒
冬小麦田 一年生阔叶杂草 840-1260克/公顷 茎叶喷雾

PD20090947 2,4-滴丁酯/57%/乳油/2,4-滴丁酯 57%/2009.01.19 至 2014.01.19/低毒
冬小麦田 一年生阔叶杂草 342-427.5克/公顷 喷雾

PD20091455 仲丁灵/48%/乳油/仲丁灵 48%/2009.02.02 至 2014.02.02/低毒
西瓜 一年生禾本科杂草及部分小粒种子阔叶杂草 1080-1440克/公顷 土壤喷雾

PD20091794 乙氧氟草醚/240克/升/乳油/乙氧氟草醚 240克/升/2009.02.04 至 2014.02.04/低毒
大蒜田、姜田 一年生杂草 144-180克/公顷 播后苗前土壤喷雾

PD20092469 氯氟吡氧乙酸异辛酯/200克/升/乳油/氯氟吡氧乙酸异辛酯 200克/升/2009.02.25 至 2014.02.25/低毒
冬小麦田 阔叶杂草 150-210克/公顷 茎叶喷雾

PD20095349 苄·二氯/36%/可湿性粉剂/苄嘧磺隆 3%、二氯喹啉酸 33%/2009.04.27 至 2014.04.27/低毒
水稻直播田 一年生杂草 216-270克/公顷 喷雾

PD20095388 滴丁·乙草胺/990克/升/乳油/2,4-滴丁酯 330克/升、乙草胺 660克/升/2009.04.27 至 2014.04.27/低毒
春大豆田、春玉米田 一年生杂草 1485-1930.5克/公顷 播后苗前土壤喷雾

PD20097029 乙·嗪·滴丁酯/60%/乳油/2,4-滴丁酯 15%、嗪草酮 5%、乙草胺 40%/2009.10.10 至 2014.10.10/低毒
春大豆田、春玉米田 一年生杂草 1800—2250克/公顷 土壤喷雾

PD20097450 烟嘧磺隆/40克/升/可分散油悬浮剂/烟嘧磺隆 40克/升/2009.10.28 至 2014.10.28/低毒
玉米田 一年生杂草 42-60克/公顷 茎叶喷雾

LS20052695 嘧霉胺/400克/升/悬浮剂/嘧霉胺 400克/升/2008.08.14 至 2009.08.14/低毒
番茄、黄瓜 灰霉病 480-600克/公顷 喷雾

LS20052960 苄嘧磺隆/10%/可湿性粉剂/苄嘧磺隆 10%/2008.09.11 至 2009.09.11/低毒

冬小麦 一年生阔叶杂草 45-60克/公顷 茎叶喷雾
LS20060290 咪乙·异噁松/31%/乳油/咪唑乙烟酸 3%、异噁草松 28%/2009.03.01 至 2010.03.01/低毒
春大豆 一年生杂草 697.5-930克/公顷 土壤喷雾
LS20061656 精喹·乙羧氟/15%/乳油/精喹禾灵 5%、乙羧氟草醚 10%/2008.08.28 至 2009.08.28/低毒
花生 一年生杂草 112.5-135克/公顷 茎叶喷雾
LS20061987 草甘膦/30%/可溶粉剂/草甘膦 30%/2009.12.25 至 2010.12.25/低毒
柑橘园 一年生和多年生杂草 1350-2250克/公顷 定向茎叶喷雾
LS20070144 草甘膦铵盐/77.7%/可溶粒剂/草甘膦铵盐 77.7%/2009.02.07 至 2010.02.07/低毒
柑橘 杂草 1165.5-2331克/公顷 茎叶喷雾
LS20070178 甲氨基阿维菌素苯甲酸盐/1%/乳油/甲氨基阿维菌素苯甲酸盐 1%/2009.02.07 至 2010.02.07/低毒
十字花科蔬菜 甜菜夜蛾 2.25-3克/公顷 喷雾
LS20070331 氟吡·草除灵/20%/乳油/草除灵 17.5%、高效氟吡甲禾灵 2.5%/2009.02.25 至 2010.02.25/低毒
冬油菜 一年生杂草 210-270克/公顷 茎叶喷雾
LS20071766 乙羧氟草醚/10%/乳油/乙羧氟草醚 10%/2009.07.04 至 2010.07.05/低毒
春大豆田 一年生阔叶杂草 90-105克/公顷 茎叶喷雾
花生田 一年生阔叶杂草 30-45克/公顷 茎叶喷雾
LS20080138 氯吡·苯磺隆/20%/可湿性粉剂/苯磺隆 4%、氯氟吡氧乙酸 16%/2010.01.06 至 2011.01.06/低毒
冬小麦田 一年生阔叶杂草 90-120克/公顷 茎叶喷雾
LS20080526 戊唑醇/430克/升/悬浮剂/戊唑醇 430克/升/2009.02.20 至 2010.02.21/低毒
梨树 黑星病 107.5-215毫克/千克 喷雾
LS20080771 苯磺·异丙隆/70%/可湿性粉剂/苯磺隆 1.2%、异丙隆 68.8%/2009.02.27 至 2010.02.28/低毒
小麦田 一年生杂草 840-1260克/公顷 茎叶喷雾
LS20081336 阿维菌素/1.8%/乳油/阿维菌素 1.8%/2009.03.13 至 2010.03.13/低毒(原药高毒)
柑橘树 红蜘蛛 4.5-9毫克/千克 喷雾
LS20081549 氟胺·烯禾啶/20.8%/乳油/氟磺胺草醚 12.5%、烯禾啶 8.3%/2009.03.31 至 2010.03.31/低毒
春大豆田 一年生杂草 405.6-468克/公顷 茎叶喷雾
LS20081636 松·喹·氟磺胺/18%/乳油/氟磺胺草醚 5.5%、精喹禾灵 1.5%、异噁草松 11%/2009.04.03 至 2010.04.03/低毒
春大豆田 一年生杂草 486-540克/公顷 茎叶喷雾
LS20081975 10%乙羧氟草醚乳油/10%/乳油/乙羧氟草醚 10%/2008.04.15 至 2009.04.15/低毒
花生 一年生阔叶杂草 30-45克/公顷 茎叶喷雾
LS20082278 苄嘧·苯噻酰/68%/可湿性粉剂/苯噻酰草胺 64.8%、苄嘧磺隆 3.2%/2009.04.21 至 2010.04.21/低毒
水稻移栽田 一年生杂草 612-816克/公顷 毒土法
注:本品仅限于东北地区使用。
LS20083195 戊·氧·乙草胺/44%/乳油/二甲戊灵 30%、乙草胺 10%、乙氧氟草醚 4%/2009.12.04 至 2010.12.04/低毒
大蒜田 一年生杂草 1800-2400毫升/公顷(制剂) 播后苗前土壤喷雾
LS20090253 甲·灭·敌草隆 /72%/可湿性粉剂/敌草隆 5%、2甲4氯 8%、莠灭净 59%/2009.02.13 至 2010.02.13/低毒
甘蔗田 一年生杂草 1620-2160克/公顷 定向茎叶喷雾
LS20090510 烟嘧·莠去津/52%/可湿性粉剂/烟嘧磺隆 4%、莠去津 48%/2009.03.18 至 2010.03.18/低毒
玉米 一年生杂草 429-741克/公顷 茎叶喷雾
LS20090566 烟嘧·莠去津 /20%/油悬浮剂/烟嘧磺隆 2%、莠去津 18%/2009.03.19 至 2010.03.19/低毒
玉米 一年生杂草 夏玉米：350-450克/公顷 茎叶喷雾
春玉米：450-600克/公顷

山东胜利生物工程有限公司 (山东省济宁市高新区同济路南首 272073 0537-2480833)

LS20081042 阿维菌素/95%/原药/阿维菌素 95%/2009.03.07 至 2010.03.07/高毒

山东圣鹏农药有限公司 (山东省济宁市任城区喻屯镇驻地 272063 0537-2539999)

PD20081587 磷化铝/56%/片剂/磷化铝 56%/2008.11.12 至 2013.11.12/高毒
原粮 储粮害虫 5-7克/立方米 密闭熏蒸
PD20083693 多·锰锌/50%/可湿性粉剂/多菌灵 8%、代森锰锌 42%/2008.12.15 至 2013.12.15/低毒
梨树 黑星病 1000-1250毫克/千克 喷雾
PD20085372 炔螨特/57%/乳油/炔螨特 57%/2008.12.24 至 2013.12.24/中等毒
柑橘树 红蜘蛛 285-356.25毫克/千克 喷雾
PD20090038 联苯菊酯/100克/升/乳油/联苯菊酯 100克/升/2009.01.06 至 2014.01.06/低毒
茶树 茶小绿叶蝉 30-37.5克/公顷 喷雾
PD20091795 氯氰·毒死蜱/522.5克/升/乳油/毒死蜱 475克/升、氯氰菊酯 47.5克/升/2009.02.04 至 2014.02.04/中等毒
柑橘树 潜叶蛾 435.42-550毫升/千克 喷雾
PD20095491 百草枯/200克/升/水剂/百草枯 200克/升/2009.05.11 至 2014.05.11/中等毒
非耕地 杂草 600-780克/公顷 茎叶喷雾
PD20098240 氯氰·丙溴磷/440克/升/乳油/丙溴磷 400克/升、氯氰菊酯 40克/升/2009.12.16 至 2014.12.16/中等毒
棉花 棉铃虫 528-660克/公顷 喷雾
LS20050100 吡虫·杀虫单/35%/可湿性粉剂/吡虫啉 1%、杀虫单 34%/2008.01.12 至 2009.01.11/中等毒
水稻 稻飞虱、稻纵卷叶螟、二化螟、三化螟 450-750克/公顷 喷雾
LS20050196 多·福/40%/可湿性粉剂/多菌灵 5%、福美双 35%/2008.01.26 至 2009.01.25/低毒

葡萄 霜霉病 1000-1250毫克/千克 喷雾
LS20050197 阿维·高氯/1.8%/乳油/阿维菌素 0.3%、高效氯氰菊酯 1.5%/2008.01.26 至 2009.01.25/低毒(原药高毒)
十字花科蔬菜 菜青虫、小菜蛾 7.5-15克/公顷 喷雾
LS20071403 吡虫·杀虫单/35%/可湿性粉剂/吡虫啉 1%、杀虫单 34%/2009.05.17 至 2010.05.18/中等毒
水稻 稻飞虱、稻纵卷叶螟、二化螟、三化螟 450-750克/公顷 喷雾
LS20080251 唑磷·毒死蜱/30%/乳油/毒死蜱 15%、三唑磷 15%/2009.02.17 至 2010.02.18/中等毒
水稻 三化螟 270-360克/公顷 喷雾
LS20080255 甲氨基阿维菌素苯甲酸盐/1%/乳油/甲氨基阿维菌素苯甲酸盐 1%/2009.02.17 至 2010.02.18/低毒
十字花科蔬菜 小菜蛾 1.8-3克/公顷 喷雾
LS20080286 啶虫脒/3%/乳油/啶虫脒 3%/2009.02.17 至 2010.02.18/中等毒
柑橘树 蚜虫 10-20毫克/千克 喷雾
LS20080287 烯酰·锰锌/69%/可湿性粉剂/代森锰锌 60%、烯酰吗啉 9%/2009.02.17 至 2010.02.18/低毒
黄瓜 霜霉病 1035-1397.5克/公顷 喷雾
LS20081503 磷化钙/26%/块剂/磷化钙 26%/2009.03.31 至 2010.03.31/高毒
仓储原粮 仓储害虫 4-6克/立方米 密闭熏蒸
LS20082067 磷化钙/26%/片剂/磷化钙 26%/2009.04.15 至 2010.04.15/高毒
仓储原粮 仓储害虫 2.6-4克/立方米 熏蒸
LS20090371 香菇多糖/10%/母药/香菇多糖 10%/2009.03.13 至 2010.03.13/低毒
LS20090588 香菇多糖/0.5%/水剂/菇类蛋白多糖 0.5%/2009.03.19 至 2010.03.19/微毒
番茄 病毒病 12.45-18.75克/公顷 喷雾
LS20090798 磷化铝/85%/粉剂/磷化铝 85%/2009.04.02 至 2010.04.02/高毒
原粮 储粮害虫 4-6克制剂/立方米 密闭熏蒸
LS20091176 磷化钙/45%/母药/磷化钙 45%/2009.04.23 至 2010.04.23/高毒

山东寿光德力生物农化有限公司 (山东省寿光市古城街办西三公里处 262700 0536-5435567，3925527)

PD20097726 百草枯/200克/升/水剂/百草枯 200克/升/2009.11.04 至 2014.11.04/中等毒
柑橘园 杂草 200-300毫升制剂/亩 定向茎叶喷雾

山东松冈化学有限公司 (山东省济南市历城区遥墙镇工业路7号 250100 0531-88733470)

PD20093939 阿维·高氯/3%/乳油/阿维菌素 0.2%、高效氯氰菊酯 2.8%/2009.03.27 至 2014.03.27/低毒(原药高毒)
甘蓝 菜青虫、小菜蛾 13.5-27克/公顷 喷雾
PD20096237 高效氯氟氰菊酯/25克/升/乳油/高效氯氟氰菊酯 25克/升/2009.07.15 至 2014.07.15/低毒
十字花科蔬菜 蚜虫 7.5-11.25克/公顷 喷雾
PD20098534 辛硫·高氯氟/16%/乳油/高效氯氟氰菊酯 0.7%、辛硫磷 15.3%/2009.12.24 至 2014.12.24/低毒
棉花 棉铃虫 174-204克/公顷 喷雾
LS20050762 吡虫啉/20%/可湿性粉剂/吡虫啉 20%/2008.03.28 至 2009.03.28/低毒
小麦 蚜虫 15-30克/公顷(南方地区) 喷雾
45-60克/公顷(北方地区)
LS20052568 阿维菌素/0.5%/可湿性粉剂/阿维菌素 0.5%/2008.08.03 至 2009.08.03/低毒(原药高毒)
十字花科蔬菜 小菜蛾 4.5-7.5克/公顷 喷雾
LS20071337 福·福锌/80%/可湿性粉剂/福美双 30%、福美锌 50%/2009.05.17 至 2010.05.18/低毒
黄瓜 炭疽病 1500-1800克/公顷 喷雾
LS20090934 高氯·氟铃脲/5.7%/乳油/氟铃脲 1.9%、高效氯氰菊酯 3.8%/2009.04.09 至 2010.04.09/低毒
甘蓝 小菜蛾 42.75-51.3克/公顷 喷雾

山东松井农化有限公司 (山东省济南市经七路843号泰山大厦19－B10号 250022 0531-82342566)

LS20082254 灭幼脲/25%/悬浮剂/灭幼脲 25%/2009.04.18 至 2010.04.18/低毒
苹果树 金纹细蛾 100-167毫克/千克 喷雾
LS20082587 噻嗪·异丙威/25%/可湿性粉剂/噻嗪酮 5%、异丙威 20%/2009.04.23 至 2010.04.23/低毒
水稻 稻飞虱 450-562.5克/公顷 喷雾
LS20082720 联苯菊酯/25克/升/乳油/联苯菊酯 25克/升/2008.04.29 至 2009.04.29/低毒
柑橘树 红蜘蛛 20-31.25毫克/千克 喷雾
LS20090092 硫磺·锰锌/70%/可湿性粉剂/硫磺 42%、代森锰锌 28%/2009.01.09 至 2010.01.09/低毒
豇豆 锈病 1050-2100克/公顷 喷雾
LS20090096 阿维·杀虫单/20%/微乳剂/阿维菌素 0.2%、杀虫单 19.8%/2009.01.09 至 2010.01.09/低毒(原药高毒)
水稻 稻纵卷叶螟 210～300克/公顷 喷雾
LS20090941 甲氨基阿维菌素苯甲酸盐/2.5%/水分散粒剂/甲氨基阿维菌素 2.5%/2009.04.09 至 2010.04.09/低毒
十字花科蔬菜 小菜蛾 1.875－2.25克/公顷 喷雾
LS20091081 高效氯氟氰菊酯/2.5%/微乳剂/高效氯氟氰菊酯 2.5%/2009.04.15 至 2010.04.15/中等毒
十字花科蔬菜 菜青虫 7.5-15克/公顷 喷雾
LS20091291 阿维·高氯/2.8%/微乳剂/阿维菌素 0.2%、高效氯氰菊酯 2.6%/2009.05.25 至 2010.05.25/中等毒(原药高毒)
梨树 梨木虱 12-24毫克/千克 喷雾

山东松田化工有限公司 (山东省阳谷县经济开发区南环路西首 252300 0635-6381268)

PD20080019 福美双/50%/可湿性粉剂/福美双 50%/2008.01.03 至 2013.01.03/低毒
黄瓜 霜霉病 1000-1200克/公顷 喷雾
PD20082418 吡虫啉/200克/升/可溶液剂/吡虫啉 200克/升/2008.12.02 至 2013.12.02/低毒

十字花科蔬菜 蚜虫 15－30克/公顷 喷雾
PD20084138 多·福/40%/可湿性粉剂/多菌灵 5%、福美双 35%/2008.12.16 至 2013.12.16/低毒
葡萄 霜霉病 1000-1250毫克/千克 喷雾
PD20090746 多·锰锌/50%/可湿性粉剂/多菌灵 8%、代森锰锌 42%/2009.01.19 至 2014.01.19/低毒
苹果树 斑点落叶病 1000-1250毫克/千克 喷雾
PD20094211 氟虫脲/50克/升/可分散液剂/氟虫脲 50克/升/2009.03.31 至 2014.03.31/低毒
柑橘树 红蜘蛛 50-83.3毫克/千克 喷雾
PD20094294 联苯菊酯/100克/升/乳油/联苯菊酯 100克/升/2009.03.31 至 2014.03.31/中等毒
茶树 茶小绿叶蝉 30-37.5克/公顷 喷雾
PD20094920 吡虫·杀虫单/58%/可湿性粉剂/吡虫啉 2.5%、杀虫单 55.5%/2009.04.13 至 2014.04.13/中等毒
水稻 稻飞虱、稻纵卷叶螟、二化螟、三化螟 450-750克/公顷 喷雾
PD20096727 啶虫脒/20%/可溶粉剂/啶虫脒 20%/2009.09.07 至 2014.09.07/中等毒
黄瓜 蚜虫 30-45克/公顷 喷雾
PD20098231 噻嗪酮/5%/乳油/噻嗪酮 5%/2009.12.16 至 2014.12.16/低毒
苹果树 红蜘蛛 20-30毫克/千克 喷雾
PD20098241 噻螨酮/5%/可湿性粉剂/噻螨酮 5%/2009.12.16 至 2014.12.16/低毒
柑橘树 红蜘蛛 1667-2000倍 喷雾
PD20098497 辛硫磷/40%/乳油/辛硫磷 40%/2009.12.24 至 2014.12.24/低毒
甘蓝 菜青虫 135-180克/公顷 喷雾
LS20050180 吡虫啉/50%/可湿性粉剂/吡虫啉 50%/2008.01.24 至 2009.01.23/低毒
小麦 蚜虫 15-30克/公顷(南方地区) 喷雾
45-60克/公顷(北方地区)
LS20050814 福·福锌/80%/可湿性粉剂/福美双 30%、福美锌 50%/2008.03.28 至 2009.03.28/低毒
黄瓜 炭疽病 1500-1800克/公顷 喷雾
LS20051103 阿维·辛硫磷/35%/乳油/阿维菌素 0.3%、辛硫磷 34.7%/2008.04.11 至 2009.04.11/中等毒(原药高毒)
十字花科蔬菜 小菜蛾 210-262.5克/公顷 喷雾
LS20051185 柴油·哒螨灵/40%/乳油/柴油 36%、哒螨灵 4%/2008.04.12 至 2009.04.12/中等毒
苹果树 红蜘蛛 200-266.7毫克/千克 喷雾
LS20051248 柴油·敌敌畏/80%/乳油/柴油 50%、敌敌畏 30%/2008.04.12 至 2009.04.12/中等毒
十字花科蔬菜 蚜虫 1200-1500克/公顷 喷雾
LS20051605 机油·毒死蜱/40%/乳油/毒死蜱 20%、机油 20%/2008.04.29 至 2009.04.29/中等毒
十字花科蔬菜 小菜蛾 180-240克/公顷 喷雾
LS20052266 阿维·高氯/1.8%/乳油/阿维菌素 0.3%、高效氯氰菊酯 1.5%/2008.06.21 至 2009.06.21/低毒(原药高毒)
十字花科蔬菜 菜青虫、小菜蛾 7.5-15克/公顷 喷雾

山东泰诺药业有限公司 (山东省诸城市相州镇郭家屯村 261061 0531-8781163)

PD90106-21 苏云金杆菌/2000IU/微升/悬浮剂/苏云金杆菌 2000IU/微升/2006.04.03 至 2011.04.03/低毒
茶树 茶毛虫 100-200倍液 喷雾
林木 松毛虫 100-200倍液 喷雾
棉花 二代棉铃虫 6000-7500毫升制剂/公顷 喷雾
十字花科蔬菜 菜青虫、小菜蛾 3000-4500毫升制剂/公顷 喷雾
水稻 稻纵卷叶螟 6000-7500毫升制剂/公顷 喷雾
烟草 烟青虫 6000-7500毫升制剂/公顷 喷雾
玉米 玉米螟 4500-6000毫升制剂/公顷 加细沙灌心叶
枣树 尺蠖 100-200倍液 喷雾
PD20080488 啶虫脒/3%/乳油/啶虫脒 3%/2008.04.07 至 2013.04.07/低毒
苹果树 蚜虫 10－15毫克/千克 喷雾
PD20082894 氰戊·辛硫磷/25%/乳油/氰戊菊酯 5%、辛硫磷 20%/2008.12.09 至 2013.12.09/低毒
小麦 蚜虫 112.5-150克/公顷 喷雾
PD20083257 马拉·辛硫磷/20%/乳油/马拉硫磷 10%、辛硫磷 10%/2008.12.11 至 2013.12.11/低毒
棉花 棉铃虫 225-300克/公顷 喷雾
PD20084501 阿维菌素/1.8%/乳油/阿维菌素 1.8%/2008.12.18 至 2013.12.18/低毒(原药高毒)
菜豆 美洲斑潜蝇 10.8-16.2克/公顷 喷雾
PD20091129 氰戊菊酯/20%/乳油/氰戊菊酯 20%/2009.01.21 至 2014.01.21/中等毒
十字花科蔬菜 菜青虫 90-120克/公顷 喷雾
PD20092318 苏云金杆菌/8000IU/毫克/可湿性粉剂/苏云金杆菌 8000IU/毫克/2009.02.24 至 2014.02.24/低毒
十字花科蔬菜 小菜蛾 1500－2250克制剂/公顷 喷雾
PD20093875 吡虫·杀虫单/30%/可湿性粉剂/吡虫啉 1%、杀虫单 29%/2009.03.25 至 2014.03.25/中等毒
水稻 稻飞虱、稻纵卷叶螟、二化螟、三化螟 450-750克/公顷 喷雾
PD20094534 蜡质芽孢杆菌/8亿个/克/可湿性粉剂/蜡质芽孢杆菌 8亿个/克/2009.04.09 至 2014.04.09/低毒
姜 瘟病 1)240-320克制剂/100千克种姜 1)浸泡种姜30分
2)6000-12000克制剂/公顷 钟 2)顺垄灌根
PD20094604 吡虫啉/10%/可湿性粉剂/吡虫啉 10%/2009.04.10 至 2014.04.10/低毒
小麦 蚜虫 15-30克/公顷(南方地区) 喷雾

45-60克/公顷(北方地区)

PD20095343 百草枯/200克/升/水剂/百草枯 200克/升/2009.04.27 至 2014.04.27/中等毒
苹果园 杂草 600-750克/公顷 定向喷雾

PD20095493 异丙草·莠/40%/悬浮剂/异丙草胺 24%、莠去津 16%/2009.05.11 至 2014.05.11/低毒
夏玉米田 一年生杂草 1200−1500克/公顷 土壤喷雾

PD20095881 联苯菊酯/25克/升/乳油/联苯菊酯 25克/升/2009.05.31 至 2014.05.31/低毒
茶树 茶毛虫 11.25-15克/公顷 喷雾

PD20096832 木霉菌/25亿活孢子/克/母药/木霉菌 25亿活孢子/克/2009.09.21 至 2014.09.21/低毒

PD20096833 木霉菌/2亿活孢子/克/可湿性粉剂/木霉菌 2亿活孢子/克/2009.09.21 至 2014.09.21/低毒
黄瓜 灰霉病 1875-3750克制剂/公顷 喷雾

LS20031264 木霉菌/1亿活孢子/克/水分散粒剂/木霉菌 1亿活孢子/克/2009.01.20 至 2009.12.31/低毒
小麦 纹枯病 1)2500-5000克制剂/100千克种子 1)拌种
2)750-1500克制剂/公顷 2)顺垄灌根两次

LS20050193 阿维·高氯/2.4%/乳油/阿维菌素 0.4%、高效氯氰菊酯 2%/2008.01.26 至 2009.01.25/低毒(原药高毒)
梨树 梨木虱 6-12毫克/千克 喷雾

LS20050194 多·福/40%/可湿性粉剂/多菌灵 20%、福美双 20%/2008.01.26 至 2009.01.25/低毒
葡萄 霜霉病 1000-1250毫克/千克 喷雾

LS20050853 啶虫脒/3%/可溶液剂/啶虫脒 3%/2008.03.29 至 2009.03.29/低毒
小麦 蚜虫 13.5-18克/公顷 喷雾

LS20050863 阿维·高氯/1.8%/乳油/阿维菌素 0.4%、高效氯氰菊酯 1.4%/2008.03.29 至 2009.03.29/低毒(原药高毒)
十字花科蔬菜 菜青虫、小菜蛾 7.5-15克/公顷 喷雾

LS20051141 二甲基二硫醚/0.5%/乳油/二甲基二硫醚 0.5%/2008.04.11 至 2009.04.11/低毒
棉花 红蜘蛛 2.25-3.75克/公顷 喷雾

LS20051142 氯氰菊酯/5%/乳油/氯氰菊酯 5%/2008.04.11 至 2009.04.11/低毒
十字花科蔬菜 菜青虫 30-45克/公顷 喷雾

LS20051157 多抗霉素/0.3%/水剂/多抗霉素 0.3%/2008.04.11 至 2009.04.11/低毒
苹果树 斑点落叶病 10-15毫克/千克 喷雾

LS20051475 柴油·哒螨灵/34%/乳油/柴油 30%、哒螨灵 4%/2008.04.21 至 2009.04.21/低毒
柑橘树 红蜘蛛 226.7-340毫克/千克 喷雾

LS20051841 多·锰锌/40%/可湿性粉剂/多菌灵 15%、代森锰锌 25%/2008.05.16 至 2009.05.16/低毒
梨树 黑星病 1000-1250毫克/千克 喷雾

LS20052796 高氯·辛硫磷/17.5%/乳油/高效氯氰菊酯 1.5%、辛硫磷 16%/2008.08.21 至 2009.08.21/中等毒
棉花 棉铃虫 105−157.5克/公顷 喷雾

LS20053685 聚半乳糖醛酸酶/12克/升/水剂/聚半乳糖醛酸酶 12克/升/2008.11.30 至 2009.11.30/低毒
黄瓜 霜霉病 17-22克/公顷 喷雾

LS20060403 阿维·高氯/2.4%/可湿性粉剂/阿维菌素 0.3%、高效氯氰菊酯 2.1%/2009.03.05 至 2010.03.05/低毒(原药高毒)
十字花科蔬菜 菜青虫、小菜蛾 13.5-27克/公顷 喷雾

LS20060526 井冈霉素/5%/水剂/井冈霉素 5%/2008.03.15 至 2009.03.15/低毒
水稻 纹枯病 150-187.5克/公顷 喷雾

LS20071880 甲氨基阿维菌素苯甲酸盐/1%/乳油/甲氨基阿维菌素苯甲酸盐 1%/2009.07.16 至 2010.07.17/低毒
十字花科蔬菜 小菜蛾 1.5-2.25克/公顷 喷雾

LS20072318 高效氯氟氰菊酯/25克/升/乳油/高效氯氟氰菊酯 25克/升/2009.10.15 至 2010.10.16/中等毒
十字花科蔬菜 蚜虫 7.5-15克/公顷 喷雾

LS20072319 杀扑磷/40%/乳油/杀扑磷 40%/2009.10.15 至 2010.10.16/中等毒
柑橘树 介壳虫 266.7-400毫克/千克 喷雾

山东天成农药有限公司 (山东省淄博市博山区 255202 0533-4682517)

PD20083302 毒死蜱/97%/原药/毒死蜱 97%/2008.12.11 至 2013.12.11/中等毒

PD20092910 代森锰锌/70%/可湿性粉剂/代森锰锌 70%/2009.03.05 至 2014.03.05/低毒
番茄 早疫病 1575-1995克/公顷 喷雾

PD20093284 乙铝·锰锌/70%/可湿性粉剂/代森锰锌 40%、三乙膦酸铝 30%/2009.03.11 至 2014.03.11/低毒
黄瓜 霜霉病 2100-4200克/公顷 喷雾

PD20094857 多·福/40%/可湿性粉剂/多菌灵 5%、福美双 35%/2009.04.13 至 2014.04.13/低毒
葡萄 霜霉病 1000-1250毫克/千克 喷雾

PD20094932 代森锰锌/88%/原药/代森锰锌 88%/2009.04.13 至 2014.04.13/低毒

PD20095810 多·锰锌/50%/可湿性粉剂/多菌灵 8%、代森锰锌 42%/2009.05.27 至 2014.05.27/低毒
苹果树 斑点落叶病 1000-1250毫克/千克 喷雾

PD20096217 二甲戊灵/96%/原药/二甲戊灵 96%/2009.07.15 至 2014.07.15/低毒

PD20096572 吡虫啉/10%/可湿性粉剂/吡虫啉 10%/2009.08.24 至 2014.08.24/低毒
水稻 稻飞虱 15-30克/公顷 喷雾

PD20097579 福美双/70%/可湿性粉剂/福美双 70%/2009.11.03 至 2014.11.03/低毒
黄瓜 霜霉病 840-1260克/公顷 喷雾

LS20053104 啶虫脒/3%/可湿性粉剂/啶虫脒 3%/2008.09.22 至 2009.09.22/低毒
柑橘树 蚜虫 7.5-10毫克/千克 喷雾

山东天道生物工程有限公司 （山东省菏泽市丹阳工业园松花江路 274000 0530-3977619）

PD20091638 二甲戊灵/330克/升/乳油/二甲戊灵 330克/升/2009.02.03 至 2014.02.03/低毒
韭菜田 一年生杂草 495-742.5克/公顷 土壤喷雾
PD20091960 百菌清/75%/可湿性粉剂/百菌清 75%/2009.02.12 至 2014.02.12/低毒
番茄 早疫病 1650-3000克/公顷 喷雾
PD20091974 三唑锡/25%/可湿性粉剂/三唑锡 25%/2009.02.12 至 2014.02.12/中等毒
柑橘树 红蜘蛛 125-166.7毫克/千克 喷雾

山东天威农药有限公司 （山东省济南市东二环路2216号 250100 0531-88110469）

PD20097728 杀螟硫磷/45%/乳油/杀螟硫磷 45%/2009.11.04 至 2014.11.04/中等毒
水稻 三化螟 405-540克/公顷 喷雾
PD20098334 马拉硫磷/45%/乳油/马拉硫磷 45%/2009.12.18 至 2014.12.18/低毒
棉花 盲蝽蟓 375-562.5克/公顷 喷雾
十字花科蔬菜 黄条跳甲 562.5-750克/公顷 喷雾
LS20053151 多·锰锌/50%/可湿性粉剂/多菌灵 8%、代森锰锌 42%/2008.10.10 至 2009.10.11/低毒
苹果树 斑点落叶病 1000-1250毫克/千克 喷雾
LS20053273 多·福/40%/可湿性粉剂/多菌灵 5%、福美双 35%/2008.10.11 至 2009.11.11/低毒
葡萄 霜霉病 1000-1250毫克/千克 喷雾
LS20053360 阿维·高氯/1.8%/乳油/阿维菌素 0.3%、高效氯氰菊酯 1.5%/2008.10.10 至 2009.10.10/低毒(原药高毒)
十字花科蔬菜 菜青虫、小菜蛾 7.5-15克/公顷 喷雾
LS20070675 阿维·高氯/1.8%/乳油/阿维菌素 0.3%、高效氯氰菊酯 1.5%/2008.03.30 至 2009.03.30/低毒(原药高毒)
十字花科蔬菜 菜青虫、小菜蛾 7.5-15克/公顷 喷雾
LS20070676 吡虫啉/10%/可湿性粉剂/吡虫啉 10%/2008.03.30 至 2009.03.30/低毒
小麦 蚜虫 15-30克/公顷（南方地区） 喷雾
45-60克/公顷（北方地区）
LS20080173 高效氯氰菊酯/4.5%/可湿性粉剂/高效氯氰菊酯 4.5%/2008.01.07 至 2009.01.07/低毒
十字花科蔬菜 菜青虫 13.5-27克/公顷 喷雾
LS20080176 哒螨灵/15%/可湿性粉剂/哒螨灵 15%/2008.01.07 至 2009.01.07/低毒
苹果树 红蜘蛛 50-75毫克/千克 喷雾
LS20090572 吗胍·乙酸铜/20%/可湿性粉剂/盐酸吗啉胍 16%、乙酸铜 4%/2009.03.19 至 2010.03.19/低毒
番茄 病毒病 500-750克/公顷 喷雾
LS20091131 敌磺钠/55%/可溶粉剂/敌磺钠 55%/2009.04.17 至 2010.04.17/低毒
水稻秧田 立枯病 11000-13750克/公顷 喷雾或泼浇

山东田丰生物科技有限公司 （山东省德州市天衢工业园恒东路18号 253035 0534-2730586）

PD84101-3 马拉硫磷/95%90%85%/原药/马拉硫磷 95%90%85%/2006.11.28 至 2011.11.28/低毒
PD84105-11 马拉硫磷/45%/乳油/马拉硫磷 45%/2009.11.18 至 2014.11.18/低毒
茶树 长白蚧、象甲 625-1000毫克/千克 喷雾
豆类 食心虫、造桥虫 561.5-750克/公顷 喷雾
果树 蝽蟓、蚜虫 250-333毫克/千克 喷雾
林木、牧草、农田 蝗虫 450-600克/公顷 喷雾
棉花 盲蝽蟓、蚜虫、叶跳虫 375-562.2克/公顷 喷雾
蔬菜 黄条跳甲、蚜虫 562.5-750克/公顷 喷雾
水稻 飞虱、蓟马、叶蝉 562.5-750克/公顷 喷雾
小麦 黏虫、蚜虫 562.5-750克/公顷 喷雾
PD85129-2 马拉硫磷/70%/乳油/马拉硫磷 70%/2006.07.05 至 2011.07.05/低毒
大麦原粮、稻谷原粮、高粱原粮、小麦原粮、玉米原粮 仓储害虫 10-30毫克/千克 喷雾或砻糠载体法
PD20070113 高效氯氟氰菊酯/95%/原药/高效氯氟氰菊酯 95%/2007.05.08 至 2012.05.08/中等毒
PD20070224 异噁草松/92%/原药/异噁草松 92%/2007.08.08 至 2012.08.08/低毒
PD20070226 除虫脲/97.9%/原药/除虫脲 97.9%/2007.08.08 至 2012.08.08/低毒
PD20070589 高氯·马/30%/乳油/高效氯氰菊酯 2.5%、马拉硫磷 27.5%/2007.12.14 至 2012.12.14/低毒
棉花 棉铃虫 315-450克/公顷 喷雾
小麦 蚜虫 135-225克/公顷 喷雾
PD20081003 高效氯氟氰菊酯/25克/升/乳油/高效氯氟氰菊酯 25克/升/2008.08.06 至 2013.08.06/低毒
叶菜类十字花科蔬菜 蚜虫 5.625-7.5克/公顷 喷雾
叶菜类十字花科蔬菜 菜青虫 11.25-15克/公顷 喷雾
PD20081887 硫丹/350克/升/乳油/硫丹 350克/升/2008.11.20 至 2013.11.20/高毒
棉花 棉铃虫 525-840克/公顷 喷雾
苹果树 黄蚜 87.5-116.67毫克/千克 喷雾
烟草 蚜虫、烟青虫 420-525克/公顷 喷雾
PD20085818 马拉·灭多威/35%/乳油/马拉硫磷 25%、灭多威 10%/2008.12.29 至 2013.12.29/高毒
棉花 棉铃虫 262.5-315克/公顷 喷雾
PD20090034 异噁草松/480克/升/乳油/异噁草松 480克/升/2009.01.06 至 2014.01.06/低毒

	春大豆田	一年生杂草	864-1080克/公顷	播后苗前土壤喷雾
PD20090577	氟铃脲/95%/原药/氟铃脲 95%/2009.01.14 至 2014.01.14/低毒			
PD20090603	氟铃脲/5%/乳油/氟铃脲 5%/2009.01.14 至 2014.01.14/低毒			
	甘蓝	甜菜夜蛾	20-30克/公顷	喷雾
	甘蓝	小菜蛾	30-45克/公顷	喷雾
	棉花	棉铃虫	75-120克/公顷	喷雾
PD20090660	氟铃・辛硫磷/20%/乳油/氟铃脲 2%、辛硫磷 18%/2009.01.15 至 2014.01.15/低毒			
	甘蓝	小菜蛾	90-150克/公顷	喷雾
	棉花	棉铃虫	150-225克/公顷	喷雾
LS20060202	马拉・高氯氟/20%/乳油/高效氯氟氰菊酯 2.5%、马拉硫磷 17.5%/2009.02.07 至 2010.02.07/中等毒			
	苹果树	黄蚜	67-100毫克/千克	喷雾
LS20060742	阿维・高氯氟/2%/乳油/阿维菌素 0.4%、高效氯氟氰菊酯 1.6%/2009.04.04 至 2010.04.04/低毒(原药高毒)			
	十字花科蔬菜	小菜蛾	10-15克/公顷	喷雾
LS20070249	高氯・甲维盐/3.2%/微乳剂/高效氯氰菊酯 3%、甲氨基阿维菌素苯甲酸盐 0.2%/2009.02.25 至 2010.02.25/低毒			
	十字花科蔬菜	甜菜夜蛾	12-16克/公顷	喷雾
山东通用化学品有限公司 （山东省阳谷县寿张镇双庙杜村 252300 0635-6820127）				
PD20085247	高效氯氟氰菊酯/25克/升/乳油/高效氯氟氰菊酯 25克/升/2008.12.23 至 2013.12.23/中等毒			
	甘蓝	菜青虫	7.5-11.25克/公顷	喷雾
PD20090457	乙草胺/900克/升/乳油/乙草胺 900克/升/2009.01.12 至 2014.01.12/低毒			
	春玉米田	一年生禾本科杂草及部分小粒种子阔叶杂草	1350-1620克/公顷	土壤喷雾
	夏玉米田	一年生禾本科杂草及部分小粒种子阔叶杂草	810-1350克/公顷	土壤喷雾
PD20097145	烟嘧磺隆/40克/升/可分散油悬浮剂/烟嘧磺隆 40克/升/2009.10.16 至 2014.10.16/低毒			
	玉米田	一年生杂草	42-60克/公顷	茎叶喷雾
PD20097224	氟乐灵/480克/升/乳油/氟乐灵 480克/升/2009.10.19 至 2014.10.19/低毒			
	棉花田	一年生杂草	720-1080克/公顷	土壤喷雾
PD20098459	乙草胺/48%/水乳剂/乙草胺 48%/2009.12.24 至 2014.12.24/低毒			
	花生田	一年生杂草	1080-1440克/公顷	土壤喷雾
LS20083276	乙草胺/48%/水乳剂/乙草胺 48%/2009.12.16 至 2010.12.16/低毒			
	花生田	一年生杂草	1080-1440克/公顷	土壤喷雾
山东潍坊润丰化工有限公司 （山东省潍坊市滨海经济开发区 262737 0531-88875222）				
PD20070627	扑草净/95%/原药/扑草净 95%/2007.12.14 至 2012.12.14/低毒			
PD20070628	草甘膦/95%/原药/草甘膦 95%/2007.12.14 至 2012.12.14/低毒			
PD20080023	丁草胺/95%/原药/丁草胺 95%/2008.01.03 至 2013.01.03/低毒			
PD20080087	乙草胺/95%/原药/乙草胺 95%/2008.01.03 至 2013.01.03/低毒			
PD20080089	甲草胺/95%/原药/甲草胺 95%/2008.01.03 至 2013.01.03/低毒			
PD20080142	氟乐灵/96%/原药/氟乐灵 96%/2008.01.03 至 2013.01.03/低毒			
PD20080224	莠去津/98%/原药/莠去津 98%/2008.01.11 至 2013.01.11/低毒			
PD20080238	西玛津/98%/原药/西玛津 98%/2008.02.14 至 2013.02.14/低毒			
PD20080239	二甲戊灵/95%/原药/二甲戊灵 95%/2008.02.14 至 2013.02.14/低毒			
PD20081098	莠灭净/98%/原药/莠灭净 98%/2008.08.18 至 2013.08.18/低毒			
PD20081487	多菌灵/98%/原药/多菌灵 98%/2008.11.05 至 2013.11.05/低毒			
PD20081534	百草枯/42%/母药/百草枯 42%/2008.11.06 至 2013.11.06/中等毒			
PD20083670	异丙甲草胺/96%/原药/异丙甲草胺 96%/2008.12.15 至 2013.12.15/低毒			
PD20084119	敌稗/96%/原药/敌稗 96%/2008.12.16 至 2013.12.16/低毒			
PD20085921	毒死蜱/97%/原药/毒死蜱 97%/2008.12.29 至 2013.12.29/中等毒			
PD20090668	莠去津/90%/水分散粒剂/莠去津 90%/2009.01.19 至 2014.01.19/低毒			
	夏玉米田	一年生杂草	1215-1485克/公顷	播后苗前土壤喷雾
PD20090807	莠去津/80%/可湿性粉剂/莠去津 80%/2009.01.19 至 2014.01.19/低毒			
	夏玉米田	一年生杂草	1200-1680克/公顷	土壤喷雾
PD20091224	异丙甲草胺/720克/升/乳油/异丙甲草胺 720克/升/2009.02.01 至 2014.02.01/低毒			
	夏玉米田	一年生禾本科杂草及部分阔叶杂草	1620-2160克/公顷	土壤喷雾
PD20091606	莠去津/38%/悬浮剂/莠去津 38%/2009.02.03 至 2014.02.03/低毒			
	夏玉米田	一年生杂草	1140-1425克/公顷	土壤喷雾
PD20092670	扑草净/50%/可湿性粉剂/扑草净 50%/2009.03.03 至 2014.03.03/低毒			
	水稻	稗草、莎草及阔叶杂草	150-900克/公顷	毒土法
PD20092690	莠去津/50%/悬浮剂/莠去津 50%/2009.03.03 至 2014.03.03/低毒			
	夏玉米田	一年生杂草	1125-1500克/公顷	土壤喷雾
PD20092692	丁草胺/50%/乳油/丁草胺 50%/2009.03.03 至 2014.03.03/低毒			
	移栽水稻田	一年生杂草	750-1200克/公顷	药土法

PD20093443 莠灭净/50%/悬浮剂/莠灭净 50%/2009.03.23 至 2014.03.23/低毒
甘蔗田 一年生杂草 1500-1725克/公顷 喷雾
PD20093457 2,4-滴/98%/原药/2,4-滴 98%/2009.03.23 至 2014.03.23/低毒
PD20093520 乙草胺/50%/乳油/乙草胺 50%/2009.03.23 至 2014.03.23/低毒
夏玉米田 一年生杂草 900-1350克/公顷 土壤喷雾
PD20093688 吡虫啉/96%/原药/吡虫啉 96%/2009.03.25 至 2014.03.25/低毒
PD20093784 莠灭净/90%/水分散粒剂/莠灭净 90%/2009.03.25 至 2014.03.25/低毒
甘蔗田 部分禾本科杂草、一年生阔叶杂草 1500-1800克/公顷 喷雾
PD20093961 敌敌畏/95%/原药/敌敌畏 95%/2009.03.27 至 2014.03.27/中等毒
PD20094323 代森锰锌/90%/原药/代森锰锌 90%/2009.03.31 至 2014.03.31/低毒
PD20094442 莠灭净/80%/可湿性粉剂/莠灭净 80%/2009.04.01 至 2014.04.01/低毒
甘蔗田 一年生杂草 1200-1920克/公顷 喷雾
PD20094802 敌百虫/97%/原药/敌百虫 97%/2009.04.13 至 2014.04.13/低毒
PD20095380 草甘膦异丙胺盐(41%)///水剂/草甘膦 30%/2009.04.27 至 2014.04.27/低毒
茶园 杂草 1125-2250克/公顷 定向茎叶喷雾
PD20096060 阿维菌素/95%/原药/阿维菌素 95%/2009.06.18 至 2014.06.18/高毒
PD20096989 百菌清/98.5%/原药/百菌清 98.5%/2009.09.29 至 2014.09.29/低毒
PD20097077 2,4-滴钠盐(95%)///原药/2,4-滴 80.5%/2009.10.10 至 2014.10.10/低毒
PD20097137 2,4-滴二甲胺盐/860克/升/水剂/2,4-滴二甲胺盐 860克/升/2009.10.16 至 2014.10.16/低毒
小麦田 一年生阔叶杂草 645-903克/公顷 茎叶喷雾
PD20097447 草甘膦铵盐(33%)///水剂/草甘膦 30%/2009.10.28 至 2014.10.28/低毒
苹果园 杂草 1125-2250克/公顷 茎叶喷雾
PD20097521 环嗪酮/98%/原药/环嗪酮 98%/2009.11.03 至 2014.11.03/低毒
PD20097918 辛酰溴苯腈/97%/原药/辛酰溴苯腈 97%/2009.11.30 至 2014.11.30/低毒
PD20097977 2,4-滴二甲胺盐/600克/升/水剂/2,4-滴二甲胺盐 600克/升/2009.12.01 至 2014.12.01/低毒
柑橘园 阔叶杂草 2250-2700克/公顷 定向茎叶喷雾
PD20098514 杀螟丹/98%/原药/杀螟丹 98%/2009.12.24 至 2014.12.24/中等毒
LS20052973 敌草隆/80%/可湿性粉剂/敌草隆 80%/2008.09.13 至 2009.09.13/低毒
甘蔗 一年生杂草 1200-2400克/公顷 土壤或定向喷雾
LS20061454 2,4-滴丁酯/96%/原药/2,4-滴丁酯 96%/2009.07.13 至 2010.07.13/低毒
LS20061635 2,4-滴钠盐/95%/原药/2,4-滴钠盐 95%/2009.08.23 至 2010.08.23/低毒
LS20061780 2甲4氯/96%/原药/2甲4氯 96%/2009.10.18 至 2010.10.18/低毒
LS20070636 利谷隆/50%/可湿性粉剂/利谷隆 50%/2009.03.29 至 2010.03.30/低毒
夏玉米田 多种一年生杂草 1125-1687.5克/公顷 播后苗前土壤喷雾
LS20071615 2,4-滴丁酯/72%/乳油/2,4-滴丁酯 72%/2009.06.05 至 2010.06.06/低毒
小麦田 杂草 540-756克/公顷 茎叶喷雾
LS20071668 草甘膦异丙胺盐/62%/水剂/草甘膦 62%/2009.06.13 至 2010.06.14/低毒
苹果园 杂草 1125-2250克/公顷 茎叶喷雾
LS20080370 代森锰锌/80%/可湿性粉剂/代森锰锌 80%/2009.02.18 至 2010.02.19/低毒
黄瓜 霜霉病 2400-3000克/公顷 喷雾
LS20081251 2,4-滴二甲胺盐/720克/升/水剂/2,4-滴二甲胺盐 720克/升/2009.03.11 至 2010.03.11/低毒
春小麦田 一年生阔叶杂草 756-1080克/公顷 茎叶喷雾
冬小麦田 一年生阔叶杂草 540-756克/公顷 茎叶喷雾
LS20082353 百草枯/200克/升/水剂/百草枯 200克/升/2009.04.21 至 2010.04.21/中等毒
苹果园 杂草 600-900克/公顷 定向喷雾
LS20083066 草甘膦铵盐（74.7%）///可溶粒剂/草甘膦 68%/2009.10.09 至 2010.10.09/低毒
柑橘园 杂草 1125-2250克/公顷 定向茎叶喷雾
LS20090738 特丁净/97%/原药/特丁净 97%/2009.03.31 至 2010.03.31/低毒
LS20090774 特丁津/97%/原药/特丁津 97%/2009.03.31 至 2010.03.31/低毒

山东潍坊双星农药有限公司 （山东省寿光市开发区 262700 0536-5196561）

PD20070163 虫酰肼/95%/原药/虫酰肼 95%/2007.06.14 至 2012.06.14/低毒
PD20080455 啶虫脒/3%/乳油/啶虫脒 3%/2008.03.27 至 2013.03.27/低毒
苹果树 蚜虫 12-15毫克/千克 喷雾
PD20080552 嘧霉胺/400克/升/悬浮剂/嘧霉胺 400克/升/2008.05.08 至 2013.05.08/低毒
番茄、黄瓜 灰霉病 375-562.5克/公顷 喷雾
PD20081038 灭蝇胺/10%/悬浮剂/灭蝇胺 10%/2008.08.06 至 2013.08.06/低毒
黄瓜 美洲斑潜蝇 120-150克/公顷 喷雾
PD20081957 阿维菌素/2%/乳油/阿维菌素 2%/2008.11.24 至 2013.11.24/低毒(原药高毒)
菜豆 美洲斑潜蝇 10.8-21.6克/公顷 喷雾
PD20081975 炔螨特/40%/乳油/炔螨特 40%/2008.11.25 至 2013.11.25/低毒
柑橘树 红蜘蛛 200-400毫克/千克 喷雾
PD20082002 代森锰锌/70%/可湿性粉剂/代森锰锌 70%/2008.11.25 至 2013.11.25/低毒

	番茄	早疫病	1800－2400克/公顷	喷雾
	柑橘树	疮痂病、炭疽病	1333-2000毫克/千克	喷雾
	梨树	黑星病	800-1600毫克/千克	喷雾
	荔枝树	霜疫霉病	/	/
	苹果树	斑点落叶病、轮纹病、炭疽病	1000-1600毫克/千克	喷雾
	葡萄	白腐病、黑痘病、霜霉病	1000-1600毫克/千克	喷雾
	西瓜	炭疽病	1560-2520克/公顷	喷雾
PD20082003	丙环唑/250克/升/乳油/丙环唑 250克/升/2008.11.25 至 2013.11.25/低毒			
	香蕉	叶斑病	250-500毫克/千克	喷雾
PD20082004	溴氰菊酯/25克/升/乳油/溴氰菊酯 25克/升/2008.11.25 至 2013.11.25/中等毒			
	大白菜	菜青虫	11.25-15克/公顷	喷雾
	棉花	棉铃虫	11.25-18.75克/公顷	喷雾
PD20082121	杀扑磷/40%/乳油/杀扑磷 40%/2008.11.25 至 2013.11.25/高毒			
	柑橘树	介壳虫	333.3－500毫克/千克	喷雾
PD20082614	代森锰锌/80%/可湿性粉剂/代森锰锌 80%/2008.12.04 至 2013.12.04/低毒			
	番茄	早疫病	1800－2400克/公顷	喷雾
PD20083047	虫酰肼/20%/悬浮剂/虫酰肼 20%/2008.12.10 至 2013.12.10/低毒			
	甘蓝	甜菜夜蛾	210-300克/公顷	喷雾
PD20083298	丙环唑/95%/原药/丙环唑 95%/2008.12.11 至 2013.12.11/低毒			
PD20083376	三唑锡/25%/可湿性粉剂/三唑锡 25%/2008.12.11 至 2013.12.11/低毒			
	苹果树	红蜘蛛	125-167毫克/千克	喷雾
PD20084073	霜脲·锰锌/72%/可湿性粉剂/代森锰锌 64%、霜脲氰 8%/2008.12.16 至 2013.12.16/低毒			
	黄瓜	霜霉病	1440-1800克/公顷	喷雾
PD20084330	高效氯氟氰菊酯/25克/升/乳油/高效氯氟氰菊酯 25克/升/2008.12.17 至 2013.12.17/中等毒			
	十字花科蔬菜	菜青虫	11.25-13.125克/公顷	喷雾
PD20084372	多·福/50%/可湿性粉剂/多菌灵 15%、福美双 35%/2008.12.17 至 2013.12.17/低毒			
	梨树	黑星病	1000-1500毫克/千克	喷雾
PD20084487	灭幼脲/25%/悬浮剂/灭幼脲 25%/2008.12.17 至 2013.12.17/低毒			
	甘蓝	菜青虫	75-112.5克/公顷	喷雾
PD20084756	毒死蜱/480克/升/乳油/毒死蜱 480克/升/2008.12.22 至 2013.12.22/低毒			
	甘蓝	黄条跳甲	216-432克/公顷	喷雾
	水稻	稻纵卷叶螟	300-600克/公顷	喷雾
PD20084767	代森锰锌/85%/原药/代森锰锌 85%/2008.12.22 至 2013.12.22/低毒			
PD20084782	腈菌唑/12.5%/乳油/腈菌唑 12.5%/2008.12.22 至 2013.12.22/低毒			
	黄瓜	白粉病	47-94克/公顷	喷雾
PD20084833	联苯菊酯/25克/升/乳油/联苯菊酯 25克/升/2008.12.22 至 2013.12.22/低毒			
	茶树	茶小绿叶蝉	30-37.5克/公顷	喷雾
PD20084865	乙铝·锰锌/70%/可湿性粉剂/代森锰锌 40%、三乙膦酸铝 30%/2008.12.22 至 2013.12.22/低毒			
	辣椒	疫病	787.5-1050克/公顷	喷雾
PD20084877	顺式氯氰菊酯/50克/升/乳油/顺式氯氰菊酯 50克/升/2008.12.22 至 2013.12.22/中等毒			
	棉花	棉铃虫	20-25克/公顷	喷雾
	十字花科蔬菜	小菜蛾	10-20克/公顷	喷雾
PD20084914	氟啶脲/50克/升/乳油/氟啶脲 50克/升/2008.12.22 至 2013.12.22/低毒			
	十字花科蔬菜	甜菜夜蛾	30-60克/公顷	喷雾
PD20084917	多·锰锌/70%/可湿性粉剂/多菌灵 30%、代森锰锌 40%/2008.12.22 至 2013.12.22/低毒			
	梨树	黑星病	1000-1250毫克/千克	喷雾
	苹果树	斑点落叶病	1000-1250毫克/千克	喷雾
PD20085509	阿维·辛硫磷/15%/乳油/阿维菌素 0.1%、辛硫磷 14.9%/2008.12.25 至 2013.12.25/低毒(原药高毒)			
	十字花科蔬菜	小菜蛾	112.5-168.75克/公顷	喷雾
PD20085679	多·锰锌/60%/可湿性粉剂/多菌灵 20%、代森锰锌 40%/2008.12.26 至 2013.12.26/低毒			
	梨	黑星病	1000-1250毫克/千克	喷雾
	苹果	斑点落叶病	1000-1250毫克/千克	喷雾
PD20085832	甲霜·福美双/35%/可湿性粉剂/福美双 30%、甲霜灵 5%/2008.12.29 至 2013.12.29/低毒			
	水稻	立枯病	787.5-1050克/公顷	苗床喷雾
PD20085838	吡虫·灭多威/10%/乳油/吡虫啉 1%、灭多威 9%/2008.12.29 至 2013.12.29/低毒(原药高毒)			
	小麦	蚜虫	90-120克/公顷	喷雾
PD20086082	甲硫·锰锌/50%/可湿性粉剂/甲基硫菌灵 15%、代森锰锌 35%/2008.12.30 至 2013.12.30/低毒			
	苹果树	炭疽病	500-1000倍液	喷雾
	西瓜	炭疽病	375-562.5克/公顷	喷雾
PD20090071	咪鲜·异菌脲/16%/悬浮剂/咪鲜胺 8%、异菌脲 8%/2009.01.08 至 2014.01.08/低毒			
	香蕉	叶斑病	200-266.7毫克/千克	喷雾
PD20090203	氟氯氰菊酯/50克/升/乳油/氟氯氰菊酯 50克/升/2009.01.09 至 2014.01.09/低毒			
	棉花	棉铃虫	24-37.5克/公顷	喷雾

	十字花科蔬菜	菜青虫	20-25克/公顷	喷雾
PD20090210	顺式氯氰菊酯/30克/升/乳油/顺式氯氰菊酯 30克/升/2009.01.09 至 2014.01.09/低毒			
	甘蓝	小菜蛾	10-20克/公顷	喷雾
PD20090217	吡虫啉/10%/可湿性粉剂/吡虫啉 10%/2009.01.09 至 2014.01.09/低毒			
	水稻	稻飞虱	15-30克/公顷	喷雾
	小麦	蚜虫	15-30克/公顷(南方地区) 45-60克/公顷(北方地区)	喷雾
PD20090820	戊唑醇/12.5%/水乳剂/戊唑醇 12.5%/2009.01.19 至 2014.01.19/低毒			
	香蕉	叶斑病	156.25-250毫克/千克	喷雾
PD20090878	氯氰菊酯/50克/升/乳油/氯氰菊酯 50克/升/2009.01.19 至 2014.01.19/低毒			
	苹果树	桃小食心虫	60-75毫克/千克	喷雾
PD20091301	乙铝・多菌灵 /75%/可湿性粉剂/多菌灵 37.5%、三乙膦酸铝 37.5%/2009.02.01 至 2014.02.01/低毒			
	苹果树	轮纹病	500-800倍液	喷雾
PD20091859	代森锌/80%/可湿性粉剂/代森锌 80%/2009.02.09 至 2014.02.09/低毒			
	番茄	早疫病	2250-3600克/公顷	喷雾
	苹果	斑点落叶病	1143-1600毫克/千克	喷雾
PD20091860	锰锌・三唑酮/33%/可湿性粉剂/代森锰锌 25%、三唑酮 8%/2009.02.09 至 2014.02.09/低毒			
	梨树	黑星病	800-1200倍液	喷雾
PD20091980	乙铝・锰锌/50%/可湿性粉剂/代森锰锌 20%、三乙膦酸铝 30%/2009.02.12 至 2014.02.12/低毒			
	黄瓜	霜霉病	1125-1875克/公顷	喷雾
PD20093165	三唑磷/20%/乳油/三唑磷 20%/2009.03.11 至 2014.03.11/低毒			
	水稻	二化螟	300-450克/公顷	喷雾
PD20093467	高效氯氰菊酯/5%/水乳剂/高效氯氰菊酯 5%/2009.03.23 至 2014.03.23/低毒			
	十字花科蔬菜	菜青虫	22.5-37.5克/公顷	喷雾
PD20096830	乙酸铜/95%/原药/乙酸铜 95%/2009.09.21 至 2014.09.21/低毒			
PD20096933	乙酸铜/20%/可湿性粉剂/乙酸铜 20%/2009.09.25 至 2014.09.25/低毒			
	黄瓜	苗期猝倒病	3000-4500克/公顷	灌根
PD20097183	吗胍・乙酸铜/20%/可湿性粉剂/盐酸吗啉胍 16%、乙酸铜 4%/2009.10.16 至 2014.10.16/低毒			
	番茄	病毒病	499.5-750克/公顷	喷雾
PD20097623	戊唑醇/95%/原药/戊唑醇 95%/2009.11.03 至 2014.11.03/微毒			
PD20097801	啶虫脒/99%/原药/啶虫脒 99%/2009.11.20 至 2014.11.20/中等毒			
PD20098157	吡虫啉/200克/升/可溶液剂/吡虫啉 200克/升/2009.12.14 至 2014.12.14/低毒			
	甘蓝	蚜虫	15-30克/公顷	喷雾
	水稻	稻飞虱	22.5-30克/公顷	喷雾
PD20098172	吡虫啉/95%/原药/吡虫啉 95%/2009.12.14 至 2014.12.14/低毒			
LS20040444	乙酸铜/10%/颗粒剂/乙酸铜 10%/2008.03.07 至 2009.03.07/低毒			
	黄瓜	猝倒病	7500-9000克/公顷	穴施或沟施
LS20050340	烯酰・锰锌/50%/可湿性粉剂/代森锰锌 44%、烯酰吗啉 6%/2008.02.07 至 2009.02.06/低毒			
	黄瓜	霜霉病	703.125-937.5克/公顷	喷雾
LS20050870	啶虫脒/36%/水分散粒剂/啶虫脒 36%/2008.03.29 至 2009.03.29/低毒			
	黄瓜	蚜虫	27-32.4克/公顷	喷雾
LS20051346	阿维・高氯/5%/乳油/阿维菌素 1%、高效氯氰菊酯 4%/2008.04.13 至 2009.04.13/低毒(原药高毒)			
	梨树	梨木虱	6-12毫克/千克	喷雾
	十字花科蔬菜	菜青虫、小菜蛾	7.5-15克/公顷	喷雾
LS20051811	苯醚甲环唑/10%/可分散粒剂/苯醚甲环唑 10%/2008.05.16 至 2009.05.16/低毒			
	番茄	早疫病	100.5-150克/公顷	喷雾
	梨树	黑星病	14.3-16.7毫克/千克	喷雾
LS20053011	烯酰吗啉/40%/水分散粒剂/烯酰吗啉 40%/2008.09.13 至 2009.09.13/低毒			
	黄瓜	霜霉病	225-300克/公顷	喷雾
	荔枝	霜疫霉病	266.7-400毫克/千克	喷雾
LS20053076	多・福/60%/可湿性粉剂/多菌灵 20%、福美双 40%/2008.09.22 至 2009.09.22/低毒			
	梨树	黑星病	1000-1500毫克/千克	喷雾
	葡萄	霜霉病	1000-1250毫克/千克	喷雾
LS20053110	福双・毒死蜱/20%/可湿性粉剂/毒死蜱 3%、福美双 17%/2008.09.28 至 2009.09.28/低毒			
	辣椒	地下害虫、根腐病	6000-12000克/公顷	毒土法
LS20053198	嘧霉・多菌灵/50%/可湿性粉剂/多菌灵 35%、嘧霉胺 15%/2008.10.10 至 2009.10.10/低毒			
	番茄	灰霉病	450-600克/公顷	喷雾
LS20053382	甲维・丙溴磷/15.2%/乳油/丙溴磷 15%、甲氨基阿维菌素苯甲酸盐 0.2%/2008.10.18 至 2009.10.18/低毒			
	十字花科蔬菜	小菜蛾	182.4-228克/公顷	喷雾
LS20053553	烯酰・福美双/50%/可湿性粉剂/福美双 30%、烯酰吗啉 20%/2008.11.14 至 2009.11.14/低毒			
	黄瓜	霜霉病	750-900克/公顷	喷雾
LS20053599	吡虫啉/50%/可湿性粉剂/吡虫啉 50%/2008.11.17 至 2009.11.17/低毒			
	水稻	稻飞虱	15-30克/公顷	喷雾

小麦 蚜虫 15-30克/公顷(南方地区) 喷雾
45-60克/公顷(北方地区)

LS20053731 甲氨基阿维菌素苯甲酸盐/0.2%/乳油/甲氨基阿维菌素苯甲酸盐 0.2%/2008.12.08 至 2009.12.08/低毒
十字花科蔬菜 甜菜夜蛾、小菜蛾 1.5-1.8克/公顷 喷雾

LS20053850 甲维·虫酰肼/25%/悬浮剂/虫酰肼 24%、甲氨基阿维菌素苯甲酸盐 1%/2008.12.22 至 2009.12.22/低毒
十字花科蔬菜 甜菜夜蛾、斜纹夜蛾 150-225克/公顷 喷雾

LS20060256 丙溴磷/10%/颗粒剂/丙溴磷 10%/2009.02.22 至 2010.02.22/低毒
甘薯 茎线虫 3000-4500克/公顷 沟施、穴施

LS20060464 甲维·啶虫脒/3.2%/乳油/啶虫脒 3%、甲氨基阿维菌素苯甲酸盐 0.2%/2009.03.06 至 2010.03.06/低毒
十字花科蔬菜 小菜蛾、蚜虫 28.8-48克/公顷 喷雾

LS20071226 吗胍·乙酸铜/20%/可湿性粉剂/盐酸吗啉胍 10%、乙酸铜 10%/2009.05.07 至 2010.05.08/微毒
烟草 病毒病 450-600克/公顷 喷雾

LS20072555 甲氨基阿维菌素苯甲酸盐/90%/原药/甲氨基阿维菌素苯甲酸盐 90%/2009.12.04 至 2010.12.05/中等毒

LS20080076 丙环唑/40%/微乳剂/丙环唑 40%/2009.01.05 至 2010.01.05/低毒
香蕉 叶斑病 266.7-400毫克/千克 喷雾

LS20080988 氯氰·啶虫脒/5%/乳油/啶虫脒 3.5%、高效氯氰菊酯 1.5%/2009.03.06 至 2010.03.06/低毒
十字花科蔬菜 蚜虫 15-22.5克/公顷 喷雾

LS20081003 丙环唑/250克/升/乳油/丙环唑 250克/升/2009.03.07 至 2010.03.07/低毒
小麦 白粉病 105-125克/公顷 喷雾

LS20081015 苯醚甲环唑/95%/原药/苯醚甲环唑 95%/2009.03.07 至 2010.03.07/低毒

LS20081505 乙霉·多菌灵/60%/可湿性粉剂/多菌灵 30%、乙霉威 30%/2009.03.31 至 2010.03.31/低毒
番茄 灰霉病 810-1080克/公顷 喷雾

LS20081887 芸苔素内酯/0.016%/水剂/芸苔素内酯 0.016%/2009.04.10 至 2010.04.10/低毒
小麦 调节生长 0.025-0.04毫克/千克 喷雾

LS20082451 高氯·三唑磷/13%/乳油/高效氯氰菊酯 1.7%、三唑磷 11.3%/2009.04.22 至 2010.04.22/中等毒
荔枝树 蒂蛀虫 86.7-130毫克/千克 喷雾

LS20082923 苯醚甲环唑/30%/水分散粒剂/苯醚甲环唑 30%/2009.07.17 至 2010.07.17/低毒
香蕉 叶斑病 85-120毫克/千克 喷雾

LS20082926 氟硅唑/10%/水乳剂/氟硅唑 10%/2009.07.17 至 2010.07.17/低毒
番茄 叶霉病 60-75克/公顷 喷雾

山东潍坊万胜生物农药有限公司 (山东省潍坊市经济技术开发区玄武东街51号 261031 0536-8657208)

PD20080807 毒死蜱/40%/乳油/毒死蜱 40%/2008.06.20 至 2013.06.20/中等毒
水稻 稻飞虱 450-600克/公顷 喷雾

PD20081770 草甘膦异丙胺盐(41%)///水剂/草甘膦 30%/2008.11.18 至 2013.11.18/低毒
免耕玉米田 杂草 922.5-1537.5克/公顷 茎叶喷雾
水稻田埂 杂草 1230-2460克/公顷 茎叶喷雾

PD20082040 甲硫·福美双/70%/可湿性粉剂/福美双 40%、甲基硫菌灵 30%/2008.11.25 至 2013.11.25/低毒
苹果树 轮纹病 875-1167毫克/千克 喷雾

PD20082678 氰戊·马拉松/20%/乳油/马拉硫磷 15%、氰戊菊酯 5%/2008.12.05 至 2013.12.05/中等毒
小麦 蚜虫 60-90克/公顷 喷雾

PD20090560 高氯·毒死蜱/21%/乳油/毒死蜱 18%、高效氯氰菊酯 3%/2009.01.13 至 2014.01.13/中等毒
十字花科蔬菜 甜菜夜蛾 157.5-220.5克/公顷 喷雾

PD20090881 联苯菊酯/25克/升/乳油/联苯菊酯 25克/升/2009.01.19 至 2014.01.19/低毒
茶树 茶小绿叶蝉 30-37.5克/公顷 喷雾

PD20091462 醚菊酯/10%/悬浮剂/醚菊酯 10%/2009.02.02 至 2014.02.02/低毒
十字花科蔬菜 菜青虫 45-60克/公顷 喷雾

PD20091567 高效氯氟氰菊酯/2.5%/微乳剂/高效氯氟氰菊酯 2.5%/2009.02.03 至 2014.02.03/中等毒
棉花 棉铃虫 15-22.5克/公顷 喷雾
十字花科蔬菜 甜菜夜蛾 15-22.5克/公顷 喷雾

PD20091981 高氯·辛硫磷/25%/乳油/高效氯氰菊酯 2.5%、辛硫磷 22.5%/2009.02.12 至 2014.02.12/中等毒
棉花 棉铃虫 150-281.25克/公顷 喷雾

PD20092282 嘧霉胺/400克/升/悬浮剂/嘧霉胺 400克/升/2009.02.24 至 2014.02.24/低毒
番茄 灰霉病 450-562.5克/公顷 喷雾

PD20092427 高效氯氰菊酯/2.5%/乳油/高效氯氰菊酯 2.5%/2009.02.25 至 2014.02.25/低毒
梨树 梨木虱 25-31.25毫克/千克 喷雾

PD20093140 马拉硫磷/45%/乳油/马拉硫磷 45%/2009.03.11 至 2014.03.11/低毒
棉花 盲蝽蟓 371.25-540克/公顷 喷雾

PD20094129 多·福/50%/可湿性粉剂/多菌灵 25%、福美双 25%/2009.03.27 至 2014.03.27/低毒
葡萄 霜霉病 250-400倍液 喷雾

PD20096326 丁硫克百威/200克/升/乳油/丁硫克百威 200克/升/2009.07.22 至 2014.07.22/中等毒
棉花 蚜虫 135-180克/公顷 喷雾

PD20098247 吗胍·乙酸铜/20%/可湿性粉剂/盐酸吗啉胍 10%、乙酸铜 10%/2009.12.16 至 2014.12.16/低毒
番茄 病毒病 600-750克/公顷 喷雾

LS20080417 杀扑磷/40%/乳油/杀扑磷 40%/2009.02.19 至 2010.02.20/高毒
柑橘树 介壳虫 266.67-400毫克/千克 喷雾
LS20083112 武夷菌素/2%/水剂/武夷菌素 2%/2009.10.31 至 2010.10.31/低毒
黄瓜 白粉病 53-100克/公顷 喷雾

山东先达化工有限公司 （山东省济南市高新区舜华路大学科技园A-508 250100 0531-88875376）

PD20060055 烯禾啶/96%/原药/烯禾啶 96%/2006.03.06 至 2011.03.06/低毒
PD20060163 异噁草松/96%/原药/异噁草松 96%/2006.10.11 至 2011.10.11/低毒
PD20070066 烯草酮/90%/原药/烯草酮 90%/2007.03.21 至 2012.03.21/低毒
PD20080919 烯酰吗啉/96%/原药/烯酰吗啉 96%/2008.07.17 至 2013.07.17/低毒
PD20081040 烯草酮/240克/升/乳油/烯草酮 240克/升/2008.08.06 至 2013.08.06/低毒
春大豆田 一年生禾本科杂草 72-90克/公顷 茎叶喷雾
PD20081060 异噁草松/48%/乳油/异噁草松 48%/2008.08.14 至 2013.08.14/低毒
春大豆田 一年生杂草 1008-1080克/公顷 土壤喷雾
PD20081264 烯酰·福美双/55%/可湿性粉剂/福美双 47%、烯酰吗啉 8%/2008.09.18 至 2013.09.18/低毒
黄瓜 霜霉病 825-1320克/公顷 喷雾
PD20081269 烯草酮/120克/升/乳油/烯草酮 120克/升/2008.09.18 至 2013.09.18/低毒
春大豆田 一年生禾本科杂草 63-81克/公顷 茎叶喷雾
PD20081873 氟磺胺草醚/25%/水剂/氟磺胺草醚 25%/2008.11.20 至 2013.11.20/低毒
春大豆田 一年生阔叶杂草 450—562.5克/公顷 茎叶喷雾
PD20081883 烯草酮/12%/乳油/烯草酮 12%/2008.11.20 至 2013.11.20/低毒
油菜田 一年生禾本科杂草 54-72克/公顷 茎叶喷雾
PD20082266 丙环唑/250克/升/乳油/丙环唑 250克/升/2008.11.27 至 2013.11.27/低毒
香蕉树 叶斑病 250-500毫克/千克 喷雾
PD20082886 烯禾啶/12.5%/乳油/烯禾啶 12.5%/2008.12.09 至 2013.12.09/低毒
春大豆田 一年生禾本科杂草 187.5-281.3克/公顷 茎叶喷雾
PD20083086 乳氟禾草灵/240克/升/乳油/乳氟禾草灵 240克/升/2008.12.10 至 2013.12.10/低毒
春大豆田 一年生阔叶杂草 108-144克/公顷 茎叶喷雾
PD20085548 烯酰·百菌清/15%/烟剂/百菌清 12.5%、烯酰吗啉 2.5%/2008.12.25 至 2013.12.25/低毒
黄瓜 霜霉病 675—900克/公顷 点燃放烟
PD20085995 咪唑乙烟酸/5%/微乳剂/咪唑乙烟酸 5%/2008.12.29 至 2013.12.29/低毒
春大豆田 一年生杂草 75-105克/公顷 土壤或茎叶喷雾
PD20093432 多菌灵/50%/悬浮剂/多菌灵 50%/2009.03.23 至 2014.03.23/低毒
水稻 纹枯病 562.5-750克/公顷 喷雾
PD20094693 萎锈·福美双/400克/升/悬浮剂/福美双 200克/升、萎锈灵 200克/升/2009.04.10 至 2014.04.10/低毒
春小麦 散黑穗病 112-144克/100千克种子 拌种
PD20095431 烟嘧磺隆/40克/升/油悬浮剂/烟嘧磺隆 40克/升/2009.05.11 至 2014.05.11/低毒
玉米田 一年生杂草 48-60克/公顷 茎叶喷雾
PD20095875 咪唑喹啉酸/97%/原药/咪唑喹啉酸 97%/2009.05.27 至 2014.05.27/低毒
PD20095943 咪唑乙烟酸/10%/水剂/咪唑乙烟酸 10%/2009.06.02 至 2014.06.02/低毒
大豆田 一年生杂草 90—105克/公顷 土壤或茎叶喷雾
PD20095945 咪唑乙烟酸/5%/水剂/咪唑乙烟酸 5%/2009.06.02 至 2014.06.02/低毒
春大豆田 一年生杂草 75-100克/公顷(东北地区) 播后苗前或苗后早期喷雾
PD20096057 烯酰·锰锌/69%/可湿性粉剂/代森锰锌 60%、烯酰吗啉 9%/2009.06.18 至 2014.06.18/低毒
黄瓜 霜霉病 1035-1397.25克/公顷 喷雾
PD20096076 烟嘧磺隆/95%/原药/烟嘧磺隆 95%/2009.06.18 至 2014.06.18/低毒
PD20096184 咪唑乙烟酸/70%/可溶粉剂/咪唑乙烟酸 70%/2009.07.10 至 2014.07.10/低毒
春大豆田 一年生杂草 90-120克/公顷 茎叶喷雾
PD20096211 咪唑烟酸/95%/原药/咪唑烟酸 95%/2009.07.15 至 2014.07.15/低毒
PD20096660 二甲戊灵/330克/升/乳油/二甲戊灵 330克/升/2009.09.07 至 2014.09.07/低毒
甘蓝田 一年生杂草 594-742.5克/公顷 土壤喷雾
PD20096916 咪唑乙烟酸/98%/原药/咪唑乙烟酸 98%/2009.09.23 至 2014.09.23/低毒
PD20097392 氟磺胺草醚/95%/原药/氟磺胺草醚 95%/2009.10.28 至 2014.10.28/低毒
PD20097509 灭草松/95%/原药/灭草松 95%/2009.11.03 至 2014.11.03/低毒
LS20052017 戊唑醇/25%/乳油/戊唑醇 25%/2008.05.31 至 2009.05.31/低毒
香蕉树 叶斑病 156.25-312.5毫克/千克 喷雾
LS20053493 松·烟·氟磺胺/38%/微乳剂/氟磺胺草醚 12%、咪唑乙烟酸 3%、异噁草松 23%/2008.11.13 至 2009.11.13/低毒
春大豆 一年生杂草 513-627克/公顷 茎叶喷雾
LS20081261 草甘膦异丙胺盐/41%/水剂/草甘膦异丙胺盐 41%/2009.03.11 至 2010.03.11/低毒
玉米田 一年生杂草 750-1650克/公顷 定向喷雾
LS20081271 异丙甲草胺/720克/升/乳油/异丙甲草胺 720克/升/2009.03.11 至 2010.03.11/低毒
花生田 一年生杂草 1350-1620克/公顷 土壤喷雾
LS20081315 百草枯/200克/升/水剂/百草枯 200克/升/2009.03.13 至 2010.03.13/中等毒

玉米田 一年生杂草 450-620克/公顷 行间定向茎叶喷雾

LS20081536 莠去津/38%/悬浮剂/莠去津 38%/2009.03.31 至 2010.03.31/低毒
春玉米田 一年生杂草 1567.5-2137.5克/公顷 土壤喷雾
夏玉米田 一年生杂草 997.5-1567.5克/公顷 土壤喷雾

LS20081656 精喹禾灵/50克/升/乳油/精喹禾灵 50克/升/2009.04.07 至 2010.04.07/低毒
春大豆田 一年生禾本科杂草 48.75-60克/公顷 茎叶喷雾

LS20081771 灭草松/480克/升/水剂/灭草松 480克/升/2009.04.07 至 2010.04.07/低毒
大豆田 一年生阔叶杂草 1080-1440克/公顷 茎叶喷雾

LS20090824 辛酰溴苯腈/25%/乳油/辛酰溴苯腈 25%/2009.04.03 至 2010.04.03/低毒
玉米田 一年生阔叶杂草 1500-2250毫升制剂/公顷 茎叶喷雾

LS20090989 烟嘧·莠去津/22%/油悬浮剂/烟嘧磺隆 2%、莠去津 20%/2009.04.10 至 2010.04.10/低毒
玉米田 一年生杂草 412.5-577.5克/公顷 茎叶喷雾

山东乡村生物科技有限公司 （山东省济南市将军路宋刘村2号楼4－502 250108 0531-88272558)

PD20082948 毒死蜱/480克/升/乳油/毒死蜱 480克/升/2008.12.09 至 2013.12.09/中等毒
水稻 稻飞虱 468-612克/公顷 喷雾

PD20083520 高效氯氟氰菊酯/25克/升/乳油/高效氯氟氰菊酯 25克/升/2008.12.12 至 2013.12.12/中等毒
茶树 茶小绿叶蝉 22.5-30克/公顷 喷雾

PD20090240 联苯菊酯/25克/升/乳油/联苯菊酯 25克/升/2009.01.09 至 2014.01.09/低毒
茶树 茶小绿叶蝉 30-37.5克/公顷 喷雾

PD20095482 福美双/50%/可湿性粉剂/福美双 50%/2009.05.11 至 2014.05.11/低毒
黄瓜 霜霉病 600-900克/公顷 喷雾

PD20096219 三环唑/75%/可湿性粉剂/三环唑 75%/2009.07.15 至 2014.07.15/中等毒
水稻 稻瘟病 225-300克/公顷 喷雾

PD20096256 啶虫脒/20%/可湿性粉剂/啶虫脒 20%/2009.07.15 至 2014.07.15/低毒
柑橘树 蚜虫 10-13.33毫克/千克 喷雾

PD20096282 氰戊菊酯/40%/乳油/氰戊菊酯 40%/2009.07.22 至 2014.07.22/低毒
棉花 棉铃虫 112.5-150克/公顷 喷雾

PD20096291 甲基硫菌灵/70%/可湿性粉剂/甲基硫菌灵 70%/2009.07.22 至 2014.07.22/低毒
小麦 赤霉病 900-1050克/公顷 喷雾

PD20096643 多菌灵/25%/可湿性粉剂/多菌灵 25%/2009.09.02 至 2014.09.02/低毒
水稻 纹枯病 750-900克/公顷 喷雾

PD20096663 阿维菌素/18克/升/乳油/阿维菌素 18克/升/2009.09.07 至 2014.09.07/低毒(原药高毒)
甘蓝 小菜蛾 10.8-13.5克/公顷 喷雾

PD20097409 丙环唑/250克/升/乳油/丙环唑 250克/升/2009.10.28 至 2014.10.28/低毒
香蕉 叶斑病 250-500毫升/千克 喷雾

PD20097507 代森锰锌/80%/可湿性粉剂/代森锰锌 80%/2009.11.03 至 2014.11.03/低毒
苹果树 轮纹病 1000－1333.3毫克/千克 喷雾

山东祥隆化工有限公司 （山东省宁阳县东疏镇刘茂村 271400 0538-5483368)

PD86123-5 矮壮素/50%/水剂/矮壮素 50%/2006.03.20 至 2011.03.20/低毒
棉花 提高产量、植株紧凑 1)10000倍液2)0.3-0.5%药液 1)喷雾2)浸种
棉花 防止徒长,化学整枝 10000倍液 喷顶，后期喷全株
棉花 防止疯长 25000倍液 喷顶
小麦 防止倒伏,提高产量 1)3-5%药液 2)100-400倍液 1)拌种2)返青、拔节期喷雾
玉米 增产 0.5%药液 浸种

PD20085705 啶虫脒/3%/乳油/啶虫脒 3%/2008.12.26 至 2013.12.26/低毒
柑橘树 蚜虫 10-15毫克/千克 喷雾

PD20091571 福美双/50%/可湿性粉剂/福美双 50%/2009.02.03 至 2014.02.03/低毒
黄瓜 霜霉病 750-1125克/公顷 喷雾

PD20091782 百菌清/30%/烟剂/百菌清 30%/2009.02.04 至 2014.02.04/低毒
黄瓜 霜霉病 1000-1200克/公顷 点燃放烟

PD20091928 氯氰菊酯/50克/升/乳油/氯氰菊酯 50克/升/2009.02.12 至 2014.02.12/中等毒
十字花科蔬菜 菜青虫 45-52.5克/公顷 喷雾

PD20092249 高效氯氟氰菊酯/25克/升/乳油/高效氯氟氰菊酯 25克/升/2009.02.24 至 2014.02.24/中等毒
茶树 茶小绿叶蝉 22.5-30克/公顷 喷雾

PD20092453 联苯菊酯/25克/升/乳油/联苯菊酯 25克/升/2009.02.25 至 2014.02.25/中等毒
茶树 茶尺蠖 7.5-15克/公顷 喷雾
苹果树 桃小食心虫 25-31.25毫克/千克 喷雾

PD20093028 霜霉威盐酸盐/722克/升/水剂/霜霉威盐酸盐 722克/升/2009.03.09 至 2014.03.09/低毒
甜椒 疫病 758-1191克/公顷 喷雾

PD20096135 联苯菊酯/100克/升/乳油/联苯菊酯 100克/升/2009.06.24 至 2014.06.24/中等毒

茶树 茶小绿叶蝉 30-37.5克/公顷 喷雾

LS20031203 苦参碱/0.36%/可溶性液剂/苦参碱 0.36%/2009.02.04 至 2009.12.31/低毒

梨树 黑星病 600-800倍液 喷雾

LS20061055 辛硫磷/15%/乳油/辛硫磷 15%/2009.05.10 至 2010.05.10/低毒

十字花科蔬菜 菜青虫 135-270克/公顷 喷雾

LS20061627 敌百虫/30%/乳油/敌百虫 30%/2009.08.16 至 2010.08.17/低毒

荔枝 蝽蟓 375-600毫克/千克 喷雾

LS20061637 三唑磷/20%/乳油/三唑磷 20%/2009.08.23 至 2010.08.23/中等毒

水稻 二化螟 300-450克/公顷 喷雾

LS20061734 高氯·吡虫啉/3%/乳油/吡虫啉 1.5%、高效氯氰菊酯 1.5%/2009.10.10 至 2010.10.10/低毒

十字花科蔬菜 蚜虫 18-27克/公顷 喷雾

LS20062008 乐果·敌百虫/40%/乳油/敌百虫 20%、乐果 20%/2009.12.25 至 2010.12.25/低毒

水稻 稻飞虱 600-720克/公顷 喷雾

LS20071460 嘧霉胺/20%/可湿性粉剂/嘧霉胺 20%/2009.05.20 至 2010.05.21/低毒

黄瓜 灰霉病 450-540克/公顷 喷雾

LS20080028 吡虫啉/10%/可湿性粉剂/吡虫啉 10%/2009.01.03 至 2010.01.03/低毒

小麦 蚜虫 15-30克/公顷（南方地区） 喷雾

45-60克/公顷（北方地区）

LS20080847 氰戊·马拉松/20%/乳油/马拉硫磷 15%、氰戊菊酯 5%/2009.03.03 至 2010.03.03/低毒

苹果树 桃小食心虫 167-333毫克/千克 喷雾

LS20081459 杀扑磷/400克/升/乳油/杀扑磷 400克/升/2009.03.27 至 2010.03.27/高毒

柑橘树 介壳虫 400-500毫克/千克 喷雾

LS20082065 高效氯氟氰菊酯/2.5%/可湿性粉剂/高效氯氟氰菊酯 2.5%/2009.04.15 至 2010.04.15/中等毒

小麦 蚜虫 4.5-7.5克/公顷 喷雾

LS20082066 阿维·高氯/1.8%/乳油/阿维菌素 0.3%、高效氯氰菊酯 1.5%/2009.04.15 至 2010.04.15/低毒(原药高毒)

梨树 梨木虱 6-12毫克/千克 喷雾

山东新禾农药化工有限公司 （山东省潍坊市寒亭区朱里镇 261111 0536-7380188）

PD20084146 阿维菌素/0.5%/可湿性粉剂/阿维菌素 0.5%/2008.12.16 至 2013.12.16/低毒(原药高毒)

甘蓝 小菜蛾 6-9克/公顷 喷雾

PD20090483 百草枯/200克/升/水剂/百草枯 200克/升/2009.01.12 至 2014.01.12/中等毒

玉米田 一年生杂草 300-450克/公顷 定向喷雾

PD20090597 精喹禾灵/8.8%/乳油/精喹禾灵 8.8%/2009.01.14 至 2014.01.14/低毒

冬油菜田 一年生禾本科杂草 39.6-52.8克/公顷 喷雾

PD20092711 高氯·辛硫磷/25%/乳油/高效氯氰菊酯 2.5%、辛硫磷 22.5%/2009.03.04 至 2014.03.04/中等毒

棉花 棉铃虫 281.25-375克/公顷 喷雾

PD20093481 啶虫脒/3%/可湿性粉剂/啶虫脒 3%/2009.03.23 至 2014.03.23/低毒

柑橘树 蚜虫 8.6-12毫克/千克 喷雾

PD20094357 腐霉·福美双/25%/可湿性粉剂/腐霉利 5%、福美双 20%/2009.04.01 至 2014.04.01/低毒

番茄 灰霉病 260-300克/公顷 喷雾

PD20095019 氰戊·马拉松/20%/乳油/马拉硫磷 18.5%、氰戊菊酯 1.5%/2009.04.21 至 2014.04.21/低毒

十字花科蔬菜 蚜虫 150-195克/公顷 喷雾

PD20095066 乙铝·锰锌/50%/可湿性粉剂/代森锰锌 22%、三乙膦酸铝 28%/2009.04.21 至 2014.04.21/低毒

黄瓜 霜霉病 937-1400克/公顷 喷雾

LS20050233 阿维·高氯/1.8%/乳油/阿维菌素 0.3%、氯氰菊酯 1.5%/2008.01.31 至 2009.01.30/低毒(原药高毒)

十字花科蔬菜 菜青虫、小菜蛾 7.5-15克/公顷 喷雾

LS20051258 阿维·哒螨灵/6.78%/乳油/阿维菌素 0.3%、哒螨灵 6.48%/2008.04.12 至 2009.04.12/低毒(原药高毒)

柑橘树 红蜘蛛 33.9-45.2毫克/千克 喷雾

LS20052024 氟铃脲/5%/乳油/氟铃脲 5%/2008.05.31 至 2009.05.31/低毒

棉花 棉铃虫 75-120克/公顷 喷雾

LS20080160 烯酰吗啉/50%/可湿性粉剂/烯酰吗啉 50%/2009.01.08 至 2010.01.08/低毒

黄瓜 霜霉病 225-300克/公顷 喷雾

LS20080820 高氯·辛硫磷/16%/乳油/高效氯氟氰菊酯 0.7%、辛硫磷 15.3%/2009.02.28 至 2010.02.28/中等毒

棉花 棉铃虫 135-204克/公顷 喷雾

LS20082879 二嗪磷/4%/颗粒剂/二嗪磷 4%/2008.06.11 至 2009.06.11/低毒

十字花科蔬菜 地下害虫 600-900克/公顷 撒施

山东新农基生物科技有限公司 （山东省淄博市高新技术开发区桓台新区石化路5号 256410 0533－8409882）

LS20090021 高效氯氟氰菊酯/2.5%/水乳剂/高效氯氟氰菊酯 2.5%/2010.01.08 至 2011.01.08/中等毒

十字花科蔬菜 菜青虫 7.5-15克/公顷 喷雾

LS20090228 戊唑醇/250克/升/水乳剂/戊唑醇 250克/升/2009.02.13 至 2010.02.13/低毒

香蕉 叶斑病 167-250毫克/千克 喷雾

山东新势立生物科技有限公司 （山东省德州市宁津县时集工业园 253400 0534-5232048）

PD20082768 啶虫脒/20%/可溶粉剂/啶虫脒 20%/2008.12.08 至 2013.12.08/低毒

黄瓜 蚜虫 36-72克/公顷 喷雾

PD20084447	阿维菌素/1.8%/乳油/阿维菌素 1.8%/2008.12.17 至 2013.12.17/低毒(原药高毒)			
	十字花科蔬菜	菜青虫	8.1-10.8克/公顷	喷雾
PD20085034	联苯菊酯/100克/升/乳油/联苯菊酯 100克/升/2008.12.22 至 2013.12.22/中等毒			
	茶树	茶小绿叶蝉	30-37.5克/公顷	喷雾
PD20086140	乙铝·锰锌/50%/可湿性粉剂/代森锰锌 30%、三乙膦酸铝 20%/2008.12.30 至 2013.12.30/低毒			
	黄瓜	霜霉病	1400-2800克/公顷	喷雾
PD20086311	马拉·高氯氟/20%/乳油/高效氯氟氰菊酯 0.5%、马拉硫磷 19.5%/2008.12.31 至 2013.12.31/低毒			
	十字花科蔬菜	菜青虫	120-150克/公顷	喷雾
PD20090254	高氯·马/20%/乳油/高效氯氰菊酯 2%、马拉硫磷 18%/2009.01.09 至 2014.01.09/中等毒			
	苹果树	桃小食心虫	1500-2000倍液	喷雾
PD20090859	乙草胺/990克/升/乳油/乙草胺 990克/升/2009.01.19 至 2014.01.19/低毒			
	春玉米田	一年生杂草	1336-1633.5克/公顷	播后苗前土壤喷雾
	夏玉米田	一年生杂草	1188-1336克/公顷	播后苗前土壤喷雾
PD20091000	烯草酮/240克/升/乳油/烯草酮 240克/升/2009.01.21 至 2014.01.21/低毒			
	春大豆田	一年生禾本科杂草	108-144克/公顷	茎叶喷雾
	夏大豆田	一年生禾本科杂草	72-108克/公顷	茎叶喷雾
PD20091136	精喹禾灵/5%/乳油/精喹禾灵 5%/2009.01.21 至 2014.01.21/低毒			
	夏大豆田	一年生禾本科杂草	37.5-52.5克/公顷	喷雾
PD20091198	草甘膦异丙胺盐/41%/水剂/草甘膦异丙胺盐 41%/2009.02.01 至 2014.02.01/低毒			
	玉米田	一年生和多年生杂草	1230-1537.5克/公顷	定向茎叶喷雾
PD20091283	百草枯/200克/升/水剂/百草枯 200克/升/2009.02.01 至 2014.02.01/中等毒			
	苹果园	杂草	600-900克/公顷	定向喷雾
PD20091549	莠去津/38%/悬浮剂/莠去津 38%/2009.02.03 至 2014.02.03/低毒			
	春玉米田	一年生杂草	1938-2137.5克/公顷	土壤喷雾
	夏玉米田	一年生杂草	1140-1710克/公顷	土壤喷雾
PD20091570	氟吡甲禾灵/108克/升/乳油/高效氟吡甲禾灵 108克/升/2009.02.03 至 2014.02.03/低毒			
	春大豆田	一年生禾本科杂草	48.6-56.7克/公顷	茎叶喷雾
	夏大豆田	一年生禾本科杂草	42.1-48.6克/公顷	茎叶喷雾
PD20091715	精喹禾灵/10%/乳油/精喹禾灵 10%/2009.02.04 至 2014.02.04/低毒			
	夏大豆田	一年生禾本科杂草	37.5-52.5克/公顷	喷雾
PD20091751	异丙甲草胺/720克/升/乳油/异丙甲草胺 720克/升/2009.02.04 至 2014.02.04/低毒			
	春玉米田	一年生杂草	1458-1944克/公顷	播后苗前土壤喷雾
	夏玉米田	一年生杂草	972-1458克/公顷	播后苗前土壤喷雾
PD20093682	多抗霉素/10%/可湿性粉剂/多抗霉素 10%/2009.03.25 至 2014.03.25/低毒			
	苹果树	斑点落叶病	70-100毫克/千克	喷雾
PD20095487	异丙草·莠/40%/悬乳剂/异丙草胺 24%、莠去津 16%/2009.05.11 至 2014.05.11/低毒			
	夏玉米田	一年生杂草	1200-1500克/公顷	土壤喷雾
PD20095856	烟嘧磺隆/40克/升/油悬浮剂/烟嘧磺隆 40克/升/2009.05.27 至 2014.05.27/低毒			
	玉米田	一年生杂草	42-60克/公顷	茎叶喷雾
PD20096629	多抗霉素/3%/可湿性粉剂/多抗霉素 3%/2009.09.02 至 2014.09.02/低毒			
	番茄	晚疫病	160-270克/公顷	喷雾
PD20097476	啶虫脒/40%/水分散粒剂/啶虫脒 40%/2009.11.03 至 2014.11.03/低毒			
	黄瓜	蚜虫	18-24克/公顷	喷雾
LS20050091	阿维·高氯/3%/可湿性粉剂/阿维菌素 0.2%、高效氯氰菊酯 2.8%/2008.01.12 至 2009.01.11/低毒(原药高毒)			
	十字花科蔬菜	菜青虫、小菜蛾	13.5-27克/公顷	喷雾
LS20050304	阿维·哒螨灵/6.78%/乳油/阿维菌素 0.11%、哒螨灵 6.67%/2008.02.05 至 2009.02.04/低毒(原药高毒)			
	苹果树	二斑叶螨	27.12-45.2毫克/千克	喷雾
LS20050549	柴油·敌畏/80%/乳油/柴油 50%、敌敌畏 30%/2008.02.26 至 2009.02.25/中等毒			
	棉花	蚜虫	960-1440克/公顷	喷雾
LS20051424	虫酰肼/10%/悬浮剂/虫酰肼 10%/2008.04.21 至 2009.04.21/低毒			
	十字花科蔬菜	甜菜夜蛾	150-180克/公顷	喷雾
LS20053663	高效氯氟氰菊酯/2.5%/微乳剂/高效氯氟氰菊酯 2.5%/2008.11.29 至 2009.11.29/中等毒			
	十字花科蔬菜	菜青虫	7.5-15克/公顷	喷雾
LS20072209	松·喹·氟磺胺/18%/乳油/氟磺胺草醚 5.5%、精喹禾灵 1.5%、异噁草松 11%/2009.09.11 至 2010.09.12/低毒			
	春大豆田	一年生杂草	486-540克/公顷	茎叶喷雾
LS20082892	甲氨基阿维菌素苯甲酸盐/3%/微乳剂/甲氨基阿维菌素苯甲酸盐 3%/2009.06.23 至 2010.06.23/低毒			
	甘蓝	小菜蛾	1.5-2.25克/公顷	喷雾
LS20090008	丙溴·炔螨特/45%/乳油/丙溴磷 15%、炔螨特 30%/2010.01.08 至 2011.01.08/中等毒			
	柑橘树	红蜘蛛	225-300毫克/千克	喷雾

LS20090125 戊唑·多菌灵/20%/可湿性粉剂/多菌灵 10%、戊唑醇 10%/2010.02.04 至 2011.02.04/低毒

苹果树 轮纹病 100-200毫克/千克 喷雾

LS20090205 甲维·丙溴磷/20%/乳油/丙溴磷 19.5%、甲氨基阿维菌素苯甲酸盐 0.5%/2010.02.09 至 2011.02.09/低毒

甘蓝 小菜蛾 90～120克/公顷 喷雾

LS20091365 毒死蜱/50%/乳油/毒死蜱 50%/2009.07.22 至 2010.07.22/中等毒

水稻 稻纵卷叶螟 525-600克/公顷 喷雾

LS20091424 阿维·四螨嗪/21%/水分散粒剂/阿维菌素 0.3%、四螨嗪 20.7%/2009.09.29 至 2010.09.29/低毒(原药高毒)

苹果树 红蜘蛛 105～124毫克/千克 /喷雾

山东信邦生物化学有限公司 (山东省烟台市栖霞市栖霞民营经济园 265300 0535-5205958)

PD20082432 阿维·甲氰/1.8%/乳油/阿维菌素 0.1%、甲氰菊酯 1.7%/2008.12.02 至 2013.12.02/低毒(原药高毒)

苹果 红蜘蛛 12-15毫克/千克 喷雾

PD20084685 氯氰菊酯/50克/升/乳油/氯氰菊酯 50克/升/2008.12.22 至 2013.12.22/低毒

棉花 棉铃虫 75-90克/公顷 喷雾

PD20084729 联苯菊酯/25克/升/乳油/联苯菊酯 25克/升/2008.12.22 至 2013.12.22/中等毒

苹果树 桃小食心虫 25-31.25毫克/千克 喷雾

PD20084779 多菌灵/50%/可湿性粉剂/多菌灵 50%/2008.12.22 至 2013.12.22/低毒

苹果树 轮纹病 625-1000毫克/千克 喷雾

PD20085224 辛硫·灭多威/20%/乳油/灭多威 10%、辛硫磷 10%/2008.12.23 至 2013.12.23/高毒

棉花 棉蚜 75-150克/公顷 喷雾

PD20086213 甲基硫菌灵/70%/可湿性粉剂/甲基硫菌灵 70%/2008.12.31 至 2013.12.31/低毒

苹果树 轮纹病 700-875毫克/千克 喷雾

PD20090371 百草枯/200克/升/水剂/百草枯 200克/升/2009.01.12 至 2014.01.12/低毒

苹果园 杂草 600-900克/公顷 定向喷雾

PD20091387 高效氟吡甲禾灵/108克/升/乳油/高效氟吡甲禾灵 108克/升/2009.02.02 至 2014.02.02/低毒

春大豆田 一年生禾本科杂草 48.6-64.8克/公顷 茎叶喷雾

PD20091916 井冈·蜡芽菌/12.5%/水剂/井冈霉素A 2.5%、蜡质芽孢杆菌 10%/2009.02.12 至 2014.02.12/低毒

水稻 纹枯病 56.25-93.75克/公顷 喷雾

PD20095241 锰锌·腈菌唑/52.5%/可湿性粉剂/腈菌唑 2%、代森锰锌 50.5%/2009.04.27 至 2014.04.27/低毒

黄瓜 白粉病 1575-1968克/公顷 喷雾

PD20095242 氟铃·毒死蜱/10%/乳油/毒死蜱 8.5%、氟铃脲 1.5%/2009.04.27 至 2014.04.27/中等毒

十字花科蔬菜 小菜蛾 90-120克/公顷 喷雾

PD20095688 高氯·氟啶脲/5%/乳油/氟啶脲 1.5%、高效氯氰菊酯 3.5%/2009.05.15 至 2014.05.15/低毒

甘蓝 小菜蛾 60-75克/公顷 喷雾

PD20095829 多抗霉素/3%/可湿性粉剂/多抗霉素 3%/2009.05.27 至 2014.05.27/低毒

黄瓜 霜霉病 150-200克/公顷 喷雾

PD20098253 苯丁锡/25%/可湿性粉剂/苯丁锡 25%/2009.12.16 至 2014.12.16/低毒

柑橘树 红蜘蛛 125-250毫克/千克 喷雾

LS20052507 高效氯氰菊酯/3%/可湿性粉剂/高效氯氰菊酯 3%/2008.07.25 至 2009.07.25/低毒

十字花科蔬菜 蚜虫 18-27克/公顷 喷雾

LS20061400 代森锌/65%/可湿性粉剂/代森锌 65%/2009.06.26 至 2010.06.26/低毒

葡萄 霜霉病 1083-1625毫克/千克 喷雾

LS20061937 嘧霉胺/20%/可湿性粉剂/嘧霉胺 20%/2009.12.06 至 2010.12.06/低毒

黄瓜 灰霉病 360-540克/公顷 喷雾

LS20070289 丙森锌/70%/可湿性粉剂/丙森锌 70%/2009.02.25 至 2010.02.25/低毒

苹果树 斑点落叶病 1000-1167毫克/千克 喷雾

LS20071959 啶虫脒/20%/可溶粉剂/啶虫脒 20%/2009.08.07 至 2010.08.08/低毒

柑橘树 蚜虫 20-30毫克/千克 喷雾

LS20082823 阿维·三唑锡/20%/可湿性粉剂/阿维菌素 0.3%、三唑锡 19.7%/2009.05.12 至 2010.05.12/低毒(原药高毒)

柑橘树 红蜘蛛 100-133.3毫克/千克 喷雾

LS20090126 阿维·哒螨灵 /20%/可湿性粉剂/阿维菌素 0.3%、哒螨灵 19.7%/2009.02.04 至 2010.02.04/低毒(原药高毒)

苹果树 二斑叶螨 50-83.3毫克/千克 喷雾

LS20090229 甲维盐·高氯/3.2%/乳油/高效氯氰菊酯 3%、甲氨基阿维菌素苯甲酸盐 0.2%/2009.02.13 至 2010.02.13/低毒

甘蓝 甜菜夜蛾 19.2-28.8克/公顷 喷雾

山东兴禾作物科学技术有限公司 (山东省济南市历城区开源路兴泉工业园 250014 0531-88518236)

PD20085436 联苯菊酯/25克/升/乳油/联苯菊酯 25克/升/2008.12.24 至 2013.12.24/低毒

茶树 茶小绿叶蝉 30-37.5克/公顷 喷雾

PD20085439 三唑锡/25%/可湿性粉剂/三唑锡 25%/2008.12.24 至 2013.12.24/低毒

柑橘树 红蜘蛛 125-166.7毫克/千克 喷雾

PD20093943 氯氟吡氧乙酸异辛酯/200克/升/乳油/氯氟吡氧乙酸异辛酯 200克/升/2009.03.27 至 2014.03.27/低毒

水田畦畔 空心莲子草(水花生) 150-210克/公顷 茎叶喷雾

PD20094587 高效氯氟氰菊酯/25克/升/乳油/高效氯氟氰菊酯 25克/升/2009.04.10 至 2014.04.10/中等毒

甘蓝 蚜虫 7.5-15克/公顷 喷雾

PD20094796 高效氟吡甲禾灵/108克/升/乳油/高效氟吡甲禾灵 108克/升/2009.04.13 至 2014.04.13/低毒

油菜田 一年生禾本科杂草 40.5-48.6克/公顷 茎叶喷雾
PD20095160 烯酰·锰锌/69%/可湿性粉剂/代森锰锌 60%、烯酰吗啉 9%/2009.04.24 至 2014.04.24/低毒
黄瓜 霜霉病 1035-1397.25克/公顷 喷雾
PD20095582 百草枯/200克/升/水剂/百草枯 200克/升/2009.05.12 至 2014.05.12/中等毒
苹果园 杂草 600-750克/公顷 茎叶喷雾
PD20096116 啶虫脒/5%/可湿性粉剂/啶虫脒 5%/2009.06.18 至 2014.06.18/低毒
柑橘树 蚜虫 8.6-10毫克/千克 喷雾
PD20097346 精喹禾灵/15%/乳油/精喹禾灵 15%/2009.10.27 至 2014.10.27/低毒
油菜田 一年生禾本科杂草 20-30毫升制剂/亩 茎叶喷雾
PD20097618 吡虫啉/10%/可湿性粉剂/吡虫啉 10%/2009.11.03 至 2014.11.03/低毒
水稻 稻飞虱 15-22.5克/公顷 喷雾
PD20098002 氟硅唑/400克/升/乳油/氟硅唑 400克/升/2009.12.07 至 2014.12.07/中等毒
黄瓜 黑星病 45—75克/公顷 喷雾
LS20053693 高效氯氰菊酯/4.5%/微乳剂/高效氯氰菊酯 4.5%/2008.11.29 至 2009.11.29/中等毒
十字花科蔬菜 菜青虫 13.5-27克/公顷 喷雾
LS20060336 柴油·敌敌畏/80%/乳油/柴油 50%、敌敌畏 30%/2009.03.01 至 2010.03.01/中等毒
棉花 蚜虫 960-1440克/公顷 喷雾
LS20060367 柴油·哒螨灵/40%/乳油/柴油 35%、哒螨灵 5%/2009.03.05 至 2010.03.05/中等毒
苹果树 红蜘蛛 200-266.7毫克/千克 喷雾
LS20060741 机油·炔螨特/73%/乳油/机油 33%、炔螨特 40%/2009.04.04 至 2010.04.04/低毒
柑橘树 红蜘蛛 243.3-365毫克/千克 喷雾
LS20090249 丁·异·莠去津/42%/悬乳剂/丁草胺 4%、异丙草胺 20%、莠去津 18%/2009.02.13 至 2010.02.13/低毒
春玉米田 一年生杂草 250-300毫升制剂/亩 播后苗前土壤喷雾
夏玉米田 一年生杂草 200-250毫升制剂/亩 播后苗前土壤喷雾
LS20090276 阿维·三唑磷/10.2%/乳油/阿维菌素 0.2%、三唑磷 10%/2009.02.16 至 2010.02.16/中等毒(原药高毒)
水稻 三化螟 153-183.6克/公顷 喷雾
LS20090409 啶虫脒/10%/微乳剂/啶虫脒 10%/2009.03.16 至 2010.03.16/低毒
苹果树 蚜虫 10-12.5毫克/千克 喷雾
LS20090987 烟嘧·莠去津/22%/油悬浮剂/烟嘧磺隆 2%、莠去津 20%/2009.04.10 至 2010.04.10/低毒
玉米田 一年生杂草 100—150毫升制剂/亩 茎叶喷雾

山东亚星农药有限公司 (山东省济南市历城区山大南路27号 250100 0531-88364485)

LS991421 烷醇·硫酸铜/2.5%/可湿性粉剂/十二烷基硫酸钠 1%、硫酸铜 1.4%、三十烷醇 0.1%/2009.01.09 至 2009.12.31/低毒
番茄 病毒病 18.8-28.2克/公顷 喷雾
LS991983 烷醇·硫酸铜/1.5%/水乳剂/十二烷基硫酸钠 1%、硫酸铜 0.4%、三十烷醇 0.1%/2009.01.08 至 2009.12.31/低毒
番茄 病毒病 11.25-16.5克/公顷 喷雾
LS20070545 草甘膦/10%/水剂/草甘膦 10%/2009.03.08 至 2009.12.31/低毒
苹果园 杂草 1125-2250克/公顷 定向喷雾
LS20080003 高效氯氟氰菊酯/25克/升/乳油/高效氯氟氰菊酯 25克/升/2009.01.04 至 2010.01.04/中等毒
十字花科蔬菜 菜青虫 7.5-11.25克/公顷 喷雾

山东一诺农药有限公司 (山东省成武县汶上集镇东开发区 274000 0530-8891099)

PD20085799 百草枯/200克/升/水剂/百草枯 200克/升/2008.12.29 至 2013.12.29/中等毒
夏玉米田 一年生杂草 450-600克/公顷 定向喷雾
PD20098147 阿维菌素/1.8%/乳油/阿维菌素 1.8%/2009.12.14 至 2014.12.14/低毒(原药高毒)
甘蓝 小菜蛾 6-9克/公顷 喷雾
LS20050145 阿维·杀虫单/20%/微乳剂/阿维菌素 0.2%、杀虫单 19.8%/2008.01.21 至 2009.01.20/中等毒(原药高毒)
菜豆 美洲斑潜蝇 135-180克/公顷 喷雾
LS20050964 吡虫啉/10%/可湿性粉剂/吡虫啉 10%/2008.04.04 至 2009.04.04/低毒
十字花科蔬菜 蚜虫 18.75-22.5克/公顷 喷雾
LS20051600 啶虫脒/3%/乳油/啶虫脒 3%/2008.04.29 至 2009.04.29/低毒
黄瓜 蚜虫 18-22.5克/公顷 喷雾

山东一松生化有限公司 (山东省滨州市沾化高新技术开发区 256800 0543-7322605)

PD20098406 高效氯氟氰菊酯/25克/升/乳油/高效氯氟氰菊酯 25克/升/2009.12.18 至 2014.12.18/中等毒
十字花科蔬菜 蚜虫 6.25-7.5克/公顷 喷雾
LS20080024 甲维·氟铃脲/2.2%/乳油/氟铃脲 2%、甲氨基阿维菌素苯甲酸盐 0.2%/2009.01.04 至 2010.01.04/低毒
十字花科蔬菜 甜菜夜蛾 16.5-19.8克/公顷 喷雾
LS20080144 阿维·哒螨灵/10%/乳油/阿维菌素 0.3%、哒螨灵 9.7%/2009.01.08 至 2010.01.08/低毒(原药高毒)
棉花 红蜘蛛 60-90克/公顷 喷雾
LS20081369 啶虫脒/3%/乳油/啶虫脒 3%/2009.03.13 至 2010.03.13/低毒
黄瓜 蚜虫 18-22.5克/公顷 喷雾
LS20081688 马拉·辛硫磷/20%/乳油/马拉硫磷 10%、辛硫磷 10%/2009.04.07 至 2010.04.07/低毒
棉花 棉铃虫 225-300克/公顷 喷雾

LS20083114 阿维·高氯/1.3%/乳油/阿维菌素 0.3%、高效氯氟氰菊酯 1%/2009.10.31 至 2010.10.31/低毒(原药高毒)
十字花科叶菜 小菜蛾 7.8-9.75克/公顷 喷雾

山东亿邦生物科技有限公司 (山东省德州市陵县经济开发区北辰路 253500 0534-8296788)

PD20070433 莠去津/48%/可湿性粉剂/莠去津 48%/2007.11.20 至 2012.11.20/低毒
春玉米田 一年生杂草 2160-2880克/公顷(东北地区) 土壤喷雾
夏玉米田 一年生杂草 1440-1800克/公顷(其它地区) 土壤喷雾
PD20070503 炔螨特/570克/升/乳油/炔螨特 570克/升/2007.11.28 至 2012.11.28/低毒
柑橘树 红蜘蛛 285-380毫克/千克 喷雾
PD20070539 代森锰锌/70%/可湿性粉剂/代森锰锌 70%/2007.12.03 至 2012.12.03/低毒
番茄 早疫病 1837.5-2362.5克/公顷 喷雾
PD20070555 氯氰菊酯/100克/升/乳油/氯氰菊酯 100克/升/2007.12.03 至 2012.12.03/低毒
甘蓝 菜青虫 45-60克/公顷 喷雾
PD20070593 吡虫啉/200克/升/可溶液剂/吡虫啉 200克/升/2007.12.14 至 2012.12.14/低毒
十字花科蔬菜 蚜虫 15-30克/公顷 喷雾
PD20080029 甲霜·锰锌/58%/可湿性粉剂/甲霜灵 10%、代森锰锌 48%/2008.01.03 至 2013.01.03/低毒
黄瓜 霜霉病 675-1050克/公顷 喷雾
PD20080206 丙·辛/24%/乳油/丙溴磷 10%、辛硫磷 14%/2008.01.11 至 2013.01.11/中等毒
棉花 棉铃虫 144-275克/公顷 喷雾
PD20080301 啶虫脒/10%/可湿性粉剂/啶虫脒 10%/2008.02.25 至 2013.02.25/低毒
甘蓝 蚜虫 12-15克/公顷 喷雾
PD20080460 高效氯氟氰菊酯/25克/升/乳油/高效氯氟氰菊酯 25克/升/2008.03.27 至 2013.03.27/中等毒
十字花科蔬菜 蚜虫 5.625-7.5克/公顷 喷雾
PD20080490 三乙膦酸铝/40%/可湿性粉剂/三乙膦酸铝 40%/2008.04.07 至 2013.04.07/低毒
大白菜 霜霉病 1410-2820克/公顷 喷雾
PD20080519 辛硫·高氯氟/26%/乳油/高效氯氟氰菊酯 1%、辛硫磷 25%/2008.04.29 至 2013.04.29/中等毒
棉花 棉铃虫 312-390克/公顷 喷雾
PD20080524 啶虫脒/5%/可湿性粉剂/啶虫脒 5%/2008.04.29 至 2013.04.29/低毒
甘蓝 蚜虫 15-22.5克/公顷 喷雾
PD20080874 精喹禾灵/15%/乳油/精喹禾灵 15%/2008.06.30 至 2013.06.30/低毒
冬油菜田 一年生禾本科杂草 45-67.5克/公顷 喷雾
PD20081199 联苯菊酯/100克/升/乳油/联苯菊酯 100克/升/2008.09.11 至 2013.09.11/中等毒
茶树 茶小绿叶蝉 30-37.5克/公顷 喷雾
PD20081224 精喹禾灵/95%/原药/精喹禾灵 95%/2008.09.11 至 2013.09.11/低毒
PD20081609 高效氯氟氰菊酯/95%/原药/高效氯氟氰菊酯 95%/2008.11.12 至 2013.11.12/中等毒
PD20081746 吡虫啉/95%/原药/吡虫啉 95%/2008.11.18 至 2013.11.18/低毒
PD20082734 氯氰菊酯/50克/升/乳油/氯氰菊酯 50克/升/2008.12.08 至 2013.12.08/中等毒
十字花科蔬菜 菜青虫 37.5-52.5克/公顷 喷雾
PD20083010 氟啶脲/50克/升/乳油/氟啶脲 50克/升/2008.12.10 至 2013.12.10/低毒
甘蓝 小菜蛾 600-1200毫升/公顷 喷雾
PD20083163 霜脲·锰锌/36%/可湿性粉剂/代森锰锌 32%、霜脲氰 4%/2008.12.11 至 2013.12.11/低毒
黄瓜 霜霉病 1440-1800克/公顷 喷雾
PD20083843 联苯菊酯/25克/升/乳油/联苯菊酯 25克/升/2008.12.15 至 2013.12.15/低毒
茶树 茶毛虫 7.5-15克/公顷 喷雾
PD20083849 代森锌/65%/可湿性粉剂/代森锌 65%/2008.12.15 至 2013.12.15/低毒
番茄 早疫病 2535-3600克/公顷 喷雾
PD20084175 甲氨基阿维菌素苯甲酸盐/0.5%/微乳剂/甲氨基阿维菌素苯甲酸盐 0.5%/2008.12.16 至 2013.12.16/低毒
十字花科蔬菜 甜菜夜蛾 1.5-2.25克/公顷 喷雾
PD20084540 阿维菌素/1.8%/乳油/阿维菌素 1.8%/2008.12.18 至 2013.12.18/低毒(原药高毒)
十字花科蔬菜 小菜蛾 8.1-10.8克/公顷 喷雾
PD20085311 异丙草·莠/42%/悬乳剂/异丙草胺 16%、莠去津 26%/2008.12.24 至 2013.12.24/低毒
夏玉米田 一年生杂草 1134-1512克/公顷 播后苗前土壤喷雾
PD20085865 福·福锌/80%/可湿性粉剂/福美双 30%、福美锌 50%/2008.12.29 至 2013.12.29/低毒
黄瓜 炭疽病 1500-1800克/公顷 喷雾
PD20085896 嘧霉胺/20%/可湿性粉剂/嘧霉胺 20%/2008.12.29 至 2013.12.29/低毒
黄瓜 灰霉病 360-540克/公顷 喷雾
PD20085916 丁·莠/48%/悬乳剂/丁草胺 19%、莠去津 29%/2008.12.29 至 2013.12.29/低毒
夏玉米田 一年生杂草 1080-1440克/公顷 播后苗前土壤喷雾
PD20086373 阿维菌素/0.5%/可湿性粉剂/阿维菌素 0.5%/2008.12.31 至 2013.12.31/低毒(原药高毒)
十字花科蔬菜 小菜蛾 8.1-10.8克/公顷 喷雾
PD20092208 阿维·三唑磷/20%/乳油/阿维菌素 0.2%、三唑磷 19.8%/2009.02.24 至 2014.02.24/中等毒(原药高毒)
水稻 二化螟 210-300克/公顷 喷雾

PD20092574 三唑锡/20%/悬浮剂/三唑锡 20%/2009.02.27 至 2014.02.27/中等毒
柑橘树 红蜘蛛 100-200毫克/千克 喷雾
PD20094574 烟嘧磺隆/40克/升/油悬浮剂/烟嘧磺隆 40克/升/2009.04.09 至 2014.04.09/低毒
玉米田 一年生杂草 40-60克/公顷 茎叶喷雾
PD20095239 百草枯/200克/升/水剂/百草枯 200克/升/2009.04.27 至 2014.04.27/中等毒
非耕地 杂草 600-750克/公顷 茎叶喷雾
PD20095815 阿维·高氯/1.8%/乳油/阿维菌素 0.1%、高效氯氰菊酯 1.7%/2009.05.27 至 2014.05.27/低毒(原药高毒)
黄瓜 美洲斑潜蝇 15-30克/公顷 喷雾
PD20095844 多·福/40%/可湿性粉剂/多菌灵 5%、福美双 35%/2009.05.27 至 2014.05.27/低毒
葡萄 霜霉病 1000-1250毫克/千克 喷雾
PD20096159 高氯·辛硫磷/20%/乳油/高效氯氰菊酯 1.5%、辛硫磷 18.5%/2009.06.24 至 2014.06.24/低毒
棉花 棉铃虫 210-240克/公顷 喷雾
PD20096226 噻嗪酮/25%/可湿性粉剂/噻嗪酮 25%/2009.07.15 至 2014.07.15/低毒
水稻 稻飞虱 75-112.5克/公顷 喷雾
PD20096425 氟硅唑/400克/升/乳油/氟硅唑 400克/升/2009.08.04 至 2014.08.04/低毒
梨树 黑星病 40-50毫克/千克 喷雾
PD20096748 毒死蜱/45%/乳油/毒死蜱 45%/2009.09.07 至 2014.09.07/中等毒
水稻 稻纵卷叶螟 60-80毫升制剂/亩 喷雾
LS20050323 高氯·吡虫啉/3%/乳油/吡虫啉 1.5%、高效氯氰菊酯 1.5%/2008.02.06 至 2009.02.05/低毒
十字花科蔬菜 蚜虫 18-27克/公顷 喷雾
LS20050414 哒螨灵/30%/可湿性粉剂/哒螨灵 30%/2008.02.19 至 2009.02.18/低毒
苹果树 红蜘蛛 50-67毫克/千克 喷雾
LS20051495 吡虫·杀虫单/35%/可湿性粉剂/吡虫啉 1%、杀虫单 34%/2008.04.21 至 2009.04.21/中等毒
水稻 稻飞虱、稻纵卷叶螟、二化螟、三化螟 450-750克/公顷 喷雾
LS20051546 吡虫啉/5%/乳油/吡虫啉 5%/2008.04.28 至 2009.04.28/中等毒
小麦 蚜虫 15-30克/公顷(南方地区) 喷雾
45-60克/公顷(北方地区)
LS20051593 吡虫啉/25%/可湿性粉剂/吡虫啉 25%/2008.04.28 至 2009.04.28/低毒
水稻 稻飞虱 15-30克/公顷 喷雾
LS20083122 木霉菌/2亿个/克/可湿性粉剂/木霉菌 2亿个/克/2009.11.11 至 2010.11.11/低毒
番茄 灰霉病 制剂量：1875-3750克/公顷 喷雾

山东亿尔化学有限公司 (山东省滨州市滨州区市东办事处黄河十二路以南、渤海一路以西 256601 0543-2226106)

PD20084267 噁霉灵/99%/原药/噁霉灵 99%/2008.12.17 至 2013.12.17/低毒
PD20095302 烯草酮/240克/升/乳油/烯草酮 240克/升/2009.04.27 至 2014.04.27/低毒
春大豆田 一年生禾本科杂草 100.8-126克/公顷 茎叶喷雾
夏大豆田 一年生禾本科杂草 61.2-100.8克/公顷 茎叶喷雾
LS20061265 莠灭净/95%/原药/莠灭净 95%/2009.05.22 至 2010.05.22/低毒
LS20082718 草甘膦/95%/原药/草甘膦 95%/2009.04.29 至 2010.04.29/微毒
LS20090814 精喹·氟磺胺/21%/乳油/氟磺胺草醚 17.5%、精喹禾灵 3.5%/2009.04.03 至 2010.04.03/低毒
大豆田 一年生杂草 85－120毫升制剂/亩 茎叶喷雾
LS20090839 异丙·乙·莠/52%/悬乳剂/乙草胺 9%、异丙草胺 13%、莠去津 30%/2009.04.03 至 2010.04.03/低毒
玉米田 一年生杂草 200－250毫升制剂/亩(东北地区) 土壤喷雾
150－200毫升制剂/亩(其他地区)
LS20090851 异丙草·莠/50%/悬乳剂/异丙草胺 22%、莠去津 28%/2009.04.09 至 2010.04.09/低毒
玉米田 一年生杂草 1620-2025克/公顷 (东北地区) 土壤喷雾
1215-1620克/公顷 (其他地区)
LS20091170 灭·喹·氟磺胺/24%/乳油/氟磺胺草醚 7%、精喹禾灵 2%、灭草松 15%/2009.04.22 至 2010.04.22/低毒
大豆田 一年生杂草 100－160毫升制剂/亩 茎叶喷雾

山东亿嘉农化有限公司 (山东省寿光市开发区 262700 0536-5196561)

PD20084876 噻嗪·异丙威/25%/可湿性粉剂/噻嗪酮 5%、异丙威 20%/2008.12.22 至 2013.12.22/低毒
水稻 稻飞虱 450-562.5克/公顷 喷雾
PD20085254 吡虫啉/200克/升/可溶液剂/吡虫啉 200克/升/2008.12.23 至 2013.12.23/低毒
水稻 稻飞虱 22.5-30克/公顷 喷雾
PD20085495 甲霜·锰锌/58%/可湿性粉剂/甲霜灵 10%、代森锰锌 48%/2008.12.25 至 2013.12.25/低毒
黄瓜 霜霉病 675-1050克/公顷 喷雾
PD20091367 霜霉威盐酸盐/722克/升/水剂/霜霉威盐酸盐 722克/升/2009.02.02 至 2014.02.02/低毒
黄瓜 霜霉病 650-1083克/公顷 喷雾
PD20097198 甲硫·锰锌/50%/可湿性粉剂/甲基硫菌灵 15%、代森锰锌 35%/2009.10.16 至 2014.10.16/微毒
苹果树 炭疽病 500-1000毫克/千克 喷雾
PD20098078 多·锰锌/60%/可湿性粉剂/多菌灵 20%、代森锰锌 40%/2009.12.08 至 2014.12.08/低毒
苹果树 斑点落叶病 1000－1500毫克/千克 喷雾
PD20098227 高效氯氰菊酯/4.5%/水乳剂/高效氯氰菊酯 4.5%/2009.12.16 至 2014.12.16/低毒

甘蓝 菜青虫 22.5－37.5克/公顷 喷雾
LS20081496 烯酰·锰锌/69%/可湿性粉剂/代森锰锌 60%、烯酰吗啉 9%/2009.03.31 至 2010.03.31/低毒
黄瓜 霜霉病 1035-1380克/公顷 喷雾
LS20081706 霜脲·锰锌/72%/可湿性粉剂/代森锰锌 64%、霜脲氰 8%/2009.04.07 至 2010.04.07/低毒
番茄 晚疫病 1440-1800克/公顷 喷雾
LS20081725 氢氧化铜/77%/可湿性粉剂/氢氧化铜 77%/2009.04.07 至 2010.04.07/低毒
黄瓜 细菌性角斑病 1732.5-2310克/公顷 喷雾
LS20090038 氟硅唑/10%/水乳剂/氟硅唑 10%/2009.01.08 至 2010.01.08/低毒
番茄 叶霉病 60-75克/公顷 喷雾
LS20090120 丁子香酚/0.3%/可溶液剂/丁子香酚 0.3%/2009.02.02 至 2010.02.02/低毒
番茄 灰霉病 4-5.3克/公顷 喷雾
LS20090127 啶虫脒/36%/水分散粒剂/啶虫脒 36%/2009.02.04 至 2010.02.04/低毒
黄瓜 蚜虫 21.6-32.4克/公顷 喷雾
LS20090128 高效氯氟氰菊酯/25克/升/微乳剂/高效氯氟氰菊酯 25克/升/2009.02.04 至 2010.02.04/低毒
甘蓝 菜青虫 11.25-15克/公顷 喷雾
LS20090137 丙环唑/40%/微乳剂/丙环唑 40%/2009.02.04 至 2010.02.04/微毒
香蕉树 叶斑病 267-400毫克/千克 喷雾
LS20090247 啶虫脒/6%/微乳剂/啶虫脒 6%/2009.02.13 至 2010.02.13/低毒
棉花 蚜虫 13.5-22.5克/公顷 喷雾
LS20090326 丁醚脲/25%/悬浮剂/丁醚脲 25%/2009.03.05 至 2010.03.05/低毒
甘蓝 小菜蛾 300-450克/公顷 喷雾
LS20090331 甲硫·锰锌/50%/可湿性粉剂/甲基硫菌灵 15%、代森锰锌 35%/2009.03.05 至 2010.03.05/微毒
苹果树 炭疽病 500-1000毫克/千克 喷雾
LS20090550 苯醚甲环唑/30%/水分散粒剂/苯醚甲环唑 30%/2009.03.19 至 2010.03.19/微毒
香蕉树 叶斑病 85-120毫克/千克 喷雾
LS20090607 甲氨基阿维菌素苯甲酸盐/2%/微乳剂/甲氨基阿维菌素苯甲酸盐 2%/2009.03.23 至 2010.03.23/低毒
十字花科蔬菜 小菜蛾 1.5-3克/公顷 喷雾
LS20090641 杀单·毒死蜱/25%/微乳剂/毒死蜱 10%、杀虫单 15%/2009.03.23 至 2010.03.23/低毒
水稻 稻纵卷叶螟 300-375克/公顷 喷雾
LS20090701 甲氨基阿维菌素苯甲酸盐(5.7%)///水分散粒剂/甲氨基阿维菌素 5%/2009.03.30 至 2010.03.30/低毒(原药高毒)
甘蓝 甜菜夜蛾 2.25-3.75克/公顷 喷雾
LS20090703 溴菌·多菌灵/25%/可湿性粉剂/多菌灵 5%、溴菌腈 20%/2009.03.31 至 2010.03.31/低毒
柑橘树 炭疽病 500-833毫克/千克 喷雾

山东玉成生化农药有限公司 （山东省潍坊市安丘市206国道安丘收费处南 262100 0536-4390588）

PD20040694 高氯·吡虫啉/3%/乳油/吡虫啉 1.5%、高效氯氰菊酯 1.5%/2009.12.19 至 2014.12.19/中等毒
十字花科蔬菜 蚜虫 18-27克/公顷 喷雾
PD20060156 代森锰锌/80%/可湿性粉剂/代森锰锌 80%/2006.08.29 至 2011.08.29/低毒
番茄 早疫病 1845-2370克/公顷 喷雾
柑橘树 疮痂病、炭疽病 1333-2000毫克/千克 喷雾
梨树 黑星病 800-1600毫克/千克 喷雾
荔枝树 霜疫霉病 1333-2000毫克/千克 喷雾
苹果树 斑点落叶病、轮纹病、炭疽病 1000-1500毫克/千克 喷雾
葡萄 白腐病、黑痘病、霜霉病 1000-1600毫克/千克 喷雾
西瓜 炭疽病 1560-2520克/公顷 喷雾
PD20080041 多·锰锌/50%/可湿性粉剂/多菌灵 8%、代森锰锌 42%/2008.01.04 至 2013.01.04/低毒
苹果树 斑点落叶病 400-500倍液 喷雾
PD20080065 炔螨特/730克/升/乳油/炔螨特 730克/升/2008.01.03 至 2013.01.03/低毒
棉花 红蜘蛛 383.25-492.75克/公顷 喷雾
PD20080547 氟乐灵/480克/升/乳油/氟乐灵 480克/升/2008.05.08 至 2013.05.08/低毒
棉花田 一年生杂草 900-1080克/公顷 播后苗前土壤喷雾
PD20080577 仲丁灵/360克/升/乳油/仲丁灵 360克/升/2008.05.12 至 2013.05.12/低毒
烟草 抑制腋芽生长 80-100倍液 杯淋
PD20080720 高效氯氟氰菊酯/25克/升/乳油/高效氯氟氰菊酯 25克/升/2008.06.11 至 2013.06.11/低毒
烟草 烟青虫 7.5-9.375克/公顷 喷雾
PD20080903 异噁草松/480克/升/乳油/异噁草松 480克/升/2008.07.09 至 2013.07.09/低毒
春大豆田 一年生杂草 1000.5-1200克/公顷 土壤喷雾
PD20081257 精喹禾灵/50克/升/乳油/精喹禾灵 50克/升/2008.09.18 至 2013.09.18/低毒
棉花田 一年生禾本科杂草 37.5-60克/公顷 茎叶喷雾
PD20081379 代森锌/65%/可湿性粉剂/代森锌 65%/2008.10.27 至 2013.10.27/低毒
番茄 早疫病 2550-3600克/公顷 喷雾
PD20081382 多菌灵/80%/可湿性粉剂/多菌灵 80%/2008.10.28 至 2013.10.28/低毒
苹果树 炭疽病 533-800毫克/千克 喷雾

PD20081384 百草枯/200克/升/水剂/百草枯 200克/升/2008.10.28 至 2013.10.28/中等毒
棉花田 杂草 450-600克/公顷 定向茎叶喷雾
PD20081560 稻瘟灵/40%/可湿性粉剂/稻瘟灵 40%/2008.11.11 至 2013.11.11/低毒
水稻 稻瘟病 480-600克/公顷 喷雾
PD20081634 氯氟吡氧乙酸/200克/升/乳油/氯氟吡氧乙酸 200克/升/2008.11.14 至 2013.11.14/低毒
冬小麦田 一年生阔叶杂草 150-210克/公顷 茎叶喷雾
PD20081954 高效氟吡甲禾灵/108克/升/乳油/高效氟吡甲禾灵 108克/升/2008.11.24 至 2013.11.24/低毒
棉花田 一年生禾本科杂草 40.5-48.6克/公顷 茎叶喷雾
PD20082185 代森锌/80%/可湿性粉剂/代森锌 80%/2008.11.26 至 2013.11.26/低毒
番茄 早疫病 2550-3600克/公顷 喷雾
PD20082192 高氯·辛硫磷/25%/乳油/高效氯氰菊酯 2.5%、辛硫磷 22.5%/2008.11.26 至 2013.11.26/中等毒
棉花 棉铃虫 225-300克/公顷 喷雾
PD20083845 氰戊·马拉松/20%/乳油/马拉硫磷 15%、氰戊菊酯 5%/2008.12.15 至 2013.12.15/中等毒
苹果树 桃小食心虫 160-333毫克/千克 喷雾
PD20091142 霜霉威盐酸盐/722克/升/水剂/霜霉威 722克/升/2009.01.21 至 2014.01.21/低毒
黄瓜 猝倒病 3.6-5.4克/平方米 苗床浇灌
PD20091836 毒死蜱/480克/升/乳油/毒死蜱 480克/升/2009.02.06 至 2014.02.06/中等毒
水稻 稻纵卷叶螟 360-612克/公顷 喷雾
PD20092038 氟铃脲/5%/乳油/氟铃脲 5%/2009.02.12 至 2014.02.12/低毒
十字花科蔬菜 小菜蛾 30-60克/公顷 喷雾
PD20092302 高氯·氟铃脲/5.7%/乳油/氟铃脲 1.9%、高效氯氰菊酯 3.8%/2009.02.24 至 2014.02.24/低毒
十字花科蔬菜 小菜蛾 42.75-51.3克/公顷 喷雾
PD20096028 噻嗪酮/25%/可湿性粉剂/噻嗪酮 25%/2009.06.15 至 2014.06.15/低毒
水稻 稻飞虱 112.5—150克/公顷 喷雾
PD20097298 烟嘧磺隆/40克/升/可分散油悬浮剂/烟嘧磺隆 40克/升/2009.10.26 至 2014.10.26/低毒
玉米田 一年生杂草 42-60克/公顷 茎叶喷雾
PD20097497 三环唑/75%/可湿性粉剂/三环唑 75%/2009.11.03 至 2014.11.03/低毒
水稻 稻瘟病 281.25—375克/公顷 喷雾
PD20097792 啶虫脒/40%/水分散粒剂/啶虫脒 40%/2009.11.20 至 2014.11.20/低毒
甘蓝 蚜虫 18-22.5克/公顷 喷雾
PD20097984 乙烯利/40%/水剂/乙烯利 40%/2009.12.01 至 2014.12.01/低毒
棉花 催熟 300-500倍液 喷雾
PD20098291 苏云金杆菌/16000IU/毫克/可湿性粉剂/苏云金杆菌 16000IU/毫克/2009.12.18 至 2014.12.18/低毒
水稻 稻纵卷叶螟 100-150克制剂/亩 喷雾
LS99511 吗胍·乙酸铜/20%/可湿性粉剂/盐酸吗啉胍 16%、乙酸铜 4%/2009.01.14 至 2009.12.31/低毒
番茄 病毒病 500-750克/公顷 喷雾
烟草 病毒病 600-1000克/公顷 喷雾
LS20060008 甲氨基阿维菌素苯甲酸盐/0.2%/乳油/甲氨基阿维菌素苯甲酸盐 0.2%/2009.01.08 至 2010.01.08/低毒
十字花科蔬菜 甜菜夜蛾 1.2-1.8克/公顷 喷雾
LS20071648 阿维菌素/18克/升/乳油/阿维菌素 18克/升/2009.06.06 至 2010.06.07/低毒(原药高毒)
棉花 红蜘蛛 10.8-16.2克/公顷 喷雾
LS20080570 烯酰吗啉/50%/可湿性粉剂/烯酰吗啉 50%/2009.02.22 至 2010.02.22/低毒
黄瓜 霜霉病 225-300克/公顷 喷雾
LS20083278 异丙草·莠/40%/悬乳剂/异丙草胺 24%、莠去津 16%/2009.12.16 至 2010.12.16/低毒
夏玉米田 一年生杂草 2625-3750毫升/公顷(制剂) 播后苗前土壤喷雾

山东兆丰年生物科技有限公司 (山东省章丘市高官寨工业区工业路26号 250209 0531-80960813)

PD20040205 氯氰菊酯/10%/乳油/氯氰菊酯 10%/2009.12.19 至 2014.12.19/低毒
十字花科蔬菜 菜青虫 37.5-52.5克/公顷 喷雾
PD20040800 哒螨灵/15%/乳油/哒螨灵 15%/2009.12.19 至 2014.12.19/中等毒
苹果树 红蜘蛛 31.7-47.5毫克/千克 喷雾
PD20070499 福美双/50%/可湿性粉剂/福美双 50%/2007.11.28 至 2012.11.28/低毒
黄瓜 霜霉病 562.5-1125克/公顷 喷雾
PD20070599 多菌灵/50%/可湿性粉剂/多菌灵 50%/2007.12.14 至 2012.12.14/低毒
水稻 纹枯病 750-900克/公顷 喷雾
PD20080568 代森锰锌/80%/可湿性粉剂/代森锰锌 80%/2008.05.12 至 2013.05.12/低毒
番茄 早疫病 1560-2520克/公顷 喷雾
PD20082334 腈菌唑/12.5%/乳油/腈菌唑 12.5%/2008.12.01 至 2013.12.01/低毒
黄瓜 白粉病 30-60克/公顷 喷雾
PD20082883 噁霜·锰锌/64%/可湿性粉剂/噁霜灵 8%、代森锰锌 56%/2008.12.09 至 2013.12.09/低毒
黄瓜 霜霉病 1650-1950克/公顷 喷雾
PD20082933 硫磺/50%/悬浮剂/硫磺 50%/2008.12.09 至 2013.12.09/低毒
苹果树 白粉病 200-300倍液 喷雾

PD20083150 阿维·毒死蜱/25%/乳油/阿维菌素 0.3%、毒死蜱 24.7%/2008.12.11 至 2013.12.11/中等毒(原药高毒)
十字花科蔬菜 小菜蛾 300-375克/公顷 喷雾
PD20083300 四螨嗪/500克/升/悬浮剂/四螨嗪 500克/升/2008.12.11 至 2013.12.11/低毒
苹果树 红蜘蛛 83.3-100毫克/千克 喷雾
PD20083463 甲基硫菌灵/500克/升/悬浮剂/甲基硫菌灵 500克/升/2008.12.12 至 2013.12.12/低毒
水稻 稻瘟病 937.5-1125克/公顷 喷雾
PD20083695 溴氰菊酯/2.5%/乳油/溴氰菊酯 2.5%/2008.12.15 至 2013.12.15/低毒
甘蓝 菜青虫 7.5-15克/公顷 喷雾
PD20083764 双甲脒/200克/升/乳油/双甲脒 200克/升/2008.12.15 至 2013.12.15/低毒
梨树 梨木虱 166.7-250毫克/千克 喷雾
PD20083765 氟啶脲/50克/升/乳油/氟啶脲 50克/升/2008.12.15 至 2013.12.15/低毒
十字花科蔬菜 甜菜夜蛾 45-60克/公顷 喷雾
PD20083794 精喹禾灵/50克/升/乳油/精喹禾灵 50克/升/2008.12.15 至 2013.12.15/低毒
大豆田 一年生禾本科杂草 45-60克/公顷 茎叶喷雾
PD20083802 三乙膦酸铝/40%/可湿性粉剂/三乙膦酸铝 40%/2008.12.15 至 2013.12.15/低毒
黄瓜 霜霉病 2160-2700克/公顷 喷雾
PD20083807 炔螨特/57%/乳油/炔螨特 57%/2008.12.15 至 2013.12.15/低毒
柑橘树 红蜘蛛 225-380毫克/千克 喷雾
PD20083808 高效氯氟氰菊酯/25克/升/乳油/高效氯氟氰菊酯 25克/升/2008.12.15 至 2013.12.15/中等毒
棉花 棉铃虫 22.5-26.25克/公顷 喷雾
PD20083867 氟氯氰菊酯/50克/升/乳油/氟氯氰菊酯 50克/升/2008.12.15 至 2013.12.15/低毒
甘蓝 菜青虫 22.25-26.25克/公顷 喷雾
PD20084046 多菌灵/80%/可湿性粉剂/多菌灵 80%/2008.12.16 至 2013.12.16/低毒
水稻 稻瘟病 750-900克/公顷 喷雾
PD20084085 丙环唑/250克/升/乳油/丙环唑 250克/升/2008.12.16 至 2013.12.16/低毒
香蕉 叶斑病 250-500毫克/千克 喷雾
PD20084094 毒死蜱/40%/乳油/毒死蜱 40%/2008.12.16 至 2013.12.16/中等毒
十字花科蔬菜 菜青虫 360-540克/公顷 喷雾
PD20084120 丁硫克百威/20%/乳油/丁硫克百威 20%/2008.12.16 至 2013.12.16/中等毒
棉花 蚜虫 120-180克/公顷 喷雾
PD20084183 阿维菌素/2%/乳油/阿维菌素 2%/2008.12.16 至 2013.12.16/低毒(原药高毒)
十字花科蔬菜 小菜蛾 8.1-10.8克/公顷 喷雾
PD20084258 多菌灵/40%/悬浮剂/多菌灵 40%/2008.12.17 至 2013.12.17/低毒
水稻 纹枯病 250-300克/公顷 喷雾
PD20084341 二嗪磷/50%/乳油/二嗪磷 50%/2008.12.17 至 2013.12.17/低毒
水稻 二化螟 675-900克/公顷 喷雾
PD20084391 虫酰肼/200克/升/悬浮剂/虫酰肼 200克/升/2008.12.17 至 2013.12.17/低毒
十字花科蔬菜 甜菜夜蛾 250-300克/公顷 喷雾
PD20084409 异丙威/20%/乳油/异丙威 20%/2008.12.17 至 2013.12.17/中等毒
水稻 稻飞虱 450-600克/公顷 喷雾
PD20084410 辛硫磷/40%/乳油/辛硫磷 40%/2008.12.17 至 2013.12.17/低毒
十字花科蔬菜 菜青虫 300-450克/公顷 喷雾
PD20084413 甲基硫菌灵/70%/可湿性粉剂/甲基硫菌灵 70%/2008.12.17 至 2013.12.17/低毒
番茄 叶霉病 367.5-787.5克/公顷 喷雾
PD20085346 阿维菌素/1%/可湿性粉剂/阿维菌素 1%/2008.12.24 至 2013.12.24/低毒(原药高毒)
苹果树 红蜘蛛 3.3-6毫克/千克 喷雾
PD20085463 阿维·高氯/2.8%/乳油/阿维菌素 0.3%、高效氯氰菊酯 2.5%/2008.12.24 至 2013.12.24/低毒(原药高毒)
十字花科蔬菜 小菜蛾 14.7-27.4克/公顷 喷雾
PD20085638 氯氰·丙溴磷/440克/升/乳油/丙溴磷 400克/升、氯氰菊酯 40克/升/2008.12.26 至 2013.12.26/中等毒
棉花 棉铃虫 528-660克/公顷 喷雾
PD20085888 甲硫·福美双/70%/可湿性粉剂/福美双 40%、甲基硫菌灵 30%/2008.12.29 至 2013.12.29/低毒
苹果树 轮纹病 600-800倍液 喷雾
PD20090474 啶虫脒/5%/微乳剂/啶虫脒 5%/2009.01.12 至 2014.01.12/低毒
甘蓝 蚜虫 15-30克/公顷 喷雾
PD20090562 高氯·灭多威/15%/乳油/高效氯氰菊酯 2.5%、灭多威 12.5%/2009.01.13 至 2014.01.13/高毒
棉花 棉铃虫 90-112.5克/公顷 喷雾
PD20091352 丙草胺/300克/升/乳油/丙草胺 300克/升/2009.02.02 至 2014.02.02/低毒
水稻秧田 一年生杂草 450-562.5克/公顷 播后苗前土壤喷雾
PD20091402 草甘膦异丙胺盐/41%/水剂/草甘膦异丙胺盐 41%/2009.02.02 至 2014.02.02/低毒
柑橘园 杂草 1125-2250克/公顷 定向茎叶喷雾
PD20091407 氟磺胺草醚/250克/升/水剂/氟磺胺草醚 250克/升/2009.02.02 至 2014.02.02/低毒
春大豆田 一年生阔叶杂草 300-375克/公顷 茎叶喷雾

	夏大豆田	一年生阔叶杂草	187.5-225克/公顷	茎叶喷雾
PD20091419	百草枯/200克/升/水剂/百草枯 200克/升/2009.02.02 至 2014.02.02/中等毒			
	柑橘园	杂草	750-900克/公顷	定向茎叶喷雾
PD20091622	二甲戊灵/330克/升/乳油/二甲戊灵 330克/升/2009.02.03 至 2014.02.03/低毒			
	春玉米田	一年生杂草	990-1485克/公顷	播后苗前土壤喷雾
	夏玉米田	一年生杂草	742.5-990克/公顷	播后苗前土壤喷雾
PD20092405	高效氟吡甲禾灵/108克/升/乳油/高效氟吡甲禾灵 108克/升/2009.02.25 至 2014.02.25/低毒			
	甘蓝田	一年生禾本科杂草	48.6-64.8克/公顷	茎叶喷雾
PD20092659	百菌清/75%/可湿性粉剂/百菌清 75%/2009.03.03 至 2014.03.03/低毒			
	黄瓜	霜霉病	1650-3000克/公顷	喷雾
PD20093154	乙草胺/900克/升/乳油/乙草胺 900克/升/2009.03.11 至 2014.03.11/低毒			
	春玉米田	一年生禾本科杂草及部分小粒种子阔叶杂草	1620-1890克/公顷	播后苗前土壤喷雾
	夏玉米田	一年生禾本科杂草及部分小粒种子阔叶杂草	1080-1350克/公顷	播后苗前土壤喷雾
PD20093190	噻嗪酮/25%/可湿性粉剂/噻嗪酮 25%/2009.03.11 至 2014.03.11/低毒			
	水稻	稻飞虱	112.5—150克/公顷	喷雾
PD20093242	异菌脲/255克/升/悬浮剂/异菌脲 255克/升/2009.03.11 至 2014.03.11/低毒			
	香蕉	冠腐病	1275-1700毫克/千克	浸果
PD20095040	莠去津/38%/悬浮剂/莠去津 38%/2009.04.21 至 2014.04.21/低毒			
	春玉米田	一年生杂草	1710-2280克/公顷	土壤喷雾
PD20095992	啶虫脒/20%/可溶液剂/啶虫脒 20%/2009.06.11 至 2014.06.11/低毒			
	黄瓜	蚜虫	15-30克/公顷	喷雾
PD20097123	烟嘧磺隆/40克/升/可分散油悬浮剂/烟嘧磺隆 40克/升/2009.10.16 至 2014.10.16/低毒			
	玉米田	一年生杂草	42-60克/公顷	茎叶喷雾
PD20097304	霜霉威盐酸盐/66.5%/水剂/霜霉威盐酸盐 66.5%/2009.10.26 至 2014.10.26/低毒			
	黄瓜	霜霉病	649.8-1083克/公顷	喷雾
PD20097628	噁霉灵/15%/水剂/噁霉灵 15%/2009.11.03 至 2014.11.03/低毒			
	水稻	立枯病	0.9-1.8克/平方米	苗床土壤喷雾
PD20097632	甲霜·锰锌/58%/可湿性粉剂/甲霜灵 10%、代森锰锌 48%/2009.11.03 至 2014.11.03/低毒			
	黄瓜	霜霉病	1160-1740克/公顷	喷雾
PD20098058	氟硅唑/400克/升/乳油/氟硅唑 400克/升/2009.12.07 至 2014.12.07/低毒			
	梨树	黑星病	40—50毫克/千克	喷雾
PD20098471	吗胍·乙酸铜/20%/可湿性粉剂/盐酸吗啉胍 10%、乙酸铜 10%/2009.12.24 至 2014.12.24/低毒			
	番茄	病毒病	480-750克/公顷	喷雾
LS991145	苦参·灭多威/12.04%/水剂/苦参碱 0.04%、灭多威 12%/2009.01.09 至 2009.12.31/低毒(原药高毒)			
	甘蓝	菜青虫	54.18-90.3克/公顷	喷雾
LS20061862	阿维·吡虫啉/2.5%/可湿性粉剂/阿维菌素 0.5%、吡虫啉 2%/2009.11.14 至 2010.11.14/低毒(原药高毒)			
	十字花科蔬菜	蚜虫	7.5-11.25克/公顷	喷雾
LS20070231	啶虫脒/20%/可溶粉剂/啶虫脒 20%/2009.02.24 至 2010.02.24/低毒			
	黄瓜	蚜虫	36-72克/公顷	喷雾
LS20070292	阿维·哒螨灵/10.5%/乳油/阿维菌素 0.3%、哒螨灵 10.2%/2009.02.24 至 2010.02.24/低毒(原药高毒)			
	柑橘树	红蜘蛛	70-105毫克/千克	喷雾
LS20070353	嘧霉胺/400克/升/悬浮剂/嘧霉胺 400克/升/2009.02.25 至 2010.02.25/低毒			
	黄瓜	灰霉病	375-562.5克/公顷	喷雾
LS20071002	烯酰吗啉/50%/可湿性粉剂/烯酰吗啉 50%/2009.04.19 至 2010.04.20/低毒			
	辣椒	疫病	300-375克/公顷	喷雾
LS20071162	烯酰·锰锌/69%/可湿性粉剂/代森锰锌 60%、烯酰吗啉 9%/2009.04.25 至 2010.04.26/低毒			
	黄瓜	霜霉病	1293.75-1552克/公顷	喷雾
LS20071176	阿维·炔螨特/40%/乳油/阿维菌素 0.3%、炔螨特 39.7%/2009.05.07 至 2010.05.08/低毒(原药高毒)			
	柑橘树	红蜘蛛	200-400毫克/千克	喷雾
LS20071519	杀扑磷/40%/乳油/杀扑磷 40%/2009.05.29 至 2010.05.30/高毒			
	柑橘树	红蜡蚧	400-500毫克/千克	喷雾
LS20072613	吡虫啉/5%/微乳剂/吡虫啉 5%/2009.12.09 至 2010.12.10/低毒			
	甘蓝	蚜虫	15-30克/公顷	喷雾
LS20072639	吡虫啉/20%/微乳剂/吡虫啉 20%/2009.12.09 至 2010.12.10/低毒			
	十字花科蔬菜	蚜虫	15-30克/公顷	喷雾
LS20080112	吡虫啉/30%/微乳剂/吡虫啉 30%/2009.01.04 至 2010.01.04/低毒			
	水稻	稻飞虱	22.5-31.5克/公顷	喷雾
LS20080172	硫双威/75%/可湿性粉剂/硫双威 75%/2009.01.07 至 2010.01.07/中等毒			
	棉花	棉铃虫	506.25-675克/公顷	喷雾

LS20080346 联苯菊酯/2.5%/水乳剂/联苯菊酯 2.5%/2009.02.18 至 2010.02.19/低毒
茶树 茶小绿叶蝉 30-45克/公顷 喷雾
LS20080375 高氯·甲维盐/5%/微乳剂/高效氯氰菊酯 4.5%、甲氨基阿维菌素苯甲酸盐 0.5%/2009.02.18 至 2010.02.19/中等毒
十字花科蔬菜 甜菜夜蛾 15-22.5克/公顷 喷雾
LS20080467 甲维·毒死蜱/20%/微乳剂/毒死蜱 19.5%、甲氨基阿维菌素苯甲酸盐 0.5%/2009.02.19 至 2010.02.20/中等毒
十字花科蔬菜 甜菜夜蛾 90-120克/公顷 喷雾
LS20080556 高效氯氟氰菊酯/2.5%/水乳剂/高效氯氟氰菊酯 2.5%/2009.02.21 至 2010.02.22/中等毒
十字花科蔬菜 菜青虫 7.5-11.25克/公顷 喷雾
LS20080600 啶虫脒/40%/可溶粉剂/啶虫脒 40%/2009.02.21 至 2010.02.22/低毒
黄瓜 蚜虫 24-36克/公顷 喷雾
LS20080821 喹硫磷/25%/乳油/喹硫磷 25%/2009.02.28 至 2010.02.28/中等毒
棉花 棉铃虫 300-600克/公顷 喷雾
LS20080926 苯醚甲环唑/37%/水分散粒剂/苯醚甲环唑 37%/2009.03.04 至 2010.03.04/低毒
香蕉 叶斑病 92.5-123.3毫克/千克 喷雾
LS20081175 甲氨基阿维菌素苯甲酸盐/0.5%/微乳剂/甲氨基阿维菌素苯甲酸盐 0.5%/2009.03.10 至 2010.03.10/低毒
十字花科蔬菜 甜菜夜蛾 1.5-2.25克/公顷 喷雾
LS20081501 己唑醇/5%/微乳剂/己唑醇 5%/2009.03.31 至 2010.03.31/低毒
黄瓜 白粉病 22.5-45克/公顷 喷雾
LS20081843 阿维·三唑磷/20%/微乳剂/阿维菌素 0.2%、三唑磷 19.8%/2009.04.10 至 2010.04.10/中等毒(原药高毒)
水稻 二化螟 180-270克/公顷 喷雾
LS20082055 高效氯氟氰菊酯/5%/微乳剂/高效氯氟氰菊酯 5%/2009.04.15 至 2010.04.15/中等毒
十字花科蔬菜 蚜虫 11.25-18.75克/公顷 喷雾
LS20082332 甲氨基阿维菌素苯甲酸盐/2.5%/微乳剂/甲氨基阿维菌素苯甲酸盐 2.5%/2009.04.21 至 2010.04.21/低毒
十字花科蔬菜 甜菜夜蛾 1.875-3克/公顷 喷雾
LS20082344 氟硅唑/8%/微乳剂/氟硅唑 8%/2009.04.21 至 2010.04.21/低毒
黄瓜 白粉病 48-72克/公顷 喷雾
LS20082737 阿维·吡虫啉/5%/乳油/阿维菌素 0.5%、吡虫啉 4.5%/2009.05.04 至 2010.05.04/低毒(原药高毒)
梨树 梨木虱 8.33-12.5毫克/千克 喷雾
LS20082840 三唑磷/15%/水乳剂/三唑磷 15%/2009.06.11 至 2010.06.11/中等毒
水稻 二化螟 270-337.5克/公顷 喷雾
LS20090082 丁醚脲/25%/乳油/丁醚脲 25%/2009.01.09 至 2010.01.09/低毒
十字花科蔬菜 小菜蛾 300-450克/公顷 喷雾
LS20090539 阿维菌素/2.4%/水乳剂/阿维菌素 2.4%/2009.03.18 至 2010.03.18/中等毒(原药高毒)
十字花科蔬菜 小菜蛾 9-10.8克/公顷 喷雾
LS20090613 丁醚·哒螨灵/50%/悬浮剂/哒螨灵 10%、丁醚脲 40%/2009.03.23 至 2010.03.23/低毒
柑橘树 红蜘蛛 166.7-250毫克/千克 喷雾
LS20090933 阿维·噻螨酮/10%/乳油/阿维菌素 1%、噻螨酮 9%/2009.04.09 至 2010.04.09/低毒(原药高毒)
柑橘树 红蜘蛛 20—33.3毫克/千克 喷雾

山东志诚化工有限公司 (山东省平原县兴平路9号 253100 0534-7883879)

PD20094209 阿维菌素/92%/原药/阿维菌素 92%/2009.03.31 至 2014.03.31/高毒

山东中禾化学有限公司 (山东省滨州市滨北办事处凤凰九路东侧、梧桐七路北侧 256600 0543-3358550)

PD20082593 草甘膦/95%/原药/草甘膦 95%/2008.12.04 至 2013.12.04/低毒
PD20082843 苯磺隆/75%/水分散粒剂/苯磺隆 75%/2008.12.09 至 2013.12.09/低毒
冬小麦田 一年生阔叶杂草 11.25-20.25克/公顷 喷雾
PD20093341 异丙草·莠/40%/悬浮剂/异丙草胺 24%、莠去津 16%/2009.03.18 至 2014.03.18/低毒
夏玉米田 一年生杂草 1200—1500克/公顷 土壤喷雾
PD20094889 百草枯/200克/升/水剂/百草枯 200克/升/2009.04.13 至 2014.04.13/中等毒
苹果园 杂草 450-750克/公顷 定向喷雾
LS20061067 精喹禾灵/60%/水分散粒剂/精喹禾灵 60%/2009.05.10 至 2010.05.10/低毒
春大豆 一年生禾本科杂草 54-75克/公顷 茎叶喷雾
夏大豆 一年生禾本科杂草 45-54克/公顷 茎叶喷雾

山东中农民昌化学工业有限公司 (山东省滨州市滨北办事处水苹路518号 256600 0543-3325733)

PD20091071 草甘膦/95%/原药/草甘膦 95%/2009.01.21 至 2014.01.21/低毒
PD20096206 烟嘧磺隆/95%/原药/烟嘧磺隆 95%/2009.07.13 至 2014.07.13/低毒
PD20098510 氟磺胺草醚/95%/原药/氟磺胺草醚 95%/2009.12.24 至 2014.12.24/低毒

山东中诺药业有限公司 (山东省青州市谭坊镇政府驻地 262500 0536-3208888)

PD20092913 多·锰锌/50%/可湿性粉剂/多菌灵 8%、代森锰锌 42%/2009.03.05 至 2014.03.05/低毒
苹果 斑点落叶病 1000-1250毫克/千克 喷雾
PD20093856 阿维菌素/1.8%/乳油/阿维菌素 1.8%/2009.03.25 至 2014.03.25/中等毒(原药高毒)
柑橘树 红蜘蛛 4.5-9毫克/千克 喷雾
PD20094143 百草枯/200克/升/水剂/百草枯 200克/升/2009.03.27 至 2014.03.27/中等毒
夏玉米 杂草 450—600克/公顷 定向喷雾
PD20095322 吗胍·乙酸铜/20%/可湿性粉剂/盐酸吗啉胍 16%、乙酸铜 4%/2009.04.27 至 2014.04.27/低毒

番茄 病毒病 500-750克/公顷 喷雾

LS20053316 多·福/40%/可湿性粉剂/多菌灵 5%、福美双 35%/2008.10.17 至 2009.10.17/低毒

梨树 黑星病 1000-1500毫克/千克 喷雾

山东中石药业有限公司 (山东省聊城市阳谷县石门宋工业区 252300 0635-6820989)

PD20040046 高效氯氰菊酯/4.5%/乳油/高效氯氰菊酯 4.5%/2009.12.19 至 2014.12.19/中等毒

茶树 茶尺蠖 15-25.5克/公顷 喷雾

柑橘树 红蜡蚧 50毫克/千克 喷雾

柑橘树 潜叶蛾 15-20毫克/千克 喷雾

棉花 红铃虫、棉铃虫、棉蚜 15-30克/公顷 喷雾

苹果树 桃小食心虫 20-33毫克/千克 喷雾

十字花科蔬菜 菜蚜 3-18克/公顷 喷雾

十字花科蔬菜 菜青虫、小菜蛾 9-25.5克/公顷 喷雾

烟草 烟青虫 15-25.5克/公顷 喷雾

PD20080344 乙草胺/93%/原药/乙草胺 93%/2008.02.26 至 2013.02.26/低毒

PD20080419 氯·马·辛硫磷/30%/乳油/高效氯氰菊酯 1.5%、马拉硫磷 10%、辛硫磷 18.5%/2008.03.04 至 2013.03.04/中等毒

棉花 棉铃虫 225-337.5克/公顷 喷雾

PD20080501 乙草胺/50%/乳油/乙草胺 50%/2008.04.10 至 2013.04.10/低毒

花生田、夏大豆田 部分阔叶杂草、一年生禾本科杂草 1050-1350克/公顷 土壤喷雾

玉米田 小粒种子阔叶杂草、一年生禾本科杂草 1200-1875克/公顷(东北地区) 750-1050克/公顷(其它地区) 播后苗前喷雾

PD20080566 丁草胺/95%/原药/丁草胺 95%/2008.05.12 至 2013.05.12/低毒

PD20080574 丙草胺/95%/原药/丙草胺 95%/2008.05.12 至 2013.05.12/低毒

PD20080590 乙草胺/900克/升/乳油/乙草胺 900克/升/2008.05.12 至 2013.05.12/低毒

春大豆田、春玉米田 一年生禾本科杂草及部分阔叶杂草 1350-1890克/公顷 土壤喷雾

花生田 部分阔叶杂草、一年生禾本科杂草 1080-1350克/公顷 土壤喷雾

夏玉米田 一年生禾本科杂草及部分阔叶杂草 1080-1350克/公顷 土壤喷雾

PD20080591 莠去津/38%/悬浮剂/莠去津 38%/2008.05.12 至 2013.05.12/低毒

夏玉米田 一年生杂草 1140-1425克/公顷 土壤喷雾

PD20080620 甲草胺/95%/原药/甲草胺 95%/2008.05.12 至 2013.05.12/低毒

PD20080744 异丙甲草胺/96%/原药/异丙甲草胺 96%/2008.06.11 至 2013.06.11/低毒

PD20081405 乙草胺/48%/水乳剂/乙草胺 48%/2008.10.28 至 2013.10.28/低毒

花生田 部分阔叶杂草、一年生禾本科杂草、一年生禾本科杂草及小粒阔叶杂草 1080-1440克/公顷 土壤喷雾

夏大豆田 部分阔叶杂草、一年生禾本科杂草 1080-1440克/公顷 土壤喷雾

夏玉米田 一年生杂草 1080-1440克/公顷 土壤喷雾

PD20081935 阿维菌素/0.5%/乳油/阿维菌素 0.5%/2008.11.25 至 2013.11.25/低毒(原药高毒)

十字花科蔬菜 菜青虫 8.1-10.8克/公顷 喷雾

PD20082436 甲氰·辛硫磷/25%/乳油/甲氰菊酯 5%、辛硫磷 20%/2008.12.02 至 2013.12.02/中等毒

棉花 棉铃虫 225-345克/公顷 喷雾

PD20082549 异丙草·莠/40%/悬乳剂/异丙草胺 24%、莠去津 16%/2008.12.22 至 2013.12.22/低毒

夏玉米田 一年生杂草 1200-1500克/公顷 播后苗前土壤喷雾

PD20083919 戊唑醇/96%/原药/戊唑醇 96%/2008.12.15 至 2013.12.15/低毒

PD20085676 氯氰菊酯/5%/乳油/氯氰菊酯 5%/2008.12.26 至 2013.12.26/中等毒

十字花科蔬菜 菜青虫 37.5-52.5克/公顷 喷雾

PD20091604 异丙甲草胺/720克/升/乳油/异丙甲草胺 720克/升/2009.02.03 至 2014.02.03/低毒

春玉米田 一年生杂草 1458-1944克/公顷 土壤喷雾

夏玉米田 一年生杂草 972-1944克/公顷 土壤喷雾

PD20091721 乙·莠/72.4%/悬乳剂/乙草胺 54.4%、莠去津 18%/2009.02.04 至 2014.02.04/低毒

夏玉米田 一年生杂草 1086-1303.2克/公顷 土壤喷雾

PD20093810 阿维·高氯/1.8%/微乳剂/阿维菌素 0.6%、高效氯氰菊酯 1.2%/2009.03.25 至 2014.03.25/低毒(原药高毒)

甘蓝 小菜蛾 8.1-16.2克/公顷 喷雾

PD20094306 氟铃脲/4.5%/悬浮剂/氟铃脲 4.5%/2009.03.31 至 2014.03.31/低毒

甘蓝 甜菜夜蛾 40.5-60.75克/公顷 喷雾

PD20095956 异丙草胺/90%/原药/异丙草胺 90%/2009.06.03 至 2014.06.03/低毒

PD20096946 绿·莠·乙草胺/40%/悬乳剂/绿麦隆 1%、乙草胺 31%、莠去津 8%/2009.09.29 至 2014.09.29/低毒

夏玉米田 一年生杂草 3000-3750毫升制剂/公顷 土壤喷雾

LS20061270 草铵膦/95%/原药/草铵膦 95%/2009.05.30 至 2010.05.30/低毒

WL20070105 高效氯氰菊酯/4.5%/水乳剂/高效氯氰菊酯 4.5%/2009.05.29 至 2010.05.30/中等毒

卫生 蚊、蝇、蜚蠊 40毫克/平方米 滞留喷洒

山东中新科农生物科技有限公司 (山东省济南市历城区董家镇机场路南首 250100 0531-88774818)

PD20096141 毒死蜱/480克/升/乳油/毒死蜱 480克/升/2009.06.24 至 2014.06.24/中等毒

甘蓝 蚜虫 62.5-75毫升制剂/亩 喷雾

PD20096149 溴氰菊酯/25克/升/乳油/溴氰菊酯 25克/升/2009.06.24 至 2014.06.24/低毒
烟草 烟青虫 20-25毫升制剂/亩 喷雾
PD20096164 阿维·高氯/1.8%/乳油/阿维菌素 0.3%、高效氯氰菊酯 1.5%/2009.06.24 至 2014.06.24/低毒(原药高毒)
甘蓝 菜青虫、小菜蛾 7.5-15克/公顷 喷雾
PD20096586 丙环唑/250克/升/乳油/丙环唑 250克/升/2009.08.25 至 2014.08.25/低毒
香蕉 叶斑病 250-500毫克/千克 喷雾
PD20097313 高效氯氟氰菊酯/25克/升/乳油/高效氯氟氰菊酯 25克/升/2009.10.27 至 2014.10.27/中等毒
甘蓝 菜青虫 11.25-15克/公顷 喷雾
PD20098330 虫酰肼/20%/悬浮剂/虫酰肼 20%/2009.12.18 至 2014.12.18/低毒
苹果树 卷叶蛾 80-100毫克/千克 喷雾
LS20050254 多·福/40%/可湿性粉剂/多菌灵 5%、福美双 35%/2008.02.03 至 2009.02.02/低毒
葡萄 霜霉病 1000-1250毫克/千克 喷雾
LS20050641 吡虫啉/10%/可湿性粉剂/吡虫啉 10%/2008.03.14 至 2009.03.14/低毒
小麦 蚜虫 15-30克/公顷(南方地区) 喷雾
45-60克、公顷(北方地区)
LS20051849 多·锰锌/50%/可湿性粉剂/多菌灵 8%、代森锰锌 42%/2008.05.16 至 2009.05.16/低毒
苹果树 斑点落叶病 1000-1250毫克/千克 喷雾

山东中信化学有限公司 (山东省济南市历城区花园路 250100 0531-88929766)

PD20092333 代森锰锌/80%/可湿性粉剂/代森锰锌 80%/2009.02.24 至 2014.02.24/低毒
番茄 早疫病 1560-2520克/公顷 喷雾
PD20092918 高效氯氟氰菊酯/25克/升/乳油/高效氯氟氰菊酯 25克/升/2009.03.05 至 2014.03.05/中等毒
甘蓝 蚜虫 7.5-11.25克/公顷 喷雾
PD20093668 甲氰菊酯/20%/乳油/甲氰菊酯 20%/2009.03.25 至 2014.03.25/中等毒
十字花科蔬菜 小菜蛾 75-90克/公顷 喷雾
PD20094040 氯氰菊酯/10%/乳油/氯氰菊酯 10%/2009.03.27 至 2014.03.27/中等毒
甘蓝 菜青虫 22.5-30克/公顷 喷雾
PD20095057 联苯菊酯/25克/升/乳油/联苯菊酯 25克/升/2009.04.21 至 2014.04.21/低毒
番茄(保护地) 白粉虱 7.5-15克/公顷 喷雾
PD20095976 氢氧化铜/77%/可湿性粉剂/氢氧化铜 77%/2009.06.04 至 2014.06.04/低毒
番茄 早疫病 1927.5-2310克/公顷 喷雾
LS20080955 福·福锌/80%/可湿性粉剂/福美双 30%、福美锌 50%/2009.03.04 至 2010.03.04/中等毒
黄瓜 炭疽病 1500-1800克/公顷 喷雾

山东众邦农药有限公司 (山东省临沂市李官镇 276000 0539-8672388)

PD20085251 多菌灵/80%/可湿性粉剂/多菌灵 80%/2008.12.23 至 2013.12.23/低毒
花生 倒秧病 750-900克/公顷 喷雾
PD20091335 百草枯/200克/升/水剂/百草枯 200克/升/2009.02.01 至 2014.02.01/中等毒
非耕地 杂草 600-750克/公顷 茎叶喷雾
PD20091388 甲基硫菌灵/70%/可湿性粉剂/甲基硫菌灵 70%/2009.02.02 至 2014.02.02/低毒
水稻 纹枯病 1050-1500克/公顷 喷雾
PD20093122 代森锰锌/80%/可湿性粉剂/代森锰锌 80%/2009.03.10 至 2014.03.10/低毒
黄瓜 霜霉病 2250-2700克/公顷 喷雾
PD20096488 异丙甲草胺/720克/升/乳油/异丙甲草胺 720克/升/2009.08.14 至 2014.08.14/低毒
大豆田 一年生禾本科杂草及部分小粒种子阔叶杂草 1620-2160克/公顷(东北地区) 播后苗前土壤喷雾
1080-1620克/公顷(其他地区)
PD20097939 辛硫磷/40%/乳油/辛硫磷 40%/2009.11.30 至 2014.11.30/低毒
棉花 棉铃虫 450-600克/公顷 喷雾
PD20098083 联苯菊酯/100克/升/乳油/联苯菊酯 100克/升/2009.12.08 至 2014.12.08/中等毒
茶树 茶小绿叶蝉 300-375毫升制剂/公顷 喷雾
PD20098323 三环唑/75%/可湿性粉剂/三环唑 75%/2009.12.18 至 2014.12.18/低毒
水稻 稻瘟病 225-300克/公顷 喷雾
LS20082465 阿维菌素/18克/升/乳油/阿维菌素 18克/升/2009.04.22 至 2010.04.22/低毒(原药高毒)
十字花科蔬菜 小菜蛾 8.1-10.8克/公顷 喷雾
LS20090692 莠去津/90%/水分散粒剂/莠去津 90%/2009.05.05 至 2010.05.05/低毒
玉米田 一年生杂草 1485-1755克/公顷(东北地区) 播后苗前土壤喷雾
1215-1485克/公顷(其它地区)

山东淄博康力农药有限公司 (山东省淄博市淄川区龙泉镇麓村北首 255144 0533-5883996)

PD20091917 多·福/50%/可湿性粉剂/多菌灵 8%、福美双 42%/2009.02.12 至 2014.02.12/低毒
梨树 黑星病 1000-1500毫克/千克 喷雾
PD20092149 高效氯氟氰菊酯/25克/升/乳油/高效氯氟氰菊酯 25克/升/2009.02.23 至 2014.02.23/中等毒
棉花 棉铃虫 18.75-26.25克/公顷 喷雾
PD20095295 硫磺·三环唑/45%/可湿性粉剂/硫磺 40%、三环唑 5%/2009.04.27 至 2014.04.27/低毒
水稻 稻瘟病 810-1215克/公顷 喷雾

山东邹平农药有限公司 (山东省滨州市邹平县县城环城北路190号 256200 0543-4321332)

PD85150-24	多菌灵/50%/可湿性粉剂/多菌灵 50%/2005.07.06 至 2010.07.06/低毒			
	果树	病害	0.05-0.1%药液	喷雾
	花生	倒秧病	750克/公顷	喷雾
	麦类	赤霉病	750克/公顷	喷雾、泼浇
	棉花	苗期病害	250克/50千克种子	拌种
	水稻	稻瘟病、纹枯病	750克/公顷	喷雾、泼浇
	油菜	菌核病	1125-1500克/公顷	喷雾
PD86157-12	硫磺/50%/悬浮剂/硫磺 50%/2006.11.29 至 2011.11.29/低毒			
	果树	白粉病	200-400倍液	喷雾
	花卉	白粉病	750-1500克/公顷	喷雾
	黄瓜	白粉病	1125-1500克/公顷	喷雾
	橡胶树	白粉病	1875-3000克/公顷	喷雾
	小麦	白粉病、螨	3000克/公顷	喷雾
PD91106-12	甲基硫菌灵/70%,50%/可湿性粉剂/甲基硫菌灵 70%,50%/2006.03.28 至 2011.03.28/低毒			
	番茄	叶霉病	375-562.5克/公顷	喷雾
	甘薯	黑斑病	360-450毫克/千克	浸薯块
	瓜类	白粉病	337.5-506.25克/公顷	喷雾
	梨树	黑星病	360-450毫克/千克	喷雾
	苹果树	轮纹病	700毫克/千克	喷雾
	水稻	稻瘟病、纹枯病	1050-1500克/公顷	喷雾
	小麦	赤霉病	750-1050克/公顷	喷雾
PD92101-6	多菌灵/40%/可湿性粉剂/多菌灵 40%/2007.05.10 至 2012.05.10/低毒			
	果树	病害	0.05-0.1%药液	喷雾
	花生	倒秧病	750克/公顷	喷雾
	麦类	赤霉病	750克/公顷	喷雾,泼浇
	棉花	苗期病害	500克/100千克种子	拌种
	水稻	稻瘟病、纹枯病	750克/公顷	喷雾,泼浇
	油菜	菌核病	1025-1500克/公顷	喷雾
PD20040161	三唑酮/20%/乳油/三唑酮 20%/2009.12.19 至 2014.12.19/低毒			
	小麦	白粉病	120-127.5克/公顷	喷雾
PD20040332	三唑酮/15%/可湿性粉剂/三唑酮 15%/2009.12.19 至 2014.12.19/低毒			
	小麦	白粉病、锈病	135-180克/公顷	喷雾
	玉米	丝黑穗病	60-90克/100千克种子	拌种
PD20040740	甲拌·多菌灵/20%/悬浮种衣剂/多菌灵 10%、甲拌磷 10%/2009.12.19 至 2014.12.19/高毒			
	小麦	地下害虫、纹枯病	1:35-45(药种比)	种子包衣
PD20080139	啶虫脒/3%/可湿性粉剂/啶虫脒 3%/2008.01.03 至 2013.01.03/低毒			
	柑橘树	蚜虫	8.6-12毫克/千克	喷雾
PD20080160	硫·酮/20%/悬浮剂/硫磺 10%、三唑酮 10%/2008.01.04 至 2013.01.04/低毒			
	小麦	白粉病	150-225克/公顷	喷雾
PD20080637	毒·辛/40%/乳油/毒死蜱 10%、辛硫磷 30%/2008.05.13 至 2013.05.13/中等毒			
	棉花	棉铃虫	360—450克/公顷	喷雾
PD20080940	丙森·多菌灵/70%/可湿性粉剂/丙森锌 30%、多菌灵 40%/2008.07.17 至 2013.07.17/低毒			
	苹果树	斑点落叶病	1000-1500倍液	喷雾
PD20081033	马拉·辛硫磷/25%/乳油/马拉硫磷 12.5%、辛硫磷 12.5%/2008.08.06 至 2013.08.06/低毒			
	水稻	稻纵卷叶螟	300-375克/公顷	喷雾
PD20081061	毒死蜱/40%/乳油/毒死蜱 40%/2008.08.14 至 2013.08.14/中等毒			
	柑橘树	矢尖蚧	333.3-500毫克/千克	喷雾
PD20081889	多效唑/15%/可湿性粉剂/多效唑 15%/2008.11.20 至 2013.11.20/低毒			
	水稻育秧田	控制生长	200-300毫克/千克	喷雾
PD20082087	抗蚜威/50%/可湿性粉剂/抗蚜威 50%/2008.11.25 至 2013.11.25/中等毒			
	小麦	蚜虫	75-150克/公顷	喷雾
PD20083618	啶虫脒/3%/乳油/啶虫脒 3%/2008.12.12 至 2013.12.12/低毒			
	苹果树	蚜虫	12-15毫克/千克	喷雾
PD20083692	硫磺·多菌灵/50%/可湿性粉剂/多菌灵 15%、硫磺 35%/2008.12.15 至 2013.12.15/低毒			
	花生	叶斑病	1200-1800克/公顷	喷雾
PD20085307	硫磺·多菌灵/50%/悬浮剂/多菌灵 15%、硫磺 35%/2008.12.23 至 2013.12.23/低毒			
	花生	叶斑病	1200-1800克/公顷	喷雾
PD20085496	丙溴·辛硫磷/24%/乳油/丙溴磷 10%、辛硫磷 14%/2008.12.25 至 2013.12.25/低毒			
	十字花科蔬菜	菜青虫	108-180克/公顷	喷雾
PD20090705	福·克/20%/悬浮种衣剂/福美双 10%、克百威 10%/2009.01.19 至 2014.01.19/高毒			
	玉米	茎基腐病、金针虫、苗期害虫、蛴螬	1:40(药种比)	种子包衣
PD20092326	氟铃脲/5%/乳油/氟铃脲 5%/2009.02.24 至 2014.02.24/低毒			
	甘蓝	小菜蛾	28.125-56.25克/公顷	喷雾

PD20092363 溴氰菊酯/25克/升/乳油/溴氰菊酯 25克/升/2009.02.24 至 2014.02.24/中等毒
十字花科蔬菜 菜青虫 7.5-15克/公顷 喷雾
PD20092705 氰戊菊酯/20%/乳油/氰戊菊酯 20%/2009.03.03 至 2014.03.03/中等毒
棉花 棉铃虫 112.5-150克/公顷 喷雾
PD20093288 醚菊酯/10%/悬浮剂/醚菊酯 10%/2009.03.11 至 2014.03.11/低毒
甘蓝 菜青虫 45-60克/公顷 喷雾
PD20093613 甲基硫菌灵/500克/升/悬浮剂/甲基硫菌灵 500克/升/2009.03.25 至 2014.03.25/低毒
水稻 稻瘟病、纹枯病 750-1125克/公顷 喷雾
PD20093616 甲氰菊酯/20%/乳油/甲氰菊酯 20%/2009.03.25 至 2014.03.25/中等毒
苹果树 红蜘蛛 100-133.3毫克/千克 喷雾
PD20093864 马拉·杀螟松/12%/乳油/马拉硫磷 10%、杀螟硫磷 2%/2009.03.25 至 2014.03.25/低毒
水稻 二化螟 225-270克/公顷 喷雾
PD20093998 联苯菊酯/25克/升/乳油/联苯菊酯 25克/升/2009.03.27 至 2014.03.27/低毒
茶树 茶小绿叶蝉 30-37.5克/公顷 喷雾
PD20093999 氟氯氰菊酯/50克/升/乳油/氟氯氰菊酯 50克/升/2009.03.27 至 2014.03.27/低毒
棉花 棉铃虫 37.5-51克/公顷 定向喷雾
PD20094020 高效氯氟氰菊酯/2.5%/水乳剂/高效氯氟氰菊酯 2.5%/2009.03.27 至 2014.03.27/中等毒
甘蓝 菜青虫 7.5-15克/公顷 喷雾
PD20094286 硅唑·多菌灵/21%/悬浮剂/多菌灵 16%、氟硅唑 5%/2009.03.31 至 2014.03.31/低毒
梨树 黑星病 2000-3000倍液 喷雾
PD20094358 代森锌/80%/可湿性粉剂/代森锌 80%/2009.04.01 至 2014.04.01/低毒
马铃薯 晚疫病 960-1200克/公顷 喷雾
PD20095845 福·福锌/80%/可湿性粉剂/福美双 30%、福美锌 50%/2009.05.27 至 2014.05.27/低毒
苹果树 炭疽病 1333-1600毫克/千克 喷雾
PD20097692 阿维菌素/18克/升/乳油/阿维菌素 18克/升/2009.11.04 至 2014.11.04/中等毒(原药高毒)
十字花科蔬菜 小菜蛾 9-11.25克/公顷 喷雾
LS20050619 高效氯氰菊酯/2.5%/乳油/高效氯氰菊酯 2.5%/2008.03.14 至 2009.03.14/低毒
番茄 美洲斑潜蝇 18.75-26.25克/公顷 喷雾
LS20050622 阿维·三唑磷/20%/乳油/阿维菌素 0.2%、三唑磷 19.8%/2008.03.14 至 2009.03.14/中等毒(原药高毒)
水稻 二化螟 150-210克/公顷 喷雾
LS20051778 阿维·哒螨灵/10%/乳油/阿维菌素 0.3%、哒螨灵 9.7%/2008.05.16 至 2009.05.16/中等毒(原药高毒)
苹果树 二斑叶螨 40-50毫克/千克 喷雾
LS20071503 吗胍·乙酸铜/20%/可湿性粉剂/盐酸吗啉胍 10%、乙酸铜 10%/2009.05.29 至 2010.05.30/低毒
番茄 病毒病 500-750克/公顷 喷雾
LS20080495 啶虫脒/5%/可湿性粉剂/啶虫脒 5%/2009.02.20 至 2010.02.21/低毒
苹果树 蚜虫 12.5-16.67毫克/千克 喷雾
LS20080496 吡虫·噻嗪酮/10%/可湿性粉剂/吡虫啉 2%、噻嗪酮 8%/2009.02.20 至 2010.02.21/低毒
水稻 稻飞虱 60-75克/公顷 喷雾
LS20080759 甲氨基阿维菌素苯甲酸盐/1%/乳油/甲氨基阿维菌素苯甲酸盐 1%/2009.02.27 至 2010.02.28/低毒
十字花科蔬菜 甜菜夜蛾 2.25-3.75克/公顷 喷雾
LS20090118 丙溴磷/50%/乳油/丙溴磷 50%/2009.01.21 至 2010.01.21/低毒
十字花科蔬菜 小菜蛾 390-480克/公顷 喷雾
LS20090235 苯甲·多菌灵/32.8%/可湿性粉剂/苯醚甲环唑 6%、多菌灵 26.8%/2009.02.13 至 2010.02.13/低毒
苹果树 轮纹病 164-216.8毫克/千克 喷雾
LS20090237 毒·辛/5%/颗粒剂/毒死蜱 2%、辛硫磷 3%/2009.02.13 至 2010.02.13/低毒
花生 蛴螬 1875～2250克/公顷 /撒施
LS20090269 阿维·炔螨特/40%/乳油/阿维菌素 0.3%、炔螨特 39.7%/2009.02.13 至 2010.02.13/低毒(原药高毒)
苹果树 红蜘蛛 160-200毫克/千克 喷雾

山东兖州新天地农药有限公司 (山东省济宁市兖州市西环路龙桥 272100 0537-3415630)

PD20040219 甲拌·辛硫磷/10%/细粒剂/甲拌磷 6%、辛硫磷 4%/2009.12.19 至 2014.12.19/高毒
花生 蛴螬 600-900克/公顷 毒土盖种
PD20083615 辛硫磷/3%/颗粒剂/辛硫磷 3%/2008.12.12 至 2013.12.12/低毒
花生 蛴螬 1800-3600克/公顷 撒施
PD20090724 马拉·灭多威/35%/乳油/马拉硫磷 25%、灭多威 10%/2009.01.19 至 2014.01.19/中等毒(原药高毒)
棉花 棉铃虫 210-315克/公顷 喷雾
PD20096805 灭线磷/5%/颗粒剂/灭线磷 5%/2009.09.15 至 2014.09.15/低毒(原药高毒)
花生 根结线虫 4500-5250克/公顷 沟施
LS94659 苦参碱/0.2%/水剂/苦参碱 0.2%/2009.01.06 至 2009.12.31/低毒
棉花、苹果树 红蜘蛛 7.5-22.5克/公顷 喷雾
LS20050981 阿维·高氯/1.8%/乳油/阿维菌素 0.2%、高效氯氰菊酯 1.6%/2008.04.04 至 2009.04.04/低毒(原药高毒)
十字花科蔬菜 菜青虫、小菜蛾 13.5-27克/公顷 喷雾
LS20051497 高效氯氰菊酯/2.5%/乳油/高效氯氰菊酯 2.5%/2008.04.21 至 2009.04.21/低毒
梨树 梨木虱 12.5-20.8毫克/千克 喷雾

LS20051719 阿维·高氯氟/1.3%/乳油/阿维菌素 0.3%、高效氯氟氰菊酯 1%/2008.05.12 至 2009.05.12/低毒(原药高毒)
十字花科蔬菜 小菜蛾 5.85-9.75克/公顷 喷雾

LS20053893 阿维菌素/0.3%/乳油/阿维菌素 0.3%/2008.12.29 至 2009.12.29/低毒(原药高毒)
梨树 梨木虱 1-2毫克/千克 喷雾

山东鑫星农药有限公司 (山东省潍坊市青州市东青高速公路王母宫下道口南1公里 262500 0536-3524077)

PD20092172 代森锰锌/80%/可湿性粉剂/代森锰锌 80%/2009.02.23 至 2014.02.23/低毒
番茄 早疫病 1560-2520克/公顷 喷雾
柑橘树 疮痂病、炭疽病 1333-2000毫克/千克 喷雾
花生 叶斑病 720-900克/公顷 喷雾
黄瓜 霜霉病 2040-3000克/公顷 喷雾
辣椒、甜椒 炭疽病、疫病 1800-2520克/公顷 喷雾
梨树 黑星病 800-1600毫克/千克 喷雾
荔枝树 霜疫霉病 1333-2000毫克/千克 喷雾
马铃薯 晚疫病 1440-2160克/公顷 喷雾
苹果树 斑点落叶病、轮纹病、炭疽病 1000-1500毫克/千克 喷雾
葡萄 白腐病、黑痘病、霜霉病 1000-1600毫克/千克 喷雾
西瓜 炭疽病 1560-2520克/公顷 喷雾
烟草 赤星病 1440-1920克/公顷 喷雾

PD20092533 百菌清/75%/可湿性粉剂/百菌清 75%/2009.02.26 至 2014.02.26/低毒
黄瓜 白粉病 1500-1725克/公顷 喷雾

PD20092635 多菌灵/50%/可湿性粉剂/多菌灵 50%/2009.03.02 至 2014.03.02/低毒
小麦 赤霉病 750-1125克/公顷 喷雾

PD20092905 敌敌畏/50%/乳油/敌敌畏 50%/2009.03.05 至 2014.03.05/中等毒
十字花科蔬菜 菜青虫 600-800克/公顷 喷雾

PD20092921 三乙膦酸铝/80%/可湿性粉剂/三乙膦酸铝 80%/2009.03.05 至 2014.03.05/低毒
黄瓜 霜霉病 1440-2880克/公顷 喷雾

PD20093603 噁霜·锰锌/64%/可湿性粉剂/噁霜灵 8%、代森锰锌 56%/2009.03.23 至 2014.03.23/低毒
黄瓜 霜霉病 1650-1950克/公顷 喷雾

PD20093846 三唑锡/25%/可湿性粉剂/三唑锡 25%/2009.03.25 至 2014.03.25/中等毒
苹果树 红蜘蛛 125-250毫克/千克 喷雾

PD20093936 腐霉利/50%/可湿性粉剂/腐霉利 50%/2009.03.27 至 2014.03.27/低毒
番茄 灰霉病 375-700克/公顷 喷雾

PD20094039 甲基硫菌灵/70%/可湿性粉剂/甲基硫菌灵 70%/2009.03.27 至 2014.03.27/低毒
番茄 叶霉病 525-630克/公顷 喷雾

PD20094049 丙环唑/250克/升/乳油/丙环唑 250克/升/2009.03.27 至 2014.03.27/低毒
香蕉 叶斑病 250-500毫克/千克 喷雾

PD20094505 联苯菊酯/100克/升/乳油/联苯菊酯 100克/升/2009.04.09 至 2014.04.09/中等毒
茶树 茶尺蠖 11.25-15克/公顷 喷雾

PD20094545 三环唑/75%/可湿性粉剂/三环唑 75%/2009.04.09 至 2014.04.09/低毒
水稻 稻瘟病 225-300克/公顷 喷雾

PD20094585 高效氯氟氰菊酯/25克/升/乳油/高效氯氟氰菊酯 25克/升/2009.04.10 至 2014.04.10/中等毒
甘蓝 菜青虫 11.25-13.125克/公顷 喷雾

PD20095048 百草枯/200克/升/水剂/百草枯 200克/升/2009.04.21 至 2014.04.21/中等毒
柑橘园 一年生和多年生杂草 750-900克/公顷 定向茎叶喷雾

PD20095165 异菌脲/50%/可湿性粉剂/异菌脲 50%/2009.04.24 至 2014.04.24/低毒
番茄 灰霉病 562.5-750克/公顷 喷雾

PD20096171 高氯·辛硫磷/20%/乳油/高效氯氰菊酯 2%、辛硫磷 18%/2009.06.29 至 2014.06.29/低毒
十字花科蔬菜 菜青虫 120～150克/公顷 喷雾

PD20096494 氟氯氰菊酯/5.1%/乳油/氟氯氰菊酯 5.1%/2009.08.14 至 2014.08.14/低毒
棉花 棉铃虫 30-37.5克/公顷 喷雾

PD20096929 高氯·马/20%/乳油/高效氯氰菊酯 1.5%、马拉硫磷 18.5%/2009.09.23 至 2014.09.23/中等毒
苹果树 桃小食心虫 133.3-200毫克/千克 喷雾

PD20097026 阿维菌素/18克/升/乳油/阿维菌素 18克/升/2009.10.10 至 2014.10.10/低毒(原药高毒)
甘蓝 小菜蛾 8.1-10.8克/公顷 喷雾

PD20098466 甲维盐·氯氰/3.2%/微乳剂/甲氨基阿维菌素苯甲酸盐 0.2%、氯氰菊酯 3%/2009.12.24 至 2014.12.24/低毒
甘蓝 甜菜夜蛾 19.2-28.8克/公顷 喷雾

LS20060172 硫磺·敌磺钠/60%/可湿性粉剂/敌磺钠 16%、硫磺 44%/2009.01.27 至 2010.01.27/中等毒
番茄 猝倒病 3.6-6克/平方米 毒土撒施

LS20060178 烯酰·锰锌/69%/可湿性粉剂/代森锰锌 60%、烯酰吗啉 9%/2009.01.27 至 2010.01.27/低毒
黄瓜 霜霉病 1035-1380克/公顷 喷雾

LS20060594 吗胍·乙酸铜/20%/可湿性粉剂/盐酸吗啉胍 10%、乙酸铜 10%/2009.03.23 至 2010.03.23/低毒
番茄 病毒病 600-750克/公顷 喷雾
烟草 病毒病 450-600克/公顷 喷雾

LS20061068	灭线磷/20%/颗粒剂/灭线磷 20%/2009.05.10 至 2010.05.10/中等毒(原药高毒)			
	花生	根结线虫	4500-5250克/公顷	沟施
LS20061079	咪鲜胺/25%/乳油/咪鲜胺 25%/2009.05.10 至 2010.05.10/低毒			
	黄瓜	炭疽病	247.5-375克/公顷	喷雾
LS20061176	毒死蜱/480克/升/乳油/毒死蜱 480克/升/2009.05.17 至 2010.05.17/中等毒			
	韭菜	根蛆	1440-1800克/公顷	灌根
LS20061323	甲霜·锰锌/58%/可湿性粉剂/甲霜灵 10%、代森锰锌 48%/2009.06.12 至 2010.06.12/低毒			
	黄瓜	霜霉病	978-1632克/公顷	喷雾
LS20061721	吡虫啉/20%/泡腾片剂/吡虫啉 20%/2009.10.11 至 2010.10.11/低毒			
	十字花科蔬菜	蚜虫	22.5-30克/公顷	喷雾
LS20061723	苯醚甲环唑/10%/水分散粒剂/苯醚甲环唑 10%/2009.10.10 至 2010.10.10/低毒			
	番茄	早疫病	100-150毫克/千克	喷雾
LS20061754	嘧霉胺/20%/可湿性粉剂/嘧霉胺 20%/2009.10.10 至 2010.10.10/低毒			
	黄瓜	灰霉病	360-540克/公顷	喷雾
LS20070261	乙霉·多菌灵/50%/可湿性粉剂/多菌灵 25%、乙霉威 25%/2009.02.24 至 2010.02.24/低毒			
	番茄	灰霉病	703-1125克/公顷	喷雾
LS20071425	乙酰甲胺磷/30%/乳油/乙酰甲胺磷 30%/2009.05.17 至 2010.05.18/低毒			
	水稻	稻纵卷叶螟	562.5-1012.5克/公顷	喷雾
LS20071745	哒螨灵/20%/可湿性粉剂/哒螨灵 20%/2009.07.04 至 2010.07.05/低毒			
	柑橘树	红蜘蛛	50-67毫克/千克	喷雾
LS20080936	菌核净/40%/可湿性粉剂/菌核净 40%/2009.03.04 至 2010.03.04/低毒			
	油菜	菌核病	900-1200克/公顷	喷雾
LS20081699	代森锌/80%/可湿性粉剂/代森锌 80%/2009.04.07 至 2010.04.07/低毒			
	番茄	早疫病	2550-3600克/公顷	喷雾
LS20081789	唑磷·毒死蜱/30%/乳油/毒死蜱 15%、三唑磷 15%/2009.04.07 至 2010.04.07/中等毒			
	水稻	三化螟	270-360克/公顷	喷雾
LS20082017	四聚乙醛/6%/颗粒剂/四聚乙醛 6%/2009.04.15 至 2010.04.15/低毒			
	十字花科蔬菜	蜗牛	450-540克/公顷	撒施
LS20082034	杀扑磷/40%/乳油/杀扑磷 40%/2009.04.15 至 2010.04.15/高毒			
	柑橘树	介壳虫	400-600毫克/千克	喷雾
LS20082155	噻嗪·杀扑磷/20%/乳油/噻嗪酮 15%、杀扑磷 5%/2009.04.18 至 2010.04.18/低毒(原药高毒)			
	柑橘树	介壳虫	200-250毫克/千克	喷雾
LS20082423	盐酸吗啉胍/5%/可溶粉剂/盐酸吗啉胍 5%/2009.04.22 至 2010.04.22/低毒			
	水稻	条纹叶枯病	60-75克/公顷	喷雾
LS20082511	灭胺·杀虫单/30%/可溶性粉剂/灭蝇胺 5%、杀虫单 25%/2009.04.22 至 2010.04.22/低毒			
	菜豆	美洲斑潜蝇	225-337.5克/公顷	喷雾
LS20082585	阿维·炔螨特/56%/微乳剂/阿维菌素 0.3%、炔螨特 55.7%/2009.04.23 至 2010.04.23/低毒(原药高毒)			
	柑橘树	红蜘蛛	186.7-280毫克/千克	喷雾
LS20091388	福双·毒死蜱/20%/可湿性粉剂/毒死蜱 3%、福美双 17%/2009.09.07 至 2010.09.07/低毒			
	辣椒	地下害虫、根腐病	9000-12000克/公顷	毒土撒施

山东麒麟农化有限公司　(山东省菏泽市巨野县麒麟镇　250100　0531－83173266)

PD20083414	炔螨特/570克/升/乳油/炔螨特 570克/升/2008.12.11 至 2013.12.11/低毒			
	柑橘树	红蜘蛛	240-360毫克/千克	喷雾
PD20083487	啶虫脒/20%/可溶性粉剂/啶虫脒 20%/2008.12.12 至 2013.12.12/低毒			
	黄瓜	蚜虫	60-90克/公顷	喷雾
PD20084013	炔螨特/90.5%/原药/炔螨特 90.5%/2008.12.16 至 2013.12.16/低毒			
PD20084543	炔螨特/40%/乳油/炔螨特 40%/2008.12.18 至 2013.12.18/低毒			
	柑橘树	红蜘蛛	200-400毫克/千克	喷雾
PD20085092	啶虫脒/3%/乳油/啶虫脒 3%/2008.12.23 至 2013.12.23/低毒			
	苹果树	黄蚜	12-20毫克/千克	喷雾
PD20085499	乙草胺/900克/升/乳油/乙草胺 900克/升/2008.12.25 至 2013.12.25/低毒			
	玉米田	一年生禾本科杂草及部分小粒种子阔叶杂草	1350-1620克/公顷(东北地区) 810-1350克/公顷(其它地区)	土壤喷雾
PD20085665	吡虫啉/96%/原药/吡虫啉 96%/2008.12.26 至 2013.12.26/低毒			
PD20085760	辛硫磷/3%/颗粒剂/辛硫磷 3%/2008.12.29 至 2013.12.29/低毒			
	花生	地老虎、金针虫、蝼蛄、蛴螬	2250-3600克/公顷	沟施
PD20090092	精喹禾灵/10%/乳油/精喹禾灵 10%/2009.01.08 至 2014.01.08/低毒			
	夏大豆田	一年生禾本科杂草	37.5-45克/公顷	喷雾
PD20090847	马拉硫磷/45%/乳油/马拉硫磷 45%/2009.01.19 至 2014.01.19/低毒			
	棉花	盲蝽蟓	337.5-607.5克/公顷	喷雾
PD20091039	高效氯氟氰菊酯/25克/升/乳油/高效氯氟氰菊酯 25克/升/2009.01.21 至 2014.01.21/中等毒			
	棉花	棉铃虫	15-22.5克/公顷	喷雾
PD20091722	百草枯/200克/升/水剂/百草枯 200克/升/2009.02.04 至 2014.02.04/中等毒			

	苹果园	杂草	600-900克/公顷	茎叶喷雾
PD20092887	多·福/70%/可湿性粉剂/多菌灵 10%、福美双 60%/2009.03.05 至 2014.03.05/低毒			
	葡萄	霜霉病	1000-1250毫克/千克	喷雾
PD20093152	毒死蜱/480克/升/乳油/毒死蜱 480克/升/2009.03.11 至 2014.03.11/中等毒			
	水稻	稻纵卷叶螟	432-576克/公顷	喷雾
PD20093184	多·福/40%/可湿性粉剂/多菌灵 5%、福美双 35%/2009.03.11 至 2014.03.11/低毒			
	葡萄	霜霉病	1000-1540毫克/千克	喷雾
PD20093950	氟磺胺草醚/250克/升/水剂/氟磺胺草醚 250克/升/2009.03.27 至 2014.03.27/低毒			
	春大豆田	一年生阔叶杂草	300-375克/公顷	茎叶喷雾
	夏大豆田	一年生阔叶杂草	187.5-225克/公顷	茎叶喷雾
PD20095265	异丙草·莠/42%/悬乳剂/异丙草胺 22%、莠去津 20%/2009.04.27 至 2014.04.27/低毒			
	夏玉米田	一年生杂草	1260-1575克/公顷	土壤喷雾
PD20095808	二甲戊灵/330克/升/乳油/二甲戊灵 330克/升/2009.05.27 至 2014.05.27/低毒			
	棉花田	一年生杂草	742.5-990克/公顷	土壤喷雾
PD20095948	乙草胺/50%/乳油/乙草胺 50%/2009.06.02 至 2014.06.02/低毒			
	棉花田	一年生禾本科杂草及部分小粒种子阔叶杂草	150-200毫升制剂/亩	播后苗前土壤喷雾
PD20096963	异丙甲草胺/720克/升/乳油/异丙甲草胺 720克/升/2009.09.29 至 2014.09.29/低毒			
	水稻移栽田	一年生杂草	108-216克/公顷	毒土法
PD20097055	烟嘧磺隆/40克/升/可分散油悬浮剂/烟嘧磺隆 40克/升/2009.10.10 至 2014.10.10/低毒			
	玉米田	杂草	45-60克/公顷	茎叶喷雾
PD20097494	吡虫啉/10%/可湿性粉剂/吡虫啉 10%/2009.11.03 至 2014.11.03/低毒			
	水稻	稻飞虱	15-30克/公顷	喷雾
	小麦	蚜虫	15-30克/公顷(南方地区) 45-60克/公顷(北方地区)	喷雾
PD20097797	乙氧氟草醚/240克/升/乳油/乙氧氟草醚 240克/升/2009.11.20 至 2014.11.20/低毒			
	水稻移栽田	一年生杂草	36-72克/公顷	毒土法
LS20050444	吡虫啉/20%/可湿性粉剂/吡虫啉 20%/2008.02.19 至 2009.02.18/低毒			
	小麦	蚜虫	15-30克/公顷(南方地区) 45-60克/公顷(北方地区)	喷雾
LS20050906	哒螨灵/10%/乳油/哒螨灵 10%/2008.04.04 至 2009.04.04/低毒			
	苹果树	红蜘蛛	50-66.7毫克/千克	喷雾
LS20052470	阿维·高氯/2.4%/乳油/阿维菌素 0.2%、高效氯氰菊酯 2.2%/2008.07.13 至 2009.07.13/中等毒(原药高毒)			
	十字花科蔬菜	菜青虫、小菜蛾	13.5-27克/公顷	喷雾
LS20053384	机油·炔螨特/73%/乳油/机油 40%、炔螨特 33%/2008.10.18 至 2009.10.18/低毒			
	柑橘树	红蜘蛛	292-365毫克/千克	喷雾
LS20060411	高渗甲氨基阿维菌素苯甲酸盐/0.2%/乳油/甲氨基阿维菌素苯甲酸盐 0.2%/2009.03.06 至 2010.03.06/低毒			
	十字花科蔬菜	甜菜夜蛾	10.8-13.5克/公顷	喷雾
LS20061453	啶虫脒/96%/原药/啶虫脒 96%/2009.07.13 至 2010.07.13/中等毒			
LS20061541	阿维·高氯/1.8%/乳油/阿维菌素 0.2%、高效氯氰菊酯 1.6%/2009.08.02 至 2010.08.02/低毒(原药高毒)			
	十字花科蔬菜	小菜蛾	13.5-27克/公顷	喷雾
LS20071189	辛硫·三唑磷/20%/乳油/三唑磷 10%、辛硫磷 10%/2009.05.07 至 2010.05.08/中等毒			
	水稻	二化螟	390-480克/公顷	喷雾
LS20071383	阿维·甲氰/2.8%/乳油/阿维菌素 0.1%、甲氰菊酯 2.7%/2009.05.17 至 2010.05.18/低毒(原药高毒)			
	十字花科蔬菜	小菜蛾	25.5-42克/公顷	喷雾
泰安联合生物化学科技有限公司　(山东省泰安市岱岳区范镇开发区　250013　0531-6401536)				
LS20060608	甲氨基阿维菌素苯甲酸盐/90%/原药/甲氨基阿维菌素苯甲酸盐 90%/2009.03.23 至 2010.03.23/中等毒			
LS20090060	丁醚脲/25%/悬浮剂/丁醚脲 25%/2010.01.09 至 2011.01.09/低毒			
	十字花科蔬菜	菜青虫	225-300克/公顷	喷雾
威海韩孚生化药业有限公司　(山东省威海市乳山市乳山寨镇　264508　0631-6834818)				
PD84118-34	多菌灵/25%/可湿性粉剂/多菌灵 25%/2010.01.12 至 2015.01.12/低毒			
	果树	病害	0.05-0.1%药液	喷雾
	花生	倒秧病	750克/公顷	喷雾
	麦类	赤霉病	750克/公顷	喷雾,泼浇
	棉花	苗期病害	500克/100千克种子	拌种
	水稻	稻瘟病、纹枯病	750克/公顷	喷雾,泼浇
	油菜	菌核病	1125-1500克/公顷	喷雾
PD85122-18	福美双/50%/可湿性粉剂/福美双 50%/2005.06.23 至 2010.06.23/中等毒			
	黄瓜	白粉病、霜霉病	500-1000倍液	喷雾
	葡萄	白腐病	500-1000倍液	喷雾
	水稻	稻瘟病、胡麻叶斑病	250克/100千克种子	拌种
	甜菜、烟草	根腐病	500克/500千克温床土	土壤处理
	小麦	白粉病、赤霉病	500倍液	喷雾

PD85150-25	多菌灵/50%/可湿性粉剂/多菌灵 50%/2005.07.14 至 2010.07.14/低毒			
	果树	病害	0.05-0.1%药液	喷雾
	花生	倒秧病	750克/公顷	喷雾
	麦类	赤霉病	750克/公顷	喷雾、泼浇
	棉花	苗期病害	250克/100千克种子	拌种
	水稻	稻瘟病、纹枯病	750克/公顷	喷雾、泼浇
	油菜	菌核病	1125-1500克/公顷	喷雾
PD91106-11	甲基硫菌灵/70%/可湿性粉剂/甲基硫菌灵 70%/2006.03.26 至 2011.03.26/低毒			
	番茄	叶霉病	375-562.5克/公顷	喷雾
	甘薯	黑斑病	360-450毫克/千克	浸薯块
	瓜类	白粉病	337.5-506.25克/公顷	喷雾
	梨树	黑星病	360-450毫克/千克	喷雾
	苹果树	轮纹病	700毫克/千克	喷雾
	水稻	稻瘟病、纹枯病	1050-1500克/公顷	喷雾
	小麦	赤霉病	750-1050克/公顷	喷雾
PD91106-27	甲基硫菌灵/50%/可湿性粉剂/甲基硫菌灵 50%/2006.03.26 至 2011.03.26/低毒			
	番茄	叶霉病	375-562.5克/公顷	喷雾
	甘薯	黑斑病	360-450毫克/千克	浸薯块
	瓜类	白粉病	337.5-506.25克/公顷	喷雾
	梨树	黑星病	360-450毫克/千克	喷雾
	苹果树	轮纹病	700毫克/千克	喷雾
	水稻	稻瘟病、纹枯病	1050-1500克/公顷	喷雾
	小麦	赤霉病	750-1050克/公顷	喷雾
PD20040415	吡虫啉/10%/可湿性粉剂/吡虫啉 10%/2009.12.19 至 2014.12.19/低毒			
	水稻	飞虱	15-30克/公顷	喷雾
	小麦	蚜虫	15-30克/公顷(南方地区)	喷雾
			45-60克/公顷(北方地区)	
PD20040723	吡虫啉/2.5%/乳油/吡虫啉 2.5%/2004.12.19 至 2009.12.18/低毒			
	棉花	蚜虫	5.6-9.4克/公顷	喷雾
	小麦	蚜虫	7.5-11.2克/公顷	喷雾
PD20060111	哒螨灵/20%/可湿性粉剂/哒螨灵 20%/2006.06.13 至 2011.06.13/低毒			
	苹果树	红蜘蛛	50-67毫克/千克	喷雾
PD20070461	多·福/50%/可湿性粉剂/多菌灵 20%、福美双 30%/2007.11.20 至 2012.11.20/低毒			
	梨树	黑星病	1000-1500毫克/千克	喷雾
	葡萄	霜霉病	1000-1250毫克/千克	喷雾
PD20080678	噁霉灵/99%/原药/噁霉灵 99%/2008.06.04 至 2013.06.04/低毒			
PD20080733	噁霉灵/15%/水剂/噁霉灵 15%/2008.06.11 至 2013.06.11/低毒			
	水稻苗床	立枯病	9000-18000克/公顷	土壤喷雾处理
PD20080998	炔螨特/40%/乳油/炔螨特 40%/2008.08.06 至 2013.08.06/低毒			
	柑橘树	红蜘蛛	200-400毫克/千克	喷雾
PD20080999	代森锰锌/50%/可湿性粉剂/代森锰锌 50%/2008.08.06 至 2013.08.06/低毒			
	番茄	早疫病	1845-2370克/公顷	喷雾
PD20081000	甲氰·辛硫磷/25%/乳油/甲氰菊酯 5%、辛硫磷 20%/2008.08.06 至 2013.08.06/中等毒			
	棉花	棉铃虫	281.25-375克/公顷	喷雾
PD20081002	辛硫磷/40%/乳油/辛硫磷 40%/2008.08.06 至 2013.08.06/低毒			
	棉花	棉铃虫	450-600克/公顷	喷雾
PD20081011	甲草胺/43%/乳油/甲草胺 43%/2008.08.06 至 2013.08.06/低毒			
	夏大豆田	一年生禾本科杂草及部分阔叶杂草	1290-1935克/公顷	喷雾
PD20081013	抑食肼/95%/原药/抑食肼 95%/2008.08.06 至 2013.08.06/低毒			
PD20081028	螨醇·哒螨灵/20%/乳油/哒螨灵 5%、三氯杀螨醇 15%/2008.08.06 至 2013.08.06/低毒			
	苹果树	红蜘蛛	100-133毫克/千克	喷雾
PD20081032	代森锰锌/70%/可湿性粉剂/代森锰锌 70%/2008.08.06 至 2013.08.06/低毒			
	番茄	早疫病	1845-2370克/公顷	喷雾
	柑橘树	疮痂病、炭疽病	1333-2000毫克/千克	喷雾
	梨树	黑星病	800-1600毫克/千克	喷雾
	荔枝树	霜疫霉病	1333-2000毫克/千克	喷雾
	苹果树	轮纹病、炭疽病	1000-1600毫克/千克	喷雾
	苹果树	斑点落叶病	1000-1500毫克/千克	喷雾
	葡萄	白腐病、黑痘病、霜霉病	1000-1600毫克/千克	喷雾
	西瓜	炭疽病	1560-2520克/公顷	喷雾
PD20081035	四螨·哒螨灵/10%/悬浮剂/哒螨灵 6.5%、四螨嗪 3.5%/2008.08.06 至 2013.08.06/低毒			
	苹果树	红蜘蛛	1500-2000倍液	喷雾
PD20081361	腈菌·福美双/20%/可湿性粉剂/福美双 18%、腈菌唑 2%/2008.10.22 至 2013.10.22/低毒			

黄瓜	黑星病	210-390克/公顷	喷雾

PD20081366 腈菌·咪鲜胺/12.5%/乳油/腈菌唑 10%、咪鲜胺 2.5%/2008.10.22 至 2013.10.22/低毒

香蕉	叶斑病	600-800倍液	喷雾

PD20082020 阿维·苏云菌//可湿性粉剂/阿维菌素 0.1%、苏云金杆菌 100亿活芽孢/克/2008.11.25 至 2013.11.25/低毒(原药高毒)

十字花科蔬菜	小菜蛾	1125-1500克制剂/公顷	喷雾

PD20082470 阿维菌素/0.5%/乳油/阿维菌素 0.5%/2008.12.03 至 2013.12.03/低毒(原药高毒)

梨树	梨木虱	6-12毫克/千克	喷雾

PD20082623 硫磺·多菌灵/50%/悬浮剂/多菌灵 15%、硫磺 35%/2008.12.04 至 2013.12.04/低毒

花生	叶斑病	1200-1800克/公顷	喷雾

PD20083057 氯氰·毒死蜱/55%/乳油/毒死蜱 50%、氯氰菊酯 5%/2008.12.10 至 2013.12.10/中等毒

龙眼树	蒂蛀虫	367-550毫克/千克	喷雾

PD20083118 阿维·高氯/1.8%/乳油/阿维菌素 0.15%、高效氯氰菊酯 1.65%/2008.12.10 至 2013.12.10/低毒(原药高毒)

黄瓜	美洲斑潜蝇	9-18克/公顷	喷雾

PD20083124 阿维·杀虫单/20%/微乳剂/阿维菌素 0.2%、杀虫单 19.8%/2008.12.10 至 2013.12.10/低毒(原药高毒)

菜豆	斑潜蝇	150-210克/公顷	喷雾

PD20083259 多·锰锌/40%/可湿性粉剂/多菌灵 20%、代森锰锌 20%/2008.12.11 至 2013.12.11/低毒

梨树	黑星病	1000-1250毫克/千克	喷雾
苹果树	斑点落叶病	1000-1250毫克/千克	喷雾

PD20083973 高效氯氰菊酯/4.5%/微乳剂/高效氯氰菊酯 4.5%/2008.12.16 至 2013.12.16/中等毒

苹果树	桃小食心虫	22.5-30毫克/千克	喷雾

PD20084252 阿维菌素/1%/乳油/阿维菌素 1%/2008.12.17 至 2013.12.17/低毒(原药高毒)

甘蓝	小菜蛾	8.1-10.8克/公顷	喷雾

PD20084435 百菌清/75%/可湿性粉剂/百菌清 75%/2008.12.17 至 2013.12.17/低毒

花生	叶斑病	1125-1350克/公顷	喷雾

PD20084855 丙溴磷/89%/原药/丙溴磷 89%/2008.12.22 至 2013.12.22/中等毒

PD20085317 硫磺·多菌灵/25%/可湿性粉剂/多菌灵 10%、硫磺 15%/2008.12.24 至 2013.12.24/低毒

花生	叶斑病	900-1350克/公顷	喷雾

PD20085321 马拉硫磷/45%/乳油/马拉硫磷 45%/2008.12.24 至 2013.12.24/低毒

十字花科蔬菜	黄条跳甲	540-742.5克/公顷	喷雾

PD20085356 硫磺·多菌灵/50%/可湿性粉剂/多菌灵 15%、硫磺 35%/2008.12.24 至 2013.12.24/低毒

花生	叶斑病	1200-1800克/公顷	喷雾

PD20085593 杀单·灭多威/75%/可溶粉剂/灭多威 15%、杀虫单 60%/2008.12.25 至 2013.12.25/低毒(原药高毒)

水稻	二化螟	787.5-900克/公顷	喷雾

PD20085675 阿维·高氯/2%/微乳剂/阿维菌素 0.2%、高效氯氰菊酯 1.8%/2008.12.26 至 2013.12.26/低毒(原药高毒)

十字花科蔬菜	小菜蛾	13.5-27克/公顷	喷雾

PD20086068 氟虫脲/95%/原药/氟虫脲 95%/2008.12.30 至 2013.12.30/低毒

PD20086292 井冈·多菌灵/28%/悬浮剂/多菌灵 24%、井冈霉素 4%/2008.12.31 至 2013.12.31/低毒

水稻	稻瘟病	420-525克/公顷	喷雾
小麦	赤霉病	420-525克/公顷	喷雾

PD20091055 井冈·蜡芽菌/12.5%/水剂/井冈霉素 25000微克/毫升、蜡质芽孢杆菌 100000微克/毫升/2009.01.21 至 2014.01.21/低毒

水稻	纹枯病	56.25-93.75克/公顷	喷雾

PD20091557 阿维·啶虫脒/4%/乳油/阿维菌素 1%、啶虫脒 3%/2009.02.03 至 2014.02.03/低毒(原药高毒)

黄瓜	蚜虫	9-12克/公顷	喷雾

PD20091653 福美锌/72%/可湿性粉剂/福美锌 72%/2009.02.03 至 2014.02.03/低毒

苹果树	炭疽病	1200-1800毫克/千克	喷雾

PD20091756 代森锌/80%/可湿性粉剂/代森锌 80%/2009.02.04 至 2014.02.04/低毒

花生	叶斑病	750-960克/公顷	喷雾

PD20092642 噻嗪·杀扑磷/20%/乳油/噻嗪酮 15%、杀扑磷 5%/2009.03.03 至 2014.03.03/中等毒(原药高毒)

柑橘树	矢尖蚧	200-250毫克/千克	喷雾

PD20092770 甲硫·福美双/70%/可湿性粉剂/福美双 40%、甲基硫菌灵 30%/2009.03.04 至 2014.03.04/中等毒

苹果树	轮纹病	800-1500倍液	喷雾

PD20092780 敌百·辛硫磷/50%/乳油/敌百虫 25%、辛硫磷 25%/2009.03.04 至 2014.03.04/低毒

棉花	棉铃虫、蚜虫	450-600克/公顷	喷雾

PD20093133 草甘膦/95%/原药/草甘膦 95%/2009.03.10 至 2014.03.10/低毒

PD20093262 甲维盐·氯氰/3.2%/微乳剂/甲氨基阿维菌素苯甲酸盐 0.2%、氯氰菊酯 3%/2009.03.11 至 2014.03.11/中等毒

十字花科蔬菜	甜菜夜蛾	19.2-28.8克/公顷	喷雾

PD20093742 啶虫脒/20%/可溶粉剂/啶虫脒 20%/2009.03.25 至 2014.03.25/低毒

黄瓜	蚜虫	18-27克/公顷	喷雾

PD20094321 氟铃·毒死蜱/10%/乳油/毒死蜱 8.5%、氟铃脲 1.5%/2009.03.31 至 2014.03.31/低毒

十字花科蔬菜	小菜蛾	90-120克/公顷	喷雾

PD20094757 氟铃·辛硫磷/20%/乳油/氟铃脲 2%、辛硫磷 18%/2009.04.13 至 2014.04.13/低毒

棉花	棉铃虫	150-300克/公顷	喷雾

PD20094987 烯唑·多菌灵/30%/可湿性粉剂/多菌灵 27%、烯唑醇 3%/2009.04.21 至 2014.04.21/低毒
梨树 黑星病 250-375毫克/千克 喷雾
PD20095007 聚醛·甲萘威/6%/颗粒剂/甲萘威 1.5%、四聚乙醛 4.5%/2009.04.21 至 2014.04.21/低毒
旱地 蜗牛 540-675克/公顷 撒施
PD20095555 二氯异氰尿酸钠/20%/可溶粉剂/二氯异氰尿酸钠 20%/2009.05.12 至 2014.05.12/低毒
番茄 早疫病 562.5-750克/公顷 喷雾
黄瓜 霜霉病 562.5-750克/公顷 喷雾
辣椒 根腐病 300-400倍液 灌根
茄子 灰霉病 562.5-750克/公顷 喷雾
PD20096129 乙铝·锰锌/50%/可湿性粉剂/代森锰锌 28%、三乙膦酸铝 22%/2009.06.24 至 2014.06.24/低毒
黄瓜 霜霉病 937-1400克/公顷 喷雾
PD20096642 乙·莠/40%/可湿性粉剂/乙草胺 14%、莠去津 26%/2009.09.02 至 2014.09.02/低毒
夏玉米田 一年生杂草 1080－1500克/公顷 土壤喷雾
PD20096671 吡虫·灭多威/10%/可湿性粉剂/吡虫啉 2.75%、灭多威 7.25%/2009.09.07 至 2014.09.07/低毒(原药高毒)
棉花 蚜虫 45-60克/公顷 喷雾
PD20097232 烟嘧磺隆/40克/升/可分散油悬浮剂/烟嘧磺隆 40克/升/2009.10.19 至 2014.10.19/低毒
玉米田 一年生杂草 80-100毫升制剂/亩 茎叶喷雾
PD20098390 氯氰·丙溴磷/440克/升/乳油/丙溴磷 400克/升、氯氰菊酯 40克/升/2009.12.18 至 2014.12.18/中等毒
棉花 棉铃虫 66-100毫升制剂/亩 喷雾
PD20098396 盐酸吗啉胍/5%/可溶粉剂/盐酸吗啉胍 5%/2009.12.18 至 2014.12.18/低毒
番茄 病毒病 300-375克/公顷 喷雾
PD20098525 联苯菊酯/25克/升/乳油/联苯菊酯 25克/升/2009.12.24 至 2014.12.24/低毒
苹果树 桃小食心虫 20.8-31.25毫克/千克 喷雾
LS20051406 烯酰·锰锌/69%/可湿性粉剂/代森锰锌 60%、烯酰吗啉 9%/2008.04.18 至 2009.04.18/低毒
黄瓜 霜霉病 1211-1387克/公顷 喷雾
LS20051510 阿维·三唑磷/10.2%/乳油/阿维菌素 0.2%、三唑磷 10%/2008.04.21 至 2009.04.21/中等毒(原药高毒)
节瓜 蓟马 153-229.5克/公顷 喷雾
LS20051538 啶虫脒/20%/可溶粉剂/啶虫脒 20%/2008.04.28 至 2009.04.28/中等毒
黄瓜 蚜虫 18-27克/公顷 喷雾
LS20051717 虫酰肼/20%/悬浮剂/虫酰肼 20%/2008.05.12 至 2009.05.12/低毒
十字花科蔬菜 甜菜夜蛾 210-300克/公顷 喷雾

潍坊区天博家用日化厂 (山东省潍坊市潍坊区军埠口工业区 0536-8127155)

WL20090070 杀虫气雾剂/0.46%/气雾剂/胺菊酯 0.26%、氯菊酯 0.2%/2009.03.18 至 2010.03.18/微毒
卫生 蚊、蝇 / 喷雾

夏津金三笑卫生杀虫剂有限公司 (山东省夏津县田庄乡谷庄村 253200 0534-3686518)

WL20080062 杀虫气雾剂/0.35%/气雾剂/胺菊酯 0.3%、高效氯氰菊酯 0.05%/2009.02.18 至 2010.02.18/微毒
卫生 蚊、蝇 / 喷雾

枣庄市盛源荣达实业有限责任公司 (山东省滕州市西岗镇柴里煤矿内 277519 0632-4057286)

WL20080163 杀虫气雾剂/0.25%/气雾剂/胺菊酯 0.2%、氯菊酯 0.05%/2009.02.25 至 2010.02.26/微毒
卫生 蚊、蝇、蜚蠊 / 喷雾

茌平县雪雕生活用品有限公司 (山东省茌平县振兴办事处无官屯村 252000 0635-4572136)

WL20090094 杀虫气雾剂/0.65%/气雾剂/胺菊酯 0.33%、富右旋反式烯丙菊酯 0.12%、氯菊酯 0.2%/2009.03.24至2010.03.24/微毒
卫生 蚊、蝇、蜚蠊 / 喷雾

山西省

山西安顺绿色农药开发有限公司 (山西省太原市长治路280号 030006 0351-7034514)

PD20097501 百草枯/200克/升/水剂/百草枯 200克/升/2009.11.03 至 2014.11.03/中等毒
非耕地 杂草 250-300毫升制剂/亩 茎叶喷雾
LS20030094 苦参碱/0.3%/水剂/苦参碱 0.3%/2009.02.09 至 2009.12.31/低毒
十字花科蔬菜 菜青虫、蚜虫 4.5-6.75克/公顷 喷雾

山西奥赛诺生物科技有限公司 (山西省运城市经济技术开发区(禹都立交桥北) 044004 0359-2580524)

PD20040578 10%高渗哒螨灵乳油/ /乳油/哒螨灵 10%/2004.12.19 至 2009.12.18/中等毒
苹果树 红蜘蛛 50-67毫克/千克 喷雾
PD20091378 高氯·灭多威/12%/乳油/高效氯氰菊酯 1.5%、灭多威 10.5%/2009.02.02 至 2014.02.02/高毒
棉花 棉铃虫 72-90克/公顷 喷雾
PD20091730 腈菌·三唑酮/12%/乳油/腈菌唑 2%、三唑酮 10%/2009.02.04 至 2014.02.04/低毒
小麦 白粉病 45-54克/公顷 喷雾
PD20095516 霜脲·锰锌/72%/可湿性粉剂/代森锰锌 64%、霜脲氰 8%/2009.05.11 至 2014.05.11/低毒
黄瓜 霜霉病 1440-1800克/公顷 喷雾
PD20097976 毒·辛/48%/乳油/毒死蜱 12%、辛硫磷 36%/2009.12.01 至 2014.12.01/中等毒
韭菜 根蛆 2160-2880克/公顷 灌根

山西北方种业股份有限公司 (山西省太原市小店经济技术开发区122小区 030032 0351-7098165)

PD20096077 甲基硫菌灵/3%/糊剂/甲基硫菌灵 3%/2009.06.18 至 2014.06.18/低毒
苹果树 腐烂病 4000-6000毫克/千克 涂抹病斑

山西贝马农药有限公司　(山西省永济市涑北西街38号　044500　0359-8023807)

LS20052480　多·锰锌/25%/可湿性粉剂/多菌灵 8.3%、代森锰锌 16.7%/2008.07.13 至 2009.07.13/低毒
　梨树　黑星病　1000-1250毫克/千克　喷雾

山西德威生化有限责任公司　(山西省运城嵋阳镇东街丰喜工业园8号　044105　0359-4379999)

PD20080639　复硝酚钠/1.8%/水剂/复硝酚钠 1.8%/2008.05.13 至 2013.05.13/低毒
　番茄　调节生长、增产　3000—4000倍液　茎叶喷雾
PD20085230　氰戊·马拉松/40%/乳油/马拉硫磷 30%、氰戊菊酯 10%/2008.12.23 至 2013.12.23/中等毒
　苹果树　桃小食心虫　160-333毫克/千克　喷雾
　十字花科蔬菜　菜青虫、蚜虫　90-150克/公顷　喷雾
PD20091132　毒死蜱/480克/升/乳油/毒死蜱 480克/升/2009.01.21 至 2014.01.21/中等毒
　苹果树　绵蚜　240-320毫克/千克　喷雾
PD20093232　多·锰锌/50%/可湿性粉剂/多菌灵 8%、代森锰锌 42%/2009.03.11 至 2014.03.11/低毒
　苹果树　斑点落叶病　1000-1250毫克/千克　喷雾
PD20093982　三唑锡/25%/可湿性粉剂/三唑锡 25%/2009.03.27 至 2014.03.27/低毒
　柑橘树　红蜘蛛　125-167毫克/千克　喷雾
PD20097642　代森锰锌/80%/可湿性粉剂/代森锰锌 80%/2009.11.04 至 2014.11.04/低毒
　苹果树　斑点落叶病　1000—1600毫克/千克　喷雾
PD20097648　甲基硫菌灵/70%/可湿性粉剂/甲基硫菌灵 70%/2009.11.04 至 2014.11.04/低毒
　苹果树　轮纹病　700—875毫克/千克　喷雾
PD20098377　多菌灵/50%/可湿性粉剂/多菌灵 50%/2009.12.18 至 2014.12.18/低毒
　梨树　黑星病　750—1000毫克/千克　喷雾
LS99944　氰戊·苦参碱/1.5%/乳油/苦参碱 0.5%、氰戊菊酯 1.0%/2009.01.20 至 2009.12.31/中等毒
　十字花科蔬菜　菜青虫、蚜虫　6.75-11.25克/公顷　喷雾
LS20031020　苦参碱/0.36%/水剂/苦参碱 0.36%/2009.01.20 至 2009.12.31/低毒
　茶树　茶毛虫　4.05-6.75克/公顷　喷雾
　梨树　黑星病　600-800倍液　喷雾
LS20051472　吡虫啉/25%/可湿性粉剂/吡虫啉 25%/2008.04.21 至 2009.04.21/低毒
　小麦　蚜虫　15-30克/公顷(南方地区)　喷雾
　45-60克/公顷(北方地区)
LS20052082　阿维·高氯/3%/微乳剂/阿维菌素 0.6%、高效氯氰菊酯 2.4%/2008.06.05 至 2009.06.05/低毒(原药高毒)
　梨树　梨木虱　6-12毫克/千克　喷雾
LS20080646　啶虫脒/20%/可溶液剂/啶虫脒 20%/2009.02.21 至 2010.02.22/低毒
　棉花　蚜虫　24-36克/公顷　喷雾
LS20080785　吗胍·乙酸铜/20%/可湿性粉剂/盐酸吗啉胍 10%、乙酸铜 10%/2009.02.27 至 2010.02.28/低毒
　番茄　病毒病　500-750克/公顷　喷雾
LS20081808　甲维·氟铃脲/2.2%/乳油/氟铃脲 2%、甲氨基阿维菌素苯甲酸盐 0.2%/2009.04.08 至 2010.04.08/低毒
　甘蓝　甜菜夜蛾　16.5-19.8克/公顷　喷雾
LS20082799　唑磷·毒死蜱/25%/乳油/毒死蜱 8%、三唑磷 17%/2009.05.09 至 2010.05.09/中等毒
　水稻　二化螟　300-375克/公顷　喷雾
LS20082872　烯唑醇/12.5%/可湿性粉剂/烯唑醇 12.5%/2009.06.11 至 2010.06.11/微毒
　小麦　锈病　56.25-93.75克/公顷　喷雾
LS20090035　唑酮·乙蒜素/32%/乳油/三唑酮 2%、乙蒜素 30%/2009.01.08 至 2010.01.08/中等毒
　水稻　稻瘟病　360-450克/公顷　喷雾
LS20090262　苯醚甲环唑/25%/微乳剂/苯醚甲环唑 25%/2009.02.13 至 2010.02.13/低毒
　梨树　黑星病　25-31.25毫克/千克　喷雾

山西广大化工有限公司　(山西省绛县城东工业区乔村镇　043600　0359-6682303)

PD20083550　阿维·毒死蜱/18%/乳油/阿维菌素 0.3%、毒死蜱 17.7%/2008.12.12 至 2013.12.12/低毒(原药高毒)
　黄瓜　美洲斑潜蝇　94.5-135克/公顷　喷雾
PD20085628　霜脲·锰锌/72%/可湿性粉剂/代森锰锌 64%、霜脲氰 8%/2008.12.25 至 2013.12.25/低毒
　黄瓜　霜霉病　1440—1800克/公顷　喷雾
PD20090333　腐霉利/15%/烟剂/腐霉利 15%/2009.01.12 至 2014.01.12/低毒
　韭菜　灰霉病　300-750克/公顷　点燃放烟
PD20096444　二氯异氰尿酸钠/20%/可溶粉剂/二氯异氰尿酸钠 20%/2009.08.05 至 2014.08.05/低毒
　黄瓜　霜霉病　562.5-750克/公顷　喷雾
LS20081785　吡虫·异丙威/25%/可湿性粉剂/吡虫啉 5%、异丙威 20%/2009.04.07 至 2010.04.07/低毒
　水稻　稻飞虱　75-150克/公顷　喷雾
LS20081958　杀单·三唑磷/15%/微乳剂/三唑磷 5%、杀虫单 10%/2009.04.15 至 2010.04.15/低毒
　水稻　二化螟　450-562.5克/公顷　喷雾

山西化工农药实验厂　(山西省万荣县荣河化工工业园区A区1号　044205　0359-4588336)

PDN58-98　辛硫·甲拌磷/10%/粉粒剂/甲拌磷 4%、辛硫磷 6%/2008.12.10 至 2013.12.10/中等毒(原药高毒)
　大豆　地下害虫　900-1125克/公顷　播种时撒毒砂
　红麻　根结线虫　4500-6000克/公顷　沟施
　花生　蛴螬　600-900克/公顷　毒土盖种

棉花 苗蚜、小地老虎 600-800克/100千克种子 拌种
小麦 地下害虫 200-300克/100千克种子 拌种
LS20070444 稻瘟灵/40%/乳油/稻瘟灵 40%/2008.03.05 至 2009.03.06/低毒
水稻 稻瘟病 600-800克/公顷 喷雾

山西稼稷丰农业科技开发有限公司 （山西省太原市晋源区果树场 030025 0351-6945515）

PD20092645 毒死蜱/480克/升/乳油/毒死蜱 480克/升/2009.03.03 至 2014.03.03/中等毒
十字花科蔬菜 斜纹夜蛾 360-432克/公顷 喷雾
PD20097071 硫磺/91%/粉剂/硫磺 91%/2009.10.10 至 2014.10.10/低毒
橡胶树 白粉病 10237.5－13650克/公顷 喷粉

LS20050209 苦参碱/0.3%/水剂/苦参碱 0.3%/2008.01.26 至 2009.01.25/低毒
十字花科蔬菜 蚜虫 4.5-6.75克/公顷 喷雾
十字花科蔬菜 菜青虫 2.7-3.6克/公顷 喷雾
LS20051753 阿维·高氯/2%/微乳剂/阿维菌素 0.2%、高效氯氰菊酯 1.8%/2008.05.15 至 2009.05.15/低毒(原药高毒)
梨树 梨木虱 12-24毫克/千克 喷雾
十字花科蔬菜 菜青虫、小菜蛾 13.5-27克/公顷 喷雾
LS20051794 多·锰锌/50%/可湿性粉剂/多菌灵 8%、代森锰锌 42%/2008.05.16 至 2009.05.16/低毒
苹果树 斑点落叶病 1000-1250毫克/千克 喷雾
LS20052731 吡虫啉/10%/可湿性粉剂/吡虫啉 10%/2008.08.21 至 2009.08.21/低毒
小麦 蚜虫 15-30克/公顷(南方地区) 喷雾
45-60克/公顷(北方地区)

山西康派伟业生物科技有限公司 （山西省运城市黄河大道北端 044000 0359-2508518）

PD20090007 二氯异氰尿酸钠/91%/原药/二氯异氰尿酸钠 91%/2009.01.04 至 2014.01.04/低毒
PD20090008 二氯异氰尿酸钠/40%/可溶粉剂/二氯异氰尿酸钠 40%/2009.01.04 至 2014.01.04/低毒
平菇 木霉菌 40-48克/100千克干料 拌料
PD20090721 三唑锡/25%/可湿性粉剂/三唑锡 25%/2009.01.19 至 2014.01.19/低毒
柑橘树 红蜘蛛 125-167毫克/千克 喷雾
PD20090733 吡虫啉/10%/可湿性粉剂/吡虫啉 10%/2009.01.19 至 2014.01.19/中等毒
水稻 稻飞虱 15-30克/公顷 喷雾
PD20097933 二氯异氰尿酸钠/40%/可溶粉剂/二氯异氰尿酸钠 40%/2009.11.30 至 2014.11.30/低毒
黄瓜 霜霉病 360－480克/公顷 喷雾
LS20083056 二氯异氰尿酸钠/60%/可溶粉剂/二氯异氰尿酸钠 60%/2009.09.26 至 2010.09.26/低毒
柑橘树 炭疽病 600-750毫克/千克 喷雾
LS20083207 啶虫脒/10%/乳油/啶虫脒 10%/2009.12.04 至 2010.12.04/低毒
柑橘树 蚜虫 10-12.5毫克/千克 喷雾
LS20090138 阿维·三唑磷 /20%/乳油/阿维菌素 0.3%、三唑磷 19.7%/2009.02.04 至 2010.02.04/中等毒(原药高毒)
水稻 二化螟 180-240克/公顷 喷雾
LS20090157 噻螨·哒螨灵/20%/乳油/哒螨灵 16%、噻螨酮 4%/2009.02.04 至 2010.02.04/中等毒
苹果树 红蜘蛛 100-133.3毫克/千克 喷雾

山西科锋农业科技有限公司 （山西省太原市小店区农科北路16号 030031 0351-7124948）

PD20082916 阿维·杀虫单/20%/微乳剂/阿维菌素 0.2%、杀虫单 19.8%/2008.12.09 至 2013.12.09/低毒(原药高毒)
菜豆 美洲斑潜蝇 90-180克/公顷 喷雾
甘蓝 小菜蛾 60-120克/公顷 喷雾
PD20091483 毒死蜱/480克/升/乳油/毒死蜱 480克/升/2009.02.02 至 2014.02.02/中等毒
棉花 棉铃虫 648-864克/公顷 喷雾
水稻 稻纵卷叶螟、二化螟 576-720克/公顷 喷雾
PD20092126 噁霉灵/15%/水剂/噁霉灵 15%/2009.02.23 至 2014.02.23/低毒
水稻 立枯病 0.9-1.8克/平方米 苗床喷洒
PD20092597 氰戊·马拉松/21%/乳油/马拉硫磷 15%、氰戊菊酯 6%/2009.02.27 至 2014.02.27/中等毒
苹果树 蚜虫 50-75毫克/千克 喷雾
苹果树 红蜘蛛 60-150毫克/千克 喷雾
苹果树 食心虫 60-100毫克/千克 喷雾
PD20093104 联苯菊酯/10%/乳油/联苯菊酯 10%/2009.03.09 至 2014.03.09/中等毒
茶树 茶小绿叶蝉 30-45克/公顷 喷雾
PD20093123 炔螨特/73%/乳油/炔螨特 73%/2009.03.10 至 2014.03.10/低毒
柑橘树、苹果树 红蜘蛛 243.3-365毫克/千克 喷雾
PD20093128 代森锰锌/80%/可湿性粉剂/代森锰锌 80%/2009.03.10 至 2014.03.10/低毒
番茄 早疫病 1630-2370克/公顷 喷雾
PD20094708 高效氟吡甲禾灵/108克/升/乳油/高效氟吡甲禾灵 108克/升/2009.04.10 至 2014.04.10/低毒
春大豆田 一年生禾本科杂草 48.6-56.7克/公顷 茎叶喷雾
夏大豆田 一年生禾本科杂草 40.5-48.6克/公顷 茎叶喷雾
PD20095852 高氯·辛硫磷/25%/乳油/高效氯氰菊酯 2.5%、辛硫磷 22.5%/2009.05.27 至 2014.05.27/低毒
甘蓝 菜青虫 150-225克/公顷 喷雾

PD20096336 阿维菌素/3%/微乳剂/阿维菌素 3%/2009.07.22 至 2014.07.22/低毒(原药高毒)
甘蓝 小菜蛾 8.1-10.8克/公顷 喷雾
PD20097315 烟嘧磺隆/40克/升/可分散油悬浮剂/烟嘧磺隆 40克/升/2009.10.27 至 2014.10.27/低毒
春玉米田 一年生杂草 50-60克/公顷 茎叶喷雾
夏玉米田 一年生杂草 40-50克/公顷 茎叶喷雾
PD20097720 噻嗪酮/25%/可湿性粉剂/噻嗪酮 25%/2009.11.04 至 2014.11.04/低毒
水稻 稻飞虱 112.5-150克/公顷 喷雾
PD20097827 乙草胺/81.5%/乳油/乙草胺 81.5%/2009.11.20 至 2014.11.20/低毒
春大豆田、春玉米田 一年生杂草 1215-1620克/公顷 播后苗前土壤喷雾
夏大豆田、夏玉米田 一年生杂草 945-1215克/公顷 播后苗前土壤喷雾
LS20050764 五氯硝基苯/20%/粉剂/五氯硝基苯 20%/2008.03.28 至 2009.03.28/低毒
棉花 立枯病、炭疽病 400-600克/100千克种子 拌种
LS20051228 啶虫脒/3%/微乳剂/啶虫脒 3%/2008.04.12 至 2009.04.12/低毒
小麦 蚜虫 18-36克/公顷 喷雾
LS20052682 甲氨基阿维菌素苯甲酸盐(0.57%)///微乳剂/甲氨基阿维菌素 0.5%/2008.08.14 至 2009.08.14/低毒
甘蓝 甜菜夜蛾、小菜蛾 1.5-1.8克/公顷 喷雾
梨树 梨木虱 0.8-1毫克/千克 喷雾
苹果树 红蜘蛛 0.67-1毫克/千克 喷雾
水稻 三化螟 6－9克/公顷 喷雾
LS20061538 高效氯氰菊酯/4.5%/微乳剂/高效氯氰菊酯 4.5%/2009.08.02 至 2010.08.02/低毒
苹果树 桃小食心虫 30-45毫克/千克 喷雾
十字花科蔬菜 菜青虫 13.5-27克/公顷 喷雾
LS20061959 乙铝·锰锌/70%/可湿性粉剂/代森锰锌 45%、三乙膦酸铝 25%/2009.12.10 至 2010.12.10/低毒
黄瓜 霜霉病 2800-4200克/公顷 喷雾
LS20071927 嘧霉胺/40%/悬浮剂/嘧霉胺 40%/2009.08.07 至 2010.08.08/低毒
番茄、黄瓜 灰霉病 360-600克/公顷 喷雾
LS20071969 阿维·哒螨灵/10.5%/乳油/阿维菌素 0.3%、哒螨灵 10.2%/2009.08.07 至 2010.08.08/低毒(原药高毒)
柑橘树 红蜘蛛 70-105毫克/千克 喷雾
LS20071981 烯酰·锰锌/69%/可湿性粉剂/代森锰锌 60%、烯酰吗啉 9%/2009.08.07 至 2010.08.08/低毒
黄瓜 霜霉病 1242-1552.5克/公顷 喷雾
LS20080038 甲硫·腈菌唑/25%/可湿性粉剂/甲基硫菌灵 22.5%、腈菌唑 2.5%/2009.01.03 至 2010.01.03/低毒
番茄 叶霉病 375-525克/公顷 喷雾
LS20080411 高效氟氯氰菊酯/2.5%/微乳剂/高效氟氯氰菊酯 2.5%/2009.02.19 至 2010.02.20/中等毒
苹果树 桃小食心虫 8.3-12.5毫克/千克 喷雾
LS20081114 杀扑磷/40%/乳油/杀扑磷 40%/2009.03.10 至 2010.03.10/高毒
柑橘树 介壳虫 400-500毫克/千克 喷雾
LS20081268 精喹禾灵/10%/乳油/精喹禾灵 10%/2009.03.11 至 2010.03.11/低毒
夏大豆田 一年生禾本科杂草 37.5-52.5克/公顷 茎叶喷雾
LS20081370 高效氯氟氰菊酯/2.5%/微乳剂/高效氯氟氰菊酯 2.5%/2009.03.13 至 2010.03.13/低毒
十字花科蔬菜 菜青虫 11.25-15克/公顷 喷雾
LS20082985 甲氨基阿维菌素苯甲酸盐/2.2%/微乳剂/甲氨基阿维菌素苯甲酸盐 2.2%/2009.08.20 至 2010.08.20/低毒
甘蓝 小菜蛾 1.32-1.65克/公顷 喷雾
甘蓝 甜菜夜蛾 1.65-3.3克/公顷 喷雾

山西科力科技有限公司 (山西省太原市坞城南路59号北营66389部队卫训队西 030031 0351-7184658)

PD85122-8 福美双/50%/可湿性粉剂/福美双 50%/2006.06.19 至 2011.06.19/中等毒
黄瓜 白粉病、霜霉病 500-1000倍液 喷雾
葡萄 白腐病 500-1000倍液 喷雾
水稻 稻瘟病、胡麻叶斑病 250克/100千克种子 拌种
甜菜、烟草 根腐病 500克/500千克温床土 土壤处理
小麦 白粉病、赤霉病 500倍液 喷雾
PD85123-5 肿·锌·福美双/50%/可湿性粉剂/福美甲肿 12.5%、福美双 25%、福美锌 12.5%/2006.06.19 至 2011.06.19/中等毒
大白菜 霜霉病 750-1125克/公顷 喷雾
梨树 黑星病 500-800倍液 喷雾
苹果树 炭疽病 500-800倍液 喷雾
葡萄 黑痘病、炭疽病 500-1000倍液 喷雾
水稻 纹枯病 562.5-712.5克/公顷 喷雾
烟草 炭疽病 562.5-712.5克/公顷 喷雾
芝麻 疫病 2500倍液 喷雾
PD85124-5 福·福锌/80%/可湿性粉剂/福美双 30%、福美锌 50%/2006.06.19 至 2011.06.19/中等毒
黄瓜、西瓜 炭疽病 1500-1800克/公顷 喷雾
麻 炭疽病 240-400克/100千克种子 拌种

	棉花	苗期病害	0.5%药液	浸种
	苹果树、杉木、橡胶	炭疽病	500-600倍液	喷雾
PD85125-3	福美胂/40%/可湿性粉剂/福美胂 40%/2006.06.19 至 2011.06.19/中等毒			
	黄瓜	白粉病	1125-1500克/公顷	喷雾
	苹果树	白粉病	700倍液	喷雾
	水稻	稻粒瘟病	562.5-645克/公顷	喷雾
	豌豆	白粉病	900-1125克/公顷	喷雾
	小麦	白粉病	562.5-750克/公顷	喷雾
PD85140-3	福美·拌种灵/40%/可湿性粉剂/拌种灵 20%、福美双 20%/2006.06.19 至 2011.06.19/中等毒			
	高粱	黑穗病	120-200克/100千克种子	拌种
	红麻	炭疽病	160倍液	浸种
	花生	锈病	500倍液	喷雾
	棉花	苗期病害	200克/100千克种子	拌种
	小麦	黑穗病	40-80克/100千克种子	拌种
	玉米	黑穗病	200克/100千克种子	拌种
PD20095296	硅藻土/85%/粉剂/硅藻土 85%/2009.04.27 至 2014.04.27/微毒			
	原粮	储粮害虫	500-600毫克/千克	拌谷
WP20090357	杀虫粉剂/85%/粉剂/硅藻土 85%/2009.11.03 至 2014.11.03/微毒			
	卫生	蜚蠊、蚂蚁	3克制剂/平方米	撒布

山西科星农药液肥有限公司 (山西省临猗县临解路 044100 0359-4065438)

PD20085657	萘乙酸/0.1%/水剂/萘乙酸 0.1%/2008.12.26 至 2013.12.26/低毒			
	棉花	调节生长	750-1000倍液	喷雾
PD20091121	灭·辛·高氯氟/30%/乳油/高效氯氟氰菊酯 0.4%、灭多威 7%、辛硫磷 22.6%/2009.01.21 至 2014.01.21/高毒			
	棉花	棉铃虫	112.5-225克/公顷	喷雾
PD20096639	百草枯/200克/升/水剂/百草枯 200克/升/2009.09.02 至 2014.09.02/中等毒			
	非耕地	一年生杂草	600-800克/公顷	茎叶喷雾
PD20098067	二甲戊灵/330克/升/乳油/二甲戊灵 330克/升/2009.12.07 至 2014.12.07/低毒			
	玉米田	一年生杂草	750-1050克/公顷	播后苗前土壤喷雾
PD20098463	香菇多糖/0.5%/水剂/香菇多糖 0.5%/2009.12.24 至 2014.12.24/低毒			
	番茄	病毒病	12.45-18.75克/公顷	喷雾
PD20098512	毒死蜱/480克/升/乳油/毒死蜱 480克/升/2009.12.24 至 2014.12.24/中等毒			
	柑橘树	介壳虫	240-480毫克/千克	喷雾
LS20052979	苄·乙/22%/可湿性粉剂/苄嘧磺隆 6%、乙草胺 16%/2008.09.13 至 2009.09.13/低毒			
	水稻移栽田	一年生及部分多年生杂草	84-118克/公顷	毒土法
LS20052992	多·锰锌/50%/可湿性粉剂/多菌灵 8%、代森锰锌 42%/2008.09.13 至 2009.09.13/低毒			
	苹果	斑点落叶病	1000-1250毫克/千克	喷雾
LS20053077	阿维·高氯/2.4%/微乳剂/阿维菌素 0.4%、高效氯氰菊酯 2%/2008.09.22 至 2009.09.22/低毒(原药高毒)			
	十字花科蔬菜	菜青虫、小菜蛾	7.5-15克/公顷	喷雾
LS20053099	吡虫·杀虫单/35%/可湿性粉剂/吡虫啉 1%、杀虫单 34%/2008.09.22 至 2009.09.22/低毒			
	水稻	稻纵卷叶螟、二化螟、飞虱、三化螟	450-750克/公顷	喷雾
LS20053311	多·福/50%/可湿性粉剂/多菌灵 25%、福美双 25%/2008.10.17 至 2009.10.17/低毒			
	梨树	黑星病	1000-1500毫克/千克	喷雾

山西绿海农药科技有限公司 (山西省运城市临猗县工业园区 044100 0359-4098705)

PD20080792	吡虫啉/5%/可湿性粉剂/吡虫啉 5%/2008.06.20 至 2013.06.20/低毒			
	水稻	飞虱	15-30克/公顷	喷雾
	小麦	蚜虫	7.5-15克/公顷	喷雾
PD20081272	醚菊酯/96%/原药/醚菊酯 96%/2008.09.25 至 2013.09.25/低毒			
PD20081569	醚菊酯/10%/悬浮剂/醚菊酯 10%/2008.11.12 至 2013.11.12/低毒			
	水稻	稻飞虱	75-105克/公顷	喷雾
PD20083524	啶虫脒/3%/乳油/啶虫脒 3%/2008.12.12 至 2013.12.12/低毒			
	苹果树	蚜虫	12-15毫克/千克	喷雾
PD20083872	辛硫磷/3%/水乳种衣剂/辛硫磷 3%/2008.12.15 至 2013.12.15/低毒			
	玉米	金针虫、蛴螬、小地老虎	1：30—40（药种比）	种子包衣
PD20084385	苏云金杆菌/8000IU/毫克/可湿性粉剂/苏云金杆菌 8000IU/毫克/2008.12.17 至 2013.12.17/低毒			
	茶树	茶毛虫	400-800倍	喷雾
PD20084868	氧乐果/18%/乳油/氧乐果 18%/2008.12.22 至 2013.12.22/中等毒(原药高毒)			
	柑橘树	矢尖蚧	180-240毫克/千克	喷雾
	棉花、小麦	蚜虫	81-162克/公顷	喷雾
	水稻	飞虱	135-270克/公顷	喷雾
PD20084989	阿维菌素/1.8%/乳油/阿维菌素 1.8%/2008.12.22 至 2013.12.22/低毒(原药高毒)			
	十字花科蔬菜	菜青虫	4.05-6.75克/公顷	喷雾
PD20085118	氰戊·辛硫磷/50%/乳油/氰戊菊酯 4.5%、辛硫磷 45.5%/2008.12.23 至 2013.12.23/中等毒			

甘蓝 菜青虫、蚜虫 75-150克/公顷 喷雾
棉花 棉铃虫 450-562.5克/公顷 喷雾
棉花 蚜虫 150-225克/公顷 喷雾
小麦 蚜虫 90克/公顷 喷雾

PD20085127 氰戊·辛硫磷 /20%/乳油/氰戊菊酯 2%、辛硫磷 18%/2008.12.23 至 2013.12.23/中等毒
棉花 棉铃虫 135-180克/公顷 喷雾
棉花 蚜虫 150-225克/公顷 喷雾
苹果树 桃小食心虫 133-200毫克/千克 喷雾

PD20086226 硫磺·甲硫灵/70%/可湿性粉剂/甲基硫菌灵 25%、硫磺 45%/2008.12.31 至 2013.12.31/低毒
黄瓜 白粉病 840-1260克/公顷 喷雾

PD20086315 杀虫双/3%/颗粒剂/杀虫双 3%/2008.12.31 至 2013.12.31/低毒
水稻 稻纵卷叶螟 810-900克/公顷 撒施

PD20086325 氰戊·氧乐果/30%/乳油/氰戊菊酯 10%、氧乐果 20%/2008.12.31 至 2013.12.31/高毒
棉花 红铃虫、棉铃虫 90-180克/公顷 喷雾
棉花 蚜虫 67.5-135克/公顷 喷雾

PD20090931 螨醇·哒螨灵 /20%/乳油/哒螨灵 5%、三氯杀螨醇 15%/2009.01.19 至 2014.01.19/中等毒
苹果树 山楂红蜘蛛 100-133毫克/千克 喷雾

PD20091111 氰戊·氧乐果 /30%/乳油/氰戊菊酯 3%、氧乐果 27%/2009.01.21 至 2014.01.21/高毒
大豆 食心虫 135-180克/公顷 喷雾
棉花 红铃虫、棉铃虫 90-180克/公顷 喷雾
棉花 蚜虫 120-150克/公顷 喷雾

PD20091446 百菌清/45%/烟剂/百菌清 45%/2009.02.02 至 2014.02.02/低毒
黄瓜(保护地) 霜霉病 750-1200克/公顷 点燃放烟

PD20092155 硫磺·三环唑/20%/可湿性粉剂/硫磺 8%、三环唑 12%/2009.02.23 至 2014.02.23/中等毒
水稻 稻瘟病 300-450克/公顷 喷雾

PD20093354 甲硫·福美双/70%/可湿性粉剂/福美双 40%、甲基硫菌灵 30%/2009.03.18 至 2014.03.18/低毒
苹果 轮纹病 700-875毫克/千克 喷雾

PD20093401 氰戊·乐果/25%/乳油/乐果 22.5%、氰戊菊酯 2.5%/2009.03.20 至 2014.03.20/中等毒
十字花科蔬菜 菜青虫 720－1200毫克制剂/公顷 喷雾

PD20093558 多·福·克/30%/悬浮种衣剂/多菌灵 15%、福美双 10%、克百威 5%/2009.03.23 至 2014.03.23/中等毒(原药高毒)
大豆 地下害虫、根腐病 500-750克/100千克种子 种子包衣

山西绿洲农业科技有限公司 (山西省运城市关公故里开发区18号 044000 0359-8667097)

PD20094422 甲哌鎓/98%/可溶粉剂/甲哌鎓 98%/2009.04.01 至 2014.04.01/低毒
棉花 调节生长 45-60克/公顷 喷雾

PD20097499 百草枯/200克/升/水剂/百草枯 200克/升/2009.11.03 至 2014.11.03/中等毒
非耕地 杂草 200-300毫升制剂/亩 茎叶喷雾

PD20097543 烟嘧磺隆/40克/升/可分散油悬浮剂/烟嘧磺隆 40克/升/2009.11.03 至 2014.11.03/低毒
玉米田 一年生杂草 42-60克/公顷 茎叶喷雾

LS20090978 烯酰吗啉/80%/水分散粒剂/烯酰吗啉 80%/2009.12.08 至 2010.12.08/低毒
黄瓜 霜霉病 204-300克/公顷 喷雾

LS20091252 苯醚甲环唑/37%/水分散粒剂/苯醚甲环唑 37%/2009.05.05 至 2010.05.05/低毒
柑橘树 疮痂病 92.5-123.3毫克/千克 喷雾

LS20091441 啶虫脒/70%/水分散粒剂/啶虫脒 70%/2009.11.12 至 2010.11.12/中等毒
柑橘树 蚜虫 14-28毫克/千克 喷雾

山西美源化工有限公司 (山西省芮城县风陵渡开发区汉渡村北 044602 0359-3362178)

PD20096944 噁霉灵/15%/水剂/噁霉灵 15%/2009.09.29 至 2014.09.29/低毒
水稻 立枯病 9000-18000克/公顷 苗床喷洒

山西农药厂 (山西省永济市中山东街1号 044500 0359-8081084)

PD85105-8 80%敌敌畏乳油//乳油/敌敌畏 80%/2004.11.09 至 2009.11.09/中等毒
茶树 食叶害虫 600克/公顷 喷雾
粮仓 多种储藏害虫 1)400-500倍液 1)喷雾
2)0.4-0.5克/立方米 2)挂条熏蒸
棉花 蚜虫、造桥虫 600-1200克/公顷 喷雾
苹果树 小卷叶蛾、蚜虫 400-500毫克/千克 喷雾
青菜 菜青虫 600克/公顷 喷雾
桑树 尺蠖 600克/公顷 喷雾
卫生 多种卫生害虫 1)300-400倍液 1)泼洒
2)0.08克/立方米 2)挂条熏蒸
小麦 黏虫、蚜虫 600克/公顷 喷雾

山西普鑫药业有限公司 (山西省运城市盐湖区关公故里开发区中段 044000 0359-2508130)

PD85131-35 井冈霉素/3%/水剂/井冈霉素 3%/2005.12.20 至 2010.12.20/低毒
水稻 纹枯病 75-112.5克/公顷 喷雾,泼浇

PD20092898 炔螨特/40%/乳油/炔螨特 40%/2009.03.05 至 2014.03.05/低毒

柑橘树 红蜘蛛 266.7-400毫克/千克 喷雾

PD20094764 异稻·稻瘟灵/40%/乳油/稻瘟灵 10%、异稻瘟净 30%/2009.04.13 至 2014.04.13/中等毒

水稻 稻瘟病 600-1000克/公顷 喷雾

PD20096986 乐果·氰戊/40%/乳油/乐果 39.2%、氰戊菊酯 0.8%/2009.09.29 至 2014.09.29/中等毒

棉花 蚜虫 150-225克/公顷 喷雾

PD20097286 甲基硫菌灵/70%/可湿性粉剂/甲基硫菌灵 70%/2009.10.26 至 2014.10.26/低毒

苹果树 轮纹病 700-875毫克/千克 喷雾

LS20051926 高氯·辛硫磷/20%/乳油/高效氯氰菊酯 1%、辛硫磷 19%/2008.05.17 至 2009.05.17/低毒

十字花科蔬菜 菜青虫 60-120克/公顷 喷雾

LS20051927 阿维·三唑磷/20%/乳油/阿维菌素 0.2%、三唑磷 19.8%/2008.05.17 至 2009.05.17/中等毒(原药高毒)

水稻 二化螟 180-210克/公顷 喷雾

LS20052013 阿维·哒螨灵/5%/乳油/阿维菌素 0.2%、哒螨灵 4.8%/2008.05.31 至 2009.05.31/低毒(原药高毒)

苹果树 红蜘蛛 20-33.3毫克/千克 喷雾

LS20053048 高效氯氰菊酯/4.5%/水乳剂/高效氯氰菊酯 4.5%/2008.09.15 至 2009.09.15/低毒

十字花科蔬菜 菜青虫 40.5-47.25克/公顷 喷雾

山西奇星农药有限公司 (山西省运城市黄河大道北端 044000 0359-2166591)

PD20085306 多·福/45%/可湿性粉剂/多菌灵 9%、福美双 36%/2008.12.23 至 2013.12.23/低毒

苹果树 轮纹病 643-900毫克/千克 喷雾

PD20090181 百菌清/45%/烟雾剂/百菌清 45%/2009.01.08 至 2014.01.08/低毒

黄瓜 霜霉病 750—1200克/公顷 点燃放烟

PD20090295 百菌清/30%/烟剂/百菌清 30%/2009.01.09 至 2014.01.09/低毒

黄瓜 霜霉病 765-1215克/公顷 点燃放烟

PD20090401 阿维菌素/0.9%/乳油/阿维菌素 0.9%/2009.01.12 至 2014.01.12/低毒(原药高毒)

苹果树 红蜘蛛 3-4.5毫克/千克 喷雾

十字花科蔬菜 菜青虫 8.1-10.8克/公顷 喷雾

PD20090957 硫磺·甲硫灵/70%/可湿性粉剂/甲基硫菌灵 40%、硫磺 30%/2009.01.20 至 2014.01.20/低毒

黄瓜 白粉病 840-1260克/公顷 喷雾

PD20091805 代森锰锌/80%/可湿性粉剂/代森锰锌 80%/2009.02.04 至 2014.02.04/低毒

苹果树 炭疽病 1000-1333.3毫克/千克 喷雾

PD20092717 甲基硫菌灵/70%/可湿性粉剂/甲基硫菌灵 70%/2009.03.04 至 2014.03.04/低毒

苹果树 轮纹病 700-875毫克/千克 喷雾

PD20094270 吡虫·杀虫单/35%/可湿性粉剂/吡虫啉 1%、杀虫单 34%/2009.03.31 至 2014.03.31/低毒

水稻 稻飞虱、稻纵卷叶螟、二化螟、三化螟 450-750克/公顷 喷雾

PD20094297 联苯菊酯/100克/升/乳油/联苯菊酯 100克/升/2009.03.31 至 2014.03.31/中等毒

棉花 棉铃虫 45-60克/公顷 喷雾

PD20094570 硫磺·锰锌/70%/可湿性粉剂/硫磺 42%、代森锰锌 28%/2009.04.09 至 2014.04.09/低毒

豇豆 锈病 1575-2100克/公顷 喷雾

PD20095979 乙烯利/40%/水剂/乙烯利 40%/2009.06.04 至 2014.06.04/低毒

棉花 催熟 300-500倍 茎叶喷雾

PD20096042 高氯·毒死蜱/12%/乳油/毒死蜱 9.5%、高效氯氰菊酯 2.5%/2009.06.15 至 2014.06.15/低毒

十字花科蔬菜 菜青虫 54-90克/公顷 喷雾

PD20096533 百草枯/200克/升/水剂/百草枯 200克/升/2009.08.20 至 2014.08.20/中等毒

苹果园 一年生和多年生杂草 750-900克/公顷 定向茎叶喷雾

PD20096655 高效氟吡甲禾灵/108克/升/乳油/高效氟吡甲禾灵 108克/升/2009.09.07 至 2014.09.07/低毒

大豆田 一年生禾本科杂草 48.6-64.8克/公顷 茎叶喷雾

PD20098339 吗胍·乙酸铜/20%/可湿性粉剂/盐酸吗啉胍 16%、乙酸铜 4%/2009.12.18 至 2014.12.18/低毒

番茄 病毒病 500—750克/公顷 喷雾

LS20050429 氯氰·毒死蜱/20%/乳油/毒死蜱 18.8%、氯氰菊酯 1.2%/2008.02.19 至 2009.02.18/低毒

柑橘树 介壳虫 200-250毫克/千克 喷雾

LS20050708 高氯·辛硫磷/25%/乳油/高效氯氰菊酯 2.5%、辛硫磷 22.5%/2008.03.20 至 2009.03.20/中等毒

苹果树 桃小食心虫 250-312.5毫克/千克 喷雾

LS20050710 乙酰甲胺磷/20%/乳油/乙酰甲胺磷 20%/2008.03.20 至 2009.03.20/低毒

烟草 烟青虫 450-900克/公顷 喷雾

玉米 玉米螟 810-1080克/公顷 喷雾

LS20050717 啶虫脒/3%/可湿性粉剂/啶虫脒 3%/2008.03.20 至 2009.03.20/低毒

柑橘树 蚜虫 10-12毫克/千克 喷雾

LS20051091 甲霜·锰锌/58%/可湿性粉剂/甲霜灵 10%、代森锰锌 48%/2008.04.11 至 2009.04.11/低毒

葡萄 霜霉病 900-1110克/公顷 喷雾

烟草 黑星病 900-1110克/公顷 喷雾

LS20051230 锰锌·烯唑醇/32.5%/可湿性粉剂/代森锰锌 30%、烯唑醇 2.5%/2008.04.12 至 2009.04.12/低毒

梨树 黑星病 541.7-812.5毫克/千克 喷雾

苹果树 斑点落叶病 541.7-812.5毫克/千克 喷雾

LS20051321 啶虫脒/5%/乳油/啶虫脒 5%/2008.04.12 至 2009.04.12/低毒

柑橘树 蚜虫 8.3-10毫克/千克 喷雾
LS20051718 灭幼脲/25%/悬浮剂/灭幼脲 25%/2008.05.12 至 2009.05.12/低毒
苹果树 金纹细蛾 125-167毫克/千克 喷雾
LS20051981 多·锰锌/50%/可湿性粉剂/多菌灵 8%、代森锰锌 42%/2008.05.24 至 2009.05.24/低毒
梨树 黑星病 1000-1250毫克/千克 喷雾
苹果树 斑点落叶病 1000-1250毫克/千克 喷雾
LS20052390 三唑磷/20%/乳油/三唑磷 20%/2008.07.10 至 2009.07.10/中等毒
水稻 二化螟 300-450克/公顷 喷雾
LS20060242 甲氨基阿维菌素苯甲酸盐/1%/乳油/甲氨基阿维菌素苯甲酸盐 1%/2009.02.21 至 2010.02.21/低毒
十字花科蔬菜 小菜蛾 1.125-2.25克/公顷 喷雾
LS20071232 氟乐灵/480克/升/乳油/氟乐灵 480克/升/2009.05.07 至 2010.05.08/低毒
棉花田 一年生杂草 720-1080克/公顷 土壤喷雾
LS20071544 嘧霉·多菌灵/50%/可湿性粉剂/多菌灵 35%、嘧霉胺 15%/2009.05.29 至 2010.05.30/低毒
番茄 灰霉病 487.5-600克/公顷 喷雾
LS20080064 阿维·高氯/3%/乳油/阿维菌素 0.2%、高效氯氰菊酯 2.8%/2009.01.05 至 2010.01.05/低毒(原药高毒)
黄瓜 美洲斑潜蝇 15-30克/公顷 喷雾
梨树 梨木虱 12-24毫克/千克 喷雾
LS20082239 杀扑磷/40%/乳油/杀扑磷 40%/2009.04.18 至 2010.04.18/中等毒(原药高毒)
柑橘树 介壳虫 400-600毫克/千克 喷雾
LS20082813 阿维·哒螨灵/15%/可湿性粉剂/阿维菌素 0.6%、哒螨灵 14.4%/2009.05.12 至 2010.05.12/低毒(原药高毒)
苹果树 红蜘蛛 30-50毫克/千克 喷雾
LS20090924 烯唑醇/12.5%/可湿性粉剂/烯唑醇 12.5%/2009.04.09 至 2010.04.09/低毒
梨树 黑星病 31-42毫克/千克 喷雾
LS20091075 氟铃脲/5%/悬浮剂/氟铃脲 5%/2009.04.15 至 2010.04.15/低毒
甘蓝 小菜蛾 45-60克/公顷 喷雾
LS20091191 氟硅唑/10%/水乳剂/氟硅唑 10%/2009.04.23 至 2010.04.23/低毒
梨树 黑星病 40-50毫克/千克 喷雾

山西三立化工有限公司 (山西省临汾市尧都区桥东街2号 041000 0357-3093459)

PD85114 五氯硝基苯/40%/粉剂/五氯硝基苯 40%/2005.04.25 至 2010.04.25/低毒
马铃薯 疮痂病 9000-15000克/公顷 土壤消毒
棉花 苗期病害、苗期立枯病 400克/100千克种子 拌种
茄子 猝倒病 33150克/公顷 土壤消毒
小麦 黑穗病 200克/100千克种子 拌种
PD20083428 阿维菌素/1.8%/乳油/阿维菌素 1.8%/2008.12.11 至 2013.12.11/低毒(原药高毒)
十字花科蔬菜 小菜蛾 8.1-10.8克/公顷 喷雾
PD20084181 硫丹/35%/乳油/硫丹 35%/2008.12.16 至 2013.12.16/中等毒(原药高毒)
苹果树 蚜虫 116.7-175毫克/千克 喷雾
PD20090196 氰戊·马拉松/20%/乳油/马拉硫磷 15%、氰戊菊酯 5%/2009.01.08 至 2014.01.08/中等毒
十字花科蔬菜 菜青虫 120-150克/公顷 喷雾
PD20090208 甲霜·锰锌/58%/可湿性粉剂/甲霜灵 10%、代森锰锌 48%/2009.01.09 至 2014.01.09/低毒
黄瓜 霜霉病 1305-1632克/公顷 喷雾
PD20092077 福·克/20%/悬浮种衣剂/福美双 10%、克百威 10%/2009.02.16 至 2014.02.16/中等毒(原药高毒)
玉米 地下害虫、茎基腐病 1:35-40(药种比) 种子包衣
PD20094791 多·五·克百威/20%/悬浮种衣剂/多菌灵 5%、克百威 10%、五氯硝基苯 5%/2009.04.13 至 2014.04.13/高毒
棉花 立枯病、苗蚜、炭疽病 700-1000克/100千克种子 种子包衣
PD20097140 五氯硝基苯/95%/原药/五氯硝基苯 95%/2009.10.16 至 2014.10.16/低毒
PD20097156 五氯硝基苯/20%/粉剂/五氯硝基苯 20%/2009.10.16 至 2014.10.16/低毒
小麦 黑穗病 200克/100千克种子 拌种

山西三维丰海化工有限公司 (山西省运城市运解公路中段二十里店南 044000 0359-8691181)

PD20070085 毒死蜱/95%/原药/毒死蜱 95%/2007.04.18 至 2012.04.18/中等毒
PD20097866 毒死蜱/480克/升/乳油/毒死蜱 480克/升/2009.11.20 至 2014.11.20/中等毒
十字花科蔬菜 菜青虫 432-576克/公顷 喷雾

山西省宝元化工有限公司 (山西省运城市临猗县临晋镇北郊 044102 0359-4321688)

PD20081027 氰戊·马拉松/20%/乳油/马拉硫磷 15%、氰戊菊酯 5%/2008.08.06 至 2013.08.06/低毒
苹果树 桃小食心虫 160-333.3毫克/千克 喷雾
PD20081088 高效氯氟氰菊酯/25克/升/乳油/高效氯氟氰菊酯 25克/升/2008.08.18 至 2013.08.18/中等毒
甘蓝 菜青虫 7.5-15克/公顷 喷雾
PD20082518 丙环唑/250克/升/乳油/丙环唑 250克/升/2008.12.03 至 2013.12.03/低毒
小麦 白粉病 131.25-150克/公顷 喷雾
PD20083835 高氯·毒死蜱/12%/乳油/毒死蜱 9.5%、高效氯氰菊酯 2.5%/2008.12.15 至 2013.12.15/低毒
棉花 棉铃虫 270-324克/公顷 喷雾
PD20084443 乙酰甲胺磷/20%/乳油/乙酰甲胺磷 20%/2008.12.17 至 2013.12.17/低毒
柑橘树 介壳虫 400-500毫克/千克 喷雾

水稻 二化螟 600-900克/公顷 喷雾

PD20084661 氰戊·乐果/40%/乳油/乐果 39.2%、氰戊菊酯 0.8%/2008.12.22 至 2013.12.22/中等毒

棉花 蚜虫 150-225克/公顷 喷雾

桃树 蚜虫 160-200毫克/千克 喷雾

小麦 蚜虫 90克/公顷 喷雾

叶菜类蔬菜 蚜虫 150-195克/公顷 喷雾

PD20090265 百草枯/200克/升/水剂/百草枯 200克/升/2009.01.09 至 2014.01.09/中等毒

苹果园 一年生和多年生杂草 600-900克/公顷 定向茎叶喷雾

PD20092219 三唑磷/20%/乳油/三唑磷 20%/2009.02.24 至 2014.02.24/中等毒

水稻 二化螟 360-540克/公顷 喷雾

PD20095588 氟铃脲/5%/乳油/氟铃脲 5%/2009.05.12 至 2014.05.12/低毒

甘蓝 小菜蛾 52.25-67.5克/公顷 喷雾

PD20098079 毒死蜱/480克/升/乳油/毒死蜱 480克/升/2009.12.08 至 2014.12.08/中等毒

苹果树 桃小食心虫 240-320毫克/千克 喷雾

LS96669 腐殖酸铜/2.2%/水剂/腐殖酸铜 2.2%/2009.01.14 至 2009.12.31/低毒

苹果树 腐烂病 200克制剂/平方米病疤 涂抹病疤

LS20051242 啶虫脒/3%/乳油/啶虫脒 3%/2008.04.12 至 2009.04.12/低毒

小麦 蚜虫 27-36克/公顷 喷雾

LS20051898 吡虫啉/5%/乳油/吡虫啉 5%/2008.05.16 至 2009.05.16/低毒

棉花 蚜虫 22.5-30克/公顷 喷雾

LS20052619 混合氨基酸铜/10%/水剂/混合氨基酸铜 10%/2008.08.14 至 2009.08.14/低毒

西瓜 枯萎病 363.6-454.5毫克/千克 灌根

LS20053282 三唑锡/10%/乳油/三唑锡 10%/2008.10.11 至 2009.10.11/低毒

柑橘树 红蜘蛛 80-100毫克/千克 喷雾

LS20070630 柴油·三唑磷/40%/乳油/柴油 30%、三唑磷 10%/2009.03.29 至 2010.03.30/中等毒

水稻 二化螟 720-840克/公顷 喷雾

山西省长治市焱晟化工有限公司 (山西省长治市郊区店上乡南津良村 046000 0355-6013688)

PD20070208 硫磺/91%/粉剂/硫磺 91%/2007.08.07 至 2012.08.07/低毒

橡胶树 白粉病 10237.5—13650克/公顷 喷粉

山西省侯马市晋鑫日用化工厂 (山西省侯马市营养食品厂家属院 043000 0357-4266999)

WL20060039 杀虫粉剂/0.2%/粉剂/氯氰菊酯 0.06%、氰戊菊酯 0.14%/2009.03.01 至 2010.03.01/低毒

卫生 蜚蠊、跳蚤 3克制剂/平方米 撒布

山西省侯马市星火化工厂 (山西省临汾地区侯马市风城乡南上官村 043000 0357-4026886)

LS20052534 苦参碱/0.36%/水剂/苦参碱 0.36%/2008.07.25 至 2009.07.25/低毒

十字花科蔬菜 蚜虫 7.56-8.64克/公顷 喷雾

十字花科蔬菜 菜青虫 4.32-6.48克/公顷 喷雾

山西省霍州市绿洲农药厂 (山西省临汾市霍州市城东高速路口 031400 0357-5650666)

PD20085168 氧乐果/10%/乳油/氧乐果 10%/2008.12.23 至 2013.12.23/中等毒(原药高毒)

柑橘树 矢尖蚧 125-250毫克/千克 喷雾

小麦 蚜虫 60-120克/公顷 喷雾

PD20085689 腐霉·百菌清/15%/烟剂/百菌清 12%、腐霉利 3%/2008.12.26 至 2013.12.26/低毒

番茄(保护地) 灰霉病 450-675克/公顷 点燃放烟

PD20090478 氯氰·辛硫磷/20%/乳油/氯氰菊酯 1.5%、辛硫磷 18.5%/2009.01.12 至 2014.01.12/中等毒

棉花 棉铃虫 150-210克/公顷 喷雾

PD20091610 异丙威/10%/烟剂/异丙威 10%/2009.02.03 至 2014.02.03/中等毒

黄瓜(保护地) 蚜虫 450-600克/公顷 点燃放烟

PD20097358 混合氨基酸铜/10%/水剂/混合氨基酸铜 10%/2009.10.27 至 2014.10.27/低毒

黄瓜 枯萎病 1)300-750克/公顷 1)喷雾

2)300-450毫克/千克 2)灌根或浇茎

PD20097508 腐霉利/50%/可湿性粉剂/腐霉利 50%/2009.11.03 至 2014.11.03/低毒

黄瓜 灰霉病 525—750克/公顷 喷雾

PD20097522 霜霉威盐酸盐/722克/升/水剂/霜霉威盐酸盐 722克/升/2009.11.03 至 2014.11.03/低毒

甜椒 疫病 975—1350克/公顷 喷雾

PD20097535 噁霜·锰锌/64%/可湿性粉剂/噁霜灵 8%、代森锰锌 56%/2009.11.03 至 2014.11.03/低毒

黄瓜 霜霉病 1632—2016克/公顷 喷雾

PD20097941 高效氯氟氰菊酯/25克/升/乳油/高效氯氟氰菊酯 25克/升/2009.11.30 至 2014.11.30/中等毒

柑橘树 潜叶蛾 25-31.25毫克/千克 喷雾

PD20098004 百菌清/75%/可湿性粉剂/百菌清 75%/2009.12.07 至 2014.12.07/低毒

花生 叶斑病 1383.75—1507.5克/公顷 喷雾

山西省临汾海兰实业有限公司 (山西省临汾市经济技术开发区河汾一路 041000 0357-3096269)

PD20083226 克百威/10%/悬浮种衣剂/克百威 10%/2008.12.11 至 2013.12.11/中等毒(原药高毒)

玉米 地下害虫 1:40-50(药种比) 种子包衣

PD20090334 多·福·克/35%/悬浮种衣剂/多菌灵 15%、福美双 10%、克百威 10%/2009.01.12 至 2014.01.12/中等毒(原药高毒)

大豆 根腐病、蚜虫 525-700克/100千克种子 种子包衣
PD20091044 福·克/20%/悬浮种衣剂/福美双 10%、克百威 10%/2009.01.21 至 2014.01.21/中等毒(原药高毒)
玉米 地下害虫、茎基腐病 1:40-50(药种比) 种子包衣
PD20093042 甲基硫菌灵/70%/可湿性粉剂/甲基硫菌灵 70%/2009.03.09 至 2014.03.09/低毒
梨树 黑星病 1000-1500倍液 喷雾
LS20090148 五硝·辛硫磷/15%/悬浮种衣剂/五氯硝基苯 10%、辛硫磷 5%/2009.02.04 至 2010.02.04/低毒
小麦 地老虎、黑穗病、金针虫、蝼蛄、蛴螬 1:40-60(药种比) 种子包衣
LS20090210 丁硫·戊唑醇/7.5%/悬浮种衣剂/丁硫克百威 7%、戊唑醇 0.5%/2009.02.12 至 2010.02.12/中等毒
玉米 金针虫、蝼蛄、蛴螬、丝黑穗病 125-187.5克/100公斤种子 种子包衣
LS20090327 五氯硝基苯/15%/悬浮种衣剂/五氯硝基苯 15%/2009.03.05 至 2010.03.05/低毒
棉花 立枯病 300-375g/100kg种子 种子包衣

山西省临汾化工厂 (山西省临汾市临钢路4号 041000 0357-3095436)

PD20040170 吡虫啉/2.5%/乳油/吡虫啉 2.5%/2004.12.19 至 2009.12.18/低毒
小麦 蚜虫 15-22.5克/公顷 喷雾
LS20051027 啶虫脒/3%/乳油/啶虫脒 3%/2008.04.07 至 2009.04.07/低毒
苹果树 蚜虫 12-15毫克/千克 喷雾

山西省临猗县绿源化工有限公司 (山西省临猗县牛杜镇 044100 0359-4092159)

PDN25-93 敌畏·氧乐果/50%/乳油/敌敌畏 40%、氧乐果 10%/2008.11.04 至 2013.11.04/高毒
棉花、小麦 蚜虫 375-750克/公顷 喷雾
水稻 飞虱、螟虫 750-1125克/公顷 喷雾
LS20050270 溴氰菊酯/25克/升/乳油/溴氰菊酯 25克/升/2008.02.04 至 2009.02.03/低毒
十字花科蔬菜 菜青虫 7.5-15克/公顷 喷雾
LS20050469 三环唑/20%/可湿性粉剂/三环唑 20%/2008.02.26 至 2009.02.25/低毒
水稻 稻瘟病 300-375克/公顷 喷雾

山西省临猗县三晋化工总厂 (山西省临猗县临晋镇西环路 044102 0359-4321357)

PD20085428 丁·莠/48%/悬乳剂/丁草胺 19%、莠去津 29%/2008.12.24 至 2013.12.24/低毒
夏玉米田 一年生杂草 1080-1440克/公顷 播后苗前土壤喷雾
LS20082899 烯唑醇/5%/微乳剂/R-烯唑醇 5%/2009.07.09 至 2010.07.09/低毒
梨树 黑星病 25-50毫克/千克 喷雾

山西省临猗中晋化工有限公司 (山西省运城市临猗县临晋镇政府街 044102 0359-4321318)

PD20084314 三环唑/75%/可湿性粉剂/三环唑 75%/2008.12.17 至 2013.12.17/中等毒
水稻 稻瘟病 247.5-337.5克/公顷 喷雾
PD20085543 异菌脲/50%/可湿性粉剂/异菌脲 50%/2008.12.25 至 2013.12.25/低毒
番茄 灰霉病 375-750克/公顷 喷雾
PD20090191 稻瘟灵/40%/乳油/稻瘟灵 40%/2009.01.08 至 2014.01.08/低毒
水稻 稻瘟病 500-700克/公顷 喷雾
PD20090596 高效氯氟氰菊酯/25克/升/乳油/高效氯氟氰菊酯 25克/升/2009.01.14 至 2014.01.14/低毒
茶树 茶小绿叶蝉 26.25-33.75克/公顷 喷雾
PD20090964 阿维·哒螨灵/5%/乳油/阿维菌素 0.2%、哒螨灵 4.8%/2009.01.20 至 2014.01.20/低毒(原药高毒)
苹果树 红蜘蛛 25-33.3毫克/千克 喷雾
PD20091575 毒死蜱/480克/升/乳油/毒死蜱 480克/升/2009.02.03 至 2014.02.03/中等毒
水稻 二化螟 468-576克/公顷 喷雾
PD20092811 敌百·毒死蜱 /40%/乳油/敌百虫 20%、毒死蜱 20%/2009.03.04 至 2014.03.04/中等毒
棉花 棉铃虫 367.5-472.5克/公顷 喷雾
PD20093119 联苯菊酯/25克/升/乳油/联苯菊酯 25克/升/2009.03.10 至 2014.03.10/低毒
茶树 茶小绿叶蝉 37.5-41.25克/公顷 喷雾
PD20093933 代森锰锌/80%/可湿性粉剂/代森锰锌 80%/2009.03.27 至 2014.03.27/低毒
苹果树 斑点落叶病 1000-1500毫克/千克 喷雾
PD20094042 精喹禾灵/50克/升/乳油/精喹禾灵 50克/升/2009.03.27 至 2014.03.27/低毒
花生田 一年生禾本科杂草 37.5-60克/公顷 茎叶喷雾
PD20094737 甲霜·锰锌/58%/可湿性粉剂/甲霜灵 10%、代森锰锌 48%/2009.04.10 至 2014.04.10/低毒
黄瓜 霜霉病 978-1632克/公顷 喷雾
PD20095739 百草枯/200克/升/水剂/百草枯 200克/升/2009.05.18 至 2014.05.18/中等毒
苹果园 杂草 600-900克/公顷 定向茎叶喷雾
PD20096220 炔螨特/57%/乳油/炔螨特 57%/2009.07.15 至 2014.07.15/低毒
苹果树 红蜘蛛 285－475毫克/千克 喷雾
PD20097638 溴氰·矿物油/85%/乳油/矿物油 85%、溴氰菊酯 0.025%/2009.11.03 至 2014.11.03/低毒
棉花 红蜘蛛、蚜虫 1275-1950克/公顷 喷雾
PD20098180 甲基硫菌灵/50%/可湿性粉剂/甲基硫菌灵 50%/2009.12.14 至 2014.12.14/低毒
水稻 纹枯病 1050－1500克/公顷 喷雾
LS20051085 阿维菌素/0.9%/乳油/阿维菌素 0.9%/2008.04.11 至 2009.04.11/低毒(原药高毒)
柑橘树 红蜘蛛 4.5-9毫克/千克 喷雾

LS20051208 高效氯氰菊酯/4.5%/乳油/高效氯氰菊酯 4.5%/2008.04.12 至 2009.04.12/低毒
苹果树 桃小食心虫 22.5-45毫克/千克 喷雾
LS20051880 三唑磷/20%/乳油/三唑磷 20%/2008.05.16 至 2009.05.16/中等毒
水稻 二化螟 300-450克/公顷 喷雾
LS20051905 啶虫脒/3%/乳油/啶虫脒 3%/2008.05.17 至 2009.05.17/低毒
柑橘树 蚜虫 7.5-10毫克/千克 喷雾
LS20052405 高氯·马/20%/乳油/高效氯氰菊酯 2%、马拉硫磷 18%/2008.07.10 至 2009.07.10/低毒
苹果树 桃小食心虫 133-200毫克/千克 喷雾
LS20053004 阿维·高氯/1.8%/乳油/阿维菌素 0.3%、高效氯氰菊酯 1.5%/2008.09.13 至 2009.09.13/低毒(原药高毒)
十字花科蔬菜 菜青虫、小菜蛾 7.5-15克/公顷 喷雾
LS20053613 丁硫克百威/20%/乳油/丁硫克百威 20%/2008.11.29 至 2009.11.29/中等毒
苹果树 蚜虫 67-100毫克/千克 喷雾
LS20060185 杀扑磷/40%/乳油/杀扑磷 40%/2009.01.27 至 2010.01.27/高毒
柑橘树 矢尖蚧 500-571.4毫克/千克 喷雾
LS20061326 腈菌唑/12.5%/乳油/腈菌唑 12.5%/2009.06.12 至 2010.06.12/低毒
小麦 白粉病 30-60克/公顷 喷雾
LS20070685 高氯·吡虫啉/3%/乳油/吡虫啉 1.5%、高效氯氰菊酯 1.5%/2009.03.29 至 2010.03.30/低毒
小麦 蚜虫 13.5-22.5克/公顷 喷雾
LS20071219 氟乐灵/480克/升/乳油/氟乐灵 480克/升/2008.05.07 至 2009.05.08/低毒
大豆田 一年生杂草 1080-1260克/公顷(东北地区) 土壤喷雾
900-1080克/公顷(其它地区)
棉花田 一年生杂草 720-1080克/公顷 土壤喷雾
LS20072213 丁草胺/600克/升/乳油/丁草胺 600克/升/2009.09.11 至 2010.09.12/低毒
移栽水稻田 一年生杂草 1012.5-1275.3克/公顷 毒土法
LS20072235 三环唑/20%/可湿性粉剂/三环唑 20%/2009.09.11 至 2010.09.12/低毒
水稻 稻瘟病 300-375克/公顷 喷雾
LS20072644 吗胍·乙酸铜/20%/可湿性粉剂/盐酸吗啉胍 10%、乙酸铜 10%/2009.12.09 至 2010.12.10/低毒
番茄 病毒病 500-750克/公顷 喷雾
LS20081034 烯唑醇/12.5%/乳油/烯唑醇 12.5%/2009.03.07 至 2010.03.07/低毒
梨树 黑星病 41.7-62.5毫克/千克 喷雾
LS20090039 井冈·三环唑/20%/可湿性粉剂/井冈霉素 5%、三环唑 15%/2009.01.08 至 2010.01.08/低毒
水稻 稻曲病、稻瘟病、纹枯病 300-450克/公顷 喷雾
LS20090298 丁醚脲/50%/可湿性粉剂/丁醚脲 50%/2009.02.16 至 2010.02.16/低毒
十字花科蔬菜 小菜蛾 375-450克/公顷 喷雾

山西省南风化工集团股份有限公司 (山西省运城市盐湖区解放路294号 044000 0359-8967089)

WP20090247 电热蚊香片/13毫克/片/电热蚊香片/炔丙菊酯 13毫克/片/2009.04.24 至 2014.04.24/低毒
卫生 蚊 / 电热加温
WP20090255 电热蚊香液/1.2%/电热蚊香液/炔丙菊酯 1.2%/2009.04.27 至 2014.04.27/低毒
卫生 蚊 / 电热加温

山西省农科院棉花所三联农化实验厂 (山西省运城市盐湖区黄河大道118号 044000 0359-2128120)

PD20092111 甲硫·福美双/70%/可湿性粉剂/福美双 30%、甲基硫菌灵 40%/2009.02.23 至 2014.02.23/低毒
苹果树 轮纹病 600-800倍液 喷雾
PD20094393 唑酮·氧乐果/21%/乳油/三唑酮 6%、氧乐果 15%/2009.04.01 至 2014.04.01/中等毒(原药高毒)
小麦 白粉病、蚜虫 378-472.5克/公顷 喷雾
PD20097582 复硝酚钠/0.7%/水剂/复硝酚钠 0.7%/2009.11.03 至 2014.11.03/低毒
番茄 调节生长 2000-3000倍液 茎叶喷雾
LS20052187 多·锰锌/50%/可湿性粉剂/多菌灵 8%、代森锰锌 42%/2008.06.14 至 2009.06.14/低毒
苹果 斑点落叶病 1000-1250毫克/千克 喷雾
LS20052210 阿维·高氯/2%/微乳剂/阿维菌素 0.2%、高效氯氰菊酯 1.8%/2008.06.15 至 2009.06.15/低毒(原药高毒)
十字花科蔬菜 菜青虫、小菜蛾 13.5-27克/公顷 喷雾
LS20060636 腐霉·百菌清/20%/烟剂/百菌清 13.3%、腐霉利 6.7%/2008.03.26 至 2009.03.26/低毒
番茄 灰霉病 600-750克/公顷 点燃放烟
LS20072459 三唑锡/25%/可湿性粉剂/三唑锡 25%/2009.11.05 至 2010.11.06/低毒
柑橘树 红蜘蛛 125-166毫克/千克 喷雾

山西省农药厂劳动服务公司 (山西省运城地区永济市陶山东路1号 044500 0359-8082335)

PD91104 50%敌敌畏乳油//乳油/敌敌畏 48%(气谱法)/2006.01.12 至 2011.01.12/中等毒
茶树 食叶害虫 600克/公顷 喷雾
粮仓 多种储粮害虫 1)300-400倍液 1)喷雾
2)0.4-0.5克/立方米 2)挂条熏蒸
棉花 蚜虫、造桥虫 600-1200克/公顷 喷雾
苹果树 小卷叶蛾、蚜虫 400-500毫克/千克 喷雾
青菜 菜青虫 600克/公顷 喷雾
桑树 尺蠖 600克/公顷 喷雾

	卫生	多种卫生害虫	1)250-300倍液 2)0.08克/立方米	1)泼洒 2)挂条熏蒸
	小麦	黏虫、蚜虫	600克/公顷	喷雾

山西省平陆环球植保农药厂　（山西省运城地区平陆县常乐镇东大街3号　044307　0359-3632320）

PD20085078	硫丹·辛硫磷/35%/乳油/硫丹 10%、辛硫磷 25%/2008.12.23 至 2013.12.23/低毒			
	苹果树	红蜘蛛	292-438毫克/千克	喷雾
PD20085567	丁硫克百威/200克/升/乳油/丁硫克百威 200克/升/2008.12.25 至 2013.12.25/中等毒			
	棉花	蚜虫	135-180克/公顷	喷雾
PD20090748	高氯·马/37%/乳油/高效氯氰菊酯 0.8%、马拉硫磷 36.2%/2009.01.19 至 2014.01.19/中等毒			
	甘蓝	菜青虫	194.25-360.75克/公顷	喷雾
	柑橘树	蚜虫	92.5-185毫克/千克	喷雾
PD20098280	联苯菊酯/25克/升/乳油/联苯菊酯 25克/升/2009.12.18 至 2014.12.18/低毒			
	苹果树	桃小食心虫	20.8-31.25毫克/千克	喷雾

山西省太谷科谷生物化工有限公司　（山西省太谷县太东路2.6公里处　030800　0354-6110124）

PD20093404	苏云金杆菌/8000IU/毫克/可湿性粉剂/苏云金杆菌 8000IU/毫克/2009.03.20 至 2014.03.20/低毒			
	茶树	茶毛虫	400-800倍液	喷雾
	棉花	二代棉铃虫	3000-4500克制剂/公顷	喷雾
	森林	松毛虫	600-800倍液	喷雾
	十字花科蔬菜	小菜蛾	1500-2250克制剂/公顷	喷雾
	十字花科蔬菜	菜青虫	750-1500克制剂/公顷	喷雾
	水稻	稻纵卷叶螟	3000-4500克制剂/公顷	喷雾
	烟草	烟青虫	1500-3000克制剂/公顷	喷雾
	玉米	玉米螟	1500-3000克制剂/公顷	加细沙灌心
	枣树	枣尺蠖	600-800倍液	喷雾
PD20093717	苏云金杆菌/16000IU/毫克/可湿性粉剂/苏云金杆菌 16000IU/毫克/2009.03.25 至 2014.03.25/低毒			
	茶树	茶毛虫	800-1600倍液	喷雾
	棉花	二代棉铃虫	1500-2250克制剂/公顷	喷雾
	森林	松毛虫	1200-1600倍液	喷雾
	十字花科蔬菜	菜青虫	375-750克制剂/公顷	喷雾
	十字花科蔬菜	小菜蛾	750-1125克制剂/公顷	喷雾
	水稻	稻纵卷叶螟	1500-2250克制剂/公顷	喷雾
	烟草	烟青虫	750-1500克制剂/公顷	喷雾
	玉米	玉米螟	750-1500克制剂/公顷	加细沙灌心
	枣树	枣尺蠖	1200-1600倍液	喷雾
LS20091079	球孢白僵菌/100亿孢子/毫升/油悬浮剂/球孢白僵菌 100亿孢子/毫升/2009.04.15 至 2010.04.15/低毒			
	草原	蝗虫	150-200毫升制剂/亩	超低容量喷雾
LS20091089	球孢白僵菌/1000亿个/克/母药/球孢白僵菌 1000亿个/克/2009.04.15 至 2010.04.15/低毒			

山西省太原高新技术产业西芮生物有限公司　（山西省太原市高新区创业街8号　030006　0351-2209721）

PD90106-24	100亿活芽孢/毫升苏云金杆菌悬浮剂//悬浮剂/苏云金杆菌 100亿活芽孢/毫升/2005.07.12 至 2010.07.12/低毒			
	白菜、萝卜、青菜	菜青虫、小菜蛾	1500-2250克制剂/公顷	喷雾
	茶树	茶毛虫	3000克制剂/公顷	喷雾
	高粱、玉米	玉米螟	2250-3000克制剂/公顷	加细沙灌心叶
	梨树、苹果树、桃树、枣树	尺蠖、食心虫	200倍液	喷雾
	林木	尺蠖、柳毒蛾、松毛虫	150-200倍液	喷雾
	棉花	棉铃虫、造桥虫	3750-6000毫升制剂/公顷	喷雾
	水稻	稻苞虫、螟虫	3000-6000毫升制剂/公顷	喷雾
	烟草	烟青虫	3000克制剂/公顷	喷雾

山西省太原化学工业集团公司磷肥厂　（山西省太原市万柏林区义井西路61号　030021　0351-6075071）

PD20040139	高效氯氰菊酯/4.5%/乳油/高效氯氰菊酯 4.5%/2009.12.19 至 2014.12.19/中等毒			
	棉花	红铃虫、棉铃虫、棉蚜	15-30克/公顷	喷雾
	苹果树	桃小食心虫	20-33毫克/千克	喷雾
	十字花科蔬菜	菜蚜	3-18克/公顷	喷雾
	十字花科蔬菜	菜青虫、小菜蛾	9-25.5克/公顷	喷雾
PD20095997	丙溴磷/40%/乳油/丙溴磷 40%/2009.06.11 至 2014.06.11/中等毒			
	棉花	棉铃虫	480-600克/公顷	喷雾

山西省夏县纳福农药化工有限公司　（山西省夏县八一街　044400　0359-8552398）

PD85126-10	20%三氯杀螨醇乳油//乳油/三氯杀螨醇 20%/2006.01.15 至 2011.01.15/低毒			
	棉花	红蜘蛛	225-300克/公顷	喷雾
	苹果树	红蜘蛛、锈蜘蛛	800-1000倍液	喷雾

山西省阳泉市禾奕农药厂　（山西省阳泉市平坦镇魏家峪村　045000　0353-4110298）

PD20092362	氟乐灵/48%/乳油/氟乐灵 48%/2009.02.24 至 2014.02.24/低毒			
	棉花田	一年生禾本科杂草及部分阔叶杂草	864-1080克/公顷	播后苗前土壤喷

雾

PD20095010 氰戊·马拉松/21%/乳油/马拉硫磷 15%、氰戊菊酯 6%/2009.04.21 至 2014.04.21/中等毒

柑橘树 红蜘蛛 53-70毫克/千克 喷雾

花生 斜纹夜蛾 75-90克/公顷 喷雾

棉花 红蜘蛛 120-180克/公顷 喷雾

棉花 蚜虫 75-120克/公顷 喷雾

苹果树 食心虫 60-100毫克/千克 喷雾

苹果树 红蜘蛛 60-150毫克/千克 喷雾

苹果树 蚜虫 50-75毫克/千克 喷雾

LS20081147 啶虫脒/3%/微乳剂/啶虫脒 3%/2009.03.10 至 2010.03.10/低毒

十字花科蔬菜 蚜虫 12-23克/公顷 喷雾

LS20081154 乙草胺/50%/水乳剂/乙草胺 50%/2009.03.10 至 2010.03.10/低毒

夏玉米田 一年生禾本科杂草及部分阔叶杂草 900-1125克/公顷 播后苗前土壤喷雾

LS20081280 萘乙酸/0.6%/水剂/萘乙酸 0.6%/2009.03.11 至 2010.03.11/低毒

棉花 调节生长、增产 2000-2500倍液 盛花期兑水喷雾

LS20081388 草甘膦异丙胺盐/41%/水剂/草甘膦异丙胺盐 41%/2009.03.17 至 2010.03.17/低毒

苹果园 杂草 1125-2250克/公顷 定向茎叶喷雾

LS20082848 阿维·哒螨灵/5%/乳油/阿维菌素 0.2%、哒螨灵 4.8%/2009.06.11 至 2010.06.11/低毒(原药高毒)

苹果树 红蜘蛛 25-33.3毫克/千克 喷雾

山西省阳泉市双泉化工厂 (山西省阳泉市李家庄东 045000 0353-2110166)

PD20096838 腐植酸·铜/2.12%/水剂/腐殖酸 2%、硫酸铜 0.12%/2009.09.21 至 2014.09.21/低毒

苹果树 腐烂病 200克制剂/平方米 涂抹病疤

WP20090264 杀虫块剂/25%/块剂/敌敌畏 25%/2009.05.11 至 2014.05.11/低毒

卫生 蝇 25克制剂/立方米 投放

山西省运城精化农药有限公司 (山西省运城市19号信箱 044000 0359-2899338)

PD20092844 甲基硫菌灵/36%/悬浮剂/甲基硫菌灵 36%/2009.03.05 至 2014.03.05/低毒

水稻 纹枯病 330-470克/公顷 喷雾

PD20092914 代森锰锌/70%/可湿性粉剂/代森锰锌 70%/2009.03.05 至 2014.03.05/低毒

番茄 早疫病 1837.5-2362.5克/公顷 喷雾

PD20095206 百菌清/45%/烟剂/百菌清 45%/2009.04.24 至 2014.04.24/低毒

黄瓜 霜霉病 750－1200克/公顷 点燃放烟

PD20095396 吡虫·辛硫磷/25%/乳油/吡虫啉 1%、辛硫磷 24%/2009.04.27 至 2014.04.27/低毒

白菜 蚜虫 56.25-75克/公顷 喷雾

PD20097418 腐霉·百菌清/25%/烟剂/百菌清 20%、腐霉利 5%/2009.10.28 至 2014.10.28/低毒

番茄(保护地) 灰霉病 750-937.5克/公顷 点燃放烟

LS20050789 腐植酸铜/2.12%/水剂/腐殖酸铜 2.12%/2008.03.28 至 2009.03.28/低毒

苹果树 腐烂病 200克制剂/平方米 涂抹病疤

LS20052550 阿维菌素/1.8%/乳油/阿维菌素 1.8%/2008.07.24 至 2009.07.25/低毒(原药高毒)

十字花科蔬菜 小菜蛾 6.75-10.8克/公顷 喷雾

LS20053066 敌敌畏/22%/烟剂/敌敌畏 22%/2008.09.15 至 2009.09.15/中等毒

黄瓜(保护地) 蚜虫 990-1320克/公顷 点燃放烟

LS20053428 硫磺·多菌灵/50%/悬浮剂/多菌灵 15%、硫磺 35%/2008.11.03 至 2009.11.03/微毒

花生 叶斑病 1200-1800克/公顷 喷雾

LS20053480 甲霜·锰锌/58%/可湿性粉剂/甲霜灵 10%、代森锰锌 48%/2008.11.13 至 2009.11.13/低毒

黄瓜 霜霉病 1305-1635.6克/公顷 喷雾

LS20060001 多抗霉素/0.3%/水剂/多抗霉素 0.3%/2009.01.09 至 2010.01.09/低毒

番茄 早疫病 27-45克/公顷 喷雾

LS20060712 三环唑/20%/可湿性粉剂/三环唑 20%/2009.04.03 至 2010.04.03/低毒

水稻 稻瘟病 225-300克/公顷 喷雾

LS20072101 多菌灵/50%/可湿性粉剂/多菌灵 50%/2009.08.29 至 2010.08.30/低毒

水稻 稻瘟病 750-900克/公顷 喷雾

山西省运城市博获化工总厂 (山西省运城市临猗县庙上南街18号 044105 0359-4363238)

PD20083691 高氯·辛硫磷/22%/乳油/高效氯氰菊酯 2%、辛硫磷 20%/2008.12.15 至 2013.12.15/中等毒

棉花 棉铃虫 99-132克/公顷 喷雾

PD20095723 百草枯/200克/升/水剂/百草枯 200克/升/2009.05.18 至 2014.05.18/中等毒

苹果园 杂草 750-900克/公顷 定向茎叶喷雾

LS20051370 吗胍·乙酸铜/20%/可湿性粉剂/盐酸吗啉胍 16%、乙酸铜 4%/2008.04.18 至 2009.04.18/低毒

番茄 病毒病 630-750克/公顷 喷雾

LS20051395 五氯硝基苯/40%/粉剂/五氯硝基苯 40%/2008.04.18 至 2009.04.18/低毒

棉花 苗期立枯病、苗炭疽病 400-600克/100千克种子 拌种

LS20051666 吡虫啉/5%/乳油/吡虫啉 5%/2008.05.07 至 2009.05.07/低毒

水稻 稻飞虱 15-30克/公顷 喷雾

LS20052312 多·福/50%/可湿性粉剂/多菌灵 25%、福美双 25%/2008.06.26 至 2009.06.26/低毒
葡萄 霜霉病 1000-1250毫克/千克 喷雾
LS20052643 多·锰锌/50%/可湿性粉剂/多菌灵 8%、代森锰锌 42%/2008.08.14 至 2009.08.14/低毒
梨树 黑星病 1000-1250毫克/千克 喷雾
LS20053863 五氯硝基苯/20%/粉剂/五氯硝基苯 20%/2008.12.29 至 2009.12.29/低毒
小麦 黑穗病 300-400克/100千克种子 拌种

山西省芮城华农生物化学有限公司 (山西省芮城县东郊 044600 0359-3080094)

PD20082374 硫磺/10%/脂膏/硫磺 10%/2008.12.01 至 2013.12.01/低毒
苹果树 腐烂病 原液100-150克/平方米 先刮除病疤后用原液涂患处
PD20084861 代森锰锌/80%/可湿性粉剂/代森锰锌 80%/2008.12.22 至 2013.12.22/低毒
柑橘树 疮痂病 1333-1000毫克/千克 喷雾
PD20092728 百菌清/75%/可湿性粉剂/百菌清 75%/2009.03.04 至 2014.03.04/低毒
水稻 稻瘟病 1125-1462.5克/公顷 喷雾
PD20094703 甲基硫菌灵/70%/可湿性粉剂/甲基硫菌灵 70%/2009.04.10 至 2014.04.10/低毒
番茄 叶霉病 420-630克/公顷 喷雾
LS20052326 高氯·辛硫磷/22%/乳油/高效氯氰菊酯 2%、辛硫磷 20%/2008.06.26 至 2009.06.26/中等毒
棉花 棉铃虫 132-165克/公顷 喷雾

山西省芮城县生物农药厂 (山西省芮城县县城西郊 044600 0359-3072070)

PD86109-7 苏云金杆菌/8000IU/毫克/可湿性粉剂/苏云金杆菌 8000IU/毫克/2006.10.11 至 2011.10.11/低毒
白菜、萝卜、青菜 菜青虫、小菜蛾 1500-4500克制剂/公顷 喷雾
茶树 茶毛虫 1500-7500克制剂/公顷 喷雾
大豆、甘薯 天蛾 1500-2250克制剂/公顷 喷雾
柑橘树 柑橘凤蝶 2250-3750克制剂/公顷 喷雾
高粱、玉米 玉米螟 3750-4500克制剂/公顷 喷雾、毒土
梨树 天幕毛虫 1500-3750克制剂/公顷 喷雾
林木 尺蠖、柳毒蛾、松毛虫 2250-7500克制剂/公顷 喷雾
棉花 棉铃虫、造桥虫 1500-7500克制剂/公顷 喷雾
苹果树 巢蛾 2250-3750克制剂/公顷 喷雾
水稻 稻苞虫、稻纵卷叶螟 1500-6000克制剂/公顷 喷雾
烟草 烟青虫 3750-7500克制剂/公顷 喷雾
枣树 尺蠖 3750-4500克制剂/公顷 喷雾
PD90106-31 苏云金杆菌/2000IU/微升/悬浮剂/苏云金杆菌 2000IU/微升/2005.07.14 至 2010.07.14/低毒
白菜、萝卜、青菜 菜青虫、小菜蛾 1500-2250克制剂/公顷 喷雾
茶树 茶毛虫 3000克制剂/公顷 喷雾
高粱、玉米 玉米螟 2250-3000克制剂/公顷 加细沙灌心叶
梨树、苹果树、桃树、枣树 尺蠖、食心虫 200倍液 喷雾
林木 尺蠖、柳毒蛾、松毛虫 150-200倍液 喷雾
棉花 棉铃虫、造桥虫 3750-6000克制剂/公顷 喷雾
水稻 稻苞虫 3000-6000克制剂/公顷 喷雾
烟草 烟青虫 3000克制剂/公顷 喷雾
PD20092430 苏云金杆菌/4000IU/微升/悬浮剂/苏云金杆菌 4000IU/微升/2009.02.25 至 2014.02.25/低毒
棉花 棉铃虫 3750-6000克制剂/公顷 喷雾
十字花科蔬菜 小菜蛾 1500-2250克制剂/公顷 喷雾

山西向阳生物科技有限公司 (山西省吕梁市交城县安定工业区 030507 0358-3906197)

PD20090465 敌敌畏/28%/缓释剂/敌敌畏 28%/2009.01.12 至 2014.01.12/中等毒
玉米 玉米象 2.8-4.2克/立方米 熏蒸
WP20080289 杀蝇饵剂/1%/毒饵/高效氯氰菊酯 1%/2008.12.03 至 2013.12.03/低毒
卫生 蝇 / 投放
WP20080296 蚊香/0.2%/蚊香/富右旋反式烯丙菊酯 0.2%/2008.12.03 至 2013.12.03/低毒
卫生 蚊 / 点燃

山西永合化工有限公司 (山西省临猗县临晋镇 044102 0359-4321844)

PD20082209 异菌·福美双/50%/可湿性粉剂/福美双 40%、异菌脲 10%/2008.11.26 至 2013.11.26/低毒
番茄 灰霉病 705-937.5克/公顷 喷雾
PD20082578 代森锰锌/80%/可湿性粉剂/代森锰锌 80%/2008.12.04 至 2013.12.04/低毒
番茄 早疫病 1845-2370克/公顷 喷雾
苹果树 轮纹病 640-800倍液 喷雾
PD20084151 氯氰·辛硫磷/20%/乳油/氯氰菊酯 1.5%、辛硫磷 18.5%/2008.12.16 至 2013.12.16/中等毒
棉花 棉铃虫、蚜虫 225-300克/公顷 喷雾
PD20092173 毒死蜱/480克/升/乳油/毒死蜱 480克/升/2009.02.23 至 2014.02.23/中等毒
水稻 二化螟 360-576克/公顷 喷雾
PD20092719 丁硫克百威/200克/升/乳油/丁硫克百威 200克/升/2009.03.04 至 2014.03.04/中等毒

	棉花	蚜虫	90-180克/公顷	喷雾
PD20093197	萘乙酸/0.03%/水剂/萘乙酸 0.03%/2009.03.11 至 2014.03.11/低毒			
	棉花	调节生长	300-500倍液	喷雾
PD20094484	萘乙酸/1%/水剂/萘乙酸 1%/2009.04.09 至 2014.04.09/低毒			
	小麦	调节生长、增产	3000-5000倍液	喷雾
PD20094533	甲基硫菌灵/50%/可湿性粉剂/甲基硫菌灵 50%/2009.04.09 至 2014.04.09/低毒			
	苹果树	轮纹病	625-833毫克/千克	喷雾
	水稻	稻瘟病	938-1250克/公顷	喷雾
PD20094806	联苯菊酯/25克/升/乳油/联苯菊酯 25克/升/2009.04.13 至 2014.04.13/低毒			
	茶树	茶小绿叶蝉	30-37.5克/公顷	喷雾
PD20094893	萘乙酸/0.6%/水剂/萘乙酸 0.6%/2009.04.13 至 2014.04.13/低毒			
	棉花	调节生长、增产	2000-3000倍液	喷雾
PD20095085	速灭威/25%/可湿性粉剂/速灭威 25%/2009.04.22 至 2014.04.22/低毒			
	水稻	稻飞虱	562.5-750克/公顷	喷雾
PD20095156	萘乙酸/0.1%/水剂/萘乙酸 0.1%/2009.04.24 至 2014.04.24/低毒			
	棉花	调节生长	750-1000倍液	喷雾
PD20096118	代森锌/80%/可湿性粉剂/代森锌 80%/2009.06.18 至 2014.06.18/低毒			
	花生	叶斑病	1000-1200克/公顷	喷雾
PD20097386	吗胍·乙酸铜/20%/可溶粉剂/盐酸吗啉胍 18%、乙酸铜 2%/2009.10.28 至 2014.10.28/低毒			
	番茄	病毒病	499.5-750克/公顷	喷雾
PD20097595	百草枯/200克/升/水剂/百草枯 200克/升/2009.11.03 至 2014.11.03/中等毒			
	非耕地	一年生和多年生杂草	600-780克/公顷	茎叶喷雾
LS20061654	高效氯氰菊酯/4.5%/乳油/高效氯氰菊酯 4.5%/2008.08.28 至 2009.08.28/低毒			
	苹果树	桃小食心虫	22-30毫克/千克	喷雾
山西运城绿康实业有限公司 (山西省运城市禹都开发区工业区 044004 0359-2581328)				
PD86109-17	苏云金杆菌/8000IU/毫克/可湿性粉剂/苏云金杆菌 8000IU/毫克/2006.11.26 至 2011.11.26/低毒			
	白菜、萝卜、青菜	菜青虫、小菜蛾	1500-4500克制剂/公顷	喷雾
	茶树	茶毛虫	1500-7500克制剂/公顷	喷雾
	大豆、甘薯	天蛾	1500-2250克制剂/公顷	喷雾
	柑橘树	柑橘凤蝶	2250-3750克制剂/公顷	喷雾
	高粱、玉米	玉米螟	3750-4500克制剂/公顷	喷雾、毒土
	梨树	天幕毛虫	1500-3750克制剂/公顷	喷雾
	林木	尺蠖、柳毒蛾、松毛虫	2250-7500克制剂/公顷	喷雾
	棉花	棉铃虫、造桥虫	1500-7500克制剂/公顷	喷雾
	苹果树	巢蛾	2250-3750克制剂/公顷	喷雾
	水稻	稻苞虫、稻纵卷叶螟	1500-6000克制剂/公顷	喷雾
	烟草	烟青虫	3750-7500克制剂/公顷	喷雾
	枣树	尺蠖	3750-4500克制剂/公顷	喷雾
PD20040490	吡虫啉/2.5%/乳油/吡虫啉 2.5%/2004.12.19 至 2009.12.18/低毒			
	小麦	蚜虫	11.25-18.75克/公顷	喷雾
PD20040572	吡虫·三唑酮/15%/可湿性粉剂/吡虫啉 2.5%、三唑酮 12.5%/2009.12.19 至 2014.12.19/低毒			
	小麦	白粉病、蚜虫	135-180克/公顷	喷雾
PD20083493	多菌灵/25%/可湿性粉剂/多菌灵 25%/2008.12.12 至 2013.12.12/低毒			
	油菜	菌核病	1125-1500克/公顷	喷雾
PD20083884	异丙威/10%/烟剂/异丙威 10%/2008.12.15 至 2013.12.15/低毒			
	黄瓜(保护地)	蚜虫	525-750克/公顷	点燃放烟
PD20085290	三唑锡/20%/可湿性粉剂/三唑锡 20%/2008.12.23 至 2013.12.23/低毒			
	柑橘树	红蜘蛛	125-167毫克/千克	喷雾
PD20085699	霜脲·锰锌/36%/悬浮剂/代森锰锌 32%、霜脲氰 4%/2008.12.26 至 2013.12.26/低毒			
	黄瓜	霜霉病	1440-1800克/公顷	喷雾
PD20085807	四螨嗪/500克/升/悬浮剂/四螨嗪 500克/升/2008.12.29 至 2013.12.29/低毒			
	苹果树	红蜘蛛	83-100毫克/千克	喷雾
PD20090895	苯丁锡/50%/可湿性粉剂/苯丁锡 50%/2009.01.19 至 2014.01.19/低毒			
	柑橘树	红蜘蛛	200-250毫克/千克	喷雾
PD20090975	高氯·马/20%/乳油/高效氯氰菊酯 2%、马拉硫磷 18%/2009.01.20 至 2014.01.20/低毒			
	十字花科蔬菜	菜青虫	120-180克/公顷	喷雾
PD20091196	多·锰锌/50%/可湿性粉剂/多菌灵 8%、代森锰锌 42%/2009.02.01 至 2014.02.01/低毒			
	苹果	斑点落叶病	1000-1250毫克/千克	喷雾
PD20091949	异稻·三环唑 /30%/悬浮剂/三环唑 10%、异稻瘟净 20%/2009.02.12 至 2014.02.12/低毒			
	水稻	稻瘟病	315-450克/公顷	喷雾
PD20091977	代森锰锌/30%/悬浮剂/代森锰锌 30%/2009.02.12 至 2014.02.12/低毒			
	番茄	早疫病	1080-1440克/公顷	喷雾
PD20092087	硫磺·三唑酮/20%/可湿性粉剂/硫磺 10%、三唑酮 10%/2009.02.16 至 2014.02.16/低毒			

小麦 白粉病 180-300克/公顷 喷雾

PD20092335 噻嗪·异丙威/25%/可湿性粉剂/噻嗪酮 5%、异丙威 20%/2009.02.24 至 2014.02.24/低毒

水稻 稻飞虱 450-562.5克/公顷 喷雾

PD20092462 丙环唑/250克/升/乳油/丙环唑 250克/升/2009.02.25 至 2014.02.25/低毒

香蕉 叶斑病 250-500毫克/千克 喷雾

PD20092654 腐霉利/15%/烟剂/腐霉利 15%/2009.03.03 至 2014.03.03/低毒

韭菜 灰霉病 450-750克/公顷 点燃放烟

PD20092681 井冈·三环唑/20%/可湿性粉剂/井冈霉素A 5%、三环唑 15%/2009.03.03 至 2014.03.03/低毒

水稻 稻曲病、稻瘟病、纹枯病 300-450克/公顷 喷雾

PD20093106 三唑锡/20%/悬浮剂/三唑锡 20%/2009.03.09 至 2014.03.09/低毒

柑橘树 红蜘蛛 100-200毫克/千克 喷雾

PD20093233 甲基硫菌灵/500克/升/悬浮剂/甲基硫菌灵 500克/升/2009.03.11 至 2014.03.11/低毒

水稻 纹枯病 1125-1500克/公顷 喷雾

PD20093425 联苯菊酯/100克/升/乳油/联苯菊酯 100克/升/2009.03.23 至 2014.03.23/中等毒

茶树 茶小绿叶蝉 30-37.5克/公顷 喷雾

PD20094429 复硝酚钾/2%/水剂/2,4-二硝基苯酚钾 0.1%、对硝基苯酚钾 1%、邻硝基苯酚钾 0.9%/2009.04.01 至 2014.04.01/低毒

十字花科蔬菜 调节生长 2000-3000倍液 喷雾

PD20094714 百菌清/45%/烟剂/百菌清 45%/2009.04.10 至 2014.04.10/低毒

黄瓜(保护地) 霜霉病 1200-1485克/公顷 点燃放烟

PD20095646 锰锌·腈菌唑/60%/可湿性粉剂/腈菌唑 2%、代森锰锌 58%/2009.05.12 至 2014.05.12/低毒

梨树 黑星病 1000-1500倍液 喷雾

PD20097257 盐酸吗啉胍/5%/可溶粉剂/盐酸吗啉胍 5%/2009.10.19 至 2014.10.19/低毒

番茄 病毒病 140.6-281.2克/公顷 喷雾

PD20097454 吡虫·杀虫单/35%/可湿性粉剂/吡虫啉 1%、杀虫单 34%/2009.10.28 至 2014.10.28/低毒

水稻 稻飞虱、稻纵卷叶螟、二化螟、三化螟 450-750克/公顷 喷雾

PD20098081 哒螨灵/15%/乳油/哒螨灵 15%/2009.12.08 至 2014.12.08/中等毒

苹果树 红蜘蛛 47.5-63.3毫克/千克 喷雾

LS20011877 菌毒·吗啉胍/7.5%/水剂/菌毒清 2.5%、盐酸吗啉胍 5%/2009.02.10 至 2009.12.31/低毒

番茄 病毒病 121-141克/公顷 喷雾

LS20050539 甲霜·噁霉灵/3%/水剂/噁霉灵 2.5%、甲霜灵 0.5%/2008.02.26 至 2009.02.25/低毒

水稻育秧田 立枯病 0.36-0.54克/平方米 喷雾

LS20051095 多·福/60%/可湿性粉剂/多菌灵 30%、福美双 30%/2008.04.11 至 2009.04.11/低毒

葡萄 霜霉病 1000-1250毫克/千克 喷雾

LS20052600 井冈霉素A/5%/可溶粉剂/井冈霉素A 5%/2008.08.14 至 2009.08.14/低毒

水稻 纹枯病 150-187.5克/公顷 喷雾

LS20053434 阿维·毒死蜱/15%/乳油/阿维菌素 0.1%、毒死蜱 14.9%/2008.11.03 至 2009.11.03/中等毒(原药高毒)

十字花科蔬菜 小菜蛾 151.9-253.1克/公顷 喷雾

LS20053531 啶虫脒/3%/可湿性粉剂/啶虫脒 3%/2008.11.14 至 2009.11.14/低毒

柑橘树 蚜虫 8.6-12毫克/千克 喷雾

LS20060510 阿维·吡虫啉/1.8%/可湿性粉剂/阿维菌素 0.1%、吡虫啉 1.7%/2009.03.15 至 2010.03.15/低毒(原药高毒)

十字花科蔬菜 蚜虫 6.75-10.8克/公顷 喷雾

LS20080415 腈菌唑/40%/可湿性粉剂/腈菌唑 40%/2009.02.19 至 2010.02.20/低毒

梨树 黑星病 40-66.7毫克/千克 喷雾

LS20080905 烯酰吗啉/80%/水分散粒剂/烯酰吗啉 80%/2009.03.04 至 2010.03.04/低毒

黄瓜 霜霉病 216-384克/公顷 喷雾

LS20080927 苯醚甲环唑/37%/水分散粒剂/苯醚甲环唑 37%/2009.03.04 至 2010.03.04/低毒

香蕉 叶斑病 74-92.5毫克/千克 喷雾

LS20081158 噻螨酮/5%/可湿性粉剂/噻螨酮 5%/2009.03.10 至 2010.03.10/低毒

柑橘树 红蜘蛛 25-50毫克/千克 喷雾

LS20082141 甲氰·噻螨酮/7.5%/乳油/甲氰菊酯 5%、噻螨酮 2.5%/2009.04.18 至 2010.04.18/低毒

苹果树 红蜘蛛 75-100毫克/千克 喷雾

LS20091044 己唑醇/30%/悬浮剂/己唑醇 30%/2009.04.15 至 2010.04.15/低毒

苹果树 斑点落叶病 42.9-60毫克/千克 喷雾

山西泓洋化工有限公司 (山西省临猗县临晋镇农贸街西 044102 0359-4321695)

PD20085135 阿维·高氯/1.8%/乳油/阿维菌素 0.3%、高效氯氰菊酯 1.5%/2008.12.23 至 2013.12.23/低毒(原药高毒)

梨树 梨木虱 6-12毫克/千克 喷雾

十字花科蔬菜 菜青虫、小菜蛾 7.5-15克/公顷 喷雾

PD20086216 百菌清/45%/烟剂/百菌清 45%/2008.12.31 至 2013.12.31/低毒

黄瓜(保护地) 霜霉病 750—1200克/公顷 点燃放烟

PD20094721 联苯菊酯/25克/升/乳油/联苯菊酯 25克/升/2009.04.10 至 2014.04.10/低毒

苹果树 桃小食心虫 25-31.25毫克/千克 喷雾

PD20096777 百草枯/200克/升/水剂/百草枯 200克/升/2009.09.15 至 2014.09.15/中等毒

非耕地 杂草 600-780克/公顷 茎叶喷雾

LS20060876 甲硫·福美双/70%/可湿性粉剂/福美双 40%、甲基硫菌灵 30%/2009.04.17 至 2010.04.17/低毒
苹果树 轮纹病 1000-1400毫克/千克 喷雾
LS20070728 唑磷·敌百虫/20%/乳油/敌百虫 10%、三唑磷 10%/2009.04.08 至 2010.04.09/中等毒
水稻 稻纵卷叶螟 360-450克/公顷 喷雾

太原市华罡化工科技有限公司 （山西省太原市尖草坪区阳曲镇皇后园 030008 0351-3946499）

PD85151-2 2,4-滴丁酯/72%/乳油/2,4-滴丁酯 72%/2005.08.15 至 2010.08.15/低毒
谷子、小麦 双子叶杂草 525克/公顷 喷雾
水稻 双子叶杂草 300-525克/公顷 喷雾
玉米 双子叶杂草 1)1050克/公顷 1)苗前土壤处理
2)450-525克/公顷 2)喷雾

运城绿齐农药有限公司 （山西省临猗县东环路188号 044000 0359-2025999）

PD20091484 联苯菊酯/100克/升/乳油/联苯菊酯 100克/升/2009.02.02 至 2014.02.02/中等毒
柑橘树 红蜘蛛 20-40毫克/千克 喷雾
PD20092158 霜霉威盐酸盐/722克/升/水剂/霜霉威盐酸盐 722克/升/2009.02.23 至 2014.02.23/低毒
黄瓜 霜霉病 650-1083克/公顷 喷雾
PD20093747 吡虫·辛硫磷/25%/乳油/吡虫啉 1.5%、辛硫磷 23.5%/2009.03.25 至 2014.03.25/低毒
萝卜 蚜虫 150-225克/公顷 喷雾
PD20098401 双甲脒/200克/升/乳油/双甲脒 200克/升/2009.12.18 至 2014.12.18/低毒
柑橘树 介壳虫 200-250毫克/千克 喷雾
LS20090873 苦参碱/0.3%/水剂/苦参碱 0.3%/2009.04.09 至 2010.04.09/低毒
甘蓝 菜青虫 4.05—5.13克/公顷 喷雾
梨树 黑星病 6—7.2毫克/千克 喷雾

运城市星海化工有限公司 （山西省运城市盐湖区大渠乡羊驮寺村(运临老路) 044000 0359-8687900）

PD20093886 联苯菊酯/100克/升/乳油/联苯菊酯 100克/升/2009.03.25 至 2014.03.25/中等毒
茶树 茶小绿叶蝉 30-45克/公顷 喷雾
PD20094199 甲基硫菌灵/70%/可湿性粉剂/甲基硫菌灵 70%/2009.03.30 至 2014.03.30/低毒
水稻 纹枯病 1050-1500克/公顷 喷雾
PD20094367 噻嗪酮/25%/可湿性粉剂/噻嗪酮 25%/2009.04.01 至 2014.04.01/低毒
水稻 稻飞虱 93.75-112.5克/公顷 喷雾
PD20094712 代森锰锌/80%/可湿性粉剂/代森锰锌 80%/2009.04.10 至 2014.04.10/低毒
苹果树 斑点落叶病 1000-1333.3毫克/千克 喷雾
PD20094713 丙环唑/250克/升/乳油/丙环唑 250克/升/2009.04.10 至 2014.04.10/中等毒
香蕉 叶斑病 250-500毫克/千克 喷雾
PD20094783 三唑酮/25%/可湿性粉剂/三唑酮 25%/2009.04.13 至 2014.04.13/低毒
小麦 白粉病、锈病 105-142.5克/公顷 喷雾
PD20096001 氰戊菊酯/20%/乳油/氰戊菊酯 20%/2009.06.11 至 2014.06.11/低毒
苹果树 桃小食心虫 80-100毫克/千克 喷雾
PD20098446 溴氰菊酯/25克/升/乳油/溴氰菊酯 25克/升/2009.12.24 至 2014.12.24/低毒
苹果树 蚜虫 8.3-12.5毫克/千克 喷雾
LS20090356 盐酸吗啉胍/20%/可溶粉剂/盐酸吗啉胍 20%/2009.03.13 至 2010.03.13/低毒
番茄 病毒病 345-690克/公顷 喷雾

陕西省

陕西安德瑞普生物化学有限公司 （陕西省大荔火车站 714000 0913-2020187）

PD20082737 多·福/60%/可湿性粉剂/多菌灵 30%、福美双 30%/2008.12.08 至 2013.12.08/低毒
梨树 黑星病 400-600倍液 喷雾
PD20083894 氯氰·马拉松/36%/乳油/氯氰菊酯 0.8%、马拉硫磷 35.2%/2008.12.15 至 2013.12.15/中等毒
棉花 棉铃虫 264.6-353.7克/公顷 喷雾
PD20085707 克百·敌百虫/3%/颗粒剂/敌百虫 2%、克百威 1%/2008.12.26 至 2013.12.26/低毒(原药高毒)
棉花 蚜虫 900-1350克/公顷 沟施、穴施
PD20091509 代森锰锌/88%/原药/代森锰锌 88%/2009.02.02 至 2014.02.02/低毒
PD20091564 甲基硫菌灵/70%/可湿性粉剂/甲基硫菌灵 70%/2009.02.03 至 2014.02.03/低毒
苹果树 轮纹病 875-1167毫克/千克 喷雾
PD20092493 代森锰锌/80%/可湿性粉剂/代森锰锌 80%/2009.02.26 至 2014.02.26/低毒
番茄 早疫病 1560-2520克/公顷 喷雾
苹果树 炭疽病 1000-1333.3毫克/千克 喷雾
PD20097645 毒死蜱/480克/升/乳油/毒死蜱 480克/升/2009.11.04 至 2014.11.04/中等毒
十字花科蔬菜 菜青虫 432-540克/公顷 喷雾
PD20097940 氯氰·毒死蜱/522.5克/升/乳油/毒死蜱 475克/升、氯氰菊酯 47.5克/升/2009.11.30 至 2014.11.30/中等毒
菜豆 豆荚螟 431.06-470.25克/公顷 喷雾
PD20098037 代森锌/80%/可湿性粉剂/代森锌 80%/2009.12.07 至 2014.12.07/低毒
番茄 早疫病 2550—3600克/公顷 喷雾

陕西白鹿农化有限公司 （陕西省咸阳市三原县陵前镇 713806 029-32334246）

PD85105-16 敌敌畏/80%/乳油/敌敌畏 77.5%/2005.01.30 至 2010.01.30/中等毒

	茶树	食叶害虫	600克/公顷	喷雾
	粮仓	多种储藏害虫	1)400-500倍液 2)0.4-0.5克/立方米	1)喷雾 2)挂条熏蒸
	棉花	蚜虫、造桥虫	600-1200克/公顷	喷雾
	苹果树	小卷叶蛾、蚜虫	400-500毫克/千克	喷雾
	青菜	菜青虫	600克/公顷	喷雾
	桑树	尺蠖	600克/公顷	喷雾
	卫生	多种卫生害虫	1)300-400倍液 2)0.08克/立方米	1)泼洒 2)挂条熏蒸
	小麦	黏虫、蚜虫	600克/公顷	喷雾
PD85122-17	福美双/50%/可湿性粉剂/福美双 50%/2005.07.16 至 2010.07.16/中等毒			
	黄瓜	白粉病、霜霉病	500-1000倍液	喷雾
	葡萄	白腐病	500-1000倍液	喷雾
	水稻	稻瘟病、胡麻叶斑病	250克/100千克种子	拌种
	甜菜、烟草	根腐病	500克/500千克温床土	土壤处理
	小麦	白粉病、赤霉病	500倍液	喷雾
PD92101-8	多菌灵/40%/可湿性粉剂/多菌灵 40%/2007.04.25 至 2012.04.25/低毒			
	果树	病害	0.05-0.1%药液	喷雾
	花生	倒秧病	70克/公顷	喷雾
	麦类	赤霉病	750克/公顷	喷雾,泼浇
	棉花	苗期病害	500克/100千克种子	拌种
	水稻	稻瘟病、纹枯病	750克/公顷	喷雾,泼浇
	油菜	菌核病	1025-1500克/公顷	喷雾
PD20070052	丙环唑/95%/原药/丙环唑 95%/2007.03.12 至 2012.03.12/低毒			
PD20081004	丙环唑/250克/升/乳油/丙环唑 250克/升/2008.08.06 至 2013.08.06/低毒			
	香蕉	叶斑病	250-500毫克/千克	喷雾
PD20083870	高氯·马/20%/乳油/高效氯氰菊酯 2%、马拉硫磷 18%/2008.12.15 至 2013.12.15/中等毒			
	甘蓝	菜青虫	45-120克/公顷	喷雾
	苹果树	蚜虫	50-200毫克/千克	喷雾
PD20084663	甲氰·辛硫磷/25%/乳油/甲氰菊酯 5%、辛硫磷 20%/2008.12.22 至 2013.12.22/中等毒			
	棉花	棉铃虫	225-345克/公顷	喷雾
PD20085461	氰戊·氧乐果/20%/乳油/氰戊菊酯 2.5%、氧乐果 17.5%/2008.12.24 至 2013.12.24/高毒			
	柑橘树	介壳虫、潜叶蛾	66.6-133.3毫克/千克	喷雾
PD20086287	氰戊·马拉松/20%/乳油/马拉硫磷 15%、氰戊菊酯 5%/2008.12.31 至 2013.12.31/中等毒			
	苹果树	桃小食心虫	100-333毫克/千克	喷雾
	十字花科蔬菜	菜青虫	90-150克/公顷	喷雾
PD20092612	甲硫·福美双/70%/可湿性粉剂/福美双 40%、甲基硫菌灵 30%/2009.03.02 至 2014.03.02/中等毒			
	苹果树	轮纹病	800-1000倍液	喷雾

陕西标正作物科学有限公司（陕西省渭南市临渭区高新技术产业开发试验区朝阳路西段　710068　029-62968288）

PD86157-14	硫磺/50%/悬浮剂/硫磺 50%/2009.01.16 至 2014.01.16/低毒			
	果树	白粉病	200-400倍液	喷雾
	花卉	白粉病	750-1500克/公顷	喷雾
	黄瓜	白粉病	1125-1500克/公顷	喷雾
	橡胶树	白粉病	1875-3000克/公顷	喷雾
	小麦	白粉病、螨	3000克/公顷	喷雾
PD20083011	马拉·辛硫磷/20%/乳油/马拉硫磷 10%、辛硫磷 10%/2008.12.10 至 2013.12.10/低毒			
	棉花	棉铃虫	240-300克/公顷	喷雾
PD20083353	百菌清/40%/悬浮剂/百菌清 40%/2008.12.11 至 2013.12.11/低毒			
	黄瓜	霜霉病	900-1200克/公顷	喷雾
PD20083400	多·福/50%/可湿性粉剂/多菌灵 20%、福美双 30%/2008.12.11 至 2013.12.11/低毒			
	葡萄	霜霉病	1000-1250毫克/千克	喷雾
PD20083415	杀螟丹/98%/可溶粉剂/杀螟丹 98%/2008.12.11 至 2013.12.11/中等毒			
	水稻	二化螟	735-882克/公顷	喷雾
PD20083431	毒死蜱/480克/升/乳油/毒死蜱 480克/升/2008.12.11 至 2013.12.11/中等毒			
	棉花	棉铃虫	576-864克/公顷	喷雾
PD20083432	丙环唑/250克/升/乳油/丙环唑 250克/升/2008.12.11 至 2013.12.11/低毒			
	香蕉	叶斑病	250-500毫克/千克	喷雾
PD20083471	代森锌/80%/可湿性粉剂/代森锌 80%/2008.12.12 至 2013.12.12/低毒			
	番茄	早疫病	2400-3600克/公顷	喷雾
PD20083477	甲基硫菌灵/500克/升/悬浮剂/甲基硫菌灵 500克/升/2008.12.12 至 2013.12.12/低毒			
	水稻	稻瘟病	750-1125克/公顷	喷雾
PD20083697	甲基硫菌灵/70%/可湿性粉剂/甲基硫菌灵 70%/2008.12.15 至 2013.12.15/低毒			
	番茄	叶霉病	420-630克/公顷	喷雾

PD20083776　三唑锡/20%/悬浮剂/三唑锡 20%/2008.12.15 至 2013.12.15/低毒
柑橘树　红蜘蛛　100-133毫克/千克　喷雾
PD20083923　异菌脲/255克/升/悬浮剂/异菌脲 255克/升/2008.12.15 至 2013.12.15/低毒
香蕉　冠腐病　1500-2250毫克/千克　浸果
PD20083937　联苯菊酯/25克/升/乳油/联苯菊酯 25克/升/2008.12.15 至 2013.12.15/低毒
茶树　小绿叶蝉　30-37.5克/公顷　喷雾
PD20084155　丙溴磷/500克/升/乳油/丙溴磷 500克/升/2008.12.16 至 2013.12.16/中等毒
棉花　棉铃虫　600-750克/公顷　喷雾
PD20084269　噻嗪·异丙威/25%/可湿性粉剂/噻嗪酮 5%、异丙威 20%/2008.12.17 至 2013.12.17/低毒
水稻　飞虱　375～562.5克/公顷　喷雾
PD20084305　多菌灵/80%/可湿性粉剂/多菌灵 80%/2008.12.17 至 2013.12.17/低毒
苹果　褐斑病　666.7-800毫克/千克　喷雾
PD20084313　杀螟丹/50%/可溶性粉剂/杀螟丹 50%/2008.12.17 至 2013.12.17/低毒
水稻　二化螟　750-900克/公顷　喷雾
PD20084339　噻嗪酮/25%/可湿性粉剂/噻嗪酮 25%/2008.12.17 至 2013.12.17/低毒
水稻　稻飞虱　112.5-150克/公顷　喷雾
PD20084608　氟啶脲/50克/升/乳油/氟啶脲 50克/升/2008.12.18 至 2013.12.18/低毒
十字花科蔬菜　甜菜夜蛾　45-60克/公顷　喷雾
PD20084615　氯氰·丙溴磷/440克/升/乳油/丙溴磷 400克/升、氯氰菊酯 40克/升/2008.12.18 至 2013.12.18/低毒
棉花　棉铃虫　528-660克/公顷　喷雾
PD20084719　联苯菊酯/100克/升/乳油/联苯菊酯 100克/升/2008.12.22 至 2013.12.22/中等毒
茶树　茶小绿叶蝉　37.5-45克/公顷　喷雾
PD20084744　氯氰·毒死蜱/522.5克/升/乳油/毒死蜱 475克/升、氯氰菊酯 47.5克/升/2008.12.22 至 2013.12.22/中等毒
棉花　棉铃虫　548.6～783.75克/公顷　喷雾
PD20084824　高效氯氟氰菊酯/25克/升/乳油/高效氯氟氰菊酯 25克/升/2008.12.22 至 2013.12.22/中等毒
十字花科蔬菜　菜青虫　11.25-15克/公顷　喷雾
PD20084844　四螨嗪/500克/升/悬浮剂/四螨嗪 500克/升/2008.12.22 至 2013.12.22/低毒
苹果树　红蜘蛛　83-100毫克/千克　喷雾
PD20084862　多·锰锌/40%/可湿性粉剂/多菌灵 20%、代森锰锌 20%/2008.12.22 至 2013.12.22/低毒
苹果树　斑点落叶病　1000-1250毫克/千克　喷雾
PD20085039　三环唑/75%/可湿性粉剂/三环唑 75%/2008.12.23 至 2013.12.23/低毒
水稻　稻瘟病　225-337.5克/公顷　喷雾
PD20085059　多菌灵/40%/悬浮剂/多菌灵 40%/2008.12.23 至 2013.12.23/低毒
苹果树　轮纹病　667-1000毫克/千克　喷雾
PD20085060　噁霉灵/15%/水剂/噁霉灵 15%/2008.12.23 至 2013.12.23/低毒
水稻　立枯病　13500-18000克/公顷　苗床、育秧箱土壤处理
PD20085334　霜霉威盐酸盐/35%/水剂/霜霉威盐酸盐 35%/2008.12.24 至 2013.12.24/低毒
黄瓜　霜霉病　866.25-1081.5克/公顷　喷雾
PD20085554　代森锰锌/80%/可湿性粉剂/代森锰锌 80%/2008.12.25 至 2013.12.25/低毒
苹果树　斑点落叶病　1000-1333.3毫克/千克　喷雾
PD20085814　氟氯氰菊酯/50克/升/乳油/氟氯氰菊酯 50克/升/2008.12.29 至 2013.12.29/低毒
十字花科蔬菜　菜青虫　18.75-26.25克/公顷　喷雾
PD20090053　甲基硫菌灵/36%/悬浮剂/甲基硫菌灵 36%/2009.01.08 至 2014.01.08/低毒
苹果树　白粉病　300-450毫克/千克　喷雾
PD20090632　井冈霉素/5%/水剂/井冈霉素 5%/2009.01.14 至 2014.01.14/低毒
水稻　纹枯病　150-187.5克/公顷　喷雾
PD20090726　甲硫·福美双/50%/可湿性粉剂/福美双 20%、甲基硫菌灵 30%/2009.01.19 至 2014.01.19/中等毒
小麦　赤霉病　900-1200克/公顷　喷雾
PD20091029　四螨嗪/20%/悬浮剂/四螨嗪 20%/2009.01.21 至 2014.01.21/低毒
柑橘树　红蜘蛛　100-200毫克/千克　喷雾
PD20091516　百草枯/200克/升/水剂/百草枯 200克/升/2009.02.02 至 2014.02.02/中等毒
柑橘园　杂草　600-900克/公顷　定向茎叶喷雾
PD20092393　氟硅唑/400克/升/乳油/氟硅唑 400克/升/2009.02.25 至 2014.02.25/低毒
梨树　黑星病　40-50毫克/千克　喷雾
PD20093033　百草枯/250克/升/水剂/百草枯 250克/升/2009.03.09 至 2014.03.09/中等毒
柑橘园　杂草　750-900克/公顷　定向茎叶喷雾
PD20093117　多抗霉素/0.3%/水剂/多抗霉素 0.3%/2009.03.10 至 2014.03.10/低毒
苹果树　斑点落叶病　15-30毫克/千克　喷雾
PD20093143　噻螨酮/5%/乳油/噻螨酮 5%/2009.03.11 至 2014.03.11/低毒
柑橘树　红蜘蛛　25-33.3毫克/千克　喷雾
PD20094744　草甘膦异丙胺盐(41%)///水剂/草甘膦 30%/2009.04.10 至 2014.04.10/中等毒
柑橘园　杂草　1230-2460克/公顷　定向茎叶喷雾

PD20094831 烯酰吗啉/50%/可湿性粉剂/烯酰吗啉 50%/2009.04.13 至 2014.04.13/低毒
葡萄 霜霉病 247.5-547.5克/公顷 喷雾
PD20094886 啶虫脒/40%/可溶粉剂/啶虫脒 40%/2009.04.13 至 2014.04.13/低毒
黄瓜 蚜虫 24-48克/公顷 喷雾
PD20096443 福·福锌/80%/可湿性粉剂/福美双 30%、福美锌 50%/2009.08.05 至 2014.08.05/低毒
黄瓜 炭疽病 1656-1800克/公顷 喷雾
PD20096556 速灭威/25%/可湿性粉剂/速灭威 25%/2009.08.24 至 2014.08.24/中等毒
水稻 稻飞虱 2250-3000克制剂/公顷 喷雾
PD20096771 甲霜·锰锌/58%/可湿性粉剂/甲霜灵 10%、代森锰锌 48%/2009.09.15 至 2014.09.15/低毒
黄瓜 霜霉病 1305－1653克/公顷 喷雾
PD20096778 丙环唑/50%/乳油/丙环唑 50%/2009.09.15 至 2014.09.15/低毒
香蕉 叶斑病 250－500毫克/千克 喷雾
PD20096782 霜霉威盐酸盐/66.5%/水剂/霜霉威盐酸盐 66.5%/2009.09.15 至 2014.09.15/低毒
黄瓜 霜霉病 866.4-1083克/公顷 喷雾
PD20096789 三环唑/20%/可湿性粉剂/三环唑 20%/2009.09.15 至 2014.09.15/低毒
水稻 稻瘟病 225－300克/公顷 喷雾
PD20096801 福·福锌/40%/可湿性粉剂/福美双 15%、福美锌 25%/2009.09.15 至 2014.09.15/低毒
西瓜 炭疽病 1500－1800克/公顷 喷雾
PD20097208 百菌清/75%/可湿性粉剂/百菌清 75%/2009.10.19 至 2014.10.19/低毒
黄瓜 霜霉病 125-150克制剂/亩 喷雾
PD20097210 代森锌/65%/可湿性粉剂/代森锌 65%/2009.10.19 至 2014.10.19/低毒
番茄 早疫病 2925－3412.5克/公顷 喷雾
PD20097268 啶虫脒/3%/微乳剂/啶虫脒 3%/2009.10.26 至 2014.10.26/低毒
苹果树 蚜虫 12-15毫克/千克 喷雾
PD20097384 毒·矿物油/48%/乳油/毒死蜱 16%、矿物油 32%/2009.10.28 至 2014.10.28/中等毒
棉花 棉铃虫 576-720克/公顷 喷雾
PD20097770 炔螨特/57%/乳油/炔螨特 57%/2009.11.12 至 2014.11.12/低毒
柑橘树 红蜘蛛 285-380毫克/千克 喷雾
PD20098093 噁霉灵/70%/可湿性粉剂/噁霉灵 70%/2009.12.08 至 2014.12.08/低毒
甜菜 立枯病 280－490克/100千克种子 拌种
PD20098158 异丙威/20%/乳油/异丙威 20%/2009.12.14 至 2014.12.14/低毒
水稻 稻飞虱 450-600克/公顷 喷雾
LS20050412 阿维·高氯/2.4%/可湿性粉剂/阿维菌素 0.3%、高效氯氰菊酯 2.1%/2008.02.19 至 2009.02.18/低毒(原药高毒)
十字花科蔬菜 菜青虫、小菜蛾 13.5-27克/公顷 喷雾
LS20050428 阿维·甲氰/1.8%/乳油/阿维菌素 0.1%、甲氰菊酯 1.7%/2008.02.19 至 2009.02.18/低毒(原药高毒)
苹果树 红蜘蛛 12-18毫克/千克 喷雾
LS20050431 高效氯氰菊酯/2.5%/乳油/高效氯氰菊酯 2.5%/2008.02.19 至 2009.02.18/低毒
梨树 梨木虱 20.8-31.25毫克/千克 喷雾
LS20051256 阿维·哒螨灵/5%/乳油/阿维菌素 0.2%、哒螨灵 4.8%/2008.04.12 至 2009.04.12/低毒(原药高毒)
苹果树 红蜘蛛 25-33.3毫克/千克 喷雾
LS20051439 霜霉·菌毒清/20%/水剂/菌毒清 5%、霜霉威盐酸盐 15%/2008.04.21 至 2009.04.21/低毒
黄瓜 霜霉病 300-480克/公顷 喷雾
LS20051580 柴油·炔螨特/73%/乳油/柴油 43%、炔螨特 30%/2008.04.28 至 2009.04.28/低毒
柑橘树 红蜘蛛 365-486.7毫克/千克 喷雾
LS20070118 阿维菌素/1.8%/水乳剂/阿维菌素 1.8%/2010.02.01 至 2011.02.01/中等毒(原药高毒)
十字花科蔬菜 小菜蛾 8.1-10.8克/公顷 喷雾
LS20070120 高效氯氟氰菊酯/2.5%/水乳剂/高效氯氟氰菊酯 2.5%/2010.02.01 至 2011.02.01/低毒
十字花科蔬菜 菜青虫 7.5-11.25克/公顷 喷雾
LS20070123 阿维菌素/2%/微乳剂/阿维菌素 2%/2010.02.01 至 2011.02.01/中等毒(原药高毒)
十字花科蔬菜 小菜蛾 7.5-9克/公顷 喷雾
LS20070183 啶虫脒/20%/可溶液剂/啶虫脒 20%/2010.02.07 至 2011.02.07/低毒
黄瓜 蚜虫 18-22.5克/公顷 喷雾
LS20070195 噻嗪酮/25%/悬浮剂/噻嗪酮 25%/2010.02.13 至 2011.02.13/低毒
柑橘树 介壳虫 125-167毫克/千克 喷雾
LS20070199 甲氨基阿维菌素苯甲酸盐/2%/微乳剂/甲氨基阿维菌素苯甲酸盐 2%/2010.02.07 至 2011.02.07/低毒
十字花科蔬菜 甜菜夜蛾 1.5-2.25克/公顷 喷雾
LS20070266 三唑磷/15%/微乳剂/三唑磷 15%/2010.02.25 至 2011.02.25/中等毒
水稻 二化螟 225-281.25克/公顷 喷雾
LS20070564 高效氯氰菊酯/4.5%/水乳剂/高效氯氰菊酯 4.5%/2009.03.20 至 2010.03.21/低毒
十字花科蔬菜 菜青虫 20.25-27克/公顷 喷雾
LS20070624 吡虫啉/30%/微乳剂/吡虫啉 30%/2009.03.29 至 2010.03.30/低毒
水稻 稻飞虱 22.5-30克/公顷 喷雾
LS20070646 吡虫啉/600克/升/悬浮剂/吡虫啉 600克/升/2009.03.29 至 2010.03.30/低毒

十字花科蔬菜　蚜虫　14.4-28.8克/公顷　喷雾
LS20070652　氰戊菊酯/20%/水乳剂/氰戊菊酯 20%/2009.03.29 至 2010.03.30/低毒
十字花科蔬菜　菜青虫　90-120克/公顷　喷雾
LS20070672　丁醚脲/25%/乳油/丁醚脲 25%/2009.03.29 至 2010.03.30/低毒
十字花科蔬菜　小菜蛾　300-450克/公顷　喷雾
LS20070827　叶枯唑/20%/可湿性粉剂/叶枯唑 20%/2009.04.11 至 2010.04.12/低毒
水稻　白叶枯病　300-375克/公顷　喷雾
LS20070874　氯氰菊酯/100克/升/水乳剂/氯氰菊酯 100克/升/2009.04.11 至 2010.04.12/中等毒
十字花科蔬菜　蚜虫　30-45克/公顷　喷雾
LS20070891　溴氰菊酯/2.5%/水乳剂/溴氰菊酯 2.5%/2009.04.11 至 2010.04.12/低毒
十字花科蔬菜　蚜虫　15-18.75克/公顷　喷雾
LS20071001　氟氯氰菊酯/5.7%/水乳剂/氟氯氰菊酯 5.7%/2009.04.19 至 2010.04.20/中等毒
十字花科蔬菜　蚜虫　20.52-25.65克/公顷　喷雾
LS20071131　甲氰菊酯/20%/水乳剂/甲氰菊酯 20%/2009.04.25 至 2010.04.26/低毒
柑橘树　潜叶蛾　66.7-100毫克/千克　喷雾
LS20071350　嘧霉胺/400克/升/悬浮剂/嘧霉胺 400克/升/2009.05.17 至 2010.05.18/低毒
番茄　灰霉病　378-558克/公顷　喷雾
LS20072450　嘧霉胺/20%/悬浮剂/嘧霉胺 20%/2009.11.05 至 2010.11.06/低毒
黄瓜　灰霉病　360-540克/公顷　喷雾
LS20072484　高效氯氟氰菊酯/5%/微乳剂/高效氯氟氰菊酯 5%/2009.11.19 至 2010.11.20/低毒
十字花科蔬菜　菜青虫　13.5-18克/公顷　喷雾
LS20072496　烯酰・福美双/69%/可湿性粉剂/福美双 60%、烯酰吗啉 9%/2009.11.19 至 2010.11.20/低毒
黄瓜　霜霉病　1035-1449克/公顷　喷雾
LS20072630　苯醚甲环唑/250克/升/乳油/苯醚甲环唑 250克/升/2009.12.09 至 2010.12.10/低毒
香蕉　叶斑病　100-125毫克/千克　喷雾
LS20080086　己唑醇/10%/悬浮剂/己唑醇 10%/2011.01.04 至 2012.01.04/低毒
黄瓜　白粉病　22.5-37.5克/公顷　喷雾
LS20080108　三唑磷/40%/乳油/三唑磷 40%/2010.01.04 至 2011.01.04/中等毒
水稻　二化螟　360-420克/公顷　喷雾
LS20080122　咪鲜胺/45%/微乳剂/咪鲜胺 45%/2010.01.05 至 2011.01.05/低毒
芒果　炭疽病　375-562.5毫克/千克　喷雾
LS20080133　灭蝇胺/75%/可溶粉剂/灭蝇胺 75%/2010.01.08 至 2011.01.08/低毒
菜豆　美洲斑潜蝇　168.75-225克/公顷　喷雾
LS20080134　戊唑醇/430克/升/悬浮剂/戊唑醇 430克/升/2009.01.08 至 2010.01.08/低毒
梨树　黑星病　107.5-143.3毫克/千克　喷雾
LS20080159　腈菌唑/40%/可湿性粉剂/腈菌唑 40%/2010.01.07 至 2011.01.07/低毒
黄瓜　白粉病　45-60克/公顷　喷雾
LS20080197　己唑醇/5%/微乳剂/己唑醇 5%/2010.01.07 至 2011.01.07/低毒
葡萄　白粉病　20-30毫克/千克　喷雾
LS20080225　烯酰吗啉/80%/水分散粒剂/烯酰吗啉 80%/2010.01.07 至 2011.01.07/低毒
黄瓜　霜霉病　240-300克/公顷　喷雾
LS20080243　三环唑/20%/可湿性粉剂/三环唑 20%/2010.02.17 至 2011.02.17/低毒
水稻　稻瘟病　225-300克/公顷　喷雾
LS20080283　甲氨基阿维菌素苯甲酸盐/2.5%/微乳剂/甲氨基阿维菌素苯甲酸盐 2.5%/2010.02.17 至 2011.02.17/低毒
十字花科蔬菜　甜菜夜蛾　2.25-4.5克/公顷　喷雾
LS20080319　烯酰吗啉/20%/悬浮剂/烯酰吗啉 20%/2010.02.18 至 2011.02.18/低毒
葡萄　霜霉病　167-250毫克/千克　喷雾
LS20080333　苯醚甲环唑/37%/水分散粒剂/苯醚甲环唑 37%/2010.02.18 至 2011.02.18/低毒
西瓜　炭疽病　77.7-122.1克/公顷　喷雾
LS20080377　高氯・甲维盐/5%/微乳剂/高效氯氰菊酯 4.5%、甲氨基阿维菌素苯甲酸盐 0.5%/2010.02.18 至 2011.02.18/低毒
十字花科蔬菜　甜菜夜蛾　15-18.75克/公顷　喷雾
LS20080460　苯甲・丙环唑/300克/升/乳油/苯醚甲环唑 150克/升、丙环唑 150克/升/2010.02.19 至 2011.02.19/低毒
水稻　纹枯病　67.5-112.5克/公顷　喷雾
LS20080488　杀虫单/50%/可溶粉剂/杀虫单 50%/2010.02.20 至 2011.02.20/中等毒
水稻　二化螟　750-900克/公顷　喷雾
LS20080509　速灭威/25%/可湿性粉剂/速灭威 25%/2010.02.20 至 2011.02.20/中等毒
水稻　稻飞虱　562.5-750克/公顷　喷雾
LS20080534　戊唑醇/25%/水乳剂/戊唑醇 25%/2010.02.20 至 2011.02.20/低毒
葡萄　白腐病　100-125毫克/千克　喷雾
LS20080607　百菌清/75%/可湿性粉剂/百菌清 75%/2010.02.23 至 2011.02.23/低毒
黄瓜　霜霉病　1406.25-1687.5克/公顷　喷雾
LS20080734　甲霜・锰锌/58%/可湿性粉剂/甲霜灵 10%、代森锰锌 48%/2010.02.25 至 2011.02.25/低毒
黄瓜　霜霉病　1305-1653克/公顷　喷雾

LS20080860 丙环唑/50%/乳油/丙环唑 50%/2009.03.04 至 2010.03.04/低毒
香蕉 叶斑病 250-500毫克/千克 喷雾
LS20080873 丁醚脲/50%/悬浮剂/丁醚脲 50%/2009.03.04 至 2010.03.04/低毒
十字花科蔬菜 小菜蛾 375-562.5克/公顷 喷雾
LS20081328 咪鲜胺/25%/水乳剂/咪鲜胺 25%/2009.03.13 至 2010.03.13/低毒
香蕉 炭疽病 500-1000毫克/千克 浸果
LS20081798 霜霉威盐酸盐/722克/升/水剂/霜霉威 722克/升/2009.04.07 至 2010.04.07/低毒
黄瓜 霜霉病 866.4-1083克/公顷 喷雾
LS20082078 代森锌/65%/可湿性粉剂/代森锌 65%/2009.04.15 至 2010.04.15/低毒
番茄 早疫病 2437.5-3412.5克/公顷 喷雾
LS20082865 福·福锌/40%/可湿性粉剂/福美双 15%、福美锌 25%/2009.06.11 至 2010.06.11/低毒
西瓜 炭疽病 1500-1800克/公顷 喷雾
LS20090376 苯醚甲环唑/10%/可湿性粉剂/苯醚甲环唑 10%/2009.03.13 至 2010.03.13/低毒
苹果树 斑点落叶病 40-67毫克/千克 喷雾
LS20090874 戊唑醇/12.5%/水乳剂/戊唑醇 12.5%/2009.04.09 至 2010.04.09/低毒
苹果树 斑点落叶病 83.3-125毫克/千克 喷雾

陕西博宇农化有限公司 (陕西省渭南市蒲城县蒲石火车站西 715500 0913-7214167)

PD20092039 高效氯氟氰菊酯/25克/升/乳油/高效氯氟氰菊酯 25克/升/2009.02.12 至 2014.02.12/中等毒
棉花 棉铃虫 20.625-22.5克/公顷 喷雾
PD20092874 多·福/40%/可湿性粉剂/多菌灵 5%、福美双 35%/2009.03.05 至 2014.03.05/低毒
葡萄 霜霉病 1000-1250毫克/千克 喷雾
PD20093602 甲基硫菌灵/70%/可湿性粉剂/甲基硫菌灵 70%/2009.03.23 至 2014.03.23/低毒
小麦 赤霉病 892.5-1050克/公顷 喷雾
PD20094184 代森锰锌/80%/可湿性粉剂/代森锰锌 80%/2009.03.30 至 2014.03.30/低毒
番茄 早疫病 1845-2370克/公顷 喷雾
PD20094551 多·锰锌/70%/可湿性粉剂/多菌灵 20%、代森锰锌 50%/2009.04.09 至 2014.04.09/低毒
梨树 黑星病 1000-1250毫克/千克 喷雾
PD20098455 毒死蜱/480克/升/乳油/毒死蜱 480克/升/2009.12.24 至 2014.12.24/中等毒
苹果树 绵蚜 200-266.7毫克/千克 喷雾
LS20050059 阿维·高氯/1.8%/乳油/阿维菌素 0.1%、高效氯氰菊酯 1.7%/2008.01.07 至 2009.01.06/低毒(原药高毒)
黄瓜 美洲斑潜蝇 15-30克/公顷 喷雾
LS20051866 吡虫·辛硫磷/25%/乳油/吡虫啉 1%、辛硫磷 24%/2008.05.16 至 2009.05.16/低毒
十字花科蔬菜 蚜虫 75-150克/公顷 喷雾
LS20080757 三唑锡/25%/可湿性粉剂/三唑锡 25%/2010.02.27 至 2011.02.27/低毒
苹果树 红蜘蛛 188-250毫克/千克 喷雾
LS20080833 甲氰菊酯/20%/乳油/甲氰菊酯 20%/2010.02.28 至 2011.02.28/中等毒
苹果树 桃小食心虫 66.7-100毫克/千克 喷雾
LS20080971 啶虫脒/5%/乳油/啶虫脒 5%/2009.03.06 至 2010.03.06/低毒
柑橘 蚜虫 16.7-25毫克/公顷 喷雾
LS20081233 硫丹/350克/升/乳油/硫丹 350克/升/2009.03.10 至 2010.03.10/中等毒(原药高毒)
棉花 棉铃虫 735-840克/公顷 喷雾
LS20082614 溴氰菊酯/25克/升/乳油/溴氰菊酯 25克/升/2009.04.23 至 2010.04.23/低毒
梨树 梨小食心虫 6.25-10毫克/千克 喷雾
WP20090223 杀虫粉剂/1.8%/粉剂/马拉硫磷 1.8%/2009.04.09 至 2014.04.09/低毒
卫生 跳蚤 10克制剂/平方米 撒布

陕西创先生物化学有限公司 (陕西省西安市未央区六村堡乡相家巷村东 710086 029-88470635)

PD20083424 啶虫脒/3%/可湿性粉剂/啶虫脒 3%/2008.12.11 至 2013.12.11/低毒
柑橘树 蚜虫 12-15毫克/千克 喷雾
PD20084481 阿维菌素/2%/乳油/阿维菌素 2%/2008.12.17 至 2013.12.17/低毒(原药高毒)
菜豆 美洲斑潜蝇 6-7.5克/公顷 喷雾
PD20085183 多·福/80%/可湿性粉剂/多菌灵 10%、福美双 70%/2008.12.23 至 2013.12.23/低毒
葡萄 霜霉病 1000-1250毫克/千克 喷雾
PD20085733 炔螨特/730克/升/乳油/炔螨特 730克/升/2008.12.26 至 2013.12.26/低毒
柑橘树 红蜘蛛 292-487毫克/千克 喷雾
PD20086080 炔螨特/25%/乳油/炔螨特 25%/2008.12.30 至 2013.12.30/中等毒
柑橘树 红蜘蛛 250-333毫克/千克 喷雾
PD20090229 多·锰锌 /40%/可湿性粉剂/多菌灵 20%、代森锰锌 20%/2009.01.09 至 2014.01.09/低毒
梨树 黑星病 1000-1250毫克/千克 喷雾
PD20090829 哒螨灵/20%/可湿性粉剂/哒螨灵 20%/2009.01.19 至 2014.01.19/中等毒
柑橘树 红蜘蛛 67-100毫克/千克 喷雾
PD20092675 代森锰锌/80%/可湿性粉剂/代森锰锌 80%/2009.03.03 至 2014.03.03/低毒
番茄 早疫病 2000-2500克/公顷 喷雾
PD20093238 灭多威/20%/可湿性粉剂/灭多威 20%/2009.03.11 至 2014.03.11/中等毒(原药高毒)

棉花 棉铃虫 270-360克/公顷 喷雾
PD20093447 高氯·马/20%/乳油/高效氯氰菊酯 2%、马拉硫磷 18%/2009.03.23 至 2014.03.23/中等毒
甘蓝 菜青虫 90-120克/公顷 喷雾
PD20096626 高效氯氟氰菊酯/25克/升/乳油/高效氯氟氰菊酯 25克/升/2009.09.02 至 2014.09.02/中等毒
十字花科蔬菜 菜青虫 9.375-11.25克/公顷 喷雾
PD20098155 丙环唑/250克/升/乳油/丙环唑 250克/升/2009.12.14 至 2014.12.14/低毒
香蕉 叶斑病 250－500毫克/千克 喷雾
PD20098156 四螨嗪/500克/升/悬浮剂/四螨嗪 500克/升/2009.12.14 至 2014.12.14/低毒
苹果 红蜘蛛 83-125毫克/千克 喷雾
LS20050195 阿维·高氯/3%/乳油/阿维菌素 0.2%、高效氯氰菊酯 2.8%/2008.01.26 至 2009.01.25/低毒(原药高毒)
梨树 梨木虱 12-14毫克/千克 喷雾
LS20051215 阿维·高氯/3%/可湿性粉剂/阿维菌素 0.2%、高效氯氰菊酯 2.8%/2008.04.12 至 2009.04.12/低毒(原药高毒)
十字花科蔬菜 菜青虫、小菜蛾 13.5-27克/公顷 喷雾
LS20052089 杀扑磷/40%/乳油/杀扑磷 40%/2008.06.09 至 2009.06.09/高毒
柑橘树 介壳虫 333.3－500毫克/千克 喷雾
LS20082890 嘧霉胺/20%/微乳剂/嘧霉胺 20%/2009.06.23 至 2010.06.23/低毒
黄瓜 灰霉病 486-562.5克/公顷 喷雾
LS20091030 甲氨基阿维菌素苯甲酸盐/2%/微乳剂/甲氨基阿维菌素 2%/2009.04.13 至 2010.04.13/低毒
十字花科蔬菜 甜菜夜蛾 2.4-3克/公顷 喷雾

陕西国丰化工有限公司 (陕西省杨凌区常青北路9号 712100 029-87073602)

PD20080233 代森锰锌/70%/可湿性粉剂/代森锰锌 70%/2008.02.14 至 2013.02.14/低毒
番茄 早疫病 1837.5-2362.5克/公顷 喷雾
PD20081150 甲基硫菌灵/70%/可湿性粉剂/甲基硫菌灵 70%/2008.09.01 至 2013.09.01/低毒
番茄 叶霉病 420-577.5克/公顷 喷雾
PD20081221 多·锰锌/40%/可湿性粉剂/多菌灵 20%、代森锰锌 20%/2008.09.11 至 2013.09.11/低毒
梨树 黑星病 1000-1250毫克/千克 喷雾
PD20081227 氯氰·辛硫磷/20%/乳油/氯氰菊酯 1.5%、辛硫磷 18.5%/2008.09.11 至 2013.09.11/中等毒
十字花科蔬菜 蚜虫 150-240克/公顷 喷雾
PD20081234 霜脲·锰锌/72%/可湿性粉剂/代森锰锌 64%、霜脲氰 8%/2008.09.16 至 2013.09.16/低毒
黄瓜 霜霉病 1440-1800克/公顷 喷雾
PD20082124 硫磺·三环唑/45%/可湿性粉剂/硫磺 40%、三环唑 5%/2008.11.25 至 2013.11.25/低毒
水稻 稻瘟病 1012.5-1215克/公顷 喷雾
PD20082244 高效氯氰菊酯/4.5%/乳油/高效氯氰菊酯 4.5%/2008.11.27 至 2013.11.27/低毒
十字花科蔬菜 蚜虫 3.375-13.5克/公顷 喷雾
PD20085740 阿维菌素/0.5%/乳油/阿维菌素 0.5%/2008.12.26 至 2013.12.26/低毒(原药高毒)
十字花科蔬菜 菜青虫 8.1-10.8克/公顷 喷雾
PD20096228 阿维·辛硫磷/15%/乳油/阿维菌素 0.1%、辛硫磷 14.9%/2009.07.15 至 2014.07.15/低毒(原药高毒)
十字花科蔬菜 小菜蛾 112.5-168.75克/公顷 喷雾
PD20097961 福·福锌/80%/可湿性粉剂/福美双 30%、福美锌 50%/2009.12.01 至 2014.12.01/低毒
苹果树 炭疽病 1333.3-1600毫克/千克 喷雾
LS20031851 苦参碱/0.26%/水剂/苦参碱 0.26%/2009.03.09 至 2009.12.31/低毒
十字花科蔬菜 蚜虫 6.24-8.58克/公顷 喷雾
LS20051026 吗胍·乙酸铜/20%/可湿性粉剂/盐酸吗啉胍 16%、乙酸铜 4%/2009.03.09 至 2009.12.31/低毒
番茄 病毒病 625-750克/公顷 喷雾
LS20052579 吡虫·杀虫单/35%/可湿性粉剂/吡虫啉 1%、杀虫单 34%/2008.08.03 至 2009.08.03/中等毒
水稻 稻飞虱、稻纵卷叶螟、二化螟、三化螟 450-750克/公顷 喷雾
LS20061446 杀扑磷/40%/乳油/杀扑磷 40%/2009.07.12 至 2010.07.12/高毒
柑橘树 介壳虫 333.3-500毫克/千克 喷雾
LS20061470 啶虫脒/3%/乳油/啶虫脒 3%/2009.07.17 至 2010.07.17/低毒
柑橘树 蚜虫 10-12毫克/千克 喷雾
LS20080554 三唑锡/25%/可湿性粉剂/三唑锡 25%/2010.02.23 至 2011.02.23/低毒
苹果树 红蜘蛛 100-166.7毫克/千克 喷雾
LS20080887 高效氯氟氰菊酯/2.5%/水乳剂/高效氯氟氰菊酯 2.5%/2009.03.05 至 2010.03.05/中等毒
十字花科蔬菜 菜青虫 7.5-9.375克/公顷 喷雾
LS20080910 丙溴磷/40%/乳油/丙溴磷 40%/2009.03.05 至 2010.03.05/低毒
棉花 棉铃虫 600-750克/公顷 喷雾

陕西恒润化学工业有限公司 (陕西省三原县西阳镇原兵马俑皮革厂院内 713807 0910-2598008)

PD20085601 氟硅唑/95%/原药/氟硅唑 95%/2008.12.25 至 2013.12.25/低毒
PD20092422 丙环唑/250克/升/乳油/丙环唑 250克/升/2009.02.25 至 2014.02.25/低毒
香蕉 叶斑病 250-500毫克/千克 喷雾
PD20094230 联苯菊酯/100克/升/乳油/联苯菊酯 100克/升/2009.03.31 至 2014.03.31/中等毒
茶树 茶小绿叶蝉 30-37.5克/公顷 喷雾
PD20096685 氟硅唑/400克/升/乳油/氟硅唑 400克/升/2009.09.07 至 2014.09.07/低毒

梨树 黑星病 40—50毫克/千克 喷雾
LS20071071 氟氯氰菊酯/50克/升/乳油/氟氯氰菊酯 50克/升/2009.04.19 至 2010.04.20/低毒
十字花科蔬菜 菜青虫 22.5-26.5克/公顷 喷雾
LS20081932 唑螨酯/5%/悬浮剂/唑螨酯 5%/2009.04.11 至 2010.04.11/低毒
柑橘树 红蜘蛛 33.3-50毫克/千克 喷雾
LS20082256 咪鲜·异菌脲/20%/悬浮剂/咪鲜胺 10%、异菌脲 10%/2009.04.18 至 2010.04.18/低毒
香蕉 冠腐病 333-400毫克/千克 浸果
LS20083053 氟硅唑/25%/水分散粒剂/氟硅唑 25%/2009.09.25 至 2010.09.25/低毒
香蕉树 黑星病 50-62.5毫克/千克 喷雾
LS20090451 硅唑·咪鲜胺/25%/可溶液剂/氟硅唑 5%、咪鲜胺 20%/2009.03.18 至 2010.03.18/低毒
黄瓜 炭疽病 160-200克/公顷 喷雾
LS20090549 硅唑·多菌灵/40%/悬浮剂/多菌灵 27.5%、氟硅唑 12.5%/2009.03.19 至 2010.03.19/低毒
黄瓜 白粉病 84-96克/公顷 喷雾
LS20090963 氟硅唑/10%/水分散粒剂/氟硅唑 10%/2009.04.10 至 2010.04.10/低毒
葡萄 白腐病 40-50毫克/千克 喷雾

陕西恒田化工有限公司 (陕西省西安市未央区凤城三路48号 710016 0913-3230600)

PD20040451 哒螨灵/20%/可湿性粉剂/哒螨灵 20%/2009.12.19 至 2014.12.19/低毒
柑橘树 红蜘蛛 50-67毫克/千克 喷雾
PD20040469 高效氯氰菊酯/4.5%/乳油/高效氯氰菊酯 4.5%/2009.12.19 至 2014.12.19/低毒
梨树 梨木虱 16.7-25毫克/千克 喷雾
PD20070476 啶虫脒/96%/原药/啶虫脒 96%/2007.11.28 至 2012.11.28/低毒
PD20070487 吡虫啉/95%/原药/吡虫啉 95%/2007.11.28 至 2012.11.28/低毒
PD20070516 啶虫脒/5%/乳油/啶虫脒 5%/2007.11.28 至 2012.11.28/低毒
小麦 蚜虫 18-31.5克/公顷 喷雾
PD20080510 啶虫脒/5%/可湿性粉剂/啶虫脒 5%/2008.04.23 至 2013.04.23/低毒
柑橘树 蚜虫 10-15毫克/千克 喷雾
PD20082091 多·锰锌/40%/可湿性粉剂/多菌灵 20%、代森锰锌 20%/2008.11.25 至 2013.11.25/低毒
梨树 黑星病 1000-1250毫克/千克 喷雾
PD20082733 甲霜·锰锌/58%/可湿性粉剂/甲霜灵 10%、代森锰锌 48%/2008.12.08 至 2013.12.08/低毒
黄瓜 霜霉病 1305-1632克/公顷 喷雾
PD20082888 阿维菌素/1.8%/乳油/阿维菌素 1.8%/2008.12.09 至 2013.12.09/中等毒(原药高毒)
梨树 梨木虱 6-12毫克/千克 喷雾
PD20082961 三唑锡/25%/可湿性粉剂/三唑锡 25%/2008.12.09 至 2013.12.09/中等毒
柑橘树 红蜘蛛 125-166.7毫克/千克 喷雾
PD20083206 毒死蜱/480克/升/乳油/毒死蜱 480克/升/2008.12.11 至 2013.12.11/中等毒
苹果树 绵蚜 240-480毫克/千克 喷雾
PD20083436 吡虫啉/10%/可湿性粉剂/吡虫啉 10%/2008.12.11 至 2013.12.11/低毒
水稻 稻飞虱 15-30克/公顷 喷雾
PD20083933 甲氰菊酯/20%/乳油/甲氰菊酯 20%/2008.12.15 至 2013.12.15/中等毒
苹果树 桃小食心虫 80-100毫克/千克 喷雾
PD20084047 萎锈灵/98%/原药/萎锈灵 98%/2008.12.16 至 2013.12.16/低毒
PD20084078 噁霉灵/15%/水剂/噁霉灵 15%/2008.12.16 至 2013.12.16/低毒
水稻 立枯病 11250-18000克/公顷 苗床喷雾
PD20084152 丙环唑/250克/升/乳油/丙环唑 250克/升/2008.12.16 至 2013.12.16/低毒
香蕉 叶斑病 250-500毫克/千克 喷雾
PD20084227 百菌清/75%/可湿性粉剂/百菌清 75%/2008.12.17 至 2013.12.17/低毒
番茄 灰霉病 1687.5—2250克/公顷 喷雾
PD20084254 霜霉威/722克/升/水剂/霜霉威 722克/升/2008.12.17 至 2013.12.17/低毒
黄瓜 霜霉病 942-1180克/公顷 喷雾
PD20084407 吡虫啉/20%/可溶性液剂/吡虫啉 20%/2008.12.17 至 2013.12.17/低毒
水稻 稻飞虱 24-30克/公顷 喷雾
PD20084420 高效氯氟氰菊酯/25克/升/乳油/高效氯氟氰菊酯 25克/升/2008.12.17 至 2013.12.17/中等毒
茶树 茶小绿叶蝉 22.5-30克/公顷 喷雾
PD20084548 炔螨特/73%/乳油/炔螨特 73%/2008.12.18 至 2013.12.18/低毒
柑橘 红蜘蛛 243-365毫克/千克 喷雾
PD20084596 苯磺隆/75%/水分散粒剂/苯磺隆 75%/2008.12.18 至 2013.12.18/低毒
冬小麦田 一年生阔叶杂草 14.6-20.3克/公顷 茎叶喷雾
PD20084750 代森锰锌/80%/可湿性粉剂/代森锰锌 80%/2008.12.22 至 2013.12.22/低毒
苹果 斑点落叶病 1000-1333毫克/千克 喷雾
PD20084988 联苯菊酯/25克/升/乳油/联苯菊酯 25克/升/2008.12.22 至 2013.12.22/低毒
茶树 茶小绿叶蝉 30—37.5克/公顷 喷雾
PD20085048 霜霉威盐酸盐/96%/原药/霜霉威盐酸盐 96%/2008.12.23 至 2013.12.23/低毒
PD20085686 啶虫脒/20%/可溶粉剂/啶虫脒 20%/2008.12.26 至 2013.12.26/中等毒

柑橘树 蚜虫 20-40毫克/千克 喷雾

PD20085885 甲基硫菌灵/70%/可湿性粉剂/甲基硫菌灵 70%/2008.12.29 至 2013.12.29/低毒

梨树 黑星病 1500－1700倍液 喷雾

PD20090016 阿维菌素/1.8%/可湿性粉剂/阿维菌素 1.8%/2009.01.06 至 2014.01.06/低毒(原药高毒)

十字花科蔬菜 小菜蛾 8.1-10.8克/公顷 喷雾

PD20090094 甲硫·福美双/70%/可湿性粉剂/福美双 40%、甲基硫菌灵 30%/2009.01.08 至 2014.01.08/低毒

苹果树 轮纹病 875-1167毫克/千克 喷雾

PD20090524 噻嗪·杀扑磷/20%/乳油/噻嗪酮 15%、杀扑磷 5%/2009.01.12 至 2014.01.12/中等毒(原药高毒)

柑橘树 矢尖蚧 200-250毫克/千克 喷雾

PD20090919 啶虫脒/20%/可溶性液剂/啶虫脒 20%/2009.01.19 至 2014.01.19/低毒

棉花 蚜虫 24-36克/公顷 喷雾

PD20091072 马拉硫磷/45%/乳油/马拉硫磷 45%/2009.01.21 至 2014.01.21/低毒

十字花科蔬菜 黄条跳甲 675-810克/公顷 喷雾

PD20091632 三乙膦酸铝/40%/可湿性粉剂/三乙膦酸铝 40%/2009.02.03 至 2014.02.03/低毒

黄瓜 霜霉病 1800－2700克/公顷 喷雾

PD20092832 苯磺隆/10%/可湿性粉剂/苯磺隆 10%/2009.03.05 至 2014.03.05/低毒

冬小麦田 一年生阔叶杂草 15-22.5克/公顷 茎叶喷雾

PD20092879 福美锌/72%/可湿性粉剂/福美锌 72%/2009.03.05 至 2014.03.05/低毒

苹果树 炭疽病 1200-1800毫克/千克 喷雾

PD20092973 草甘膦/120克/升/水剂/草甘膦 120克/升/2009.03.09 至 2009.12.31/低毒

柑橘园 杂草 1125-2250克/公顷 定向茎叶喷雾

PD20093177 萎锈·福美双/400克/升/悬浮种衣剂/福美双 200克/升、萎锈灵 200克/升/2009.03.11 至 2014.03.11/低毒

棉花 立枯病 64-80克/100千克种子 种子包衣

PD20093672 精喹禾灵/5%/乳油/精喹禾灵 5%/2009.03.25 至 2014.03.25/低毒

夏大豆田 一年生禾本科杂草 45-52.5克/公顷 茎叶喷雾

PD20093809 莠灭净/40%/可湿性粉剂/莠灭净 40%/2009.03.25 至 2014.03.25/低毒

甘蔗田 一年生杂草 1560-2400克/公顷 喷雾

PD20094292 氟磺胺草醚/250克/升/水剂/氟磺胺草醚 250%/2009.03.31 至 2014.03.31/低毒

春大豆田 一年生阔叶杂草 450-562.5克/公顷(东北地区) 茎叶喷雾

夏大豆田 一年生阔叶杂草 375-450克/公顷(其它地区) 茎叶喷雾

PD20094329 乳氟禾草灵/240克/升/乳油/乳氟禾草灵 240克/升/2009.03.31 至 2014.03.31/低毒

花生田 一年生阔叶杂草 54-108克/公顷 茎叶喷雾

PD20094377 福美双/70%/可湿性粉剂/福美双 70%/2009.04.01 至 2014.04.01/低毒

黄瓜 霜霉病 840-1050克/公顷 喷雾

PD20094471 百草枯/200克/升/水剂/百草枯 200克/升/2009.04.01 至 2014.04.01/中等毒

夏玉米田 杂草 450-600克/公顷 定向喷雾

PD20094798 莠去津/38%/悬浮剂/莠去津 38%/2009.04.13 至 2014.04.13/低毒

春玉米田 一年生杂草 2023.5-2251.5克/公顷 土壤喷雾

PD20095264 高效氟吡甲禾灵/108克/升/乳油/高效氟吡甲禾灵 108克/升/2009.04.27 至 2014.04.27/低毒

春大豆田 一年生禾本科杂草 48.6-56.7克/公顷 茎叶喷雾

夏大豆田 一年生禾本科杂草 40.5-48.6克/公顷 茎叶喷雾

PD20096925 高氯·马/20%/乳油/高效氯氰菊酯 2%、马拉硫磷 18%/2009.09.23 至 2014.09.23/低毒

苹果树 桃小食心虫 133.3-250毫克/千克 喷雾

PD20097185 莠去津/48%/可湿性粉剂/莠去津 48%/2009.10.16 至 2014.10.16/低毒

春玉米田 一年生杂草 2160-2880克/公顷(东北地区) 土壤喷雾

夏玉米田 一年生杂草 1269-1440克/公顷(其它地区) 土壤喷雾

PD20097962 哒螨灵/15%/乳油/哒螨灵 15%/2009.12.01 至 2014.12.01/低毒

柑橘树 红蜘蛛 75-100毫克/千克 喷雾

PD20098325 炔螨·矿物油/73%/乳油/矿物油 40%、炔螨特 33%/2009.12.18 至 2014.12.18/低毒

柑橘树 红蜘蛛 292-365毫克/千克 喷雾

LS20050009 吡虫·噻嗪酮/20%/可湿性粉剂/吡虫啉 2%、噻嗪酮 18%/2008.01.05 至 2009.01.04/低毒

水稻 稻飞虱 120-150克/公顷 喷雾

LS20050351 阿维·高氯/3%/乳油/阿维菌素 0.2%、高效氯氰菊酯 2.8%/2008.02.19 至 2009.02.18/低毒(原药高毒)

黄瓜 美洲斑潜蝇 15-30克/公顷 喷雾

LS20050382 阿维·高氯/2%/可湿性粉剂/阿维菌素 0.5%、高效氯氰菊酯 1.5%/2008.02.19 至 2009.02.18/低毒(原药高毒)

十字花科蔬菜 菜青虫、小菜蛾 7.5-15克/公顷 喷雾

LS20050903 阿维·高氯/1.8%/乳油/阿维菌素 0.3%、高效氯氰菊酯 1.5%/2008.04.04 至 2009.04.04/低毒(原药高毒)

十字花科蔬菜 菜青虫、小菜蛾 7.5-15克/公顷 喷雾

LS20050996 吡虫啉/5%/乳油/吡虫啉 5%/2008.04.06 至 2009.04.06/低毒

小麦 蚜虫 15-30克/公顷(南方地区) 喷雾

45-60克/公顷(北方地区)

LS20051020 阿维·高氯/2.4%/微乳剂/阿维菌素 0.4%、高效氯氰菊酯 2%/2008.04.07 至 2009.04.07/低毒(原药高毒)

十字花科蔬菜 菜青虫、小菜蛾 7.5-15克/公顷 喷雾

LS20051305 阿维·吡虫啉/5%/乳油/阿维菌素 0.5%、吡虫啉 4.5%/2008.04.12 至 2009.04.12/低毒(原药高毒)
梨树 梨木虱 6.25-10毫克/千克 喷雾
LS20051609 阿维·毒死蜱/42%/乳油/阿维菌素 0.2%、毒死蜱 41.8%/2008.04.29 至 2009.04.29/中等毒(原药高毒)
十字花科蔬菜 菜青虫 189-252克/公顷 喷雾
LS20051611 霜脲·锰锌/72%/可湿性粉剂/代森锰锌 64%、霜脲氰 8%/2008.04.29 至 2009.04.29/低毒
黄瓜 霜霉病 1440-1800克/公顷 喷雾
LS20052351 二溴磷/50%/乳油/二溴磷 50%/2008.06.28 至 2009.06.28/低毒
苹果树 蚜虫 333.3-500毫克/千克 喷雾
LS20053573 草甘膦/58%/可溶粉剂/草甘膦 58%/2008.11.14 至 2009.11.14/低毒
柑橘园 杂草 1131-2175克/公顷 定向茎叶喷雾
LS20053867 甲氨基阿维菌素苯甲酸盐/1%/乳油/甲氨基阿维菌素苯甲酸盐 1%/2008.12.27 至 2009.12.28/低毒
十字花科蔬菜 小菜蛾 1.5-3克/公顷 喷雾
LS20060440 啶虫脒/25%/水分散粒剂/啶虫脒 25%/2009.03.06 至 2010.03.06/低毒
水稻 稻飞虱 31.5-36克/公顷 喷雾
LS20060473 乙酰甲胺磷/97%/原药/乙酰甲胺磷 97%/2009.03.06 至 2010.03.06/低毒
LS20061001 精喹·草除灵/17.5%/乳油/草除灵 15%、精喹禾灵 2.5%/2009.04.23 至 2010.04.23/低毒
冬油菜 一年生杂草 262.5-393.8克/公顷 茎叶喷雾
LS20061609 锰锌·噁霜灵/64%/可湿性粉剂/噁霜灵 8%、代森锰锌 56%/2009.08.17 至 2010.08.17/低毒
黄瓜 霜霉病 1632-2016克/公顷 喷雾
LS20061687 丁醚脲/97%/原药/丁醚脲 97%/2009.09.10 至 2010.09.10/中等毒
LS20070500 乙酰甲胺磷/30%/乳油/乙酰甲胺磷 30%/2009.03.06 至 2010.03.07/低毒
水稻 二化螟 787.5-1012.5克/公顷 喷雾
LS20070511 丙溴磷/500克/升/乳油/丙溴磷 500克/升/2009.03.06 至 2010.03.07/中等毒
棉花 棉铃虫 750-937.5克/公顷 喷雾
LS20070530 敌敌畏/80%/乳油/敌敌畏 80%/2009.03.08 至 2010.03.09/中等毒
棉花 蚜虫 600-1200克/公顷 喷雾
LS20070543 丁醚脲/25%/乳油/丁醚脲 25%/2009.03.08 至 2010.03.09/中等毒
十字花科蔬菜 小菜蛾 300-450克/公顷 喷雾
LS20070951 苯醚甲环唑/10%/水分散粒剂/苯醚甲环唑 10%/2009.04.18 至 2010.04.19/低毒
西瓜 炭疽病 75-120克/公顷 喷雾
LS20071085 高效氯氟氰菊酯/2.5%/水乳剂/高效氯氟氰菊酯 2.5%/2009.04.25 至 2010.04.26/低毒
十字花科蔬菜 菜青虫 7.5-9.375克/公顷 喷雾
LS20071159 咪鲜胺/450克/升/水乳剂/咪鲜胺 450克/升/2009.04.25 至 2010.04.26/低毒
香蕉 炭疽病 250-500毫克/千克 浸果
LS20071492 吡虫啉/480克/升/悬浮剂/吡虫啉 480克/升/2009.05.28 至 2010.05.29/低毒
十字花科蔬菜 蚜虫 14.4-28.8克/公顷 喷雾
LS20071533 吡虫啉/5%/悬浮剂/吡虫啉 5%/2009.05.29 至 2010.05.30/低毒
十字花科蔬菜 蚜虫 15-30克/公顷 喷雾
LS20071775 啶虫脒/10%/可湿性粉剂/啶虫脒 10%/2009.07.04 至 2010.07.05/低毒
十字花科蔬菜 蚜虫 15-22.5克/公顷 喷雾
LS20071850 吡虫啉/70%/水分散粒剂/吡虫啉 70%/2009.07.09 至 2010.07.10/低毒
十字花科蔬菜 蚜虫 15.75-21克/公顷 喷雾
LS20071899 高氯·啶虫脒/10.5%/乳油/啶虫脒 7%、高效氯氰菊酯 3.5%/2009.08.02 至 2010.08.03/低毒
十字花科蔬菜 蚜虫 23.625-31.5克/公顷 喷雾
LS20072094 二溴磷/95%/原药/二溴磷 95%/2009.08.29 至 2010.08.30/低毒
LS20080284 甲氰·丁醚脲/25%/微乳剂/丁醚脲 20%、甲氰菊酯 5%/2010.02.17 至 2011.02.17/中等毒
苹果树 红蜘蛛 83.3-125毫克/千克 喷雾
LS20080361 阿维·啶虫脒/8.8%/乳油/阿维菌素 0.4%、啶虫脒 8.4%/2010.02.18 至 2011.02.18/低毒(原药高毒)
柑橘树 黑刺粉虱 17.6-22毫克/千克 喷雾
LS20080424 咪鲜胺锰盐/50%/可湿性粉剂/咪鲜胺锰盐 50%/2010.02.19 至 2011.02.19/低毒
黄瓜 炭疽病 450-600克/公顷 喷雾
LS20080432 霜脲氰/98%/原药/霜脲氰 98%/2010.02.19 至 2011.02.19/低毒
LS20080547 丁醚脲/50%/悬浮剂/丁醚脲 50%/2010.02.23 至 2011.02.23/低毒
十字花科蔬菜 小菜蛾 562.5-750克/公顷 喷雾
LS20080679 氟硅唑/400克/升/乳油/氟硅唑 400克/升/2010.02.26 至 2011.02.26/低毒
黄瓜 黑星病 45-75克/公顷 喷雾

陕西京礼生物化工农药有限公司 (陕西省西安市未央区凤城一路雅荷花园A25-1 710016 029-87762059)

LS20051441 霜脲·锰锌/72%/可湿性粉剂/代森锰锌 64%、霜脲氰 8%/2008.04.21 至 2009.04.21/低毒
黄瓜 霜霉病 1440-1800克/公顷 喷雾
LS20051998 吡虫·杀虫单/70%/可湿性粉剂/吡虫啉 2%、杀虫单 68%/2008.05.24 至 2009.05.24/中等毒
水稻 稻纵卷叶螟、二化螟、飞虱、三化螟 450-750克/公顷 喷雾

陕西康禾立丰生物科技药业有限公司(西安未央区经济技术开发区B4区迎宾大道138号3幢12103 710016 029-82103798)

PD20093594 代森锰锌/80%/可湿性粉剂/代森锰锌 80%/2009.03.23 至 2014.03.23/低毒

番茄 早疫病 1845-2370克/公顷 喷雾

PD20094350 四螨嗪/500克/升/悬浮剂/四螨嗪 500克/升/2009.04.01 至 2014.04.01/低毒

苹果树 红蜘蛛 80-100毫克/千克 喷雾

PD20094876 辛硫磷/40%/乳油/辛硫磷 40%/2009.04.13 至 2014.04.13/低毒

甘蓝 菜青虫 360-480克/公顷 喷雾

PD20098118 毒死蜱/480克/升/乳油/毒死蜱 480克/升/2009.12.08 至 2014.12.08/低毒

苹果树 桃小食心虫 160-240毫克/千克 喷雾

LS20051174 阿维·高氯/5%/乳油/阿维菌素 0.4%、高效氯氰菊酯 4.6%/2008.04.12 至 2009.04.12/低毒(原药高毒)

十字花科蔬菜 菜青虫、小菜蛾 13.5-27克/公顷 喷雾

LS20051201 吡虫啉/25%/可湿性粉剂/吡虫啉 25%/2008.04.12 至 2009.04.12/低毒

水稻 稻飞虱 15-30克/公顷 喷雾

LS20060870 氯氰菊酯/50克/升/乳油/氯氰菊酯 50克/升/2009.04.17 至 2010.04.17/低毒

十字花科蔬菜 菜青虫 33.75-45克/公顷 喷雾

LS20061619 联苯菊酯/25克/升/乳油/联苯菊酯 25克/升/2009.08.17 至 2010.08.17/低毒

茶树 茶尺蠖 7.5-15克/公顷 喷雾

LS20061795 多·福/70%/可湿性粉剂/多菌灵 9%、福美双 61%/2009.10.30 至 2010.10.30/低毒

葡萄 霜霉病 1000-1250毫克/千克 喷雾

LS20070485 高效氯氟氰菊酯/25克/升/乳油/高效氯氟氰菊酯 25克/升/2009.03.06 至 2010.03.07/低毒

十字花科蔬菜 菜青虫 7.5-11.25克/公顷 喷雾

LS20071597 甲基硫菌灵/70%/可湿性粉剂/甲基硫菌灵 70%/2009.06.05 至 2010.06.06/低毒

苹果树 轮纹病 700-875毫克/千克 喷雾

LS20080067 高效氯氟氰菊酯/7%/微乳剂/高效氟氯氰菊酯 7%/2010.01.07 至 2011.01.07/低毒

甘蓝 菜青虫 5.25-8.4克/公顷 喷雾

LS20080249 烯酰·锰锌/80%/可湿性粉剂/代森锰锌 70%、烯酰吗啉 10%/2010.02.17 至 2011.02.17/低毒

黄瓜 霜霉病 1200-1500克/公顷 喷雾

LS20080336 嘧霉胺/40%/可湿性粉剂/嘧霉胺 40%/2010.02.18 至 2011.02.18/低毒

番茄 灰霉病 375-562.5克/公顷 喷雾

LS20080565 联苯菊酯/10%/乳油/联苯菊酯 10%/2010.02.23 至 2011.02.23/低毒

茶树 茶小绿叶蝉 30-37.5克/公顷 喷雾

LS20080699 甲氨基阿维菌素苯甲酸盐/2.2%/微乳剂/甲氨基阿维菌素苯甲酸盐 2.2%/2010.02.25 至 2011.02.25/低毒

十字花科蔬菜 小菜蛾 1.65-2.31克/公顷 喷雾

LS20080890 噻螨酮/5%/乳油/噻螨酮 5%/2009.03.05 至 2010.03.05/低毒

柑橘树 红蜘蛛 25—33.3毫克/千克 喷雾

LS20080953 噻嗪·杀扑磷/20%/乳油/噻螨酮 15%、杀扑磷 5%/2009.03.05 至 2010.03.05/中等毒(原药高毒)

柑橘树 介壳虫 200-250毫克/千克 喷雾

LS20081043 腈菌唑/25%/乳油/腈菌唑 25%/2009.03.07 至 2010.03.07/低毒

小麦 白粉病 48-60克/公顷 喷雾

LS20081141 醚菊酯/10%/悬浮剂/醚菊酯 10%/2009.03.10 至 2010.03.10/低毒

甘蓝 菜青虫 45-60克/公顷 喷雾

LS20081675 啶虫脒/20%/可溶粉剂/啶虫脒 20%/2009.04.07 至 2010.04.07/低毒

苹果树 蚜虫 13.3-20毫克/千克 喷雾

LS20081680 高效氟吡甲禾灵/108克/升/乳油/高效氟吡甲禾灵 108克/升/2009.04.07 至 2010.04.07/低毒

棉花田 一年生禾本科杂草 40.5-48.6克/公顷 茎叶喷雾

LS20082690 阿维·啶虫脒/5%/微乳剂/阿维菌素 0.5%、啶虫脒 4.5%/2009.04.29 至 2010.04.29/低毒(原药高毒)

十字花科蔬菜 蓟马 11.25-15克/公顷 喷雾

LS20082847 阿维·炔螨特/56%/乳油/阿维菌素 0.3%、炔螨特 55.7%/2009.06.11 至 2010.06.11/低毒(原药高毒)

柑橘树 红蜘蛛 224-280毫克/千克 喷雾

LS20082876 锰锌·腈菌唑/80%/可湿性粉剂/腈菌唑 3.2%、代森锰锌 76.8%/2009.06.11 至 2010.06.11/低毒

梨树 黑星病 800-1333毫克/千克 喷雾

LS20082881 阿维·三唑磷/20%/乳油/阿维菌素 0.2%、三唑磷 19.8%/2009.06.11 至 2010.06.11/中等毒(原药高毒)

水稻 二化螟 210-300克/公顷 喷雾

LS20082957 阿维·吡虫啉/2%/乳油/阿维菌素 0.2%、吡虫啉 1.8%/2009.08.20 至 2010.08.20/低毒(原药高毒)

甘蓝 小菜蛾、蚜虫 15-24克/公顷 喷雾

LS20082970 阿维·毒死蜱/38%/乳油/阿维菌素 0.2%、毒死蜱 37.8%/2009.08.20 至 2010.08.20/中等毒(原药高毒)

甘蓝 小菜蛾 456-570克/公顷 喷雾

LS20083030 阿维·三唑锡/10%/乳油/阿维菌素 0.3%、三唑锡 9.7%/2009.09.18 至 2010.09.18/低毒(原药高毒)

苹果树 红蜘蛛 83.3-100毫克/千克 喷雾

陕西康乐实业有限公司 (陕西省西安市长乐西路398号 710032 029-82589281)

PD20091273 井冈霉素/5%/水剂/井冈霉素 5%/2009.02.01 至 2014.02.01/低毒

水稻 纹枯病 150-187.5克/公顷 喷雾

LS20050459 吡虫啉/5%/可湿性粉剂/吡虫啉 5%/2008.02.21 至 2009.02.20/中等毒

小麦 蚜虫 15-30克/公顷(南方地区) 喷雾
45-60克公顷(北方地区)

LS20060108 啶虫脒/3%/可湿性粉剂/啶虫脒 3%/2010.01.24 至 2011.01.24/低毒
黄瓜 蚜虫 18-22.5克/公顷 喷雾
WP20090316 杀虫粉剂/3.18%/粉剂/敌敌畏 3%、氯氰菊酯 0.18%/2009.09.07 至 2014.09.07/低毒
卫生 印度客蚤 3-5克制剂/平方米 撒布
WL20090120 杀虫气雾剂/0.8%/气雾剂/残杀威 0.8%/2009.04.10 至 2010.04.10/低毒
卫生 蜚蠊、蚊 / 喷雾

陕西绿盾生物制品有限责任公司 (陕西省渭南市蒲城县尧山东路27号 715500 0913-7235000)

PD86109-5 苏云金杆菌/100亿活芽孢/克/可湿性粉剂/苏云金杆菌 100亿活芽孢/克/2006.10.15 至 2011.10.15/低毒
白菜、萝卜、青菜 菜青虫、小菜蛾 1500-4500克制剂/公顷 喷雾
茶树 茶毛虫 1500-7500克制剂/公顷 喷雾
大豆、甘薯 天蛾 1500-2250克制剂/公顷 喷雾
柑橘树 柑橘凤蝶 2250-3750克制剂/公顷 喷雾
高粱、玉米 玉米螟 3750-4500克制剂/公顷 喷雾、毒土
梨树 天幕毛虫 1500-3750克制剂/公顷 喷雾
林木 尺蠖、柳毒蛾、松毛虫 2250-7500克制剂/公顷 喷雾
棉花 棉铃虫、造桥虫 1500-7500克制剂/公顷 喷雾
苹果树 巢蛾 2250-3750克制剂/公顷 喷雾
水稻 稻苞虫、稻纵卷叶螟 1500-6000克制剂/公顷 喷雾
烟草 烟青虫 3750-7500克制剂/公顷 喷雾
枣树 尺蠖 3750-4500克制剂/公顷 喷雾
PD86110-3 嘧啶核苷类抗菌素/2%/水剂/嘧啶核苷类抗菌素 2%/2006.10.15 至 2011.10.15/低毒
大白菜 黑斑病 100毫克/千克 喷雾
番茄 疫病 100毫克/千克 喷雾
瓜类、花卉、苹果、葡萄、烟草 白粉病 100毫克/千克 喷雾
水稻 炭疽病、纹枯病 150-180克/公顷 喷雾
西瓜 枯萎病 100毫克/千克 灌根
小麦 锈病 100毫克/千克 喷雾
PD86110-11 嘧啶核苷类抗菌素/4%/水剂/嘧啶核苷类抗菌素 4%/2006.10.15 至 2011.10.15/低毒
大白菜 黑斑病 100毫克/千克 喷雾
番茄 疫病 100毫克/千克 喷雾
瓜类、花卉、苹果、葡萄、烟草 白粉病 100毫克/千克 喷雾
水稻 炭疽病、纹枯病 150-180克/公顷 喷雾
西瓜 枯萎病 100毫克/千克 灌根
小麦 锈病 100毫克/千克 喷雾
PD20040181 高氯·辛硫磷/35%/乳油/高效氯氰菊酯 1%、辛硫磷 34%/2009.12.19 至 2014.12.19/低毒
苹果树 食心虫 175-350毫克/千克 喷雾
PD20040535 吡虫·辛硫磷/25%/乳油/吡虫啉 1%、辛硫磷 24%/2009.12.19 至 2014.12.19/低毒
十字花科蔬菜 蚜虫 56.25-75克/公顷 喷雾
PD20040689 吡虫·杀虫单/70%/可湿性粉剂/吡虫啉 2%、杀虫单 68%/2009.12.19 至 2014.12.19/中等毒
水稻 稻飞虱、稻纵卷叶螟、二化螟、三化螟 450-750克/公顷 喷雾
PD20060084 吡虫啉/2.5%/可湿性粉剂/吡虫啉 2.5%/2006.05.10 至 2011.05.09/低毒
烟草 蚜虫 15-22.5克/公顷 喷雾
PD20083193 多抗霉素/34%/原药/多抗霉素 34%/2008.12.11 至 2013.12.11/低毒
PD20083420 啶虫脒/3%/乳油/啶虫脒 3%/2008.12.11 至 2013.12.11/低毒
黄瓜 蚜虫 18-27克/公顷 喷雾
PD20085067 井冈霉素/10%/水剂/井冈霉素 10%/2008.12.23 至 2013.12.23/低毒
水稻 纹枯病 150-187.5克/公顷 喷雾
PD20085698 多抗霉素/1.5%/可湿性粉剂/多抗霉素 1.5%/2008.12.26 至 2013.12.26/低毒
苹果树 灰斑病 50-75毫克/千克 喷雾
PD20086062 苯丁·哒螨灵/10%/乳油/苯丁锡 5%、哒螨灵 5%/2008.12.30 至 2013.12.30/低毒
柑橘树 红蜘蛛 50-66.7毫克/千克 喷雾
PD20086073 甲霜·锰锌/58%/可湿性粉剂/甲霜灵 10%、代森锰锌 48%/2008.12.30 至 2013.12.30/低毒
葡萄 霜霉病 1087.5-1740克/公顷 喷雾
PD20086102 井冈·多菌灵/28%/悬浮剂/多菌灵 24%、井冈霉素 4%/2008.12.30 至 2013.12.30/低毒
水稻 稻瘟病 450-525克/公顷 喷雾
PD20086142 氯氰·毒死蜱 /50%/乳油/毒死蜱 45%、氯氰菊酯 5%/2008.12.30 至 2013.12.30/低毒
棉花 棉铃虫 225-375克/公顷 喷雾
PD20086143 阿维·高氯/2%/乳油/阿维菌素 0.45%、高效氯氰菊酯 1.55%/2008.12.30 至 2013.12.30/低毒(原药高毒)
梨树 梨木虱 6-12毫克/千克 喷雾
苹果树 红蜘蛛 5-6.7毫克/千克 喷雾
十字花科蔬菜 菜青虫、小菜蛾 7.5-15克/公顷 喷雾

PD20086190 阿维·辛硫磷 /15%/乳油/阿维菌素 0.1%、辛硫磷 14.9%/2008.12.30 至 2013.12.30/低毒(原药高毒)
十字花科蔬菜 小菜蛾 112.5-168.75克/公顷 喷雾
PD20086191 阿维菌素/1.8%/乳油/阿维菌素 1.8%/2008.12.30 至 2013.12.30/低毒(原药高毒)
苹果树 红蜘蛛 10.8-21.6毫克/千克 喷雾
PD20086218 乙铝·多菌灵/45%/可湿性粉剂/多菌灵 20%、三乙膦酸铝 25%/2008.12.31 至 2013.12.31/低毒
苹果树 轮纹病 400-600倍液 喷雾
PD20090081 春雷霉素/55%/原药/春雷霉素 55%/2009.01.08 至 2014.01.08/微毒
PD20090125 溴氰·毒死蜱/10%/乳油/毒死蜱 9.5%、溴氰菊酯 0.5%/2009.01.08 至 2014.01.08/低毒
十字花科蔬菜 菜青虫 45-75克/公顷 喷雾
PD20091083 丙环唑/250克/升/乳油/丙环唑 250克/升/2009.01.21 至 2014.01.21/低毒
香蕉 叶斑病 500-1000倍液 喷雾
PD20091102 异丙威/20%/乳油/异丙威 20%/2009.01.21 至 2014.01.21/低毒
水稻 稻飞虱 450-600克/公顷 喷雾
PD20093277 井冈霉素/10%/可溶粉剂/井冈霉素 10%/2009.03.11 至 2014.03.11/低毒
水稻 纹枯病 150-187.5克/公顷 喷雾
PD20093287 抗蚜威/50%/可湿性粉剂/抗蚜威 50%/2009.03.11 至 2014.03.11/低毒
甘蓝 蚜虫 75-135克/公顷 喷雾
PD20093921 四螨嗪/20%/悬浮剂/四螨嗪 20%/2009.03.26 至 2014.03.26/低毒
柑橘树 红蜘蛛 100-125毫克/千克 喷雾
PD20094261 速灭威/20%/乳油/速灭威 20%/2009.03.31 至 2014.03.31/低毒
水稻 稻飞虱 450-600克/公顷 喷雾
PD20094304 噻嗪酮/25%/可湿性粉剂/噻嗪酮 25%/2009.03.31 至 2014.03.31/低毒
茶树 茶小绿叶蝉 150-225克/公顷 喷雾
PD20094523 噻螨酮/5%/乳油/噻螨酮 5%/2009.04.09 至 2014.04.09/低毒
苹果树 红蜘蛛 25-33.3毫克/千克 喷雾
PD20094609 仲丁威/25%/乳油/仲丁威 25%/2009.04.10 至 2014.04.10/低毒
水稻 叶蝉 375-562.5克/公顷 喷雾
PD20094672 多抗霉素/1%/水剂/多抗霉素 1%/2009.04.10 至 2014.04.10/低毒
黄瓜 白粉病 112.5-150克/公顷 喷雾
PD20094970 烯唑醇/12.5%/可湿性粉剂/烯唑醇 12.5%/2009.04.21 至 2014.04.21/低毒
梨树 黑星病 3000-4000倍液 喷雾
PD20095099 春雷霉素/2%/可湿性粉剂/春雷霉素 2%/2009.04.24 至 2014.04.24/低毒
黄瓜 枯萎病 200-400毫克/千克 灌根
PD20095262 春雷霉素/6%/可湿性粉剂/春雷霉素 6%/2009.04.27 至 2014.04.27/低毒
水稻 稻瘟病 36-45克/公顷 喷雾
PD20095386 羟烯·吗啉胍/40.0004%/可湿性粉剂/盐酸吗啉胍 40%、羟烯腺嘌呤 0.0004%/2009.04.27 至 2014.04.27/低毒
番茄 病毒病 600-900克/公顷 喷雾
PD20095774 毒死蜱/40%/乳油/毒死蜱 40%/2009.05.18 至 2014.05.18/中等毒
柑橘树 介壳虫 266.7-400毫克/千克 喷雾
PD20095977 唑螨酯/5%/悬浮剂/唑螨酯 5%/2009.06.04 至 2014.06.04/低毒
柑橘树 红蜘蛛 25-33.3毫克/千克 喷雾
PD20096041 杀单·苏云菌///可湿性粉剂/杀虫单 51%、苏云金杆菌 8000IU/毫克/2009.06.15 至 2014.06.15/低毒
水稻 三化螟 750-1125克/公顷 喷雾
PD20096092 阿维·苏云菌/1.2%/可湿性粉剂/阿维菌素 0.2%、苏云金杆菌 1.0%/2009.06.18 至 2014.06.18/低毒(原药高毒)
甘蓝 小菜蛾 750-1500克制剂/公顷 喷雾
PD20096240 炔螨特/40%/乳油/炔螨特 40%/2009.07.15 至 2014.07.15/低毒
柑橘树 红蜘蛛 266.7-400毫克/千克 喷雾
PD20097180 腈菌唑/25%/乳油/腈菌唑 25%/2009.10.16 至 2014.10.16/低毒
小麦 白粉病 30-60克/公顷 喷雾
PD20097878 多抗霉素/3%/可湿性粉剂/多抗霉素 3%/2009.11.20 至 2014.11.20/低毒
番茄 晚疫病 160－270克/公顷 喷雾
LS20050019 多·福/40%/可湿性粉剂/多菌灵 5%、福美双 35%/2008.01.05 至 2009.01.04/低毒
葡萄 霜霉病 1000-1250毫克/千克 喷雾
LS20050023 阿维·高氯/1.65%/可湿性粉剂/阿维菌素 0.15%、高效氯氰菊酯 1.5%/2008.01.05 至 2009.01.04/低毒(原药高毒)
十字花科蔬菜 菜青虫、小菜蛾 13.5-27克/公顷 喷雾
LS20050055 阿维·吡虫啉/5%/乳油/阿维菌素 0.5%、吡虫啉 4.5%/2008.01.07 至 2009.01.06/低毒(原药高毒)
梨树 梨木虱 6.25-10毫克/千克 喷雾
LS20050658 多·锰锌/50%/可湿性粉剂/多菌灵 8%、代森锰锌 42%/2008.03.15 至 2009.03.15/低毒
苹果 斑点落叶病 1000-1250毫克/千克 喷雾
LS20061552 咪鲜·异菌脲/16%/悬浮剂/咪鲜胺 8%、异菌脲 8%/2009.08.02 至 2010.08.02/低毒
香蕉 冠腐病 266.7-400毫克/千克 浸果
LS20070534 吡虫啉/10%/可湿性粉剂/吡虫啉 10%/2009.03.08 至 2010.03.09/低毒
烟草 蚜虫 15-30克/公顷 喷雾

LS20071761 霉威·百菌清/28%/可湿性粉剂/百菌清 15.5%、乙霉威 12.5%/2009.07.04 至 2010.07.05/低毒
番茄 灰霉病 588-735克/公顷 喷雾
LS20071800 三唑磷/20%/乳油/三唑磷 20%/2009.07.04 至 2010.07.05/低毒
十字花科蔬菜 菜青虫 150-180克/公顷 喷雾
LS20071877 氟铃·辛硫磷/20%/乳油/氟铃脲 2%、辛硫磷 18%/2009.07.16 至 2010.07.17/低毒
十字花科蔬菜 小菜蛾 120-150克/公顷 喷雾
LS20081965 丁硫克百威/200克/升/乳油/丁硫克百威 200克/升/2009.04.15 至 2010.04.15/低毒
水稻 稻飞虱 600-750克/公顷 喷雾
LS20081979 硫丹/350克/升/乳油/硫丹 350克/升/2009.04.15 至 2010.04.15/中等毒
苹果树 蚜虫 87.5-116.7毫克/千克 喷雾
LS20082173 联苯菊酯/100克/升/乳油/联苯菊酯 100克/升/2009.04.18 至 2010.04.18/低毒
茶树 茶小绿叶蝉 30-37.5克/公顷 喷雾
LS20090032 氰戊·丙溴磷/25%/乳油/丙溴磷 12.5%、氰戊菊酯 12.5%/2010.01.08 至 2011.01.08/低毒
棉花 棉铃虫 300-375克/公顷 喷雾
LS20090034 阿维·三唑磷/15%/乳油/阿维菌素 0.1%、三唑磷 14.9%/2010.01.08 至 2011.01.08/低毒(原药高毒)
棉花 棉铃虫 135-157.5克/公顷 喷雾
LS20090062 异菌·多菌灵 /52.5%/可湿性粉剂/多菌灵 35%、异菌脲 17.5%/2010.01.09 至 2011.01.09/低毒
番茄 早疫病 787.5-1181.5克/公顷 喷雾
LS20090807 硫磺·甲硫灵/70%/可湿性粉剂/甲基硫菌灵 25%、硫磺 45%/2009.04.03 至 2010.04.03/低毒
黄瓜 白粉病 840-1050克/公顷 喷雾
LS20090857 锰锌·烯唑醇 /32.5%/可湿性粉剂/代森锰锌 30%、烯唑醇 2.5%/2009.04.09 至 2010.04.09/低毒
葡萄 黑痘病 541.7-812.5毫克/千克 喷雾

陕西农大德力邦科技股份有限公司 (陕西省西安市未央区未央湖阳光大道一号 710021 029-86301562)

PD91106-9 甲基硫菌灵/50%/可湿性粉剂/甲基硫菌灵 50%/2006.06.27 至 2011.06.27/低毒
番茄 叶霉病 375-562.5克/公顷 喷雾
甘薯 黑斑病 360-450毫克/千克 浸薯块
瓜类 白粉病 337.5-506.25克/公顷 喷雾
梨树 黑星病 360-450毫克/千克 喷雾
苹果树 轮纹病 700毫克/千克 喷雾
水稻 稻瘟病、纹枯病 1050-1500克/公顷 喷雾
小麦 赤霉病 750-1050克/公顷 喷雾
PD20070050 氯氰菊酯/5%/乳油/氯氰菊酯 5%/2007.03.06 至 2012.03.06/低毒
十字花科蔬菜 菜青虫 30-45克/公顷 喷雾
PD20083465 噁霜·锰锌/64%/可湿性粉剂/噁霜灵 8%、代森锰锌 56%/2008.12.12 至 2013.12.12/低毒
黄瓜 霜霉病 1650-1950克/公顷 喷雾
PD20090103 抑霉唑/500克/升/乳油/抑霉唑 500克/升/2009.01.08 至 2014.01.08/低毒
柑橘 绿霉病、青霉病 500-800毫克/千克 浸果
PD20092464 甲硫·福美双/50%/可湿性粉剂/福美双 30%、甲基硫菌灵 20%/2009.02.25 至 2014.02.25/中等毒
苹果树 轮纹病 400-600倍液 喷雾
PD20093268 多·福/40%/可湿性粉剂/多菌灵 5%、福美双 35%/2009.03.11 至 2014.03.11/低毒
梨树 黑星病 1000-1500毫克/千克 喷雾
葡萄 霜霉病 1000-1250毫克/千克 喷雾
PD20095227 野燕枯/40%/水剂/野燕枯 40%/2009.04.27 至 2014.04.27/中等毒
小麦田 野燕麦 1200-1500克/公顷 茎叶喷雾
PD20095228 野燕枯/96%/原药/野燕枯 96%/2009.04.27 至 2014.04.27/中等毒
LS20061150 抑霉唑硫酸盐/13.3%/水剂/抑霉唑硫酸盐 13.3%/2009.05.15 至 2010.05.15/低毒
柑橘 绿霉病、青霉菌 665-1064毫克/千克 浸果
LS20083001 抑霉唑/3%/膏剂/抑霉唑 3%/2009.09.01 至 2010.09.01/低毒
苹果树 腐烂病 6-9克/平方米 涂抹
LS20091376 抑霉唑/15%/烟剂/抑霉唑 15%/2009.07.28 至 2010.07.28/低毒
番茄 叶霉病 500-750克/公顷 点燃

陕西秦丰农化有限公司 (陕西省杨凌区杨凌农业高新技术产业示范区新桥路 712100 029-87071580)

PD85124-16 福·福锌/80%/可湿性粉剂/福美双 30%、福美锌 50%/2009.06.28 至 2014.06.28/中等毒
黄瓜、西瓜 炭疽病 1500-1800克/公顷 喷雾
麻 炭疽病 240-400克/100千克种子 拌种
棉花 苗期病害 0.5%药液 浸种
苹果树、杉木、橡胶树 炭疽病 500-600倍液 喷雾
PD85136-13 速灭威/25%/可湿性粉剂/速灭威 25%/2005.07.01 至 2010.07.01/中等毒
水稻 飞虱、叶蝉 375-750克/公顷 喷雾
PD20040405 多菌灵/40%/悬浮剂/多菌灵 40%/2009.12.19 至 2014.12.19/低毒
小麦 赤霉病 0.025%药液 喷雾
PD20070603 咪鲜胺/97%/原药/咪鲜胺 97%/2007.12.14 至 2012.12.14/低毒

PD20080009 咪鲜胺/25%/乳油/咪鲜胺 25%/2008.01.03 至 2013.01.03/低毒
辣椒 炭疽病 217.5-375克/公顷 喷雾
水稻 恶苗病 62.5-125毫克/千克 浸种
PD20085742 克·酮·多菌灵/17%/悬浮种衣剂/多菌灵 11.2%、克百威 4.3%、三唑酮 1.5%/2008.12.26 至 2013.12.26/中等毒(原药高毒)
小麦 白粉病、地下害虫 1:50-60(药种比) 种子包衣
PD20091487 福·克/15%/悬浮种衣剂/福美双 8%、克百威 7%/2009.02.02 至 2014.02.02/中等毒(原药高毒)
玉米 地下害虫、茎基腐病 1：40-50药种比 种子包衣
LS20050350 二甲戊灵/33%/乳油/二甲戊灵 33%/2008.02.19 至 2009.02.18/低毒
甘蓝(保护地) 一年生杂草 495-742.5克/公顷 土壤喷雾
LS20050432 阿维·吡虫啉/1.8%/可湿性粉剂/阿维菌素 0.1%、吡虫啉 1.7%/2008.02.19 至 2009.02.18/低毒(原药高毒)
十字花科蔬菜 蚜虫 8.1-10.8克/公顷 喷雾
LS20052788 菌毒·吗啉胍/7.5%/水剂/菌毒清 2.5%、盐酸吗啉胍 5%/2008.08.21 至 2009.08.21/低毒
番茄 病毒病 164.3-196.9克/公顷 喷雾
LS20052845 丁醚脲/50%/可湿性粉剂/丁醚脲 50%/2008.09.01 至 2009.09.01/低毒
苹果树 红蜘蛛 250-500毫克/千克 喷雾
LS20053874 咪鲜·异菌脲/16%/悬浮剂/咪鲜胺 8%、异菌脲 8%/2009.12.28 至 2010.12.28/低毒
香蕉 冠腐病 340-400毫克/千克 浸果2分钟
LS20060562 霜霉威/66.5%/水剂/霜霉威 66.5%/2009.03.16 至 2010.03.16/低毒
黄瓜 霜霉病 897.75-1097.25克/公顷 喷雾
LS20061130 丁醚脲/25%/乳油/丁醚脲 25%/2009.05.11 至 2010.05.11/低毒
柑橘、苹果 红蜘蛛 125－250毫克/千克 喷雾
棉花 棉铃虫 300－562.5克/公顷 喷雾
十字花科蔬菜 菜青虫 225－375克/公顷 喷雾
十字花科蔬菜 小菜蛾 300－562.5克/公顷 喷雾
LS20072327 吡虫·噻嗪酮/10%/可湿性粉剂/吡虫啉 3.3%、噻嗪酮 6.7%/2009.10.15 至 2010.10.16/低毒
水稻 稻飞虱 45-60克/公顷 喷雾
LS20080692 丁醚脲/50%/悬浮剂/丁醚脲 50%/2010.02.25 至 2011.02.25/低毒
十字花科蔬菜 小菜蛾 225-300克/公顷 喷雾

陕西秦乐药业化工有限公司 (陕西省渭南市大荔县北新街市场南路13号 715100 0913-3222657)

PD20080287 溴敌隆/95%/原药/溴敌隆 95%/2008.02.25 至 2013.02.25/剧毒
PD20081804 溴敌隆/0.5%/母液/溴敌隆 0.5%/2008.11.19 至 2013.11.19/中等毒(原药高毒)
室内 家鼠 配成0.005%的毒饵饱和投饵 堆施或穴施
PD20081832 溴敌隆/0.005%/毒饵/溴敌隆 0.005%/2008.11.20 至 2013.11.20/低毒(原药高毒)
室内、外 家鼠 饱和投饵 穴施或堆施
PD20091811 阿维·辛硫磷/15%/乳油/阿维菌素 0.1%、辛硫磷 14.9%/2009.02.04 至 2014.02.04/低毒(原药高毒)
十字花科蔬菜 小菜蛾 112.5-168.75克/公顷 喷雾
PD20092496 多·锰锌/70%/可湿性粉剂/多菌灵 20%、代森锰锌 50%/2009.02.26 至 2014.02.26/低毒
梨树 黑星病 1000-1250毫克/千克 喷雾
PD20094130 多·福/40%/可湿性粉剂/多菌灵 5%、福美双 35%/2009.03.27 至 2014.03.27/低毒
葡萄 霜霉病 1000-1250毫克/千克 喷雾
PD20095157 溴鼠灵/0.005%/毒饵/溴鼠灵 0.005%/2009.04.24 至 2014.04.24/低毒(原药高毒)
室内、外 家鼠 饱和投饵 投饵
WP20090117 杀虫粉剂/0.05%/粉剂/高效氯氰菊酯 0.05%/2009.02.10 至 2014.02.10/低毒
卫生 跳蚤 3-5克制剂/平方米 撒布
WP20090215 杀虫粉剂/0.1%/粉剂/高效氯氰菊酯 0.1%/2009.04.01 至 2014.04.01/低毒
卫生 跳蚤 3-5克制剂/平方米 撒布

陕西上格之路生物科学有限公司 (陕西省西安市周至县楼观台南环路十字西500米路北处 710400 029-88218397)

PD20082458 甲基硫菌灵/500克/升/悬浮剂/甲基硫菌灵 500克/升/2008.12.02 至 2013.12.02/低毒
水稻 纹枯病 750-1125克/公顷 喷雾
小麦 赤霉病 750-1125克/公顷 喷雾
PD20083015 丙环唑/250克/升/乳油/丙环唑 250克/升/2008.12.10 至 2013.12.10/低毒
香蕉树 叶斑病 250-500毫克/千克 喷雾
小麦 白粉病 112.5-135克/公顷 喷雾
PD20083191 醚菊酯/10%/悬浮剂/醚菊酯 10%/2008.12.11 至 2013.12.11/低毒
甘蓝 菜青虫 45-60克/公顷 喷雾
PD20083266 百菌清/75%/可湿性粉剂/百菌清 75%/2008.12.11 至 2013.12.11/低毒
黄瓜 霜霉病 2328.75-3003.75克/公顷 喷雾
PD20083283 四螨嗪/500克/升/悬浮剂/四螨嗪 500克/升/2008.12.11 至 2013.12.11/低毒
苹果树 红蜘蛛 80-100毫克/千克 喷雾
PD20083335 唑螨酯/5%/悬浮剂/唑螨酯 5%/2008.12.11 至 2013.12.11/低毒
苹果树 红蜘蛛 20-25毫克/千克 喷雾
PD20083364 氯氰菊酯/250克/升/乳油/氯氰菊酯 250克/升/2008.12.11 至 2013.12.11/低毒

	棉花	棉铃虫	56.25-75克/公顷	喷雾
	十字花科蔬菜	菜青虫	37.5-56.25克/公顷	喷雾
PD20083578	啶虫脒/20%/可溶粉剂/啶虫脒 20%/2008.12.12 至 2013.12.12/低毒			
	柑橘树	蚜虫	30-40毫克/千克	喷雾
PD20083579	三环唑/75%/可湿性粉剂/三环唑 75%/2008.12.12 至 2013.12.12/中等毒			
	水稻	稻瘟病	264.38-303.75克/公顷	喷雾
PD20083622	三唑锡/20%/悬浮剂/三唑锡 20%/2008.12.12 至 2013.12.12/低毒			
	柑橘树	红蜘蛛	133-200毫克/千克	喷雾
PD20083704	乙烯利/40%/水剂/乙烯利 40%/2008.12.15 至 2013.12.15/低毒			
	棉花	催熟	800-1212毫克/千克	喷雾
PD20083721	腈菌唑/25%/乳油/腈菌唑 25%/2008.12.15 至 2013.12.15/低毒			
	香蕉	叶斑病	277.7-357.1毫克/千克	喷雾
PD20083779	虫酰肼/20%/悬浮剂/虫酰肼 20%/2008.12.15 至 2013.12.15/微毒			
	十字花科蔬菜	甜菜夜蛾	250-300克/公顷	喷雾
PD20084097	啶虫脒/3%/乳油/啶虫脒 3%/2008.12.16 至 2013.12.16/低毒			
	柑橘树	蚜虫	10-12毫克/千克	喷雾
PD20084215	啶虫脒/5%/乳油/啶虫脒 5%/2008.12.16 至 2013.12.16/低毒			
	柑橘树	蚜虫	8.3-10毫克/千克	喷雾
PD20084395	三乙膦酸铝/90%/可溶粉剂/三乙膦酸铝 90%/2008.12.17 至 2013.12.17/低毒			
	黄瓜	霜霉病	900-1350克/公顷	喷雾
PD20084397	二嗪磷/50%/乳油/二嗪磷 50%/2008.12.17 至 2013.12.17/中等毒			
	小麦	地下害虫	150-200克/100千克种子	拌种
PD20084597	氟啶脲/5%/乳油/氟啶脲 5%/2008.12.18 至 2013.12.18/低毒			
	萝卜、青菜	甜菜夜蛾	45-60克/公顷	喷雾
PD20085044	炔螨特/730克/升/乳油/炔螨特 730克/升/2008.12.23 至 2013.12.23/中等毒			
	柑橘树	红蜘蛛	243.3-365毫克/千克	喷雾
PD20085177	硫磺·锰锌/70%/可湿性粉剂/硫磺 42%、代森锰锌 28%/2008.12.23 至 2013.12.23/低毒			
	豇豆	锈病	1575-2100克/公顷	喷雾
PD20085193	苯丁锡/50%/可湿性粉剂/苯丁锡 50%/2008.12.23 至 2013.12.23/低毒			
	柑橘树	红蜘蛛	150-250毫克/千克	喷雾
PD20085244	联苯菊酯/25克/升/乳油/联苯菊酯 25克/升/2008.12.23 至 2013.12.23/低毒			
	茶树	茶小绿叶蝉	30-37.5克/公顷	喷雾
PD20085498	阿维菌素/1.8%/乳油/阿维菌素 1.8%/2008.12.25 至 2013.12.25/低毒(原药高毒)			
	十字花科蔬菜	小菜蛾	8.1-10.8克/公顷	喷雾
PD20085558	氯氰·丙溴磷/440克/升/乳油/丙溴磷 400克/升、氯氰菊酯 40克/升/2008.12.25 至 2013.12.25/中等毒			
	棉花	棉铃虫	462-660克/公顷	喷雾
PD20085648	噻螨酮/5%/可湿性粉剂/噻螨酮 5%/2008.12.26 至 2013.12.26/低毒			
	柑橘树	红蜘蛛	25-30毫克/千克	喷雾
PD20085743	吡嘧磺隆/10%/可湿性粉剂/吡嘧磺隆 10%/2008.12.26 至 2013.12.26/低毒			
	移栽水稻田	稗草	22.5-30 克/公顷	毒土法
PD20085816	霜脲·锰锌/72%/可湿性粉剂/代森锰锌 64%、霜脲氰 8%/2008.12.29 至 2013.12.29/低毒			
	黄瓜	霜霉病	1440-1800克/公顷	喷雾
PD20085886	嘧霉胺/400克/升/悬浮剂/嘧霉胺 400克/升/2008.12.29 至 2013.12.29/微毒			
	黄瓜	灰霉病	468-564克/公顷	喷雾
PD20085892	甲基硫菌灵/70%/可湿性粉剂/甲基硫菌灵 70%/2008.12.29 至 2013.12.29/低毒			
	番茄	叶霉病	375-756克/公顷	喷雾
	苹果树	轮纹病	700-1167毫克/千克	喷雾
PD20085905	丙森锌/70%/可湿性粉剂/丙森锌 70%/2008.12.29 至 2013.12.29/低毒			
	苹果树	斑点落叶病	1000-1167毫克/千克	喷雾
PD20090347	稻丰散/50%/乳油/稻丰散 50%/2009.01.12 至 2014.01.12/中等毒			
	柑橘树	矢尖蚧	333-500毫克/千克	喷雾
	水稻	稻纵卷叶螟	750-900克/公顷	喷雾
PD20090692	顺式氯氰菊酯/100克/升/乳油/顺式氯氰菊酯 100克/升/2009.01.19 至 2014.01.19/中等毒			
	棉花	棉铃虫	22.5-30克/公顷	喷雾
PD20090840	阿维菌素/5%/乳油/阿维菌素 5%/2009.01.19 至 2014.01.19/中等毒(原药高毒)			
	梨树	梨木虱	2.5-3.33毫克/千克	喷雾
PD20090948	乙铝·锰锌/50%/可湿性粉剂/代森锰锌 28%、三乙膦酸铝 22%/2009.01.19 至 2014.01.19/低毒			
	黄瓜	霜霉病	1155-1402.5克/公顷	喷雾
PD20090954	毒死蜱/40%/乳油/毒死蜱 40%/2009.01.20 至 2014.01.20/中等毒			
	菜豆	美洲斑潜蝇	300-420克/公顷	喷雾
PD20090984	抑霉唑/500克/升/乳油/抑霉唑 500克/升/2009.01.20 至 2014.01.20/低毒			
	柑橘	绿霉病、青霉病	250-500毫克/千克	浸果
PD20091103	高效氯氟氰菊酯/25克/升/乳油/高效氯氟氰菊酯 25克/升/2009.01.21 至 2014.01.21/中等毒			

	十字花科蔬菜	菜青虫	11.25-15克/公顷	喷雾
PD20092010	阿维·毒死蜱/15%/乳油/阿维菌素 0.1%、毒死蜱 14.9%/2009.02.12 至 2014.02.12/中等毒(原药高毒)			
	十字花科蔬菜	小菜蛾	67.5-112.5克/公顷	喷雾
PD20092076	高效氯氟氰菊酯/10%/可湿性粉剂/高效氯氟氰菊酯 10%/2009.02.16 至 2014.02.16/中等毒			
	甘蓝	菜青虫	12-15克/公顷	喷雾
PD20092505	马拉·毒死蜱/40%/乳油/毒死蜱 15%、马拉硫磷 25%/2009.02.26 至 2014.02.26/中等毒			
	十字花科蔬菜	小菜蛾	300-420克/公顷	喷雾
PD20092628	异菌脲/50%/可湿性粉剂/异菌脲 50%/2009.03.02 至 2014.03.02/微毒			
	番茄	灰霉病	375-750克/公顷	喷雾
PD20092726	腐霉利/50%/可湿性粉剂/腐霉利 50%/2009.03.04 至 2014.03.04/微毒			
	黄瓜	灰霉病	562.5-750克/公顷	喷雾
	油菜	菌核病	300-500克/公顷	喷雾
PD20092795	苯磺隆/75%/水分散粒剂/苯磺隆 75%/2009.03.04 至 2014.03.04/微毒			
	冬小麦田	阔叶杂草	15.75-20.25克/公顷	茎叶喷雾
PD20093125	二甲戊灵/330克/升/乳油/二甲戊灵 330克/升/2009.03.10 至 2014.03.10/低毒			
	甘蓝田	一年生杂草	618.8-742.5克/公顷	移栽前土壤喷雾
PD20093433	精噁唑禾草灵/69克/升/水乳剂/精噁唑禾草灵 69克/升/2009.03.23 至 2014.03.23/低毒			
	冬小麦田	一年生禾本科杂草	46.6-51.8克/公顷	茎叶喷雾
PD20093545	四聚乙醛/6%/颗粒剂/四聚乙醛 6%/2009.03.23 至 2014.03.23/低毒			
	十字花科蔬菜	蜗牛	450-585克/公顷	撒施
PD20093793	乐果/40%/乳油/乐果 40%/2009.03.25 至 2014.03.25/低毒			
	棉花	蚜虫	540-600克/公顷	喷雾
PD20093885	高氯·辛硫磷/20%/乳油/高效氯氰菊酯 4%、辛硫磷 16%/2009.03.25 至 2014.03.25/中等毒			
	棉花	棉铃虫	300-450克/公顷	喷雾
PD20093951	莠去津/38%/悬浮剂/莠去津 38%/2009.03.27 至 2014.03.27/低毒			
	春玉米田	一年生杂草	1995-2280克/公顷	土壤喷雾
	夏玉米田	一年生杂草	1425-1710克/公顷	土壤喷雾
PD20094808	高效氯氟氰菊酯/2.5%/水乳剂/高效氯氟氰菊酯 2.5%/2009.04.13 至 2014.04.13/中等毒			
	甘蓝	菜青虫	7.5-11.25克/公顷	喷雾
PD20094965	烟嘧磺隆/40克/升/油悬浮剂/烟嘧磺隆 40克/升/2009.04.21 至 2014.04.21/低毒			
	玉米田	一年生杂草	42-60克/公顷	茎叶喷雾
PD20095044	除虫脲/25%/可湿性粉剂/除虫脲 25%/2009.04.21 至 2014.04.21/低毒			
	甘蓝	菜青虫	187.5-225克/公顷	喷雾
	苹果树	金纹细蛾	125-250毫克/千克	喷雾
PD20095267	噻苯隆/50%/可湿性粉剂/噻苯隆 50%/2009.04.27 至 2014.04.27/低毒			
	棉花	脱叶	150-300克/公顷	茎叶喷雾
PD20095297	烯唑醇/12.5%/可湿性粉剂/烯唑醇 12.5%/2009.04.27 至 2014.04.27/低毒			
	梨树	黑星病	35.7-50毫克/千克	喷雾
PD20095629	苄嘧磺隆/10%/可湿性粉剂/苄嘧磺隆 10%/2009.05.12 至 2014.05.12/低毒			
	冬小麦田	一年生阔叶杂草	60-75克/公顷	喷雾
PD20095769	高效氟吡甲禾灵/108克/升/乳油/高效氟吡甲禾灵 108克/升/2009.05.18 至 2014.05.18/低毒			
	油菜田	一年生禾本科杂草	30-45克/公顷	茎叶喷雾
PD20096487	乙氧氟草醚/240克/升/乳油/乙氧氟草醚 240克/升/2009.08.14 至 2014.08.14/低毒			
	甘蔗田	一年生杂草	144-180克/公顷	土壤喷雾
PD20096541	2甲4氯钠/56%/可溶粉剂/2甲4氯钠 56%/2009.08.20 至 2014.08.20/低毒			
	冬小麦田、玉米田	一年生阔叶杂草	900-1200克/公顷	茎叶喷雾
PD20096604	异丙甲草胺/720克/升/乳油/异丙甲草胺 720克/升/2009.09.02 至 2014.09.02/低毒			
	大豆田	一年生杂草	1522.8-1954.8克/公顷	土壤喷雾
	甘蔗田、花生田	一年生杂草	1350-1620克/公顷	土壤喷雾
PD20096679	代森锰锌/80%/可湿性粉剂/代森锰锌 80%/2009.09.07 至 2014.09.07/低毒			
	番茄	早疫病	1560-2520克/公顷	喷雾
	柑橘树	疮痂病	1333-2000毫克/千克	喷雾
	黄瓜	霜霉病	2040-3000克/公顷	喷雾
	苹果树	斑点落叶病	1000-1333毫克/千克	喷雾
	葡萄	霜霉病	1000-1600毫克/千克	喷雾
PD20096877	抗蚜威/50%/水分散粒剂/抗蚜威 50%/2009.09.23 至 2014.09.23/中等毒			
	小麦	蚜虫	112.5-150克/公顷	喷雾
	烟草	烟蚜	120-165克/公顷	喷雾
PD20097095	杀螟硫磷/45%/乳油/杀螟硫磷 45%/2009.10.10 至 2014.10.10/低毒			
	苹果树	卷叶蛾	300—500毫克/千克	喷雾
	水稻	稻纵卷叶螟	472.5—560.25克/公顷	喷雾
PD20097161	氟节胺/125克/升/乳油/氟节胺 125克/升/2009.10.16 至 2014.10.16/低毒			
	烟草	抑制腋芽生长	0.5-0.417毫克/千克	杯淋法

PD20097170 碱式硫酸铜/27.12%/悬浮剂/碱式硫酸铜 27.12%/2009.10.16 至 2014.10.16/微毒
苹果树 轮纹病 542-678毫克/千克 喷雾

PD20097194 稻瘟灵/40%/可湿性粉剂/稻瘟灵 40%/2009.10.16 至 2014.10.16/低毒
水稻 稻瘟病 500－600克/公顷 喷雾

PD20097558 王铜/70%/可湿性粉剂/王铜 70%/2009.11.20 至 2014.11.20/低毒
柑橘树 溃疡病 583-700毫克/千克 喷雾

PD20097572 甲维·丙溴磷/24.3%/乳油/丙溴磷 24%、甲氨基阿维菌素苯甲酸盐 0.3%/2009.11.03 至 2014.11.03/低毒
棉花 红蜘蛛 164.025-218.7克/公顷 喷雾

PD20097619 苯菌灵/50%/可湿性粉剂/苯菌灵 50%/2009.11.03 至 2014.11.03/低毒
梨树 黑星病 500-667毫克/千克 喷雾

PD20097640 溴螨酯/500克/升/乳油/溴螨酯 500克/升/2009.11.04 至 2014.11.04/低毒
柑橘树 红蜘蛛 333-500毫克/千克 喷雾

PD20097665 氯氟吡氧乙酸异辛酯(288克/升)///乳油/氯氟吡氧乙酸 200克/升/2009.11.04 至 2014.11.04/低毒
冬小麦田 一年生阔叶杂草 150-210克/公顷 茎叶喷雾

PD20097673 甲基硫菌灵/3%/糊剂/甲基硫菌灵 3%/2009.11.04 至 2014.11.04/低毒
苹果树 腐烂病 6－9克/平方米 涂抹病斑

PD20097812 霜霉威盐酸盐/722克/升/水剂/霜霉威盐酸盐 722克/升/2009.11.20 至 2014.11.20/低毒
黄瓜 霜霉病 649.8-1083克/公顷 喷雾

PD20097874 杀螺胺/70%/可湿性粉剂/杀螺胺 70%/2009.11.20 至 2014.11.20/低毒
水稻 福寿螺 315-367.5克/公顷 毒土法

PD20097917 噁霉灵/30%/水剂/噁霉灵 30%/2009.11.30 至 2014.11.30/低毒
水稻 立枯病 9000－18000克/公顷 浇灌

PD20098008 春雷霉素/6%/可湿性粉剂/春雷霉素 6%/2009.12.07 至 2014.12.07/微毒
水稻 稻瘟病 27.9-33.3克/公顷 喷雾

PD20098035 硫磺/50%/悬浮剂/硫磺 50%/2009.12.07 至 2014.12.07/低毒
苹果树 白粉病 1250-2500毫克/千克 喷雾

PD20098059 联苯菊酯/100克/升/乳油/联苯菊酯 100克/升/2009.12.07 至 2014.12.07/中等毒
茶树 茶小绿叶蝉 30-37.5克/公顷 喷雾
番茄 白粉虱 12-15克/公顷 喷雾

PD20098097 腐霉利/50%/可湿性粉剂/腐霉利 50%/2009.12.08 至 2014.12.08/低毒
油菜 菌核病 300-450克/公顷 喷雾

PD20098141 氯氰·毒死蜱/522.5克/升/乳油/毒死蜱 475克/升、氯氰菊酯 47.5克/升/2009.12.08 至 2014.12.08/中等毒
菜豆 豆荚螟 313.5-470.25克/公顷 喷雾
柑橘树 潜叶蛾 475-580.6毫克/千克 喷雾
苹果树 桃小食心虫 275-366.67毫克/千克 喷雾
桃树 介壳虫 298.57-348.33毫克/千克 喷雾

PD20098260 吡虫啉/200克/升/可溶液剂/吡虫啉 200克/升/2009.12.16 至 2014.12.16/低毒
棉花 蚜虫 30-45克/公顷 喷雾
水稻 稻飞虱 20-30克/公顷 喷雾

PD20098384 甲霜·锰锌/72%/可湿性粉剂/甲霜灵 8%、代森锰锌 64%/2009.12.18 至 2014.12.18/低毒
烟草 黑胫病 1080-1296克/公顷 喷雾

PD20098387 毒死蜱/480克/升/乳油/毒死蜱 480克/升/2009.12.18 至 2014.12.18/中等毒
柑橘树 矢尖蚧 320-480毫克/千克 喷雾
苹果树 绵蚜 203.5-271.3毫克/千克 喷雾
十字花科蔬菜 黄条跳甲 45-60毫升制剂/亩 喷雾
水稻 稻纵卷叶螟 63-83毫升制剂/亩 喷雾

PD20098448 噻吩磺隆/75%/水分散粒剂/噻吩磺隆 75%/2009.12.24 至 2014.12.24/低毒
大豆田 一年生阔叶杂草 22.5-24.75克/公顷 播后苗前土壤喷雾

LS20041834 代森锌/65%/可湿性粉剂/代森锌 65%/2009.02.27 至 2009.12.31/低毒
花生 叶斑病 860-960克/公顷 喷雾

LS20050705 吡虫啉/20%/可湿性粉剂/吡虫啉 20%/2008.03.20 至 2009.03.20/低毒
水稻 稻飞虱 15-30克/公顷 喷雾

LS20050716 阿维·杀虫单/20%/微乳剂/阿维菌素 0.2%、杀虫单 19.8%/2008.03.20 至 2009.03.20/低毒(原药高毒)
菜豆 美洲斑潜蝇 150-210克/公顷 喷雾

LS20050768 氯氰菊酯/15%/可湿性粉剂/氯氰菊酯 15%/2008.03.28 至 2009.03.28/低毒
十字花科蔬菜 菜青虫 45-67.5克/公顷 喷雾

LS20050978 甲霜·噁霉灵/3%/水剂/噁霉灵 2.5%、甲霜灵 0.5%/2008.04.04 至 2009.04.04/微毒
水稻 立枯病 0.42-0.54克/平方米 土壤喷雾

LS20051478 己唑醇/50克/升/悬浮剂/己唑醇 50克/升/2008.04.21 至 2009.04.21/低毒
梨树 黑星病 33.3-50毫克/千克 喷雾

LS20051482 溴氰菊酯/2.5%/可湿性粉剂/溴氰菊酯 2.5%/2008.04.21 至 2009.04.21/中等毒
十字花科蔬菜 菜青虫 7.5-15克/公顷 喷雾

LS20051652 阿维·高氯/2.4%/可湿性粉剂/阿维菌素 0.3%、高效氯氰菊酯 2.1%/2008.04.29 至 2009.04.29/低毒(原药高毒)
十字花科蔬菜 菜青虫、小菜蛾 13.5-27克/公顷 喷雾
LS20051759 吡虫啉/70%/水分散粒剂/吡虫啉 70%/2008.05.15 至 2009.05.15/中等毒
十字花科蔬菜 蚜虫 15.75-21克/公顷 喷雾
LS20052047 噻嗪·杀扑磷/20%/可湿性粉剂/噻嗪酮 15%、杀扑磷 5%/2008.06.01 至 2009.06.01/中等毒(原药高毒)
柑橘树 矢尖蚧 200-250毫克/千克 喷雾
LS20052233 松脂酸铜/12%/乳油/松脂酸铜 12%/2008.06.20 至 2009.06.20/低毒
黄瓜 霜霉病 367.2-419.4克/公顷 喷雾
LS20052371 多抗霉素/10%/可湿性粉剂/多抗霉素B 10%/2008.07.03 至 2009.07.03/低毒
番茄 叶霉病 150-210克/公顷 喷雾
LS20052589 阿维·三唑磷/20%/乳油/阿维菌素 0.2%、三唑磷 19.8%/2008.08.14 至 2009.08.14/中等毒(原药高毒)
水稻 二化螟 150-210克/公顷 喷雾
LS20052715 王铜·代森锌/52%/可湿性粉剂/代森锌 15%、王铜 37%/2008.08.21 至 2009.08.21/低毒
柑橘树 溃疡病 1733-2600毫克/千克 喷雾
LS20053193 苯肽胺酸/20%/可溶液剂/苯肽胺酸 20%/2008.10.10 至 2009.10.10/低毒
大豆 调节生长 500-750毫克/千克 喷雾
LS20053536 甲氨基阿维菌素苯甲酸盐/1%/乳油/甲氨基阿维菌素苯甲酸盐 1%/2008.11.14 至 2009.11.14/低毒
棉花 棉铃虫 9-11.25克/公顷 喷雾
LS20053587 氨基寡糖素/0.5%/水剂/氨基寡糖素 0.5%/2008.11.15 至 2009.12.31/低毒
番茄 晚疫病 16.45-18.75克/公顷 喷雾
LS20053880 叶枯唑/20%/可湿性粉剂/叶枯唑 20%/2009.12.28 至 2010.12.28/低毒
水稻 白叶枯病 337.5-375克/公顷 喷雾
LS20060545 阿维菌素/2.8%/微乳剂/阿维菌素 2.8%/2009.03.16 至 2010.03.16/低毒(原药高毒)
菜豆、黄瓜 美洲斑潜蝇 10.8-16.2克/公顷 喷雾
柑橘树 红蜘蛛、潜叶蛾 4.5-9毫克/千克 喷雾
柑橘树 锈壁虱 2.25-4.5毫克/千克 喷雾
梨树 梨木虱 6-12毫克/千克 喷雾
棉花 棉铃虫 21.6-32.4克/公顷 喷雾
棉花 红蜘蛛 10.8-16.2克/公顷 喷雾
苹果树 二斑叶螨 4.5-6毫克/千克 喷雾
苹果树 红蜘蛛 3-6毫克/千克 喷雾
苹果树 桃小食心虫 4.5-9毫克/千克 喷雾
十字花科蔬菜 小菜蛾 6.3-10.5克/公顷 喷雾
十字花科蔬菜 菜青虫 8.1-10.8克/公顷 喷雾
LS20061139 多菌灵/75%/水分散粒剂/多菌灵 75%/2009.05.15 至 2010.05.15/低毒
苹果树 轮纹病 750-937.5毫克/千克 喷雾
LS20061588 腈菌唑/40%/水分散粒剂/腈菌唑 40%/2009.08.13 至 2010.08.13/低毒
苹果树 斑点落叶病 57.14-66.67毫克/千克 喷雾
LS20070011 甲基硫菌灵/70%/水分散粒剂/甲基硫菌灵 70%/2010.01.16 至 2011.01.16/低毒
苹果树 轮纹病 700-875毫克/千克 喷雾
LS20070038 抗蚜·乙酰甲/30%/可湿性粉剂/抗蚜威 15%、乙酰甲胺磷 15%/2010.01.18 至 2011.01.18/中等毒
十字花科蔬菜 蚜虫 135-180克/公顷 喷雾
LS20070081 复硝酚钠/2%/可溶粉剂/5-硝基邻甲氧基苯酚钠 0.33%、对硝基苯酚钠 1.0%、邻硝基苯酚钠 0.67%/2010.01.29至2011.01.29/低毒
小麦 调节生长 3000-4000倍液 喷雾
LS20071275 毒死蜱/40%/水乳剂/毒死蜱 40%/2009.05.07 至 2010.05.08/中等毒
水稻 稻纵卷叶螟 450-540克/公顷 喷雾
LS20080090 烯酰吗啉/50%/水分散粒剂/烯酰吗啉 50%/2010.01.05 至 2011.01.05/低毒
黄瓜 霜霉病 225-300克/公顷 喷雾
LS20080097 甲氰菊酯/20%/水乳剂/甲氰菊酯 20%/2010.01.05 至 2011.01.05/中等毒
柑橘树 红蜘蛛 80-100毫克/千克 喷雾
苹果树 桃小食心虫 80-100毫克/千克 喷雾
LS20080158 氰戊菊酯/20%/水乳剂/氰戊菊酯 20%/2010.01.07 至 2011.01.07/低毒
苹果树 桃小食心虫 80-100毫克/千克 喷雾
LS20080210 高效氯氟氰菊酯/20%/水乳剂/高效氯氟氰菊酯 20%/2010.01.07 至 2011.01.07/中等毒
茶树 茶小绿叶蝉 24-30克/公顷 喷雾
十字花科蔬菜 菜青虫 12-15克/公顷 喷雾
烟草 烟青虫 18-27克/公顷 喷雾
LS20080514 阿维·苯丁锡/10.6%/悬浮剂/阿维菌素 0.6%、苯丁锡 10%/2010.02.20 至 2011.02.20/低毒(原药高毒)
柑橘树 红蜘蛛 34.3-53毫克/千克 喷雾
LS20080604 阿维·灭蝇胺/11%/悬浮剂/阿维菌素 1%、灭蝇胺 10%/2010.02.23 至 2011.02.23/低毒(原药高毒)
黄瓜 美洲斑潜蝇 74.25-115.5克/公顷 喷雾
LS20080767 阿维·丁醚脲/15.6%/悬浮剂/阿维菌素 0.6%、丁醚脲 15%/2010.02.27 至 2011.02.27/低毒(原药高毒)

柑橘树 红蜘蛛 104～78毫克/千克 喷雾

LS20080869 乙酰甲胺磷/40%/乳油/乙酰甲胺磷 40%/2009.03.04 至 2010.03.04/低毒

水稻 二化螟 720-900克/公顷 喷雾

小麦 粘虫 600-720克/公顷 喷雾

LS20080902 毒死蜱/480克/升/乳油/毒死蜱 480克/升/2009.03.05 至 2010.03.05/中等毒

柑橘树 介壳虫 320-480毫克/千克 喷雾

韭菜 韭蛆 1980-2520克/公顷 灌根

苹果树 绵蚜 200-266.7毫克/千克 喷雾

十字花科蔬菜 黄条跳甲 324-432克/公顷 喷雾

水稻 稻飞虱、稻纵卷叶螟 504-612克/公顷 喷雾

LS20080906 草除灵/500克/升/悬浮剂/草除灵 500克/升/2009.03.05 至 2010.03.05/低毒

冬油菜田 一年生阔叶杂草 247.5-300克/公顷 茎叶喷雾

LS20080907 吡虫啉/600克/升/悬浮剂/吡虫啉 600克/升/2009.03.05 至 2010.03.05/低毒

水稻 稻飞虱 27-45克/公顷 喷雾

LS20081078 草甘膦铵盐/74.7%/可溶粒剂/草甘膦铵盐 74.7%/2009.03.07 至 2010.03.07/低毒

柑橘园 杂草 1125-2250克/公顷 定向茎叶喷雾

免耕抛秧水稻田 杂草 2241-2801.25克/公顷 茎叶喷雾

LS20081111 烯草酮/120克/升/乳油/烯草酮 120克/升/2009.03.10 至 2010.03.10/低毒

大豆田、油菜田 一年生禾本科杂草 63-72克/公顷 茎叶喷雾

LS20081431 己唑醇/30%/悬浮剂/己唑醇 30%/2009.03.17 至 2010.03.17/低毒

梨树 黑星病 33.3-50毫克/千克 喷雾

苹果树 斑点落叶病 33-50毫克/千克 喷雾

水稻 纹枯病 58.5-76.5克/公顷 喷雾

LS20081750 虱螨脲/50克/升/乳油/虱螨脲 50克/升/2009.04.07 至 2010.04.07/低毒

十字花科蔬菜 甜菜夜蛾 22.5-30克/公顷 喷雾

LS20081900 已唑醇/30%/悬浮剂/己唑醇 30%/2009.04.10 至 2010.04.10/低毒

苹果树 斑点落叶病 33-50毫克/千克 喷雾

LS20082071 毒死蜱/15%/颗粒剂/毒死蜱 15%/2009.04.15 至 2010.04.15/低毒

花生 地下害虫 2812.5-3375克/公顷 撒施

LS20082378 氟节胺/125克/升/乳油/氟节胺 125克/升/2009.04.21 至 2010.04.21/低毒

烟草 抑制腋芽生长 416.7-500毫克/千克 杯淋法

LS20082711 苯醚甲环唑/30%/悬浮剂/苯醚甲环唑 30%/2009.04.29 至 2010.04.29/低毒

香蕉 叶斑病 83.3-125毫克/千克 喷雾

LS20082803 氯氰·吡虫啉/7.5%/悬浮剂/吡虫啉 5%、高效氯氟氰菊酯 2.5%/2009.05.12 至 2010.05.12/低毒

小麦 蚜虫 33.75-39.375克/公顷 喷雾

LS20082858 阿维·联苯菊/5.6%/水乳剂/阿维菌素 0.6%、联苯菊酯 5%/2009.06.11 至 2010.06.11/低毒(原药高毒)

苹果树 桃小食心虫 18.67-28毫克/千克 喷雾

LS20082873 甲维·丁醚脲/20.5%/悬浮剂/丁醚脲 20%、甲氨基阿维菌素苯甲酸盐 0.5%/2009.06.11 至 2010.06.11/低毒

甘蓝 小菜蛾 92.25-107.62克/公顷 喷雾

LS20082897 乙铝·代森锌/70%/水分散粒剂/代森锌 45%、三乙膦酸铝 25%/2009.07.09 至 2010.07.09/低毒

烟草 黑胫病 875-1167毫克/千克 喷雾

LS20083077 甲氨基阿维菌素苯甲酸盐/5%/水分散粒剂/甲氨基阿维菌素苯甲酸盐 5%/2009.10.20 至 2010.10.20/低毒

十字花科蔬菜 甜菜夜蛾 2.25-3.75克/公顷 喷雾

LS20090287 丁醚·虫螨腈/20%/悬浮剂/虫螨腈 8%、丁醚脲 12%/2009.02.16 至 2010.02.16/低毒

十字花科蔬菜 小菜蛾 150-180克/公顷 喷雾

LS20090303 甲基毒死蜱/400克/升/乳油/甲基毒死蜱 400克/升/2010.02.25 至 2011.02.25/中等毒

甘蓝 菜青虫 360-480克/公顷 喷雾

LS20090314 氯溴异氰尿酸/50%/可溶粉剂/氯溴异氰尿酸 50%/2009.03.04 至 2010.03.04/低毒

辣椒 病毒病 450-525克/公顷 喷雾

LS20090457 代森锌/65%/水分散粒剂/代森锌 65%/2009.03.18 至 2010.03.18/低毒

花生 叶斑病 877.5-975克/公顷 喷雾

LS20091114 阿维·哒螨灵/10%/微乳剂/阿维菌素 0.4%、哒螨灵 9.6%/2009.04.17 至 2010.04.17/低毒(原药高毒)

苹果树 红蜘蛛 33.3-50毫克/千克 喷雾

LS20091120 虫酰·毒死蜱/28%/悬浮剂/虫酰肼 21%、毒死蜱 7%/2009.04.17 至 2010.04.17/低毒

苹果树 卷叶蛾 117-165毫克/千克 喷雾

1700-2400倍液

LS20091265 丙森锌/70%/水分散粒剂/丙森锌 70%/2009.05.12 至 2010.05.12/低毒

苹果树 斑点落叶病 1000-1167毫克/千克 喷雾

LS20091359 宁南霉素/2%/水剂/宁南霉素 2%/2009.07.20 至 2010.07.20/低毒

辣椒 病毒病 90-120克/公顷 喷雾

陕西省宝鸡市力华精细化工厂 (陕西省宝鸡市大庆路西段 721004 0917-3412870)

WP20030012 杀虫气雾剂/0.3%/气雾剂/胺菊酯 0.2%、氯菊酯 0.1%/2008.06.25 至 2013.06.25/微毒

卫生 蚊、蝇 / 喷雾

陕西省汉中农药化工厂 (陕西省汉中市汉台区飞机厂南广上路中段 723000 0916-2514839)

PD20083092 杀虫双/3.6%/颗粒剂/杀虫双 3.6%/2008.12.10 至 2013.12.10/中等毒

水稻	二化螟	540-645克/公顷	撒施
水稻	三化螟	540-750克/公顷	撒施

陕西省汉中市瑞丰生物科技有限责任公司 (陕西省汉中市城固县三合乡 723200 0916-7292966)

PD20094102 甲氰·辛硫磷/25%/乳油/甲氰菊酯 5%、辛硫磷 20%/2009.03.27 至 2014.03.27/中等毒

苹果树	红蜘蛛	200-250毫克/千克	喷雾

LS20051504 多·福/40%/可湿性粉剂/多菌灵 20%、福美双 20%/2008.04.21 至 2009.04.21/低毒

梨树	黑星病	1000-1500毫克/千克	喷雾
葡萄	霜霉病	1000-1250毫克/千克	喷雾

LS20052605 阿维·高氯/2%/乳油/阿维菌素 0.4%、高效氯氰菊酯 1.6%/2008.08.14 至 2009.08.14/低毒(原药高毒)

梨树	梨木虱	6-12毫克/千克	喷雾
十字花科蔬菜	菜青虫、小菜蛾	7.5-15克/公顷	喷雾

LS20053467 苄·乙/20%/可湿性粉剂/苄嘧磺隆 5%、乙草胺 15%/2008.11.13 至 2009.11.13/低毒

水稻移栽田	一年生和多年生杂草	84-118克/公顷	毒土法

陕西省化工总厂 (陕西省渭南市临渭区东风街96号 714000 0913-2138680)

PD84125-23 乙烯利/40%/水剂/乙烯利 40%/2009.11.23 至 2014.11.23/低毒

番茄	催熟	800-1000倍液	喷雾或浸渍
棉花	催熟、增产	330-500倍液	喷雾
柿子、香蕉	催熟	400倍液	喷雾或浸渍
水稻	催熟、增产	800倍液	喷雾
橡胶树	增产	5-10倍液	涂布
烟草	催熟	1000-2000倍液	喷雾

PD86123-6 矮壮素/50%/水剂/矮壮素 50%/2006.12.04 至 2011.12.04/低毒

棉花	提高产量、植株紧凑	1)10000倍液	1)喷雾
棉花	防止疯长	2)0.3-0.5%药液 25000倍液	2)浸种喷顶
棉花	防止徒长,化学整枝	10000倍液	喷顶，后期喷全株
小麦	防止倒伏,提高产量	1)3-5%药液 2)100-400倍液	1)拌种2)返青、拔节期喷雾
玉米	增产	0.5%药液	浸种

陕西省蒲城华迪药业有限责任公司 (陕西省蒲城县苏坊镇东街 715514 0913-7322029)

WP20090102 高效氯氰菊酯/5%/微乳剂/高效氯氰菊酯 5%/2009.02.04 至 2014.02.04/低毒

卫生	蚊、蝇	玻璃面20毫克/平方米; 木板面40毫克/平方米; 石灰面60毫克/平方米	滞留喷洒

陕西省蒲城美尔果农化有限责任公司 (陕西省渭南市蒲城县乡企大市场65号 715500 0913-7213173)

PD85105-11 敌敌畏/80%/乳油/敌敌畏 77.5%/2005.02.04 至 2010.02.04/中等毒

茶树	食叶害虫	600克/公顷	喷雾
粮仓	多种储藏害虫	1)400-500倍液 2)0.4-0.5克/立方米	1)喷雾 2)挂条熏蒸
棉花	蚜虫、造桥虫	600-1200克/公顷	喷雾
苹果树	小卷叶蛾、蚜虫	400-500毫克/千克	喷雾
青菜	菜青虫	600克/公顷	喷雾
桑树	尺蠖	600克/公顷	喷雾
卫生	多种卫生害虫	1)300-400倍液 2)0.08克/立方米	1)泼洒 2)挂条熏蒸
小麦	黏虫、蚜虫	600克/公顷	喷雾

PD20040545 氯氰·吡虫啉/5%/乳油/吡虫啉 1%、氯氰菊酯 4%/2009.12.19 至 2014.12.18/低毒

十字花科蔬菜	蚜虫	22.5-30克/公顷	喷雾

PD20040687 哒螨灵/20%/可湿性粉剂/哒螨灵 20%/2009.12.19 至 2014.12.19/中等毒

苹果树	红蜘蛛	50-67毫克/千克	喷雾

PD20070150 石硫合剂/29%/水剂/石硫合剂 29%/2007.06.07 至 2012.06.07/低毒

苹果树	白粉病	55-70倍液	喷雾

PD20070330 硫磺·多菌灵/42%/悬浮剂/多菌灵 7%、硫磺 35%/2007.10.12 至 2012.10.12/低毒

黄瓜	白粉病	1575-2363克/公顷	喷雾

PD20081351 多·锰锌/40%/可湿性粉剂/多菌灵 20%、代森锰锌 20%/2008.10.21 至 2013.10.21/低毒

梨树	黑星病	1000-1250毫克/千克	喷雾

PD20082396 毒死蜱/40%/乳油/毒死蜱 40%/2008.12.01 至 2013.12.01/中等毒

苹果树	桃小食心虫	200-267毫克/千克	喷雾

PD20082464 联苯菊酯/100克/升/乳油/联苯菊酯 100克/升/2008.12.02 至 2013.12.02/低毒

茶树	茶小绿叶蝉	30-37.5克/公顷	喷雾

PD20083089 福·福锌/80%/可湿性粉剂/福美双 30%、福美锌 50%/2008.12.10 至 2013.12.10/低毒

苹果树 炭疽病 500-600倍液 喷雾

PD20083747 多菌灵/80%/可湿性粉剂/多菌灵 80%/2008.12.15 至 2013.12.15/低毒

水稻 稻瘟病 937.5-1125克/公顷 喷雾

PD20085269 四螨嗪/500克/升/悬浮剂/四螨嗪 500克/升/2008.12.23 至 2013.12.23/低毒

苹果树 红蜘蛛 83.33-100毫克/千克 喷雾

PD20085365 代森锰锌/80%/可湿性粉剂/代森锰锌 80%/2008.12.24 至 2013.12.24/低毒

番茄 早疫病 1920-2400克/公顷 喷雾

PD20085555 硫丹/350克/升/乳油/硫丹 350克/升/2008.12.25 至 2013.12.25/中等毒(原药高毒)

棉花 棉铃虫 525-866.25克/公顷 喷雾

PD20085663 啶虫脒/3%/乳油/啶虫脒 3%/2008.12.26 至 2013.12.26/低毒

苹果树 蚜虫 15－20毫克/千克 喷雾

PD20085975 腈菌・福美双/20%/可湿性粉剂/福美双 18%、腈菌唑 2%/2008.12.29 至 2013.12.29/低毒

黄瓜 白粉病 240-360克/公顷 喷雾

PD20086206 甲基硫菌灵/70%/可湿性粉剂/甲基硫菌灵 70%/2008.12.30 至 2013.12.30/低毒

苹果树 轮纹病 700-1167毫克/千克 喷雾

PD20090152 苯丁・哒螨灵 /10%/乳油/苯丁锡 5%、哒螨灵 5%/2009.01.08 至 2014.01.08/低毒

柑橘树 红蜘蛛 1000-1500倍液 喷雾

PD20090424 高效氯氟氰菊酯/25克/升/乳油/高效氯氟氰菊酯 25克/升/2009.01.12 至 2014.01.12/中等毒

茶树 茶小绿叶蝉 22.5-30克/公顷 喷雾

PD20091030 噻嗪・异丙威/25%/可湿性粉剂/噻嗪酮 5%、异丙威 20%/2009.01.21 至 2014.01.21/低毒

水稻 稻飞虱 450-562.5克/公顷 喷雾

PD20091051 丙环唑/250克/升/乳油/丙环唑 250克/升/2009.01.21 至 2014.01.21/低毒

香蕉 叶斑病 250-500毫克/千克 喷雾

PD20091112 氯氰・毒死蜱/20%/乳油/毒死蜱 16.6%、氯氰菊酯 3.4%/2009.01.21 至 2014.01.21/中等毒

棉花 棉铃虫 180-240克/公顷 喷雾

PD20091245 速灭威/25%/可湿性粉剂/速灭威 25%/2009.02.01 至 2014.02.01/低毒

水稻 稻飞虱 562.5-750克/公顷 喷雾

PD20092095 虫酰肼/200克/升/悬浮剂/虫酰肼 200克/升/2009.02.16 至 2014.02.16/低毒

十字花科蔬菜 甜菜夜蛾 250-300克/公顷 喷雾

PD20092643 福・甲・硫磺/70%/可湿性粉剂/福美双 25%、甲基硫菌灵 14%、硫磺 31%/2009.03.03 至 2014.03.03/低毒

辣椒 炭疽病 735-945克/公顷 喷雾

PD20093115 多・锰锌/80%/可湿性粉剂/多菌灵 15%、代森锰锌 65%/2009.03.10 至 2014.03.10/低毒

苹果树 斑点落叶病 1000-1250毫克/千克 喷雾

PD20093384 代森锌/65%/可湿性粉剂/代森锌 65%/2009.03.19 至 2014.03.19/低毒

番茄 早疫病 2550-3600克/公顷 喷雾

PD20093460 联苯菊酯/25克/升/乳油/联苯菊酯 25克/升/2009.03.23 至 2014.03.23/低毒

茶树 茶尺蠖 7.5～15克/公顷 喷雾

PD20094805 炔螨特/57%/乳油/炔螨特 57%/2009.04.13 至 2014.04.13/低毒

柑橘树 红蜘蛛 258-356.25毫克/千克 喷雾

PD20097767 福・福锌/40%/可湿性粉剂/福美双 15%、福美锌 25%/2009.11.12 至 2014.11.12/低毒

苹果树 炭疽病 1333.3－1600毫克/千克 喷雾

LS20050094 阿维・高氯/2.4%/可湿性粉剂/阿维菌素 0.2%、高效氯氰菊酯 2.2%/2008.01.12 至 2009.01.11/低毒(原药高毒)

黄瓜 美洲斑潜蝇 15-30克/公顷 喷雾

十字花科蔬菜 菜青虫、小菜蛾 13.5-27克/公顷 喷雾

LS20050188 阿维・高氯/3%/乳油/阿维菌素 0.2%、高效氯氰菊酯 2.8%/2008.01.26 至 2009.01.25/低毒(原药高毒)

梨树 梨木虱 12-24毫克/千克 喷雾

LS20050500 吡虫啉/5%/可湿性粉剂/吡虫啉 5%/2008.02.26 至 2009.02.25/低毒

水稻 飞虱 15-30克/公顷 喷雾

小麦 蚜虫 15-30克/公顷(南方地区)45-60克/公顷(北方地区) 喷雾

LS20050501 阿维・高氯/1.8%/乳油/阿维菌素 0.1%、高效氯氰菊酯 1.7%/2008.02.26 至 2009.02.25/低毒(原药高毒)

黄瓜 美洲斑潜蝇 15-30克/公顷 喷雾

LS20053139 井冈霉素A/10%/水剂/井冈霉素A 10%/2008.09.28 至 2009.09.28/低毒

水稻 纹枯病 150-187.5克/公顷 喷雾

LS20060177 阿维・高氯/3%/微乳剂/阿维菌素 0.2%、高效氯氰菊酯 2.8%/2010.01.27 至 2011.01.27/低毒(原药高毒)

梨树 梨木虱 12-24毫克/千克 喷雾

十字花科蔬菜 菜青虫、小菜蛾 13.5-27克/公顷 喷雾

LS20070990 唑磷 ・敌敌畏/35%/乳油/敌敌畏 25%、三唑磷 10%/2009.04.19 至 2010.04.20/中等毒

水稻 二化螟 525-630克/公顷 喷雾

LS20071941 高效氯氰菊酯/4.5%/微乳剂/高效氯氰菊酯 4.5%/2009.08.07 至 2010.08.08/低毒

十字花科蔬菜 菜青虫 13.5-27克/公顷 喷雾

LS20071992 阿维・三唑锡/12.15%/可湿性粉剂/阿维菌素 0.15%、三唑锡 12%/2009.08.07 至 2010.08.08/低毒(原药高毒)

柑橘树 红蜘蛛 61～81毫克/千克 喷雾

LS20081051 哒螨灵/15%/乳油/哒螨灵 15%/2009.03.07 至 2010.03.07/中等毒
柑橘树 红蜘蛛 75-100毫克/千克 喷雾
LS20090706 多抗霉素/0.3%/水剂/多抗霉素 0.3%/2009.03.31 至 2010.03.31/低毒
西瓜 枯萎病 30-37.5毫克/千克 灌根
LS20090707 高效氯氟氰菊酯/5%/微乳剂/高效氯氟氰菊酯 5%/2009.03.31 至 2010.03.31/中等毒
甘蓝 菜青虫 15-18.75克/公顷 喷雾
LS20090713 啶虫脒/10%/微乳剂/啶虫脒 10%/2009.03.31 至 2010.03.31/低毒
苹果树 蚜虫 12.5-20毫克/千克 喷雾
LS20090715 甲氨基阿维菌素苯甲酸盐(2.2%)///微乳剂/甲氨基阿维菌素 2%/2009.03.31 至 2010.03.31/低毒
十字花科蔬菜 小菜蛾 1.65-1.98克/公顷 喷雾
LS20091456 甲硫·福美双/80%/可湿性粉剂/福美双 55%、甲基硫菌灵 25%/2009.12.14 至 2010.12.14/低毒
柑橘树 炭疽病 500-727毫克/千克 喷雾

陕西省蒲城县美邦农药有限责任公司 (陕西省渭南市蒲城县杜家火车站 710032 029-87999509)

PD85124-17 福·福锌/80%/可湿性粉剂/福美双 30%、福美锌 50%/2010.02.01 至 2015.02.01/中等毒
黄瓜、西瓜 炭疽病 1500-1800克/公顷 喷雾
麻 炭疽病 240-400克/100千克种子 拌种
棉花 苗期病害 0.5%药液 浸种
苹果树、杉木、橡胶 炭疽病 500-600倍液 喷雾
PD20040162 氯氰菊酯/5%/乳油/氯氰菊酯 5%/2009.12.19 至 2014.12.19/低毒
十字花科蔬菜 菜青虫 37.5-45克/公顷 喷雾
PD20040396 哒螨灵/20%/可湿性粉剂/哒螨灵 20%/2009.12.19 至 2014.12.19/中等毒
苹果树 红蜘蛛 50-67毫克/千克 喷雾
PD20040458 哒螨灵/15%/乳油/哒螨灵 15%/2009.12.19 至 2014.12.19/低毒
柑橘树 红蜘蛛 50-67毫克/千克 喷雾
PD20040467 高效氯氰菊酯/2.5%/乳油/高效氯氰菊酯 2.5%/2009.12.19 至 2014.12.19/低毒
梨树 梨木虱 20.8-31.25毫克/千克 喷雾
PD20040735 吡虫啉/10%/可湿性粉剂/吡虫啉 10%/2009.12.19 至 2014.12.19/低毒
十字花科蔬菜 蚜虫 7.5-15克/公顷 喷雾
PD20050098 氯氰·吡虫啉/5%/乳油/吡虫啉 1%、氯氰菊酯 4%/2005.07.13 至 2010.07.12/中等毒
甘蓝 蚜虫 22.5-37.5克/公顷 喷雾
PD20070026 代森锰锌/80%/可湿性粉剂/代森锰锌 80%/2007.01.18 至 2012.01.18/低毒
番茄 早疫病 1800-2400克/公顷 喷雾
PD20070027 代森锰锌/50%/可湿性粉剂/代森锰锌 50%/2007.01.18 至 2012.01.18/低毒
番茄 早疫病 1845-2370克/公顷 喷雾
PD20070028 代森锰锌/70%/可湿性粉剂/代森锰锌 70%/2007.01.18 至 2012.01.18/低毒
番茄 早疫病 1848-2362.5克/公顷 喷雾
PD20070083 锰锌·甲霜灵/58%/可湿性粉剂/甲霜灵 10%、代森锰锌 48%/2007.04.12 至 2012.04.12/低毒
黄瓜 霜霉病 1305-1632克/公顷 喷雾
PD20070194 多·福/50%/可湿性粉剂/多菌灵 10%、福美双 40%/2007.07.17 至 2012.07.17/低毒
梨树 黑星病 1000-1500毫克/千克 喷雾
PD20070234 福美双/50%/可湿性粉剂/福美双 50%/2007.08.08 至 2012.08.08/低毒
小麦 白粉病 675-937.5克/公顷 喷雾
PD20070275 硫磺/50%/悬浮剂/硫磺 50%/2007.09.05 至 2012.09.05/低毒
小麦 白粉病 2625-3375克/公顷 喷雾
PD20070295 多·福·硫磺/25%/可湿性粉剂/多菌灵 7.5%、福美双 5%、硫磺 12.5%/2007.09.21 至 2012.09.21/低毒
小麦 赤霉病 750-1125克/公顷 喷雾
PD20070567 腐霉·福美双/25%/可湿性粉剂/腐霉利 5%、福美双 20%/2007.12.03 至 2012.12.03/低毒
番茄 灰霉病 263-300克/公顷 喷雾
PD20080027 氯氰·丙溴磷/44%/乳油/丙溴磷 40%、氯氰菊酯 4%/2008.01.03 至 2013.01.03/中等毒
棉花 蚜虫 396-528克/公顷 喷雾
PD20080047 啶虫脒/3%/乳油/啶虫脒 3%/2008.01.03 至 2013.01.03/低毒
柑橘树 蚜虫 10-15毫克/千克 喷雾
PD20080137 多·锰锌/40%/可湿性粉剂/多菌灵 20%、代森锰锌 20%/2008.01.04 至 2013.01.04/低毒
梨树 黑星病 1000-1250毫克/千克 喷雾
苹果树 斑点落叶病 1000-1250毫克/千克 喷雾
PD20080725 甲氰菊酯/20%/乳油/甲氰菊酯 20%/2008.06.11 至 2013.06.11/中等毒
甘蓝 菜青虫 90-120克/公顷 喷雾
PD20081723 三唑锡/25%/可湿性粉剂/三唑锡 25%/2008.11.18 至 2013.11.18/低毒
柑橘树 红蜘蛛 125-166.7毫克/千克 喷雾
PD20081909 代森锌/65%/可湿性粉剂/代森锌 65%/2008.11.21 至 2013.11.21/低毒
番茄 早疫病 2555-3600克/公顷 喷雾
PD20081929 硫磺·多菌灵/50%/可湿性粉剂/多菌灵 15%、硫磺 35%/2008.11.24 至 2013.11.24/低毒
花生 叶斑病 1200-1800克/公顷 喷雾

PD20082008 霜脲·锰锌/72%/可湿性粉剂/代森锰锌 64%、霜脲氰 8%/2008.11.25 至 2013.11.25/低毒
黄瓜 霜霉病 1440-1800克/公顷 喷雾
PD20082615 灭多威/10%/可湿性粉剂/灭多威 10%/2008.12.04 至 2013.12.04/高毒
棉花 棉铃虫 270-360克/公顷 喷雾
PD20082683 多·酮/33%/可湿性粉剂/多菌灵 24%、三唑酮 9%/2008.12.05 至 2013.12.05/低毒
小麦 白粉病 450-599克/公顷 喷雾
PD20082764 氰戊菊酯/20%/乳油/氰戊菊酯 20%/2008.12.08 至 2013.12.08/中等毒
十字花科蔬菜 菜青虫 60-120克/公顷 喷雾
PD20082827 福·福锌/40%/可湿性粉剂/福美双 15%、福美锌 25%/2008.12.09 至 2013.12.09/低毒
苹果树 炭疽病 250-300倍液 喷雾
PD20082925 高氯·灭多威/12%/乳油/高效氯氰菊酯 1.5%、灭多威 10.5%/2008.12.09 至 2013.12.09/中等毒(原药高毒)
棉花 棉铃虫 90-108克/公顷 喷雾
PD20083309 仲丁威/50%/乳油/仲丁威 50%/2008.12.11 至 2013.12.11/低毒
水稻 飞虱 600-900克/公顷 喷雾
PD20083338 吡虫·灭多威/10%/可湿性粉剂/吡虫啉 1%、灭多威 9%/2008.12.11 至 2013.12.11/低毒(原药高毒)
棉花 蚜虫 75-105克/公顷 喷雾
PD20083378 阿维菌素/0.3%/乳油/阿维菌素 0.3%/2008.12.11 至 2013.12.11/中等毒(原药高毒)
梨树 梨木虱 1-2毫克/千克 喷雾
PD20083479 阿维·毒死蜱/10%/乳油/阿维菌素 0.1%、毒死蜱 9.9%/2008.12.12 至 2013.12.12/低毒(原药高毒)
十字花科蔬菜 小菜蛾 112.5-150克/公顷 喷雾
PD20083505 阿维菌素/0.5%/可湿性粉剂/阿维菌素 0.5%/2008.12.12 至 2013.12.12/低毒(原药高毒)
十字花科蔬菜 小菜蛾 8.1-10.8克/公顷 喷雾
PD20083617 甲基硫菌灵/36%/悬浮剂/甲基硫菌灵 36%/2008.12.12 至 2013.12.12/低毒
花生 叶斑病 180-225克/公顷 喷雾
PD20083778 多菌灵/40%/悬浮剂/多菌灵 40%/2008.12.15 至 2013.12.15/低毒
苹果树 炭疽病 667-1000毫克/千克 喷雾
PD20083791 霜霉威盐酸盐/66.5%/水剂/霜霉威盐酸盐 66.5%/2008.12.15 至 2013.12.15/低毒
黄瓜 霜霉病 648.4-1077.3克/公顷 喷雾
PD20083799 灭多威/20%/可溶粉剂/灭多威 20%/2008.12.15 至 2013.12.15/中等毒(原药高毒)
棉花 棉铃虫 225-300克/公顷 喷雾
PD20083947 苯丁锡/50%/可湿性粉剂/苯丁锡 50%/2008.12.15 至 2013.12.15/低毒
柑橘树 红蜘蛛 150-250毫克/千克 喷雾
PD20084176 氯氰·毒死蜱/25%/乳油/毒死蜱 22.5%、氯氰菊酯 2.5%/2008.12.16 至 2013.12.16/中等毒
棉花 棉铃虫 300-375克/公顷 喷雾
PD20084177 四螨嗪/500克/升/悬浮剂/四螨嗪 500克/升/2008.12.16 至 2013.12.16/低毒
苹果树 红蜘蛛 83-100毫克/千克 喷雾
PD20084256 速灭威/25%/可湿性粉剂/速灭威 25%/2008.12.17 至 2013.12.17/中等毒
水稻 飞虱 375-750克/公顷 喷雾
PD20084417 多菌灵/80%/可湿性粉剂/多菌灵 80%/2008.12.17 至 2013.12.17/低毒
水稻 纹枯病 750-900克/公顷 喷雾
PD20084438 春雷霉素/2%/可湿性粉剂/春雷霉素 2%/2008.12.17 至 2013.12.17/低毒
黄瓜 枯萎病 202-270克/公顷 灌根
PD20084498 丙环唑/250克/升/乳油/丙环唑 250克/升/2008.12.18 至 2013.12.18/低毒
香蕉 叶斑病 250-500毫克/千克 喷雾
PD20084587 三乙膦酸铝/40%/可湿性粉剂/三乙膦酸铝 40%/2008.12.18 至 2013.12.18/低毒
黄瓜 霜霉病 1800-2820克/公顷 喷雾
PD20084643 阿维菌素/1%/乳油/阿维菌素 1%/2008.12.18 至 2013.12.18/低毒(原药高毒)
十字花科蔬菜 小菜蛾 8.1-10.8克/公顷 喷雾
PD20084789 稻瘟灵/40%/可湿性粉剂/稻瘟灵 40%/2008.12.22 至 2013.12.22/低毒
水稻 稻瘟病 600-720克/公顷 喷雾
PD20084810 硫双威/25%/可湿性粉剂/硫双威 25%/2008.12.22 至 2013.12.22/中等毒
棉花 棉铃虫 600-750克/公顷 喷雾
PD20084838 除虫脲/25%/可湿性粉剂/除虫脲 25%/2008.12.22 至 2013.12.22/低毒
甘蓝 菜青虫 187.5-262.5克/公顷 喷雾
PD20084939 S-氰戊菊酯/50克/升/乳油/S-氰戊菊酯 50克/升/2008.12.22 至 2013.12.22/中等毒
十字花科蔬菜 菜青虫 11.25-18.75克/公顷 喷雾
PD20084960 双甲脒/200克/升/乳油/双甲脒 200克/升/2008.12.22 至 2013.12.22/中等毒
梨树 梨木虱 125-250毫克/千克 喷雾
PD20084980 三环唑/75%/可湿性粉剂/三环唑 75%/2008.12.22 至 2013.12.22/低毒
水稻 稻瘟病 225-300克/公顷 喷雾
PD20085010 多菌灵/25%/可湿性粉剂/多菌灵 25%/2008.12.22 至 2013.12.22/低毒
水稻 纹枯病 750-825克/公顷 喷雾
PD20085072 硫磺·锰锌/70%/可湿性粉剂/硫磺 42%、代森锰锌 28%/2008.12.23 至 2013.12.23/低毒

豇豆 锈病 1575-2100克/公顷 喷雾

PD20085073 锰锌·百菌清/64%/可湿性粉剂/百菌清 8%、代森锰锌 56%/2008.12.23 至 2013.12.23/低毒

番茄 早疫病 1028－1440克/公顷 喷雾

PD20085083 杀螟丹/50%/可溶粉剂/杀螟丹 50%/2008.12.23 至 2013.12.23/中等毒

水稻 二化螟 750-825克/公顷 喷雾

PD20085293 溴氰菊酯/2.5%/可湿性粉剂/溴氰菊酯 2.5%/2008.12.23 至 2013.12.23/中等毒

十字花科蔬菜 菜青虫 11.25-15克/公顷 喷雾

PD20085342 马拉·灭多威/35%/乳油/马拉硫磷 25%、灭多威 10%/2008.12.24 至 2013.12.24/高毒

棉花 棉铃虫 210-315克/公顷 喷雾

PD20085370 氟氯氰菊酯/50克/升/乳油/氟氯氰菊酯 50克/升/2008.12.24 至 2013.12.24/低毒

甘蓝 蚜虫 20-25克/公顷 喷雾

PD20085521 福美锌/72%/可湿性粉剂/福美锌 72%/2008.12.25 至 2013.12.25/低毒

苹果树 炭疽病 1200-1800克/公顷 喷雾

PD20085599 甲基硫菌灵/70%/可湿性粉剂/甲基硫菌灵 70%/2008.12.25 至 2013.12.25/低毒

水稻 纹枯病 1275-1500克/公顷 喷雾

PD20085633 甲基硫菌灵/80%/可湿性粉剂/甲基硫菌灵 80%/2008.12.26 至 2013.12.26/低毒

番茄 叶霉病 720-990克/公顷 喷雾

PD20085701 阿维菌素/2%/乳油/阿维菌素 2%/2008.12.26 至 2013.12.26/低毒(原药高毒)

菜豆 美洲斑潜蝇 10.8-21.6克/公顷 喷雾

PD20085764 甲硫·福美双/70%/可湿性粉剂/福美双 55%、甲基硫菌灵 15%/2008.12.29 至 2013.12.29/低毒

黄瓜 枯萎病 1400-1750毫克/千克 灌根

PD20085960 甲硫·福美双/70%/可湿性粉剂/福美双 40%、甲基硫菌灵 30%/2008.12.29 至 2013.12.29/中等毒

苹果树 轮纹病 800-1000倍液 喷雾

PD20086243 杀扑磷/40%/乳油/杀扑磷 40%/2008.12.31 至 2013.12.31/高毒

柑橘树 介壳虫 200-400毫克/千克 喷雾

PD20086309 氟啶脲/50克/升/乳油/氟啶脲 50克/升/2008.12.31 至 2013.12.31/低毒

甘蓝 甜菜夜蛾 30-60克/公顷 喷雾

PD20090082 甲硫·福美双/81%/可湿性粉剂/福美双 48%、甲基硫菌灵 33%/2009.01.08 至 2014.01.08/中等毒

苹果树 轮纹病 1012.5-1350毫克/千克 喷雾

PD20090271 氰戊·马拉松/20%/乳油/马拉硫磷 15%、氰戊菊酯 5%/2009.01.09 至 2014.01.09/中等毒

苹果树 桃小食心虫 160-333毫克/千克 喷雾

PD20090328 高效氟吡甲禾灵/108克/升/乳油/高效氟吡甲禾灵 108克/升/2009.01.12 至 2014.01.12/低毒

大豆田 一年生禾本科杂草 48.6-72.9克/公顷 茎叶喷雾

PD20090550 高氯·马/20%/乳油/高效氯氰菊酯 2%、马拉硫磷 18%/2009.01.13 至 2014.01.13/中等毒

苹果树 蚜虫 50-200毫克/千克 喷雾

PD20090994 溴螨酯/500克/升/乳油/溴螨酯 500克/升/2009.01.21 至 2014.01.21/低毒

苹果树 红蜘蛛 250-500毫克/千克 喷雾

PD20091076 氟磺胺草醚/250克/升/水剂/氟磺胺草醚 250克/升/2009.01.21 至 2014.01.21/低毒

夏大豆田 一年生阔叶杂草 247.5-375克/公顷 茎叶喷雾

PD20091084 乙铝·锰锌/70%/可湿性粉剂/代森锰锌 45%、三乙膦酸铝 25%/2009.01.21 至 2014.01.21/低毒

黄瓜 霜霉病 2803.5-4200克/公顷 喷雾

PD20091211 氯氰·敌百虫/25%/乳油/敌百虫 23%、氯氰菊酯 2%/2009.02.01 至 2014.02.01/中等毒

十字花科蔬菜 菜青虫 225-281.25克/公顷 喷雾

PD20091597 烯酰·锰锌/69%/可湿性粉剂/代森锰锌 60%、烯酰吗啉 9%/2009.02.03 至 2014.02.03/低毒

黄瓜 霜霉病 1035-1380克/公顷 喷雾

PD20091621 百草枯/200克/升/水剂/百草枯 200克/升/2009.02.03 至 2014.02.03/中等毒

茶园 杂草 450-750克/公顷 定向喷雾

PD20091702 唑螨酯/5%/悬浮剂/唑螨酯 5%/2009.02.03 至 2014.02.03/中等毒

苹果树 红蜘蛛 16-25毫克/千克 喷雾

PD20091718 精唑禾灵/5%/乳油/精唑禾灵 5%/2009.02.04 至 2014.02.04/低毒

夏大豆田 一年生禾本科杂草 37.5-52.5克/公顷 茎叶喷雾

PD20091985 乙铝·锰锌/50%/可湿性粉剂/代森锰锌 22%、三乙膦酸铝 28%/2009.02.12 至 2014.02.12/低毒

黄瓜 霜霉病 900-1400克/公顷 喷雾

PD20092142 多抗霉素/1.5%/可湿性粉剂/多抗霉素 1.5%/2009.02.23 至 2014.02.23/低毒

黄瓜 霜霉病 117-133克/公顷 喷雾

PD20092842 溴氰·毒死蜱/10%/乳油/毒死蜱 9.5%、溴氰菊酯 0.5%/2009.03.05 至 2014.03.05/低毒

十字花科蔬菜 菜青虫 45-75克/公顷 喷雾

PD20092857 井冈霉素/5%/水剂/井冈霉素 5%/2009.03.05 至 2014.03.05/低毒

水稻 纹枯病 150-187.5克/公顷 喷雾

PD20093050 福美双/70%/可湿性粉剂/福美双 70%/2009.03.09 至 2014.03.09/低毒

黄瓜 霜霉病 840-1260克/公顷 喷雾

PD20093067 咪鲜胺/25%/乳油/咪鲜胺 25%/2009.03.09 至 2014.03.09/低毒

水稻 恶苗病 62.5-125毫克/千克 浸种

PD20093198 甲硫·福美双/50%/可湿性粉剂/福美双 20%、甲基硫菌灵 30%/2009.03.11 至 2014.03.11/中等毒
小麦 赤霉病 1050-1200克/公顷 喷雾

PD20093417 辛硫磷/40%/乳油/辛硫磷 40%/2009.03.20 至 2014.03.20/低毒
棉花 棉铃虫 240-300克/公顷 喷雾

PD20093857 马拉硫磷/1.8%/粉剂/马拉硫磷 1.8%/2009.03.25 至 2014.03.25/低毒
仓储原粮 储粮害虫 12-24克/1000千克 撒施(拌粮)

PD20094013 醚菊酯/10%/悬浮剂/醚菊酯 10%/2009.03.27 至 2014.03.27/低毒
甘蓝 菜青虫 45-60克/公顷 喷雾

PD20094212 咪鲜胺/45%/水乳剂/咪鲜胺 45%/2009.03.31 至 2014.03.31/低毒
香蕉 炭疽病 500-900毫克/千克 浸果

PD20094339 石硫合剂/29%/水剂/石硫合剂 29%/2009.04.01 至 2014.04.01/低毒
柑橘树 红蜘蛛 20-40倍液 喷雾

PD20094710 除脲·辛硫磷/20%/乳油/除虫脲 1%、辛硫磷 19%/2009.04.10 至 2014.04.10/低毒
十字花科蔬菜 菜青虫 90-120克/公顷 喷雾

PD20095148 锰锌·烯唑醇 /32.5%/可湿性粉剂/代森锰锌 30%、烯唑醇 2.5%/2009.04.24 至 2014.04.24/低毒
梨树 黑星病 400-600倍液 喷雾

PD20095205 三唑锡/8%/乳油/三唑锡 8%/2009.04.24 至 2014.04.24/低毒
柑橘树 红蜘蛛 53.3-80毫克/千克 喷雾

PD20095532 烟嘧磺隆/40克/升/可分散油悬浮剂/烟嘧磺隆 40克/升/2009.05.11 至 2014.05.11/低毒
玉米田 一年生杂草 42-60克/公顷 茎叶喷雾

PD20095586 二嗪磷/50%/乳油/二嗪磷 50%/2009.05.12 至 2014.05.12/中等毒
水稻 二化螟 450-900克/公顷 喷雾

PD20096007 灭多威/20%/乳油/灭多威 20%/2009.06.11 至 2014.06.11/中等毒(原药高毒)
甘蓝 菜青虫 112.5-135克/公顷 喷雾

PD20096122 精吡氟禾草灵/150克/升/乳油/精吡氟禾草灵 150克/升/2009.06.18 至 2014.06.18/低毒
大豆田 一年生禾本科杂草 112.5-157.5克/公顷 茎叶喷雾

PD20096236 吡虫·辛硫磷 /25%/乳油/吡虫啉 1.5%、辛硫磷 23.5%/2009.07.15 至 2014.07.15/低毒
十字花科蔬菜 蚜虫 56.25-93.75克/公顷 喷雾

PD20096377 异菌脲/23.5%/悬浮剂/异菌脲 23.5%/2009.08.04 至 2014.08.04/低毒
油菜 菌核病 459-765克/公顷 喷雾

PD20096383 异稻瘟净/40%/乳油/异稻瘟净 40%/2009.08.04 至 2014.08.04/低毒
水稻 稻瘟病 900-1200克/公顷 喷雾

PD20096605 杀螟硫磷/50%/乳油/杀螟硫磷 50%/2009.09.02 至 2014.09.02/低毒
水稻 稻纵卷叶螟 375-562.5克/公顷 喷雾

PD20096774 甲基硫菌灵/500克/升/悬浮剂/甲基硫菌灵 500克/升/2009.09.15 至 2014.09.15/低毒
水稻 纹枯病 937.5-1125克/公顷 喷雾

PD20097171 抑霉唑/50%/乳油/抑霉唑 50%/2009.10.16 至 2014.10.16/低毒
柑橘 青霉病 333-500毫克/千克 浸果

PD20097432 硫丹/350克/升/乳油/硫丹 350克/升/2009.10.28 至 2014.10.28/中等毒
棉花 棉铃虫 682.5-840克/公顷 喷雾

PD20097581 阿维·啶虫脒/4%/乳油/阿维菌素 1%、啶虫脒 3%/2009.11.03 至 2014.11.03/低毒(原药高毒)
黄瓜 蚜虫 9-12克/公顷 喷雾

PD20097709 噻嗪·杀扑磷/20%/乳油/噻嗪酮 15%、杀扑磷 5%/2009.11.04 至 2014.11.04/中等毒(原药高毒)
柑橘树 矢尖蚧 200-250毫克/千克 喷雾

PD20097740 戊唑醇/95%/原药/戊唑醇 95%/2009.11.12 至 2014.11.12/低毒

PD20097747 丙环唑/50%/乳油/丙环唑 50%/2009.11.12 至 2014.11.12/低毒
香蕉 叶斑病 250—500毫克/千克 喷雾

PD20097791 阿维·三唑锡/12.15%/可湿性粉剂/阿维菌素 0.15%、三唑锡 12%/2009.11.20 至 2014.11.20/低毒(原药高毒)
柑橘树 红蜘蛛 61-81毫克/千克 喷雾

PD20097880 噁霉灵/30%/水剂/噁霉灵 30%/2009.11.20 至 2014.11.20/低毒
西瓜 枯萎病 428.6—500毫克/千克 灌根

PD20098135 哒螨·矿物油/34%/乳油/哒螨灵 4%、矿物油 30%/2009.12.08 至 2014.12.08/低毒
苹果树 红蜘蛛 226.7-340毫克/千克 喷雾

PD20098458 乙铝·福美双/80%/可湿性粉剂/福美双 50%、三乙膦酸铝 30%/2009.12.24 至 2014.12.24/低毒
苹果树 炭疽病 1000-1333毫克/千克 喷雾

PD20098537 氯氟·啶虫脒/5%/乳油/啶虫脒 1%、氟氯氰菊酯 4%/2009.12.24 至 2014.12.24/低毒
棉花 棉铃虫、蚜虫 45-52.5克/公顷 喷雾

LS20050045 丁硫·吡虫啉/5%/乳油/吡虫啉 1%、丁硫克百威 4%/2008.01.07 至 2009.01.06/中等毒
柑橘树 蚜虫 12.5-16.7毫克/千克 喷雾

LS20050050 阿维·苏云菌//可湿性粉剂/阿维菌素 0.1%、苏云金杆菌 100亿活芽孢/克/2008.01.07 至 2009.01.06/低毒(原药高毒)
十字花科蔬菜 小菜蛾 1125-1500克制剂/公顷 喷雾

LS20050073 吡虫啉/5%/乳油/吡虫啉 5%/2008.01.08 至 2009.01.07/低毒
水稻 稻飞虱 15-30克/公顷 喷雾

LS20050144 高效氯氰菊酯/4.5%/可湿性粉剂/高效氯氰菊酯 4.5%/2008.01.21 至 2009.01.20/中等毒
十字花科蔬菜 菜青虫 20.25-27克/公顷 喷雾
LS20050368 乙酰甲胺磷/75%/可溶粉剂/乙酰甲胺磷 75%/2008.02.19 至 2009.02.18/低毒
十字花科蔬菜 菜青虫 562.5-787.5克/公顷 喷雾
LS20050374 噻嗪酮/20%/可湿性粉剂/噻嗪酮 20%/2008.02.19 至 2009.02.18/低毒
水稻 稻飞虱 90-120克/公顷 喷雾
LS20050468 高渗三唑磷/13.5%/乳油/三唑磷 13.5%/2008.02.26 至 2009.02.25/中等毒
水稻 二化螟 202.5-303.75克/公顷 喷雾
LS20050531 氢铜·福美锌/64%/可湿性粉剂/福美锌 48%、氢氧化铜 16%/2008.02.26 至 2009.02.25/低毒
番茄 早疫病 980-1123克/公顷 喷雾
LS20050790 阿维·四螨嗪/5.1%/可湿性粉剂/阿维菌素 0.1%、四螨嗪 5%/2008.03.28 至 2009.03.28/低毒(原药高毒)
柑橘树 红蜘蛛 34-51毫克/千克 喷雾
LS20050951 阿维·哒螨灵/10%/乳油/阿维菌素 0.2%、哒螨灵 9.8%/2008.04.04 至 2009.04.04/中等毒(原药高毒)
柑橘树 红蜘蛛 33.3-50毫克/千克 喷雾
LS20051016 多抗霉素/0.3%/水剂/多抗霉素 0.3%/2008.04.07 至 2009.04.07/低毒
西瓜 枯萎病 30-37.5毫克/千克，200-250毫升/株 灌根
LS20051216 阿维·高氯/1.1%/微乳剂/阿维菌素 0.1%、高效氯氰菊酯 1%/2008.04.12 至 2009.04.12/低毒(原药高毒)
黄瓜 美洲斑潜蝇 15-30克/公顷 喷雾
LS20060050 阿维·灭幼脲/20%/可湿性粉剂/阿维菌素 0.2%、灭幼脲 19.8%/2010.01.16 至 2011.01.16/中等毒(原药高毒)
十字花科蔬菜 甜菜夜蛾 120-180克/公顷 喷雾
LS20060208 高效氯氟氰菊酯/2.5%/微乳剂/高效氯氟氰菊酯 2.5%/2009.02.13 至 2010.02.13/中等毒
十字花科蔬菜 菜青虫 11.25-15克/公顷 喷雾
LS20060220 阿维·炔螨特/40%/乳油/阿维菌素 0.3%、炔螨特 39.7%/2009.02.13 至 2010.02.14/低毒(原药高毒)
柑橘树 红蜘蛛 200-400毫克/千克 喷雾
LS20061222 阿维·虫酰肼/3.3%/可湿性粉剂/阿维菌素 0.3%、虫酰肼 3%/2009.05.22 至 2010.05.22/低毒(原药高毒)
甘蓝 甜菜夜蛾 39.6—49.5克/公顷 喷雾
LS20061282 机油·炔螨特/73%/乳油/机油 33%、炔螨特 40%/2009.06.01 至 2010.06.01/低毒
苹果树 红蜘蛛 243.3-365毫克/千克 喷雾
LS20061303 环锌·异菌脲/30%/乳油/环己基甲酸锌 21%、异菌脲 9%/2009.06.11 至 2010.06.11/低毒
黄瓜 灰霉病 405-450克/公顷 喷雾
LS20061966 高效氯氰菊酯/4.5%/微乳剂/高效氯氰菊酯 4.5%/2009.12.10 至 2010.12.10/中等毒
十字花科蔬菜 菜青虫 13.5-20.25克/公顷 喷雾
LS20070194 甲维·辛硫磷/21%/乳油/甲氨基阿维菌素苯甲酸盐 0.1%、辛硫磷 20.9%/2010.02.07 至 2011.02.07/低毒
十字花科蔬菜 小菜蛾 263.25-283.5克/公顷 喷雾
LS20070332 丁醚脲/50%/可湿性粉剂/丁醚脲 50%/2010.02.26 至 2011.02.26/低毒
十字花科蔬菜 小菜蛾 375-562.5克/公顷 喷雾
LS20070492 啶虫脒/20%/可湿性粉剂/啶虫脒 20%/2009.03.06 至 2010.03.07/低毒
柑橘树 蚜虫 10-20毫克/千克 喷雾
LS20070493 丙森锌/70%/可湿性粉剂/丙森锌 70%/2009.03.06 至 2010.03.07/低毒
番茄 早疫病 1312.5-1974克/公顷 喷雾
LS20070496 高效氯氟氰菊酯/10%/可湿性粉剂/高效氯氟氰菊酯 10%/2009.03.06 至 2010.03.07/中等毒
十字花科蔬菜 菜青虫 11.25-15克/公顷 喷雾
LS20070590 联苯菊酯/100克/升/乳油/联苯菊酯 100克/升/2009.03.20 至 2010.03.21/中等毒
柑橘树 红蜘蛛 25-33.3毫克/千克 喷雾
LS20070682 氯氰菊酯/10%/可湿性粉剂/氯氰菊酯 10%/2009.03.29 至 2010.03.30/低毒
十字花科蔬菜 菜青虫 37.5-75克/公顷 喷雾
LS20070839 杀螟丹/98%/可溶粉剂/杀螟丹 98%/2009.04.11 至 2010.04.12/中等毒
十字花科蔬菜 菜青虫 441-588克/公顷 喷雾
LS20071316 阿维·溴氰/1.8%/可湿性粉剂/阿维菌素 0.3%、溴氰菊酯 1.5%/2009.05.08 至 2010.05.09/低毒(原药高毒)
十字花科蔬菜 菜青虫 8.1～10.8克/公顷 喷雾
LS20071666 甲氨基阿维菌素苯甲酸盐/0.2%/乳油/甲氨基阿维菌素 0.2%/2009.06.13 至 2010.06.14/低毒
十字花科蔬菜 小菜蛾 1.5-1.8克/公顷 喷雾
LS20071801 吡虫·毒死蜱/12%/可湿性粉剂/吡虫啉 1%、毒死蜱 11%/2009.07.09 至 2010.07.10/低毒
十字花科蔬菜 菜青虫 225-315克/公顷 喷雾
LS20071991 丙森·多菌灵/70%/可湿性粉剂/丙森锌 30%、多菌灵 40%/2009.08.07 至 2010.08.08/低毒
苹果树 斑点落叶病 466.7-700毫克/千克 喷雾
LS20072662 噻嗪·杀扑磷/20%/可湿性粉剂/噻嗪酮 15%、杀扑磷 5%/2009.12.18 至 2010.12.19/中等毒
柑橘树 介壳虫 200-250毫克/千克 喷雾
LS20080060 菌核净/40%/可湿性粉剂/菌核净 40%/2010.01.04 至 2011.01.04/低毒
油菜 菌核病 900-1200克/公顷 喷雾
LS20080066 吡虫啉/48%/悬浮剂/吡虫啉 48%/2010.01.05 至 2011.01.05/低毒
水稻 稻飞虱 28.8-42.2克/公顷 喷雾

LS20080073 烯酰吗啉/50%/泡腾片剂/烯酰吗啉 50%/2010.01.05 至 2011.01.05/低毒
黄瓜 霜霉病 225-300克/公顷 喷雾

LS20080091 苯醚·丙环唑/30%/乳油/苯醚甲环唑 15%、丙环唑 15%/2010.01.05 至 2011.01.05/低毒
水稻 纹枯病 60-120克/公顷 喷雾

LS20080093 吡虫啉/15%/泡腾片剂/吡虫啉 15%/2010.01.05 至 2011.01.05/低毒
十字花科蔬菜 蚜虫 15.75-31.5克/公顷 喷雾

LS20080114 甲氰菊酯/20%/可湿性粉剂/甲氰菊酯 20%/2010.01.05 至 2011.01.05/中等毒
甘蓝 菜青虫 90-105克/公顷 喷雾

LS20080185 甲氨基阿维菌素苯甲酸盐/1.5%/泡腾片剂/甲氨基阿维菌素苯甲酸盐 1.5%/2010.01.07 至 2011.01.07/微毒
甘蓝 甜菜夜蛾 3.375-4.5克/公顷 喷雾

LS20080191 除虫脲/25%/可湿性粉剂/除虫脲 25%/2010.01.07 至 2011.01.07/低毒
十字花科蔬菜 菜青虫 187.5-262.5克/公顷 喷雾

LS20080195 异丙·滴丁酯/50%/乳油/2,4-滴丁酯 15%、异丙草胺 35%/2010.01.07 至 2011.01.07/低毒
春玉米田 一年生杂草 1875-2250克/公顷 土壤喷雾

LS20080208 异菌脲/255克/升/悬浮剂/异菌脲 255克/升/2010.01.07 至 2011.01.07/低毒
油菜 菌核病 459-765克/公顷 喷雾

LS20080277 己唑醇/5%/悬浮剂/己唑醇 5%/2010.02.17 至 2011.02.17/低毒
水稻 纹枯病 60-75克/公顷 喷雾

LS20080546 啶虫脒/40%/水分散粒剂/啶虫脒 40%/2010.02.23 至 2011.02.23/低毒
十字花科蔬菜 蚜虫 18-27克/公顷 喷雾

LS20080614 异稻瘟净/40%/乳油/异稻瘟净 40%/2010.02.23 至 2011.02.23/低毒
水稻 稻瘟病 900-1200克/公顷 喷雾

LS20080666 杀螟硫磷/50%/乳油/杀螟硫磷 50%/2010.02.26 至 2011.02.26/低毒
水稻 稻纵卷叶螟 525-675克/公顷 喷雾

LS20080671 腈菌唑/40%/水分散粒剂/腈菌唑 40%/2010.02.26 至 2011.02.26/低毒
黄瓜 白粉病 45-75克/公顷 喷雾

LS20080837 戊唑醇/25%/水乳剂/戊唑醇 25%/2010.02.28 至 2011.02.28/低毒
香蕉 叶斑病 250-500毫克/千克 喷雾

LS20080853 苯醚甲环唑/10%/水分散粒剂/苯醚甲环唑 10%/2009.03.04 至 2010.03.04/低毒
番茄 早疫病 100-150克/公顷 喷雾

LS20080881 甲基硫菌灵/500克/升/悬浮剂/甲基硫菌灵 500克/升/2009.03.05 至 2010.03.05/低毒
水稻 纹枯病 937.5-1125克/公顷 喷雾

LS20081123 甲维·虫酰肼/8.2%/乳油/虫酰肼 8%、甲氨基阿维菌素苯甲酸盐 0.2%/2009.03.10 至 2010.03.10/低毒
十字花科蔬菜 甜菜夜蛾 61.5-92.25克/公顷 喷雾

LS20081379 甲基硫菌灵/80%/可湿性粉剂/甲基硫菌灵 80%/2009.03.17 至 2010.03.17/低毒
番茄 叶霉病 576-792克/公顷 喷雾

LS20081963 灭蝇胺/75%/可湿性粉剂/灭蝇胺 75%/2009.04.15 至 2010.04.15/低毒
黄瓜 美洲斑潜蝇 168.75-225克/公顷 喷雾

LS20082461 氟胺·烯禾啶/20.8%/乳油/氟磺胺草醚 12.5%、烯禾啶 8.3%/2009.04.22 至 2010.04.22/低毒
春大豆田 一年生杂草 436.8-468克/公顷 茎叶喷雾

LS20082660 十三吗啉/750克/升/乳油/十三吗啉 750克/升/2009.04.23 至 2010.04.23/中等毒
橡胶树 红根病 15-30克/株 灌淋

LS20082997 高效氯氟氰菊酯/15%/可湿性粉剂/高效氯氟氰菊酯 15%/2009.09.01 至 2010.09.01/中等毒
甘蓝 菜青虫 9-15.75克/公顷 喷雾

LS20083003 甲维·丁醚脲/30%/泡腾片剂/丁醚脲 29.7%、甲氨基阿维菌素苯甲酸盐 0.3%/2009.09.01 至 2010.09.01/低毒
甘蓝 小菜蛾 225-270克/公顷 喷雾

LS20083234 代森锌/65%/水分散粒剂/代森锌 65%/2009.12.11 至 2010.12.11/低毒
番茄 早疫病 2550-3600克/公顷 喷雾

LS20083285 甲氰菊酯/20%/水乳剂/甲氰菊酯 20%/2009.12.29 至 2010.12.29/低毒
甘蓝 菜青虫 90-120克/公顷 喷雾

LS20083289 络氨酮/23%/水剂/络氨铜 23%/2009.12.29 至 2010.12.29/低毒
柑橘树 疮痂病 460-767毫克/千克 喷雾

LS20090053 嘧霉胺/80%/水分散粒剂/嘧霉胺 80%/2010.01.09 至 2011.01.09/低毒
黄瓜 灰霉病 360-540克/公顷 喷雾

LS20090076 硝钾·赤霉酸/2.5%/水剂/2,4-二硝基苯酚钾 0.2%、赤霉酸 0.1%、对硝基苯酚钾 1.2%、邻硝基苯酚钾 1%/2010.01.09 至 2011.01.09/低毒
白菜 调节生长 25-50毫克/千克 兑水喷雾，2次

LS20090079 烯酰吗啉/80%/水分散粒剂/烯酰吗啉 80%/2010.01.09 至 2011.01.09/低毒
黄瓜 霜霉病 228-300克/公顷 喷雾

LS20090102 苯醚甲环唑/5%/水乳剂/苯醚甲环唑 5%/2010.01.09 至 2011.01.09/低毒
梨树 黑星病 13.8-16.7毫克/千克 喷雾

LS20090139 三乙膦酸铝/80%/水分散粒剂/三乙膦酸铝 80%/2010.02.04 至 2011.02.04/低毒
黄瓜 霜霉病 2160-2880克/公顷 喷雾

LS20090140 百菌清/75%/水分散粒剂/百菌清 75%/2010.02.04 至 2011.02.04/低毒
黄瓜 霜霉病 1575-2925克/公顷 喷雾/

LS20090151 多抗·克菌丹/65%/可湿性粉剂/多抗霉素 5%、克菌丹 60%/2010.02.04 至 2011.02.04/低毒
苹果树 斑点落叶病 541.6-650毫克/千克 喷雾

LS20090154 氟铃·毒死蜱/20%/乳油/毒死蜱 18%、氟铃脲 2%/2010.02.04 至 2011.02.04/低毒
甘蓝 甜菜夜蛾 180-210克/公顷 喷雾

LS20090173 烯酰吗啉/20%/悬浮剂/烯酰吗啉 20%/2010.02.04 至 2011.02.04/低毒
黄瓜 霜霉病 270-300克/公顷 喷雾/

LS20090213 烯唑醇/50%/水分散粒剂/烯唑醇 50%/2010.02.12 至 2011.02.12/低毒
梨树 黑星病 33.3-50毫克/千克 喷雾

LS20090234 氟硅唑/10%/水乳剂/氟硅唑 10%/2010.02.13 至 2011.02.13/低毒
番茄 叶霉病 60-75克/公顷 喷雾

LS20090239 丙环唑/50%/乳油/丙环唑 50%/2010.02.13 至 2011.02.13/低毒
香蕉 叶斑病 250-500毫克/千克 喷雾

LS20090263 代锰·戊唑醇/25%/可湿性粉剂/代森锰锌 22.7%、戊唑醇 2.3%/2010.02.13 至 2011.02.13/低毒
苹果树 斑点落叶病 333-500毫克/千克 喷雾

LS20090272 丙森锌/80%/水分散粒剂/丙森锌 80%/2009.02.13 至 2010.02.13/低毒
苹果树 斑点落叶病 1000-1333毫克/千克 喷雾

LS20090275 代森锰锌/80%/水分散粒剂/代森锰锌 80%/2009.02.16 至 2010.02.16/低毒
番茄 早疫病 1800-2400克/公顷 喷雾/

LS20090281 己唑醇/50%/水分散粒剂/己唑醇 50%/2009.02.16 至 2010.02.16/低毒
水稻 纹枯病 60-75克/公顷 喷雾

LS20090286 福·福锌/80%/水分散粒剂/福美双 30%、福美锌 50%/2010.02.16 至 2011.02.16/低毒
黄瓜 炭疽病 1500-1800克/公顷 喷雾

LS20090289 氟氯氰菊酯/5.7%/水乳剂/氟氯氰菊酯 5.7%/2010.02.16 至 2011.02.16/低毒
十字花科蔬菜 菜青虫 25.65-34.2克/公顷 喷雾

LS20090299 盐酸吗啉胍/80%/水分散粒剂/盐酸吗啉胍 80%/2010.02.16 至 2011.02.16/低毒
番茄 病毒病 480-720克/公顷 喷雾

LS20090304 溴氰菊酯/2.5%/水乳剂/溴氰菊酯 2.5%/2010.02.25 至 2011.02.25/低毒
甘蓝 菜青虫 11.25-15克/公顷 喷雾

LS20090328 三唑锡/50%/水分散粒剂/三唑锡 50%/2009.03.05 至 2010.03.05/低毒
柑橘树 红蜘蛛 125-166.7毫克/千克 喷雾

LS20090330 盐酸吗啉胍/50%/可溶片剂/盐酸吗啉胍 50%/2009.03.05 至 2010.03.05/低毒
番茄 病毒病 500-750克/公顷 喷雾

LS20090338 戊唑醇/80%/水分散粒剂/戊唑醇 80%/2009.03.09 至 2010.03.09/低毒
苹果树 斑点落叶病 100-133毫克/千克 喷雾

LS20090372 苯醚甲环唑/12%/可湿性粉剂/苯醚甲环唑 12%/2009.03.13 至 2010.03.13/低毒
梨树 黑星病 15-20毫克/千克 喷雾

LS20090398 福美锌/80%/水分散粒剂/福美锌 80%/2009.03.16 至 2010.03.16/低毒
苹果 炭疽病 1333-2000毫克/千克 喷雾

LS20090422 三环唑/80%/水分散粒剂/三环唑 80%/2009.03.16 至 2010.03.16/低毒
水稻 稻瘟病 228-300克/公顷 喷雾

LS20090447 甲氨基阿维菌素苯甲酸盐/2.5%/水乳剂/甲氨基阿维菌素苯甲酸盐 2.5%/2009.03.18 至 2010.03.18/低毒
十字花科蔬菜 小菜蛾 2.25-3克/公顷 喷雾

LS20090452 速灭威/25%/水分散粒剂/速灭威 25%/2009.03.18 至 2010.03.18/低毒
水稻 稻飞虱 562.5-750克/公顷 喷雾

LS20090462 腐霉利/80%/水分散粒剂/腐霉利 80%/2009.03.18 至 2010.03.18/低毒
番茄 灰霉病 384-744克/公顷 喷雾

LS20090465 丙森·异菌脲/80%/可湿性粉剂/丙森锌 70%、异菌脲 10%/2009.03.18 至 2010.03.18/低毒
苹果树 斑点落叶病 800-1000毫克/千克 喷雾

LS20090498 氯氟·丁醚脲/30%/可湿性粉剂/丁醚脲 25%、高效氯氟氰菊酯 5%/2009.03.18 至 2010.03.18/低毒
十字花科蔬菜叶菜 小菜蛾 90-135克/公顷 喷雾

LS20090559 联苯菊酯/10%/水乳剂/联苯菊酯 10%/2009.03.19 至 2010.03.19/低毒
柑橘树 红蜘蛛 25-33.3毫克/千克 喷雾

LS20090625 噻嗪酮/20%/水分散粒剂/噻嗪酮 20%/2009.03.23 至 2010.03.23/低毒
水稻 稻飞虱 120-150克/公顷 喷雾

LS20090690 福美双/80%/水分散粒剂/福美双 80%/2009.03.27 至 2010.03.27/低毒
黄瓜 白粉病 600-1080克/公顷 喷雾

LS20091045 噻苯隆/0.1%/可溶液剂/噻苯隆 0.1%/2009.04.15 至 2010.04.15/低毒
葡萄 调节生长 150-250倍液 兑水喷雾

陕西省商州市农药厂 (陕西省商洛市商州区孝义镇 726005 0914-2459060)

PD20084657 霜脲·百菌清/18%/悬浮剂/百菌清 16%、霜脲氰 2%/2008.12.22 至 2013.12.22/低毒
黄瓜 霜霉病 405-506克/公顷 喷雾

PD20085928　克百·敌百虫/3%/颗粒剂/敌百虫 2%、克百威 1%/2008.12.29 至 2013.12.29/低毒(原药高毒)
　棉花　蚜虫　1350-1800克/公顷　穴施
PD20090377　阿维菌素/1.8%/乳油/阿维菌素 1.8%/2009.01.12 至 2014.01.12/低毒(原药高毒)
　十字花科蔬菜　菜青虫　8.1-10.8克/公顷　喷雾
LS20053023　辛硫磷/3%/颗粒剂/辛硫磷 3%/2008.09.13 至 2009.09.13/低毒
　花生　地下害虫　2700-3600克/公顷　沟施

陕西省渭南经济开发区望康农化有限责任公司　(陕西省渭南市经济开发区西潼路南侧　714000　0913-2111579)

PD20040471　氯氰·吡虫啉/5%/乳油/吡虫啉 1%、氯氰菊酯 4%/2009.12.19 至 2014.12.19/中等毒
　甘蓝　蚜虫　22.5-37.5克/公顷　喷雾
PD20060169　多·锰锌/40%/可湿性粉剂/多菌灵 20%、代森锰锌 20%/2006.10.31 至 2011.10.31/低毒
　梨树　黑星病　1000-1250毫克/千克　喷雾
PD20080185　毒·辛/40%/乳油/毒死蜱 20%、辛硫磷 20%/2008.01.07 至 2013.01.07/低毒
　棉花　棉铃虫　360-480克/公顷　喷雾
PD20082363　多·福/50%/可湿性粉剂/多菌灵 10%、福美双 40%/2008.12.01 至 2013.12.01/中等毒
　梨树　黑星病　1000-1500毫克/千克　喷雾
PD20083016　高氯·马/20%/乳油/高效氯氰菊酯 2%、马拉硫磷 18%/2008.12.10 至 2013.12.10/中等毒
　甘蓝　菜青虫　40-120克/公顷　喷雾
PD20092315　灭多威/10%/可湿性粉剂/灭多威 10%/2009.02.24 至 2014.02.24/中等毒(原药高毒)
　棉花　棉铃虫　300-360克/公顷　喷雾
PD20092749　霜霉威盐酸盐/66.5%/水剂/霜霉威盐酸盐 66.5%/2009.03.04 至 2014.03.04/低毒
　黄瓜　霜霉病　649.8-1083克/公顷　喷雾
PD20097513　阿维·矿物油/24.5%/乳油/阿维菌素 0.2%、矿物油 24.3%/2009.11.03 至 2014.11.03/低毒(原药高毒)
　柑橘树　红蜘蛛　123-245毫克/千克　喷雾
LS20020943　菌毒·吗啉胍/7.5%/水剂/菌毒清 2.5%、盐酸吗啉胍 5%/2009.01.01 至 2009.12.31/低毒
　番茄　病毒病　196.9-225克/公顷　喷雾
LS20050957　阿维·高氯/1.8%/乳油/阿维菌素 0.2%、高效氯氰菊酯 1.6%/2008.04.04 至 2009.04.04/低毒(原药高毒)
　十字花科蔬菜　菜青虫、小菜蛾　13.5-27克/公顷　喷雾

陕西省渭南生乐有限责任公司　(陕西省渭南市华山大街东段　714000　0913-2094090)

WP20090068　杀虫粉剂/2.01%/粉剂/马拉硫磷 2%、溴氰菊酯 0.01%/2009.02.01 至 2014.02.01/低毒
　粮仓　谷蛾、麦蛾、米象　600-900克制剂/1000千克贮粮　撒布
　卫生　蜚蠊　10克制剂/平方米　撒布
　卫生　跳蚤　5克制剂/平方米　撒布

陕西省西安常隆正华作物保护有限公司　(陕西省西安市临潼区新丰镇道北路　710600　029-83979980)

PD20080227　多·锰锌/40%/可湿性粉剂/多菌灵 20%、代森锰锌 20%/2008.01.11 至 2013.01.11/低毒
　梨树　黑星病　320-400毫克/千克　喷雾
PD20082095　腐霉利/50%/可湿性粉剂/腐霉利 50%/2008.11.25 至 2013.11.25/低毒
　番茄　灰霉病　562.5-750克/公顷　喷雾
PD20082391　代森锰锌/80%/可湿性粉剂/代森锰锌 80%/2008.12.01 至 2013.12.01/低毒
　番茄　早疫病　1845-2370克/公顷　喷雾
PD20085688　高效氯氟氰菊酯/25克/升/乳油/高效氯氟氰菊酯 25克/升/2008.12.26 至 2013.12.26/低毒
　十字花科蔬菜　菜青虫　7.5-11.25克/公顷　喷雾
PD20093021　多·福/50%/可湿性粉剂/多菌灵 20%、福美双 30%/2009.03.09 至 2014.03.09/低毒
　梨树　黑星病　1000-1500毫克/千克　喷雾
PD20093283　草甘膦/50%/可溶粉剂/草甘膦 50%/2009.03.11 至 2014.03.11/低毒
　苹果园　杂草　1125-2250克/公顷　定向茎叶喷雾
PD20093538　锰锌·百菌清/70%/可湿性粉剂/百菌清 30%、代森锰锌 40%/2009.03.23 至 2014.03.23/低毒
　番茄　早疫病　1315-1575克/公顷　喷雾
PD20093872　多菌灵/80%/可湿性粉剂/多菌灵 80%/2009.03.25 至 2014.03.25/低毒
　苹果树　轮纹病　800-1333毫克/千克　喷雾
PD20096566　三唑锡/25%/可湿性粉剂/三唑锡 25%/2009.08.24 至 2014.08.24/低毒
　柑橘树　红蜘蛛　125-166.7毫克/千克　喷雾
PD20096772　井冈霉素（5%）///水剂/井冈霉素A 4%/2009.09.15 至 2014.09.15/低毒
　水稻　纹枯病　150-187.5克/公顷　喷雾
PD20096931　联苯菊酯/25克/升/乳油/联苯菊酯 25克/升/2009.09.23 至 2014.09.23/低毒
　茶树　茶小绿叶蝉　30-37.5克/公顷　喷雾
PD20097297　噻嗪·异丙威/25%/可湿性粉剂/噻嗪酮 5%、异丙威 20%/2009.10.26 至 2014.10.26/低毒
　水稻　稻飞虱　337.5-450克/公顷　喷雾
LS20050399　哒螨灵/20%/可湿性粉剂/哒螨灵 20%/2008.02.19 至 2009.02.18/低毒
　柑橘树、苹果树　红蜘蛛　80-100毫克/千克　喷雾
LS20052687　吡虫啉/5%/可湿性粉剂/吡虫啉 5%/2008.08.14 至 2009.08.14/低毒
　水稻　稻飞虱　15-30克/公顷　喷雾
LS20053084　啶虫脒/3%/可湿性粉剂/啶虫脒 3%/2008.09.22 至 2009.09.22/低毒
　柑橘树　蚜虫　10-12毫克/千克　喷雾

LS20053258 苏云金杆菌/16000IU/毫克/可湿性粉剂/苏云金杆菌 16000IU/毫克/2008.10.11 至 2009.10.11/低毒
枣树 枣尺蠖 1200-1600倍液 喷雾
LS20053260 氟铃脲/5%/乳油/氟铃脲 5%/2008.10.11 至 2009.10.11/低毒
棉花 棉铃虫 90-120克/公顷 喷雾
LS20053406 阿维·高氯/3%/微乳剂/阿维菌素 0.5%、高效氯氰菊酯 2.5%/2008.10.18 至 2009.10.18/低毒(原药高毒)
十字花科蔬菜 菜青虫、小菜蛾 7.5-15克/公顷 喷雾
LS20053411 吡虫·杀虫单/20%/可湿性粉剂/吡虫啉 1%、杀虫单 19%/2008.10.18 至 2009.10.18/中等毒
水稻 稻飞虱、稻纵卷叶螟、二化螟、三化螟 450-750克/公顷 喷雾
LS20053857 氯氰菊酯/5%/乳油/氯氰菊酯 5%/2009.12.28 至 2010.12.28/中等毒
十字花科蔬菜 菜青虫 37.5-45克/公顷 喷雾
LS20053865 乙铝·锰锌/50%/可湿性粉剂/代森锰锌 22%、三乙膦酸铝 28%/2009.12.28 至 2010.12.28/低毒
黄瓜 霜霉病 1400-2800克/公顷 喷雾
LS20060796 烯酰·锰锌/50%/可湿性粉剂/代森锰锌 44%、烯酰吗啉 6%/2009.04.09 至 2010.04.09/低毒
黄瓜 霜霉病 1050-1350克/公顷 喷雾
LS20061407 阿维·高氯/2%/微乳剂/阿维菌素 0.5%、高效氯氰菊酯 1.5%/2009.06.29 至 2010.06.29/低毒(原药高毒)
梨树 梨木虱 6-12毫克/千克 喷雾
LS20061426 噻嗪·杀虫单/25%/可湿性粉剂/噻嗪酮 6%、杀虫单 19%/2009.06.29 至 2010.06.29/中等毒
水稻 稻飞虱 375-450克/公顷 喷雾
LS20061452 福·甲·硫磺/70%/可湿性粉剂/福美双 25%、甲基硫菌灵 15%、硫磺 30%/2009.07.13 至 2010.07.13/低毒
辣椒 炭疽病 735-945克/公顷 喷雾
LS20061461 咪鲜胺/25%/乳油/咪鲜胺 25%/2009.07.13 至 2010.07.13/低毒
葡萄 炭疽病 230-300毫克/千克 喷雾
LS20061556 阿维菌素/2%/微乳剂/阿维菌素 2%/2009.08.02 至 2010.08.02/低毒(原药高毒)
菜豆 美洲斑潜蝇 10.8-21.6克/公顷 喷雾
LS20070878 哒螨灵/30%/可湿性粉剂/哒螨灵 30%/2009.04.11 至 2010.04.12/低毒
苹果树 红蜘蛛 50-67毫克/千克 喷雾
LS20070905 高效氯氟氰菊酯/5%/水乳剂/高效氯氟氰菊酯 5%/2009.04.17 至 2010.04.18/中等毒
苹果树 桃小食心虫 6.25-8.3毫克/千克 喷雾
LS20071407 丙森锌/70%/可湿性粉剂/丙森锌 70%/2009.05.17 至 2010.05.18/低毒
大白菜 霜霉病 1575-2247克/公顷 喷雾
LS20071878 高效氯氰菊酯/10%/水乳剂/高效氯氰菊酯 10%/2009.07.16 至 2010.07.17/中等毒
十字花科蔬菜 菜青虫 30-37.5克/公顷 喷雾
LS20080501 杀扑磷/40%/乳油/杀扑磷 40%/2010.02.20 至 2011.02.20/高毒
柑橘树 介壳虫 400-500毫克/千克 喷雾
LS20080502 异菌脲/50%/可湿性粉剂/异菌脲 50%/2010.02.20 至 2011.02.20/低毒
番茄 灰霉病 562.5-750克/公顷 喷雾
LS20082853 阿维·炔螨特/40%/乳油/阿维菌素 0.3%、炔螨特 39.7%/2009.06.11 至 2010.06.11/低毒(原药高毒)
柑橘树 红蜘蛛 200-400毫克/千克 喷雾
LS20082978 阿维·三唑锡/12.15%/可湿性粉剂/阿维菌素 0.15%、三唑锡 12%/2009.08.20 至 2010.08.20/低毒(原药高毒)
柑橘树 红蜘蛛 60.75-81毫克/千克 喷雾
LS20083029 嘧霉·福美双/50%/可湿性粉剂/福美双 40%、嘧霉胺 10%/2009.09.18 至 2010.09.18/低毒
番茄 灰霉病 900-1125克/公顷 喷雾
LS20083075 丁醚脲/50%/可湿性粉剂/丁醚脲 50%/2009.10.17 至 2010.10.17/低毒
苹果树 红蜘蛛 250-500毫克/千克 喷雾
LS20083116 阿维·三唑磷/10.2%/乳油/阿维菌素 0.2%、三唑磷 10%/2009.11.06 至 2010.11.06/低毒(原药高毒)
节瓜 蓟马 198.9-229.5克/公顷 喷雾
LS20083186 丁醚脲/25%/乳油/丁醚脲 25%/2009.11.25 至 2010.11.25/低毒
十字花科蔬菜 菜青虫 300-375克/公顷 喷雾
LS20090057 联苯菊酯/4%/微乳剂/联苯菊酯 4%/2010.01.09 至 2011.01.09/低毒
茶树 茶小绿叶蝉 21-39克/公顷 喷雾
LS20090187 吡虫·毒死蜱/45%/乳油/吡虫啉 5%、毒死蜱 40%/2010.02.04 至 2011.02.04/中等毒
苹果树 绵蚜 180-225毫克/千克 喷雾
LS20090922 多抗霉素/1%/水剂/多抗霉素 1%/2009.04.09 至 2010.04.09/低毒
苹果树 斑点落叶病 16-25毫克/千克 喷雾
LS20091023 霉威·百菌清/30%/可湿性粉剂/百菌清 20%、乙霉威 10%/2009.04.13 至 2010.04.13/低毒
番茄 灰霉病 585-697克/公顷 喷雾

陕西省西安海浪化工有限公司 (陕西省西安市高陵县经济技术开发区泾河工业园区 710201 029-86030007)

PD20083244 三唑磷/20%/乳油/三唑磷 20%/2008.12.11 至 2013.12.11/低毒
水稻 二化螟 300-450克/公顷 喷雾
PD20083406 三唑酮/15%/可湿性粉剂/三唑酮 15%/2008.12.11 至 2013.12.11/低毒
小麦 白粉病 157.5-180克/公顷 喷雾
PD20083442 吡虫啉/10%/可湿性粉剂/吡虫啉 10%/2008.12.11 至 2013.12.11/低毒
水稻 飞虱 15-30克/公顷 喷雾

PD20085769 阿维菌素/1%/乳油/阿维菌素 1%/2008.12.29 至 2013.12.29/低毒(原药高毒)
十字花科蔬菜 菜青虫 8.1-10.8克/公顷 喷雾
PD20090500 霜脲·锰锌/72%/可湿性粉剂/代森锰锌 64%、霜脲氰 8%/2009.01.12 至 2014.01.12/低毒
黄瓜 霜霉病 1440-1800克/公顷 喷雾
PD20091535 乙草胺/50%/乳油/乙草胺 50%/2009.02.03 至 2014.02.03/低毒
春大豆田 部分阔叶杂草、一年生禾本科杂草 1500-2250克/公顷(东北地区) 土壤喷雾
夏大豆田 部分阔叶杂草、一年生禾本科杂草 975-1350克/公顷(其它地区) 土壤喷雾
PD20098340 三十烷醇/0.1%/微乳剂/三十烷醇 0.1%/2009.12.18 至 2014.12.18/低毒
花生 调节生长 0.8-1.0毫克/千克 喷雾
LS981552 氮苷·硫酸铜 /3.85%/水乳剂/三氮唑核苷 0.1%、硫酸铜 1.25%、硫酸锌 2.5%/2009.01.06 至 2009.12.31/低毒
番茄 病毒病 54-67.5克/公顷 喷雾
LS20053283 阿维·高氯/3%/乳油/阿维菌素 0.2%、高效氯氰菊酯 2.8%/2008.10.11 至 2009.10.11/低毒(原药高毒)
十字花科蔬菜 菜青虫、小菜蛾 13.5-27克/公顷 喷雾
LS20091336 甲维·毒死蜱/15%/乳油/毒死蜱 14.8%、甲氨基阿维菌素苯甲酸盐 0.2%/2009.06.10 至 2010.06.10/低毒
水稻 稻飞虱 90—112.5克/公顷 喷雾

陕西省西安华阳化工科技有限公司 (陕西省西安市西影路45号 710054 029-85518286)

PD85124-15 福·福锌/80%/可湿性粉剂/福美双 30%、福美锌 50%/2005.07.04 至 2010.07.04/中等毒
黄瓜、西瓜 炭疽病 1500-1800克/公顷 喷雾
麻 炭疽病 240-400克/100千克种子 拌种
棉花 苗期病害 0.5%药液 浸种
苹果树、杉木、橡胶树 炭疽病 500-600倍液 喷雾
PD86116-4 甲基硫菌灵/36%/悬浮剂/甲基硫菌灵 36%/2006.08.15 至 2011.08.15/低毒
甘薯 黑斑病 800-1000倍液 浸种、喷雾
柑橘树 绿霉病、青霉病 800倍液 浸果
禾谷类 黑穗病 1000-2000倍液 喷雾
花生 叶斑病 1500-1800倍液 喷雾
梨树、苹果树 白粉病、黑星病 800-1200倍液 喷雾
马铃薯 环腐病 800倍液 浸种
毛竹 枯梢病 1500倍液 喷雾
棉花 枯萎病 170倍液 浸种
葡萄、桑树、烟草 白粉病 800-1000倍液 喷雾
蔬菜 多种病害 400-1200倍液 喷雾
水稻 稻瘟病、纹枯病 800-1500倍液 喷雾
甜菜 褐斑病 1300倍液 喷雾
小麦 白粉病、赤霉病 1500倍液 喷雾
油菜 菌核病 1500倍液 喷雾
PD20083491 灭多威/10%/可湿性粉剂/灭多威 10%/2008.12.12 至 2013.12.12/高毒
棉花 棉铃虫 270-360克/公顷 喷雾
PD20091323 氰戊·马拉松/20%/乳油/马拉硫磷 15%、氰戊菊酯 5%/2009.02.01 至 2014.02.01/中等毒
苹果树 桃小食心虫 160-333毫克/千克 喷雾
LS20050875 高氯·辛硫磷/25%/乳油/高效氯氰菊酯 2.5%、辛硫磷 22.5%/2008.03.29 至 2009.03.29/低毒
十字花科蔬菜 菜青虫 150-225克/公顷 喷雾
LS20051318 阿维·高氯/5.8%/乳油/阿维菌素 0.5%、高效氯氰菊酯 5.3%/2008.04.12 至 2009.04.12/低毒(原药高毒)
黄瓜 美洲斑潜蝇 15-30克/公顷 喷雾
LS20051986 霜脲·锰锌/72%/可湿性粉剂/代森锰锌 64%、霜脲氰 8%/2008.05.24 至 2009.05.24/低毒
黄瓜 霜霉病 1620-1803.6克/公顷 喷雾
LS20052294 吡虫啉/5%/可湿性粉剂/吡虫啉 5%/2008.06.22 至 2009.06.22/低毒
水稻 稻飞虱 15-30克/公顷 喷雾
LS20052402 毒死蜱/200克/升/乳油/毒死蜱 200克/升/2008.07.10 至 2009.07.10/低毒
苹果树 绵蚜 200-250毫克/千克 喷雾
LS20061932 阿维·高氯氟/3.5%/微乳剂/阿维菌素 1%、高效氯氟氰菊酯 2.5%/2009.12.06 至 2010.12.06/中等毒(原药高毒)
十字花科蔬菜 甜菜夜蛾 7.875-13.125克/公顷 喷雾

陕西省西安嘉科农化有限公司 (陕西省西安市长安区鸣犊镇 710102 029-85835328)

PD20050133 哒螨灵/20%/可湿性粉剂/哒螨灵 20%/2005.09.09 至 2010.09.08/中等毒
苹果树 红蜘蛛 2000-3000倍液 喷雾
PD20060152 氯氰·吡虫啉/5%/乳油/吡虫啉 1%、氯氰菊酯 4%/2006.08.29 至 2011.08.28/中等毒
甘蓝 蚜虫 22.5-37.5克/公顷 喷雾
PD20070546 多·锰锌/40%/可湿性粉剂/多菌灵 20%、代森锰锌 20%/2007.12.03 至 2012.12.03/低毒
梨树 黑星病 1000-1250毫克/千克 喷雾
PD20080788 霜霉威/35%/水剂/霜霉威 35%/2008.06.20 至 2013.06.20/低毒
黄瓜 霜霉病 651-1102.5克/公顷 喷雾
PD20083216 噻嗪·杀扑磷/20%/乳油/噻嗪酮 15%、杀扑磷 5%/2008.12.11 至 2013.12.11/中等毒(原药高毒)

柑橘树	介壳虫	200-250毫克/千克	喷雾

PD20084070 霜霉威盐酸盐/66.5%/水剂/霜霉威盐酸盐 66.5%/2008.12.16 至 2013.12.16/低毒

黄瓜	霜霉病	649.8-1083克/公顷	喷雾

PD20084856 灭多威/10%/可湿性粉剂/灭多威 10%/2008.12.22 至 2013.12.22/中等毒(原药高毒)

棉花	棉铃虫	315-360克/公顷	喷雾

PD20085176 阿维菌素/1.8%/乳油/阿维菌素 1.8%/2008.12.23 至 2013.12.23/低毒(原药高毒)

柑橘树	锈壁虱	2.25-4.5毫克/千克	喷雾
柑橘树	红蜘蛛、潜叶蛾	4.5-9毫克/千克	喷雾
梨树	梨木虱	6-12毫克/千克	喷雾
棉花	红蜘蛛	10.8-16.2克/公顷	喷雾
棉花	棉铃虫	21.6-32.4克/公顷	喷雾
苹果树	桃小食心虫	4.5-9毫克/千克	喷雾
苹果树	红蜘蛛	3-6毫克/千克	喷雾
苹果树	二斑叶螨	4.5-6毫克/千克	喷雾
十字花科蔬菜	小菜蛾	6.75-10.8克/公顷	喷雾

PD20085537 阿维·甲氰/1.8%/乳油/阿维菌素 0.2%、甲氰菊酯 1.6%/2008.12.25 至 2013.12.25/低毒(原药高毒)

苹果树	红蜘蛛	12-18毫克/千克	喷雾

PD20086154 氰戊·马拉松/20%/乳油/马拉硫磷 15%、氰戊菊酯 5%/2008.12.30 至 2013.12.30/中等毒

苹果树	桃小食心虫	222-333毫克/千克	喷雾

PD20091574 吡虫·灭多威 /10%/可湿性粉剂/吡虫啉 1%、灭多威 9%/2009.02.03 至 2014.02.03/中等毒(原药高毒)

棉花	蚜虫	75-120克/公顷	喷雾

PD20094778 高效氯氰菊酯/4.5%/微乳剂/高效氯氰菊酯 4.5%/2009.04.13 至 2014.04.13/低毒

十字花科蔬菜	菜青虫	20.25-27克/公顷	喷雾

PD20095504 盐酸吗啉胍/20%/可湿性粉剂/盐酸吗啉胍 20%/2009.05.11 至 2014.05.11/低毒

番茄	病毒病	500-750克/公顷	喷雾

LS20021029 苦参碱/0.26%/水剂/苦参碱 0.26%/2009.01.01 至 2009.12.31/低毒

十字花科蔬菜	菜青虫	3.12-3.9克/公顷	喷雾

LS20051974 络氨铜/14%/水剂/络氨铜 14%/2008.05.24 至 2009.05.24/低毒

柑橘树	溃疡病	466.7-933.3毫克/千克	喷雾

LS20080188 阿维·三唑磷/20.5%/乳油/阿维菌素 0.3%、三唑磷 20.2%/2010.01.07 至 2011.01.07/中等毒(原药高毒)

水稻	二化螟	307.5-369克/公顷	喷雾

陕西省西安近代农药科技股份有限公司 (陕西省西安市泾河工业园区泾渭南路 710201 029-86030165)

PDN53-97 代森锰锌/70%/可湿性粉剂/代森锰锌 70%/2007.12.05 至 2012.12.05/低毒

番茄	早疫病	1837.5-2362.5克/公顷	喷雾

PDN54-97 代森锰锌/80%/原药/代森锰锌 80%/2007.12.05 至 2012.12.05/低毒

PD20040749 吡虫啉/2.5%/乳油/吡虫啉 2.5%/2004.12.19 至 2009.12.18/低毒

棉花	蚜虫	11.25-18.75克/公顷	喷雾

PD20060098 代森锰锌/80%/可湿性粉剂/代森锰锌 80%/2006.05.22 至 2011.05.22/低毒

番茄	早疫病	1845-2370克/公顷	喷雾
柑橘树	疮痂病、炭疽病	1333-2000毫克/千克	喷雾
梨树	黑星病	800-1600毫克/千克	喷雾
荔枝树	霜疫霉病	1333-2000毫克/千克	喷雾
苹果树	斑点落叶病、轮纹病、炭疽病	1000-1600毫克/千克	喷雾
葡萄	白腐病、黑痘病、霜霉病	1000-1600毫克/千克	喷雾
西瓜	炭疽病	1560-2520克/公顷	喷雾

PD20070490 灭多威/98%/原药/灭多威 98%/2007.11.28 至 2012.11.28/高毒

PD20080277 硫磺·三唑酮/20%/可湿性粉剂/硫磺 10%、三唑酮 10%/2008.02.22 至 2013.02.22/低毒

小麦	白粉病	180-240克/公顷	喷雾

PD20080303 多·锰锌/40%/可湿性粉剂/多菌灵 20%、代森锰锌 20%/2008.02.25 至 2013.02.25/低毒

梨树	黑星病	1000-1250毫克/千克	喷雾

PD20080741 三唑锡/25%/可湿性粉剂/三唑锡 25%/2008.06.11 至 2013.06.11/低毒

柑橘树	红蜘蛛	166.7-250毫克/千克	喷雾

PD20080945 霜脲·锰锌/72%/可湿性粉剂/代森锰锌 64%、霜脲氰 8%/2008.07.23 至 2013.07.23/低毒

黄瓜	霜霉病	1440-1800克/公顷	喷雾

PD20081632 噁霜灵/96%/原药/噁霜灵 96%/2008.11.12 至 2013.11.12/低毒

PD20081809 腈菌唑/5%/乳油/腈菌唑 5%/2008.11.19 至 2013.11.19/低毒

香蕉	叶斑病	800-1200倍液	喷雾

PD20082332 霜霉威盐酸盐/66.5%/水剂/霜霉威盐酸盐 66.5%/2008.12.01 至 2013.12.01/低毒

黄瓜	霜霉病	649.8-1083克/公顷	喷雾

PD20082502 硫磺·锰锌/70%/可湿性粉剂/硫磺 42%、代森锰锌 28%/2008.12.03 至 2013.12.03/低毒

豇豆	锈病	1575-2100克/公顷	喷雾

PD20082811 腈菌·福美双/20%/可湿性粉剂/福美双 18%、腈菌唑 2%/2008.12.09 至 2013.12.09/低毒

黄瓜	黑星病	300—400克/公顷	喷雾

PD20083137 多·福/50%/可湿性粉剂/多菌灵 25%、福美双 25%/2008.12.10 至 2013.12.10/中等毒
梨树 黑星病 1000-1500毫克/千克 喷雾
PD20083636 毒死蜱/40%/乳油/毒死蜱 40%/2008.12.12 至 2013.12.12/低毒
十字花科蔬菜 斜纹夜蛾 300-450克/公顷 喷雾
PD20083699 灭多威/90%/可溶粉剂/灭多威 90%/2008.12.15 至 2013.12.15/高毒
棉花 棉铃虫 150-225克/公顷 喷雾
PD20083974 噁霜·锰锌/64%/可湿性粉剂/噁霜灵 8%、代森锰锌 56%/2008.12.16 至 2013.12.16/低毒
黄瓜 霜霉病 1650-1950克/公顷 喷雾
PD20084793 霜霉威盐酸盐/90%/原药/霜霉威盐酸盐 90%/2008.12.22 至 2013.12.22/低毒
PD20084894 百·福/70%/可湿性粉剂/百菌清 20%、福美双 50%/2008.12.22 至 2013.12.22/低毒
葡萄 霜霉病 600-800倍液 喷雾
PD20085581 硫磺·百菌清/50%/悬浮剂/百菌清 15%、硫磺 35%/2008.12.25 至 2013.12.25/低毒
黄瓜 霜霉病 1125-1875克/公顷 喷雾
PD20085802 灭多威/20%/可溶粉剂/灭多威 20%/2008.12.29 至 2013.12.29/中等毒(原药高毒)
棉花 棉铃虫 150-225克/公顷 喷雾
PD20086295 灭多威/10%/可湿性粉剂/灭多威 10%/2008.12.31 至 2013.12.31/中等毒(原药高毒)
棉花 棉铃虫 270-360克/公顷 喷雾
烟草 烟青虫 180-270克/公顷 喷雾
PD20090264 四螨·哒螨灵/16%/可湿性粉剂/哒螨灵 7%、四螨嗪 9%/2009.01.09 至 2014.01.09/低毒
苹果树 红蜘蛛 80-100毫克/千克 喷雾
PD20091221 乙铝·锰锌/50%/可湿性粉剂/代森锰锌 28%、三乙膦酸铝 22%/2009.02.01 至 2014.02.01/低毒
黄瓜 霜霉病 1400-4200克/公顷 喷雾
PD20092757 代森锰锌/30%/悬浮剂/代森锰锌 30%/2009.03.04 至 2014.03.04/低毒
番茄 早疫病 1080-1440克/公顷 喷雾
PD20092792 毒死蜱/480克/升/乳油/毒死蜱 480克/升/2009.03.04 至 2014.03.04/低毒
苹果树 绵蚜 200-300毫克/千克 喷雾
PD20093428 阿维·哒螨灵/5%/乳油/阿维菌素 0.2%、哒螨灵 4.8%/2009.03.23 至 2014.03.23/低毒(原药高毒)
柑橘树 红蜘蛛 1000-1500倍液 喷雾
PD20093547 溴氰 ·敌敌畏/20.5%/乳油/敌敌畏 20%、溴氰菊酯 0.5%/2009.03.23 至 2014.03.23/中等毒
棉花 棉蚜 246-307.5克/公顷 喷雾
LS93473 甲嘧磺隆/70%/原药/甲嘧磺隆 70%/2008.12.10 至 2009.12.31/低毒
LS93474 甲嘧磺隆/10%/可溶性粉剂/甲嘧磺隆 10%/2008.03.03 至 2009.12.31/低毒
防火隔离带、非耕地、林地 杂草 375-750克/公顷 喷雾
防火隔离带、非耕地、林地 杂灌 1050-3000克/公顷 喷雾
苹果园 杂草 30-40克/公顷 喷雾
针叶苗圃 杂草 105-210克/公顷 喷雾
LS93475 甲嘧磺隆/10%/悬浮剂/甲嘧磺隆 10%/2008.12.10 至 2009.12.31/低毒
防火隔离带、非耕地、林地 杂灌 1050-3000克/公顷 喷雾
防火隔离带、非耕地、林地 杂草 375-750克/公顷 喷雾
针叶苗圃 杂草 105-210克/公顷 喷雾
LS20080343 苯醚甲环唑/10%/微乳剂/苯醚甲环唑 10%/2010.02.18 至 2011.02.18/低毒
西瓜 炭疽病 75-112.5克/公顷 喷雾
LS20080530 代森铵/45%/水剂/代森铵 45%/2010.02.20 至 2011.02.20/低毒
水稻 纹枯病 540-810克/公顷 喷雾
LS20090377 甲维·毒死蜱/55.8%/乳油/毒死蜱 55.5%、甲氨基阿维菌素苯甲酸盐 0.3%/2009.03.13 至 2010.03.13/中等毒
甘蓝 甜菜夜蛾 167.4-334.8克/公顷 喷雾
LS20090537 苯醚甲环唑/300克/升/微乳剂/苯醚甲环唑 300克/升/2009.03.18 至 2010.03.18/低毒
西瓜 炭疽病 108-153克/公顷 喷雾
LS20090584 甲硫·锰锌/80%/可湿性粉剂/甲基硫菌灵 20%、代森锰锌 60%/2009.03.19 至 2010.03.19/低毒
苹果树 斑点落叶病 1000-1333毫克/千克 喷雾

陕西省西安喷得绿农化有限公司 (陕西省西安市新城区米秦路65号工业园区 710015 029-86711381)

PD20040386 氯氰·吡虫啉/5%/乳油/吡虫啉 1%、氯氰菊酯 4%/2009.12.19 至 2014.12.19/中等毒
甘蓝 菜青虫、蚜虫 22.5-37.5克/公顷 喷雾
PD20040466 哒螨灵/20%/可湿性粉剂/哒螨灵 20%/2009.12.19 至 2014.12.19/中等毒
苹果树 红蜘蛛 50-67毫克/千克 喷雾
PD20040480 吡虫啉/10%/可湿性粉剂/吡虫啉 10%/2009.12.19 至 2014.12.19/低毒
水稻 飞虱 15-30克/公顷 喷雾
PD20081185 高效氯氟氰菊酯/2.5%/乳油/高效氯氟氰菊酯 2.5%/2008.09.11 至 2013.09.11/中等毒
十字花科蔬菜 菜青虫 11.25-15克/公顷 喷雾

PD20081186 联苯菊酯/25克/升/乳油/联苯菊酯 25克/升/2008.09.11 至 2013.09.11/低毒
茶树 茶尺蠖 12.5-16.7毫克/千克 喷雾
PD20084735 灭多威/90%/可溶粉剂/灭多威 90%/2008.12.22 至 2013.12.22/高毒
甘蓝 菜青虫 225-300克/公顷 喷雾
PD20090579 硫磺/45%/悬浮剂/硫磺 45%/2009.01.14 至 2014.01.14/低毒
黄瓜 白粉病 1012.5-1687.5克/公顷 喷雾
PD20091006 代森锰锌/30%/悬浮剂/代森锰锌 30%/2009.01.21 至 2014.01.21/低毒
番茄 早疫病 900-1350克/公顷 喷雾
PD20091141 硫磺·百菌清/50%/悬浮剂/百菌清 15%、硫磺 35%/2009.01.21 至 2014.01.21/低毒
黄瓜 霜霉病 1125-1875克/公顷 喷雾
PD20091205 氰戊·马拉松/21%/乳油/马拉硫磷 15%、氰戊菊酯 6%/2009.02.01 至 2014.02.01/中等毒
棉花 棉铃虫 126-189克/公顷 喷雾
苹果树 桃小食心虫 105-140毫克/千克 喷雾
小麦 蚜虫 63-94.5克/公顷 喷雾
PD20091228 三唑锡/20%/悬浮剂/三唑锡 20%/2009.02.01 至 2014.02.01/低毒
柑橘树 红蜘蛛 100-200毫克/千克 喷雾
PD20091537 噻嗪酮/25%/可湿性粉剂/噻嗪酮 25%/2009.02.03 至 2014.02.03/低毒
茶树 小绿叶蝉 225-281.25克/公顷 喷雾
柑橘树 矢尖蚧 167-250毫克/千克 喷雾
PD20091804 甲硫·福美双/70%/可湿性粉剂/福美双 40%、甲基硫菌灵 30%/2009.02.04 至 2014.02.04/低毒
苹果树 轮纹病 875-1167毫克/千克 喷雾
PD20092226 敌百虫/30%/乳油/敌百虫 30%/2009.02.24 至 2014.02.24/低毒
甘蓝 菜青虫 450-675克/公顷 喷雾
PD20092565 福·甲·硫磺/70%/可湿性粉剂/福美双 25%、甲基硫菌灵 14%、硫磺 31%/2009.02.26 至 2014.02.26/低毒
辣椒 炭疽病 525-945克/公顷 喷雾
PD20093323 马拉·灭多威 /30%/乳油/马拉硫磷 20%、灭多威 10%/2009.03.16 至 2014.03.16/中等毒(原药高毒)
棉花 棉铃虫 300-450克/公顷 喷雾
PD20093411 硫磺·多菌灵/50%/可湿性粉剂/多菌灵 15%、硫磺 35%/2009.03.20 至 2014.03.20/低毒
花生 叶斑病 1200-1800克/公顷 喷雾
PD20093434 马拉·异丙威/30%/乳油/马拉硫磷 15%、异丙威 15%/2009.03.23 至 2014.03.23/中等毒
水稻 飞虱、叶蝉 450-600克/公顷 喷雾
PD20093894 多·福/60%/可湿性粉剂/多菌灵 30%、福美双 30%/2009.03.25 至 2014.03.25/低毒
梨树 黑星病 1000-1500毫克/千克 喷雾
PD20093969 甲霜·锰锌/58%/可湿性粉剂/甲霜灵 10%、代森锰锌 48%/2009.03.27 至 2014.03.27/低毒
葡萄 霜霉病 1087.5-1740克/公顷 喷雾
PD20095291 毒死蜱/40%/乳油/毒死蜱 40%/2009.04.27 至 2014.04.27/中等毒
苹果树 桃小食心虫 160-240毫克/千克 喷雾
PD20096180 炔螨特/40%/乳油/炔螨特 40%/2009.07.03 至 2014.07.03/低毒
柑橘树 红蜘蛛 266.7-400毫克/千克 喷雾
LS20052441 灭幼脲/25%/悬浮剂/灭幼脲 25%/2008.07.12 至 2009.07.12/低毒
十字花科蔬菜 菜青虫 56.25-75克/公顷 喷雾
LS20060412 多·福/40%/可湿性粉剂/多菌灵 10%、福美双 30%/2009.03.06 至 2010.03.06/低毒
梨树 黑星病 1000-1500毫克/千克 喷雾
LS20071511 四螨嗪/10%/可湿性粉剂/四螨嗪 10%/2009.05.29 至 2010.05.30/低毒
柑橘树 红蜘蛛 115-130毫克/千克 喷雾
LS20080427 氟铃脲/5%/乳油/氟铃脲 5%/2010.02.19 至 2011.02.19/低毒
十字花科蔬菜 小菜蛾 37.5-52.5克/公顷 喷雾
LS20080583 除虫·氰戊/3%/乳油/除虫脲 1.5%、氰戊菊酯 1.5%/2010.02.23 至 2011.02.23/中等毒
十字花科蔬菜 菜青虫 40.5-45克/公顷 喷雾

陕西省西安市植丰农药厂 (陕西省西安市周至县西关 710400 029-87154406)

PD20092252 代森锰锌/85%/原药/代森锰锌 85%/2009.02.24 至 2014.02.24/低毒
PD20092579 乙铝·锰锌/50%/可湿性粉剂/代森锰锌 22%、三乙膦酸铝 28%/2009.02.27 至 2014.02.27/低毒
黄瓜 霜霉病 900-1400克/公顷 喷雾
PD20093063 代森锰锌/70%/可湿性粉剂/代森锰锌 70%/2009.03.09 至 2014.03.09/低毒
番茄 早疫病 1837.5-2362.5克/公顷 喷雾
PD20093100 代森锰锌/80%/可湿性粉剂/代森锰锌 80%/2009.03.09 至 2014.03.09/低毒
番茄 早疫病 1560-2520克/公顷 喷雾
PD20095208 甲霜·锰锌/58%/可湿性粉剂/甲霜灵 10%、代森锰锌 48%/2009.04.24 至 2014.04.24/低毒
葡萄 霜霉病 1087.5-1740克/公顷 喷雾
LS20050087 阿维·高氯/2%/乳油/阿维菌素 0.45%、高效氯氰菊酯 1.55%/2008.01.12 至 2009.01.11/低毒(原药高毒)
十字花科蔬菜 菜青虫 7.5-15克/公顷 喷雾
LS20050553 氰戊·马拉松/20%/乳油/马拉硫磷 15%、氰戊菊酯 5%/2008.02.26 至 2009.02.25/中等毒
苹果树 桃小食心虫 200-333.3毫克/千克 喷雾

LS20051423 吡虫啉/10%/可湿性粉剂/吡虫啉 10%/2008.04.21 至 2009.04.21/低毒
水稻 稻飞虱 15-30克/公顷 喷雾
LS20052124 多·福/50%/可湿性粉剂/多菌灵 10%、福美双 40%/2008.06.09 至 2009.06.09/低毒
梨树 黑星病 1000-1500毫克/千克 喷雾
LS20081095 啶虫脒/6%/微乳剂/啶虫脒 6%/2009.03.10 至 2010.03.10/低毒
苹果树 蚜虫 12-15毫克/千克 喷雾

陕西省西安市中兴生物工程公司 (陕西省西安市经济技术开发区朱宏路北段186号 710021 029-86526269)

PD20092018 吡虫·辛硫磷/25%/乳油/吡虫啉 1%、辛硫磷 24%/2009.02.12 至 2014.02.12/低毒
萝卜 蚜虫 37.5克/公顷 喷雾
PD20093972 多·锰锌/40%/可湿性粉剂/多菌灵 20%、代森锰锌 20%/2009.03.27 至 2014.03.27/低毒
梨树 黑星病 400—600倍液 喷雾
LS20051831 氰戊·马拉松/20%/乳油/马拉硫磷 15%、氰戊菊酯 5%/2008.05.16 至 2009.05.16/中等毒
苹果树 桃小食心虫 166.6-333.3毫克/千克 喷雾

陕西省西安文远化学工业有限公司 (陕西省西安市碑林区和平路99号榕园公寓1106号 710001 029-86035247)

PD20080819 霜脲氰/96%/原药/霜脲氰 96%/2008.06.20 至 2013.06.20/低毒
PD20081203 萎锈灵/97.9%/原药/萎锈灵 97.9%/2008.09.11 至 2013.09.11/低毒
PD20094398 霜脲·锰锌/72%/可湿性粉剂/代森锰锌 64%、霜脲氰 8%/2009.04.01 至 2014.04.01/低毒
黄瓜 霜霉病 1440-1800克/公顷 喷雾

陕西省西安西诺农化有限责任公司 (陕西省西安市灞桥区田王街特字1号 710025 029-83603743)

PD20040454 氯氰·吡虫啉/5%/乳油/吡虫啉 1%、氯氰菊酯 4%/2009.12.19 至 2014.12.19/低毒
十字花科蔬菜 蚜虫 22.5-37.5克/公顷 喷雾
PD20083231 阿维菌素/0.9%/乳油/阿维菌素 0.9%/2008.12.11 至 2013.12.11/低毒(原药高毒)
梨树 梨木虱 6-12毫克/千克 喷雾
PD20084398 多·锰锌/70%/可湿性粉剂/多菌灵 20%、代森锰锌 50%/2008.12.17 至 2013.12.17/低毒
梨树 黑星病 1000-1250毫克/千克 喷雾
PD20084559 噻螨酮/5%/乳油/噻螨酮 5%/2008.12.18 至 2013.12.18/低毒
柑橘树 红蜘蛛 25-31.25毫克/千克 喷雾
PD20084992 丁硫克百威/200克/升/乳油/丁硫克百威 200克/升/2008.12.22 至 2013.12.22/中等毒
棉花 蚜虫 90-180克/公顷 喷雾
PD20084997 毒死蜱/40%/乳油/毒死蜱 40%/2008.12.22 至 2013.12.22/中等毒
棉花 棉铃虫 675-900克/公顷 喷雾
PD20085283 唑螨酯/5%/悬浮剂/唑螨酯 5%/2008.12.23 至 2013.12.23/低毒
苹果树 红蜘蛛 20-25毫克/千克 喷雾
PD20085606 多·福/60%/可湿性粉剂/多菌灵 30%、福美双 30%/2008.12.25 至 2013.12.25/低毒
梨树 黑星病 1000-1500毫克/千克 喷雾
PD20086232 三唑锡/25%/可湿性粉剂/三唑锡 25%/2008.12.31 至 2013.12.31/低毒
柑橘树 红蜘蛛 125-250毫克/千克 喷雾
PD20091982 高氯·马/20%/乳油/高效氯氰菊酯 2%、马拉硫磷 18%/2009.02.12 至 2014.02.12/低毒
苹果树 黄蚜 100-133毫克/千克 喷雾
PD20093227 高氯·灭多威/10%/乳油/高效氯氰菊酯 1.2%、灭多威 8.8%/2009.03.11 至 2014.03.11/中等毒(原药高毒)
棉花 棉铃虫 75-105克/公顷 喷雾
PD20094535 福·甲·硫磺/70%/可湿性粉剂/福美双 25%、甲基硫菌灵 14%、硫磺 31%/2009.04.09 至 2014.04.09/低毒
辣椒 炭疽病 525-945克/公顷 喷雾
PD20097212 溴螨酯/500克/升/乳油/溴螨酯 500克/升/2009.10.19 至 2014.10.19/低毒
柑橘树 红蜘蛛 333-500毫克/千克 喷雾
PD20097240 代森锰锌/80%/可湿性粉剂/代森锰锌 80%/2009.10.19 至 2014.10.19/低毒
番茄 早疫病 2160-2550克/公顷 喷雾
PD20097753 联苯菊酯/100克/升/乳油/联苯菊酯 100克/升/2009.11.12 至 2014.11.12/中等毒
茶树 茶小绿叶蝉 30-37.5克/公顷 喷雾
PD20097836 百菌清/40%/悬浮剂/百菌清 40%/2009.11.20 至 2014.11.20/低毒
番茄 早疫病 900—1050克/公顷 喷雾
PD20097846 甲霜·锰锌/58%/可湿性粉剂/甲霜灵 10%、代森锰锌 48%/2009.11.20 至 2014.11.20/低毒
黄瓜 霜霉病 862.5—1050克/公顷 喷雾
PD20097887 氰戊·鱼藤酮/1.3%/乳油/氰戊菊酯 0.5%、鱼藤酮 0.8%/2009.11.20 至 2014.11.20/低毒
十字花科叶菜 菜青虫 19.5-24克/公顷 喷雾
PD20097985 吡虫啉/10%/可湿性粉剂/吡虫啉 10%/2009.12.01 至 2014.12.01/低毒
水稻 稻飞虱 15-30克/公顷 喷雾
PD20098026 氟硅唑/400克/升/乳油/氟硅唑 400克/升/2009.12.07 至 2014.12.07/低毒
梨树 黑星病 40—50毫克/千克 喷雾
PD20098038 炔螨特/57%/乳油/炔螨特 57%/2009.12.07 至 2014.12.07/低毒
苹果树 红蜘蛛 237-356毫克/千克 喷雾
PD20098183 丙环唑/250克/升/乳油/丙环唑 250克/升/2009.12.14 至 2014.12.14/低毒
香蕉 叶斑病 250-500毫克/千克 喷雾

PD20098256　异菌脲/255克/升/悬浮剂/异菌脲 255克/升/2009.12.16 至 2014.12.16/低毒
香蕉树　冠腐病　1500-1700毫克/千克　浸果
PD20098265　吡虫·杀虫单/35%/可湿性粉剂/吡虫啉 1%、杀虫单 34%/2009.12.16 至 2014.12.16/中等毒
水稻　稻飞虱、稻纵卷叶螟、二化螟、三化螟　450-750克/公顷　喷雾
PD20098366　甲基硫菌灵/500克/升/悬浮剂/甲基硫菌灵 500克/升/2009.12.18 至 2014.12.18/低毒
水稻　稻瘟病　750-1125克/公顷　喷雾
PD20098416　阿维菌素/18克/升/乳油/阿维菌素 18克/升/2009.12.24 至 2014.12.24/低毒(原药高毒)
十字花科蔬菜　小菜蛾　8.1-13.5克/公顷　喷雾
LS20050671　吡虫啉/10%/可湿性粉剂/吡虫啉 10%/2008.03.15 至 2009.03.15/低毒
小麦　蚜虫　15-30克/公顷(南方地区)　喷雾
45-60克/公顷(北方地区)
LS20052633　阿维·高氯/2.4%/可湿性粉剂/阿维菌素 0.3%、高效氯氰菊酯 2.1%/2008.08.14 至 2009.08.14/低毒(原药高毒)
十字花科蔬菜　菜青虫、小菜蛾　13.5-27克/公顷　喷雾
LS20053577　阿维·高氯/3%/乳油/阿维菌素 0.2%、高效氯氰菊酯 2.8%/2008.11.14 至 2009.11.14/低毒(原药高毒)
十字花科蔬菜　菜青虫、小菜蛾　13.5-27克/公顷　喷雾
LS20080525　阿维·毒死蜱/10%/乳油/阿维菌素 0.1%、毒死蜱 9.9%/2010.02.20 至 2011.02.20/低毒(原药高毒)
十字花科蔬菜　小菜蛾　112.5-150克/公顷　喷雾
LS20080539　霜霉威盐酸盐/35%/水剂/霜霉威盐酸盐 35%/2010.02.20 至 2011.02.20/低毒
黄瓜　霜霉病　650-1083克/公顷　喷雾
LS20080584　甲硫·福美双/70%/可湿性粉剂/福美双 40%、甲基硫菌灵 30%/2010.02.23 至 2011.02.23/低毒
苹果　轮纹病　875-1167毫克/千克　喷雾
LS20082021　井冈霉素/10%/可溶粉剂/井冈霉素 10%/2009.04.15 至 2010.04.15/低毒
水稻　纹枯病　150-187.5克/公顷　喷雾
LS20090354　甲氨基阿维菌素苯甲酸盐（5.7%）///水分散粒剂/甲氨基阿维菌素 5%/2009.03.13 至 2010.03.13/低毒
甘蓝　小菜蛾　1.5-2.25克/公顷　喷雾
LS20090367　阿维菌素/1.8%/水乳剂/阿维菌素 1.8%/2009.03.13 至 2010.03.13/低毒(原药高毒)
十字花科蔬菜　小菜蛾　8.1-10.8克/公顷　喷雾
LS20090382　噻嗪酮/8%/展膜油剂/噻嗪酮 8%/2009.03.13 至 2010.03.13/低毒
水稻　稻飞虱　150-180克/公顷　洒滴
LS20090454　啶虫脒/40%/水分散粒剂/啶虫脒 40%/2009.03.18 至 2010.03.18/中等毒
十字花科蔬菜　蚜虫　18-24克/公顷　喷雾
LS20090455　苯丁锡/50%/悬浮剂/苯丁锡 50%/2009.03.18 至 2010.03.18/低毒
柑橘树　红蜘蛛　200-250毫克/千克　喷雾
LS20090511　联苯菊酯/2.5%/微乳剂/联苯菊酯 2.5%/2009.03.18 至 2010.03.18/中等毒
茶树　茶小绿叶蝉　30-37.5克/公顷　喷雾
LS20090623　三磷锡/30%/乳油/三磷锡 30%/2009.03.23 至 2010.03.23/低毒
柑橘树　红蜘蛛　100-120毫克/千克　喷雾
LS20090759　混合氨基酸铜/10%/水剂/混合氨基酸铜 10%/2009.03.31 至 2010.03.31/低毒
西瓜　枯萎病　333-500毫克/千克　灌根
LS20090785　哒螨灵/20%/悬浮剂/哒螨灵 20%/2009.04.01 至 2010.04.01/低毒
柑橘树　红蜘蛛　57-66.7毫克/千克　喷雾
LS20090918　腈菌唑/40%/悬浮剂/腈菌唑 40%/2009.04.09 至 2010.04.09/低毒
梨树　黑星病　40-50毫克/千克　喷雾
LS20090926　毒死蜱/30%/水乳剂/毒死蜱 30%/2009.04.09 至 2010.04.09/中等毒
水稻　稻纵卷叶螟　450-540克/公顷　喷雾

陕西省咸阳德丰有限责任公司　(陕西省咸阳市秦都区马庄镇　712000　0910-3541031)

LS2000734　噻苯隆/90%,85%/原药/噻苯隆 90%,85%/2009.01.19 至 2009.12.31/低毒
LS2000735　噻苯隆/0.1%/可溶性液剂/噻苯隆 0.1%/2009.01.19 至 2009.12.31/低毒
葡萄　提高产量　4-6毫克/千克　花期喷雾

陕西省杨凌博迪森生物科技发展股份有限公司　(陕西省杨凌示范区新桥路北段　712100　029-87073648)

PD20085539　多·锰锌/40%/可湿性粉剂/多菌灵 20%、代森锰锌 20%/2008.12.25 至 2013.12.25/低毒
梨树　黑星病　1000-1250毫克/千克　喷雾
PD20090079　辛硫·灭多威/25%/乳油/灭多威 3%、辛硫磷 22%/2009.01.08 至 2014.01.08/高毒
棉花　棉铃虫　281.25-375克/公顷　喷雾
PD20090226　甲硫·福美双/70%/可湿性粉剂/福美双 40%、甲基硫菌灵 30%/2009.01.09 至 2014.01.09/低毒
苹果树　轮纹病　800-1000倍液　喷雾
PD20093831　溴氰·马拉松/2.012%/粉剂/马拉硫磷 2%、溴氰菊酯 0.012%/2009.03.25 至 2014.03.25/中等毒
贮粮　赤拟谷盗、谷蠹、玉米象　20克/1000千克贮粮　拌粮

陕西省杨凌大地化工有限公司　(陕西省杨凌区康乐路29号　712100　029-87099608-11)

PD20092435　多·锰锌/50%/可湿性粉剂/多菌灵 8%、代森锰锌 42%/2009.02.25 至 2014.02.25/低毒
苹果树　斑点落叶病　1000-1250毫克/千克　喷雾
LS20050603　吡虫啉/5%/乳油/吡虫啉 5%/2008.03.14 至 2009.03.14/低毒
小麦　蚜虫　15-30克/公顷(南方地区)　喷雾

45-60克/公顷(北方地区)

LS20051104 阿维·高氯/6%/乳油/阿维菌素 0.4%、高效氯氰菊酯 5.6%/2008.04.11 至 2009.04.11/低毒(原药高毒)
十字花科蔬菜 菜青虫、小菜蛾 13.5-27克/公顷 喷雾

LS20052552 多·福/40%/可湿性粉剂/多菌灵 5%、福美双 35%/2008.07.25 至 2009.07.25/低毒
葡萄 霜霉病 1000-1250毫克/千克 喷雾

LS20071858 啶虫脒/5%/可湿性粉剂/啶虫脒 5%/2009.07.09 至 2010.07.10/低毒
小麦 蚜虫 22.5-30克/公顷 喷雾

LS20083236 锰锌·腈菌唑/50%/可湿性粉剂/腈菌唑 2%、代森锰锌 48%/2009.12.11 至 2010.12.11/低毒
梨树 黑星病 285.7-400毫克/千克 喷雾

LS20090017 阿维·哒螨灵/10.5%/可湿性粉剂/阿维菌素 0.5%、哒螨灵 10%/2010.01.08 至 2011.01.08/低毒(原药高毒)
苹果树 红蜘蛛 35-42毫克/千克 喷雾

陕西省杨凌农药化工有限公司 (陕西省杨凌区杨凌农业高新技术产业示范区新桥南路 712100 029-87033860)

LS20040130 丙烷脒/2%/水剂/丙烷脒 2%/2008.01.27 至 2009.01.27/低毒
番茄、黄瓜 灰霉病 75-100克/公顷 喷雾

陕西省泾阳微生物厂 (陕西省咸阳市泾阳县永乐镇 713702 0910-6382529)

PD86109-20 苏云金杆菌/100亿活芽孢/克/可湿性粉剂/苏云金杆菌 100亿活芽孢/克/2007.09.02 至 2012.09.02/低毒
白菜、萝卜、青菜 菜青虫、小菜蛾 1500-4500克制剂/公顷 喷雾
茶树 茶毛虫 1500-7500克制剂/公顷 喷雾
大豆、甘薯 天蛾 1500-2250克制剂/公顷 喷雾
柑橘树 柑橘凤蝶 2250-3750克制剂/公顷 喷雾
高粱、玉米 玉米螟 3750-4500克制剂/公顷 喷雾、毒土
梨树 天幕毛虫 1500-3750克制剂/公顷 喷雾
林木 尺蠖、柳毒蛾、松毛虫 2250-7500克制剂/公顷 喷雾
棉花 棉铃虫、造桥虫 1500-7500克制剂/公顷 喷雾
苹果树 巢蛾 2250-3750克制剂/公顷 喷雾
水稻 稻苞虫、稻纵卷叶螟 1500-6000克制剂/公顷 喷雾
烟草 烟青虫 3750-7500克制剂/公顷 喷雾
枣树 尺蠖 3750-4500克制剂/公顷 喷雾

陕西汤普森生物科技有限公司 (陕西省蒲城县北环路中段 715500 029-82401290)

PD20082280 代森锰锌/80%/可湿性粉剂/代森锰锌 80%/2008.12.01 至 2013.12.01/低毒
黄瓜 霜霉病 2040-3000克/公顷 喷雾

PD20082917 甲基硫菌灵/50%/可湿性粉剂/甲基硫菌灵 50%/2008.12.09 至 2013.12.09/低毒
番茄 叶霉病 450-562.5克/公顷 喷雾

PD20082932 甲霜·锰锌/58%/可湿性粉剂/甲霜灵 10%、代森锰锌 48%/2008.12.09 至 2013.12.09/低毒
黄瓜 霜霉病 675-1050克/公顷 喷雾

PD20083289 溴氰菊酯/25克/升/乳油/溴氰菊酯 25克/升/2008.12.11 至 2013.12.11/中等毒
苹果树 桃小食心虫 12.5-16.7毫克/千克 喷雾

PD20083394 多·锰锌/70%/可湿性粉剂/多菌灵 20%、代森锰锌 50%/2008.12.11 至 2013.12.11/低毒
苹果树 斑点落叶病 1000-1250毫克/千克 喷雾

PD20083526 毒死蜱/480克/升/乳油/毒死蜱 480克/升/2008.12.12 至 2013.12.12/中等毒
十字花科蔬菜 菜青虫 450-540克/公顷 喷雾

PD20083530 炔螨特/73%/乳油/炔螨特 73%/2008.12.12 至 2013.12.12/低毒
柑橘树 红蜘蛛 292-365毫克/千克 喷雾

PD20083533 联苯菊酯/25克/升/乳油/联苯菊酯 25克/升/2008.12.12 至 2013.12.12/中等毒
棉花 棉铃虫 30-52.5克/公顷 喷雾

PD20083538 甲基硫菌灵/70%/可湿性粉剂/甲基硫菌灵 70%/2008.12.12 至 2013.12.12/低毒
番茄 叶霉病 525-735克/公顷 喷雾

PD20083554 三唑锡/20%/悬浮剂/三唑锡 20%/2008.12.12 至 2013.12.12/低毒
苹果树 红蜘蛛 100-200毫克/千克 喷雾

PD20083558 马拉硫磷/45%/乳油/马拉硫磷 45%/2008.12.12 至 2013.12.12/低毒
十字花科蔬菜 蚜虫 540-810克/公顷 喷雾

PD20083560 三唑锡/25%/可湿性粉剂/三唑锡 25%/2008.12.12 至 2013.12.12/中等毒
苹果树 红蜘蛛 125-250毫克/千克 喷雾

PD20083613 噻嗪·异丙威/25%/可湿性粉剂/噻嗪酮 5%、异丙威 20%/2008.12.12 至 2013.12.12/低毒
水稻 稻飞虱 450-562.5克/公顷 喷雾

PD20083650 硫双威/75%/可湿性粉剂/硫双威 75%/2008.12.12 至 2013.12.12/低毒
棉花 棉铃虫 421.9-506.3克/公顷 喷雾

PD20083744 百菌清/75%/可湿性粉剂/百菌清 75%/2008.12.15 至 2013.12.15/低毒
黄瓜 霜霉病 1653.75-3003.75克/公顷 喷雾

PD20083763 氯氰·毒死蜱/522.5克/升/乳油/毒死蜱 475克/升、氯氰菊酯 47.5克/升/2008.12.15 至 2013.12.15/中等毒
十字花科蔬菜 菜青虫 313.5-470.25克/公顷 喷雾

PD20083790 噻嗪酮/25%/可湿性粉剂/噻嗪酮 25%/2008.12.15 至 2013.12.15/低毒
柑橘树 介壳虫 125-250毫克/千克 喷雾

PD20083819 百菌清/40%/悬浮剂/百菌清 40%/2008.12.15 至 2013.12.15/低毒
番茄 早疫病 900-1050克/公顷 喷雾
PD20083869 三环唑/20%/可湿性粉剂/三环唑 20%/2008.12.15 至 2013.12.15/中等毒
水稻 稻瘟病 300-375克/公顷 喷雾
PD20083890 异菌脲/50%/可湿性粉剂/异菌脲 50%/2008.12.15 至 2013.12.15/低毒
番茄 早疫病 1050-1500克/公顷 喷雾
PD20084058 速灭威/25%/可湿性粉剂/速灭威 25%/2008.12.16 至 2013.12.16/中等毒
水稻 飞虱 375-750克/公顷 喷雾
PD20084068 多菌灵/25%/可湿性粉剂/多菌灵 25%/2008.12.16 至 2013.12.16/低毒
水稻 纹枯病 675-825克/公顷 喷雾
PD20084226 甲基硫菌灵/50%/悬浮剂/甲基硫菌灵 50%/2008.12.17 至 2013.12.17/低毒
小麦 赤霉病 750-1125克/公顷 喷雾
PD20084376 氟啶脲/50克/升/乳油/氟啶脲 50克/升/2008.12.17 至 2013.12.17/低毒
十字花科蔬菜 甜菜夜蛾 30-60克/公顷 喷雾
PD20084451 锰锌·噁霜灵/64%/可湿性粉剂/噁霜灵 8%、代森锰锌 56%/2008.12.17 至 2013.12.17/低毒
黄瓜 霜霉病 1651-1949克/公顷 喷雾
PD20084770 春雷霉素/2%/水剂/春雷霉素 2%/2008.12.22 至 2013.12.22/低毒
番茄 叶霉病 42-52.5克/公顷 喷雾
PD20084976 除虫脲/5%/可湿性粉剂/除虫脲 5%/2008.12.22 至 2013.12.22/低毒
苹果树 金纹细蛾 125-250毫克/千克 喷雾
PD20085024 多·福/40%/可湿性粉剂/多菌灵 5%、福美双 35%/2008.12.22 至 2013.12.22/低毒
梨树 黑星病 1000-1500毫克/千克 喷雾
PD20085035 氯氰菊酯/250克/升/乳油/氯氰菊酯 250克/升/2008.12.22 至 2013.12.22/低毒
十字花科蔬菜 菜青虫 41.25-56.25克/公顷 喷雾
PD20085289 噻螨酮/5%/可湿性粉剂/噻螨酮 5%/2008.12.23 至 2013.12.23/低毒
柑橘树 红蜘蛛 27.78-33.33毫克/千克 喷雾
PD20085727 赤霉酸/4%/乳油/赤霉酸 4%/2008.12.26 至 2013.12.26/低毒
芹菜 调节生长 66.7-100毫克/千克 喷雾
PD20085919 甲硫·福美双/70%/可湿性粉剂/福美双 22%、甲基硫菌灵 48%/2008.12.29 至 2013.12.29/中等毒
黄瓜 炭疽病 787.5-1312.5克/公顷 喷雾
PD20086071 多·锰锌/80%/可湿性粉剂/多菌灵 20%、代森锰锌 60%/2008.12.30 至 2013.12.30/低毒
苹果树 斑点落叶病 1000-1250毫克/千克 喷雾
PD20086198 乙铝·锰锌/50%/可湿性粉剂/代森锰锌 27%、三乙膦酸铝 23%/2008.12.30 至 2013.12.30/低毒
黄瓜 霜霉病 1125-1875克/公顷 喷雾
PD20090311 异丙甲草胺/720克/升/乳油/异丙甲草胺 720克/升/2009.01.12 至 2014.01.12/低毒
移栽水稻田 一年生杂草 108-216克/公顷 喷雾
PD20090359 噻螨酮/5%/乳油/噻螨酮 5%/2009.01.12 至 2014.01.12/中等毒
柑橘树 红蜘蛛 25－33.3毫克/千克 喷雾
PD20090505 甲草胺/480克/升/乳油/甲草胺 480克/升/2009.01.12 至 2014.01.12/低毒
棉花田 一年生杂草 1080-1440克/公顷 播后苗前土壤喷雾
PD20090578 吡嘧磺隆/10%/可湿性粉剂/吡嘧磺隆 10%/2009.01.14 至 2014.01.14/低毒
移栽水稻田 一年生阔叶杂草 22.5-30克/公顷 毒土法
PD20090956 福美双/50%/可湿性粉剂/福美双 50%/2009.01.20 至 2014.01.20/中等毒
黄瓜 白粉病 787.5-1050克/公顷 喷雾
PD20091033 乙草胺/900克/升/乳油/乙草胺 900克/升/2009.01.21 至 2014.01.21/低毒
春大豆田 一年生杂草 1350-1890克/公顷 土壤喷雾
夏大豆田 一年生杂草 1080-1350克/公顷 土壤喷雾
PD20091312 硫双威/375克/升/悬浮剂/硫双威 375克/升/2009.02.01 至 2014.02.01/中等毒
棉花 棉铃虫 421.9-506.3克/公顷 喷雾
PD20091502 扑草净/25%/可湿性粉剂/扑草净 25%/2009.02.02 至 2014.02.02/低毒
移栽水稻田 一年生阔叶杂草 431.25-562.5克/公顷 毒土法
PD20092381 井冈霉素/5%/水剂/井冈霉素A 5%/2009.02.25 至 2014.02.25/低毒
水稻 纹枯病 150-187.5克/公顷 喷雾
PD20092527 福·福锌/80%/可湿性粉剂/福美双 30%、福美锌 50%/2009.02.26 至 2014.02.26/中等毒
黄瓜 炭疽病 1500-1800克/公顷 喷雾
PD20092694 丁草胺/600克/升/水乳剂/丁草胺 600克/升/2009.03.03 至 2014.03.03/低毒
移栽水稻田 一年生杂草 990-1260克/公顷 毒土法
PD20092833 氟硅唑/40%/乳油/氟硅唑 40%/2009.03.05 至 2014.03.05/低毒
黄瓜 黑星病 45-75克/公顷 喷雾
PD20093920 高氯·毒死蜱/12%/乳油/毒死蜱 9.5%、高效氯氰菊酯 2.5%/2009.03.26 至 2014.03.26/中等毒
十字花科蔬菜 菜青虫 54～72克/公顷 喷雾
PD20094344 高效氯氟氰菊酯/25克/升/乳油/高效氯氟氰菊酯 25克/升/2009.04.01 至 2014.04.01/中等毒

十字花科叶菜 菜青虫 9.4-11.25克/公顷 喷雾

PD20096467 苯磺隆/75%/水分散粒剂/苯磺隆 75%/2009.08.14 至 2014.08.14/低毒

冬小麦田 一年生阔叶杂草 13.5-22.5克/公顷 茎叶喷雾

PD20096546 代森锌/80%/可湿性粉剂/代森锌 80%/2009.08.24 至 2014.08.24/低毒

花生 叶斑病 960-1200克/公顷 喷雾

PD20096573 顺式氯氰菊酯/100克/升/乳油/顺式氯氰菊酯 100克/升/2009.08.24 至 2014.08.24/中等毒

甘蓝 菜青虫 7.5-15克/公顷 喷雾

PD20096736 丙草胺/300克/升/乳油/丙草胺 300克/升/2009.09.07 至 2014.09.07/低毒

移栽水稻田 一年生杂草 450-540克/公顷 毒土法

PD20096737 苯丁锡/25%/可湿性粉剂/苯丁锡 25%/2009.09.07 至 2014.09.07/低毒

柑橘树 红蜘蛛 166.7-250毫克/千克 喷雾

PD20096756 虫酰肼/20%/悬浮剂/虫酰肼 20%/2009.09.07 至 2014.09.07/低毒

甘蓝 甜菜夜蛾 200-300克/公顷 喷雾

PD20096802 异丙威/20%/乳油/异丙威 20%/2009.09.15 至 2014.09.15/低毒

水稻 稻飞虱 450-600克/公顷 喷雾

PD20096807 三唑酮/25%/可湿性粉剂/三唑酮 25%/2009.09.15 至 2014.09.15/低毒

小麦 白粉病 187.5—225克/公顷 喷雾

PD20096858 抑霉唑/22.2%/乳油/抑霉唑 22.2%/2009.09.22 至 2014.09.22/低毒

柑橘 青霉病 247—493毫克/千克 浸果

PD20097326 福·福锌/40%/可湿性粉剂/福美双 15%、福美锌 25%/2009.10.27 至 2014.10.27/中等毒

黄瓜 炭疽病 1500-1800克/公顷 喷雾

PD20097339 杀螟丹/98%/可溶粉剂/杀螟丹 98%/2009.10.27 至 2014.10.27/中等毒

十字花科叶菜 菜青虫 441-588克/公顷 喷雾

PD20097351 春雷霉素/6%/可湿性粉剂/春雷霉素 6%/2009.10.27 至 2014.10.27/低毒

黄瓜 枯萎病 200—300毫克/千克 灌根

PD20097851 吡虫啉/25%/可湿性粉剂/吡虫啉 25%/2009.11.20 至 2014.11.20/低毒

水稻 稻飞虱 15-30克/公顷 喷雾

PD20097871 速灭威/70%/可湿性粉剂/速灭威 70%/2009.11.20 至 2014.11.20/中等毒

水稻 稻飞虱 525-735克/公顷 喷雾

PD20098319 甲氰·噻螨酮/7.5%/乳油/甲氰菊酯 5%、噻螨酮 2.5%/2009.12.18 至 2014.12.18/低毒

柑橘树 红蜘蛛 75-100毫克/千克 喷雾

PD20098320 高氯·马/20%/乳油/高效氯氰菊酯 2%、马拉硫磷 18%/2009.12.18 至 2014.12.18/中等毒

苹果树 桃小食心虫 166.7-250毫克/千克 喷雾

PD20098338 啶虫脒/5%/可湿性粉剂/啶虫脒 5%/2009.12.18 至 2014.12.18/低毒

小麦 蚜虫 22.5-30克/公顷 喷雾

LS20050266 阿维·高氯/2.4%/可湿性粉剂/阿维菌素 0.2%、高效氯氰菊酯 2.2%/2008.02.04 至 2009.02.03/低毒(原药高毒)

黄瓜 美洲斑潜蝇 15-30克/公顷 喷雾

LS20050367 吡虫·杀虫单/40%/可湿性粉剂/吡虫啉 1%、杀虫单 39%/2008.02.19 至 2009.02.18/中等毒

水稻 稻飞虱、稻纵卷叶螟、二化螟、三化螟 450-750克/公顷 喷雾

LS20050572 吡虫啉/5%/可湿性粉剂/吡虫啉 5%/2008.03.14 至 2009.03.14/低毒

水稻 稻飞虱 15-30克/公顷 喷雾

LS20050685 吡虫啉/5%/乳油/吡虫啉 5%/2008.03.15 至 2009.03.15/低毒

水稻 稻飞虱 15-30克/公顷 喷雾

LS20051375 阿维·高氯/1.8%/乳油/阿维菌素 0.2%、高效氯氰菊酯 1.6%/2008.04.18 至 2009.04.18/低毒(原药高毒)

梨树 梨木虱 12-24毫克/千克 喷雾

LS20051810 吡虫啉/70%/可湿性粉剂/吡虫啉 70%/2008.05.16 至 2009.05.16/低毒

水稻 稻飞虱 15-30克/公顷 喷雾

LS20053468 阿维·高氯/1.1%/微乳剂/阿维菌素 0.1%、高效氯氰菊酯 1%/2008.11.13 至 2009.11.13/低毒(原药高毒)

黄瓜 美洲斑潜蝇 15-30克/公顷 喷雾

LS20070029 井冈霉素/10%/可溶粉剂/井冈霉素A 10%/2010.01.16 至 2011.01.16/低毒

水稻 纹枯病 150-187.5克/公顷 喷雾

LS20070264 阿维·吡虫啉/1.8%/可湿性粉剂/阿维菌素 0.1%、吡虫啉 1.7%/2010.02.25 至 2011.02.25/低毒(原药高毒)

十字花科蔬菜 蚜虫 10.8-16.2克/公顷 喷雾

LS20070337 哒螨·三唑锡/16%/可湿性粉剂/哒螨灵 8%、三唑锡 8%/2010.02.25 至 2011.02.25/低毒

柑橘树 红蜘蛛 16.7-160毫克/千克 喷雾

LS20070340 乙霉·多菌灵/50%/可湿性粉剂/多菌灵 25%、乙霉威 25%/2010.02.25 至 2011.02.25/低毒

番茄 灰霉病 705-1125克/公顷 喷雾

LS20070400 霜脲·锰锌/72%/可湿性粉剂/代森锰锌 64%、霜脲氰 8%/2009.03.05 至 2010.03.06/低毒

黄瓜 霜霉病 1436-1803克/公顷 喷雾

LS20070405 溴氰·硫丹/32.8%/乳油/硫丹 32%、溴氰菊酯 0.8%/2009.03.05 至 2010.03.06/中等毒(原药高毒)

棉花 棉铃虫 393.6-492克/公顷 喷雾

LS20070413 嘧霉胺/40%/悬浮剂/嘧霉胺 40%/2009.03.05 至 2010.03.06/低毒

番茄 灰霉病 378-564克/公顷 喷雾

LS20070426 四螨·哒螨灵/12%/可湿性粉剂/哒螨灵 8%、四螨嗪 4%/2009.03.05 至 2010.03.06/低毒
柑橘树 红蜘蛛 60-120毫克/千克 喷雾

LS20070552 高效氯氟氰菊酯/2.5%/可湿性粉剂/高效氯氟氰菊酯 2.5%/2009.03.08 至 2010.03.09/中等毒
十字花科蔬菜 蚜虫 7.5-11.25克/公顷 喷雾

LS20070644 阿维·哒螨灵/10.2%/乳油/阿维菌素 0.2%、哒螨灵 10%/2009.03.29 至 2010.03.30/低毒(原药高毒)
苹果树 二斑叶螨 51-68毫克/千克 喷雾

LS20071359 乙铝·多菌灵/75%/可湿性粉剂/多菌灵 25%、三乙膦酸铝 50%/2009.05.17 至 2010.05.18/低毒
苹果树 轮纹病 1250-1875毫克/千克 喷雾

LS20071642 胂·锌·福美双/50%/可湿性粉剂/福美甲胂 12.5%、福美双 25%、福美锌 12.5%/2009.06.06 至 2010.06.07/低毒
大白菜 霜霉病 1125-1387.5克/公顷 喷雾

LS20071833 甲维·高氯氟/2.3%/乳油/高效氯氟氰菊酯 2.15%、甲氨基阿维菌素苯甲酸盐 0.15%/2009.07.09 至 2010.07.10/低毒
十字花科蔬菜 小菜蛾 6.9-8.625克/公顷 喷雾

LS20072091 阿维·高氯/5%/可湿性粉剂/阿维菌素 0.3%、高效氯氰菊酯 4.7%/2009.08.29 至 2010.08.30/低毒(原药高毒)
黄瓜 美洲斑潜蝇 15-30克/公顷 喷雾

LS20072405 阿维·毒死蜱/35%/水乳剂/阿维菌素 0.5%、毒死蜱 34.5%/2009.10.25 至 2010.10.26/中等毒(原药高毒)
十字花科蔬菜 小菜蛾 341.25～525克/公顷 喷雾

LS20072413 啶虫脒/15%/可湿性粉剂/啶虫脒 15%/2009.11.04 至 2010.11.05/低毒
十字花科蔬菜 蚜虫 13.5-15.75克/公顷 喷雾

LS20072518 嘧霉胺/20%/可湿性粉剂/嘧霉胺 20%/2009.12.04 至 2010.12.05/低毒
黄瓜 灰霉病 360-480克/公顷 喷雾

LS20072541 甲维·氟啶脲/2.5%/乳油/氟啶脲 2.4%、甲氨基阿维菌素苯甲酸盐 0.1%/2009.12.04 至 2010.12.05/低毒
甘蓝 菜青虫 22.5-30克/公顷 喷雾

LS20072547 氯氟·啶虫脒/7.5%/可湿性粉剂/啶虫脒 6.5%、高效氯氟氰菊酯 1%/2009.12.04 至 2010.12.05/低毒
十字花科蔬菜 蚜虫 22.5-30克/公顷 喷雾

LS20072579 甲氨基阿维菌素苯甲酸盐/3%/乳油/甲氨基阿维菌素苯甲酸盐 3%/2009.12.09 至 2010.12.10/低毒
甘蓝 小菜蛾 1.8-2.25克/公顷 喷雾

LS20072655 啶虫脒/60%/泡腾片剂/啶虫脒 60%/2009.12.16 至 2010.12.17/低毒
甘蓝 蚜虫 13.5-22.5克/公顷 喷雾

LS20080063 噻嗪·吡虫啉/20%/可湿性粉剂/吡虫啉 2%、噻嗪酮 18%/2010.01.05 至 2011.01.05/低毒
水稻 稻飞虱 120-150克/公顷 喷雾

LS20080179 苯丁锡/25%/可湿性粉剂/苯丁锡 25%/2009.01.07 至 2010.01.07/低毒
柑橘树 红蜘蛛 166.7-250毫克/千克 喷雾

LS20080192 虫酰肼/20%/悬浮剂/虫酰肼 20%/2009.01.07 至 2010.01.07/低毒
十字花科蔬菜 甜菜夜蛾 240-300克/公顷 喷雾

LS20080224 啶虫脒/33%/水分散粒剂/啶虫脒 33%/2010.01.07 至 2011.01.07/低毒
十字花科蔬菜 蚜虫 17.82-22.275克/公顷 喷雾

LS20080325 甲维·丁醚脲/25%/乳油/丁醚脲 24.9%、甲氨基阿维菌素苯甲酸盐 0.1%/2010.02.18 至 2011.02.18/低毒
十字花科蔬菜 小菜蛾 225-300克/公顷 喷雾

LS20080349 异丙威/20%/乳油/异丙威 20%/2010.02.18 至 2011.02.18/低毒
水稻 稻飞虱 525-600克/公顷 喷雾

LS20080551 多菌灵/80%/水分散粒剂/多菌灵 80%/2010.02.23 至 2011.02.23/低毒
水稻 纹枯病 750-900克/公顷 喷雾

LS20080736 腈菌唑/20%/悬浮剂/腈菌唑 20%/2010.02.25 至 2011.02.25/低毒
梨树 黑星病 44.4-66.7毫克/千克 喷雾

LS20080789 松脂酸铜/12%/乳油/松脂酸铜 12%/2010.03.01 至 2011.03.01/低毒
黄瓜 霜霉病 315-420克/公顷 喷雾

LS20080790 溴氰菊酯/5%/可湿性粉剂/溴氰菊酯 5%/2010.03.01 至 2011.03.01/低毒
十字花科蔬菜 菜青虫 15-22.5克/公顷 喷雾

LS20080846 丁醚脲/25%/悬浮剂/丁醚脲 25%/2009.03.04 至 2010.03.04/低毒
十字花科蔬菜 小菜蛾 300-450克/公顷 喷雾

LS20080922 苯磺隆/75%/水分散粒剂/苯磺隆 75%/2009.03.05 至 2010.03.05/低毒
冬小麦田 阔叶杂草 18-22.5克/公顷 茎叶喷雾

LS20081067 三唑酮/25%/可湿性粉剂/三唑酮 25%/2009.03.07 至 2010.03.07/低毒
小麦 白粉病 187.5-225克/公顷 喷雾

LS20081242 叶枯唑/20%/可湿性粉剂/叶枯唑 20%/2009.03.11 至 2010.03.11/低毒
水稻 白叶枯病 300-375克/公顷 喷雾

LS20081269 络氨铜/14%/水剂/络氨铜 14%/2009.03.11 至 2010.03.11/微毒
柑橘树 溃疡病 467-933毫克/千克 喷雾

LS20081559 氢氧化铜/53.8%/水分散粒剂/氢氧化铜 53.8%/2009.04.02 至 2010.04.02/低毒
黄瓜 角斑病 550-672克/公顷 喷雾

LS20081837 丙草胺/300克/升/乳油/丙草胺 300克/升/2009.04.10 至 2010.04.10/低毒
移栽水稻田 一年生杂草 450-540克/公顷 毒土法

LS20082023 毒死蜱/30%/水乳剂/毒死蜱 30%/2009.04.15 至 2010.04.15/中等毒

	水稻 稻纵卷叶螟	562.5-675克/公顷	喷雾
LS20082336	吗胍·乙酸铜/60%/可溶片剂/盐酸吗啉胍 30%、乙酸铜 30%/2009.04.21 至 2010.04.21/低毒		
	番茄 病毒病	504-750克/公顷	喷雾
LS20082446	氯氟·吡虫啉/33%/水分散粒剂/吡虫啉 30%、高效氯氟氰菊酯 3%/2009.04.22 至 2010.04.22/低毒		
	十字花科蔬菜 白粉虱	34.65-39.6克/公顷	喷雾
LS20082663	苄嘧磺隆/10%/可湿性粉剂/苄嘧磺隆 10%/2009.04.23 至 2010.04.23/低毒		
	移栽水稻田 一年生阔叶杂草	33-45克/公顷	毒土法
LS20082905	唑磷·毒死蜱/30%/乳油/毒死蜱 10%、三唑磷 20%/2009.07.09 至 2010.07.09/中等毒		
	水稻 二化螟	225-270克/公顷	喷雾
LS20083196	啶虫脒/70%/水分散粒剂/啶虫脒 70%/2009.12.04 至 2010.12.04/低毒		
	黄瓜 蚜虫	26.25-42克/公顷	喷雾
LS20090012	丁醚脲/80%/水分散粒剂/丁醚脲 80%/2010.01.08 至 2011.01.08/低毒		
	十字花科蔬菜 小菜蛾	600-900克/公顷	喷雾
LS20090050	甲氨基阿维菌素苯甲酸盐/1%/水乳剂/甲氨基阿维菌素苯甲酸盐 1%/2010.01.09 至 2011.01.09/低毒		
	甘蓝 小菜蛾	1.8-2.25克/公顷	喷雾
LS20090086	三唑锡/80%/水分散粒剂/三唑锡 80%/2010.01.09 至 2011.01.09/低毒		
	柑橘树 红蜘蛛	200-250毫克/千克	喷雾
LS20090110	联苯菊酯/2.5%/水乳剂/联苯菊酯 2.5%/2010.01.14 至 2011.01.14/低毒		
	茶树 茶小绿叶蝉	30-37.5克/公顷	喷雾
LS20090129	甲氨基阿维菌素苯甲酸盐/5%/水分散粒剂/甲氨基阿维菌素苯甲酸盐 5%/2010.02.04 至 2011.02.04/低毒		
	甘蓝 甜菜夜蛾	2.55-3.6克/公顷	喷雾
LS20090131	丁醚脲/25%/水乳剂/丁醚脲 25%/2010.02.04 至 2011.02.04/低毒		
	十字花科蔬菜 菜青虫	225-375克/公顷	喷雾
LS20090172	速灭威/70%/可湿性粉剂/速灭威 70%/2010.02.04 至 2011.02.04/中等毒		
	水稻 稻飞虱	577.5-735克/公顷	喷雾
LS20090214	苯丁锡/80%/水分散粒剂/苯丁锡 80%/2010.02.12 至 2011.02.12/低毒		
	苹果树 红蜘蛛	222-250毫克/千克	喷雾
LS20090215	丙森锌/80%/可湿性粉剂/丙森锌 80%/2010.02.12 至 2011.02.12/低毒		
	番茄 早疫病	1560-1920克/公顷	喷雾
LS20090282	三唑酮/20%/水乳剂/三唑酮 20%/2010.02.16 至 2011.02.16/低毒		
	小麦 白粉病	120-180克/公顷	喷雾
LS20090339	四螨嗪/80%/水分散粒剂/四螨嗪 80%/2009.03.09 至 2010.03.09/低毒		
	柑橘树 红蜘蛛	160-200毫克/千克	喷雾
LS20090433	腈菌唑/12.5%/水乳剂/腈菌唑 12.5%/2009.03.16 至 2010.03.16/低毒		
	梨树 黑星病	41.7-62.5毫克/千克	喷雾
LS20090463	阿维·苯丁锡/25%/可湿性粉剂/阿维菌素 0.5%、苯丁锡 24.5%/2009.03.18 至 2010.03.18/低毒(原药高毒)		
	柑橘树 红蜘蛛	125-156.25毫克/千克	喷雾
LS20090464	高效氯氟氰菊酯/5%/水乳剂/高效氯氟氰菊酯 5%/2009.03.18 至 2010.03.18/中等毒		
	柑橘树 潜叶蛾	20-25毫克/千克	喷雾
LS20090508	四螨·三唑锡/25%/可湿性粉剂/四螨嗪 5%、三唑锡 20%/2009.03.18 至 2010.03.18/低毒		
	柑橘树 红蜘蛛	83.3-125毫克/千克	喷雾
LS20090518	氟铃·毒死蜱 /52.5%/乳油/毒死蜱 50%、氟铃脲 2.5%/2009.03.18 至 2010.03.18/低毒		
	十字花科蔬菜 小菜蛾	283.5-378克/公顷	喷雾
LS20090557	甲氨基阿维菌素苯甲酸盐(3.4%)///泡腾片剂/甲氨基阿维菌素 3%/2009.03.19 至 2010.03.19/低毒		
	甘蓝 甜菜夜蛾	2.7-3.6克/公顷	喷雾
LS20090570	烯酰吗啉/50%/水分散粒剂/烯酰吗啉 50%/2009.03.19 至 2010.03.19/低毒		
	黄瓜 霜霉病	225-300克/公顷	喷雾
LS20090595	甲氰·三唑锡/25%/悬浮剂/甲氰菊酯 10%、三唑锡 15%/2009.03.23 至 2010.03.23/低毒		
	柑橘树 红蜘蛛	83.3-125毫克/千克	喷雾
LS20090947	咪鲜·多菌灵/25%/可湿性粉剂/多菌灵 12.5%、咪鲜胺 12.5%/2009.04.10 至 2010.04.10/低毒		
	西瓜 炭疽病	281.25-375克/公顷	喷雾
LS20090977	己唑醇/5%/微乳剂/己唑醇 5%/2009.04.10 至 2010.04.10/微毒		
	水稻 纹枯病	60-75克/公顷	喷雾
LS20090996	苯醚甲环唑/10%/水乳剂/苯醚甲环唑 10%/2009.04.10 至 2010.04.10/微毒		
	黄瓜 白粉病	90-120克/公顷	喷雾
LS20091000	噻菌灵/60%/水分散粒剂/噻菌灵 60%/2009.04.10 至 2010.04.10/低毒		
	柑橘 绿霉病、青霉病	1000-1500毫克/千克	浸果
LS20091008	咪鲜胺/10%/水乳剂/咪鲜胺 10%/2009.04.13 至 2010.04.13/低毒		
	柑橘 绿霉病、青霉病	333-500毫克/千克	浸果
LS20091101	核苷酸/0.05%/水剂/核苷酸 0.05%/2009.04.15 至 2010.04.15/低毒		
	黄瓜 调节生长	400-600倍液	兑水喷雾2次
LS20091304	甲维·硫双威/25%/可湿性粉剂/甲氨基阿维菌素苯甲酸盐 0.1%、硫双威 24.9%/2009.06.02 至 2010.06.02/低毒		
	十字花科蔬菜 小菜蛾	675-900克/公顷	喷雾

LS20091319 吡虫·三唑锡/20%/可湿性粉剂/吡虫啉 5%、三唑锡 15%/2009.06.02 至 2010.06.02/低毒
柑橘树 红蜘蛛、蚜虫 100-200毫克/千克 喷雾
LS20091444 甲氨基阿维菌素苯甲酸盐(5.7%)///乳油/甲氨基阿维菌素 5%/2009.11.12 至 2010.11.12/低毒
甘蓝 小菜蛾 1.5—3克/公顷 喷雾
WP20090231 杀虫喷射剂/0.4%/喷射剂/胺菊酯 0.2%、高效氯氰菊酯 0.2%/2009.04.13 至 2014.04.13/低毒
卫生 蚊、蝇 / 喷射

陕西天富腾达作物保护科学有限公司 (陕西省礼泉县城东药王洞乡寨子村 713200 029-35633456)

PD20082097 炔螨特/40%/乳油/炔螨特 40%/2008.11.25 至 2013.11.25/低毒
柑橘树 红蜘蛛 267-400毫克/千克 喷雾
PD20084680 氯氰·丙溴磷/440克/升/乳油/丙溴磷 400克/升、氯氰菊酯 40克/升/2008.12.22 至 2013.12.22/中等毒
棉花 棉铃虫 561-660克/公顷 喷雾
PD20091261 毒死蜱/480克/升/乳油/毒死蜱 480克/升/2009.02.01 至 2014.02.01/中等毒
十字花科蔬菜 菜青虫 432-576克/公顷 喷雾
PD20091799 三乙膦酸铝/80%/可湿性粉剂/三乙膦酸铝 80%/2009.02.04 至 2014.02.04/低毒
黄瓜 霜霉病 2160-2880克/公顷 喷雾
PD20093528 甲霜·锰锌/58%/可湿性粉剂/甲霜灵 10%、代森锰锌 48%/2009.03.23 至 2014.03.23/低毒
黄瓜 霜霉病 696-1044克/公顷 喷雾
PD20096952 霜霉威盐酸盐/66.5%/水剂/霜霉威盐酸盐 66.5%/2009.09.29 至 2014.09.29/低毒
黄瓜 霜霉病 866.4—1083克/公顷 喷雾
PD20097895 氯氰·毒死蜱/522.5克/升/乳油/毒死蜱 475克/升、氯氰菊酯 47.5克/升/2009.11.30 至 2014.11.30/中等毒
十字花科蔬菜 菜青虫 391.875-470.25克/公顷 喷雾
PD20098071 丙环唑/250克/升/乳油/丙环唑 250克/升/2009.12.08 至 2014.12.08/低毒
香蕉 叶斑病 250-500毫克/千克 喷雾
PD20098119 高效氯氟氰菊酯/25克/升/乳油/高效氯氟氰菊酯 25克/升/2009.12.08 至 2014.12.08/中等毒
十字花科叶菜 菜青虫 7.5-15克/公顷 喷雾
PD20098176 甲基硫菌灵/500克/升/悬浮剂/甲基硫菌灵 500克/升/2009.12.14 至 2014.12.14/低毒
小麦 赤霉病 750—1125克/公顷 喷雾
PD20098205 多菌灵/80%/可湿性粉剂/多菌灵 80%/2009.12.16 至 2014.12.16/低毒
苹果树 褐斑病 800—1000毫克/千克 喷雾
PD20098267 石硫合剂/29%/水剂/石硫合剂 29%/2009.12.18 至 2014.12.18/低毒
苹果树 白粉病 4143—5800毫克/千克 喷雾
PD20098272 甲氰·噻螨酮/7.5%/乳油/甲氰菊酯 5%、噻螨酮 2.5%/2009.12.18 至 2014.12.18/中等毒
苹果 红蜘蛛 50-75毫克/千克 喷雾
PD20098303 硫双威/75%/乳油/硫双威 75%/2009.12.18 至 2014.12.18/低毒
棉花 棉铃虫 562.5-675克/公顷 喷雾
PD20098327 马拉硫磷/45%/乳油/马拉硫磷 45%/2009.12.18 至 2014.12.18/低毒
十字花科蔬菜 黄条跳甲 810-945克/公顷 喷雾
PD20098328 联苯菊酯/100克/升/乳油/联苯菊酯 100克/升/2009.12.18 至 2014.12.18/低毒
茶树 茶小绿叶蝉 30-45克/公顷 喷雾
PD20098365 三环唑/75%/可湿性粉剂/三环唑 75%/2009.12.18 至 2014.12.18/低毒
水稻 稻瘟病 225—337.5克/公顷 喷雾
PD20098368 甲基硫菌灵/3%/糊剂/甲基硫菌灵 3%/2009.12.18 至 2014.12.18/低毒
苹果树 腐烂病 3.75—4.5克/平方米 涂抹
PD20098439 虫酰肼/200克/升/悬浮剂/虫酰肼 200克/升/2009.12.24 至 2014.12.24/低毒
甘蓝 甜菜夜蛾 80-100毫升制剂/亩 喷雾
PD20098516 醚菊酯/10%/悬浮剂/醚菊酯 10%/2009.12.24 至 2014.12.24/低毒
甘蓝 菜青虫 45-60克/公顷 喷雾
LS20052890 机油·炔螨特/30%/乳油/机油 10%、炔螨特 20%/2008.09.07 至 2009.09.07/低毒
苹果树 红蜘蛛 150-200毫克/千克 喷雾
LS20081240 毒死蜱/30%/水乳剂/毒死蜱 30%/2009.03.10 至 2010.03.10/中等毒
十字花科蔬菜 菜青虫 450-675克/公顷 喷雾
LS20081313 吗胍·乙酸铜/20%/可湿性粉剂/盐酸吗啉胍 10%、乙酸铜 10%/2009.03.13 至 2010.03.13/低毒
番茄 病毒病 480-750克/公顷 喷雾
LS20090405 硅唑·咪鲜胺/20%/水乳剂/氟硅唑 4%、咪鲜胺 16%/2009.03.16 至 2010.03.16/低毒
黄瓜 炭疽病 165-210克/公顷 喷雾

陕西韦尔奇作物保护有限公司 (陕西省浦城县农化基地工业园区 715500 0913-7532710)

PD20083184 甲基硫菌灵/70%/可湿性粉剂/甲基硫菌灵 70%/2008.12.11 至 2013.12.11/低毒
小麦 赤霉病 750-1050克/公顷 喷雾
PD20083228 三乙膦酸铝/80%/可湿性粉剂/三乙膦酸铝 80%/2008.12.11 至 2013.12.11/低毒
黄瓜 霜霉病 2200-2800克/公顷 喷雾
PD20083305 多菌灵/80%/可湿性粉剂/多菌灵 80%/2008.12.11 至 2013.12.11/低毒
水稻 纹枯病 750-900克/公顷 喷雾
PD20083314 虫酰肼/20%/悬浮剂/虫酰肼 20%/2008.12.11 至 2013.12.11/低毒

甘蓝 甜菜夜蛾 240-300克/公顷 喷雾

PD20083413 三唑酮/25%/可湿性粉剂/三唑酮 25%/2008.12.11 至 2013.12.11/低毒

小麦 白粉病 150-168.7克/公顷 喷雾

PD20083644 异菌脲/50%/可湿性粉剂/异菌脲 50%/2008.12.12 至 2013.12.12/低毒

番茄 早疫病 562.5-750克/公顷 喷雾

PD20083777 噻嗪酮/25%/可湿性粉剂/噻嗪酮 25%/2008.12.15 至 2013.12.15/低毒

水稻 稻飞虱 112.5-150克/公顷 喷雾

PD20084276 腐霉利/50%/可湿性粉剂/腐霉利 50%/2008.12.17 至 2013.12.17/低毒

黄瓜 灰霉病 375-750克/公顷 喷雾

PD20084329 甲基硫菌灵/36%/悬浮剂/甲基硫菌灵 36%/2008.12.17 至 2013.12.17/低毒

水稻 纹枯病 330-470克/公顷 喷雾

PD20084527 多菌灵/40%/悬浮剂/多菌灵 40%/2008.12.18 至 2013.12.18/低毒

水稻 纹枯病 960-1080克/公顷 喷雾

PD20084653 多菌灵/25%/可湿性粉剂/多菌灵 25%/2008.12.22 至 2013.12.22/低毒

水稻 稻瘟病 750-937.5克/公顷 喷雾

PD20084798 三唑锡/20%/悬浮剂/三唑锡 20%/2008.12.22 至 2013.12.22/低毒

柑橘树 红蜘蛛 133.3-200毫克/千克 喷雾

PD20084834 四螨嗪/500克/升/悬浮剂/四螨嗪 500克/升/2008.12.22 至 2013.12.22/低毒

苹果树 红蜘蛛 83.3-100毫克/千克 喷雾

PD20085076 四螨嗪/20%/悬浮剂/四螨嗪 20%/2008.12.23 至 2013.12.23/低毒

柑橘树 红蜘蛛 133.3-200毫克/千克 喷雾

PD20086054 速灭威/25%/可湿性粉剂/速灭威 25%/2008.12.29 至 2013.12.29/中等毒

水稻 稻飞虱 562.5-750克/公顷 喷雾

PD20090042 代森锰锌/50%/可湿性粉剂/代森锰锌 80%/2009.01.06 至 2014.01.06/低毒

番茄 早疫病 1800-2400克/公顷 喷雾

PD20090858 除虫脲/25%/可湿性粉剂/除虫脲 25%/2009.01.19 至 2014.01.19/低毒

苹果树 金纹细蛾 125-250毫克/千克 喷雾

PD20091238 苄嘧磺隆/10%/可湿性粉剂/苄嘧磺隆 10%/2009.02.01 至 2014.02.01/低毒

移栽水稻田 阔叶杂草 32.4-45克/公顷 毒土法

PD20093395 醚菊酯/10%/悬浮剂/醚菊酯 10%/2009.03.19 至 2014.03.19/低毒

甘蓝 菜青虫 45-60克/公顷 喷雾

PD20093509 苯丁锡/50%/可湿性粉剂/苯丁锡 50%/2009.03.23 至 2014.03.23/低毒

柑橘树 红蜘蛛 200-250毫克/千克 喷雾

PD20093658 春雷霉素/6%/可湿性粉剂/春雷霉素 6%/2009.03.25 至 2014.03.25/低毒

黄瓜 枯萎病 180-270克/公顷 灌根

PD20094228 唑螨酯/5%/悬浮剂/唑螨酯 5%/2009.03.31 至 2014.03.31/低毒

柑橘树 红蜘蛛 25-50毫克/千克 喷雾

PD20095627 乙烯利/40%/水剂/乙烯利 40%/2009.05.12 至 2014.05.12/低毒

香蕉 催熟 800-1000毫克/千克 浸渍

PD20095963 三唑锡/25%/可湿性粉剂/三唑锡 25%/2009.06.04 至 2014.06.04/低毒

柑橘树 红蜘蛛 125-250毫克/千克 喷雾

PD20097329 代森锌/80%/可湿性粉剂/代森锌 80%/2009.10.27 至 2014.10.27/低毒

花生 叶斑病 750-960克/公顷 喷雾

PD20097823 福·福锌/40%/可湿性粉剂/福美双 15%、福美锌 25%/2009.11.20 至 2014.11.20/中等毒

苹果树 炭疽病 1333—1600毫克/千克 喷雾

LS20080542 代森锰锌/80%/可湿性粉剂/代森锰锌 80%/2010.02.20 至 2011.02.20/低毒

番茄 早疫病 1800-2400克/公顷 喷雾

LS20081834 叶枯唑/20%/可湿性粉剂/叶枯唑 20%/2009.04.10 至 2010.04.10/低毒

水稻 白叶枯病 300-375克/公顷 喷雾

LS20082640 矮壮素/50%/水剂/矮壮素 50%/2009.04.23 至 2010.04.23/低毒

棉花 调节生长 50-62.5毫克/千克 喷雾

LS20090558 炔螨特/40%/水乳剂/炔螨特 40%/2009.03.19 至 2010.03.19/低毒

柑橘树 红蜘蛛 200-400毫克/千克 喷雾

陕西西大华特科技实业有限公司 (陕西省西安市高新技术产业开发区高新4路13号 710075 029-88320109)

PD20086022 噻霉酮/95%/原药/噻霉酮 95%/2008.12.29 至 2013.12.29/低毒

PD20086023 噻霉酮/1.5%/水乳剂/噻霉酮 1.5%/2008.12.29 至 2013.12.29/低毒

黄瓜 霜霉病 26.1-39.4克/公顷 喷雾

PD20092957 腈菌·福美双/20%/可湿性粉剂/福美双 18%、腈菌唑 2%/2009.03.09 至 2014.03.09/低毒

黄瓜 黑星病 200-400克/公顷 喷雾

PD20093331 乙铝·锰锌/70%/可湿性粉剂/代森锰锌 45%、三乙膦酸铝 25%/2009.03.18 至 2014.03.18/低毒

黄瓜 霜霉病 1575-3937.5克/公顷 喷雾

PD20093519 四螨嗪/10%/可湿性粉剂/四螨嗪 10%/2009.03.23 至 2014.03.23/低毒

柑橘树 红蜘蛛 100-125毫克/千克 喷雾

PD20093653 噁霉灵/8%/水剂/噁霉灵 8%/2009.03.25 至 2014.03.25/低毒
水稻育秧田 立枯病 11250-15000克/公顷 苗床土壤处理
PD20093678 炔螨特/40%/乳油/炔螨特 40%/2009.03.25 至 2014.03.25/低毒
柑橘 红蜘蛛 300-400毫克/千克 喷雾
PD20093765 阿维·毒死蜱/15%/乳油/阿维菌素 0.1%、毒死蜱 14.9%/2009.03.25 至 2014.03.25/中等毒(原药高毒)
十字花科蔬菜 小菜蛾 45-90克/公顷 喷雾
PD20093853 噻嗪·异丙威/25%/可湿性粉剂/噻嗪酮 6%、异丙威 19%/2009.03.25 至 2014.03.25/低毒
水稻 稻飞虱 262.5-300克/公顷 喷雾
PD20093942 四螨嗪/50%/悬浮剂/四螨嗪 50%/2009.03.27 至 2014.03.27/低毒
苹果树 红蜘蛛 83.3-100毫克/千克 喷雾
PD20094222 多·锰锌/50%/可湿性粉剂/多菌灵 8%、代森锰锌 42%/2009.03.31 至 2014.03.31/低毒
苹果树 斑点落叶病 1000-1250毫克/千克 喷雾
PD20094267 硫磺·甲硫灵/70%/可湿性粉剂/甲基硫菌灵 30%、硫磺 40%/2009.03.31 至 2014.03.31/中等毒
黄瓜 白粉病 840-1050克/公顷 喷雾
PD20094293 多·福/30%/可湿性粉剂/多菌灵 15%、福美双 15%/2009.03.31 至 2014.03.31/低毒
辣椒 立枯病 3-4.5克/平方米 药土法
PD20094459 硫磺·三环唑/40%/悬浮剂/硫磺 35%、三环唑 5%/2009.04.01 至 2014.04.01/低毒
水稻 稻瘟病 960-1200克/公顷 喷雾
PD20094671 苯丁·哒螨灵/10%/乳油/苯丁锡 5%、哒螨灵 5%/2009.04.10 至 2014.04.10/中等毒
柑橘树 红蜘蛛 50-100毫克/千克 喷雾
PD20094776 阿维·吡虫啉/1.8%/可湿性粉剂/阿维菌素 0.1%、吡虫啉 1.7%/2009.04.13 至 2014.04.13/低毒(原药高毒)
萝卜 蚜虫 8.1-13.5克/公顷 喷雾
PD20094841 阿维·高氯/5%/乳油/阿维菌素 0.5%、高效氯氰菊酯 4.5%/2009.04.13 至 2014.04.13/低毒(原药高毒)
十字花科蔬菜 菜青虫、小菜蛾 13.5-27克/公顷 喷雾
PD20095064 锰锌·百菌清/64%/可湿性粉剂/百菌清 8%、代森锰锌 56%/2009.04.21 至 2014.04.21/低毒
番茄 早疫病 1248-1632克/公顷 喷雾
PD20095201 阿维·杀虫单/20%/微乳剂/阿维菌素 0.2%、杀虫单 19.8%/2009.04.24 至 2014.04.24/低毒(原药高毒)
菜豆 美洲斑潜蝇 90-270克/公顷 喷雾
PD20096216 哒螨灵/10%/乳油/哒螨灵 10%/2009.07.15 至 2014.07.15/中等毒
苹果树 红蜘蛛 50-66.7毫克/千克 喷雾
PD20096864 三唑锡/20%/可湿性粉剂/三唑锡 20%/2009.09.22 至 2014.09.22/低毒
柑橘树 红蜘蛛 125-250毫克/千克 喷雾
PD20097323 阿维·高氯/2.4%/可湿性粉剂/阿维菌素 0.2%、高效氯氰菊酯 2.2%/2009.10.27 至 2014.10.27/低毒(原药高毒)
黄瓜 美洲斑潜蝇 15-30克/公顷 喷雾
PD20097330 氯氰·毒死蜱/522.5克/升/乳油/毒死蜱 475克/升、氯氰菊酯 47.5克/升/2009.10.27 至 2014.10.27/中等毒
柑橘树 潜叶蛾 458-550毫克/千克 喷雾
PD20097332 毒死蜱/40%/乳油/毒死蜱 40%/2009.10.27 至 2014.10.27/中等毒
棉花 棉铃虫 75-150毫升制剂/亩 喷雾
PD20097606 氯氰·毒死蜱/25%/乳油/毒死蜱 22.5%、氯氰菊酯 2.5%/2009.11.03 至 2014.11.03/低毒
棉花 棉铃虫 300-375克/公顷 喷雾
PD20097637 甲霜·锰锌/58%/可湿性粉剂/甲霜灵 10%、代森锰锌 48%/2009.11.03 至 2014.11.03/低毒
黄瓜 霜霉病 675－1050克/公顷 喷雾
PD20097680 甲基硫菌灵/70%/可湿性粉剂/甲基硫菌灵 70%/2009.11.04 至 2014.11.04/低毒
苹果树 轮纹病 700-1167毫克/千克 喷雾
PD20097760 联苯菊酯/90%/原药/联苯菊酯 90%/2009.11.12 至 2014.11.12/中等毒
PD20097762 代森锰锌/80%/可湿性粉剂/代森锰锌 80%/2009.11.12 至 2014.11.12/低毒
番茄 早疫病 2160－2520克/公顷 喷雾
PD20097809 虫酰肼/20%/悬浮剂/虫酰肼 20%/2009.11.20 至 2014.11.20/低毒
甘蓝 甜菜夜蛾 255-300克/公顷 喷雾
PD20097824 戊唑醇/95%/原药/戊唑醇 95%/2009.11.20 至 2014.11.20/低毒
PD20097835 氟啶脲/94%/原药/氟啶脲 94%/2009.11.20 至 2014.11.20/低毒
PD20097882 联苯菊酯/100克/升/乳油/联苯菊酯 100克/升/2009.11.20 至 2014.11.20/低毒
茶树 茶小绿叶蝉 30-37.5克/公顷 喷雾
PD20097894 虫酰肼/95%/原药/虫酰肼 95%/2009.11.30 至 2014.11.30/低毒
PD20097897 喹硫磷/25%/乳油/喹硫磷 25%/2009.11.30 至 2014.11.30/中等毒
柑橘树 介壳虫 250-312毫克/千克 喷雾
PD20097928 百菌清/75%/可湿性粉剂/百菌清 75%/2009.11.30 至 2014.11.30/低毒
番茄 早疫病 1653.8－3000克/公顷 喷雾
PD20097966 丙环唑/250克/升/乳油/丙环唑 250克/升/2009.12.01 至 2014.12.01/低毒
香蕉树 叶斑病 250－500毫克/千克 喷雾
PD20098065 丙环唑/88%/原药/丙环唑 88%/2009.12.07 至 2014.12.07/低毒
PD20098324 炔螨特/73%/乳油/炔螨特 73%/2009.12.18 至 2014.12.18/低毒
柑橘树 红蜘蛛 292-365毫克/千克 喷雾

LS20053862	乙霉·福美双/50%/可湿性粉剂/福美双 45%、乙霉威 5%/2009.12.28 至 2010.12.28/低毒			
	黄瓜	炭疽病	900-1050克/公顷	喷雾
LS20060580	哒螨灵/15%/可湿性粉剂/哒螨灵 15%/2009.03.16 至 2010.03.16/低毒			
	苹果树	红蜘蛛	50-75毫克/千克	喷雾
LS20061857	硫磺·锰锌/70%/可湿性粉剂/硫磺 42%、代森锰锌 28%/2009.11.14 至 2010.11.14/低毒			
	豇豆	锈病	1575-2100克/公顷	喷雾
LS20061893	苄·乙/20%/可湿性粉剂/苄嘧磺隆 4.5%、乙草胺 15.5%/2009.12.05 至 2010.12.05/低毒			
	水稻移栽田	一年生及部分多年生杂草	84-118克/公顷	毒土法
LS20080046	氟氯氰菊酯/5.7%/乳油/氟氯氰菊酯 5.7%/2010.01.04 至 2011.01.04/低毒			
	十字花科蔬菜	菜青虫	25.65-34.2克/公顷	喷雾
LS20080198	霜霉威盐酸盐/35%/水剂/霜霉威盐酸盐 35%/2010.01.07 至 2011.01.07/低毒			
	黄瓜	霜霉病	840-1050克/公顷	喷雾
LS20080465	炔螨特/73%/乳油/炔螨特 73%/2010.02.19 至 2011.02.19/低毒			
	柑橘树	红蜘蛛	292-365毫克/千克	喷雾
LS20080615	代森锰锌/80%/可湿性粉剂/代森锰锌 80%/2010.02.23 至 2011.02.23/低毒			
	番茄	早疫病	1800-2520克/公顷	喷雾
LS20080706	噻螨酮/5%/乳油/噻螨酮 5%/2010.02.25 至 2011.02.25/低毒			
	柑橘树	红蜘蛛	25-33.33毫克/千克	喷雾
LS20081345	喹硫磷/25%/乳油/喹硫磷 25%/2009.03.13 至 2010.03.13/中等毒			
	柑橘树	介壳虫	250-312毫克/千克	喷雾
LS20081364	除虫脲/25%/可湿性粉剂/除虫脲 25%/2009.03.13 至 2010.03.13/低毒			
	柑橘	锈壁虱	62-83毫克/千克	喷雾
LS20081383	杀扑磷/40%/乳油/杀扑磷 40%/2009.03.17 至 2010.03.17/高毒			
	柑橘树	褐园蚧	400-600毫克/千克	喷雾
LS20081448	毒死蜱/40%/乳油/毒死蜱 40%/2009.03.17 至 2010.03.17/中等毒			
	棉花	棉铃虫	675-900克/公顷	喷雾
LS20081471	锰锌·噁霜灵/64%/可湿性粉剂/噁霜灵 8%、代森锰锌 56%/2009.03.27 至 2010.03.27/低毒			
	黄瓜	霜霉病	1650-1950克/公顷	喷雾
LS20081472	虫酰肼/20%/悬浮剂/虫酰肼 20%/2009.03.27 至 2010.03.27/低毒			
	甘蓝	甜菜夜蛾	200-300克/公顷	喷雾
LS20081638	虫酰肼/95%/原药/虫酰肼 95%/2009.04.03 至 2010.04.03/低毒			
LS20081639	戊唑醇/95%/原药/戊唑醇 95%/2009.04.03 至 2010.04.03/低毒			
LS20081746	丙环唑/88%/原药/丙环唑 88%/2009.04.07 至 2010.04.07/低毒			
LS20082212	苯醚甲环唑/95%/原药/苯醚甲环唑 95%/2009.04.18 至 2010.04.18/低毒			
LS20082342	氟啶脲/94%/原药/氟啶脲 94%/2009.04.21 至 2010.04.21/低毒			
LS20082623	丁醚脲/97%/原药/丁醚脲 97%/2009.04.23 至 2010.04.23/中等毒			
LS20090688	噻霉酮/1.6%/涂抹剂/噻霉酮 1.6%/2009.03.27 至 2010.03.27/低毒			
	苹果树	腐烂病	1.28-1.92克/平方米	涂抹
LS20090957	吡虫啉/48%/悬浮剂/吡虫啉 48%/2009.04.10 至 2010.04.10/低毒			
	甘蓝	蚜虫	21.6-28.8克/公顷	喷雾
LS20091128	多菌灵/80%/水分散粒剂/多菌灵 80%/2009.04.17 至 2010.04.17/低毒			
	番茄	早疫病	750-960克/公顷	喷雾
LS20091138	戊唑醇/12.5%/水乳剂/戊唑醇 12.5%/2009.04.17 至 2010.04.17/低毒			
	香蕉	叶斑病	208.3-312.5毫克/千克	喷雾
LS20091155	高效氯氟氰菊酯/5%/水乳剂/高效氯氟氰菊酯 5%/2009.04.17 至 2010.04.17/中等毒			
	十字花科蔬菜	小菜蛾	11.25-15克/公顷	喷雾
LS20091189	苯醚甲环唑/25%/水分散粒剂/苯醚甲环唑 25%/2009.04.23 至 2010.04.23/低毒			
	香蕉树	叶斑病	125-250毫克/千克	喷雾
LS20091214	烯酰·丙森锌/72%/可湿性粉剂/丙森锌 60%、烯酰吗啉 12%/2009.04.30 至 2010.04.30/低毒			
	黄瓜	霜霉病	1836-2160/公顷	喷雾
LS20091217	丙森·膦酸铝/72%/可湿性粉剂/丙森锌 60%、三乙膦酸铝 12%/2009.04.30 至 2010.04.30/低毒			
	黄瓜	霜霉病	1803.6-2160克/公顷	喷雾
LS20091241	甲氰菊酯/20%/水乳剂/甲氰菊酯 20%/2009.04.30 至 2010.04.30/低毒			
	苹果树	红蜘蛛	90-111毫克/千克	喷雾

陕西先农生物科技有限公司 (陕西省西安市未央路138号豪盛花园B1706室 710018 029-82103608)

PD20070570	毒死蜱/20%/乳油/毒死蜱 20%/2007.12.03 至 2012.12.03/低毒			
	棉花	棉铃虫	375-600克/公顷	喷雾
PD20080096	高效氯氟氰菊酯/25克/升/乳油/高效氯氟氰菊酯 25克/升/2008.01.03 至 2013.01.03/低毒			
	甘蓝	菜青虫	11.25-15克/公顷	喷雾
PD20082550	啶虫脒/3%/可湿性粉剂/啶虫脒 3%/2008.12.03 至 2013.12.03/低毒			
	柑橘树	蚜虫	7.5-10毫克/千克	喷雾
PD20083360	溴敌隆/0.5%/母液/溴敌隆 0.5%/2008.12.11 至 2013.12.11/中等毒(原药高毒)			
	室内、外	家鼠	饱和投饵	配成0.005%的毒

饵，投饵

PD20083375 速灭威/25%/可湿性粉剂/速灭威 25%/2008.12.11 至 2013.12.11/中等毒
水稻 稻飞虱 375-750克/公顷 喷雾

PD20083587 氯氰·丙溴磷/440克/升/乳油/丙溴磷 400克/升、氯氰菊酯 40克/升/2008.12.12 至 2013.12.12/中等毒
棉花 棉铃虫 528-660克/公顷 喷雾

PD20083637 甲基硫菌灵/70%/可湿性粉剂/甲基硫菌灵 70%/2008.12.12 至 2013.12.12/低毒
番茄 叶霉病 375-562.8克/公顷 喷雾

PD20083685 三唑锡/25%/可湿性粉剂/三唑锡 25%/2008.12.15 至 2013.12.15/低毒
柑橘树 红蜘蛛 125-166.7毫克/千克 喷雾

PD20084087 硫丹/350克/升/乳油/硫丹 350克/升/2008.12.16 至 2013.12.16/中等毒(原药高毒)
棉花 棉铃虫 682.5-840克/公顷 喷雾

PD20084367 异菌脲/50%/可湿性粉剂/异菌脲 50%/2008.12.17 至 2013.12.17/低毒
番茄 灰霉病 375-750克/公顷 喷雾

PD20085376 溴敌隆/0.005%/毒饵/溴敌隆 0.005%/2008.12.24 至 2013.12.24/低毒(原药高毒)
室内、外 家鼠 饱和投饵 投饵

PD20090750 吡虫啉/200克/升/可溶液剂/吡虫啉 200克/升/2009.01.19 至 2014.01.19/低毒
水稻 稻飞虱 20-30克/公顷 喷雾

PD20091067 噻嗪·异丙威/25%/可湿性粉剂/噻嗪酮 5%、异丙威 20%/2009.01.21 至 2014.01.21/低毒
水稻 稻飞虱 450-562.5克/公顷 喷雾

PD20091513 多·福/80%/可湿性粉剂/多菌灵 10%、福美双 70%/2009.02.02 至 2014.02.02/低毒
葡萄 霜霉病 1000-1250毫克/千克 喷雾

PD20092301 丙环唑/250克/升/乳油/丙环唑 250克/升/2009.02.24 至 2014.02.24/低毒
香蕉 叶斑病 250-500毫克/千克 喷雾

PD20093168 多·福/40%/可湿性粉剂/多菌灵 5%、福美双 35%/2009.03.11 至 2014.03.11/低毒
梨树 黑星病 1000-1500毫克/千克 喷雾

PD20094472 噻嗪酮/25%/可湿性粉剂/噻嗪酮 25%/2009.04.02 至 2014.04.02/低毒
柑橘树 介壳虫 166.7-250毫克/千克 喷雾

PD20095702 氯氰·毒死蜱/522.5克/升/乳油/毒死蜱 475克/升、氯氰菊酯 47.5克/升/2009.05.15 至 2014.05.15/中等毒
黄瓜 美洲斑潜蝇 390-470克/公顷 喷雾

PD20096210 噁霜·锰锌/64%/可湿性粉剂/噁霜灵 8%、代森锰锌 56%/2009.07.15 至 2014.07.15/低毒
黄瓜 霜霉病 1632-1920克/公顷 喷雾

PD20096341 杀扑磷/40%/乳油/杀扑磷 40%/2009.07.28 至 2014.07.28/中等毒(原药高毒)
柑橘树 介壳虫 400-600毫克/千克 喷雾

PD20096744 多菌灵/80%/可湿性粉剂/多菌灵 80%/2009.09.07 至 2014.09.07/低毒
苹果树 轮纹病 800-1000毫克/千克 喷雾

PD20096747 马拉硫磷/45%/乳油/马拉硫磷 45%/2009.09.07 至 2014.09.07/低毒
甘蓝 黄条跳甲 607.5-742.5克/公顷 喷雾

PD20096751 代森锌/80%/可湿性粉剂/代森锌 80%/2009.09.07 至 2014.09.07/低毒
马铃薯 早疫病 960-1200克/公顷 喷雾

PD20096752 炔螨特/57%/乳油/炔螨特 57%/2009.09.07 至 2014.09.07/低毒
柑橘树 红蜘蛛 228-380毫克/千克 喷雾

PD20096753 百菌清/75%/可湿性粉剂/百菌清 75%/2009.09.07 至 2014.09.07/低毒
花生 叶斑病 1312－1500克/公顷 喷雾

PD20097739 甲霜·锰锌/58%/可湿性粉剂/甲霜灵 10%、代森锰锌 48%/2009.11.12 至 2014.11.12/低毒
黄瓜 霜霉病 675－1050克/公顷 喷雾

PD20097808 多抗霉素B/10%/可湿性粉剂/多抗霉素B 10%/2009.11.20 至 2014.11.20/低毒
苹果树 斑点落叶病 67－100毫克/千克 喷雾

PD20097839 毒死蜱/480克/升/乳油/毒死蜱 480克/升/2009.11.20 至 2014.11.20/中等毒
甘蓝 蛴螬 576-720克/公顷 土表喷雾

PD20097886 甲氰菊酯/20%/乳油/甲氰菊酯 20%/2009.11.20 至 2014.11.20/中等毒
苹果树 桃小食心虫 67-100毫克/千克 喷雾

PD20098211 春雷霉素/2%/水剂/春雷霉素 2%/2009.12.16 至 2014.12.16/低毒
黄瓜 角斑病 42－52.5克/公顷 喷雾

LS20050262 络氨铜/14%/水剂/络氨铜 14%/2008.02.04 至 2009.02.04/低毒
柑橘树 溃疡病 466.7-933.3毫克/千克 喷雾

LS20050372 吡虫·噻嗪酮/18%/可湿性粉剂/吡虫啉 4%、噻嗪酮 14%/2008.02.19 至 2009.02.19/低毒
水稻 稻飞虱 67.5-81克/公顷 喷雾

LS20051006 阿维·高氯/1.8%/乳油/阿维菌素 0.2%、高效氯氰菊酯 1.6%/2008.04.07 至 2009.04.07/低毒(原药高毒)
十字花科蔬菜 菜青虫、小菜蛾 13.5-27克/公顷 喷雾

LS20052061 阿维·高氯/5%/微乳剂/阿维菌素 0.4%、高效氯氰菊酯 4.6%/2008.06.05 至 2009.06.05/低毒(原药高毒)
十字花科蔬菜 菜青虫、小菜蛾 13.5-27克/公顷 喷雾

LS20052791 哒螨灵/10%/乳油/哒螨灵 10%/2008.08.21 至 2009.08.21/低毒
苹果树 红蜘蛛 40-50毫克/千克 喷雾

LS20060698 高效氯氰菊酯/4.5%/微乳剂/高效氯氰菊酯 4.5%/2009.04.03 至 2010.04.03/低毒
十字花科蔬菜 菜青虫 20.25-27克/公顷 喷雾
LS20070662 三乙膦酸铝/80%/可湿性粉剂/三乙膦酸铝 80%/2009.03.29 至 2010.03.30/低毒
烟草 黑胫病 4500-5160克/公顷 灌根
LS20080169 阿维菌素/18克/升/乳油/阿维菌素 18克/升/2010.01.07 至 2011.01.07/低毒(原药高毒)
棉花 红蜘蛛 8.1-10.8克/公顷 喷雾
LS20080510 百菌清/75%/可湿性粉剂/百菌清 75%/2010.02.20 至 2011.02.20/低毒
花生 叶斑病 1125-1500克/公顷 喷雾
LS20080824 甲氰菊酯/20%/乳油/甲氰菊酯 20%/2009.03.01 至 2010.03.01/中等毒
苹果树 桃小食心虫 80-100毫克/千克 喷雾
LS20080856 噻螨酮/5%/乳油/噻螨酮 5%/2009.03.04 至 2010.03.04/低毒
柑橘树 红蜘蛛 20-33.3毫克/千克 喷雾
LS20081235 叶枯唑/20%/可湿性粉剂/叶枯唑 20%/2009.03.10 至 2010.03.10/低毒
水稻 白叶枯病 300-450克/公顷 喷雾
LS20081243 多菌灵/80%/可湿性粉剂/多菌灵 80%/2009.03.11 至 2010.03.11/低毒
苹果树 轮纹病 667-1000毫克/千克 喷雾
LS20081542 炔螨特/57%/乳油/炔螨特 57%/2009.03.31 至 2010.03.31/低毒
柑橘树 红蜘蛛 228-380毫克/千克 喷雾

陕西亿农高科药业有限公司 (陕西省商洛市洛南县卫东镇 710003 029-87431959，87420438)

PD20060046 腐霉利/98.5%/原药/腐霉利 98.5%/2006.02.21 至 2011.02.21/低毒
PD20060181 代森锰锌/70%/可湿性粉剂/代森锰锌 70%/2006.11.10 至 2011.11.10/低毒
番茄 早疫病 1837.5-2362.5克/公顷 喷雾
PD20070185 福美双/50%/可湿性粉剂/福美双 50%/2007.07.10 至 2012.07.10/低毒
黄瓜 白粉病 525－1050克/公顷 喷雾
PD20082425 阿维菌素/0.5%/可湿性粉剂/阿维菌素 0.5%/2008.12.02 至 2013.12.02/低毒(原药高毒)
十字花科蔬菜 小菜蛾 8.1-10.8克/公顷 喷雾
PD20082987 百菌清/75%/可湿性粉剂/百菌清 75%/2008.12.10 至 2013.12.10/低毒
黄瓜 霜霉病 1200-1687.5克/公顷 喷雾
PD20083909 高效氯氟氰菊酯/25克/升/乳油/高效氯氟氰菊酯 25克/升/2008.12.15 至 2013.12.15/中等毒
茶树 尺蠖 3.75-7.5克/公顷 喷雾
PD20084419 毒死蜱/480克/升/乳油/毒死蜱 480克/升/2008.12.17 至 2013.12.17/中等毒
柑橘树 红蜘蛛 240-480毫克/千克 喷雾
PD20084436 甲基硫菌灵/500克/升/悬浮剂/甲基硫菌灵 500克/升/2008.12.17 至 2013.12.17/低毒
水稻 稻瘟病 937.5-1125克/公顷 喷雾
PD20084982 腐霉利/50%/可湿性粉剂/腐霉利 50%/2008.12.22 至 2013.12.22/低毒
韭菜 灰霉病 300-450克/公顷 喷雾
PD20085246 硫磺·锰锌/70%/可湿性粉剂/硫磺 42%、代森锰锌 28%/2008.12.23 至 2013.12.23/低毒
豇豆 锈病 1575-2100克/公顷 喷雾
PD20085998 甲霜·锰锌/58%/可湿性粉剂/甲霜灵 10%、代森锰锌 48%/2008.12.29 至 2013.12.29/低毒
葡萄 霜霉病 1418.1-1740克/公顷 喷雾
PD20086151 百·福/70%/可湿性粉剂/百菌清 20%、福美双 50%/2008.12.30 至 2013.12.30/低毒
葡萄 霜霉病 1000-1250毫克/千克 喷雾
PD20086207 甲基硫菌灵/95%/原药/甲基硫菌灵 95%/2008.12.30 至 2013.12.30/低毒
PD20090860 腐霉利/15%/烟剂/腐霉利 15%/2009.01.19 至 2014.01.19/低毒
韭菜(保护地) 灰霉病 525－750克/公顷 点燃放烟
PD20091749 百菌清/45%/烟剂/百菌清 45%/2009.02.04 至 2014.02.04/微毒
黄瓜(保护地) 霜霉病 750－1200克/公顷 点燃放烟
PD20095188 噻嗪酮/99%/原药/噻嗪酮 99%/2009.04.24 至 2014.04.24/低毒
PD20095456 吡虫·杀虫单/35%/可湿性粉剂/吡虫啉 1%、杀虫单 34%/2009.05.11 至 2014.05.11/中等毒
水稻 稻飞虱、稻纵卷叶螟、二化螟、三化螟 450-750克/公顷 喷雾
PD20096450 哒螨灵/15%/乳油/哒螨灵 15%/2009.08.05 至 2014.08.05/低毒
苹果树 红蜘蛛 31.7-47.5毫克/千克 喷雾
PD20097303 吡虫啉/95%/原药/吡虫啉 95%/2009.10.26 至 2014.10.26/中等毒
PD20097324 多菌灵/25%/可湿性粉剂/多菌灵 25%/2009.10.27 至 2014.10.27/低毒
小麦 赤霉病 844-937.5克/公顷 喷雾
PD20098125 甲基硫菌灵/70%/可湿性粉剂/甲基硫菌灵 70%/2009.12.08 至 2014.12.08/低毒
苹果 轮纹病 700－1167毫克/千克 喷雾
LS20052540 阿维·高氯/2.4%/微乳剂/阿维菌素 0.3%、高效氯氰菊酯 2.1%/2008.07.25 至 2009.07.25/低毒(原药高毒)
十字花科蔬菜 菜青虫、小菜蛾 13.5-27克/公顷 喷雾
LS20052799 井冈霉素A/4%/水剂/井冈霉素A 4%/2008.08.21 至 2009.08.21/低毒
水稻 纹枯病 150-187.5克/公顷 喷雾
LS20080531 阿维·杀虫单/30%/微乳剂/阿维菌素 0.2%、杀虫单 29.8%/2010.02.22 至 2011.02.22/低毒(原药高毒)
水稻 二化螟 450-675克/公顷 喷雾

LS20080698 甲维盐·氯氰/3.2%/微乳剂/甲氨基阿维菌素苯甲酸盐 0.2%、氯氰菊酯 3%/2010.02.25 至 2011.02.25/低毒
十字花科蔬菜 甜菜夜蛾 24-28.8克/公顷 喷雾
LS20081787 氯氰·三唑磷/20%/乳油/氯氰菊酯 2%、三唑磷 18%/2009.04.07 至 2010.04.07/低毒
棉花 棉铃虫 300-390克/公顷 喷雾
LS20083108 噻嗪·杀扑磷/28%/乳油/噻嗪酮 8%、杀扑磷 20%/2009.10.28 至 2010.10.28/中等毒(原药高毒)
柑橘树 矢尖蚧 233.3-350毫克/千克 喷雾
LS20090860 唑磷·毒死蜱/30%/乳油/毒死蜱 10%、三唑磷 20%/2009.04.09 至 2010.04.09/中等毒
水稻 飞虱 202.5-247.5克/公顷 喷雾
LS20091407 辛菌·吗啉胍/7.5%/水剂/盐酸吗啉胍 5%、辛菌胺 2.5%/2009.09.16 至 2010.09.16/低毒
番茄 病毒病 121-141克/公顷 喷雾

西安北农华农作物保护有限公司 (陕西省西安市风城一路南康新村中区218 710016 029-82103517)

PD20082947 代森锌/80%/可湿性粉剂/代森锌 80%/2008.12.09 至 2013.12.09/低毒
番茄 早疫病 3075-3600克/公顷 喷雾
PD20082958 多菌灵/80%/可湿性粉剂/多菌灵 80%/2008.12.09 至 2013.12.09/低毒
苹果树 褐斑病 571-800毫克/千克 喷雾
PD20083498 毒死蜱/480克/升/乳油/毒死蜱 480克/升/2008.12.12 至 2013.12.12/中等毒
苹果树 绵蚜 240-320毫克/千克 喷雾
PD20083518 多·锰锌/50%/可湿性粉剂/多菌灵 8%、代森锰锌 42%/2008.12.12 至 2013.12.12/低毒
苹果树 斑点落叶病 1000-1250毫克/千克 喷雾
PD20084595 吡虫啉/10%/可湿性粉剂/吡虫啉 10%/2008.12.18 至 2013.12.18/低毒
水稻 稻飞虱 15-30克/公顷 喷雾
PD20086066 虫酰肼/20%/悬浮剂/虫酰肼 20%/2008.12.30 至 2013.12.30/低毒
甘蓝 甜菜夜蛾 200-1500克/公顷 喷雾
PD20091852 甲基硫菌灵/70%/可湿性粉剂/甲基硫菌灵 70%/2009.02.06 至 2014.02.06/低毒
苹果树 轮纹病 700-875毫克/千克 喷雾
PD20093690 甲硫·福美双/70%/可湿性粉剂/福美双 40%、甲基硫菌灵 30%/2009.03.25 至 2014.03.25/低毒
苹果树 轮纹病 875-1167毫克/千克 喷雾
PD20094521 多·福/40%/可湿性粉剂/多菌灵 5%、福美双 35%/2009.04.09 至 2014.04.09/低毒
梨树 黑星病 1000-1500毫克/千克 喷雾
PD20096428 甲基硫菌灵/500克/升/悬浮剂/甲基硫菌灵 500克/升/2009.08.04 至 2014.08.04/低毒
水稻 纹枯病 937.5—1125克/公顷 喷雾
PD20096855 高效氯氟氰菊酯/25克/升/乳油/高效氯氟氰菊酯 25克/升/2009.09.22 至 2014.09.22/中等毒
十字花科叶菜 菜青虫 7.5-15克/公顷 喷雾
PD20097534 多菌灵/40%/悬浮剂/多菌灵 40%/2009.11.03 至 2014.11.03/低毒
苹果树 轮纹病 667-1000毫克/千克 喷雾
PD20097758 噻螨酮/5%/可湿性粉剂/噻螨酮 5%/2009.11.12 至 2014.11.12/低毒
柑橘树 红蜘蛛 33.3-50毫克/千克 喷雾
PD20097943 氯氰·丙溴磷/440克/升/乳油/丙溴磷 400克/升、氯氰菊酯 40克/升/2009.11.30 至 2014.11.30/中等毒
棉花 棉铃虫 528-660克/公顷 喷雾
PD20098001 多抗霉素/10%/可湿性粉剂/多抗霉素B 10%/2009.12.07 至 2014.12.07/低毒
黄瓜 灰霉病 187.5—225克/公顷 喷雾
PD20098007 甲霜·锰锌/58%/可湿性粉剂/甲霜灵 10%、代森锰锌 48%/2009.12.07 至 2014.12.07/低毒
黄瓜 霜霉病 1305—1636.6克/公顷 喷雾
PD20098041 噁霉灵/70%/可湿性粉剂/噁霉灵 70%/2009.12.07 至 2014.12.07/低毒
甜菜 立枯病 280—490克/100千克种子 拌种
PD20098144 甲基硫菌灵/3%/糊剂/甲基硫菌灵 3%/2009.12.14 至 2014.12.14/低毒
苹果树 腐烂病 3.75—4.5克/平方米 涂抹
LS20050571 吡虫·杀虫单/80%/可湿性粉剂/吡虫啉 2%、杀虫单 78%/2008.03.14 至 2009.03.14/低毒
水稻 稻飞虱、稻纵卷叶螟、二化螟、三化螟 450-750克/公顷 喷雾
LS20052171 阿维·高氯/2.4%/可湿性粉剂/阿维菌素 0.2%、高效氯氰菊酯 2.2%/2008.06.14 至 2009.06.14/低毒(原药高毒)
黄瓜 美洲斑潜蝇 15-30克/公顷 喷雾
LS20070127 阿维·杀虫单/20%/微乳剂/阿维菌素 0.2%、杀虫单 19.8%/2010.02.01 至 2011.02.01/低毒(原药高毒)
菜豆 美洲斑潜蝇 150-180克/公顷 喷雾
LS20070128 啶虫脒/5%/乳油/啶虫脒 5%/2010.02.01 至 2011.02.01/低毒
柑橘树 蚜虫 10-12.5毫克/千克 喷雾
LS20070555 二甲基二硫醚/0.5%/乳油/二甲基二硫醚 0.5%/2009.03.08 至 2010.03.09/低毒
棉花 红蜘蛛 3—3.75克/公顷 喷雾
LS20070594 阿维·甲氰/1.8%/乳油/阿维菌素 0.2%、甲氰菊酯 1.6%/2009.03.20 至 2010.03.21/低毒(原药高毒)
十字花科蔬菜 菜青虫 5.4-8.1克/公顷 喷雾
LS20070756 阿维菌素/0.5%/可湿性粉剂/阿维菌素 0.5%/2009.04.08 至 2010.04.09/低毒(原药高毒)
十字花科蔬菜 小菜蛾 8.1-10.8克/公顷 喷雾
LS20082207 甲基硫菌灵/3%/糊剂/甲基硫菌灵 3%/2009.04.18 至 2010.04.18/低毒
苹果树 腐烂病 3-4.5克/平方米 涂沫

西安鼎盛生物化工有限公司　(陕西省西安市朱雀大街南段3号　710069　029-85401875)

PD20081629　异菌脲/50%/可湿性粉剂/异菌脲 50%/2008.11.12 至 2013.11.12/低毒
番茄　灰霉病　562.5-750克/公顷　喷雾

PD20081639　甲霜·锰锌/58%/可湿性粉剂/甲霜灵 10%、代森锰锌 48%/2008.11.14 至 2013.11.14/低毒
黄瓜　霜霉病　862.5-1050克/公顷　喷雾

PD20081640　除虫脲/25%/可湿性粉剂/除虫脲 25%/2008.11.14 至 2013.11.14/低毒
苹果树　金纹细蛾　166.7-250毫克/千克　喷雾

PD20081651　三唑锡/25%/可湿性粉剂/三唑锡 25%/2008.11.14 至 2013.11.14/低毒
苹果树　红蜘蛛　200-250毫克/千克　喷雾

PD20081652　噻嗪·异丙威/25%/可湿性粉剂/噻嗪酮 5%、异丙威 20%/2008.11.14 至 2013.11.14/低毒
水稻　稻飞虱　450-562.5克/公顷　喷雾

PD20081653　吡虫啉/200克/升/可溶液剂/吡虫啉 200克/升/2008.11.14 至 2013.11.14/低毒
棉花　蚜虫　36-45克/公顷　喷雾

PD20095237　甲基硫菌灵/3%/糊剂/甲基硫菌灵 3%/2009.04.27 至 2014.04.27/低毒
苹果　腐烂病　3.75-4.5克/平方米　涂抹病斑

西安航天动力试验技术研究所　(陕西省西安市15号信箱165分箱化工厂　710100　029-85615142)

PD20096469　丁酰肼/92%/可溶粉剂/丁酰肼 92%/2009.08.14 至 2014.08.14/低毒
观赏菊花　调节生长　2500-3000毫克/千克　喷雾

上海市

强生(中国)有限公司　(上海市闵行区东川路3285号　200245　800-8201880)

WP20040006　驱蚊液/11.5%/驱蚊液/驱蚊酯 11.5%/2009.11.03 至 2014.11.03/微毒
卫生　蚊　/　涂抹

如新(中国)日用保健品有限公司　(上海市卢湾区淮海中路381号2218室　200020　021-53574588-3347)

WP20080464　驱蚊液/10%/驱蚊液/驱蚊酯 10%/2008.12.16 至 2013.12.16/微毒
卫生　蚊　/　涂抹

上海艾科思生物药业有限公司　(上海市奉贤区化学工业区奉贤分区苍工路1299号　201400　021-64141875)

PD20081848　咪鲜胺/25%/乳油/咪鲜胺 25%/2008.11.20 至 2013.11.20/低毒
水稻　恶苗病　62.5-125毫克/千克　浸种

PD20082782　多·锰锌/35%/可湿性粉剂/多菌灵 17.5%、代森锰锌 17.5%/2008.12.22 至 2013.12.22/低毒
苹果　斑点落叶病　1000-1250毫克/千克　喷雾

PD20083077　三环唑/75%/可湿性粉剂/三环唑 75%/2008.12.10 至 2013.12.10/低毒
水稻　稻瘟病　225-300克/公顷　喷雾

PD20083333　三唑酮/20%/乳油/三唑酮 20%/2008.12.11 至 2013.12.11/低毒
小麦　白粉病　120-135克/公顷　喷雾

PD20083347　多·福/30%/可湿性粉剂/多菌灵 4%、福美双 26%/2008.12.11 至 2013.12.11/低毒
梨树　黑星病　1000-1500毫克/千克　喷雾

PD20083371　多·锰锌/60%/可湿性粉剂/多菌灵 25%、代森锰锌 35%/2008.12.11 至 2013.12.11/低毒
梨树　黑星病　1000-1250毫克/千克　喷雾

PD20083761　代森锰锌/80%/可湿性粉剂/代森锰锌 80%/2008.12.15 至 2013.12.15/低毒
番茄　早疫病　1845-2370克/公顷　喷雾

PD20083787　井冈霉素/3%/可溶粉剂/井冈霉素 3%/2008.12.15 至 2013.12.15/低毒
水稻　纹枯病　150-187.5克/公顷　喷雾

PD20083951　硫磺·三环唑/45%/可湿性粉剂/硫磺 40%、三环唑 5%/2008.12.15 至 2013.12.15/低毒
水稻　稻瘟病　844-1012克/公顷　喷雾

PD20084043　三乙膦酸铝/95%/原药/三乙膦酸铝 95%/2008.12.16 至 2013.12.16/低毒

PD20084083　三唑酮/15%/可湿性粉剂/三唑酮 15%/2008.12.16 至 2013.12.16/低毒
小麦　白粉病　135-180克/公顷　喷雾

PD20084105　三唑磷/20%/乳油/三唑磷 20%/2008.12.16 至 2013.12.16/中等毒
水稻　二化螟　360-450克/公顷　喷雾

PD20084357　氯氰菊酯/5%/乳油/氯氰菊酯 5%/2008.12.17 至 2013.12.17/低毒
十字花科蔬菜　菜青虫　30—45克/公顷　喷雾

PD20084384　多·锰锌/70%/可湿性粉剂/多菌灵 20%、代森锰锌 50%/2008.12.17 至 2013.12.17/低毒
梨树　黑星病　1000-1250毫克/千克　喷雾

PD20084392　多·福/64%/可湿性粉剂/多菌灵 8%、福美双 56%/2008.12.17 至 2013.12.17/低毒
葡萄　霜霉病　1000-1250毫克/千克　喷雾

PD20084566　腈菌唑/12.5%/乳油/腈菌唑 12.5%/2008.12.18 至 2013.12.18/低毒
小麦　白粉病　30-60克/公顷　喷雾

PD20084884　井冈霉素/3%/水剂/井冈霉素 3%/2008.12.22 至 2013.12.22/低毒
水稻　纹枯病　150-187.5克/公顷　喷雾

PD20085582　毒死蜱/5%/颗粒剂/毒死蜱 5%/2008.12.25 至 2013.12.25/低毒
韭菜　韭蛆　1612.5-1875克/公顷　撒施

PD20086072　杀扑磷/40%/乳油/杀扑磷 40%/2008.12.30 至 2013.12.30/中等毒(原药高毒)
柑橘树　介壳虫　400-500毫克/千克　喷雾

PD20090308 丙环唑/250克/升/乳油/丙环唑 250克/升/2009.01.12 至 2014.01.12/低毒
香蕉 叶斑病 250-500毫克/千克 喷雾
PD20090489 乙铝·锰锌/70%/可湿性粉剂/代森锰锌 45%、三乙膦酸铝 25%/2009.01.12 至 2014.01.12/低毒
黄瓜 霜霉病 1312.5-2100克/公顷 喷雾
PD20090621 杀螺胺乙醇胺盐/50%/可湿性粉剂/杀螺胺乙醇胺盐 50%/2009.01.14 至 2014.01.14/低毒
水稻 福寿螺 525-600克/公顷 喷雾
PD20090824 溴氰菊酯/25克/升/乳油/溴氰菊酯 25克/升/2009.01.19 至 2014.01.19/低毒
十字花科蔬菜 菜青虫 11.25-15克/公顷 喷雾
PD20091978 精喹禾灵/15.8%/乳油/精喹禾灵 15.8%/2009.02.12 至 2014.02.12/低毒
油菜田 一年生及部分多年生禾本科杂草 47.4-59.25克/公顷 茎叶喷雾
PD20092342 多·福·福锌/80%/可湿性粉剂/多菌灵 25%、福美双 25%、福美锌 30%/2009.02.24 至 2014.02.24/低毒
苹果树 轮纹病 1000-1143毫克/千克 喷雾
PD20092827 多·锰锌/50%/可湿性粉剂/多菌灵 8%、代森锰锌 42%/2009.03.04 至 2014.03.04/低毒
苹果树 斑点落叶病 1000-1250毫克/千克 喷雾
PD20094515 氟铃·辛硫磷/20%/乳油/氟铃脲 2%、辛硫磷 18%/2009.04.09 至 2014.04.09/低毒
甘蓝 小菜蛾 120-150克/公顷 喷雾
PD20095424 噻嗪·杀虫单/25%/可湿性粉剂/噻嗪酮 5%、杀虫单 20%/2009.05.11 至 2014.05.11/低毒
水稻 稻飞虱 225-300克/公顷 喷雾
PD20096388 甲氨基阿维菌素苯甲酸盐(90%)///原药/甲氨基阿维菌素 79.1%/2009.08.04 至 2014.08.04/中等毒
PD20096422 阿维·毒死蜱/15%/乳油/阿维菌素 0.1%、毒死蜱 14.9%/2009.08.06 至 2014.08.06/中等毒(原药高毒)
菜豆 美洲斑潜蝇 45-56.25克/公顷 喷雾
LS20050289 阿维·吡虫啉/5%/乳油/阿维菌素 0.5%、吡虫啉 4.5%/2008.02.04 至 2009.02.03/低毒(原药高毒)
梨树 梨木虱 6.25-10毫克/千克 喷雾
LS20052200 阿维·高氯/6.3%/可湿性粉剂/阿维菌素 0.7%、高效氯氰菊酯 5.6%/2008.06.14 至 2009.06.14/低毒(原药高毒)
十字花科蔬菜 菜青虫、小菜蛾 13.5-27克/公顷 喷雾
LS20052297 吡虫啉/5%/乳油/吡虫啉 5%/2008.06.22 至 2009.06.22/低毒
小麦 蚜虫 15-30克/公顷(南方地区) 喷雾
45-60克/公顷(北方地区)
LS20052614 吡虫·杀虫单/30%/可湿性粉剂/吡虫啉 1%、杀虫单 29%/2008.08.14 至 2009.08.14/低毒
水稻 稻纵卷叶螟、二化螟、飞虱、三化螟 450-750克/公顷 喷雾
LS20052766 吡虫啉/20%/可湿性粉剂/吡虫啉 20%/2008.08.21 至 2009.08.21/低毒
小麦 蚜虫 15-30克/公顷(南方地区) 喷雾
45-60克/公顷(北方地区)
LS20052862 吡虫啉/5%/可湿性粉剂/吡虫啉 5%/2008.09.01 至 2009.09.01/低毒
小麦 蚜虫 15-30克/公顷(南方地区) 喷雾
45-60克/公顷(北方地区)
LS20053016 甲氨基阿维菌素苯甲酸盐/1%/乳油/甲氨基阿维菌素苯甲酸盐 1%/2008.09.13 至 2009.09.13/低毒
十字花科蔬菜 小菜蛾 1.5-1.8克/公顷 喷雾
LS20053219 嘧霉胺/400克/升/悬浮剂/嘧霉胺 400克/升/2008.10.11 至 2009.10.11/低毒
黄瓜 灰霉病 375-562.5克/公顷 喷雾
LS20053380 吡虫啉/7%/可湿性粉剂/吡虫啉 7%/2008.10.18 至 2009.10.18/低毒
小麦 蚜虫 15-30克/公顷(南方地区) 喷雾
45-60克/公顷(北方地区)
LS20053544 阿维·高氯/5%/乳油/阿维菌素 0.5%、高效氯氰菊酯 4.5%/2008.11.14 至 2009.11.14/低毒(原药高毒)
梨树 梨木虱 12-24毫克/千克 喷雾
LS20053562 阿维·高氯/2.8%/乳油/阿维菌素 0.3%、高效氯氰菊酯 2.5%/2008.11.14 至 2009.11.14/低毒(原药高毒)
十字花科蔬菜 菜青虫、小菜蛾 13.5-27克/公顷 喷雾
LS20053575 阿维·高氯/2%/微乳剂/阿维菌素 0.2%、高效氯氰菊酯 1.8%/2008.11.14 至 2009.11.14/低毒(原药高毒)
十字花科蔬菜 菜青虫、小菜蛾 13.5-27克/公顷 喷雾
LS20061962 戊唑醇/25%/乳油/戊唑醇 25%/2009.12.10 至 2010.12.10/低毒
香蕉 叶斑病 200-300毫克/千克 喷雾
LS20070068 甲氨基阿维菌素苯甲酸盐/2%/水分散粒剂/甲氨基阿维菌素苯甲酸盐 2%/2009.01.26 至 2010.01.26/低毒
十字花科蔬菜 甜菜夜蛾 1.5-2.25克/公顷 喷雾
LS20070260 阿维·炔螨特/40%/乳油/阿维菌素 0.3%、炔螨特 39.7%/2009.02.24 至 2010.02.24/低毒(原药高毒)
柑橘树 红蜘蛛 200-400毫克/千克 喷雾
LS20070625 乙甲·毒死蜱/35%/乳油/毒死蜱 14%、乙酰甲胺磷 21%/2009.03.29 至 2010.03.30/中等毒
十字花科蔬菜 菜青虫 315-420克/公顷 喷雾
LS20070740 丙森·多菌灵/70%/可湿性粉剂/丙森锌 30%、多菌灵 40%/2009.04.08 至 2010.04.09/低毒
苹果树 斑点落叶病 560-700毫克/千克 喷雾
LS20071142 阿维·高氯/6%/乳油/阿维菌素 0.4%、高效氯氰菊酯 5.6%/2009.04.25 至 2010.04.26/中等毒(原药高毒)
十字花科蔬菜 菜青虫 13.5-27克/公顷 喷雾
LS20071251 啶虫脒/5%/可湿性粉剂/啶虫脒 5%/2009.05.07 至 2010.05.08/低毒
十字花科蔬菜 蚜虫 15-22.5克/公顷 喷雾

LS20071340 咪鲜·异菌脲/16%/悬浮剂/咪鲜胺 8%、异菌脲 8%/2009.05.17 至 2010.05.18/低毒
香蕉 冠腐病 320-533毫克/千克 浸果
LS20071409 吡虫啉/70%/水分散粒剂/吡虫啉 70%/2009.05.17 至 2010.05.18/低毒
十字花科蔬菜 蚜虫 12.6-20克/公顷 喷雾
LS20071513 阿维·三唑锡/5.5%/乳油/阿维菌素 0.2%、三唑锡 5.3%/2009.05.29 至 2010.05.30/低毒(原药高毒)
柑橘树 红蜘蛛 22～36.7毫克/千克 喷雾
LS20071724 甲维·啶虫脒/3.2%/微乳剂/啶虫脒 3%、甲氨基阿维菌素苯甲酸盐 0.2%/2009.07.03 至 2010.07.04/低毒
十字花科蔬菜 蚜虫 16.8-21.6克/公顷 喷雾
LS20071865 甲维·氟铃脲/10.5%/水分散粒剂/氟铃脲 10%、甲氨基阿维菌素苯甲酸盐 0.5%/2009.07.10 至 2010.07.11/低毒
十字花科蔬菜 小菜蛾 23.625-47.25克/公顷 喷雾
LS20072247 阿维·吡虫啉/36%/水分散粒剂/阿维菌素 0.5%、吡虫啉 35.5%/2009.09.11 至 2010.09.12/低毒(原药高毒)
节瓜 蓟马 21.6-27克/公顷 喷雾
LS20082804 甲基硫菌灵/70%/水分散粒剂/甲基硫菌灵 70%/2009.05.12 至 2010.05.12/低毒
黄瓜 白粉病 420-540克/公顷 喷雾
LS20083037 丙森·多菌灵/50%/可湿性粉剂/丙森锌 42%、多菌灵 8%/2009.09.18 至 2010.09.18/低毒
苹果树 轮纹病 625-833.3毫克/千克 喷雾
LS20083105 阿维·噻螨酮/3%/乳油/阿维菌素 0.5%、噻螨酮 2.5%/2009.10.27 至 2010.10.27/低毒(原药高毒)
柑橘树 红蜘蛛 30-37.5毫克/千克 喷雾
LS20090085 多抗霉素/1%/水剂/多抗霉素 1%/2009.01.09 至 2010.01.09/低毒
黄瓜 白粉病 75-150克/公顷 喷雾
WP20090097 杀虫气雾剂/0.37%/气雾剂/胺菊酯 0.25%、氯菊酯 0.1%、氯氰菊酯 0.02%/2009.02.04 至 2014.02.04/低毒
卫生 蚊、蝇、蜚蠊 / 喷雾
WL20090089 杀虫气雾剂/0.23%/气雾剂/胺菊酯 0.18%、高效氯氰菊酯 0.05%/2009.03.24 至 2010.03.24/低毒
卫生 蚊、蝇 / 喷雾

上海百雀羚日用化学有限公司 (上海市胶州路941号长久商务中心21楼 200060 021-62993388)

WP20080366 驱蚊花露水/4%/水剂/避蚊胺 4%/2008.12.10 至 2013.12.10/微毒
卫生 蚊 / 涂抹
WL20080184 驱蚊露/8%/驱蚊露/避蚊胺 8%/2009.03.03 至 2010.03.03/低毒
卫生 蚊 / 涂抹

上海彪锋日用化学品有限公司 (上海市南汇区瓦屑镇建设路275号 201321 021-58150575)

WP20080134 蚊香/0.2%/蚊香/富右旋反式烯丙菊酯 0.2%/2008.10.31 至 2013.10.31/低毒
卫生 蚊 / 点燃

上海大宫实业有限公司 (上海市静安区延平路85号403室 200042 021-62326000)

WP20090208 防蛀防霉片剂/96%/片剂/对二氯苯 96%/2009.03.27 至 2014.03.27/低毒
卫生 黑皮蠹、霉菌 40克制剂/立方米 投放
WL20050045 防蛀粉剂/25%/粉剂/右旋樟脑 25%/2008.02.05 至 2009.02.04/低毒
卫生 黑皮蠹 40克制剂/立方米 投放

上海东风农药厂 (上海市嘉定区沪宜公路1288号 201802 021-59122796)

PDN5-88 三环唑/20%/可湿性粉剂/三环唑 20%/2008.11.18 至 2013.11.18/中等毒
水稻 稻瘟病 225-300克/公顷 喷雾
PDN35-95 噻嗪酮/25%/可湿性粉剂/噻嗪酮 25%/2005.10.15 至 2010.10.15/低毒
茶树 茶小绿叶蝉 166－250毫克/千克 喷雾
水稻 飞虱 75-112.5克/公顷 喷雾
PDN36-95 噻嗪酮原药/90%/原药/噻嗪酮 90%/2005.10.15 至 2010.10.15/低毒
PD85134 速灭威原药/98%,95%,90%/原药/速灭威 98%,95%,90%/2005.07.14 至 2010.07.14/中等毒
PD85136-9 速灭威/25%/可湿性粉剂/速灭威 25%/2005.07.14 至 2010.07.14/中等毒
水稻 飞虱、叶蝉 375-750克/公顷 喷雾
PD85137 绿麦隆原药/95%,90%,85%/原药/绿麦隆 95%,90%,85%/2005.07.14 至 2010.07.14/低毒
PD85166-15 25%绿麦隆可湿性粉剂//可湿性粉剂/绿麦隆 25%/2005.09.26 至 2010.09.26/低毒
大麦、小麦、玉米 一年生杂草 1500-3000克/公顷(北方地区) 播后苗前或苗期
600-1500克/公顷(南方地区) 喷雾
PD86148-62 异丙威/20%/乳油/异丙威 20%/2006.11.01 至 2011.11.01/中等毒
水稻 飞虱、叶蝉 450-600克/公顷 喷雾
PD91109-8 速灭威/20%/乳油/速灭威 20%/2006.07.02 至 2011.07.02/中等毒
水稻 飞虱、叶蝉 450-600克/公顷 喷雾
PD20040302 吡虫啉/20%/可溶性液剂/吡虫啉 20%/2009.12.19 至 2014.12.19/低毒
柑橘树 潜叶蛾 2500-3000倍液 喷雾
水稻 飞虱 15-45克/公顷 喷雾
PD20040316 吡虫啉/10%/可湿性粉剂/吡虫啉 10%/2009.12.19 至 2014.12.19/低毒
水稻 飞虱 15-30克/公顷 喷雾
小麦 蚜虫 15-30克/公顷(南方地区) 喷雾
45-60克/公顷(北方地区)
PD20040605 吡虫啉/25%/可湿性粉剂/吡虫啉 25%/2009.12.19 至 2014.12.19/低毒

水稻 飞虱 15-30克/公顷 喷雾
小麦 蚜虫 15-30克/公顷(南方地区) 喷雾
45-60克/公顷(北方地区)

PD20040731 吡虫·杀虫单/70%/可湿性粉剂/吡虫啉 2%、杀虫单 68%/2009.12.19 至 2014.12.19/中等毒
水稻 稻飞虱、螟虫 450-750克/公顷 喷雾

PD20081677 三环唑/75%/可湿性粉剂/三环唑 75%/2008.11.17 至 2013.11.17/中等毒
水稻 稻瘟病 225-300克/公顷 喷雾

PD20083243 硫磺·三环唑/45%/可湿性粉剂/硫磺 40%、三环唑 5%/2008.12.11 至 2013.12.11/中等毒
水稻 稻瘟病 675-1012克/公顷 喷雾

上海东樱日化有限公司 (上海市铜川路185号金盛宾馆综合楼203-204室 200333 021-62168923)

WP20090220 防蛀片剂/98%/片剂/对二氯苯 98%/2009.04.09 至 2014.04.09/低毒
卫生 黑皮蠹 40克制剂/立方米 投放

上海杜邦农化有限公司 (上海市浦东新区浦东北路3055号 200137 021-58672488)

PD219-97 灭多威/90%/可溶性粉剂/灭多威 90%/2007.05.28 至 2012.05.28/高毒
甘蓝 菜青虫 202-270克/公顷 喷雾
柑橘树 潜叶蛾 180-300毫克/千克 喷雾
棉花 棉铃虫、棉蚜 105-180克/公顷 喷雾
小麦 蚜虫 101.25-202.5克/公顷 喷雾
烟草 烟青虫 135-195克/公顷 喷雾

PD246-98 灭多威/40%/可溶粉剂/灭多威 40%/2007.09.27 至 2012.09.27/中等毒(原药高毒)
甘蓝 菜青虫 202-270克/公顷 喷雾
柑橘树 潜叶蛾 180-300毫克千克 喷雾
棉花 棉铃虫、棉蚜 105-180克/公顷 喷雾
烟草 烟青虫 135-195克/公顷 喷雾

PD20020101 苄嘧磺隆/30%/可湿性粉剂/苄嘧磺隆 30%/2007.09.10 至 2012.09.10/低毒
水稻 多年生阔叶杂草及莎草科杂草 60-90克/公顷或45-67.5克/公顷 毒土法
(第1次)30-67.5克/公顷(第2次)
水稻 一年生阔叶杂草及莎草科杂草 30-60克/公顷 毒土法

PD20020102 苄嘧磺隆/10%/可湿性粉剂/苄嘧磺隆 10%/2007.12.23 至 2012.12.23/低毒
水稻 阔叶杂草及莎草科杂草 19.95-45克/公顷 毒土或喷雾

PD20030011 苄嘧·甲磺隆/10%/可湿性粉剂/苄嘧磺隆 8.25%、甲磺隆 1.75%/2008.11.27 至 2013.11.27/低毒
水稻移栽田 阔叶杂草、一年生莎草 6-10.05克/公顷 喷雾或药土

PD20030017 甲磺隆/96%/原药/甲磺隆 96%/2008.12.08 至 2013.12.08/低毒

PD20040008 苯磺隆/95%/原药/苯磺隆 95%/2009.08.06 至 2014.08.06/低毒

PD20050099 苯磺隆/75%/水分散粒剂/苯磺隆 75%/2005.07.14 至 2010.07.14/低毒
冬小麦 一年生阔叶杂草 11.3-16.9克/公顷 喷雾

PD20060148 苄嘧磺隆/97.5%/原药/苄嘧磺隆 97.5%/2006.08.21 至 2011.08.21/低毒

PD20070294 苯磺隆/18%/可湿性粉剂/苯磺隆 18%/2007.09.21 至 2012.09.21/低毒
冬小麦田 一年生阔叶杂草 11.34-18.9克/公顷 茎叶喷雾

PD20070636 苄嘧·禾草丹/35.75%/可湿性粉剂/苄嘧磺隆 0.75%、禾草丹 35%/2007.12.14 至 2012.12.14/低毒
水稻秧田 一年生杂草 804.5-1072.5克/公顷(南方地区) 喷雾或毒土法
水稻直播田 稗草、莎草及阔叶杂草 1072.5-1605克/公顷(南方地区) 毒土法
1605-2145克/公顷(北方地区)

PD20082742 苄·二氯/32%/可湿性粉剂/苄嘧磺隆 6%、二氯喹啉酸 26%/2008.12.08 至 2013.12.08/低毒
水稻抛秧田 部分多年生杂草、一年生杂草 288-336克/公顷 药土法
水稻移栽田 部分多年生杂草、一年生杂草 240-336克/公顷 喷雾,毒土法

PD20085522 苄嘧·唑草酮/38%/可湿性粉剂/苄嘧磺隆 30%、唑草酮 8%/2008.12.25 至 2013.12.25/低毒
水稻移栽田 阔叶杂草及莎草科杂草 57-78.8克/公顷 茎叶喷雾

PD20092359 霜脲·锰锌/72%/可湿性粉剂/代森锰锌 64%、霜脲氰 8%/2009.02.24 至 2014.02.24/微毒
番茄 晚疫病 1440-1944克/公顷 喷雾
黄瓜 霜霉病 1440-1800克/公顷 喷雾
荔枝 霜疫霉病 1030-1440毫克/千克 喷雾
马铃薯 晚疫病 1157-1620克/公顷 喷雾

PD20092956 吡嘧磺隆/10%/可湿性粉剂/吡嘧磺隆 10%/2009.03.09 至 2014.03.09/微毒
水稻移栽田 一年生及部分多年生杂草 22.5-30克/公顷 毒土法

LS20061346 茚威·吡虫啉/11%/可湿性粉剂/吡虫啉 5%、茚虫威 6%/2009.06.12 至 2010.06.12/低毒
十字花科蔬菜 甜菜夜蛾、蚜虫 49.5-66克/公顷 喷雾

LS20070206 乙霉·多菌灵/50%/可湿性粉剂/多菌灵 25%、乙霉威 25%/2009.02.13 至 2010.02.13/低毒
番茄 灰霉病 750-1125克/公顷 喷雾

LS20070765 阿维·茚虫威/4.75%/可湿性粉剂/阿维菌素 1%、茚虫威 3.75%/2009.04.09 至 2010.04.10/低毒(原药高毒)
十字花科蔬菜 小菜蛾 28.5-39.25克/公顷 喷雾

LS20071315 硅唑·多菌灵/55%/可湿性粉剂/多菌灵 50%、氟硅唑 5%/2009.05.08 至 2010.05.09/微毒
苹果树 轮纹病、炭疽病、黑点病 440-687.5毫克/千克 喷雾

LS20081883 噻吩磺隆/96%/原药/噻吩磺隆 96%/2009.04.10 至 2010.04.10/微毒

LS20090982 硅唑·多菌灵/55%/可湿性粉剂/多菌灵 50%、氟硅唑 5%/2009.04.10 至 2010.04.10/低毒

苹果树 黑点病 440-687.5毫克/千克 喷雾

LS20091452 氯虫苯甲酰胺/95.3%/原药/氯虫苯甲酰胺 95.3%/2009.12.14 至 2010.12.14/微毒

上海杜栁技术有限公司 (上海市奉贤区闸园新路35号碧瑶别墅30幢 201401 021-57157900)

WP20090074 避蚊胺/95%/原药/避蚊胺 95%/2009.02.01 至 2014.02.01/低毒

上海芳芳日化有限公司 (上海市宝山区祁连山路1729号 200436 021-52814236)

WPN29-99 驱蚊液/4%/液剂/避蚊胺 4%/2009.03.19 至 2014.03.19/微毒

卫生 蚊 / 涂抹

WP20080610 驱蚊花露水/4%/水剂/避蚊胺 4%/2008.12.31 至 2013.12.31/微毒

卫生 蚊 / 涂抹

上海奉贤沈陆卫生用品厂 (上海市奉贤南桥镇沈陆909号 201400 021-57108213)

WL20050181 驱蚊霜/10%/驱蚊霜/避蚊胺 10%/2008.06.15 至 2009.06.15/微毒

卫生 蚊 / 涂抹

上海福音日化厂 (上海市奉贤区钱桥镇草庵村 201407 021-57596379)

WP20090222 杀虫喷射剂/1.25%/喷射剂/氯菊酯 0.5%、氯氰菊酯 0.75%/2009.04.09 至 2014.04.09/微毒

卫生 蚊、蝇、蜚蠊 / 喷射

上海高伦现代农化股份有限公司 (上海市徐汇区斜土路2356号中汇商务楼3楼 200032 021-64872035)

PDN55-98 溴敌隆/98%,95%,92%/原药/溴敌隆 98%,95%,92%/2008.03.10 至 2013.03.10/高毒

PDN56-98 溴敌隆/0.5%/母液/溴敌隆 0.5%/2008.03.10 至 2013.03.10/高毒

农田 田鼠 300-450点/公顷,每点2-5克0.005%毒饵 配成0.005%毒饵后堆施或穴施

PDN57-98 溴敌隆/0.5%/母粉/溴敌隆 0.5%/2008.03.10 至 2013.03.10/高毒

农田 田鼠 300-450点/公顷,每点2-5克0.005%毒饵 堆、穴投放毒饵

PD20060208 溴鼠灵/93%/原药/溴鼠灵 93%/2006.12.07 至 2011.12.07/高毒

PD20082007 溴鼠灵/0.5%/母药/溴鼠灵 0.5%/2008.11.25 至 2013.11.25/中等毒(原药高毒)

农田 田鼠 饱和投饵 配制成0.005%毒饵

PD20082970 溴敌隆/0.005%/毒饵/溴敌隆 0.005%/2008.12.09 至 2013.12.09/低毒(原药高毒)

室内 家鼠 饱和投饵 投饵

PD20091904 溴鼠灵/0.005%/毒饵/溴鼠灵 0.005%/2009.02.09 至 2014.02.09/低毒(原药高毒)

室内 家鼠 饱和投饵 投饵

WL20050090 氟虫胺/95%/原药/氟虫胺 95%/2008.04.04 至 2009.04.04/低毒

WL20050093 杀蟑饵粒/1%/饵粒/氟虫胺 1%/2008.04.04 至 2009.04.04/微毒

卫生 蜚蠊 / 投放

WL20050094 杀蟑胶饵/1%/胶饵/氟虫胺 1%/2008.04.04 至 2009.04.04/微毒

卫生 蜚蠊 / 投放

上海禾本药业有限公司 (上海市金山区亭林镇工业园区南区林宝路2号 201505 021-67232276-8009)

PD20084050 戊唑醇/95%/原药/戊唑醇 95%/2008.12.16 至 2013.12.16/低毒

PD20092000 虫酰肼/200克/升/悬浮剂/虫酰肼 200克/升/2009.02.12 至 2014.02.12/低毒

十字花科蔬菜 甜菜夜蛾 240-300克/公顷 喷雾

PD20094265 三环唑/75%/水分散粒剂/三环唑 75%/2009.03.31 至 2014.03.31/低毒

水稻 稻瘟病 225-337.5克/公顷 喷雾

PD20096120 烟嘧磺隆/40克/升/悬浮剂/烟嘧磺隆 40克/升/2009.06.18 至 2014.06.18/低毒

玉米田 一年生杂草 42-60克/公顷 茎叶喷雾

PD20097759 毒死蜱/480克/升/乳油/毒死蜱 480克/升/2009.11.12 至 2014.11.12/中等毒

水稻 二化螟 432-576克/公顷 喷雾

LS20052975 氢氧化铜/53.8%/水分散粒剂/氢氧化铜 53.8%/2008.09.13 至 2009.09.13/低毒

柑橘 溃疡病 672.5-897毫克/千克 喷雾

黄瓜 细菌性角斑病 564.9-645.6克/公顷 喷雾

LS20060760 苯醚甲环唑/10%/水分散粒剂/苯醚甲环唑 10%/2009.04.04 至 2010.04.04/低毒

西瓜 炭疽病 75-112.5克/公顷 喷雾

LS20061115 吡虫啉/70%/水分散粒剂/吡虫啉 70%/2009.05.11 至 2010.05.11/低毒

十字花科蔬菜 蚜虫 15.75-31.5克/公顷 喷雾

LS20071509 戊唑醇/430克/升/悬浮剂/戊唑醇 430克/升/2009.05.29 至 2010.05.30/低毒

梨树 黑星病 107.5-143毫克/千克 喷雾

LS20071626 甲基硫菌灵/70%/水分散粒剂/甲基硫菌灵 70%/2009.06.05 至 2010.06.06/低毒

黄瓜 白粉病 420-630克/公顷 喷雾

LS20071749 甲氨基阿维菌素苯甲酸盐/2.5%/水分散粒剂/甲氨基阿维菌素苯甲酸盐 2.5%/2009.07.04 至 2010.07.05/低毒

十字花科蔬菜 甜菜夜蛾 2.25-3克/公顷 喷雾

LS20080234 多效唑/250克/升/悬浮剂/多效唑 250克/升/2009.01.08 至 2010.01.08/低毒

苹果 调节生长 50-90毫克/千克 沟施,覆土

LS20080587 高效氯氟氰菊酯/25克/升/水乳剂/高效氯氟氰菊酯 25克/升/2009.02.21 至 2010.02.22/低毒
十字花科蔬菜 菜青虫 7.5-15克/公顷 喷雾
LS20081107 烯酰吗啉/50%/水分散粒剂/烯酰吗啉 50%/2009.03.10 至 2010.03.10/低毒
黄瓜 霜霉病 225-300克/公顷 喷雾
LS20082922 甲霜·锰锌/72%/水分散粒剂/甲霜灵 8%、代森锰锌 64%/2009.07.17 至 2010.07.17/低毒
黄瓜 霜霉病 1620-2160克/公顷 喷雾
LS20082924 代森锰锌/75%/水分散粒剂/代森锰锌 75%/2009.07.17 至 2010.07.17/低毒
黄瓜 霜霉病 1687.5-2250克/公顷 喷雾
LS20090459 多菌灵/90%/水分散粒剂/多菌灵 90%/2009.03.18 至 2010.03.18/低毒
油菜 菌核病 1125-1500克/公顷 喷雾
LS20091256 甲霜·霜霉威/25%/可湿性粉剂/甲霜灵 15%、霜霉威 10%/2009.05.05 至 2010.05.05/低毒
黄瓜 霜霉病 469-705克/公顷 喷雾

上海赫农农药有限责任公司 (上海市浦东新区江心沙路9号 200137 021-58611010)

PD20085652 敌百虫/30%/乳油/敌百虫 30%/2008.12.26 至 2013.12.26/低毒
十字花科蔬菜 菜青虫 540-675克/公顷 喷雾
LS20083204 乙虫腈/95%/原药/乙虫腈 95%/2009.12.04 至 2010.12.04/低毒

上海沪江生化有限公司 (上海市奉贤区南桥镇新建东路355号 201416 021-57493657)

PD86101-26 赤霉酸/4%/乳油/赤霉酸 4×10000微克/毫升/2006.09.19 至 2011.09.19/低毒
菠菜 增加鲜重 10-25毫克/千克 叶面处理1-3次
菠萝 果实增大、增重 40-80毫克/千克 喷花
柑橘树 果实增大、增重 20-40毫克/千克 喷花
花卉 提前开花 700毫克/千克 叶面处理涂抹花芽
绿肥 增产 10-20毫克/千克 喷雾
马铃薯 苗齐、增产 0.5-1毫克/千克 浸薯块10-30分钟
棉花 提高结铃率、增产 10-20毫克/千克 点喷、点涂或喷雾
葡萄 无核、增产 50-200毫克/千克 花后1周处理果穗
芹菜 增产 20-100毫克/千克 叶面处理1次
人参 增加发芽率 20毫克/千克 播前浸种15分钟
水稻 增加千粒重、制种 20-30毫克/千克 喷雾
PD86183-29 赤霉酸/75%/粉剂/赤霉酸 75%/2006.12.06 至 2011.12.06/低毒
菠菜 增加鲜重 10-25毫克/千克 叶面处理1-3次
菠萝 果实增大、增重 40-80毫克/千克 喷花
柑橘树 果实增大、增重 20-40毫克/千克 喷花
花卉 提前开花 700毫克/千克 叶面处理涂抹花芽
绿肥 增产 10-20毫克/千克 喷雾
马铃薯 苗齐、增产 0.5-1毫克/千克 浸薯块10-30分钟
棉花 提高结铃率、增产 10-20毫克/千克 点喷、点涂或喷雾
葡萄 无核、增产 50-200毫克/千克 花后一周处理果穗
芹菜 增加鲜重 20-100毫克/千克 叶面处理1次
人参 增加发芽率 20毫克/千克 播种前浸种15分钟
水稻 增加千粒重、制种 20-30毫克/千克 喷雾
PD20060151 草甘膦/95%/原药/草甘膦 95%/2006.08.29 至 2011.08.29/微毒
PD20070637 草甘膦异丙胺盐/41%/水剂/草甘膦异丙胺盐 41%/2007.12.14 至 2012.12.14/低毒
柑橘园 杂草 1230-2214克/公顷 定向茎叶喷雾
PD20081355 草甘膦/10%/水剂/草甘膦 10%/2008.10.21 至 2009.12.31/微毒
非耕地 杂草 11250-22500毫升制剂/公顷 茎叶喷雾
柑橘园 杂草 11250-22500毫升制剂/公顷 定向茎叶喷雾
PD20083544 草甘膦/62%/水剂/草甘膦 62%/2008.12.12 至 2013.12.12/微毒
非耕地 一年生及部分多年生杂草 1125-3000克/公顷 茎叶喷雾
柑橘园 一年生及部分多年生杂草 1125-2250克/公顷 定向茎叶喷雾
PD20083742 百草枯/200克/升/水剂/百草枯 200克/升/2008.12.15 至 2013.12.15/中等毒
非耕地 一年生及部分多年生杂草 450-750克/公顷 茎叶喷雾
柑橘园 一年生及部分多年生杂草 600-900克/公顷 定向茎叶喷雾
PD20095255 草甘膦/65%/可溶粉剂/草甘膦 65%/2009.04.27 至 2014.04.27/微毒

	非耕地	一年生及部分多年生杂草	1125-3000克/公顷	茎叶喷雾
LS20061775	草甘膦/30%/可溶粉剂/草甘膦 30%/2009.10.12 至 2010.10.12/微毒			
	非耕地	一年生和多年生杂草	1125-2250克/公顷	茎叶喷雾
上海华谊集团华原化工有限公司彭浦化工厂 （上海市老沪太路1179号 200072 021-57566342）				
PD84125-2	乙烯利/40%/水剂/乙烯利 40%/2009.11.29 至 2014.11.29/低毒			
	番茄	催熟	800-1000倍液	喷雾或浸渍
	棉花	催熟、增产	330-500倍液	喷雾
	柿子、香蕉	催熟	400倍液	喷雾或浸渍
	水稻	催熟、增产	800倍液	喷雾
	橡胶树	增产	5-10倍液	涂布
	烟草	催熟	1000-2000倍液	喷雾
上海惠光化学有限公司 （上海市奉贤区泰日镇航塘公路2701号 201405 021-64148568）				
PD20030006	草甘膦异丙胺盐/41%/水剂/草甘膦异丙胺盐 41%/2008.07.09 至 2013.07.09/低毒			
	茶园	杂草	1230-2460克/公顷	定向茎叶喷雾
	非耕地、公路、森林防火道、铁路	杂草	1125-3000克/公顷	定向茎叶喷雾
	柑橘园	杂草	1125-2250克/公顷	定向茎叶喷雾
PD20060173	代森锰锌/80%/可湿性粉剂/代森锰锌 80%/2006.11.01 至 2011.11.01/低毒			
	番茄	早疫病	1845-2370克/公顷	喷雾
	柑橘树	疮痂病、炭疽病	1333-2000毫克/千克	喷雾
	梨树	黑星病	800-1600毫克/千克	喷雾
	荔枝树	霜疫霉病	1333-2000毫克/千克	喷雾
	苹果树	轮纹病、炭疽病	1000-1500毫克/千克	喷雾
	苹果树	斑点落叶病	600-800倍液	喷雾
	葡萄	白腐病、黑痘病、霜霉病	1000-1600毫克/千克	喷雾
	西瓜	炭疽病	1560-2520克/公顷	喷雾
PD20060203	百菌清/75%/可湿性粉剂/百菌清 75%/2006.12.07 至 2011.12.07/低毒			
	黄瓜	霜霉病	1125-1462.5克/公顷	喷雾
PD20070656	甲霜·锰锌/58%/可湿性粉剂/甲霜灵 10%、代森锰锌 48%/2007.12.17 至 2012.12.17/低毒			
	番茄	晚疫病	896.1-1096.2克/公顷	喷雾
	黄瓜	霜霉病	1305-1632克/公顷	喷雾
	荔枝树	霜疫霉病	966.7-1450毫克/千克	喷雾
PD20080438	乙氧氟草醚/23.5%/乳油/乙氧氟草醚 23.5%/2008.03.13 至 2013.03.13/低毒			
	大蒜田	一年生杂草	141-176.3克/公顷	喷雾
	森林苗圃	一年生杂草	176.25-317.25克/公顷	土壤喷雾
PD20080893	代森锌/65%/可湿性粉剂/代森锌 65%/2008.07.09 至 2013.07.09/低毒			
	西瓜	炭疽病	975-1170克/公顷	喷雾
PD20081231	溴氰菊酯/25克/升/乳油/溴氰菊酯 25克/升/2008.09.11 至 2013.09.11/低毒			
	烟草	烟青虫	7.5-11.25克/公顷	喷雾
PD20081849	锰锌·腈菌唑/62.25%/可湿性粉剂/腈菌唑 2.25%、代森锰锌 60%/2008.11.20 至 2013.11.20/低毒			
	梨树	黑星病	400-600倍液	喷雾
PD20082474	苯丁锡/50%/可湿性粉剂/苯丁锡 50%/2008.12.03 至 2013.12.03/低毒			
	柑橘树	红蜘蛛	250-333毫克/千克	喷雾
	柑橘树	锈壁虱	200-333.3毫克/千克	喷雾
PD20083734	杀螟丹/4%/颗粒剂/杀螟丹 4%/2008.12.15 至 2013.12.15/低毒			
	水稻	稻纵卷叶螟	900-1350克/公顷	喇叭口撒施
PD20083888	吡虫·毒死蜱/33%/可湿性粉剂/吡虫啉 3%、毒死蜱 30%/2008.12.15 至 2013.12.15/低毒			
	梨树	梨木虱	165-330毫克/千克	喷雾
PD20085360	阿维·毒死蜱/38%/乳油/阿维菌素 0.2%、毒死蜱 37.8%/2008.12.24 至 2013.12.24/低毒(原药高毒)			
	甘蓝	小菜蛾	342-570克/公顷	喷雾
	十字花科蔬菜	甜菜夜蛾	342-570克/公顷	喷雾
PD20085448	苄嘧·苯噻酰/53%/可湿性粉剂/苯噻酰草胺 50%、苄嘧磺隆 3%/2008.12.24 至 2013.12.24/微毒			
	水稻移栽田	部分多年生杂草、一年生杂草	397.5-556.5克/公顷(南方地区)	药土法
PD20086135	甲基硫菌灵/70%/可湿性粉剂/甲基硫菌灵 70%/2008.12.30 至 2013.12.30/低毒			
	西瓜	炭疽病	525-840克/公顷	喷雾
PD20086389	毒死蜱/5%/颗粒剂/毒死蜱 5%/2008.12.31 至 2013.12.31/低毒			
	韭菜	韭蛆	600-1125克/公顷	撒施
PD20091017	咪鲜·多菌灵/25%/可湿性粉剂/多菌灵 12.5%、咪鲜胺 12.5%/2009.01.21 至 2014.01.21/低毒			
	芒果树	炭疽病	250-416.7毫克/千克	喷雾
	西瓜	炭疽病	281.25-375克/公顷	喷雾
PD20091157	毒死蜱/40%/乳油/毒死蜱 40%/2009.01.22 至 2014.01.22/中等毒			
	甘蓝	菜青虫	450-540克/公顷	喷雾
	荔枝树	蒂蛀虫	400-500毫克/千克	喷雾

水稻　稻纵卷叶螟　480-600克/公顷　喷雾
水稻　稻瘿蚊　1800-2160克/公顷　喷雾
玉米　地下害虫　900-1080克/公顷　灌根

PD20091495　高效氟吡甲禾灵/108克/升/乳油/高效氟吡甲禾灵 108克/升/2009.02.02 至 2014.02.02/低毒
油菜田　一年生禾本科杂草　35-45克/公顷　茎叶喷雾

PD20091824　丙森·霜脲氰/60%/可湿性粉剂/丙森锌 50%、霜脲氰 10%/2009.02.05 至 2014.02.05/微毒
黄瓜　霜霉病　630-720克/公顷　喷雾

PD20095556　盐酸吗啉胍/20%/可湿性粉剂/盐酸吗啉胍 20%/2009.05.12 至 2014.05.12/微毒
番茄　病毒病　600-1200克/公顷　喷雾

PD20096144　氧氟·乙草胺/43%/乳油/乙草胺 37.5%、乙氧氟草醚 5.5%/2009.06.24 至 2014.06.24/低毒
大蒜田　一年生杂草　645-967.5克/公顷　土壤喷雾
花生田　一年生杂草　645-967克/公顷　喷雾
棉花田　一年生杂草　645-967克/公顷　土壤喷雾

PD20096934　百草枯/200克/升/水剂/百草枯 200克/升/2009.09.27 至 2014.09.27/中等毒
柑橘园　多种杂草　750-900克/公顷　定向茎叶喷雾

PD20097537　三环唑/75%/可湿性粉剂/三环唑 75%/2009.11.03 至 2014.11.03/低毒
水稻　稻瘟病　225-337.5克/公顷　喷雾

PD20098316　乙草胺/81.5%/乳油/乙草胺 81.5%/2009.12.18 至 2014.12.18/低毒
夏玉米田　一年生禾本科杂草及部分小粒种子阔叶杂草　1080-1350克/公顷　播后苗前土壤喷雾

LS20053112　甲氨基阿维菌素苯甲酸盐/1%/乳油/甲氨基阿维菌素苯甲酸盐 1%/2008.09.28 至 2009.09.28/低毒
十字花科蔬菜　甜菜夜蛾　2.25-4.5克/公顷　喷雾

LS20071228　高氯·甲维盐/3.2%/微乳剂/高效氯氰菊酯 3%、甲氨基阿维菌素 0.2%/2009.05.07 至 2010.05.08/中等毒
十字花科蔬菜　甜菜夜蛾　12-14.4克/公顷　喷雾

LS20072029　阿维·三唑磷/20%/乳油/阿维菌素 0.2%、三唑磷 19.8%/2009.08.09 至 2010.08.10/中等毒(原药高毒)
水稻　二化螟　180-270克/公顷　喷雾

LS20072642　高效氯氰菊酯/2.5%/微乳剂/高效氯氰菊酯 2.5%/2009.12.09 至 2010.12.10/中等毒
茶树　茶尺蠖　3.75-7.5克/公顷　喷雾

上海嘉定鑫明日用化工厂　(上海市嘉定区曹王镇前曹公路65号　201809　021-59946796)

WP20090338　防蛀球剂/94%/球剂/樟脑 94%/2009.10.10 至 2014.10.10/低毒
卫生　黑皮蠹　200克制剂/立方米　投放

上海家化联合股份有限公司　(上海市虹口区保定路527号　200082　8008203808)

WP20080601　驱蚊花露水/4.5%/液剂/驱蚊酯 4.5%/2008.12.30 至 2013.12.30/微毒
卫生　蚊　/　涂抹
注:本品有一种香型：薄荷香型。

WP20090167　驱蚊花露水/2.8%/驱蚊花露水/驱蚊酯 2.8%/2009.03.09 至 2014.03.09/微毒
卫生　蚊　/　涂抹

上海皆丰药械有限公司　(上海市奉贤区南桥镇解放东路曙光工业区　201400　021-67186281)

WL20070155　杀虫气体制剂/50%/气体制剂/硫酰氟 50%/2009.08.02 至 2010.08.03/微毒
卫生　大肠杆菌、黑皮蠹、蚊、蝇、蜚蠊、金黄色葡萄球菌　15克制剂/立方米　在密闭环境中释放

上海皆乐药械厂　(上海市奉贤区江海镇九华村　201400　021-67102398)

WP20070040　杀虫气雾剂/2%/气雾剂/右旋苯醚菊酯 2%/2007.12.17 至 2012.12.17/低毒
卫生　蜚蠊、蚊、蝇　/　喷雾
注:航空专用。

上海金鸟化工有限公司　(上海市徐汇区斜土路2601号T2栋2C室　200030　021-64261726)

WP20050001　杀虫气雾剂/0.6%/气雾剂/氯菊酯 0.3%、右旋胺菊酯 0.3%/2005.01.14 至 2010.01.14/微毒
卫生　蜚蠊、蚊、蝇　/　喷雾

WL20050262　驱蚊粒/100毫克/碟/驱蚊粒/四氟苯菊酯 100毫克/碟/2008.09.28 至 2009.09.28/低毒
卫生　蚊　/　电热加温

WL20050263　驱蚊粒/150毫克/盘/驱蚊粒/四氟苯菊酯 150毫克/盘/2008.09.28 至 2009.09.28/低毒
卫生　蚊　/　电吹风

WL20080330　蝇香/0.15%/蝇香/四氟醚菊酯 0.15%/2009.05.12 至 2010.05.12/微毒
卫生　蝇　/　点燃

WL20080469　杀蚁粉剂/0.3%/粉剂/氟氯氰菊酯 0.3%/2008.12.04 至 2009.12.04/低毒
家庭　蚂蚁　/　撒布

WL20090068　蝇香/0.1%/蝇香/四氟醚菊酯 0.1%/2009.03.18 至 2010.03.18/微毒
卫生　蚊、蝇　/　点燃

上海金桥化工有限责任公司　(上海市浦东金东路377号　201206　021-58993900)

PD87110-2　敌磺钠/70%,50%/可溶性粉剂/敌磺钠 70%,50%/2007.10.24 至 2012.10.24/中等毒
黄瓜、西瓜　枯萎病、立枯病　2625-5250克/公顷　泼浇或喷雾
马铃薯　环腐病　210克/100千克种子　拌种
棉花　立枯病　210克/100千克种子　拌种

水稻秧田 立枯病 13125克/公顷 泼浇或喷雾
松杉苗木 根腐病、立枯病 140-350克/100千克种子 拌种
甜菜 根腐病、立枯病 475-760克/100千克种子 拌种
烟草 黑胫病 3000克/公顷 泼浇或喷雾

上海蓝申生化科技有限公司　(上海市浦东新区崮山路509号　200135　021-50332979)

PD86101-33 赤霉酸/4%/乳油/赤霉酸 4×10000微克/毫升 /2006.06.26 至 2011.06.26/低毒
菠菜 增加鲜重 10-25毫克/千克 叶面处理1-3次
菠萝 果实增大、增重 40-80毫克/千克 喷花
柑橘树 果实增大、增重 20-40毫克/千克 喷花
花卉 提前开花 700毫克/千克 叶面处理涂抹花芽
绿肥 增产 10-20毫克/千克 喷雾
马铃薯 苗齐、增产 0.5-1毫克/千克 浸薯块10-30分钟
棉花 提高结铃率、增产 10-20毫克/千克 点喷、点涂或喷雾
葡萄 无核、增产 50-200毫克/千克 花后1周处理果穗
芹菜 增产 20-100毫克/千克 叶面处理1次
人参 增加发芽率 20毫克/千克 播前浸种15分钟
水稻 增加千粒重、制种 20-30毫克/千克 喷雾

PD86183 赤霉酸/75%/结晶粉/赤霉酸 75%/2006.06.26 至 2011.06.26/低毒
菠菜 增加鲜重 10-25毫克/千克 叶面处理1-3次
菠萝 果实增大、增重 40-80毫克/千克 喷花
柑橘树 果实增大、增重 20-40毫克/千克 喷花
花卉 提前开花 700毫克/千克 叶面处理涂抹花芽
绿肥 增产 10-20毫克/千克 喷雾
马铃薯 苗齐、增产 0.5-1毫克/千克 浸薯块10-30分钟
棉花 提高结铃率、增产 10-20毫克/千克 点喷、点涂或喷雾
葡萄 无核、增产 50-200毫克/千克 花后一周处理果穗
芹菜 增加鲜重 20-100毫克/千克 叶面处理1次
人参 增加发芽率 20毫克/千克 播种前浸种15分钟
水稻 增加千粒重、制种 20-30毫克/千克 喷雾

上海兰宝日化有限公司　(上海市沪太路9088号　200949　021-56870066-8000)

WP20080187 杀虫气雾剂/0.30%/气雾剂/胺菊酯 0.15%、氯菊酯 0.15%/2008.11.19 至 2013.11.19/微毒
卫生 蜚蠊、蚊、蝇 / 喷雾

WP20080229 蚊香/0.25%/蚊香/富右旋反式烯丙菊酯 0.25%/2008.11.25 至 2013.11.25/低毒
卫生 蚊 / 点燃

上海菱农化工有限公司　(上海市嘉定区南翔扬子路625号　201802　021-59123055)

PD20093764 精喹禾灵/5%/乳油/精喹禾灵 5%/2009.03.25 至 2014.03.25/低毒
大白菜、西瓜田 一年生禾本科杂草 30-45克/公顷 茎叶喷雾
大豆田、花生田、棉花田、油菜田 一年生禾本科杂草 37.5-60克/公顷 茎叶喷雾
芝麻 一年生禾本科杂草 37.5-45克/公顷 茎叶喷雾

LS20050352 吡嘧磺隆/10%/可湿性粉剂/吡嘧磺隆 10%/2008.02.19 至 2009.02.18/低毒
水稻移栽田 稗草、莎草及阔叶杂草 15-30克/公顷 毒土法

上海绿伞环保科技发展有限公司　(上海市江场西路275号1号楼5层　200436　021-66311285)

WP20090282 防蛀防霉片剂/98%/防蛀剂/对二氯苯 98%/2009.06.02 至 2014.06.02/低毒
卫生 黑皮蠹、霉菌、衣蛾 40克制剂/立方米 投放

WP20090284 防蛀防霉球剂/98%/防蛀球剂/对二氯苯 98%/2009.06.11 至 2014.06.11/低毒
卫生 黑皮蠹、霉菌 40克制剂/立方米 投放

WP20090298 杀虫气雾剂/0.9%/气雾剂/胺菊酯 0.3%、氯菊酯 0.6%/2009.07.15 至 2014.07.15/微毒
卫生 尘螨、黑皮蠹、蚂蚁、跳蚤、蚊、蝇、蜚蠊 / 喷雾

WL20060016 防蛀片剂/96%/片剂/樟脑 96%/2009.01.25 至 2010.01.25/低毒
卫生 黑皮蠹 40克制剂/立方米 投放

上海绿泽生物科技有限责任公司　(上海市松江区华加路200号　201611　021-67748095)

PD20040220 多·酮/30%/可湿性粉剂/多菌灵 20%、三唑酮 10%/2009.12.19 至 2014.12.19/低毒

	水稻	稻瘟病、纹枯病、叶尖枯病	450-600克/公顷	喷雾
	小麦	白粉病、赤霉病	360-450克/公顷	喷雾
PD20040414	吡虫啉/2.5%/可湿性粉剂/吡虫啉 2.5%/2004.12.19 至 2009.12.18/低毒			
	水稻	飞虱	15-30克/公顷	喷雾
	小麦	蚜虫	15-30克/公顷	喷雾
PD20040416	吡虫·三唑酮/22%/可湿性粉剂/吡虫啉 2%、三唑酮 20%/2009.12.19 至 2014.12.19/低毒			
	小麦	白粉病、蚜虫	165-198克/公顷	喷雾
PD20040705	杀虫单/80%/可溶性粉剂/杀虫单 80%/2009.12.19 至 2014.12.19/中等毒			
	水稻	螟虫	675-810克/公顷	喷雾
PD20040753	吡虫·杀虫单/80%/可湿性粉剂/吡虫啉 2%、杀虫单 78%/2009.12.19 至 2014.12.19/低毒			
	水稻	稻飞虱、三化螟	600-750克/公顷	喷雾
PD20081679	麦草畏/48%/水剂/麦草畏 48%/2008.11.17 至 2013.11.17/低毒			
	冬小麦田	一年生阔叶杂草	144-216克/公顷	茎叶喷雾
PD20081743	苄嘧磺隆/30%/可湿性粉剂/苄嘧磺隆 30%/2008.11.18 至 2013.11.18/低毒			
	水稻移栽田	多年生阔叶杂草及莎草科杂草	60-90克/公顷	毒土法
	水稻移栽田	一年生阔叶杂草及莎草科杂草	30-60克/公顷	毒土法
PD20081808	苄嘧·苯噻酰/53%/可湿性粉剂/苯噻酰草胺 50%、苄嘧磺隆 3%/2008.11.19 至 2013.11.19/低毒			
	水稻抛秧田	一年生及部分多年生杂草	318-397.5克/公顷(南方地区)	药土法
PD20081942	苯磺隆/75%/水分散粒剂/苯磺隆 75%/2008.11.24 至 2013.11.24/低毒			
	冬小麦田	一年生阔叶杂草	13.5—22.5克/公顷	茎叶喷雾
PD20082153	精喹禾灵/5%/乳油/精喹禾灵 5%/2008.11.26 至 2013.11.26/低毒			
	花生田	一年生禾本科杂草	45-60克/公顷	茎叶喷雾
	夏大豆田	一年生禾本科杂草	37.5-52.5克/公顷	茎叶喷雾
	油菜田	一年生禾本科杂草	45-67.5克/公顷	茎叶喷雾
PD20082278	乙氧氟草醚/24%/乳油/乙氧氟草醚 24%/2008.11.27 至 2013.11.27/低毒			
	大蒜田	一年生杂草	144-216克/公顷	播后苗前土壤喷雾
PD20082279	苯磺·氯磺隆/16%/可湿性粉剂/苯磺隆 8%、氯磺隆 8%/2008.11.27 至 2013.11.27/低毒			
	冬小麦田	一年生阔叶杂草	18—24克/公顷	茎叶喷雾
PD20082726	苯磺隆/10%/可湿性粉剂/苯磺隆 10%/2008.12.08 至 2013.12.08/低毒			
	冬小麦田	一年生阔叶杂草	13.5-22.5克/公顷	茎叶喷雾
PD20083292	多·福·锰锌/50%/可湿性粉剂/多菌灵 15%、福美双 25%、代森锰锌 10%/2008.12.11 至 2013.12.11/中等毒			
	苹果树	轮纹病	833.3-1250毫克/千克	喷雾
PD20083562	氧氟·异丙草/50%/可湿性粉剂/异丙草胺 45%、乙氧氟草醚 5%/2008.12.12 至 2013.12.12/低毒			
	水稻移栽田	一年生杂草	112.5-150克/公顷	药土法
PD20083582	霜脲·锰锌/72%/可湿性粉剂/代森锰锌 64%、霜脲氰 8%/2008.12.12 至 2013.12.12/低毒			
	番茄	晚疫病	1440-1944克/公顷	喷雾
	黄瓜	霜霉病	1440-1800克/公顷	喷雾
PD20084029	精喹禾灵/10.8%/乳油/精喹禾灵 10.8%/2008.12.16 至 2013.12.16/低毒			
	大豆田、花生田	一年生禾本科杂草	40.5-64.8克/公顷	喷雾
PD20084234	氧氟·乙草胺/40%/乳油/乙草胺 34%、乙氧氟草醚 6%/2008.12.17 至 2013.12.17/低毒			
	大蒜田	一年生杂草	540-840克/公顷	播后苗前土壤喷雾
	花生田	一年生杂草	600-720克/公顷	播后苗前土壤喷雾
PD20084401	苯磺隆/20%/可溶粉剂/苯磺隆 20%/2008.12.17 至 2013.12.17/低毒			
	冬小麦田	一年生阔叶杂草	13.5—22.5克/公顷	茎叶喷雾
PD20085195	阿维·毒死蜱/10%/乳油/阿维菌素 0.1%、毒死蜱 9.9%/2008.12.23 至 2013.12.23/低毒(原药高毒)			
	十字花科蔬菜	小菜蛾	112.5-150克/公顷	喷雾
PD20085438	草甘膦/50%/可溶粉剂/草甘膦 50%/2008.12.24 至 2013.12.24/低毒			
	果园	杂草	1125-2250克/公顷	定向茎叶喷雾
PD20085515	苄·丁/35%/可湿性粉剂/苄嘧磺隆 1.5%、丁草胺 33.5%/2008.12.25 至 2013.12.25/低毒			
	水稻移栽田	一年生杂草	600-900克/公顷	毒土法
PD20085575	高氯·辛硫磷/20%/乳油/高效氯氰菊酯 2%、辛硫磷 18%/2008.12.25 至 2013.12.25/中等毒			
	大豆	甜菜夜蛾	240-300克/公顷	喷雾
	棉花	棉铃虫	150-225克/公顷	喷雾
	十字花科蔬菜	菜青虫、蚜虫	150-225克/公顷	喷雾
PD20085711	阿维·杀虫单/20%/微乳剂/阿维菌素 0.2%、杀虫单 19.8%/2008.12.26 至 2013.12.26/低毒(原药高毒)			
	菜豆	美洲斑潜蝇	90-180克/公顷	喷雾
PD20085813	苄·二氯/36%/可湿性粉剂/苄嘧磺隆 4%、二氯喹啉酸 32%/2008.12.29 至 2013.12.29/低毒			
	水稻移栽田	一年生杂草	216-270克/公顷	喷雾
PD20085840	阿维·哒螨灵/5%/乳油/阿维菌素 0.2%、哒螨灵 4.8%/2008.12.29 至 2013.12.29/低毒(原药高毒)			
	柑橘树	红蜘蛛	33.3-50毫克/千克	喷雾

PD20085933 苄·乙/30%/可湿性粉剂/苄嘧磺隆 4%、乙草胺 26%/2008.12.29 至 2013.12.29/低毒
水稻移栽田 一年生及部分多年生杂草 90-135克/公顷 药土法
PD20086145 腐霉·福美双/25%/可湿性粉剂/腐霉利 5%、福美双 20%/2008.12.30 至 2013.12.30/中等毒
番茄 灰霉病 225-300克/公顷 喷雾
PD20090069 高氯·马/24%/乳油/高效氯氰菊酯 2%、马拉硫磷 22%/2009.01.08 至 2014.01.08/中等毒
十字花科蔬菜 菜青虫、蚜虫 108-144克/公顷 喷雾
PD20090497 异丙·苄/30%/可湿性粉剂/苄嘧磺隆 5%、异丙草胺 25%/2009.01.12 至 2014.01.12/低毒
水稻抛秧田 一年生及部分多年生杂草 135-180克/公顷 药土法
水稻移栽田 一年生杂草 135-180克/公顷 药土法
PD20090528 复硝酚钠/1.8%/水剂/5-硝基邻甲氧基苯酚钠 0.3%、对硝基苯酚钾 0.9%、邻硝基苯酚钠 0.6%/2009.01.12至2014.01.12/低毒
番茄 调节生长 2000-3000倍液 兑水喷雾
PD20091654 乙·莠/40%/可湿性粉剂/乙草胺 14%、莠去津 26%/2009.02.03 至 2014.02.03/低毒
夏玉米田 一年生杂草 1200-1500克/公顷 播后苗前土壤喷雾
PD20092774 阿维·高氯/6%/乳油/阿维菌素 0.4%、高效氯氰菊酯 5.6%/2009.03.04 至 2014.03.04/低毒(原药高毒)
黄瓜 斑潜蝇 22.5—24毫克/千克 喷雾
梨树 梨木虱 8.6-12毫克/千克 喷雾
苹果树 黄蚜 8.6-12毫克/千克 喷雾
十字花科蔬菜 小菜蛾 18-22.5克/公顷 喷雾
十字花科蔬菜 菜青虫 13.5-18克/公顷 喷雾
PD20094772 杀虫单/50%/可溶粉剂/杀虫单 50%/2009.04.13 至 2014.04.13/中等毒
水稻 螟虫 750-900克/公顷 毒土法
PD20095661 阿维·高氯/6.3%/可湿性粉剂/阿维菌素 0.7%、高效氯氰菊酯 5.6%/2009.05.13 至 2014.05.13/低毒(原药高毒)
甘蓝 小菜蛾 18.9-28.35克/公顷 喷雾
甘蓝 菜青虫 9.45-14.18克/公顷 喷雾
柑橘树 潜叶蛾 4000-5000倍液 喷雾
PD20095666 烯唑·多菌灵/30%/可湿性粉剂/多菌灵 26%、烯唑醇 4%/2009.05.14 至 2014.05.14/低毒
梨树 黑星病 900-1200倍液 喷雾
PD20096304 苄·乙·甲/25%/可湿性粉剂/苄嘧磺隆 1.3%、甲磺隆 0.3%、乙草胺 23.4%/2009.07.22 至 2014.07.22/低毒
水稻移栽田 一年生及部分多年生杂草 75-93.8克/公顷 毒土法
PD20098279 吗胍·乙酸铜/20%/可湿性粉剂/盐酸吗啉胍 10%、乙酸铜 10%/2009.12.18 至 2014.12.18/低毒
番茄 病毒病 500-750克/公顷 喷雾

上海美臣化妆品有限公司 (上海市松江区民益路35号 201612 021-57687080)

WP20080304 驱蚊液/2.5%/驱蚊液/驱蚊酯 2.5%/2008.12.04 至 2013.12.04/微毒
卫生 蚊 / 涂抹

上海梦利日化厂 (上海市闵行区浦江镇汇红四队 201112 021-64914627)

WP20080165 杀虫喷射剂/0.11%/喷射剂/Es-生物烯丙菊酯 0.06%、氯氰菊酯 0.05%/2008.11.14 至 2013.11.14/微毒
卫生 蚊、蝇 / 喷射

上海农乐生物制品股份有限公司 (上海市松江区沪松路158号 201613 021-57784610)

PD84118-47 多菌灵/25%/可湿性粉剂/多菌灵 25%/2010.01.25 至 2015.01.25/低毒
果树 病害 0.05-0.1%药液 喷雾
花生 倒秧病 750克/公顷 喷雾
麦类 赤霉病 750克/公顷 喷雾,泼浇
棉花 苗期病害 500克/100千克种子 拌种
水稻 稻瘟病、纹枯病 750克/公顷 喷雾,泼浇
油菜 菌核病 1125-1500克/公顷 喷雾
PD86116-5 甲基硫菌灵/36%/悬浮剂/甲基硫菌灵 36%/2006.12.25 至 2011.12.25/低毒
甘薯 黑斑病 800-1000倍液 浸种,喷雾
柑橘 绿霉病、青霉病 800倍液 浸果
禾谷类 黑穗病 1000-2000倍液 浸种
花生 叶斑病 1500-1800倍液 喷雾
梨树、苹果树 白粉病、黑星病 800-1200倍液 喷雾
马铃薯 环腐病 800倍液 浸种
毛竹 枯梢病 1500倍液 喷雾
棉花 枯萎病 170倍液 浸种
葡萄、桑树、烟草 白粉病 800-1000倍液 喷雾
蔬菜 多种病害 400-1000倍液 喷雾
水稻 稻瘟病、纹枯病 800-1500倍液 喷雾
甜菜 褐斑病 1300倍液 喷雾
小麦 白粉病、赤霉病 1500倍液 喷雾
油菜 菌核病 1500倍液 喷雾
PD91106-20 甲基硫菌灵/70%,50%/可湿性粉剂/甲基硫菌灵 70%,50%/2007.05.27 至 2012.05.27/低毒

	番茄	叶霉病	375-562.5克/公顷	喷雾
	甘薯	黑斑病	360-450毫克/千克	浸薯块
	瓜类	白粉病	337.5-506.25克/公顷	喷雾
	梨树	黑星病	360-450毫克/千克	喷雾
	苹果树	轮纹病	700毫克/千克	喷雾
	水稻	稻瘟病、纹枯病	1050-1500克/公顷	喷雾
	小麦	赤霉病	750-1050克/公顷	喷雾
PD20040224	高效氯氰菊酯/4.5%/乳油/高效氯氰菊酯 4.5%/2009.12.19 至 2014.12.19/中等毒			
	十字花科蔬菜	菜青虫	9-25.5克/公顷	喷雾
PD20040346	氯氰菊酯/5%/乳油/氯氰菊酯 5%/2009.12.19 至 2014.12.19/中等毒			
	十字花科蔬菜	菜青虫	30-45克/公顷	喷雾
PD20040481	井冈·杀虫单/50%/可湿性粉剂/井冈霉素 6.5%、杀虫单 43.5%/2009.12.19 至 2014.12.19/中等毒			
	水稻	稻纵卷叶螟、纹枯病	600-750克/公顷	喷雾
PD20040686	三唑磷/20%/乳油/三唑磷 20%/2009.12.19 至 2014.12.19/中等毒			
	水稻	二化螟	300-450克/公顷	喷雾
PD20040692	井冈·吡虫啉/10%/可湿性粉剂/吡虫啉 2%、井冈霉素 8%/2009.12.19 至 2014.12.19/低毒			
	水稻	飞虱、纹枯病	90-105克/公顷	喷雾
PD20040698	吡虫啉/20%/可溶性液剂/吡虫啉 20%/2009.12.19 至 2014.12.19/低毒			
	水稻	稻飞虱	15-30克/公顷	喷雾
PD20040700	吡虫啉/10%/可溶性液剂/吡虫啉 10%/2009.12.19 至 2014.12.19/低毒			
	水稻	飞虱	22.5-30克/公顷	喷雾
PD20040757	吡虫啉/10%/乳油/吡虫啉 10%/2009.12.19 至 2014.12.19/低毒			
	水稻	飞虱	15-30克/公顷	喷雾
PD20040779	吡·井·杀虫单/50%/可湿性粉剂/吡虫啉 1%、井冈霉素 6.5%、杀虫单 42.5%/2009.12.19 至 2014.12.19/低毒			
	水稻	稻纵卷叶螟、飞虱、纹枯病	750-900克/公顷	喷雾
PD20050020	吡虫啉/10%/可湿性粉剂/吡虫啉 10%/2005.04.15 至 2010.04.14/低毒			
	水稻	稻飞虱	22.5-30克/公顷	喷雾
PD20050021	高氯·吡虫啉/5%/乳油/吡虫啉 2.5%、高效氯氰菊酯 2.5%/2005.04.15 至 2010.04.14/低毒			
	十字花科蔬菜	菜青虫、蚜虫	22.5-30克/公顷	喷雾
PD20050082	吡虫·杀虫单/74%/可湿性粉剂/吡虫啉 2%、杀虫单 72%/2005.06.24 至 2010.06.23/中等毒			
	水稻	飞虱、三化螟	555-666克/公顷	喷雾
PD20080098	啶虫脒/3%/乳油/啶虫脒 3%/2008.01.03 至 2013.01.03/低毒			
	柑橘树	蚜虫	10-15毫克/千克	喷雾
PD20080698	草甘膦异丙胺盐/16%/水剂/草甘膦异丙胺盐 16%/2008.06.04 至 2009.12.31/低毒			
	柑橘园	杂草	1200-2400克/公顷	喷雾
PD20081978	阿维菌素/0.5%/乳油/阿维菌素 0.5%/2008.11.25 至 2013.11.25/低毒(原药高毒)			
	十字花科蔬菜	小菜蛾	8.1-10.8克/公顷	喷雾
PD20082027	草甘膦异丙胺盐/41%/水剂/草甘膦异丙胺盐 41%/2008.11.25 至 2013.11.25/低毒			
	柑橘园	一年生和多年生杂草	1125-2250克/公顷	定向茎叶喷雾
PD20082426	阿维菌素/2%/乳油/阿维菌素 2%/2008.12.02 至 2013.12.02/中等毒(原药高毒)			
	水稻	稻纵卷叶螟	6-9克/公顷	喷雾
PD20082536	阿维菌素/1.8%/乳油/阿维菌素 1.8%/2008.12.03 至 2013.12.03/低毒(原药高毒)			
	十字花科蔬菜	小菜蛾	8.1-10.8克/公顷	喷雾
PD20083024	阿维菌素/1%/乳油/阿维菌素 1%/2008.12.10 至 2013.12.10/低毒(原药高毒)			
	甘蓝	小菜蛾	8.1-10.8克/公顷	喷雾
PD20084075	高氯·马/20%/乳油/高效氯氰菊酯 2%、马拉硫磷 18%/2008.12.16 至 2013.12.16/中等毒			
	甘蓝	小菜蛾	150-300克/公顷	喷雾
	甘蓝	菜青虫、蚜虫	45-120克/公顷	喷雾
	柑橘树	蚜虫	50-200毫克/千克	喷雾
	棉花	棉铃虫、蚜虫	60-180克/公顷	喷雾
PD20084909	阿维·高氯/5%/乳油/阿维菌素 0.5%、高效氯氰菊酯 4.5%/2008.12.22 至 2013.12.22/低毒(原药高毒)			
	十字花科蔬菜	小菜蛾	11.25-18.75克/公顷	喷雾
PD20085731	阿维·三唑磷/20%/乳油/阿维菌素 0.2%、三唑磷 19.8%/2008.12.26 至 2013.12.26/中等毒(原药高毒)			
	水稻	二化螟	180-240克/公顷	喷雾
PD20086224	井冈·杀虫双/22%/水剂/井冈霉素 2%、杀虫双 20%/2008.12.31 至 2013.12.31/中等毒			
	水稻	螟虫、纹枯病	660-825克/公顷	喷雾
PD20086347	阿维·吡虫啉/5%/乳油/阿维菌素 0.5%、吡虫啉 4.5%/2008.12.31 至 2013.12.31/低毒(原药高毒)			
	梨树	梨木虱	6.25-10毫克/千克	喷雾
PD20090009	蜡质芽孢杆菌/90亿个/克/母药/蜡质芽孢杆菌 90亿个/克/2009.01.04 至 2014.01.04/低毒			
PD20090010	井冈·蜡芽菌///悬浮剂/井冈霉素 2%、蜡质芽孢杆菌 8亿个/克/2009.01.04 至 2014.01.04/低毒			
	水稻	稻曲病、稻瘟病	150-180克/公顷	喷雾
	水稻	纹枯病	240-300克/公顷	喷雾
	小麦	赤霉病、纹枯病	300-390克/公顷	喷雾

PD20090874 井冈·蜡芽菌///可湿性粉剂/井冈霉素 4%、蜡质芽孢杆菌 16亿个/克/2009.01.19 至 2014.01.19/低毒
水稻 纹枯病 300-360克/公顷 喷雾
小麦 赤霉病、纹枯病 300-390克/公顷 喷雾

PD20092826 井冈·蜡芽菌/125克/升/水剂/井冈霉素 25克/升、蜡质芽孢杆菌 100克/升/2009.03.04 至 2014.03.04/低毒
水稻 纹枯病 56.25-93.75克/公顷 喷雾

PD20093663 高效氯氰菊酯/4.5%/水乳剂/高效氯氰菊酯 4.5%/2009.03.25 至 2014.03.25/低毒
十字花科蔬菜 菜青虫 20.25-33.75克/公顷 喷雾

PD20094015 井冈·蜡芽菌///可湿性粉剂/井冈霉素 8%、蜡质芽孢杆菌 32亿个/克/2009.03.27 至 2014.03.27/低毒
水稻 纹枯病 300-360克/公顷 喷雾

PD20094682 杀双·毒死蜱/24%/水乳剂/毒死蜱 10%、杀虫双 14%/2009.04.10 至 2014.04.10/低毒
水稻 稻纵卷叶螟、二化螟 270-360克/公顷 喷雾

PD20095780 高氯·辛硫磷/40%/乳油/高效氯氰菊酯 2.5%、辛硫磷 37.5%/2009.05.21 至 2014.05.21/低毒
棉花 棉铃虫 360-480克/公顷 喷雾

PD20096362 井冈·蜡芽菌/4%+16亿个/克蜡芽菌/悬浮剂/井冈霉素 4%、蜡质芽孢杆菌 16亿个/克蜡芽菌/2009.07.28 至 2014.07.28/低毒
水稻 纹枯病 240-300克/公顷 喷雾

LS20001334 链霉素/24%/可溶粉剂/链霉素 24%/2009.03.10 至 2009.12.31/低毒
大白菜 软腐病 200-300克/公顷 喷雾

LS20072163 毒死蜱/20%/水乳剂/毒死蜱 20%/2009.09.04 至 2010.09.05/低毒
水稻 稻纵卷叶螟 450-540克/公顷 喷雾
水稻 稻飞虱、二化螟 450-600克/公顷 喷雾

LS20080631 四聚乙醛/96%/原药/四聚乙醛 96%/2009.02.21 至 2010.02.22/中等毒

LS20080825 高效氯氟氰菊酯/2.5%/水乳剂/高效氯氟氰菊酯 2.5%/2009.02.28 至 2010.02.28/中等毒
十字花科蔬菜 菜青虫 9.375-13.125克/公顷 喷雾

LS20081075 阿维菌素/2.2%/水乳剂/阿维菌素 2.2%/2009.03.07 至 2010.03.07/低毒(原药高毒)
棉花 红蜘蛛 9.9-16.5克/公顷 喷雾
水稻 稻纵卷叶螟 4.95-6.6克/公顷 喷雾

LS20081461 吡虫啉/15%/悬浮剂/吡虫啉 15%/2009.03.27 至 2010.03.27/低毒
棉花 蚜虫 22.5-45克/公顷 喷雾
水稻 稻飞虱 33.75-45克/公顷 喷雾

LS20082157 三唑磷/20%/水乳剂/三唑磷 20%/2009.04.18 至 2010.04.18/中等毒
水稻 二化螟 300-450克/公顷 喷雾

LS20082228 啶虫脒/15%/悬浮剂/啶虫脒 15%/2009.04.18 至 2010.04.18/低毒
棉花 蚜虫 18-27克/公顷 喷雾

LS20082285 吡虫啉/15%/悬浮剂/吡虫啉 15%/2008.04.21 至 2009.04.21/低毒
水稻 稻飞虱 33.75-45克/公顷 喷雾

LS20082976 吡虫·毒死蜱/22%/悬乳剂/吡虫啉 2%、毒死蜱 20%/2009.08.20 至 2010.08.20/低毒
水稻 稻飞虱 198-264克/公顷 喷雾

LS20091340 甲氨基阿维菌素苯甲酸盐(0.6%)///水乳剂/甲氨基阿维菌素 0.5%/2009.06.10 至 2010.06.10/低毒
十字花科蔬菜 甜菜夜蛾 3.6-5.4克/公顷 喷雾
水稻 二化螟 5.4-7.2克/公顷 喷雾

上海农药厂有限公司 (上海市浦东新区江心沙路9号 200137 021-58611010)

PD84108 敌百虫/90%/可溶粉剂/敌百虫 90%/2010.01.21 至 2015.01.21/低毒
白菜、青菜 地下害虫 750-1500克/公顷 喷雾
白菜、青菜 菜青虫 960-1200克/公顷 喷雾
茶树 尺蠖、刺蛾 450-900毫克/千克 喷雾
大豆 造桥虫 1800克/公顷 喷雾
柑橘树 卷叶蛾 600-750毫克/千克 喷雾
林木 松毛虫 600-900毫克/千克 喷雾
水稻 螟虫 1500-1800克/公顷 喷雾，泼浇活毒土
小麦 粘虫 1800克/公顷 喷雾
烟草 烟青虫 900毫克/千克 喷雾

PD85105-7 敌敌畏/80%/乳油/敌敌畏 77.5%(气谱法)/2005.01.21 至 2010.01.21/中等毒
茶树 食叶害虫 600克/公顷 喷雾
粮仓 多种储藏害虫 1)400-500倍液 2)0.4-0.5克/立方米 1)喷雾 2)挂条熏蒸
棉花 蚜虫、造桥虫 600-1200克/公顷 喷雾
苹果树 小卷叶蛾、蚜虫 400-500毫克/千克 喷雾
青菜 菜青虫 600克/公顷 喷雾
桑树 尺蠖 600克/公顷 喷雾
卫生 多种卫生害虫 1)300-400倍液 2)0.08克/立方米 1)泼洒 2)挂条熏蒸

	小麦	黏虫、蚜虫	600克/公顷	喷雾
PD85118	异稻瘟净/80%/原药/异稻瘟净 80%/2005.07.14 至 2010.07.14/低毒			
PD85119	异稻瘟净/40%,50%/乳油/异稻瘟净 40%,50%/2005.07.14 至 2010.07.14/低毒			
	水稻	稻瘟病	900-1200克/公顷	喷雾
PD85120	乐果/90%,85%,80%/原药/乐果 90%,85%,80%/2005.07.14 至 2010.07.14/中等毒			
PD85121	乐果/40%/乳油/乐果 40%/2005.07.14 至 2010.07.14/中等毒			
	茶树	蚜虫、叶蝉、螨	1000-2000倍液	喷雾
	甘薯	小象甲	2000倍液	浸鲜薯片诱杀
	柑橘树、苹果树	鳞翅目幼虫、蚜虫、螨	800-1600倍液	喷雾
	棉花	蚜虫、螨	450-600克/公顷	喷雾
	蔬菜	蚜虫、螨	300-600克/公顷	喷雾
	水稻	飞虱、螟虫、叶蝉	450-600克/公顷	喷雾
	烟草	蚜虫、烟青虫	300-600克/公顷	喷雾
PD85154-27	氰戊菊酯/20%/乳油/氰戊菊酯 20%/2005.07.14 至 2010.07.14/中等毒			
	柑橘树	潜叶蛾	10-20毫克/千克	喷雾
	果树	梨小食心虫	10-20毫克/千克	喷雾
	棉花	红铃虫、蚜虫	75-150克/公顷	喷雾
	蔬菜	菜青虫、蚜虫	60-120克/公顷	喷雾
PD85158-3	喹硫磷/25%/乳油/喹硫磷 25%/2005.07.14 至 2010.07.14/中等毒(原药高毒)			
	棉花	棉铃虫、蚜虫	180-600克/公顷	喷雾
	水稻	螟虫	375-495克/公顷	喷雾
PD86175	乙酰甲胺磷/90%/原药/乙酰甲胺磷 90%/2007.01.15 至 2012.01.15/低毒			
PD86176	乙酰甲胺磷/30%/乳油/乙酰甲胺磷 30%/2007.01.15 至 2012.01.15/低毒			
	柑橘树	介壳虫、螨	500-1000倍液	喷雾
	果树	食心虫	500-1000倍液	喷雾
	棉花	棉铃虫、蚜虫	450-900克/公顷	喷雾
	蔬菜	菜青虫、蚜虫	337.5-540克/公顷	喷雾
	水稻	螟虫、叶蝉	562.5-1012.5克/公顷	喷雾
	小麦、玉米	黏虫、玉米螟	540-1080克/公顷	喷雾
	烟草	烟青虫	450-900克/公顷	喷雾
PD86177	乐果/98%,96%/原药/乐果 98%,96%/2006.01.15 至 2011.01.15/中等毒			
PD20040287	三唑磷/85%/原药/三唑磷 85%/2009.12.19 至 2014.12.19/中等毒			
PD20040300	哒螨灵/95%/原药/哒螨灵 95%/2009.12.19 至 2014.12.19/中等毒			
PD20040392	哒螨灵/15%/乳油/哒螨灵 15%/2009.12.19 至 2014.12.19/中等毒			
	柑橘树	红蜘蛛	50-67毫克/千克	喷雾
PD20040526	哒螨灵/10%/乳油/哒螨灵 10%/2004.12.19 至 2009.12.18/中等毒			
	柑橘树	红蜘蛛	50-67毫克/千克	喷雾
PD20050041	三唑磷/20%/乳油/三唑磷 20%/2005.04.15 至 2010.04.14/中等毒			
	水稻	二化螟	300-450克/公顷	喷雾
PD20080879	二氯喹啉酸/96%/原药/二氯喹啉酸 96%/2008.07.09 至 2013.07.09/低毒			
PD20080902	二氯喹啉酸/50%/可湿性粉剂/二氯喹啉酸 50%/2008.07.09 至 2013.07.09/低毒			
	水稻移栽田	稗草	200-390克/公顷(北方地区)	喷雾
PD20080909	二氯喹啉酸/25%/可湿性粉剂/二氯喹啉酸 25%/2008.07.09 至 2013.07.09/低毒			
	水稻田	稗草	225-375克/公顷(北方地区)	放干水后茎叶喷雾处理
PD20082702	噻嗪 ·敌敌畏/50%/乳油/敌敌畏 45%、噻嗪酮 5%/2008.12.05 至 2013.12.05/中等毒			
	水稻	稻飞虱	750-1125克/公顷	喷雾
PD20082705	氰戊·乐果/25%/乳油/乐果 21.8%、氰戊菊酯 3.2%/2008.12.05 至 2013.12.05/中等毒			
	棉花	蚜虫	56.25-112.5克/公顷	喷雾
PD20083263	莎稗磷/30%/乳油/莎稗磷 30%/2008.12.11 至 2013.12.11/低毒			
	水稻移栽田	莎草及稗草	225-300克/公顷	毒土法
PD20083627	氰戊·敌敌畏/50%/乳油/敌敌畏 47.5%、氰戊菊酯 2.5%/2008.12.12 至 2013.12.12/中等毒			
	粮库空仓	仓储害虫	0.2-0.8克/平方米	喷雾
PD20092805	乐果·敌敌畏/50%/乳油/敌敌畏 25%、乐果 25%/2009.03.04 至 2014.03.04/中等毒			
	十字花科蔬菜	蚜虫	300-375克/公顷	喷雾
PD20096070	莎稗磷/94%/原药/莎稗磷 94%/2009.06.18 至 2014.06.18/低毒			
PD20096074	苄嘧·莎稗磷/20%/可湿性粉剂/苄嘧磺隆 2.2%、莎稗磷 17.8%/2009.06.18 至 2014.06.18/低毒			
	水稻移栽田	一年生及部分多年生杂草	300-450克/公顷	毒土法
PD20098202	毒死蜱/480克/升/乳油/毒死蜱 480克/升/2009.12.16 至 2014.12.16/中等毒			
	水稻	稻飞虱	576-864克/公顷	喷雾
	水稻	二化螟	576-792克/亩	喷雾

上海欧格米兰化妆品厂 (上海市奉贤区奉拓路3385号钱桥经济园区 201407 021-57599295)

WL20090111 驱蚊露/6%/驱蚊露/驱蚊酯 6%/2009.04.09 至 2010.04.09/微毒

卫生 蚊 / 涂抹

上海强威卫生用药有限公司 (上海市金山区金山卫镇 201512 021-57267132)

WP20060008 0.16%强威牌杀虫气雾剂//气雾剂/氯氰菊酯 0.06%、右旋胺菊酯 0.1%/2006.04.27 至 2011.04.27/微毒

卫生 蜚蠊、蚊、蝇 / 喷雾

上海三星日用品有限公司 (上海市奉贤区燎原农场燎三路58号 201408 021-57110720)

WL20070095 杀蟑饵剂/15%/饵剂/硼酸 15%/2008.05.17 至 2009.05.18/微毒

卫生 蜚蠊 / 投放

上海三樱扑雷药业有限公司 (上海市闵行区经济技术开发区绿春路267号 201219 021-66308872)

WP20090088 电热蚊香片/27毫克/片/电热蚊香片/Es-生物烯丙菊酯 27毫克/片/2009.02.03 至 2014.02.03/低毒

卫生 蚊 / 电热加温

WP20090294 杀蟑饵剂/1.0%/毒饵/毒死蜱 1.0%/2009.07.13 至 2014.07.13/低毒

卫生 蜚蠊 / 投放

上海申威(集团)有限公司 (上海市浦东新区华夏东路2682号 201200 021-58921232-203)

WP20080079 杀虫气雾剂/0.55%/气雾剂/胺菊酯 0.28%、氯菊酯 0.24%、氯氰菊酯 0.03%/2008.05.30 至 2013.05.30/低毒

卫生 蜚蠊、蚊、蝇 / 喷雾

上海生农生化制品有限公司 (上海市松江区洞泾镇洞舟路51号 201619 021-67679572)

PD20070684 丙环唑/25%/乳油/丙环唑 25%/2007.12.17 至 2012.12.17/低毒

香蕉 叶斑病 250-500毫克/千克 喷雾

PD20080390 啶虫脒/20%/可溶性液剂/啶虫脒 20%/2008.02.29 至 2013.02.28/低毒

黄瓜 蚜虫 45-72克/公顷 喷雾

PD20080555 四聚乙醛/99%/原药/四聚乙醛 99%/2008.05.09 至 2013.05.09/低毒

PD20081293 乙氧氟草醚/240克/升/乳油/乙氧氟草醚 240克/升/2008.09.26 至 2013.09.26/低毒

大蒜田 一年生杂草 180-216克/公顷 土壤喷雾

PD20081590 氟啶脲/5%/乳油/氟啶脲 5%/2008.11.12 至 2013.11.12/低毒

青菜 菜青虫 37.5-45克/公顷 喷雾

PD20081710 苯醚甲环唑/95%/原药/苯醚甲环唑 95%/2008.11.17 至 2013.11.17/低毒

PD20082131 咪鲜胺锰盐/50%/可湿性粉剂/咪鲜胺锰盐 50%/2008.11.25 至 2013.11.25/低毒

柑橘 绿霉病、青霉病 250-500毫克/千克 浸果1分钟

PD20082166 戊唑醇/96%/原药/戊唑醇 96%/2008.11.26 至 2013.11.26/低毒

PD20083666 丙环唑/95%/原药/丙环唑 95%/2008.12.12 至 2013.12.12/低毒

PD20085514 代森锌/65%/可湿性粉剂/代森锌 65%/2008.12.25 至 2013.12.25/低毒

番茄 早疫病 1828-2438克/公顷 喷雾

PD20085976 精噁唑禾草灵/80.5克/升/乳油/精噁唑禾草灵 80.5克/升/2008.12.29 至 2013.12.29/低毒

冬油菜田 一年生禾本科杂草 54.3-72.5克/公顷 茎叶喷雾

PD20090372 除虫脲/98%/原药/除虫脲 98%/2009.01.12 至 2014.01.12/低毒

PD20090608 毒死蜱/40%/乳油/毒死蜱 40%/2009.01.14 至 2014.01.14/中等毒

十字花科蔬菜 菜青虫 420-540克/公顷 喷雾

水稻 稻飞虱、稻纵卷叶螟 450-600克/公顷 喷雾

PD20091209 戊唑醇/6%/种子处理悬浮剂/戊唑醇 6%/2009.02.01 至 2014.02.01/低毒

小麦 散黑穗病 1.8-2.7克/100千克种子 拌种

PD20092098 氟啶脲/96%/原药/氟啶脲 96%/2009.02.16 至 2014.02.16/低毒

PD20093399 氟菌唑/95%/原药/氟菌唑 95%/2009.03.20 至 2014.03.20/低毒

PD20093799 除虫脲/20%/悬浮剂/除虫脲 20%/2009.03.25 至 2014.03.25/低毒

甘蓝 菜青虫 90-150克/公顷 喷雾

PD20094023 苯醚甲环唑/10%/水分散粒剂/苯醚甲环唑 10%/2009.03.27 至 2014.03.27/低毒

西瓜 炭疽病 75-112.5克/公顷 喷雾

PD20094986 十三吗啉/750克/升/乳油/十三吗啉 750克/升/2009.04.21 至 2014.04.21/低毒

橡胶树 红根病 15-30克/株 灌淋

PD20095003 十三吗啉/95%/原药/十三吗啉 95%/2009.04.21 至 2014.04.21/低毒

PD20098094 乙氧氟草醚/97%/原药/乙氧氟草醚 97%/2009.12.08 至 2014.12.08/低毒

PD20098261 氯氟吡氧乙酸异辛酯(288克/升)///乳油/氯氟吡氧乙酸 200克/升/2009.12.16 至 2014.12.16/低毒

冬小麦田 阔叶杂草 150-180克/公顷 茎叶喷雾

LS20050235 四聚乙醛/6%/颗粒剂/四聚乙醛 6%/2008.02.01 至 2009.01.31/低毒

十字花科蔬菜 蜗牛 450-630克/公顷 撒施

LS20052482 顺式氯氰菊酯/10%/水乳剂/顺式氯氰菊酯 10%/2008.07.13 至 2009.07.13/中等毒

十字花科蔬菜 菜青虫 37.5-52.5克/公顷 喷雾

LS20052499 吡丙醚/100克/升/乳油/吡丙醚 100克/升/2008.07.25 至 2009.07.25/低毒

番茄 白粉虱 52.5-90克/公顷 喷雾

柑橘树 介壳虫 66.7-100毫克/千克 喷雾

LS20053119 吡虫啉/70%/水分散粒剂/吡虫啉 70%/2008.09.28 至 2009.09.28/低毒

十字花科蔬菜 蚜虫 15.75-21克/公顷 喷雾

水稻 稻飞虱 31.5-42克/公顷 喷雾

烟草 蚜虫 21-31.5克/公顷 喷雾

LS20060363 高效氯氟氰菊酯/25克/升/乳油/高效氯氟氰菊酯 25克/升/2009.03.05 至 2010.03.05/中等毒
十字花科蔬菜 菜青虫 8.25-11.25克/公顷 喷雾
LS20060477 戊唑醇/80%/可湿性粉剂/戊唑醇 80%/2009.03.06 至 2010.03.06/低毒
香蕉 叶斑病 200-300毫克/千克 喷雾
LS20060974 精噁唑禾草灵/100克/升/乳油/精噁唑禾草灵 100克/升/2009.04.23 至 2010.04.23/低毒
春小麦 一年生禾本科杂草 60-75克/公顷 茎叶喷雾
冬小麦 一年生禾本科杂草 45-75克/公顷 茎叶喷雾
LS20061534 戊唑醇/250克/升/乳油/戊唑醇 250克/升/2009.08.02 至 2010.08.02/低毒
香蕉 叶斑病 250-500毫克/千克 喷雾
LS20061830 氟环唑/95%/原药/氟环唑 95%/2009.11.07 至 2010.11.07/低毒
LS20070439 甲维·吡丙醚/8.5%/乳油/吡丙醚 8.3%、甲氨基阿维菌素苯甲酸盐 0.2%/2009.03.05 至 2010.03.06/低毒
十字花科蔬菜 小菜蛾 89.25-102克/公顷 喷雾
LS20070758 氰氟草酯/95%/原药/氰氟草酯 95%/2009.04.08 至 2010.04.09/低毒
LS20070759 氰氟草酯/100克/升/乳油/氰氟草酯 100克/升/2009.04.08 至 2010.04.09/低毒
直播水稻田 稗草、千金子等禾本科杂草 75-90克/公顷 茎叶喷雾
LS20071640 苯甲·丙环唑/300克/升/乳油/苯醚甲环唑 150克/升、丙环唑 150克/升/2009.06.06 至 2010.06.07/低毒
水稻 纹枯病 67.5-112.5克/公顷 喷雾
LS20072389 氧氟·甲戊灵/38%/乳油/二甲戊灵 33%、乙氧氟草醚 5%/2009.10.23 至 2010.10.24/低毒
大蒜田 一年生杂草 684-969克/公顷 土壤喷雾
LS20072535 戊唑醇/430克/升/悬浮剂/戊唑醇 430克/升/2009.12.04 至 2010.12.05/低毒
大豆 锈病 103.2-129克/公顷 喷雾
LS20081018 四聚乙醛/80%/可湿性粉剂/四聚乙醛 80%/2009.03.07 至 2010.03.07/中等毒
十字花科蔬菜 蜗牛 300-480克/公顷 喷雾
LS20081303 吡丙·吡虫啉/10%/悬浮剂/吡虫啉 7.5%、吡丙醚 2.5%/2009.03.13 至 2010.03.13/低毒
番茄 粉虱 45～75克/公顷 喷雾
LS20082275 吡丙醚/100克/升/乳油/吡丙醚 100克/升/2008.04.21 至 2009.04.21/低毒
柑橘树 介壳虫 66.7-100毫克/千克 喷雾
LS20083109 吡氟酰草胺/95%/原药/吡氟酰草胺 95%/2009.10.28 至 2010.10.28/低毒
LS20090702 氟环·多菌灵/40%/悬浮剂/多菌灵 20%、氟环唑 20%/2009.03.31 至 2010.03.31/低毒
香蕉树 叶斑病 180-270克/公顷 喷雾
WP20080026 吡丙醚/95%/原药/吡丙醚 95%/2008.02.19 至 2013.02.19/低毒
WP20090030 驱蚊酯/99.5%/原药/驱蚊酯 99.5%/2009.01.12 至 2014.01.12/低毒
WP20090087 避蚊胺/98%/原药/避蚊胺 98%/2009.02.02 至 2014.02.02/低毒
WL20060202 驱蚊液/15%/液剂/避蚊胺 15%/2009.12.25 至 2010.12.25/低毒
卫生 蚊 / 涂抹
WL20070048 杀虫粉剂/0.3%/粉剂/氟氯氰菊酯 0.3%/2009.02.25 至 2010.02.25/低毒
卫生 蜚蠊 3克制剂/平方米 撒布
WL20090178 氯烯炔菊酯/97%/原药/氯烯炔菊酯 97%/2009.09.16 至 2010.09.16/低毒

上海升联化工有限公司 (上海市奉贤区柘林镇新沪路1号 201416 021-57490222)

PD84118-30 多菌灵/25%/可湿性粉剂/多菌灵 25%/2010.01.31 至 2015.01.31/低毒
果树 病害 0.05-0.1%药液 喷雾
花生 倒秧病 750克/公顷 喷雾
麦类 赤霉病 750克/公顷 喷雾,泼浇
棉花 苗期病害 500克/100千克种子 拌种
水稻 稻瘟病、纹枯病 750克/公顷 喷雾,泼浇
油菜 菌核病 1125-1500克/公顷 喷雾
PD85136 速灭威/25%/可湿性粉剂/速灭威 25%/2005.07.14 至 2010.07.14/中等毒
水稻 飞虱、叶蝉 375-750克/公顷 喷雾
PD85150-6 多菌灵/50%/可湿性粉剂/多菌灵 50%/2005.08.15 至 2010.08.15/低毒
果树 病害 0.05-0.1%药液 喷雾
花生 倒秧病 750克/公顷 喷雾
麦类 赤霉病 750克/公顷 喷雾、泼浇
棉花 苗期病害 250克/50千克种子 拌种
水稻 稻瘟病、纹枯病 750克/公顷 喷雾、泼浇
油菜 菌核病 1125-1500克/公顷 喷雾
PD85159-25 草甘膦/10%/水剂/草甘膦 10%/2005.08.15 至 2009.12.31/低毒
茶树、甘蔗、果园、剑麻、林木、桑树、橡胶树 一年生杂草和多年生恶性杂草 1125-2250克/公顷 定向茎叶喷雾
PD86138 氯菊酯/10%/乳油/氯菊酯 10%/2008.02.19 至 2013.02.19/低毒
茶树 茶毛虫、尺蠖、蚜虫 20-50毫克/千克 喷雾
果树 潜叶蛾、食心虫、蚜虫 30-60毫克/千克 喷雾
棉花 红铃虫、棉铃虫、蚜虫 25-100毫克/千克 喷雾

	蔬菜	菜青虫、小菜蛾、蚜虫	10-25毫克/千克	喷雾
	卫生	白蚁	120毫克/千克	滞留喷射
	卫生	蚊、蝇	1-3毫克/立方米	喷雾
	小麦	黏虫	20毫克/千克	喷雾
	烟草	烟青虫	10-20毫克/千克	喷雾
PD92103-5	草甘膦/95%,93%,90%/原药/草甘膦 95%,93%,90%/2007.08.08 至 2012.08.08/低毒			
PD20040114	高效氯氰菊酯/4.5%/乳油/高效氯氰菊酯 4.5%/2009.12.19 至 2014.12.19/中等毒			
	柑橘树	潜叶蛾	1000-2000倍液	喷雾
	棉花	棉铃虫	20.25-33.75克/公顷	喷雾
	十字花科蔬菜	菜青虫	13.5-20.25克/公顷	喷雾
PD20040250	三唑酮/20%/乳油/三唑酮 20%/2009.12.19 至 2014.12.19/低毒			
	小麦	白粉病	120-127.5克/公顷	喷雾
PD20040272	吡虫啉/10%/可湿性粉剂/吡虫啉 10%/2009.12.19 至 2014.12.19/低毒			
	柑橘树	蚜虫	20-25毫克/千克	喷雾
	水稻	飞虱	15-30克/公顷	喷雾
PD20040352	氯氰菊酯/10%/乳油/氯氰菊酯 10%/2009.12.19 至 2014.12.19/中等毒			
	棉花	棉铃虫、棉蚜	45-90克/公顷	喷雾
	十字花科蔬菜	菜青虫	30-45克/公顷	喷雾
PD20040355	氯氰菊酯/5%/乳油/氯氰菊酯 5%/2009.12.19 至 2014.12.19/中等毒			
	棉花	棉铃虫、棉蚜	45-90克/公顷	喷雾
	十字花科蔬菜	菜青虫	30-45克/公顷	喷雾
PD20040402	三唑酮/15%/可湿性粉剂/三唑酮 15%/2009.12.19 至 2014.12.19/低毒			
	小麦	白粉病、锈病	135-180克/公顷	喷雾
	玉米	丝黑穗病	60-90克/100千克种子	拌种
PD20040492	三唑磷/20%/乳油/三唑磷 20%/2009.12.19 至 2014.12.19/中等毒			
	棉花	红铃虫	600-900克/公顷	喷雾
	水稻	二化螟	300-450克/公顷	喷雾
PD20040538	哒螨灵/15%/乳油/哒螨灵 15%/2009.12.19 至 2014.12.19/中等毒			
	柑橘树	红蜘蛛	50-67毫克/千克	喷雾
	苹果树	叶螨	50-67毫克/千克	喷雾
PD20040679	哒螨灵/20%/可湿性粉剂/哒螨灵 20%/2009.12.19 至 2014.12.19/中等毒			
	柑橘树、苹果树	红蜘蛛	50-67毫克/千克	喷雾
PD20050083	三唑酮/95%,90%/原粉/三唑酮 95%,90%/2005.06.24 至 2010.06.23/低毒			
PD20081566	霜脲氰/97%/原药/霜脲氰 97%/2008.11.11 至 2013.11.11/低毒			
PD20082252	毒死蜱/98%/原药/毒死蜱 98%/2008.11.27 至 2013.11.27/中等毒			
PD20086312	多效唑/15%/可湿性粉剂/多效唑 15%/2008.12.31 至 2013.12.31/低毒			
	水稻(育秧苗)	控制生长	200-300毫克/千克	喷雾
	油菜(苗床)	控制生长	100-200毫克/千克	喷雾
PD20091403	丁草胺/50%/乳油/丁草胺 50%/2009.02.02 至 2014.02.02/低毒			
	移栽水稻田	一年生杂草	900-1350克/公顷	药土法
PD20091435	毒死蜱/40%/乳油/毒死蜱 40%/2009.02.02 至 2014.02.02/中等毒			
	棉花	棉铃虫、蚜虫	450-600克/公顷	喷雾
PD20091450	甲基硫菌灵/70%/可湿性粉剂/甲基硫菌灵 70%/2009.02.02 至 2014.02.02/低毒			
	水稻	纹枯病	1365-1680克/公顷	喷雾
	小麦	赤霉病	945-1260克/公顷	喷雾
PD20091489	代森锰锌/80%/可湿性粉剂/代森锰锌 80%/2009.02.02 至 2014.02.02/微毒			
	番茄	早疫病	1800-2100克/公顷	喷雾
PD20091539	甲霜·锰锌/58%/可湿性粉剂/甲霜灵 10%、代森锰锌 48%/2009.02.03 至 2014.02.03/低毒			
	黄瓜	霜霉病	1305-1566克/公顷	喷雾
PD20091642	氯氰·毒死蜱/52.25%/乳油/毒死蜱 47.75%、氯氰菊酯 4.5%/2009.02.03 至 2014.02.03/中等毒			
	柑橘树	潜叶蛾	522.5-1045毫克/千克	喷雾
PD20091972	草甘膦异丙胺盐/41%/水剂/草甘膦异丙胺盐 41%/2009.02.12 至 2014.02.12/低毒			
	柑橘园	杂草	1230-2460克/公顷	定向喷雾
PD20092526	噻嗪酮/25%/可湿性粉剂/噻嗪酮 25%/2009.02.26 至 2014.02.26/低毒			
	茶树	小绿叶蝉	166-250毫克/千克	喷雾
	柑橘树	矢尖蚧	150-250毫克/千克	喷雾
	水稻	飞虱	75-112.5克/公顷	喷雾
PD20092558	草甘膦铵盐/95%/可溶粒剂/草甘膦铵盐 95%/2009.02.26 至 2014.02.26/低毒			
	柑橘园	杂草	1282.5-2280克/公顷	定向喷雾
PD20092604	灭多威/20%/乳油/灭多威 20%/2009.02.27 至 2014.02.27/高毒			
	棉花	蚜虫	75-150克/公顷	喷雾
	棉花	棉铃虫	150-225克/公顷	喷雾
PD20092636	百菌清/75%/可湿性粉剂/百菌清 75%/2009.03.02 至 2014.03.02/低毒			

黄瓜 霜霉病 1200-1650克/公顷 喷雾

PD20092947 乙烯利/40%/水剂/乙烯利 40%/2009.03.09 至 2014.03.09/低毒

棉花 催熟 300-500倍液 茎叶喷雾

香蕉 催熟 1000-1500倍液 浸果

PD20093452 丙环唑/25%/乳油/丙环唑 25%/2009.03.23 至 2014.03.23/低毒

香蕉 叶斑病 250-500毫克/千克 喷雾

PD20093479 草甘膦/50%/可溶粉剂/草甘膦 50%/2009.03.23 至 2014.03.23/微毒

非耕地 杂草 1125-2250克/公顷 喷雾

PD20093573 三环唑/20%/可湿性粉剂/三环唑 20%/2009.03.23 至 2014.03.23/中等毒

水稻 稻瘟病 225-300克/公顷 喷雾

PD20095024 多效唑/96%/原药/多效唑 96%/2009.04.21 至 2014.04.21/低毒

PD20097483 阿维菌素/1.8%/乳油/阿维菌素 1.8%/2009.11.03 至 2014.11.03/低毒(原药高毒)

甘蓝 菜青虫 6-7.5克/公顷 喷雾

PD20097857 毒死蜱/480克/升/乳油/毒死蜱 480克/升/2009.11.20 至 2014.11.20/中等毒

柑橘树 介壳虫 320-480毫克/千克 喷雾

苹果树 绵蚜 240-320毫克/千克 喷雾

水稻 二化螟 648-864克/公顷 喷雾

水稻 稻飞虱、稻纵卷叶螟 576-864克/公顷 喷雾

LS20091325 噻嗪·毒死蜱/30%/乳油/毒死蜱 15%、噻嗪酮 15%/2009.06.03 至 2010.06.03/中等毒

柑橘树 介壳虫 270-540克/公顷 喷雾

水稻 稻飞虱 200毫克/千克 喷雾

WPN16-97 杀虫气雾剂/0.85%/气雾剂/残杀威 0.23%、氯菊酯 0.54%、右旋烯丙菊酯 0.077%/2008.02.27 至 2013.02.27/低毒

卫生 蜚蠊、蚊、蝇 / 喷雾

WPN17-97 氰·烯·氯菊/0.29%/喷射剂/氯菊酯 0.2%、氯氰菊酯 0.04%、右旋烯丙菊酯 0.05%/2008.07.29 至 2013.07.29/低毒

卫生 蜚蠊、蚊、蝇 / 喷射

WP86137 氯菊酯/90%、85%、80%/原药/氯菊酯 90%、85%、80%/2006.10.23 至 2011.10.23/低毒

上海市南汇天敌除害药厂 (上海市南汇区周浦镇周东村148-149号 201318 021-68118419)

WL20050007 杀蟑饵剂/6%/饵剂/硼酸 5%、乙酰甲胺磷 1%/2008.01.13 至 2009.01.12/微毒

卫生 蜚蠊 / 投放

上海市卫生害虫防制公司 (上海市辽源西路190弄5号 200092 021-65049623)

WL20060073 高氯·氯菊/6%/微乳剂/高效氯氰菊酯 3%、氯菊酯 3%/2009.04.12 至 2010.04.12/低毒

卫生 蚊、蝇 20毫克/平方米 滞留喷洒

WL20080362 杀虫超低容量液剂/1.5%/喷射剂/高效氯氰菊酯 1.2%、右旋苯氰菊酯 0.3%/2008.07.23 至 2009.07.23/微毒

卫生 蜚蠊 / 喷雾

上海泰禾(集团)有限公司 (上海市长宁区北翟路785号 200335 021-62398696)

PD85150-32 多菌灵/50%/可湿性粉剂/多菌灵 50%/2005.07.15 至 2010.07.15/低毒

果树 病害 0.05-0.1%药液 喷雾

花生 倒秧病 750克/公顷 喷雾

麦类 赤霉病 750克/公顷 喷雾、泼浇

棉花 苗期病害 500克/100千克种子 拌种

水稻 稻瘟病、纹枯病 750克/公顷 喷雾、泼浇

油菜 菌核病 1125-1500克/公顷 喷雾

PD85159-34 草甘膦/10%/水剂/草甘膦 10%/2005.07.15 至2009.12.31/低毒

茶树、甘蔗、果园、剑麻、林木、桑树、橡胶树 一年生杂草和多年生恶性杂草 1125-2250克/公顷 定向茎叶喷雾

PD20040127 高效氯氰菊酯/4.5%/乳油/高效氯氰菊酯 4.5%/2009.12.19 至 2014.12.19/低毒

十字花科蔬菜 菜青虫 20.25-33.75克/公顷 喷雾

PD20040760 吡虫啉/10%/可湿性粉剂/吡虫啉 10%/2009.12.19 至 2014.12.19/低毒

水稻 飞虱 15-30克/公顷 喷雾

PD20060059 百草枯/42%/母液/百草枯 42%/2006.03.07 至 2011.03.07/中等毒

PD20060064 百草枯/200克/升/水剂/百草枯 200克/升/2006.04.04 至 2011.04.04/中等毒

稻茬免耕小麦田、稻茬免耕油菜田、棉花田、玉米田 杂草 450-600克/公顷 定向茎叶喷雾

柑橘园 杂草 600-750克/公顷 定向茎叶喷雾

棉花 枯叶 300-450克/公顷 定向茎叶喷雾

PD20081365 草甘膦异丙胺盐/41%/水剂/草甘膦异丙胺盐 41%/2008.10.22 至 2013.10.22/低毒

棉花田 杂草 922.5-1230克/公顷 定向茎叶喷雾

苹果园 杂草 1125-2250克/公顷 定向茎叶喷雾

PD20081419 百菌清/75%/可湿性粉剂/百菌清 75%/2008.10.31 至 2013.10.31/低毒

番茄 灰霉病 1350-2250克/公顷 喷雾

黄瓜 霜霉病 1350-2250克/公顷 喷雾

PD20084644 毒死蜱/480克/升/乳油/毒死蜱 480克/升/2008.12.18 至 2013.12.18/中等毒
棉花 蚜虫 720-900克/公顷 喷雾
PD20091382 2甲·草甘膦/40.5%/水剂/草甘膦异丙胺盐 34%、2甲4氯异丙胺盐 6.5%/2009.02.02 至 2014.02.02/低毒
柑橘园 杂草 1822.5-3037.5克/公顷 定向喷雾
PD20094612 烯草酮/240克/升/乳油/烯草酮 240克/升/2009.04.10 至 2014.04.10/低毒
大豆田 一年生禾本科杂草 108-144克/公顷 茎叶喷雾
油菜田 一年生禾本科杂草 54-90克/公顷 茎叶喷雾
PD20097713 野麦畏/37%/乳油/野麦畏 37%/2009.11.04 至 2014.11.04/低毒
小麦田 野燕麦 900-1500克/公顷 土壤处理
LS20061852 咪唑乙烟酸/50克/升/水剂/咪唑乙烟酸 50克/升/2009.11.14 至 2010.11.14/微毒
春大豆 一年生杂草 90-105克/公顷 播后苗期土壤喷雾
LS20070049 百草枯/250克/升/水剂/百草枯 250克/升/2010.01.18 至 2011.01.18/中等毒
非耕地、香蕉园 杂草 600-750克/公顷 定向茎叶喷雾
LS20070597 高效氯氟氰菊酯/2.5%/微乳剂/高效氯氟氰菊酯 2.5%/2009.03.20 至 2010.03.21/中等毒
十字花科蔬菜 小菜蛾 22.5-30克/公顷 喷雾
LS20071111 啶虫脒/20%/可溶液剂/啶虫脒 20%/2009.04.25 至 2010.04.26/低毒
黄瓜 白粉虱 25-37.5克/公顷 喷雾
LS20080045 氟胺·灭草松/44.7%/水剂/氟磺胺草醚 8.7%、灭草松 36%/2010.01.03 至 2011.01.03/低毒
春大豆田 一年生阔叶杂草及莎草科杂草 1005.75-1341.0克/公顷 茎叶喷雾
LS20083018 烯草酮/240克/升/乳油/烯草酮 240克/升/2008.09.11 至 2009.09.11/低毒
油菜田 一年生禾本科杂草 54-90克/公顷 茎叶喷雾
LS20090142 丁·莠/54%/悬乳剂/丁草胺 28%、莠去津 26%/2009.02.04 至 2010.02.04/低毒
春玉米田 一年生杂草 3000-3750毫升制剂/公顷 播后苗前土壤喷雾
夏玉米田 一年生杂草 2250-3000毫升制剂/公顷 播后苗前土壤喷雾

上海同瑞生物科技有限公司 （上海市奉贤区南奉公路3528号 201414 021-57561314）

PD85131-27 井冈霉素/3%,5%/水剂/井冈霉素 3%,5%/2006.04.29 至 2011.04.29/低毒
水稻 纹枯病 75-112.5克/公顷 喷雾、泼浇
PD86101 赤霉酸/4%/乳油/赤霉酸 4%/2006.07.26 至 2011.07.26/低毒
菠菜 增加鲜重 10-25毫克/千克 叶面处理1-3次
菠萝 果实增大、增重 40-80毫克/千克 喷花
柑橘树 果实增大、增重 20-40毫克/千克 喷花
花卉 提前开花 700毫克/千克 叶面处理涂抹花芽
绿肥 增产 10-20毫克/千克 喷雾
马铃薯 苗齐、增产 0.5-1毫克/千克 浸薯块10-30分钟
棉花 提高结铃率、增产 10-20毫克/千克 点喷、点涂或喷雾
葡萄 无核、增产 50-200毫克/千克 花后1周处理果穗
芹菜 增产 20-100毫克/千克 叶面处理1次
人参 增加发芽率 20毫克/千克 播前浸种15分钟
水稻 增加千粒重、制种 20-30毫克/千克 喷雾
PD86183-35 赤霉酸/75%/结晶粉/赤霉酸 75%/2006.07.26 至 2011.07.26/低毒
菠菜 增加鲜重 10-25毫克/千克 叶面处理1-3次
菠萝 果实增大、增重 40-80毫克/千克 喷花
柑橘树 果实增大、增重 20-40毫克/千克 喷花
花卉 提前开花 700毫克/千克 叶面处理涂抹花芽
绿肥 增产 10-20毫克/千克 喷雾
马铃薯 苗齐、增产 0.5-1毫克/千克 浸薯块10-30分钟
棉花 提高结铃率、增产 10-20毫克/千克 点喷、点涂或喷雾
葡萄 无核、增产 50-200毫克/千克 花后一周处理果穗
芹菜 增加鲜重 20-100毫克/千克 叶面处理1次
人参 增加发芽率 20毫克/千克 播种前浸种15分钟
水稻 增加千粒重、制种 20-30毫克/千克 喷雾

PD20083607 赤霉酸/40%/可溶粒剂/赤霉酸 40%/2008.12.12 至 2013.12.12/低毒
菠菜 增加鲜重 10-25毫克/千克 叶面处理1-3次
菠萝 果实增大、增重 40-80毫克/千克 喷花
柑橘树 果实增大、增重 20-40毫克/千克 喷花
花卉 提高开花 700毫克/千克 叶面处理涂抹花芽
绿肥 增产 10-20毫克/千克 喷雾
马铃薯 苗齐、增产 0.5-1毫克/千克 浸薯块10-30分钟
棉花 提高结铃率、增产 10-20毫克/千克 点喷,点涂或喷雾
葡萄 无核、增产 50-200毫克/千克 花后一周处理果实
芹菜 增加鲜重 20-100毫克/千克 叶面处理1次
人参 增加发芽率 20毫克/千克 播前浸种15分钟
水稻 增加千粒重、制种 20-30毫克/千克 喷雾
PD20095565 赤霉酸/20%/可溶片剂/赤霉酸 20%/2009.05.12 至 2014.05.12/微毒
芹菜 调节生长、增产 35-50毫克/千克 茎叶喷雾
LS20061973 乙烯利/40%/水剂/乙烯利 40%/2009.12.11 至 2010.12.11/低毒
棉花 催熟、增产 300-400倍液 喷雾
香蕉 催熟 400-500倍液 浸渍

上海万佳日用化工有限公司 (上海市松江区茸北镇茸北路333弄8号 201613 021-57786058)

WP20080283 杀虫喷射剂/1.45%/喷射剂/胺菊酯 0.25%、氯菊酯 1.20%/2008.12.01 至 2013.12.01/低毒
卫生 尘螨、蜚蠊、蚊、衣蛾、蝇 / 喷射
WP20090361 防蛀防霉球剂/96%/球剂/对二氯苯 96%/2009.11.09 至 2014.11.09/低毒
卫生 黑毛皮蠹、霉菌、衣蛾 40克制剂/立方米 投放

上海万农达裕生物农药有限公司 (上海市奉贤县柘村镇林村三组 201400 021-57414490)

PD20094313 苏云金杆菌/8000IU/毫克/可湿性粉剂/苏云金杆菌 8000IU/毫克/2009.03.31 至 2014.03.31/低毒
茶树 茶毛虫 400-800倍液 喷雾
棉花 二代棉铃虫 3000-4500克制剂/公顷 喷雾
森林 松毛虫 600-800倍液 喷雾
十字花科蔬菜 小菜蛾 1500-2250克制剂/公顷 喷雾
十字花科蔬菜 菜青虫 750-1500克制剂/公顷 喷雾
水稻 稻纵卷叶螟 3000-4500克制剂/公顷 喷雾
烟草 烟青虫 1500-3000克制剂/公顷 喷雾
玉米 玉米螟 1500-3000克制剂/公顷 加细沙灌心
枣树 枣尺蠖 600-800倍液 喷雾
PD20097900 苏云金杆菌/2000IU/毫克/颗粒剂/苏云金杆菌 2000IU/毫克/2009.11.30 至 2014.11.30/低毒
玉米 玉米螟 4500-6000克制剂/公顷 心叶撒施

上海夏威工贸有限公司 (上海市浦东新区川沙镇华厦三路436弄88号 201200 021-58370577)

WP20080294 驱蚊液/8%/涂抹剂/避蚊胺 8%/2008.12.03 至 2013.12.03/低毒
卫生 蚊 / 涂抹
WP20080532 避蚊胺/98%/原药/避蚊胺 98%/2008.12.23 至 2013.12.23/低毒
WL20060077 杀虫颗粒剂/5%/颗粒剂/倍硫磷 5%/2009.04.13 至 2010.04.12/低毒
卫生 蚊(幼虫)、蝇(幼虫) 17-20克制剂/平方米 撒布

上海雅麦生物科技有限公司 (上海市沪青平公路1698号 201702 021-59763988)

WL20080283 驱蚊液/10%/驱蚊液/避蚊胺 10%/2009.04.16 至 2010.04.16/低毒
卫生 蚊 / 涂抹

上海亚泰农资有限公司 (上海市奉贤区新寺宅兴路165号 201416 021-57493978)

PD20096208 草甘膦异丙胺盐(41%)///水剂/草甘膦 30%/2009.07.15 至 2014.07.15/微毒
柑橘园 一年生及部分多年生杂草 200-350毫升制剂/亩 定向茎叶喷雾
PD20096403 炔螨特/73%/乳油/炔螨特 73%/2009.08.04 至 2014.08.04/低毒
柑橘树 螨 234.3－365毫克/千克 喷雾
PD20096413 百菌清/75%/可湿性粉剂/百菌清 75%/2009.08.04 至 2014.08.04/低毒
黄瓜 霜霉病 1642.5－2092.5克/公顷 喷雾
PD20097644 氯氰·毒死蜱/522.5克/升/乳油/毒死蜱 475克/升、氯氰菊酯 47.5克/升/2009.11.04 至 2014.11.04/中等毒
菜豆 豆荚螟 470.25－627克/公顷 喷雾
LS20090121 阿维菌素/3%/乳油/阿维菌素 3%/2009.02.03 至 2010.02.03/中等毒(原药高毒)
柑橘树 红蜘蛛 6-10毫克/千克 喷雾

上海英达精细化工有限公司 (上海市普陀区澳门路356号三维大厦11楼B座 200060 021-62983846)

WP20090116 防霉防蛀片剂/96%/片剂/对二氯苯 96%/2009.02.10 至 2014.02.10/低毒
卫生 黑皮蠹、霉菌、衣蛾 40克/立方米 投放
WL20050179 杀虫气雾剂/0.4%/气雾剂/氯菊酯 0.4%/2008.06.15 至 2009.06.15/低毒

	卫生	黑毛皮蠹	10毫升制剂/平方米	喷雾

上海悦联化工有限公司　(上海市奉贤区宅兴路169号　200051　021-57493979)

PD20082373	三环唑/20%/可湿性粉剂/三环唑 20%/2008.12.01 至 2013.12.01/低毒			
	水稻	稻瘟病	225-375克/公顷	喷雾
PD20082376	多·福/50%/可湿性粉剂/多菌灵 10%、福美双 40%/2008.12.01 至 2013.12.01/低毒			
	梨树	黑星病	1000-1500毫克/千克	喷雾
PD20082400	啶虫脒/10%/乳油/啶虫脒 10%/2008.12.01 至 2013.12.01/低毒			
	十字花科蔬菜	蚜虫	13.5-15克/公顷	喷雾
PD20082484	甲基硫菌灵/70%/可湿性粉剂/甲基硫菌灵 70%/2008.12.03 至 2013.12.03/低毒			
	水稻	纹枯病	1050-1500克/公顷	喷雾
PD20082719	多菌灵/50%/可湿性粉剂/多菌灵 50%/2008.12.05 至 2013.12.05/微毒			
	苹果	炭疽病	1000-1500毫克/千克	喷雾
	水稻	纹枯病	562.5-750克/公顷	喷雾
PD20082746	敌敌畏/80%/乳油/敌敌畏 80%/2008.12.08 至 2013.12.08/中等毒			
	十字花科蔬菜	菜青虫	600-840克/公顷	喷雾
PD20083605	三环唑/75%/可湿性粉剂/三唑磷 75%/2008.12.12 至 2013.12.12/低毒			
	水稻	稻瘟病	225-375克/公顷	喷雾
PD20083862	啶虫脒/10%/可湿性粉剂/啶虫脒 10%/2008.12.15 至 2013.12.15/低毒			
	十字花科蔬菜	蚜虫	13.5-15克/公顷	喷雾
PD20084530	高效氯氰菊酯/10%/乳油/高效氯氰菊酯 10%/2008.12.18 至 2013.12.18/中等毒			
	十字花科蔬菜	菜青虫	37.5-60克/公顷	喷雾
PD20084781	硫磺·三环唑/45%/可湿性粉剂/硫磺 40%、三环唑 5%/2008.12.22 至 2013.12.22/微毒			
	水稻	稻瘟病	843.75-1012.5克/公顷	喷雾
PD20085613	毒死蜱/30%/水乳剂/毒死蜱 30%/2008.12.25 至 2013.12.25/中等毒			
	十字花科蔬菜	菜青虫	450-675克/公顷	喷雾
PD20086266	多效唑/15%/可湿性粉剂/多效唑 15%/2008.12.31 至 2013.12.31/低毒			
	水稻	控制生长	200-300毫克/千克	喷雾
PD20090258	甲霜·霜霉威/25%/可湿性粉剂/甲霜灵 15%、霜霉威 10%/2009.01.09 至 2014.01.09/低毒			
	黄瓜	霜霉病	670-870克/公顷	喷雾
PD20090626	毒死蜱/480克/升/乳油/毒死蜱 480克/升/2009.01.14 至 2014.01.14/中等毒			
	水稻	稻纵卷叶螟	450-540克/公顷	喷雾
PD20090635	乙草胺/50%/乳油/乙草胺 50%/2009.01.14 至 2014.01.14/低毒			
	冬油菜田	一年生杂草	600-750克/公顷	土壤喷雾
PD20090719	多菌灵/40%/悬浮剂/多菌灵 40%/2009.01.19 至 2014.01.19/低毒			
	苹果	炭疽病	750-1000毫克/千克	喷雾
PD20092338	三唑酮/20%/乳油/三唑酮 20%/2009.02.24 至 2014.02.24/低毒			
	小麦	白粉病	120-135克/公顷	喷雾
PD20092345	三唑酮/25%/可湿性粉剂/三唑酮 25%/2009.02.24 至 2014.02.24/低毒			
	小麦	白粉病	105-123.5克/公顷	喷雾
PD20092420	草甘膦/10%/水剂/草甘膦 10%/2009.02.25 至 2009.12.31/微毒			
	非耕地	杂草	1230-1845克/公顷	喷雾
PD20092434	马拉硫磷/45%/乳油/马拉硫磷 45%/2009.02.25 至 2014.02.25/低毒			
	十字花科蔬菜	黄条跳甲	742.5-945克/公顷	喷雾
PD20092575	高效氯氰菊酯/4.5%/乳油/高效氯氰菊酯 4.5%/2009.02.27 至 2014.02.27/中等毒			
	十字花科蔬菜	菜青虫	13.5-27克/公顷	喷雾
PD20092881	多菌灵/80%/可湿性粉剂/多菌灵 80%/2009.03.05 至 2014.03.05/低毒			
	水稻	纹枯病	750-990克/公顷	喷雾
PD20093059	异稻瘟净/40%/乳油/异稻瘟净 40%/2009.03.09 至 2014.03.09/低毒			
	水稻	稻瘟病	900-1200克/公顷	喷雾
PD20093531	速灭威/25%/可湿性粉剂/速灭威 25%/2009.03.23 至 2014.03.23/低毒			
	水稻	稻飞虱	750-1125克/公顷	喷雾
PD20093557	氰戊菊酯/20%/乳油/氰戊菊酯 20%/2009.03.23 至 2014.03.23/中等毒			
	十字花科蔬菜	菜青虫	90-120克/公顷	喷雾
PD20093918	阿维菌素/2%/乳油/阿维菌素 2%/2009.03.26 至 2014.03.26/中等毒(原药高毒)			
	菜豆	美洲斑潜蝇	7.5-9克/公顷	喷雾
PD20094090	吡虫啉/10%/可湿性粉剂/吡虫啉 10%/2009.03.27 至 2014.03.27/低毒			
	水稻	稻飞虱	22.5-30克/公顷	喷雾
PD20094276	高氯·辛硫磷/20%/乳油/高效氯氰菊酯 2%、辛硫磷 18%/2009.03.31 至 2014.03.31/中等毒			
	甘蓝	菜青虫	270-360克/公顷	喷雾
PD20094724	噻嗪酮/25%/可湿性粉剂/噻嗪酮 25%/2009.04.10 至 2014.04.10/低毒			
	水稻	稻飞虱	112.5-150克/公顷	喷雾
PD20094742	吡虫·异丙威/25%/可湿性粉剂/吡虫啉 2%、异丙威 23%/2009.04.10 至 2014.04.10/低毒			
	水稻	稻飞虱	112.5-150克/公顷	喷雾

PD20094825 代森锰锌/80%/可湿性粉剂/代森锰锌 80%/2009.04.13 至 2014.04.13/低毒
番茄 早疫病 1920-2400克/公顷 喷雾
PD20095002 马拉·杀螟松/12%/乳油/马拉硫磷 10%、杀螟硫磷 2%/2009.04.21 至 2014.04.21/中等毒
十字花科蔬菜 菜青虫 72-90克/公顷 喷雾
水稻 二化螟 234-270克/公顷 喷雾
PD20098190 百草枯/200克/升/水剂/百草枯 200克/升/2009.12.14 至 2014.12.14/中等毒
非耕地 杂草 600-750克/公顷 定向茎叶喷雾
LS20050329 阿维·哒螨灵/5%/乳油/阿维菌素 0.2%、哒螨灵 4.8%/2008.02.07 至 2009.02.06/中等毒(原药高毒)
柑橘树 红蜘蛛 33.3-50毫克/千克 喷雾
LS20050339 乙酰甲胺磷/30%/乳油/乙酰甲胺磷 30%/2008.02.07 至 2009.02.06/中等毒
十字花科蔬菜 菜青虫 450-540克/公顷 喷雾
水稻 二化螟 810-990克/公顷 喷雾
LS20052539 高氯·丙溴磷/44%/乳油/丙溴磷 40%、高效氯氰菊酯 4%/2008.07.25 至 2009.07.25/中等毒
十字花科蔬菜 小菜蛾 330-528克/公顷 喷雾
LS20053075 烯唑醇/12.5%/可湿性粉剂/烯唑醇 12.5%/2008.09.22 至 2009.09.22/低毒
梨树 黑星病 31-42毫克/千克 喷雾
LS20070211 甲氨基阿维菌素苯甲酸盐/1.5%/微乳剂/甲氨基阿维菌素苯甲酸盐 1.5%/2009.02.15 至 2010.02.15/低毒
十字花科蔬菜 甜菜夜蛾 2.25-3.375克/公顷 喷雾
LS20070217 高效氯氟氰菊酯/10%/水乳剂/氯氟氰菊酯 10%/2009.02.15 至 2010.02.15/中等毒
茶树 茶小绿叶蝉 20-30克/公顷 喷雾
LS20070223 四聚乙醛/6%/颗粒剂/四聚乙醛 6%/2009.02.15 至 2010.02.15/低毒
十字花科蔬菜 蜗牛 360-620克/公顷 撒施
LS20070786 叶枯唑/20%/可湿性粉剂/叶枯唑 20%/2009.04.09 至 2010.04.10/低毒
水稻 白叶枯病 300-360克/公顷 喷雾
LS20071153 杀虫双/18%/水剂/杀虫双 18%/2009.04.25 至 2010.04.26/低毒
水稻 稻纵卷叶螟、二化螟 675-810克/公顷 喷雾
LS20081686 丙环唑/30%/悬浮剂/丙环唑 30%/2009.04.07 至 2010.04.07/低毒
香蕉 叶斑病 250-500毫克/千克 喷雾
LS20083169 草甘膦铵盐/95%/可溶粒剂/草甘膦铵盐 95%/2009.11.18 至 2010.11.18/低毒
柑橘园 杂草 1282.5-2280克/公顷 定向茎叶喷雾
LS20090473 阿维菌素/4%/乳油/阿维菌素 4%/2009.03.18 至 2010.03.18/中等毒(原药高毒)
柑橘树 红蜘蛛 4.5-9毫克/千克 喷雾

上海中科昆虫生物技术开发有限公司 (上海市卢湾区桂平路470号12号楼404 200233 021-64852026)

PD20096334 电热蚊香液/2.3%/电热灭蚊液/Es-生物烯丙菊酯 0%/2009.07.22 至 2014.07.22/低毒
卫生 蚊 / 电热加温
WP20080175 杀蟑饵剂/1.8%/饵剂/乙酰甲胺磷 1.8%/2008.11.18 至 2013.11.18/低毒
卫生 蜚蠊 / 投放
WP20090301 电热蚊香液/2.3%/电热蚊香液/Es-生物烯丙菊酯 2.3%/2009.07.27 至 2014.07.27/低毒
卫生 蚊 / 电热加温
WL20050200 电热蚊香液/0.85%/电热蚊香液/炔丙菊酯 0.85%/2008.07.26 至 2009.07.26/微毒
卫生 蚊 / 电热加温

上海中西药业公司红旗化工厂 (上海市交通路1515号 200065 0512-63616804)

PD84111-4 40%氧乐果乳油//乳油/氧乐果 40%/2005.01.07 至 2010.01.07/高毒
棉花 蚜虫、螨 375-600克/公顷 喷雾
森林 松干蚧、松毛虫 500倍液 喷雾或直接涂树干
水稻 稻纵卷叶螟、飞虱 375-600克/公顷 喷雾
小麦 蚜虫 300-450克/公顷 喷雾

上海中西药业股份有限公司 (上海市普陀区交通路1515号 200065 021-56087137)

PD85154 20%氰戊菊酯乳油//乳油/氰戊菊酯 20%/2005.08.15 至 2010.08.15/中等毒
柑橘树 潜叶蛾 10-20毫克/千克 喷雾
果树 梨小食心虫 10-20毫克/千克 喷雾
棉花 红铃虫、蚜虫 75-150克/公顷 喷雾
蔬菜 菜青虫、蚜虫 60-120克/公顷 喷雾
PD85156-6 辛硫磷原药//原药/辛硫磷 85%,75%/2005.08.15 至 2010.08.15/低毒
PD85157-16 40%辛硫磷乳油//乳油/辛硫磷 40%/2005.08.15 至 2010.08.15/低毒
茶树、桑树 食叶害虫 200-400毫克/千克 喷雾
果树 食心虫、蚜虫、螨 200-400毫克/千克 喷雾
林木 食叶害虫 3000-6000克/公顷 喷雾
棉花 棉铃虫、蚜虫 300-600克/公顷 喷雾
蔬菜 菜青虫 300-450克/公顷 喷雾
烟草 食叶害虫 300-600克/公顷 喷雾
玉米 玉米螟 450-600克/公顷 灌心叶

PD89104 氰戊菊酯原药//原药/氰戊菊酯 92%,85%,80%/2004.11.12 至 2009.11.12/中等毒

PD20040131 4.5%高效氯氰菊酯乳油//乳油/高效氯氰菊酯 4.5%/2004.12.19 至 2009.12.18/中等毒

棉花 棉铃虫 20.25-30.3克/公顷 喷雾

十字花科蔬菜 蚜虫 20.25-30.3克/公顷 喷雾

PD20040446 10%氯氰菊酯乳油//乳油/氯氰菊酯 10%/2004.12.19 至 2009.12.18/中等毒

棉花 棉铃虫、蚜虫 45-90克/公顷 喷雾

十字花科蔬菜 菜青虫 30-45克/公顷 喷雾

上海庄臣有限公司 (上海市浦东新区新金桥路932号 201206 021-58994833)

WP20030018 蚊香/0.2%/蚊香/右旋烯丙菊酯 0.2%/2008.11.24 至 2013.11.24/低毒

卫生 蚊 / 点燃

WP20050003 电热蚊香片/50毫克/片/片剂/右旋烯丙菊酯 50毫克/片/2010.02.16 至 2015.02.16/低毒

卫生 蚊 / 电热加温

注:本品有三种香型：清香型、草本香型、无香型。

WP20060004 杀飞虫气雾剂/0.55%/气雾剂/胺菊酯 0.35%、氯菊酯 0.1%、右旋烯丙菊酯 0.1%/2006.03.03 至 2011.03.03/微毒

卫生 蚊、蝇 / 喷雾

WP20060005 电热蚊香液/1.25%/电热灭蚊液/炔丙菊酯 1.25%/2006.03.24 至 2011.03.24/微毒

卫生 蚊 / 电热加温

WP20060006 电热蚊香片/32毫克/片/电热蚊香片/炔丙菊酯 7毫克/片、右旋烯丙菊酯 25毫克/片/2006.03.24 至 2011.03.24/微毒

卫生 蚊 / 电热加温

WP20060015 杀虫气雾剂/0.5%/气雾剂/胺菊酯 0.3%、氯氰菊酯 0.2%/2006.12.07 至 2011.12.07/微毒

卫生 蜚蠊、蚂蚁、蚊、蝇、印度谷螟 / 喷雾

WP20070018 杀飞虫气雾剂/0.2%/气雾剂/氯菊酯 0.1%、炔丙菊酯 0.1%/2007.09.21 至 2012.09.21/微毒

卫生 蚊、蝇 / 喷雾

WP20070019 杀蟑气雾剂/0.2%/气雾剂/氯氰菊酯 0.1%、炔咪菊酯 0.1%/2007.10.24 至 2012.10.24/微毒

卫生 蜚蠊 / 喷雾

WP20070023 杀虫气雾剂/0.6%/气雾剂/胺菊酯 0.3%、氯氰菊酯 0.2%、右旋烯丙菊酯 0.1%/2007.11.20 至 2012.11.20/微毒

卫生 蜚蠊、蚂蚁、蚊、蝇 / 喷雾

WP20080100 蚊香/0.18%/蚊香/炔丙菊酯 0.03%、右旋烯丙菊酯 0.15%/2008.09.25 至 2013.09.25/微毒

卫生 蚊 / 点燃

注:本品有两种香型：驱蚊草香型、檀香型。

WP20080238 电热蚊香液/1.6%/电热蚊香液/炔丙菊酯 1.6%/2008.11.25 至 2013.11.25/微毒

卫生 蚊 / 电热加温

WP20080325 杀虫气雾剂/0.065%/气雾剂/氟氯氰菊酯 0.015%、炔咪菊酯 0.05%/2008.12.05 至 2013.12.05/微毒

卫生 蚊、蝇、蜚蠊 / 喷雾

WP20080331 杀飞虫气雾剂/0.4%/气雾剂/胺菊酯 0.3%、氯菊酯 0.1%/2008.12.08 至 2013.12.08/微毒

卫生 蚊、蝇 / 喷雾

WP20080375 电热蚊香片/30毫克/片/电热蚊香片/炔丙菊酯 5毫克/片、右旋烯丙菊酯 25毫克/片/2008.12.10 至 2013.12.10/微毒

卫生 蚊 / 电热加温

WP20090142 杀飞虫气雾剂/0.4%/气雾剂/胺菊酯 0.3%、氯菊酯 0.1%/2009.02.26 至 2014.02.26/微毒

卫生 蚊、蝇 / 喷雾

WP20090238 杀飞虫气雾剂/0.55%/气雾剂/胺菊酯 0.35%、氯菊酯 0.1%、右旋烯丙菊酯 0.1%/2009.04.21 至 2014.04.21/微毒

卫生 蚊、蝇 / 喷雾

WL20040014 杀蟑气雾剂/0.35%/气雾剂/邻苯基苯酚 0.15%、氯氰菊酯 0.1%、炔咪菊酯 0.1%/2008.12.12 至 2009.12.12/微毒

卫生 蜚蠊 / 喷雾

WL20060074 杀虫气雾剂/0.55%/气雾剂/胺菊酯 0.3%、氯氰菊酯 0.15%、右旋烯丙菊酯 0.1%/2009.04.12 至 2010.04.12/微毒

卫生 蚊、蝇、蜚蠊 / 喷雾

注:本品有三种香型：清香型、柑橘香型、无香型。

WL20060075 电热蚊香液/0.31%/电热蚊香液/四氟甲醚菊酯 0.31%/2009.04.12 至 2010.04.12/微毒

卫生 蚊 / 电热加温

注:本品有三种香型：清香型、草本香型、无香型。

WL20060130 杀虫气雾剂/0.161%/气雾剂/氯氰菊酯 0.1%、炔丙菊酯 0.03%、炔咪菊酯 0.031%/2009.06.25 至 2010.06.25/微毒

卫生 蚂蚁、蚊、蝇、蜚蠊 / 喷雾

WL20060158 驱蚊液/7%/驱蚊液/避蚊胺 7%/2009.08.23 至 2010.08.23/微毒

卫生 蚊 / 涂抹

WL20060160 电热蚊香片/40毫克/片/电热蚊香片/右旋烯丙菊酯 40毫克/片/2009.08.28 至 2010.08.28/微毒

卫生 蚊 / 电热加温

WL20060167 驱蚊乳/7.5%/驱蚊乳/避蚊胺 7.5%/2008.09.10 至 2009.09.10/微毒

卫生 蚊 / 涂抹

WL20070031 杀蟑气雾剂/0.2%/气雾剂/氯氰菊酯 0.1%、炔咪菊酯 0.1%/2009.02.07 至 2010.02.07/微毒

卫生 蜚蠊 / 喷雾

WL20070040 电热蚊香块/300毫克/块/电热蚊香块/四氟苯菊酯 300毫克/块/2009.02.24 至 2010.02.24/微毒

卫生 蚊 / 电热加温

WL20070046 电热蚊香块/70毫克/块/电热蚊香块/四氟苯菊酯 70毫克/块/2009.02.24 至 2010.02.24/微毒

卫生 蚊 / 电热加温

WL20070116 蚊香/0.012%/蚊香/四氟甲醚菊酯 0.012%/2009.06.05 至 2010.06.06/微毒
卫生 蚊 / 点燃
注:本品有三种香型：绿茶香型、檀香型、驱蚊草香型。

WL20070168 杀虫气雾剂/0.55%/气雾剂/胺菊酯 0.35%、氯氰菊酯 0.1%、右旋烯丙菊酯 0.1%/2009.08.28 至 2010.08.29/微毒
卫生 蚂蚁、蚊、蝇、蜚蠊 / 喷雾

WL20070190 杀虫喷射剂/0.23%/喷射剂/氯氰菊酯 0.1%、炔咪菊酯 0.03%、右旋烯丙菊酯 0.1%/2009.10.08 至 2010.10.09/微毒
卫生 蚂蚁、蚊、蝇、蜚蠊 / 喷射

WL20070193 杀虫喷射剂/0.17%/喷射剂/氯氰菊酯 0.1%、四氟苯菊酯 0.07%/2009.10.08 至 2010.10.09/微毒
卫生 蚂蚁、蚊、蝇、蜚蠊 / 喷射

WL20070206 杀虫喷射剂/0.45%/喷射剂/氯氰菊酯 0.15%、右旋胺菊酯 0.2%、右旋烯丙菊酯 0.1%/2009.10.14 至 2010.10.15/微毒
卫生 蚂蚁、蚊、蝇、蜚蠊 / 喷射

WL20070235 杀虫气雾剂/0.16%/气雾剂/氯氰菊酯 0.1%、炔丙菊酯 0.03%、炔咪菊酯 0.03%/2009.11.04 至 2010.11.05/微毒
卫生 蚂蚁、蚊、蝇、蜚蠊 / 喷雾

WL20080191 杀虫气雾剂/0.65%/气雾剂/胺菊酯 0.35%、邻苯基苯酚 0.15%、氯氰菊酯 0.15%/2009.03.04 至 2010.03.04/微毒
卫生 黄家蚁、蚊、蝇、蜚蠊 / 喷雾

WL20080346 杀飞虫气雾剂/0.35%/气雾剂/右旋苯醚菊酯 0.1%、右旋烯丙菊酯 0.25%/2009.06.13 至 2010.06.13/微毒
卫生 蚊、蝇 / 喷雾

WL20080444 蚊香/0.02%/蚊香/四氟甲醚菊酯 0.02%/2009.11.19 至 2010.11.19/微毒
卫生 蚊 / 点燃
注:本品有三种香型：驱蚊草香型、绿茶香型、檀香型。

WL20080453 电热蚊香液/0.62%/电热蚊香液/四氟甲醚菊酯 0.62%/2009.11.20 至 2010.11.20/微毒
卫生 蚊 / 电热加温
注:本品有三种香型：清香型、草本香型、无香型。

WL20080479 杀飞虫气雾剂/0.575%/气雾剂/胺菊酯 0.35%、右旋苯醚菊酯 0.125%、右旋烯丙菊酯 0.1%/2008.12.10 至 2009.12.10/微毒
卫生 蚊、蝇 / 喷雾

WL20090007 杀飞虫气雾剂/0.23%/气雾剂/炔丙菊酯 0.1%、右旋苯醚菊酯 0.13%/2009.01.08 至 2010.01.08/微毒
卫生 蚊、蝇 / 喷雾

WL20090075 驱蚊气雾剂/15%/气雾剂/避蚊胺 15%/2009.03.19 至 2010.03.19/微毒
卫生 蚊 / 喷雾
注:仅供出口。

WL20090191 杀蚊气雾剂/0.08%/气雾剂/四氟苯菊酯 0.08%/2009.11.04 至 2010.11.04/微毒
卫生 蚊 / 喷雾

WL20090205 杀虫气雾剂/0.11%/气雾剂/氟氯氰菊酯 0.03%、炔咪菊酯 0.03%、四氟苯菊酯 0.05%/2009.12.03 至 2010.12.03/微毒
卫生 蚊、蝇、蜚蠊 / 喷雾

WL20090218 杀飞虫气雾剂/0.23%/气雾剂/炔丙菊酯 0.1%、右旋苯醚菊酯 0.13%/2009.12.14 至 2010.12.14/微毒
卫生 蚊、蝇 / 喷雾

上海萃精杀虫技术有限公司 (上海市剑河路599弄77号 200335 021-52205188)

WP20070005 1%萃晶杀蟑胶饵/1%/胶饵/杀螟硫磷 1%/2007.04.19 至 2012.04.19/微毒
卫生 蜚蠊 / 投放

台湾嘉泰企业股份有限公司 (上海市徐汇区裕德路168号徐汇商务大厦1703室 200030 021-33634273)

LS20072511 己唑醇/250克/升/悬浮剂/己唑醇 250克/升/2009.12.02 至 2010.12.03/低毒
梨树 黑星病 30.7-46毫克/千克 喷雾
水稻 纹枯病 69-86.25克/公顷 喷雾

LS20080267 百菌清/40%/悬浮剂/百菌清 40%/2009.02.17 至 2010.02.18/低毒
黄瓜 霜霉病 900～1050克/公顷 喷雾

LS20080489 高效氯氟氰菊酯/25克/升/微乳剂/高效氯氟氰菊酯 25克/升/2009.02.20 至 2010.02.21/中等毒
西瓜 蓟马 18.75-22.5克/公顷 喷雾

LS20083004 喹啉铜/97%/原药/喹啉铜 97%/2009.09.01 至 2010.09.01/低毒

LS20091159 250克/升己唑醇悬浮剂/250克/升/悬浮剂/己唑醇 250克/升/2009.04.17 至 2010.04.17/微毒
水稻 纹枯病 69～86.25克/公顷 /喷雾

LS20091310 喹啉铜/33.5%/悬浮剂/喹啉铜 33.5%/2009.06.02 至 2010.06.02/微毒
荔枝 霜疫霉病 223-335毫克/千克 喷雾

兴农药业(上海)有限公司 (上海市奉贤区柘林镇北村路28号 201416 021-57493733)

PD20070155 百草枯/200克/升/水剂/百草枯 200克/升/2007.06.14 至 2012.06.14/中等毒
柑橘园 杂草 600-900克/公顷 茎叶喷雾

PD20070225 甲草胺/92%/原药/甲草胺 92%/2007.08.08 至 2012.08.08/低毒

PD20070227 乙酰甲胺磷/95%/原药/乙酰甲胺磷 95%/2007.08.08 至 2012.08.08/低毒

PD20070458 哒螨灵/15%/乳油/哒螨灵 15%/2007.11.20 至 2012.11.20/低毒
柑橘树 红蜘蛛 50-75毫克/千克 喷雾

PD20070566 三唑酮/25%/可湿性粉剂/三唑酮 25%/2007.12.03 至 2012.12.03/低毒
小麦 白粉病 112.5-187.5克/公顷 喷雾

PD20070625 草甘膦/10%/水剂/草甘膦 10%/2007.12.14 至 2009.12.31/低毒
柑橘园 杂草 1125-2250克/公顷 定向茎叶喷雾
PD20070659 草甘膦异丙胺盐/41%/水剂/草甘膦异丙胺盐 41%/2007.12.17 至 2012.12.17/低毒
柑橘园 杂草 1125-2250克/公顷 定向茎叶喷雾
PD20070660 百菌清/40%/悬浮剂/百菌清 40%/2007.12.17 至 2012.12.17/低毒
番茄 早疫病 900-1200克/公顷 喷雾
PD20080042 丁草胺/60%/乳油/丁草胺 60%/2008.01.03 至 2013.01.03/低毒
水稻移栽田 一年生禾本科杂草及部分阔叶杂草 720-990克/公顷 毒土法
PD20080044 多菌灵/40%/悬浮剂/多菌灵 40%/2008.01.03 至 2013.01.03/低毒
小麦 赤霉病 480-600克/公顷 喷雾
PD20080056 噻嗪酮/25%/可湿性粉剂/噻嗪酮 25%/2008.01.03 至 2013.01.03/低毒
茶树 茶小绿叶蝉 166.7-250毫克/千克 喷雾
PD20080083 氰戊菊酯/20%/乳油/氰戊菊酯 20%/2008.01.03 至 2013.01.03/低毒
十字花科蔬菜 菜青虫 60-90克/公顷 喷雾
PD20080153 氯氰菊酯/10%/乳油/氯氰菊酯 10%/2008.01.03 至 2013.01.03/低毒
十字花科蔬菜 菜青虫 45-60克/公顷 喷雾
PD20080157 杀螟丹/50%/可溶粉剂/杀螟丹 50%/2008.01.03 至 2013.01.03/中等毒
水稻 二化螟 562.5-750克/公顷 喷雾
PD20080163 多菌灵/50%/可湿性粉剂/多菌灵 50%/2008.01.03 至 2013.01.03/低毒
水稻 纹枯病 525-900克/公顷 喷雾
PD20080389 三环唑/75%/可湿性粉剂/三环唑 75%/2008.02.29 至 2013.02.28/低毒
水稻 稻瘟病 225-337.5克/公顷 喷雾
PD20080717 丁草胺/92%/原药/丁草胺 92%/2008.06.11 至 2013.06.11/低毒
PD20081420 丙环唑/25%/乳油/丙环唑 25%/2008.10.31 至 2013.10.31/低毒
香蕉 叶斑病 333.3－500毫克/千克 喷雾
PD20081459 甲基硫菌灵/70%/可湿性粉剂/甲基硫菌灵 70%/2008.11.04 至 2013.11.04/微毒
黄瓜 白粉病 420-840克/公顷 喷雾
苹果 轮纹病 600-875毫克/千克 喷雾
PD20081708 灭草松/480克/升/水剂/灭草松 480克/升/2008.11.17 至 2013.11.17/低毒
水稻移栽田 阔叶杂草及莎草科杂草 1200-1440克/公顷 喷雾
PD20081897 二甲戊灵/330克/升/乳油/二甲戊灵 330克/升/2008.11.21 至 2013.11.21/低毒
棉花田 一年生杂草 742.5-990克/公顷 播后苗前土壤喷雾
PD20081899 吡虫啉/200克/升/可溶液剂/吡虫啉 200克/升/2008.11.21 至 2013.11.21/低毒
水稻 稻飞虱 15-30克/公顷 喷雾
PD20082383 异菌脲/50%/可湿性粉剂/异菌脲 50%/2008.12.01 至 2013.12.01/微毒
番茄 早疫病 750－1500克/公顷 喷雾
PD20082384 高效氯氟氰菊酯/25克/升/乳油/高效氯氟氰菊酯 25克/升/2008.12.01 至 2013.12.01/中等毒
棉花 棉铃虫 15-22.5克/公顷 喷雾
十字花科蔬菜 菜青虫 7.5-15克/公顷 喷雾
PD20082389 吡虫啉/10%/可溶液剂/吡虫啉 10%/2008.12.01 至 2013.12.01/低毒
水稻 稻飞虱 15-30克/公顷 喷雾
PD20082482 百菌清/75%/可湿性粉剂/百菌清 75%/2008.12.03 至 2013.12.03/低毒
黄瓜 霜霉病 1687.5－2250克/公顷 喷雾
PD20082548 甲萘威/25%/可湿性粉剂/甲萘威 25%/2008.12.03 至 2013.12.03/低毒
棉花 红铃虫 750-1125克/公顷 喷雾
PD20082552 甲霜·锰锌/58%/可湿性粉剂/甲霜灵 10%、代森锰锌 48%/2008.12.04 至 2013.12.04/低毒
黄瓜 霜霉病 1305－1827克/公顷 喷雾
PD20082861 双甲脒/20%/乳油/双甲脒 20%/2008.12.09 至 2013.12.09/低毒
柑橘树 红蜘蛛 133.3-250毫克/千克 喷雾
棉花 红蜘蛛 120-150克/公顷 喷雾
PD20082972 阿维菌素/1.8%/乳油/阿维菌素 1.8%/2008.12.09 至 2013.12.09/中等毒(原药高毒)
十字花科蔬菜 小菜蛾 8.1-10.8克/公顷 喷雾
PD20083038 咪鲜胺/25%/乳油/咪鲜胺 25%/2008.12.10 至 2013.12.10/低毒
芒果 炭疽病 250-500毫克/千克 喷雾
PD20083043 甲氰菊酯/20%/乳油/甲氰菊酯 20%/2008.12.10 至 2013.12.10/中等毒
柑橘树 红蜘蛛 66.7-133.3毫克/千克 喷雾
棉花 棉铃虫 90-120克/公顷 喷雾
PD20083138 苯丁锡/50%/可湿性粉剂/苯丁锡 50%/2008.12.10 至 2013.12.10/低毒
柑橘树 红蜘蛛 166.7-250毫克/千克 喷雾
PD20083772 乐果/40%/乳油/乐果 40%/2008.12.15 至 2013.12.15/中等毒
柑橘树 蚜虫 400-500毫克/千克 喷雾
PD20085330 霜霉威盐酸盐/722克/升/水剂/霜霉威盐酸盐 722克/升/2008.12.24 至 2013.12.24/微毒

	黄瓜	霜霉病	866.4—1083克/公顷 喷雾
PD20085704	马拉硫磷/45%/乳油/马拉硫磷 45%/2008.12.26 至 2013.12.26/低毒		
	柑橘树	蚜虫	225-300毫克/千克 喷雾
PD20085715	抗蚜威/50%/可湿性粉剂/抗蚜威 50%/2008.12.26 至 2013.12.26/中等毒		
	小麦	蚜虫	75-150克/公顷 喷雾
PD20085719	硫磺/50%/悬浮剂/硫磺 50%/2008.12.26 至 2013.12.26/微毒		
	芒果	白粉病	1250-2500毫克/千克 喷雾
PD20085966	腐霉利/50%/可湿性粉剂/腐霉利 50%/2008.12.29 至 2013.12.29/低毒		
	葡萄	灰霉病	250-333.3毫克/千克 喷雾
PD20086085	三乙膦酸铝/80%/可湿性粉剂/三乙膦酸铝 80%/2008.12.30 至 2013.12.30/微毒		
	黄瓜	霜霉病	2170-2880克/公顷 喷雾
PD20086264	噁霜·锰锌/64%/可湿性粉剂/噁霜灵 8%、代森锰锌 56%/2008.12.31 至 2013.12.31/微毒		
	烟草	黑胫病	2160-2400克/公顷 喷雾
PD20086285	毒死蜱/40%/乳油/毒死蜱 40%/2008.12.31 至 2013.12.31/中等毒		
	十字花科蔬菜	菜青虫	420-540克/公顷 喷雾
PD20086340	春雷霉素/6%/可湿性粉剂/春雷霉素 6%/2008.12.31 至 2013.12.31/微毒		
	水稻	稻瘟病	36-45克/公顷 喷雾
PD20090896	炔螨特/570克/升/乳油/炔螨特 570克/升/2009.01.19 至 2014.01.19/中等毒		
	柑橘树	红蜘蛛	228-380毫克/千克 喷雾
	苹果树	红蜘蛛	285-380毫克/千克 喷雾
PD20090900	霜脲·锰锌/72%/可湿性粉剂/代森锰锌 64%、霜脲氰 8%/2009.01.19 至 2014.01.19/微毒		
	番茄	晚疫病	1782-1944克/公顷 喷雾
PD20091210	高效氟吡甲禾灵/108克/升/乳油/高效氟吡甲禾灵 108克/升/2009.02.01 至 2014.02.01/微毒		
	大豆田	一年生禾本科杂草	32.4-48.6克/公顷 茎叶喷雾
PD20091247	代森锰锌/80%/可湿性粉剂/代森锰锌 80%/2009.02.01 至 2014.02.01/微毒		
	柑橘	炭疽病	1333-2000毫克/千克 喷雾
	苹果	斑点落叶病	1000-1400毫克/千克 喷雾
PD20091717	联苯菊酯/25克/升/乳油/联苯菊酯 25%/2009.02.04 至 2014.02.04/低毒		
	茶树	茶尺蠖	11.25-18.75克/公顷 喷雾
PD20092732	甲氨基阿维菌素苯甲酸盐/1%/乳油/甲氨基阿维菌素苯甲酸盐 1%/2009.03.04 至 2014.03.04/低毒		
	十字花科蔬菜	小菜蛾	1.5-2.25克/公顷 喷雾
PD20093026	炔螨特/730克/升/乳油/炔螨特 730克/升/2009.03.09 至 2014.03.09/低毒		
	柑橘树	红蜘蛛	243.3-365毫克/千克 喷雾
PD20093478	氟硅唑/400克/升/乳油/氟硅唑 400克/升/2009.03.23 至 2014.03.23/低毒		
	梨树	黑星病	40-50毫克/千克 喷雾
PD20093760	井冈霉素/5%/水剂/井冈霉素 5%/2009.03.25 至 2014.03.25/微毒		
	水稻	纹枯病	150-187.5克/公顷 喷雾
PD20093825	啶虫脒/20%/可溶粉剂/啶虫脒 20%/2009.03.25 至 2014.03.25/低毒		
	黄瓜	蚜虫	15-20克/公顷 喷雾
PD20093917	精喹禾灵/50克/升/乳油/精喹禾灵 50克/升/2009.03.26 至 2014.03.26/微毒		
	大白菜、花生田、西瓜、芝麻	一年生禾本科杂草	30-45克/公顷 茎叶喷雾
	棉花田	一年生禾本科杂草	37.5-45克/公顷 茎叶喷雾
PD20094045	氯菊酯/10%/乳油/氯菊酯 10%/2009.03.27 至 2014.03.27/低毒		
	十字花科蔬菜	蚜虫	15-22.5克/公顷 喷雾
PD20094859	氟啶脲/50克/升/乳油/氟啶脲 50克/升/2009.04.13 至 2014.04.13/低毒		
	十字花科蔬菜	菜青虫	45-60克/公顷 喷雾
PD20094915	噻菌灵/450克/升/悬浮剂/噻菌灵 450克/升/2009.04.13 至 2014.04.13/低毒		
	柑橘	青霉病	1000-1500毫克/千克 浸果
PD20094971	倍硫磷/50%/乳油/倍硫磷 50%/2009.04.21 至 2014.04.21/中等毒		
	大豆	食心虫	900-1200克/公顷 喷雾
PD20095031	溴氰菊酯/25克/升/乳油/溴氰菊酯 25克/升/2009.04.21 至 2014.04.21/中等毒		
	荔枝树	蝽蟓	5-8.33毫克/千克 喷雾
PD20095547	苄嘧磺隆/10%/可湿性粉剂/苄嘧磺隆 10%/2009.05.12 至 2014.05.12/微毒		
	移栽水稻田	阔叶杂草及莎草科杂草	30-45克/公顷（南方） 毒土法
PD20095786	多抗霉素/3%/可湿性粉剂/多抗霉素 3%/2009.05.27 至 2014.05.27/微毒		
	苹果树	斑点落叶病	100-150毫克/千克 喷雾
PD20095807	丙溴磷/40%/乳油/丙溴磷 40%/2009.05.27 至 2014.05.27/低毒		
	棉花	棉铃虫	600-720克/公顷 喷雾
PD20095925	嗪草酮/70%/可湿性粉剂/嗪草酮 70%/2009.06.02 至 2014.06.02/低毒		
	春大豆田	一年生阔叶杂草	577.5-787.5克/公顷 土壤喷雾
LS20041772	苯菌灵/50%/可湿性粉剂/苯菌灵 50%/2009.05.04 至 2009.12.31/微毒		

	梨树	黑星病	250-500毫克/千克	喷雾
LS20050873	敌百虫/80%/可溶粉剂/敌百虫 80%/2008.03.31 至 2009.03.31/低毒			
	荔枝树	荔枝蝽蟓	800-1000毫克/千克	喷雾
LS20052184	三唑磷/20%/乳油/三唑磷 20%/2008.06.14 至 2009.06.14/中等毒			
	水稻	二化螟	300-450克/公顷	喷雾
LS20053403	三唑醇/15%/可湿性粉剂/三唑醇 15%/2008.10.18 至 2009.10.18/低毒			
	香蕉	叶斑病	187.5-300毫克/千克	喷雾
LS20070050	啶虫脒/96%/原药/啶虫脒 96%/2009.01.18 至 2010.01.18/低毒			
LS20071964	异菌·多菌灵/52.5%/悬浮剂/多菌灵 17.5%、异菌脲 35%/2009.08.07 至 2010.08.08/低毒			
	苹果树	斑点落叶病	350-525毫克/千克	喷雾
LS20072021	异菌脲/95%/原药/异菌脲 95%/2009.08.09 至 2010.08.10/低毒			
LS20072434	噁酮·霜脲氰/52.5%/水分散粒剂/噁唑菌酮 22.5%、霜脲氰 30%/2009.11.04 至 2010.11.05/低毒			
	黄瓜	霜霉病	236.25-315克/公顷	喷雾
LS20072573	甲草胺/480克/升/微囊悬浮剂/甲草胺 480克/升/2009.12.09 至 2010.12.10/低毒			
	大豆田	一年生禾本科杂草及部分小粒种子阔叶杂草	东北：2520-2880克/公顷；其他:1800-2520克/公顷	土壤喷雾
LS20081850	70%甲基硫菌灵可湿性粉剂/70%/可湿性粉剂/甲基硫菌灵 70%/2008.04.10 至 2009.04.10/微毒			
	苹果	轮纹病	600-875毫克/千克	喷雾
LS20090543	四螨·苯丁锡/45%/悬浮剂/苯丁锡 25%、四螨嗪 20%/2009.03.18 至 2010.03.18/微毒			
	柑橘树	红蜘蛛	180-225毫克/千克	喷雾

允发化工(上海)有限公司　(上海市奉贤区金汇镇航塘公路1500号　201405　021-57589888)

PD84102-6	杀螟硫磷/45%/乳油/杀螟硫磷 45%/2009.11.02 至 2014.11.02/中等毒			
	茶树	尺蠖、毛虫、小绿叶蝉	250-500毫克/千克	喷雾
	甘薯	小象甲	525-900克/公顷	浸鲜薯片诱杀
	果树	卷叶蛾、毛虫、食心虫	250-500克/公顷	喷雾
	棉花	蚜虫、叶蝉、造桥虫	375-562.5克/公顷	喷雾
	棉花	红铃虫、棉铃虫	375-750克/公顷	喷雾
	水稻	飞虱、螟虫、叶蝉	375-562.5克/公顷	喷雾
PD85121-34	乐果/40%/乳油/乐果 40%/2009.11.22 至 2014.11.22/中等毒			
	茶树	蚜虫、叶蝉、螨	1000-2000倍液	喷雾
	甘薯	小象甲	2000倍液	浸鲜薯片诱杀
	柑橘树、苹果树	鳞翅目幼虫、蚜虫、螨	800-1600倍液	喷雾
	棉花	蚜虫、螨	450-600克/公顷	喷雾
	蔬菜	蚜虫、螨	300-600克/公顷	喷雾
	水稻	飞虱、螟虫、叶蝉	450-600克/公顷	喷雾
	烟草	蚜虫、烟青虫	300-600克/公顷	喷雾
PD86180-12	百菌清/75%/可湿性粉剂/百菌清 75%/2006.12.13 至 2011.12.13/低毒			
	茶树	炭疽病	600-800倍液	喷雾
	豆类	炭疽病、锈病	1275-2325克/公顷	喷雾
	柑橘树	疮痂病	750-900毫克/千克	喷雾
	瓜类	白粉病、霜霉病	1200-1650克/公顷	喷雾
	果菜类蔬菜	多种病害	1125-2400克/公顷	喷雾
	花生	锈病、叶斑病	1125-1350克/公顷	喷雾
	梨树	斑点落叶病	500倍液	喷雾
	苹果树	多种病害	600倍液	喷雾
	葡萄	白粉病、黑痘病	600-700倍液	喷雾
	水稻	稻瘟病、纹枯病	1125-1425克/公顷	喷雾
	橡胶树	炭疽病	500-800倍液	喷雾
	小麦	叶斑病、叶锈病	1125-1425克/公顷	喷雾
	叶菜类蔬菜	白粉病、霜霉病	1275-1725克/公顷	喷雾
PD20040235	顺式氯氰菊酯/100克/升/乳油/顺式氯氰菊酯 100克/升/2009.12.19 至 2014.12.19/低毒			
	十字花科蔬菜	菜青虫	30-45克/公顷	喷雾
PD20040455	哒螨灵/20%/可湿性粉剂/哒螨灵 20%/2009.12.19 至 2014.12.19/低毒			
	柑橘树	红蜘蛛	50-67毫克/千克	喷雾
PD20040493	吡虫啉/20%/可溶液剂/吡虫啉 20%/2009.12.19 至 2014.12.19/低毒			
	水稻	稻飞虱	20-30克/公顷	喷雾
PD20040496	吡虫啉/25%/可湿性粉剂/吡虫啉 25%/2009.12.19 至 2014.12.19/低毒			
	水稻	飞虱	30-45克/公顷	喷雾
PD20040763	多菌灵/50%/可湿性粉剂/多菌灵 50%/2009.12.19 至 2014.12.19/低毒			
	小麦	赤霉病	750-1125克/公顷	喷雾
PD20080319	啶虫脒/3%/乳油/啶虫脒 3%/2008.02.29 至 2013.02.28/低毒			
	黄瓜	蚜虫	18-22.5克/公顷	喷雾
PD20081208	草甘膦异丙胺盐/41%/水剂/草甘膦异丙胺盐 41%/2008.09.11 至 2013.09.11/低毒			

柑橘园 杂草 1230-2152.5克/公顷 定向茎叶喷雾
PD20081211 草甘膦异丙胺盐/62%/水剂/草甘膦异丙胺盐 62%/2008.09.11 至 2013.09.11/低毒
柑橘园 杂草 1209-2325克/公顷 定向茎叶喷雾
PD20081291 丁草胺/60%/乳油/丁草胺 60%/2008.09.26 至 2013.09.26/低毒
水稻移栽田 一年生杂草 900-1350克/公顷 药土法
PD20081381 咪唑乙烟酸/50克/升/水剂/咪唑乙烟酸 50克/升/2008.10.27 至 2013.10.27/低毒
春大豆田 一年生杂草 100-150克/公顷 喷雾
PD20081528 百菌清/98%/原药/百菌清 98%/2008.11.06 至 2013.11.06/微毒
PD20081659 异菌脲/50%/可湿性粉剂/异菌脲 50%/2008.11.14 至 2013.11.14/低毒
番茄 早疫病 750-1500克/公顷 喷雾
PD20081764 代森锰锌/80%/可湿性粉剂/代森锰锌 80%/2008.11.18 至 2013.11.18/低毒
番茄 早疫病 2000－2370克/公顷 喷雾
PD20082098 甲基硫菌灵/70%/可湿性粉剂/甲基硫菌灵 70%/2008.11.25 至 2013.11.25/低毒
小麦 赤霉病 735-945克/公顷 喷雾
PD20082117 杀螟丹/50%/可溶粉剂/杀螟丹 50%/2008.11.25 至 2013.11.25/中等毒
水稻 二化螟 525-750克/公顷 喷雾
PD20082154 甲萘威/85%/可湿性粉剂/甲萘威 85%/2008.11.26 至 2013.11.26/中等毒
水稻 稻飞虱 765-1275克/公顷 喷雾
PD20082220 毒死蜱/40%/乳油/毒死蜱 40%/2008.11.26 至 2013.11.26/中等毒
苹果树 绵蚜 266.7-400毫克/千克 喷雾
苹果树 桃小食心虫 200-267毫克/千克 喷雾
水稻 稻纵卷叶螟 480-720克/公顷 喷雾
叶菜类十字花科蔬菜 斜纹夜蛾 300-450克/公顷 喷雾
PD20082631 百菌清/40%/悬浮剂/百菌清 40%/2008.12.04 至 2013.12.04/微毒
黄瓜 霜霉病 900-1050克/公顷 喷雾
PD20082709 多菌灵/98%/原药/多菌灵 98%/2008.12.05 至 2013.12.05/微毒
PD20082919 咪鲜胺/250克/升/乳油/咪鲜胺 250克/升/2008.12.09 至 2013.12.09/低毒
柑橘 蒂腐病、绿霉病、青霉病、炭疽病 250-500毫克/千克 浸果
芒果树 炭疽病 400-600毫克/千克 喷雾
水稻 恶苗病 2000-4000倍液 浸种
PD20083160 乙氧氟草醚/20%/乳油/乙氧氟草醚 20%/2008.12.11 至 2013.12.11/低毒
移栽水稻田 一年生杂草 45-60克/公顷(南方地区) 药土法
PD20083241 溴氰菊酯/25克/升/乳油/溴氰菊酯 25克/升/2008.12.11 至 2013.12.11/中等毒
十字花科蔬菜 蚜虫 7.5-15克/公顷 喷雾
PD20083357 腈菌唑/25%/乳油/腈菌唑 25%/2008.12.11 至 2013.12.11/低毒
小麦 白粉病 37.5—60克/公顷 喷雾
PD20083992 阿维菌素/1.8%/微乳剂/阿维菌素 1.8%/2008.12.16 至 2013.12.16/低毒(原药高毒)
十字花科蔬菜 小菜蛾 8.1-13.5克/公顷 喷雾
PD20084108 灭多威/90%/可溶粉剂/灭多威 90%/2008.12.16 至 2013.12.16/高毒
甘蓝 小菜蛾 202.5-270克/公顷 喷雾
PD20084360 阿维菌素/1.8%/乳油/阿维菌素 1.8%/2008.12.17 至 2013.12.17/中等毒(原药高毒)
十字花科蔬菜 菜青虫 8.1-10.8克/公顷 喷雾
PD20085611 克百威/3%/颗粒剂/克百威 3%/2008.12.25 至 2013.12.25/高毒
棉花 苗蚜 675-900克/公顷 条施、沟施
PD20086178 三乙膦酸铝/80%/可湿性粉剂/三乙膦酸铝 80%/2008.12.30 至 2013.12.30/低毒
黄瓜 霜霉病 2115-2820克/公顷 喷雾
PD20090136 百草枯/32.6%/母药/百草枯 32.6%/2009.01.08 至 2014.01.08/中等毒
PD20090648 丁硫克百威/20%/乳油/丁硫克百威 20%/2009.01.15 至 2014.01.15/中等毒
棉花 蚜虫 90-180克/公顷 喷雾
PD20091093 异噁草松/480克/升/乳油/异噁草松 480克/升/2009.01.21 至 2014.01.21/低毒
大豆田 一年生杂草 1000.5-1200克/公顷 土壤喷雾
PD20091375 草甘膦/95%/原药/草甘膦 95%/2009.02.02 至 2014.02.02/微毒
PD20092618 倍硫磷/50%/乳油/倍硫磷 50%/2009.03.02 至 2014.03.02/中等毒
十字花科蔬菜 蚜虫 300-450克/公顷 喷雾
PD20092819 高效氯氟氰菊酯/25克/升/乳油/高效氯氟氰菊酯 25克/升/2009.03.04 至 2014.03.04/低毒
十字花科蔬菜 菜青虫 7.5-15克/公顷 喷雾
PD20093423 多效唑/15%/可湿性粉剂/多效唑 15%/2009.03.23 至 2014.03.23/低毒
油菜 调节生长 150-200毫克/千克 茎叶喷雾
PD20093664 联苯菊酯/25克/升/乳油/联苯菊酯 25克/升/2009.03.25 至 2014.03.25/低毒
苹果树 桃小食心虫 20.8-31.25毫克/千克 喷雾
PD20093739 三环唑/75%/可湿性粉剂/三环唑 75%/2009.03.25 至 2014.03.25/中等毒
水稻 稻瘟病 225-300克/公顷 喷雾
PD20093786 吡嘧磺隆/10%/可湿性粉剂/吡嘧磺隆 10%/2009.03.25 至 2014.03.25/低毒

移栽水稻田 一年生阔叶杂草及莎草科杂草 22.5-30克/公顷 药土法
直播水稻(南方) 一年生阔叶杂草及莎草科杂草 15-22.5克/公顷 喷雾法
PD20093828 高效氯氟氰菊酯/25克/升/微乳剂/高效氯氟氰菊酯 25克/升/2009.03.25 至 2014.03.25/中等毒
甘蓝 菜青虫 7.5-15克/公顷 喷雾
PD20094288 烯唑醇/12.5%/可湿性粉剂/烯唑醇 12.5%/2009.03.31 至 2014.03.31/低毒
小麦 白粉病 60-120克/公顷 喷雾
PD20094316 噻菌灵/42%/悬浮剂/噻菌灵 42%/2009.03.31 至 2014.03.31/微毒
柑橘 保鲜、防腐 1000-1500毫克/千克 浸果
PD20094581 赤霉酸/20%/可溶片剂/赤霉酸 20%/2009.04.09 至 2014.04.09/低毒
芹菜 调节生长、增产 60-100毫克/千克 茎叶喷雾
PD20094611 甲霜·锰锌/72%/可湿性粉剂/甲霜灵 8%、代森锰锌 64%/2009.04.10 至 2014.04.10/低毒
黄瓜 霜霉病 1620-2160克/公顷 喷雾
PD20095051 噻嗪酮/25%/可湿性粉剂/噻嗪酮 25%/2009.04.21 至 2014.04.21/低毒
水稻 飞虱 75-112.5克/公顷 喷雾
PD20095240 多菌灵/500克/升/悬浮剂/多菌灵 500克/升/2009.04.27 至 2014.04.27/低毒
小麦 赤霉病 750-937.5克/公顷 喷雾
PD20095426 乙烯利/40%/水剂/乙烯利 40%/2009.05.11 至 2014.05.11/低毒
番茄 催熟 800-1000倍液 涂果或喷雾
PD20095499 苄嘧磺隆/10%/可湿性粉剂/苄嘧磺隆 10%/2009.05.11 至 2014.05.11/低毒
水稻移栽田 阔叶杂草及莎草科杂草 22.5-45克/公顷 药土法
PD20095544 氟磺胺草醚/250克/升/水剂/氟磺胺草醚 250克/升/2009.05.12 至 2014.05.12/低毒
春大豆田 一年生阔叶杂草 375-525克/公顷 喷雾
夏大豆田 一年生阔叶杂草 225-375克/公顷 喷雾
PD20095545 百草枯/200克/升/水剂/百草枯 200克/升/2009.05.12 至 2014.05.12/中等毒
苹果园 杂草 600-900克/公顷 定向茎叶喷雾
玉米田 杂草 300-450克/公顷 定向茎叶喷雾
PD20095624 甲磺隆/10%/可湿性粉剂/甲磺隆 10%/2009.05.12 至 2014.05.12/低毒
冬小麦田 阔叶杂草 7.5-12克公顷 苗后早期茎叶喷雾
PD20096140 丁草胺/90%/原药/丁草胺 90%/2009.06.24 至 2014.06.24/低毒
PD20096153 精喹禾灵/50克/升/乳油/精喹禾灵 50克/升/2009.06.24 至 2014.06.24/低毒
冬油菜田 一年生禾本科杂草 45-52.5克/公顷 茎叶喷雾
LS20030246 2,4-滴二甲胺/720克/升/水剂/2,4-滴二甲胺盐 720克/升/2009.01.21 至 2009.12.31/低毒
冬小麦 一年生阔叶杂草 540－756克/公顷 茎叶喷雾
LS20051951 喹啉铜/33.5%/悬浮剂/喹啉铜 33.5%/2008.05.22 至 2009.05.22/低毒
小麦 腥黑穗病 80-100克/100千克种子 拌种
LS20061458 烯酰吗啉/50%/可湿性粉剂/烯酰吗啉 50%/2009.07.13 至 2010.07.13/低毒
黄瓜 霜霉病 225-375克/公顷 喷雾
LS20071453 氯氰菊酯/92%/原药/氯氰菊酯 92%/2009.05.20 至 2010.05.21/中等毒
LS20072202 虫螨腈/5%/微乳剂/虫螨腈 5%/2009.09.11 至 2010.09.12/低毒
十字花科蔬菜 甜菜夜蛾、小菜蛾 60-75克/公顷 喷雾

四川省

安岳县腾达蚊香厂 (四川省安岳县石桥铺镇石桥村一组 642350 0832-4512168)
WP20070016 蚊香/0.3%/蚊香/烯丙菊酯 0.3%/2007.08.03 至 2012.08.03/微毒
卫生 蚊 / 点燃

成都邦农化学有限公司 (四川省成都市双流县金桥镇金桥社区三组 610200 028-85851587)
PD20081244 高效氯氟氰菊酯/4.5%/乳油/高效氯氟氰菊酯 4.5%/2008.09.16 至 2013.09.16/低毒
十字花科蔬菜 菜青虫 13.5-27克/公顷 喷雾
PD20083914 三唑酮/25%/可湿性粉剂/三唑酮 25%/2008.12.15 至 2013.12.15/低毒
小麦 锈病 187.5-225克/公顷 喷雾
PD20084690 炔螨特/73%/乳油/炔螨特 73%/2008.12.22 至 2013.12.22/低毒
柑橘树 红蜘蛛 292-365毫克/千克 喷雾
PD20086038 甲基硫菌灵/70%/可湿性粉剂/甲基硫菌灵 70%/2008.12.29 至 2013.12.29/低毒
黄瓜 白粉病 420-483克/公顷 喷雾
PD20086118 稻瘟灵/40%/乳油/稻瘟灵 40%/2008.12.30 至 2013.12.30/低毒
水稻 稻瘟病 600-900克/公顷 喷雾
PD20093436 三环唑/75%/可湿性粉剂/三环唑 75%/2009.03.23 至 2014.03.23/中等毒
水稻 稻瘟病 225-300克/公顷 喷雾
PD20094242 氯氟吡氧乙酸异辛酯(288克/升)///乳油/氯氟吡氧乙酸 200克/升/2009.03.31 至 2014.03.31/低毒
春小麦田 一年生阔叶杂草 150-210克/公顷 茎叶喷雾
玉米田 阔叶杂草 180-210克/公顷 茎叶喷雾
PD20097302 氯氟吡氧乙酸/200克/升/乳油/氯氟吡氧乙酸 200克/升/2009.10.26 至 2014.10.26/低毒
春小麦 阔叶杂草 / /

LS20081619 草甘膦异丙胺盐/41%/水剂/草甘膦异丙胺盐 41%/2009.04.03 至 2010.04.03/低毒
柑橘园 杂草 1125-2250克/公顷 定向茎叶喷雾
LS20090718 氯氟吡氧乙酸/200克/升/乳油/氯氟吡氧乙酸 200克/升/2009.03.31 至 2010.03.31/低毒
春小麦田 阔叶杂草 150-210克/公顷 茎叶喷雾
玉米田 阔叶杂草 180-210克/公顷 茎叶喷雾

成都华西农药有限公司 (四川省成都市新津县花源镇官林村四组 611432 028-82411168)

PD20040726 氯氰·三唑磷/16%/乳油/氯氰菊酯 1.5%、三唑磷 14.5%/2009.12.19 至 2014.12.19/中等毒
柑橘树 潜叶蛾 80-160毫克/千克 喷雾
PD20092904 甲氰菊酯/20%/乳油/甲氰菊酯 20%/2009.03.05 至 2014.03.05/中等毒
十字花科蔬菜 菜青虫 75-90克/公顷 喷雾
PD20093092 氰戊菊酯/20%/乳油/氰戊菊酯 20%/2009.03.09 至 2014.03.09/低毒
十字花科蔬菜 菜青虫 60-120克/公顷 喷雾
PD20093367 敌畏·毒死蜱/40%/乳油/敌敌畏 30%、毒死蜱 10%/2009.03.18 至 2014.03.18/中等毒
十字花科蔬菜 菜青虫 360-480克/公顷 喷雾
水稻 稻纵卷叶螟 360-480克/公顷 喷雾
PD20094592 高效氯氟氰菊酯/25克/升/乳油/高效氯氟氰菊酯 25克/升/2009.04.10 至 2014.04.10/低毒
十字花科蔬菜 菜青虫 11.25-15克/公顷 喷雾
PD20095668 溴氰·毒死蜱/10%/乳油/毒死蜱 9.5%、溴氰菊酯 0.5%/2009.05.14 至 2014.05.14/中等毒
棉花 棉铃虫 32.55-48.75克/公顷 喷雾
十字花科蔬菜 菜青虫 45-75克/公顷 喷雾
PD20097360 琥铜·甲霜灵/50%/可湿性粉剂/琥胶肥酸铜 40%、甲霜灵 10%/2009.10.27 至 2014.10.27/低毒
番茄 早疫病 1125-1500克/公顷 喷雾
黄瓜 霜霉病、细菌性角斑病 1125-1500克/公顷 喷雾

成都皇牌作物科学有限公司 (四川省成都市邛崃羊安镇工业点 611530 028-88743510)

PD20083183 毒死蜱/480克/升/乳油/毒死蜱 480克/升/2008.12.11 至 2013.12.11/中等毒
水稻 二化螟 504-648克/公顷 喷雾
PD20083192 硫双威/75%/可湿性粉剂/硫双威 75%/2008.12.11 至 2013.12.11/中等毒
棉花 棉铃虫 562.5-675克/公顷 喷雾
PD20083828 速灭威/25%/可湿性粉剂/速灭威 25%/2008.12.15 至 2013.12.15/中等毒
水稻 稻飞虱 562.5-750克/公顷 喷雾
PD20083839 噁霜·锰锌/64%/可湿性粉剂/噁霜灵 8%、代森锰锌 56%/2008.12.15 至 2013.12.15/低毒
黄瓜 霜霉病 1632-1920克/公顷 喷雾
PD20083928 杀螺胺/70%/可湿性粉剂/杀螺胺 70%/2008.12.15 至 2013.12.15/低毒
水稻 福寿螺 367.5-472.5克/公顷 喷雾
PD20083930 甲氰菊酯/20%/乳油/甲氰菊酯 20%/2008.12.15 至 2013.12.15/中等毒
苹果树 红蜘蛛 100-133.3毫克/千克 喷雾
PD20084248 三环唑/20%/可湿性粉剂/三环唑 20%/2008.12.17 至 2013.12.17/低毒
水稻 稻瘟病 240-300克/公顷 喷雾
PD20084260 氯氰·丙溴磷/440克/升/乳油/丙溴磷 400克/升、氯氰菊酯 40克/升/2008.12.17 至 2013.12.17/低毒
棉花 棉铃虫 528-660克/公顷 喷雾
PD20084262 稻瘟灵/40%/乳油/稻瘟灵 40%/2008.12.17 至 2013.12.17/低毒
水稻 稻瘟病 600-720克/公顷 喷雾
PD20084270 百菌清/75%/可湿性粉剂/百菌清 75%/2008.12.17 至 2013.12.17/低毒
葡萄 白粉病 1071-1250毫克/千克 喷雾
PD20084323 甲霜·锰锌/58%/可湿性粉剂/甲霜灵 10%、代森锰锌 48%/2008.12.17 至 2013.12.17/低毒
黄瓜 霜霉病 1305-1635.6克/公顷 喷雾
PD20084342 异丙威/20%/乳油/异丙威 20%/2008.12.17 至 2013.12.17/低毒
水稻 稻飞虱 510-600克/公顷 喷雾
PD20084363 噻嗪·异丙威/25%/可湿性粉剂/噻嗪酮 5%、异丙威 20%/2008.12.17 至 2013.12.17/低毒
水稻 稻飞虱 450-562.5克/公顷 喷雾
PD20084365 异稻瘟净/40%/乳油/异稻瘟净 40%/2008.12.17 至 2013.12.17/低毒
水稻 稻瘟病 1020-1200克/公顷 喷雾
PD20084472 敌敌畏/80%/乳油/敌敌畏 80%/2008.12.22 至 2013.12.22/中等毒
十字花科蔬菜 菜青虫 600-960克/公顷 喷雾
PD20084600 三唑锡/25%/可湿性粉剂/三唑锡 25%/2008.12.18 至 2013.12.18/低毒
柑橘树 红蜘蛛 125-166毫克/千克 喷雾
PD20084699 辛硫磷/40%/乳油/辛硫磷 40%/2008.12.22 至 2013.12.22/低毒
十字花科蔬菜 菜青虫 300-420克/公顷 喷雾
PD20084746 溴氰菊酯/25克/升/乳油/溴氰菊酯 25克/升/2008.12.22 至 2013.12.22/低毒
大白菜 菜青虫 11.25-15克/公顷 喷雾
PD20084813 氟啶脲/50克/升/乳油/氟啶脲 50克/升/2008.12.22 至 2013.12.22/低毒
甘蓝 菜青虫 37.5-45克/公顷 喷雾
PD20084864 代森锰锌/80%/可湿性粉剂/代森锰锌 80%/2008.12.22 至 2013.12.22/低毒

	西瓜	炭疽病	1560-2520克/公顷	喷雾
PD20084871	丙环唑/25%/乳油/丙环唑 25%/2008.12.22 至 2013.12.22/低毒			
	香蕉	叶斑病	250-500毫克/千克	喷雾
PD20084922	噁霉灵/30%/水剂/噁霉灵 30%/2008.12.22 至 2013.12.22/低毒			
	水稻苗床	立枯病	0.9-1.8克/平方米	苗床喷雾或浇灌
PD20084991	异菌脲/255克/升/悬浮剂/异菌脲 255克/升/2008.12.22 至 2013.12.22/低毒			
	香蕉	冠腐病	1275-2550毫克/千克	浸果
PD20085231	三乙膦酸铝/90%/可溶粉剂/三乙膦酸铝 90%/2008.12.23 至 2013.12.23/微毒			
	黄瓜	霜霉病	2025-2700克/公顷	喷雾
PD20085443	仲丁威/50%/乳油/仲丁威 50%/2008.12.24 至 2013.12.24/低毒			
	水稻	稻飞虱	600-900克/公顷	喷雾
PD20085604	异菌脲/50%/可湿性粉剂/异菌脲 50%/2008.12.25 至 2013.12.25/低毒			
	番茄	早疫病	1050-1500克/公顷	喷雾
PD20085624	三环唑/75%/可湿性粉剂/三环唑 75%/2008.12.25 至 2013.12.25/低毒			
	水稻	稻瘟病	225-300克/公顷	喷雾
PD20085653	仲丁威/80%/乳油/仲丁威 80%/2008.12.26 至 2013.12.26/低毒			
	水稻	稻飞虱	480-600克/公顷	喷雾
PD20085712	三唑锡/20%/悬浮剂/三唑锡 20%/2008.12.26 至 2013.12.26/低毒			
	柑橘树	红蜘蛛	133.3-200毫克/千克	喷雾
PD20085786	四螨嗪/500克/升/悬浮剂/四螨嗪 500克/升/2008.12.29 至 2013.12.29/低毒			
	苹果树	红蜘蛛	83.3-100毫克/千克	喷雾
PD20086383	杀螟丹/98%/可溶粉剂/杀螟丹 98%/2008.12.31 至 2013.12.31/中等毒			
	水稻	二化螟	661.5-808.5克/公顷	喷雾
PD20090439	多菌灵/80%/可湿性粉剂/多菌灵 80%/2009.01.12 至 2014.01.12/低毒			
	水稻	纹枯病	720-900克/公顷	喷雾
PD20090583	百草枯/200克/升/水剂/百草枯 200克/升/2009.01.14 至 2014.01.14/中等毒			
	柑橘园	杂草	750-900克/公顷	定向茎叶喷雾
PD20090612	氟氯氰菊酯/50克/升/乳油/氟氯氰菊酯 50克/升/2009.01.14 至 2014.01.14/低毒			
	甘蓝	菜青虫	18.75-26.25克/公顷	喷雾
PD20091016	多菌灵/40%/悬浮剂/多菌灵 40%/2009.01.21 至 2014.01.21/低毒			
	苹果树	轮纹病	800-1000毫克/千克	喷雾
PD20091143	联苯菊酯/100克/升/乳油/联苯菊酯 100克/升/2009.01.21 至 2014.01.21/中等毒			
	茶树	茶小绿叶蝉	37.5-45克/公顷	喷雾
PD20091322	甲基硫菌灵/500克/升/悬浮剂/甲基硫菌灵 500克/升/2009.02.01 至 2014.02.01/低毒			
	水稻	稻瘟病	937.5-1125克/公顷	喷雾
PD20091376	杀螟丹/50%/可溶粉剂/杀螟丹 50%/2009.02.02 至 2014.02.02/中等毒			
	水稻	二化螟	600-900克/公顷	喷雾
PD20091843	氯氰·毒死蜱/522.5克/升/乳油/毒死蜱 475克/升、氯氰菊酯 47.5克/升/2009.02.06 至 2014.02.06/中等毒			
	棉花	棉铃虫	705.375-825克/公顷	喷雾
PD20091850	甲基硫菌灵/70%/可湿性粉剂/甲基硫菌灵 70%/2009.02.06 至 2014.02.06/低毒			
	水稻	纹枯病	1260-1470克/公顷	喷雾
PD20092310	代森锌/65%/可湿性粉剂/代森锌 65%/2009.02.24 至 2014.02.24/低毒			
	番茄	早疫病	2535-3510克/公顷	喷雾
PD20092653	高效氯氟氰菊酯/25克/升/乳油/高效氯氟氰菊酯 25克/升/2009.03.03 至 2014.03.03/中等毒			
	十字花科蔬菜	菜青虫	7.5-15克/公顷	喷雾
PD20093038	联苯菊酯/25克/升/乳油/联苯菊酯 25克/升/2009.03.09 至 2014.03.09/低毒			
	茶树	茶小绿叶蝉	30-37.5克/公顷	喷雾
PD20093983	喹硫磷/25%/乳油/喹硫磷 25%/2009.03.27 至 2014.03.27/低毒(原药高毒)			
	棉花	棉铃虫	100-150克制剂/亩	喷雾
PD20094232	噻螨酮/5%/乳油/噻嗪酮 5%/2009.03.31 至 2014.03.31/低毒			
	柑橘树	红蜘蛛	33.33-50毫克/千克	喷雾
PD20094504	仲丁威/20%/乳油/仲丁威 20%/2009.04.09 至 2014.04.09/低毒			
	水稻	稻飞虱	450-525克/公顷	喷雾
PD20096763	百菌清/40%/悬浮剂/百菌清 40%/2009.09.15 至 2014.09.15/低毒			
	黄瓜	霜霉病	1080克公顷	喷雾
PD20096791	四螨嗪/20%/悬浮剂/四螨嗪 20%/2009.09.15 至 2014.09.15/低毒			
	柑橘树	红蜘蛛	133.3-200毫克/千克	喷雾
PD20096859	炔螨特/57%/乳油/炔螨特 57%/2009.09.22 至 2014.09.22/低毒			
	柑橘树	红蜘蛛	228-380毫克/千克	喷雾
PD20096866	辛硫磷/56%/乳油/辛硫磷 56%/2009.09.23 至 2014.09.23/低毒			
	甘蓝	菜青虫	360-450克/公顷	喷雾
PD20096971	双甲脒/200克/升/乳油/双甲脒 200克/升/2009.09.29 至 2014.09.29/低毒			
	柑橘树	红蜘蛛	133-200毫克/千克	喷雾

PD20096996 阿维菌素/18克/升/乳油/阿维菌素 18克/升/2009.09.29 至 2014.09.29/中等毒(原药高毒)
十字花科蔬菜 小菜蛾 8.1-10.8克/公顷 喷雾

PD20097046 甲基硫菌灵/50%/可湿性粉剂/甲基硫菌灵 50%/2009.10.10 至 2014.10.10/低毒
番茄 叶霉病 337.5-562.5克/公顷 喷雾

PD20097148 霜霉威盐酸盐/722克/升/水剂/霜霉威盐酸盐 722克/升/2009.10.16 至 2014.10.16/低毒
黄瓜 霜霉病 649.8-1083克/公顷 喷雾

PD20097162 复硝酚钠/1.8%/水剂/5-硝基邻甲氧基苯酚钠 0.3%、对硝基苯酚钠 0.9%、邻硝基苯酚钠 0.6%/2009.10.16至2014.10.16/低毒
番茄 调节生长 6-9毫克/千克 喷雾

PD20097226 三唑酮/25%/可湿性粉剂/三唑酮 25%/2009.10.19 至 2014.10.19/低毒
小麦 白粉病 150-168.75克/公顷 喷雾

PD20097563 噻嗪酮/25%/可湿性粉剂/噻嗪酮 25%/2009.11.12 至 2014.11.12/低毒
柑橘树 介壳虫 166.7-250毫克/千克 喷雾

PD20097932 四螨·三唑锡/20%/悬浮剂/四螨嗪 5%、三唑锡 15%/2009.11.30 至 2014.11.30/低毒
柑橘树 红蜘蛛 50-66.7毫克/千克 喷雾

PD20097947 杀扑磷/40%/乳油/杀扑磷 40%/2009.11.30 至 2014.11.30/高毒
柑橘树 红蜡蚧 400-500毫克/千克 喷雾

PD20097987 碱式硫酸铜/27.12%/悬浮剂/碱式硫酸铜 27.12%/2009.12.01 至 2014.12.01/低毒
番茄 早疫病 651-813.6克/公顷 喷雾

PD20098070 氟硅唑/400克/升/乳油/氟硅唑 400克/升/2009.12.08 至 2014.12.08/低毒
梨树 黑星病 40～50毫克/千克 喷雾

PD20098165 井冈霉素/20%/可溶粉剂/井冈霉素 20%/2009.12.14 至 2014.12.14/低毒
小麦 纹枯病 120-150克/公顷 喷雾

PD20098168 腐霉利/50%/可湿性粉剂/腐霉利 50%/2009.12.14 至 2014.12.14/低毒
油菜 菌核病 450-600克/公顷 喷雾

LS20051400 咪鲜胺/25%/乳油/咪鲜胺 25%/2008.04.18 至 2009.04.18/低毒
水稻 恶苗病 83.3-100毫克/千克 浸种

LS20051501 啶虫脒/3%/可湿性粉剂/啶虫脒 3%/2008.04.21 至 2009.04.21/低毒
柑橘树 蚜虫 10-12毫克/千克 喷雾

LS20051519 阿维·柴油/24.5%/乳油/阿维菌素 0.2%、柴油 24.3%/2008.04.21 至 2009.04.21/低毒(原药高毒)
柑橘树 红蜘蛛 163.3-245毫克/千克 喷雾

LS20051827 烯效唑/5%/可湿性粉剂/烯效唑 5%/2008.05.16 至 2009.05.16/低毒
水稻 控制生长 50-150毫克/千克 浸种

LS20051930 阿维·毒死蜱/15%/乳油/阿维菌素 0.1%、毒死蜱 14.9%/2008.05.17 至 2009.05.17/低毒(原药高毒)
十字花科蔬菜 小菜蛾 112.5-157.5克/公顷 喷雾

LS20052521 锰锌·菌核净/65%/可湿性粉剂/菌核净 15%、代森锰锌 50%/2008.07.25 至 2009.07.25/低毒
油菜 菌核病 975-1462.5克/公顷 喷雾

LS20060398 甲氨基阿维菌素苯甲酸盐/1%/乳油/甲氨基阿维菌素苯甲酸盐 1%/2009.03.06 至 2010.03.06/低毒
十字花科蔬菜 小菜蛾 2.25-3克/公顷 喷雾

LS20060621 杀螺胺乙醇胺盐/50%/可湿性粉剂/杀螺胺乙醇胺盐 50%/2009.03.24 至 2010.03.24/低毒
水稻 福寿螺 450-600克/公顷 撒施

LS20080669 嘧啶核苷类抗菌素/4%/水剂/嘧啶核苷类抗菌素 4%/2009.02.25 至 2010.02.25/低毒
西瓜 枯萎病 100-133.3克/公顷 喷雾

LS20080830 高效氯氟氰菊酯/2.5%/微乳剂/高效氯氟氰菊酯 2.5%/2009.02.09 至 2010.02.09/中等毒
十字花科蔬菜 菜青虫 7.5-15克/公顷 喷雾

LS20081013 喹硫磷/25%/乳油/喹硫磷 25%/2009.03.08 至 2010.03.08/低毒(原药高毒)
棉花 棉铃虫 375-562.5克/公顷 喷雾

LS20083290 阿维菌素/2%/微乳剂/阿维菌素 2%/2009.12.29 至 2010.12.29/低毒(原药高毒)
甘蓝 小菜蛾 8.1-10.8克/公顷 喷雾

LS20090041 阿维·炔螨特/40.6%/微乳剂/阿维菌素 0.6%、炔螨特 40%/2009.01.08 至 2010.01.08/低毒(原药高毒)
柑橘树 红蜘蛛 203-406毫克/千克 喷雾

LS20090055 高效氯氟氰菊酯/2.5%/水乳剂/高效氯氟氰菊酯 2.5%/2009.01.09 至 2010.01.09/中等毒
甘蓝 蚜虫 7.5-15克/公顷 喷雾

LS20090056 噻嗪酮/50%/悬浮剂/噻嗪酮 50%/2009.01.09 至 2010.01.09/低毒
水稻 稻飞虱 112.5-150克/公顷 喷雾

LS20090104 丁醚脲/500克/升/悬浮剂/丁醚脲 500克/升/2009.01.09 至 2010.01.09/低毒
十字花科蔬菜 小菜蛾 375-525克/公顷 喷雾

LS20090105 阿维·三唑磷/15%/微乳剂/阿维菌素 0.1%、三唑磷 14.9%/2009.01.09 至 2010.01.09/中等毒(原药高毒)
水稻 二化螟 180-202.5克/公顷 喷雾

LS20090117 甲氨基阿维菌素苯甲酸盐/2.5%/微乳剂/甲氨基阿维菌素苯甲酸盐 2.5%/2009.01.21 至 2010.01.21/低毒
十字花科蔬菜 甜菜夜蛾 2.25-3克/公顷 喷雾

LS20090149 高效氯氟氰菊酯/5%/微乳剂/高效氯氟氰菊酯 5%/2009.02.04 至 2010.02.04/中等毒
甘蓝 菜青虫 11.25-15克/公顷 喷雾

LS20090180 丁醚脲/25%/乳油/丁醚脲 25%/2009.02.04 至 2010.02.04/低毒
十字花科蔬菜 小菜蛾 300-450克/公顷 喷雾
LS20090188 辛硫磷/600克/升/乳油/辛硫磷 600克/升/2009.02.04 至 2010.02.04/低毒
甘蓝 菜青虫 360-450克/公顷 喷雾
LS20090266 阿维·三唑磷/20%/乳油/阿维菌素 0.2%、三唑磷 19.8%/2009.02.13 至 2010.02.13/中等毒(原药高毒)
水稻 二化螟 180-240克/公顷 喷雾
LS20090300 高氯·甲维盐 /4.2%/微乳剂/高效氯氰菊酯 4%、甲氨基阿维菌素苯甲酸盐 0.2%/2009.02.24 至 2010.02.24/中等毒
甘蓝 甜菜夜蛾 25.2-31.5克/公顷 喷雾
LS20090309 四螨·三唑锡 /20%/悬浮剂/四螨嗪 5%、三唑锡 15%/2009.02.27 至 2010.02.27/低毒
柑橘树 红蜘蛛 50-66.7毫克/千克 喷雾
LS20090310 三唑锡/40%/悬浮剂/三唑锡 40%/2009.02.27 至 2010.02.27/中等毒
柑橘树 红蜘蛛 100-200毫克/千克 喷雾
LS20090319 联苯菊酯/4%/微乳剂/联苯菊酯 4%/2009.03.05 至 2010.03.05/中等毒
茶树 茶小绿叶蝉 30-36克/公顷 喷雾
LS20090321 甲氨基阿维菌素苯甲酸盐(5.7%)///微乳剂/甲氨基阿维菌素 5%/2009.03.05 至 2010.03.05/低毒
甘蓝 甜菜夜蛾 2.25-3克/公顷 喷雾
LS20090365 高氯·丙溴磷/44.8%/乳油/丙溴磷 40.3%、高效氯氰菊酯 4.5%/2009.03.13 至 2010.03.13/中等毒
棉花 棉铃虫 268.8-336克/公顷 喷雾
LS20090396 高氯·毒死蜱/44.5%/乳油/毒死蜱 41.5%、高效氯氰菊酯 3%/2009.03.16 至 2010.03.16/中等毒
棉花 棉铃虫 400.5-534克/公顷 喷雾
LS20090414 吡虫啉/600克/升/悬浮剂/吡虫啉 600克/升/2009.03.16 至 2010.03.16/低毒
水稻 稻飞虱 27-36克/公顷 喷雾
LS20090432 高效氯氟氰菊酯/5%/水乳剂/高效氯氟氰菊酯 5%/2009.03.16 至 2010.03.16/中等毒
甘蓝 蚜虫 6-7.5克/公顷 喷雾
LS20090440 噻嗪酮/25%/悬浮剂/噻嗪酮 25%/2009.03.16 至 2010.03.16/低毒
水稻 稻飞虱 75-112.5克/公顷 喷雾
LS20090504 联苯菊酯/10%/微乳剂/联苯菊酯 10%/2009.03.18 至 2010.03.18/中等毒
茶树 茶小绿叶蝉 30-37.5克/公顷 喷雾
LS20090546 啶虫·毒死蜱/21%/微乳剂/啶虫脒 5%、毒死蜱 16%/2009.03.19 至 2010.03.19/中等毒
甘蓝 黄条跳甲 110-142克/公顷 喷雾
LS20090712 阿维·丁醚脲/45.5%/悬浮剂/阿维菌素 0.5%、丁醚脲 45%/2009.03.31 至 2010.03.31/中等毒
甘蓝 小菜蛾 204-307克/公顷 喷雾
LS20090937 阿维·噻螨酮/6.8%/乳油/阿维菌素 1.8%、噻螨酮 5%/2009.04.09 至 2010.04.09/中等毒(原药高毒)
柑橘树 红蜘蛛 22.67-34毫克/千克 喷雾

成都科利隆生化有限公司 (四川省成都市青白江区工业集中发展区同济大道903号 610300 028-83600169)

PD20092082 氰戊·乐果/25%/乳油/乐果 22%、氰戊菊酯 3%/2009.02.16 至 2014.02.16/中等毒
甘蓝 菜青虫 75-150克/公顷 喷雾
柑橘树 潜叶蛾、锈壁虱 125-250毫克/千克 喷雾
小麦 蚜虫 75-112.5克/公顷 喷雾
烟草 蚜虫、烟青虫 75-187.5克/公顷 喷雾
PD20092467 腐霉·福美双/50%/可湿性粉剂/腐霉利 10%、福美双 40%/2009.02.25 至 2014.02.25/低毒
番茄 灰霉病 600-900克/公顷 喷雾

成都民航六维航化有限责任公司 (四川省成都市二环路南二段17号 610041 028-82909887)

WP20080486 杀虫气雾剂/2%/气雾剂/氯菊酯 2%/2008.12.17 至 2013.12.17/微毒
卫生 蚊、蝇、蜚蠊 / 喷雾

成都施特优化工有限公司 (四川省成都市武侯区盛隆街七号 610041 028-85564997)

PD20070131 氯吡脲/0.1%/可溶液剂/氯吡脲 0.1%/2007.05.21 至 2012.05.21/微毒
黄瓜、西瓜 提高座瓜率、增产 10-20毫克/千克 喷瓜胎
葡萄 果实增大、增产 10-20毫克/千克 浸幼果穗
甜瓜 调节生长、增产 10-20毫克/千克 喷瓜胎
猕猴桃 促进果实生长 5-20毫克/千克 花后20-25天,药液浸幼果
枇杷 果实增大、增产 10-20毫克/千克 浸幼果1-2次
PD20070132 氯吡脲/97%/原药/氯吡脲 97%/2007.05.21 至 2012.05.21/低毒

成都特普科技发展有限公司 (四川省成都市高新区高朋大道5号 610041 028-85150776)

LS20090388 几丁聚糖/0.5%/水剂/几丁聚糖 0.5%/2009.03.18 至 2010.03.18/微毒
黄瓜 白粉病 100—300倍液 喷雾

成都西部爱地作物科学有限公司 (四川省成都市蒲江县大塘镇南街95号 611637 028-88743516)

PD86110-5 嘧啶核苷类抗菌素/2%/水剂/嘧啶核苷类抗菌素 2%/2006.01.05 至 2011.01.05/低毒
大白菜 黑斑病 100毫克/千克 喷雾
番茄 疫病 100毫克/千克 喷雾
瓜类、花卉、苹果树、葡萄、烟草 白粉病 100毫克/千克 喷雾

水稻 炭疽病、纹枯病 150-180克/公顷 喷雾
西瓜 枯萎病 100毫克/千克 灌根
小麦 锈病 100毫克/千克 喷雾

PD86110-10 嘧啶核苷类抗菌素/4%/水剂/嘧啶核苷类抗菌素 4%/2008.03.12 至 2013.03.12/低毒
大白菜 黑斑病 100毫克/千克 喷雾
番茄 疫病 100毫克/千克 喷雾
瓜类、花卉、苹果树、葡萄、烟草 白粉病 100毫克/千克 喷雾
水稻 炭疽病、纹枯病 150-180克/公顷 喷雾
西瓜 枯萎病 100毫克/千克 灌根
小麦 锈病 100毫克/千克 喷雾

PD88109-10 井冈霉素/10%,20%/水溶粉剂/井冈霉素 10%,20%/2008.11.07 至 2013.11.07/低毒
水稻 纹枯病 75-112.5克/公顷 喷雾、泼浇

PD90106-15 苏云金杆菌/2000IU/微升/悬浮剂/苏云金杆菌 2000IU/微升/2006.05.23 至 2011.05.23/低毒
茶树 茶毛虫 100-200倍液 喷雾
林木 松毛虫 100-200倍液 喷雾
棉花 二代棉铃虫 6000-7500毫升制剂/公顷 喷雾
十字花科蔬菜 菜青虫、小菜蛾 3000-4500毫升制剂/公顷 喷雾
水稻 稻纵卷叶螟 6000-7500毫升制剂/公顷 喷雾
烟草 烟青虫 6000-7500毫升制剂/公顷 喷雾
玉米 玉米螟 4500-6000毫升制剂/公顷 加细沙灌心叶
枣树 尺蠖 100-200倍液 喷雾

LS20061919 机油/95%/乳油/机油 95%/2009.12.06 至 2010.12.06/微毒
柑橘树 矢尖蚧 9500-19000毫克/千克 喷雾

成都新朝阳生物化学有限公司 (四川省成都市蒲江朝阳银杏路6号 611630 028-88555498)

PD20070288 芸苔素内酯/0.1%/可溶粉剂/芸苔素内酯 0.1%/2007.09.07 至 2012.09.07/低毒
水稻 调节生长、增产 0.025-0.1毫克/千克 水稻齐穗喷药一次

PD20070289 芸苔素内酯/80%/原药/芸苔素内酯 80%/2007.09.07 至 2012.09.07/低毒

PD20081164 芸苔素内酯/0.0075%/水剂/芸苔素内酯 0.0075%/2008.09.11 至 2013.09.11/低毒
柑橘树 调节生长、增产 0.05-0.08毫克/千克 喷雾
水稻、小麦 调节生长、增产 0.025-0.1毫克/千克 喷雾
小白菜 调节生长、增产 0.05-0.075毫克/千克 喷雾

PD20081454 甲哌鎓/96%/原药/甲哌鎓 96%/2008.11.04 至 2013.11.04/低毒

PD20082609 代森锰锌/80%/可湿性粉剂/代森锰锌 80%/2008.12.04 至 2013.12.04/低毒
柑橘 炭疽病 1333-2000毫克/千克 喷雾
黄瓜 霜霉病 2040-3000克/公顷 喷雾
苹果 斑点落叶病 1000-1500毫克/千克 喷雾
葡萄 黑痘病 1000-1600毫克/千克 喷雾

PD20095001 三唑酮/25%/可湿性粉剂/三唑酮 25%/2009.04.21 至 2014.04.21/低毒
小麦 白粉病、锈病 187.5-300克/公顷 喷雾

PD20096126 代森锰锌/80%/可湿性粉剂/代森锰锌 80%/2009.06.18 至 2014.06.18/低毒
柑橘 炭疽病 1333.3-2000毫克/千克 喷雾
黄瓜 霜霉病 1800-2700克/公顷 喷雾
苹果 斑点落叶病 1000-1500毫克/千克 喷雾
葡萄 黑痘病 1000-1333毫克/千克 喷雾

PD20096920 咪鲜胺/25%/乳油/咪鲜胺 25%/2009.09.23 至 2014.09.23/低毒
柑橘 蒂腐病、绿霉病、青霉病、炭疽病 333-500毫克/千克 浸果
水稻 恶苗病 62.5-125毫克/千克 浸种

PD20097050 联苯菊酯/25克/升/乳油/联苯菊酯 25克/升/2009.10.10 至 2014.10.10/低毒
茶树 茶毛虫 7.5-11.25克/公顷 喷雾

LS20061608 咪鲜胺锰盐/50%/可湿性粉剂/咪鲜胺锰盐 50%/2009.08.17 至 2010.08.17/低毒
柑橘 绿霉病、青霉病 250-500毫克/千克 浸果

LS20070811 苄嘧·草甘膦/75%/可湿性粉剂/苄嘧磺隆 1%、草甘膦 74%/2009.04.10 至 2010.04.11/低毒
柑橘园 杂草 1125-1687.5克/公顷 定向茎叶喷雾

LS20090601 甲氨基阿维菌素苯甲酸盐/2%/微乳剂/甲氨基阿维菌素苯甲酸盐 2%/2009.03.23 至 2010.03.23/低毒
十字花科蔬菜 甜菜夜蛾 3-4.5克/公顷 喷雾

LS20091332 甲维·三唑磷/20%/乳油/甲氨基阿维菌素苯甲酸盐 0.5%、三唑磷 19.5%/2009.06.08 至 2010.06.08/中等毒
水稻 二化螟 120-180克/公顷 喷雾

乐山新路化工有限公司 (四川省乐山市市中区凤凰路中段126号53幢 614000 0833-2304099)

PD84104-15 杀虫双/18%/水剂/杀虫双 18%/2009.10.10 至 2014.10.10/中等毒
甘蔗、蔬菜、水稻、小麦、玉米 多种害虫 540-675克/公顷 喷雾

果树　多种害虫　225-360毫克/千克　喷雾
PD85158-10　喹硫磷/25%/乳油/喹硫磷 25%/2005.07.20 至 2010.07.20/低毒
棉花　棉铃虫、蚜虫　180-600克/公顷　喷雾
水稻　螟虫　375-495克/公顷　喷雾
PD20092060　杀虫双/3.6%/大粒剂/杀虫双 3.6%/2009.02.13 至 2014.02.13/中等毒
水稻　螟虫　540-675克/公顷　撒施

利尔化学股份有限公司　(四川省绵阳市经济技术开发区　621000　0816-2841584)

PD20050010　氨氯吡啶酸/95%/原药/氨氯吡啶酸 95%/2005.04.05 至 2010.04.05/低毒
PD20050168　氯氟吡氧乙酸异辛酯/95%/原药/氯氟吡氧乙酸异辛酯 95%/2005.11.14 至 2010.11.14/低毒
PD20070420　毒死蜱/97%/原药/毒死蜱 97%/2007.11.06 至 2012.11.06/中等毒
PD20070571　丙环唑/95%/原药/丙环唑 95%/2007.12.03 至 2012.12.03/低毒
PD20080097　高效氯氟氰菊酯/25克/升/乳油/高效氯氟氰菊酯 25克/升/2008.01.03 至 2013.01.03/中等毒
十字花科蔬菜　菜青虫　7.5-15克/公顷　喷雾
烟草　烟青虫　7.5-11.25克/公顷　喷雾
PD20080179　三氯吡氧乙酸/99%/原药/三氯吡氧乙酸 99%/2008.01.03 至 2013.01.03/低毒
PD20080994　氯氟吡氧乙酸异辛酯（288克/升）///乳油/氯氟吡氧乙酸 200克/升/2008.08.06 至 2013.08.06/低毒
冬小麦田　部分多年生阔叶杂草、一年生杂草　150-210克/公顷　茎叶喷雾
水田畦畔　水花生　150—210克/公顷　茎叶喷雾
玉米田　阔叶杂草　150-210克/公顷　茎叶喷雾
PD20081432　二氯吡啶酸/95%/原药/二氯吡啶酸 95%/2008.10.31 至 2013.10.31/低毒
PD20081462　三环唑/20%/可湿性粉剂/三环唑 20%/2008.11.04 至 2013.11.04/低毒
水稻　稻瘟病　225-300克/公顷　喷雾
PD20081986　丙环唑/250克/升/乳油/丙环唑 250克/升/2008.11.25 至 2013.11.25/低毒
香蕉　叶斑病　250-500毫克/千克　喷雾
小麦　条锈病　124.5-187.5克/公顷　喷雾
小麦　白粉病　112.5-187.5克/公顷　喷雾
PD20082155　硫磺/50%/悬浮剂/硫磺 50%/2008.11.26 至 2013.11.26/低毒
黄瓜　白粉病　1125-1875克/公顷　喷雾
小麦　白粉病、螨　3000-3750克/公顷　喷雾
PD20082247　精喹禾灵/50克/升/乳油/精喹禾灵 50克/升/2008.11.27 至 2013.11.27/低毒
春大豆田、春油菜　一年生禾本科杂草　52.5-75克/公顷　茎叶喷雾
冬油菜田、夏大豆田　一年生禾本科杂草　45-52.5克/公顷　茎叶喷雾
PD20083516　毒死蜱/480克/升/乳油/毒死蜱 480克/升/2008.12.12 至 2013.12.12/中等毒
柑橘树　介壳虫　320-480毫克/千克　喷雾
韭菜　根蛆　1800-2160克/公顷　灌根
十字花科蔬菜　斜纹夜蛾　324-432克/公顷　喷雾
水稻　稻飞虱、稻纵卷叶螟、三化螟　504-648克/公顷　喷雾
PD20083942　氯氟·毒死蜱/48%/乳油/毒死蜱 44%、高效氯氟氰菊酯 4%/2008.12.15 至 2013.12.15/中等毒
十字花科蔬菜　菜青虫　198-288克/公顷　喷雾
PD20084880　辛硫磷/40%/乳油/辛硫磷 40%/2008.12.22 至 2013.12.22/低毒
烟草　烟青虫　300-450克/公顷　喷雾
PD20085963　二氯吡啶酸/30%/水剂/二氯吡啶酸 30%/2008.12.29 至 2013.12.29/低毒
春小麦田　一年生阔叶杂草　202.5-270克/公顷　茎叶喷雾
春油菜　一年生阔叶杂草　157.5-270克/公顷　茎叶喷雾
PD20090146　氯氟吡氧乙酸异辛酯/250克/升/乳油/氯氟吡氧乙酸异辛酯 250克/升/2009.01.08 至 2014.01.08/低毒
非耕地　空心莲子草　150-180克/公顷　茎叶喷雾
PD20090826　高效氟吡甲禾灵/108克/升/乳油/高效氟吡甲禾灵 108克/升/2009.01.19 至 2014.01.19/低毒
春油菜、大豆田、冬油菜田、花生田、棉花田　禾本科杂草　32.4-48.6克/公顷　茎叶喷雾
PD20091060　高效氟吡甲禾灵/95%/原药/高效氟吡甲禾灵 95%/2009.01.21 至 2014.01.21/低毒
PD20091089　敌草胺/50%/可湿性粉剂/敌草胺 50%/2009.01.21 至 2014.01.21/低毒
烟草　一年生杂草　1500-2000克/公顷　移栽前土壤喷雾
PD20092273　代森锌/80%/可湿性粉剂/代森锌 80%/2009.02.24 至 2014.02.24/低毒
烟草　立枯病、炭疽病　960-1200克/公顷　喷雾
PD20092796　二甲戊灵/330克/升/乳油/二甲戊灵 330克/升/2009.03.04 至 2014.03.04/低毒
烟草　抑制腋芽生长　60-80毫克/株　杯淋法
PD20092813　毒死蜱/40%/乳油/毒死蜱 40%/2009.03.04 至 2014.03.04/中等毒
柑橘　矢尖蚧　266.7-500毫克/千克　喷雾
水稻　稻纵卷叶螟　480-600克/公顷　喷雾
水稻　稻飞虱　450-600克/公顷　喷雾
PD20093744　咪鲜胺/250克/升/乳油/咪鲜胺 250克/升/2009.03.25 至 2014.03.25/低毒
柑橘　蒂腐病、绿霉病、青霉病　333.3-500毫克/千克　浸果

水稻 恶苗病 62.5-125毫克/升 浸种

PD20094788 草甘膦/50%/可溶粉剂/草甘膦 50%/2009.04.13 至 2014.04.13/低毒

柑橘园 杂草 1125-2250克/公顷 定向喷雾

PD20095115 三氯吡氧乙酸丁氧基乙酯/480克/升/乳油/三氯吡氧乙酸丁氧基乙酯 480克/升/2009.04.24 至 2014.04.24/低毒

森林 杂草、杂灌 2000-3000克/公顷 茎叶喷雾

PD20095759 氯吡·苯磺隆/20%/可湿性粉剂/苯磺隆 2.7%、氯氟吡氧乙酸 17.3%/2009.05.18 至 2014.05.18/低毒

冬小麦田 一年生阔叶杂草 90-120克/公顷 茎叶喷雾

PD20096786 草甘膦/95%/原药/草甘膦 95%/2009.09.15 至 2014.09.15/低毒

PD20096969 草甘膦异丙胺盐(41%)///水剂/草甘膦 30%/2009.09.29 至 2014.09.29/微毒

柑橘园 杂草 200-400毫升制剂/亩 定向茎叶喷雾

玉米田 杂草 200-250毫升制剂/亩 定向茎叶喷雾

PD20097425 滴·氨氯/26%/水剂/氨氯吡啶酸 5.4%、2,4-滴 20.6%/2009.10.28 至 2014.10.28/低毒

春小麦田 一年生阔叶杂草 312-390克/公顷 茎叶喷雾

PD20097825 氨氯吡啶酸/24%/水剂/氨氯吡啶酸 24%/2009.11.20 至 2014.11.20/低毒

非耕地 紫茎泽兰 1080-2160克/公顷 茎叶喷雾

LS20060599 嘧霉胺/400克/升/悬浮剂/嘧霉胺 400克/升/2009.02.24 至 2010.02.24/低毒

番茄、黄瓜 灰霉病 375-562.5克/公顷 喷雾

LS20060635 高效氯氰菊酯/2.5%/乳油/高效氯氰菊酯 2.5%/2009.03.27 至 2010.03.27/中等毒

番茄 美洲斑潜蝇 18.75-22.5克/公顷 喷雾

苹果树 桃小食心虫 12.5-25毫克/千克 喷雾

LS20071890 2甲·氯氟吡/42.5%/乳油/氯氟吡氧乙酸 8.5%、2甲4氯异辛酯 34%/2009.08.02 至 2010.08.03/低毒

冬小麦田 一年生阔叶杂草 318.8-478.1克/公顷 茎叶喷雾

移栽水稻田 水花生 318.8-478.1克/公顷 茎叶喷雾

LS20072345 菌核净/40%/可湿性粉剂/菌核净 40%/2009.10.15 至 2010.10.16/低毒

烟草 赤星病 1125-2025克/公顷 喷雾

LS20081394 吗胍·乙酸铜/20%/可湿性粉剂/盐酸吗啉胍 16%、乙酸铜 4%/2009.03.17 至 2010.03.17/低毒

番茄 病毒病 500-750克/公顷 喷雾

烟草 病毒病 450-600克/公顷 喷雾

LS20081561 草铵膦/95%/原药/草铵膦 95%/2009.04.02 至 2010.04.02/低毒

LS20081588 氟环唑/96%/原药/氟环唑 96%/2009.04.02 至 2010.04.02/低毒

LS20081916 甲氨基阿维菌素苯甲酸盐/1%/乳油/甲氨基阿维菌素苯甲酸盐 1%/2009.04.10 至 2010.04.10/低毒

棉花 棉铃虫 9.75-11.25克/公顷 喷雾

十字花科蔬菜 小菜蛾 1.5-2.25克/公顷 喷雾

LS20083014 烯酰·锰锌/69%/可湿性粉剂/代森锰锌 60%、烯酰吗啉 9%/2009.09.02 至 2010.09.02/低毒

黄瓜 霜霉病 1035-1552.5克/公顷 喷雾

甜椒 疫病 1035-2070克/公顷 喷雾

LS20083222 2甲·氯氟吡/42.5%/乳油/2甲4氯 8.5%、氯氟吡氧乙酸 34%/2008.12.10 至 2009.12.10/低毒

冬小麦田 一年生阔叶杂草 318.75-478.13克/公顷 茎叶处理

LS20083262 炔草酸/95%/原药/炔草酯 95%/2008.12.15 至 2009.12.15/低毒

LS20090007 草铵膦/200克/升/水剂/草铵膦 200克/升/2009.01.08 至 2010.01.08/低毒

非耕地 杂草 1050-1750克/公顷 茎叶喷雾

柑橘园 杂草 1050-1750克/公顷 定向茎叶喷雾

LS20090067 氨氯·二氯吡/28.6%/水剂/氨氯吡啶酸 5.7%、二氯吡啶酸 22.9%/2009.01.09 至 2010.01.09/低毒

油菜田 一年生阔叶杂草 360-540毫升制剂/公顷 茎叶喷雾

LS20090509 草甘·三氯吡/70%/可溶性粉剂/草甘膦 50.4%、三氯吡氧乙酸 19.6%/2009.03.18 至 2010.03.18/低毒

非耕地 杂草 840-1260克/公顷 茎叶喷雾

柑橘园 杂草 840-1260克/公顷 定向茎叶喷雾

眉山市民威林产制品有限公司 (四川省眉山市青神县工业园集中区 620460 0833-8811839)

WL20080103 蚊香/0.25%/蚊香/富右旋反式烯丙菊酯 0.25%/2009.02.19 至 2010.02.20/微毒

卫生 蚊 / 点燃

四川贝尔化工集团有限公司 (四川省成都市人民南路四段53号嘉云台甲栋11楼D座 610041 028-85243548)

PD20080409 啶虫脒/3%/乳油/啶虫脒 3%/2008.03.04 至 2013.03.04/低毒

柑橘树 蚜虫 10-12毫克/千克 喷雾

小麦 蚜虫 13.5-27克/公顷 喷雾

PD20081223 草甘膦异丙胺盐/41%/水剂/草甘膦异丙胺盐 41%/2008.09.11 至 2013.09.11/低毒

柑橘园 杂草 1230-2460克/公顷 定向茎叶喷雾

PD20085005 三环唑/75%/可湿性粉剂/三环唑 75%/2008.12.22 至 2013.12.22/低毒

水稻 稻瘟病 225-300克/公顷 喷雾

PD20090097 克百·敌百虫/3%/颗粒剂/敌百虫 1.5%、克百威 1.5%/2009.01.08 至 2014.01.08/高毒

水稻 螟虫 1125-1350克/公顷 撒施

PD20090129 阿维·苏云菌/2%/可湿性粉剂/阿维菌素 0.1%、苏云金杆菌 1.9%/2009.01.08 至 2014.01.08/低毒(原药高毒)

十字花科蔬菜 小菜蛾 750-1500克制剂/公顷 喷雾

PD20090286 草甘膦/50%/可溶粉剂/草甘膦 50%/2009.01.09 至 2014.01.09/低毒

	柑橘园	杂草	1125-2250克/公顷	定向茎叶喷雾
PD20090893	克百威/3%/颗粒剂/克百威 3%/2009.01.19 至 2014.01.19/高毒			
	水稻	螟虫	900-1350克/公顷	撒施
PD20091034	阿维·敌敌畏/40%/乳油/阿维菌素 0.3%、敌敌畏 39.7%/2009.01.21 至 2014.01.21/中等毒(原药高毒)			
	黄瓜	美洲斑潜蝇	360-450克/公顷	喷雾
PD20091036	精喹禾灵/10.8%/乳油/精喹禾灵 10.8%/2009.01.21 至 2014.01.21/低毒			
	油菜田	一年生及部分多年生禾本科杂草	32.4-56.7克/公顷	喷雾
PD20092322	辛硫磷/3%/颗粒剂/辛硫磷 3%/2009.02.24 至 2014.02.24/低毒			
	花生	地老虎、金针虫、蝼蛄、蛴螬	2700-3600克/公顷	沟施
LS20071627	炔螨特/570克/升/乳油/炔螨特 570克/升/2009.06.06 至 2010.06.07/低毒			
	柑橘树	红蜘蛛	285-380毫克/千克	喷雾

四川长寿生物工程有限责任公司 (四川省双流县正兴镇 610218 028-85671336)

PD20090393	井冈霉素A/60%/原药/井冈霉素A 60%/2009.01.12 至 2014.01.12/微毒			
PD20097229	井冈霉素/20%/可溶粉剂/井冈霉素 20%/2009.10.19 至 2014.10.19/低毒			
	水稻	纹枯病	105-150克/公顷	喷雾

四川成都普惠生物工程有限公司 (四川省成都市新都区如意大道223号 610500 028-83972346)

PD86101-40	赤霉酸/4%/乳油/赤霉酸 4%/2006.02.21 至 2011.02.21/低毒			
	菠菜	增加鲜重	10-25毫克/千克	叶面处理1-3次
	菠萝	果实增大、增重	40-80毫克/千克	喷花
	柑橘树	果实增大、增重	20-40毫克/千克	喷花
	花卉	提前开花	700毫克/千克	叶面处理涂抹花芽
	绿肥	增产	10-20毫克/千克	喷雾
	马铃薯	苗齐、增产	0.5-1毫克/千克	浸薯块10-30分钟
	棉花	提高结铃率、增产	10-20毫克/千克	点喷、点涂或喷雾
	葡萄	无核、增产	50-200毫克/千克	花后1周处理果穗
	芹菜	增产	20-100毫克/千克	叶面处理1次
	人参	增加发芽率	20毫克/千克	播前浸种15分钟
	水稻	增加千粒重、制种	20-30毫克/千克	喷雾
PD86183-43	赤霉酸/75%/结晶粉/赤霉酸 75%/2007.06.18 至 2012.06.18/低毒			
	菠菜	增加鲜重	10-25毫克/千克	叶面处理1-3次
	菠萝	果实增大、增重	40-80毫克/千克	喷花
	柑橘树	果实增大、增重	20-40毫克/千克	喷花
	花卉	提前开花	700毫克/千克	叶面处理涂抹花芽
	绿肥	增产	10-20毫克/千克	喷雾
	马铃薯	苗齐、增产	0.5-1毫克/千克	浸薯块10-30分钟
	棉花	提高结铃率、增产	10-20毫克/千克	点喷、点涂或喷雾
	葡萄	无核、增产	50-200毫克/千克	花后一周处理果穗
	芹菜	增加鲜重	20-100毫克/千克	叶面处理1次
	人参	增加发芽率	20毫克/千克	播种前浸种15分钟
	水稻	增加千粒重、制种	20-30毫克/千克	喷雾
PD91107-2	农用硫酸链霉素/72%/可溶性粉剂/链霉素 72%/2006.03.20 至 2011.03.20/低毒			
	大白菜	软腐病	150-300克/公顷	喷雾
	柑橘树	溃疡病	150-300克/公顷	喷雾
	水稻	白叶枯病	150-300克/公顷	喷雾
PD20084832	阿维菌素/0.5%/乳油/阿维菌素 0.5%/2008.12.22 至 2013.12.22/低毒(原药高毒)			
	十字花科蔬菜	菜青虫	8.1-10.8克/公顷	喷雾
PD20085055	阿维菌素/0.9%/乳油/阿维菌素 0.9%/2008.12.23 至 2013.12.23/低毒(原药高毒)			
	十字花科蔬菜	菜青虫	8.1-10.8克/公顷	喷雾
PD20085549	阿维菌素/1.8%/乳油/阿维菌素 1.8%/2008.12.25 至 2013.12.25/低毒(原药高毒)			
	棉花	棉铃虫	21.6-32.4克/公顷	喷雾
PD20090466	阿维·敌敌畏/40%/乳油/阿维菌素 0.3%、敌敌畏 39.7%/2009.01.12 至 2014.01.12/中等毒(原药高毒)			
	十字花科蔬菜	菜青虫	240-360克/公顷	喷雾
LS20051602	霉威·百菌清/20%/可湿性粉剂/百菌清 15%、乙霉威 5%/2008.04.29 至 2009.04.29/低毒			
	番茄	灰霉病	525-600克/公顷	喷雾

LS20051854　霜脲·锰锌/36%/可湿性粉剂/代森锰锌 32%、霜脲氰 4%/2008.05.16 至 2009.05.16/低毒
黄瓜　霜霉病　1440-1800克/公顷　喷雾

四川德阳万丰科技有限公司　(四川省广汉市连山镇绵远路　618300　0838-5230036)

LS20072146　草甘膦/50%/可溶粉剂/草甘膦 50%/2009.09.04 至 2010.09.05/微毒
柑橘园　杂草　1125-2250克/公顷　定向茎叶喷雾

四川迪美特生物科技有限公司　(四川省成都市人民南路四段53号嘉云台甲栋11楼F座　610041　028-85243548)

PD85144-2　叶枯唑/20%/可湿性粉剂/叶枯唑 20%/2007.12.10 至 2012.12.10/低毒
水稻　白叶枯病　375克/公顷　喷雾、弥雾

PD85159-19　草甘膦/30%/水剂/草甘膦 30%/2005.07.29 至 2010.07.29/低毒
茶树、甘蔗、果园、剑麻、林木、桑树、橡胶树　一年生杂草和多年生恶性杂草　1125-2250克/公顷　定向茎叶喷雾

PD92103　草甘膦/95%,93%,90%/原药/草甘膦 95%,93%,90%/2007.12.10 至 2012.12.10/低毒

PD20040202　三唑酮/15%/可湿性粉剂/三唑酮 15%/2009.12.19 至 2014.12.19/低毒
小麦　白粉病、锈病　135-180克/公顷　喷雾

PD20083907　三环唑/94%/原药/三环唑 94%/2008.12.15 至 2013.12.15/中等毒

PD20084099　三环唑/20%/可湿性粉剂/三环唑 20%/2008.12.16 至 2013.12.16/中等毒
水稻　稻瘟病　225-300克/公顷　喷雾

PD20085696　草甘膦/50%/可溶粉剂/草甘膦 50%/2008.12.26 至 2013.12.26/低毒
柑橘园　杂草　1125-2250克/公顷　定向茎叶喷雾

PD20090767　多效唑/15%/可湿性粉剂/多效唑 15%/2009.01.19 至 2014.01.19/低毒
水稻育秧田　控制生长　200-300毫克/千克　茎叶喷雾
油菜(苗床)　控制生长　100-200毫克/千克　茎叶喷雾

四川福达农用化工有限公司　(四川省成都市双流县籍田镇红阳村　610222　028-85815150)

PD84115-4　代森锌/90%/原药/代森锌 90%/2009.11.25 至 2014.11.25/低毒

PD84116-4　代森锌/80%/可湿性粉剂/代森锌 80%/2009.11.25 至 2014.11.25/低毒
茶树　炭疽病　1143-1600毫克/千克　喷雾
观赏植物　炭疽病、锈病、叶斑病　1143-1600毫克/千克　喷雾
花生　叶斑病　750-960克/公顷　喷雾
梨树、苹果树　多种病害　1143-1600毫克/千克　喷雾
马铃薯　晚疫病、早疫病　960-1200克/公顷　喷雾
麦类　锈病　960-1440克/公顷　喷雾
蔬菜、油菜　多种病害　960-1200克/公顷　喷雾
烟草　立枯病、炭疽病　960-1200克/公顷　喷雾

PD20090448　氰戊菊酯/20%/乳油/氰戊菊酯 20%/2009.01.12 至 2014.01.12/中等毒
十字花科蔬菜　菜青虫　90-120克/公顷　喷雾

PD20090837　溴氰菊酯/25克/升/乳油/溴氰菊酯 25克/升/2009.01.19 至 2014.01.19/低毒
十字花科蔬菜　菜青虫　11.25-15克/公顷　喷雾

PD20091695　高效氯氟氰菊酯/25克/升/乳油/高效氯氟氰菊酯 2.5%/2009.02.03 至 2014.02.03/中等毒
十字花科蔬菜　菜青虫　7.5-11.25克/公顷　喷雾

PD20091933　甲氰菊酯/20%/乳油/甲氰菊酯 20%/2009.02.12 至 2014.02.12/中等毒
十字花科蔬菜　菜青虫　75-90克/公顷　喷雾

PD20091957　代森锰锌/70%/可湿性粉剂/代森锰锌 70%/2009.02.12 至 2014.02.12/低毒
番茄　早疫病　1837.5-2362.5克/公顷　喷雾

PD20092192　甲霜·锰锌/72%/可湿性粉剂/甲霜灵 8%、代森锰锌 64%/2009.02.23 至 2014.02.23/低毒
葡萄　霜霉病　1500-1800克/公顷　喷雾

PD20092276　代森锰锌/80%/可湿性粉剂/代森锰锌 80%/2009.02.24 至 2014.02.24/低毒
番茄　早疫病　1845-2370克/公顷　喷雾

PD20093521　代森锰锌/85%/原药/代森锰锌 85%/2009.03.23 至 2014.03.23/低毒

PD20094763　代森锌/65%/可湿性粉剂/代森锌 65%/2009.04.13 至 2014.04.13/低毒
番茄　早疫病　975-1200克/公顷　喷雾

PD20095457　百草枯/200克/升/水剂/百草枯 200克/升/2009.05.11 至 2014.05.11/中等毒
柑橘园　杂草　600-900/公顷　定向喷雾

PD20098257　乙铝·锰锌/70%/可湿性粉剂/代森锰锌 45%、三乙膦酸铝 25%/2009.12.16 至 2014.12.16/低毒
黄瓜　霜霉病　1400-4200克/公顷　喷雾

LS20052299　甲氨基阿维菌素苯甲酸盐/1%/微乳剂/甲氨基阿维菌素苯甲酸盐 1%/2008.06.22 至 2009.06.22/微毒
十字花科蔬菜　菜青虫　1.5-2.55克/公顷　喷雾

LS20052455　高效氯氰菊酯/4.5%/乳油/高效氯氰菊酯 4.5%/2008.07.12 至 2009.07.12/中等毒
十字花科蔬菜　菜青虫　20.25-27克/公顷　喷雾

LS20060116　滴丁·赤霉酸/34.2%/超低容量液剂/赤霉酸 0.2%、2,4-滴丁酯 34%/2008.01.24 至 2009.01.23/低毒
草场　草原狼毒草　324-583.2克/公顷　喷雾

四川广信农化有限公司　(四川省简阳市平武镇安兴街30号　641406　0832-7299796)

PD20093056　甲硫·三唑酮/20%/可湿性粉剂/甲基硫菌灵 8%、三唑酮 12%/2009.03.09 至 2014.03.09/低毒

	小麦	白粉病	180-300克/公顷	喷雾
LS20081218	高效氯氟氰菊酯/25克/升/乳油/高效氯氟氰菊酯 25克/升/2009.03.10 至 2010.03.10/低毒			
	柑橘树	潜叶蛾	12.5-25毫克/千克	喷雾
	梨树	梨小食心虫	12.5-25毫克/千克	喷雾
LS20081817	啶虫·辛硫磷/15%/乳油/啶虫脒 1.4%、辛硫磷 13.6%/2009.04.10 至 2010.04.10/低毒			
	小麦	蚜虫	157.5-202.5克/公顷	喷雾
	烟草	蚜虫	123.75-157.5克/公顷	喷雾
四川国光农化有限公司　(四川省简阳市平泉镇　641400　0832-7015253)				
PD84116-8	代森锌/80%/可湿性粉剂/代森锌 80%/2009.12.20 至 2014.12.20/低毒			
	茶树	炭疽病	1143-1600毫克/千克	喷雾
	观赏植物	炭疽病、锈病、叶斑病	1143-1600毫克/千克	喷雾
	花生	叶斑病	750-960克/公顷	喷雾
	梨树、苹果树	多种病害	1143-1600毫克/千克	喷雾
	马铃薯	晚疫病、早疫病	960-1200克/公顷	喷雾
	麦类	锈病	960-1440克/公顷	喷雾
	蔬菜、油菜	多种病害	960-1200克/公顷	喷雾
	烟草	立枯病、炭疽病	960-1200克/公顷	喷雾
PD84118-40	多菌灵/25%/可湿性粉剂/多菌灵 25%/2009.11.16 至 2014.11.16/低毒			
	果树	病害	0.05-0.1%药液	喷雾
	花生	倒秧病	750克/公顷	喷雾
	麦类	赤霉病	750克/公顷	喷雾,泼浇
	棉花	苗期病害	500克/100千克种子	拌种
	水稻	稻瘟病、纹枯病	750克/公顷	喷雾,泼浇
	油菜	菌核病	1125-1500克/公顷	喷雾
PD84118-41	多菌灵/25%/可湿性粉剂/多菌灵 25%/2009.12.20 至 2014.12.20/低毒			
	甘薯（种薯）	黑斑病	250-312.5毫克/千克	浸薯块
	果树	病害	0.05-0.1%药液	喷雾
	花生	倒秧病	750克/公顷	喷雾
	麦类	赤霉病	750克/公顷	喷雾,泼浇
	棉花	苗期病害	500克/100千克种子	拌种
	水稻	稻瘟病、纹枯病	750克/公顷	喷雾,泼浇
	油菜	菌核病	1125-1500克/公顷	喷雾
PD84121-14	磷化铝/56%/片剂/磷化铝 56%/2009.11.16 至 2014.11.16/高毒			
	洞穴	室外啮齿动物	根据洞穴大小而定	密闭熏蒸
	货物	仓储害虫	5-10片/1000千克	密闭熏蒸
	空间	多种害虫	1-4片/立方米	密闭熏蒸
	粮食、种子	储粮害虫	3-10片/1000千克	密闭熏蒸
PD84125-25	乙烯利/40%/水剂/乙烯利 40%/2009.03.17 至 2014.03.17/低毒			
	番茄	催熟	800-1000倍液	喷雾或浸渍
	棉花	催熟、增产	330-500倍液	喷雾
	柿子、香蕉	催熟	400倍液	喷雾或浸渍
	水稻	催熟、增产	800倍液	喷雾
	橡胶树	增产	5-10倍液	涂布
	烟草	催熟	1000-2000倍液	喷雾
PD85150-35	多菌灵/50%/可湿性粉剂/多菌灵 50%/2005.07.14 至 2010.07.14/低毒			
	果树	病害	0.05-0.1%药液	喷雾
	花生	倒秧病	750克/公顷	喷雾
	麦类	赤霉病	750克/公顷	喷雾、泼浇
	棉花	苗期病害	250克/50千克种子	拌种
	水稻	稻瘟病、纹枯病	750克/公顷	喷雾、泼浇
	油菜	菌核病	1125-1500克/公顷	喷雾
PD85166-18	绿麦隆/25%/可湿性粉剂/绿麦隆 25%/2009.12.27 至 2014.12.27/低毒			
	大麦、小麦、玉米	一年生杂草	1500-3000克/公顷(北方地区) 600-1500克/公顷(南方地区)	播后苗前或苗期喷雾
PD86123-7	矮壮素/50%/水剂/矮壮素 50%/2009.03.17 至 2014.03.17/低毒			
	棉花	防止徒长,化学整枝	10000倍液	喷顶，后期喷全株
	棉花	防止疯长	25000倍液	喷顶
	棉花	提高产量、植株紧凑	1)10000倍液2)0.3-0.5%药液	1)喷雾2)浸种
	小麦	防止倒伏,提高产量	1)3-5%药液 2)100-400倍液	1)拌种2)返青、拔节期喷雾
	玉米	增产	0.5%药液	浸种
PD86124-3	萘乙酸/80%/原药/萘乙酸 80%/2006.10.25 至 2011.10.25/低毒			

豆类 籽粒增重 0.001-0.01%药液 盛花期喷洒
甘薯 促进生长 50000-10000倍液 浸薯秧下部
谷子、玉米 促进生长 25000-50000倍液 浸种
果树、蔬菜 多结果实 0.001-0.005%药液 适期喷雾
棉花 增产 100000倍液 盛药期开始喷雾
水稻、小麦 促进生长、早熟、增产 5000倍液 浸种或生育期喷洒

PD87110-4 敌磺钠/70%/可溶性粉剂/敌磺钠 70%/2010.01.05 至 2015.01.05/中等毒
黄瓜、西瓜 枯萎病、立枯病 2625-5250克/公顷 泼浇或喷雾
马铃薯 环腐病 210克/100千克种子 拌种
棉花 立枯病 210克/100千克种子 拌种
水稻秧田 立枯病 13125克/公顷 泼浇或喷雾
松杉苗木 根腐病、立枯病 140-350克/100千克种子 拌种
甜菜 根腐病、立枯病 475-760克/100千克种子 拌种
烟草 黑胫病 3000克/公顷 泼浇或喷雾

PD88105-21 硫酸铜/96%/原药/硫酸铜 96%/2008.06.12 至 2013.06.12/低毒

PD20040091 氯氰菊酯/2.5%/乳油/氯氰菊酯 2.5%/2004.12.19 至 2009.12.18/中等毒
烟草 小地老虎、烟青虫 5.6-7.5克/公顷 喷雾

PD20040283 三唑酮/15%/可湿性粉剂/三唑酮 15%/2009.12.19 至 2014.12.19/低毒
小麦 白粉病 135-180克/公顷 喷雾

PD20060168 三乙膦酸铝/40%/可湿性粉剂/三乙膦酸铝 40%/2006.10.31 至 2011.10.31/低毒
黄瓜 霜霉病 1500-2700克/公顷 喷雾

PD20060171 五氯硝基苯/40%/粉剂/五氯硝基苯 40%/2006.11.01 至 2011.11.01/微毒
茄子 猝倒病 34000-40000克/公顷 土壤处理

PD20060172 代森锌/90%/原药/代森锌 90%/2006.11.01 至 2011.11.01/低毒

PD20060177 福美双/50%/可湿性粉剂/福美双 50%/2006.11.09 至 2011.11.09/低毒
黄瓜 白粉病 525-1050克/公顷 喷雾
烟草 根腐病 250-300克/500千克温床土 毒土撒施
注:烟草有效期至2010年9月15日。

PD20060179 代森锰锌/70%/可湿性粉剂/代森锰锌 70%/2006.11.09 至 2011.11.09/低毒
番茄 早疫病 1845-2370克/公顷 喷雾

PD20060210 代森锰锌/50%/可湿性粉剂/代森锰锌 50%/2006.12.11 至 2011.12.11/低毒
番茄 早疫病 1845-2370克/公顷 喷雾
辣椒 炭疽病 2250-2625克/公顷 喷雾

PD20070030 代森锌/65%/可湿性粉剂/代森锌 65%/2007.01.18 至 2012.01.18/低毒
番茄 早疫病 2550-3600克/公顷 喷雾

PD20070033 福美·拌种灵/40%/可湿性粉剂/拌种灵 20%、福美双 20%/2007.01.29 至 2012.01.29/低毒
花生 锈病 720克/公顷 喷雾

PD20070167 锰锌·多菌灵/25%/可湿性粉剂/多菌灵 8%、代森锰锌 17%/2007.06.25 至 2012.06.25/低毒
花生 叶斑病 375-750克/公顷 喷雾

PD20070173 三十烷醇/90%/原药/三十烷醇 90%/2007.06.25 至 2012.06.25/低毒

PD20070243 代森锰锌/85%/原药/代森锰锌 85%/2007.08.30 至 2012.08.30/低毒

PD20070244 腐霉利/50%/可湿性粉剂/腐霉利 50%/2007.08.30 至 2012.08.30/低毒
葡萄 灰霉病 250-500毫克/千克 喷雾

PD20070255 锰锌·三唑酮/40%/可湿性粉剂/代森锰锌 30%、三唑酮 10%/2007.09.04 至 2012.09.04/低毒
黄瓜 白粉病 600-675克/公顷 喷雾

PD20070471 苄嘧磺隆/10%/可湿性粉剂/苄嘧磺隆 10%/2007.11.20 至 2012.11.20/低毒
水稻移栽田 阔叶杂草、莎草科杂草 22.5-30克/公顷 毒土法

PD20080872 三十烷醇/0.1%/微乳剂/三十烷醇 0.1%/2008.06.27 至 2013.06.27/低毒
花生 调节生长、增产 0.75-1.0毫克/千克 喷雾

PD20080993 氯吡脲/97%/原药/氯吡脲 97%/2008.08.06 至 2013.08.06/低毒

PD20081422 咪鲜胺/25%/乳油/咪鲜胺 25%/2008.10.31 至 2013.10.31/低毒
柑橘 蒂腐病、绿霉病、青霉病、炭疽病 250-500毫克/千克 浸果

PD20081509 萘乙酸/20%/粉剂/萘乙酸 20%/2008.11.06 至 2013.11.06/低毒
苹果树 调节生长、增产 8000-10000倍液 喷药二次
葡萄 提高成活率 1000-2000倍液(插条) 浸插条

PD20081543 多效唑/15%/可湿性粉剂/多效唑 15%/2008.11.11 至 2013.11.11/低毒
水稻秧田 控制生长 200-300毫克/千克 喷雾

PD20081592 苄氨基嘌呤/99%/原药/苄氨基嘌呤 99%/2008.11.12 至 2013.11.12/低毒

PD20082370 氯吡脲/0.1%/可溶液剂/氯吡脲 0.1%/2008.12.01 至 2013.12.01/低毒
甜瓜 调节生长 10-20毫克/千克 涂抹瓜胎
猕猴桃 调节生长、增产 5-20毫克/千克 浸幼果

PD20082601 甲哌鎓/98%/原药/甲哌鎓 98%/2008.12.04 至 2013.12.04/低毒

PD20083484 多·锰锌/50%/可湿性粉剂/多菌灵 16%、代森锰锌 34%/2008.12.12 至 2013.12.12/低毒
苹果树 斑点落叶病 1000-1250毫克/千克 喷雾
PD20083813 乙烯利/10%/可溶粉剂/乙烯利 10%/2008.12.15 至 2013.12.15/低毒
番茄 催熟 200-300倍液 喷雾
PD20085793 甲哌鎓/8%/可溶粉剂/甲哌鎓 8%/2008.12.29 至 2013.12.29/低毒
甘薯 控制藤蔓、增产 200-300毫克/千克 喷雾
马铃薯 调节生长 60-120克/公顷 喷雾
PD20086156 丙溴·辛硫磷/45%/乳油/丙溴磷 10%、辛硫磷 35%/2008.12.30 至 2013.12.30/中等毒
棉花 棉铃虫 225-337.5克/公顷 喷雾
PD20091337 多唑·甲哌鎓/10%/可湿性粉剂/多效唑 2.5%、甲哌鎓 7.5%/2009.02.01 至 2014.02.01/低毒
大豆 调节生长、增产 97.5-120克/公顷 喷雾
花生 调节生长、增产 200-250克/公顷 茎叶喷雾
小麦 调节生长、增产 200-300毫克/千克 喷雾
注:大豆为临时登记状态，有效期至2011年9月25日。
PD20092279 甲基硫菌灵/50%/可湿性粉剂/甲基硫菌灵 50%/2009.02.24 至 2014.02.24/低毒
苹果树 轮纹病 850毫克/千克 喷雾
PD20092472 代森锰锌/80%/可湿性粉剂/代森锰锌 80%/2009.02.25 至 2014.02.25/微毒
柑橘树 疮痂病 1333-2000毫克/千克 喷雾
梨树 黑星病 800-1600毫克/千克 喷雾
苹果树 斑点落叶病 1000-1600毫克/千克 喷雾
葡萄 黑痘病 1000-1600毫克/千克 喷雾
PD20093610 甲哌鎓/250克/升/水剂/甲哌鎓 250克/升/2009.03.25 至 2014.03.25/低毒
棉花 调节生长、增产 45-60克/公顷 喷雾
PD20095517 乙铝·锰锌/70%/可湿性粉剂/代森锰锌 25%、三乙膦酸铝 45%/2009.05.11 至 2014.05.11/低毒
黄瓜 霜霉病 1500-4200克/公顷 喷雾
PD20096071 烯唑醇/12.5%/可湿性粉剂/烯唑醇 12.5%/2009.06.18 至 2014.06.18/低毒
梨树 黑星病 3000-4000倍液 喷雾
PD20096156 苯丁·哒螨灵/10%/乳油/苯丁锡 5%、哒螨灵 5%/2009.06.24 至 2014.06.24/低毒
柑橘树 红蜘蛛 50-66.7毫克/千克 喷雾
PD20096280 甲霜·锰锌/58%/可湿性粉剂/甲霜灵 10%、代森锰锌 48%/2009.07.22 至 2014.07.22/低毒
葡萄 霜霉病 1452.9-1635.6克/公顷 喷雾
烟草 黑胫病 696-1044克/公顷 喷雾
PD20097072 矮壮素/95%/原药/矮壮素 95%/2009.10.10 至 2014.10.10/低毒
PD20097445 噻苯隆/50%/可湿性粉剂/噻苯隆 50%/2009.10.28 至 2014.10.28/低毒
棉花 脱叶 225-300克/公顷 喷雾
PD20097655 赤霉酸/4%/乳油/赤霉酸 4%/2009.11.04 至 2014.11.04/微毒
葡萄 调节生长 200-400倍液 浸果穗
PD20098046 磷化铝/56%/片剂/磷化铝 56%/2009.12.07 至 2014.12.07/剧毒
粮食 储粮害虫 5-8克/立方米 密闭熏蒸
PD20098337 氯氟吡氧乙酸异辛酯(288克/升)///乳油/氯氟吡氧乙酸 200克/升/2009.12.18 至 2014.12.18/微毒
冬小麦田、玉米田 一年生阔叶杂草 150-210克/公顷 茎叶喷雾
水田畦畔 空心莲子草(水花生) 150-210克/公顷 茎叶喷雾
LS991027 2,4-滴钠盐/85%/可溶性粉剂/2,4-滴钠盐 85%/2009.01.20 至 2009.12.31/低毒
番茄 调节生长 10-20毫克/千克 涂花柄
LS20051312 丁酰肼/50%/可溶粉剂/丁酰肼 50%/2008.04.12 至 2009.04.12/低毒
观赏菊花 调节生长 2000-4000毫克/千克 喷雾
LS20051624 噻苯隆/98%/原药/噻苯隆 98%/2009.01.20 至 2009.12.31/微毒
LS20052532 复硝酚钠/1.4%/水剂/复硝酚钠 1.4%/2008.07.25 至 2009.07.25/低毒
番茄 调节生长 1.75-2.8毫克(5000-8000倍) 喷雾
LS20052742 吲哚丁酸/95%/原药/吲哚丁酸 95%/2009.01.20 至 2009.12.31/低毒
LS20052864 氯苯胺灵/95%/原药/氯苯胺灵 95%/2009.01.20 至 2009.12.31/低毒
LS20053126 2,4-滴钠盐/90%/原药/2,4-滴钠盐 90%/2009.01.20 至 2009.12.31/低毒
LS20053628 水杨菌胺/5%/可湿性粉剂/水杨菌胺 5%/2008.11.29 至 2009.11.29/低毒
西瓜 枯萎病 100-167毫克/千克 灌根
LS20061186 多效唑/94%/原药/多效唑 94%/2009.05.18 至 2010.05.18/低毒
LS20061238 烯酰吗啉/95%/原药/烯酰吗啉 95%/2009.05.22 至 2010.05.22/低毒
LS20061766 烯效唑/95%/原药/烯效唑 95%/2009.10.12 至 2010.10.12/低毒
LS20072105 氯苯胺灵/2.5%/粉剂/氯苯胺灵 2.5%/2009.08.29 至 2010.08.30/微毒
马铃薯 抑制出芽 12.5-15克/1000千克 撒施
LS20072141 水杨菌胺/98%/原药/水杨菌胺 98%/2009.09.04 至 2010.09.05/微毒
LS20072385 对氯苯氧乙酸钠/96%/原药/对氯苯氧乙酸钠 96%/2009.10.16 至 2010.10.17/低毒
LS20081236 三唑酮/20%/乳油/三唑酮 20%/2009.03.11 至 2010.03.11/低毒
小麦 白粉病 120-150克/公顷 喷雾

LS20081301 烯酰吗啉/10%/水乳剂/烯酰吗啉 10%/2009.03.14 至 2010.03.14/微毒
辣椒 疫病 225-450克/公顷 喷雾
LS20081665 对氯苯氧乙酸钠/8%/可溶粉剂/对氯苯氧乙酸钠 8%/2009.04.07 至 2010.04.07/低毒
番茄 调节生长 15-25毫克/千克 喷花
LS20082143 辛硫磷/3%/颗粒剂/辛硫磷 3%/2009.04.18 至 2010.04.18/低毒
花生 地下害虫 2700-3600克/公顷 沟施
LS20083046 抑芽丹/99.6%/原药/抑芽丹 99.6%/2009.09.22 至 2010.09.22/微毒
LS20083096 胺鲜·乙烯利/30%/水剂/胺鲜酯 3%、乙烯利 27%/2009.10.22 至 2010.10.22/低毒
玉米 调节生长、增产 101.25-112.5克/公顷 喷雾
LS20090888 啶虫脒/50%/水分散粒剂/啶虫脒 50%/2009.04.09 至 2010.04.09/中等毒
柑橘树 蚜虫 10-20毫克/千克 喷雾
LS20091087 2，4-滴钠盐/2%/水剂/2,4-滴钠盐 2%/2009.04.15 至 2010.04.15/低毒
番茄 调节生长 1000-2000倍液 喷花
WP20080505 防蛀液剂/0.3%/防蛀液剂/氯菊酯 0.3%/2008.12.22 至 2013.12.22/低毒
毛织物 黑皮蠹 / 喷雾

四川红种子高新农业有限责任公司 (四川省成都市温江区柳城永兴路839号 611130 028-82637688)

PD20090344 克百·甲硫灵/12%/悬浮种衣剂/甲基硫菌灵 4%、克百威 8%/2009.01.12 至 2014.01.12/高毒
玉米 地下害虫 1:40-50(药种比) 种子包衣
PD20090795 唑醇·福美双/24%/悬浮种衣剂/福美双 21%、三唑醇 3%/2009.01.19 至 2014.01.19/低毒
小麦 黑穗病、锈病 160-200克/100千克种子 种子包衣
PD20091636 福·克/15%/悬浮种衣剂/福美双 8%、克百威 7%/2009.02.03 至 2014.02.03/中等毒(原药高毒)
花生 立枯病、蛴螬 1：40－50（药种比） 种子包衣
PD20097190 多·福/20%/悬浮种衣剂/多菌灵 10%、福美双 10%/2009.10.16 至 2014.10.16/低毒
水稻 稻瘟病 1:40-50(药种比) 种子包衣
PD20098030 克·硝·福美双/25%/悬浮种衣剂/福美双 10%、克百威 5%、五氯硝基苯 10%/2009.12.07 至 2014.12.07/中等毒(原药高毒)
棉花 立枯病、蚜虫 1:30-40(药种比) 种子包衣
LS20070363 高效氟氯氰菊酯/6%/悬浮剂/高效氟氯氰菊酯 6%/2009.03.06 至 2010.03.06/中等毒
十字花科蔬菜 菜青虫 9-13.5克/公顷 喷雾
LS20070392 吡虫啉/10%/悬浮剂/吡虫啉 10%/2009.03.07 至 2010.03.07/微毒
十字花科蔬菜 蚜虫 22.5-30克/公顷 喷雾
LS20082830 咪鲜·吡虫啉/7%/悬浮种衣剂/吡虫啉 5%、咪鲜胺 2%/2009.05.27 至 2010.05.27/微毒
水稻 恶苗病、蓟马 58.3-87.5克/100千克种子 种子包衣
LS20082946 戊唑醇/2%/悬浮种衣剂/戊唑醇 2%/2009.07.24 至 2010.07.24/低毒
小麦 散黑穗病 2.22-3.33克/100千克种子 种子包衣
玉米 丝黑穗病 11.11-16.67克/100千克种子 种子包衣

四川华丰药业有限公司 (四川省简阳市石桥镇新街171号 641401 0832-7281628)

PD84104-14 杀虫双/18%/水剂/杀虫双 18%/2009.10.25 至 2014.10.25/中等毒
甘蔗、蔬菜、水稻、小麦、玉米 多种害虫 540-675克/公顷 喷雾
果树 多种害虫 225-360毫克/千克 喷雾
PD20040307 杀虫单/95%/原药/杀虫单 95%/2009.12.19 至 2014.12.19/中等毒
PD20040774 吡虫·杀虫单/33%/可湿性粉剂/吡虫啉 1%、杀虫单 32%/2009.12.19 至 2014.12.19/低毒
水稻 稻飞虱、二化螟 594-742.5克/公顷 喷雾
PD20083680 杀虫双/3.6%/大粒剂/杀虫双 3.6%/2008.12.15 至 2013.12.15/中等毒
水稻 螟虫 540-675克/公顷 撒施
PD20086050 杀虫双/25%/母液/杀虫双 25%/2008.12.29 至 2013.12.29/中等毒
LS20052977 多·福/40%/可湿性粉剂/多菌灵 20%、福美双 20%/2008.09.13 至 2009.09.13/低毒
梨树 黑星病 1000-1500毫克/千克 喷雾
LS20061158 三唑酮/25%/可湿性粉剂/三唑酮 25%/2009.05.17 至 2010.05.17/低毒
小麦 白粉病 150-225克/公顷 喷雾
LS20071633 氧氟·扑草净/30%/可湿性粉剂/扑草净 24%、乙氧氟草醚 6%/2009.06.06 至 2010.06.07/微毒
大蒜田 阔叶杂草、一年生禾本科杂草 450-900克/公顷 土壤喷雾
LS20071681 苯磺隆/10%/可湿性粉剂/苯磺隆 10%/2009.06.13 至 2010.06.14/低毒
冬小麦田 阔叶杂草 15-22.5克/公顷 茎叶喷雾
LS20081927 苄嘧磺隆/10%/可湿性粉剂/苄嘧磺隆 10%/2009.04.11 至 2010.04.11/低毒
水稻移栽田 阔叶杂草及莎草科杂草 18-24克/公顷（南方） 毒土法
LS20082472 甲霜·锰锌/58%/可湿性粉剂/甲霜灵 10%、代森锰锌 48%/2009.04.22 至 2010.04.22/低毒
黄瓜 霜霉病 696-1392克/公顷 喷雾
LS20091014 扑·乙/30%/可湿性粉剂/扑草净 22%、乙草胺 8%/2009.04.13 至 2010.04.13/微毒
花生田 一年生杂草 675-900克/公顷 土壤喷雾
LS20091379 杀单·三唑磷/26%/可湿性粉剂/三唑磷 10%、杀虫单 16%/2009.08.04 至 2010.08.04/低毒
水稻 二化螟 585-780克/公顷 喷雾

四川华英化工有限责任公司　(四川省成都市新津县邓双镇新桥村　610041　028-85583016，85551620)

PD20081434　草甘膦/95%/原药/草甘膦 95%/2008.10.31 至 2013.10.31/微毒

PD20085088　毒死蜱/98%/原药/毒死蜱 98%/2008.12.23 至 2013.12.23/中等毒

四川稼得利科技开发有限公司　(四川省简阳市贾家镇竹林村九社　641421　0832-7037106)

PD20080695　三环唑/75%/可湿性粉剂/三环唑 75%/2008.06.04 至 2013.06.04/中等毒
水稻　稻瘟病　225-375克/公顷　喷雾

PD20080875　丙环唑/250克/升/乳油/丙环唑 250克/升/2008.07.01 至 2013.07.01/低毒
香蕉　叶斑病　333.3-500毫克/千克　喷雾

PD20083407　百菌清/40%/悬浮剂/百菌清 40%/2008.12.11 至 2013.12.11/微毒
黄瓜　霜霉病　900-1050克/公顷　喷雾

PD20083675　多菌灵/80%/可湿性粉剂/多菌灵 80%/2008.12.15 至 2013.12.15/低毒
油菜　菌核病　1320-1500克/公顷　喷雾

PD20083718　甲基硫菌灵/36%/悬浮剂/甲基硫菌灵 36%/2008.12.15 至 2013.12.15/微毒
花生　叶斑病　180-225克/公顷　喷雾

PD20084691　三乙膦酸铝/90%/可溶粉剂/三乙膦酸铝 90%/2008.12.22 至 2013.12.22/微毒
莴笋　霜霉病　540-1080克/公顷　喷雾

PD20085170　毒死蜱/480克/升/乳油/毒死蜱 480克/升/2008.12.23 至 2013.12.23/中等毒
苹果树　桃小食心虫　240-480毫克/千克　喷雾

PD20091156　乐果/40%/乳油/乐果 40%/2009.01.22 至 2014.01.22/中等毒
小麦　蚜虫　135-270克/公顷　喷雾

PD20093018　炔螨特/73%/乳油/炔螨特 73%/2009.03.09 至 2014.03.09/低毒
柑橘树　红蜘蛛　243.3-365毫克/千克　喷雾

PD20094277　三唑酮/25%/可湿性粉剂/三唑酮 25%/2009.03.31 至 2014.03.31/低毒
小麦　锈病　105-142.5克/公顷　喷雾

LS20080903　叶枯唑/20%/可湿性粉剂/叶枯唑 20%/2009.03.04 至 2010.03.04/微毒
水稻　白叶枯病　300-375克/公顷　喷雾

LS20080919　代森铵/45%/水剂/代森铵 45%/2009.03.04 至 2010.03.04/低毒
玉米　大斑病　675-825克/公顷　喷雾

四川金珠生态农业科技有限公司　(四川省成都市高新区九兴大道10号　610041　028-85140056)

LS20071620　宁南霉素/4%/水剂/宁南霉素 4%/2009.06.05 至 2010.06.06/微毒
水稻　条纹叶枯病　80-100克/公顷　喷雾

四川联农化学有限公司　(四川省成都市双流县籍田镇　610222　028-85691399)

PD84116-2　代森锌/80%/可湿性粉剂/代森锌 80%/2009.11.26 至 2014.11.26/低毒
茶树　炭疽病　1143-1600毫克/千克　喷雾
观赏植物　炭疽病、锈病、叶斑病　1143-1600毫克/千克　喷雾
花生　叶斑病　750-960克/公顷　喷雾
梨树、苹果树　多种病害　1143-1600毫克/千克　喷雾
马铃薯　晚疫病、早疫病　960-1200克/公顷　喷雾
麦类　锈病　960-1440克/公顷　喷雾
蔬菜、油菜　多种病害　960-1200克/公顷　喷雾
烟草　立枯病、炭疽病　960-1200克/公顷　喷雾

PD20091282　代森锰锌/70%/可湿性粉剂/代森锰锌 70%/2009.02.01 至 2014.02.01/低毒
番茄　早疫病　1845-2370克/公顷　喷雾

PD20096636　代森锰锌/50%/可湿性粉剂/代森锰锌 50%/2009.09.02 至 2014.09.02/低毒
番茄　早疫病　1845-2370克/公顷　喷雾

四川龙蟒福生科技有限责任公司　(四川省成都市大邑县鹤翔大道325号　611330　028-88219878)

PD20050198　S-诱抗素/0.1%/水剂/S-诱抗素 0.1%/2005.12.13 至 2010.12.13/微毒
番茄　调节生长　2.5-5毫克/千克　喷雾
烟草(苗床)　调节生长　2.7-3.5毫克/千克　喷雾
注:番茄为临时登记状态,有效期最多至2009年2月4日。

PD20050199　S-诱抗素/0.006%/水剂/S-诱抗素 0.006%/2005.12.13 至 2010.12.13/微毒
水稻　调节生长　0.3-0.4毫克/千克　浸种

PD20050201　S-诱抗素原药//原药/S-诱抗素 90%/2005.12.13 至 2010.12.13/微毒

PD20093848　S-诱抗素/1%/可溶粉剂/S-诱抗素 1%/2009.03.25 至 2014.03.25/微毒
番茄　调节生长　3.33-10毫克/千克　喷雾

PD20097554　吲哚丁酸/98%/原药/吲哚丁酸 98%/2009.11.03 至 2014.11.03/低毒

LS20082945　吲丁·诱抗素/1%/可湿性粉剂/S-诱抗素 0.1%、吲哚丁酸 0.9%/2008.07.23 至 2009.07.23/微毒
水稻秧田　促进新根生长　500-1000倍液　移栽前一周左右，兑水喷雾

四川绿润科技开发有限公司　(四川省成都市星辉西路18号省林科院大楼408　610066　028-83228200)

PD20082023　灭幼脲/25%/悬乳剂/灭幼脲 25%/2008.11.25 至 2013.11.25/微毒
苹果树　金纹细蛾　125-167毫克/千克　喷雾

LS20060434　甲维·高氯/4.3%/乳油/高效氯氰菊酯 4.2%、甲氨基阿维菌素苯甲酸盐 0.1%/2009.03.05 至 2010.03.05/低毒

十字花科蔬菜　小菜蛾　19.35-22.58克/公顷　喷雾
LS20060564　高效氯氟氰菊酯/25克/升/乳油/高效氯氟氰菊酯 25克/升/2009.03.16 至 2010.03.16/中等毒
苹果树　桃小食心虫　5-6.25毫克/千克　喷雾
LS20083028　高氯·乙酰甲/0.17%/粉剂/高效氯氰菊酯 0.1%、乙酰甲胺磷 0.07%/2009.09.18 至 2010.09.18/低毒
松树　松毛虫　75-112.5克/公顷　喷粉
LS20091339　高氯·甲维盐/4.3%/微乳剂/高效氯氰菊酯 4%、甲氨基阿维菌素苯甲酸盐 0.3%/2009.06.10 至 2010.06.10/低毒
甘蓝　甜菜夜蛾　14-22克/公顷　喷雾

四川绵阳康尔日化有限公司　(四川省绵阳市三台县北坝镇北泉路22号　621100　0816-5332266)

WP20080013　杀虫气雾剂/0.4%/气雾剂/胺菊酯 0.25%、氯菊酯 0.15%/2008.01.04 至 2013.01.04/微毒
卫生　蜚蠊、蚊、蝇　/　喷雾
注:本品有三种香型：青苹果香型、铃兰花香型、百花清香型。
WP20080117　蚊香/0.15%/蚊香/富右旋反式烯丙菊酯 0.15%/2008.10.27 至 2013.10.27/微毒
卫生　蚊　/　点燃
注:本品有三种香型：檀香型、百合香型、果香型。

四川南充邦威药业有限责任公司　(四川省南充市南坪区龙门镇金龙大道8号　637102　0817-3589966)

WP20090154　蚊香/0.3%/蚊香/富右旋反式烯丙菊酯 0.3%/2009.03.04 至 2014.03.04/低毒
卫生　蚊　/　点燃

四川诺富尔作物科技有限公司　(四川省安岳县通贤镇北大街63号　642352　028－88743510)

PD20092671　苄嘧磺隆/10%/可湿性粉剂/苄嘧磺隆 10%/2009.03.03 至 2014.03.03/微毒
抛秧水稻　一年生阔叶杂草　22.5-30克/公顷　毒土法
PD20096338　氯氟吡氧乙酸异辛酯/200克/升/乳油/氯氟吡氧乙酸异辛酯 200克/升/2009.07.22 至 2014.07.22/低毒
水田畦畔　空心莲子草(水花生)　120-180克/公顷　茎叶喷雾
PD20097010　氯氰·毒死蜱/522.5克/升/乳油/毒死蜱 475克/升、氯氰菊酯 47.5克/升/2009.09.29 至 2014.09.29/中等毒
甘蓝　菜青虫　235-470克/公顷　喷雾
PD20097307　高效氯氟氰菊酯/25克/升/乳油/高效氯氟氰菊酯 25克/升/2009.10.26 至 2014.10.26/中等毒
十字花科蔬菜叶菜　蚜虫　5.625-7.5克/公顷　喷雾
PD20097415　复硝酚钠/1.8%/水剂/5-硝基邻甲氧基苯酚钠 0.3%、对硝基苯酚钠 0.9%、邻硝基苯酚钠 0.6%/2009.10.28至2014.10.28/微毒
番茄　调节生长　2000-3000倍液　茎叶喷雾
PD20097629　甲霜·锰锌/58%/可湿性粉剂/甲霜灵 10%、代森锰锌 48%/2009.11.03 至 2014.11.03/低毒
黄瓜　霜霉病　675－1050克/公顷　喷雾
PD20098254　噻嗪·异丙威 /25%/可湿性粉剂/噻嗪酮 5%、异丙威 20%/2009.12.16 至 2014.12.16/低毒
水稻　稻飞虱　337.5-450克/公顷　喷雾

四川赛威生物工程有限公司　(四川省成都市双流县中和镇双龙村九组　610212　028-85305118)

PD20080682　溴氰·杀螟松/1.01%/微胶囊粉剂/杀螟硫磷 1%、溴氰菊酯 0.01%/2008.06.04 至 2013.06.04/低毒
仓储原粮　仓储害虫　2-5毫克/千克　拌粮
PD20082523　高氯·辛硫磷/25%/乳油/高效氯氰菊酯 2.5%、辛硫磷 22.5%/2008.12.03 至 2013.12.03/中等毒
棉花　棉铃虫　93.75-187.5克/公顷　喷雾
PD20091612　高氯·毒死蜱/12%/乳油/毒死蜱 9.5%、高效氯氰菊酯 2.5%/2009.02.03 至 2014.02.03/中等毒
十字花科蔬菜　菜青虫　54-72克/公顷　喷雾
PD20091999　顺式氯氰菊酯/5%/乳油/顺式氯氰菊酯 5%/2009.02.12 至 2014.02.12/中等毒
十字花科蔬菜　蚜虫　15-22.5克/公顷　喷雾
LS20052823　氯氰·吡虫啉/5%/乳油/吡虫啉 1%、氯氰菊酯 4%/2008.09.01 至 2009.09.01/中等毒
十字花科蔬菜　蚜虫　22.5-37.5克/公顷　喷雾
LS20060087　高效氯氰菊酯/2.5%/乳油/高效氯氰菊酯 2.5%/2009.01.23 至 2010.01.24/低毒
苹果树　桃小食心虫　16.7-25毫克/千克　喷雾
LS20060293　马拉·杀螟松/12%/乳油/马拉硫磷 10%、杀螟硫磷 2%/2009.03.01 至 2010.03.01/低毒
水稻　二化螟　225-270克/公顷　喷雾

四川省成都彩虹电器(集团)股份有限公司　(四川省成都市武侯区武侯大道顺江段73号　610045　028-85373624)

WPN25-99　电热蚊香片/35毫克/片/电热蚊香片/炔丙菊酯 7毫克/片、右旋烯丙菊酯 28毫克/片/2009.03.11 至 2014.03.11/微毒
卫生　蚊　/　电热加温
注:本品有三种香型：芳香型、柠檬香型、薰衣草香型。
WP20060010　电热蚊香液/2.6%/电热蚊香液/Es-生物烯丙菊酯 2.6%/2006.05.19 至 2011.05.19/微毒
卫生　蚊　/　电热加温
WP20060011　杀虫气雾剂/0.72%/气雾剂/胺菊酯 0.48%、富右旋反式烯丙菊酯 0.12%、氯氰菊酯 0.12%/2006.05.22至2011.05.22/微毒
卫生　蜚蠊、麦蛾、蚂蚁、跳蚤、蚊、蝇、印度谷螟　/　喷雾
注:本品有三种香型：原野花香型、柠檬香型、清香型。
WP20060012　杀虫气雾剂/0.36%/气雾剂/胺菊酯 0.30%、氯氰菊酯 0.06%/2006.06.02 至 2011.06.02/微毒
卫生　蜚蠊、蚂蚁、蚊、蝇　/　喷雾
注:本品有壹种香型：清香型。
WP20070010　蚊香/0.25%/蚊香/富右旋反式烯丙菊酯 0.25%/2007.06.07 至 2012.06.07/微毒

卫生 蚊 / 点燃
注:本品有三种香型:桂花香型、檀香香型、栀子花香型。
WP20070012 蚊香/0.25%/蚊香/Es-生物烯丙菊酯 0.25%/2007.06.14 至 2012.06.14/微毒
卫生 蚊 / 点燃
WP20070013 电热蚊香片/22毫克/片/电热蚊香片/富右旋反式烯丙菊酯 12毫克/片、炔丙菊酯 10毫克/片/2007.06.14 至 2012.06.14/微毒
卫生 蚊 / 电热加温
WP20080006 电热蚊香片/47毫克/片/电热蚊香片/炔丙菊酯 11毫克/片、右旋烯丙菊酯 36毫克/片/2008.01.03 至 2013.01.03/微毒
卫生 蚊 / 电热加温
注:本品有三种香型:芳香型、柠檬香型、薰衣草香型。
WP20080076 驱蚊霜/20%/驱蚊霜/避蚊胺 20%/2008.05.30 至 2013.05.30/微毒
卫生 蚊 / 涂抹
注:本品有两种香型:清香型、果香型。
WP20080222 杀虫气雾剂/0.58%/气雾剂/Es-生物烯丙菊酯 0.24%、胺菊酯 0.32%、溴氰菊酯 0.02%/2008.11.25 至 2013.11.25/微毒
卫生 蜚蠊、蚂蚁、蚊、蝇 / 喷雾
注:本品有三种香型:柑桔香型、柠檬香型、花香型。
WP20080458 杀蟑饵剂/2.5%/饵剂/吡虫啉 2.5%/2008.12.16 至 2013.12.16/微毒
卫生 蜚蠊 / 投放
WP20080491 杀虫气雾剂/0.7%/气雾剂/胺菊酯 0.3%、氯氰菊酯 0.2%、炔咪菊酯 0.2%/2008.12.17 至 2013.12.17/微毒
卫生 蚂蚁、跳蚤、蚊、蝇、蜚蠊 / 喷雾
注:本品有两种香型:麝香玫瑰香型、清香型。
WP20080493 电热蚊香液/1.3%/电热蚊香液/炔丙菊酯 1.3%/2008.12.18 至 2013.12.18/微毒
卫生 蚊 / 电热加温
注:本品有三种香型:冰橙香型、柠檬香型、清香型。
WP20080498 电热蚊香液/1.3%/电热蚊香液/四氟苯菊酯 1.3%/2008.12.18 至 2013.12.18/微毒
卫生 蚊 / 电热加温
注:本品有三种香型:清香型、柠檬香型、冰橙香型。
WP20080523 杀虫气雾剂/0.4%/气雾剂/右旋胺菊酯 0.2%、右旋苯醚氰菊酯 0.2%/2008.12.23 至 2013.12.23/微毒
卫生 蚂蚁、蚊、蝇、蜚蠊 / 喷雾
注:本品有壹种香型:柠檬香型。
WP20090246 防蛀防霉片剂/99%/片剂/对二氯苯 99%/2009.04.24 至 2014.04.24/低毒
卫生 黑皮蠹、霉菌 40克制剂/立方米 投放
WL20040022 蝇香/0.8%/蝇香/富右旋反式烯炔菊酯 0.7%、环戊烯丙菊酯 0.1%/2008.01.10 至 2009.01.10/低毒
卫生 蝇 / 点燃
WL20050040 电热蚊香片/35毫克/片/电热蚊香片/四氟苯菊酯 7毫克/片、右旋烯丙菊酯 28毫克/片/2008.02.04 至 2009.02.03/微毒
卫生 蚊 / 电热加温
WL20050120 电热蚊香片/30毫克/片/电热蚊香片/Es-生物烯丙菊酯 22毫克/片、除虫菊素(Ⅰ+Ⅱ) 8毫克/片/2008.04.13 至 2009.04.13/微毒
卫生 蚊 / 电热加温
WL20060196 电热蚊香片/8毫克/片/电热蚊香片/炔丙菊酯 4毫克/片、四氟甲醚菊酯 4毫克/片/2009.12.06 至 2010.12.06/微毒
卫生 蚊 / 电热加温
注:本品有三种香型:芳香型、柠檬香型、清香型。
WL20070064 电热蚊香片/40毫克/片/电热蚊香片/Es-生物烯丙菊酯 32毫克/片、炔丙菊酯 8毫克/片/2009.03.31 至 2010.03.31/微毒
卫生 蚊 / 电热加温
注:本品有三种香型:甜橙香型、柠檬香型、清香型。
WL20070192 驱蚊片/60毫克/片/驱蚊片/四氟醚菊酯 60毫克/片/2009.10.09 至 2010.10.10/微毒
卫生 蚊 / 电吹风
注:本品有两种香型:清香型、柠檬香型。
WL20070216 蚊香/0.04%/蚊香/四氟醚菊酯 0.04%/2008.10.16 至 2009.10.17/微毒
卫生 蚊 / 点燃
注:本品有三种香型:桂花香型、檀香香型、栀子花香型。
WL20070222 驱蚊液/10%/驱蚊液/驱蚊酯 10%/2009.10.16 至 2010.10.17/微毒
卫生 蚊 / 涂抹
注:本品有三种香型:清香型、香水香型、花香型。
WL20070282 蚊香/0.014%/蚊香/四氟甲醚菊酯 0.014%/2009.12.04 至 2010.12.05/微毒
卫生 蚊 / 点燃
注:本品有三种香型:桂花檀香型、椰子油香型、栀子花香型。
WL20080001 蚊香/0.03%/蚊香/四氟甲醚菊酯 0.03%/2009.01.04 至 2010.01.04/微毒
卫生 蚊 / 点燃
注:本品有三种香型:桂花檀香型、檀香香型、栀子花香型。
WL20080066 电热蚊香液/0.9%/电热蚊香液/四氟苯菊酯 0.9%/2009.02.19 至 2010.02.19/微毒
卫生 蚊 / 电热加温
WL20080068 杀蟑气雾剂/0.7%/气雾剂/氯氰菊酯 0.2%、炔咪菊酯 0.2%、右旋苯醚氰菊酯 0.3%/2009.02.17 至 2010.02.18/微毒

卫生 蜚蠊 / 喷雾
注:本品有两种香型:冰橙香型、柠檬香型。
WL20080072 电热蚊香片/10毫克/片/电热蚊香片/炔丙菊酯 5毫克/片、四氟甲醚菊酯 5毫克/片/2009.02.19 至 2010.02.19/微毒
卫生 蚊 / 电热加温
注:本品有三种香型:芳香型、柠檬香型、清香型。
WL20080135 杀蚊气雾剂/0.6%/气雾剂/胺菊酯 0.35%、富右旋反式烯丙菊酯 0.15%、氯菊酯 0.1%/2009.02.21 至 2010.02.22/微毒
卫生 蚊 / 喷雾
注:本品有三种香型:柚叶香型、绿茶香型、哈密瓜香型。
WL20080149 电热蚊香浆/450毫克/盒/电热蚊香浆/四氟苯菊酯 450毫克/盒/2009.02.24 至 2010.02.25/微毒
卫生 蚊 / 电热加温
注:本品有两种香型:清香型、柠檬香型。
WL20080173 防蛀片剂/94%/防蛀片剂/樟脑 94%/2009.02.28 至 2010.02.28/低毒
卫生 黑皮蠹 / 投放
WL20090009 杀蟑烟片/7.2%/烟片/右旋苯醚氰菊酯 7.2%/2009.01.09 至 2010.01.09/微毒
卫生 蜚蠊 / 点燃
注:本品有一种香型:清香型。
WL20090019 蚊香/0.3%/蚊香/富右旋反式烯丙菊酯 0.25%、四氟醚菊酯 0.05%/2009.02.04 至 2010.02.04/微毒
卫生 蚊 / 点燃
注:本品有两种香型:桂花檀香型、檀香型。
WL20090034 蚊香/0.08%/蚊香/四氟醚菊酯 0.08%/2009.02.13 至 2010.02.13/微毒
卫生 蚊 / /点燃
注:本品有两种香型:桂花檀香型、檀香型。
WL20090049 杀虫气雾剂/0.9%/气雾剂/胺菊酯 0.3%、氯菊酯 0.5%、右旋苯醚氰菊酯 0.1%/2009.03.05 至 2010.03.05/微毒
卫生 蜚蠊、蚂蚁、蚊、蝇 / 喷雾
注:本品有壹种香型:清香型。
WL20090076 杀蟑烟片/10%/烟片/残杀威 5%、右旋苯醚氰菊酯 5%/2009.03.19 至 2010.03.19/微毒
卫生 蜚蠊 / 点燃
WL20090081 电热蚊香片/47毫克/片/电热蚊香片/富右旋反式炔丙菊酯 12毫克/片、右旋烯丙菊酯 35毫克/片/2009.03.23至2010.03.23/微毒
卫生 蚊 / 电热加温
注:本品有两种香型:芳香型、柠檬香型。
WL20090084 电热蚊香液/0.8%/电热蚊香液/四氟醚菊酯 0.8%/2009.03.23 至 2010.03.23/微毒
卫生 蚊 / 电热加温
注:本品有两种香型:清香型、柠檬香型。
WL20090164 电热蚊香液/0.31%/电热蚊香液/四氟甲醚菊酯 0.31%/2009.07.15 至 2010.07.15/微毒
卫生 蚊 / 电热加温
注:本品有两种香型:柠檬香型、清香型。
WL20090219 电热蚊香液/0.93%/电热蚊香液/四氟甲醚菊酯 0.93%/2009.12.14 至 2010.12.14/微毒
卫生 蚊 / 电热加温
WL20090223 蚊香/0.08%/蚊香/氯氟醚菊酯 0.08%/2009.12.14 至 2010.12.14/微毒
卫生 蚊 / 点燃

四川省成都凤鸣蚊香制品有限公司 (四川省成都市金牛区凤凰山农场凤鸣分场 610041 028-83162140)

WP20080402 蚊香/0.25%/蚊香/富右旋反式烯丙菊酯 0.25%/2008.12.12 至 2013.12.12/微毒
卫生 蚊 / 点燃
WL20080417 蚊香/0.15%/蚊香/富右旋反式烯丙菊酯 0.15%/2008.10.23 至 2009.10.23/微毒
卫生 蚊 / 点燃

四川省成都盖尔盖司生物科技制品厂 (四川省成都市新津县花源镇官林村 611433 028-84504959)

PD20081993 草甘膦异丙胺盐/41%/水剂/草甘膦异丙胺盐 41%/2008.11.25 至 2013.11.25/微毒
柑橘园 杂草 1125-2250克/公顷 定向喷雾
PD20082196 草甘膦/30%/水剂/草甘膦 30%/2008.11.26 至 2013.11.26/低毒
柑橘园 杂草 1125-2250克/公顷 定向茎叶喷雾
PD20085320 辛硫磷/3%/颗粒剂/辛硫磷 3%/2008.12.24 至 2013.12.24/微毒
花生 地下害虫 1800-3600克/公顷 撒施
PD20090017 辛硫磷/40%/乳油/辛硫磷 40%/2009.01.06 至 2014.01.06/低毒
棉花 棉铃虫 300-375克/公顷 喷雾
PD20098095 草甘膦铵盐(55%)///可溶性粉剂/草甘膦 50%/2009.12.08 至 2014.12.08/低毒
柑橘园 杂草 1125-2250克/公顷 定向喷雾
LS20060972 辛硫·三唑磷/27%/乳油/三唑磷 5%、辛硫磷 22%/2009.04.23 至 2010.04.23/中等毒
水稻 二化螟 243-405克/公顷 喷雾
LS20061359 高氯·辛硫磷/20%/乳油/高效氯氰菊酯 2%、辛硫磷 18%/2009.06.25 至 2010.06.25/中等毒
十字花科蔬菜 蚜虫 150-240克/公顷 喷雾
LS20061424 氯氰·乐果/15%/乳油/乐果 12%、氯氰菊酯 3%/2009.06.29 至 2010.06.29/中等毒
十字花科蔬菜 菜青虫 135-180克/公顷 喷雾

LS20061943 高氯·吡虫啉/3%/乳油/吡虫啉 1.5%、高效氯氰菊酯 1.5%/2009.12.06 至 2010.12.06/低毒
十字花科蔬菜 蚜虫 18-27克/公顷 喷雾

四川省成都海宁化工实业有限公司 (四川省成都市新津县花源镇 611433 028-82481661)

PD20050108 甲氰菊酯/20%/乳油/甲氰菊酯 20%/2005.08.15 至 2010.08.15/中等毒
甘蓝 菜青虫 75-90克/公顷 喷雾

PD20080585 S-氰戊菊酯/50克/升/乳油/S-氰戊菊酯 50克/升/2008.05.12 至 2013.05.12/中等毒
甘蓝 菜青虫 15-22.5克/公顷 喷雾

PD20083186 稻瘟灵/95%/原药/稻瘟灵 95%/2008.12.11 至 2013.12.11/低毒

PD20083969 溴氰菊酯/25克/升/乳油/溴氰菊酯 25克/升/2008.12.16 至 2013.12.16/中等毒
甘蓝 菜青虫 11.25-18.75克/公顷 喷雾
棉花 棉铃虫 11.25-18.75克/公顷 喷雾

PD20085236 稻瘟灵/40%/乳油/稻瘟灵 40%/2008.12.23 至 2013.12.23/低毒
水稻 稻瘟病 600－690克/公顷 喷雾

PD20085746 稻瘟灵/30%/乳油/稻瘟灵 30%/2008.12.26 至 2013.12.26/低毒
水稻 稻瘟病 450-675克/公顷 喷雾

PD20090841 代森锰锌/70%/可湿性粉剂/代森锰锌 70%/2009.01.19 至 2014.01.19/微毒
番茄 早疫病 1845-2370克/公顷 喷雾

PD20092026 溴氰·毒死蜱/10%/乳油/毒死蜱 9.5%、溴氰菊酯 0.5%/2009.02.12 至 2014.02.12/低毒
十字花科蔬菜 菜青虫 45-75克/公顷 喷雾

四川省成都宏丰日用品发展有限公司 (四川省成都市金牛区营门口街道花照村二组 610031 028-87608720)

WP20080263 蚊香/0.2%/蚊香/富右旋反式烯丙菊酯 0.2%/2008.11.27 至 2013.11.27/微毒
卫生 蚊 / 点燃

WP20080285 电热蚊香片/38毫克/片/电热蚊香片/富右旋反式烯丙菊酯 28毫克/片、炔丙菊酯 10毫克/片/2008.12.01 至 2013.12.01/微毒
卫生 蚊 / 电热加温

WP20080485 蚊香/0.3%/蚊香/富右旋反式烯丙菊酯 0.3%/2008.12.17 至 2013.12.17/低毒
卫生 蚊 / 点燃

WL20080477 蝇香/0.7%/蝇香/右旋烯炔菊酯 0.7%/2008.12.05 至 2009.12.05/微毒
卫生 蝇 / 点燃

WL20090024 蝇香/0.8%/蝇香/氯烯炔菊酯 0.8%/2009.02.09 至 2010.02.09/微毒
卫生 蝇 / 点燃

四川省成都绿金生物科技有限责任公司 (四川省成都市高朋大道5号 610041 028-85141022-8004)

LS20001678 印楝素/0.3%/乳油/印楝素 0.3%/2009.01.01 至 2009.12.31/低毒
茶树 茶毛虫 5.4-6.75克/公顷 喷雾
柑橘树 潜叶蛾 5-7.5毫克/千克 喷雾
十字花科蔬菜 小菜蛾 2.7-4.05克/公顷 喷雾

LS20031086 印楝素/10%/母药/印楝素 10%/2009.01.01 至 2009.12.31/低毒

LS20053753 阿维·印楝素/0.8%/乳油/阿维菌素 0.5%、印楝素 0.3%/2008.12.12 至 2009.12.12/低毒(原药高毒)
十字花科蔬菜 小菜蛾 4.8-7.2克/公顷 喷雾

LS20090040 高氯·甲维盐/5%/微乳剂/高效氯氰菊酯 4.5%、甲氨基阿维菌素苯甲酸盐 0.5%/2009.01.08 至 2010.01.08/中等毒
甘蓝 甜菜夜蛾 15-22.5克/公顷 喷雾

LS20091298 印楝素/0.3%/乳油/印楝素 0.3%/2009.05.26 至 2010.05.26/低毒
茶树 茶毛虫 5.4－6.75克/公顷 喷雾
柑橘树 潜叶蛾 5-7.5毫克/千克 喷雾

四川省成都年年丰农化有限公司 (四川省成都市新都区西街48号 610500 028-83015896)

PD20090376 代森锰锌/80%/可湿性粉剂/代森锰锌 80%/2009.01.12 至 2014.01.12/微毒
番茄 早疫病 1800-2400克/公顷 喷雾

PD20090422 马拉硫磷/45%/乳油/马拉硫磷 45%/2009.01.12 至 2014.01.12/低毒
十字花科蔬菜 黄条跳甲 607.5-742.5克/公顷 喷雾

PD20090491 高效氯氟氰菊酯/25克/升/乳油/高效氯氟氰菊酯 25克/升/2009.01.12 至 2014.01.12/中等毒
烟草 烟青虫 5.63-7.5克/公顷 喷雾

PD20090568 顺式氯氰菊酯/50克/升/乳油/顺式氯氰菊酯 50克/升/2009.01.13 至 2014.01.13/中等毒
十字花科蔬菜 小菜蛾 9-18克/公顷 喷雾

PD20090846 毒死蜱/40%/乳油/毒死蜱 40%/2009.01.19 至 2014.01.19/中等毒
水稻 二化螟 750-1050克/公顷 喷雾

PD20090942 福美双/50%/可湿性粉剂/福美双 50%/2009.01.19 至 2014.01.19/低毒
黄瓜 霜霉病 750-1050克/公顷 喷雾

PD20091797 多菌灵/25%/可湿性粉剂/多菌灵 25%/2009.02.04 至 2014.02.04/低毒
小麦 赤霉病 750-900克/公顷 喷雾

PD20092523 仲丁威/20%/乳油/仲丁威 20%/2009.02.26 至 2014.02.26/低毒
水稻 稻飞虱 450-570克/公顷 喷雾

PD20092534 稻瘟灵/30%/乳油/稻瘟灵 30%/2009.02.26 至 2014.02.26/低毒
水稻 稻瘟病 450-675克/公顷 喷雾

PD20093523 高效氯氟氰菊酯/25克/升/乳油/高效氯氟氰菊酯 25克/升/2009.03.23 至 2014.03.23/中等毒
棉花 红铃虫 15-22.5克/公顷 喷雾
PD20093565 溴氰·毒死蜱/10%/乳油/毒死蜱 9.5%、溴氰菊酯 0.5%/2009.03.23 至 2014.03.23/中等毒
十字花科蔬菜 菜青虫 45-75克/公顷 喷雾
PD20096918 阿维·高氯/2%/乳油/阿维菌素 0.2%、高效氯氰菊酯 1.8%/2009.09.23 至 2014.09.23/低毒(原药高毒)
甘蓝 菜青虫、小菜蛾 13.5-27克/公顷 喷雾
LS20052912 丙溴·辛硫磷/40%/乳油/丙溴磷 6%、辛硫磷 34%/2008.09.07 至 2009.09.07/中等毒
十字花科蔬菜 甜菜夜蛾 350-500克/公顷 喷雾
LS20053214 氯氰·吡虫啉/5%/乳油/吡虫啉 1%、氯氰菊酯 4%/2008.10.11 至 2009.10.11/微毒
十字花科蔬菜 蚜虫 30-37.5克/公顷 喷雾
LS20060726 阿维·柴油/58%/乳油/阿维菌素 0.15%、柴油 57.85%/2009.04.03 至 2010.04.03/低毒(原药高毒)
柑橘树 红蜘蛛 386.7-580毫克/千克 喷雾
LS20060956 胺鲜酯/1.6%/水剂/胺鲜酯 1.6%/2009.04.18 至 2010.04.18/低毒
大白菜 调节生长 20-40毫克/千克 喷雾法
LS20061058 阿维·辛硫磷/15%/乳油/阿维菌素 0.1%、辛硫磷 14.9%/2008.05.10 至 2009.05.10/低毒(原药高毒)
十字花科蔬菜 小菜蛾 112.5-225克/公顷 喷雾
LS20081053 井冈霉素/3%/水剂/井冈霉素 3%/2009.03.07 至 2010.03.07/微毒
水稻 纹枯病 150-187.5克/公顷 喷雾
LS20081148 稻瘟灵/30%/乳油/稻瘟灵 30%/2008.03.10 至 2009.03.10/低毒
水稻 稻瘟病 560-675克/公顷 喷雾

四川省成都泉源卫生用品有限公司 (四川省成都市群众路5号 610021 028-85433794)

WP20050005 蚊香/0.25%/蚊香/右旋烯丙菊酯 0.25%/2005.05.09 至 2010.05.09/低毒
卫生 蚊 / 点燃
WP20050013 电热蚊香液/1.2%/电热灭蚊液/炔丙菊酯 1.2%/2005.09.09 至 2010.09.09/微毒
卫生 蚊 / 电热加温
WP20080381 蚊香/0.03%/蚊香/四氟甲醚菊酯 0.03%/2008.12.11 至 2013.12.11/低毒
卫生 蚊 / 点燃
WP20080438 杀蟑气雾剂/0.64%/气雾剂/炔咪菊酯 0.16%、右旋苯醚氰菊酯 0.48%/2008.12.15 至 2013.12.15/微毒
卫生 蜚蠊 / 喷雾
WL20070102 杀蟑气雾剂/0.4%/气雾剂/炔咪菊酯 0.1%、右旋苯醚氰菊酯 0.3%/2009.05.29 至 2010.05.30/微毒
卫生 蜚蠊 / 喷雾

四川省成都市红牛实业有限责任公司(成都市温江区成都海峡两岸科技产业开发园西区(永盛片区) 611137 028-82620111

WP20080072 蚊香/0.25%/蚊香/富右旋反式烯丙菊酯 0.25%/2008.05.13 至 2013.05.13/微毒
卫生 蚊 / 点燃
WP20080194 杀虫气雾剂/0.4%/气雾剂/胺菊酯 0.2%、氯氰菊酯 0.2%/2008.11.20 至 2013.11.20/微毒
卫生 蚊、蝇、蜚蠊 / 喷雾
WL20070063 电热蚊香片/11毫克/片/电热蚊香片/炔丙菊酯 11毫克/片/2009.03.20 至 2010.03.21/微毒
卫生 蚊 / 电热加温
注:本品有三种香型：花香型、檀香型、清香型。
WL20070080 蝇香/0.5%/蝇香/氯烯炔菊酯 0.5%/2009.04.25 至 2010.04.26/微毒
卫生 蝇 / 点燃
WL20080044 电热蚊香液/0.8%/电热蚊香液/炔丙菊酯 0.8%/2009.01.08 至 2010.01.08/微毒
卫生 蚊 / 电热加温
WL20080257 蚊香/0.2%/蚊香/Es-生物烯丙菊酯 0.2%/2009.04.07 至 2010.04.07/低毒
卫生 蚊 / 点燃
WL20090131 蝇香/0.8%/蝇香/氯烯炔菊酯 0.8%/2009.06.02 至 2010.06.02/微毒
卫生 蝇 / 点燃
注:本品有三种香型：花香型、清香型、檀香型。
WL20090198 杀虫气雾剂/0.46%/气雾剂/高效氯氰菊酯 0.06%、右旋胺菊酯 0.2%、右旋苯醚氰菊酯 0.2%/2009.11.12至2010.11.12/微毒
卫生 蚊、蝇、蜚蠊 / 喷雾
WL20090216 蚊香/0.05%/蚊香/氯氟醚菊酯 0.05%/2009.12.14 至 2010.12.14/微毒
卫生 蚊 / 点燃

四川省成都市凯实日用化工厂 (四川省成都市双流县彭镇 610200 028-81534372)

WP20080258 杀虫气雾剂/0.15%/气雾剂/富右旋反式胺菊酯 0.05%、高效氯氰菊酯 0.1%/2008.11.26 至 2013.11.26/微毒
卫生 蚊、蝇、蜚蠊 / 喷雾
WP20090022 电热蚊香片/24毫克/片/电热蚊香片/Es-生物烯丙菊酯 24毫克/片/2009.01.08 至 2014.01.08/低毒
卫生 蚊 / 电热加温
WP20090293 蚊香/0.25%/蚊香/富右旋反式烯丙菊酯 0.25%/2009.07.13 至 2014.07.13/低毒
卫生 蚊 / 点燃
WL20080499 蚊香/0.08%/蚊香/四氟醚菊酯 0.08%/2008.12.29 至 2009.12.29/微毒
卫生 蚊 / 点燃
WL20080500 蝇香/0.8%/蝇香/氯烯炔菊酯 0.8%/2008.12.29 至 2009.12.29/微毒

卫生 蝇 / 点燃

四川省成都市牛头蚊香有限责任公司 （四川省成都市青白江区城厢镇余家湾49号 610306 028-83632191）

WL20080282 蚊香/0.3%/蚊香/富右旋反式烯丙菊酯 0.3%/2009.04.15 至 2010.04.15/微毒

卫生 蚊 / 点燃

四川省成都市双流利华蚊香厂 （四川省成都市双流县九江镇渔剑村三组 610204 028-85791088）

WL20050279 蚊香/0.25%/蚊香/富右旋反式烯丙菊酯 0.25%/2008.11.07 至 2009.11.07/低毒

卫生 蚊 / 点燃

四川省成都市新津生化工程研究所 （四川省新津县永商镇望江村 611430 028-82599938）

LS2001504 机油·石硫/30%/微乳剂/机油 14%、石硫合剂 16%/2009.04.14 至 2009.12.31/低毒

柑橘树 矢尖蚧 200-400倍液 喷雾

梨树 梨木虱 500-750毫克/千克 喷雾

四川省成都市兴中化妆品有限公司金菊日用化学制品分公司(成都市金牛区高家村5组 610091 028-87511411)

WP20090148 蚊香/0.3%/蚊香/富右旋反式烯丙菊酯 0.3%/2009.03.02 至 2014.03.02/低毒

卫生 蚊 / 点燃

四川省成都市宇豪蚊香厂 （四川省成都市成华区青龙乡将军碑村一组 610081 028-83160945）

WP20090115 蚊香/0.3%/蚊香/富右旋反式烯丙菊酯 0.3%/2009.02.09 至 2014.02.09/低毒

卫生 蚊 / 点燃

四川省成都田丰农业有限公司 （四川省成都市青白江区祥福镇 610306 028-81326896）

PD20080428 草甘膦/30%/可溶粉剂/草甘膦 30%/2008.03.10 至 2013.03.10/低毒

柑橘园 杂草 1125-2250克/公顷 定向喷雾

PD20080436 三环唑/75%/可湿性粉剂/三环唑 75%/2008.03.13 至 2013.03.13/低毒

水稻 稻瘟病 281.25-337.5克/公顷 喷雾

PD20080437 三唑酮/25%/可湿性粉剂/三唑酮 25%/2008.03.13 至 2013.03.13/低毒

小麦 白粉病 135-180克/公顷 喷雾

小麦 锈病 135-157.5克/公顷 喷雾

PD20080439 百菌清/75%/可湿性粉剂/百菌清 75%/2008.03.13 至 2013.03.13/低毒

黄瓜 霜霉病 1406.25-1687.5克/公顷 喷雾

PD20097690 高效氯氟氰菊酯/25克/升/乳油/高效氯氟氰菊酯 25克/升/2009.11.04 至 2014.11.04/中等毒

十字花科蔬菜 菜青虫 7.5-15克/公顷 喷雾

四川省成都新亚星实业有限责任公司 （四川省成都市金牛区外西黄田坝 610051 028-87506568）

WP20080571 蚊香/0.3%/蚊香/富右旋反式烯丙菊酯 0.3%/2008.12.25 至 2013.12.25/低毒

卫生 蚊 / 点燃

四川省成都宇辰农药有限责任公司 （四川省成都市双流县籍田镇地平村二组 610222 028-85692908）

PD20083334 三环唑/75%/可湿性粉剂/三环唑 75%/2008.12.11 至 2013.12.11/低毒

水稻 稻瘟病 225-337.5克/公顷 喷雾

PD20086056 杀虫双/3.6%/大粒剂/杀虫双 3.6%/2008.12.29 至 2013.12.29/中等毒

水稻 二化螟 540-675克/公顷 撒施

PD20094448 氰戊·乐果/25%/乳油/乐果 22%、氰戊菊酯 3%/2009.04.01 至 2014.04.01/中等毒

小麦 蚜虫 75-112.5克/公顷 喷雾

PD20096405 乐果/40%/乳油/乐果 40%/2009.08.04 至 2014.08.04/中等毒

小麦 蚜虫 135-270克/公顷 喷雾

PD20096976 喹硫磷/25%/乳油/喹硫磷 25%/2009.09.29 至 2014.09.29/中等毒

柑橘树 红蜡蚧、矢尖蚧 183.3-270毫克/千克 喷雾

棉花 棉铃虫 330-412.5克/公顷 喷雾

LS20051387 吡虫·杀虫单/58%/可湿性粉剂/吡虫啉 2.5%、杀虫单 55.5%/2008.04.18 至 2009.04.18/低毒

水稻 稻纵卷叶螟、二化螟、飞虱、三化螟 450-750克/公顷 喷雾

LS20051744 井冈霉素/20%/可溶粉剂/井冈霉素 20%/2008.05.15 至 2009.05.15/低毒

水稻 纹枯病 150-187.5克/公顷 喷雾

LS20070187 烯酰·锰锌/69%/可湿性粉剂/代森锰锌 60%、烯酰吗啉 9%/2008.02.08 至 2009.02.07/低毒

黄瓜 霜霉病 1380-2070克/公顷 喷雾

LS20083151 唑磷·毒死蜱/25%/乳油/毒死蜱 5%、三唑磷 20%/2009.11.17 至 2010.11.17/中等毒

水稻 二化螟 300-375克/公顷 喷雾

四川省成都中亚生化制药厂 （四川省成都市中沙河堡36号 610061 028-84780549）

PD86101-6 4%赤霉酸乳油//乳油/赤霉酸 4%/2006.12.26 至 2011.12.26/低毒

菠菜 增加鲜重 10-25毫克/千克 叶面处理1-3次

菠萝 果实增大、增重 40-80毫克/千克 喷花

柑橘树 果实增大、增重 20-40毫克/千克 喷花

花卉 提前开花 700毫克/千克 叶面处理涂抹花芽

绿肥 增产 10-20毫克/千克 喷雾

马铃薯 苗齐、增产 0.5-1毫克/千克 浸薯块10-30分钟

棉花 提高结铃率、增产 10-20毫克/千克 点喷、点涂或喷

雾

葡萄 无核、增产 50-200毫克/千克 花后1周处理果穗

芹菜 增产 20-100毫克/千克 叶面处理1次

人参 增加发芽率 20毫克/千克 播前浸种15分钟

水稻 增加千粒重、制种 20-30毫克/千克 喷雾

PD86183-8 85%赤霉酸结晶粉//粉剂/赤霉酸 85%/2006.12.26 至 2011.12.26/低毒

菠菜 增加鲜重 10-25毫克/千克 叶面处理1-3次

菠萝 果实增大、增重 40-80毫克/千克 喷花

柑橘树 果实增大、增重 20-40毫克/千克 喷花

花卉 提前开花 700毫克/千克 叶面处理涂抹花芽

绿肥 增产 10-20毫克/千克 喷雾

马铃薯 苗齐、增产 0.5-1毫克/千克 浸薯块10-30分钟

棉花 提高结铃率、增产 10-20毫克/千克 点喷、点涂或喷雾

葡萄 无核、增产 50-200毫克/千克 花后一周处理果穗

芹菜 增加鲜重 20-100毫克/千克 叶面处理1次

人参 增加发芽率 20毫克/千克 播种前浸种15分钟

水稻 增加千粒重、制种 20-30毫克/千克 喷雾

四川省川东丰乐化工有限公司 (四川省达州市渠县东大街转盘处 635200 0818-7344253)

PD20083875 顺式氯氰菊酯/30克/升/乳油/顺式氯氰菊酯 30克/升/2008.12.15 至 2013.12.15/中等毒

柑橘树 潜叶蛾 10-15毫克/千克 喷雾

PD20083901 三环唑/75%/可湿性粉剂/三环唑 75%/2008.12.15 至 2013.12.15/低毒

水稻 稻瘟病 270-300克/公顷 喷雾

PD20084205 高效氯氰菊酯/25克/升/乳油/高效氯氰菊酯 25克/升/2008.12.16 至 2013.12.16/中等毒

十字花科蔬菜 菜青虫 7.5-11.25克/公顷 喷雾

PD20084344 稻瘟灵/40%/乳油/稻瘟灵 40%/2008.12.17 至 2013.12.17/低毒

水稻 稻瘟病 498-600克/公顷 喷雾

PD20084831 丙溴·辛硫磷/40%/乳油/丙溴磷 6%、辛硫磷 34%/2008.12.22 至 2013.12.22/中等毒

棉花 棉铃虫 450-600克/公顷 喷雾

PD20093020 螨醇·哒螨灵 /20%/乳油/哒螨灵 8%、三氯杀螨醇 12%/2009.03.09 至 2014.03.09/中等毒

苹果树 山楂红蜘蛛 100-133毫克/千克 喷雾

PD20094082 苯磺隆/10%/可湿性粉剂/苯磺隆 10%/2009.03.27 至 2014.03.27/微毒

冬小麦田 一年生阔叶杂草 15-22.5克/公顷 茎叶喷雾

PD20096227 氰戊·辛硫磷/25%/乳油/氰戊菊酯 5%、辛硫磷 20%/2009.07.15 至 2014.07.15/中等毒

棉花 棉铃虫 270-300克/公顷 喷雾

PD20097683 毒死蜱/40%/乳油/毒死蜱 40%/2009.11.04 至 2014.11.04/中等毒

棉花 棉铃虫 675-900克/公顷 喷雾

LS20051934 多·酮/40%/可湿性粉剂/多菌灵 35%、三唑酮 5%/2008.05.22 至 2009.05.22/微毒

西瓜 白粉病 600-900克/公顷 喷雾

LS20061051 苄·乙/20%/可湿性粉剂/苄嘧磺隆 4.5%、乙草胺 15.5%/2009.04.25 至 2010.04.25/微毒

水稻移栽田 一年生及部分多年生杂草 90—105克/公顷 药土法

LS20070067 阿维·三唑磷/20%/乳油/阿维菌素 0.1%、三唑磷 19.9%/2009.01.17 至 2010.01.17/中等毒

水稻 二化螟 240-300克/公顷 喷雾

LS20090489 丙溴·辛硫磷/30%/乳油/丙溴磷 15%、辛硫磷 15%/2009.03.18 至 2010.03.18/中等毒

水稻 二化螟 360-450克/公顷 喷雾

四川省川东农药化工有限公司 (四川省达州市渠县渠江镇东大街 635200 0818-7344232)

PD85105-91 敌敌畏/80%/乳油/敌敌畏 77.5%/2005.01.21 至 2010.01.21/中等毒

茶树 食叶害虫 600克/公顷 喷雾

粮仓 多种储藏害虫 1)400-500倍液 1)喷雾

2)0.4-0.5克/立方米 2)挂条熏蒸

棉花 蚜虫、造桥虫 600-1200克/公顷 喷雾

苹果树 小卷叶蛾、蚜虫 400-500毫克/千克 喷雾

青菜 菜青虫 600克/公顷 喷雾

桑树 尺蠖 600克/公顷 喷雾

卫生 多种卫生害虫 1)300-400倍液 1)泼洒

2)0.08克/立方米 2)挂条熏蒸

小麦 黏虫、蚜虫 600克/公顷 喷雾

PD85121-35 乐果/40%/乳油/乐果 40%/2005.07.01 至 2010.07.01/中等毒

	茶树	蚜虫、叶蝉、螨	1000-2000倍液	喷雾
	甘薯	小象甲	2000倍液	浸鲜薯片诱杀
	柑橘树、苹果树	鳞翅目幼虫、蚜虫、螨	800-1600倍液	喷雾
	棉花	蚜虫、螨	450-600克/公顷	喷雾
	蔬菜	蚜虫、螨	300-600克/公顷	喷雾
	水稻	飞虱、螟虫、叶蝉	450-600克/公顷	喷雾
	烟草	蚜虫、烟青虫	300-600克/公顷	喷雾
PD85154-28	氰戊菊酯/20%/乳油/氰戊菊酯 20%/2006.01.16 至 2011.01.16/中等毒			
	柑橘树	潜叶蛾	10-20毫克/千克	喷雾
	果树	梨小食心虫	10-20毫克/千克	喷雾
	棉花	红铃虫、蚜虫	75-150克/公顷	喷雾
	蔬菜	菜青虫、蚜虫	60-120克/公顷	喷雾
PD85157-37	辛硫磷/40%/乳油/辛硫磷 40%/2005.07.01 至 2010.07.01/低毒			
	茶树、桑树	食叶害虫	200-400毫克/千克	喷雾
	果树	食心虫、蚜虫、螨	200-400毫克/千克	喷雾
	林木	食叶害虫	3000-6000克/公顷	喷雾
	棉花	棉铃虫、蚜虫	300-600克/公顷	喷雾
	蔬菜	菜青虫	300-450克/公顷	喷雾
	烟草	食叶害虫	300-600克/公顷	喷雾
	玉米	玉米螟	450-600克/公顷	灌心叶
PD86180-13	百菌清/75%/可湿性粉剂/百菌清 75%/2006.11.15 至 2011.11.15/低毒			
	茶树	炭疽病	600-800倍液	喷雾
	豆类	炭疽病、锈病	1275-2325克/公顷	喷雾
	柑橘树	疮痂病	750-900毫克/千克	喷雾
	瓜类	白粉病、霜霉病	1200-1650克/公顷	喷雾
	果菜类蔬菜	多种病害	1125-2400克/公顷	喷雾
	花生	锈病、叶斑病	1125-1350克/公顷	喷雾
	梨树	斑点落叶病	500倍液	喷雾
	苹果树	多种病害	600倍液	喷雾
	葡萄	白粉病、黑痘病	600-700倍液	喷雾
	水稻	稻瘟病、纹枯病	1125-1425克/公顷	喷雾
	橡胶树	炭疽病	500-800倍液	喷雾
	小麦	叶斑病、叶锈病	1125-1425克/公顷	喷雾
	叶菜类蔬菜	白粉病、霜霉病	1275-1725克/公顷	喷雾
PD86182-8	稻瘟灵/30%/乳油/稻瘟灵 30%/2006.11.15 至 2011.11.15/低毒			
	水稻	稻瘟病	450-675克/公顷	喷雾
PD91106-24	甲基硫菌灵/70%,50%/可湿性粉剂/甲基硫菌灵 70%, 50%/2005.07.01 至 2010.07.01/低毒			
	番茄	叶霉病	375-562.5克/公顷	喷雾
	甘薯	黑斑病	360-450毫克/千克	浸薯块
	瓜类	白粉病	337.5-506.25克/公顷	喷雾
	梨树	黑星病	360-450毫克/千克	喷雾
	苹果树	轮纹病	700毫克/千克	喷雾
	水稻	稻瘟病、纹枯病	1050-1500克/公顷	喷雾
	小麦	赤霉病	750-1050克/公顷	喷雾
PD20040070	三唑酮/15%/可湿性粉剂/三唑酮 15%/2009.12.19 至 2014.12.19/低毒			
	小麦	白粉病、锈病	135-180克/公顷	喷雾
	玉米	丝黑穗病	60-90克/100千克种子	拌种
PD20040074	多·酮/30%/可湿性粉剂/多菌灵 25%、三唑酮 5%/2009.12.19 至 2014.12.19/低毒			
	小麦	白粉病	450-600克/公顷	喷雾
PD20070261	高效氯氰菊酯/4.5%/乳油/高效氯氰菊酯 4.5%/2007.09.04 至 2012.09.04/低毒			
	棉花	棉铃虫	33.75-47.25克/公顷	喷雾
PD20070326	稻瘟灵/95%/原药/稻瘟灵 95%/2007.10.10 至 2012.10.10/低毒			
PD20080203	噻嗪·异丙威/25%/可湿性粉剂/噻嗪酮 5%、异丙威 20%/2008.01.11 至 2013.01.11/低毒			
	水稻	稻飞虱	450-562.5克/公顷	喷雾
PD20080215	稻瘟灵/40%/乳油/稻瘟灵 40%/2008.01.11 至 2013.01.11/低毒			
	水稻	稻瘟病	450-675克/公顷	喷雾
PD20080724	高效氯氟氰菊酯/25克/升/乳油/高效氯氟氰菊酯 25克/升/2008.06.11 至 2013.06.11/中等毒			
	棉花	棉铃虫	18.75-26.25克/公顷	喷雾
PD20081157	啶虫脒/3%/乳油/啶虫脒 3%/2008.09.11 至 2013.09.11/低毒			
	柑橘树	蚜虫	10-12毫克/千克	喷雾
PD20082186	硫磺·多菌灵/25%/可湿性粉剂/多菌灵 12.5%、硫磺 12.5%/2008.11.26 至 2013.11.26/低毒			
	水稻	稻瘟病	1200-1800克/公顷	喷雾
PD20082514	稻瘟灵/30%/可湿性粉剂/稻瘟灵 30%/2008.12.03 至 2013.12.03/低毒			

水稻 稻瘟病 450-675克/公顷 喷雾

PD20082836 腐霉·多菌灵/50%/可湿性粉剂/多菌灵 40%、腐霉利 10%/2008.12.09 至 2013.12.09/低毒

油菜 菌核病 600-750克/公顷 喷雾

PD20083513 硫磺·三环唑/45%/可湿性粉剂/硫磺 40%、三环唑 5%/2008.12.12 至 2013.12.12/中等毒

水稻 稻瘟病 540-945克/公顷 喷雾

PD20084213 杀虫双/3.6%/大粒剂/杀虫双 3.6%/2008.12.16 至 2013.12.16/中等毒

水稻 螟虫 540-675克/公顷 撒施

PD20085030 辛硫磷/3%/颗粒剂/辛硫磷 3%/2008.12.22 至 2013.12.22/微毒

花生 地老虎、金针虫、蝼蛄、蛴螬 2250-2700克/公顷 沟施

PD20085109 氰戊·氧乐果/20%/乳油/氰戊菊酯 4%、氧乐果 16%/2008.12.23 至 2013.12.23/中等毒(原药高毒)

棉花 红蜘蛛、棉蚜 90-120克/公顷 喷雾

PD20085128 氰戊·马拉松/21%/乳油/马拉硫磷 15%、氰戊菊酯 6%/2008.12.23 至 2013.12.23/中等毒

十字花科蔬菜 蚜虫 30-60克/公顷 喷雾

PD20085333 氰戊·杀螟松/20%/乳油/氰戊菊酯 6%、杀螟硫磷 14%/2008.12.24 至 2013.12.24/中等毒

苹果树 桃小食心虫 160-333毫克/千克 喷雾

蔬菜 菜青虫、蚜虫 90-180克/公顷 喷雾

小麦 蚜虫 90-120克/公顷 喷雾

PD20085562 氰戊·马拉松/20%/乳油/马拉硫磷 15%、氰戊菊酯 5%/2008.12.25 至 2013.12.25/中等毒

棉花 棉铃虫 90-150克/公顷 喷雾

苹果树 桃小食心虫 160-333毫克/千克 喷雾

十字花科蔬菜 菜青虫、蚜虫 90-150克/公顷 喷雾

小麦 蚜虫 60-90克/公顷 喷雾

PD20086228 硫磺·甲硫灵/70%/可湿性粉剂/甲基硫菌灵 35%、硫磺 35%/2008.12.31 至 2013.12.31/微毒

黄瓜 白粉病 840-1050克/公顷 喷雾

PD20090318 丙环唑/250克/升/乳油/丙环唑 250克/升/2009.01.12 至 2014.01.12/低毒

香蕉 叶斑病 250-500毫克/千克 喷雾

小麦 白粉病 112.5-150克/公顷 喷雾

PD20090421 氰戊·乐果/25%/乳油/乐果 22%、氰戊菊酯 3%/2009.01.12 至 2014.01.12/中等毒

柑橘树 潜叶蛾、锈壁虱 125-250毫克/千克 喷雾

小麦 蚜虫 75-112.5克/公顷 喷雾

PD20091443 草甘膦异丙胺盐/41%/水剂/草甘膦异丙胺盐 41%/2009.02.02 至 2014.02.02/微毒

柑橘园 杂草 1125-2250克/公顷 茎叶喷雾

PD20091506 速灭威/20%/乳油/速灭威 20%/2009.02.02 至 2014.02.02/低毒

水稻 稻飞虱 525-600克/公顷 喷雾

PD20091569 甲氰·噻螨酮/7.5%/乳油/甲氰菊酯 5%、噻螨酮 2.5%/2009.02.03 至 2014.02.03/低毒

柑橘树 红蜘蛛 75～100毫克/千克 喷雾

PD20091593 氯氟吡氧乙酸异辛酯/200克/升/乳油/氯氟吡氧乙酸异辛酯 200克/升/2009.02.03 至 2014.02.03/低毒

水田畦畔 空心莲子草 150-165克/公顷 茎叶喷雾

PD20091783 溴氰菊酯/25克/升/乳油/溴氰菊酯 25克/升/2009.02.04 至 2014.02.04/中等毒

十字花科蔬菜叶菜 菜青虫 11.25-18.75克/公顷 喷雾

PD20091787 毒·辛/25%/乳油/毒死蜱 7%、辛硫磷 18%/2009.02.04 至 2014.02.04/中等毒

水稻 稻纵卷叶螟 450-562.5克/公顷 喷雾

PD20092035 高效氟吡甲禾灵/108克/升/乳油/高效氟吡甲禾灵 108克/升/2009.02.12 至 2014.02.12/低毒

花生田 一年生禾本科杂草 32.4-48.6克/公顷 茎叶喷雾

PD20092471 草甘膦/30%/可溶粉剂/草甘膦 30%/2009.02.25 至 2014.02.25/微毒

柑橘园 杂草 1125-2250克/公顷 喷雾

PD20092514 氯氰·丙溴磷/440克/升/乳油/丙溴磷 400克/升、氯氰菊酯 40克/升/2009.02.26 至 2014.02.26/低毒

棉花 蚜虫 330-396克/公顷 喷雾

PD20092871 双甲·高氯氟/12%/乳油/高效氯氟氰菊酯 1.5%、双甲脒 10.5%/2009.03.05 至 2014.03.05/低毒

柑橘树 红蜘蛛 60-80毫克/千克 喷雾

PD20092960 三环唑/20%/可湿性粉剂/三环唑 20%/2009.03.09 至 2014.03.09/低毒

水稻 稻瘟病 225-375克/公顷 喷雾

PD20093212 毒死蜱/480克/升/乳油/毒死蜱 480克/升/2009.03.11 至 2014.03.11/中等毒

柑橘 介壳虫 320-480毫克/千克 喷雾

水稻 稻纵卷叶螟 504-648克/公顷 喷雾

PD20093237 炔螨特/57%/乳油/炔螨特 57%/2009.03.11 至 2014.03.11/低毒

柑橘树、苹果树 红蜘蛛 243-365毫克/千克 喷雾

PD20093349 联苯菊酯/25克/升/乳油/联苯菊酯 25克/升/2009.03.18 至 2014.03.18/低毒

茶树 茶尺蠖 7.5-15克/公顷 喷雾

棉花 棉铃虫 37.5-52.5克/公顷 喷雾

PD20093409 苄·乙/20%/可湿性粉剂/苄嘧磺隆 4.5%、乙草胺 15.5%/2009.03.20 至 2014.03.20/低毒

水稻移栽田 一年生及部分多年生杂草 84-118克/公顷 毒土法

PD20093512 三环唑/75%/可湿性粉剂/三环唑 75%/2009.03.23 至 2014.03.23/低毒

水稻 稻瘟病 225-300克/公顷 喷雾

PD20094058 百草枯/200克/升/水剂/百草枯 200克/升/2009.03.27 至 2014.03.27/中等毒
柑橘园 杂草 600-900克/公顷 定向喷雾

PD20095042 毒死蜱/98%/原药/毒死蜱 98%/2009.04.21 至 2014.04.21/中等毒

PD20095412 草甘膦/95%/原药/草甘膦 95%/2009.05.11 至 2014.05.11/低毒

PD20095736 扑草净/40%/可湿性粉剂/扑草净 40%/2009.05.18 至 2014.05.18/低毒
冬小麦田 一年生阔叶杂草 480-720克/公顷 喷雾

PD20096498 溴氰·毒死蜱/10%/乳油/毒死蜱 9.5%、溴氰菊酯 0.5%/2009.08.14 至 2014.08.14/中等毒
十字花科蔬菜 菜青虫 45-75克/公顷 喷雾

PD20096562 莠去津/38%/悬浮剂/莠去津 38%/2009.08.24 至 2014.08.24/低毒
玉米田 一年生杂草 300-400毫升制剂/亩（东北地区） 土壤喷雾
200-300毫升制剂/亩(其他地区)

PD20096606 甲氰菊酯/20%/乳油/甲氰菊酯 20%/2009.09.02 至 2014.09.02/中等毒
甘蓝 菜青虫 75-90克/公顷 喷雾

PD20096607 二甲戊灵/330克/升/乳油/二甲戊灵 330克/升/2009.09.02 至 2014.09.02/低毒
玉米田 一年生杂草 750-1125克/公顷 土壤喷雾

PD20096666 毒死蜱/40%/乳油/毒死蜱 40%/2009.09.07 至 2014.09.07/中等毒
水稻 稻纵卷叶螟 480-600克/公顷 喷雾

PD20096731 多菌灵/50%/可湿性粉剂/多菌灵 50%/2009.09.07 至 2014.09.07/微毒
花生 倒秧病 750—900克/公顷 喷雾

PD20097019 2甲4氯钠/56%/可溶粉剂/2甲4氯钠 56%/2009.10.10 至 2014.10.10/低毒
玉米田 一年生阔叶杂草 840-1176克/公顷 茎叶喷雾

PD20097092 石硫合剂/29%/水剂/石硫合剂 29%/2009.10.10 至 2014.10.10/低毒
柑橘树 红蜘蛛 0.5-0.7波美 喷雾

PD20097946 异丙威/2%/粉剂/异丙威 2%/2009.11.30 至 2014.11.30/低毒
水稻 叶蝉 750-900克/公顷 毒土撒施

PD20097959 苄嘧磺隆/10%/可湿性粉剂/苄嘧磺隆 10%/2009.12.01 至 2014.12.01/微毒
移栽水稻田 一年生阔叶杂草 22.5-37.5克/公顷 毒土法

PD20098117 唑磷·毒死蜱/25%/乳油/毒死蜱 10%、三唑磷 15%/2009.12.08 至 2014.12.08/中等毒
水稻 二化螟 300-375克/公顷 喷雾

LS20051925 吡虫啉/5%/乳油/吡虫啉 5%/2008.05.17 至 2009.05.17/低毒
水稻 稻飞虱 15-30克/公顷 喷雾

LS20051928 多·福/50%/可湿性粉剂/多菌灵 10%、福美双 40%/2008.05.17 至 2009.05.17/低毒
葡萄 霜霉病 1000-1250毫克/千克 喷雾

LS20052626 吡虫·杀虫单/58%/可湿性粉剂/吡虫啉 2.5%、杀虫单 55.5%/2008.08.14 至 2009.08.14/中等毒
水稻 稻纵卷叶螟、二化螟、飞虱、三化螟 450-750克/公顷 喷雾

LS20060393 阿维·高氯/1.8%/乳油/阿维菌素 0.1%、高效氯氰菊酯 1.7%/2009.03.06 至 2010.03.06/低毒(原药高毒)
黄瓜 美洲斑潜蝇 15-30克/公顷 喷雾

LS20070152 乙草胺/5%/颗粒剂/乙草胺 5%/2009.02.08 至 2010.02.08/微毒
水稻移栽田 一年生禾本科杂草及部分阔叶杂草 90-120克/公顷(南方地区) 毒土法

LS20071346 三唑磷/12%/乳油/三唑磷 12%/2009.05.17 至 2010.05.18/中等毒
水稻 二化螟 270-360克/公顷 喷雾

LS20080850 甲氨基阿维菌素苯甲酸盐/0.2%/微乳剂/甲氨基阿维菌素苯甲酸盐 0.2%/2009.03.04 至 2010.03.04/低毒
十字花科蔬菜 甜菜夜蛾 1.5-1.8克/公顷 喷雾

LS20081132 杀单·三唑磷/25%/微乳剂/三唑磷 7%、杀虫单 18%/2009.03.11 至 2010.03.11/中等毒
水稻 二化螟 375-450克/公顷 喷雾

LS20082323 辛硫·三唑磷/30%/乳油/三唑磷 15%、辛硫磷 15%/2009.04.21 至 2010.04.21/中等毒
水稻 三化螟 405-495克/公顷 喷雾

LS20083113 草甘膦/58%/可溶粉剂/草甘膦 58%/2009.10.31 至 2010.10.31/微毒
柑橘园 杂草 1125-2250克/公顷 定向茎叶喷雾

LS20083160 吡虫·毒死蜱/13%/乳油/吡虫啉 3%、毒死蜱 10%/2009.11.17 至 2010.11.17/中等毒
棉花 蚜虫 97.5-136.5克/公顷 喷雾

LS20083181 苄·丁/0.21%/颗粒剂/苄嘧磺隆 0.01%、丁草胺 0.2%/2009.11.20 至 2010.11.20/微毒
移栽水稻田 一年生杂草 630-945克/公顷 撒施

四川省达州市澳诗商贸有限责任公司 (四川省达州市朝阳中路富德大厦6-5号 635000 0818-2139614)

WP20090029 蚊香/0.2%/蚊香/富右旋反式烯丙菊酯 0.2%/2009.01.12 至 2014.01.12/微毒
卫生 蚊 / 点燃

四川省达州市兴隆化工有限公司 (四川省达州市达县河市镇河龙路 635000 0818-7344253)

PD85154-49 氰戊菊酯/20%/乳油/氰戊菊酯 20%/2005.08.15 至 2010.08.15/中等毒
柑橘树 潜叶蛾 10-20毫克/千克 喷雾
果树 梨小食心虫 10-20毫克/千克 喷雾
棉花 红铃虫、蚜虫 75-150克/公顷 喷雾

蔬菜 菜青虫、蚜虫 60-120克/公顷 喷雾
PD20082344 苄嘧·苯噻酰/37%/可湿性粉剂/苯噻酰草胺 34%、苄嘧磺隆 3%/2008.12.01 至 2013.12.01/低毒
水稻移栽田 一年生及部分多年生杂草 388.5-444克/公顷(南方地区) 药土法
PD20083476 氰戊·乐果/25%/乳油/乐果 22%、氰戊菊酯 3%/2008.12.12 至 2013.12.12/中等毒
甘蓝 菜青虫 75-150克/公顷 喷雾
PD20086060 杀虫双/3.6%/大粒剂/杀虫双 3.6%/2008.12.30 至 2013.12.30/中等毒
水稻 螟虫 540-675克/公顷 撒施
PD20091024 氰戊·马拉松/20%/乳油/马拉硫磷 15%、氰戊菊酯 5%/2009.01.21 至 2014.01.21/中等毒
十字花科蔬菜 菜青虫 90-150克/公顷 喷雾
PD20091364 甲氰·氧乐果/30%/乳油/甲氰菊酯 8%、氧乐果 22%/2009.02.02 至 2014.02.02/中等毒(原药高毒)
柑橘树 红蜘蛛 150-200毫克/千克 喷雾
PD20091647 稻瘟灵/40%/乳油/稻瘟灵 40%/2009.02.03 至 2014.02.03/低毒
水稻 稻瘟病 600-900克/公顷 喷雾
PD20091829 草甘膦/30%/水剂/草甘膦 30%/2009.02.06 至 2014.02.06/低毒
柑橘园 杂草 1125-2250克/公顷 定向茎叶喷雾
PD20092466 噻嗪酮/25%/可湿性粉剂/噻嗪酮 25%/2009.02.25 至 2014.02.25/微毒
水稻 稻飞虱 112.5-150克/公顷 喷雾
PD20093934 百草枯/200克/升/水剂/百草枯 200克/升/2009.03.27 至 2014.03.27/中等毒
柑橘园 杂草 600-900克/公顷 定向茎叶喷雾
PD20094137 稻瘟灵/30%/乳油/稻瘟灵 30%/2009.03.27 至 2014.03.27/低毒
水稻 稻瘟病 450-675克/公顷 喷雾
PD20097679 莠去津/38%/悬浮剂/莠去津 38%/2009.11.04 至 2014.11.04/低毒
春玉米田 一年生杂草 350-400毫升制剂/亩 播后苗前土壤喷雾

四川省德阳市鸿发化工有限公司 (四川省德阳市中江县南华镇西江北路171号 618100 0838-7131756)

PD20086358 杀虫双/3.6%/颗粒剂/杀虫双 3.6%/2008.12.31 至 2013.12.31/中等毒
水稻 螟虫 540-675克/公顷 撒施
PD20090507 异稻·三环唑/20%/可湿性粉剂/三环唑 10%、异稻瘟净 10%/2009.01.12 至 2014.01.12/低毒
水稻 稻瘟病 300-450克/公顷 喷雾
PD20091339 氰戊·马拉松/20%/乳油/马拉硫磷 15%、氰戊菊酯 5%/2009.02.01 至 2014.02.01/中等毒
小麦 蚜虫 60-90克/公顷 喷雾
PD20091934 氰戊·乐果/25%/乳油/乐果 22%、氰戊菊酯 3%/2009.02.12 至 2014.02.12/中等毒
小麦 蚜虫 300-450克/公顷 喷雾
LS20053483 辛硫磷/1.5%/颗粒剂/辛硫磷 1.5%/2008.11.13 至 2009.11.13/微毒
玉米 玉米螟 112.5-168.75克/公顷 喇叭口撒施

四川省富贵日化用品有限公司 (四川省什邡市云西镇 618408 0838-8604399)

WP20080401 蚊香/0.3%/蚊香/富右旋反式烯丙菊酯 0.3%/2008.12.11 至 2013.12.11/低毒
卫生 蚊 / 点燃
WL20060009 杀虫气雾剂/0.23%/气雾剂/胺菊酯 0.2%、氯氰菊酯 0.03%/2009.01.23 至 2010.01.23/微毒
卫生 蚊、蝇、蜚蠊 / 喷雾

四川省广安市农药有限责任公司 (四川省广安市武胜县中心镇小河口 638400 0826-6232289)

PD84104-64 18%杀虫双水剂//水剂/杀虫双 18%/2004.10.10 至 2009.10.10/中等毒
甘蔗、蔬菜、水稻、小麦、玉米 多种害虫 540-675克/公顷 喷雾
果树 多种害虫 225-360毫克/千克 喷雾

四川省广汉保丰农业科技有限公司 (四川省广汉市连山镇绵远路9号 618303 0838-5800496)

LS20082941 檗·酮·苦参碱/0.3%/水剂/黄酮 0.23%、苦参碱 0.01%、小檗碱 0.06%/2009.07.23 至 2010.07.23/微毒
草莓 灰霉病 65-85克/公顷 喷雾
番茄 早疫病 85-130克/公顷 喷雾

四川省广汉市红光实业有限公司 (四川省广汉市南丰镇茂盛村 618300 0838-5250098)

LS20050865 高氯·敌百虫/13%/乳油/敌百虫 11.9%、高效氯氰菊酯 1.1%/2008.03.29 至 2009.03.29/低毒
十字花科蔬菜 菜青虫 195-292.5克/公顷 喷雾
LS20082097 百草枯/200克/升/水剂/百草枯 200克/升/2009.04.15 至 2010.04.15/中等毒
柑橘园 杂草 600-900克/公顷 定向茎叶喷雾

四川省广汉市小太阳农用化工厂 (四川省广汉市三星镇红星桥 618300 0838-5560013)

PD20081551 稻瘟灵/40%/乳油/稻瘟灵 40%/2008.11.11 至 2013.11.11/低毒
水稻 稻瘟病 600-900克/公顷 喷雾
PD20081623 三环唑/75%/可湿性粉剂/三环唑 75%/2008.11.12 至 2013.11.12/低毒
水稻 稻瘟病 225-300克/公顷 喷雾
PD20081709 异稻·稻瘟灵/30%/乳油/稻瘟灵 7.5%、异稻瘟净 22.5%/2008.11.17 至 2013.11.17/低毒
水稻 稻瘟病 675-1125克/公顷 喷雾
PD20084840 硫磺·三环唑/45%/可湿性粉剂/硫磺 40%、三环唑 5%/2008.12.22 至 2013.12.22/低毒
水稻 稻瘟病 810-1215克/公顷 喷雾

LS20051069 烯唑醇/12.5%/可湿性粉剂/烯唑醇 12.5%/2008.04.11 至 2009.04.11/微毒

小麦 白粉病 60-120克/公顷 喷雾

四川省好利尔生物化工有限公司 (四川省内江市市中区伏龙乡水口村三组 641008 0832-2670388)

PD85105-76 敌敌畏/80%/乳油/敌敌畏 77.5%/2005.02.02 至 2010.02.02/中等毒

茶树 食叶害虫 600克/公顷 喷雾

粮仓 多种储藏害虫 1)400-500倍液 1)喷雾

2)0.4-0.5克/立方米 2)挂条熏蒸

棉花 蚜虫、造桥虫 600-1200克/公顷 喷雾

苹果树 小卷叶蛾、蚜虫 400-500毫克/千克 喷雾

青菜 菜青虫 600克/公顷 喷雾

桑树 尺蠖 600克/公顷 喷雾

卫生 多种卫生害虫 1)300-400倍液 1)泼洒

2)0.08克/立方米 2)挂条熏蒸

小麦 黏虫、蚜虫 600克/公顷 喷雾

PD86182-5 稻瘟灵/30%/乳油/稻瘟灵 30%/2006.10.23 至 2011.10.23/低毒

水稻 稻瘟病 450-675克/公顷 喷雾

四川省禾康生物科技有限公司 (四川省宜宾市珙县巡场镇友谊路川南商业中心二楼 644501 0831-4039826)

PD20080676 草甘膦/10%/水剂/草甘膦 10%/2008.06.04 至 2013.06.04/低毒

柑橘园 杂草 1125-2250克/公顷 定向茎叶喷雾

LS20083287 联苯菊酯/2.5%/微乳剂/联苯菊酯 2.5%/2008.12.29 至 2009.12.29/低毒

茶树 茶小绿叶蝉 30-37.5克/公顷 喷雾

LS20090610 阿维·三唑磷/15%/微乳剂/阿维菌素 0.3%、三唑磷 14.7%/2009.03.23 至 2010.03.23/中等毒(原药高毒)

水稻 二化螟 168.75-202.5克/公顷 喷雾

四川省化学工业研究设计院 (四川省成都市武侯区武侯祠大街30号 610041 028-85551620)

PD85158-2 喹硫磷/25%/乳油/喹硫磷 25%/2005.07.05 至 2010.07.05/低毒

棉花 棉铃虫、蚜虫 180-600克/公顷 喷雾

水稻 螟虫 375-495克/公顷 喷雾

PD86153-12 叶枯唑/20%/可湿性粉剂/叶枯唑 20%/2006.08.24 至 2011.08.24/低毒

水稻 白叶枯病 300-375克/公顷 喷雾、弥雾

PD86176-8 乙酰甲胺磷/30%/乳油/乙酰甲胺磷 30%/2006.11.13 至 2011.11.13/低毒

柑橘树 介壳虫、螨 500-1000倍液 喷雾

果树 食心虫 500-1000倍液 喷雾

棉花 棉铃虫、蚜虫 450-900克/公顷 喷雾

蔬菜 菜青虫、蚜虫 337.5-540克/公顷 喷雾

水稻 螟虫、叶蝉 562.5-1012.5克/公顷 喷雾

小麦、玉米 黏虫、玉米螟 540-1080克/公顷 喷雾

烟草 烟青虫 450-900克/公顷 喷雾

PD20050161 三唑酮/15%/乳油/三唑酮 15%/2005.11.03 至 2010.11.02/低毒

小麦 白粉病 120-127.5克/公顷 喷雾

PD20050162 三唑酮/20%/乳油/三唑酮 20%/2005.11.03 至 2010.11.02/低毒

小麦 白粉病 120-127.5克/公顷 喷雾

PD20060056 三唑酮/15%/可湿性粉剂/三唑酮 15%/2006.03.06 至 2011.03.05/低毒

小麦 白粉病、锈病 135-180克/公顷 喷雾

玉米 丝黑穗病 60-90克/100千克种子 拌种

PD20070022 三唑酮/95%/原药/三唑酮 95%/2007.01.18 至 2012.01.18/低毒

PD20070665 三环唑/95%/原药/三环唑 95%/2007.12.17 至 2012.12.17/低毒

PD20080334 稻瘟灵/98%/原药/稻瘟灵 98%/2008.02.26 至 2013.02.26/低毒

PD20080772 硝虫硫磷/30%/乳油/硝虫硫磷 30%/2008.06.16 至 2013.06.16/低毒

柑橘树 矢尖蚧 375-500毫克/千克 喷雾

PD20080777 硝虫硫磷/90%/原药/硝虫硫磷 90%/2008.06.18 至 2013.06.18/中等毒

PD20080825 杀螺胺乙醇胺盐/98%/原药/杀螺胺乙醇胺盐 98%/2008.06.20 至 2013.06.20/低毒

PD20080890 杀螺胺乙醇胺盐/50%/可湿性粉剂/杀螺胺乙醇胺盐 50%/2008.07.09 至 2013.07.09/低毒

水稻 福寿螺 450-525克/公顷 喷雾或撒毒土

PD20081230 多效唑/15%/可湿性粉剂/多效唑 15%/2008.09.11 至 2013.09.11/低毒

水稻育秧田 控制生长 200-300毫克/千克 喷雾

PD20081263 多效唑/95%/原药/多效唑 95%/2008.09.18 至 2013.09.18/低毒

PD20082831 三环唑/75%/可湿性粉剂/三环唑 75%/2008.12.09 至 2013.12.09/中等毒

水稻 稻瘟病 225-300克/公顷 喷雾

PD20083619 草除灵/95%/原药/草除灵 95%/2008.12.12 至 2013.12.12/低毒

PD20083781 三环唑/20%/可湿性粉剂/三环唑 20%/2008.12.15 至 2013.12.15/中等毒

水稻 稻瘟病 225-300克/公顷 喷雾

PD20086365 草除灵/15%/乳油/草除灵 15%/2008.12.31 至 2013.12.31/低毒

油菜田 多种一年生阔叶杂草 225-300克/公顷 喷雾

PD20092343 杀螺胺乙醇胺盐/70%/可湿性粉剂/杀螺胺乙醇胺盐 70%/2009.02.24 至 2014.02.24/低毒
水稻 福寿螺 420-525克/公顷 喷雾
PD20092731 三唑酮/25%/可湿性粉剂/三唑酮 25%/2009.03.04 至 2014.03.04/低毒
小麦 白粉病、锈病 135-180克/公顷 喷雾
PD20094667 烯效唑/90%/原药/烯效唑 90%/2009.04.10 至 2014.04.10/低毒
PD20097479 草除灵/50%/悬浮剂/草除灵 50%/2009.11.03 至 2014.11.03/低毒
冬油菜田 一年生阔叶杂草 225-375克/公顷 喷雾
LS20053703 草除·精喹禾/35%/可湿性粉剂/草除灵 30%、精喹禾灵 5%/2008.11.29 至 2009.11.29/微毒
冬油菜 一年生杂草 262.5-393.75克/公顷 茎叶喷雾
LS20083031 硝虫·哒螨灵/30%/乳油/哒螨灵 3%、硝虫硫磷 27%/2009.09.18 至 2010.09.18/低毒
柑橘树 红蜘蛛 300-375克/公顷 喷雾
LS20083131 硝虫硫磷/20%/水乳剂/硝虫硫磷 20%/2009.11.12 至 2010.11.12/低毒
柑橘树 介壳虫 266.7-400毫克/千克 喷雾

四川省化学工业研究设计院广汉试验厂 (四川省广汉市向阳镇 618300 0838-5400802)

PD86182-10 稻瘟灵/30%/乳油/稻瘟灵 30%/2005.06.24 至 2010.06.24/低毒
水稻 稻瘟病 450-675克/公顷 喷雾
PD20083480 克百威/3%/颗粒剂/克百威 3%/2008.12.12 至 2013.12.12/中等毒(原药高毒)
水稻 二化螟、三化螟、瘿蚊 900-1350克/公顷 撒施
PD20083975 稻瘟灵/40%/乳油/稻瘟灵 40%/2008.12.16 至 2013.12.16/低毒
水稻 稻瘟病 450-675克/公顷 喷雾
PD20092377 稻瘟灵/40%/可湿性粉剂/稻瘟灵 40%/2009.02.25 至 2014.02.25/微毒
水稻 稻瘟病 562.5-675克/公顷 喷雾
PD20095849 稻瘟灵/98%/原药/稻瘟灵 98%/2009.05.27 至 2014.05.27/低毒

四川省江油市农药厂 (四川省江油市大埝乡开花村 621707 0816-3406188)

PD20095256 杀虫双/3.6%/大粒剂/杀虫双 3.6%/2009.04.27 至 2014.04.27/中等毒
水稻 螟虫 810-1080克/公顷 撒施

四川省金蜘蛛日化有限公司 (四川省成都市武侯区金花镇江安街2号 0832-3512888)

WP20080390 蚊香/0.3%/蚊香/富右旋反式烯丙菊酯 0.3%/2008.12.11 至 2013.12.11/低毒
卫生 蚊 / 点燃

四川省精细化工研究设计院 (四川省自贡市鸿鹤路41号 643000 0813-2760540)

PD84125-22 乙烯利/40%/水剂/乙烯利 40%/2009.11.18 至 2014.11.18/低毒
番茄 催熟 800-1000倍液 喷雾或浸渍
棉花 催熟、增产 330-500倍液 喷雾
柿子、香蕉 催熟 400倍液 喷雾或浸渍
水稻 催熟、增产 800倍液 喷雾
橡胶树 增产 5-10倍液 涂布
烟草 催熟 1000-2000倍液 喷雾

四川省科鑫化工厂 (四川省渠县渠江镇东大街 635200 0818-7344517)

PD20082882 杀虫双/3.6%/颗粒剂/杀虫双 3.6%/2008.12.09 至 2013.12.09/中等毒
水稻 螟虫 540-675克/公顷 撒施
PD20084772 敌敌畏/50%/乳油/敌敌畏 50%/2008.12.22 至 2013.12.22/中等毒
十字花科蔬菜 菜青虫 600-750克/公顷 喷雾

四川省兰月科技开发公司 (四川省成都市高新区桂溪工业园 610041 028-85305199)

PD84118-49 多菌灵/25%/可湿性粉剂/多菌灵 25%/2009.12.22 至 2014.12.22/低毒
果树 病害 0.05-0.1%药液 喷雾
花生 倒秧病 750克/公顷 喷雾
麦类 赤霉病 750克/公顷 喷雾、泼浇
棉花 苗期病害 500克-100千克种子 拌种
水稻 稻瘟病 750克/公顷 喷雾、泼浇
水稻 纹枯病 1125-1700克/公顷 喷雾
油菜 菌核病 750克/公顷 喷雾、泼浇
PD20070454 氯吡脲/97%/原药/氯吡脲 97%/2007.11.20 至 2012.11.20/低毒
PD20070455 氯吡脲/0.1%/可溶液剂/氯吡脲 0.1%/2007.11.20 至 2012.11.20/微毒
黄瓜 调节生长 10-20毫克/千克 浸瓜胎
葡萄 调节生长、增产 10-20毫克/千克 浸幼穗
甜瓜 调节生长、增产 10-20毫克/千克 喷瓜胎
西瓜 提高座瓜率 7.5-10毫克/千克 喷瓜胎
猕猴桃、枇杷 调节生长、增产 10-20毫克/千克 浸幼果
PD20080328 咪鲜胺/25%/乳油/咪鲜胺 25%/2008.02.29 至 2013.02.28/低毒
柑橘 蒂腐病、绿霉病、青霉病、炭疽病 250-500毫克/千克 浸果
PD20081605 苄氨基嘌呤/97%/原药/苄氨基嘌呤 97%/2008.11.12 至 2013.11.12/低毒
PD20081657 多效唑/15%/可湿性粉剂/多效唑 15%/2008.11.14 至 2013.11.14/低毒
花生 调节生长 100-150毫克/千克 喷雾

PD20082325	苄氨基嘌呤/1%/可溶粉剂/苄氨基嘌呤 1%/2008.12.01 至 2013.12.01/低毒			
	白菜	调节生长、增产	20-40毫克/千克	喷雾
PD20082455	萘乙酸/81%/原药/萘乙酸 81%/2008.12.02 至 2013.12.02/微毒			
PD20085861	萘乙酸/5%/水剂/萘乙酸 5%/2008.12.29 至 2013.12.29/低毒			
	番茄	调节生长、增产	10-12.5毫克/千克	喷花
PD20085948	甲硫·福美双/40%/可湿性粉剂/福美双 25%、甲基硫菌灵 15%/2008.12.29 至 2013.12.29/低毒			
	西瓜	枯萎病	1000-1333毫克/千克	灌根
PD20086136	矮壮素/50%/水剂/矮壮素 50%/2008.12.30 至 2013.12.30/低毒			
	小麦	调节生长、增产	1250-2500毫克/千克	喷雾
PD20090261	三乙膦酸铝/40%/可湿性粉剂/三乙膦酸铝 40%/2009.01.09 至 2014.01.09/微毒			
	烟草	黑胫病	4500克/公顷，0.8克/株	喷雾，灌根
PD20092572	芸苔素内酯/0.004%/水剂/芸苔素内酯 0.004%/2009.02.27 至 2014.02.27/微毒			
	白菜	促进生长	0.02-0.04毫克/千克	茎叶喷雾
PD20092727	甲霜·锰锌/58%/可湿性粉剂/甲霜灵 10%、代森锰锌 48%/2009.03.04 至 2014.03.04/低毒			
	葡萄	霜霉病	1087.5-1740克/公顷	喷雾
PD20092837	乙铝·锰锌/50%/可湿性粉剂/代森锰锌 22%、三乙膦酸铝 28%/2009.03.05 至 2014.03.05/低毒			
	黄瓜	霜霉病	1400-2800克/公顷	喷雾
PD20094177	烯效唑/5%/可湿性粉剂/烯效唑 5%/2009.04.09 至 2014.04.09/微毒			
	水稻	控制生长	50-150毫克/千克	浸种
PD20097788	吲哚丁酸/98%/原药/吲哚丁酸 98%/2009.11.20 至 2014.11.20/低毒			
PD20097789	吲丁·萘乙酸/2%/可溶粉剂/萘乙酸 1%、吲哚丁酸 1%/2009.11.20 至 2014.11.20/低毒			
	水稻	调节生长、增产	26.7-40毫克/千克	浸种10-12小时
PD20097832	吗胍·乙酸铜/15%/水剂/盐酸吗啉胍 7.5%、乙酸铜 7.5%/2009.11.20 至 2014.11.20/低毒			
	番茄	病毒病	495-780克/公顷	喷雾
LS20082589	赤霉酸/75%/结晶粉/赤霉酸 75%/2009.04.23 至 2010.04.23/微毒			
	菠萝	果实增大	40-80毫克/千克	喷雾
LS20083150	苄氨基嘌呤/2%/可溶液剂/苄氨基嘌呤 2%/2009.11.17 至 2010.11.17/微毒			
	柑橘	提高座果率	33.3-50毫克/千克	兑水喷雾，3次
LS20083223	氯吡脲/0.5%/可溶液剂/氯吡脲 0.5%/2009.12.10 至 2010.12.10/微毒			
	西瓜	提高座果率	7.5-10毫克/千克	喷瓜胎
LS20090103	噻苯隆/0.1%/可溶液剂/噻苯隆 0.1%/2009.01.09 至 2010.01.09/微毒			
	黄瓜	调节生长	4-5毫克/千克	浸瓜胎（子房）
	甜瓜	调节生长、增产	167-250倍	浸瓜胎
LS20090190	丁酰肼/50%/可溶粉剂/丁酰肼 50%/2009.02.04 至 2010.02.04/微毒			
	观赏菊花	促矮化	2500-4000毫克/千克	喷雾
LS20091197	噻苯隆/0.1%/可溶液剂/噻苯隆 0.1%/2009.04.23 至 2010.04.23/低毒			
	甜瓜	调节生长、增产	167－250倍液	浸瓜胎

四川省乐山市福华通达农药科技有限公司　（四川省乐山市五通桥区桥沟镇共裕村　614800　0833-3350538）

PD85159-47	草甘膦/10%/水剂/草甘膦 10%/2005.02.02 至 2009.12.31/低毒			
	茶树、甘蔗、果园、剑麻、林木、桑树、橡胶树	一年生杂草和多年生恶性杂草	1125-2250克/公顷	定向茎叶喷雾
PD92103-23	草甘膦/95%,93%,90%/原药/草甘膦 95%,93%,90%/2007.08.14 至 2012.08.14/低毒			
PD20070383	草甘膦异丙胺盐/41%/水剂/草甘膦异丙胺盐 41%/2007.10.24 至 2012.10.24/低毒			
	柑橘园	一年生和多年生杂草	1230-2460克/公顷	定向茎叶喷雾

四川省隆昌农药有限公司　（四川省内江市隆昌县金鹅镇新马路252号　642150　0832-3954258）

PD20085114	杀虫双/3.6%/颗粒剂/杀虫双 3.6%/2008.12.23 至 2013.12.23/中等毒			
	水稻	螟虫	540-675克/公顷	撒施
LS20091069	唑磷·毒死蜱 /20%/乳油/毒死蜱 5%、三唑磷 15%/2009.04.15 至 2010.04.15/低毒			
	水稻	二化螟	240-300克/公顷	喷雾

四川省绵阳高新区静康蚊香厂　（四川省绵阳市涪城区兴达街18号　621000　0816-2583510）

WP20080604	蚊香/0.3%/蚊香/富右旋反式烯丙菊酯 0.3%/2008.12.31 至 2013.12.31/微毒			
	卫生	蚊	/	点燃

四川省南充嘉陵生物化工有限公司　（四川省南充市嘉陵区嘉陵西路818号　637004　0817-3631215）

PD20091868	杀虫双/3.6%/大粒剂/杀虫双 3.6%/2009.02.09 至 2014.02.09/中等毒			
	水稻	二化螟	540-675克/公顷	撒施

四川省南充稼康农化有限公司　（四川省南充市顺庆区潆溪镇杨家桥　637141　0817-2801757）

PD20083130	辛硫磷/1.5%/颗粒剂/辛硫磷 1.5%/2008.12.10 至 2013.12.10/微毒			
	玉米	玉米螟	112.5-168.75克/公顷	撒施(喇叭口)
PD20085163	杀虫双/3.6%/大粒剂/杀虫双 3.6%/2008.12.23 至 2013.12.23/中等毒			
	水稻	螟虫	540-675克/公顷	撒施

四川省内江市羊子岩农药厂　（四川省内江市东兴区同福乡和平街2号　641000　0832-2041650）

PD20085728	杀虫双/3.6%/大粒剂/杀虫双 3.6%/2008.12.26 至 2013.12.26/中等毒			

	水稻	螟虫	540-675克/公顷	撒施
PD20090588	杀虫双/18%/水剂/杀虫双 18%/2009.01.14 至 2014.01.14/低毒			
	水稻	二化螟	675-810克/公顷	喷雾

四川省仁寿农药厂　(四川省仁寿县城南沙子湾　620500　0833-6201795)

PD20090162	氰戊·乐果/25%/乳油/乐果 22%、氰戊菊酯 3%/2009.01.08 至 2014.01.08/中等毒			
	十字花科蔬菜	菜青虫	180-300克/公顷	喷雾
PD20090855	杀虫双/3.6%/颗粒剂/杀虫双 3.6%/2009.01.19 至 2014.01.19/中等毒			
	水稻	螟虫	540-675克/公顷	撒施
PD20090920	氰戊·马拉松/20%/乳油/马拉硫磷 15%、氰戊菊酯 5%/2009.01.19 至 2014.01.19/中等毒			
	十字花科蔬菜	菜青虫	90-150克/公顷	喷雾

四川省仁寿县神牛蚊香厂　(四川省仁寿县双龙桥　612500　0833-6319006)

WP20080125	蚊香/0.3%/蚊香/富右旋反式烯丙菊酯 0.3%/2008.10.29 至 2013.10.29/微毒			
	卫生	蚊	/	点燃

四川省仁寿县天府农药厂　(四川省眉山市仁寿县城北大化镇　620500　0833-6312567)

PD20084202	氰戊·马拉松/21%/乳油/马拉硫磷 15%、氰戊菊酯 6%/2008.12.16 至 2013.12.16/中等毒			
	棉花	棉铃虫	120-180克/公顷	喷雾
PD20090611	氰戊·马拉松/20%/乳油/马拉硫磷 15%、氰戊菊酯 5%/2009.01.14 至 2014.01.14/中等毒			
	棉花	棉铃虫	90-150克/公顷	喷雾
	小麦	蚜虫	60-90克/公顷	喷雾
PD20090952	高效氯氟氰菊酯/25克/升/乳油/高效氯氟氰菊酯 25克/升/2009.01.20 至 2014.01.20/中等毒			
	十字花科蔬菜	菜青虫	7.5-15克/公顷	喷雾
	烟草	烟青虫	7.5-15克/公顷	喷雾
LS20090334	唑磷·毒死蜱/25%/乳油/毒死蜱 10%、三唑磷 15%/2009.03.05 至 2010.03.05/中等毒			
	水稻	二化螟	337.5-375克/公顷	喷雾

四川省遂宁市川宁农药有限责任公司　(四川省遂宁市保升乡　629001　0825-2940039)

PD90105-6	石硫合剂/45%/结晶粉/石硫合剂 45%/2005.04.14 至 2010.04.14/低毒			
	茶树	叶螨	150倍液	喷雾
	柑橘树	介壳虫、螨	1)180-300倍液 2)300-500倍液	1)早春喷雾 2)晚秋喷雾
	柑橘树	锈壁虱	300-500倍液	晚秋喷雾
	麦类	白粉病	150倍液	喷雾
	苹果树	叶螨	20-30倍液	萌芽前喷雾

四川省万源市海豹蚊香有限责任公司　(四川省万源市长坝乡街道　636352　0818-8676068)

WP20080237	蚊香/0.3%/蚊香/富右旋反式烯丙菊酯 0.3%/2008.11.25 至 2013.11.25/低毒			
	卫生	蚊	/	点燃

四川省宜宾川安高科农药有限责任公司　(四川省江安县井口镇　644219　0831-2850517)

PD86157-18	硫磺/50%/悬浮剂/硫磺 50%/2005.06.17 至 2010.06.17/低毒			
	果树	白粉病	200-400倍液	喷雾
	花卉	白粉病	750-1500克/公顷	喷雾
	黄瓜	白粉病	1125-1500克/公顷	喷雾
	橡胶树	白粉病	1875-3000克/公顷	喷雾
	小麦	白粉病、螨	3000克/公顷	喷雾
PD90105	石硫合剂/45%/结晶粉/石硫合剂 45%/2005.07.11 至 2010.07.11/低毒			
	茶树	叶螨	150倍液	喷雾
	柑橘树	锈壁虱	300-500倍液	晚秋喷雾
	柑橘树	介壳虫、螨	1)180-300倍液 2)300-500倍液	1)早春喷雾 2)晚秋喷雾
	麦类	白粉病	150倍液	喷雾
	苹果树	叶螨	20-30倍液	萌芽前喷雾
PD20040140	吡虫啉/2%/可湿性粉剂/吡虫啉 2%/2004.12.19 至 2009.12.18/低毒			
	小麦	蚜虫	7.5-15克/公顷	喷雾
PD20070108	敌草胺/96%/原药/敌草胺 96%/2007.04.26 至 2012.04.26/低毒			
PD20070172	腐霉利/98.5%/原药/腐霉利 98.5%/2007.06.25 至 2012.06.25/低毒			
PD20070465	敌草胺/50%/可湿性粉剂/敌草胺 50%/2007.11.20 至 2012.11.20/低毒			
	烟草	一年生禾本科杂草及部分阔叶杂草	1125-1875克/公顷	土壤喷雾
PD20082137	烯酰吗啉/95%/原药/烯酰吗啉 95%/2008.11.25 至 2013.11.25/低毒			
PD20082516	腐霉利/50%/可湿性粉剂/腐霉利 50%/2008.12.03 至 2013.12.03/低毒			
	番茄	灰霉病	375-750克/公顷	喷雾
	油菜	菌核病	300-600克/公顷	喷雾
PD20085745	腐霉·福美双/50%/可湿性粉剂/腐霉利 10%、福美双 40%/2008.12.26 至 2013.12.26/中等毒			
	油菜	菌核病	975-1350克/公顷	喷雾
PD20086249	烯酰吗啉/10%/水乳剂/烯酰吗啉 10%/2008.12.31 至 2013.12.31/低毒			
	黄瓜	霜霉病	225-300克/公顷	喷雾

PD20090029 硫磺·多菌灵/50%/悬浮剂/多菌灵 15%、硫磺 35%/2009.01.06 至 2014.01.06/微毒
花生 叶斑病 1200-1440克/公顷 喷雾
PD20090925 硫磺·三环唑/45%/悬浮剂/硫磺 40%、三环唑 5%/2009.01.19 至 2014.01.19/低毒
水稻 稻瘟病 675-810克/公顷 喷雾
PD20091530 腐霉利/35%/悬浮剂/腐霉利 35%/2009.02.03 至 2014.02.03/微毒
番茄 灰霉病 393.75-656.25克/公顷 喷雾
PD20091863 苄·二氯/36%/可湿性粉剂/苄嘧磺隆 3%、二氯喹啉酸 33%/2009.02.09 至 2014.02.09/低毒
水稻移栽田 一年生及部分多年生杂草 216-270克/公顷 药土法
PD20095292 石硫合剂/29%/水剂/石硫合剂 29%/2009.04.27 至 2014.04.27/低毒
柑橘树 红蜘蛛 0.5-1Be 喷雾
苹果树 白粉病 0.5Be 喷雾
PD20096714 烯酰·锰锌/69%/可湿性粉剂/代森锰锌 60%、烯酰吗啉 9%/2009.09.07 至 2014.09.07/低毒
黄瓜 霜霉病 1035-1367.55克/公顷 喷雾

四川省志信生物化工有限公司 (四川省成都市大邑县二岔镇高山街 611300 028-85132850)

LS20080022 25克/升高效氯氟氰菊酯乳油//乳油/高效氯氟氰菊酯 25克/升/2008.01.03 至 2009.01.03/中等毒
十字花科蔬菜 菜青虫 11.25-15克/公顷 喷雾

四川省资阳地区卧龙农药厂 (四川省乐至县全胜乡 641511 0832-3137186)

PD20096868 氰戊·乐果/25%/乳油/乐果 22%、氰戊菊酯 3%/2009.09.23 至 2014.09.23/中等毒
小麦 蚜虫 75-112.5克/公顷 喷雾
PD20097465 杀虫双/3.6%/大粒剂/杀虫双 3.6%/2009.11.03 至 2014.11.03/低毒
水稻 二化螟 540-810克/公顷 撒施

四川省自贡市恒达农药厂 (四川省自贡市沿滩区邓关镇顺昌美村5组 643033 0813-3902208)

PD20083301 四聚乙醛/6%/颗粒剂/四聚乙醛 6%/2008.12.11 至 2013.12.11/低毒
十字花科蔬菜 蜗牛 360-540克/公顷 撒施
水稻 福寿螺 360-540克/公顷 撒施
PD20085149 杀虫双/3.6%/大粒剂/杀虫双 3.6%/2008.12.23 至 2013.12.23/中等毒
水稻 螟虫 540-675克/公顷 撒施

四川省自贡市农药厂 (四川省自贡市沿滩区卫坪镇打谷村 643031 0813-3860670)

PD20086129 草甘膦/50%/可溶粉剂/草甘膦 50%/2008.12.30 至 2013.12.30/低毒
柑橘园 杂草 1275—2250克/公顷 定向茎叶喷雾
PD20092580 高效氯氰菊酯/4.5%/乳油/高效氯氰菊酯 4.5%/2009.02.27 至 2014.02.27/低毒
十字花科蔬菜 菜青虫 13.5-20.25克/公顷 喷雾
PD20095185 甲氰菊酯/20%/乳油/甲氰菊酯 20%/2009.04.24 至 2014.04.24/中等毒
甘蓝 小菜蛾 75-90克/公顷 喷雾
PD20096172 百草枯/200克/升/水剂/百草枯 200克/升/2009.06.29 至 2014.06.29/中等毒
柑橘园 杂草 750-900克/公顷 茎叶喷雾
PD20096600 草甘膦铵盐(33%)///水剂/草甘膦 30%/2009.09.02 至 2014.09.02/低毒
茶园 杂草 1125-2250克/公顷 茎叶喷雾
LS20060957 啶虫脒/3%/乳油/啶虫脒 3%/2009.04.18 至 2010.04.18/低毒
柑橘树 蚜虫 10-15毫克/千克 喷雾
LS20061955 氯氰菊酯/50克/升/乳油/氯氰菊酯 50克/升/2009.12.10 至 2010.12.10/低毒
甘蓝 菜青虫 37.5-52.5克/公顷 喷雾

四川省泸州永恒农药有限公司 (四川省泸州市石寨乡 646000 0830-3750223)

LS20050425 氯氰·螨醇/9.5%/乳油/氯氰菊酯 1.5%、三氯杀螨醇 8%/2008.02.19 至 2009.02.18/低毒
苹果树 红蜘蛛 95-118.75毫克/千克 喷雾

四川蜀峰化工有限公司 (四川省成都市双流县东升街道办事处三里坝社区六社 610200 028-85811505)

PD20090367 百草枯/20%/水剂/百草枯 20%/2009.01.12 至 2014.01.12/中等毒
稻茬免耕小麦田 杂草 382.5-510克/公顷 喷雾
PD20098215 唑磷·毒死蜱/30%/乳油/毒死蜱 15%、三唑磷 15%/2009.12.16 至 2014.12.16/中等毒
水稻 三化螟 225-270克/公顷 喷雾
LS20061253 阿维·三唑磷/20%/乳油/阿维菌素 0.2%、三唑磷 19.8%/2008.05.22 至 2009.05.22/中等毒(原药高毒)
水稻 二化螟 150-180克/公顷 喷雾

四川遂宁市川霸蚊香厂 (四川省遂宁市船山区西宁乡流通坝 629000 0825-2299885)

WL20080318 蚊香/0.3%/蚊香/富右旋反式烯丙菊酯 0.3%/2009.04.23 至 2010.04.23/微毒
卫生 蚊 / 点燃

四川新朝阳邦威生物科技有限公司 (四川省成都市天然产物蒲江高科技产业园 611630 028-88555480)

WP20080265 电热蚊香片/14毫克/片/电热蚊香片/炔丙菊酯 14毫克/片/2008.11.27 至 2013.11.27/微毒
卫生 蚊 / 电热加温
WP20080380 电热蚊香液/1.25%/电热蚊香液/炔丙菊酯 1.25%/2008.12.11 至 2013.12.11/微毒
卫生 蚊 / 电热加温
WP20090028 电热蚊香片/35毫克/片/电热蚊香片/炔丙菊酯 7毫克/片、右旋烯丙菊酯 28毫克/片/2009.01.12 至 2014.01.12/微毒
卫生 蚊 / 电热加温
WP20090166 杀虫气雾剂/0.33%/气雾剂/胺菊酯 0.25%、富右旋反式烯丙菊酯 0.08%/2009.03.09 至 2014.03.09/微毒

卫生　蚊、蝇、蜚蠊　/　喷雾
WP20090170　杀虫气雾剂/0.3%/气雾剂/除虫菊素（Ⅰ+Ⅱ）0.3%/2009.03.09 至 2014.03.09/微毒
卫生　蚊、蝇、蜚蠊　/　喷雾
WP20090272　电热蚊香片/15毫克/片/电热蚊香片/除虫菊素（Ⅰ+Ⅱ）15毫克/片/2009.05.18 至 2014.05.18/微毒
卫生　蚊　/　电热加温
WP20090281　蚊香/0.25%/蚊香/除虫菊素（Ⅰ+Ⅱ）0.25%/2009.06.02 至 2014.06.02/微毒
卫生　蚊　/　点燃

四川中迅沃野农化有限公司　（四川省成都市青白江区工业集中发展区黄金路16号　610300　028-83602881）
PD20097124　杀虫双/3.6%/大粒剂/杀虫双 3.6%/2009.10.16 至 2014.10.16/微毒
水稻　二化螟　810-1080克/公顷　撒施

泸州东方农化有限公司　（四川省泸州市纳溪区新乐镇天桥化工园区　646300　0830-4692825）
PD86182-4　稻瘟灵/30%/乳油/稻瘟灵 30%/2005.03.29 至 2010.03.29/低毒
水稻　稻瘟病　450-675克/公顷　喷雾
PD20040306　三唑酮/15%/可湿性粉剂/三唑酮 15%/2004.12.19 至 2009.12.18/低毒
小麦　白粉病、锈病　135-180克/公顷　喷雾
玉米　丝黑穗病　60-90克/100千克种子　拌种
PD20093958　稻瘟灵/95%/原药/稻瘟灵 95%/2009.03.27 至 2014.03.27/低毒

台湾省

墨西哥英吉利工业公司　（台湾省台南市成功路2号6楼14室　88662219906）
PD20081359　氢氧化铜/89%/原药/氢氧化铜 89%/2008.10.21 至 2013.10.21/低毒
PD20095697　氢氧化铜/77%/可湿性粉剂/氢氧化铜 77%/2009.05.15 至 2014.05.15/低毒
番茄　早疫病　1545－2310克/公顷　喷雾

台湾日产化工股份有限公司　（台湾省台北市复兴路57号10楼　105　02-27217371-12）
PD20084433　代森锰锌/80%/可湿性粉剂/代森锰锌 80%/2008.12.17 至 2013.12.17/低毒
西瓜　炭疽病　1995-3000克/公顷　喷雾

台湾兴农股份有限公司　（上海市奉贤区柘林镇北村路28号　201416　021-57493733）
PD20080851　百草枯二氯化物/阳离子32.6%/母药/百草枯二氯化物 阳离子32.6%/2008.06.23 至 2013.06.23/剧毒
PD20080870　代森锰锌/80%/可湿性粉剂/代森锰锌 80%/2008.06.27 至 2013.06.27/低毒
番茄　早疫病　1875-2100克/公顷　喷雾
PD20081619　腈菌·锰锌/62.25%/可湿性粉剂/腈菌唑 2.25%、代森锰锌 60%/2008.11.12 至 2013.11.12/低毒
黄瓜　白粉病　1867.5-2340克/公顷　喷雾
PD20090969　戊唑醇/430克/升/悬浮剂/戊唑醇 430克/升/2009.01.20 至 2014.01.20/低毒
梨树　黑星病　3000－4000倍液　喷雾
PD20092501　丙森锌/70%/可湿性粉剂/丙森锌 70%/2009.02.26 至 2014.02.26/低毒
大白菜　霜霉病　1575－2250克/公顷　喷雾
PD20095128　敌瘟磷/94%/原药/敌瘟磷 94%/2009.04.24 至 2014.04.24/中等毒
PD20095865　喹啉铜/98%/原药/喹啉铜 98%/2009.05.27 至 2014.05.27/低毒
PD20095866　喹啉铜/33.5%/悬浮剂/喹啉铜 33.5%/2009.05.27 至 2014.05.27/低毒
黄瓜　霜霉病　300-405克/公顷　喷雾

台湾亿丰农化厂股份有限公司　（上海市徐汇区肇嘉兵路1018号B1702　200030　021-64269017）
PD20070393　草甘膦异丙胺盐/41%/水剂/草甘膦异丙胺盐 41%/2007.11.05 至 2012.11.05/低毒
柑橘园　杂草　1125-2250克/公顷　定向茎叶喷雾

台湾隽农实业股份有限公司　（台湾省台中市华美西街二段369号10F-1　00886-4-23126656）
PD20050095　噻菌灵原药/98.5%/原药/噻菌灵 98.5%/2005.07.04 至 2010.07.04/低毒
PD20050096　噻菌灵/40%/可湿性粉剂/噻菌灵 40%/2005.07.04 至 2010.07.04/低毒
蘑菇　褐腐病　0.3-0.4克/平方米　菇床喷雾
苹果树　轮纹病　267-400毫克/千克　喷雾
葡萄　黑痘病　267-400毫克/千克　喷雾
香蕉　储藏病害　400-800毫克/千克　浸果1分钟
注:葡萄为临时登记，有效期最多至2011年3月11日。

天津市

天津阿斯化学有限公司　（天津市开发区西区新安路98号　300462　022-59832120）
PD20081779　杀鼠灵/0.05%/毒饵/杀鼠灵 0.05%/2008.11.19 至 2013.11.19/高毒
室内　家鼠　15克×2堆/15平方米　投放毒饵
WP20070021　杀虫粉剂/0.4%/粉剂/残杀威 0.4%/2007.09.21 至 2012.09.21/低毒
空间　黑皮蠹、蚂蚁　3克制剂/平方米　撒布
WP20080016　电热蚊香液/0.81%/电热蚊香液/炔丙菊酯 0.81%/2008.01.11 至 2013.01.11/低毒
卫生　蚊　/　电热加温
注:本品有一种香型：花香型。
WP20080025　电热蚊香片/10毫克/片/电热蚊香片/炔丙菊酯 10毫克/片/2008.02.14 至 2013.02.14/低毒
卫生　蚊　/　电热加温
注:本品有一种香型：花香型。
WP20080046　蚊香/0.25%/蚊香/右旋烯丙菊酯 0.25%/2008.03.04 至 2013.03.04/低毒

卫生 蚊 / 点燃
WP20080071 杀虫气雾剂/0.31%/气雾剂/氯菊酯 0.1%、炔丙菊酯 0.01%、右旋胺菊酯 0.2%/2008.05.12 至 2013.05.12/低毒
卫生 蜚蠊、蚂蚁、跳蚤、蚊、蝇、螨 / 喷雾
注:本品有两种香型:柠檬香型、苹果香型。
WP20080574 电热蚊香液/1.5%/电热蚊香液/炔丙菊酯 1.5%/2008.12.26 至 2013.12.26/低毒
卫生 蚊 / 电热加温
注:本品有壹种香型:薰衣草香型。
WP20090002 杀飞虫气雾剂/0.25%/气雾剂/生物苄呋菊酯 0.03%、右旋胺菊酯 0.22%/2009.01.04 至 2014.01.04/低毒
卫生 蚊、蝇 / 喷雾
注:本品有一种香型:柑桔香型。
WP20090059 驱蚊片/500毫克/片/驱蚊片/四氟苯菊酯 500毫克/片/2009.01.21 至 2014.01.21/微毒
卫生 蚊 / 电吹风
WP20090110 杀蟑气雾剂/0.4%/气雾剂/炔咪菊酯 0.1%、右旋苯醚氰菊酯 0.3%/2009.02.09 至 2014.02.09/低毒
卫生 蜚蠊 / 喷雾
WP20090273 杀蟑饵剂/35%/饵剂/硼酸 35%/2009.05.27 至 2014.05.27/低毒
卫生 蜚蠊 2.1克/平方米 投放
WL20050143 驱蚊片/750毫克/片/驱蚊片/四氟苯菊酯 750毫克/片/2008.05.22 至 2009.05.22/微毒
卫生 蚊 / 电吹风
WL20050166 驱蚊片/120毫克/片/驱蚊片/四氟苯菊酯 120毫克/片/2008.06.14 至 2009.06.14/微毒
卫生 蚊 / 电吹风
WL20050169 驱蚊片/300毫克/片/驱蚊片/四氟苯菊酯 300毫克/片/2008.06.14 至 2009.06.14/微毒
卫生 蚊 / 电吹风
WL20050176 电热蚊香浆/900毫克/片/电热蚊香浆/四氟苯菊酯 900毫克/片/2008.06.14 至 2009.06.14/低毒
卫生 蚊 / 电热加温
WL20050177 电热蚊香浆/1200毫克/片/电热蚊香浆/四氟苯菊酯 1200毫克/片/2008.06.15 至 2009.06.15/低毒
卫生 蚊 / 电热加温
WL20050182 电热蚊香浆/600毫克/片/电热蚊香浆/四氟苯菊酯 600毫克/片/2008.06.15 至 2009.06.15/低毒
卫生 蚊 / 电热加温
WL20050183 电热蚊香浆/300毫克/片/电热蚊香浆/四氟苯菊酯 300毫克/片/2008.06.15 至 2009.06.15/低毒
卫生 蚊 / 电热加温
WL20060109 杀蚁饵剂/0.9%/饵剂/氟蚁腙 0.9%/2009.05.11 至 2010.05.11/低毒
卫生 蚂蚁 / 投放
WL20060129 杀螨纸/0.25克/平方米 /杀螨纸/右旋苯醚菊酯 0.25克/平方米/2009.06.12 至 2010.06.12/低毒
卫生 尘螨 / 铺放
WL20070114 电热蚊香片/36毫克/片/电热蚊香片/右旋烯丙菊酯 36毫克/片/2009.06.05 至 2010.06.06/微毒
卫生 蚊 / 电热加温
WL20090096 杀蚁粉剂/0.55%/粉剂/残杀威 0.5%、氟氯氰菊酯 0.05%/2009.03.25 至 2010.03.25/低毒
室内 蚂蚁 / 撒布

天津百胜化工有限公司 (天津市外环西线39公里处 300274 022-63136557-601)

PD20080801 啶虫脒/5%/可湿性粉剂/啶虫脒 5%/2008.06.20 至 2013.06.20/低毒
甘蓝 蚜虫 15-22.5克/公顷 喷雾
PD20081894 马拉硫磷/45%/乳油/马拉硫磷 45%/2008.11.20 至 2013.11.20/低毒
棉花 盲蝽蟓 405-607.5克/公顷 喷雾
PD20082147 高效氯氟氰菊酯/25克/升/乳油/高效氯氟氰菊酯 25克/升/2008.11.25 至 2013.11.25/低毒
苹果树 桃小食心虫 5-6.3毫克/千克 喷雾
PD20082174 多菌灵/80%/可湿性粉剂/多菌灵 80%/2008.11.26 至 2013.11.26/低毒
苹果树 轮纹病 500-1000毫克/千克 喷雾
PD20083589 马拉·辛硫磷/20%/乳油/马拉硫磷 10%、辛硫磷 10%/2008.12.12 至 2013.12.12/低毒
棉花 棉铃虫 150-225克/公顷 喷雾
小麦 红蜘蛛 135-180克/公顷 喷雾
PD20084887 毒死蜱/480克/升/乳油/毒死蜱 480克/升/2008.12.22 至 2013.12.22/中等毒
苹果树 桃小食心虫 200-240毫克/千克 喷雾
PD20090378 啶虫脒/5%/乳油/啶虫脒 5%/2009.01.12 至 2014.01.12/低毒
黄瓜 蚜虫 18-22.5克/公顷 喷雾
PD20090990 甲基硫菌灵/70%/可湿性粉剂/甲基硫菌灵 70%/2009.01.21 至 2014.01.21/低毒
苹果树 轮纹病 600-800毫克/千克 喷雾
PD20094599 百草枯/200克/升/水剂/百草枯 200克/升/2009.04.10 至 2014.04.10/中等毒
玉米田 杂草 300-600克/公顷 定向喷雾
PD20094656 精喹禾灵/50克/升/乳油/精喹禾灵 50克/升/2009.04.10 至 2014.04.10/低毒
棉花田 一年生禾本科杂草 37.5-60克/公顷 茎叶喷雾
PD20098504 甲氨基阿维菌素苯甲酸盐(1.14%)///乳油/甲氨基阿维菌素 1%/2009.12.24 至 2014.12.24/低毒
甘蓝 小菜蛾 1.5-3克/公顷 喷雾
LS20051822 代森铵/45%/水剂/代森铵 45%/2008.05.16 至 2009.05.16/低毒

黄瓜 霜霉病 450-600克/公顷 喷雾

LS20071341 代森锌/80%/可湿性粉剂/代森锌 80%/2009.05.17 至 2010.05.18/低毒

烟草 炭疽病 960-1200克/公顷 喷雾

LS20071569 三氯异氰尿酸/85%/可溶粉剂/三氯异氰尿酸 85%/2009.06.04 至 2010.06.05/低毒

棉花 枯萎病 432-540克/公顷 喷雾

LS20072222 阿维菌素/18克/升/乳油/阿维菌素 18克/升/2009.09.11 至 2010.09.12/低毒(原药高毒)

棉花 红蜘蛛 10.8-16.2克/公顷 喷雾

LS20082968 阿维·哒螨灵/10.5%/乳油/阿维菌素 0.3%、哒螨灵 10.2%/2009.08.20 至 2010.08.20/低毒(原药高毒)

苹果树 红蜘蛛 35-52.5毫克/千克 喷雾

天津东方红化工有限公司 (天津市大港区上古林乡上古林村 300270 022-63223577)

WP20090090 驱蚊液/4.5%/驱蚊液/避蚊胺 4.5%/2009.02.03 至 2014.02.03/低毒

卫生 蚊 / 涂抹

天津京津农药厂 (天津市武清区大黄堡乡八里庄村南 301702 022-82241437)

PD84111-9 氧乐果/40%/乳油/氧乐果 40%/2009.10.28 至 2014.10.28/中等毒(原药高毒)

棉花 蚜虫、螨 375-600克/公顷 喷雾

森林 松干蚧、松毛虫 500倍液 喷雾或直接涂树干

水稻 稻纵卷叶螟、飞虱 375-600克/公顷 喷雾

小麦 蚜虫 300-450克/公顷 喷雾

PD20040536 哒螨灵/15%/乳油/哒螨灵 15%/2009.12.19 至 2014.12.19/中等毒

柑橘树 红蜘蛛 50-67毫克/千克 喷雾

PD20050090 高效氯氰菊酯/4.5%/乳油/高效氯氰菊酯 4.5%/2005.07.01 至 2010.06.30/低毒

十字花科蔬菜 菜青虫 20.25-27克/公顷 喷雾

PD20080835 啶虫脒/3%/乳油/啶虫脒 3%/2008.06.20 至 2013.06.20/低毒

黄瓜 蚜虫 18-22.5克/公顷 喷雾

PD20082071 代森锰锌/80%/可湿性粉剂/代森锰锌 80%/2008.11.25 至 2013.11.25/低毒

番茄 早疫病 1845-2370克/公顷 喷雾

PD20083792 霜霉威盐酸盐/35%/水剂/霜霉威盐酸盐 35%/2008.12.15 至 2013.12.15/低毒

黄瓜 霜霉病 866-1083克/公顷 喷雾

PD20084246 阿维·高氯/1.8%/乳油/阿维菌素 0.3%、高效氯氰菊酯 1.5%/2008.12.17 至 2013.12.17/低毒(原药高毒)

梨树 梨木虱 6-12毫克/千克 喷雾

十字花科蔬菜 菜青虫、小菜蛾 8.1-16.2克/公顷 喷雾

PD20084578 甲基硫菌灵/50%/可湿性粉剂/甲基硫菌灵 50%/2008.12.18 至 2013.12.18/低毒

番茄 叶霉病 375-562.5克/公顷 喷雾

PD20090666 锰锌·乙铝/64%/可湿性粉剂/代森锰锌 40%、三乙膦酸铝 24%/2009.01.19 至 2014.01.19/低毒

黄瓜 霜霉病 1350-1920克/公顷 喷雾

PD20091771 二甲戊灵/33%/乳油/二甲戊灵 33%/2009.02.04 至 2014.02.04/低毒

花生田 一年生杂草 742.5-990克/公顷 土壤喷雾

PD20092055 嘧霉胺/20%/悬浮剂/嘧霉胺 20%/2009.02.13 至 2014.02.13/低毒

黄瓜 灰霉病 375-562.5克/公顷 喷雾

PD20092165 毒·辛/40%/乳油/毒死蜱 10%、辛硫磷 30%/2009.02.23 至 2014.02.23/低毒

棉花 棉铃虫 420-450克/公顷 喷雾

PD20093992 高氯·辛硫磷/20%/乳油/高效氯氰菊酯 2%、辛硫磷 18%/2009.03.27 至 2014.03.27/中等毒

棉花 棉铃虫 150-225克/公顷 喷雾

PD20094815 乙酰甲胺磷/30%/乳油/乙酰甲胺磷 30%/2009.04.13 至 2014.04.13/低毒

棉花 蚜虫 750-900克/公顷 喷雾

PD20096333 丙溴磷/40%/乳油/丙溴磷 40%/2009.07.22 至 2014.07.22/低毒

棉花 棉铃虫 450-600克/公顷 喷雾

PD20096757 代森锌/90%/原药/代森锌 90%/2009.09.07 至 2014.09.07/低毒

PD20097288 烟嘧磺隆/40克/升/可分散油悬浮剂/烟嘧磺隆 40克/升/2009.10.26 至 2014.10.26/低毒

玉米田 一年生杂草 42-60克/公顷 茎叶喷雾

PD20097719 福·福锌/60%/可湿性粉剂/福美双 20%、福美锌 40%/2009.11.04 至 2014.11.04/低毒

黄瓜 炭疽病 1440-1800克/公顷 喷雾

LS20051127 吡虫啉/10%/可湿性粉剂/吡虫啉 10%/2008.04.11 至 2009.04.11/低毒

十字花科蔬菜 蚜虫 12-18克/公顷 喷雾

LS20052802 高效氯氰菊酯/4.5%/微乳剂/高效氯氰菊酯 4.5%/2008.08.21 至 2009.08.21/中等毒

十字花科蔬菜 菜青虫 13.5-27克/公顷 喷雾

LS20053270 阿维·哒螨灵/5%/乳油/阿维菌素 0.2%、哒螨灵 4.8%/2008.10.11 至 2009.10.11/低毒(原药高毒)

柑橘树 红蜘蛛 25-33.3毫克/千克 喷雾

LS20060131 代森铵/45%/水剂/代森铵 45%/2009.01.25 至 2010.01.25/低毒

黄瓜 霜霉病 525-600克/公顷 喷雾

天津久日化学工业有限公司 (天津市新技术产业园区北辰科技工业园双辰中路22号 300400 022-83719710)

PD20040485 吡虫啉/2.5%/乳油/吡虫啉 2.5%/2004.12.19 至 2009.12.18/低毒
棉花、小麦 蚜虫 11.25-18.75克/公顷 喷雾
PD20083004 氟硅唑/93%/原药/氟硅唑 93%/2008.12.10 至 2013.12.10/低毒
PD20093522 氟硅唑/10%/水乳剂/氟硅唑 10%/2009.03.23 至 2014.03.23/低毒
番茄 叶霉病 60-75克/公顷 喷雾
PD20093719 硅唑·咪鲜胺/20%/水乳剂/氟硅唑 4%、咪鲜胺 16%/2009.03.25 至 2014.03.25/低毒
黄瓜 炭疽病 120-200克/公顷 喷雾
PD20094219 氟硅唑/40%/乳油/氟硅唑 40%/2009.03.31 至 2014.03.31/低毒
梨树 黑星病 40-50毫克/千克 喷雾
PD20094352 氟硅唑/2.5%/热雾剂/氟硅唑 2.5%/2009.04.01 至 2014.04.01/低毒
梨树 黑星病 112.5-131.25克/公顷 烟雾机喷雾

天津科润北方种衣剂有限公司 (天津市西青区杨柳青镇北 300380 022-27393880)

PD20081045 甲拌·多菌灵/15%/悬浮种衣剂/多菌灵 5%、甲拌磷 10%/2008.08.14 至 2013.08.14/高毒
小麦 地下害虫 333-400克/100千克种子 种子包衣
PD20082411 异菌脲/50%/可湿性粉剂/异菌脲 50%/2008.12.02 至 2013.12.02/低毒
番茄 早疫病 750-1500克/公顷 喷雾
PD20082675 高效氯氟氰菊酯/25克/升/乳油/高效氯氟氰菊酯 25克/升/2008.12.05 至 2013.12.05/低毒
十字花科蔬菜 菜青虫 11.25-15克/公顷 喷雾
PD20083365 炔螨特/730克/升/乳油/炔螨特 730克/升/2008.12.11 至 2013.12.11/中等毒
柑橘树 红蜘蛛 243.3-365毫克/千克 喷雾
PD20083446 氯氰·辛硫磷/26%/乳油/氯氰菊酯 1%、辛硫磷 25%/2008.12.12 至 2013.12.12/低毒
棉花 棉铃虫 390-468克/公顷 喷雾
PD20083775 多·福/15%/种衣剂/多菌灵 6%、福美双 9%/2008.12.15 至 2013.12.15/低毒
水稻 苗期病害 240-325克/100千克种子 种子包衣
PD20084926 甲·克/25%/悬浮种衣剂/甲拌磷 5%、克百威 20%/2008.12.22 至 2013.12.22/高毒
花生 地下害虫、蚜虫 0.7%-1%种子量 种子包衣
PD20085749 三唑锡/25%/可湿性粉剂/三唑锡 25%/2008.12.26 至 2013.12.26/中等毒
柑橘树 红蜘蛛 125-166.7毫克/千克 喷雾
PD20086326 甲基硫菌灵/70%/可湿性粉剂/甲基硫菌灵 70%/2008.12.31 至 2013.12.31/低毒
番茄 叶霉病 525-630克/公顷 喷雾
PD20090096 多·福/17%/悬浮种衣剂/多菌灵 5%、福美双 12%/2009.01.08 至 2014.01.08/中等毒
小麦 根腐病、黑穗病 1:60-70(药种比) 种子包衣
PD20090115 福·克/20%/悬浮种衣剂/福美双 12%、克百威 8%/2009.01.08 至 2014.01.08/高毒
玉米 地下害虫、茎基腐病 1:35-45(药种比) 种子包衣
PD20090228 三唑酮/25%/可湿性粉剂/三唑酮 25%/2009.01.09 至 2014.01.09/低毒
小麦 白粉病 112.5-150克/公顷 喷雾
PD20090263 克百·多菌灵/25%/悬浮种衣剂/多菌灵 10%、克百威 15%/2009.01.09 至 2014.01.09/高毒
棉花 苗期立枯病、蚜虫 700-1000克/100千克种子 种子包衣
PD20090281 腈·克·福美双/20.75%/悬浮种衣剂/福美双 13%、腈菌唑 0.75%、克百威 7%/2009.01.09 至 2014.01.09/中等毒(原药高毒)
玉米 地下害虫、茎基腐病、丝黑穗病 1:40-50(药种比) 种子包衣
PD20091429 多·福·甲拌磷/17%/悬浮种衣剂/多菌灵 5%、福美双 4%、甲拌磷 8%/2009.02.02 至 2014.02.02/高毒
小麦 地下害虫、黑穗病 1:40-50(药种比) 种子包衣
PD20091666 福·克/20%/悬浮种衣剂/福美双 10%、克百威 10%/2009.02.03 至 2014.02.03/中等毒(原药高毒)
玉米 地下害虫、蓟马、黏虫、蚜虫、玉米螟 1:40(药种比) 种子包衣
PD20091901 多·福·克/25%/悬浮种衣剂/多菌灵 7%、福美双 8%、克百威 10%/2009.02.09 至 2014.02.09/中等毒(原药高毒)
大豆 地下害虫、根腐病 1:50-60(药种比) 种子包衣
PD20092263 多·福·克/35%/悬浮种衣剂/多菌灵 15%、福美双 10%、克百威 10%/2009.02.24 至 2014.02.24/高毒
大豆 根腐病、蓟马、蚜虫 1.2-1.5%种子量 种子包衣
PD20092650 苯磺隆/75%/干悬浮剂/苯磺隆 75%/2009.03.03 至 2014.03.03/低毒
冬小麦田 一年生阔叶杂草 11.25-15.75克/公顷 茎叶喷雾
PD20094254 多·咪·福美双/18%/悬浮种衣剂/多菌灵 9%、福美双 7%、咪鲜胺 2%/2009.03.31 至 2014.03.31/低毒
水稻 恶苗病、立枯病 450-600克/100千克种子 种子包衣
PD20095012 噁霜·锰锌/64%/可湿性粉剂/噁霜灵 8%、代森锰锌 56%/2009.04.21 至 2014.04.21/低毒
黄瓜 霜霉病 1650-1950克/公顷 喷雾
PD20095427 异丙·苄/30%/可湿性粉剂/苄嘧磺隆 5%、异丙草胺 25%/2009.05.11 至 2014.05.11/低毒
水稻移栽田 一年生杂草 112.5-135克/公顷 毒土法
PD20095851 甲·克/20%/悬浮种衣剂/甲拌磷 8%、克百威 12%/2009.05.27 至 2014.05.27/高毒
花生 蚜虫 243-283克/100千克种子 种子包衣
LS20050423 螨醇·哒螨灵/20%/乳油/哒螨灵 8%、三氯杀螨醇 12%/2008.02.19 至 2009.02.18/低毒
苹果树 红蜘蛛 66.7-100毫克/千克 喷雾
LS20053401 吡·萎·多菌灵/16%/悬浮种衣剂/吡虫啉 5%、多菌灵 6%、萎锈灵 5%/2008.10.18 至 2009.10.18/低毒
棉花 棉蚜、苗期病害 533-800克/100千克种子 种子包衣

LS20060706 草甘膦/50%/可溶粉剂/草甘膦 50%/2009.04.03 至 2010.04.03/低毒
苹果园 一年生和多年生杂草 1688-2250克/公顷 定向茎叶喷雾
LS20080658 苯醚甲环唑/3%/悬浮种衣剂/苯醚甲环唑 3%/2009.02.24 至 2010.02.25/低毒
小麦 全蚀病、散黑穗病 7.5-10克/100千克种子 种子包衣

天津龙灯化工有限公司 (天津市北辰区铁东路 300400 022-26397652)

PD20040034 氯氰菊酯/92%/原药/氯氰菊酯 92%/2009.12.19 至 2014.12.19/中等毒
PD20040050 高效氯氰菊酯/27%/母药/高效氯氰菊酯 27%/2009.12.19 至 2014.12.19/低毒
PD20040066 高效氯氰菊酯/95%/原药/高效氯氰菊酯 95%/2009.12.19 至 2014.12.19/中等毒
PD20040090 氯氰菊酯/10%/乳油/氯氰菊酯 10%/2009.12.19 至 2014.12.19/中等毒
棉花 棉铃虫、蚜虫 45-90克/公顷 喷雾
十字花科蔬菜 菜青虫 30-45克/公顷 喷雾
PD20040145 高效氯氰菊酯/4.5%/乳油/高效氯氰菊酯 4.5%/2009.12.19 至 2014.12.19/中等毒
茶树 茶尺蠖 9-11.25毫克/千克 喷雾
棉花 棉铃虫 27-40.5克/公顷 喷雾
十字花科蔬菜 菜青虫 9-25.5克/公顷 喷雾
PD20040146 氯氰菊酯/5%/乳油/氯氰菊酯 5%/2009.12.19 至 2014.12.19/中等毒
棉花 棉铃虫、棉蚜 45-90克/公顷 喷雾
十字花科蔬菜 菜青虫 30-45克/公顷 喷雾
PD20050068 顺式氯氰菊酯/95%/原药/顺式氯氰菊酯 95%/2005.06.24 至 2010.06.23/中等毒
PD20050104 顺式氯氰菊酯/5%/乳油/顺式氯氰菊酯 5%/2005.08.04 至 2010.08.03/中等毒
十字花科蔬菜 菜青虫 7.5-15克/公顷 喷雾
PD20070453 顺式氯氰菊酯/10%/乳油/顺式氯氰菊酯 10%/2007.11.20 至 2012.11.20/低毒
十字花科蔬菜 菜青虫 15-22.5克/公顷 喷雾
PD20084726 氯菊酯/93%/原药/氯菊酯 93%/2008.12.22 至 2013.12.22/中等毒
LS20061245 高效氯氟氰菊酯/95%/原药/高效氯氟氰菊酯 95%/2009.05.22 至 2010.05.22/中等毒
LS20061838 高效氯氟氰菊酯/4.5%/微乳剂/高效氯氟氰菊酯 4.5%/2009.11.08 至 2010.11.08/低毒
十字花科蔬菜 菜青虫 13.5-27克/公顷 喷雾

天津绿源生物药业有限公司 (天津市大港区上古林导航台西侧 300270 022-63303706)

PD20094072 复硝酚钠/1.8%/水剂/5-硝基邻甲氧基苯酚钠 0.3%、对硝基苯酚钠 0.9%、邻硝基苯酚钠 0.6%/2009.03.27至2014.03.27/低毒
番茄 调节生长 2000-3000倍液 喷雾法
PD20096680 灭草松/480克/升/水剂/灭草松 480克/升/2009.09.07 至 2014.09.07/低毒
春大豆田 一年生阔叶杂草 1123.2-1497.6克/公顷 茎叶喷雾
PD20096958 乳氟禾草灵/240克/升/乳油/乳氟禾草灵 240克/升/2009.09.29 至 2014.09.29/低毒
花生田 阔叶杂草 82.8-108克/公顷 茎叶喷雾
PD20097135 四螨嗪/20%/悬浮剂/四螨嗪 20%/2009.10.16 至 2014.10.16/低毒
柑橘树 全爪螨 100-125毫克/千克 喷雾
LS20061923 氟啶脲/50克/升/乳油/氟啶脲 50克/升/2009.12.06 至 2010.12.06/低毒
柑橘树 潜叶蛾 16.7-25毫克/千克 喷雾

天津农药股份有限公司 (天津市北辰区铁东路 300400 022-26391188)

PD84102-2 杀螟硫磷/45%/乳油/杀螟硫磷 45%/2009.11.05 至 2014.11.05/中等毒
茶树 尺蠖、毛虫、小绿叶蝉 250-500毫克/千克 喷雾
甘薯 小象甲 525-900克/公顷 喷雾
果树 卷叶蛾、毛虫、食心虫 250-500克/公顷 喷雾
棉花 蚜虫、叶蝉、造桥虫 375-562.5克/公顷 喷雾
棉花 红铃虫、棉铃虫 375-750克/公顷 喷雾
水稻 飞虱、螟虫、叶蝉 375-562.5克/公顷 喷雾
PD85104 敌敌畏/95%/原药/敌敌畏 95%/2010.01.13 至 2015.01.13/中等毒
PD85105 敌敌畏/80%/乳油/敌敌畏 77.5%/2005.01.13 至 2010.01.13/中等毒
茶树 食叶害虫 600克/公顷 喷雾
粮仓 多种储藏害虫 1)400-500倍液 1)喷雾
2)0.4-0.5克/立方米 2)挂条熏蒸
棉花 蚜虫、造桥虫 600-1200克/公顷 喷雾
苹果树 小卷叶蛾、蚜虫 400-500毫克/千克 喷雾
青菜 菜青虫 600克/公顷 喷雾
桑树 尺蠖 600克/公顷 喷雾
卫生 多种卫生害虫 1)300-400倍液 1)泼洒
2)0.08克/立方米 2)挂条熏蒸
小麦 黏虫、蚜虫 600克/公顷 喷雾
PD85108 甲拌磷/80%/原药/甲拌磷 80%/2010.01.13 至 2015.01.13/高毒
PD85109 甲拌磷/55%/乳油/甲拌磷 55%/2010.01.13 至 2015.01.13/高毒
棉花 地下害虫、蚜虫、螨 600-800克/100千克种子 浸种、拌种
注:甲拌磷乳油只准用于浸、拌种,严禁喷雾使用。

PD85156	辛硫磷/85%,75%/原药/辛硫磷 85%,75%/2005.07.14 至 2010.07.14/低毒			
PD85157	辛硫磷/40%/乳油/辛硫磷 40%/2005.07.14 至 2010.07.14/低毒			
	茶树、桑树	食叶害虫	200-400毫克/千克	喷雾
	果树	食心虫、蚜虫、螨	200-400毫克/千克	喷雾
	林木	食叶害虫	3000-6000克/公顷	喷雾
	棉花	棉铃虫、蚜虫	300-600克/公顷	喷雾
	蔬菜	菜青虫	300-450克/公顷	喷雾
	烟草	食叶害虫	300-600克/公顷	喷雾
	玉米	玉米螟	450-600克/公顷	灌心叶
PD86154-2	杀螟硫磷/93%、85%、75%/原药/杀螟硫磷 93%、85%、75%/2006.11.02 至 2011.11.02/中等毒			
PD88112-4	石硫合剂/29%/水剂/石硫合剂 29%/2008.12.08 至 2013.12.08/低毒			
	茶树	红蜘蛛	0.5-1Be(波美)	喷雾
	柑橘树	白粉病、红蜘蛛	1Be(波美)	喷雾
	观赏植物	白粉病、介壳虫	0.5Be(波美)	喷雾
	核桃树、麦类	白粉病	1Be(波美)	喷雾
	苹果树	白粉病	0.5Be(波美)	喷雾
	葡萄	白粉病	3-5Be(波美)	喷雾
PD91104-3	敌敌畏/50%/乳油/敌敌畏 48%/2006.02.20 至 2011.02.20/中等毒			
	茶树	食叶害虫	600克/公顷	喷雾
	粮仓	多种储粮害虫	1)300-400倍液 2)0.4-0.5克/立方米	1)喷雾 2)挂条熏蒸
	棉花	蚜虫、造桥虫	600-1200克/公顷	喷雾
	苹果树	小卷叶蛾、蚜虫	400-500毫克/千克	喷雾
	青菜	菜青虫	600克/公顷	喷雾
	桑树	尺蠖	600克/公顷	喷雾
	卫生	多种卫生害虫	1)250-300倍液 2)0.08克/立方米	1)泼洒 2)挂条熏蒸
	小麦	黏虫、蚜虫	600克/公顷	喷雾
PD20040057	吡虫啉/98%/原药/吡虫啉 98%/2009.12.19 至 2014.12.19/低毒			
PD20040113	氯氰菊酯/5%/乳油/氯氰菊酯 5%/2009.12.19 至 2014.12.19/低毒			
	十字花科蔬菜	菜青虫	30-45克/公顷	喷雾
PD20040326	高效氯氰菊酯/27%/母药/高效氯氰菊酯 27%/2009.12.19 至 2014.12.19/中等毒			
PD20040356	吡虫啉/3%/微乳剂/吡虫啉 3%/2004.12.19 至 2009.12.18/低毒			
	十字花科蔬菜	蚜虫	13.5-18克/公顷	喷雾
PD20040358	吡虫啉/5%/乳油/吡虫啉 5%/2009.12.19 至 2014.12.19/低毒			
	苹果树	黄蚜	2000-3000倍液	喷雾
PD20040360	吡虫啉/10%/可湿性粉剂/吡虫啉 10%/2009.12.19 至 2014.12.19/低毒			
	水稻	飞虱	15-30克/公顷	喷雾
	小麦	蚜虫	15-30克/公顷(南方地区) 45-60克/公顷(北方地区)	喷雾
PD20040371	高效氯氰菊酯/4.5%/乳油/高效氯氰菊酯 4.5%/2009.12.19 至 2014.12.19/低毒			
	茶树	茶尺蠖	15-25.5克/公顷	喷雾
	柑橘树	潜叶蛾	15-20毫克/千克	喷雾
	柑橘树	红蜡蚧	50毫克/千克	喷雾
	棉花	红铃虫、棉铃虫、棉蚜	15-30克/公顷	喷雾
	苹果树	桃小食心虫	20-33毫克/千克	喷雾
	十字花科蔬菜	菜蚜	3-18克/公顷	喷雾
	十字花科蔬菜	菜青虫、小菜蛾	9-25.5克/公顷	喷雾
	烟草	烟青虫	15-25.5克/公顷	喷雾
PD20040384	高效氯氰菊酯/4.5%/微乳剂/高效氯氰菊酯 4.5%/2009.12.19 至 2014.12.19/低毒			
	苹果树	桃小食心虫	30-40毫克/千克	喷雾
	十字花科蔬菜	菜青虫	13.5-27克/公顷	喷雾
PD20083070	苯磺隆/10%/可湿性粉剂/苯磺隆 10%/2008.12.10 至 2013.12.10/低毒			
	春小麦田	一年生阔叶杂草	22.5-30克/公顷(东北地区)	茎叶喷雾
	冬小麦田	一年生阔叶杂草	13.5-22.5克/公顷(其它地区)	茎叶喷雾
PD20084124	啶虫脒/3%/微乳剂/啶虫脒 3%/2008.12.16 至 2013.12.16/低毒			
	甘蓝	蚜虫	18-22.5克/公顷	喷雾
PD20085136	啶虫脒/3%/乳油/啶虫脒 3%/2008.12.23 至 2013.12.23/低毒			
	苹果树	蚜虫	12-15毫克/千克	喷雾
PD20085413	敌草隆/25%/可湿性粉剂/敌草隆 25%/2008.12.24 至 2013.12.24/低毒			
	甘蔗田	一年生杂草	1500-2400克/公顷	土壤喷雾
PD20086223	腈菌唑/12.5%/乳油/腈菌唑 12.5%/2008.12.31 至 2013.12.31/低毒			
	小麦	白粉病	30-60克/公顷	喷雾

PD20094064	溴氰菊酯/2.5%/乳油/溴氰菊酯 2.5%/2009.03.27 至 2014.03.27/低毒			
	苹果树	桃小食心虫	12.5-16.7毫克/千克	喷雾
PD20094147	丙溴磷/40%/乳油/丙溴磷 40%/2009.03.27 至 2014.03.27/低毒			
	棉花	棉铃虫	480-600克/公顷	喷雾
PD20094590	高氯·丙溴磷/40%/乳油/丙溴磷 38%、高效氯氰菊酯 2%/2009.04.10 至 2014.04.10/低毒			
	棉花	棉铃虫	240-360克公顷	喷雾
PD20094785	毒死蜱/40%/乳油/毒死蜱 40%/2009.04.13 至 2014.04.13/中等毒			
	苹果树	桃小食心虫	200-266.7毫克/千克	喷雾
PD20096492	丙溴磷/40%/乳油/丙溴磷 40%/2009.08.14 至 2014.08.14/低毒			
	甘蓝	小菜蛾	360-450克/公顷	喷雾
	棉花	棉铃虫	300-450克/公顷	喷雾
	苹果树	红蜘蛛	100-200毫克/千克	喷雾
PD20097462	毒死蜱/40%/乳油/毒死蜱 40%/2009.11.03 至 2014.11.03/中等毒			
	棉花	棉铃虫	900-1200克/公顷	喷雾
LS20053241	高氯·吡虫啉/3%/乳油/吡虫啉 1.5%、高效氯氰菊酯 1.5%/2008.10.11 至 2009.10.11/低毒			
	十字花科蔬菜	蚜虫	18-27克/公顷	喷雾
LS20053243	高氯·辛硫磷/25%/乳油/高效氯氰菊酯 2.5%、辛硫磷 22.5%/2008.10.11 至 2009.10.11/中等毒			
	苹果树	桃小食心虫	208.3-312.5毫克/千克	喷雾
LS20060384	辛硫磷/3%/颗粒剂/辛硫磷 3%/2009.03.05 至 2010.03.05/低毒			
	花生	地下害虫	3000-3750克/公顷	撒施
LS20061460	甲氨基阿维菌素苯甲酸盐/1%/乳油/甲氨基阿维菌素苯甲酸盐 1%/2009.07.13 至 2010.07.13/低毒			
	棉花	棉铃虫	11.25-15克/公顷	喷雾
LS20071416	高氯 ·敌敌畏/20%/乳油/敌敌畏 19%、高效氯氰菊酯 1%/2009.05.17 至 2010.05.18/低毒			
	十字花科蔬菜	菜青虫	180-300克/公顷	喷雾
LS20072540	毒·辛/20%/乳油/毒死蜱 4%、辛硫磷 16%/2009.12.04 至 2010.12.05/低毒			
	韭菜	韭蛆	1500-2100克/公顷	灌根
天津人农药业有限责任公司 (天津市北辰区引河桥旁 300400 022-26831597)				
PD84111-19	氧乐果/40%/乳油/氧乐果 40%/2004.12.22 至 2009.12.22/高毒			
	棉花	蚜虫、螨	375-600克/公顷	喷雾
	森林	松干蚧、松毛虫	500倍液	喷雾或直接涂树干
	水稻	稻纵卷叶螟、飞虱	375-600克/公顷	喷雾
	小麦	蚜虫	300-450克/公顷	喷雾
PD84116-3	代森锌/80%/可湿性粉剂/代森锌 80%/2004.12.22 至 2009.12.22/低毒			
	茶树	炭疽病	1143-1600毫克/千克	喷雾
	观赏植物	炭疽病、锈病、叶斑病	1143-1600毫克/千克	喷雾
	花生	叶斑病	750-960克/公顷	喷雾
	梨树、苹果树	多种病害	1143-1600毫克/千克	喷雾
	马铃薯	晚疫病、早疫病	960-1200克/公顷	喷雾
	麦类	锈病	960-1440克/公顷	喷雾
	蔬菜、油菜	多种病害	960-1200克/公顷	喷雾
	烟草	立枯病、炭疽病	960-1200克/公顷	喷雾
PD84119	代森铵/45%/水剂/代森铵 45%/2005.12.27 至 2010.12.27/中等毒			
	白菜、黄瓜	霜霉病	525克/公顷	喷雾
	甘薯	黑斑病	200-400倍液	浸种
	谷子	白发病	180-360倍液	浸种
	水稻	白叶枯病、纹枯病	337.5克/公顷	喷雾
	水稻	稻瘟病	525-675克/公顷	喷雾
	橡胶树	条溃疡病	150倍液	涂抹
	玉米	大斑病、小斑病	525-675克/公顷	喷雾
PD85126	三氯杀螨醇/20%/乳油/三氯杀螨醇 20%/2005.06.29 至 2010.06.29/低毒			
	棉花	红蜘蛛	225-300克/公顷	喷雾
	苹果树	红蜘蛛、锈蜘蛛	800-1000倍液	喷雾
PD86106	三乙膦酸铝/90%/可溶性粉剂/三乙膦酸铝 90%/2007.03.25 至 2012.03.25/低毒			
	番茄	晚疫病	500-1000倍液	喷雾
	瓜类	白粉病	500-1000倍液	喷雾
	果菜、球茎类蔬菜、叶菜	霜霉病	500-1000倍液	喷雾
	棉花	疫病	400-800倍液	喷雾
	水稻	稻瘟病、纹枯病	400倍液	喷雾
	橡胶树	割面条溃疡病	200倍液	涂抹伤口
	烟草	黑胫病	600-1000倍液	喷雾
PD20040440	高效氯氰菊酯/4.5%/乳油/高效氯氰菊酯 4.5%/2004.12.19 至 2009.12.18/中等毒			

棉花 蚜虫 15-30克/公顷 喷雾
PD20082195 代森锰锌/90%/原药/代森锰锌 90%/2008.11.26 至 2013.11.26/低毒
PD20082476 代森锰锌/70%/可湿性粉剂/代森锰锌 70%/2008.12.03 至 2013.12.03/低毒
番茄 早疫病 1845-2370克/公顷 喷雾
PD20082731 代森锰锌/80%/可湿性粉剂/代森锰锌 80%/2008.12.08 至 2013.12.08/低毒
番茄 早疫病 2107—2370克/公顷 喷雾
PD20083093 代森锌/65%/可湿性粉剂/代森锌 65%/2008.12.10 至 2013.12.10/低毒
番茄 早疫病 2550-3600克/公顷 喷雾
PD20085192 三乙膦酸铝/95%/原药/三乙膦酸铝 95%/2008.12.23 至 2013.12.23/低毒
PD20085812 高效氯氟氰菊酯/25克/升/乳油/高效氯氟氰菊酯 25克/升/2008.12.29 至 2013.12.29/低毒
十字花科蔬菜 菜青虫 7.5-11.25克/公顷 喷雾
PD20086291 丙环唑/250克/升/乳油/丙环唑 250克/升/2008.12.31 至 2013.12.31/低毒
小麦 锈病 123.75-150克/公顷 喷雾
PD20090219 戊唑醇/95%/原药/戊唑醇 95%/2009.01.09 至 2014.01.09/低毒
PD20090657 霜脲·锰锌/72%/可湿性粉剂/代森锰锌 64%、霜脲氰 8%/2009.01.15 至 2014.01.15/低毒
黄瓜 霜霉病 1440-1800克/公顷 喷雾
PD20092325 毒死蜱/480克/升/乳油/毒死蜱 480克/升/2009.02.24 至 2014.02.24/中等毒
棉花 棉铃虫 675-900克/公顷 喷雾
PD20093247 联苯菊酯/95%/原药/联苯菊酯 95%/2009.03.11 至 2014.03.11/中等毒
PD20093369 单甲脒盐酸盐/25%/水剂/单甲脒盐酸盐 25%/2009.03.18 至 2014.03.18/中等毒
柑橘树 红蜘蛛 250-312.5毫克/千克 喷雾
PD20093515 丙环唑/95%/原药/丙环唑 95%/2009.03.23 至 2014.03.23/低毒
PD20095207 百草枯/200克/升/水剂/百草枯 200克/升/2009.04.24 至 2014.04.24/中等毒
棉花田 一年生杂草 300-600克/公顷 定向茎叶喷雾
PD20095211 单甲脒盐酸盐/80%/可溶粉剂/单甲脒盐酸盐 80%/2009.04.24 至 2014.04.24/中等毒
柑橘树 红蜘蛛 250-312.5毫克/千克 喷雾
PD20095212 单甲脒盐酸盐/85%/原药/单甲脒盐酸盐 85%/2009.04.24 至 2014.04.24/中等毒
PD20096484 吡虫啉/95%/原药/吡虫啉 95%/2009.08.14 至 2014.08.14/低毒
PD20096935 草甘膦/41%/水剂/草甘膦 41%/2009.09.29 至 2014.09.29/低毒
苹果园 杂草 200-350毫升制剂/亩 定向茎叶喷雾
PD20097189 S-氰戊菊酯/93%/原药/S-氰戊菊酯 93%/2009.10.16 至 2014.10.16/中等毒
LS20050315 吡虫啉/10%/可湿性粉剂/吡虫啉 10%/2008.02.06 至 2009.02.05/低毒
十字花科蔬菜 蚜虫 15-22.5克/公顷 喷雾
水稻 稻飞虱 15-30克/公顷 喷雾
小麦 蚜虫 15-30克/公顷 喷雾
45-60克/公顷(北方地区)
LS20050369 氟铃脲/5%/乳油/氟铃脲 5%/2008.02.19 至 2009.02.18/低毒
十字花科蔬菜 小菜蛾 37.5-56.25克/公顷 喷雾
LS20050370 代森锰锌/430克/升/悬浮剂/代森锰锌 430克/升/2008.02.19 至 2009.02.18/低毒
黄瓜 霜霉病 1200-1600克/公顷 喷雾
LS20050371 啶虫脒/3%/乳油/啶虫脒 3%/2008.02.19 至 2009.02.18/低毒
十字花科蔬菜 蚜虫 18-22.5克/公顷 喷雾
LS20052457 高效氯氟氰菊酯/95%/原药/高效氯氟氰菊酯 95%/2008.07.12 至 2009.07.12/高毒
LS20053425 甲氨基阿维菌素苯甲酸盐/90%/原药/甲氨基阿维菌素苯甲酸盐 90%/2008.11.02 至 2009.11.02/中等毒
LS20061483 啶虫脒/21%/可溶液剂/啶虫脒 21%/2009.07.17 至 2010.07.17/低毒
十字花科蔬菜 蚜虫 18.9-25.2克/公顷 喷雾
LS20061664 高效氟氯氰菊酯/95%/原药/高效氟氯氰菊酯 95%/2009.08.31 至 2010.08.31/中等毒
LS20061799 草甘膦/10%/水剂/草甘膦 10%/2009.10.30 至 2009.12.31/低毒
苹果园 杂草 1125-2250克/公顷 定向茎叶喷雾
LS20061826 甲氨基阿维菌素苯甲酸盐/0.5%/微乳剂/甲氨基阿维菌素苯甲酸盐 0.5%/2009.10.31 至 2010.10.31/低毒
十字花科蔬菜 甜菜夜蛾 1.875-2.25克/公顷 喷雾
LS20071148 百菌清/75%/可湿性粉剂/百菌清 75%/2009.04.25 至 2010.04.26/低毒
茶树 炭疽病 937.5-1250毫克/千克 喷雾
LS20072428 多菌灵/50%/可湿性粉剂/多菌灵 50%/2009.11.04 至 2010.11.05/低毒
油菜 菌核病 1125-1500克/公顷 喷雾
LS20082116 吡虫啉/20%/可溶液剂/吡虫啉 20%/2009.04.16 至 2010.04.16/低毒
水稻 稻飞虱 24-30克/公顷 喷雾
LS20083241 阿维·吡虫啉/1.7%/微乳剂/阿维菌素 0.2%、吡虫啉 1.5%/2009.12.11 至 2010.12.11/低毒(原药高毒)
十字花科蔬菜 蚜虫 10.2-12.75克/公顷 喷雾
LS20083245 高效氯氟氰菊酯/2.5%/水乳剂/高效氯氟氰菊酯 2.5%/2009.12.11 至 2010.12.11/中等毒
十字花科蔬菜 菜青虫 7.5-15克/公顷 喷雾
LS20083264 戊唑醇/25%/水乳剂/戊唑醇 25%/2009.12.15 至 2010.12.15/低毒
苹果树 斑点落叶病 100-125毫克/千克 喷雾

LS20083268 阿维·啶虫脒/1.8%/微乳剂/阿维菌素 0.3%、啶虫脒 1.5%/2009.12.15 至 2010.12.15/低毒(原药高毒)
黄瓜 美洲斑潜蝇 12.15-16.2克/公顷 喷雾
LS20090218 甲氨基阿维菌素苯甲酸盐/1.9%/乳油/甲氨基阿维菌素苯甲酸盐 1.9%/2009.02.13 至 2010.02.13/低毒
甘蓝 甜菜夜蛾 2.25—3.75克/公顷 喷雾
LS20090292 阿维·四螨嗪/5.1%/可湿性粉剂/阿维菌素 0.1%、四螨嗪 5%/2009.02.16 至 2010.02.16/低毒(原药高毒)
柑橘树 红蜘蛛 51～68毫克/千克 /喷雾
LS20090838 唑磷·毒死蜱/30%/乳油/毒死蜱 10%、三唑磷 20%/2009.04.03 至 2010.04.03/中等毒
水稻 三化螟 225-270克/公顷 喷雾
LS20091139 氟磺·异·精喹/18%/乳油/氟磺胺草醚 5.5%、精喹禾灵 1.5%、异噁草松 11%/2009.04.17 至 2010.04.17/低毒
春大豆田 一年生杂草 170-250毫升制剂/亩 茎叶喷雾
LS20091278 氟铃·辛硫磷/42%/乳油/氟铃脲 2%、辛硫磷 40%/2009.05.22 至 2010.05.22/低毒
棉花 棉铃虫 240-300克/公顷 喷雾

天津市阿格罗帕克农药有限公司 (天津市津南区小站镇东 300353 022-28618480)

WL20070055 顺式氯氰菊酯/10%/悬浮剂/顺式氯氰菊酯 10%/2010.03.05 至 2011.03.05/低毒
卫生 蚊、蝇 20毫克/平方米 滞留喷洒

天津市博克化工有限公司 (天津市西青区李七庄 300270 022-63252218)

PD20092399 高效氯氟氰菊酯/25克/升/乳油/高效氯氟氰菊酯 25克/升/2009.02.25 至 2014.02.25/中等毒
苹果树 桃小食心虫 6.25-8.3克/公顷 喷雾
PD20093294 联苯菊酯/25克/升/乳油/联苯菊酯 25克/升/2009.03.11 至 2014.03.11/低毒
棉花 棉铃虫 41.25-52.5克/公顷 喷雾
PD20093862 多菌灵/80%/可湿性粉剂/多菌灵 80%/2009.03.25 至 2014.03.25/低毒
苹果树 轮纹病 500-1000毫克/千克 喷雾
PD20094164 烟嘧磺隆/40克/升/油悬浮剂/烟嘧磺隆 40克/升/2009.03.27 至 2014.03.27/低毒
夏玉米田 一年生杂草 42-60克/公顷 茎叶喷雾
PD20094732 异丙甲草胺/720克/升/乳油/异丙甲草胺 720克/升/2009.04.10 至 2014.04.10/低毒
夏玉米田 一年生禾本科杂草及部分小粒种子阔叶杂草 1080-1350克/公顷 播后苗前土壤喷雾
PD20094765 百草枯/200克/升/水剂/百草枯 200克/升/2009.04.13 至 2014.04.13/中等毒
玉米田 一年生杂草 450-600克/公顷 行间定向茎叶喷雾
PD20095225 高效氟吡甲禾灵/108克/升/乳油/高效氟吡甲禾灵 108克/升/2009.04.24 至 2014.04.24/低毒
夏大豆田 一年生禾本科杂草 48.6-56.7克/公顷 茎叶喷雾
PD20095362 石硫合剂/29%/水剂/石硫合剂 29%/2009.04.27 至 2014.04.27/低毒
柑橘树 红蜘蛛 0.75-1.0Be(波美) 喷雾
PD20095929 二甲戊灵/34%/乳油/二甲戊灵 34%/2009.06.02 至 2014.06.02/低毒
甘蓝田 一年生杂草 495-742.5克/公顷 移栽前土壤喷雾
PD20097343 精喹禾灵/15%/乳油/精喹禾灵 15%/2009.10.27 至 2014.10.27/低毒
夏大豆田 一年生禾本科杂草 52.5-65克/公顷 茎叶喷雾
PD20098318 氟磺胺草醚/250克/升/水剂/氟磺胺草醚 250克/升/2009.12.18 至 2014.12.18/低毒
春大豆田 一年生阔叶杂草 80-100毫升制剂/亩 茎叶喷雾
LS20090233 乙羧氟草醚/20%/乳油/乙羧氟草醚 20%/2009.02.13 至 2010.02.13/低毒
夏大豆田 一年生阔叶杂草 300-450毫升制剂/公顷 茎叶喷雾

天津市大安农药有限公司 (天津市东丽区军粮城镇大安村 300301 022-84871760)

PD85109-13 甲拌磷/55%/乳油/甲拌磷 55%/2010.01.13 至 2015.01.13/高毒
棉花 地下害虫、蚜虫、螨 600-800克/100千克种子 浸种、拌种
注:甲拌磷乳油只准用于浸、拌种,严禁喷雾使用。
PD85150-43 多菌灵/50%/可湿性粉剂/多菌灵 50%/2006.08.02 至 2011.08.02/低毒
果树 病害 0.05-0.1%药液 喷雾
花生 倒秧病 750克/公顷 喷雾
麦类 赤霉病 750克/公顷 喷雾、泼浇
棉花 苗期病害 250克/50千克种子 拌种
水稻 稻瘟病、纹枯病 750克/公顷 喷雾、泼浇
油菜 菌核病 1125-1500克/公顷 喷雾
PD91106-23 甲基硫菌灵/70%/可湿性粉剂/甲基硫菌灵 70%/2010.01.13 至 2015.01.13/低毒
番茄 叶霉病 375-562.5克/公顷 喷雾
甘薯 黑斑病 360-450毫克/千克 浸薯块
瓜类 白粉病 337.5-506.25克/公顷 喷雾
梨树 黑星病 360-450毫克/千克 喷雾
苹果树 轮纹病 700毫克/千克 喷雾
水稻 稻瘟病、纹枯病 1050-1500克/公顷 喷雾
小麦 赤霉病 750-1050克/公顷 喷雾
PD20040160 氯氰菊酯/5%/乳油/氯氰菊酯 5%/2009.12.19 至 2014.12.19/中等毒
十字花科蔬菜 菜青虫 30-45克/公顷 喷雾

PD20090888 甲霜·噁霉灵/3%/水剂/噁霉灵 2.5%、甲霜灵 0.5%/2009.01.19 至 2014.01.19/低毒
水稻育秧田 立枯病 0.36-0.54克/平方米 喷雾
LS20083133 高氯·毒死蜱/15%/乳油/毒死蜱 13.5%、高效氯氰菊酯 1.5%/2009.11.12 至 2010.11.12/中等毒
黄瓜 美洲斑潜蝇 135-180克/公顷 喷雾

天津市大沽化工股份有限公司 (天津市塘沽区兴化道1号 300455 022-25391450-2954)

PD84124 65%五氯酚钠可溶性粉剂//可溶性粉剂/五氯酚钠 65%/2004.12.24 至 2009.12.24/中等毒
水稻 杂草 7500-15000克/公顷 毒土
PD84127 林丹原药/99%/原药/林丹 99%/2005.01.06 至 2010.01.06/中等毒

天津市东方农药有限公司 (天津市东丽区新立街窑上村 300300 022-84991175)

PD20081956 多·福/50%/可湿性粉剂/多菌灵 25%、福美双 25%/2008.11.24 至 2013.11.24/中等毒
梨树 黑星病 1000-1500毫克/千克 喷雾
PD20085147 霜脲·锰锌/72%/可湿性粉剂/代森锰锌 64%、霜脲氰 8%/2008.12.23 至 2013.12.23/低毒
黄瓜 霜霉病 1440-1800克/公顷 喷雾
PD20090021 代森锰锌/70%/可湿性粉剂/代森锰锌 70%/2009.01.06 至 2014.01.06/低毒
番茄 早疫病 1837.5-2362.5克/公顷 喷雾
PD20090105 代森锰锌/80%/可湿性粉剂/代森锰锌 80%/2009.01.08 至 2014.01.08/低毒
苹果树 斑点落叶病 1000-1500毫克/千克 喷雾
PD20090703 氯氰·仲丁威/20%/乳油/氯氰菊酯 4%、仲丁威 16%/2009.01.19 至 2014.01.19/中等毒
甘蓝 菜青虫、蚜虫 67-100毫克/千克 喷雾
PD20095685 甲硫·福美双/70%/可湿性粉剂/福美双 40%、甲基硫菌灵 30%/2009.05.15 至 2014.05.15/中等毒
苹果树 轮纹病 600-800倍液 喷雾
LS20053766 啶虫脒/3%/乳油/啶虫脒 3%/2008.12.14 至 2009.12.14/低毒
柑橘树 蚜虫 10-12毫克/千克 喷雾
LS20060515 咪鲜胺/25%/乳油/咪鲜胺 25%/2009.03.15 至 2010.03.15/低毒
黄瓜 炭疽病 250-500毫克/千克 喷雾
LS20060947 三唑磷/20%/乳油/三唑磷 20%/2009.04.18 至 2010.04.18/中等毒
水稻 三化螟 300-450克/公顷 喷雾
LS20080479 三唑酮/25%/可湿性粉剂/三唑酮 25%/2009.02.19 至 2010.02.20/低毒
小麦 白粉病 150-200克/公顷 喷雾
LS20080949 高效氯氰菊酯/4.5%/乳油/高效氯氰菊酯 4.5%/2009.03.04 至 2010.03.04/低毒
梨树 梨木虱 18-25毫克/千克 喷雾

天津市富达化学农药制造有限公司 (天津市汉沽区新华路东 300480 022-67116056)

PD85105-81 敌敌畏/80%/乳油/敌敌畏 77.5%/2005.04.22 至 2010.04.22/中等毒
茶树 食叶害虫 600克/公顷 喷雾
粮仓 多种储藏害虫 1)400-500倍液 1)喷雾
2)0.4-0.5克/立方米 2)挂条熏蒸
棉花 蚜虫、造桥虫 600-1200克/公顷 喷雾
苹果树 小卷叶蛾、蚜虫 400-500毫克/千克 喷雾
青菜 菜青虫 600克/公顷 喷雾
桑树 尺蠖 600克/公顷 喷雾
卫生 多种卫生害虫 1)300-400倍液 1)泼洒
2)0.08克/立方米 2)挂条熏蒸
小麦 黏虫、蚜虫 600克/公顷 喷雾
PD85109-14 甲拌磷/55%/乳油/甲拌磷 55%/2005.04.22 至 2010.04.22/高毒
棉花 地下害虫、蚜虫、螨 600-800克/100千克种子 浸种、拌种
注:甲拌磷乳油只准用于浸种、拌种，严禁喷雾使用。

天津市海蓝精细化工厂 (天津市静海县台头镇团结桥旁 301600 022-86868102)

PD20085050 氯氰菊酯/5%/乳油/氯氰菊酯 5%/2008.12.23 至 2013.12.23/低毒
十字花科蔬菜 菜青虫 22.5-45克/公顷 喷雾
PD20085095 多菌灵/50%/可湿性粉剂/多菌灵 50%/2008.12.23 至 2013.12.23/低毒
水稻 纹枯病 600-750克/公顷 喷雾
PD20086212 甲基硫菌灵/70%/可湿性粉剂/甲基硫菌灵 70%/2008.12.31 至 2013.12.31/低毒
苹果树 轮纹病 600-700毫克/千克 喷雾
PD20091046 辛硫磷/40%/乳油/辛硫磷 40%/2009.01.21 至 2014.01.21/低毒
十字花科蔬菜 菜青虫 360-540克/公顷 喷雾
PD20091453 百草枯/200克/升/水剂/百草枯 200克/升/2009.02.02 至 2014.02.02/中等毒
玉米田 一年生杂草 300-600克/公顷 茎叶喷雾
PD20092504 乙草胺/900克/升/乳油/乙草胺 900克/升/2009.02.26 至 2014.02.26/低毒
春玉米田 一年生禾本科杂草及部分小粒种子阔叶杂草 1620-1890克/公顷 播后苗前土壤喷雾
夏玉米田 一年生禾本科杂草及部分小粒种子阔叶杂草 1080-1350克/公顷 播后苗前土壤喷雾
PD20092679 马拉硫磷/45%/乳油/马拉硫磷 45%/2009.03.03 至 2014.03.03/低毒

棉花 盲蝽蟓 375-562.2克/公顷 喷雾

PD20093470 氟乐灵/480克/升/乳油/氟乐灵 480克/升/2009.03.23 至 2014.03.23/低毒

棉花田 一年生禾本科杂草 720-1080克/公顷 土壤喷雾

PD20093833 联苯菊酯/25克/升/乳油/联苯菊酯 25克/升/2009.03.25 至 2014.03.25/低毒

苹果树 桃小食心虫 20-30毫克/千克 喷雾

LS20051488 代森锌/80%/可湿性粉剂/代森锌 80%/2008.04.21 至 2009.04.21/低毒

烟草 炭疽病 960-1200克/公顷 喷雾

LS20053106 啶虫脒/5%/乳油/啶虫脒 5%/2008.09.22 至 2009.09.22/低毒

棉花 蚜虫 9-18克/公顷 喷雾

LS20061087 氯氰菊酯/5%/微乳剂/氯氰菊酯 5%/2009.05.10 至 2010.05.10/低毒

十字花科蔬菜 菜青虫 30-45克/公顷 喷雾

LS20070397 乙酰甲胺磷/30%/乳油/乙酰甲胺磷 30%/2008.03.05 至 2009.03.06/低毒

十字花科蔬菜 菜青虫 337.5-540克/公顷 喷雾

LS20072612 毒死蜱/40%/乳油/毒死蜱 40%/2009.12.09 至 2010.12.10/中等毒

棉花 棉铃虫 450-900克/公顷 喷雾

LS20081541 啶虫脒/3%/微乳剂/啶虫脒 3%/2009.03.31 至 2010.03.31/低毒

棉花 蚜虫 13.5-18克/公顷 喷雾

LS20082918 阿维・高氯/2.4%/微乳剂/阿维菌素 0.3%、高效氯氰菊酯 2.1%/2009.07.14 至 2010.07.14/低毒(原药高毒)

十字花科蔬菜 小菜蛾 18-25.2克/公顷 喷雾

LS20082965 高效氯氟氰菊酯/25克/升/水乳剂/高效氯氟氰菊酯 25克/升/2009.08.20 至 2010.08.20/中等毒

十字花科蔬菜 蚜虫 5.625-9.375克/公顷 喷雾

LS20082971 阿维・三唑磷/15%/乳油/阿维菌素 0.1%、三唑磷 14.9%/2009.08.20 至 2010.08.20/中等毒(原药高毒)

棉花 棉铃虫 180-225克/公顷 喷雾

天津市汉邦植物保护剂有限责任公司 (天津市静海县静海镇高家楼东104国道旁 300160 022-23950219)

PD20040730 高效氯氰菊酯/2.5%/乳油/高效氯氰菊酯 2.5%/2009.12.19 至 2014.12.19/低毒

梨树 梨木虱 16.7-25毫克/千克 喷雾

PD20083317 代森锰锌/80%/可湿性粉剂/代森锰锌 80%/2008.12.11 至 2013.12.11/低毒

番茄 早疫病 1845-2370克/公顷 喷雾

柑橘树 疮痂病、炭疽病 1333-2000毫克/千克 喷雾

梨树 黑星病 800-1600毫克/千克 喷雾

荔枝树 霜疫霉病 1333-2000毫克/千克 喷雾

苹果树 斑点落叶病、轮纹病、炭疽病 1000-1500毫克/千克 喷雾

葡萄 白腐病、黑痘病、霜霉病 1000-1600毫克/千克 喷雾

西瓜 炭疽病 1560-2520克/公顷 喷雾

PD20083767 多菌灵/50%/可湿性粉剂/多菌灵 50%/2008.12.15 至 2013.12.15/低毒

水稻 稻瘟病 562.5-937.5克/公顷 喷雾

PD20083848 啶虫脒/3%/乳油/啶虫脒 3%/2008.12.15 至 2013.12.15/低毒

黄瓜 蚜虫 18-22.5克/公顷 喷雾

PD20083931 多菌灵/80%/可湿性粉剂/多菌灵 80%/2008.12.15 至 2013.12.15/低毒

苹果树 轮纹病 400-800毫克/千克 喷雾

PD20084292 甲基硫菌灵/70%/可湿性粉剂/甲基硫菌灵 70%/2008.12.17 至 2013.12.17/低毒

番茄 叶霉病 375-562.5克/公顷 喷雾

PD20084698 多・锰锌/70%/可湿性粉剂/多菌灵 20%、代森锰锌 50%/2008.12.22 至 2013.12.22/低毒

苹果树 斑点落叶病 1000-1250毫克/千克 喷雾

PD20085166 辛硫・灭多威/20%/乳油/灭多威 10%、辛硫磷 10%/2008.12.23 至 2013.12.23/中等毒(原药高毒)

棉花 棉铃虫 225-300克/公顷 喷雾

PD20085516 啶虫脒/20%/可溶粉剂/啶虫脒 20%/2008.12.25 至 2013.12.25/低毒

黄瓜 蚜虫 24-36克/公顷 喷雾

PD20085717 多菌灵/40%/悬浮剂/多菌灵 40%/2008.12.26 至 2013.12.26/低毒

花生 倒秧病 750-900克/公顷 喷雾

PD20085792 甲基硫菌灵/500克/升/悬浮剂/甲基硫菌灵 500克/升/2008.12.29 至 2013.12.29/低毒

水稻 稻瘟病 750-1125克/公顷 喷雾

PD20086042 噻嗪酮/25%/可湿性粉剂/噻嗪酮 25%/2008.12.29 至 2013.12.29/低毒

水稻 稻飞虱 75-112.5克/公顷 喷雾

PD20086097 三唑锡/20%/悬浮剂/三唑锡 20%/2008.12.30 至 2013.12.30/低毒

柑橘树 红蜘蛛 133-200毫克/千克 喷雾

PD20086211 甲硫・福美双/70%/可湿性粉剂/福美双 30%、甲基硫菌灵 40%/2008.12.31 至 2013.12.31/低毒

黄瓜 炭疽病 750-975克/公顷 喷雾

PD20090214 毒死蜱/480克/升/乳油/毒死蜱 480克/升/2009.01.09 至 2014.01.09/中等毒

苹果树 桃小食心虫 240-320毫克/千克 喷雾

PD20090391 福美双/80%/可湿性粉剂/福美双 80%/2009.01.12 至 2014.01.12/中等毒

黄瓜 霜霉病 840-1050克/公顷 喷雾

PD20090561 炔螨特/73%/乳油/炔螨特 73%/2009.01.13 至 2014.01.13/低毒

苹果树 红蜘蛛 243-365毫克/千克 喷雾
PD20090662 三环唑/20%/可湿性粉剂/三环唑 20%/2009.01.15 至 2014.01.15/低毒
水稻 稻瘟病 225-300克/公顷 喷雾
PD20090903 顺式氯氰菊酯/100克/升/乳油/顺式氯氰菊酯 100克/升/2009.01.19 至 2014.01.19/低毒
甘蓝 菜青虫 7.5-15克/公顷 喷雾
PD20092587 多·福/80%/可湿性粉剂/多菌灵 30%、福美双 50%/2009.02.27 至 2014.02.27/低毒
葡萄 霜霉病 1000-1250毫克/千克 喷雾
PD20094302 高效氯氟氰菊酯/25克/升/乳油/高效氯氟氰菊酯 25克/升/2009.03.31 至 2014.03.31/低毒
十字花科叶菜 菜青虫 7.5-11.25克/公顷 喷雾
PD20094303 二甲戊灵/330克/升/乳油/二甲戊灵 330克/升/2009.03.31 至 2014.03.31/低毒
甘蓝田 一年生杂草 495-742.5克/公顷 土壤喷雾
PD20094307 高效氯氰菊酯/4.5%/微乳剂/高效氯氰菊酯 4.5%/2009.03.31 至 2014.03.31/低毒
甘蓝 菜青虫 20.25-27克/公顷 喷雾
PD20094401 噁霜·锰锌/64%/可湿性粉剂/噁霜灵 8%、代森锰锌 56%/2009.04.01 至 2014.04.01/低毒
黄瓜 霜霉病 1650-1950克/公顷 喷雾
PD20094817 阿维·高氯/5%/乳油/阿维菌素 0.3%、高效氯氰菊酯 4.7%/2009.04.13 至 2014.04.13/低毒(原药高毒)
黄瓜 美洲斑潜蝇 15-30克/公顷 喷雾
PD20095091 高效氟吡甲禾灵/108克/升/乳油/高效氟吡甲禾灵 108克/升/2009.04.24 至 2014.04.24/低毒
大豆田 一年生禾本科杂草 48.6-72.9克/公顷 茎叶喷雾
PD20095117 乙草胺/81.5%/乳油/乙草胺 81.5%/2009.04.24 至 2014.04.24/低毒
玉米田 一年生禾本科杂草及部分小粒种子阔叶杂草 东北地区：1350-1620克/公顷 其他地区：1080-1350克/公顷 播后苗前土壤喷雾
PD20095118 烯酰·福美双/35%/可湿性粉剂/福美双 30.5%、烯酰吗啉 4.5%/2009.04.24 至 2014.04.24/低毒
黄瓜 霜霉病 1050-1470克/公顷 喷雾
PD20096398 代森锌/80%/可湿性粉剂/代森锌 80%/2009.08.04 至 2014.08.04/低毒
花生 叶斑病 750-960克/公顷 喷雾
PD20097291 阿维菌素/1.8%/乳油/阿维菌素 1.8%/2009.10.26 至 2014.10.26/低毒(原药高毒)
菜豆 美洲斑潜蝇 10.8-21.6克/公顷 喷雾
PD20097907 阿维·矿物油 /24.5%/乳油/阿维菌素 0.2%、矿物油 24.3%/2009.11.30 至 2014.11.30/低毒(原药高毒)
柑橘树 红蜘蛛 122.5-245毫克/千克 喷雾
PD20098090 噁霉灵/30%/水剂/噁霉灵 30%/2009.12.08 至 2014.12.08/低毒
西瓜 枯萎病 375-500毫克/千克 灌根
LS20051984 吡虫啉/20%/乳油/吡虫啉 20%/2008.05.24 至 2009.05.24/低毒
小麦 蚜虫 15-30克/公顷(南方地区) 45-60克/公顷(北方地区) 喷雾
LS20070824 吡虫啉/5%/乳油/吡虫啉 5%/2009.04.11 至 2010.04.12/低毒
十字花科蔬菜 蚜虫 11.25-22.5克/公顷 喷雾
LS20070846 吡虫啉/70%/可湿性粉剂/吡虫啉 70%/2009.04.11 至 2010.04.12/低毒
十字花科蔬菜 蚜虫 21-31.5克/公顷 喷雾
LS20070862 毒死蜱/30%/微乳剂/毒死蜱 30%/2009.04.11 至 2010.04.12/中等毒
十字花科蔬菜 菜青虫 360-480克/公顷 喷雾
LS20071056 虫酰肼/200克/升/悬浮剂/虫酰肼 200克/升/2009.04.19 至 2010.04.20/低毒
十字花科蔬菜 甜菜夜蛾 200-300克/公顷 喷雾
LS20071412 哒螨灵/40%/可湿性粉剂/哒螨灵 40%/2009.05.17 至 2010.05.18/低毒
柑橘树 红蜘蛛 100-133毫克/千克 喷雾
LS20071458 精喹禾灵/10.8%/乳油/精喹禾灵 10.8%/2009.05.20 至 2010.05.21/低毒
大豆田 一年生禾本科杂草 48.6-72.9克/公顷 茎叶喷雾
LS20071609 苯醚甲环唑/10%/水分散粒剂/苯醚甲环唑 10%/2009.06.05 至 2010.06.06/低毒
番茄 早疫病 100.5-150克/公顷 喷雾
LS20071709 乙蒜素/80%/乳油/乙蒜素 80%/2009.07.03 至 2010.07.04/中等毒
苹果树 叶斑病 800-1000毫克/千克 喷雾
LS20071909 甲氨基阿维菌素苯甲酸盐(1.14%)///乳油/甲氨基阿维菌素 1%/2009.08.02 至 2010.08.03/低毒
甘蓝 小菜蛾 1.5-2.25克/公顷 喷雾
LS20072008 霜霉威盐酸盐/722克/升/水剂/霜霉威盐酸盐 722克/升/2009.08.07 至 2010.08.08/低毒
黄瓜 霜霉病 649.8-1083克/公顷 喷雾
LS20072407 盐酸吗啉胍/20%/可湿性粉剂/盐酸吗啉胍 20%/2009.11.04 至 2010.11.05/低毒
番茄 病毒病 703-1406克/公顷 喷雾
LS20080315 甲霜·锰锌/58%/可湿性粉剂/甲霜灵 10%、代森锰锌 48%/2010.02.18 至 2011.02.18/低毒
黄瓜 霜霉病 675-1050克/公顷 喷雾
LS20080524 氟铃脲/5%/乳油/氟铃脲 5%/2010.02.20 至 2011.02.20/低毒
十字花科蔬菜 小菜蛾 30-56.25克/公顷 喷雾
LS20080567 异菌脲/50%/可湿性粉剂/异菌脲 50%/2010.02.21 至 2011.02.21/低毒
番茄 灰霉病 562.5-750克/公顷 喷雾

LS20080571 阿维菌素/5%/乳油/阿维菌素 5%/2010.02.21 至 2011.02.21/低毒(原药高毒)
十字花科蔬菜 小菜蛾 8.1-10.8克/公顷 喷雾

LS20082362 丙溴磷/40%/乳油/丙溴磷 40%/2009.04.21 至 2010.04.21/低毒
棉花 棉铃虫 480-600克/公顷 喷雾

LS20082466 杀螟丹/98%/可溶粉剂/杀螟丹 98%/2009.04.22 至 2010.04.22/中等毒
十字花科蔬菜 菜青虫 441-588克/公顷 喷雾

LS20082675 草甘膦异丙胺盐/41%/水剂/草甘膦异丙胺盐 41%/2009.04.29 至 2010.04.29/低毒
玉米田 杂草 650-1750克/公顷 行间定向茎叶喷雾

LS20082701 四螨嗪/20%/悬浮剂/四螨嗪 20%/2009.04.29 至 2010.04.29/低毒
柑橘树 红蜘蛛 100-150毫克/千克 喷雾

LS20082795 氟磺胺草醚/20%/乳油/氟磺胺草醚 20%/2009.05.09 至 2010.05.09/低毒
大豆田 一年生阔叶杂草 210-270克/公顷 茎叶喷雾

LS20090816 高氯·辛硫磷/15%/乳油/高效氯氰菊酯 2.5%、辛硫磷 12.5%/2009.04.03 至 2010.04.03/低毒
棉花 棉铃虫 180-225克/公顷 喷雾

LS20091053 甲维·虫酰肼/10.5%/乳油/虫酰肼 10%、甲氨基阿维菌素苯甲酸盐 0.5%/2009.04.15 至 2010.04.15/低毒
甘蓝 甜菜夜蛾 47.24-78.75克/公顷 喷雾

天津市恒源伟业生物科技发展有限公司 (天津市津南区北闸口镇光明村(唐津高速出入口处) 300353 022-88610288)

LS20090099 苦参碱/1.3%/水剂/苦参碱 1.3%/2009.01.09 至 2010.01.09/低毒
甘蓝 蚜虫 4.875-7.8克/公顷 喷雾

LS20090197 苦参碱/2%/水剂/苦参碱 2%/2009.02.04 至 2010.02.04/低毒
十字花科蔬菜 菜青虫 4.5-6克/公顷 喷雾

天津市华宇农药有限公司 (天津市青泊洼农场 300385 022-83718955)

PD85105-84 敌敌畏/80%/乳油/敌敌畏 77.5%(气谱法)/2005.03.11 至 2010.03.11/中等毒
茶树 食叶害虫 600克/公顷 喷雾
粮仓 多种储藏害虫 1)400-500倍液 1)喷雾
2)0.4-0.5克/立方米 2)挂条熏蒸
棉花 蚜虫、造桥虫 600-1200克/公顷 喷雾
苹果树 小卷叶蛾、蚜虫 400-500毫克/千克 喷雾
青菜 菜青虫 600克/公顷 喷雾
桑树 尺蠖 600克/公顷 喷雾
卫生 多种卫生害虫 1)300-400倍液 1)泼洒
2)0.08克/立方米 2)挂条熏蒸
小麦 黏虫、蚜虫 600克/公顷 喷雾

PD85109-11 甲拌磷/55%/乳油/甲拌磷 55%/2007.04.30 至 2012.04.30/高毒
棉花 地下害虫、蚜虫、螨 600-800克/100千克种子 浸种、拌种
注:甲拌磷乳油只准用于浸、拌种,严禁喷雾使用。

PD20040122 高效氯氰菊酯/4.5%/乳油/高效氯氰菊酯 4.5%/2009.12.19 至 2014.12.19/中等毒
十字花科蔬菜 菜青虫 9-25.5克/公顷 喷雾

PD20040153 氯氰菊酯/5%/乳油/氯氰菊酯 5%/2009.12.19 至 2014.12.19/中等毒
棉花 蚜虫 45-90克/公顷 喷雾

PD20040516 氯氰菊酯/5%/微乳剂/氯氰菊酯 5%/2009.12.19 至 2014.12.19/低毒
十字花科蔬菜 菜青虫 30-45克/公顷 喷雾

PD20060118 螨醇·哒螨灵/15%/乳油/哒螨灵 5%、三氯杀螨醇 10%/2006.06.15 至 2011.06.15/中等毒
苹果树 叶螨 60-75毫克/千克 喷雾

PD20070427 多·福/50%/可湿性粉剂/多菌灵 25%、福美双 25%/2007.11.12 至 2012.11.12/低毒
梨树 黑星病 1000-1500毫克/千克 喷雾

PD20080508 霜脲·锰锌/72%/可湿性粉剂/代森锰锌 64%、霜脲氰 8%/2008.04.10 至 2013.04.10/低毒
黄瓜 霜霉病 1458-1782克/公顷 喷雾

PD20080845 石硫合剂/29%/水剂/石硫合剂 29%/2008.06.23 至 2013.06.23/低毒
苹果树 白粉病 72-57倍(0.4-0.5Be) 喷雾
葡萄 白粉病 9-6倍(3.2-4.8Be) 喷雾

PD20080866 氯氰·辛硫磷/20%/乳油/氯氰菊酯 1.5%、辛硫磷 18.5%/2008.06.27 至 2013.06.27/中等毒
棉花 棉铃虫 150-210克/公顷 喷雾

PD20082908 苯磺隆/10%/可湿性粉剂/苯磺隆 10%/2008.12.09 至 2013.12.09/低毒
冬小麦田 一年生阔叶杂草 13.5-22.5克/公顷 茎叶喷雾

PD20083694 异丙甲草胺/720克/升/乳油/异丙甲草胺 720克/升/2008.12.15 至 2013.12.15/低毒
夏玉米田 部分阔叶杂草、一年生禾本科杂草 1296-1620克/公顷 土壤喷雾

PD20084764 辛硫磷/40%/乳油/辛硫磷 40%/2008.12.22 至 2013.12.22/低毒
十字花科蔬菜 菜青虫 360-540克/公顷 喷雾

PD20084768 锰锌·腈菌唑/60%/可湿性粉剂/腈菌唑 2%、代森锰锌 58%/2008.12.22 至 2013.12.22/低毒
黄瓜 霜霉病 675-846克/公顷 喷雾

PD20085003 精喹禾灵/20%/乳油/精喹禾灵 20%/2008.12.22 至 2013.12.22/低毒

夏大豆田 一年生禾本科杂草 37.5-52.5克/公顷 茎叶喷雾

PD20085210 氟硅唑/400克/升/乳油/氟硅唑 400克/升/2008.12.23 至 2013.12.23/低毒

黄瓜 黑星病 75-105克/公顷 喷雾

PD20085432 杀螟丹/50%/可溶粉剂/杀螟丹 50%/2008.12.24 至 2013.12.24/低毒

水稻 三化螟 600-750克/公顷 喷雾

PD20085600 阿维·辛硫磷/15%/乳油/阿维菌素 0.3%、辛硫磷 14.7%/2008.12.25 至 2013.12.25/低毒(原药高毒)

十字花科蔬菜 小菜蛾 90-135克/公顷 喷雾

PD20086333 炔螨特/73%/乳油/炔螨特 73%/2008.12.31 至 2013.12.31/低毒

柑橘树 红蜘蛛 243-365毫克/千克 喷雾

PD20090554 毒死蜱/40%/乳油/毒死蜱 40%/2009.01.13 至 2014.01.13/中等毒

韭菜 韭蛆 1440-1800克/公顷 灌根

十字花科蔬菜 菜青虫 540-720克/公顷 喷雾

PD20090558 氯氟吡氧乙酸/200克/升/乳油/氯氟吡氧乙酸 200克/升/2009.01.13 至 2014.01.13/低毒

水田畦畔 空心莲子草(水花生) 120-150克/公顷 茎叶喷雾

PD20090802 啶虫脒/3%/微乳剂/啶虫脒 3%/2009.01.19 至 2014.01.19/低毒

黄瓜 蚜虫 13.5-22.5克/公顷 喷雾

PD20090991 烟嘧磺隆/40克/升/悬浮剂/烟嘧磺隆 40克/升/2009.01.21 至 2014.01.21/低毒

玉米田 一年生单子叶杂草、一年生双子叶杂草 67-100毫升制剂/亩 茎叶喷雾

PD20091026 辛硫磷/3%/颗粒剂/辛硫磷 3%/2009.01.21 至 2014.01.21/低毒

玉米 玉米螟 135-180克/公顷 喇叭口撒施

PD20091056 啶虫脒/10%/微乳剂/啶虫脒 10%/2009.01.21 至 2014.01.21/低毒

十字花科蔬菜 蚜虫 18-22.5克/公顷 喷雾

PD20091087 霜霉威盐酸盐/722克/升/水剂/霜霉威 722克/升/2009.01.21 至 2014.01.21/低毒

黄瓜 猝倒病 3.6-5.4克/平方米 苗床浇灌

PD20091748 草甘膦/30%/水剂/草甘膦 30%/2009.02.04 至 2014.02.04/低毒

柑橘园 杂草 1500-2250克/公顷 定向喷雾

PD20092048 二甲戊灵/330克/升/乳油/二甲戊灵 330克/升/2009.02.12 至 2014.02.12/低毒

甘蓝田 一年生杂草 618.75-742.5克/公顷 土壤喷雾

PD20092063 精喹禾灵/5%/乳油/精喹禾灵 5%/2009.02.16 至 2014.02.16/低毒

夏大豆田 一年生禾本科杂草 45-52.5克/公顷 茎叶喷雾

PD20092083 敌畏·氧乐果 /40%/乳油/敌敌畏 20%、氧乐果 20%/2009.02.16 至 2014.02.16/中等毒(原药高毒)

小麦 蚜虫 240-360克/公顷 喷雾

PD20092497 啶虫脒/10%/可湿性粉剂/啶虫脒 10%/2009.02.26 至 2014.02.26/低毒

小麦 蚜虫 13.5-18克/公顷 喷雾

PD20092622 马拉硫磷/45%/乳油/马拉硫磷 45%/2009.03.02 至 2014.03.02/中等毒

棉花 盲蝽蟓 469-562克/毫升 喷雾

小麦 蚜虫 371.5-749.25克/公顷 喷雾

PD20092661 马拉硫磷/90%/原药/马拉硫磷 90%/2009.03.03 至 2014.03.03/低毒

PD20094786 高效氟吡甲禾灵/108克/升/乳油/高效氟吡甲禾灵 108克/升/2009.04.13 至 2014.04.13/低毒

冬油菜田 一年生禾本科杂草 32.4-45.4克/公顷 茎叶喷雾

PD20095356 百草枯/200克/升/水剂/百草枯 200克/升/2009.04.27 至 2014.04.27/中等毒

免耕冬油菜田 杂草 450-600克/公顷 茎叶喷雾

苹果园 杂草 600-750克/公顷 定向喷雾

PD20096251 喹硫磷/25%/乳油/喹硫磷 25%/2009.07.15 至 2014.07.15/中等毒

水稻 二化螟 450-525克/公顷 喷雾

PD20096544 仲丁灵/48%/乳油/仲丁灵 48%/2009.08.20 至 2014.08.20/低毒

西瓜田 一年生杂草 1080-1440克/公顷 土壤喷雾

PD20098385 乙氧氟草醚/240克/升/乳油/乙氧氟草醚 240克/升/2009.12.18 至 2014.12.18/低毒

移栽水稻田 一年生杂草 54-72克/公顷 毒土法

LS20061915 甲氨基阿维菌素苯甲酸盐/90%/原药/甲氨基阿维菌素苯甲酸盐 90%/2009.12.06 至 2010.12.06/中等毒

LS20072216 烯酰·福美双/35%/可湿性粉剂/福美双 30.5%、烯酰吗啉 4.5%/2009.09.11 至 2010.09.12/低毒

黄瓜 霜霉病 1050-1470克/公顷 喷雾

LS20081584 甲氨基阿维菌素苯甲酸盐/1%/乳油/甲氨基阿维菌素苯甲酸盐 1%/2009.04.02 至 2010.04.02/低毒

十字花科蔬菜 小菜蛾 1.5-2.25克/公顷 喷雾

LS20082676 乙羧氟草醚/20%/乳油/乙羧氟草醚 20%/2009.04.29 至 2010.04.29/低毒

春大豆田 多种阔叶杂草 60-75克/公顷 茎叶喷雾

LS20082992 敌·马/40%/乳油/敌百虫 22%、马拉硫磷 18%/2009.08.21 至 2010.08.21/中等毒

草地 蝗虫 600-750克/公顷 喷雾

LS20090494 莠去津/90%/水分散粒剂/莠去津 90%/2009.03.24 至 2010.03.24/低毒

夏玉米 一年生杂草 1350-1620克/公顷 播后苗前土壤喷雾

LS20091152 毒·辛 /5%/颗粒剂/毒死蜱 2%、辛硫磷 3%/2009.04.17 至 2010.04.17/低毒

甘蔗 蔗螟 2625—3000克/公顷 撒施

LS20091439 甲氨基阿维菌素苯甲酸盐(2.3%)///乳油/甲氨基阿维菌素 2%/2009.11.12 至 2010.11.12/低毒
十字花科蔬菜 小菜蛾 2.1-3.3克/公顷 喷雾

天津市化工学校化工厂 (天津市北辰区西堤头 300408 022-86844509)

PD84121-11 56%磷化铝片剂//片剂/磷化铝 56%/2006.12.31 至 2011.12.31/高毒
洞穴 室外啮齿动物 根据洞穴大小而定 密闭熏蒸
货物 仓储害虫 5-10片/1000千克 密闭熏蒸
空间 多种害虫 1-4片/立方米 密闭熏蒸
粮食、种子 储粮害虫 3-10片/1000千克 密闭熏蒸

PD84130-3 磷化锌原药//原药/磷化锌 90%,80%/2004.12.10 至 2009.12.10/高毒

天津市汇源化学品有限公司 (天津市宝坻区津围公路58公里处 301801 022-29689848)

PD20040313 高效氯氰菊酯/4.5%/乳油/高效氯氰菊酯 4.5%/2009.12.19 至 2014.12.19/中等毒
甘蓝 菜青虫 9-25.5克/公顷 喷雾

PD20040395 氯氰菊酯/5%/乳油/氯氰菊酯 5%/2009.12.19 至 2014.12.19/低毒
十字花科蔬菜 菜青虫 30-45克/公顷 喷雾

PD20082480 啶虫脒/3%/乳油/啶虫脒 3%/2008.12.03 至 2013.12.03/低毒
黄瓜 蚜虫 18-22.5克/公顷 喷雾

PD20083803 代森锰锌/70%/可湿性粉剂/代森锰锌 70%/2008.12.15 至 2013.12.15/低毒
番茄 早疫病 1837.5-2887.5克/公顷 喷雾

PD20084071 福美双/50%/可湿性粉剂/福美双 50%/2008.12.16 至 2013.12.16/低毒
黄瓜 霜霉病 375-750克/公顷 喷雾

PD20084142 辛硫磷/40%/乳油/辛硫磷 40%/2008.12.16 至 2013.12.16/低毒
十字花科蔬菜 菜青虫 300-450克/公顷 喷雾

PD20084189 敌敌畏/80%/乳油/敌敌畏 80%/2008.12.16 至 2013.12.16/中等毒
十字花科蔬菜 菜青虫 600-780克/公顷 喷雾

PD20084399 石硫合剂/29%/水剂/石硫合剂 29%/2008.12.17 至 2013.12.17/低毒
苹果树 白粉病 0.4-0.6Be 喷雾

PD20084913 乙酰甲胺磷/30%/乳油/乙酰甲胺磷 30%/2008.12.22 至 2013.12.22/低毒
棉花 棉铃虫 900-1200克/公顷 喷雾

PD20084977 马拉硫磷/45%/乳油/马拉硫磷 45%/2008.12.22 至 2013.12.22/低毒
苹果树 蝽蟓 300-450毫克/千克 喷雾

PD20086053 高效氯氟氰菊酯/2.8%/乳油/高效氯氟氰菊酯 2.8%/2008.12.29 至 2013.12.29/中等毒
苹果树 桃小食心虫 7-9.3毫克/千克 喷雾

PD20090434 氰戊·敌敌畏/20%/乳油/敌敌畏 15%、氰戊菊酯 5%/2009.01.12 至 2014.01.12/中等毒
桃树 蚜虫 66.67-100毫克/千克 喷雾

PD20090460 百草枯/200克/升/水剂/百草枯 200克/升/2009.01.12 至 2014.01.12/中等毒
苹果园 杂草 600-900克/公顷 定向喷雾

PD20091408 嗪酮·乙草胺/24%/可湿性粉剂/嗪草酮 10%、乙草胺 14%/2009.02.02 至 2014.02.02/低毒
夏玉米田 一年生杂草 540-720克/公顷 播后苗前土壤喷雾

PD20091849 草甘膦/30%/水剂/草甘膦 30%/2009.02.06 至 2014.02.06/低毒
苹果园 一年生和多年生杂草 1125-2250克/公顷 定向茎叶喷雾

PD20091914 高氯·辛硫磷/25%/乳油/高效氯氰菊酯 2.5%、辛硫磷 22.5%/2009.02.12 至 2014.02.12/中等毒
棉花 棉铃虫 281.25-375克/公顷 喷雾

PD20092121 霜脲·锰锌/72%/可湿性粉剂/代森锰锌 64%、霜脲氰 8%/2009.02.23 至 2014.02.23/低毒
黄瓜 霜霉病 1440-1800克/公顷 喷雾

PD20092907 吡虫·氧乐果/20%/乳油/吡虫啉 1%、氧乐果 19%/2009.03.05 至 2014.03.05/中等毒(原药高毒)
小麦 蚜虫 45-60克/公顷 喷雾

PD20092976 阿维·辛硫磷/15%/乳油/阿维菌素 0.3%、辛硫磷 14.7%/2009.03.09 至 2014.03.09/低毒(原药高毒)
十字花科蔬菜 小菜蛾 112.5-168.75克/公顷 喷雾

PD20093215 多菌灵/50%/可湿性粉剂/多菌灵 50%/2009.03.11 至 2014.03.11/低毒
苹果树 轮纹病 600-1000毫克/千克 喷雾

PD20094696 精喹禾灵/50克/升/乳油/精喹禾灵 50克/升/2009.04.10 至 2014.04.10/低毒
大豆田 一年生禾本科杂草 37.5-60克/公顷 茎叶喷雾

PD20095888 螨醇·哒螨灵/15%/乳油/哒螨灵 5%、三氯杀螨醇 10%/2009.05.31 至 2014.05.31/中等毒
苹果树 叶螨 67-75毫克/千克 喷雾

PD20096303 毒死蜱/40%/乳油/毒死蜱 40%/2009.07.22 至 2014.07.22/中等毒
十字花科蔬菜 菜青虫 300-450克/公顷 喷雾

PD20096618 喹硫磷/25%/乳油/喹硫磷 25%/2009.09.02 至 2014.09.02/中等毒
水稻 二化螟 375-615克/公顷 喷雾

PD20097954 阿维·高氯/1.8%/乳油/阿维菌素 0.3%、高效氯氰菊酯 1.5%/2009.12.01 至 2014.12.01/低毒(原药高毒)
甘蓝 菜青虫 7.5-15克/公顷 喷雾

LS20082722 联苯菊酯/25克/升/乳油/联苯菊酯 25克/升/2009.04.29 至 2010.04.29/低毒
茶树 茶小绿叶蝉 30-37.5克/公顷 喷雾

天津市建军医学科技开发有限公司皮肤网医药研制中心(天津市东丽区金钟河大街徐庄子东 300210 022-28304978)

WL20050104 蚊香/0.2%/蚊香/富右旋反式烯丙菊酯 0.2%/2008.04.11 至 2009.04.11/低毒
卫生 蚊 / 点燃

天津市捷康化学品有限公司 (天津市华苑工华道南大科技园C座4层 300384 022-83718911)

PD85122-5 福美双/50%/可湿性粉剂/福美双 50%/2005.06.16 至 2010.06.16/中等毒
黄瓜 白粉病、霜霉病 500-1000倍液 喷雾
葡萄 白腐病 500-1000倍液 喷雾
水稻 稻瘟病、胡麻叶斑病 250克/100千克种子 拌种
甜菜、烟草 根腐病 500克/500千克温床土 土壤处理
小麦 白粉病、赤霉病 500倍液 喷雾

PD85123-3 胂·锌·福美双/50%/可湿性粉剂/福美甲胂 12.5%、福美双 25%、福美锌 12.5%/2005.07.13 至 2010.07.13/中等毒
大白菜 霜霉病 750-1125克/公顷 喷雾
梨树 黑星病 500-800倍液 喷雾
苹果树 炭疽病 500-800倍液 喷雾
葡萄 黑痘病、炭疽病 500-1000倍液 喷雾
水稻 纹枯病 562.5-712.5克/公顷 喷雾
烟草 炭疽病 562.5-712.5克/公顷 喷雾
芝麻 疫病 2500倍液 喷雾

PD85124-11 福·福锌/80%/可湿性粉剂/福美双 30%、福美锌 50%/2005.06.16 至 2010.06.16/中等毒
黄瓜、西瓜 炭疽病 1500-1800克/公顷 喷雾
麻 炭疽病 240-400克/100千克种子 拌种
棉花 苗期病害 0.5%药液 浸种
苹果树、杉木、橡胶树 炭疽病 500-600倍液 喷雾

PD85125-2 福美胂/40%/可湿性粉剂/福美胂 40%/2005.07.16 至 2010.07.16/中等毒
黄瓜 白粉病 1025-1500克/公顷 喷雾
苹果树 白粉病 700倍液 喷雾
水稻 稻粒瘟病 562.5-645克/公顷 喷雾
豌豆 白粉病 900-1125克/公顷 喷雾
小麦 白粉病 562.5-750克/公顷 喷雾

PD96101 福·福锌/40%/可湿性粉剂/福美双 15%、福美锌 25%/2006.09.20 至 2011.09.20/中等毒
黄瓜、西瓜 炭疽病 1500-1800克/公顷 喷雾
麻 炭疽病 240-400克/100千克种子 拌种
棉花 苗期病害 1.0%药液 浸种
苹果树、杉木、橡胶树 炭疽病 250-300倍液 喷雾

PD20070299 福美双/96%/原药/福美双 96%/2007.09.21 至 2012.09.21/低毒

PD20080715 福美锌/95%/原药/福美锌 95%/2008.06.11 至 2013.06.11/低毒

PD20081678 多·福/60%/可湿性粉剂/多菌灵 30%、福美双 30%/2008.11.17 至 2013.11.17/低毒
梨树 黑星病 1000-1500毫克/千克 喷雾

PD20081789 锰锌·三唑酮/33%/可湿性粉剂/代森锰锌 23%、三唑酮 10%/2008.11.19 至 2013.11.19/低毒
梨树 黑星病 275-412.5毫克/千克(800-1200倍液) 喷雾

PD20082119 硫磺·多菌灵/50%/可湿性粉剂/多菌灵 15%、硫磺 35%/2008.11.25 至 2013.11.25/低毒
花生 叶斑病 1200-1800克/公顷 喷雾

PD20082224 多·福·锰锌/50%/可湿性粉剂/多菌灵 15%、福美双 25%、代森锰锌 10%/2008.11.26 至 2013.11.26/中等毒
苹果树 轮纹病 625-1000毫克/千克 喷雾

PD20092779 氰戊·辛硫磷/25%/乳油/氰戊菊酯 5%、辛硫磷 20%/2009.03.04 至 2014.03.04/中等毒
小麦 蚜虫 93.75-150克/公顷 喷雾

天津市津绿宝农药制造有限公司 (天津市津南区小站镇四道沟村 300353 022-88620025)

PD88105-9 硫酸铜/96%/原药/硫酸铜 96%/2008.04.04 至 2013.04.04/低毒

PD20092562 多菌灵/50%/可湿性粉剂/多菌灵 50%/2009.02.26 至 2014.02.26/低毒
苹果树 轮纹病 250-500毫克/千克 喷雾

PD20092979 毒死蜱/40%/乳油/毒死蜱 40%/2009.03.09 至 2014.03.09/中等毒
十字花科蔬菜 菜青虫 540-720克/公顷 喷雾

PD20093863 辛硫·灭多威/50%/乳油/灭多威 5%、辛硫磷 45%/2009.03.25 至 2014.03.25/中等毒(原药高毒)
棉花 棉铃虫 562.5-750克/公顷 喷雾

PD20093880 氯氰菊酯/5%/乳油/氯氰菊酯 5%/2009.03.25 至 2014.03.25/低毒
甘蓝 菜青虫 30-60克/公顷 喷雾

PD20094312 甲基硫菌灵/70%/可湿性粉剂/甲基硫菌灵 70%/2009.03.31 至 2014.03.31/低毒
番茄 叶霉病 375-562.5克/公顷 喷雾

PD20094518 福美双/50%/可湿性粉剂/福美双 50%/2009.04.09 至 2014.04.09/低毒
黄瓜 霜霉病 450-900克/公顷 喷雾

PD20094608 代森锰锌/80%/可湿性粉剂/代森锰锌 80%/2009.04.10 至 2014.04.10/低毒
番茄 早疫病 1800-2400克/公顷 喷雾
PD20096654 代森锰锌/90%/原药/代森锰锌 90%/2009.09.03 至 2014.09.03/低毒
LS20060381 高效氯氰菊酯/2.5%/乳油/高效氯氰菊酯 2.5%/2009.03.05 至 2010.03.05/低毒
梨树 梨木虱 16.67-31.25毫克/千克 喷雾
LS20061655 啶虫脒/96%/原药/啶虫脒 96%/2009.08.28 至 2010.08.28/低毒
LS20081491 高效氯氰菊酯/4.5%/水乳剂/高效氯氰菊酯 4.5%/2009.03.31 至 2010.03.31/低毒
十字花科蔬菜 菜青虫 27-40.5克/公顷 喷雾

天津市绿保农用化学科技开发有限公司 （天津市卫津路94号（南开大学内） 300071 022-23503703）

PD20070368 单嘧磺隆/10%/可湿性粉剂/单嘧磺隆 10%/2007.10.24 至 2012.10.24/低毒
冬小麦田 一年生阔叶杂草 45-60克/公顷 茎叶喷雾
PD20070369 单嘧磺隆/90%/原药/单嘧磺隆 90%/2007.10.24 至 2012.10.24/低毒

天津市绿亨化工有限公司 （天津市大港区石化产业园区凯旋街1239号 300270 022-63233996）

PD20090416 嘧霉·福美双/30%/悬浮剂/福美双 25%、嘧霉胺 5%/2009.01.12 至 2014.01.12/低毒
黄瓜 灰霉病 600-900克/公顷 喷雾
PD20091230 烯酰·福美双/35%/可湿性粉剂/福美双 30.5%、烯酰吗啉 4.5%/2009.02.01 至 2014.02.01/低毒
黄瓜 霜霉病 1050-1470克/公顷 喷雾
PD20091399 氟硅唑/8%/微乳剂/氟硅唑 8%/2009.02.02 至 2014.02.02/低毒
黄瓜 白粉病 48-72克/公顷 喷雾
PD20092109 丙环唑/250克/升/乳油/丙环唑 250克/升/2009.02.23 至 2014.02.23/低毒
小麦 锈病 124-155克/公顷 喷雾
PD20092116 醚菊酯/10%/悬浮剂/醚菊酯 10%/2009.02.23 至 2014.02.23/低毒
甘蓝 菜青虫 45-65克/公顷 喷雾
PD20092176 甲霜·锰锌/58%/可湿性粉剂/甲霜灵 10%、代森锰锌 48%/2009.02.23 至 2014.02.23/低毒
黄瓜 霜霉病 1131-1740克/公顷 喷雾
PD20092349 顺式氯氰菊酯/100克/升/乳油/顺式氯氰菊酯 100克/升/2009.02.24 至 2014.02.24/中等毒
甘蓝 菜青虫 7.5-15克/公顷 喷雾
PD20092691 甲霜·噁霉灵/3%/水剂/噁霉灵 2.5%、甲霜灵 0.5%/2009.03.03 至 2014.03.03/低毒
水稻 立枯病 0.36-0.54克/平方米 喷雾
PD20092845 S-氰戊菊酯/50克/升/乳油/S-氰戊菊酯 50克/升/2009.03.05 至 2014.03.05/中等毒
十字花科蔬菜 菜青虫 15-22.5克/公顷 喷雾
PD20092964 氟虫脲/50克/升/可分散液剂/氟虫脲 50克/升/2009.03.09 至 2014.03.09/低毒
柑橘树 红蜘蛛、锈壁虱 50-80毫克/千克 喷雾
柑橘树 潜叶蛾 40-66.67毫克/千克 喷雾
苹果树 红蜘蛛 50-80毫克/千克 喷雾
PD20093415 甲氰·辛硫磷/28%/乳油/甲氰菊酯 6%、辛硫磷 22%/2009.03.20 至 2014.03.20/中等毒
棉花 棉铃虫 285-345克/公顷 喷雾
PD20093696 三乙膦酸铝/90%/可溶粉剂/三乙膦酸铝 90%/2009.03.25 至 2014.03.25/低毒
番茄 晚疫病 2300-2700克/公顷 喷雾
水稻 纹枯病 1500-1650克/公顷 喷雾
PD20093890 噁霉灵/15%/水剂/噁霉灵 15%/2009.03.25 至 2014.03.25/低毒
水稻 立枯病 9000-18000克/公顷 苗床、育秧箱土壤处理
PD20093909 异稻瘟净/50%/乳油/异稻瘟净 50%/2009.03.26 至 2014.03.26/低毒
水稻 稻瘟病 900-1200克/公顷 喷雾
PD20093919 炔螨特/73%/乳油/炔螨特 73%/2009.03.26 至 2014.03.26/低毒
柑橘树、苹果树 红蜘蛛 245-400毫克/千克 喷雾
PD20093937 丁硫克百威/200克/升/乳油/丁硫克百威 200克/升/2009.03.27 至 2014.03.27/中等毒
棉花 棉蚜 90-180克/公顷 喷雾
PD20094026 氟啶脲/50克/升/乳油/氟啶脲 50克/升/2009.03.27 至 2014.03.27/低毒
甘蓝 甜菜夜蛾 50-70克/公顷 喷雾
PD20094063 三环唑/75%/可湿性粉剂/三环唑 75%/2009.03.27 至 2014.03.27/低毒
水稻 稻瘟病 225-337.5克/公顷 喷雾
PD20094493 敌敌畏/80%/乳油/敌敌畏 80%/2009.04.09 至 2014.04.09/中等毒
小麦 蚜虫 600—800克/公顷 喷雾
PD20094517 杀螟丹/50%/可溶粉剂/杀螟丹 50%/2009.04.09 至 2014.04.09/中等毒
水稻 二化螟 525-750克/公顷 喷雾
PD20094691 氯氰·毒死蜱/522.5克/升/乳油/毒死蜱 475克/升、氯氰菊酯 47.5克/升/2009.04.10 至 2014.04.10/中等毒
甘蓝 菜青虫 391.9-509.4克/公顷 喷雾
棉花 棉铃虫 627-783.75克/公顷 喷雾
PD20094766 联苯菊酯/100克/升/乳油/联苯菊酯 100克/升/2009.04.13 至 2014.04.13/中等毒
茶树 茶尺蠖 7.5-15克/公顷 喷雾
PD20094771 毒死蜱/480克/升/乳油/毒死蜱 480克/升/2009.04.13 至 2014.04.13/中等毒

	水稻	稻纵卷叶螟	576-648克/公顷	喷雾
PD20094812	四螨嗪/20%/悬浮剂/四螨嗪 20%/2009.04.13 至 2014.04.13/低毒			
	柑橘树	红蜘蛛	100-200毫克/千克	喷雾
PD20095086	虫酰肼/200克/升/悬浮剂/虫酰肼 200克/升/2009.04.22 至 2014.04.22/低毒			
	十字花科蔬菜	甜菜夜蛾	210-300克/公顷	喷雾
PD20095114	双甲脒/200克/升/乳油/双甲脒 200克/升/2009.04.24 至 2014.04.24/低毒			
	柑橘树、苹果树	红蜘蛛	133.3-200毫克/千克	喷雾
PD20095278	灭草松/25%/水剂/灭草松 25%/2009.04.27 至 2014.04.27/低毒			
	冬小麦田	一年生阔叶杂草	750-937.5克/公顷	茎叶喷雾
PD20095387	稻瘟灵/40%/乳油/稻瘟灵 40%/2009.04.27 至 2014.04.27/低毒			
	水稻	稻瘟病	600-800克/公顷	喷雾
PD20095579	吡嘧磺隆/10%/可湿性粉剂/吡嘧磺隆 10%/2009.05.12 至 2014.05.12/低毒			
	移栽水稻田	一年生阔叶杂草	15-30克/公顷	毒土法
PD20095689	百草枯/200克/升/水剂/百草枯 200克/升/2009.05.15 至 2014.05.15/中等毒			
	玉米田	一年生杂草	450-600克/公顷	定向茎叶喷雾
PD20095746	精喹禾灵/50克/升/乳油/精喹禾灵 50克/升/2009.05.18 至 2014.05.18/低毒			
	大豆田	一年生禾本科杂草	48.75-60克/公顷	茎叶喷雾
PD20096233	喹硫磷/25%/乳油/喹硫磷 25%/2009.07.15 至 2014.07.15/中等毒			
	水稻	二化螟	487.5-600克/公顷	喷雾
PD20096576	复硝酚钠/1.4%/水剂/5-硝基邻甲氧基苯酚钠 0.3%、对硝基苯酚钠 0.7%、邻硝基苯酚钠 0.4%/2009.08.24至2014.08.24/低毒			
	番茄、黄瓜	调节生长	6000-8000倍液	喷雾
	小麦	调节生长	4000-5000倍液	喷雾
PD20097152	甲哌鎓/98%/可溶粉剂/甲哌鎓 98%/2009.10.16 至 2014.10.16/低毒			
	棉花	调节生长	73-86毫克/升	茎叶喷雾
LS20050777	高氯·辛硫磷/20%/乳油/高效氯氰菊酯 2%、辛硫磷 18%/2008.03.28 至 2009.03.28/中等毒			
	十字花科蔬菜	菜青虫	90-150克/公顷	喷雾
LS20053743	灭蝇胺/10%/悬浮剂/灭蝇胺 10%/2008.12.11 至 2009.12.11/低毒			
	黄瓜	斑潜蝇	150-225克/公顷	喷雾
LS20060497	高效氟氯氰菊酯/25克/升/乳油/高效氟氯氰菊酯 25克/升/2009.03.08 至 2010.03.08/中等毒			
	棉花	棉铃虫	11.25-15克/公顷	喷雾
LS20071903	噁霉·福美双/80%/可湿性粉剂/噁霉灵 10%、福美双 70%/2009.08.02 至 2010.08.03/低毒			
	棉花	枯萎病	1000-2000毫克/千克	灌根
LS20080386	敌畏·吡虫啉/26.5%/乳油/吡虫啉 1.5%、敌敌畏 25%/2009.02.18 至 2010.02.19/中等毒			
	水稻	稻飞虱	278.5-318克/公顷	喷雾
	小麦	蚜虫	238.5-318克/公顷	喷雾
LS20081531	甲氰·噻螨酮/7.5%/乳油/甲氰菊酯 5%、噻螨酮 2.5%/2009.03.31 至 2010.03.31/中等毒			
	柑橘树	红蜘蛛	100-125毫克/千克	喷雾
LS20081574	代森铵/45%/水剂/代森铵 45%/2009.04.02 至 2010.04.02/低毒			
	黄瓜	霜霉病	375-675克/公顷	喷雾
	水稻	稻瘟病	525-675克/公顷	喷雾
LS20081845	氯菊酯/10%/乳油/氯菊酯 10%/2009.04.10 至 2010.04.10/低毒			
	茶树	茶毛虫	30—60毫克/千克	喷雾
	甘蓝	菜青虫	15-45克/公顷	喷雾
LS20082607	吗胍·乙酸铜/20%/可湿性粉剂/盐酸吗啉胍 10%、乙酸铜 10%/2009.04.23 至 2010.04.23/低毒			
	水稻	条纹叶枯病	450-750克/公顷	喷雾
	烟草	病毒病	450-600克/公顷	喷雾
LS20082639	叶枯唑/25%/可湿性粉剂/叶枯唑 25%/2009.04.23 至 2010.04.23/低毒			
	水稻	白叶枯病	300-375克/公顷	喷雾
LS20091140	阿维菌素/2%/水乳剂/阿维菌素 2%/2009.04.17 至 2010.04.17/低毒(原药高毒)			
	十字花科蔬菜	小菜蛾	8.1—10.8克/公顷	喷雾
LS20091303	氧化亚铜/86.2%/可湿性粉剂/氧化亚铜 86.2%/2009.05.31 至 2010.05.31/低毒			
	葡萄	霜霉病	720-1081毫克/千克	喷雾

天津市绿农生物技术有限公司　(天津市河东区津塘路2号桥167号　300384　022-83718911)

PD20060121	苯磺隆/95%/原药/苯磺隆 95%/2006.06.15 至 2011.06.15/低毒			
PD20070329	丁草胺/90%/原药/丁草胺 90%/2007.10.10 至 2012.10.10/低毒			
PD20080106	乙草胺/93%/原药/乙草胺 93%/2008.01.04 至 2013.01.04/低毒			
PD20080495	乙草胺/900克/升/乳油/乙草胺 900克/升/2008.04.07 至 2013.04.07/低毒			
	夏玉米田	部分阔叶杂草、一年生禾本科杂草及部分小粒种子阔叶杂草	1080-1350克/公顷	土壤喷雾
PD20081138	氯嘧磺隆/95%/原药/氯嘧磺隆 95%/2008.09.01 至 2013.09.01/低毒			
PD20081742	苯磺隆/10%/可湿性粉剂/苯磺隆 10%/2008.11.18 至 2013.11.18/低毒			
	冬小麦田	一年生阔叶杂草	13.5-18克/公顷	茎叶喷雾

PD20082717	丁草胺/60%/乳油/丁草胺 60%/2008.12.05 至 2013.12.05/低毒			
	水稻移栽田	多种一年生杂草	765-1350克/公顷	毒土法
PD20084440	乙草胺/50%/乳油/乙草胺 50%/2008.12.17 至 2013.12.17/低毒			
	玉米田	小粒种子阔叶杂草、一年生禾本科杂草	900-1875克/公顷(东北地区) 750-1050克/公顷(其他地区)	播后苗前土壤喷雾处理
PD20097032	乙草胺/89%/乳油/乙草胺 89%/2009.10.10 至 2014.10.10/低毒			
	夏玉米田	部分阔叶杂草、一年生禾本科杂草	924-1056克/公顷	土壤喷雾
PD20097184	苄·丁/30%/可湿性粉剂/苄嘧磺隆 1.3%、丁草胺 28.7%/2009.10.16 至 2014.10.16/低毒			
	水稻移栽田	部分多年生杂草、一年生杂草	450-675克/公顷	喷雾

天津市南洋兄弟化学有限公司　(天津市津南区南洋工业园区　300350　022-88711769)

WP20080484	蚊香/0.23%/蚊香/富右旋反式烯丙菊酯 0.23%/2008.12.17 至 2013.12.17/低毒			
	卫生	蚊	/	点燃
WP20090269	杀虫气雾剂/1%/气雾剂/胺菊酯 0.50%、高效氯氰菊酯 0.05%、氯菊酯 0.45%/2009.05.12 至 2014.05.12/低毒			
	卫生	蜚蠊、蚊、蝇	/	喷雾
WL20080281	蚊香/0.15%/蚊香/Es-生物烯丙菊酯 0.15%/2009.04.15 至 2010.04.15/微毒			
	卫生	蚊	/	点燃

天津市农药研究所　(天津市北辰区北仓化工区富锦道　300400　022-26391140)

PD85122-1	福美双/50%/可湿性粉剂/福美双 50%/2005.06.30 至 2010.06.30/中等毒			
	黄瓜	白粉病、霜霉病	500-1000倍液	喷雾
	葡萄	白腐病	500-1000倍液	喷雾
	水稻	稻瘟病、胡麻叶斑病	250克/100千克种子	拌种
	甜菜、烟草	根腐病	500克/500千克温床土	土壤处理
	小麦	白粉病、赤霉病	500倍液	喷雾
PD85123	胂·锌·福美双/50%/可湿性粉剂/福美甲胂 12.5%、福美双 25%、福美锌 12.5%/2005.06.30 至 2010.06.30/中等毒			
	大白菜	霜霉病	750-1025克/公顷	喷雾
	梨树	黑星病	500-800倍液	喷雾
	苹果树	炭疽病	500-800倍液	喷雾
	葡萄	黑痘病、炭疽病	500-1000倍液	喷雾
	水稻	纹枯病	542.5-692.5克/公顷	喷雾
	烟草	炭疽病	542.5-692.5克/公顷	喷雾
	芝麻	疫病	2500倍液	喷雾
PD85124	福·福锌/80%/可湿性粉剂/福美双 30%、福美锌 50%/2005.06.30 至 2010.06.30/中等毒			
	黄瓜、西瓜	炭疽病	1500-1800克/公顷	喷雾
	麻	炭疽病	240-400克/100千克种子	拌种
	棉花	苗期病害	0.5%药液	浸种
	苹果树、杉木、橡胶树	炭疽病	500-600倍液	喷雾
PD85125	福美胂/40%/可湿性粉剂/福美胂 40%/2005.06.30 至 2010.06.30/中等毒			
	黄瓜	白粉病	1025-1500克/公顷	喷雾
	苹果树	白粉病	700倍液	喷雾
	水稻	稻粒瘟病	542.5-645克/公顷	喷雾
	豌豆	白粉病	900-1025克/公顷	喷雾
	小麦	白粉病	542.5-750克/公顷	喷雾
PD85133-5	福美双/95%/原药/福美双 95%/2005.07.13 至 2010.07.13/中等毒			
PD20040253	高效氯氰菊酯/4.5%/乳油/高效氯氰菊酯 4.5%/2009.12.19 至 2014.12.19/中等毒			
	棉花	红铃虫、棉铃虫、蚜虫	15-30克/公顷	喷雾
	十字花科蔬菜	蚜虫	3-18克/公顷	喷雾
	十字花科蔬菜	菜青虫、小菜蛾	9-25.5克/公顷	喷雾
PD20040255	氯氰菊酯/5%/乳油/氯氰菊酯 5%/2009.12.19 至 2014.12.19/中等毒			
	棉花	棉铃虫、棉蚜	45-90克/公顷	喷雾
	蔬菜	菜青虫	30-45克/公顷	喷雾
PD20040553	哒螨灵/15%/乳油/哒螨灵 15%/2009.12.19 至 2014.12.19/中等毒			
	苹果树	叶螨	50-67毫克/千克	喷雾
PD20080638	四螨嗪/20%/悬浮剂/四螨嗪 20%/2008.05.13 至 2013.05.13/低毒			
	柑橘树	全爪螨	100-125毫克/千克	喷雾
	苹果树	叶螨	80-100毫克/千克	喷雾
PD20081400	多·福/40%/可湿性粉剂/多菌灵 5%、福美双 35%/2008.10.28 至 2013.10.28/低毒			
	葡萄	霜霉病	1000-1250毫克/千克	喷雾
PD20081671	锰锌·腈菌唑/60%/可湿性粉剂/腈菌唑 2%、代森锰锌 58%/2008.11.17 至 2013.11.17/低毒			
	梨树	黑星病	400-600毫克/千克	喷雾
PD20081756	多·福/60%/可湿性粉剂/多菌灵 30%、福美双 30%/2008.11.18 至 2013.11.18/低毒			
	梨树	黑星病	1000-1500毫克/千克	喷雾
PD20082771	百·多·福/75%/可湿性粉剂/百菌清 20%、多菌灵 25%、福美双 30%/2008.12.08 至 2013.12.08/中等毒			

苹果树　轮纹病　937.5-1250毫克/千克（600-800倍液）　喷雾

PD20083514　乙酰甲胺磷/30%/乳油/乙酰甲胺磷 30%/2008.12.12 至 2013.12.12/低毒
棉花　棉铃虫　900-1350克/公顷　喷雾

PD20084620　代森锰锌/80%/可湿性粉剂/代森锰锌 80%/2008.12.18 至 2013.12.18/低毒
番茄　早疫病　1845-2895克/公顷　喷雾

PD20085617　杀扑磷/40%/乳油/杀扑磷 40%/2008.12.25 至 2013.12.25/高毒
柑橘树　矢尖蚧　400-500毫克/千克　喷雾

PD20090236　多·福·锌/80%/可湿性粉剂/多菌灵 25%、福美双 25%、福美锌 30%/2009.01.09 至 2014.01.09/中等毒
苹果树　轮纹病、炭疽病　1000-1143毫克/千克　喷雾

PD20090573　甲硫·福美双/70%/可湿性粉剂/福美双 22%、甲基硫菌灵 48%/2009.01.14 至 2014.01.14/中等毒
黄瓜　白粉病、炭疽病　525-787.5克/公顷　喷雾

PD20091854　氰戊·马拉松/12%/乳油/马拉硫磷 8%、氰戊菊酯 4%/2009.02.06 至 2014.02.06/中等毒
白菜、甘蓝　菜青虫　54-108克/公顷　喷雾
白菜、甘蓝　蚜虫　36-72克/公顷　喷雾

PD20094354　福·甲·硫磺 /45%/悬浮剂/福美双 9%、甲基硫菌灵 16%、硫磺 20%/2009.04.01 至 2014.04.01/低毒
苹果树　轮纹病　500-700倍液　喷雾

LS20070057　高效氯氰菊酯/4.5%/微乳剂/高效氯氰菊酯 4.5%/2009.01.18 至 2010.01.18/低毒
十字花科蔬菜　菜青虫　13.5-27克/公顷　喷雾

LS20072076　啶虫脒/3%/乳油/啶虫脒 3%/2009.08.29 至 2010.08.30/低毒
黄瓜　蚜虫　18-22.5克/公顷　喷雾

LS20080776　阿维·高氯/1.8%/乳油/阿维菌素 0.3%、高效氯氰菊酯 1.5%/2009.02.27 至 2010.02.28/低毒(原药高毒)
十字花科蔬菜　菜青虫、小菜蛾　7.5-15克/公顷　喷雾

WP20070033　杀虫气雾剂/0.5%/气雾剂/胺菊酯 0.4%、氯菊酯 0.1%/2007.11.30 至 2012.11.30/低毒
卫生　蜚蠊、蚊、蝇　/　喷雾

WP20090259　驱蚊液/15%/驱蚊液/避蚊胺 15%/2009.04.27 至 2014.04.27/低毒
卫生　蚊　/　涂抹

天津市前进农药厂　（天津市宁河县北湖　301500　022-26525786）

PD20080578　啶虫脒/5%/乳油/啶虫脒 5%/2008.05.12 至 2013.05.12/低毒
黄瓜　蚜虫　18-27克/公顷　喷雾

PD20081903　辛硫磷/40%/乳油/辛硫磷 40%/2008.11.21 至 2013.11.21/低毒
甘蓝　菜青虫　420-450克/公顷　喷雾

PD20082044　氯氰菊酯/5%/乳油/氯氰菊酯 5%/2008.11.25 至 2013.11.25/低毒
十字花科蔬菜　菜青虫　30-45克/公顷　喷雾

PD20082109　敌敌畏/80%/乳油/敌敌畏 80%/2008.11.25 至 2013.11.25/中等毒
棉花　棉蚜　900-1200克/公顷　喷雾

PD20082749　高效氯氰菊酯/4.5%/乳油/高效氯氰菊酯 4.5%/2008.12.08 至 2013.12.08/低毒
甘蓝　菜青虫　27-33.75克/公顷　喷雾

PD20092034　阿维·敌敌畏/40%/乳油/阿维菌素 0.3%、敌敌畏 39.7%/2009.02.12 至 2014.02.12/中等毒(原药高毒)
黄瓜　美洲斑潜蝇　405-450克/公顷　喷雾

PD20092216　乙铝·多菌灵/60%/可湿性粉剂/多菌灵 20%、三乙膦酸铝 40%/2009.02.24 至 2014.02.24/低毒
苹果树　轮纹病　1000-1250毫克/千克　喷雾

PD20094597　毒·辛/40%/乳油/毒死蜱 10%、辛硫磷 30%/2009.04.10 至 2014.04.10/中等毒
棉花　棉铃虫　450-600克/公顷　喷雾

PD20097898　氟乐灵/480克/升/乳油/氟乐灵 480克/升/2009.11.30 至 2014.11.30/低毒
大豆田　一年生杂草　900-1260克/公顷　播后苗前土壤喷雾

PD20098329　百菌清/75%/可湿性粉剂/百菌清 75%/2009.12.18 至 2014.12.18/低毒
黄瓜　霜霉病　2325－3000克/公顷　喷雾

LS20051632　柴油·哒螨灵/34%/乳油/柴油 30%、哒螨灵 4%/2008.04.29 至 2009.04.29/低毒
苹果树　红蜘蛛　170-340毫克/千克　喷雾

LS20052880　高效氯氰菊酯/2.5%/乳油/高效氯氰菊酯 2.5%/2008.09.07 至 2009.09.07/低毒
小麦　蚜虫　11.25-15克/公顷　喷雾

LS20053170　吡虫啉/2%/乳油/吡虫啉 2%/2008.10.10 至 2009.10.10/低毒
小麦　蚜虫　12-18克/公顷　喷雾

LS20071327　阿维·辛硫磷/15%/乳油/阿维菌素 0.1%、辛硫磷 14.9%/2009.05.17 至 2010.05.18/低毒(原药高毒)
十字花科蔬菜　小菜蛾　135-247.5克/公顷　喷雾

LS20081856　二甲戊灵/330克/升/乳油/二甲戊灵 330克/升/2009.04.10 至 2010.04.10/低毒
甘蓝田　一年生杂草　618.8-742.5克/公顷　土壤喷雾

LS20082127　马拉硫磷/45%/乳油/马拉硫磷 45%/2009.04.16 至 2010.04.16/低毒
棉花　盲蝽蟓　438.75-506.25克/公顷　喷雾

LS20082252　虫酰肼/20%/悬浮剂/虫酰肼 20%/2009.04.18 至 2010.04.18/低毒
十字花科蔬菜　甜菜夜蛾　210-300克/公顷　喷雾

LS20082454 毒死蜱/480克/升/乳油/毒死蜱 480克/升/2009.04.22 至 2010.04.22/中等毒
韭菜 根蛆 1440-1800克/公顷 灌根
LS20082617 甲基硫菌灵/70%/可湿性粉剂/甲基硫菌灵 70%/2009.04.23 至 2010.04.23/低毒
水稻 纹枯病 1050-1500克/公顷 喷雾
LS20082708 联苯菊酯/25克/升/乳油/联苯菊酯 25克/升/2009.04.29 至 2010.04.29/低毒
茶树 茶小绿叶蝉 30-37.5克/公顷 喷雾
LS20082757 炔螨特/57%/乳油/炔螨特 57%/2009.05.04 至 2010.05.04/低毒
苹果树 红蜘蛛 250-380毫克/千克 喷雾
WL20070092 高氯·残杀威/8%/悬浮剂/残杀威 5%、高效氯氰菊酯 3%/2009.05.17 至 2010.05.18/低毒
卫生 蝇 50-100毫克/平方米 滞留喷洒

天津市施普乐农药技术发展有限公司 (天津市华苑工华道南大科技园C座4层 300384 022-83718911)

PD84116-7 代森锌/80%/可湿性粉剂/代森锌 80%/2009.12.30 至 2014.12.30/低毒
茶树 炭疽病 1143-1600毫克/千克 喷雾
观赏植物 炭疽病、锈病、叶斑病 1143-1600毫克/千克 喷雾
花生 叶斑病 750-960克/公顷 喷雾
梨树、苹果树 多种病害 1143-1600毫克/千克 喷雾
马铃薯 晚疫病、早疫病 960-1200克/公顷 喷雾
麦类 锈病 960-1440克/公顷 喷雾
蔬菜、油菜 多种病害 960-1200克/公顷 喷雾
烟草 立枯病、炭疽病 960-1200克/公顷 喷雾
PD85105-87 敌敌畏/77.5%/乳油/敌敌畏 77.5%/2009.12.30 至 2014.12.30/中等毒
茶树 食叶害虫 600克/公顷 喷雾
粮仓 多种储藏害虫 1)400-500倍液 1)喷雾
2)0.4-0.5克/立方米 2)挂条熏蒸
棉花 蚜虫、造桥虫 600-1200克/公顷 喷雾
苹果树 小卷叶蛾、蚜虫 400-500毫克/千克 喷雾
青菜 菜青虫 600克/公顷 喷雾
桑树 尺蠖 600克/公顷 喷雾
卫生 多种卫生害虫 1)300-400倍液 1)泼洒
2)0.08克/立方米 2)挂条熏蒸
小麦 黏虫、蚜虫 600克/公顷 喷雾
PD85109-16 甲拌磷/55%/乳油/甲拌磷 55%/2009.12.30 至 2014.12.30/高毒
棉花 地下害虫、蚜虫、螨 600-800克/100千克种子 浸种、拌种
注:甲拌磷乳油只准用于浸、拌种,严禁喷雾使用。
PD85126-19 三氯杀螨醇/20%/乳油/三氯杀螨醇 20%/2005.06.16 至 2010.06.16/低毒
棉花 红蜘蛛 225-300克/公顷 喷雾
苹果树 红蜘蛛、锈蜘蛛 800-1000倍液 喷雾
PD86159-4 三乙膦酸铝/40%/可湿性粉剂/三乙膦酸铝 40%/2006.09.20 至 2011.09.20/低毒
胡椒 瘟病 1克/株 灌根
棉花 疫病 1410-2820克/公顷 喷雾
蔬菜 霜霉病 1410-2820克/公顷 喷雾
水稻 稻瘟病、纹枯病 1410克/公顷 喷雾
橡胶树 割面条溃疡病 100倍液 1)切口涂药
2)喷雾
烟草 黑胫病 1)4500克/公顷2)0.8克/株 1)喷雾2)灌根
PD86160-5 三乙膦酸铝/80%/可湿性粉剂/三乙膦酸铝 80%/2006.09.20 至 2011.09.20/低毒
胡椒 瘟病 1克/株 灌根
棉花 疫病 1410-2820克/公顷 喷雾
蔬菜 霜霉病 1410-2820克/公顷 喷雾
水稻 稻瘟病、纹枯病 1410克/公顷 喷雾
橡胶 割面条溃疡病 100倍液 切口涂药、喷雾
烟草 黑胫病 1)0.8克/株2)4500克/公顷 1)灌根2)喷雾
PD91104-31 敌敌畏/48%/乳油/敌敌畏 48%/2009.12.30 至 2014.12.30/中等毒
茶树 食叶害虫 600克/公顷 喷雾
粮仓 多种储粮害虫 1)300-400倍液 1)喷雾
2)0.4-0.5克/立方米 2)挂条熏蒸
棉花 蚜虫、造桥虫 600-1200克/公顷 喷雾
苹果树 小卷叶蛾、蚜虫 400-500毫克/千克 喷雾
青菜 菜青虫 600克/公顷 喷雾
桑树 尺蠖 600克/公顷 喷雾
卫生 多种卫生害虫 1)250-300倍液 1)泼洒
2)0.08克/立方米 2)挂条熏蒸
小麦 黏虫、蚜虫 600克/公顷 喷雾

PD20040128	高效氯氰菊酯/2.5%/乳油/高效氯氰菊酯 2.5%/2009.12.19 至 2014.12.19/低毒			
	苹果树	桃小食心虫	12.5-25毫克/千克	喷雾
PD20040238	氯氰菊酯/5%/乳油/氯氰菊酯 5%/2009.12.19 至 2014.12.19/中等毒			
	棉花	棉铃虫、棉蚜	45-90克/公顷	喷雾
	蔬菜	菜青虫	30-45克/公顷	喷雾
PD20040257	高效氯氰菊酯/4.5%/乳油/高效氯氰菊酯 4.5%/2009.12.19 至 2014.12.19/低毒			
	柑橘树	介壳虫	37.5-50毫克/千克	喷雾
	苹果树	桃小食心虫	20-33毫克/千克	喷雾
PD20040586	高效氯氰菊酯/4.5%/微乳剂/高效氯氰菊酯 4.5%/2009.12.19 至 2014.12.19/中等毒			
	十字花科蔬菜	菜青虫、蚜虫	20.25-27克/公顷	喷雾
PD20040706	氯氰·吡虫啉/5%/乳油/吡虫啉 1%、氯氰菊酯 4%/2009.12.19 至 2014.12.19/中等毒			
	甘蓝	蚜虫	30-45克/公顷	喷雾
PD20060085	三乙膦酸铝/95%/原药/三乙膦酸铝 95%/2006.04.26 至 2011.04.26/低毒			
PD20060123	代森锰锌/90%/原药/代森锰锌 90%/2006.06.26 至 2011.06.26/低毒			
PD20060143	禾草敌/99%/原药/禾草敌 99%/2006.08.07 至 2011.08.07/低毒			
PD20060146	霜霉威盐酸盐/96%/原药/霜霉威盐酸盐 96%/2006.08.14 至 2011.08.14/低毒			
PD20060159	代森锰锌/50%/可湿性粉剂/代森锰锌 50%/2006.09.22 至 2011.09.22/低毒			
	番茄	早疫病	1845-2370克/公顷	喷雾
PD20060160	代森锰锌/70%/可湿性粉剂/代森锰锌 70%/2006.09.22 至 2011.09.22/低毒			
	番茄	早疫病	1837.5-2362.5克/公顷	喷雾
	黄瓜	霜霉病	2040-3000克/公顷	喷雾
	辣椒	炭疽病	1800-2520克/公顷	喷雾
	甜椒	疫病	1800-2520克/公顷	喷雾
	注:黄瓜、辣椒、甜椒有效期至2011年5月17日。			
PD20060161	代森锰锌/80%/可湿性粉剂/代森锰锌 80%/2006.09.22 至 2011.09.22/低毒			
	番茄	早疫病	1845-2370克/公顷	喷雾
	柑橘树	疮痂病、炭疽病	1333-2000毫克/千克	喷雾
	花生	叶斑病	720-900克/公顷	喷雾
	黄瓜	霜霉病	2040-3000克/公顷	喷雾
	辣椒、甜椒	炭疽病、疫病	1800-2520克/公顷	喷雾
	梨树	黑星病	800-1600毫克/千克	喷雾
	荔枝树	霜疫霉病	1333-2000毫克/千克	喷雾
	马铃薯	晚疫病	1440-2160克/公顷	喷雾
	苹果树	斑点落叶病、轮纹病、炭疽病	1000-1600毫克/千克	喷雾
	葡萄	白腐病、黑痘病、霜霉病	1000-1600毫克/千克	喷雾
	西瓜	炭疽病	1560-2520克/公顷	喷雾
	烟草	赤星病	1440-1920克/公顷	喷雾
PD20060206	螨醇·哒螨灵/25%/乳油/哒螨灵 5%、三氯杀螨醇 20%/2006.12.07 至 2011.12.07/中等毒			
	苹果树	叶螨	83-100毫克/千克	喷雾
PD20070004	代森锌/90%/原药/代森锌 90%/2007.01.08 至 2012.01.08/低毒			
PD20070078	锰锌·福美双/70%/可湿性粉剂/福美双 50%、代森锰锌 20%/2007.04.12 至 2012.04.12/低毒			
	苹果树	轮纹病	875-1166毫克/千克	喷雾
PD20070232	福·甲·硫磺/70%/可湿性粉剂/福美双 25%、甲基硫菌灵 14%、硫磺 31%/2007.08.08 至 2012.08.08/低毒			
	小麦	赤霉病	1575-2100克/公顷	喷雾
PD20070238	百·福/70%/可湿性粉剂/百菌清 20%、福美双 50%/2007.08.08 至 2012.08.08/低毒			
	葡萄	霜霉病	875-1167毫克/千克	喷雾
PD20070239	多·福/50%/可湿性粉剂/多菌灵 25%、福美双 25%/2007.08.08 至 2012.08.08/中等毒			
	梨树	黑星病	1000-1500毫克/千克	喷雾
PD20070382	噁霜·锰锌/64%/可湿性粉剂/噁霜灵 8%、代森锰锌 56%/2007.10.24 至 2012.10.24/低毒			
	黄瓜	霜霉病	1650-1950克/公顷	喷雾
PD20070473	甲硫·福美双/70%/可湿性粉剂/福美双 40%、甲基硫菌灵 30%/2007.11.20 至 2012.11.20/低毒			
	苹果树	轮纹病	875-1167毫克/千克	喷雾
PD20080036	多·福·硫磺/50%/可湿性粉剂/多菌灵 15%、福美双 10%、硫磺 25%/2008.01.04 至 2013.01.04/低毒			
	小麦	赤霉病	975-1200克/公顷	喷雾
PD20080140	嘧霉胺/98%/原药/嘧霉胺 98%/2008.01.04 至 2013.01.04/低毒			
PD20080381	福·甲·硫磺/50%/可湿性粉剂/福美双 18%、甲基硫菌灵 10%、硫磺 22%/2008.02.29 至 2013.02.28/中等毒			
	小麦	赤霉病	1575-2100克/公顷	喷雾
PD20080382	灭幼脲/25%/悬浮剂/灭幼脲 25%/2008.02.29 至 2013.02.28/低毒			
	苹果树	金纹细蛾	100-167毫克/千克	喷雾
PD20080415	高效氯氟氰菊酯/25克/升/乳油/高效氯氟氰菊酯 25克/升/2008.03.04 至 2013.03.04/中等毒			
	苹果树	桃小食心虫	6.25-8.33毫克/千克	喷雾
PD20080545	硫磺/45%/悬浮剂/硫磺 45%/2008.05.08 至 2013.05.08/低毒			
	黄瓜	白粉病	1012.5-1687.5克/公顷	喷雾

PD20080731 烟嘧磺隆/95%/原药/烟嘧磺隆 95%/2008.06.11 至 2013.06.11/低毒

PD20080743 草除灵/95%/原药/草除灵 95%/2008.06.11 至 2013.06.11/低毒

PD20080760 霜霉威盐酸盐/35%/水剂/霜霉威盐酸盐 35%/2008.06.11 至 2013.06.11/低毒
黄瓜 霜霉病 866—1083克/公顷 喷雾

PD20081692 锰锌·腈菌唑/50%/可湿性粉剂/腈菌唑 2%、代森锰锌 48%/2008.11.17 至 2013.11.17/低毒
梨树 黑星病 1500-1700倍液 喷雾

PD20082039 禾草敌/90.9%/乳油/禾草敌 90.9%/2008.11.25 至 2013.11.25/低毒
水稻秧田 稗草 2045.3-2727克/公顷 茎叶喷雾

PD20082294 甲硫·福美双/50%/可湿性粉剂/福美双 20%、甲基硫菌灵 30%/2008.12.01 至 2013.12.01/低毒
小麦 赤霉病 900-1200克/公顷 喷雾

PD20082671 啶虫脒/3%/乳油/啶虫脒 3%/2008.12.05 至 2013.12.05/低毒
黄瓜 蚜虫 13.5-22.5克/公顷 喷雾

PD20082769 嘧霉胺/37%/悬浮剂/嘧霉胺 37%/2008.12.08 至 2013.12.08/低毒
黄瓜 灰霉病 375-562.5克/公顷 喷雾

PD20082859 啶虫脒/5%/乳油/啶虫脒 5%/2008.12.09 至 2013.12.09/低毒
柑橘树 蚜虫 12.5-16.7毫克/千克 喷雾

PD20082952 辛硫磷/40%/乳油/辛硫磷 40%/2008.12.09 至 2013.12.09/低毒
十字花科蔬菜 菜青虫 360-480克/公顷 喷雾

PD20083306 霜霉威盐酸盐/66.5%/水剂/霜霉威盐酸盐 66.5%/2008.12.11 至 2013.12.11/低毒
黄瓜 霜霉病 649.8-1083克/公顷 喷雾

PD20083345 丙环唑/25%/乳油/丙环唑 25%/2008.12.11 至 2013.12.11/低毒
香蕉 叶斑病 250-500毫克/千克 喷雾

PD20083918 三环唑/75%/可湿性粉剂/三环唑 75%/2008.12.15 至 2013.12.15/低毒
水稻 稻瘟病 225-300克/公顷 喷雾

PD20083926 三唑酮/25%/可湿性粉剂/三唑酮 25%/2008.12.15 至 2013.12.15/低毒
小麦 白粉病 105-125克/公顷 喷雾

PD20083960 硫磺·锰锌/70%/可湿性粉剂/硫磺 42%、代森锰锌 28%/2008.12.16 至 2013.12.16/低毒
苹果树 白粉病 500-700倍液 喷雾

PD20083996 联苯菊酯/100克/升/乳油/联苯菊酯 100克/升/2008.12.16 至 2013.12.16/中等毒
苹果树 桃小食心虫 20-33.3毫克/千克 喷雾

PD20084132 氟硅唑/40%/乳油/氟硅唑 40%/2008.12.16 至 2013.12.16/低毒
梨树 黑星病 33.3-50毫克/千克 喷雾

PD20084222 稻瘟灵/40%/乳油/稻瘟灵 40%/2008.12.17 至 2013.12.17/低毒
水稻 稻瘟病 480-600克/公顷 喷雾

PD20084308 氟啶脲/50克/升/乳油/氟啶脲 50克/升/2008.12.17 至 2013.12.17/低毒
甘蓝 甜菜夜蛾 45-60克/公顷 喷雾

PD20084773 福·克/18%/悬浮种衣剂/福美双 10%、克百威 8%/2008.12.22 至 2013.12.22/高毒
玉米 地下害虫、茎腐病 1:40-50(药种比) 种子包衣

PD20084918 甲氨基阿维菌素苯甲酸盐/1%/乳油/甲氨基阿维菌素苯甲酸盐 1%/2008.12.22 至 2013.12.22/低毒
甘蓝 小菜蛾 1.5-2.25克/公顷 喷雾

PD20085227 草甘膦/30%/水剂/草甘膦 30%/2008.12.23 至 2013.12.23/低毒
苹果园 杂草 1125-2250克/公顷 定向茎叶喷雾

PD20085486 精喹禾灵/20%/乳油/精喹禾灵 20%/2008.12.25 至 2013.12.25/低毒
冬油菜田 一年生禾本科杂草 225-270毫升(制剂)/公顷 茎叶喷雾

PD20085559 乙铝·锰锌/70%/可湿性粉剂/代森锰锌 45%、三乙膦酸铝 25%/2008.12.25 至 2013.12.25/低毒
黄瓜 霜霉病 1399.95-4200克/公顷 喷雾

PD20085829 三乙膦酸铝/90%/可溶粉剂/三乙膦酸铝 90%/2008.12.29 至 2013.12.29/低毒
黄瓜 霜霉病 2025-2700克/公顷 喷雾

PD20086002 敌百·辛硫磷/50%/乳油/敌百虫 25%、辛硫磷 25%/2008.12.29 至 2013.12.29/低毒
棉花 蚜虫 450-600克/公顷 喷雾

PD20086075 多菌灵/80%/可湿性粉剂/多菌灵 80%/2008.12.30 至 2013.12.30/低毒
苹果树 轮纹病 667-1000毫克/千克 喷雾

PD20086161 甲霜·锰锌/58%/可湿性粉剂/甲霜灵 10%、代森锰锌 48%/2008.12.30 至 2013.12.30/低毒
黄瓜 霜霉病 1305-1632克/公顷 喷雾
葡萄 霜霉病 1087.5-1740克/公顷 喷雾

PD20086353 代森锌/65%/可湿性粉剂/代森锌 65%/2008.12.31 至 2013.12.31/低毒
番茄、黄瓜 多种病害 960-1200克/公顷 喷雾
观赏植物 炭疽病、锈病、叶斑病 1143-1600毫克/千克 喷雾
马铃薯 晚疫病、早疫病 960-1200克/公顷 喷雾

PD20090080 烯草酮/240克/升/乳油/烯草酮 240克/升/2009.01.08 至 2014.01.08/低毒
大豆田 一年生禾本科杂草 97.5-144克/公顷 茎叶喷雾

PD20090323 毒·辛/40%/乳油/毒死蜱 10%、辛硫磷 30%/2009.01.12 至 2014.01.12/低毒
棉花 棉铃虫 360-450克/公顷 喷雾

PD20090544 精喹禾灵/50克/升/乳油/精喹禾灵 50克/升/2009.01.13 至 2014.01.13/低毒

大豆田	一年生禾本科杂草	48.75-60 克/公顷	茎叶喷雾

PD20090680 嘧霉·福美双/30%/悬浮剂/福美双 25%、嘧霉胺 5%/2009.01.19 至 2014.01.19/低毒

黄瓜	灰霉病	600-900克/公顷	喷雾

PD20090709 虫酰肼/200克/升/悬浮剂/虫酰肼 200克/升/2009.01.19 至 2014.01.19/低毒

甘蓝	甜菜夜蛾	250-300克/公顷	喷雾
苹果树	卷叶蛾	100-125毫克/千克	喷雾

PD20091305 氟磺胺草醚/250克/升/水剂/氟磺胺草醚 250克/升/2009.02.01 至 2014.02.01/低毒

春大豆田	一年生阔叶杂草	375-487.5克/公顷	茎叶喷雾
夏大豆田	一年生阔叶杂草	262.5-375克/公顷	茎叶喷雾

PD20091415 异丙甲草胺/720克/升/乳油/异丙甲草胺 720克/升/2009.02.02 至 2014.02.02/低毒

春玉米田	一年生杂草	2160-2700克/公顷	土壤喷雾
夏玉米田	一年生杂草	1458-1944克/公顷	土壤喷雾

PD20091431 高效氟吡甲禾灵/108克/升/乳油/高效氟吡甲禾灵 108克/升/2009.02.02 至 2014.02.02/低毒

棉花田	一年生禾本科杂草	40.5-48.6克/公顷	茎叶喷雾

PD20091719 氟乐灵/480克/升/乳油/氟乐灵 480克/升/2009.02.04 至 2014.02.04/低毒

棉花田	一年生禾本科杂草及阔叶杂草	720-1080克/公顷	喷雾

PD20092074 二甲戊灵/33%/乳油/二甲戊灵 33%/2009.02.16 至 2014.02.16/低毒

姜田	一年生杂草	643.5-742.5克/公顷	喷雾

PD20092360 精噁唑禾草灵/69克/升/水乳剂/精噁唑禾草灵 69克/升/2009.02.24 至 2014.02.24/低毒

冬小麦田	一年生禾本科杂草	41.49-51.75克/公顷	茎叶喷雾

PD20092367 阿维·高氯/1.8%/乳油/阿维菌素 0.3%、高效氯氰菊酯 1.5%/2009.02.24 至 2014.02.24/低毒(原药高毒)

十字花科蔬菜	小菜蛾	13.5-18.9克/公顷	喷雾

PD20092522 福美锌/72%/可湿性粉剂/福美锌 72%/2009.02.26 至 2014.02.26/低毒

苹果树	炭疽病	1200-1800毫克/千克	喷雾

PD20092605 乙氧氟草醚/240克/升/乳油/乙氧氟草醚 240克/升/2009.02.27 至 2014.02.27/低毒

大蒜田	一年生杂草	126-180克/公顷	土壤喷雾
水稻移栽田	一年生杂草	54-72克/公顷	毒土法

PD20092688 烯酰·福美双/35%/可湿性粉剂/福美双 30.5%、烯酰吗啉 4.5%/2009.03.03 至 2014.03.03/低毒

黄瓜	霜霉病	1050-1470克/公顷	喷雾

PD20093670 百草枯/250克/升/水剂/百草枯 250克/升/2009.03.25 至 2014.03.25/中等毒

非耕地	杂草	650-800克/公顷	茎叶喷雾

PD20094324 百草枯/200克/升/水剂/百草枯 200克/升/2009.03.31 至 2014.03.31/中等毒

苹果园	杂草	600-900克/公顷	定向茎叶喷雾

PD20094692 乙铝·福美双/80%/可湿性粉剂/福美双 50%、三乙膦酸铝 30%/2009.04.10 至 2014.04.10/低毒

苹果树	炭疽病	600-800倍液	喷雾

PD20094813 草甘膦/50%/可溶粉剂/草甘膦 50%/2009.04.13 至 2014.04.13/低毒

非耕地	杂草	1125-2250克/公顷	茎叶喷雾

PD20095405 苯醚甲环唑/10%/水分散粒剂/苯醚甲环唑 10%/2009.04.27 至 2014.04.27/低毒

梨树	黑星病	14.3-16.7毫克/千克	喷雾

PD20095567 杀螟·辛硫磷/46%/乳油/杀螟硫磷 30%、辛硫磷 16%/2009.05.12 至 2014.05.12/中等毒

棉花	棉铃虫	276-345克/公顷	喷雾

PD20096315 氯氟吡氧乙酸异辛酯(288克/升)///乳油/氯氟吡氧乙酸 200克/升/2009.07.22 至 2014.07.22/低毒

小麦田	一年生阔叶杂草	150-199.5克/公顷	茎叶喷雾

PD20096374 氯氰·毒死蜱/522.5克/升/乳油/毒死蜱 475克/升、氯氰菊酯 47.5克/升/2009.08.04 至 2014.08.04/中等毒

菜豆	豆荚螟	391.875-470.25克/公顷	喷雾

PD20096385 甲基硫菌灵/48.5%/悬浮剂/甲基硫菌灵 48.5%/2009.08.04 至 2014.08.04/低毒

水稻	纹枯病	750-1125克/公顷	喷雾

PD20097028 矮壮·甲哌鎓/45%/水剂/矮壮素 43%、甲哌鎓 2%/2009.10.10 至 2014.10.10/低毒

棉花	调节生长	54-81克/公顷	喷雾

PD20097167 氢氧化铜/77%/可湿性粉剂/氢氧化铜 77%/2009.10.16 至 2014.10.16/低毒

柑橘树	溃疡病	400-600倍液	喷雾

PD20097626 杀螟丹/98%/可溶粉剂/杀螟丹 98%/2009.11.03 至 2014.11.03/中等毒

白菜	菜青虫	441-588克/公顷	喷雾

PD20097682 烟嘧磺隆/40克/升/可分散油悬浮剂/烟嘧磺隆 40克/升/2009.11.04 至 2014.11.04/低毒

玉米田	一年生杂草	45-60克/公顷	茎叶喷雾

PD20098311 噻嗪酮/25%/可湿性粉剂/噻嗪酮 25%/2009.12.18 至 2014.12.18/低毒

水稻	飞虱	75-112.5克/公顷	喷雾

PD20098409 吗胍·乙酸铜/20%/可湿性粉剂/盐酸吗啉胍 16%、乙酸铜 4%/2009.12.18 至 2014.12.18/低毒

番茄	病毒病	500-750克/公顷	喷雾

LS991135 松脂酸铜/12%/乳油/松脂酸铜 12%/2009.04.27 至 2009.12.31/低毒

黄瓜	霜霉病	315-420克/公顷	喷雾

LS20052751 氟铃脲/5%/乳油/氟铃脲 5%/2008.08.21 至 2009.08.21/低毒

十字花科蔬菜　小菜蛾　45-60克/公顷　喷雾
LS20053129　喹硫磷/12.5%/乳油/喹硫磷 12.5%/2008.09.28 至 2009.09.28/中等毒
柑橘树　介壳虫　125-166.7毫克/千克　喷雾
LS20060016　硫磺·三唑酮/20%/悬浮剂/硫磺 10%、三唑酮 10%/2009.01.16 至 2010.01.16/低毒
小麦　白粉病　150-225克/公顷　喷雾
LS20060084　阿维·哒螨灵/5%/乳油/阿维菌素 0.2%、哒螨灵 4.8%/2009.01.24 至 2010.01.24/低毒(原药高毒)
柑橘树　红蜘蛛　25-50毫克/千克　喷雾
LS20060307　乐果·敌百虫/40%/乳油/敌百虫 20%、乐果 20%/2009.03.01 至 2010.03.01/低毒
水稻　稻飞虱　600-720克/公顷　喷雾
LS20061266　胺鲜酯/1.6%/水剂/胺鲜酯 1.6%/2009.05.22 至 2010.05.22/低毒
大白菜　调节生长　20-32毫克/千克　喷雾
LS20061527　乐果·吡虫啉/21%/可湿性粉剂/吡虫啉 1%、乐果 20%/2009.08.02 至 2010.08.02/低毒
水稻　稻飞虱　173.25-204.75克/公顷　喷雾
LS20061593　柴油·炔螨特/73%/乳油/柴油 43%、炔螨特 30%/2009.08.13 至 2010.08.13/低毒
柑橘树　红蜘蛛　365-486.7毫克/千克　喷雾
LS20061738　甲霜·福美双/35%/可湿性粉剂/福美双 30%、甲霜灵 5%/2009.10.10 至 2010.10.10/低毒
水稻　立枯病　3500-7000克/公顷　喷雾
LS20071639　硫磺·福美胂/40%/可湿性粉剂/福美胂 20%、硫磺 20%/2009.06.06 至 2010.06.07/低毒
苹果树　腐烂病　50-100倍液　刮除病疤后涂抹
LS20081904　啶虫脒/5%/可湿性粉剂/啶虫脒 5%/2009.04.10 至 2010.04.10/低毒
十字花科蔬菜　蚜虫　15-22.5克/公顷　喷雾
LS20082999　精喹·草除灵/17.5%/乳油/草除灵 15%、精喹禾灵 2.5%/2009.09.01 至 2010.09.01/低毒
冬油菜田　一年生杂草　120-140毫升/亩(制剂)　茎叶喷雾
LS20090132　烯酰吗啉/50%/水分散粒剂/烯酰吗啉 50%/2009.02.04 至 2010.02.04/低毒
黄瓜　霜霉病　225-300克/公顷　喷雾
LS20090349　多抗霉素/1%/水剂/多抗霉素 1%/2009.03.13 至 2010.03.13/低毒
黄瓜　白粉病　75-150克/公顷　喷雾

天津市塘沽农药厂　(天津市塘沽区中心庄　300454　022-25367082)

PD85122-7　福美双/50%/可湿性粉剂/福美双 50%/2005.07.01 至 2010.07.01/中等毒
黄瓜　白粉病、霜霉病　500-1000倍液　喷雾
葡萄　白腐病　500-1000倍液　喷雾
水稻　稻瘟病、胡麻叶斑病　250克/100千克种子　拌种
甜菜、烟草　根腐病　500克/500千克温床土　土壤处理
小麦　白粉病、赤霉病　500倍液　喷雾
PD85123-9　胂·锌·福美双/50%/可湿性粉剂/福美甲胂 12.5%、福美双 25%、福美锌 12.5%/2005.07.16 至 2010.07.16/中等毒
大白菜　霜霉病　750-1125克/公顷　喷雾
梨树　黑星病　500-800倍液　喷雾
苹果树　炭疽病　500-800倍液　喷雾
葡萄　黑痘病、炭疽病　500-1000倍液　喷雾
水稻　纹枯病　562.5-712.5克/公顷　喷雾
烟草　炭疽病　562.5-712.5克/公顷　喷雾
芝麻　疫病　2500倍液　喷雾
PD85124-7　福·福锌/80%/可湿性粉剂/福美双 30%、福美锌 50%/2007.06.07 至 2012.06.07/中等毒
黄瓜、苹果树、杉木、西瓜、橡胶树　炭疽病　500-600倍液　喷雾
麻　炭疽病　1)240-400克/100千克种子　1)浸种
　　2)1500-1800克/公顷　2)喷雾
棉花　苗期病害　0.5%药液　浸种
PD20081140　霜脲·锰锌/72%/可湿性粉剂/代森锰锌 64%、霜脲氰 8%/2008.09.01 至 2013.09.01/低毒
黄瓜　霜霉病　1440-1800克/公顷　喷雾
PD20097008　灭草松/48%/水剂/灭草松 48%/2009.09.29 至 2014.09.29/低毒
春大豆田　一年生阔叶杂草　150-200毫升制剂/亩　茎叶喷雾
LS20053341　乙铝·多菌灵/60%/可湿性粉剂/多菌灵 40%、三乙膦酸铝 20%/2008.10.17 至 2009.10.17/低毒
苹果树　轮纹病　1000-1500毫克/千克　喷雾

天津市天环药业有限公司　(天津市北辰区双口镇上河头村北　300401　022-86832578)

PD85105-88　敌敌畏/80%/乳油/敌敌畏 77.5%/2005.03.24 至 2010.03.24/中等毒
茶树　食叶害虫　600克/公顷　喷雾
粮仓　多种储藏害虫　1)400-500倍液　1)喷雾
　　2)0.4-0.5克/立方米　2)挂条熏蒸
棉花　蚜虫、造桥虫　600-1200克/公顷　喷雾
苹果树　小卷叶蛾、蚜虫　400-500毫克/千克　喷雾
青菜　菜青虫　600克/公顷　喷雾
桑树　尺蠖　600克/公顷　喷雾

卫生 多种卫生害虫 1)300-400倍液 1)泼洒
2)0.08克/立方米 2)挂条熏蒸
小麦 黏虫、蚜虫 600克/公顷 喷雾

PD85109-15 甲拌磷/55%/乳油/甲拌磷 55%/2005.03.24 至 2010.03.24/高毒
棉花 地下害虫、蚜虫、螨 600-800克/100千克种子 浸种、拌种
注:甲拌磷乳油只准用于浸、拌种,严禁喷雾使用。

PD20040239 高效氯氰菊酯/4.5%/乳油/高效氯氰菊酯 4.5%/2009.12.19 至 2014.12.19/中等毒
十字花科蔬菜 菜青虫 9-25.5克/公顷 喷雾

PD20040399 氯氰菊酯/5%/乳油/氯氰菊酯 5%/2009.12.19 至 2014.12.19/中等毒
十字花科蔬菜 菜青虫 30-45克/公顷 喷雾

PD20080658 吡虫啉/5%/可湿性粉剂/吡虫啉 5%/2008.05.27 至 2013.05.27/低毒
小麦 蚜虫 15-22.5克/公顷 喷雾

PD20082035 辛硫磷/40%/乳油/辛硫磷 40%/2008.11.25 至 2013.11.25/低毒
十字花科蔬菜 菜青虫 300-450克/公顷 喷雾

PD20083711 敌敌畏/50%/乳油/敌敌畏 50%/2008.12.15 至 2013.12.15/中等毒
十字花科蔬菜 菜青虫 600-750克/公顷 喷雾

PD20094322 辛硫磷/20%/乳油/辛硫磷 20%/2009.03.31 至 2014.03.31/低毒
十字花科蔬菜 蚜虫 120-150克/公顷 喷雾

PD20096202 吡虫啉/5%/乳油/吡虫啉 5%/2009.07.13 至 2014.07.13/低毒
苹果树 蚜虫 10-12.5毫克/千克 喷雾

LS20053337 草甘膦/50%/可溶粉剂/草甘膦 50%/2008.10.17 至 2009.10.17/低毒
苹果园 杂草 1125-2250克/公顷 定向茎叶喷雾

LS20053429 代森锰锌/50%/可湿性粉剂/代森锰锌 50%/2008.11.03 至 2009.11.03/低毒
番茄 早疫病 1845-2370克/公顷 喷雾

LS20053435 代森锌/80%/可湿性粉剂/代森锌 80%/2008.11.03 至 2009.11.03/低毒
花生 叶斑病 960-1170克/公顷 喷雾

天津市天庆化工有限公司 (天津市津南区咸水沽小营盘 300350 022-28396858)

PDN60-99 溴敌隆/98%,95%/原药/溴敌隆 98%,95%/2009.03.10 至 2014.03.10/高毒

PDN61-99 溴敌隆/0.5%/母药/溴敌隆 0.5%/2009.03.10 至 2014.03.10/高毒
室外 田鼠 (2-5)克0.005%毒饵×(300-450)点/公顷 配成毒饵后堆施或穴施

PDN62-99 溴敌隆/0.5%/母药/溴敌隆 0.5%/2009.03.10 至 2014.03.10/高毒
室外 田鼠 (2-5)克0.005%毒饵×(300-450)点/公顷 配成毒饵后堆施或穴施

PD20080195 溴鼠灵/0.005%/毒饵/溴鼠灵 0.005%/2008.01.11 至 2013.01.11/低毒(原药高毒)
室内 家鼠 60克毒饵/15平方米 堆施或穴施
室外 田鼠 1500-2250克毒饵/公顷 堆施或穴施

PD20080196 溴鼠灵/95%/原药/溴鼠灵 95%/2008.01.11 至 2013.01.11/剧毒

PD20080197 溴鼠灵/0.5%/母液/溴鼠灵 0.5%/2008.01.11 至 2013.01.11/高毒(原药剧毒)
室内 家鼠 配成0.005%毒饵60克毒饵/15平方米 配成毒饵堆施或穴施
室外 田鼠 配成0.005%毒饵1500-2250克毒饵/公顷 配成毒饵堆施或穴施

PD20080198 溴敌隆/0.005%/饵剂/溴敌隆 0.005%/2008.01.11 至 2013.01.11/低毒(原药高毒)
室内 家鼠 10-20克制剂/10平方米 堆施或穴施
室外 田鼠 (2-5)克制剂×(300-450)点/公顷 堆施或穴施

天津市田园农用化学科技实业公司 (天津市河西区郁江南道17号 300221 022-88253150)

PD20040249 2.5%高渗高效氯氰菊酯乳油//乳油/高效氯氰菊酯 2.5%/2004.12.19 至 2009.12.18/中等毒
十字花科蔬菜 菜青虫 18.75-22.5克/公顷 喷雾

PD20040771 4.5%高效氯氰菊酯乳油//乳油/高效氯氰菊酯 4.5%/2004.12.19 至 2009.12.18/中等毒
棉花 棉铃虫 15-30克/公顷 喷雾
苹果树 桃小食心虫 20-33毫克/千克 喷雾
十字花科蔬菜 菜蚜 3-18克/公顷 喷雾
十字花科蔬菜 菜青虫 9-25.5克/公顷 喷雾

天津市兴光农药厂 (天津市北辰区宜兴埠津围公路丰产河北 300402 022-26995317)

PD84119-7 代森铵/45%/水剂/代森铵 45%/2010.02.23 至 2015.02.23/中等毒
白菜、黄瓜 霜霉病 525克/公顷 喷雾
甘薯 黑斑病 200-400倍液 浸种
谷子 白发病 180-360倍液 浸种
水稻 稻瘟病 535-675克/公顷 喷雾
水稻 白叶枯病、纹枯病 337.5克/公顷 喷雾
橡胶树 条溃疡病 150倍液 涂抹
玉米 大斑病、小斑病 525-675克/公顷 喷雾

PD85122-6 福美双/50%/可湿性粉剂/福美双 50%/2005.07.06 至 2010.07.06/中等毒

黄瓜	白粉病、霜霉病	500-1000倍液	喷雾
葡萄	白腐病	500-1000倍液	喷雾
水稻	稻瘟病、胡麻叶斑病	250克/100千克种子	拌种
甜菜、烟草	根腐病	500克/500千克温床土	土壤处理
小麦	白粉病、赤霉病	500倍液	喷雾

PD85123-7 胂·锌·福美双/50%/可湿性粉剂/福美甲胂 12.5%、福美双 25%、福美锌 12.5%/2005.07.14 至 2010.07.14/低毒

大白菜	霜霉病	750-1125克/公顷	喷雾
梨树	黑星病	500-800倍液	喷雾
苹果树	炭疽病	500-800倍液	喷雾
葡萄	黑痘病、炭疽病	500-1000倍液	喷雾
水稻	纹枯病	562.5-712.5克/公顷	喷雾
烟草	炭疽病	562.5-712.5克/公顷	喷雾
芝麻	疫病	2500倍液	喷雾

PD85124-3 福·福锌/80%/可湿性粉剂/福美双 30%、福美锌 50%/2005.07.14 至 2010.07.14/中等毒

黄瓜、西瓜	炭疽病	1500-1800克/公顷	喷雾
麻	炭疽病	240-400克/100千克种子	拌种
棉花	苗期病害	0.5%药液	浸种
苹果树、杉木、橡胶	炭疽病	500-600倍液	喷雾

PD20092120 代森锰锌/70%/可湿性粉剂/代森锰锌 70%/2009.02.23 至 2014.02.23/低毒

番茄	早疫病	1845-2370克/公顷	喷雾

PD20094683 啶虫脒/3%/乳油/啶虫脒 3%/2009.04.13 至 2014.04.13/低毒

柑橘树	蚜虫	8.6-10毫克/千克	喷雾

PD20094731 三乙膦酸铝/90%/可溶粉剂/三乙膦酸铝 90%/2009.04.10 至 2014.04.10/低毒

黄瓜	霜霉病	2025—2700克/公顷	喷雾

PD20094811 代森锌/80%/可湿性粉剂/代森锌 80%/2009.04.13 至 2014.04.13/低毒

番茄	早疫病	2250-3600克/公顷	喷雾

PD20094818 霜脲·锰锌/72%/可湿性粉剂/代森锰锌 64%、霜脲氰 8%/2009.04.13 至 2014.04.13/低毒

黄瓜	霜霉病	1440-1800克/公顷	喷雾

PD20094819 三乙膦酸铝/80%/可湿性粉剂/三乙膦酸铝 80%/2009.04.13 至 2014.04.13/低毒

黄瓜	霜霉病	1410—2820克/公顷	喷雾

LS20072054 噻虫啉/480克/升/悬浮剂/噻虫啉 480克/升/2009.08.29 至 2010.08.30/中等毒

黄瓜	蚜虫	50.4-100.8克/公顷	喷雾

LS20072126 噻虫啉/97.5%/原药/噻虫啉 97.5%/2009.09.03 至 2010.09.04/中等毒

天津市兴果农药厂 (天津市北辰区津围公路北孙庄东 300402 022-86854568)

PD85122-11 福美双/50%/可湿性粉剂/福美双 50%/2005.07.14 至 2010.07.14/中等毒

黄瓜	白粉病、霜霉病	500-1000倍液	喷雾
葡萄	白腐病	500-1000倍液	喷雾
水稻	稻瘟病、胡麻叶斑病	250克/100千克种子	拌种
甜菜、烟草	根腐病	500克/500千克温床土	土壤处理
小麦	白粉病、赤霉病	500倍液	喷雾

PD85123-4 胂·锌·福美双/50%/可湿性粉剂/福美甲胂 12.5%、福美双 25%、福美锌 12.5%/2005.07.01 至 2010.07.01/中等毒

大白菜	霜霉病	750-1125克/公顷	喷雾
柑橘树	疮痂病	500-600倍液	喷雾
梨树	黑星病	500-800倍液	喷雾
苹果树	炭疽病	500-800倍液	喷雾
葡萄	黑痘病、炭疽病	500-1000倍液	喷雾
水稻	纹枯病	562.5-712.5克/公顷	喷雾
烟草	炭疽病	562.5-712.5克/公顷	喷雾
芝麻	疫病	2500倍液	喷雾

PD85124-4 福·福锌/80%/可湿性粉剂/福美双 30%、福美锌 50%/2005.07.14 至 2010.07.14/中等毒

黄瓜、西瓜	炭疽病	1500-1800克/公顷	喷雾
麻	炭疽病	240-400克/100千克种子	拌种
棉花	苗期病害	0.5%药液	浸种
苹果树、杉木、橡胶树	炭疽病	500-600倍液	喷雾

PD85125-6 福美胂/40%/可湿性粉剂/福美胂 40%/2005.07.01 至 2010.07.01/中等毒

黄瓜	白粉病	1025-1500克/公顷	喷雾
苹果树	白粉病	700倍液	喷雾
水稻	稻粒瘟病	562.5-645克/公顷	喷雾
豌豆	白粉病	900-1125克/公顷	喷雾
小麦	白粉病	562.5-750克/公顷	喷雾

PD96101-2 福·福锌/40%/可湿性粉剂/福美双 15%、福美锌 25%/2006.09.13 至 2011.09.13/中等毒

	黄瓜、西瓜	炭疽病	1500-1800克/公顷	喷雾
	麻	炭疽病	240-400克/100千克种子	拌种
	棉花	苗期病害	1.0%药液	浸种
	苹果树、杉木、橡胶树	炭疽病	250-300倍液	喷雾
PD20081465	福美双/95%/原药/福美双 95%/2008.11.04 至 2013.11.04/低毒			
PD20082490	代森锌/80%/可湿性粉剂/代森锌 80%/2008.12.03 至 2013.12.03/低毒			
	番茄	早疫病	2550—3600克/公顷	喷雾
PD20082612	代森锰锌/70%/可湿性粉剂/代森锰锌 70%/2008.12.04 至 2013.12.04/低毒			
	番茄	早疫病	1845—2370克/公顷	喷雾
PD20091182	代森锌/65%/可湿性粉剂/代森锌 65%/2009.01.22 至 2014.01.22/低毒			
	番茄	早疫病	2550-3600克/公顷	喷雾
PD20092388	多·福/40%/可湿性粉剂/多菌灵 5%、福美双 35%/2009.02.25 至 2014.02.25/中等毒			
	葡萄	霜霉病	1000-1250毫克/千克	喷雾
LS20053286	高效氯氰菊酯/4.5%/乳油/高效氯氰菊酯 4.5%/2008.10.17 至 2009.10.17/低毒			
	茶树	茶尺蠖	20.25-27克/公顷	喷雾
LS20053385	福·福甲胂·福锌/42%/悬浮剂/福美甲胂 10.5%、福美双 21%、福美锌 10.5%/2008.10.18 至 2009.10.18/低毒			
	苹果树	炭疽病	420-525毫克/千克	喷雾
LS20053447	三乙膦酸铝/90%/可溶粉剂/三乙膦酸铝 90%/2008.11.03 至 2009.11.03/低毒			
	黄瓜	霜霉病	2025-2700克/公顷	喷雾

天津市迎新农药有限公司　(天津市津南区小站镇迎新村　300353　022-28615630)

PD85105-90	敌敌畏/77.5%/乳油/敌敌畏 77.5%/2005.02.03 至 2010.02.03/中等毒			
	茶树	食叶害虫	600克/公顷	喷雾
	粮仓	多种储藏害虫	1)400-500倍液 2)0.4-0.5克/立方米	1)喷雾 2)挂条熏蒸
	棉花	蚜虫、造桥虫	600-1200克/公顷	喷雾
	苹果树	小卷叶蛾、蚜虫	400-500毫克/千克	喷雾
	青菜	菜青虫	600克/公顷	喷雾
	桑树	尺蠖	600克/公顷	喷雾
	卫生	多种卫生害虫	1)300-400倍液 2)0.08克/立方米	1)泼洒 2)挂条熏蒸
	小麦	黏虫、蚜虫	600克/公顷	喷雾
PD85109-17	甲拌磷/55%/乳油/甲拌磷 55%/2005.02.03 至 2010.02.03/高毒			
	棉花	地下害虫、蚜虫、螨	600-800克/100千克种子	浸种、拌种
	注:甲拌磷乳油只准用于浸、拌种,严禁喷雾使用。			
PD91104-33	敌敌畏/50%/乳油/敌敌畏 48%(气谱法)/2006.01.16 至 2011.01.16/中等毒			
	茶树	食叶害虫	600克/公顷	喷雾
	粮仓	多种储粮害虫	1)300-400倍液 2)0.4-0.5克/立方米	1)喷雾 2)挂条熏蒸
	棉花	蚜虫、造桥虫	600-1200克/公顷	喷雾
	苹果树	小卷叶蛾、蚜虫	400-500毫克/千克	喷雾
	青菜	菜青虫	600克/公顷	喷雾
	桑树	尺蠖	600克/公顷	喷雾
	卫生	多种卫生害虫	1)250-300倍液 2)0.08克/立方米	1)泼洒 2)挂条熏蒸
	小麦	黏虫、蚜虫	600克/公顷	喷雾
PD20040062	高效氯氰菊酯/95%/原药/高效氯氰菊酯 95%/2009.12.19 至 2014.12.19/中等毒			
PD20040088	氯氰菊酯/5%/乳油/氯氰菊酯 5%/2009.12.19 至 2014.12.19/中等毒			
	棉花	棉铃虫	45-90克/公顷	喷雾
	十字花科蔬菜	菜青虫	30-45克/公顷	喷雾
PD20040089	高效氯氰菊酯/4.5%/乳油/高效氯氰菊酯 4.5%/2009.12.19 至 2014.12.19/中等毒			
	棉花	红铃虫、棉铃虫、蚜虫	15-30克/公顷	喷雾
	十字花科蔬菜	菜青虫、小菜蛾	9-25.5克/公顷	喷雾
	十字花科蔬菜	蚜虫	3-18克/公顷	喷雾
PD20040116	氯氰菊酯/5%/微乳剂/氯氰菊酯 5%/2009.12.19 至 2014.12.19/中等毒			
	十字花科蔬菜	菜青虫	30-45克/公顷	喷雾
PD20040231	高效氯氰菊酯/4.5%/微乳剂/高效氯氰菊酯 4.5%/2009.12.19 至 2014.12.19/中等毒			
	十字花科蔬菜	菜青虫	13.5-20.25克/公顷	喷雾
PD20085257	马拉硫磷/45%/乳油/马拉硫磷 45%/2008.12.23 至 2013.12.23/低毒			
	棉花	盲蝽蟓	540-607.5克/公顷	喷雾
PD20085785	甲氰菊酯/20%/乳油/甲氰菊酯 20%/2008.12.29 至 2013.12.29/中等毒			
	苹果树	山楂红蜘蛛	100-150毫克/千克	喷雾
PD20086100	甲硫·福美双/70%/可湿性粉剂/福美双 40%、甲基硫菌灵 30%/2008.12.30 至 2013.12.30/中等毒			

黄瓜 炭疽病 750-975克/公顷 喷雾

PD20090087 阿维·高氯/1.2%/乳油/阿维菌素 0.3%、高效氯氰菊酯 0.9%/2009.01.08 至 2014.01.08/低毒(原药高毒)

甘蓝 甜菜夜蛾 10.8-14.4克/公顷 喷雾

苹果树 红蜘蛛 6-8毫克/千克 喷雾

PD20090581 烯酰·福美双/35%/可湿性粉剂/福美双 30.5%、烯酰吗啉 4.5%/2009.01.14 至 2014.01.14/低毒

黄瓜 霜霉病 1050-1470克/公顷 喷雾

PD20091265 甲基硫菌灵/70%/可湿性粉剂/甲基硫菌灵 70%/2009.02.01 至 2014.02.01/低毒

梨树 黑星病 360-450克/公顷 喷雾

PD20091760 辛硫磷/40%/乳油/辛硫磷 40%/2009.02.04 至 2014.02.04/低毒

十字花科蔬菜 菜青虫 300-480克/公顷 喷雾

PD20093048 高氯·辛硫磷 /35%/乳油/高效氯氰菊酯 1%、辛硫磷 34%/2009.03.09 至 2014.03.09/中等毒

甘蓝 菜青虫 131.3-262.50克/公顷 喷雾

棉花 棉铃虫 262.5-525克/公顷 喷雾

苹果树 桃小食心虫 233-350毫克/千克 喷雾

PD20094814 敌畏·氧乐果/30%/乳油/敌敌畏 10%、氧乐果 20%/2009.04.13 至 2014.04.13/中等毒(原药高毒)

小麦 蚜虫 225-270克/公顷 喷雾

LS20071887 代森锌/80%/可湿性粉剂/代森锌 80%/2009.07.16 至 2010.07.17/低毒

苹果树 炭疽病 1143-1600毫克/千克 喷雾

LS20082123 啶虫脒/20%/可湿性粉剂/啶虫脒 20%/2009.04.16 至 2010.04.16/低毒

柑橘树 蚜虫 8-12.5毫克/千克 喷雾

天津市中景百英化工有限公司 (天津市河北区张兴庄大道86号 300402 022-26940961)

WP20090048 电热蚊香片/12毫克/片/电热蚊香片/炔丙菊酯 12毫克/片/2009.01.21 至 2014.01.21/低毒

卫生 蚊 / 电热加温

WP20090104 蚊香/0.23%/蚊香/富右旋反式烯丙菊酯 0.23%/2009.02.05 至 2014.02.05/低毒

卫生 蚊 / 点燃

WP20090144 杀虫气雾剂/0.64%/气雾剂/Es-生物烯丙菊酯 0.36%、富右旋反式苯醚氰菊酯 0.28%/2009.02.26 至 2014.02.26/低毒

卫生 蚊、蝇、蜚蠊 / 喷雾

WP20090159 杀虫气雾剂/0.18%/气雾剂/胺菊酯 0.14%、高效氯氰菊酯 0.04%/2009.03.05 至 2014.03.05/低毒

卫生 蚊、蝇、蜚蠊 / 喷雾

WL20060190 电热蚊香液/0.85%/电热蚊香液/炔丙菊酯 0.85%/2008.11.21 至 2009.11.21/微毒

卫生 蚊 / 电热加温

天津市中农化农业生产资料有限公司 (天津市武清区杨村镇南 301700 022-26974540)

PD20092640 草甘膦异丙胺盐/41%/水剂/草甘膦异丙胺盐 41%/2009.03.02 至 2014.03.02/低毒

柑橘园 杂草 171-359毫升/公顷 定向喷雾

天津市鑫卫化工有限责任公司 (天津市西青区辛口镇政府北侧 300380 022-27992150，27993375)

LS20071726 烯丙苯噻唑/95%/原药/烯丙苯噻唑 95%/2009.07.03 至 2010.07.04/低毒

天津郁美净集团有限公司 (天津市南开区红旗路188号 300110 022-27032459)

WP20080394 驱蚊花露水/1.8%/驱蚊花露水/驱蚊酯 1.8%/2008.12.11 至 2013.12.11/微毒

卫生 蚊 / 涂抹

WL20050015 蚊香/0.23%/蚊香/富右旋反式烯丙菊酯 0.23%/2008.01.13 至 2009.01.12/低毒

卫生 蚊 / 点燃

源达日化(天津)有限公司 (天津市经济技术开发区微电子工业区微二路 300385 022-83962633)

WP20090003 防蛀防霉球剂/99%/球剂/对二氯苯 99%/2009.01.04 至 2014.01.04/低毒

卫生 黑皮蠹、红斑皮蠹、霉菌、青霉菌 40克制剂/立方米 投放

WP20090010 防蛀防霉片剂/99%/片剂/对二氯苯 99%/2009.01.04 至 2014.01.04/低毒

卫生 黑皮蠹、红斑皮蠹、霉菌、青霉菌 40克制剂/立方米 投放

WP20090324 防蛀球剂/94%/球剂/樟脑 94%/2009.09.21 至 2014.09.21/低毒

卫生 黑皮蠹 200克/立方米 投放

WP20090325 防蛀片剂/94%/片剂/樟脑 94%/2009.09.21 至 2014.09.21/低毒

卫生 黑皮蠹 200克/立方米 投放

WL20070241 电热蚊香液/0.8%/电热蚊香液/炔丙菊酯 0.8%/2009.11.04 至 2010.11.05/微毒

卫生 蚊 / 电热加温

WL20070245 蚊香/0.23%/蚊香/富右旋反式烯丙菊酯 0.23%/2009.11.04 至 2010.11.05/微毒

卫生 蚊 / 点燃

WL20080194 电热蚊香片/12毫克/片/电热蚊香片/炔丙菊酯 12毫克/片/2009.03.04 至 2010.03.04/微毒

卫生 蚊 / 电热加温

WL20080331 防蛀片剂/125毫克/片/防蛀片/右旋烯炔菊酯 125毫克/片/2009.05.12 至 2010.05.12/低毒

卫生 黑皮蠹 / 投放

中农住商(天津)农用化学品有限公司 (天津市武清区杨村镇南 301700 022-26971467)

PD20080278 稻瘟灵/40%/乳油/稻瘟灵 40%/2008.02.22 至 2013.02.22/低毒

水稻 稻瘟病 450-675克/公顷 喷雾

PD20082815 S-氰戊菊酯/50克/升/乳油/S-氰戊菊酯 50克/升/2008.12.09 至 2013.12.09/中等毒

甘蓝 菜青虫 7.5-15克/公顷 喷雾

	棉花	棉铃虫	18.75-26.25克/公顷	喷雾
	苹果树	桃小食心虫	16-25毫克/千克	喷雾
	小麦	蚜虫	9-11.25克/公顷	喷雾
PD20082962	甲氰菊酯/20%/乳油/甲氰菊酯 20%/2008.12.09 至 2013.12.09/中等毒			
	甘蓝	菜青虫	75-90克/公顷	喷雾
	柑橘树	红蜘蛛	67-100毫克/千克	喷雾
	棉花	棉铃虫	90-120克/公顷	喷雾
	苹果树	山楂红蜘蛛	100毫克/千克	喷雾
PD20083655	噁霉灵/30%/水剂/噁霉灵 30%/2008.12.12 至 2013.12.12/低毒			
	水稻	立枯病	0.9-1.8克/平方米	喷雾
PD20090901	甲霜·噁霉灵/30%/水剂/噁霉灵 24%、甲霜灵 6%/2009.01.19 至 2014.01.19/低毒			
	黄瓜	苗期立枯病	0.3-0.6克/平方米	喷雾
	水稻	苗期立枯病	0.36-0.54克/平方米	苗床喷雾
PD20093755	阿维·辛硫磷/15%/乳油/阿维菌素 0.1%、辛硫磷 14.9%/2009.03.25 至 2014.03.25/低毒(原药高毒)			
	十字花科蔬菜	小菜蛾	112.5-168.75克/公顷	喷雾
PD20094390	扑·乙/45%/乳油/扑草净 17%、乙草胺 28%/2009.04.01 至 2014.04.01/低毒			
	春大豆田、春玉米田	一年生杂草	1350-1687.5克/公顷	喷雾
	花生田	一年生杂草	1012.5-1687.5克/公顷	喷雾
PD20094997	甲霜·噁霉灵/3%/水剂/噁霉灵 2.4%、甲霜灵 0.6%/2009.04.21 至 2014.04.21/低毒			
	水稻	苗期立枯病	0.36-0.54克/平方米	苗床喷雾
PD20095727	滴丁·乙草胺/70%/乳油/2,4-滴丁酯 20%、乙草胺 50%/2009.05.18 至 2014.05.18/低毒			
	春大豆田、春玉米田	一年生杂草	2100-2625克/公顷(东北地区)	喷雾
PD20095860	精喹禾灵/50克/升/乳油/精喹禾灵 50克/升/2009.05.27 至 2014.05.27/低毒			
	大白菜田、西瓜田	一年生禾本科杂草	30-45克/公顷	茎叶喷雾
	大豆田、花生田、棉花田、油菜田	一年生禾本科杂草	37.5-60克/公顷	茎叶喷雾
	芝麻田	一年生禾本科杂草	37.5-45克/公顷	茎叶喷雾
PD20095988	烟嘧磺隆/40克/升/油悬浮剂/烟嘧磺隆 40克/升/2009.06.11 至 2014.06.11/低毒			
	玉米田	一年生杂草	36-60克/公顷	茎叶喷雾
PD20096922	炔螨特/57%/乳油/炔螨特 57%/2009.09.23 至 2014.09.23/低毒			
	棉花	红蜘蛛	384.75-513克/公顷	喷雾
PD20097565	烯禾啶/12.5%/乳油/烯禾啶 12.5%/2009.11.03 至 2014.11.03/低毒			
	春大豆田	一年生禾本科杂草	156.2-187.5克/公顷(东北地区)	喷雾
	花生田	一年生禾本科杂草	150-187.5克/公顷	喷雾
PD20097590	丙溴·辛硫磷 /25%/乳油/丙溴磷 5%、辛硫磷 20%/2009.11.03 至 2014.11.03/低毒			
	棉花	棉铃虫	187.5-281.25克/公顷	喷雾

中新好洁(天津)日化有限公司　(天津市西青区津淄公路天祥工业园祥厚路15号　300385　022-23965116)

WL20080273	防蛀片剂/94%/防蛀片剂/樟脑 94%/2009.04.11 至 2010.04.11/低毒			
	卫生	黑皮蠹	/	投放
WL20080274	防蛀防霉片剂/99%/防蛀片剂/对二氯苯 99%/2009.04.11 至 2010.04.11/低毒			
	卫生	黑皮蠹、霉菌	/	投放

香港

香港华仁行　(香港九龙大坑东桃源街37号　27787915)

WPN30-99	杀虫气雾剂/1.08%/气雾剂/胺菊酯 0.09%、氯菊酯 0.04%、杀螟硫磷 0.95%/2009.11.02 至 2014.11.02/低毒			
	卫生	蚊、蝇、蜚蠊	/	喷雾

新疆维吾尔自治区

新疆锦华农药有限公司　(新疆维吾尔自治区五家渠市工业园区　831300　0994-5829056)

PD20083468	福·克/20%/悬浮种衣剂/福美双 10%、克百威 10%/2008.12.12 至 2013.12.12/高毒			
	玉米	地老虎、蚜虫	1:40(药种比)	种子包衣
PD20090090	多·福·立枯磷/26%/悬浮种衣剂/多菌灵 6%、福美双 12%、甲基立枯磷 8%/2009.01.08 至 2014.01.08/低毒			
	棉花	苗期立枯病	1:40-50(药种比)	种子包衣
PD20094257	甲枯·福美双/20%/悬浮种衣剂/福美双 15%、甲基立枯磷 5%/2009.03.31 至 2014.03.31/低毒			
	棉花	苗期立枯病	1:30-50(药种比)	种子包衣
LS20071465	戊唑·福美双/23%/悬浮种衣剂/福美双 22%、戊唑醇 1%/2009.05.20 至 2010.05.21/低毒			
	小麦	根腐病	1:400-550(药种比)	种子包衣

新疆绿洲科技开发公司　(新疆维吾尔自治区乌鲁木齐市南昌路38号　830000　0991-4514002)

PD20070137	福美·拌种灵/7.2%/悬浮种衣剂/拌种灵 3.6%、福美双 3.6%/2007.05.30 至 2012.05.30/低毒			
	棉花	立枯病	144-180克/100千克种子	种子包衣

新疆农科院植保所植保技术开发公司　(新疆维吾尔自治区乌鲁木齐市南昌路38号　830000　0991-4501462)

PD20083354	多·福/15%/悬浮种衣剂/多菌灵 7.5%、福美双 7.5%/2008.12.11 至 2013.12.11/低毒			
	棉花	苗期立枯病	1:40-1:50(药种比)(300-375克/千克种子)	种子包衣
LS20060043	吡·多·福美双/27%/种衣剂/吡虫啉 12%、多菌灵 4%、福美双 11%/2009.01.16 至 2010.01.16/低毒			

棉花　蓟马、立枯病、小地老虎　450-675克/100千克种子　种子包衣
LS20060062　吡虫啉/12%/悬浮种衣剂/吡虫啉 12%/2009.01.16 至 2010.01.16/低毒
棉花　蓟马、小地老虎　200-300克/100千克种子　种子包衣

新疆石河子市惠农生物农药科技有限公司　(新疆维吾尔自治区石河子市南郊红山集镇　832000　0993-2831199)
PD20096165　硫丹/350克/升/乳油/硫丹 350克/升/2009.06.24 至 2014.06.24/中等毒
棉花　棉铃虫　682.5-840克/公顷　喷雾
PD20096306　氟乐灵/480克/升/乳油/氟乐灵 480克/升/2009.07.22 至 2014.07.22/低毒
棉花田　一年生禾本科杂草及部分阔叶杂草　864-1008克/公顷　土壤喷雾

新疆石河子市苧强蚊蝇宝制剂厂　(新疆维吾尔自治区石河子市子乡西一路58号　832000　0993-2813080)
WL20090172　杀虫气雾剂/0.55%/气雾剂/胺菊酯 0.3%、氯菊酯 0.2%、氯氰菊酯 0.05%/2009.08.14 至 2010.08.14/微毒
卫生　蚊、蝇、蜚蠊　/　喷雾

新疆塔河勤丰植物科技有限公司　(新疆维吾尔自治区阿拉尔市二号工业园区　843300　0997-4928685)
PD20095338　福·克/20%/悬浮种衣剂/福美双 10%、克百威 10%/2009.04.27 至 2014.04.27/高毒
玉米　地下害虫、茎腐病　1:40-50(药种比)　种子包衣

新疆伊宁市合美化工厂　(新疆维吾尔自治区伊宁市英也尔乡工业园管理中心　835000　)
PD20094697　硫丹/35%/乳油/硫丹 35%/2009.04.10 至 2014.04.10/高毒
棉花　棉铃虫　682.5-840克/公顷　喷雾

新疆友合农化有限公司　(新疆维吾尔自治区乌鲁木齐市扬子江路红十月花园　)
PD20096867　氟乐灵/480克/升/乳油/氟乐灵 480克/升/2009.09.23 至 2014.09.23/低毒
棉花田　一年生禾本科杂草及部分阔叶杂草　100-150毫升制剂/亩　土壤喷雾
LS20090112　啶虫脒/15%/泡腾片剂/啶虫脒 15%/2009.01.14 至 2010.01.14/低毒
苹果树　蚜虫　30-40毫克/千克　喷雾
LS20090201　甲氨基阿维菌素苯甲酸盐/3%/泡腾片剂/甲氨基阿维菌素苯甲酸盐 3%/2009.02.05 至 2010.02.05/低毒
甘蓝　小菜蛾　2.7-3.6克/公顷　喷雾
LS20090687　二氯异氰尿酸钠/20%/可溶粉剂/二氯异氰尿酸钠 20%/2009.03.27 至 2010.03.27/低毒
黄瓜　霜霉病　561-750克/公顷　喷雾
LS20091462　甲哌鎓/25%/水剂/甲哌鎓 25%/2009.12.26 至 2010.12.26/低毒
棉花　调节生长　180-240毫克/公顷　喷雾

云南省

昆明农药有限公司　(云南省昆明市盘龙区穿金路852号　650224　0871-5021367)
PD84111-53　氧乐果/40%/乳油/氧乐果 40%/2009.12.20 至 2014.12.20/高毒
棉花　蚜虫、螨　375-600克/公顷　喷雾
森林　松干蚧、松毛虫　500倍液　喷雾或直接涂树干
水稻　稻纵卷叶螟、飞虱　375-600克/公顷　喷雾
小麦　蚜虫　300-450克/公顷　喷雾
PD84130-4　磷化锌/90%/原药/磷化锌 90%/2009.12.20 至 2014.12.20/高毒
仓库　仓库害虫　5-10克/立方米　配置成毒饵，与稀酸反应放出磷化氢气体
室内　家鼠　5-10克/立方米　配置成毒饵，与稀酸反应放出磷化氢气体
室外　田鼠　5-10克/立方米　配置成毒饵，与稀酸反应放出磷化氢气体
PD85105-80　敌敌畏/77.5%/乳油/敌敌畏 77.5%(气谱法)/2009.12.20 至 2014.12.20/中等毒
茶树　食叶害虫　600克/公顷　喷雾
粮仓　多种储藏害虫　1)400-500倍液 2)0.4-0.5克/立方米　1)喷雾 2)挂条熏蒸
棉花　蚜虫、造桥虫　600-1200克/公顷　喷雾
苹果树　小卷叶蛾、蚜虫　400-500毫克/千克　喷雾
青菜　菜青虫　600克/公顷　喷雾
桑树　尺蠖　600克/公顷　喷雾
卫生　多种卫生害虫　1)300-400倍液 2)0.08克/立方米　1)泼洒 2)挂条熏蒸
小麦　黏虫、蚜虫　600克/公顷　喷雾
PD85112-11　莠去津/38%/悬浮剂/莠去津 38%/2006.03.14 至 2011.03.14/低毒
茶园　一年生杂草　1125-1875克/公顷　喷于地表
防火隔离带、公路、森林、铁路　一年生杂草　0.8-2克/平方米　喷于地表
甘蔗　一年生杂草　1050-1500克/公顷　喷于地表
高粱、糜子、玉米　一年生杂草　1800-2250克/公顷(东北地区)　喷于地表

	红松苗圃	一年生杂草	0.2-0.3克/平方米	喷于地表
	梨树(12年以上树龄)、苹果树(12年以上树龄)	一年生杂草	1625-1875克/公顷	喷于地表
	橡胶园	一年生杂草	2250-3750克/公顷	喷于地表
PD85121-31	乐果/40%/乳油/乐果 40%/2005.07.05 至 2010.07.05/中等毒			
	茶树	蚜虫、叶蝉、螨	1000-2000倍液	喷雾
	甘薯	小象甲	2000倍液	浸鲜薯片诱杀
	柑橘树、苹果树	鳞翅目幼虫、蚜虫、螨	800-1600倍液	喷雾
	棉花	蚜虫、螨	450-600克/公顷	喷雾
	蔬菜	蚜虫、螨	300-600克/公顷	喷雾
	水稻	飞虱、螟虫、叶蝉	450-600克/公顷	喷雾
	烟草	蚜虫、烟青虫	300-600克/公顷	喷雾
PD86125	扑草净/90%,80%/原药/扑草净 90%,80%/2006.12.26 至 2011.12.26/低毒			
PD86126	扑草净/50%/可湿性粉剂/扑草净 50%/2006.11.22 至 2011.11.22/低毒			
	茶园、成年果园、苗圃	阔叶杂草	1875-3000克/公顷	喷于地表切勿喷至树上
	大豆、花生	阔叶杂草	750-1125克/公顷	喷雾
	甘蔗、棉花、苎麻	阔叶杂草	750-1125克/公顷	播后苗前土壤喷雾
	谷子	阔叶杂草	375克/公顷	喷雾
	麦田	阔叶杂草	450-750克/公顷	喷雾
	水稻本田、水稻秧田	阔叶杂草	150-900克/公顷	撒毒土
PD86157-15	硫磺/50%/悬浮剂/硫磺 50%/2009.12.20 至 2014.12.20/低毒			
	果树	白粉病	200-400倍液	喷雾
	花卉	白粉病	750-1500克/公顷	喷雾
	黄瓜	白粉病	1125-1500克/公顷	喷雾
	橡胶树	白粉病	1875-3000克/公顷	喷雾
	小麦	白粉病、螨	3000克/公顷	喷雾
PD20070653	氯氰·毒死蜱/22%/乳油/毒死蜱 20%、氯氰菊酯 2%/2007.12.17 至 2012.12.17/低毒			
	苹果树	桃小食心虫	147-220毫克/千克	喷雾
PD20070668	氯氰·敌敌畏/10%/乳油/敌敌畏 8%、氯氰菊酯 2%/2007.12.17 至 2012.12.17/低毒			
	十字花科蔬菜	蚜虫	45-75克/公顷	喷雾
PD20080039	草甘膦/10%/水剂/草甘膦 10%/2008.01.04 至 2013.01.04/低毒			
	甘蔗田	杂草	1125-2250克/公顷	茎叶喷雾
PD20080223	毒死蜱/40%/乳油/毒死蜱 40%/2008.01.11 至 2013.01.11/中等毒			
	十字花科蔬菜	菜青虫	420-540克/公顷	喷雾
PD20080686	莠去津/92%/原药/莠去津 92%/2008.06.04 至 2013.06.04/低毒			
PD20081406	扑草净/25%/可湿性粉剂/扑草净 25%/2008.10.28 至 2013.10.28/低毒			
	水稻田	稗草、莎草及阔叶杂草	300-562.5克/公顷	毒土法
PD20081411	灭蝇胺/50%/可湿性粉剂/灭蝇胺 50%/2008.10.29 至 2013.10.29/低毒			
	菜豆	斑潜蝇	150-225克/公顷	喷雾
PD20082775	莠灭净/80%/可湿性粉剂/莠灭净 80%/2008.12.08 至 2013.12.08/低毒			
	甘蔗田	一年生杂草	1800-2400克/公顷	土壤或定向茎叶喷雾
PD20083120	高效氯氰菊酯/4.5%/乳油/高效氯氰菊酯 4.5%/2008.12.10 至 2013.12.10/低毒			
	十字花科蔬菜	菜青虫	20.25-27克/公顷	喷雾
PD20083936	硫磺·多菌灵/40%/悬浮剂/多菌灵 20%、硫磺 20%/2008.12.15 至 2013.12.15/低毒			
	水稻	稻瘟病	1200-1800克/公顷	喷雾
PD20084277	多·硫/50%/可湿性粉剂/多菌灵 15%、硫磺 35%/2008.12.17 至 2013.12.17/低毒			
	花生	叶斑病	1500-1875克/公顷	喷雾
PD20084520	三环唑/75%/可湿性粉剂/三环唑 75%/2008.12.18 至 2013.12.18/中等毒			
	水稻	稻瘟病	225-300克/公顷	喷雾
PD20084854	多菌灵/50%/可湿性粉剂/多菌灵 50%/2008.12.22 至 2013.12.22/低毒			
	水稻	纹枯病	750-900克/公顷	喷雾
PD20085106	莠·乙/40%/可湿性粉剂/乙草胺 14%、莠去津 26%/2008.12.23 至 2013.12.23/低毒			
	甘蔗田	一年生杂草	1200-1500克/公顷	土壤喷雾
PD20085354	丁草胺/50%/乳油/丁草胺 50%/2008.12.24 至 2013.12.24/低毒			
	移栽水稻田	一年生杂草	750-1275克/公顷	药土法
PD20085576	硫磺·三环唑/40%/悬浮剂/硫磺 35%、三环唑 5%/2008.12.25 至 2013.12.25/低毒			
	水稻	稻瘟病	675-1012.5克/公顷	喷雾
PD20092541	扑草净/25%/泡腾颗粒剂/扑草净 25%/2009.02.26 至 2014.02.26/低毒			
	水稻移栽田	多种阔叶杂草	225-300克/公顷	毒土法

PD20094510 氰戊·辛硫磷/25%/乳油/氰戊菊酯 2.5%、辛硫磷 22.5%/2009.04.09 至 2014.04.09/低毒
十字花科蔬菜 菜青虫 150-225克/公顷 喷雾
PD20095944 代森锰锌/70%/可湿性粉剂/代森锰锌 70%/2009.06.02 至 2014.06.02/微毒
番茄 早疫病 1560-2520克/公顷 喷雾
PD20097492 百草枯/200克/升/水剂/百草枯 200克/升/2009.11.03 至 2014.11.03/中等毒
茶园 杂草 750-900克/公顷 定向茎叶喷雾
PD20097945 毒死蜱/480克/升/乳油/毒死蜱 480克/升/2009.11.30 至 2014.11.30/中等毒
苹果树 桃小食心虫 240-320毫克/千克 喷雾
水稻 稻纵卷叶螟 63-83毫升制剂/亩 喷雾
PD20098006 甲霜·锰锌/58%/可湿性粉剂/甲霜灵 10%、代森锰锌 48%/2009.12.07 至 2014.12.07/低毒
黄瓜 霜霉病 1305－1632克/公顷 喷雾
LS20053190 杀螟丹/3%/粉剂/杀螟丹 3%/2008.10.10 至 2009.10.10/微毒
森林 松毛虫 450-675克/公顷 喷粉
LS20060266 阿维·毒死蜱/10.2%/乳油/阿维菌素 0.2%、毒死蜱 10%/2009.02.21 至 2010.02.21/低毒(原药高毒)
十字花科蔬菜 小菜蛾 61.2-91.8克/公顷 喷雾
LS20070041 敌百·毒死蜱/4.5%/颗粒剂/敌百虫 3%、毒死蜱 1.5%/2009.01.18 至 2010.01.18/低毒
十字花科蔬菜 地老虎 1687.5-2362.5克/公顷 穴施或撒施
LS20071892 莠灭净/50%/悬浮剂/莠灭净 50%/2009.08.02 至 2010.08.03/低毒
甘蔗田 一年生杂草 1500-1800克/公顷 喷雾
LS20090925 除虫菊素/5%/乳油/除虫菊素 5%/2009.04.09 至 2010.04.09/低毒
烟草 蚜虫 18.75-26.25克/公顷 喷雾
LS20091133 阿维·杀虫单/26%/微乳剂/阿维菌素 0.2%、杀虫单 25.8%/2009.04.17 至 2010.04.17/低毒(原药高毒)
菜豆 美洲斑潜蝇 234－390克/公顷 喷雾
LS20091196 阿维·印楝素/0.9%/乳油/阿维菌素 0.6%、印楝素 0.3%/2009.04.23 至 2010.04.23/低毒(原药高毒)
菜豆 美洲斑潜蝇 6.75-9.45克/公顷 喷雾

昆明云大科技农化有限公司 (云南省昆明市国家高新技术产业开发区科医路59号 650106 0871-8354976)

PD20070019 高效氯氰菊酯/4.5%/微乳剂/高效氯氰菊酯 4.5%/2007.01.18 至 2012.01.18/低毒
十字花科蔬菜 菜青虫 13.5-27克/公顷 喷雾
PD20082256 三唑酮/25%/可湿性粉剂/三唑酮 25%/2008.11.27 至 2013.11.27/低毒
小麦 锈病 150-187.5克/公顷 喷雾
PD20082793 芸苔素内酯/90%/原药/芸苔素内酯 90%/2008.12.09 至 2013.12.09/低毒
PD20082806 芸苔素内酯/0.004%/水剂/芸苔素内酯 0.004%/2008.12.09 至 2013.12.09/低毒
甘蔗 增糖产量 0.01-0.04毫克/千克 分蘖、抽节期叶面喷雾
水稻 提高产量 0.01-0.02毫克/千克 浸种或苗期及生殖生长期茎叶喷雾
小麦 促进生长 0.02-0.04毫克/千克 苗期扬花时茎叶喷雾
叶菜类蔬菜 提高产量 0.01-0.02毫克/千克 苗期及莲座期叶面喷雾
玉米 提高产量 0.01-0.04毫克/千克 浸种或苗期及生殖生长期茎叶喷雾
PD20083019 芸苔素内酯/0.0016%/水剂/芸苔素内酯 0.0016%/2008.12.10 至 2013.12.10/低毒
大白菜 调节生长、增产 0.012-0.016毫克/千克 茎叶喷雾
大豆、番茄、水稻、油菜 调节生长、增产 0.01-0.02毫克/千克 茎叶喷雾
柑橘树、黄瓜、梨树、苹果树、烟草 调节生长、增产 800-1000倍液 喷雾3次
荔枝树 调节生长、增产 800-1000倍液 茎叶喷雾
棉花 调节生长、增产 750-1500倍液 喷雾3次
小麦 调节生长、增产 0.01-0.04毫克/千克 茎叶喷雾
PD20085041 啶虫脒/3%/微乳剂/啶虫脒 3%/2008.12.23 至 2013.12.23/低毒
十字花科蔬菜 蚜虫 13.5-22.5克/公顷 喷雾
PD20085900 代森锰锌/80%/可湿性粉剂/代森锰锌 80%/2008.12.29 至 2013.12.29/低毒
番茄 早疫病 2160-2400克/公顷 喷雾
黄瓜 霜霉病 2040-3000克/公顷 喷雾
苹果树 炭疽病 1000-1333.3毫克/千克 喷雾
甜椒 疫病 2160-2400克/公顷 喷雾
PD20090814 高效氟吡甲禾灵/108克/升/乳油/高效氟吡甲禾灵 108克/升/2009.01.19 至 2014.01.19/低毒
春大豆田 一年生禾本科杂草 48.6-56.7克/公顷 茎叶喷雾
冬油菜田 一年生禾本科杂草 38.9-45.4克/公顷 茎叶喷雾

	花生田	一年生禾本科杂草	45.4-56.7克/公顷	茎叶喷雾
	夏大豆田	一年生禾本科杂草	45.4-48.6克/公顷	茎叶喷雾
PD20091191	阿维·哒螨灵/5%/乳油/阿维菌素 0.2%、哒螨灵 4.8%/2009.02.01 至 2014.02.01/低毒(原药高毒)			
	柑橘树	红蜘蛛	33.3-50毫克/千克	喷雾
PD20091500	霜脲·锰锌/72%/可湿性粉剂/代森锰锌 64%、霜脲氰 8%/2009.02.02 至 2014.02.02/低毒			
	黄瓜	霜霉病	1440—1800克/公顷	喷雾
PD20092528	阿维·高氯/1.8%/乳油/阿维菌素 0.3%、高效氯氰菊酯 1.5%/2009.02.26 至 2014.02.26/低毒(原药高毒)			
	梨树	梨木虱	6-12毫克/千克	喷雾
	十字花科蔬菜	菜青虫、小菜蛾	7.5-15克/公顷	喷雾
PD20092782	己唑醇/5%/微乳剂/已唑醇 5%/2009.03.04 至 2014.03.04/低毒			
	苹果树	白粉病	20-40毫克/千克	喷雾
PD20093632	芸苔·赤霉酸/0.4%/水剂/赤霉酸A4+A7 0.398%、芸苔素内酯 0.002%/2009.03.25 至 2014.03.25/低毒			
	柑橘树、龙眼树	调节生长、增产	800-1600倍	茎叶喷雾
	荔枝树	调节生长、增产	800-1800倍	茎叶喷雾
PD20094318	吡虫·辛硫磷 /25%/乳油/吡虫啉 1.5%、辛硫磷 23.5%/2009.03.31 至 2014.03.31/低毒			
	甘蓝	蚜虫	150-187.5克/公顷	喷雾
PD20095342	芸苔·烯效唑/0.751%/水剂/烯效唑 0.75%、芸苔素内酯 0.001%/2009.04.27 至 2014.04.27/低毒			
	水稻	增产	500-750倍液	浸种
	小麦	增产	250-500倍液	浸种
PD20097376	芸苔·甲哌鎓/22.5%/水剂/甲哌鎓 22.5%、芸苔素内酯 0.002%/2009.10.28 至 2014.10.28/低毒			
	棉花	调节生长、增产	151.9-227.8克/公顷	茎叶喷雾
LS20050120	唑磷·杀虫单/15%/微乳剂/三唑磷 5%、杀虫单 10%/2008.01.14 至 2009.01.13/中等毒			
	水稻	二化螟	337.5-562.5克/公顷	喷雾
LS20050422	氯吡脲/0.1%/可溶液剂/氯吡脲 0.1%/2008.02.19 至 2009.02.18/低毒			
	葡萄、猕猴桃	调节生长、增产	8-10毫克/千克	浸幼果
LS20050885	甲氨基阿维菌素苯甲酸盐/1.5%/乳油/甲氨基阿维菌素苯甲酸盐 1.5%/2008.03.29 至 2009.03.29/低毒			
	十字花科蔬菜	甜菜夜蛾	3.375-4.5克/公顷	喷雾
LS20052221	烯酰·百菌清/56%/可湿性粉剂/百菌清 48%、烯酰吗啉 8%/2008.06.15 至 2009.06.15/低毒			
	黄瓜	霜霉病	1176-1344克/公顷	喷雾
LS20053162	甲基硫菌灵/70%/可湿性粉剂/甲基硫菌灵 70%/2008.10.10 至 2009.10.10/低毒			
	苹果树	轮纹病	600-875毫克/千克	喷雾
	水稻	纹枯病	1270-1500克/公顷	喷雾
LS20053355	百菌清/75%/可湿性粉剂/百菌清 75%/2008.10.17 至 2009.10.17/低毒			
	黄瓜	霜霉病	1417.5-1642.5克/公顷	喷雾
LS20060551	戊唑醇/25%/可湿性粉剂/戊唑醇 25%/2009.03.16 至 2010.03.16/低毒			
	香蕉	叶斑病	200-250毫克/千克	喷雾
LS20090259	高氯·虫螨腈/6.5%/微乳剂/虫螨腈 3%、高效氯氰菊酯 3.5%/2008.02.13 至 2009.02.13/低毒			
	十字花科蔬菜	小菜蛾	39-48.75克/公顷	喷雾

云南光明印楝产业开发股份有限公司 (云南省昆明市盘龙区北京路延长线银座大厦10楼 650224 0871-5745261)

LS20030771	苦参·印楝素/1%/乳油/苦参碱 0.4%、印楝素 0.6%/2009.01.01 至 2009.12.31/低毒			
	十字花科蔬菜	小菜蛾	9-12克/公顷	喷雾
LS20042645	印楝素/0.5%/乳油/印楝素 0.5%/2009.01.01 至 2009.12.31/低毒			
	甘蓝	小菜蛾	9.375-11.25克/公顷	喷雾
LS20052591	阿维·高氯/1.5%/乳油/阿维菌素 0.25%、高效氯氰菊酯 1.25%/2008.08.14 至 2009.08.14/低毒(原药高毒)			
	十字花科蔬菜	菜青虫、小菜蛾	7.5-15克/公顷	喷雾
LS20052895	氟铃脲/5%/乳油/氟铃脲 5%/2008.09.07 至 2009.09.07/低毒			
	十字花科蔬菜	小菜蛾	37.5-52.5克/公顷	喷雾
LS20052963	吡虫啉/10%/可湿性粉剂/吡虫啉 10%/2008.09.11 至 2009.09.11/低毒			
	水稻	稻飞虱	15-30克/公顷	喷雾
LS20053471	多·锰锌/40%/可湿性粉剂/多菌灵 10%、代森锰锌 30%/2008.11.13 至 2009.11.13/低毒			
	苹果树	斑点落叶病	1000-1250毫克/千克	喷雾
LS20053730	哒螨灵/10%/乳油/哒螨灵 10%/2008.12.08 至 2009.12.08/中等毒			
	柑橘树	红蜘蛛	66.7-100毫克/千克	喷雾
LS20060392	阿维·高氯/2.2%/乳油/阿维菌素 0.2%、高效氯氰菊酯 2%/2008.03.05 至 2009.03.05/低毒(原药高毒)			
	十字花科蔬菜	菜青虫、小菜蛾	13.5-27克/公顷	喷雾

云南建元生物开发有限公司 (云南省昆明市西山区滇池路166号省人大后院 650228 0871-4141240)

LS20050886 印楝素/20%/母药/印楝素 20%/2008.03.29 至 2009.12.31/微毒

云南金色太阳农药有限公司 (云南省昆明市官渡区东郊大石坝黑马山 650051 0871-3176826)

PD20092974	氯氰·马拉松/37%/乳油/氯氰菊酯 2%、马拉硫磷 35%/2009.03.09 至 2014.03.09/低毒			
	十字花科蔬菜	菜青虫	222-333克/公顷	喷雾

云南陆良酶制剂有限责任公司 (云南省曲靖市陆良县中枢镇北坛山121号 655600 0874-6260247)

PD20070380 厚孢轮枝菌/25亿个孢子/克/母粉/厚孢轮枝菌 25亿个孢子/克/2007.10.24 至 2012.10.24/低毒

PD20070381 厚孢轮枝菌/2.5亿个孢子/克/微粒剂/厚孢轮枝菌 2.5亿个孢子/克/2007.10.24 至 2012.10.24/低毒

烟草 根结线虫 22.5-30千克制剂/公顷 穴施

云南南宝植化有限责任公司 (云南省玉溪市峨山彝族自治县小街镇 653201 0877-4069167)

PD20092509 除虫菊素/70%/原药/除虫菊素 70%/2009.02.26 至 2014.02.26/低毒

PD20098425 除虫菊素/1.5%/水乳剂/除虫菊素 1.5%/2009.12.24 至 2014.12.24/低毒

十字花科蔬菜 蚜虫 27-40.5克/公顷 喷雾

LS20061890 虫菊·苦参碱/1.8%/水乳剂/除虫菊素 1.4%、苦参碱 0.4%/2008.11.21 至 2009.11.21/低毒

十字花科蔬菜 蚜虫 10.8-13.5克/公顷 喷雾

WL20070088 除虫菊素/1.5%/水乳剂/除虫菊素 1.5%/2009.05.08 至 2010.05.09/低毒

卫生 蝇 1.125毫克/立方米 喷雾

卫生 跳蚤 5.625毫克/立方米 喷雾

云南省红河森菊生物有限责任公司 (云南省昆明市滇池路3公里云检培训中心三楼 650228 0871-4602946-814)

PD20092513 除虫菊素/70%/原药/除虫菊素 70%/2009.02.26 至 2014.02.26/低毒

PD20095107 除虫菊素/5%/乳油/除虫菊素 5%/2009.04.24 至 2014.04.24/微毒

十字花科蔬菜 蚜虫 22.5-37.5克/公顷 喷雾

云南省昆明爱德望化工有限责任公司 (云南省昆明市官渡区关南大道曹家桥新一村 650028 0871-7326170)

PD85105-89 80%敌敌畏乳油//乳油/敌敌畏 77.5%(气谱法)/2005.06.20 至 2010.06.20/中等毒

茶树 食叶害虫 600克/公顷 喷雾

粮仓 多种储藏害虫 1)400-500倍液 1)喷雾

2)0.4-0.5克/立方米 2)挂条熏蒸

棉花 蚜虫、造桥虫 600-1200克/公顷 喷雾

苹果树 小卷叶蛾、蚜虫 400-500毫克/千克 喷雾

青菜 菜青虫 600克/公顷 喷雾

桑树 尺蠖 600克/公顷 喷雾

卫生 多种卫生害虫 1)300-400倍液 1)泼洒

2)0.08克/立方米 2)挂条熏蒸

小麦 黏虫、蚜虫 600克/公顷 喷雾

PD86182-9 30%稻瘟灵乳油//乳油/稻瘟灵 30%/2005.06.20 至 2010.06.20/低毒

水稻 稻瘟病 450-675克/公顷 喷雾

云南省昆明沃霖生物工程有限公司 (云南省昆明市五华区生物医药产业园区 650106 0871-8353755)

PD20090375 高效氯氟氰菊酯/25克/升/乳油/高效氯氟氰菊酯 25克/升/2009.01.12 至 2014.01.12/中等毒

十字花科蔬菜 蚜虫 7.5-11.25克/公顷 喷雾

PD20091750 丙环唑/250克/升/乳油/丙环唑 250克/升/2009.02.04 至 2014.02.04/低毒

香蕉 叶斑病 250-500毫克/千克 喷雾

LS20072366 甲维·高氯氟/2%/微乳剂/高效氯氟氰菊酯 1.8%、甲氨基阿维菌素苯甲酸盐 0.2%/2009.10.16 至 2010.10.17/低毒

甘蓝 小菜蛾 9-12克/公顷 喷雾

LS20090216 敌百·毒死蜱/4.5%/微粒剂/敌百虫 3%、毒死蜱 1.5%/2009.02.13 至 2010.02.13/低毒

玉米 地老虎、蝼蛄、蛴螬 1012.5-1350克/公顷 撒施

云南省玉溪山水生物科技有限责任公司 (云南省玉溪市高新技术产业开发区 653100 0877-2069633)

LS20060055 除虫菊素/3%/微囊悬浮剂/除虫菊素 3%/2009.01.16 至 2010.01.16/微毒

十字花科蔬菜 蚜虫 18-27克/公顷 喷雾

LS20072158 虫菊·苦参碱/1%/微囊悬浮剂/除虫菊素 0.67%、苦参碱 0.33%/2009.09.04 至 2010.09.05/低毒

十字花科蔬菜 蚜虫 7.5-9克/公顷 喷雾

LS20072569 苏云金杆菌/4000IU/微升/悬浮剂/苏云金杆菌 4000IU/微升/2009.12.09 至 2010.12.10/低毒

白菜 小菜蛾 1500-2250克(制剂)/公顷 喷雾

LS20082051 高氯·啶虫脒/3%/微乳剂/啶虫脒 1%、高效氯氰菊酯 2%/2009.04.15 至 2010.04.15/低毒

十字花科蔬菜 蚜虫 22.5-27克/公顷 喷雾

云南省玉溪市红云化工有限公司 (云南省文山县追栗街道 663300 0877-2030626)

PD20080533 百菌清/40%/悬浮剂/百菌清 40%/2008.04.29 至 2013.04.29/低毒

黄瓜 霜霉病 960-1110克/公顷 喷雾

PD20080606 甲基硫菌灵/500克/升/悬浮剂/甲基硫菌灵 500克/升/2008.05.12 至 2013.05.12/低毒

水稻 稻瘟病 900-1425克/公顷 喷雾

PD20080705 硫磺/50%/悬浮剂/硫磺 50%/2008.06.04 至 2013.06.04/微毒

黄瓜 白粉病 1200-1425克/公顷 喷雾

云南省种衣剂有限责任公司 (云南省玉溪市高新技术开发区高仓块 653100 0877-2076777)

LS20070131 戊唑醇/2%/悬浮种衣剂/戊唑醇 2%/2008.02.01 至 2009.01.31/微毒

小麦 散黑穗病 2-2.86克/100千克种子 种子包衣

云南师范大学农药研究所 (云南省昆明市一.二一大街298号云南师范大学内 650092 0871-5515881)

PD20091737 扑·乙/20%/粉剂/扑草净 13.5%、乙草胺 6.5%/2009.02.04 至 2014.02.04/微毒

水稻移栽田 一年生杂草 240-300克/公顷(南方地区) 毒土法

PD20095728 苄·乙·甲/15.6%/粉剂/苄嘧磺隆 0.49%、甲磺隆 0.11%、乙草胺 15%/2009.05.18 至 2014.05.18/低毒

水稻移栽田 多年生杂草、一年生杂草 93.6-117克/公顷 药土法

LS20090751 苄·乙/20%/可湿性粉剂/苄嘧磺隆 5%、乙草胺 15%/2009.03.31 至 2010.03.31/低毒

移栽水稻田 一年生及部分多年生杂草 90-150克/公顷 毒土法

云南天丰农药有限公司 （云南省昆明市安宁市草铺镇 650300 0871-8675508)

PD86179-2 百菌清/98.5%、96%、90%/原药/百菌清 98.5%、96%、90%/2006.12.06 至 2011.12.06/低毒

PD86180-3 百菌清/75%/可湿性粉剂/百菌清 75%/2006.12.06 至 2011.12.06/低毒

茶树	炭疽病	600-800倍液	喷雾
豆类	炭疽病、锈病	1275-2325克/公顷	喷雾
柑橘树	疮痂病	750-900毫克/千克	喷雾
瓜类	白粉病、霜霉病	1200-1650克/公顷	喷雾
果菜类蔬菜	多种病害	1125-2400克/公顷	喷雾
花生	锈病、叶斑病	1125-1350克/公顷	喷雾
苹果树	多种病害	600倍液	喷雾
葡萄	白粉病、黑痘病	600-700倍液	喷雾
水稻	稻瘟病、纹枯病	1125-1425克/公顷	喷雾
橡胶树	炭疽病	500-800倍液	喷雾
小麦	叶斑病、叶锈病	1125-1425克/公顷	喷雾
叶菜类蔬菜	白粉病、霜霉病	1275-1725克/公顷	喷雾

PD20040671 吡虫·杀虫单/60%/可湿性粉剂/吡虫啉 2%、杀虫单 58%/2004.12.19 至 2009.12.18/中等毒

水稻	稻飞虱	360-540克/公顷	喷雾

PD20080770 硫磺·三唑酮/50%/悬浮剂/硫磺 46%、三唑酮 4%/2008.06.11 至 2013.06.11/低毒

小麦	白粉病	600-750克/公顷	喷雾

PD20082508 硫磺/45%/悬浮剂/硫磺 45%/2008.12.05 至 2013.12.05/低毒

黄瓜	白粉病	1013-1350克/公顷	喷雾

PD20084640 百菌清/40%/悬浮剂/百菌清 40%/2008.12.18 至 2013.12.18/低毒

番茄	早疫病	900-1050克/公顷	喷雾

PD20084701 百菌清/60%/可湿性粉剂/百菌清 60%/2008.12.22 至 2013.12.22/低毒

水稻	稻瘟病、炭疽病	1125-1425克/公顷	喷雾

PD20091426 草甘膦/95%/原药/草甘膦 95%/2009.02.02 至 2014.02.02/低毒

PD20091773 硫磺·三环唑/40%/悬浮剂/硫磺 35%、三环唑 5%/2009.02.04 至 2014.02.04/低毒

水稻	稻瘟病	1200克/公顷	喷雾

PD20092557 腐霉·百菌清/20%/烟剂/百菌清 15%、腐霉利 5%/2009.02.26 至 2014.02.26/低毒

黄瓜	霜霉病	600-900克/公顷	点燃放烟

PD20094879 百菌清/10%/烟剂/百菌清 10%/2009.04.13 至 2014.04.13/低毒

黄瓜(保护地)	霜霉病	750-1200克/公顷	点燃放烟

LS20052958 氯氰·吡虫啉/5%/微乳剂/吡虫啉 1%、氯氰菊酯 4%/2008.09.08 至 2009.09.08/低毒

十字花科蔬菜	蚜虫	22.5-37.5克/公顷	喷雾

云南文山润泽生物农药厂 （云南省文山壮族苗族自治州文山县攀枝花红旗社区 663000 0876-2623318)

LS20060059 烟碱·苦参碱/1.2%/可溶液剂/苦参碱 0.2%、烟碱 1%/2009.01.15 至 2010.01.15/低毒

菜豆	蚜虫	9-18克/公顷	喷雾

云南星耀生物制品有限公司 （云南省昆明市官渡区矣六乡普自村323号 650224 0871-3126355)

PD20097312 枯草芽孢杆菌/10亿个/克/可湿性粉剂/枯草芽孢杆菌 10亿个/克/2009.10.27 至 2014.10.27/低毒

辣椒	枯萎病	3000-4500克/公顷	灌根
三七	根腐病	2250-3000克制剂/公顷	喷雾
水稻	纹枯病	1125-1500克制剂/公顷	喷雾
烟草	黑胫病	1500-1875克制剂/公顷	喷雾

LS20061652 木霉菌/2亿个/克/水分散粒剂/木霉菌 2亿个/克/2009.08.28 至 2010.08.28/低毒

番茄	灰霉病	1500-1875克制剂/公顷	喷雾

云南中科生物产业有限公司 （云南省昆明市高新开发区海源中路18号 650106 0871-8323776)

LS2000328 印楝素/0.3%/乳油/印楝素 0.3%/2009.01.01 至 2009.12.31/低毒

草原	蝗虫	9-13.5克/公顷	喷雾
十字花科蔬菜	小菜蛾	13.5-22.5克/公顷	喷雾

LS20052062 阿维·吡虫啉/1.7%/微乳剂/阿维菌素 0.2%、吡虫啉 1.5%/2008.06.05 至 2009.06.05/低毒(原药高毒)

十字花科蔬菜、烟草	蚜虫	10.2-12.75克/公顷	喷雾

LS20053738 印楝素/40%/原药/印楝素 40%/2009.01.01 至 2009.12.31/微毒

LS20090019 甲维·印楝素/0.3%/乳油/甲氨基阿维菌素苯甲酸盐 0.13%、印楝素 0.17%/2009.01.08 至 2010.01.08/低毒

十字花科蔬菜	斜纹夜蛾	5.85-6.75克/公顷	喷雾

LS20090024 高氯·甲维盐 /2%/微乳剂/高效氯氰菊酯 1.9%、甲氨基阿维菌素苯甲酸盐 0.1%/2009.01.08 至 2010.01.08/中等毒

十字花科蔬菜	小菜蛾	30-39克/公顷	喷雾

云南中植生物科技开发有限责任公司 （云南省昆明市盘龙区黑龙潭龙都大厦4层 650204 0871-5150279)

WP20080074 除虫菊素/60%/原药/除虫菊素 60%/2008.05.27 至 2013.05.27/低毒

WP20080075 杀虫气雾剂/0.2%/气雾剂/除虫菊素 0.2%/2008.05.27 至 2013.05.27/低毒

卫生	蚊、蝇、蜚蠊	/	喷雾

WL20060011 电热蚊香片/18毫克/片/电热蚊香片/除虫菊素(Ⅰ+Ⅱ) 8毫克/片、炔丙菊酯 10毫克/片/2008.01.25 至 2009.01.24/微毒

卫生	蚊	/	电热加温

WL20060014 杀虫气雾剂/0.25%/气雾剂/除虫菊素(Ⅰ+Ⅱ) 0.05%、高效氯氰菊酯 0.05%、右旋胺菊酯 0.15%/2008.01.25至2009.01.

	24/微毒			
	卫生	蚊、蝇、蜚蠊	/	喷雾
WL20080134	蚊香/0.12%/蚊香/除虫菊素(Ⅰ+Ⅱ) 0.12%/2008.02.22 至 2009.02.22/低毒			
	卫生	蚊	/	点燃

浙江省

拜耳作物科学(中国)有限公司　(浙江省杭州市经济技术开发区内5号路　310018　0571-87265299)

PD20060053	氟虫腈/4克/升/超低容量剂/氟虫腈 4克/升/2006.03.06 至 2011.03.06/低毒			
	草原、滩涂	草地蝗虫	4-8克/公顷	超低容量喷雾
	注:仅供出口。			
PD20060186	氟虫腈/95%/原药/氟虫腈 95%/2006.11.24 至 2011.11.24/中等毒			
	注:仅供出口。			
PD20070007	氟虫腈/50克/升/悬浮剂/氟虫腈 50克/升/2007.01.16 至 2012.01.16/低毒			
	草原	蝗虫	7.5-11.25克/公顷	喷雾
	十字花科蔬菜	小菜蛾	15-22.5克/公顷	喷雾
	食用菌	菌蛆	1.5-2.0克/100平方米	喷雾
	水稻	稻纵卷叶螟、飞虱	22.5-37.5克/公顷	喷雾
	水稻	三化螟	37.5-45克/公顷	喷雾
	水稻	二化螟	22.5-30克/公顷	喷雾
	水稻育秧盘	二化螟	0.15-0.2克/平方米	喷雾
	注:仅供出口。			
PD20070143	氟虫腈/50克/升/种子处理悬浮剂/氟虫腈 50克/升/2007.05.30 至 2012.05.30/低毒			
	水稻	稻飞虱	100-150克/100千克干种子	种子处理
	水稻	稻瘿蚊	25-50克/100千克干种子	种子处理
	注:仅供出口。			
PD20070311	氟腈·三唑磷/210克/升/乳油/氟虫腈 10克/升、三唑磷 200克/升/2007.09.21 至 2012.09.21/中等毒			
	水稻	稻纵卷叶螟	157.5-220.5克/公顷	喷雾
	水稻	稻飞虱	189-252克/公顷	喷雾
	水稻	二化螟、三化螟	252-315克/公顷	喷雾
	注:仅供出口。			
PD20070317	异菌脲/255克/升/悬浮剂/异菌脲 255克/升/2007.09.27 至 2012.09.27/低毒			
	香蕉	冠腐病、贮藏期轴腐病	1500毫克/千克	浸果
PD20070395	异菌脲/500克/升/悬浮剂/异菌脲 500克/升/2007.11.05 至 2012.11.05/低毒			
	番茄	灰霉病、早疫病	375-750克/公顷	喷雾
	苹果树	斑点落叶病	1000-2000倍液	喷雾
	葡萄	灰霉病	750-1000倍液	喷雾
PD20070532	溴氰·氟虫腈/35克/升/乳油/氟虫腈 25克/升、溴氰菊酯 10克/升/2007.12.03 至 2012.12.03/低毒			
	甘蓝	蚜虫	21-26.25克/公顷	喷雾
	甘蓝	菜青虫、小菜蛾	15.75-26.25克/公顷	喷雾
	注:仅供出口。			
PD20080560	氟虫腈/200克/升/母液/氟虫腈 200克/升/2008.05.09 至 2013.05.09/中等毒			
	注:仅供出口。			
PD20080883	溴氰菊酯/25克/升/乳油/溴氰菊酯 25克/升/2008.07.09 至 2013.07.09/中等毒			
	茶树	茶小绿叶蝉	7.5-11.25克/公顷	喷雾
	大豆	食心虫	7.5-9.375克/公顷	喷雾
	柑橘树	蚜虫	8.3-12.5毫克/千克	喷雾
	柑橘树	潜叶蛾	10-16.7毫克/千克	喷雾
	荒地	飞蝗	11.25-18.75克/公顷	喷雾
	梨树	梨小食心虫	8.3-10毫克/千克	喷雾
	荔枝	蝽蟓	7.14-8.33毫克/千克	喷雾
	棉花	棉铃虫、蚜虫	15-18.75克/公顷	喷雾
	苹果树	桃小食心虫	10-16.7毫克/千克/	喷雾
	苹果树	蚜虫	10-16.7毫克/千克	喷雾
	十字花科蔬菜	菜青虫、蚜虫	15-18.75克/公顷	喷雾
	小麦	粘虫	3.75-5.625克/公顷	喷雾
	小麦、油菜	蚜虫	5.625-9.375克/公顷	喷雾
	烟草	烟青虫	7.5-11.25克/公顷	喷雾
	玉米	玉米螟	7.375-11.25克/公顷	拌毒土于喇叭口期撒施
PD20093072	硫丹/350克/升/乳油/硫丹 350克/升/2009.03.09 至 2014.03.09/中等毒			
	棉花	棉铃虫	682.5-892.5克/公顷	喷雾
	烟草	蚜虫、烟青虫	367.5-525克/公顷	喷雾
LS20061781	嘧霉胺/400克/升/悬浮剂/嘧霉胺 400克/升/2009.10.18 至 2010.10.18/低毒			
	番茄	早疫病	450-540克/公顷	喷雾

番茄、黄瓜 灰霉病 360-540克/公顷 喷雾
葡萄 灰霉病 267-400毫克/千克 喷雾
LS20070870 吡虫啉/350克/升/悬浮剂/吡虫啉 350克/升/2009.04.11 至 2010.04.12/低毒
棉花、烟草 蚜虫 21-42克/公顷 喷雾
LS20071089 吡虫啉/70%/水分散粒剂/吡虫啉 70%/2009.04.25 至 2010.04.26/低毒
茶树 小绿叶蝉 21-42克/公顷 喷雾
甘蓝 蚜虫 21-31.5克/公顷 喷雾
棉花 蚜虫 21-42克/公顷 喷雾
苹果树 黄蚜 28-50毫克/千克 喷雾
水稻 稻飞虱 21-42克/公顷 喷雾
LS20071105 戊唑醇/430克/升/悬浮剂/戊唑醇 430克/升/2009.04.25 至 2010.04.26/低毒
大白菜 黑斑病 96.75-116克/公顷 喷雾
黄瓜 白粉病 96.75-116.1克/公顷 喷雾
梨 黑星病 107.5-143.3毫克/千克 喷雾
苹果 斑点落叶病 61.4-86毫克/千克 喷雾
水稻 纹枯病 64.5`96.75克/公顷 喷雾
水稻 稻曲病 64.5-96.75克/公顷 喷雾
LS20072006 吡虫啉/600克/升/悬浮种衣剂/吡虫啉 600克/升/2009.08.07 至 2010.08.08/低毒
棉花 蚜虫 360-480g/100千克种子 拌种
LS20072368 高效氟氯氰菊酯/25克/升/乳油/高效氟氯氰菊酯 25克/升/2009.10.16 至 2010.10.17/低毒
十字花科蔬菜 菜青虫 11.25-18.75克/公顷 喷雾
LS20072537 霜霉威盐酸盐/722克/升/水剂/霜霉威盐酸盐 722克/升/2009.12.04 至 2010.12.05/低毒
黄瓜 霜霉病 649.8-1083克/公顷 喷雾
黄瓜 疫病、猝倒病 3.6-5.4克/平方米 苗床浇灌
甜椒 疫病 775.5-1164克/公顷 喷雾
LS20072538 氟虫腈/80%/水分散粒剂/氟虫腈 80%/2009.12.04 至 2010.12.05/中等毒
水稻 稻飞虱、稻纵卷叶螟、二化螟 24-48克/公顷 喷雾
注:仅供出口。
LS20082262 戊唑醇/60克/升/悬浮种衣剂/戊唑醇 60克/升/2009.04.18 至 2010.04.18/低毒
小麦 散黑穗病 1.8-2.7克/100千克种子 种子包衣
小麦 纹枯病 3-4克/100千克种子 种子包衣
玉米 丝黑穗病 6-12克/100千克种子 种子包衣
LS20082528 氟菌·霜霉威/687.5克/升/悬浮剂/霜霉威盐酸盐 625克/升、氟吡菌胺 62.5克/升/2009.04.22 至 2010.04.22/低毒
大白菜、黄瓜 霜霉病 618.8-773.4克/公顷 喷雾
番茄 晚疫病 618.8-773.4克/公顷 喷雾
辣椒、西瓜 疫病 618.8～773.4克/公顷 喷雾
马铃薯 晚疫病 618.8～773.4克/公顷 喷雾
LS20082644 螺螨酯/240克/升/悬浮剂/螺螨酯 240克/升/2009.04.23 至 2010.04.23/低毒
柑橘树、苹果树 红蜘蛛 40-60毫克/千克 喷雾
棉花 红蜘蛛 36-72克/公顷 喷雾
LS20090666 氟菌·霜霉威/687.5克/升/悬浮剂/氟吡菌酰胺 625克/升、霜霉威盐酸盐 62.5克/升/2009.03.24 至 2010.03.24/低毒
大白菜、黄瓜 霜霉病 618.8～773.4克/公顷 喷雾
辣椒、西瓜 疫病 618.8～773.4克/公顷 喷雾
马铃薯 晚疫病 618.8～773.4克/公顷 喷雾
LS20091308 乙虫腈/100克/升/悬浮剂/乙虫腈 100克/升/2009.06.02 至 2010.06.02/低毒
水稻 稻飞虱 45-60克/公顷 喷雾

杭州邦化化工有限公司 (浙江省杭州市临安市太阳镇枫树岭村 311314 0571-63831818)

PD20050169 噻嗪·吡虫啉/10%/可湿性粉剂/吡虫啉 1%、噻嗪酮 9%/2005.11.14 至 2010.11.14/低毒
水稻 飞虱 45-75克/公顷 喷雾
PD20070084 噻嗪·杀虫单/25%/可湿性粉剂/噻嗪酮 5%、杀虫单 20%/2007.04.18 至 2012.04.18/中等毒
水稻 稻飞虱 300-375克/公顷 喷雾
PD20081308 氯氰·毒死蜱/20%/乳油/毒死蜱 16.6%、氯氰菊酯 3.4%/2008.10.09 至 2013.10.09/中等毒
棉花 棉铃虫 180-210克/公顷 喷雾
PD20083053 辛硫·三唑磷/20%/乳油/三唑磷 10%、辛硫磷 10%/2008.12.16 至 2013.12.16/中等毒
水稻 二化螟 360-450克/公顷 喷雾
PD20092841 噻嗪·杀扑磷/20%/乳油/噻嗪酮 15%、杀扑磷 5%/2009.03.05 至 2014.03.05/中等毒(原药高毒)
柑橘树 矢尖蚧 200-250毫克/千克 喷雾
PD20096136 草甘膦异丙胺盐(41%)///水剂/草甘膦 30%/2009.06.24 至 2014.06.24/低毒
柑橘园 杂草 1230-2460克/公顷 定向喷雾
PD20097002 乙铝·锰锌/70%/可湿性粉剂/代森锰锌 25%、三乙膦酸铝 45%/2009.09.29 至 2014.09.29/低毒
黄瓜 霜霉病 1050-1575克/公顷 喷雾
LS20071186 杀单·毒死蜱/50%/可湿性粉剂/毒死蜱 10%、杀虫单 40%/2009.05.07 至 2010.05.08/中等毒
水稻 稻纵卷叶螟 450-600克/公顷 喷雾

杭州丰收农药有限公司 (浙江省杭州市莫干山路长命桥 311115 0571-88532536)

PD20082692 异丙威/20%/乳油/异丙威 20%/2008.12.05 至 2013.12.05/低毒
水稻 稻飞虱 450-600克/公顷 喷雾
PD20082699 草甘膦/10%/水剂/草甘膦 10%/2008.12.05 至 2009.12.31/低毒
柑橘园 杂草 1125-2250克/公顷 定向茎叶喷雾
PD20091147 草甘膦异丙胺盐/41%/水剂/草甘膦异丙胺盐 41%/2009.01.21 至 2014.01.21/低毒
柑橘园 一年生及部分多年生杂草 1125-2250克/公顷 定向茎叶喷雾
LS20052287 噻嗪·杀虫单/25%/可湿性粉剂/噻嗪酮 5%、杀虫单 20%/2008.06.22 至 2009.06.22/低毒
水稻 稻飞虱 300-450克/公顷 喷雾

杭州禾新化工有限公司 (浙江省杭州市萧山区南阳街道坞里村 311227 0571-82217303)

PD20040254 甲拌磷/3%/颗粒剂/甲拌磷 3%/2009.12.19 至 2014.12.19/高毒
甘蔗 蔗螟 2250-3000克/公顷 沟施
PD20040542 三唑磷/20%/乳油/三唑磷 20%/2004.12.19 至 2009.12.18/中等毒
水稻 二化螟 300-450克/公顷 喷雾
PD20070312 三环唑/95%/原药/三环唑 95%/2007.09.21 至 2012.09.21/中等毒
PD20070495 噻嗪酮/20%/可湿性粉剂/噻嗪酮 20%/2007.11.28 至 2012.11.28/低毒
水稻 飞虱 90-150克/公顷 喷雾
PD20080384 三环唑/75%/可湿性粉剂/三环唑 75%/2008.02.29 至 2013.02.28/中等毒
水稻 稻瘟病 225-337.5克/公顷 喷雾
PD20081513 硫磺·三环唑/45%/可湿性粉剂/硫磺 40%、三环唑 5%/2008.11.06 至 2013.11.06/中等毒
水稻 稻瘟病 843.75-1012.5克/公顷 喷雾
PD20081712 克百威/3%/颗粒剂/克百威 3%/2008.11.18 至 2013.11.18/中等毒(原药高毒)
甘蔗 蚜虫、蔗龟 1350-2250克/公顷 沟施
花生 线虫 1800-2250克/公顷 条施、沟施
棉花 蚜虫 675-900克/公顷 条施、沟施
水稻 螟虫、瘿蚊 900-1350克/公顷 撒施
PD20082625 毒死蜱/3%/颗粒剂/毒死蜱 3%/2008.12.04 至 2013.12.04/低毒
花生 地下害虫 1800-2250克/公顷 播种期沟施
花生 蛴螬 900-1350克/公顷 开花期穴施
PD20083269 辛硫磷/3%/颗粒剂/辛硫磷 3%/2008.12.11 至 2013.12.11/微毒
花生 地下害虫 2700-3600克/公顷 撒施
PD20083458 硫磺·多菌灵/25%/可湿性粉剂/多菌灵 10%、硫磺 15%/2008.12.12 至 2013.12.12/低毒
水稻 稻瘟病 1200-1800克/公顷 喷雾
PD20085951 克百·敌百虫/3%/颗粒剂/敌百虫 2%、克百威 1%/2008.12.29 至 2013.12.29/中等毒(原药高毒)
水稻 二化螟 1575-1800克/公顷 撒施
PD20092629 噻嗪·杀虫单/25%/可湿性粉剂/噻嗪酮 5%、杀虫单 20%/2009.03.02 至 2014.03.02/中等毒
水稻 稻飞虱 187.5-281.25克/公顷 喷雾
PD20092631 草甘膦/95%/原药/草甘膦 95%/2009.03.02 至 2014.03.02/低毒
PD20092633 草甘膦/30%/水剂/草甘膦 30%/2009.03.02 至 2014.03.02/低毒
柑橘树 杂草 12000-22500克制剂/公顷 定向喷雾

杭州华艺气雾制品有限公司 (浙江省金华市东阳市人民路129号 322100 0579-6642777)

WP20080037 电热蚊香片/12.5毫克/片/电热蚊香片/炔丙菊酯 12.5毫克/片/2008.02.29 至 2013.02.28/低毒
卫生 蚊 / 电热加温
WP20080047 杀虫气雾剂/0.35%/气雾剂/富右旋反式烯丙菊酯 0.10%、氯菊酯 0.25%/2008.03.04 至 2013.03.04/低毒
卫生 蜚蠊、蚊、蝇 / 喷雾
WP20080149 杀虫气雾剂/0.55%/气雾剂/胺菊酯 0.2%、富右旋反式烯丙菊酯 0.1%、氯菊酯 0.25%/2008.11.05 至 2013.11.05/低毒
卫生 蜚蠊、蚊、蝇 / 喷雾
WP20080151 杀虫气雾剂/0.6%/气雾剂/胺菊酯 0.3%、氯菊酯 0.3%/2008.11.05 至 2013.11.05/低毒
卫生 蜚蠊、蚊、蝇 / 喷雾
WP20080269 杀虫气雾剂/0.65%/气雾剂/胺菊酯 0.5%、氯氰菊酯 0.15%/2008.12.01 至 2013.12.01/低毒
卫生 蚊、蝇 / 喷雾
WP20090006 杀虫气雾剂/0.45%/气雾剂/富右旋反式烯丙菊酯 0.15%、氯菊酯 0.3%/2009.01.04 至 2014.01.04/低毒
卫生 蜚蠊、蚊、蝇 / 喷雾

杭州茂宇电子化学有限公司 (浙江省杭州市下沙经济开发区M18-3-3地块 310018 0571-86911506)

PD20096462 硫酰氟/99.8%/原药/硫酰氟 99.8%/2009.08.14 至 2014.08.14/中等毒
WP20090307 硫酰氟/99.8%/气体制剂/硫酰氟 99.8%/2009.08.17 至 2014.08.17/中等毒
集装箱 蜚蠊、鼠、蚊、蝇 10克制剂/立方米 密闭熏蒸
注:要求仅限专业人员使用。

杭州韵庭日用品有限公司 (浙江省杭州市萧山市云石乡 311263 0571-82258680)

WL20060030 电热蚊香片/9.5毫克/片/电热蚊香片/富右旋反式炔丙菊酯 9.5毫克/片/2009.02.21 至 2010.02.21/微毒
卫生 蚊 / 电热加温
WL20060037 蚊香/0.35%/蚊香/富右旋反式烯丙菊酯 0.35%/2009.03.01 至 2010.03.01/微毒
卫生 蚊 / 点燃

WL20060049 杀虫气雾剂/0.45%/气雾剂/胺菊酯 0.4%、高效氯氰菊酯 0.05%/2009.03.06 至 2010.03.06/微毒
卫生 蚊、蝇、蜚蠊 / 喷雾

黑猫神日化股份有限公司 (浙江省诸暨市城西工业开发区建工路2号 311800 0575-87380508)

WP20080032 电热蚊香液/0.86%/电热灭蚊液/炔丙菊酯 0.86%/2008.02.26 至 2013.02.26/微毒
卫生 蚊 / 电热加温
WP20080155 蚊香/0.014%/蚊香/四氟甲醚菊酯 0.014%/2008.11.06 至 2013.11.06/微毒
卫生 蚊 / 点燃
WL20070132 电热蚊香片/10毫克/升/电热蚊香片/炔丙菊酯 10毫克/片/2009.07.03 至 2010.07.04/微毒
卫生 蚊 / 电热加温
WL20070163 蚊香/0.3%/蚊香/富右旋反式烯丙菊酯 0.3%/2009.08.07 至 2010.08.08/微毒
卫生 蚊 / 点燃
WL20070164 蚊香/0.4%/蚊香/富右旋反式烯丙菊酯 0.4%/2009.08.07 至 2010.08.08/微毒
卫生 蚊 / 点燃
WL20070198 杀虫气雾剂/0.22%/气雾剂/Es-生物烯丙菊酯 0.2%、溴氰菊酯 0.02%/2009.10.11 至 2010.10.12/微毒
卫生 蚊、蝇、蜚蠊 / 喷雾

捷马化工股份有限公司 (浙江省龙游县宝塔路50号 324400 0570-7856256)

PD85159-14 草甘膦/30%/水剂/草甘膦 30%/2005.08.15 至 2010.08.15/低毒
茶树、甘蔗、果园、剑麻、林木、桑树、橡胶树 一年生杂草和多年生恶性杂草 1125-2250克/公顷 定向喷雾
PD20070148 草甘膦/96%/原药/草甘膦 96%/2007.05.30 至 2012.05.30/低毒
PD20070335 敌稗/95%/原药/敌稗 95%/2007.10.12 至 2012.10.12/低毒
PD20070422 精噁唑禾草灵/95%/原药/精噁唑禾草灵 95%/2007.11.06 至 2012.11.06/低毒
PD20070661 禾草灵/97%/原药/禾草灵 97%/2007.12.17 至 2012.12.17/低毒
PD20080168 乐果/96%/原药/乐果 96%/2008.01.03 至 2013.01.03/中等毒
PD20080347 噻嗪酮/95%/原药/噻嗪酮 95%/2008.02.26 至 2013.02.26/低毒
PD20080429 精噁唑禾草灵/7.5%/水乳剂/精噁唑禾草灵 7.5%/2008.03.10 至 2013.03.10/低毒
小麦田 野燕麦、一年生禾本科杂草 56.3-67.5克/公顷 茎叶喷雾
PD20081588 氟乐灵/96%/原药/氟乐灵 96%/2008.11.12 至 2013.11.12/低毒
PD20082290 草甘膦异丙胺盐/41%/水剂/草甘膦异丙胺盐 41%/2008.12.01 至 2013.12.01/低毒
柑橘园 杂草 1125-2250克/公顷 定向茎叶喷雾
PD20082592 禾草灵/36%/乳油/禾草灵 36%/2008.12.04 至 2013.12.04/低毒
春小麦田 野燕麦 972-1080克/公顷 茎叶喷雾
冬小麦田 看麦娘、野燕麦 810-972克/公顷 茎叶喷雾
PD20083042 噻嗪酮/25%/可湿性粉剂/噻嗪酮 25%/2008.12.10 至 2013.12.10/低毒
茶树 小绿叶蝉 166-250毫克/千克 喷雾
柑橘树 矢尖蚧 150-250毫克/千克 喷雾
水稻 飞虱 75-112.5克/公顷 喷雾
PD20083177 烟嘧磺隆/95%/原药/烟嘧磺隆 95%/2008.12.11 至 2013.12.11/低毒
PD20085985 苯磺隆/95%/原药/苯磺隆 95%/2008.12.29 至 2013.12.29/低毒
PD20090028 伏杀硫磷/95%/原药/伏杀硫磷 95%/2009.01.06 至 2014.01.06/中等毒
PD20095787 草甘膦异丙胺盐（62%）//母药/草甘膦 46%/2009.05.27 至 2014.05.27/低毒
PD20096279 苯磺隆/75%/水分散粒剂/苯磺隆 75%/2009.07.22 至 2014.07.22/低毒
冬小麦田 一年生阔叶杂草 15-22.5克/公顷 茎叶喷雾
LS20071752 敌草隆/97%/原药/敌草隆 97%/2009.07.04 至 2010.07.05/低毒
LS20071791 草甘膦铵盐/75.7%/可溶粒剂/草甘膦铵盐 75.7%/2009.07.04 至 2010.07.05/低毒
柑橘园 杂草 1125-2250克/公顷 定向茎叶喷雾
LS20082662 2,4-滴/96%/原药/2,4-滴 96%/2009.04.23 至 2010.04.23/低毒

丽水市绿谷生物药业有限公司 (浙江省丽水市天宁工业区科技创业园 323000 0578-2268670)

PD20097408 松脂酸钠/30%/水乳剂/松脂酸钠 30%/2009.10.28 至 2014.10.28/微毒
柑橘树 介壳虫 1500-2000毫克/千克(用于冬季清园或早春新梢抽发前) 喷雾

美丰农化有限公司 (浙江省温州市经济技术开发区九峰山路2号 325011 0577-86521217)

PD20080217 苯噻酰草胺/95%/原药/苯噻酰草胺 95%/2008.01.11 至 2013.01.11/低毒
PD20080442 草甘膦异丙胺盐(41%)///水剂/草甘膦 30%/2008.03.13 至 2013.03.13/低毒
茶园、桑园 杂草 280-470毫升制剂/亩 定向茎叶喷雾
春玉米田 杂草 157-220毫升制剂/亩 定向茎叶喷雾
防火隔离带、公路、铁路 杂草 314-627毫升制剂/亩 茎叶喷雾
非耕地 杂草 220-672毫升制剂/亩 定向茎叶喷雾
柑橘园 杂草 1125-2250克/公顷 定向茎叶喷雾
剑麻园、梨园、苹果园、香蕉园、橡胶园 杂草 235-315毫升制剂/亩 定向茎叶喷雾

棉花田、夏玉米田 杂草 220-345毫升制剂/亩 定向茎叶喷雾

PD20080541 苯噻酰草胺/50%/可湿性粉剂/苯噻酰草胺 50%/2008.05.04 至 2013.05.04/低毒

水稻抛秧田 稗草、异型莎草 450-600克/公顷(北方地区) 毒土法

375-450克/公顷(南方地区)

PD20080592 霜脲·锰锌/72%/可湿性粉剂/代森锰锌 64%、霜脲氰 8%/2008.05.12 至 2013.05.12/低毒

番茄 晚疫病 1440-1944克/公顷 喷雾

黄瓜 霜霉病 1440-1800克/公顷 喷雾

PD20080971 吡虫啉/25%/可湿性粉剂/吡虫啉 25%/2008.07.24 至 2013.07.24/低毒

水稻 稻飞虱 15-30克/公顷 喷雾

PD20080973 二氯喹啉酸/50%/可湿性粉剂/二氯喹啉酸 50%/2008.07.24 至 2013.07.24/低毒

水稻秧田 稗草等杂草 225—300克/公顷 喷雾

水稻移栽田 稗草 202.5-390克/公顷(北方地区) 喷雾

PD20081153 苄·二氯/35%/可湿性粉剂/苄嘧磺隆 6%、二氯喹啉酸 29%/2008.09.02 至 2013.09.02/低毒

水稻秧田 部分多年生杂草、一年生杂草 157.5-262.5克/公顷 茎叶喷雾

水稻移栽田 稗草、多种阔叶杂草 157.5-262.5克/公顷 喷雾

PD20081728 乙草胺/900克/升/乳油/乙草胺 900克/升/2008.11.18 至 2013.11.18/低毒

春大豆田、春玉米田 一年生杂草 1620-2025克/公顷 土壤喷雾

PD20081731 丁草胺/900克/升/乳油/丁草胺 900克/升/2008.11.18 至 2013.11.18/低毒

抛秧水稻 一年生杂草 600-900克/公顷 药土法

PD20081852 苯磺隆/75%/水分散粒剂/苯磺隆 75%/2008.11.20 至 2013.11.20/低毒

冬小麦 一年生阔叶杂草 13.5-22.5克/公顷 茎叶喷雾

PD20082198 苄嘧·禾草丹/50%/可湿性粉剂/苄嘧磺隆 1%、禾草丹 49%/2008.11.26 至 2013.11.26/低毒

水稻秧田、水稻直播田 部分多年生杂草、一年生杂草 1500-2250克/公顷 喷雾或毒土法

PD20082358 苄嘧磺隆/30%/可湿性粉剂/苄嘧磺隆 30%/2008.12.01 至 2013.12.01/低毒

水稻移栽田 阔叶杂草、莎草科杂草 45-90克/公顷 毒土法

PD20082382 苄嘧·苯噻酰/60%/可湿性粉剂/苯噻酰草胺 53.5%、苄嘧磺隆 6.5%/2008.12.01 至 2013.12.01/低毒

水稻抛秧田 部分多年生杂草、一年生杂草 450-500克/公顷(北方地区) 毒土法

300-600克/公顷(南方地区)

PD20082553 异丙甲·苄/20%/可湿性粉剂/苄嘧磺隆 3%、异丙甲草胺 17%/2008.12.04 至 2013.12.04/低毒

水稻插秧田 杂草 135-195克/公顷 毒土法

水稻抛秧田 一年生杂草 90-120克/公顷 药土法

PD20082799 丙草胺/300克/升/乳油/丙草胺 300克/升/2008.12.09 至 2013.12.09/低毒

水稻直播田 一年生杂草 450-540克/公顷 播后苗前土壤喷雾

PD20082809 吡嘧磺隆/10%/可湿性粉剂/吡嘧磺隆 10%/2008.12.09 至 2013.12.09/低毒

水稻移栽田 阔叶杂草、莎草科杂草 22.5-30克/公顷 药土法

PD20082817 丁草胺/60%/乳油/丁草胺 60%/2008.12.09 至 2013.12.09/低毒

水稻移栽田 一年生杂草 900-1350克/公顷 药土法

PD20083739 丙草胺/500克/升/乳油/丙草胺 500克/升/2008.12.15 至 2013.12.15/低毒

水稻移栽田 一年生杂草 450-525克/公顷 药土法

PD20085271 苄·乙/25%/可湿性粉剂/苄嘧磺隆 5.6%、乙草胺 19.4%/2008.12.23 至 2013.12.23/低毒

水稻移栽田 部分多年生杂草、一年生杂草 84-118克/公顷 药土法

PD20085605 苄·丁/37.5%/可湿性粉剂/苄嘧磺隆 1.5%、丁草胺 36%/2008.12.25 至 2013.12.25/低毒

水稻抛秧田 一年生及部分多年生杂草 562.5-843.8克/公顷(南方地区) 药土法

水稻移栽田 一年生及部分多年生杂草 562.5-843.8克/公顷 药土法

PD20086372 百草枯/200克/升/水剂/百草枯 200克/升/2008.12.31 至 2013.12.31/中等毒

柑橘园 杂草 600-900克/公顷 定向茎叶喷雾

PD20086376 精喹禾灵/10%/乳油/精喹禾灵 10%/2008.12.31 至 2013.12.31/低毒

大豆田 一年生禾本科杂草 48.6-64.8克/公顷 喷雾

花生田 一年生禾本科杂草 32.4-64.8克/公顷 茎叶喷雾

西瓜田 一年生禾本科杂草 48.6-64.8克/公顷 茎叶喷雾

油菜田 一年生禾本科杂草 40.5-56.7克/公顷 喷雾

PD20090294 苄嘧·苯噻酰/53%/可湿性粉剂/苯噻酰草胺 50%、苄嘧磺隆 3%/2009.01.09 至 2014.01.09/低毒

水稻抛秧田 一年生及部分多年生杂草 318-397.5克/公顷(南方地区) 毒土法

PD20091611 精喹·草除灵/17.5%/乳油/草除灵 15%、精喹禾灵 2.5%/2009.02.03 至 2014.02.03/低毒

冬油菜田 一年生杂草 262.5-393.75克/公顷 茎叶喷雾

PD20092201 莠去津/90%/水分散粒剂/莠去津 90%/2009.02.23 至 2014.02.23/低毒

春玉米田 一年生杂草 1620-2025克/公顷(东北地区) 土壤喷雾

夏玉米田 一年生杂草 1350-1620克/公顷(其它地区) 土壤喷雾

PD20095333 丙草·异丙隆/60%/可湿性粉剂/丙草胺 23%、异丙隆 37%/2009.04.27 至 2014.04.27/低毒

冬小麦田 一年生杂草 1125-1350克/公顷 喷雾

PD20096241 毒死蜱/40%/乳油/毒死蜱 40%/2009.07.15 至 2014.07.15/中等毒

	棉花	棉铃虫	675-800克/公顷	喷雾
	水稻	稻纵卷叶螟	450-600克/公顷	喷雾
PD20096658	高效氯氟氰菊酯/2.5%/微乳剂/高效氯氟氰菊酯 2.5%/2009.09.07 至 2014.09.07/中等毒			
	甘蓝	菜青虫	7.5-15克/公顷	喷雾
	棉花	棉铃虫	15-22.5克/公顷	喷雾
PD20096713	代森锰锌/80%/可湿性粉剂/代森锰锌 80%/2009.09.07 至 2014.09.07/低毒			
	葡萄	霜霉病	1200-2160克/公顷	喷雾
	烟草	赤星病	1440-1680克/公顷	喷雾
PD20096762	多菌灵/80%/可湿性粉剂/多菌灵 80%/2009.09.15 至 2014.09.15/低毒			
	苹果	轮纹病	1000－1500毫克/千克	喷雾
	油菜	菌核病	1200－1440克/公顷	喷雾
PD20096775	噻嗪酮/25%/可湿性粉剂/噻嗪酮 25%/2009.09.15 至 2014.09.15/低毒			
	水稻	稻飞虱	75-112.5克/公顷	喷雾
PD20097615	异丙隆/50%/可湿性粉剂/异丙隆 50%/2009.11.03 至 2014.11.03/低毒			
	冬小麦田	一年生杂草	900－1050克/公顷	土壤或茎叶喷雾
PD20098343	2甲·苄/18%/可湿性粉剂/苄嘧磺隆 3%、2甲4氯钠 15%/2009.12.18 至 2014.12.18/低毒			
	冬小麦田	一年生阔叶杂草	216-270克/公顷	茎叶喷雾
	水稻移栽田	阔叶杂草及莎草科杂草	270-405克/公顷	茎叶喷雾
LS20052242	滴丁·乙草胺/80%/乳油/2,4-滴丁酯 20%、乙草胺 60%/2008.06.20 至 2009.06.20/低毒			
	春大豆、春玉米	一年生杂草	2400-2880克/公顷	土壤喷雾
LS20052991	滴丁·莠去津/45%/悬乳剂/2,4-滴丁酯 12%、莠去津 33%/2008.09.13 至 2009.09.13/低毒			
	春玉米	一年生杂草	1485-2025克/公顷	土壤喷雾
LS20061576	甲氨基阿维菌素苯甲酸盐/0.5%/微乳剂/甲氨基阿维菌素苯甲酸盐 0.5%/2009.08.13 至 2010.08.13/低毒			
	十字花科蔬菜	甜菜夜蛾、小菜蛾	1.5-1.8克/公顷	喷雾
LS20070010	乙羧氟草醚/20%/乳油/乙羧氟草醚 20%/2009.01.16 至 2010.01.16/低毒			
	大豆田	一年生阔叶杂草	90-120克/公顷	茎叶喷雾
	花生田	一年生阔叶杂草	60-90克/公顷	茎叶喷雾
LS20071747	苯磺隆/10%/可湿性粉剂/苯磺隆 10%/2009.07.04 至 2010.07.05/低毒			
	冬小麦田	一年生阔叶杂草	15-22.5克/公顷	茎叶喷雾
LS20080035	炔螨特/73%/乳油/炔螨特 73%/2009.01.04 至 2010.01.04/低毒			
	柑橘树	红蜘蛛	243.3-365毫克/千克	喷雾
LS20080056	氟乐灵/480克/升/乳油/氟乐灵 480克/升/2009.01.04 至 2010.01.04/低毒			
	春大豆田	一年生杂草	1080-1260克/公顷	播前土壤喷雾，耙地拌土
	棉花	一年生杂草	720-1080克/公顷	播前土壤喷雾，耙地拌土
	夏大豆田	一年生杂草	900-1080克/公顷	播前土壤喷雾，耙地拌土
LS20080237	草甘膦铵盐/74.7%/可溶性粒剂/草甘膦铵盐 74.7%/2009.01.11 至 2010.01.11/低毒			
	柑橘园	杂草	1125-2250克/公顷	定向茎叶茎叶
LS20080804	精噁唑禾草灵/69克/升/水乳剂/精噁唑禾草灵 69克/升/2009.02.28 至 2010.02.28/低毒			
	冬小麦田	一年生禾本科杂草	41.4-51.75克/公顷	茎叶喷雾
LS20080941	高效氟吡甲禾灵/108克/升/乳油/高效氟吡甲禾灵 108克/升/2009.03.04 至 2010.03.04/低毒			
	大豆田	一年生禾本科杂草	48.6-81.0克/公顷	茎叶喷雾
	油菜田	一年生禾本科杂草	32.4-48.6克/公顷	茎叶喷雾
LS20081600	三环唑/75%/可湿性粉剂/三环唑 75%/2009.04.03 至 2010.04.03/低毒			
	水稻	稻瘟病	225-450克/公顷	喷雾
LS20081684	阿维·杀虫单/75%/可湿性粉剂/阿维菌素 0.6%、杀虫单 74.4%/2009.04.07 至 2010.04.07/中等毒(原药高毒)			
	水稻	二化螟	337.5-562.5克/公顷	喷雾
LS20081909	氯氟吡氧乙酸异辛酯(288克/升)///乳油/氯氟吡氧乙酸 200克/升/2009.04.10 至 2010.04.10/低毒			
	冬小麦田、夏玉米田	一年生阔叶杂草	150-210克/公顷	茎叶喷雾
LS20082988	苄嘧·丙草胺/40%/可湿性粉剂/苄嘧磺隆 4%、丙草胺 36%/2009.08.20 至 2010.08.20/低毒			
	直播水稻田	一年生杂草	300-420克/公顷	喷雾
LS20091096	乙草胺/50%/水乳剂/乙草胺 50%/2009.04.15 至 2010.04.15/低毒			
	大豆田、玉米田	一年生禾本科杂草及部分阔叶杂草	3000-3750毫升制剂/公顷(东北地区)1800-2400毫升制剂/公顷(其地它区)	土壤喷雾

宁波中北生物科技发展股份有限公司　(浙江省宁波市宁海长街工业开发园区　315603　0574-65321000)

LS20091054	联苯·甲维盐/3.5%/微乳剂/甲氨基阿维菌素苯甲酸盐 1%、联苯菊酯 2.5%/2009.04.15 至 2010.04.15/低毒			
	甘蓝	小菜蛾	6.3-7.875克/公顷	喷雾

上虞颖泰精细化工有限公司　(浙江省上虞市杭州湾精细化工园区纬九路9号　312369　)

PD20081793	乙氧氟草醚/97%/原药/乙氧氟草醚 97%/2008.11.19 至 2013.11.19/低毒
PD20082118	异丙甲草胺/97%/原药/异丙甲草胺 97%/2008.11.25 至 2013.11.25/低毒

PD20082135 乙草胺/93%/原药/乙草胺 93%/2008.11.25 至 2013.11.25/低毒
PD20082603 戊唑醇/98%/原药/戊唑醇 98%/2008.12.04 至 2013.12.04/低毒
PD20082606 乳氟禾草灵/85%/原药/乳氟禾草灵 85%/2008.12.04 至 2013.12.04/低毒
PD20085670 双甲脒/98.5%/原药/双甲脒 98.5%/2008.12.26 至 2013.12.26/低毒
PD20095757 甲哌鎓/98%/原药/甲哌鎓 98%/2009.05.18 至 2014.05.18/低毒
PD20096019 甲草胺/97%/原药/甲草胺 97%/2009.06.15 至 2014.06.15/低毒
PD20096066 氟磺胺草醚/95%/原药/氟磺胺草醚 95%/2009.06.18 至 2014.06.18/低毒
PD20096225 三氟羧草醚/96%/原药/三氟羧草醚 96%/2009.07.15 至 2014.07.15/低毒
PD20097056 甲霜灵/98%/原药/甲霜灵 98%/2009.10.10 至 2014.10.10/低毒
PD20097221 噻菌灵/98.5%/原药/噻菌灵 98.5%/2009.10.19 至 2014.10.19/低毒
PD20098483 双甲脒/200克/升/乳油/双甲脒 200克/升/2009.12.24 至 2014.12.24/低毒
柑橘树 介壳虫 1000-1500倍液 喷雾
苹果树 红蜘蛛 1000-1500倍液 喷雾
LS20090669 磺草酮/98%/原药/磺草酮 98%/2009.03.24 至 2010.03.24/低毒
LS20091239 粉唑醇/95%/原药/粉唑醇 95%/2009.04.30 至 2010.04.30/低毒

台州市大鹏药业有限公司 (浙江省台州市椒江江滨路2号 317016 0576-85588223)

PD20040377 哒螨灵/15%/乳油/哒螨灵 15%/2009.12.19 至 2014.12.19/中等毒
柑橘树 红蜘蛛 50-67毫克/千克 喷雾
PD20040430 哒螨灵/10%/乳油/哒螨灵 10%/2004.12.19 至 2009.12.18/中等毒
柑橘树 红蜘蛛 50-67毫克/千克 喷雾
PD20040608 三唑磷/13.5%/乳油/三唑磷 13.5%/2004.12.19 至 2009.12.18/中等毒
水稻 二化螟 202.5-303.75克/公顷 喷雾
PD20050005 多·酮/40%/可湿性粉剂/多菌灵 35%、三唑酮 5%/2010.01.04 至 2015.01.04/低毒
水稻 叶尖枯病 450-600克/公顷 喷雾
PD20080817 抑食肼/95%/原药/抑食肼 95%/2008.06.20 至 2013.06.20/低毒
PD20081547 腈菌唑/95%/原药/腈菌唑 95%/2008.11.11 至 2013.11.11/低毒
PD20081600 苄氨基嘌呤/98.5%/原药/苄氨基嘌呤 98.5%/2008.11.12 至 2013.11.12/低毒
PD20081649 腈菌唑/12%/乳油/腈菌唑 12%/2008.11.14 至 2013.11.14/低毒
香蕉 叶斑病 150-200毫克/千克 喷雾
PD20081666 腈菌唑/5%/乳油/腈菌唑 5%/2008.11.14 至 2013.11.14/低毒
小麦 白粉病 30-60克/公顷 喷雾
PD20083013 阿维菌素/0.6%/乳油/阿维菌素 0.6%/2008.12.10 至 2013.12.10/低毒(原药高毒)
十字花科蔬菜 小菜蛾 6-9克/公顷 喷雾
PD20084238 苄氨基嘌呤/2%/可溶液剂/苄氨基嘌呤 2%/2008.12.17 至 2013.12.17/低毒
柑橘树 调节生长、增产 400-600倍液 喷药2-3次
PD20084730 抑食肼/20%/可湿性粉剂/抑食肼 20%/2008.12.22 至 2013.12.22/低毒
水稻 稻纵卷叶螟 150-300克/公顷 喷雾
PD20085351 杀扑磷/40%/乳油/杀扑磷 40%/2008.12.24 至 2013.12.24/高毒
柑橘树 介壳虫 333-500毫克/千克 喷雾
PD20090335 噻嗪·杀扑磷/20%/乳油/噻嗪酮 15%、杀扑磷 5%/2009.01.12 至 2014.01.12/低毒(原药高毒)
柑橘树 矢尖蚧 200-250毫克/千克 喷雾
PD20092259 噻嗪·哒螨灵/20%/乳油/哒螨灵 10%、噻嗪酮 10%/2009.02.24 至 2014.02.24/中等毒
柑橘树 红蜘蛛、矢尖蚧 800-1000倍液 喷雾
PD20092311 腈菌·福美双/20%/可湿性粉剂/福美双 18%、腈菌唑 2%/2009.02.24 至 2014.02.24/低毒
黄瓜 黑星病 360-562.5克/公顷 喷雾
PD20095126 三十烷醇/0.1%/可溶液剂/三十烷醇 0.1%/2009.04.24 至 2014.04.24/低毒
柑橘树 调节生长、增产 1500-2000倍液 喷雾
PD20097385 松脂酸钠/45%/可溶粉剂/松脂酸钠 45%/2009.10.28 至 2014.10.28/低毒
柑橘树 矢尖蚧 4500-5625毫克/千克 喷雾
LS20071592 速灭威/20%/乳油/速灭威 20%/2009.06.05 至 2010.06.06/低毒
水稻 稻飞虱 600-750克/公顷 喷雾
LS20072028 杀扑磷/95%/原药/杀扑磷 95%/2009.08.09 至 2010.08.10/高毒
LS20081712 噻嗪·毒死蜱/30%/乳油/毒死蜱 20%、噻嗪酮 10%/2009.04.07 至 2010.04.07/低毒
柑橘树 介壳虫 300-500毫克/千克 喷雾

温州绿佳化工有限公司 (浙江省温州市龙湾区扶贫经济开发区金瓯路12号 325013 0577-86639741)

PD86153-2 叶枯唑/20%/可湿性粉剂/叶枯唑 20%/2006.12.20 至 2011.12.20/低毒
水稻 白叶枯病 300-375克/公顷 喷雾、弥雾
PD20070579 丙环唑/25%/乳油/丙环唑 25%/2007.12.03 至 2012.12.03/低毒
小麦 白粉病 112.5-150克/公顷 喷雾
PD20070610 丙环唑/95%/原药/丙环唑 95%/2007.12.14 至 2012.12.14/低毒

永农生物科学有限公司 (浙江省上虞市杭州湾上虞工业园区纬七东路3号 312369 0575-82728555)

PD20040476 三唑磷/20%/乳油/三唑磷 20%/2009.12.19 至 2014.12.19/中等毒
水稻 二化螟、三化螟 300-450克/公顷 喷雾

PD20040512 三唑磷/10%/乳油/三唑磷 10%/2004.12.19 至 2009.12.18/中等毒
水稻 二化螟 210-390克/公顷 喷雾
PD20040521 三唑磷/40%/乳油/三唑磷 40%/2009.12.19 至 2014.12.19/中等毒
水稻 二化螟 300-420克/公顷 喷雾
PD20040625 哒螨灵/15%/乳油/哒螨灵 15%/2009.12.19 至 2014.12.19/中等毒
柑橘树、苹果树 红蜘蛛 50-67毫克/千克 喷雾
PD20080108 炔螨特/730克/升/乳油/炔螨特 730克/升/2008.01.04 至 2013.01.04/低毒
柑橘树 红蜘蛛 2000-2500倍液 喷雾
PD20081166 杀扑磷/40%/乳油/杀扑磷 40%/2008.09.11 至 2013.09.11/高毒
柑橘树 黄圆蚧、矢尖蚧 333-400毫克/千克 喷雾
PD20081391 百草枯/200克/升/水剂/百草枯 200克/升/2008.10.28 至 2013.10.28/中等毒
茶园 杂草 450-750克/公顷 定向茎叶喷雾
非耕地 杂草 600-750克/公顷 喷雾
甘蔗、葡萄园、夏玉米 杂草 450-600克/公顷 定向茎叶喷雾
柑橘园、苹果园 杂草 600-900克/公顷 定向茎叶喷雾
免耕冬小麦、免耕冬油菜田、免耕蔬菜 杂草 450-600克/公顷 喷雾
香蕉园 杂草 600-750克/公顷 定向茎叶喷雾
PD20082926 高效氟吡甲禾灵/108克/升/乳油/高效氟吡甲禾灵 108克/升/2008.12.09 至 2013.12.09/低毒
春大豆田、棉花田、夏大豆田 一年生禾本科杂草 48.6-56.7克/公顷 茎叶喷雾
冬油菜田 一年生禾本科杂草 32.4-40.5克/公顷 茎叶喷雾
花生田 一年生禾本科杂草 40.5-48.6克/公顷 茎叶喷雾
PD20083714 氯氰·丙溴磷/440克/升/乳油/丙溴磷 400克/升、氯氰菊酯 40克/升/2008.12.15 至 2013.12.15/中等毒
棉花 棉铃虫 462～660克/公顷 喷雾
PD20084694 氟啶脲/5%/乳油/氟啶脲 5%/2008.12.22 至 2013.12.22/低毒
甘蓝 菜青虫、小菜蛾 45-60克/公顷 喷雾
PD20085156 阿维·辛硫磷/20%/乳油/阿维菌素 0.2%、辛硫磷 19.8%/2008.12.23 至 2013.12.23/低毒(原药高毒)
十字花科蔬菜 小菜蛾 150-225克/公顷 喷雾
PD20085843 丙溴磷/40%/乳油/丙溴磷 40%/2008.12.29 至 2013.12.29/低毒
棉花 棉铃虫 480-600克/公顷 喷雾
PD20086074 精吡氟禾草灵/15%/乳油/精吡氟禾草灵 15%/2008.12.30 至 2013.12.30/低毒
冬油菜田 一年生禾本科杂草 112.5-157.5克/公顷 茎叶喷雾
PD20086103 阿维·三唑磷/20%/乳油/阿维菌素 0.2%、三唑磷 19.8%/2008.12.30 至 2013.12.30/中等毒(原药高毒)
水稻 二化螟 150-210克/公顷 喷雾
PD20086254 氯氟吡氧乙酸/200克/升/乳油/氯氟吡氧乙酸 200克/升/2008.12.31 至 2013.12.31/低毒
春小麦田 阔叶杂草 187.5-225克/公顷 茎叶喷雾
冬小麦田 阔叶杂草 150-187.5克/公顷 茎叶喷雾
水田畦畔 空心莲子草 150-180克/公顷 定向茎叶喷雾
PD20086307 虫酰肼/200克/升/悬浮剂/虫酰肼 200克/升/2008.12.31 至 2013.12.31/低毒
甘蓝 甜菜夜蛾 180－300克/公顷 喷雾
PD20090303 丙环唑/250克/升/乳油/丙环唑 250克/升/2009.01.12 至 2014.01.12/低毒
香蕉 叶斑病 250-500毫克/千克 喷雾
小麦 白粉病、锈病 123.75-150克/公顷 喷雾
PD20090877 辛硫·三唑磷/40%/乳油/三唑磷 20%、辛硫磷 20%/2009.01.19 至 2014.01.19/中等毒
水稻 二化螟 360-480克/公顷 喷雾
PD20091667 甜菜安·宁/160克/升/乳油/甜菜安 80克/升、甜菜宁 80克/升/2009.02.03 至 2014.02.03/低毒
甜菜田 一年生阔叶杂草 795-975克/公顷 茎叶喷雾
PD20092966 唑磷·毒死蜱/30%/乳油/毒死蜱 10%、三唑磷 20%/2009.03.09 至 2014.03.09/中等毒
水稻 稻纵卷叶螟 225-315克/公顷 喷雾
PD20093927 氯氰·毒死蜱/522.5克/升/乳油/毒死蜱 475克/升、氯氰菊酯 47.5克/升/2009.03.27 至 2014.03.27/中等毒
甘蓝 菜青虫 391.9-470.25克/公顷 喷雾
PD20095454 苯磺隆/75%/水分散粒剂/苯磺隆 75%/2009.05.11 至 2014.05.11/低毒
冬小麦田 一年生阔叶杂草 13.5-18克/公顷 茎叶喷雾
PD20095614 二甲戊灵/330克/升/乳油/二甲戊灵 330克/升/2009.05.12 至 2014.05.12/低毒
玉米田 一年生杂草 990-1485克/公顷（东北地区） 742.5-990克/公顷（其他地区） 播后苗前土壤喷雾
PD20095669 毒死蜱/40%/乳油/毒死蜱 40%/2009.05.14 至 2014.05.14/低毒
柑橘 矢尖蚧 333-500毫克/千克 喷雾
韭菜 韭蛆 1500-1800克/公顷 灌根
荔枝 蒂蛀虫 400－500毫克/千克 喷雾
棉花 棉铃虫 600-900克/公顷 喷雾

	棉花	蚜虫	480-600克/公顷	喷雾
	苹果	绵蚜、桃小食心虫	200-266.7毫克/千克	喷雾
	十字花科蔬菜	黄条跳甲	300-540克/公顷	喷雾
	十字花科蔬菜	菜青虫	420-540克/公顷	喷雾
	水稻	稻纵卷叶螟	450-900克/公顷	喷雾
PD20096296	氟硅唑/400克/升/乳油/氟硅唑 400克/升/2009.07.22 至 2014.07.22/低毒			
	梨树	黑星病	40-50毫克/千克	喷雾
PD20096301	草甘膦异丙胺盐(41%)///水剂/草甘膦 30%/2009.07.22 至 2014.07.22/低毒			
	柑橘园	一年生及部分多年生杂草	200-400毫升制剂/亩	定向茎叶喷雾
PD20096332	联苯菊酯/100克/升/乳油/联苯菊酯 100克/升/2009.07.22 至 2014.07.22/中等毒			
	茶树	茶尺蠖	9-15克/公顷	喷雾
LS20051117	草铵膦/200克/升/水剂/草铵膦 200克/升/2008.04.11 至 2009.04.11/低毒			
	柑橘园	杂草	1050-2100克/公顷	定向茎叶喷雾
LS20060232	毒死蜱/5%/颗粒剂/毒死蜱 5%/2009.02.20 至 2010.02.20/低毒			
	花生	地下害虫	2250-2625克/公顷	撒施、拌土撒施
	韭菜	韭蛆	1350-1875克/公顷	拌土撒施
LS20060235	嘧霉胺/400克/升/悬浮剂/嘧霉胺 400克/升/2009.02.21 至 2010.02.21/低毒			
	番茄	灰霉病	375-562.8克/公顷	喷雾
	黄瓜	灰霉病	375-562.5克/公顷	喷雾
	葡萄	灰霉病	266.7-400毫克/千克	喷雾
LS20060347	吡虫啉/70%/水分散粒剂/吡虫啉 70%/2009.03.01 至 2010.03.01/低毒			
	十字花科蔬菜	蚜虫	15.75-21克/公顷	喷雾
LS20060834	戊唑醇/250克/升/水乳剂/戊唑醇 250克/升/2009.04.12 至 2010.04.12/低毒			
	白菜	黑斑病	125-187.5克/公顷	喷雾
	梨树	黑星病	100-125毫克/千克	喷雾
	苹果树	斑点落叶病	100-125毫克/千克	喷雾
	葡萄	黑痘病	125-250毫克/千克	喷雾
	香蕉	叶斑病	250-312.5毫克/千克	喷雾
LS20071741	敌草快/200克/升/水剂/敌草快 200克/升/2009.07.04 至 2010.07.05/低毒			
	免耕冬油菜田	一年生杂草	450-600克/公顷	喷雾
LS20071764	氯氰·毒死蜱/220克/升/乳油/毒死蜱 200克/升、氯氰菊酯 20克/升/2009.07.04 至 2010.07.05/低毒			
	十字花科蔬菜	菜青虫	198-330克/公顷	喷雾
LS20071830	乙氧氟草醚/240克/升/乳油/乙氧氟草醚 240克/升/2009.07.09 至 2010.07.10/低毒			
	大蒜	一年生杂草	144-180克/公顷	土壤喷雾
LS20081925	烯酰·锰锌/69%/可湿性粉剂/代森锰锌 60%、烯酰吗啉 9%/2009.04.11 至 2010.04.11/低毒			
	黄瓜	霜霉病	1035-1553克/公顷	喷雾
LS20082268	苯醚甲环唑/10%/水分散粒剂/苯醚甲环唑 10%/2009.04.18 至 2010.04.18/低毒			
	梨树	黑星病	14.3-16.7毫克/千克	喷雾
	西瓜	炭疽病	75-112.5克/公顷	喷雾
LS20083148	草铵膦/95%/原药/草铵膦 95%/2009.11.17 至 2010.11.17/低毒			
LS20090770	甲氨基阿维菌素苯甲酸盐(5.7%)///水分散粒剂/甲氨基阿维菌素 5%/2009.03.31 至 2010.03.31/中等毒			
	甘蓝	甜菜夜蛾	2.25-3.75克/公顷	喷雾
LS20090880	三环唑/75%/水分散粒剂/三环唑 75%/2009.04.09 至 2010.04.09/中等毒			
	水稻	稻瘟病	225-337.5克/公顷	喷雾
LS20091063	草铵膦/50%/母药/草铵膦 50%/2009.04.15 至 2010.04.15/低毒			

浙江安吉邦化化工有限公司 （浙江省湖州市安吉县天荒坪填石门村 313302 0572-5041112)

PD20091825	敌·马/60%/乳油/敌百虫 40%、马拉硫磷 20%/2009.02.05 至 2014.02.05/中等毒			
	桑树	桑螟、野蚕	400-600毫克/千克	喷雾
PD20095017	灭多威/40%/乳油/灭多威 40%/2009.04.21 至 2014.04.21/高毒			
	桑树	桑螟、野蚕	50-100毫克/千克	喷雾
LS20021969	苦参碱/0.36%/水剂/苦参碱 0.36%/2009.01.06 至 2009.12.31/低毒			
	甘蓝	蚜虫	5.4-6.48克/公顷	喷雾
	甘蓝	菜青虫	4.32-5.4克/公顷	喷雾
LS20061310	阿维·炔螨特/30.3%/水乳剂/阿维菌素 0.3%、炔螨特 30%/2009.06.12 至 2010.06.12/低毒(原药高毒)			
	柑橘树	红蜘蛛	202-303毫克/千克	喷雾
LS20072251	草甘膦/10%/水剂/草甘膦 10%/2009.09.11 至 2009.12.31/低毒			
	柑橘园	杂草	1125-2250克/公顷	定向茎叶喷雾
LS20080017	草甘膦异丙胺盐/41%/水剂/草甘膦异丙胺盐 41%/2009.01.03 至 2010.01.03/低毒			
	柑橘园	杂草	1125-2250克/公顷	定向茎叶喷雾
LS20091436	炔螨特/40%/水乳剂/炔螨特 40%/2009.11.04 至 2010.11.04/低毒			
	茶树	茶橙瘿螨	210-240克/公顷	喷雾

浙江拜克开普化工有限公司 （浙江省德清县钟管工业区 313220 0572-8402898)

PD20081775	草甘膦/95%/原药/草甘膦 95%/2008.11.18 至 2013.11.18/低毒			

PD20091568　草甘膦异丙胺盐/41%/水剂/草甘膦异丙胺盐 41%/2009.02.03 至 2014.02.03/低毒
棉田行间　杂草　750-1650克/公顷　定向喷雾
PD20097047　草甘膦异丙胺盐(62%)///水剂/草甘膦 46%/2009.10.10 至 2014.10.10/低毒
非耕地　杂草　3000-3750毫升制剂/公顷　茎叶喷雾
LS20071467　草甘膦/10%/水剂/草甘膦 10%/2009.05.20 至 2009.12.31/低毒
柑橘园　杂草　1125-2250克/公顷　定向茎叶喷雾

浙江博仕达作物科技有限公司　(浙江省海盐经济开发区杭州湾大桥新区化工区　314304　0571-86225339)

PD84104-12　杀虫双/18%/水剂/杀虫双 18%/2009.11.04 至 2014.11.04/中等毒
甘蔗、蔬菜、水稻、小麦、玉米　多种害虫　540-675克/公顷　喷雾
果树　多种害虫　225-360毫克/千克　喷雾
PD85102　2甲4氯钠盐/13%/水剂/2甲4氯钠 13%/2010.01.14 至 2015.01.14/低毒
水稻　多种杂草　450-900克/公顷　喷雾
小麦　多种杂草　600-900克/公顷　喷雾
PD20040311　杀虫单/95%/原药/杀虫单 95%/2009.12.19 至 2014.12.19/中等毒
PD20040554　杀虫单/80%/可溶粉剂/杀虫单 80%/2009.12.19 至 2014.12.19/中等毒
水稻　稻蓟马　450-600克/公顷　喷雾
水稻　稻纵卷叶螟　450-750克/公顷　喷雾
水稻　二化螟　675-810克/公顷　喷雾
PD20040573　杀虫单/90%/可溶粉剂/杀虫单 90%/2009.12.19 至 2014.12.19/中等毒
水稻　螟虫　675-810克/公顷　喷雾
水稻　稻蓟马　450-600克/公顷　喷雾
PD20090595　阿维·杀虫单/20%/微乳剂/阿维菌素 0.2%、杀虫单 19.8%/2009.01.14 至 2014.01.14/低毒(原药高毒)
菜豆　美洲斑潜蝇　90-180克/公顷　喷雾
水稻　二化螟　210-420克/公顷　喷雾
水稻　稻纵卷叶螟　150-270克/公顷　喷雾
PD20090868　噻嗪·杀虫单/60%/可湿性粉剂/噻嗪酮 6%、杀虫单 54%/2009.01.19 至 2014.01.19/中等毒
水稻　稻纵卷叶螟、飞虱、三化螟　540-675克/公顷　喷雾
PD20090876　2甲4氯钠/56%/可溶粉剂/2甲4氯 56%/2009.01.19 至 2014.01.19/低毒
冬小麦田　莎草科杂草、一年生阔叶杂草　714-840克/公顷　茎叶喷雾
水稻移栽田　莎草科杂草、一年生阔叶杂草　504-840克/公顷(南方地区)　茎叶喷雾

浙江大学生物化学有限公司　(浙江省杭州市艮山西路99号　310004　0571-86971520)

PD20086115　聚醛·甲萘威/6%/颗粒剂/甲萘威 1.5%、四聚乙醛 4.5%/2008.12.30 至 2013.12.30/低毒
旱地　蜗牛　450-540克/公顷　撒施
WP20090180　杀蚁饵剂/10%/饵剂/硼酸 10%/2009.03.18 至 2014.03.18/微毒
卫生　蜚蠊、蚂蚁　/　投放

浙江德清邦化化工有限公司　(浙江省德清市钟管工业区　313220　0571-88773592)

PD20082327　草甘膦/30%/水剂/草甘膦 30%/2008.12.01 至 2013.12.01/低毒
茶园　一年生和多年生杂草　1687.5-2250克/公顷　定向茎叶喷雾
PD20085117　毒死蜱/480克/升/乳油/毒死蜱 480克/升/2008.12.23 至 2013.12.23/中等毒
水稻　稻纵卷叶螟　504-648克/公顷　喷雾
PD20085187　乙酰甲胺磷/30%/乳油/乙酰甲胺磷 30%/2008.12.23 至 2013.12.23/低毒
水稻　二化螟　787.5-1012.5克/公顷　喷雾
PD20091494　草甘膦/95%/原药/草甘膦 95%/2009.02.02 至 2014.02.02/低毒
PD20097091　炔螨特/73%/乳油/炔螨特 73%/2009.10.10 至 2014.10.10/低毒
柑橘树　红蜘蛛　243-365毫克/千克　喷雾
PD20097635　丙环唑/250克/升/乳油/丙环唑 250克/升/2009.11.03 至 2014.11.03/低毒
小麦　白粉病　127.5—150克/公顷　喷雾
PD20097677　辛硫磷/40%/乳油/辛硫磷 40%/2009.11.04 至 2014.11.04/低毒
十字花科蔬菜　菜青虫　300-450克/公顷　喷雾
PD20098203　稻瘟灵/40%/乳油/稻瘟灵 40%/2009.12.16 至 2014.12.16/低毒
水稻　稻瘟病　400—600克/公顷　喷雾
LS20062017　草甘膦异丙胺盐/41%/水剂/草甘膦异丙胺盐 41%/2009.12.25 至 2010.12.25/低毒
茶园　杂草　1125-2250克/公顷　定向茎叶喷雾

浙江迪乐化学品有限公司　(浙江省龙游县溪口镇靖林寺　324403　0577-88916148)

PD20083755　溴鼠灵/0.005%/饵剂/溴鼠灵 0.005%/2008.12.15 至 2013.12.15/低毒(原药高毒)
室内、外　家鼠　15-30克毒饵/15平方米　堆施或穴施
WL20060028　杀蟑饵粒/1%/饵剂/乙酰甲胺磷 1%/2009.02.21 至 2010.02.21/微毒
卫生　蜚蠊　/　投放
WL20060117　杀蟑胶饵/2.15%/胶饵/吡虫啉 2.15%/2009.05.15 至 2010.05.15/微毒
卫生　蜚蠊　/　投放
WL20060150　高效氯氟氰菊酯/2.5%/微囊悬浮剂/高效氯氟氰菊酯 2.5%/2009.08.02 至 2010.08.02/低毒
卫生　蚊、蝇、蜚蠊　20毫克/平方米　滞留喷洒

浙江东风化工有限公司　(浙江省温州市龙湾区机场路蓝田村　325024　0577-86374778)

PD86153-9　叶枯唑/20%/可湿性粉剂/叶枯唑 20%/2006.12.04 至 2011.12.04/低毒
　水稻　白叶枯病　300克/公顷　喷雾、弥雾
PD20040445　三唑磷/85%/原药/三唑磷 85%/2009.12.19 至 2014.12.19/中等毒
PD20060112　三唑磷/20%/乳油/三唑磷 20%/2006.06.13 至 2011.06.13/中等毒
　水稻　二化螟、三化螟　300-450克/公顷　喷雾
　水稻　稻水象甲　360-480克/公顷　喷雾
PD20060113　三唑磷/40%/乳油/三唑磷 40%/2006.06.13 至 2011.06.13/中等毒
　水稻　二化螟　300-450克/公顷　喷雾
　水稻　三化螟　360-600克/公顷　喷雾
　水稻　稻水象甲　360-480克/公顷　喷雾
PD20070182　三唑磷/10%/乳油/三唑磷 10%/2007.06.25 至 2012.06.25/低毒
　水稻　二化螟　225-300克/公顷　喷雾
PD20080326　辛酰溴苯腈/97%/原药/辛酰溴苯腈 97%/2008.02.26 至 2013.02.26/中等毒
PD20080563　毒死蜱/97%/原药/毒死蜱 97%/2008.05.09 至 2013.05.09/中等毒
PD20080947　炔螨特/73%/乳油/炔螨特 73%/2008.07.23 至 2013.07.23/中等毒
　柑橘树　红蜘蛛　2000-3000倍液　喷雾
PD20080948　炔螨特/90.6%/原药/炔螨特 90.6%/2008.07.23 至 2013.07.23/中等毒
PD20080949　炔螨特/57%/乳油/炔螨特 57%/2008.07.23 至 2013.07.23/低毒
　柑橘树　红蜘蛛　225-380毫克/千克　喷雾
PD20082627　毒死蜱/40%/乳油/毒死蜱 40%/2008.12.04 至 2013.12.04/中等毒
　苹果树　绵蚜　200-267毫克/千克　喷雾
　苹果树　桃小食心虫　160-240毫克/千克　喷雾
　十字花科蔬菜　菜青虫、蚜虫　360-600克/公顷　喷雾
　水稻　稻纵卷叶螟　450-600克/公顷　喷雾
PD20083162　异稻·三环唑/20%/可湿性粉剂/三环唑 6.7%、异稻瘟净 13.3%/2008.12.16 至 2013.12.16/中等毒
　水稻　稻瘟病　375-525克/公顷　喷雾
PD20083429　炔螨特/25%/乳油/炔螨特 25%/2008.12.16 至 2013.12.16/低毒
　柑橘树　红蜘蛛　250-333毫克/千克　喷雾
PD20083796　乙氧氟草醚/20%/乳油/乙氧氟草醚 20%/2008.12.15 至 2013.12.15/低毒
　水稻移栽田　一年生杂草　45-75克/公顷　药土法
PD20084458　噻嗪酮/25%/可湿性粉剂/噻嗪酮 25%/2008.12.17 至 2013.12.17/低毒
　水稻　飞虱　75-112.5克/公顷　喷雾
PD20084984　异稻·三环唑/20%/可湿性粉剂/三环唑 10%、异稻瘟净 10%/2008.12.22 至 2013.12.22/中等毒
　水稻　稻瘟病　300-450克/公顷　喷雾
PD20085027　甲霜·锰锌/58%/可湿性粉剂/甲霜灵 10%、代森锰锌 48%/2008.12.22 至 2013.12.22/低毒
　黄瓜　霜霉病　1305-1632克/公顷　喷雾
PD20086108　硫磺·三环唑/45%/可湿性粉剂/硫磺 40%、三环唑 5%/2008.12.30 至 2013.12.30/低毒
　水稻　稻瘟病　810-1080克/公顷　喷雾
PD20090867　噻嗪·杀虫单/25%/可湿性粉剂/噻嗪酮 5%、杀虫单 20%/2009.01.19 至 2014.01.19/中等毒
　水稻　稻飞虱　187.5-281.25克/公顷　喷雾
LS20060438　高渗毒死蜱/16%/乳油/毒死蜱 16%/2009.03.05 至 2010.03.05/低毒
　水稻　稻纵卷叶螟　288-336克/公顷　喷雾
LS20081086　氯氟吡氧乙酸异辛酯/95%/原药/氯氟吡氧乙酸异辛酯 95%/2009.03.10 至 2010.03.10/低毒
LS20081778　唑磷·毒死蜱/30%/乳油/毒死蜱 10%、三唑磷 20%/2009.04.07 至 2010.04.07/中等毒
　水稻　稻纵卷叶螟、三化螟　270-315克/公顷　喷雾
LS20090520　甜菜宁/95%/原药/甜菜宁 95%/2009.03.18 至 2010.03.18/低毒
LS20090660　噻嗪·毒死蜱/30%/乳油/毒死蜱 15%、噻嗪酮 15%/2009.03.24 至 2010.03.24/低毒
　水稻　飞虱　270-315克/公顷　喷雾

浙江海正化工股份有限公司　(浙江省台州市椒江区外沙工业区　318000　0576-88827798)

PD20040246　吡虫啉/10%/可湿性粉剂/吡虫啉 10%/2009.12.19 至 2014.12.19/低毒
　棉花　蚜虫　22.5-30克/公顷　喷雾
　水稻　飞虱　15-30克/公顷　喷雾
PD20040247　吡虫啉/10%/乳油/吡虫啉 10%/2009.12.19 至 2014.12.19/低毒
　柑橘树　潜叶蛾　50-100毫克/千克　喷雾
　棉花　蚜虫　22.5-37.5克/公顷　喷雾
PD20040303　吡虫啉/20%/可溶液剂/吡虫啉 20%/2009.12.19 至 2014.12.19/低毒
　棉花　蚜虫　15-30克/公顷　喷雾
　水稻　稻飞虱　30-45克/公顷　喷雾
PD20040331　吡虫啉/2.5%/可湿性粉剂/吡虫啉 2.5%/2004.12.19 至 2009.12.18/低毒
　水稻　飞虱　15-30克/公顷　喷雾
PD20040523　吡虫啉/25%/可湿性粉剂/吡虫啉 25%/2009.12.23 至 2014.12.23/低毒
　水稻　飞虱　15-30克/公顷　喷雾

PD20050129	吡虫啉/95%/原药/吡虫啉 95%/2005.08.22 至 2010.08.21/低毒			
PD20070409	阿维菌素/94%/原药/阿维菌素 94%/2007.11.05 至 2012.11.05/高毒			
PD20080184	啶虫脒/3%/乳油/啶虫脒 3%/2008.01.07 至 2013.01.07/中等毒			
	柑橘树	蚜虫	12-15毫克/千克	喷雾
PD20080193	啶虫脒/97%/原药/啶虫脒 97%/2008.01.07 至 2013.01.07/中等毒			
PD20081439	精喹禾灵/95%/原药/精喹禾灵 95%/2008.10.31 至 2013.10.31/低毒			
PD20082267	精喹禾灵/5%/乳油/精喹禾灵 5%/2008.11.27 至 2013.11.27/低毒			
	春大豆田	一年生禾本科杂草	45-52.5克/公顷	茎叶喷雾
	夏大豆田	一年生禾本科杂草	52.5-60克/公顷	茎叶喷雾
PD20082307	阿维·吡虫啉/5%/乳油/阿维菌素 0.5%、吡虫啉 4.5%/2008.12.01 至 2013.12.01/低毒(原药高毒)			
	梨树	梨木虱	6.25-10毫克/千克	喷雾
PD20082353	阿维菌素/1.8%/乳油/阿维菌素 1.8%/2008.12.01 至 2013.12.01/低毒(原药高毒)			
	梨树	梨木虱	6-12毫克/千克	喷雾
	苹果树	红蜘蛛	4.5-6毫克/千克	喷雾
	十字花科蔬菜	小菜蛾	8.1-10.8克/公顷	喷雾
PD20082355	阿维菌素/0.6%/乳油/阿维菌素 0.6%/2008.12.01 至 2013.12.01/低毒(原药高毒)			
	柑橘树	锈壁虱	2.25-4.5毫克/千克	喷雾
	柑橘树	红蜘蛛、潜叶蛾	4.5-9毫克/千克	喷雾
	梨树	梨木虱	6-12毫克/千克	喷雾
	苹果树	红蜘蛛	3-6毫克/千克	喷雾
	苹果树	二斑叶螨	4.5-6毫克/千克	喷雾
	苹果树	桃小食心虫	4.5-9毫克/千克	喷雾
	十字花科蔬菜	菜青虫、小菜蛾	8.1-10.8克/公顷	喷雾
PD20082435	阿维·辛硫磷/20%/乳油/阿维菌素 0.2%、辛硫磷 19.8%/2008.12.02 至 2013.12.02/低毒(原药高毒)			
	十字花科蔬菜	小菜蛾	90-150克/公顷	喷雾
PD20082545	啶虫脒/20%/可溶粉剂/啶虫脒 20%/2008.12.03 至 2013.12.03/低毒			
	小麦	蚜虫	36-42克/公顷	喷雾
PD20082638	阿维·三唑磷/20%/乳油/阿维菌素 0.2%、三唑磷 19.8%/2008.12.04 至 2013.12.04/中等毒(原药高毒)			
	水稻	二化螟	150-210克/公顷	喷雾
PD20082784	精噁唑禾草灵/10%/乳油/精噁唑禾草灵 10%/2008.12.09 至 2013.12.09/低毒			
	冬小麦田	一年生禾本科杂草	60-90克/公顷	喷雾
PD20082936	精噁唑禾草灵/10%/乳油/精噁唑禾草灵 10%/2008.12.09 至 2013.12.09/低毒			
	春大豆田	一年生禾本科杂草	60-90克/公顷	喷雾
	夏大豆田	一年生禾本科杂草	60-90克/公顷	茎叶喷雾
PD20083107	阿维菌素/1%/乳油/阿维菌素 1%/2008.12.10 至 2013.12.10/低毒(原药高毒)			
	十字花科蔬菜	菜青虫、小菜蛾	8.1-10.8克/公顷	喷雾
PD20083534	精噁唑禾草灵/95%/原药/精噁唑禾草灵 95%/2008.12.12 至 2013.12.12/低毒			
PD20090695	精噁唑禾草灵/7.5%/水乳剂/精噁唑禾草灵 7.5%/2009.01.19 至 2014.01.19/低毒			
	冬小麦田	一年生杂草	67.5-112.5克/公顷	喷雾
PD20090789	阿维菌素/0.3%/乳油/阿维菌素 0.3%/2009.01.19 至 2014.01.19/低毒(原药高毒)			
	甘蓝	小菜蛾	2.7-3.6克/公顷	喷雾
	苹果树	红蜘蛛	2-3毫克/千克	喷雾
PD20091869	阿维·吡虫啉/1%/乳油/阿维菌素 0.1%、吡虫啉 0.9%/2009.02.09 至 2014.02.09/低毒(原药高毒)			
	梨树	梨木虱	6.25-10毫克/千克	喷雾
PD20094968	喹啉铜/50%/可湿性粉剂/喹啉铜 50%/2009.04.21 至 2014.04.21/低毒			
	苹果树	轮纹病	3000-4000倍液	喷雾
PD20096255	喹啉铜/95%/原药/喹啉铜 95%/2009.07.15 至 2014.07.15/低毒			
PD20096331	氟虫腈/95%/原药/氟虫腈 95%/2009.07.22 至 2014.07.22/中等毒			
LS20051568	阿维菌素/1.8%/微乳剂/阿维菌素 1.8%/2008.04.28 至 2009.04.28/低毒(原药高毒)			
	十字花科蔬菜	小菜蛾	8.1-10.8克/公顷	喷雾
LS20060280	喹啉铜/33.5%/悬浮剂/喹啉铜 33.5%/2009.03.01 至 2010.03.01/低毒			
	番茄	晚疫病	150-188克/公顷	喷雾
LS20060346	依维菌素/95%/原药/依维菌素 95%/2009.03.01 至 2010.03.01/低毒			
LS20060349	啶虫脒/3%/微乳剂/啶虫脒 3%/2009.03.01 至 2010.03.01/低毒			
	黄瓜	蚜虫	18-27克/公顷	喷雾
LS20060369	依维菌素/0.5%/乳油/依维菌素 0.5%/2009.03.05 至 2010.03.05/低毒			
	十字花科蔬菜	小菜蛾	3-4.5克/公顷	喷雾
LS20061918	吡虫啉/35%/悬浮剂/吡虫啉 35%/2009.12.06 至 2010.12.06/低毒			
	棉花	蚜虫	26.25-42克/公顷	喷雾
LS20061942	吡虫啉/70%/水分散粒剂/吡虫啉 70%/2009.12.06 至 2010.12.06/低毒			
	水稻	蚜虫	21-42克/公顷	喷雾
LS20070060	甲氨基阿维菌素苯甲酸盐/2.2%/微乳剂/甲氨基阿维菌素苯甲酸盐 2.2%/2009.01.18 至 2010.01.18/低毒			
	十字花科蔬菜	甜菜夜蛾	3.3-4.95克/公顷	喷雾

LS20070073 甲氨基阿维菌素苯甲酸盐/93%/原药/甲氨基阿维菌素苯甲酸盐 93%/2009.01.29 至 2010.01.29/中等毒
LS20071461 啶嘧磺隆/25%/水分散粒剂/啶嘧磺隆 25%/2009.05.20 至 2010.05.21/微毒
暖季型草坪 杂草 37.5-75克/公顷 茎叶喷雾
LS20071463 啶嘧磺隆/95%/原药/啶嘧磺隆 95%/2009.05.20 至 2010.05.21/低毒
LS20072072 异噁草松/93%/原药/异噁草松 93%/2009.08.29 至 2010.08.30/低毒
LS20072184 异噁草松/48%/乳油/异噁草松 48%/2009.09.11 至 2010.09.12/低毒
春大豆田 一年生杂草 864-1200克/公顷 播后苗前土壤喷雾
LS20072567 长川霉素/94%/原药/长川霉素 94%/2009.12.04 至 2010.12.05/中等毒
LS20080654 棉隆/98%/原药/棉隆 98%/2009.02.24 至 2010.02.25/低毒
LS20083016 精喹禾灵/15%/悬浮剂/精喹禾灵 15%/2009.09.02 至 2010.09.02/低毒
春大豆田 一年生禾本科杂草 67.5-90克/公顷 茎叶喷雾
夏大豆田 一年生禾本科杂草 45-67.5克/公顷 茎叶喷雾
LS20090369 长川霉素/1%/乳油/长川霉素 1%/2009.03.13 至 2010.03.13/低毒
番茄 灰霉病 60-120克/公顷 喷雾

浙江禾本农药化学有限公司 (浙江省温州市鹿城区仰义后京连墩路 325008 0577-88798888)

PD20070296 丙环唑/25%/乳油/丙环唑 25%/2007.09.21 至 2012.09.21/低毒
香蕉 叶斑病 500－750倍液 喷雾
小麦 白粉病 93.75-131.25克/公顷 喷雾
PD20070298 丙环唑/95%/原药/丙环唑 95%/2007.09.21 至 2012.09.21/低毒
PD20070410 二甲戊灵/33%/乳油/二甲戊灵 33%/2007.11.05 至 2012.11.05/低毒
甘蓝田 一年生杂草 495-742.5克/公顷 土壤喷雾
PD20070444 甲霜·锰锌/58%/可湿性粉剂/甲霜灵 10%、代森锰锌 48%/2007.11.20 至 2012.11.20/低毒
黄瓜 霜霉病 1305-1566克/公顷 喷雾
PD20070543 炔螨特/57%/乳油/炔螨特 57%/2007.12.03 至 2012.12.03/低毒
柑橘树 红蜘蛛 285-380毫克/千克 喷雾
PD20070544 炔螨特/73%/乳油/炔螨特 73%/2007.12.03 至 2012.12.03/低毒
柑橘树 红蜘蛛 243-365毫克/千克 喷雾
PD20070545 炔螨特/90.6%/原药/炔螨特 90.6%/2007.12.03 至 2012.12.03/低毒
PD20070565 嘧霉胺/96%/原药/嘧霉胺 96%/2007.12.03 至 2012.12.03/低毒
PD20070576 噻螨酮/97%/原药/噻螨酮 97%/2007.12.03 至 2012.12.03/低毒
PD20080121 噻螨酮/5%/乳油/噻螨酮 5%/2008.01.03 至 2013.01.03/低毒
柑橘树 红蜘蛛 25-33.3毫克/千克 喷雾
PD20080910 甲霜灵/98%/原药/甲霜灵 98%/2008.07.14 至 2013.07.14/低毒
PD20081350 二甲戊灵/92%/原药/二甲戊灵 92%/2008.10.21 至 2013.10.21/低毒
PD20081531 辛酰溴苯腈/97%/原药/辛酰溴苯腈 97%/2008.11.06 至 2013.11.06/低毒
PD20081579 甲霜灵/35%/种子处理干粉剂/甲霜灵 35%/2008.11.12 至 2013.11.12/低毒
谷子 白发病 70-105克/100千克种子 拌种
PD20081828 异噁草松/48%/乳油/异噁草松 48%/2008.11.20 至 2013.11.20/低毒
春大豆田 一年生杂草 576-648克/公顷(东北地区) 播后苗前土壤喷雾
PD20082212 苯磺隆/10%/可湿性粉剂/苯磺隆 10%/2008.11.26 至 2013.11.26/低毒
春小麦田 一年生阔叶杂草 18-27克/公顷 茎叶喷雾
PD20082315 二嗪磷/5%/颗粒剂/二嗪磷 5%/2008.12.01 至 2013.12.01/低毒
花生 蛴螬 600-900克/公顷 花期穴施
PD20082416 三唑锡/25%/可湿性粉剂/三唑锡 25%/2008.12.02 至 2013.12.02/中等毒
柑橘树 红蜘蛛 125-166.7毫克/千克 喷雾
PD20082739 苯丁锡/95%/原药/苯丁锡 95%/2008.12.08 至 2013.12.08/低毒
PD20083453 二嗪磷/50%/乳油/二嗪磷 50%/2008.12.12 至 2013.12.12/低毒
水稻 稻飞虱 562.5-750克/公顷 喷雾
PD20083679 苯丁锡/50%/可湿性粉剂/苯丁锡 50%/2008.12.15 至 2013.12.15/低毒
柑橘树 红蜘蛛 200-250毫克/千克 喷雾
PD20083682 霜脲·锰锌/72%/可湿性粉剂/代森锰锌 64%、霜脲氰 8%/2008.12.15 至 2013.12.15/低毒
黄瓜 霜霉病 1440-1800克/公顷 喷雾
PD20084412 氟菌唑/95%/原药/氟菌唑 95%/2008.12.17 至 2013.12.17/低毒
PD20085479 辛酰溴苯腈/25%/乳油/辛酰溴苯腈 25%/2008.12.25 至 2013.12.25/低毒
春小麦田 一年生阔叶杂草 450－562.5克/公顷 茎叶喷雾
PD20085566 三唑锡/95%/原药/三唑锡 95%/2008.12.25 至 2013.12.25/中等毒
PD20085842 甲霜·百菌清/72%/可湿性粉剂/百菌清 64%、甲霜灵 8%/2008.12.29 至 2013.12.29/低毒
黄瓜 霜霉病 1155.6-1620克/公顷 喷雾
PD20085867 嘧霉胺/25%/可湿性粉剂/嘧霉胺 25%/2008.12.29 至 2013.12.29/低毒
黄瓜 灰霉病 450-562.5克/公顷 喷雾
PD20085871 二嗪磷/98%/原药/二嗪磷 98%/2008.12.29 至 2013.12.29/低毒

PD20085903 甲硫·福美双/30%/悬浮剂/福美双 16.5%、甲基硫菌灵 13.5%/2008.12.29 至 2013.12.29/低毒
番茄 灰霉病 675-843.75克/公顷 喷雾
PD20086169 甲霜·锰锌/72%/可湿性粉剂/甲霜灵 8%、代森锰锌 64%/2008.12.30 至 2013.12.30/低毒
黄瓜 霜霉病 1620-2250克/公顷 喷雾
烟草 黑胫病 1080-1296克/公顷 喷雾
PD20090539 霜·福·稻瘟灵/50%/可湿性粉剂/稻瘟灵 4%、福美双 32%、甲霜灵 14%/2009.01.13 至 2014.01.13/低毒
水稻秧田 立枯病 5000-7500克/公顷 喷雾
PD20090718 高效氟吡甲禾灵/108克/升/乳油/高效氟吡甲禾灵 108克/升/2009.01.19 至 2014.01.19/低毒
花生田 一年生禾本科杂草 48.6-64.8克/公顷 茎叶喷雾
PD20091325 氟菌唑/30%/可湿性粉剂/氟菌唑 30%/2009.02.01 至 2014.02.01/低毒
黄瓜 白粉病 67.5-90克/公顷 喷雾
PD20092773 甲霜·霜霉威/25%/可湿性粉剂/甲霜灵 15%、霜霉威盐酸盐 10%/2009.03.04 至 2014.03.04/低毒
黄瓜 霜霉病 468.8-675克/公顷 喷雾
PD20094902 精甲霜灵/92%/原药/精甲霜灵 95%/2009.04.13 至 2014.04.13/低毒
PD20095909 苯醚甲环唑/97%/原药/苯醚甲环唑 97%/2009.06.02 至 2014.06.02/低毒
PD20096273 杀扑磷/40%/乳油/杀扑磷 40%/2009.07.22 至 2014.07.22/中等毒(原药高毒)
柑橘树 介壳虫 400-500毫克/千克 喷雾
PD20096349 氢氧化铜/77%/可湿性粉剂/氢氧化铜 77%/2009.07.28 至 2014.07.28/低毒
柑橘 溃疡病 962.5-1283毫克/千克 喷雾
黄瓜 细菌性角斑病 1732.5-2310克/公顷 喷雾
LS20061499 苯线磷/90%/原药/苯线磷 90%/2009.07.20 至 2010.07.20/高毒
LS20061873 三苯基氢氧化锡/50%/悬浮剂/三苯基氢氧化锡 50%/2009.11.21 至 2010.11.21/中等毒
马铃薯 晚疫病 750-937.5克/公顷 喷雾
LS20070586 2甲·辛酰溴/40%/乳油/辛酰溴苯腈 20%、2甲4氯异辛酯 20%/2009.03.20 至 2010.03.21/低毒
春小麦田 一年生阔叶杂草 900-1080克/公顷 茎叶喷雾
冬小麦田 一年生阔叶杂草 600-900克/公顷 茎叶喷雾
LS20071807 三苯基氢氧化锡/95%/原药/三苯基氢氧化锡 95%/2009.07.09 至 2010.07.10/低毒
LS20081035 戊菌唑/10%/乳油/戊菌唑 10%/2009.03.07 至 2010.03.07/低毒
葡萄 白粉病 25-50毫克/千克 喷雾
LS20081138 戊菌唑/92%/原药/戊菌唑 92%/2009.03.10 至 2010.03.10/低毒

浙江禾田化工有限公司 (浙江省杭州市西湖区经济技术开发区M18-5-4地块 310019 0571-85224542)

PD20080271 氟节胺/95%/原药/氟节胺 95%/2008.02.20 至 2013.02.20/低毒
PD20081670 氟节胺/25%/乳油/氟节胺 25%/2008.11.17 至 2013.11.17/低毒
烟草 抑制腋芽生长 350倍液 杯淋或涂抹
PD20081794 丁硫克百威/20%/乳油/丁硫克百威 20%/2008.11.19 至 2013.11.19/中等毒
柑橘树 锈壁虱 100-133毫克/千克 喷雾
柑橘树 蚜虫 50-100毫克/千克 喷雾
棉花 蚜虫 60-120克/公顷 喷雾
PD20081934 丁硫克百威/90%/原药/丁硫克百威 90%/2008.11.24 至 2013.11.24/中等毒
PD20083671 炔螨特/90%,85%/原药/炔螨特 90%,85%/2008.12.15 至 2013.12.15/低毒
PD20083833 炔螨特/73%/乳油/炔螨特 73%/2008.12.15 至 2013.12.15/低毒
柑橘树 红蜘蛛 292-487毫克/千克 喷雾
PD20083905 炔螨特/40%/乳油/炔螨特 40%/2008.12.15 至 2013.12.15/低毒
棉花 红蜘蛛 300-360克/公顷 喷雾
PD20085709 氟节胺/125克/升/乳油/氟节胺 125克/升/2008.12.26 至 2013.12.26/低毒
烟草 抑制腋芽生长 250-300倍 20毫升/株 杯淋法
LS20050218 炔螨特/570克/升/乳油/炔螨特 570克/升/2008.01.26 至 2009.01.25/低毒
茶叶 茶橙瘿螨 475-570毫克/千克 喷雾
LS20081928 氟啶胺/98%/原药/氟啶胺 98%/2009.04.11 至 2010.04.11/低毒
LS20082961 苯醚菌酯/98%/原药/苯醚菌酯 98%/2009.08.20 至 2010.08.20/低毒
LS20082982 苯醚菌酯/10%/悬浮剂/苯醚菌酯 10%/2009.08.20 至 2010.08.20/低毒
黄瓜 白粉病 10-20毫克/千克 喷雾
LS20090491 炔螨特/30%/可湿性粉剂/炔螨特 30%/2009.03.18 至 2010.03.18/低毒
柑橘树 红蜘蛛 300-375毫克/千克 喷雾

浙江华京生物科技开发有限公司 (浙江省金华市人民西路737号 321000 0579-2464677)

LS20061490 小檗碱/0.5%/水剂/小檗碱 0.5%/2009.07.20 至 2010.07.20/微毒
番茄 灰霉病 11.25-14.07克/公顷 喷雾
番茄 叶霉病 14-21克/公顷 喷雾
黄瓜 白粉病、霜霉病 12.5-18.75克/公顷 喷雾
辣椒 疫霉病 14-21克/公顷 喷雾

浙江华兴化学农药有限公司 (浙江省温州市乐清市蒲岐镇北门外 325609 0577-62215555)

PD20070310 苯丁锡/95%/原药/苯丁锡 95%/2007.09.21 至 2012.09.21/低毒
PD20080007 苯丁锡/50%/可湿性粉剂/苯丁锡 50%/2008.01.04 至 2013.01.04/低毒

柑橘树 红蜘蛛 200-250毫克/千克 喷雾
PD20080054 三唑锡/20%/悬浮剂/三唑锡 20%/2008.01.07 至 2013.01.07/中等毒
柑橘树 红蜘蛛 133-200毫克/千克 喷雾
PD20082129 苯丁锡/10%/乳油/苯丁锡 10%/2008.11.25 至 2013.11.25/低毒
柑橘树 红蜘蛛 167-200毫克/千克 喷雾
PD20082146 苯丁锡/25%/可湿性粉剂/苯丁锡 25%/2008.11.25 至 2013.11.25/低毒
柑橘树 红蜘蛛 200-250毫克/千克 喷雾
PD20082188 苯丁锡/20%/可湿性粉剂/苯丁锡 20%/2008.11.26 至 2013.11.26/低毒
柑橘树 红蜘蛛 200-250毫克/千克 喷雾
PD20082309 三唑锡/95%/原药/三唑锡 95%/2008.12.01 至 2013.12.01/中等毒
PD20082496 噻嗪·杀扑磷/20%/乳油/噻嗪酮 15%、杀扑磷 5%/2008.12.03 至 2013.12.03/中等毒(原药高毒)
柑橘树 矢尖蚧 200-250毫克/千克 喷雾
PD20082503 三唑锡/10%/乳油/三唑锡 10%/2008.12.03 至 2013.12.03/低毒
柑橘树 红蜘蛛 67-100毫克/千克 喷雾
PD20082509 毒·辛/25%/乳油/毒死蜱 7%、辛硫磷 18%/2008.12.03 至 2013.12.03/中等毒
水稻 稻纵卷叶螟 450-562.5克/公顷 喷雾
PD20082690 吡虫·异丙威/20%/乳油/吡虫啉 2%、异丙威 18%/2008.12.05 至 2013.12.05/中等毒
水稻 稻飞虱 150-210克/公顷 喷雾
PD20084599 苯丁锡/50%/悬浮剂/苯丁锡 50%/2008.12.18 至 2013.12.18/低毒
柑橘树 红蜘蛛 200-250毫克/千克 喷雾
PD20090700 三唑锡/20%/可湿性粉剂/三唑锡 20%/2009.01.19 至 2014.01.19/中等毒
柑橘树 红蜘蛛 125-166毫克/千克 喷雾
PD20090743 腈菌·福美双/20%/可湿性粉剂/福美双 18%、腈菌唑 2%/2009.01.19 至 2014.01.19/中等毒
黄瓜 黑星病 112.5-150克/公顷 喷雾
PD20093343 三唑锡/25%/可湿性粉剂/三唑锡 25%/2009.03.18 至 2014.03.18/中等毒
柑橘树 红蜘蛛 125-166毫克/千克 喷雾
PD20097903 苯丁锡/20%/悬浮剂/苯丁锡 20%/2009.11.30 至 2014.11.30/低毒
柑橘树 红蜘蛛 100-200毫克/千克 喷雾
LS20052476 锰锌·烯唑醇/32.5%/可湿性粉剂/代森锰锌 30%、烯唑醇 2.5%/2008.07.13 至 2009.07.13/低毒
梨 黑星病 541.7-812.5毫克/千克 喷雾
LS20053607 霜脲·锰锌/72%/可湿性粉剂/代森锰锌 64%、霜脲氰 8%/2008.11.17 至 2009.11.17/低毒
番茄 晚疫病 1440-1944克/公顷 喷雾
LS20070202 炔螨特/730克/升/乳油/炔螨特 730克/升/2009.02.07 至 2010.02.07/低毒
柑橘 红蜘蛛 243～365毫克/千克 喷雾
LS20071573 甲霜·锰锌/58%/可湿性粉剂/甲霜灵 8%、代森锰锌 50%/2009.06.04 至 2010.06.05/低毒
黄瓜 霜霉病 1500-1700克/公顷 喷雾

浙江黄岩鼎正化工有限公司 (浙江省台州市黄岩区轻化开发区永灵路11号 318020 0576-4179401)

PD84105-12 马拉硫磷/45%/乳油/马拉硫磷 45%/2009.12.27 至 2014.12.27/低毒
茶树 长白蚧、象甲 625-1000毫克/千克 喷雾
豆类 食心虫、造桥虫 561.5-750克/公顷 喷雾
果树 蝽蟓、蚜虫 250-333毫克/千克 喷雾
林木、牧草、农田 蝗虫 450-600克/公顷 喷雾
棉花 盲蝽蟓、蚜虫、叶跳虫 375-562.2克/公顷 喷雾
蔬菜 黄条跳甲、蚜虫 562.5-750克/公顷 喷雾
水稻 飞虱、蓟马、叶蝉 562.5-750克/公顷 喷雾
小麦 黏虫、蚜虫 562.5-750克/公顷 喷雾
PD86176-13 30%乙酰甲胺磷乳油//乳油/乙酰甲胺磷 30%/2007.04.17 至 2012.04.17/低毒
柑橘树 介壳虫、螨 500-1000倍液 喷雾
果树 食心虫 500-1000倍液 喷雾
棉花 棉铃虫、蚜虫 450-900克/公顷 喷雾
蔬菜 菜青虫、蚜虫 337.5-540克/公顷 喷雾
水稻 螟虫、叶蝉 562.5-1012.5克/公顷 喷雾
小麦、玉米 黏虫、玉米螟 540-1080克/公顷 喷雾
烟草 烟青虫 450-900克/公顷 喷雾
PD20040595 哒螨灵/15%/乳油/哒螨灵 15%/2009.12.19 至 2014.12.19/中等毒
柑橘树 红蜘蛛 50-67毫克/千克 喷雾
PD20084874 三唑锡/90%/原药/三唑锡 90%/2008.12.22 至 2013.12.22/中等毒
PD20084891 三唑锡/25%/可湿性粉剂/三唑锡 25%/2008.12.22 至 2013.12.22/中等毒
柑橘树 红蜘蛛 125-166.7毫克/千克 喷雾
PD20090842 毒死蜱/40%/乳油/毒死蜱 40%/2009.01.19 至 2014.01.19/中等毒
水稻 稻纵卷叶螟 300-600克/公顷 喷雾
PD20091991 三唑锡/8%/乳油/三唑锡 8%/2009.02.12 至 2014.02.12/低毒
柑橘树 红蜘蛛 53.8-80毫克/千克 喷雾

PD20092678 三唑锡/20%/悬浮剂/三唑锡 20%/2009.03.03 至 2014.03.03/中等毒
柑橘树 红蜘蛛 100-200毫克/千克 喷雾
PD20093738 草甘膦/50%/可溶粉剂/草甘膦 50%/2009.03.25 至 2014.03.25/低毒
柑橘园 杂草 1125-2250克/公顷 定向喷雾
LS20072299 杀螟硫磷/95%/原药/杀螟硫磷 95%/2009.10.09 至 2010.10.10/中等毒
LS20090611 阿维·苏云菌//可湿性粉剂/阿维菌素 0.3%、苏云金杆菌 100亿活芽孢/克/2009.03.23 至 2010.03.23/低毒
马尾松 松毛虫 稀释1000－1500倍 喷雾

浙江惠光生化有限公司 (浙江省嘉兴市嘉善县经济开发区金嘉大道92号 314100 0573-84184277)

PD85131-10 井冈霉素/5%/水剂/井冈霉素 5%/2007.04.17 至 2012.04.17/低毒
水稻 纹枯病 75-112.5克/公顷 喷雾,泼浇
PD88109-7 井冈霉素/20%/可溶粉剂/井冈霉素 20%/2007.04.17 至 2012.04.17/低毒
水稻 纹枯病 75-112.5克/公顷 喷雾、泼浇
PD20070379 百草枯/30.5%/母药/百草枯 30.5%/2007.10.24 至 2012.10.24/中等毒
PD20081053 百草枯/200克/升/水剂/百草枯 200克/升/2008.08.14 至 2013.08.14/中等毒
柑橘园 多种杂草 600-900克/公顷 定向茎叶喷雾
PD20081119 烯腺嘌呤/0.1%/母药/烯腺嘌呤 0.1%/2008.08.19 至 2013.08.19/微毒
PD20081120 羟烯腺嘌呤/0.5%/母药/羟烯腺嘌呤 0.5%/2008.08.19 至 2013.08.19/微毒
PD20081298 羟烯腺嘌呤/0.0001%/可湿性粉剂/羟烯腺嘌呤 0.0001%/2008.10.06 至 2013.10.06/低毒
大豆 调节生长 0.0017毫克/千克 喷雾
水稻、玉米 调节生长 1)0.0017毫克/千克2)100-150倍 液 1)喷雾2)浸种
PD20081299 烯腺·羟烯腺/0.0004%/可溶粉剂/羟烯腺嘌呤 0.00035%、烯腺嘌呤 0.00005%/2008.10.06 至 2013.10.06/低毒
茶叶 调节生长 800-1200倍液 兑水喷雾
番茄 调节生长 0.0025毫克/千克 喷雾
柑橘 调节生长 0.0027-0.0033毫克/升 喷雾
PD20082980 阿维菌素/95%/原药/阿维菌素 95%/2008.12.09 至 2013.12.09/高毒
PD20086341 阿维菌素/1.8%/乳油/阿维菌素 1.8%/2008.12.31 至 2013.12.31/低毒(原药高毒)
柑橘树 红蜘蛛、潜叶蛾 4.5-9毫克/千克 喷雾
柑橘树 锈壁虱 2.25-4.5毫克/千克 喷雾
梨树 梨木虱 6-12毫克/千克 喷雾
棉花 红蜘蛛 10.8-16.2克/公顷 喷雾
棉花 棉铃虫 21.6-32.4克/公顷 喷雾
苹果树 红蜘蛛 3-6毫克/千克 喷雾
苹果树 二斑叶螨 4.5-6毫克/千克/ 喷雾
苹果树 桃小食心虫 4.5-9毫克/千克 喷雾
十字花科蔬菜 菜青虫、小菜蛾 8.1-10.8克/公顷 喷雾
PD20096412 井冈·羟烯腺/16%/可溶粉剂/井冈霉素 16%、羟烯腺嘌呤 0.0004%/2009.08.04 至 2014.08.04/低毒
水稻 纹枯病 60-112.5克/公顷 喷雾
LS20061790 甲氨基阿维菌素苯甲酸盐/90%/原药/甲氨基阿维菌素苯甲酸盐 90%/2009.10.30 至 2010.10.30/中等毒
LS20070180 戊唑醇/96%/原药/戊唑醇 96%/2009.02.08 至 2010.02.08/低毒

浙江嘉华化工有限公司 (浙江省兰溪市马涧镇赤山 321115 0579-8442877)

PD20084390 三乙膦酸铝/95%/原药/三乙膦酸铝 95%/2008.12.17 至 2013.12.17/低毒
PD20084405 三乙膦酸铝/80%/可湿性粉剂/三乙膦酸铝 80%/2008.12.17 至 2013.12.17/低毒
黄瓜 霜霉病 1500-2160克/公顷 喷雾
PD20090024 三乙膦酸铝/40%/可湿性粉剂/三乙膦酸铝 40%/2009.01.06 至 2014.01.06/低毒
黄瓜 霜霉病 800-2000毫克/千克 喷雾
PD20094436 三乙膦酸铝/96%/原药/三乙膦酸铝 96%/2009.04.01 至 2014.04.01/低毒

浙江嘉化集团股份有限公司 (浙江省海盐经济开发区杭州湾大桥新区滨海大道1号 314305 0573-86867988)

PD85118-2 异稻瘟净/80%/原药/异稻瘟净 80%/2005.07.06 至 2010.07.06/低毒
PD85119-2 异稻瘟净/40%/乳油/异稻瘟净 40%/2005.07.06 至 2010.07.06/低毒
水稻 稻瘟病 900-1200克/公顷 喷雾
PD85158 喹硫磷/25%/乳油/喹硫磷 25%/2005.08.15 至 2010.08.15/中等毒
棉花 棉铃虫、蚜虫 180-600克/公顷 喷雾
水稻 螟虫 375-495克/公顷 喷雾
PD86175-2 乙酰甲胺磷/90%/原药/乙酰甲胺磷 90%/2006.11.22 至 2011.11.22/低毒
PD86176-2 乙酰甲胺磷/30%/乳油/乙酰甲胺磷 30%/2006.11.22 至 2011.11.22/低毒
柑橘树 介壳虫、螨 500-1000倍液 喷雾
棉花 棉铃虫、蚜虫 450-900克/公顷 喷雾
苹果树 食心虫 500-1000倍液 喷雾
十字花科蔬菜 菜青虫、蚜虫 337.5-540克/公顷 喷雾
水稻 螟虫、叶蝉 562.5-1012.5克/公顷 喷雾
玉米 黏虫、玉米螟 540-1080克/公顷 喷雾
PD20084022 乙酰甲胺磷/40%/乳油/乙酰甲胺磷 40%/2008.12.16 至 2013.12.16/低毒
水稻 稻纵卷叶螟 540-900克/公顷 喷雾

PD20084469　异稻·三环唑/20%/可湿性粉剂/三环唑 6.7%、异稻瘟净 13.3%/2008.12.17 至 2013.12.17/中等毒
水稻　稻瘟病　300-450克/公顷　喷雾
PD20092224　马拉硫磷/95%/原药/马拉硫磷 95%/2009.02.24 至 2014.02.24/低毒
PD20092632　噁草酮/96%/原药/噁草酮 96%/2009.03.02 至 2014.03.02/低毒
PD20093269　异丙威/20%/乳油/异丙威 20%/2009.03.11 至 2014.03.11/低毒
水稻　稻飞虱　480-600克/公顷　喷雾
PD20093271　杀螟硫磷/45%/乳油/杀螟硫磷 45%/2009.03.11 至 2014.03.11/低毒
水稻　二化螟　472.5-573.75克/公顷　喷雾
PD20093272　杀螟硫磷/95%/原药/杀螟硫磷 95%/2009.03.11 至 2014.03.11/低毒
PD20093577　倍硫磷/95%/原药/倍硫磷 95%/2009.03.23 至 2014.03.23/中等毒
PD20093704　百菌清/75%/可湿性粉剂/百菌清 75%/2009.03.25 至 2014.03.25/低毒
番茄　早疫病　1650-3000克/公顷　喷雾
PD20094387　异稻瘟净/50%/乳油/异稻瘟净 50%/2009.04.01 至 2014.04.01/低毒
水稻　稻瘟病　900-1200克/公顷　喷雾
PD20094973　草甘膦/95%/原药/草甘膦 95%/2009.04.21 至 2014.04.21/低毒
PD20094993　喹硫磷/10%/乳油/喹硫磷 10%/2009.04.21 至 2014.04.21/中等毒
水稻　稻纵卷叶螟　180-225克/公顷　喷雾
PD20095189　噁草酮/250克/升/乳油/噁草酮 250克/升/2009.04.24 至 2014.04.24/低毒
花生田　一年生杂草　487.5—562.5克/公顷　土壤喷雾
水稻田　一年生杂草　450-562.5克/公顷　药土法
PD20095927　喹硫磷/70%/原药/喹硫磷 70%/2009.06.02 至 2014.06.02/中等毒
PD20096953　多菌灵/50%/可湿性粉剂/多菌灵 50%/2009.09.29 至 2014.09.29/低毒
水稻　纹枯病　750-900克/公顷　喷雾
PD20098295　草甘膦异丙胺盐(41%)///水剂/草甘膦 30%/2009.12.18 至 2014.12.18/低毒
苹果园　杂草　200-350毫升制剂/亩　定向茎叶喷雾
LS20060493　噁草酮/120克/升/乳油/噁草酮 120克/升/2008.03.06 至 2009.03.06/低毒
移栽水稻田　一年生杂草　360-450克/公顷　药土法(或直接撒施)

浙江金帆达生化股份有限公司　(浙江省杭州市桐庐县横村镇　311512　0571-56986619)

PD85159-4　草甘膦/10%/水剂/草甘膦 10%/2006.04.25 至 2009.12.31/低毒
茶树、甘蔗、果园、剑麻、林木、桑树、橡胶树　一年生杂草和多年生恶性杂草　1125-2250克/公顷　定向茎叶喷雾
PD92103-11　草甘膦/95%/原药/草甘膦 95%/2007.08.27 至 2012.08.27/低毒
PD20070671　草甘膦异丙胺盐/41%/水剂/草甘膦异丙胺盐 41%/2007.12.17 至 2012.12.17/低毒
柑橘园　杂草　1125-2250克/公顷　定向茎叶喷雾
PD20085754　百草枯/200克/升/水剂/百草枯 200克/升/2008.12.29 至 2013.12.29/中等毒
非耕地　杂草　450-600克/公顷　喷雾
PD20086246　百草枯/42%/母药/百草枯 42%/2008.12.31 至 2013.12.31/中等毒
PD20096274　草甘膦异丙胺盐(62%)///水剂/草甘膦 46%/2009.07.22 至 2014.07.22/低毒
柑橘园　杂草　1209-2325克/公顷　定向喷雾
LS20090113　草甘膦铵盐/75.7%/可溶粒剂/草甘膦铵盐 75.7%/2009.01.14 至 2010.01.14/低毒
柑橘园　杂草　1500-2250克制剂/公顷　定向喷雾

浙江来益生物技术有限公司　(浙江省绍兴市嵊州市城北工业开发区　312400　0575-83106890)

PD20086306　苄嘧·丙草胺/25%/可湿性粉剂/苄嘧磺隆 10%、丙草胺 15%/2008.12.31 至 2013.12.31/低毒
水稻直播田　部分多年生杂草、一年生杂草　75-93.75克/公顷(南方地区)　土壤喷雾
PD20092619　芸苔素内酯/0.04%/水剂/芸苔素内酯 0.04%/2009.03.02 至 2014.03.02/低毒
辣椒　调节生长　0.03-0.06毫克/千克　茎叶喷雾
PD20095043　苄·乙/16%/可湿性粉剂/苄嘧磺隆 8%、乙草胺 8%/2009.04.21 至 2014.04.21/低毒
水稻抛秧田　一年生及部分多年生杂草　72-96克/公顷　毒土法
PD20095941　苄·乙/16%/可湿性粉剂/苄嘧磺隆 3.6%、乙草胺 12.4%/2009.06.02 至 2014.06.02/低毒
水稻移栽田　稗草、多年生杂草、一年生莎草　84-118克/公顷　移栽后7天药土法
PD20098300　松脂酸钠/45%/可溶粉剂/松脂酸钠 45%/2009.12.18 至 2014.12.18/低毒
柑橘树　矢尖蚧　667-833克制剂/亩　喷雾
LS20061903　印楝素/0.3%/乳油/印楝素 0.3%/2008.12.05 至 2009.12.05/低毒
十字花科蔬菜　菜青虫　4.05-6.3克/公顷　喷雾

浙江兰溪巨化氟化学有限公司　(浙江省兰溪经济开发区宝龙路10号　321102　0579-88849040)

PD84108-27　敌百虫/97%,90%,87%/原药/敌百虫 97%,90%,87%/2004.12.09 至 2009.12.09/低毒
白菜、青菜　菜青虫　960-1200克/公顷　喷雾
白菜、青菜　地下害虫　750-1500克/公顷　喷雾
茶树　尺蠖、刺蛾　450-900毫克/千克　喷雾
大豆　造桥虫　1800克/公顷　喷雾

	柑橘树	卷叶蛾	600-750毫克/千克	喷雾
	林木	松毛虫	600-900毫克/千克	喷雾
	水稻	螟虫	1500-1800克/公顷	喷雾、泼浇或毒土
	小麦	黏虫	1800克/公顷	喷雾
	烟草	烟青虫	900毫克/千克	喷雾
PD85105-10	敌敌畏/80%/乳油/敌敌畏 77.5%(气谱法)/2005.01.31 至 2010.01.31/中等毒			
	茶树	食叶害虫	600克/公顷	喷雾
	粮仓	多种储藏害虫	1)400-500倍液 2)0.4-0.5克/立方米	1)喷雾 2)挂条熏蒸
	棉花	蚜虫、造桥虫	600-1200克/公顷	喷雾
	苹果树	小卷叶蛾、蚜虫	400-500毫克/千克	喷雾
	青菜	菜青虫	600克/公顷	喷雾
	桑树	尺蠖	600克/公顷	喷雾
	卫生	多种卫生害虫	1)300-400倍液 2)0.08克/立方米	1)泼洒 2)挂条熏蒸
	小麦	黏虫、蚜虫	600克/公顷	喷雾
PD85118-3	异稻瘟净/80%/原药/异稻瘟净 80%/2005.06.21 至 2010.06.21/低毒			
PD85119-4	异稻瘟净/40%,50%/乳油/异稻瘟净 40%,50%/2005.06.21 至 2010.06.21/低毒			
	水稻	稻瘟病	900-1200克/公顷	喷雾
PD85150	多菌灵/50%/可湿性粉剂/多菌灵 50%/2005.08.15 至 2010.08.15/低毒			
	果树	病害	0.05-0.1%药液	喷雾
	花生	倒秧病	750克/公顷	喷雾
	麦类	赤霉病	750克/公顷	喷雾、泼浇
	棉花	苗期病害	250克/50千克种子	拌种
	水稻	稻瘟病、纹枯病	750克/公顷	喷雾、泼浇
	油菜	菌核病	1125-1500克/公顷	喷雾
PD86158-3	三乙膦酸铝/95%、87%/原药/三乙膦酸铝 95%、87%/2006.09.19 至 2011.09.19/低毒			
PD86159-3	三乙膦酸铝/40%/可湿性粉剂/三乙膦酸铝 40%/2006.09.19 至 2011.09.19/低毒			
	胡椒	瘟病	1克/株	灌根
	棉花	疫病	1410-2820克/公顷	喷雾
	蔬菜	霜霉病	1410-2820克/公顷	喷雾
	水稻	稻瘟病、纹枯病	1410克/公顷	喷雾
	橡胶树	割面条溃疡病	100倍液	1）切口涂药, 2)喷雾
	烟草	黑胫病	1）4500克/公顷, 2）0.8克/株	1）喷雾, 2）灌根
PD86160-4	三乙膦酸铝/80%/可湿性粉剂/三乙膦酸铝 80%/2006.09.19 至 2011.09.19/低毒			
	胡椒	瘟病	1克/株	灌根
	棉花	疫病	1410-2820克/公顷	喷雾
	蔬菜	霜霉病	1410-2820克/公顷	喷雾
	水稻	稻瘟病、纹枯病	1410克/公顷	喷雾
	橡胶	割面条溃疡病	1)100倍液	1)切口涂药 2)喷雾
	烟草	黑胫病	1)4500克/公顷2)0.8克/株	1)喷雾2)灌根
PD20040230	三唑酮/20%/乳油/三唑酮 20%/2004.12.19 至 2009.12.18/低毒			
	小麦	白粉病	120-127.5克/公顷	喷雾
PD20040284	三唑磷/85%/原药/三唑磷 85%/2004.12.19 至 2009.12.18/中等毒			
PD20040672	三唑磷/20%/乳油/三唑磷 20%/2004.12.19 至 2009.12.18/中等毒			
	水稻	二化螟、三化螟	300-450克/公顷	喷雾
PD20040673	三唑磷/13.5%/乳油/三唑磷 13.5%/2004.12.19 至 2009.12.18/中等毒			
	水稻	二化螟	202.5-303.75克/公顷	喷雾
PD20040675	哒螨灵/15%/乳油/哒螨灵 15%/2004.12.19 至 2009.12.18/中等毒			
	柑橘树	红蜘蛛	50-67毫克/千克	喷雾
	柑橘树	锈蜘蛛	45-50毫克/千克	喷雾
PD20050109	乙氧氟草醚/97%/原药/乙氧氟草醚 97%/2005.08.15 至 2010.08.15/低毒			
PD20093905	乙氧氟草醚/24%/乳油/乙氧氟草醚 24%/2009.03.26 至 2014.03.26/低毒			
	大蒜、姜	一年生杂草	144-180克/公顷	喷雾
	花生田、棉花田、夏大豆田	一年生杂草	144-216克/公顷	喷雾
	苹果园	一年生杂草	216-288克/公顷	喷雾
	水稻移栽田	一年生杂草	54-72克/公顷	毒土法
PD20095898	乙氧氟草醚/2%/颗粒剂/乙氧氟草醚 2%/2009.05.31 至 2014.05.31/低毒			

水稻移栽田 一年生杂草 54-75克/公顷 毒土法

浙江乐吉化工股份有限公司 (浙江省温州市乐清市虹桥镇南阳 325608 0577-61352865)

PD20070680 哌草丹/96%/原药/哌草丹 96%/2007.12.17 至 2012.12.17/低毒

PD20083034 苄嘧·苯噻酰/50%/可湿性粉剂/苯噻酰草胺 47%、苄嘧磺隆 3%/2008.12.10 至 2013.12.10/低毒

水稻抛秧田 一年生及部分多年生杂草 375-450克/公顷(南方地区) 药土法

PD20084468 苄·丁/35%/可湿性粉剂/苄嘧磺隆 1.3%、丁草胺 33.7%/2008.12.17 至 2013.12.17/低毒

水稻育秧田、水稻直播田 一年生及部分多年生杂草 525-750克/公顷 播前1-2天或秧苗1.5叶时喷雾1次

PD20084509 灭蝇胺/95%/原药/灭蝇胺 95%/2008.12.18 至 2013.12.18/低毒

PD20084515 精喹禾灵/5%/乳油/精喹禾灵 5%/2008.12.18 至 2013.12.18/低毒

夏大豆田 一年生禾本科杂草 37.5-52.5克/公顷 茎叶喷雾

PD20084541 灭蝇胺/50%/可湿性粉剂/灭蝇胺 50%/2008.12.18 至 2013.12.18/低毒

菜豆 美洲斑潜蝇 135-187.5克/公顷 喷雾

PD20084827 苄嘧·丙草胺/40%/可湿性粉剂/苄嘧磺隆 4.7%、丙草胺 35.3%/2008.12.22 至 2013.12.22/低毒

水稻直播田 部分多年生杂草、一年生杂草 360-420克/公顷 喷雾

PD20090425 草甘膦/58%/可溶粉剂/草甘膦 58%/2009.01.12 至 2014.01.12/低毒

柑橘园 多年生杂草、一年生杂草 1125-2250克/公顷 定向喷雾

免耕春油菜田 杂草 1500-2250克/公顷 茎叶喷雾

免耕冬油菜田 一年生杂草 750-1200克/公顷 茎叶喷雾

免耕抛秧晚稻田 杂草 2100-2550克/公顷 茎叶喷雾

PD20092292 草甘膦异丙胺盐/62%/水剂/草甘膦异丙胺盐 62%/2009.02.24 至 2014.02.24/低毒

非耕地 杂草 1950-3750毫升制剂/公顷 茎叶喷雾

PD20092328 草甘膦钠盐/58%/可溶粒剂/草甘膦钠盐 58%/2009.02.24 至 2014.02.24/低毒

非耕地 杂草 1131-2175克/公顷 喷雾

PD20092577 苄·乙/30%/可湿性粉剂/苄嘧磺隆 6.7%、乙草胺 23.3%/2009.02.27 至 2014.02.27/低毒

水稻移栽田 一年生及部分多年生杂草 84-118克/公顷 毒土法

PD20094005 苄嘧·哌草丹/17.2%/可湿性粉剂/苄嘧磺隆 0.6%、哌草丹 16.6%/2009.03.27 至 2014.03.27/低毒

水稻秧田和南方直播田 一年生单、双子叶杂草 516-774克/公顷 播后1-4天喷雾处理

PD20094201 扑·乙/40%/可湿性粉剂/扑草净 20%、乙草胺 20%/2009.03.30 至 2014.03.30/低毒

春大豆田 一年生杂草 1050-1500克/公顷(东北地区) 播后苗前土壤喷雾

春小麦田 一年生杂草 720-900克/公顷 播后苗前土壤喷雾

棉花田 一年生杂草 1050-1200克/公顷 播后苗前土壤喷雾

PD20095347 草甘膦/95%/原药/草甘膦 95%/2009.04.27 至 2014.04.27/低毒

PD20097658 苄嘧·禾草丹/35.75%/可湿性粉剂/苄嘧磺隆 0.75%、禾草丹 35%/2009.11.04 至 2014.11.04/低毒

水稻秧田 一年生杂草 804-1072.5克/公顷 喷雾

LS20071183 丁硫克百威/10%/微乳剂/丁硫克百威 10%/2009.05.07 至 2010.05.08/中等毒

柑橘树 蚜虫 50-100毫克/千克 喷雾

LS20071271 高效氟氯氰菊酯/2.5%/微乳剂/高效氟氯氰菊酯 2.5%/2009.05.07 至 2010.05.08/中等毒

十字花科蔬菜 菜青虫 7.5-11.25克/公顷 喷雾

LS20071306 苯醚甲环唑/10%/微乳剂/苯醚甲环唑 10%/2009.05.08 至 2010.05.09/低毒

西瓜 炭疽病 107-150克/公顷 喷雾

LS20071550 敌畏·毒死蜱/40%/乳油/敌敌畏 30%、毒死蜱 10%/2009.05.29 至 2010.05.30/中等毒

水稻 稻纵卷叶螟 480-600克/公顷 喷雾

LS20081156 苯醚甲环唑/95%/原药/苯醚甲环唑 95%/2009.03.10 至 2010.03.10/低毒

LS20082374 苯甲·丙环唑/30%/乳油/苯醚甲环唑 15%、丙环唑 15%/2009.04.21 至 2010.04.21/低毒

水稻 纹枯病 67.5-112.5克/公顷 喷雾

LS20082745 苄·二氯/35%/可湿性粉剂/苄嘧磺隆 6%、二氯喹啉酸 29%/2009.05.04 至 2010.05.04/低毒

直播水稻(南方) 一年生杂草 157.5-262.5克/公顷 茎叶喷雾

LS20090746 烟嘧·莠去津/52%/可湿性粉剂/烟嘧磺隆 5.2%、莠去津 46.8%/2009.03.31 至 2010.03.31/低毒

玉米田 一年生杂草 975-1170克/公顷 茎叶喷雾

LS20091018 甲氨基阿维菌素苯甲酸盐（0.6%）///微乳剂/甲氨基阿维菌素 0.5%/2009.04.13 至 2010.04.13/低毒

甘蓝 甜菜夜蛾 2.25-3克/公顷 喷雾

LS20091082 草铵膦/200克/升/水剂/草铵膦 200克/升/2009.04.15 至 2010.04.15/低毒

柑橘园 杂草 350-700毫升制剂/亩 定向茎叶喷雾

LS20091454 20%二氯喹啉酸·精噁唑禾草灵可湿性粉剂/20%/可湿性粉剂/二氯喹啉酸 18%、精噁唑禾草灵 2%/2009.12.14至2010.12.14/低毒

直播水稻(南方) 稗草、千金子 150-225克/公顷 水稻6-7叶，茎叶喷雾

浙江李字日化有限责任公司　(浙江省诸暨市牌头镇李字工业城(金山村)　311825　0575-87050701)

WP20080106　蚊香/0.25%/蚊香/富右旋反式烯丙菊酯 0.25%/2008.10.21 至 2013.10.21/微毒
　卫生　蚊　/　点燃
　注:本品有一种香型：檀香型。

WP20080114　电热蚊香液/0.86%/电热蚊香液/炔丙菊酯 0.86%/2008.10.22 至 2013.10.22/微毒
　卫生　蚊　/　电热加温
　注:本品有一种香型：玫瑰香型。

WP20080118　杀虫气雾剂/0.57%/气雾剂/胺菊酯 0.4%、氯氰菊酯 0.05%、右旋苯醚氰菊酯 0.12%/2008.10.28 至 2013.10.28/微毒
　卫生　蚊、蝇、蜚蠊　/　喷雾

WP20080215　蚊香/0.2%/蚊香/富右旋反式烯丙菊酯 0.2%/2008.11.21 至 2013.11.21/微毒
　卫生　蚊　/　点燃
　注:本品有一种香型：檀香型。

WP20080476　电热蚊香片/60毫克/片/电热蚊香片/Es-生物烯丙菊酯 60毫克/片/2008.12.16 至 2013.12.16/微毒
　卫生　蚊　/　电热加温

WP20080593　蚊香/0.2%/蚊香/Es-生物烯丙菊酯 0.2%/2008.12.29 至 2013.12.29/微毒
　卫生　蚊　/　点燃

WL20070140　蚊香/0.3%/蚊香/富右旋反式烯丙菊酯 0.3%/2009.07.08 至 2010.07.08/微毒
　卫生　蚊　/　点燃
　注:本品有一种香型：檀香型。

WL20080037　蟑香/0.13%/蟑香/右旋苯醚氰菊酯 0.13%/2009.01.07 至 2010.01.07/微毒
　卫生　蜚蠊　/　点燃

WL20080476　蚊香/0.02%/蚊香/四氟甲醚菊酯 0.02%/2009.12.04 至 2010.12.04/微毒
　卫生　蚊　/　点燃
　注:本品有一种香型：檀香型。

WL20090113　蚊香/0.08%/蚊香/氯氟醚菊酯 0.08%/2009.04.10 至 2010.04.10/微毒
　卫生　蚊　/　点燃

浙江菱化实业股份有限公司　(浙江省湖州市南浔区菱湖镇人民北路131号　313018　0572-3941995)

PD85159-7　草甘膦/10%/水剂/草甘膦 10%/2005.07.05 至2009.12.31/低毒
　茶树、甘蔗、果园、剑麻、林木、桑树、橡胶树　一年生杂草和多年生恶性杂草　1125-2250克/公顷　定向茎叶喷雾

PD86182-6　稻瘟灵/30%/乳油/稻瘟灵 30%/2006.03.20 至 2011.03.20/低毒
　水稻　稻瘟病　450-675克/公顷　喷雾

PD92103-21　草甘膦/95%/原药/草甘膦 95%/2007.08.14 至 2012.08.14/低毒

PD20040366　吡虫啉/10%/可湿性粉剂/吡虫啉 10%/2004.12.19 至 2009.12.18/低毒
　柑橘树　潜叶蛾　25-50毫克/千克　喷雾
　水稻　飞虱　15-30克/公顷　喷雾

PD20040367　吡虫啉/10%/乳油/吡虫啉 10%/2004.12.19 至 2009.12.18/低毒
　柑橘树　潜叶蛾　22.5-30克/公顷　喷雾

PD20081305　氟啶脲/95%/原药/氟啶脲 95%/2008.10.09 至 2013.10.09/低毒

PD20085286　稻瘟灵/80%/原药/稻瘟灵 80%/2008.12.23 至 2013.12.23/低毒

PD20085941　乙酰甲胺磷/95%/原药/乙酰甲胺磷 95%/2008.12.29 至 2013.12.29/低毒

PD20090151　草甘膦异丙胺盐/62%/水剂/草甘膦 62%/2009.01.08 至 2014.01.08/低毒
　柑橘园　杂草　1162.5-2325克/公顷　喷雾

PD20090591　草甘膦/30%/可溶粉剂/草甘膦 30%/2009.01.14 至 2014.01.14/低毒
　柑橘园　杂草　1125-2250克/公顷　定向喷雾

PD20092609　氟啶脲/5%/乳油/氟啶脲 5%/2009.03.02 至 2014.03.02/低毒
　棉花　棉铃虫　75-112.5克/公顷　喷雾
　十字花科蔬菜　菜青虫　45-60克/公顷　喷雾

PD20094985　草甘膦异丙胺盐(41%)///水剂/草甘膦 30%/2009.04.21 至 2014.04.21/低毒
　柑橘园　杂草　1125-2250克/公顷　喷雾

PD20095248　稻瘟灵/40%/乳油/稻瘟灵 40%/2009.04.27 至 2014.04.27/低毒
　水稻　稻瘟病　450-675克/公顷　喷雾

LS20083041　草甘膦铵盐/77.7%/可溶粒剂/草甘膦铵盐 77.7%/2009.09.18 至 2010.09.18/低毒
　柑橘园　杂草　1165.5-2331克/公顷　定向茎叶喷雾

浙江龙湾化工有限公司　(浙江省温州市龙湾区机场大道黄山路6号　325013　0577-86636387)

PD84118-36　多菌灵/25%/可湿性粉剂/多菌灵 25%/2005.03.23 至 2010.03.23/低毒
　果树　病害　0.05-0.1%药液　喷雾
　花生　倒秧病　750克/公顷　喷雾
　麦类　赤霉病　750克/公顷　喷雾,泼浇
　棉花　苗期病害　500克/100千克种子　拌种
　水稻　稻瘟病、纹枯病　750克/公顷　喷雾,泼浇
　油菜　菌核病　1125-1500克/公顷　喷雾

PD86153-8 叶枯唑/20%/可湿性粉剂/叶枯唑 20%/2006.09.13 至 2011.09.13/低毒
水稻 白叶枯病 300-375克/公顷 喷雾、弥雾
PD20070114 乙氧氟草醚/97%/原药/乙氧氟草醚 97%/2007.05.08 至 2012.05.08/低毒
PD20082473 硫磺·多菌灵/50%/可湿性粉剂/多菌灵 30%、硫磺 20%/2008.12.03 至 2013.12.03/低毒
茄子 灰霉病 1023-1249.5克/公顷 喷雾
PD20082758 三环唑/20%/可湿性粉剂/三环唑 20%/2008.12.08 至 2013.12.08/中等毒
水稻 稻瘟病 225-300克/公顷 喷雾
PD20082778 噻嗪酮/25%/可湿性粉剂/噻嗪酮 25%/2008.12.08 至 2013.12.08/低毒
茶树 小绿叶蝉 166-250毫克/千克 喷雾
柑橘树 介壳虫 150-250毫克/千克 喷雾
水稻 飞虱 75-112.5克/公顷 喷雾
PD20083408 硫磺·甲硫灵/70%/可湿性粉剂/甲基硫菌灵 40%、硫磺 30%/2008.12.11 至 2013.12.11/低毒
黄瓜 白粉病 840-1050克/公顷 喷雾
PD20085938 异稻·三环唑/20%/可湿性粉剂/三环唑 6.5%、异稻瘟净 13.5%/2008.12.29 至 2013.12.29/中等毒
水稻 稻瘟病 300-450克/公顷 喷雾
PD20085947 噻嗪·异丙威/25%/乳油/噻嗪酮 6%、异丙威 19%/2008.12.29 至 2013.12.29/中等毒
水稻 飞虱 187.5-262.5克/公顷 喷雾
PD20085949 硫磺·三环唑/45%/可湿性粉剂/硫磺 40%、三环唑 5%/2008.12.29 至 2013.12.29/低毒
水稻 稻瘟病 675-1012.5克/公顷 喷雾
PD20085996 噻嗪·异丙威/25%/可湿性粉剂/噻嗪酮 6%、异丙威 19%/2008.12.29 至 2013.12.29/中等毒
水稻 飞虱 187.5-262.5克/公顷 喷雾
PD20086024 噻菌铜/20%/悬浮剂/噻菌铜 20%/2008.12.29 至 2013.12.29/低毒
大白菜 软腐病 225－300克/公顷 喷雾
柑橘 溃疡病 300－700倍液 喷雾
柑橘 疮痂病 300－500倍液 喷雾
黄瓜 角斑病 250－500克/公顷 喷雾
水稻 白叶枯病 300－390克/公顷 喷雾
水稻 细菌性条斑病 375－480克/公顷 喷雾
西瓜 枯萎病 225－300克/公顷 喷雾
烟草 野火病 300-390克/公顷 喷雾
PD20086025 噻菌铜/95%/原药/噻菌铜 95%/2008.12.29 至 2013.12.29/低毒
PD20086182 福·甲·硫磺/50%/可湿性粉剂/福美双 15%、甲基硫菌灵 15%、硫磺 20%/2008.12.30 至 2013.12.30/低毒
辣椒 炭疽病 315-630克/公顷 喷雾
PD20086338 多·福·硫磺/25%/可湿性粉剂/多菌灵 10%、福美双 5%、硫磺 10%/2008.12.31 至 2013.12.31/低毒
水稻 稻瘟病 375-600克/公顷 喷雾
PD20090987 三环唑/75%/可湿性粉剂/三环唑 75%/2009.01.20 至 2014.01.20/中等毒
水稻 稻瘟病 225-375克/公顷 喷雾

浙江龙游东方农药有限公司 (浙江省龙游县城南开发区 324400 0570-7855158)

PD20082144 草甘膦/30%/水剂/草甘膦 30%/2008.11.25 至 2013.11.25/低毒
非耕地 杂草 1125-3000克/公顷 茎叶喷雾
PD20086335 三唑磷/20%/乳油/三唑磷 20%/2008.12.31 至 2013.12.31/中等毒
水稻 二化螟 300-450克/公顷 喷雾
LS20071442 马拉硫磷/45%/乳油/马拉硫磷 45%/2009.05.20 至 2010.05.21/低毒
水稻 稻飞虱 540-810克/公顷 喷雾
LS20080664 高效氯氟氰菊酯/25克/升/乳油/高效氯氟氰菊酯 25克/升/2009.02.24 至 2010.02.25/中等毒
十字花科蔬菜 菜青虫 7.5-15克/公顷 喷雾
LS20083126 炔螨·三唑磷/40%/乳油/炔螨特 20%、三唑磷 20%/2009.11.12 至 2010.11.12/中等毒
柑橘树 红蜘蛛 266.7-400毫克/千克 喷雾

浙江平湖农药厂 (浙江省平湖市经济开发区 314200 0573-85116149)

PD85160-2 80%乙蒜素乳油//乳油/乙蒜素 80%/2005.08.15 至 2010.08.15/中等毒
大豆 紫斑病 5000倍液 浸种
甘薯 黑斑病 2000倍液 浸种
棉花 多种病害 1000-8000倍液 浸种,闷种
苹果树 叶斑病 800-1000倍液 喷雾
水稻 烂秧病 6000-8000倍液 浸种
油菜 霜霉病 5000-6000倍液 喷雾
PD20050044 哒螨·吡虫啉/17.5%/可湿性粉剂/吡虫啉 2.5%、哒螨灵 15%/2005.04.15 至 2010.04.14/低毒
柑橘树 红蜘蛛、蚜虫 87.5-116毫克/千克 喷雾
PD20070663 吡虫啉·噻嗪酮/18%/可湿性粉剂/吡虫啉 2%、噻嗪酮 16%/2007.12.17 至 2012.12.17/低毒
水稻 稻飞虱 54-81克/公顷 喷雾
PD20081029 咪鲜胺/25%/乳油/咪鲜胺 25%/2008.08.06 至 2013.08.06/低毒
水稻 恶苗病 62.5-125毫克/千克 浸种
PD20081087 高效氯氟氰菊酯/25克/升/乳油/高效氯氟氰菊酯 25克/升/2008.08.18 至 2013.08.18/低毒

	茶树	茶尺蠖	3.75-7.5克/公顷	喷雾
PD20082649	精喹·草除灵/17.5%/乳油/草除灵 15%、精喹禾灵 2.5%/2008.12.04 至 2013.12.04/低毒			
	油菜田	一年生杂草	262.5-393.8克/公顷	茎叶喷雾
PD20083280	四聚乙醛/6%/颗粒剂/四聚乙醛 6%/2008.12.11 至 2013.12.11/低毒			
	小白菜	蜗牛	450-585克/公顷	撒施
PD20084191	吡嘧·丙草胺/35%/可湿性粉剂/吡嘧磺隆 0.6%、丙草胺 34.4%/2008.12.16 至 2013.12.16/低毒			
	水稻直播田	一年生杂草	367.5-420克/公顷(南方地区)	播后苗前土壤喷雾
PD20084751	敌百虫/90%/可溶性粉剂/敌百虫 90%/2008.12.22 至 2013.12.22/中等毒			
	十字花科蔬菜	菜青虫	1080-1620克/公顷	喷雾
PD20085442	三唑酮/25%/可湿性粉剂/三唑酮 25%/2008.12.24 至 2013.12.24/低毒			
	小麦	白粉病	112.5-157.5克/公顷	喷雾
PD20085697	高氯·马/37%/乳油/高效氯氰菊酯 0.8%、马拉硫磷 36.2%/2008.12.26 至 2013.12.26/中等毒			
	甘蓝	菜青虫	194.25-360.75克/公顷	喷雾
	柑橘树	橘蚜	92.5-185毫克/千克	喷雾
PD20085788	咪鲜·杀螟丹/18%/可湿性粉剂/咪鲜胺 8%、杀螟丹 10%/2008.12.29 至 2013.12.29/低毒			
	水稻	恶苗病、干尖线虫病	800-1000倍液	浸种
PD20085790	嗪草酮/70%/可湿性粉剂/嗪草酮 70%/2008.12.29 至 2013.12.29/低毒			
	大豆田	一年生阔叶杂草	577.5-787.5克/公顷	播后苗前土壤喷雾
PD20086017	井冈·三唑酮/15.5%/可湿性粉剂/井冈霉素 6.2%、三唑酮 9.3%/2008.12.29 至 2013.12.29/低毒			
	水稻	稻曲病、纹枯病	232.5-279克/公顷	喷雾
PD20086150	苄嘧·苯噻酰/53%/可湿性粉剂/苯噻酰草胺 49%、苄嘧磺隆 4%/2008.12.30 至 2013.12.30/低毒			
	水稻抛秧田	一年生及部分多年生杂草	397.5-477克/公顷(南方地区)	药土法
PD20090387	毒死蜱/15%/颗粒剂/毒死蜱 15%/2009.01.12 至 2014.01.12/低毒			
	花生	蛴螬	1800-3600克/公顷	撒施
PD20090436	精喹·乙草胺/30%/乳油/精喹禾灵 2.5%、乙草胺 27.5%/2009.01.12 至 2014.01.12/低毒			
	冬油菜田	阔叶杂草、一年生禾本科杂草	450-562.5克/公顷	喷雾
PD20090973	萎锈·福美双/400克/升/悬浮剂/福美双 200克/升、萎锈灵 200克/升/2009.01.20 至 2014.01.20/低毒			
	棉花	立枯病	180-260克/100千克种子	拌种
PD20091349	三环唑/20%/可湿性粉剂/三环唑 20%/2009.02.02 至 2014.02.02/低毒			
	水稻	稻瘟病	300-375克/公顷	喷雾
PD20091708	三环唑/75%/可湿性粉剂/三环唑 75%/2009.02.03 至 2014.02.03/中等毒			
	水稻	稻瘟病	281.25-393.75克/公顷	喷雾
PD20092040	丁硫克百威/35%/种子处理干粉剂/丁硫克百威 35%/2009.02.12 至 2014.02.12/中等毒			
	水稻秧田	蓟马	315-420克/100千克种子	拌种
PD20092296	二氯喹啉酸/25%/悬浮剂/二氯喹啉酸 25%/2009.02.24 至 2014.02.24/低毒			
	水稻移栽田	稗草等杂草	281.25-375克/公顷	喷雾
PD20092374	噻嗪酮/25%/可湿性粉剂/噻嗪酮 25%/2009.02.25 至 2014.02.25/低毒			
	水稻	稻飞虱	131.25-168.75克/公顷	喷雾
PD20092595	苄·乙/18%/可湿性粉剂/苄嘧磺隆 4%、乙草胺 14%/2009.02.27 至 2014.02.27/低毒			
	水稻移栽田	一年生及部分多年生杂草	81-118克/公顷	药土法
PD20092776	氟铃脲/5%/乳油/氟铃脲 5%/2009.03.04 至 2014.03.04/低毒			
	甘蓝	小菜蛾	30-60克/公顷	喷雾
PD20094490	氯吡脲/0.1%/可溶液剂/氯吡脲 0.1%/2009.04.09 至 2014.04.09/低毒			
	黄瓜	调节生长、增产	40-50毫克/千克	喷雾
LS20071462	四聚乙醛/98%/原药/四聚乙醛 98%/2009.05.20 至 2010.05.21/中等毒			
LS20082657	杀螺胺乙醇胺盐/70%/可湿性粉剂/杀螺胺乙醇胺盐 70%/2009.04.23 至 2010.04.23/低毒			
	水稻	福寿螺	472.5-630克/公顷	喷雾

浙江钱江生物化学股份有限公司　(浙江省海宁市西山路598号　314400　0573-87035289)

PD85131	井冈霉素/3%,5%/水剂/井冈霉素 3%,5%/2005.08.15 至 2010.08.15/低毒			
	水稻	纹枯病	150-187.5克/公顷	喷雾、泼浇
PD85132	井冈霉素/2%,3%,4%/可溶粉剂/井冈霉素 2%,3%,4%/2005.08.15 至 2010.08.15/低毒			
	水稻	纹枯病	150-187.5克/公顷	喷雾、泼浇
PD86101-5	赤霉酸/4%/乳油/赤霉酸 4%/2006.09.19 至 2011.09.19/低毒			
	菠菜	增加鲜重	10-25毫克/千克	叶面处理1-3次
	菠萝	果实增大、增重	40-80毫克/千克	喷花
	柑橘树	果实增大、增重	20-40毫克/千克	喷花
	花卉	提前开花	700毫克/千克	叶面处理涂抹花芽
	绿肥	增产	10-20毫克/千克	喷雾
	马铃薯	苗齐、增产	0.5-1毫克/千克	浸薯块10-30分钟

	棉花	提高结铃率、增产	10-20毫克/千克	点喷、点涂或喷雾
	葡萄	无核、增产	50-200毫克/千克	花后1周处理果穗
	芹菜	增产	20-100毫克/千克	叶面处理1次
	人参	增加发芽率	20毫克/千克	播前浸种15分钟
	水稻	增加千粒重、制种	20-30毫克/千克	喷雾
PD86183-5	赤霉酸/85%/结晶粉/赤霉酸 85%/2006.12.04 至 2011.12.04/低毒			
	菠菜	增加鲜重	10-25毫克/千克	叶面处理1-3次
	菠萝	果实增大、增重	40-80毫克/千克	喷花
	柑橘树	果实增大、增重	20-40毫克/千克	喷花
	花卉	提前开花	700毫克/千克	叶面处理涂抹花芽
	绿肥	增产	10-20毫克/千克	喷雾
	马铃薯	苗齐、增产	0.5-1毫克/千克	浸薯块10-30分钟
	棉花	提高结铃率、增产	10-20毫克/千克	点喷、点涂或喷雾
	葡萄	无核、增产	50-200毫克/千克	花后一周处理果穗
	芹菜	增加鲜重	20-100毫克/千克	叶面处理1次
	人参	增加发芽率	20毫克/千克	播种前浸种15分钟
	水稻	增加千粒重、制种	20-30毫克/千克	喷雾
PD88109-2	井冈霉素/10%,20%/水溶粉剂/井冈霉素 10%,20%/2009.01.05 至 2014.01.05/低毒			
	水稻	纹枯病	75-112.5克/公顷	喷雾、泼浇
PD20080161	阿维菌素/92%/原药/阿维菌素 92%/2008.01.04 至 2013.01.04/高毒			
PD20080537	赤霉酸/90%/原药/赤霉酸 90%/2008.05.04 至 2013.05.04/低毒			
PD20081015	井冈霉素A/60%/原药/井冈霉素A 60%/2008.08.06 至 2013.08.06/低毒			
PD20081402	井冈霉素A/5%/可溶粉剂/井冈霉素A 5%/2008.10.28 至 2013.10.28/低毒			
	水稻	纹枯病	52.5-75克/公顷	喷雾
PD20082001	阿维菌素/1.8%/乳油/阿维菌素 1.8%/2008.11.25 至 2013.11.25/低毒(原药高毒)			
	柑橘树	潜叶蛾	4.5-6毫克/千克	喷雾
	梨树	梨木虱	6-9毫克/千克	喷雾
	棉花	棉铃虫	21.6-32.4克/公顷	喷雾
	棉花	红蜘蛛	10.8-16.2克/公顷	喷雾
	苹果树	红蜘蛛	4.5-6毫克/千克	喷雾
	十字花科蔬菜	小菜蛾	8.1-10.8克/公顷	喷雾
	水稻	稻纵卷叶螟	4.5-7.5克/公顷	喷雾
PD20082525	阿维菌素/1%/乳油/阿维菌素 1%/2008.12.03 至 2013.12.03/低毒(原药高毒)			
	柑橘树	潜叶蛾	5-6.7毫克/千克	喷雾
	梨树	梨木虱	6.67-10毫克/千克	喷雾
	棉花	棉铃虫	21.6-32.4克/公顷	喷雾
	棉花	红蜘蛛	10.8-16.2克/公顷	喷雾
	苹果树	红蜘蛛	5-6.7毫克/千克	喷雾
	十字花科蔬菜	小菜蛾	6.75-10.8克/公顷	喷雾
	水稻	稻纵卷叶螟	4.5-7.5克/公顷	喷雾
PD20090091	赤霉酸A4+A7/90%/原药/赤霉酸A4+A7 90%/2009.01.08 至 2014.01.08/低毒			
PD20090156	井冈霉素A/8%/水剂/井冈霉素A 8%/2009.01.08 至 2014.01.08/微毒			
	水稻	纹枯病	150-187.5克/公顷	喷雾
PD20095249	赤霉酸/10%/可溶片剂/赤霉酸 10%/2009.04.27 至 2014.04.27/低毒			
	水稻制种	调节生长、增产	80-250毫克/千克	喷雾
PD20095250	赤霉酸/3%/可溶粉剂/赤霉酸 3%/2009.04.27 至 2014.04.27/低毒			
	芹菜	调节生长	20-100毫克/千克	茎叶喷雾
PD20095531	赤霉酸/2.7%/膏剂/赤霉酸 2.7%/2009.05.11 至 2014.05.11/低毒			
	梨树	调节生长	25-35毫克制剂/果	涂幼果柄
PD20096698	甲氨基阿维菌素苯甲酸盐(2.3%)///乳油/甲氨基阿维菌素 2%/2009.09.07 至 2014.09.07/低毒			
	甘蓝	小菜蛾	2-3.3克/公顷	喷雾
PD20096706	赤霉酸/15%/可溶片剂/赤霉酸 15%/2009.09.07 至 2014.09.07/低毒			
	水稻制种	调节生长、增产	80-250毫克/千克	喷雾3次
PD20097473	甲氨基阿维菌素苯甲酸盐(90%)///原药/甲氨基阿维菌素 79.1%/2009.11.03 至 2014.11.03/中等毒			
LS20050877	阿维·仲丁威/12%/乳油/阿维菌素 0.2%、仲丁威 11.8%/2008.03.29 至 2009.03.30/低毒(原药高毒)			
	水稻	稻纵卷叶螟、二化螟	90-108克/公顷	喷雾

浙江瑞利生物科技有限公司 (浙江省衢州市常山县新都工业园区 324200 0570-5188888)

PD20083054 吡虫·噻嗪酮/22%/可湿性粉剂/吡虫啉 2.5%、噻嗪酮 19.5%/2008.12.10 至 2013.12.10/低毒
水稻 稻飞虱 55-82.5克/公顷 喷雾
PD20084825 氢铜·多菌灵/50%/可湿性粉剂/多菌灵 35%、氢氧化铜 15%/2008.12.22 至 2013.12.22/低毒
西瓜 枯萎病 750-937克制剂/公顷 喷雾、灌根
PD20085049 氢氧化铜/53.8%/水分散粒剂/氢氧化铜 53.8%/2008.12.23 至 2013.12.23/低毒
黄瓜 角斑病 538-672.5毫克/千克 喷雾
PD20095253 氢氧化铜/88%/原药/氢氧化铜 88%/2009.04.27 至 2014.04.27/低毒
PD20095254 氢氧化铜/77%/可湿性粉剂/氢氧化铜 77%/2009.04.27 至 2014.04.27/低毒
柑橘树 溃疡病 400-600倍液 喷雾
黄瓜 细菌性角斑病 1732.5-2310克/公顷 喷雾
葡萄 霜霉病 1283-1925毫克/千克 喷雾
PD20096842 松脂酸钠/20%/可溶粉剂/松脂酸钠 20%/2009.09.21 至 2014.09.21/低毒
柑橘树 介壳虫 1000-1333毫克/千克 喷雾

浙江锐特化工科技有限公司 (浙江省上虞市杭州湾上虞工业园区纬五路29号 312369 0575-82728378)

PD86148-16 异丙威/20%/乳油/异丙威 20%/2006.07.27 至 2011.07.27/中等毒
水稻 飞虱、叶蝉 450-600克/公顷 喷雾
PD91109-7 速灭威/20%/乳油/速灭威 20%/2006.07.27 至 2011.07.27/中等毒
水稻 飞虱、叶蝉 450-600克/公顷 喷雾
PD20040557 三唑磷/10%/乳油/三唑磷 10%/2004.12.19 至 2009.12.18/中等毒
水稻 二化螟 180-270克/公顷 喷雾
PD20070005 马拉·三唑磷/25%/乳油/马拉硫磷 12.5%、三唑磷 12.5%/2007.01.16 至 2012.01.16/中等毒
水稻 稻纵卷叶螟、二化螟 281.25-375克/公顷 喷雾
PD20070306 噻嗪·杀虫单/25%/可湿性粉剂/噻嗪酮 5%、杀虫单 20%/2007.09.21 至 2012.09.21/中等毒
水稻 稻飞虱 187.5-281.25克/公顷 喷雾
PD20070585 草甘膦/10%/水剂/草甘膦 10%/2007.12.14 至 2009.12.31/低毒
柑橘园 杂草 1125-2250克/公顷 喷雾
PD20070604 噻嗪酮/65%/可湿性粉剂/噻嗪酮 65%/2007.12.14 至 2012.12.14/低毒
柑橘树 介壳虫 216.7-325毫克/千克 喷雾
水稻 稻飞虱 97.5-146.25克/公顷 喷雾
PD20080204 敌畏·毒/35%/乳油/敌敌畏 25%、毒死蜱 10%/2008.01.11 至 2013.01.11/中等毒
水稻 稻纵卷叶螟 420-525克/公顷 喷雾
PD20080207 毒死蜱/40%/乳油/毒死蜱 40%/2008.01.11 至 2013.01.11/低毒
水稻 稻纵卷叶螟 450-600克/公顷 喷雾
PD20080209 三环·异稻/20%/可湿性粉剂/三环唑 6.7%、异稻瘟净 13.3%/2008.01.11 至 2013.01.11/中等毒
水稻 稻瘟病 300-450克/公顷 喷雾
PD20080211 三环唑/75%/可湿性粉剂/三环唑 75%/2008.01.11 至 2013.01.11/中等毒
水稻 稻瘟病 225-300克/公顷 喷雾
PD20080955 乙酰甲胺磷/30%/乳油/乙酰甲胺磷 30%/2008.07.23 至 2013.07.23/低毒
水稻 稻纵卷叶螟 675-900克/公顷 喷雾
PD20082069 苄·乙/20%/可湿性粉剂/苄嘧磺隆 4.5%、乙草胺 15.5%/2008.11.25 至 2013.11.25/低毒
水稻移栽田 一年生及部分多年生杂草 84-118克/公顷 毒土法
PD20082319 噻嗪·异丙威/30%/乳油/噻嗪酮 7.5%、异丙威 22.5%/2008.12.01 至 2013.12.01/中等毒
水稻 稻飞虱 337.5-450克/公顷 喷雾
PD20082330 噻嗪·仲丁威/25%/乳油/噻嗪酮 5%、仲丁威 20%/2008.12.01 至 2013.12.01/低毒
水稻 飞虱 281.25-375克/公顷 喷雾
PD20082456 高氯·马/20%/乳油/高效氯氰菊酯 2%、马拉硫磷 18%/2008.12.02 至 2013.12.02/低毒
茶树 茶小绿叶蝉 120-180克/公顷 喷雾
PD20083640 氯氰菊酯/10%/乳油/氯氰菊酯 10%/2008.12.12 至 2013.12.12/低毒
甘蓝 菜青虫 45-60克/公顷 喷雾
PD20083646 苄·二氯/27.5%/可湿性粉剂/苄嘧磺隆 2.5%、二氯喹啉酸 25%/2008.12.12 至 2013.12.12/低毒
水稻秧田 一年生杂草 202-231克/公顷 茎叶喷雾
PD20085427 草甘膦异丙胺盐/41%/水剂/草甘膦异丙胺盐 41%/2008.12.24 至 2013.12.24/低毒
春玉米田、棉花田、夏玉米田 一年生及部分多年生杂草 750-1650克/公顷 行间定向茎叶喷雾
非耕地 杂草 1230-1845克/公顷 喷雾
非耕地 一年生及部分多年生杂草 1125-3000克/公顷 茎叶喷雾
免耕春油菜田 一年生及部分多年生杂草 1500-2250克/公顷 茎叶喷雾
免耕冬油菜田 一年生及部分多年生杂草 750-1200克/公顷 茎叶喷雾
免耕抛秧晚稻田 一年生及部分多年生杂草 2100-2550克/公顷 茎叶喷雾
PD20090758 阿维·马拉松/15%/乳油/阿维菌素 0.1%、马拉硫磷 14.9%/2009.01.19 至 2014.01.19/低毒(原药高毒)
水稻 稻纵卷叶螟 225-270克/公顷 喷雾
PD20090771 氟乐灵/48%/乳油/氟乐灵 48%/2009.01.19 至 2014.01.19/低毒

大豆田 一年生禾本科杂草及部分阔叶杂草 600-1200克/公顷 土壤喷雾
PD20092598 硫磺·三环唑/45%/可湿性粉剂/硫磺 40%、三环唑 5%/2009.02.27 至 2014.02.27/低毒
水稻 稻瘟病 810-1080克/公顷 喷雾
PD20092838 杀单·毒死蜱/40%/可湿性粉剂/毒死蜱 10%、杀虫单 30%/2009.03.05 至 2014.03.05/低毒
水稻 稻纵卷叶螟 450-720克/公顷 喷雾
PD20095672 吡虫·噻嗪酮/10%/可湿性粉剂/吡虫啉 3.3%、噻嗪酮 6.7%/2009.05.14 至 2014.05.14/低毒
水稻 飞虱 30-45克/公顷 喷雾
LS20052726 阿维·三唑磷/20%/乳油/阿维菌素 0.2%、三唑磷 19.8%/2008.08.21 至 2009.08.21/中等毒(原药高毒)
水稻 二化螟 210-300克/公顷 喷雾
LS20053255 精喹·草除灵/17.5%/乳油/草除灵 15%、精喹禾灵 2.5%/2008.10.11 至 2009.10.11/低毒
冬油菜 一年生杂草 262.5-393.8克/公顷 茎叶喷雾
LS20061274 喹·胺·草除灵/21.2%/可湿性粉剂/胺苯磺隆 1.2%、草除灵 15%、喹禾灵 5%/2009.05.30 至 2010.05.30/低毒
冬油菜 一年生杂草 190.8-222.6克/公顷 茎叶喷雾
LS20061536 阿维·喹硫磷/25%/乳油/阿维菌素 0.1%、喹硫磷 24.9%/2009.08.02 至 2010.08.02/中等毒(原药高毒)
柑橘树 红蜘蛛 166.7-250毫克/千克 喷雾
LS20070250 阿维·毒死蜱/10%/乳油/阿维菌素 0.1%、毒死蜱 9.9%/2008.02.25 至 2009.02.24/低毒(原药高毒)
十字花科蔬菜 小菜蛾 90-150克/公顷 喷雾
LS20070883 氯氰·吡虫啉/6%/乳油/吡虫啉 5%、高效氯氰菊酯 1%/2009.04.11 至 2010.04.12/低毒
茶树 茶小绿叶蝉 13.5-22.5克/公顷 喷雾
LS20081020 高效氯氰菊酯/4.5%/乳油/高效氯氰菊酯 4.5%/2009.03.07 至 2010.03.07/低毒
十字花科蔬菜 菜青虫 13.5-27克/公顷 喷雾
LS20083193 阿维·毒死蜱/30%/微乳剂/阿维菌素 0.5%、毒死蜱 29.5%/2009.12.04 至 2010.12.04/低毒
水稻 二化螟 180-225克/公顷 喷雾

浙江三元农业高新技术实验有限公司 (浙江省杭州市体育场路359号 310006 0571-63372740)

PD20094295 多唑·丁草胺/19.5%/可湿性粉剂/丁草胺 12%、多效唑 7.5%/2009.03.31 至 2014.03.31/低毒
水稻直播田 一年生杂草、壮苗 585-768.3克/公顷 喷雾
PD20095226 赤霉·多效唑/3.2%/可湿性粉剂/赤霉酸 1.6%、多效唑 1.6%/2009.04.24 至 2014.04.24/低毒
水稻 调节生长、增产 12-16.8克/公顷 喷雾

浙江升华拜克生物股份有限公司 (浙江省湖州市德清县钟管工业区 313220 0572-8402918)

PD20070102 麦草畏/95%/原药/麦草畏 95%/2007.04.26 至 2012.04.26/低毒
PD20070107 氨氯吡啶酸/95%/原药/氨氯吡啶酸 95%/2007.04.26 至 2012.04.26/低毒
PD20070122 阿维菌素/90%/原药/阿维菌素 90%/2007.05.18 至 2012.05.18/高毒
PD20070184 百草枯/42%/母药/百草枯 42%/2007.07.10 至 2012.07.10/中等毒
PD20070315 麦草畏/48%/水剂/麦草畏 48%/2007.09.25 至 2012.09.25/低毒
冬小麦田 一年生阔叶杂草 216-288克/公顷 茎叶喷雾
夏玉米田 一年生阔叶杂草 216-488克/公顷 茎叶喷雾
PD20080509 百草枯/200克/升/水剂/百草枯 200克/升/2008.04.11 至 2013.04.11/中等毒
茶园 杂草 600-750克/公顷 定向茎叶喷雾
柑橘园 杂草 450-600克/公顷 定向茎叶喷雾
免耕油菜 杂草 450-600克/公顷 茎叶喷雾
PD20082036 阿维菌素/0.6%/乳油/阿维菌素 0.6%/2008.11.25 至 2013.11.25/低毒(原药高毒)
柑橘树 红蜘蛛、潜叶蛾 4.5-9毫克/千克 喷雾
PD20082710 阿维菌素/1%/乳油/阿维菌素 1%/2008.12.05 至 2013.12.05/低毒(原药高毒)
柑橘树 红蜘蛛、潜叶蛾 4.5-9毫克/千克 喷雾
PD20083700 阿维·三唑磷/15%/乳油/阿维菌素 0.1%、三唑磷 14.9%/2008.12.15 至 2013.12.15/中等毒(原药高毒)
棉花 棉铃虫 67-135克/公顷 喷雾
PD20083712 阿维·辛硫磷/20%/乳油/阿维菌素 0.1%、辛硫磷 19.9%/2008.12.15 至 2013.12.15/低毒(原药高毒)
十字花科蔬菜 小菜蛾 120-150克/公顷 喷雾
PD20084137 阿维·高氯/1%/乳油/阿维菌素 0.2%、高效氯氰菊酯 0.8%/2008.12.16 至 2013.12.16/低毒(原药高毒)
十字花科蔬菜 菜青虫、小菜蛾 7.5-15克/公顷 喷雾
PD20084752 阿维菌素/1.8%/乳油/阿维菌素 1.8%/2008.12.22 至 2013.12.22/低毒(原药高毒)
柑橘树 红蜘蛛、潜叶蛾 4.5-9毫克/千克 喷雾
PD20086033 赤霉酸A4,A7/90%/原药/赤霉酸A4+A7 90%/2008.12.29 至 2013.12.29/低毒
PD20086034 赤霉酸/2.7%/脂膏/赤霉酸A4+A7 1.35%、赤霉酸A3 1.35%/2008.12.29 至 2013.12.29/低毒
梨树 调节生长、增产 15-25毫克制剂/果 涂果柄
PD20092017 阿维菌素/3.2%/乳油/阿维菌素 3.2%/2009.02.12 至 2014.02.12/低毒(原药高毒)
水稻 稻纵卷叶螟 6-7.5克/公顷 喷雾
松树 线虫 1.8-3.6克/株 打孔注药
PD20094648 苄氨·赤霉酸/3.6%/乳油/苄氨基嘌呤 1.8%、赤霉酸A4+A7 1.8%/2009.04.10 至 2014.04.10/低毒
苹果树 调节果型 600-800倍液(用1次)或800-1000倍液(用2次) 喷雾
PD20095626 甲氨基阿维菌素苯甲酸盐(90%)///原药/甲氨基阿维菌素 79.1%/2009.05.12 至 2014.05.12/中等毒
PD20096982 噁霉灵/30%/水剂/噁霉灵 30%/2009.09.29 至 2014.09.29/低毒

水稻苗床 立枯病 0.9-1.8克/平方米 浇灌
LS20071652 甲氨基阿维菌素苯甲酸盐/1%/乳油/甲氨基阿维菌素 1%/2009.06.06 至 2010.06.07/低毒
棉花 棉铃虫 9-13.5克/公顷 喷雾
十字花科蔬菜 菜青虫 1.5-2.25克/公顷 喷雾
十字花科蔬菜 甜菜夜蛾 2.25-3克/公顷 喷雾
LS20071653 草铵膦/90%/原药/草铵膦 90%/2009.06.06 至 2010.06.07/低毒
LS20072360 甲氨基阿维菌素苯甲酸盐/1.5%/乳油/甲氨基阿维菌素苯甲酸盐 1.5%/2009.10.16 至 2010.10.17/低毒
甘蓝 小菜蛾 1.8-2.25克/公顷 喷雾
LS20072378 甲氨基阿维菌素苯甲酸盐/1.9%/乳油/甲氨基阿维菌素苯甲酸盐 1.9%/2009.10.16 至 2010.10.17/低毒
甘蓝 甜菜夜蛾 2.28-3.42克/公顷 喷雾
LS20083036 阿维·高氯/2%/微乳剂/阿维菌素 0.2%、高效氯氰菊酯 1.8%/2009.09.18 至 2010.09.18/低毒(原药高毒)
甘蓝 小菜蛾 21-30克/公顷 喷雾
柑橘树 锈壁虱 10-20毫克/千克 喷雾
LS20090066 阿维菌素/1.8%/水乳剂/阿维菌素 1.8%/2009.01.09 至 2010.01.09/低毒(原药高毒)
柑橘树 锈壁虱 3.6-4.5毫克/千克 喷雾
LS20090097 阿维菌素/4%/乳油/阿维菌素 4%/2009.01.09 至 2010.01.09/中等毒(原药高毒)
甘蓝 小菜蛾 9-12克/公顷 喷雾
LS20090416 阿维·三唑磷/20%/水乳剂/阿维菌素 0.2%、三唑磷 19.8%/2009.03.16 至 2010.03.16/中等毒(原药高毒)
水稻 二化螟 300-360克/公顷 喷雾
水稻 稻纵卷叶螟 240-360克/公顷 喷雾
LS20090659 阿维菌素/3%/微乳剂/阿维菌素 3%/2009.03.24 至 2010.03.24/中等毒(原药高毒)
梨树 梨木虱 6-12毫克/千克 喷雾
LS20090662 阿维·哒螨灵/10%/微乳剂/阿维菌素 0.4%、哒螨灵 9.6%/2009.03.24 至 2010.03.24/中等毒(原药高毒)
苹果树 红蜘蛛 33.3-50毫克/千克 喷雾
LS20090678 甲维·高氯氟/1.8%/微乳剂/高效氯氟氰菊酯 1.6%、甲氨基阿维菌素苯甲酸盐 0.2%/2009.03.24 至 2010.03.24/中等毒
十字花科蔬菜 小菜蛾 10.8-16.2克/公顷 喷雾
LS20090736 甲维盐·杀单/20%/微乳剂/甲氨基阿维菌素 0.2%、杀虫单 19.8%/2009.03.31 至 2010.03.31/低毒
水稻 三化螟 45-60克/公顷 喷雾
LS20090748 甲氨基阿维菌素苯甲酸盐(2.3%)///微乳剂/甲氨基阿维菌素 2%/2009.03.31 至 2010.03.31/低毒
甘蓝 甜菜夜蛾、小菜蛾 2.64-3.96克/公顷 喷雾
LS20090749 滴钠·麦草畏/38.6%/水剂/2,4-滴钠盐 28.6%、麦草畏 10%/2009.03.31 至 2010.03.31/低毒
小麦田 一年生阔叶杂草 900-1050毫升/公顷 茎叶喷雾
LS20090750 阿维·杀虫单/30%/微乳剂/阿维菌素 0.3%、杀虫单 29.7%/2009.03.31 至 2010.03.31/中等毒(原药高毒)
水稻 二化螟 450-540克/公顷 喷雾
LS20090752 阿维·吡虫啉/4.5%/可湿性粉剂/阿维菌素 0.5%、吡虫啉 4%/2009.03.31 至 2010.03.31/低毒(原药高毒)
甘蓝 蚜虫 13.5—27克/公顷 喷雾
水稻 稻纵卷叶螟 20.25—27克/公顷 喷雾
LS20090984 甲维·啶虫脒/3%/微乳剂/啶虫脒 2.5%、甲氨基阿维菌素苯甲酸盐 0.5%/2009.04.10 至 2010.04.10/低毒
十字花科蔬菜 小菜蛾 18-22.5克/公顷 喷雾
十字花科蔬菜 蚜虫 18-20.25克/公顷 喷雾
LS20091022 甲维·氟铃脲/2%/微乳剂/氟铃脲 1.5%、甲氨基阿维菌素苯甲酸盐 0.5%/2009.04.13 至 2010.04.13/低毒
十字花科蔬菜 甜菜夜蛾 6-9克/公顷 喷雾
LS20091027 阿维·毒死蜱/15%/水乳剂/阿维菌素 0.7%、毒死蜱 14.3%/2009.04.13 至 2010.04.13/低毒(原药高毒)
十字花科蔬菜 小菜蛾 90～135克/公顷 /喷雾
水稻 二化螟 225～270克/公顷 /喷雾
LS20091420 甲氨基阿维菌素苯甲酸盐(5.7%)///水分散粒剂/甲氨基阿维菌素 5%/2009.09.21 至 2010.09.21/低毒
甘蓝 小菜蛾 1.875-2.25克/公顷 喷雾

浙江省长兴第一化工有限公司 (浙江省湖州市长兴县小浦镇 313116 0572-6128815)

PD85112-7 莠去津/38%/悬浮剂/莠去津 38%/2005.04.14 至 2010.04.14/低毒
茶园 一年生杂草 1125-1875克/公顷 喷于地表
防火隔离带、公路、森林、铁路 一年生杂草 0.8-2克/平方米 喷于地表
甘蔗 一年生杂草 1050-1500克/公顷 喷于地表
高粱、糜子、玉米 一年生杂草 1800-2250克/公顷(东北地区) 喷于地表
红松苗圃 一年生杂草 0.2-0.3克/平方米 喷于地表
梨树(12年以上树龄)、苹果树(12年以上树龄) 一年生杂草 1625-1875克/公顷 喷于地表
橡胶园 一年生杂草 2250-3750克/公顷 喷于地表
PD85150-28 多菌灵/50%/可湿性粉剂/多菌灵 50%/2005.08.15 至 2010.08.15/低毒
果树 病害 0.05-0.1%药液 喷雾
花生 倒秧病 750克/公顷 喷雾
麦类 赤霉病 750克/公顷 喷雾、泼浇

	棉花	苗期病害	250克/50千克种子	拌种
	水稻	稻瘟病、纹枯病	750克/公顷	喷雾、泼浇
	油菜	菌核病	1125-1500克/公顷	喷雾
PD86103-2	莠去津/48%/可湿性粉剂/莠去津 48%/2006.09.07 至 2011.09.07/低毒			
	茶园	一年生杂草	1500-2250克/公顷	喷于地表
	甘蔗	一年生杂草	1125-1875克/公顷	喷于地表
	高粱、糜子	一年生杂草	1875-2625克/公顷(东北地区)	喷于地表
	公路	一年生杂草	0.8-2克/平方米	喷雾
	红松苗圃	一年生杂草	0.25-0.5克/平方米	喷洒苗床
	梨树(12年以上树龄)、苹果树(12年以上树龄)	一年生杂草	3000-3750克/公顷(东北地区)	喷于地表
	葡萄园	一年生杂草	2250-3000克/公顷	避开葡萄根部
	森林、铁路	一年生杂草	1-2.5克/平方米	喷雾
	橡胶园	一年生杂草	3750-4500克/公顷	喷于地表
	玉米	一年生杂草	2250-3000克/公顷(东北地区)	喷于地表
PD86105-3	西草净/25%/可湿性粉剂/西草净 25%/2006.09.07 至 2011.09.07/低毒			
	水稻	阔叶杂草、眼子菜	750-937.5克/公顷(东北地区)	撒毒土
PD86126-4	扑草净/40%/可湿性粉剂/扑草净 40%/2006.09.07 至 2011.09.07/低毒			
	茶园、成年果园、苗圃	阔叶杂草	1875-3000克/公顷	喷雾(喷于地表切勿喷至树上)
	大豆、花生	阔叶杂草	750-1125克/公顷	喷雾
	甘蔗、棉花、苎麻	阔叶杂草	750-1125克/公顷	播后苗前土壤喷雾
	谷子	阔叶杂草	375克/公顷	喷雾
	麦田	阔叶杂草	450-750克/公顷	喷雾
	水稻本田、水稻秧田	阔叶杂草	150-900克/公顷	撒毒土
PD93105-2	莠去津/92%, 88%, 85%/原药/莠去津 92%, 88%, 85%/2008.06.26 至 2013.06.26/低毒			
PD20080661	莠灭净/95%/原药/莠灭净 95%/2008.05.30 至 2013.05.30/低毒			
PD20080669	莠灭净/80%/可湿性粉剂/莠灭净 80%/2008.05.27 至 2013.05.27/低毒			
	甘蔗田	一年生杂草	1560-2400克/公顷	喷雾
PD20080692	西玛津/95%/原药/西玛津 95%/2008.06.04 至 2013.06.04/低毒			
PD20080693	扑草净/95%/原药/扑草净 95%/2008.06.04 至 2013.06.04/低毒			
PD20081042	莠灭净/40%/可湿性粉剂/莠灭净 40%/2008.08.06 至 2013.08.06/低毒			
	甘蔗田	一年生杂草	1500-2100克/公顷	喷雾
PD20081094	西草净/95%/原药/西草净 95%/2008.08.18 至 2013.08.18/低毒			
PD20082180	草甘膦/95%/原药/草甘膦 95%/2008.11.26 至 2013.11.26/低毒			
PD20082650	莠灭净/80%/水分散粒剂/莠灭净 80%/2008.12.04 至 2013.12.04/低毒			
	甘蔗田	一年生杂草	1200-1680克/公顷	行间定向茎叶喷雾
PD20082672	莠去津/80%/可湿性粉剂/莠去津 80%/2008.12.05 至 2013.12.05/低毒			
	夏玉米田	一年生杂草	1320-1440克/公顷	播后苗前土壤喷雾
PD20082723	莠灭净/45%/悬浮剂/莠灭净 45%/2008.12.08 至 2013.12.08/低毒			
	甘蔗田	一年生杂草	1500-2250克/公顷	土壤喷雾
PD20082877	莠去津/50%/悬浮剂/莠去津 50%/2008.12.09 至 2013.12.09/低毒			
	春玉米田	一年生杂草	2100-2400克/公顷	播后苗前土壤喷雾
	夏玉米田	一年生杂草	1275-1500克/公顷	喷雾
PD20085143	吡·西·扑草净/26%/可湿性粉剂/吡嘧磺隆 2%、扑草净 12%、西草净 12%/2008.12.29 至 2013.12.29/微毒			
	水稻移栽田	部分阔叶杂草、莎草科杂草、一年生杂草	234—390克/公顷	药土法
PD20085531	莠去津/90%/水分散粒剂/莠去津 90%/2008.12.25 至 2013.12.25/低毒			
	春玉米田	一年生杂草	2050-2700克/公顷	土壤喷雾
	夏玉米田	一年生杂草	1350-2025克/公顷	土壤喷雾
PD20086210	扑·乙/40%/悬乳剂/扑草净 10%、乙草胺 30%/2008.12.30 至 2013.12.30/低毒			
	花生田	一年生杂草	900-1350克/公顷	播后苗前土壤喷雾
PD20090050	扑草净/50%/悬浮剂/扑草净 50%/2009.01.06 至 2014.01.06/低毒			
	花生田	一年生杂草	900—1125克/公顷	播后苗前土壤喷雾
PD20090531	异甲·莠去津/42%/悬乳剂/异丙甲草胺 15%、莠去津 27%/2009.01.12 至 2014.01.12/低毒			
	春玉米田	一年生杂草	1764-2145克/公顷	土壤喷雾

	夏玉米田	一年生杂草	1260-1500克/公顷	土壤喷雾
PD20090804	乙草胺/50%/乳油/乙草胺 50%/2009.01.19 至 2014.01.19/低毒			
	夏大豆田	部分阔叶杂草、一年生禾本科杂草	900-1200克/公顷	播后苗前土壤喷雾
PD20090862	草甘膦异丙胺盐/41%/水剂/草甘膦异丙胺盐 41%/2009.01.19 至 2014.01.19/低毒			
	柑橘园	一年生和多年生杂草	1125-2250克/公顷	定向茎叶喷雾
PD20091032	乙·莠/40%/可湿性粉剂/乙草胺 15%、莠去津 25%/2009.01.21 至 2014.01.21/低毒			
	夏玉米田	一年生杂草	1200-1500克/公顷	播后苗前喷雾
PD20091548	甲·莠·敌草隆/20%/可湿性粉剂/敌草隆 6%、2甲4氯 5%、莠去津 9%/2009.02.03 至 2014.02.03/低毒			
	甘蔗田	一年生杂草	1500-1800克/公顷	喷雾
PD20091780	阿维·甲氰/1.8%/乳油/阿维菌素 0.3%、甲氰菊酯 1.5%/2009.02.04 至 2014.02.04/低毒(原药高毒)			
	苹果树	红蜘蛛	12-18毫克/千克	喷雾
PD20092220	苄嘧·苯噻酰/53%/可湿性粉剂/苯噻酰草胺 50%、苄嘧磺隆 3%/2009.02.24 至 2014.02.24/低毒			
	水稻移栽田	部分多年生杂草、一年生杂草	397.5-477克/公顷(南方地区)	药土法
PD20092815	甲·灭·敌草隆/55%/可湿性粉剂/敌草隆 15%、2甲4氯 10%、莠灭净 30%/2009.03.04 至 2014.03.04/低毒			
	甘蔗田	一年生杂草	1237.5-1732.5克/公顷	喷雾
PD20093352	草甘膦/10%/水剂/草甘膦 10%/2009.03.18 至 2009.12.31/低毒			
	柑橘园	杂草	1125-2250克/公顷	定向茎叶喷雾
PD20094663	百草枯/200克/升/水剂/百草枯 20%/2009.04.10 至 2014.04.10/中等毒			
	茶园	杂草	600-750克/公顷	定向喷雾
PD20095365	异丙草·莠/40%/悬乳剂/异丙草胺 16%、莠去津 24%/2009.04.27 至 2014.04.27/低毒			
	夏玉米田	一年生杂草	1080—1350克/公顷	土壤喷雾
PD20095381	异甲·莠去津/28%/悬乳剂/异丙甲草胺 10%、莠去津 18%/2009.04.27 至 2014.04.27/低毒			
	夏玉米田	一年生杂草	1050-1470克/公顷	播后苗前土壤喷雾
PD20095525	莠灭·乙草胺/40%/悬乳剂/乙草胺 25%、莠灭净 15%/2009.05.11 至 2014.05.11/低毒			
	夏玉米田	一年生杂草	960-1260克/公顷	播后苗前土壤喷雾
LS20060826	特丁津/95%/原药/特丁津 95%/2009.04.12 至 2010.04.12/低毒			
LS20061022	特丁净/95%/原药/特丁净 95%/2009.04.25 至 2010.04.25/低毒			
LS20061968	特津·乙草胺//悬乳剂/乙草胺 20%、特丁津 30%/2008.12.10 至 2009.12.10/低毒			
	春玉米	一年生杂草	1800-2250克/公顷	播后苗前土壤喷雾
	夏玉米	一年生杂草	1350-1800克/公顷	播后苗前土壤喷雾
LS20083022	西玛津/90%/水分散粒剂/西玛津 90%/2009.09.16 至 2010.09.16/低毒			
	甘蔗田	一年生杂草	1350-1647克/公顷	土壤喷雾

浙江省长兴县中山化工有限公司 (浙江省湖州市长兴县城北四号桥 313116 0572-6071777)

PD85111-2	西玛津/50%/可湿性粉剂/西玛津 50%/2010.01.25 至 2015.01.25/低毒			
	茶园、甘蔗	一年生杂草	1125-1875克/公顷	喷于地表
	公路、森林防火道、铁路	一年生杂草	0.8-2克/平方米	喷于地表
	红松苗圃	一年生杂草	0.2-0.4克/平方米	喷于地表
	梨树(12年以上树龄)、苹果树(12年以上树龄)	一年生杂草	1800-3000克/公顷	喷于地表
	玉米	一年生杂草	2250-3000克/公顷	喷于地表
PD85112-14	莠去津/38%/悬浮剂/莠去津 38%/2009.04.27 至 2014.04.27/低毒			
	茶园	一年生杂草	1125-1875克/公顷	喷于地表
	防火隔离带、公路、森林、铁路	一年生杂草	0.8-2克/平方米	喷于地表
	甘蔗	一年生杂草	1050-1500克/公顷	喷于地表
	高粱、糜子、玉米	一年生杂草	1800-2250克/公顷(东北地区)	喷于地表
	红松苗圃	一年生杂草	0.2-0.3克/平方米	喷于地表
	梨树(12年以上树龄)、苹果树(12年以上树龄)	一年生杂草	1625-1875克/公顷	喷于地表
	橡胶园	一年生杂草	2250-3750克/公顷	喷于地表
PD86103-3	莠去津/48%/可湿性粉剂/莠去津 48%/2006.12.29 至 2011.12.29/低毒			
	茶园	一年生杂草	1500-2250克/公顷	喷于地表
	甘蔗	一年生杂草	1125-1875克/公顷	喷于地表
	高粱、糜子	一年生杂草	1875-2625克/公顷(东北地区)	喷于地表
	公路	一年生杂草	0.8-2克/平方米	喷雾

	红松苗圃	一年生杂草	0.25-0.5克/平方米	喷洒苗床
	梨树(12年以上树龄)、苹果树(12年以上树龄)	一年生杂草	3000-3750克/公顷(东北地区)	喷于地表
	葡萄园	一年生杂草	2250-3000克/公顷	避开葡萄根部
	森林、铁路	一年生杂草	1-2.5克/平方米	喷雾
	橡胶园	一年生杂草	3750-4500克/公顷	喷于地表
	玉米	一年生杂草	2250-3000克/公顷(东北地区)	喷于地表
PD86105-4	西草净/25%/可湿性粉剂/西草净 25%/2010.01.25 至 2015.01.25/低毒			
	水稻田	阔叶杂草、眼子菜	750-937.5克/公顷(东北地区)	撒毒土
PD86126-6	扑草净/40%/可湿性粉剂/扑草净 40%/2006.12.29 至 2011.12.29/低毒			
	茶园、成年果园、苗圃	阔叶杂草	1875-3000克/公顷	喷于地表，切勿喷至树上
	大豆、花生	阔叶杂草	750-1125克/公顷	喷雾
	甘蔗、棉花、苎麻	阔叶杂草	750-1125克/公顷	播后苗前土壤喷雾
	谷子	阔叶杂草	375克/公顷	喷雾
	麦田	阔叶杂草	450-750克/公顷	喷雾
	水稻本田、水稻秧田	阔叶杂草	150-900克/公顷	撒毒土
PD20080795	西玛津/95%/原药/西玛津 95%/2008.06.20 至 2013.06.20/低毒			
PD20080805	莠去津/95%/原药/莠去津 95%/2008.06.20 至 2013.06.20/低毒			
PD20080842	扑草净/95%/原药/扑草净 95%/2008.06.23 至 2013.06.23/低毒			
PD20081076	莠灭净/95%/原药/莠灭净 95%/2008.08.18 至 2013.08.18/低毒			
PD20081077	莠灭净/80%/可湿性粉剂/莠灭净 80%/2008.08.18 至 2013.08.18/低毒			
	甘蔗田	一年生杂草	1560-2400克/公顷	定向茎叶喷雾
PD20081105	莠灭净/50%/悬浮剂/莠灭净 50%/2008.08.18 至 2013.08.18/低毒			
	甘蔗田	一年生杂草	1500-1725克/公顷	定向茎叶喷雾
PD20081426	西草净/95%/原药/西草净 95%/2008.10.31 至 2013.10.31/低毒			
PD20082282	莠去津/50%/悬浮剂/莠去津 50%/2008.12.01 至 2013.12.01/低毒			
	春玉米田	一年生杂草	1500-1875克/公顷	播后苗前土壤喷雾
	夏玉米田	一年生杂草	1125-1500克/公顷	播后苗前土壤喷雾
PD20082704	莠去津/80%/可湿性粉剂/莠去津 80%/2008.12.05 至 2013.12.05/低毒			
	夏玉米田	一年生杂草	1200-1440克/公顷	土壤喷雾
PD20085472	莠灭净/40%/可湿性粉剂/莠灭净 40%/2008.12.25 至 2013.12.25/低毒			
	甘蔗田	一年生杂草	1560-2400克/公顷	喷雾
PD20086310	阿维菌素/1.8%/乳油/阿维菌素 1.8%/2008.12.31 至 2013.12.31/低毒(原药高毒)			
	黄瓜	美洲斑潜蝇	10.8-21.6克/公顷	喷雾
PD20091648	硫磺/80%/水分散粒剂/硫磺 80%/2009.02.03 至 2014.02.03/低毒			
	小麦	白粉病	1920-3000克/公顷	喷雾
PD20091828	百草枯/20%/水剂/百草枯 20%/2009.02.06 至 2014.02.06/中等毒			
	苹果园	杂草	600-900克/公顷	喷雾
PD20092864	莠灭净/80%/水分散粒剂/莠灭净 80%/2009.03.05 至 2014.03.05/低毒			
	甘蔗田	一年生杂草	1500-1800克/公顷	喷雾
PD20093210	异丙草·莠/41%/悬乳剂/异丙草胺 18%、莠去津 23%/2009.03.11 至 2014.03.11/低毒			
	夏玉米田	一年生杂草	1230-1537.5克/公顷	土壤喷雾
PD20093351	阿维菌素/0.6%/乳油/阿维菌素 0.6%/2009.03.18 至 2014.03.18/低毒(原药高毒)			
	黄瓜	美洲斑潜蝇	10.8-21.6克/公顷	喷雾
PD20095415	西玛津/50%/悬浮剂/西玛津 50%/2009.05.11 至 2014.05.11/低毒			
	甘蔗田	一年生杂草	1500-1800 克/公顷	土壤喷雾
PD20095440	扑草净/50%/悬浮剂/扑草净 50%/2009.05.11 至 2014.05.11/低毒			
	大蒜田	一年生杂草	600-900克/公顷	土壤喷雾
PD20097253	莠去津/90%/水分散粒剂/莠去津 90%/2009.10.19 至 2014.10.19/低毒			
	春玉米田	一年生杂草	1795.5-2241克/公顷	土壤喷雾
	夏玉米田	一年生杂草	1215-1350克/公顷	土壤喷雾
PD20097426	2甲4氯钠/56%/可溶粉剂/2甲4氯钠 56%/2009.10.28 至 2014.10.28/低毒			
	冬小麦田	多种阔叶杂草	840-1008克/公顷	茎叶喷雾
LS20071225	特丁津/95%/原药/特丁津 95%/2009.05.07 至 2010.05.08/低毒			
LS20071307	特丁净/95%/原药/特丁净 95%/2009.05.08 至 2010.05.09/低毒			
LS20071317	西玛津/90%/水分散粒剂/西玛津 90%/2009.05.08 至 2010.05.09/低毒			
	玉米田	一年生杂草	春玉米：2160-2700克/公顷；其它:1620-2160克/公顷	土壤喷雾

LS20071906 特丁津/50%/悬浮剂/特丁津 50%/2009.08.02 至 2010.08.03/低毒
春玉米田、高粱 一年生杂草 750-900克/公顷 土壤喷雾
夏玉米田 一年生杂草 600-900克/公顷 土壤喷雾
LS20080268 特丁净/50%/悬浮剂/特丁净 50%/2009.02.17 至 2010.02.18/低毒
冬小麦田 部分一年生杂草 1200-1800克/公顷 播后苗前土壤喷雾
LS20091174 敌草隆/80%/水分散粒剂/敌草隆 80%/2009.04.22 至 2010.04.22/低毒
甘蔗田 一年生杂草 1200-2400克/公顷 土壤喷雾

浙江省慈溪市卫生实验厂 (浙江省慈溪市周巷镇环城南路897支路5号 315324 0574-63301554)

WP20090024 杀蟑笔剂/0.5%/笔剂/溴氰菊酯 0.5%/2009.01.08 至 2014.01.08/低毒
卫生 蜚蠊 / 涂抹

浙江省慈溪市道林化工有限公司 (浙江省慈溪市道林镇樟新北路505号 315321 0574-63501924)

PD20081811 溴鼠灵/95%,90%/原药/溴鼠灵 95%,90%/2008.11.19 至 2013.11.19/高毒
PD20082241 溴鼠灵/0.5%/母药/溴鼠灵 0.5%/2008.11.27 至 2013.11.27/高毒
农田 田鼠 5克0.005%毒饵×(300-450点)/公顷 配成毒饵堆施或穴施
PD20082242 溴鼠灵/0.005%/饵剂/溴鼠灵 0.005%/2008.11.27 至 2013.11.27/低毒(原药高毒)
室内 家鼠 15-30克毒饵/15平方米 投饵、堆施或穴施
PD20082452 溴敌隆/0.5%/母药/溴敌隆 0.5%/2008.12.02 至 2013.12.02/高毒
农田 田鼠 5克0.005%毒饵×(300-450点)/公顷 配成毒饵后堆施或穴施
PD20082453 溴敌隆/0.005%/毒饵/溴敌隆 0.005%/2008.12.02 至 2013.12.02/中等毒(原药高毒)
室内 褐家鼠 20-30克毒饵/15平方米 饱和投饵

浙江省东阳市东农化工有限公司 (浙江省东阳市吴宁东七里 322100 0579-86675620)

PDN1-88 三环唑/20%/可湿性粉剂/三环唑 20%/2008.10.21 至 2013.10.21/中等毒
水稻 稻瘟病 225-300克/公顷 喷雾
PD84115-3 代森锌/90%85%/原药/代森锌 90%85%/2005.01.11 至 2010.01.11/低毒
PD84116-5 代森锌/80%/可湿性粉剂/代森锌 80%/2005.01.11 至 2010.01.11/低毒
茶树 炭疽病 1143-1600毫克/千克 喷雾
观赏植物 炭疽病、锈病、叶斑病 1143-1600毫克/千克 喷雾
花生 叶斑病 750-960克/公顷 喷雾
梨树、苹果树 多种病害 1143-1600毫克/千克 喷雾
马铃薯 晚疫病、早疫病 960-1200克/公顷 喷雾
麦类 锈病 960-1440克/公顷 喷雾
蔬菜、油菜 多种病害 960-1200克/公顷 喷雾
烟草 立枯病、炭疽病 960-1200克/公顷 喷雾
PD20040017 氟乐灵/96%/原药/氟乐灵 96%/2004.10.26 至 2009.10.26/微毒
PD20060174 氟乐灵/480克/升/乳油/氟乐灵 480克/升/2006.11.01 至 2011.11.01/低毒
大豆 一年生禾本科杂草及部分阔叶杂草 900-1200克/公顷 喷雾
棉花 一年生禾本科杂草及部分阔叶杂草 720-1080克/公顷 喷雾
PD20080058 代森锰锌/90%/原药/代森锰锌 90%/2008.01.04 至 2013.01.04/低毒
PD20080111 代森锰锌/70%/可湿性粉剂/代森锰锌 70%/2008.01.04 至 2013.01.04/低毒
番茄 早疫病 1837.5-2362.5克/公顷 喷雾
PD20080815 氟乐灵/55%/母液/氟乐灵 55%/2008.06.20 至 2013.06.20/低毒
注:仅供出口。
PD20081078 代森锰锌/80%/可湿性粉剂/代森锰锌 80%/2008.08.18 至 2013.08.18/低毒
番茄 早疫病 1845-2370克/公顷 喷雾
PD20081100 三环唑/97%/原药/三环唑 97%/2008.08.18 至 2013.08.18/中等毒
PD20081690 三环唑/75%/可湿性粉剂/三环唑 75%/2008.11.17 至 2013.11.17/中等毒
水稻 稻瘟病 225-300克/公顷 喷雾
PD20090330 异稻·三环唑 /20%/可湿性粉剂/三环唑 10%、异稻瘟净 10%/2009.01.12 至 2014.01.12/中等毒
水稻 稻瘟病 300-450克/公顷 喷雾
PD20091458 异稻·三环唑 /20%/可湿性粉剂/三环唑 6.7%、异稻瘟净 13.3%/2009.02.02 至 2014.02.02/中等毒
水稻 稻瘟病 450-525克/公顷 喷雾
PD20094616 代森锌/65%/可湿性粉剂/代森锌 65%/2009.04.10 至 2014.04.10/低毒
黄瓜 霜霉病 1950-3000克/公顷 喷雾

浙江省东阳市金鑫化学工业有限公司 (浙江省东阳市巍山镇茶场村 322109 0579-6970188)

PD85154-46 氰戊菊酯/20%/乳油/氰戊菊酯 20%/2005.08.15 至 2010.08.15/中等毒
柑橘树 潜叶蛾 10-20毫克/千克 喷雾
果树 梨小食心虫 10-20毫克/千克 喷雾
棉花 红铃虫、蚜虫 75-150克/公顷 喷雾
蔬菜 菜青虫、蚜虫 60-120克/公顷 喷雾

PD20070497　甲氰菊酯/20%/乳油/甲氰菊酯 20%/2007.11.28 至 2012.11.28/低毒
甘蓝　菜青虫　60-75克/公顷　喷雾
苹果树　红蜘蛛、桃小食心虫　67-100毫克/千克　喷雾
PD20080691　甲氰菊酯/94%/原药/甲氰菊酯 94%/2008.06.04 至 2013.06.04/中等毒

浙江省东阳市生物化工厂　(浙江省金华市东阳市歌山镇　322109　0579-6171002)

PD85131-14　井冈霉素/3%,5%/水剂/井冈霉素 3%,5%/2005.08.15 至 2010.08.15/低毒
水稻　纹枯病　75-112.5克/公顷　喷雾,泼浇
PD20083846　噻嗪·异丙威/22%/可湿性粉剂/噻嗪酮 5%、异丙威 17%/2008.12.15 至 2013.12.15/中等毒
水稻　飞虱　165-231克/公顷　喷雾
PD20084586　阿维菌素/1%/乳油/阿维菌素 1%/2008.12.18 至 2013.12.18/低毒(原药高毒)
甘蓝　小菜蛾　6-9克/公顷　喷雾
柑橘树　潜叶蛾　3.3-4毫克/千克　喷雾
PD20091822　阿维菌素/1.8%/乳油/阿维菌素 1.8%/2009.02.05 至 2014.02.05/低毒(原药高毒)
甘蓝　小菜蛾　5.4-8.1克/公顷　喷雾
柑橘树　潜叶蛾　3-4毫克/千克　喷雾

浙江省东阳市医药卫生用品有限公司　(浙江省东阳市六石工业功能区张麻车　322104　0579-6772698)

WP20080251　杀虫气雾剂/0.17%/气雾剂/Es-生物烯丙菊酯 0.05%、胺菊酯 0.10%、溴氰菊酯 0.02%/2008.11.26 至 2013.11.26/低毒
卫生　蜚蠊、蚊、蝇　/　喷雾
WP20090113　杀虫气雾剂/0.2%/气雾剂/胺菊酯 0.15%、高效氯氰菊酯 0.05%/2009.02.09 至 2014.02.09/微毒
卫生　蚊、蝇、蜚蠊　/　喷雾
WP20090114　杀虫气雾剂/0.45%/气雾剂/Es-生物烯丙菊酯 0.1%、胺菊酯 0.15%、氯菊酯 0.2%/2009.02.09 至 2014.02.09/低毒
卫生　蜚蠊、蚊、蝇　/　喷雾
WL20060125　电热蚊香片/10毫克/片/电热蚊香片/炔丙菊酯 10毫克/片/2009.05.22 至 2010.05.22/微毒
卫生　蚊　/　电热加温

浙江省富阳市益民农药厂　(浙江省杭州市富阳市高桥镇上陈　311402　0571-63421289)

PD20040663　吡虫啉/10%/可湿性粉剂/吡虫啉 10%/2004.12.19 至 2009.12.18/低毒
水稻　飞虱　15-30克/公顷　喷雾
PD20086162　苯磺隆/10%/可湿性粉剂/苯磺隆 10%/2008.12.30 至 2013.12.30/低毒
冬小麦田　一年生阔叶杂草　13.5－22.5克/公顷　茎叶喷雾
PD20091180　苄·乙/22%/可湿性粉剂/苄嘧磺隆 4.9%、乙草胺 17.1%/2009.01.22 至 2014.01.22/低毒
水稻移栽田　一年生杂草　84-118克/公顷　毒土法
PD20091846　吡虫·灭多威/22.6%/可湿性粉剂/吡虫啉 1.3%、灭多威 21.3%/2009.02.06 至 2014.02.06/高毒
棉花　棉铃虫、蚜虫　373-441克/公顷　喷雾
PD20095673　四螨·苯丁锡/17.5%/可湿性粉剂/苯丁锡 12.5%、四螨嗪 5%/2009.05.14 至 2014.05.14/低毒
柑橘树　红蜘蛛　116.7-175毫克/千克　喷雾
LS20050457　啶虫脒/3%/可湿性粉剂/啶虫脒 3%/2008.02.19 至 2009.02.18/低毒
柑橘树　蚜虫　10-12毫克/千克　喷雾

浙江省海宁市祝场卫生用品厂　(浙江省嘉兴市海宁市祝场留茶村　314404　0573-7700222)

PD20081380　溴鼠灵/0.005%/饵剂/溴鼠灵 0.005%/2008.10.27 至 2013.10.27/低毒(原药高毒)
室内　家鼠　15-30克毒饵/15平方米　饱和投饵
PD20082314　溴敌隆/0.005%/饵剂/溴敌隆 0.005%/2008.12.01 至 2013.12.01/低毒(原药高毒)
室内　家鼠　饱和投饵　投饵
WP20080191　杀蟑笔剂/0.5%/笔剂/溴氰菊酯 0.5%/2008.11.20 至 2013.11.20/低毒
卫生　蜚蠊　/　涂抹
WP20080339　胺·氯菊/15%/乳油/胺菊酯 5%、氯菊酯 10%/2008.12.09 至 2013.12.09/低毒
卫生　蚊　50毫克/平方米　滞留喷洒
WP20090035　杀虫喷射剂/0.5%/喷射剂/胺菊酯 0.2%、氯菊酯 0.3%/2009.01.14 至 2014.01.14/低毒
卫生　蜚蠊、蚊、蝇　/　喷雾
WP20090112　杀蟑饵剂/3%/饵剂/乙酰甲胺磷 3%/2009.02.09 至 2014.02.09/低毒
卫生　蜚蠊　/　投放
WL20080022　胺·氯菊/15%/乳油/胺菊酯 5%、氯菊酯 10%/2008.01.04 至 2009.01.04/低毒
卫生　蜚蠊、蝇　93.75毫克/平方米　滞留喷洒

浙江省杭州富申日用品有限公司　(浙江省杭州市萧山区萧然东路318号　311200　0571-22899888)

WL20060086　杀虫气雾剂/0.45%/气雾剂/胺菊酯 0.4%、高效氯氰菊酯 0.05%/2009.04.23 至 2010.04.23/微毒
卫生　蚊、蝇、蜚蠊　/　喷雾
WL20060087　电热蚊香片/9.5毫克/片/电热蚊香片/富右旋反式炔丙菊酯 9.5毫克/片/2009.04.23 至 2010.04.23/微毒
卫生　蚊　/　电热加温
WL20070274　电热蚊香片/38毫克/片/电热蚊香片/富右旋反式烯丙菊酯 30毫克/片、炔丙菊酯 8毫克/片/2009.11.19 至 2010.11.20/微毒
卫生　蚊　/　电热加温
WL20070297　蚊香/0.3%/蚊香/富右旋反式烯丙菊酯 0.3%/2009.12.11 至 2010.12.12/微毒
卫生　蚊　/　点燃
WL20080498　蚊香/0.02%/蚊香/四氟甲醚菊酯 0.02%/2009.12.29 至 2010.12.29/微毒

卫生　蚊　/　点燃

WL20090224　蚊香/0.05%/蚊香/氯氟醚菊酯 0.05%/2009.12.14 至 2010.12.14/微毒

卫生　蚊　/　点燃

WL20090230　蝇香/0.8%/蝇香/氯烯炔菊酯 0.8%/2009.12.24 至 2010.12.24/微毒

卫生　蝇　/　点燃

浙江省杭州家家实业有限公司　(浙江省杭州市萧山区戴村镇明堂村　311263　0571-82256678)

WL20080060　电热蚊香片/10毫克/片/电热蚊香片/炔丙菊酯 10毫克/片/2008.02.18 至 2009.02.18/微毒

卫生　蚊　/　电热加温

WL20080080　电热蚊香液/0.86%/电热蚊香液/炔丙菊酯 0.86%/2008.02.19 至 2009.02.19/微毒

卫生　蚊　/　电热加温

WL20080130　杀虫气雾剂/0.45%/气雾剂/胺菊酯 0.4%、高效氯氰菊酯 0.05%/2008.02.22 至 2009.02.22/微毒

卫生　蚊、蝇、蜚蠊　/　喷雾

浙江省杭州南郊化学有限公司　(浙江省杭州市滨江区浦沿镇镇前路310号　310053　0571-86616840)

PD20070215　三环唑/95%/原药/三环唑 95%/2007.08.07 至 2012.08.07/低毒

PD20070582　三环唑/20%/可湿性粉剂/三环唑 20%/2007.12.03 至 2012.12.03/低毒

水稻　稻瘟病　225-300克/公顷　喷雾

PD20070664　三环唑/75%/可湿性粉剂/三环唑 75%/2007.12.17 至 2012.12.17/低毒

水稻　稻瘟病　225-300克/公顷　喷雾

浙江省杭州庆丰农化有限公司　(浙江省杭州市江干区机场路225号　310017　0571-86406338)

PDN11-91　丁草胺/60%/乳油/丁草胺 60%/2006.06.11 至 2011.06.11/低毒

水稻　稗草、牛毛草、鸭舌草　750-1275克/公顷　喷雾,毒土

PDN12-91　丁草胺/50%/乳油/丁草胺 50%/2006.06.11 至 2011.06.11/低毒

水稻　稗草、牛毛草、鸭舌草　750-1275克/公顷　喷雾,毒土

PDN42-96　四螨嗪/20%/悬浮剂/四螨嗪 20%/2006.11.29 至 2011.11.29/低毒

柑橘树　全爪螨　100-125毫克/千克　喷雾

PDN43-96　四螨嗪/95%90%/原药/四螨嗪 95%90%/2006.11.29 至 2011.11.29/低毒

PD84111-2　氧乐果/40%/乳油/氧乐果 40%/2009.11.09 至 2014.11.09/中等毒(原药高毒)

棉花　蚜虫、螨　375-600克/公顷　喷雾

森林　松干蚧、松毛虫　500倍液　喷雾或直接涂树干

水稻　稻纵卷叶螟、飞虱　375-600克/公顷　喷雾

小麦　蚜虫　300-450克/公顷　喷雾

PD85120-2　乐果/90%,85%,80%/原药/乐果 90%,85%,80%/2005.12.25 至 2010.12.25/中等毒

PD85121-8　乐果/40%/乳油/乐果 40%/2005.06.16 至 2010.06.16/中等毒

茶树　蚜虫、叶蝉、螨　1000-2000倍液　喷雾

甘薯　小象甲　2000倍液　浸鲜薯片诱杀

柑橘树、苹果树　鳞翅目幼虫、蚜虫、螨　800-1600倍液　喷雾

棉花　蚜虫、螨　450-600克/公顷　喷雾

蔬菜　蚜虫、螨　300-600克/公顷　喷雾

水稻　飞虱、螟虫、叶蝉　450-600克/公顷　喷雾

烟草　蚜虫、烟青虫　300-600克/公顷　喷雾

PD85142-8　氧乐果/92%,80%,70%/原药/氧乐果 92%,80%,70%/2005.07.14 至 2010.07.14/高毒

PD85154-14　氰戊菊酯/20%/乳油/氰戊菊酯 20%/2005.08.15 至 2010.08.15/中等毒

柑橘树　潜叶蛾　10-20毫克/千克　喷雾

果树　梨小食心虫　10-20毫克/千克　喷雾

棉花　红铃虫、蚜虫　75-150克/公顷　喷雾

蔬菜　菜青虫、蚜虫　60-120克/公顷　喷雾

PD86152-8　乙酰甲胺磷/40%/乳油/乙酰甲胺磷 40%/2006.10.15 至 2011.10.15/低毒

茶树　茶尺蠖　500-1000倍液　喷雾

柑橘树　介壳虫、螨　500-1000倍液　喷雾

棉花　棉铃虫、蚜虫　600-750克/公顷　喷雾

苹果树　食心虫　500-1000倍液　喷雾

蔬菜　菜青虫、蚜虫　1000倍液　喷雾

水稻　螟虫、叶蝉　600-750克/公顷　喷雾

小麦、玉米　黏虫、玉米螟　500-1000倍液　喷雾

烟草　烟青虫　500-1000倍液　喷雾

PD86175-11　乙酰甲胺磷//原药/乙酰甲胺磷 95%/2006.10.15 至 2011.10.15/低毒

PD86176-12　乙酰甲胺磷/30%/乳油/乙酰甲胺磷 30%/2006.10.15 至 2011.10.15/低毒

柑橘树　介壳虫、螨　500-1000倍液　喷雾

果树　食心虫　500-1000倍液　喷雾

棉花　棉铃虫、蚜虫　450-900克/公顷　喷雾

蔬菜　菜青虫、蚜虫　337.5-540克/公顷　喷雾

水稻　螟虫、叶蝉　562.5-1012.5克/公顷　喷雾

小麦、玉米 黏虫、玉米螟 540-1080克/公顷 喷雾
烟草 烟青虫 450-900克/公顷 喷雾

PD89104-10 氰戊菊酯/92%/原药/氰戊菊酯 92%/2009.11.09 至 2014.11.09/中等毒

PD96102 丁草胺/80%,85%,92%/原药/丁草胺 80%,85%,92%/2009.01.18 至 2014.01.18/低毒

PD20040393 高效氯氰菊酯/4.5%/乳油/高效氯氰菊酯 4.5%/2009.12.19 至 2014.12.19/中等毒
甘蓝 菜青虫 13.5-20.25克/公顷 喷雾

PD20060072 丙草胺/95%/原药/丙草胺 95%/2006.04.13 至 2011.04.13/低毒

PD20060080 异丙甲草胺/97%/原药/异丙甲草胺 97%/2006.04.14 至 2011.04.14/低毒

PD20070032 丙草胺/300克/升/乳油/丙草胺 300克/升/2007.01.29 至 2012.01.29/低毒
水稻秧田 一年生杂草 450-562.5克/公顷 喷雾、毒土
水稻直播田 一年生杂草 450-675克/公顷 喷雾、毒土

PD20070142 乙草胺/93%/原药/乙草胺 93%/2007.05.30 至 2012.05.30/低毒

PD20070282 咪鲜胺/95%/原药/咪鲜胺 95%/2007.09.05 至 2012.09.05/低毒

PD20070421 氯氰菊酯/95%/原药/氯氰菊酯 95%/2007.11.06 至 2012.11.06/中等毒

PD20070630 异丙甲草胺/720克/升/乳油/异丙甲草胺 720克/升/2007.12.14 至 2012.12.14/低毒
赤豆 一年生禾本科杂草及部分阔叶杂草 1296-1620克/公顷 土壤喷雾
甘蔗田 一年生禾本科杂草及部分阔叶杂草 1080-1620克/公顷 植后芽前土壤喷雾
花生田 一年生禾本科杂草及部分阔叶杂草 1080-1620克/公顷 播后芽前土壤喷雾
西瓜 一年生禾本科杂草及部分阔叶杂草 1080-1620克/公顷 土壤喷雾

PD20080008 咪鲜胺锰盐/97%/原药/咪鲜胺锰盐 97%/2008.01.03 至 2013.01.03/低毒

PD20080416 乙草胺/900克/升/乳油/乙草胺 900克/升/2008.03.03 至 2013.03.03/低毒
春大豆田 一年生禾本科杂草及部分小粒种子阔叶杂草 1350-1890克/公顷 土壤喷雾
夏大豆田、夏玉米田 一年生禾本科杂草及部分小粒种子阔叶杂草 810-1350克/公顷 土壤喷雾

PD20080809 草甘膦/95%/原药/草甘膦 95%/2008.06.20 至 2013.06.20/微毒

PD20080881 乙草胺/50%/乳油/乙草胺 50%/2008.07.09 至 2013.07.09/低毒
花生田、夏大豆田、夏玉米田 一年生禾本科杂草及小粒阔叶杂草 900-1200克/公顷 喷雾
油菜田 一年生禾本科杂草及小粒阔叶杂草 525-750克/公顷 喷雾

PD20080882 甲草胺/95%/原药/甲草胺 95%/2008.07.09 至 2013.07.09/低毒

PD20082000 咪鲜胺/25%/乳油/咪鲜胺 25%/2008.11.25 至 2013.11.25/低毒
辣椒 白粉病 187.5-234.4克/公顷 喷雾
芒果 炭疽病 500-1000毫克/千克 浸果
葡萄 炭疽病 166.7-315毫克/千克 喷雾
水稻 恶苗病 62.5-125毫克/千克 浸种

PD20085992 四螨·哒螨灵/10%/悬浮剂/哒螨灵 6.5%、四螨嗪 3.5%/2008.12.29 至 2013.12.29/低毒
柑橘树 红蜘蛛 1000-1500倍液 喷雾

PD20090185 氰戊·氧乐果/20%/乳油/氰戊菊酯 3%、氧乐果 17%/2009.01.08 至 2014.01.08/中等毒(原药高毒)
棉花 棉蚜 112.5-150克/公顷 喷雾

PD20090927 乙草胺/40%/可湿性粉剂/乙草胺 40%/2009.01.19 至 2014.01.19/低毒
水稻移栽田 一年生杂草 90-120克/公顷 毒土法

PD20092658 异丙甲草胺/960克/升/乳油/异丙甲草胺 960克/升/2009.03.03 至 2014.03.03/低毒
高粱、玉米 一年生禾本科杂草及部分阔叶杂草 1296-1584克/公顷 播后苗前土壤喷雾

PD20093229 丙草胺/500克/升/乳油/丙草胺 500克/升/2009.03.11 至 2014.03.11/低毒
水稻移栽田 一年生杂草 375-525克/公顷 毒土法

PD20093280 丁草胺/900克/升/乳油/丁草胺 900克/升/2009.03.11 至 2014.03.11/低毒
移栽水稻田 一年生杂草 810-1350克/公顷 药土法

PD20095721 苄·乙/25%/可湿性粉剂/苄嘧磺隆 5.6%、乙草胺 19.4%/2009.05.18 至 2014.05.18/低毒
水稻移栽田 一年生杂草 84-118克/公顷 毒土法

WP20090276 氰戊菊酯/20%/乳油/氰戊菊酯 20%/2009.05.27 至 2014.05.27/低毒
卫生 白蚁 1)3升/平方米(0.125%药液) 2)0.25%药液 1)土壤处理 2)涂抹木材

WL20080366 依维菌素/0.3%/乳油/依维菌素 0.3%/2009.08.20 至 2010.08.20/微毒
室内、外 白蚁 1)7.5-15克/平方米(1500毫克/千克)2)40.5克/立方米(750毫克/千克) 1)土壤喷洒 2)木材浸泡

浙江省杭州三箭侠日化用品有限公司(浙江省杭州市萧山区义桥镇潘山工业园区1号 311262 0571-82216367)

WP20090079 蚊香/0.3%/蚊香/富右旋反式烯丙菊酯 0.3%/2009.02.02 至 2014.02.02/低毒
卫生 蚊 / 点燃

WP20090091 杀虫气雾剂/0.37%/气雾剂/胺菊酯 0.12%、氯菊酯 0.25%/2009.02.03 至 2014.02.03/微毒
卫生 蚊、蝇 / 喷雾
WL20080471 蚊香/0.15%/蚊香/Es-生物烯丙菊酯 0.15%/2009.12.04 至 2010.12.04/微毒
卫生 蚊 / 点燃
WL20080472 杀虫气雾剂/0.55%/气雾剂/胺菊酯 0.3%、高效氯氰菊酯 0.05%、氯菊酯 0.2%/2009.12.04 至 2010.12.04/微毒
卫生 蚊、蝇、蜚蠊 / 喷雾

浙江省杭州市白蚁防治研究所 (浙江省杭州市江干区长庆街36号 310016 0571-86969397)

WL20090078 氯菊酯/8%/乳油/氯菊酯 8%/2009.03.19 至 2010.03.19/低毒
木材 白蚁 800-1200毫克/千克 木材浸泡
土壤 白蚁 4-6克/平方米 土壤喷洒

浙江省杭州泰丰化工有限公司 (浙江省杭州市余杭区崇贤镇老鸦桥 311108 0571-86172636)

PD20040100 高效氯氰菊酯/4.5%/乳油/高效氯氰菊酯 4.5%/2009.12.19 至 2014.12.19/中等毒
甘蓝 菜青虫 15-22.5克/公顷 喷雾
PD20040353 吡虫啉/10%/可湿性粉剂/吡虫啉 10%/2009.12.19 至 2014.12.19/低毒
水稻 飞虱 15-30克/公顷 喷雾
小麦 蚜虫 15-30克/公顷(南方地区) 喷雾
45-60克/公顷(北方地区)
PD20050112 噻嗪酮/25%/可湿性粉剂/噻嗪酮 25%/2005.08.15 至 2010.08.15/低毒
柑橘树 矢尖蚧 166.7—250毫克/千克 喷雾
水稻 稻飞虱 93.75-131.25克/公顷 喷雾
PD20050209 甲基硫菌灵/70%/可湿性粉剂/甲基硫菌灵 70%/2005.12.23 至 2010.12.23/低毒
小麦 赤霉病 840-1260克/公顷 喷雾
PD20081354 氰戊菊酯/20%/乳油/氰戊菊酯 20%/2008.10.21 至 2013.10.21/中等毒
甘蓝 菜青虫 120-150克/公顷 喷雾
PD20083025 灭多威/90%/可溶粉剂/灭多威 90%/2008.12.10 至 2013.12.10/高毒
棉花 棉铃虫 405-540克/公顷 喷雾
PD20083630 灭多威/20%/乳油/灭多威 20%/2008.12.12 至 2013.12.12/中等毒(原药高毒)
甘蓝 菜青虫 180-300克/公顷 喷雾
棉花 棉铃虫 240-300克/公顷 喷雾
PD20085175 杀单·灭多威/16%/水剂/灭多威 4%、杀虫单 12%/2008.12.23 至 2013.12.23/低毒(原药高毒)
水稻 稻纵卷叶螟、二化螟 288-384克/公顷 喷雾
PD20090766 噻嗪·杀虫单/25%/可湿性粉剂/噻嗪酮 5%、杀虫单 20%/2009.01.19 至 2014.01.19/中等毒
水稻 稻飞虱 281.25-275克/公顷 喷雾
PD20097103 阿维·高氯氟/2%/乳油/阿维菌素 0.1%、氯氟氰菊酯 1.9%/2009.10.10 至 2014.10.10/低毒(原药高毒)
十字花科蔬菜 小菜蛾 9-12克/公顷 喷雾
LS20061594 高效氯氟氰菊酯/2.5%/微乳剂/高效氯氟氰菊酯 2.5%/2009.08.17 至 2010.08.17/中等毒
十字花科蔬菜 菜青虫 9.375-13.125克/公顷 喷雾
LS20090853 氯氟·啶虫脒/22.5%/可湿性粉剂/啶虫脒 20%、高效氯氟氰菊酯 2.5%/2009.04.09 至 2010.04.09/中等毒
十字花科蔬菜 黄条跳甲 67.50-101.25克/公顷 喷雾

浙江省杭州西湖农药化工厂 (浙江省杭州市桐庐县江南镇珠山村 311510 0571-64273498)

PD20050170 吡虫啉/10%/可湿性粉剂/吡虫啉 10%/2005.11.14 至 2010.11.14/低毒
水稻 稻飞虱 30-45克/公顷 喷雾
PD20082863 噻嗪酮/25%/可湿性粉剂/噻嗪酮 25%/2008.12.09 至 2013.12.09/低毒
水稻 飞虱 93.75-131.25克/公顷 喷雾
PD20082890 克百威/3%/颗粒剂/克百威 3%/2008.12.09 至 2013.12.09/中等毒(原药高毒)
甘蔗 蚜虫、蔗龟 1350-2250克/公顷 沟施
花生 线虫 1800-2250克/公顷 条施、沟施
棉花 蚜虫 675-900克/公顷 条施、沟施
水稻 螟虫、瘿蚊 900-1350克/公顷 撒施

浙江省杭州萧山戴村恒昌蚊香厂 (浙江省杭州市萧山区戴村镇 311261 0571-82234636)

WL20080252 蚊香/0.3%/蚊香/富右旋反式烯丙菊酯 0.3%/2009.04.02 至 2010.04.02/微毒
卫生 蚊 / 点燃

浙江省杭州萧山钱潮日化有限公司 (浙江省杭州市萧山区党山镇官一村 311245 0571-82503381)

WP20080297 杀蟑饵剂/1%/饵剂/乙酰甲胺磷 1%/2008.12.03 至 2013.12.03/低毒
卫生 蜚蠊 / 投放
WP20080487 杀蟑笔剂/0.5%/笔剂/溴氰菊酯 0.5%/2008.12.17 至 2013.12.17/低毒
卫生 蜚蠊 / 涂抹
WL20050213 杀蟑胶饵/2%/胶饵/乙酰甲胺磷 2%/2008.08.21 至 2009.08.21/微毒
卫生 蜚蠊 / 投放
WL20080335 杀虫水乳剂/0.36%/水乳剂/胺菊酯 0.16%、氯菊酯 0.2%/2009.05.27 至 2010.05.27/微毒
卫生 蚊、蝇、蜚蠊 / 喷雾

浙江省杭州永新化工日用品有限公司 (浙江省杭州市富阳市大树下 311402 0571-63415195)

WP20080316 杀蟑烟片/0.13%/片剂/右旋苯醚氰菊酯 0.13%/2008.12.04 至 2013.12.04/低毒

卫生 蜚蠊 / 点燃

WP20080415 蚊香/0.25%/蚊香/富右旋反式烯丙菊酯 0.25%/2008.12.12 至 2013.12.12/低毒

卫生 蚊 / 点燃

WP20080431 电热蚊香片/13毫克/片/电热蚊香片/炔丙菊酯 13毫克/片/2008.12.15 至 2013.12.15/低毒

卫生 蚊 / 电热加温

WP20080475 电热蚊香液/0.86%/电热灭蚊液/炔丙菊酯 0.86%/2008.12.16 至 2013.12.16/低毒

卫生 蚊 / 电热加温

浙江省杭州宇龙化工有限公司 (浙江省杭州市余杭区塘栖工业开发区 311106 0571-86225339)

PD20081506 苯醚甲环唑/95%/原药/苯醚甲环唑 95%/2008.11.06 至 2013.11.06/低毒

PD20081928 甲氰·噻螨酮/7.5%/乳油/甲氰菊酯 6%、噻螨酮 1.5%/2008.11.21 至 2013.11.21/中等毒

苹果树 红蜘蛛 50-75毫克/千克 喷雾

PD20082161 精噁唑禾草灵/95%(92%)/原药/精噁唑禾草灵 95%(92%)/2008.11.26 至 2013.11.26/低毒

PD20082329 精噁唑禾草灵/6.9%/水乳剂/精噁唑禾草灵 6.9%/2008.12.05 至 2013.12.05/低毒

夏大豆田 一年生禾本科杂草 62.1-72.5克/公顷 茎叶喷雾

PD20083091 硫丹/350克/升/乳油/硫丹 350克/升/2008.12.10 至 2013.12.10/中等毒

茶树 茶尺蠖 制剂量：1500-2000毫升/公顷 喷雾

茶树 小绿叶蝉 制剂量：1000-2000毫升/公顷 喷雾

棉花 棉铃虫 制剂量：1500-2420毫升/公顷 喷雾

苹果树 蚜虫 制剂量：87.5-116.67毫克/千克 喷雾

烟草 蚜虫、烟青虫 制剂量：1000-1500毫升/公顷 喷雾

PD20083217 高效氯氟氰菊酯/2.5%/乳油/高效氯氟氰菊酯 2.5%/2008.12.11 至 2013.12.11/中等毒

十字花科蔬菜 菜青虫 7.5-11.25克/公顷 喷雾

PD20083313 戊唑醇/95%/原药/戊唑醇 95%/2008.12.11 至 2013.12.11/低毒

PD20083367 精噁唑禾草灵/10%/乳油/精噁唑禾草灵 10%/2008.12.11 至 2013.12.11/低毒

冬小麦田 一年生禾本科杂草 51.8-72.5克/公顷 茎叶喷雾

PD20083507 联苯菊酯/25克/升/乳油/联苯菊酯 25克/升/2008.12.12 至 2013.12.12/低毒

茶树 茶尺蠖 11.25-15克/公顷 喷雾

PD20083511 苄·二氯/40%/可湿性粉剂/苄嘧磺隆 5%、二氯喹啉酸 35%/2008.12.12 至 2013.12.12/低毒

水稻移栽田 一年生及部分多年生杂草 210-300克/公顷 喷雾

PD20083624 精噁唑禾草灵/7.5%/水乳剂/精噁唑禾草灵 7.5%/2008.12.12 至 2013.12.12/低毒

冬小麦田 一年生禾本科杂草 67.5-78.8克/公顷 茎叶喷雾

PD20084117 甲氰菊酯/20%/乳油/甲氰菊酯 20%/2008.12.16 至 2013.12.16/中等毒

十字花科蔬菜 菜青虫 75-90克/公顷 喷雾

PD20085955 腈菌·福美双/20%/可湿性粉剂/福美双 18%、腈菌唑 2%/2008.12.29 至 2013.12.29/低毒

小麦 白粉病 120-150克/公顷 喷雾

PD20090589 精噁唑禾草灵/6.9%/水乳剂/精噁唑禾草灵 6.9%/2009.01.14 至 2014.01.14/低毒

春小麦田 一年生禾本科杂草 72.5-82.8克/公顷 茎叶喷雾

冬小麦田 一年生禾本科杂草 62.1-72.5克/公顷 茎叶喷雾

PD20090740 敌畏·毒死蜱/35%/乳油/敌敌畏 25%、毒死蜱 10%/2009.01.19 至 2014.01.19/中等毒

棉花 棉铃虫 367.5-472.5克/公顷 喷雾

十字花科蔬菜 菜青虫 420-525克/公顷 喷雾

水稻 稻纵卷叶螟 420-525克/公顷 喷雾

小麦 蚜虫 157.5-262.5克/公顷 喷雾

PD20090741 腈菌唑/5%/乳油/腈菌唑 5%/2009.01.19 至 2014.01.19/低毒

黄瓜 白粉病 22.5-30克/公顷 喷雾

梨树 黑星病 1500-2000倍液 喷雾

香蕉 叶斑病 1000-1500倍液 喷雾

LS20072539 炔草酸/97%/原药/炔草酯 97%/2009.12.04 至 2010.12.05/低毒

LS20080513 苯甲·丙环唑/300克/升/乳油/苯醚甲环唑 150克/升、丙环唑 150克/升/2009.02.22 至 2010.02.22/低毒

水稻 纹枯病 67.5-135克/公顷 喷雾

LS20081793 戊菌唑/97%/原药/戊菌唑 97%/2009.04.07 至 2010.04.07/低毒

LS20082859 苯醚甲环唑/250克/升/乳油/苯醚甲环唑 250克/升/2009.06.11 至 2010.06.11/低毒

苹果 斑点落叶病 55.6-100毫克/千克 喷雾

LS20091093 阿维·毒死蜱 /15%/乳油/阿维菌素 0.1%、毒死蜱 14.9%/2009.04.15 至 2010.04.15/低毒(原药高毒)

水稻 稻纵卷叶螟 135－225克/公顷 喷雾

LS20091268 苯醚甲环唑/10%/微乳剂/苯醚甲环唑 10%/2009.05.12 至 2010.05.12/低毒

苹果树 斑点落叶病 67-100毫克/千克 喷雾

浙江省杭州运达农药制造有限公司 (浙江省杭州市余杭区塘栖镇莫家桥 311106 0571-86323383)

PD85154-57 氰戊菊酯/20%/乳油/氰戊菊酯 20%/2009.08.09 至 2014.08.09/中等毒

柑橘树 潜叶蛾 10-20毫克/千克 喷雾

果树 梨小食心虫 10-20毫克/千克 喷雾

棉花 红铃虫、蚜虫 75-150克/公顷 喷雾

蔬菜 菜青虫、蚜虫 60-120克/公顷 喷雾

PD20082187 甲基硫菌灵/70%/可湿性粉剂/甲基硫菌灵 70%/2008.11.26 至 2013.11.26/低毒
小麦 赤霉病 735-1050克/公顷 喷雾
PD20082487 乙酰甲胺磷/30%/乳油/乙酰甲胺磷 30%/2008.12.03 至 2013.12.03/低毒
柑橘树 介壳虫 500-600毫克/千克 喷雾
PD20083771 噻嗪酮/25%/可湿性粉剂/噻嗪酮 25%/2008.12.15 至 2013.12.15/低毒
水稻 稻飞虱 75-112.5克/公顷 喷雾
PD20085577 草甘膦/10%/水剂/草甘膦 10%/2008.12.25 至2009.12.31/低毒
茶园 一年生和多年生杂草 1125-2250克/公顷 定向茎叶喷雾
PD20092708 草甘膦异丙胺盐/41%/水剂/草甘膦异丙胺盐 41%/2009.03.03 至 2014.03.03/低毒
柑橘园 杂草 1125-2250克/公顷 定向茎叶喷雾

浙江省湖州荣盛农药化工有限公司 （浙江省湖州市南浔区菱湖镇人民北路131号 313018 0572-3942558）

PD20082762 草甘膦/95%/原药/草甘膦 95%/2008.12.08 至 2013.12.08/低毒
PD20082798 草甘膦异丙胺盐/41%/水剂/草甘膦异丙胺盐 41%/2008.12.09 至 2013.12.09/低毒
柑橘园 一年生及部分多年生杂草 1125-2250克/公顷 定向茎叶喷雾
PD20083722 三乙膦酸铝/95%/原药/三乙膦酸铝 95%/2008.12.15 至 2013.12.15/低毒
PD20084378 噻螨酮/98%/原药/噻螨酮 98%/2008.12.17 至 2013.12.17/低毒
PD20093266 噻螨酮/5%/乳油/噻螨酮 5%/2009.03.11 至 2014.03.11/低毒
柑橘树 红蜘蛛 12.5-16.7毫克/千克 喷雾
LS20071789 阿维菌素/18克/升/乳油/阿维菌素 18克/升/2009.07.04 至 2010.07.05/低毒(原药高毒)
柑橘 潜叶蛾 3.6-4.5毫克/千克 喷雾
LS20072134 吡虫啉/98%/原药/吡虫啉 98%/2009.09.03 至 2010.09.04/低毒
LS20080796 三乙膦酸铝/80%/可湿性粉剂/三乙膦酸铝 80%/2009.02.28 至 2010.02.28/低毒
黄瓜 霜霉病 960-1920克/公顷 喷雾
LS20082032 草甘膦铵盐/74.7%/可溶粒剂/草甘膦铵盐 74.7%/2009.04.15 至 2010.04.15/低毒
柑橘园 杂草 1125-2250克/公顷 定向茎叶喷雾
WL20060198 吡丙醚/95%/原药/吡丙醚 95%/2009.12.06 至 2010.12.06/低毒

浙江省乐斯化学有限公司 （浙江省乐清市磐石镇磐南村 325602 0577-61609982）

PD20080355 炔螨特/91%/原药/炔螨特 91%/2008.02.29 至 2013.02.28/低毒
PD20082494 炔螨特/73%/乳油/炔螨特 73%/2008.12.03 至 2013.12.03/低毒
柑橘树 红蜘蛛 292-365毫克/千克 喷雾
PD20085492 二甲戊灵/98%/原药/二甲戊灵 98%/2008.12.25 至 2013.12.25/低毒
PD20090279 阿维·苏云菌//可湿性粉剂/阿维菌素 0.18%、苏云金杆菌 100亿活芽孢/克/2009.01.09 至 2014.01.09/低毒(原药高毒)
十字花科蔬菜 小菜蛾 600-750克制剂/公顷 喷雾
PD20097633 咪鲜胺/95%/原药/咪鲜胺 95%/2009.11.03 至 2014.11.03/低毒
PD20098187 咪鲜胺/250克/升/乳油/咪鲜胺 25%/2009.12.14 至 2014.12.14/低毒
水稻 恶苗病 62.5-125毫克/千克 浸种
LS20051337 氯胺磷/90%/原药/氯胺磷 90%/2008.04.13 至 2009.04.13/中等毒
LS20051354 氯胺磷/30%/乳油/氯胺磷 30%/2008.04.13 至 2009.04.13/低毒
水稻 稻纵卷叶螟 720-900克/公顷 喷雾
LS20091019 苯嗪草酮/98%/原药/苯嗪草酮 98%/2009.04.13 至 2010.04.13/低毒

浙江省临海利民化工有限公司 （浙江省台州市临海市涌泉镇西管岙 317021 0576-85683098）

PD86185 硫酰氟/99.8%/原药/硫酰氟 99.8%/2006.11.12 至 2011.11.12/中等毒
堤围、土坝 黑翅土白蚁 800-1000克/巢 由主蚁道注入气体熏蒸
建筑物 白蚁 30克/立方米 密闭熏蒸
粮食 储粮害虫 20-30克/立方米 密闭熏蒸
林木、木材、种子 蛀虫 25-30克/立方米 密闭熏蒸
棉花 仓储害虫 40-50克/立方米 密闭熏蒸
文史档案及图书 蛀虫 30-40克/立方米 密闭熏蒸
衣料 蛀虫 30克/立方米 密闭熏蒸
注:粮食上为临时登记，有效期最多至2011年9月。

浙江省临海市建新化工有限公司 （浙江省台州市临海市商检大楼四层 317000 0576-5135553）

PD84122-2 溴甲烷/99%/原药/溴甲烷 99%/2009.12.17 至 2014.12.17/高毒
粮食、食品、种子 多种害虫、鼠 27-37.5克/立方米 密闭熏蒸
烟草(苗床) 土壤线虫、真菌 50-100克/平方米 熏蒸

浙江省龙泉市农用化学品有限责任公司 （浙江省龙泉市南秦路17号 323700 0578-7211430）

PD20098255 松脂酸钠/45%/可溶粉剂/松脂酸钠 45%/2009.12.16 至 2014.12.16/低毒
柑橘树 红蜡蚧 80-120倍液 喷雾

浙江省宁波三灵杀虫工贸有限公司 （浙江省宁波市江北区庄桥工业园区李冯路南侧 315032 0574-87561079）

WP20080225 电热蚊香片/10毫克/片/电热蚊香片/炔丙菊酯 10毫克/片/2008.11.25 至 2013.11.25/低毒
卫生 蚊 / 电热加温
WP20080387 电热蚊香液/0.86%/电热灭蚊液/炔丙菊酯 0.86%/2008.12.11 至 2013.12.11/低毒
卫生 蚊 / 电热加温

WP20080588 窗纱涂剂/1.08%/涂抹剂/氯菊酯 0.5%、氯氰菊酯 0.58%/2008.12.29 至 2013.12.29/低毒
卫生 蚊、蝇 / 涂抹
卫生 蜚蠊 324毫克/平方米 涂抹

浙江省宁波市镇海恒达农化有限公司 (浙江省宁波市化学工业区(蟹浦) 315204 0574-86507688)

PD20070210 杀螟丹原药/98%/原药/杀螟丹 98%/2007.08.07 至 2012.08.07/中等毒

浙江省宁波舜宏化工有限公司 (浙江省宁波市余姚市世南东路以东 315400 0574-62707897)

PD84104-2 杀虫双/18%/水剂/杀虫双 18%/2009.07.20 至 2014.07.20/中等毒
甘蔗、蔬菜、水稻、小麦、玉米 多种害虫 540-675克/公顷 喷雾
果树 多种害虫 225-360毫克/千克 喷雾
PD20040620 杀虫单/90%/可溶粉剂/杀虫单 90%/2009.12.19 至 2014.12.19/中等毒
水稻 二化螟、三化螟 675-810克/公顷 喷雾
PD20040697 杀虫单/80%/可溶粉剂/杀虫单 80%/2009.12.19 至 2014.12.19/中等毒
水稻 二化螟 675-810克/公顷 喷雾
水稻 稻纵卷叶螟 420-600克/公顷 喷雾
PD20050101 杀虫单/95%/原药/杀虫单 95%/2005.07.29 至 2010.07.28/中等毒
PD20080478 杀虫安/87%/原药/杀虫安 87%/2008.03.31 至 2013.03.31/中等毒
PD20080479 杀虫安/78%/可溶粉剂/杀虫安 78%/2008.03.31 至 2013.03.31/中等毒
水稻 稻纵卷叶螟、二化螟 468-585克/公顷 喷雾
PD20096112 吡虫·杀虫安/60%/可湿性粉剂/吡虫啉 1.5%、杀虫安 58.5%/2009.06.18 至 2014.06.18/中等毒
水稻 稻纵卷叶螟、飞虱 450-630克/公顷 喷雾
PD20096392 杀虫双/25%/母药/杀虫双 25%/2009.08.04 至 2014.08.04/中等毒
LS96441 杀虫安/50%/可溶性粉剂/杀虫安 50%/2009.01.14 至 2009.12.31/中等毒
水稻 稻纵卷叶螟、二化螟 375-525克/公顷 喷雾
LS96849 杀虫安/18%/水剂/杀虫安 18%/2009.01.14 至 2009.12.31/低毒
水稻 稻纵卷叶螟、二化螟 450-600克/公顷 喷雾
LS20070263 球孢白僵菌/100亿个/毫升/油悬浮剂/白僵菌 100亿个/毫升/2009.02.25 至 2010.02.25/低毒
茶叶 茶小绿叶蝉 1500-1800克制剂/公顷 喷雾
十字花科蔬菜 蚜虫 1500-1800克制剂/公顷 喷雾

浙江省宁波维纳斯化妆品有限公司 (浙江省慈溪市范市镇灵范公路2号 315312 0574-63707988)

WL20070252 驱蚊液/4.5%/驱蚊液/避蚊胺 4.5%/2008.11.04 至 2009.11.05/微毒
卫生 蚊 / 涂抹

浙江省宁波中化化学品有限公司 (浙江省宁波市镇海区宁波化学工业区北海路1165号 315040 0574-87770072)

PD84101 马拉硫磷/95%,90%,85%/原药/马拉硫磷 95%,90%,85%/2009.10.26 至 2014.10.26/低毒
PD84102 杀螟硫磷/45%/乳油/杀螟硫磷 45%/2009.10.26 至 2014.10.26/中等毒
茶树 尺蠖、毛虫、小绿叶蝉 250-500毫克/千克 喷雾
甘薯 小象甲 525-900克/公顷 喷雾
果树 卷叶蛾、毛虫、食心虫 250-500毫克/千克 喷雾
棉花 蚜虫、叶蝉、造桥虫 375-562.5克/公顷 喷雾
棉花 红铃虫、棉铃虫 375-750毫克/千克 喷雾
水稻 飞虱、螟虫、叶蝉 375-562.5克/公顷 喷雾
PD84105 马拉硫磷/45%/乳油/马拉硫磷 45%/2009.12.27 至 2014.12.27/低毒
茶树 长白蚧、象甲 625-1000毫克/千克 喷雾
果树 蝽蟓、蚜虫 250-333毫克/千克 喷雾
林木、牧草、农田 蝗虫 450-600克/公顷 喷雾
棉花 盲蝽蟓、蚜虫、叶跳虫 375-562.2克/公顷 喷雾
蔬菜 黄条跳甲、蚜虫 562.5-750克/公顷 喷雾
水稻 飞虱、蓟马、叶蝉 562.5-750克/公顷 喷雾
小麦 黏虫、蚜虫 562.5-750克/公顷 喷雾
PD85129 马拉硫磷/70%/乳油/马拉硫磷 70%/2006.01.15 至 2011.01.15/低毒
大麦原粮、稻谷原粮、高粱原粮、小麦原粮、玉米原粮 仓储害虫 10-30毫克/千克 喷雾或砻糠载体法
PD86154-3 杀螟硫磷/93%,85%,75%/原药/杀螟硫磷 93%,85%,75%/2006.08.28 至 2011.08.28/中等毒
PD20030015 二甲戊灵/≥95/原药/二甲戊灵 ≥95%/2008.11.27 至 2013.11.27/低毒
PD20060048 二甲戊灵/330克/升/乳油/二甲戊灵 330克/升/2006.02.27 至 2011.02.27/低毒
大蒜、甘蓝、夏大豆 一年生杂草 618.75-742.5克/公顷 土壤喷雾
韭菜 一年生禾本科杂草及部分小粒种子阔叶杂草 495-742.5克/公顷 土壤喷雾
烟草 抑制腋芽生长 66-80毫克/株 杯淋
注:大蒜、甘蓝、夏大豆为临时登记，有效期最多至2009年4月12日。
PD20070248 精吡氟禾草灵/90%/原药/精吡氟禾草灵 90%/2007.08.30 至 2012.08.30/低毒
PD20070320 溴螨酯/95%/原药/溴螨酯 95%/2007.09.27 至 2012.09.27/低毒

PD20070632 硫双威/95%/原药/硫双威 95%/2007.12.14 至 2012.12.14/低毒
PD20080601 氧氟·甲戊灵/34%/乳油/二甲戊灵 20%、乙氧氟草醚 14%/2008.05.12 至 2013.05.12/低毒
大蒜田 一年生杂草 255-408克/公顷 土壤喷雾
PD20080640 戊唑醇/96%/原药/戊唑醇 96%/2008.05.13 至 2013.05.13/低毒
PD20080834 高效氟吡甲禾灵/90%/原药/高效氟吡甲禾灵 90%/2008.06.20 至 2013.06.20/低毒
PD20082177 精吡氟禾草灵/150克/升/乳油/精吡氟禾草灵 150克/升/2008.11.26 至 2013.11.26/低毒
大豆田、冬油菜田 一年生禾本科杂草 112.5-157.5克/公顷 茎叶喷雾
棉花田 一年生禾本科杂草 78.75-112.5克/公顷 茎叶喷雾
PD20082533 高效氟吡甲禾灵/108克/升/乳油/高效氟吡甲禾灵 108克/升/2008.12.03 至 2013.12.03/低毒
大豆田 一年生禾本科杂草 40.5-48.6克/公顷 茎叶喷雾
棉花田 一年生禾本科杂草 45-52.5克/公顷 茎叶喷雾
PD20083064 吡虫啉/98%/原药/吡虫啉 98%/2008.12.10 至 2013.12.10/低毒
PD20083917 丙环唑/95%/原药/丙环唑 95%/2008.12.15 至 2013.12.15/低毒
PD20084858 硫双威/75%/可湿性粉剂/硫双威 75%/2008.12.22 至 2013.12.22/中等毒
棉花 棉铃虫 506.25-675克/公顷 喷雾
PD20091534 戊唑醇/430克/升/悬浮剂/戊唑醇 430克/升/2009.02.03 至 2014.02.03/低毒
梨树 黑星病 108.5-143.3毫克/千克 喷雾
苹果树 斑点落叶病 61.4-86毫克/千克 喷雾
PD20095772 烟嘧磺隆/98%/原药/烟嘧磺隆 98%/2009.05.18 至 2014.05.18/低毒
PD20096016 氟虫腈/95%/原药/氟虫腈 95%/2009.06.15 至 2014.06.15/中等毒
注:仅供出口。
PD20096585 烟嘧磺隆/40克/升/可分散油悬浮剂/烟嘧磺隆 40克/升/2009.08.25 至 2014.08.25/低毒
玉米田 一年生杂草 42-60克/公顷 茎叶喷雾
PD20097597 氟虫腈/50克/升/悬浮剂/氟虫腈 50克/升/2009.11.03 至 2014.11.03/低毒
注:仅供出口。
PD20097674 丙环唑/250克/升/乳油/丙环唑 250克/升/2009.11.04 至 2014.11.04/低毒
香蕉 叶斑病 375－500毫克/千克 喷雾
小麦 白粉病、锈病 124.5－137.5克/公顷 喷雾
小麦 根腐病 124.5－150克/公顷 喷雾
LS20071564 啶虫脒/96%/原药/啶虫脒 96%/2009.05.29 至 2010.05.30/中等毒
LS20071762 苯醚甲环唑/95%/原药/苯醚甲环唑 95%/2009.07.04 至 2010.07.05/低毒
LS20080474 氨氯吡啶酸/95%/原药/氨氯吡啶酸 95%/2009.02.19 至 2010.02.20/低毒
LS20082908 戊唑醇/250克/升/水乳剂/戊唑醇 250克/升/2009.07.09 至 2010.07.09/低毒
草莓 灰霉病 90-112.5克/公顷 喷雾
花生 叶斑病 93.75-187.5克/公顷 喷雾
黄瓜、小麦 白粉病 90-112.5克/公顷 喷雾
葡萄 白腐病 75-125毫克/千克 喷雾
桃树 褐腐病 75-125毫克/千克 喷雾
香蕉 叶斑病 167-250毫克/千克 喷雾
油菜 菌核病 131.25-262.5克/公顷 喷雾
豇豆 锈病 93.75-187.5克/公顷 喷雾
LS20090897 烟嘧磺隆/75%/水分散粒剂/烟嘧磺隆 75%/2009.04.09 至 2010.04.09/低毒
玉米田 一年生杂草 39.38-59.63克/公顷 茎叶喷雾
LS20091279 啶虫脒/70%/水分散粒剂/啶虫脒 70%/2009.05.22 至 2010.05.22/低毒
番茄 白粉虱 21-31.5克/公顷 喷雾
WP20080027 杀螟硫磷/40%/可湿性粉剂/杀螟硫磷 40%/2008.02.29 至 2013.02.28/低毒
卫生 蜚蠊、蚊、蝇 2克/平方米 滞留喷洒

浙江省平阳县双马蚊香厂 (浙江省平阳县梅溪乡凤冠路1号 325401 0577-63051153)

WP20090249 蚊香/0.3%/蚊香/富右旋反式烯丙菊酯 0.3%/2009.04.27 至 2014.04.27/微毒
卫生 蚊 / 点燃

浙江省浦江县老李蚊香厂 (浙江省浦江县仙华大道888号 322200 0579-4105898)

WP20090375 蚊香/0.28%/蚊香/富右旋反式烯丙菊酯 0.28%/2009.12.01 至 2014.12.01/低毒
卫生 蚊 / 点燃
WP20090377 杀虫气雾剂/0.43%/气雾剂/胺菊酯 0.18%、氯菊酯 0.18%、右旋苯醚氰菊酯 0.07%/2009.12.07 至 2014.12.07/微毒
卫生 蚊、蝇 / 喷雾

浙江省上虞市银邦化工有限公司 (浙江省上虞市上虞港精细化工园区东进一号桥 312369 0575-2738118)

PD20080339 噁霉灵/95%/原药/噁霉灵 95%/2008.02.26 至 2013.02.26/低毒
PD20081724 高效氯氟氰菊酯/95%/原药/高效氯氟氰菊酯 95%/2008.11.18 至 2013.11.18/中等毒
PD20082747 烯草酮/90%/原药/烯草酮 90%/2008.12.08 至 2013.12.08/低毒
PD20083073 联苯菊酯/95%/原药/联苯菊酯 95%/2008.12.10 至 2013.12.10/中等毒
PD20095771 高效氯氟氰菊酯/25克/升/乳油/高效氯氟氰菊酯 25克/升/2009.05.18 至 2014.05.18/中等毒
茶树 茶尺蠖 16.7-25毫克/千克 喷雾
棉花 棉铃虫 16.8-25.2克/公顷 喷雾

十字花科蔬菜 菜青虫 9.375-13.125克/公顷 喷雾
烟草 蚜虫 11.25-15克/公顷 喷雾
PD20096289 毒死蜱/95%/原药/毒死蜱 95%/2009.07.22 至 2014.07.22/中等毒
PD20096965 烟嘧磺隆/95%/原药/烟嘧磺隆 95%/2009.09.29 至 2014.09.29/低毒
LS20081157 唑嘧磺草胺/95%/原药/唑嘧磺草胺 95%/2009.03.10 至 2010.03.10/低毒

浙江省绍兴市澳野实业有限公司 (浙江省绍兴市马山镇宁六村 312086 0575-8917988)

WP20080341 电热蚊香液/0.86%/电热蚊香液/炔丙菊酯 0.86%/2008.12.09 至 2013.12.09/微毒
卫生 蚊 / 电热加温
WP20080362 电热蚊香片/18毫克/片/电热蚊香片/富右旋反式烯丙菊酯 6毫克/片、炔丙菊酯 12毫克/片/2008.12.10 至 2013.12.10/微毒
卫生 蚊 / 电热加温
WP20080503 杀虫气雾剂/0.65%/气雾剂/胺菊酯 0.26%、高效氯氰菊酯 0.13%、氯菊酯 0.26%/2008.12.18 至 2013.12.18/微毒
卫生 蚊、蝇、蜚蠊 / 喷雾
WL20070249 蚊香/0.28%/蚊香/富右旋反式烯丙菊酯 0.28%/2009.11.04 至 2010.11.05/微毒
卫生 蚊 / 点燃
WL20080225 蚊香/0.25%/蚊香/富右旋反式烯丙菊酯 0.25%/2009.03.11 至 2010.03.11/微毒
卫生 蚊 / 点燃
WL20080343 杀虫气雾剂/0.45%/气雾剂/胺菊酯 0.3%、高效氯氰菊酯 0.05%、氯菊酯 0.1%/2009.06.11 至 2010.06.11/微毒
室内 蚊、蝇、蜚蠊 / 喷雾

浙江省绍兴市东湖生化有限公司 (浙江省绍兴市斗门镇马海 312074 0575-8030502)

PD84125-12 乙烯利/40%/水剂/乙烯利 40%/2009.12.29 至 2014.12.29/低毒
番茄 催熟 800-1000倍液 喷雾或浸渍
棉花 催熟、增产 330-500倍液 喷雾
柿子、香蕉 催熟 400倍液 喷雾或浸渍
水稻 催熟、增产 800倍液 喷雾
橡胶树 增产 5-10倍液 涂布
烟草 催熟 1000-2000倍液 喷雾
PD20070321 矮壮素/98%/原药/矮壮素 98%/2007.09.27 至 2012.09.27/低毒
PD20070484 咪鲜胺/98%/原药/咪鲜胺 98%/2007.11.28 至 2012.11.28/低毒
PD20080016 霜脲氰/98%/原药/霜脲氰 98%/2008.01.03 至 2013.01.03/低毒
PD20086121 乙烯利/91%/原药/乙烯利 91%/2008.12.30 至 2013.12.30/低毒
PD20095390 矮壮素/50%/水剂/矮壮素 50%/2009.04.27 至 2014.04.27/低毒
番茄 调节生长 500-666.7毫克/千克 喷雾
棉花 调节生长 35-50毫克/千克 喷雾
小麦 调节生长 1000-1666.7毫克/千克 喷雾

浙江省绍兴市幸运胶囊化学有限公司 (浙江省绍兴市斗门镇西园路12号 3312071 0575-8037673)

WP20080345 杀蟑饵片/1%/饵片/乙酰甲胺磷 1%/2008.12.09 至 2013.12.09/微毒
卫生 蜚蠊 / 投放
WP20090041 杀蟑笔剂/0.5%/笔剂/溴氰菊酯 0.5%/2009.01.19 至 2014.01.19/微毒
卫生 蜚蠊 / 涂抹

浙江省绍兴天诺农化有限公司 (浙江省诸暨市枫桥镇学勉路99号 311811 0575-7041188)

PD20085819 毒死蜱/3%/颗粒剂/毒死蜱 3%/2008.12.29 至 2013.12.29/低毒
十字花科蔬菜 地老虎、金针虫、蝼蛄、蛴螬 1350-2250克/公顷 撒施
PD20085959 氰戊·敌敌畏/25%/乳油/敌敌畏 20%、氰戊菊酯 5%/2008.12.29 至 2013.12.29/中等毒
十字花科蔬菜 蚜虫 150-262.5克/公顷 喷雾
PD20091541 丁硫·毒死蜱/5%/颗粒剂/丁硫克百威 1%、毒死蜱 4%/2009.02.03 至 2014.02.03/低毒
花生 根结线虫 2250-3750克/公顷 沟施或穴施
PD20096373 氯溴异氰尿酸/50%/可溶粉剂/氯溴异氰尿酸 50%/2009.08.04 至 2014.08.04/低毒
水稻 白叶枯病 165-420克/公顷 喷雾
WL20080278 杀蟑饵剂/1.5%/饵剂/乙酰甲胺磷 1.5%/2009.04.15 至 2010.04.15/低毒
卫生 蜚蠊 / 投放

浙江省台州市红梦实业有限公司 (浙江省台州市路桥区马铺工业区 318050 0576-2424589)

WP20090038 电热蚊香液/0.86%/电热灭蚊液/富右旋反式炔丙菊酯 0.86%/2009.01.15 至 2014.01.15/微毒
卫生 蚊 / 电热加温
WL20060029 电热蚊香片/10毫克/片/电热蚊香片/炔丙菊酯 10毫克/片/2010.02.22 至 2011.02.22/微毒
卫生 蚊 / 电热加温
WL20080083 蚊香/0.3%/蚊香/富右旋反式烯丙菊酯 0.3%/2010.02.20 至 2011.02.20/微毒
卫生 蚊 / 点燃
WL20080109 杀虫气雾剂/0.85%/气雾剂/富右旋反式烯丙菊酯 0.25%、氯菊酯 0.35%、右旋胺菊酯 0.25%/2011.02.22至2012.02.22/微毒
卫生 蚊、蝇、蜚蠊 / 喷雾
WL20080159 杀虫气雾剂/0.55%/气雾剂/胺菊酯 0.3%、高效氯氰菊酯 0.05%、氯菊酯 0.2%/2010.02.27 至 2011.02.27/微毒
卫生 蚊、蝇、蜚蠊 / 喷雾

浙江省台州市黄岩永宁农药化工有限公司 （浙江省台州市黄岩江口轻化投资区 317402 0576-4223635)

PD86166-3 倍硫磷原油//原药/倍硫磷 95%/2007.06.28 至 2012.06.28/中等毒

PD86167-2 50%倍硫磷乳油//乳油/倍硫磷 50%/2007.06.28 至 2012.06.28/中等毒

大豆	食心虫	562.5-1125克/公顷	喷雾
果树	桃小食心虫	1000-2000倍液	喷雾
棉花	棉铃虫、蚜虫	375-750克/公顷	喷雾
蔬菜	蚜虫	375克/公顷	喷雾
水稻	螟虫	1)562.5-1125克/公顷 2)1125克/公顷	1)喷雾 2)泼浇、毒土
甜菜	叶蝇	375-562.5克/公顷	喷雾
小麦	吸浆虫	562.5克/公顷	喷雾

PD86175-12 乙酰甲胺磷原药/97%/原药/乙酰甲胺磷 97%/2007.06.28 至 2012.06.28/低毒

PD86176-3 30%乙酰甲胺磷乳油//乳油/乙酰甲胺磷 30%/2007.06.28 至 2012.06.28/低毒

柑橘树	介壳虫、螨	500-1000倍液	喷雾
果树	食心虫	500-1000倍液	喷雾
棉花	棉铃虫、蚜虫	450-900克/公顷	喷雾
蔬菜	菜青虫、蚜虫	337.5-540克/公顷	喷雾
水稻	螟虫、叶蝉	562.5-1012.5克/公顷	喷雾
小麦、玉米	黏虫、玉米螟	540-1080克/公顷	喷雾
烟草	烟青虫	450-900克/公顷	喷雾

PD20060213 杀螟硫磷原药/95%/原药/杀螟硫磷 95%/2006.12.26 至 2011.12.26/中等毒

浙江省桐庐汇丰生物化工有限公司 （浙江省杭州市桐庐县桐庐镇洋塘路311号 311500 0571-64611738)

PD85131-2 井冈霉素/3%,5%/水剂/井冈霉素 3%,5%/2005.07.29 至 2010.07.29/低毒

水稻	纹枯病	150-187.5克/公顷	喷雾,泼浇

PD86109-23 苏云金杆菌/8000IU/毫克/可湿性粉剂/苏云金杆菌 8000IU/毫克/2006.11.22 至 2011.11.22/低毒

白菜、萝卜、青菜	菜青虫、小菜蛾	1500-4500克制剂/公顷	喷雾
茶树	茶毛虫	1500-7500克制剂/公顷	喷雾
大豆、甘薯	天蛾	1500-2250克制剂/公顷	喷雾
柑橘树	柑橘凤蝶	2250-3750克制剂/公顷	喷雾
高粱、玉米	玉米螟	3750-4500克制剂/公顷	喷雾、毒土
梨树	天幕毛虫	1500-3750克制剂/公顷	喷雾
林木	尺蠖、柳毒蛾、松毛虫	2250-7500克制剂/公顷	喷雾
棉花	棉铃虫、造桥虫	1500-7500克制剂/公顷	喷雾
苹果树	巢蛾	2250-3750克制剂/公顷	喷雾
水稻	稻苞虫、稻纵卷叶螟	1500-6000克制剂/公顷	喷雾
烟草	烟青虫	3750-7500克制剂/公顷	喷雾
枣树	尺蠖	3750-4500克制剂/公顷	喷雾

PD86139-2 井冈霉素/5%/水溶粉剂/井冈霉素 5%/2007.08.27 至 2012.08.27/低毒

水稻	纹枯病	75-112.5克/公顷	喷雾、泼浇

PD88109-5 井冈霉素/20%/水溶粉剂/井冈霉素 20%/2008.12.16 至 2013.12.16/低毒

水稻	纹枯病	150-187.5克/公顷	喷雾、泼浇

PD93106-2 井冈霉素/10%/水剂/井冈霉素 10%/2008.08.26 至 2013.08.26/低毒

水稻	纹枯病	75-112.5克/公顷	喷雾、泼浇

PD20081416 井冈霉素A/60%/原药/井冈霉素A 60%/2008.10.29 至 2013.10.29/低毒

PD20082833 井冈霉素A/10%/可溶粉剂/井冈霉素A 10%/2008.12.09 至 2013.12.09/低毒

水稻	纹枯病	52.5-75克/公顷	喷雾

PD20083081 噻嗪·异丙威/25%/可湿性粉剂/噻嗪酮 7%、异丙威 18%/2008.12.10 至 2013.12.10/中等毒

水稻	稻飞虱	150-225克/公顷	喷雾

PD20083567 井冈霉素A/15%/可溶粉剂/井冈霉素A 15%/2008.12.12 至 2013.12.12/低毒

水稻	纹枯病	52.5-75克/公顷	喷雾

PD20083577 井冈霉素A/60%/可溶粉剂/井冈霉素A 60%/2008.12.12 至 2013.12.12/低毒

水稻	纹枯病	52.5-75克/公顷	喷雾

PD20085758 毒死蜱/480克/升/乳油/毒死蜱 480克/升/2008.12.29 至 2013.12.29/中等毒

水稻	稻纵卷叶螟、三化螟	576-720克/公顷	喷雾

PD20090119 井冈霉素A/5%/可溶粉剂/井冈霉素A 5%/2009.01.08 至 2014.01.08/低毒

水稻	纹枯病	52.5-75克/公顷	喷雾

PD20090186 井冈·噻嗪酮/30%/可湿性粉剂/井冈霉素 14.3%、噻嗪酮 15.7%/2009.01.08 至 2014.01.08/低毒

水稻	飞虱	157.5-189克/公顷	喷雾

PD20092299 仲丁威/20%/乳油/仲丁威 20%/2009.02.24 至 2014.02.24/低毒

水稻	稻飞虱	2250-3000克/公顷	喷雾

PD20093382 井冈·蜡芽菌/12%/水剂/井冈霉素 2%、蜡质芽孢杆菌 10%/2009.03.19 至 2014.03.19/低毒

水稻	纹枯病	360-450克/公顷	喷雾

PD20095232 井冈·蜡芽菌/37%/可湿性粉剂/井冈霉素 5%、蜡质芽孢杆菌 32%/2009.04.27 至 2014.04.27/低毒

水稻 纹枯病 360.75-444克/公顷 喷雾
水稻 稻曲病 277.5-360.75克/公顷 喷雾
PD20096844 多粘类芽孢杆菌/0.1亿cfu/克/细粒剂/多粘类芽孢杆菌 0.1亿cfu/克/2009.09.21 至 2014.09.21/微毒
番茄、辣椒、茄子、烟草 青枯病 制剂：1)300倍液2)0.3克/平方米3)15750-21000克/公顷 1)浸种2)苗床泼浇3)灌根
LS20011438 井冈·嘧苷素/3%/水剂/井冈霉素 2%、嘧啶核苷类抗菌素 1%/2009.03.05 至 2009.12.31/低毒
番茄 早疫病 22.5-33.75克/公顷 喷雾
苹果 白粉病、轮纹病 20-30毫克/千克 喷雾
水稻 稻曲病 180-225克/公顷 喷雾
水稻 纹枯病 90-112.5克/公顷 喷雾
LS20053047 噻嗪·杀虫单/25%/可湿性粉剂/噻嗪酮 5%、杀虫单 20%/2008.09.15 至 2009.09.15/中等毒
水稻 稻飞虱 300-450克/公顷 喷雾
LS20083067 氟啶·马拉松/30%/乳油/氟啶脲 1%、马拉硫磷 29%/2009.10.09 至 2010.10.09/低毒
甘蓝 斜纹夜蛾 450-540克/公顷 喷雾

浙江省温州农药厂 (浙江省温州市灰桥路61号 325007 0577-88760267)

PDN6-90 三环唑/20%/可湿性粉剂/三环唑 20%/2005.03.28 至 2010.03.28/中等毒
水稻 稻瘟病 225-300克/公顷 喷雾
PD85159-33 草甘膦/10%/水剂/草甘膦 10%/2005.08.15 至 2009.12.31/低毒
茶树、甘蔗、果园、剑麻、林木、桑树、橡胶树 一年生杂草和多年生恶性杂草 1125-2250克/公顷 定向茎叶喷雾
PD86108-5 菌核净/40%/可湿性粉剂/菌核净 40%/2006.10.25 至 2011.10.25/低毒
水稻 纹枯病 1200-1500克/公顷 喷雾
烟草 赤星病 1125-2025克/公顷 喷雾
油菜 菌核病 600-900克/公顷 喷雾
PD86153 叶枯唑/20%/可湿性粉剂/叶枯唑 20%/2006.10.09 至 2011.10.09/低毒
水稻 白叶枯病 300-375克/公顷 喷雾、弥雾
PD20040628 哒螨灵/15%/乳油/哒螨灵 15%/2009.12.19 至 2014.12.19/中等毒
柑橘树 红蜘蛛 50-67毫克/千克 喷雾
PD20040639 杀虫单/90%/可溶粉剂/杀虫单 90%/2009.12.19 至 2014.12.19/中等毒
水稻 二化螟 675-810克/公顷 喷雾
PD20070069 腐霉利/98.5%/原药/腐霉利 98.5%/2007.03.21 至 2012.03.21/低毒
PD20070385 灭蝇胺/98%/原药/灭蝇胺 98%/2007.11.05 至 2012.11.05/低毒
PD20080104 三环唑/75%/可湿性粉剂/三环唑 75%/2008.01.04 至 2013.01.04/中等毒
水稻 稻瘟病 225-300克/公顷 喷雾
PD20080122 腐霉利/50%/可湿性粉剂/腐霉利 50%/2008.01.04 至 2013.01.04/低毒
葡萄 灰霉病 250-500毫克/千克 喷雾
PD20080172 甲霜·锰锌/72%/可湿性粉剂/甲霜灵 8%、代森锰锌 64%/2008.01.03 至 2013.01.03/低毒
黄瓜 霜霉病 1620-2268克/公顷 喷雾
PD20080959 唑酮·三环唑/20%/可湿性粉剂/三环唑 10%、三唑酮 10%/2008.07.23 至 2013.07.23/低毒
水稻 稻瘟病 300-450克/公顷 喷雾
PD20081141 草甘膦异丙胺盐/41%/水剂/草甘膦异丙胺盐 41%/2008.09.01 至 2013.09.01/低毒
柑橘园 杂草 1230-1845克/公顷 行间定向茎叶喷雾
PD20081693 腐霉·百菌清/50%/可湿性粉剂/百菌清 33.3%、腐霉利 16.7%/2008.11.17 至 2013.11.17/低毒
番茄 灰霉病 562.5-750克/公顷 喷雾
PD20086180 甲霜·锰锌/58%/可湿性粉剂/甲霜灵 10%、代森锰锌 48%/2008.12.30 至 2013.12.30/低毒
烟草 黑胫病 696-1044克/公顷 喷雾
PD20092101 井冈霉素/20%/可溶粉剂/井冈霉素 20%/2009.02.23 至 2014.02.23/低毒
水稻 纹枯病 150-187.5克/公顷 喷雾
PD20095667 杀虫双/18%/水剂/杀虫双 18%/2009.05.14 至 2014.05.14/中等毒
水稻 二化螟 555-693.5克/公顷 喷雾
LS2001791 王铜·菌核净/40%/可湿性粉剂/菌核净 20%、王铜 20%/2009.01.01 至 2009.12.31/低毒
烟草 赤星病 600-900克/公顷 喷雾
LS20052145 吡虫·杀虫单/35%/可湿性粉剂/吡虫啉 1%、杀虫单 34%/2008.06.09 至 2009.06.09/中等毒
水稻 稻纵卷叶螟、二化螟、飞虱、三化螟 450-750克/公顷 喷雾
LS20060670 菌核·福美双/30%/可湿性粉剂/福美双 20%、菌核净 10%/2009.03.30 至 2010.03.30/低毒
烟草 赤星病 450-540克/公顷 喷雾
LS20082176 吡虫啉/70%/可湿性粉剂/吡虫啉 70%/2009.04.18 至 2010.04.18/中等毒
烟草 蚜虫 31.5-42克/公顷 喷雾
LS20082358 噻嗪酮/25%/可湿性粉剂/噻嗪酮 25%/2009.04.21 至 2010.04.21/低毒
水稻 稻飞虱 112.5-150克/公顷 喷雾
LS20082377 仲丁威/20%/乳油/仲丁威 20%/2009.04.21 至 2010.04.21/低毒

水稻 稻飞虱 450-570克/公顷 喷雾
LS20082562 毒死蜱/480克/升/乳油/毒死蜱 480克/升/2009.04.23 至 2010.04.23/中等毒
水稻 稻纵卷叶螟 504-648克/公顷 喷雾
LS20082673 联苯菊酯/25克/升/乳油/联苯菊酯 25克/升/2009.04.29 至 2010.04.29/低毒
茶树 茶小绿叶蝉 37.5-45克/公顷 喷雾

浙江省温州市鹿城东瓯染料中间体厂 （浙江省温州市双屿镇温化总厂内 325007 0577-89770658）

PD20093265 二嗪磷/50%/乳油/二嗪磷 50%/2009.03.11 至 2014.03.11/低毒
水稻 二化螟 750-900克/公顷 喷雾
PD20097428 二嗪磷/95%/原药/二嗪磷 95%/2009.10.28 至 2014.10.28/低毒

浙江省温州市鹿城植保化学有限公司 （浙江省温州市杨府山涂巨江东路3号 325003 0577-88130710）

PD86108-2 菌核净/40%/可湿性粉剂/菌核净 40%/2006.06.19 至 2011.06.19/低毒
水稻 纹枯病 1200-1500克/公顷 喷雾
烟草 赤星病 1125-2025克/公顷 喷雾
油菜 菌核病 600-900克/公顷 喷雾
PD20040642 吡虫・杀虫单/70%/可湿性粉剂/吡虫啉 2.5%、杀虫单 67.5%/2009.12.19 至 2014.12.19/中等毒
水稻 飞虱 630-840克/公顷 喷雾
PD20097969 霜脲・锰锌/72%/可湿性粉剂/代森锰锌 64%、霜脲氰 8%/2009.12.01 至 2014.12.01/低毒
黄瓜 霜霉病 1440-1800克/公顷 喷雾

浙江省温州市展农化工农药厂 （浙江省温州市永中镇青山 325024 0577-86371707）

PD84118-39 多菌灵/25%/可湿性粉剂/多菌灵 25%/2005.01.04 至 2010.01.04/低毒
果树 病害 0.05-0.1%药液 喷雾
花生 倒秧病 750克/公顷 喷雾
麦类 赤霉病 750克/公顷 喷雾,泼浇
棉花 苗期病害 500克/100千克种子 拌种
水稻 稻瘟病、纹枯病 750克/公顷 喷雾,泼浇
油菜 菌核病 1125-1500克/公顷 喷雾
PD86153-4 叶枯唑/20%/可湿性粉剂/叶枯唑 20%/2006.08.30 至 2011.08.30/低毒
水稻 白叶枯病 300-375克/公顷 喷雾、弥雾
PD20090976 噻嗪・杀虫单 /25%/可湿性粉剂/噻嗪酮 5%、杀虫单 20%/2009.01.20 至 2014.01.20/低毒
水稻 稻飞虱 300-375克/公顷 喷雾
PD20091165 硫磺・三环唑/45%/可湿性粉剂/硫磺 40%、三环唑 5%/2009.01.22 至 2014.01.22/低毒
水稻 稻瘟病 810-1012.5克/公顷 喷雾
PD20091882 福・甲・硫磺/70%/可湿性粉剂/福美双 25%、甲基硫菌灵 14%、硫磺 31%/2009.02.09 至 2014.02.09/低毒
辣椒 炭疽病 840—1050克/公顷 喷雾
PD20093105 异稻・三环唑/20%/可湿性粉剂/三环唑 5%、异稻瘟净 15%/2009.03.09 至 2014.03.09/中等毒
水稻 稻瘟病 390-540克/公顷 喷雾
PD20095683 硫磺・多菌灵/25%/可湿性粉剂/多菌灵 10%、硫磺 15%/2009.05.15 至 2014.05.15/低毒
小麦 赤霉病 937.5-1125克/公顷 喷雾
PD20095912 硫磺・三唑酮/20%/可湿性粉剂/硫磺 15%、三唑酮 5%/2009.06.02 至 2014.06.02/低毒
小麦 白粉病 300-450克/公顷 喷雾

浙江省武义通用科技有限公司 （浙江省武义县新兴路189号 321200 0579-7623488）

WP20080243 电热蚊香液/0.86%/电热蚊香液/富右旋反式炔丙菊酯 0.86%/2008.11.25 至 2013.11.25/低毒
卫生 蚊 / 电热加温
WP20080264 电热蚊香片/10毫克/片/电热蚊香片/富右旋反式炔丙菊酯 10毫克/片/2008.11.27 至 2013.11.27/低毒
卫生 蚊 / 电热加温
WP20080284 杀虫气雾剂/0.35%/气雾剂/胺菊酯 0.14%、氯菊酯 0.16%、氯氰菊酯 0.05%/2008.12.01 至 2013.12.01/低毒
卫生 蜚蠊、蚊、蝇 / 喷雾
WP20090011 蚊香/0.25%/蚊香/富右旋反式烯丙菊酯 0.25%/2009.01.06 至 2014.01.06/微毒
卫生 蚊 / 点燃
WL20090137 杀虫气雾剂/0.45%/气雾剂/炔咪菊酯 0.05%、右旋胺菊酯 0.1%、右旋苯氰菊酯 0.3%/2009.04.17 至 2010.04.17/微毒
卫生 蜚蠊、蚊、蝇 / 喷雾

浙江省新昌县城关古塔化工厂 （浙江省绍兴市新昌县城关镇上石演村61号 312500 0575-6222322）

WP20080506 杀蟑烟剂/2.5%/烟剂/氯氰菊酯 2.5%/2008.12.22 至 2013.12.22/低毒
卫生 蜚蠊 / 点燃

浙江省新昌县恒达化工厂 （浙江省新昌城关长丘田 312500 0575-6120136）

WP20080028 杀蟑烟剂/2%/烟剂/氯氰菊酯 2%/2008.02.26 至 2013.02.26/低毒
卫生 蜚蠊 / 点燃
WP20080517 杀蟑笔剂/0.5%/笔剂/溴氰菊酯 0.5%/2008.12.23 至 2013.12.23/微毒
卫生 蜚蠊 / 涂抹

浙江省义乌市稠城夏宝日化厂 （浙江省义乌市稠城畈王田村 322000 0579-5625468）

WP20080421 电热蚊香液/2.6%/电热灭蚊液/Es-生物烯丙菊酯 2.6%/2008.12.12 至 2013.12.12/低毒
卫生 蚊 / 电热加温
注：本品有三种香型：清香花香型、柠檬香型、熏衣草香型。

WP20080515 电热蚊香片/10毫克/片/电热蚊香片/炔丙菊酯 10毫克/片/2008.12.22 至 2013.12.22/低毒
卫生 蚊 / 电热加温
注:本品有三种香型:清香花香型、柠檬香型、熏衣草香型。
WP20080576 电热蚊香片/40毫克/片/电热蚊香片/右旋烯丙菊酯 40毫克/片/2008.12.29 至 2013.12.29/低毒
卫生 蚊 / 电热加温
WL20060122 电热蚊香片/20毫克/片/电热蚊香片/Es-生物烯丙菊酯 20毫克/片/2009.05.21 至 2010.05.21/微毒
卫生 蚊 / 电热加温
注:本品有三种香型:清香花香型、柠檬香型、熏衣草香型。

浙江省义乌市皇嘉生化有限公司 (浙江省金华市义乌市经济开发区城店路3号 322000 0579-5313890)

PD20080663 芸苔素内酯/0.15%/乳油/芸苔素内酯 0.15%/2008.05.27 至 2013.05.27/低毒
大豆 调节生长、增产 15000-20000倍液 喷雾
水稻 调节生长、增产 0.3-0.45毫克/千克 喷雾

浙江省义乌市蓝剑蚊香厂 (浙江省义乌市江东街道办事处徐江马村 322000 0579-5317607)

WP20080525 电热蚊香液/2.5%/电热蚊香液/Es-生物烯丙菊酯 2.5%/2008.12.23 至 2013.12.23/微毒
卫生 蚊 / 电热加温
注:本品有三种香型:清新花香型、柠檬香型、野菊花香型。
WP20090027 杀虫气雾剂/0.45%/气雾剂/胺菊酯 0.3%、高效氯氰菊酯 0.05%、氯菊酯 0.1%/2009.01.12 至 2014.01.12/微毒
卫生 蚊、蝇、蜚蠊 / 喷雾
注:本品有三种香型:清新花香型、柠檬香型、野菊花香型。
WP20090031 电热蚊香片/38毫克/片/电热蚊香片/Es-生物烯丙菊酯 38毫克/片/2009.01.12 至 2014.01.12/微毒
卫生 蚊 / 电热加温
注:本品有三种香型:清新花香型、柠檬香型、绿茶香型。
WP20090120 蚊香/0.25%/蚊香/Es-生物烯丙菊酯 0.25%/2009.02.12 至 2014.02.12/微毒
卫生 蚊 / 点燃
注:本品有三种香型:清新花香型、檀香型、茉莉香型。
WP20090366 电热蚊香液/0.86%/电热蚊香液/炔丙菊酯 0.86%/2009.11.12 至 2014.11.12/微毒
卫生 蚊 / 电热加温
WL20080232 杀虫气雾剂/0.5%/气雾剂/氯菊酯 0.25%、右旋胺菊酯 0.25%/2009.03.13 至 2010.03.13/微毒
卫生 蚊、蝇、蜚蠊 / 喷雾
WL20080354 杀蟑气雾剂/0.5%/气雾剂/右旋胺菊酯 0.25%、右旋苯醚氰菊酯 0.25%/2009.07.09 至 2010.07.09/微毒
卫生 蜚蠊 / 喷雾

浙江省永康市农药厂 (浙江省永康市西城区兴达四路8号 321300 0579-7381308)

PD20081497 苄嘧·苯噻酰/54%/可湿性粉剂/苯噻酰草胺 50%、苄嘧磺隆 4%/2008.11.05 至 2013.11.05/低毒
水稻抛秧田 部分多年生杂草、一年生杂草 364.5-445.5克/公顷(南方地区) 药土法
PD20085702 苄·丁/25%/细粒剂/苄嘧磺隆 1%、丁草胺 24%/2008.12.26 至 2013.12.26/低毒
水稻移栽田 一年生及部分多年生杂草 600-900克/公顷 毒土法

浙江省诸暨利国蚊香厂 (浙江省绍兴市诸暨市枫桥镇东和乡下姚村 311800 0575-7475917)

WP20090174 蚊香/0.3%/蚊香/富右旋反式烯丙菊酯 0.3%/2009.03.10 至 2014.03.10/低毒
卫生 蚊 / 点燃

浙江省诸暨市恒联实业有限公司 (浙江省诸暨市枫桥镇新店湾粮仓 311811 0575-7416588)

WP20090382 蚊香/0.3%/蚊香/富右旋反式烯丙菊酯 0.3%/2009.12.24 至 2014.12.24/低毒
卫生 蚊 / 点燃

浙江石原金牛农药有限公司 (浙江省杭州市经济技术开发区3号大街51号 310018 0571-86911312)

PD20040431 机油·哒螨灵/90%/乳油/哒螨灵 2%、机油 88%/2004.12.19 至 2009.12.18/中等毒
柑橘树 红蜘蛛 900-1800毫克/千克 喷雾
PD20081165 草甘膦异丙胺盐/41%/水剂/草甘膦异丙胺盐 41%/2008.09.11 至 2013.09.11/低毒
柑橘园 杂草 1107-2460克/公顷 定向茎叶喷雾
PD20081181 精吡氟禾草灵/15%/乳油/精吡氟禾草灵 15%/2008.09.11 至 2013.09.11/低毒
春大豆田 一年生禾本科杂草 112.5-157.5克/公顷 茎叶喷雾
冬油菜田 禾本科杂草 112.5-157.5克/公顷 茎叶喷雾
棉花田 一年生禾本科杂草 75-150克/公顷 喷雾
PD20081460 草甘膦/10%/水剂/草甘膦 10%/2008.11.04 至 2009.12.31/低毒
柑橘园 一年生及部分多年生杂草 1125-2250克/公顷 定向茎叶喷雾
PD20082732 氟啶脲/50克/升/乳油/氟啶脲 50克/升/2008.12.08 至 2013.12.08/低毒
甘蓝 甜菜夜蛾、小菜蛾 30-60克/公顷 喷雾
柑橘 潜叶蛾 16.7-25毫克/千克 喷雾
棉花 棉铃虫 50-70克/公顷 喷雾
PD20095674 杀单·毒死蜱/50%/可湿性粉剂/毒死蜱 10%、杀虫单 40%/2009.05.14 至 2014.05.14/中等毒
水稻 稻纵卷叶螟 375-562.5克/公顷 喷雾
水稻 二化螟 525-750克/公顷 喷雾
PD20098266 敌畏·毒死蜱/35%/乳油/敌敌畏 25%、毒死蜱 10%/2009.12.18 至 2014.12.18/中等毒
水稻 稻纵卷叶螟 420-525克/公顷 喷雾
LS20060888 烟嘧·莠去津/52%/可湿性粉剂/烟嘧磺隆 2%、莠去津 50%/2009.04.17 至 2010.04.17/低毒

玉米 一年生杂草 780-1170克/公顷 茎叶喷雾

浙江世佳科技有限公司 (浙江省湖州市德清县新市工业园区 313201 0572-8440032)

PD20092537 毒死蜱/480克/升/乳油/毒死蜱 480克/升/2009.02.26 至 2014.02.26/中等毒
水稻 稻纵卷叶螟 450-600克/公顷 喷雾
PD20093082 高效氯氟氰菊酯/25克/升/乳油/高效氯氟氰菊酯 25克/升/2009.03.09 至 2014.03.09/中等毒
十字花科蔬菜 菜青虫 15-18.75克/公顷 喷雾
PD20093959 硫磺/80%/干悬浮剂/硫磺 80%/2009.03.27 至 2014.03.27/低毒
黄瓜 白粉病 2400-2800克/公顷 喷雾
PD20093960 草甘膦/95%/原药/草甘膦 95%/2009.03.27 至 2014.03.27/低毒
PD20094964 十三吗啉/99%/原药/十三吗啉 99%/2009.04.21 至 2014.04.21/低毒
PD20094991 十三吗啉/86%/油剂/十三吗啉 86%/2009.04.21 至 2014.04.21/低毒
橡胶树 红根病 20-30克/株 灌根
PD20095693 百草枯/200克/升/水剂/百草枯 200克/升/2009.05.15 至 2014.05.15/中等毒
茶园 杂草 450-600克/公顷 定向喷雾
PD20097675 阿维菌素/1.8%/乳油/阿维菌素 1.8%/2009.11.04 至 2014.11.04/中等毒(原药高毒)
柑橘树 锈壁虱 2.25-4.5毫克/千克 喷雾
柑橘树 红蜘蛛、潜叶蛾 4.5-9毫克/千克 喷雾
黄瓜 美洲斑潜蝇 6.75-8.1克/公顷 喷雾
梨树 梨木虱 6-12毫克/千克 喷雾
苹果树 二斑叶螨 4.5-6毫克/千克 喷雾
苹果树 桃小食心虫 4.5-9毫克/千克 喷雾
苹果树 红蜘蛛 3-6毫克/千克 喷雾
LS20050499 苯醚甲环唑/10%/水分散粒剂/苯醚甲环唑 10%/2008.02.26 至 2009.02.25/低毒
梨树 黑星病 14.3-16.7毫克/千克 喷雾
LS20050502 阿维·毒死蜱/10%/乳油/阿维菌素 0.1%、毒死蜱 9.9%/2008.02.26 至 2009.02.25/中等毒(原药高毒)
十字花科蔬菜 小菜蛾 120-180克/公顷 喷雾
LS20050598 啶虫脒/3%/乳油/啶虫脒 3%/2008.03.14 至 2009.03.14/低毒
柑橘树 蚜虫 10-12毫克/千克 喷雾
LS20060121 甲氨基阿维菌素苯甲酸盐/0.5%/微乳剂/甲氨基阿维菌素苯甲酸盐 0.5%/2009.01.25 至 2010.01.25/低毒
十字花科蔬菜 甜菜夜蛾 1.5-2.5克/公顷 喷雾
LS20060216 苯甲·丙环唑/300克/升/乳油/苯醚甲环唑 150克/升、丙环唑 150克/升/2009.02.14 至 2010.02.14/低毒
水稻 纹枯病 60-120克/公顷 喷雾
LS20061367 噻苯隆/50%/可湿性粉剂/噻苯隆 50%/2009.06.25 至 2010.06.25/低毒
棉花 脱叶 225-300克/公顷 喷雾法
LS20070381 甲氨基阿维菌素苯甲酸盐/5%/水分散粒剂/甲氨基阿维菌素苯甲酸盐 5%/2009.03.29 至 2010.03.30/低毒
十字花科蔬菜 小菜蛾 1.5-2.5克/公顷 喷雾
LS20070547 吡虫啉/70%/水分散粒剂/吡虫啉 70%/2009.03.08 至 2010.03.09/低毒
十字花科蔬菜 蚜虫 10.5-31.5克/公顷 喷雾
LS20070622 噻嗪·杀扑磷/20%/乳油/噻嗪酮 15%、杀扑磷 5%/2009.03.29 至 2010.03.30/中等毒(原药高毒)
柑橘树 介壳虫 200-250毫克/千克 喷雾
LS20070623 草甘膦/10%/水剂/草甘膦 10%/2009.03.29 至 2009.12.31/低毒
茶园 一年生和多年生杂草 1125-2250克/公顷 定向茎叶喷雾
LS20070633 吡虫·异丙威/25%/可湿性粉剂/吡虫啉 5%、异丙威 20%/2009.03.29 至 2010.03.30/低毒
水稻 稻飞虱 75-112.5克/公顷 喷雾
LS20070860 三乙膦酸铝/80%/水分散粒剂/三乙膦酸铝 80%/2009.04.11 至 2010.04.12/低毒
黄瓜 霜霉病 1200-2250克/公顷 喷雾
LS20081221 杀扑磷/40%/乳油/杀扑磷 40%/2008.03.10 至 2009.03.10/高毒
柑橘树 介壳虫 400-500毫克/千克 喷雾
LS20081922 虱螨脲/50克/升/乳油/虱螨脲 50克/升/2008.04.11 至 2009.04.11/低毒
甘蓝 甜菜夜蛾 22.5-37.5克/公顷 喷雾
LS20082958 粉唑醇/95%/原药/粉唑醇 95%/2009.08.20 至 2010.08.20/低毒
LS20090884 烯啶虫胺/10%/水剂/烯啶虫胺 10%/2009.04.09 至 2010.04.09/低毒
柑橘树 蚜虫 20—25毫克/千克 喷雾
LS20091026 三环唑/75%/水分散粒剂/三环唑 75%/2009.04.13 至 2010.04.13/中等毒
水稻 稻瘟病 225-337.5克/公顷 喷雾

浙江台州绿岛化妆品有限公司 (浙江省台州市三门县工业园区 317100 0576-3376293)

WP20080392 电热蚊香液/0.86%/电热灭蚊液/炔丙菊酯 0.86%/2008.12.11 至 2013.12.11/低毒
卫生 蚊 / 电热加温
WP20080457 杀虫气雾剂/1.1%/气雾剂/Es-生物烯丙菊酯 0.63%、胺菊酯 0.30%、氯氰菊酯 0.17%/2008.12.16 至 2013.12.16/低毒
卫生 蜚蠊、蚊、蝇 / 喷雾
WP20080509 杀虫气雾剂/0.9%/气雾剂/胺菊酯 0.3%、氯菊酯 0.5%、氯氰菊酯 0.1%/2008.12.22 至 2013.12.22/低毒
卫生 蜚蠊、蚊、蝇 / 喷雾
WL20090128 杀虫气雾剂/0.22%/气雾剂/Es-生物烯丙菊酯 0.16%、氯菊酯 0.06%/2009.04.13 至 2010.04.13/微毒

卫生 蚊、蝇、蜚蠊 / 喷雾

浙江泰达作物科技有限公司 (浙江省绍兴市余袍江工业区马海工业园1号路 312071 0571-89937771)

PD85134-4 速灭威/98%,95%,90%/原药/速灭威 98%,95%,90%/2005.08.15 至 2010.08.15/中等毒

PD85136-4 速灭威/25%/可湿性粉剂/速灭威 25%/2005.08.15 至 2010.08.15/中等毒

水稻 飞虱、叶蝉 375-750克/公顷 喷雾

PD85150-23 多菌灵/50%/可湿性粉剂/多菌灵 50%/2005.08.15 至 2010.08.15/低毒

果树 病害 0.05%-0.1%药液 喷雾

花生 倒秧病 750克/公顷 喷雾

麦类 赤霉病 750克/公顷 喷雾、泼浇

棉花 苗期病害 500克/100千克种子 拌种

水稻 稻瘟病、纹枯病 750克/公顷 喷雾、泼浇

油菜 菌核病 1125-1500克/公顷 喷雾

PD86115-3 甲基硫菌灵/95%,92%,85%/原药/甲基硫菌灵 95%,92%,85%/2006.08.30 至 2011.08.30/低毒

PD86148-64 异丙威/20%/乳油/异丙威 20%/2006.08.30 至 2011.08.30/中等毒

水稻 飞虱、叶蝉 450-600克/公顷 喷雾

PD91106-2 甲基硫菌灵/50%/可湿性粉剂/甲基硫菌灵 50%/2006.04.18 至 2011.04.18/低毒

番茄 叶霉病 375-562.5克/公顷 喷雾

甘薯 黑斑病 360-450毫克/千克 浸薯块

瓜类 白粉病 337.5-506.25克/公顷 喷雾

梨树 黑星病 360-450毫克/千克 喷雾

苹果树 轮纹病 700毫克/千克 喷雾

水稻 稻瘟病、纹枯病 1050-1500克/公顷 喷雾

小麦 赤霉病 750-1050克/公顷 喷雾

PD91106-30 甲基硫菌灵/70%/可湿性粉剂/甲基硫菌灵 70%/2006.04.18 至 2011.04.18/低毒

番茄 叶霉病 375-562.5克/公顷 喷雾

甘薯 黑斑病 360-450毫克/千克 浸薯块

瓜类 白粉病 337.5-506.25克/公顷 喷雾

梨树 黑星病 360-450毫克/千克 喷雾

苹果树 轮纹病 700毫克/千克 喷雾

水稻 稻瘟病、纹枯病 1050-1500克/公顷 喷雾

小麦 赤霉病 750-1050克/公顷 喷雾

PD91109-9 速灭威/20%/乳油/速灭威 20%/2006.08.30 至 2011.08.30/中等毒

水稻 飞虱、叶蝉 450-600克/公顷 喷雾

PD20040631 吡虫啉/10%/可湿性粉剂/吡虫啉 10%/2009.12.19 至 2014.12.19/低毒

水稻 飞虱 15-30克/公顷 喷雾

PD20070634 噻嗪酮/25%/可湿性粉剂/噻嗪酮 25%/2007.12.14 至 2012.12.14/低毒

水稻 飞虱 75-112.5克/公顷 喷雾

PD20084673 异稻瘟净/95%/原药/异稻瘟净 95%/2008.12.22 至 2013.12.22/中等毒

PD20084850 异稻瘟净/50%/乳油/异稻瘟净 50%/2008.12.22 至 2013.12.22/低毒

水稻 稻瘟病 750-1000克/公顷 喷雾

PD20085276 杀扑磷/95%/原药/杀扑磷 95%/2008.12.23 至 2013.12.23/高毒

PD20093625 甲硫·百菌清 /75%/可湿性粉剂/百菌清 40%、甲基硫菌灵 35%/2009.03.25 至 2014.03.25/中等毒

黄瓜 白粉病 1350-1687.5克/公顷 喷雾

PD20093973 杀扑磷/40%/乳油/杀扑磷 40%/2009.03.27 至 2014.03.27/高毒

柑橘树 矢尖蚧 320-400毫克/千克 喷雾

PD20096105 乐果·杀扑磷/40%/乳油/乐果 30%、杀扑磷 10%/2009.06.18 至 2014.06.18/中等毒(原药高毒)

柑橘树 矢尖蚧 1000-1500倍液 喷雾

PD20096827 吲丁·萘乙酸/1.05%/水剂/萘乙酸 0.2%、吲哚丁酸 0.85%/2009.09.21 至 2014.09.21/低毒

黄瓜 调节生长 1.75-2.625毫克/千克 喷雾

PD20096831 吲哚丁酸/98%/原药/吲哚丁酸 98%/2009.09.21 至 2014.09.21/低毒

PD20097676 乙酰甲胺磷/90%/可溶粉剂/乙酰甲胺磷 90%/2009.11.04 至 2014.11.04/低毒

注:仅供出口。

PD20097678 乙酰甲胺磷/75%/可溶粉剂/乙酰甲胺磷 75%/2009.11.04 至 2014.11.04/低毒

注:仅供出口。

LS20053882 乙氧磺隆/95%/原药/乙氧磺隆 95%/2008.12.29 至 2009.12.29/低毒

LS20080392 乙氧磺隆/15%/水分散粒剂/乙氧磺隆 15%/2009.02.19 至 2010.02.20/低毒

水稻直播田 一年生阔叶杂草 11.25-20.25克/公顷 茎叶喷雾

LS20081077 精吡氟禾草灵/92%/原药/精吡氟禾草灵 92%/2009.03.07 至 2010.03.07/低毒

LS20083175 吡虫啉/10%/可溶液剂/吡虫啉 10%/2009.11.20 至 2010.11.20/低毒

杨树 天牛 0.8-1.2克/树 注射

LS20083215 吲丁·萘乙酸/1.05%/水剂/萘乙酸 0.2%、吲哚丁酸 0.85%/2008.12.10 至 2009.12.10/低毒

黄瓜 促进生长 4000倍液 喷雾

LS20083294 阿维菌素/1%/可溶液剂/阿维菌素 1%/2008.12.31 至 2009.12.31/低毒(原药高毒)

	柏树	红蜘蛛	5-15毫克/厘米（树茎）	树干注射
LS20090651	醚苯·异丙隆/50%/可湿性粉剂/醚苯磺隆 0.5%、异丙隆 49.5%/2009.03.24 至 2010.03.24/低毒			
	冬小麦	一年生杂草	750-1050 g/ha	茎叶喷雾
LS20091017	多效唑/0.4%/悬浮剂/多效唑 0.4%/2009.04.13 至 2010.04.13/低毒			
	观赏菊花	调节生长	250—1000倍液	灌根

浙江特菱杀虫药业有限公司　(浙江省衢州市衢江区大桥路9号　324022　0570-2931004)

PD20086055	溴鼠灵/0.005%/饵剂/溴鼠灵 0.005%/2008.12.29 至 2013.12.29/低毒(原药高毒)			
	室内	家鼠	15-30克/15平方米	堆施或穴施
PD20090041	溴敌隆/0.5%/母液/溴敌隆 0.5%/2009.01.06 至 2014.01.06/中等毒(原药高毒)			
	室内	家鼠	配成0.005%毒饵	饱和投饵
PD20091870	溴敌隆/0.005%/饵剂/溴敌隆 0.005%/2009.02.09 至 2014.02.09/低毒(原药高毒)			
	卫生	家鼠	饱和投饵	堆施
WP20080603	杀虫气雾剂/0.6%/气雾剂/胺菊酯 0.2%、氯菊酯 0.4%/2008.12.31 至 2013.12.31/微毒			
	卫生	蚊、蝇、蜚蠊	/	喷雾
WP20090101	高效氯氰菊酯/4.5%/悬浮剂/高效氯氰菊酯 4.5%/2009.02.04 至 2014.02.04/低毒			
	卫生	蚊、蝇	20毫克/平方米	滞留喷洒
	卫生	蜚蠊	30毫克/平方米	滞留喷洒
WP20090146	杀虫饵剂/1%/毒饵/乙酰甲胺磷 1%/2009.02.27 至 2014.02.27/低毒			
	卫生	蜚蠊、蚂蚁	/	投放
WP20090381	杀蟑笔剂/0.3%/笔剂/溴氰菊酯 0.3%/2009.12.18 至 2014.12.18/低毒			
	卫生	蜚蠊	/	涂划

浙江天丰化学有限公司　(浙江省金华市金磐开发区安文路222号　321017　0579-82235923)

PD20081786	苄·乙/22%/可湿性粉剂/苄嘧磺隆 6%、乙草胺 16%/2008.11.19 至 2013.11.19/低毒			
	水稻移栽田	一年生及部分多年生杂草	84-118克/公顷	药土法
PD20082410	噁草·丁草胺/42%/乳油/丁草胺 36%、噁草酮 6%/2008.12.02 至 2013.12.02/低毒			
	水稻(旱育秧及半旱育秧田)	一年生杂草	630—945克/公顷	土壤喷雾
PD20083185	苄嘧磺隆/10%/可湿性粉剂/苄嘧磺隆 10%/2008.12.11 至 2013.12.11/低毒			
	直播水稻(南方)	一年生阔叶杂草及莎草科杂草	22.5-37.5克/公顷	喷雾法
PD20083299	乙草胺/900克/升/乳油/乙草胺 900克/升/2008.12.11 至 2013.12.11/低毒			
	夏大豆田	一年生杂草	1080-1350克/公顷	播后苗前土壤喷雾
PD20083307	异丙甲草胺/72%/乳油/异丙甲草胺 72%/2008.12.11 至 2013.12.11/低毒			
	西瓜	部分阔叶杂草、一年生禾本科杂草	1080-1620克/公顷	土壤喷雾
PD20083795	精喹禾灵/5%/乳油/精喹禾灵 5%/2008.12.15 至 2013.12.15/低毒			
	冬油菜田	一年生禾本科杂草	45-52.5克/公顷	茎叶喷雾
PD20084575	苄嘧磺隆/60%/水分散粒剂/苄嘧磺隆 60%/2008.12.18 至 2013.12.18/微毒			
	水稻直播田	一年生阔叶杂草及莎草科杂草	22.5-45克/公顷	茎叶喷雾
PD20085273	苄·丁/25%/细粒剂/苄嘧磺隆 1.1%、丁草胺 23.9%/2008.12.23 至 2013.12.23/低毒			
	水稻抛秧田	一年生杂草	562.5-750克/公顷	毒土法(或毒沙法)
PD20085513	苄嘧·丙草胺/20%/可湿性粉剂/苄嘧磺隆 2%、丙草胺 18%/2008.12.25 至 2013.12.25/低毒			
	水稻直播田	一年生及部分多年生杂草	300-450克/公顷	喷雾
PD20085541	精喹·草除灵/17.5%/乳油/草除灵 15%、精喹禾灵 2.5%/2008.12.25 至 2013.12.25/低毒			
	冬油菜田	一年生杂草	262.5-393.8克/公顷	茎叶喷雾
PD20085997	苄嘧·苯噻酰/46%/可湿性粉剂/苯噻酰草胺 43.5%、苄嘧磺隆 2.5%/2008.12.29 至 2013.12.29/低毒			
	水稻抛秧田	一年生及部分多年生杂草	414-552克/公顷	药土法
	水稻移栽田	一年生及部分多年生杂草	414-690克/公顷	药土法
PD20090774	苯磺隆/75%/水分散粒剂/苯磺隆 75%/2009.01.19 至 2014.01.19/微毒			
	冬小麦田	一年生阔叶杂草	15-24克/公顷	喷雾
PD20090775	苄·二氯/32%/可湿性粉剂/苄嘧磺隆 4%、二氯喹啉酸 28%/2009.01.19 至 2014.01.19/低毒			
	水稻秧田	一年生杂草	192-240克/公顷	喷雾
PD20090787	吡嘧·丙草胺/20%/可湿性粉剂/吡嘧磺隆 1%、丙草胺 19%/2009.01.19 至 2014.01.19/低毒			
	水稻直播田	一年生及部分多年生杂草	240-360克/公顷(南方地区)	喷雾
PD20093293	丙草胺/300克/升/乳油/丙草胺 300克/升/2009.03.11 至 2014.03.11/低毒			
	水稻秧田、水稻直播田	一年生杂草	495-540克/公顷	播后苗前土壤喷雾
PD20094235	异丙甲·苄/26%/可湿性粉剂/苄嘧磺隆 5%、异丙甲草胺 21%/2009.03.31 至 2014.03.31/低毒			
	水稻移栽田	一年生及部分多年生杂草	117-156克/公顷	药土法
PD20094474	苄·乙·甲/18%/可湿性粉剂/苄嘧磺隆 1.1%、甲磺隆 0.2%、乙草胺 16.7%/2009.04.09 至 2014.04.09/低毒			
	水稻移栽田	部分多年生阔叶杂草、莎草科杂草、一年生禾本科杂草	81-93克/公顷	移栽返青后药土法均匀撒施
PD20095150	草除灵/500克/升/悬浮剂/草除灵 500克/升/2009.04.24 至 2014.04.24/低毒			

冬油菜田 一年生阔叶杂草 225-300克/公顷 茎叶喷雾
PD20095404 异甲·莠去津/40%/悬乳剂/异丙甲草胺 20%、莠去津 20%/2009.04.27 至 2014.04.27/低毒
夏玉米田 一年生杂草 1200-1500克/公顷 土壤喷雾
PD20096006 氯氟吡氧乙酸异辛酯(288克/升)///乳油/氯氟吡氧乙酸 200克/升/2009.06.11 至 2014.06.11/低毒
夏玉米田 一年生阔叶杂草 150-210克/公顷 茎叶喷雾
LS20081884 氰氟草酯/100克/升/乳油/氰氟草酯 100克/升/2009.04.10 至 2010.04.10/低毒
水稻直播田 稗草、千金子等禾本科杂草 75-90克/公顷 茎叶喷雾
LS20083161 二氯喹啉酸/60%/可湿性粉剂/二氯喹啉酸 60%/2009.11.17 至 2010.11.17/低毒
水稻移栽田 稗草 225-405克/公顷 茎叶喷雾
WL20050257 氟虫胺/97%/原药/氟虫胺 97%/2008.09.13 至 2009.09.13/低毒
WL20050258 杀蟑胶饵/1%/胶饵/氟虫胺 1%/2008.09.13 至 2009.09.13/微毒
卫生 蜚蠊 / 投放

浙江天一农化有限公司 (浙江省杭州市桐庐县江南镇荻浦村 311509 0571-64288288)

PD20040427 吡虫啉/10%/可湿性粉剂/吡虫啉 10%/2009.12.19 至 2014.12.19/低毒
水稻 飞虱 15-30克/公顷 喷雾
PD20081409 噻嗪酮/25%/可湿性粉剂/噻嗪酮 25%/2008.10.29 至 2013.10.29/低毒
水稻 飞虱 112.5-150克/公顷 喷雾
PD20081423 苄·二氯/38%/可湿性粉剂/苄嘧磺隆 4%、二氯喹啉酸 34%/2008.10.31 至 2013.10.31/低毒
水稻秧田 一年生及部分多年生杂草 199.5-256.5克/公顷 喷雾
水稻直播田 一年生及部分多年生杂草 228-285克/公顷 喷雾
PD20081537 苄嘧·丙草胺/40%/可湿性粉剂/苄嘧磺隆 4%、丙草胺 36%/2008.11.11 至 2013.11.11/低毒
水稻直播田 一年生及部分多年生杂草 360-480克/公顷(南方地区) 喷雾
PD20081540 苄嘧磺隆/10%/可湿性粉剂/苄嘧磺隆 10%/2008.11.11 至 2013.11.11/低毒
水稻移栽田 阔叶杂草及莎草科杂草 22.5—30克/公顷(南方地区) 药土法
PD20081558 苄嘧磺隆/30%/可湿性粉剂/苄嘧磺隆 30%/2008.11.11 至 2013.11.11/低毒
水稻移栽田 阔叶杂草、莎草科杂草 45—67.5克/公顷 药土法
PD20082713 克百威/3%/颗粒剂/克百威 3%/2008.12.05 至 2013.12.05/中等毒(原药高毒)
甘蔗 蚜虫、蔗龟、蔗螟 1350-2250克/公顷 沟施
花生 根结线虫 1800-2250克/公顷 条施,沟施
棉花 蚜虫 675-900克/公顷 条施,沟施
水稻 稻瘿蚊、二化螟、三化螟 900-1350克/公顷 撒施
PD20083596 异松·乙草胺/35%/可湿性粉剂/乙草胺 25%、异噁草松 10%/2008.12.12 至 2013.12.12/低毒
春大豆田 一年生杂草 787.5-1050克/公顷(东北地区) 播后苗前土壤喷雾
冬油菜(移栽田) 一年生杂草 315-367.5克/公顷 移栽前土壤喷雾
甘蔗田 一年生杂草 630-787.5克/公顷 土壤喷雾
花生田 一年生杂草 630-1050克/公顷 播后苗前土壤喷雾
PD20085082 二氯喹啉酸/50%/可湿性粉剂/二氯喹啉酸 50%/2008.12.23 至 2013.12.23/低毒
水稻直播田 稗草等杂草 300—375克/公顷 喷雾
PD20085112 苄·乙/20%/可湿性粉剂/苄嘧磺隆 10%、乙草胺 10%/2008.12.23 至 2013.12.23/低毒
水稻抛秧田 一年生及部分多年生杂草 75-90克/公顷(南方地区) 药土法
PD20085940 苄·乙/25%/可湿性粉剂/苄嘧磺隆 4%、乙草胺 21%/2008.12.29 至 2013.12.29/低毒
水稻移栽田 一年生及部分多年生杂草 84-118克/公顷(南方地区) 药土法
PD20086138 2甲·草甘膦/46%/可湿性粉剂/草甘膦 38%、2甲4氯 8%/2008.12.30 至 2013.12.30/低毒
柑橘园、苹果园 杂草 1035-1380克/公顷 喷雾
PD20090419 敌畏·毒死蜱/35%/乳油/敌敌畏 25%、毒死蜱 10%/2009.01.12 至 2014.01.12/中等毒
水稻 稻纵卷叶螟 472.5-525克/公顷 喷雾
PD20090674 毒死蜱/3%/颗粒剂/毒死蜱 3%/2009.01.19 至 2014.01.19/低毒
甘蓝 地下害虫 1350-2250克/公顷 撒施
PD20090932 噻嗪·杀扑磷/20%/可湿性粉剂/噻嗪酮 15%、杀扑磷 5%/2009.01.19 至 2014.01.19/中等毒(原药高毒)
柑橘树 矢尖蚧 200-250毫克/千克 喷雾
PD20095392 苄·噁·丙草胺/38%/可湿性粉剂/苄嘧磺隆 4%、丙草胺 24%、异噁草松 10%/2009.04.27 至 2014.04.27/低毒
直播水稻(南方) 一年生杂草 171-199.5克/公顷 喷雾法
PD20096087 高效氯氟氰菊酯/5%/微乳剂/高效氯氟氰菊酯 5%/2009.06.18 至 2014.06.18/中等毒
十字花科叶菜 菜青虫 11.25-20.25克/公顷 喷雾
PD20096688 甲氨基阿维菌素苯甲酸盐/1%/乳油/甲氨基阿维菌素 1%/2009.09.07 至 2014.09.07/低毒
甘蓝 小菜蛾 1.5-3克/公顷 喷雾
PD20096787 高效氯氟氰菊酯/2.5%/乳油/高效氯氟氰菊酯 2.5%/2009.09.15 至 2014.09.15/中等毒
茶树 茶小绿叶蝉 22.5-30克/公顷 喷雾
PD20096895 二嗪磷/4%/颗粒剂/二嗪磷 4%/2009.09.23 至 2014.09.23/低毒
小白菜 地下害虫 720-900克/公顷 撒施
PD20096900 丁硫克百威/35%/种子处理干粉剂/丁硫克百威 35%/2009.09.23 至 2014.09.23/中等毒

水稻秧田 稻蓟马 315-420克/100千克种子 拌种
LS20071808 异噁·丁草胺/48%/可湿性粉剂/丁草胺 40%、异噁草松 8%/2009.07.09 至 2010.07.10/低毒
冬油菜田 一年生杂草 504-576克/公顷 移栽前土壤喷雾
棉花田 一年生杂草 504-576克/公顷 土壤喷雾
西瓜 一年生杂草 648-720克/公顷 土壤喷雾
LS20090202 噻磺·乙草胺/50%/可湿性粉剂/噻吩磺隆 2%、乙草胺 48%/2009.02.05 至 2010.02.05/低毒
冬小麦田 一年生杂草 525-600克/公顷 播后苗前土壤喷雾
LS20090578 烟嘧·莠去津/53%/可湿性粉剂/烟嘧磺隆 3%、莠去津 50%/2009.03.19 至 2010.03.19/低毒
玉米田 一年生杂草 715.5-834.75克/公顷 茎叶喷雾
LS20090676 2甲·氯氟吡/36%/可湿性粉剂/2甲4氯钠 30%、氯氟吡氧乙酸 6%/2009.03.24 至 2010.03.24/低毒
小麦田 一年生阔叶杂草 405-540克/公顷 茎叶喷雾
LS20090737 噻嗪·毒死蜱/40%/可湿性粉剂/毒死蜱 30%、噻嗪酮 10%/2009.03.31 至 2010.03.31/低毒
水稻 稻飞虱 360～600克/公顷 喷雾

浙江桐乡钱江生物化学有限公司 (浙江省桐乡市崇福镇北沙滩58号 314511 0573-88381146)

PD85131-3 井冈霉素/3%,5%/水剂/井冈霉素 3%,5%/2005.07.29 至 2010.07.29/低毒
水稻 纹枯病 75-112.5克/公顷 喷雾、泼浇
PD88109-18 井冈霉素/20%/水溶粉剂/井冈霉素 20%/2009.01.05 至 2014.01.05/低毒
水稻 纹枯病 75-112.5克/公顷 喷雾、泼浇
PD20083684 井冈霉素A/5%/可溶粉剂/井冈霉素A 5%/2008.12.15 至 2013.12.15/低毒
水稻 纹枯病 52.5-75克/公顷 喷雾

浙江威尔达化工有限公司 (浙江省杭州市余杭区塘栖超山 311106 0571-86375788)

PD85154-42 氰戊菊酯/20%/乳油/氰戊菊酯 20%/2005.07.29 至 2010.07.29/中等毒
柑橘树 潜叶蛾 10-20毫克/千克 喷雾
果树 梨小食心虫 10-20毫克/千克 喷雾
棉花 红铃虫、蚜虫 75-150克/公顷 喷雾
蔬菜 菜青虫、蚜虫 60-120克/公顷 喷雾
PD20040372 高效氯氰菊酯/4.5%/乳油/高效氯氰菊酯 4.5%/2009.12.19 至 2014.12.19/中等毒
茶树 茶尺蠖 13.5-16.88克/公顷 喷雾
柑橘树 潜叶蛾 30-45毫克/千克 喷雾
棉花 棉铃虫 20.25-33.75克/公顷 喷雾
PD20060212 氟氯氰菊酯/92%/原药/氟氯氰菊酯 92%/2006.12.26 至 2011.12.26/中等毒
PD20070257 稻瘟灵/40%/乳油/稻瘟灵 40%/2007.09.04 至 2012.09.04/低毒
水稻 稻瘟病 600-720克/公顷 喷雾
PD20070272 甲氰菊酯/20%/乳油/甲氰菊酯 20%/2007.09.05 至 2012.09.05/中等毒
甘蓝 菜青虫 75-90克/公顷 喷雾
柑橘树 红蜘蛛 67-100毫克/千克 喷雾
棉花 棉铃虫 90-120克/公顷 喷雾
苹果树 红蜘蛛 100毫克/千克 喷雾
PD20070518 噻螨酮/5%/乳油/噻螨酮 5%/2007.11.28 至 2012.11.28/低毒
柑橘树、苹果树 红蜘蛛 25-31.25毫克/千克 喷雾
PD20080026 啶虫脒/3%/乳油/啶虫脒 3%/2008.01.04 至 2013.01.04/低毒
柑橘树、苹果树 蚜虫 12-15毫克/千克 喷雾
PD20080079 氟氯氰菊酯/5.7%/乳油/氟氯氰菊酯 5.7%/2008.01.04 至 2013.01.04/低毒
甘蓝 菜青虫 21.375-25.65克/公顷 喷雾
棉花 棉铃虫 25.65-38.475克/公顷 喷雾
PD20080263 已唑醇/5%/悬浮剂/已唑醇 5%/2008.02.20 至 2013.02.20/低毒
苹果树 斑点落叶病 33.3-62.5毫克/千克 喷雾
葡萄 白粉病 50-62.5毫克/千克 喷雾
水稻 纹枯病 60-75克/公顷 喷雾
PD20080833 异噁草松/480克/升/乳油/异噁草松 480克/升/2008.06.20 至 2013.06.20/低毒
春大豆田 一年生杂草 1008-1152克/公顷(东北地区) 喷雾
PD20081427 戊唑醇/95%/原药/戊唑醇 95%/2008.10.31 至 2013.10.31/低毒
PD20081868 禾草丹/50%/乳油/杀草胺 50%/2008.11.20 至 2013.11.20/低毒
水稻移栽田 一年生杂草 1875-2250克/公顷(南方地区) 喷雾
PD20081931 S-氰戊菊酯/50克/升/乳油/S-氰戊菊酯 50克/升/2008.11.24 至 2013.11.24/中等毒
甘蓝 菜青虫 7.5-15克/公顷 喷雾
棉花 棉铃虫 18.75-26.25克/公顷 喷雾
苹果树 桃小食心虫 16-25毫克/千克 喷雾
小麦 蚜虫 9-11.25克/公顷 喷雾
PD20081967 溴氰菊酯/25克/升/乳油/溴氰菊酯 25克/升/2008.11.25 至 2013.11.25/中等毒
茶树 茶尺蠖 3.75-7.5克/公顷 喷雾
甘蓝 菜青虫 7.5-15克/公顷 喷雾

	柑橘树	潜叶蛾	5-10毫克/千克	喷雾
	棉花	棉铃虫	7.5-15克/公顷	喷雾
PD20082387	甲基硫菌灵/70%/可湿性粉剂/甲基硫菌灵 70%/2008.12.01 至 2013.12.01/低毒			
	番茄	叶霉病	525-840克/公顷	喷雾
	黄瓜	白粉病	420-630克/公顷	喷雾
	水稻	纹枯病	1050-1260克/公顷	喷雾
	小麦	赤霉病	945-1260克/公顷	喷雾
PD20082706	螨醇·噻螨酮/22.5%/乳油/三氯杀螨醇 20%、噻螨酮 2.5%/2008.12.05 至 2013.12.05/低毒			
	柑橘树、苹果树	红蜘蛛	150-225毫克/千克	喷雾
PD20082748	溴氰·硫丹/328克/升/乳油/硫丹 320克/升、溴氰菊酯 8克/升/2008.12.08 至 2013.12.08/中等毒			
	棉花	棉铃虫	390-495克/公顷	喷雾
	烟草	烟青虫、烟蚜	262.4-328克/公顷	喷雾
PD20083142	百草枯/200克/升/水剂/百草枯 200克/升/2008.12.10 至 2013.12.10/中等毒			
	棉花田	杂草	450-600克/公顷	行间定向茎叶喷雾
	苹果园	杂草	600-900克/公顷	定向茎叶喷雾
PD20083805	高效氟氯氰菊酯/25克/升/乳油/高效氟氯氰菊酯 25克/升/2008.12.15 至 2013.12.15/中等毒			
	甘蓝	菜青虫	10-12.5克/公顷	喷雾
	棉花	棉铃虫	9.45-13.2克/公顷	喷雾
PD20084159	高效氯氟氰菊酯/98%/原药/氟氯氰菊酯 98%/2008.12.16 至 2013.12.16/中等毒			
PD20084297	甲氰·辛硫磷/25%/乳油/甲氰菊酯 5%、辛硫磷 20%/2008.12.17 至 2013.12.17/中等毒			
	棉花	棉铃虫	300-375克/公顷	喷雾
	苹果树	蚜虫	208.3-312.5毫克/千克	喷雾
	苹果树	红蜘蛛	166.7-250毫克/千克	喷雾
	十字花科蔬菜	菜青虫	150-225克/公顷	喷雾
PD20085017	阿维·辛硫磷/20%/乳油/阿维菌素 0.2%、辛硫磷 19.8%/2008.12.22 至 2013.12.22/低毒(原药高毒)			
	十字花科蔬菜	小菜蛾	240-270克/公顷	喷雾
PD20085094	唑磷·氟氯氰/10%/乳油/氟氯氰菊酯 1%、三唑磷 9%/2008.12.23 至 2013.12.23/中等毒			
	棉花	棉铃虫	112-140克/公顷	喷雾
PD20085458	硫丹/350克/升/乳油/硫丹 350克/升/2008.12.24 至 2013.12.24/高毒			
	茶树	小绿叶蝉	350-525克/公顷	喷雾
	茶树	茶尺蠖	525-700克/公顷	喷雾
	棉花	棉铃虫	525-870克/公顷	喷雾
	苹果树	黄蚜	140-175毫克/千克	喷雾
	烟草	烟蚜	315-420克/公顷	喷雾
PD20085986	苄嘧·苯噻酰/53%/可湿性粉剂/苯噻酰草胺 50%、苄嘧磺隆 3%/2008.12.29 至 2013.12.29/低毒			
	水稻抛秧田	一年生及部分多年生杂草	397.5-477克/公顷(南方地区)	药土法
PD20086015	甲氰·哒螨灵/10.5%/乳油/哒螨灵 7%、甲氰菊酯 3.5%/2008.12.29 至 2013.12.29/中等毒			
	柑橘树	红蜘蛛	70-105毫克/千克	喷雾
PD20086124	硫磺·甲硫灵/70%/可湿性粉剂/甲基硫菌灵 35%、硫磺 35%/2008.12.30 至 2013.12.30/低毒			
	黄瓜	炭疽病	1050-1470克/公顷	喷雾
PD20086199	乙铝·多菌灵/60%/可湿性粉剂/多菌灵 20%、三乙膦酸铝 40%/2008.12.30 至 2013.12.30/低毒			
	苹果树	轮纹病	500-300倍液	喷雾
PD20090532	阿维·甲氰/2.5%/乳油/阿维菌素 0.1%、甲氰菊酯 2.4%/2009.01.12 至 2014.01.12/低毒(原药高毒)			
	棉花	红蜘蛛、棉铃虫	37.5-45克/公顷	喷雾
	十字花科蔬菜	小菜蛾	18.75-26.25克/公顷	喷雾
PD20091175	锰锌·腈菌唑/62.5%/可湿性粉剂/腈菌唑 2.5%、代森锰锌 60%/2009.01.22 至 2014.01.22/低毒			
	黄瓜	白粉病	1867.5-2340克/公顷	喷雾
	梨树	黑星病	400-600倍液	喷雾
PD20092538	高效氯氟氰菊酯/25克/升/乳油/高效氯氟氰菊酯 25克/升/2009.02.26 至 2014.02.26/中等毒			
	茶树	茶小绿叶蝉	15-30克/公顷	喷雾
	棉花	棉铃虫	15-18.75克/公顷	喷雾
	十字花科蔬菜	菜青虫	7.5-11.25克/公顷	喷雾
	烟草	蚜虫	11.25-15克/公顷	喷雾
PD20093743	戊唑醇/250克/升/乳油/戊唑醇 250克/升/2009.03.25 至 2014.03.25/低毒			
	香蕉	叶斑病	208-250毫克/千克	喷雾
PD20096278	草甘膦异丙胺盐(41%)///水剂/草甘膦 30%/2009.07.22 至 2014.07.22/低毒			
	柑橘园	杂草	1125-2250克/公顷	定向茎叶喷雾
PD20096525	戊唑醇/6%/种子处理悬浮剂/戊唑醇 6%/2009.08.20 至 2014.08.20/低毒			
	玉米	丝黑穗病	10-12克/100千克种子	种子包衣
PD20098428	己唑醇/95%/原药/己唑醇 90%/2009.12.24 至 2014.12.24/低毒			
LS20050082	5.7%氟氯氰菊酯水乳剂//水乳剂/氟氯氰菊酯 5.7%/2008.01.12 至 2009.01.11/中等毒			
	茶树	茶小绿叶蝉	17.1-25.65克/公顷	喷雾

十字花科蔬菜 菜青虫 17.1-34.2克/公顷 喷雾

LS20053034 醚菊酯/96%/原药/醚菊酯 96%/2008.09.15 至 2009.09.15/低毒

LS20061660 醚菊酯/10%/悬浮剂/醚菊酯 10%/2009.08.29 至 2010.08.29/低毒
十字花科蔬菜 菜青虫 40-60克/公顷 喷雾

LS20070810 毒死蜱/480克/升/乳油/毒死蜱 480克/升/2009.04.10 至 2010.04.11/中等毒
水稻 稻纵卷叶螟 576-720克/公顷 喷雾

LS20071410 戊唑醇/80%/可湿性粉剂/戊唑醇 80%/2009.05.17 至 2010.05.18/低毒
梨树 黑星病 108.5-143.3毫克/千克 喷雾
苹果树 轮纹病 200-400毫克/千克 喷雾

LS20071685 己唑·稻瘟灵/30%/乳油/稻瘟灵 27%、己唑醇 3%/2009.06.24 至 2010.06.25/低毒
水稻 稻曲病、稻瘟病、纹枯病 270-360克/公顷 喷雾

LS20071943 高效氯氟氰菊酯/25克/升/水乳剂/高效氯氟氰菊酯 25克/升/2009.08.07 至 2010.08.08/中等毒
茶树 小绿叶蝉 22.5-30克/公顷 喷雾
苹果树 桃小食心虫 6.25-8.33毫克/千克 喷雾
十字花科蔬菜 菜青虫 7.5-11.25克/公顷 喷雾

LS20072186 杀单·三唑磷/15%/微乳剂/三唑磷 5%、杀虫单 10%/2009.09.11 至 2010.09.12/中等毒
水稻 稻纵卷叶螟、二化螟 450-562.5克/公顷 喷雾

LS20082124 精噁唑禾草灵/69克/升/水乳剂/精噁唑禾草灵 69克/升/2009.04.16 至 2010.04.16/低毒
小麦田 一年生禾本科杂草 41.4-62.1克/公顷 茎叶喷雾

浙江武义钓鱼实业有限公司 (浙江省武义县环城东路9号 321200 0579-87627118)

WP20080478 杀虫气雾剂/0.36%/气雾剂/胺菊酯 0.1%、氯菊酯 0.2%、氯氰菊酯 0.06%/2008.12.16 至 2013.12.16/微毒
卫生 蚊、蝇、蜚蠊 / 喷雾

WP20090099 电热蚊香片/10毫克/片/电热蚊香片/富右旋反式炔丙菊酯 10毫克/片/2009.02.04 至 2014.02.04/微毒
卫生 蚊 / 电热加温

WL20070085 蚊香/0.21%/蚊香/富右旋反式烯丙菊酯 0.2%、四氟醚菊酯 0.01%/2009.05.07 至 2010.05.08/微毒
卫生 蚊 / 点燃

WL20080105 蚊香/0.18%/蚊香/Es-生物烯丙菊酯 0.18%/2009.02.19 至 2010.02.20/微毒
卫生 蚊 / 点燃

浙江武义嘉诚实业有限公司 (浙江省金华市武义县熟溪北路15号 321200 0379-7673850)

WP20090016 高氯·胺·苯氰/5.8%/水乳剂/胺菊酯 2%、高效氯氰菊酯 2.4%、右旋反式苯氰菊酯 1.4%/2009.01.08至2014.01.08/低毒
卫生 蜚蠊 45毫克/平方米 滞留喷洒
卫生 蚊、蝇 30毫克/平方米 滞留喷洒

WP20090203 杀虫气雾剂/0.55%/气雾剂/胺菊酯 0.3%、氯菊酯 0.25%/2009.03.25 至 2014.03.25/微毒
卫生 蚊、蝇 / 喷雾

WL20060102 杀蟑笔剂/0.3%/笔剂/溴氰菊酯 0.3%/2009.05.11 至 2010.05.11/低毒
卫生 蜚蠊 / 涂抹

浙江新安化工集团股份有限公司 (浙江省建德市新安江镇 311600 0571-64713652)

PD85159-5 草甘膦/30%/水剂/草甘膦 30%/2005.07.29 至 2010.07.29/低毒
茶树、甘蔗、果园、剑麻、林木、桑树、橡胶树 一年生杂草和多年生恶性杂草 1125-2250克/公顷 定向喷雾

PD92103-7 草甘膦/95%/原药/草甘膦 95%/2008.08.21 至 2013.08.21/低毒

PD20040298 哒螨灵/95%/原药/哒螨灵 95%/2009.12.19 至 2014.12.19/中等毒

PD20040394 哒螨灵/20%/粉剂/哒螨灵 20%/2009.12.19 至 2014.12.19/中等毒
柑橘树、苹果树 红蜘蛛 50-67毫克/千克 喷雾

PD20040590 哒螨灵/15%/乳油/哒螨灵 15%/2009.12.19 至 2014.12.19/中等毒
柑橘树 红蜘蛛 50-67毫克/千克 喷雾

PD20080860 二氯喹啉酸/96%/原药/二氯喹啉酸 96%/2008.06.23 至 2013.06.23/低毒

PD20080895 二氯喹啉酸/50%/可湿性粉剂/二氯喹啉酸 50%/2008.07.09 至 2013.07.09/低毒
水稻移栽田 稗草 202.5-390克/公顷(北方地区) 喷雾

PD20081613 草除灵/96%/原药/草除灵 96%/2008.11.12 至 2013.11.12/低毒

PD20082393 草甘膦/30%/可溶粉剂/草甘膦 30%/2008.12.01 至 2013.12.01/低毒
柑橘园 杂草 1125-2250克/公顷 定向茎叶喷雾

PD20082544 草甘膦铵盐/75.7%/可溶粉剂/草甘膦铵盐 75.7%/2008.12.03 至 2013.12.03/低毒
柑橘园、苹果园 杂草 1476.2-1816.8克/公顷 定向茎叶喷雾

PD20082681 毒死蜱/48%/乳油/毒死蜱 48%/2008.12.05 至 2013.12.05/中等毒
棉花 蚜虫 450-900克/公顷 喷雾

PD20082695 草甘膦异丙胺盐/62%/水剂/草甘膦异丙胺盐 62%/2008.12.05 至 2013.12.05/低毒
春玉米田、棉花田、夏玉米田 一年生及部分多年生杂草 750-1650克/公顷 行间定向茎叶喷雾
非耕地、公路、森林防火道、铁路 一年生及部分多年生杂草 1125-3000克/公顷 茎叶喷雾

	柑橘园、剑麻园、桑园、橡胶园	一年生及部分多年生杂草	1125-2250克/公顷	定向茎叶喷雾
	免耕春油菜田	一年生及部分多年生杂草	1500-2250克/公顷	茎叶喷雾
	免耕冬油菜田	一年生及部分多年生杂草	750-1200克/公顷	茎叶喷雾
	免耕抛秧晚稻田	一年生及部分多年生杂草	2100-2550克/公顷	茎叶喷雾
PD20082838	二氯喹啉酸/25%/悬浮剂/二氯喹啉酸 25%/2008.12.09 至 2013.12.09/低毒			
	水稻移栽田	稗草等杂草	187.5-375克/公顷	喷雾
PD20083169	草除灵/50%/悬浮剂/草除灵 50%/2008.12.11 至 2013.12.11/低毒			
	冬油菜田	一年生阔叶杂草	326.25-435克/公顷	茎叶喷雾
PD20083557	氯氰·毒死蜱/50%/乳油/毒死蜱 45%、氯氰菊酯 5%/2008.12.12 至 2013.12.12/中等毒			
	棉花	棉铃虫	225-375克/公顷	喷雾
PD20083667	毒死蜱/95%,90%,85%/原药/毒死蜱 95%,90%,85%/2008.12.12 至 2013.12.12/中等毒			
PD20083746	草甘膦铵盐/95.5%/原药/草甘膦铵盐 95.5%/2008.12.15 至 2013.12.15/低毒			
PD20084065	草甘膦铵盐/75.7%/可溶粒剂/草甘膦铵盐 75.7%/2008.12.16 至 2013.12.16/低毒			
	春玉米、棉花、夏玉米	行间杂草	750-1650克/公顷	定向茎叶喷雾
	非耕地、公路、森林防火道、铁路	行间杂草	1125-3000克/公顷	茎叶喷雾
	柑橘园	杂草	1135.5-2271克/公顷	定向喷雾
	柑橘园、剑麻园、梨园、苹果园、桑园、香蕉园、橡胶园	行间杂草	1125-2250克/公顷	定向茎叶喷雾
	免耕春油菜	杂草	1500-2250克/公顷	茎叶喷雾
	免耕冬油菜	杂草	750-1200克/公顷	茎叶喷雾
	免耕抛秧晚稻田	杂草	2100-2550克/公顷	茎叶喷雾
PD20085446	苄·二氯/36%/可湿性粉剂/苄嘧磺隆 4%、二氯喹啉酸 32%/2008.12.24 至 2013.12.24/低毒			
	水稻移栽田	部分多年生杂草、一年生杂草	216-270克/公顷	喷雾
PD20085912	毒死蜱/10%/颗粒剂/毒死蜱 10%/2008.12.29 至 2013.12.29/低毒			
	甘蔗	蔗龟	1800-2250克/公顷	拌细沙撒施
	花生	地老虎、金针虫、蝼蛄、蛴螬	1800-2250克/公顷	撒施
PD20086294	毒死蜱/40%/乳油/毒死蜱 40%/2008.12.31 至 2013.12.31/中等毒			
	大豆	食心虫	480-600克/公顷	喷雾
	甘蔗	蔗龟	1800-3000克/公顷	喷淋甘蔗根部
	柑橘树	红蜘蛛、介壳虫	400-500毫克/千克	喷雾
	棉花	棉铃虫、蚜虫	450-900克/公顷	喷雾
	苹果树	桃小食心虫	160-240毫克/千克	喷雾
	十字花科蔬菜	菜青虫	540-720克/公顷	喷雾
	水稻	二化螟、三化螟	540-660克/公顷	喷雾
	水稻	稻纵卷叶螟	480-720克/公顷	喷雾
	水稻	稻飞虱	300-600克/公顷	喷雾
PD20090074	马拉·毒死蜱/40%/乳油/毒死蜱 15%、马拉硫磷 25%/2009.01.08 至 2014.01.08/中等毒			
	十字花科蔬菜	小菜蛾	240-360克/公顷	喷雾
PD20090075	氯氰·毒死蜱/25%/乳油/毒死蜱 22.5%、氯氰菊酯 2.5%/2009.01.08 至 2014.01.08/低毒			
	荔枝树、龙眼树	蒂蛀虫	250～312.5毫克/千克	喷雾
	棉花	棉铃虫	225-375克/公顷	喷雾
	十字花科蔬菜	菜青虫	150-187.5克/公顷	喷雾
PD20090602	草甘膦异丙胺盐/41%/水剂/草甘膦异丙胺盐 41%/2009.01.14 至 2014.01.14/低毒			
	春玉米田	行间杂草	750-1650克/公顷	定向茎叶喷雾
	非耕地、公路、森林防火道、铁路	行间杂草	1125-3000克/公顷	茎叶喷雾
	柑橘园	杂草	1125-2250克/公顷	定向茎叶喷雾
	剑麻园、桑园、橡胶园	行间杂草	1125-2250克/公顷	定向茎叶喷雾
	棉花田	杂草	750-1650克/公顷	定向茎叶喷雾
	免耕春油菜田	杂草	1500-2250克/公顷	茎叶喷雾
	免耕冬油菜田	杂草	750-1200克/公顷	茎叶喷雾
	免耕抛秧晚稻田	杂草	2100-2550克/公顷	茎叶喷雾
PD20093728	杀扑·毒死蜱/40%/乳油/毒死蜱 20%、杀扑磷 20%/2009.03.25 至 2014.03.25/中等毒(原药高毒)			
	柑橘	矢尖蚧	200-250毫克/千克	喷雾
PD20094698	精喹·草除灵/18%/乳油/草除灵 14%、精喹禾灵 4%/2009.04.10 至 2014.04.10/低毒			
	冬油菜田	一年生杂草	270-324克/公顷	茎叶喷雾
PD20095243	噁唑·草除灵/18%/乳油/草除灵 14.7%、精噁唑禾草灵 3.3%/2009.04.27 至 2014.04.27/低毒			
	冬油菜田	一年生杂草	1500-1800毫升制剂/公顷	茎叶喷雾

PD20095704 单甲脒盐酸盐/25%/水剂/单甲脒盐酸盐 25%/2009.05.15 至 2014.05.15/中等毒
柑橘树 红蜘蛛 250毫克/千克 喷雾
LS20072278 唑磷·毒死蜱/30%/乳油/毒死蜱 5%、三唑磷 25%/2009.09.20 至 2010.09.21/中等毒
水稻 稻纵卷叶螟 360-450克/公顷 喷雾
LS20090524 啶虫·毒死蜱/30%/水乳剂/啶虫脒 1%、毒死蜱 29%/2009.03.18 至 2010.03.18/中等毒
柑橘树 蚜虫 200-300毫克/千克 喷雾
LS20090526 敌百·毒死蜱/4.5%/颗粒剂/敌百虫 3%、毒死蜱 1.5%/2009.03.18 至 2010.03.18/低毒
花生 蛴螬 1687.5-2362.5克/公顷 拌毒土撒施/
LS20090538 氟啶·毒死蜱/10%/水乳剂/毒死蜱 9%、氟啶脲 1%/2009.03.18 至 2010.03.18/中等毒
十字花科蔬菜 小菜蛾 120-180克/公顷 喷雾/
LS20090540 丙溴·毒死蜱/30%/乳油/丙溴磷 18%、毒死蜱 12%/2009.03.18 至 2010.03.18/中等毒
十字花科蔬菜 美洲斑潜蝇、小菜蛾、斜纹夜蛾 360-540克/公顷 /喷雾
LS20090626 甲维·毒死蜱/40%/水乳剂/毒死蜱 39.6%、甲氨基阿维菌素苯甲酸盐 0.4%/2009.03.23 至 2010.03.23/中等毒
甘蓝 斜纹夜蛾 120-180克/公顷 喷雾
水稻 二化螟 120-180克/公顷 喷雾
LS20090796 吡氟·草甘膦/66%/可溶粒剂/草甘膦 60%、精吡氟禾草灵 6%/2009.04.01 至 2010.04.01/低毒
非耕地 杂草 1980-2970克/公顷 茎叶喷雾
LS20090881 毒死蜱/30%/水乳剂/毒死蜱 30%/2009.04.09 至 2010.04.09/中等毒
水稻 稻纵卷叶螟 540-675克/公顷 喷雾
WP20090034 毒死蜱/40%/乳油/毒死蜱 40%/2009.01.14 至 2014.01.14/中等毒
卫生 白蚁 5升/平方米 土壤处理

浙江新农化工股份有限公司 （浙江省仙居县杨府三里溪 317300 0576-7733630）

PD20040285 三唑磷/85%/原药/三唑磷 85%/2009.12.19 至 2014.12.19/中等毒
PD20040491 三唑磷/40%/乳油/三唑磷 40%/2009.12.19 至 2014.12.19/中等毒
棉花 红铃虫 480-600克/公顷 喷雾
水稻 二化螟、三化螟 300-450克/公顷 喷雾
水稻 稻瘿蚊 1200-1500克/公顷 喷雾
水稻 稻水象甲 360-480克/公顷 喷雾
PD20040559 三唑磷/15%/微乳剂/三唑磷 15%/2009.12.19 至 2014.12.19/中等毒
水稻 二化螟 225-281.25克/公顷 喷雾
PD20040680 三唑磷/30%/乳油/三唑磷 30%/2009.12.19 至 2014.12.19/中等毒
棉花 棉铃虫 480-600克/公顷 喷雾
水稻 稻水象甲 240-480克/公顷 喷雾
水稻 二化螟、三化螟 300-450克/公顷 喷雾
PD20040733 三唑磷/20%/乳油/三唑磷 20%/2009.12.19 至 2014.12.19/中等毒
草地 草地螟 300-375克/公顷 喷雾
棉花 棉红铃虫 375-450克/公顷 喷雾
水稻 二化螟、三化螟 300-450克/公顷 喷雾
水稻 稻水象甲 360-480克/公顷 喷雾
PD20070002 毒死蜱/97%/原药/毒死蜱 97%/2007.01.04 至 2012.01.04/中等毒
PD20070327 二甲戊灵/95%/原药/二甲戊灵 95%/2007.10.10 至 2012.10.10/低毒
PD20070641 毒死蜱/480克/升/乳油/毒死蜱 480克/升/2007.12.14 至 2012.12.14/中等毒
柑橘树 矢尖蚧 1000-1500倍液 喷雾
水稻 稻飞虱 648-720克/公顷 喷雾
水稻 稻纵卷叶螟 70-90毫升制剂/亩 喷雾
叶菜类蔬菜 斜纹夜蛾 324-432克/公顷 喷雾
PD20080291 毒死蜱/40%/乳油/毒死蜱 40%/2008.02.25 至 2013.02.25/中等毒
菜豆 美洲斑潜蝇 300-420克/公顷 喷雾
柑橘树 矢尖蚧 333-500毫克/千克 喷雾
韭菜 韭蛆 1350-1800克/公顷 喷雾
棉花 棉铃虫 600-900克/公顷 喷雾
苹果树 绵蚜 1500-2000倍液 喷雾
水稻 稻飞虱 600-750克/公顷 喷雾
水稻 稻纵卷叶螟 300-600克/公顷 喷雾
小麦 蚜虫 210-390克/公顷 喷雾
PD20080311 毒死蜱/25%/乳油/毒死蜱 25%/2008.02.25 至 2013.02.25/中等毒
柑橘树 矢尖蚧 333-500毫克/千克 喷雾
韭菜 韭蛆 1350-1800克/公顷 灌根
棉花 棉铃虫 600-900克/公顷 喷雾
苹果树 绵蚜 900-1250倍液 喷雾
PD20080441 二甲戊灵/330克/升/乳油/二甲戊灵 330克/升/2008.03.13 至 2013.03.13/低毒
甘蓝田、韭菜 杂草 495-742.5克/公顷 喷雾
PD20081362 唑磷·毒死蜱/30%/乳油/毒死蜱 7%、三唑磷 23%/2008.10.22 至 2013.10.22/中等毒

水稻　稻纵卷叶螟　315-450克/公顷　喷雾
PD20081374　吡虫·毒死蜱/22%/乳油/吡虫啉 2%、毒死蜱 20%/2008.10.23 至 2013.10.23/中等毒
水稻　飞虱　115-132克/公顷　喷雾
PD20083079　氯氰·毒死蜱/55%/乳油/毒死蜱 50%、氯氰菊酯 5%/2008.12.10 至 2013.12.10/中等毒
荔枝树　蒂蛀虫　366.6-550毫克/千克　喷雾
棉花　棉铃虫　412.5-618.75克/公顷　喷雾
十字花科蔬菜　小菜蛾　660-825克/公顷　喷雾
十字花科蔬菜　菜青虫　330-495克/公顷　喷雾
PD20083886　毒死蜱/5%/颗粒剂/毒死蜱 5%/2008.12.15 至 2013.12.15/低毒
花生　蛴螬　1125-2250克/公顷　拌毒土撒施
PD20085671　毒死蜱/30%/水乳剂/毒死蜱 30%/2008.12.26 至 2013.12.26/中等毒
水稻　稻纵卷叶螟　450-630克/公顷　喷雾
PD20086360　辛硫·三唑磷/40%/乳油/三唑磷 20%、辛硫磷 20%/2008.12.31 至 2013.12.31/中等毒
水稻　二化螟　360-480克/公顷　喷雾
PD20090645　氯氰·毒死蜱/22%/乳油/毒死蜱 20%、氯氰菊酯 2%/2009.01.15 至 2014.01.15/中等毒
荔枝树　蒂蛀虫　366.7-550毫克/千克　喷雾
棉花　棉铃虫　412.5-618.75克/公顷　喷雾
PD20096839　噻唑锌/95%/原药/噻唑锌 95%/2009.09.21 至 2014.09.21/低毒
PD20096932　噻唑锌/20%/悬浮剂/噻唑锌 20%/2009.09.25 至 2014.09.25/低毒
柑橘树　溃疡病　400-666.7毫克/千克　喷雾
水稻　细菌性条斑病　300-375克/公顷　喷雾
LS20051966　氟腈·三唑磷/31%/微乳剂/氟虫腈 1%、三唑磷 30%/2008.05.24 至 2009.05.24/中等毒
水稻　稻纵卷叶螟　186-279克/公顷　喷雾
LS20071279　毒死蜱/40%/微乳剂/毒死蜱 40%/2009.05.07 至 2010.05.08/中等毒
苹果树　绵蚜　200-267毫克/千克　喷雾
LS20071740　阿维·哒嗪/16%/乳油/阿维菌素 0.2%、哒嗪硫磷 15.8%/2009.07.04 至 2010.07.05/低毒(原药高毒)
水稻　二化螟　180-216克/公顷　喷雾
LS20081539　氟虫腈/50克/升/悬浮剂/氟虫腈 50克/升/2009.03.31 至 2010.03.31/低毒
十字花科蔬菜　小菜蛾　15-22.5克/公顷　喷雾
水稻　稻飞虱、稻纵卷叶螟　30-37.5克/公顷　喷雾
水稻　二化螟　22.5-30克/公顷　喷雾
LS20090893　噻嗪·毒死蜱/35%/乳油/毒死蜱 28%、噻嗪酮 7%/2009.04.09 至 2010.04.09/中等毒
水稻　稻飞虱　420-630克/公顷　喷雾
WP20080450　毒死蜱/40%/乳油/毒死蜱 40%/2008.12.16 至 2013.12.16/中等毒
卫生　白蚁　20克/平方米　土壤处理

浙江信心日用工业有限公司　(浙江省金华市义乌市经济开发区稠江办上崇山　322000　0579-5551379)

WP20080234　蚊香/0.25%/蚊香/富右旋反式烯丙菊酯 0.25%/2008.11.25 至 2013.11.25/低毒
卫生　蚊　/　点燃
WP20080404　电热蚊香片/25毫克/片/电热蚊香片/炔丙菊酯 8毫克/片、右旋烯丙菊酯 17毫克/片/2008.12.12 至 2013.12.12/低毒
卫生　蚊　/　电热加温
注:本品有三种香型：无香型、熏衣草香型、芳香型。
WP20080425　电热蚊香液/2.6%/电热蚊香液/Es-生物烯丙菊酯 2.6%/2008.12.15 至 2013.12.15/低毒
卫生　蚊　/　电热加温
注:本品有三种香型：无香型、芳香型、熏衣草香型。

浙江一点红有限公司　(浙江省浦江经济开发区一点红大道188号　322200　0579-4178828)

WL20080158　蚊香/0.28%/蚊香/富右旋反式烯丙菊酯 0.28%/2010.02.25 至 2011.02.25/微毒
卫生　蚊　/　点燃
WL20080497　杀虫气雾剂/0.36%/气雾剂/胺菊酯 0.1%、氯菊酯 0.2%、氯氰菊酯 0.06%/2009.12.29 至 2010.12.29/微毒
卫生　蚊、蝇、蜚蠊　/　喷雾

浙江一帆化工有限公司　(浙江省温州市龙湾区扶贫开发区4区2号　325013　0577-86637855)

PD86153-10　叶枯唑/20%/可湿性粉剂/叶枯唑 20%/2006.12.20 至 2011.12.20/低毒
大白菜　软腐病　300-450克/公顷　喷雾
水稻　白叶枯病　300克/公顷　喷雾、弥雾
PD20040501　三唑磷/40%/乳油/三唑磷 40%/2009.12.19 至 2014.12.19/低毒
苹果树　桃小食心虫　200-400毫克/千克　喷雾
水稻　二化螟　300-420克/公顷　喷雾
注:在苹果树的有效期至2006年3月9日。
PD20040515　三唑磷/20%/乳油/三唑磷 20%/2009.12.23 至 2014.12.23/中等毒
棉花　棉铃虫　375-450克/公顷　喷雾
水稻　二化螟　300-450克/公顷　喷雾
注:棉花有效期为2005年5月23日至2006年5月23日。
PD20040532　哒螨灵/15%/乳油/哒螨灵 15%/2009.12.19 至 2014.12.19/中等毒
柑橘树　红蜘蛛　50-67毫克/千克　喷雾

PD20040785 三唑磷/10%/乳油/三唑磷 10%/2004.12.19 至 2009.12.18/中等毒
水稻 二化螟 225-240克/公顷 喷雾
PD20050130 三唑磷/85%/原药/三唑磷 85%/2005.09.07 至 2010.09.06/中等毒
PD20060078 乙氧氟草醚/97%/原药/乙氧氟草醚 97%/2006.04.14 至 2011.04.14/低毒
PD20060114 抑霉唑/98%/原药/抑霉唑 98%/2006.06.13 至 2011.06.13/中等毒
PD20060154 甲霜灵/97%/原药/甲霜灵 97%/2006.08.29 至 2011.08.29/低毒
PD20060182 霜霉威/98%/原药/霜霉威 98%/2006.11.10 至 2011.11.10/低毒
PD20060197 甲基嘧啶磷/90%/原药/甲基嘧啶磷 90%/2006.12.06 至 2011.12.06/低毒
PD20070016 禾草灵/97%/原药/禾草灵 97%/2007.01.18 至 2012.01.18/低毒
PD20070211 丙溴磷/89%/原药/丙溴磷 89%/2007.08.07 至 2012.08.07/中等毒
PD20081371 腈菌唑/95%/原药/腈菌唑 95%/2008.10.23 至 2013.10.23/低毒
PD20082164 禾草灵/28%/乳油/禾草灵 28%/2008.11.26 至 2013.11.26/低毒
春小麦田 野燕麦等一年生禾本科杂草 840—980克/公顷 茎叶喷雾
PD20082168 腈菌唑/10%/乳油/腈菌唑 10%/2008.11.26 至 2013.11.26/低毒
黄瓜 白粉病 45-60克/公顷 喷雾
PD20082176 禾草灵/36%/乳油/禾草灵 36%/2008.11.26 至 2013.11.26/低毒
春小麦田 野燕麦等一年生禾本科杂草 972—1080克/公顷 茎叶喷雾
PD20082311 氟硅唑/93%/原药/氟硅唑 93%/2008.12.01 至 2013.12.01/低毒
PD20083198 阿维菌素/1.8%/乳油/阿维菌素 1.8%/2008.12.11 至 2013.12.11/低毒(原药高毒)
十字花科蔬菜 小菜蛾 4.5-7.5克/公顷 喷雾
PD20083386 腈菌唑/25%/乳油/腈菌唑 25%/2008.12.11 至 2013.12.11/低毒
香蕉 叶斑病 800-1000倍液 喷雾
PD20083593 异稻·稻瘟灵/30%/乳油/稻瘟灵 5%、异稻瘟净 25%/2008.12.12 至 2013.12.12/中等毒
水稻 稻瘟病 720-900克/公顷 喷雾
PD20083706 乙氧氟草醚/240克/升/乳油/乙氧氟草醚 240克/升/2008.12.15 至 2013.12.15/低毒
大蒜田 一年生杂草 144-180克/公顷 土壤喷雾
PD20084337 甲霜·锰锌/58%/可湿性粉剂/甲霜灵 10%、代森锰锌 48%/2008.12.17 至 2013.12.17/低毒
黄瓜 霜霉病 870-1305克/公顷 喷雾
PD20084614 杀扑磷/40%/乳油/杀扑磷 40%/2008.12.18 至 2013.12.18/中等毒(原药高毒)
柑橘树 矢尖蚧 106.6-160毫克/千克 喷雾
PD20084710 毒死蜱/480克/升/乳油/毒死蜱 480克/升/2008.12.22 至 2013.12.22/中等毒
水稻 稻纵卷叶螟 504-648克/公顷 喷雾
PD20084867 杀扑磷/95%/原药/杀扑磷 95%/2008.12.22 至 2013.12.22/高毒
PD20084923 硫磺·三环唑/45%/可湿性粉剂/硫磺 40%、三环唑 5%/2008.12.22 至 2013.12.22/低毒
水稻 稻瘟病 675-1012.5克/公顷 喷雾
PD20085506 氟乐灵/96%/原药/氟乐灵 96%/2008.12.25 至 2013.12.25/低毒
PD20085565 锰锌·腈菌唑/60%/可湿性粉剂/腈菌唑 3%、代森锰锌 57%/2008.12.25 至 2013.12.25/低毒
黄瓜 白粉病 675-843.75克/公顷 喷雾
PD20085797 噻嗪·杀虫单/25%/可湿性粉剂/噻嗪酮 2%、杀虫单 23%/2008.12.29 至 2013.12.29/中等毒
水稻 稻飞虱 375-562.5克/公顷 喷雾
PD20085937 异稻·三环唑/20%/可湿性粉剂/三环唑 6.7%、异稻瘟净 13.3%/2008.12.29 至 2013.12.29/中等毒
水稻 稻瘟病 300-450克/公顷 喷雾
PD20086003 异稻·稻瘟灵/40%/乳油/稻瘟灵 10%、异稻瘟净 30%/2008.12.29 至 2013.12.29/低毒
水稻 稻瘟病 600-1000克/公顷 喷雾
PD20086016 福·甲·硫磺/50%/可湿性粉剂/福美双 15%、甲基硫菌灵 15%、硫磺 20%/2008.12.29 至 2013.12.29/低毒
辣椒 炭疽病 315-630克/公顷 喷雾
PD20086305 腈菌·福美双/20%/可湿性粉剂/福美双 18%、腈菌唑 2%/2008.12.31 至 2013.12.31/低毒
梨树 黑星病 133.3-200毫克/千克 喷雾
PD20090064 异稻·三环唑/20%/可湿性粉剂/三环唑 10%、异稻瘟净 10%/2009.01.08 至 2014.01.08/中等毒
水稻 稻瘟病 300-450克/公顷 喷雾
PD20090128 福·甲·硫磺/70%/可湿性粉剂/福美双 20%、甲基硫菌灵 20%、硫磺 30%/2009.01.08 至 2014.01.08/低毒
青椒 炭疽病 315-630克/公顷 喷雾
PD20090287 乙铝·多菌灵/45%/可湿性粉剂/多菌灵 20%、三乙膦酸铝 25%/2009.01.09 至 2014.01.09/低毒
苹果树 轮纹病 750-1125毫克/千克 喷雾
PD20090761 吡虫·噻嗪酮/10.5%/可湿性粉剂/吡虫啉 1.5%、噻嗪酮 9%/2009.01.19 至 2014.01.19/低毒
水稻 稻飞虱 78.8-110.3克/公顷 喷雾
PD20090797 烯草酮/240克/升/乳油/烯草酮 240克/升/2009.01.19 至 2014.01.19/低毒
大豆田 禾本科杂草 108-144克/公顷 茎叶喷雾
PD20091145 多·福·硫磺/50%/可湿性粉剂/多菌灵 15%、福美双 10%、硫磺 25%/2009.01.21 至 2014.01.21/低毒
小麦 赤霉病 750-1125克/公顷 喷雾
PD20091177 炔螨特/40%/乳油/炔螨特 40%/2009.01.22 至 2014.01.22/低毒
柑橘树 红蜘蛛 250-357毫克/千克 喷雾
PD20093488 烯草酮/94%/原药/烯草酮 94%/2009.03.23 至 2014.03.23/低毒

PD20094670 苯醚甲环唑/95%/原药/苯醚甲环唑 95%/2009.04.10 至 2014.04.10/低毒
PD20096599 吡虫啉/95%/原药/吡虫啉 95%/2009.09.02 至 2014.09.02/低毒
PD20096761 噻嗪·异丙威/25%/可湿性粉剂/噻嗪酮 5%、异丙威 20%/2009.09.15 至 2014.09.15/低毒
水稻 稻飞虱 375-562.5克/公顷 喷雾
PD20097125 氟硅唑/400克/升/乳油/氟硅唑 400克/升/2009.10.16 至 2014.10.16/低毒
黄瓜 白粉病 56.25-75克/公顷 喷雾
梨树 黑星病 40-50毫克/千克 喷雾
PD20097153 稻瘟灵/40%/乳油/稻瘟灵 40%/2009.10.16 至 2014.10.16/低毒
水稻 稻瘟病 525--600克/公顷 喷雾
PD20097379 多菌灵/80%/可湿性粉剂/多菌灵 80%/2009.10.28 至 2014.10.28/低毒
小麦 赤霉病 843.75－937.5克/公顷 喷雾
PD20097769 抑霉唑/500克/升/乳油/抑霉唑 500克/升/2009.11.12 至 2014.11.12/低毒
柑橘 绿霉病、青霉病 600－800毫克/千克 浸果
PD20097772 氟虫腈/95%/原药/氟虫腈 95%/2009.11.12 至 2014.11.12/中等毒
PD20098221 吗胍·乙酸铜/20%/可湿性粉剂/盐酸吗啉胍 10%、乙酸铜 10%/2009.12.16 至 2014.12.16/低毒
番茄 病毒病 500-750克/公顷 喷雾
PD20098312 霜霉威盐酸盐/722克/升/水剂/霜霉威盐酸盐 722克/升/2009.12.18 至 2014.12.18/低毒
黄瓜 霜霉病 866.4－1083克/公顷 喷雾
LS20062010 苯醚甲环唑/250克/升/乳油/苯醚甲环唑 250克/升/2009.12.25 至 2010.12.25/低毒
香蕉 叶斑病 83.3-125毫克/千克 喷雾
LS20070394 苯醚甲环唑/10%/水分散粒剂/苯醚甲环唑 10%/2009.03.07 至 2010.03.07/低毒
梨树 黑星病 12.5-16.7毫克/千克 喷雾
LS20081341 精甲霜灵/90%/原药/精甲霜灵 90%/2009.03.13 至 2010.03.13/中等毒
LS20082991 炔草酸/95%/原药/炔草酯 95%/2009.08.21 至 2010.08.21/低毒
LS20091031 嘧霉·百菌清/40%/可湿性粉剂/百菌清 27%、嘧霉胺 13%/2009.04.13 至 2010.04.13/微毒
番茄 灰霉病 600-800克/公顷 喷雾

浙江永农化工有限公司 (浙江省温州市龙湾区永强兰田 325024 0577-86374717)

PD20050060 三唑磷/85%/原药/三唑磷 85%/2005.06.13 至 2010.06.12/中等毒
PD20080076 杀扑磷/95%/原药/杀扑磷 95%/2008.01.04 至 2013.01.04/高毒
PD20080878 高效氟吡甲禾灵/95%/原药/高效氟吡甲禾灵 95%/2008.07.09 至 2013.07.09/低毒
PD20080912 精吡氟禾草灵/90%/原药/精吡氟禾草灵 90%/2008.07.14 至 2013.07.14/低毒
PD20080931 氨氯吡啶酸/95%/原药/氨氯吡啶酸 95%/2008.07.17 至 2013.07.17/低毒
PD20080982 氯氟吡氧乙酸异辛酯/95%/原药/氯氟吡氧乙酸异辛酯 95%/2008.07.24 至 2013.07.24/低毒
PD20081009 百草枯/30.5%/母药/百草枯 30.5%/2008.08.06 至 2013.08.06/中等毒
PD20081470 甲基嘧啶磷/90%/原药/甲基嘧啶磷 90%/2008.11.04 至 2013.11.04/低毒
PD20081842 二嗪磷/95%/原药/二嗪磷 95%/2008.11.20 至 2013.11.20/中等毒
PD20082201 甜菜安/96%/原药/甜菜安 96%/2008.11.26 至 2013.11.26/低毒
PD20082875 虫酰肼/98%/原药/ /2008.12.16 至 2013.12.16/低毒
PD20083731 甜菜宁/97%/原药/甜菜宁 97%/2008.12.16 至 2013.12.16/低毒
PD20084512 灭线磷/95%/原药/灭线磷 95%/2008.12.18 至 2013.12.18/高毒
PD20085086 毒死蜱/90%/原药/毒死蜱 90%/2008.12.23 至 2013.12.23/中等毒
PD20092586 丙溴磷/89%/原药/丙溴磷 89%/2009.02.27 至 2014.02.27/中等毒
PD20096194 氟虫腈/95%/原药/氟虫腈 95%/2009.07.13 至 2014.07.13/中等毒
注:仅供出口。
LS20060458 二氯吡啶酸/95%/原药/二氯吡啶酸 95%/2009.03.06 至 2010.03.06/低毒
LS20061817 敌草快/40%/母药/敌草快 40%/2009.10.31 至 2010.10.31/中等毒
LS20083191 乙氧呋草黄/95%/原药/乙氧呋草黄 95%/2009.12.04 至 2010.12.04/低毒
LS20083205 炔草酸/95%/原药/炔草酯 95%/2009.12.04 至 2010.12.04/低毒

浙江正点实业有限公司 (浙江省武义县百花山工业区 321200 0579-87611273)

WP20080021 蚊香/0.3%/蚊香/右旋烯丙菊酯 0.3%/2008.01.11 至 2013.01.11/微毒
卫生 蚊 / 点燃
WP20080113 蚊香/0.18%/蚊香/Es-生物烯丙菊酯 0.18%/2008.10.22 至 2013.10.22/微毒
卫生 蚊 / 点燃
WP20080148 杀虫气雾剂/0.33%/气雾剂/胺菊酯 0.14%、高效氯氰菊酯 0.03%、氯菊酯 0.16%/2008.11.05 至 2013.11.05/低毒
卫生 蜚蠊、蚊、蝇 / 喷雾
注:本品有三种香型：薄荷香型、柠檬香型、清香型。
WP20090300 电热蚊香片/12.5毫克/片/电热蚊香片/富右旋反式炔丙菊酯 12.5毫克/片/2009.07.22 至 2014.07.22/低毒
卫生 蚊 / 电热加温
注:本品有三种香型：绿茶香型、清香型、柠檬香型。
WL20050187 杀虫气雾剂/0.7%/气雾剂/胺菊酯 0.3%、富右旋反式苯醚氰菊酯 0.15%、氯菊酯 0.25%/2008.06.21至2009.06.21/微毒
卫生 蚊、蝇、蜚蠊 / 喷雾
WL20060171 杀虫气雾剂/0.45%/气雾剂/炔咪菊酯 0.05%、右旋胺菊酯 0.1%、右旋苯氰菊酯 0.3%/2008.10.10 至 2009.10.10/微毒
卫生 蚊、蝇、蜚蠊 / 喷雾

WL20070117 蚊香/0.03%/蚊香/四氟醚菊酯 0.03%/2009.06.05 至 2010.06.06/微毒
卫生 蚊 / 点燃

WL20070191 蚊香/0.1%/蚊香/四氟苯菊酯 0.1%/2009.10.09 至 2010.10.10/微毒
卫生 蚊 / 点燃

WL20070196 蚊香/0.35%/蚊香/富右旋反式烯丙菊酯 0.35%/2008.10.09 至 2009.10.10/微毒
卫生 蚊 / 点燃

WL20070208 电热蚊香液/1.3%/电热蚊香液/炔丙菊酯 1.3%/2009.10.15 至 2010.10.15/微毒
卫生 蚊 / 电热加温
注:本品有三种香型:茉莉花香型、熏衣草香型、芳香型。

WL20070217 杀虫气雾剂/0.55%/气雾剂/胺菊酯 0.3%、高效氯氰菊酯 0.05%、氯菊酯 0.2%/2009.10.16 至 2010.10.16/微毒
卫生 蚊、蝇、蜚蠊 / 喷雾
注:本品有三种香型:茉莉香型、奶香型、百花香型。

WL20070220 杀蟑烟片/7.2%/烟片/右旋苯醚氰菊酯 7.2%/2009.10.16 至 2010.10.17/低毒
卫生 蜚蠊 / 点燃

WL20080113 蚊香/0.03%/蚊香/四氟甲醚菊酯 0.03%/2009.02.22 至 2010.02.22/微毒
卫生 蚊 / 点燃
注:本品有三种香型:桂花香型、檀香型、玫瑰香型。

WL20080162 蚊香/0.25%/蚊香/富右旋反式烯丙菊酯 0.25%/2009.02.27 至 2010.02.27/微毒
卫生 蚊 / 点燃
注:本品有两种香型:檀香型、印度木香型。

WL20080313 蝇香/1%/蝇香/右旋烯炔菊酯 1%/2009.05.04 至 2010.05.04/微毒
卫生 蝇 / 点燃

WL20080412 电热蚊香片/18毫克/片/电热蚊香片/炔丙菊酯 18毫克/片/2009.10.21 至 2010.10.21/微毒
卫生 蚊 / 电热加温

WL20090147 蚊香/0.05%/蚊香/氯氟醚菊酯 0.05%/2009.05.12 至 2010.05.12/微毒
卫生 蚊 / 点燃
注:本品有三种香型:百花香型、薄荷香型、绿茶香型。

重庆市

重庆蝶王日化厂 (重庆市德感坪头山 402284 023-47838888)

WP20080488 蚊香/0.2%/蚊香/富右旋反式烯丙菊酯 0.2%/2008.12.17 至 2013.12.17/微毒
卫生 蚊 / 点燃

重庆东方农药有限公司 (重庆市忠州忠渝路龙蛇脊 404300 023-54211590)

PD20081691 稻瘟灵/40%/乳油/稻瘟灵 40%/2008.11.17 至 2013.11.17/低毒
水稻 稻瘟病 600-700克/公顷 喷雾

PD20090714 氰戊·乐果/25%/乳油/乐果 22%、氰戊菊酯 3%/2009.01.19 至 2014.01.19/中等毒
十字花科蔬菜 菜青虫 75-150克/公顷 喷雾

PD20096689 草甘膦异丙胺盐(41%)///水剂/草甘膦 30%/2009.09.07 至 2014.09.07/微毒
柑橘园 杂草 1845-2460克/公顷 茎叶喷雾

PD20098492 吡虫·杀虫单/38%/可湿性粉剂/吡虫啉 1.2%、杀虫单 36.8%/2009.12.24 至 2014.12.24/低毒
水稻 稻飞虱、稻纵卷叶螟、二化螟、三化螟 450-750克/公顷 喷雾

LS20011585 烟碱·苦参碱/0.5%/水剂/苦参碱 0.05%、烟碱 0.45%/2009.01.20 至 2009.12.31/中等毒
柑橘树 矢尖蚧 5-10毫克/千克 喷雾

LS20051303 苄·乙/16%/可湿性粉剂/苄嘧磺隆 4%、乙草胺 12%/2008.04.12 至 2009.04.12/低毒
水稻移栽田 一年生及部分多年生杂草 84-118克/公顷 毒土法

重庆金雕日化有限公司 (重庆市大渡口区跳磴镇双河村 401325 023-68535168)

WL20080209 蚊香/0.3%/蚊香/富右旋反式烯丙菊酯 0.3%/2008.03.10 至 2009.03.10/微毒
卫生 蚊 / 点燃

重庆金合蚊香制品有限公司 (重庆市长寿县轻化路96号 401220 023-40614889)

WL20060085 杀虫气雾剂/0.36%/气雾剂/胺菊酯 0.3%、高效氯氰菊酯 0.06%/2009.04.18 至 2010.04.18/微毒
卫生 蚊、蝇、蜚蠊 / 喷雾

WL20070279 蚊香/0.2%/蚊香/富右旋反式烯丙菊酯 0.2%/2009.12.04 至 2010.12.05/微毒
卫生 蚊 / 点燃

重庆金马蚊香厂 (重庆市江津市油溪镇罐头厂内 402285 023-47883166)

WP20090040 蚊香/0.2%/蚊香/富右旋反式烯丙菊酯 0.2%/2009.01.19 至 2014.01.19/低毒
卫生 蚊 / 点燃

重庆井口农药有限公司 (重庆市沙坪坝区井口经济桥119号 400033 023-65184249)

PD84119-5 代森铵/45%/水剂/代森铵 45%/2009.09.10 至 2014.09.10/中等毒
白菜、黄瓜 霜霉病 525克/公顷 喷雾
甘薯 黑斑病 200-400倍液 浸种
谷子 白发病 180-360倍液 浸种
水稻 白叶枯病、纹枯病 337.5克/公顷 喷雾
水稻 稻瘟病 525-675克/公顷 喷雾
橡胶树 条溃疡病 150倍液 涂抹

玉米 大斑病、小斑病 525-675克/公顷 喷雾
PD20040094 氯氰菊酯/5%/乳油/氯氰菊酯 5%/2009.12.19 至 2014.12.19/中等毒
十字花科蔬菜 菜青虫 30-45克/公顷 喷雾
PD20080713 甲氰菊酯/20%/乳油/甲氰菊酯 20%/2008.06.11 至 2013.06.11/中等毒
苹果树 红蜘蛛 100-150毫克/千克 喷雾
PD20082286 溴氰菊酯/0.6%/乳油/溴氰菊酯 0.6%/2008.12.01 至 2013.12.01/中等毒
十字花科蔬菜 菜青虫 3.15-4.5克/公顷 喷雾
PD20082910 氰戊·乐果/25%/乳油/乐果 22%、氰戊菊酯 3%/2008.12.09 至 2013.12.09/中等毒
十字花科蔬菜 菜青虫 180-300克/公顷 喷雾
PD20083097 敌敌畏/80%/乳油/敌敌畏 80%/2008.12.16 至 2013.12.16/中等毒
十字花科蔬菜 菜青虫 600-960克/公顷 喷雾
PD20083509 辛硫磷/40%/乳油/辛硫磷 40%/2008.12.12 至 2013.12.12/低毒
十字花科蔬菜 菜青虫 480-600克/公顷 喷雾
PD20084230 氯氰·辛硫磷/26%/乳油/氯氰菊酯 1%、辛硫磷 25%/2008.12.17 至 2013.12.17/低毒
十字花科蔬菜 菜青虫 195-234克/公顷 喷雾
PD20084654 高效氯氰菊酯/4.5%/乳油/高效氯氰菊酯 4.5%/2008.12.22 至 2013.12.22/中等毒
十字花科蔬菜 小菜蛾 13.5-27克/公顷 喷雾
PD20095507 三唑磷/20%/乳油/三唑磷 20%/2009.05.11 至 2014.05.11/中等毒
水稻 二化螟 300-450克/公顷 喷雾
LS20052250 阿维·高氯/1.5%/乳油/阿维菌素 0.3%、高效氯氰菊酯 1.2%/2008.06.20 至 2009.06.20/中等毒(原药高毒)
十字花科蔬菜 菜青虫、小菜蛾 7.5-15克/公顷 喷雾
LS20070902 氰戊菊酯/20%/乳油/氰戊菊酯 20%/2009.04.17 至 2010.04.18/中等毒
柑橘树 潜叶蛾 166.7-250毫克/千克 喷雾
WP20090244 杀虫粉剂/0.9%/粉剂/氰戊菊酯 0.9%/2009.04.24 至 2014.04.24/低毒
卫生 蜚蠊 3克制剂/平方米 撒布
WL20070269 杀虫粉剂/0.2%/粉剂/氯氰菊酯 0.06%、氰戊菊酯 0.14%/2009.11.05 至 2010.11.06/低毒
卫生 蜚蠊 3克制剂/平方米 撒布

重庆净龙巴州化工有限公司 (重庆市九龙坡区含谷镇净龙村六社 401329 023-65702194)

WP20040001 杀虫粉剂/0.09%/粉剂/溴氰菊酯 0.09%/2004.01.06 至 2009.01.06/微毒
卫生 蜚蠊 3克制剂/平方米 撒布
WP20080462 杀虫粉剂/0.9%/粉剂/氰戊菊酯 0.9%/2008.12.16 至 2013.12.16/微毒
卫生 蜚蠊 3克制剂/平方米 撒布
WP20090279 杀虫粉剂/0.45%/粉剂/高效氯氰菊酯 0.05%、氰戊菊酯 0.4%/2009.06.02 至 2014.06.02/微毒
卫生 蜚蠊 3克制剂/平方米 撒布
WL20070292 杀虫粉剂/0.09%/粉剂/溴氰菊酯 0.09%/2009.12.04 至 2010.12.05/微毒
卫生 蜚蠊 / 撒布

重庆南洋农药联营厂 (重庆市南岸区鸡冠石镇和平村石门社25号 400063 023-62502381)

PD20082845 氰戊·乐果/25%/乳油/乐果 22%、氰戊菊酯 3%/2008.12.09 至 2013.12.09/中等毒
甘蓝 菜青虫 75-150克/公顷 喷雾
柑橘树 潜叶蛾 125-250毫克/千克 喷雾
柑橘树 锈壁虱 125-150毫克/千克 喷雾
小麦 蚜虫 75-112.5克/公顷 喷雾
烟草 蚜虫、烟青虫 75-187.5克/公顷 喷雾
PD20090068 氰戊·马拉松/20%/乳油/马拉硫磷 15%、氰戊菊酯 5%/2009.01.08 至 2014.01.08/低毒
十字花科蔬菜 菜青虫 90-150克/公顷 喷雾
PD20091126 甲氰菊酯/20%/乳油/甲氰菊酯 20%/2009.01.21 至 2014.01.21/中等毒
柑橘树 红蜘蛛 100-133毫克/千克 喷雾
PD20098232 高效氯氟氰菊酯/25克/升/乳油/高效氯氟氰菊酯 25克/升/2009.12.16 至 2014.12.16/低毒
十字花科蔬菜 菜青虫 9.375-13.125克/公顷 喷雾
PD20098413 联苯菊酯/25克/升/乳油/联苯菊酯 25克/升/2009.12.24 至 2014.12.24/低毒
苹果树 桃小食心虫 25-31.25毫克/千克 喷雾
WP32-2002 杀虫粉剂//粉剂/溴氰菊酯 0.09%/2007.01.30 至 2012.01.30/低毒
卫生 蜚蠊 3克制剂/平方米 撒布
WP20080019 杀虫粉剂/0.9%/粉剂/氰戊菊酯 0.9%/2008.01.11 至 2013.01.11/低毒
卫生 蜚蠊 / /

重庆农药化工(集团)有限公司 (重庆市沙坪坝区井口经济桥30号 400033 023-65180333)

PD84104-18 杀虫双/18%/水剂/杀虫双 18%/2009.10.15 至 2014.10.15/中等毒
甘蔗、蔬菜、水稻、小麦、玉米 多种害虫 540-675克/公顷 喷雾
果树 多种害虫 225-360毫克/千克 喷雾
PD84111-18 氧乐果/40%/乳油/氧乐果 40%/2009.10.15 至 2014.10.15/中等毒(原药高毒)
棉花 蚜虫、螨 375-600克/公顷 喷雾
森林 松干蚧、松毛虫 500倍液 喷雾或直接涂

树干
水稻 稻纵卷叶螟、飞虱 375-600克/公顷 喷雾
小麦 蚜虫 300-450克/公顷 喷雾
PD85121-3 40%乐果乳油//乳油/乐果 40%/2005.06.21 至 2010.06.21/中等毒
茶树 蚜虫、叶蝉、螨 1000-2000倍液 喷雾
甘薯 小象甲 2000倍液 浸鲜薯片诱杀
柑橘树、苹果树 鳞翅目幼虫、蚜虫、螨 800-1600倍液 喷雾
棉花 蚜虫、螨 450-600克/公顷 喷雾
蔬菜 蚜虫、螨 300-600克/公顷 喷雾
水稻 飞虱、螟虫、叶蝉 450-600克/公顷 喷雾
烟草 蚜虫、烟青虫 300-600克/公顷 喷雾
PD85142-9 氧乐果/92%,80%,70%/原药/氧乐果 92%,80%,70%/2005.08.15 至 2010.08.15/高毒
PD85154-4 氰戊菊酯/20%/乳油/氰戊菊酯 20%/2005.08.15 至 2010.08.15/中等毒
柑橘树 潜叶蛾 10-20毫克/千克 喷雾
果树 梨小食心虫 10-20毫克/千克 喷雾
棉花 红铃虫、蚜虫 75-150克/公顷 喷雾
蔬菜 菜青虫、蚜虫 60-120克/公顷 喷雾
PD86177-2 结晶乐果//结晶/乐果 98,97,96%/2006.10.30 至 2011.10.30/中等毒
PD88101-18 水胺硫磷/40%/乳油/水胺硫磷 40%/2008.06.02 至 2013.06.02/高毒
柑橘树 潜叶蛾、锈壁虱、螨 300-400毫克/千克 喷雾
棉花 红蜘蛛、棉铃虫 300-600克/公顷 喷雾
水稻 蓟马、螟虫 450-900克/公顷 喷雾
PD89104-11 氰戊菊酯/89%/原药/氰戊菊酯 89%/2009.10.15 至 2014.10.15/中等毒
PD20040282 吡虫啉/95%/原药/吡虫啉 95%/2009.12.19 至 2014.12.19/低毒
PD20040563 哒螨灵/15%/乳油/哒螨灵 15%/2009.12.19 至 2014.12.19/中等毒
柑橘树 红蜘蛛 50-67毫克/千克 喷雾
PD20040597 吡虫啉/10%/可湿性粉剂/吡虫啉 10%/2004.12.19 至 2009.12.18/低毒
水稻 飞虱 15-30克/公顷 喷雾
PD20050126 杀虫单/95%/原药/杀虫单 95%/2005.08.25 至 2010.08.24/中等毒
PD20070044 乙酰甲胺磷/90%/原药/乙酰甲胺磷 90%/2007.03.06 至 2012.03.06/低毒
PD20080420 啶虫脒/96%/原药/啶虫脒 96%/2008.03.04 至 2013.03.04/低毒
PD20080457 啶虫脒/3%/乳油/啶虫脒 3%/2008.03.27 至 2013.03.27/低毒
柑橘树 蚜虫 10-15毫克/千克 喷雾
PD20084136 乙酰甲胺磷/30%/乳油/乙酰甲胺磷 30%/2008.12.16 至 2013.12.16/低毒
水稻 二化螟 810-1080克/公顷 喷雾
PD20084848 毒死蜱/40%/乳油/毒死蜱 40%/2008.12.22 至 2013.12.22/中等毒
棉花 棉铃虫 600-900克/公顷 喷雾
PD20090253 氰戊·乐果/25%/乳油/乐果 22%、氰戊菊酯 3%/2009.01.09 至 2014.01.09/中等毒
甘蓝 菜青虫 75-150克/公顷 喷雾
柑橘树 潜叶蛾、锈壁虱 125-250毫克/千克 喷雾
PD20091152 乐果·哒螨灵 /30%/乳油/哒螨灵 5%、乐果 25%/2009.01.21 至 2014.01.21/中等毒
柑橘树 红蜘蛛 250-375毫克/千克 喷雾
PD20092702 草甘膦/95%/原药/草甘膦 95%/2009.03.03 至 2014.03.03/微毒
PD20096312 杀虫双/25%/母液/杀虫双 25%/2009.07.22 至 2014.07.22/中等毒
LS20071278 草甘膦/10%/水剂/草甘膦 10%/2009.05.07 至 2009.12.31/低毒
甘蔗田 杂草 1125-2250克/公顷 定向茎叶喷雾
LS20080764 草甘膦异丙胺盐/41%/水剂/草甘膦异丙胺盐 41%/2009.02.27 至 2010.02.28/微毒
柑橘 杂草 1125-2250克/公顷 定向茎叶喷雾

重庆山城蚊香制品有限责任公司 (重庆市江津区杜市镇胡家村二社 402272 023-47691579)

WP20080105 电热蚊香液/1.2%/电热蚊香液/炔丙菊酯 1.2%/2008.10.20 至 2013.10.20/微毒
卫生 蚊 / 电热加温
WP20080109 电热蚊香片/10毫克/片/电热蚊香片/炔丙菊酯 10毫克/片/2008.10.21 至 2013.10.21/微毒
卫生 蚊 / 电热加温
WP20080591 蚊香/0.25%/蚊香/富右旋反式烯丙菊酯 0.25%/2008.12.29 至 2013.12.29/微毒
卫生 蚊 / 点燃
WP20090286 杀虫气雾剂/0.43%/气雾剂/胺菊酯 0.28%、氯菊酯 0.15%/2009.06.18 至 2014.06.18/微毒
卫生 蜚蠊、蚊、蝇 / 喷雾
WL20070084 蚊香/0.35%/蚊香/富右旋反式烯丙菊酯 0.35%/2009.05.07 至 2010.05.08/微毒
卫生 蚊 / 点燃

重庆市垫江蚊香厂 (重庆市垫江县桂溪镇城南街上 408300 023-74514076)

WP20090161 蚊香/0.2%/蚊香/富右旋反式烯丙菊酯 0.2%/2009.03.05 至 2014.03.05/微毒
卫生 蚊 / 点燃

重庆市合川区农化厂 (重庆市合川市大石镇龙燕路 400546 023-42672323)

PD20097439 杀虫双/3.6%/大粒剂/杀虫双 3.6%/2009.10.28 至 2014.10.28/中等毒
水稻 螟虫 540-675克/公顷 撒施
PD20097979 草甘膦异丙胺盐(41%)///水剂/草甘膦 30%/2009.12.01 至 2014.12.01/微毒
非耕地 一年生及部分多年生杂草 1125-3000克/公顷 茎叶喷雾

重庆市宏利蚊香厂 (重庆市江津市油溪镇 402285 023-47883428)

WP20090371 蚊香/0.25%/蚊香/富右旋反式烯丙菊酯 0.25%/2009.11.30 至 2014.11.30/微毒
卫生 蚊 / 点燃

重庆市化工研究院 (重庆市江北区化工村1号 400021 023-67662300)

PD20083745 霜霉威盐酸盐/66.5%/水剂/霜霉威盐酸盐 66.5%/2008.12.15 至 2013.12.15/低毒
黄瓜 霜霉病 649.8-1083克/公顷 喷雾

重庆市诺意农药有限公司 (重庆市潼南县柏梓镇文明五村 402676 023-43331656)

PD20096131 杀虫双/3.6%/大粒剂/杀虫双 3.6%/2009.06.24 至 2014.06.24/中等毒
水稻 螟虫 540-630克/公顷 撒施
LS20071404 聚醛·甲萘威/6%/颗粒剂/甲萘威 1.5%、四聚乙醛 4.5%/2009.05.17 至 2010.05.18/低毒
旱地 蜗牛 540-810克/公顷 撒布
LS20082884 杀螺胺乙醇胺盐/25%/可湿性粉剂/杀螺胺乙醇胺盐 25%/2009.06.23 至 2010.06.23/低毒
水稻 福寿螺 375-450克/公顷 撒毒土

重庆市山丹生物农药有限公司 (重庆市永川市南大街175号(兴南路) 402160 023-49831999)

PD20091106 百草枯/20%/水剂/百草枯 20%/2009.01.21 至 2014.01.21/中等毒
柑橘园 杂草 600—900克/公顷 定向喷雾

重庆市永川化学制品厂 (重庆市永川何埂镇聚美 402185 023-49815881)

PD20094262 麦畏·草甘膦/20%/水剂/草甘膦 17%、麦草畏 3%/2009.03.31 至 2014.03.31/低毒
非耕地 杂草 600-900克/公顷 喷雾
PD20094678 莠去津/48%/可湿性粉剂/莠去津 48%/2009.04.10 至 2014.04.10/低毒
春玉米田 一年生杂草 2160-2880克/公顷 土壤喷雾
夏玉米田 一年生杂草 1080-1440克/公顷 土壤喷雾
PD20096053 三唑磷/20%/乳油/三唑磷 20%/2009.06.18 至 2014.06.18/中等毒
水稻 二化螟 243-303.75克/公顷 喷雾
PD20096534 吡虫·杀虫单/35%/可湿性粉剂/吡虫啉 1%、杀虫单 34%/2009.08.20 至 2014.08.20/低毒
水稻 二化螟、飞虱 525-787.5克/公顷 喷雾
PD20097147 2甲4氯钠/56%/可溶粉剂/2甲4氯钠 56%/2009.10.16 至 2014.10.16/低毒
冬小麦田 阔叶杂草 1015-1260克/公顷 茎叶喷雾
PD20097893 阿维·高氯/1.8%/乳油/阿维菌素 0.3%、高效氯氰菊酯 1.5%/2009.11.30 至 2014.11.30/低毒(原药高毒)
甘蓝 菜青虫 8.1-10.8克/公顷 喷雾
LS20061160 敌磺·福美双/46%/可湿性粉剂/敌磺钠 20%、福美双 26%/2009.05.17 至 2010.05.17/中等毒
西瓜 枯萎病 575-766.7毫克/千克 灌根
LS20070482 多·福/30%/可湿性粉剂/多菌灵 10%、福美双 20%/2009.03.06 至 2010.03.07/低毒
辣椒 立枯病 3-4.5克/平方米 药土法
LS20072619 苄·乙/12%/可湿性粉剂/苄嘧磺隆 3%、乙草胺 9%/2009.12.09 至 2010.12.10/低毒
水稻移栽田 一年生及部分多年生杂草 90-126克/公顷 药土法

重庆市众力生物工程有限公司 (重庆市江北区建新北路84号 400020 023-67610806)

LS20050103 苄·乙/25%/可湿性粉剂/苄嘧磺隆 6%、乙草胺 19%/2008.01.12 至 2009.01.11/微毒
水稻移栽田 一年生及部分多年生杂草 84-118克/公顷 毒土法

重庆树荣化工有限公司 (重庆市永川市经济技术开发区工业园内 402160 023-49802777)

PD20081888 噻嗪酮/25%/可湿性粉剂/噻嗪酮 25%/2008.11.20 至 2013.11.20/低毒
茶树 小绿叶蝉 166-250毫克/千克 喷雾
柑橘树 介壳虫 150-250毫克/千克 喷雾
水稻 飞虱 75-112.5克/公顷 喷雾
PD20082160 三环唑/20%/可湿性粉剂/三环唑 20%/2008.11.26 至 2013.11.26/中等毒
水稻 稻瘟病 225-300克/公顷 喷雾
PD20082300 噻嗪·杀虫单/20%/可湿性粉剂/噻嗪酮 3.5%、杀虫单 16.5%/2008.12.01 至 2013.12.01/中等毒
水稻 稻飞虱、稻纵卷叶螟、二化螟 600-900克/公顷 喷雾
PD20083999 硫磺·三环唑/20%/可湿性粉剂/硫磺 10%、三环唑 10%/2008.12.16 至 2013.12.16/中等毒
水稻 稻瘟病 300-450克/公顷 喷雾
PD20090384 阿维·杀虫单/30%/可湿性粉剂/阿维菌素 0.1%、杀虫单 29.9%/2009.01.12 至 2014.01.12/低毒(原药高毒)
甘蓝 菜青虫 225-315克/公顷 喷雾
PD20095577 草甘膦/50%/可溶粉剂/草甘膦 50%/2009.05.12 至 2014.05.12/微毒
柑橘园 杂草 1125-2250克/公顷 定向茎叶喷雾
PD20096230 多效唑/15%/可湿性粉剂/多效唑 15%/2009.07.15 至 2014.07.15/低毒
水稻 控制生长 225-300克/公顷 喷雾
PD20097030 草甘膦异丙胺盐(41%)///水剂/草甘膦 30%/2009.10.10 至 2014.10.10/低毒
柑橘园 杂草 1230-2460克/公顷 定向茎叶喷雾
PD20097816 百草枯/200克/升/水剂/百草枯 200克/升/2009.11.20 至 2014.11.20/中等毒

柑橘园　杂草　750-900克/公顷　定向喷雾

LS20050022　苏云金杆菌/8000IU/毫克/可湿性粉剂/苏云金杆菌 8000IU/毫克/2008.01.05 至 2009.01.04/微毒

茶树　茶毛虫　400-800倍液　喷雾

棉花　二代棉铃虫　3000-4500克制剂/公顷　喷雾

森林　松毛虫　600-800倍液　喷雾

十字花科蔬菜　小菜蛾　1500-2250克制剂/公顷　喷雾

十字花科蔬菜　菜青虫　750-1500克制剂/公顷　喷雾

水稻　稻纵卷叶螟　3000-4500克制剂/公顷　喷雾

烟草　烟青虫　1500-3000克制剂/公顷　喷雾

玉米　玉米螟　1500-3000克制剂/公顷　加细沙灌心

枣树　枣尺蠖　600-800倍液　喷雾

LS20052821　草甘膦/10%/水剂/草甘膦 10%/2008.09.01 至 2009.09.01/低毒

柑橘园　杂草　1200-2250克/公顷　定向茎叶喷雾

LS20060932　高效氯氰菊酯/4.5%/水乳剂/高效氯氰菊酯 4.5%/2009.04.18 至 2010.04.18/低毒

十字花科蔬菜　菜青虫　20.25-27克/公顷　喷雾

LS20061230　多菌灵/5%/可湿性粉剂/多菌灵 5%/2009.05.22 至 2010.05.22/低毒

蘑菇　褐腐病　2-2.5克/平方米　营养土喷雾

LS20061699　唑磷·毒死蜱/32%/水乳剂/毒死蜱 16%、三唑磷 16%/2009.09.21 至 2010.09.21/中等毒

水稻　三化螟　240-288克/公顷　喷雾

LS20061730　菌核·福美双/48%/可湿性粉剂/福美双 40%、菌核净 8%/2009.10.10 至 2010.10.10/低毒

番茄　灰霉病　540-1080克/公顷　喷雾

LS20070382　哒灵·炔螨特/40%/水乳剂/哒螨灵 10%、炔螨特 30%/2009.03.05 至 2010.03.06/低毒

柑橘树　红蜘蛛　200-266.7毫克/千克　喷雾

LS20080111　辛硫·三唑磷/40%/水乳剂/三唑磷 20%、辛硫磷 20%/2009.01.05 至 2010.01.05/低毒

水稻　二化螟　420-480克/公顷　喷雾

重庆双丰化工有限公司　(重庆市永川区萱花北路663号　402160　023-49859888)

PD84125-27　乙烯利/40%/水剂/乙烯利 40%/2009.11.30 至 2014.11.30/低毒

番茄　催熟　800-1000倍液　喷雾或浸渍

棉花　催熟、增产　330-500倍液　喷雾

柿子、香蕉　催熟　400倍液　喷雾或浸渍

水稻　催熟、增产　800倍液　喷雾

橡胶树　增产　5-10倍液　涂布

烟草　催熟　1000-2000倍液　喷雾

PD86123-9　矮壮素/50%/水剂/矮壮素 50%/2006.10.25 至 2011.10.25/低毒

棉花　提高产量、植株紧凑　1)10000倍液2)0.3-0.5%药液　1)喷雾2)浸种

棉花　防止疯长　25000倍液　喷顶

棉花　防止徒长,化学整枝　10000倍液　喷顶，后期喷全株

小麦　防止倒伏,提高产量　1)3-5%药液 2)100-400倍液　1)拌种2)返青、拔节期喷雾

玉米　增产　0.5%药液　浸种

PD20080315　霜脲·锰锌/72%/可湿性粉剂/代森锰锌 64%、霜脲氰 8%/2008.02.25 至 2013.02.25/低毒

黄瓜　霜霉病　1440-1800克/公顷　喷雾

PD20080391　高效氯氟氰菊酯/25克/升/乳油/高效氯氟氰菊酯 25克/升/2008.02.29 至 2013.02.28/中等毒

棉花　蚜虫　11.25-22.5克/公顷　喷雾

十字花科蔬菜　菜青虫　7.5-15克/公顷　喷雾

PD20080447　氯氟吡氧乙酸异辛酯/20%/乳油/氯氟吡氧乙酸异辛酯 20%/2008.03.19 至 2013.03.19/低毒

冬小麦田　一年生阔叶杂草　150-210克/公顷　茎叶喷雾

狗牙根草坪　一年生阔叶杂草　120-240克/公顷　茎叶喷雾

水田畦畔　空心莲子草(水花生)　150-180克/公顷　茎叶喷雾

PD20080554　复硝酚钠/1.4%/水剂/复硝酚钠 1.4%/2008.05.09 至 2013.05.09/低毒

番茄　调节生长、增产　5000-6000倍液　喷雾

PD20080780　草甘膦/95%/原药/草甘膦 95%/2008.06.20 至 2013.06.20/微毒

PD20080988　氯氟吡氧乙酸异辛酯/95%/原药/氯氟吡氧乙酸异辛酯 95%/2008.07.24 至 2013.07.24/低毒

PD20081747　多·锰锌/40%/可湿性粉剂/多菌灵 20%、代森锰锌 20%/2008.11.18 至 2013.11.18/低毒

黄瓜　霜霉病　562.5-900克/公顷　喷雾

PD20081776　苄嘧·苯噻酰/53%/可湿性粉剂/苯噻酰草胺 50%、苄嘧磺隆 3%/2008.11.19 至 2013.11.19/低毒

水稻移栽田　一年生及部分多年生杂草　397.5-477克/公顷(南方地区)　药土法

PD20083021　复硝酚钠/0.7%/水剂/复硝酚钠 0.7%/2008.12.10 至 2013.12.10/低毒

番茄　调节生长　2000-3000倍液　喷雾

PD20086269　福美双/50%/可湿性粉剂/福美双 50%/2008.12.31 至 2013.12.31/低毒

葡萄　白腐病　625-833.3毫克/千克　喷雾

PD20090257　草甘膦/50%/可溶粉剂/草甘膦 50%/2009.01.09 至 2014.01.09/微毒

	非耕地、柑橘园	杂草	1125-2250克/公顷	喷雾
PD20090325	精喹禾灵/5%/乳油/精喹禾灵 5%/2009.01.12 至 2014.01.12/低毒			
	棉花田	一年生禾本科杂草	45-67.5克/公顷	茎叶喷雾
	油菜田	一年生禾本科杂草	37.5-45克/公顷	茎叶喷雾
PD20092288	乙草胺/20%/可湿性粉剂/乙草胺 20%/2009.02.24 至 2014.02.24/低毒			
	水稻移栽田	一年生禾本科杂草及部分阔叶杂草	90-120克/公顷	药土法
PD20092793	硫磺/50%/悬浮剂/硫磺 50%/2009.03.04 至 2014.03.04/低毒			
	黄瓜	白粉病	1350-1800克/公顷	喷雾
PD20094483	氯吡脲/97%/原药/氯吡脲 97%/2009.04.09 至 2014.04.09/低毒			
PD20094878	异丙甲·苄/20%/可湿性粉剂/苄嘧磺隆 3%、异丙甲草胺 17%/2009.04.13 至 2014.04.13/低毒			
	水稻移栽田	一年生及部分多年生杂草	120-150克/公顷(南方地区)	药土法
PD20095135	氯吡·甲磺隆/14%/乳油/甲磺隆 0.3%、氯氟吡氧乙酸 13.7%/2009.04.24 至 2014.04.24/低毒			
	水稻移栽田	水花生	105-147克/公顷	喷雾
PD20096198	咪鲜胺/25%/乳油/咪鲜胺 25%/2009.07.13 至 2014.07.13/低毒			
	柑橘	蒂腐病、绿霉病、青霉病、炭疽病	333-500毫克/千克	浸果
	芒果树	炭疽病	250-500毫克/千克	喷雾
	水稻	恶苗病	62.5-125毫克/千克	浸种
PD20096250	草甘膦铵盐(33%)///水剂/草甘膦 30%/2009.07.15 至 2014.07.15/微毒			
	柑橘园	杂草	1125-2250克/公顷	定向茎叶喷雾
PD20096300	精喹·草除灵/17.5%/乳油/草除灵 15%、精喹禾灵 2.5%/2009.07.22 至 2014.07.22/低毒			
	油菜田	一年生杂草	262.5-393.8克/公顷	喷雾
PD20096354	苄·乙/18%/可湿性粉剂/苄嘧磺隆 4.5%、乙草胺 13.5%/2009.07.28 至 2014.07.28/低毒			
	水稻移栽田	一年生杂草	84-118克/公顷	药土法
PD20096514	氨氯吡啶酸/95%/原药/氨氯吡啶酸 95%/2009.08.19 至 2014.08.19/低毒			
PD20097069	吲哚丁酸/95%/原药/吲哚丁酸 95%/2009.10.10 至 2014.10.10/低毒			
PD20098246	2甲·氯氟吡/30%/可湿性粉剂/2甲4氯钠 25%、氯氟吡氧乙酸 5%/2009.12.16 至 2014.12.16/低毒			
	移栽水稻田	阔叶杂草、莎草科杂草、水花生	450-675克/公顷	茎叶喷雾
PD20098380	吗胍·乙酸铜/20%/可湿性粉剂/盐酸吗啉胍 10%、乙酸铜 10%/2009.12.18 至 2014.12.18/低毒			
	番茄	病毒病	499.5-750克/公顷	喷雾
LS99275	2,4-滴钠盐/85%/原药/2,4-滴钠盐 85%/2009.01.01 至 2009.12.31/低毒			
	番茄	调节生长	10-20毫克/千克	涂花、点花
LS20031449	吲丁·萘乙酸/10%/可湿性粉剂/萘乙酸 2%、吲哚丁酸 8%/2009.03.12 至 2009.12.31/低毒			
	玉米	调节生长、增产	15-20毫克/千克	浸种
LS20050346	苯磺隆/10%/可湿性粉剂/苯磺隆 10%/2008.02.19 至 2009.02.18/低毒			
	冬小麦	一年生阔叶杂草	10.05-19.5克/公顷	喷雾
LS20052191	对氯苯氧乙酸钠/10%/可溶粉剂/对氯苯氧乙酸钠 10%/2008.06.14 至 2009.06.14/低毒			
	番茄	调节生长、增产	20-30毫克/千克	涂花蕾
LS20052376	吡虫·杀虫单/70%/可湿性粉剂/吡虫啉 2%、杀虫单 68%/2008.07.10 至 2009.07.10/中等毒			
	水稻	稻飞虱、稻纵卷叶螟、二化螟、三化螟	450-750克/公顷	喷雾
LS20052671	阿维·高氯/1.8%/乳油/阿维菌素 0.2%、高效氯氰菊酯 1.6%/2008.08.14 至 2009.08.14/低毒(原药高毒)			
	梨树	梨木虱	12-24毫克/千克	喷雾
	十字花科蔬菜	菜青虫、小菜蛾	13.5-27克/公顷	喷雾
LS20052793	氯胆·萘乙酸/18%/可湿性粉剂/氯化胆碱 17%、萘乙酸 1%/2008.08.20 至 2009.08.21/微毒			
	大蒜	调节生长、增产	180-220.5克/公顷	喷雾
	姜	调节生长、增产	135-189克/公顷	喷雾
LS20053724	咪鲜胺锰盐/50%/可湿性粉剂/咪鲜胺锰盐 50%/2009.12.08 至 2010.12.08/低毒			
	柑橘	青霉病	333.3-500毫克/千克	浸果
	芒果	炭疽病	333.3-500毫克/千克	喷雾
LS20060664	氯吡脲/0.1%/可溶液剂/氯吡脲 0.1%/2009.03.30 至 2010.03.30/低毒			
	黄瓜	调节生长	10-20毫克/千克	涂花柄、子房
	葡萄	调节生长、增产	10-20毫克/千克	浸幼果穗
	西瓜	调节生长	30-40毫克/千克	涂花柄、子房
	猕猴桃	调节生长、增产	10-20毫克/千克	浸幼果
LS20061330	草甘膦异丙胺盐/41%/水剂/草甘膦异丙胺盐 41%/2009.06.12 至 2010.06.12/微毒			
	柑橘园	一年生和多年生杂草	1500-2250 克/公顷	定向茎叶喷雾
LS20070055	氯氟吡氧乙酸异辛酯/25%/乳油/氯氟吡氧乙酸异辛酯 25%/2009.01.18 至 2010.01.18/低毒			
	冬小麦田、夏玉米田、移栽水稻田	一年生阔叶杂草	187.5-225克/公顷	茎叶喷雾
	非耕地	阔叶杂草	150-187.5克/公顷	茎叶喷雾
LS20070329	二氯吡啶酸/95%/原药/二氯吡啶酸 95%/2009.02.25 至 2010.02.25/低毒			
LS20081207	霜霉威/722克/升/水剂/霜霉威 722克/升/2009.03.10 至 2010.03.10/微毒			
	黄瓜	霜霉病	650-1500克/公顷	喷雾
	黄瓜	疫病、猝倒病	36100-54150克/公顷	苗床浇灌

甜椒　疫病　780-1505克/公顷　喷雾

LS20081915　异隆·氯氟吡/30%/可湿性粉剂/异丙隆 26%、氯氟吡氧乙酸异辛酯 4%/2009.04.10 至 2010.04.10/低毒
冬小麦田　单、双子叶杂草　810-945克/公顷　茎叶喷雾

LS20083017　氯氟吡氧乙酸/25%/乳油/氯氟吡氧乙酸 25%/2008.09.11 至 2009.09.11/低毒
夏玉米田、移栽水稻田　一年生阔叶杂草　187.5-225克/公顷　茎叶喷雾

LS20083263　草甘膦铵盐/75%/可溶粉剂/草甘膦铵盐 75%/2009.12.15 至 2010.12.15/微毒
柑橘园　杂草　1646.5-2250克/公顷　定向茎叶喷雾

LS20090256　二氯吡啶酸/30%/水剂/二氯吡啶酸 30%/2009.02.13 至 2010.02.13/微毒
春油菜　一年生阔叶杂草　450-600毫升制剂/公顷　茎叶喷雾

重庆泰帮化工有限公司　(重庆市合川工业园A区　401520　023-42723939)

PD20082560　溴敌隆/0.5%/母液/溴敌隆 0.5%/2008.12.04 至 2013.12.04/高毒
农田　田鼠　饱和投饵　配制成0.005%毒饵

PD20083857　溴敌隆/0.005%/毒饵/溴敌隆 0.005%/2008.12.15 至 2013.12.15/微毒(原药高毒)

PD20085240　杀虫双/3.6%/大粒剂/杀虫双 3.6%/2008.12.23 至 2013.12.23/中等毒
水稻　二化螟　540-675克/公顷　撒施

WP20080350　蚊香/0.2%/蚊香/富右旋反式烯丙菊酯 0.2%/2008.12.09 至 2013.12.09/微毒
卫生　蚊　/　点燃

重庆永川农药厂　(重庆市永川区化工路808号　402160　023-49845558)

PD85105-59　敌敌畏/80%/乳油/敌敌畏 77.5%(气谱法)/2005.02.02 至 2010.02.02/中等毒
茶树　食叶害虫　600克/公顷　喷雾
粮仓　多种储藏害虫　1)400-500倍液　1)喷雾
　　2)0.4-0.5克/立方米　2)挂条熏蒸
棉花　蚜虫、造桥虫　600-1200克/公顷　喷雾
苹果树　小卷叶蛾、蚜虫　400-500毫克/千克　喷雾
青菜　菜青虫　600克/公顷　喷雾
桑树　尺蠖　600克/公顷　喷雾
卫生　多种卫生害虫　1)300-400倍液　1)泼洒
　　2)0.08克/立方米　2)挂条熏蒸
小麦　黏虫、蚜虫　600克/公顷　喷雾

PD91107-5　农用硫酸链霉素/72%/可溶性粉剂/链霉素 72%/2006.06.14 至 2011.06.14/低毒
大白菜　软腐病　150-300克/公顷　喷雾
柑橘树　溃疡病　150-300克/公顷　喷雾
水稻　白叶枯病　150-300克/公顷　喷雾

PD20085352　阿维·辛硫磷 /20%/乳油/阿维菌素 0.2%、辛硫磷 19.8%/2008.12.24 至 2013.12.24/低毒(原药高毒)
十字花科蔬菜　小菜蛾　90-150克/公顷　喷雾

PD20091910　甲霜·锰锌/58%/可湿性粉剂/甲霜灵 10%、代森锰锌 48%/2009.02.10 至 2014.02.10/低毒
黄瓜　霜霉病　1305-1632克/公顷　喷雾
烟草　黑胫病　870-1305克/公顷　喷雾

PD20093532　三环唑/20%/可湿性粉剂/三环唑 20%/2009.03.23 至 2014.03.23/微毒
水稻　稻瘟病　240-300克/公顷　喷雾

PD20094079　高氯·毒死蜱/10%/乳油/毒死蜱 8%、高效氯氰菊酯 2%/2009.03.27 至 2014.03.27/中等毒
十字花科蔬菜　菜青虫　75－112.5克/公顷　喷雾

PD20095050　杀虫双/18%/水剂/杀虫双 18%/2009.04.21 至 2014.04.21/低毒
水稻　二化螟　675-810克/公顷　喷雾

PD20095671　杀虫双/3.6%/大粒剂/杀虫双 3.6%/2009.05.14 至 2014.05.14/中等毒
水稻　螟虫　540-675克/公顷　撒施

PD20095850　氰戊·辛硫磷/25%/乳油/氰戊菊酯 6.25%、辛硫磷 18.75%/2009.05.27 至 2014.05.27/中等毒
十字花科蔬菜　菜青虫　150-225克/公顷　喷雾

PD20096677　苄·二氯/27.5%/可湿性粉剂/苄嘧磺隆 2.75%、二氯喹啉酸 24.75%/2009.09.07 至 2014.09.07/微毒
水稻秧田　一年生杂草　206.3-247.5克/公顷　茎叶喷雾

PD20096987　草甘膦/30%/水剂/草甘膦 30%/2009.09.29 至 2014.09.29/微毒
柑橘园　一年生和多年生杂草　1125-2250克/公顷　定向茎叶喷雾

PD20097031　甲氰菊酯/20%/乳油/甲氰菊酯 20%/2009.10.10 至 2014.10.10/中等毒
柑橘树　红蜘蛛　100-133.3毫克/千克　喷雾

PD20097142　草甘膦/95%/原药/草甘膦 95%/2009.10.16 至 2014.10.16/微毒

LS20060766　草甘膦/30%/可溶粉剂/草甘膦 30%/2009.04.04 至 2010.04.04/微毒
柑橘园　一年生和多年生杂草　1485-2250克/公顷　定向茎叶喷雾

LS20061029　氯氰·吡虫啉/5%/乳油/吡虫啉 3.5%、氯氰菊酯 1.5%/2009.04.25 至 2010.04.25/低毒
十字花科蔬菜　蚜虫　22.5－37.5克/公顷　喷雾

LS20070487　杀虫单/90%/可溶粉剂/杀虫单 90%/2009.03.06 至 2010.03.07/中等毒
水稻　二化螟　540-675克/公顷　喷雾

重庆正大精细化工研究所有限公司 (重庆市沙坪坝区井口小湾8号 400033 023-65181271)

WP20050015 杀虫粉剂/0.45%/粉剂/氰戊菊酯 0.4%、溴氰菊酯 0.05%/2005.11.14 至 2010.11.14/微毒
卫生 蜚蠊 3克制剂/平方米 撒布
WL20080260 杀虫粉剂/0.48%/粉剂/高效氯氰菊酯 0.08%、氰戊菊酯 0.4%/2009.04.07 至 2010.04.07/微毒
卫生 蜚蠊 3克制剂/平方米 撒布

重庆中邦药业(集团)有限公司 (重庆市涪陵区清溪镇平原村 408013 023-72714888)

PD20081882 苯磺隆/75%/可分散粒剂/苯磺隆 75%/2008.11.20 至 2013.11.20/微毒
冬小麦田 一年生阔叶杂草 15-19.5克/公顷 茎叶喷雾
PD20082743 腐霉利/50%/可湿性粉剂/腐霉利 50%/2008.12.08 至 2013.12.08/低毒
番茄 灰霉病 562.5-750克/公顷 喷雾
PD20090108 阿维·高氯/3%/乳油/阿维菌素 0.3%、高效氯氰菊酯 2.7%/2009.01.08 至 2014.01.08/低毒(原药高毒)
十字花科蔬菜 菜青虫、小菜蛾 13.5-27克/公顷 喷雾
PD20091909 多·锰锌/25%/可湿性粉剂/多菌灵 8.3%、代森锰锌 16.7%/2009.02.10 至 2014.02.10/低毒
梨树 黑星病 1000-1250毫克/千克 喷雾
PD20092364 噻嗪·异丙威/25%/可湿性粉剂/噻嗪酮 5%、异丙威 20%/2009.02.24 至 2014.02.24/低毒
水稻 稻飞虱 375-562.5克/公顷 喷雾
PD20092721 吡虫啉/200克/升/可溶液剂/吡虫啉 200克/升/2009.03.04 至 2014.03.04/低毒
水稻 稻飞虱 18-30克/公顷 喷雾
PD20093643 莠去津/38%/悬浮剂/莠去津 38%/2009.03.25 至 2014.03.25/低毒
春玉米田 一年生杂草 1800-2250克/公顷 播后苗期土壤喷雾
PD20093941 甲氰菊酯/20%/乳油/甲氰菊酯 20%/2009.03.27 至 2014.03.27/中等毒
棉花 棉铃虫 120-150克/公顷 喷雾
PD20094066 三环唑/20%/可湿性粉剂/三环唑 20%/2009.03.27 至 2014.03.27/低毒
水稻 稻瘟病 225-300克/公顷 喷雾
PD20094376 井冈霉素/20%/可溶粉剂/井冈霉素 20%/2009.04.01 至 2014.04.01/低毒
水稻 纹枯病 75-112.5克/公顷 喷雾
PD20094432 稻瘟灵/40%/乳油/稻瘟灵 40%/2009.04.01 至 2014.04.01/低毒
水稻 稻瘟病 400-600克/公顷 喷雾
PD20094773 精喹禾灵/50克/升/乳油/精喹禾灵 50克/升/2009.04.13 至 2014.04.13/低毒
大豆田 一年生禾本科杂草 48.75-60克/公顷 茎叶喷雾
PD20094956 炔螨特/57%/乳油/炔螨特 57%/2009.04.20 至 2014.04.20/低毒
柑橘树 红蜘蛛 285-380毫克/千克 喷雾
PD20095323 百草枯/200克/升/水剂/百草枯 200克/升/2009.04.27 至 2014.04.27/中等毒
柑橘园 杂草 600-900克/公顷 定向茎叶喷雾
PD20097144 烟嘧磺隆/40克/升/可分散油悬浮剂/烟嘧磺隆 40克/升/2009.10.16 至 2014.10.16/低毒
春玉米田 一年生杂草 84-100毫升制剂/亩 茎叶喷雾
PD20097387 阿维菌素/18克/升/乳油/阿维菌素 18克/升/2009.10.28 至 2014.10.28/低毒(原药高毒)
甘蓝 小菜蛾 8.1-10.8克/公顷 喷雾
PD20098411 氯氟吡氧乙酸异辛酯（288克/升）///乳油/氯氟吡氧乙酸 200克/升/2009.12.18 至 2014.12.18/低毒
水田畦畔 空心莲子草(水花生) 150-180克/公顷 茎叶喷雾
LS20051762 吡虫·杀虫单/40%/可湿性粉剂/吡虫啉 1.2%、杀虫单 38.8%/2008.05.15 至 2009.05.15/低毒
水稻 稻纵卷叶螟、二化螟、飞虱、三化螟 450-750克/公顷 喷雾
LS20051769 苄·乙/20%/可湿性粉剂/苄嘧磺隆 4.5%、乙草胺 15.5%/2008.05.16 至 2009.05.16/低毒
水稻移栽田 一年生及部分多年生杂草 84-118克/公顷 药土法
LS20053444 阿维·三唑磷/15%/乳油/阿维菌素 0.1%、三唑磷 14.9%/2008.11.03 至 2009.11.03/中等毒(原药高毒)
棉花 棉铃虫 135-180克/公顷 喷雾
LS20080444 哒螨灵/15%/乳油/哒螨灵 15%/2009.02.19 至 2010.02.20/中等毒
柑橘树 红蜘蛛 100-150毫克/千克 喷雾
LS20080981 草甘膦异丙胺盐/41%/水剂/草甘膦异丙胺盐 41%/2009.03.06 至 2010.03.06/微毒
柑橘园 杂草 1125-2250克/公顷 定向茎叶喷雾
LS20081089 三唑锡/25%/可湿性粉剂/三唑锡 25%/2009.03.10 至 2010.03.10/低毒
柑橘树 红蜘蛛 125-166.7毫克/千克 喷雾
LS20082146 硫磺·三环唑/45%/悬浮剂/硫磺 40%、三环唑 5%/2009.04.18 至 2010.04.18/微毒
水稻 稻瘟病 675-810克/公顷 喷雾
LS20091344 高效氯氰菊酯/4.5%/悬浮剂/高效氯氰菊酯 4.5%/2009.06.24 至 2010.06.24/低毒
甘蓝 菜青虫 13.5-20.25克/公顷 喷雾
WP20090218 高效氯氟氰菊酯/2.5%/微囊悬浮剂/高效氯氟氰菊酯 2.5%/2009.04.01 至 2014.04.01/低毒
卫生 蚊、蝇 60毫克/平方米 滞留喷洒
卫生 蜚蠊 80毫克/平方米 滞留喷洒

重庆种衣剂厂 (重庆市永川区萱花路段末5-061信箱 402160 023-49838104)

PD20083469 多·福/15%/悬浮种衣剂/多菌灵 7%、福美双 8%/2008.12.12 至 2013.12.12/低毒
水稻 苗期病害 1:40-50(药种比) 种子包衣

	玉米	茎基腐病	1:30-40(药种比)	种子包衣
PD20083570	福·克/15%/悬浮种衣剂/福美双 7%、克百威 8%/2008.12.12 至 2013.12.12/高毒			
	玉米	地老虎、金针虫、蝼蛄、苗期病害、蛴螬	1:40-50(药种比)	种子包衣
PD20091543	戊唑·福美双/10.2%/悬浮种衣剂/福美双 9.8%、戊唑醇 0.4%/2009.02.03 至 2014.02.03/低毒			
	小麦	散黑穗病	1：60（药种比）	种子包衣
	玉米	丝黑穗病	167-255/100千克种子	种子包衣

重庆重大生物技术发展有限公司　（重庆市沙坪坝区沙中路重大科技园大楼2楼　400033　023-65180688）

PD20080670	金龟子绿僵菌/500亿孢子/克/母药/金龟子绿僵菌 500亿孢子/克/2008.05.27 至 2013.05.27/微毒			
PD20080671	金龟子绿僵菌/100亿孢子/毫升/油悬浮剂/金龟子绿僵菌 100亿孢子/毫升/2008.05.27 至 2013.05.27/微毒			
	滩涂	飞蝗	250-500毫升/公顷	超低容量喷雾

PD207-96-F00-0001 允发化工(上海)有限公司
(上海市奉贤区金汇镇航塘公路1500号 201405 021-57589888)
氟虫脲/50克/升/可分散液剂/氟虫脲 50克/升/2009.07.12 至 2010.07.12/低毒
PD172-93-F00-0002 允发化工(上海)有限公司
(上海市奉贤区金汇镇航塘公路1500号 201405 021-57589888)
咪唑乙烟酸/50克/升/水剂/咪唑乙烟酸 50克/升/2009.07.12 至 2010.07.12/低毒
PD20040014-F00-0018 上海菱农化工有限公司
(上海市嘉定区南翔扬子路625号 201802 021-59123055)
双草醚/100克/升/悬浮剂/双草醚 100克/升/2009.11.09 至 2010.11.09/低毒
PD20040025-F00-0019 上海菱农化工有限公司
(上海市嘉定区南翔扬子路625号 201802 021-59123055)
吡嘧磺隆/7.5%/可湿性粉剂/吡嘧磺隆 7.5%/2008.11.09 至 2009.11.09/低毒
PD210-96-F00-0021 上海菱农化工有限公司
(上海市嘉定区南翔扬子路625号 201802 021-59123055)
烯草酮/120克/升/乳油/烯草酮 120克/升/2009.11.09 至 2010.11.09/低毒
PD187-94-F00-0024 上海菱农化工有限公司
(上海市嘉定区南翔扬子路625号 201802 021-59123055)
吡嘧磺隆/10%/可湿性粉剂/吡嘧磺隆 10%/2008.11.09 至 2009.11.09/低毒
PD20081773-F00-0140 山东省绿士农药有限公司
(山东省齐河经济开发区金能大道北首 251100 0534-5756113)
硫磺·多菌灵/50%/可湿性粉剂/多菌灵 15%、硫磺 35%/2009.03.11 至 2010.03.11/低毒
PD266-99-F00-0141 山东省绿士农药有限公司
(山东省齐河经济开发区金能大道北首 251100 0534-5756113)
代森锰锌/80%/可湿性粉剂/代森锰锌 80%/2009.12.22 至 2010.12.22/低毒
PD91106-8-F00-0143 山东省绿士农药有限公司
(山东省齐河经济开发区金能大道北首 251100 0534-5756113)
甲基硫菌灵/70%/可湿性粉剂/甲基硫菌灵 70%/2009.03.12 至 2010.03.12/低毒
PD20080945-F00-0145 山东省绿士农药有限公司
(山东省齐河经济开发区金能大道北首 251100 0534-5756113)
霜脲·锰锌/72%/可湿性粉剂/代森锰锌 64%、霜脲氰 8%/2009.07.23 至 2010.07.23/低毒
PD20083974-F00-0146 山东省绿士农药有限公司
(山东省齐河经济开发区金能大道北首 251100 0534-5756113)
噁霜·锰锌 //可湿性粉剂/噁霜灵 8%、代森锰锌 56%/2009.03.11 至 2010.03.11/低毒
PD20040217-F00-0151 山东省绿士农药有限公司
(山东省齐河经济开发区金能大道北首 251100 0534-5756113)
氯氰菊酯/5%/乳油/氯氰菊酯 5%/2009.10.15 至 2010.10.15/中等毒
PD20080303-F00-0152 山东省绿士农药有限公司
(山东省齐河经济开发区金能大道北首 251100 0534-5756113)
多·锰锌/40%/可湿性粉剂/多菌灵 20%、代森锰锌 20%/2009.02.25 至 2010.02.25/低毒
PD20040046-F00-0208 山东绿霸化工股份有限公司
(山东省济南市历城区西周南路26号 250100 0531-81795669)
高效氯氰菊酯/4.5%/乳油/高效氯氰菊酯 4.5%/2009.04.22 至 2010.04.22/中等毒
PD84118-41-F00-0223 山东省植物保护总站服务部
(山东省济南市历城区桑园路2号 250100 0531-82378751)
多菌灵/25%/可湿性粉剂/多菌灵 25%/2008.11.10 至 2009.11.10/低毒
PD20060210-F00-0225 山东省植物保护总站服务部
(山东省济南市历城区桑园路2号 250100 0531-82378751)
代森锰锌/50%/可湿性粉剂/代森锰锌 50%/2008.11.10 至 2009.11.10/低毒
PD20040145-F00-0261 山东省青岛金正农药有限公司
(山东省青岛市莱西市望城办事处荦止头村东 266601 0532-88481368)
高效氯氰菊酯/4.5%/乳油/高效氯氰菊酯 4.5%/2008.04.14 至 2009.04.14/中等毒
PD20040085-F00-0301 山东东泰农化有限公司
(山东省聊城市东昌府区道口铺工业区 252033 0635-8671517)
高效氯氰菊酯/4.5%/乳油/高效氯氰菊酯 4.5%/2009.12.07 至 2010.12.07/中等毒
PD20040439-F00-0309 山东东泰农化有限公司
(山东省聊城市东昌府区道口铺工业区 252033 0635-8671517)
哒螨灵/20%/可湿性粉剂/哒螨灵 20%/2009.12.07 至 2010.12.07/中等毒
PD20040410-F00-0311 山东东泰农化有限公司
(山东省聊城市东昌府区道口铺工业区 252033 0635-8671517)
吡虫啉/10%/可湿性粉剂/吡虫啉 10%/2009.12.07 至 2010.12.07/低毒
PD85124-13-F00-0325 山东省淄博绿晶农药有限公司
(山东省淄博市周村区周村彭阳电信局西南侧 255321 0533-6610065)
福·福锌/80%/可湿性粉剂/福美双 30%、福美锌 50%/2009.01.18 至 2010.01.18/中等毒
LS991793-F00-0339 山东省潍坊市瑞星农药有限公司
(山东省潍坊市昌乐县北岩镇工业区 262407 0536-6743788)
吗胍·乙酸铜/20%/可湿性粉剂/盐酸吗啉胍 16%、乙酸铜 4%/2009.06.02 至 2009.12.31/低毒
PD20040789-F00-0355 山东德州大成农药有限公司
(山东省德州市经济开发区 253000 0534-2757586)

*登记作物及防治对象见原登记

多·福/50%/可湿性粉剂/多菌灵 25%、福美双 25%/2009.02.05 至 2010.02.05/低毒

PD85125-12-F00-0356　　山东德州大成农药有限公司
(山东省德州市经济开发区　253000　0534-2757586)
福美胂/40%/可湿性粉剂/福美胂 40%/2009.05.12 至 2010.05.12/中等毒

PD20082040-F00-0366　　山东省淄博绿晶农药有限公司
(山东省淄博市周村区周村彭阳电信局西南侧　255321　0533-6610065)
甲硫·福美双/70%/可湿性粉剂/福美双 40%、甲基硫菌灵 30%/2009.01.24 至 2010.01.24/低毒

PD20080512-F00-0432　　湖南省湘潭市昭山农药厂
(湖南省湘潭市岳塘区易家湾　411103　0732-3281165)
甲氰菊酯/20%/乳油/甲氰菊酯 20%/2008.12.31 至 2009.12.31/中等毒

PD20080925-F00-0449　　湖南省娄底农科所农药实验厂
(湖南省娄底市娄星区关家脑　417000　0738-8326272)
二氯喹啉酸/50%/可湿性粉剂/二氯喹啉酸 50%/2009.03.11 至 2010.03.11/低毒

PD20080512-F00-0458　　湖南省益阳市农业生产资料有限公司农药分装厂
(湖南省益阳市大渡口　413000　0737-4301017)
甲氰菊酯/20%/乳油/甲氰菊酯 20%/2009.03.11 至 2010.03.11/中等毒

PD20080022-F00-0461　　湖南省益阳市农业生产资料有限公司农药分装厂
(湖南省益阳市大渡口　413000　0737-4301017)
稻瘟灵/40%/乳油/稻瘟灵 40%/2009.03.11 至 2010.03.11/低毒

PD238-98-F00-0505　　江苏长青农化股份有限公司
(江苏省扬州市江都市浦头镇江灵路1号　225218　0514-6421237)
精噁唑禾草灵/69克/升/水乳剂/精噁唑禾草灵 69克/升/2009.07.21 至 2010.07.21/低毒

PD392-2003-F00-0515　　江苏龙灯化学有限公司
(江苏省苏州市昆山市经济技术开发区龙灯路88号　215301　0512-57709265)
啶虫脒/3%/乳油/啶虫脒 3%/2009.12.01 至 2010.12.01/中等毒

PD270-99-F00-0520　　江苏龙灯化学有限公司
(江苏省苏州市昆山市经济技术开发区龙灯路88号　215301　0512-57709265)
硫酸铜钙/77%/可湿性粉剂/硫酸铜钙 77%/2009.11.16 至 2010.11.16/低毒

PD85154-46-F00-0693　　成都华西农药有限公司
(四川省成都市新津县花源镇官林村四组　611432　028-82411168)
氰戊菊酯/20%/乳油/氰戊菊酯 20%/2008.09.16 至 2009.09.16/中等毒

PD20070497-F00-0695　　成都华西农药有限公司
(四川省成都市新津县花源镇官林村四组　611432　028-82411168)
甲氰菊酯/20%/乳油/甲氰菊酯 20%/2008.09.16 至 2009.09.16/中等毒

PD84125-22-F00-0705　　四川省兰月科技开发公司
(四川省成都市高新区桂溪工业园　610041　028-85305199)
乙烯利/40%/水剂/乙烯利 40%/2009.12.22 至 2010.12.22/低毒

PD20050216-F00-1029　　广东省江门市大光明农化有限公司
(广东省江门市蓬江区江会路69号　529000　0750-3508606)
戊唑醇/430克/升/悬浮剂/戊唑醇 430克/升/2009.10.28 至 2010.10.28/低毒

PD20070359-F00-1039　　广东省江门市大光明农化有限公司
(广东省江门市蓬江区江会路69号　529000　0750-3508606)
唑嘧磺草胺/80%/水分散粒剂/唑嘧磺草胺 80%/2009.11.29 至 2010.11.29/低毒

LS97899-F00-1047　　江西省安农生化有限公司
(江西省进贤县张公镇工业开发区　330077　0791-5537611)
三环唑/75%/可湿性粉剂/三环唑 75%/2008.05.24 至 2009.05.24/中等毒

PD20060090-F00-1047　　江西省安农生化有限公司
(江西省进贤县张公镇工业开发区　330077　0791-5537611)
三环唑/75%/可湿性粉剂/三环唑 75%/2009.05.24 至 2010.05.24/中等毒

PD20080092-F00-1048　　江西省安农生化有限公司
(江西省进贤县张公镇工业开发区　330077　0791-5537611)
灭草松/480克/升/水剂/灭草松 480克/升/2009.05.24 至 2010.05.24/低毒

PD20040561-F00-1051　　江西省安农生化有限公司
(江西省进贤县张公镇工业开发区　330077　0791-5537611)
吡虫·杀虫单/35%/可湿性粉剂/吡虫啉 1%、杀虫单 34%/2008.05.24 至 2009.05.24/低毒

PD20040240-F00-1052　　江西省安农生化有限公司
(江西省进贤县张公镇工业开发区　330077　0791-5537611)
高效氯氰菊酯/4.5%/乳油/高效氯氰菊酯 4.5%/2009.05.24 至 2010.05.24/中等毒

PD20040080-F00-1145　　河北省农药化工有限公司
(河北省石家庄市新华区和平西路457号　050071　0311-87041548)
氯氰菊酯/5%/乳油/氯氰菊酯 5%/2009.03.31 至 2010.03.31/中等毒

PD20040228-F00-1147　　河北省农药化工有限公司
(河北省石家庄市新华区和平西路457号　050071　0311-87041548)
高效氯氰菊酯/4.5%/乳油/高效氯氰菊酯 4.5%/2009.04.22 至 2010.04.22/中等毒

PD184-93-F00-1164　　江苏省苏州富美实植物保护剂有限公司
(江苏省苏州工业园区界浦路99号　215126　0512-62863988)
异噁草松/480克/升/乳油/异噁草松 480克/升/2009.04.01 至 2010.04.01/低毒

PD380-2002-F00-1167　　广东德利生物科技有限公司

*登记作物及防治对象见原登记

(广东省茂名市化州市河东桔城北路26号 525100 0668-7360699)
苄氨嘌·赤/3.6%/液剂/苄氨基嘌呤 1.8%、赤霉酸A4+A7 1.8%/2010.03.23 至 2011.03.23/低毒

PD83-88-F00-1200 辽宁省丹东市农药总厂
(辽宁省丹东市振兴区浪东路5号 118009 0415-6155350)
嗪草酮/70%/可湿性粉剂/嗪草酮 70%/2009.12.02 至 2010.12.02/低毒

PD243-98-F00-1354 辽宁省大连越达农药化工有限公司
(辽宁省大连市旅顺口区水师营街道火石岭 116041 0411-86233103)
乙草胺/900克/升/乳油/乙草胺 900克/升/2010.04.01 至 2011.04.01/低毒

PD31-87-F00-1355 辽宁省大连越达农药化工有限公司
(辽宁省大连市旅顺口区水师营街道火石岭 116041 0411-86233103)
丁草胺/600克/升/乳油/丁草胺 600克/升/2010.04.01 至 2011.04.01/低毒

PD88-88-F00-1356 辽宁省大连越达农药化工有限公司
(辽宁省大连市旅顺口区水师营街道火石岭 116041 0411-86233103)
甲草胺/480克/升/乳油/甲草胺 480克/升/2010.04.01 至 2011.04.01/低毒

PD20070497-F01-100 四川省川东农药化工有限公司
(四川省达州市渠县渠江镇东大街 635200 0818-7344232)
甲氰菊酯/20%/乳油/甲氰菊酯 20%/2009.07.07 至 2010.07.07/中等毒

PD165-92-F01-103 福建省旭化学工业(漳州)有限公司
(福建省漳州市芗城区蓝田工业开发区纵四路 363007 0596-2107556)
复硝酚钠/1.8%/水剂/5-硝基邻甲氧基苯酚钠 0.3%、对硝基苯酚钠 0.9%、邻硝基苯酚钠 0.6%/2006.11.26至2011.11.26/低毒

PD20050196-F01-11 先正达(苏州)作物保护有限公司
(江苏省昆山市经济技术开发区黄浦江中路255号 215301 0512-57716998)
咯菌腈/25克/升/悬浮种衣剂/咯菌腈 25克/升/2009.02.16 至 2010.02.16/低毒

PD20081918-F01-113 广东省江门市大光明农化有限公司
(广东省江门市蓬江区江会路69号 529000 0750-3508606)
戊唑醇/250克/升/水乳剂/戊唑醇 250克/升/2009.08.31 至 2010.08.31/低毒

PD178-93-F01-116 江苏龙灯化学有限公司
(江苏省苏州市昆山市经济技术开发区龙灯路88号 215301 0512-57709265)
二甲戊灵/330克/升/乳油/二甲戊灵 330克/升/2009.02.01 至 2010.02.01/低毒

PD98-89-F01-117 江苏龙灯化学有限公司
(江苏省苏州市昆山市经济技术开发区龙灯路88号 215301 0512-57709265)
噻嗪酮/25%/可湿性粉剂/噻嗪酮 25%/2008.03.24 至 2009.03.24/低毒

PD134-91-F01-126 江苏龙灯化学有限公司
(江苏省苏州市昆山市经济技术开发区龙灯路88号 215301 0512-57709265)
二甲戊灵/330克/升/乳油/二甲戊灵 330克/升/2009.02.01 至 2010.02.01/低毒

PD361-2001-F01-14 江苏省农垦生物化学有限公司
(江苏省南京市南京化学工业园赵丰路19号 210047 025-58392246)
精噁唑禾草灵/69克/升/水乳剂/精噁唑禾草灵 69克/升/2009.01.07 至 2010.01.07/低毒

PD20070355-F01-148 允发化工(上海)有限公司
(上海市奉贤区金汇镇航塘公路1500号 201405 021-57589888)
乙烯菌核利/*/水分散粒剂/乙烯菌核利 50%/2009.11.02 至 2010.11.02/低毒

PD238-98-F01-170 江苏省农垦生物化学有限公司
(江苏省南京市南京化学工业园赵丰路19号 210047 025-58392246)
精噁唑禾草灵/69克/升/水乳剂/精噁唑禾草灵 69克/升/2009.01.07 至 2010.01.07/低毒

PD86148-75-F01-183 湖南省郴州天龙农药化工有限公司
(湖南省郴州市国庆北路47号 423000 0735-2646276)
异丙威/20%/乳油/异丙威 20%/2009.04.05 至 2010.04.05/中等毒

LS200041-F01-203 浙江石原金牛农药有限公司
(浙江省杭州市经济技术开发区3号大街51号 310018 0571-86911312)
啶嘧磺隆/25%/水分散粒剂/啶嘧磺隆 25%/2008.03.30 至 2009.03.30/低毒

PD390-2003-F01-203 浙江石原金牛农药有限公司
(浙江省杭州市经济技术开发区3号大街51号 310018 0571-86911312)
啶嘧磺隆/25%/水分散粒剂/啶嘧磺隆 25%/2010.03.19 至 2011.03.19/低毒

PD85154-26-F01-27 江苏省淮安市农业广播电视分校农药改装厂
(江苏省淮安市黄河西路45号 223001 0517-3660386)
氰戊菊酯/20%/乳油/氰戊菊酯 20%/2009.12.29 至 2010.12.29/中等毒

PD20070370-F01-293 允发化工(上海)有限公司
(上海市奉贤区金汇镇航塘公路1500号 201405 021-57589888)
甲咪唑烟酸/240克/升/水剂/甲咪唑烟酸 240克/升/2008.05.09 至 2009.05.08/低毒

PD20070497-F01-316 四川省成都市新津生化工程研究所
(四川省新津县永商镇望江村 611430 028-82599938)
甲氰菊酯/20%/乳油/甲氰菊酯 20%/2008.03.17 至 2009.03.17/中等毒

PD85160-2-F01-322 河南省内乡县农工商技术开发有限分公司
(河南省南阳市文化路南段十二中 474300 0377-66082872)
乙蒜素/80%/乳油/乙蒜素 80%/2009.03.30 至 2010.03.30/中等毒

PD84104-53-F01-332 河南省淮滨县乌龙科技开发公司
(河南省淮滨县滨河路27号 464400 0397-7712758)
杀虫双/18%/水剂/杀虫双 18%/2009.05.17 至 2010.05.17/中等毒

*登记作物及防治对象见原登记

PD85160-2-F01-334 河南省内乡县农工商技术开发有限公司
（河南省南阳市文化路南段十二中 474300 0377-66082872）
乙蒜素/80%/乳油/乙蒜素 80%/2009.03.30 至 2010.03.30/中等毒

PD20070086-F01-357 河南省郑州豫珠新技术实验厂
（河南省郑州市金水区农科路38号金成国际广场4号楼103室 450008 0371-65862383）
硫磺·多菌灵/25%/可湿性粉剂/多菌灵 7.5%、硫磺 17.5%/2009.09.17 至 2010.09.17/低毒

PD28-87-F01-37 广东省江门市植保有限公司
（广东省江门市建设二路51号 529000 0750-3287333）
丙环唑/250克/升/乳油/丙环唑 250克/升/2010.01.22 至 2011.01.22/低毒

PD20040145-F01-374 河南省郑州豫珠新技术实验厂
（河南省郑州市金水区农科路38号金成国际广场4号楼103室 450008 0371-65862383）
高效氯氰菊酯/4.5%/乳油/高效氯氰菊酯 4.5%/2009.09.20 至 2010.09.20/中等毒

PD85160-2-F01-381 河南省南阳市轻化工贸中心
（河南省南阳市东关王营 473000 0377-63137315）
乙蒜素/80%/乳油/乙蒜素 80%/2009.03.30 至 2010.03.30/中等毒

PD85160-2-F01-382 河南省淅川县宏运化工有限公司
（河南省南阳市淅川县香花镇 473000 0377-64526790）
乙蒜素/80%/乳油/乙蒜素 80%/2009.03.30 至 2010.03.30/中等毒

PD20080448-F01-398 江苏龙灯化学有限公司
（江苏省苏州市昆山市经济技术开发区龙灯路88号 215301 0512-57709265）
吡草醚/2%/悬浮剂/吡草醚 2%/2009.02.18 至 2010.02.18/低毒

PD20060100-F01-402 山东东泰农化有限公司
（山东省聊城市东昌府区道口铺工业区 252033 0635-8671517）
高效氯氰菊酯/2.5%/乳油/高效氯氰菊酯 2.5%/2009.06.13 至 2010.06.13/中等毒

PD20070664-F01-419 江苏省通州正大农药化工有限公司
（江苏省南通市通州市港区通洋工业园 226017 0513-8599388）
三环唑/75%/可湿性粉剂/三环唑 75%/2009.03.25 至 2010.03.25/中等毒

PDN23-92-F01-421 江苏省通州正大农药化工有限公司
（江苏省南通市通州市港区通洋工业园 226017 0513-8599388）
三环唑/20%/可湿性粉剂/三环唑 20%/2005.07.13 至 2010.07.13/中等毒

PD54-87-F01-425 广东省江门市植保有限公司
（广东省江门市建设二路51号 529000 0750-3287333）
春雷霉素/2%/液剂/春雷霉素 2%/2009.05.08 至 2010.05.08/低毒

PD283-99-F01-427 广东省江门市植保有限公司
（广东省江门市建设二路51号 529000 0750-3287333）
亚胺唑/5%/可湿性粉剂/亚胺唑 5%/2009.05.08 至 2010.05.08/低毒

PD167-92-F01-431 广东省江门市植保有限公司
（广东省江门市建设二路51号 529000 0750-3287333）
春雷·王铜/47%/可湿性粉剂/春雷霉素 2%、王铜 45%/2009.05.08 至 2010.05.08/低毒

WP20080147-F01-433 江苏省苏州富美实植物保护剂有限公司
（江苏省苏州工业园区界浦路99号 215126 0512-62863988）
顺式氯氰菊酯/50克/升/悬浮剂/顺式氯氰菊酯 50克/升/2009.02.28 至 2010.02.28/低毒

PD81-88-F01-434 江苏省苏州富美实植物保护剂有限公司
（江苏省苏州工业园区界浦路99号 215126 0512-62863988）
联苯菊酯/100克/升/乳油/联苯菊酯 100克/升/2009.05.18 至 2010.05.18/中等毒

PD85110-2-F01-441 四川省川东农药化工有限公司
（四川省达州市渠县渠江镇东大街 635200 0818-7344232）
敌磺钠/45%/粉剂/敌磺钠 45%/2009.08.18 至 2010.08.18/中等毒

PD85164-F01-453 江西省赣州宇田化工有限公司
（江西省赣州市章贡区水东镇七里村 341001 0797-8465916）
春雷霉素/2%/可湿性粉剂/春雷霉素 2%/2009.04.25 至 2010.04.25/低毒

PD20040146-F01-456 河南省郑州豫珠新技术实验厂
（河南省郑州市金水区农科路38号金成国际广场4号楼103室 450008 0371-65862383）
氯氰菊酯/5%/乳油/氯氰菊酯 5%/2009.09.17 至 2010.09.17/中等毒

PD20040491-F01-460 江西省安农生化有限公司
（江西省进贤县张公镇工业开发区 330077 0791-5537611）
三唑磷/40%/乳油/三唑磷 40%/2009.05.24 至 2010.05.24/中等毒

PD20060025-F01-461 广东省江门市大光明农化有限公司
（广东省江门市蓬江区江会路69号 529000 0750-3508606）
高效氟氯氰菊酯/25克/升/乳油/高效氟氯氰菊酯 25克/升/2009.08.31 至 2010.08.31/低毒(原药高毒)

PD20070497-F01-464 江西省安农生化有限公司
（江西省进贤县张公镇工业开发区 330077 0791-5537611）
甲氰菊酯/20%/乳油/甲氰菊酯 20%/2009.05.24 至 2010.05.24/中等毒

PD61-88-F01-477 江苏龙灯化学有限公司
（江苏省苏州市昆山市经济技术开发区龙灯路88号 215301 0512-57709265）
甲基硫菌灵/70%/可湿性粉剂/甲基硫菌灵 70%/2009.04.19 至 2010.04.19/低毒

PD20081633-F01-495 江苏龙灯化学有限公司
（江苏省苏州市昆山市经济技术开发区龙灯路88号 215301 0512-57709265）

*登记作物及防治对象见原登记

啶虫脒//可溶性粉剂/啶虫脒 20%/2009.04.19 至 2010.04.19/中等毒
PD20085333-F01-506 河南省博爱县田园农化厂
(河南省博爱县月山镇工业路 454450 0391-8051769)
氰戊·杀螟松/20%/乳油/氰戊菊酯 6%、杀螟硫磷 14%/2009.11.05 至 2010.11.05/中等毒
PD20040121-F01-518 山东省济南绿邦化工有限公司
(山东省济南市章丘市水寨镇水南村 250100 0531-88908885)
高效氯氰菊酯/2.5%/乳油/高效氯氰菊酯 2.5%/2008.11.11 至 2009.11.11/中等毒
PD215-97-F01-521 广东省江门市大光明农化有限公司
(广东省江门市蓬江区江会路69号 529000 0750-3508606)
高效氟吡甲禾灵/108克/升/乳油/高效氟吡甲禾灵 108克/升/2009.11.29 至 2010.11.29/低毒
PD347-2001-F01-53 先正达(苏州)作物保护有限公司
(江苏省昆山市经济技术开发区黄浦江中路255号 215301 0512-57716998)
丙草胺/500克/升/乳油/丙草胺 500克/升/2009.02.16 至 2010.02.16/低毒
PD85160-2-F01-533 河南科邦化工有限公司
(河南省社旗县城郊东岗工业区 473300 0377-67912208)
乙蒜素/80%/乳油/乙蒜素 80%/2009.09.03 至 2010.09.03/中等毒
PD86182-6-F01-546 江西省赣州宇田化工有限公司
(江西省赣州市章贡区水东镇七里村 341001 0797-8465916)
稻瘟灵/30%/乳油/稻瘟灵 30%/2009.07.22 至 2010.07.22/低毒
PD39-87-F01-554 广东德利生物科技有限公司
(广东省茂名市化州市河东桔城北路26号 525100 0668-7360699)
顺式氯氰菊酯/100克/升/乳油/顺式氯氰菊酯 100克/升/2009.12.07 至 2010.12.07/中等毒
PD328-2000-F01-555 广东德利生物科技有限公司
(广东省茂名市化州市河东桔城北路26号 525100 0668-7360699)
氯氰·毒死蜱/522.5克/升/乳油/毒死蜱 475克/升、氯氰菊酯 47.5克/升/2009.06.07 至 2010.06.07/中等毒
PD20083975-F01-569 江苏江南农化有限公司
(江苏省常州市溧阳市绸缪镇化工园区中心路1号 213322 0519-87843886)
稻瘟灵/40%/乳油/稻瘟灵 40%/2009.07.14 至 2010.07.14/低毒
PD85154-33-F01-574 江苏华裕农化有限公司
(江苏省扬州市江都市小纪镇竹墩路 225246 0514-86599110)
氰戊菊酯/20%/乳油/氰戊菊酯 20%/2009.11.30 至 2010.11.30/中等毒
PD47-87-F01-577 广东德利生物科技有限公司
(广东省茂名市化州市河东桔城北路26号 525100 0668-7360699)
毒死蜱/480克/升/乳油/毒死蜱 480克/升/2009.06.17 至 2010.06.17/中等毒
PD20070087-F01-621 河南省郑州豫珠新技术实验厂
(河南省郑州市金水区农科路38号金成国际广场4号楼103室 450008 0371-65862383)
硫磺·多菌灵/50%/可湿性粉剂/多菌灵 15%、硫磺 35%/2009.09.17 至 2010.09.17/低毒
PD20094287-F01-626 江苏江南农化有限公司
(江苏省常州市溧阳市绸缪镇化工园区中心路1号 213322 0519-87843886)
溴氰菊酯/25克/升/乳油/溴氰菊酯 25克/升/2009.05.11 至 2010.05.11/中等毒
PD85154-9-F01-627 江苏江南农化有限公司
(江苏省常州市溧阳市绸缪镇化工园区中心路1号 213322 0519-87843886)
氰戊菊酯/20%/乳油/氰戊菊酯 20%/2009.10.28 至 2010.10.28/中等毒
PD88109-5-F01-631 广东省湛江市春江生物化学实业有限公司
(广东省湛江市遂溪县界炮镇界洋路68号 524391 0759-7353081)
井冈霉素/20%/可溶性粉剂/井冈霉素 20%/2009.06.20 至 2010.06.20/低毒
PD84104-25-F01-633 广东省湛江市春江生物化学实业有限公司
(广东省湛江市遂溪县界炮镇界洋路68号 524391 0759-7353081)
杀虫双/18%/水剂/杀虫双 18%/2009.06.03 至 2010.06.03/中等毒
PD85131-2-F01-634 广东省湛江市春江生物化学实业有限公司
(广东省湛江市遂溪县界炮镇界洋路68号 524391 0759-7353081)
井冈霉素/3%,5%/水剂/井冈霉素 3%,5%/2009.06.03 至 2010.06.03/低毒
PD85157-4-F01-643 河北省邯郸市瑞田农药有限公司
(河北省邯郸市邯大公路38公里处 056700 0310-7388368)
辛硫磷/40%/乳油/辛硫磷 40%/2009.06.17 至 2010.06.17/低毒
PD20050124-F01-653 山东科大创业生物有限公司
(山东省邹平县长山镇长山工业园 256206 0543-4851285)
氯氰菊酯/5%/乳油/氯氰菊酯 5%/2008.10.11 至 2009.10.11/中等毒
PD215-97-F01-661 中农住商(天津)农用化学品有限公司
(天津市武清区杨村镇南 301700 022-26971467)
高效氟吡甲禾灵/108克/升/乳油/高效氟吡甲禾灵 108克/升/2009.03.11 至 2010.03.11/低毒
PD47-87-F01-664 中农住商(天津)农用化学品有限公司
(天津市武清区杨村镇南 301700 022-26971467)
毒死蜱/480克/升/乳油/毒死蜱 480克/升/2009.03.11 至 2010.03.11/中等毒
PD60-87-F01-667 甘肃省兰州固诚化工有限公司
(甘肃省兰州市西固区环行东路10号 730060 0931-7324311)
氟乐灵/480克/升/乳油/氟乐灵 480克/升/2009.06.17 至 2010.06.17/低毒
PD20070664-F01-669 四川省川东农药化工有限公司

*登记作物及防治对象见原登记

(四川省达州市渠县渠江镇东大街 635200 0818-7344232)
三环唑/75%/可湿性粉剂/三环唑 75%/2008.01.05 至 2009.01.05/中等毒

PD20080477-F01-676 **广东德利生物科技有限公司**
(广东省茂名市化州市河东桔城北路26号 525100 0668-7360699)
虫螨腈/100克/升/悬浮剂/虫螨腈 100克/升/2009.09.06 至 2010.09.06/低毒

PD27-87-F01-682 **先正达(苏州)作物保护有限公司**
(江苏省昆山市经济技术开发区黄浦江中路255号 215301 0512-57716998)
禾草敌/90.9%/乳油/禾草敌 90.9%/2009.06.28 至 2010.06.28/低毒

PD122-90-F01-694 **江苏龙灯化学有限公司**
(江苏省苏州市昆山市经济技术开发区龙灯路88号 215301 0512-57709265)
噻螨酮/5%/乳油/噻螨酮 5%/2009.07.08 至 2010.07.08/中等毒

PD20080571-F01-714 **无锡禾美农化科技有限公司**
(江苏省无锡市江阴市云亭镇 214422 0510-86010565)
丁草胺/60%/乳油/丁草胺 60%/2009.01.13 至 2010.01.13/低毒

PD85122-13-F01-719 **山东省潍坊市瑞星农药有限公司**
(山东省潍坊市昌乐县北岩镇工业区 262407 0536-6743788)
福美双/50%/可湿性粉剂/福美双 50%/2009.03.14 至 2010.03.14/中等毒

PD20050123-F01-737 **山东科大创业生物有限公司**
(山东省邹平县长山镇长山工业园 256206 0543-4851285)
高效氯氰菊酯/2.5%/乳油/高效氯氰菊酯 2.5%/2008.10.11 至 2009.10.11/中等毒

PD91104-13-F01-753 **河南省原阳县兴农精细化工厂**
(河南省原阳县北干道东段 453500 0373-7294583)
敌敌畏/50%/乳油/敌敌畏 48%(气谱法)/2009.02.18 至 2010.02.18/中等毒

PD20060008-F01-785 **上海农乐生物制品股份有限公司**
(上海市松江区沪松路158号 201613 021-57784610)
噁酮·霜脲氰/52.5%/水分散粒剂/噁唑菌酮 22.5%、霜脲氰 30%/2008.11.30 至 2009.11.30/低毒

PD376-2002-F01-786 **上海农乐生物制品股份有限公司**
(上海市松江区沪松路158号 201613 021-57784610)
氟硅唑/400克/升/乳油/氟硅唑 400克/升/2009.11.30 至 2010.11.30/低毒

PD79-88-F01-794 **允发化工(上海)有限公司**
(上海市奉贤区金汇镇航塘公路1500号 201405 021-57589888)
苯丁锡/50%/可湿性粉剂/苯丁锡 50%/2009.11.02 至 2010.11.02/低毒

PD86126-4-F01-795 **河南省郑州豫珠新技术实验厂**
(河南省郑州市金水区农科路38号金成国际广场4号楼103室 450008 0371-65862383)
扑草净/40%/可湿性粉剂/扑草净 40%/2009.03.29 至 2010.03.29/低毒

PD20081042-F01-796 **河南省郑州豫珠新技术实验厂**
(河南省郑州市金水区农科路38号金成国际广场4号楼103室 450008 0371-65862383)
莠灭净/40%/可湿性粉剂/莠灭净 40%/2009.03.29 至 2010.03.29/低毒

PD20030018-F01-804 **天津市阿格罗帕克农药有限公司**
(天津市津南区小站镇东 300353 022-28618480)
咪鲜胺/250克/升/乳油/咪鲜胺 250克/升/2010.01.13 至 2011.01.13/低毒

PD88-88-F01-806 **中农住商(天津)农用化学品有限公司**
(天津市武清区杨村镇南 301700 022-26971467)
甲草胺/480克/升/乳油/甲草胺 480克/升/2009.11.26 至 2010.11.26/低毒

PD243-98-F01-807 **中农住商(天津)农用化学品有限公司**
(天津市武清区杨村镇南 301700 022-26971467)
乙草胺/900克/升/乳油/乙草胺 900克/升/2009.11.26 至 2010.11.26/低毒

PD31-87-F01-808 **中农住商(天津)农用化学品有限公司**
(天津市武清区杨村镇南 301700 022-26971467)
丁草胺/600克/升/乳油/丁草胺 600克/升/2009.11.26 至 2010.11.26/低毒

PD20050150-F01-809 **天津市阿格罗帕克农药有限公司**
(天津市津南区小站镇东 300353 022-28618480)
莎稗磷/300克/升/乳油/莎稗磷 300克/升/2010.01.13 至 2011.01.13/低毒

PD110-89-F01-815 **天津市阿格罗帕克农药有限公司**
(天津市津南区小站镇东 300353 022-28618480)
乳氟禾草灵/240克/升/乳油/乳氟禾草灵 240克/升/2009.01.13 至 2010.01.13/低毒

PD20080470-F01-821 **江苏龙灯化学有限公司**
(江苏省苏州市昆山市经济技术开发区龙灯路88号 215301 0512-57709265)
2甲·灭草松//可溶性液剂/2甲4氯 60克/升、灭草松 400克/升/2009.12.31 至 2010.12.31/低毒

PD20086259-F01-823 **四川省科鑫化工厂**
(四川省渠县渠江镇东大街 635200 0818-7344517)
氯氰·马拉松/37%/乳油/氯氰菊酯 1%、马拉硫磷 36%/2009.03.11 至 2010.03.11/中等毒

PD20081297-F01-832 **山东省青州市日中经贸有限公司**
(山东省青州市玲珑山中路234号 262500 0536-3222359)
甲硫·福美双/70%/可湿性粉剂/福美双 40%、甲基硫菌灵 30%/2009.01.08 至 2010.01.08/低毒

PD20040789-F01-834 **山东省青州市日中经贸有限公司**
(山东省青州市玲珑山中路234号 262500 0536-3222359)
多·福/50%/可湿性粉剂/多菌灵 25%、福美双 25%/2009.03.19 至 2010.03.19/低毒

*登记作物及防治对象见原登记

PD20060005-F01-85 广东德利生物科技有限公司
(广东省茂名市化州市河东桔城北路26号 525100 0668-7360699)
多杀霉素/25克/升/悬浮剂/多杀霉素 25克/升/2009.09.06 至 2010.09.06/低毒
PD20040121-F01-862 山东省济南市科海有限公司
(山东省济南市天桥区北园大街234号 250100 0531-88631859)
高效氯氰菊酯/2.5%/乳油/高效氯氰菊酯 2.5%/2009.03.11 至 2010.03.11/中等毒
PD240-98-F01-868 广东德利生物科技有限公司
(广东省茂名市化州市河东桔城北路26号 525100 0668-7360699)
腈苯唑/24%/悬浮剂/腈苯唑 24%/2009.03.28 至 2010.03.28/低毒
PD86108-5-F01-893 江西禾益化工有限公司
(江西省彭泽县龙城镇矶山村 332700 0792-5683999)
菌核净/40%/可湿性粉剂/菌核净 40%/2009.03.17 至 2010.03.17/低毒
PD86153-F01-894 江西禾益化工有限公司
(江西省彭泽县龙城镇矶山村 332700 0792-5683999)
叶枯唑/20%/可湿性粉剂/叶枯唑 20%/2009.03.17 至 2010.03.17/低毒
PD85154-31-F01-90 江苏省高邮市运东农药化工有限公司
(江苏省扬州市高邮市平胜工业区 225635 0514-4872239)
氰戊菊酯/20%/乳油/氰戊菊酯 20%/2009.05.11 至 2010.05.11/中等毒
PD20040268-F01-91 江苏省高邮市运东农药化工有限公司
(江苏省扬州市高邮市平胜工业区 225635 0514-4872239)
氯氰菊酯/10%/乳油/氯氰菊酯 10%/2009.05.25 至 2010.05.25/中等毒
PD198-95-F01-93 广州农药厂塞坝口分装厂
(广东省广州市芳村区石围塘广东省农资总公司塞坝口仓库 510360 020-81527375)
氟节胺/125克/升/乳油/氟节胺 125克/升/2009.07.12 至 2010.07.12/低毒
LS198-95-F01-93 广州农药厂塞坝口分装厂
(广东省广州市芳村区石围塘广东省农资总公司塞坝口仓库 510360 020-81527375)
氟节胺/125克/升/乳油/氟节胺 125克/升/2008.05.20 至 2009.05.20/低毒
PD20040027-F01-97 广州农药厂从化市分厂
(广东省广州市从化市江埔街锦三村 510925 020-87992055)
四聚乙醛/6%/颗粒剂/四聚乙醛 6%/2009.04.29 至 2010.04.29/中等毒
PD394-2003-F01-97 广州农药厂从化市分厂
(广东省广州市从化市江埔街锦三村 510925 020-87992055)
四聚乙醛/6%/颗粒剂/四聚乙醛 6%/2009.04.29 至 2010.04.29/低毒
PD141-91-F02-0003 浙江石原金牛农药有限公司
(浙江省杭州市经济技术开发区3号大街51号 310018 0571-86911312)
氟啶脲/50克/升/乳油/氟啶脲 50克/升/2009.12.06 至 2010.12.06/低毒
PD96101-3-F02-0027 山东省青州市农药厂
(山东省青州市城区402医院西侧 262500 0536-3265021)
福·福锌/40%/可湿性粉剂/福美双 15%、福美锌 25%/2009.09.21 至 2010.09.21/中等毒
PD139-91-F02-0040 江苏龙灯化学有限公司
(江苏省苏州市昆山市经济技术开发区龙灯路88号 215301 0512-57709265)
甲基硫菌灵/500克/升/悬浮剂/甲基硫菌灵 500克/升/2008.12.01 至 2009.12.01/低毒
PD237-98-F02-0041 中农住商(天津)农用化学品有限公司
(天津市武清区杨村镇南 301700 022-26971467)
丙炔氟草胺/50%/可湿性粉剂/丙炔氟草胺 50%/2009.01.11 至 2010.01.11/低毒
LS93584-F02-0043 河南省博爱县农药厂
(河南省博爱县城关镇南关村 454450 0391-8053307)
藜芦碱/0.5%/可溶性液剂/藜芦碱 0.5%/2009.05.17 至 2009.12.31/低毒
PD20050191-F02-0045 浙江石原金牛农药有限公司
(浙江省杭州市经济技术开发区3号大街51号 310018 0571-86911312)
氰霜唑/100克/升/悬浮剂/氰霜唑 100克/升/2009.12.06 至 2010.12.06/低毒
PD27-87-F02-0063 中农住商(天津)农用化学品有限公司
(天津市武清区杨村镇南 301700 022-26971467)
禾草敌/90.9%/乳油/禾草敌 90.9%/2009.01.11 至 2010.01.11/低毒
PD61-88-F02-0064 中农住商(天津)农用化学品有限公司
(天津市武清区杨村镇南 301700 022-26971467)
甲基硫菌灵/70%/可湿性粉剂/甲基硫菌灵 70%/2009.02.28 至 2010.02.28/低毒
PD20040339-F02-0103 河南省郑州豫珠新技术实验厂
(河南省郑州市金水区农科路38号金成国际广场4号楼103室 450008 0371-65862383)
吡虫啉/2.5%/乳油/吡虫啉 2.5%/2009.04.20 至 2010.04.20/低毒
PD20083515-F02-0137 四川省川东农药化工有限公司
(四川省达州市渠县渠江镇东大街 635200 0818-7344232)
多效唑//可湿性粉剂/多效唑 15%/2009.06.10 至 2010.06.10/低毒
PD85123-9-F02-0165 天津市汉邦植物保护剂有限责任公司
(天津市静海县静海镇高家楼东104国道旁 300160 022-23950219)
胂·锌·福美双/50%/可湿性粉剂/福美甲胂 12.5%、福美双 25%、福美锌 12.5%/2010.03.17 至 2011.03.17/中等毒
PD85122-7-F02-0166 天津市汉邦植物保护剂有限责任公司
(天津市静海县静海镇高家楼东104国道旁 300160 022-23950219)

*登记作物及防治对象见原登记

福美双/50%/可湿性粉剂/福美双 50%/2010.03.17 至 2011.03.17/中等毒
PD85122-10-F02-0174　山东福瑞德化工有限公司
(山东省济南市历城区华信路15号　250100　0531-88906442)
福美双/50%/可湿性粉剂/福美双 50%/2009.07.23 至 2010.07.23/中等毒
PD20040145-F02-0177　陕西秦乐药业化工有限公司
(陕西省渭南市大荔县北新街市场南路13号　715100　0913-3222657)
高效氯氰菊酯/4.5%/乳油/高效氯氰菊酯 4.5%/2010.03.31 至 2011.03.31/中等毒
PD20082312-F02-0194　山东省青岛好利特生物农药有限公司
(山东省莱西市马连庄　266617　0532-85432888)
高氯·辛硫磷/20%/乳油/高效氯氰菊酯 1%、辛硫磷 19%/2009.03.25 至 2010.03.25/中等毒
PD85160-2-F02-0203　河南新新生物工程有限公司
(河南省郑州市郑上路须水　450042　0371-67818724)
乙蒜素/80%/乳油/乙蒜素 80%/2009.05.11 至 2010.05.11/中等毒
PD20050036-F02-0213　山西省平陆环球植保农药厂
(山西省运城地区平陆县常乐镇东大街3号　044307　0359-3632320)
高效氯氰菊酯/4.5%/乳油/高效氯氰菊酯 4.5%/2009.06.03 至 2010.06.03/中等毒
PD20040146-F02-0217　山东省济南金科生化有限公司
(山东省济南市历城区洪楼西路39号智慧大厦301室　250100　0531-88901056)
氯氰菊酯/5%/乳油/氯氰菊酯 5%/2008.09.14 至 2009.09.14/中等毒
PD85122-13-F02-0253　山东省青州市农药厂
(山东省青州市城区402医院西侧　262500　0536-3265021)
福美双/50%/可湿性粉剂/福美双 50%/2009.09.21 至 2010.09.21/中等毒
PD20080318-F02-0260　山东省青州市农药厂
(山东省青州市城区402医院西侧　262500　0536-3265021)
多·福/40%/可湿性粉剂/多菌灵 5%、福美双 35%/2009.09.21 至 2010.09.21/低毒
PD20081879-F02-0261　山东省青岛好利特生物农药有限公司
(山东省莱西市马连庄　266617　0532-85432888)
锰锌·百菌清/64%/可湿性粉剂/百菌清 8%、代森锰锌 56%/2009.01.27 至 2010.01.27/低毒
PD20050123-F02-0263　山东省青岛好利特生物农药有限公司
(山东省莱西市马连庄　266617　0532-85432888)
高效氯氰菊酯/2.5%/乳油/高效氯氰菊酯 2.5%/2009.03.08 至 2010.03.08/中等毒
PD20040448-F02-0267　江苏禾笑化工有限公司
(江苏省江都市小纪镇西贾村　225245　0514-6631149)
三唑磷/20%/乳油/三唑磷 20%/2009.07.22 至 2010.07.22/中等毒
PD20040085-F02-0280　山东省济南海启明化工有限责任公司
(山东省济南市平阴县刁山坡镇刁山坡村　250404　0531-87785569)
高效氯氰菊酯/4.5%/乳油/高效氯氰菊酯 4.5%/2009.04.01 至 2010.04.01/中等毒
PD20081297-F02-0303　山东邹平农药有限公司
(山东省滨州市邹平县县城环城北路190号　256200　0543-4321332)
甲硫·福美双/70%/可湿性粉剂/福美双 40%、甲基硫菌灵 30%/2009.05.25 至 2010.05.25/低毒
PD84125-22-F02-0310　四川德阳万丰科技有限公司
(四川省广汉市连山镇绵远路　618300　0838-5230036)
乙烯利/40%/水剂/乙烯利 40%/2009.06.28 至 2010.06.28/低毒
PD20082541-F02-0315　山东科大创业生物有限公司
(山东省邹平县长山镇长山工业园　256206　0543-4851285)
甲氰·辛硫磷//乳油/甲氰菊酯 5%、辛硫磷 20%/2009.02.15 至 2010.02.15/中等毒
PD76-88F020802　辽宁省大连越达农药化工有限公司
(辽宁省大连市旅顺口区水师营街道火石岭　116041　0411-86233103)
丁草胺/600克/升/水乳剂/丁草胺 600克/升/2009.12.01 至 2010.12.01/低毒
PD20060019F020803　上海农乐生物制品股份有限公司
(上海市松江区沪松路158号　201613　021-57784610)
茚虫威/150克/升/悬浮剂/茚虫威 150克/升/2009.04.22 至 2010.04.22/低毒
PD20092021F020829　河南金田地农化有限责任公司
(河南省郑州市金水区国泰路6号　450045　0371-65558437)
氯氰·辛硫磷/20%/乳油/氯氰菊酯 1.5%、辛硫磷 18.5%/2008.09.24 至 2009.09.24/中等毒
PD20060158F020832　中农住商(天津)农用化学品有限公司
(天津市武清区杨村镇南　301700　022-26971467)
代森锰锌/80%/可湿性粉剂/代森锰锌 80%/2009.01.11 至 2010.01.11/低毒
PD85160-2F020844　河南省南阳大华化工厂
(河南省南阳市宛城区溧河乡经济开发区　473000　0377-62262058)
乙蒜素/80%/乳油/乙蒜素 80%/2009.03.30 至 2010.03.30/中等毒
PD20080926F020847　山东嘉诚农药化工有限公司
(山东省淄博市张店区湖田镇辛安店村　255000　0533-2066420)
喹禾灵/10%/乳油/喹禾灵 10%/2009.07.20 至 2010.07.20/低毒
PD216-97F020853　广东德利生物科技有限公司
(广东省茂名市化州市河东桔城北路26号　525100　0668-7360699)
氯氰菊酯/50克/升/乳油/氯氰菊酯 50克/升/2008.09.28 至 2009.09.28/中等毒
PD84118-26F020857　江苏省新沂市科大农药厂

*登记作物及防治对象见原登记

(江苏省徐州市新沂市经济技术开发区　221400　0516-88069278)
多菌灵/25%/可湿性粉剂/多菌灵 25%/2008.09.13 至 2009.09.13/低毒
PD20040626F020871　山东信邦生物化学有限公司
(山东省烟台市栖霞市栖霞民营经济园　265300　0535-5205958)
哒螨灵/15%/乳油/哒螨灵 15%/2009.12.10 至 2010.12.10/中等毒
PD91106-14F020876　广东省惠州市中迅化工有限公司
(广东省惠州市惠城区仲恺高新技术产业开发区24号小区　516006　0752-2621188)
甲基硫菌灵/70%/可湿性粉剂/甲基硫菌灵 70%/2008.08.16 至 2009.08.16/低毒
PD20086361F020883　天津市阿格罗帕克农药有限公司
(天津市津南区小站镇东　300353　022-28618480)
波尔·锰锌/78%/可湿性粉剂/波尔多液 48%、代森锰锌 30%/2010.02.28 至 2011.02.28/低毒
PD85160-2F020885　河南省南阳市双星试验化工厂
(河南省南阳市东关王营　473000　0377-63137315)
乙蒜素/80%/乳油/乙蒜素 80%/2009.03.30 至 2010.03.30/中等毒
PD300-99F020890　天津市阿格罗帕克农药有限公司
(天津市津南区小站镇东　300353　022-28618480)
抑霉唑/22.2%/乳油/抑霉唑 22.2%/2010.01.13 至 2011.01.13/中等毒
WP20080030F020891　允发化工(上海)有限公司
(上海市奉贤区金汇镇航塘公路1500号　201405　021-57589888)
顺式氯氰菊酯/100克/升/悬浮剂/顺式氯氰菊酯 100克/升/2009.01.22 至 2010.01.22/低毒
WP121-90F020895　允发化工(上海)有限公司
(上海市奉贤区金汇镇航塘公路1500号　201405　021-57589888)
顺式氯氰菊酯/5%/可湿性粉剂/顺式氯氰菊酯 5%/2009.06.03 至 2010.06.03/中等毒
PD86110-7F020896　江苏省苏州凯立生物制品有限公司
(江苏省吴江市七都市工业区　215234　0512-3801688)
嘧啶核苷类抗菌素/4%/水剂/嘧啶核苷类抗菌素 4%/2008.06.23 至 2009.06.23/低毒
PD85122-3F020897　山东省植物保护总站服务部
(山东省济南市历城区桑园路2号　250100　0531-82378751)
福美双/50%/可湿性粉剂/福美双 50%/2005.05.24 至 2010.05.24/中等毒
PD20084585F020904　天津市汉邦植物保护剂有限责任公司
(天津市静海县静海镇高家楼东104国道旁　300160　022-23950219)
氰戊·马拉松/20%/乳油/马拉硫磷 15%、氰戊菊酯 5%/2009.07.05 至 2010.07.05/中等毒
PD85122-15F020906　山东省青岛好利特生物农药有限公司
(山东省莱西市马连庄　266617　0532-85432888)
福美双/50%/可湿性粉剂/福美双 50%/2009.09.24 至 2010.09.24/中等毒
PD86108-3F020929　江西省吉水县赣中生物化工厂
(江西省吉水县醪桥镇　331600　0794-8338225)
菌核净/40%/可湿性粉剂/菌核净 40%/2008.08.24 至 2009.08.24/低毒
PD86159-5F020932　江西省吉水县赣中生物化工厂
(江西省吉水县醪桥镇　331600　0794-8338225)
三乙膦酸铝/40%/可湿性粉剂/三乙膦酸铝 40%/2008.08.24 至 2009.08.24/低毒
PD84125-20F020943　河北神华药业有限公司
(河北省黄骅市经济技术开发区7号路　061100　0317-5334888)
乙烯利/40%/水剂/乙烯利 40%/2009.11.12 至 2010.11.12/低毒
PD86182-10F020951　江苏省溧阳市新球农药化工有限公司
(江苏省常州市溧阳市溧城镇歌岐路55号　213300　0519-7207031)
稻瘟灵/30%/乳油/稻瘟灵 30%/2008.10.28 至 2009.10.28/低毒
PD91106-23F020965　天津市汉邦植物保护剂有限责任公司
(天津市静海县静海镇高家楼东104国道旁　300160　022-23950219)
70%甲基硫菌灵可湿性粉剂//可湿性粉剂/甲基硫菌灵 70%/2005.08.24 至 2010.08.24/低毒
PD85124-7F020966　天津市汉邦植物保护剂有限责任公司
(天津市静海县静海镇高家楼东104国道旁　300160　022-23950219)
福·福锌/80%/可湿性粉剂/福美双 30%、福美锌 50%/2009.11.16 至 2010.11.16/中等毒
PD85150-43F020967　天津市汉邦植物保护剂有限责任公司
(天津市静海县静海镇高家楼东104国道旁　300160　022-23950219)
多菌灵/50%/可湿性粉剂/多菌灵 50%/2005.07.21 至 2010.07.21/低毒
PD20080978F020973　黑龙江省哈尔滨市联丰农药化工有限公司
(黑龙江省哈尔滨市道外区松北区松北镇　150028　0451-88109023)
乙草胺//乳油/乙草胺 900克/升/2009.04.02 至 2010.04.02/低毒
PD20060102F020974　黑龙江省哈尔滨市联丰农药化工有限公司
(黑龙江省哈尔滨市道外区松北区松北镇　150028　0451-88109023)
灭草松/480克/升/水剂/灭草松 480克/升/2009.12.16 至 2010.12.16/低毒
PD20070316F020975　先正达(苏州)作物保护有限公司
(江苏省昆山市经济技术开发区黄浦江中路255号　215301　0512-57716998)
噻菌灵/500克/升/悬浮剂/噻菌灵 500克/升/2008.10.09 至 2009.10.09/低毒
PD84105-7F020982　山东邹平农药有限公司
(山东省滨州市邹平县县城环城北路190号　256200　0543-4321332)
马拉硫磷/45%/乳油/马拉硫磷 45%/2009.12.31 至 2010.12.31/低毒

*登记作物及防治对象见原登记

PD20094839F020988 江苏省南京祥宇农药有限公司
(江苏省南京市江宁区滨江开发区 211162 025-86121898)
噻磺·乙草胺/20%/可湿性粉剂/噻吩磺隆 19%、乙草胺 1%/2009.03.17 至 2010.03.17/低毒
PD85160-2F020995 河南啄木鸟农化有限公司
(河南省郑州市庆丰农化市场9-8号 450002 0371-85698764)
乙蒜素/80%/乳油/乙蒜素 80%/2009.10.26 至 2010.10.26/中等毒
PD85122-13F021023 山东邹平农药有限公司
(山东省滨州市邹平县县城环城北路190号 256200 0543-4321332)
福美双/50%/可湿性粉剂/福美双 50%/2009.12.31 至 2010.12.31/中等毒
PD86182-8F021029 贵州省铜仁地区植保技术服务公司
(贵州省铜仁市北关路2号附23号 554300 0856-5223815)
稻瘟灵/30%/乳油/稻瘟灵 30%/2009.01.12 至 2010.01.12/低毒
PD20083692F021030 河北冠龙农化有限公司
(河北省武邑县审坡镇新兴路8号 053402 0318-5966226)
硫磺·多菌灵//可湿性粉剂/多菌灵 15%、硫磺 35%/2009.12.24 至 2010.12.24/低毒
PD87-88F021035 广东省江门市大光明农化有限公司
(广东省江门市蓬江区江会路69号 529000 0750-3508606)
抗蚜威/50%/水分散粒剂/抗蚜威 50%/2010.01.07 至 2011.01.07/中等毒
PD20070662F021042 上海农乐生物制品股份有限公司
(上海市松江区沪松路158号 201613 021-57784610)
噁酮·氟硅唑/206.7克/升/乳油/噁唑菌酮 100克/升、氟硅唑 106.7克/升/2009.11.30 至 2010.11.30/低毒
PD20040596F021049 山东邹平农药有限公司
(山东省滨州市邹平县县城环城北路190号 256200 0543-4321332)
吡虫啉/10%/可湿性粉剂/吡虫啉 10%/2009.05.24 至 2010.05.24/低毒
PD20082211F021054 山东省青岛好利特生物农药有限公司
(山东省莱西市马连庄 266617 0532-85432888)
霜脲·锰锌/72%/可湿性粉剂/代森锰锌 64%、霜脲氰 8%/2009.01.27 至 2010.01.27/低毒
PD20070664F021058 江苏省南通正达农化有限公司
(江苏省南通市如皋市农业科学研究所内 226576 0513-87381251)
三环唑/75%/可湿性粉剂/三环唑 75%/2008.12.17 至 2009.12.17/中等毒
PD20040402F021062 四川省成都盖尔盖司生物科技制品厂
(四川省成都市新津县花源镇官林村 611433 028-84504959)
三唑酮//可湿性粉剂/三唑酮 15%/2009.04.06 至 2010.04.06/低毒
PD85159-25F030001 四川省成都盖尔盖司生物科技制品厂
(四川省成都市新津县花源镇官林村 611433 028-84504959)
草甘膦/30%/水剂/草甘膦 30%/2009.12.21 至 2010.12.21/低毒
PD20060021F030003 江苏省苏州富美实植物保护剂有限公司
(江苏省苏州工业园区界浦路99号 215126 0512-62863988)
唑草酮/40%/水分散粒剂/唑草酮 40%/2009.01.14 至 2010.01.14/微毒
PD20050145F030010 浙江石原金牛农药有限公司
(浙江省杭州市经济技术开发区3号大街51号 310018 0571-86911312)
噻唑膦/10%/颗粒剂/噻唑膦 10%/2009.12.06 至 2010.12.06/中等毒
PD20092736F030013 河北省沧州志诚化工有限公司
(河北省沧州市盐山县城东化工园区 061300 0317-3301828)
高氯·马/37%/乳油/高效氯氰菊酯 0.8%、马拉硫磷 36.2%/2010.04.07 至 2011.04.09/中等毒
PD20083719F030014 河北省沧州志诚化工有限公司
(河北省沧州市盐山县城东化工园区 061300 0317-3301828)
高氯·敌敌畏//乳油/敌敌畏 19.5%、高效氯氰菊酯 0.5%/2009.12.15 至 2010.12.15/中等毒
PD20083136F030015 河北省沧州志诚化工有限公司
(河北省沧州市盐山县城东化工园区 061300 0317-3301828)
氯氰·辛硫磷//乳油/氯氰菊酯 1.5%、辛硫磷 28.5%/2009.12.10 至 2010.12.10/中等毒
PD86134-8F030020 山东三农农药有限公司
(山东省临沂市莒南县西环路北段西侧 276600 0539-7218750)
多菌灵/40%/悬浮剂/多菌灵 40%/2009.12.29 至 2010.12.29/低毒
PD84125-22F030029 重庆市永川化学制品厂
(重庆市永川何埂镇聚美 402185 023-49815881)
乙烯利/40%/水剂/乙烯利 40%/2009.01.19 至 2010.01.19/低毒
PD86182-8F030034 湖南省湘潭市昭山农药厂
(湖南省湘潭市岳塘区易家湾 411103 0732-3281165)
稻瘟灵/30%/乳油/稻瘟灵 30%/2009.03.07 至 2010.03.07/低毒
PD20060122F030035 江苏省农垦生物化学有限公司
(江苏省南京市南京化学工业园赵丰路19号 210047 025-58392246)
草甘膦异丙胺盐/41%/水剂/草甘膦异丙胺盐 41%/2009.01.07 至 2010.01.07/低毒
PD86180-8F030055 山东绿丰农药有限公司
(山东省青州市马氏路南段东侧 262515 0536-3529527)
百菌清/75%/可湿性粉剂/百菌清 75%/2009.04.08 至 2010.04.08/低毒
PD20040394F030061 湖南大方农化有限公司
(湖南省长沙市芙蓉区东湖 410127 0731-4690178)

*登记作物及防治对象见原登记

哒螨灵/20%/可湿性粉剂/哒螨灵 20%/2008.04.07 至 2009.04.07/中等毒
PD20040590F030062 湖南大方农化有限公司
(湖南省长沙市芙蓉区东湖 410127 0731-4690178)
哒螨灵/15%/乳油/哒螨灵 15%/2008.04.07 至 2009.04.07/中等毒
PD110-89F030073 中农住商(天津)农用化学品有限公司
(天津市武清区杨村镇南 301700 022-26971467)
乳氟禾草灵/240克/升/乳油/乳氟禾草灵 240克/升/2009.04.20 至 2010.04.20/低毒
PD20091288F030076 山东省青州市农药厂
(山东省青州市城区402医院西侧 262500 0536-3265021)
甲硫·福美双/70%/可湿性粉剂/福美双 40%、甲基硫菌灵 30%/2009.05.11 至 2010.05.11/低毒
PD85124-2F030077 山东海讯生物化学有限公司
(山东省济南市槐荫区美里湖开发区美里南路7号 250100 0531-88904638)
福·福锌/80%/可湿性粉剂/福美双 30%、福美锌 50%/2009.03.28 至 2010.03.28/中等毒
PD20040244F030081 山东省淄博美田农药有限公司
(山东省淄博市张店区房镇东首 255095 0533-3885086)
高效氯氰菊酯/4.5%/乳油/高效氯氰菊酯 4.5%/2009.04.08 至 2010.04.08/中等毒
PD20080318F030082 山东绿丰农药有限公司
(山东省青州市马氏路南段东侧 262515 0536-3529527)
多·福/40%/可湿性粉剂/多菌灵 5%、福美双 35%/2009.01.04 至 2010.01.04/低毒
PD85122-3F030086 山东海讯生物化学有限公司
(山东省济南市槐荫区美里湖开发区美里南路7号 250100 0531-88904638)
福美双/50%/可湿性粉剂/福美双 50%/2009.03.28 至 2010.03.28/中等毒
PD20040821F030088 山东神星药业有限公司
(山东省潍坊市青州市北环路中段 262500 0536-3289975)
哒螨灵/20%/可湿性粉剂/哒螨灵 20%/2009.03.11 至 2010.03.11/低毒
PD20050150F030095 中农住商(天津)农用化学品有限公司
(天津市武清区杨村镇南 301700 022-26971467)
莎稗磷/300克/升/乳油/莎稗磷 300克/升/2009.04.20 至 2010.04.20/低毒
PD20070124F030100 江苏龙灯化学有限公司
(江苏省苏州市昆山市经济技术开发区龙灯路88号 215301 0512-57709265)
醚菌酯/50%/水分散粒剂/醚菌酯 50%/2008.12.14 至 2009.12.14/低毒
PD84104-5F030101 浙江龙游东方农药有限公司
(浙江省龙游县城南开发区 324400 0570-7855158)
杀虫双/18%/水剂/杀虫双 18%/2008.04.07 至 2009.04.07/中等毒
PD20040210-F030112 山东神星药业有限公司
(山东省潍坊市青州市北环路中段 262500 0536-3289975)
高效氯氰菊酯/4.5%/乳油/高效氯氰菊酯 4.5%/2009.03.11 至 2010.03.11/中等毒
PD17-86F030114 上海农乐生物制品股份有限公司
(上海市松江区沪松路158号 201613 021-57784610)
氰戊菊酯/20%/乳油/氰戊菊酯 20%/2009.03.15 至 2010.03.15/中等毒
PD84118-12F030116 山东潍坊双星农药有限公司
(山东省寿光市开发区 262700 0536-5196561)
多菌灵/25%/可湿性粉剂/多菌灵 25%/2009.04.01 至 2010.04.01/低毒
PD91106-3F030117 山东潍坊双星农药有限公司
(山东省寿光市开发区 262700 0536-5196561)
甲基硫菌灵/50%/可湿性粉剂/甲基硫菌灵 50%/2009.04.01 至 2010.04.01/低毒
PD20080215F030126 湖南省怀化惠民农药化工有限责任公司
(湖南省怀化市鹤城区迎丰东路475号 418000 0745-2851568)
稻瘟灵/40%/乳油/稻瘟灵 40%/2009.01.26 至 2010.01.08/低毒
PD20040121F030134 河南省周口市先达化工有限公司
(河南省周口市太康县城南谢庄 461400 0394-6917209)
高效氯氰菊酯/2.5%/乳油/高效氯氰菊酯 2.5%/2009.05.25 至 2010.05.25/中等毒
PD86148-26F030143 山东中石药业有限公司
(山东省聊城市阳谷县石门宋工业区 252300 0635-6820989)
异丙威/20%/乳油/异丙威 20%/2009.01.09 至 2010.01.09/中等毒
PD235-98F030154 浙江石原金牛农药有限公司
(浙江省杭州市经济技术开发区3号大街51号 310018 0571-86911312)
烟嘧磺隆/40克/升/悬浮剂/烟嘧磺隆 40克/升/2010.03.16 至 2011.03.16/低毒
PD20040524F030157 湖南省湘潭市昭山农药厂
(湖南省湘潭市岳塘区易家湾 411103 0732-3281165)
三唑磷/20%/乳油/三唑磷 20%/2008.06.01 至 2009.06.01/中等毒
PD20082211F030167 山东省济南东合化工有限公司
(山东省济南市解放东路35号 250100 0531-88933750)
霜脲·锰锌/72%/可湿性粉剂/代森锰锌 64%、霜脲氰 8%/2009.06.07 至 2009.12.31/低毒
PD354-2001F030168 广东省江门市新会区农得丰有限公司
(广东省江门市新会区会城镇河口工业大道 529100 0750-6317240)
草甘膦异丙胺盐/41%/水剂/草甘膦异丙胺盐 41%/2009.05.18 至 2010.05.18/低毒
PD85124-8F030190 陕西省西安西诺农化有限责任公司

*登记作物及防治对象见原登记

(陕西省西安市灞桥区田王街特字1号 710025 029-83603743)
福·福锌/80%/可湿性粉剂/福美双 30%、福美锌 50%/2009.04.19 至 2010.04.19/中等毒

PD20070009F030195 河南省郑州志信农化有限公司
(河南省新郑市欧江大道中段 451150 0371-62620388)
霜霉威盐酸盐/722克/升/水剂/霜霉威盐酸盐 722克/升/2009.05.11 至 2010.05.11/低毒

PD20040582F030204 浙江龙游东方农药有限公司
(浙江省龙游县城南开发区 324400 0570-7855158)
三唑磷/20%/乳油/三唑磷 20%/2008.04.07 至 2009.04.07/中等毒

PD361-2001F030212 广东珠海经济特区瑞农植保技术有限公司
(广东省珠海市金湾区临港工业区大浪湾工业小区 519050 0756-7268813)
精噁唑禾草灵/69克/升/水乳剂/精噁唑禾草灵 69克/升/2008.07.07 至 2009.07.07/低毒

PD20040369F030218 山东省德州祥龙生化有限公司
(山东省德州市宁津县宁津镇 253400 0534-5421836)
吡虫啉/2.5%/可湿性粉剂/吡虫啉 2.5%/2008.06.30 至 2009.06.30/低毒

PD20080071F030231 广东省英德广农康盛化工有限责任公司
(广东省清远市英德市沙口镇红丰管理区 513052 0763-2551401)
硫磺/80%/水分散粒剂/硫磺 80%/2009.09.19 至 2010.09.19/低毒

PD20090804F030236 山东省济南绿邦化工有限公司
(山东省济南市章丘市水寨镇水南村 250100 0531-88908885)
乙草胺/50%/乳油/乙草胺 50%/2008.11.11 至 2009.11.11/低毒

PD85112-11F030244 山东华阳科技股份有限公司
(山东省泰安市宁阳县磁窑镇 271411 0538-5826339)
莠去津/38%/悬浮剂/莠去津 38%/2009.08.17 至 2010.08.17/低毒

PD91106-14F030246 江苏省江阴市农药二厂有限公司
(江苏省江阴市青阴镇青桐路1号 214422 0510-88611372)
甲基硫菌灵/70%/可湿性粉剂/甲基硫菌灵 70%/2008.04.05 至 2009.04.05/低毒

PD37-87F030250 允发化工(上海)有限公司
(上海市奉贤区金汇镇航塘公路1500号 201405 021-57589888)
灭草松/480克/升/液剂/灭草松 480克/升/2009.05.10 至 2010.05.10/低毒

PD85159-13F030263 广东福尔康化工科技股份有限公司
(广东省普宁市燎原镇广揭公路东侧 515344 0663-2687336)
草甘膦/10%/水剂/草甘膦 10%/2008.07.12 至 2009.07.12/低毒

PD340-2000F030266 北京顺意生物农药厂
(北京市顺义区北石槽镇 101300 010-60421788)
毒死蜱/400克/升/乳油/毒死蜱 400克/升/2008.07.13 至 2009.07.13/中等毒

PD333-2000F030267 北京顺意生物农药厂
(北京市顺义区北石槽镇 101300 010-60421788)
顺式氯氰菊酯/30克/升/乳油/顺式氯氰菊酯 30克/升/2009.07.13 至 2010.07.13/中等毒

PD338-2000F030268 北京顺意生物农药厂
(北京市顺义区北石槽镇 101300 010-60421788)
丁硫克百威/200克/升/乳油/丁硫克百威 200克/升/2008.07.13 至 2009.07.13/中等毒

PD356-2001F030269 北京顺意生物农药厂
(北京市顺义区北石槽镇 101300 010-60421788)
溴氰菊酯/25克/升/乳油/溴氰菊酯 25克/升/2008.07.13 至 2009.07.13/中等毒

PD374-2001F030279 江苏龙灯化学有限公司
(江苏省苏州市昆山市经济技术开发区龙灯路88号 215301 0512-57709265)
双胍三辛烷基苯磺酸盐/40%/可湿性粉剂/双胍三辛烷基苯磺酸盐 40%/2009.04.19 至 2010.04.19/低毒

PD20040764F030283 山东省济南海启明化工有限责任公司
(山东省济南市平阴县刁山坡镇刁山坡村 250404 0531-87785569)
氯氰·吡虫啉/5%/乳油/吡虫啉 1%、氯氰菊酯 4%/2009.04.01 至 2010.04.01/中等毒

PD201-95F030284 河南省郑州志信农化有限公司
(河南省新郑市欧江大道中段 451150 0371-62620388)
敌草胺/50%/干悬浮剂/敌草胺 50%/2009.07.01 至 2010.07.01/低毒

PD85125-7F030285 郑州中港万象作物科学有限公司
(河南省郑州市金水区农科路38号5栋东1单元1405室 450008 0371-65825718)
福美胂/40%/可湿性粉剂/福美胂 40%/2009.07.25 至 2010.07.25/中等毒

PD20040792F030286 山东百纳生物科技有限公司
(山东省济南市章丘化工工业园(刁镇) 250200 0531-88681605)
哒螨灵/10%/乳油/哒螨灵 10%/2008.09.20 至 2009.09.20/中等毒

PD20070232F030288 山东东信生物农药有限公司
(山东省聊城市阳谷县阿城工业园 252321 0635-6750969)
福·甲·硫磺/70%/可湿性粉剂/福美双 25%、甲基硫菌灵 14%、硫磺 31%/2009.10.19 至 2010.10.19/中等毒

PD85123-2F030292 郑州中港万象作物科学有限公司
(河南省郑州市金水区农科路38号5栋东1单元1405室 450008 0371-65825718)
胂·锌·福美双/50%/可湿性粉剂/福美甲胂 12.5%、福美双 25%、福美锌 12.5%/2009.07.25 至 2010.07.25/中等毒

PD20040722F030301 山东百纳生物科技有限公司
(山东省济南市章丘化工工业园(刁镇) 250200 0531-88681605)
高氯·吡虫啉/3%/乳油/吡虫啉 1.5%、高效氯氰菊酯 1.5%/2008.09.09 至 2009.09.09/中等毒

*登记作物及防治对象见原登记

企业/登记证号/农药名称/总含量/剂型/有效成分及含量/有效期/毒性

PD20040250F030304 **四川省成都盖尔盖司生物科技制品厂**
（四川省成都市新津县花源镇官林村 611433 028-84504959）
三唑酮/20%/乳油/三唑酮 20%/2009.07.07 至 2010.07.07/低毒

WP20080453F030319 **江苏省苏州富美实植物保护剂有限公司**
（江苏省苏州工业园区界浦路99号 215126 0512-62863988）
氯菊酯/380克/升/乳油/氯菊酯 380克/升/2009.03.19 至 2010.03.19/低毒

PD85160-2F030326 **河南省舞阳县金凤农药厂**
（河南省漯河市舞阳县吴城镇 462401 0395-7632396）
乙蒜素/80%/乳油/乙蒜素 80%/2009.11.05 至 2010.11.05/中等毒

PD20040301F030327 **陕西恒田化工有限公司**
（陕西省西安市未央区凤城三路48号 710016 0913-3230600）
吡虫啉/2.5%/可湿性粉剂/吡虫啉 2.5%/2009.03.31 至 2010.03.31/低毒

PD20081044F030332 **广东省英德广农康盛化工有限责任公司**
（广东省清远市英德市沙口镇红丰管理区 513052 0763-2551401）
波尔多液/80%/可湿性粉剂/波尔多液 80%/2009.03.24 至 2010.03.24/低毒

PD86153-10F030346 **陕西上格之路生物科学有限公司**
（陕西省西安市周至县楼观台南环路十字西500米路北处 710400 029-88218397）
叶枯唑/20%/可湿性粉剂/叶枯唑 20%/2005.10.21 至 2010.10.21/低毒

PD20040501F030347 **陕西上格之路生物科学有限公司**
（陕西省西安市周至县楼观台南环路十字西500米路北处 710400 029-88218397）
三唑磷/40%/乳油/三唑磷 40%/2009.10.21 至 2010.10.21/中等毒

PD20082591F030349 **山东省绿士农药有限公司**
（山东省齐河经济开发区金能大道北首 251100 0534-5756113）
硫磺·多菌灵/25%/可湿性粉剂/多菌灵 12.5%、硫磺 12.5%/2009.11.04 至 2010.11.04/低毒

PD20083325F030356 **浙江石原金牛农药有限公司**
（浙江省杭州市经济技术开发区3号大街51号 310018 0571-86911312）
烟嘧磺隆/80%/可湿性粉剂/烟嘧磺隆 80%/2010.02.18 至 2011.02.18/微毒

LS200179F030360 **广东德利生物科技有限公司**
（广东省茂名市化州市河东桔城北路26号 525100 0668-7360699）
氢氧化铜/37.5%/悬浮剂/氢氧化铜 37.5%/2009.12.31 至 2010.12.31/低毒

PD17-86F030374 **中农住商(天津)农用化学品有限公司**
（天津市武清区杨村镇南 301700 022-26971467）
氰戊菊酯/20%/乳油/氰戊菊酯 20%/2009.11.16 至 2010.11.16/中等毒

PD112-89F030375 **中农住商(天津)农用化学品有限公司**
（天津市武清区杨村镇南 301700 022-26971467）
萎锈·福美双/400克/升/悬浮剂/福美双 200克/升、萎锈灵 200克/升/2009.11.16 至 2010.11.16/低毒

PD20060147F030377 **中农住商(天津)农用化学品有限公司**
（天津市武清区杨村镇南 301700 022-26971467）
唑酯·炔螨特/13%/水乳剂/炔螨特 10%、唑螨酯 3%/2009.11.16 至 2010.11.16/中等毒

PD207-96F030379 **广东德利生物科技有限公司**
（广东省茂名市化州市河东桔城北路26号 525100 0668-7360699）
氟虫脲/50克/升/可分散液剂/氟虫脲 50克/升/2009.12.07 至 2010.12.07/低毒

PD20060134F030385 **河北省沧州志诚化工有限公司**
（河北省沧州市盐山县城东化工园区 061300 0317-3301828）
高效氯氰菊酯/4.5%/乳油/高效氯氰菊酯 4.5%/2009.12.07 至 2010.12.07/中等毒

PD20070414F030392 **天津市汉邦植物保护剂有限责任公司**
（天津市静海县静海镇高家楼东104国道旁 300160 022-23950219）
代森锰锌/80%/可湿性粉剂/代森锰锌 80%/2009.10.27 至 2010.10.27/低毒

WP20090032F030403 **江苏省苏州富美实植物保护剂有限公司**
（江苏省苏州工业园区界浦路99号 215126 0512-62863988）
zeta-氯氰菊酯//水乳剂/zeta-氯氰菊酯 180克/升/2009.03.19 至 2010.03.19/低毒

PD20084656F030404 **四川省成都田丰农业有限公司**
（四川省成都市青白江区祥福镇 610306 028-81326896）
唑磷·毒死蜱/25%/乳油/毒死蜱 8.3%、三唑磷 16.7%/2009.05.13 至 2010.05.13/中等毒

PD20090552F030405 **四川省成都田丰农业有限公司**
（四川省成都市青白江区祥福镇 610306 028-81326896）
高氯·辛硫磷/22%/乳油/高效氯氰菊酯 2%、辛硫磷 20%/2009.05.13 至 2010.05.13/中等毒

PD20091184F030406 **江苏龙灯化学有限公司**
（江苏省苏州市昆山市经济技术开发区龙灯路88号 215301 0512-57709265）
戊唑醇//水乳剂/戊唑醇 25%/2009.12.24 至 2010.12.31/低毒

PD20050025F030413 **四川省成都盖尔盖司生物科技制品厂**
（四川省成都市新津县花源镇官林村 611433 028-84504959）
高效氯氰菊酯/4.5%/乳油/高效氯氰菊酯 4.5%/2009.11.23 至 2010.11.23/中等毒

PD47-87F030417 **上海泰禾（集团）有限公司**
（上海市长宁区北翟路785号 200335 021-62398696）
毒死蜱/480克/升/乳油/毒死蜱 480克/升/2009.11.18 至 2010.11.18/中等毒

PD215-97F030418 **上海泰禾（集团）有限公司**
（上海市长宁区北翟路785号 200335 021-62398696）

*登记作物及防治对象见原登记

高效氟吡甲禾灵/108克/升/乳油/高效氟吡甲禾灵 108克/升/2009.11.18 至 2010.11.18/低毒
PD328-2000F030419 上海泰禾（集团）有限公司
（上海市长宁区北翟路785号 200335 021-62398696）
氯氰·毒死蜱/522.5克/升/乳油/毒死蜱 475克/升、氯氰菊酯 47.5克/升/2009.11.18 至 2010.11.18/中等毒
PD148-91F030420 上海泰禾（集团）有限公司
（上海市长宁区北翟路785号 200335 021-62398696）
氯氟吡氧乙酸/200克/升/乳油/氯氟吡氧乙酸 200克/升/2009.11.18 至 2010.11.18/低毒
PD85112-7F030425 山东省栖霞市化工厂
（山东省烟台市栖霞市文化路624号 265300 0535-5207792）
莠去津/38%/悬浮剂/莠去津 38%/2009.03.18 至 2010.03.18/低毒
PD20091168F030429 辽宁省丹东市农药总厂
（辽宁省丹东市振兴区浪东路5号 118009 0415-6155350）
草甘膦异丙胺盐/480克/升/水剂/草甘膦异丙胺盐 480克/升/2009.06.19 至 2010.06.19/低毒
PD86182-10F030433 江苏江南农化有限公司
（江苏省常州市溧阳市绸缪镇化工园区中心路1号 213322 0519-87843886）
稻瘟灵/30%/乳油/稻瘟灵 30%/2010.01.05 至 2011.01.05/低毒
PD20095905F030437 江苏龙灯化学有限公司
（江苏省苏州市昆山市经济技术开发区龙灯路88号 215301 0512-57709265）
抑霉唑/500克/升/乳油/抑霉唑 500克/升/2009.03.14 至 2010.03.14/低毒
PD20060050F040001 广东珠海经济特区瑞农植保技术有限公司
（广东省珠海市金湾区临港工业区大浪湾工业小区 519050 0756-7268813）
草甘膦铵盐/74.7%/可溶粒剂/草甘膦 74.7%/2009.01.12 至 2010.01.12/低毒
PD85121-30F040006 四川省成都盖尔盖司生物科技制品厂
（四川省成都市新津县花源镇官林村 611433 028-84504959）
乐果/40%/乳油/乐果 40%/2009.01.31 至 2010.01.31/中等毒
PD20050011F040008 拜耳作物科学(中国)有限公司
（浙江省杭州市经济技术开发区内5号路 310018 0571-87265299）
吡虫啉/70%/水分散粒剂/吡虫啉 70%/2009.12.10 至 2010.12.10/中等毒
PD20040504F040012 湖南省怀化惠民农药化工有限责任公司
（湖南省怀化市鹤城区迎丰东路475号 418000 0745-2851568）
三唑磷/13.5%/乳油/三唑磷 13.5%/2009.02.06 至 2010.02.06/中等毒
PD20084598F040016 湖南省怀化惠民农药化工有限责任公司
（湖南省怀化市鹤城区迎丰东路475号 418000 0745-2851568）
氰戊·马拉松/20%/乳油/马拉硫磷 15%、氰戊菊酯 5%/2009.01.26 至 2010.01.08/中等毒
PD20070474F040019 先正达(苏州)作物保护有限公司
（江苏省昆山市经济技术开发区黄浦江中路255号 215301 0512-57716998）
精甲霜灵/350克/升/种子处理乳剂/精甲霜灵 350克/升/2009.02.16 至 2010.02.16/低毒
PD20085984F040021 天津市汉邦植物保护剂有限责任公司
（天津市静海县静海镇高家楼东104国道旁 300160 022-23950219）
甲霜·福美双 /70%/可湿性粉剂/福美双 60%、甲霜灵 10%/2010.01.12 至 2011.01.12/低毒
PD20080180F040028 浙江石原金牛农药有限公司
（浙江省杭州市经济技术开发区3号大街51号 310018 0571-86911312）
氟啶胺/500克/升/悬浮剂/氟啶胺 500克/升/2010.01.03 至 2011.01.03/低毒
PD20040192F040029 山东省绿士农药有限公司
（山东省齐河经济开发区金能大道北首 251100 0534-5756113）
三唑酮/20%/乳油/三唑酮 20%/2009.03.11 至 2010.03.11/低毒
PD20040504F040031 四川省成都盖尔盖司生物科技制品厂
（四川省成都市新津县花源镇官林村 611433 028-84504959）
三唑磷/13.5%/乳油/三唑磷 13.5%/2009.03.28 至 2010.03.28/中等毒
PD86182-8F040035 湖南省怀化惠民农药化工有限责任公司
（湖南省怀化市鹤城区迎丰东路475号 418000 0745-2851568）
稻瘟灵/30%/乳油/稻瘟灵 30%/2009.01.27 至 2010.01.27/低毒
PD20080598F040040 黑龙江省哈尔滨市联丰农药化工有限公司
（黑龙江省哈尔滨市道外区松北区松北镇 150028 0451-88109023）
丁草胺/ /乳油/丁草胺 900克/升/2009.04.02 至 2010.04.02/低毒
PD20050036F040042 湖南省怀化惠民农药化工有限责任公司
（湖南省怀化市鹤城区迎丰东路475号 418000 0745-2851568）
高效氯氰菊酯/4.5%/乳油/高效氯氰菊酯 4.5%/2009.03.19 至 2010.03.19/中等毒
PD20070630F040048 山东省潍坊市瑞星农药有限公司
（山东省潍坊市昌乐县北岩镇工业区 262407 0536-6743788）
异丙甲草胺/72%/乳油/异丙甲草胺 72%/2009.03.14 至 2010.03.14/低毒
PD85131-30F040050 山东邹平农药有限公司
（山东省滨州市邹平县县城环城北路190号 256200 0543-4321332）
井冈霉素/3%,5%/水剂/井冈霉素 3%,5%/2009.03.19 至 2010.03.19/低毒
PD20081118F040053 广东省江门市大光明农化有限公司
（广东省江门市蓬江区江会路69号 529000 0750-3508606）
二氯吡啶酸/75%/可溶性粒剂/二氯吡啶酸 75%/2009.04.01 至 2010.04.01/低毒
PD20040504F040066 陕西省西安西诺农化有限责任公司

*登记作物及防治对象见原登记

（陕西省西安市灞桥区田王街特字1号　710025　029-83603743）
三唑磷/13.5%/乳油/三唑磷 13.5%/2009.07.22 至 2010.07.22/中等毒
PD20081682F040075　**北京中农研创高科技有限公司**
（北京市海淀区中关村南大街12号中国农业科学院187号　100081　010-62145748）
丙溴磷//乳油/丙溴磷 40%/2009.01.01 至 2010.01.01/中等毒
PD20082551F040086　**江苏龙灯化学有限公司**
（江苏省苏州市昆山市经济技术开发区龙灯路88号　215301　0512-57709265）
莠灭净//可湿性粉剂/莠灭净 80%/2009.03.07 至 2010.03.07/低毒
PD20080249F040087　**江苏龙灯化学有限公司**
（江苏省苏州市昆山市经济技术开发区龙灯路88号　215301　0512-57709265）
咪鲜胺/450克/升/乳油/咪鲜胺 450克/升/2009.03.14 至 2010.03.14/低毒
PD20080466F040088　**江苏龙灯化学有限公司**
（江苏省苏州市昆山市经济技术开发区龙灯路88号　215301　0512-57709265）
克菌丹//可湿性粉剂/克菌丹 50%/2009.03.14 至 2010.03.14/低毒
PD20040582F040093　**江苏辉丰农化股份有限公司**
（江苏省大丰市新丰镇中闸村二组　224100　0515-83551820）
三唑磷/20%/乳油/三唑磷 20%/2009.03.24 至 2010.03.24/中等毒
PD61-88F040097　**允发化工（上海）有限公司**
（上海市奉贤区金汇镇航塘公路1500号　201405　021-57589888）
甲基硫菌灵/70%/可湿性粉剂/甲基硫菌灵 70%/2009.04.05 至 2010.04.05/低毒
PD85154-21F040108　**陕西省西安常隆正华作物保护有限公司**
（陕西省西安市临潼区新丰镇道北路　710600　029-83979980）
氰戊菊酯/20%/乳油/氰戊菊酯 20%/2009.04.28 至 2010.04.28/中等毒
PD20070602F040109　**陕西省西安常隆正华作物保护有限公司**
（陕西省西安市临潼区新丰镇道北路　710600　029-83979980）
啶虫脒/3%/乳油/啶虫脒 3%/2008.04.28 至 2009.04.28/中等毒
PD20040701F040110　**陕西省西安常隆正华作物保护有限公司**
（陕西省西安市临潼区新丰镇道北路　710600　029-83979980）
吡虫啉/20%/可溶性浓剂/吡虫啉 20%/2009.04.28 至 2010.04.28/低毒
PD85123-2F040112　**湖南丰田作物科学有限公司**
（湖南省岳阳市云溪工业园　414009　0730-8419847）
胂·锌·福美双/50%/可湿性粉剂/福美甲胂 12.5%、福美双 25%、福美锌 12.5%/2009.05.16 至 2010.05.16/中等毒
PD85122-3F040113　**湖南丰田作物科学有限公司**
（湖南省岳阳市云溪工业园　414009　0730-8419847）
福美双/50%/可湿性粉剂/福美双 50%/2009.05.16 至 2010.05.16/中等毒
PD29-87F040125　**中农住商（天津）农用化学品有限公司**
（天津市武清区杨村镇南　301700　022-26971467）
炔螨特/73%/乳油/炔螨特 73%/2009.06.20 至 2010.06.20/低毒
PD20070439F040130　**中农住商（天津）农用化学品有限公司**
（天津市武清区杨村镇南　301700　022-26971467）
三唑酮/25%/可湿性粉剂/三唑酮 25%/2009.07.05 至 2010.07.05/低毒
PD85124-8F040131　**山东科大创业生物有限公司**
（山东省邹平县长山镇长山工业园　256206　0543-4851285）
福·福锌/80%/可湿性粉剂/福美双 30%、福美锌 50%/2009.02.15 至 2010.02.15/中等毒
PD300-99F040132　**江苏省农垦生物化学有限公司**
（江苏省南京市南京化学工业园赵丰路19号　210047　025-58392246）
抑霉唑/22.2%/乳油/抑霉唑 22.2%/2009.08.18 至 2010.08.18/中等毒
PD20070158F040134　**江苏省农垦生物化学有限公司**
（江苏省南京市南京化学工业园赵丰路19号　210047　025-58392246）
精噁唑禾草灵/69克/升/水乳剂/精噁唑禾草灵 69克/升/2009.07.14 至 2010.07.14/低毒
PD20086020F040135　**上海菱农化工有限公司**
（上海市嘉定区南翔扬子路625号　201802　021-59123055）
嘧草醚/10%/可湿性粉剂/嘧草醚 10%/2009.03.05 至 2010.03.05/低毒
PD225-97F040136　**拜耳作物科学（中国）有限公司**
（浙江省杭州市经济技术开发区内5号路　310018　0571-87265299）
霜霉威盐酸盐/722克/升/水剂/霜霉威盐酸盐 722克/升/2009.07.22 至 2010.07.22/低毒
PD20060014F040137　**拜耳作物科学（中国）有限公司**
（浙江省杭州市经济技术开发区内5号路　310018　0571-87265299）
嘧霉胺/400克/升/悬浮剂/嘧霉胺 400克/升/2009.07.22 至 2010.07.22/低毒
PD20080846F040138　**先正达（苏州）作物保护有限公司**
（江苏省昆山市经济技术开发区黄浦江中路255号　215301　0512-57716998）
精甲霜·锰锌/68%/水分散粒剂/精甲霜灵 4%、代森锰锌 64%/2009.07.25 至 2010.07.24/低毒
PD20070203F040139　**先正达（苏州）作物保护有限公司**
（江苏省昆山市经济技术开发区黄浦江中路255号　215301　0512-57716998）
嘧菌酯/50%/水分散粒剂/嘧菌酯 50%/2009.07.25 至 2010.07.24/低毒
PD20040019F040141　**上海杜邦农化有限公司**
（上海市浦东新区浦东北路3055号　200137　021-58672488）
砜嘧磺隆/25%/水分散粒剂/砜嘧磺隆 25%/2009.08.20 至 2010.08.20/低毒

*登记作物及防治对象见原登记

企业/登记证号/农药名称/总含量/剂型/有效成分及含量/有效期/毒性

PD85112-7F040144 **山都丽化工有限公司**
(河南省周口市建设路东段10号 466001 0394-8690100)
莠去津/38%/悬浮剂/莠去津 38%/2009.08.30 至 2010.08.30/低毒
PD111-89F040145 **中农住商(天津)农用化学品有限公司**
(天津市武清区杨村镇南 301700 022-26971467)
萎锈·福美双/75%/可湿性粉剂/福美双 37.5%、萎锈灵 37.5%/2009.09.20 至 2010.09.20/低毒
PD102-89F040146 **中农住商(天津)农用化学品有限公司**
(天津市武清区杨村镇南 301700 022-26971467)
炔螨特/57%/乳油/炔螨特 57%/2009.09.20 至 2010.09.20/低毒
PD85122-13F040148 **山东科大创业生物有限公司**
(山东省邹平县长山镇长山工业园 256206 0543-4851285)
福美双/50%/可湿性粉剂/福美双 50%/2008.09.27 至 2009.09.27/中等毒
PD20060184F040149 **上海泰禾(集团)有限公司**
(上海市长宁区北翟路785号 200335 021-62398696)
丙环唑/250克/升/乳油/丙环唑 250克/升/2009.09.30 至 2010.09.30/低毒
PD20050158F040151 **上海泰禾(集团)有限公司**
(上海市长宁区北翟路785号 200335 021-62398696)
氯氰·毒死蜱/220克/升/乳油/毒死蜱 200克/升、氯氰菊酯 20克/升/2008.09.30 至 2009.09.30/中等毒
PD20060041F040153 **上海泰禾(集团)有限公司**
(上海市长宁区北翟路785号 200335 021-62398696)
氰氟草酯/100克/升/乳油/氰氟草酯 100克/升/2009.10.11 至 2010.10.11/低毒
PD20096032F040155 **先正达(苏州)作物保护有限公司**
(江苏省昆山市经济技术开发区黄浦江中路255号 215301 0512-57716998)
草甘膦钾盐(43%)///水剂/草甘膦 35%/2009.11.11 至 2010.11.11/微毒
PD20070378F040156 **拜耳作物科学(中国)有限公司**
(浙江省杭州市经济技术开发区内5号路 310018 0571-87265299)
螺螨酯/240克/升/悬浮剂/螺螨酯 240克/升/2009.12.02 至 2010.12.02/低毒
PD20060005F040159 **上海泰禾(集团)有限公司**
(上海市长宁区北翟路785号 200335 021-62398696)
多杀霉素/25克/升/悬浮剂/多杀霉素 25克/升/2009.12.21 至 2010.12.21/低毒
PD20050197F040160 **上海泰禾(集团)有限公司**
(上海市长宁区北翟路785号 200335 021-62398696)
甲氧虫酰肼/240克/升/悬浮剂/甲氧虫酰肼 240克/升/2009.12.21 至 2010.12.21/低毒
PD109-89F040161 **上海泰禾(集团)有限公司**
(上海市长宁区北翟路785号 200335 021-62398696)
乙氧氟草醚/240克/升/乳油/乙氧氟草醚 240克/升/2009.12.21 至 2010.12.21/低毒
PD20070195F040162 **上海泰禾(集团)有限公司**
(上海市长宁区北翟路785号 200335 021-62398696)
多素·毒死蜱/525克/升/乳油/毒死蜱 500克/升、多杀霉素 25克/升/2009.12.21 至 2010.12.21/低毒
PD20070350F040163 **上海泰禾(集团)有限公司**
(上海市长宁区北翟路785号 200335 021-62398696)
五氟磺草胺/25克/升/油悬浮剂/五氟磺草胺 25克/升/2009.12.21 至 2010.12.21/低毒
PD20070111F040164 **上海泰禾(集团)有限公司**
(上海市长宁区北翟路785号 200335 021-62398696)
双氟·唑嘧胺/58克/升/悬浮剂/双氟磺草胺 25克/升、唑嘧磺草胺 33克/升/2009.12.21 至 2010.12.21/低毒
PD20030016F050009 **北京顺意生物农药厂**
(北京市顺义区北石槽镇 101300 010-60421788)
甲基硫菌灵/70%/可湿性粉剂/甲基硫菌灵 70%/2009.01.22 至 2010.01.22/低毒
PD20030013F050010 **北京顺意生物农药厂**
(北京市顺义区北石槽镇 101300 010-60421788)
丙环唑/250克/升/乳油/丙环唑 250克/升/2009.02.22 至 2010.02.22/低毒
PD20081721F050011 **中农住商(天津)农用化学品有限公司**
(天津市武清区杨村镇南 301700 022-26971467)
氟磺胺草醚//水剂/氟磺胺草醚 250克/升/2009.01.01 至 2010.01.01/低毒
PD85102-11F050012 **广西壮族自治区化工研究院**
(广西壮族自治区南宁市城北区望州路北二里7号 530001 0771-3331751)
2甲4氯钠盐/13%/水剂/2甲4氯钠 13%/2009.01.26 至 2010.01.26/低毒
PD85103-3F050013 **广西壮族自治区化工研究院**
(广西壮族自治区南宁市城北区望州路北二里7号 530001 0771-3331751)
2甲4氯钠/56%/可溶粉剂/2甲4氯钠 56%/2009.01.26 至 2010.01.26/低毒
PD20070106F050021 **拜耳作物科学(中国)有限公司**
(浙江省杭州市经济技术开发区内5号路 310018 0571-87265299)
氟虫腈/80%/水分散粒剂/氟虫腈 80%/2009.02.05 至 2010.02.05/中等毒
PD294-99F050022 **广东德利生物科技有限公司**
(广东省茂名市化州市河东桔城北路26号 525100 0668-7360699)
氢氧化铜/53.8%/水分散粒剂/氢氧化铜 53.8%/2009.02.05 至 2010.02.05/低毒
PD20082694F050027 **广西南宁利民农用化学品有限公司**
(广西壮族自治区南宁市新城区邕宾路6号 530023 0771-5709105)

*登记作物及防治对象见原登记

高效氯氟氰菊酯/0.6%/乳油/高效氯氟氰菊酯 0.6%/2009.02.07 至 2010.02.07/中等毒
PD20080532F050028 浙江威尔达化工有限公司
(浙江省杭州市余杭区塘栖超山 311106 0571-86375788)
S-氰戊菊酯//水乳剂/S-氰戊菊酯 50克/升/2009.04.09 至 2010.04.09/中等毒
PD64-88F050029 广东珠海经济特区瑞农植保技术有限公司
(广东省珠海市金湾区临港工业区大浪湾工业小区 519050 0756-7268813)
异菌脲/50%/可湿性粉剂/异菌脲 50%/2009.04.12 至 2010.04.12/低毒
PD20030004F050030 广东省江门市大光明农化有限公司
(广东省江门市蓬江区江会路69号 529000 0750-3508606)
咪鲜胺/450克/升/水乳剂/咪鲜胺 450克/升/2009.04.12 至 2010.04.12/低毒
PD72-88F050031 广东省江门市大光明农化有限公司
(广东省江门市蓬江区江会路69号 529000 0750-3508606)
杀螟丹/98%/可溶性粉剂/杀螟丹 98%/2009.04.12 至 2010.04.12/中等毒
PD20030018F050034 广东珠海经济特区瑞农植保技术有限公司
(广东省珠海市金湾区临港工业区大浪湾工业小区 519050 0756-7268813)
咪鲜胺/250克/升/乳油/咪鲜胺 250克/升/2008.04.14 至 2009.04.14/低毒
PD20070064F050040 广东珠海经济特区瑞农植保技术有限公司
(广东省珠海市金湾区临港工业区大浪湾工业小区 519050 0756-7268813)
甲硫·乙霉威/65%/可湿性粉剂/甲基硫菌灵 52.5%、乙霉威 12.5%/2009.04.14 至 2010.04.14/低毒
PD386-2003F050041 广东珠海经济特区瑞农植保技术有限公司
(广东省珠海市金湾区临港工业区大浪湾工业小区 519050 0756-7268813)
咪鲜胺/50%/可湿性粉剂/咪鲜胺 50%/2209.04.14 至 2010.04.14/低毒
PD20070093F050043 广东省江门市大光明农化有限公司
(广东省江门市蓬江区江会路69号 529000 0750-3508606)
茚虫威/30%/水分散粒剂/茚虫威 30%/2009.04.15 至 2010.04.15/低毒
PD20090969F050044 兴农药业(上海)有限公司
(上海市奉贤区柘林镇北村路28号 201416 021-57493733)
戊唑醇/43%/悬浮剂/戊唑醇 43%/2009.05.23 至 2010.05.22/低毒
PD20080870F050045 兴农药业(上海)有限公司
(上海市奉贤区柘林镇北村路28号 201416 021-57493733)
代森锰锌//可湿性粉剂/代森锰锌 80%/2008.12.31 至 2009.12.31/低毒
PD20081619F050048 兴农药业(上海)有限公司
(上海市奉贤区柘林镇北村路28号 201416 021-57493733)
锰锌·腈菌唑//可湿性粉剂/腈菌唑 2.25%、代森锰锌 60%/2009.04.23 至 2010.04.23/低毒
PD20092501F050049 兴农药业(上海)有限公司
(上海市奉贤区柘林镇北村路28号 201416 021-57493733)
丙森锌/70%/可湿性粉剂/丙森锌 70%/2009.06.10 至 2010.06.09/低毒
PD369-2001F050054 允发化工(上海)有限公司
(上海市奉贤区金汇镇航塘公路1500号 201405 021-57589888)
代森锌/65%/可湿性粉剂/代森锌 65%/2009.08.04 至 2010.08.04/低毒
PD20050147F050055 天津市阿格罗帕克农药有限公司
(天津市津南区小站镇东 300353 022-28618480)
噻苯隆/50%/可湿性粉剂/噻苯隆 50%/2008.08.04 至 2009.08.04/中等毒
PD74-88F050056 上海菱农化工有限公司
(上海市嘉定区南翔扬子路625号 201802 021-59123055)
腐霉利/50%/可湿性粉剂/腐霉利 50%/2009.08.04 至 2010.08.04/低毒
PD20070064F050058 上海菱农化工有限公司
(上海市嘉定区南翔扬子路625号 201802 021-59123055)
甲硫·乙霉威/65%/可湿性粉剂/甲基硫菌灵 52.5%、乙霉威 12.5%/2009.08.15 至 2010.08.15/低毒
PD375-2002F050059 允发化工(上海)有限公司
(上海市奉贤区金汇镇航塘公路1500号 201405 021-57589888)
代森锰锌/80%/可湿性粉剂/代森锰锌 80%/2009.08.15 至 2010.08.15/低毒
PD19-86F050060 中农住商(天津)农用化学品有限公司
(天津市武清区杨村镇南 301700 022-26971467)
稻瘟灵/40%/可湿性粉剂/稻瘟灵 40%/2009.08.17 至 2010.08.17/低毒
PD20080464F050067 广东德利生物科技有限公司
(广东省茂名市化州市河东桔城北路26号 525100 0668-7360699)
吡唑醚菌酯/25%/乳油/吡唑醚菌酯 25%/2009.09.09 至 2010.09.09/中等毒
PD20081445F050068 拜耳作物科学(中国)有限公司
(浙江省杭州市经济技术开发区内5号路 310018 0571-87265299)
二磺·甲碘隆/3.6%/水分散粒剂/甲基二磺隆 3%、甲基碘磺隆钠盐 0.6%/2009.10.31 至 2010.10.31/低毒
PD20094158F050070 中农住商(天津)农用化学品有限公司
(天津市武清区杨村镇南 301700 022-26971467)
高效氯氟氰菊酯//可湿性粉剂/高效氯氟氰菊酯 2.5%/2009.09.14 至 2010.09.14/低毒
PD20090735F050071 中农住商(天津)农用化学品有限公司
(天津市武清区杨村镇南 301700 022-26971467)
氢氧化铜/57.6%/水分散粒剂/氢氧化铜 57.6%/2009.09.14 至 2010.09.14/低毒
PD20083144F050073 湖南绿叶化工有限公司

*登记作物及防治对象见原登记

(湖南省长沙市天心区芙蓉中路三段270号 410007 0731-5228337)
啶虫脒/5%/可湿性粉剂/啶虫脒 5%/2009.03.24 至 2010.03.24/低毒

PD243-98F050075 江苏省农垦生物化学有限公司
(江苏省南京市南京化学工业园赵丰路19号 210047 025-58392246)
乙草胺/900克/升/乳油/乙草胺 900克/升/2009.10.21 至 2014.10.21/低毒

PD137-91F050076 江苏省农垦生物化学有限公司
(江苏省南京市南京化学工业园赵丰路19号 210047 025-58392246)
丁草胺/600克/升/乳油/丁草胺 600克/升/2009.10.21 至 2014.10.21/低毒

PD88-88F050077 江苏省农垦生物化学有限公司
(江苏省南京市南京化学工业园赵丰路19号 210047 025-58392246)
甲草胺/480克/升/乳油/甲草胺 480克/升/2009.10.21 至 2010.10.21/低毒

WP29-96F050078 允发化工(上海)有限公司
(上海市奉贤区金汇镇航塘公路1500号 201405 021-57589888)
高效顺式氯氰菊酯/1.5%/悬浮剂/顺式氯氰菊酯 1.5%/2009.11.04 至 2010.11.04/低毒

PD20080506F050079 允发化工(上海)有限公司
(上海市奉贤区金汇镇航塘公路1500号 201405 021-57589888)
唑醚·代森联/60%/水分散粒剂/吡唑醚菌酯 5%、代森联 55%/2009.11.04 至 2010.11.04/低毒

PD20050200F050080 广东省江门市大光明农化有限公司
(广东省江门市蓬江区江会路69号 529000 0750-3508606)
丙森·缬霉威/66.8%/可湿性粉剂/丙森锌 61.3%、缬霉威 5.5%/2009.11.04 至 2010.11.04/低毒

PD309-99F050081 允发化工(上海)有限公司
(上海市奉贤区金汇镇航塘公路1500号 201405 021-57589888)
代森锌/80%/可湿性粉剂/代森锌 80%/2009.11.04 至 2010.11.04/低毒

PD20070190F050082 广东德利生物科技有限公司
(广东省茂名市化州市河东桔城北路26号 525100 0668-7360699)
多杀霉素/480克/升/悬浮剂/多杀霉素 480克/升/2009.11.30 至 2010.11.30/低毒

PD347-2001F050085 辽宁省大连越达农药化工有限公司
(辽宁省大连市旅顺口区水师营街道火石岭 116041 0411-86233103)
丙草胺/500克/升/乳油/丙草胺 500克/升/2008.11.30 至 2009.11.30/低毒

PD20070198F060002 中农住商(天津)农用化学品有限公司
(天津市武清区杨村镇南 301700 022-26971467)
氯氰菊酯/300克/升/悬浮种衣剂/氯氰菊酯 300克/升/2009.01.09 至 2010.01.09/中等毒

PD85112-3F060006 辽宁省大连松辽化工有限公司
(辽宁省大连市甘井子区工兴路22号 116031 0411-86671213)
莠去津/38%/悬浮剂/莠去津 38%/2010.01.09 至 2011.01.09/低毒

PD20091168F060008 浙江威尔达化工有限公司
(浙江省杭州市余杭区塘栖超山 311106 0571-86375788)
草甘膦异丙胺盐/480克/升/水剂/草甘膦异丙胺盐 480克/升/2009.06.10 至 2010.06.10/低毒

LS20050549F060009 广西汇丰药肥厂
(广西壮族自治区南宁市邕宁县邕宁沿海开发区玉洞工业园 530221 0771-4018216)
柴油·敌敌畏/80%/乳油/柴油 30%、敌敌畏 50%/2008.01.09 至 2009.01.09/中等毒

PD20097587F060011 江苏华裕农化有限公司
(江苏省扬州市江都市小纪镇竹墩路 225246 0514-86599110)
吗胍·乙酸铜//可湿性粉剂/盐酸吗啉胍 16%、乙酸铜 4%/2008.12.31 至 2009.12.31/低毒

PD20050158F060013 广东德利生物科技有限公司
(广东省茂名市化州市河东桔城北路26号 525100 0668-7360699)
氯氰·毒死蜱/220克/升/乳油/毒死蜱 200克/升、氯氰菊酯 20克/升/2009.01.16 至 2010.01.16/中等毒

PD20070611F060014 天津市阿格罗帕克农药有限公司
(天津市津南区小站镇东 300353 022-28618480)
丙炔噁草酮/80%/可湿性粉剂/丙炔噁草酮 80%/2010.01.24 至 2011.01.24/低毒

PD20090116F060015 山东科大创业生物有限公司
(山东省邹平县长山镇长山工业园 256206 0543-4851285)
烯唑·三唑酮/15%/乳油/三唑酮 10%、烯唑醇 5%/2009.01.24 至 2010.01.24/低毒

PD268-99F060017 上海农乐生物制品股份有限公司
(上海市松江区沪松路158号 201613 021-57784610)
碱式硫酸铜/27.12%/悬浮剂/碱式硫酸铜 27.12%/2009.01.24 至 2010.01.24/低毒

PD365-2001F060018 天津市阿格罗帕克农药有限公司
(天津市津南区小站镇东 300353 022-28618480)
吡虫啉/200克/升/可溶液剂/吡虫啉 200克/升/2009.01.24 至 2010.01.24/低毒

LS20053687F060019 湖南瑞泽农化有限公司
(湖南省长沙市芙蓉区荷花园中扬华苑701室 410016 0731-4770396)
噻嗪·杀虫单/25%/可湿性粉剂/噻嗪酮 5%、杀虫单 20%/2008.01.25 至 2009.01.25/中等毒

PD20060010F060027 天津市阿格罗帕克农药有限公司
(天津市津南区小站镇东 300353 022-28618480)
乙氧磺隆/15%/水分散粒剂/乙氧磺隆 15%/2009.02.21 至 2010.02.21/低毒

PD20086210F060030 河南省郑州豫珠新技术实验厂
(河南省郑州市金水区农科路38号金成国际广场4号楼103室 450008 0371-65862383)
扑·乙/40%/悬乳剂/扑草净 10%、乙草胺 30%/2009.02.22 至 2010.02.22/低毒

*登记作物及防治对象见原登记

企业/登记证号/农药名称/总含量/剂型/有效成分及含量/有效期/毒性

PD20070199F060031　　广东省江门市大光明农化有限公司
（广东省江门市蓬江区江会路69号　529000　0750-3508606）
腈菌唑/40%/可湿性粉剂/腈菌唑 40%/2010.02.22 至 2011.02.22/低毒
LS20051533F060035　　江苏省农垦生物化学有限公司
（江苏省南京市南京化学工业园赵丰路19号　210047　025-58392246）
氢氧化铜/53.8%/可湿性粉剂/氢氧化铜 53.8%/2008.02.22 至 2009.02.22/低毒
PD20040021F060036　　广东珠海经济特区瑞农植保技术有限公司
（广东省珠海市金湾区临港工业区大浪湾工业小区　519050　0756-7268813）
百菌清/75%/可湿性粉剂/百菌清 75%/2008.03.02 至 2009.03.02/低毒
PD86103-2F060038　　山东省栖霞市化工厂
（山东省烟台市栖霞市文化路624号　265300　0535-5207792）
莠去津/48%/可湿性粉剂/莠去津 48%/2009.03.02 至 2010.03.02/低毒
PD20040382F060039　　山东科大创业生物有限公司
（山东省邹平县长山镇长山工业园　256206　0543-4851285）
吡虫啉/10%/乳油/吡虫啉 10%/2009.03.02 至 2010.03.02/低毒
PD20093352F060040　　山东省栖霞市化工厂
（山东省烟台市栖霞市文化路624号　265300　0535-5207792）
草甘膦//水剂/草甘膦 10%/2008.03.02 至 2009.03.01/低毒
PD20040785F060041　　湖南绿叶化工有限公司
（湖南省长沙市天心区芙蓉中路三段270号　410007　0731-5228337）
三唑磷/10%/乳油/三唑磷 10%/2009.03.06 至 2010.03.06/中等毒
PD20070127F060045　　上海泰禾（集团）有限公司
（上海市长宁区北翟路785号　200335　021-62398696）
噻呋酰胺/240克/升/悬浮剂/噻呋酰胺 240克/升/2009.03.09 至 2010.03.08/低毒
PD20050187F060047　　先正达(苏州)作物保护有限公司
（江苏省昆山市经济技术开发区黄浦江中路255号　215301　0512-57716998）
精异丙甲草胺/960克/升/乳油/精异丙甲草胺 960克/升/2009.03.09 至 2010.03.09/低毒
PD20060002F060048　　先正达(苏州)作物保护有限公司
（江苏省昆山市经济技术开发区黄浦江中路255号　215301　0512-57716998）
噻虫嗪/70%/种子处理可分散粉剂/噻虫嗪 70%/2009.03.09 至 2010.03.09/低毒
PD20060003F060050　　先正达(苏州)作物保护有限公司
（江苏省昆山市经济技术开发区黄浦江中路255号　215301　0512-57716998）
噻虫嗪/25%/水分散粒剂/噻虫嗪 25%/2009.03.09 至 2010.03.09/低毒
PD20060033F060051　　先正达(苏州)作物保护有限公司
（江苏省昆山市经济技术开发区黄浦江中路255号　215301　0512-57716998）
嘧菌酯/250克/升/悬浮剂/嘧菌酯 250克/升/2009.03.09 至 2010.03.09/低毒
PD153-92F060052　　上海泰禾（集团）有限公司
（上海市长宁区北翟路785号　200335　021-62398696）
三氯吡氧乙酸/480克/升/乳油/三氯吡氧乙酸 480克/升/2009.03.09 至 2010.03.09/低毒
PD20090012F060053　　拜耳作物科学(中国)有限公司
（浙江省杭州市经济技术开发区内5号路　310018　0571-87265299）
氟菌·霜霉威/687.5克/升/悬浮剂/霜霉威盐酸盐 625克/升、氟吡菌胺 62.5克/升/2009.03.09 至 2010.03.08/低毒
PD367-2001F060058　　江苏省农垦生物化学有限公司
（江苏省南京市南京化学工业园赵丰路19号　210047　025-58392246）
戊唑醇/2%/湿拌种剂/戊唑醇 2%/2009.04.04 至 2010.04.04/低毒
PD20091728F060061　　宁夏格瑞精细化工有限公司
（宁夏回族自治区平罗县太沙工业区　753400　0952-3950069）
草甘膦//可溶粉剂/草甘膦 50%/2008.04.10 至 2009.04.09/低毒
PD382-2002F060065　　允发化工(上海)有限公司
（上海市奉贤区金汇镇航塘公路1500号　201405　021-57589888）
王铜·代森锌/52%/可湿性粉剂/代森锌 15%、王铜 37%/2009.04.10 至 2010.04.10/低毒
PD85112-17F060072　　江苏瑞邦农药厂有限公司
（江苏省金坛市华城东路8号　213200　0519-82330773）
莠去津/38%/悬浮剂/莠去津 38%/2009.04.13 至 2010.04.13/低毒
PD20040564F060079　　江西巴菲特化工有限公司
（江西省永修县江上星火　330307　0792-3170228）
三唑磷/20%/乳油/三唑磷 20%/2009.04.19 至 2010.04.19/中等毒
PD20040715F060081　　江西巴菲特化工有限公司
（江西省永修县江上星火　330307　0792-3170228）
吡虫·杀虫单/70%/可湿性粉剂/吡虫啉 2.5%、杀虫单 67.5%/2009.04.19 至 2010.04.19/中等毒
PD20094208F060086　　北京顺意生物农药厂
（北京市顺义区北石槽镇　101300　010-60421788）
福美双//水分散粒剂/福美双 80%/2008.04.24 至 2009.04.23/低毒
LS20031984F060090　　河南省郑州志信农化有限公司
（河南省新郑市欧江大道中段　451150　0371-62620388）
矿物油/98.9%/乳油/矿物油 98.9%/2008.05.12 至 2009.05.11/微毒
PD20080481F060099　　四川省成都田丰农业有限公司
（四川省成都市青白江区祥福镇　610306　028-81326896）

*登记作物及防治对象见原登记

多效唑/15%/可湿性粉剂/多效唑 15%/2009.05.19 至 2010.05.19/低毒
PD20090134F060110　四川省成都田丰农业有限公司
（四川省成都市青白江区祥福镇　610306　028-81326896）
四螨·哒螨灵/16%/可湿性粉剂/哒螨灵 9%、四螨嗪 7%/2009.05.13 至 2010.05.13/中等毒
PD175-93F060111　广东德利生物科技有限公司
（广东省茂名市化州市河东桔城北路26号　525100　0668-7360699）
赤霉酸/20%/可溶粉剂/赤霉酸 20%/2009.06.26 至 2010.06.26/低毒
LS20053570F060112　河南省郑州豫珠新技术实验厂
（河南省郑州市金水区农科路38号金成国际广场4号楼103室　450008　0371-65862383）
莠去津/20%/悬浮剂/莠去津 20%/2009.06.26 至 2010.06.26/低毒
PD204-95F060116　上海生农生化制品有限公司
（上海市松江区洞泾镇洞舟路51号　201619　021-67679572）
氢氧化铜/77%/可湿性粉剂/氢氧化铜 77%/2009.06.26 至 2010.06.26/低毒
PD20060068F060117　上海生农生化制品有限公司
（上海市松江区洞泾镇洞舟路51号　201619　021-67679572）
代森锰锌/80%/可湿性粉剂/代森锰锌 80%/2009.06.26 至 2010.06.26/低毒
PD352-2001F060120　广东省中山市凯达精细化工股份有限公司石岐农药厂
（广东省中山市东区起湾路　528402　0760-88713153）
氯氰菊酯/10%/乳油/氯氰菊酯 10%/2009.07.18 至 2010.07.18/中等毒
PD20090444F060121　天津市阿格罗帕克农药有限公司
（天津市津南区小站镇东　300353　022-28618480）
噻苯·敌草隆/54%/悬浮剂/敌草隆 18%、噻苯隆 36%/2009.07.18 至 2010.07.17/中等毒
PD20081106F060123　允发化工(上海)有限公司
（上海市奉贤区金汇镇航塘公路1500号　201405　021-57589888）
啶酰菌胺//水分散粒剂/啶酰菌胺 50%/2009.08.03 至 2010.08.02/低毒
PD20050014F060127　江苏省农垦生物化学有限公司
（江苏省南京市南京化学工业园赵丰路19号　210047　025-58392246）
戊唑醇/60克/升/悬浮种衣剂/戊唑醇 60克/升/2009.09.22 至 2010.09.22/低毒
PD20040338F060128　河北威远生物化工股份有限公司
（河北省石家庄市长安区和平东路383号　050031　400-800-5888）
高氯·马/20%/乳油/高效氯氰菊酯 1.5%、马拉硫磷 18.5%/2009.09.22 至 2010.09.22/中等毒
PD20091189F060129　河北威远生物化工股份有限公司
（河北省石家庄市长安区和平东路383号　050031　400-800-5888）
高效氯氟氰菊酯//水乳剂/高效氯氟氰菊酯 2.5%/2009.09.22 至 2010.09.22/中等毒
PD20092815F060131　上海威敌生化(南昌)有限公司
（江西省南昌市进贤县工业开发区威化路　331700　0791-5690498）
甲·灭·敌草隆//可湿性粉剂/敌草隆 15%、2甲4氯 10%、莠灭净 30%/2008.11.01 至 2009.11.01/低毒
PD20070528F060133　江苏省苏州富美实植物保护剂有限公司
（江苏省苏州工业园区界浦路99号　215126　0512-62863988）
异噁草松/360克/升/微囊悬浮剂/异噁草松 360克/升/2009.02.28 至 2010.02.28/低毒
PD20070366F060134　允发化工(上海)有限公司
（上海市奉贤区金汇镇航塘公路1500号　201405　021-57589888）
灭菌唑/25克/升/悬浮种衣剂/灭菌唑 25克/升/2009.11.01 至 2010.11.01/低毒
PD85159-5F060135　湖南新安江化工有限公司
（湖南省津市市车胤大道266号　415500　0736-3121191）
草甘膦/10%/水剂/草甘膦 10%/2009.11.02 至 2009.12.31/低毒
PD20050192F060139　天津市阿格罗帕克农药有限公司
（天津市津南区小站镇东　300353　022-28618480）
丙森锌/70%/可湿性粉剂/丙森锌 70%/2009.12.07 至 2010.12.07/低毒
PD20081060F060141　内蒙古神威科技开发有限责任公司
（内蒙古自治区呼和浩特市昭马达路306号　010018　0471-4301490）
异噁草松/48%/乳油/异噁草松 48%/2008.12.11 至 2009.12.11/低毒
PD20081873F060142　内蒙古神威科技开发有限责任公司
（内蒙古自治区呼和浩特市昭马达路306号　010018　0471-4301490）
氟磺胺草醚//水剂/氟磺胺草醚 25%/2008.12.11 至 2009.12.11/低毒
PD20050014F060145　拜耳作物科学(中国)有限公司
（浙江省杭州市经济技术开发区内5号路　310018　0571-87265299）
戊唑醇/60克/升/悬浮种衣剂/戊唑醇 60克/升/2009.12.26 至 2010.12.26/低毒
PD220-97F060147　中农住商(天津)农用化学品有限公司
（天津市武清区杨村镇南　301700　022-26971467）
代森锰锌/80%/可湿性粉剂/代森锰锌 80%/2009.12.26 至 2010.12.26/低毒
PD284-99F060148　江苏省苏州富美实植物保护剂有限公司
（江苏省苏州工业园区界浦路99号　215126　0512-62863988）
丁硫克百威/35%/种子处理干粉剂/丁硫克百威 35%/2008.12.26 至 2009.12.26/中等毒
PD20080512F060149　湖南省湘阴县瑞泽农药有限公司
（湖南省湘阴县玉华乡来龙村　414600　0730-2603555）
甲氰菊酯/20%/乳油/甲氰菊酯 20%/2008.12.26 至 2009.12.26/中等毒
PD6-85F060150　中农住商(天津)农用化学品有限公司

*登记作物及防治对象见原登记

（天津市武清区杨村镇南　301700　022-26971467）
三环唑/75%/可湿性粉剂/三环唑 75%/2009.12.26 至 2010.12.26/低毒
PD20050216F060153　　拜耳作物科学（中国）有限公司
（浙江省杭州市经济技术开发区内5号路　310018　0571-87265299）
戊唑醇/430克/升/悬浮剂/戊唑醇 430克/升/2009.12.26 至 2010.12.26/低毒
PD354-2001F070001　　江苏省农垦生物化学有限公司
（江苏省南京市南京化学工业园赵丰路19号　210047　025-58392246）
草甘膦/41%/水剂/草甘膦 41%/2009.01.16 至 2010.01.16/低毒
PD20070038F070002　　江苏省农垦生物化学有限公司
（江苏省南京市南京化学工业园赵丰路19号　210047　025-58392246）
草甘膦异丙胺盐/41%/水剂/草甘膦异丙胺盐 41%/2009.01.16 至 2010.01.16/低毒
LS20050857F070003　　河南省南阳市福来石油化学有限公司
（河南省南阳市七一路五号　473010　0377-63216501）
氧化亚铜/86.2%/水分散粒剂/氧化亚铜 86.2%/2009.01.18 至 2010.01.18/低毒
PD20092309F070006　　辽宁省大连松辽化工有限公司
（辽宁省大连市甘井子区工兴路22号　116031　0411-86671213）
乙草胺/90.5%/乳油/乙草胺 90.5%/2010.02.07 至 2011.02.07/低毒
PD20096826F070008　　上海威敌生化（南昌）有限公司
（江西省南昌市进贤县工业开发区威化路　331700　0791-5690498）
炔草酸//可湿性粉剂/炔草酯 15%/2009.02.09 至 2010.02.09/低毒
PD20081161F070009　　湖南省湘阴县瑞泽农药有限公司
（湖南省湘阴县玉华乡来龙村　414600　0730-2603555）
乙草胺/50%/乳油/乙草胺 50%/2009.02.08 至 2010.02.08/低毒
PD20082881F070011　　山东通用化学品有限公司
（山东省阳谷县寿张镇双庙杜村　252300　0635-6820127）
乙·莠//悬乳剂/乙草胺 15%、莠去津 25%/2009.04.11 至 2010.04.11/低毒
PD20090601F070013　　利民化工股份有限公司
（江苏省新沂市经济开发区　221400　0516-88927453）
代森锰锌//可湿性粉剂/代森锰锌 80%/2009.02.26 至 2010.02.26/低毒
PD85112-16F070014　　吉林省瑞野农药有限公司
（吉林省公主岭市国家农业科技园区瑞泽工业园　136100　0434-6268055）
莠去津/38%/悬浮剂/莠去津 38%/2009.02.25 至 2010.02.25/低毒
PD20070370F070015　　江苏龙灯化学有限公司
（江苏省苏州市昆山市经济技术开发区龙灯路88号　215301　0512-57709265）
甲咪唑烟酸/240克/升/水剂/甲咪唑烟酸 240克/升/2009.02.25 至 2010.02.25/低毒
PD85112-5F070018　　山东通用化学品有限公司
（山东省阳谷县寿张镇双庙杜村　252300　0635-6820127）
莠去津/38%/悬浮剂/莠去津 38%/2009.03.09 至 2010.03.09/低毒
PD20096536F070019　　山东通用化学品有限公司
（山东省阳谷县寿张镇双庙杜村　252300　0635-6820127）
丁草胺//乳油/丁草胺 50%/2008.06.26 至 2009.06.26/低毒
PD20070061F070020　　先正达（苏州）作物保护有限公司
（江苏省昆山市经济技术开发区黄浦江中路255号　215301　0512-57716998）
苯醚甲环唑/10%/水分散粒剂/苯醚甲环唑 10%/2009.03.20 至 2010.03.20/低毒
PD20084727F070021　　山东华阳科技股份有限公司
（山东省泰安市宁阳县磁窑镇　271411　0538-5826339）
多菌灵/80%/可湿性粉剂/多菌灵 80%/2009.03.21 至 2010.03.21/低毒
PD86103-3F070022　　吉林邦农生物农药有限公司
（吉林省长春市绿园区青年路9549号　130114　0431-2631666）
莠去津/48%/可湿性粉剂/莠去津 48%/2008.03.21 至 2009.03.21/低毒
PD86105-4F070023　　吉林邦农生物农药有限公司
（吉林省长春市绿园区青年路9549号　130114　0431-2631666）
西草净/25%/可湿性粉剂/西草净 25%/2009.03.21 至 2010.03.21/低毒
PD20097193F070024　　浙江省杭州宇龙化工有限公司
（浙江省杭州市余杭区塘栖工业开发区　311106　0571-86225339）
毒死蜱//乳油/毒死蜱 480克/升/2009.04.11 至 2010.04.11/中等毒
PD345-2000F070025　　广东省汕头市宏光化工有限公司
（广东省汕头市澄海区溪南中心工业区金山路　515832　0754-5757038）
百菌清/40%/悬浮剂/百菌清 40%/2009.04.11 至 2010.04.11/低毒
PD20070311F070026　　广东省佛山市盈辉作物科学有限公司
（广东省佛山市高明区更合镇白石工业区　528522　0757-83872808）
氟腈·三唑磷/210克/升/乳油/氟虫腈 10克/升、三唑磷 200克/升/2008.04.11 至 2009.04.11/中等毒
PD20095828F070027　　河北省邯郸市建华植物农药厂
（河北省邯郸市北环西路　056106　0310-7195018）
啶虫脒/20%/可溶粉剂/啶虫脒 20%/2009.04.12 至 2010.04.12/低毒
LS20050372F070029　　江苏克胜集团股份有限公司
（江苏省盐城市建湖县盐淮路888号　224700　0515-6273958）
吡虫·噻嗪酮/18%/可湿性粉剂/吡虫啉 4%、噻嗪酮 14%/2008.04.12 至 2009.04.12/低毒

*登记作物及防治对象见原登记

PD20097253F070031 吉林金秋农药有限公司
(吉林省磐石市磐石大街325号 132300 0432-5223363)
莠去津//水分散粒剂/莠去津 90%/2009.03.25 至 2009.08.21/低毒
PD20082282F070032 吉林金秋农药有限公司
(吉林省磐石市磐石大街325号 132300 0432-5223363)
莠去津/50%/悬浮剂/莠去津 50%/2009.04.18 至 2010.04.18/低毒
PD20093210F070034 河北安瑞特化工有限公司
(河北省邯郸市鸡泽县曹庄工业区 057350 0310-7631888)
异丙草·莠/41%/悬乳剂/异丙草胺 18%、莠去津 23%/2009.04.18 至 2010.04.18/低毒
PD84104-61F070036 广东福尔康化工科技股份有限公司
(广东省普宁市燎原镇广揭公路东侧 515344 0663-2687336)
杀虫双/18%/水剂/杀虫双 18%/2009.04.18 至 2010.04.18/中等毒
PD20081109F070038 上海禾本药业有限公司
(上海市金山区亭林镇工业园区南区林宝路2号 201505 021-67232276-8009)
氟唑磺隆/70%/水分散粒剂/氟唑磺隆 70%/2009.04.20 至 2010.04.20/低毒
PD20070350F070039 中农住商(天津)农用化学品有限公司
(天津市武清区杨村镇南 301700 022-26971467)
五氟磺草胺/25克/升/油悬浮剂/五氟磺草胺 25克/升/2009.04.26 至 2010.04.26/低毒
PD148-91F070040 中农住商(天津)农用化学品有限公司
(天津市武清区杨村镇南 301700 022-26971467)
氯氟吡氧乙酸/200克/升/乳油/氯氟吡氧乙酸 200克/升/2009.04.26 至 2010.04.26/低毒
PD20081118F070041 中农住商(天津)农用化学品有限公司
(天津市武清区杨村镇南 301700 022-26971467)
二氯吡啶酸/75%/可溶性粒剂/二氯吡啶酸 75%/2009.04.26 至 2010.04.26/低毒
PD20060041F070042 中农住商(天津)农用化学品有限公司
(天津市武清区杨村镇南 301700 022-26971467)
氰氟草酯/100克/升/乳油/氰氟草酯 100克/升/2009.04.26 至 2010.04.26/低毒
PD20098452F070044 湖南绿叶化工有限公司
(湖南省长沙市天心区芙蓉中路三段270号 410007 0731-5228337)
氟铃·辛硫磷//乳油/氟铃脲 2%、辛硫磷 18%/2008.05.08 至 2009.05.08/低毒
PD236-98F070045 上海菱农化工有限公司
(上海市嘉定区南翔扬子路625号 201802 021-59123055)
氟烯草酸/100克/升/乳油/氟烯草酸 100克/升/2009.05.08 至 2010.05.08/低毒
PD20096700F070047 四川诺富尔作物科技有限公司
(四川省安岳县通贤镇北大街63号 642352 028－88743510)
唑磷·毒死蜱//乳油/毒死蜱 7%、三唑磷 23%/2008.05.08 至 2009.05.08/中等毒
PD20070088F070048 先正达(苏州)作物保护有限公司
(江苏省昆山市经济技术开发区黄浦江中路255号 215301 0512-57716998)
苯甲·丙环唑/300克/升/乳油/苯醚甲环唑 150克/升、丙环唑 150克/升/2009.05.09 至 2010.05.09/低毒
PD20093759F070050 湖南省娄底化工总厂
(湖南省娄底市西郊 417008 0738-8710278)
唑磷·毒死蜱//乳油/毒死蜱 5%、三唑磷 20%/2008.05.18 至 2009.05.18/中等毒
PD20040339F070051 湖南省娄底化工总厂
(湖南省娄底市西郊 417008 0738-8710278)
吡虫啉/2.5%/乳油/吡虫啉 2.5%/2008.05.18 至 2009.05.18/低毒
PD20070051F070052 拜耳作物科学(中国)有限公司
(浙江省杭州市经济技术开发区内5号路 310018 0571-87265299)
甲基二磺隆/30克/升/油悬浮剂/甲基二磺隆 30克/升/2009.05.21 至 2010.05.21/低毒
LS20070720F070053 先正达(苏州)作物保护有限公司
(江苏省昆山市经济技术开发区黄浦江中路255号 215301 0512-57716998)
嘧菌环胺/50%/水分散粒剂/嘧菌环胺 50%/2009.05.30 至 2010.05.30/低毒
LS20070722F070054 先正达(苏州)作物保护有限公司
(江苏省昆山市经济技术开发区黄浦江中路255号 215301 0512-57716998)
苯甲·嘧菌酯/325克/升/悬浮剂/苯醚甲环唑 125克/升、嘧菌酯 200克/升/2009.05.30 至 2010.05.30/低毒
PD20030016F070055 中农住商(天津)农用化学品有限公司
(天津市武清区杨村镇南 301700 022-26971467)
甲基硫菌灵/70%/可湿性粉剂/甲基硫菌灵 70%/2008.05.30 至 2009.05.30/低毒
PD20090218F070057 南昌赣丰化工农药有限公司
(江西省南昌西新建石埠岗群线工业园 330100 0791-3712799，3516999)
高效氯氟氰菊酯//乳油/高效氯氟氰菊酯 0.6%/2008.05.30 至 2009.05.30/中等毒
PD20081557F070059 南昌赣丰化工农药有限公司
(江西省南昌西新建石埠岗群线工业园 330100 0791-3712799，3516999)
高效氯氟氰菊酯//乳油/高效氯氟氰菊酯 2.5%/2008.05.30 至 2009.05.30/中等毒
LS20061798F070060 重庆中邦药业(集团)有限公司
(重庆市涪陵区清溪镇平原村 408013 023-72714888)
乙甲·毒死蜱/35%/可湿性粉剂/毒死蜱 14%、乙酰甲胺磷 21%/2009.06.05 至 2010.06.05/中等毒
PD20096700F070061 重庆中邦药业(集团)有限公司
(重庆市涪陵区清溪镇平原村 408013 023-72714888)

*登记作物及防治对象见原登记

唑磷·毒死蜱//乳油/毒死蜱 7%、三唑磷 23%/2009.06.05 至 2010.06.05/中等毒
PD20096820F070062　先正达(苏州)作物保护有限公司
(江苏省昆山市经济技术开发区黄浦江中路255号　215301　0512-57716998)
硝磺草酮//悬浮剂/硝磺草酮 100克/升/2009.06.06 至 2010.06.06/低毒
PD20070054F070063　先正达(苏州)作物保护有限公司
(江苏省昆山市经济技术开发区黄浦江中路255号　215301　0512-57716998)
苯醚甲环唑/30克/升/悬浮种衣剂/苯醚甲环唑 30克/升/2009.06.06 至 2010.06.06/低毒
PD20070120F070064　江苏省农垦生物化学有限公司
(江苏省南京市南京化学工业园赵丰路19号　210047　025-58392246)
超敏蛋白/3%/微粒剂/超敏蛋白 3%/2009.07.17 至 2010.07.17/低毒
PD20080426F070065　中农住商(天津)农用化学品有限公司
(天津市武清区杨村镇南　301700　022-26971467)
草甘膦/50%/可溶粒剂/草甘膦 50%/2008.08.03 至 2009.08.03/低毒
PD20040022F070068　广东省英德广农康盛化工有限责任公司
(广东省清远市英德市沙口镇红丰管理区　513052　0763-2551401)
炔螨特/570克/升/乳油/炔螨特 570克/升/2009.08.08 至 2010.08.08/低毒
PD20092816F070070　陕西省蒲城美尔果农化有限责任公司
(陕西省渭南市蒲城县乡企大市场65号　715500　0913-7213173)
嘧霉·福美双//可湿性粉剂/福美双 40%、嘧霉胺 10%/2009.08.30 至 2010.08.30/低毒
PD20060184F070071　广东德利生物科技有限公司
(广东省茂名市化州市河东桔城北路26号　525100　0668-7360699)
丙环唑/250克/升/乳油/丙环唑 250克/升/2009.09.04 至 2010.09.04/低毒
PD20080675F070072　广东德利生物科技有限公司
(广东省茂名市化州市河东桔城北路26号　525100　0668-7360699)
高效氯氟氰菊酯/1.5%/悬浮剂/精高效氯氟氰菊酯 1.5%/2008.09.04 至 2009.09.04/微毒
LS20071624F070079　浙江威尔达化工有限公司
(浙江省杭州市余杭区塘栖超山　311106　0571-86375788)
三氟甲吡醚/100克/升/乳油/三氟甲吡醚 100克/升/2009.09.12 至 2010.09.12/低毒
PD20085803F070082　河南省郑州大河农化有限公司
(河南省郑州市管城区圃田乡小店村　450047　0371-67217111)
精喹禾灵//乳油/精喹禾灵 8.8%/2009.10.10 至 2010.10.10/低毒
PD20070124F070083　允发化工(上海)有限公司
(上海市奉贤区金汇镇航塘公路1500号　201405　021-57589888)
醚菌酯/50%/水分散粒剂/醚菌酯 50%/2009.10.24 至 2010.10.24/低毒
LS20071624F070084　上海菱农化工有限公司
(上海市嘉定区南翔扬子路625号　201802　021-59123055)
三氟甲吡醚/100克/升/乳油/三氟甲吡醚 100克/升/2009.10.24 至 2010.10.24/低毒
LS20071152F070085　山东众邦农药有限公司
(山东省临沂市李官镇　276000　0539-8672388)
莠去津/80%/可湿性粉剂/莠去津 80%/2009.11.05 至 2010.11.05/低毒
PD20093801F070086　山东众邦农药有限公司
(山东省临沂市李官镇　276000　0539-8672388)
乙草胺/50%/乳油/乙草胺 50%/2009.05.11 至 2010.05.11/低毒
PD20050056F070087　江苏省农垦生物化学有限公司
(江苏省南京市南京化学工业园赵丰路19号　210047　025-58392246)
吡虫啉/600克/升/悬浮种衣剂/吡虫啉 600克/升/2009.11.05 至 2010.11.05/中等毒
PD20070439F070088　江苏省农垦生物化学有限公司
(江苏省南京市南京化学工业园赵丰路19号　210047　025-58392246)
三唑酮/25%/可湿性粉剂/三唑酮 25%/2009.11.05 至 2010.11.05/低毒
PD20091009F070089　山东众邦农药有限公司
(山东省临沂市李官镇　276000　0539-8672388)
乙草胺//乳油/乙草胺 900克/升/2009.11.05 至 2010.11.05/低毒
LS20052443F070090　山东众邦农药有限公司
(山东省临沂市李官镇　276000　0539-8672388)
多·福/50%/可湿性粉剂/多菌灵 10%、福美双 40%/2008.11.05 至 2009.07.12/低毒
LS20071621F070091　先正达(苏州)作物保护有限公司
(江苏省昆山市经济技术开发区黄浦江中路255号　215301　0512-57716998)
嘧菌·百菌清/560克/升/悬浮剂/百菌清 500克/升、嘧菌酯 60克/升/2009.11.05 至 2010.11.05/低毒
LS20071963F070092　先正达(苏州)作物保护有限公司
(江苏省昆山市经济技术开发区黄浦江中路255号　215301　0512-57716998)
三环·丙唑/525克/升/悬乳剂/丙环唑 125克/升、三环唑 400克/升/2008.11.05 至 2009.11.05/低毒
PD20070088F070093　广东省江门市植保有限公司
(广东省江门市建设二路51号　529000　0750-3287333)
苯甲·丙环唑/300克/升/乳油/苯醚甲环唑 150克/升、丙环唑 150克/升/2009.11.20 至 2010.11.20/低毒
PD365-2001F070094　拜耳作物科学(中国)有限公司
(浙江省杭州市经济技术开发区内5号路　310018　0571-87265299)
吡虫啉/200克/升/可溶液剂/吡虫啉 200克/升/2009.11.20 至 2010.11.20/低毒
PD20070345F070095　先正达(苏州)作物保护有限公司

*登记作物及防治对象见原登记

(江苏省昆山市经济技术开发区黄浦江中路255号 215301 0512-57716998)
咯菌·精甲霜/35克/升/悬浮种衣剂/咯菌腈 25克/升、精甲霜灵 10克/升/2009.12.19 至 2010.12.19/低毒

LS20071308F080001 先正达(苏州)作物保护有限公司
(江苏省昆山市经济技术开发区黄浦江中路255号 215301 0512-57716998)
精甲·百菌清/440克/升/悬浮剂/百菌清 400克/升、精甲霜灵 40克/升/2010.01.03 至 2011.01.03/低毒

PD20070344F080002 先正达(苏州)作物保护有限公司
(江苏省昆山市经济技术开发区黄浦江中路255号 215301 0512-57716998)
虱螨脲/50克/升/乳油/虱螨脲 50克/升/2010.01.03 至 2011.01.03/低毒

LS20071871F080003 江苏省昆山市鼎烽农药有限公司
(江苏省昆山市周市镇尉州路21号 215314 0512-57621705)
三氟啶磺隆钠盐/75%/水分散粒剂/三氟啶磺隆钠盐 75%/2010.01.05 至 2011.01.05/低毒

PD20040698F080004 新疆锦华农药有限公司
(新疆维吾尔自治区五家渠市工业园区 831300 0994-5829056)
吡虫啉/20%/可溶液剂/吡虫啉 20%/2009.01.25 至 2010.01.25/低毒

PD20093663F080005 新疆锦华农药有限公司
(新疆维吾尔自治区五家渠市工业园区 831300 0994-5829056)
高效氯氰菊酯//水乳剂/高效氯氰菊酯 4.5%/2008.01.24 至 2009.01.24/低毒

PD20086120F080006 辽宁省大连松辽化工有限公司
(辽宁省大连市甘井子区工兴路22号 116031 0411-86671213)
吡嘧磺隆//可湿性粉剂/吡嘧磺隆 10%/2009.01.24 至 2010.01.24/低毒

PD20050192F080007 中农住商(天津)农用化学品有限公司
(天津市武清区杨村镇南 301700 022-26971467)
丙森锌/70%/可湿性粉剂/丙森锌 70%/2009.01.24 至 2010.01.24/低毒

PD20082304F080008 辽宁省大连松辽化工有限公司
(辽宁省大连市甘井子区工兴路22号 116031 0411-86671213)
丙草胺//乳油/丙草胺 50%/2010.01.24 至 2011.01.24/低毒

PD187-94F080009 中农住商(天津)农用化学品有限公司
(天津市武清区杨村镇南 301700 022-26971467)
吡嘧磺隆/10%/可湿性粉剂/吡嘧磺隆 10%/2009.01.24 至 2010.01.24/低毒

PD20095389F080010 中农住商(天津)农用化学品有限公司
(天津市武清区杨村镇南 301700 022-26971467)
赤霉酸/20%/可溶粉剂/赤霉酸 20%/2009.01.24 至 2010.01.24/微毒

PD117-90F080011 中农住商(天津)农用化学品有限公司
(天津市武清区杨村镇南 301700 022-26971467)
除虫脲/25%/可湿性粉剂/除虫脲 25%/2009.01.24 至 2010.01.24/低毒

LS20052437F080012 山东嘉诚农药化工有限公司
(山东省淄博市张店区湖田镇辛安店村 255000 0533-2066420)
烯啶虫胺/50%/可溶粒剂/烯啶虫胺 50%/2009.02.20 至 2010.02.20/低毒

PD20096819F080013 山东嘉诚农药化工有限公司
(山东省淄博市张店区湖田镇辛安店村 255000 0533-2066420)
烯啶虫胺//可溶液剂/烯啶虫胺 10%/2009.02.20 至 2010.02.20/低毒

PD20085798F080014 山东通用化学品有限公司
(山东省阳谷县寿张镇双庙杜村 252300 0635-6820127)
乙草胺//乳油/乙草胺 50%/2009.02.25 至 2010.02.25/低毒

LS20060169F080015 天津市阿格罗帕克农药有限公司
(天津市津南区小站镇东 300353 022-28618480)
丙二醇藻酸酯/0.12%/悬浮剂/藻酸丙二醇酯 0.12%/2008.02.29 至 2009.02.28/低毒

LS20080236F080016 上海生农生化制品有限公司
(上海市松江区洞泾镇洞舟路51号 201619 021-67679572)
氯虫苯甲酰胺/200克/升/悬浮剂/氯虫苯甲酰胺 200克/升/2009.02.28 至 2010.02.28/微毒

LS99463F080017 四川稼得利科技开发有限公司
(四川省简阳市贾家镇竹林村九社 641421 0832-7037106)
氨基寡糖素/0.5%/水剂/氨基寡糖素 0.5%/2009.03.04 至 2010.03.04/低毒

PD20070675F080018 陕西西大华特科技实业有限公司
(陕西省西安市高新技术产业开发区高新4路13号 710075 029-88320109)
啶虫脒/20%/可溶液剂/啶虫脒 20%/2009.03.06 至 2010.03.06/低毒

LS20061671F080019 陕西西大华特科技实业有限公司
(陕西省西安市高新技术产业开发区高新4路13号 710075 029-88320109)
吡虫啉/350克/升/悬浮剂/吡虫啉 350克/升/2009.03.06 至 2010.03.06/低毒

PD20093980F080020 辽宁省大连松辽化工有限公司
(辽宁省大连市甘井子区工兴路22号 116031 0411-86671213)
烯草酮//乳油/烯草酮 24%/2009.03.07 至 2010.03.07/低毒

PD20095080F080021 辽宁省大连松辽化工有限公司
(辽宁省大连市甘井子区工兴路22号 116031 0411-86671213)
莠去津//悬浮剂/莠去津 55%/2010.03.07 至 2011.03.07/低毒

PD20091841F080022 辽宁省大连松辽化工有限公司
(辽宁省大连市甘井子区工兴路22号 116031 0411-86671213)
烯草酮//乳油/烯草酮 120克/升/2008.03.07 至 2009.03.07/低毒

*登记作物及防治对象见原登记

PD20070365F080023　允发化工(上海)有限公司
(上海市奉贤区金汇镇航塘公路1500号　201405　021-57589888)
氟环唑/125克/升/悬浮剂/氟环唑 125克/升/2009.03.17 至 2010.03.17/低毒
PD20070375F080024　允发化工(上海)有限公司
(上海市奉贤区金汇镇航塘公路1500号　201405　021-57589888)
代森联/70%/水分散粒剂/代森联 70%/2009.03.17 至 2010.03.17/低毒
PD20070342F080025　允发化工(上海)有限公司
(上海市奉贤区金汇镇航塘公路1500号　201405　021-57589888)
烯酰吗啉/50%/可湿性粉剂/烯酰吗啉 50%/2009.03.17 至 2010.03.17/低毒
PD20070130F080026　允发化工(上海)有限公司
(上海市奉贤区金汇镇航塘公路1500号　201405　021-57589888)
四氟醚唑/4%/水乳剂/四氟醚唑 4%/2009.03.17 至 2010.03.17/低毒
PD20097193F080027　山东田丰生物科技有限公司
(山东省德州市天衢工业园恒东路18号　253035　0534-2730586)
毒死蜱//乳油/毒死蜱 480克/升/2009.03.17 至 2010.03.17/中等毒
WP20080305F080028　益阳市润野化工有限公司
(湖南省益阳市赫山区泉交河镇柏家冲村　413043　)
高效氯氟氰菊酯//乳油/高效氯氟氰菊酯 0.6%/2008.03.27 至 2009.03.27/中等毒
LS20061332F080029　湖南绿叶化工有限公司
(湖南省长沙市天心区芙蓉中路三段270号　410007　0731-5228337)
顺氯·氟铃脲/3%/乳油/氟铃脲 2%、顺式氯氰菊酯 1%/2009.03.27 至 2010.03.27/低毒
LS20070912F080030　江苏禾业农化有限公司
(江苏省盐城市射阳县临海化工集中区　224354　0515-82540118)
三苯基乙酸锡/45%/可湿性粉剂/三苯基乙酸锡 45%/2009.03.27 至 2010.03.27/低毒
LS20072480F080031　先正达(苏州)作物保护有限公司
(江苏省昆山市经济技术开发区黄浦江中路255号　215301　0512-57716998)
双炔酰菌胺/250克/升/悬浮剂/双炔酰菌胺 250克/升/2009.04.07 至 2010.04.07/低毒
PD20083580F080032　盐城苏滨生物农化有限公司
(江苏省盐城市滨海县坎园路63号　224500　0515-2081982)
毒死蜱/480克/升/乳油/毒死蜱 480克/升/2009.05.12 至 2010.05.12/中等毒
PD20086361F080033　江苏省农垦生物化学有限公司
(江苏省南京市南京化学工业园赵丰路19号　210047　025-58392246)
波尔·锰锌/78%/可湿性粉剂/波尔多液 48%、代森锰锌 30%/2009.06.04 至 2010.06.04/低毒
PD20090894F080034　上海农乐生物制品股份有限公司
(上海市松江区沪松路158号　201613　021-57784610)
噻嗪酮/25%/可湿性粉剂/噻嗪酮 25%/2009.06.23 至 2010.06.23/低毒
PD20082590F080035　上海生农生化制品有限公司
(上海市松江区洞泾镇洞舟路51号　201619　021-67679572)
代森锰锌/75%/水分散粒剂/代森锰锌 75%/2009.06.23 至 2010.06.23/低毒
LS20080811F080036　上海生农生化制品有限公司
(上海市松江区洞泾镇洞舟路51号　201619　021-67679572)
氯虫苯甲酰胺/35%/水分散粒剂/氯虫苯甲酰胺 35%/2009.08.06 至 2010.08.06/微毒
LS20080240F080037　北京顺意生物农药厂
(北京市顺义区北石槽镇　101300　010-60421788)
除虫菊素/1.5%/水乳剂/除虫菊素 1.5%/2009.08.06 至 2010.08.06/低毒
LS20081443F080038　上海生农生化制品有限公司
(上海市松江区洞泾镇洞舟路51号　201619　021-67679572)
氯虫苯甲酰胺/5%/悬浮剂/氯虫苯甲酰胺 5%/2009.08.06 至 2010.08.06/微毒
PD173-93F080039　广东省江门市大光明农化有限公司
(广东省江门市蓬江区江会路69号　529000　0750-3508606)
硫双威/75%/可湿性粉剂/硫双威 75%/2009.09.11 至 2010.09.11/中等毒
PD20060023F080040　上海生农生化制品有限公司
(上海市松江区洞泾镇洞舟路51号　201619　021-67679572)
霜脲·锰锌/72%/可湿性粉剂/代森锰锌 64%、霜脲氰 8%/2009.09.11 至 2010.09.11/低毒
LS20082339F080041　上海生农生化制品有限公司
(上海市松江区洞泾镇洞舟路51号　201619　021-67679572)
茚虫威/150克/升/乳油/茚虫威 150克/升/2009.09.11 至 2010.09.11/低毒
PD20084775F080042　上海泰禾(集团)有限公司
(上海市长宁区北翟路785号　200335　021-62398696)
稻瘟灵/40%/乳油/稻瘟灵 40%/2009.09.11 至 2010.09.11/低毒
LS20070320F080043　天津市华宇农药有限公司
(天津市青泊洼农场　300385　022-83718955)
苯醚甲环唑/10%/水分散粒剂/苯醚甲环唑 10%/2009.10.09 至 2010.10.09/低毒
PD20050150F080044　东部韩农(黑龙江)化工有限公司
(黑龙江省宁安市宁安农场工业开发区　157412　0453-7842873)
莎稗磷/300克/升/乳油/莎稗磷 300克/升/2009.10.22 至 2010.10.22/低毒
LS20071467F080045　宁夏格瑞精细化工有限公司
(宁夏回族自治区平罗县太沙工业区　753400　0952-3950069)

*登记作物及防治对象见原登记

草甘膦/10%/水剂/草甘膦 10%/2008.10.28 至 2009.10.28/低毒

PD20070130F080046 **上海泰禾(集团)有限公司**
(上海市长宁区北翟路785号 200335 021-62398696)
四氟醚唑/4%/水乳剂/四氟醚唑 4%/2009.10.28 至 2010.10.28/低毒

WL96604F080047 **广东省江门市大光明农化有限公司**
(广东省江门市蓬江区江会路69号 529000 0750-3508606)
噁虫威/80%/可湿性粉剂/噁虫威 80%/2008.11.04 至 2009.11.04/中等毒

WP20080089F080047 **广东省江门市大光明农化有限公司**
(广东省江门市蓬江区江会路69号 529000 0750-3508606)
噁虫威/80%/可湿性粉剂/噁虫威 80%/2009.11.04 至 2010.11.04/中等毒

PD20096644F080048 **先正达(苏州)作物保护有限公司**
(江苏省昆山市经济技术开发区黄浦江中路255号 215301 0512-57716998)
精甲·咯菌腈/62.5克/升/悬浮种衣剂/咯菌腈 25克/升、精甲霜灵 37.5克/升/2009.11.04 至 2010.11.04/微毒

PD20096847F080049 **江苏省农垦生物化学有限公司**
(江苏省南京市南京化学工业园赵丰路19号 210047 025-58392246)
草铵膦/ /可溶液剂/草铵膦 200克/升/2009.11.04 至 2010.11.04/中等毒

LS20072665F080050 **先正达(苏州)作物保护有限公司**
(江苏省昆山市经济技术开发区黄浦江中路255号 215301 0512-57716998)
硝磺·莠去津/550克/升/悬浮剂/莠去津 500克/升、硝磺草酮 50克/升/2009.11.11 至 2010.11.11/低毒

PD20090685F080051 **上海农乐生物制品股份有限公司**
(上海市松江区沪松路158号 201613 021-57784610)
噁酮·锰锌/68.75/可分散粒剂/噁唑菌酮 6.25%、代森锰锌 62.5%/2009.11.14 至 2010.11.14/低毒

PD20094118F080052 **先正达(苏州)作物保护有限公司**
(江苏省昆山市经济技术开发区黄浦江中路255号 215301 0512-57716998)
吡蚜酮/50%/水分散粒剂/吡蚜酮 50%/2009.11.21 至 2010.11.21/低毒

PD9-85F080053 **上海禾本药业有限公司**
(上海市金山区亭林镇工业园区南区林宝路2号 201505 021-67232276-8009)
双甲脒/200克/升/乳油/双甲脒 200克/升/2009.12.04 至 2010.12.04/中等毒

PD20098480F080054 **江苏辉丰农化股份有限公司**
(江苏省大丰市新丰镇中闸村二组 224100 0515-83551820)
2甲4氯钠/ /可溶粉剂/2甲4氯钠 56%/2009.12.04 至 2010.12.04/低毒

LS20083124F090001 **先正达(苏州)作物保护有限公司**
(江苏省昆山市经济技术开发区黄浦江中路255号 215301 0512-57716998)
氯虫·噻虫嗪/40%/水分散粒剂/噻虫嗪 20%、氯虫苯甲酰胺 20%/2010.01.06 至 2011.01.06/低毒

PD20093924F090002 **先正达(苏州)作物保护有限公司**
(江苏省昆山市经济技术开发区黄浦江中路255号 215301 0512-57716998)
灭蝇胺/75%/可湿性粉剂/灭蝇胺 75%/2010.01.06 至 2011.01.06/低毒

PD20096187F090003 **辽宁双博农化科技有限公司**
(辽宁省沈阳市于洪区黄河北大街千山西路22号 110034 024-82653450)
灭草松/ /水剂/灭草松 560克/升/2009.01.12 至 2010.01.12/低毒

PD20095400F090004 **先正达(苏州)作物保护有限公司**
(江苏省昆山市经济技术开发区黄浦江中路255号 215301 0512-57716998)
咯菌腈/50%/可湿性粉剂/咯菌腈 50%/2010.01.15 至 2011.01.15/低毒

PD20030018F090005 **广东省江门市大光明农化有限公司**
(广东省江门市蓬江区江会路69号 529000 0750-3508606)
咪鲜胺/250克/升/乳油/咪鲜胺 250克/升/2009.01.15 至 2010.01.15/低毒

PD20084737F090006 **江苏省农垦生物化学有限公司**
(江苏省南京市南京化学工业园赵丰路19号 210047 025-58392246)
甲基硫菌灵/70%/可湿性粉剂/甲基硫菌灵 70%/2009.01.19 至 2010.01.19/低毒

PD20060158F090007 **江苏省农垦生物化学有限公司**
(江苏省南京市南京化学工业园赵丰路19号 210047 025-58392246)
代森锰锌/80%/可湿性粉剂/代森锰锌 80%/2009.01.19 至 2010.01.19/低毒

PD20084731F090008 **江苏省农垦生物化学有限公司**
(江苏省南京市南京化学工业园赵丰路19号 210047 025-58392246)
毒死蜱/480克/升/乳油/毒死蜱 480克/升/2009.01.19 至 2010.01.19/中等毒

PD20091721F090009 **辽宁省大连松辽化工有限公司**
(辽宁省大连市甘井子区工兴路22号 116031 0411-86671213)
乙·莠/ /悬乳剂/乙草胺 54.4%、莠去津 18%/2010.01.19 至 2011.01.19/低毒

PD20095075F090010 **辽宁省大连松辽化工有限公司**
(辽宁省大连市甘井子区工兴路22号 116031 0411-86671213)
灭草松/ /水剂/灭草松 480克/升/2010.01.19 至 2011.01.19/低毒

LS20070671F090011 **辽宁省大连松辽化工有限公司**
(辽宁省大连市甘井子区工兴路22号 116031 0411-86671213)
嗪草酮/70%/可湿性粉剂/嗪草酮 70%/2010.01.19 至 2011.01.19/低毒

LS20052236F090012 **辽宁省大连松辽化工有限公司**
(辽宁省大连市甘井子区工兴路22号 116031 0411-86671213)
噁草酮/25%/乳油/噁草酮 25%/2010.01.19 至 2011.01.19/低毒

PD37-87F090013 **东部韩农(黑龙江)化工有限公司**

*登记作物及防治对象见原登记

（黑龙江省宁安市宁安农场工业开发区　157412　0453-7842873）
灭草松/480克/升/液剂/灭草松 480克/升/2009.01.19 至 2010.01.19/低毒
PD64-88F090014　广东省江门市大光明农化有限公司
（广东省江门市蓬江区江会路69号　529000　0750-3508606）
异菌脲/50%/可湿性粉剂/异菌脲 50%/2010.01.19 至 2011.01.19/低毒
PD85159-34F090015　江苏省南通泰禾化工有限公司
（江苏省南通市如东县洋口化工聚集区　226407　0513-84814860）
草甘膦/10%/水剂/草甘膦 10%/2009.02.09 至 2009.12.31/低毒
PD268-99F090016　上海泰禾（集团）有限公司
（上海市长宁区北翟路785号　200335　021-62398696）
硫酸铜/27.12%/悬浮剂/碱式硫酸铜 27.12%/2009.02.12 至 2010.02.12/低毒
LS20061490F090017　新疆锦华农药有限公司
（新疆维吾尔自治区五家渠市工业园区　831300　0994-5829056）
小檗碱/0.5%/水剂/小檗碱 0.5%/2009.02.12 至 2010.02.12/微毒
PD20085311F090018　天津绿源生物药业有限公司
（天津市大港区上古林导航台西侧　300270　022-63303706）
异丙草・莠/42%/悬乳剂/异丙草胺 16%、莠去津 26%/2010.02.13 至 2011.02.13/低毒
WL20080221F090019　先正达（苏州）作物保护有限公司
（江苏省昆山市经济技术开发区黄浦江中路255号　215301　0512-57716998）
杀蚁胶饵/0.01%/胶饵/噻虫嗪 0.01%/2009.03.02 至 2010.03.02/微毒
WP20090313F090020　先正达（苏州）作物保护有限公司
（江苏省昆山市经济技术开发区黄浦江中路255号　215301　0512-57716998）
杀蟑饵剂/0.1%/饵剂/甲氨基阿维菌素苯甲酸盐 0.1%/2009.03.02 至 2010.03.02/微毒
LS20030763F090021　上海菱农化工有限公司
（上海市嘉定区南翔扬子路625号　201802　021-59123055）
嘧草醚/10%/可湿性粉剂/嘧草醚 10%/2009.03.05 至 2010.03.05/低毒
PD20094930F090022　江苏省农垦生物化学有限公司
（江苏省南京市南京化学工业园赵丰路19号　210047　025-58392246）
丙环・咪鲜胺/490克/升/乳油/丙环唑 90克/升、咪鲜胺 400克/升/2009.03.16 至 2010.03.16/低毒
PD20083046F090023　山东中凯生物科技有限公司
（山东省滨州市阳信县经济开发区工业5路　251800　0543-8382777）
氯氰・辛硫磷/20%/乳油/氯氰菊酯 1.5%、辛硫磷 18.5%/2009.03.18 至 2010.03.18/低毒
PD85103F090024　山东省青岛现代农化有限公司
（山东省青岛市胶州九龙工业园　266300　0532-87217666）
2甲4氯钠/56%/粉剂/2甲4氯钠 56%/2009.03.18 至 2010.03.18/低毒
PD20093429F090025　山东省青岛现代农化有限公司
（山东省青岛市胶州九龙工业园　266300　0532-87217666）
灭草松//水剂/灭草松 480克/升/2009.03.18 至 2010.03.18/低毒
PD20093210F090026　山东省青岛现代农化有限公司
（山东省青岛市胶州九龙工业园　266300　0532-87217666）
异丙草・莠/41%/悬乳剂/异丙草胺 18%、莠去津 23%/2009.03.18 至 2010.03.18/低毒
LS20052535F090026　山东省青岛现代农化有限公司
（山东省青岛市胶州九龙工业园　266300　0532-87217666）
异丙草・莠/41%/悬乳剂/异丙草胺 18%、莠去津 23%/2009.03.18 至 2010.03.18/低毒
LS20070161F090027　济南泰禾化工有限公司
（山东省济南市工业北路鸿腾工业园　250100　）
丙森锌/70%/可湿性粉剂/丙森锌 70%/2009.03.18 至 2010.03.18/低毒
PD20070425F090028　济南泰禾化工有限公司
（山东省济南市工业北路鸿腾工业园　250100　）
氯氰・辛硫磷/20%/乳油/氯氰菊酯 1.5%、辛硫磷 18.5%/2009.03.18 至 2010.03.18/低毒
LS20080805F090029　济南泰禾化工有限公司
（山东省济南市工业北路鸿腾工业园　250100　）
马拉・杀螟松/12%/乳油/马拉硫磷 10%、杀螟硫磷 2%/2009.03.18 至 2010.03.18/低毒
PD188-94F090030　上海菱农化工有限公司
（上海市嘉定区南翔扬子路625号　201802　021-59123055）
烯草酮/240克/升/乳油/烯草酮 240克/升/2009.03.18 至 2010.03.18/低毒
PD20094928F090031　江苏省农垦生物化学有限公司
（江苏省南京市南京化学工业园赵丰路19号　210047　025-58392246）
戊唑・咪鲜胺/400克/升/水乳剂/咪鲜胺 267克/升、戊唑醇 133克/升/2009.03.18 至 2010.03.18/低毒
PD20082139F090032　湖南瑞泽农化有限公司
（湖南省长沙市芙蓉区荷花园中扬华苑701室　410016　0731-4770396）
噻嗪酮//可湿性粉剂/噻嗪酮 25%/2009.03.18 至 2010.03.18/低毒
PD20095741F090033　湖南瑞泽农化有限公司
（湖南省长沙市芙蓉区荷花园中扬华苑701室　410016　0731-4770396）
苄嘧磺隆//可湿性粉剂/苄嘧磺隆 10%/2009.03.18 至 2010.03.18/低毒
PD20090407F090034　山东省青岛现代农化有限公司
（山东省青岛市胶州九龙工业园　266300　0532-87217666）
松・喹・氟磺胺/35%/乳油/氟磺胺草醚 9.5%、精喹禾灵 2.5%、异噁草松 23%/2009.03.18 至 2010.03.18/低毒

*登记作物及防治对象见原登记

农药分装登记

企业/登记证号/农药名称/总含量/剂型/有效成分及含量/有效期/毒性

LS20050639F090034　　山东省青岛现代农化有限公司
（山东省青岛市胶州九龙工业园　266300　0532-87217666）
松·喹·氟磺胺/35%/乳油/氟磺胺草醚 9.5%、精喹禾灵 2.5%、异噁草松 23%/2009.03.18 至 2010.03.18/低毒

LS20080898F090035　　拜耳作物科学(中国)有限公司
（浙江省杭州市经济技术开发区内5号路　310018　0571-87265299）
乙虫腈/100克/升/悬浮剂/乙虫腈 100克/升/2009.03.18 至 2010.03.18/低毒

LS20072270F090036　　山东中石药业有限公司
（山东省聊城市阳谷县石门宋工业区　252300　0635-6820989）
乙草胺/990克/升/乳油/乙草胺 990克/升/2009.03.18 至 2010.03.18/低毒

PD20091154F090037　　山东中凯生物科技有限公司
（山东省滨州市阳信县经济开发区工业5路　251800　0543-8382777）
啶虫脒/5%/乳油/啶虫脒 5%/2009.03.18 至 2010.03.18/低毒

LS20082939F090038　　江苏省南通泰禾化工有限公司
（江苏省南通市如东县洋口化工聚集区　226407　0513-84814860）
氯酯磺草胺/84%/水分散粒剂/氯酯磺草胺 84%/2009.03.18 至 2010.03.18/低毒

WP120-90F090039　　广东省江门市大光明农化有限公司
（广东省江门市蓬江区江会路69号　529000　0750-3508606）
溴氰菊酯/2.5%/可湿性粉剂/溴氰菊酯 2.5%/2009.03.18 至 2010.03.18/低毒

PD386-2003F090040　　广东省江门市大光明农化有限公司
（广东省江门市蓬江区江会路69号　529000　0750-3508606）
咪鲜胺/50%/可湿性粉剂/咪鲜胺锰盐 50%/2009.03.18 至 2010.03.18/低毒

LS20082888F090041　　江苏龙灯化学有限公司
（江苏省苏州市昆山市经济技术开发区龙灯路88号　215301　0512-57709265）
氟虫双酰胺/20%/水分散粒剂/氟虫双酰胺 20%/2009.03.18 至 2010.03.18/低毒

LS20070732F090042　　浙江石原金牛农药有限公司
（浙江省杭州市经济技术开发区3号大街51号　310018　0571-86911312）
氟啶虫酰胺/10%/水分散粒剂/氟啶虫酰胺 10%/2009.03.18 至 2010.03.18/低毒

LS20082888F090043　　中农住商(天津)农用化学品有限公司
（天津市武清区杨村镇南　301700　022-26971467）
氟虫双酰胺/20%/水分散粒剂/氟虫双酰胺 20%/2009.03.25 至 2010.03.25/低毒

PD20082529F090044　　中农住商(天津)农用化学品有限公司
（天津市武清区杨村镇南　301700　022-26971467）
喹禾糠酯/40克/升/乳油/喹禾糠酯 40克/升/2009.03.25 至 2010.03.25/低毒

LS20082800F090045　　辽宁省丹东市农药总厂
（辽宁省丹东市振兴区浪东路5号　118009　0415-6155350）
草甘·2甲胺/40%/可溶液剂/草甘膦 34%、2甲4氯异丙胺盐 6%/2009.03.31 至 2010.03.31/低毒

PD20080630F090046　　辽宁双博农化科技有限公司
（辽宁省沈阳市于洪区黄河北大街千山西路22号　110034　024-82653450）
氟磺胺草醚/250克/升/水剂/氟磺胺草醚 250克/升/2009.03.31 至 2010.03.31/低毒

PD76-88F090047　　江苏省农垦生物化学有限公司
（江苏省南京市南京化学工业园赵丰路19号　210047　025-58392246）
丁草胺/600克/升/水乳剂/丁草胺 600克/升/2009.03.31 至 2010.03.31/低毒

PD20084433F090048　　上海升联化工有限公司
（上海市奉贤区柘林镇新沪路1号　201416　021-57490222）
代森锰锌/80%/可湿性粉剂/代森锰锌 80%/2009.03.31 至 2010.03.31/低毒

LS20083279F090049　　先正达(苏州)作物保护有限公司
（江苏省昆山市经济技术开发区黄浦江中路255号　215301　0512-57716998）
氯虫·噻虫嗪/300克/升/悬浮剂/噻虫嗪 200克/升、氯虫苯甲酰胺 100克/升/2009.04.13 至 2010.04.13/低毒

PD20090594F090050　　江苏东宝农药化工有限公司
（江苏省扬州市江都市宜陵镇　225225　0514-6731500）
苏云·虫酰肼/3.6%/可湿性粉剂/虫酰肼 1.6%、苏云金杆菌 2.0%/2009.04.13 至 2010.04.13/低毒

PD20081132F090051　　广东德利生物科技有限公司
（广东省茂名市化州市河东桔城北路26号　525100　0668-7360699）
代森锰锌/430克/升/悬浮剂/代森锰锌 430克/升/2009.04.13 至 2010.04.13/低毒

LS20082817F090052　　山东省绿士农药有限公司
（山东省齐河经济开发区金能大道北首　251100　0534-5756113）
多·锰锌/75%/可湿性粉剂/多菌灵 12%、代森锰锌 63%/2009.04.13 至 2010.04.13/微毒

LS20071614F090053　　山东省绿士农药有限公司
（山东省齐河经济开发区金能大道北首　251100　0534-5756113）
乙酰甲胺磷/97%/水分散粒剂/乙酰甲胺磷 97%/2009.04.13 至 2010.04.13/低毒

LS20082937F090054　　江苏省南通泰禾化工有限公司
（江苏省南通市如东县洋口化工聚集区　226407　0513-84814860）
啶磺草胺/7.5%/水分散粒剂/啶磺草胺 7.5%/2009.04.13 至 2010.04.13/微毒

LS20070092F090055　　江苏省苏州富美实植物保护剂有限公司
（江苏省苏州工业园区界浦路99号　215126　0512-62863988）
氟吡磺隆/10%/可湿性粉剂/氟吡磺隆 10%/2009.04.13 至 2010.04.13/低毒

LS20061813F090056　　山东禾宜化工有限公司
（山东省寿光市经济开发区北洛工业园特钢路(特钢对面)　262711　0536-5677717）

*登记作物及防治对象见原登记

氟硅唑/5%/微乳剂/氟硅唑 5%/2009.04.13 至 2010.04.13/低毒
PD20080009F090057 山东禾宜化工有限公司
(山东省寿光市经济开发区北洛工业园特钢路(特钢对面) 262711 0536-5677717)
咪鲜胺/25%/乳油/咪鲜胺 25%/2009.04.13 至 2010.04.13/低毒
LS20070133F090058 安徽省庆丰农化有限责任公司
(安徽省滁州市来安县张山乡玉带村 239200 0550-5612687)
磺草·莠去津/36%/悬浮剂/磺草酮 12%、莠去津 24%/2009.04.13 至 2010.04.13/低毒
LS20082256F090059 山东禾宜化工有限公司
(山东省寿光市经济开发区北洛工业园特钢路(特钢对面) 262711 0536-5677717)
咪鲜·异菌脲/20%/悬浮剂/咪鲜胺 10%、异菌脲 10%/2009.04.13 至 2010.04.13/低毒
PD20070342F090060 广东德利生物科技有限公司
(广东省茂名市化州市河东桔城北路26号 525100 0668-7360699)
烯酰吗啉/50%/可湿性粉剂/烯酰吗啉 50%/2009.04.13 至 2010.04.13/低毒
LS20053898F090061 四川贝尔化工集团有限公司
(四川省成都市人民南路四段53号嘉云台甲栋11楼D座 610041 028-85243548)
唑磷·毒死蜱/25%/乳油/毒死蜱 5%、三唑磷 20%/2009.04.13 至 2010.04.13/中等毒
PD20080512F090062 湖南湘西自治州植保技术开发服务中心
(湖南省湘西土家族苗族自治州吉首市吉北新路2号 416000 0743-2145788)
甲氰菊酯/20%/乳油/甲氰菊酯 20%/2009.04.15 至 2010.04.15/中等毒
LS20020001F090063 上海科捷佳实业有限公司
(上海市沪松公路158号 201613 021-57783225)
噁酮·氟硅唑 /206.7克/升/乳油/噁唑菌酮 100克/升、氟硅唑 106.7克/升/2009.04.20 至 2010.04.20/低毒
PD20070662F090063 上海科捷佳实业有限公司
(上海市沪松公路158号 201613 021-57783225)
噁酮·氟硅唑/206.7克/升/乳油/噁唑菌酮 100克/升、氟硅唑 106.7克/升/2009.04.20 至 2010.04.20/低毒
PD20060019F090064 上海科捷佳实业有限公司
(上海市沪松公路158号 201613 021-57783225)
茚虫威/150克/升/悬浮剂/茚虫威 150克/升/2009.04.20 至 2010.04.20/低毒
PD20090685F090065 上海科捷佳实业有限公司
(上海市沪松公路158号 201613 021-57783225)
噁酮·锰锌/68.75%/水分散粒剂/噁唑菌酮 6.25%、代森锰锌 62.5%/2009.04.20 至 2010.04.20/低毒
LS20002F090065 上海科捷佳实业有限公司
(上海市沪松公路158号 201613 021-57783225)
噁酮·锰锌/68.75%/可分散粒剂/噁唑菌酮 6.25%、代森锰锌 62.5%/2009.04.20 至 2010.04.20/低毒
PD142-91F090066 中农住商(天津)农用化学品有限公司
(天津市武清区杨村镇南 301700 022-26971467)
氟菌唑/30%/可湿性粉剂/氟菌唑 30%/2009.04.20 至 2010.04.20/低毒
PD20080506F090067 广东德利生物科技有限公司
(广东省茂名市化州市河东桔城北路26号 525100 0668-7360699)
唑醚·代森联 /60%/水分散粒剂/吡唑醚菌酯 5%、代森联 55%/2009.04.20 至 2010.04.20/低毒
PD20060008F090068 上海科捷佳实业有限公司
(上海市沪松公路158号 201613 021-57783225)
噁酮·霜脲氰 /52.5%/水分散粒剂/噁唑菌酮 22.5%、霜脲氰 30%/2009.04.20 至 2010.04.20/低毒
PD376-2002F090069 上海科捷佳实业有限公司
(上海市沪松公路158号 201613 021-57783225)
氟硅唑/400克/升/乳油/氟硅唑 400克/升/2009.04.20 至 2010.04.20/低毒
LS20052867F090070 上海科捷佳实业有限公司
(上海市沪松公路158号 201613 021-57783225)
氢氧化铜/37.5%/悬浮剂/氢氧化铜 37.5%/2009.04.20 至 2010.04.20/低毒
PD20060066F090071 天津市阿格罗帕克农药有限公司
(天津市津南区小站镇东 300353 022-28618480)
高效氯氰菊酯/100克/升/乳油/高效氯氰菊酯 100克/升/2009.04.20 至 2010.04.20/低毒
PD20080776F090072 天津市阿格罗帕克农药有限公司
(天津市津南区小站镇东 300353 022-28618480)
硅噻菌胺/125克/升/悬浮剂/硅噻菌胺 125克/升/2009.04.20 至 2010.04.20/低毒
LS96015F090073 天津市阿格罗帕克农药有限公司
(天津市津南区小站镇东 300353 022-28618480)
氯苯胺灵/2.5%/粉剂/氯苯胺灵 2.5%/2009.04.20 至 2010.04.20/低毒
PD20081302F090074 山东海讯生物化学有限公司
(山东省济南市槐荫区美里湖开发区美里南路7号 250100 0531-88904638)
甲基硫菌灵/70%/可湿性粉剂/甲基硫菌灵 70%/2009.04.20 至 2010.04.20/低毒
LS20061475F090075 山东海讯生物化学有限公司
(山东省济南市槐荫区美里湖开发区美里南路7号 250100 0531-88904638)
代森锰锌/80%/可湿性粉剂/代森锰锌 80%/2009.04.20 至 2010.04.20/低毒
LS20082601F090076 允发化工(上海)有限公司
(上海市奉贤区金汇镇航塘公路1500号 201405 021-57589888)
氰氟虫腙/240克/升/悬浮剂/氰氟虫腙 240克/升/2009.05.12 至 2010.05.12/低毒
PD20070124F090077 广东德利生物科技有限公司

*登记作物及防治对象见原登记

（广东省茂名市化州市河东桔城北路26号　525100　0668-7360699）
醚菌酯/50%/水分散粒剂/醚菌酯 50%/2009.05.12 至 2010.05.12/低毒

PD20094448F090078　山东坤丰生物化工有限公司
（山东省济南市天桥区工业园　250033　0531-89667269）
氰戊·乐果/25%/乳油/乐果 22%、氰戊菊酯 3%/2009.05.27 至 2010.05.27/中等毒

LS20082036F090079　天津市华宇农药有限公司
（天津市青泊洼农场　300385　022-83718955）
异丙草·莠/42%/悬乳剂/异丙草胺 22%、莠去津 20%/2009.05.27 至 2010.05.27/低毒

PD20091877F090080　浙江省永康市农药厂
（浙江省永康市西城区兴达四路8号　321300　0579-7381308）
异丙甲·苄/9%/细粒剂/苄嘧磺隆 2%、异丙甲草胺 7%/2009.06.10 至 2010.06.10/低毒

PD20094678F090081　山东坤丰生物化工有限公司
（山东省济南市天桥区工业园　250033　0531-89667269）
莠去津/48%/可湿性粉剂/莠去津 48%/2009.06.24 至 2010.06.24/低毒

PD20092157F090082　山东坤丰生物化工有限公司
（山东省济南市天桥区工业园　250033　0531-89667269）
多效唑/15%/可湿性粉剂/多效唑 15%/2009.06.24 至 2010.06.24/低毒

LS20090637F090083　江苏东宝农药化工有限公司
（江苏省扬州市江都市宜陵镇　225225　0514-6731500）
甲氨基阿维菌素苯甲酸盐/5%/水分散粒剂/甲氨基阿维菌素 5%/2009.06.24 至 2010.06.24/低毒

LS20083058F090084　河北永生发达生物药业有限责任公司
（河北省廊坊市固安县公主府固东路南侧　065500　0316-6196476）
滴丁·乙草胺/855克/升/乳油/2,4-滴丁酯 305克/升、乙草胺 550克/升/2009.07.10 至 2010.07.10/低毒

LS20070585F090085　河北永生发达生物药业有限责任公司
（河北省廊坊市固安县公主府固东路南侧　065500　0316-6196476）
扑·乙/40%/悬乳剂/扑草净 10%、乙草胺 30%/2009.07.10 至 2010.07.10/低毒

LS20061221F090086　成都科利隆生化有限公司
（四川省成都市青白江区工业集中发展区同济大道903号　610300　028-83600169）
噻嗪·毒死蜱/30%/乳油/毒死蜱 15%、噻嗪酮 15%/2009.07.15 至 2010.07.15/中等毒

PD361-2001F090087　拜耳作物科学(中国)有限公司
（浙江省杭州市经济技术开发区内5号路　310018　0571-87265299）
精噁唑禾草灵/69克/升/水乳剂/精噁唑禾草灵 69克/升/2009.07.15 至 2010.07.15/低毒

PD20070158F090088　拜耳作物科学(中国)有限公司
（浙江省杭州市经济技术开发区内5号路　310018　0571-87265299）
精噁唑禾草灵/69克/升/水乳剂/精噁唑禾草灵 69克/升/2009.07.15 至 2010.07.15/低毒

PD20060044F090089　拜耳作物科学(中国)有限公司
（浙江省杭州市经济技术开发区内5号路　310018　0571-87265299）
酰嘧·甲碘隆/6.25%/水分散粒剂/酰嘧磺隆 5%、甲基碘磺隆钠盐 1.25%/2009.07.15 至 2010.07.15/低毒

PD238-98F090090　拜耳作物科学(中国)有限公司
（浙江省杭州市经济技术开发区内5号路　310018　0571-87265299）
精噁唑禾草灵/69克/升/水乳剂/精噁唑禾草灵 69克/升/2009.07.15 至 2010.07.15/低毒

PD20095866F090091　兴农药业(上海)有限公司
（上海市奉贤区柘林镇北村路28号　201416　021-57493733）
喹啉铜/33.5%/悬浮剂/喹啉铜 33.5%/2009.07.20 至 2010.07.20/低毒

LS20090393F090092　山东海讯生物化学有限公司
（山东省济南市槐荫区美里湖开发区美里南路7号　250100　0531-88904638）
嘧霉·福美双/30%/可湿性粉剂/福美双 15%、嘧霉胺 15%/2009.07.22 至 2010.07.22/低毒

PD20080890F090093　广西田园生化股份有限公司
（广西壮族自治区南宁市高新区创新路西段1号　530007　0771-2310528）
杀螺胺乙醇胺盐/50%/可湿性粉剂/杀螺胺乙醇胺盐 50%/2009.07.22 至 2010.07.22/低毒

LS20072666F090094　成都科利隆生化有限公司
（四川省成都市青白江区工业集中发展区同济大道903号　610300　028-83600169）
灭蝇胺/80%/水分散粒剂/灭蝇胺 80%/2009.07.22 至 2010.07.22/低毒

LS20090043F090095　先正达(苏州)作物保护有限公司
（江苏省昆山市经济技术开发区黄浦江中路255号　215301　0512-57716998）
唑啉·炔草酸/50克/升/乳油/唑啉草酯 25克/升、炔草酯 25克/升/2009.07.22 至 2010.07.22/低毒

LS20080216F090096　允发化工(上海)有限公司
（上海市奉贤区金汇镇航塘公路1500号　201405　021-57589888）
氟环唑/75克/升/乳油/氟环唑 75克/升/2009.07.22 至 2010.07.22/低毒

PD20095656F090097　山东科大创业生物有限公司
（山东省邹平县长山镇长山工业园　256206　0543-4851285）
聚醛·甲萘威/6%/颗粒剂/甲萘威 1.5%、四聚乙醛 4.5%/2009.08.14 至 2010.08.14/中等毒

PD20060036F090100　兴农药业(上海)有限公司
（上海市奉贤区柘林镇北村路28号　201416　021-57493733）
喹螨醚/95克/升/乳油/喹螨醚 95克/升/2009.08.31 至 2010.08.31/中等毒

LS20072511F090101　浙江石原金牛农药有限公司
（浙江省杭州市经济技术开发区3号大街51号　310018　0571-86911312）
己唑醇/250克/升/悬浮剂/己唑醇 250克/升/2009.08.31 至 2010.08.31/低毒

*登记作物及防治对象见原登记

LS20082805F090102 浙江石原金牛农药有限公司
（浙江省杭州市经济技术开发区3号大街51号 310018 0571-86911312）
烟嘧磺隆/60克/升/悬浮剂/烟嘧磺隆 60克/升/2009.08.31 至 2010.08.31/低毒

PD20060012F090103 中农住商（天津）农用化学品有限公司
（天津市武清区杨村镇南 301700 022-26971467）
双氟·滴辛酯/459克/升/悬乳剂/2,4-滴异辛酯 453克/升、双氟磺草胺 6克/升/2009.08.31 至 2010.08.31/低毒

PD20090444F090104 中农住商（天津）农用化学品有限公司
（天津市武清区杨村镇南 301700 022-26971467）
噻苯·敌草隆/540克/升/悬浮剂/敌草隆 180克/升、噻苯隆 360克/升/2009.08.31 至 2010.08.31/中等毒

LS20072654F090105 湖南农大海特农化有限公司
（湖南省岳阳市云溪工业园 414009 0730-8419856）
苄嘧·苯噻酰（药肥混剂）/0.2%/颗粒剂/苯噻酰草胺 0.19%、苄嘧磺隆 0.01%/2009.08.31 至 2010.08.31/低毒

PD20094515F090106 山东乡村生物科技有限公司
（山东省济南市将军路宋刘村2号楼4－502 250108 0531-88272558）
氟铃·辛硫磷/20%/乳油/氟铃脲 2%、辛硫磷 18%/2009.08.31 至 2010.08.31/低毒

LS20090795F090107 先正达（苏州）作物保护有限公司
（江苏省昆山市经济技术开发区黄浦江中路255号 215301 0512-57716998）
苯醚·咯菌腈/4.8%/悬浮种衣剂/苯醚甲环唑 2.4%、咯菌腈 2.4%/2009.09.02 至 2010.09.02/低毒

PD20093402F090108 允发化工（上海）有限公司
（上海市奉贤区金汇镇航塘公路1500号 201405 021-57589888）
烯酰·吡唑酯/18.7%/水分散粒剂/吡唑醚菌酯 6.7%、烯酰吗啉 12%/2009.09.07 至 2010.09.07/低毒

PD20080666F090109 广东德利生物科技有限公司
（广东省茂名市化州市河东桔城北路26号 525100 0668-7360699）
多杀霉素/0.02%/饵剂/多杀霉素 0.02%/2009.09.07 至 2010.09.07/微毒

LS20083292F090110 上海生农生化制品有限公司
（上海市松江区洞泾镇洞舟路51号 201619 021-67679572）
氢氧化铜/46.1%/水分散粒剂/氢氧化铜 46.1%/2009.09.07 至 2010.09.07/低毒

LS20090522F090111 拜耳作物科学（中国）有限公司
（浙江省杭州市经济技术开发区内5号路 310018 0571-87265299）
肟菌·戊唑醇/75%/水分散粒剂/戊唑醇 50%、肟菌酯 25%/2009.09.07 至 2010.09.07/低毒

LS20091051F090112 拜耳作物科学（中国）有限公司
（浙江省杭州市经济技术开发区内5号路 310018 0571-87265299）
螺虫乙酯/240克/升/悬浮剂/螺虫乙酯 240克/升/2009.09.07 至 2010.09.07/低毒

LS20083145F090113 允发化工（上海）有限公司
（上海市奉贤区金汇镇航塘公路1500号 201405 021-57589888）
烟酰胺·醚菌酯/300克/升/悬浮剂/醚菌酯 100克/升、啶酰菌胺 200克/升/2009.09.07 至 2010.09.07/低毒

WP20080054F090114 允发化工（上海）有限公司
（上海市奉贤区金汇镇航塘公路1500号 201405 021-57589888）
双硫磷/1%/颗粒剂/双硫磷 1%/2009.09.07 至 2010.09.07/低毒

LS20090929F090115 江苏龙灯化学有限公司
（江苏省苏州市昆山市经济技术开发区龙灯路88号 215301 0512-57709265）
唑虫酰胺/15%/乳油/唑虫酰胺 15%/2009.09.07 至 2010.09.07/中等毒

LS20060033F090116 中农住商（天津）农用化学品有限公司
（天津市武清区杨村镇南 301700 022-26971467）
顺式氯氰菊酯/200克/升/悬浮种衣剂/顺式氯氰菊酯 200克/升/2009.09.23 至 2010.09.23/中等毒

LS20083255F090117 先正达（苏州）作物保护有限公司
（江苏省昆山市经济技术开发区黄浦江中路255号 215301 0512-57716998）
高效氯氟氰菊酯/100克/升/种子处理微囊悬浮剂/高效氯氟氰菊酯 100克/升/2009.09.23 至 2010.09.23/中等毒

PD171-92F090118 允发化工（上海）有限公司
（上海市奉贤区金汇镇航塘公路1500号 201405 021-57589888）
氟醚·灭草松/440克/升/水剂/三氟羧草醚 80克/升、灭草松 360克/升/2009.09.23 至 2010.09.23/低毒

LS20091299F090119 先正达（苏州）作物保护有限公司
（江苏省昆山市经济技术开发区黄浦江中路255号 215301 0512-57716998）
双炔·百菌清/440克/升/悬浮剂/百菌清 400克/升、双炔酰菌胺 40克/升/2009.09.23 至 2010.09.23/低毒

LS20091353F090120 先正达（苏州）作物保护有限公司
（江苏省昆山市经济技术开发区黄浦江中路255号 215301 0512-57716998）
噻虫·高氯氟/22%/微囊悬浮－悬浮剂/高效氯氟氰菊酯 9.4%、噻虫嗪 12.6%/2009.09.23 至 2010.09.23/中等毒

LS20090378F090121 江苏省农垦生物化学有限公司
（江苏省南京市南京化学工业园赵丰路19号 210047 025-58392246）
克菌·戊唑醇/400克/升/悬浮剂/克菌丹 320克/升、戊唑醇 80克/升/2009.09.23 至 2010.09.23/低毒

PD20050192F090122 江苏省农垦生物化学有限公司
（江苏省南京市南京化学工业园赵丰路19号 210047 025-58392246）
丙森锌/70%/可湿性粉剂/丙森锌 70%/2009.09.23 至 2010.09.23/低毒

PD182-93F090123 上海菱农化工有限公司
（上海市嘉定区南翔扬子路625号 201802 021-59123055）
禾草丹/90%/乳油/禾草丹 90%/2009.09.23 至 2010.09.23/低毒

PD20095722F090124 江苏东宝农药化工有限公司
（江苏省扬州市江都市宜陵镇 225225 0514-6731500）

*登记作物及防治对象见原登记

井冈·蜡芽菌///水剂/井冈霉素A 2%、蜡质芽孢杆菌 1亿cfu/克/2009.10.16 至 2010.10.16/低毒

PD20093339F090125　　贵州省黔南自治州中心植物医院
（贵州省黔南布依族苗族自治州都匀市南沙洲6号　558000　0854-8282442）
乙草胺/20%/可湿性粉剂/乙草胺 20%/2009.10.26 至 2010.10.26/低毒

PD20070456F090126　　允发化工（上海）有限公司
（上海市奉贤区金汇镇航塘公路1500号　201405　021-57589888）
二甲戊灵/45%/微胶囊剂/二甲戊灵 45%/2009.11.04 至 2010.11.04/低毒

PD20070456F090127　　江苏龙灯化学有限公司
（江苏省苏州市昆山市经济技术开发区龙灯路88号　215301　0512-57709265）
二甲戊灵/45%/微胶囊剂/二甲戊灵 45%/2009.11.04 至 2010.11.04/低毒

PD20081106F090128　　广东德利生物科技有限公司
（广东省茂名市化州市河东桔城北路26号　525100　0668-7360699）
啶酰菌胺/50%/水分散粒剂/啶酰菌胺 50%/2009.11.04 至 2010.11.04/低毒

PD20070375F090129　　广东德利生物科技有限公司
（广东省茂名市化州市河东桔城北路26号　525100　0668-7360699）
代森联/70%/干悬浮剂/代森联 70%/2009.11.04 至 2010.11.04/低毒

PD20070611F090130　　辽宁省丹东市农药总厂
（辽宁省丹东市振兴区浪东路5号　118009　0415-6155350）
丙炔噁草酮/80%/可湿性粉剂/丙炔噁草酮 80%/2009.11.04 至 2010.11.04/低毒

LS20082800F090131　　江苏辉丰农化股份有限公司
（江苏省大丰市新丰镇中闸村二组　224100　0515-83551820）
草甘·2甲胺/40%/可溶液剂/草甘膦 34%、2甲4氯异丙胺盐 6%/2009.11.04 至 2010.11.04/低毒

LS20082601F090132　　广东德利生物科技有限公司
（广东省茂名市化州市河东桔城北路26号　525100　0668-7360699）
氰氟虫腙/240克/升/悬浮剂/氰氟虫腙 240克/升/2009.11.04 至 2010.11.04/低毒

PD20070365F090133　　广东德利生物科技有限公司
（广东省茂名市化州市河东桔城北路26号　525100　0668-7360699）
氟环唑/125克/升/悬浮剂/氟环唑 125克/升/2009.11.04 至 2010.11.04/低毒

PD20096813F090134　　广东省佛山市盈辉作物科学有限公司
（广东省佛山市高明区更合镇白石工业区　528522　0757-83872808）芸苔·吲乙·赤霉酸/0.136%/可湿性粉剂/赤霉酸 0.135%、吲哚乙酸 0.00052%、芸苔素内酯 0.00031%/2009.11.12 至 2010.11.12/低毒

LS99010F090134　　广东省佛山市盈辉作物科学有限公司
（广东省佛山市高明区更合镇白石工业区　528522　0757-83872808）芸苔·吲乙·赤霉酸/0.136%/可湿性粉剂/赤霉酸 0.135%、吲哚乙酸 0.00052%、芸苔素内酯 0.00031%/2009.11.12 至 2010.11.12/微毒

LS20090169F090135　　广东金农达生物科技有限公司
（广东省清远市清城区龙塘镇浩良工业园　511540　0763-3695028）
乙螨唑/110克/升/悬浮剂/乙螨唑 110克/升/2009.11.12 至 2010.11.12/低毒

LS20071614F090136　　允发化工（上海）有限公司
（上海市奉贤区金汇镇航塘公路1500号　201405　021-57589888）
乙酰甲胺磷/97%/水分散粒剂/乙酰甲胺磷 97%/2009.11.30 至 2010.11.30/低毒

PD20095615F090137　　山东省招远三联化工厂
（山东省招远市大户工业园　265407　0535-8435163）
矿物油/99%/乳油/矿物油 99%/2009.11.30 至 2010.11.30/微毒

LS20090109F090138　　允发化工（上海）有限公司
（上海市奉贤区金汇镇航塘公路1500号　201405　021-57589888）
嘧苯胺磺隆/50%/水分散粒剂/嘧苯胺磺隆 50%/2009.12.07 至 2010.12.07/低毒

PD20080730F090139　　广东省江门市植保有限公司
（广东省江门市建设二路51号　529000　0750-3287333）
苯醚甲环唑/250克/升/乳油/苯醚甲环唑 250克/升/2009.12.14 至 2010.12.14/低毒

*登记作物及防治对象见原登记

索　引（一）

（按农药登记证号）

批准正式登记的国外农药产品

PD20080666	多杀霉素	21
PD20080674	精高效氯氟氰菊酯	2
PD20080675	精高效氯氟氰菊酯	3
PD20080730	苯醚甲环唑	34
PD20080771	顺式氯氰菊酯	40
PD20080775	硅噻菌胺	18
PD20080776	硅噻菌胺	18
PD20080846	精甲霜·锰锌	34
PD20080862	氯氰菊酯	40
PD20080863	毒死蜱	40
PD20080924	抑霉唑	38
PD20080936	二嗪磷	38
PD20080975	代森锰锌	22
PD20080981	抑霉唑	22
PD20080991	代森锰锌	22
PD20081008	氯菊酯	39
PD20081021	顺式氯氰菊酯	39
PD20081026	氟菌唑	25
PD20081039	溴氰菊酯	39
PD20081044	波尔多液	22
PD20081070	百草枯	37
PD20081080	草甘膦	1
PD20081091	百草枯	37
PD20081106	啶酰菌胺	5
PD20081107	啶酰菌胺	5
PD20081109	氟唑磺隆	13
PD20081110	氟唑磺隆	13
PD20081113	氯苯胺灵	22
PD20081114	氯苯胺灵	22
PD20081117	二氯吡啶酸	21
PD20081118	二氯吡啶酸	21
PD20081121	联苯三唑醇	11
PD20081132	代森锰锌	21
PD20081184	氯氰菊酯	39
PD20081197	灭草松	5
PD20081200	乙酰甲胺磷	40
PD20081302	甲基硫菌灵	27
PD20081376	206.7克/升噁唑菌酮·氟硅唑乳油	14
PD20081388	吡蚜酮	34
PD20081445	二磺·甲碘隆	11
PD20081449	丙环唑	38
PD20081493	硫丹	12
PD20081633	啶虫脒	25
PD20081752	毒死蜱	38
PD20081892	莠去津	34
PD20081918	戊唑醇	11
PD20082011	毒死蜱	18
PD20082054	代森锰锌	2
PD20082361	草甘膦	42
PD20082483	草甘膦异丙胺盐	36
PD20082529	喹禾糠酯	17
PD20082530	喹禾糠酯	17
PD20082551	莠灭净	38
PD20082555	莠灭净	38
PD20082588	唑草酮	16
PD20082589	代森锰锌	14
PD20082590	代森锰锌	14
PD20083325	烟嘧磺隆	28
PD20083328	克菌丹	17
PD20083434	硫线磷	16
PD20083597	顺式氯氰菊酯	40
PD20083920	百菌清	34
PD20083944	甲氨基阿维菌素苯甲酸盐	34
PD20084731	毒死蜱	19
PD20084737	甲基硫菌灵	19
PD20084775	稻瘟灵	1
PD20085421	氯氰菊酯	39
PD20085459	2甲4氯	1
PD20085680	毒死蜱	40
PD20085757	赤霉酸	1
PD20086020	嘧草醚	31
PD20086021	嘧草醚	31
PD20086361	波尔·锰锌	22
PD20090005	烯丙苯噻唑	26
PD20090006	烯丙苯噻唑	26
PD20090011	氟吡菌胺	11
PD20090012	氟菌·霜霉威	11
PD20090296	嘧菌酯	34
PD20090444	噻苯·敌草隆	11
PD20090445	敌草隆	14
PD20090601	代森锰锌	27
PD20090639	二甲戊灵	40
PD20090685	噁酮·锰锌	14
PD20090735	氢氧化铜	1
PD20090894	噻嗪酮	1
PD20090988	莠去津	35
PD20091058	苯磺隆	39
PD20091168	草甘膦异丙胺盐（41%）	1
PD20091184	戊唑醇	38
PD20091627	福美双	37
PD20091929	甲硫·百菌清	38
PD20092119	溴鼠灵	12
PD20092211	毒死蜱	40
PD20092477	戊唑醇	17
PD20092701	甲霜灵	38
PD20093070	溴氰菊酯	40
PD20093078	溴氰菊酯	39
PD20093161	氯苯胺灵	22
PD20093203	甲基硫菌灵	25
PD20093358	丙环唑	35
PD20093402	烯酰·吡唑酯	5
PD20093695	硫丹	40
PD20093924	灭蝇胺	35
PD20094038	乙氧氟草醚	38
PD20094118	吡蚜酮	35
PD20094158	高效氯氟氰菊酯	19
PD20094208	福美双	37
PD20094331	乙氧氟草醚	38
PD20094463	草甘膦	13
PD20094826	代森锌	2
PD20094928	戊唑·咪鲜胺	39
PD20094930	丙环·咪鲜胺	39
PD20094981	三乙膦酸铝	11
PD20095247	硫磺	22
PD20095337	氟环唑	5
PD20095389	赤霉酸	1
PD20095400	咯菌腈	35
PD20095615	矿物油	12
PD20095725	苯磺隆	39
PD20095905	抑霉唑	39
PD20096031	顺式氯氰菊酯	39
PD20096032	草甘膦钾盐（43%）	42
PD20096046	吡虫啉	40
PD20096069	矿物油	12
PD20096139	烯禾啶	25
PD20096195	溴敌隆	12
PD20096330	氯菊酯	39
PD20096368	代森锰锌	38
PD20096463	硫磺	22
PD20096584	戊唑醇	39
PD20096595	草甘膦	40
PD20096644	精甲·咯菌腈	35
PD20096674	锰锌·腈菌唑	21
PD20096724	灭蝇胺	35
PD20096812	赤·吲乙·芸苔	6
PD20096813	赤·吲乙·芸苔	6

PD20096814	丙酰芸苔素内酯	28
PD20096815	丙酰芸苔素内酯	28
PD20096820	硝磺草酮	35
PD20096821	硝磺草酮	35
PD20096825	炔草酯	35
PD20096826	炔草酯	35
PD20096836	联苯肼酯	17
PD20096837	联苯肼酯	17
PD20096847	草铵膦	11
PD20096850	草铵膦	11
PD20096880	氟虫脲	5
PD20096887	联苯菊酯	40
PD20096888	代森锰锌	40
PD20097193	毒死蜱	1
PD20097433	敌草胺	40
PD20097621	乙酰甲胺磷	39
PD20097738	二甲戊灵	40
PD20097765	甲霜·锰锌	40
PD20098161	丙硫克百威	25
PD20098308	苯丁锡	5
PD20098352	戊唑醇	39
PD20098480	2甲4氯钠	1

批准临时登记的国外农药产品

LS99010	芸苔·吲乙·赤霉酸	6
LS99016	氧化亚铜	22
LS200179	氢氧化铜	1
LS20042164	爱密挺	36
LS20050857	氧化亚铜	23
LS20051336	甲酰氨基嘧磺隆	11
LS20051533	氢氧化铜	36
LS20052251	威百亩	2
LS20052541	溴氰菊酯	40
LS20052555	毒死蜱	40
LS20052770	顺式氯氰菊酯	40
LS20052771	氯氰菊酯	40
LS20052867	氢氧化铜	14
LS20053028	氟菌·霜霉威	11
LS20053592	苄草隆	28
LS20053593	苄草隆	28
LS20053633	印楝素	11
LS20060033	顺式氯氰菊酯	17
LS20060165	藻酸丙二醇酯	16
LS20060169	藻酸丙二醇酯	16
LS20060413	代森锰锌	40
LS20060859	毒死蜱	40
LS20061375	氯嘧磺隆	14
LS20061972	丙环唑	25
LS20070086	绿僵菌	1
LS20070091	氟吡磺隆	12
LS20070092	氟吡磺隆	12
LS20070384	甲霜·锰锌	38
LS20070458	硫丹	1
LS20070600	硫磺	23
LS20070619	硫丹	40
LS20070720	嘧菌环胺	35
LS20070721	嘧菌环胺	35
LS20070722	苯甲·嘧菌酯	35
LS20070732	氟啶虫酰胺	28
LS20070733	氟啶虫酰胺	28
LS20071292	单氰胺	6
LS20071308	精甲·百菌清	35
LS20071318	单氰胺	6
LS20071614	乙酰甲胺磷	40
LS20071621	嘧菌·百菌清	35
LS20071624	三氟甲吡醚	30
LS20071625	三氟甲吡醚	30
LS20071870	三氟啶磺隆钠盐	35
LS20071871	三氟啶磺隆钠盐	35
LS20071963	三环·丙唑	35
LS20072131	草甘膦异丙胺盐	1
LS20072478	双炔酰菌胺	35
LS20072480	双炔酰菌胺	35
LS20072663	氯虫苯甲酰胺	14
LS20072665	硝磺·莠去津	35
LS20080006	氯菊酯	40
LS20080236	氯虫苯甲酰胺	14
LS20080324	绿僵菌	1
LS20080364	精异丙甲草胺	35
LS20080376	异丙·莠去津	36
LS20080725	480克/升毒死蜱乳油	2
LS20080811	氯虫苯甲酰胺	15
LS20080898	乙虫腈	11
LS20080899	乙虫腈	11
LS20081355	抗倒酯	36
LS20081356	抗倒酯	36
LS20081443	氯虫苯甲酰胺	15
LS20081515	氢氧化铜	15
LS20082183	抗倒酯	36
LS20082279	吡唑醚菌酯	5
LS20082339	茚虫威	15
LS20082522	乙酰甲胺磷	40
LS20082601	氰氟虫腙	5
LS20082664	环酯草醚	36
LS20082665	环酯草醚	36
LS20082800	草甘·2甲胺	2
LS20082805	烟嘧磺隆	28
LS20082817	多·锰锌	40
LS20082831	氰氟虫腙	5
LS20082851	福美双	2
LS20082887	氟虫双酰胺	26
LS20082888	氟虫双酰胺	26
LS20082912	啶磺草胺	21
LS20082937	啶磺草胺	21
LS20082939	氯酯磺草胺	21
LS20082940	氯酯磺草胺	21
LS20082948	噻虫胺	30
LS20082950	噻虫胺	30
LS20083050	碱式硫酸铜	22
LS20083073	1-甲基环丙烯	17
LS20083124	氯虫·噻虫嗪	36
LS20083145	醚菌·啶酰菌	5
LS20083255	高效氯氟氰菊酯	42
LS20083279	氯虫·噻虫嗪	36
LS20083292	氢氧化铜	15
LS20090025	唑啉草酯	36
LS20090043	唑啉·炔草酯	36
LS20090108	嘧苯胺磺隆	39
LS20090109	嘧苯胺磺隆	39
LS20090160	乙螨唑	30
LS20090163	虫螨腈	5
LS20090168	虫螨腈	5
LS20090169	乙螨唑	30
LS20090378	克菌·戊唑醇	39
LS20090522	肟菌·戊唑醇	11
LS20090565	肟菌酯	11
LS20090699	戊菌唑	39
LS20090700	戊菌唑	39
LS20090788	五氟·氰氟草	21
LS20090795	苯醚·咯菌腈	36
LS20090929	唑虫酰胺	26
LS20090930	唑虫酰胺	26
LS20091047	螺虫乙酯	11
LS20091051	螺虫乙酯	11
LS20091058	乙基多杀菌素	21
LS20091099	乙基多杀菌素	21
LS20091177	虫螨腈	5

批准正式登记的国外卫生杀虫剂产品

批准临时登记的国外卫生杀虫剂产品

PD20083456	精喹·草除灵	621
PD20083457	杀螟硫磷	788
PD20083458	硫磺·多菌灵	1025
PD20083459	氟啶脲	783
PD20083460	三环唑	450
PD20083461	敌敌畏	169
PD20083462	速灭威	126
PD20083463	甲基硫菌灵	851
PD20083464	氰戊·三唑酮	450
PD20083465	噁霜·锰锌	892
PD20083466	阿维·辛硫磷	563
PD20083467	高效氯氰菊酯	287
PD20083468	福·克	1016
PD20083469	多·福	1085
PD20083470	高氯·辛硫磷	678
PD20083471	代森锌	880
PD20083472	甲霜·福美双	578
PD20083473	丙环唑	698
PD20083474	四螨嗪	169
PD20083475	阿维菌素	224
PD20083476	氰戊·乐果	981
PD20083477	甲基硫菌灵	880
PD20083478	甲基硫菌灵	169
PD20083479	阿维·毒死蜱	902
PD20083480	克百威	983
PD20083481	丙环唑	817
PD20083482	三唑酮	293
PD20083483	氯氟吡氧乙酸异辛酯	46
PD20083484	多·锰锌	968
PD20083485	霜霉威盐酸盐	484
PD20083486	苄·丁	829
PD20083487	啶虫脒	859
PD20083488	丙溴磷	588
PD20083489	马拉硫磷	342
PD20083490	高效氯氟氰菊酯	610
PD20083491	灭多威	910
PD20083492	炔螨特	348
PD20083493	多菌灵	877
PD20083494	代森锰锌	340
PD20083495	阿维菌素	621
PD20083496	毒死蜱	348
PD20083497	多菌灵	348
PD20083498	毒死蜱	927
PD20083499	甲基硫菌灵	819
PD20083500	硫磺·三唑酮	324
PD20083501	氯氰·毒死蜱	584
PD20083502	井冈霉素	340
PD20083503	甲霜·福美双	367
PD20083504	氯氰·毒死蜱	155
PD20083505	阿维菌素	902
PD20083506	稻瘟灵	134
PD20083507	联苯菊酯	1057
PD20083508	联苯菊酯	348
PD20083509	辛硫磷	1079
PD20083510	氰戊·杀螟松	287
PD20083511	苄·二氯	1057
PD20083512	溴氰 ·敌敌畏	66
PD20083513	硫磺·三环唑	979
PD20083514	乙酰甲胺磷	1006
PD20083515	多效唑	557
PD20083516	毒死蜱	962
PD20083517	克百威	69
PD20083518	多·锰锌	927
PD20083519	噻嗪酮	450
PD20083520	高效氯氟氰菊酯	842
PD20083521	苄嘧磺隆	643
PD20083522	烯禾啶	667
PD20083523	鱼藤酮	201
PD20083524	啶虫脒	867
PD20083525	苏云金杆菌	102
PD20083526	毒死蜱	916
PD20083527	阿维菌素	144
PD20083528	烯效唑	459
PD20083529	苯磺隆	829
PD20083530	炔螨特	916
PD20083531	乐果	192
PD20083532	高效氯氟氰菊酯	149
PD20083533	联苯菊酯	916
PD20083534	精噁唑禾草灵	1034
PD20083535	百草枯	423
PD20083536	高效氟吡甲禾灵	423
PD20083537	联苯菊酯	540
PD20083538	甲基硫菌灵	916
PD20083539	代森锰锌	340
PD20083540	阿维·高氯	389
PD20083541	苄嘧·苯噻酰	413
PD20083542	福美双	698
PD20083543	扑·乙	70
PD20083544	草甘膦	933
PD20083545	多菌灵	822
PD20083546	杀螟丹	512
PD20083547	氰戊菊酯	486
PD20083548	啶虫脒	219
PD20083549	溴氰·辛硫磷	242
PD20083550	阿维·毒死蜱	864
PD20083551	阿维菌素	340
PD20083552	高氯·马	325
PD20083553	丙溴·辛硫磷	207
PD20083554	三唑锡	916
PD20083555	甲基硫菌灵	563
PD20083556	芸苔素内酯	114
PD20083557	氯氰·毒死蜱	1073
PD20083558	马拉硫磷	916
PD20083559	硫磺·多菌灵	340
PD20083560	三唑锡	916
PD20083561	异丙甲草胺	736
PD20083562	氧氟·异丙草	937
PD20083563	阿维·毒死蜱	584
PD20083564	阿维·灭多威	155
PD20083565	啶虫脒	280
PD20083566	硫磺·多菌灵	809
PD20083567	井冈霉素A	1062
PD20083568	阿维菌素	670
PD20083569	高氯·马	347
PD20083570	福·克	1086
PD20083571	高效氯氰菊酯	621
PD20083572	氰戊·辛硫磷	295
PD20083573	阿维·双甲脒	439
PD20083574	草除灵	423
PD20083575	啶虫脒	366
PD20083576	啶虫脒	149
PD20083577	井冈霉素A	1062
PD20083578	啶虫脒	894
PD20083579	三环唑	894
PD20083580	毒死蜱	624
PD20083581	炔螨特	648
PD20083582	霜脲·锰锌	937
PD20083583	阿维·高氯	450
PD20083584	灭线磷	821
PD20083585	异丙甲草胺	97
PD20083586	异稻·稻瘟灵	618
PD20083587	氯氰·丙溴磷	925
PD20083588	硫丹	493
PD20083589	马拉·辛硫磷	988
PD20083590	草甘膦异丙胺盐	423
PD20083591	草甘膦	514

PD20083730	异丙草·莠	760
PD20083731	甜菜宁	1077
PD20083732	苄嘧磺隆	450
PD20083733	二甲戊灵	389
PD20083734	杀螟丹	934
PD20083735	克百威	392
PD20083736	代森锰锌	232
PD20083737	氟乐灵	309
PD20083738	克百威	373
PD20083739	丙草胺	1027
PD20083740	萘乙酸	367
PD20083741	百草枯	760
PD20083742	百草枯	933
PD20083743	苄嘧磺隆	444
PD20083744	百菌清	916
PD20083745	霜霉威盐酸盐	1081
PD20083746	草甘膦铵盐	1073
PD20083747	多菌灵	900
PD20083748	灭蝇胺	648
PD20083749	噻嗪·异丙威	534
PD20083750	精喹禾灵	534
PD20083751	乙铝·锰锌	227
PD20083752	三唑酮	557
PD20083753	乙铝·锰锌	216
PD20083754	甲·克	816
PD20083755	溴鼠灵	1032
PD20083756	阿维菌素	387
PD20083757	多·福	635
PD20083758	氟乐灵	829
PD20083759	毒死蜱	127
PD20083760	噻嗪·异丙威	387
PD20083761	代森锰锌	928
PD20083762	阿维菌素	134
PD20083763	氯氰·毒死蜱	916
PD20083764	双甲脒	851
PD20083765	氟啶脲	851
PD20083766	甜菜安	460
PD20083767	多菌灵	997
PD20083768	氟氯氰菊酯	127
PD20083769	辛硫磷	730
PD20083770	炔螨特	127
PD20083771	噻嗪酮	1058
PD20083772	乐果	952
PD20083773	噻嗪酮	392
PD20083774	虫酰肼	241
PD20083775	多·福	990
PD20083776	三唑锡	881
PD20083777	噻嗪酮	922
PD20083778	多菌灵	902
PD20083779	虫酰肼	894
PD20083780	氟乐灵	53
PD20083781	三环唑	982
PD20083782	阿维菌素	279
PD20083783	灭多威	590
PD20083784	乙草胺	794
PD20083785	咪鲜胺	121
PD20083787	井冈霉素	928
PD20083788	氟磺胺草醚	78
PD20083789	多菌灵	714
PD20083790	噻嗪酮	916
PD20083791	霜霉威盐酸盐	902
PD20083792	霜霉威盐酸盐	989
PD20083793	丙环唑	154
PD20083794	精喹禾灵	851
PD20083795	精喹禾灵	1068
PD20083796	乙氧氟草醚	1033
PD20083797	啶虫脒	645
PD20083798	阿维·高氯	493
PD20083799	灭多威	902
PD20083800	氰戊·辛硫磷	73
PD20083801	灭蝇胺	608
PD20083802	三乙膦酸铝	851
PD20083803	代森锰锌	1001
PD20083804	双甲脒	712
PD20083805	高效氟氯氰菊酯	1071
PD20083806	异丙草胺	277
PD20083807	炔螨特	851
PD20083808	高效氯氟氰菊酯	851
PD20083809	顺式氯氰菊酯	153
PD20083810	异丙威	342
PD20083811	联苯菊酯	712
PD20083812	氰戊·氧乐果	75
PD20083813	乙烯利	968
PD20083814	异菌脲	225
PD20083815	甲哌鎓	561
PD20083816	苄嘧磺隆	480
PD20083817	甲氰·辛硫磷	227
PD20083818	氯氰菊酯	760
PD20083819	百菌清	917
PD20083820	杀螟丹	608
PD20083821	硫双威	444
PD20083822	多菌灵	621
PD20083823	草甘膦	579
PD20083824	氰戊·马拉松	229
PD20083825	阿维·高氯	123
PD20083826	草甘膦	351
PD20083827	辛硫磷	239
PD20083828	速灭威	957
PD20083829	丙环唑	795
PD20083830	甲氰菊酯	208
PD20083831	异丙草胺	742
PD20083832	联苯菊酯	790
PD20083833	炔螨特	1036
PD20083834	阿维菌素	248
PD20083835	高氯·毒死蜱	870
PD20083836	阿维·哒螨灵	274
PD20083837	阿维·毒死蜱	749
PD20083838	丙溴·辛硫磷	169
PD20083839	噁霜·锰锌	957
PD20083840	高氯·毒死蜱	719
PD20083841	高效氯氟氰菊酯	783
PD20083842	精喹禾灵	423
PD20083843	联苯菊酯	847
PD20083844	赤霉酸GA3	456
PD20083845	氰戊·马拉松	850
PD20083846	噻嗪·异丙威	1053
PD20083847	甲氰菊酯	389
PD20083848	啶虫脒	997
PD20083849	代森锌	847
PD20083850	吡虫啉	84
PD20083851	杀螺胺乙醇胺盐	551
PD20083852	高效氯氟氰菊酯	208
PD20083853	异菌脲	538
PD20083854	异稻瘟净	177
PD20083855	甲基硫菌灵	323
PD20083856	氯氰·敌敌畏	202
PD20083857	溴敌隆	1084
PD20083858	噻嗪酮	512
PD20083859	高效氟吡甲禾灵	450
PD20083860	丙环唑	681
PD20083861	多·锰锌	790
PD20083862	啶虫脒	948
PD20083863	精吡氟禾草灵	169
PD20083864	腈菌唑	86
PD20083865	氯氰·辛硫磷	768
PD20083866	噻菌灵	468

PD20084553	溴氰 ·敌敌畏	410
PD20084554	乙草胺	206
PD20084555	二嗪磷	127
PD20084556	甲基硫菌灵	608
PD20084557	啶虫脒	818
PD20084558	多菌灵	623
PD20084559	噻螨酮	914
PD20084560	噻嗪·异丙威	57
PD20084561	甲氰菊酯	695
PD20084562	代森锰锌	608
PD20084563	克百·三唑酮	462
PD20084564	联苯菊酯	342
PD20084565	灭线磷	455
PD20084566	腈菌唑	928
PD20084567	啶虫脒	243
PD20084568	高效氯氟氰菊酯	735
PD20084569	多·福·克	364
PD20084570	高氯·马	703
PD20084571	福美双	792
PD20084572	啶虫脒	712
PD20084573	多·福·克	239
PD20084574	福·克	351
PD20084575	苄嘧磺隆	1068
PD20084576	多·福·克	367
PD20084577	胺苯磺隆	516
PD20084578	甲基硫菌灵	989
PD20084579	吡虫啉	493
PD20084580	甲氰菊酯	206
PD20084581	高效氯氟氰菊酯	181
PD20084582	丙环唑	722
PD20084583	炔螨特	475
PD20084584	氯氰菊酯	464
PD20084585	氰戊·马拉松	776
PD20084586	阿维菌素	1053
PD20084587	三乙膦酸铝	902
PD20084588	灭线磷	821
PD20084589	井冈霉素	340
PD20084590	甲霜·福美双	423
PD20084591	灭多威	696
PD20084592	炔螨特	225
PD20084593	联苯菊酯	681
PD20084594	三环唑	554
PD20084595	吡虫啉	927
PD20084596	苯磺隆	886
PD20084597	氟啶脲	894
PD20084598	氰戊·马拉松	307
PD20084599	苯丁锡	1037
PD20084600	三唑锡	957
PD20084601	三唑锡	340
PD20084602	多·酮·福美双	548
PD20084603	马拉硫磷	260
PD20084604	高效氟吡甲禾灵	819
PD20084605	甲氰菊酯	211
PD20084606	氢氧化铜	170
PD20084607	联苯菊酯	723
PD20084608	氟啶脲	881
PD20084609	三唑锡	79
PD20084610	多菌灵	819
PD20084611	杀虫双	49
PD20084612	噻嗪酮	623
PD20084613	炔螨特	311
PD20084614	杀扑磷	1076
PD20084615	氯氰·丙溴磷	881
PD20084616	咪锰·多菌灵	426
PD20084617	阿维菌素	812
PD20084618	多·福	550
PD20084619	丁硫克百威	600
PD20084620	代森锰锌	1006
PD20084621	阿维菌素	178
PD20084622	溴氰菊酯	563
PD20084623	硫磺·多菌灵	127
PD20084624	毒死蜱	464
PD20084625	氯氰·毒死蜱	289
PD20084626	啶虫脒	229
PD20084627	苄·丁	481
PD20084628	多·福·甲拌磷	239
PD20084629	福美·拌种灵	462
PD20084630	霜脲·锰锌	690
PD20084631	杀螟丹	418
PD20084632	草除灵	78
PD20084633	马拉·异丙威	411
PD20084634	阿维菌素	478
PD20084635	精唑禾灵	504
PD20084636	阿维菌素	231
PD20084637	硫磺·三环唑	178
PD20084638	多菌灵	735
PD20084639	腈菌唑	769
PD20084640	百菌清	1022
PD20084641	氰戊·马拉松	743
PD20084642	阿维菌素	714
PD20084643	阿维菌素	902
PD20084644	毒死蜱	946
PD20084645	西草净	663
PD20084646	井冈霉素A	121
PD20084647	阿维菌素	256
PD20084648	烯酰·锰锌	340
PD20084649	阿维菌素	630
PD20084650	灭多威	444
PD20084651	联苯菊酯	348
PD20084652	吡虫啉	524
PD20084653	多菌灵	922
PD20084654	高效氯氰菊酯	1079
PD20084655	多·福	793
PD20084656	唑磷·毒死蜱	194
PD20084657	霜脲·百菌清	907
PD20084658	甲氰菊酯	72
PD20084659	丁·莠	794
PD20084660	高效氯氟氰菊酯	134
PD20084661	氰戊·乐果	871
PD20084662	杀单·克百威	372
PD20084663	甲氰·辛硫磷	880
PD20084664	福·克	423
PD20084665	甲基硫菌灵	598
PD20084666	毒死蜱	447
PD20084667	三环·杀虫单	540
PD20084668	代森锰锌	127
PD20084669	马拉·辛硫磷	316
PD20084670	氰戊·辛硫磷	64
PD20084671	乙酰甲胺磷	274
PD20084672	百菌清	86
PD20084673	异稻瘟净	1067
PD20084674	杀螺胺乙醇胺盐	599
PD20084675	三环唑	598
PD20084676	高效氯氟氰菊酯	247
PD20084677	腈菌·福美双	765
PD20084678	阿维·辛硫磷	127
PD20084679	腈菌·三唑酮	718
PD20084680	氯氰·丙溴磷	921
PD20084681	马拉硫磷	758
PD20084682	井冈霉素A	188
PD20084683	井冈霉素	177
PD20084684	阿维菌素	248
PD20084685	氯氰菊酯	845
PD20084686	阿维·毒死蜱	603
PD20084687	毒死蜱	777
PD20084688	异丙威	57

PD20091474	高效氯氟氰菊酯	681	PD20091542	异菌脲	735
PD20091475	毒死蜱	302	PD20091543	戊唑·福美双	1086
PD20091476	毒死蜱	67	PD20091544	噁霜·锰锌	763
PD20091477	哒螨·辛硫磷	788	PD20091545	吡虫·辛硫磷	341
PD20091478	稻瘟灵	120	PD20091546	毒死蜱	43
PD20091479	甲氰菊酯	609	PD20091547	丁·扑	424
PD20091480	克百威	364	PD20091548	甲·莠·敌草隆	1050
PD20091481	氯氰·丙溴磷	675	PD20091549	莠去津	844
PD20091482	乐果	142	PD20091550	代森锰锌	739
PD20091483	毒死蜱	865	PD20091551	阿维·哒螨灵	335
PD20091484	联苯菊酯	879	PD20091552	井冈·噻嗪酮	548
PD20091485	阿维·苏云菌	164	PD20091553	甲基硫菌灵	179
PD20091486	马拉·辛硫磷	195	PD20091554	马拉硫磷	820
PD20091487	福·克	893	PD20091555	敌百·辛硫磷	696
PD20091488	井·噻·杀虫单	584	PD20091556	福·克	351
PD20091489	代森锰锌	944	PD20091557	阿维·啶虫脒	862
PD20091490	氯氰·毒死蜱	181	PD20091558	异菌脲	466
PD20091491	甲氰菊酯	67	PD20091559	高效氯氟氰菊酯	513
PD20091492	异丙甲草胺	763	PD20091560	辛硫磷	153
PD20091493	百草枯	203	PD20091561	霜霉威	795
PD20091494	草甘膦	1032	PD20091562	氯氰菊酯	249
PD20091495	高效氟吡甲禾灵	935	PD20091563	阿维·高氯	304
PD20091496	噻嗪·异丙威	629	PD20091564	甲基硫菌灵	879
PD20091497	氟磺胺草醚	743	PD20091565	联苯菊酯	181
PD20091498	灭威·高氯氟	43	PD20091566	高效氯氟氰菊酯	705
PD20091499	乙铝·锰锌	62	PD20091567	高效氯氟氰菊酯	840
PD20091500	霜脲·锰锌	1020	PD20091568	草甘膦异丙胺盐	1032
PD20091501	高氯·毒死蜱	523	PD20091569	甲氰·噻螨酮	979
PD20091502	扑草净	917	PD20091570	氟吡甲禾灵	844
PD20091503	高效氯氰菊酯	799	PD20091571	福美双	842
PD20091504	苄嘧·丙草胺	591	PD20091572	精喹禾灵	566
PD20091505	马拉·灭多威	569	PD20091573	多·锰锌	675
PD20091506	速灭威	979	PD20091574	吡虫·灭多威	911
PD20091507	异丙威	615	PD20091575	毒死蜱	872
PD20091508	三环唑	739	PD20091576	丙溴·辛硫磷	768
PD20091509	代森锰锌	879	PD20091577	锰锌·福美双	675
PD20091510	毒死蜱	397	PD20091578	阿维·杀虫单	184
PD20091511	毒死蜱	100	PD20091579	马拉·辛硫磷	403
PD20091512	百菌清	117	PD20091580	三唑酮	739
PD20091513	多·福	925	PD20091581	阿维·高氯	293
PD20091514	吡虫·杀虫单	746	PD20091582	辛硫·高氯氟	589
PD20091515	井冈·杀虫单	506	PD20091583	氯氰·辛硫磷	315
PD20091516	百草枯	881	PD20091584	仲灵·乙草胺	686
PD20091517	苄·乙	56	PD20091585	精喹禾灵	171
PD20091518	苏云·灭多威	394	PD20091586	氯氟吡氧乙酸异辛酯	451
PD20091519	腐霉·福美双	184	PD20091587	福·福锌	760
PD20091520	三环·多菌灵	507	PD20091588	三唑酮	730
PD20091521	丙环唑	167	PD20091589	丙溴·辛硫磷	397
PD20091522	甲基硫菌灵	167	PD20091590	三环唑	724
PD20091523	敌畏·仲丁威	334	PD20091591	吡虫啉	684
PD20091524	阿维菌素	344	PD20091592	烯草酮	94
PD20091525	噻嗪酮	616	PD20091593	氯氟吡氧乙酸异辛酯	979
PD20091526	氯氰·辛硫磷	182	PD20091594	百草枯	83
PD20091527	烯酰吗啉	799	PD20091595	阿维·高氯	315
PD20091528	氟啶脲	681	PD20091596	甲霜·锰锌	702
PD20091529	丙环唑	206	PD20091597	烯酰·锰锌	903
PD20091530	腐霉利	986	PD20091598	甲氰菊酯	607
PD20091531	丙溴·辛硫磷	799	PD20091599	甲基硫菌灵	181
PD20091532	精喹禾灵	631	PD20091600	异丙威	334
PD20091533	高氯·辛硫磷	763	PD20091601	阿维·哒螨灵	141
PD20091534	戊唑醇	1060	PD20091602	杀螺胺乙醇胺盐	44
PD20091535	乙草胺	910	PD20091603	代森锰锌	658
PD20091536	苯丁锡	144	PD20091604	异丙甲草胺	854
PD20091537	噻嗪酮	913	PD20091605	福美双	750
PD20091538	乙草胺	476	PD20091606	莠去津	836
PD20091539	甲霜·锰锌	944	PD20091607	阿维菌素	297
PD20091540	吡虫啉	391	PD20091608	阿维·高氯	767
PD20091541	丁硫·毒死蜱	1061	PD20091609	吡虫·噻嗪酮	558

PD20092574	三唑锡	848	PD20092643	福·甲·硫磺	900
PD20092575	高效氯氰菊酯	948	PD20092644	乐果	294
PD20092576	抗蚜威	150	PD20092645	毒死蜱	865
PD20092577	苄·乙	1041	PD20092646	吡虫啉	97
PD20092578	联苯菊酯	287	PD20092647	苄·丁	99
PD20092579	乙铝·锰锌	913	PD20092648	复硝酚钠	746
PD20092580	高效氯氰菊酯	986	PD20092649	丙溴磷	144
PD20092581	氰铃·辛硫磷	86	PD20092650	苯磺隆	990
PD20092582	阿维·哒螨灵	484	PD20092651	腐霉·多菌灵	262
PD20092583	精噁唑禾草灵	424	PD20092652	多·福	334
PD20092584	异丙甲草胺	798	PD20092653	高效氯氟氰菊酯	958
PD20092585	甲硫·锰锌	679	PD20092654	腐霉利	878
PD20092586	丙溴磷	1077	PD20092655	吡虫啉	447
PD20092587	多·福	998	PD20092656	多菌灵	691
PD20092588	吡虫·辛硫磷	237	PD20092657	抑霉唑	338
PD20092589	速灭威	706	PD20092658	异丙甲草胺	1055
PD20092590	代森锰锌	681	PD20092659	百菌清	852
PD20092591	井冈·多菌灵	548	PD20092660	联苯菊酯	57
PD20092592	辛硫·灭多威	307	PD20092661	马拉硫磷	1000
PD20092593	阿维·三唑磷	123	PD20092662	福美·拌种灵	536
PD20092594	阿维菌素	616	PD20092663	甲基硫菌灵	44
PD20092595	苄·乙	1044	PD20092664	高效氯氰菊酯	812
PD20092596	氰戊·氧乐果	392	PD20092665	乙铝·多菌灵	341
PD20092597	氰戊·马拉松	865	PD20092666	霜脲·锰锌	191
PD20092598	硫磺·三环唑	1047	PD20092667	喹·胺·草除灵	458
PD20092599	毒死蜱	441	PD20092668	高效氟吡甲禾灵	50
PD20092600	灭多威	766	PD20092669	高效氟吡甲禾灵	746
PD20092601	三唑磷	308	PD20092670	扑草净	836
PD20092602	氯氟吡氧乙酸	96	PD20092671	苄嘧磺隆	971
PD20092603	腐霉利	334	PD20092672	苄·乙	546
PD20092604	灭多威	944	PD20092673	异稻·三环唑	494
PD20092605	乙氧氟草醚	1010	PD20092674	井冈霉素A	691
PD20092606	抗·酮·多菌灵	507	PD20092675	代森锰锌	884
PD20092607	草甘膦	479	PD20092676	啶虫脒	177
PD20092608	氯氰·丙溴磷	191	PD20092677	扑草净	686
PD20092609	氟啶脲	1042	PD20092678	三唑锡	1038
PD20092610	氟氯氰菊酯	449	PD20092679	马拉硫磷	996
PD20092611	锰锌·腈菌唑	390	PD20092680	苯醚甲环唑	800
PD20092612	甲硫·福美双	880	PD20092681	井冈·三环唑	878
PD20092613	炔螨特	621	PD20092682	井冈霉素	120
PD20092614	精喹·草除灵	639	PD20092683	螨醇·哒螨灵	524
PD20092615	稻瘟灵	719	PD20092684	福·福锌	706
PD20092616	氧乐果	719	PD20092685	敌敌畏	118
PD20092617	螨醇·哒螨灵	626	PD20092686	吡·硫·多菌灵	399
PD20092618	倍硫磷	955	PD20092687	福美双	683
PD20092619	芸苔素内酯	1039	PD20092688	烯酰·福美双	1010
PD20092620	灭多威	753	PD20092689	苏云·吡虫啉	561
PD20092621	阿维菌素	172	PD20092690	莠去津	836
PD20092622	马拉硫磷	1000	PD20092691	甲霜·噁霉灵	1003
PD20092623	辛硫磷	205	PD20092692	丁草胺	836
PD20092624	多·福	62	PD20092693	毒·辛	312
PD20092625	氟磺胺草醚	527	PD20092694	丁草胺	917
PD20092626	乐果·高氯氟	403	PD20092695	丙草胺	351
PD20092627	毒死蜱	750	PD20092696	高效氯氟氰菊酯	74
PD20092628	异菌脲	895	PD20092697	氯氟吡氧乙酸(酯)	800
PD20092629	噻嗪·杀虫单	1025	PD20092698	精喹禾灵	723
PD20092631	草甘膦	1025	PD20092699	莠去津	172
PD20092632	噁草酮	1039	PD20092700	烟嘧磺隆	466
PD20092633	草甘膦	1025	PD20092702	草甘膦	1080
PD20092634	氯氟吡氧乙酸	578	PD20092703	辛硫磷	43
PD20092635	多菌灵	858	PD20092704	阿维·高氯	348
PD20092636	百菌清	944	PD20092705	氰戊菊酯	857
PD20092637	苄·丁	394	PD20092706	多菌灵	552
PD20092638	腈菌·福美双	184	PD20092707	井冈霉素	740
PD20092639	噁酮·乙草胺	540	PD20092708	草甘膦异丙胺盐	1058
PD20092640	草甘膦异丙胺盐	1015	PD20092709	联苯菊酯	84
PD20092641	啶虫脒	800	PD20092710	甲基硫菌灵	820
PD20092642	噻嗪·杀扑磷	862	PD20092711	高氯·辛硫磷	843

PD20092712	多·福	820
PD20092713	多·锰锌	820
PD20092714	三唑锡	820
PD20092715	百草枯	237
PD20092716	草甘膦异丙胺盐	128
PD20092717	甲基硫菌灵	869
PD20092718	阿维菌素	750
PD20092719	丁硫克百威	876
PD20092720	乙草胺	203
PD20092721	吡虫啉	1085
PD20092722	高氯·毒死蜱	241
PD20092723	噻嗪·异丙威	616
PD20092724	甲基硫菌灵	258
PD20092725	硫磺·三环唑	62
PD20092726	腐霉利	895
PD20092727	甲霜·锰锌	984
PD20092728	百菌清	876
PD20092729	2甲4氯钠	737
PD20092730	阿维·氯氰	627
PD20092731	三唑酮	983
PD20092732	甲氨基阿维菌素苯甲酸盐	953
PD20092733	氯氰·敌敌畏	72
PD20092734	阿维·辛硫磷	337
PD20092735	吡虫啉	235
PD20092736	高氯·马	346
PD20092737	噻嗪·异丙威	567
PD20092738	苄·丁	614
PD20092739	霜脲·锰锌	731
PD20092740	高效氯氰菊酯	822
PD20092741	百草枯	355
PD20092742	速灭威	636
PD20092743	烟嘧磺隆	579
PD20092744	马拉·杀螟松	192
PD20092745	春雷·三环唑	435
PD20092746	苄·丁	522
PD20092747	甲霜·福美双	363
PD20092748	丁硫克百威	401
PD20092749	霜霉威盐酸盐	908
PD20092750	嘧霉胺	639
PD20092751	苄·乙	639
PD20092752	甲硫·福美双	679
PD20092753	三唑锡	667
PD20092754	辛硫磷	827
PD20092755	嘧霉胺	716
PD20092756	多·福·克	351
PD20092757	代森锰锌	912
PD20092758	多抗霉素	643
PD20092759	百草枯	310
PD20092760	阿维·哒螨灵	451
PD20092761	福·甲·硫磺	69
PD20092762	甲霜·噁霉灵	210
PD20092763	哒螨·氧乐果	214
PD20092764	杀虫双	390
PD20092765	辛硫磷	308
PD20092766	阿维菌素	344
PD20092767	辛硫磷	320
PD20092768	硫磺·多菌灵	822
PD20092769	2甲4氯钠	380
PD20092770	甲硫·福美双	862
PD20092771	多·福	679
PD20092772	福·甲·硫磺	822
PD20092773	甲霜·霜霉威	1036
PD20092774	阿维·高氯	938
PD20092775	阿维·哒螨灵	614
PD20092776	氟铃脲	1044
PD20092777	氟磺胺草醚	103
PD20092778	甲·乙·莠	737
PD20092779	氰戊·辛硫磷	1002
PD20092780	敌百·辛硫磷	862
PD20092781	多·福	519
PD20092782	己唑醇	1020
PD20092783	双甲脒	494
PD20092784	草甘膦	458
PD20092785	精喹禾灵	639
PD20092786	唑磷·毒死蜱	636
PD20092787	唑磷·毒死蜱	636
PD20092788	吡虫·噻嗪酮	636
PD20092789	氟氯氰菊酯	589
PD20092790	马拉·三唑磷	636
PD20092791	苯磺隆	278
PD20092792	毒死蜱	912
PD20092793	硫磺	1083
PD20092794	辛硫·灭多威	731
PD20092795	苯磺隆	895
PD20092796	二甲戊灵	962
PD20092797	杀单·毒死蜱	458
PD20092798	溴氰·敌敌畏	208
PD20092799	虫酰肼	161
PD20092800	炔螨特	487
PD20092801	唑酮·氧乐果	348
PD20092802	阿维·高氯	283
PD20092803	敌畏·仲丁威	636
PD20092804	喹硫磷	636
PD20092805	乐果·敌敌畏	941
PD20092806	福美双	341
PD20092807	甲硫·福美双	372
PD20092808	阿维·灭幼脲	299
PD20092809	辛硫磷	601
PD20092810	烯唑醇	54
PD20092811	敌百·毒死蜱	872
PD20092812	毒死蜱	471
PD20092813	毒死蜱	962
PD20092814	高氯·辛硫磷	179
PD20092815	甲·灭·敌草隆	1050
PD20092816	嘧霉·福美双	226
PD20092817	氯氰·丙溴磷	57
PD20092818	虫酰肼	724
PD20092819	高效氯氰菊酯	955
PD20092820	苄·丁	505
PD20092821	氟铃脲	275
PD20092822	苯磺隆	338
PD20092823	哒灵·炔螨特	479
PD20092824	百菌清	182
PD20092825	氯氰·辛硫磷	704
PD20092826	井冈·蜡芽菌	940
PD20092827	多·锰锌	929
PD20092828	丙溴·辛硫磷	727
PD20092829	硫磺·多菌灵	826
PD20092830	多·福·克	711
PD20092831	苄·二氯	50
PD20092832	苯磺隆	887
PD20092833	氟硅唑	917
PD20092834	草甘膦	166
PD20092835	辛酰溴苯腈	593
PD20092836	井冈霉素	621
PD20092837	乙铝·锰锌	984
PD20092838	杀单·毒死蜱	1047
PD20092839	苄嘧·丙草胺	535
PD20092840	高效氯氰菊酯	731
PD20092841	噻嗪·杀扑磷	1024
PD20092842	溴氰·毒死蜱	903
PD20092843	敌敌畏	786
PD20092844	甲基硫菌灵	875
PD20092845	S-氰戊菊酯	1003
PD20092846	阿维·高氯	285
PD20092847	草甘膦异丙胺盐	79

PD20095461	苄嘧·苯噻酰	61
PD20095462	氟吗·乙铝	666
PD20095463	苄·丁	196
PD20095464	苄·乙·甲	410
PD20095465	高效氟吡甲禾灵	764
PD20095466	甲磺·乙草胺	410
PD20095467	嗪草酮	354
PD20095468	甲哌鎓	335
PD20095469	异丙草胺	359
PD20095470	异噁草松	338
PD20095471	甲·乙·莠	679
PD20095472	胺苯磺隆	660
PD20095473	敌磺钠	368
PD20095474	辛硫·灭多威	550
PD20095475	烯草酮	784
PD20095476	乙酰甲胺磷	319
PD20095477	异丙甲·苄	602
PD20095478	哒螨灵	825
PD20095479	异噁草松	352
PD20095480	氟磺胺草醚	660
PD20095481	杀螺胺乙醇胺盐	551
PD20095482	福美双	842
PD20095483	甲磺·乙草胺	53
PD20095484	莠去津	487
PD20095485	丙草胺	172
PD20095486	吡嘧磺隆	662
PD20095487	异丙草·莠	844
PD20095488	复硝酚钠	415
PD20095489	吡虫啉	280
PD20095490	乙烯利	300
PD20095491	百草枯	831
PD20095492	乙烯利	338
PD20095493	异丙草·莠	834
PD20095494	2,4-滴丁酯	118
PD20095495	吡嘧·苯噻酰	527
PD20095496	异丙草·莠	701
PD20095497	烯草酮	356
PD20095498	百草枯	57
PD20095499	苄嘧磺隆	956
PD20095500	甲哌鎓	721
PD20095501	乙草胺	741
PD20095502	乙草胺	497
PD20095503	二氯异氰尿酸钠	292
PD20095504	盐酸吗啉胍	911
PD20095505	苄嘧·丙草胺	594
PD20095506	辛硫·三唑磷	293
PD20095507	三唑磷	1079
PD20095508	烯草酮	754
PD20095509	精喹·草除灵	598
PD20095510	扑·乙	66
PD20095511	烯草酮	448
PD20095512	复硝酚钠	335
PD20095513	百草枯	331
PD20095514	苯磺隆	470
PD20095515	高效氯氟氰菊酯	612
PD20095516	霜脲·锰锌	863
PD20095517	乙铝·锰锌	968
PD20095518	丙溴·辛硫磷	309
PD20095519	福·克	436
PD20095520	烟嘧磺隆	325
PD20095521	三唑锡	789
PD20095522	烟嘧磺隆	424
PD20095523	烟嘧磺隆	56
PD20095524	咪·酮·百菌清	214
PD20095525	莠灭·乙草胺	1050
PD20095526	吡虫啉	329
PD20095527	二甲戊灵	290
PD20095528	精喹·草除灵	540
PD20095529	苄·乙	438
PD20095530	甲维·毒死蜱	114
PD20095531	赤霉酸	1045
PD20095532	烟嘧磺隆	904
PD20095533	苯噻酰草胺	594
PD20095534	异丙甲草胺	325
PD20095535	草甘膦	70
PD20095536	异松·乙草胺	648
PD20095537	井冈·硫酸铜	324
PD20095538	联苯菊酯	602
PD20095539	阿维·吡虫啉	390
PD20095540	甲哌鎓	784
PD20095541	噻苯隆	517
PD20095542	苄·乙	487
PD20095543	辛硫磷	318
PD20095544	氟磺胺草醚	956
PD20095545	百草枯	956
PD20095546	氟铃·辛硫磷	791
PD20095547	苄嘧磺隆	953
PD20095548	滴丁·乙草胺	286
PD20095549	咪唑乙烟酸	487
PD20095550	异丙威	306
PD20095551	矮壮·甲哌鎓	301
PD20095552	吡嘧磺隆	470
PD20095553	吡虫啉	793
PD20095554	丁·莠	241
PD20095555	二氯异氰尿酸钠	863
PD20095556	盐酸吗啉胍	935
PD20095557	精喹禾灵	66
PD20095558	高氯·氟铃脲	707
PD20095559	磷化铝	775
PD20095560	氨氯吡啶酸	418
PD20095561	异丙威	602
PD20095562	百草枯	672
PD20095563	多·锰锌	700
PD20095564	滴丁·乙草胺	356
PD20095565	赤霉酸	947
PD20095566	戊唑醇	711
PD20095567	杀螟·辛硫磷	1010
PD20095568	苄嘧·苯噻酰	91
PD20095569	吡虫啉	474
PD20095570	苄·乙	397
PD20095571	敌草胺	339
PD20095572	多效唑	143
PD20095573	莠去津	278
PD20095574	氟氯·毒死蜱	324
PD20095575	百草枯	810
PD20095576	阿维·苏云菌	298
PD20095577	草甘膦	1081
PD20095578	多·锰锌	808
PD20095579	吡嘧磺隆	1004
PD20095580	滴丁·乙草胺	358
PD20095581	腐霉利	306
PD20095582	百草枯	846
PD20095583	2甲·灭草松	653
PD20095584	精噁唑禾草灵	784
PD20095585	毒·辛	200
PD20095586	二嗪磷	904
PD20095587	苄嘧·苯噻酰	179
PD20095588	氟铃脲	871
PD20095589	苄·乙·甲	466
PD20095590	苄·二氯	397
PD20095591	异丙草·莠	333
PD20095592	百草枯	246
PD20095593	辛硫磷	323
PD20095594	高效氯氰菊酯	57
PD20095595	异隆·乙草胺	469
PD20095596	百草枯	226

批准临时登记的国内农药产品

LS20082966	代森联	528
LS20082967	氟铃·辛硫磷	688
LS20082968	阿维·哒螨灵	989
LS20082969	高氯·毒死蜱	345
LS20082970	阿维·毒死蜱	889
LS20082971	阿维·三唑磷	997
LS20082972	阿维·炔螨特	165
LS20082973	丁醚脲	147
LS20082975	敌畏·毒死蜱	591
LS20082976	吡虫·毒死蜱	940
LS20082977	苯磺·异丙隆	522
LS20082978	阿维·三唑锡	909
LS20082979	莠去津	688
LS20082980	戊唑醇	537
LS20082981	虫酰·辛硫磷	463
LS20082982	苯醚菌酯	1036
LS20082985	甲氨基阿维菌素苯甲酸盐	866
LS20082986	阿维·炔螨特	797
LS20082987	联苯菊酯	205
LS20082988	苄嘧·丙草胺	1028
LS20082989	甲氨基阿维菌素苯甲酸盐	823
LS20082990	杀扑·毒死蜱	802
LS20082991	炔草酸	1077
LS20082992	敌·马	1000
LS20082993	精喹禾灵	629
LS20082994	甲氨基阿维菌素苯甲酸盐	599
LS20082995	甲氨基阿维菌素苯甲酸盐	156
LS20082996	松·吡·氟磺胺	688
LS20082997	高效氯氟氰菊酯	906
LS20082998	精喹禾灵	455
LS20082999	精喹·草除灵	1011
LS20083000	丁·戊·福美双	427
LS20083001	抑霉唑	892
LS20083002	甲萘威	70
LS20083003	甲维·丁醚脲	906
LS20083004	喹啉铜	951
LS20083005	嗪草酮	495
LS20083006	杀单·高氯氟	419
LS20083007	噻嗪·速灭威	200
LS20083008	球孢白僵菌	623
LS20083009	毒死蜱	255
LS20083011	戊唑醇	641
LS20083012	苯醚甲环唑	327
LS20083013	辛酰溴苯腈	467
LS20083014	烯酰·锰锌	963
LS20083015	精喹·异噁松	707
LS20083016	精喹禾灵	1035
LS20083017	氯氟吡氧乙酸	1084
LS20083018	烯草酮	946
LS20083019	苦参碱	669
LS20083020	阿维·高氯	336
LS20083022	西玛津	1050
LS20083024	蛇床子素	544
LS20083025	甲氨基阿维菌素苯甲酸盐	677
LS20083026	精喹禾灵	623
LS20083027	甲氨基阿维菌素苯甲酸盐	713
LS20083028	高氯·乙酰甲	971
LS20083029	嘧霉·福美双	909
LS20083030	阿维·三唑锡	889
LS20083031	硝虫·哒螨灵	983
LS20083032	喹硫·毒死蜱	188
LS20083033	松·喹·氟磺胺	655
LS20083034	阿维菌素	688
LS20083035	敌百·辛硫磷	618
LS20083036	阿维·高氯	1048
LS20083037	丙森·多菌灵	930
LS20083038	阿维·毒死蜱	165
LS20083039	联苯菊酯	73
LS20083040	苯甲·丙环唑	459
LS20083041	草甘膦铵盐	1042
LS20083042	阿维·高氯	400
LS20083043	阿维·氟铃脲	193
LS20083044	吡虫·毒死蜱	95
LS20083045	苄嘧·丙草胺	562
LS20083046	抑芽丹	969
LS20083047	苄·二氯	514
LS20083048	甲·乙·莠	724
LS20083049	丁·莠	826
LS20083051	阿维·杀铃脲	433
LS20083052	吡虫啉	280
LS20083053	氟硅唑	886
LS20083054	毒死蜱	455
LS20083055	井冈·蜡芽菌	63
LS20083056	二氯异氰尿酸钠	865
LS20083057	灭蝇胺	810
LS20083058	滴丁·乙草胺	662
LS20083059	噻磺·乙草胺	477
LS20083060	甲氨基阿维菌素苯甲酸盐	379
LS20083062	戊唑醇	824
LS20083063	阿维·哒螨灵	724
LS20083064	阿维·三唑磷	306
LS20083065	吡虫·仲丁威	193
LS20083066	草甘膦铵盐（74.7%）	837
LS20083067	氟啶·马拉松	1063
LS20083068	唑磷·毒死蜱	199
LS20083069	2,4-滴异辛酯	364
LS20083071	丁硫·辛硫磷	343
LS20083074	异丙威	298
LS20083075	丁醚脲	909
LS20083076	小菜蛾颗粒体病毒	305
LS20083077	甲氨基阿维菌素苯甲酸盐	898
LS20083078	敌稗	360
LS20083079	腐霉·百菌清	298
LS20083080	唑磷·毒死蜱	386
LS20083081	烯唑醇	297
LS20083082	松·喹·氟磺胺	747
LS20083083	精噁唑禾草灵	425
LS20083084	吡虫·毒死蜱	138
LS20083087	四聚·杀螺胺	523
LS20083089	丁·戊·福美双	565
LS20083090	丙溴·辛硫磷	463
LS20083091	高效氯氟氰菊酯	205
LS20083092	乙草胺	429
LS20083094	甲维盐·氯氰	718
LS20083095	戊唑醇	193
LS20083096	胺鲜·乙烯利	969
LS20083097	阿维·灭幼脲	132
LS20083098	烟嘧磺隆	506
LS20083099	松·喹·氟磺胺	433
LS20083100	甜菜夜蛾核型多角体病毒	305
LS20083101	棉铃虫核型多角体病毒	305
LS20083102	四聚乙醛	461
LS20083104	戊唑·福美双	67
LS20083105	阿维·噻螨酮	930
LS20083106	阿维·毒死蜱	205
LS20083107	乙·莠· 滴丁酯	429
LS20083108	噻嗪·杀扑磷	927
LS20083109	吡氟酰草胺	943
LS20083110	毒·辛	205
LS20083111	甲维盐·氯氰	193
LS20083112	武夷菌素	841
LS20083113	草甘膦	980
LS20083114	阿维·高氯	847
LS20083115	甲氨基阿维菌素苯甲酸盐	275
LS20083116	阿维·三唑磷	909
LS20083117	杀扑·毒死蜱	641

LS20083118	阿维·哒螨灵	89
LS20083119	唑磷·毒死蜱	628
LS20083120	阿维·三唑锡	802
LS20083121	阿维菌素	275
LS20083122	木霉菌	848
LS20083123	异丙草·莠	429
LS20083125	甲基硫菌灵	147
LS20083126	炔螨·三唑磷	1043
LS20083127	阿维·高氯	298
LS20083128	毒死蜱	147
LS20083129	阿维·高氯氟	189
LS20083130	丙环·咪鲜胺	154
LS20083131	硝虫硫磷	983
LS20083132	苯醚甲环唑	802
LS20083133	高氯·毒死蜱	996
LS20083134	咪鲜·多菌灵	70
LS20083135	百菌清	147
LS20083137	阿维·辛硫磷	205
LS20083138	阿维·哒螨灵	680
LS20083139	多·硫·三环唑	141
LS20083140	己唑醇	87
LS20083141	噻吩磺隆	294
LS20083142	苄·噁·丙草胺	449
LS20083143	毒·辛	680
LS20083144	苯线磷	576
LS20083146	噻酮·炔螨特	213
LS20083147	异丙草·莠	425
LS20083148	草铵膦	1031
LS20083149	阿维·哒螨灵	345
LS20083150	苄氨基嘌呤	984
LS20083151	唑磷·毒死蜱	976
LS20083152	乙草胺	724
LS20083154	福美胂	294
LS20083155	乙蒜素	634
LS20083156	烟嘧磺隆	495
LS20083157	丁醚脲	213
LS20083158	毒氟磷	211
LS20083159	代森锰锌	595
LS20083160	吡虫·毒死蜱	980
LS20083161	二氯喹啉酸	1069
LS20083162	腈菌唑	802
LS20083164	高效氯氟氰菊酯	223
LS20083165	噻嗪酮	771
LS20083166	杀螺胺乙醇胺盐	562
LS20083167	丁醚脲	204
LS20083168	精喹禾灵	47
LS20083169	草甘膦铵盐	949
LS20083170	仲灵·乙草胺	806
LS20083171	阿维菌素	252
LS20083172	阿维·毒死蜱	612
LS20083173	莠·唑·2甲钠	545
LS20083174	二氯吡啶酸	272
LS20083175	吡虫啉	1067
LS20083176	噻嗪·杀扑磷	284
LS20083177	甲氨基阿维菌素苯甲酸盐	610
LS20083178	辛硫磷	234
LS20083179	嘧霉·百菌清	284
LS20083180	毒·辛	178
LS20083181	苄·丁	980
LS20083182	草铵膦	276
LS20083183	唑磷·毒死蜱	205
LS20083184	苯醚甲环唑	235
LS20083185	乙羧·氟磺胺	290
LS20083186	丁醚脲	909
LS20083187	苄嘧·苯噻酰	433
LS20083188	氯氰·啶虫脒	796
LS20083189	高氯·氟铃脲	599
LS20083190	乙·莠· 滴丁酯	688
LS20083191	乙氧呋草黄	1077
LS20083192	哒灵·炔螨特	284
LS20083193	阿维·毒死蜱	1047
LS20083194	阿维菌素	255
LS20083195	戊·氧·乙草胺	831
LS20083196	啶虫脒	920
LS20083197	高氯·氟铃脲	294
LS20083198	氟铃·辛硫磷	205
LS20083199	乙羧氟草醚	784
LS20083200	异稻·稻瘟灵	599
LS20083201	硝磺草酮	666
LS20083202	阿维·啶虫脒	679
LS20083203	灭蝇胺	213
LS20083204	乙虫腈	933
LS20083205	炔草酸	1077
LS20083206	阿维菌素	683
LS20083207	啶虫脒	865
LS20083208	甲维·毒死蜱	559
LS20083209	阿维菌素	213
LS20083210	硝磺草酮	651
LS20083211	硝磺草酮	651
LS20083212	苄嘧·丙草胺	455
LS20083213	2,4-滴	52
LS20083214	氯氰·福美双	47
LS20083215	吲丁·萘乙酸	1067
LS20083216	苄嘧·苯噻酰	420
LS20083217	吡虫啉	280
LS20083218	丙溴·辛硫磷	205
LS20083219	溴氰菊酯	590
LS20083220	烟嘧磺隆	47
LS20083221	啶虫脒	347
LS20083222	2甲·氯氟吡	963
LS20083223	氯吡脲	984
LS20083224	高氯·吡虫啉	352
LS20083225	苯磺隆	147
LS20083226	烯唑醇	610
LS20083227	烟嘧·莠去津	47
LS20083228	仲灵·异噁松	119
LS20083229	苯丁·哒螨灵	115
LS20083230	高氯·毒死蜱	747
LS20083231	四聚乙醛	555
LS20083232	丁硫·辛硫磷	294
LS20083233	阿维·唑锡	332
LS20083234	代森锌	906
LS20083235	唑磷·毒死蜱	294
LS20083236	锰锌·腈菌唑	916
LS20083237	吡虫啉	399
LS20083238	阿维菌素	406
LS20083239	甲氨基阿维菌素苯甲酸盐	400
LS20083240	腈菌唑	810
LS20083241	阿维·吡虫啉	994
LS20083242	氟铃·毒死蜱	193
LS20083243	啶虫脒	504
LS20083244	阿维·杀虫单	205
LS20083245	高效氯氟氰菊酯	994
LS20083246	阿维菌素	210
LS20083247	丙溴·辛硫磷	333
LS20083248	甲氨基阿维菌素苯甲酸盐	301
LS20083249	百菌清	300
LS20083250	阿维菌素	399
LS20083251	阿维·毒死蜱	294
LS20083252	丙溴·辛硫磷	520
LS20083253	烟嘧磺隆	47
LS20083254	唑磷·毒死蜱	182
LS20083256	氟铃·辛硫磷	612
LS20083257	吡虫啉	572
LS20083258	丙溴·辛硫磷	612
LS20083259	丙威·毒死蜱	452

LS20090386	灭·异·高氟吡	640
LS20090387	敌百·仲丁威	344
LS20090388	几丁聚糖	960
LS20090389	噻虫啉	771
LS20090390	环嗪酮	495
LS20090391	咪鲜·三环唑	609
LS20090392	高效氯氟氰菊酯	609
LS20090393	嘧霉·福美双	273
LS20090394	阿维菌素	176
LS20090395	乙草胺	421
LS20090396	高氯·毒死蜱	960
LS20090397	噁草·丁草胺	525
LS20090398	福美锌	907
LS20090399	烯酰·甲霜灵	780
LS20090400	甲哌鎓	289
LS20090401	烟嘧·乙·莠	286
LS20090402	啶虫脒	322
LS20090403	高效氯氟氰菊酯	244
LS20090404	D型肉毒梭菌毒素	671
LS20090405	硅唑·咪鲜胺	921
LS20090406	甜菜安	461
LS20090407	己唑醇	501
LS20090408	滴丁·乙草胺	432
LS20090409	啶虫脒	846
LS20090410	杀螺胺乙醇胺盐	395
LS20090411	烟嘧磺隆	425
LS20090412	高效氯氟氰菊酯	455
LS20090413	阿维·丙溴磷	412
LS20090414	吡虫啉	960
LS20090415	高氯·甲维盐	96
LS20090416	阿维·三唑磷	1048
LS20090417	阿维·高氯氟	176
LS20090418	毒死蜱	48
LS20090419	井冈·三环唑	460
LS20090420	草甘膦	602
LS20090421	甲维·仲丁威	596
LS20090422	三环唑	907
LS20090423	苯醚甲环唑	218
LS20090424	阿维·毒死蜱	554
LS20090425	高效氯氟氰菊酯	537
LS20090426	苯甲·丙环唑	132
LS20090427	毒死蜱	182
LS20090428	2,4-滴丁酯	662
LS20090429	高氯·毒死蜱	253
LS20090430	丙森·霜脲氰	796
LS20090431	滴丁·乙草胺	430
LS20090432	高效氯氟氰菊酯	960
LS20090433	腈菌唑	920
LS20090434	阿维菌素	322
LS20090435	氟铃脲	74
LS20090436	甲氨基阿维菌素苯甲酸盐（5.7%）	322
LS20090437	阿维·氯氰	344
LS20090438	乙胺·草甘膦	344
LS20090439	苯菌灵	786
LS20090440	噻嗪酮	960
LS20090441	阿维·噻螨酮	209
LS20090442	丁醚脲	132
LS20090443	氢氧化铜	783
LS20090444	丙环唑	786
LS20090445	硫双威	504
LS20090446	硝磺草酮	459
LS20090447	甲氨基阿维菌素苯甲酸盐	907
LS20090448	毒死蜱	609
LS20090449	毒死蜱	182
LS20090450	烟嘧·莠去津	745
LS20090451	硅唑·咪鲜胺	886
LS20090452	速灭威	907
LS20090453	戊唑醇	226
LS20090454	啶虫脒	915
LS20090455	苯丁锡	915
LS20090456	辛硫磷	346
LS20090457	代森锌	898
LS20090458	甲维·毒死蜱	210
LS20090459	多菌灵	933
LS20090460	甲维·氟铃脲	406
LS20090461	高效氯氟氰菊酯	607
LS20090462	腐霉利	907
LS20090463	阿维·苯丁锡	920
LS20090464	高效氯氟氰菊酯	920
LS20090465	丙森·异菌脲	907
LS20090466	阿维·炔螨特	412
LS20090467	氰氟·精噁唑	339
LS20090468	烯啶虫胺	794
LS20090469	辛硫磷	75
LS20090470	松·喹·氟磺胺	514
LS20090471	灭蝇胺	345
LS20090472	阿维·杀虫单	612
LS20090473	阿维菌素	949
LS20090474	杀螟丹	571
LS20090475	烟嘧·莠去津	302
LS20090476	2甲·氯氟吡	339
LS20090477	高氯·氟啶脲	796
LS20090478	异丙草·莠	421
LS20090479	丁醚脲	140
LS20090480	吡虫·异丙威	405
LS20090481	高氯·毒死蜱	181
LS20090482	氯氰·毒死蜱	93
LS20090483	阿维·毒死蜱	87
LS20090484	吡氟酰草胺	467
LS20090485	氟硅唑	796
LS20090486	二氰蒽醌	467
LS20090487	多抗霉素	660
LS20090488	苄嘧·二甲戊	399
LS20090489	丙溴·辛硫磷	977
LS20090490	烟嘧·莠去津	312
LS20090491	炔螨特	1036
LS20090492	阿维·高氯	317
LS20090493	啶虫·毒死蜱	176
LS20090494	莠去津	1000
LS20090495	阿维菌素	215
LS20090496	杀单·毒死蜱	412
LS20090497	吡嘧磺隆	535
LS20090498	氯氰·丁醚脲	907
LS20090499	三唑磷	771
LS20090500	高效氯氟氰菊酯	284
LS20090501	甲氨基阿维菌素苯甲酸盐	257
LS20090502	阿维·杀虫单	523
LS20090503	莠去津	421
LS20090504	联苯菊酯	960
LS20090505	滴丁·烟嘧	426
LS20090506	2甲·莠灭净	421
LS20090507	高氯·毒死蜱	342
LS20090508	四螨·三唑锡	920
LS20090509	草甘·三氯吡	963
LS20090510	烟嘧·莠去津	831
LS20090511	联苯菊酯	915
LS20090512	高氯·啶虫脒	297
LS20090513	阿维·三唑磷	199
LS20090514	唑磷·毒死蜱	693
LS20090515	苯醚·甲硫	176
LS20090516	氯氰·啶虫脒	93
LS20090517	苯醚甲环唑	176
LS20090518	氟铃·毒死蜱	920
LS20090519	咪鲜胺	93
LS20090520	甜菜宁	1033
LS20090521	阿维·高氯氟	688

LS20090523	高氯·啶虫脒	52
LS20090524	啶虫·毒死蜱	1074
LS20090525	戊唑醇	556
LS20090526	敌百·毒死蜱	1074
LS20090527	高氯·甲维盐	317
LS20090528	烯啶虫胺	717
LS20090529	咪鲜·三环唑	48
LS20090530	灭·喹·氟磺胺	426
LS20090531	戊唑醇	426
LS20090532	噻嗪酮	87
LS20090533	二氯喹啉酸	659
LS20090534	嗪草酸甲酯	485
LS20090535	百草枯	739
LS20090536	甲维·丙溴磷	442
LS20090537	苯醚甲环唑	912
LS20090538	氟啶·毒死蜱	1074
LS20090539	阿维菌素	853
LS20090540	丙溴·毒死蜱	1074
LS20090541	噻嗪·毒死蜱	195
LS20090542	氟铃·毒死蜱	607
LS20090543	四螨·苯丁锡	954
LS20090544	多杀霉素	257
LS20090545	甲·乙·莠	755
LS20090546	啶虫·毒死蜱	960
LS20090547	井冈·丙环唑	590
LS20090548	氟磺·烯草酮	449
LS20090549	硅唑·多菌灵	886
LS20090550	苯醚甲环唑	849
LS20090551	高效氯氰菊酯	258
LS20090552	氟铃·毒死蜱	218
LS20090553	噻嗪·毒死蜱	442
LS20090554	乙·嗪·滴丁酯	426
LS20090555	烟嘧·莠去津	724
LS20090556	安·宁·乙呋黄	461
LS20090557	甲氨基阿维菌素苯甲酸盐(3.4%)	920
LS20090558	炔螨特	922
LS20090559	联苯菊酯	907
LS20090560	丙·噁·滴丁酯	640
LS20090561	甲·灭·敌草隆	640
LS20090562	吡嘧·苯噻酰	640
LS20090563	乙羧·高氟吡	640
LS20090564	烟嘧·溴苯腈	467
LS20090566	烟嘧·莠去津	831
LS20090567	二甲基二硫醚	317
LS20090568	三唑磷	48
LS20090569	丁醚脲	452
LS20090570	烯酰吗啉	920
LS20090571	烟嘧·莠去津	688
LS20090572	吗胍·乙酸铜	835
LS20090573	高氯·甲维盐	200
LS20090574	烟嘧·莠去津	426
LS20090575	烯酰·福美双	176
LS20090576	噁霉·福美双	182
LS20090577	甲维·虫酰肼	200
LS20090578	烟嘧·莠去津	1070
LS20090579	甲维·印楝素	307
LS20090580	过氧乙酸	302
LS20090581	甲氨基阿维菌素苯甲酸盐(5.7%)	269
LS20090582	丁硫·福·甲霜	669
LS20090583	高效氯氟氰菊酯	495
LS20090584	甲硫·锰锌	912
LS20090585	氰戊·辛硫磷	346
LS20090586	阿维·噻螨酮	803
LS20090587	甲氨基阿维菌素苯甲酸盐(2.2%)	747
LS20090588	香菇多糖	832
LS20090589	丁醚脲	218
LS20090590	S-诱抗素	78
LS20090591	苯醚甲环唑	165
LS20090592	氟啶·丙溴磷	412
LS20090593	噻螨酮	771
LS20090594	烯酰吗啉	576
LS20090595	甲氰·三唑锡	920
LS20090596	苯醚·甲硫	215
LS20090597	烯酮·草除灵	591
LS20090598	敌百虫	771
LS20090599	甲维·毒死蜱	783
LS20090600	抗蚜·吡虫啉	796
LS20090601	甲氨基阿维菌素苯甲酸盐	961
LS20090602	烯酰吗啉	677
LS20090603	咪鲜·丙森锌	528
LS20090604	胺鲜·甲哌鎓	101
LS20090605	烟嘧·莠去津	544
LS20090606	高氯·甲维盐	181
LS20090607	甲氨基阿维菌素苯甲酸盐	849
LS20090608	苯甲·多菌灵	176
LS20090609	杀单·毒死蜱	610
LS20090610	阿维·三唑磷	982
LS20090611	阿维·苏云菌	1038
LS20090612	氟氯·丙溴磷	341
LS20090613	丁醚·哒螨灵	853
LS20090614	辛硫磷	246
LS20090615	高氯·甲维盐	363
LS20090616	吡虫啉	730
LS20090617	烟嘧·莠去津	248
LS20090618	毒死蜱	815
LS20090619	高氯·氟啶脲	783
LS20090620	苯醚甲环唑	677
LS20090621	戊唑醇	213
LS20090622	阿维·哒螨灵	791
LS20090623	三磷锡	915
LS20090624	阿维·毒死蜱	757
LS20090625	噻嗪酮	907
LS20090626	甲维·毒死蜱	1074
LS20090627	稻丰散	569
LS20090628	草铵膦	467
LS20090629	甲氨基阿维菌素苯甲酸盐	634
LS20090630	氟铃·毒死蜱	796
LS20090631	甲氨基阿维菌素苯甲酸盐(2.3%)	610
LS20090632	啶虫脒	215
LS20090633	丙溴·氟铃脲	210
LS20090634	仲威·毒死蜱	210
LS20090635	甲氨基阿维菌素苯甲酸盐(2.2%)	281
LS20090636	高效氯氟氰菊酯	706
LS20090637	甲氨基阿维菌素苯甲酸盐(5.7%)	610
LS20090638	咪鲜胺	771
LS20090639	阿维·丁醚脲	634
LS20090640	阿维菌素	634
LS20090641	杀单·毒死蜱	849
LS20090642	辛硫磷	359
LS20090643	阿维·啶虫脒	215
LS20090644	阿维·炔螨特	610
LS20090645	烯酰吗啉	281
LS20090646	高效氯氟氰菊酯	759
LS20090647	甲维·丙溴磷	783
LS20090648	乙·莠	421
LS20090649	丁硫·吡虫啉	426
LS20090650	苄嘧·苯噻酰	481
LS20090651	醚苯·异丙隆	1068
LS20090652	醚苯磺隆	449
LS20090653	苄·二氯	659
LS20090654	腈菌唑	556
LS20090655	嗪·烟·莠去津	649
LS20090656	阿维·炔螨特	796
LS20090657	甲氨基阿维菌素苯甲酸盐	753
LS20090658	丙草胺	138
LS20090659	阿维菌素	1048

批准正式登记的国内卫生杀虫剂产品

批准临时登记的国内卫生杀虫剂产品

索引（二）
（按中文通用名称）

索引（三）

（按登记名称）

索引（四）

（中英文通用名称对照）

春雷霉素 kasugamycin
代森铵 amobam
代森联 metriam
代森锰 maneb
代森锰锌 mancozeb
代森锌 zineb
哒螨灵 pyridaben
单甲脒 semiamitraz
单甲脒盐酸盐 semiamitraz chloride
单嘧磺隆 单嘧磺隆
单氰胺 cyanamide
淡紫拟青霉 paecilomyces lilacinus
稻丰散 phenthoate
丙炔噁草酮 oxadiargyl
稻瘟灵 isoprothiolane
哒嗪硫磷 pyridaphenthione
敌稗 propanil
敌百虫 trichlorfon
敌草胺 napropamide
敌草快 diquat
敌草隆 diuron
地虫硫磷 fonofos
敌敌畏 dichlorvos
敌磺钠 fenaminosulf
低聚糖素 oligosaccharins
涕灭威 aldicarb
丁草胺 butachlor
啶虫脒 acetamiprid
啶菌噁唑 啶菌噁唑
丁硫克百威 carbosulfan
啶嘧磺隆 flazasulfuron
丁醚脲 diafenthiuron
丁酰肼 daminozide
丁子香酚 eugenol
敌鼠钠盐 sodium diphacinone
敌瘟磷 edifenphos
地衣芽孢杆菌 bacillus licheniformis
对二氯苯 p-dichlorobenzene
对氯苯氧乙酸钠 sodium 4-CPA
对硝基苯酚钾 potassium para-nitrophenolate
对硝基苯酚钠 sodium para-nitrophenolate
多氟脲 noviflumuron
多菌灵 carbendazim
多抗霉素 polyoxin
多抗霉素 B polyoxin B
多杀霉素 spinosad
多效唑 paclobutrazol
多粘类芽孢杆菌 paenibacillus polymyza
毒死蜱 chlorpyrifos
噁草酮 oxadiazon
噁虫酮 metoxadiazone
噁虫威 bendiocarb
噁霉灵 hymexazol
2 甲 4 氯异辛酯 MCPA-isooctyl
二甲基二硫醚 dithioether
2 甲 4 氯 MCPA
2 甲 4 氯丁酸乙酯 MCPB-ethylate
2 甲 4 氯钠 MCPA-sodium
二甲戊灵 pendimethalin
二氯吡啶酸 clopyralid
二氯喹啉酸 quinclorac
二氯异氰尿酸钠 （二氯异氰尿酸钠）
耳霉菌 conidioblous thromboides
二氰蒽醌 dithianon
二嗪磷 diazinon
二溴磷 naled
噁霜灵 oxadixyl
噁唑菌酮 famoxadone
砜嘧磺隆 rimsulfuron
氟胺氰菊酯 tau-fluvalinate
氟吡菌酰胺 fluopyram
吡氟禾草灵 fluazifop-butyl
氟吡甲禾灵 haloxyfop
氟虫胺 sulfluramid
氟虫腈 fipronil
氟虫脲 flufenoxuron
氟啶胺 fluazinam
氟啶脲 chlorfluazuron
氟硅菊酯 silafluofen
氟硅唑 flusilazole
氟磺胺草醚 fomesafen
氟磺酰胺 flursulamid
氟环唑 epoxiconazole
氟节胺 flumetralim
氟菌唑 triflumizole
氟乐灵 trifluralin
氟铃脲 hexaflumuron
氟硫草定 dithiopyr

氟氯苯菊酯　flumethrin
氟氯氰菊酯　cyfluthrin
氟吗啉　flumorph
福美甲胂　urbacide
腐霉利　procymidone
福美胂　asomate
福美双　thiram
福美锌　ziram
伏杀硫磷　phosalone
氟鼠灵　flocoumafen
氟酰胺　flutolanil
复硝酚钠　sodium nitrophenolate
氟烯草酸　flumiclorac - pentyl
氟蚁腙　hydramethylnon
富右旋反式胺菊酯　rich - d - t - tetramethrin
富右旋反式苯醚菊酯　rich - d - t - phenothrin
富右旋反式苯醚氰菊酯　rich - d - t - cyphenothrin
富右旋反式苯氰菊酯　rich - d - t - cyphenothrin
富右旋反式烯丙菊酯　rich - d - transallethrin
富右旋反式烯炔菊酯　rich - d - t - empenthrin
富右旋反式炔丙菊酯　rich - d - t - prallethrin
腐殖酸　humic acids
腐殖酸钠　HA - Na
腐殖酸铜　HA - Cu
氟唑磺隆　flucarbazone - Na
高效反式氯氰菊酯　theta - cypermethrin
高效氟吡甲禾灵　haloxyfop - R - methyl
高效氟氯氰菊酯　beta - cyfluthrin
高效氯氟氰菊酯　lambda - cyhalothrin
高效氯氰菊酯　beta - cypermethrin
咯菌腈　fludioxonil
硅噻菌胺　silthiopham
硅藻土　silicon dioxide
菇类蛋白多糖　（菇类蛋白多糖）
过氧乙酸　peracetic acid
禾草丹　thiobencarb
禾草敌　molinate
禾草灵　diclofop - methyl
核苷酸　nucleotide
厚孢轮枝菌　verticillium chlamydosporium ZK7
环丙嘧磺隆　cyclosulfamuron
磺草酮　sulcotrione
环庚草醚　cinmethylin
黄酮　（黄酮）
环己基甲酸锌　zinc cyclohexane - carboxylate
环嗪酮　hexazinone
环戊烯丙菊酯　terallethrin
八角茴香油　待定
混合氨基酸铜　混合氨基酸铜
混合脂肪酸　混合脂肪酸
混灭威　dimethacarb
琥胶肥酸铜　copper (succinate + glutarate + adipate)
甲氨基阿维菌素　abamectin - aminomethyl
甲氨基阿维菌素苯甲酸盐　emamectin benzoate
甲拌磷　phorate
甲草胺　alachlor
甲磺隆　metsulfuron - methyl
甲基吡噁磷　azamethiphos
甲基毒死蜱　chlorpyrifos - methyl
甲基二磺隆　mesosulfuron - methyl
甲基立枯磷　tolclofos - methyl
甲基硫环磷　phosfolan - methyl
甲基硫菌灵　thiophanate - methyl
甲基嘧啶磷　pirimiphos - methyl
甲基胂酸锌　zinc methanearsonate
甲基异柳磷　isofenphos - methyl
甲嘧磺隆　sulfometuron - methyl
甲醚菊酯　methothrin
甲咪唑烟酸　imazapic
甲萘威　carbaryl
碱式硫酸铜　copper sulfate basic
甲氰菊酯　fenpropathrin
甲霜灵　metalaxyl
甲氧虫酰肼　methoxyfenozide
甲氧咪草烟　imazamox
几丁聚糖　chltosan
精吡氟禾草灵　fluazifop - P - butyl
精噁唑禾草灵　fenoxaprop - P - ethyl
井冈霉素　jingangmycin
井冈霉素 A　jingangmycin A
精高效氯氟氰菊酯　gamma cyhalothrin
精甲霜灵　metalaxyl - M
腈菌唑　myclobutanil
精喹禾灵　quizalofop - P - ethyl
精异丙甲草胺　s - metolachlor
甲哌鎓　mepiquat chloride
螺螨酯　spirodiclofen

机油　petroleum oil
己唑醇　hexaconazole
聚半乳糖醛酸酶　聚半乳糖醛酸酶
菌毒清　二[辛基胺乙基]甘氨酸盐
菌核净　dimetachlone
抗倒酯　trinexapac-ethyl
甲酰氨基嘧磺隆　foramsulfuron
抗蚜威　pirimicarb
莰酮　(莰酮)
克百威　carbofuran
克草胺　ethachlor
克菌丹　captan
矿物油　petroleum oil
枯草芽孢杆菌　brevibacterium
喹禾糠酯　quizalofop-P-tefuryl
喹禾灵　quizalofop-ethyl
喹啉铜　oxine-copper
喹硫磷　quinalphos
喹螨醚　fenazaquin
苦皮藤素　celastrus angulatus
苦参碱　matrine
狼毒素　neochamaejasmin
蜡质芽孢杆菌　bacillus cereus
乐果　dimethoate
联苯菊酯　bifenthrin
联苯三唑醇　bitertanol
链霉素　streptomycin
楝素　toosedarin
利谷隆　linuron
藜芦碱　vertrine
邻苯基苯酚　2-phenylphenol
邻苯基苯酚钠　(邻苯基苯酚钠)
林丹　gamma-BHC
磷化钙　calcium phosphide
磷化铝　aluminium phosphide
磷化镁　megnesium phosphide
磷化锌　zinc phosphide
邻硝基苯酚钾　potassium ortho-nitrophenolate
邻硝基苯酚钠　sodium ortho-nitrophenol
硫丹　endosulfan
硫磺　sulfur
硫双威　thiodicarb
硫酸链霉素　streptomycin sulfate
硫酸铜　copper sulfate
硫酸铜钙　copper calcium sulphate
硫酸锌　zinc sulfate
硫酰氟　sulfuryl fluoride
硫线磷　cadusafos
浏阳霉素　liuyangmycin
络氨铜　cuaminosulfate
氯烯炔菊酯　chlorempenthrin
氯苯胺灵　chlorpropham
氯苯嘧啶醇　fenarimol
氯吡脲　forchlorfenuron
氯氟吡氧乙酸　fluroxypyr
氯氟氰菊酯　cyhalothrin
氯化胆碱　choline chloride
氯化苦　chloropicrin
氯磺隆　chlorsulfuron
氯菊酯　permethrin
绿麦隆　chlortoluron
氯嘧磺隆　chlorimuron-ethyl
氯氰菊酯　cypermethrin
氯噻啉　imidaclothiz
氯溴异氰尿酸　chloroisobromine cyanuric acid
氯唑磷　isazofos
麦草畏　dicamba
马拉硫磷　malathion
棉铃虫核型多角体病毒　heliothis armigera NPV
棉隆　dazomet
醚苯磺隆　triasulfuron
嘧啶核苷类抗菌素　(嘧啶核苷类抗菌素)
灭草松　bentazone
灭多威　methomyl
灭菌唑　triticonazole
灭线磷　ethoprophos
灭蝇胺　cyromazine
灭幼脲　chlorbenzuron
醚磺隆　cinosulfuron
醚菌酯　kresoxim-methyl
嘧菌酯　azoxystrobin
醚菊酯　etofenprox
嘧霉胺　pyrimethanil
丙环唑　propiconazol
咪鲜胺　prochloraz
咪鲜胺锰盐　prochloraz-manganese chloride complex
咪唑喹啉酸　imazaquin

咪唑烟酸　imazapyr
咪唑乙烟酸　imazethapyr
木霉菌　trichoderma SP
苜蓿银纹夜蛾核型多角体病毒　autographa californica NPV
萘乙酸　1-naphthyl acetic acid
萘乙酸钠　sodium 1-naphthal acitic acid
宁南霉素　ningnanmycin
哌草丹　dimepiperate
硼酸　boric acid
扑草净　prometryn
葡聚烯糖　葡聚烯糖
羟烯腺嘌呤　oxyenadenine
嗪草酸甲酯　eluthiacet-methyl
嗪草酮　metribuzin
腈苯唑　fenbuconazole
氰草津　cyanazine
氰氟草酯　cyhalofop-butyl
氰霜唑　cyazofamid
氰戊菊酯　fenvalerate
氢氧化铜　copper hydroxide
球形芽孢杆菌　bacillus sphaericus H5a5b
噁嗪草酮　oxaziclomefone
炔丙菊酯　prallethrin
炔螨特　propargite
炔咪菊酯　imiprothrin
驱蚊酯　ethyl butylacetylaminopropionate
乳氟禾草灵　lactofen
杀虫环　thiocyclam-hydrogenoxalate
杀虫双　bisultap
噻苯隆　thidiazuron
噻虫嗪　thiamethoxam
噻吩磺隆　thifensulfuron-methyl
噻呋酰胺　thifluzamide
噻菌灵　thiabendazole
噻菌铜　thiediazole copper
噻螨酮　hexythiazox
噻霉酮　benziothiazolinone
噻嗪酮　buprofezin
噻唑膦　fosthiazate
噻唑锌　噻唑锌
杀铃脲　triflumuron
杀螺胺乙醇胺盐　niclosamide ethanolamine
三苯基乙酸锡　fentin acetate
三苯基氢氧化锡　fentin hydroxide
三氮唑核苷　ribavirin
三氟羧草醚　acifluorfen
三乙膦酸铝　fosetyl-aluminium
三唑锡　azocyclotin
三环唑　tricyclazole
三磷锡　phostin
三氯吡氧乙酸　triclopyr
三氯杀虫酯　plifenate
三氯杀螨醇　dicofol
三氯杀螨砜　tetradifon
三氯异氰尿酸　trichloroiso cyanuric acid
三十烷醇　triacontanol
三唑醇　triadimenol
三唑磷　triazophos
三唑酮　triadimefon
莎稗磷　anilofos
杀草胺　ethaprochlor
杀虫安　profurite-aminium
杀虫单　monosultap
杀螺胺　niclosamide
杀螟丹　cartap
杀螟硫磷　fenitrothion
杀扑磷　methidathion
杀鼠灵　warfarin
杀鼠醚　coumatetralyl
蛇床子素　cnidiadin
生物苄呋菊酯　bioresmethrin
生物烯丙菊酯　bioallethrin
十二烷基硫酸钠　dodecyl sodium sulphate
石硫合剂　lime sulfur
虱螨脲　lufenuron
十三吗啉　tridemorph
双丙氨膦　bialaphos-sodium
双草醚　bispyribac-sodium
双氟磺草胺　florasulam
双胍三辛烷基苯磺酸盐　iminoctadine tris(albesilate)
双甲脒　amitraz
双硫磷　temephos
霜霉威　propamocarb
霜霉威盐酸盐　propamocarb hydrochloride
霜脲氰　cymoxanil
水胺硫磷　isocarbophos

水杨酸　salicylic acid
水杨菌胺　水杨菌胺
顺式氯氰菊酯　alpha - cypermethrin
四氟苯菊酯　transfluthrin
四氟甲醚菊酯　dimefluthrin
四氟醚菊酯　四氟醚菊酯(暂定)
四氟醚唑　tetraconazole
四聚乙醛　metaldehyde
四氯苯酞　fthalide
四螨嗪　clofentezine
四霉素　tetramycin
四溴菊酯　tralomethrin
松碱柴油　(松碱柴油)
松毛虫质型多角体病毒　dendrolimus punctatus cytoplasmic polyhedrosis virus
松脂酸钠　sodium pimaric acid
松脂酸铜　松脂酸铜
速灭威　metolcarb
苏云金杆菌　bacillus thuringiensis
苏云金杆菌(以色列亚种)　bacillus thuringiensis H - 14
田安　ferric ammonium methylarsonate
甜菜宁　phenmedipham
甜菜安　desmedipham
甜菜夜蛾核型多角体病毒　LeNPV
王铜　copper oxychloride
威百亩　metam - sodium
萎锈灵　carboxin
五氟磺草胺　penoxsulam
戊菌唑　penconazole
五氯酚钠　PCP - Na
五氯硝基苯　quintozene
武夷菌素　(武夷菌素)
戊唑醇　tebuconazole
酰嘧磺隆　amidosulfuron
小檗碱　berberine
小菜蛾颗粒体病毒　plutella xylostella granulosis virus (PXGV)
硝虫硫磷　xiaochongliulin
烯丙菊酯　allethrin
烯丙苯噻唑　probenazole
西草净　simetryn
烯草酮　clethodim
烯啶虫胺　nitenpyram
缬霉威　iprovalicarb
斜纹夜蛾核型多角体病毒　spodopteralitura NPV
烯禾啶　sethoxydim
西玛津　simazine
辛硫磷　phoxim
辛酰溴苯腈　bromoxynil octanoate
溴氰菊酯　deltamethrin
溴苯腈　bromoxynil
溴敌隆　bromadiolone
溴甲烷　methyl bromide
溴菌腈　bromothalonil
溴螨酯　bromopropylate
溴鼠灵　brodifacoum
溴硝醇　bronopol
烯肟菌胺　烯肟菌胺
烯肟菌酯　enostroburin
烯酰吗啉　dimethomorph
烯腺嘌呤　enadenine
烯效唑　uniconazole
R-烯唑醇　diniconazole - M
亚胺硫磷　phosmet
亚胺唑　imibenconazole
蚜灭磷　vamidothion
氧化钙　calcium oxide
氧化苦参碱　oxymatrine
氧化亚铜　cuprous oxide
氧乐果　omethoate
烟碱　nicotine
烟嘧磺隆　nicosulfuron
盐酸吗啉胍　moroxydine hydrochloride
叶枯唑　bismerthiazol
野麦畏　triallate
野燕枯　difenzoquat
异丙草胺　propisochlor
异丙甲草胺　metolachlor
异丙隆　isoproturon
异丙威　isoprocarb
乙草胺　acetochlor
异稻瘟净　iprobenfos
异噁草松　clomazone
异菌脲　iprodione
乙霉威　diethofencarb
抑霉唑　imazalil
茚虫威　indoxacarb

蝇毒磷　coumaphos
吲哚丁酸　4 - indol - 3 - ylbutyric acid
吲哚乙酸　indol - 3 - ylacetic acid
荧光假单胞杆菌　pseudomonas fluorescens
印楝素　azadirachtin
抑食肼　（抑食肼）
乙蒜素　ethylicin
乙酸铜　copper acetate
乙羧氟草醚　fluoroglycofen - ethyl
乙酰甲胺磷　acephate
乙烯菌核利　vinclozolin
乙烯利　ethephon
抑芽丹　maleic hydrazide
乙氧氟草醚　oxyfluorfen
乙氧磺隆　ethoxysulfuron
油菜素甾醇内酯　brassinos teroide
诱虫烯　诱虫烯
莠灭净　ametryn
莠去津　atrazine
右旋胺菊酯　d - tetramethrin
右旋苯醚菊酯　d - phenothrin
右旋苯醚氰菊酯　d - cyphenothrin
右旋苯氰菊酯　d - cyphenothrin
右旋反式胺菊酯　d - trans - tetramethrin
右旋反式苯氰菊酯　d - trans - cyphenothrin
右旋反式氯丙炔菊酯　待定
右旋反式烯丙菊酯　d - transallethrin
右旋苄呋菊酯　d - resmethrin
右旋炔丙菊酯　prallethrin
右旋炔呋菊酯　d - furamethrin
右旋烯丙菊酯　d - allethrin
右旋烯炔菊酯　empenthrin
右旋樟脑　d - camphor
芸苔素内酯　brassinolide
鱼藤酮　rotenone
zeta -氯氰菊酯　zeta - cypermethrin
蟑螂病毒　periplaneta fuliginosa densovirus（PfD-NV）
樟脑　camphor
治螟磷　sulfotep
仲丁灵　butralin
仲丁威　fenobucarb
中生菌素　zhongshengmycin
唑草酮　carfentrazone - ethyl
唑螨酯　fenpyroximate
唑嘧磺草胺　flumetsulam
爱密挺　（待定）
百草枯二氯化物　paraquat dichloride
斑蝥素　cantharidin
苯醚菌酯　待定
苯嗪草酮　metamitron
草甘膦钠盐　glyphosate - Na
除草定　bromacil
大黄素甲醚　大黄素甲醚
丁烯氟虫腈　待定
毒氟磷　暂无
儿茶素　d - catechin
粉唑醇　flutriafol
氟虫双酰胺　flubendiamide
氟吡磺隆　flucetosulfuron
氟吡菌胺　fluopicolide
氟啶虫酰胺　flonicamid
寡雄腐霉菌　pythium oligadrum
环酯草醚　pyriftalid
极细链格孢激活蛋白　plant activator protein
甲基碘磺隆钠盐　iodosulfuron - methyl - sodium
甲基磺草酮　mesotrione
甲硫嘧磺隆　甲硫嘧磺隆(暂定)
金龟子绿僵菌　metarhizium anisopliae var acridum
雷公藤甲素　triptolide
联苯肼酯　bifenazate
氯胺磷　chloramine phosphorus
氯虫苯甲酰胺　chlorantraniliprole
氯氟醚菊酯　待定
氯氟吡氧乙酸异辛酯　fluroxypyr - mepthyl
氯酰草膦　待定
氯酯磺草胺　cloransulam - methyl
螺虫乙酯　spirotetramat
螺威　TDS
硼酸锌　zinc borate
氰氟虫腙　metaflumizone
氰烯菌酯　待定
球孢白僵菌　beauveria bassiana
炔苯酰草胺　propyzamide
炔草酯　clodinafop - propargyl
三氟甲吡醚　pyridalyl
三氟啶磺隆钠盐　trifloxysulfuron sodium
三氯吡氧乙酸丁氧基乙酯　triclpyr-butotyl

十八烷基三甲基氯化铵　octadecyl trimethyl ammonium chioride

双甲胺草磷　双甲胺草磷

双炔酰菌胺　mandipropamid

水胆矾　brochantite

水杨酸钠　sodium salicylate

四水八硼酸二钠　disodium octaborate tetrahydrate

松毛虫赤眼蜂　trichogramma dendrolimi matsumura

特丁津　terbuthylazine

特丁净　terbutryn

烯唑醇　diniconazole

香菇多糖　fungous proteoglycan

硝磺草酮　mesotrione

辛菌胺　待定

依维菌素　ivermectin

乙虫腈　ethiprole

乙基多杀菌素　spinetoram

乙氧呋草黄　ethofumesate

乙嘧酚　ethirimol

乙螨唑　etoxazole

抑霉唑硫酸盐　imazalil sulfate

藻酸丙二醇酯　propylene glycol alginate

粘虫颗粒体病毒　PuGV

苄草隆　cumyluron

莪术醇　curcumol

呋苯硫脲　（待定）

吡唑草胺　metazachlor

哌虫啶　待定

唑虫酰胺　tolfenpyrad

唑菌酯　pyraoxystrobin

唑啉草酯　pinoxaden

啶磺草胺　pyroxsulam

啶酰菌胺　boscalid

嘧菌环胺　cyprodinil

噻虫胺　clothianidin

噻虫啉　thiacloprid

肟菌酯　trifloxystrobin

羟哌酯　icaridin

广告审查批准文号：国农药广审（文）……20100038
中国药肥乐土造
除草金稻龙
2008年度农业科技成果转化资金项目
0.2%苄嘧·丙草胺颗粒剂中试
2006年度国家重点新产品
0.101%苄·丁药肥颗粒剂
2004年度国家级星火计划项目
0.101%苄·丁药肥颗粒剂
品牌提升
可按当地经销商要求在当地电视台播放广告；
公司将派出大量技术推广人员协助代理商开发村级零售商的销售网点，展开地毯式的销售。
乐土金稻龙
乐土金稻龙
乐土金稻龙
产品特点
禾苗三天返青，不僵苗，不坐蔸，有效分蘖好，稻田除草效果好。
禾苗生长健壮。
添加了安全解毒剂，解决除草剂对水稻生长的抑制问题。
用后土壤疏松易犁耙，禾苗容易扎根。
水稻返青 分蘖 除草
移栽田、直播田、抛秧田专用药肥
广西乐土生物科技有限公司 销售热线：0771-3210628